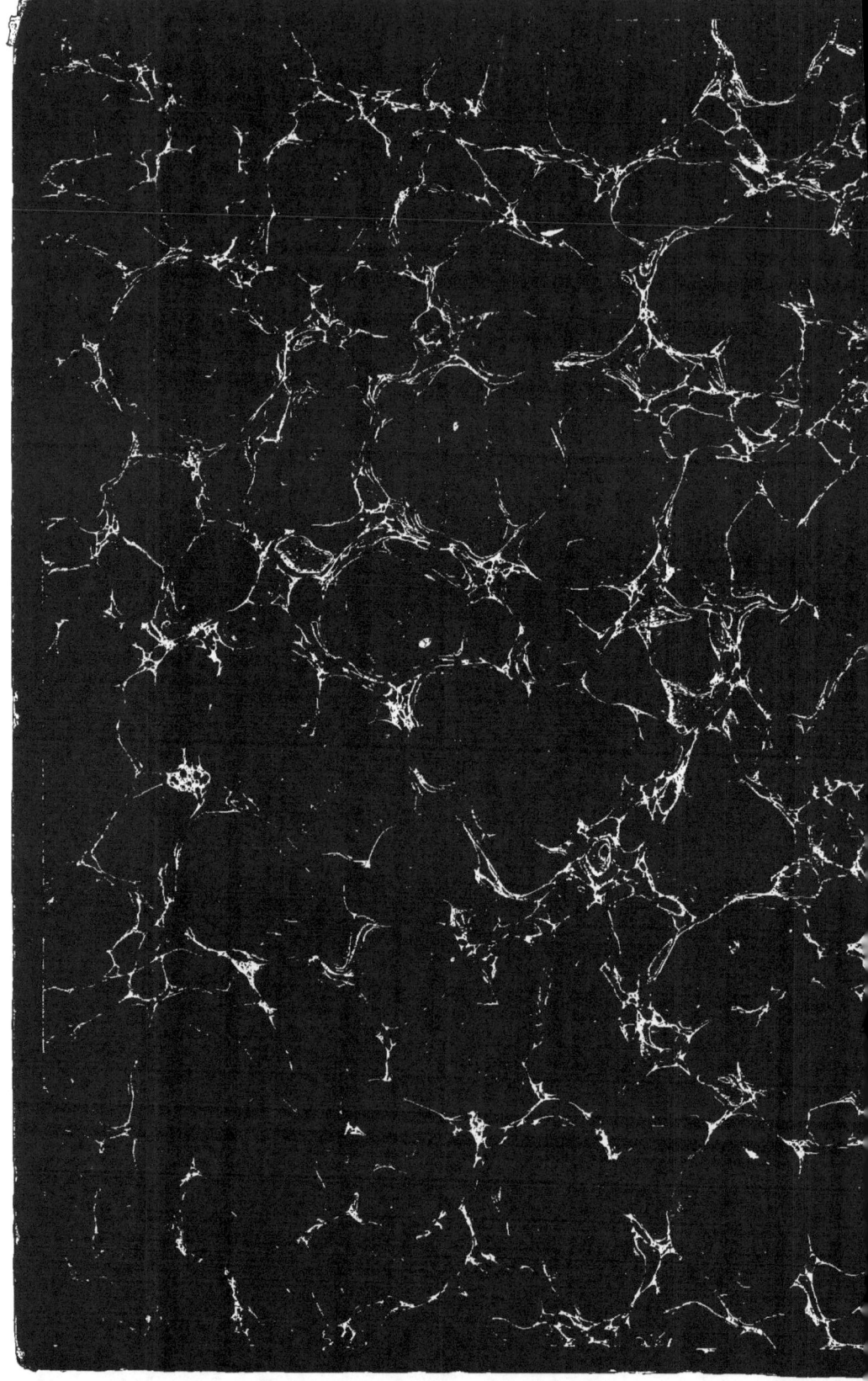

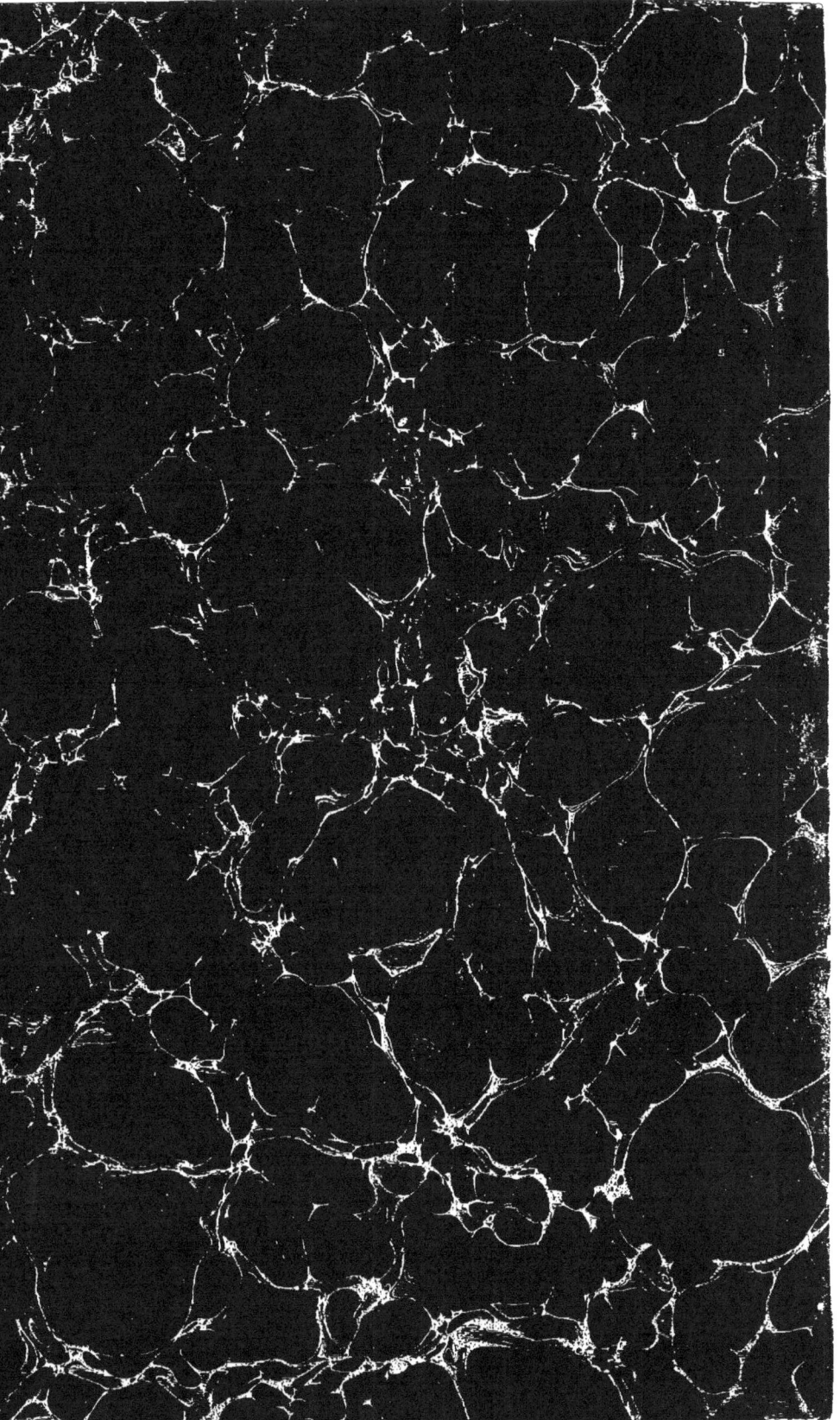

TABLE DES OUVRAGES COMPRIS DANS LE TOME XXIII

APPENDICE
(Suite).

DE LA VIE CHRÉTIENNE (Un Livre)	2
DES ENSEIGNEMETS SALUTAIRES (Un Livre)	22
DES DOUZE SORTES D'ABUS (Un Livre)	62
DU COMBAT DES VICES CONTRE LES VERTUS (Un Livre)	75
DE LA SOBRIÉTÉ ET DE LA CHASTETÉ (Un Livre)	92
DE LA VRAIE ET DE LA FAUSSE PÉNITENCE (Un Livre)	103
DE L'ANTECHRIST (Un Livre)	127
LE PSAUTIER	131
EXPOSITION DU CANTIQUE MAGNIFICAT	135
L'ASSOMPTION DE LA BIENHEUREUSE VIERGE MARIE (Un Livre)	141
DE LA VISITE DES MALADES (Deux Livres)	149
DE LA CONSOLATION PAR RAPPORT AUX MORTS (Deux Sermons)	164
TRAITÉ DE LA CONDUITE CHRÉTIENNE	177
SERMONS ET TRAITÉS DIVERS	205
SERMONS ADRESSÉS AUX FRÈRES DU DÉSERT, ETC.	264

VINGT-DEUX LIVRES SUR LA CITÉ DE DIEU (De I à VIII)	442

Traduits par M. H. BARREAU, docteur ès-lettres.

Besançon. — Imprimerie d'Outhenin-Chalandre fils.

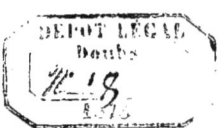

ŒUVRES COMPLÈTES

DE SAINT AUGUSTIN

ÉVÊQUE D'HIPPONE

ŒUVRES COMPLÈTES

DE

SAINT AUGUSTIN

ÉVÊQUE D'HIPPONE

TRADUITES EN FRANÇAIS ET ANNOTÉES

PAR MM.

PÉRONNE
Chanoine titulaire de Soissons, ancien professeur d'Ecriture sainte et d'éloquence sacrée.

ÉCALLE
Professeur au grand séminaire de Troyes, traducteur de la *Somme contre les Gentils*.

VINCENT
Archiprêtre de Vervins.

CHARPENTIER
Doct. en théol., trad. des *Œuvres de S. Bernard*.

H. BARREAU
Docteur ès-lettres et en philosophie, chevalier de plusieurs ordres.

renfermant

LE TEXTE LATIN ET LES NOTES DE L'ÉDITION DES BÉNÉDICTINS

TOME VINGT-TROISIÈME

SUITE DE L'APPENDICE RENFERMANT QUELQUES OPUSCULES DOUTEUX ATTRIBUÉS AU SAINT DOCTEUR.
LA CITÉ DE DIEU.

PARIS

LIBRAIRIE DE LOUIS VIVÈS, ÉDITEUR

RUE DELAMBRE, 13

1873

APPENDICE

DU

TOME SIXIÈME DE L'ÉDITION DES BÉNÉDICTINS
(SUITE)

AVERTISSEMENT SUR LE LIVRE SUIVANT

Depuis quelque temps le livre *De la vie chrétienne* a été restitué à son véritable auteur. En effet, Luc Holstenius a publié à Rome, en 1633 (1), une édition spéciale de cet ouvrage, d'après un ancien manuscrit du Mont-Cassin qui l'attribue à Fastidius. Gennade confirme l'indication donnée par ce manuscrit; car, parlant de Fastidius et de ses écrits, au chapitre LVI de son livre *Des auteurs ecclésiastiques*, il s'exprime ainsi : « Fastidius Britto adresse à Fatalis un livre sur la vie chrétienne, et un autre d'une doctrine sage et digne sur le veuvage. » Ce sont ses propres paroles, telles qu'on les trouve dans un manuscrit très-ancien de l'abbaye de Corbie; les éditions ne les rapportent pas avec exactitude, car elles sont maladroitement interpolées dans deux ou trois endroits. Par exemple, on lit dans les éditions de Gennade que ce livre était adressé « à un certain Fatale, » tandis qu'il est manifeste que ce traité est adressé, non pas à un homme, mais à une veuve. De plus, un mot ajouté au texte rend le jugement que Gennade porte sur cet ouvrage plus accentué, ou, s'il est permis de le dire, plus injuste encore, puisqu'on y lit : « D'une doctrine sage et digne de Dieu. » Or, les savants pensent avec raison que Fastidius était attaché aux erreurs de Pélage, son compatriote. Et de fait, il dit au chapitre XIII de ce livre, en parlant d'Adam : « Je ne vois point en lui d'incrédulité, mais seulement de la désobéissance; c'est pour cela qu'il a été condamné, et que nous le sommes tous par son exemple. » C'est l'erreur de Pélage, qui prétend que « le péché d'Adam a nui à sa postérité par son exemple, mais non par sa transmission, » comme on peut le voir dans la lettre de cet hérésiarque à Démétriade, reproduite dans le sixième volume de cette édition. Saint Augustin a souvent combattu cette assertion hérétique. De même le

(1) Le latin porte 1663, nous croyons que c'est une faute, car Holstenius était mort en 1661. Dom. Cellier met 1633.

ADMONITIO IN SUBSEQUENTEM LIBRUM

Liber *De vita Christiana* jam ante parenti suo restitutus fuit per Lucam Holstenium, qui novam ac singularem ejusdem libri editionem ad vetus exemplar Casinensis monasterii, in quo Fastidii nomine inscriptum reperit, perficiendam curavit Romanis typis anno 1663, Casinensi exemplari fidem auctoritatemque affert Gennadius, de Fastidio et ejus lucubrationibus in libro *De scriptoribus Ecclesiasticis*, cap. LVI, ita loquens : « Fastidius Britto scripsit ad Fatalem de vita christiana librum, et alium de viduitate servanda, sana et digna doctrina. » Gennadii verba sunt ex vetustissimo Corbeiensi codice descripta : quæ quidem in editis non sic pura leguntur, sed male interpolata duobus tribusve locis; scilicet « ad Fatalem quemdam » scriptus liber dicitur in Gennadii impressis; quem tamen non ad virum, sed ad viduam quamdam directum esse liquet : præterea in iisdem impressis libris judicium Gennadii uno adjecto verbo illustrius longe, vel magis, (dicere liceat,) ineptius redditur in hunc modum ; « sana et Deo digna doctrina. » Enimvero Fastidium Pelagii conterranei sui hæresi addictum fuisse non temere suspicantur eruditi viri. Nam de Adamo in hujus libri capite XIII sic loquitur. « In quo nihil fuisse incredulitatis invenio, præter solam inobedientiam, cujus causa ille damnatus est, et omnes suo damnantur exemplo. » Ipse est Pelagii error docentis, Adæ peccatum « posteris exemplo nocuisse, non transitu, » ut in epistola ad Demetriadem in Appendice operum Augustini : quem Pelagianum errorem Augustinus sæpe reprehendit. Quæ etiam hic habentur in cap. XI :

passage suivant du chapitre XI : « Celui-là lève avec raison ses mains vers le ciel, celui-là prie avec une bonne conscience, qui peut dire : Seigneur, vous savez combien ces mains sont saintes et innocentes ; comme elles sont pures de toute fraude, de toute injustice, de toute rapine, ces mains que j'élève vers vous ; combien sont immaculées et pures de tout mensonge ces lèvres avec lesquelles je vous supplie d'avoir pitié de moi. » Ce passage se trouve textuellement dans le livre de Pélage à une veuve, ainsi que l'affirme saint Augustin au chapitre VI de son livre *Sur les actes de Pélage*; et saint Jérôme, après l'avoir cité dans son troisième livre *des Dialogues*, s'écrie : « Est-ce là la prière d'un chrétien, ou plutôt celle d'un orgueilleux pharisien ? » Trithème dit que Fastidius, évêque breton, vivait vers l'an 420, sous les empereurs Honorius et Théodose. Le manuscrit de Gennade, qui se trouve à Corbie, ne donne point à Fastidius le titre d'évêque que lui accordent les exemplaires imprimés ; une main plus récente a ajouté sur le manuscrit le titre *d'évêque* après le mot *Britto*. Nous avons collationné ce traité avec les manuscrits de Corbie, de Saint-Remi, de Saint-Michel, de Saint-Victor, deux de la Sorbonne et l'édition faite à Rome par Holstenius.

« Ille enim merito ad Deum extollit manus, ille preces bonæ conscientiæ fundit, qui potest dicere : Tu nosti, Domine, quam sanctæ, quam innocentes, quam puræ sunt ab omni fraude et injuria et rapina, quas ad te expando manus, quam immaculata labia et ab omni mendacio libera, quibus tibi, ut mihi misereris, preces fundo : » illa ipsa verba sunt, quæ in libro Pelagii ad viduam exstitisse, testatur Augustinus in libro *de gestis Pelagii*, cap. VI, necnon Hieronymus in III *Dialogorum libro*, ubi iis verbis recitatis exclamat : « Christiani est hæc, an Pharisæi superbientis oratio? » Fastidium Britannorum episcopum claruisse sub Honorio et Theodosio Principibus anno Christi 420, scripsit Trithemius Gennadii autem exemplar Corbeiense supra laudatum, episcopi titulum, quem editi Fastidio tribuunt, adscriptum a prima manu non habuit ; sed post vocem *Britto* additus est recentiori calamo *episcopus*. Librum hunc contulimus cum veteri codice Corbeiensi, cum Remigiano, Michaelino, Victorino ac duobus Sorbonicis, et cum Holstenii editione Romana.

LE LIVRE
DE LA VIE CHRÉTIENNE

Si, pauvre pêcheur, le moins sage et le plus ignorant de tous, j'ose, par des lettres fréquentes, vous engager à marcher dans la voie de la sainteté et de la justice, ce n'est ni la confiance dans ma propre vertu, dans l'habileté de ma sagesse, ou l'étendue de ma science qui m'y pousse, mais l'affection de cœur et d'âme que je vous porte, selon Dieu. C'est elle qui me presse de telle sorte à vous instruire, moi pêcheur et ignorant, qui, bien que je ne sache pas parler, cependant je ne puis me taire. Je voudrais, je désirerais de tout mon cœur que vous eussiez la connaissance de ces hommes remplis de sagesse, à la parole éloquente, d'une science abondante, et dont la conscience est pure de toute souillure du péché ; ils pourraient vous instruire avec autorité et par leurs paroles, et par leurs exemples. Quant à nous, outre que notre esprit est tellement obscurci par la sottise et l'ignorance, qu'il ne saurait ni comprendre, ni exprimer quoi que ce soit de divin, la conscience de nos péchés nous arrête et nous embarrasse, quand

DE VITA CHRISTIANA
LIBER UNUS

Ut ego peccator (*a*) et ultimus, insipientior cæteris, et imperitior universis, te ut sanctitatis et justitiæ viam pergas, crebrioribus audeam litteris admonere, non me propriæ justitiæ fiducia, non sapientiæ peritia, non scientiæ gloria, sed sola quam secundum Deum animo ac mente concepi, caritatis tuæ causa compellit : quæ me peccatorem et ignarum, ad dicendum ita hortatur et provocat, ut cum loqui nesciam, tacere non possim. Vellem itaque et libenter optarem, te eorum habere notitiam, quorum et sapientia affluentior est, et facundia major, et scientia uberior, et conscientia ab omni peccatorum contagione liberior, qui te verbis juste instruerent et exemplis. Nos enim præterquam quod mentem nostram ita insipientiæ et ignorantiæ caligo cæcavit, ut divinum aliquid nequeat sentire vel dicere ; adhuc insuper et omnium redarguit conscientia peccatorum, ut etiam si quid

(*a*) Editi, hic ad. *primus*, quod abest a Mss. et Holstenii editione.

même nous aurions quelque lumière, tellement, qu'outre que nous ne savons rien, notre conscience ne nous permet pas de dire avec confiance même le peu que nous savons. Toutefois, en attendant que vous trouviez un guide plus habile et plus saint, contentez-vous de nos simples avis, pardonnez à notre affection ; la charité ne considère pas ce qu'elle offre, elle ne cherche point ce qu'elle n'a pas, elle donne volontiers tout ce qu'elle a. Considérez moins la valeur du présent que l'intention qui vous l'offre, et jugez si cette affection pourrait vous refuser quelque chose, puisqu'elle vous offre tout ce qu'elle possède. Elle vous eût offert ce qu'elle n'avait pas, si c'eût été possible, puisqu'elle vous présente tout ce qui est en son pouvoir. Il a soif sans doute, mais une soif supportable, celui auquel un petit ruisseau ne suffit pas, et qui voudrait se désaltérer à une source abondante. Celui-là, sans doute, n'est pas bien affamé, qui, ayant du pain bis, attend qu'il lui en vienne du blanc, de fine fleur de froment. Ainsi vous, ma chère sœur, qui êtes affamée et altérée des choses célestes, prenez ce pain bis, en attendant que vous en trouviez qui soit fait de fleur de froment ; buvez à ce faible ruisseau, en attendant que vous puissiez vous désaltérer à une source plus pure et plus abondante. Cependant, que notre pain, tout grossier qu'il est, ne vous déplaise point. Le pain bis, tout grossier qu'il est, est plus substantiel, rassasie mieux l'estomac, et répare plus promptement les forces que celui qui est blanc et délicat. Maintenant, je vais parler comme je pourrai, et expliquer selon mon pouvoir ce qu'un chrétien doit faire. Pour bien commencer, il me semble juste de dire d'abord ce que c'est qu'un chrétien, et pourquoi on porte ce nom.

Chapitre premier. — Aucun, parmi les savants et les fidèles, n'ignore que le mot Christ signifie oint. On sait également qu'on ne donnait l'onction qu'à des hommes saints et amis de Dieu : aux prophètes, aux prêtres et aux rois. Si grand était le mystère de cette onction que, chez le peuple juif, on ne la donnait qu'à un très-petit nombre. C'est ce qui eut lieu jusqu'à l'arrivée de Notre-Seigneur Jésus-Christ, que Dieu, par-dessus tous les autres, oignit de l'huile de la joie, c'est-à-dire de l'Esprit saint. Depuis ce temps, ceux qui croient en lui et qui sont purifiés par le baptême, sont tous, et non pas seulement quelques-uns, comme sous l'ancienne loi, oints prophètes, prêtres et rois. Cette onction nous apprend quels nous devons être ; elle nous dit que ceux qui ont été sacrés par une onction si sainte doivent avoir une conduite qui y réponde. C'est du signe de cette onction qu'est venu le nom de Christ et de chrétien, c'est-à-dire de ceux qui croient en Jésus-Christ. C'est en vain que porte ce nom celui qui n'imite point le Christ. Que vous sert d'être appelé ce que vous n'êtes point, et d'usurper un nom qui ne vous appartient pas ? Si vous aimez à être appelé chrétien, suivez les exemples du Christ, et méritez le nom que vous portez. Désireriez-vous ne pas vivre en chrétien, et cependant en avoir le nom ? C'est laid et misérable de vouloir être appelé ce qu'on n'est pas. Personne ne passe au Christ pour être appelé chrétien, et ne pas l'être. Celui qu'on nomme chrétien

luminis possit habere, abscondat : et ita fit ut præter quam quod dicere non habemus, hoc etiam quod habemus, non fiducialiter proferre conscientia prohibente possimus. Tu tamen dum peritior tibi apparere possit et melior, rudibus admonitionibus nostris interim esto contenta, et caritati da veniam ; cujus est non considerare quid offerat, nec quod non habet, quærit ; sed totum quod habet, libenter impertit : ad cujus non tam muneris speciem, quam animi respice voluntatem, et diligenter adverte quid tibi illa negare poterit, quæ totum dare (*a*) potuit quod habebat. Obtulisset etiam quod non habebat si posset, quæ totum (*b*) potuit quod habebat offerre. Sitit itaque ille, sed parum, qui decurrentis interim rivi aqua non potest esse contentus, donec ad fontem uberiorem purioremque perveniat. Nec illum satis esurire credo, qui cum panes cibarios habeat, nitidos exspectat et candidos. Ita et tu dilectissima soror, quam ego certus sum esurire nimium et sitire cœlestia, cibarios interim mande panes, donec siligine candentes invenies : exigui et turbulenti rivuli aquam pota, usque quo affluentioris haurias puriorem. Nec tibi interim panis noster, quamvis rusticus videatur esse, displiceat. Rusticus enim panis inculcior videtur esse, sed fortior et celerius esurientem stomachum satiat, fessumque corroborat, quam qui siligineus videtur et nitidus. Nunc ergo dicam sermonem prout valeo, et quid Christianum agere conveniat, ut potero, explicabo. Cujus rei, et unde prius exordium sumam, justius non invenio, quam ut primum de Christiano ipso vocabulo disputem, et cur quis Christianus nuncupetur exponam.

Caput primum. — Christum unctum interpretari, sapientum et fidelium nullus ignorat. Unctos vero non nisi sanctos viros et satis Deo dignos semper fuisse manifestum est, nec alios quam Prophetas, aut sacerdotes, aut reges. Et tam magnum fuit ipsius unctionis mysterium, ut in judaico populo non omnes illud, sed satis pauci de plurimis mererentur accipere : et hoc usque ad adventum Domini nostri Jesu Christi, quem Deus oleo lætitiæ, id est, Spiritu sancto, præ cæteris consortibus suis unxit. (*Psal.* XLIV, 8.) Ex quo tempore credentes illi et baptismatis illius sanctificatione purgati, non aliquanti, sicut sub lege prius fuerat, sed omnes in Prophetis et sacerdotibus unguntur et regibus. Cujus unctionis quales esse debeamus admonemur exemplo ; ut in quibus tam sancta est unctio, sit non minus sancta conversatio. Ex sacramento enim unctionis hujus, et Christi et Christianorum omnium, id est, in Christo credentium, vocabulum descendit et nomen : quod nomen ille frustra sortitur, qui Christum minime imitatur. Quid enim tibi prodest vocari quod non es, et nomen tibi usurpare alienum ? Sed si Christianum te esse delectat, quæ Christi sunt gere, et merito tibi Christiani nomen assume. Aut forsitan non esse, sed vocari desideras ? Hoc satis fœdum et miserum est, te velle vocari quod non

(*a*) Editi, *voluit*. — (*b*) Ita Mss. At Holsten. *totum dedit quod potuit offerre*. Editi alii, *totum quod potuit offerebat*.

professe reconnaître Jésus-Christ comme son Seigneur. Il l'a réellement pour maître, s'il lui obéit en tout, et s'il le sert avec fidélité. S'il en est autrement, il n'est plus le serviteur du Christ, mais il est un perfide, un railleur, qui se dit le serviteur de Celui auquel il refuse d'obéir. Une double condamnation lui est réservée : l'une, pour s'être moqué de Dieu, en l'appelant à tort son Seigneur, et l'autre, selon la malice de ses propres péchés.

Chapitre II. — Mais la longue patience de Dieu semble rendre les incrédules, les impies, les perfides plus audacieux à pécher ; parce qu'il ne les punit pas aussitôt, ils croient que Dieu ne se vengera point de leurs crimes. Misérables et ingrats, sans aucun souci de leur salut, ils osent faire, en quelque sorte, un reproche à Dieu de ce qu'il diffère de les perdre ; ils ignorent que la providence de Dieu les conserve pour une double raison : la première pour, par cette longue patience, sauvegarder le genre humain ; la seconde, pour ne pas paraître manquer de patience en punissant sur-le-champ les coupables. En effet, si Dieu n'avait pas une patience aussi longue, il y a longtemps que c'en serait fait du genre humain ; et, s'il eût puni sans délai les offenses, nous n'aurions pas des pécheurs transformés en saints. Nous savons, en effet, et nous lisons que quelques-uns de ceux qui, aveuglés par l'ignorance, égarés par la passion, ou séduits par une vaine jeunesse, avaient croupi dans toutes sortes de péchés, grâce à la miséricordieuse patience de Dieu qui les a attendus, se sont convertis dans la suite, et ont fait des œuvres de justice plus grandes encore que ne l'avaient été leurs péchés. Dieu n'approuve pas le péché, mais il diffère de le punir ; il ne délivre pas de la mort le pécheur qui persévère dans cet état, mais il attend patiemment que, ne fût-ce même que tard, il se convertisse et qu'il vive. C'est ce que nous apprend saint Pierre quand il dit : « Le Seigneur n'a point retardé l'accomplissement de sa promesse ; mais c'est qu'il exerce envers vous sa patience, ne voulant point qu'aucun périsse, mais que tous retournent à lui par la pénitence. » (II *Pier.*, III, 9.) Comme un père bon, doux et clément, il ne vous frappe pas sur-le-champ, afin que vous connaissiez quelle est sa bonté, sa clémence envers vous, puisqu'il aime mieux vous attendre, vous pécheur et impie, vous sauver converti, que de vous punir dans vos désordres. Dieu lui-même, parlant par son prophète, nous montre combien il veut user envers les hommes de miséricorde et de bonté, quand il dit : « Si l'impie fait pénitence de tous les péchés qu'il a commis, s'il garde tous mes préceptes, et s'il agit selon l'équité et la justice, il vivra certainement et ne mourra point. Je ne me souviendrai plus de toutes les iniquités qu'il avait commises, il vivra dans les œuvres de justice qu'il aura faites. » « Est-ce que je veux la mort de l'impie ? dit le Seigneur Dieu, ne veux-je pas plutôt qu'il se convertisse de sa mauvaise voie et qu'il vive ? » (*Ezéch.*, XVIII, 24 et suiv.) Et ailleurs : « L'iniquité du méchant ne lui nuira point, en quelque jour qu'il abandonne sa perversité. » (*Ibid.* XXXIII, 12.) Ailleurs encore : « Convertissez-vous, enfants rebelles, et je guérirai le mal que vous vous êtes fait. » (*Jérém.*, III, 21.) Voici comment Dieu vous avertit et vous presse de quitter le péché, de vous convertir, ne fût-ce que tardivement, afin de pouvoir être sauvés.

---

sis. Nemo enim ita transit ad Christum, ut Christianus appelletur, et non sit. Qui Christianus dicitur, Christum se habere Dominum profitetur. Et vere habet, si ei in omnibus obsequatur et servial. Si quominus, Christi ille non famulus, sed subsannator est et derisor, qui ejus se servum dicit, cui servire dissimulat. Huic ergo judicium geminum servatur; et pro Dei subsannatione, quem sine causa Dominum appellavit, et pro qualitate peccati.

Caput II. — Sed plerosque incredulos et impudentes et perfidos misericordis Dei longa patientia peccare (*a*) facit intrepidos; ut ex hoc peccatorum suorum Deum non arbitrarentur ultorem, quod non statim velit punire peccantes. Miseri et ingrati, suæ salutis improvidi, (*b*) quia hoc etiam Deo imputant, quod eorum differatur interitus; ignorantes Dei providentia duplici ratione servari, ut et humano generi longa ejus patientia consulatur ; et ne illa judiceiur impatiens, si illico voluerit (*c*) damnare peccantes. Nam si tam patiens non esset, jam diu humani generis origo desiisset : nec justos de peccatoribus haberemus, si confestim Deus vellet punire qui peccant. Nonnullos enim scimus et legimus, qui antea aut ignorantiæ cæcitate, aut causa perfidiæ, aut adolescentiæ vanitate decepti, multiplici et vario peccatorum genere tenebantur obnoxii, et per sustentantis Dei clementissimam patientiam postmodum ab errore sunt conversi, majores adhuc (*d*) operas fecisse justitiæ, quam ante peccata commise- rant. Deus enim non donat peccata, sed differt; nec perseverantem peccatorem a morte liberat, sed ut vel sero convertatur et vivat, patienter exspectat : sicut beatus Petrus apostolus ait : « Non tardat Dominus (*e*) promissis ; sed patienter agit propter vos, nolens aliquos perire, sed omnes ad pœnitentiam converti. » (II *Pet.*, III, 9.) Ille enim te quasi pius, benignus et clemens, illico nequaquam non percutit, ut tu quanta illius erga te sit pietas, quanta clementia fit recognoscas, qui te peccatorem et impium exspectare mavult, et servare conversum, quam punire peccantem : sicut per Prophetam ipse Dominus loquitur, et quantum velit homini misericordiæ pietatisque largiri, propriæ vocis benignitate depromit, dicens : « Et iniquus si convertat se ab omnibus iniquitatibus suis quas fecit, et custodiat mandata mea, et faciat judicium, et justitiam, et misericordiam ; vita vivet, et non morietur : omnia delicta ejus quæcumque fecit, non erunt in memoria : in justitia sua, quam fecit, vivet . » (*Ezech.* XVIII, 21.) Et : « Numquid voluntate volo mortem injusti, dicit Adonai Dominus, quam ut avertat se a via sua mala, et vivere eum faciam? » (*Ibid.*, 22.) Et alibi : « Iniquitas iniqui non nocebit eum, in quacumque die averterit se a sua iniquitate. » (*Ezech.*, XXXIII, 12.) Et iterum : « Convertimini filii convertentes, et ego sanabo contritionem vestram. » (*Jerem.*, III, 22.) Ecce quomodo te Deus, ut a peccatis tuis vel sero convertaris

---

(*a*) Editi, *finit*. — (*b*) Holsten. *qui*. — (*c*) Plerique Mss. *punire*. — (*d*) Editi, *opera*, renuentibus Mss. — (*e*) Ms. Corb. *promissa reddere*.

Voici comment il exhorte à vivre celui qui est digne de mort, comme il l'invite avec douceur, avec clémence, ne refusant pas même aux pécheurs d'avoir pour eux la bonté d'un père ; il appelle encore ses fils les pauvres pécheurs qui, en l'offensant, ont perdu le droit d'avoir Dieu pour père. Lui-même se plaint d'avoir perdu les pécheurs, comme on le voit dans cette plainte pleine de douleur et de tristesse : « Je suis devenu sans enfants, dit-il, j'ai perdu mon peuple, ses péchés l'ont éloigné de moi. » (*Jérém.*, XV, 7.) Connaissez donc par là combien Dieu vous aime, puisqu'il aime mieux vous voir vivre que périr. Et vous, vous dédaignez, vous méprisez Celui qui vous aime plus que vous-même, qui veut vous voir vivre, alors que vous désirez mourir : « Je ne veux pas, dit-il, la mort du pécheur, mais qu'il se convertisse et qu'il vive. » (*Ezéch.*, XVIII, 32.) Vous avez voulu mourir en péchant, il veut que vous viviez en vous convertissant. O insensé, ô coupable ingrat, qui ne vous rendez pas aux invitations de ce Dieu qui veut vous faire miséricorde, qui aime mieux vous sauver par sa bonté que de vous voir périr par vos péchés !

CHAPITRE III. — Que personne ne s'y trompe et ne se fasse une fausse et vaine illusion ; que personne ne s'imagine qu'il peut pécher avec sécurité et librement, parce que la colère et le jugement de Dieu ne tombent pas immédiatement sur les pécheurs ; qu'il n'aille pas croire qu'il peut pécher impunément, parce qu'il n'a pas été châtié sur-le-champ ; qu'il sache, au contraire, que Dieu attend plutôt qu'il ne dissimule, et que sa colère tombera sur les pécheurs, plus subite et plus imprévue encore

que le pardon, selon ce qui est écrit : « Ne dites pas : J'ai péché, que m'est-il arrivé de fâcheux ? le Très-Haut est un juge patient. » (*Eccli.*, V, 4.) Et ailleurs : « Ne tardez pas à vous convertir au Seigneur, et ne remettez pas de jour en jour, car sa colère viendra tout à coup. » (*Ibid.*, 8.) C'est ce qui arrive à la plupart qui, à cause de leurs nombreux péchés, éprouvent la colère de Dieu dans ce monde, et sont destinés à l'éprouver dans l'autre. Mais personne ne comprend cela, personne n'y fait attention, et quiconque supporte ici-bas des malheurs ne pense pas qu'il les doive à ses péchés ; il croit que ce qui lui arrive est plutôt l'effet du hasard que le châtiment de ses crimes. C'est pour cela qu'on dit que Dieu ne punit pas les méchants dans ce monde, parce que, lorsqu'il les punit, ou ne le remarque pas. Il y en a plusieurs auxquels personne ne fait attention qui, à cause de la multitude de leurs péchés, sont punis dès ce monde et avant le jour du jugement. Que quelqu'un dise s'il a jamais vu un sacrilége, un meurtrier, un ravisseur, un faussaire, un homicide, un voleur, un perfide, un adultère, ou un homme coupable de quelque grand crime jouir ici-bas d'une longue vie. Quant à nous, nous avons vu assez d'exemples pour nous prouver que les impies et les scélérats, lorsque la mesure de leurs crimes est comblée, sont jugés même ici-bas, et que Dieu leur retire la vie de ce monde, comme il leur refuse la vie future.

Mais ceci peut être plus facilement compris par celui qui voudra considérer quelle fut la fin, à diverses époques, des différents juges qui ont jugé avec iniquité. Plus leur pouvoir était élevé, plus leur

---

et salvus esse possis, monet et provocat. Ecce qualiter jam morti obnoxium ut vivat hortatur, quam leniter, quam clementer invitat, ut etiam peccatoribus patris non neget pietatem : et adhuc filios appellat, qui patrem Deum peccando perdiderunt : sicut et ipse se perdidisse peccatores alio in loco cum voce flebili et miserabili quadam lamentatione testatur, dicens : « Sine filiis factus sum, perdidi populum meum propter peccata eorum. » (*Jerem.*, XV, 7.) Ex hoc ergo cognosce, qualiter te Deus diligat quem mavult vivere, quam perire. Et tu eum contemnis et despicis, qui amplius quam tu ipse te diligit, qui te mori cupientem vult vivere ? « Nolo, » inquit Dominus, « mortem (*a*) peccatorum, sed ut convertantur et vivant. » (*Ezech.*, XVIII, 32.) Tu ergo mori voluisti peccando, ille te (*b*) vivere vult convertendo. O stulte, o irreverens et ingrate, qui nec in hoc Deo, qui tibi vult misereri, consentis ; qui te mavult sua pietate salvare, quam tuo perire peccato !

CAPUT III. — Nemo ergo sibi ideo blandiatur, nemo se stulta et vana suspicione decipiat, nemo idcirco secutus delinquat et liber, quod super peccatores confestim Dei ira judiciumque non veniat ; ut ex hoc opinetur se impune peccasse, quod non illico perimatur : sed hoc magis differre Deum, quam dissimulare cognoscat ; et iram ejus peccatoribus, (*c*) quam veniam, subito et repente ven-

turam, sicut scriptum est : « Ne dixeris : Peccavi, et quid accidit mihi triste ? est enim Altissimus redditor patiens. » (*Eccli.*, V, 4.) Et alibi : « Ne tardes converti ad Dominum, neque differas de die in diem ; subito enim veniet ira ejus (*Ibid.*, 8.) » Quod in plerisque impletur, quibus ob nimia peccata, et in præsenti Dei ira supervenit, et in futuro servatur. Sed hoc nemo intelligit, nemo cognoscit : nec quisque adversa sustinens malis suis æstimat irrogari ; sed quod pertulerit, consuetudinis potius putat esse, quam criminis. Et idcirco Deus in præsenti non videtur punire peccantes ; quia cum punit, nemo cognoscitur. Multi sunt enim, quos nemo intelligit, qui ob multitudinem peccatorum jam ante judicii diem in præsenti etiam judicantur. Aut dicat quis, si quem sacrilegum, sanguinarium, rapacem, falsarium, homicidam, furem, fraudulentum, adulterum, cæterorumque criminum reum, vel in præsenti tempore potuerit videre longævum ? Nos enim plurimorum exempla videmus, per quæ probare sufficimus, sceleratos et impios, peccatorum suorum fine completo, et hoc etiam tempore judicari, et præsentem eis vitam negari non minus quam futuram.

Sed hoc ille facilius intelligere potest, qui per diversa tempora diversorum judicum impie sceleratæque conversantium (*d*) exspectavit interitum. Quorum quo potes-

---

(*a*) Holsten. *morientium*. Mss. Sorbon. et Remig. *morientibus*. Michael. *peccantium*. Corb. *peccatoribus morientibus*. — (*b*) Mss. *vivificare*. — (*c*) Editi, *quamvis seram, subito*. — (*d*) Pro *spectavit*.

audace pour le mal était grande; ils pensaient que tout ce qu'ils pouvaient leur était permis, et, ne craignant point le jugement des autres, puisqu'ils les jugeaient eux-mêmes, ils donnaient tête baissée dans le mal. Mais il arrive que ceux qui ne redoutent point la justice des hommes, trouvent en Dieu un juge et un vengeur. Parmi eux les uns, qui avaient souvent versé le sang des innocents, ont tellement ressenti la justice de Dieu et sa colère que, dans la suite, ils ont été contraints de verser leur propre sang, eux qui aimaient à répandre celui des autres. D'autres, qui s'étaient rendus coupables de crimes semblables, ont été tellement châtiés par la justice de Dieu, qu'on a vu leurs corps, privés de sépulture, devenir la pâture des bêtes fauves et des oiseaux du ciel. D'autres, qui avaient injustement mis à mort une foule d'hommes, ont été démembrés et coupés en morceaux; en sorte que le nombre des lambeaux arrachés à leur corps a égalé le nombre de ceux qu'ils avaient condamnés. Enfin, il en est d'autres qui, par un juste jugement, ayant fait mourir les maris, ont rendu plusieurs femmes veuves, plusieurs enfants orphelins, laissant à ces derniers pour partage la pauvreté et la misère, (car à leur impiété et à leur cruauté se joignait le crime de dépouiller ceux qu'ils avaient rendus orphelins.) Et maintenant, nous voyons les veuves et les enfants de ces juges iniques avoir besoin aujourd'hui du pain de la charité. Ne voyez-vous pas que pour eux s'est réalisée cette menace du Seigneur quand il dit : « Vous ne ferez aucun tort à la veuve et à l'orphelin; si vous les offensez en quelque chose, ils crieront vers moi, et j'entendrai leurs cris; ma fureur s'allumera contre vous; je vous ferai périr par l'épée, vos femmes deviendront veuves et vos enfants orphelins. » (*Exod.*, XXII, 22.) O scélératesse, crime infâme, cruauté affreuse et intolérable! Deux atroces forfaits sont commis en même temps : on ordonne un meurtre, pour que le vol lui succède; on tue les maris, on tue les pères, afin de dépouiller plus facilement les veuves et les orphelins. Ainsi chacun se réjouit de la mort d'autrui, comme s'il ne devait pas lui-même mourir un jour. C'est avec raison que Dieu s'émeut d'une telle cruauté et d'une telle impiété; c'est avec raison qu'il fait sentir à quelques-uns sa justice même avant le temps; c'est avec raison qu'il leur refuse et la vie du temps, et celle de l'éternité. Leur exemple nous apprend que les scélérats et les impies ne peuvent pas toujours éviter le jugement de Dieu, même dans cette vie présente.

Mais voici le sentiment qui nous paraît le plus convenable : La patience de Dieu supporte chacun aussi longtemps que la mesure de ses péchés n'est pas comblée; cette mesure comblée, le pécheur est frappé sur-le-champ, et il n'y a plus de pardon pour lui.

Chapitre IV. — Qu'il y ait pour chaque pécheur un nombre fixe de péchés, une borne, une mesure, c'est ce que Dieu lui-même nous apprend. Que chacun soit jugé ou plus tôt, ou plus tard, selon que cette mesure est remplie, c'est ce qui est clairement prouvé, lorsqu'il s'agit de la ruine et de l'incendie de Sodome et de Gomorrhe, qui avaient comblé cette mesure. Dieu parle à Abraham et lui dit : « Le cri de Sodome et de Gomorrhe s'augmente de plus en plus, et leur péché est monté jusqu'à son comble. » (*Gen.*, XVIII, 20.) Parlant des Amorrhéens, il dit que leur péché n'a pas encore atteint la mesure, et, ce-

---

tas sublimior est, eo ad peccandum major audacia, quæ totum sibi licere credit quod potest : et dum alterius judicium non timent qui alios judicant, ad peccandum præcipites sunt. Ita fit, ut qui hominis non timent in delinquendo judicium, Deum judicem sentiant et ultorem. Ex quibus alii qui insontium animarum sanguinem effuderant, ita iram Dei judiciumque sensere, ut ipsi postmodum sanguinem fundere cogerentur suum, qui libenter fundebant alienum. Alii vero qui similia commiserant, sic Dei indignatione prostrati sunt, ut insepulti jacerent, et esca feris et cœli volucribus fierent. Alii autem qui innumerabilem hominum multitudinem injuste peremerant, membratim particulatimve concisi, ut non minor fuerit concisura membrorum quam quos interimi fecerant, numerus punitorum. Et quorum judicio maritis injuste peremptis multæ effectæ viduæ, multi orphani patribus occisis derelicti, quibus præter orbitatem mendicitas inferebatur et nuditas : (nam addebant impietati et crudelitati quod deerat, ut eorum quos fecissent occidi, spoliarent et liberos) : nunc vero ipsorum conjuges viduæ et filii orphani alienis quotidie egent panibus. Nonne videtur tibi istud testimonium in ipsis esse completum comminantis Dei et dicentis : « Viduam et orphanos non vexabitis. Quod si vexaveritis eos, et vociferantes clamaverint ad me : exaudiam vociferationem eorum, et irascar animo, et perimam vos gladio, et erunt conjuges vestræ viduæ, et filii vestri orphani ? » (*Exod.*, XXII, 22.) O indignum nefas ! o scelestum facinus ! o nimia et non ferenda crudelitas ! Duo sævissima et atrocissima uno perpetrantur in tempore, homicidium fit, ut rapina succedat : occiduntur mariti, occiduntur et patres, quo facilius viduæ spolientur et orphani : et ita quisque in alterius morte congaudet, quasi non sit ipse quandoque moriturus. Merito ergo Deus hujusmodi crudelitatibus et impietatibus commovetur. Merito judicium suum in quibusdam etiam ante tempus ostendit. Merito vita talibus nec præsens nec futura conceditur. Quorum nos, ne sceleratos et impios in præsenti etiam Dei judicium evadere posse existimemus, admonemur exemplo.

Sed hoc magis sentire nos convenit, tam diu unumquemque Dei patientia sustentari, quam diu nondum peccatorum suorum terminum finemque repleverit : quo consummato eum illico percuti, nec illi jam veniam ullam reservari.

Caput IV. — Esse autem certum peccatorum modum atque mensuram, Dei ipsius testimonio declaratur. Et quod unusquisque vel celerius vel tardius, prout peccatorum suorum modum expleverit, judicetur, evidentissime demonstratur, quando de Sodomorum et Gomorrhæorum interitu atque incendio, qui sua jam peccata repleverant, ad Abraham Deus loquitur, dicens : « Clamor Sodomorum et Gomorrhæorum repletus est, et pec-

pendant, nous voyons qu'ils furent détruits plusieurs années après l'incendie des villes susdites : « Les péchés des Amorrhéens jusqu'ici, dit-il, n'ont pas atteint la mesure. » (Gen., xv, 16.) Par cet exemple, nous voyons avec évidence que chacun est jugé selon la mesure de ses péchés, et qu'il est supporté pour qu'il se convertisse, jusqu'à ce que cette mesure soit comblée. Que personne donc ne se trompe et ne se fasse illusion, Dieu n'aime pas les méchants, il n'aime pas les pécheurs, il n'aime pas les injustes, les cruels, les ravisseurs, les impies; il aime les bons, les justes, les pieux, les innocents, ceux qui sont doux de cœur; c'est ainsi qu'il est écrit : « Vous n'êtes pas un Dieu qui voulez l'iniquité. Le méchant n'habitera point près de vous, et ceux qui sont injustes ne demeureront point devant votre face. Vous détestez tous ceux qui commettent l'iniquité, vous perdez tous ceux dont la bouche profère le mensonge. » (Ps. v, 6.)

Chapitre V. — Mais dira quelqu'un : Pourquoi voyons-nous les bons périr avec les méchants? Les bons ne périssent pas, ils s'en vont, délivrés de la société et de la persécution des méchants, ils passent dans un lieu de repos. Ceux-là seuls meurent et périssent, qu'à leur sortie de ce monde attendent un jugement sévère et un supplice plus grand. Les bons sont appelés avant le temps, pour ne pas être plus longtemps tourmentés par les méchants; ceux-ci sont enlevés, pour ne pas persécuter plus longtemps les bons. Les justes quittent les épreuves, les tribulations, les angoisses pour un séjour de repos ; les méchants sont arrachés à la luxure, à l'opulence, aux délices pour recevoir leur châtiment. Les uns s'en vont pour juger les autres, les autres pour être jugés; les uns pour être vengés, les autres pour que la vengeance s'exerce sur eux ; c'est dans ce sens qu'il est écrit : « Quand le juste mourrait d'une mort précipitée, il se trouverait dans le repos ; Dieu l'a transféré d'entre les pécheurs parmi lesquels il vivait. Son âme était agréable à Dieu, c'est pourquoi il s'est hâté de le tirer du milieu de l'iniquité. » (Sag., iv, 7, 10, 14.) Et ailleurs : « Les justes marchent avec les impies vers la mort, mais ils sont en paix. » (Ibid., iii, 3.) Vous voyez donc que, pour les justes et pour les amis de Dieu, la dissolution du corps, c'est le repos, et non le châtiment, et lorsqu'ils meurent, on peut dire qu'ils sont délivrés, et non qu'ils périssent. Aussi ceux qui sont fidèles ne craignent ni ne redoutent cette dissolution, mais plutôt ils la désirent et l'appellent de leurs vœux. Car ils savent qu'elle leur apportera la paix, et non le châtiment. Les méchants, les impies, et ceux auxquels la conscience reproche leurs crimes, la redoutent par une prévoyance naturelle, car ils n'ignorent pas qu'elle les conduit au jugement. C'est pourquoi, ayant bien compris cette raison, nous devons éviter le péché, puisque nous savons que les pécheurs sont jugés dès ce monde, et, de plus, réservés au jugement de l'autre vie.

Chapitre VI.— Nous ne devons pas nous flatter parce que nous portons le nom de chrétiens, mais nous devons croire qu'à cause de cela même, nous serons jugés, si nous prenons un nom qui ne nous appartient pas. Que si quelqu'un est assez infidèle, assez

---

cata eorum magna vehementer repleta sunt. » (Gen., xviii, 20.) De Amorrhæis vero quid dicit, qui sua nondum peccata finierant, quos post multos annos quam supradictæ civitates crematæ sunt, constat esse deletos? « Nondum repleta sunt peccata Amorrhæorum usque adhuc. » (Gen., xv, 16.) Quo exemplo manifestissime instruimur et docemur, singulos secundum peccatorum suorum plenitudinem consummari, et tam diu ut convertantur sustineri, quam diu cumulum suorum non habuerint delictorum. Nemo se, inquam, fallat, nemo se decipiat : malos non amat Deus, peccatores non amat, injustos non amat, rapaces, crudeles, impios; sed amat bonos, justos, pios, humiles, innocentes, mites : sicut scriptum est : « Quoniam non Deus volens iniquitatem tu es. Non habitabit juxta te malignus, neque permanebunt injusti ante oculos tuos. Odisti omnes qui operantur iniquitatem, perdes omnes qui loquuntur mendacium. » (Psal. v, 6.)

Caput V. — Sed dicit aliquis : Quid est quod videmus bonos etiam perire cum malis? Illi non pereunt, sed evadunt, quia de malorum consortio et persecutionibus liberantur, et ad requiem transferuntur. Illi plane moriuntur et pereunt, quos de hoc mundo recedentes, majoris adhuc judicii supplicium exspectat et pœna. Vocantur enim ante tempus boni, ne diutius vexentur a noxiis: mali vero et impii tolluntur, ne bonos diutius persequantur. Justi de pressuris, tribulationibus et angustiis

(a) Mss. tres exspectant.

vocantur ad requiem; impii vero de luxuriis et opibus et deliciis rapiuntur ad pœnam. Illi enim vadunt ut judicent, isti ut judicentur : illi ut vindicentur, et in eos vindicta celebretur, sicut scriptum est : « Justus autem si morte præoccupatus fuerit, in refrigerio erit. » (Sap., iv, 7.) Et iterum : « Vivens inter peccatores translatus est. » (Ibid., 10.) Et iterum : « Placita enim erat Deo anima ejus, et ideo properavit de medio iniquitatis eripere eum. » (Ibid., 14.) Et iterum : « Cum impiis iter ad mortem, illi autem sunt in pace. » (Sap., iii, 3.) Vides ergo hanc solutionem corporis justis et Dei cultoribus requiem, non pœnam : et cum dissolvuntur, liberari eos potius, quam perire. Et idcirco ipsam solutionem qui fideles sunt nec timent, nec verentur, sed venire magis desiderant et (a) exoptant : per quam sibi requiem intelligunt exhiberi, non pœnam. Iniqui vero, et impii et suorum scelerum conscii eam merito naturali providentia pertimescunt, per quam se non nesciunt judicari. Quapropter hac ratione reddita et accepta, non oportet nos omnino peccare : præsertim cum non ignoremus peccatoribus judicium et in præsenti esse, et in futuro servari.

Caput VI. — Nec in hoc nobis nomine tantum, quod Christiani dicimur, blandiamur : sed propter hoc etiam nos judicandos credamus, si nomen nobis frustra vindicemus alienum. Aut si aliquis tam incredulus est, tam infidelis, tam pertinax, tam obstinatus, tam audax, ut

impie, assez opiniâtre, assez audacieux pour ne pas craindre la colère de Dieu, qui se fera certainement sentir un jour, que l'opinion même des hommes suffise pour le confondre, qu'il voie combien les princes eux-mêmes considèrent comme grossier, stupide et insensé celui qui, dans sa folle vanité, s'arroge un nom qui n'est pas à lui. Qui serait assez vain et assez misérable pour oser prendre le titre d'avocat, s'il ne savait pas lire? Quel insensé se dirait soldat, s'il ne connaissait aucunement le maniement des armes? Personne ne s'arroge un nom sans de bonnes raisons. Pour qu'on appelle quelqu'un cordonnier, il est nécessaire qu'il fasse des chaussures; pour que quelqu'un soit forgeron ou artiste, il faut une certaine habileté dans son art; pour qu'on désigne quelqu'un sous le nom de négociant, il faut qu'il vende et qu'il achète. Ces exemples nous montrent que le nom vient des actes, et que, sans actes qui le justifient, on ne mérite point un nom. Comment vous dites-vous chrétien vous qui ne faites aucun acte de chrétien? Chrétien, c'est un nom qui renferme la justice, la bonté, l'intégrité, la patience, la chasteté, la prudence, l'humanité, l'humilité, l'innocence, la piété; comment donc prétendez-vous mériter ce nom, vous en qui on ne trouve aucune trace de toutes ces vertus? Le chrétien est celui qui est tel par ses œuvres, celui qui, en toutes choses, imite et suit le Christ qui est saint, innocent, sans souillure et sans tache. Dans son cœur il n'y a nulle malice, on y trouve la piété, la bonté; il ne blesse point, il ne nuit à personne, il est disposé à rendre service à tous. Le chrétien est celui qui, à l'exemple de Jésus-Christ, ne hait point ses ennemis, est prêt à leur faire du bien et à prier pour ceux qui le persécutent. Quiconque est disposé à blesser le prochain, ou à lui nuire, ment quand il dit qu'il est chrétien. Celui-là seul l'est qui peut dire avec raison : Je n'ai cherché à nuire à personne, j'ai vécu avec tout le monde, conformément aux règles de la justice.

Chapitre VII. — Mais, pour qu'on ne pense pas que je parle d'après moi-même, et qu'on n'aille pas s'imaginer qu'on peut facilement dédaigner quelqu'un qui enseigne d'après ses sentiments, plutôt que d'après l'autorité de la loi, je vais apporter des exemples tirés de la loi ancienne et nouvelle, de cette loi qui nous ouvre le chemin de la vie, et montrer comment Dieu, dès le commencement du monde, en a prescrit l'observation, pourquoi il a toujours été apaisé et ce qui toujours l'a offensé. Je vois qu'après Adam, qui fut le premier homme, et dont je ne veux pas parler maintenant, dès le commencement du monde, des deux frères Caïn et Abel, l'un plaît à Dieu, parce qu'il est innocent et juste; l'autre lui est désagréable, parce qu'il est méchant et coupable. Quelque temps après, l'Ecriture nous signale Enoch comme juste: cette justice lui valut de ne pas connaître la mort, mais d'être enlevé du milieu des hommes et réservé pour l'immortalité; exemple qui montre qu'un seul juste est plus cher à Dieu que tous les pécheurs. Noé aussi fut juste, et nous savons ce que lui valut sa justice, qu'il fut conservé avec les siens, tandis que tout le genre humain était condamné à périr par le déluge. L'Ecriture nous apprend ce qu'ont valu à Abraham, sa foi et sa justice; il fut, de son temps, seul, déclaré

---

quæ quandoque ventura est, (a) Dei judicis iram indignationemque non metuat, vel humanam consuetudinem erubescat; et videat quam brutus, quam insipiens ille, quam stultus ab ipsis etiam gentibus judicetur, cujus tanta est vanitas tantaque dementia, ut sibi nomen adipiscatur alienum. Quis enim tam vanus et miser est, qui advocatum, cum litteras nesciat, audeat profiteri? Quis tam insanus et excors, ut profiteatur militem, qui nesciat arma gestare? Nemo enim quodcumque nomen sine causa sortitur. Sutor, ut dicatur, necesse est ut calceamenta conficiat : ut vocetur quis faber aut artifex, artis peritia facit : ut negotians nuncupetur quis, carius quod vilius emerat distrahit. Hujusmodi enim exemplis agnoscimus nullum sine actu nomen, sed omne ex actu nomen. Tu ergo quomodo Christianus diceris, in quo nullus Christiani actus? Christianus justitiæ, bonitatis, integritatis, patientiæ, castitatis, prudentiæ, (b) humilitatis, humanitatis, innocentiæ, pietatis est nomen : et tu illud tibi quomodo defendis et vindicas, cui de tam plurimis rebus nec pauca subsistunt? Christianus ille est, qui non nomine tantum, opere est: ille qui Christum in omnibus imitatur et sequitur, qui sanctus, innocens, incontaminatus, intactus est : cujus in pectore malitia non habet locum, cujus in pectore sola pietas consistit et bonitas, qui neminem novit nocere vel lædere, sed omnibus opem ferre. Christianus ille est, qui, exemplo Christi, nec inimicos novit odire, sed magis adversantibus sibi benefacere, et pro persecutoribus suis et hostibus exorare. Nam et quisquis aliquem lædere aut nocere paratus est, ille mentitur se esse Christianum. Christianus est, qui potest justa voce dicere : Neminem nocui hominum, juste vixi cum omnibus.

Caput VII. — Sed ne me ex sensu proprio loqui quis arbitretur aut credat; aut eum putet se facile posse contemnere, quod sua potius voluntate quam legis auctoritate loquatur ; jam nunc ipsius legis, cujus præceptis nobis vitæ aditus aperitur, tam veteris quam novæ incipiam exempla proferre, et ostendere quid Deus ab initio (c) status mundi humano generi observare præceperit, in quo semper placatus fuerit vel offensus. Lego enim post Adam, qui a Deo primus formatus est, de cujus causa nunc dicendum non est, in exordio mundi Cain et Abel fratres fuisse germanos : e quibus unus Deo placuit, eo quod innocens esset et justus (Gen., IV, 1, etc.); alter vero, quia injustus et nocens, Deo placere non potuit. (Gen., V, 22.) Deinde interveniente tempore, Enoch satis justum fuisse Scriptura designat : cui tantum justitia contulit, ut ne præsentem mortem sciret, sed et ad immortalitatem de medio omnium mortalium singulariter raperetur. (Gen., VI, 8.) Cujus monstratur exemplo, unum Deo justum plurimis peccatoribus cariorem. Noe quoque et ille justus, cui justitiæ meritum quid præstiterit, novimus; ut ipsi cum suis tantum vita daretur, per diluvium toto mundo damnato, Abraham

(a) Abest vox *Dei* a Mss. — (b) Deest in Mss. vox *humilitatis*. — (c) Sic potiores Mss. At editi *statim*.

ami de Dieu, parce que, seul, il avait été trouvé juste. Que Loth ait été seul délivré au milieu de l'incendie de Sodome, ne fut-ce pas aussi la récompense de sa justice ? Il serait long de signaler chaque exemple, et de nous arrêter au mérite de chacun.

Chapitre VIII. — Il est bon que nous sachions comment Dieu a instruit le peuple juif qu'il s'était formé de la race d'Abraham et qu'il avait choisi entre tous les autres ; il est bon que nous sachions ce qu'il lui a ordonné, ce qu'il lui a commandé de faire pour lui être agréable. D'abord, que Dieu lui ait fait abandonner sa patrie, le pays qu'il aimait pour le conduire en Egypte, sur une terre étrangère, cela, je pense, n'a pas eu lieu sans des vues particulières de la Providence divine. Voici, je crois, quelle en fut la raison. Dieu, ayant choisi ce peuple, et désirant le former à la miséricorde, à la piété, à la justice, et aux autres bonnes œuvres, voulut qu'il fût, pendant un temps, étranger et captif, afin qu'il connût les misères de l'exil et de la captivité, pour que, plus tard, ayant connu les maux de l'exil et de la pauvreté, il fût plus disposé à secourir les exilés et les pauvres. Personne n'est plus ému sur l'exil et l'étranger que celui qui a lui-même éprouvé les misères de l'exil. Personne ne reçoit si volontiers sous son toit celui qui est sans asile, que celui qui lui-même a eu besoin de s'abriter sous un toit étranger. Personne ne donne à manger à celui qui a faim, à boire à celui qui a soif, comme celui qui a lui-même souffert de la faim et de la soif. Personne n'est disposé à se dépouiller de ses vêtements, pour en couvrir les pauvres, comme celui qui a lui-même éprouvé le froid et la nudité. Personne ne vient plus volontiers au secours des affligés, des pauvres et des malheureux, comme celui qui connaît, par sa propre expérience, l'affliction, la pauvreté, la misère. C'est donc avec raison que Dieu qui, plus tard, devait donner à son peuple une loi par laquelle il lui recommanderait la miséricorde, la compassion, et toutes les autres bonnes œuvres, voulut d'abord lui faire endurer à lui-même les misères, les tribulations et les angoisses sur la terre étrangère, afin que, dans la suite, il fût mieux disposé à avoir pitié des malheureux et à obéir à ses préceptes. Il fit comme un laboureur intelligent qui, avant de confier la semence à la terre, la retourne longtemps avec la charrue et la herse, afin qu'elle puisse y germer. Ainsi Dieu avait longtemps éprouvé son peuple, afin que la semence salutaire de ses préceptes portât des fruits. Du reste, pour mieux nous convaincre que telles étaient les vues du Seigneur, écoutons ses paroles : « Vous ne tourmenterez point l'étranger, vous ne lui causerez aucune peine ; vous avez été étrangers dans la terre d'Egypte. » (*Exod.*, XXII, 21.) Et plus loin : « Votre Dieu est un Dieu grand qui n'a point d'égards à la qualité des personnes, qu'on ne gagne point par des présents ; il fait justice à la veuve et à l'orphelin, il aime l'étranger, il lui donne de quoi vivre et de quoi se vêtir. Aimez donc aussi les étrangers, parce que vous-mêmes vous avez été étrangers dans la terre d'Egypte. » (*Deut.*, X, 17.) Et ailleurs : « Lorsque vous aurez coupé vos grains dans votre champ, et que vous aurez laissé une javelle par oubli, vous n'y retournerez point pour l'emporter, mais vous la laisserez prendre à l'étranger, à

quid per fidei et justitiæ meritum consecutus sit, Scriptura testatur (*Gen.*, xv, 5, 6) ; ut illo in tempore solus amicus Dei esset in terris, qui solus fuerat justus inventus. Loth vero, ut pereuntibus cunctis de Sodomitarum liberaretur incendio (*Gen.*, XIX, 12), quid aliud quam justitiæ meritum fuit ? Longum est nos ire per singulos, et omnium merita recensere.

Caput VIII. — Populum judaicum, quem ad se Deus primum ex semine Abraham præ cæteris gentibus pertinere optavit, quomodo erudierit, quid eum, ut sibi placeret, facere, quid observare præceperit, scire nos convenit. Primo in loco quod derelicta regione in qua habitare semper optaverat, patriaque deserta, in alienam provinciam, hoc est in Ægyptum (*a*) migrare fecit, non sine causa, nec sine Dei providentia factum esse reor. Sed hanc fuisse puto rationem : quia Deus populum suum elegerat, misericordiæ, pietatis, justitiæ cæterisque bonis operibus cupiens erudire, voluit eum in extera patria pro tempore esse peregrinum et captivum, ut captivitatis et peregrinationis miseriam disceret et laboris : quo facilius postmodum misereri peregrinantibus et laborantibus nosset, si ipse ante peregrinationis miserias didicisset. Nemo enim peregrino tam libenter misereretur, et advenæ, nisi qui peregrinationis exitus novit. Nemo sic hospitem et sine tecto, suo introducit hospitio, nisi ut qui ante indiguit alieno. Nemo ita esurientem cibat, nemo sic sitientem potat, nisi ut qui sitim esuriem- que perpessus est. Nemo tam facile nudum suis operit vestimentis, quam qui nuditatis et frigoris novit injuriam. Nemo sic tribulanti et misero et laboranti succurrit, nisi ut qui tribulationum et miseriarum casus expertus est et laborum. Merito ergo Deus misericordiæ et pietatis magister, qui legem postmodum erat editurus, per quam populo suo misericordiæ et pietatis omniumque bonorum operum præcepta traditurus, voluit eum prius omnes pressuras et tribulationes et angustias in terra perpeti aliena, quo facilius postea posset talia patientium misereri. et suis obtemperare mandatis. Ut putes eum bonum fuisse agricolam, qui prius quam semen mittat, diu terram aratris et rastris domat, ne quod illi crediturus est semen pereat : ita et Deus populum suum diu ante macerat et domat, quam ei salutarium mandatorum semen impartiat. Denique ut ob hanc causam hæc eum pertulisse evidentius clareat, ipsius Domini intueamur mandata, dicentis : « Advenam non vexabitis, nec tribulabitis eum, fuistis etenim et vos advenæ in terra Ægypti. » (*Exod.*, XXII, 21.) Et iterum legimus : « Deus magnus, qui non accipit personam, sed nec accipit munera faciens judicium proselyto, orphano et viduæ. Dare panem et vestimentum dilige, quia et ipse fuisti in terra Ægypti. » (*Deut.*, x, 17.) Et alibi dicit : « Si autem messus fueris messem in agro tuo, et oblivisceris (*b*) manuam, non reverteris accipere illam : proselyto et orphano et viduæ erit, ut benedicat te Deus in operibus

(*a*) Abest a potioribus Mss. *migrare*, pro quo in Sorbon. *ire*, apud Holsten. *iter*. — (*b*) Alias, *manipulum*, renuentibus Mss.

la veuve, à l'orphelin, afin que le Seigneur, votre Dieu, vous bénisse dans toutes les œuvres de vos mains. Souvenez-vous que vous avez été vous-mêmes esclaves en Egypte, c'est pour cela que je vous fais ce commandement. » (*Deut.*, XXIV, 19-22.) Par où l'on voit avec évidence que ce peuple avait été accablé de misères, pour lui apprendre, par sa propre expérience, à compatir aux misères d'autrui, ainsi qu'il est écrit : « Vous avez, par de telles œuvres, appris à votre peuple qu'il faut être juste et compatissant. » (*Sag.*, XII, 19.) On comprend, je pense, avec évidence, comment Dieu veut que soit son peuple, et assez d'exemples prouvent quelles œuvres il attend de lui.

De peur que ce que nous avons dit ne semble pas suffisant pour montrer sa volonté, joignons-y les commandements de la loi et des prophètes. Montrons, par le témoignage de l'ancienne loi et de la loi nouvelle, ce qui plaît à Dieu, ce qui lui a toujours plu, ce qu'il a commandé avec le plus d'instance : « Vous aimerez le Seigneur Dieu de tout votre cœur, de toute votre âme, de tout votre esprit et de toutes vos forces, et vous chérirez votre prochain comme vous-même. » (*Deut.*, VI, 5.) Que ce soit là le commandement principal de la loi et des prophètes, c'est ce qu'assure le témoignage de Notre-Seigneur Jésus-Christ, quand il dit : « Dans ces deux commandements sont renfermés toute la loi et les prophètes. » (*Matth.*, XXII, 40.) Ce qu'on ne saurait ni atténuer, ni contester dans ces deux commandements, sont résumés la loi et les prophètes, et celui-là observe la loi qui les accomplit fidèlement. Rien n'est exigé par la loi ancienne, sinon ces deux choses : que vous aimiez Dieu et le prochain.

Et de fait, celui-là est fidèle observateur de la loi, qui ne pèche ni envers Dieu, ni envers le prochain.

CHAPITRE IX. — Mais je ne dois point oublier de dire ici ce que l'on entend par aimer Dieu, par aimer le prochain. Celui-là aime Dieu qui obéit à tous ses commandements ; celui-là aime Dieu qui travaille à devenir saint, comme Dieu lui-même est saint, selon cette parole : « Soyez saints, parce que je suis saint, moi le Seigneur votre Dieu. » (*Lévit.*, XIX, 2.) Celui-là aime Dieu qui accomplit fidèlement ce conseil du Prophète : « Vous qui aimez le Seigneur, détestez l'iniquité. » (*Ps.* XCVI, 10.) Celui-là aime Dieu qui ne s'occupe que des choses célestes et divines. Dieu n'aime que la sainteté, la justice et la piété, et celui-là aime Dieu qui s'efforce de faire ce que Dieu aime. Le Sauveur lui-même nous apprend ce que c'est qu'aimer Dieu, quand il dit : « Celui qui écoute mes paroles et qui les met en pratique, c'est celui-là qui m'aime. » (*Jean*, XIV, 21.) Si donc celui-là aime Dieu qui fait ce qu'il prescrit, celui qui néglige de le faire ne l'aime pas. Or, celui qui ne l'aime pas, le hait. Il est manifeste, en effet, que Dieu est haï par ceux qui ne l'aiment pas, et il me semble que c'est en parlant d'eux que le Prophète dit : « Seigneur, n'ai-je pas haï ceux qui vous haïssaient, et ne séchais-je pas de douleur à cause de vos ennemis ; je les haïssais d'une haine parfaite, et ils sont devenus mes ennemis. » (*Ps.* CXXXVIII, 21.) Le saint Prophète hait les pécheurs, les adultères, les hommes injustes qui méprisent les préceptes du Seigneur, comme il le dit dans un autre lieu : « J'ai vu les prévaricateurs, et je séchais de douleur. » (*Ps.* CXVIII, 158.) Et ailleurs : « J'ai eu les

---

manuum tuarum, et memor eris quia famulus eras in terra Ægypti, ego ideo præcipio tibi verbum hoc. » (*Deut.*, XXIV, 19.) Unde facile pervidetur atque dignoscitur, eum populum ob hanc causam cunctis afflictum fuisse miseriis, ut misereri alteri suo doceretur exemplo : sicut scriptum est : « Docuisti enim populum tuum per talia opera, quoniam oportet justos esse et humanos. » (*Sap.*, XII, 19.) Qualem populum suum esse velit, late, ut arbitror, patet : et quibus possit operibus promereri, plurimis probatur exemplis.

Sed ne ad manifestandam ejus voluntatem parum videatur esse quod diximus, legis etiam et prophetarum præcepta jungamus : et quid Deo placeat semperque placuerit, et quid crebrius fieri et observari præceperit, tam veteris quam (*a*) novæ legis testimoniis comprobemus. « Diliges Dominum Deum tuum ex toto corde tuo, et ex tota anima tua, et ex tota mente tua, et ex totis viribus tuis, et diliges proximum tuum sicut te ipsum. » (*Deut.*, VI, 5.) Legis et prophetarum præcipuum esse mandatum, Domini et Salvatoris nostri testimonio comprobatur, dicentis : « In his duobus mandatis tota lex pendet et prophetæ. » (*Matth.*, XXII, 40.) Quod rescindi non potest, nec mutari in duobus istis mandatis omne tam legis quam prophetarum constare præceptum, et illum legem implesse qui hæc potuerit implere : nihil enim aliud in lege veteri quæri, quam ut Deum et proximum diligas. Et vere ille legis consummator et

(*a*) Mss. plerique, *quam novæ incipiam exempla proferre. Diliges.*

factor est, qui nec in Deum, nec in proximum peccat.

CAPUT IX. — Sed quid Deum, quid proximum sit diligere, præterire minime ac dissimulare debeo. Deum diligit, qui suis in omnibus mandatis obtemperat. Deum diligit, qui leges ejus et præcepta custodit. Deum diligit qui ut ille sanctus est, et ipse se sanctificat ; sicut scriptum est : « Sancti estote, quoniam et ego sanctus sum Dominus Deus vester. » (*Levit.*, XIX, 2.) Deum diligit, qui et illud prophetæ dicentis implet eloquium : « Qui diligitis Dominum, odite malum. » (*Psal.* XCVI, 10.) Deum diligit, qui non alia quam cœlestia cogitat et divina. Deum diligit, qui non nisi sanctitatis et justitiæ et pietatis amator est : et ille Deum diligit, qui non aliud quam quod Deus amare videtur, operatur. Quid sit enim Deum amare ipse ille Salvatoris doctrina declarat, dicentis : « Qui audit verba mea, et facit ea, ille est qui diligit me. » (*Joan.*, XIV, 21.) Si igitur ille Deum diligit, qui quod Deus præcipit, facit ; qui non facit, iste non diligit. Omnis vero qui non diligit, odit. Unde clarum atque manifestum est, ab eis Deum odiri, qui sua mandata non servant : de quibus per prophetam dixisse puto : « Nonne qui oderunt te, Domine, oderam, et super inimicos tuos tabescebam ? Perfecto odio oderam illos, inimici facti sunt mihi. » (*Psal.* CXXXVIII, 21.) Odit propheta justus peccatores, adulteros et injustos, et Dei mandata spernentes ; sicut alio in loco dicit : « Vidi prævaricantes pactum, et tabescebam. » (*Psal.* CXVIII,

méchants en haine, et j'ai aimé votre loi. » (*Ibid.*, 113.) Comprenez donc combien nous devons être saints et justes, nous à qui il n'est pas permis de mal faire, mais qui devons même éviter ceux qui font mal. C'est ce que nous enseigne l'Apôtre, défendant même de rompre le pain avec les méchants, quand il dit : « S'il se trouve parmi vous quelque frère qui soit impudique, avare, ou adonné au culte des idoles, ou médisant, ou ivrogne, ou ravisseur, ne prenez pas même de nourriture avec cet homme. » (I *Cor.*, v, 11.)

Le Seigneur a voulu que son peuple fût saint et préservé de toute contagion de l'injustice et du mal. Il a voulu qu'il fût si juste, si pieux, si pur, si immaculé, si simple, tel en un mot que les nations ne trouvassent rien à reprendre en lui, qu'elles fussent pénétrées d'admiration, et s'écriassent : « Bienheureuse la nation dont le Seigneur est le Dieu ! Heureux le peuple qu'il s'est choisi pour héritage ! » (*Ps.* XXXII, 12.) Il convient aussi que les serviteurs de Dieu soient doux, graves, prudents, pieux, irréprochables, intacts, immaculés, de telle sorte que celui qui les voit soit dans l'admiration et dise : Ce sont véritablement des hommes de Dieu ceux qui se conduisent ainsi. L'homme de Dieu doit se conduire de telle sorte qu'il n'y ait personne qui ne désire le voir et l'entendre ; personne qui, en le voyant, ne sente qu'il est l'enfant de Dieu, et ne répète à son sujet cette parole prophétique : « Sa conversation est pleine de douceur... il est tout aimable. » (*Cant.*, v, 16.) Si, au contraire, le chrétien, le serviteur de Dieu se montre tel que, par sa conduite, il ressemble aux adorateurs des idoles, il est cause que Dieu est blasphémé, et qu'on dit : Voyez ce chrétien, ce serviteur de Dieu, dont les actes sont si mauvais, les œuvres si honteuses, la conduite si perverse, et la vie entière si impie, si coupable, si impure et si vile. Il devient alors le criminel dont il est parlé dans cette prophétie : « Par vous mon nom est blasphémé parmi les nations. » (*Isa.*, LII, 54.) Mais malheur à ceux qui seront cause que le nom de Dieu aura été blasphémé ! Dieu ne demande de nous nulle chose avec plus d'instance que de faire en sorte, par nos actions, que tous rendent gloire à son nom, comme il est écrit : « Offrez un sacrifice de louanges (*Ps.* XLIX, 14.) C'est là le sacrifice que Dieu demande de nous de préférence, que par nos bonnes grâces son nom soit béni partout, et que les actions et la conduite de ses serviteurs montrent à tous les yeux qu'il est le Dieu véritable. Ceux-là aiment Dieu véritablement qui n'ont rien tant à cœur que de procurer la gloire de son nom.

CHAPITRE X. — Nous avons dit, comme nous avons pu, ce que c'était qu'aimer Dieu ; il nous reste maintenant à expliquer de notre mieux ce que c'est qu'aimer le prochain comme soi-même, bien qu'on trouve dans un livre de l'Ecriture une courte formule qui le résume : « Ne faites pas aux autres ce que vous ne voudriez pas qu'on vous fît à vous-même. » (*Tob.*, IV, 1.) Notre-Seigneur et Sauveur a voulu l'enseigner lui-même en disant : « Tout ce que vous désirez que les hommes vous fassent, faites-le leur pareillement. » (*Matth.*, VII, 12.) Il n'y a personne qui désire qu'on lui fasse du mal. Celui-là aime son prochain comme lui-même qui ne lui fait aucun mal, parce qu'il ne veut point qu'on lui en fasse à lui-même, mais qui

---

158.) Et iterum : « Iniquos odio habui, et legem tuam dilexi. » (*Ibidem*, 113.) Vide ergo quam justi, quam integri esse debeamus et sancti : quibus pariter quam male conversari non licet, sed nec male conversantes agnoscere. Hoc et beatus Apostolus evidenter ostendit, qui nec panes cum peccatoribus frangi præcepit, dicens : « Si quis frater cognominatur inter vos fornicator, aut avarus, aut idolis serviens, aut maledicus, aut ebriosus, aut rapax, cum ejusmodi nec cibum sumere. » (I *Cor.*, v, 11.)

Sanctum esse populum suum Deus voluit, et ab omni contagione injustitiæ et iniquitatis alienum. Talem cum esse voluit, tam justum, tam pium, tam purum, tam immaculatum, tam simplicem, ut nihil quod in eo gentes redarguerent invenirent, sed quod admirarentur, et dicerent : « Beata gens cujus est Dominus Deus ejus, populus quem elegit in hæreditatem sibi. » (*Psal.* XXXII, 12.) Tales convenit esse Dei cultores et servos mansuetos, graves, prudentes, pios, irreprehensibiles, intactos, immaculatos ; ut quisquis eos viderit, stupeat et admiretur, et dicat : Vere hi homines Dei sunt, quorum talis est conversatio. Ita se homo Dei exhibere debet et agere, ut nemo sit qui eum non velit videre, qui non audire desideret ; nemo non, cum viderit, Dei esse filium credat ; ut vere in eo propheticum illud impleatur : « Fauces ejus dulcedinis, et totus desiderium. » (*Cant.*, v, 16.) Nam si se talem exhibeat Christianus, si se talem exhi-

(*a*) Sic Mss. Alias : *Sacrificium laudis honorificavit me.*

beat Dei servus, ut his qui dæmoniis idolisque deserviunt, conversando efficiatur æqualis incipiet per eum Deus blasphemari, et dici : O Christianum Dei servum, cujus tam mali actus, tam turpis opera, tam nequam est conversatio ; cujus vita tam impia, tam scelesta, tam luxuriosa, tam sordida. Et erit illius prophetiæ reus : « Nomen enim Dei per vos blasphematur inter gentes. » (*Isa.*, LII, 5.) Sed væ illis per quos nomen Domini fuerit blasphematum. (*Rom.*, II, 24.) Deus enim a nobis nihil magis desiderat et requirit, quam ut per actus nostros nomen suum magnificetur ab omnibus ; sicut scriptum est : « (*a*) Sacrifica sacrificium laudis. » (*Psal.* XLIX, 14.) Hoc est enim sacrificium quod Deus super omnes hostias quærit et diligit, ut per justitiæ nostræ opera nomen ubique laudetur, et Deus verus esse servorum suorum actu et opere comprobetur. Illi vero Deum diligunt, qui non aliud quam unde nomen ejus glorificetur, exercent.

CAPUT X. — Quomodo Deus diligi debeat, ut potuimus diximus : nunc vero quid sit proximum tanquam se ipsum diligere, ut possumus explicemus ; quanquam ipsius causæ expositio alio in loco breviter disseratur, cum dicitur : « Quod tibi non vis fieri, alteri ne feceris. » (*Tob.*, IV, 1.) Dominus quoque et Salvator noster dicit : « Omnia quæcumque vultis ut faciant vobis homines, ita et vos facite illis similiter. » (*Matth.*, VII, 12.) Nemo est enim qui sibi malum optet ab aliquo fieri. Ille ergo

APPENDICE.

lui fait aussi de bon cœur tout le bien qu'il désirerait lui-même obtenir de la part des autres. En effet, on ne demande pas seulement au chrétien d'éviter le mal, mais il doit aussi faire le bien. S'il n'avait fait ni mal ni bien, il ne recevrait point la récompense éternelle, mais il serait, au contraire, condamné aux supplices de l'enfer. Nous lisons dans l'Evangile que le Seigneur dit, en parlant de ceux qui n'ont point fait de mal, mais qui pourtant ont négligé de faire le bien : « Eloignez-vous de moi, maudits, allez au feu éternel que mon Père a préparé pour le diable et pour ses anges. J'ai eu faim, et vous ne m'avez pas donné à manger ; j'ai eu soif, et vous ne m'avez pas donné à boire ; j'ai été sans asile, et vous ne m'avez pas reçu ; j'ai été nu, et vous ne m'avez pas vêtu ; j'ai été malade, et vous ne m'avez pas visité ; j'ai été en prison, et vous n'êtes point venu me consoler. » (*Matth.*, xxv, 41.) Ils seront condamnés non pas pour avoir fait le mal, mais pour avoir négligé de faire le bien. Tout homme sensé et prudent peut reconnaître ici, quelle espérance peuvent avoir les pécheurs qui se livrent à leurs désordres, puisque la vie éternelle est refusée à ceux qui n'ont point fait de mal, par la seule raison qu'ils n'ont fait aucun bien. Dieu ne demande pas seulement de nous que nous ne soyons pas méchants, mais il veut que nous soyons bons. Les méchants sont ainsi nommés à cause de leurs actions mauvaises ; les bons sont ainsi appelés à raison de leurs bonnes œuvres. Il y a deux maîtres divers auxquels obéissent les bons et les méchants. Dieu, c'est le maître des bons, de tous ceux qui agissent selon la justice ; le diable est le maître des méchants, et quiconque fait le mal est son esclave. Or, on ne nous demande pas seulement de ne pas devenir les serviteurs de Satan, en faisant le mal, mais on exige que nous devenions les serviteurs de Dieu, en vivant pieusement. J'ignore quel est le maître de celui qui ne semble faire ni le bien, ni le mal ; je ne sais pas non plus comment il peut espérer obtenir de Dieu la vie éternelle, qu'il n'a point méritée par ses œuvres. Que personne, dirai-je ici, ne se trompe par ses propres pensées, et ne devienne le jouet de vaines illusions. Quiconque n'aura pas été bon n'obtiendra point la vie ; quiconque n'aura point fait des œuvres de justice et de miséricorde, ne peut espérer de régner avec Jésus-Christ. Tout homme qui n'aura pas été humain, pieux, hospitalier, bon, clément, n'évitera point les tourments de l'enfer. Dieu n'aime point les méchants, il n'a pas d'affection pour les pécheurs. Quiconque fait le mal est ennemi de Dieu. Tout homme qui garde dans son cœur de la ruse, de l'astuce, ne peut avoir de partage avec Jésus-Christ. Rien donc ne doit être recherché davantage par le chrétien ; il ne doit avoir rien plus à cœur que de bannir de son âme toute malice, que de purger sa conscience de toute perversité, que de se montrer bon, d'observer la justice et de garder la pureté du cœur ; il la doivent tendre tous ses efforts. Soyez innocent, si vous voulez vivre avec Dieu ; soyez simple, si vous voulez régner avec Jésus-Christ. Que peut vous servir cette perversité qui mène à la mort ? A quoi peut vous être utile cette malice qui vous empêche de régner avec le Christ, et qui causera votre ruine, selon qu'il est écrit : « L'âme méchante perd celui qui la possède. » (*Eccli.*, vi, 4.) Si vous voulez vivre, écoutez ce que dit le Prophète ; si vous aimez

---

proximum suum tanquam se ipsum diligit, qui ei non mali aliquid, quia nec sibi, vult fieri; sed si quid boni, prout ipse ab omnibus percipere optat et consequi, libenter impertit : quia non hoc solum a Christiano quæritur, ut malo careat, sed ut exerceat bonum : qui etiamsi nihil mali fecerit nec boni, tamen ad æternæ vitæ præmium non admittitur, sed gehennæ ignibus mancipatur : sicut in Evangelio Dominum dixisse legimus de iis qui nihil mali faciunt, nec boni, tamen aliquid operantur : « Discedite a me maledicti in ignem æternum, (*a*) quem præparavit Pater meus diabolo et angelis ejus. Esurivi enim, et non dedistis mihi manducare; sitivi, et non dedistis mihi bibere; hospes fui, et non suscepistis me; nudus, et non vestistis me; infirmus, et non visitastis me; in carcere, et non venistis ad me. » (*Matth.*, xxv, 41.) Non quia malum gesserunt sed quia bonum non fecerunt, condemnantur. Ex hoc enim quisque prudens et sapiens recognoscat, quam spem illi habere possint qui versantur in malis, quando etiam illis vita negatur qui mali nihil fecerunt, nisi etiam aliquid gesserint boni. Neque enim Deus hoc tantum quærit a nobis, ut mali non simus, sed ut efficiamur boni. Ex malis enim operibus vocantur mali : ita e contrario ex bonis appellantur boni. Et duo sunt quibus boni (*b*) servire videantur et mali : bonus Deus, cui omnes bene conversantes deserviunt ; diabolus autem malus, cujus quisquis qui male operatur, est famulus. Non enim a nobis hoc solum poscitur, ut non vivendo male servi esse diaboli desinamus, sed vivendo bene Deo servire videamur. Nam quisquis qui nec malum videtur operari nec bonum, cujus servus videatur esse ignoro : vel quomodo vitam a Deo poterit sperare perpetuam, quam bene faciendo non meruit. Nemo, (*c*) inquam, sensu proprio se decipiat et illudat, nemo se vana existimatione seducat. Quisquis bonus non fuerit, vitam non habet. Quisquis justitiæ et misericordiæ opera non fecerit, non potest regnare cum Christo. Quisquis non fuerit humanus, pius, hospitalis, benignus, clemens, gehennæ non evadet incendium. Deus malos non amat, non diligit peccatores. Quisquis malum fecerit, inimicus est Dei. Quisquis sine dolo non fuerit, partem non potest habere cum Christo. Nihil enim amplius est Christiano quærendum, nihil desiderandum magis, nihilque plus totis viribus enitendum, quam ut malitiam suo excludat ex corde, quam ut nequitiam intra pectoris sui conscientiam non admittat, quam ut bonitatem teneat, justitiam servet, puritatem mentis custodiat. Esto innocens, si vis cum Deo vivere. Esto simplex, si vis regnare cum Christo. Quid tibi prodest malitia, quæ in mortem trahit ? quid nequitia, quæ prohibet regnare cum Christo. quæ se habentem exterminat? sicut scriptum est : « Anima enim nequam disperdet qui se habet. » (*Eccli.*, vi, 4.) Si vis vivere, audi

---

(*a*) Holsten. hic et infra, c. xiii, *quem paravit pater vester diabolus et angeli.* — (*b*) Holsten. et Mss. *crudiri.* — (*c*) In iisdem *inqui.*

le royaume du Christ, écoutez comment vous pouvez y parvenir? « Quel est l'homme qui souhaite la vie, qui désire voir des jours comblés de biens? Gardez votre langue du mal, et que vos lèvres ne profèrent aucune parole de tromperie; détournez-vous du mal et faites le bien; cherchez la paix et poursuivez-la. » (*Ps.* xxxiii, 13 et suiv.) Tels sont ceux que Dieu honore et chérit, qui ignorent le mal, qui ne savent point tromper, dont la langue ignore le mensonge, et dans lesquels on ne rencontre que la bonté et l'innocence.

C'est l'innocence qui nous rend agréables à Dieu, c'est la simplicité qui nous fait régner avec Jésus-Christ. Plusieurs témoignages nous apprennent que Dieu n'aime que ceux qui sont innocents, et qu'il veut qu'ils lui soient unis. Nous lisons dans les Psaumes : « Les innocents et ceux qui ont le cœur droit se sont attachés à moi. » (*Ps.* xxiv, 21.) Et ailleurs, voici la recommandation qui nous est faite : « Gardez l'innocence, n'ayez en vue que l'équité, parce que plusieurs biens resteront à l'homme pacifique. » (*Ibid.* xxxvi, 37.) Combien l'innocence même, recouvrée tard, peut servir à l'homme, c'est ce que nous apprend le témoignage du prophète David qui, bien qu'ayant gravement péché, ne craint plus le jugement, depuis qu'il a recouvré l'innocence, ainsi que lui-même nous l'apprend : « Jugez-moi, Seigneur, car je suis entré dans mon innocence. » (*Ibid.* xxv, 1.) Il savait qu'il n'avait rien à craindre du jugement, depuis qu'il avait recouvré l'innocence, bien qu'il l'eût recouvrée tardivement. Dans un autre endroit, il dit : « Vous m'avez reçu à cause de mon innocence. » (*Ps.* xl, 13.) Dieu avait reçu, dans la suite, à cause de son innocence, celui qu'il avait rejeté à cause de ses péchés. Il est clair que ceux qui sont innocents ne peuvent être confondus devant Dieu, puisqu'il est écrit : « Tant que les innocents garderont la justice, ils ne seront point confondus. » (*Prov.*, xiii, 6.) Rien n'est plus digne de Dieu, rien ne saurait lui être plus cher que de garder l'innocence en tout point. Quand même quelqu'un semblerait pieux dans les autres œuvres, s'il ne possède pas l'innocence, c'est en vain qu'il se confie en sa piété. Si elle était nécessaire aux Juifs sous l'ancienne loi, alors qu'il leur était permis de haïr leur ennemi, combien ne vous est-elle pas indispensable à vous, chrétien, auquel il est ordonné d'aimer même vos ennemis? Comment pourriez-vous ne pas être innocent? Envers qui pourrez-vous être méchant, vous qui devez être bon même à vos ennemis? Mais peut-être haïssez-vous votre voisin, vous à qui il est défendu de haïr même un étranger? Peut-être persécutez-vous votre frère, vous qui devez aimer votre ennemi? Croyez-vous donc être chrétien, vous qui n'observez ni les préceptes de la loi ancienne, ni ceux de la loi nouvelle? Mais pour que vous ne soyez pas tenté de vous considérer comme chrétien sans aucune raison, pour que vous ne vous flattiez pas, parce que vous en portez seulement le nom, écoutez ce que vous devez être et ce que vous dit l'Apôtre : « Que celui qui dérobait ne dérobe plus, mais qu'il s'occupe, en travaillant des mains, à quelque ouvrage bon, pour avoir de quoi donner à ceux qui sont dans l'indigence. Que nul mauvais discours ne sorte de votre bouche, mais qu'il n'en sorte que de bons et de propres à nourrir la foi, afin qu'ils inspirent la piété à tous ceux qui les écoutent. N'attristez pas l'Esprit de Dieu dont vous avez été marqués comme d'un sceau, pour le jour de la Rédemp-

prophetam quid loquitur : si regnum Christi diligis, audi quomodo illud merearis adipisci. « Quis est, inquit, homo qui vult vitam, et cupit videre dies bonos? Cohibe linguam tuam a malo, et labia tua ne loquantur dolum. Diverte a malo, et fac bonum; inquire pacem et sequere eam. » (*Psal.* xxxii, 13.) Hujus modi enim homines Deus honorat et diligit, qui malum nesciunt, qui mentiri non norunt, quorum dolum labia non loquuntur, in quibus non nisi bonitas videtur et puritas.

Innocentia est quæ nos commendat Deo : simplicitas est quæ facit regnare cum Christo. Quomodo Deus non nisi innocentes diligat, et sibi velit esse conjunctos, testimoniis plurimis declaratur, sicut in psalmis scriptum est : « Innocentes et recti adhæserunt mihi. » (*Psal.* xxiv, 21.) Et alibi mandatur et dicitur : « Custodi innocentiam, et vide æquitatem, quoniam sunt reliquiæ homini pacifico. » (*Psal.* xxxvi, 37.) Quantum innocentia homini præstet et conferat, etiamsi sero servetur, prophetæ David testimonio comprobatur, qui cum graviter ante peccasset, postea judicari se non timet, ex quo innocentiam nosse cœpit, sicut ipse dicit : « Judica me Deus quoniam ego in innocentia mea ingressus sum. » (*Psal.* xxv, 1.) Sciebat igitur sibi jam non metuendum esse judicium, quia innocentiam vel sero cognoverat. Et alio in loco dicit : « Me autem propter innocentiam suscepisti. » (*Psal.* xl, 13.) Suscepit postmodum propter innocentiam Deus, quem propter malitiam ante repulerat. Innocentes vero nec confundi coram Deo posse, manifestum est, cum dicitur : « Quanto tempore innocentes custodierint justitiam, non confundentur. » (*Prov.*, xiii, 6.) Nihil enim Deo dignius, nihil carius esse potest, quam ut innocentia tota observatione teneatur. Licet quis in aliis operibus devotus appareat, si illam non habuerit, sibi frustra blanditur de sua devotione. Si illam Judæis etiam sub veteri lege degentibus, quando adhuc illis inimicum licebat odire, observare præceptum est; quid te nunc agere convenit Christianum, qui inimicum tuum juberis amare? Quando enim innocens non eris? vel cui esse poteris malus, qui inimicis præciperis esse bonus? Sed tu forsitan et proximum odis, cui nec externum odisse conceditur : et fratrem persequeris, qui amare præciperis inimicum; et Christianum te esse credis, qui nec novi nec veteris Testamenti præcepta custodis? Sed ne sine causa te Christianum æstimes, et de solo tibi nomine blandiaris; qualem te esse oportet, Apostolum audi dicentem : « Qui furabatur, jam non furetur : magis autem laboret operando manibus suis quod bonum est, ut habeat unde tribuat necessitatem patienti. Omnis sermo malus de ore vestro non procedat : sed si quis bonus ad edificationem fidei, ut det gratiam audientibus. Et nolite contristare Spiritum sanctum Dei, in quo signati estis in die redemptionis. Omnis amaritudo et

tion ; que toute aigreur, tout emportement, toute colère, toute crierie, toute médisance, enfin que toute malice soit bannie d'entre vous. Soyez bons les uns envers les autres, pleins de compassion, vous entrepardonnant mutuellement comme Dieu aussi vous a pardonné en Jésus-Christ. » (*Ephes.*, IV, 28 et suiv.) « Soyez donc les imitateurs de Dieu comme ses enfants bien-aimés, et marchez dans l'amour et dans la charité comme Jésus-Christ nous a aimés et s'est livré pour nous, en s'offrant à Dieu comme une victime d'agréable odeur. Qu'on n'entende pas seulement parler parmi vous ni de fornication, ni de quelque impureté que ce soit, ni d'avarice, comme on ne doit point en entendre parler parmi les saints. Qu'on n'y entende point de paroles déshonnêtes, ni de sottes, ni de bouffonnes, ce qui ne convient pas à votre vocation, mais plutôt des paroles d'actions de grâce ; car sachez que nul fornicateur, nul impudique, nul avare (ce qui est une idolâtrie), ne sera héritier du royaume de Jésus-Christ et de Dieu. » (*Ibid.*, v, 1.) Celui-là a raison de se croire chrétien qui garde ces préceptes, qui est saint, humble, chaste et juste, qui s'efforce de pratiquer des œuvres de miséricorde et de justice.

Chapitre XI. — Pensez-vous donc que celui-là soit chrétien, qui n'a rien de la conduite du chrétien, dans la vie duquel on ne trouve aucune justice, mais seulement de la méchanceté, de l'impiété et des crimes? Pensez-vous qu'il soit chrétien celui qui opprime les malheureux, écrase les pauvres, qui convoite le bien d'autrui, qui, pour devenir riche, ruine plusieurs familles, qui se plaît aux gains illicites, se nourrit des larmes des étrangers, s'enrichit de la mort des malheureux, dont la bouche est profanée par le mensonge, dont les lèvres ne profèrent que des paroles indignes, obscènes, criminelles et honteuses, qui, alors qu'il devrait distribuer ses propres richesses, s'empare du bien des autres? Et, cependant, il ose pénétrer dans l'église, il élève audacieusement vers le ciel ses mains impies, souillées de larcins et du sang des innocents ; et cette bouche, flétrie et sacrilège, qui, peu auparavant, disait des fourberies ou des obscénités, ose adresser des prières, comme si la conscience ne lui reprochait rien. Que fais-tu, misérable impudent? Pourquoi aggraver encore le poids de tes crimes? Pourquoi insulter Dieu après l'avoir méprisé ? Pourquoi, afin d'accélérer sa vengeance, tendre à Dieu, comme preuve du châtiment que tu mérites, ces mains criminelles qu'il ne regarde pas? Aux mains saintes et innocentes seulement, il permet de lui offrir des sacrifices. Pourquoi prier Dieu avec cette bouche qui, il n'y a qu'un instant, proférait des paroles mauvaises ; les prières qu'elle prononce, si nombreuses qu'elles soient, sont en abomination, selon ce que dit le Prophète : « Quand vous étendrez les mains vers moi, je détournerai ma face de vous, si vous multipliez les prières, je ne vous exaucerai pas ; car vos mains sont pleines de sang. Lavez-vous, soyez purs, enlevez l'iniquité de vos âmes. » (*Isa.*, I, 15.) Il doit être sûr de sa conscience, et confiant dans son innocence, celui qui étend ses mains vers Dieu, puisque l'Apôtre dit : « Je veux que les hommes prient en tout lieu, levant au ciel des mains pures. » (1 *Tim.*, II, 8.) Celui-là lève avec raison ses mains vers le ciel, celui-là prie avec une bonne conscience, qui peut dire : Seigneur, vous savez

---

ira et indignatio et clamor et blasphemia auferatur a vobis cum omni malitia. Estote autem invicem benigni et misericordes : donantes invicem, sicut et Deus in Christo donavit vobis. » (*Ephes.*, IV, 28, etc.) « Estote autem imitatores (*a*) Dei, sicut filii carissimi ; et ambulate in dilectione, sicut et Christus dilexit nos, et tradidit semetipsum pro nobis oblationem et hostiam Deo in odorem suavitatis. Impudicitia autem et omnis immunditia et avaritia nec nominetur inter vos, sicut decet sanctos, aut turpitudo, aut stultiloquium, aut scurrilitas, quæ ad rem non pertinet, sed magis gratiarum actio. Hoc enim scitote, quod omnis impudicus aut immundus, aut avarus, quod est idolorum servitus, non erit hæres in regno Christi et Dei. » (*Ephes.*, v, 1, etc.) Ille se merito Christianum judicet, qui hæc præcepta custodit, qui sanctus, humilis, et pudicus, et justus est, qui in misericordiæ et justitiæ operibus conversatur.

Caput XI. — Nam tu illum Christianum putas, in quo nullus Christianitatis est actus, in quo conversatio nulla justitiæ est, sed nequitia, impietas et scelus? Illum Christianum putas, qui opprimit miserum, qui pauperem gravat, qui res concupiscit alienas, qui ut se divitem faciat, plures efficit indigentes, qui lucris gaudet injustis, qui de alienis lacrymis cibum capit, qui miserorum ditatur interitu, cujus os assidue mendacio violatur, cujus labia non nisi indigna et obscœna et scelesta loquuntur et turpia, cui cum jubeatur distribuere sua, invadit aliena? Et ad ecclesiam talis audenter accedit, et temere et importune expandit impias manus, illicito raptu et insontium cruore violatas : et ore illo polluto atque sacrilego, quo fuerat paulo ante aut falsa locutus aut turpia, preces ad Dominum, quasi nihil sibi mali conscius fundit. Quid agis impudens et miser? Quid te majorum peccatorum onere gravas? Quid Deo præter contemptum injuriam irrogas? Quid ad provocandam celerius ejus iram, in testimonium pœnæ tuæ sceleratas ad Deum porrigis manus, ad quas ille non respicit, qui non nisi sanctas et immaculatas sibi jussit offerri? Quid ore illo Deum rogas, quo paulo ante locutus es male : Cujus quamvis multiplicentur, abominatur preces, sicut scriptum est : « Cum extenderitis manus vestras, avertam faciem meam a vobis, et si multiplicaveritis preces, non exaudiam : manus enim vestræ sanguine plenæ sunt. Lavamini, mundi estote, auferte nequitias ab animis vestris. » (*Isa.*, I, 15, 16.) Bene sibi ille conscius esse debet et certus, et suæ innocentiæ fidus, qui ad Deum manus extendit et porrigit, cum Apostolus dicat : « Volo autem viros orare in omni loco, levantes puras. » (1 *Tim.*, II, 8.) (1) Ille autem ad Deum merito extollit manus, ille preces bona conscientia fundit, qui potest dicere : Tu nosti Domine, quam sanctæ, quam

(1) Ipsa Pelagii verba apud Hieron. sub finem dial. III.
(*a*) Mss. excepto Michael. *mei*.

combien ces mains sont saintes et innocentes ; comme elles sont pures de toute fraude, de toute injustice, de toute rapine, ces mains que je lève vers vous ; combien sont immaculées et pures de tout mensonge ces lèvres avec lesquelles je vous prie d'avoir pitié de moi (1). Celui-là mérite d'être promptement exaucé, et avant même qu'il n'ait prononcé sa prière, il peut obtenir ce qu'il demande.

Je n'ignore pas qu'il se rencontre des gens tellement aveuglés par leur méchanceté et leur avarice qui, parce qu'ils ont réussi à dépouiller le pauvre par leur puissance, qu'ils ont avec succès écrasé l'innocence par de faux témoignages, triomphé du faible par leur valeur ou commis des fraudes et des rapines, rendent grâces à Dieu avec l'aide duquel ils s'imaginent avoir perpétré ces crimes. Ils se figurent Dieu si mauvais qu'ils le croient complice de leurs forfaits.

CHAPITRE XII. — Insensés et misérables, tellement aveuglés par leurs méfaits qu'ils ne comprennent pas que Dieu ne peut point accomplir ce qu'il défend ; et comme si un crime ne suffisait pas, ils y ajoutent encore cet autre de penser mal de Dieu. D'autres pensent se justifier en faisant une légère aumône de ce qu'ils ont dérobé aux pauvres, et en donnant à un seul quelque peu de ce qu'ils ont dérobé à plusieurs. Un seul est nourri de ce qui a affamé un grand nombre, et des dépouilles de plusieurs à peine quelques-uns sont vêtus. Dieu ne demande point cette sorte d'aumône, il ne veut pas que la compassion à l'égard de l'un vienne de la cruauté dont on a usé à l'égard des autres. Il vaut mieux que vous ne fassiez pas l'aumône, que de dépouiller plusieurs pour en vêtir quelques-uns. Dieu approuve l'aumône qui est faite avec justice, selon qu'il est écrit : « Honorez de votre bien le Seigneur, et donnez-lui les prémices de tous vos fruits. » (*Prov.*, III, 9.) Mais il a en abomination celle qui vient des larmes des malheureux. Que vous sert que l'un vous bénisse pour une chose dont plusieurs vous maudissent ? A quoi peut vous profiter cette aumône faite avec le bien d'autrui ? Est-il donc à craindre que Dieu n'ait pas de quoi nourrir les pauvres, si vous ne ravissez le bien des autres ?

CHAPITRE XIII. — J'en connais d'autres qui sont tellement séduits et trompés par une sotte et coupable ignorance, qu'ils s'imaginent que la foi qu'ils pensent avoir leur servira auprès de Dieu, sans qu'ils fassent des œuvres de justice. Égarés par cette funeste erreur, ils commettent les plus grands crimes, pensant que Dieu ne punira que l'hérésie et nullement les autres crimes. Ils ne se contentent pas de périr eux-mêmes, mais ils s'efforcent encore d'attirer à cette même erreur d'autres qui n'ont aucune idée de la science divine. Et ainsi est justifiée cette parole du Sauveur : « Si un aveugle conduit un autre aveugle, ils tomberont tous deux dans la fosse. » (*Matth.*, XV, 14.) En effet, si aucun crime, sinon l'hérésie, ne doit être condamné, il s'ensuit que nous pouvons pécher tranquillement et librement. C'est en vain que Dieu nous a donné des commandements, si la foi seule nous justifie sans les œuvres. Nous ne pouvons savoir d'où est venue une erreur si impie, si coupable et si perfide. Peut-être vient-elle de ceux qui, comme ces hommes dont il est parlé dans la loi

(1) Voyez l'avertissement qui précède ce traité.

---

innocentes, quam puræ sint ab omni fraude et injuria et rapina, quas ad te expando, manus; quam justa, quam immaculata labia et ab omni mendacio libera, quibus tibi, ut mihi miserearis, preces fundo. [(*a*) Talis enim cito meretur audiri, et antequam penitus preces fundat,] potest impetrare quod postulat.

Scio enim esse quos ita nequitiæ et avaritiæ profunda caligo cæcavit, ut cum illis prospere cesserit quod aut pauperem per potentiam vinxerint, aut innocentem testimoniis falsis obruerint, aut infirmum virtute superaverint, aut furtum fecerint, aut rapinam; Deo gratias agant, quo opitulante talia perpetrasse se credunt, et tam iniquum Deum judicent, ut putent eum scelerum suorum fuisse participem.

CAPUT XII. — Stulti et miseri usque adeo suis iniquitatibus excæcati, ut non intelligant Deo non posse placere quod prohibet : et quasi unum crimen satis non sit, nisi adhuc male sentiendo de Deo adjiciatur et aliud. Alii vero hoc se justificari existimant, quod de substantia pauperum exiguam eleemosynam faciant; et de eo quod plurimis abstulerunt, uni quiddam minimum largiuntur. Cibatur unus unde plures esuriunt, et de multorum spoliis vix pauci teguntur. Non talem eleemosynam Deus quærit, nec vult pietatem unius de alterius crudelitate præstari. Melius est enim te non facere eleemosynam, quam unde paucos tegis, inde plurimos facias denu-

(*a*) Pro his verbis unica in Mss. vox est, *iste*, et apud Holst. *is*.

dare : et ut unum vestias, plures spoliare vestitos. Illam eleemosynam Deus comprobat, quæ de justis laboribus ministratur, sicut scriptum est : « Honora Deum de tuis justis laboribus, et deliba ei de tuæ justitiæ fructibus. » (*Prov.*, III, 9.) Nam illam abominatur et reprobat, quæ de lacrymis præstatur alienis. Quid enim prodest, si te benedicat unus, unde plurimi maledicunt? Vel quid confert tibi illa eleemosyna, quæ de substantia præstatur alterius? Re vera timendum est, quod Deus non habeat unde pauperes suos pascas, nisi tu aliena diripias?

CAPUT XIII. — Alios autem novi, quos ita insipientiæ et imprudentiæ tenebrosa ignorantia fallit ac decipit, ut fidem quam habere se simulant, sine justitiæ operibus apud Deum sibi censeant profuturam : et hoc erroris genere sine metu crimina nefanda committunt, quia credunt Deum non criminum, sed perfidiæ tantum ultorem. Et ejusmodi non solum se ipso perisse contenti sunt, sed et alios in quibus nullum divinæ scientiæ lumen est, suis nituntur laqueis implicare. Et impletur in illis Salvatoris nostri sententia dicentis : « Cæcus si cæco ducatum præstet, ambo in foveam cadunt. » (*Matth.*, XV, 14.) Nam si nullum crimen, sed sola perfidia condemnatur : ergo securi peccamus et liberi. Et sine causa dedit Deus mandata justitiæ opera fides prodest. Unde hic tam impius, tam scelestus, tam perfidus ignorantiæ error obrepserit, scire non possumus : nisi forte ex illis qui hoc exemplo

ancienne, séduisaient le peuple et l'entraînaient avec eux dans la perte et la damnation éternelle : « N'écoutez point les paroles des prophètes qui vous prophétisent et qui vous trompent; ils publient les visions de leur cœur et non ce qu'ils ont appris de la bouche du Seigneur. Ils disent à ceux qui me blasphèment: Le Seigneur l'a dit: Vous aurez la paix; et à tous ceux qui marchent dans la corruption de leur cœur: Il ne vous arrivera point de mal. » (*Jérém.*, XXIII, 16.) Nous pourrions citer ici plusieurs témoignages, et même la loi tout entière, pour détruire et ruiner une si pernicieuse erreur; mais, pour ne pas fatiguer le lecteur, qu'il nous suffise d'avoir cité ces quelques paroles. Que celui qui a de pareils sentiments me réponde. Adam, le premier homme, au commencement du monde, a-t-il été condamné pour hérésie ou à cause de son péché? Je ne vois point en lui d'incrédulité, mais seulement de la désobéissance; c'est pour cela qu'il a été condamné, et que nous le sommes tous par son exemple (1). Caïn également a été condamné, non pour incrédulité, mais parce qu'il avait tué son frère. Que dirais-je encore? Je lis que l'univers a été noyé dans le déluge, non pour hérésie, mais à cause des péchés des hommes. Si Sodome et Gomorrhe ont été détruites par le feu du ciel, je ne vois pas que ce soit à raison de leur incrédulité, mais à cause de leurs crimes et de leurs forfaits; c'est ce qu'indique manifestement l'Ecriture, quand elle dit: « Les hommes de Sodome étaient très-mauvais et pécheurs, en présence du Seigneur. » (*Genès.*, XIII, 13.) Est-ce que ce n'était pas à cause de ses péchés que le peuple juif était si souvent châtié et sur le point de périr?

Mais, dira quelqu'un, je ne veux point des témoignages tirés de la loi ancienne; je veux des exemples tirés du nouveau Testament. Voyez donc Ananie et Saphire que l'Apôtre condamne, non pas à cause de leur incrédulité, mais à cause de leur dissimulation et de leur mensonge. Peut-être m'objecterez-vous ces paroles de l'Apôtre : « Nous pensons que l'homme est justifié par la foi, sans les œuvres de la loi. » (*Rom.*, III, 28.) Or, je vois que celui qui a écrit ces paroles condamne, quoique absent, un homme qui avait pris la femme de son père. Il faut comprendre l'Ecriture; pour les savants, elle forme un tout bien coordonné; il n'y a que les ignorants qui pensent y voir des contradictions. L'Apôtre dit que l'homme est justifié par la foi, en dehors des œuvres de la loi; mais il ne dit pas qu'on le soit sans ces œuvres, dont parle un autre apôtre, quand il dit: « La foi sans les œuvres est une foi morte. » (*Jacq.*, II, 20.) Saint Paul, en effet, a parlé des œuvres de la loi, c'est-à-dire de la circoncision charnelle, des néoménies, du sabbat et des autres observances que la loi avait autrefois prescrites, mais qui, depuis Jésus-Christ, n'étaient plus nécessaires. Saint Jacques parle des œuvres de justice, sans lesquelles on est mort, encore qu'on s'imagine être fidèle.

Mais peut-être quelqu'un objectera-t-il ce texte de l'Apôtre : « Il faut croire de cœur pour être justifié, et confesser de bouche pour être sauvé. » (*Rom.*, III, 28.) Insensé, c'est ce qui a lieu au moment du bap-

(1) Voyez l'avertissement qui précède, au sujet de cette assertion pélagienne.

---

in lege veteri populum seducebant, et secum æternæ morti et perpetuo tradebant interitui, de quibus scriptum est : « Nolite audire sermones Prophetarum, qui prophetant vobis, quoniam vani sunt ipsi, et visiones a corde suo loquuntur, et non ab ore Domini. Dicunt enim his qui repellunt verba Domini : Pax erit vobis, et omnibus qui vadunt in voluntatibus suis, omni qui vadit in errore cordis sui dicunt : Non venient super te mala. » (*Jer.*, XXIII, 16, etc.) Multa quidem nobis, imo totius legis testimonia aderant, quibus tam perniciosum errorem destruere ac sepelire poteramus : sed ne legentem diutius fatigemus, sufficiant pauca de plurimis. Respondeat mihi ille cujus talis est sensus : Adam a Deo factus est homo primus (*a*), in primo statu mundi, perfidiæ au peccati causa damnatus est? (*Gen.*, III, 17.) In quo nihil fuisse incredulitatis invenio præter solam inobedientiam, cujus causa ille damnatus est, et omnes suo damnantur exemplo. Caïn quoque non perfidiæ causa, sed quia fratrem interemerat, condemnatus est. (*Gen.*, IV, 11.) Quid plura? Universus hic mundus ut diluvio interiret, non perfidiæ causam, sed criminum lego fuisse. (*Gen.*, VI, 13.) Sodoma et Gomorrha ut repentino cremarentur incendio, nullam causam incredulitatis invenio, nisi peccatorum et scelerum (*Gen.*, XVIII, 20); quod Scriptura evidentissime demonstrat, et dicit : « Homines Sodomitæ mali et peccatores erant in conspectu Dei valde. » (*Gen.*, XIII, 13.) Populus ille Judaicus ut (*b*) tam frequenter interire videretur et corripi, nonne peccatorum causa præstabat?

Sed dicit aliquis : Veteris legis testimonia tantum non accipio, nisi mihi et novi Testamenti exempla protuleris. Accipe Ananiam et Saphiram, quos Apostolica sententia non perfidiæ crimine, sed furti et mendacii causa damnavit. (*Act.*, V, 4, 9.) Forsitan dicturus es mihi : Quid ergo Apostolus dicit : « Arbitramur enim justificari hominem per fidem sine operibus legis? » (*Rom.*, III, 28.) Ipsum qui hoc dicit : lego hominem absentem etiam condemnasse, quia uxorem patris acceperit. Intelligenda Scriptura, quæ scientibus convenire videtur in omnibus, et non nisi solis a quibus minime intelligitur discrepare. « Justificari hominem Apostolus per fidem sine operibus legis » (1 *Cor.*, V, 1) dicit : sed non sine illis operibus, de quibus alterum Apostolum audio dicentem : « Fides sine operibus mortua est. » (*Jac.*, II, 20.) Paulus enim apostolus de operibus legis locutus est, hoc est, de circumcisione carnali, et neomenia, et sabbato, et hujusmodi cæteris, quæ Lex fieri ante præceperat, et jam Christi tempore non erant necessaria : iste vero de operibus justitiæ loquitur, quæ qui non fecerit mortuus est, quamvis se simulet esse fidelem.

Sed dicit quis illud Apostoli, dicentis : « Corde enim creditur ad justitiam, ore autem confessio fit ad salutem. » (*Rom.*, X, 10.) Stulte, hoc baptismi impletur in tempore quo ut baptizetur quis, sola confessio desideratur et fides.

(*a*) Sic Mss. al editi, *statim in principio mundi*. — (*b*) Mss. plerique, *tam crebro interiret, nonne*.

tême ; lorsque quelqu'un est baptisé, on ne lui demande que la foi et la confession de cette foi. En effet, que vous servirait à vous-même le baptême, si on ne demande que la foi sans la justice pour être sauvé. La foi nous enseigne que, par le baptême, tous les péchés sont effacés. Si, désormais, il est permis de pécher, que sert alors d'avoir été purifié ? Ecoutez ce que le Seigneur lui-même dit à l'homme qu'il vient de guérir : « Voici que vous êtes guéri ; ne péchez plus, de peur qu'il ne vous arrive quelque chose de pire. » (*Jean*, v, 14.) L'apôtre saint Pierre enseigne clairement qu'il arrive quelque chose de pire à celui qui pèche après avoir connu la voie de la justice, quand il dit : « Que si après s'être retirés des corruptions du monde, par la connaissance de Jésus-Christ notre Seigneur et notre Sauveur, ils se laissent vaincre en s'y engageant de nouveau, leur dernier état est pire que le premier. Il leur eût, en effet, été plus avantageux de ne point connaître la voie de la justice que de retourner en arrière après l'avoir connue, et d'abandonner la loi sainte qui leur avait été donnée ; mais ce qu'on dit d'ordinaire, par un proverbe véritable, leur est arrivé : Le chien est retourné à ce qu'il avait vomi ; et le pourceau, après avoir été lavé, s'est vautré de nouveau dans la boue. » (II *Pier.*, II, 20.) L'apôtre saint Paul nous atteste de son côté, et nous dit que l'homme qui, après avoir été sanctifié par le baptême, est retombé dans ses anciennes erreurs, ne peut être sauvé sans une très-grande pénitence. « Il est impossible que ceux qui ont été une fois éclairés, qui ont goûté le don du ciel, qui ont été rendus participants du Saint-Esprit, qui se sont nourris de la parole de Dieu et de l'espérance des grandeurs à venir, et qui, après cela, sont tombés ; il est impossible, dis-je, qu'ils se renouvellent par la pénitence, parce qu'autant qu'il est en eux, ils crucifient de nouveau le Fils de Dieu et l'exposent à l'ignominie. » (*Hébr.*, VI, 4.)

L'Evangile nous apprend qu'un homme s'approcha de notre Sauveur, et lui demanda ce qu'il devait faire pour obtenir la vie éternelle ; le Seigneur lui répondit : « Si vous voulez posséder la vie, gardez les commandements. » (*Matth.*, XIX, 8.) Il ne lui dit pas: Gardez seulement la foi. Si la foi seule est exigée, il est inutile d'ordonner de garder les commandements. Mais à Dieu ne plaise que je prétende que notre Seigneur ait ordonné quelque chose d'inutile. C'est pourtant ce que disent ceux qui, en péchant, deviennent des fils de perdition ; ils pensent seulement que c'est pour eux une consolation s'ils peuvent entraîner les autres avec eux, dans la mort éternelle. Si Dieu ne punit pas les pécheurs, que devient cette parole du Prophète : « Si le juste lui-même est à peine sauvé, que deviendra le pécheur et l'impie. » (*Prov.*, XI, 31.) Et ailleurs : « Les pécheurs périront. » (I *Pier.*, IV, 18.) Et encore : « Que les pécheurs et les injustes soient effacés de dessus la terre, en sorte qu'ils ne soient plus. » (*Ps.* XXXVI, 20.) Et ailleurs encore : « Comme la fumée disparaît, les pécheurs disparaîtront de la terre, (*Ps.* CIII, 35) comme la cire fond au feu, qu'ainsi les pécheurs périssent devant la face de Dieu. » (*Ps.* LXVII, 3.) Je ne vois pas qu'il soit ici question d'hérétique ou d'incrédule, mais des pécheurs en général. Je trouve que Notre-Seigneur dit dans un certain endroit : « Tous ceux qui me disent: Seigneur, Seigneur, n'entreront point dans le royaume des cieux, mais ceux qui font la volonté de mon Père qui est aux cieux. » (*Matth.*, VII, 21.) Certes, ceux-là croyaient en Jésus-Christ qui le nommaient Seigneur, et cependant le royaume des cieux

---

Nam quid tibi ipsius baptismi lavacrum prodest, si sola sine justitia fides quæritur? Baptismo enim peccata ablui fides omnium tenet. Si deinceps peccandum est, abluisse quid prodest? Audi quid dicat Dominus homini semel sanato : « Ecce sanus factus es, (a) jam noli peccare, ne quid tibi deterius eveniat. » (*Joan.*, v, 14.) Hoc et beatus Petrus apostolus manifestissime docet, ei deterius aliquid, qui post agnitam justitiæ viam peccaverit, evenire, cum dicit : « Si enim refugientes coinquinationes mundi, in cognitione Domini nostri et Salvatoris Jesu Christi, his rursum implicati superantur, facta sunt eis posteriora deteriora prioribus. Melius enim erat illis, non cognoscere viam justitiæ, quam post agnitionem retrorsum converti ab eo quod illis traditum est sancto mandato. Contigit enim eis illud veri proverbii : Canis reversus ad suum vomitum, et sus lota in volutabro luti. » (II *Pet.*, II, 20, etc.) Hoc et beatus apostolus Paulus testatur et loquitur, hominem post baptismi sanctificationem pristino errore peccantem non sine ingenti pœnitentia conservari, dicens : « Impossibile est enim eos, qui post quam semel illuminati sunt, gustaverunt etiam donum cœleste, et participes sunt facti Spiritus sancti, gustaverunt nihilominus bonum Dei verbum virtutesque sæculi venturi, et prolapsi sunt, renovari rursus ad pœnitentiam, rursus crucifigentes sibimetipsis Filium Dei, et ostentui habentes. » (*Heb.*, VI, 4, etc.)

Quemadmodum ad Salvatorem accessisse, et quid faciendo vitam æternam perciperet interrogasse, Evangelista testatur : cui ita a Domino responsum est : « Si vis vitam habere, serva mandata. » (*Matth.*, XIX, 87.) Non dixit, serva tantum fidem. Nam si sola fides quæritur, superflue jubentur mandata servari. Sed absit ut ego Dominum meum aliquid dicam præcepisse superfluum. Sed dicunt hoc illi, qui peccando jam filii perditionis effecti sunt: et hoc tantum solatium se habere credunt, si alios secum potuerint morti perpetuæ mancipare. Sed si Deus peccatorem non punit ; ubi est illud propheticum : « Si justus vix salvus erit, peccator et impius ubi parebunt? » (*Prov.*, XI, 31.) Et alibi : « Quia peccatores peribunt. » (I *Petr.*, IV, 18.) Et iterum : « Deficiant peccatores a terra, et iniqui, ita ut non sint. » (*Psal.* XXXVI, 20.) Et iterum : « Sicut deficit fumus, deficiant ; » (*Psal.* CIII, 35.) « Sicut fluit cera a facie ignis, sic pereant peccatores a facie Dei. » (*Psal.* LXVII, 3.) Nullum hic tantum incredulum et infidelem, sed peccatores audio condemnari. Et Salvatorem nostrum quodam loco dixisse lego : « Non omnes qui dicunt mihi, Domine, Domine, intrabunt in regnum cœlorum ; sed qui faciunt voluntatem Patris mei, qui in

(a) Mss. nonnulli, *ulterius noli*.

ne leur est point ouvert, parce qu'ils renient par leurs actes celui qu'ils confessent de bouche. L'Apôtre nous apprend que Dieu est aussi bien renié par des actions que par des paroles, quand il dit : « Ils avouent qu'ils connaissent Dieu, mais ils le nient par leurs actions. » (*Tit.*, 1, 16.) Et le Seigneur dit dans son Évangile : « Plusieurs me diront en ce jour : Seigneur, Seigneur, est-ce que nous n'avons pas en votre nom chassé les démons ; est-ce qu'en votre nom nous n'avons pas opéré plusieurs prodiges? Et je leur dirai, moi : Je ne vous ai jamais connus. Éloignez-vous de moi vous tous qui commettez l'iniquité. » (*Matth.*, VII, 22.) Certes, ceux-ci ont eu une foi telle, qu'ils ont chassé les démons et opéré des miracles, au nom du Seigneur, et néanmoins leur foi ne leur servira de rien, parce qu'ils n'ont point fait des œuvres de justice. Si donc la foi seule doit nous sauver, comment se fait-il qu'ils soient condamnés au feu éternel, avec les anges de Satan, et qu'ils soient jugés aussi sévèrement, non pour quelque incrédulité, mais parce qu'ils n'ont pas fait le bien. Il est écrit, en effet : Et le Roi dira à ceux qui sont à sa gauche : « Éloignez-vous de moi, maudits, allez au feu éternel que mon Père a préparé pour Satan et pour ses anges ; j'ai eu faim et vous ne m'avez pas donné à manger, etc. » (*Matth.*, XXV, 41.) Il ne leur dit pas : Parce que vous n'avez pas cru en moi ; d'où il nous faut comprendre qu'ils seront damnés, non à raison de leur incrédulité, mais à cause de la stérilité de leurs œuvres.

CHAPITRE XIV. — Que personne donc ne se trompe et ne se fasse illusion ; à moins d'avoir été juste, on ne possédera pas la vie ; à moins d'avoir gardé les préceptes de Jésus-Christ, on n'aura point de part avec lui ; si on n'a pas méprisé les choses terrestres, on n'obtiendra point celles du ciel ; si on n'a pas dédaigné la terre, on ne peut espérer les joies du paradis. Que personne ne se considère comme chrétien, s'il ne suit la doctrine de Jésus-Christ et n'imite son exemple. Mais vous, vous considérez comme chrétien, celui dont le pain n'a jamais rassasié aucun affamé, qui n'a jamais donné à boire à ceux qui avaient soif, ni fait asseoir personne à sa table, celui dont la demeure ne s'est jamais ouverte pour recevoir le pèlerin et l'étranger ; aucun de ceux qui étaient nus, n'a reçu de lui des vêtements, aucun pauvre n'en a reçu des secours ; personne n'a profité de sa richesse, personne n'a éprouvé sa pitié ; en rien il n'a imité la conduite des bons, mais plutôt il s'en raille, il les tourne en dérision, il ne cesse de persécuter les pauvres. Que jamais, par aucun des chrétiens, que jamais un tel homme ne soit appelé chrétien, que jamais il ne soit qualifié d'enfant de Dieu. Le chrétien est celui qui marche sur les pas du Christ, qui imite en tout son exemple, ainsi qu'il est écrit : « Celui qui prétend demeurer en Jésus-Christ, doit se conduire comme il s'est conduit. » (1 *Jean*, II, 6.) Le chrétien est celui qui fait miséricorde à tous, qui ne s'émeut d'aucune injure, qui ne souffre pas que le pauvre soit opprimé en sa présence ; qui aide les malheureux, secourt les indigents, qui pleure avec ceux qui pleurent, et ressent la douleur des autres, comme si elle était la sienne, que les gémissements des autres font gémir, dont la maison est commune à tous, dont la porte n'est fermée à personne ; les pauvres connaissent sa table, il offre à tous la nourriture dont ils ont besoin ; chacun a part à ses richesses, et personne n'éprouve d'injus-

cœlis est. » (*Matth.*, VII, 21.) Utique isti Christum credebant, qui eum etiam Dominum nuncupabant : nec idcirco illis cœlestis regni janua panditur, quia illum non, quem factis abnuunt, confitentur. Negari autem Deum factis non minus quam verbis, Apostolus dixit : « Deum confitentur se nosse, factis autem negant. » (*Tit.*, 1, 16.) Et Dominus in Evangelio : « Multi mihi dicent in illa die : Domine, Domine, nonne in nomine tuo ejecimus dæmonia, et in nomine tuo virtutes multas fecimus? Et dicam illis : Nunquam vos cognovi. Discedite a me omnes qui operamini iniquitatem. » (*Matth.*, VII, 22.) Usque adeo isti credidisse dicuntur, ut in nomine Domini virtutes etiam operarentur : nec tamen eis proderit fides, quia justitiæ opera non fecerunt. Itaque si sola fides prodest, cur illi cum angelis satanæ in perpetuum gehennæ ignibus mancipantur, qui non perfidiæ causa, sed quid boni nihil fecerunt judicantur : sicut scriptum est : « Et dicet eis Rex a sinistris sunt : Discedite a me maledicti in gehennam æternam, quam paravit Pater meus diabolo et angelis ejus. Esurivi enim, et non dedistis mihi manducare, » etc. (*Matth.*, XXV, 41.) Non dixit utique, quia non credidistis mihi : unde intelligi datur, eos non incredulitatis causa, sed propter bonorum operum sterilitatem esse damnandos.

CAPUT XIV. — Nemo igitur alterum decipiat, nemo seducat : nisi quis justus fuerit, vitam non habet : nisi quis in omnibus Christi mandata servaverit, partem non potest habere cum illo : nisi quis terrena despexerit, divina non capiet : nisi humana contempserit, non potest possidere cœlestia. Nec quisquam se Christianum judicet, nisi qui Christi et doctrinam sequatur et imitatur exemplum. Sed tu illum Christianum putas, cujus nunquam pane ullus saturatus esuriens, cujus potu nullus reficitur sitiens, cujus mensam nemo cognoscit, sub cujus tecto nec advena nec peregrinus aliquando succedit, cujus nemo nudus tegitur vestimentis, cujus pauper nullus fovetur auxilio, cujus bonum nemo sentit, cujus misericordiam nemo cognoscit, qui in nullo imitatur bonos, sed irridet potius et subsannat, et pauperes persequi non cessat? Absit hoc a mentibus Christianorum omnium, absit ut hujusmodi Christianus dicatur, absit ut Dei filius possit appellari qui talis est. Christianus ille est, qui Christi viam sequitur, qui Christum in omnibus imitatur : sicut scriptum est : « Qui dicit se in Christo manere, debet sicut ille ambulavit et ipse ambulare. » (1 *Joan.*, II, 6.) Christianus est, qui omnibus misericordiam facit, qui omnino non movetur injuria, qui opprimi pauperem se præsente non patitur, qui miseris subvenit qui indigentibus succurrit, qui cum mœrentibus mœret, qui dolorem alterius quasi proprium sentit, qui ad fletum fletibus provocatur alienis, cujus omnium communis est domus, cujus janua nemini clauditur, cujus mensam

tice de sa part. Un chrétien, c'est celui qui sert Dieu nuit et jour, qui médite ses préceptes, qui est pauvre aux yeux du monde, mais riche aux yeux de Dieu, qui est sans gloire parmi les hommes, mais glorieux devant Dieu et devant ses anges, qui, dans son cœur, n'a aucune ruse, aucune fourberie, dont l'âme est simple et immaculée, la conscience fidèle et pure, dont l'esprit tout entier est en Dieu et toute l'espérance en Jésus-Christ, qui convoite plutôt les biens du ciel que ceux de la terre, qui méprise ce qui est de ce monde, pour acquérir les joies divines. En effet, écoutez ce qui est dit à ceux qui aiment le siècle, qui se glorifient et se complaisent dans les choses présentes : « Ne savez-vous pas que l'amitié de ce monde est ennemie de Dieu? Quiconque voudra être l'ami de ce monde, sera l'ennemi de Dieu. » (*Jacq.*, IV, 4.)

CHAPITRE XV. — Voici, ô sœur bien-aimée, que je vous ai expliqué, selon mon pouvoir, ce que doit faire un chrétien. Si généralement tous ceux qu'on appelle chrétiens doivent être tels, il appartient à votre sagesse de considérer quelle vous devez être, vous, veuve, qui devez être un modèle pour tous ceux qui veulent se bien conduire. Je pense que vous n'ignorez pas qu'il y a trois sortes de veuvages ; l'une qui est très-parfaite et qui conduit au ciel, laquelle consiste à passer le jour et la nuit dans l'oraison et dans le jeûne, selon le rite que l'Évangile prescrit aux veuves ; la seconde qui consent à veiller sur ses enfants et sur sa maison ; moins élevé que le premier, ce genre de vie est cependant exempt de fautes. La troisième sorte de veuves comprend celles qui vivent dans les festins et dans les délices, et ce genre de vie conduit à la mort et aux châtiments éternels. Il est écrit : « Honorez les veuves, celles qui sont vraiment telles. » (I *Tim.*, v, 3.) Ce sont celles de la première sorte qui sont appelées véritablement veuves, que l'Apôtre ordonne d'honorer à un évêque si éminent, c'est-à-dire à Timothée. Les secondes, qu'il n'est pas ordonné d'honorer, mais qui, cependant, peuvent avoir droit à la vie éternelle, sont celles dont il est dit : « Celles qui ont des enfants ou des petits-fils, doivent apprendre d'abord à régler pieusement leur maison, et se montrer agréables à leurs parents. » (*Ibid.*, 4.) C'est de la troisième sorte de veuves qu'il est écrit : « La veuve qui vit au milieu des délices, bien que vivante, est morte devant Dieu. » (*Ibid.*, 6.) Par où nous pouvons voir que toutes les veuves ne sont pas égales devant Dieu, et que celles-là ne sont pas agréables à Dieu qui sont seulement veuves de corps, sans que leurs œuvres manifestent leur viduité.

L'Apôtre nous enseigne ce que doit être une veuve de Jésus-Christ : « Que celle, dit-il, qui est véritablement veuve, espère dans le Seigneur, et se livre à la prière le jour et la nuit. » (*Ibid.*, 5.) Or, je veux que vous sachiez que, quand l'Apôtre parle de veuves véritables, il montre par là qu'il y en a de fausses, c'est-à-dire qui, tout en l'étant de corps, ne le sont ni d'esprit, ni d'affection, ni de sentiment. Et ailleurs, le même Apôtre nous dit quelle doit être la vie d'une veuve véritable et choisie. « Qu'on choisisse, dit-il, la veuve à laquelle ses bonnes œuvres rendent témoignage, qu'on voie si elle a élevé ses enfants, » il sous-entend dans le service de Dieu, « si elle s'est montrée hospitalière, si elle a lavé les pieds des saints, si elle a aidé ceux qui étaient dans la peine, si elle a pratiqué des bonnes œuvres ; » (*Ibid.*, 10) celle qui

---

pauper nullus ignorat, cujus cibus cunctis offertur, cujus bonum omnes norunt, et nemo sentit injuriam; qui Deo die noctuque deservit, qui ejus præcepta indesinenter meditatur et cogitat; qui pauper mundo efficitur, Deo locuples fiat; qui inter homines habetur inglorius, ut coram Deo et Angelis gloriosus appareat; qui in corde suo nihil videtur habere simulatum vel fictum, cujus simplex et immaculata est anima, cujus conscientia fidelis et pura est; cujus tota in Deo mens, cujus omnis spes in Christo est; qui cœlestia potiusquam terrena desiderat, qui humana spernit, ut possit habere divina. Nam his qui hoc sæculum diligunt, et qui in præsenti tempore gloriantur et complacent, audi quid dicitur : « Nescitis quia amicitia hujus mundi inimica est Deo? Et quicumque voluerit esse amicus hujus sæculi, inimicus Dei constituitur. » (*Jac.*, IV, 4.)

CAPUT. XV. — Hæc tibi, Soror dilectissima, quid Christianum agere conveniat prout potui, explicavi. Si ergo omnes generaliter qui Christiani nuncupantur, tales oportet; nunc tuæ prudentiæ est æstimare, qualem tu te viduam debeas exhibere, quam cunctis bene conversantibus esse oportet exemplum. Tria autem esse viduarum genera non ignorare te credo. Unum quod perfectissimum est, cœlesti præmio destinatum : quod, ritu illius de Evangelio viduæ, Deo orationibus et jejuniis die noctuque deservit. (*Luc.*, II, 37.) Aliud vero, quod filiorum curam habere dicitur et domus, non tanto dignum, nec tamen peccatis obnoxium. Tertium autem genus est in epulis et deliciis, quod æternæ morti servatur et pœnæ. Sicut scriptum est : « Viduas honora, quæ vere viduæ sunt. » (I *Tim.*, v, 3.) Istæ sunt primæ, quæ dicuntur veræ, et quæ jubentur a tanto sacerdote, hoc est, a Timotheo honorari. Secundæ sunt, quibus jam haberi non jubetur honor, nec tamen vita negatur : de quibus dicitur : « Quæ autem filios habent aut nepotes, discant primum domum (*a*) tractare, et parem gratiam reddere parentibus. » (*Ibid.*, 4.) Illæ vero tertiæ sunt, de quibus scriptum est : « Vidua autem quæ in deliciis est, vivens mortua est. » (*Ibid.*, 6.) Unde intelligi datur, non omnes viduas esse æquales, nec eas Deo placere, quæ corpore tantum viduæ videntur esse, non opere.

Qualis autem Christi vidua debeat esse, Apostolus dicit: « Quæ autem vere vidua est, sperat in Domino, et instat orationibus die ac nocte. » (*Ibid.*, 5.) Nec illud præterire te volo, quod quando veras viduas Apostolus nominat, esse demonstrat et falsas, hoc est, actu, mente, conversatione, non corpore. Et alibi viduæ veræ et electæ actum conversationemque describit idem Apostolus dicens : « Vidua eligatur quæ fuerit in operibus bonis testimonium habens. Si filios educavit, » quod subintelligitur, Deo : « Si hospitio recepit, si sanctorum pedes lavit, si tribulationem patientibus subministravit, si omne opus bonum

(*a*) In plerisque Mss. *bene.*

agit ainsi, il la considère comme véritablement veuve. Mais comment pourrait-elle s'appeler veuve de Jésus-Christ, celle qui ne fait rien de tout cela? Il y en a de riches, de nobles, de puissantes, qui considèrent comme indigne d'elles, d'élever leurs enfants pour Dieu, et non pour le siècle, de recevoir les étrangers, de laver avec leurs mains blanches et délicates les pieds des saints brisés et gonflés par la fatigue (1). Mais celles-là, un jour, ne seront pas jugées dignes d'être les compagnes des saints qu'elles auront méprisés ici-bas; elles n'auront point de part avec Jésus-Christ, qu'elles n'auront pas voulu recevoir, et dont elles auront eu peur de toucher les pieds; car c'est mépriser le Christ que de mépriser ses serviteurs. « Celui qui vous méprise me méprise, » a-t-il dit lui-même. (Luc, x, 16.) Marie trouva des larmes pour laver les pieds du Sauveur, les femmes de notre temps ne sauraient trouver même de l'eau pour laver les pieds des étrangers. Quant à vous, ô femme très-sage et très-prudente, ne les imitez pas. Elles ont de l'audace pour le mal, elles rougissent de faire le bien, elles seraient honteuses de bien faire, et elles n'ont point de honte de pécher; elles craignent plus les railleries et les discours des hommes, que les jugements de Dieu, et il leur est plus agréable de plaire aux hommes qu'à Jésus-Christ. Soyez telle que le Seigneur le veut, que l'Apôtre le commande, soyez veuve de Jésus-Christ. Soyez sainte, humble, paisible; exercez-vous sans cesse à la miséricorde et aux œuvres de justice. Qu'importe qu'on cherche à vous faire des reproches, qu'importe qu'on vous raille ou qu'on vous tourne en ridicule! cherchez à plaire à Dieu et à faire les œuvres de Jésus-Christ. Avant tout, méditez sans cesse les commandements du Seigneur, livrez-vous avec instance à la prière et au chant des psaumes. S'il est possible, que personne ne vous trouve jamais, sinon occupée à la lecture ou à la prière. Quand vous serez devenue telle, souvenez-vous de nous, qui avons pour vous tant d'affection, et qui, bien qu'absent, avons voulu vous adresser ces considérations qu'il nous était impossible de vous faire présent et de vive voix.

(1) Voyez sermon CXLIX, dans l'Appendice du tome V, tome XX de cette édition.

subsecuta est. » (Ibid., 10.) Hanc esse veram viduam judicavit, cujus talia sunt opera. Illa vero quomodo se Christi viduam dicit : quæ nihil tale aliquando operata est? Sed sunt aliquæ divites, nobiles et potentes, quibus forsitan videtur indignum, ut aut filios Deo, et non sæculo educant, aut hospitio recipiant advenam, aut sanctorum pedes laboriosos, lutulentos et horridos lavent, et delicatis et nitidis manibus tangant. Sed nec dignæ erunt tales in futuro tempore sanctorum esse consortes, quos ita in præsenti spreverunt, nec partem habere poterunt cum Christo, quem suscipere noluerunt, et cujus plantas suis contrectare manibus horruerunt: quia Christum spernit, quicumque ejus famulos spernit, sicut ipse dicit : « Qui vos spernit, me spernit. » (Luc., x, 16.) Mariæ, unde Christi pedes lavaret, lacrymæ abundarunt: nostri autem temporis feminis unde peregrinorum pedes lavent ipsa deficit aqua. Tu ergo sanctissima et prudentissima femina, ne velis imitari hujusmodi, quæ cum audenter malefecerint, benefacere erubescunt; et confunduntur juste vivere, quæ non sunt peccare confusæ, quæ se morti ultro obtulerunt, nec invitatæ revertuntur ad vitam : quæ hominum magis risus subsannationes et fabulas quam Dei judicium pertimescunt, et quibus carius est miseris hominibus placere quam Christo. Sed esto talis, qualem te Dominus esse præcepit, qualem Apostolus jubet exhiberi et Christi vidua, esto sancta, humilis et quieta : misericordiæ et justitiæ opera indesinenter exerce. Et quisque te in opprobrium habeat, quisque subsannet et irrideat : tu tantum Deo placeas, et quæ Christi sunt geras. Aute omnia incessabiliter Domini tui meditare mandata, orationibus et Psalmis instanter incumbe : ut si possibile est, nemo te aliquando nisi aut legentem inveniat, aut orantem. Et cum fueris talis, nostri memento : qui te tantum diligimus, ut quod præsentes præstare non possumus, conferamus absentes.

AVERTISSEMENT SUR LE LIVRE SUIVANT

Cet opuscule a enfin été restitué à saint Paulin, patriarche d'Aquilée (1), d'après l'autorité d'un très-bon et très-ancien manuscrit de la bibliothèque de Colbert. Paulin écrivait vers la fin du huitième siècle, car il mourut la seconde ou la troisième année du neuvième. Peu après sa mort

(1) Saint Paulin fut nommé vers l'an 777, patriarche d'Aquilée, par Charlemagne, qui l'avait en grande estime. Il se distingua au concile de Francfort, où il réfuta Félix Durgel, contre les erreurs duquel il composa un traité de la Trinité.

ADMONITIO IN SUBSEQUENTEM LIBRUM

Paulino Forojuliensi seu Aquileiensi Patriarchæ erit tandem aliquando restitutus hicce liber, auctoritate Colbertini cujusdam optimæ notæ et antiquissimæ scripturæ codicis. Scribebat sub octavi sæculi finem Paulinus Forojuliensis, anno sæculi noni secundo forte vel tertio denatus. Mox vero ipsi in sæculo eodem nono

et dès ce même neuvième siècle, cet ouvrage lui fut enlevé pour être attribué à saint Augustin. En effet, un manuscrit de Saint-Thierry, ayant, selon nous, huit cents ans d'antiquité, porte ce titre écrit de la même main que le livre : *Traité de l'exhortation adressé par saint Augustin à un comte qui lui était très-cher.* Gratien le cite (*De Pœnit.*, distinct. 2, can. *Si quis*) ; et, comme Trithème, il lui donne le titre de *Lettre de saint Augustin au comte Julien.* Ce fut aussi sous ce titre qu'il fut inséré dans la première édition des lettres de saint Augustin, donnée par Amerbach. Dans presque tous les manuscrits qui sont postérieurs à celui de Saint-Thierry, il porte cette suscription : « A un comte qui lui était très-uni. » Ce que nous lisons au chapitre LXII, à savoir : « que ni évêque, ni abbé, ni comte, ne pourront par or ou par argent corrompre la justice du Christ, » semble justifier cette suscription. Quant au nom de *Julien* donné à ce comte, on le trouve à peine dans un ou deux manuscrits, vers la fin. Nous pensons même que ce livre fut adressé à Eric, duc ou comte (car on voit dans la vie de saint Eloi, liv. II, chap. LIX, et dans le premier livre de la chronique de Casaure, que ces deux titres se prenaient autrefois indifféremment l'un pour l'autre). Ce qui nous confirme dans cette pensée, c'est ce passage d'Alcuin, dans sa lettre XCIV adressée à Eric : « Homme respectable, dit-il, je vous aurais écrit plus longuement sur les règles de la piété chrétienne, si vous n'aviez pas à votre disposition un docteur excellent, un maître pieux pour la vie céleste, dans mon ami Paulin, dont le cœur épanche une source d'eau vive qui jaillit jusqu'à la vie éternelle ; qu'il soit donc votre guide pour ce qui regarde le salut éternel. » Saint Paulin avait lu le Traité *de la vie contemplative*, de saint Prospère, ou mieux de Julien Pomérius, car il y a puisé tout ce qu'il dit ici depuis le chapitre X jusqu'au chapitre XX. Nous avons collationné cet ouvrage sur les manuscrits de Saint-Thierry, de Corbie, de Saint-Victor, et plusieurs autres ; ils nous ont aidé à reconnaître les additions insérées dans les éditions ; ces insertions, nous les avons ou retranchées, ou mises en variantes, ou distinguées par des crochets. Mais ce qui, surtout, nous a été d'un grand secours pour corriger les fautes, c'est le précieux manuscrit de la bibliothèque de Colbert, qui nous semble remonter au temps de saint Paulin, et dans lequel on lit cette suscription : « Discours du bienheureux Paulin, évêque d'Aquilée ; il souhaite paix, bonheur, salut et joie éternelles dans Notre-Seigneur Jésus-Christ, à un de ses amis qui vivait au milieu du siècle. »

ademptum videmus hoc Opus, ut supponeretur Augustino. Nam Theodericense exstat annorum, nisi fallimur, octingentorum exemplar, titulum hunc a prima manu scriptum in fronte libri habens : *Liber exhortationis sancti Augustini ad quemdam comitem carissimum sibi.* Citatur a Gratiano *de pœnit.*, dist. 2, can. *Si quis*, ibique, uti et apud Trithemium : *Augustini ad Julianum Comitem epistola* nuncupatur : quo sub titulo etiam inter Augustini epistolas locum habuit in prima editione earum Amerbachiana. Et quidem liber in cæteris fere codicibus MSS. quos Theodericensi posteriores omnes invenimus, « ad quemdam Comitem sibi amicissimum » prænotatur : cui titulo favet illud quod in cap. LXII legitur : « Cujus judicis Christi palatium auro argentoque nullus Episcopus, nec Abbas, nec Comes corrumpere poterit. » At *Juliani* Comitis nomen vix unus et alter codex in libri fine adscriptum habet. Et vero suspicamur missum potius librum ad Æricum Ducem sive Comitem, quæ dignitatum nomina de eodem promiscue usurpata olim esse reperies in vita S. Eligii, lib. II, cap. LIX, et in lib. I Chronici Casauriensis. Suspicionem hanc injecit Alcuinus in epist. XCIV, sic Ærico scribens : « Plura tibi, vir venerande, de Christianæ pietatis observatione forte scripsissem, si tibi doctor egregius et pius cœlestis vitæ præceptor, Paulinus meus præsto non esset, de cujus corde emanat fons viventis aquæ in vitam salientis æternam. Illum habeas tibi salutis æternæ consiliatorem. » Legerat Paulinus Prosperi, seu verius Juliani Pomerii *Opus de contemplativa vita*, quo ex fonte ea fere omnia hausit, quæ hic a capite decimo ad vigesimum usque comprehenduntur. Recognovimus hunc librum ad veteres codices Theodericensem, Pratellensem, Audoenensem, Cygiranneusem, Corbeiensem, Victorinum et alios, quorum ope glossemata in editis hinc inde insparsa aut removimus, omnino, aut ad marginem transtulimus, aut certe appositis ansulis separavimus. Sed præsertim subsidio fuit ad abstergenda errata præstantissimus ille bibliothecæ Colbertinæ codex, « ævo ipso Paulini, sicuti videtur, exaratus : quo in codice liber hunc in modum inscribitur. « Sermo beati Paulini Forojuliensis episcopi, cuidam amico suo in sæculo militanti pacem et prosperitatem, salutem et gaudium sempiternum optat in Domino Jesu Christo Salvatore nostro. »

LIVRE DE L'EXHORTATION

VULGAIREMENT APPELÉ

DES ENSEIGNEMENTS SALUTAIRES

ADRESSÉ A UN COMTE

CHAPITRE PREMIER. — Frère, vous désirez connaître, bien que moi-même je sois peu capable de vous l'apprendre, (a) quam perfectissima atque plenissima combien aimer Dieu de tout son cœur et s'attacher de toute la force de sa volonté à celui qui est le souverain bien, est une justice parfaite et abondante? Aimer le souverain bien, c'est le bonheur suprême. Celui qui aime Dieu est bon ; s'il est bon, il s'ensuit qu'il est heureux ; plus on aime Dieu avec ardeur, et plus on devient bon. Que celui qui est ce souverain bien vous fasse participer pleinement à ce bien si doux, c'est là, frère bien-aimé, ce que, tout indigne que je suis, je lui demande avec ardeur dans mes prières de chaque jour.

CHAPITRE II. — Quant à vous, mon frère, réfléchissez que vous avez été créé par un dessein de la sainte Trinité, que vous êtes l'œuvre de la majesté divine, et comprenez, par ce premier honneur de votre condition, ce que vous devez à votre auteur, qui ne vous a accordé cet honorable privilège de votre dignité, qu'afin que vous l'aimiez avec d'autant plus d'ardeur qu'il s'est montré plus admirable envers vous.

CHAPITRE III. — Et non-seulement c'est par un dessein de l'auguste Trinité que vous avez été placé dans cette condition excellente, mais de plus, le Créateur de toutes choses a voulu vous former à son image et à sa ressemblance, ce qu'il n'a accordé qu'à l'homme seul parmi toutes les autres créatures. Voici comment votre âme porte en elle-même l'image de l'unité et de la trinité du Dieu tout-puissant ; d'abord, par le don de Dieu, elle possède la vie et le sentiment ; en second lieu, elle est faite à l'image de son Créateur, enfin, bien que vous ne soyez qu'un seul homme, cependant, vous avez trois facultés qui vous ont été accordées par le Père, le Fils et le Saint-Esprit, ce sont : l'intelligence, la volonté, la mémoire. Ce que l'Évangile nous apprend, quoiqu'en d'autres termes, quand il dit : « Vous aimerez le Seigneur votre Dieu de tout votre cœur, de toute votre âme et de toutes vos forces, » (*Matth.*, XXII, 37) dans ces trois choses réside l'image admirable de notre Créateur, que nous portons en nous-mêmes ; c'est par elles, comme par les plus nobles facultés de notre âme, qu'il nous est recommandé d'aimer Dieu, afin qu'il soit aimé en tant qu'il est compris, et qu'en tant qu'il est aimé, la mémoire en garde constam-

LIBER EXHORTATIONIS

VULGO

DE SALUTARIBUS DOCUMENTIS

AD QUEMDAM COMITEM

CAPUT PRIMUM. — O mi frater, si cupias scire, quamvis ego nesciam, (a) quam perfectissima atque plenissima est justitia, Deum toto corde amare, illique tota adhærere voluntate, qui est summum bonum! Summum vero a more bonum, summa est beatitudo. Qui Deum amat, bonus est : si bonus, ergo et beatus, quem quanto quis ardentius amat, tanto melior efficitur. Quatenus hoc beatissimo bono abundare te faciat, carissime Frater, ipse qui est hoc bonum ; quotidianis precibus, integro cordis desiderio eum, etsi indiguus, deprecari (b) studeam.

CAPUT II. — Tu vero, carissime Frater, intellige, quia (2) consilio sanctæ Trinitatis et opere majestatis divinæ creatus es : ex primoque conditionis honore intellige quantum debeas Conditori tuo, dum tantum mox in conditione dignitatis privilegium præstitit tibi Conditor æternus, ut tanto eum ardentius amares, quanto mirabiliorem te ab eo esse conditum intelligeres.

CAPUT III. — Nec hoc solum, quod consilio sanctæ Trinitatis sic excellenter a Conditore conditus es, sed etiam quod ad imaginem et similitudinem suam ipse Creator omnium te creavit : quod nulli alii ex creaturis, nisi soli homini concessit. Et hæc est imago unitatis et trinitatis omnipotentis Dei, quam anima tua habet in se : primum, quia sanctæ Dei donum vivit ac sapit ; secundum, quia ad imaginem sui conditoris creata est ; tertium, licet unus appelleris homo, tamen tres habes a Patre et Filio et Spiritu sancto concessas dignitates, id est, intellectum, voluntatem, et memoriam. Quod idem, licet aliis verbis, in Evangelio designatur, dum dicitur : « Diliges Dominum Deum tuum ex toto corde tuo, et ex tota anima tua, et ex omnibus viribus tuis. » (*Matth.*, XXII, 37.) In his enim tribus imaginem Conditoris nostri mirabiliter gerit in sua natura noster interior homo, ex quibus quasi excellentioribus animæ dignitatibus jube-

---

(1) V. lib. *de Spir. et anima*, c. XXXV.

(a) Sic Mss. At editi, *quæ... sit justitia. Justitia namque est Deum*, etc. — (b) Ms. Germ. *studeo.*

ment le souvenir. Il ne suffit pas de connaître Dieu, si notre volonté ne se tourne pas à son amour. Bien plus, cela même serait insuffisant, si l'action ne se joignait à la mémoire et à la volonté.

Chapitre IV. — Qu'à votre intelligence, cher frère, se joigne le don de science spirituelle qui illuminera votre esprit et vous conduira à la vie éternelle, comme je le souhaite et désire vivement. Oui, je désire de toute l'affection de mon cœur, et je prie Dieu que vous marchiez sans cesse en avant, jusqu'à ce que vous ayez conquis la couronne de l'éternelle félicité, et que vous ne laissiez jamais le noble esprit que je vous connais se détourner de l'amour de Jésus-Christ, soit par les conseils de certains amis, soit par ambition pour les choses du siècle. Ne permettez pas à la méchanceté d'autrui de paralyser votre bonté, mais partout, autant que vous le pourrez, montrez-vous plein d'amabilité devant Dieu et devant tout le peuple. La grâce secourable de Dieu ne vous manquera pas, si vous avez la volonté de pratiquer ces saints conseils que la bonne disposition de votre âme vous fait chercher dans les saintes Ecritures.

Chapitre V. — Quoique laïque, soyez, je vous en conjure, ardent pour toutes les œuvres de Dieu, bon envers les pauvres et les faibles, soulagez les affligés, compatissez aux peines de tous, faites largement l'aumône, vous rappelant les deux petites pièces de la veuve de l'Evangile, ainsi que cette parole du prophète : « Partagez votre pain avec celui qui a faim. » (*Isa.*, LVIII, 7.) Tâchez cependant de mettre de la discrétion dans vos aumônes, de telle sorte qu'elles soient à la fois méritoires et pour celui qui donne, et pour celui qui reçoit.

Chapitre VI. — En conséquence, ne vous occupez pas seulement de votre propre salut, mais ayez encore à cœur l'avancement et le bonheur de plusieurs autres. Choisissez de bons conseillers craignant Dieu, aimant la vérité, car souvent les flatteurs, par un air agréable, trompent ceux qui les écoutent, et sont cause de leur damnation éternelle. C'est à leur sujet que le Psalmiste dit : « Dieu a brisé les os de ceux qui s'attachent à plaire aux hommes, ils sont tombés dans la confusion, parce que Dieu les a méprisés. » (*Ps.* LII, 6.) L'Apôtre, de son côté, ajoute : « Si je cherchais à plaire aux hommes, je ne serais plus le serviteur de Jésus-Christ. » (*Gal.*, I, 10.)

Chapitre VII. — Tout ami doit, en se rendant agréable à son prochain, contribuer à sa sanctification, et non à sa perte ; or, tout ami n'est pas propre également à donner des conseils, puisque l'Ecriture nous dit : « Ayez plusieurs amis, mais n'ayez qu'un seul conseiller. » Encore que le changement de lieu m'éloignerait beaucoup de vous par la présence, je resterais à vos côtés par l'affection, car l'amour qui peut s'éteindre n'a jamais été un amour véritable. Aussi soyons, autant que nous le pouvons, unis à Jésus-Christ par l'affection la plus tendre, puisqu'il nous dit : « Vous serez mes amis, si vous faites ce que je vous commande. » (*Jean*, XV, 14.) Et plus loin, s'adressant de nouveau à ses apôtres : « Voici que je ne vous appelle plus des serviteurs, mais des amis. » (*Ibid.*, 15.)

Chapitre VIII. — Que si nous voulons mériter les

---

mur diligere Conditorem, ut quantum a nobis intelligitur diligatur; et quantum diligatur, semper in memoria (*a*) quæ recepit, habeatur. Nec solum sufficit nobis, Deum intelligere, nisi fiat in amore ejus voluntas nostra : imo nec hoc sufficit, nisi cum memoria et voluntate opus addatur.

Caput IV. — Tuo vero capiti, frater carissime, addatur gratia spiritalis scientiæ, quæ mentem tuam illuminet, et ad vitam æternam, sicut desidero et opto, perducat. Toto etenim cordis mei affectu opto, Deumque deprecor, ut semper ad anteriora te extendas, donec pervenias ad sublimem perpetuæ beatitudinis coronam : et animi tui nobilitatem, quam in te optime scio, nullis amicorum consiliis, nulla sæcularium ambitione desideriorum, ab amore Christi immutari permittas. Noli tuam bonitatem aliorum malignitate obscurare ; sed ubique quantum vales, amabilis coram Deo et omni populo appareas. (*b*) Non deerit tibi gratia adjuvantis Dei, si tibi aderit voluntas admonitionis sanctæ, quam sæpius in Scripturis divinis mens bonitatis tuæ attendit.

Caput V. — Esto, quæso, quamvis laicus, ad omne opus Dei promptus, pius ad pauperes (*c*) et infirmos, consolator mœrentium, compatiens miseriis omnium, largus in eleemosynis, memorans Evangelicæ viduæ duo minuta (*Luc.*, XXI, 2), et Prophetam dicentem : « Frange esurienti panem tuum ; » (*Isa.*, LVIII, 7) (*d*) et cave

prævidens discretionem eleemosynæ, ita ut utrisque, danti scilicet et accipienti, solatium sit.

Caput VI. — Itaque non solum de salute tua, verum etiam de multorum profectu et prosperitate meditare. Elige tibi consiliarios optimos, Deum timentes, et veritatem amantes. Sæpe etenim adulatores blanda facie decipiunt animas audientium se, et perpetua morte interimunt. De talibus enim dicit Psalmista : « Quoniam Deus dissipavit ossa eorum qui hominibus placent ; confusi sunt, quoniam Deus sprevit eos. » (*Psal.* LII, 6.) Et Apostolus dicit : « Si hominibus placerem, Christi servus non essem. » (*Gal.*, I, 10.)

Caput VII. — Unusquisque amicus ad ædificationem, non ad destructionem, placeat proximo suo ; quia non omnis amicus consiliarius esse poterit, dicente Scriptura : « Amici tibi sint multi, consiliarius autem unus. » (1) Licet enim me mutationis habitus longe tulisset a vobis corpore, sed nullatenus caritate : quia caritas quæ deseri potest, nunquam vera fuit. Ideo intima amicitiarum caritate, Domino Christo conjungamur ; quia ipse ait : « Vos amici mei estis, si feceritis quæ ego præcipio vobis. » (*Joan.*, XV, 14.) Et iterum ad discipulos suos : « Jam non dicam vos servos, sed amicos meos. » (*Ibid.*, 15.)

Caput VIII. — Et si præmia æternæ vitæ volumus

---

(1) Sic Alcuin., epist. CXIII ad Paulin., post Hieron., epist. XL.

(*a*) Mss. nonnulli, *quæ præcepit habeantur.* — (*b*) Soli editi, add. : *Noli putare quod is qui hominibus aliquando displicet, Deo per omnia displiceat.* — (*c*) Editi, *mediocris ad delinquentes, ad Dei infirmos misericors.* — (*d*) Editi, *et caute.*

récompenses de la vie éternelle, faisons tous nos efforts pour garder ses commandements. Ils sont durs pour ceux qui les repoussent, légers pour ceux qui les acceptent selon cette parole : « Mon joug est doux, et mon fardeau léger. » (*Matth.*, XI, 30.) Et cette autre : « Sur qui reposera mon esprit, sinon sur l'homme humble, paisible, qui respecte ma parole. »(*Isa.*, LXII, 2.) L'amitié de ce monde repose, ou sur le gain, ou sur les bienfaits, ou sur les honneurs qu'on espère. L'amitié du Sauveur consiste à l'aimer et à aimer le prochain; aussi chaque fois que par nos bonnes œuvres nous remplissons quelque précepte de Jésus-Christ, nous nous montrons ses amis. Il nous invite sans cesse à l'aimer, le démon jaloux cherche de son côté à nous précipiter en enfer. Le Sauveur nous aime; le traître nous déteste, n'abandonnons donc pas notre Rédempteur pour suivre ce misérable. Que celui qui nous a rendu la liberté, nous soit plus cher que celui qui nous avait fait ses captifs et ses esclaves. Représentez-vous donc sans cesse que ce n'est point la foule des amis, le nombre des serviteurs, la quantité d'or ou d'argent, l'éclat des pierres précieuses, la fécondité des vignes, la richesse des moissons, la fertilité des prairies qui peut apporter aucun secours à l'âme lorsqu'elle quitte le corps; au contraire, ceux-là sont plus tristes qui y ont plus attaché leurs cœurs. Il faut aimer Notre-Seigneur Jésus-Christ, notre véritable ami, qui peut nous donner le bonheur en ce monde et la félicité éternelle dans l'autre. Il s'appelle notre Rédempteur, parce qu'il nous a rachetés de la tyrannie du démon; notre Sauveur, parce qu'il nous sauve du châtiment que méritaient nos péchés; notre secours, parce qu'il nous aide dans nos besoins et dans nos peines; notre protecteur, parce que, grâce à sa protection, nous échappons aux embûches de nos ennemis; enfin notre *suscepteur*, parce qu'il nous reçoit dans les tabernacles éternels. C'est pourquoi attachons-nous de toutes nos forces à l'affection, aux préceptes, à l'amour de ce Dieu qui nous aime tant, et respectons la noblesse de son image qu'il a gravée en nous. Rappelons-nous sans cesse combien est élevé et glorieux celui qui est notre chef et notre ami; il ne demande de nous que des présents spirituels. Prenons garde qu'il ne trouve en nous quelque chose qui puisse blesser ses regards. Que si, ce qui peut arriver à la faiblesse humaine, le malin esprit a produit dans notre âme quelque tache de négligence, hâtons-nous de l'effacer le plus tôt possible par la confession, la pénitence et les larmes, pour ne pas rester longtemps éloigné des caresses de notre ami, qui aime mieux nous recevoir sur son sein que de nous châtier, pourvu que nous ne différions pas de jour en jour notre retour. Il y a deux choses, en effet, que le Dieu tout-puissant déteste dans tous les hommes : l'insouciance de revenir à lui et le désespoir de son salut. Loin de nous ces deux malheurs, et Dieu sera près de nos âmes. Ne mettons pas, je vous prie, notre confiance dans l'orgueil de la félicité terrestre, mais bénissons celui qui, ayant donné l'intelligence à l'homme, a voulu en être recherché par l'humilité et non par l'orgueil. Quelle plus grande gloire pour nous, je vous le demande, quel honneur plus sublime que d'être les amis du Roi

---

promereri, illius præcepta totis viribus satagamus custodire. Præcepta namque ejus nolentibus gravia sunt, volentibus levia, sicut ipse ait : « Jugum enim meum suave est, et opus meum leve. » (*Matth.*, XI, 30.) Et iterum : « Super quem requiescam, nisi super humilem et quietum et trementem sermones meos? » (*Isa.*, LXII, 2.) Sæculi enim amicitia, aut lucro, aut beneficiis, aut diversis honoribus constat : Salvatoris autem amicitia in se et proximos diligendo consistit. Igitur quotiescumque bonis actibus mandata Christi facimus, toties Christi amici vocamur. Ille nos semper invitat ad amicitiam suam, et diabolus invidens quærit nos mergere in infernum. Salvator nos amat, et proditor nos odit : ideo non prætermittamus Redemptorem, nec sequamur prædonem. Carior nobis sit qui libertati restituit, quam qui nos captivavit, et servituti subdidit. Semper aute oculos cordis pone, quod non amicorum turba, nec familiæ multitudo, non auri argentique congestio, non gemmarum lapilli fulgentes, non vindemiarum ubertas, non densitas segetum, non jucunditas extensa pratorum possunt animæ exeunti de corpore ullum afferre præsidium; sed plus lugent, qui ea plus diligunt. Ideo diligendus est verus amicus noster Dominus Jesus Christus, qui præsentem felicitatem, et æternam nobis tribuet beatitudinem. Nam redemptor noster ideo dicitur, quia nos redemit a diaboli captivitate; et salvator, salvando nos a peccatis nostris; adjutor, adjuvando nos inopportunitatibus, in tribulatione; protector, protegendo nos ut inter inimicos nostros maneamus illæsi; susceptor, suscipiendo nos in æterna tabernacula. Ideo caritatem et præcepta et amorem tanti amici nostri totis viribus adimpleamus, et nobilitatem imaginis illius in nobis servemus. Rememoremus semper, quam inclytus et valde gloriosus est imperator et amicus noster : ille a nobis non aliud quærit munus nisi spiritale. Caveamus quantum possumus, ne aliquid inveniat, quod oculos ejus offendat. Et si forsitan, ut solet humanæ fragilitatis conditio, aliquam negligentiæ maculam malignus spiritus in nobis infigat, citius per confessionem et pœnitentiam (*a*) fontemque lacrymarum abluere eam omni studio festinemus : ne diu sine amici nostri maneamus amplexu, quia paratior est (*b*) nos recipere, quam perdere; tantum si non tardamus de die in diem reverti ad illum. Hæc enim duo mala omnipotens Deus odit in omnibus hominibus, id est, negligentiam revertendi, et desperationem salutis. Tantum hæc absint a cogitationibus procul nostris : et ille tunc animis prope erit nostris. Ne quæso de terrena felicitate gloriantes confidamus ; sed gratias agamus ei, qui, dum homines esse voluit rationales, per superbia, sed humilitate prosequi se rogavit. Quæ, rogo, major esse nobis gloria poterit, vel sublimior honor, quam ejus imperatoris esse amicos, qui super omnes imperatores est? Et quanto ille sublimior est omnipotentiæ in virtute, tanto nos majoris debemus esse dili-

(*a*) Mss. non habent, *fontemque*. — (*b*) Mss. *nobis*.

qui est au-dessus de tous les rois? Plus il est élevé par la vertu de sa toute-puissance, plus nous devons apporter de soin à pratiquer la justice, l'humilité, et à observer ses commandements.

Chapitre IX. — Ce sont les œuvres de justice qui constituent la sainteté; or, la justice est pratiquée de deux manières : en évitant de faire ce qui est défendu, et en faisant ce qui est commandé, selon ce mot du Prophète : « Éloignez-vous du mal, et faites le bien. » (*Ps.* xxxiii, 15.) Toute la suite des livres saints a été écrite pour notre salut; elle dit, redit et répète encore à nos oreilles ce que l'homme doit éviter et ce qu'il doit faire. Votre dignité vous apparaît facilement en parcourant ces livres, puisque c'est notre Dieu, notre Seigneur, qui nous y parle lui-même, et nous montre sa miséricordieuse volonté à notre égard. Pensons et réfléchissons avec quel respect nous devons recevoir son ambassade. Si le prince nous envoyait un message ou un billet, est-ce que, laissant de côté tout autre soin, nous ne nous empresserions pas de recevoir avec respect sa lettre, et de remplir ses ordres après les avoir lus? Voici que le Roi du ciel, le Maître des maîtres, notre Rédempteur a daigné nous adresser des messages par les prophètes et par les apôtres, et cela non pas pour nous demander quelque service dont il a besoin, mais pour nous faire connaître ce qui peut être utile à notre salut, et contribuer à notre gloire.

Chapitre X. — Si donc nous désirons posséder quelque chose dans ce monde, cherchons avec ardeur la possession de Dieu qui possède, et qui a créé toutes choses, et en lui-même nous aurons tout ce que nous pouvons légitimement et pieusement désirer. Mais personne ne pouvant posséder Dieu si Dieu lui-même ne le possède, devenons la possession de Dieu, et que lui-même soit notre maître. Que peut-il y avoir de plus heureux ici-bas que celui dont son prince lui-même est devenu le partage, et dont la divinité elle-même daigne être l'héritage? C'est d'elle que tous nous recevons les biens, c'est en elle et par elle que nous vivons. Quoi donc, je vous prie, suffirait à l'homme auquel le Créateur ne suffit pas? Que cherchera de plus celui à qui son Rédempteur doit tenir lieu de toute joie et de toutes sortes de biens.

Chapitre XI. — Hélas! avec quelle adresse nous trompe cet antique ennemi! comme il obscurcit nos yeux, pour nous empêcher de discerner entre les joies de ce monde et les joies éternelles! Se réjouir est un bien, mais la joie de celui-là n'est pas bonne qui se réjouit de choses dont il ne devrait point se réjouir. Le soldat de la terre met sa joie dans les honneurs d'ici-bas, il est heureux de sa riche armure, des bracelets qui ornent son bras, de la couronne placée sur sa tête; une pareille joie est périssable et n'a rien d'éternel. Le ravisseur se réjouit d'avoir pris ce qu'il convoitait; l'ivrogne est heureux d'avoir trouvé l'occasion de boire; l'adultère se réjouit quand il a pu savourer les embrassements d'une courtisane; le parjure est content, s'il a pu, par ses jurements, acquérir les biens de ce monde; l'homme emporté, s'il a pu satisfaire sa colère. Il est beaucoup d'autres fausses joies que votre esprit, cher frère, devinera facilement. C'est pourquoi, en-

---

gentiæ in justitia et sanctitate et humilitate et observatione mandatorum illius.

Caput IX. — Sanctitas vero in justitiæ operibus constat. Justitia vero duobus modis adimpletur, ut quæ prohibita sunt ab eo non faciamus, et quæ jussa sunt ab eo faciamus, juxta Prophetam : « Diverte a malo, et fac bonum. » (*Psal.* xxxiii, 15.) Omnis enim sanctorum librorum series ad nostram salutem scripta est : et hoc maxime nostris auribus intonat, et iterum atque iterum replicat, quid sit homini cavendum, vel quid sequendum. In quibus libris tua dignitas optime exercere se novit : quia per illos nobis loquitur ipse Deus et Dominus noster, et piæ voluntatis nobis demonstrat affectum. Recognoscamus et recogitemus, quali honore nobis illius legatio sit accipienda. Quid si a rege legatio aut indiculus ad nos veniret, numquid non mox aliis curis postpositis prompta voluntate et cum omni devotione litteras acciperemus, et legentes implere satageremus? Et ecce de cœlo Rex regum et Dominus dominantium, imo et Redemptor noster, per Prophetas et Apostolos dignatus est nobis dirigere litteras suas : non ut aliquod servitium sibi necessarium nobis demandet, sed quæ ad salutem et gloriam nobis prodesse (*a*) possint innotescat.

Caput X. — (1) Proinde si aliquid in hoc sæculo possidere delectamur, Deum qui possidet omnia, qui creavit omnia, expedita mente possideamus, et in eo habeamus quæcumque feliciter et sancte desideramus. Sed quoniam nemo possidet Deum, nisi qui possidetur ab eo; simus nos ipsi facti Dei possessio, et efficietur nobis Deus possessor. Et quid potest esse in mundo felicius, quam cui efficitur suus imperator et redemptor census; et hæreditas dignatur esse ipsa divinitas? Omnes enim ex illo fructus capiamus, in illo et de illo semper vivimus. Quid rogo homini sufficit, cui ipse Conditor non sufficit? Quid ultra quærit, cui omne gaudium et omnia suus redemptor esse debet?

Caput XI. — (2) Heu quam subtiliter nos ille antiquus hostis decipiendo fallit, et a cæcitate ante oculos mentis nostræ obducit, ne discernere valeamus gaudia hujus sæculi, et gaudia regis æterni. Nam gaudere quidem bonum est : sed qui gaudet, si non inde gaudet unde debet, non potest bonum esse quod gaudet. Gaudet miles terrenus honores hujus sæculi perituros, vestes pulchras, et speciosas armillas brachio circumdatas, coronam capiti impositam; et tale gaudium non est æternum, sed periturum. Gaudet et raptor, cum desiderata rapuerit. Gaudet ebriosus, cum occasionem potationis invenerit. Gaudet adulter, cum quæ ad delectationem corporis fraendi meretricis pervenerit. Gaudet perjurus, si hujus sæculi facultates jurando acquisierit. Gaudet iracundus, si iram suam perfecerit. Et multa alia quæ mens bonitatis tuæ, frater carissime, comprehendere poterit. Et cum sit gau-

(1) Ex Jul. Pomerio apud Prosperum, lib. II *De contemplat. vita*, c. xvi. — (2) Ex eodem lib. c. xiii.
(*a*) Ms. Colb. *scit*.

core que la joie soit un bien, cependant se réjouir de tout cela, ou de choses du même genre, c'est un mal et un péché qui conduit à la mort. Il n'y a pas de crime si abominable devant Dieu que de se réjouir de ses fautes passées, en s'en rappelant le souvenir, de s'en enorgueillir, et de rester en cet état. Telles sont, comme nous l'avons dit plus haut, les choses dont le monde veut que nous nous réjouissions, afin d'être entraînés avec ceux qui l'aiment. Or, nous devons repousser ces joies comme des poisons du démon, qui tuent non-seulement le corps, mais qui livrent l'âme à la mort éternelle.

CHAPITRE XII. — Frère, je vous en conjure, brisant contre la pierre, qui est le Christ, ces flèches de Satan, armez-vous du bouclier de la foi sur lequel viendront s'éteindre tous ces traits enflammés. Réjouissons-nous des biens du Seigneur, d'une conscience pure, d'une bonne confession, d'une pénitence convenable, d'une douleur et d'une contrition sincères, joie qui n'étant pas selon le monde n'engendre pas la mort, mais qui étant selon Dieu, produit la vie éternelle. L'Apôtre nous défend fortement de nous laisser aller à cette tristesse qui est selon le monde. « N'attristez pas, dit-il, l'Eprit saint de Dieu, dont vous avez été marqués comme d'un sceau pour le jour de la rédemption ; que toute aigreur, tout emportement, toute colère, toute clameur, toute médisance, enfin que toute malice soit bannie d'entre vous, mais soyez bons les uns envers les autres, pleins de compassion, vous pardonnant mutuellement comme Dieu aussi vous a pardonné en Jésus-Christ. » (*Ephés.*, IV, 30.) Autant qu'il est en nous, faisons tous nos efforts pour réformer nos mœurs, et acquérir les vertus, sources de tous biens, afin de mériter que Dieu étende sur nous sa bonté et sa miséricorde au temps favorable, et que nous puissions nous réjouir d'une manière ineffable des biens du royaume éternel ; ce sont là les armes qui nous fortifient contre les attaques de Satan, et nous rendent dignes d'intérêt aux regards de Dieu. Ce sont les armes qui soutiennent, défendent et encouragent nos âmes. Ce sont des armes qui, avec l'aide de Dieu, sont toujours avec nous et en nous ; c'est là notre vraie richesse. La pudeur nous rend pudiques, la justice nous fait justes, la piété pieux, l'humilité humbles, la douceur doux, l'innocence innocents, la simplicité simples, la pureté nous rend purs, la prudence prudents, la tempérance tempérants, et la charité nous fait agréables à Dieu et aux hommes. Tous ces biens viennent de Dieu, et ont été créés par un Dieu souverainement bon.

CHAPITRE XIII. — C'est pourquoi si nous voulons être en lui ce que nous devons être, selon la recommandation de l'apôtre saint Jean, nous devons spirituellement suivre les traces qu'il a suivies. Mais qu'est-ce que suivre les traces de Jésus-Christ, sinon mépriser les vanités et les joies de ce monde, et ne pas craindre de souffrir pour le nom du Sauveur. Espérons ce qu'il nous a promis, et marchons là où il nous a précédés. Que le misérable plaisir de ce monde ne nous sépare point de l'amour de Jésus-Christ, n'alléguons aucune excuse, ni notre épouse, ni nos enfants, ni la grandeur de nos richesses ; c'est ce que nous indique d'une manière formelle

---

dere bonum, de his atque hujusmodi tamen gaudere grande malum est, et perducens ad mortem (*a*) peccatum. Nec ullum quodlibet scelus coram Deo tam abominabile fit, quam præterita peccata unicuique nostrum reminiscendo, gaudere inde et exultare, atque (*b*) in eis semper jacere. Hæc sunt quæ superius diximus, unde nos gaudere vult mundus, ut pereamus cum amatoribus hujus mundi. Hæc enim gaudia velut venena diaboli repudiare debemus ; quia non solum corpora, sed et animam perpetualiter necare festinant.

CAPUT XII. — Quæso frater mi, quæso, has diaboli sagittas ad petram quæ Christus est allidens, sume scutum fidei, in quo possis omnia tela ignea diaboli exstinguere (I *Cor.*, X, 4) ; et gaudeamus de bonis Domini, de conscientia pura, de confessione vera et digna pœnitentia, de luctu et vera tristitia, quæ non secundum sæculum mortem, sed secundum Deum salutem operatur æternam. (II *Cor.*, VII, 10.) Eam vero quæ secundum hoc sæculum est tristitiam, firmiter Apostolus prohibet dicens : « Nolite contristare Spiritum sanctum Dei, in quo signati estis in die redemptionis. » (*Ephes.*, VI, 16.) « Sed omnis amaritudo et ira et indignatio et clamor et blasphemia tollatur a vobis cum omni malitia : et estote invicem benigni, misericordes, donantes invicem, sicut et Deus in Christo donavit vobis. » (*Ephes.*, IV, 30, 31.) Et quantum possumus solerti studio mores nostros corrigamus, et virtutes omnium bonorum acquirere festinemus : quatenus pietatem Dei et misericordiam in tempore opportuno consequi valeamus, et de promissione futuri illius regni ineffabiliter gaudeamus. Hæc sunt arma quæ nos contra impetum diaboli armant, et Deo commendant. Hæc sunt arma quæ animos nostros confortant, muniunt atque nobilitant. Hæc arma nobiscum sunt, et intra nos Deo donante sunt. Hæc sunt veræ divitiæ nostræ. Nam pudicitia pudicos nos facit, et justitia justos, et pietas pios, et humilitas humiles, et mansuetudo mansuetos, et innocentia innocentes, et simplicitas simplices, et puritas puros, et prudentia prudentes, et temperantia temperantes, et caritas Deo et hominibus nos facit caros. Hæc omnia bona a Deo, et a bono Deo creata sunt.

CAPUT XIII. — (1) Et ideo si in illo esse volumus, quod esse debemus ; sicut sanctus Joannes apostolus dicit, quomodo ille ambulavit, ita et nos spiritaliter ambulemus. Quid est ambulare sicut Christus ambulavit (I *Joan.*, II, 6), nisi contemnere vanitatem et felicitatem hujus sæculi, et non timere adversa pro nomine illius pati ? Speremus quæ promisit, et sequamur quo ipse præcessit. Non nos ullo modo ab amore Christi separet hujus sæculi miserabilis dulcedo, neque excusatio, uxoris aut filiorum gratia scilicet, nec multa auri argentique possessionum delectatio, dum terribiliter contestatur

---

(1) Ex Pomerii, lib. II, *De contemp. vita*, c. XXI.
(*a*) Editi *peccati*. Refertur *peccatum* ad verbum *est*, non ad *perducens*. — (*b*) MSS. *in ea*.

l'apôtre saint Jean quand il dit : « N'aimez point le monde, ni rien de ce qui est dans le monde. Car tout ce qui est dans le monde est ou concupiscence de la chair, ou concupiscence des yeux, ou orgueil de la vie. » (1 *Jean*, II, 15.) C'est là ce qui, chassant Adam et Ève du paradis terrestre, les a précipités dans ce misérable exil. Si l'amour de Dieu n'eût défailli en eux, jamais ils n'eussent aimé le conseil perfide du serpent, et jamais ils n'y eussent cru. La concupiscence de la chair a été satisfaite en eux en ce qu'ils ont mangé du fruit défendu, la concupiscence des yeux en ce qu'ils ont désiré être éclairés, et l'orgueil de la vie en ce qu'ils croyaient devenir ce que Dieu est. C'est pour cela que l'Apôtre, voulant nous prémunir contre ces trois sources de mort, a dit : « Tout ce qui est de ce monde est ou concupiscence de la chair, ou concupiscence des yeux, ou orgueil de la vie. »

Chapitre XIV. — Pour que vous compreniez mieux comment nos premiers parents, Adam et Ève, ont commis un si grand péché, frère, si cela peut vous plaire, je donnerai quelques explications, afin que la grâce de Notre-Seigneur Jésus-Christ vous en préserve à tout jamais, car c'est en eux qu'à l'origine a été perdu tout le genre humain. Ils n'auraient pas mangé du fruit défendu, s'ils ne se fussent laissé aller à la concupiscence ; ils ne s'y seraient point laissé aller, s'ils n'eussent été tentés ; ils n'auraient pas succombés à la tentation, s'ils n'eussent été abandonnés, et Dieu ne les aurait point abandonnés, si les premiers ils ne l'eussent quitté. Eux-mêmes n'eussent point quitté Dieu, s'ils ne s'étaient pas laissé aller à l'orgueil, et s'ils n'avaient pas dédaigné d'une manière coupable l'image de Dieu, à laquelle ils avaient été créés. C'est pour cela que leurs corps malades devinrent sujets à la mort, et que, selon la sentence de Dieu, ils purent être regardés comme morts le jour où l'obligation de mourir leur fut infligée comme châtiment.

Chapitre XV. — J'ai ainsi parlé de nos premiers parents, afin de nous engager à éviter leur chute, à ne point imiter leur exemple pour ne pas subir leur châtiment. Bien que nous soyons enfants d'Adam selon la chair, cependant nous ne devons point suivre ses traces, mais celles de Notre-Seigneur Jésus-Christ, dans lequel, par le baptême, nous avons reçu une nouvelle naissance et une nouvelle vie. Qu'est-ce qu'imiter Adam, sinon nous donner une mort éternelle, en suivant les concupiscences et les désirs de la chair? D'un autre côté, qu'est-ce qu'imiter Jésus-Christ, sinon mortifier en nous la chair et ses concupiscences, afin de régner heureusement avec Celui qui nous a rachetés au prix de son sang? Si autrefois nous avons été enfants d'Adam, tous nous avons péri en lui ; puisque depuis nous avons pris une nouvelle naissance en Jésus-Christ, tous nous devons ressusciter spirituellement avec lui ; enfin, pour tout dire en un mot, Adam nous a ravi le paradis, Jésus-Christ nous a donné le royaume des cieux et a livré son corps pour nous, pauvres pécheurs. Jésus-Christ est mort, non pour son péché, mais pour le nôtre ; que chacun de nous donc meure, non pas au péché de tous, mais au sien propre.

Chapitre XVI. — Or, qu'est-ce que mourir au péché, sinon condamner en nous les œuvres mauvaises, et fuir ce misérable monde ? De telle sorte

---

nobis sanctus Joannes apostolus, dicens : « (1) Nolite diligere mundum, neque ea quæ in mundo sunt ; quia omne quod in mundo est, concupiscentia carnis est, et concupiscentia oculorum, et ambitio sæculi. » (1 *Joan.*, II, 15, 16.) Hæc sunt quæ a paradiso deliciarum in hoc miserabile exilium Adam et Evam projecerunt. Quia nisi dilectio Dei ab eis defecisset, nunquam diligere cœpissent male suadentis serpentis consilium, imo nec credidissent. Et concupiscentia carnis ab eis impleta est, quod de ligno vetito gustaverunt ; et concupiscentia oculorum, quod sibi aperiri oculos cupierunt ; et ambitio sæculi, quod se Deum posse quod Deus est, crediderunt. Et ideo volens nos omnes Apostolus ab his tribus generibus mortis cavere, dixit : « Omne quod in mundo est, concupiscentia carnis est, et concupiscentia oculorum, et ambitio sæculi. »

Caput XIV. — Et ut facilius, frater mi, bonitas tua intelligat, si placet, qualiter illi primi homines, Adam scilicet et Eva, commiserunt tam grande peccatum, pandam, quatenus gratia Domini nostri Jesu Christi te ab hoc semper cavere concedat ; quia in illis duobus originaliter totum damnatum est genus humanum. Illi enim non ederent de ligno prohibito, nisi concupissent ; nec concupiscerent nisi tentati, nec tentarentur nisi deserti, nec desererentur a Deo, nisi ipsi prius deseruissent Deum, nec illi Deum desererent, nisi superbirent, et similitudinem Dei ad quam facti erant, damnabiliter neglexissent. Pro quo morbida eorum corpora contraxerunt mortem, et juxta sententiam Domini eo die creduntur mortui, quo in eis pœnaliter facta est necessitas moriendi.

Caput XV. — Hæc paulo ante diximus de primis hominibus, ut lapsum et damnationis eorum evadere possimus exemplum sive supplicium : quia (2) quamvis ex Adam simus carnaliter nati, non ipsum tamen debemus imitari, sed Christum Dominum nostrum, in quo renati sumus per baptismum, et vivimus. Quid est imitari Adam, nisi carnalibus concupiscentiis ac desideriis morte nos perpetua occidi ? Et quid est imitari Christum, nisi carnalibus concupiscentiis ac desideriis in nobis mortificari, et cum ipso qui nos pretio sui sanguinis redemit, feliciter regnare ? Et si quando in Adam fuimus, omnes in ipso cecidimus ; ita quia jam in Christo esse cœpimus, omnes cum illo spiritaliter resurgamus : et ut totum dicam, Adam nobis abstulit paradisum, et Christus donavit regna cœlorum, et corpus suum pro nobis peccatoribus tradidit. (3) Christus enim mortuus est pro peccato, non suo, sed nostro : unusquisque autem nostrum non omnium moritur peccato, sed suo.

Caput XVI. — Quid est peccato mori, nisi opera maligna in nobis damnare, et hoc miserabile sæculum fugere? Ut sicut homo mortuus in sepulcro carne, nulli

---

(1) Jam ex cap. XVI. — (2) Ex lib. mox *citato*, c. XX. — (3) Ex eodem lib. c. XXI.

que, comme un homme enseveli dans le sépulcre, celui qui est mort au péché ne médit de personne, n'exerce aucune violence, ne calomnie point, n'est point oppresseur, ne porte pas envie au bonheur, n'insulte pas au malheur ; il résiste à la luxure, il ne cherche pas à enflammer sa soif par des libations répétées ; il ne brûle pas du feu de la haine, ne flatte point les puissants et les riches de ce monde ; il n'est point curieux, n'a nul souci de la foule qui l'environne ; l'or, l'argent, les habits précieux ne gonflent point sa vanité ; il ne se targue pas des égards qu'ont pour lui les puissants du monde ou sa propre famille ; il supporte les injures avec calme, il dédaigne l'orgueil, l'ambition et la vaine gloire de ce monde ; l'or, les riches parures, et toutes les fausses richesses d'ici-bas n'enflamment point ses désirs ; il n'est pas troublé par une colère insensée ; la passion des chevaux, leur beauté ne le séduisent point ; ses désirs ne sont point enflammés par les attraits des femmes ; les saillies de misérables baladins ne le font point rire : les disputes de ce monde ne le troublent point ; le courage ne l'enorgueillit pas ; les joies de ce siècle sont pour lui sans attrait ; l'aversion ne provoque point sa colère, la méchanceté ne le rend point soupçonneux, la vanité ne le rend point intempérant dans ses paroles, la malignité ne le porte point à rire ; enfin l'amour frivole des choses de ce monde ne le rend point mobile et inconstant. Je vous ai fait cette longue énumération pour vous faire comprendre que celui qui est mort à la chair ne peut ni faire, ni souffrir tout ce que je viens de rapporter, et pour nous engager à ne point nous y laisser entraîner, mais à nous étudier de tout notre pouvoir à mortifier, avec la grâce de Dieu, nos corps avec leurs vices et leurs concupiscences, et à nous revêtir du nouvel homme qui est créé selon Dieu, dans la sainteté et la justice. Soyons insensibles aux louanges des hommes, ne prêtons pas volontiers l'oreille aux médisants, défions-nous de ceux qui nous flattent ; évitons la discorde, faisons, au contraire, tous nos efforts pour amener à la paix ceux sur lesquels nous avons du pouvoir, car l'Evangile nous dit : « Bienheureux ceux qui aiment la paix. » (*Matth.*, v, 9.)

CHAPITRE XVII. — Ne soyons point des hommes charnels, c'est-à-dire ne vivons pas selon la chair, puisque l'Apôtre dit : « Si nous vivons selon la chair, nous mourrons. » (*Rom.*, VIII, 13.) Or, celui-là vit selon la chair, qui vit selon lui-même. Parce qu'il est homme et qu'il vit, il ne reconnaît d'autre règle que lui-même, c'est-à-dire qu'il va où il veut, il dort quand il veut, et autant qu'il veut ; il parle quand il veut, à qui il veut, et où il veut ; il mange, il boit quand il veut, et autant qu'il veut ; il rit, il s'amuse honteusement avec ceux qu'il veut, et comme il veut. Enfin, il recherche ce qui plaît à son odorat, ce qui est doux à son toucher, ce qui sourit à son regard, ce qui peut être agréable à son corps ; il le recherche, il en jouit quand il veut, et quand il veut, parce que sa volonté charnelle s'attache aux choses défendues comme aux choses permises. Il se réjouit de vêtements splendides, de chevaux, d'armes, comme il veut, et quand il veut. Il ne vit point, il ne se réjouit point selon Dieu, mais il fait tout d'une ma-

---

detrahit, nemini violentus exsistit, neminem calumniatur, neminem opprimit, non invidet bonis, non insultat malis, non luxuriæ carnis servit, non bibendo magis ac magis in se sitim accendit, non odiorum flamma inardescit, non potentibus ac divitibus hujus sæculi (*a*) adulatur, non inquieta curiositate raptatur, non turbam maximam sibi adstantem curam gerit, non auro argentoque sive (*b*) palliis circumductus distenditur, non salutationibus potentum nec parentum delectatur, non se injuriis fatigat ; non eum superbia inflat, non ambitio hujus sæculi necat, non vana gloria turpiter jactat, non aurum sive armillæ atque omnes hujus sæculi falsæ divitiæ inflammant, non rabies insani furoris exagitat, non equorum crassitudo amorque invitat, non pulcherrima species feminarum avidum reddit, non histrionum miserabilium verba in risum excitant, non contentiones hujus sæculi perturbant, non audacia extollit, non gaudia hujus sæculi delectant ; non iracundum animositas, non suspiciosum perversitas, non verbosum vanitas, non risorem malignitas, non mobilem instabilemque cum hujus sæculi versatilis amor (*c*) facit. Hæc et alia hujusmodi enumerando protulavi, ut intelligat dulcissima fraternitas tua, quatenus homo carne (*d*) mortuus nec facere potest ista quæ dixi, nec pati ; et ut his talibus non torpeamus, sed studeamus quantum possumus, cum Dei adjutorio corpora nostra cum vitiis et concupiscentiis mortificare (*Gal.*, v, 24), et induamur novum hominem, qui secundum Deum creatus est in justitia et sanctitate veritatis. (*Ephes.*, IV, 24.) Nec humanis laudibus delectemur, nec detractoribus libenter aurem præbeamus, nec adulatoribus nostris credamus, nec discordes simus (*e*) ; sed magis eos quos valemus ad concordiam provocemus ; quia secundum Evangelium : « Beati pedes qui ad pacem currunt. » (*Matth.*, v, 9.)

CAPUT XVII. — Nec simus carnales, id est, carnaliter in hoc sæculo viventes ; quia Apostolus dicit : « Si secundum carnem vixeritis, moriemini. » (*Rom.*, VIII, 13.) (1) Igitur ille secundum carnem vivit, qui secundum se ipsum vivit : quia ipse homo est, et vivit, et secundum se ipsum vivit, id est, pergit quo vult, dormit quando vult, et quamdiu vult ; loquitur quæ vult, et (*f*) cui vult, et ubi vult ; manducat ac bibit quando vult, et quantum vult ; ridet et jocatur turpiter inter quos vult, et quando vult. Postremo quidquid naribus suave est, quærit ; quidquid tactu blandum, quidquid oculis delectabile, quidquid corpori suo jucundum, exercet ac sequitur, qualiter vult, et quando vult ; quia omnia licita et illicita carnaliter vult. Delectatur in vestimentis pulcherrimis et equitibus et armis, sicut vult, et quando vult : et sic non secundum Deum, sed carnaliter vivit et delecta-

---

(1) Ex dicto lib. III, c. 1.

(*a*) Addunt editi, *ut multi nostris temporibus faciunt*. — (*b*) Mss. meliores, *pallia*. — (*c*) In Mss. desideratur *facit*. — (*d*) Mss. Colb. *mortalis*. — (*e*) Editi add. *cum subjectis et fratribus*. — (*f*) Mss. *et quidquid vult*.

nière charnelle. Il satisfait tous les désirs de la chair, comme il veut, et quand il veut.

Chapitre XVIII. — C'est pour cela, mon cher frère en Jésus-Christ, que nous devons supplier la miséricorde divine, pour que la joie spirituelle affaiblisse en nous les désirs de la chair, que la piété calme les emportements, que la patience repousse la malice, que la pudeur triompe de la licence, et que le calme adoucisse la colère, qu'un silence discret remplace la bouffonnerie et les flots de paroles inutiles. Qu'à la vaine curiosité succède un véritable amour pour la prière, pour les veilles et pour l'aumône; que la sobriété dompte l'intempérance, que la douceur domine la fureur, que la réflexion corrige la légèreté, qu'une véritable chasteté chasse loin de nous la luxure; que l'amour de Dieu et du prochain prennent la place de l'amour du monde, qu'une profonde humilité terrasse en nous l'orgueil. L'humilité rend les hommes semblables aux anges du ciel, l'orgueil les fait ressembler aux démons.

Chapitre XIX. — Et, pour rendre ceci plus évident, c'est l'orgueil qui est le commencement, la fin, le principe de tout péché; non-seulement il est lui-même un crime, mais sans lui il n'a pu, il ne peut, il ne pourrait y avoir de péché. Et de fait, tout péché n'est-il pas un acte de mépris envers Dieu, dont nous dédaignons les commandements? qu'est-ce qui pousse l'homme à ce mépris, sinon l'orgueil? Or la cupidité et l'orgueil sont en quelque sorte un seul et même mal, en sorte qu'il n'y aurait point de cupidité sans l'orgueil, ni d'orgueil sans la cupidité. De l'orgueil naissent les hérésies, les schismes, les calomnies, les jalousies, la colère, les rixes, les dissensions, les disputes, les animosités, l'ambition, la présomption, la jactance, l'excès de paroles, la vanité, le trouble, le mensonge, le parjure et autres choses du même genre qu'il serait trop long d'énumérer. La cupidité, de son côté, rend les hommes gourmands, intempérants, ivrognes, avides, larrons, fornicateurs, adultères, incestueux, scélérats; elle produit ces effets et une foule d'autres encore par lesquels Satan a coutume de perdre le genre humain. Par suite de cet orgueil et de cette cupidité, le démon dit : « Je monterai au plus haut du ciel. » (Isa., xiv, 13.) Jésus-Christ répond avec humilité : « Mon âme a été abaissée jusqu'à la terre. » (Ps. xlii, 25.) Le démon continue avec orgueil et cupidité : « Je serai semblable au Très-Haut. » (Isa., xiv, 13.) Jésus-Christ, par humilité, bien qu'il fût Dieu, s'est anéanti en prenant la forme d'esclave, il s'est humilié en devenant obéissant à son Père jusqu'à la mort. Le démon, dans son orgueil et sa cupidité, dit encore : « J'établirai mon trône sur les astres de Dieu. » (Isa., xiv, 13.) Jésus-Christ toujours humble répond : « Apprenez de moi que je suis doux et humble de cœur. » (Matth., xi, 29.) Le démon, orgueilleux et cupide, s'exprime ainsi par la bouche de Pharaon : « Je ne connais pas le Seigneur, et je ne laisserai point partir Israël. » (Exod., v, 2.) Jésus-Christ dit avec humilité : « Si je disais que je ne le connais pas, je serais menteur comme vous; mais je le connais, et je garde ses préceptes. » (Jean, viii, 55.) Le démon, avec le même orgueil et la même cupidité, dit encore : « Les fleuves sont à moi, c'est

---

tur : et omnia desideria carnis suæ perficit sicut vult, et quando vult.

Caput XVIII. — Quapropter, carissime in Christo frater, deprecanda nobis est divina clementia, ut (1) desideria carnalia delectatio spiritalis imminuat, et pietas in nobis crudelitatis iram resistat, et malignitatem patientia coerceat, et libidinem pudicitia vincat, et animositatem tranquillitas toleret, scurrilitatem et verbositatem taciturnitas moderata compescat, curiositati studium spiritale in vigiliis et orationibus succedat, ebrietatem sobrietas domet, iræ et furori mansuetudo dominetur, levitatem maturitas regat, luxuriam vera castitas excludat, mundi cupiditatem Dei et proximi caritas refrenet, jactantiam et superbiam conculcet profunda humilitas : quia humilitas homines sanctis angelis similes facit, et superbia ex angelis dæmones fecit.

Caput XIX. — Et ut evidenter ostendamus, ipsa est omnium peccatorum initium, et finis, et causa : (2) quia non solum peccatum est ipsa superbia, sed etiam nullum peccatum potuit, aut potest, aut poterit esse sine superbia. Si quidem nihil aliud omne peccatum est, nisi Dei contemptus quo ejus præcepta contemnimus et hoc nulla res alia persuadet homini, nisi superbia. (3) Porro superbia et cupiditas in tantum unum est malum, ut nec solum peccatum sine ipsa, nec sine superbia possit cupiditas inveniri. De superbia namque nascuntur hæreses, schismata, detractiones, invidiæ, iræ, rixæ, dissensiones, contentiones, animositates, ambitiones, elationes, præsumptiones, jactantia, verbositas, vanitas, inquietudo, mendacium, perjurium, et cætera hujusmodi, quæ dinumerare per singula longum est. Cupiditas quoque facit homines gulosos, intemperantes, ebriosos, avidos, rapaces, fornicarios, adulteros, stupratores, incestos, flagitiosos, et alia innumerabilia, per quæ diabolus genus humanum præcipitare solet. Per superbiam namque et cupiditatem diabolus dicit : « In cœlum conscendam; » (Isa., xiv, 13) Christus cum humilitate dicit : « Humiliata est in terra anima mea. » (Psal. xliii, 25.) Diabolus per superbiam et cupiditatem dicit : « Ero similis Altissimo : » (Isa., xiv, 14.) Christus per humilitatem cum esset in forma Dei, exinanivit semetipsum formam servi accipiens, humiliavit se, Patri factus obediens usque ad mortem. (Philip., ii, 6, etc.) Diabolus per superbiam et cupiditatem dicit : « Supra astra Dei exaltabo solium meum : » (Isa., xiv, 13) Christus cum humilitate dicit : « Discite a me, quia mitis sum, et humilis corde. » (Matth., xi, 29.) Diabolus cupidus et superbus per Pharaonem loquitur dicens : « Nescio Dominum, et Israel non dimittam. » (Exod., v, 2.) Christus cum humilitate dicit : « Si dixero, quia non novi eum, ero similis vobis mendax; sed novi eum, et mandata ejus servo. » (Joan., viii, 55.) Diabolus superbus et cupidus dicit : « Mea sunt flumina, et ego feci ea : » (Ezech., xxix, 9) Christus cum humilitate dicit : « Non possum a me ipso

(1) Ex lib. III Pomerii mox citato, c. iii. — (2) Ex eod. lib., c. ii. — (3) Jam ex c. iv.

moi qui les ai faits. » (*Ezéch.*, xxix, 9.) Jésus-Christ toujours humble nous dit : « De moi-même je ne puis rien faire, mais mon Père qui demeure en moi fait lui-même ces œuvres. » (*Jean*, v, 30.) Le démon ajoute : « A moi sont les royaumes du monde et leur gloire, je les donne à qui il me plaît. » (*Matth.*, iv, 8.) Jésus-Christ, quoique riche, s'est fait pauvre pour nous, afin de nous rendre riches par sa pauvreté. Le démon, toujours orgueilleux et cupide, s'écrie : « J'ai réuni sous ma puissance tous les peuples de la terre, comme on ramasse quelques œufs abandonnés, et il ne s'est trouvé personne qui osât seulement remuer l'aile, ouvrir la bouche, ou faire entendre le moindre son. » (*Isa.*, x, 14.) Jésus-Christ dit avec les sentiments les plus humbles : Je suis devenu semblable au pélican qui habite la solitude ; j'ai veillé, et j'étais comme le passereau solitaire sur un toit. » (*Ps.* ci, 7.) Le démon ajoute : « J'ai desséché par la trace de mes pas toutes les rivières retenues par des chaussées. » (*Isa.*, xxxvii, 25.) Jésus-Christ nous dit avec humilité : « Ne puis-je prier mon Père, et il m'enverra plus de douze légions d'anges. » (*Matth.*, xxvi, 53.) Enfin, pour terminer, le démon à cause de son orgueil et de sa cupidité, est précipité en enfer, Jésus-Christ, par son humilité, est élevé au ciel. Frère, je vous ai signalé ces quelques ruses du diable et ces quelques avantages de la sainte humilité, pour que vous puissiez plus facilement instruire ceux qui vous sont soumis, et leur apprendre comment ils peuvent éviter les premières, et obtenir le royaume des cieux par le moyen de l'humilité. Pour nous, si nous voulons terminer heureusement notre combat sur la terre et arriver au bonheur éternel, prenons garde d'abord de nous laisser aller à une cupidité mauvaise ou à un orgueil diabolique ; efforçons-nous, au contraire, de suivre en toute humilité les traces de Jésus-Christ. Si celui qui combat pour quelque prince terrestre tâche d'obéir en tout à ses ordres, à plus forte raison le soldat du Roi du ciel doit-il avoir à cœur d'exécuter tous les commandements de son maître.

Chapitre XX. — Frère, tenez votre âme en éveil, qu'aucun sommeil ne vienne la surprendre. Le soldat de la terre, en quelque lieu qu'il soit envoyé, est prêt et dispos, il ne peut alléguer pour excuse sa femme ou ses enfants ; combien mieux encore le soldat du ciel doit-il, sans chercher aucun prétexte, obéir au Seigneur Jésus-Christ qui le rachète de son sang. Soldat de la terre, vous marchez au combat contre un ennemi visible ; un ennemi invisible ne cesse d'attaquer le soldat du ciel. Vous cherchez à atteindre le corps de votre ennemi, en vous servant d'armes terrestres ; lui ne peut lutter contre le sien qu'avec des armes spirituelles. Vous portez sur votre tête, dans le combat, un casque de fer, vous êtes revêtu d'une cuirasse pour repousser les traits. Pour lui, Jésus-Christ est son casque, et sa cuirasse, c'est l'amour de ce divin Sauveur dont il doit être revêtu. Vous jetez contre votre ennemi des dards et des flèches ; lui combat le sien avec l'humilité et des paroles salutaires. Vous attendez que le combat soit fini avant de quitter vos armes, afin de ne pas être blessé ; lui, il faut qu'il soit toujours armé, parce que son ennemi est plus rusé que le vôtre. Votre ennemi ne vous attaque que pendant un certain temps ; lui, tant qu'il est revêtu de ce corps mortel, il doit être sur ses gardes. Vos armes sont lourdes, pesantes à

---

facere quidquam : sed Pater meus in me manens, ipse facit opera. » (*Joan.*, v, 30 ; xiv, 10.) Diabolus superbus et cupidus dicit : « Mea sunt omnia regna mundi, et gloria eorum, et cui volo do ea ; » (*Matth.*, iv, 8) Christus cum dives esset, pro nobis factus est pauper, ut ejus inopia nos divites redderemur. (II *Cor.*, viii, 9.) Diabolus superbus et cupidus dicit : « Sicut colliguntur ova quæ derelicta sunt, sic universam terram ego congregavi, et non fuit qui moveret pennam, et aperiret os atque ganniret : » (*Isa.*, x, 14) Christus cum humilitate dicit : « Similis factus sum pelicano solitario. Vigilavi, et factus sum sicut passer solitarius in tecto. » (*Psal.* ci, 7, 8.) Diabolus per superbiam et cupiditatem dicit : « Exsiccavi vestigio pedum meorum omnes rivos aggerum : » (*Isa.*, xxxvii, 25) Christus cum humilitate dicit : « Numquid non possum rogare Patrem meum, et exhibebit mihi plus quam duodecim legiones Angelorum ? » (*Matth.*, xxvi, 53.) Et ut ad ultimum concludam, Diabolus cum ruina magna per superbiam et cupiditatem ad infernum præcipitatur ; Christus cum humilitate ad cœlos elevatur. Ideo frater carissime, paucos tibi diabolicæ fraudis laqueos et sanctæ humilitatis gradus descripsi, ut facilius tibi subjectos valeas docere, quomodo vel qualiter hos evadant, atque per humilitatem regna cœlorum possideant. Et nos si volumus perficere nostri certaminis cursum, et ad æternam beatitudinem pervenire ; caveamus in primis cupiditatem malam, et superbiam diabolicam, et cum omni humilitate Christi conemur sequi vestigia. Et si quis militans imperatori terreno omnibus jussis ejus obedire decertat ; quanto magis militaturus imperatori cœlesti debet custodire præcepta cœlestia ?

Caput XX. — Frater mi, frater mi, animam tuam ad evigilandum excita, et nullus eam prægravet somnus. Miles terrenus quocumque loco mittitur, paratus et promptus est, neque se uxoris aut filiorum gratia excusare poterit : multo magis miles Christi sine impedimento hujus sæculi imperatori suo Domino Jesu Christo debet obedire, qui ipsum pretioso sanguine suo redemit. Tu miles terrenus contra hostem visibilem pergis ad pugnam ; cum illo vero hostis invisibilis quotidie dimicare non cessat. Tu contra corpora inimici tui pugnare decertas, armis utens carnalibus ; illius vero adversus diabolum est collactatio cum armis spiritalibus. Tu in prælio galeam ferream gestas in capite ; sed illius galea Christus est. Tu ne vulnereris, loricam indutus es ; sed ille pro lorica Christi caritate est vestitus. Tu contra inimicum tuum lanceas et sagittas emittis ; ille contra inimicum suum humilitatem et salubria verba dirigere studet. Tu donec pugnam perficias, arma a temetipso non projicis, ne ab adversario vulnereris ; ille nunquam debet esse inermis ; quia illius hostis tuo est callidior. Tuus hostis

porter; les siennes sont douces et légères. Vous, pour une fatigue terrestre, vous recevez une récompense terrestre; lui, pour son travail spirituel, recevra une récompense céleste. Vous portez à vos bras des bracelets brillants pour parure; lui, il recevra de Jésus-Christ les vertus comme ornement de son âme. Il attend toujours de Jésus-Christ la récompense du ciel, celui qui a rejeté la gloire de ce monde. Malheur à nous si, repoussant le joug du Christ, qui est léger et doux, nous préférons des fardeaux lourds et pesants pour nos âmes; aimant le danger, la mort deviendra notre partage.

Chapitre XXI. — En conséquence, cher frère, considérons quel est Celui qui nous a sauvés par son sang, et ce que nous devons à Celui qui nous a rachetés avec tant de peines. Si nous avons un si grand amour pour nos parents de la terre, parce que, pendant un petit nombre d'années, ils ont travaillé pour nous; ne devons-nous pas aimer bien davantage notre Père céleste, qui à cause de nous fut attaché à la croix? En effet, tous les services que nous ont rendus nos parents sont un bienfait qui vient de Lui. Avant que nous vinssions au monde, sa Providence nous y avait préparé des parents qui devaient nous élever, et il avait mis dans le sein de nos mères le lait dont nous devions nous nourrir. Nous devons donc par-dessus tout aimer notre Rédempteur qui, de ses propres mains, nous a créés, nous et nos parents; tous les biens qui nous arrivent chaque jour, attribuons-les à sa miséricorde, et non à notre propre industrie. L'Ecriture nous ordonne d'aimer nos parents comme nos propres entrailles, pourvu cependant qu'ils ne nous détournent point du service de Jésus-Christ; car, dans ce dernier cas, nous ne leur devrions pas même la sépulture. Cependant Jésus-Christ doit être aimé plus que nos parents, car ceux-ci ne nous ont pas donné les biens qu'il nous a procurés. Lui-même, en effet, nous dit dans l'Evangile : « Celui qui aime son père, sa mère, ses enfants ou ses champs plus que moi-même, n'est pas digne de moi. » (*Matth.*, x, 37.) Plus on l'aime, plus on est satisfait et heureux. Il nous a tant aimés lui-même qu'il a daigné mourir pour nous; ses mains puissantes qui opéraient tant de prodiges, ont été pour nous percées de clous; à sa bouche qui avait enseigné une doctrine si salutaire, des méchants ont présenté du fiel pour breuvage; lui qui n'avait offensé personne a été mis à mort, et celui qui n'avait jamais maudit a été à cause de nous couvert d'opprobres et de malédictions. Il a souffert tous ces indignes traitements pour nous procurer la vie éternelle. Quoiqu'il nous ait comblé de tant de biens, il ne demande cependant de nous qu'une seule chose : que nous l'aimions, que nous lui gardions nos âmes et nos corps sans souillure, afin qu'il habite sans cesse en nous et que nous soyons en lui. Il ne réclame de nous ni or, ni argent, ni habits précieux, ni ornements, ni nos biens, ni toute autre chose de ce genre; il veut seulement que nous soyons à lui, il désire reposer en nous.

Chapitre XXII. — Allons donc à Lui pour avoir la vie éternelle; ayons en nous-mêmes l'amour de Dieu et du prochain, car celui qui aime son prochain accomplit la loi; au contraire, celui qui le hait est un

---

ad tempus dimicat; illius vero hostis quamdiu in corpore consistit, cum illo pugnare non cessat. Tua arma laboriosa et gravia sunt ad portandum; illius vero arma suavia ac levia sunt. Tu pro labore terreno terrenum accipis donativum; ille vero pro labore spirituali cœleste accipiet præmium. Tu ornamento armillarum brachia decoraris; ille virtutum ornamenta animæ suæ a Christo decorem accipit. Semper enim cœleste donum a Christo exspectat, qui terrenam hujus sæculi pompam projicit. Væ nobis, si jugum Christi suave a nobis repellimus, et quidquid grave ac onerosum est animæ nostræ supponamus nos ad portandum; et dum diligimus periculum, incidamus in mortem.

Caput XXI. — Ideo frater carissime, consideremus quis est qui nos pretioso sanguine redemit, et quid ei debeamus, qui nos cum tanta penuria redemit. Si tam parentes cum tanto affectu diligimus, qui parvo tempore pro nobis sustinuerunt laborem : nonne magis nobis cœlestis Pater noster amandus est, qui pro nobis cruci affixus est? Nam quidquid parentum nostrorum circa nos fuit obsequium, ejus est beneficium : qui et ante quam nasceremur, in hoc sæculo sua providentia parentes nobis præparavit, quorum obsequio (*a*) nutriremur; et ubera matris lacte implevit, unde nutriremur. Ergo magis omnibus diligamus Redemptorem nostrum, qui et nos et parentes nostros propriis manibus finxit : et cuncta bona quæ erga nos geruntur quotidie, ejus misericordiæ, non nostris viribus adscribamus. Jubet enim Scriptura parentes nostros ut propria viscera diligere, si tamen accedere nos ad servitium Christi non prohibeant : si autem prohibuerint, nec sepultura a nobis illis debetur. (*Lucæ*, ix, 59.) Christus diligendus est super parentes nostros : quia non nobis tribuunt parentes ea quæ Christus. Ipse enim dixit in Evangelio : « Qui amat patrem aut matrem aut filios aut agros plus quam me, non est me dignus. » (*Matth.*, x, 37.) Quanto quisque eum plus amat, tanto felicior et beatior efficietur. In tantum enim nos amavit, ut etiam pro nobis mori dignatus sit : et manus ejus, quæ virtutes plurimas faciebant, clavis pro nostra redemptione affixæ sunt : et ori mellifluo, quo salutaris doctrina profluxit, fel pro cibo impii porrexerunt : et qui neminem læsit, cæsus est; et qui nullum maledixit, opprobria et maledicta pro nobis pertulit. Hæc omnia perpessus est, ut nobis vitam æternam donaret. Et cum nobis tanta beneficia præstet, nihil quærit a nobis, nisi ut diligamus eum; et animas nostras et corpora impolluta ei servemus, ut ille in nobis semper habitet, et nos in illo permaneamus. Non enim postulat a nobis aurum, neque argentum, neque pallia, neque vestes pretiosas, neque armillas, neque agros, et cætera hujusmodi : sed nos ipsos quærit, in nobis requiescere cupit.

Caput XXII. — Accedamus ergo ad eum, ut vitam æternam habeamus. Habeamus in nobis dilectionem Dei

(*a*) Ms. Corb. *nasceremur*.

homicide. Celui qui aime son prochain a le cœur en paix, tandis que celui qui hait son frère a l'âme troublée. L'homme miséricordieux et doux eût-il à supporter quelque peine, il la prend pour rien; l'homme mauvais se croit insulté lorsqu'il entend du prochain la moindre parole. Celui qui possède la charité marche d'un esprit calme et d'un visage tranquille; l'homme haineux a toujours la colère peinte dans ses traits. Pour vous, cher frère, que votre conduite ne soit pour personne une occasion de scandale; laissez aux autres le soin de s'occuper de ce qui ne vous regarde pas; à moins que vous ne soyez interrogé ou prié de dire votre avis, dispensez-vous-en; jugez conformément à ce qui plaît à Dieu, et si vous ne pouvez agir autrement, évitez du moins, en vous montrant miséricordieux, de vous unir aux injustes jugements des autres. Ne faites pas ce qui vous est utile, mais ce qui est agréable à Dieu. Ne désirez point pour votre prochain ce que vous ne désireriez pas pour vous-même. Si vous le voyez bien faire, félicitez-le, partagez sa joie, et s'il est dans la peine, partagez sa tristesse. Ne feignez point avec hypocrisie d'aimer votre prochain, une telle disposition attire la haine de Dieu. Celui qui aime la paix prépare à Jésus-Christ une demeure dans son cœur, parce que Jésus-Christ est la paix et qu'il aime à reposer dans les cœurs pacifiques. Dieu déteste l'homme irascible, jaloux, médisant, menteur, orgueilleux. L'homme jaloux ressemble à un navire ballotté par les flots de la mer, il est toujours agité; comme un loup ravissant, il est toujours en fureur, il reste dans son chagrin, pâle d'envie, il n'est capable de rien et sans cesse livré à sa rage jalouse, il participe au sort des démons. Le pacifique, au contraire, possède son âme en paix, il est assisté par les anges et rempli de félicité, se réjouissant et se délectant en Dieu. Tout ce qui le touche est en paix, il chasse la discorde, éclaire de doux rayons son intelligence. Il méritera d'être le compagnon des anges et obtiendra le royaume du bonheur éternel.

Chapitre XXIII. — Je vous en prie, cher frère, ne vous imaginez pas que ces préceptes du Sauveur soient des fables ou des contes que j'invente, tandis qu'ils sont puisés aux sources mêmes du Sauveur. Que nulle adversité, qu'aucune prospérité ne détourne votre âme des commandements divins et de la charité de Notre-Seigneur Jésus-Christ. La vertu pour votre âme, c'est d'aimer Dieu, et de haïr tout ce qu'il déteste; la vertu pour votre âme, c'est de pratiquer la patience, de vous garder de toute impétuosité de caractère; la vertu pour votre âme, c'est d'observer la chasteté, de fuir avec soin tout ce qui pourrait souiller ou le corps ou l'âme; la vertu, c'est de mépriser la vaine gloire de ce monde, de fouler aux pieds tous ses biens fragiles, et de travailler, pendant que vous êtes sur la terre, à servir celui qui vous a racheté; la vertu pour votre âme, c'est de pratiquer l'humilité, et de détester la superbe. C'est encore pratiquer la vertu que de réprimer la colère et la fureur, d'éviter la folie de ce monde, et de rechercher la sagesse divine. Enfin, la vertu pour votre âme, c'est de repousser toute jouissance de la chair et d'élever son cœur vers Jésus-Christ. Vous auriez pu facilement, et très-facilement, obtenir ces vertus,

---

et proximi : quia qui diligit proximum, legem implevit; qui autem e contrario odit, homicida est. (1 Joan., III, 15.) Qui diligit fratrem suum, in tranquillitate est cor ejus : fratrem vero odiens, tempestate circumdatus est. Vir mitis et benignus, etiam si patitur mala, pro nihilo ducit : iniquus autem, etiam parvum verbum audiens a proximo, contumeliam arbitratur. Qui caritate plenus est, tranquillo animo et serenissimo vultu procedit : vir odio plenus ambulat iracundus. Tu autem frater carissime, ne moveas cuiquam scandalum in vita tua : [(a) rem quæ ad te non pertinet, aliis tractandam dimitte : et nisi rogatus vel interrogatus, enoda te inde, et quod soli Deo est placitum judica, et injustas aliorum sententias, si aliter non potes, evita, et misericordiæ locum da :] et non quod tibi utile, sed quod illi placitum sit facias. Quod tibi non vis fieri, ne proximo tuo cupias evenire. (Tob., IV, 16.) Si eum videris in bonis actibus conversantem, congratulare ei, et illius gaudium tuum ducito : et si aliquid adversum patitur, illius tristitiam tuam deputa (b). Ne simulato corde unquam diligas proximum tuum; quia in his Deus ad iracundiam provocatur. Qui enim amplectitur pacem, in mentis suæ hospitio mansionem præparat Christo; quia Christus pax est, et in pace requiescere vult. Virum autem iracundum, invidum, detractorem, mendacem, superbum, omnibus modis exsecratur Deus. Invidus autem vir similis est navi quæ jactatur fluctibus maris, in perturbatione est semper, ut lupus rapax insanit inaniter, in miseria detinetur, et tabescens ad nihilum redigitur, semper furore plenus, particeps dæmoniorum efficitur. Homo pacificus securam possidet mentem : totus est ab angelorum agmine munitus et fructu jucunditatis repletus, gaudens et delectans in Domino. Omnia ejus in pace versantur. Discordiam fugat, secreta mentis suæ illuminat. Consortium angelorum merebitur, et regnum æternæ beatitudinis perpetualiter obtinebit.

Caput XXIII. — Ne quæso, frater mi, fabulosa arbitreris Dei præcepta, aut quasi a me edita, dum ex fonte Salvatoris nostri sunt emanata. Ne frangat animam tuam ulla adversitas vel prosperitas mundi a præceptis et a mandatis Dei, et a caritate quæ est in Christo Jesu Domino nostro. Nam virtus est animæ tuæ, Deum diligere, et odire illa quæ Deus non diligit. Virtus est animæ tuæ patientiam sectari, et ab omni impatientia declinare. Virtus est animæ tuæ, castitatem tam corporis quam animæ custodire. Virtus est animæ tuæ, vanam hujus mundi gloriam contemnere, et omnia caduca calcare, et pro illius amore qui te redemit, dum vivis in corpore, laborare. Virtus est animæ tuæ, humilitati studere, et superbiam abominari. Virtus est animæ tuæ, iram et furorem cohibere ac reprimere. Virtus est animæ tuæ, ab omni stultitia declinare, et sapientiam divinam amplecti. Virtus est animæ tuæ, omnem delectationem carnis subjicere, et mentem tuam ad Christum erigere.

(a) Glossema quod abest a Mss. — (b) Editi add. et non solum justis, sed et peccatoribus condole.

si, laissant de côté les soins séculiers et les biens fragiles et terrestres d'ici-bas, vous eussiez à toutes choses préféré l'amour de Jésus-Christ.

Chapitre XXIV. — Frère, aimez Dieu de toute votre âme, afin de lui être agréable dans toutes vos actions. Celui qui est uni par les liens du mariage cherche à plaire à son épouse; combien plus notre âme, rachetée par le sang de Jésus-Christ, doit-elle s'efforcer de plaire à ce divin Epoux. Dieu ne veut pas seulement être aimé en paroles, mais avec un cœur pur et par des bonnes œuvres; car ce ne sont point les paroles, mais le cœur qu'il entend et qu'il juge. Que jamais donc, cher frère, l'amour charnel ne vous détourne de l'amour divin; que jamais, je vous en conjure, les douceurs de ce monde frivole et périssable ne séduisent votre cœur. Soyez en garde contre les attraits du corps, de peur que la mort n'entre en vous par les fenêtres de vos yeux.

Chapitre XXV. — Dites-moi, frère, qu'y a-t-il de solide dans la beauté de la chair? N'est-elle pas comme l'herbe qui, brûlée par les chaleurs de l'été, se fane et perd son ancien éclat? Et, quand la mort sera venue, dites-moi, je vous prie, ce que deviendra cette beauté du corps? Alors vous reconnaîtrez combien était vain ce que vous aimiez follement auparavant. Lorsque vous verrez le corps se gonfler, se changer en pourriture, ne fermerez-vous pas vos narines, pour ne pas sentir cette puanteur insupportable? Où seront alors, je vous le demande, les douceurs de la volupté, les délices des festins, les paroles flatteuses qui amollissaient le cœur de ceux qui les entendaient? Où seront ces discours mielleux qui jetaient la flamme dans le cœur des amants; où ces joies immodérées, ces jeux indécents; où ces plaisirs vains et effrénés? Telle est la fin de la beauté et des délices de la chair. Le monde et sa concupiscence périront. Quelle douce, quelle ravissante félicité d'aimer la radieuse beauté de Jésus-Christ, d'éclairer nos cœurs, et de dissiper, à sa splendide lumière, les ténèbres qui nous enveloppent!

Chapitre XXVI. — Ne prêtez point l'oreille aux paroles des calomniateurs, pour ne pas laisser entrer la mort dans votre âme. La calomnie cause la mort de l'âme qui la fait et de celle qui l'écoute; pour m'exprimer en peu de mots, le calomniateur et celui qui l'écoute volontiers ont chacun le démon sur la langue. Eloignez de vos oreilles les paroles captieuses des calomniateurs; plusieurs, vous ne l'ignorez pas, s'y sont laissé tromper. Demandez à Dieu un cœur prudent, un esprit attentif, afin de bien discerner les paroles des calomniateurs; connaissez leurs fraudes et leurs rouenes, afin de ne point tomber dans leurs filets.

Chapitre XXVII. — Tous les autres vices doivent également nous être étrangers, puisque Jésus-Christ veut être notre héritage; aussi, comme nous ignorons si nous n'en sommes pas entachés, prosternons-nous avec humilité aux pieds de notre Père miséricordieux, et avouons promptement nos fautes, afin que notre Père céleste nous les pardonne. Lorsque nous nous sommes confessés, ne nous justifions pas en nous-mêmes, comme le pharisien, de peur d'être condamnés comme lui. Rappelons-nous le publicain, prions à son exemple pour mériter le pardon de nos

---

Has ergo virtutes facile et perfacile potuisses obtinere, si sæcularium curam, et caducas ac terrenas res devitare voluisses, et nihil amori Christi præposuisses.

Caput XXIV. — O mi frater, ex tota mente dilige Deum, ut in omnibus actibus tuis placeas illi. Qui enim conjugio copulatur, festinat placere uxori suæ : multo magis anima Christi sanguine redempta, debet placere Christo sponso suo. Deus enim non se vult verbis tantum diligi, sed corde puro et operibus justis; quia non verborum, sed cordis est auditor et inspector. Nunquam, quæso, frater mi, carnalis amor amorem cœlestem a te excludat; nunquam, quæso te, hujus fluctivagi ac miserabilis sæculi dulcedo decipiat. Nulla te seducat corporis pulchritudo; ne intret mors in animam tuam per fenestras oculorum tuorum.

Caput XXV. — Dic mihi, quæso frater mi, qualis profectus est in pulchritudine carnis. Nonne sicut fœnum æstatis ardore percussum arescit, et paulatim decorem pristinum amittit? Et quando mors venerit, dic mihi quæso, quanta remanebit in corpore pulchritudo? Tunc recognosces, quia vanum est quod antea inaniter diligebas. Cum videris totum corpus intumescere, et in fœtorem esse conversum, nonne claudes nares tuas, ne sustineas fœtorem fœtidissimum? Ubi quæso erit tunc suavitas luxuriæ, et conviviorum opulentiæ? Ubi blandorum verba, quæ corda audientium molliebant? ubi sermones dulces, qui amaritudinem amantibus infundebant? ubi immoderatus risus et jocus turpis? ubi effrenata et inutilis lætitia? Iste est finis pulchritudinis carnis et oblectationis. Mundus enim peribit, et concupiscentia ejus. (I Joan., II, 17.) O quam felicissimum bonum est, et quam valde felicissimum, splendidam pulchritudinem Christi amare, et radiis fulgoris ejus (a) pectora nostra illustrare, et omnem obscuritatem a nobis expellere!

Caput XXVI. — Non accommodes aures tuas ad percipienda verba detrahentium, ne concipias mortem in anima tua. Detrahentis enim et audientis, utrisque esca mortis est animæ detractio. Et ut brevius concludam, detractor et libens auditor diabolum portat in lingua. (b) Evita quæso a tuis auribus laqueos detractionum, per quos captos plurimos audis. Postula tibi a Domino cor prudens et pervigilem sensum, ut discernere valeas verba detrahentium : non ignores fraudes et insidias eorum, (c) et in retia eorum non veniat pes tuus.

Caput XXVII. — Aliena debent esse a nobis omnia vitia mala, dum hæreditas nostra Christus esse vult : ideo quia incerti sumus de talibus, prosternamus nos humiliter in conspectu pii patris nostri, et peccata nostra cito producamus in medium, ut deleat ea ipse Pater noster cœlestis. Et cum confessi fuerimus, non nos justificemus orantes, ne sicut Phariseus ille discedamus condemnati. (Luc., XVIII, 11.) Memoremus publicanum illum, et ita ore-

---

(a) Mss. pectoribus nostris. — (b) Editi add. Illum autem qui conqueritur audi si non detrahit, quia non omnis querimonia detractio est. — (c) Locus a glossemate purgatus.

fautes. Que le cri de notre cœur monte aux oreilles du Dieu tout-puissant, car la prière d'un cœur pur a le pouvoir de l'apaiser.

Chapitre XXVIII. — Éloignons toute malice de notre âme, et pardonnons à ceux qui nous ont offensés. Enfin, il y a une espèce de serpent qui, lorsqu'il veut boire, avant de s'approcher de la source, vomit tout son poison. Imitez-le et suivez son exemple en ce point, selon le précepte de Notre-Seigneur Jésus-Christ, qui nous dit : « Soyez prudents comme des serpents. » (*Matth*., x, 16.) Rejetez tout le venin de la colère; pardonnez à vos compagnons, afin que Dieu vous remette vos fautes, selon ce conseil de l'Evangile : « Pardonnez, et on vous pardonnera; donnez, et il vous sera donné. » (*Luc*, viii, 37.) Soyez vous-mêmes envers vos semblables ce que vous voulez que Dieu soit à votre égard. Quelque bonne œuvre que vous commenciez, ayez soin d'abord d'invoquer le Seigneur et de lui rendre grâce; faites de même lorsqu'elle sera terminée. Implorez le Seigneur de tout votre cœur, et vous le trouverez; lorsque vous l'aurez trouvé, ne le quittez point, afin que votre âme lui demeure unie par l'amour. Frère, dans votre conduite, soyez fidèle à ces recommandations; offrez à Notre-Seigneur Jésus-Christ une prière pure et fervente; que les vaines pensées de ce monde ne troublent point votre cœur et n'égarent point votre âme. Souvenez-vous que vous êtes sous les regards de Dieu, qui connaît le fond de votre cœur, et ce qu'il y a de plus caché dans votre esprit; mettez-vous donc assidûment et avec soin en la présence de Dieu, lorsque vous priez, afin d'éviter plus facilement les tentations du démon. Si des pensées mauvaises de ce monde viennent troubler votre cœur, et vous poussent à quelque chose de défendu, vous les éloignerez de votre âme par des prières ferventes et par de saintes veilles. La prière, c'est le grand refuge de l'âme; par elle nous obtenons de Dieu tout ce qui nous est utile, et nous éloignons de nous tout ce qui nous est nuisible. Et, pour ne pas m'arrêter trop longuement sur ce point, je dirai que de même que la chair est nourrie d'aliments terrestres, ainsi l'homme intérieur est nourri et fortifié par la parole divine et par la prière. Nourrissez, je vous en prie, votre âme d'aliments spirituels, c'est-à-dire de foi, d'espérance, de charité, et de toutes les autres vertus qui vous feront aimer Dieu et observer ses commandements; afin que, lorsque viendra votre dernier jour, les anges de paix vous reçoivent, vous arrachent aux griffes de Satan, et que vous méritiez de jouir, au sein de la paix, de la société des élus, et de posséder avec les saints le bonheur éternel. Vous savez très-certainement que ce bonheur éternel vous est promis, mais prenez garde de mériter d'en être un jour exclus.

Chapitre XXIX. — Je vous en conjure, cher frère, soyez fidèle à prêcher l'amour et la douceur du royaume des cieux, l'amertume et la terreur de l'enfer à tous vos serviteurs, et à ceux qui demeurent librement dans votre maison. Soyez soigneux et vigilant au sujet de leur salut; car un jour vous rendrez compte à Dieu de tous ceux qui vous sont soumis, et de tous ceux qui font partie de votre maison. Enseignez, ordonnez, commandez, surtout persuadez-leur d'éviter l'orgueil, la calomnie, l'ivrognerie,

---

mus, ut veniam delictorum consequi mereamur. Clamor cordis nostri pulset ad aures omnipotentis Dei ; quia in pura mente placabitur in tempore orationis.

Caput XXVIII. — Omnem malitiam cordis projiciamus a nobis, et remittamus in nobis peccantibus. (*a*) Est denique genus serpentis, quod cum cœperit ire ad bibendum aquam, ante quam veniat ad fontem, emovit omne venenum. Imitare et tu hunc serpentem in hac parte, secundum Evangelicum Domini nostri Jesu Christi præceptum, ubi ait : « Estote prudentes sicut serpentes; » (*Matth*., x, 16) et omne venenum iræ amarum emove, et remitte conservis tuis, ut tibi dimittantur a Domino peccata tua, sicut Evangelium præcipit : « Dimittite, et dimittitur vobis ; date, et dabitur vobis. » (*Lucæ*, viii, 37.) Et qualem cupis erga te esse Deum, talis esto ipse conservo tuo. Et omne opus quodcumque inchoaveris facere, primum invoca Deum, et gratias ei age : et cum consummaveris illud, similiter fac. Invoca Deum ex toto corde tuo, et invenies eum ; et cum inveneris, ne dimittas eum ut conjugatur mens tua in amore ejus. Hoc, mi frater, stude in vita tua, et orationem tuam puram offer Christo Domino. Ne cogitationes hujus sæculi superfluæ conturbent cor tuum, neque in diversa alliciant mentem tuam. Memento enim te sub Dei stare conspectibus, qui occulta cordis perspicit, et secreta mentis tuæ novit. Vigilanter ergo et assidue assiste in conspectu Dei in tempore orationis : ut imminentem diaboli tentationem facilius possis effugere. Si enim cogitationes hujus sæculi malæ et sordidæ turbant cor tuum, et cogunt illicitum aliquid perpetrare, per orationes puras et vigilias sanctas depellentur ab anima tua. Oratio namque grandis munitio est animæ. Per orationes purissimas omnia nobis utilia tribuuntur a Domino, et cuncta noxia effugantur. Et ne diutius de hac disputem vel immorer, sicut ex carnalibus escis alitur caro, ita ex divinis eloquiis et orationibus interior homo nutritur et pascitur. Pasce quæso animam tuam spiritalibus cibis, id est fide, spe, caritate, et reliquis virtutibus per quas intelligas Deum amare, et ejus præcepta servare : ut cum extrema dies tibi venerit, angeli pacis te suscipiant, et de potestate diaboli eripiant, et merearis sanctorum consortio in beata requie perfrui, et vitam æternam cum omnibus sanctis possidere. Nam certissime scis, quia possessio regni cœlorum promissa est tibi; sed vide ne ab ea extraneus efficiaris.

Caput XXIX. — Quæso, mi frater, quæso, omnibus tibi subjectis et bonæ voluntatis in domo tua, a majore usque ad minimum, amorem et dulcedinem regni cœlestis, amaritudinem et timorem gehennæ annunties, et de eorum salute sollicitus ac vigil existas : quia pro omnibus tibi subjectis, qui in domo tua sunt, rationem Domino reddes. Annuntia, præcipe, impera, suade eis, ut caveant se a superbia, a detractione, ab ebrietate, a

---

(*a*) Editi, *non duplici corde, sed vero.*

la fornication, la luxure, la colère, le parjure, la cupidité, qui est la racine de tous les vices.

CHAPITRE XXX. — L'homme soumis à la cupidité a une âme vénale; s'il trouve la circonstance favorable pour désirer l'or ou l'argent d'autrui, ses habits précieux, ou même la femme de n'importe quel homme qu'il aura trouvée belle, il ne lui coûtera rien de commettre un homicide; il répandra le sang de son prochain sans plus de scrupule qu'on répand l'eau sur la terre. Beaucoup d'âmes, à cause de leur cupidité, sont tombées en péril de mort, et beaucoup d'hommes aussi, à cause d'elle, ont été lapidés sur l'ordre de Dieu. Saül a été rejeté de Dieu à cause de son avarice; tombé du haut du trône dans une extrême détresse, il a été tué par ses ennemis. Que ne pourrais-je dire encore de beaucoup d'autres? mais le peu que j'ai dit suffit pour un homme intelligent. Notre-Seigneur voulut arracher du cœur des pharisiens l'amour des richesses; mais, parce qu'ils étaient cupides, ils se raillaient des enseignements salutaires du Sauveur. N'est-ce pas l'amour des richesses qui empêcha de se rendre à l'invitation du Sauveur ce riche que Jésus-Christ appelait au royaume des cieux? Et Judas, n'est-ce pas l'avarice aussi qui, enflammant son cœur, le porta à livrer aux impies le Seigneur, distributeur de tous les biens? L'avare ressemble à l'enfer : quelque grand que soit le nombre de ceux que l'enfer engloutit dans ses abîmes, jamais il ne dit : C'est assez; ainsi, quand l'avare posséderait tous les trésors, jamais il ne serait rassasié.

CHAPITRE XXXI. — En conséquence, cher frère, dites à tous ceux qui font partie de votre maison de bien se préserver de ce vice. Il vaut beaucoup mieux que quelqu'un donne une faible aumône, avec une médiocre fortune justement acquise, que d'en donner d'abondantes avec des biens injustement amassés. Que chacun donne selon son avoir. On ne demande à personne qu'en proportion des biens que Dieu lui a départis; en effet, Dieu ne demande pas plus qu'il n'a donné. L'aumône faite avec du bien mal acquis est abominable devant Dieu; celle qui lui est agréable est celle qui provient d'une fortune justement amassée. Il en est qui pillant leur prochain, feignent de faire l'aumône ; et, tandis qu'ils pressurent les uns, ils font semblant d'avoir compassion des autres. Si l'aumône est faite du produit de son propre travail, c'est alors surtout qu'elle sera méritoire et agréée de Dieu.

CHAPITRE XXXII. — Engagez ceux qui vous sont soumis à se mettre avec humilité en la présence de Dieu pour faire tout ce qu'ils ont à faire ; car rien de ce qui est fait avec orgueil n'est agréable à Dieu ; ce qui a l'humilité pour principe seul lui plaît. Qu'ils soient donc humbles dans toutes leurs actions; l'humilité c'est le sommet de la vertu, et nul n'entrera au royaume des cieux, sinon par l'humilité. Les longs travaux, les prières, les aumônes, les jeûnes, les veilles, si toutes ces choses ont l'orgueil pour principe, elles ne serviront de rien devant Dieu. L'humble seul est agréé de Dieu, et il le porte en lui-même. Déjà plus haut j'ai dit quelques mots du vice de l'orgueil; mais pour être utile à ceux qui vous sont soumis, et pour les engager à prendre le bouclier de l'humilité, afin de se prémunir contre les traits du démon, il me paraît bon d'en parler encore en cet endroit. L'orgueilleux est détesté de Dieu, il ressemble à Satan,

fornicatione, a luxuria, ab ira, a perjurio, a cupiditate, quæ est radix omnium malorum.

CAPUT XXX. — Cupidus enim vir animam suam venalem habet : si invenerit tempus ut concupiscat alicujus aurum aut argentum, seu vestes pulchras, vel etiam cujuslibet mulierem pulchram facie, pro nihilo perpetrat homicidium; et ut quis effundit aquam in terram, ita est ei effundere sanguinem proximi sui. Plurimæ animæ in mortis periculum inciderunt propter cupiditatem, et multi Domino jubente ob hoc lapidati sunt. Saul enim alienus a Deo effectus est propter avaritiam (I *Reg.*, XV) : et ad extremum de culmine regali expulsus, ab inimicis suis peremptus est. Et de multis multa dicere potuissem, sed sapienti pauca sufficiunt. Dominus vero noster et Salvator voluit de cordibus Pharisæorum pecuniarum amorem excludere (*Matth.*, 15) : sed quia erant cupidissimi, salutaria Domini verba deridebant. Nam et illum divitem, quem Dominus ad regna cœlorum provocavit, amor pecuniarum eum intrare non permisit. (*Matth.*, XIX, 22.) Sed et Judæ pectus avaritiæ flamma exarsit, ut Dominum cunctorum bonorum largitorem, in manus traderet impiorum. (*Matth.*, XXVI, 15.) Avarus enim vir inferno est similis. Infernus enim quantoscumque devoraverit, nunquam dicit : satis est; sic etsi omnes thesauri confluxerint in avarum, nunquam satiabitur.

CAPUT XXXI. — Ideo frater mi, omnibus qui in domo

tua sunt præcipe ab hoc vitio cavere. Melius est enim ut ex paupertate sua pusillum quis tribuat indigentibus, quam multum ex injusta acquisitione. Unusquisque juxta quod habet, porrigat. Tantum enim expetitur ab unoquoque eorum, quantum ei Deus dedit. Nec enim ab eo plus exigit, quam quod ipse dedit. Eleemosyna (a) cum iniquitate acquisita, abominabilis est coram Deo, et acceptum est ei quod fuerit fideliter acquisitum. Sunt enim nonnulli, qui diripientes aliena, facere si simulant eleemosynam : et cum alios premunt, aliis se misereri fingunt. Si autem ex proprio labore dederint, gratum et acceptum erit Deo.

CAPUT XXXII. — Et roga eos, ut in omnibus operibus suis humiliter coram Deo agant quidquid eis agendum sit : quia non erit gratum Deo, quidquid homo facit cum superbia. Quod autem humiliter fit, hoc est ei acceptum. In omnibus operibus sint humilitas virtutum sublimitas est : nec ad regnum cœlorum quislibet veniet, nisi per humilitatem. Multorum autem temporum labores, et orationes, et eleemosynæ, jejunia et vigiliæ, si cum superbia finem habuerint, pro nihilo apud Deum computantur. Acceptus est Deo vir humilis, et in se Deum gestat. Jam paulatim superius disseruimus de superbiæ malo ; sed propter tibi subjectos, necessarium hunc locum inveni, ut contra sagittas diaboli discant clypeum humilitatis erigere. Superbus autem Deo

(a) Hoc est, *de rebus inique partis*.

L'humble, bien que d'un extérieur méprisable est glorieux devant Dieu, à cause de ses vertus. L'orgueilleux, fût-il à l'extérieur couvert de gloire et d'éclat, est par ses œuvres, méprisable aux yeux de Dieu ; dans ses paroles, dans ses gestes, sur son visage et dans sa démarche, on voit poindre son orgueil et sa légèreté. Il désire être loué par les hommes, il veut qu'on reconnaisse en lui des qualités qu'il n'a pas ; il ne souffre pas d'être soumis à personne, il veut le premier rang parmi ses égaux ; il aspire sans cesse à monter plus haut ; ce qu'il ne peut obtenir par ses mérites, il cherche à se le procurer par des flatteries et par des calomnies. Comme le navire privé de gouvernail est ballotté par les flots, ainsi l'orgueilleux est agité de tous côtés et inconstant dans tous ses actes. L'humble, au contraire, se croit toujours le dernier, plein de douceur, il est grand devant Dieu ; quand il a rempli toutes ses obligations, il dit : Je suis un serviteur inutile, et il témoigne n'avoir rien fait. Et cependant Dieu fait connaître ses œuvres, il le met en évidence, il glorifie ses actions, il l'exalte, le rend illustre, et lorsqu'il aura recours à la prière, il pourra obtenir du Seigneur ce qu'il aura demandé. L'humilité seule peut obtenir toutes ces faveurs, et d'autres semblables, parce qu'elle est le siège, le lit où Notre-Seigneur Jésus-Christ aime à se reposer, selon cette parole : « Sur qui me reposerai-je, si ce n'est sur l'homme humble, pacifique, qui observe mes commandements ? » (*Isa.*, LXVI, 2.) Et ailleurs, il dit lui-même : « Apprenez de moi que je suis doux et humble de cœur. » (*Matth.*, XI, 29.) Annoncez, je vous prie, ceci à ceux qui vous sont soumis, dites-leur : « Dieu résiste aux superbes, et la colère de l'homme ne saurait opérer la justice de Dieu. » (*Jacq.*, IV, 6.) « Au jour du jugement, Dieu lui-même jugera les fornicateurs et les adultères. (*Hebr.*, XIII, 4.) Au sujet du parjure, dites-leur : « L'homme qui jure souvent n'évitera point le péché, et la plaie ne sortira point de sa maison. » (*Ecclés.*, XXIII, 12.) La calomnie, c'est la fornication de l'âme. Et le Psalmiste dit : « Je poursuivais celui qui calomniait en secret le prochain. » (*Ps.* C, 5.) Dieu hait la discorde, ainsi que l'atteste Salomon, quand il dit : « Il est une septième chose que mon âme déteste, » c'est-à-dire : « Celui qui sème la discorde parmi ses frères. » (*Prov.*, VI, 16.)

Chapitre XXXIII. — Tous ces vices sont pour notre âme une nourriture et un breuvage de mort. Que la miséricorde de Notre-Seigneur Jésus-Christ nous en préserve, et que lui-même se donne à nous comme nourriture, lui qui a dit : « Je suis le pain vivant qui est descendu du ciel. Celui qui mange ma chair et qui boit mon sang possède en lui-même la vie éternelle. » (*Jean*, VI, 41.) Mais qu'avant de prendre le corps et le sang de Notre-Seigneur Jésus-Christ, chacun s'éprouve, selon le précepte de l'Apôtre, et qu'il mange ainsi de ce pain et boive de ce calice, car celui qui participe indignement au corps et au sang du Sauveur, mange et boit sa propre condamnation, ne faisant pas le discernement du corps du Seigneur. Lorsque nous devons nous en approcher, il nous faut recourir à la confession et à la pénitence, et examiner avec soin toutes nos actions, si nous sentons en nous des fautes graves, hâtons-nous de les effacer par une bonne confession et par

---

est odibilis, diabolo similis. Humilis licet habitu vilis sit, gloriosus tamen est virtutibus apud Deum. Superbus autem, etsi decorus et clarus videatur adspectu, tamen apud Deum operibus vilis est : et verbis et gestis, et vultu et incessu semper ejus dignoscitur superbia et levitas. Cupit se semper laudari ab hominibus, et bonis quibus alienus est prædicari se vult : non se patitur cuiquam esse subjectum, sed semper inter suos pares primatum cupit tenere, et in majorem gradum ascendere, et quod meritis obtinere non potest, (*a*) adulando et detrahendo vult invadere. Et sicut navis est absque gubernatore cum jactatur fluctibus, ita et superbus levis circumfertur, instabilis per omnes actus suos. Humilis autem ultimum se judicat, et blando vultu intuens, coram Deo eminens apparet ; et cum omnia fecerit, dicit : Servus inutilis sum, et nihil se fecisse testatur. Et Deus divulgat opera ipsius, et profert in medium, mirificatque facta illius, et exaltat, et clarum facit eum, et in tempore precum suarum quod postulat impetrare apud Deum potest. Hæc et his similia sola humilitas obtinet apud Deum ; quia ipsa est sessio et delectabile cubile Domini nostri Jesu Christi, qui ait : « Super quem requiescam, nisi super humilem et quietum et paventem sermones meos ? » (*Isai.*, LXVI, 2.) Et iterum : « Discite a me, quia mitis sum et humilis corde. » (*Matth.*, XI, 29.) Annuntia quæso tuis, et dicito eis : « Quia Deus super-bis resistit ; » (*Jac.*, IV, 6) et : « Ira viri, justitiam Dei non operatur. » (*Jac.*, I, 20.) « Fornicatores et adulteros ipse Deus judicabit in die judicii. » (*Hebr.*, XIII, 4.) De perjuris : « Vir multum jurans, non effugiet peccatum, nec recedet plaga de domo ejus. » (*Eccli.*, XXIII, 12.) Detratio, fornicatio est animæ. Et Psalmista : « Detrahentem secreto proximo suo, hunc persequebar. » (*Psal.* C, 5.) Discordiam, ut Salomon cecinit, detestatur Dominus, dicens : « Septimum est quod detestatur anima mea, » (*Prov.*, VI, 16) id est, « qui seminat inter fratres discordiam. » (*Ibid.*, 19.)

Caput XXXIII. — Hæc sunt cibi et pocula mortis animæ nostræ. Ab his pietas Domini nostri Jesu Christi nos liberet, et se ipsum nobis edendum tribuat, qui dixit : « Ego sum panis vivus, qui de cœlo descendi. » (*Joan.*, VI, 41.) « Qui manducat carnem meam, et bibit sanguinem meum, habet vitam æternam in semetipso. » (*Ibid.*, 57.) Sed unusquisque ante quam corpus et sanguinem Domini nostri Jesu Christi accipiat, se ipsum probet, et secundum Apostoli præceptum, sic de pane illo edat, et de calice bibat (I *Cor.*, XI, 28) : quia qui indigne manducat corpus et sanguinem Domini, judicium sibi manducat et bibit, non dijudicans corpus Domini. Quando enim eum accipere debemus, ante ad confessionem et pœnitentiam recurrere debemus, et omnes actus nostros curiosius discutere : et peccata obnoxia si in no-

---

(*a*) Editi, *adulando prælatis, detrahendo et invidendo æqualibus, humilesque contemnendo volt*, etc.

une véritable pénitence ; de peur que, comme le traître Judas, cachant le démon en nous-mêmes, nous ne périssions, en gardant, et en cachant de jour en jour notre péché.

Chapitre XXXIV. — Si nous avons eu quelques pensées coupables et mauvaises, faisons-en pénitence, et hâtons-nous d'en débarrasser notre cœur. Ne disons pas : Une pensée ce n'est pas un grand mal. Hélas ! insensés, pourquoi ne comprenons-nous pas que nos pensées, avant qu'elles deviennent des actes, sont connues et manifestes aux regards de Dieu. Le Psalmiste dit : « Dieu scrute les reins et les cœurs. » (*Ps.* vii, 10.) Et ailleurs : « Dieu connaît les pensées des hommes. » (*Ps.* xcii, 11.) Et ailleurs encore : « Vous avez découvert de loin mes pensées, vous avez remarqué le sentier par lequel je marche, et toute la suite de ma vie. » (*Ps.* cxxxviii, 3.) Ne souffrons donc pas en nous de mauvaises pensées, et ne les négligeons pas comme des choses de peu d'importance ; car « celui qui méprise les petites choses tombe peu à peu. » (*Ecclés.*, xix, 1.) Ne méprisons pas la morsure du serpent, de crainte que son venin ne s'infiltre dans nos cœurs ; car bien que le venin soit la vie du serpent, il est cependant la mort de l'homme. Arrachons du champ de notre cœur les rejetons d'épines, avant qu'ils aient poussé de profondes racines. Nous savons, en effet, que notre cœur est le champ de Notre-Seigneur Jésus-Christ ; cultivons-le par les dons célestes, et ne souffrons pas qu'on sème de la zizanie dans le champ d'un si grand maître. Ornons-le des fleurs de toutes les vertus ; au milieu d'elles se plaît le Tout-Puissant, comme nous lisons dans le Cantique des Cantiques : « Je suis la fleur des champs et le lis des vallées, » (*Cant.*, ii, 1) c'est-à-dire l'ornement du cœur pur et la chasteté des humbles.

Chapitre XXXV. — Que notre chair soit toujours soumise à notre âme comme la servante à la maîtresse ; ne donnons pas à notre corps des forces défendues, de crainte qu'il ne combatte contre l'esprit ; mais que toujours la chair soit soumise et obéisse aux ordres de l'Esprit saint. Ne laissons pas la servante s'engraisser, elle mépriserait sa maîtresse ; mais qu'au contraire elle obéisse à tous les ordres, à toutes les prescriptions de cette dernière. De même qu'on doit mettre des freins aux coursiers, ainsi il faut réfréner notre corps par le jeûne et la prière. En effet, de même que les écuyers, s'ils viennent à lâcher les freins, sont jetés dans des précipices ; ainsi notre âme, si nous n'imposons des freins à notre corps, sera jetée avec lui dans les précipices de l'enfer. Soyons donc pour notre corps des écuyers habiles et prudents, afin de pouvoir suivre le droit chemin.

Chapitre XXXVI. — La nourriture trop abondante nuit non-seulement à l'âme, mais aussi au corps pour lequel elle devient une source d'infirmité. La nourriture immodérée, l'abus de la boisson ont coutume de débiliter l'estomac ; l'excès de sang et de bile, et d'autres infirmités sont souvent les résultats d'une nourriture trop copieuse. Si donc ceci est contraire à l'âme et au corps, le jeûne devient un remède pour l'un et pour l'autre. Que si nous ne pouvons toujours jeûner, du moins, pendant les saints jours consacrés au jeûne, avec le secours de Dieu, fuyons, autant qu'il nous est possible, les dé-

---

bis senserimus, cito festinemus per confessionem et veram pœnitentiam abluere ; ne cum Juda proditore, diabolum intra nos celantes, pereamus, protrahentes et celantes peccatum nostrum de die in diem.

Caput XXXIV. — Et si quid male aut nequam cogitavimus, et de eo pœnitentiam agamus, et velociter illud de corde nostro eradere festinemus. Ne velimus dicere : Non est hoc grande peccatum quod cogitavi. Heu insipientes, quare non intelligimus, quia in conspectu Domini cogitationes nostræ, antequam in opus procedant, manifestæ et apertæ sunt ? Dicit enim Psalmista : « Scrutans corda et renes Deus. » (*Psal.* vii, 10.) Et iterum : « Dominus scit cogitationes hominum. » (*Psal.* xcii, 11.) Et alibi idem Psalmista : « Intellexisti cogitationes meas de longe, semitam meam et funiculum meum investigasti. » (*Psal.* cxxxviii, 3.) Ne quæso permittamus in nobis cogitationes pravas, neque tanquam minima negligamus : quia « qui spernit minima, paulatim defluit. » (*Eccli.*, xix, 1.) Non spernamus morsum serpentis, ne venenum ejus conspergatur in corda nostra : quia quamvis venenum vita sit serpentis, tamen mors est hominis. Scindamus virgulta spinarum de agro cordis nostri, ne defigant in nobis altas radices. Scimus enim quod cor nostrum ager est Domini nostri Jesu Christi : excolamus cum cœlestibus disciplinis, et non sinamus in agro tanti imperatoris seminari zizaniam : sed cunctis floribus virtutum decoremus ; quia in his delectatur omnipotens Deus, sicut in Canticis canticorum legitur : « Ego flos campi, et lilium convallium, » (*Cant.*, ii, 1) id est, ego decus mundi, virginitas humilium.

Caput XXXV. — Et semper atque semper caro nostra subjecta sit animæ, et sicut ancilla famuletur dominæ suæ. Ne præbeamus vires illicitas corpori nostro, ne committat bellum adversus spiritum nostrum : sed semper subjecta sit caro, ut obtemperet jussis sancti Spiritus. Neque incrassari permittamus ancillam, ne contemnat dominam suam ; sed omnibus jussis ejus et obsequiis mancipetur. Sicut enim equis frena sunt imponenda ; ita corpora nostra jejuniis et orationibus sunt refrænanda. Nam quemadmodum aurigæ, si frena laxaverint, per præcipitia ducuntur ; ita et anima cum ipso corpore, si ei frenum non imposuerimus, ad inferni præcipitia delabitur. Simus ergo boni et edocti aurigæ corpori nostro, ut per viam rectam possimus incedere.

Caput XXXVI. — Escæ enim nimiæ non solum animas, sed etiam corpora nostra plurimum lædunt, et ad infirmitatem perducunt. Solet enim per nimiam ciborum aviditatem et poculi intemperantiam frangi stomachi fortitudo, nec non et abundantia sanguinis et colerum et plurimæ ægritudines escarum largitate contrahi. Sicut enim animæ et corpori sunt ista contraria, ita medela est utrisque temperantia jejunii. Et si non per omne tempus, saltem sacratissimos dies jejuniorum, quantum possumus cum Dei adjutorio, delicias mundi et ciborum

lices de ce monde et les festins copieux; de peur qu'un jour, ce qu'à Dieu ne plaise, tourmentés dans les flammes, nous désirions une goutte d'eau sans pouvoir obtenir aucun rafraîchissement.

Chapitre XXXVII. — Fuyons l'ivrognerie pour ne pas tomber dans la luxure, car l'apôtre saint Paul nous dit de ne pas nous enivrer de vin, car le vin est chose qui porte à la luxure. Dieu nous a donné la vie pour réjouir notre cœur, et non pour nous livrer à l'ivresse. Buvons donc, non autant que la gourmandise le demande, mais seulement autant que le réclame la faiblesse de notre tempérament; ne nous imaginons pas que ce qui nous a été accordé comme un remède pour nos corps, doive en devenir la perdition. Dites, je vous en prie, à ceux qui vous sont soumis que le vin a été la cause de bien des homicides et de bien des fornications; que plusieurs ont trouvé la mort dans le vin, et sont devenus la proie des démons. L'ivrognerie n'est autre chose qu'un démon manifeste. L'ivrogne croit avoir fait quelque chose de grand, quand il court à sa perte. Dans l'ivresse il maudit, il injurie ses proches, son esprit est obscurci, sa langue balbutie. Un tel homme pense absorber le vin, c'est le vin qui l'absorbe. Plusieurs hommes, par l'abus du vin, sont tombés dans une grande faiblesse, et n'ont pu recouvrer leur ancienne force, parce qu'ils n'ont pas su mettre un frein à leur intempérance. Comme le poisson qui s'avance avec avidité pour saisir la proie qu'on lui présente, et se trouve tout à coup avoir l'hameçon dans la gorge; ainsi l'ivrogne avale le vin qui lui devient funeste, qui le pousse à toutes sortes de crimes; et ainsi, d'homme raisonnable, il devient comme un animal privé de raison.

Chapitre XXXVIII. — Frère, ayez donc soin de recommander à vos serviteurs d'être sobres, et aussi de ne point s'enorgueillir de leur sobriété; qu'ils fassent tout avec modération, justice, piété et religion, selon la grâce que Dieu leur donne, car ce n'est pas seulement pour nous, clercs, que Jésus-Christ a versé son sang, mais pour tout le genre humain, pour tous ceux qui sont prédestinés à la vie éternelle. Ce n'est pas seulement à nous, mais aussi à tous les laïques qui garderont fidèlement les préceptes qu'est promis le royaume de Dieu. C'est une grande ignorance pour les laïques de dire : Que m'importe de m'éclairer et de m'instruire en lisant les saintes Écritures ? d'aller si souvent trouver les prêtres, et visiter les églises des saints ? Quand je serai clerc, je ferai ce que doivent faire les clercs ? Comment ne comprenez-vous pas qu'ayant part au pain, au vin, à tous les biens d'ici-bas, et voulant également partager la félicité éternelle, vous devez également porter le joug de Jésus-Christ ? Que sert à des hommes de cette sorte d'être, d'un côté, élevés dans ce monde, et, de l'autre côté, si abaissés ; de briller d'une part par leur fortune et leurs habits précieux, et de l'autre d'être flétris par les misères et les vices du siècle? Ne vous inquiétez pas d'être laïque, puisqu'en Dieu il n'y a point d'acception de personnes. Le ciel est ouvert aux laïques qui observent les commandements de Dieu, comme aux clercs, comme à ceux qui portent l'habit religieux. Puisqu'il n'y a ni distinction de grec ou de juif,

---

opulentiam fugiamus : ne quando, quod avertat Deus, cruciati in flamma, quæramus guttam aquæ, et nullum refrigerium consequamur.

Caput XXXVII. — Fugiamus ebrietatem, ne in crimen luxuriæ incurramus, quia Apostolus præcipit nobis, non nos inebriare vino, in quo est luxuria. (*Ephes.*, v, 18.) Vinum enim nobis Deus ad lætitiam cordis, non ad ebrietatem donavit. Bibamus ergo non quantum gula exigit, sed quantum naturæ imbecillitas postulat. Ne igitur quod ad medelam corporis nostri tributum est, ad perniciem deputemus. Annuntia quæso tuis in domo tua subjectis, quod plerique per vinum homicidia et fornicationes perpetraverunt, nec ipsam mortem recusaverunt, alii per vinum a dæmonibus capti sunt. Nec est aliud ebrietas, quam manifestissimus dæmon. Ebriosus putat se aliquid optimum gerere, cum fuerit ad præcipitia devolutus. Per vinolentiam armatur ad maledicta et convicia proximorum, et immutatur mens ejus, et lingua balbutit. Hujusmodi enim vir cum se putat bibere vinum, bibitur a vino. Plurimi namque homines per vinum maximam debilitatem contraxerunt, nec potuerunt consequi pristinam firmitatem, quia non temperaverunt gulæ ardorem. Sicut enim piscis cum avidis faucibus properat ut glutiat escam, repente hamum intra fauces reperit : ita et ebriosus (*a*) intra vinum suscipit inimicum, quod intra eum, mox impellit ad omne opus nefandissimum; et sic homo rationalis capitur, ut irrationale animal.

Caput XXXVIII. — Tu autem, frater mi, omnibus domesticis tuis et tibi subjectis præcipe, ut se sobrios exhibeant, et iterum propter abstinentiam in superbiam se non erigant, sed omnia temperate, juste, pie et religiose secundum Dei adjutorium faciant : quia non solum pro nobis clericis, sed etiam pro omni genere humano, qui prædestinati sunt ad vitam æternam, Christus sanguinem suum fudit : nec solum nobis, sed etiam omnibus laicis ejus ex toto corde præcepta servantibus regnum cœlorum promissum est. Grandis namque confusio est animabus laicorum, qui dicunt : Quid pertinet ad me libros Scripturarum legendo audire vel discere, vel etiam frequentare ad sacerdotes et ecclesias Sanctorum recurrere? Dum clericus fiam, faciam ea quæ oportet clericis facere. Quare non intelligit, quia panem et vinum, et omnia hujus terræ bona, et regni felicitatis æqualiter vult participare, et æquali labore jugum Christi ferre non vult? Quid prodest talibus una parte in hoc sæculo esse sublimes, et alia prostratos; in una parte fulgere auro et pretiosis vestibus, et in alia miseriis hujus sæculi et vitiorum caligine occupari? Non sit tibi aliqua sollicitudo (*b*) de laici habitus persona ; quia non est personarum acceptio apud Deum. Similiter enim mandata Dei servantibus laicis cœleste palatium patet, veluti clericis et sanctimoniali habitu præditis. Dum non est Judæus ne-

(*a*) Sic potiores Mss. Habent tamen *mors* pro *mox*. At Germ. *per vinum suscipit inimicum, qui intra eum morans impellit*, etc. — (*b*) Mss. potiores, *vel laici*. Germ. *quod habes in habitu laici personam*. Corb. *vel laici personam habitus, vel clerici accipere*.

d'esclave ou d'homme libre, mais que Jésus-Christ est tout en tous, quiconque appartient à son corps est grand. Greffez-vous sur ce saint corps, et devenez membre de ce noble chef. Aimez de tout votre cœur ce chef et les membres de ce chef. Comment la main pourrait-elle être hostile à la main, le pied au pied, ou les autres membres ne pas se réjouir de leur union? Ils doivent croire en homme parfait, pour former le corps de Jésus-Christ. Tout homme, clerc ou laïque, qui a été racheté par le sang précieux de Jésus-Christ, qui a été lavé dans le baptême de Jésus-Christ, doit marcher avec humilité, et persévérer dans l'union avec l'Esprit saint; car il ne sert à rien de s'avouer chrétien par ses paroles, et de le nier par ses actions, ayant l'âme et l'esprit corrompus. C'est de cette sorte de chrétiens que la vérité même dit dans l'Evangile : « Tout homme qui me dit : Seigneur, Seigneur, n'entrera pas dans le royaume des cieux, mais celui-là qui fait la volonté de mon Père qui est au ciel, entrera dans le royaume des cieux. » (*Matth.*, VII, 21.) Dans un autre endroit, le Prophète s'écrie avec l'accent du reproche : « Ce peuple m'honore des lèvres, mais son cœur est loin de moi. » (*Isa.*, XXIX, 13.) Si une ville est fortifiée d'un côté, et ouverte de l'autre, l'ennemi y pénètre facilement; si un navire constitué d'ais fortement assemblés a seulement une seule planche percée, les eaux le font sombrer. Il convient donc également aux laïques comme aux clercs d'avoir la foi, l'espérance, la charité, l'humilité, de servir Dieu de tout leur cœur, de faire une confession sincère et une vraie pénitence; car le Seigneur très-miséricordieux pardonne à ceux qui ont recours à la pénitence.

Chapitre XXXIX. — Mais que notre confiance en la miséricorde de Dieu ne soit pas tellement aveugle qu'elle nous fasse ajouter péchés sur péchés. Ne nous avisons pas de dire : Tant que nous sommes jeunes, suivons nos passions; plus tard, lorsque nous serons vieux, nous en ferons pénitence; Dieu est bon et miséricordieux, il nous pardonnera nos fautes. Gardons-nous d'avoir de telles pensées, car il est impie de vouloir que Dieu en agisse ainsi à notre égard, une pareille disposition nous éloignant de Dieu; et de fait, les pensées impies éloignent Dieu de l'homme. Gardons-nous donc, dis-je, de nous faire cette illusion, puisque nous ne savons pas quel jour nous mourrons; aucun homme ne connaît le moment de sa mort. Tous n'atteignent pas la vieillesse, mais on quitte ce monde à tout âge. L'homme sera jugé conformément à l'état dans lequel il sera trouvé, lorsque son âme sortira de son corps. Le Psalmiste dit : « Dans l'enfer, personne ne pourra plus confesser votre nom. » (*Ps.* VI, 6.) C'est pourquoi ne différons point de faire pénitence.

Ayons sans cesse devant les yeux notre dernier jour, et, en nous levant le matin, n'oublions pas que nous sommes incertains d'arriver au soir; quand nous nous mettons au lit, rappelons-nous que nous ne sommes pas assurés de nous réveiller; ainsi nous pourrons facilement nous préserver des vices et des concupiscences mauvaises.

Chapitre XL. — Que notre cœur ne perde point de vue les promesses célestes, transformons tout ce

---

que Græcus, non est servus neque liber, sed omnia et in omnibus Christus : quicumque in corpore illius est, magnus est. Insere te ipsum suo sancto corpori, ut sis membrum nobilissimi capitis. Ama ex toto corde caput tuum, et membra capitis illius. Quomodo potest manus manui inimica esse, vel pes pedem odisse, (*a*) vel cætera membra suæ juncturæ non congaudere? Crescere debent in virum perfectum, in augmentum corporis Christi. Omnis enim clericus et laicus, qui pretioso sanguine Christi redemptus est, qui baptismo Christi tinctus est, debet humiliter ambulare et perseverare in Spiritu sancto : quia nihil prodest Christianum se respondere verbis, et factis negare, dum corruptus est mente et spiritu. De talibus in Evangelio ipsa veritas dicit : « Non omnis qui dicit mihi : Domine, Domine, intrabit in regnum cœlorum; sed qui facit voluntatem Patris mei qui in cœlis est, ipse intrabit in regnum cœlorum. » (*Matth.*, VII, 21.) Et in alio loco propheta increpando dicit : « Populus hic labiis me honorat, cor autem eorum longe est a me. » (*Isa.*, XXIX, 13.) Nam civitas si fuerit in una parte munita, et ex alia destructa, aditum ad se hostibus præbet. Et navis si fuerit fortiter compagibus solidata, et unam habuerit tabulam perforatam, aquæ fluctibus mergitur in profundum. Omnibus enim laicis, clericis, monachis æqualiter convenit fidem, spem, caritatem, humilitatem habere, et Deo ex toto corde servire, veram confessionem facere, et dignam pœnitentiam agere : quia clementissimus Dominus confugientibus ad pœnitentiam ignoscit.

Caput XXXIX. — Sed ne de misericordia Domini tantum securi existamus, ut peccatis peccatis augeamus. Neque dicamus : Donec vigeat ætas nostræ carnis, concupiscentias nostras exerceamus, et postremo in senectute malorum nostrorum pœnitentiam agamus : pius est enim Dominus et misericors, nec ultra facinorum nostrorum recordabitur. Ne quæso taliter cogitemus, quia summa stultitia est hæc cogitare : cum et impium est talem licentiam a Deo postulare quempiam velle, cujus initium est, a Deo separare qui hæc cogitat. Impiæ enim cogitationes separant nos a Deo. Ideo, inquam, ne talia cogitemus, cum nesciamus qua die morituri simus. Nemo enim hominum novit diem exitus sui. Non omnes in senectute moriuntur; sed in diversis ætatibus de hoc mundo migrant. Et in quibus actibus unusquisque homo inventus fuerit, in eisdem judicabitur, quando anima exierit de corpore. Dicit enim Psalmista : « Nemo in inferno confitebitur tibi. » (*Psal.* VI, 6.) Ideo festinemus ad pœnitentiam converti.

Semper ante oculos nostros versetur ultimus dies, et cum diluculo surrexerimus, ne ad vesperam nos confidamus pervenire; et cum in lectulo membra deposuerimus, de lucis non confidamus adventu : et facillime poterimus corpus nostrum a vitiis et concupiscentiis malis refrenare.

Caput XL. — Semper cor nostrum promissa cœlestia

(*a*) Mss. plerique : *Si cætera... non congauderent*. Nonnulli : *Si cætera... congaudent, crescere debent*.

que nous possédons ici-bas en biens que nous devrons retrouver là-haut, afin que, lorsque nous y serons parvenus, nous puissions jouir des trésors éternels. Nous croyons, en effet, que, quand notre âme sera délivrée des liens du corps, si nous avons vécu religieusement et saintement, en la présence de Dieu, le chœur des anges viendra à sa rencontre, les phalanges des saints viendront la couvrir d'embrassements ineffables, et la conduire au trône du souverain Juge pour l'adorer. Si, comme je l'ai dit, pendant que nous vivons sur la terre, nous faisons la volonté de Dieu; la paix, une sécurité divine seront notre partage; nous ne craindrons plus les traits enflammés du diable, nous ne redouterons plus aucun de ces ennemis qui cherchent à transpercer notre âme; ni le fer, ni le feu, ni l'aspect effrayant du bourreau, ni la faim, ni la soif, ni aucun des mille tourments auxquels est exposée la chair ne sera capable de nous inspirer de la terreur. La chair n'étant plus en révolte contre l'esprit, nous ne craindrons aucun danger; mais, lorsque nous aurons déposé le fardeau du corps, le Saint-Esprit, auquel nous avions préparé en nous-mêmes une demeure, lorsque nous vivions sur la terre, nous donnera à nous-mêmes une demeure céleste; alors, joyeux et transportés d'allégresse, nous attendrons le jour du jugement où Dieu rendra à chacun selon ses œuvres.

Chapitre XLI. — Les pécheurs et les impies, au contraire, se repentiront alors, mais en vain. Les ravisseurs, les avares, les orgueilleux, les adultères, les emportés, les cupides, les calomniateurs et les parjures pleureront amèrement, sans pouvoir obtenir le pardon de leurs méfaits. Ceux qui auront suivi les inspirations de la chair seront dans une grande tristesse, ceux qui auront écouté la voix de leurs vices et de leurs passions seront alors dans les gémissements et dans les larmes. Tandis que tous, comme châtiment de leurs crimes et de leurs forfaits, seront livrés aux feux de l'enfer; nous, si nous avons été agréables à Dieu, pendant que nous vivions sur cette terre, nous recevrons avec les saints les récompenses éternelles. En conséquence, méprisons donc tout ce qui est fragile et périssable, afin qu'avec la grâce de Jésus-Christ, nous puissions posséder un jour cette immense félicité.

Chapitre XLII. — Fuyons le vice, efforçons-nous de pratiquer la vertu. Ne laissons point sortir de notre bouche des discours inutiles, car, au jour du jugement, il nous sera demandé compte même des paroles oiseuses. Notre langue ayant été créée pour pour bénir et louer Dieu, ne l'employons point à maudire qui que ce soit. Evitons toute mauvaise habitude même dans nos pensées, car toute mauvaise habitude contractée et continuée n'est corrigée et détruite qu'avec de grands efforts.

Chapitre XLIII. — Soyons pour le mal comme de tous petits enfants; soyons, au contraire, des hommes parfaits pour l'intelligence. Dans certaines choses, sachons nous montrer vieux, et dans d'autres jeunes. Ceux qui sont enfants jouent, ceux qui sont parfaits pleurent. Les larmes de ce monde enfantent la joie éternelle. Tout ce qui est immodéré dissipe l'âme, et la rend négligente à observer les préceptes divins; elle ne peut pas alors se rappeler facilement ses fautes; en les oubliant, elle ne pense pas à en faire

---

meditetur, omnia terrena quæ possidemus in futuras cœlestis regni mansiones transferamus : ut cum ibi provecti fuerimus, fruamur bonis cœlestibus. Nam credimus, quia cum a carnis vinculo anima nostra fuerit absoluta, si bene et recte coram Deo vixerimus, mox in occursum nostrum angelorum chorus occurret, omniumque sanctorum agmina in nostros miscebuntur amplexus, et ad adorandum verum judicem perducent. Si dum in corpore vivimus, sicut dixi, quæ Deo sunt placita faciamus, tunc erit nobis pax in circuitu, et summa securitas : nec timebimus ultra diaboli ignita jacula, nec ullum quemlibet inimicum, qui cupit animas nostras (a) jaculare ; non ferrum, non ignem, non faciem truculentam tortoris, non famem, non sitim, non ullam carnis ægritudinem. Non ultra adversabitur caro spiritui, nec ullum timebimus periculum : sed cum carnis abjecerimus sarcinam, tunc Spiritus sanctus tribuet nobis in cœlestibus mansionem, cui nos paulo ante intra corporis nostri hospitium feceramus mansionem : et læti gaudentesque futuri judicii diem exspectabimus, in quo singulorum animæ pro suis actibus recipient merita.

Caput XLI. — Et e contra peccatores et impii pœnitebunt : sed frustra. Rapaces et avari, superbi et adulteri, iracundi et cupidi, maledici et perjuri amarissime flebunt : sed malorum suorum veniam non consequentur. In luctu maximo detinebuntur omnes, qui carnis suæ voluptates secuti sunt : in mœrore et gemitu sempiterno erunt, qui vitiis et passionibus servierunt. Et cum hi omnes pro criminibus suis et sceleribus gehennæ ignibus deputandi erunt; nos si Deo dum in hoc corpore sumus placuerimus, cum sanctis sempiterna præmia accepturi sumus. Ideo contemnamus cuncta quæ vana et caduca sunt, ut tantam gloriam, Christo miserante, adipisci mereamur.

Caput XLII. — Declinemus semper a vitiis, et ad virtutes tendamus. Ne superflui sermones procedant ex ore nostro; quia pro otiosis sermonibus reddituri sumus rationem in die judicii. Nec ad maledicendum quemquam consuescamus linguam nostram, quæ ad benedicendum et laudandum Deum creata est. Nec consuescamus consuetudines pessimas in omni actu nostro, sive etiam cogitatione : quia consuetudo quæ longius fuerit protracta et confirmata, non cum parvo labore vitatur vel expellitur.

Caput XLIII. — Simus in malitia parvuli, et viri perfecti in sensu. In quibusdam nos exhibeamus senes, in quibusdam juvenes : quia parvuli est ludere, perfecti autem lugere. Nam præsens luctus lætitiam generat sempiternam. Omne autem quidquid immoderatum est, dissolutionem efficit animæ, et negligentem erga Dei præcepta : nec delicta sua facile potest ad memoriam revocare, et obliviscens ea, non se instigat ad pœnitentiam,

---

(a) Ms. Colb. a secunda manu, *jugulare*.

pénitence, et ainsi elle s'éloigne insensiblement de tout ce qui est bien. La componction du cœur ne saurait exister là où se trouvent de grands vices et des concupiscences mauvaises. Où se trouvent les larmes, là aussi se trouve le feu spirituel qui éclaire l'âme. Qu'aucune affection terrestre ne nous sépare de Jésus-Christ, et que toutes nos pensées tendent vers la vie future et s'occupent des choses du ciel. C'est là votre gloire, c'est là la perfection de la vie que vous avez à passer sur la terre. On nomme parfait, non pas celui qui a atteint un grand âge, mais celui dont les sentiments sont parfaits. L'enfance même n'est point un obstacle à cette perfection, si l'esprit lui-même est parfait; la vieillesse n'est point un motif pour la posséder, si l'esprit est enfant. David encore enfant était parfait, parce que son cœur et son âme étaient occupés de Dieu; c'est pour cela qu'il fut élevé à la dignité royale. Saül, bien qu'avancé en âge, fut rejeté du trône, parce que son cœur était rempli de malice. Notre Maître et notre Sauveur fut crucifié par les anciens, tandis que les enfants l'avaient reçu en triomphe à son entrée à Jérusalem. Un arbre a beau être ancien, s'il ne porte pas de fruits, il est coupé; si, au contraire, il est jeune et fécond, on le cultive avec soin, pour qu'il donne des fruits plus abondants. J'ai rapporté toutes ces comparaisons, afin que, dans votre maison, personne, jeune ou vieux, ne se laisse aller à une vaine confiance, soit au sujet de son salut, soit au sujet de ses bonnes œuvres; mais « que celui qui se glorifie, se glorifie dans le Seigneur. » (I *Cor.*, I, 31.)

Chapitre XLIV. — Aimez la société des hommes parfaits, ne fermez point l'oreille à leurs discours; que votre âme se réjouisse de leurs entretiens; les discours de ceux qui craignent Dieu sont des paroles de vie; ils donnent la santé de l'âme à ceux qui les entendent et les écoutent volontiers. Ainsi que le soleil à son lever dissipe les ténèbres, ainsi la science des saints chasse les ténèbres de nos sens. Fuyez, je vous en conjure, les hommes orgueilleux, jaloux, médisants, menteurs, parjures, sans souci de leur salut, qui, étant morts aux vertus, se plaisent dans les voluptés, se privant des joies éternelles. Je ne dis pas : Gardez-vous d'avoir un seul homme de cette espèce dans votre maison, mais je dis : Fuyez-les, quelque part qu'ils se rencontrent. N'ayez avec cette sorte de gens ni liaison, ni familiarité; ne parlez pas même avec eux, si vous n'avez pas l'espoir de pouvoir, avec la grâce de Dieu, les arracher à leurs erreurs. Souvent une seule brebis malade suffit pour infecter le troupeau; souvent aussi un peu de fiel suffit pour rendre amer un breuvage très-doux. Si un de ces hommes qui extérieurement vous paraîtra distingué et noble, et n'aura qu'une conversation agréable, agit sous vos yeux d'une manière perverse, son action vous nuira plus que sa conversation et son extérieur ne pourront vous être utiles; car ce n'est point par les paroles, mais par les actions qu'un homme se fait connaître.

Chapitre XLV. — Soyez vous-même ainsi éprouvé devant Dieu, supportez volontiers par amour pour Jésus-Christ tout ce qui pourra vous arriver; s'il vous survient des tribulations terrestres, que votre esprit n'en soit point ébranlé, et que les événements de ce monde n'aient pas le pouvoir de vaincre l'énergie de votre patience. Par-dessus tout, craignez Dieu, si vous venez à vous ralentir dans vos bonnes résolutions. Quand vous vous sentirez en état de pé-

---

et ita paulatim ab omnibus bonis cadit. Nullum habebit accessum cordis compunctio, ubi fuerint immoderata vitia et concupiscentiæ malæ. Ubi autem fuerint lacrymæ, ibi spiritalis ignis accenditur, qui secreta mentis illuminet. Nullus nos sæculi amor ab amore Christi segreget, et totæ nostræ cogitationes ad præmia futuræ patriæ tendant, et de cœlestibus meditentur. Hæc est gloria tua, hæc est pefectio cursus certaminis tui. Perfectus enim dicitur, non qui in ætate, sed qui in sensu perfectus est. Nec ulli cuilibet obest puerilis ætas, si fuerit mente perfectus : nec senilis proderit ætas, si fuerit parvulus sensu. Nam et David cum puer esset et perfectus, cor et mentem habebat in Domino defixam, et ob hoc in regem electus est. (1 *Reg.*, XVI.) Et Saul cum senili esset ætate, quia in se malignam nequitiam habuit, de culmine regali expulsus est. Dominus vero et Salvator noster a senioribus crucifigitur, et ingressus Jerosolymam a parvulis collaudatur. Nam et arbor si multorum annorum fuerit infructuosa, exciditur : si autem fuerit novella et fertilis, colitur, ut magis ampliorem proferat fructum. Ideo has similitudines pono, ut nec juvenis nec senex in domo tua de salute sua, vel etiam de operibus suis confidat, sed « qui gloriatur, in Domino glorietur. » (I *Cor.*, I, 31.)

Caput XLIV. — Perfectorum autem virorum consortio fruere, et a verbis eorum ne avertas aurem tuam, et in eorum consilio delectetur anima tua : verba enim vitæ sunt verba hominum Deum timentium, et incolumitas animæ iis qui ea libenter audiunt et attendunt. Sicut sol oriens effugat caliginem, ita sanctorum doctrina a sensibus nostris expellit tenebras. Evita quæso viros superbos, invidos, detractores, mendaces, perjuros, et salutem suam negligentes, qui mortui sunt virtutibus, et lætantur in propriis voluptatibus, ut gaudiis careant divinis. Non dico, ut vel unum talem in domo tua habeas : sed etiam ubicumque tales esse audieris, hos devita. Cum ejusmodi hominibus nulla tibi commixtio vel familiaritas sit : nec velis cum eis sermocinari, si non valeas, Domino miserante, eos ab errore suo revocare. Nam sæpe per ovem unam morbidam polluitur totus grex : et modica pars fellis magnum dulcorem vertit in amaritudinem. Nam talis si in habitu videatur tibi clarus ac nobilis, et dulcia tibi proferat; operibus tamen si agat tecum contrariis, magis nocet illius talis factura, quam placeat ex verbis figura; non enim ex verbis, sed ex virtutibus homo probatur.

Caput XLV. — Sic et tu sis apud Deum probatus, et omnia pro Christi amore libenter sufferas, et pro (*a*) tribulationibus carnalibus, quando tibi eveniunt, non frangatur animus tuus, nec vigorem patientiæ tuæ res hujus sæculi caducæ molliant. Sed time potius Deum, si a

(*a*) In Mss. deest vox *tribulationibus*.

ché, n'ayez pas honte de recourir à la pénitence ; car celui qui se sera repenti ici-bas, ne se repentira point au dernier jour. Dans toutes vos actions et dans toutes vos pensées, cherchez à plaire à Dieu ; n'ayez aucun souci de plaire aux autres, si ce n'est pour l'édification de leur âme. Dans toutes les actions que vous voulez faire, voyez Dieu d'abord ; examinez avec soin si cette action est selon Dieu ; si vous la trouvez telle, accomplissez-la, si vous la trouvez contraire aux désirs de Dieu, détournez-en votre âme. Agissez en toutes choses d'après le conseil des sages, pour que toutes vos œuvres et toutes vos démarches soient conformes à la volonté de Dieu. Dans vos oraisons et dans toutes vos prières, demandez que cette volonté divine, et non la vôtre, s'accomplisse en vous. Il faut, selon le précepte de l'Apôtre, prier sans cesse, et lever continuellement vers Dieu des mains innocentes et pacifiques.

CHAPITRE XLVI. — Dieu est clément, il fait miséricorde à ceux qui espèrent en lui. Il n'a pas besoin de miséricorde, lui qui n'a commis aucun péché, qui a fait les anges et leur a préposé les archanges ; mais pour qu'il se montre miséricordieux à notre égard, il nous a conseillé l'aumône. Il n'a pas besoin de l'aumône, lui à qui appartiennent tous les royaumes de la terre, lui qui a créé les Dominations, les Principautés, les Vertus, les Puissances ; mais il nous l'a conseillée, afin que, par nos aumônes, nous devinssions participants de son royaume céleste. Le Seigneur est patient et pacifique, afin de réconcilier à Dieu, par sa patience et son amour de la paix, le monde entier, qui était sous la puissance de l'esprit méchant.

Nous aussi, soyons patients et pacifiques, évitant la colère et les disputes, si nous voulons arriver à Dieu. Faisons le bien à tous les hommes ; je dis à tous, je ne divise point ; je ne dis pas à un, à deux ou à trois, mais à tous. Jésus-Christ n'a pas souffert seulement pour les justes, mais il est monté sur la croix pour racheter les pécheurs, les impies, les criminels, et, par sa passion, il nous a tous rappelés à la vie. Dieu n'a pas donné aux justes seulement, le soleil, la lune, la pluie, les biens de la terre et tous les fruits qu'elle produit ; mais celui qui fait lever son soleil sur les bons et sur les méchants, sur les justes et sur les pécheurs, a donné tous ses biens en commun à tous les hommes. Il les a donnés à tous les hommes, pour nous montrer que notre bien, nos aumônes, notre charité, notre patience, notre humilité doivent également s'étendre à tous les hommes. Tant que nous sommes sur cette terre, faisons du bien à tous, surtout à ceux qui partagent notre foi ; prions pour nos ennemis, et sachons rendre le bien pour le mal.

CHAPITRE XLVII. — Honorons les pauvres, recevons Jésus-Christ même dans leur personne, puisqu'il nous dit lui-même : « Ce que vous avez fait à l'un des plus petits parmi mes frères, vous me l'avez fait à moi-même. » (*Matth.*, xxv, 40.) Nous deviendrons ainsi les enfants, les héritiers de Dieu, les cohéritiers de Jésus-Christ ; nous participerons à son royaume, où il n'y aura ni mort, ni vieillesse ; là, nulle infirmité humaine, plus de douleur, plus de tristesse après la joie ; ce n'est plus la lumière du soleil, de la lune ou des étoiles ; mais Notre-Seigneur Jésus-Christ sera lui-même la lumière, la santé, la vie, l'amour,

---

proposito tuo retardaveris : et quando te peccati obnoxium senseris, ad pœnitentiam converti non confundaris : quia qui pœnitebit hic, in novissimo non pœnitebit. In omnibus actibus et cogitationibus tuis placeas Deo, nec studeas placere alteri, nisi ad ædificationem animæ. Et in omni opere quod cogitas facere, primum cogita Deum : et si secundum Deum est quod cogitas, diligenter examina : et si est rectum coram Deo, perfice illud ; si vero adversum fuerit repertum, amputa illud ab anima tua. Et omnia per consilium sapientum facito : ut opera tua et gressus tui secundum Domini voluntatem dirigantur. In omni oratione et obsecratione Domini voluntatem in te, non tuam, deprecare fieri : et secundum Apostoli præceptum, orare sine intermissione oportet (I *Thess.*, v, 17), et sanctas manus sine ira et disceptatione ad Deum levare.

CAPUT XLVI. — Misericors est Dominus, et misericordiam in se sperantibus præstat. Non illi misericordia opus erat, qui nullum habuit peccatum, qui angelos fecit, et archangelos præposuit : sed ut nos misericordiam ab illo consequamur, eleemosynas dedit. Non illi eleemosyna necessaria fuit, cujus sunt omnia regna cœlorum, qui constituit Dominationes, Principatus, Virtutes, Potestates, sed ut nos eleemosynis nostris participes regni cœlorum efficeret. Patiens et pacificus est Dominus, ut patientia et pace sua mundum totum, qui in maligno positus erat, reconciliaret Deo. Et nos patientes et pacifici sine ira et disceptatione simus, si ad Deum volumus pervenire. Et ad omnes homines faciamus bonum : ad omnes dico, non per partes, non ad unum vel ad duos aut ad tres, sed ad omnes homines. Christus enim non pro sanctis tantum passus est, sed pro peccatoribus et impiis et sceleratis ascendit crucem, et passione sua omnes nos revocavit ad vitam. Non sanctis tantum dedit Deus solem et lunam et pluviam, et omnia nascentia terræ, et omnes fructus qui oriuntur in terris : sed in commune omnibus hominibus dedit illa, qui solem suum facit oriri super bonos et malos, et pluit super justos et injustos. (*Matth.*, v, 45.) Ideo omnibus hominibus dedit illa in commune, ut bonum nostrum et eleemosynæ nostræ, et caritas nostra, et patientia nostra et humilitas nostra in commune omnibus hominibus distribuatur. Quamdiu fuerimus in hoc mundo, faciamus bonum ad omnes, maxime autem ad domesticos fidei (*Gal.*, vi, 10), et oremus pro inimicis nostris, et bonum pro malo restituamus.

CAPUT XLVII. — Pauperes honoremus, et suscipiamus Christum in ipsis, qui dixit : « Quamdiu fecistis uni ex his fratribus meis minimis, mihi fecistis : » (*Matth.*, xxv, 40) et filii Dei erimus, et hæredes Dei, cohæredes autem Christi, et participes regni ejus erimus (*Rom.*, viii, 17) ; ubi nunquam moriemur, et non senescemus ; ubi non est (*a*) humana natura, nec dolor ullus, nec tristitia post gaudium, nec lux solis, nec lunæ et stellarum splendor ;

(*a*) Id est, *fragilis et miseræ*.

la paix, la joie, l'ensemble de tous les biens pour ceux qui auront cru en lui. Là est cette terre des vivants dont parle le Prophète, quand il dit : « Je crois voir les biens du Seigneur dans la terre des vivants ; » (*Ps*. XXVI, 13) c'est-à-dire qu'il croit voir la récompense céleste, vivre et régner avec Jésus-Christ éternellement là où il n'y aura plus de nuit, mais un jour éternel, là où il n'y aura ni pauvreté, ni passion, mais un bonheur éternel et une joie qui ne finira jamais. Telle est la récompense promise aux justes, récompense pour laquelle ils ont travaillé, ils se sont fatigués et n'ont cessé de marcher à la pratique des bonnes œuvres, tant qu'ils ont vécu dans ce monde ; pour obtenir cette récompense, ils ont pratiqué le jeûne, l'aumône, la chasteté, la continence, la douceur, la patience, la suavité, la bienveillance ; ils se sont livrés au travail, à la prière ; ils ont souffert les persécutions, la faim, la soif, le froid, la nudité ; ils ont observé de nombreuses veilles par amour pour Jésus-Christ, évitant avec soin les veilles inutiles. Les veilles inutiles sont celles qu'on passe pour mettre à exécution des pensées honteuses, pour faire quelque chose de mal, ou commettre quelque crime. Les justes ont évité cette sorte de veilles, et ont pratiqué celles qui étaient saintes. Ils ont foulé aux pieds le monde présent pour conquérir le royaume futur. Ils n'ont pas reçu ici-bas les promesses du siècle et ces richesses périssables qui conduisent en enfer les hommes qui en usent mal ; mais, dédaignant cette patrie terrestre, ils ont fixé les regards de leur esprit vers cette cité céleste, dont Dieu est l'architecte et le roi. Ils ont évité de pécher dans leurs paroles, dans leurs actions, dans leur pensée, dans leur vue, dans leur joie, dans leurs mouvements, dans leurs regards, dans leurs mains, dans leurs pieds ; veillant sur leurs corps et leurs âmes, ils ont fui la colère, les disputes, la fureur, les dissensions, la vaine gloire, l'orgueil, la jactance et la cupidité.

Chapitre XLVIII. — Ils ont observé deux sortes de jeûnes c'est-à-dire le jeûne du corps et le jeûne de l'âme ; ils se sont abstenu de la colère, de la fureur, de la calomnie, du blasphème, des divisions ; or, comme nous l'avons dit plus haut, ces vices sont pour l'âme une nourriture mortelle, qui l'empoisonne et la tue d'une mort éternelle. En voici d'autres qu'on peut appeler la nourriture du corps et de l'âme : ce sont la gloutonnerie, le sommeil prolongé, la fornication, l'ivrognerie, la fausse sécurité, la mollesse, l'homicide ; ceux-ci, si parfois ils nourrissent le corps, hébètent l'âme et la tuent. Evitons cette sorte de nourriture, désirons les viandes célestes qui nous attirent et nous conduisent aux cieux, c'est-à-dire, la sagesse divine, une confiance filiale en Jésus-Christ, la bonté, la bienveillance, la patience, l'humilité, la vertu, la joie divine.

Chapitre XLIX. — Qu'il ne sorte de notre bouche que des discours pieux et bons, assaisonnés du sel de la sagesse divine, afin d'édifier ceux qui nous entendent. Méditons sans cesse et tâchons de mettre en pratique cette loi de l'amour de Dieu et du prochain, dans laquelle sont renfermés toute la loi et les prophètes. Ce sont les préceptes que Jésus-Christ nous ordonne de suivre ; si nous les accomplissons, nous serons participants de son royaume et nous

---

sed Dominus noster Jesus Christus lux erit, et sanitas, et vita, et caritas, et pax, et gaudium, et omne bonum omnibus credentibus in se. Ibi terra viventium, quam Propheta decantaverat, dicens : « Credo videre bona Domini in terra viventium, » (*Psal*. XXVI, 13) id est : præmium cœleste (*a*) visurum se significat videre, et cum Christo in perpetuum vivere et regnare, ubi nec nox ulla inspirat, nec dies terminabitur, neque inopia videbitur, neque cupiditas apparebit, sed perenne gaudium et sempiterna lætitia. Hæc est promissa justorum, et hæc sunt promissiones eorum, propter quæ laboraverunt et festinaverunt, et non cessaverunt currere in bonis operibus, quamdiu fuerunt in hoc mundo, in jejuniis, in eleemosynis, in castitate, in continentia, in longanimitate, in patientia, in suavitate, in benevolentia, in labore multo, in orationibus, in persecutionibus, in fame et siti, in frigore et nuditate, in vigiliis multis pro Christi amore, et per omnia inutiles vigilias devitaverunt. Vigiliæ autem inutiles sunt, cum quis vigilaverit circa cogitationes nullas et turpes, vel ad gerendum contrarium aliquid, vel facinus perpetrandum. Tales vigilias devitaverunt, et sanctas vigilias arripuerunt. Hi tales calcaverunt præsentem mundum, ut futurum regnum lucrarentur. Non acceperunt hic promissiones vel divitias hujus sæculi miserabiles, quæ homines male (*b*) eis utentes ad inferna perducunt : et hanc præsentem patriam relinquentes ad civitatem cœlestem, cujus artifex et conditor est Deus, intuitum animi sui præmiserunt. Vitaverunt peccatum in verbo, in facto, in cogitatione, in visu, in risu, in motu, in annuendo oculis, in manibus, in pedibus, in ira, in rixa, in furore, in dissensione, in vana gloria, in superbia, in elatione, in cupiditate, custodientes corpus suum et animas suas.

Caput XLVIII. — Pariter enim duo jejunia jejunaverunt, id est : jejunium corporis et animæ, hoc est, ab ira, et furore, et detractione, et blasphemia, et rixa abstinentes se : quia sicut jam superius intimavimus, isti sunt mortiferi cibi animæ, qui pascunt eam in malum, et occidunt eam morte sempiterna. Iterum cibi corporis simul et animæ isti sunt, voracitas, somnolentia, fornicatio, violentia, securitas, suavitas, homicidium. Isti sunt cibi corporis simul et animæ, qui pascunt corpus, et occidunt et gravant animam. Cibaria ista devitemus : escas autem cœlestes appetamus, quæ ad cœlum nos trahunt et deducunt, sapientiam scilicet divinam, fidem robustam in Christo, benignitatem, benevolentiam, patientiam, humilitatem, virtutem, divinam lætitiam.

Caput XLIX. — Sermones boni et optimi procedant ex ore nostro, sale divino conditi, ad ædificationem audientium. Dilectionem Dei et proximi, in quo tota lex pendet et prophetæ (*Matth*., XXII, 40), semper mente meditemur, et opere perficiamus. Hæc sunt mandata Christi, quæ nos jubet facere. Si fecerimus ea, erimus participes regni ejus, et regnabimus cum eo : si autem

(*a*) Ita Mss. forte an *vivorum*. — (*b*) Mss. *eas*.

règnerons un jour avec lui ; si nous les négligeons, nous n'aurons point de part à sa gloire. Si nous le méconnaissons, il nous méconnaîtra, si nous ne croyons pas, lui se montrera fidèle à exécuter ses menaces. Quiconque ne croit pas est un infidèle, c'est également un défaut dans l'homme de tout croire et de ne rien croire. Nous devons surtout mettre tout notre soin et toute notre étude à ne pas mériter d'entendre, au jour du jugement, sortir de la bouche de Jésus-Christ, souverain juge, cette sentence que les pécheurs entendront : « Allez au feu éternel qui a été préparé pour le diable et pour ses anges. » Véritablement c'est pour le diable qu'a été préparé l'enfer, et non pour les hommes, à moins qu'ils ne fassent les œuvres de Satan. Malheur à ceux pour lesquels ont été préparés ces supplices, la torture des remords, l'ardeur de la flamme, la soif sans soulagement, les pleurs et les grincements de dents, les larmes intarrissables, les ténèbres extérieures sans mélange de lumière, un châtiment qui ne finira jamais. Là, plus de distinction, plus de connaissance de parents ; mais une douleur, des gémissements interminables. Là, on désire la mort sans pouvoir l'obtenir, nulle considération ni pour le vieillard ni pour le prince ; le maître n'est plus au-dessus de l'esclave, la mère n'aime ni son fils ni sa fille, le fils ne respecte plus son père, mais assemblage de tous les maux, de toutes les rages, de toutes les puanteurs, de toutes les amertumes. Les justes ont craint ces châtiments et les ont évités. Cher frère, je vous supplie et vous conjure, efforçons-nous d'aimer et de craindre Dieu afin d'éviter ces maux, car la mort éternelle serait le partage de notre âme si nous persévérions dans le vice.

CHAPITRE L. — Il est dans ce monde trois choses plus laides que toutes sortes de mal, ce sont : l'âme du pécheur persévérant dans son péché, âme qui devient noire comme un corbeau, les anges mauvais qui viennent la saisir, et l'enfer dans lequel elle est précipitée. Cette âme toute tremblante du jugement qui l'attend et voyant sa laideur s'écrie : « Mes plaies ont été remplies de corruption et de pourriture à cause de ma folie. » (*Ps.* XXXVII, 6.) Il y a également trois choses plus excellentes que tout ce qui est dans ce monde : l'âme du juste persévérant dans ses bonnes œuvres, âme plus brillante que le soleil, les anges qui viennent la recevoir, le paradis où elle est conduite, l'attente du royaume céleste. Rien dans ce monde ne saurait être comparé à ces trois choses. Les anges réjouissent l'âme sainte par ce cantique du Psalmiste : « Heureux celui que vous avez choisi et adopté, Seigneur, il habitera dans vos tabernacles. Nous serons remplis des biens de votre maison : votre temple est saint, il est admirable à cause de l'équité qui y règne. » (*Ps.* LXIX, 5.)

CHAPITRE LI. — Cher frère, méditons ces vérités, gravons-les fortement dans notre esprit et préservons-nous de tout péché, de toute souillure dans nos paroles, dans nos actions, dans nos pensées, dans nos mains, dans nos pieds, dans nos yeux, dans nos oreilles, veillons sur notre corps et sur notre âme. Jésus-Christ Notre-Seigneur, qui est Dieu et Fils de Dieu, est descendu du ciel sur la terre pour nous porter de la terre au ciel. Il a été crucifié pour nous,

non fecerimus, et ipse non dabit nobis regnum suum. Si denegamus, et ipse denegavit nos. Si non credimus, ipse fidelis permanebit : quia omnis incredulus infideliter agit, dum et (1) vitium est hominis omnia credere, et vitium est nihil credere. (*a*) Summo studio summaque vigilentia nobis est curandum, ut non audiamus a Christo judice omnium in die judicii, quod peccatores audient : « Ite in ignem æternum, qui præparatus est diabolo et angelis ejus. » Vere enim diabolo est præparata gehenna, et non omnibus hominibus, si non facimus opera diaboli. Væ his quibus præparatus est dolor vermium, ardor flammæ, sitis sine exstinctu, fletus et stridor dentium, oculorum lacrymæ, tenebræ exteriores sine luce, pœna inexterminabilis : ubi non est ullus honor, sive agnitio proximi, sed continuus dolor et gemitus : ubi mors optatur, et non dabitur ; ubi non est honor senioris et regis, nec dominus super servum, nec mater diligit filium aut filiam, nec filius honorat patrem; ubi omne malum, et omnis indignatio, et fœtor, et amaritudo abundat. Hæc timuerunt justi, et hæc fugerunt. Rogo, supplico, iterumque deprecor, frater carissime, ut et nos Deum amemus et timeamus, et hæc fugiamus : quia mors perpetua est animæ nostræ, si in his perseveraverimus.

CAPUT L. — Tria enim sunt in hoc mundo deteriora omni malo : anima peccatoris cum peccato perseverans, quæ nigrior corvo est ; et mali angeli, qui eam rapiunt ; et infernus in quo ducitur. Non sunt enim deteriora his tribus. Eamdem animam metu futuri judicii expavescens, et putredinem suam inspiciens, dicit : « Putruerunt et corruptæ sunt cicatrices meæ, a facie insipientiæ meæ. » (*Psal.* XXXVII, 6.) Iterum (*b*) tria sunt quibus in hoc mundo non sunt meliora : anima sancti in bonis operibus perseverans, quæ speciosior est sole ; et sancti angeli, qui eam suscipiunt ; et paradisus in quo ducitur, exspectatioque regni cœlestis. His tribus non sunt meliora in hoc mundo. Angeli enim sancti delectant animam spiritali cantico, sicut Psalmista ait : « Beatus quem elegisti et assumpsisti, Domine, habitabit in tabernaculis tuis. Replebimur in bonis domus tuæ, sanctum est templum tuum, mirabile in æquitate. »

CAPUT LI. — Hæc, frater carissime, meditemur. Hæc in animo firmiter teneamus, et caveamus nos ab omni peccato et iniquitate, in verbo, in facto, in cogitatione, in manibus, in pedibus, in visu, in auditu, custodiamusque corpus nostrum et animam. Christus enim Dominus noster, qui est Deus et Dei Filius, descendit de cœlo in terram, ut nos de terra ad cœlum secum portaret ; pro

(1) Seneca, epist. III.
(*a*) Hic addunt editi, *et maxime semper mala de inimico : cujus alioquin si ad hos dura sunt verba, tamen forsitan Christianum se recordatur, et se reum coram Deo plorat. Susurri autem verba semper mala de inimico, sed si tu bona loqueris, continuo illum confundis : nunquam enim concordiam faciunt, sed discordiam : ligna in ignem mittunt.* — (*b*) Mss. tres *in hoc mundo non sunt meliores quam anima*, etc., *et mox his tribus non sunt meliores.*

pécheurs, afin de nous arracher aux griffes du démon ; il a été torturé par ses ennemis afin de nous délivrer des tortures éternelles ; il a souffert la mort pour nous arracher à la mort ; il est ressuscité afin que nous ressuscitions nous-mêmes en corps et en âme au grand jour du jugement. C'est pourquoi travaillons pendant que nous avons le temps, et avec le secours divin, efforçons-nous de faire des œuvres qui soient agréables à Dieu, de peur que, surpris tout à coup par la mort, nous cherchions, sans pouvoir le trouver, le temps de faire pénitence. Il nous faut semer pendant que nous sommes dans le temps ; la saison venue, c'est-à-dire après notre mort, au jour du jugement, nous récolterons ce que nous devrons garder pendant la vie éternelle. Travaillons donc sur cette terre, aidons-nous les uns les autres. Les membres doivent aller là où leur chef les a précédés.

Chapitre LII. — Ayons, comme je l'ai insinué plus haut, une foi droite, une espérance ferme, une charité parfaite. La foi c'est comme le sentiment et la charité comme la santé de notre âme. La foi croit, la charité agit, l'espérance affermit. Bien que les divers membres remplissent différentes fonctions, cependant s'ils sont tous unis par les liens de la charité ils mériteront tous d'aller rejoindre leur chef. Or, notre chef est au ciel. Notre-Seigneur Jésus-Christ, la vérité même, a dit en parlant de ceux qui lui sont fidèles : « Si quelqu'un me sert, qu'il me suive, et là où je suis, là aussi sera mon serviteur. » (*Jean*, xii, 26.) Prenons garde, prenons surtout garde que la haine, l'envie, la médisance, la colère, la discorde viennent nous séparer de Jésus-Christ notre chef : compatissons avec une charité affectueuse à tout ce que notre prochain peut avoir à souffrir pour l'amour de Jésus-Christ. Tout le bien qui arrive à autrui réjouissons-nous en comme s'il nous était arrivé à nous-même, et rendons en grâces à Dieu avec celui qui l'a reçu; si, comme nous l'avons dit, quelqu'un souffre quelque peine ou éprouve quelque perte, si à cause de ses fautes le prince le retient dans un cachot, s'il est désolé de la mort de ses parents ou de ses amis, si nous nous affligeons avec lui, nous sommes membres du corps de l'Eglise ; si nous sommes indifférents c'est une preuve que nous en sommes séparés. La charité qui rassemble et qui vivifie tous les membres de l'Eglise, en voyant que nous nous réjouissons de la peine du prochain, nous retranche aussitôt du corps de l'Eglise. Peut-être même ne compatissons-nous pas aux peines du prochain parce que déjà nous ne faisons plus partie du corps mystique ; si nous en eussions fait partie, nul doute que nous n'eussions compati. Considérons, cher frère, et réfléchissons qu'un membre souffre tant qu'il est uni au corps, s'il est coupé il ne peut plus rien éprouver. Lorsqu'une main ou quelqu'autre membre est retranché, si le corps est alors déchiré en plusieurs parties, la main qui a été séparée des autres membres ne peut plus rien éprouver. Tel est tout chrétien qui ne compatit point aux pertes, aux afflictions ou à la mort du prochain, qui non seulement n'y compatit point, mais qui peut-être, ce qui est plus mal encore, s'en réjouit. Comme il est séparé du corps, la charité n'habite plus dans son

---

nobis peccatoribus crucem ascendit, ut nos de cruciatu diaboli liberaret; ab inimicis pœnam suscepit, ut nos de pœna sempiterna liberaret; mortem suscepit, ut nos de morte eriperet ; a mortuis resurrexit, ut nos resurgamus anima et corpore in die magno judicii. Ideo dum tempus habemus laboremus, et bona opera Deoque placita una cum Dei adjutorio semper facere studeamus : ne subito præoccupati die mortis quæramus spatium pœnitentiæ, et invenire non possumus. Dum sumus in hoc tempore, seminare nos oportet : tempore enim suo, id est, post mortem sive in die judicii metemus, quod in vita æterna habere debemus. Hic enim laboremus, et invicem onera nostra portemus. Quo enim præcessit caput, et cætera membra secutura erunt.

Caput LII. — Teneamus, sicut jam superius insertum est, fidem rectam, spem certam, caritatem perfectam : quia (1) fides tanquam sensus noster est, et caritas tanquam nostra sanitas. Fides credit, caritas operatur, spes roborat : et quamvis diversa membra diversa habeant officia, si caritatis tamen unitate teneantur omnia membra, tunc merebuntur ire post caput. Caput enim nostrum in cœlo est. Et ipsa Veritas Dominus noster Jesus Christus de suis fidelibus ait : « Si quis mihi ministrat, me sequatur ; et ubi ego sum, illic et minister meus erit. » (*Joan.*, xii, 26.) Caveamus, et per omnia caveamus, ne per invidiam, odium, detractionem, iram, rixam a capite nostro Jesu Christo præcidamur : et quidquid mali pro amore Christi nos nostrique proximi pertulerint, caritatis affectu compatiamur : et quidquid boni alius quislibet acceperit, quasi nos acceperimus, ita gaudeamus, et pro illo qui accepit gratias referamus. Ecce jam, ut diximus, patitur aliquis tribulationem, aut damnum hujus sæculi; aut pro culpis suis carcere jubente imperiali sublimitate retruditur; tristatur parentum sive amicorum morte : si dolemus pro illo, in corpore Ecclesiæ constituti sumus; si non dolemus, jam a corpore præcisi sumus. (*a*) Caritas quæ colligit et vivificat omnia Ecclesiæ membra, si nos videat de alterius ruina gaudere, statim nos præcidit a corpore. Forte igitur non dolemus de ruina proximorum nostrorum, quia præcisi sumus a corpore. Si enim ibi essemus, sine dubio doluissemus. (2) Consideremus, frater carissime, et diligenter attendamus, quia tamdiu dolet membrum, quamdiu in corpore continetur : si autem abscisum fuerit, neque dolore poterit, nec sentire. Cum enim manus aut aliquod membrum fuerit abscisum a corpore, si totum corpus tunc in multis partibus dividatur, manus illa non sentit, (*b*) quæ jam a reliquorum membrorum societate divisa est. Talis est omnis Christianus, qui de alterius aut damno, aut afflictione, aut etiam morte non solum non dolet, sed quod

---

(1) Ita Serm. cv, Append., tom. V, n. 4, et 5. — (2) Vide Serm. cv, Append., tom. V, n. 5.

(*a*) Editi hic ad. *Sed proh dolor, nos aliquando rigorem simulantes, materiam in flammam mittimus, et cum ignis incensus fuerit, fugimus.* — (*b*) In uno Ms. et citato Serm. *quia.*

cœur, tandis que l'Apôtre nous commande « de nous réjouir avec ceux qui se réjouissent, de pleurer avec ceux qui pleurent, étant tous unis de sentiment. » (*Rom.*, XII, 15.) Salomon nous dit également que nous ne devons point nous réjouir du malheur de notre prochain. Pour nous, frère, si nous voulons avoir une charité vraie et parfaite, étudions-nous à aimer tous les hommes comme nous-mêmes, afin, puisque Jésus-Christ est notre chef, de mériter d'être ses membres ; et lorsque apparaîtra le Christ notre gloire, lui étant unis par les liens de l'amour envers Dieu et envers le prochain, aimant tous les hommes comme nous-mêmes, nous soyons des membres véritables et parfaits sans aucune tache de malice ni d'envie ; ainsi, nous mériterons d'être associés à son apparition glorieuse. Lui-même nous dit dans l'Evangile : « Tous reconnaîtront si vous êtes mes disciples en ceci : si vous vous aimez les uns les autres. » (*Jean*, XIII, 35.) L'amour du prochain ne fait point ce qui est mal.

O cher frère, si Notre-Seigneur et Sauveur, qui, n'ayant point de péché, a daigné nous aimer, pauvres pécheurs que nous sommes, avec une telle charité, qu'il nous assure souffrir des maux que nous souffrons, pourquoi, nous qui ne sommes point exempts de péchés et qui pouvons racheter ces mêmes péchés par la charité, ne l'aimons-nous pas d'un amour parfait, ce Dieu qui lui-même nous a aimés jusqu'à livrer pour nous son propre Fils à la mort ? Puisqu'il a usé envers nous d'une si grande bonté et d'une telle miséricorde, veillons à ne point perdre ce bien qu'il nous a donné, et à ne pas nous frustrer des effets de notre baptême, par lequel nous avons juré de renoncer au démon, à ses pompes et à toutes sortes de péchés. Que, si après notre baptême, il nous arrive de tomber dans quelque faute, Dieu tout miséricordieux a établi comme un second baptême, c'est-à-dire la fontaine des larmes ; par considération pour notre faiblesse, il a établi la pénitence. C'est pourquoi nous devons confesser sincèrement nos fautes et faire de dignes fruits de pénitence, c'est-à-dire ne point retomber dans nos fautes passées, selon les conseils que nous donne le prêtre qui a à cœur les intérêts de Dieu. Ce prêtre, comme un médecin prudent et habile, doit d'abord savoir guérir ses propres péchés, ensuite découvrir et panser les blessures des autres et ne point les révéler. Cherchons des prêtres de ce genre, si nous pouvons en trouver, et traitons avec eux l'affaire de notre salut, afin que nous ne perdions point l'héritage céleste que le Seigneur nous a préparé depuis le commencement du monde, si nous le servons dans la justice, la sainteté, la pureté du cœur avec une charité sincère, nous écriant avec l'Apôtre : « Qui pourra me séparer de la charité de Jésus-Christ ? Ni la tribulation, ni l'angoisse, ni la persécution, ni la faim, ni le glaive, et le reste. » (*Rom.*, VIII, 35.) Il est dit plus loin : « Ni la mort, ni la vie, ni les anges, ni les principautés, ni les puissances, ni les choses présentes, ni les choses futures, ni aucune des créatures ne pourra jamais nous séparer de l'amour de Dieu, qui est en Notre-Seigneur Jésus-Christ. » (*Ibid.*, 38.) Il est écrit de l'Eglise primitive que les fidèles ne formaient qu'un cœur et qu'une âme dans

---

pejus est, forte etiam gaudet. Et quia jam est alienus a corpore, ideo affectum caritatis non tenet in corde : dum Apostolus præcipiat : « Gaudere cum gaudentibus, flere cum flentibus, idipsum invicem sentientes. » (*Rom.*, XII, 15.) Et Salomon ne de ruina fratrum nostrorum gaudeamus, manifestissime admonet. (*Prov.*, XVII, 5.) Nos vero, (*a*) mi frater, si veram et perfectam caritatem volumus custodire, omnes homines sicut nosmetipsos studeamus diligere : ut quia caput nostrum Christus est, membra illius nos esse mereamur : ut cum Christus apparuerit gloria nostra, et nos per concordiam caritatis, dilectionem scilicet Dei et proximi, quasi vera et perfecta membra illius absque ullo dolo malitiæ vel invidiæ, omnes homines sicut nos ipsos amantes, cum ipso apparere mereamur in gloria. Ipse etenim ait in Evangelio : « In hoc cognoscent omnes, quia mei estis discipuli, si dilectionem habueritis ad invicem. » (*Joan.*, XIII, 35.) Dilectio etenim proximi malum non operatur.

O mi frater carissime, (1) si Dominus et Salvator noster, qui nullum peccatum habuit, tanto affectu et tanta dilectione nos peccatores amare dignatur, ut quod nos patimur, se ipsum pati testetur : quare nos qui sine peccato non sumus, et qui peccata nostra per caritatem redimere possumus, non tam perfecto amore eum diligimus, dum tantum nos dilexit, ut etiam proprium Filium suum pro nobis peccatoribus morti traderet ? Et dum tantam benignitatem et misericordiam erga nos exhibuit ; vigilemus, ne perdamus bonum quod nobis dedit, et sacramentum baptismi nostri, in (*b*) quo juravimus abrenuntiare diabolo et pompis ejus et peccatis omnibus. Et si transgredimur in aliquo peccato post baptismum, pius Deus dedit secundum baptismum, id est : fontem lacrymarum, et ordinavit nobis pœnitentiam propter fragilitatem nostram. Ideo debemus nostras confessiones veraciter confiteri, et fructus dignos pœnitentiæ facere ; id est : ut præterita non reiteremus, secundum jussionem Deum timentis sacerdotis. Qui sacerdos, ut sapiens et perfectus medicus, primum sciat curare peccata sua, et postea aliena vulnera detergere et sanare, et non publicare. Hos si quimus perquiramus, cum talibus consilium salutis nostræ ineamus : ut non perdamus hæreditatem cœlestem, quam nobis Dominus ab initio mundi præparavit, si serviamus ei in justitia et sanctitate, et puritate cordis, et caritate non ficta, clamantes cum Apostolo : « Quis nos separabit a caritate Christi ? Tribulatio, an angustia, an persecutio, an fames, an gladius. » (*Rom.*, VIII, 35) et cætera quæ sequuntur ; sicut dictum est : « Neque mors, neque vita, neque angeli, neque principatus, neque instantia, neque futura, neque aliqua creatura poterit nos separare a caritate Dei,

---

(1) Ex Serm. citato, n. 5.
(*a*) Et hic add. editi, *miseri de inimicorum nostrorum ruina gaudemus, subsannamus ; et si non cadit, cadere eum in ultionem nostri optamus : sed oremus Deum.* — (*b*) Mss. *quod.*

le Seigneur ; ils n'avaient qu'une seule volonté, une même manière de voir, parce que la charité de Jésus-Christ les avait réunis dans un seul corps.

Chapitre LIII. — Au contraire, les hommes charnels et les amateurs du siècle sont séparés et divisés mutuellement les uns contre les autres ; les scandales, les disputes, les haines, les querelles, les dissensions, les homicides, les parjures, les larcins, les rapines, tout ce qu'aime le siècle devient entre eux sujet de division. Chacun se réjouit en se disant en lui-même : Je fais ce que je veux et ce que je puis, je satisferai mes désirs et les inclinations de la chair ; mon pouvoir, celui de mes amis, celui de mes parents qui sont puissants me viendra en aide ; je possède de l'or, de l'argent en abondance ; j'ai des serviteurs, des servantes, des terres, de grandes richesses, des manteaux, des vêtements précieux ; avec tout cela je pourrai me racheter ; Dieu me donnera encore de longs jours et le temps de faire pénitence. Hélas, pourquoi ne craignons-nous pas cette terrible menace de l'Evangile : « Insensé, cette nuit même on va te redemander ton âme, pour qui alors seront les biens que tu as amassés ? » (Luc, xii, 20.)

Reconnaissons que nous sommes hommes, et ne nous élevons point ainsi contre Dieu et contre le prochain, en voulant, avant tout, faire notre volonté sans aucun égard pour celui qui est notre maître. Ne négligeons pas de conformer notre volonté mauvaise à la volonté de Dieu, qui est toujours parfaite ; nous imaginant qu'avec des présents nous pourrons amener Dieu à consentir à nos mauvais desseins. Dès que cela nous convient, nous voulons satisfaire notre vengeance et nous nous disons : Je commettrai un homicide, un parjure, un adultère, une fornication ; puis, j'offrirai à Dieu de quoi racheter mon péché. Comment ne comprenons-nous pas qu'en péchant ainsi avec audace, dans la persuasion d'apaiser ensuite Dieu par nos présents, nous excitons plutôt sa colère que sa miséricorde ; Dieu, en effet, ne demande de nous ni de l'or, ni de l'argent, mais seulement que nous lui offrions nos âmes pures de toutes souillures. Il ne se mêle point aux desseins des pécheurs, mais il nous avertit de penser sans cesse à notre salut ; il nous donne ce conseil salutaire, car il est par excellence le bon conseiller, selon cette parole du Prophète : « Et son nom sera admirable, conseiller. » (Isa., ix, 6.) C'est également de lui que le Psalmiste dit : « Heureux celui qui n'a point pris part aux conseils des impies. » (Ps. i, 1.) Et ailleurs n'est-il point écrit : « Qu'il n'y a point d'iniquité en lui ? » (Rom., ix, 14.) Peut-être cette aumône que nous prétendons faire pour racheter nos fautes est-elle faite avec la dépouille des morts, ou avec des biens ravis aux pauvres, et ne mérite point le nom d'aumône. Car quelle est cette sorte d'aumône qui consiste à vêtir injustement quelqu'un des dépouilles qu'on a injustement enlevées à un autre, à nourrir injustement l'un des biens qu'on a ravis à un autre qui meurt de faim ? Dieu ne demande point ces sortes d'offrandes ; il y a plus, j'ose dire qu'il les déteste. Ecoutez ce qu'il en dit lui-même par le Prophète : « Celui qui offre un sacrifice de la substance des pauvres, est comme

quæ est in Christo Jesu Domino nostro. » (Ibid., 38.) Dictum est enim de Ecclesia primitiva, quod erat illis cor unum et anima una in Domino (Act., iv 32), et erat illis unum velle ac nolle : quia in unum eos Christi caritas copulaverat.

Caput LIII. — E contrario vero carnales et amatores hujus mundi contra se invicem separantur ac disjunguntur : moventes in alterutrum scandala, contentiones, iras, rixas, dissensiones, homicidia, perjuria, furta, rapinas, et omnia quæ hic amantur, et delectatur dicens unusquisque in corde suo : Faciam quod volo (a) et possum, impleam cogitationes meas, et delectationes corporis : suffragantur mihi consilia mea, sive amicorum meorum vel parentum potentum ; (b) adest mihi aurum, superabundat argentum ; (c) adsunt mihi servi et ancillæ, agri multæ possessiones hujus mundi, pallia, vestes pretiosæ, unde me redimere possum : adimpleam voluntatem meam, Deus dabit mihi spatium vitæ et pœnitentiæ. Heu quare non timemus quod Evangelium terribiliter insonat, dicens : « Stulte, hac nocte exposcent a te animam tuam ; quæ præparasti, cujus erunt? » (Luc., xii, 20.)

Homines nos esse cognoscamus, et ne sic superbiamus contra Deum et proximum nostrum, ut voluntates nostras malas perficiamus, et Deum postponamus ; ac deinceps Domini bonam voluntatem ad nostras malas reflectere cum muneribus posse nitamur, nostramque pravam voluntatem ad Domini semper rectam voluntatem corrigere negligamus. Sed ubicumque nos delectat, injurias nostras volumus vindicare, (d) dicentes : Faciam homicidium, perjurium, adulterium, fornicationem ; et inde dabo Domino redemptionem meam. Quare non intelligimus, dum sic audacter peccamus, æstimantes muneribus Deum posse placari, quod tunc multo plus eum ad iram, quam ad misericordiam provocamus : quia Deus non delectatur in auro vel in argento, nec aliud a nobis quærit, quam animas nostras mundas in conspectu suo præsentari? Nec enim consiliis peccatorum se immiscet ; sed ex salute nostra nos semper admonet, et salubre dat consilium, quia ipse est consiliarius salutis nostræ, sicut Propheta ait : « Et vocabitur nomen ejus admirabilis, consiliarius. » (Isai., ix, 6.) Et iterum dictum est de eo in Psalmo : « Beatus vir qui non abiit in consilio impiorum. » (Psal. i, 1.) Et iterum : « Quia non est iniquitas in eo. » (Rom., ix, 14.) Et forte ipsam (e) quam putamus pro nobis facere eleemosynam vel de prædiis mortuorum, sive de rapinis pauperum, nomine non opere videtur esse eleemosyna. Qualis est enim eleemosyna, ut unus injuste vestiatur, et alius injuste expolietur ; et unus injuste pascatur, et alius injuste fame torqueatur? Non quærit ista Deus a nobis : audeo dicere, odit ista omnipotens Deus. Ipsum audi, per Prophetam quid dicat : « Qui offert sacrificium ex rapina, sive ex

(a) Editi, dominum meum amicum et defensorem habeo, nemo mihi obstat, interim faciam quod possum. — (b) Et hic add. opprimam quem volo, adstem cui volo. — (c) Hic vero, eloquentia mea omnes præcellit, quæ vereor ? — (d) Editi, nec fatri parcimus, dicentes ; Faciam vindictam in fratrem vel patrem meum, faciam. — (e) Mss. quod.

celui qui égorge le fils aux yeux du père. » (*Eccli.*, xxxiv, 24.) Je ne recevrai pas de vous de tels présents, dit-il ailleurs ; « car vos mains sont pleines de sang. » (*Isa.*, i, 15.) Et ailleurs encore : « Le pain des indigents, c'est la vie du pauvre ; celui qui le ravit est un homme de sang. » (*Eccli.*, xxxiv, 25.) Gardons-nous donc de faire des aumônes injustes, nous qui en voulons faire de saintes et pieuses ; qu'elles soient faites avec le produit d'un travail légitime, et non avec des rapines, avec le superflu de nos biens, et non avec des gains injustement acquis ; de peur qu'il n'y ait en cela un sacrilége, ou, peut-être, ce qui est pire, qu'à cause de la cupidité ou de l'ivresse, le sang ne vienne à être versé, et que la voix des affligés ne s'élève vers Dieu contre nous ; c'est dans ce sens que le Psalmiste dit : « Celui qui n'a point donné son argent à usure, qui n'a pas reçu de présents pour opprimer l'innocent, » (*Ps.* xiv, 5) et toutes les autres conditions, énumérées plus haut dans le même psaume, qui doivent conduire dans la maison du Seigneur et rendre heureux celui qui les croit et s'efforce de les remplir ; aussi conclut-il en disant : « Celui qui fait toutes ces choses ne sera point ébranlé pendant l'éternité. »

CHAPITRE LIV. — Puisque le Créateur de toutes choses a bien voulu donner ces conseils, et d'autres semblables à sa créature raisonnable, nous devons croire qu'il l'aime ; Dieu ne persécute personne, c'est l'homme lui-même qui se persécute ; Dieu ne s'éloigne d'aucun homme, si cet homme ne commence lui-même à s'éloigner de lui ; il ne hait pas notre nature, mais les vices que nous contractons. Il ne nous sert de rien d'avoir été rachetés par le sang de Jésus-Christ, au contraire, cette rédemption nous devient plutôt nuisible, si nous nous soumettons volontairement à l'empire du démon. C'est pourquoi, rappelons-nous, rappelons-nous sans cesse que ce n'est pas pour posséder une félicité terrestre que nous sommes devenus chrétiens. Ce n'est point pour obtenir les richesses de ce monde ou les biens de cette vie que nous adorons Jésus-Christ, car, comme le dit l'Apôtre : « Si nous espérons dans le Seigneur pour cette vie seulement, nous sommes les plus misérables des hommes. » (I *Cor.*, xv, 19.) Jésus-Christ, pour nous apprendre à ne pas aimer l'or, a méprisé les présents qu'on lui offrait ; pour nous montrer à ne pas craindre la faim, il a jeûné quarante jours ; pour nous enseigner à ne pas redouter la nudité, il a défendu à ses disciples d'avoir plus d'une tunique ; il a enduré toutes les tribulations, pour nous apprendre à les mépriser ; il a souffert la mort, pour nous enseigner à ne pas la redouter. En nous donnant tous ces enseignements, il ne les a pas donnés de parole seulement, mais il nous a précédés, il nous a donné l'exemple. Que le désir de marcher sur ses traces enflamme doucement nos cœurs, que le feu de l'Esprit saint le fasse chaque jour brûler davantage en nous, de peur que, venant à nous attacher trop à ce monde, nous méritions de périr avec lui. Que nous sommes à plaindre si nous ne sommes pas persuadés de cette vérité, si l'amour de ce siècle nous domine, puisque nous ne pouvons pas posséder éternellement les biens qu'il nous procure, et que nous perdons, par notre imprudente sécurité, ceux que Dieu nous réserve ! Que ferons-nous ? A quoi nous déterminer ? Pleurons, si nous perdons ainsi la récompense promise et qu'on vienne nous dire

---

substantia pauperum, quasi qui victimat filium in conspectu patris sui. » (*Eccli.*, xxxiv, 24.) « Non accipiam, » inquit, « ista de manibus vestris : manus enim vestræ sanguine plenæ sunt. » (*Isa.*, i, 15.) Et alius Propheta : « Panis egentium, vita pauperum est : qui defraudat illum, vir sanguinum est. » (*Eccli.*, xxxiv, 25.) Contemnamus facere injustas eleemosynas, qui volumus facere justas et spirituales eleemosynas ; ut de justis laboribus faciamus, non de rapinis, sive de multiplicatione frugum, aut de ineptis negotiis : ne forte in hoc multa (*a*) sacrilegia incurrantur, vel etiam quod pejus est, pro cupiditate vel ebrietate sanguis fundatur, clamentque eorum voces ad Deum contra nos, multo labore afflicti. Unde et Psalmista : Qui pecuniam suam non dedit ad usuram, et munera super innocentes non accepit : » (*Psal.* xiv, 5) et cætera quæ superius in eodem Psalmo audientem, credentem et caventem beatum efficere possunt : sicut idem Psalmus concludit : « Qui facit hæc, non movebitur in æternum. » (*Ibid.*)

CAPUT LIV. — Et quia talia et his similia Creator omnium creaturæ suæ rationali annuntiando insinuat, credamus quia diligit Creator quod creavit : neminem persequitur, si ipse homo se non persequatur ; a nullo quolibet homine recedit, nisi prius ipse homo ab eo recedat : nec naturam in nobis, sed vitium quod contraximus odit. Et non prodest nobis, imo etiam obest Christi sanguine esse redemptos, et voluntarie diabolo esse subjectos. Ideo cogitemus et recogitemus, quod non propter felicitatem terrenam Christiani effecti sumus. Non (*b*) propter divitias hujus sæculi, vel propter istam vitam Christum colimus : sicut Apostolus ait : « Si in hac vita tantum speramus in Domino, miserabiliores sumus omnibus hominibus. » (I *Cor.*, xv, 19.) Christus enim, ne aurum diligeremus, oblata munera contemnere docuit ; ne famem timeremus, quadraginta diebus jejunavit ; ne nuditatem pertimesceremus, præter unam tunicam, aliam discipulis suis habere vetuit ; ne tribulationes expavesceremus, omnia ipse sustinuit ; ne mortem formidaremus et hanc ipse suscepit. Et cum ista omnia nos docuerit, non tantum verbo, verum etiam exemplo ipse præcessit. Hoc enim suaviter flagret in cordibus nostris, hoc ignis Spiritus sancti in nobis fervere faciat, ut sequamur vestigia ejus ; ne desideremus remanere in hoc mundo, et pereamus cum hoc mundo. Heu quam miseri sumus, si hoc credrere nolumus, et ab amore hujus sæculi mentem nostram non revocemus, dum perpetualiter ista tenere non possumus, et illa per securitatem amittimus ! Quid faciemus ? quid agemus ? Lugendum nobis est, si regnum

---

(*a*) Mss. potiores, *sacramenta incurrant.* — (*b*) Editi hic ad. *enim omnes qui in hoc sæculo felices sunt, felices erunt et in futuro, nec omnes infelices in hoc sæculo, infelices erunt in futuro. Nec.*

tout à coup : O amateurs du monde, allez à la rencontre de l'époux, venez au-devant de celui que vous ne vouliez point voir et dont vous avez méprisé les préceptes. Vous verrez les plaies dont son corps a été couvert pour vous. Gémissant et pleurant, que pourrons-nous répondre alors? Comment répondront ces œuvres de reconnaissance envers lui, que nous aurions dû faire, puisque, si souvent, nous avons entendu et négligé ce que dit le Psalmiste : « Que rendrai-je au Seigneur pour tous les biens qu'il m'a faits ? Je prendrai le calice du salut et j'invoquerai le nom du Seigneur. » (*Ps.* cxv, 12.) Soyons donc fortement convaincus que notre espérance ne doit point se fixer aux choses de ce monde. L'on peut croire que l'espérance qui se change en amertume, c'est l'espérance mondaine, car le monde lui-même verse à ceux qui l'aiment une liqueur souvent amère. La vérité elle-même peut demander aux amateurs du monde : Où est ce que vous aimiez? Qu'est devenu ce dont vous faisiez tant de cas?

Chapitre LV. — Frère, notre corps est-il donc d'acier, et notre cœur de diamant, pour ne pas s'émouvoir, pour ne pas sortir de son insouciance en présence de tels commandements du Seigneur? Que ne nous écrions-nous avec le Prophète : « Qui donnera de l'eau à ma tête, et à mes yeux une fontaine de larmes, pour pleurer le jour et la nuit sur les fils de mon peuple qui ont été blessés? » (*Jérém.*, ix, 1.) Oui, qu'ils ne cessent de pleurer, les yeux qui considèrent non-seulement la mort des corps, mais surtout la mort des âmes des chrétiens. Quel plus juste sujet de tristesse, quel plus vrai sujet de larmes peut-il y avoir pour chacun de nous, que de gémir et pleurer sur la perte d'une âme, et de nous associer à l'Apôtre, qui dit : « Qui est faible sans que je le sois avec lui; qui est scandalisé sans que je ne brûle? » (II *Cor.*, x, 29.) Et ailleurs, pénétré de cette charité compatissante pour le prochain, il s'écrie : « J'ai désiré être anathème pour mes frères en Jésus-Christ. » (*Rom.*, ix, 3.) Apprenons de ce grand Apôtre quelle charité vivait dans son cœur; c'est qu'il savait que Dieu n'avait pas épargné son Fils unique, mais qu'il l'avait livré pour nous tous. Il dit : pour nous tous, ainsi donc, ni laïque, ni clerc, ni religieux, ni veuve ne doit négliger le salut de son âme, puisqu'il est manifeste que ce sang si précieux a été versé pour nous tous.

Chapitre LVI. — C'est pourquoi nous tous qui vivons encore sur la terre, confessons nos péchés, de peur qu'en différant d'offrir à Dieu une prompte satisfaction, nous ne venions à périr avec les impies. Comme il a promptement apaisé la colère du Seigneur celui qui s'est écrié : « J'ai reconnu mon péché, et je n'ai point caché mon iniquité. J'ai dit : Je confesserai mon injustice au Seigneur. » (*Ps.* xxxi, 5.) Il dit qu'il confessera, et déjà il est pardonné. Remarquez, cher frère, un grand enseignement. Le Psalmiste ne dit pas : J'ai confessé, et vous m'avez remis; il dit : Je confesserai, et, par le fait même, il montre que, s'il n'avait pas encore confessé de bouche, il avait déjà confessé dans son cœur. Dire : Je confesserai mon iniquité, c'est déjà l'avoir confessée, et, par conséquent, vous avez, ô Dieu pardonné l'impiété de mon cœur. Ma parole ne s'était pas encore fait en-

---

promissum perdamus, et subito dicatur nobis : O vos amatores mundi, exite obviam sponso, et ad illum venite, quem videre non vultis, quia præcepta ejus postposuistis. Videbitis enim plagas ipsas, quas in corpore suo pro vobis pertulit. Quid tunc gementes et dolentes dicemus, aut meritis nostris in eum exigentibus responsuri erimus, dum frequenter audivimus, et neglexiumus quod Psalmista cecinit : « Quid retribuam Domino pro omnibus quæ retribuit mihi ? Calicem salutaris accipiam, et nomen Domini invocabo. » (*Psal.* cxv, 12.) Firmiter teneamus, quia spes bonorum in isto mundo non est posita. Quamvis videatur spes mundana esse, quæ in amaritudinem vertitur; et amaram potionem ipse mundus amatoribus suis propinat. Et ipsa veritas dos alloquitur, dicens : Ubi est quod amabatis ? ubi est quod pro magno tenebatis ?

Caput LV. — O mi frater, numquid ferreæ sunt carnes nostræ, et non contremiscant; vel etiam sensus noster adamantinus, ut non molleseat, aut etiam non evigilet ad talia Dei verba? Quare non dicimus cum Propheta : « Quis dabit capiti nostro aquam, et oculis nostris fontem lacrymarum, et ploremus die ac nocte vulneratos filios plebis nostræ? » (*Jer.*, ix, 1.) Deficiunt flendo oculi eorum, qui considerant, non solum mortes corporum, verum etiam animarum Christianorum. Quis luctus idoneior, quis planctus certior inveniri potest, (*supple*, quam) quando unusquisque nostrum de anima perdita luget et dolet cum Apostolo, qui dixit : « Quis infirmatur, et ego non infirmor? Quis scandalizatur, et ego non uror? » (II *Cor.*, xi, 29) atque iterum alio in loco dilectionem proximorum compassus, dicit : « Optabam esse anathema pro fratribus meis a Christo? » (*Rom.*, ix, 3.) Discamus in tanto Christi Apostolo tantam flagrare Christi caritatem, dum sciebat quod unico Filio suo non pepercisset, sed pro nobis omnibus tradidisset eum. (*Rom.*, viii, 32.) Pro omnibus nobis dicit : ideo nulli laici, nulli clerici, nullæ sacratæ virgines, nullæ viduæ debent negligere salutem animarum suarum, dum tanti sanguinis pretium pro nobis fusum esse manifestum est.

Caput LVI. — Ideo omnes nos qui reliqui sumus super terram, peccata nostra agnoscamus : ne cum impiis pereamus, dum cito digna satisfactione non placemus. Quam velociter placavit iram ejus ille qui dixit : « Peccatum meum cognovi, et injustitiam meam non operui. Dixi : Pronuntiabo adversum me injustitiam meam Domino. » (*Psal.* xxxi, 5.) Promittit se pronuntiaturum, et illi jam dimittitur. [(*a*) Attende, mi frater, magna res. Dixit : « Pronuntiabo ; » non dixit, pronuntiavi, et tu remisisti : quia ex eo ipso quod dixit, « pronuntiabo, » ostendit quia nondum pronuntiaverat, sed confessio pronuntiaverat. Hoc ipsum dicere, « pronuntiabo, » pronuntiare est, ideo et dimisisti impietatem cordis mei. Vox mea nondum in ore erat, confessio ergo mea non-

---

(*a*) Glossema manifestum, quo carent Mss.

tendre, ma confession n'avait pas encore été formulée à l'intérieur; j'avais dit : « Je confesserai contre moi, » et l'oreille de Dieu avait entendu ce qui se prononçait dans mon cœur. Et que s'en est-il suivi ? « Vous avez pardonné l'impiété de mon cœur. » Dieu est toujours prêt à nous pardonner nos fautes, si nous ne différons pas de recourir à lui. Si, au contraire, nous différons, craignons que sa colère ne tombe sur nous; car quelques-uns sont prédestinés aux supplices, d'autres aux plus grands biens, et cela, non point par caprice, mais par un jugement profond de la sagesse divine. Caïn commet un homicide, Job, en proie aux épreuves, devient l'ami de Dieu, l'innocent Abel est massacré par son frère; Dieu abrège les épreuves de Job, il ne donne pas à Ananie le temps de se repentir; il n'abandonne point Paul au milieu des tentations, il le fortifie par sa grâce, il ne reçoit pas Judas qui se repent, il pardonne à Pierre qui pleure; il n'a aucun égard aux larmes de Saül, il reçoit la confession de David. Ainsi, Dieu, bon et miséricordieux, sépare, dans la profondeur de ses jugements, les vases de colère et les vases de miséricorde. Ah! si nous considérions attentivement Judas, autrefois vase de perfection, devenu ensuite vase de perdition, il ne put conserver le suc de l'Esprit saint; l'ayant reçu, il se brisa et devint ainsi un vase inutile. Craignons le même sort, convertissons-nous, et convertissons-nous pendant qu'il en est temps encore. Le Psalmiste nous dit : « Cherchez le Seigneur » pendant qu'il en est temps, « soyez rempli de force; recherchez sans cesse sa face. » (*Ps.* CIV, 4.) Voici le temps de réparer nos brèches, si quelques péchés nous ont brisés, le Dieu tout-puissant est l'artiste, le potier qui peut tout réparer. Croyons qu'il est tout-puissant et qu'il peut réparer ce que nous avons perdu, lui qui a créé toutes choses dans la perfection. Lui-même nous dit : « Ce que la terre est entre les mains du potier, c'est ce que vous êtes entre mes mains. » (*Eccli.*, XXXIII, 13.) Humilions-nous donc sous sa main toute-puissante, afin qu'il nous relève au jour de sa visite. Pensons que nous sommes en la présence de Dieu; reconnaissons ce que nous sommes, c'est-à-dire cendre et poussière, puisque le Prophète lui-même dit à notre sujet : « Pourquoi vous enorgueillissez-vous, terre et cendre ? » (*Ibid.*, X, 9.) Que si nous ne voulons pas nous connaître, en vain nous cherchons à élever nos têtes, puisque Dieu résiste aux superbes, et qu'il donne sa grâce aux humbles. « Consolez-vous, humbles, dit le Seigneur votre Dieu, consolez-vous, vous dont le cœur est abattu, prenez courage, ne craignez point; voici votre Dieu qui vient rendre la justice; il vient lui-même, et il nous sauvera. » (*Isa.*, XXXV, 4)

Le jour du Seigneur est proche (*Philipp.*, IV, 5.); ne vous inquiétez de rien; que les misères de ce monde ne nous effraient point, si les saints les avaient redoutées, ils ne posséderaient pas la félicité éternelle. Si l'on aime le bonheur fugitif de ce monde, on ne saurait trouver ici le bonheur éternel. Si, au contraire, le cœur s'éprend de la félicité éternelle, comme on ne peut la trouver ici-bas, on élève son cœur et ses pensées vers ce séjour immortel où nous avons nos parents et notre patrie, et, par amour pour Jésus-Christ, l'on supporte patiemment toutes les peines de ce monde. Qu'est-ce, en effet, je vous prie, que ce que nous avons à supporter en compa-

dum ad eos venerat. Dixeram, « pronuntiabo adversus me : » verumtamen Deus audivit vocem cordis mei. Vox mea nondum in ore sed oris Dei jam in corde erat.] Et quid secutum est? « Et tu remisisti impietatem cordis mei. » Paratus est semper Deus peccata nostra indulgere, si non tardaverimus ad eum reverti. Si enim tardaverimus, timeamus ne inferat (*a*) nobis iram suam : quia quosdam quidem prædestinavit ad supplicium, et quibusdam quidem magnum præstitit beneficium : nec tamen hoc injuste, sed in alto suo judicio. Nam Cain perfecit homicidium, et Job vulneratus Dei amicus affectus est, et Abel innocens a fratre suo occisus : tamen nec Job diutius passus est cruciatum, nec Ananiæ locum donavit ad ignoscendum, nec Paulum deseruit colaphizatum, quem sua gratia fecit robustum, nec Judam suscepit pœnitentem, nec Petrum deseruit flentem, [(*b*) nec Saul respexit pœnitentem, nec David despexit confitentem.] Et sic pius et misericors Dominus alto suo judicio separat vasa iræ a vasis misericordiæ. O si attendamus miserum Judam, vas olim perfectum, in perditionem perductum! Mustum sancti Spiritus portare non potuit, (*c*) quo accepto continuo crepuit, totumque fractum, ad nihilum utile est. Hæc pertimescentes convertamur : et convertamur dum tempus est. Ait enim Psalmista : « Inquirite Dominum, » dum tempus est, « et confirmamini, quærite faciem ejus semper. » (*Psal.* CIV, 4.) Tempus est enim ut reparemur : et si in aliquod peccatum fracti sumus, omnipotentem Deum figulum et artificem habemus : credamus quia potens est reparare perdita, qui creavit hæc omnia integra. Ipse enim ait : Sicut lutum figuli, ita vos estis in manu mea. (*Eccli.*, XXXIII, 13.) Ideo humiliemus nos sub manu omnipotentis Dei, ut nos exaltet in tempore visitationis. Cogitemus nos in conspectu Dei stare : agnoscamus quid sumus ; agnoscamus quia terra et cinis sumus, dum et Propheta contra nos dicat : « Quid superbit terra et cinis ? » (*Eccli.*, X, 9.) Quod si nos non agnoscimus, frustra exaltare volumus cervices nostras, dum Deus superbis resistit, et humilibus dat gratiam. (*Jac.*, IV, 6.) « Consolamini humiles, dicit Deus vester, consolamini qui estis pusillanimes, confortamini, et jam nolite timere, ecce Deus vester retribuet judicium, ipse veniet, et salvos nos faciet. » (*Isa.*, XXXV, 4.)

Dominus in proximo est, nihil solliciti sitis, nihil nos terreat mundi infelicitas : quia si istam infelicitatem mundanam sancti omnes timuissent, perpetuam felicitatem non haberent. Si felicitas hujus mundi transitoria diligitur, hic perpetua non invenitur. Si vero non perpetua felicitas quæritur, quoniam hic non invenitur, ad perpetuam felicitatem tendamus, ubi patriam et parentes nostros habemus, patientissime omnia hujus mundi pro Christi nomine toleremus. Quid, rogo, est quod toleretur,

(*a*) Mss. *in nobis*. — (*b*) Hæc non exstant in Mss. — (*c*) Mss. *quem acceptum, et mox totusque fractus.*

raison des promesses qui nous sont faites? L'Apôtre nous dit : « Les souffrances de cette vie présente n'ont point de proportion avec cette gloire qui sera un jour découverte en nous. » (*Rom.*, VIII, 18.)

Chapitre LVII. — Pour qu'aucune misère ne nous effraie, qu'aucune souffrance ne nous abatte, Dieu est dans le voisinage; notre Pasteur est près de nous, qu'avons-nous à craindre? Que si nous avons peur, crions vers notre Pasteur afin qu'il nous entende; crions dans la douleur de notre cœur : « J'ai erré comme une brebis qui s'est perdue; Seigneur, recherchez votre serviteur. » (*Ps.* CXVIII, 176.) Crions encore et disons : « Délivrez, ô mon Dieu, mon âme de l'épée et de la puissance du chien; mon âme qui est mon unique. Sauvez-moi de la gueule du lion. » (*Ps.* XXI, 21.) Crions et disons encore : « Tout moyen de fuir m'est ôté, et nul ne cherche à sauver mon âme ! » (*Ps.* CXLI, 5.) Je regarderai à ma gauche, voici le diable qui rugit comme un loup, qui frémit comme un lion. Puisque voici le loup, que le chien aboie et s'écrie : « J'ai crié vers vous, Seigneur; j'ai dit : Vous êtes mon espérance et mon partage dans la terre des vivants. » (*Ibid.*, 6.) Délivrez-moi des mains de mes ennemis et de ceux qui me persécutent. Est-ce que notre Pasteur, si bon qu'il a donné sa vie pour ses brebis, nous laissera errer plus longtemps si nous crions vers lui? est-ce qu'il souffrira que nous soyons mordus et déchirés par les loups ou autres bêtes cruelles? Tant s'en faut ! Bien plus, quittant les quatre-vingt-dix-neuf brebis, il est allé à la recherche d'une seule brebis perdue. Il n'y est pas allé parce qu'il l'a entendue crier, mais avant même qu'elle n'eût crié; car l'Évangile dit : Ayant quitté les quatre-vingt-dix-neuf brebis, il s'en va à la recherche de celle qui était perdue; la rencontrant lassée et fatiguée, il la prend sur ses épaules, et la rapporte au bercail. » (*Luc*, XXV, 4.) Le Pasteur a daigné la rapporter sur ses épaules, et, dans sa bonté, il l'a arrachée à ses égarements ! Que le Seigneur veuille bien ainsi prendre sur ses épaules la brebis égarée pour la ramener au bercail; c'est là une miséricorde dont nous devons lui rendre grâces, le remerciant de ce qu'il daigne ainsi s'humilier et s'abaisser jusqu'à nous. Il la porte, il la nourrit, il la gouverne, il la garde.

Chapitre LVIII. — Nous vous prions, Dieu de miséricorde, Pasteur souverain, Pasteur charitable, ne permettez pas que votre brebis périsse; remplissez à son égard les fonctions de Pasteur suprême. Poursuivez le lion qui l'a enlevée de votre bercail. Que le lion soit tué, que la brebis soit arrachée de sa gueule, car vous êtes le Pasteur des brebis ! O notre Roi tout-puissant, écrasez Satan sous vos pieds ! Et maintenant Seigneur, notre Pasteur et notre Roi, tant de brebis sont chaque jour enlevées à votre bercail, pourquoi ce silence si profond ? Dites-moi, pourquoi vous taisez-vous ? Voici que vos brebis sont jetées çà et là dans les précipices, que vos ennemis élèvent fièrement la tête contre vous, et vous vous taisez ? O Seigneur, mon Dieu, pourquoi vous taire aussi longtemps ? Le Seigneur répond par la bouche du Prophète : Je me suis tu, je me suis tu, mais je ne me tairai pas toujours ; ma main exercera le jugement. Seigneur Jésus, notre Pasteur et notre Roi, prenez vos armes, levez-vous, venez combattre contre le lion, notre adversaire, qui rôde autour de nous cherchant à nous dévorer. Soyez pour nous un rempart plein

---

contra illud quod nobis promittitur? Apostolus inquit : « Non sunt condignæ passiones hujus temporis, ad futuram gloriam quæ revelabitur in nobis. » (*Rom.*, VIII, 18.)

Caput LVII. — Nulla ergo nos pressura terreat, nulla calamitas frangat. Dominus in proximo est, pastor noster circa nos est, quid metuemus? Et si metuimus, clamemus a pastorem nostrum, ut nos audiat : clamemus in compunctione cordis, dicentes : « Erravi sicut ovis quæ periit, require servum tuum, Domine. » (*Psal.* CXVIII, 176.) Clamemus et dicamus : « Libera a framea animam meam, et de manu canis unicam meam, salva me ex ore leonis. » (*Psal.* XXI, 21.) Clamemus et dicamus : « Periit fuga a me, et non est qui requirat animam meam. » (*Psal.* CCLI, 5.) Considerabo ad sinistram? ecce (*a*) diabolus ut lupus rugit, sicut leo frendet. Ecce lupus est? contra latrat canis. « Clamavi ad te, Domine, dixi : Tu es spes mea, portio mea in terra viventium. » (*Ibid.*, 6.) Libera me de manibus inimicorum meorum, et eorum qui me persequuntur. Numquid pastor noster bonus, qui animam suam posuit pro ovibus suis, ad quem si clamemus, dimittet nos diutius errare, aut a feris vel a bestiis dilaniari atque consumi ? Absit. Quin imo relictis nonaginta novem, perrexit quærere unam ovem perditam. Nec quia clamantem audivit, ideo perrexit; sed ante quam clamaret : ait enim Evangelista : Relictis nonaginta novem, abiit quærere unam ovem quæ perierat : quam inventam et lassatam atque fatigatam, impositam humeris suis reportavit ad gregem, (*Luc.*, XV, 4.) Pastor eam ad gregem suis humeris dignatus est reportare, et misericordia sua ab errore revocare. Quod vero ovem istam Dominus humeris propriis impositam reportavit ad gregem, quantæ misericordiæ ejus gratiæ agendæ sunt, qui tantum se ad nos humiliavit et inclinavit ? Portat et reficit, regit et custodit.

Caput LVIII. — Deprecamur, Domine bone, summe et optime pastor, ne pereat ovis, imple officium summi pastoris. Persequere leonem, qui rapuit ovem de grege tuo; leo interficiatur, et ovis de faucibus ejus eruatur : tu enim est pastor ovium. Rex noster potens, contere satanam sub pedibus nostris. Et nunc, Domine, pastor noster, rex noster, tot de grege tuo quotidie rapiuntur oves, et quare tantum taces? Responde, quare taces ? Ecce per diversa præcipitia rapiuntur oves tuæ, et inimici tui qui te oderunt levant caput contra te ; et tu taces. O Domine Deus, quare tam diu taces ? Ad hæc Dominus per Prophetam clamat, et dicit : Tacui, tacui, sed non semper tacebo : aget judicium manus mea. (*Isa.*, XLII, 14.) Ergo, Domine Jesu, pastor noster, rex noster, accipe arma tua, et progredere, ut pugnes contra leonem adversarium nostrum, qui circuit quærens devorare nos. (I *Pet.*, V, 8.) Esto nobis turris fortitudinis, a facie inimici. Petimus, et instantissime petimus, ut liberes nos,

---

(*a*) Mss. *lupus ut diabolus*.

de force contre la face de l'ennemi. Nous vous demandons, nous vous conjurons avec instance de nous délivrer. Le monde est dans une position critique; les maux débordent. Les amateurs du monde périssent; ils blasphèment, ils délirent, ils murmurent contre vous. Non-seulement ils ne réclament point votre miséricorde, mais ils critiquent vos jugements. Qui donc les pousse à ces extrémités, sinon l'auteur de tout mal, cet ange orgueilleux qui, perdu lui-même, cherche à nous perdre tous? Seigneur, délivrez-nous de tout mal et faites-nous participer à tout bien. Délivrez-nous de tout mal, ce qui aura lieu si nous sommes séparés de Satan et de ses anges. Les anges de Satan, ce sont ceux qui font sa volonté. Que nous n'ayons aucune relation avec ceux qui agissent ainsi, mais que notre partage soit avec Celui qui a dit : « Si quelqu'un fait la volonté de mon Père, celui-là est mon frère, ma sœur et ma mère. » (*Matth.*, XII, 50.) Nous sommes le prix de son sang. Fuyons la société des méchants; recherchons les véritables biens et surtout attachons-nous au souverain bien, le servant et faisant en toutes choses sa volonté; nous deviendrons ainsi les anges de Dieu, ces anges dont parle le Prophète, quand il dit : « Bénissez le Seigneur, vous tous qui êtes ses anges, ses ministres, exécutant sa volonté. » (*Ps.* CII, 20.) Or, la volonté de notre Père, c'est, ainsi que nous l'enseigne l'Evangile, qu'aucun de ses petits enfants ne périsse, pour que nous ne périssions point nous-mêmes et que nous ne quittions jamais la voie de la justice.

CHAPITRE LIX. — « Quittons donc les œuvres de ténèbres et revêtons-nous des armes de lumière, » (*Rom.*, XIII, 12) et, chassant l'obscurité de la nuit et l'épaisseur des ténèbres, qu'un rayon de la véritable lumière brille dans nos cœurs. Pendant la nuit, ne faisons point les œuvres de la nuit, mais les œuvres du jour, car nous sommes des enfants de lumière. Que la douceur du sommeil n'engourdisse point nos sens et ne trompe point notre âme par de vains fantômes. Que nos corps eux-mêmes, réchauffés sous le poids des couvertures, ne s'allanguissent point dans le repos; mais, veillant, priant, jeûnant, chantant des hymnes au Seigneur, combattant contre le diable, notre ennemi, méritons de sentir la lumière dans nos âmes, et, pendant la nuit même, faisons des œuvres de lumière. Qu'avons-nous à faire pendant cette nuit ténébreuse du siècle, sinon éviter Satan et suivre Jésus-Christ? Qu'avons-nous à faire pendant cette nuit, sinon enchaîner celui qui veut nous rendre captifs et marcher à la suite de notre Libérateur? Qu'avons-nous à faire, sinon chasser de nos cœurs les ténèbres que Satan y entretient, et y faire pénétrer la vraie lumière? Qu'avons-nous à faire, sinon dompter l'orgueil et pratiquer l'humilité? Enfin, qu'avons-nous à faire pendant cette nuit, sinon éloigner de nous l'instigateur de tous les vices et nous attacher à la source de tous les biens? Attachons-nous à cette source, cher frère; recevons en nous Jésus-Christ, afin qu'il nous reçoive et que nous puissions voir quels biens nous a préparés ce Dieu qui, chaque jour, nous appelle. Prenons son joug qui est doux et son fardeau qui est léger, puisqu'il a daigné lui-même alléger le fardeau de nos péchés : « Quittons les œuvres de ténèbres et revêtons-nous des armes de lumière. » Qu'est-ce que quitter les œuvres de ténèbres, sinon renoncer à Satan, à ses pompes et à ses

---

Mundus enim in maligno positus est. Ecce sæviunt mala, et pereunt mundi dilectores : blasphemant, insaniunt, et adversus te murmurant, non solum tuam misericordiam non precantur, verum etiam tuum judicium reprehendunt. Quis in eis talia operatur, nisi auctor mali angelus superbus, perditus, et omnes perdere cupiens? Libera nos Domine Deus ab omni malo, et pars nostra sit cum omni bono. Ab omni malo libera nos; quia tunc ab omni malo liberamur, quando a diabolo et angelis ejus separamur. Angeli ejus sunt, qui faciunt voluntatem ejus. Non sit nobis pars cum talibus, qui faciunt voluntatem diaboli ; sed cum illo qui dixit : « Si quis fecerit voluntatem Patris mei, ipse meus frater, soror, et mater est. » (*Matth.*, XII, 50.) Nos enim illius pretio redempti sumus. Societatem malorum fugientes, bona quæramus, summo bono inhæreamus, illi serviamus, ejus voluntatem faciamus : ut simus et nos angeli Dei, de quibus dicit Propheta : « Benedicite Domino omnes Angeli ejus, ministri ejus, facientes voluntatem ejus ; » (*Psal.* CII, 20, 21) quia voluntas Patris nostri est, sicut Evangelium ait, ut non pereat unus ex pusillis suis (*Matth.*, XVIII, 14), et ne pereamus et evellamur de via justa. (*Psal.* II, 12.)

CAPUT LIX. — Deponamus « opera tenebrarum, et induamur arma lucis, » (*Rom.*, XIII, 12) et expulsa noctis caligine, effugatisque (*a*) umbris tenebrarum, radius veri luminis fulgeat in cordibus nostris. In nocte non opera noctis, sed diei opera peragamus ; quia filii diei appellati sumus. Neque enim delectatione somni sensus noster torpescat, nec vanis phantasmatibus animas nostras illudat, nec ipsa corpora stramentorum calore depressa in alto torpore quasi incliment; sed vigilando, orando, jejunando, psallendo, contra adversarium diabolum dimicemus, et magnam lucem infusam cordibus nostris sentiamus; et in nocte opera diei peragamus. Quid enim agendum est nobis in nocte hujus sæculi caliginosa, nisi diabolum effugare, et Christum introducere? Quid agendum est nobis in hujus noctis cæcitate, nisi captivatorem captivare et liberatorem sequi? Quid agendum est nobis in nocte, nisi tenebras diabolicas de cordibus nostris excutere, et lumen verum haurire? Quid agendum est nobis in nocte, nisi superbiam exstirpare, et humilitatem introducere? Quid agendum est nobis in nocte, nisi principem omnium vitiorum a nobis expellere, et fontem omnium bonorum suscipere? Suscipiamus eum, frater carissime, suscipiamus eum; ut et suscipiamur ab eo, et videamus quæ bona præparata ab eo habeamus, qui nos quotidie vocat . et suscipiamus jugum ejus leve, et sarcinam ejus suavem, qui sarcinam peccatorum nostrorum relevat : « Deponamus opera tenebrarum, et induamur arma lucis. » Quid enim est deponere opera tenebrarum, nisi renuntiare diaboli pompis et angelis ejus? Et quid est nos arma lucis induere, nisi credere in Deum Patrem

(*a*) Mss. *radicibus*.

anges? Qu'est-ce que revêtir les armes de lumière, sinon croire au Dieu tout-puissant qui éclaire tout homme venant en ce monde et qui nous a dit : Pendant que vous avez la lumière, croyez à la lumière afin que vous soyez des enfants de lumière. Mais d'abord, cher frère, si vous le voulez, ou mieux parce que vous le voulez, nous allons examiner et rechercher ce que c'est que le diable, et quel il est.

Chapitre LX. — Le diable est un ange que son orgueil a séparé de Dieu, qui, n'étant point resté dans la vérité, est devenu le docteur et le père du mensonge ; car c'est lui qui a inventé le mensonge, et il est lui-même le mensonge. Ainsi que Notre-Seigneur Jésus-Christ, la vérité même nous l'enseigne dans l'Evangile de saint Jean, il est le commencement et la fin du mensonge ; s'étant trompé lui-même, il cherche sans cesse à nous tromper. C'est lui l'ennemi du genre humain, l'inventeur de la mort, l'auteur de l'orgueil, le roi de la méchanceté, l'instigateur des crimes, le prince de tous les vices, lui qui souffle toutes les pensées honteuses. Voyant le premier homme créé par Dieu, Adam, notre père à tous, voyant, dis-je, cet homme formé du limon de la terre, créé à l'image de Dieu, orné de pudeur, de tempérance, revêtu de charité et d'immortalité, il fut jaloux de ce qu'un homme terrestre avait reçu un si grand honneur, ce bonheur, lui-même, lorsqu'il était ange, il l'avait perdu par son orgueil. Dans sa fureur, cet insatiable homicide dépouilla notre premier père, nous et nos parents de cette immense félicité, et de plus il nous donna la mort. En effet, tout d'abord le diable nous dépouilla de biens immenses, de la pudeur, de la continence, de la patience, de la douceur, de la charité, de l'immortalité. Après nous avoir ainsi rendus dépouillés et misérables, il nous revêtit ignominieusement de ses livrées, nous soumit à son empire, et par ce même lien s'assujettit toute la race humaine. Il nous dépouilla de pudeur, de tempérance, de charité, d'immortalité ; en retour, il nous donna la luxure, l'intempérance, la perversité et la mort. Tels sont les tristes haillons dont il couvrit nos parents et leur postérité, puis il les laissa ensuite se traîner à demi-morts.

Chapitre LXI. — Puisque ce cruel ennemi en a agi de cette sorte avec nous, puisque telle a été sa conduite à notre égard, ah! cher frère, renonçons à ce périlleux héritage. Nous sommes devenus mineurs ; avant que ne vienne l'exacteur de ce funeste héritage, renonçons à tout ce qui lui appartient. Si quelqu'un néglige de renier cet héritage dans lequel se trouve les haillons du diable, c'est-à-dire ses pompes et ses anges, lorsque le juge se présentera, il sera, comme le dit l'Evangile, livré à l'exacteur en qualité de débiteur, l'exacteur le jettera en prison. « En vérité, je vous l'assure, dit le Seigneur, vous ne sortirez pas de là que vous n'ayez payé jusqu'au dernier denier. » (*Matth.*, v, 26.) Aussi la sainte Ecriture recommande à Dieu tout le genre humain, comme un pauvre et un pupille, quand elle dit : « C'est à vous qu'a été laissé le soin du pauvre, vous serez le protecteur de l'orphelin. » (*Ps.* ix, 14.) Considérant quel est leur adversaire, elle ajoute immédiatement : « Brisez le bras du pécheur, et de celui qui est rempli de malice. » Que

---

omnipotentem, qui illuminavit omnem hominem venientem in hunc mundum, qui et dixit : « Dum lucem habetis, credite in lucem, ut filii lucis sitis? » (*Joan.*, xii, 35.) Prius tamen, dilectissime, si vis, imo quia vis, discutiamus et investigemus quis sit, vel quid sit diabolus.

Caput LX. — Diabolus est enim angelus per superbiam separatus a Deo, qui in veritate non stetit, et doctor mendacii, et pater mendacii (*Joan.*, viii, 44), quia ab ipso primum inventum est mendacium, et ipse est mendacium, sicut veracissimus, Veritas Dominus noster Jesus Christus in Evangelio Joannis loquitur : quia ipse est caput et finis mendacii ; et a semetipso deceptus, nos decipere festinat. Iste est adversarius effectus generis humani, inventor mortis, superbiæ institutor, (a) rex malitiæ, scelerum caput, princeps omnium vitiorum, persuasor etiam turpium voluptatum. Hic cum primum hominem a Deo factum, Adam scilicet, patrem omnium nostrum intueretur, sicut superius crebro intelligere potes, videretque eum hominem ex limo terræ ad imaginem Dei factum, pudicitia ornatum, temperantia compositum, caritate circumdatum, immortalitate vestitum : æmulus atque invidus tantam beatitudinem hominem terrenum accepisse, quod ipse, dum esset angelus, per superbiam cognoscitur amisisse, invidit statim insatiabilis homicida primum patrem nostrum, nos nostrosque parentes, et tantis ac talibus bonis exspoliavit nos, insuper et peremit. Nam et multis bonis in prima fronte diabolus nos exspoliavit, id est, pudicitia, continentia, patientia, mansuetudine, caritate, immortalitate. Sic nos nudos ac miserabiles reddidit, suisque pannis derisit esse involutos, et suo dominio esse addictos, atque ex ipso vinculo omnem prolem nostram sibimet obligavit. Exspoliavit nos pudicitia, et accinxit impudicitia ; exspoliavit nos temperantia, et effecit intemperatos ; exspoliavit nos caritate, et vestivit malitia ; exspoliavit immortalitate, et propinavit mortem. His etiam turpissimis et fœtidissimis pannis nos posterosque nostros involvit, et semivivos reliquit.

Caput LXI. — Et quia sic miserabiliter atrocissimus hostis circa nos egit, imo quia sic egit, eia frater carissime, eia renuntiemus huic damnosæ hæreditati. Pupilli effecti sumus : antequam exactor veniat tam pessimæ hæreditatis, omnibus quæ ejus sunt renuntiemus. Si quis itaque huic hæreditati, in qua sunt panni diaboli, pompæ scilicet et angelis ejus renuntiare neglexerit ; cum judex venerit, sicut Evangelium loquitur, tradetur debitor exactori, exactor autem debitorem trudet in carcerem. « Amen dico vobis, dicit Dominus, non exies inde, donec reddas novissimum quadrantem. » (*Matth.*, v, 26.) Omne itaque genus humanum tanquam pauperem et pupillum divina Scriptura commendat Deo, dicens : « Tibi derelictus est pauper, pupillo tu eris adjutor ; » (*Psal.* ix, 14) ejusque adversarium diabolum demonstrans, secutus adjunxit : « Contere brachium peccatoris et ma-

---

(a) Sic Ms. Colb. Al. *radix*.

Notre-Seigneur Jésus-Christ, bon et miséricordieux, daigne accorder quelque protection à cet orphelin et à ce pauvre, car son ennemi est rusé et cruel; déjà le pupille chancelle dans sa cause, aussi son adversaire se hâte-t-il de le tromper par de coupables artifices. Seigneur Jésus, soyez le vrai défenseur de cet orphelin, paraissez dans sa cause, vous qui avez ordonné aux enfants des hommes de juger avec justice. Elevez votre bras et brisez le bras du pécheur et du mauvais. Vous connaissez, on ne peut mieux, la cause de ce pauvre et de cet orphelin qu'on appelle le genre humain, elle repose sur un billet que possède votre Père. Il est coupable, il est retenu enchaîné par son ennemi : il n'y a pour nous nul moyen d'être soulagés, sinon par vos conseils et par votre secours, qui nous est indispensable. Jugez notre cause, défendez-nous, car vous êtes puissant.

CHAPITRE LXII. — Cher frère, qu'elle est heureuse l'âme qui peut avoir un tel défenseur! Aussi, je vous en conjure, que chacun de nous veille à ce que le démon, au jour du jugement, ne trouve point sur lui ses livrées, et qu'à cause de cela il ne soit gardé dans une prison perpétuelle, tandis que la grâce de Jésus-Christ aurait voulu le délivrer. Qu'ils ne se fassent pas illusion, ceux qui, après avoir reçu la grâce, ne veulent point se corriger, et retournent de nouveau à leurs anciens errements. Qu'on attende le jour du jugement dans lequel apparaîtra ce juge équitable, qui ne fera acception d'aucune personne, si puissante qu'elle soit; dont ni évêque, ni abbé, ni comte ne pourront par or ou par argent corrompre l'entourage. Là seront toutes les âmes pour que chacune reçoive selon le bien ou le mal qu'elle aura accompli pendant qu'elle vivait dans le corps. Là aussi sera présent le démon notre ennemi, il récitera les paroles de notre engagement comme chrétiens, il nous reprochera en face ce que nous avons fait; quel jour, en quel lieu nous avons péché, et le bien que nous aurions dû faire alors. Si nous sommes trouvés tels qu'il le désire, notre adversaire se réjouira en présence du juge miséricordieux; il se montrera supérieur à nous, en plaidant cette cause devant un juge d'ailleurs si bien disposé; en effet, le démon pourra alors lui dire : Juge très-juste, adjugez-moi cet homme qui m'appartient par ses crimes, n'ayant pas voulu être à vous par votre grâce. Il était vôtre par la nature, il est devenu mien par faiblesse; par votre passion il devait vous appartenir, par mes insinuations il est devenu mon partage; il vous a désobéi, il a, au contraire, suivi mes ordres; il avait reçu de vous un vêtement d'immortalité, je l'ai, moi, recouvert de ces haillons; il a perdu votre robe, et il se présente ici couvert de mes livrées. Que devait-il avoir de commun avec l'impureté, l'intempérance, l'avarice, la colère, l'orgueil, et mes autres enfants. Il vous a repoussé, il s'est jeté dans mes bras; je vois tous mes enfants qui l'accompagnent. Pourquoi agissait-il ainsi? pourquoi s'est-il livré à l'orgueil, à la colère? Il a amassé sur lui un trésor de colère pour le jour de la colère. Prononcez donc votre jugement, ô juste Juge, poursuivra-t-il, car la justice et l'équité vous environnent. Jugez qu'il doit m'appartenir, et qu'il doit être damné avec moi; je reconnais toutes les œuvres qu'il apporte ici, elles m'appartiennent; il a voulu être à moi, il a recherché ce qui est à moi; il doit

---

ligni. » Adsit Dominus noster Jesus Christus pius et misericors, qui aliquam misericordiam huic et pupillo et pauperi exhibeat, quia callidum atque ferocissimum adversarium patitur, et jamjam pupillus in causa sua deficit : quapropter suus adversarius pravis artibus decipere eum festinat. Adsis Domine Jesu Christe huic pupillo idoneus defensor, sta in causa illius, qui jussisti recta judicare filiis hominum. Eleva brachium tuum, et contere brachium peccatoris et maligni. Optime nosti hujus pauperis et pupilli, generis scilicet humani causam, quæ ex paterno chirographo debetur. Inventus est reus, et obstrictus ab adversario detinetur : non est aliud quemadmodum nobis subveniatur, nisi ex tuo consilio et pernecessario adjutorio. Judica causam nostram : defende, quia potens es.

CAPUT LXII. — O mi frater carissime, quam felix anima, quæ tam potentem habet defensorem! Ideo nunc quæso vigilet unusquisque nostrum, ne apud eum diabolus in die judicii suos pannos agnoscat, et incipiat reus semper detineri, quem Christus sua gratia voluit liberari. Nec sibi male blandiantur, qui post acceptam gratiam corrigi nolunt, atque rursus ad illas suas pristinas redeunt voluntates. Exspectatur enim dies judicii, aderit ille æquissimus judex, qui nullius potentis personam accipiet, cujus palatium auro argentoque nullus Episcopus, nec Abbas, nec Comes corrumpere poterit. Adstabunt omnes animæ, ut referat unaquæque secundum illud quod in corpore gessit, sive bonum sive malum. (II Cor., v, 10.) Præsto enim erit adversarius diabolus, et recitabuntur verba professionis nostræ, et objiciet nobis in faciem quidquid fecimus, et in qua die peccavimus, et in quo loco, et quid boni operis tunc temporis facere deberemus. Et si tales inventi fuerimus, exultabit ille adversarius in conspectu piissimi judicis, superiorem se esse nobis declamans, agens talem causam, apud talem judicem : habet enim dicere tunc ipse diabolus : Æquissime judex, judica istum meum esse ob culpam, qui tuus esse noluit per gratiam : tuus est per naturam, meus est per miseriam; tuus est ob passionem, meus ob suasionem; tibi inobediens, mihi obediens ; a te accepit immortalitatis stolam, a me hanc pannosam, qua indutus est, tunicam; tuam vestem amisit, cum mea veste huc advenit. Quid apud cum impudicitia faciebat, quid intemperantia, quid avaritia, quid ira, quid superbia, quid cætera mea membra? Dimisit te, confugium fecit ad me : meas sorores video comitari cum illo. Quid enim idcirco (a) faciebat? quid cum superbia disputabat? quid cum ira furiebat? Thesaurizavit sibi iram in die iræ. Æquissime judex judica, inquit, quia justitia et judicium præparatio sedis tuæ. Judica illum meum esse, et mecum damnandum esse. Hæc omnia quæ huc attulit, mea esse cognosco. Meus esse voluit, et mea

(a) Editi add. *omnia*, tum habent *quia loco quid*.

LE LIVRE DES ENSEIGNEMENTS SALUTAIRES.

être puni avec moi, puisque lui que vous aviez si chèrement racheté, a voulu ensuite librement se donner à moi-même. Hélas! cher frère, hélas! pourra-t-il ouvrir la bouche celui qui alors sera trouvé en tel état, qu'il sera avec justice jugé digne d'habiter avec Satan.

Chapitre LXIII. — Considérons ce que nous avons à faire, voyons comment ce Sauveur veut nous délivrer; prenons garde de recevoir en vain la grâce de Dieu; renonçons avec un cœur pur et une foi parfaite à l'héritage de Satan; méprisons-le pour ne pas toujours demeurer orphelins et misérables. Redisons en nous-mêmes ces paroles terribles de l'Apôtre, qui doivent glacer d'un salutaire effroi et nos corps et nos cœurs. « Si, dit-il, nous péchons volontairement après avoir reçu la connaissance de la vérité, il n'y a plus de victime pour les péchés; mais il ne reste qu'une attente effroyable du jugement et l'ardeur du feu qui doit dévorer les ennemis de Dieu. Celui qui a violé la loi de Moïse est condamné à mort sans miséricorde, sur la déposition de deux ou trois témoins; combien plus devez-vous croire que celui-là sera jugé digne d'un plus grand supplice, qui aura foulé aux pieds le Fils de Dieu, qui aura tenu pour une chose vile et profane le sang de l'alliance par lequel il avait été sanctifié? Nous savons quel est celui qui a dit : La vengeance m'est réservée, et je saurai bien la faire. Et ailleurs : Le Seigneur jugera son peuple, car c'est une chose terrible que de tomber entre les mains du Dieu vivant. » (*Hébr.*, x, 26.) Et peu après : Ne perdez donc pas la confiance que vous avez et qui doit être récompensée d'un grand prix. Car la patience vous est nécessaire, afin que, faisant la volonté de Dieu, vous puissiez obtenir les biens qui vous sont promis. Encore un peu de temps, et Celui qui doit venir viendra, il ne tardera point à rendre à chacun selon ses œuvres. » (*Ibid.*, 35.) Ces paroles ne sont point de moi, mais de celui qui a dit : « Est-ce que vous voulez éprouver la puissance de Jésus-Christ qui parle en moi. » (II *Cor.*, xiii, 3.) Considérons avec l'œil de notre cœur, écoutons avec l'oreille de notre âme, afin de bien comprendre ces redoutables enseignements de l'Apôtre. Purifions l'œil de notre cœur, ou plutôt que cette lumière, que nous désirons voir, purifie elle-même notre cœur, et qu'avec son aide, il soit débarrassé des ténèbres du péché. « Heureux ceux qui ont le cœur pur, car ils verront Dieu. » (*Matth.*, v, 8.) Que notre travail ici-bas ne soit point inutile et pour notre perte, mais qu'il soit utile pour notre salut. Marchons pendant que nous avons la lumière, afin que les ténèbres ne viennent point nous surprendre. L'Apôtre nous exhorte de nouveau avec beaucoup d'instance, quand il dit : « Relevez vos mains qui sont languissantes, et fortifiez vos genoux qui sont affaiblis; conduisez vos pas par des voies droites, afin que, s'il y en a quelqu'un qui soit chancelant, il ne s'égare pas du chemin, mais plutôt qu'il se redresse. Tâchez d'avoir la paix avec tout le monde, et de vivre dans la sainteté sans laquelle nul ne verra Dieu, en prenant garde que quelqu'un ne manque à la grâce de Dieu, que quelque racine amère, poussant en haut ses rejetons, n'empêche la bonne semence et ne souille l'âme de plusieurs. » (*Hebr.*, xii, 12.) Et peu après : « Prenez garde de ne pas mépriser Celui qui vous parle; car si ceux qui ont méprisé Celui qui leur parlait sur la terre n'ont pu échapper à la punition, nous pourrons

---

concupivit : mecum puniri debet, quoniam quem tu dignatus es tanto pretio liberare, ipse se mihi voluit postmodum libenter obligare. Heu heu, frater carissime, poteritne aperire os, qui talis ibi invenietur, ut juste iræ cum diabolo deputetur?

Caput LXIII. — Videamus quid agamus, ab illo videamus quomodo liberemur; videamus et caveamus, in vacuum gratiam Dei suscepissemus : sed integro corde, perfectaque fide renuntiemus, atque sperneamus tam damnosam diabolicam hæreditatem, ne pupilli et pauperes remaneamus. Recitetur in medio nostrum sententia beati Apostoli terribilis terribiliterque dicentis : quæ corda simul et corpora nostra contremiscere faciat : ait enim : « Voluntarie peccantibus nobis post acceptam notitiam veritatis, jam non relinquitur pro peccatis hostia; terribilis autem quædam exspectatio judicii, et ignis æmulatio, quæ consumptura est adversarios. Irritam quis faciens legem Moysi, sine ulla miseratione duobus vel tribus testibus moritur : quanto magis putatis deteriora mereri supplicia, qui Filium Dei conculcaverit, et sanguinem Testamenti pollutum duxerit, in quo sanctificati estis, et spiritui gratiæ contumeliam fecerit? Scimus enim qui dixit : Mihi vindictam ego reddam. Et iterum : Quia judicabit Dominus populum suum. Horrendum est enim incidere in manus Dei viventis. » (*Hebr.*, x, 26, etc.) Et paulo post : « Nolite itaque amittere confidentiam vestram, quæ magnam habet remunerationem. Patientia enim vobis necessaria est, ut voluntatem Dei facientes, reportetis promissionem. Adhuc enim aliquantulum, qui venturus est veniet, et non tardabit reddere unicuique. secundum opus suum. » (*Ibid.*, 35, etc.) Hæc enim verba non ex me, sed ex ipso qui dixit : « An experimentum ejus quæritis, qui in me loquitur Christus, » (II *Cor.*, xiii, 3) profluxerunt. Extendamus aciem oculi cordis, et videamus : et aurem cordis accommodemus ad terribilem Apostoli sententiam perspiciendam et investigandam. Mundemus oculum cordis, imo ipsa lux, quam desideramus videre, mundet cor nostrum, et sit a peccatorum tenebris ipso miserante mundatum : « Beati enim, ait, mundo corde, quoniam ipsi Deum videbunt. » (*Matth.*, v, 8.) Non sit nobis hic labor inutilis ad perniciem, sed utilis ad salutem. Curramus dum lucem habemus, ne tenebræ nos comprehendant. (*Ioan.*, xii, 35.) Et iterum Apostolus hortatur nos intenuissime dicens : « Remissas manus et soluta genua erigite, et gressus rectos facite pedibus vestris; ut non claudicans quis erret, magis autem sanetur. Pacem sequimini cum omnibus, et sanctimoniam, sine qua nemo videbit Deum : contemplantes ne quis desit gratiæ Dei, ne qua radix amaritudinis sursum germinans impediat, et per illam inquinentur multi. » (*Hebr.*, xii, 12, etc.) Et paulo post : « Videte ne recusetis loquentem; si enim illi qui increduli fuerunt

bien moins l'éviter, si nous rejetons Celui qui nous parle du ciel ; lui dont la voix alors ébranla la terre, et qui maintenant déclare ce qu'il doit faire, en disant : J'agirai encore une fois, et j'ébranlerai non-seulement la terre, mais le ciel. Or, en disant : encore une fois, il déclare qu'il fera cesser les choses muables, comme étant faites pour un temps, afin que celles qui sont stables demeurent pour toujours. C'est pourquoi, commençant déjà à posséder ce royaume qui n'est sujet à aucun changement, conservons la grâce par laquelle nous puissions rendre à Dieu un culte qui lui soit agréable, étant accompagné de respect et d'une sainte frayeur, car notre Dieu est un feu dévorant qui consumera ses ennemis. » (*Ibid.*, 25.) Approchons-nous de lui, avant qu'il ne nous dévore, le suppliant d'enflammer notre cœur et nos reins. Il est écrit encore : « Vous nous avez éprouvés, Seigneur, vous nous avez éprouvés par le feu comme on éprouve l'argent. » (*Ps.* LXV, 10.) Il est évident que si, ici-bas, nous ne sommes pas consumés par le feu de son amour, nous serons ailleurs dévorés par lui-même comme étant ses ennemis. L'Apôtre dit ailleurs : « Que personne ne se fasse illusion et ne se séduise lui-même par de vaines paroles, car chaque homme moissonnera ce qu'il aura semé. » (*Éphés.*, v, 6.) Que notre bouche soit d'accord avec notre cœur, pour ne pas être des Judas et des Hérodiens, trahissant d'un côté, et confessant de l'autre, paraissant de telle façon par notre dissimulation, et étant de telle autre dans la réalité. C'est pourquoi nos cœurs étant débarrassés de tous les troubles d'une conscience mauvaise, embrassons avec sincérité la plénitude de la foi. Attachons-nous fermement à la confession de notre espérance, n'abandonnons point la voie des bonnes œuvres que nous avons commencé de suivre, ainsi que cela arrive à quelques-uns ; mais consolons-nous, et cela d'autant plus que nous verrons le jour du jugement s'approcher davantage.

Chapitre LXIV. — Domptons l'orgueil de notre chair, car c'est elle qui perd l'âme et produit tout orgueil, et, comme le dit l'Apôtre, « celui qui sème dans la chair, de la chair moissonnera la corruption. » (*Gal.*, vi, 8.) La chair, c'est le champ du démon, il y répand ses semences, c'est-à-dire l'homicide, la fornication, la concupiscence, la débauche, la colère, les disputes, l'ivrognerie, l'orgueil, le larcin, et toute sorte de suggestions mauvaises, selon la remarque de l'Apôtre : « Nous n'avons pas à lutter contre la chair et le sang, mais contre les esprits qui dominent cette chair, esprits de malice répandus dans l'air. » (*Éphés.*, vi, 12.) Il parle ici du diable qui est un esprit mauvais, et qu'on ne voit point. Cet esprit mauvais a été chassé du ciel avec ses anges, au sujet desquels il est écrit dans l'Apocalypse : « Voici qu'il a été précipité, cet accusateur de nos frères, qui les accusait le jour et la nuit ; ils l'ont vaincu par le sang de l'Agneau. » (*Apoc.*, xii, 10.) C'est encore à son sujet que l'Apôtre écrit : « Il m'a été donné l'aiguillon de ma chair, ange de Satan qui me soufflette ; trois fois j'ai demandé au Seigneur d'en être délivré, il m'a été répondu : Ma grâce te suffit, car la vertu se fortifie dans la faiblesse. » (II *Cor.*, xii, 7.) Ailleurs, exprimant la même pensée, il dit : « Je

---

verbo Dei, non effugerunt, recusantes eam qui super terram loquebatur : multo magis nos qui de cœlis loquentem nobis (*a*) avertimur, cujus vox movit terram tunc; modo autem repromittit dicens : Adhuc semel, et ego movebo non solum terram, sed et cœlum. Quod autem : Adhuc semel, dicit, declarat mobilium translationem tanquam factorum, ut maneant ea quæ sunt immobilia. Itaque regnum immobile suscipientes, habemus gratiam, per quam serviamus, placentes Deo cum metu et reverentia : etenim Deus noster ignis consumens est, qui consumpturus est adversarios. » (*Ibid.*, 25, etc.) Accedamus ad eum antequam consumamur ab illo : postulantes ab eo urere cor nostrum, et renes nostros. Et iterum : « Quoniam probasti nos Deus, igne nos examinasti, sicut examinatur argentum. » (*Psal.* LXV, 10.) Apertissime enim patet, quia si hic ab illo non urimur, illic velut adversarii consumemur. Ait enim Apostolus : Nemo se circumveniat, nemo se seducat inanibus verbis (*Ephes.*, v, 6), quia quæcumque seminaverit homo, hæc et metet. (*Gal.*, vi, 8.) Non aliud lingua loquamur, et aliud corde : ne simus Judas et Herodiani : alii (*b*) in proditione, alii in confessione, alii in dissimulatione, sed alii in veritatis humilitate. Ideo cum vero corde in plenitudinem fidei properemus, aspersi corda a conscientia mala. Teneamus spei nostræ confessionem indeclinabilem, et bonorum operum inchoationem non deseramus, sicut est consuetudinis quibusdam : sed consolantes, et tanto magis, quanto viderimus appropinquantem diem judicii.

Caput LXIV. — Teramus carnis nostræ superbiam, quia caro est quæ animam perdit, et totam superbiam affert : « Et qui in carne seminat, sicut Apostolus ait, de carne et metet corruptionem. » (*Gal.*, vi, 8.) Caro est quæ recipit diabolum : diabolus enim seminat in carne nostra semina sua, id est, homicidium, fornicationem, concupiscentiam, libidinem, iram, rixam, ebrietatem, superbiam, furtum, et omnem suggestionem malam, dicente Apostolo : « Non est nobis colluctatio adversus carnem et sanguinem, sed adversus spiritus carnis hujus, adversus spiritalia in cœlestibus. » (*Ephes.*, vi, 12.) De diabolo dicit, qui spiritus malus est, et non videtur. Et ipse spiritus nequissimus projectus est de cœlo cum angelis suis, de quibus dicitur in Apocalypsi : « Ecce projectus est accusator fratrum nostrorum, qui accusabat illos die ac nocte, et ipsi vicerunt eum propter sanguinem Agni. » (*Apoc.*, xii, 10.) De quo Apostolus dicit : « Datus est mihi stimulus carnis meæ, angelus satanæ, qui me colaphizet. Propter quod ter Dominum rogavi, ut discederet a me : et dixit mihi : Sufficit tibi gratia mea : nam virtus in infirmitate perficitur. » (II *Cor.*, xii, 7, etc.) Item ipse repetens dicit : « Video aliam legem in membris meis, repugnantem legi mentis meæ,

---

(*a*) Ita Mss. Vulg. autem *avertimur*. Græc. ἀποστρεφόμενοι. At editi *advertimus*. — (*b*) Sic Mss. Colb. Alii, *in perditione, in confusione*. At editi, *in perditionem, in confusionem, in dissimulationem*.

LE LIVRE DES ENSEIGNEMENTS SALUTAIRES.

sens dans les membres de mon corps une autre loi qui combat contre la loi de mon esprit, et me rend captif sous la loi du péché qui est dans les membres de mon corps. » (*Rom.*, vii, 23.) Et plus loin : « Je suis moi-même soumis à la loi de Dieu selon l'esprit, et à la loi du péché selon la chair. » (*Ibid.*, 25.) Et encore : « Il n'y a donc point maintenant de condamnation pour ceux qui sont en Jésus-Christ, et qui ne marchent point selon la chair. » (*Ibid.*, viii, 1.) La chair reçoit le démon, il la possède, mais il ne peut rien sur l'âme; c'est pour cela que l'Apôtre dit : « Il m'a été donné l'aiguillon de ma chair, » non pas de mon âme, mais « de ma chair, ange de Satan. » Enfin Job, a été tenté dans sa chair, selon qu'il est écrit : « Et le pouvoir lui fut donné par le Seigneur sur ses richesses et sur sa chair. » (*Job*, i, 12.) Et plus loin : « Je le livrerai en ton pouvoir, à l'exception de son âme. » (*Ibid.*, ii, 6.) « La chair, dit encore l'apôtre saint Paul, s'élève contre l'esprit, et l'esprit contre la chair; ils sont opposés l'un à l'autre, afin que vous ne fassiez pas tout ce que vous désirez. » (*Gal.*, v, 17.) La chair est comme une misérable brute qui alourdit l'âme, selon la réflexion de l'Apôtre qui dit : « Ceux qui vivent selon la chair ne peuvent être agréables à Dieu. » (*Rom.*, viii, 9.) Enfin, la vérité même, Notre-Seigneur Jésus-Christ, ne disait-il pas en parlant de lui-même : « L'esprit est prompt, mais la chair est faible? » (*Matth.*, xxvi, 41.) Notre chair, en effet, est toujours puissante pour le mal; mais s'agit-il du jeûne, des veilles, des prières, et des bonnes œuvres, elle fait semblant d'être faible. C'est notre chair qui nous plonge dans l'abîme, c'est pourquoi l'Apôtre nous dit : « Faites mourir les membres de l'homme terrestre qui est en vous, c'est-à-dire : la fornication, l'impureté, la colère, les disputes, » (*Col.*, iii, 5) et ce qui suit. Et ailleurs : « Ne prenez pas un tel soin de votre chair, que vous teniez à satisfaire ses désirs. » (*Rom.*, xiii, 14.) En conséquence, mortifions notre chair par l'abstinence, le jeûne, les veilles, les prières, pour qu'elle n'amène point en nous le démon et ses concupiscences mauvaises. La chair nous a été donnée comme un sujet d'exercice et de guerre pour notre âme; si nous avons soin de la mortifier, elle nous procure la vie, si nous la favorisons, elle se prépare à livrer la guerre à l'âme. Je loue celui qui peut dominer sa chair; celui qui a des égards pour la faiblesse de sa chair, néglige le salut de son âme. O âme misérable, que la chair engourdit, que dis-tu de ces paroles de Salomon : « La chair qui est corrompue rend l'âme pesante? » (*Sag.*, ix, 15.) Ne dit-il pas aussi : « La bouche qui ment tue l'âme? » (*Ibid.*, i, 11.) Malheur à cette âme que la chair domine! Notre chair combat chaque jour contre notre âme, nous devons aussi chaque jour combattre contre notre chair, selon le conseil de l'Apôtre qui nous dit : « Si vous vivez selon la chair, vous mourrez; si, au contraire, vous domptez par l'esprit les œuvres de la chair, vous vivrez. » (*Rom.*, viii, 13.) La chair désire tout ce qui est mal, elle nous le fait connaître; c'est elle qui nous engage à mal faire, elle provoque la colère, l'homicide, l'adultère, les disputes; elle insinue l'ivrognerie; en un mot, elle porte à toutes sortes de concupiscences mauvaises, elle convoite tout ce qui est mal. O chair, bête cruelle, que veux-tu? Pourquoi molester l'âme qui, sans toi, n'eût attaché ses désirs qu'à Dieu? Quant à toi, chair misérable, tu ne fais pas périr que toi

---

et captivantem me in lege peccati, quæ est in membris meis. » (*Rom.*, vii, 23.) Iterum ipse : « Ego enim mente servio legi Dei, carne autem legi peccati. » (*Ibid.*, 25.) Et iterum : « Nihil nunc damnationis est his qui sunt in Christo. » (*Rom.*, viii, 1.) Caro est quæ recipit diabolum, et carnem habet diabolus in potestate, non animam : ideo dicit Apostolus : « Datus est mihi stimulus carnis meæ : » non dicit animæ meæ, sed « carnis meæ, angelus satanæ. » Denique Job in carne tentatus est a diabolo, dicente Domino : « Et data est ei potestas a Domino in facultate et in carne ejus. » (*Job*, i, 12.) Et iterum : « Dabo tibi illum in potestatem, præter animam illius. » (*Job*, ii, 6.) « Caro enim concupiscit adversus spiritum, spiritus autem adversus carnem. Hæc autem sibi invicem adversantur, ut non quæcumque vultis, ea faciatis. » (*Gal.*, v, 17.) Caro est misera bestia, quæ gravat animam, dicente Apostolo : « Qui in carne sunt, placere Deo non possunt. » (*Rom.*, viii, 9.) Iterum ipsa Veritas Dominus noster Jesus Christus de se ipso dicit : « Spiritus quidem promptus est, caro autem infirma. » (*Matth.*, xxvi, 41.) Caro enim nostra in malitia semper vult potens esse, in abstinentia autem, id est, in jejunio et in vigiliis et orationibus ac bonis operibus infirmam se esse fingit. Caro nostra est, quæ nos demergit in foveam, dicente Apostolo : « Mortificate membra vestra quæ sunt super terram, id est, fornicationem, immunditiam, iram, rixam, » (*Col.*, iii, 5) et cætera quæ sequuntur. Et iterum : « Curam carnis ne feceritis in concupiscentiis vestris. » (*Rom.*, xiii, 14.) Itaque mortificemus carnem nostram per abstinentiam, et jejunium, et vigilias, et orationes; ne nobis adducat diabolum cum concupiscentiis malis. Caro enim data est nobis, quasi animæ bellum : quæ si mortificetur, adducit vitam; si nutriatur, præparat se contra animam ad bellum. Laudo autem illum qui carnis suæ potest habere potestatem. Dum infirmitatem carnis nostræ timemus, salutem animæ nostræ negligimus. O anima misera quid dicis, quam caro sic fortiter gravat? dicente Salomone : « Caro quæ corrumpitur, aggravat animam. » (*Sap.*, ix, 15.) Et iterum repetit : « Os quod mentitur, occidit animam. » (*Sap.*, i, 11.) Væ væ miseræ animæ, quam caro persequitur. Caro nostra quotidie contra animam pugnat : et nos contra carnem pugnare quotidie debemus, sicut Apostolus præcipit : « Si secundum carnem vixeritis, moriemini : si autem spiritu facta carnis mortificaveritis, vivetis. » (*Rom.*, viii, 13.) Omnem suggestionem malam caro concupiscit et demonstrat, caro concupiscit omne malum, caro hortatur maleficia, caro provocat iram, caro provocat homicidium, caro provocat adulterium et rixam, caro inserit ebrietatem, caro portat omnem concupiscentiam malam hujus sæculi, et omnia mala caro desiderat. O caro bestia crudelis, quid habes, quid gravas

seule, mais tu causes encore la perte de l'âme. Oui, ta mort ne te suffit pas, il faut encore que tu jettes l'âme en enfer. Malheur à toi, pauvre âme, qui est accolée à cette ennemie, qui, non-seulement n'entrera point elle-même dans le royaume des cieux, mais qui de plus, ne te permettra point d'y entrer! O chair mauvaise, que veux-tu? que désires-tu? Tu ne veux point supporter le travail? Inquiète et agitée, tu ne saurais te reposer? Tu étouffes l'âme, afin que, les rôles étant changés, tu deviennes sa maîtresse, et qu'elle soit ton esclave. Pourquoi, je te le demande, pourquoi tourmenter l'âme qui ne doit point t'être à charge; toi-même, tu n'éviteras point la peine, si elle est condamnée à l'enfer, car elle ne pourra être jugée sans toi, au grand jour du jugement. Pourquoi ne pas te soumettre à l'esprit, à notre âme, comme l'Evangile t'y exhorte, quand il dit : « Accorde-toi avec ton adversaire, pendant que tu es avec lui sur la route, » c'est-à-dire sur cette terre; « de peur qu'il ne te livre au juge, » c'est-à-dire à Jésus-Christ; « que le juge ne te livre à ses exécuteurs, » c'est-à-dire aux anges mauvais; « et que les exécuteurs ne te jettent dans la prison, » c'est-à-dire en enfer; « tu ne sortiras point de là que tu n'aies payé jusqu'au dernier denier, » (*Matth.*, v, 25) c'est-à-dire expié jusqu'au moindre péché.

CHAPITRE LXV. — Qui es-tu, et que produis-tu en nous, sinon la perte de notre âme? Celui qui te nourrit, te nourrit pour faire le mal; car l'âme ne pèche que par la chair, d'où il est écrit : « Tout âme qui aura péché, mourra elle-même. » (*Ezéch.*, XVIII, 4.) Peut-être direz-vous, comment l'âme peut-elle pécher, puisqu'on ne la voit point? Que peut-elle craindre, puisqu'elle ne saurait être retenue? La chair pèche parce qu'elle appesantit l'âme, et l'âme vaincue par la chair, donne à cette dernière son consentement pour le péché. La chair est portée à la débauche, opiniâtre pour la colère, ardente pour la luxure, sans honte pour la fornication, chaque jour ajoutant le crime au crime, les péchés aux péchés, elle ne cesse de joindre les actions mauvaises à des actions pires encore; cruelle, vaine, insensée, encline au mal, tardive et paresseuse pour le bien, active pour ce qui doit donner la mort, se prêtant difficilement à ce qui peut procurer la vie; elle hait les œuvres de lumière, et chérit les œuvres de ténèbres; elle aime à tomber, néglige de se relever; le salut lui répugne, elle aime la perdition; allant toujours de mal en pis, tombant de fautes graves dans de plus graves encore, inquiète, impatiente, enveloppant l'âme des flammes de l'enfer, échauffant en soi-même des germes de cupidité, d'avarice, de vanité, d'arrogance, de colère, d'impatience, et de tous les autres défauts, évaporée et déhontée, elle aime à s'abaisser, s'éloignant des choses célestes, et se réjouissant de croupir dans les voluptés de cette basse terre. Elle abandonne la vérité, et saisit avec ardeur l'occasion de se repaître de vanité et de mensonge. Que dirai-je? Comme on voit la teigne dévorer la laine, le feu consumer le bois, le foin, la paille qu'on lui présente; ainsi la chair rebelle et délicate consume et dévore l'âme. Que répondras-tu à tout cela, ô âme, oui, que pourras-tu répondre? Je dirai, répond-elle, je dirai à mon Rédempteur, avant d'être

---

animam, quæ nihil desiderasset nisi Deo servire, si tibi inimicæ non se junxisset? Tu autem, caro misera, non solum te ipsam occidis, sed et animam occidis. Non sufficit tibi perditio tua, sed adhuc animam vis in infernum demergi. Væ tibi anima, quæ carnem accepisti contrariam, quæ nec ipsa intrat, nec te permittit introire in regnum cœlorum. O caro mala, quid quæris, quid desideras? Non vis laborem sustinere, non vis inquieta conquiescere? Suffocas animam, ut versa vice tu sis domina, et illa ancilla. Rogo quare gravas animam, quæ molesta non est tibi? Nec tu effugies pœnam, dum ipsa patitur gehennam : nec enim sine te poterit judicari in die judicii. Quare non consentis spiritui et animæ nostræ, sicut Evangelium te hortatur, dicens : « Esto consentiens adversario tuo dum es cum ipso in via, » hoc est, in hoc sæculo; « ne forte tradat te judici, » hoc est, Christo; « judex tradat te ministris, » (*Matth.*, v, 25) hoc est, angelis malis; « et ministri mittant te in carcerem, » hoc est, in gehennam : « non exies inde, donec reddas novissimum quadrantem, » (*Ibid.*, 26) id est, minimum peccatum.

CAPUT LXV. — (*a*) Quid es tu, et quid nobis præstas, nisi detrimentum animæ nostræ? Qui te nutrit, ad malum faciendum te nutrit : quia non peccat anima, nisi per carnem, sicut scriptum est : « Anima quæ peccaverit, ipsa morietur. » (*Ezech.*, XVIII, 4.) Verbi gratia dicis : Anima quomodo potest peccare, cum non videatur? quid potest (*b*) timere, cum ipsa non teneatur? Ipsa caro peccat, quæ animam gravat : et anima a carne superata consentit carni in peccatis. Caro enim præceps est ad libidinem, improba ad petulantiam, frequens ad luxuriam, inverecunda ad fornicationem, crimen quotidie crimini superponens, peccatum peccatis; non cessat pessimis deteriora conjungere : voluntate crudelis, vana et insipiens, semper ad malum prona, ad bonum excusabilis et pigerrima, velox ad mortem, ad vitam difficilis; cui exosa sunt opera lucis, et tenebrarum amantissima; quia cadere diligit, surgere negligit, amara est illi salus, et dulcis perditio : de malo semper corruens in deterius, et de pejoribus in pessimiora defluens; inquieta et impatiens, flammis gehennæ animam circumdans, injiciens (*c*) se inter germina cupiditatis et avaritiæ, vanitatis et arrogantiæ, iræ et inpatientiæ, cæterarumque nequitiarum, (*d*) superflua, inhonesta se deprimit, abstrahens se a cœlestibus, et delectans in terrenis. Relinquit veritatem, festinat haurire vanitatem et verba mendacii. Et quid plura? Sicut tinea lanam devorat, et sicut ignis ligna, fœnum et stipulam consumit : ita caro rebellis et delicata animam consumit et concremat. Quid tu ad hæc anima, quid tu ad hæc respondes? Dicam, inquit, Redemptori meo, ante quam carne exuar, quid ad hæc respondeam, et ad quod

---

(*a*) Mss. *quis*. — (*b*) Ita Mss. potiores. At duo cum edit. *tenere*. — (*c*) Mss. *inter se*. — (*d*) Ita Mss. I. leg. *super flua et inhonesta*, vel ut in Ms. Theod. a secunda manu, *ad superflua et*.

dépouillée de cette chair, ce que je dois répondre, et à quel bien j'aurais voulu porter le corps avec lequel je suis unie.

Seigneur, je vous en supplie, qu'en moi ne brûle point l'ardeur de la luxure, mais l'amour de la belle chasteté ; que je sois sourde pour le mal, et active pour écouter votre parole, plus active encore pour l'exécuter ; que je sois pénétrée de votre crainte parfaite dans votre amour, constante dans la foi, ferme dans l'espérance. Que je brûle de l'amour du prochain ; loin de moi les feux de la haine et de la jalousie. Inspirez-moi toujours des pensées qui tendent au bien, et donnez-moi la force de les exécuter. Engagez-moi à vous aimer, fortifiez-moi pour m'attacher à vous, conservez-moi pour que je ne vous abandonne point. Que jamais dans mon intérieur, qui doit être votre demeure, ne repose le pied de l'orgueil ; qu'on n'y trouve ni la gourmandise, ni la fornication, ni l'avarice, ni l'envie, ni la colère, ni l'abattement, ni la vaine gloire. Mais je vous conjure de m'accorder une profonde humilité, vous qui avez dit : « Sur qui me reposerai-je, sinon sur celui qui est humble et paisible ? » (*Isa.*, LXVI, 2) et le reste. Donnez-moi une profonde humilité qui brise la hauteur de la chair, l'orgueil qui me tourmente. Donnez-moi une sage abstinence qui sache mettre un frein aux appétits grossiers du ventre, qui sont pour moi une cause de chute ; donnez-moi la chasteté du cœur qui me rendra pure, accordez-moi la chasteté d'esprit, car les impures convoitises de la chair me torturent. Donnez-moi la volonté de faire des aumônes abondantes qui triompheront de l'avarice ; donnez-moi l'amour du prochain qui étouffera les inspirations de la jalousie ; accordez-moi la patience qui détruira en moi cette bête cruelle qui se nomme la colère. Accordez-moi l'espérance de la vie éternelle, qui bannira de mon sein l'amertume de l'abattement. Faites que dans mes bonnes œuvres, je ne me glorifie qu'en vous, afin d'éloigner de moi l'orgueil et les prétentions de la vaine gloire. Accordez-moi d'observer en toutes choses la justice, la magnanimité, la tempérance. Faites que j'aie une simplicité prudente pour suivre sincèrement la bonne voie, et éviter sagement le mal ; et aussi afin que je puisse déjouer les ruses trompeuses du démon pour qu'il ne me trompe pas sous l'apparence du bien, et que je puisse prudemment discerner et prévoir quel bien je dois faire et quel mal je dois fuir. Après toutes ces grâces, accordez-moi encore d'être bonne, bienveillante, pacifique, douce, modeste, sans dissimulation, d'accord avec tous ceux qui sont bons, courageuse à me livrer aux jeûnes, aux veilles et à la prière. Donnez-moi aussi que, parlant peu et avec douceur, je sache garder le silence, que je dise ce qui convient, et sache taire ce qui ne convient pas, même les fruits que je pourrais retirer des vertus que vous daignerez m'accorder. Donnez-moi de conserver dans mon cœur une foi sans tâche, à l'abri de toute erreur ; que mes œuvres soient dignes de ma foi, que je ne souille point par des œuvres mauvaises une foi qui est droite, et que, vivant mal, je ne vienne pas à renier le Dieu que ma bouche et ma foi confesse, et que je n'abandonne point par la négligence de mes actions celui que j'embrasse courageusement par ma foi. Faites que, persévérante dans mon bon propos, je suive la justice, je chérisse la miséricorde, j'aime la vérité, je repousse le mensonge, évitant la fausseté et dans

---

bonum, corpus cum quo inhabito, incitare voluissem.

Non sit in me, obsecro, Domine, concupiscentia libidinis ; sed amare inhabitet pulcherrimæ castitatis. Sim ad malum audiendum tarda, ad verbum tuum festina, ad perficiendum (*a*) acceleraus. Sim in tuo timore sollicita, in amore perfecta, in fide constans, in spe nullatenus dubitans. Dilectione proximi ferveam, odii ardore non urar, nec invidiæ livore tabescam. Sanctum semper opus in me spira ut cogitem, compelle ut faciam. Suade me ut diligam te, confirma me ut teneam te, custodi me ne perdam te. Non ingrediatur nec requiescat in domicilio meo, ubi tua debet esse mansio, pes superbiæ nec gulæ concupiscentia, fornicatio nec avaritia, invidia nec ira, tristitia nec vana gloria. Sed profundam humilitatem posco a te, qui dixisti : « Super quem requiescam, nisi super humilem et quietum, » (*Isa.*, LXVI, 2) et cætera ? Da mihi profundam humilitatem, qua curvetur altitudo carnis, superbia quæ me suffocat. Da mensuratam abstinentiam, qua superflua ventris refrenetur edacitas, quæ me perimit. Da castitatem cordis, quæ me impollutam reddat : da munditiam spiritus, quia immunda carnis luxuria me demergit. Da velle largifluas ad erogandum eleemosynas, quo tenax avaritia respuatur. Da dilectionis amorem, quo zelus exstinguatur invidiæ. Concede tolerantiæ patientiam, per quam ira crudelis bestia superata deficiat. Tribue æterni gaudii spem, quo tristitiæ amaritudo demulceatur. Fac intrinsecus mentem de bono opere gloriari in te, ut vanæ gloriæ foras ex me non procedat jactantia. Dona etiam mihi in omnibus tenere justitiam, magnanimitatem, temperantiam. Et fac mecum simplicitatem esse prudentem : ut et beatam vitam sinceriter agam, et malum prudenter refugiam ; atque fraudulentam et deceptoriam astutiam diaboli intelligere valeam, ne me per speciem boni fallat ; (*b*) et discernere rationabiliter valeam, et prævidere quid boni agam, vel quid mali refugiam. Fac me post hæc mitem, benevolam pacificam, mansuetam, modestam, sine simulatione esse, omnibus bonis concordem, in vigiliis, in jejuniis, in orationibus constanter strenuam. Da etiam in mansuetudine moderationem sermonem, adipisci silentium ; ut loquar quod condecet, taceam quod loqui non oportet : vel quidquid ex virtutum fructibus conferre dignaberis. Da sine aliquo errore immaculatam tibi servare fidem, et juxta fidem (*c*) digna esse opera mea : ut fidem rectam opere pravo non polluam, et te, quem bene credendo confiteor, male vivendo non deneguem : et te quem strenua fide sequor actu, negligentia operibus non offendam. Fac me in sancto conversantem proposito, sequi justitiam, diligere misericordiam, amare veritatem,

---

(*a*) Mss. Colb. *alacra*. — (*b*) Hic add. editi, *et ne ab aliquo decipiar, nec aliquem decipiam*. — (*c*) Ms. Colb. *dignam*.

mes pensées et dans mes paroles. Faites que sans cesse je vous craigne, que je vous aime, que je vous chérisse, que je garde vos préceptes, que je cherche, sans dissimulation à ramener l'union entre ceux qui sont divisés, que j'aie pour tous une charité vraie. Accordez-moi de n'être pour aucun un sujet de scandale, de ne me préférer à personne, de me considérer comme le dernier de tous, de témoigner aux grands du respect, de l'honneur, non par crainte, mais à cause de vous qui êtes le Très-Haut; que je sois soumise aux vieillards, charitable pour mes égales, pleine de bienveillance pour les plus jeunes, aidant joyeusement à porter les charges, c'est-à-dire les épreuves du prochain. Donnez-moi de m'étudier à être utile à tous, sans être un obstacle pour personne; que j'apprenne à ne nuire à personne, à ne m'opposer à qui que ce soit; que je ne calomnie personne, que je ne juge personne, ni ne médise de personne; que je ne sois injurieuse envers personne, ne cherchant à comparer la vie ou à examiner la conduite de personne; que je m'occupe uniquement de moi-même. Accordez-moi de ne jamais rendre le mal pour le mal, d'oublier les injures qu'on pourrait me faire, sans chercher à m'en venger; mais d'opposer la bonté à la malice, de bénir celui qui me maudit, d'aimer mon ennemi comme un ami, de supporter les outrages et les insultes sans y répondre, d'oublier promptement les injures, de pardonner à quiconque m'aurait offensée, d'être toujours prête à lui accorder sa grâce. Donnez-moi de ne point convoiter les biens d'autrui, et de ne point les lui enlever, dans quelque occasion que ce soit, et de donner généreusement des miens à ceux qui sont dans le besoin. Qu'à cause de vous, ô Dieu qui m'avez rachetée, je retienne auprès de moi celui qui a faim pour le rassasier, que je donne à boire à celui qui a soif, que je vête ceux qui sont nus; que je visite les malades et les prisonniers, que je console ceux qui sont tristes, que je compatisse à ceux qui sont dans le chagrin ou dans les larmes; apprenez-moi à donner aux pauvres le nécessaire, à partager ma nourriture et mon vêtement avec l'indigent, à soulager le concitoyen, à aimer le pèlerin, à racheter le captif, à accueillir l'étranger, à défendre le pupille et l'orphelin, à aider la veuve, à secourir l'opprimé, à donner assistance à celui qui est affligé, à déjouer les trames de la méchanceté. Enfin, donnez-moi de croire et d'écouter avec ardeur tout ce que vos préceptes nous ordonnent, de chercher à m'en instruire, à l'exercer, à le pratiquer avec zèle, et de demeurer toujours humble en votre présence, afin que je m'élève au lieu de m'abaisser, que je sois exaltée au lieu d'être précipitée, que je monte au lieu de descendre; car la chair avec laquelle j'habite veut sans cesse me porter au péché; elle voudrait bien être couronnée avec moi, mais elle ne veut pas combattre avec moi. Je ne rencontre point d'ennemi plus terrible que le corps dans lequel j'habite. Il est dans ma maison comme un lion ravisseur, il m'épuise en me déchirant chaque jour de ses dangereuses morsures. Aussi, poussant de longs soupirs, je m'écrierai en gémissant : « Malheureux homme que je suis! qui me délivrera de ce corps de mort? La grâce de Dieu. » Mais par qui? « Par Notre-Seigneur Jésus-Christ. » (*Rom.*, VII, 24.) O Jésus, Sauveur plein de bonté! ce que je désire, ce sont les

---

refutare mendacium, falsum nihil meditari vel loqui ; te indesinenter timere, te amare, te diligere, tua præcepta servare, pacem cum omnibus sine dolo retinere, (*a*) discordes sine simulatione ad concordiam provocare, caritatem cunctis insimulatam offerre, nullum scandalizare, nulli me præferre, sed omnibus inferiorem judicare, reverentiam et honorem non propter timorem potentum, sed ob Altissimum exhibere ; senioribus obedientiam, et caritatem æqualibus offerre ; (*b*) gratiam opportuæ dilectionis junioribus ostendere, (*c*) fraterna onera sive pericula æquanimiter sustinere : (*d*) cunctis simul prodesse, non obesse ; nulli nocere, nulli adversari, nullum calumniari, nulli offendiculum ponere, nullum judicare, nulli detrahere, nulli injuriosam esse, nullius carpere vitam, nullius explorare semitam ; sed de me ipsa tantum esse sollicitam : malum pro malo nequaquam rependere, injuriarum mearum nec memorem esse ullatenus, nec vindicem ; sed in omni bonitate superare malitiam : maledicenti benedictionem parare, inimicum ut amicum diligere, convicia et contumelias irascentium sustinere, non rependere, injurias cito oblivisci, offensori meo ignoscere, ad veniam concedendam semper paratam esse : aliena non concupiscere, nec occasione qualibet auferre ; mea vero non habentibus misericorditer erogare : apud me propter te, qui redemisti me, retinere esurientem, et deinde reficere, sitientem potare, hospitem colligere, nudum operire, visitare languidum, requirere carceratum, consolari tristem, afflicto et lugenti compati, non habenti præbere necessaria, victum et vestitum dividere cum egeno : amplecti indigenam, fovere domesticum, amare peregrinum, redimere captivum, suscipere advenam, tueri pupillum et orphanum, suffragari viduæ, subvenire oppresso, præstare auxilium desolato, disrumpere colligationes impietatis : vel quæcumque præceptorum tuorum documenta declarant, diligenter credere et audire, ardenter investigare, prudenter scire, festinanter exercere, desideranter implere, et coram te humilem semper exsistere : ut surgam, non dejiciar ; erigar, non subruar ; ascendam, non descendam : quia caro, cum qua inhabito, semper ducere me vult ad peccatum ; mecum vult coronari, sed non mecum decertare. Nullum pessimiorem patior hostem, quam corpus in quo inhabito. Est enim quasi leo subversor in domo mea, undique me pestifero morsu dilacerando consumens. Ideo longa trahens suspiria clamitando dicam : « Infelix ego homo, quis me liberabit de corpore mortis hujus ? Gratia Dei. » Per quem ? « Per Jesum Christum Dominum nostrum. » (*Rom.*, VII, 24,

---

(*a*) Hic in editis *subditos non opprimere, me præ omnibus peccatorem inspicere.* — (*b*) Editi, add. *principibus et potestatibus Christianis in nullo resistere, sed in omnibus obtemperare.* — (*c*) Hic vero, *paternum affectum monstrare.* — (*d*) Tum etiam isthic. *Amicum velut animam meam diligere, proximum sicut memetipsum amare.*

grâces que je viens de demander dans cette prière; je vous supplie de me les accorder, parce que j'ai été rachetée par votre sang précieux; je les demande, afin qu'à cause de la corruption de la chair, je ne vienne point à périr pour l'éternité, à tomber dans la mort éternelle, dans la terre de l'oubli. Que ma voix monte aux oreilles de votre miséricorde, pour que je fasse votre volonté et non celle de la chair; que toute mon intelligence vous médite, se réjouisse de vous, vous suive, vous confesse. Ma rédemption, c'est l'œuvre de votre miséricorde, c'est par votre miséricorde que je renaquis à la vie, perdue que j'étais par les péchés de ma jeunesse, j'ai fait pénitence devant vous. Vous m'avez donné le temps de me convertir, et, considérant mes péchés, je les ai regrettés; inspirée par votre grâce, j'ai fait pénitence en votre présence. Heureuse de ces bienfaits, maintenant et toujours je vous en rendrai d'innombrables actions de grâces, car avant que je pusse vous trouver, vous m'avez cherchée; pour revenir à vous, vous m'avez poussée; pour que je fusse touchée, il a fallu que, comme un bon père, vous jetiez sur moi un regard miséricordieux; pour confesser mes fautes, j'ai eu besoin de votre grâce. Si j'ai versé des larmes en voyant mon état, c'est vous qui me les avez données. Seigneur, mettez mes pleurs en votre présence, et que ma prière monte jusque vers vous qui êtes au ciel. Soyez-moi propice, et secourez-moi; recevez dans vos mains une pauvre âme qui se recommande à vous, délivrez-moi de la gueule du cruel dragon, des mains de l'épouvantable enfer. Lorsque vous m'aurez reçue, vous m'arracherez aux ombres de la mort, vous me conduirez au séjour de la lumière dans cette splendide région des vivants. Placez-moi dans l'endroit le plus sûr de votre bergerie, car vous êtes le bon pasteur qui cherche et ramène au bercail la brebis perdue; qui la défend et la sauve lorsqu'elle est retrouvée, qui la soigne et la guérit lorsqu'elle est malade. Vous êtes le Seigneur miséricordieux qui ne confondez point ceux qui espèrent en vous, qui n'abandonnez pas ceux qui vous cherchent, qui ne repoussez point ceux qui reviennent à vous; mais vous les recevez avec joie, avec bonheur, et vous leur accordez de régner dans l'éternelle félicité avec vos saints et vos élus. Car à vous appartient, avec le Père et le Saint-Esprit, la divinité, la gloire, la vertu, l'empire, la puissance dans les siècles des siècles. Ainsi soit-il.

25.) Hæc velim, o Jesu salvator bone, redemptor optime, hæc velim quæ huc usque nunc supplicando deprecata sum : hæc et hæc deprecor, quia pretiosissimo sanguine tuo redempta sum : ut propter carnis corruptionem non peream in æternum, non veniam in mortem secundam, neque in terram oblivionis. Hæc vox mea in auribus misericordiæ tuæ sonet, ut tuam, non carnis faciam voluntatem, et omnis mens mea te meditetur, te delectetur, te sequatur, te confiteatur, quia redimendo me in æternum misericordia tua est, et in tua misericordia revixi perdita peccatis (*a*) adolescentiæ meæ, et egi pœnitentiam coram te : quia servasti mihi tempus conversionis, quæ considerans peccata mea compuncta sum, et te inspirante egi pœnitentiam coram te. Læta jam inde tibi nunc et semper innumeras gratias refero : quia ut invenirem te, tu prius quæsisti me; ut redirem ad te, tu compulisti; (*b*) ut verberarer, tu sicut pius pater respexisti; ut confiterer, tu es operatus; et ut me recognoscens plangerem, tu dedisti mihi. Pone Domine lacrymas meas in conspectu tuo, et perveniat ad te in cœlum deprecatio mea. (*Psal.* LXV, 9.) Adesto precor et subveni, atque in manibus tuis commendatam tibi me ipsam suscipe, liberans me de ore sævissimi draconis, et de manu atrocissimi inferni. Cum acceperis me, et auferes de medio umbræ mortis : imo deduces in semitam lucis, in clarissimam regionem viventium. Colloca me in caulis tutissimis gregum tuorum ; quia tu es pastor bonus, qui requiris et reducis perdita, tueris et salvas inventa, foves et sanas languentia. Et tu es misericors Dominus, qui sperantes in te non confundis, requirentes te non derelinquis, revertentes ad te non respuis; sed exsultando et laudando suscipis, atque in æterna beatitudine una cum sanctis et electis tuis æternaliter regnare concedis : quia est tibi cum æterno Patre et Spiritu sancto una deitas, gloria, virtus, imperium et potestas in sæcula sæculorum. Amen.

(*a*) Interponunt editi et Ms. Vict. *Et surrexi a mortuis, quoniam segregasti me a peccatis.* — (*b*) Ita Mss. At editi *vererer.*

AVERTISSEMENT SUR LE TRAITÉ SUIVANT

Le traité qui suit a aussi été publié parmi les œuvres de saint Cyprien, et celà d'après une fausse suscription donnée par quelques anciens manuscrits. C'est ce qui a trompé les anciens écrivains, qui le citent sous le nom de ce Père, tels que : Jonas d'Orléans (*de Institutione Regia*, caput III,

ADMONITIO IN SUBSEQUENTEM TRACTATUM

Inter Cypriani quoque opera vulgatus est iste Tractatus, auctoritate veterum aliquot librorum, quorum falsa inscriptione decepti sunt scriptores antiqui, qui eum nomine Cypriani citant, Jonas Aurelianensis in

au tom. V *du Spicilége*), Ives (lib. VIII), et Gratien (XXIII, quæst. v, can. *Rex*). Un petit nombre de manuscrits l'attribuent à saint Augustin ; parmi eux se trouve un exemplaire peu ancien de l'abbaye de Saint-Victor. Hincmar a publié un livre sur le même sujet ; mais son traité, qu'on n'a pas encore retrouvé, différait beaucoup du précédent comme on le voit par ce passage de Flodoard, (liv. III, ch. XVIII) : « Hincmar écrivit aussi pour l'instruction du roi un traité sur les douze abus, dans lequel il réunit les sentences des Pères et les constitutions des anciens rois. Il y avertissait aussi le prince de la promesse qu'avant son sacre, il avait faite de vive voix et par écrit aux nobles et aux évêques. » De plus, Jonas d'Orléans, qui rapporte tout le neuvième degré dans le livre cité plus haut, écrivait avant Hincmar. Pamélius dit avoir vu un manuscrit où ce traité est attribué à saint Augustin, mais à la marge duquel on avait substitué le nom d'Ebrard. Dans les exemplaires de Saint-Victor et de Corbie, on lit en tête de cet ouvrage : « Voici quels sont les douze abus du siècle : Un sage sans œuvres, un vieillard sans religion, un jeune homme sans obéissance, une femme sans pudeur, un seigneur sans vertu, un chrétien querelleur, un pauvre orgueilleux, un roi inique, un évêque négligent, une populace sans discipline, un peuple sans lois. La justice est étouffée par ces douze abus. Tels sont les douze abus du siècle ; si le char de ce monde vient a s'y embarrasser, alors nulle justice ne venant à son aide, il court, par un juste jugement de Dieu, se précipiter en enfer. »

lib. *de Institutione regia*, cap. III, in *Spicilegii* tomo V, Ivo, lib. VIII, et Gratianus XXIII, q. v, c. *Rex*. Augustino autem pauciores Mss. tribuunt, ut recentior quidam Victorinus. Ejusdem argumenti librum edidit Hincmarus, latentem adhuc, sed ab hoc Tractatu longe differentem. Patet ex illis de ipso Flodoardi verbis lib. III, c. XVIII. « Scripsit etiam ad instructionem ipsius regis de duodecim abusivis, sanctorum colligens in his dicta patrum et præteritorum constitutiones regum : sed et de promissione sua eum admonens, quam verbo ac scripto antequam rex consecraretur, primatibus et episcopis fecerat. » Et vero Jonas, qui ex subsequente Tractatu gradum nonum in suum, quem notavimus, librum transtulit, aliquot ante Hincmarum annis scribebat. Pamelius visum a se librum testatur, in quo Tractatus iste Augustino quidem inscriptus erat, sed in margine habens nomen Ebrardi cujusdam substitutum. In Victorino et Corbeiensi codice hæc super Tractatum leguntur. « Duodecim abusiva sunt sæculi hæc : Sapiens sine operibus, Senex sine religione, Adolescens sine obedientia, Femina sine pudicitia, Dominus sine virtute, Christianus contentiosus, Pauper superbus, Rex iniquus, Episcopus negligens, Plebs sine disciplina, Populus sine lege. His duodecim abusivis suffocatur justitia. Hæc sunt duodecim abusiva hujus sæculi, per quæ sæculi rota si in illa fuerit decipitur, et ad tartari tenebras, nullo impediente justitiæ suffragio, per justum Dei judicium rotatur. »

LE LIVRE
DES DOUZE SORTES D'ABUS

I. — La première sorte d'abus, c'est qu'un sage, qu'un prédicateur soit sans bonnes œuvres, qu'il néglige d'accomplir par ses actions ce qu'il enseigne par ses discours. Les auditeurs se soucient peu de mettre à exécution les enseignements de la doctrine, lorsqu'ils voient la conduite du prédicateur opposée à ses discours. Jamais un prédicateur n'aura une autorité efficace, s'il ne grave, par sa conduite, ses enseignements dans le cœur de ses auditeurs ; surtout si l'on considère, qu'étant lui-même docteur, s'il vient à tomber dans l'amour du vice, il s'inquiète peu d'employer, pour ses blessures, les remèdes

DE
DUODECIM ABUSIONUM GRADIBUS
LIBER UNUS

GRADUS PRIMUS — Primus abusionis gradus est, si sine bonis operibus sapiens et prædicator fuerit : qui quod sermone docet, actibus explere negligit. Auditores enim doctrinæ dicta facere contemnunt, cum prædicatoris opera a prædicationis verbis discrepare conspiciunt. Nunquam enim fit efficax prædicantis auctoritas, nisi eam effectu operis cordi affixerit audientis : præsertim cum et ipse doctor, si in vitiorum amorem delapsus fuerit, alterius doctoris medicamentum suis vulneribus adhibere parvipendit.

indiqués par d'autres docteurs. C'est pourquoi Notre-Seigneur, dans l'Evangile, voulant instruire ses apôtres, à la fois sur la doctrine et sur les bonnes œuvres, leur disait avec quelle attention ils devaient veiller sur ces deux points : « Si, disait-il, le sel vient à s'affadir, avec quoi le salera-t-on lui-même ? » (*Matth.*, v, 13.) C'est-à-dire, si un docteur vient à tomber dans l'erreur, par quel docteur sera-t-il redressé ? Et ailleurs : « Si la lumière qui est en vous est ténèbres, que seront les ténèbres elles-mêmes ? » (*Ibid.*, vi, 23.) Si l'œil cesse de voir, qui osera charger la main, le pied ou tout autre membre d'exercer cette fonction ? En conséquence, que les docteurs songent à ne pas s'attirer des châtiments d'autant plus grands, qu'ils deviennent eux-mêmes une occasion de perte pour un plus grand nombre. Et Salomon lui-même, en se montrant infidèle à sa grande sagesse, fut cause, par sa conduite, que tout le peuple d'Israël fut dispersé. Ceux-là sont cause de plus grandes pertes, à qui on a confié davantage s'ils ne dispensent pas bien ce qu'ils ont reçu de leur maître, on demande plus à celui auquel on a confié davantage. Le serviteur qui, connaissant la volonté de son maître, ne l'exécute pas, sera soumis à des fouets plus aigus, à des châtiments plus graves.

II. — La seconde sorte d'abus, c'est de rencontrer un vieillard sans religion, chez lequel, pendant que les membres de l'homme extérieur vieillissent, les forces de l'âme, c'est-à-dire les membres de l'homme intérieur, n'essayent point de se fortifier. En effet, c'est aux vieillards, plus qu'à tous les autres, qu'il convient de s'occuper de religion, eux pour lesquels sont passées les années florissantes de ce monde présent. De même que, parmi les arbres, on rejette celui qui, après les fleurs, ne donne pas de bons fruits à son maître ; ainsi, parmi les hommes, on repousse celui qui, abandonné par la fleur de la jeunesse, s'inquiète peu, alors que son corps vieillit, de produire les fruits des bonnes œuvres. Que peut-il y avoir de plus répugnant que de voir l'âme ne pas tendre, avec ardeur à la perfection lorsque le corps, accablé par les ans, se hâte à grand pas vers la tombe ? Les yeux s'obscurcissent, les oreilles deviennent sourdes, les cheveux tombent, la figure devient pâle, les dents s'ébranlent et disparaissent, la peau se dessèche, l'haleine devient mauvaise, la poitrine est oppressée, la toux éclate par quintes, les genoux chancellent, les talons et les pieds enflent ; l'homme intérieur, qui ne vieillit point, est lui-même influencé par ces signes de décrépitude, qui montre que bientôt la demeure du corps va tomber en ruines. Que reste-t-il donc à faire, sinon, puisque le terme de cette vie approche, que chaque vieillard ne pense qu'à une chose, à savoir comment il pourra heureusement parvenir aux rivages de la vie future ? En effet, les jeunes gens eux-mêmes ont à craindre l'heure incertaine de leur fin, mais pour les vieillards cette fin est plus imminente et plus proche. L'homme doit craindre deux parties de son corps qui ne vieillissent point et qui l'entraînent au péché, ce sont : le cœur et la langue. Le cœur ne cesse de se repaître de nouvelles pensées, la langue exprime sans relâche ce que le cœur a pensé. Que le vieillard prenne garde que ces deux parties, toujours jeunes, ne troublent l'harmonie, et que, par leur légèreté, elles ne trompent la gravité du reste du corps. Chacun

Unde et ipse Dominus in Evangelio de doctrina pariter et bono opere discipulos instruere volens, qualem in his cautelam haberent admonebat, dicens : « Quod si sal evanuerit, in quo salietur ? » (*Matth.*, v, 13.) Hoc est, si doctor erraverit, a quo iterum doctore emendabitur ? Et, « si lumen quod in te est, tenebræ sunt, ipsæ tenebræ quantæ erunt ? » (*Matth.*, vi, 23.) Si namque oculus a videndi officio desiverit, quis a manu, vel a pede, vel a reliquo corpore illud ministerium exiget ? Quapropter doctores cogitent, ne ampliori vindictæ subjaceant, si plurimis (*a*) perditionis occasionem abundantius præstent. Nam et ipse Salomon dum multæ sapientiæ transgressionem incurrit, totius Israeliticæ plebis suæ dispersionem solo suo merito præstitit. Quibus ergo committuntur multa, majora perdunt, si non recte dispensaverint (*b*) rectoris sui munera quæ perceperunt. Cui enim plus committitur, plus ab eo exigitur. Et servus qui voluntatem domini sui intelligens non facit, acrioribus flagellis gravioribusque vindictis vapulabit. (*Luc.*, xii, 47.)

Gradus II. — Secundus abusionis gradus est, si sine religione senex esse inveniatur : cui cum membra exterioris hominis veterascunt, vires animi, id est, interioris hominis membra, incrementa roboris non capiunt. Plus enim omnibus religioni operam dare senibus convenit, quos præsentis sæculi florida ætas transacta deseruit. Sicut namque in lignis ipsa reproba arbor comparat, quæ post flores fructus optimos cultori suo non exhibet : sic et in hominibus ipse reprobus est, quem flos juventutis deseruit, et tamen in sui corporis senectute bonorum operum maturos fructus proferre parvipendit. Quid enim stolidius fieri potest, si mens ad perfectionem festinare non contendat, quando totius corporis habitus senectute confectus ad interitum properat ? Dum oculi caligant, aures graviter audiunt, capilli fluunt, facies in pallorem mutatur, dentes lapsi numero minuuntur, cutis arescit, flatus non suaviter olet, pectus suffocatur, tussis cachinat, genua trepidant, talos et pedes tumor inflat ; etiam homo interior qui non senescit, his omnibus aggravatur. Et hæc omnia ruituram jam jamque domum corporis cito prænuntiant. Quid ergo superest, nisi ut dum hujus vitæ defectus appropiat, nihil aliud cogitare, quam quomodo (*c*) futuræ vitæ aditus propere comprehendatur, quisque senex appetat ? Juvenibus enim incertus hujus vitæ terminus instat, senibus vero cunctis maturior ex hac luce recessus. Cavendæ ergo sunt homini duæ particulæ, quæ in illius carne non veterascunt, et totum hominem secum ad peccatum pertrahunt, cor videlicet et lingua : quia cor novas semper cogitationes machinari non desinit, lingua impigre loquitur quodcumque cor machinari senserit. Caveat ergo senilis ætas, ne istæ juvenescentes particulæ totam sui harmoniam decipiant, et per res ineptas reliqui corporis gravitatem

---

(*a*) Edit. *hic ad morum*. — (*b*) Ms. Corb. *largitoris*. — (*c*) Ms. Corb. *futuræ aditus prosperitatis*. Apud Cypr. *futura habitatio prospere*.

doit considérer ce qui est digne d'un âge avancé, afin qu'il ne fasse rien qui puisse avilir sa vie, son âge et son ministère.

III. — La troisième sorte d'abus, c'est un jeune homme sans obéissance; cet abus trouble l'ordre établi par la saine raison. Comment peut-il espérer qu'on lui obéira dans sa vieillesse, celui qui a dédaigné d'obéir lorsqu'il était jeune? Aussi disait-on, en forme de proverbe, chez les anciens, que celui-là ne pouvait commander, qui d'abord avait refusé de se soumettre à quelqu'un. C'est pour cela que Notre-Seigneur Jésus-Christ, dans le temps qu'il vécut sur la terre, tant qu'il n'eut pas atteint l'âge convenable pour enseigner, se montra soumis et obéissant à ses parents. De même qu'on demande aux vieillards, la sobriété et la perfection des mœurs, ainsi l'on exige des jeunes gens, la docilité, la soumission, l'obéissance. C'est pour cette raison que, parmi les commandements de la loi, le premier qui se rapporte à nos devoirs envers les hommes, commande le respect envers les père et mère; et, quoique le père soit mort ou indigne de ce nom, cependant il y a toujours quelqu'un représentant dignement le père, auquel les enfants doivent un respect filial, jusqu'à ce qu'ils aient atteint l'âge convenable. L'Écriture sainte désigne quatre sortes de pères, ceux qui le sont par la nature, par la nation, par leurs conseils et par l'âge; c'est du père selon l'ordre de la nature que Jacob dit à Laban : « Si vous n'aviez craint Isaac, mon père, vous eussiez pris tout ce qui était à moi. » (Gen., XXXI, 42.) C'est des pères par la nature qu'il est question, quand, parlant à Moïse du sein d'un buisson, le Seigneur lui dit : « Je suis le Dieu de vos pères, le Dieu d'Abraham, d'Isaac et de Jacob. » (Exod., III, 6.) Les pères, par les conseils et par l'âge, sont désignés dans le cantique de Moïse quand il dit : « Interrogez votre père et il vous l'annoncera; demandez à vos ancêtres, et ils vous le diront. » (Deut., XXXII, 7.) Que si le père naturel n'est plus vivant, ou s'il est indigne de ce nom, le jeune homme doit néanmoins obéir au vieillard qui l'avertit. Comment sera-t-il honoré dans sa vieillesse, si, dans sa jeunesse, il ne sait pas porter le joug de l'obéissance? Ce que l'homme aura semé, il le moissonnera. « Toute discipline, lorsqu'on la supporte, semble être un sujet de tristesse, et non de joie; mais ensuite elle fait recueillir en paix les fruits de la justice à ceux qui auront été ainsi exercés. » (Hébr., XII, 11.) De même que l'on ne trouve point de fruit sur un arbre, si, auparavant, il n'y a point eu de boutons ni de fleurs, ainsi celui-là, dans la vieillesse, ne pourra obtenir le respect, si, dans sa jeunesse, il ne s'est exercé à la soumission et au respect. Or, comment la discipline pourrait-elle exister sans l'obéissance? Un jeune homme sans obéissance est un jeune homme sans discipline, car l'obéissance elle-même, qui est la mère de la discipline, ne s'acquiert qu'avec un grand exercice; elle a sa règle et son modèle dans Notre-Seigneur Jésus-Christ qui, obéissant à son Père jusqu'à la mort, supporta volontairement l'ignominie de la croix.

IV. — La quatrième sorte d'abus, c'est un riche qui ne fait pas l'aumône, qui ne distribue pas aux pauvres et aux indigents ce qu'il a de superflu, mais qui, au

---

illudant. Unicuique namque considerandum est, quid ætate eminenti dignum sit : ut hoc agat, quod nec vitam, nec ætatem, nec ministerium vile reddat.

GRADUS III. — Tertius abusionis gradus est, adolescens sine obedientia, quo mundus a recto rationis ordine depravatur. Qualiter namque in senectute (a) ille ministrari sibi sperabit, qui in adolescentia senioribus obedientiam exhibere contemnit? Unde et in proverbio apud veteres habetur : Quod dominari nequeat, qui prius alicui servitutem præbere denegat. Propter quod et Dominus Jesus in temporibus suæ carnis, dum adhuc ad legitimam ætatem doctoris non pervenerat, obedienter ministrationem parentibus suis exhibuit. (Luc., II, 51.) Sicut ergo in senibus sobrietas et morum perfectio requiritur; ita etiam in adolescentibus obsequium et subjectio et obedientia rite debetur. Quapropter et in mandatis legis primum in his quæ ad homines pertinent, patris et matris honor imperatur (Exod., XX, 12); quia quamvis carnalis pater non supervixerit, aut indignus fuerit, alicui tamen patri digno et viventi paternus honor usque ad perfectam et dignam ætatem a filiis præbendus esse ostenditur. Quatuor etenim modis per Scripturas divinas patres vocantur, hoc est, natura, gente, admonitione, et ætate. De patre namque naturali Jacob ad Laban loquitur : « Nisi timor patris mei Isaac adfuisset, tulisses omnia quæ mea sunt. » (Gen., XXXI, 42.) Gente vero pater dicitur, quando Dominus ad Moysen de rubo loquebatur : « Ego sum, inquiens, Deus patrum tuorum, Deus Abraham, Deus Isaac, Deus Jacob. » (Exod., III, 6.) Ætate autem et admonitione pater dicitur, cum Moyses in cantico Deuteronomii loquitur : « Interroga patrem tuum, et annuntiabit tibi, majores tuos, et dicent tibi. » (Deut., XXXII, 7.) Quod si ergo naturalis pater superstes non fuerit, aut indignus fuerit, admonenti tamen seniori adolescentis obedientia præbenda erit. Quomodo enim honoratus in senectute apparebit, qui disciplinæ laborem in adolescentia non sustinuerit? Quodcumque enim homo laboraverit, hoc et metet. « Omnis namque disciplina in præsenti non videtur esse gaudii, sed mœroris : postea autem fructum pacatissimum exercitatis per eam reddet justitiæ. » (Heb., XII, 11.) Sicut ergo fructus non invenitur in arbore, in qua pampinus aut flos prius non apparuerit; sic et in senectute honorem legitimum assequi non poterit, qui in adolescentia disciplinæ alicujus exercitatione non laboraverit. Disciplina igitur absque obedientia qualiter fieri potest? Adolescens ergo sine obedientia, adolescens sine disciplina est : quoniam et ipsa obedientia, quæ omnium disciplinarum mater est, magna exercitatione indiget, quæ sui normam studii a Christo Domino sumpsit, qui obediens Patri usque ad mortem, crucis ignominiam libenter sustinuit. (Phil., II, 8.)

GRADUS IV. — Quartus abusionis gradus est, dives sine eleemosyna, qui superflua usus sui, quæ custo-

(a) Apud Cypr. aliis ministerium imperabit.

contraire, le cache et le réserve pour l'avenir; il arrive par là que, tandis qu'il conserve avec tant de soin les biens de la terre, il perd le trésor éternel de la patrie bienheureuse. C'est de ce trésor que parlait Notre-Seigneur Jésus-Christ, quand, interrogé par un jeune homme riche sur ce qu'il y avait à faire pour être parfait, il répondit : « Si vous voulez être parfait, allez, vendez tout ce que vous avez, et donnez-le aux pauvres; venez, suivez-moi, et vous aurez un trésor dans le ciel. » (*Matth.*, XIX, 21.) Ce trésor, nul ne peut le posséder, s'il ne soulage les pauvres, ou s'il n'est pauvre lui-même. Ne laissez donc pas dormir dans vos trésors ce qui peut être utile aux pauvres. Quand le riche aurait amassé une foule de biens, il ne pourra en jouir seul; car la nature d'un seul homme ne saurait consumer tant de choses. Quoi donc de plus insensé que de perdre la félicité du royaume céleste, de supporter les tourments de l'enfer sans aucun espoir de consolation, et cela pour la nourriture et le vêtement d'un seul homme? Ce que la nécessité doit un jour nous ravir, il nous faut volontairement le distribuer, afin d'obtenir une récompense éternelle. « Toutes les choses que nous voyons sont passagères: celles que nous ne voyons pas sont éternelles. » (II *Cor.*, IV, 18.) Tant que nous sommes dans le temps, les choses passagères nous servent, à nous qui devons passer; mais, sortis de ce monde, les éternelles seules nous serviront, à nous qui serons éternels. C'est pourquoi nous ne devons pas nous attacher aux choses qu'il nous faudra quitter; d'autant plus que ses trésors, ses champs et tout ce qu'il possède, montre la folie de l'avare; en effet, il aime de toute l'ardeur de son cœur ces choses qui ne peuvent lui rendre son amour. Si quelqu'un aime l'or, l'argent, les champs, les vêtements, les aliments, les métaux, les animaux, la nature elle-même nous apprend que tous ces objets ne sauraient le payer de retour. C'est pour cela que Dieu nous commande, non pas d'aimer le monde, mais d'aimer le prochain; car le prochain peut nous rendre amour pour amour, ce que le monde ne saurait faire. Si le Seigneur nous commande d'aimer notre ennemi, c'est afin qu'il devienne notre ami, en voyant notre affection pour lui. Que tout riche avide, qui désire posséder les richesses éternelles, se dépouille, en les distribuant aux pauvres, des richesses qui passent, s'il ne vend pas ce qu'il aime, il ne saurait acheter ce qu'il désire. Les avares sont appelés maudits au jour du jugement par le souverain Juge, parce que ceux qui passaient près de leur demeure ne disaient pas : « Que la bénédiction du Seigneur soit sur vous; nous vous bénissons au nom du Seigneur. » (*Ps.* CXXVIII, 8.) Qu'ils sont donc malheureux les riches avares, qui, pour des biens passagers, encourent la damnation éternelle; au contraire : « Bienheureux sont les miséricordieux, car ils obtiendront eux-mêmes miséricorde. » (*Matth.*, V, 7.) Oui, heureux le miséricordieux, car, dans la pratique de cette vertu, Dieu ne regarde pas la quantité de ce qu'on a donné, mais l'amour avec lequel on a donné.

V. — La cinquième sorte d'abus, c'est une femme sans pudeur. De même que, dans les hommes, la sagesse produit les bonnes mœurs et les conserve; ainsi, chez les femmes, la pudeur inspire les actions

---

dienda in posterum recondit, indigentibus et nihil habentibus non distribuit : per quod efficitur, ut dum in terra quæsita diligenti cura custodit, cœlestis patriæ perennem thesaurum amittat. Ad quem thesaurum Dominus Jesus adolescentem divitem, qui illum de perfectione interrogaverat, ita respondens invitavit : « Si vis perfectus esse, vade, et vende omnia quæ habes, et da pauperibus, et veni, sequere me, et habebis thesaurum in cœlo. » (*Matth.*, XIX, 21.) Quem thesaurum nullus unquam hominum habere potest, nisi qui pauperibus solatia præstat, aut qui per se ipsum pauper est. Non ergo dormiat in thesauris tuis, quod pauperi prodesse potest. Dives namque, etsi multa congregaverit, his frui solus nequaquam poterit; quia unius hominis natura multis rebus non (*f.* sufficit) succurrit. Quid ergo stultius est, quam propter unius hominis victum et vestitum, totam regni cœlestis perdere jucunditatem, et æternos inferni cruciatus absque consolationis præstolatione subire ? Quod ergo aliquando per necessitatem amittendum est, pro æterna remuneratione sponte distribuendum est. « Omnia enim quæ videntur, temporalia sunt; quæ autem non videntur, æternæ sunt. » (II *Cor.*, IV, 18.) Quamdiu namque temporales sumus, temporalibus temporalia deserviunt : et cum hinc transierimus, æternis æterna solatia præstabuntur. Idcirco diligere non debemus ea quæ non semper habebimus, præsertim cum expertem rationis avarum divitem, thesauri sui, et agri, et omnia quæ habet, ostendant; quia toto cordis intuitu illas res amat, quæ nunquam se diligunt. Si enim aurum et argentum et agros et vestimenta et cibos et metalla et bruta animalia quis dilexerit, hæc omnia vicem sibi amoris rependere non posse, ipsa rerum natura ostendit. Quid ergo a ratione longius est, quam diligere quod te amare non valet ; et negligere illum qui tuæ ditioni cum dilectione omnia præbet ? Propter hoc igitur non diligi mundus, sed diligi proximus a Deo præcipitur (*Matth.*, XXII, 39) ; quia proximus vicem sui amoris rependere potest, quod mundus minime posse non dubitatur. Sic enim inimicum esse diligendum Dominus præcepit (*Matth.*, V, 44), ut illa dilectio amicum illum ex inimico efficiat. Quisquis ergo dives cupidus, si vult æternas habere divitias, distribuendo egenis perdat interim non mansuras. Si enim quod diligit non vendit, nemo emere potest quod cupit. Avari namque ideo in judicio a rectissimo judice nuncupantur maledicti : quia qui præteribant eorum habitacula, non dicebant: « Benedictio Domini super vos, benediximus vobis in nomine Domini. » (*Psal.* CXXVIII, 8.) Infelices ergo sunt avari divites, qui propter res transitorias in æternam damnationem dilabuntur : et e contrario : « Beati sunt misericordes, quoniam ipsi misericordiam consequentur. » (*Matth.*, V, 7.) Felix est misericors, dum in hac virtute non substantiam, sed affectum Deus respicit.

GRADUS V. — Quintus abusionis gradus est, femina sine pudicitia. Sicut enim omnes mores bonos procurat et custodit in viris prudentia; sic et in feminis

honnêtes, les ennoblit et les conserve. La pudeur garde la chasteté, repousse l'avarice, évite les disputes, adoucit la colère, triomphe de la licence, modère les désirs, réprime la luxure, évite l'ivrognerie, met un frein aux paroles, s'oppose aux convoitises de la bouche, et évite les injustices. Que dirai-je encore? Elle réprime tous les vices, cultive toutes les vertus, et fait tout ce qui est honorable devant Dieu et devant les hommes de bien. Une vie sans pudeur n'obtiendra ni la louange des hommes dans cette vie, ni les récompenses de Dieu dans l'autre. Une vie pudique, au contraire, jouit d'une bonne renommée parmi les hommes, et se réjouit dans l'espérance des biens éternels. Elle est pour ceux qui vivent un sujet d'imitation, et laisse à la postérité un souvenir digne d'admiration. Elle aime les bonnes mœurs et s'y complaît; elle fortifie l'âme par la méditation et la lecture assidue de l'Ecriture sainte; elle imite les bons exemples de ceux qui ont précédé, elle établit entre les âmes parfaites des liens indissolubles. Il y a deux manières dont la pudeur s'exerce, l'une extérieure, c'est-à-dire par la tenue du corps, l'autre intérieure, par les affections de l'âme. Par la première, selon l'Apôtre, nous éditions les hommes; par la seconde, nous montrons à Dieu des œuvres bonnes. La pudeur du corps consiste à ne point désirer ce qui est à autrui, à fuir toute immodestie, à mettre un frein aux plaisirs même légitimes, à ne pas exciter des rires désordonnés, à ne point prononcer des paroles vaines et fausses, à avoir un vêtement modeste, à mettre dans ses cheveux comme dans ses habits un arrangement décent, à ne point s'unir avec des indignes, à ne regarder personne d'un œil arrogant, à ne point se permettre des regards étourdis, à ne point mettre dans sa démarche de la pompe et de l'affectation; elle consiste encore à ne point se ralentir dans la bonne œuvre commencée, à n'outrager ni ne faire rougir personne, à ne blasphémer contre qui que ce soit, à ne point jalouser les bons, à ne point se railler des vieillards, à ne pas disputer avec de meilleurs que soi, à ne point parler de ce qu'on ne sait pas, et à ne pas dire tout ce que l'on sait. C'est là ce qui rend l'homme aimable à son prochain et agréable à Dieu. La pudeur de l'âme, c'est en faisant le bien, de plus s'occuper des regards de Dieu que de ceux des hommes, de repousser les attaques des mauvaises pensées, de croire que tout le monde vaut mieux que soi, de ne porter envie à personne, de ne point se confier en soi-même, mais de remettre à Dieu le soin de toutes choses. Enfin, cette pudeur de de l'âme consiste encore à se mettre sous les regards de Dieu, à garder son esprit du venin de l'hérésie, à s'accorder en tout avec l'Eglise catholique, à s'attacher à Dieu seul, à offrir à Notre-Seigneur Jésus-Christ la charité intérieure de son âme, à ne cesser de faire des bonnes œuvres que quand la mort viendra nous interrompre, à tenir peu de compte des tribulations de la vie présente, à n'aimer que notre prochain sur la terre, à placer dans le ciel tout le trésor de notre amour, et à espérer que Dieu, dans le ciel, nous donnera la récompense de nos bonnes actions. La pudeur, c'est l'ornement des nobles, l'élévation des petits, la noblesse de ceux qui sont sans naissance, la beauté de ceux qui sont laids, la richesse de ceux qui travaillent, la consolation des affligés, l'embellissement de la beauté, la gloire de

---

cunctos honestos actus nutrit, et fovet, et custodit pudicitia. Pudicitia namque castitatem custodit, avaritiam refrenat, lites devitat, iram mitigat, libidinem occupat, cupiditatem temperat, lasciviam castigat, ebrietatem cavet, verba non multiplicat, gulæ concupiscentiis (*a*) oppugnat, furtum omnino damnat. Quid plura? Omnia vitia restringit; et omnes virtutes, et quidquid coram Deo et hominibus bonis laudabile est, nutrit. Impudica vita nec laudem ab hominibus in præsenti sæculo, nec remunerationem a Deo exspectat in futuro. Pudica vero vita famam bonam inter homines possidet, et de spe futuræ beatitudinis gaudet. Præsentibus semetipsam imitabilem facit, posteris memoriam amabilem relinquit. Bonis semper moribus delectatur et consentit, et assiduis Scripturarum meditationibus et eloquiis animam vegetat. Bonorum præcedentium exempla custodit, et inseparabilia perfectis contubernia nectit. Duobus ergo modis constat veræ pudicitiæ exercitatio, id est, corporis habitu et superficie, et animi affectu interno. Per exteriorem modum, juxta Apostolum, coram hominibus exempla, per interiorem modum coram Deo providemus opera bona. Pudicitia namque corporis est, alienas res non appetere, et omnem immunditiam devitare, ante horam congruam non gustare velle, risum non excitare, verba vana et falsa non loqui, habitum per omnia ordinatum, compositionemque convenientem tam capillorum quam vestium sicut decet habere, cum indignis contubernia non inire, superciliose intuitu neminem aspicere, vagari oculos non permittere, pompatico et illecebroso gressu non incedere, nulli inferior in incepto bono apparere, nulli contumeliam aut ruborem incutere, neminem blasphemare, bonis non invidere, senes non irridere, meliori non controversari, de his quæ ignoras non tractare, et ea quæ scis non omnia proferre: hæc enim proximis amabilem hominem reddunt, et Deo acceptabilem faciunt. Pudicitia vero animæ est, plus propter Dei oculos quam hominum omnia bona facere, appetitiones turpium cogitationum compescere, omnes meliores se esse æstimare, nemini invidere, de semetipso nihil confidere, Dei semper auxilio res omnes committere, ante Dei oculos semetipsam constituere, hæretica pravitate sensum non maculare, catholicis per omnia consentire, Deo soli adhærere, castitatem internæ mentis Domino Jesu Christo offerre, omnia cœpta bona opera mortis tantum termino finire, præsentes tribulationes animi fortitudine parvipendere, in terra præter proximos nihil amare, cuncti amoris sui thesaurum in cœlo constituere, et pro omni bono actu mercedem in cœlestibus a Deo sperare. Pudicitia ornamentum nobilium est, exaltatio humilium, nobilitas ignobilium, pulchritudo vilium (*al.* debilium) prosperitas laborantium, solamen mœrentium, augmentum omnis pulchritudinis, decus religionis,

(*a*) Apud Cyr. *purgat*. In Ms. Corb. *oppurgat*.

la religion, le préservatif contre les crimes, l'accroissement des mérites, et l'amitié du Créateur de toutes choses.

VI. — La sixième sorte d'abus, c'est un prince sans vertu. Il ne sert de rien, en effet, d'avoir le pouvoir de commander, si le prince n'a pas la fermeté de la vertu. Mais cette fermeté de la vertu n'a pas tant besoin pour être exercée, de ce courage extérieur, courage qui cependant est nécessaire aux princes séculiers, que de la force intérieure de l'âme. Souvent la vertu de commander se perd par la négligence de l'esprit, comme nous voyons que cela est arrivé chez le grand-prêtre Héli, qui ayant négligé d'user de sévérité dans la correction de ses fils, fut enveloppé avec eux par la vengeance du Seigneur, comme ayant consenti à leurs désordres. Il est indispensable que ceux qui commandent obtiennent ces trois choses : la crainte, l'ordre et l'amour, car si le maître n'est pas craint et aimé, l'ordre qu'il aura établi ne subsistera pas longtemps. Il obtiendra l'amour par ses bienfaits et par son affabilité ; en réprimant par de justes châtiments, non pas les injures faites contre lui, mais contre la loi de Dieu, il inspirera la crainte. Puisque plusieurs dépendent de lui, il doit lui-même s'attacher à Dieu qui lui a donné le commandement, et qui le rendra fort pour porter la charge des autres. Si le pieu n'est solidement fixé, et s'il n'est attaché à quelque chose de plus solide, tout ce qui tient à lui se détachera facilement, et lui-même tombera avec tout ce qu'il supportait. De même, le prince s'il ne s'attache fortement à Dieu, son Créateur, tombera lui-même avec tout ce qu'il doit soutenir. Quelques-uns de ceux qui ont reçu la charge de commander, se rapprochent davantage de Dieu, d'autres, ayant reçu les mêmes fonctions, deviennent plus mauvais. Moïse, après avoir été chargé de conduire le peuple de Dieu, avait avec le Seigneur des entretiens plus familiers ; au contraire, Saül, fils de Cis, ayant été élu roi, se rendit désagréable à Dieu par son orgueil. Lorsque le roi Salomon eut succédé à David, son père, Dieu lui donna une sagesse supérieure à celle des autres hommes, comme pour gouverner un peuple innombrable. Au contraire, quand Jéroboam, sujet de Salomon, eut obtenu une partie du royaume de David, il poussa au culte des idoles les dix tribus qui formaient le royaume de Samarie. On voit clairement par ces exemples que la souveraine puissance rend quelques-uns meilleurs, et que d'autres, au contraire, arrivés au faîte des honneurs deviennent plus mauvais. Ce qui nous montre également que ceux qui deviennent meilleurs, le doivent à la vertu de leur esprit et au secours de Dieu ; tandis que les autres ne deviennent plus mauvais que par la faiblesse de leur esprit et leur négligence. Aussi ne convient-il point qu'on élise pour chef celui qui n'a pas la vertu, laquelle on ne saurait avoir sans le secours de Dieu. Celui qui est chargé de beaucoup de choses ne saurait en venir à bout, s'il n'a pas la force de l'esprit, parce que les grandes choses ont coutume de faire surgir de grands obstacles et de grandes difficultés. C'est pourquoi que celui qui commande se mette bien dans cette disposition d'esprit de ne point douter du secours de Dieu. Si, dans tous ses actes, il commence à demander l'aide du Seigneur, aucun homme ne pourra mépri-

---

defensio criminum, multiplicatio meritorum, Creatoris omnium Dei amicitia.

GRADUS VI. — Sextus abusionis gradus est, dominus sine virtute : quia nihil proficit dominandi habere potestatem, si dominus ipse non habet virtutis rigorem. Sed hic virtutis rigor non tam exteriori fortitudine, quæ et ipsa sæcularibus dominis necessaria est, indiget, quam animi interiori fortitudine bonis moribus exerceri debet : sæpe enim dominandi virtus per animi negligentiam perditur, sicut in Heli sacerdote factum fuisse comprobatur, qui dum per severitatem judicii peccantes filios non coercuit (I *Reg.*, II, 27, etc.), in eorum vindictam Dominus velut consentienti non pepercit. Tria ergo necessaria hos qui dominantur habere oportet, terrorem scilicet, et ordinationem, et amorem. Nisi enim ametur dominus et metuatur, ordinatio illius constare minime poterit. Per beneficia ergo et affabilitatem procuret ut diligatur : et per justas vindictas, non propriæ injuriæ, sed legis Dei, studeat ut metuatur. Propterea quoque dum multi pendent in eo, ipse Deo adhærere debet : qui illum in ducatum constituit, qui ad portandum multorum onera ipsum veluti fortiorem solidavit. Paxillus enim nisi bene fixus firmetur, et alicui fortiori adhæreat, omne quod in eo pendet cito labitur ; et ipse solutus a rigore suæ firmitatis, cum oneribus ad terram delabitur. Sic et princeps nisi suo Conditori pertinaciter adhæserit, et ipse, et omne quod continet, cito deperit. Quidam namque per dominandi officium plus Deo appropinquant, quidam imposito sibi dignitatis honore deteriores fiunt. Moyses enim accepto populi ducatu, familiarius Dei locutionibus utebatur. (*Exod.*, XXXII, 11.) Saul vero filius Cis post quam sceptra regni suscepit, per inobedientiæ superbiam Deum offendit. (I *Reg.*, XV, 11.) Rex Salomon post quam patris sui David sedem obtinuit, Deus illum ultra omnes mortales velut ad innumerosi populi gubernationem sapientiæ munere donavit (III *Reg.*, III, 12) : e contrario vero Jeroboam servus Salomonis, post quam regni domus David partem occupavit, ad idolorum culturam decem tribus Israel, quæ erant in parte Samariæ, divertit. (III *Reg.*, XII, 27, etc.) Per quæ exempla evidenter ostenditur, quosdam in sublimiori statu ad majorem perfectionem crescere, quosdam vero per superciliam dominationis ad deteriora defluere. Per quod utrumque intelligitur, eos qui ad meliora conscendunt, per virtutem animi et Dei auxilium posse id facere ; et eos qui ad deteriora divertuntur, per mentis imbecillitatem pariter et negligentiam errare. Unde et dominum absque virtute fieri non decet, quam virtutem nullatenus sine Dei auxilio habet. Qui enim multa tuetur, nisi habet fortitudinem animi, non valet id agere : quoniam magna magnis infestationibus vel adversitatibus solent laborare. Omnis igitur qui præest, hoc primitus tota animi intentione procuret, ut per omnia de Dei adjutorio omnino non dubitet. Si namque cœperit in actibus

ser son autorité : « Il n'y a de puissance que celle qui vient de Dieu. » (*Rom.*, xiii, 1.) Il élève le pauvre de la poussière, il le fait asseoir avec les princes de son peuple, il précipite les puissants de leurs trônes, il exalte les humbles, afin que tout le monde soit soumis à Dieu, et désire sa gloire.

VII. — La septième sorte d'abus est un chrétien contentieux qui, ayant par sa foi et par son baptême, participé au nom de Jésus-Christ, contrairement aux avis et à la volonté de Jésus-Christ, aime les plaisirs caducs de ce monde, tout ce qui est objet de contestation est désiré, ou à raison du plaisir que procure la chose elle-même, ou à cause d'une autre chose convoitée qui se cache sous une apparence odieuse, par exemple, comme dans la guerre qui, par elle-même est une chose odieuse, et qui cependant est faite avec ardeur, par amour pour la victoire ou pour la liberté; et ainsi plusieurs choses aimées sont recherchées avec âpreté sous un travail pénible et repoussant. D'où il résulte clairement que rien n'est recherché, sinon par amour, c'est-à-dire à cause d'une douce récompense, qu'on espère et qui doit suivre. Celui donc qui s'attache opiniâtrement au monde présent montre qu'il l'aime. Or, voici comment dans l'apôtre saint Jean les paroles de l'Esprit Saint nous défendent d'aimer le monde. « Ne veuillez pas, dit-il, aimer le monde ni ce qui est du monde. » (I *Jean*, ii, 15.) L'amour du monde et l'amour de Dieu ne sauraient habiter dans un même cœur, de même que les mêmes regards ne peuvent à la fois embrasser le ciel et la terre. Mais voyons si réellement il y a dans le monde quelque chose qu'on doive aimer, et quel est ce monde que la parole de Dieu nous défend d'aimer. Il ne nous est point commandé d'aimer la terre, les métaux, les animaux, la beauté des vêtements, la douceur des aliments et autres choses du même genre; mais il nous est ordonné d'aimer le prochain pour lequel toutes ces choses ont été faites. Tous ces divers objets étant passagers ne peuvent nous accompagner lorsque nous marchons vers la patrie; le prochain, au contraire, comme cohéritier du Roi éternel, doit être l'objet d'un amour réciproque. Ce qui disparaît dans le monde, ce qui périra avec le monde et le monde lui-même, aucun précepte ne nous oblige de l'aimer. Quant au prochain, qui sur la terre, au milieu des créatures inférieures est cependant une partie du royaume céleste, il peut avec raison être aimé par ceux qui recherchent le bonheur du ciel, comme devant être un jour cohéritier des mêmes biens dans la céleste patrie. C'est pourquoi il ne nous est pas commandé d'aimer le monde, de peur que celui qui aimerait le monde ne vînt à détourner son cœur de Dieu. On ne doit donc point rechercher ce qu'il n'est pas permis d'aimer. Le chrétien qui participe au nom du Christ doit aussi lui ressembler par ses mœurs. Personne ne porte justement le nom de chrétien, s'il ne s'efforce de se conformer à Jésus-Christ. Or, c'est en parlant du Christ que le Prophète dit : « Voici mon serviteur que j'ai choisi, voici mon élu dans lequel mon âme a mis toute son affection, je répandrai sur lui mon esprit; il ne disputera point, il ne criera point, personne n'entendra sa voix dans les rues. » (*Isa.*, xlii, 1.)

---

suis auxiliatorem habere Dominum dominorum, nullus hominum contemptui poterit habere ejus dominatum : « Non enim est potestas nisi a Deo. » (*Rom.*, xiii, 1.) Ipse enim elevat de stercore egenum, et sedere facit cum principibus populi sui (*Psal.* cxii, 7) : et deponit potentes de sede, et exaltat humiles (*Luc.*, i, 52), ut subditus fiat omnis mundus Deo, et (*a*) egeat omnis gloria Dei.

Gradus VII. — Septimus abusionis gradus est, christianus contentiosus : qui cum participatione nominis Christi per fidem et baptismum susceperit, contra Christi dicta et propositum, mundi caduca delectamenta diligit. Omne enim, de quo contenditur, aut propter propriam ejus rei dilectionem, de qua agitur, aut propter alterius amorem, quæ sub odiosa specie latet, appetitur : quemadmodum, verbi gratia, bellum, animoso compugnantium conflictu, cum odiosa res sit, propter amorem victoriæ et libertatis peragitur; et multæ aliæ dilectæ species sub odioso labore vel formidine satis contentiose expetuntur. Unde patenter intelligitur, nihil contendi posse, nisi propter dilectionem, speratam scilicet et sub sequentem amabilem remunerationem. Qui igitur de mundo præsenti et quacumque causa contendit, perspicue ostendit quod illum diligit. Quomodo ergo mundum diligi prohibeatur Joannem Spiritus sancti sermones interdicunt, quibus ait : « Nolite diligere mundum, neque ea quæ in mundo sunt : » (I *Joan.*, ii, 15.) Mundi enim amor et Dei pariter in uno corde cohabitare non possunt; quemadmodum iidem oculi cœlum pariter et terram nequaquam conspiciunt. Sed requirendum est, si vere in mundo aliquid sit, quod amari debeat; et quis sit ille mundus, quem diligi divina eloquia vetant. Terra ergo cum nascentibus ex ea, et metallis, et animantibus, et pulchritudine vestium, et oblectationibus ciborum, et iis quæ ad hæc pertinent, non diligi præcipitur; sed proximus, propter quem hæc omnia facta sunt, amari jubetur. Hæc enim omnia prædicta, velut non mansura, ad cœlestem patriam pergentes concomitari nequeunt : proximi vero, velut mansuri regis cohæredes, semetipsos licenter invicem diligant. Quod ergo semper in mundo non manet et cum mundo pariter deficiet, et ipse mundus, non amari præcipitur. Proximus autem, qui est pars regni cœlestis in terra (*b*) et inter ima elementa, a regni cœlorum appetitoribus non incongrue amatur, dum in summa illa patria in æternum cohæres habebitur. Propterea vero mundus præsens non diligi imperatur, ne a Dei dilectione alienus sæculi dilector quisque efficiatur. Non ergo debet contendi, quod non licet amari. Igitur Christianus, qui nominis Christi similitudinem tenet, morum quoque ejus similitudinem habere debet. Christianus enim nemo recte dicitur, nisi qui Christo moribus coæquatur. De Christo vero per Prophetam ita scribitur : « Ecce puer meus quem elegi, electus meus, complacuit in illo sibi anima mea. » (*Isa.*, xlii, 1.) « Ponam spiritum meum super eum. Non con-

---

(*a*) Alias, *eripiatur gloria*. — (*b*) Editi *et in interim a regni*, etc. Ms. Corb. *ab intimis regni*, etc.

Voici que Jésus-Christ n'a point disputé, ni crié; si donc vous voulez l'imiter, ne disputez point, de peur que vous ne deveniez un abus dans l'Église de Dieu. Jésus-Christ a fait à ses disciples cette recommandation : « Ne vous faites point appeler maître, il n'y a qu'un seul maître qui est le Christ; n'appelez aussi personne sur la terre, votre père, parce que vous n'avez qu'un père qui est dans les cieux, car vous êtes tous frères. » (*Matth.*, XXIII, 8.) Quand ils prieront, il leur donnera cet ordre « : Vous prierez ainsi : Notre Père qui êtes dans les cieux, que votre nom soit sanctifié, » (*Ibid.*, VI, 9) et le reste. En vain, il prétend avoir un père sur la terre celui qui a un père et une patrie dans le ciel; cette patrie, nul ne la possédera, sinon celui qui sait se garder de toute contention dans cette patrie terrestre.

VIII. — La huitième sorte d'abus, c'est un pauvre orgueilleux qui, ne possédant rien, se laisse enfler par la superbe, tandis que l'Apôtre défend aux riches eux-mêmes de se laisser aller à l'orgueil. En effet, quoi de plus repoussant que de voir celui que sa misère rend abject sur la terre, qui devrait être humble et abaissé, élever vers Dieu un esprit gonflé d'une superbe arrogance? Hélas ! c'est ce vice même qui a précipité les anges placés au plus haut des cieux ! Comment prétend-il donc s'enorgueillir sur la terre celui qui, plus que tous les autres hommes, devrait se montrer humble ? Mais pour que la pauvreté ne les rende pas tristes, que les pauvres considèrent ce qu'ils peuvent attendre de Dieu. Lui-même a dit : « Bienheureux les pauvres d'esprit, car le royaume des cieux est à eux. » (*Matth.*, V, 3.) Par une juste compensation, le juge miséricordieux accorde le royaume des cieux à ceux qu'il a privés des biens du royaume terrestre, afin qu'il montre là-haut sa richesse à ceux qu'il a déshérités ici-bas. Les pauvres doivent prendre garde que, privés par leur indigence et leur position des biens de la terre, ils ne viennent encore à perdre ceux du ciel par l'orgueil de leur esprit. Puisque, par la dispensation de la Providence, ils ont ici-bas la pauvreté pour partage, il ne tient qu'à eux d'être pauvres d'esprit. Car le royaume des cieux n'est pas promis à toutes sortes de pauvres, mais à ceux chez lesquels l'humilité du cœur accompagne la privation des biens. Le pauvre qui est humble est véritablement le pauvre d'esprit; sa pauvreté étant manifeste, il ne se laisse point aller à l'orgueil. Car, pour arriver au royaume des cieux, l'humilité de l'âme vaut mieux que la privation des biens temporels. Et de fait, les humbles qui usent bien de leurs richesses peuvent être appelés pauvres d'esprit; tandis qu'il est certain que les indigents orgueilleux sont privés de cette béatitude de la pauvreté. C'est des uns et des autres que la sainte Ecriture dit : « Il est comme s'il était riche quoiqu'il ne possède rien ; il est comme un pauvre, encore qu'il soit au milieu des richesses. » (*Prov.*, XIII, 7.) Celui qui est pauvre au milieu des richesses, c'est le riche qui est humble de cœur; celui qui est comme un riche au sein de l'indigence, c'est le pauvre orgueilleux. L'humilité du cœur est une noble pauvreté, l'orgueil de l'âme c'est leur richesse maudite. Les pauvres doivent donc avoir soin de bien connaître leur position, et comme ils ne peuvent pas

---

tendet, neque clamabit, neque audiet aliquis in plateis vocem ejus. » (*Matth.*, XII, 18.) Ecce Christus non contendit, neque clamavit : et tu si morum Christi similitudinem retinere cupis, ne contendas; ne abusivus in Ecclesia Christianus existas. Suis enim sectatoribus Christus præcepit : « Nolite vocari Rabbi; unus est enim magister vester, qui est Christus : et patrem nolite vocare super terram; unus est enim Pater vester qui in cœlis est. Omnes enim vos fratres estis. » (*Matth.*, XXIII, 8, etc.) Quibus ad supplicandum imperavit dicens : « Sic autem orabitis : Pater noster qui es in cœlis, sanctificetur nomen tuum, » (*Matth.*, VI, 9) et cætera. Frustra autem contendit patrem se habere in terra, qui patrem et patriam profitetur se habere in cœlo : cujus patriæ possessor nemo efficitur, nisi qui de terrenæ patriæ contentione securus habetur.

GRADUS VIII. — Octavus abusionis gradus est, pauper superbus, qui nihil habens, in superbiam extollitur : cum e contrario divitibus sæculi non superbe sapere per apostolum Paulum imperatur. (I *Tim.*, VI, 17.) Quid ergo stolidius potest fieri, quam illum, qui per infimam miseriam velut in terram abjectus, extremus et humilis incedere et contristari debuerat, supercilioso superbiæ tumore inflatam mentem contra Deum erigere? Per quod vitium lapsi corruerunt, qui in summo cœli conditi erant culmine. Quid ergo vult quasi potens in terra superbire, qui præ omnibus hominibus debuerat humilis apparere? Sed ne de paupertate sua tristitiam habeant, quid a Deo recepturi sunt pauperes attendant : ipse enim inquit : « Beati pauperes spiritu, quoniam ipsorum est regnum cœlorum. » (*Matth.*, V, 3.) Recta namque dispensatione misericors judex cœli regnum illis committit, quibus regni terrarum participationem inter mortales abstulit : ut ipse dives in cœli sede appareat, qui in terra nihil penitus procuravit. Cavendum ergo pauperibus est, ne dum per egestatem et necessitatem terrenum regnum perdunt, per mentis etiam imprudentiam cœlorum regna amittant. Cum enim Dei dispensatione paupertatem necessariam acceperint, in ipsorum arbitrio pendet, utrum pauperes spiritu sint. Non enim quibuscumque pauperibus cœli regna promittuntur, sed his tantummodo in quibus divitiarum inopiam animorum humilitas comitatur. Pauper enim humilis, pauper spiritu appellatur; qui cum egenus foris cernitur, nunquam in superbiam elevatur : quoniam ad appetenda regna cœlorum plus valet mentis humilitas, quam præsentium divitiarum temporalis paupertas. Etenim humiles qui bene divitias possessas habent, possunt pauperes spiritu appellari : superbos autem nihil habentes, haud dubium est beatitudine paupertatis privari. De quibus utrisque sancta Scriptura ita loquitur : « Est quasi dives, cum nihil habeat; et est quasi pauper, cum in multis divitiis sit. » (*Prov.*, XIII, 7.) Quasi pauper ergo in multis divitiis, est dives humilis spiritu : et nihil habens quasi dives, est pauper superbus mentis affectu. Nobilis ergo inopia est mentis humilitas, et ineptæ divitiæ sunt animorum enormitas. Providendum ergo pauperibus est, ut semetipsos quales sint intelligant : et quia rebus con-

obtenir les biens qu'ils convoitent, qu'ils ne laissent point leur âme se gonfler de superbe.

IX. — La neuvième sorte d'abus, c'est un roi méchant et injuste, car un roi ne doit pas être méchant, puisqu'il doit, au contraire, réprimer les méchants. Il doit conserver en lui-même la dignité indiquée par son nom. Le titre de roi renferme en lui-même cette signification de remplir les fonctions de *recteur* sur tous ses sujets. Mais comment pourra-t-il réprimer les autres, celui qui ne sait pas même corriger ses propres mœurs, si elles sont mauvaises? Le trône est honoré par la justice du roi, et le gouvernement des peuples est fortifié par son équité. La justice du roi, c'est de ne point se servir de sa puissance pour opprimer injustement, de juger entre les adversaires sans acception de personnes, de défendre les étrangers, les veuves et les orphelins, d'empêcher les larcins, de châtier les adultères, de ne pas élever en place les méchants, de ne pas souffrir les impudiques et les histrions, de punir les impies, de faire mourir les homicides et les parjures, de protéger les justes, de défendre les églises, de nourrir les pauvres de ses aumônes, de mettre à la tête des affaires des hommes justes, d'avoir pour conseillers des hommes âgés, sages et tempérants, de n'avoir aucun égard pour les superstitions des magiciens, des devins et des pythonisses, de dompter sa colère, de défendre courageusement et justement la patrie contre ses ennemis, de se confier en toute chose à Dieu, de ne point se laisser enorgueillir par la prospérité, ni abattre par l'adversité, de ne pas souffrir que ses propres enfants se conduisent mal, d'avoir un temps fixe pour la prière, et des heures réglées pour les repas. « Malheur à la terre dont le roi est un enfant, et dont les princes mangent dès le matin. » (*Ecclés.*, x, 16.) C'est là ce qui est un royaume florissant ici-bas, et ce qui conduit le roi lui-même à un royaume meilleur. Celui qui ne suit pas cette loi dans l'administration d'un état apporte beaucoup de calamités à son empire. La paix des peuples est souvent troublée, il s'élève des difficultés dans le sein même du royaume; les produits de la terre sont diminués; les travaux des sujets sont empêchés; des maux nombreux et variés détruisent la prospérité de l'état; la mort des enfants et des amis amène la tristesse; les incursions des ennemis ravagent les provinces; les bêtes féroces dévorent les troupeaux, les tempêtes du printemps et de l'hiver enlèvent à la terre sa fécondité, et empêchent la mer de porter les navires, et souvent les foudres et les orages détruisent les moissons, les fruits et les vignes. Mais surtout l'injustice du roi, non-seulement trouble le bonheur présent d'un état, mais elle est cause qu'après lui ses enfants et ses descendants sont rejetés. Pour châtier le crime de Salomon, le Seigneur arrache aux mains de ses enfants le royaume d'Israël, et pour récompenser la justice de David, il laisse constamment à Jérusalem un rejeton de sa race. On voit donc clairement combien la justice d'un roi est importante dans ce monde. Elle est la paix des peuples, la défense de la patrie, la garde des citoyens, le salut des faibles, la joie des hommes, la sérénité de l'air, le calme de la mer, la fécondité de la terre, le soulagement des pauvres, l'héritage des enfants, et,

sequi quod cupiunt non valent, mentis tumore superbire desinant.

GRADUS IX. — Nonus abusionis gradus est, rex iniquus. Etenim regem non iniquum, sed correctorem iniquorum esse oportet. Inde in semetipso nominis sui dignitatem custodire debet : nomen enim regis intellectualiter hoc retinet, ut subjectis omnibus rectoris officium procuret. Sed qualiter alios corrigere poterit, qui proprios mores, (*a*) si iniqui sint, non corrigit? Quoniam in justitia regis exaltatur solium, et in veritate regis solidantur gubernacula populorum. Justitia vero regis est, neminem injuste per potentiam opprimere, sine acceptione personarum inter virum et proximum suum judicare, advenis et pupillis et viduis defensorum esse, furta cohibere, adulteria punire, iniquos non exaltare, impudicos et histriones non nutrire, impios de terra perdere, parricidas et pejerantes vivere non sinere, Ecclesias defendere, pauperes eleemosynis alere, justos super regni negotia constituere, senes et sapientes et sobrios cousiliarios habere, magorum et ariolorum pythonissarumque superstitionibus non intendere, iracundiam differre, patriam fortiter et juste contra adversarios defendere, per omnia in Deo confidere, prosperitatibus non elevari animo, cuncta adversa patienter tolerare, fidem catholicam in Deum habere, filios suos non sinere impie agere, certis horis orationibus insistere, ante horas congruas cibum non gustare. « Væ enim terræ cujus rex puer est, et cujus principes mane comedunt. » (*Eccle.*, x, 16.) Hæc regni prosperitatem in præsenti faciunt, et regem ad cœlestia regna meliora perducunt. Qui vero regnum secundum hanc legem non dispensat, multas nimirum adversitates imperii tolerat. Idcirco enim pax populorum sæpe rumpitur, offendicula etiam de regno suscitantur, terrarum quoque fructus diminuuntur, et servitia populorum præpediuntur, multi et varii dolores prosperitatem regni inficiunt, carorum et liberorum mortes tristitiam conferunt, hostium incursus provincias undique vastant, bestiæ armentorum et pecorum greges dilacerant, tempestates (*b*) veris et hiemis terrarum fecunditatem et maris ministeria prohibent, et aliquando fulminum ictus segetes et arborum flores et pampinos quosque exurunt. Super omnia vero regis injustitia non solum præsentis imperii faciem offuscat, sed etiam filios suos et nepotes, ne post se regni hæreditatem teneant, obscurat. Propter piaculum enim Salomonis, regnum domus Israel Dominus de manibus filiorum ejus dispersit (III *Reg.*, xi, 31); et propter justitiam David regis, lucernam de semine ejus semper in Jerusalem reliquit. Ecce quantum justitia regis sæculo valeat, lucutibus perspicue patet. Est enim pax populorum, tutamen patriæ, immunitas plebis, munimentum gentis, cura languorum, gaudium hominum, temperies aeris, sere-

---

(*a*) Jonas Aurel. totum hunc gradum tanquam ex Cypriano inscrens *de institut. Regiæ*, c. III, legit, *ne iniqui*. — (*b*) Alias, *aeris et hemispheria turbata terrarum*, etc.

pour celui qui la possède, le gage de la vie éternelle. Cependant que le roi sache bien que de même que, sur le trône, il est au-dessus des autres hommes, de même aussi, s'il n'a pas pratiqué la justice, il occupera le premier rang au milieu des supplices. Tous les pécheurs qui, dans ce monde, étaient au-dessous de lui, seront pour lui des supérieurs implacables dans le séjour des châtiments éternels.

X. — La dixième sorte d'abus, c'est un évêque négligent, qui tandis qu'il réclame devant les hommes l'honneur dû à son rang, s'inquiète peu de la dignité de son ministère devant Dieu, dont cependant il tient ici-bas la place. L'évêque doit d'abord examiner la dignité attachée à son nom; ce nom vient d'un mot grec qui signifie sentinelle. Or, pourquoi pose-t-on une sentinelle, et qu'est-ce qu'on demande d'elle? Le Seigneur nous le dit, quand, sous la personne du prophète Ezéchiel il trace à l'évêque ses devoirs en ces termes : « Je t'ai donné pour sentinelle à la maison d'Israël, tu écouteras la parole de ma bouche, et tu leur annonceras ce que tu auras appris de moi; si tu vois le glaive s'approcher et que tu n'annonces pas à l'impie qu'il abandonne sa voie, l'impie mourra dans son iniquité, mais je te redemanderai son sang. Mais si tu lui annonces et qu'il ne revienne pas, il mourra dans son iniquité, mais pour toi tu auras délivré ton âme. » (Ezéch., III, 17 et suiv.) Il convient donc que l'évêque qui est placé comme une sentinelle pour veiller sur les autres, fasse attention aux péchés; lorsqu'il les a remarqués, il doit les corriger, s'il le peut, et par ses paroles et par ses actions. S'il ne le peut, qu'il repousse alors les ouvriers d'iniquité, selon la règle tracée dans l'Évangile. « Si, dit le Seigneur, ton frère a péché contre toi, va lui représenter sa faute en particulier entre toi et lui; s'il t'écoute, tu auras gagné ton frère. Mais s'il ne t'écoute point, prends avec toi une ou deux personnes, afin que tout soit confirmé par l'autorité de deux ou trois témoins. Que s'il ne les écoute pas, dis-le à l'Eglise; s'il n'écoute pas l'Eglise, qu'il soit à votre égard comme un païen et un publicain. » (Matth., XVIII, 15.) C'est ainsi qu'on doit chasser quiconque refuse de s'attacher au docteur, à l'évêque; et celui qui est ainsi expulsé ne doit être reçu ni par aucun autre docteur, ni par aucun autre évêque. Il est écrit du prêtre de l'ancienne loi : « Qu'il ne s'unisse point à une épouse veuve ou répudiée. » (Lév., XXI, 7.) Celui qui reçoit dans sa communion un homme excommunié ainsi par un évêque catholique, sans la permission de ce dernier, foule aux pieds les droits du sacerdoce, qui parmi les chrétiens est la race choisie. C'est pour cela que l'évêque doit veiller sur ceux dont il est la sentinelle. Au reste, l'apôtre saint Paul explique ce que doit être un évêque. Que pour arriver à l'épiscopat, il soit sobre, prudent, chaste, sage, modeste, hospitalier, qu'il maintienne ses enfants dans l'obéissance et dans toute sorte d'honnêteté ; qu'il ait bon témoignage même de ceux qui sont hors de l'Eglise, professant une doctrine sûre, n'ayant pas eu plus d'une femme avant son épiscopat; qu'il ne soit ni violent, ni double dans ses paroles; qu'il ne soit point sujet au vin et que ce ne soit pas un néophyte; afin qu'ayant toutes ces qualités, il confirme par sa conduite ce qu'il doit enseigner par ses discours. Que les évêques prennent garde qu'au jour de la vengeance,

---

nitas maris, terræ fecunditas, solatium pauperum, hæreditas filiorum, et sibimetipsi spes futuræ beatitudinis. Attamen sciat rex, quod sicut in trono hominum primus constitutus est; sic et in pœnis, si justitiam non fecerit, primatum habiturus est. Omnes namque quoscumque peccatores sub se in præsenti habuit, supra se modo implacabili in illa futura pœna habebit.

GRADUS X. — Decimus gradus abusionis est, episcopus negligens : qui gradus sui honorem inter homines requirit, sed ministerii sui dignitatem coram Deo, pro quo legatione fungitur (II Cor., V, 20), non custodit. Primo namque ab episcopo, quid sui nominis dignitas teneat, inquiratur, quoniam cum Episcopus Græcum nomen sit, speculator interpretatur. Quare vero speculator ponitur, et quid a speculatore requiritur, Dominus ipse denudat, cum sub Ezechielis prophetæ persona episcopo officii sui rationem denuntiat, ita inquiens : « Speculatorem dedi te domui Israel. Audiens ergo ex ore meo sermonem, nuntiabis eis ex me. Si autem videris gladium venientem, et tu non annuntiaveris ut revertatur impius a via sua, ipse quidem impius ab iniquitate sua morietur, sanguinem autem ejus de manu tua requiram. Si autem tu annuntiaveris, et ille non fuerit reversus, ipse quidem in iniquitate sua morietur, sed tu animam tuam liberasti. » (Ezech., III, 17, etc.) Decet ergo episcopum, qui omnium speculator positus est, peccata diligenter attendere ; et post quam attenderit, sermone si potuerit et actu corrigere; si non potuerit, juxta Evangelii regulam scelerum operarios declinare. « Si enim, inquit in Evangelio Dominus, peccaverit in te frater tuus, corripe illum inter te et ipsum. Si te audierit, lucratus es fratrem tuum : si te non audierit, adhibe tecum adhuc unum vel duos, ut in ore duorum vel trium stet omne verbum. Si illos non audierit, dic Ecclesiæ. Si Ecclesiam non audierit, sit tibi sicut ethnicus et publicanus. » (Matth., XVIII, 15, etc.) Tali ordine expellendus est, quicumque doctori vel episcopo adhærere noluerit. Si qui tali ordine expulsus fuerit, ab alio aliquo doctore vel episcopo non debet recipi. De sacerdote namque in lege scribitur : « Viduam aut repudiatam non accipiat uxorem. » (Levit., XXI, 7.) Qui ergo illum excommunicatum a catholico, illo non permittente, sibi jungit; jura sacerdotii sancti, quod Christianorum genus electum est, excedit. Hac ratione episcopum ad eos quibus in speculatione positus est, esse oportet. Cæterum vero qualis in semetipso esse debeat, Paulus apostolus exponit, ut ad gradum episcopi veniens sit sobrius, prudens, castus, sapiens, modestus, hospitalis, filios habens subditos cum omni castitate, testimonium habens bonum ab his qui foris sunt, proferens doctrinæ fidelem sermonem, ante episcopatum non plures habens uxores quam unam; non percussor, non bilinguis, non ebriosus, non neophytus (I Tim., III, 2, etc.) : ut per hæc ipse ostendat in opere, quod alios docet in sermone doctrinæ. Caveant

Dieu ne leur applique cette plainte exprimée par le prophète : « Mes pasteurs ont eux-mêmes perdu mon peuple ; ils ne paissaient pas mon troupeau, mais ils se paissaient eux-mêmes. » (*Ezéch.*, XXXIV, 8.) Mais plutôt que ceux que Dieu a établis sur les autres, s'efforcent de procurer à leurs ouailles dans le temps favorable une mesure de froment, c'est-à-dire une doctrine saine et éprouvée, afin que lorsque viendra le Seigneur, ils méritent d'entendre ces paroles : « Réjouissez-vous, bon et fidèle serviteur, parce que vous avez été fidèle dans de petites choses, je vous établirai sur de plus grandes, venez partager la joie de votre maître. » (*Matth.*, XXV, 23.)

XI. — La onzième sorte d'abus c'est une populace sans discipline, car ne se soumettant pas aux exercices de la discipline, elle se jette ainsi dans la voie de la perdition. Sans une discipline rigoureuse, on n'évitera point la colère de Dieu. C'est pourquoi le prophète dit au peuple indiscipliné : « Embrassez étroitement la discipline, de peur qu'enfin le Seigneur ne se mette en colère. » (*Ps.* II, 12.) La discipline c'est la correction bien entendue des mœurs ; c'est l'observation des règles fixées par ceux qui nous ont précédés. C'est de cette discipline que parle l'Apôtre quand il dit : « Persévérez dans la discipline, Dieu vous traite comme ses enfants. Que si vous restez en dehors de la discipline, après que Dieu vous y a fait participer, vous êtes des bâtards, et non pas ses enfants légitimes. » (*Hebr.*, XII, 7.) Or, ceux qui sont bâtards sont sans règle, et n'ont point de part à l'héritage du royaume céleste ; si les enfants, au contraire, se soumettent à la discipline du père, ils peuvent espérer avoir part un jour à son héritage. C'est encore en recommandant cette même discipline à un peuple sans règle que le prophète Isaïe disait : « Cessez d'agir avec perversité et commencez à faire le bien. » (*Isa.*, I, 16.) Ce que le Psalmiste répète presque dans les mêmes termes quand il dit : « Evitez le mal, et faites le bien. » (*Ps.* XXXIII, 15.) Il est malheureux celui qui rejette la discipline. En déchirant la discipline de l'Eglise de Jésus-Christ, il est plus hardi que les soldats qui l'ont crucifié, puisqu'ils n'ont pas déchiré sa robe. De même que la robe couvre tout le corps à l'exception de la tête ; ainsi toute l'Eglise est couverte par la discipline, elle est par elle ornée et protégée, à l'exception de Jésus-Christ qui est le chef de l'Eglise, et qui lui-même n'est point soumis à cette discipline. Cette tunique était d'un seul tissu depuis le bas jusqu'en haut, ainsi la même discipline règne dans toute l'Eglise, elle a été donnée par le Seigneur qui l'a rendue parfaite. C'est en parlant d'elle que le Sauveur, sur le point de remonter vers son Père après sa résurrection, disait à ses apôtres : « Restez dans la ville jusqu'à ce que vous soyez revêtus de la vertu d'en haut. » (*Luc*, XXIV, 49.) La tunique du corps de Jésus-Christ c'est la discipline de l'Eglise ; celui qui est en dehors de la discipline est séparé du corps de Jésus-Christ. « Ne la déchirons donc pas, mais tirons-la au sort pour savoir à qui elle appartiendra. » (*Jean*, XIX, 24.) C'est-à-dire ne diminuons rien des commandements de Dieu, mais que chacun demeure devant le Seigneur dans la vocation où il a été placé.

XII. — La douzième sorte d'abus, c'est un peuple sans loi. En méprisant les ordres de Dieu et ce que

---

ergo negligentes episcopi, quod in tempore vindictæ Dominus per Prophetam conqueritur dicens : « Pastores (a) mei demoliti sunt populum meum, et non pascebant gregem meum pastores, sed pascebant semetipsos : » (*Ezech.*, XXXIV, 8) sed potius procurent hi, quos constituit Dominus super familiam suam dare illis cibum in tempore suo mensuram tritici (*Luc.*, XII, 42), puram scilicet et probatam doctrinam, quatenus veniente Domino mereantur audire : « Euge serve bone et fidelis, quia supra pauca fuisti fidelis, supra multa te constituam, intra in gaudium domini tui. » (*Matth.*, XXV, 23.)

GRADUS XI. — Undecimus abusionis gradus est, plebs sine disciplina ; quæ cum disciplinæ exercitatioubus non servit, communi se perditionis laqueo constringit ; iram enim Domini absque disciplinæ rigore non evadit. Atque idcirco Psalmista vocibus indisciplinatæ plebi prædicatur : « Apprehendite disciplinam, ne quando irascatur Dominus. » (*Psal.* II, 12.) Disciplina vero est morum ordinata correctio, et majorum præcedentium regularum observatio : de qua disciplina Paulus apostolus ita loquitur, dicens : « In disciplina perseverate, tanquam filiis vobis offert se Deus. Quod si extra disciplinam estis, cujus participes facti estis omnes, ergo adulteri, et non filii estis. » (*Hebr.*, XII, 7, 8.) Qui ergo adulteri sunt, sine disciplina sunt, et cœlestis regni hæreditatem non capiunt : si filii autem paternæ disciplinæ correctionem ferunt, et hæreditatem quandoque recipere posse non desperant. De qua etiam disciplina Isaias indisciplinatæ plebi prædicat, dicens : « Quiescite agere perverse, discite bene facere. » (*Isa.*, I, 16.) Et ad eamdem Psalmista consona voce psallit dicens : « Declina a malo, et fac bonum. » (*Psal.* XXXIII, 15.) Infelix ergo est qui abjicit disciplinam : audet enim extra milites aliquid, qui Dominum crucifigentes non ejus sciderunt tunicam, qui Ecclesiæ Christi scindit disciplinam. Sicut enim tunica totum corpus præter caput tegitur ; ita disciplina omnis Ecclesia præter Christum, qui Ecclesiæ caput est (*Joan.*, XIX, 24), et sub disciplina non est, protegitur et ornatur. Ipsa enim tunica contexta de super fuerat per totum (*Ibid.*, 23) ; quia eadem disciplina Ecclesiæ a Domino de cœlo tribuitur et integratur. De qua Dominus cum ad Patrem ascendisset postquam resurrexit a mortuis, ad Apostolos suos loquebatur dicens : « Vos autem sedete in civitate, quoad usque induamini virtute ex alto. » (*Luc.*, XXIV, 49.) Tunica ergo corporis Christi, disciplina Ecclesiæ est : qui autem extra disciplinam est, alienus est a corpore Christi. « Non scindamus igitur illam, sed sortiamur de illa cujus sit : » (*Joan.*, XIX, 24) id est, non solvamus quidquam de mandatis Domini, sed unusquisque in quo vocatus est, in eo permaneat apud Dominum.

GRADUS XII. — Duodecimus abusionis gradus est, populus sine lege : qui dum Dei dicta, et legum scita

---

(a) Mss. Corb. *muti*. Apud Cypr. *multi*.

prescrivent les lois, il tombe dans diverses erreurs et se rend coupable de prévarication. C'est en déplorant ces erreurs que, s'adressant à tout le genre humain dans la personne du peuple prévaricateur, le Prophète s'écrie : « Nous avons erré comme des brebis égarées, chacun s'est détourné de sa voie; » (*Isa.*, LIII, 6) c'est encore en parlant de ces sentiers de l'erreur que le Sage dit : « Il y a plusieurs voies qui semblent droites aux hommes, et qui finalement conduisent à la mort. » (*Prov.*, XIV, 12.) Ces diverses voies de perdition sont suivies lorsque par négligence on abandonne la loi de Dieu, laquelle ne se détourne ni à droite ni à gauche. C'est de cette voie que parle Notre-Seigneur Jésus-Christ, lui qui est la fin de la loi pour la justification de tout croyant, quand il dit : « Je suis la voie, la vérité et la vie. Personne ne vient au Père, si ce n'est par moi. » (*Jean*, XIV, 6.) Il invite tous les hommes à suivre cette voie, quand il leur dit : « Venez à moi, vous tous qui êtes fatigués et surchargés, et je vous fortifierai. » (*Matth.*, XI, 28.) « Car il n'y a point en Dieu acception de personnes. » (*Rom.*, II, 11.) Pour lui, il n'y a aucune distinction, de Grec, de Juif, d'hommes ou de femmes, d'esclave ou de maître, de Scythe ou de barbare; mais Jésus-Christ est tout en tous. Puisque Jésus-Christ est la fin de la loi, ceux qui sont sans loi sont sans Christ : d'où il suit qu'un peuple sans loi est un peuple sans Christ. Or, n'est-ce pas un abus, que, sous le règne de l'Évangile, un peuple soit sans loi, alors que les apôtres ont eu la permission de prêcher à tous les peuples, alors que le tonnerre des enseignements évangéliques a retenti dans toutes les parties du monde, que les nations qui ne connaissaient point la justice ont embrassé la justice, que ceux qui étaient éloignés ont été rapprochés par le sang de Jésus-Christ; alors que ceux qui n'étaient point un peuple sont devenus le peuple de Dieu en Jésus-Christ; alors que voici l'époque favorable, les jours de salut, le temps de rafraîchissement en présence du Très-Haut; alors que chaque nation a un témoin de la résurrection dans le Seigneur lui-même, qui dit : « Voici que je suis avec vous tous les jours, jusqu'à la consommation des siècles ? » (*Matth.*, XXVIII, 20.) Ne soyons donc pas sans Jésus-Christ pendant ces jours périssables, afin que Jésus-Christ ne soit pas sans nous dans les jours de son éternité.

contemnit, per diversas errorum vias prævaricationis laqueum incurrit. De quibus viis sub persona prævaricatoris populi humanum genus Propheta ita deplangit : « Nos autem sicut oves erravimus, unusquisque in viam suam declinavit : » (*Isa.*, LIII, 6) de quibus viis etiam Sapientia loquitur per Salomonem : « Multæ viæ videntur hominibus rectæ, et novissima earum deducunt ad mortem. » (*Prov.*, XIV, 12.) Quæ utique multæ perditionis viæ tunc incedentur, cum una regalis via, lex Dei videlicet, quæ neque ad dexteram neque ad sinistram declinat, per negligentiam deseritur. De qua via Dominus Jesus Christus, qui est finis legis ad justitiam omni credenti (*Rom.*, X, 4), denuntiat : « Ego sum via, veritas et vita. Nemo venit ad Patrem nisi per me. » (*Joan.*, XIV, 6.) Ad quam viam omnes homines communiter invitat dicens : « Venite ad me omnes qui laboratis et onerati estis, et ego vos reficiam. » (*Matth.*, XI, 28.) « Quia non est personarum acceptio apud Deum : » (*Rom.*, II, 11) ubi non est Judæus et Græcus, masculus et femina, servus et liber, barbarus et Scytha; sed omnia in omnibus Christus : omnes enim unum sunt in Christo Jesu. (*Gal.*, III, 28.) Dum ergo Christus finis est legis, qui sine lege sunt, sine Christo fiunt (*Rom.*, X, 4) : igitur populus sine lege, populus sine Christo est. Abusivum ergo est in temporibus Evangelii populum sine lege fieri, quando Apostolis in cunctas gentes licentia prædicationis data est (*Matth.*, XXVIII, 19), quando tonitruum Evangelii per cunctas sæculi partes intonuit; quando gentes quæ non sectabantur justitiam, apprehenderunt justitiam (*Rom.*, IX, 30); quando qui longe fuerant, facti sunt prope in sanguine Christi (*Ephes.*, II, 13); quando aliquando non populus, nunc autem populus Dei in Christo (*Rom.*, IX, 25) : quando est tempus acceptabile et dies salutis et tempora refrigerii in conspectu Altissimi (II *Cor.*, VI, 2); quando unaquæque gens habet testem resurrectionis, quando ipse Dominus protestatur : « Ecce ego vobiscum sum omnibus diebus usque ad consummationem sæculi. » (*Matth.*, XXVIII, 20.) Non simus ergo sine Christo in hoc tempore transitorio; ne sine nobis Christus esse incipiat in futuro.

La table des ouvrages contenus dans l'Appendice du tome sixième de l'édition des Bénédictins, que nous avons insérée à la page 339 du vingt-deuxième volume de cette édition, mentionne ici un ouvrage, ou mieux deux traités : l'un, *Sur les sept péchés capitaux*; l'autre, *Sur les sept dons du Saint-Esprit*. Ces deux traités ayant été imprimés parmi les œuvres de Hugues de Saint-Victor, auquel ils appartiennent, n'ont pas été reproduits dans l'édition des Bénédictins. Voici ce que dit à ce sujet Dom Ceillier : « Le père Vignier a fait imprimer ces deux traités sous le nom de saint Augustin dans la première partie de son supplément; mais, comme ils se trouvent parmi les œuvres de Hugues de Saint-Victor, on les a supprimés dans la nouvelle édition de saint Augustin (1). »

(1) Dom Ceillier, édit. Vivès, tom. IX, page 287.

AVERTISSEMENT SUR LE LIVRE SUIVANT

Le Traité *Du combat des vices contre les vertus* a été attribué à quatre auteurs célèbres : à saint Augustin, dans toutes les éditions de ses œuvres ; à saint Léon, dans l'édition des œuvres de ce Père faite à Paris, en 1511 ; ensuite à saint Ambroise, dans une édition romaine de ses œuvres, en 1585, dans laquelle on observe qu'il fut adressé à Simplicien ; enfin, à saint Isidore de Séville, dans une édition de Madrid, en 1599, et dans une autre qui fut imprimée à Paris en 1601, par les soins de Jacques du Breul, bénédictin du monastère de Saint-Germain. Du Breul a été induit en erreur par Sigebert de Gemblours, qui, dans *ses hommes illustres*, l'attribue à saint Isidore, trompé lui-même par des manuscrits qui, dit-on, portent la suscription de ce saint docteur. Or, les manuscrits que nous avons examinés l'attribuent ou à Ambroise, ou à Augustin, ou à Léon, et Gratien le cite sous le nom de saint Augustin. (II *Quest.* XXII, can. *Nec artificioso*.) Quant à nous, nous croyons que l'auteur de ce traité est réellement Ambroise, non pas le saint évêque de Milan dont nous venons de parler, mais Autpert, abbé du couvent de Saint-Vincent sur le Vulturne, près de Bénévent, et qui s'appelait aussi Ambroise. Il avait composé un livre *Sur le combat des vices*, au témoignage de l'auteur de sa vie, (qui se trouve à l'année 778, seconde partie du troisième siècle bénédictin). Or, ce livre a une grande ressemblance avec l'ouvrage d'Ambroise Autpert, sur l'Apocalypse ; il indique un homme pratiquant les observances monastiques et s'adressant surtout aux moines, comme lorsqu'il dit, chap. XVI : « Si donc la cupidité est un si grand danger pour les séculiers, à plus forte raison le sera-t-elle pour ceux qui, ayant cessé d'être du siècle, et par le vêtement qu'ils portent, et par le genre de vie qu'ils mènent, se sont consacrés au Seigneur. » Et ailleurs, chap. XVIII : « Si tu conserves intact ce que ton supérieur te confie, si tu n'en réserves pas même une faible partie, etc. » Ces dernières paroles et plusieurs autres *sur la Fermeté*, au chap. XIV, *sur la Taciturnité*, au chap. XXII, semblent extraites des préceptes de saint Benoît. Nous n'ajoutons pas, pour justifier notre opinion, la recommandation éloquente de la règle de saint Benoît, qui se trouve à la fin de ce Traité ; car les deux derniers chapitres manquent dans les éditions de saint Ambroise, de saint Isidore, dans quelques manuscrits, ainsi que dans celle de saint Augustin, publiée par Erasme. Dans ce cas, l'ouvrage se termine par ces mots : « Pour vous, homme de Dieu, accordez une attention religieuse à ce que je vous dis. »

ADMONITIO IN SUBSEQUENTEM LIBRUM

Liber *De conflictu vitiorum et virtutum* scriptoribus quatuor nobilissimis tributus est, Augustino primum in omnibus Operum illius editionibus : Leoni deinde in ejus editione Parisiensi anni 1511, postea Ambrosio in Romana editione anni 1585, in qua scriptus ad Simplicianum prænotatur : et demum Isidoro Hispalensi in editione anno 1599, apud Madritum, et in altera apud Parisios procurante Jacobo du Breul Germanensis nostri cœnobii monacho 1601, excusa. Decepit Breulium Sigebertus Gemblacensis in libro *De viris illustribus*, deceptus ipse falsa veterum aliquot inscriptione codicum, qui nomen Isidori habere dicuntur. Porro inspecti a nobis codices Mss. aut Ambrosio assignant, aut Augustino, aut Leoni : et nomine Augustini citat Gratianus II, q. XXII, c. *Nec artificioso*. Auctorem nos credimus Ambrosium, non illum quidem supra laudatum Mediolanensem episcopum, sed Autpertum monasterii S. Vincentii ad Vulturnum in Benevento abbatem, cui etiam Ambrosio prænomen fuit. Testatur scriptor ejus vitæ, quæ in sæculo tertio Benedictino parte 2, ad annum Christi 778, exstat, compositum ab ipso librum *De conflictu vitiorum*. Atqui liber subsequens multam affinitatem cum Ambrosii Autperti opere in Apocalypsim habet, ac virum plane sapit Monasticæ vitæ sectatorem, et propter Monachos maxime scribentem, veluti ubi ait cap. XVI. « Si igitur sæcularibus viris ita est perniciosa cupiditatis industria, quanto magis illis periculosior, qui habitu et conversatione jam sæculares esse desierunt, qui totum quod vivunt Domino devoverunt. » Et cap. XVIII : « Si cuncta quæ tibi prælatus servanda commisit, illibata consignas, et ne modicum quid reservandum existimas, » etc., quæ postrema verba, aliaque multa, *de stabilitate* cap. XIV, *de taciturnitate*, cap. XXII, etc., ex S. Benedicti præceptionibus usurpata videntur. Nec ad rem confirmandam addimus disertis verbis commendari Benedictinam regulam in fine libri : præsertim quod liber apud Ambrosium et Isidorum editus, nec non in Mss. quibusdam et in editione Erasmiana, etc., careat capitibus duobus postremis, et ad hæc verba capitis XXVI, de-

Quelquefois on trouve cette conclusion : « Avec le secours de celui qui vit et règne dans les siècles des siècles. » Nous avons collationné le texte sur des manuscrits de Saint-Germain, de Corbie, de Lyre et de Saint-Victor.

sinat. « Tu autem homo Dei, vigilanti studio attende quæ dico, » addita plerumque clausula, « ipso adjuvante qui vivit et regnat in sæcula sæculorum, Amen. » Recognitus est liber ad Mss. Germanensem, Corbeiensem, Lyrensem, Victorinum, etc.

LE LIVRE
DU COMBAT DES VICES
CONTRE LES VERTUS

CHAPITRE PREMIER. — Pour que ceux qui doivent livrer les combats de la foi ne s'endorment point dans une sécurité trompeuse, la voix de l'Apôtre retentissant dans tout l'univers nous dit : « Tous ceux qui veulent vivre avec piété en Jésus-Christ seront persécutés. » (II *Tim.*, III, 12.) Et maintenant que la chrétienté a des princes religieux et fidèles, que ceux qui veulent vivre avec piété en Jésus-Christ n'ont plus à redouter les chaînes, les verges, les fouets, les prisons, les chevalets, les croix et autres divers supplices du même genre, comment pourra se réaliser cette parole de l'Apôtre, que tous ceux qui vivent pieusement souffriront persécution ? Est-ce que, par hasard, dans les temps de paix, personne ne veut vivre avec piété en Jésus-Christ, et que pour cette raison la persécution manque ? Certes, personne ne serait assez insensé pour le prétendre ? Sous ces paroles de l'Apôtre, ce n'est donc pas une persécution particulière à quelques-uns qu'il faut entendre, mais une persécution générale et qui doit tomber sur tous. Il en est plusieurs, à la vérité, dans le sein de l'Eglise notre Mère, qui, voulant vivre avec piété en Jésus-Christ, sont accablés d'outrages, poursuivis par des insultes, des injures et des railleries. Est-ce là cette persécution générale que l'Apôtre a annoncée à ceux qui veulent vivre pieusement ? J'en conviendrais difficilement : car il y a des hommes pieux auxquels nul méchant n'oserait jeter une injure en face. Il faut donc entendre une persécution plus cruelle, plus dangereuse, qui ne vient point de la cruauté des hommes, mais qui est produite par l'hostilité des vices. En effet, sentir l'orgueil lutter contre l'humilité, la vaine gloire contre la crainte de Dieu, l'hypocrisie contre la vraie religion, le mépris contre la soumission, la jalousie contre l'affection fraternelle, la haine contre la charité, la détraction contre la liberté d'une juste réprimande, la colère contre la patience, l'emportement contre la douceur,

DE CONFLICTU
VITIORUM ET VIRTUTUM
LIBER UNUS

CAPUT PRIMUM. — Apostolica vox clamat per orbem, atque in procinctu fidei positis, ne securitate torpeant, dicit : « Omnes qui pie volunt vivere in Christo Jesu, persecutionem patiuntur. » (II *Tim.*, III, 12.) Ecce quia Christianitas in suis principibus jam religiosa, jamque fidelis est, desunt pie viventibus in Christo Jesu vincula, verbera, flagra, carceres, equulei, cruces, et si qua sunt diversorum genera tormentorum : quomodo ergo verum erit quod per Apostolum sonuit, ut omnes pie viventes persecutionem patiantur? An forte pacis tempore nemo vult pie vivere in Christo Jesu, et ideo desunt ista? Quis hoc vel desipiens dixerit? In hac ergo Apostoli sententia, non specialis quorumdam, sed generalis omnium persecutio debet intelligi. Et quidem sunt multi intra sinum matris Ecclesiæ constituti, qui pie viventes in Christo, contumeliis afficiuntur, opprobriis, injuriis derisionibusque lacessuntur : istane est illa generalis persecutio, quam Apostolus omnes pie viventes pati descripsit? Non facile dixerim; cum sint quidam religiosi, quibus nemo pravorum audeat in faciem derogare. Alia ergo intelligenda est, quæ immanior et magis noxia est, quamque non (*a*) mortalis intorquet severitas, sed vitiorum gignit adversitas. Dum enim contra humilitatem superbia, contra Domini timorem inanis gloria, contra veram religionem simulatio, contra subjectionem pugnat contemptus, contra fraternam congratulationem invidia, contra dilectionem odium, contra libertatem justæ correptionis detractio, contra patientiam ira, contra mansuetudinem protervia, contra satisfactio-

(*a*) Mss. *materialis*.

l'arrogance contre une humble prévenance, la vie mondaine contre la joie spirituelle, l'indolence et la lâcheté contre l'exercice des vertus, la légèreté contre la fermeté, le désespoir contre une espérance confiante, la cupidité contre le mépris du monde, la dureté contre la compassion, la perfidie et le larcin contre l'innocence, la fausseté et le mensonge contre la vérité, la gourmandise contre la tempérance dans le manger, une folle joie contre une sage tristesse, la soif de parler contre un silence discret, l'impureté et la luxure contre l'innocence du corps, la fornication d'esprit contre la pureté du cœur, la passion pour les choses de ce monde contre l'amour des biens célestes; qu'est-ce autre chose, pour ceux qui vivent pieusement, que de souffrir une cruelle persécution contre toutes les vertus qu'on voudrait pratiquer? Oh! qu'il est dur, qu'il est pénible, ce combat contre l'orgueil, qui a précipité les anges du ciel et banni les hommes du paradis, dont tous les vices que nous venons d'indiquer forment les bataillons et les armes! Mais voyons comment les camps célestes combattent contre ceux de l'enfer, et comment les armes de Jésus-Christ luttent contre celles de Satan.

Chapitre II. — L'orgueil dit : Certes, tu es meilleur que beaucoup, tu es même meilleur que presque tous les autres, par ton éloquence, par ta science, par tes richesses, par tes honneurs et par tous les avantages que te procurent les dons du corps et ceux de l'esprit. Méprise donc tous les autres et considère-toi comme supérieur à tous. La vraie humilité répond : Souviens-toi que tu es cendre et poussière, que tu es pourriture et ver de terre, que si tu es quelque chose, tu perds entièrement ce que tu es, à moins de t'abaisser d'autant plus que tu es plus grand. Es-tu donc plus élevé que le premier ange? Es-tu plus brillant sur la terre que Lucifer ne l'était dans le ciel? Que si par son orgueil il est tombé d'une telle hauteur, comment toi, en t'enorgueillissant, pourras-tu, des bas lieux que tu occupes, monter à ce faîte de gloire; toi, qui pendant que tu vis, est soumis à cette condition dont parle le Sage : « Le corps qui se corrompt appesantit l'âme; cette demeure terrestre abat l'esprit par la multiplicité des soins. » (*Sag.*, IX, 15.) De quelles épaisses ténèbres l'orgueil doit-il environner la boue sur la terre, puisqu'il a pu dépouiller de ses rayons, dans le ciel, l'étoile qui se levait le matin? Ecoute plutôt la Vérité elle-même te disant : « Celui qui me suit ne marche point dans les ténèbres, mais il aura la lumière de vie. » (*Jean*, VIII, 12.) Elle nous dit ailleurs en quoi nous devons la suivre : « Apprenez de moi que je suis doux et humble de cœur, et vous trouverez le repos pour vos âmes. » (*Matth.*, XI, 29.) Ecoute, orgueil impertinent, le grand Maître d'humilité disant encore : « Quiconque s'élève sera humilié, et quiconque s'abaisse sera élevé. » (*Luc*, XIV, 11.) Et ailleurs : « Sur qui se reposera mon esprit, sinon sur celui qui est humble, paisible et qui respecte mes paroles. » (*Isa.*, LXVI, 2.) Ecoute encore ce que dit l'Apôtre de celui qui te donne ces enseignements : « Ayant la forme et la nature de Dieu, il n'a point cru que ce fût pour lui une usurpation d'être égal à Dieu; mais il s'est anéanti lui-même, en prenant la forme et la nature d'esclave, en se rendant semblable

---

nem tumor, contra spiritale gaudium sæcularis vita, contra virtutis exercitium torpor vel ignavia, contra firmam stabilitatem dissoluta vagatio, contra spei fiduciam desperatio, contra mundi contemptum cupiditas, contra misericordiam obduratio, contra innocentiam fraus et furtum, contra veritatem fallacia atque mendacium, contra ciborum parcimoniam ventris ingluvies, contra moderatum mœrorem inepta lætitia, contra discretam taciturnitatem multiloquium, contra carnis integritatem immunditia atque luxuria, contra cordis munditiam spiritalis fornicatio, contra amorem patriæ cœlestis appetitus sæculi præsentis (*a*) opponens semet immergit, quid aliud quam crudelis pie viventium persecutio adversus conglobatas virtutum acies desævit? O quam durus, o quam amarus est superbiæ congressus, quæ angelos de cœlo projecit, homines de paradiso (*b*) eliminavit, cujus exercitus atque armorum conflictus vitia sunt, quæ breviter comprehensa tetigimus! Sed videamus quemadmodum castra cœli et inferni dimicent, arma Christi et diaboli (*c*) collisa decertent.

Caput II. — Superbia namque dicit : Certe multis, imo etiam pene omnibus melior es, verbo, scientia, divitiis, honoribus, et cunctis quæ vel carnalibus vel spiritalibus suppetunt charismatibus. Cunctos ergo despice, cunctis temetipsum superiorem attende. Sed Humilitas vera respondet : Memento quia pulvis es (*Gen.*, III, 19), quia cinis es, quia putredo et vermis es (*Eccli.*, III, 20), quique si aliquid es, nisi tanto te humilies quanto magnus es, perdis omnino quod es. Numquid tu altior es quam primus angelus? Numquid tu splendidior in terra, quam Lucifer in cœlo? Quod si ille de tanta sublimitate per superbiam cecidit; quomodo tu ad tantam celsitudinem superbiens de imis conscendes, qui illa, quamdiu hic vivis, conditione teneris, de qua per quemdam sapientem dicitur : « Corpus quod corrumpitur aggravat animam, et deprimit terrena inhabitatio sensum multa cogitantem? » (*Sap.*, IX. 15.) Quam densissimis putamus in terra superbiæ tenebris lutum involvi, si potuit in cœlo stella quæ mane oriebatur lucis suæ globos amittere? (*Isa.*, XIV, 12.) Audi ergo potius lucem Veritatis dicentem : « Qui sequitur me, non ambulat in tenebris, sed habebit lumen vitæ. » (*Joan.*, VIII, 12.) In quo autem esset sequenda, alibi præmonuit, dicens : « Discite a me, quia mitis sum et humilis corde, et invenietis requiem animabus vestris. » (*Matth.*, XI, 29.) Audi tumor superbiæ, audi dicentem adhuc humilitatis magistrum : « Omnis qui se exaltat, humiliabitur, et qui se humiliat, exaltabitur. » (*Luc.*, XIV, 11.) Et illud : « Super quem requiescit spiritus meus, nisi super humilem et quietum et trementem sermones meos? » (*Isa.*, LXVI, 2.) Audi quid etiam de illo Apostolus dicat, qui te ad hæc sectanda invitat. Ait enim : « Qui cum in forma Dei esset, non rapinam arbitratus est esse se æqualem Deo, sed semetipsum exinanivit, formam servi accipiens, in similitudinem homi-

---

(*a*) Mss. plures, *oppugnans*. — (*b*) Mss. plerique, *minavit*. Apud Ambros. et Isid. *eliminavit*. — (*c*) Ms. unus, *consilia*.

aux hommes et étant reconnu pour homme dans tout son extérieur. Il s'est abaissé lui-même, se rendant obéissant jusqu'à la mort et à la mort de la croix. » (*Phil.*, II, 6, etc.) Si la Majesté divine s'est abaissée jusqu'à cet excès d'humilité, la misère humaine doit-elle donc s'enorgueillir de quelque chose ?

CHAPITRE III. — La vaine gloire dit : Fais le bien que tu pourras, montre à tous le bien que tu fais, afin que tous voient que tu es bon, et que chacun te proclame un homme vertueux et saint, qu'on te considère comme un élu, que personne ne te dédaigne ni ne te méprise, mais que tous aient pour toi les égards que tu mérites. La crainte de Dieu répond : Si tu fais quelque chose de bien, ne le fais pas pour une gloire qui passe, mais pour celle qui doit toujours durer ; cache autant que possible le bien que tu fais ; que si tu ne peux le cacher, aie du moins l'intention de le cacher, et tu n'auras rien à craindre de la vaine gloire, et ce ne sera pas une faute de ta part, si l'on voit parfois ce que tu voudrais cacher. Ainsi, tu satisferas à deux préceptes du Sauveur, qui d'abord semblent être opposés. Dans l'un, il dit : « Quand vous faites votre aumône, que votre main gauche ne sache pas ce que fait votre main droite, que votre aumône soit toujours secrète ; et votre Père qui voit dans le secret vous la rendra. » (*Matth.*, VI, 3.) Et ailleurs : « Qu'ils voient que vos œuvres sont bonnes et qu'ils glorifient votre Père qui est au ciel. » (*Ibid.*, v, 16.) Prends garde qu'on ne puisse t'appliquer cette sentence qui concerne les hypocrites : « Ils font toutes leurs œuvres pour être vus des hommes ; en vérité, je vous le dis : Ils ont reçu leur récompense. » (*Matth.*, VI, 2.) Dans tout ce que tu fais, prends garde

que, te laissant aller à la vaine gloire, tu ne mérites d'être repoussé comme ceux qui se glorifiaient de leur merveilleuse puissance, et que tu n'entendes ces paroles : « Je voyais Satan tomber du ciel comme la foudre. » (*Luc*, x, 18.) « La crainte du Seigneur est la véritable gloire et un sujet de glorification ; c'est une source de joie et une couronne d'allégresse. La crainte du Seigneur réjouira le cœur, elle donnera la joie, l'allégresse et la longue vie. » (*Eccli.*, I, 11, et suiv.) Celui qui craint le Seigneur se trouvera heureux à la fin de sa vie et il sera béni au jour de sa mort. La crainte du Seigneur est la sanctification de la science ; cette sanctification garde le cœur et le rend juste, elle le remplit de satisfaction et de joie. La crainte de Dieu est la plénitude de la sagesse, elle rassasie ceux qu'elle possède de l'abondance de ses fruits. La crainte du Seigneur est la couronne de la sagesse. La crainte du Seigneur est la racine de la sagesse, et ses branches sont de longue durée.

CHAPITRE IV. — L'hypocrisie dit : Puisque tu ne fais aucun bien dans le secret, de peur d'être connu tel que tu es, et détesté de tous, montre-toi au dehors tout autre que tu es réellement. Mais à cela la véritable religion répond : Efforce-toi plutôt de devenir ce que tu n'es pas ; chercher à paraître aux yeux des hommes meilleur que tu n'es, c'est courir à la damnation. Souviens-toi de ce qui est écrit : « Malheur à vous, scribes et pharisiens hypocrites, parce que vous nettoyez le dehors de la coupe et du plat, et que vous êtes au dedans pleins de rapines et d'impureté. Pharisien aveugle, nettoie premièrement le dedans de la coupe et du plat, afin que le dehors soit net. Malheur à vous, scribes et pharisiens, parce que vous

---

num factus, et habitu inventus ut homo. Humiliavit semetipsum factus obediens usque ad mortem, mortem autem crucis. » (*Philip.*, II, 6, 7.) Si igitur tanta humilitate se deprimit divina majestas, superbire in aliquo debet humana fragilitas ?

CAPUT III. — Inanis gloria dicit : Age bonum quod vales, ostende cunctis bonum quod agis ; ut bonus a cunctis dicaris, ut sanctus et venerabilis ab omnibus prædiceris, ut Dei electus voceris, ut nemo te contemnat, nemo te despiciat, sed universi debitum tibi honorem persolvant. Sed Domini timor respondet : Si boni aliquid agis, non pro transitoriis, sed pro æternis honoribus age. Occulta quod agis in quantum vales. Quod si ex toto non vales, sit in animo occultandi voluntas, et non erit de ostentatione ulla temeritas : nec criminis erit aliquando manifestare, quod semper vis celatum habere. Sic denique duas Redemptoris sententias, sibique quasi contrarias videberis adimplesse, quibus dicitur : « Faciente te eleemosynam, nesciat sinistra tua quid faciat dextera tua, sed sit eleemosyna tua in abscondito ; et Pater tuus qui videt in abscondito, reddet tibi : » (*Matth.*, VI, 3) et : « Videant opera vestra bona, et glorificent Patrem vestrum qui in cœlis est. » (*Matth.*, v, 16.) Cave prorsus ne (*a*) tibi illa sententia conveniat quæ de hyprocritis dicitur : « Omnia opera sua faciunt ut beatificentur ab hominibus

amen dico vobis, receperunt mercedem suam. » (*Luc.*, x, 18.) (*b*) Attende tibi in cunctis quæ agis, ne elatione pulsatus cum his qui de miraculorum signis gloriabantur, audias : « Videbam satanam sicut fulgur de cœlo cadentem. » (*Eccli.*, I, 11.) [(*c*) Timor Domini gloria et gloriatio, et lætitia, et corona exsultationis. Timor Domini delectabit cor, et dabit lætitiam et gaudium et longitudinem dierum. Timenti Dominum bene erit in extremis, et in die defunctionis suæ benedicetur. Timor Domini scientiæ religiositas, et religiositas custodiet et justificabit cor, jucunditatem atque gaudium dabit. Plenitudo scientiæ timere Deum, et plenitudo a fructibus illius. Corona sapientiæ timor Domini. Radix sapientiæ est timere Deum : rami enim illius longævi.] (*Ibid.*, 17.)

CAPUT IV. — Simulatio veræ religionis dicit : Quia nihil boni in abscondito facis, ne a cunctis cognitus detesteris, finge te foris esse quod intus non appetis. Sed religio vera respondet : Imo magis satage esse quod non es : nam ostendere hominibus quod non es, quid aliud quam damnatio est ? Memor esto itaque quod dicitur : « Væ vobis Scribæ et Pharisæi hypocritæ, qui mundatis quod de foris est calicis et paropsidis, intus autem pleni estis rapina et immunditia. Pharisæe cæce, munda prius quod intus est calicis et paropsidis : ut fiat et id quod foris est mundum. » (*Matth.*, XXIII, 25, 26.)

(*a*) Ms. *te*. — (*b*) Editi add. *ab hominibus laudes quas amaverunt*. Apud Ambros. *hoc est laudes tantum ab hominibus quas amav.* — (*c*) Hæc absunt a Mss. nec in his consentiunt editi Ambros. et Isid.

êtes semblables à des sépulcres blanchis, qui au dehors paraissent beaux aux yeux des hommes, mais qui au dedans sont pleins d'ossements de morts et de toute sorte de pourriture ; ainsi, au dehors vous paraissez justes aux yeux des hommes, mais au dedans vous êtes pleins d'hypocrisie et d'iniquité. » (*Matth.*, XXIII, 27.) Souviens-toi aussi qu'il est dit en parlant de cette sorte de gens : « Ils viennent à vous sous la peau de moutons, et intérieurement ce sont des loups ravisseurs. » (*Ibid.*, VII, 15.)

CHAPITRE V. — L'insubordination dit : Qui es-tu, pour obéir à des hommes pires que toi, pour te soumettre à ceux qui ne te valent pas ? C'est à toi plutôt qu'à eux qu'il convenait de commander ; ils ne t'égalent ni par le talent, ni par la science. Obéis à Dieu seulement, et soucie-toi des autres. Mais la docilité répond : S'il est bon d'obéir aux préceptes du Seigneur, il n'est pas moins nécessaire de se soumettre à l'autorité des hommes. Le Seigneur lui-même a dit : « Celui qui vous écoute, m'écoute ; celui qui vous méprise, me méprise. » (*Luc*, X, 16.) Ce serait vrai, diras-tu, si celui qui commande était ce qu'il doit être ; or Dieu ne saurait commander par un tel homme. Mais l'Apôtre te répondra : « Il n'y a point de pouvoir qui ne vienne de Dieu ; ce qui est établi l'a été par lui. Donc celui qui résiste au pouvoir résiste à l'ordre que Dieu a établi. » (*Rom.*, XIII, 1.) Ce n'est pas aux inférieurs à discuter ce que doivent être leurs supérieurs. Le Seigneur lui-même a dit aux premiers pasteurs de l'Eglise : « Vous savez que les princes des nations dominent sur elles, et que ceux qui sont les plus puissants parmi eux les traitent avec empire. Il n'en doit pas être de même parmi vous ; mais que celui qui voudra devenir le plus grand parmi vous soit le serviteur de tous ; comme le Fils de l'homme, qui n'est pas venu pour être servi, mais pour servir et pour donner sa vie pour la rédemption de plusieurs. » (*Matth.*, XX, 25.) Cependant, comme il a prévu que tous les supérieurs ne seraient pas ainsi, il a prémuni contre la révolte tous les inférieurs dans la personne de ses disciples, en disant : « Les scribes et les pharisiens sont assis sur la chaire de Moïse ; observez donc et faites tout ce qu'ils vous disent, mais ne faites pas ce qu'ils font. Ils imposent aux hommes des fardeaux pesants et qu'on ne saurait porter, et, pour eux, ils ne veulent pas les toucher du bout du doigt. » (*Ibid.*, XXIII, 2.)

CHAPITRE VI. — L'envie dit : En quoi donc es-tu moindre que tel ou tel ? Pourquoi n'es-tu pas leur égal ou leur supérieur ? Combien ne vaux-tu pas mieux qu'eux, par conséquent, ils ne doivent être ni tes supérieurs, ni même tes égaux ? Mais la charité fraternelle répond : Si tu es plus vertueux que les autres, tu te conserveras beaucoup plus sûrement dans une position plus humble. Les chutes sont toujours plus lourdes lorsqu'on tombe de haut. Que t'importe, si, comme tu le prétends, quelques-uns sont tes supérieurs ou tes égaux ? En quoi cela peut-il te blesser ou te nuire ? Prends garde qu'en jalousant la position plus élevée des autres, tu ne sois l'imitateur de celui dont il est écrit : « C'est par l'envie du diable que la mort est entrée dans le monde ; ceux qui suivent son parti marchent sur ses traces. » (*Sag.*, II, 24.)

CHAPITRE VII. — La haine dit : A Dieu ne plaise que tu aimes celui qui t'est opposé dans toute cir-

---

Itemque illud quod inculcando repetitur : « Væ vobis Scribæ et Pharisæi hypocritæ, qui similes estis sepulcris dealbatis, quæ a foris parent hominibus speciosa, intus vero plena sunt ossibus mortuorum et omni spurcitia : sic et vos a foris quidem paretis hominibus justi, intus autem pleni estis hypocrisi et iniquitate. » (*Ibid.*, 27.) Nec non et illud quod de talibus scriptum legitur : « Veniunt ad vos in vestimentis ovium, intrinsecus autem sunt lupi rapaces. » (*Matth.*, VII, 15.)

CAPUT V. — Inobedientia dicit : Quis es tu, ut pejoribus obtemperes, deterioribus famulatum exhibeas ? Te magis quam illos decuerat imperare, qui tibi non possunt ingenio vel industria coæquari. Obtempera igitur magis Domini imperio, et non sit tibi cura de aliquo. Sed beata subjectio respondet : Si Domini obtemperandum est imperio, humano subdi necesse est magisterio. Ipse enim dicit : « Qui vos audit, me audit : et qui vos spernit, me spernit. » (*Luc.*, X, 16.) Ita, inquis, oportet ; sed si talis qui imperat esset [(*a*)] qualis debet esse] : non est talis per quem Deus imperet. Sed Apostolus contra : « Non est potestas nisi a Deo. Quæ autem sunt, a Deo (*b*) ordinata sunt. Itaque qui resistit potestati, Dei ordinationi resistit. » (*Rom.*, XIII, 1.) Quales enim esse debeant hi qui imperant, non est a subditis discutiendum. Et quidem primis Ecclesiæ pastoribus Dominus dicit : « Scitis quia reges gentium dominantur eorum, et qui potestatem exercent inter eos, benefici vocantur. Vos autem non sic, sed qui vult in vobis esse major, erit omnium servus : sicut Filius hominis non venit ministrari, sed ministrare, et dare animam suam pro multis redemptionem. » (*Matth.*, XX, 25, etc.) Sed tamen quia non omnes tales futuros prævidit, subjectorum omnium personas in discipulis assumens præmonuit, dicens : « Super cathedram Moysi sederunt Scribæ et Pharisæi : quæ dicunt vobis facite, quæ autem faciunt, facere nolite. Imponunt enim in humeros hominum onera gravia et importabilia, digito autem suo nolunt ea movere. » (*Matth.*, XXIII, 2, etc.)

CAPUT VI. — Invidia dicit : In quo illo vel illo minor es ? Cur ergo eis vel æqualis vel superior non es ? Quanta vales quæ ipsi non valent ? Non ergo tibi aut superiores aut etiam æquales esse debent. Sed congratulatio fraterni profectus respondet : Si cæteros virtutibus antecellis, tutius in loco infimo quam in summo temetipsum conservas. Semper enim de alto pejor fit ruina. Quod si tibi, ut asseris, quidam superiores vel æquales sunt ; quid te lædit, quid te nocet ? Cave prorsus ne dum aliis locum celsitudinis invides, illum imiteris de quo scriptum retines : « Invidia diaboli mors introivit in orbem terrarum : imitantur autem illum qui sunt ex parte illius. » (*Sap.*, II, 24.)

CAPUT VII. — Odium dicit : Absit ut illum ames quem

(*a*) Hæc nec sunt in Mss. nec apud Isid. — (*b*) Mss. duo uti Vulgato, *ordinatæ*.

constance, qui te blâme, qui t'insulte, qui t'accable d'outrages, qui, par ses paroles, par ses actes, par ses dignités, cherche toujours à te supplanter; s'il ne te haïssait pas lui-même, il ne chercherait pas à s'élever ainsi sans cesse au-dessus de toi. Mais la véritable charité répond : Eh quoi! parce que tout ce dont tu te plains est haïssable dans l'homme, s'ensuit-il qu'en lui tu ne doives pas aimer l'image de Dieu. Comme Jésus-Christ, qui même sur la croix a aimé ses ennemis, l'enseignait avant de subir sa passion, en disant : « Aimez vos ennemis, faites du bien à ceux qui vous haïssent. Priez pour ceux qui vous persécutent et qui vous calomnient, afin que vous soyez les enfants de votre Père qui est au ciel. » (*Matth.*, v, 43.) Comme dit l'Apôtre d'après Salomon : « Si votre ennemi a faim, donnez-lui à manger, s'il a soif donnez-lui à boire; en agissant de la sorte, vous amasserez des charbons de feu sur sa tête. » (*Rom.*, xii, 20; *Prov.*, xxv, 21.) L'Apôtre ajoute ensuite de lui-même : « Ne vous laissez pas vaincre par le mal, mais travaillez à vaincre le mal par le bien. » D'un autre côté, voici ce que dit saint Jean au sujet de ceux qui haïssent leurs frères : « Quiconque hait son frère est homicide; or, vous savez que celui qui est homicide n'a point la vie éternelle en lui. » (I *Jean*, iii, 15.) Et ailleurs : « Celui qui hait son frère, marche dans les ténèbres; il est dans les ténèbres jusqu'à présent, il ne sait où il va ; car les ténèbres ont obscurci ses yeux. » (*Ibid.*, ii, 11.) Tu diras, peut-être : il me suffit d'aimer ceux qui m'aiment. Mais voici ce que dit le Seigneur : « Si vous aimez ceux qui vous aiment, quelle récompense mériterez-vous? Est-ce que les publicains eux-mêmes n'en agissent pas ainsi? » (*Matth.*, v, 46.) Que peux-tu objecter à tous ces enseignements? Celui qui hait son frère est dans la mort ; et celui qui l'aime est en Dieu, et Dieu demeure en lui. Rejette donc de ton cœur toute amertume de fiel, et cherche par tous les moyens en ton pouvoir à acquérir la douceur de la charité. Rien de plus suave, rien de plus heureux que la charité, « car, dit saint Jean, Dieu est charité. » (I *Jean*, iv, 8.) Et le grand prédicateur nous dit : « La charité de Dieu a été répandue dans nos cœurs par l'Esprit saint qui nous a été donné. » (*Rom.*, v, 3.) C'est pour cela qu'il est dit, non sans raison, en parlant de la charité, qu'elle couvre les souillures des crimes, selon cette parole : « La charité couvre la multitude des péchés. » (*Prov.*, x, 12.)

CHAPITRE VIII. — La médisance dit : Comment supporter, comment taire les grandes fautes qu'un tel a commis, à moins de paraître y applaudir? Mais la correction fraternelle bien entendue, répond : Il ne faut ni dissimuler les fautes du prochain, ni y applaudir, mais il faut par charité fraternelle reprendre le prochain lui-même en sa présence, et non pas dire du mal de lui par derrière. Que si on objecte qu'on ne veut pas reprendre le prochain en sa présence, de peur qu'étant irrité, il ne profite pas de la réprimande, mais qu'elle lui soit plutôt nuisible, voici l'Ecriture sainte indiquant que la médisance est plus nuisible encore : « Etant assis, dit-elle, vous parliez contre votre frère, et vous prépariez un piège pour faire tomber le fils de votre mère. » (*Ps.*, xlix, 20, et suiv.) Celui qui médit est plus exposé à causer du scandale que celui qui est repris. Et

---

in omnibus contrarium habes, qui tibi derogat, qui tibi insultat, qui te convitiis exasperat, qui tibi peccata tua improperat, qui te dictis, operibus atque honoribus semper præire festinat : nisi enim tibi invideret, nequaquam se tibi ita præferret. Sed vera caritas respondet : Numquid quia hæc quæ narras, odio habenda sunt in homine, propterea non est amanda Dei imago in homine? Sicut Christus, qui in cruce positus inimicos suos dilexit, ante crucis tormentum admonuit, dicens : « Diligite inimicos vestros, benefacite his qui oderunt vos, et orate pro persequentibus et calumniantibus vos, ut sitis filii Patris vestri qui in cœlis est. » (*Matth.*, v, 43.) Et sicut beato Salomonem Apostolum dicitur : « Si esurierit inimicus tuus, ciba illum : si sitit, potum da illi : hoc enim faciens carbones ignis congeres super caput ejus. » (*Prov.*, xxv, 21; *Rom.*, xii, 20.) Cui sententiæ idem Apostolus ex proprio subjunxit, dicens : « Noli vinci a malo, sed vince in bono malum. » (*Ibidem*, 21.) Quo contra de his qui fratres odisse noscuntur, per Joannem dicitur : « Qui odit fratrem suum, homicida est. Et scitis, quia omnis homicida non habet vitam æternam in semetipso manentem. » (I *Joan.*, iii, 15.) Et rursum : « Qui odit fratrem suum, in tenebris ambulat, et in tenebris est usque adhuc, et nescit quo eat ; quoniam tenebræ obcæcaverunt oculos ejus. » (I *Joan.*, ii, 11.) At inquis : Sufficit mihi quod amantes me diligo. Sed Dominus e contra : « Si enim diligitis eos qui vos diligunt, quam mercedem habebitis? Nonne et publicani hoc faciunt? » (*Matth.*, v, 46.) Quid tu quoque ad hæc objicere vales? Certe qui odit fratrem suum, manet in morte : et qui diligit, in Deo manet, et Deus in eo. (I *Joan.*, iv, 16.) Omnem ergo amaritudinem fellis evome, et quoquo modo potes valueris, caritatis dulcedinem sume. Nihil enim suavius, nihil illa beatius. « Deus, inquit Joannes, caritas est. » (*Ibid.*, 8.) Et egregius (*a*) Prædicator nos dicit : « Caritas Dei diffusa est in cordibus nostris per Spiritum sanctum, qui datus est nobis. » (*Rom.*, v, 5.) Unde nec immerito delictorum facinora tegere caritas dicitur, sicut scriptum est : « Universa delicta operit caritas. » (*Prov.*, x, 12.)

CAPUT VIII. — Detractio dicit : Quis potest sustinere, quis silentio tegere, quanta ille vel ille prava commisit, nisi forte qui consentit? Sed libertas justæ correptionis respondet : Nec tacenda sunt mala proximi, nec consentienda : sed caritate fraterna in faciem proximus est redarguendus, non autem occulte detrahendus. Quod si objicitur, idcirco fratrem coram oculis increpare nolle, ne exasperatus non correptione proficiat, sed magis ex correptione scandalum sumat : occurrit Scriptura divina, et versa vice hoc magis scandalum esse denuntiat, dicens: « Sedens adversus fratrem tuum detrahebas, et adversus filium matris tuæ ponebas scandalum. » (*Psal.*, xlix, 20.)

(*a*) Editi add. *Paulus* renitentibus omnibus Mss.

parce que quelquefois il est bon de dissimuler pendant quelque temps les fautes du prochain, afin de saisir une occasion plus favorable pour le reprendre, le Psalmiste ajoute : « Vous avez fait toutes ces choses, et je me suis tu. Pour que les médisants ne vinssent pas à se prévaloir de ce silence discret, et n'aimassent mieux continuer à médire en secret que d'en venir à un avertissement fraternel, il continue : « Vous avez cru méchamment que je vous étais semblable. » Comme s'il disait : Il est mal de croire que je suis semblable au médisant, parce que dissimulant et patientant, j'attends le moment de faire la correction. Aussi ajoute-t-il aussitôt : « Je vous reprendrai, et je vous exposerai vous-même devant votre face, » comme s'il disait : Non pas en secret, comme c'est votre coutume, mais ouvertement, ainsi qu'en use ma sollicitude, attendant le temps propice, je reprendrai le pécheur, je lui mettrai ses fautes devant les yeux. Mais, diras-tu, je ne hais pas, j'aime, au contraire, celui dont je parle ainsi mal en secret. Non, tu le hais d'autant plus, et tu l'aimes d'autant moins que tu médis de lui sans essayer de le corriger. Une foule de témoignages des livres saints nous apprennent combien la médisance est un vice détestable. « Je poursuivais, dit le Psalmiste, celui qui médisait en secret du prochain. » (*Ps.* c, 5.) Et ces autres paroles : « Celui qui parle contre son frère, parle contre la loi. » (*Jacq.*, IV, 11.) Et encore ces autres de l'apôtre saint Paul : « Prenez garde qu'en vous attaquant les uns les autres, vous ne vous perdiez mutuellement. » (*Gal.*, v, 15.)

CHAPITRE IX. — La colère dit : Tu ne peux supporter avec égalité d'âme les injures qui te sont faites ; les tolérer serait même une faute, car l'insolence qui n'est pas réprimée avec énergie tend à dépasser toute mesure. Mais, répond la patience, si l'on réfléchit à la passion du Sauveur, il n'est rien de si pénible qu'on ne soit disposé à endurer sans se plaindre, car « le Christ, dit saint Pierre, a souffert pour nous, nous laissant un exemple afin que nous marchions sur ses pas ; » (I *Pier.*, II, 21) et lui-même nous dit : « S'ils ont appelé Béelzebub le père de famille, à plus forte raison traiteront-ils de même ses serviteurs. » (*Matth.*, x, 24.) « S'ils m'ont persécuté, ils vous persécuteront aussi. » (*Jean*, xv, 20.) Or, quelle comparaison peut-on établir entre ce que nous avons à supporter, et ce qu'il eut lui-même à souffrir ? les opprobres, les moqueries, les injures, les soufflets, les crachats, les fouets, la couronne d'épines, la croix ont été son partage ; et nous, avouons-le à notre confusion, nous ne pouvons endurer un seul mot ; une parole nous déconcerte. Avons-nous donc oublié cette sentence : « Si nous ne souffrons pas avec Jésus-Christ, nous ne régnerons pas avec lui ? » (II *Tim.*, II, 12.) Il faut donc réprimer les mouvements de la colère, et en redouter la condamnation ; car il est écrit : « Celui qui se mettra en colère contre son père, méritera d'être condamné par le jugement ; celui qui dira à son frère : Raca, méritera d'être condamné par les conseils ; et celui qui lui dira : Vous êtes un fou, méritera d'être condamné au feu de l'enfer. » (*Matth.*, v, 22.) Le remède à la colère nous est indiqué dans les paroles qui suivent celles que je viens de citer : « Si, lorsque vous mordetis, ab invicem consumamini. » (*Gal.*, v, 15.)

CAPUT IX. — Ira dicit : Quæ erga te agantur, æquanimiter ferri non possunt ; hæc imo tolerare peccatum est : quia et si non eis cum magna exasperatione resistitur, contra te deinceps sine mensura cumulantur. Sed patientia respondet : Si passio Redemptoris ad mentem reducitur, nihil tam durum, quod non æquo animo toleretur. « Christus enim, » ut ait Petrus, « passus est pro nobis, relinquens nobis exemplum, ut sequamur vestigia ejus. » (I *Pet.*, II, 21.) Ipse autem dicit : « Si patrem familias Beelzebub vocaverunt, quanto magis domesticos ejus. » (*Matth.*, x, 24.) « Si me persecuti sunt, et vos persequentur. » (*Joan.*, xv, 20.) Sed quanta sunt, in comparatione passionum illius, quæ patimur ? (1) Ille enim opprobria, irrisiones, contumelias, alapas, sputa, flagella, spineam coronam, crucemque sustinuit : et nos miseri ad nostram confusionem uno sermone fatigamur, uno verbo dejicimur. Et quid agimus de eo quod dicitur : « Si non compatimur, nec conregnabimus. » (II *Tim.*, II, 12.) Quapropter retundendi sunt iræ stimuli, et ejus metuenda damnatio. Unde scriptum legimus : « Qui irascitur fratri suo, reus erit judicio. Qui autem dixerit fratri suo, Racha, reus erit concilio. Qui autem dixerit, fatue, reus erit gehennæ ignis. » (*Matth.*, v, 22.) Ubi tamen remedium (*a*) invenitur ex eo quod subditur : « Si offers munus tuum ad altare, et ibi recordatus

Magis enim scandalum sumit, qui se detrahentem intelligit, quam qui corripientem sustinet. Et quia nonnumquam errata delinquentium ad tempus silentio tegenda sunt, ut aptiori tempore corrigantur : propterea subjungitur : « Hæc fecisti, et tacui. » (*Ibid.*, 21.) Ne autem ex hoc discreto silentio detractores sibi applauderent, qui dum semper occulte derogare malunt, nunquam in apertam increpationem prosiliunt : adhuc subinfertur : « Existimasti inique quod ero tui similis : » (*Ibidem.*) ac si diceretur : Iniquum est cogitare, ut inde detractori similis apparean ; unde ad tempus reticens nec derogans, locum apertæ correptionis exspecto. Unde et protinus subditur : « Arguam te, et statuam contra faciem tuam : » veluti diceretur : Non in occulto, ut est tua consuetudo, sed in aperto, ut est mea sollicitudo, aptum corripiendi tempus exspectans, peccatorem arguam, et ejus delicta contra faciem ejus statuam. At, inquis, non odio, sed amo, quem ita in absconditis dijudicans reprehendo. Imo magis hinc odis et non diligis, unde detrahis et non corripis. Quam sit autem detestanda detractio proximi, plerisque in locis eloquia divina testantur : unde est illud : « Detrahentem adversus proximum suum occulte, hunc persequebar. » (*Psal.* c, 5.) Et illud : « Qui detrahit fratri, detrahit legi. » (*Jacob.*, IV, 11.) Illudque : « Qui detrahit fratri, eradicabitur. » Necnon et illud apostoli Pauli : « Videte ne dum invicem

(1) Sic Autpertus, lib. I, *in Apoc.*, c. VII.
(*a*) In editis et apud Ambros. *innuitur*.

vous présentez à l'autel, vous vous souvenez que votre frère a quelque chose contre vous, laissez-là votre don devant l'autel, et allez vous réconcilier auparavant avec votre frère, et puis vous reviendrez offrir votre don. » (*Ibid.*, 23.) C'est comme s'il était dit : N'offrez point de prière dans le secret de votre cœur avant d'avoir calmé l'irritation de votre frère, en lui donnant satisfaction, car notre présent, c'est notre prière, et l'autel est notre cœur. Celui qui agira ainsi toutes les fois que la colère aura divisé sans motif deux personnes, n'encourra pas la condamnation que j'ai citée plus haut. Mais il en est beaucoup qui refusent de pardonner à leur ennemi, quand il vient s'humilier. C'est contre eux qu'est portée cette sentence du Seigneur : « Si vous ne pardonnez aux hommes lorsqu'ils vous ont offensé, votre père ne vous pardonnera pas non plus vos péchés. » (*Matth.*, VI, 14.) Mais, dites-vous, j'en ai déjà reçu plusieurs injures. Ce n'est pas moi qui vous répondrai, mais le Sauveur lui-même le fera. Car Pierre lui ayant demandé : « Pardonnerai-je à mon frère toutes les fois qu'il péchera contre moi, le ferai-je jusqu'à sept fois ? » (*Matth.*, XVIII, 21.) Le Sauveur lui répliqua : « Je ne dis pas seulement sept fois, mais jusqu'à soixante-dix fois sept fois. » (*Ibid.*, 22.) Combien n'en est-il pas qui pardonnent lentement les injures qu'ils ont reçues, mais qui oublient promptement celles qui sont dirigées contre Dieu ? Il en est même quelquefois qui, sous prétexte de châtier les offenses contre Dieu, donnent satisfaction à leur propre ressentiment, en vengeant celles qui leur sont personnelles ; et que dirons-nous de ceux qui, dans l'aveuglement de la colère, en viennent à des paroles de malédiction ?

Nous leur rappellerons cette parole de l'Apôtre : « Ceux qui prononcent des paroles de malédiction ne posséderont pas le royaume de Dieu, » (I *Cor.*, VI, 10) ou encore celles-ci de saint Jacques, qui va plus loin, en flétrissant cette conduite : « Nul homme ne peut dompter la langue. C'est un mal inquiet et intraitable, elle est pleine d'un venin mortel ; par elle nous bénissons Dieu notre Père, et par elle nous maudissons les hommes qui sont créés à l'image de Dieu, la bénédiction et la malédiction partent de la même bouche. Ce n'est pas ainsi, mes frères, qu'il faut agir, une fontaine jette-t-elle par une même ouverture de l'eau douce et de l'eau amère ? » (*Jac.*, III, 8.) Sur ce sujet, il est encore dit ailleurs : « La mort et la vie sont au pouvoir de la langue. » (*Prov.*, XVIII, 20.)

Chapitre X. — L'insolence dit : Peut-on adresser de douces paroles aux sots, à ces hommes semblables aux animaux stupides et sans raison ; ne convient-il pas plutôt de leur parler durement quand ils pèchent ? Mais la douceur répond : Ce n'est pas votre sentiment qu'il faut suivre, mais le précepte de l'Apôtre dans l'avertissement qu'il donne sur ce sujet à son disciple bien-aimé. « Ne reprenez pas, lui disait-il, les vieillards avec rudesse, mais avertissez-les comme vos pères, les jeunes gens comme vos frères, les femmes âgées comme vos mères, les jeunes filles comme vos sœurs, avec toute sorte de pureté ; » (I *Tim.*, VI, 2) et encore : « Il ne faut pas que le serviteur du Seigneur s'amuse à contester, mais il doit être modéré envers tout le monde, capable d'instruire et patient ; il doit reprendre avec douceur ceux qui résistent à la vérité. » (II *Tim.*, II, 24, 25.) Il disait, en outre : « Reprenez, suppliez,

---

fueris quia frater tuus habet aliquid adversum te, relinque ibi munus tuum ante altare, et vade prius reconciliari fratri tuo, et tunc veniens offeres munus tuum. » (*Ibid.*, 23.) Ac si aperte diceretur : Nec in corde tacitam precem effundas, nisi prius offensum proximum satisfaciendo ad lenitatis mansuetudinem perducas. Munus enim nostrum est oratio nostra, altare vero nostrum est cor. Ille autem qui hoc facere, quotiens inter duos ira sine causa fuerit excitata, studuerit : præmissam damnationem nequaquam incurrit. Sed sunt multi qui petenti sibi veniam delicta non remittunt : contra quos dicti Domini sententia venit, qua dicitur : « Si non remiseritis hominibus peccata eorum, (*a*) nec Pater vester cœlestis remittet vobis peccata vestra. » (*Matth.*, VI, 14.) Plura sunt, inquis, quæ (*al.* commisit) committit, et me sæpius offendit. Ad hæc non ego, sed Dominus respondeat. Nam cum Petrus ad eum diceret : « Quotiens peccabit in me frater meus, dimittam illi ? usque septies ? » (*Matth.*, XVIII, 21.) Et ille ad eum : « Non dico tibi, inquit, usque septies, sed usque septuagies septies. » (*Ibid.*, 22.) Quam multi autem sunt qui suas injurias tarde relaxant, Dei vero citius indulgent ; (*a*) fitque nonnunquam ut occasione Domini injurias vindicandi, suas vindicent irati. Quid quoque de illis dicendum est, qui furore cæcitatis usque ad verba proruunt maledictionis, nisi hoc quod Apostolus ait :

« Neque maledici regnum Dei possidebunt. » (I *Cor.*, VI, 10.) Quod Jacobus exaggerando detestans ait : « Linguam nullus hominum domare potest : inquietum malum, plena veneno mortifero. In ipsa benedicimus et Deum Patrem ; in ipsa maledicimus homines, qui ad similitudinem Dei facti sunt : ex ipso ore procedit benedictio et maledictio. Non oportet, fratres mei, hæc ita fieri. Numquid fons de eodem foramine emanat dulcem et amaram aquam. » (*Jacob.*, III, 8, etc.) Hac de causa alibi etiam dicitur : « Mors et vita in manibus linguæ. » (*Prov.*, XVIII, 21.)

Caput X. — Protervia dicit : Numquid stultis, numquid brutis ac insensatis animalibus lenia verba non magis asperrima, ut tales decet, dum delinquunt, objicienda sunt ? Sed mansuetudo respondet : Non tua in his persuasio, sed Apostoli sequenda est præceptio, quid de hac sententia dilectum discipulum admonet, dicens : « Seniorem ne increpaveris, sed obsecra ut patrem, juvenes ut fratres, anus ut matres, juvenculas ut sorores, in omni castitate. » (I *Tim.*, V, 1.) Et rursum : « Servum, inquit, Domini non oportet litigare, sed mansuetum esse ad omnes, » (II *Tim.*, II, 24 et 25) (*b*) doctorem patientem, cum modestia corripientem eos qui resistunt veritati. Rursumque : « Argue, obsecra, increpa, in omni patientia et doctrina. » (II *Tim.*, IV, 2.) Quod videlicet malum

---

(*a*) In solis editis hic add. *de cordibus vestris.* — (*b*) Apud Isid. et Ambr. *docibilem* ; et post verbum, *resistunt* additur, *veritati.*

menacez, sans vous lasser jamais de les supporter et de les instruire. » (II *Tim.*, IV, 2.) L'esprit d'insolence est plus nuisible aux inférieurs qu'aux supérieurs, car il arrive souvent qu'ils dédaignent une réprimande faite avec douceur et charité, et qu'ils méprisent les paroles dites avec humilité; aussi est-il écrit : « Celui qui instruit le moqueur se fait injure, » tandis que, au contraire, il est dit : « Reprenez le sage, et il vous aimera. » (*Prov.*, IX, 7, 8.)

CHAPITRE XI. — L'orgueil tient ce langage : Tu as Dieu pour témoin, ne t'inquiète donc pas du jugement que les hommes portent sur toi. Mais, reprend l'humilité, animée par la charité : Il ne faut donner occasion ni à la calomnie, ni à la médisance. S'il y a dans nos actions quelque chose de mal, il faut savoir le reconnaître; s'il n'y en a point, on doit protester avec humilité contre ceux qui croient en découvrir, car l'Apôtre nous avertit « de ne fournir à notre ennemi aucune occasion de parler mal. » (I *Tim.*, v, 14.) C'est pourquoi il blâma la conduite de ces chrétiens qui s'asseyaient dans les lieux consacrés aux idoles pour y manger, en effet, bien qu'ils n'eussent aucun égard pour les idoles, et qu'ils mangeassent des viandes qui leur étaient immolées, comme étant des aliments permis, néanmoins leur exemple entraînait les faibles au culte criminel des idoles.

CHAPITRE XII. — La tristesse dit : Quel motif as-tu de te réjouir quand tu as tant à souffrir de la part du prochain? avec quel œil chagrin ne dois-tu pas regarder ceux qui t'abreuvent ainsi de fiel? Mais la joie spirituelle répond : Je connais deux sortes de tristesse : l'une qui conduit au salut, l'autre à la ruine; l'une qui conduit à la pénitence, l'autre au désespoir, et tu te laisses dominer par celle qui engendre la mort? Tu n'as pas à t'attrister en ceci, mais plutôt à te réjouir dans ces choses que tu ne comprends pas encore; car celui qui donne la joie éternelle a dit : « Lorsque les hommes vous chargeront de malédictions, qu'ils vous persécuteront, et qu'ils diront faussement toute sorte de mal contre vous à cause de moi, réjouissez-vous alors, et tressaillez de joie, parce qu'une grande récompense vous attend dans les cieux. » (*Matth.*, v, 11.) Souviens-toi, en outre, que « les apôtres sortiront du conseil, remplis de joie, parce qu'ils avaient été jugés dignes de souffrir un outrage pour le nom de Jésus. » (*Act.*, v, 41.) La tristesse est donc déplacée quand elle doit être suivie d'une si grande joie.

CHAPITRE XIII. — La lâche indolence dit : Si tu t'appliques continuellement à la lecture, ta vue s'obscurcira; si tu répands sans cesse des larmes, tu cours le risque de devenir aveugle; si tu prolonges tes veilles pour parcourir le psautier dans son entier, tu t'affaibliras le cerveau; si tu t'épuises par un travail quotidien, quand trouveras-tu le temps de te livrer aux œuvres spirituelles. Mais, la vertu qui aime le travail, répond : Pourquoi te préoccuper de l'avenir? Sais-tu si tu existeras demain? Tu ignores même si tu as encore une heure à vivre. Aurais-tu oublié ce que dit le Sauveur dans son Evangile : « Veillez, parce que vous ne connaissez ni le jour ni l'heure. » (*Matth.*, XXV, 13.) Secoue

protervæ deterius adhuc subditis, quam prælatis nocet : sæpius enim contingit, ut leniter ac cum caritatis dulcedine prolatam correptionem spernant, et contra humilitatis verba despectionis emittant jacula : unde scriptum est : « Qui arguit derisorem, ipse sibi facit injuriam. » (*Prov.*, IX, 7.) Quo contra de illo qui per increpationem proficit, dicitur: « Argue sapientem, et amabit te. » (*Ibid.*, 8.) (a)

CAPUT XI. — Tumor dicit : Testem habes Deum in cœlis, non sit tibi curæ quid de te suspicentur homines in terris. Sed humilis satisfactio respondet : Non est danda detrahendi occasio, non susurrandi suspicio : sed si aut sunt quæ corrigantur, manifestanda; aut certe si desunt, humili protestatione neganda : quia et Apostolus monet nullam occasionem dare diabolo maledicti gratia. (I *Tim.*, v, 14.) Quod etiam in illis detestatus est, qui Christiana fide (b) censentes, in idolio ad comedendum recumbebant. (I *Cor.*, VIII, 4, etc.) Et quanquam ipsi idolum pro nihilo ducentes, immolata quasi inuoxios cibos sumerent : infirmas tamen fratrum conscientias per hoc factum ad nefandos idolorum ritus trahebant.

CAPUT XII. — Tristitia dicit : Quid habes unde gaudeas, cum tanta mala de proximis portas? Perpende cum quo mœrore omnes intuendi sunt, qui in tanto contra te amaritudinis felle versantur. Sed spiritale gaudium respondet : Geminam esse tristitiam novi, imo duas esse tristitias novi : unam scilicet quæ salutem, alteram vero quæ perniciem operatur : unam quæ ad pœnitentiam trahit, alteram quæ ad desperationem perducit. Tu quidem una ex illis esse cognosceris, sed omnino quæ mortem operaris. Non est igitur in his contristandum quæ suades, sed e contra magis gaudendum in his quæ necdum intelligis : quia et dator gaudii perennis dixit: « Cum persecuti vos fuerint homines, et dixerint omne malum adversum vos, mentientes propter nomen meum, gaudete in illa die, et exsultate : ecce enim merces vestra multa est in cœlo. » (*Matth.*, v, 11.) Memento quia nostræ religionis Apostoli « ibant gaudentes a conspectu concilii : quoniam digni habiti sunt pro nomine Jesu contumeliam pati. » (*Act.*, v, 41.) Nullus ergo mœroris locus esse debet, ubi tanta lætitia succedit.

CAPUT XIII. — Torpor vel ignavia dicit : Si lectioni continuato studio semper insistis, oculorum caliginem incurris : si indesinenter lacrymas fundis, ipsos etiam oculos amittis : si protelatis vigiliis psalmorum censum persolvis, insaniam capitis acquiris : si quotidiano labore te conficis, ad opus spiritale quando consurgis? Sed virtutis exercitium respondet : Quid tibi ad hæc proferenda tam longa temporum proponis spatia? Numquid scis te crastina vivas? Imo etiam si vel unam horam in hac vita facias, ignoras. An forte mente excidit quod Salvator

(a) Hic nonnulla apud Ambros. addita. — (b) Scil. idolum nihil esse. Sic melius Mss. quam editi, *Christianæ fidei consentientes*, et apud Ambros. et Isid. *Christiano nomine censiti.*

donc cette nonchalance, et souviens-toi toujours que le ciel n'est le partage ni des tièdes, ni de ceux qui mènent une vie molle ou oisive, mais qu'il est la conquête de ceux-là seulement qui se font violence.

CHAPITRE XIV. — L'inconstance dit : Si tu crois que Dieu est partout, pourquoi t'attacher uniquement à ce lieu où se commettent tant de fautes, et ne pas en chercher d'autres? Mais la stabilité répond : Puisque, comme tu l'avoues, Dieu est partout, il est donc dans le lieu que tu veux quitter; pourquoi alors l'abandonner? Mais, dis-tu, j'en cherche, et j'en trouve un meilleur. A cela je réponds : Espères-tu en trouver un meilleur, ou seulement un semblable à celui que l'ange et l'homme ont perdu? Souviens-toi que le premier ange est tombé du ciel, et que le premier homme, chassé du paradis terrestre, fut réduit aux misères de cette vie. Réfléchis que Loth, malgré les persécutions des méchants, s'est sanctifié dans Sodome, tandis que, retiré sur la montagne, il s'énerva dans la sécurité qu'elle lui offrait, et que, pris de vin, il pécha avec ses deux filles. Il est vrai que la répugnance du changement se présente sous un autre aspect; tandis qu'elle détourne des choses spirituelles ceux qui restent dans le même lieu, elle tend à les embarrasser dans les soucis des affaires séculières ou dans des occupations vulgaires; ce qui est opposé à ces paroles de l'Apôtre : « Celui qui est enrôlé au service de Dieu ne s'embarrasse point dans les affaires séculières; il ne s'occupe qu'à plaire à Dieu qui l'a enrôlé; » (II *Tim.*, II, 4) et à ces autres du même Apôtre : « Priez sans cesse, rendez grâces à Dieu en toutes choses. » (I *Thess.*, v, 16.)

CHAPITRE XV. — Le désespoir tient ce langage : Combien nombreuses et graves sont les fautes que tu as commises! Tu n'as presque en rien jusqu'ici amélioré ta vie, tu n'as pas encore amendé ta conduite d'une manière utile; tu le vois, tu es toujours retenu dans les chaînes de tes mauvaises habitudes ; tu fais effort pour te soulever, et tu retombes aussitôt accablé par le poids de tes péchés. Que faire donc? Puisque ta condamnation au sujet du passé est certaine, puisque tu ne peux te corriger de tes habitudes actuelles, et par conséquent, prétendre aux joies de l'éternité, procure-toi du moins les jouissances que t'offrent les biens temporels. Mais l'espérance, pleine de confiance, répond : S'il est question de fautes et de crimes, David, coupable d'adultère et d'homicide, a été arraché à l'enfer par la miséricorde de Dieu; Manassès, de tous les pécheurs le plus corrompu, le plus criminel, le plus impie, a retrouvé la vie dans la pénitence; Marie-Magdeleine, dont la vie était toute souillée d'impuretés, s'approche de celui qui est la source de toute bonté, arrose de ses larmes les pieds du Sauveur, les essuie de ses cheveux, les parfume, les couvre de baisers, et mérite ainsi le pardon de ses fautes; Pierre, coupable d'un triple renoncement, efface son crime en versant des larmes très-amères; le larron, accusé de sédition et d'homicide, mérite, par l'aveu de ses fautes, de passer en un instant de la croix au ciel; Paul, le persécuteur de l'Eglise de Dieu, après avoir fait mourir beaucoup de chrétiens, en haine du Christ, et s'être, pour ainsi

---

in Evangelio dicit : « Vigilate, quia nescitis diem neque horam ? » (*Matth.*, XXV, 13.) Quapropter (a) discute corporis inertiam, semperque memento, quia regnum cœlorum non tepidi, non molles, non desides, sed violenti (b) vimque facientes diripiunt.

CAPUT XIV. — Dissoluta vagatio dicit : Si Deum esse ubique credis, cur unum singulariter locum, quo tanta mala perpetrantur, custodis, et non potius ad alia transis? Sed stabilitas firma respondet : Si ita est ut asseris, quia ubique Deum esse fateris: ergo nec iste locus deserendus est, quem fugere appetis; quia et in ipso Deus est. At, inquis, meliorem inquiro, meliorem invenio. Sed respondeo : Numquid meliorem, aut etiam talem invenis, qualem diabolum et hominem perdidisse cognoscis? Memor esto itaque, quia primus angelus de cœlo ruit, et primus homo de paradiso expulsus est ad ærumnam hujus sæculi pervenit. (*Gen.*, III, 23.) Attende quia Loth exercitio malorum probatus, inter Sodomitas sanctus fuit (*Gen.*, 19.); in monte vero securitate torpens, debriatus cum filiabus peccavit. Quod videlicet vagationis tædium adhuc alteram speciem reddit, dum quosdam etiam in uno loco perseverantes a spiritalibus retrahens, vel terrenis negotiis implicare, vel rebus vilissimis, satagit occupare : contra dicta Apostoli perpetrans, qui ait : « Nemo militans Deo, implicat se negotiis secularibus, ut ei placeat cui se probavit. » (II *Tim.*, II, 4.) Et rursum : « Sine intermissione orate, in omnibus gratias agite. » (I *Thess.*, V, 16.)

CAPUT XV. — Desperatio dicit : Quæ et quanta commisisti, quam gravia crimina, quam numerosa delicta, et pene in nihilum necdum vitam mutasti, necdum conversationem utiliter correxisti : ecce enim, ut cernis, mala semper consuetudine obligatus teneris. Conaris exsurgere, sed peccatorum oneribus prægravatus relaberis. Quid ergo agendum est, quando de præteritis certa damnatio imminet, de præsentibus emendatio nulla succurrit : nisi ut non amittantur rerum voluptates, dum consequi nequeunt futuri sæculi oblectationes? Sed spei fiducia respondet : Si de criminibus et delictis agitur, ecce David adulterio simul et homicidio reus, de inferni faucibus Domini, misericordia describitur liberatus. Ecce Manasses omnium peccatorum nefandissimus, impurissimus ac sordidissimus, illecebrosissimus quoque et sceleratissimus, per pœnitentiam de morte ad vitam rediit. (II *Paral.*, XXXIII, 12.) Ecce Maria Magdalene innumeris (c) fornicationibus inquinata, ad fontem pietatis anxia currens, Dominique vestigia lacrymis rigans, capillis detergens, deosculans quoque et lambens, unguentoque perunguens, ablui promeruit. (*Luc.*, VII, 37, etc.) Ecce Petrus negationis suæ vinculis adstrictus, amarissimis lacrymis infidelitatis nodos resolvit. (*Luc.*, XXII, 62.) Ecce seditione simul et effusione fraterni sanguinis latro obnoxius, unius horæ momento, unaque confessionis voce de cruce ad paradisum transit. (*Luc.*, XXIII, 42.) Ecce Saulus Ecclesiam Dei persequens, multos pro nomine Christi perimens, et,

---

(a) F. *excute*, et ut est apud Ambros. et Isid. *torporis*. — (b) Alias ut apud Isid. *atque ferventes diripiunt*. — (c) Sic Mss. At ed *peccatorum*.

dire, baigné dans le sang des martyrs, devient apôtre, il est changé en vase d'élection. Comment désespérer, après de si nombreux et de si frappants exemples, après surtout qu'il est écrit : « En quelque jour que le pécheur se convertisse, il sera sauvé ? » (*Ezéch.*, XVIII, 21.) « Je ne veux pas la mort de l'impie, » (*Ibid.*, XXXIII, 11) dit le Seigneur. Que dirai-je de celui qui n'a pas encore amendé sa vie, sinon que ce qu'il n'a pas fait hier, il l'accomplisse aujourd'hui, tandis qu'il est encore en vie; qu'il ne diffère pas sans cesse, puisqu'il ne sait pas s'il lui sera donné même un jour pour se corriger ; qu'il doit résister énergiquement à ses habitudes perverses avec le secours de la grâce d'en haut, et dire matin et soir : « C'est maintenant que je commence ; ce changement est l'ouvrage de la droite du Très-Haut. » (*Ps.* LXXVI, 11.)

CHAPITRE XVI. — La cupidité dit : Assurément, il n'y a pas de faute à désirer posséder, car ce n'est pas le désir de t'accroître qui est ton mobile, mais la crainte du besoin, et, de plus, ces biens que d'autres conservent injustement, tu sais les employer plus sagement. Mais le mépris du monde répond : La possession des biens temporels est un danger et une occasion de chute même pour les séculiers. En effet, plus on possède de biens, plus on désire en avoir ; les désirs deviennent insatiables par l'empressement que l'on met à se charger des innombrables soucis du siècle. Car, comme dit la sainte Ecriture, « l'avare n'a jamais assez d'argent. » (*Ecclés.*, V, 9.) Saint Paul nous montre combien l'avarice est détestable, en disant que « elle est une idolâtrie ; » (*Col.*, III, 5) combien elle est nuisible, en ajoutant : « Ceux qui veulent devenir riches tombent dans la tentation, et les pièges du démon, et en divers désirs inutiles et pernicieux, qui précipitent les hommes dans l'abîme de la perdition et de la damnation. » (1 *Tim.*, VI, 9.) Le Sage nous enseigne combien nous devons l'avoir en horreur, quand il dit : « Rien n'est plus détestable que l'avare ; » (*Eccli.*, X, 9) et saint Jacques nous révèle les dommages qu'elle nous cause, par ces paroles : « Vous, riches, pleurez, poussez des cris et comme des hurlements à la vue des misères qui doivent fondre sur vous. La pourriture consume les richesses que vous gardez, les vers mangent les vêtements que vous mettez en réserve ; la rouille ronge l'or et l'argent que vous cachez, et cette rouille s'élèvera en témoignage contre vous, et dévorera votre chair comme un feu. » (*Jacq.*, V, 1.) C'est encore ce que vous nous fait entendre le Sauveur, quand il dit : « Un riche entrera difficilement dans le royaume des cieux. » (*Matth.*, XIX, 23.) « Il est plus facile qu'un câble passe par le trou d'une aiguille qu'un riche entre dans le royaume des cieux. » (*Marc*, X, 25.) Si donc la cupidité est un si grand danger pour les séculiers, à plus forte raison le sera-t-elle pour ceux qui, ayant cessé d'être du siècle et par le vêtement qu'ils portent, et par le genre de vie qu'ils mènent, se sont consacrés pour toujours au Seigneur. C'est à eux que conviennent particulièrement ces paroles du Sauveur, bien propres à guérir cette maladie de l'avarice : « Ne vous inquiétez point en disant : Que mangerons-nous ? que boirons-nous ? ou de quoi nous vêtirons-nous ? comme font les païens qui recherchent toutes ces choses ; mais cherchez d'abord le royaume de Dieu, et le reste vous

---

ut ita dixerim, Martyrum cruore totum se inficiens, Apostolus factus, in vas electionis est commutatus. (*Act.*, IX, 1.) Ubi ergo tot tantaque præcedunt exempla, (*a*) dent locum desperationis mala colloquia : cum etiam scriptum sit : « In quacumque die peccator conversus ingemuerit, salvus erit. » (*Ezech.*, XVIII, 21.) Et rursum : « Nolo mortem impii, dicit Dominus. » (*Ezech.*, XIII, 11.) De conversatione vero in melius nequaquam mutata, quid aliud respondeam ; nisi ut quod heri quisque non egit, agat hodie dum adhuc vivere licet ? Nec differat de die in diem, dum nescit si vel unam diem correctionis habeat (*Eccli.*, V, 8) semperque pro viribus de super acceptis, pravæ consuetudini resistens, dicat mane et vespere : « Nunc cœpi, hæc est mutatio dexteræ Excelsi. » (*Psal.* LXXVI, 11.)

CAPUT XVI. — Cupiditas dicit : Valde sine culpa es, quod quædam habenda concupiscis : quia non multiplicari appetis, sed egere pertimescis, et quod male alius retinet, ipse melius expendis. Sed mundi contemptus respondet : Ista nec apud homines sæculares sine periculo vel offensione procurantur, quia quanto quisque amplius habere cœpit, tanto amplius habere concupiscit : sitque ut modum in concupiscendo non habeat, dum innumeris hujus sæculi curis deservire festinat : et enim ait Scriptura : « Avarus pecuniis non impletur. » (*Eccle.*, V, 9.) Quæ nimirum quam sit detestanda : Paulus indicat, dicens : « Et avaritia, quæ est idolorum servitus. » (*Coloss.*, III, 5.) Quam sit noxia, idem exponens ait : « Qui volunt divites fieri, incidunt in tentationem et in laqueum diaboli, et desideria multa et nociva, quæ mergunt homines in interitum et perditionem. » (1 *Tim.*, VI, 9.) Quam sit detestanda, quidam sapiens denuntiat, cum dicit : « Avaro nihil est scelestius. » (*Eccli.*, X, 9.) Quam sit noxia, Jacobus aperit dicens : « Agite nunc divites, plorate ululantes in miseriis quæ advenient vobis. Divitiæ vestræ putrefactæ sunt, vestimenta vestra a tineis comesta sunt : aurum et argentum vestrum æruginavit, et ærugo eorum in testimonium vobis erit, et manducabit carnes vestras sicut ignis. » (*Jacob.*, V, 1, etc.) Sed nec Redemptor noster præterire voluit cupiditatis malum quam noxium esset. Ait enim : « Difficile qui pecunias habent, in regnum cœlorum intrabunt. » Et rursum : « Facilius est camelum per foramen acus transire, quam divitem in regnum cœlorum intrare. » (*Matth.*, XIX, 25.; *Marc.*, X, 25.) Si igitur sæcularibus viris ita est periculosa cupiditatis industria : quanto magis illis periculosior, qui habitu et conversatione jam sæculares esse desierunt, qui totum quod vivunt, Domino esse devoverunt : ad quos specialiter Redemptoris transeunt verba, quibus destrui possit morbus avaritiæ : « Nolite, inquit, solliciti esse quid manducetis, aut quid bibatis, aut quid operamini : hæc enim omnia gentes inquirunt. Quæ-

(*a*) Id est, *cedant* : tamen apud Ambros. *non dent*.

LE LIVRE DU COMBAT DES VICES CONTRE LES VERTUS.

sera donné par surcroît. » (*Matth.*, vi, 31.) Oh ! combien cette parole offre de bonheur et de sécurité ! Avec quelle ardeur nous devrions l'embrasser ! Il n'est personne qui ne soit aussi exempt de soucis que celui qui ne désire posséder rien autre chose que Jésus-Christ. Il est assuré, d'après cette promesse de Dieu, de ne jamais manquer du nécessaire, suivant ce que dit saint Paul, lui qui fut très-riche dans sa pauvreté : « Comme n'ayant rien, et possédant tout. » (II *Cor.*, vi, 10.) Il ne parle pas du superflu, mais du nécessaire ; car il ajoute : « Ayant de quoi nous nourrir et nous vêtir, nous devons être contents. » (I *Tim.*, vi, 8.) Mais vous direz peut-être qu'il convient que les religieux possèdent de grands biens, afin qu'ils les distribuent aux pauvres plus fidèlement que les séculiers. Cela est vrai, si vous l'entendez des supérieurs, et non des simples religieux ; ceux-ci doivent en être détournés surtout par l'exemple de la femme de Loth, qui, sortant de Sodome, fut changée en statue de sel, et mourut pour avoir regardé en arrière. C'est pourquoi Jésus-Christ, voulant nous faire éviter un pareil châtiment, dit dans son Evangile : « Quiconque, ayant mis la main à la charrue, regarde derrière soi, n'est pas propre au royaume des cieux ; » (*Luc*, ix, 62) c'est pourquoi saint Pierre ajoute : « Il eût été meilleur de n'avoir point connu la voie de la justice, que de retourner en arrière après l'avoir connue, et d'abandonner la loi sainte qui leur avait été donnée. Mais ce qu'on dit d'ordinaire, par un proverbe véritable, leur est arrivé : le chien est retourné à son vomissement, et le pourceau, après avoir été lavé, s'est vautré de nouveau dans la boue. » (II *Pier.*, ii, 21, 22.) Le meilleur remède à cette maladie de l'avarice est la méditation continuelle de la mort, et la considération de ce que doit devenir l'homme dans le tombeau. Il n'en perdait pas le souvenir celui qui disait : « L'homme n'est que pourriture, et le fils de l'homme n'est qu'un ver de terre. » (*Job*, xxv, 6.) Celui-là ne l'avait point oublié qui s'écriait : « Souvenez-vous dans toutes vos actions de vos fins dernières, et vous ne pécherez jamais. » (*Eccli.*, vii, 40.) A quoi, je vous le demande, à quoi vous serviront ces richesses conservées avec tant de soin ? Entendez-le : « Je suis sorti nu du sein de ma mère, et j'y retournerai nu. » (*Job*, i, 21.) Et encore : « Nous n'avons rien apporté en ce monde, et il est certain que nous n'en pouvons aussi rien emporter. » (I *Tim.*, vi, 7.)

CHAPITRE XVII. — La dureté de cœur dit : Si tu donnes aux pauvres ce que tu possèdes, comment pourras-tu, dénué de ressources, nourrir ceux qui sont sous ta dépendance ? Mais la charité compatissante répond : Si tu suis la règle tracée par saint Paul, tu pourras remplir ces deux obligations. Voici ce qu'il disait aux Corinthiens : « Lorsqu'un homme a une grande volonté de donner, Dieu la reçoit, ne demandant de lui que ce qu'il peut, et non ce qu'il ne peut pas. Ainsi, je n'entends pas que les autres soient soulagés, et que vous soyez surchargés, mais que, pour ôter l'inégalité, votre abondance supplée maintenant à leur pauvreté, afin que votre pauvreté soit soulagée un jour par leur abondance, et qu'ainsi tout soit réduit à l'égalité, selon ce qui est écrit de la manne : Celui qui en recueillit beaucoup n'en eut pas plus que les autres, et celui qui en recueillit peu n'en eut pas moins. » (II *Cor.*, viii, 12 ; *Exod.*,

---

rite autem primum regnum Dei et justitiam ejus, et hæc omnia adjicientur vobis. » (*Matth.*, vi, 31.) O quam beata, o quam secura, o quam amplectenda sententia ? Nullus in hac vita ita securus est, ut ille qui nihil præter Christum appetit possidere. Cuncta quippe sibi necessaria, sub hac sponsione probatur habere : sicut Paulus ditissimus pauper dicebat : « Tanquam nihil habentes, et omnia possidentes. » (II *Cor.*, vi, 10) « omnia, » non utique superflua, sed tantum necessaria, ipso confirmante, ac dicente : « Habentes victum et vestitum, his contenti simus. » (I *Tim.*, vi, 8.) Dicis forte : Ideo a sanctis religiosisque viris plura habenda sunt, ut melius ab ipsis quam a popularibus erogentur Christi pauperibus. Et ego consentio ; sed prælatis, non autem, subjectis. Quos maxime illud mulieris Loth exemplum deterret, quæ dum post tergum a Sodomis exiens respexit, in statuam salis conversa spiritum efflavit. (*Gen.*, xix, 26.) Unde et Christus tale quid præcavendum denuntiat dicens : « Nemo mittens manum suam ad aratrum, et respiciens retro, aptus est regno cœlorum. » (*Luc.*, ix, 62.) Hinc Petrus ait : « Melius erat illis non cognoscere viam justitiæ, quam post cognitionem retrorsum converti ab eo quod traditum est illis sancto mandato. Contingit enim eis illud veri proverbii : Canis reversus ad vomitum suum, et sus lota in volutabro luti. » (II *Petr.*, ii, 21, 22.) Qui nimirum avaritiæ morbus nunquam melius compescitur, nisi cum dies mortis sine oblivione meditatur, cum qualis post modicum in sepulcro futurus sit homo, considerat. Hoc certe fixum manebat in illius memoria, qui dicebat : « Homo putredo, et filius hominis vermis. » (*Job*, xxv, 6.) Hoc ab illius mente non recesserat, qui dicebat : « In omnibus operibus tuis memorare novissima tua, et in æternum non peccabis. » (*Eccli.*, vii, 40.) Quid tunc, rogo, quid tunc divitiæ conservatæ proderunt ? Audi quid (*a*) : « Nudus egressus sum de utero matris meæ, nudus revertar illuc. » (*Job*, i, 21.) Audi quid : « Nihil intulimus in hunc mundum, sed nec auferre quid possumus. » (I *Tim.*, vi, 7.)

CAPUT XVII. — Obduratio dicit : Si ea quæ possides egentibus tribuis, unde subjectos absque (*b*) pecunia nutris ? Sed misericordia respondet : Si Apostoli modum in hac parte tenueris, utraque perficere valebis. Hinc enim idem ipse ad Corinthios ait : « Si voluntas prompta est, ex hoc quod habet accepta est, non secundum quod non habet : non enim ut aliis sit remissio, vobis autem tribulatio, sed ex æqualitate : in præsenti tempore vestra abundantia illorum inopiam suppleat, ut et illorum abundantia vestræ inopiæ sit supplementum, ut fiat æqualitas sicut scriptum est : Qui multum habuit, non abundavit, et qui modicum, non minoravit. » (II *Cor.*, viii, 12, etc.) ; *Exod.*, xvi, 18.) Hinc quidam justus prolem dilectam admonet dicens : « Si multum tibi fuerit,

(*a*) Hic mox subaudi, *proderunt*. — (*b*) Sic nonnulli Mss. Al. *penuria*.

xvi, 18.) C'était la recommandation qu'un homme juste faisait à son fils : « Si tu as beaucoup, lui disait-il, donne beaucoup; si tu as peu, donne de ce peu de bon cœur. » (*Tob.*, iv, 9.) La Vérité incarnée dit aussi : « Donnez l'anmône de ce que vous avez, et toutes choses vous seront pures. » (*Luc*, xi, 41.) Entendez, cœurs endurcis : «.Celui qui n'aura point fait miséricorde, sera jugé sans miséricorde. » (*Jacq.*, ii, 13.) D'autre part, Dieu, par la bouche de son prophète, nous donne cet avertissement : « Partagez votre pain avec celui qui a faim, et faites entrer dans votre maison les pauvres et ceux qui ne savent où se retirer. Lorsque vous verrez un homme nu, revêtez-le, et ne méprisez point votre propre chair. » (*Isa.*, lxviii, 7.) Souviens-toi de ce qui est arrivé à ce riche couvert de pourpre, qui fut condamné, non pour avoir dérobé le bien d'autrui, mais pour n'avoir pas secouru le pauvre, et qui, précipité en enfer, en est réduit à solliciter le faible secours d'une goutte d'eau, pour avoir refusé à l'indigent les miettes tombées de sa table. Souviens-toi aussi de la sentence que le souverain Juge prononcera contre ceux qui seront à sa gauche : « Allez au feu éternel qui a été préparé pour le diable et ses anges. Car j'ai eu faim, et vous ne m'avez point donné à manger, » (*Matth.*, xxv, 41) et le reste.

Chapitre XVIII. — Quoique la convoitise et la mauvaise foi s'expriment différemment, cependant, leur langage se ressemble. En effet, la convoitise dit : Si tu ne t'empares du bien d'autrui, tu ne pourras avec ton bien propre ni devenir riche, ni te suffire à toi-même. Si tu conserves intact tout ce que ton supérieur t'a confié, reprend à son tour la mauvaise foi, et si tu ne te réserves rien, comment pourvoiras-tu à tes besoins, et pourras-tu être agréable à tes amis et à tes frères? Mais la probité répond à toutes deux : Il est préférable de vivre dans la pauvreté et le besoin, de n'être agréable à personne par des présents, plutôt que de faire du tort à qui que ce soit par la fraude ou le vol; car celui qui s'empare injustement des biens du prochain, .se ferme l'entrée du ciel. C'est pourquoi saint Paul adressait ce reproche aux Corinthiens : « C'est un péché parmi vous de ce que vous avez des procès les uns contre les autres ; pourquoi ne souffrez-vous pas plutôt les injustices? Pourquoi ne souffrez-vous pas qu'on vous trompe? Mais c'est vous-mêmes qui faites tort aux autres, qui les trompez et qui traitez ainsi vos propres frères. Ne savez-vous pas que les injustes ne seront pas héritiers du royaume de Dieu? » (I *Cor.*, vi, 7, et suiv.) Et il ajoute entre autres choses : « Ni les voleurs, ni les ravisseurs du bien d'autrui ne posséderont le ciel. »

Chapitre XIX. — La tromperie et le mensonge tiennent le même discours; la tromperie consiste dans le langage artificieux, et le mensonge dans une parole non étudiée. La tromperie dit, par exemple, lorsqu'elle cherche à se jouer de quelqu'un, en lui refusant ce qu'il sollicite : Pourquoi perdez-vous votre temps à demander? Je n'ai rien que je puisse vous donner; et elle dissimule en elle-même qu'elle le conserve pour elle, ou qu'elle le réserve pour d'autres, s'il lui plaît de le leur donner. Le mensonge dit de son côté : Je n'ai pas le moins du monde ce que vous me demandez; il refuse, non point en se servant d'un langage artificieux, mais d'une simple parole. Et la vérité répond à tous deux : Il n'est pas permis de tromper qui que ce soit, ni par artifice, ni par une

---

abundanter tribue : si autem exiguum, et hoc ipsum libenter impertire. » (*Tob.*, iv, 9.) Hinc quoque incarnata Veritas dicit : « Veruntamen quod superest, date eleemosynam, et ecce omnia munda sunt vobis. » (*Luc.*, xi, 41.) Audite obdurata præcordia : « Judicium sine misericordia ei, qui non fecit misericordiam. » (*Jacob.*, ii, 13.) Quo contra per Prophetam Dominus admonet dicens : « Frange esurienti panem tuum, et egenos vagosque induc in domum tuam : cum videris nudum, operi eum, et carnem tuam ne despexeris. » (*Isa.*, lviii, 7.) Memento quid purpurato diviti contigerit, qui non ideo damnatus est, quod aliena tulerit, sed quod egenti pauperi sua non tribuerit (*Luc.*, xvi, 20.) : et in inferno positus ad petenda minima pervenerit, qui hic parva negavit, quid etiam ad sinistram positis judex cœli dicturus sit : « Ite, inquit, in ignem æternum, qui præparatus est diabolo et angelis ejus : esurivi enim, et non dedistis mihi manducare : » (*Matth.*, xxv, 41) et cætera quæ ibi terribiliter enumerantur.

Caput XVIII. — Furtum et fraus quanquam gradus habeant locutionis, unum est tamen quod dicunt. Furtum enim dicit : Si aliena non tollis, ex proprio vel dives vel sufficiens esse non vales. Fraus dicit : Si cuncta quæ tibi prælatus servanda commisit, illibata consignas, et nec modicum quid reservandum existimas ; unde vel propriis utilitatibus consulis, vel amicis et commilitonibus places? Sed innocentia ad utraque respondet : Melius est pauperem et insufficientem esse, nullique ex dato placere, quam aliquem lædere furto vel fraude : qui enim aliena quolibet modo injuste præripit, ipse sibi regni cœlestis aditum claudit. Unde et Prædicator egregius quosdam redarguit dicens : « Omnino delictum est in vobis, quod judicia habetis inter vos. Quare non magis injuriam accipitis ? quare non magis fraudem patimini ? Sed vos injuriam facitis, et fraudatis, et hoc fratribus. An nescitis quia iniqui regnum Dei non possidebunt. » (I *Cor.*, vii, 7, etc.) Atque inter cætera subjungit : « Neque fures, neque rapaces regnum Dei possidebunt. »

Caput XIX. — Fallacia atque mendacium et ipsa unum dicunt : fallacia autem fit ingenio, mendacium vero simplici verbo. Fallacia igitur dicit, ut ex multis unum proferamus, cum (*a*) in non dando aliquem illudere quærit : Quid in petendo moras innectis? Non habeo quod tibi tribuere possim : celans utique in corde (*b*) qui habet, vel quod sibi conservet, vel quod aliis si voluntas incst tribuat. Mendacium dicit : Omnino quod postulas non habeo : scilicet, non artificioso ingenio, sicut fallacias, sed simplici negationis verbo frustrans poscentem. Sed veritas ad utraque respondet : Nec arti-

---

(*a*) Mss. Reg. *nocendo dare*. — (*b*) Ms. Corb. *quid*.

simple parole; car, de quelque manière que l'on profère un mensonge, « la bouche qui ment tue l'âme, » (*Sag.*, I, 11) et « le partage des menteurs sera dans l'étang brûlant de feu et de soufre. » (*Apoc.*, XXI, 8.)

CHAPITRE XX. — La gourmandise dit : Dieu a créé tous les aliments purs, et celui qui refuse de se rassasier, méprise le don qui lui est fait. Mais la tempérance lui répond : De ces deux propositions, une seule est vraie. Pour que l'homme ne mourût pas de faim, Dieu a créé tous les aliments purs ; mais, pour qu'il ne dépassât pas les bornes, il lui a fait un précepte de la modération. L'intempérance fut, en effet, l'un des crimes qui causèrent la ruine de Sodome, comme le Seigneur l'atteste, quand il dit à Jérusalem, par la bouche de son prophète : « Voici quelle a été l'iniquité de Sodome, votre sœur : l'excès des viandes. » (*Ezéch.*, XVI, 49.) C'est pourquoi il faut user des aliments comme le malade d'une médecine, et y rechercher, non le plaisir, mais seulement la satisfaction du besoin. C'est ce qui fait dire à la Vérité incarnée, dans son Evangile : « Prenez garde à vous, de peur que vos cœurs ne s'appesantissent par l'excès des viandes et du vin ; » (*Luc*, XXI, 34) et à l'Apôtre, au sujet de l'insatiable avidité des Juifs : « Il y en a plusieurs, dont je vous ai souvent parlé et dont je parle encore avec larmes, qui se conduisent en ennemis de la croix de Jésus-Christ, qui font leur Dieu de leur ventre, qui mettent leur gloire dans leur propre honte, et qui n'ont de pensées et d'affections que pour la terre. » (*Philipp.*, III, 13, 19.) Il ajoute dans un autre endroit : « Les viandes sont pour le ventre, et le ventre est pour les viandes, et un jour Dieu détruira l'un et l'autre. » (1 *Cor.*, VI, 13.) Celui-là, au contraire, domine ce vice de l'intempérance, qui, non-seulement garde la sobriété dans ses repas, quittant la table sans avoir entièrement apaisé sa faim, mais qui méprise encore les mets succulents et recherchés, à moins que la faiblesse du corps et la charité à l'égard de ses hôtes ne lui fassent un devoir d'en user.

CHAPITRE XXI. — La folle joie dit : « Pourquoi renfermes-tu en toi-même la joie de ton âme ? Sors en public, par tes discours provoque le rire, excite la gaieté, communique aux autres la joie qui t'anime. Mais la tristesse modérée répond : Quel motif as-tu de te réjouir ainsi ? As-tu triomphé du démon ? As-tu échappé aux supplices de l'enfer ? Es-tu parvenu de l'exil à la patrie ? As-tu reçu l'assurance de ton salut ? Aurais-tu oublié cette parole du Seigneur : « Le monde se réjouira, tandis que vous serez dans la tristesse ; mais votre tristesse se changera en joie ? » (*Jean*, XVI, 20) Aurais-tu perdu de vue cette sentence qu'il prononça dans une autre circonstance : « Malheur à vous qui riez maintenant, parce que vous pleurerez et serez dans les larmes ; » (*Luc*, VI, 25) ou bien ce que dit Salomon : « Le rire sera mêlé de douleur, et la tristesse succède à la joie. » (*Prov.*, XIV, 13.) D'autre part, ne te souviens-tu pas de ce qui est écrit dans l'Evangile : « Bienheureux ceux qui pleurent, parce qu'ils seront consolés ; » (*Matth.*, V, 5) et de cette autre parole de Salomon : « L'homme ne sait s'il est digne d'amour ou de haine ; mais tout est réservé pour l'avenir et demeure incertain ? » (*Eccle.*, IX, 1.) Comprime donc cette folle joie, parce que tu n'as pas encore échappé aux peines qui sont dues à tes fautes. Ne regarde-t-on pas comme in-

---

ficioso ingenio, nec simplici verbo oportet decipere quemquam : quia quolibet modo mentiatur : « Os quod mentitur occidit animam. » (*Sap.*, I, 11.) « Et omnibus mendacibus pars illorum erit in stagno ignis ardentis sulphure. » (*Apoc.*, XXI, 8.)

CAPUT XX. — Ventris ingluvies dicit : Ad esum Deus omnia munda condidit : et qui saturari cibo respuit, quid aliud quam muneri concesso contradicit ? Sed ciborum parcimonia respondet : Unum horum quod dicis, verum est. Ne enim homo fame moreretur, omnia ad esum Deus munda creavit ; sed ne comedendi mensuram excederet, abstinentiam imperavit. Nam inter cætera sua mala, saturitate maxime panis Sodoma periit, Domino attestante, qui ad Jerusalem per Prophetam loquitur dicens : « Hæc est iniquitas sororis tuæ Sodomæ, saturitas panis. » (*Ezech.*, XVI, 49.) Quapropter sicut æger ad medicinam, sic ad sumendas dapes debet quisque accedere : nequaquam videlicet in illis voluptatem appetens, sed necessitati succurrens. Hinc incarnata Veritas per Evangelium ait : « Attendite ne graventur corda vestra in crapula et ebrietate. » (*Luc.*, XXI, 34.) Quo contra de insatiabili Judæorum voracitate Apostolus dicit : « Multi ambulant, quos sæpe dicebam vobis, nunc autem et flens dico, inimicos crucis Christi : quorum Deus venter est, et gloria in pudendis eorum, qui terrena sapiunt. » (*Philip.*, III, 13, 19.) Et rursum :

« Esca ventri, et venter escis, Deus autem et hunc et has destruet. » (1 *Cor.*, VI, 13.) Ille autem plene hoc vitium superat, qui in sumendis dapibus non solum parcimoniam tenet, ut scilicet refectionem semper esuriens imperet ; verum etiam accuratiores simul (*a*) et suaviores epulas, excepta corporis infirmitate et hospitum susceptione, contemnit.

CAPUT XXI. — Inepta lætitia dicit : Ut quid animi gaudium intus abscondis ? Egredere in publicum lætus, dic aliquid foris unde vel tu vel proximi rideant, fac eos lætos tua lætitia. Sed moderatus mœror respondet : Unde tibi inest tanta lætitia ? Numquid jam diabolum vicisti ? Numquid jam inferni pœnas evasisti ? Numquid jam de exsilio ad patriam venisti ? Numquid jam de tua electione securitatem accepisti ? An forte in oblivionem venit quod Dominus dicit : « Mundus gaudebit, vos autem contristabimini, sed tristitia vestra vertetur in gaudium ? » (*Joan.*, XVI, 20.) An forte memoria excessit quod idem alibi dicit : « Væ vobis qui nunc ridetis, quia plorabitis et flebitis ? » (*Luc.*, VI, 25) quodque per Salomonem dicitur : « Risus dolore miscebitur, et extrema gaudii luctus occupat : » (*Prov.*, XIV, 13) et e contra per Evangelium : « Beati qui lugent, quoniam ipsi consolabuntur : » (*Matth.*, V, 5) rursumque per Salomonem : « Nescit homo utrum amore, an odio dignus sit, sed omnia in futurum reservantur incerta. » (*Eccle.*, IX, 1.) Comprime ergo

---

(*a*) Mss. Reg. *lautiores*.

sensé celui qui cherche à se réjouir, tandis qu'il est encore retenu dans les ténèbres des cachots ?

CHAPITRE XXII. — L'intempérance de la langue dit : Celui-là n'est pas répréhensible qui, tout en parlant beaucoup, ne dit cependant que de bonnes choses ; mais c'est plutôt celui qui parle peu et tient de mauvais discours. La discrétion lui répond : Ce que tu dis est vrai ; mais tandis qu'il semble que les entretiens sont édifiants, souvent il arrive qu'une conversation bien commencée dégénère et devient mauvaise ; la sainte Ecriture nous en avertit : « Les grands discours, dit-elle, ne sont pas exempts de péché. » (*Prov.*, x, 19.) Peut-être, dans ce flot de paroles se glissent quelques discours répréhensibles, mais assurément il est difficile d'éviter les paroles oiseuses et inutiles, dont cependant nous aurons à rendre compte un jour. Il faut donc garder une mesure dans ses entretiens, et quelquefois même, il est bon de s'abstenir de paroles utiles, d'après l'exemple du Psalmiste : « Je me suis humilié, dit-il, et j'ai gardé le silence, au point même de ne pas dire de bonnes choses. » (*Ps.* XXXVIII, 3.)

CHAPITRE XXIII. — L'impureté dit : Si l'on en excepte la fornication, les autres actes contraires à la décence et aux bonnes mœurs ne sont pas de grands crimes. Mais la pureté répond : Tel n'est pas le sentiment de l'Apôtre. Que dit-il donc ? « Que les immondes ne posséderont pas le royaume des cieux. » (I *Cor.*, VI, 9.)

CHAPITRE XXIV. — La luxure dit : Pourquoi ne recherches-tu pas les jouissances sensuelles, puisque tu ignores ce qui t'es réservé ? tu ne dois pas perdre en désirs le temps qui t'est donné, car tu ne sais pas avec quelle rapidité il s'écoule. Si Dieu n'eût pas voulu que l'homme se plongeât dans la volupté, il n'aurait pas, au commencement du monde, créé les deux sexes. Mais la chasteté sans tache répond : Je ne veux pas que tu fasses semblant d'ignorer quelle sera ta récompense à la mort. Si ta vie a été pieuse et pure, tu jouiras d'un bonheur sans fin ; si, au contraire, tu as vécu dans l'impiété et l'impureté, tu seras condamné au supplice d'un feu éternel. La conséquence est donc que ta vie doit être d'autant plus chaste, que tu dis ignorer avec quelle rapidité passe le temps qui t'est donné. Quant à ce que tu avoues que Dieu a créé, au commencement, les deux sexes pour qu'ils s'unissent dans un amour mutuel, c'est la vérité, mais parce qu'il est accordé d'user du mariage à quelques-uns, c'est-à-dire à ceux qui ne se sont pas engagés à garder la virginité ou la chasteté des veuves, il en est d'autres à qui cela est refusé : ce sont ceux qui ont fait vœu de continence et de virginité ; mais la fornication est permise à personne, tu n'y fais pas attention. Crois-tu que cette parole que l'Apôtre adresse aux impudiques soit à mépriser ? « Fuyez la fornication, mes frères ; quelque autre péché que l'homme commette, il est hors du corps ; mais celui qui commet la fornication pèche contre son propre corps. » (I *Cor.*, VI, 18.) Que si tu crois qu'il t'est permis d'en faire peu de cas, écoute ce qui fera le sujet de tes pleurs et de tes gémissements dans l'éternité. « Ni les adultères, ni les fornicateurs, ni les abominables ne posséderont le royaume de Dieu. » (*Ibid.*, 9.) Oh ! qu'elle est courte l'heure donnée à la volupté, qui entraîne la perte de la vie éternelle ! quel avantage, quel gain procure au corps ce qui conduit l'âme à l'enfer ?

---

inanem lætitiam, quia necdum evasisti pœnalem ærumnam. Nonne apud omnes insanus judicatur is, qui carceralibus tenebris reclusus gaudere conatur ?

CAPUT XXII. — Multiloquium dicit : Non ille reus tenebitur, qui plura quidem, sed bona loquitur : sed (*a*) ille qui saltem rara, sed mala dicere probatur. Cui discreta taciturnitas respondet : Verum est quod dicis ; sed dum multa bona proferri videntur, sæpe contingit ut a bonis locutio (*b*) inchoans, ad aliquod pravum derivetur : hoc ipsum sancta Scriptura pronuntiante, quia « In multiloquio peccatum non deerit. » (*Pov.*, X, 19.) At forte inter innumera verba declinantur criminosa. Sed numquid declinari poterunt inutilia atque otiosa, de quibus in futurum ratio erit reddenda ? Tenendus ergo est modus in loquendo, et ab ipsis nonnunquam utilibus verbis parcendum, sicut beatus Psalmista legitur fecisse. Dicit enim : « Humiliatus sum, et silui a bonis. » (*Psal.* XXXVIII, 3.)

CAPUT XXIII. — Immunditia dicit. — Non est grande facinus sine concubitu maris et feminæ, vel propriis, vel alterius inquinari manibus. Sed integritas carnis respondet : Non sic ait Apostolus. Quid ergo ait ? « Neque immundi, inquit, regnum Dei possidebunt. » (I *Cor.*, VI, 9.)

CAPUT XXIV. — Luxuria dicit : Cur te in voluptate tua modo non dilatas, cum quid te sequatur ignoras ? Acceptum ergo tempus in desideriis perdere non debes : quia quam citius pertranseat, nescis. Si enim misceri Deus hominem in voluptate coitus nollet, in ipso humani generis exordio masculum et feminam non fecisset. Sed castitas illibata respondet : Nolo ignorare te fingas, quid post hanc vitam recipias. Si enim pie et caste vixeris, sine fine gaudebis : si vero impie et luxuriose, æternis incendiis subjacebis. Inde autem castius magis vivere debes, unde quam citius tempus acceptum pertranseat ignorare te dicis. Quodque in exordio generis humani dicis Deum masculum et feminam creasse profiteris, ut mutuis se amplexibus miscere deberent : omnino verissime dicis. Sed quia nubendi licentia quibusdam tribuitur, hoc est, qui virginitatem vel castimoniam vidualem nequaquam professi sunt ; quibusdam autem non tribuitur, id est, qui virgines vel continentes esse decreverint ; fornicatio vero nulli impune conceditur, non attendis. An ut contemnendum putas, quod Apostolus lubricis dicit : « Fugite fornicationem, fratres : quodcumque enim peccatum fecerit homo, extra corpus est : qui autem fornicatur, in corpus suum peccat ? » (I *Cor.*, VI, 18.) Quod si hoc parvipendendum existimas, audi quod postea in sempiternum deplores et gemas : « Neque adulteri, inquit, neque fornicarii, neque masculorum concubitores regnum Dei possidebunt. » (*Ibid.*, 9.) O quam parva est concubitus hora, qua perditur vita (*c*) æterna ! Quod ergo emolumentum affert corpori, quodve tribuit lucrum, quod tam cito ducit animam ad tartarum ?

(*a*) Mss. Reg. *ille potius qui rara et mala.* — (*b*) Al. *inchoata.* — (*c*) Mss. *futura.*

CHAPITRE XXV. — La fornication spirituelle dit : Est-ce que c'est une faute bien grave de consentir dans son cœur à de mauvais désirs, quand ces mauvais désirs ne sont pas réalisés ? Mais la pureté du cœur répond : Celui-là pèche certainement qui ne garde pas son âme pure. Aussi l'auteur de toute pureté dit dans son Evangile : « Quiconque aura regardé une femme avec un mauvais désir pour elle, a déjà commis l'adultère dans son cœur. » (*Matth.*, v, 28.) Et d'autre part, nous lisons au livre de Job : « J'ai fait un pacte avec mes yeux, pour ne penser pas seulement à une vierge. Car autrement, quelle union Dieu aurait-il pu avoir avec moi, et quelle part le Tout-Puissant me donnerait-il à son céleste héritage ? » (*Job*, xxxi, 1 et 2.) Si le consentement à une pensée coupable ne déplaisait pas au Créateur, il ne nous aurait pas dit par Isaïe : « Otez de devant mes yeux la malignité de vos pensées ; » (*Isa.*, I, 16) le Sauveur n'aurait pas fait ce reproche aux pharisiens : « Pourquoi avez-vous de mauvaises pensées dans vos cœurs ? » (*Matth.*, IX, 4) et saint Paul n'aurait pas dit : « Ce qui est prescrit par la loi est écrit dans leur cœur, comme leur conscience en rend témoignage par la diversité des pensées qui les accusent ou qui les défendent au jour où Dieu jugera par Jésus-Christ, selon l'Evangile que je prêche, tout ce qui est caché dans le cœur des hommes. » (*Rom.*, II, 15.)

CHAPITRE XXVI. — L'amour du siècle présent dit : Que peut-il y avoir de plus beau, de plus noble, de plus charmant, de plus agréable que ce que nous voyons chaque jour dans la vie présente ? Oh ! qu'elle est admirable la voûte des cieux dans un jour serein, avec la splendeur du soleil, les variations de la lune, la variété et le cours des astres ! Oh ! que la terre semble ravissante quand on contemple les fleurs des bois, les ondulations des flots, les charmes des prés et des ruisseaux, la végétation luxuriante des moissons ; quand on examine les vignes couvertes de feuilles et chargées de raisins, les ombrages des forêts et leurs sentiers unis, les courses des chevaux et des chiens, les bonds des cerfs et des chèvres, le vol des oiseaux de proie, le plumage des paons, des colombes et des tourterelles, les peintures qui décorent les murs et les lambris des appartements ; quand on entend les sons harmonieux des instruments de musique et que l'on considère la beauté des femmes, les grâces qui ressortent de toute leur personne, surtout quand cette beauté naturelle est rehaussée par l'or, les pierres précieuses et les plus riches bijoux ; et bien d'autres choses dont le souvenir m'échappe. Mais l'amour du ciel répond : Si tout ce qui est sous le ciel te charme, si la prison est si belle, que sera la patrie ? que sera la cité céleste ? Si tels sont les biens dont jouissent les étrangers, quels seront ceux réservés aux enfants ? Si les hommes mortels et sujets aux misères sont ainsi rémunérés, comment les immortels et les bienheureux seront-ils enrichis ? Aussi rejetons l'amour de ce siècle, où tous ceux qui naissent, ne naissent que pour mourir ; et qu'il fasse place à l'amour du siècle futur, où tous recevront une vie qui n'est plus sujette à la mort, une vie qu'aucune adversité ne vient troubler, qu'aucun besoin ne presse, que nul chagrin ne tourmente, mais où règne une joie éternelle. Si vous me demandez en quoi consiste ce

---

CAPUT XXV. — Spiritalis fornicatio dicit : Numquid damnandum aliquid agit is, qui in corde libidini consentit, et ad opus concupitæ libidinis non pertransit ? Sed Munditia cordis respondet : Omnino delinquit, qui castimoniam animæ non custodit. Unde et auctor munditiæ in Evangelio dicit : « Qui viderit mulierem ad concupiscendum eam, jam mœchatus est eam in corde suo. » (*Matth.*, v, 28.) Quo contra per beatum Job dicitur : « Pepigi fœdus cum oculis meis, ut ne cogitarem quidem de virgine. Quam enim partem in me haberet Deus de super, et hæreditatem Omnipotens de excelsis ? » (*Job*, XXXI, 1, 2.) Nisi enim auctori nostro cogitatio pravi consensus displiceret, nequaquam per Isaiam diceret : « Auferte malum cogitationum vestrarum ab oculis meis. » (*Isa.*, I, 16.) Et in Evangelio Pharisæis : « Quid cogitatis mala in cordibus vestris ? » (*Matth.*, IX, 4.) Sed nec Paulus apostolus diceret : « Cogitationum inter se invicem accusantium, aut etiam defendentium, in die qua judicabit Deus occulta hominum secundum Evangelium meum. » (*Rom.*, II, 15.)

CAPUT XXVI. — Amor præsentis sæculi dicit : Quid pulchrius, quid honestius, quid venustius, quidve potest esse delectabilius, quam quod in præsenti vita quotidie cernimus ? O quam mirabilis cœli camera in aere jucundo, in lumine solis, in augmento lunæ atque defectu, in varietate stellarum et cursu ! quam oblectabilis terra in nemorum floribus, in fluctuum suavitatibus, in pratorum rivulorumque amœnitatibus, in segetum culmis luxuriantibus, in vinearum foliis (*a*) et botrionibus plenis palmitibus, in silvarum umbris et planis exitibus, in equorum et canum cursibus, in cervorum et caprearum saltibus, in accipitrum volatibus, in pavonum, columbarum, turturumque pennis et collis, in domorum pictis muris et laquearibus, in organorum omniumque musicorum tinnulis cantibus, in mulierum venustis aspectibus, earumque superciliis et crinibus, oculis et genis, gutture et labiis, naso et manibus, atque extrinsecus adhibitis auro et gemmis distinctis monilibus, et si qua sunt alia quæ modo non recolit sensus. Sed amor patriæ cœlestis respondet : Si ista delectant quæ sub cœlo sunt, si carcer ista pulcher est ; patria, civitas et domus qualis est ? Si talia sunt quæ colunt peregrini ; qualia sunt quæ possident filii ? Si mortales et miseri in hac vita taliter sunt remunerati ; immortales et beati qualiter sunt in illa vita ditati ? Quapropter recedat amor præsentis sæculi, in quo nullus ita nascitur, ut non moriatur : et succedat amor futuri sæculi, in quo sic omnes vivificantur, ut deinceps non moriantur : ubi nulla adversitas turbat, nulla necessitas angustat, nulla molestia inquietat, sed perennis lætitia regnat. Si quæris, quid ibi sit, ubi talis et tanta beatitudo persistit : aliter dici non potest nisi : Quidquid boni est, ibi est ; et quidquid mali

(*a*) Mss. Reg. *in botris.*

bonheur, je ne puis vous dire autre chose, sinon que tout ce qui est bien s'y trouve, et que tout ce qui est mal en est éloigné. Mais, me dites-vous, quel est ce bien? Que m'interrogez-vous? Il a été défini par le prophète et par l'Apôtre. « L'œil n'a point vu, l'oreille n'a point entendu, et le cœur de l'homme n'a jamais conçu ce que Dieu a préparé pour ceux qui l'aiment. » (*Isa.*, LXIV, 4; I *Cor.*, II, 9.) C'est vers ce bonheur que soupirait David, bien qu'il regorgeât de tous les biens de ce monde. « Qu'y a-t-il pour moi dans le ciel, et que désirai-je sur la terre, sinon vous? » (*Ps.* LXXII, 25.) Et, bien qu'il eût à sa disposition les mets les plus succulents, il s'écriait néanmoins : « Je serai rassasié quand vous m'aurez fait paraître votre gloire. » (*Ps.* XVI, 15.) « Mon âme est toute brûlante de soif pour le Dieu vivant. » (*Ps.* XLI, 3.) « Quand viendrai-je, et quand paraîtrai-je devant la face de Dieu? » (*Ps.* CXIX, 5) Et encore : « Hélas! pourquoi mon pèlerinage se prolonge-t-il ? » Et saint Paul, de son côté, s'écrie : « Je désire être dégagé des liens du corps pour être avec Jésus-Christ, ce qui est, sans comparaison, le meilleur. » (*Philip.*, I, 23.)

Il me semble que, par tout ce que je viens d'exposer, quoique j'aie passé beaucoup de choses sous silence, j'ai cependant démasqué les batteries, dont notre ennemi fait usage sans cesse, pour attaquer ceux qui vivent pieusement en Jésus-Christ. Mais ce ne sont pas les seules qu'il emploie; il a recours en outre à d'autres manœuvres. Ainsi quelquefois il fait entendre aux uns, pendant leur sommeil, des paroles qui les induiront en erreur, et en réveille d'autres avant l'heure, afin de les appesantir par le besoin de dormir dans le temps des veilles ; ou bien encore, il trouble ceux-là pendant qu'ils psalmodient ou sont en oraison ; il les trouble par des sifflements, des sons aigus, par des aboiements, le bruit de voix confuses; il lance même contre quelques-uns des pierres ou des immondices, afin de les éloigner de leurs pieux exercices et leur en faire perdre tout le fruit. Pour vous, ô homme de Dieu, réfléchissez sérieusement à ce que je dis et ajoutez foi à ce que je vais raconter; c'est quelque chose de bien plus surprenant.

Chapitre XXVII. — Ce trait, je l'ai appris tout récemment : un religieux vivant sous la règle monastique fut, de nos jours, l'objet d'une attaque inouïe de la part du démon. Cet esprit malin se plaisait à souiller d'immondices tous ses vêtements, même ceux qu'il ne portait pas; et ces immondices étaient tellement dégoûtantes, fétides et nuisibles, que les parties qui avaient été atteintes ne pouvaient plus servir à aucun usage, bien qu'on les lavât avec soin. Interrogé pourquoi Dieu avait donné au démon un tel pouvoir, je répondis que Dieu le permettait, afin de manifester au dehors la souillure du cœur de ce religieux ; que le démon n'aurait pas sali ses vêtements, si auparavant il n'avait pas corrompu son intérieur soit par l'infidélité et le blasphème, soit au moins par la vaine gloire ; les ordures débordant de son cœur et se répandant au dehors sur ses vêtements. Eloigné de ce religieux, je ne l'ai jamais vu ; mais cependant tel est le soupçon que j'ai formé sur lui. Si je me suis trompé dans mon jugement, croyez-vous cependant que ce fait soit arrivé sans motif? Dieu l'a permis alors, afin que cette souil-

---

est, nunquam ibi est. Quod, inquis, illud bonum est? Quid me interrogas? A Propheta et Apostolo definitum est : « Quod oculus, inquiunt, non vidit, et auris non audivit, nec in cor hominis ascendit, quæ præparavit Deus his qui diligunt eum. » (*Isa.*, LXIV, 4; I *Cor.*, II, 9.) Ad hanc felicitatem multis sæculi divitiis constipatus David anhelabat cum diceret : (*a*) « Quid mihi restat in cœlo, et a te quid volui super terram? » (*Psal.* LXXII, 25.) Multis regalibus dapibus abundans dicebat : « Satiabor cum manifestabitur gloria tua. » (*Psal.* XVI, 15.) Et rursum : « Sitivit anima mea ad Deum vivum, quando veniam et apparebo ante faciem Dei? » (*Psal.* XLI, 3.) Rursumque : « Heu me quia incolatus meus prolongatus est! » (*Psal.* CXIX, 5.) Hinc et Paulus : « Cupio dissolvi et esse cum Christo ; multo enim melius. » (*Philip.*, I, 23.)

His ita decursis, quanquam multa prætermiserim, tamen, ut mihi videtur, (*b*) hostis nostri fornicantis castra monstravi, quibus ille pie viventes in Christo Jesu non desinit impugnare. Sed nec his contentus diabolus ad alia convertitur argumenta, dum quibusdam in somnis sæpius vera prænuntiat, ut eos quandoque ad falsitatem pertrahat, dum dormientes ante horam vel tempus exsuscitat, ut eos vigilarium tempore, gravissimo somno deprimat, cum psallentes atque orantes sibilis, stridoribus, latratibus diversis et inconditis vocibus, jactis etiam lapidibus vel stercoribus perturbat, ut eos quoquo pacto a spirituali opere retrahens, inanes efficiat. Tu autem, homo Dei, vigilanti studio attende quæ dico, (*c*) et mihi magis adhuc narranti fidem præbeto.

Caput XXVII. — Cujusdam relatione nuper cognovi quod dico. Vir quidam religiosus atque in monachico habitu constitutus, nostro nunc tempore antiqui hostis est inaudita tentatione pulsatus : ita ut idem malignus spiritus vestimentorum ejus particulas extra illum etiam compositas immunda colluvione crebrius fœdaret, quæ in tantum erat horrenda, fœtida et noxia, ut pars vestium quam tetigisset, nulli deinceps esset usui apta, quanquam fuisset abluta. De quo cum interrogatus fuissem, cur omnipotens Deus talem versuto serpenti potestatem in eum dederit: respondi : Ut cordis ejus immunditiam foris ostenderet; quod nunquam in exteriori habitu fecisset, nisi interiorem omnino corrupisset, scilicet aut infidelitate et blasphemia, aut certe inani et vana gloria. Sanies quippe intus in corde, foras per vestimenta manavit. Quem, quia longe positus erat, ego quidem non vidi : sed tamen, ut arbitror, hæc in illo vere prævidi. Quod si non est ita, numquid tamen factum putatur sine causa ? Est propterea gestum, ut in eo munditiam cordis

---

(*a*) Sic Mss. At editi *quid enim mihi est.* — (*b*) Alias *fortia castra :* Sequimur Ms. Germ. cui favent plerique. At Reg. *hosti nostro formidatio magna facta est, castra enim,* etc. — (*c*) In uno Ms. sic clauditur, *et veritati quæ te vocat et blande admonet fidem præbeto.* V. aliam clausulam apud Ambros. et Isid.

lure extérieure fût la gardienne de la pureté de son âme, de peur que le démon la lui enlevât par la tache de la vaine gloire. C'est ainsi que saint Paul ressentit les aiguillons de la chair, de peur qu'il ne s'enorgueillit de la grandeur de ses révélations. Dieu a donc permis ceci pour l'une ou l'autre de ces deux raisons. Que si je suis encore dans l'erreur, ce que j'ajouterai en dernier lieu blessera-t-il la vérité? Non, ce que je dis est vrai, complétement vrai. Cette souillure extérieure ne fut nullement nuisible à son âme, si ce religieux sut conserver la pureté du cœur.

CHAPITRE XXVIII. — Selon que vous avez pris soin de m'informer, j'en entends qui disent parmi vous : Que personne ne peut être parfait dans son pays, alléguant comme preuve cette parole du Seigneur : « Aucun prophète n'est reçu dans sa patrie. » (*Matth.*, XIII, 57.) A ceux qui raisonnent ainsi, il faut répondre en leur opposant la vérité, et en leur donnant l'intelligence de ce passage de la sainte Ecriture. Que ceux donc qui tiennent ce langage sachent que, en détournant cette maxime de son sens véritable et naturel, ils méprisent presque tous les saints. Si ce qu'ils disent était vrai, tous ceux qui se sont convertis d'entre les Romains, les Grecs, les Italiens, les Ibériens, les Germains, les Aquitains, les Bretons ou les Anglais, et qui ont continué de vivre pieusement parmi ceux de leur nation, devraient être imparfaits. Cependant Paul et Antoine, tous deux de la Thébaïde, s'élevèrent à la perfection dans la Thébaïde même; Hilarion est devenu parfait dans la Palestine, sa patrie; de même Macaire, dans l'Egypte; les habitants de la ville d'Oxirhinque vivent dans la perfection, et pour citer des noms qui se rapprochent de nos contrées (1), Gervais et Protais, tout en restant dans la ville de Milan, leur patrie, et dans leur propre maison, y menant la vie des moines pendant dix ans, se sont élevés à ce point de perfection, qu'ils méritèrent la gloire du martyre. Est-ce que votre province seule ferait exception à cette règle? N'aurait-elle de vrais moines que parmi ceux qui lui sont étrangers, et nullement parmi ceux qui lui appartiennent? Chacun doit donc s'appliquer à suivre la règle des parfaits partout où il se trouve, sans que les séductions qui peuvent lui venir de sa famille ou de sa parenté le détournent de la voie de la perfection. Et ainsi il renoncera, suivant la parole du Sauveur, à son père, à sa mère, à ses frères, à ses sœurs, à son épouse, à ses enfants, à ses biens, et à tout ce qu'il possède. En parlant ainsi, mon intention n'est pas de blâmer ceux qui ont quitté leur pays pour passer dans un autre, ou qui ont fui le monde pour se retirer dans la solitude; mais je veux seulement montrer que ceux-là sont heureux et parfaits qui quittent leur pays plutôt de cœur que de corps.

C'est pourquoi je supplie ceux qui nient que cela puisse se faire, de considérer attentivement que le Seigneur n'a pas dit qu'aucun prophète n'est parfait dans sa patrie; mais qu'il a voulu nous faire entendre qu'aucun prophète n'y a été reçu et traité avec honneur, ce dont il faut faire l'application et aux anciens prophètes et à lui-même. En effet, les

(1) Autperl, comme on l'a vu dans l'avertissement, habitait Bénévent, dont la ville de Milan est voisine, en comparaison d'Oxirhinque (aujourd'hui Behnécé) ancienne ville d'Egypte peuplée de cénobites.

fœditas illa servaret, ne hanc callidus hostis inanis gloriæ macula fœdaret : sicuti Paulus, ne de magnitudine revelationum tumeret, stimulum carnis accepit. (II *Cor.*, XII, 7.) Sit itaque horum quodlibet. Aut certe si non fuerit, numquid tamen quod extremum positurus sum, verum non erit? Verum est omnino, verum est quod dico : non esse colluvionem illam extrinsecus animæ noxiam, si ipsam servare studuerit intus cordis munditiam.

CAPUT XXVIII. — Interea, sicut tu ipse indicare curasti, audio quosdam apud vos dicere, non posse aliquem in patria suæ nativitatis perfectum esse : illud in argumentum assumentes quod Dominus dixit : « Nemo Propheta acceptus est in patria sua. » (*Matth.*, XIII, 57.) Quos primo oportet ratione veritatis refelli; et sic demum qualiter intelligenda sit prolata sententia demonstrari. Audiant igitur patienter qui hæc dicunt, quia dum sensum sacræ Scripturæ prudenter non considerant, pene omnes sanctos contemnunt. Si enim ita est ut asserunt : ergo quotquot ex Romanis conversi, apud Romanos degunt; quotquot ex Græcis apud Græcos; quotquot ex Italis, apud Italos; quotquot ex Iberis, apud Iberos; quotquot ex Germanicis, apud Germanicos; quotquot ex Aquitanicis, apud Aquitanicos; quotquot ex Britannicis, apud Britannicos; quotquot ex Anglis, apud Anglos religiose vivunt, imperfecti erunt. Ecce Paulus et Antonius ex Thebæis, apud Thebæos perfecti sunt : ecce Hilarion ex Palæstinis, apud Palæstinos perfectus est : ecce Macharius ex Ægyptiis, apud Ægyptios perfectus est : ecce Oxirincus civitas, ex propriis civibus tota perfecta est : ecce, ut ad vicinos nostros veniamus, Protasius et Gervasius in propria hac Mediolanensi civitate propriaque domo manentes, ac per decem annos monachorum vitam exercentes, ita perfecti sunt ut martyres fierent. An forte sola vestra provincia extra hanc regulam erit excepta : ut non de propriis, sed tantum de extraneis habeat monachos? Satagendum igitur magis est, ut ubi quis fuerit, juxta perfectorum regulam vivat : non parentum, non propinquorum, non affinium illecebris, a via perfectionis decliuet. Sic certe juxta (*a*) Servatoris sententiam, patri matrique, fratribus, sororibus, uxoribus, filiis, domibus, agris et cunctis quæ possidet renuntiare valebit. (*Matth.*, XIX, 29.) Hoc autem dico non quo secessores, qui de regno ad regnum, de publico ad eremum transeunt, summa laude non ducam : sed quo illos etiam qui magis affectibus patriam fugiunt quam gressibus, felices atque perfectos ostendam.

Obsecro itaque illos, qui hæc apud vos fieri posse denegant, ut vigilanti studio considerent, cur non dixerit Dominus : Nemo propheta perfectus est in patria sua. Sed ibi quid aliud intelligendum est, nisi quia non acceptum dixit nequaquam receptum? quodque de antiquis

(*a*) Mss. *Salvatoris*.

Juifs incrédules ne les ont-ils pas rejetés et méprisés? Aussi saint Etienne leur disait : « Quel est celui d'entre les prophètes que vos pères n'aient point persécuté? Ils ont tué ceux qui leur annonçaient l'avénement du Juste que vous venez de trahir et dont vous avez été les meurtriers. » (*Act.*, VII, 52.) Or, quelle ne serait pas la témérité et la présomption de celui qui s'attribuerait le titre de prophète? Pour vous, reprenez ces hommes avec douceur et affection, et appliquez-vous sans cesse à suivre la règle de nos pères, et en particulier celle que nous a laissée l'illustre confesseur, saint Benoît. Suivez-la dans toutes ses prescriptions, sans y ajouter et sans en rien diminuer; elle renferme tout ce qui est nécessaire, et n'a pas besoin d'être complétée; ses conseils et ses préceptes conduisent au ciel ceux qui les observent. Telle est, mon cher frère, l'instruction que j'ai composée sans art pour vous, dans mes veilles, au milieu de mes autres occupations. Comme elle dépasse la mesure d'une lettre, j'ai préféré lui donner la forme d'un traité, et l'intituler : *Combat des vices contre les vertus*. Si vous y trouvez quelque chose qui puisse servir à l'édification, ayez soin de la communiquer à vos frères.

Prophetis et se ipso dictum intelligi voluit, qui apud incredulos Judæos non fuerunt accepti, sed magis spreti, Stephano ad eos dicente : « Quem Prophetarum non sunt persecuti patres vestri? qui prænuntiabant de adventu justi, cujus vos nunc homicidæ et proditores fuistis. » (*Act.*, VII, 52.) Quis autem non videat quantæ temeritatis, quantæque sit præsumptionis, aliquem sibi Prophetæ nomen assumere? Tu igitur cum caritatis affectione tales redargue, et juxta regulam patrum vivere semper stude, maxime autem sancti confessoris Benedicti. Non declines ab ea quoquam, nec illi addas quidpiam, nec minuas. Totum enim quod sufficit, habet, et nusquam minus habet : cujus verba atque imperia sectatores suos perducunt ad cœli palatia. Ecce, Frater carissime, inter cæteras meas occupationes hunc tibi sermonem nocturnis horis, licet inculta venustate, dictavi atque conscripsi : quem quia epistolarem modum transire cognovi, libellum potius De conflictu vitiorum atque virtutum nuncupare malui : in quo si ædificationis aliquid repereris, hunc legendum et aliis tradere debes.

LE LIVRE
DE LA
SOBRIÉTÉ ET DE LA CHASTETÉ [1]

CHAPITRE PREMIER. — Par un effet de son inconstance, le cœur humain se laisse captiver, tantôt par de bonnes, tantôt par de mauvaises inspirations; la plupart des hommes passent du mal au bien par la pénitence, pour retourner du bien au mal par lâcheté. Cette mobilité fournit aux moralistes une ample matière à traiter, soit pour la satisfaction de ceux qui en profiteront en s'amendant, soit pour la confusion de ceux qui resteront incorrigibles dans leur perversité. En effet, les hommes qui n'ont jamais désiré que le bien, sont plus rares que ceux qui abandonnent le mal; car le plus grand nombre, pour ne pas dire tous, subissent plus facilement le charme de ce qui flatte les sens, que de ce qui éloigne du vice. Devant donc proposer les avantages, que l'on trouve dans la recherche de ce qui est honnête, nous avertissons celui qui entreprend cette lutte, qu'il doit éviter la paresse, l'engourdissement et l'intempérance. En effet, il est impossible, si l'on ne se garantit pas de ces trois vices, d'être en sû-

[1] L'auteur de cet opuscule n'est pas connu.

DE
SOBRIETATE ET CASTITATE
LIBER UNUS

CAPUT PRIMUM. — Cum mortalium mutabilis mens vel bonis aliquando vel malis intentionibus delectetur, plerique seu pœnitudine malorum ad actus bonos, sive socordia mentis ex bonis ad malos præcipites transferantur; disputandi materias morum ponderatoribus gignunt, quibus agnitis correcti lætentur, inconvertibiles autem in suis iniquis moribus confundantur. Difficilius namque bonorum appetitores invenias, quam malorum desertores : quia quamplurimis et pene cunctis mortalibus dulcia sunt magis ea quæ carnem fovent, quam quæ a vitiis frenant. Et quoniam studii commoda a nobis suggerenda sunt (f. honestis) honestatis, admonemus in tali proposito militare volentem, segnem, somnolentum atque temulentum esse non debere : quoniam ab his vitiis tribus nisi quis fuerit declinatus, securus nunquam esse potest vel tutus, imo et periculis omnibus, et ipsi

reté, et à l'abri du danger; au contraire, on sera toujours exposé à tous les périls et à la mort même. De fait, c'est le courage qui triomphe de l'ennemi, c'est la vigilance qui prévient les embûches, c'est la sobriété qui tient le cœur de l'homme toujours en garde. C'est pourquoi le Seigneur notre Dieu, dans sa paternelle charité, nous recommande par ses prophètes et ses apôtres, de nous éloigner absolument de tous les vices, et surtout de l'ivrognerie, sorte de gouffre d'où jaillissent tous les autres. C'est donc de ce vice que nous voulons un peu entretenir le lecteur, le priant de prêter son attention à nos avis, et d'être indulgent si notre langage n'est pas aussi brillant, que pourrait le demander l'oreille d'hommes habitués à manier habilement la parole. Nous l'engageons, du reste, à ne considérer que le sujet de cet entretien, et non point à chercher ici le faux brillant d'un discours ampoulé, ou d'une éloquence fardée. En premier lieu donc, tant en raison du titre de ce traité que par convenance naturelle, montrons, autant qu'il est en notre pouvoir, les fruits et les avantages de la sobriété, puis nous ferons voir les suites honteuses de l'intempérance.

La sobriété est comme la chasteté des sens et de l'esprit; elle est la protectrice du corps et de tous ses membres, la défense de la pureté et de la pudeur, dont elle est la proche parente; elle est la servante de l'amitié et de la paix, toujours unie à l'honneur, elle évite tous les vices et les mauvaises actions, elle garantit la droiture du jugement; elle est la gardienne sage et fidèle des souvenirs qu'on ne doit point oublier; elle est discrète, et couvre ce qui ne doit point être dévoilé. La lecture et la science ne lui sont point étrangères, et elle est capable de s'appliquer à l'étude des connaissances qui ornent l'intelligence, aussi bien que de les enseigner; elle va à la poursuite de tout ce qui embellit l'esprit; toujours avide d'une bonne renommée, elle n'applique ses pensées qu'à des objets bons et utiles; elle est d'un puissant secours pour la vertu, disposant toutes choses selon la raison, et ne fréquentant que des hommes honorables. L'homme sobre n'est point téméraire, il évite tous les dangers, il se plait à rendre des services comme à en recevoir; il déteste l'orgueil, il gouverne avec douceur sa maison, et tous ceux qui en dépendent, il garde fidèlement la foi promise; enfin, pour tout dire en un mot, une sobriété constante est pour l'âme une force inappréciable; toutes les vertus comme tous les mérites la réclament en toute circonstance; car sans elle ils ne peuvent ni plaire, ni avoir quelque beauté.

Au contraire, l'intempérance est avant tout la honte de l'âme; elle est également la mère de tous les désordres, l'inspiratrice des fautes, le principe des crimes, la source de tous les vices, le trouble de l'esprit et le renversement du bon sens. C'est comme une tempête qui agite la langue et tout le corps, et fait sombrer la chasteté. L'ivresse est la perte du temps, c'est une folie volontaire, une maladie ignominieuse, un affaiblissement de la saine raison, l'opprobre des mœurs, la honte de la vie, l'anéantissement de l'honneur, et la corruption de l'âme. Une expérience journalière nous montre un grand nombre d'hommes d'une naissance distinguée déchus par suite de ce vice, ne se donnant aucun souci pour le gouvernement de leurs affaires; ils aliènent pour rien des biens amassés par de longs soins, ou achetés à grand prix par leurs parents et

---

etiam morti erit is semper obnoxius. Fortitudo enim inimicum opprimit, vigilantia tendentibus insidias obstat, sobrietas vero præparatum cor hominis facit. Propterea enim Dominus Deus noster paterno affectu per Prophetas et Apostolos suos nobis præcepit, ab omnibus vitiis, et maxime ab ebrietate, quæ omnium vitiorum gurges est, penitus abstinere. De cujus (a) vitii malo volumus lectori aliquanta proferre, quem tantum monitis hortamur animum intentum apponere, et sermoni nostro, etsi minus lucenti quam auditus exigit eloquentiæ, veniam dare. Suademus enim auditores rationem dicti debere advertere, non fucum spumantis sermonis, aut artificiosam eloquentiam exspectare. Unde primitus propter libelli titulum vel decorem, fructus et bona sobrietatis in quantum possumus proferamus; et postea ebrietatis indecoras molestias publicemus.

Sobrietas namque castitas est sensus et mentis, membrorum omnium corporisque tutela, castitatis pudicitiæque munimen, pudori proxima, amicitiæ pacisque serva, honestati semper conjuncta, criminum vitiorumque omnium profuga, recti judicii tenax, memoriæ recordationisque inseparabilis sapientia, secretorum custos, arcani velamen, lectionum et doctrinæ capax, studiorum et artium bonarum discipula pariter et magistra, ingeniorum capiendorum pedissequa, bonæ famæ semper avida, in cogitationibus salubria atque utilia creans, virtutis singulare auxilium, cuncta cum ratione disponens, in congregatione honestorum se ipsam semper ingerens. Sobrietas temeritatem fugit, pericula cuncta declinat, mutuis officiis obtemperat, superbiam detestatur, domum familiamque cum moderatione gubernat, fidem sibi committentibus servat, et, ut summatim breviterque dicam, sobrietatis perseverantia inæstimabilis est animi fortitudo : omnes eam virtutes, et omnes laudum semper tituli concupiscunt, quia sine ipsa ornari aut placere non possunt.

E contra ebrietas ab animæ injuria incipit, et flagitiorum omnium mater est, culparum materia, radix criminum, origo omnium vitiorum, turbatio capitis, subversio sensus, tempestas linguæ, procella corporis, naufragium castitatis. Ebrietas temporis amissio est, insania voluntaria, ignominiosus languor, (b) mentis sanæ debilitatio, turpitudo morum, dedecus vitæ, honestatis infamia, animæ corruptela. Ebrietas, ut cernimus quotidie, amplarum familiarum plurimos labefacit, et cura gubernationis destitutos, parentum avorumque suorum bene diuque congregata atque ingenti pretio comparata vili nummo distrahere facit. Ebrietas in utroque sexu cuncta mala semper appetit, et nefanda committit. Ebrietas timorem Dei aufert, futurum Dei judicium de

---

(a) Mss. Reg. materiæ. — (b) Ms. Reg. male sana debilitatio.

leurs aïeux. Pour l'un et l'autre sexe, l'ivresse est la source de tous les mauvais désirs, et le principe de toutes les actions criminelles. Elle enlève la crainte du Seigneur, et fait oublier la pensée du jugement de Dieu. L'ivresse, comme l'enseigne l'Apôtre (I *Cor.*, VI, 10), ferme le royaume du ciel à ceux qui voudraient y entrer. L'ivresse dérobe le temps à ceux qu'elle a séduits, elle leur enlève leurs jours; un homme ivre perd de vue le dépôt confié, et ni son esprit, ni ses yeux ne voient ce qui est devant lui. Non-seulement, par suite de ce vice, un serviteur devient infidèle, mais encore trompeur et incapable de remplir ses obligations; et ajoutez à tout ceci, une foule de maux que nous ne pouvons imaginer.

Et comme plusieurs ne savent pas se modérer dans l'usage du vin, mais, au contraire, s'y portent avec passion, ils minent leur santé et leur existence, et font un très-grand dommage à leur honneur et à leur réputation. Le vin est un don précieux, et comme un remède aux infirmités de notre corps; mais il doit être absolument interdit à ceux qui en abusent, et il faut leur faire strictement observer les règles de la sobriété. Dans beaucoup de circonstances, il est vrai, le vin est nécessaire; ainsi il restaure un estomac faible, il ranime les forces défaillantes, il réchauffe les membres glacés; appliqué sur les blessures, il les guérit, uni à certains remèdes ou médicaments, il rend la santé; le vin bannit la tristesse, il dissipe toutes les langueurs de l'esprit, il répand la joie, et inspire aux convives d'honnêtes entretiens; mais il devient en quelque sorte un poison pour celui qui en prend plus qu'il ne convient. Aussi est-ce pour cette raison que le Seigneur en avait interdit l'usage aux prêtres et aux lévites, parce que ceux qui étaient chargés d'enseigner aux autres l'observation de la loi divine, plus encore par leurs exemples que par leurs leçons, et de garder dans leurs mœurs les préceptes de la chasteté et de la sainteté, ceux-là, dis-je, devaient avant tout observer les règles de la sobriété. Voici le texte du Lévitique : « Le Seigneur dit à Aaron, ni toi, ni tes enfants, vous ne boirez point de vin, ni d'aucune liqueur capable d'enivrer, quand vous devrez entrer dans le tabernacle du témoignage, de peur que vous ne soyez punis de mort; c'est un précepte éternel qui passera dans toute votre postérité. » (*Levit.*, X, 9.) Le prophète Ézéchiel rappelle également cette défense : « Aucun prêtre, dit-il, ne boira de vin, quand il devra entrer dans le parvis intérieur. » (*Ezéch.*, XLIV, 21.) Un très-grand nombre d'écrivains profanes ont rappelé dans une multitude d'ouvrages les préceptes concernant la sobriété; mais nous ne citerons point ce qu'ils ont dit contre l'ivresse, car si l'on peut appuyer un témoignage humain sur l'autorité de la parole divine, celle-ci ne peut être corroborée par une parole humaine. Le prêtre doit donc garder exactement la sobriété, et imposer cette loi à son cœur; car celui qui s'approcherait de l'autel de la divine majesté sans avoir observé cette règle, serait frappé de mort incontinent. Et tout homme honoré du sacerdoce, qui serait dans un état voisin de l'ivresse, peut se persuader aussi que le châtiment n'est pas loin; la vengeance est tout près de s'exercer sur ceux qui s'approchent de Dieu après avoir pris du vin avec excès. Celui donc qui ayant reçu de Dieu l'honneur du sacerdoce, oserait, dans l'ivresse célébrer l'auguste sacrement, trouverait la mort sans retard. En effet, l'excès en toutes choses est toujours pernicieux; et pour l'homme comme pour

---

corde se habentium tollit. Ebrietas, ut ait Apostolus, regna cœlestia appetentibus denegat. (I *Cor.*, VI, 10.) Ebrietas temulentis tempora furatur, dies subripit, depositi sui non reminiscitur, et illum posita nec mente nec oculis contuetur : famulo vero non solum fidem aufert, sed etiam fraudum (*f.* fraudulentum) et servitutis officio inutilem facit, et alia mala quæ comprehendi non possunt.

Et quoniam ab aliquantis vini non temperatur usus, sed potius appetitur excessus; habitus corporis et vitæ periculum, et opinionis ac famæ gravissimum acquiritur damnum. Nam fomentis corporalibus provisum est vini munus : abutentibus penitus interdicitur, et sobrietatis disciplina custodienda sancitur. Est quidem in multis vitæ mortalium vinum necessarium, debilem stomachum reficit, vires deficientes reparat, algentem frigore calefacit; vulneribus infusum medetur, antidotis etiam diversisque medicaminibus adjunctum salutem operatur; tristitiam removet, languores omnes animi delet, lætitiam infundit, convivas honesta miscere colloquia facit : paulo amplius vero sumptum, potanti quodam modo convertitur in venenum. Propterea enim vini abstinentiam sacerdotibus primo et Levitis a Domino legimus imperatam, quia oportebat ut illi primitus sobrietatis modum observandum susciperent, qui cæteris mortalibus non dictis, sed factis præcepta divina observanda traderent, et castitatis et sanctitatis moribus adimplerent, Levitico libro dicente : « Et dixit ad Aaron : Vinum et omne quod inebriare potest, non bibetis tu et filii tui, quando intratis in tabernaculum testimonii, ne moriamini : quia præceptum sempiternum est in generationibus vestris. » (*Levit.*, X, 9.) Ezechiel quoque propheta similiter dicit : « Et vinum non bibet omnis sacerdos, cum introire cœperit in atrium interius. » (*Ezech.*, XLIV, 21.) Auctorum vero sæcularium quamplurimi sobrietatis præcepta libris plurimis ediderunt : quorum assertiones contra ebrietatis vitia non proferimus, quia humana decet divinis, non divina humanis testimoniis confirmari. Quare debet congrua observatione sobrietas cum sacerdotali affectu certare : quia qui non sobrius accesserit ad divinæ majestatis altarium, sentiet immaturæ mortis interitum. Quicumque enim honore sacerdotali præditus, proximus fuerit ebrietati, vicinus est ultioni. Et in eos qui Deo proximi, si fuerint temulenti, procul non sunt vindictæ quæ sæviant. Ergo quisquis divino munere sacerdos constitutus, vinolentus accesserit ad sacramentum celebrationem, mortis consequendæ non habet dilationem. Contrarius namque est unicuique rei semper excessus : et in quocumque sexu ninietas adhibita fuerit, vitium facit. Quare quidquid immoderatum indisciplinatumque est,

la femme, il est coupable. Aussi tout ce qui passe les bornes de la tempérance et de la réserve produit aussitôt la ruine de la vertu : il n'y a que danger là où l'on ne garde pas la juste mesure; partout le défaut de modération précipite l'homme à sa perte.

Ainsi donc l'homme intempérant, au milieu d'un festin, ayant mis tout frein de côté, et ayant perdu sa raison dans une honteuse ivresse, croit voir chanceler et tomber ceux dont il ne peut remarquer l'état irréprochable; ou bien dans ses interminables discours, il ne sait que proférer des paroles oiseuses et sans suite; il crie d'une manière désagréable, croyant parler d'un ton convenable; renversé sur son siège avec un visage défait, il vomit honteusement, sans avoir conscience de lui-même. Tel est le spectacle qu'il présente au milieu des convives. Puis, quand il a perdu tout son bon sens, il découvre les pensées les plus intimes, et révèle les secrets que lui ont confiés ses amis, sans y être poussé autrement que par le vin. Celui qui est sous l'empire de l'ivresse, et ne suit plus l'inspiration de la saine raison, se trouve facilement disposé à commettre toutes sortes d'actes cruels et honteux. Au milieu de ses orgies, il engage des luttes injustes, et soulève, sans aucune cause, de vives querelles; car par ses discours insensés, il ne laisse à personne la faculté de parler raisonnablement, et il ne profère que des outrages contre les convives, ou des reproches contre ceux qui l'entourent.

Pour appuyer ces réflexions, je crois bon, cher lecteur, de vous donner encore un avis. Lisez attentivement l'épître de saint Pierre aux Gentils, celle de saint Paul aux Romains, la première aux Corinthiens, celle aux Éphésiens, aux Thessaloniciens, et à Tite. D'autre part, écoutez l'avis que donne contre l'ivrognerie Notre-Seigneur Jésus-Christ dans son Évangile : « Prenez garde, dit-il de laisser appesantir vos cœurs par la débauche et l'ivresse. » (*Luc*, XXI, 34.) Et il s'indigne contre le serviteur infidèle, et menace de lui faire sentir rudement les effets de sa colère quand il viendra. Abstenez-vous donc de telles actions et de tels désordres, abstenez-vous de cette folie; sachez que vous êtes des hommes doués de raison, et rejetez loin de vous une telle infamie; fuyez l'ivresse avec le plus grand soin. Retenez bien ce mot vulgaire, mais plein de sens : « Le vin est un remède; pris avec excès, il devient un poison. » Rejetez donc loin de vous une telle honte, et n'épargnez rien pour éviter l'ivresse. « Le vin est créé pour procurer la gaieté, et non l'ivresse, » (*Eccli.*, XXXI, 35) pour éteindre la soif par un usage modéré, sans qu'il soit jamais permis de boire jusqu'à s'enivrer. Évitez la débauche, et ne faites ni ne dites jamais rien dont rougirait un homme sobre. Fuyez l'ivresse honteuse que, dans les funérailles, des parents et des amis, procurent comme consolation à ceux qui ont à déplorer quelque perte; ne voyant d'autre moyen de calmer leur douleur que par un certain excès de vin. Mais vous, dans l'état de pleine santé, chaque jour vous vous obligez à vomir par l'abus du vin! vous en prenez une quantité telle qu'elle pourrait amener la joie dans le cœur d'un grand nombre, et satisfaire leur besoin sans violer la sobriété. Ne voyez-vous pas qu'il est honteux pour un homme de vouloir prendre plus qu'il ne peut porter, et de ne pas calculer la capacité de son estomac? Ne voyez-vous pas que l'homme qui se laisse comme enchaîner par l'ivresse n'est plus maître de lui-même? Pourquoi ces excès de boisson, sinon pour s'animer avec plus d'audace à des

---

proximum ruinæ consequitur casum; quia ubi modus non est, periculum totum est : quæcumque res non habet temperamentum, præcipitat in exitium.

Sic itaque dum quisquis immoderatus, convivioque medius, amissis modestiæ frenis, insana fuerit ebrietate prostratus, aversos respicit nutantes, quos integros videre nequivit, aut sermone tantum superflua verba emittit, et vana dicta componit, male clamans, et bene sibi sonans, vultu dejecto supinus accumbit, vomens et sui omnino nescius, spectaculum convivio præbet : et dum nihil consequitur sanum, nullo alio cogente præter vinum, cordis sui arcana patefacit, et amicorum sibi commissa secreta in medium prodit. Ad universa enim vel crudelitatis vel turpitudinis facinora perpetranda facilis invenitur, cui nulla sobriæ mentis ratio, sed ebrietas dominatur. Assumit inter pocula injusta certamina, et nullis stantibus causis asperam excitat rixam : quia interponendo verba vana, aliorum sana dicta non patitur, et in contumeliam erigitur convivarum, et crimina proximorum.

Ista lector ut libenter accipias, admonendum te credidi. Quare lege caute Petri apostoli epistolam ad gentes, Pauli ad Romanos, ad Corinthios primam, ad Ephesios, ad Thessalonicenses, ad Titum. Præterea ad ebrietatem cavendam Dominum nostrum Jesum Christum audi in Evangelio dicentem : « Attendite vobis, ait, ne forte graventur corda vestra in crapula et ebrietate. » (*Luc.*, XXI, 34.) Et Dominus servo irascitur, cui multas plagas in adventu suo imponere comminatur. Quare abstinete vos talia agentes vel facientes, abstinete vestram insaniam, et homines vos humanos cognoscite, et tantam turpitudinem a vobis abjicite, et ebrietatis crimina totis viribus declinate. Rusticanum quidem, sed sanum dictum advertite : Vinum medicamentum; plus justo sumptum, venenum esse cognoscitur. Tantam ergo turpitudinem a vobis abjicite, et ebrietatis crimina totis viribus declinate. Jucunditati, non ebrietati creata est vini natura (*Eccli.*, XXXI, 35) per cujus moderationem sitis extinguatur, non tamen ut usque ad ebrietatem bibatur. Fugite crapulam, ea loquentes aut facientes, quibus sobrii non erubescant. Fugite crapulam, quæ solis lugentibus a consolantibus amicis vel proximis in exsequiis ingeritur. Dolor enim amissi funeris sine vini quavis nimietate temperari non potest. Tu vero o homo incolumis, quotidie vino cogente desideras vomere : et tanto repleris, quanto possent plurimi cum jucunditate lætari, et sobrie saturari. Non consideras turpe esse, plus sibi velle inferre hominem, quam capit, nec stomachi sui nosse mensuram? Non consideras ebrietati devinctum, suæ potestatis esse non posse? Ut quid potando facis exces-

actes honteux? Au milieu de ces funestes débauches on s'excite à boire, et on engage une lutte ignominieuse de part et d'autre, mais plus ignominieuse encore pour le vainqueur. En effet, de là il arrive que plusieurs ne peuvent plus supporter la nourriture, leurs membres usés par le vin tombent dans une caducité prématurée et une vieillesse précoce, et ils sont agités par un tremblement continuel, alors qu'ils sont encore dans la force de l'âge. Aussi leurs poumons sont consumés et brûlés par le feu du vin, et de leur bouche s'échappent des vapeurs empestées comme si elles s'exhalaient d'un cadavre. Ces hommes n'ont plus ni raison ni prévoyance dans leur conduite; ils oublient tout ce qu'ils ont fait et tout ce qu'ils ont lu; ils ne savent plus trouver ni les moyens, ni l'habileté pour réussir en quoi que ce soit. En effet, ils sont encore au dîner quand arrive le coucher du soleil; et le jour vient les surprendre qu'ils n'ont pas terminé un souper prolongé toute la nuit. Ainsi, en proie à une démence non interrompue, passant leurs jours et leurs nuits à table, à boire ou à dormir, de tels hommes sont chaque jour ensevelis tout vivants.

CHAPITRE II. — Mais dois-je encore ajouter quelque chose, ou plutôt dois-je me taire? Hélas! si l'ivresse qui produit chez l'homme les vices nombreux que nous venons de signaler, est une passion qui atteint même les femmes, nous est-il permis de garder le silence. Non, faisons plutôt en sorte que ces femmes, instruites par ces salutaires avertissements, se corrigent et observent la tempérance, ne fut-ce que par crainte des reproches que leur attirerait le vice opposé. Et comme en parlant aux hommes dans cet opuscule, nous nous sommes d'abord adressés aux prêtres et aux lévites, ou ministres inférieurs, ainsi en donnant nos avis aux femmes, parlons d'abord aux vierges consacrées au Seigneur; ni le sexe, ni la dignité ne doivent exempter personne de ces avertissements utiles. La vierge du Seigneur qui veut s'attacher à Dieu ici-bas et régner avec lui dans la gloire céleste après le terme de cette vie, doit connaître les préceptes qu'il faut observer comme les vices dont elle doit se garantir. Avant tout, une vierge consacrée au Seigneur doit fuir les regards de la foule, et ne point se trouver au milieu des assemblées bruyantes; qu'elle reste donc dans sa maison occupée à travailler la laine et à faire de pieuses lectures. Vierge du Seigneur, si vous vous trouvez au milieu d'une assemblée de femmes ordinaires, ne restez ni debout ni assise, pour entendre leurs paroles enflammées et lascives, ou leurs chants dissolus; mais fuyez en fermant les yeux et les oreilles. Craignez, en effet que, perdant de vue la crainte de Dieu, vous n'introduisiez en vous, par la porte des sens, des pensées inspirées du démon et qui pourraient bientôt vous conduire à votre perte. Que la vierge du Seigneur ne paraisse point avec une tête parée d'ornements, ni avec des cheveux soignés; qu'elle ne marche point les yeux levés, et avec un air agaçant; mais qu'elle tienne ses regards et son visage modestement baissés, de peur d'être pour les autres une occasion de ruine, quand même, forte de son côté contre les amours profanes, elle pourrait ne pas succomber. Car l'Evangile (*Matth.*, v, 29) nous avertit des dommages que fait à une âme la concupiscence des yeux. La vierge consacrée au Seigneur doit donc s'abstenir entièrement de toute parole et de tout rire immodeste; que le silence et une sévère retenue soient l'ornement de sa vie. La vierge qui, pour donner de l'éclat à ses

---

sus, nisi ut per provocationem vini insolescas in pejus. Nascitur ex hac potandi infelicitate inter provocatos et provocantes ignominiosa certatio, et vincenti est turpitudo deterior. Ex hoc enim multorum membra cibos recusant, et vino dedita, præcoqua debilitate et cruda senectute marcescunt, et adhuc ætate virides tremula vibratione quassantur. Inde pulmones ustione vini quotidiana putrescunt, et per ora veluti mortuorum spiritus tetros mittunt. In his ergo talibus non ratio ulla, non ullum gerendæ vitæ consilium, non gestorum aut lectionum memoria, nec ulla artium aut industriæ providentia : utpote quem prandio accumbentem solis occidentis videt occasus, et cœna pernoctantem insperatus occupat dies, et dum jugi amentia die nocteque discumbendo dormitat aut bibit, in hac vita adhuc positus quotidie sepelitur.

CAPUT II. — Sed quid jam dicam, vel quid taceam? Hujus igitur ebrietatis si quidpiam in feminis ceciderit, quæ virilem sexum superius tactis criminum molibus oneravit, nihil tacendum est, imo laborandum est, ut et quæ tales sunt feminæ, hæc divina admonitio corrigat, et sobrietas metu correptionis ab ebrietate compescat. Sed quoniam in admonendis viris, a sacerdotibus et levitis vel ministris hujus libelli opusculum inchoavimus, merito convenienterque in femineum sexum admonendum a Dominicis sacrisque virginibus sumamus exordium : quo generaliter omnis dignitas vel sexus ab hac admonitione inexcusabilis habeatur. Dominica virgo debet agnoscere, quibus præceptis conveniat insistere, vel a quantis vitiis debeat abstinere, si vult et in sæculo posita cum Deo, et cum eodem post hujus vitæ resolutionem in claritate cœlesti regnare. Dominica virgo primitus publicos debet vitare conspectus, et platearum frequentiam declinare, atque in domo posita lanificio insistere vel lectioni divinæ. Dominica virgo in feminarum laicarum conventu sedens vel consistens, ne verbis scurrilibus neque lubricis carum aut canticis præsentiæ tuæ copiam facias; sed magis fugias, oculos tuos auresque concludas : ne Dei timore privata, diabolicas cogitationes sensibus tuis immittas, quibus in brevi forte dispereas. Dominica virgo nec ornatu capitis, nec habitu comæ, nec oculis erectis aut lætis, sed pronis ad terram cum vultu procedat : ne in serviles indurata amores, etsi ipsa non pereat, aliis causa perditionis exsistat. Oculorum enim cupiditas quos animæ interitus faciat, Evangelica vox nobis pronuntiat. (*Matth.*, v, 29.) Dominica virgo ab omni inverecundo sermone vel risu se debet penitus abstinere, et cum silentio et disciplina omnem vitam suam ornare. Dominica virgo, quæ vultum suum ob splendorem genarum aliquo fuco infecerit, in Isaia

joues, mettra du fard sur son visage, peut s'appliquer la sentence du prophète Isaïe contre les filles de Sion. (*Isa.*, III, 16.) Ce que l'Apôtre dit des veuves (I *Tim.*, v, 13), s'applique également aux vierges, et celle dont les discours ne sont qu'un intarissable bavardage, ou qui s'abandonne à une vaine curiosité, ne peut être considérée comme chaste; mais livrée elle-même à l'impudicité, elle allume plus facilement la flamme impure dans les autres. Vierge du Seigneur, ne vous permettez jamais d'aller dans la demeure particulière des hommes, ou de lier conversation avec eux, à moins d'être accompagnée de femmes bien vertueuses; lorsque vous êtes seule chez vous, fermez votre porte, et si un homme, quel qu'il soit, vient y frapper, ne lui ouvrez point facilement, pour ne pas donner lieu à des soupçons fâcheux, et même pour éviter la perte de votre vertu. La vierge du Seigneur n'entrera point dans les appartements où les hommes prennent leur repos, dans la crainte qu'on ne la regarde comme une prostituée qui se livre à ses corrupteurs. O vierge consacrée à Dieu, évitez tout rapport et tout entretien avec une femme qui donne de mauvais conseils, ou qui mène une vie coupable, ou sur laquelle ont pesé des soupçons fâcheux; car, selon la doctrine de l'apôtre saint Paul, « les mauvais entretiens corrompent les bonnes mœurs. » (I *Cor.*, XV, 33.) La vierge du Seigneur doit s'adonner au jeûne et à l'abstinence, pour éteindre le feu de la concupiscence et de toute impureté, s'appliquer nuit et jour à la prière, si elle veut échapper aux piéges et aux artifices du démon, et obtenir la récompense promise à la virginité. O vierge, vous ne sauriez trop vous éloigner de n'importe quel frère, quand sa réputation compromise vous fait un devoir de l'éviter; et, autant que vous le pouvez, fuyez sa personne et ses festins. Vous ne devez pas ignorer que c'est dans les discours qui se tiennent au milieu des festins que s'enflamme la passion, et qu'ensuite vient la fornication. Pour conclure, disons que la vierge du Seigneur doit s'abstenir de tous les plaisirs de la sensualité, savoir se contenter de peu pour sa nourriture et sa boisson, et garder toujours dans les paroles cette réserve modeste qui lui convient si bien. La vierge consacrée au Seigneur doit regarder comme une grâce de Dieu de ne point savoir se fâcher, mais de savoir, au contraire, réprimer sa colère, se montrer bienveillante envers tout le monde, ne point faire avec ses yeux des signes pour se rendre intéressante, ne point employer sa langue pour tromper ou nuire, ne point écouter, ni trahir les secrets d'une maison étrangère, fuir l'avarice et la cupidité, ne point nier un dépôt, ne donner à personne un sujet de scandale, consoler les affligés, secourir les infirmes, ne point écouter la médisance, et éviter elle-même toute détraction. La vierge du Seigneur doit se tenir en silence dans l'église, et ne point chercher à enseigner; écoutez l'Apôtre qui donne cette prescription : « Que les femmes, dit-il, se taisent dans l'église; il ne convient point qu'une femme parle dans l'église. » (I *Cor.*, XIV, 34, 35.) Et ailleurs : « Que les femmes écoutent en silence; » et encore : « Je ne permets point aux femmes d'enseigner. » (I *Tim.*, II, 11, 12.) Si donc c'est une chose inconvenante pour des femmes d'enseigner ou de parler dans l'église, combien plus cette réserve convient-elle aux vierges qui, ayant voué leur chasteté à Dieu, doivent mettre tous leurs soins à la conserver intacte, afin de servir de

---

prophetæ de filiabus Sion promissam sententiam pertimebit. (*Isa.*, III, 16.) Dominica virgo, ut de viduis Apostolus docet (I *Tim.*, v, 13), aut sermone garrula, aut loquacitate verbosa, vel curiositate superflua, casta non potest judicari, imo prostituta ad luxuriam alios magis accendit. Dominica virgo, nulli te virorum, cujuslibet ætatis, sine gravissimarum mulierum præsentia, singulari habitaculo vel colloquio credas; et cum sola in tabernaculo consistis, clausis super te januis sedeas, nullique virorum pulsanti facile januam tuam pandas; ne forte in suspicionem turpissimam, aut in pudoris tui naufragium cadas. Dominica virgo in locis, in quibus viri cubant, non debet accedere; ne ipsa se velut scortum credatur suis corruptoribus præbuisse. Dominica virgo male docentis miserabilisque vitæ feminæ, aut aliquando sinistra opinione vexatæ, consortium colloquiumque declina: quoniam corrumpi mores bonos colloquiis malis Paulus apostolus docet. (I *Cor.*, XV, 33.) Dominica virgo, ob exstinguendas libidinis vel omnis lasciviæ flammas, jejuniis et abstinentiæ debet operam dare, orationibus die noctuque insistere, si cupit et laqueos et insidias diaboli insidiantis evadere, et ad promissa virginitatis præmia pervenire. Dominica virgo omnem fratrem, quem vitandum mala fama commendat, nimis fuge, et quantum potes, ab eo vel ab ejus conviviis tuos accessus declina.

Dominica virgo non nesciat, ex convivali colloquio inolescere libidinis vitia, et exinde ad fornicationis venire peccata. Dominica virgo, ut cito concludam, ab omnibus illecebris gulæ abstinens esse debet, et parco victu vel potu debet esse contenta, et honesta taciturnitate semper ornata. Dominicam virginem Dei beneficium est irasci nescire, nosse magis iracundiam cohibere, cunctis benignam exsistere, oculis non annuere, dolo et malitia linguam non fabricare, alienæ domus secreta nec auscultare nec pandere, avaritiam cupiditatemque fugere, sibi deposita non negare, in usuris pecuniam non habere, sorori culpam ex corde dimittere, scandalum nulli apponere, tribulatis consolationem præbere, infirmantibus ministrare, detrahenti alteri non consentire, sed a detractione se penitus abstinere. Dominicam virginem in ecclesia cum silentio stare debere, et nihil legis docere, Apostolum audi loquentem : « Mulieres in ecclesia taceant : turpe est mulieribus loqui in ecclesiis. » (I *Cor.*, XIV, 34, 35.) Item ait : « Mulieres in silentio discant. » Item : « Mulieribus docere non permitto. » (I *Tim.*, II, 11, 12.) Si ergo mulieribus turpe est docere, aut in ecclesia loqui; quanto magis virginibus, quas castitatis Deo promissa cura professioque constringit, ut eas magis aliæ in bonis operibus imitentur? Dominica virgo ne quid pravum aut scurrile aut simulate loquatur, et omne

modèle aux autres dans la pratique des bonnes œuvres? Que la vierge du Seigneur ne dise rien de mauvais, rien de bouffon, rien par dissimulation; mais qu'elle extirpe de sa bouche toute espèce de mensonge. Car le Seigneur exterminera les menteurs, comme le disent David, au psaume v (v. 7), et son fils Salomon au livre de la Sagesse. (Sag., I, 11.) La vierge doit d'autant plus craindre de jurer qu'elle doit en tout apporter une plus grande fidélité; et si elle a dû confirmer sa parole par le serment, qu'elle la tienne très-exactement. Qu'elle se rappelle que le Seigneur lui-même, dans l'Evangile, lui défend de jurer à tout propos, sinon absolument. (Matth., v, 34.) Elle doit bien se garder de faire aucun larcin, aucune fraude, de porter aucun faux témoignage, ou d'approuver ceux qui feraient ces fautes, car cette approbation est encore hautement condamnée par saint Paul. » (Rom., I, 32.) Que la vierge du Seigneur évite les festins que donnent les dames de condition et où se trouvent des hommes, de peur qu'en s'entretenant avec ces hommes, au milieu des plaisirs de la table, elle n'éveille en eux la concupiscence. O vierge consacrée au Seigneur, fermez l'oreille et le cœur à tous les sons harmonieusement combinés, à tous les chants profanes, à tout ce qui charme doucement le sens de l'ouïe, dans la crainte que les mélodies inspirées par le diable n'enlèvent de votre cœur l'amour de Jésus-Christ. Autant que vous le pourrez, ne permettez pas à vos yeux de considérer les mouvements et les agitations des danseurs, ni de ceux qui frappent la cymbale ou le tambour, ou qui se livrent à quelqu'un des jeux réservés aux hommes; votre cœur pourrait tout à coup se prendre d'amour pour quelqu'un d'entre eux, et recevoir une blessure qui vous mettrait en grand danger de périr. Que la vierge ne s'abstienne pas seulement de l'orgueil et des contestations, mais qu'elle s'éloigne, autant que possible, des orgueilleux et des gens querelleurs, car « Dieu résiste aux superbes, mais il donne sa grâce aux humbles. » (Prov., XXIX, 23; Jac., IV, 6.) C'est Salomon qui nous le dit dans ses Proverbes. Que la vierge du Seigneur ne s'élève point dans ses discours, qu'elle ne se glorifie ni de ses richesses, ni de la noblesse de son origine; mais, tant qu'elle vivra, elle devra plaire à Jésus-Christ par l'humilité et la pauvreté d'esprit. Car au jugement de Dieu, on ne considérera pas la grandeur de chacun, mais ses propres actions, et chacun aura une récompense proportionnée au mérite de ses œuvres, et non à l'éclat de sa naissance. La vierge du Seigneur ne doit point prendre part aux veillées funéraires, ou autres, qui ont lieu dans les maisons particulières, et surtout quand les hommes et les femmes s'y trouvent ensemble. On ne peut appeler servante de Dieu ni regarder comme telle la vierge qui ne fait rien selon la mesure de ses forces. En un mot, la vierge qui s'attache à conserver soigneusement la promesse qu'elle a faite au Seigneur, ne doit pécher en rien, ni par une démarche affectée, ni par des regards ou des mots qui sentent la mollesse, ni par des paroles inutiles, ni extérieurement ni intérieurement.

Chapitre III. — Pensant que les avis que nous venons de donner aux vierges consacrées peuvent suffire, et que plusieurs de ces recommandations conviennent aussi aux serviteurs de Dieu et à tous les laïques, il est temps d'énumérer les crimes que renferme l'ivrognerie, et de montrer que cette passion surpasse tous les vices. D'abord, pour les vierges

---

mendacium ex ore suo penitus eradicet. Loquentes enim mendacium Dominus perdet, ut in quinto Psalmo David (Psal. v, 7), et ejus filius in libro Sapientiæ docet. (Sap., I, 11.) Dominica virgo quantam fidem debet in omnibus exhibere, tantum caveat jurare : de his quæ egerit propter veritatem confirmandam juramenta (supple, curet, aut quid simile) persolvere. Ne in totum aut omnino juret, Dominum agnoscat in Evangelio præmonentem. Dominica virgo furta fraudesque facere, aut falsa testimonia dicere, aut ea facientibus consentire caveat (Matth., v, 34 ; 1 Cor., VI) : quia ea committentes beatus Paulus objurgat. (Rom., I, 32.) Dominica virgo matronalibus conviviis, quibus viri miscentur, interesse declinet : ne concupiscentiæ peccatum secum inter pocula loquentibus viris importet. Dominica virgo contra omnes sonos musica arte prolatos; contra cuncta cantica sæcularia, contra omnia quæ dulciter delectentur audire, aures et cor tuum conclude : ne diabolicum melos Christi de corde ejus abscindat amorem. Dominica virgo motibus flexibusque saltantium, cymbalistriarum vel tympanistriarum, omniumque virilium ludicrorum, quantum potes, vultum tuum averte : ne cujuslibet eorum repentino amoris telo percussa, graviter incipias interire. Dominica virgo non tantum ne superbiat aut litiget, caveat; sed etiam a superbientibus et litigantibus, quantum potest, procul abscedat : « Superbis namque Deus resistit, humilibus autem dat gratiam, » (Prov., XXIX, 23) Salomon in Proverbiis clamat. Dominica virgo nec sermonis jactantia, nec divitiis, nec generis nobilitate se debet extollere; sed in humilitate et paupertate spiritus Christo accepta debet quamdiu vixerit permanere. In judicio enim Dei non tales, sed actus proprii pensabuntur, ex quibus singuli mercedem sicut gesserunt, non sicut nati sunt, reportabunt. Dominica virgo vigilias funebres vel cæteras quæ in privatis domibus eveniunt, debet effugere, ubi præcipue sine discretione sexus commixti conveniunt. Dominica virgo quæ secundum proprias vires nulla porrigit; non potest ancilla Dei vel dici vel credi. Sed ut breviter dicam, Dominica virgo quæ pudoris sui Domino promissi custodiam gerere nititur, nec incessu notabili, nec nutu aut dicto molli, nec otiositate verbi, nec corpore, nec mente debet omnino peccare.

Caput III. — Et quoniam quæ admonendis virginibus sacris dicta sunt, credamus posse sufficere, ex quibus præceptis etiam Dei servis vel laicis cunctis conveniat observare : jam debemus ad vinolentiæ crimina enumeranda venire, et docere ebrietatem cuncta vitia superare. Ipsis primo virginibus ebrietas castitatis promissa implere non permittit; quia sanctæ pollicitationi in utroque sexu inimica semper exstitit : ei ideo ebrietas pudori co-

LE LIVRE DE LA SOBRIÉTÉ ET DE LA CHASTETÉ.

mêmes, l'ivresse ne leur permet point de remplir leurs chastes engagements, car elle fut toujours, dans l'un et l'autre sexe, l'ennemie de ces saintes promesses; aussi l'ivresse ne peut être associée à la pudeur, comme la chasteté ne fut jamais la compagne de l'ivresse. La sobriété apprend à la femme à baisser modestement le visage; mais l'ivresse, lui ôtant toute réserve, lui fait lever impudemment les yeux. En effet, la femme sobre ne parle qu'avec une extrême timidité, son langage est irréprochable, elle ne parle qu'à mi-voix et de près; mais l'ivresse enlève toute modestie à son discours et à son visage. Et de fait, ce vice excite et pousse toutes celles qui s'y abandonnent à tenir des propos odieux et honteux, et une femme qui s'est portée à boire avec excès ne sait plus garder aucune réserve dans ses paroles, et de là vient encore l'épuisement des forces corporelles. Il arrive donc que, comme un vaisseau poussé par les flots d'une mer en furie va se briser contre les rochers, ainsi le corps et l'esprit d'une femme, agités par le vin comme par une violente tempête, se dissolvent de toutes parts. En effet, celle qui par sa faiblesse naturelle peut à peine marcher d'un pas assuré, comment pourra-t-elle se tenir lorsque l'ivresse, l'agitant comme une tempête, elle ne s'avancera que d'un pas chancelant et hésitant, tantôt baissant la tête, tantôt l'élevant avec des yeux hagards, et n'ayant pour la soutenir qu'une servante qui a partagé sa débauche? Alors plus de bon sens, plus de soin de la maison, plus de souci de ses serviteurs; voyez sa langue qui balbutie sans pouvoir articuler, elle essaie de parler, et non-seulement elle ne peut se faire comprendre, mais elle devient la risée de ceux qui l'entendent. Privée de sa raison, ne se reconnaissant plus elle-même, cette femme, dont le devoir particulier est de se voiler la tête, laisse voir à ceux qui l'entourent son cou presque nu; et ils rougissent du spectacle honteux qu'elle leur offre, pendant qu'elle ignore tout ce qui se passe dans la maison. Certes, la pudeur est en danger chez cette femme, et l'ivresse trahit le secret qu'une femme sobre garderait fidèlement. Lorsque le vertige l'a renversée à terre, ou qu'elle est étendue sur son lit, il lui semble voir tourner les murailles. Le haut de la maison lui paraît être en bas, et le bas en haut, puis elle tombe dans un sommeil où elle paraît comme ensevelie. Alors ce n'est plus en secret, mais ouvertement et en riant aux éclats que toutes ses femmes et ses servantes se moquent de l'ivresse de leur maîtresse, pendant que le lit est souillé des marques honteuses de son intempérance. Ainsi passe le temps pour cette femme sans que s'affaiblisse sa passion de l'ivresse; aussi toute crainte disparaît de son cœur; elle ne pense plus ni aux réprimandes, ni aux menaces d'un mari qui la gourmande souvent; elle oublie même la vigueur de son bras. Aussi sa maison, dont elle néglige chaque jour le soin, par la suite du temps, déchoit tellement de son éclat premier, que, continuellement, le mari se souhaite la mort, en voyant que son travail et sa sollicitude sont chaque jour paralysés par une telle maîtresse, et que le fruit de ses peines est complètement perdu. Il n'a plus d'épouse avec laquelle il puisse parler des affaires de sa maison pour les mettre en meilleur ordre; car celle-ci a seulement le nom, mais non point les mœurs d'une épouse. Comme elle ne s'occupe de rien, le mari se fatigue par ses soins assidus et tombe dans l'abattement; c'est ainsi que, si deux bœufs sont attelés au même chariot, lorsque l'un, cédant sous le far-

---

mos esse non potest, quia nec castitas fuit aliquando socia temulentiæ. Sobrietas in feminis ad terram deponit adspectum : ebrietas autem amisso pudore inverecundos erigit vultus. Sobrietas enim cum summa trepidatione irreprehensibile, et cum silentio propinquum emittit verbum : ebrietas impudoratum facit feminæ et sermonem et vultum. Elicit namque atque extorquet ebrietas infandam, inverecundam de omnibus se habentibus vocem, et cui subrepserit per aviditatem nimietas vini, nullum potest habere tacendi pudorem : ex qua temulentia membrorum consequitur infirmitatem. Et ita fit, ut sicuti navis validissimi maris fluctibus scopulo illisa comminuitur; ita feminæ corpus ac mens grandi vini procella illisa, membris omnibus dissolvatur. Nam quæ naturaliter firma figere non potest gradiendo vestigia; quomodo incedere valebit, cum vini fuerit ingenti procella percussa, (a) lapsabunda gressu ac innuens, semper contortis oculis resupina, aut inclinata cervice, famula regente pedissequa de temulentiæ suæ culpa? Ibi sanitas et cura domus nulla vel familiæ gubernatio, lingua balbutiens sermonis officio privatur, aut in vocem prorumpere volens, non tantum non intelligitur, sed etiam ab audientibus deridetur. Est autem mente alienata, et sui omnino nescia, cui cultus capitis vergit in partem, et seminudam monstrat videntibus cervicem, et omni ex parte demissa a conspicientibus erubescitur, et quid domi geratur, ignorat. Periclitatur in tali sine dubio pudor, et omne secretum, quod sobrietas in feminis custodit, temulentia publicat. Quæ cum humi fuerit vertigine rapta lectoque prostrata, circumcursare sibi cunctos conspicit parietes : culminaque domus in imo, et ima in altum putat esse porrecta, et velut sepulta somno recipitur. Lectisternia vero quæ ab infantibus contumeliis deformantur, a cunctis feminis vel ancillis, non jam occultis, sed videntibus cachinnis talis dominæ temulentia derideatur. Sic itaque transeunte tempore, et ebrietatis vitio permanente, de ejus corde omnis evolat timor : nec corruptionem, nec terrorem sæpe objurgantis viri cogitat; aut vigorem. Inde quotidie neglectus domus per illapsum tempus ornatu quotidiano in tantum destituitur, ut semper sibi maritus mortem exoptet, cujus labor gubernatioque sub tali domina quotidie minuitur, et in lapsum venit. Non est cum qua quidpiam de cura domus conferatur, maritalis uxoris nomen tantum, non mores ostendit. Nihil ea disponente, maritalis quotidiana cura non sine tristitia fatiga-

(a) Er. lassabunda.

deau, cesse de tirer, l'autre succombe sous ses propres efforts. L'ivresse de la maîtresse permet aux serviteurs de s'emparer de toutes les clefs de la maison, et d'aller fouiller partout ; chaque jour les celliers se vident par des larcins domestiques ; et cette maison indisciplinée est toute remplie de clameurs. Le travail de la laine est négligé, abandonné, ou il devient odieux. Car une telle maîtresse aime et chérit davantage la servante qui lui verse plus abondamment à boire, que celle qui lui présente sa tâche achevée avant le soir. Ce qui la charme le plus, ce ne sont pas les couleurs d'une tunique, mais bien les coupes ou la vue des vins variés et pétillants ; elle ne s'inquiète point de la mesure des vêtements qu'il s'agit de faire, mais de celle du vin que l'on apporte. Elle ne met point sur le métier des toiles à tisser, pour sauvegarder sa chasteté, depuis longtemps l'ivresse lui a fait perdre l'usage de tisser la toile ; mais elle laisse ce soin aux araignées, après l'avoir ôté à ses servantes qui demeurent oisives. Lorsqu'elle prend son repas, il lui faut peu de pain, mais du vin en abondance ; aussi recherche-t-elle de préférence les aliments qui altèrent. Tant qu'elle est éveillée, boire est son occupation, et, si elle s'endort, la soif vient interrompre son sommeil. Mais pourquoi m'étendre sur ce triste sujet ? Si je voulais dire tous les funestes effets de l'ivresse, le temps me ferait défaut ; le Saint-Esprit énumère les principaux au livre de l'Ecclésiastique de Salomon : « La femme ivre, dit-il, se porte violemment à la colère, sa honte et son ignominie ne seront point cachées. » (*Eccli.*, XXVI, 11.) Et, en parlant de l'un et l'autre sexe, il dit : « Le vin est la ruine d'un grand nombre ; » (*Ibid.*, XXXI, 30) et encore : « L'ivresse enlève toute prudence ; » (*Ibid.*, XXXI, 38) et enfin : « l'abus du vin produit des emportements, des colères, et attire de grandes ruines. L'abus du vin est l'amertume de l'âme. » (*Ibid.*, 39.)

Enfin, pour terminer ce livre, j'indiquerai brièvement tous ces funestes effets. Le vin souvent a fait faire naufrage à la chasteté, et a livré en foule des victimes aux corrupteurs ; sous l'impulsion du vin, grand nombre de femmes jusque-là chastes, au mépris de la couche légitime, se sont livrées à des adultères, et dans ces commerces honteux ont tramé la mort de leur époux. Sous cette même impulsion, que d'ivrognes se sont jetés dans des assemblées pleines de corruption et de débauches, et, par des actes vraiment abominables, ont donné des fils à leurs propres pères ou à leurs propres mères, à leurs fils ou à leurs filles, à leurs frères ou à leurs sœurs, à leurs gendres ou à leurs brus. En effet, le vin a été, pour plusieurs hommes ou femmes la cause que, négligeant leurs pieuses et saintes résolutions, et s'oubliant eux-mêmes, ils se sont déshonorés et avilis, et qu'enfin fuyant leur patrie ils ont terminé leur vie loin du lieu de leur naissance. Le vin encore a brisé les forts sous les coups des faibles, et plusieurs ont succombé sous une main de femme ; des armées invincibles ont été détruites ou subjuguées par suite de l'ivresse. Nombre de fois le vin plaça sous un joug étranger ceux qui l'avaient longtemps repoussé. L'abus habituel du vin a fait perdre la raison à un grand nombre, et pendant que, dans cet état de délire, ils demeuraient éloignés du commerce des hommes, ils furent souvent victimes de la voracité des animaux féroces. D'autre part les mêmes excès perdirent une belle fortune, et tom-

---

tur : quia velut juncti in vehiculo boves, si unus conari sub onere cesset, alterum conatus dirumpet. Vinolentia igitur dominæ subtractis locorum clavibus, omnia tentantur : cellariorum plenitudo furtis quotidie servilibus inanitur, indisciplinatæque familiæ clamoribus domus omnis perstrepit. Lanificii vero aut negligens, aut nulla, aut abominabilis efficitur cura. Tali enim dominæ ancilla carior atque amabilior erit, quæ capacius poculum porrexerit, quam quæ pensum integrum ante vesperum assignaverit. Cathinis enim aut variis persinisque coloribus in vino, non in tunicis, delectatur : et non vestium faciendarum, sed vini quærit allatam mensuram. Non tuendæ castitatis causa telas ad texendum erigit, quæ usum telæ olim de domo per ebrietatem amisit : et telas quas ancillis otiantibus subtraxit, texendas araneis dedit. Hæc cum cibos capit, vix comedendo semiunciam panis attingit, et pocula deinceps absorbet, et propterea pulmentorum sibi cataplasmata quærit. Hæc quamdiu vigilaverit, bibit : aut si obdormierit, sitis ei somnum abrumpit. Sed adhuc quid immoror ? Si ebrietatis voluero cuncta vitia enarrare, ante me tempus deficiet : cum potiora in Ecclesiastico Salomonis Spiritus sanctus clamet, dicens : « Mulier ebria, ira est magna, et contumelia et turpitudo ejus non tegetur. » (*Eccli.*, XXVI, 11.) Et de utroque sexu : « Multos, ait, exterminat vinum. » (*Eccli.*, XXXI, 30.) Et iterum : « Prudentiam absorbet ebrietas. » Et iterum : « Vinum multum potatum, irritationes et iras et ruinas multas facit. Amaritudo animæ vinum multum potatum. » (*Ibid.*, 38, 39.)

Quare ut finem libri faciam, summatim cuncta perstringam. Per vinum enim castitas submersa est, et plurimæ a corruptoribus turbæ deceptæ sunt. Virginum multæ etiam impellente vino thori genitalis oblitæ, pudicitiam suam adulteris tradiderunt, et cum mœchis de morte pactæ sunt maritorum. Quamplures impellente vino præcipites indecentibus se conventibus polluerunt : et de genitoribus aut genitricibus, de filiis aut filiabus, de fratribus aut sororibus, de generis aut nuruis, per nefandos, ut dictum est, concubitus sibi filios genuerunt. Per vinolentiam enim plurimi plurimæque a sancto pioque proposito exciderunt, et sui obliti amissis honoribus ignobiles remanserunt : et sedibus patriis profugi, vitam non ubi sumpserunt finierunt. Per hoc quippe vinum fortes ab infirmis elisi sunt, et in mortem quamplures ictu muliebri prostrati : et invicti exercitus vino dominante exstincti sunt, et servitutis jugo subacti. Innumerabiles jugum dominationis diu recusantes, vinolentia in alienum redigit arbitrium. Consuetudine vini quamplures in insaniam sunt conversi : ac mentis durante insania ab humana conversatione sejuncti, ferino sunt plerumque dente consumpti. Quamplures vini immoderatus excessus ex divitibus pauperes reddidit et ege-

bèrent dans la pauvreté et le dénûment. Des meurtres impies et cruels furent aussi très-souvent le fruit de l'ivresse. Bien des villes, après avoir soutenu de longs siéges, furent surprises pendant que leurs défenseurs étaient plongés dans le vin et le sommeil; les ennemis y pénétrèrent et les livrèrent aux flammes. Le monde, de tout temps, fut souvent affligé et l'est encore aujourd'hui d'une multitude innombrable de maux les plus funestes, par suite des excès dans l'usage du vin. Si je voulais extraire des livres saints et des auteurs profanes tous les faits de ce genre, et nommer tous ceux qui en furent les acteurs, j'en ferais un énorme volume qui ne pourrait qu'ennuyer le lecteur.

Cependant nous avons commencé ce livre en adressant nos avis et nos reproches aux prêtres et aux lévites, pour ne point paraître exempter les clercs et les ministres de Dieu de l'ignominie attachée à tous ceux qui s'abandonnent à ce vice; nous les avons condamnés d'après la parole de Dieu même. Ceux qui sont obligés de détourner le peuple de toute faute doivent surtout veiller attentivement à ne point tomber eux-mêmes dans aucun vice ni aucun péché; et ils doivent s'appliquer ces justes remontrances de l'Apôtre : « O vous, qui condamnez ceux qui font ces choses, et qui les faites vous-mêmes, pensez-vous échapper au jugement de Dieu? » (*Rom.*, II, 3.) Et encore : « Vous enseignez les autres, et vous ne vous enseignez pas vous-mêmes; vous avez les idoles en abomination, et vous commettez le sacrilége. » (*Ibid.*, 21, 22.) Qu'ils s'appliquent ces paroles et d'autres semblables, par lesquelles il reprend ceux qui ne se garantissent pas des déréglements dont ils détournent les autres, et qui se condamnent eux-mêmes en jugeant les autres. Aussi conseillons-nous de lire souvent ce petit livre à tous les clercs et à tous les laïques qui sont revêtus de quelque dignité; afin que chacun se rendant agréable à Dieu par des progrès dans les bonnes mœurs et dans la chasteté, il se réjouisse toujours de nos avis dans le Seigneur, lui rendant grâces par Jésus-Christ Notre-Sauveur, à qui soit honneur et gloire dans les siècles des siècles. Ainsi soit-il.

nos. Infiniti numero, vino impellente, injusta impiaque homicidia commiserunt. Quamplurimæ urbes diu obessæ, nec captæ, custodibus somno vinoque sepultis, ab hostibus patefactæ sunt et incendiis concrematæ. Sunt quoque alia multa nefanda et innumera, quibus per ebrietatis vitia mundus iste dudum frequenter est vexatus, et nunc vexatur : quarum rerum si de Dominicis vel sæcularibus libris vellem ad singula exempla personasque, per quas res gestæ sunt, proferre, enormitas libri legentibus fastidium afferret.

Nos tamen in hoc Opere propterea sacerdotibus et levitis vituperationem simul et admonitionis initium fecimus, ut de cunctos huic vitio deditos de Dominica correptione confundimus, immunes forte clericos aut Dei ministros facere videremur : quibus magis convenit, ut qui populum a diversis culpis abstinere docent, ne in aliquod vitium aut culpam cadant, cauta observatione procurent, et eos justa increpatione Apostolus objurget dicens : « Æstimas autem, o homo, qui judicas eos qui talia agunt, et facis ea, quoniam tu effugies judicium Dei? » (*Rom.*, II, 3.) Item : « Qui alium doces, te ipsum non doces : qui abominaris idola, sacrilegium facis : » (*Ibid.*, 21, 22) et cætera, quibus arguit eos qui a vitiis, quibus prohibent, ipsi se non abstinent; et in quo alios judicant, se ipsos condemnant. Quare omnibus clericis et laicis in diversis hujusmodi dignitatibus constitutis hunc libellum frequentius lectitandum suademus : ut cum moribus bonis et sobrietate Deo gratus quis profecerit, de correptione nostra in Domino Deo lætus semper exsultet, agens Deo gratias per Dominum nostrum Jesum Christum, cui honor et gloria in sæcula sæculorum. Amen.

AVERTISSEMENT

SUR LE LIVRE DE LA VRAIE ET DE LA FAUSSE PÉNITENCE

Ce traité est rapporté presque tout entier sous le nom de saint Augustin dans les *Décrets* de Gratien, et dans les *Sentences* de Pierre Lombard. Il est cité aussi avec le nom du même docteur par Pierre de Blois, dans ses livres *De la Confession* et *De la pénitence*, par Vincent de Beauvais, dans le *Miroir moral* (liv. III, part. X, dist. 12), par saint Thomas d'Aquin, dans sa *Somme de*

ADMONITIO IN LIBRUM DE VERA ET FALSA POENITENTIA

Totus fere hic liber cum nomine Augustini in Decreta per Gratianum, et in sententias per Petrum Lombardum translatus est. Eumdem postea citarunt et Augustino tribuerunt Petrus Blesensis in libris *de Confessione* ac *de Pænitentia*, Vincentius Bellovacensis in *Speculo morali*, lib. III, parte X, dist. 12; Thomas

Théologie, et depuis par beaucoup d'autres. Toutefois, Trithème, dans son livre *des Ecrivains ecclésiastiques*, le croit apocryphe, « parce que, dit-il, au chapitre XVII, on cite saint Augustin lui-même. » Pour répondre à cette objection, Martin Navarre (Tom. II, comment. in dist. 5 *de Pœnit.*) dit qu'on peut bien supposer que ce passage, où saint Augustin est cité, n'est qu'une note de quelque savant, qui de la marge sera passée dans le texte, plutôt que de croire qu'un si excellent livre, attribué pendant tant de siècles à saint Augustin, n'est point de ce docteur. Les anciens exemplaires que nous avons vus, et qui à cet endroit omettent au moins le nom de saint Augustin, paraissent autoriser l'opinion de Navarre; mais le sens réclame ce nom, et Gratien l'y a trouvé en effet. D'ailleurs, quoi qu'il en soit de ce passage, de nombreux arguments se présentent de toutes parts, pour attester que cet ouvrage n'est point du saint docteur. Bernard Vinding, dans sa *Critique augustinienne*, en a recueilli quelques-uns; et, pour répondre « à un théologien récent, qui, d'ailleurs, dit-il, n'est pas sans mérite, et qui prétendait que ce livre, autant par le style que par la doctrine, ne pouvait avoir que saint Augustin pour auteur, et que c'était bien à tort qu'Erasme et plusieurs autres lui en refusaient l'honneur, » il cite plusieurs expressions étrangères au saint écrivain, par exemple (chap. III) : «Naaman perdit la lèpre dans l'eau; » (chap. IV) « Pierre renia le Seigneur, et éloigna (*excommunicavit*) de lui les amis du Christ; » (chap. IV, VI, et VII) « promettre une peine; » (chap. IX) *ad Deum anxiari*. Et au même chapitre : *meliori quam potest confiteatur;* (chap. XVII) *oportet peccatorem ut in pœnitentia fructificet.* Enfin, il montre que l'auteur n'a ni l'habileté, ni les pensées de saint Augustin dans l'interprétation de l'Ecriture. Ainsi on lit ces choses au chapitre V : « Que l'indulgence soit promise à tous, c'est ce que le Sauveur déclare en d'autres endroits : Si quelqu'un, dit-il, me confesse devant les hommes, c'est-à-dire, quels que soient le nombre et l'énormité de ses péchés, quelle que soit sa dignité, fût-il revêtu même du sacerdoce, je le confesserai devant mon Père; » (chap. IX) « Il guérit l'homme tout entier au jour du sabbat, en délivrant son corps de toute infirmité, et son âme de toute contagion; » (chap. XI) « Les prêtres de l'Eglise étaient figurés dans les personnes de Pierre, Jean et Jacques, et du père et de la mère de la jeune fille. » (*Luc*, VIII, 54.) En parlant des larmes de la veuve désolée, ou de celles de Marthe, de Marie et de la foule des Juifs, il ajoute : « Ceci nous apprend que les mérites de l'Eglise, et non point les leurs propres, suffisent aux pécheurs publics; » (chap. XIV) « Il faut dans la confession indiquer toutes ces distinctions : si l'on a péché dans un lieu sacré, ou dans un lieu où l'on était accueilli avec confiance, et où l'on devait se montrer fidèle, comme dans la maison d'un maître, et beaucoup d'autres lieux; si l'on a péché pendant le temps de la prière; un jour de fête,

---

Aquinas in *Summa Theologica*, et alii deinceps. Supposititium tamen credit Trithemius, lib. *de Scriptoribus ecclesiasticis*, « quoniam, ait, capite, 17, Augustinus ipse allegatur. » Reclamat Martinus Navarrus, tom. II, comment. in dist. 5, *de Pœnitentia*, et dicit existimandum potius, illam partem, qua citatur Augustinus, ex annotatione viri alicujus docti ad marginem adscripta, migrasse in textum, quam propterea negandum esse Augustini librum optimum, tot sæculis ei tributum. Navarri conjecturam juvant libri veteres per nos inspecti, qui eo loci nomen saltem Augustini prætereunt : sed illud tamen et postulat sensus, et legit re ipsa Gratianus. Verum, de hoc loco quidquid tandem putetur, alia undique suppetunt argumenta, quæ clamitant hoc Opus non esse Augustini. Quædam in *Critico Augustiniano* collegit Bernardus Vindingus, et adversus « quemdam, ut ait, recentem, nec malum alioqui Theologum, qui stilo et doctrina totum Augustinianum esse, adeoque stulte ipsi hoc negatum ab Erasmo et aliis doctoribus » contendebat, opposuit : scilicet phrases ab Augustino alienas cap. III : « Naaman per aquam perdidit lepram. » Cap. IV : « Petrus Dominum negavit, et a se amicos Christi excommunicavit. » Eodem cap. IV, et VI, ac VII : « pœnam promittere. » Cap. IX : « ad Deum anxiari. » Ibidem : « Meliori quam potest confiteatur. » Cap. XVII : « Oportet peccatorem ut in pœnitentia fructificet. » In Scripturis exponendis auctorem neque Augustini sollertiam habere ostendit, neque cum illo consensionem. Nam cap. V : « Quod omnibus, ait, promisit indulgentiam, aliis promissionibus declarat : Qui me confessus fuerit coram hominibus, id est, omnis quantumcumque et quotiescumque peccator, cujuscumque ordinis, etiamsi fuerit sacerdos, confitebor et ego eum coram Patre meo. » Cap. IX : « Totum hominem sanavit in sabbato, quia et corpus ab infirmitate et animam ab omni contagione liberavit. » Cap. XI : « In Petro et Joanne et Jacobo et patre et matre puellæ (*Luc.*, VIII, 54) figuraliter continentur sacerdotes Ecclesiæ. » Lacrymis matris viduæ, Marthæ et Mariæ ac turbæ Judæorum « docemur, inquit, publice peccantibus non proprium, sed Ecclesiæ sufficere meritum, » etc. Cap. 14 : « Omnis ista varietas confitenda est, si peccavit in loco sacro, aut cui debuit excellentiam fidei, ut sunt domus dominorum et aliorum multorum; si in tempore orationi constituto, aut in

ou dans un temps de jeûne, etc. Celui qui pèche par avarice fait aussi une blessure à la chasteté. »
Nous avons corrigé ce livre sur les manuscrits du grand couvent des Augustins de Paris, sur ceux de Cîteaux, du Vatican, et sur les recueils de Gratien et de Pierre Lombard. Le titre des manuscrits porte : *De vera et falsa Pœnitentia*, sans ajouter : *ad Christi devotam*, et le livre se termine par ces mots : « Explicit de confessione. »

festivitate sanctorum, et in tempore jejunii, etc. Si quis cadit in avaritiam, etiam castitatem minoravit. »
Librum emendavimus ad codices Mss. Augustinensium majoris conventus Parisiensis, ad Cisterciensem, ad Vaticanum, necnon ad Gratiani et Lombardi Collectanea. In Mss. inscribitur *de vera et falsa Pœnitentia* : omisso *ad Christi devotam*. Et ad finem in iis habetur : « Explicit de Confessione. »

LE LIVRE
DE
LA VRAIE ET DE LA FAUSSE PÉNITENCE
ADRESSÉ A UNE SERVANTE DE JÉSUS-CHRIST

CHAPITRE PREMIER — 1. Toutes les autorités nous disent bien haut, et la vie entière des hommes vertueux tend à nous montrer combien est désirable la grâce de la pénitence. En effet, elle guérit les malades, elle rend sain le corps des lépreux, elle conserve et fortifie la santé; elle fait marcher les boiteux, elle donne la vie aux membres desséchés et rend la vue aux aveugles, elle met les vices en fuite et fait fleurir les vertus; elle est une sauvegarde et une force pour l'âme; elle guérit tout, répare tout, et répand partout le bonheur. Elle tempère la joie du succès, arrête les impétuosités et empêche les excès. Elle révèle à lui-même celui qui ne se connaissait pas, et celui qui se cherche se trouve. C'est elle qui introduit l'homme dans la société des anges, et qui rend la créature à son Créateur. Elle montre la brebis perdue au pasteur qui la cherche (*Luc*, xv, 4), et découvre la dixième drachme à la femme qui remue tout pour la trouver. (*Ibid.*, 8.) Ce fut la pénitence qui ramena le prodigue à son père (*Ibid.*, 11), et qui confia aux soins du maître d'hôtel le malheureux que les voleurs avaient maltraité. (*Luc*, x, 35.) En elle on trouve tous les biens, et c'est pour elle qu'ils se conservent. Elle dissipe les ténèbres, ramène la lumière; elle est comme un feu consumant qui purifie tout.

2. Vous avez senti tout cela, ô femme courageuse et sage, vous qui avez tendrement aimé un si grand bien. Car on ne peut guère aimer ce que l'on ne connaît nullement. Appuyée sur ce trésor, vous aurez la force de vous appliquer à toutes les bonnes œuvres. C'est pourquoi, connaissant votre bonne volonté à ce sujet, je vous encouragerai volontiers, et

DE
VERA ET FALSA PŒNITENTIA
AD CHRISTI DEVOTAM
LIBER UNUS

CAPUT PRIMUM. — 1. Quantum sit appetenda gratia pœnitentiæ, omnis clamat auctoritas, omnis bonorum vita conatur ostendere. Languores enim sanat, leprosos curat, mortuos suscitat, sanitatem auget quam conservat, claudis gressum, aridis copiam, cæcis restituit visum, vitia fugat, virtutes exornat, mentem munit et roborat, omnia sanat, omnia redintegrat, omnia lætificat. Temperat successus, constringit impetus, moderatur (*a*) excessus. Ignorans se, per hanc se recognoscit : quærens se, per hanc se invenit. Hæc est quæ homines ad Angelos ducit, et creaturam reddit Creatori. Ista ovem perditam monstravit quærenti (*Luc.*, xv, 4), et decimam drachmam obtulit anxianti. (*Ibid.*, 8.) Hæc dissipatorem filium ad patrem reduxit (*Ibid.*, 11), et vulneratum a latronibus custodi curandum tradidit. (*Luc.*, x, 35.) In hac omne bonum invenitur, per hanc omne bonum conservatur. Fugat tenebras, inducit lucem, excoquit omnia, ipsa ignis consumens.

2. Hæc omnia, provida Virago, sensisti, quæ hoc tantum bonum tenere dilexisti. Vix enim diligitur, quod omnino ignoratur. Super hoc bonum innixa, fortis esse poteris ad omnia bona. Itaque voluntatem tuam, quam super hoc bono (*b*) cognovi, libenter adjuvo : et **suavem**

(*a*) Duo Mss. *egressus*. — (*b*) Mss. duo *conveni*, et mox, *non rogasti*.

c'est avec bonheur que j'entreprends, sur votre prière, un travail qui me sera doux et agréable; je compte du reste sur l'aide que Dieu m'accordera à cause de vous. En effet, je sais que vos désirs ne seront jamais frustrés, mais toujours abondamment comblés; car, étant riche, vous vous êtes rendue pauvre pour l'amour de Jésus-Christ, et votre âme sera enrichie par les saintes communications de la grâce. Aussi, je m'estimerai heureux si je puis vous aider en quelque chose au milieu de ces précieuses richesses. Je vais donc abandonner aux considérations de votre cœur tout ce que je pense de la pénitence, en m'appuyant sur l'autorité des saints Pères et les lumières de l'Esprit divin. Je ne me contenterai pas de réfuter les erreurs du temps présent; mais je tâcherai que, par une surabondance de preuves, cette réfutation soit un charme pour vous, afin que si, par la droiture de votre esprit, aidée de la grâce de Dieu, vous avez su mépriser toutes les fausses doctrines, vous puissiez néanmoins encore goûter quelque plaisir à raisonner sur les erreurs que vous avez rejetées.

CHAPITRE II. — 3. Si la foi est le fondement de la pénitence, sans laquelle il n'est rien de bon, il faut désirer la pénitence fondée sur la foi. Car un bon arbre ne peut produire de bons fruits (*Matth.*, VII, 18); aussi la pénitence qui ne vient point de la foi est inutile. Or, il faut croire que ce remède nous est accordé par le Sauveur; car si toute pénitence était sans fruit pour les pécheurs, les bourreaux du Christ n'y seraient point appelés; or, le Sauveur lui-même, plein de bonté et de miséricorde, la prêcha aussi bien que son précurseur. « Faites, dit celui-ci, de dignes fruits de pénitence. » (*Matth.*, III, 8.) Ces paroles nous font entendre qu'il y a une pénitence vaine et stérile, et une autre vraie qui porte du fruit. En effet, celui qui a dit : « Je préfère la miséricorde au sacrifice, » (*Osée*, VI, 6) ne désirait pas la mort du pécheur, mais son retour à la vie. (*Ezéch.*, XVIII, 23.) Et qui donc peut revenir à la vie, si ce n'est celui qui se trouvait comme dans une région éloignée? David rappelle qu'il a été conçu dans l'iniquité, et que sa mère l'a engendré dans le péché (*Ps.* L, 7), et cependant le Seigneur lui rend ce témoignage, « qu'il a trouvé en lui un homme selon son cœur. » (*Act.*, XIII, 22.) Ce même homme qui est loué par le Seigneur, plein de confiance en lui, s'écrie : « Vous userez d'indulgence pour mon péché, car il est grand; » (*Ps.* XXIV, 11) non pas qu'il fût grand en réalité, mais David le considérait ainsi, comme un homme qui en était rassasié et dégoûté. En effet, celui qui ne regarde pas sa faute comme considérable, ne se met pas beaucoup en peine de s'en décharger; et comment lui paraîtrait-elle considérable s'il y prend encore du plaisir? Comment demanderait-il à en être délivré, si elle n'est pour lui un sujet de peine? Et si elle n'est pas pour lui une peine, il sera content de l'avoir commise. Nous savons que Dieu effaça le péché de David, mais parce qu'il en était affligé, parce qu'il en gémissait, qu'il arrosait son lit de ses larmes, et mangeait la cendre comme son pain. Or s'il se fût réjoui de sa faute, il n'aurait point dit que son péché était grand, mais plutôt léger.

4. Il y en a qui rappellent ces mots de l'Apôtre : « Pécherons-nous donc pour faire abonder la grâce? » (*Rom.*, VI, 1) et ils s'en servent contre lui pour condamner avec dérision la pénitence; mais ils se trompent. L'Apôtre disait : Convertissez-vous par la

---

laborem super hac re, ut rogasti, desideranter suscipio, sperans Dei adjutorium in tuo merito. Scio enim intentionem tuam nunquam frustrandam, sed in omnibus quæ desideras ditandam. Nam cum esses dives, pauperem te pro Christo fecisti, et in anima dives eris sancti commercii. Unde felix ego, si quid auxilii ad veras tuas divitias adhibere potero. Tuæ itaque trado dilectioni, quidquid de pœnitentia sentio, auctoritate Patrum et illustratione sancti Spiritus. Nec modo hujus temporis tantum impugnamus errores, sed etiam de impugnatis per copiam rationum conamur tibi tradere dulcedinem suavitatis : ut integritas tuæ mentis, quæ Deo dante omnes repulit falsitates, super fugatis ratiocinando lœtetur.

CAPUT II. — 3. Si fides fundamentum est (*a*) pœnitentiæ, præter quam nihil est quod bonum sit; appetenda est pœnitentia, quam constat in fide fundatam. Non enim potest arbor bona fructus malos facere. Pœnitentia itaque quæ ex fide non procedit, utilis non est. Oportet autem credi remedium pœnitentiæ a Salvatore concedi. (*Matth.*, VII, 18.) Si enim omnis pœnitentia peccatoribus sterilis esset, nequaquam ad pœnitentiam revocarentur Christi interfectores, quam prædicavit Dominus mitis et mansuetus, et ejus Præcursor : dixit enim : « Fructus facite dignos pœnitentiæ; » (*Matth.*, III, 8) ostendens pœnitentiam non sterilem, sed dignam fructificare. Qui enim dixit : « Malo misericordiam quam sacrificium, » (*Oseæ*, VI, 6) non exspectabat mortem peccatoris, sed ut conversus viveret. (*Ezech.*, XVIII, 23.) Quis autem converti potest ut vivat, nisi qui erat in regione longinqua? In iniquitatibus enim neminit conceptum David, et in delictis a matre sua genitum (*Psal.* L, 7), cui Dominus testimonium perhibet : « Inveni hominem secundum cor meum. » (*Act.*, XIII, 22.) Hic idem a Domino laudatus, præsumens de Domino dicit : « Propitius eris peccato meo, multum est enim : » (*Psal.* XXIV, 11) non quia multum erat, sed quia David multum reputabat, sicut qui jam inde satur erat et fastidiosus. Non enim laborat exonerari peccato, cui non videtur nimium. Quomodo ergo multum videretur, si adhuc in illo delectaretur? Quomodo rogaret perperre, nisi doleret habere? Si enim non doleret habere, gauderet commisisse. Scimus quia delevit Deus peccatum David; aut quia dolebat peccasse, aut quia gemebat, et stratum suum lacrymis rigabat, et tanquam panem cinerem manducabat. Si autem gauderet, non magnum, sed parvum peccatum suum diceret.

4. Falluntur itaque, qui objicientes pœnitentiam Apostolo, et eum irridentes dicunt contra eum : Peccabimus, ut gratia abundet? Dicebat : Convertimini per pœnitentiam, sperate de venia, etiamsi maxima sit iniquitas,

---

(*a*) Ms. Cisterc., *boni præter*, etc.

pénitence, espérez le pardon, quelque grandes que soient vos iniquités : « La grâce a abondé où le péché avait abondé; » (*Rom.*, v, 20) aucun péché ne pourra subsister en face de la pénitence. Il prêche donc la conversion. Mais comment pourrait-on se convertir, si on affectionnait encore son ancien état? Celui qui se convertit doit donc nécessairement garder avec peine ce dont il est heureux d'être débarrassé. Aussi la pénitence appelle l'indulgence, sans laquelle personne ne peut obtenir son pardon. Si l'âme pouvait arriver au salut sans ce moyen, on ne dirait point : Avez-vous péché, cessez de le faire. En effet, pourquoi cesserait-on de pécher, si ce n'était point un mal de pécher encore? Comment pourrait-on aimer, et ne point détester ce qui damne, lorsqu'on le garde, tandis qu'on se sauve en le rejetant? Celui donc qui veut désormais s'abstenir de pécher, doit être affligé de ne s'en être point abstenu, et ainsi il se sauve par sa douleur, et il est délivré par son repentir. C'est la douleur qui a inspiré ce mot : « J'ai péché, que ferai-je pour vous? » (*Job*, vii, 20) c'est-à-dire : j'ai un tel regret d'avoir péché, que je ne puis me défendre de vous venger moi-même; je demande donc quel châtiment je puis m'infliger qui soit capable de vous satisfaire. Rien ne me paraîtra trop rigoureux, pourvu que je sois délivré de mon péché. Ceux donc qui désirent obtenir grâce n'en ont d'autre moyen que la pénitence.

CHAPITRE III. — 5. Il en est qui pensent que la pénitence est utile avant le baptême, (selon que le figure l'histoire du syrien Naaman, qui fut guéri de la lèpre dans l'eau) (IV *Rois*, v, 20); mais qu'ensuite elle ne sert de rien à ceux qui tombent dans le péché. Ils sont fiers d'un privilége qu'ils s'arrogent faussement, se vantant d'être exempts de souillure et de n'avoir rien commis qu'ils aient à regretter depuis leur baptême. Ils donnent à tout un sens erroné, en paraissant s'appuyer de l'autorité des saints; et, écoutant le père du mensonge, ils interprètent faussement ce qui est d'ailleurs l'expression de la vérité. Ainsi, ils lisent, sans vouloir les comprendre, ces paroles de l'Apôtre : « Ceux qui ont été une fois éclairés, et qui ont goûté le don de Dieu et participé à la grâce du Saint-Esprit, qui se sont nourris de la sainte parole de Dieu et de l'espérance des grandeurs du siècle futur, ne peuvent se renouveler par la pénitence, parce qu'ils crucifient de nouveau le Fils de Dieu et l'exposent à l'ignominie. » (*Hébr.*, vi, 4, et suiv.)

6. Mais si ces docteurs n'étaient aveuglés par l'orgueil, ils s'apercevraient que l'Apôtre ne pouvait ainsi anéantir le fruit de son travail et l'objet de sa joie. Quels sont, en effet, ceux qu'il réprimande dans ses lettres, sinon des hommes qui étaient tombés après le baptême, et qui persévéraient dans le péché? Car, pour les Gentils, il les visitait en personne, les convainquant par ses raisonnements et par ses miracles. Comment aurait-il pu écrire à des infidèles qui lui opposaient tant de contradictions? Ils le lapidaient, le battaient de verges, et il leur aurait écrit pour les engager à se corriger! Pourquoi aurait-il pressé ces infidèles de se convertir, s'il eût désespéré de leur salut? Comment leur eût-il écrit, s'il savait que nécessairement ses avis dussent être sans aucun profit? Pourquoi leur eût-il prêché la pénitence, si elle devait être impuissante à les réconcilier? En outre, il avait excommunié un Corinthien qui, peu après son baptême, s'était rendu coupable d'une fornication telle qu'on n'en voyait pas de semblables parmi les païens; comment l'au-

---

« ubi abundavit peccatum, abundavit gratia; » (*Rom.*, vi, 4) nullum peccatum poterit remanere ante pœnitentiam. Prædicat enim converti. (*Rom.*, v, 20.) Sed unde se converteret aliquis, cui primus status placeret? Qui itaque convertitur, necessario dolet habere, quod gaudet perdere. Pœnitentia itaque acquirit indulgentiam, sine qua nemo perveniet ad veniam. Si enim sine ea anima salvaretur, non diceretur : Peccasti, quiesce. Cur enim quiesceret, nisi quia malum est, si peccaret. Quomodo diligi et non odio haberi potest, quod retentum damnat, et fugatum salvat? Qui nunc ergo quiescit, dolere oportet quod non prius quievit. Sicque salvatur, quia dolet; sicque liberatur, quia pœnitet. Ex dolore enim dictum est : « Peccavi, quid faciam tibi? » (*Job*, vii, 20.) Quasi diceret, adeo doleo me peccasse, quod mihi tam grave est, quod non velim contra me te non vindicare. Quæro enim in me quid supplicii possim excogitare, quod tibi possit sufficere. Nihil mihi grave, si me a peccato potest liberare. Relinquitur ergo pœnitere, volentibus veniam invenire.

CAPUT III. — 5. Sunt autem qui credunt usque ad baptismum pœnitentiam proficere, (namque Syrus erat Naaman, qui per aquam perdidit lepram) (IV *Reg.*, v, 20); sed postea peccantibus cassam perseverare. Gaudent enim singularitate, arrogantes ex hoc quod non habent, jactantes se mundos esse, ut pote quasi nihil post baptismum commiserint unde jure dolere possint. Hi sinistre omnia intelligentes, vires ex sanctorum auctoritate sumentes, et sequentes patrem mendacii, mendaciter exponunt quod concordat veritati. Legunt enim in Apostolo quod intelligere nolunt: « Impossibile est eos qui semel illuminati sunt, et gustaverunt donum cœleste, et participes effecti sunt Spiritus sancti, et gustaverunt bonum verbi Dei, virtutesque sæculi futuri, iterum renovari per pœnitentiam, rursum crucifigentes Filium Dei, et ostentui habentes. » (*Hebr.*, vi, 4, etc.)

6. Sed si superbia non excæcasset, viderent Apostolum non ita esse destructorem sui laboris atque sui gaudii. Quos enim per Epistolas correxit, nisi qui post baptismum ceciderant, et in peccato ipso perseverabant? Gentiles enim visitabat corporali præsentia, rationibus et miraculis eos confortans. Quomodo scriberet infidelibus, ipsis eidem multipliciter contradicentibus? Hunc lapidabant, virgis cædebant; et eis scriberet ut se corrigerent? Cur autem correctionem infidelibus indiceret, si de eorum salute desperaret? Quomodo scriberet, qui scienter et necessario nihil omnino proficeret? Si non possent renovari per pœnitentiam, cur prædicaret eam? Præterea Corinthium excommunicavit paulo post baptismum peccantem, et fornicationem gentium superantem; quo-

rait-il admis à la pénitence, s'il eût annoncé une doctrine toute contraire?

7. Mais ce langage de l'Apôtre se rapporte au baptême. Il dit, en effet, qu'il est impossible de se renouveler par la pénitence, en crucifiant de nouveau le Fils de Dieu et en l'exposant à l'ignominie; c'est-à-dire, en se faisant baptiser une seconde fois. Le néophyte, en effet, lorsqu'on le plonge dans l'eau, représente la mort de Jésus-Christ, sur la croix, ainsi que sa sépulture (*Rom.*, VI, 3); car c'est en faisant le signe de la croix qu'on plonge le baptisé, et son immersion est comme une sépulture. Ceux donc qui sont tombés ne pourront obtenir leur pardon par un second baptême; car, de même que Jésus-Christ n'a été crucifié qu'une fois, ainsi le baptême ne se donne qu'une fois. Il nous a tous rachetés en mourant une seule fois, de sorte qu'il ne doit plus mourir. De là l'Eglise a compris que le baptême ne peut être réitéré.

8. Aussi, le chrétien baptisé peut toujours conserver l'espérance, grâce aux œuvres de pénitence. C'était un fils celui qui, se séparant de son père, s'en était allé dans un pays lointain; accueilli de nouveau par son père, il lui dit dans les sentiments d'une humble pénitence : « Je ne suis plus digne d'être appelé votre enfant; » (*Luc*, XV, 21) ce n'est pas une leçon que j'ai reçue de vous, c'est un sentiment que j'ai conçu en apprenant à mieux vous connaître. Le père de famille le reçut, le revêtit d'une robe, et lui mit un anneau au doigt. Il le revêtit de la robe de la charité qu'il fit revivre dans son cœur; il orna sa main d'un anneau, en la faisant agir par la foi, et en se l'attachant par les dons du Saint-Esprit; et même il lui remit des souliers aux pieds, en l'animant du zèle de la prédication pour enrichir l'Eglise. On tue le veau gras pour le festin, car, celui en qui habite substantiellement toute la plénitude de la divinité (*Col.*, II, 9) lui fut donné en nourriture; et ainsi voyons-nous que les pécheurs baptisés recouvrent par la confession et la pénitence le droit au sacrement du corps du Seigneur. S'il en était autrement, saint Pierre, le chef de l'Eglise après l'Ascension du Sauveur, n'eût point exhorté Simon à la pénitence, pour avoir voulu acheter le Saint-Esprit, puisqu'il avait maudit sa personne et son argent. (*Act.*, VIII, 22.) Ainsi encore cet homme qui tomba entre les mains des voleurs, allait de Jérusalem, non point dans la ténébreuse Egypte, non point chez les Iduméens barbares du désert, mais à Jéricho; il tomba entre les mains des voleurs, sans avoir jamais habité avec eux; et, bien qu'il eût succombé sans jamais avoir été voleur, il ne fut point délaissé par le Samaritain, qui, au contraire, lui porta secours et le rétablit par ses soins. Cela n'aurait pas de sens, s'il n'y avait d'espoir de pardon que pour ceux qui n'ont pas reçu le baptême. Lazare était appelé l'ami du Seigneur, il mourut, son corps répandait déjà l'odeur de la corruption, et il fut ressuscité au bout de quatre jours (*Jean*, XI, 11, et suiv.); nouvel exemple d'où l'on peu inférer qu'un homme tombant dans n'importe quel péché, même après avoir été l'ami de Dieu, pourra encore recouvrer la vie de son âme; mais pour le faire sortir du péché, il faudra la voix puissante de Dieu et beaucoup de larmes. Il faudra d'abord enlever la pierre du sépulcre; c'est-à-dire, qu'il devra déjà amollir la dureté de son cœur, et ce sera l'ouvrage des prédicateurs et de ceux qui prieront pour lui. Le Seigneur délivra, malgré les clameurs des Juifs, une fille

---

modo reciperet pœnitentem, si sic contra suum prædicaret præceptum?

7. Sed de baptismo hoc intellexit. Dixit enim eos renovari per pœnitentiam impossibile esse, ut rursum crucifigant Filium Dei, et ostentui habeant, id est, ut iterum baptizentur. (*Rom.*, VI, 3.) Qui enim baptizatur, mortem crucis et sepulturam Christi repræsentat in immersione sua : in signo enim crucis quisque in aqua submergitur, et submersus sepultus ostenditur. Non enim qui prolapsi sunt, per iteratum baptismum consequi veniam poterunt. Sicut enim semel Christus crucifixus est, sic baptismus iterandus non est. Una enim morte sua omnes redemit, ut amplius mori non oporteat. Quod videns Ecclesia, intellexit non iterandum baptismum.

8. Per fructus itaque pœnitentiæ, baptizatis adhibetur spes veniæ. Nam filius erat, qui recesserat a patre in regionem longinquam : susceptus a patre per pœnitentiam confitentem dixit ei : « Jam non sum dignus vocari filius tuus : » (*Luc.*, XV, 21) non enim ista a te didici, ista apud te reperi. Hunc suscepit paterfamilias, et stola et annulo induit. Stola donavit eum, quia in eo integritatem caritatis restauravit : atque annulum in manu posuit, quia eum ex fide fecit operari, et per Spiritus sancti dona eum subarravit, et etiam calceamenta pedum reddidit, quia Ecclesiam ejus prædicatione ditavit. In cujus convivio occisus est vitulus saginatus; quia in quo habitat omnis plenitudo divinitatis corporaliter (*Coloss.*, II, 9), illi factus est cibus : per hoc ostendens etiam sacramenta Dominici corporis per pœnitentiam et confessionem reddi peccatoribus baptizatis. Si enim aliter esset, Petrus (*a*) post Domini ascensionem caput Ecclesiæ non persuasisset Simoni in emptione Spiritus sancti spem habenti, ut pœnitentiam sumeret inde, cui pecuniam dicaverat in maledictionem. (*Act.*, VIII, 22.) Ille quoque qui incidit in latrones, ab Jerusalem descendebat, non in Ægyptum ad tenebras, non ad Idumæos sanguineos et pulvere aspersos, sed ad Jericho : qui incidit in latrones, non habitaverat cum eis. (*Luc.*, X, 30.) Sed licet inciderit qui prius latro non erat, non est relictus a Samaritano; sed adjutus ab eo et (*b*) cura refectus. Quod non fuisset, si solis non baptizatis spem veniæ reliquisset. Amicus vocatus est Lazarus, et postea mortuus, fœtidus resuscitatus est et quatriduanus (*Joan.*, XI, 11, etc.) : ostendens, quantumcumque peccet homo, etiam postquam fuerit amicus Dei, vivere poterit ejus spiritus; sed valido Dei clamore et multorum fletu foras a peccato vocabitur. Prius tolletur lapis de super ab ipso; quia cordis duritiam projiciet ex animo, quam tollent intercessores et prædicatores labore suo. Filiam Abrahæ quam alligabat satanas, solvit

---

(*a*) Ms. Cist. *post Deum caput.* — (*b*) Mss. *vita.*

d'Abraham que Satan tenait enchaînée ; c'était le jour du sabbat qu'elle était enchaînée et qu'elle fut délivrée.

Chapitre IV. — 9. D'autres encore prêchent que la pénitence ne peut remettre les péchés après le baptême, parce que les péchés contre le Père et le Fils sont rémissibles, mais nullement ceux contre le Saint-Esprit (*Matth.*, xii, 32); ils disent que par péchés contre le Père et le Fils, il faut entendre ceux que commettent les infidèles, lesquels sont effacés par le baptême. Les infidèles, n'ayant point reçu le Saint-Esprit, ne pèchent point contre lui ; mais ceux-là, au contraire, pèchent contre le Saint-Esprit qui, l'ayant reçu dans le baptême, ne conservent point ses dons et s'inoculent le venin de Satan. Ceux-ci, au dire de ces prétendus docteurs, ne peuvent obtenir miséricorde ni maintenant, ni dans la vie future. Mais cet enseignement est erroné et nullement conforme à la vraie foi. S'il n'y a de rémission de péchés que par le baptême, qui ne se réitère pas, pourquoi le Seigneur ajouterait-il : « ni dans la vie future ? » (*Ibid.*) Il y a donc des péchés qui peuvent être remis dans cette vie future, où cependant le baptême n'existe plus; alors personne ne sera baptisé, et cependant, on sera délivré du péché. C'est donc une erreur d'attribuer au baptême seul la rémission des péchés. Aussi, ce ne sont pas les infidèles seuls qui pèchent contre le Père et le Fils, mais bien tous ceux qui commettent quelque faute ; mais ceux-là seulement pèchent contre le Saint-Esprit qui persistent jusqu'à la mort dans l'impénitence. En effet, le Saint-Esprit est le lien de charité dans l'essence divine; c'est l'amour mutuel du Père qui engendre, et de la Vérité engendrée, c'est lui qui nous donne sa grâce comme un gage de sa propre essence. Aussi,

après avoir péché, si l'on ne se met point en peine de recouvrer la grâce, ni d'être aimé de celui qui est tout amour et charité; si l'on ne tend pas à celui dont on avait déjà reçu le gage, c'est pécher contre le Saint-Esprit; et il n'y a point de pardon à attendre pas plus après la mort que pendant la vie ; mais aussi, quiconque a recours au Saint-Esprit, ne pèche point contre lui. Si l'on fait attention à la suite du discours où se trouve cette parole, et à la raison qui l'amène, quand même on l'interpréterait autrement, on ne peut pas adopter le sens de ces faux docteurs. Les Juifs, attribuant une œuvre de l'Esprit saint à la puissance du démon, disaient : « C'est par Béelsébub qu'il chasse les démons, » (*Matth.*, xii, 24) le Seigneur répond : Il y a des péchés qui peuvent être remis de quelque façon que ce soit, il y a des blasphèmes qui obtiendront miséricorde ; mais, en continuant à blasphémer le saint-Esprit comme vous le faites, vous ne pouvez pas aboutir à la mort. C'est pourquoi il dit encore : « Un arbre mauvais ne peut donner de bons fruits; » comme s'il eût voulu dire : un tel langage au sujet du Saint-Esprit est bien d'accord avec votre conduite : « Un arbre bon ne peut donner de mauvais fruits. » (*Matth.*, vii, 18.) C'est une instruction qui se résume en ce conseil : convertissez-vous et devenez des arbres bons, et dès lors vous ne pourrez avoir de telles pensées au sujet de l'Esprit saint.

10. On objecte encore ce mot de saint Jean : « Il y a un péché qui ne va point à la mort, et pour lequel on peut prier; il y en a un autre qui va à la mort, et pour lequel il est inutile de prier ; » (*Jean*, v, 16) comme s'il disait que l'on peut prier pour les péchés qui ont précédé le baptême, mais non pour les autres. C'est encore une erreur; car l'apôtre se serait contredit en exhortant l'évêque de l'Eglise de Pergame

---

Dominus reclamantibus licet Judæis (*Luc.*, xiii, 16) : hæc filia erat et ligata, et soluta in sabbato.

Caput IV. — 9. Adhuc sunt qui clamant non esse remissionem peccatorum baptizatis per pœnitentiam, dicentes peccatum in Patrem et Filium remitti, in Spiritum sanctum omnino non ignosci (*Matth.*, xii, 32); putantes peccare in Patrem et Filium esse infidelium, et habere remissionem per baptismum. Isti peccant absque Spiritu, quem non acceperunt : illi autem in Spiritum sanctum, quem acceperunt per baptismum, qui ejus dona non retinent, et diaboli venena ebibunt. Istos intelligunt nec hic, nec in futuro misericordiam consequi posse. Sed iste intellectus magis est erroris, quam sanctæ fidei. Si enim per solum baptisma quod iterandum non est, fit peccatorum remissio : cur adderet Dominus, « neque in futuro? » (*Ibid.*) Constat autem quædam in futuro remitti, ubi non est operatio baptismi. In futuro autem nemo baptizabitur, et a peccato liberabitur. Sicque falsa est interpretatio; quæ remissionem concedit soli baptismo. Non itaque soli infideles peccant in Patrem et Filium, sed quicumque peccatum committunt. Sed soli peccant in Spiritum sanctum, qui impœnitentes existunt usque ad mortem. Spiritus enim sanctus, caritas est divinitatis, amor est genitoris et genitæ veritatis, qui suam gratiam nobis tribuit sui ipsius arram. Qui igitur peccat,

et gratiam suam recuperare non amat, et nunquam curat ab eo diligi, qui totus est amor et caritas, nec ad eum tendit unde sumpsit arram, in Spiritum sanctum peccat, et nunquam post mortem sicut nec vivens consequetur veniam : sicque nullus peccat in Spiritum sanctum, qui fugit ad ipsum. Si quis lectionis seriem, ubi hoc legitur, et verbi causam cogitaverit; etsi aliter intelligat, sinistre interpretantibus non concordat. Dicebant enim Judæi : « In Beelzebub ejicit dæmonia, » (*Matth.*, xii, 24) opus Spiritus sancti attribuentes diabolicæ potestati. Dixit ergo : Sunt peccata quæ quoquo modo sunt ferenda, sunt blasphemiæ consecuturæ misericordiam; sed blasphemare Spiritum sanctum, ut incepistis, ducet vos ad mortem. Deinde postea dixit : « Non potest arbor mala fructus bonos facere : » (*Matth.*, vii, 18) quasi dicat: Convenit vitæ vestræ de Spiritu talia dicere : « Arbor bona non potest fructus malos facere. » Consilium est : Convertimini, et in arborem bonam transite; nec jam poteritis de Spiritu sancto talia sentire.

10. Objiciunt aliud dictum sancti Joannis : « Est peccatum non ad mortem, pro quo oret quis : est aliud ad mortem, pro quo non oret quis : » (1 *Joan.*, v, 16) quasi pro peccatis ante baptismum sit orandum, pro aliis non. Falluntur qui sic intelligunt. Contrarius enim esset sibi ipsi, qui pœnitentiam admonuit Ecclesiæ Pergami

à la pénitence. (*Apoc.*, II, 16.) Mais il y a des péchés véniels qui sont effacés par la récitation journalière de l'Oraison dominicale, par ces mots : « Remettez-nous nos dettes ; » (*Matth.*, VI, 12) ce sont ces péchés, comme dit l'apôtre, qui ne vont point à la mort. Mais ceux qui vont à la mort ne peuvent se remettre aussi facilement ; il faut les œuvres de la pénitence. Celui qui a accueilli les larmes de Pierre ne refuse point le pardon à ceux qui ont été baptisés. Déjà ce disciple s'était entendu adresser ces paroles : « Je te donnerai les clefs du royaume des cieux. » (*Matth.*, XVI, 19.) Toutefois, malgré qu'il eut ensuite renié le Seigneur, et rejeté de sa communion les amis du Christ, il obtint son pardon, grâce à ses larmes et à son repentir. (*Matth.*, XXVI, 70, 75.) Le Seigneur se plaint d'être malade, c'est-à-dire dans les membres qui lui sont unis ; et par là il faut entendre ceux qui sont consacrés à Dieu par le baptême ; et, en se plaignant de la sorte, il avoue que chaque jour il y a des péchés commis qui sont remis par la pénitence.

CHAPITRE V. — 11. Mais nos raisonneurs subtils, trop confiants dans leurs propres lumières, et ne sachant pas rester dans les limites d'une juste modération, présentent leur objection. Quand même, disent-ils, la pénitence servirait une fois à celui qui pèche après son baptême, il ne peut cependant compter qu'elle puisse lui être utile, s'il fait de fréquentes rechutes ; autrement, la facilité du pardon serait un encouragement au péché. Qui donc, ajoutent-ils, ne commettrait sans cesse de nouvelles fautes, puisqu'il pourrait toujours s'en relever ? Ils disent que Dieu est l'instigateur du mal, s'il accueille toujours la pénitence ; et que les péchés lui sont agréables, s'il est toujours prêt à les effacer par sa grâce. Mais c'est un faux raisonnement ; car, au contraire, si Dieu est toujours prêt à détruire les péchés, c'est qu'ils lui déplaisent souverainement. S'il les aimait, il ne les détruirait pas toujours ainsi ; il les conserverait, il les entretiendrait soigneusement comme une chose précieuse. Toutes les fois qu'il rencontre le péché, il l'anéantit, pour sauver sa créature de la destruction, et préserver de la corruption l'objet de son amour. Ces docteurs hypocrites s'autorisent des actions de Notre-Seigneur : A quel aveugle a-t-il rendu deux fois la vue ? Quel lépreux a-t-guéri deux fois ? Quel mort a-t-il deux fois ressuscité ? Ce n'est ni Lazare, qu'il aimait d'une affection particulière, ni le fils de la veuve, que la compassion lui avait fait rendre à sa mère. Nous ne voyons point qu'il ait deux fois accueilli le prodigue, deux fois délivré du démon la fille d'Abraham. Il n'a point renouvelé la même faveur à l'égard d'aucune personne, montrant, comme ils prétendent, que Dieu ne prodigue pas le remède. Il a dit à beaucoup : « Allez en paix, et ne péchez plus, de peur qu'il ne vous arrive pire ; » (*Jean*, VIII, 11) ainsi, il annonçait le châtiment, et non plus le pardon.

12. Mais, en rendant la vue à plusieurs aveugles, et la santé à plusieurs infirmes, dans différentes circonstances, il a montré, dans ces personnes diverses, qu'il remet souvent les mêmes péchés, comme il a pu rendre la vue à celui que précédemment il aurait déjà guéri de la lèpre. Il en délivra un si grand nombre de la fièvre ou d'autres langueurs, il guérit tant de boiteux, tant d'aveugles, tant de paralytiques, pour apprendre à celui qui retombe souvent à ne point désespérer ; mais l'Evangile ne nous raconte qu'une guérison opérée pour chacun, afin que tous craignent de s'attacher au péché. Maintenant encore, dans l'Eglise, chaque jour nous voyons des malades qui sont

(*Apoc.*, II, 16.) Sed sunt quædam peccata venialia, quæ oratione Dominica quotidie solvuntur, cum dicitur : « Et dimitte nobis debita nostra : » (*Matth.*, VI, 12) et hæc, ut idem ait, non sunt ad mortem. Alia vero quæ sunt ad mortem, non sic, sed per fructus pœnitentiæ solvuntur. Qui Petrum lacrymantem suscepit, remissionem non negavit baptizatis. Jam enim audierat : « Tibi dabo claves regni cœlorum, » (*Matth.*, XVI, 19) qui licet postea Dominum negaverit, et a se amicos Christi excommunicaverit, per pœnitentiam et amaros fletus veniam recuperavit. (*Matth.*, XXVI, 70, 75.) Ægrum se esse Dominus dicit, respiciens ad membra sibi unita. Quæ membra sunt, qui per baptismi sacramentum Deo uniti sunt. In quibus cum se ægrum commemorat, non ab hominibus peccata committi negat, quæ quotidie per pœnitentiam destruit.

CAPUT V. — 11. Adhuc instant perfidi, qui sapiunt plusquam oportet ; non sobrii, sed excedentes mensuram. Dicunt enim : Etsi semel peccantibus post baptismum valeat pœnitentia, non tamen sæpe peccantibus proderit iterata ; alioquin remissio, ad peccatorum esset incitatio. Dicunt enim : Quis non semper peccaret, si redire semper posset ? Dicunt enim Deum incitatorem mali, si semper pœnitentibus subvenit : et ei placere peccata, quibus semper præsto est gratia. Errant autem. Imo constat ei peccata multum displicere, qui semper præsto est ea destruere. Si enim ea amaret, non ita semper destrueret, sed conservaret, atque ut sua munera foveret. Semper destruit peccata quæ invenit ; ne solvatur quod creavit, ne corrumpatur quod amavit. Sumunt occasionem hypocritæ isti ex factis Domini. Quem enim, inquiunt, cæcum bis illuminavit ? quem leprosum bis mundavit ? quem mortuum bis suscitavit ? Non Lazarum, quem prius dilexit, non filium viduæ, quem misertus matri restituit : non filium dissipatorem legitur bis suscepisse, non filiam Abrahæ bis a dæmonio liberasse. In nulla persona iteravit factum, docens, ut aiunt, non sæpe a Domino fieri remedium. Dixit multis : « Vade, noli amplius peccare, ne quid deterius tibi contingat : » (*Joan.*, VIII, 11) promittens pœnam, non amplius veniam.

12. Quod autem multos cæcos illuminaverit et diverso tempore, et multos debiles confortaverit, ostendit in diversis illis eadem sæpe peccata dimitti ; ut quem prius sanavit leprosum, alio tempore illuminavit cæcum. Ideo enim tot sanavit febricitantes, tot languidos, tot claudos, cæcos et aridos, ne desperaret sæpe peccator. Ideo non scribitur aliquis nisi semel curatus, ut timeat quisque jungi peccato. Videmus adhuc quotidie in Ecclesia sæpe febricitantes, sæpe languidos, sæpe passionibus captos

à plusieurs reprises délivrés soit de la fièvre, soit d'autres langueurs ou d'autres souffrances; ce qui nous montre que la miséricorde est prête à s'exercer, aussi souvent que le pécheur pénitent fait l'aveu de sa faute. Comment, en effet, Dieu guérirait-il si souvent le corps, cette partie la moins noble et la moins marquée aux traits de la ressemblance divine, pendant qu'il ne délivrerait pas aussi souvent l'âme qu'il a rachetée et qui a une dignité bien supérieure? Lui-même déclare qu'il est médecin, mais médecin pour les malades, et non pour ceux qui se portent bien (*Matth.*, ix, 12); or, quel serait un médecin qui ne saurait point guérir deux fois le même mal? Les médecins doivent visiter cent fois leurs malades, et les guérir cent fois. Si Dieu ne savait pas faire ce qu'ils font, il serait moins qu'eux.

13. Celui qui a dit : « Je ne veux pas la mort du pécheur, mais plutôt qu'il se convertisse et qu'il vive, » (*Ezéch.*, xviii, 32) ne peut oublier sa promesse. Pour qui donc fait-il exception ? D'autres paroles, du reste, annoncent que tous peuvent espérer le pardon : « Celui, dit-il, qui m'aura confessé devant les hommes, » quelque coupable qu'il soit, quel que soit le nombre de ses rechûtes, à quelque rang qu'il appartienne, fût-il même revêtu du sacerdoce, « je le confesserai aussi devant mon Père. » (*Matth.*, x, 32.) Car « celui qui invoquera le nom du Seigneur, » c'est-à-dire qui le reconnaîtra comme tel, et l'invoquera en se dévouant à son service, et ne lui fera plus d'opposition, comme cela lui est peut-être arrivé ; celui-là quel qu'il soit, *omnis* « sera sauvé. » (*Joel*, ii, 32.) En effet, l'auteur de ces promesses a comblé de biens toutes les âmes, même celles qui demeurent assises dans les ténèbres et dans l'ombre de la mort; il n'a fait d'exception pour aucune. Il avait bien compris son maître, ce disciple qui entreprit de corriger les Corinthiens dans ses Epîtres, et qui, en effet, comme il l'atteste lui-même (II *Cor.*, xiii, 2), les corrigea trois fois. Il devait les aider à se relever aussi souvent qu'il les voyait tomber. Il se rappelait la parole de Celui qui a dit : « Les péchés seront remis à ceux à qui vous les remettrez. » (*Jean*, xx, 23.) Nous savons d'ailleurs que les anciens Pères et que l'Eglise, toujours et en tout temps, ont pardonné jusqu'à septante fois sept fois, c'est-à-dire sans fin. Ce pouvoir, les faux docteurs veulent l'arracher à l'Eglise de Dieu.

14. Quelle doit être la foi de l'Eglise, puisqu'elle avoue que ses membres tombent fréquemment. Ceux qui se vantent d'être sans péché, montrent qu'ils se séduisent eux-mêmes, et que la vérité n'est point en eux : « Car tous nous manquons en beaucoup de choses, » (*Jac.*, iii, 2) et même l'enfant d'un jour ne peut être sans péché sur la terre. (*Job*, xxv, 4.) Il faut donc bannir de l'Eglise cette erreur qui refuse le pardon au repentir. Ceux qui la professent ne s'inquiètent pas de ce que pensait l'Apôtre, quand il disait : « La conscience ne me reproche rien; mais je ne me crois pas pour cela justifié ; » (I *Cor.*, iv, 4) avouant ainsi que les justes mêmes peuvent pécher souvent. Il n'osait se dire sans péché, sachant toutefois uni au Christ par le lien indissoluble de la charité. S'il n'eût pas cru que les justes ont souvent besoin de pardon, comment aurait-il pensé qu'il pouvait pécher, lorsqu'il n'ignorait point qu'il était rempli de l'esprit de Dieu, et qu'il le servait avec les intentions les plus pures ? Pourquoi Jésus-Christ aurait-il lavé les pieds à Pierre (*Jean*, xiii, 5),

---

sæpe liberari; ut appareat totiens opus miserentis, quotiens confessio fit pœnitentis. Quomodo enim corpus quod vilius est, et ab ipso dissimilius, sæpe sanaret ut (*a*) animam digniorem et redemptam, non totiens liberaret? Medicum se vocat, sed non sanis, sed male habentibus opportunum. (*Matth.*, ix, 12.) Sed qualis esset hic medicus, qui malum iteratum nesciret curare? Medicorum enim est centies infirmum visitare, centies curare. Qui cæteris minor esset, si aliis possibilia ignoraret.

13. Memor est sui, qui promisit : « Nolo mortem peccatoris, sed ut convertatur et vivat. » (*Ezech.*, xviii, 32.) Quem enim peccatorem excludit ? Et quod omnibus promisit indulgentiam, aliis promissionibus declarat : « Qui me confessus fuerit coram hominibus, » (*Matth.*, x, 32) omnis quantumcumque et quotiescumque peccator, cujuscumque ordinis, etiamsi fuerit sacerdos : « Confitebor et ego eum coram Patre meo. » Nam « qui invocaverit nomen Domini, » (*Joel*, ii, 32) id est, secundum quod vocatur Dominus, id est, qui invocaverit eum ad se serviendo, et non contradicendo, ut forsitan sæpe fecit : « omnis, » id est, quicumque sit ille peccator, « salvus erit. » Omnem enim animam iste promissor saturavit bonis, etiam sedentes in tenebris et umbra mortis, nullam excipiens animam. Hunc magistrum intelexerat discipulus ille, qui Corinthios per epistolas suas voluit corrigere, et, ut ipse testatur, ter in litteris suis eos correxit. (II *Cor.*, xiii, 2.) Oportebat enim ut quotiens videbat eos cadere, totiens adjuvaret eos surgere. Memor enim erat illius qui dixerat : « Quorum remiseritis peccata, remittuntur eis. » (*Joan.*, xx, 23.) Scimus autem primos Patres, et in omni tempore Ecclesiam Dei semper usque septuagies septies, quod est semper, peccata dimittere. Quam potestatem illi ab Ecclesia Dei conantur auferre.

14. Oportet enim Ecclesiam sic credere, quæ confitetur se sæpe peccare. Negant enim veritatem in se seductis esse, qui se absque peccato audent jactare : « In multis enim offendimus omnes, » (*Jac.*, iii, 2) nec infans unius diei absque peccato super terram esse potest. (*Job*, xxv, 4.) Quapropter eliminandus est ab Ecclesia iste error, qui unquam pœnitentibus negat indulgentiam. Non enim inquirit quid Apostolus senserit, qui dixit : « Nihil mihi conscius sum, sed non in hoc justificatus sum, » (I *Cor.*, iv, 4) sentiens etiam et justis peccata solere contingere : non se confirmabat absque peccato, qui se cognovit indissolubili vinculo caritatis Christo conjunctum. Nisi enim sciret, sæpe justos ad veniam venire; quomodo dubitaret se peccare, qui se sciebat spiritum Dei habere, et intentione mundissima ei servire? Cur enim Dominus Petri pedes lavisset (*Joan.*, xiii, 5), et Ecclesiam hoc idem docuisset ; nisi quia quo-

---

(*a*) Ms. *animam morte dignam*, etc.

et enseigné à l'Eglise à faire de même, si ce n'eut été pour apprendre que les fautes étant journalières, il faut que le pardon soit de tous les jours? Pourquoi le Seigneur nous ferait-il dire dans notre prière : « Pardonnez-nous nos offenses, » (*Matth.*, VI, 12) si lui-même, qui veut que nous ne cessions pas de répéter cette demande, n'avait l'intention d'user toujours de miséricorde?

15. Personne donc ne pourra jamais être tellement coupable qu'il doive désespérer. Car désespérer, est-ce autre chose que mettre Dieu en comparaison avec soi-même? Celui, en effet, qui n'espère point que Dieu puisse lui pardonner, oublie que la miséricorde de Dieu est bien plus grande que son péché. S'il pensait qu'il y a en Dieu plus de bonté que de malice en lui-même, il attendrait de cette bonté divine tout ce qui manque à sa propre justice; mais il se défie, parce qu'il ne fait pas attention que la bonté du souverain Bien est supérieure à sa propre méchanceté. Que celui-là manque de confiance, qui peut faire à Dieu une injure égale à sa bonté. Or, puisque cela est impossible, que l'homme à qui sa perversité inspire des craintes, se confie en celui qui est meilleur que lui. Le diable lui-même, et toute sa malice, reste encore au-dessous de la miséricorde de Dieu. S'il pouvait espérer et sentir sa faute, il trouverait dans la bonté de Dieu ce qu'il ne trouve point en lui. Encore une fois, celui qui manque de confiance, et établit une comparaison entre sa malice et la bonté divine, celui-là limite la puissance de Dieu, mettant une borne à l'infini, enlevant une perfection divine à Dieu, en qui ne se trouve aucun défaut, et dont la grandeur dépasse toute conception.

16. Aussi, même le prêtre pécheur ne doit point désespérer, bien que l'auteur sacré se demande « qui priera pour lui? » (I *Rois*, II, 25.) Car ce sera toute l'Eglise qui priera pour lui, ce sera un autre prêtre, ce sera toute l'assemblée des saints, ce sera Jésus-Christ lui-même qui s'offre pour nous à son Père. Mais pour éviter de succomber trop facilement, le prêtre doit se rappeler qu'une peine plus grave lui est réservée. Qu'il fasse cette réflexion : Si le peuple pèche, parce que je ne lui aurai point annoncé la parole de Dieu, ne voulant point lui imposer des fardeaux que je n'oserais toucher du bout du doigt (*Matth.*, XXIII, 4), je devrai porter une partie de la peine; mais si je pèche moi-même, que sera-ce? je n'éviterai pas si facilement le châtiment, et je devrai pleurer ma misère. Car les règles de la justice ne sont pas pour moi les mêmes que pour le peuple que j'ai à conduire? Que le prêtre craigne donc de pécher, mais qu'il craigne encore davantage de désespérer.

CHAPITRE VI. — 17. Il en est qui sont tellement éloignés du désespoir, et qui, au contraire, ont une telle présomption et une telle confiance en Dieu, qu'ils se donnent toute liberté de pécher, et pensent obtenir le pardon sans faire pénitence; se croyant assurés contre la damnation parce qu'ils portent le nom de chrétiens; ils s'abusent en s'appuyant sur cette parole : « Quiconque invoquera le nom du Seigneur sera sauvé. » (*Joël*, II, 32.) Pour eux, invoquer le nom du Seigneur, c'est pouvoir croire à Jésus-Christ, et recevoir les sacrements de l'Eglise, sans se souvenir qu'il y a beaucoup d'appelés et peu d'élus. (*Matth.*, XX, 16.) Ils considèrent que le nombre des chrétiens est petit en comparaison de

---

tidiana est offensio, oportet quod quotidiana sit remissio? Cur autem docuisset ipse Dominus orantes dicere : « Dimitte nobis debita nostra; » (*Matth.*, VI, 12) nisi ipse misericors perseveraret, qui nos ab hac petitione non vult deficere?

15. Nullus itaque tantum unquam possit peccare, quod pœnitens (*f.* debeat) velit desperare. Quid enim aliud est desperare, quam Deum sibi comparare? Nam qui de Deo non præsumit veniam, non animadvertit plus peccato suo Dei posse clementiam. Si enim sentiret Deum magis bonum, quam se malum; quidquid in se justitiæ non inveniret, a Deo magis bono exspectaret : et quidem diffidit, quia summi boni bonitatem majorem sua nequitia non sentit. Ille solus diffidat, qui tantum peccare potest, quantum Deus bonus est. Cum sit autem nullus qui hoc possit; qui timet de se malo, præsumat de meliore. Diabolus enim et omnis nequitia minor est, quam Dei misericordia. Ipse enim si posset sperare, et culpam in se sentire; quod non invenit in se, sumeret in Dei pietate. Adhuc : qui diffidit, et suam nequitiam Dei benignitati comparat, finem imponit Dei virtuti, dans finem infinito, et perfectionem divinitatis auferens Deo : cui nihil deest, quod etiam excogitari non potest.

16. Non itaque etiam si sacerdos peccaverit desperare (*a*) debet, licet scriptum sit : « Quis orabit pro eo? »

(1 *Reg.*, II, 25.) Tota namque Ecclesia, atque alius sacerdos, et omnis sanctorum ordo orabit pro eo, et ipse Christus qui pro nobis offert se Deo. Sed hoc considerandum est sacerdoti, ne facile cadat, cui in hoc gravior notatur pœna. Dicat apud se : Si plebs jejuna verbi Dei peccaverit, oportebit me ferre partem ponderis; non audebo illi importabilia imponere, et non digito ea movere (*Matth.*, XXIII, 4) : sed ego si peccavero, quid faciam? Non sic facile evadam, me oportebit flere miseriam. Non enim est sic statutum de me, sicut de subjecta plebe. Sic sacerdos timeat peccare; sed magis desperare.

CAPUT VI. — 17. Sunt alii (*b*) inimici desperationis, qui adeo præsumunt et de Deo confidunt, quod quamdam sibi licentiam peccandi acquirunt, et sine pœnitentia exspectant veniam : quia credunt quoniam Christiani vocantur, non posse damnari, adulantes sibi, quod scriptum est : « Omnis quicumque invocaverit nomen Domini, salvus erit. » (*Joël*, II, 32.) Putant enim se nomen Domini invocare, quoniam possunt Christum credere, et sacramenta Ecclesiæ sumere : non verentes multos esse vocatos, paucos vero electos. (*Matth.*, XX, 16.) Putant enim omnes Christianos paucos esse in multitudine gentium et Judæorum : quare etsi omnes salventur credentes, paucorum tamen est electio in tanta multitudine,

---

(*a*) Mss. *posset*. — (*b*) Mss. *immensi desperantes qui*.

la multitude des Gentils et des Juifs ; aussi quand même tous ceux qui croient seraient sauvés, ce sera encore le petit nombre au milieu de cette grande multitude. Mais quiconque voudra y faire attention sera d'accord avec l'Eglise, pour juger qu'ils sont dans l'erreur tout en comptant sur la rédemption de Jésus-Christ. A quoi donc, disent-ils, servirait la venue du Christ, si maintenant, comme avant l'arrivée du Sauveur, les méchants étaient si sévèrement punis ? Avant que Dieu se fît homme, les méchants étaient sévèrement châtiés ; s'il en est encore de même, quelle sera l'utilité de son avénement ? Elle est considérable, répondrai-je, car avant l'avénement du Sauveur, tous les bons n'étaient sauvés qu'en vue de cet avénement ; et personne ne pourrait échapper à l'enfer, s'il n'en était délivré par l'application de la grâce de Jésus-Christ ; or les hommes n'auraient pas la même grâce pour faire le bien, pour résister au démon, si le Christ n'eût pas résolu d'endurer tant de souffrances, et de ressusciter ensuite. Ils oublient donc les paroles du Seigneur et des apôtres qui, si souvent, et sous tant de formes, annoncent les peines réservées aux fornicateurs et aux autres pécheurs.

Chapitre VII. — 18. Il est encore une erreur analogue à la précédente, bien qu'elle lui soit contraire. Par le désespoir on met en cause la miséricorde de Dieu ; ici on attaque sa justice par un autre blasphème : on dit que Dieu n'est pas juste, ne sachant pas punir les méchants, mais, au contraire, favorisant leurs crimes. Mais je suis étonné qu'on oublie cette parole de l'Apôtre : « L'espérance ne sera point confondue, » (*Rom.*, v, 5) et qu'on ne craigne point les peines dont le même Apôtre menace les coupables. Si Dieu n'est pas vrai dans ses menaces, comment pourrait-on avoir plus de confiance dans ses promesses ? Celui qui dit vrai lorsqu'il promet, doit être également vrai quand il menace. Mais c'est une vaine espérance que d'attendre le bien pour le mal, et bien téméraire est celui qui n'a pas le péché en horreur. Que celui donc qui a péché recoure à la pénitence, mettant sa confiance dans le Seigneur, tout en le craignant comme le juste vengeur de toute souillure.

Chapitre VIII. — 19. Puisque la pénitence est utile et efficace, assurant à tous le pardon, et rendant la vie aux morts, nous allons dire quelque chose pour en expliquer le mode et les différentes espèces. Ceux qui doivent recevoir le baptême n'ont pas besoin de pénitence ; toutefois, ils doivent se repentir, et avoir la contrition de tous leurs péchés. En effet, il n'y a que le péché d'origine qui se remette par la foi de l'Eglise, de sorte que si nous avons encouru la damnation par la faute de notre père, nous obtenons d'autre part la rémission par la foi de l'Eglise, notre mère. Mais celui qui a péché personnellement obtient le pardon, et par sa propre douleur et par la foi de l'Eglise. Ces deux conditions unies dans le baptême purifient l'homme, le renouvellent de telle sorte, qu'il ne reste plus rien en lui qui déplaise à Dieu ; mais le baptême sans le repentir ne peut servir à celui qui a péché par sa propre volonté. Si cependant quelqu'un avait été baptisé malgré lui, et qu'il eût manqué de sincérité dans ses aveux, il obtiendrait encore le salut par le repentir, avec le secours de la foi et de la charité de notre mère l'Eglise universelle répandue dans le monde entier. C'est pour cela qu'elle a établi le catéchuménat, afin que ceux qui se préparent au baptême, puissent apprendre les motifs du repen-

---

Sed si quis animadvertere voluerit, deceptos hos esse cum Ecclesia judicabit, licet confidant in Christi redemptione. Dicunt enim : Quid prodesset Christum venisse, si mali tantum sicut ante adventum suum adhuc perirent ? Antequam enim fieret Deus homo, mali tantum damnabantur : et si adhuc idem esset, eum venisse quid prodesset ? Multum, inquam : nam omnis bonus ante adventum Domini salvus factus est per (*a*) adventum. Nemo enim infernum egredi posset, nisi a Christo perveniente in eum extrahi meruisset : neque facultas bene operandi et diabolo contradicendi tanta hominibus inesset, nisi Christus tanta pati et resurgere decrevisset. Ili neque Apostolos neque verba Domini attendunt, qui fornicatoribus et criminosis hominibus tam multipliciter et totiens pœnas promittunt.

Caput VII. — 18. Adhuc additur iniquitas priori consimilis, licet contraria. Desperantes enim Dei judicant misericordiam ; hi condemnant justitiam, injustum Deum blasphemantes, qui reddere mala malis ignorat, et peccata eorum exaltat. Sed miror cur non credant Apostolo dicenti : « Spes non confundetur, » (*Rom.*, v, 5) (*b*) qui non verentur pœnam, quam idem criminosis promittit. Si enim ubi minatur, verax non est ; cur confidunt quod sperantibus verum dicat ? Sed qui verus est in promittendo, verus est etiam in minando. Sed non est sperare, bonum pro malis exspectare. Imo temerarius est, qui peccatum non abhorret. Sed cum peccat, ad pœnitentiam recurrat, confidat in Domino, quem timeat justum et immunditiarum inimicum.

Caput VIII. — 19. Cum itaque pœnitentia efficax sit et fructifera, neminem reliquens sine venia, mortuos resuscitans : de modo et varietate ejus aliqua disseramus. Pœnitentia enim (*c*) baptizandis non est necessaria ; sed baptizatis de majoribus et minoribus peccatis dolendum sive pœnitendum est. Per fidem enim Ecclesiæ sola remittuntur peccata, quæ contraxit homo in origine : ut sicut a patre peccante damnationem accepit, ita per matris Ecclesiæ fidem consequatur remissionem. Sed qui per se peccavit, per dolorem proprium et per fidem Ecclesiæ indulgentiam acquisivit. Hæc per baptismum ita reddunt hominem mundum et novum, ut nihil remaneat quod Deo displiceat. Sine pœnitentia nulli profuit baptismus, qui peccavit spontaneus. Si quis autem baptizaretur invitus, et in falsitate confessus ; cum pœnituerit, salvus erit, adjuvante fide et caritate totius matris Ecclesiæ per totum orbem diffusæ. Ob hoc sunt catechumeni

---

(*a*) Sic Mss. At editi per *venturum*. — (*b*) Alias, *qui negant*. — (*c*) Ms. August. *et baptizandis est necessaria*.

tir. Ainsi l'Eglise remet l'homme dans cet état de liberté que possédait notre premier père, alors qu'il avait l'intégrité du trésor de ses vertus.

20. Péchant sans cesse, nous avons sans cesse besoin de pénitence. « Nous tombons tous dans beaucoup de fautes, » (*Jac.*, III, 2) dont nous pouvons chaque jour obtenir la rémission ; il ne faut que s'en repentir à chaque instant. Ainsi, par les sacrements et les prières de l'Eglise, le péché est sans cesse mis en fuite, et c'est avec vérité que l'on peut rappeler cette parole : « Vous êtes toute belle, et il n'y a point de tache en vous ; » (*Cant.*, IV, 7) non pas qu'il ne se commette point de péchés, mais parce qu'ils ne restent pas. Telle est la puissance de votre prière et de l'unité de l'Eglise, que quoi qu'il s'y glisse d'étranger, cela ne peut durer. En effet, malgré qu'ils soient beaux les pieds de ceux qui annoncent l'Evangile de la paix, de ceux qui annoncent les vrais biens, cependant ils ont encore besoin d'être lavés en signe de pardon, comme pour secouer cette poussière qui s'attache aux pieds du voyageur. (*Isa.*, LII, 7 ; *Rom.*, X, 15.) Ces fautes, bien que légères grâce à la miséricorde divine, peuvent cependant devenir grandes par la négligence du pécheur ; car il n'est pas de péché si léger que la négligence n'aggrave. En effet, il ne faut pas considérer ce qui a été fait, mais quel est l'offensé ; combien il est bon, bienveillant, tendre, indulgent ce Dieu qui, par un effet de son plus tendre amour, a tiré le pécheur du néant, l'a conduit au baptême, sans aucun mérite de sa part, l'a élevé et l'a nourri comme un enfant. Pour lui, il a fait de rien le ciel et la terre et tout ce qu'ils contiennent ; lui soumettant toutes ces créatures comme s'il était son fils. Il lui a donné un ange pour l'assister ; pour lui il a dompté l'antique ennemi, si puissant et si perfide ; pour lui, dans un ardent désir de gagner son affection, le Fils a enduré de telles souffrances qu'elles lui ont causé la mort. Cependant il est le Dieu de majesté qui par sa puissance dirige et gouverne tout en faveur de l'homme. Quel crime d'offenser un tel Père, de se révolter contre sa volonté sciemment, et sans pouvoir s'excuser sur son ignorance ! Aussi ceux qui se connaissent ne cessent de gémir, en voyant qu'ils pèchent toujours, et leur vie entière se passe à pleurer sur cette pauvre vie d'ici-bas, qui n'est qu'une tentation continuelle.

21. Ce qui n'atteint pas, ou ce qui excède la mesure convenable, donne par là-même un sujet de douleur. En effet, même ce qui est bon en soi, devient défectueux s'il dépasse certaines limites ; et il faut laver dans les larmes tout ce qui est un défaut de perfection, tout ce qui tend à faire déchoir l'homme, et tout ce qui est uniquement notre fait ; car, quoi que nous fassions, quelque vertu que nous pratiquions, si nous n'y joignions la plus parfaite pureté d'intention et d'amour de Dieu, tout cela est toujours marqué du sceau de la fragilité humaine. Quiconque se complaît dans cette profonde misère de sa nature, et ne voit pas avec une sorte d'effroi sa faiblesse, mais s'y attache, et ne fait pas en sorte que tout en lui tende à la possession de l'Etre véritable qui est Dieu, celui-là mêle à l'œuvre divine une imperfection qu'il devra assurément déplorer. Celui qui connaît sa misère ne doit aimer que ce qui le fait tendre à Celui qui est. L'homme sage, qui considère ce que sa condition comporte de honteuse fragilité, combien sa chair corrompue lui donne

---

ab Ecclesia constituti, ut dum baptismum exspectant, unde jure pœnitent, doceantur. Hæc restituit hominem in libertatem arbitrii primi parentis, adhuc in abundantia virtutum constituti.

20. Est enim pœnitentia assidue peccantibus, assidue necessaria. « In multis enim offendimus omnes, » (*Jac.*, III, 2) quæ quotidie remittuntur, si semper plorantur. (*a*) Ista per sacramenta Ecclesiæ et orationes semper fugantur, ut jure audiant : « Tota pulchra es, et macula non est in te. » (*Cant.*, IV, 7.) Non quin fiat dico, sed manere non potest. Tanta est virtus petitionis tuæ et unitatis Ecclesiæ, ut quidquid extraneum acciderit, durare non possit. Licet enim speciosi sint pedes evangelizantium pacem, evangelizantium bona, lavatis tamen in remissionis figura excutiendus est pulvis qui contrahitur in via. (*Rom.*, X, 15 ; *Isa.*, LII, 7.) Hæc peccata etsi sint parva per Dei misericordiam, fiunt tamen magna in peccatoribus negligentia. Nullum enim peccatum adeo parvum, quod non crescat neglectum. Non enim considerandum est quid fecerit, sed quem offenderit : quam bonus, quam benignus, quam pius, quam propitius est, qui illum sua dulcissima pietate creavit ex nihilo, qui eum absque merito perduxit ad baptismum, et educavit et nutrivit tanquam filium : ad cujus commodum creavit cœlum et terram et omnia quæ in eis sunt ex nihilo, cui serviunt omnia tanquam filio, cui misit Angelum in auxilium, propter quem fortem et callidum debellavit hostem ejus antiquum, propter quem tam multiplicia pati sustinuit, (*b*) ut moreretur, Filius cum quo dignatur habere consortium : qui Deus majestate sua regit et gubernat omnia propter eum potestate sua. Talem patrem offendere, contra ejus voluntatem aliquid committere animadvertentibus ac se non ignorantibus quam est crudele ? Unde qui se cognoscunt, sicut semper peccant, ita semper plorant ; ut totam vitam suam, quæ est tentatio super terram, plorent tota vita sua.

21. Ista autem sunt, cum aliquid citra vel ultra modum agitur. Ipsa enim bona quæ per se bona sunt, aliquid contrahunt cum excedunt. Quidquid deest a perfectione, quidquid deficit ab homine, quidquid nostrum est, plorando (*c*) delendum est. Quidquid aliquo modo agitur, non mundissima intentione, quidquid aliquo modo operamur, et non tamen purissimo Dei amore, non est liberum a fragilitatis operatione. Quicumque tam miserum esse ut hominis est dilexerit, et qui ejus fragilitatem non abhorruerit, sed omnino sibi reservaverit, et suum esse nunquam nisi propter acquirendum verum esse quod Deus est toleraverit, addit operi divino procul dubio dolendum. Et qui se cognoscit quid est, diligat hoc solum quod spectat ad illum qui est. Si quis enim sapien-

---

(*a*) Ms. Vatic. *Ita*. — (*b*) Alias, *ut mereretur filium*. — (*c*) Al. *delendum*.

lieu de rougir, et combien son âme est inconstante, cet homme n'aimera que la pensée de son néant, parce qu'elle le conduira à Dieu. Lors même que nous faisons quelque bien, mais en restant au-dessous de ce que nous pourrions faire, c'est notre faute si nous n'atteignons point la perfection. Lorsque, connaissant le bien, nous ne le faisons qu'à un degré médiocre, ce défaut n'est pas complétement étranger à notre responsabilité. Telles sont les fautes si fréquentes et en quelque sorte nécessaires dont il faut se purifier par un aveu journalier, et qu'il faut réparer par une douleur continuelle. En nous établissant dans une grande pureté, efforçons-nous de tendre à la plus sublime perfection, de peur qu'en laissant ces fautes légères se multiplier, nous ne soyons comme couverts et tout défigurés par une sorte de lèpre; de peur que, l'abondance de la charité diminuant en nous, nous ne tombions dans une sorte de maigreur spirituelle, et que notre âme ne soit épuisée par les tortures d'une conscience souillée. Tendons toujours au plus parfait, nous proposant de reconquérir la pureté, que nous avions après le baptême, et la conservant avec grand soin, afin qu'au sortir de cette vie, nous arrivions purs devant Celui qui est essentiellement pur, et que nous puissions immédiatement être reçus dans son sein.

22. Soyons affligés de vivre dans l'exil, loin de la patrie, au milieu d'une nature corrompue. Que ce soit un saint désir, et non un âpre mécontentement qui produise en nous ce sentiment; c'est ce qui le distingue de la pénitence. Celle-ci, en effet, est une sorte de vengeance du pécheur repentant, qui se punit de ce qu'il regrette d'avoir commis. Mais celui qui est affligé d'être retenu dans un corps mortel, celui-là soupire après ce qu'il aime, et c'est le délai qui fait verser des larmes. La pénitence ne vient jamais qu'après le mauvais usage de la liberté; mais la douleur dont je parle vient plutôt de la nécessité; or, jamais ce qui est nécessaire n'est péché. Le péché originel lui-même n'est mal, que parce qu'il fut le produit d'une volonté libre dans Adam. C'est la jouissance coupable que le premier homme prit dans l'abus de sa liberté est puni en nous, non en tant que c'est pour nous un héritage nécessaire, mais en tant que la faute fut volontaire. Nous ne subissons point la peine d'une action commise par nous, ni d'une faute dont nous serions coupables; seulement la conséquence du plaisir mauvais que prit le père reste dans ses enfants. Le diable revendique comme ses esclaves les enfants d'un père qui lui vendit sa liberté. Cette douleur ne vient donc pas d'une conscience coupable, mais elle est le fruit de la charité; elle n'est point la peine du mal, mais l'accroissement du bien; ce n'est point une chose que l'on porte péniblement, mais c'est un sentiment produit par un désir du cœur. Tel était le sentiment de saint André, lorsque, attaché à la croix, il faisait au Seigneur cette prière : « Il est temps que vous remettiez mon corps à la terre. » Le peuple voulait le détacher de la croix, mais lui, s'adressant à Dieu, faisait cette prière : « Ne permettez pas, Seigneur, que je sois descendu vivant; mais il est temps que vous remettiez mon corps à la terre. Je l'ai porté si longtemps déjà, j'ai vieilli et travaillé si longtemps sur ce dépôt qui m'a été confié, que je désire être déchargé du fardeau de l'obéissance, et dépouillé de ce lourd et grossier vêtement. Je me rappelle combien il m'en a coûté de peines pour en porter le poids, en soigner les misères, en modérer les joies, et en réprimer l'orgueil. Vous sa-

---

ter cogitat, quid turpissimæ fragilitati ab ipsa conditione inhæreat, quam fœdus et turpis sit in carne, quam mutabilis in mente; hoc solum in se diligit, quia tale cum ad Deum ducet. Quidquid etiam boni facimus, si id melius facere possemus, a nobis est quod in culmine boni non sumus. Si quid boni novimus, et minus aliquo modo operamur, non omnino a nostra operatione est alienum. Ista assidua, et quodam modo quasi necessaria, assidua lavuntur confessione, assidua restaurentur (*a*) compunctione. Surgamus purissimi ad purissimam perfectionem; ne istis quæ parva sunt multiplicatis, quasi quadam scabie patiamur corrumpi et collidi : ne pinguedine caritatis imminuta sinamur macie affligi, et tortura immundæ conscientiæ macerari. Semper tendamus in melius, semper in puritatem baptismi tendentes, et eam summopere conservantes : ut cum de hac vita exibimus, ad eum qui mundissimus est, mundi perveniamus, et sine mora ab eo suscipiamur.

22. Doleamus esse exsules a patria, doleamus vivere in corruptibili materia. Hic dolor magis ex desiderio, quam ex vindicta sit. Unde differt a pœnitentia. Pœnitentia enim est quædam dolentis vindicta, puniens in se quod dolet commisisse. Qui autem dolet quod detinetur in mortali corpore, desiderat quod amat, plorans quod tardat. Omnis pœnitentia est de male usa libertate. Iste vero dolor magis in necessitate est. Nullum autem peccatum necessarium. Ipsum autem peccatum originis ob hoc est malum, quia fuit in Adam spontaneum. Illius enim voluptas male usæ libertatis punitur in nobis; non quia necessarium, sed quia fuit spontaneum. Nihil enim a nobis quæritur, quod commisissemus; nihil a nobis exigitur nunc, (*b*) quod fecissemus. Relinquitur in filiis opus paternæ voluptatis. Requirit diabolus filios in servitutem, quorum patris emit libertatem. Iste dolor factus est, non ex conscientia peccatrice, sed ex operante caritate; non puniens malum, sed augmentans bonum; non impatienter habitus, sed ex desiderio susceptus. In hoc desiderio erat Andreas, qui in cruce positus a Domino requirebat : Tempus est ut commendes terræ corpus meum. Volebat enim eum plebs de cruce deponere. Ipse autem cœpit Dominum rogare : Ne me permittas Domine descendere vivum, sed tempus est ut commendes terræ corpus meum : tam diu enim jam portavi, tam diu super commendatum vigilavi et laboravi, quod vellem jam (*c*) ipsa obedientia liberari, et isto gravissimo indumento exspoliari. Recordor quantum in portando onero-

---

(*a*) Mss. *jubilatione*. — (*b*) Ms. August. *quod tunc*, omisso ante *nunc*. — (*c*) Editi, ad. *ab*.

vez combien de fois il faisait tout pour me soustraire aux douceurs d'une pure contemplation et à la tranquillité d'un paisible repos. Vous savez quelles peines il me donnait souvent. O Père plein de bonté, après avoir si longtemps soutenu la lutte, après avoir vaincu et triomphé par le secours de votre grâce, je vous prie, au nom de votre tendresse et de votre justice rémunératrice, de ne plus me laisser ce dépôt, mais de permettre que je vous le rende. Confiez-le à qui n'en étant pas embarrassé, me le conservera et me le rendra au jour de la résurrection, pour qu'il reçoive aussi la récompense de son travail. Confiez mon corps à la terre, afin que je n'aie plus à exercer sur lui la vigilance, et qu'il me laisse la pleine et entière liberté de tendre sans effort à vous, qui êtes la source d'une félicité sans fin. » Ainsi cet apôtre était affligé de n'être pas encore avec le Seigneur, mais il n'eût point été fâché que le dépôt de son corps lui fût rendu par la résurrection dans le Seigneur. Toute douleur donc n'est pas la pénitence.

CHAPITRE IX. — 23. Il y a aussi des péchés qui ôtent entièrement la vie, si la pénitence ne vient en aide au pécheur; en effet, « tous ceux qui disent: Seigneur, Seigneur n'entreront point dans le royaume des cieux. » (*Matth.*, VII, 21.) C'est pourquoi la pénitence est nécessaire pour détruire les péchés.

Mais comme toute pénitence n'est pas bonne, faisons connaître les caractères qui distinguent la vraie de la fausse, celle qui est stérile de celle qui porte du fruit. Il en est qui se repentent à cause des châtiments que leurs péchés attirent sur eux dans le présent; ainsi le voleur regrette sa faute quand elle est suivie de la peine. Mais la peine fait-elle défaut, il retourne à ses larcins. Cette douleur, qui n'a point son principe dans la foi, qui n'est point accompagnée de la charité, demeure stérile et ne mérite point le pardon. Elle ne purifie point la conscience, elle n'efface point les péchés. Elle ne renferme ni espérance de pardon, ni attente de la miséricorde. Il en est de même de ceux qui avouent leurs fautes malgré eux, sans amour de la vertu, mais pour éviter un dommage ou quelque inconvénient temporel. Ils servent le monde qu'ils aiment, ils cherchent leur propre gloire, c'est l'objet de tous leurs vœux, et ils reçoivent la seule récompense qu'ils ambitionnent. Si quelqu'un s'arrête avec une confiance assurée dans ce repentir, et ne s'efforce pas d'arriver à la vraie pénitence, il se fait illusion, et il périra misérablement pour l'éternité. La pénitence utile est donc celle qui est spontanée, qui doit rechercher le Seigneur que l'on est affligé d'avoir perdu, soupirer après celui sans lequel il n'y a pas de vie véritable.

24. Plusieurs se repentent de leurs péchés, mais leur repentir est incomplet; ils ont certaines réserves dans lesquelles ils se complaisent. Ils ne font pas attention que le Seigneur, guérissant un homme sourd et muet, le délivra en même temps du démon, nous apprenant par là qu'il ne nous guérit jamais que de tous nos maux à la fois. S'il permettait de réserver quelques péchés, c'eût encore été un avantage d'être délivrée de six démons pour la femme qui en avait sept. Mais il les chassa tous les sept, pour nous montrer que toutes les fautes doivent être détruites en même temps. Délivrant un homme possédé par une légion (*Matth.*, XI, 22), il ne permit pas même à un seul démon de rester maître de cet homme, nous enseignant ainsi que celui qui serait

---

sum, in fovendo infirmum, in coercendo (*a*) lætum, in domando superbum laboravi. Scis Domine quotiens a puritate contemplationis me retrahere conabatur, quotiens a dulcissimæ quietis somno me excitare contendebat, quantum et quotiens dolorem ingerebat. Qui igitur tam diu, pater benignissime, pugnanti restiti, et tua ope superavi et vici, a te pio et justo remuneratore posco, ne mihi ultra commendes, sed depositum reddo. Commenda alii quem (*b*) illud ultra non impediat, et resurrecturum servet et reddat, ut et ipsum quoque meritum sui laboris recipiat. Terræ me commenda, ut me amplius vigilare non oporteat, et libere ad te fontem indeficientis gaudii tendere anxiantem me non retrahat, nec impediat. Hic dolebat jam non esse cum Domino, nec pœnitebat commendatum resurrexisse Domino. Sic itaque non omnis dolor est pœnitentia.

CAPUT IX. — 23. Sunt etiam peccata alia, quæ omnino eripiunt vitam, nisi succurrat pœnitentia. « Non enim omnis qui dicit: Domine, Domine, intrabit in regnum cœlorum. » Quare agenda est pœnitentia, ut deleantur crimina.

Sed quoniam pœnitentia non omnis est bona, dicamus aliqua quæ separant veram a falsa, sterilem a fructifera. Sunt enim quos peccasse pœnitet propter præsentia supplicia. Displicent enim latroni peccata, quando operantur pœnam. Deficit vindicta? revertitur ad crimina. Ista pœnitentia non ex fide procedens, nec (*c*) caritate vel unitate, sterilis manet et sine misericordia. Hæc non purgat conscientiam, nec lavat crimina. In hac nulla est spes veniæ, nulla exspectatio indulgentiæ. Huic concordant qui confitentur inviti, non amore boni, sed ut fugiant damnum vel incommodum sæculi. Serviunt mundo quem amant, quærunt suam gloriam quam anhelant, recipiunt mercedem quam exspectant. Si quis tali pœnitentia securus exstiterit, et ad veram de ista non contenderit, deceptus et miser æternaliter peribit. Utilis ergo erit pœnitentia, si sit spontanea; Dominum quærens quem amisisse doleat, ad illum anxians præter quem non est vita.

24. Sunt plures quos pœnitet peccasse, sed non omnino, reservantes sibi quædam in quibus delectentur: non animadvertentes Dominum simul surdum et mutum a dæmonio liberasse: per hoc doceus nos nunquam nisi de omnibus sanari. Si enim vellet peccata ex parte reservari, habenti septem dæmonia, proficere potuit sex expulsis. Expulit autem septem, ut omnia crimina simul ejicienda doceret. Legionem autem ab alio ejiciens, neminem reliquit ex omnibus qui liberatum possideret (*Matth.*, XI, 22): ostendens quod si etiam peccata sint mille, oportet de omnibus pœnitere. Laudatus est enim

---

(*a*) Al. *lenitum*. — (*b*) Mss. *in illo ultra non impedias*. — (*c*) Al. *caritate munita*.

coupable même de mille péchés, n'en doit exclure aucun de son repentir; car, si on loua le Seigneur, ce fut seulement après que le muet, délivré du démon, se mit à parler. (*Luc*, VIII, 30.) Jamais il ne guérit personne, sans le délivrer complétement. Il guérit entièrement un homme le jour du sabbat, rendant à son corps la pleine santé, et à son âme une pureté parfaite, pour apprendre au pécheur à faire pénitence de toute faute, qui aurait pu souiller son corps et son âme. Je sais que Dieu est ennemi du coupable; comment donc celui-ci pourrait-il obtenir la rémission de certain péché, pendant qu'il en garderait un autre? Il obtiendrait le pardon sans l'amour de Dieu, sans lequel, cependant, jamais personne n'eut la grâce. Tant qu'il continue à offenser Dieu, il reste son ennemi. C'est une sorte d'impiété et d'infidélité d'attendre un pardon ainsi divisé de la part de celui qui est juste et la justice même; ce serait obtenir la grâce sans pénitence. La vraie pénitence, autant qu'il est en elle, rend au pécheur repentant l'innocence de son baptême. Il est donc juste que ce pécheur lave, au moins par les larmes du cœur, toutes les taches qu'il a contractées après avoir été purifié. Mais il est assurément bien insensible, celui qui ne peut témoigner par les larmes des yeux la douleur de son cœur. Qu'il sache que cette insensibilité est coupable. Quoi! il pleure un dommage temporel ou la mort d'un ami, et il ne saurait témoigner par des pleurs le repentir de ses fautes. Il ne peut s'excuser de n'avoir point en lui la source d'où coulent les larmes, puisqu'il sait en verser au sujet des choses temporelles.

CHAPITRE X. — 25. Que celui donc qui a le cœur touché ne se repente pas d'une manière incomplète, et que sa douleur se manifeste par des larmes; qu'il découvre les secrets de sa vie devant Dieu, dans la personne du prêtre, et qu'il prévienne le jugement par la confession. Le Seigneur ordonna aux lépreux qu'il voulait guérir d'aller se montrer aux prêtres (*Luc*, XVII, 14), enseignant ainsi qu'il faut confesser soi-même ses péchés, et non point seulement les faire connaître par un messager ou par lettre. Il leur dit de se montrer en personne, tous et non point un seul pour tous les autres. N'employez aucun intermédiaire qui offre pour vous le don prescrit par Moïse; mais, ayant péché par vous-mêmes, portez vous-mêmes la honte de vos fautes! Cette honte même contribue pour sa part au pardon; et c'est par un effet de sa miséricorde, que le Seigneur ne veut pas que personne puisse se repentir suffisamment dans le secret de son cœur. En effet, en s'accusant lui-même devant le prêtre, et en triomphant de la honte par la crainte de Dieu offensé, le pécheur mérite l'indulgence; et ce qui avait été criminel dans l'action devient digne de pardon par la confession; et si l'âme n'est pas encore totalement purifiée, cependant, ce qui lui avait causé la mort n'est déjà plus un obstacle à ce qu'elle vive. En effet, il a déjà offert une satisfaction importante, celui qui, se mettant au-dessus de la honte, ne cache au représentant de Dieu rien de ce qu'il a commis. Car le Seigneur, qui est à la fois juste et miséricordieux, réserve les droits de sa miséricorde dans l'exercice de sa justice, comme ceux de sa justice dans l'exercice de sa miséricorde. Remettre les péchés à un coupable, c'est un acte de miséricorde; mais celui qui est juste doit exercer la miséricorde selon la justice; il doit faire attention, non-seulement à l'objet, mais encore au motif de la douleur du pécheur, et voir, je ne dis pas s'il faut que la justice s'exerce à son égard, mais

---

Dominus, quando ejecto dæmonio locutus est mutus. (*Luc.*, VIII, 30.) Nunquam aliquem sanavit, quem omnino non liberavit. Totum enim hominem sanavit in sabbato, quia et ejus corpus ab infirmitate, et animam ab omni contagione liberavit : indicans pœnitentem oportere simul dolere de omni crimine orto in anima et in corpore. Scio enim Deum inimicum omni criminoso : quomodo ergo qui crimen reservat, de alio reciperet veniam? Sine amore Dei consequeretur indulgentiam, sine quo nemo unquam invenit gratiam. Hostis enim Dei est, dum offendit perseveranter. Quædam enim impietas infidelitatis est, ab illo qui justus et justitia est dimidiam sperare veniam. (*a*) Jam enim foret sine pœnitentia invenire gratiam. Pœnitentia enim vera ad baptismi puritatem, pœnitentem conatur adducere. Recte enim pœnitens quidquid sordis post purificationem contraxit, oportet quod abluat saltem lacrymis mentis. Sed satis durus est, cujus mentis dolorem oculi carnis nequeunt declarare. Sed sciat se culpabilier esse durum, qui deflet damna temporis vel mortem amici, et dolorem peccati lacrymis non ostendit. Non itaque est ut quis excuset se quod non habet fontem lacrymarum, qui lacrymis ostendit dolorem temporalium rerum.

CAPUT X. — 25. Quem igitur pœnitet, omino pœniteat, et dolorem lacrymis ostendat : repræsentet vitam suam Deo per sacerdotem, præveniat judicium Dei per confessionem. Præcepit enim Dominus mundandis, ut ostenderent ora sacerdotibus : docens corporali præsentia confitenda peccata, non per nuntium, non per scripturam manifestanda. Dixit enim : Ora monstrate, et omnes, non unus pro omnibus. Non alium statuatis nuntium, qui pro vobis offerat munus a Moyse statutum (*Luc.*, XVII, 14; *Levit.*, IV, 2) : sed qui per vos peccastis, per vos erubescatis. Erubescentia enim ipsa partem habet remissionis : ex misericordia enim hoc præcepit Dominus, ut nemini pœniteret in occulto. In hoc enim quod per se ipsum dicit sacerdoti, et erubescentiam vincit timore Dei offensi, fit venia criminis : fit enim per confessionem veniale, quod criminale erat in operatione; et si non statim purgatur, fit tamen (*b*) veniale, quod commiserat mortale. Multum enim satisfactionis obtulit, qui erubescentiæ dominans, nihil eorum quæ commisit, nuntio Dei denegavit. Deus enim qui misericors est et justus, sicut conservat misericordiam in justitia, ita et justitiam in misericordia. Opus enim est misericordiæ, peccanti peccata dimittere. Sed oportet ut justus misereatur juste. Opor-

---

(*a*) Ms. Vatic. *Jam enim sine vera pœnitentia inveniret.* Gratian. *Nam quomodo sine vera pœnitentia inveniret.* — (*b*) Apud Gratian. *citate.*

s'il est digne de miséricorde. Car la justice seule le condamnerait. Celui qui sollicite la grâce par un travail de l'âme, mérite assurément la miséricorde ; or, c'est bien un travail de l'âme de se soumettre à la confusion ; et comme cette confusion est une grande peine, celui qui l'endure pour Jésus-Christ se rend digne de pardon. Aussi, il est clair que le pécheur obtiendra la grâce d'autant plus facilement qu'il se confessera à un plus grand nombre avec l'espérance du pardon. Les prêtres eux-mêmes peuvent davantage alors, et leur absolution est plus efficace, car Dieu remet à qui ils remettent. Le Seigneur, après avoir rendu Lazare à la vie, dit à ses disciples de le délier, pour nous apprendre que le pouvoir de délier les consciences a été confié aux prêtres. « Tout ce que vous aurez délié sur la terre, dit-il, sera délié dans le ciel ; » (*Jean*, XI, 44 ; *Matth.*, XVIII, 18) ; c'est-à-dire, moi, le Seigneur, avec tous les ordres de la milice céleste et tous les saints qui sont dans ma gloire, nous louons ceux que vous louez, et nous confirmons la sentence par laquelle vous liez ou vous déliez. Il ne dit pas : par laquelle vous croyez lié ou délié, mais par laquelle vous exercez un acte de justice ou de miséricorde ; pour ce que vous faites d'ailleurs à l'égard des pécheurs, je suis censé l'ignorer. C'est pourquoi celui qui veut confesser ses péchés doit chercher un prêtre qui sache lier et délier, dans la crainte que, s'il s'adresse à quelque prêtre négligent, il ne soit à son tour laissé de côté par celui qui, dans sa miséricorde, l'avertit et lui demande de prendre garde de tomber avec son guide dans la fosse, que sa propre folie lui empêcherait d'éviter. Telle est la puissance de la confession que, s'il n'y a pas de prêtre, on se confessera à son semblable. En effet, souvent il peut arriver qu'il soit impossible à un pénitent de s'humilier devant un prêtre, le lieu ou le temps ne le permettant pas. Or, s'il se confesse à quelqu'un qui n'a pas le pouvoir de délier, s'il découvre à un compagnon la honte de son crime, cet aveu, joint au désir d'avoir un prêtre, le rend digne de pardon. Les lépreux furent guéris en allant se montrer aux prêtres, et avant d'y être arrivés ; d'où il est évident que Dieu a égard à l'intention de ceux qui sont dans l'impossibilité de s'adresser aux prêtres. Souvent on peut aller, plein de force et de santé, à la recherche d'un prêtre, et cependant, mourir avant de l'avoir trouvé ou d'être arrivé près de lui. Mais Dieu est partout avec sa miséricorde, et, il sait pardonner aux justes, bien qu'il ne le fasse pas aussi promptement que par la sentence du prêtre. Aussi celui qui se confesse réellement au prêtre, doit se confesser le mieux qu'il peut.

CHAPITRE XI. — 26. Si le péché est secret, il suffira de le porter à la connaissance du prêtre, pour que l'offrande soit acceptée. En effet, il n'y eut qu'un petit nombre de témoins présents à la résurrection de la fille du chef de la Synogogue. (*Luc*, VIII, 40, et suiv.) Elle n'était pas encore ensevelie, on ne l'avait point encore portée hors de la ville ; son cadavre, resté à la maison, n'avait point encore été vu du public. Le Sauveur ressuscita donc cette fille dans l'intérieur de cette maison, comme il l'y avait trouvée, n'ayant avec lui que Pierre, Jean et Jacques, ainsi que le père et la mère, figurant les prêtres de l'Eglise. Mais considérons de quelle manière il rendit la vie à ceux qu'il trouva au dehors. Une foule éplorée entourait

tet enim ut non solum quid, sed in quo doleat consideret, si dignus est, non dico justitia, sed misericordia. Justitia enim sola damnat. Sed dignus est misericordia, qui spiritali labore petit gratiam. Laborat enim mens patiendo erubescentiam. Et quoniam verecundia magna est pœna, qui erubescit pro Christo, fit dignus misericordia. Unde patet quod quanto pluribus confitebitur in spe veniæ turpitudinem criminis, tanto facilius consequetur gratiam remissionis. Ipsi enim sacerdotes plus jam possunt proficere, plus confitentibus parcere : quibus enim remittunt, remittit Deus : Lazarum enim de monumento jam suscitatum obtulit Dominus discipulis solvendum, per hoc ostendens potestatem solvendi concessam sacerdotibus. Dixit enim : « Quodcumque solveritis super terram, erit solutum et in cœlis : » (*Joan.*, XI 44 ; *Matth.*, XVIII, 18) hoc est : Ego Deus, et omnes ordines cœlestis militiæ, et omnes sancti in mea gloria laudant vobiscum, et confirmant quos ligatis et solvitis. Non dixit, quos putatis ligare et solvere, sed in quos exercetis opus justitiæ aut misericordiæ. Alia autem opera vestra in peccatores non cognosco. Quare qui confiteri vult peccata, ut inveniat gratiam, quærat sacerdotem scientem ligare et solvere : ne cum negligens circa se exstiterit, negligatur ab illo qui cum misericorditer monet, et petit, ne ambo in foveam cadant, quam stultus evitare noluit. Tanta itaque vis confessionis est, ut si deest sacerdos, confiteatur proximo. Sæpe enim contingit, quod pœnitens non potest (*a*) verecundari coram sacerdote, quem desideranti nec locus nec tempus offert. Et si ille cui confitebitur potestatem solvendi non habet, fit tamen dignus venia, ex desiderio sacerdotis, quia socio confitetur turpitudinem criminis. Mundati enim sunt leprosi, dum ibant ostendere ora sacerdotibus, ante quam ad eos pervenirent. (*Luc.*, XVII, 14.) Unde patet quod cor respicere, dum ex necessitate prohibentur ad sacerdotes provenire. Sæpe quidem eos quærunt sani et læti : sed dum quærunt et antequam perveniant ad eos, moriuntur. Sed Dei misericordia est ubique, qui et justis novit parcere, etsi non tam cito, sicut si solverentur a sacerdote. Qui igitur omnino confitetur sacerdoti, meliori quam potest confiteatur.

CAPUT XI. — 26. Si peccatum occultum est, sufficiat referre in notitiam sacerdotis, ut grata sit oblatio muneris. Nam in resurrectione filiæ principis pauci interfuerunt qui viderent. Nondum enim erat sepulta, nondum extra portam civitatis delata, nondum extra domum in notitiam deportata. Intus resuscitavit, quam intus invenit ; relictis solis Petro et Joanne et Jacobo et patre et matre puellæ, in quibus figuraliter continentur sacerdotes Ecclesiæ. (*Luc.*, VIII, 40.) Quos autem extra invenit, animadvertendum est quomodo suscitavit. Flebat autem turba post filium viduæ (*Ibid.*, VII, 12) ; flevit

(*a*) Sic Mss. cum Gratiano et Magistro. At ed. *confiteri*.

LE LIVRE DE LA VRAIE ET DE LA FAUSSE PÉNITENCE.

le fils de la veuve (*Luc*, VII, 12); c'était en versant des pleurs que Marthe et Marie suppliaient le Sauveur en faveur de leur frère (*Jean*, XI, 39); et la foule, qui avait suivi Marie, pleurait avec elle, en voyant couler ses larmes. Cela nous apprend que le pécheur public a besoin que les mérites de l'Eglise s'ajoutent à ses propres efforts. Ainsi donc, qu'il gise à terre comme un mort en s'humiliant, en déclarant et annonçant publiquement sa mort; qu'il fasse paraître de dignes fruits de pénitence, afin que la foule pleure sa perte, qu'elle verse des larmes sur celui qu'elle a la douleur de considérer comme mort. Ces pleurs toucheront le Seigneur, qui rendra ce fils chéri à sa mère. Mais s'il ne fait pas assez d'efforts, s'il ne manifeste pas suffisamment sa mort par des fruits de pénitence, il devra ensuite d'autant plus agir pour faire pleurer avec lui, non Marthe seulement, mais aussi Marie. Il devra tellement s'affliger, tellement se montrer pénétré de douleur dans le sentiment de sa mort, que tous ceux qui verront ses larmes et entendront ses gémissements, implorent son pardon, et que l'Eglise elle-même entre en participation de cette douleur. En effet, celui qui, en péchant, a offensé un plus grand nombre de personnes, doit satisfaction à un plus grand nombre; ainsi le pécheur, dans sa conversion, doit tâcher d'incliner à la miséricorde l'Eglise, qu'il a blessée par ses fautes, afin qu'en priant pour celui dont elle regrettait la mort, elle obtienne de Dieu, d'abord l'indulgence, puis le pardon.

CHAPITRE XII. — 27. Que le pécheur pénitent fasse donc ce qui dépend de lui pour appartenir au corps et à l'unité de l'Eglise. Et de vrai, si cette unité ne vient à son secours et ne supplée à ce qui lui manque, l'âme de cet homme mort à la grâce de Dieu ne sera point arrachée à l'ennemi. Il faut croire, en effet, c'est un devoir que la foi nous impose, que toutes les aumônes de l'Eglise entière, ainsi que ses prières et ses œuvres de justice et de miséricorde, contribuent à la conversion de celui qui reconnait son état de mort. Aussi personne ne peut se repentir comme il convient, s'il n'est soutenu par l'unité de l'Eglise. Qu'il ne s'adresse donc point à des prêtres que quelque faute aurait séparés de cette unité. Judas, dans son repentir, au lieu d'aller aux apôtres, s'en fut trouver les Pharisiens; il n'y trouva aucun secours, mais une nouvelle cause de désespoir. « Que nous importe? lui dirent-ils; c'est votre affaire. » (*Matth.*, XXVII, 4.) Si vous avez péché, c'est pour vous; nous n'avons rien à faire pour vous, ni à prendre charitablement le poids de votre faute; nous ne nous engageons point à la porter avec vous, ni à vous dire comment vous pouvez déposer votre fardeau. Qu'avons-nous de commun avec les œuvres de miséricorde, nous qui ne faisons pas même les œuvres de justice? Il eût dû aller trouver ses frères, ceux qui avaient prié pour la belle-mère de Pierre malade de la fièvre (*Marc*, I, 30), et qui, pleins d'une miséricordieuse compassion, avaient présenté l'importune Chananéenne (*Matth.*, XV, 23); il aurait dû interroger Pierre pleurant sa propre faute (*Luc*, XXII, 62); il n'aurait pas dû s'éloigner de Marie et de Marthe, qui avaient obtenu la résurrection de leur frère (*Jean*, XI, 1, et suiv.), ni de la foule affligée, qui avait obtenu que le fils unique de la veuve fût rendu à sa mère. (*Luc*, VII, 12.) Il s'adressa à ceux qui étaient séparés de l'unité, et il périt en dehors de cette unité. Mais celui qui a dit : « Celle qui contient les peuples fut la vigne du Roi pacifique, » (*Cant.*, VIII, 11) celui-là avait compris tous les biens qui sont le

---

Martha et Maria supplicantes pro fratre, flebat et turba quæ Mariam fuerat secuta, lacrymis Mariæ admonita (*Joan.*, II, 39): in quo docemur publice peccantibus non proprium, sed Ecclesiæ sufficere meritum. Sic itaque mortuus jaceat, sicque se mortuum ostendat, publice mortem suam prædicando, publice fructus pœnitentiæ ostendendo, ut turba ploret amissum, et defleat quem dolet mortuum. Istis lacrymis movebitur Dominus, qui reddet matri unicum filium suum. Si minus perseveraverit, si se mortuum per fructus pœnitentiæ non declaraverit; tanto plus oportet agere, unde (*a*) lacrymas excitet, non solum Marthæ, sed etiam Mariæ. Tantum se affligat, tantum se dolere et se mortuum sentire ostendat, ut audientes et contemplantes plorando orent veniam, quorum fletum imitetur Ecclesia. Qui enim multos offendit peccando, placare multos oportet satisfaciendo: ut Ecclesia prius offensa per culpam, in conversione flectatur in misericordiam, orans pro ipso quem defunctum dolebat, unde Deus flectetur ad veniam, qui prius adhibuit misericordiam.

CAPUT XII. — 27. Laboret itaque pœnitens in Ecclesia esse, et ad Ecclesiæ unitatem tendere. Nisi enim unitas Ecclesiæ succurrat, nisi quod deest peccatori, sua opitulatione compleat, de manibus inimici non eripietur anima mortui. Credendum est enim, et pietas fidei expostulat credere, quod omnes eleemosynæ totius Ecclesiæ et orationes et opera justitiæ et misericordiæ succurrant recognoscenti mortem suam ad conversionem suam. Ideoque nemo digne pœnitere potest, quem non sustineat unitas Ecclesiæ. Ideoque non petat sacerdotes per aliquam culpam ab unitate Ecclesiæ divisos. Judas enim pœnitens ivit ad Pharisæos, reliquit Apostolos : nihil invenit auxilii, nisi augmentum desperationis. Dixerunt enim : « Quid ad nos? tu videris. »(*Matth.*, XXVII, 4.) Si peccasti, tibi sit; non tibi succurrimus, non peccata tua caritative suscipimus, non comportanda promittimus, non qualiter deponas onus docemus. Quid enim nobis et misericordiæ, qui nec opera sequimur justitiæ? (*b*) Isset ad fratres, isset ad illos qui oraverant pro socru Petri febricitante, qui Chananæam improbam misericordissime obtulerant : interrogasset Petrum pro se lacrymas effundentem : non fugisset Mariam et Martham, qui vitam Lazaro impetraverant; non turbam plorantem, quæ unicum filium acquisierat viduæ. (*Marc.*, I, 30; *Matth.*, XV, 23; *Luc.*, XXII, 62; *Joan.*, XI, 1; *Luc.*, VII, 12.) Ivit ad divisos; et divisus periit. Hanc unitatem omnis boni sensit operatri-

---

(*a*) Editi *lacrymis excitetur*. — (*b*) Editi : *Si isset, si* etc. Glossa, *ire debuisset*.

fruit de cette unité. Car il ne pourrait prétendre être de cette vigne, s'il ne savait que l'Eglise embrasse tous les peuples dans son universalité. Ayant travaillé pour le salut de tous, il sait, et il a appris par expérience, qu'il ne peut se soutenir sans le secours de l'Eglise. Car c'est assurément un puissant appui, celui qui se trouve dans tout ce qu'il y a de bon au ciel et sur la terre. L'homme qui en est privé par l'excommunication, comment pourra-t-il jamais se repentir utilement, tant qu'il ne sera pas rentré dans la possession de ce bien, par l'unité et la miséricorde de notre sainte Mère? Comment pourra-t-il éprouver la bonté de Dieu, celui qui n'a pas craint de blesser, en dédaignant son assistance, sa très-sainte épouse, laquelle est en même temps sa mère, sa fille, et sa sœur?

Chapitre XIII. — 28. Que ce pécheur puise son repentir dans la foi, sachant que là est sa guérison; qu'il regarde comme peu de chose toutes ses œuvres de pénitence, ne croyant jamais avoir assez fait; que sa douleur soit continuelle et ne finisse qu'avec sa vie, lui inspirant sans cesse des sentiments de confusion devant Dieu, dont il a outragé la présence. Car si l'Apôtre ne cesse de pleurer des péchés effacés par le baptême, nous, qui sommes établis sur le fondement des Apôtres, qu'avons-nous à faire, sinon verser des larmes? Qu'avons-nous à faire, sinon gémir jusqu'à la fin de notre vie? Si la douleur cesse, la pénitence s'évanouit. Or, que restera-t-il du pardon, si la pénitence s'évanouit? La joie et la confiance dans la miséricorde ne peuvent subsister qu'autant qu'elles sont soutenues par la pénitence. Le Seigneur a dit: « Allez, et ne veuillez plus pécher. » (*Jean*, VIII, 11.) Il ne dit point : ne péchez pas, mais que la seule volonté de pécher ne naisse point en votre cœur. Or, comment sera-t-on fidèle à cette recommandation, à moins de conserver toujours des sentiments de repentir et de pénitence? Donc que le pécheur soit sans cesse pénétré de douleur, qu'il n'ait de joie que dans sa douleur, et s'il lui arrivait de se repentir de ses regrets, qu'il en conçoive une nouvelle et continuelle affliction. Mais ce n'est pas assez qu'il ressente cette douleur, il faut qu'elle naisse de la foi, et qu'il soit affligé de ne l'avoir pas toujours été.

Chapitre XIV. — 29. Il faut encore considérer le caractère de la faute, par rapport au lieu, au temps, à la durée, à la qualité de la personne, à la nature de la tentation, et à la manière même dont le péché peut avoir été consommé. Ainsi dans la fornication, le coupable doit régler son repentir selon l'excellence de son état ou de son office, selon le caractère de sa complice, et la manière dont il a agi en se livrant à cette action honteuse; si, par exemple, il a péché dans un lieu saint, ou dans un endroit qu'il devait particulièrement respecter, comme est la maison d'un maître ou de beaucoup d'autres. Qu'il considère aussi s'il a péché dans un temps destiné à la prière, au jeûne, ou pendant la fête de quelque saint. Qu'il remarque combien de temps il a péché, et que son repentir soit proportionné à ce temps; qu'il considère aussi par quelle force il s'est laissé vaincre. En effet, il y en a qui non-seulement ne sont pas vaincus, mais qui s'offrent d'eux-mêmes au péché; ils n'attendent pas la tentation, mais ils la préviennent en eux-mêmes et calculent à l'avance les jouissances qu'ils espèrent goûter en réitérant des actions coupables. Il faut confesser et détester toutes

---

cem qui dixit: « Vinea fuit pacifico in ea quæ habet populos. » (*Cant.*, VIII, 11.) Nisi enim in Ecclesia universali populos (*f.* continente se) se continentes cognosceret, se vineam non præsumeret. Scit enim et experimento cognoscit, utpote qui pro omnium salute laboraverat, se absque auxilio Ecclesiæ stare non posse. Non enim est parvum, cum omne bonum succurrit, sive in cœlo, sive in terra constitutum. Hoc amittens per excommunicationem, nisi recuperet per sanctæ matris unitatem vel pietatem, quomodo unquam poterit digne pœnitere? Quomodo Deum benevolum poterit invenire, qui ejus sanctissimam sponsam et matrem et filiam et sororem non dubitavit offendere, et ejus auxilium omnino contemnere?

Caput XIII. — 28. Ex fide pœniteat, credat hanc esse medicinam, omnes fructus suæ pœnitentiæ parvos habeat, nunquam sufficiat, semper doleat, semper de Domino ante quem peccavit erubescat, dolorem cum vita finiat. Nam si Apostolus etiam peccata per baptismum dimissa continue plorat; nobis etiam super fundamentum Apostolorum positis quid præter plorare restat? quid nisi semper dolere in vita? Ubi enim dolor finitur, deficit et pœnitentia. Si autem pœnitentia finitur, quid relinquitur de venia? Tam diu enim gaudeat et speret de gratia, quam diu sustentatur a pœnitentia. Dixit enim Dominus : « Vade, et amplius noli peccare. » (*Joan.*, VIII, 11.) Non dixit, ne peces : sed nec voluntas peccandi in te oriatur. Quod quomodo servabitur, nisi dolor continue in pœnitentia custodiatur? Hinc semper doleat, (*a*) et de dolore gaudeat, in pœnitentia, si contigerit, semper doleat. Et non sit satis quod doleat, sed ex fide doleat, et non semper doluisse doleat.

Caput XIV. — 29. Considerat qualitatem criminis, in loco, in tempore, in perseverantia, in varietate personæ, et quali hoc fecerit tentatione, et in ipsius vitii multiplici exsecutione. Oportet enim pœnitere fornicantem secundum excellentiam sui status aut officii, et secundum modum meretricis, et in modo operis sui et qualiter turpitudinem suam peregit. Si in loco sacro, aut cui debuit excellentiam fidei, ut sunt domus dominorum et aliorum multorum. Si in tempore orationi constituto, aut in festivitate Sanctorum, aut in tempore jejunii. Consideret quantum perseveraverit, et defleat quod perseveranter peccaverit, et quanta victus fuerit impugnatione. (*b*) Sunt enim qui non solum non vincuntur, sed ultro se offerunt peccato : nec exspectant tentationem, sed præveniunt voluntatem, et pertractant secum quam multiplici actione vitii delectabiliter peccent. Omnis ista varietas confitenda est et deflenda; ut cum cognoverit quod peccatum est multum, cito inveniat Deum propitium. In

(*a*) Mss. *et dolere*. — (*b*) Mss. *Sunt non solum qui vincuntur*.

ces circonstances, afin que le pécheur connaissant mieux la grièveté de sa faute, trouve plus promptement grâce devant Dieu. En recherchant ce qui augmente le péché, il aura égard à son âge, à son intelligence, à son rang, et il considérera encore la condition de tel autre qui n'a point péché. Qu'il s'arrête sur tous ces points, pour comprendre la malice de sa faute, et que, lavant dans ses larmes chacune des circonstances du péché, il pleure aussi la vertu qu'il n'a point pratiquée durant ce temps là. Car ce n'est pas seulement son péché qu'il doit pleurer et laver dans les larmes, mais il doit encore regretter la vertu dont il a manqué, et dont il s'est privé ; et, quoiqu'il puisse espérer le pardon, il a cependant lieu de ressentir de la peine de n'avoir rien fait, dont il pourrait attendre une récompense. Ce doit être pour lui une pensée douloureuse, et une torture de sentir qu'il ne fait qu'éviter le châtiment, sans avoir en cela aucune gloire à attendre ; car le temps de sa vie étant très-court, il aurait dû l'employer entièrement à combattre pour obtenir la récompense. Il aura encore un sujet de larmes dans la pensée qu'en péchant sur un point, il s'est rendu responsable sur tous les autres. En effet, il est bien ingrat l'homme qui, rempli d'ailleurs de vertus, n'a pas craint Dieu en toutes choses. On se rend d'autant plus coupable qu'on était plus agréable à Dieu. Aussi Adam pécha plus grièvement, parce qu'il était comblé de tous les biens. Mais c'est encore sous un autre rapport que celui qui pèche en un point, se rend responsable sur tous les autres, car un seul vice gâte toutes les vertus. Si quelqu'un tombe dans l'avarice, il anéantit la libéralité et affaiblit la chasteté. L'amour de l'argent fait qu'on violerait facilement la chasteté ou qu'on y serait moins attaché. Et de fait, si par crainte de Dieu, on tient encore à cette vertu, assez pour ne point vouloir la sacrifier, hélas, dès qu'un intérêt pécuniaire aurait à en souffrir, alors on ne la gardera pas avec le même bonheur, ni avec la même affection. Ainsi des autres, elles ne seront peut-être pas encore détruites, mais un seul vice les affaiblit plus ou moins notablement, ou les altère dans leur force ; d'où il suit que toutes les vertus doivent être pleurées dans chaque vice, et qu'il faut implorer l'indulgence pour toutes ces pertes. Il faut aussi faire attention à l'âme du prochain, et trouver là un nouveau sujet de douleur ; cette âme, par exemple, le fornicateur la ravit à Dieu, ou il confirme dans le mal celle qui lui était déjà ravie ; puis il doit considérer que, par son action coupable, il a donné l'exemple du vice, tandis qu'il lui eût été bien plus avantageux de servir à la conversion des autres. Qu'il gémisse donc d'avoir, par sa conduite, corrompu la conduite des autres ou de ne l'avoir point conservée intacte de toute souillure ; qu'il gémisse sur le bien qu'il eût pu faire par le bon exemple. Qu'il regrette la tristesse que ses péchés ont causée aux hommes vertueux, et la joie qu'il ne leur a point procurée. Qu'il ne se contente pas de penser au mal qu'il a fait, et comment il l'a fait, mais aussi qu'il considère quelle injustice il a commise envers Dieu en l'offensant. Qu'il soit saisi de crainte au souvenir de cette parole de la souveraine vérité : « Vous ne pouvez pas servir deux maîtres. » (*Matth.*, VI, 24.) Qu'il craigne donc, en persévérant dans un seul péché, de perdre comme par contagion tous les biens qu'il aurait faits ; puisqu'en servant le démon par le péché, il rompt le lien par lequel il s'était attaché au service de Dieu. Cependant c'est une pieuse croyance que Dieu ren-

---

cognoscendo augmentum peccati, inveniat se cujus fuerit ætatis, cujus sapientiæ, cujus ordinis, et statum omnem alterius non peccantis. Immoretur in singulis istis, et sentiat modum criminis : purgans lacrymis omnem qualitatem vitii, defleat virtutem qua interim caruit. Dolendum est enim, et dolore purgandum, non solum quia peccavit, sed etiam quod se virtute privavit qua interim caruit. Nam licet speret se consecuturum veniam, dolere tamen potest quia non promeruit unde remunerari confidat. Anxietur et doleat, quod modo effugiens de præteritis pœnam, miser non inde exspectet gloriam : cujus omne tempus quoniam brevissimum est, debuit decertavisse ad consequendum præmium. Defleat igitur quoniam in uno offendens, factus est omnium reus. Ingratus enim exstitit, qui plenus virtutibus Deum omnino non timuit. In hoc enim quisque peccator fit culpabilior, quo est Deo acceptior. Ideo enim Adam plus peccavit, quia omni bono abundavit. Etiam alio modo offendens in uno, reus est omnium : quia omnis virtus detrimentum patitur ab uno vitio. Nam si quis cadit in avaritiam, largitatem destruit, et castitatem minoravit. Amore enim pecuniæ vel violaret castitatem, vel saltem minus amaret. Si enim propter Deum tanta adhuc castitas inest, ut nolit eam perdere : saltem minori gaudio, minori affectu tuetur eam, ubi videt inde procedere damnum pecuniæ. Sicque et in aliis quæ etiamsi non expellantur, tamen per conceptionem unius vitii vel satis vel parum minuuntur, vel intensione deteriorantur : unde omnis virtus cuicumque crimini est deflenda, et de omnibus indulgentia est petenda. Animadvertere etiam oportet, et animadvertendo deflere animam proximi, quam fornicator Deo eripuit, vel ereptam in malo confirmavit : etiam quod exemplum exstitit mali in operatione sui criminis, cui magis profuisset, si aliis fuisset causa conversionis. Gemat itaque aliorum (a) vitam in sua corruptam, vel incorruptam non conservatam, et commodum proximi quod dedisset exemplo boni. Doleat de tristitia, quam peccando bonis intulit, et de lætitia quam eis non adhibuit. Et non solum cogitet quid et qualiter fecerit ; sed quam injuste Deum, ut diximus, peccando offenderit. Timeat illam Veritatis sententiam : « Non potestis duobus dominis servire. » (*Matth.*, VI, 24.) Timeat ergo, ne omnia bona quæ fecit, dum in uno peccato perseveraverit, ex (b) contaminatione mali perdiderit : ut qui servivit diabolo per crimen, (c) Dei quam obtulit amiserit servitutem. Pium est tamen credere, ut recepta Dei

(a) Mss. *vitam non conservatam vel corruptam in sua et comm.* — (b) Al. *communicatione mala.* — (c) Gratian. *Deo quas obtulerit, amiserit virtutes.*

dant sa grâce, et détruisant les fautes antérieures, récompense aussi le bien, de sorte qu'après avoir anéanti ce qui n'est point son œuvre, il aime et chérit les bons germes qu'il a plantés même dans le cœur du pécheur.

CHAPITRE XV. — 30. Le pécheur qui se repent sans réserve devra abandonner le monde, ou du moins la condition qu'il n'a pu occuper sans y faire des fautes, comme le commerce, ou l'état militaire ; et il ne conservera que sous la direction de l'obéissance une position qui peut être dangereuse pour ceux qui s'y trouvent, comme l'exercice du pouvoir séculier. Qu'il se mette entièrement sous l'autorité d'un juge, sous la direction du prêtre, ne se réservant rien et se tenant prêt, pour recouvrer la vie de l'âme, à faire tout ce qui lui sera commandé, comme il le ferait pour éviter la mort corporelle ; et qu'il le fasse avec un désir empressé, car il s'agit de recouvrer une vie d'un prix infini comme Dieu même. Dans l'attente de l'immortalité, il doit faire avec joie ce qu'il ferait pour éloigner la mort sans pouvoir cependant l'éviter. Qu'il ne cesse de demander à Dieu son pardon avec la certitude de l'obtenir, lui qui solliciterait d'une puissance terrestre, par tous les moyens, et sans se rebuter, un pardon sur lequel il ne pourrait compter sûrement. Dans l'usage de sa liberté, il a fait bien des choses défendues ; qu'il s'abstienne dorénavant d'une multitude de choses permises. Que toujours il offre à Dieu son cœur et ses sentiments de contrition, puis quelque chose de son bien, selon son pouvoir ; et alors il pourra faire son offrande avec confiance. Le Seigneur jeta un regard favorable « sur Abel et sur ses présents ; » (*Gen.*, IV, 4) mais remarquez « sur Abel » d'abord, ensuite sur « ses présents. » Agréant ce cœur dont il connaissait l'humilité et l'innocence, il récompensa l'offrande de cette âme généreuse. Mais il n'eût « aucun égard pour Caïn, ni pour ses présents. » Il avait vu que son âme n'était point humble, et il n'agréa point son offrande. L'aumône doit être appréciée d'après le cœur de celui qui la fait. On doit considérer les dispositions intérieures, les sentiments de celui qui donne ce qu'il peut, et non point la grandeur de ses dons. Ainsi la veuve, en donnant les deux drachmes qu'elle possédait (*Luc*, XXI, 2), fit un présent plus précieux que tous les autres. Celui donc qui veut racheter ses péchés par l'offrande des biens temporels, doit d'abord faire l'offrande de son cœur.

31. Que le pénitent se garde bien d'une certaine honte qui pourrait le porter à diviser sa confession, s'adressant à plusieurs prêtres, pour n'avouer à chacun d'eux qu'une partie de ses péchés. Il en est, en effet, qui cachent des fautes à un confesseur, se réservant de les déclarer à un autre : c'est vouloir faire son propre éloge, c'est faire acte d'hypocrisie, et se priver du pardon qu'on espère ainsi obtenir complet par parties successives. Si donc il veut faire une vraie pénitence, qu'il se garde encore d'approcher du corps du Seigneur, tant qu'il n'aura pas senti l'encouragement d'une bonne conscience ; mais que, dans cette abstention, il pense au redoutable jugement de Dieu, alors qu'une terrible sentence divisera les pécheurs pour les précipiter dans les flammes ; et qu'il gémisse de ne pouvoir encore oser prendre cet aliment salutaire et vivement désiré. Tels sont les dignes fruits de pénitence qui arrachent de ses liens l'âme captive, et qui la mettent en liberté. En outre, que celui qui veut obtenir une grâce et une rémission parfaite s'éloigne encore des jeux

gratia, quæ in eo destruit mala priora, etiam remuneret bona : ut cum destruxerit quod suum non invenit, amet et diligat bonum quod etiam in peccante plantavit.

CAPUT XV. — 30. In omnibus dolens, aut sæculum derelinquat, aut saltem illa quæ sine admixtione mali non sunt administrata, ut mercatura, militia ; et alia quæ utentibus sunt nociva, ut administrationes sæcularium potestatum, nisi his utatur ex obedientiæ licentia. Ponat se omnino in potestate judicis, in judicio sacerdotis, nihil sibi reservans sui, ut omnia eo jubente paratus sit facere pro recipienda vita animæ, quæcumque faceret pro vitanda corporis morte ; et hoc cum desiderio, quia vitam recuperat infinitam ut Deus. Cum gaudio enim debet facere immortalis futurus, quæ faceret pro differenda morte moriturus. Semper deprecetur Deum, certus de venia, (*a*) quam omnibus modis et sine tædio dubius rogaret potestatem terrenam. Abstineat a multis licitis, qui in libertate arbitrii commisit illicita. Semper offerat Deo mentem et cordis contritionem, deinde et quod potest de possessione. Tunc quod offert securus offerat. « Respexit Dominus ad Abel et ad munera ejus : » sed prius « ad Abel » dicit, quam « ad munera. » (*Gen.*, IV, 4.) Sumens enim mentem quam cognovit humilem ac puram, remuneravit ejus largitatis munera. « Ad Cain vero non respexit, nec ad munera ejus. » (*Ibid.*, 5.) Mentem enim ejus quam viderat, quoniam non cognovit humilem, ejus munera non recepit. In judicio itaque cordis consideranda est eleemosyna tribuentis. Nec jam consideranda est quantum, sed qua mente, qua affectione dat quod potest. Vidua enim duobus quæ habuerat minutis larga, plus omnibus misit. (*Luc.*, XXI, 2.) Qui igitur vult peccata sua redimere temporalium oblatione, caveat ut prius mentem offerat.

31. Cautus sit pœnitens ne verecundia ductus dividat apud se confessionem, ut diversa diversis sacerdotibus velit manifestare. Quidam enim uni celant, quæ alii manifestanda reservant : quod est se laudare, et ad hypocrisim tendere, et semper venia carere, (*b*) ad quam per frusta totam putant pervenire. Caveat præterea quem vera delectat pœnitentia, non prius ad Domini corpus accedat, quam confortet bona conscientia. Sed in hac separatione tremendum Dei judicium cogitet, ubi magis terribilis sententia (*c*) peccantes separabit in ignem. Gemat quod nondum audet sumere quem multum desiderabat cibum salutarem. Isti sunt digni fructus pœnitentiæ, animam captivam elaqueantes, et in libertatem ser-

(*a*) Al. *qui*. — (*b*) Mss. *quam per frustra datam putant invenire. Ab altari se sequestrare.* — (*c*) Ms. Augustin. *pœnitentes*. Gratianus, *impœnitentes.*

et des spectacles mondains. Car si Dina eût eu cette réserve, si elle fût restée au sein de sa famille, elle n'eût point été séduite par un ravisseur étranger. (*Gen.*, xxxiv, 1.) Aussi une âme qui a déjà été séduite et ravie souvent, ou même une seule fois, doit-elle être d'autant plus vigilante et réservée ; son expérience doit lui faire craindre le danger que la vierge ne connaît point. Qu'elle choisisse un bon modèle à imiter, et ne suive point celui qu'elle condamne en elle-même. C'est, en effet, se juger soi-même, que de ne pas s'éloigner de ceux qui ne font pas des fruits de pénitence, tout en louant et en aimant ceux que l'on voit bien porter de bons fruits. Il faut donc chercher de bons fruits, quand même ce ne seraient pas des fruits de pénitence. Il y a, en effet, de dignes fruits de vertus, lesquels ne suffisent point aux pénitents. En effet, la pénitence réclame des fruits plus grands, pour que l'Eglise soit satisfaite, et qu'ainsi elle obtienne la vie aux morts par sa douleur et ses gémissements.

Chapitre XVI. — 32. Le pécheur doit se reconnaître coupable, sans chercher à s'excuser ; autrement il augmenterait sa faute. C'est ainsi qu'Adam, comme s'il ne lui eût pas suffi d'avoir péché, se rendit plus coupable en accusant son épouse, et en rejetant la faute sur elle. C'est encore ce qui se fait souvent, et la négligence empêche d'y faire attention. Si nous avons péché, gardons-nous donc de dire : Je n'ai pu me défendre du vol, parce que Dieu m'a fait pauvre. Et il n'est point étonnant que je me livre à la fornication, étant d'une nature si fragile ; c'est la fragilité et non la volonté qui m'a entraîné à faire le mal. C'est se faire illusion que raisonner de la sorte ; car telle est notre nature que chacun peut toujours résister au mal, et qu'il n'y succombe qu'en vertu du libre arbitre. Il y en a qui s'excusent sur la divine Providence, attribuant à la volonté de Dieu et à la nécessité, ce qui est laissé à la volonté de l'homme et à l'exercice de sa liberté. Dieu, sans doute, a prévu à l'avance l'action du pécheur; mais il n'a point voulu le péché, lui qui n'en laisse aucun impuni. Il a préparé la peine à ceux qui aiment la faute. En effet, le feu est l'œuvre de la justice, et non de la miséricorde, afin que ceux qui cherchent maintenant leurs plaisirs y trouvent leur tourment. Il n'a point mis le péché dans l'ordre de sa Providence, lui qui a voulu le guérir ; mais il a laissé à l'exercice de la liberté ce que le pécheur attribue à la nécessité. Si l'homme était incapable de pécher, comment Celui qui est la justice même pourrait-il le récompenser ? Aussi, il ne communique pas la grâce de la sanctification aux animaux sans raison, qui ne peuvent commettre aucune faute. Les anges mêmes qui demeurèrent fidèles auraient-ils pu être couronnés, s'ils n'avaient pas été libres ? En effet, de même nature que ceux qui tombèrent, ils pouvaient pécher comme eux. Le Dieu qui a tout créé dans une pensée de miséricorde, est cependant le Dieu juste qui doit exercer sa justice dans la miséricorde même. Mais celui qui ne reconnaît pas sa faute dit encore : Je ne puis avoir rien de bon sans l'inspiration de la grâce ? sans elle je ne puis rien faire ; si donc elle ne me préserve pas, où est ma faute, à moi qui ne puis rien par moi-même ? Si je pouvais, sans la grâce, éviter le péché, je me reconnaîtrais coupable. Il ajoute aussi : Dieu a fait tout ce qu'il a voulu au ciel et sur la terre, si donc il ne veut pas me sauver, de quoi suis-je cou-

---

vantes. Cohibeat se præterea a ludis, a spectaculis sæculi, qui perfectam vult consequi gratiam remissionis. Nam Dina si se cohibuisset, si inter suos remansisset, ab extraneo raptore corrupta non fuisset. (*Gen.*, xxxiv, 1.) Tanto igitur magis sibi caveat et cohibeat se anima quæ sæpe vel semel rapta est et corrupta : timeat jam docta experimento, quod ignorat virgo. Eligat quem imitetur, non sequatur quem animus suus damnat ; se enim judicat, qui fructus pœnitentiæ non habentem a se non elongat; laudat enim et amat quos digne fructificare non ignorat. Quærat fructus dignos, etsi non dignos pœnitentiæ. Sunt enim digni fructus virtutum fructus, qui non sufficiant pœnitentibus. Pœnitentia enim graviores expostulat fructus, ut sic pacetur Ecclesia, ut pacata dolore et gemitibus mortuis impetret vitam.

Caput XVI. — 32. Sentiat culpam suam esse, nec velit se excusare, ne augeat crimen, ut Adam, cui non sufficiebat peccasse; sed ampliavit crimen culpando uxorem, et culpam transferens in auctorem. Istud peccatum multotiens incurritur, sed neglectum ignoratur. Non itaque peccantes dicamus : Non aliud potui, cum me constitui furem, quia Deus fecit me pauperem. Nec mirum si deditus sum fornicationi, quia talis creatus sum naturæ et fragilitatis : fragilitas enim, non voluntas, cogit me committere criminalia. Errat enim qui sic fallitur.

(a) Mss. Augustin. *noluit creare*. — (b) Al. *creaverit*.

Natura enim talis est, ut possit quisque resistere malo, cui se subjicit ex arbitrio. Sunt autem qui defendunt culpam in Dei providentia, reputantes Dei ordinationi et necessitati, quod relictum est voluntati et arbitrii libertati. Scivit enim Deus quid facturus esset qui peccavit : sed non ordinavit peccatum, qui nullum relinquit impunitum. Ordinavit pœnam, amantibus culpam. Ignis enim opus est justitiæ, non misericordiæ; ut habeant unde doleant, qui gaudere (*f.* nunc) non amant. Non ordinavit peccare, qui peccatum (a) voluit curare : sed permisit libertati, quod peccator donavit necessitati. Si enim non posset peccare, unde deberet qui totus est justitia eum remunerare? Ideo enim non sanctificat animalia muta, quia nulla possunt committere crimina. Angeli quoque qui perstiterunt, si liberi non fuissent, unde coronarentur ? Potuerunt enim peccare, quorum similes ceciderunt. Licet misericorditer cuncta (b) crearet, justitiam tamen in misericordia qui justus est custodire oportuit. Sed dicit qui non sentit culpam suam : Nihil boni possum habere, nisi inspirante gratia; nihil enim sine ea possum facere. Si ipse itaque me non conservat, ego qui ex me nihil possum, quam habeo culpam ? Si ego sine eo possem vitare crimen, me sentirem culpabilem. Adhuc : omnia quæcumque voluit Dominus fecit in cœlo et in terra : quid itaque culpæ in me est, si non vult sal-

pable? Vous êtes très-coupable, répondrai-je; car, bien que vous ne puissiez rien obtenir sans cette miséricorde que vous éloignez, cependant il ne dépend que de vous d'avoir la grâce, de la retenir, et par elle d'éviter le péché, si vous le voulez. Dieu commençant lui-même à nous faire du bien, nous excitant par sa grâce prévenante, se trouve comme obligé et forcé par sa justice et sa miséricorde de n'abandonner personne le premier, à moins que nous-mêmes nous ne négligions ses bienfaits, ce qui dépend absolument de nous, car il ne lui appartient de délaisser que celui qui le délaisse. Aussi est-ce notre faute, parce que nous écartons la grâce, tandis que nous pourrions la conserver toujours; elle ne se retire qu'à regret, et ce n'est jamais elle qui abandonne personne. Cependant ceci n'est point en contradiction avec cette parole : « Il a fait tout ce qu'il a voulu. » En effet, il a créé tout ce qui lui a plu, et il n'a pas créé plus qu'il n'a voulu. Cependant, il veut le bien dans vous, et le mal dans personne; mais sa volonté est telle que l'homme à qui il interdit le péché, ne cesse pas d'être homme. En ne voulant pas que l'homme pèche, il ne prétend pas le rendre semblable au bœuf. En effet, il ne trouverait plus en lui cet être qu'il veut récompenser, auquel il se propose de communiquer l'éclat de sa gloire, avec qui il désire partager son héritage, et en qui il considère son image et sa ressemblance. Il n'appartenait point à Celui qui est toute justice de rendre l'homme impeccable, sinon après qu'il aura mérité cette faveur par l'usage de sa liberté. Il veut que tous soient sauvés, mais sans que la nature divine ni la nature humaine aient à en souffrir, de sorte que Dieu reste Dieu, et que l'homme soit toujours homme. Dieu, qui est la justice même, en créant l'homme privé de liberté agirait contre la justice ; s'il lui enlevait la liberté, la dignité humaine serait blessée. Il veut donc que l'homme ne pèche pas, mais sans perdre sa nature d'homme. Ainsi, par un effet de sa bonté, il veut notre salut, mais, sa volonté, en sauvegardant ses droits et les nôtres, n'est point pour cela impuissante. Il est un roi juste, et il doit respecter les droits de chacun. Et de fait, il tient toujours sa grâce à notre disposition, et elle ne nous manque jamais, à moins que nous ne l'ayons rejetée. Continuellement et nécessairement, elle nous inspire tout ce qui dépend d'elle, pourvu que nous soyons disposés à en profiter, et quand même nous l'aurions rejetée, nous pouvons la recouvrer par la pénitence. Ne voulant pas laisser périr cette créature, que sa bonté a faite libre, qu'il a enrichie du libre arbitre, voulant l'aider à conserver la grâce, qui prévient toujours tous les êtres créés, il a fait en sorte qu'elle le servirait librement. Pour protéger ce trésor, pour aider l'homme à ne pas s'en dépouiller, Dieu a envoyé ses anges et tous les esprits bienheureux; il y a joint le secours de tous les saints qui jouissent de la vie éternelle, aussi bien que celui de tous ceux qui vivent encore dans leur chair mortelle, et celui de l'Église entière qui fait part à tous de tous ses biens. Il a fait plus, il a envoyé son Fils à notre aide, il a voulu qu'il souffrît pour nous des douleurs cruelles; il l'a chargé d'intercéder sans cesse pour nous; il nous l'a donné pour que nous ne rejetions pas, que nous ne fuyions pas les inspirations de sa bonté, (sans laquelle il n'a rien créé, et sans laquelle il ne sauve personne); pour que nous ne nous en dégoûtions pas, mais, au contraire, pour que, profitant de tous les moyens qui nous sont offerts, nous les retenions avec force, et que nous lui

---

vare? Multum, inquam. Licet enim nihil consequi possis sine misericordia illa quam repellis : potes tamen libere tenere gratiam, quam retinendo potes, si tamen placeat, evitare culpam. Deus enim qui semel incepit benefacere, nisi, quod omnino nostrum est, derelinquamus ejus beneficium, qui pius est inspirando, cogitur ex necessitate justæ misericordiæ neminem prius posse relinquere. Non enim sui est relinquere, nisi relinquentem. Idcirco enim culpa nostra est, quia fugamus gratiam quam possumus habere perpetuam: semper invita recedit, et nunquam aliquem spontanea deserit. Cui tamen sententiæ non contradicit, (*id est*, scilicet) sed omnia quæcumque voluit fecit. Creavit enim quidquid voluit, nec plus creavit quam voluit. Vult tamen in unoquoque bonum, et in nullo malum : sed sic vult, ut homo quem non vult peccare, non desit esse homo. Non tamen vult ita hominem non peccare, ut eum velit bovem statuere : non enim haberet quem remuneraret, nec cui fulgorem suæ claritatis infunderet, nec quem cohæredem statueret, nec in quo imaginem et similitudinem suam inveniret. Nec illius, qui totus est justitia, fuit aliquem sic formare, ut non posset peccare, nisi hoc promereretur in humana libertate. Vult fieri bonos salvo utriusque esse, ut ipse remaneat Deus, et ipse homo. Si enim formaret hominem sine libertate, contra justitiam faceret quæ Deus est : si auferret libertatem, humana dignitas non remaneret. Voluit itaque non peccare hominem, sed humanam naturam non amittere. Sic itaque pius est, qui nostram vult salutem : et non est impotens, qui hoc vult salvo utriusque jure. Justus enim est rex, et jus cujusque tueri oportet. Præsto enim semper est gratia, quæ nunquam deficit, nisi prius expulsa. Continue et necessario quod suum est inspirat, si est qui recipiat : et expulsa revertitur per pœnitentiam. Ut non pereat creatura, quam pietate sua liberam creavit et libertate ditatam, in auxilium gratiæ retinendæ, quæ semper præcedit omnem creaturam, fecit ut libere serviret. Ad hanc protegendam, ad hanc non expellendam addidit Angelos et omnes spiritus beatos, (a) addiditque omnes in æterna vita collocatos, addidit in carne vivos, et totam sanctam Ecclesiam omnibus in omni suo bono succurrentem : et, quod maximum est, Filium suum misit in auxilium, quem tanta pro nobis pati decrevit, et interpellatorem constituit continuum, quem direxit ut inspirationem suæ pietatis, (præter-quam nihil creavit, neminem salvavit), non expellamus, non fugiamus, non fastidiamus, sed omnibus adjuvantibus

(a) Mss. *addidit cuique.*

en rendions grâces. Ainsi, la faute nous est tout à fait personnelle, elle ne peut être attribuée ni aux créatures qui nous sont données comme des moyens de secours, ni au Créateur qui ne voulant rien d'injuste, n'a que des vues de bonté, et veut le bien selon la force de sa volonté toute-puissante. Celui donc qui, dans la confession, fait attention à ces vérités, ou du moins ne prétend pas excuser sa faute en les contredisant, celui-là obtiendra le pardon par sa pénitence. Telle est, en effet, la vraie pénitence qui porte du fruit; puisse le Seigneur nous l'accorder, lui qui est vraiment la miséricorde même!

CHAPITRE XVII. — 33. Mais aussi il ne faut pas attendre que l'on ne puisse plus pécher, pour détruire ses fautes; chacun doit profiter du temps où il jouit d'une pleine liberté, et ne pas attendre qu'il soit contraint par la nécessité. En effet, celui qui est abandonné par le péché avant de l'abandonner lui-même, ne le réprouve que par une sorte de nécessité, et non point par le choix libre de sa volonté. Que si le larron obtient au dernier moment le pardon de tous ses crimes, ce n'est cependant pas un exemple qui autorise ceux qui sont baptisés à pécher, ni à rester dans le péché; car ce criminel ne fut censé baptisé qu'à cet instant où il commença à confesser Jésus-Christ sur la croix. La pénitence que l'on fait au moment de rendre le dernier soupir guérit et délivre l'âme par l'efficacité du baptême; en sorte que ceux qui sont ainsi baptisés à l'extrémité n'ont point à passer par le purgatoire; mais, enrichis des trésors de leur mère la sainte Église, ils s'en vont goûter l'abondance des biens de la vie bienheureuse. Pour ceux qui, n'ayant jamais voulu se convertir lorsqu'ils le pouvaient, ne se confessent que quand ils ne peuvent plus pécher, ceux-là n'obtiennent pas aussi facilement ce qu'ils désirent. Il faut, en effet, que le pécheur fasse des fruits de pénitence, c'est à cette condition que la vie est rendue à celui qui était mort; car il est écrit que personne ne sera sauvé sans la charité. (I Cor., XIII, 2.) Aussi l'homme ne vit pas seulement par la crainte. Celui donc dont la pénitence est tardive, ne doit pas seulement craindre Dieu comme juge, mais l'aimer pour sa justice; il ne doit pas le redouter à cause du châtiment, mais le chérir en vue de la gloire. Il faut, en effet, qu'il se repente de ses fautes, avec toutes les différentes circonstances que nous avons énumérées. Mais, comme cela est à peine possible, saint Augustin doute avec raison du salut d'un tel pénitent. Je crois qu'en disant : « A l'heure même où le pécheur gémissant de ses fautes se sera converti, il recouvrera la vie, » (Ezéch., XXXIII, 11) l'auteur sacré a voulu parler de celui qui est vraiment converti, et non point seulement détourné du péché. Celui-là, à mon avis, se détourne, qui est affligé de sa faute; mais celui-là se convertit qui est affligé de sa faute avec toutes les circonstances dont nous avons parlé. Il se détourne du péché celui qui veut bien l'abandonner; mais celui-là se convertit qui s'en détourne entièrement, d'une manière absolue, et qui non-seulement ne considère pas le châtiment, mais se tourne ardemment vers le Dieu de bonté. Si quelqu'un, même à l'extrémité, se convertit de la sorte, il n'y a pas à désespérer de sa réconciliation; mais comme une conversion aussi complète est rare, ou n'arrive presque jamais, il y a beaucoup à craindre pour celui dont la pénitence est tardive. Alors qu'un homme est pressé par la maladie, et effrayé par les peines qu'il redoute, il lui sera difficile d'offrir une vraie satisfaction, surtout

---

firmiter et cum gratiarum actione teneamus. Sic culpa nostra est, non creaturarum in auxilium nobis tributarum, non auctoris nihil injuste, sed pie volentis, et in omni voluntate sua omnipotentis. Qui itaque in confessione ista animadvertit, aut saltem contra ista culpam suam non defenderit, per pœnitentiam consequetur veniam. Hæc est vera pœnitentia, quæ sic est fructifera : quam nobis concedat qui totus est vera misericordia.

CAPUT XVII. — 33. Nullus itaque exspectet quando jam non potest peccare. Arbitrii enim quærat libertatem, ut delere possit commissa, non necessitatem. Qui itaque prius a peccatis relinquitur, quam ipse relinquat, ea non libere, sed quasi necessitate condemnat. Licet enim latro veniam meruisset in fine suo crimine, non tamen dedit baptizalis peccandi et perseverandi auctoritatem. Tunc enim baptizalus est, qui tunc primum in cruce Christum confessus est. (Luc., XLIII, 23.) Pœnitentia enim si in extremo vitæ hiatu advenerit, sanat et liberat in ablutione baptismi : ita quod nec purgatorium sentiunt qui in fine baptizantur, sed ipsi bonis sanctæ matris Ecclesiæ recepturi sunt multiplex bonum in vera beatitudine. Illi autem qui cum potuerunt, nunquam converti voluerunt, confitentes cum jam peccare nequeunt, non sic facile acquirunt quod volunt. Oportet enim peccatorem in pœnitentia fructificet, ut mortuo vitam impetret. Scriptum est enim, sine caritate neminem salvum esse. Non itaque in solo timore vivit homo. (I Cor., XIII, 2.) Quem ergo sero pœnitet, oportet non solum timere Deum judicem, sed justum diligere : non timeatur pro pœna, sed ametur pro gloria. Debet enim dolere de crimine, et de omni ejus præstita varietate. Quod quoniam vix licet, de ejus salute (a) Augustinus potuit dubitare. (b) Credo quod ille qui dixit : « Quacumque hora peccator ingemuerit et conversus fuerit, vivet; » (Ezech., XXXIII, 11) dixit conversum, non tantum versum vivere. Versum quidem puto qui dolet de crimine; conversum, qui dolet de omni ejus quam exposuimus varietate. Vertitur a peccato, qui jam vult dimittere peccatum : convertitur qui jam totus et omnino vertitur, qui jam non tantum pœnas (c) non timet, sed ad (d) bonum Deum festinat tendere. Quæ conversio si contigerit alicui etiam in fine, desperandum non est de ejus remissione. Sed quoniam vix vel raro est tam justa conversio, timendum est de sero pœnitente. Quem enim morbus urget, et pœna terret, ad veram vix veniet satisfactionem, maxime cum filii quos illicite dilexit præsentes sint, uxor

(a) Abest a Mss. vox *Augustinus*. — (b) Sic Mss. At ed. *Credo quidem illi*. — (c) Mss. omitt. *non*. — (d) Gratianus, *ad bonum Domini*.

s'il est entouré d'enfants qu'il a aimés d'un amour désordonné, et si son épouse et le monde le retiennent encore par certains liens. Il en est beaucoup qui sont ainsi trompés par cette pénitence de la dernière heure. Toutefois, comme Dieu est toujours tout-puissant, il peut toujours, même au moment de la mort, venir au secours de ceux qu'il lui plaît de sauver. Aussi la pénitence fructueuse étant plutôt l'œuvre de Dieu que celle de l'homme, sa miséricorde peut l'inspirer toujours à son gré, et il peut sauver par un effet de cette miséricorde, ceux que sa justice serait en droit de condamner. Mais comme il y a pour le malade beaucoup d'obstacles et d'embarras, il est très-dangereux et presque toujours funeste de différer la pénitence jusqu'à la mort. Et c'est un grand bienfait de Dieu, s'il inspire encore une sincère pénitence dans cette extrémité. Si donc à ce moment quelqu'un désire se repentir sincèrement, il doit compter sur la clémence de Dieu, considérant que la bonté divine est bien plus grande que sa propre malice.

CHAPITRE XVIII. — 34. Cependant, quoiqu'une vraie conversion lui rende la vie et le délivre de la mort, nous ne pouvons néanmoins l'assurer qu'il n'aura aucune peine à subir; ayant remis à une autre vie les fruits de sa conversion, il devra être purifié par les flammes expiatrices. Ce feu, à la vérité, ne sera pas éternel, mais il est néanmoins d'une rigueur extrême, qui l'emporte sur toutes les peines que l'on peut jamais avoir à souffrir en cette vie. Les tourments de ce feu sont si cruels, que jamais personne n'endura rien de semblable dans une chair mortelle, et cependant les martyrs ont enduré de bien horribles supplices, et grand nombre de criminels ont subi des peines bien rigoureuses. Que chacun donc s'efforce de réparer ses fautes de telle sorte qu'il n'ait plus rien à souffrir après sa mort. Il y a, en effet, des péchés qui de mortels deviennent véniels par la pénitence, sans que leurs plaies soient néanmoins complétement guéries. Ainsi, souvent un malade, qui mourrait s'il n'était pas soigné, n'est pourtant pas guéri sur-le-champ; il devait mourir, mais il rachètera la vie par une certaine langueur. Pour celui qui meurt impénitent, il meurt entièrement, et son supplice est éternel. En effet, celui qui finit dans l'impénitence, pécherait toujours s'il vivait toujours; mais Dieu, dans sa miséricorde, arrête le cours de cette vie de péché, voilà la cause de l'éternité de la peine. Se trouvant toujours sans vertu, toujours rempli d'iniquité, toujours privé de charité, son supplice n'aura point de fin. La pénitence fait éviter tous ces maux, mais toujours elle renferme une peine et une douleur.

CHAPITRE XIX. — 35. En effet, le mot même indique qu'il ne faut pas cesser d'être affligé du péché; faire « pénitence, » c'est porter une peine; de sorte que le pécheur punit toujours en lui la faute qu'il a commise. La peine est à proprement parler une blessure qui venge et punit le péché de chacun, et celui-là porte une peine, qui venge toujours la faute qu'il regrette d'avoir commise. C'est pourquoi la pénitence est un acte vengeur, que le pécheur exerce sans cesse sur lui-même pour se punir du péché qui est l'objet de sa douleur. Celui donc qui se repent de sa faute pourra obtenir miséricorde par les moyens que nous avons indiqués. Qu'il n'ait point honte de confesser ses péchés à un homme pécheur; car si le prêtre n'avait point péché lui-même, le pénitent pourrait bien avoir quelque confusion de lui déclarer ses fautes.

---

et mundus ad se vocent. Multos solet serotina pœnitentia decipere. Sed quoniam Deus semper potens est, semper potest etiam in morte juvare quibus placet. Cum itaque opus sit non hominis, sed Dei fructifera pœnitentia, inspirare eam potest quandocumque vult sua misericordia, et remunerare ex misericordia quos damnare potest ex justitia. Sed quoniam multa sunt quæ impediunt et languentem retrahunt, periculosissimum est et interitui vicinum, ad mortem protrahere pœnitentiæ remedium. Sed magnum est cui Deus (a) tunc inspirat. Si quis est igitur qui veram tunc quærat pœnitentiam, exspectet Dei clementiam, majorem sentiens Dei bonitatem sua nequitia.

CAPUT XVIII. — 34. Sed etiamsi conversus vita vivat, et non moriatur: non tamen promittimus quod evadat omnem pœnam: nam prius purgandus est igne purgationis, qui in aliud sæculum distulit fructum conversionis. Hic autem ignis etsi æternus non fuerit, miro tamen modo est gravis: excellit enim omnem pœnam quam unquam passus est aliquis in hac vita. Nunquam in carne tanta inventa est pœna, (licet mirabilia passi sint Martyres tormenta, et multi nequiter iniqui quanta sæpe sustinuerint supplicia.) Studeat ergo sic quisque delicta corrigere, ut post mortem non oporteat pœnam tolerare. Quædam enim peccata sunt, quæ sunt mortalia, et in pœnitentia fiunt (b) venialia, non tamen statim sanata. Sæpe quidem æger moreretur, nisi medicaretur, nec statim sanatur: languet victurus, qui erat moriturus. Qui autem impœnitens moritur, omnino moritur, et æternaliter cruciatur. Qui enim impœnitens finitur, si semper viveret, semper peccaret; at Dei est miserentis quod operatur finem peccantis: ob hoc etiam sine fine torquetur. (c) Quia nunquam ditatur virtute, semper plenus iniquitate, semper sine caritate, torquetur sine fine. Omnia ista mala devitat pœnitentia, quæ dolorem semper expetit in pœna.

CAPUT XIX. — 35. Continue enim dolendum est de peccato, quod declarat ipsa dictionis virtus. Pœnitere enim est, pœnam tenere: ut semper puniat in se ulciscendo, quod commisit peccando. Pœna enim proprie dicitur læsio, quæ punit et vindicat quod quisque commisit. Ille pœnam tenet, qui semper vindicat quod commisisse dolet. Pœnitentia itaque est vindicta semper puniens in se quod dolet commisisse. Supradictis itaque modis requirat indulgentiam, qui dolet de culpa. Non erubescat confiteri peccata peccatori. Si enim sacerdos peccatum non haberet, erubescere posset qui peccata sua ei manifestaret.

(a) Gratian. *Si quis est enim qui per veram pœnitentiam exspectat Dei..., sentiet.* At. Mss. *inspirat veram pœnitentiam, quando exspectat Dei misericordiam majorem*, etc. — (b) Mss. et Grat. *vitalia*. — (c) Mss. *Quia virtute privatur*.

CHAPITRE XX. — 36. Le prêtre auquel se présente un pécheur, devant lequel sont étalées toutes les misères, ne doit être répréhensible sur aucun des points qu'il a à reprendre dans les autres. Celui qui juge les autres, quand il doit être jugé, se condamne lui-même. Qu'il s'examine donc et qu'il se purifie des fautes que d'autres apportent à son tribunal ; et qu'il éloigne soigneusement de lui tout ce qu'il trouvera de coupable dans un autre. Il doit remarquer cette parole : « Que celui qui est sans péché lui jette la première pierre. » (*Jean*, VIII, 7.) En effet, si le Seigneur délivra la femme adultère, c'est qu'il ne se trouva personne qui eût le droit de lui jeter la première pierre. Celui qui se sent digne d'être lapidé pourrait-il en lapider un autre? Aucun alors ne se trouva sans péché, d'où il faut conclure que tous avaient des fautes graves ; car les fautes légères étaient toujours remises par les cérémonies légales ; si donc ils se trouvaient coupables, c'était de fautes mortelles. Aussi, pour cela même, les prêtres qui ne se sanctifient pas d'abord, sont plus criminels encore que ceux qui essayaient de prendre le Seigneur dans leurs pièges. C'est pour cela aussi que le péché du prêtre est très-considérable, et souverainement abominable, si liant les autres par ses sentences, il n'a pas d'abord eu soin de se juger personnellement. Car ces hommes tellement aveuglés qu'ils pensaient faire tomber dans leurs pièges la souveraine sagesse, auraient dû considérer en eux avec horreur le crime qu'ils abhorraient et détestaient dans les autres. Ce qu'ils reconnurent, ce qu'ensuite chacun évita, que le prêtre l'évite lui-même, car son illusion ici serait pire que celle des Juifs. Comme juge spirituel, s'il s'est préservé de toute prévarication, il doit encore se mettre en garde contre le défaut de science. Il faut qu'il connaisse ce qu'il doit juger. Le pouvoir de juger suppose dans le juge le discernement des causes qui lui sont soumises. Scrutateur habile, qu'il examine tout avec soin, et qu'il demande prudemment et avec une adresse exquise, ce que le pécheur pourrait ignorer ou ce que la honte pourrait lui faire cacher. Connaissant la faute, il ne doit pas craindre d'en demander les circonstances qui peuvent la modifier, le lieu, le temps, et toutes les conditions dont nous avons parlé. Puis lorsqu'il connaîtra tout cela, qu'il se montre plein de bonté, aidant le pécheur à se relever, et prenant sur lui-même une partie du fardeau. Il devra avoir une tendre affection et une douce compassion pour le coupable, et savoir discerner le péché ; il devra aider le pénitent par ses prières, ses aumônes et autres bonnes œuvres. Que toujours il le soutienne par des paroles de douceur, de consolation et d'espérance, mais aussi, quand cela est nécessaire, par des paroles sévères. Qu'il parle pour enseigner, et qu'il agisse pour former à la vertu, partageant le travail avec celui dont il veut partager les joies, et enfin qu'il enseigne la persévérance. Le prêtre doit prendre garde de faire une chute qui le priverait de son pouvoir de juge ; car, bien qu'il puisse recouvrer la grâce par la pénitence, il ne rentre pas pour cela aussitôt en possession de son ancien pouvoir. Si Pierre, après sa chute, recouvra tout ce qu'il avait perdu, si souvent des prêtres tombés rentrèrent aussitôt dans les droits attachés à leur dignité, il ne s'ensuit pas que la même faveur doive nécessairement être accordée à tous, et comme d'autorité. Il y a, en effet, une autorité qui accorde, et même qui oblige en quelque sorte ; mais il y en a une aussi qui n'accorde pas,

---

CAPUT XX. — 36. Sacerdos itaque omnis cui profertur peccator, ante quem statuitur omnis languor, in nullo eorum sit judicandus quæ in alio judicare est promptus. Judicans enim alium qui est judicandus, condemnat se ipsum. Cognoscat igitur se, et purget in se quod alios videt sibi offerre. Caveat ut a se projecerit quidquid in alio damnosum reprehenderit. Animadvertat quod dicitur : « Qui sine peccato est, primus in eam lapidem mittat. » (*Joan.*, VIII, 7.) Ideo enim liberavit peccatricem, quia non erat qui juste lapidem in eam projiceret. Quomodo lapidaret, qui se lapidandum cognosceret? Nullus enim erat sine peccato, in quo intelligitur omnes crimine fuisse reos. Nam venialia semper remittebantur per cærimonias. Si quod igitur peccatum in eis erat, criminale erat. Deteriores itaque sunt sacerdotes se prius non ædificantes, illis qui Dominum observabant insidiis. In hoc itaque patentissimum est crimen sacerdotum, et ultra modum detestabile, qui non prius se judicant, et alios alligant. Deberent enim in se timere crimen, quod in aliis timuerunt, et detestabile esse senserunt illi, qui adeo cæci erant, quod summam Sapientiam sperabant capere suis insidiis. Quod illis patuit, quod tunc quisque vitavit, vitet sacerdos qui in hoc errore pejor illis Judæis exstitit. Caveat spiritalis judex, ut sicut non commisit crimen nequitiæ, ita non careat munere scientiæ. Oportet ut sciat cognoscere quid debet judicare. Judiciaria enim potestas hoc postulat, ut quod debet (*a*) judicare, discernat. Diligens igitur inquisitor, subtilis investigator, sapienter et quasi astute interroget a peccatore quod forsitan ignoret, vel verecundia velit occultare. Cognito itaque crimine, varietates ejus non dubitet investigare, et locum, et tempus, et cætera quæ supra diximus in exponendo eorum qualitates. Quibus cognitis adsit benevolus, paratus erigere, et secum onus portare. Habeat dulcedinem in affectione, pietatem in alterius crimine, discretionem in varietate. Adjuvet confitentem orando, eleemosynas dando, et cætera bona pro eo faciendo. Semper cum juvet leniendo, consolando, spem promittendo, et cum opus fuerit etiam increpando : doceat loquendo, instruat operando. Sit particeps laboris, qui particeps vult fieri (*b*) consolationis : doceat perseverantiam. Caveat ne corruat, ne juste perdat potestatem judiciariam. Licet enim pœnitentia ei possit acquirere gratiam, non tamen mox restituit in potestatem primam. Licet enim Petrus post lapsum restitutus fuerit, et sæpe lapsis sacerdotibus reddita sit dignitatis potestas; non est tamen ne-

(*a*) Mss. *judicari*. — (*b*) Al. *gaudii*.

et même qui interdit. Ceci n'est point contraire, mais conforme à l'Ecriture, si le temps, le lieu et le mode de la pénitence invoquent la réconciliation. Car comme il y en a tant qui tombent et qui revendiquent ensuite leur ancienne dignité comme un droit, et s'autorisent ensuite à pécher, il faut les tirer de cette illusion. Mais si quelquefois ce danger n'existe pas, on peut rendre aussitôt ses pouvoirs au pécheur. Aussi l'évêque, juge discret et juste, n'est point obligé toujours de rejeter ses prêtres, ni de les réhabiliter immédiatement, sinon selon les décisions du pontife de Rome.

37. Pour conclure, on voit par ce que nous avons dit, que la pénitence est utile à tous, qu'elle n'enlève point l'espérance, sans pourtant favoriser la licence, et que, quand elle est vraie et convenable, non-seulement elle assure le pardon, mais aussi une récompense certaine. O femme amie de la vérité, vous qui aspirez à une science certaine, tels sont les enseignements que nous avons cru devoir rédiger pour vous faire distinguer la pénitence vraie de la fausse. Puisse nous la faire connaître par expérience, et nous en faire goûter la douceur jusqu'à la fin Celui qui, par la clarté de sa lumière, a mis en vous une bonté excellente avec la constance dans son service, comme un parfum d'agréable odeur. Ainsi soit-il.

cesse, ut hoc omnibus concedatur quasi ex auctoritate. Invenitur enim auctoritas quæ concedit, et quasi imperat. Invenitur et alia quæ minime concedit, sed vetat. Quæ Scripturæ non repugnant, sed concordant, si tempus et locus et modus pœnitentiæ pacem adhibeant. Cum enim tot sint qui labuntur, et pristinam dignitatem ex auctoritate defendant, et quasi (a) ausum peccandi sibi faciant, rescindenda est spes ista. Si vero locus est ubi ista non eveniant, restitui possunt qui peccant. Itaque pontifex justus atque discretus non cogitur sacerdotes suos semper abjicere, nec mox restituere, nisi statutum fuerit a Romano pontifice.

37. Ex supradictis itaque apparet, quod pœnitentia omnibus utilis est, nec spem auferens, nec temeritatem concedens, sed digne et vere suscepta, promittit non solum indulgentiam, sed certa præmia. Hæc scribimus tibi, studiosa veritatis et amatrix certitudinis, de vera pœnitentia, veram a falsa separantes. Quam nobis det experimento cognoscere, et ejus usque in finem dulcedinem sentire, qui tibi illustratione sui luminis præragativam contulit bonitatis, et in ipso stabilitatis, in odorem suavitatis. Amen.

(a) Al. *usum.*

AVERTISSEMENT SUR LE LIVRE SUIVANT

Ce traité *de l'Antechrist* a été aussi imprimé avec les œuvres d'Alcuin et celles de Raban. Chez le premier il est entier et sans suppression; mais dans les œuvres de Raban, comme dans la présente édition, il est incomplet. En effet, tel que nous le reproduisons, il y manque des choses qui se trouvent dans Alcuin et dans Raban; et, dans Raban, il en manque qui se trouvent ici comme dans Alcuin. Rupert, abbé de Duits (liv. VIII *in Apoc.*), cite, sans en nommer l'auteur, le passage suivant de cet opuscule : « Quelques-uns prétendent que Notre-Seigneur et Rédempteur avait marqué à l'avance que Bethléem, etc. » Aussi nous ne voyons pas où les théologiens de Louvain ont pu découvrir ce qu'ils ont avancé dans la critique de ce livre, que Rupert le reconnaît pour l'œuvre de Raban. Celui-ci a fait entrer, dans son ouvrage sur saint Paul (liv. XXII, chap. II), la doctrine et les pensées de cet opuscule, de même que, de temps en temps, il copie Albin (1) lui-même et d'autres anciens auteurs. Le manuscrit de Thuan, d'après lequel il fut pour la première fois

(1) Nom que prit parfois Alcuin. (Voyez Dom Cellier, tome XII, page 165).

ADMONITIO IN SUBSEQUENTEM LIBELLUM

Tractatus *de Antichristo* excusus etiam est inter Opera Alcuini et Rabani Mauri : apud Alcuinum quidem integer et plenus; hic vero et apud Rabanum imperfectus. Nam et quædam hic omittuntur, quæ et in Alcuino sunt et in Rabano; et nonnulla vicissim in Rabano desiderantur, quæ neque hic neque in Alcuino desunt. Citatur a Ruperto Tuitiensi abbate, lib. VIII *in Apocalyps.*, XIII, sed reticente auctoris nomen, in hæc verba : « Tradunt nonnulli, » etc. « Sicut, inquiunt, Dominus et Redemptor noster sibi Bethleem providit, » etc., neque compertum habemus unde id Lovanienses Theologi didicerint, quod in censura ad hunc Tractatum annotarunt, quod nempe Rabani esse opus Rupertus agnoscat. Hujus libelli doctrinam et easdem sententias suo Operi in Paulum, lib. XXII, cap. II, inseruit Rabanus, qui videlicet Albinum ipsum, perinde ac superiores alios auctores, passim exscribit. Thuaneo codici, cujus auctoritate impressus primum fuit nomine

imprimé sous le nom d'Alcuin, se trouve confirmé par le manuscrit royal, n° 4411, qui place en tête de ce petit traité ces mots : « Commencement de la vie de l'Antechrist, adressée par Alcuin à Charlemagne. » (*Confer. Alc.*, *lib.* III, de fide S. Trinit., *cap.* XIX.)

Alcuini, adstipulatur codex Regius notatus 4411, qui libellum eumdem cum hac inscriptione repræsentat : « Incipit vita Antichristi ad Carolum Magnum ab Alcuino edita. » (Confer Alcuini librum III *de fide S. Trinitatis*, cap. XIX.)

LE LIVRE
DE L'ANTECHRIST

Si vous voulez avoir quelques connaissances au sujet de l'Antechrist, vous devrez d'abord faire attention à son nom. Il est ainsi appelé parce qu'en toutes choses il sera opposé au Christ, et agira toujours contre le Christ. Le Christ est venu dans l'humilité; pour lui, il viendra plein d'orgueil; le Christ est venu pour relever les humbles et justifier les pécheurs; l'Antechrist, au contraire, renversera les humbles, glorifiera les pécheurs, exaltera les impies, enseignera constamment les vices opposés à toutes les vertus, s'appliquera à détruire la loi évangélique, fera refleurir dans le monde le culte des démons, et dans son amour pour la vaine gloire, il se nommera « le Dieu tout-puissant. » Ainsi l'Antechrist a de nombreux ministres de son impiété ; beaucoup déjà appartiennent au passé : tels furent Antiochus, Néron, Domitien. Mais, de nos jours, nous connaissons encore beaucoup d'antechrists ; car quiconque vit contrairement à la justice, attaque la règle de son ordre, ou blasphème ce qui est bon, celui-là, qu'il soit laïque, chanoine ou religieux, est un antechrist et un ministre de Satan.

Or parlons de l'origine de l'Antechrist. Ce que je vais dire n'est point le fruit de ma propre pensée ou de mon imagination, mais je l'ai trouvé dans des livres authentiques, d'où je l'ai recueilli avec soin. Donc, d'après nos auteurs, l'Antechrist naîtra du peuple juif, de la tribu de Dan, selon cette parole prophétique : « Dan sera une couleuvre sur le chemin, et un serpent cornu sur le sentier. » (*Gen.*, XLIX, 17.) En effet, il sera comme un serpent se reposant sur le chemin, et attendant sur le sentier, pour frapper ceux qui marchent dans les voies de la justice, et les empoisonner du venin de sa méchanceté. Il aura un père et une mère de même que les autres hommes, et il ne naîtra point d'une vierge seule comme quelques-uns le prétendent. Cependant, il sera tout entier conçu dans le péché, en-

DE ANTICHRISTO
LIBER UNUS

De Antichristo scire volentes, primo notabitis quare sic vocatus sit : ideo scilicet, quia Christo in cunctis contrarius erit, et Christo contraria faciet. Christus venit humilis : ille veniet superbus. Christus venit humiles (*a*) erigere, peccatores justificare : ille contra humiles dejiciet, peccatores magnificabit, impios exaltabit, semperque vitia quæ sunt contraria virtutibus docebit, legem Evangelicam dissipabit, dæmonum culturam in mundo (*b*) revocabit, gloriam (*c*) vanam quærens omnipotentem Deum se nominabit. Hic itaque Antichristus multos habet suæ infidelitatis ministros : ex quibus multi in mundo jam præcesserunt, qualis fuit Antiochus, Nero, Domitianus : nunc quoque nostro tempore Antichristos multos esse novimus. Quicumque enim sive laicus, sive canonicus, sive monachus contra justitiam vivit, et ordinis sui (*d*) regulam impugnat, et quod bonum est blasphemat, Antichristus est, et minister satanæ.

Sed jam de exordio Antichristi videamus. Non autem quod dico, ex proprio sensu fingo, vel excogito ; in libris authenticis diligenter relegendo hæc omnia scripta invenio. Sicut ergo auctores nostri dicunt : Antichristus ex populo Judæorum nascetur de tribu Dan, secundum (*e*) Prophetam dicentem : « Fiat Dan coluber in via, cerastes in semita. » (*Gen.*, XLIX, 17.) Sicut enim serpens in via sedebit, et in semita erit, ut eos qui per semitam justitiæ (*f*) ambulant ferial, et veneno suæ malitiæ occidat. Nascetur autem ex copulatione patris et matris, sicut alii homines, non (*g*) ut aliqui dicunt, ex sola virgine : sed tamen totus in peccato concipietur, in peccato

---

(*a*) Abest *erigere* a Ms. Reg. — (*b*) Alias *renovabit*. — (*c*) Ms. Reg. *proprium quæret*, et omisso *Deum*.— (*d*) Alias, *gloriam*.— (*e*) Mss. Reg. *prophetiam*. — (*f*) Idem Ms. *ambulaverint*. — (*g*) Ibid. *ut quidam fabulantur*.

gendré dans le péché, et il naîtra dans le péché. Dès le commencement même de sa conception, le diable entrera en même temps dans le ventre de sa mère, et là, dans ce sein maternel, il sera échauffé et protégé par la puissance du diable, puissance qui sera toujours avec lui. Et de même que le Saint-Esprit vint sur la Mère de Notre-Seigneur, la couvrit de sa vertu toute-puissante, et la remplit de la divinité, pour qu'elle conçût de l'Esprit saint, et que son fruit fût divin et saint; ainsi le diable descendra sur la mère de l'Antechrist, il la remplira tout entière, il l'environnera, il la tiendra entièrement, il la possédera complètement au dedans et au dehors, de sorte que, moyennant l'action d'un homme, elle conçoive pour le diable, et que son fruit soit tout à fait méchant et absolument perdu de vices. C'est pour cela que cet homme est appelé « le fils de perdition, » (II *Thess.*, II, 3) parce que, autant qu'il dépendra de lui, il perdra le genre humain et, à la fin, sera perdu lui-même.

Vous venez de voir ce qu'il sera dans sa naissance, apprenez maintenant le lieu de cette naissance. Car de même que Notre-Seigneur et Rédempteur avait marqué à l'avance que Bethléem serait l'endroit où il daignerait se revêtir de l'humanité, et venir au monde pour nous; ainsi le diable sait le lieu qui convient à cet homme perdu que l'on nomme l'Antechrist, lieu d'où sortira la source de tous les maux; c'est la ville de Babylone. C'est dans cette ville autrefois illustre et glorieuse parmi les nations, et capitale du royaume des Perses, c'est là que naîtra l'Antechrist, et l'on dit qu'il sera élevé et grandira à Bethzaïde et à Corozaïn, ces villes que le Seigneur a maudites dans l'Evangile, en disant : « Malheur à toi, Bethzaïde, malheur à toi, Corozaïn. » (*Luc*, x, 13.) Sous l'inspiration du diable, des magiciens, des sorciers, des devins, des enchanteurs élèveront l'Antechrist; ils lui enseigneront toute méchanceté, toute tromperie, et tous les artifices du crime; ils l'en imprégneront; et les malins esprits seront toujours ses guides, ses compagnons et ses amis inséparables.

Il viendra ensuite à Jérusalem, il mettra à mort, par différentes tortures, les chrétiens qu'il ne pourra pas gagner, et il établira son trône dans le temple saint. En effet, bien que le temple élevé à la gloire de Dieu par Salomon ait été détruit, il le reconstruira et le rétablira tel qu'il était; il se circoncira et s'arrogera le titre de fils du Dieu tout-puissant. D'abord, il séduira les rois et les princes, puis avec leur secours les peuples entiers. D'abord, il portera la destruction dans les endroits parcourus par Notre-Seigneur Jésus-Christ, et ensuite il enverra partout dans le monde ses apôtres et ses prédicateurs. Il étendra ainsi sa prédication et sa domination d'une mer à l'autre, de l'Orient à l'Occident, et jusqu'aux deux pôles. Il fera aussi des signes nombreux, extraordinaires, étonnants et inouïs, comme de faire subitement fleurir et dessécher des arbres, de soulever et de calmer soudainement les flots de la mer, de transformer les objets en des apparences variées, d'agiter et d'ébranler les airs par des vents et des commotions multipliées; il fera encore d'innombrables et merveilleux prodiges, il ressuscitera pu-

---

generabitur, et in peccato nascetur. In ipso vero (*a*) conceptionis ejus initio diabolus simul introibit (*b*) in uterum matris ejus, et ex virtute diaboli confovebitur et contutabitur in ventre matris, et virtus diaboli semper cum illo erit. Et sicut in matrem Domini nostri Spiritussanctus venit, et eam virtute sua obumbravit, et divinitate replevit, ut de sancto Spiritu conciperet, et quod nasceretur divinum esset et sanctum : ita quoque diabolus in matrem Antichristi descendet, et totam eam replebit, totam circumdabit, totam tenebit, et totam interius exteriusque possidebit, ut diabolo per hominem cooperante concipiat, et quod natum fuerit, totum sit iniquum, totum perditum. Unde et ille homo : « filius perditionis » appelatur (II *Thess.*, II, 3) : qua in quantum poterit, genus humanum perdet, et ipse in novissimo perdetur.

Ecce audistis qualiter nascatur; audite jam locum ubi nasci debeat. Nam sicut Dominus ac Redemptor noster Bethleem sibi prævidit, ubi pro nobis humanitatem assumeret et nasci dignaretur : sic diabolus illi homini perdito, qui Antichristus dicitur, locum novit aptum, unde radix omnium malorum oriri debeat, scilicet civitatem Babyloniæ. In hac enim civitate, quæ quondam inclyta et gloriosa [(*c*) urbs gentilium] et caput regni Persarum erat, Antichristus nascetur : et in civitatibus Bethsaida et Corozaim nutriri et conversari dicitur. Quibus civitatibus Dominus in Evangelio (*d*) imprecatur, dicens : « Væ tibi Bethsaida, va tibi Corozaim. » (*Luc*, x, 13.) Habebit autem Antichristus magos, maleficos, divinos, incantatores, qui eum diabolo inspirante nutrient, et docebunt, et imbuent omni iniquitate, falsitate, et nefaria arte : et maligni spiritus erunt duces ejus et socii semper et comites indivisi.

Deinde Jerosolymam veniens omnes Christianos quos ad se non poterit convertere, per varia tormenta jugulabit, et suam sedem in templo sancto ponet. Templum etiam (*e*) destructam, quod Salomon Deo paravit, tunc ædificabit, in statu suo restaurabit, (*f*) et circumcidet se, et filium Dei omnipotentis se esse mentietur. Reges autem (*g*) et principes primum ad se convertet; deinde, per illos, cæteros populos. Loca vero per quæ Christus Dominus ambulavit, prius destruet; deinde per universum mundum nuntios et prædicatores suos mittet. Prædicatio autem ejus et potestas tenebit a mari usque ad mare, ab Oriente usque (*h*) ad Occidentem, ab Aquilone usque ad Septemtrionem. Faciet quoque signa multa, magna, mirabilia et inaudita : arbores scilicet subito florere et arescere, mare turbari et subito tranquillari, naturas in diversas figuras mutari, agitari aera ventis et multimodis commotionibus, et cætera innumerabilia et

---

(*a*) Ms. Reg. *generationis suæ primordio*. — (*b*) In eod. Ms. hic inferitur locus Gregorii ex lib. XXXII. Moral., c. XII. — (*c*) *Hoc non habet* Ms. Reg. — (*d*) Al. *improperat*. — (*e*) Alias, *sanctum quod*. — (*f*) *Omissum erat, et circumcidet se*. — (*g*) Ms. Reg. hic ad. *et præsides. Prædicatio*. — (*h*) Ms. Reg. *ad Septemtrionem*.

bliquement des morts, « de sorte que les élus même seraient induits en erreur, si c'était possible. » (*Matth.*, xxiv, 4.) Car, en voyant des choses si étonnantes, les plus parfaits et les élus de Dieu concevront des doutes ; ils se demanderont si ce ne serait point le Christ lui-même qui, selon l'Ecriture, doit venir à la fin du monde. Mais tous ces prodiges seront entièrement illusoires et ne se feront que par des enchantements diaboliques ; toutefois les pécheurs et les incrédules les regarderont comme vrais.

Il soulèvera la persécution contre les chrétiens et tous les élus, sous tous les points du ciel, et il attaquera les fidèles de trois manières, par la terreur, par les présents et par les prodiges. Il comblera d'or et d'argent ceux qui croiront en lui ; mais il soumettra par la crainte ceux qu'il n'aura pu prendre par ses largesses, et ceux qui auront résisté à la crainte, il s'efforcera de les séduire par des signes merveilleux ; et enfin ceux qu'il n'aura pu tromper par ses prodiges, il s'efforcera de les faire périr publiquement par une mort cruelle. Alors que ceux qui sont dans les champs s'enfuient dans les montagnes, que ceux qui sont sur le toit ne descendent pas dans la maison pour en emporter quelque chose. (*Matth.*, xxiv, 17.) Alors il n'y aura pour tout chrétien que cette alternative : ou renier Dieu, ou, s'il est fidèle, être condamné à périr par le fer, ou par le feu, ou par la morsure des serpents, ou par la dent des bêtes, ou par quelque autre genre de supplice. Cette terrible et redoutable épreuve durera trois ans et demi et sera générale. Après cela, le Seigneur mettra fin à ces jours mauvais, en faveur de ses élus, car, s'il ne les abrégeait, personne ne serait sauvé. (*Ibid.*, 22.)

Quand viendra l'Antechrist, quand arrivera le jour du jugement, c'est ce que nous apprend l'Apôtre saint Paul dans sa seconde épître aux Thessaloniciens, lorsqu'après avoir dit : « Nous vous prions au nom de l'avènement de Notre-Seigneur Jésus-Christ..., » il ajoute : « Car, d'abord, doit arriver la défection, et il faut que l'homme de péché, le fils de perdition se manifeste. » (II *Thess.*, ii, 1 et 3.) Nous savons, en effet, qu'après l'empire des Grecs ou même celui des Perses, qui furent très-glorieux et très-puissants chacun dans leur temps, et aussi après tous les autres empires, on vit s'établir celui des Romains, le plus puissant de tous ceux qui l'avaient précédé, lequel soumit à sa domination tous les royaumes de la terre, assujettit toutes les nations et les rendit tributaires. Donc l'apôtre saint Paul veut dire que l'Antechrist ne paraîtra pas dans le monde avant que « n'arrive la défection, » c'est-à-dire avant que les royaumes d'abord soumis à l'empire romain ne se soient séparés de lui. Or, ce temps n'est point encore venu, car bien que nous voyions cet empire déjà en grande partie détruit, cependant, tant que les rois des Francs, qui doivent garder l'empire romain, auront le pouvoir, sa dignité ne périra pas complètement, elle se maintiendra dans ses princes. Selon quelques-uns de nos docteurs, à la fin des temps, un roi franc posséderait l'empire

---

stupenda, mortuos scilicet in conspectu hominum suscitari, « ita ut in errorem inducantur, si fieri potest, etiam electi. » (*Matth.*, xxiv, 24.) (*a*) Nam quando tanta ac talia signa viderint, etiam illi qui perfecti et electi Dei sunt, dubitabunt : utrum ipse sit Christus qui in fine mundi venturus est secundum Scripturas, an non. Hæc autem omnia miracula omnibus modis falsa erunt per incantationes diabolicas, sed peccatoribus et incredulis videbuntur esse vera.

Excitabit vero persecutionem sub omni cœlo super Christianos et omnes electos. Eriget itaque sub fideles tribus modis, hoc est, terrore, muneribus, et miraculis. Dabit credentibus in se abundantiam auri et argenti, (*b*) Quos vero non poterit decipere muneribus, superabit terrore : et quos terrore non poterit vincere, signis et miraculis tentabit seducere. Quos autem nec signis poterit illudere, in conspectu omnium miserabili morte tentabit necare. Tunc erit tribulatio, qualis non fuit ex tempore quo gentes cœperunt, usque ad tempus illud. (*Ibid.*, 17.) Tunc qui in agro sunt, fugiant in montibus; et qui supra tectum, non descendant in domum, ut tollant aliquid ex ea. Tunc omnis Christianus qui inventus fuerit, aut Deum negabit, aut sive per ferrum, sive per ignem fornacis, sive per serpentes, sive per bestias, sive per aliud quodlibet genus tormenti interire jubebit, si in fide permanserit. Hæc autem tam terribilis et timenda tribulatio tribus annis manebit in toto (*c*) et dimidium. Tunc breviabuntur dies illi propter electos : nam nisi Dominus breviasset dies, non fieret salva omnis caro.

Tempus quidem quando Antichristus veniat, vel quando dies judicii apparere incipiat : Paulus in epistola ad Thessalonicenses (*d*) dicens : « Rogamus vos per adventum Domini nostri Jesu Christi, » (II *Thess.*, ii, 1) manifestat eo loco ubi ait : « Quoniam nisi venerit discessio primum et revelatus fuerit homo peccati, filius perditionis, etc. » (*Ibid.*, 3.) Scimus enim quoniam post regnum Græcorum, sive etiam post regnum Persarum, ex quibus unumquodque suo tempore magna gloria viguit, et maxima potentia floruit, ad ultimum quoque post cætera regna regnum Romanorum (*e*) cœpit, quod fortissimum omnium regnorum superiorum fuit, et omnia regna terrarum sub dominatione sua habuit, omnesque populorum nationes Romanis subjacuerunt, et eis sub tributo servierunt. Inde ergo dicit apostolus Paulus, Antichristum non antea in mundum esse venturum, « nisi venerit primum discessio, » hoc est, nisi discesserint omnia regna a Romano Imperio, cui prius subdita erant. Hoc autem tempus nondum advenit; quia licet videamus Romanum Imperium ex maxima parte jam destructum, tamen quamdiu reges Francorum duraverint, qui Romanum Imperium tenere debent, Romani dignitas ex toto non peribit; quia in regibus suis stabit. Quidam vero doctores nostri dicunt, quod unus ex regibus Francorum Romanum Imperium ex integro tenebit, qui in novis-

---

(*a*) Pauca hic omissa repete ex Alcuino — (*b*) Ms. Reg. ad. *tempore enim suo census et thesauri absconditi revelabuntur*. — (*c*) Ap. Raban. ad. *mundo*. Ms. Reg. omitt. etiam *in toto*. — (*d*) Mss. *demonstrat dicens, nisi venerit*, etc. — (*e*) In Ms. Reg. *incipiet, et mox, erit, habebit, subjacebunt, servient*.

romain dans son intégrité ; il serait le plus grand et le dernier des rois. Après avoir gouverné heureusement, il viendrait enfin à Jérusalem, et déposerait son sceptre et sa couronne sur la montagne des Oliviers ; ainsi finirait et se consommerait l'empire des Romains et des chrétiens, et aussitôt après, ajoutent-ils, selon la prédiction de l'apôtre saint Paul, viendrait l'Antechrist.

Alors, en effet, se manifestera « l'homme de péché, » l'Antechrist, lequel, bien qu'il ne soit qu'un homme, sera cependant comme une source de péchés ; « fils de perdition, » ou fils du diable, ainsi nommé parce qu'en tout il accomplira la volonté de l'enfer, et qu'en lui résidera corporellement la plénitude de la puissance diabolique et de toutes les inspirations mauvaises, car toutes les ressources de la méchanceté et de l'iniquité seront renfermées dans sa personne. « Qui s'oppose » (*qui adversatur*), c'est-à-dire qui s'établit l'adversaire du Christ et de tous ses membres ; « qui s'élève au-dessus de tout ce qui est appelé Dieu, » c'est-à-dire que gonflé d'orgueil il se met au-dessus de tous les dieux des nations, de ceux que les païens appellent dieux, comme Apollon, Jupiter, Mercure. L'Antechrist s'élève au-dessus de toutes ces divinités, se disant plus grand et plus puissant qu'elles toutes. Et se plaçant, non-seulement au-dessus d'elles, mais au-dessus de « tout ce qui reçoit un culte, » c'est-à-dire au-dessus de la sainte Trinité qui seule a droit aux hommages et aux adorations de toutes les créatures, il osera « s'asseoir dans le temple et se proclamer Dieu. » En effet, né à Babylone, comme nous l'avons dit, il viendra à Jérusalem où il se circoncira, et il dira aux Juifs : « Je suis le Christ qui vous a été promis, je viens pour vous sauver, pour réunir tous ceux des vôtres qui sont dispersés, et pour vous défendre. » Alors tous les Juifs accourront à lui, croyant recevoir un Dieu, et ils recevront le diable.

Ou bien encore l'Antechrist trônera dans le temple de Dieu, c'est-à-dire au milieu de la sainte Église, voulant faire des martyrs de tous les chrétiens ; il s'élèvera, il se glorifiera, parce que le diable, qui est le roi de tous les orgueilleux, sera en lui le principe de tout mal. Or, l'Antechrist viendra tout à coup et inopinément, et au même moment il séduira par ses tromperies et perdra le genre humain tout entier.

Avant sa manifestation, les deux prophètes Hénoch et Elie seront envoyés dans le monde, pour donner aux serviteurs de Dieu des armes divines contre l'impiété de l'Antechrist, pour nourrir et fortifier les élus, et les préparer à la guerre. Dans ce but, ils instruiront et prêcheront pendant trois ans et demi. Ces deux illustres prophètes et docteurs amèneront à la grâce de la foi tous les enfants d'Israël qui se trouveront alors, ils les rangeront parmi les élus et les rendront inébranlables pendant cette affreuse persécution. Alors s'accomplira la parole de l'Ecriture : « Les enfants d'Israël, fussent-ils aussi nombreux que les grains de sable de la mer, tous ceux qui resteront seront sauvés. » (*Rom.*, ix, 27.) Presque aussitôt après cette prédication de trois ans et demi, commenceront les fureurs de la persécution de l'An-

simo tempore erit, et ipse erit maximus, et omnium regum ultimus : qui post quam regnum suum feliciter gubernaverit, ad ultimum Jerosolymam veniet, et in monte Oliveti sceptrum et coronam suam deponet : (hic erit finis et consummatio Romanorum Christianorumque Imperii :) statimque secundum sententiam prædictam apostoli Pauli Antichristum dicunt adfuturam.

Et tunc quidem revelabitur « homo peccati, » Antichristus videlicet, qui licet sit homo, fons tamen erit omnium peccatorum ; « et filius perditionis, » hoc est, filius diaboli (*a*) : quia per omnia adimplebit voluntatem suam, quia plenitudo diabolicæ potestatis et totius mali ingenii corporaliter habitabit in illo, in quo erunt omnes thesauri malitiæ et iniquitatis absconditi. « Qui adversatur, » id est, contrarius est Christo omnibusque membris ejus : « et extollitur, » id est, in superbiam erigitur, « super omne quod dicitur deus, » (II *Thess.*, ii, 4) id est, (1) super omnes deos gentilium, Apollinem, Jovem, Mercurium, quos Pagani deos existimant. Super omnes istos deos extollitur Antichristus : quia majorem et fortiorem se faciet illis omnibus. Et non solum supra illos, sed etiam « supra omne quod colitur, » id est, supra sanctam Trinitatem, quæ sola colenda et adoranda est ab omni creatura, ita se extollet, « ut in templo sedeat, ostendens se tanquam sit Deus. » Nam, sicut supra diximus, in civitate Babyloniæ natus, Jerosolymam veniens circumcidet se, dicens Judæis : Ego sum Christus vobis (*b*) repromissus, qui ad salutem vestram veni, ut qui dispersi estis congregem et defendam. Tunc confluent ad eum omnes Judæi, existimantes Deum suscipere, sed suscipient diabolum.

Sive etiam in templo Dei sedebit Antichristus, id est in sancta Ecclesia, omnes Christianos cupiens facere martyres : et elevabitur et magnificabitur : quia in ipso erit caput omnium malorum diabolus, qui est rex super omnes filios superbiæ. (*c*) Subito autem et improvise Antichristus veniet, et totum simul humanum genus suo errore decipiet et perdet.

Ante ejus exortum duo Prophetæ mittentur in mundum, Enoch scilicet et Elias, qui contra (*d*) impium Antichristum fideles Dei divinis armis præmunient, et instruent eos, et confortabunt et præparabunt electos ad bellum, [(*e*) docentes et prædicantes tribus annis et dimidium. Filios autem Israel, quicumque eo tempore fuerint juventi, hi duo maximi Prophetæ et doctores ad fidei gratiam convertent, et a pressura tanti turbinis in parte electorum insuperabiles reddent.] Tunc implebitur quod Scriptura dicit : « Si fuerit numerus filiorum Israel quasi arena maris, reliquiæ salvæ fient. » (*Rom.*, ix, 27.) Post quam autem per tres annos et dimidium prædicaverint, mox incipient excandescere Antichristi persecutiones, et contra eos primum Antichristus sua arma

---

(1) Aliam repete ex Alcuino explicationem.

(*a*) Addit Ms. Reg. *non per naturam : sed per imitationem.* — (*b*) Horum loco plura habent Ms. Reg. et Alcuin. At in Ms. Reg. est xii, *regna*, ubi Alcuin. xxii, et mox xii, *regni ejus annis*, ubi Alcuin. cxii. — (*c*) Al. Raban. *Sed ne subito et... veniat... decipiat et perdet, ante*, etc. — (*d*) Mss, *impetum Antichristi.* — (*e*) Hæc absunt a Ms. Reg. et Alcuino.

techrist; il s'armera d'abord contre les deux prophètes et les mettra à mort, selon ce qui est dit dans l'Apocalypse : « Quand ils auront rendu leur témoignage, la bête montera de l'abîme, leur fera la guerre et les tuera. » (*Apoc.*, XI, 7.) Après le meurtre de ces deux hommes, il persécutera les autres fidèles, et en fera ou des apostats ou de glorieux martyrs. Et à tous ceux qui croiront en lui, il imprimera son caractère sur le front.

Comme nous avons parlé de son origine, disons aussi quelle sera sa fin. Cet Antechrist donc, ce fils du diable, cet affreux auteur de toute espèce de mal, après avoir tourmenté le monde entier, comme nous l'avons dit, pendant trois ans et demi par une cruelle persécution, après avoir fait endurer différentes tortures à tout le peuple de Dieu, après avoir fait mourir Hénoch et Elie, et procuré la couronne du martyre à tous ceux qui seront restés fermes dans la foi, cet impie subira enfin l'effet de la colère divine; c'est ce que nous apprend saint Paul : « Le Seigneur Jésus, dit-il, le tuera par le souffle de sa bouche; » (II *Thess.*, II, 8) soit que le Seigneur Jésus lui-même le fasse mourir par la puissance de la gloire dont il brillera, soit que l'archange saint Michel le tue par la puissance de Notre-Seigneur Jésus-Christ, et non point par celle d'un autre ange ou archange. Or, les docteurs pensent que l'Antechrist sera tué sur la montagne des Oliviers, d'où le Seigneur est monté au ciel. Mais sachez que la mort de l'Antechrist ne sera pas suivie immédiatement du jour du jugement; le Seigneur ne viendra pas aussitôt juger les hommes; non, il attendra, afin que plusieurs de ceux qui auront été séduits reviennent à la pénitence, comme nous l'apprenons par le prophète Daniel. Quand leur pénitence sera achevée, combien de temps s'écoulera-t-il encore avant l'arrivée du Seigneur, c'est ce que personne ne sait, et ce qui reste dans les secrets de Dieu; car il jugera le siècle à l'heure même qu'il a déterminée avant tous les siècles.

arripiet, eosque interficiet, sicut in Apocalypsi dicitur : « Et cum finierint, inquit, testimonium suum, bestia descendet de abysso, et faciet adversus eos bellum, et interficiet illos. » (*Apoc.*, XI, 7.) Post quam ergo isti duo interfecti fuerint, inde cæteros fideles persequens, aut Martyres gloriosos faciet, aut apostatas reddet. Et quicumque in eum crediderint, signum characteris ejus in fronte accipient.

Sed quia de principio ejus diximus, quem finem habebit dicamus. Hic itaque Antichristus diaboli filius, totius malitiæ artifex pessimus, cum per tres annos et dimidium, sicut prædictum est, magna persecutione totum mundum vexaverit, et omnem populum Dei variis pœnis cruciaverit, post quam Eliam et Enoch interfecerit, et cæteros in fide permanentes martyrio coronaverit; ad ultimum veniet ira Dei super illum, sicut beatus Paulus scripsit dicens : « Quem Dominus Jesus Christus interficiet spiritu oris sui : » (1) sive Dominus Jesus potentia suæ visionis illum, sive archangelus Michael per virtutem Domini nostri Jesu Christi occidet, non per virtutem cujuslibet Angeli vel Archangeli. Tradunt autem doctores, quod in monte Oliveti occidetur Antichristus, unde Dominus ascendit ad cœlos. Debetis autem scire quia post quam fuerit Antichristus occisus, non statim erit dies judicii, nec statim veniet Dominus ad judicium; sed expectabit Dominus quosdam, sicut ex libro Danielis intelleximus, qui seducti sunt, ut ad pœnitentiam revertantur. Post quam pœnitentiam expleverint; quantum temporis sit quo usque Dominus veniat, nemo est qui sciat, sed in dispositione Dei manet : quia ea hora sæculum judicabit, qua ante sæcula judicandum esse præfixit.

(1) Quæ sequuntur ex Rabano supplemus.

LE PSAUTIER [1]

Seigneur Dieu tout-puissant, Roi éternel de gloire, vous connaissez le bonheur de l'homme qui, méprisant la voie où marchent les pécheurs, s'applique à méditer jour et nuit votre loi et vos préceptes, enseignez donc à un pécheur comme moi à vous servir fidèlement et de tout cœur, avec crainte et trem-

(1) Dans les éditions précédentes on lit ce titre : *Psautier d'Aurèle Augustin, évêque d'Hippone, composé pour sa mère;* mais dans le manuscrit de la Bibliothèque royale, n° 4373, on le trouve avec ce titre : *Psautier du bienheureux pape Jean* (XXII ?) *écrit à Vienne.*

PSALTERIUM

Domine (*a*) Deus omnipotens, Rex æternæ gloriæ, qui eum cognoscis beatum esse virum, qui viam peccatorum spernens, legem præceptorum (*b*) tuorum meditatur die ac nocte; doce me peccatorem tibi cum toto corde et timore et tremore fideliter servire, et vocem meam te humiliter invocantem exaudi : et ita clemen-

(*a*) Ms. Reg. *Deus Pater rex.* — (*b*) Abest *tuorum* ab eod. Ms.

blement; exaucez cette prière que je vous fais en toute humilité. Prêtez à mes paroles une oreille très-bienveillante, si bienveillante, que malgré mes fautes je ne sois point abandonné par un effet de votre juste fureur, afin que l'antique ennemi ne puisse par ses pièges se jeter comme un lion sur mon âme, alors que je n'aurais personne pour me délivrer et me sauver. Mais, ô vous, Seigneur, dont le nom est admirable au ciel et sur la terre, repoussez si bien mon ennemi, qu'il tombe et s'anéantisse devant vous; que jamais mon âme ne soit prise dans ses pièges enflammés, et que ni le souffle de l'abîme, ni le souffle de la tempête ne me puissent engloutir. Mais, Seigneur, levez-vous aujourd'hui, et voyez la misère de l'indigent; entendez le gémissement du pauvre, jetez les yeux sur moi et exaucez ma prière, car vous êtes le conseil du malheureux comme son espérance. Faites, ô mon Dieu, que je vive sans tache et que je pratique la justice, afin que j'obtienne votre grâce et votre miséricorde pour la part de mon héritage. Gardez-moi comme la prunelle de l'œil, et mettez-moi à couvert sous l'ombre de vos ailes, car vous êtes ma force, mon appui et mon refuge. Seigneur, purifiez-moi des fautes que j'ignore, et pardonnez à votre serviteur celles dont il a été l'occasion pour le prochain. Du haut de votre sanctuaire envoyez-moi votre secours, et remplissez le vœu de mon âme. Délivrez-moi de la gueule du lion, conduisez-moi dans les sentiers de la justice, afin qu'ayant les mains innocentes et le cœur pur, je puisse arriver au sommet de votre sainte montagne, et demeurer dans votre lieu saint. Oubliez les péchés de ma jeunesse et les fruits funestes de mon ignorance. Ne me perdez pas avec les impies, et ne me livrez pas au bon plaisir de ceux qui me persécutent, mais écoutez favorablement mes supplications, prêtez une oreille favorable à cette voix qui invoque votre nom glorieux et saint, et ayez pitié de moi. Seigneur, veillez sur moi, afin qu'ayant mis en vous ma confiance, je ne sois point éternellement confondu; mais plutôt pardonnez l'impiété de mon cœur. Seigneur, étendez sur moi votre miséricorde, selon l'espérance que j'ai en vous; délivrez-moi de toutes mes angoisses, et dites à mon âme : C'est moi qui suis ton salut. Puisque je suis tranquille à l'abri de vos ailes, exaucez la prière de mon cœur, songez à me secourir, ô Seigneur Dieu, mon Sauveur. Faites, Seigneur, que je connaisse ma fin et le nombre de mes jours, afin que je sache ce qui me manque. Ecoutez favorablement mes humbles prières, arrachez-moi de l'abîme de misère et du bourbier fangeux. Posez mes pieds sur la pierre, et conduisez mes pas dans la voie droite. Délivrez-moi, Seigneur, au jour mauvais, et introduisez-moi dans le tabernacle admirable de la maison de Dieu, car vous êtes mon Dieu et ma force. Ne permettez pas que je m'écarte de vos voies, faites que j'aime la justice, et que je haïsse l'iniquité. Soyez mon refuge et ma force, car vous êtes le grand Roi à qui la terre entière est soumise. O vous qui, dans tous les siècles, dirigez le sort de tous les hommes, délivrez mon âme de la puissance de l'enfer, lorsque je descendrai dans la tombe. Et quand arrivera le jour de votre manifestation, et que vous viendrez nous juger, ayez pitié de moi selon l'étendue de votre grande miséricorde, et ne me retirez point l'assistance de votre Esprit saint. A cette heure, ô Dieu plein de bonté, détournez vos yeux de mes péchés, et effacez toutes

---

tissime auribus percipe verba mea; ut (*a*) delinquentem in ira furoris tui non me derelinquas, ne quando ille insidians antiquissimus hostis rapiat ut leo animam meam, dum non est qui redimat neque qui salvum faciat. Sed tu Domine, cujus nomen admirabile est in cœlo et in terra, ita converte inimicum meum retrorsum, ut infirmetur et pereat a facie tua : ne unquam irretire valeat laqueis igneis animam meam, neque sulphur et spiritus procellarum obglomeret me. Sed (*b*) propter inopis miseriam et gemitum pauperis nunc exsurgens respice et exaudi me Domine, qui consilium inopis et spes ejus es. Fac me Deus, ita ingredi sine macula, et operari justifiam, ut gratia misericordiæ tuæ sit pars hæreditatis meæ. Custodi me ut pupillam oculi, et sub umbra alarum tuarum protege me : [(*c*) quia tu es virtus mea, firmamentum meum et refugium meum.] Ab occultis meis munda me Domine, et ab alienis parce servo tuo. Mitte mihi (*d*) auxilium de sancto, et desiderium animæ meæ tribue mihi. Libera me de ore leonis, et deduc me per semitas justitiæ tuæ : ut possim ascendere in montem sanctum tuum, et stare in loco sancto tuo, innocens manibus et mundo corde. Delicta juventutis meæ, et ignorantias meas ne memineris. Ne perdas cum impiis animam meam, et ne tradas me in animas persequentium me : sed ita exaudi propitius vocem deprecationis meæ, ut invocantem gloriam sancti nominis tui audias clementer, et miserearis mei, et intende mihi Domine, ut sperans in te non confundar in æternum : sed (*e*) remitte mihi impietatem cordis mei. Fiat misericordia tua Domine super me, quemadmodum spero in te : et ex omnibus angustiis meis eripiens me, dic animæ meæ : Salus tua ego sum. Et quia in protectione alarum tuarum spero, da mihi petitionem cordis mei, et intende in adjutorium meum, Domine Deus salutis meæ. Notum fac mihi Domine finem meum, et numerum dierum meorum : ut sciam quid desit mihi. Exaudi propitius vocem deprecationis meæ, et educ me de lacu miseriæ, et de luto fæcis. Statue supra petram pedes meos, et dirige in semitam rectam gressus meos. In die mala libera me Domine, ut ingrediar in locum tabernaculi admirabilis domus Dei; quia tu es Deus meus et fortitudo mea. Ne declines gressus meos a (*f*) via tua : ut diligam justitiam et odiam iniquitatem. Esto mihi refugium et virtus, quia tu es rex magnus super omnem terram. Qui regis omnes in sæcula, libera animam meam de manu inferi, cum acceperit me. Tu autem cum manifestus fueris ad judicandum nos, miserere mei secundum magnam misericordiam tuam : et Spiritum sanctum tuum

---

(*a*) Idem Ms. hic ad. *dum*, et mox habet, *derelinquis, ne quando ille*, etc. — (*b*) Ms. Reg. omit. *propter*. — (*c*) Et hæc omittit idem codex. — (*d*) Alias, *Angelum*. — (*e*) Ms. Reg. *averte*, omisso *mihi*. — (*f*) Ms. *vita*.

mes iniquités. O Dieu, créez en moi un cœur pur, et renouvelez au fond de moi-même la droiture de mon âme, afin que, comme un fertile olivier, je sois reçu dans le paradis de mon Dieu, arrosé de l'huile de la sainteté, que j'y tressaille avec Jacob, et que je m'y réjouisse éternellement avec Israël. Sauvez-moi par la vertu de votre nom, et délivrez-moi par votre puissance. Ne dédaignez pas ma prière et ayez pitié de moi. Du haut du ciel, envoyez-moi votre secours, et mettez-moi en liberté, en couvrant d'opprobre ceux qui m'écrasent sous leurs pieds; broyez-leur les dents dans la bouche, et mettez en pièces la machoire des lions. Vous êtes mon Dieu, et le Dieu de miséricorde ; puissent votre droite me sauver, et l'ombre de vos ailes me couvrir, lorsque vous rendrez à chacun selon ses œuvres. Mon âme est altérée de votre divinité, protégez-moi contre l'assemblée des méchants. Lorsque toute chair paraîtra devant vous, ne me retirez pas votre miséricorde, ne me privez pas de votre Esprit saint, mais répandez sur moi la lumière de votre visage. O Dieu, mon Sauveur, faites que je marche heureusement dans la voie, afin que je ne sois point englouti dans l'abîme, et que je ne tombe point dans le précipice. Aidez-moi, sauvez-moi, Seigneur, et ne tardez pas. Puisque je mets en vous mon espérance, Seigneur, je ne serai point confondu. Lorsque vous jugerez votre peuple, et que périront ceux qui s'éloignent de vous, puissé-je n'être pas rejeté plein d'humiliation et de confusion. Vous êtes un juste juge, juge terrible qui abaissez et exaltez, qui donc alors résistera à votre colère? Vous êtes le Dieu qui seul peut opérer de grandes merveilles. De même que vous avez donné du pain à votre peuple dans le désert, et que vous avez satisfait ses désirs, ainsi puisse votre grâce rassasier ma faim, et votre miséricorde me prévenir au plus tôt. Vous, mon défenseur, accordez-moi, aux jours de tribulation, le pain des larmes et l'amertume de la componction, et faites que je goûte intérieurement la douceur du miel qui coule de la pierre. O Dieu qui discernez tout ce qui concerne les justes et les pécheurs, qui seul êtes bien haut élevé au-dessus de toutes les nations, ayez pitié de moi; accordez-moi votre bénédiction, ô vous qui m'avez imposé votre loi; effacez l'iniquité de mon cœur, et pardonnez-moi tous mes péchés; ô mon Dieu, sauvez votre serviteur qui place en vous son espérance. O Dieu, qui avez posé les fondements de votre Eglise sur les saintes montagnes, inclinez l'oreille pour entendre ma prière. Que votre main soit donc mon soutien, et que je ne sois pas délaissé dans ma misère; mais délivrez-moi du filet des chasseurs, de toute occasion de ruine, et des attaques du démon du midi, afin que, planté dans la maison du Seigneur, je fleurisse comme le palmier, et que je mérite de voir mes jours se multiplier comme le cèdre du Liban. Soyez mon refuge, et l'appui de mon espérance, ô mon Dieu, ô souverain Roi de toute la terre. Lorsque vous jugerez l'univers et tous les peuples selon la justice et la vérité, faites que je jouisse avec les justes de la lumière sans fin, et que je goûte la joie de ceux qui ont le cœur droit. O vous qui vous asseyez sur les chérubins, admettez-moi en votre présence et remplissez-moi d'allégresse, et que l'innocence de mon cœur me permette de marcher librement au milieu de votre de-

---

ne auferas a me. Averte piissime Domine in hora illa faciem tuam a peccatis meis, et omnes iniquitates meas dele. Cor mundum crea in me Deus, et spiritum rectum innova in visceribus meis : ut sicut oliva fructifera in paradiso Dei mei oleum sanctitatis (*a*) accipiat, et ibi exsultem cum Jacob, et in æternum læter cum Israel. Salva me in tuo nomine, tuaque virtute libera me. Ne despexeris deprecationem meam, sed miserere mei. Mitte de cœlo, et libera me in opprobrium conculcantes me : contere dentes eorum in ore ipsorum, et confringe molas leonum. Deus meus es tu et misericordia mea, salvum me faciat dextera tua, et protegar a velamento alarum tuarum, cum reddideris singulis secundum opera ipsorum. (*b*) Dum sitit in te anima mea, protege me a conventu malignantium. Cum ad te omnis caro venerit, non amoveas a me misericordiam tuam, [(*c*) et Spiritum sanctum tuum ne auferas a me]; sed illumina faciem tuam super me. Prosperum iter fac mihi Deus salutaris meus : ut non absorbeat me profundum, neque aperiat super me puteus os suum. Adjutor et liberator meus esto, Domine ne tardaveris. Quoniam in te spero Domine, non confundar in æternum. Cum judicaveris populum tuum, et hi qui se elongant a te peribunt, ne avertar ego humilis factus confusus. Quoniam justus judex es, humilias et exaltas, nimis terribilis, [(*d*) et quis resistet tibi tunc ab ira tua? Tu] es Deus qui facis mirabilia magna solus. Sicut populum tuum pane aluisti in deserto, et desiderio suo non fraudasti eum; ita me esurientem gratia tua reficiat, et cito præveniat misericordia tua. Et tu mihi tutor, panem lacrymarum et amaritudinem compunctionum tribue in tempore tribulationis : et da de petra mellis dulcedinem (*e*) capiam internæ suavitatis. Deus qui inter justos et peccatores cuncta discernis, qui solus es altissimus super omnes gentes, miserere mei, et tribue mihi benedictionem, qui legem dedisti : remitte iniquitatem cordis mei, et dimitte omnia peccata mea : et salvum fac servum tuum Deus meus sperantem in te. Deus qui fundasti Ecclesiam (*f*) tuam in montibus sanctis, inclina aurem tuam ad precem meam. Manus ergo tua mihi auxilietur, ne avertar in humilitate; sed libera me de laqueo venantium, et a ruina, et dæmonio meridiano : ut plantatus in domo Domini sicut palma floream, et sicut cedrus, quæ est in Libano, merear multiplicari in longitudinem dierum. Esto mihi refugium et auxilium spei meæ Deus meus, et rex magnus super omnem terram. Cum judicaveris orbem terræ in æquitate, et populos in veritate tua, [(*g*) luce perenni perfruar cum justis, et cum rectis corde lætitia :] salvet me dextera tua, et brachium sanctum tuum. Qui sedes super Cherubim, fac me esse in conspectu tuo cum

(*a*) Ms. Reg. *accipiam qualiter exsultem*. — (*b*) Idem Ms. *Confidit in te*. — (*c*) Hæc omissa in eod. Ms. — (*d*) Et hæc ibid. omissa. — (*e*) Ms. Reg. *accipiam intra me suavit*. — (*f*) Ms. idem omitt. *tuam*, et mox *et a ruina*. — (*g*) Et hæc ibid. non sunt.

meure. Loin de moi la perversité du cœur, mais que mes yeux soient fixés sur vos saints et fidèles serviteurs, afin qu'ayant suivi les voies immaculées, je sois admis dans leur société, lorsqu'au jour du jugement vous éloignerez de votre cité tous ceux qui maintenant commettent l'iniquité. Seigneur, exaucez ma prière, et que mon cri s'élève jusqu'à vous. Ne détournez pas de moi votre visage, et au jour de la tribulation prêtez l'oreille à mes soupirs. Soyez indulgent pour toutes mes iniquités, et délivrez-moi de la perte qui me menace. Que tous mes désirs soient comblés par une abondance de biens. Vous qui d'un regard faites trembler la terre, qui avez délivré votre peuple et vos élus au milieu de l'allégresse et de la joie, faites que, toujours et en tout temps, j'observe la justice et l'équité; tirez-moi des ténèbres et des ombres de la mort, afin que mon cœur soit toujours prêt à vous glorifier et à chanter vos louanges. Pour l'honneur de votre nom, et par un effet de votre miséricorde, faites éclater quelque signe en ma faveur, afin que je sois glorifié dans les siècles des siècles, dans les splendeurs des saints, dans l'assemblée et le conseil des justes, et que ma puissance soit élevée et comblée de gloire. Lorsque vous m'aurez tiré de ma misère et de ma poussière, et que vous aurez élevé le pauvre du fumier, alors je vous serai agréable dans la terre des vivants; mais d'abord brisez mes chaînes et couvrez-moi de votre miséricorde. Seigneur, lorsque je vous invoquerai dans la tribulation, exaucez-moi avec une inépuisable bonté. Imposez-moi votre loi, Seigneur, afin que je vive, et que je cherche toujours les sentiers de votre justice. Donnez-moi l'intelligence pour scruter attentivement votre loi, et la garder avec un cœur plein de bonne volonté. Je me suis égaré comme une brebis perdue, venez à ma recherche et délivrez mon âme. Que j'entre ou que je sorte, gardez-moi toujours, et faites que mes pieds s'arrêtent dans votre maison, dans les parvis de Jérusalem. J'ai élevé mon âme et mes yeux vers vous, qui habitez dans les cieux; délivrez mon âme du piège des chasseurs, et que mes mains ne se prêtent jamais à l'iniquité. Remplissez ma bouche de chants joyeux, et que ma langue n'ait que des cris d'allégresse. Comblez mon cœur des biens qu'il désire, et du haut de Sion répandez sur moi la bénédiction; montrez-moi les biens qui sont dans Jérusalem, et éloignez-moi de toute iniquité. Seigneur, prêtez des oreilles attentives à la prière de votre serviteur. Ne permettez pas que mon cœur s'enfle d'orgueil, ni que mes yeux deviennent arrogants; mais inspirez-moi d'humbles sentiments jusqu'à ce que j'aie trouvé un lieu pour le Seigneur, un tabernacle pour le Dieu de Jacob. Dans le lieu même d'où vous envoyez la bénédiction et la longueur de la vie, c'est là que j'élèverai les mains vers les sommets sacrés, et que je vous bénirai, vous qui jugez votre peuple, et vos serviteurs feront votre joie. Dieu au-dessus de tous les dieux, Seigneur des seigneurs, pendant que je suis en pleurs et en adoration dans votre saint temple, éprouvez-moi et sondez mon cœur; interrogez-moi, voyez les sentiers où je marche, et conduisez-moi dans le chemin de l'éternité. Conservez-moi, Seigneur, arrachez-moi aux mains des pécheurs, et délivrez-moi de tous les méchants. Que ma prière, Seigneur, soit comme l'en-

exsultatione : ut (a) perambulem in innocentia cordis mei in medio domus meæ. Non adhæreat mihi cor pravum : sed sint oculi mei super fideles sanctos tuos, ut sedeam cum eis ambulans per viam immaculatam, cum disperdideris per judicium de civitate tua omnes qui (b) nunc operantur iniquitatem. Domine exaudi orationem meam, et clamor meus ad te veniat. Non avertas faciem tuam a me : in quacumque die tribulor, inclina ad me aurem tuam. Propitius esto omnibus iniquitatibus meis, redimeque de interitu vitam meam. Satia in bonis desiderium meum. Qui respicis in terram, et facis eam tremere, qui eduxisti populum tuum in exsultatione, et electos in lætitia, fac me custodire judicium et justitiam in omni tempore : educ me de tenebris et umbra mortis, ut parato corde cantem, et psalmum dicam tibi. Fac mecum signum in bonum propter misericordiam et nomen tuum : ut in splendoribus sanctorum, in consilio justorum et congregatione, justitia mea maneat in sæculum sæculi, et cornu meum exaltetur in gloria. Et dum me suscitari jusseris de terra inopem et de stercore erexeris pauperem, benedicam te ex hoc et usque in sæculum, et tunc placeam tibi in regione vivorum; disrumpe vincula mea, et confirma me in misericordia tua. Cum in tribulatione invocavero te Domine, exaudi me in latitudine. Legem pone mihi Domine, ut vivam, et vias justitiæ tuæ exquiram semper. Da mihi intellectum, ut perscruter legem tuam, et custodiam illam in toto corde meo. Erravi sicut ovis quæ perierat, requirens libera animam meam. Custodi introitum meum et exitum meum : ut in domo tua stantes sint pedes mei in atriis Jerusalem. Ad te levavi animam meam et oculos meos, qui habitas in cœlis : eripe animam meam (c) de muscipula venantium, ut non extendam ad iniquitatem manus meas. Reple gaudio os meum, et linguam meam exsultatione. Imple desiderium meum de bono, et benedic me ex Sion; ut videam (d) bona quæ sunt in Jerusalem : longe fac me ab iniquitate. Fiant aures tuæ intendentes in vocem orationis servi tui Domine. Non sit exaltatum cor meum in superbia, neque elati sint oculi mei : sed humiliter sentiam, donec inveniam locum Domino, tabernaculum Deo Jacob. Ubi mandasti benedictionem et vitam usque in sæculum; ibi extollam manus meas (e) ad sancta, et benedicam te qui judicas populum tuum, et in servis tuis consolaberis. Deus deorum et Dominus dominorum, deflentem me et adorantem ad templum sanctum tuum, proba me et scito cor meum : interroga me, et cognosce semitas meas, et deduc me in via æterna. (f) Conserva me Domine et erue me de manu peccatoris, et ab omnibus iniquis libera me. Dirigatur oratio mea sicut incensum in conspectu

---

(a) Ms. Reg. *perambulet anima mea.* — (b) Abest nunc a Reg. cod. — (c) Ms. Reg. *de laqueo.* — (d) Alias, *quæ bona sunt Jerusalem, longe actus ab omni iniquitate.* — (e) Alias, *in eo* et mox, *consolaris.* — (f) Ms. Reg. *Consecra.*

cens qui s'élève en votre présence. Tirez mon âme de sa prison, afin qu'elle glorifie votre nom, ô Seigneur. Exaucez-moi selon votre justice, et n'entrez point en jugement avec votre serviteur. Seigneur, exaucez-moi promptement, et ne laissez point mon esprit défaillir, car vous êtes mon Dieu, ma miséricorde, mon refuge et mon soutien. Vous qui êtes grand et infiniment digne de louange, vous dont la grandeur est sans bornes, vous qui édifiez Jérusalem, relevez celui qui est brisé contre terre, délivrez le captif de ses chaînes, éclairez l'aveugle. Faites que je sois réuni à vos enfants dans votre maison ; lorsque vous aurez affermi les serrures de vos portes. De même que les anges et toutes les vertus vous louent dans le ciel, ainsi puissé-je, moi aussi, plein de joie et de gloire, au milieu du chœur des justes, me servir de mes lèvres comme d'un instrument retentissant, pour louer et glorifier votre nom, qui est saint et glorieux, et dont l'empire s'étend à jamais dans les siècles des siècles sans fin. Ainsi soit-il.

tuo Domine. Educ de carcere animam meam, ad confitendum nomini tuo Domine. Exaudi me in tua justitia, et non intres in judicium cum servo tuo Domine. Velociter exaudi me Domine, ne deficiat spiritus meus : quoniam tu es Deus meus, misericordia mea, refugium meum et susceptor meus. Quoniam magnus es et laudabilis nimis, et magnitudinis tuæ non est finis ; erige elisum, solve compeditum, illumina cæcum, qui ædificas Jerusalem. Cum autem confortaveris seras portarum tuarum, intrinsecus cum filiis tuis copulatus sim. Sicut te laudant Angeli, et omnes virtutes tuæ in regno cœlorum : ibi et ego ita exsultans cum gloria in choro sanctorum, laudem et glorificem nomen tuum in cymbalis labiorum, quod est sanctum et gloriosum, et regnat semper per infinita sæculorum sæcula. Amen.

EXPOSITION
DU
CANTIQUE MAGNIFICAT

Extrait d'un traité de Hugues de Saint-Victor sur le *Magnificat*, par un auteur inconnu, qui altéra d'une manière déplorable l'excellent ouvrage de cet auteur, et le mutila de la tête aux pieds.

Venant annoncer l'avénement du Fils de Dieu dans la chair, Gabriel entre près de la Vierge qu'il vénère, et à laquelle il adresse une salutation nouvelle : « Je vous salue, pleine de grâce, » dit-il, etc. « Voici la servante du Seigneur, » (*Luc*, I, 28 et 38) répond la Vierge en qui l'Esprit saint vient aussitôt, remplissant de l'abondance de toutes les vertus, par l'arrivée du Fils de Dieu, cette sainte demeure qu'il se choisit ; aussi on ne peut douter de l'admirable et ineffable suavité qui inonda de joies et de douceurs toutes célestes le cœur de la Vierge, lorsque cette lumière éternelle, dans toute la splendeur de sa majesté, descendit en elle, et que Celui que le monde ne peut contenir se renferma tout entier dans ses entrailles. J'affirmerai donc hardiment qu'elle-même fut incapable d'exprimer ce qu'elle fut capable de ressentir. Mais elle avait appris à l'école de l'Esprit saint à cacher ses faveurs sous le voile de l'humilité. Bientôt elle se met en route, et franchit les montagnes de la Judée. Aussi Elisabeth, remplie du

CANTICI MAGNIFICAT
EXPOSITIO

Ex Hugonis Victorini Tractatu super *Magnificat* decerpta per incertum scriptorem, qui Opus Hugonis egregium fœdissime corrupit et capite ac membris truncavit.

Ut novum in carnem Filii Dei adventum prædicaret, qui ingressus novo salutationis obsequio virginem Gabriel veneratur dicens : « Ave gratia plena, » etc.,

« Ecce ancilla Domini, » (*Luc*., I, 28, 38) statim adveniente Spiritu sancto in Virginem, et omnium gratia virtutum sacrosanctum habitaculum in adventu (a) Dei implente, dubium non est cœlestium gaudiorum et æternæ dulcedinis quam miram atque inenarrabilem suavitatem Virgo ipsa concepit, quando illud æternum lumen cum toto majestatis suæ fulgore in eam descendit, et (b) quem non capit mundus, totum se intra viscera Virginis collocavit. Audacter pronuntio, quod nec ipsa plene explicare potuit, quod capere potuit. Sed Spiritu sancto docente didicerat sic sua per humilitatem tegere. Surgit mox, et conscendit in montana Judææ. Unde Elizabeth

---

(a) Hugo ad. *Filii.* — (b) Apud Hug. *quod.*

Saint-Esprit, reconnaît la grandeur et la dignité de celle qui vient la visiter, et déclare combien elle se croit indigne de cet honneur : « D'où me vient, dit-elle, ce bonheur, » que la Mère de mon Seigneur vienne « à moi ? Voici que, » (*Ibid.*, 43.) etc. Alors Marie s'écrie : « Mon âme glorifie le Seigneur. » (*Ibid.*, 46.) Vous avez vu la majesté, vous avez goûté la douceur ; c'est pourquoi vous avez répandu au dehors la source merveilleuse qui a coulé en vous, et vous avez été ravie dans la justice divine, « mon esprit a été ravi ; » (*Ibid.*, 47) l'âme glorifie, l'esprit est ravi ; « il est ravi en Dieu, mon Sauveur. » Dieu, c'est la puissance, le Sauveur, c'est la miséricorde. En effet, les esprits bienheureux, anges ou hommes, se rassasient à cette source de tout bien, en contemplant éternellement ces deux attributs, l'incompréhensible majesté de Dieu et son ineffable bonté ; le premier, principe d'une chaste crainte, le second, principe d'amour. Ils adorent Dieu à cause de sa majesté, ils l'aiment à cause de sa bonté ; ainsi l'amour ne s'amollit point par défaut de respect, et le respect n'est point gênant pour défaut d'amour. Ils aiment en admirant, et ils admirent avec amour ; de sorte que l'amour, au moyen de l'admiration, s'enflamme d'une ardeur qui ne peut s'éteindre, comme l'admiration s'échauffe suavement au feu de l'amour. En effet, ne pouvant jamais parfaitement comprendre Celui qu'ils voient, leur admiration est, pour ainsi dire, sans cesse tenue en éveil. Plus ils pénètrent par le regard dans l'essence divine, plus leur amour est ardent, et en cela ils goûtent une véritable douceur ; or, plus ils goûtent cette vraie douceur, plus ils la désirent avidement. L'esprit de Marie fut donc élevé à cette glorieuse contemplation, et c'est pour cela qu'elle exprime en ces paroles les douceurs de la céleste patrie qu'elle ressentit d'une manière ineffable. Car en glorifiant le Seigneur, elle montrait clairement qu'elle contemplait dans une secrète vision la divine et éternelle majesté que tous doivent adorer. Et, en disant qu'elle était ravie en son Sauveur, elle révélait la douceur qu'elle avait goûtée intérieurement. Elle exalte donc Dieu, comme Seigneur et comme Sauveur, le montrant d'une part comme devant véritablement être craint à cause de la puissance par laquelle il gouverne toutes ses créatures, et enseignant d'ailleurs qu'il doit être aimé à cause de la bonté miséricordieuse en vertu de laquelle il accorde le salut à plusieurs. La vérité est dans le Seigneur, et la miséricorde dans le Sauveur. Car la vérité appartient au Seigneur et la miséricorde au Sauveur ; c'est la vérité qui maintient les droits de la justice. Or, nous glorifions le Seigneur, et nous sommes ravis dans le Sauveur, parce qu'il rappelle gratuitement à la vie plusieurs de ceux qui errent, et les remet dans la voie du salut ; la miséricorde du Sauveur est douce pour ceux qui ont à redouter la justice du juge souverain ; c'est pour cela que Marie s'écrie : « Mon âme glorifie le Seigneur, et mon esprit est ravi en Dieu, mon Sauveur. Il n'y a qu'un seul et même esprit, qui est appelé « esprit » par rapport à lui-même, et âme par rapport au corps ; comme esprit il éprouva naturellement une admiration spirituelle, comme âme il la fit partager au corps ; c'est

---

Spiritu sancto repleta, qualis et quanta esset quæ ad se venerat agnovit, et quam se indignam ejus visitatione judicaret, aperuit dicens : « Unde hoc mihi, ut veniat mater Domini mei ad me? Ecce, etc. » (*v.* 43.) Tunc ait Maria : « Magnificat anima mea Dominum. » (*v.* 46.) Vidisti majestatem; gustasti suavitatem : ideo quod intus hauseras, foras propinasti, et in justitia ejus exsultasti : « Quia exsultavit spiritus meus. » (*v.* 47.) Anima magnificat, spiritus exsultat. (*a*) Et iterum : « In Deo salutari meo » Deus potentiam, salutaris misericordiam notat. Duo quippe sunt quæ Angelorum et hominum beati spiritus in illo fonte boni æterna contemplatione hauriunt, incomprehensibilis scilicet majestas Dei, et ineffabilis bonitas : quorum alterum castum timorem generat, alterum dilectionem parit. Pro majestate venerantur Deum, et pro bonitate amant : ne vel dilectio sine reverentia dissoluta sit, vel reverentia sine dilectione pœnalis. Admirantes enim diligunt, et diligentes admirantur : ut inexstinguibiliter per admirationem ardeat dilectio, et suaviter in dilectione ferveat admiratio. Nam quia eum quem vident, perfecte comprehendere nunquam sufficiunt, in eo quasi per admirationem evigilant. Quanto autem perspicacius intuentur, tanto ardentius amant (*b*) quod vera dulcedo est ; vera autem dulcedo quanto perfectius sentitur, tanto desiderabilius appetitur. Ad hanc contemplationis lucem Mariæ mens elevata fuerat, quæ cœlestis patriæ dulcedinem in verbis (*c*) expressit, quam ineffabiliter comprehendit. Cum vero se in suo exsultare Dominum perhibuit, (*d*) venerandam universis æterni numinis majestatem interna visione contueri se manifeste declaravit. Cum vero se internæ dulcedinis percepisse ostendit. Unde utrumque professa est, et Dominum et Salvatorem : ut pro potestate qua omni suæ creaturæ dominatur, jure metuendum ostenderet; pro bonitate vero, quia misericorditer quosdam salvat, dignum dilectione demonstraret. (*e*) Veritas in Domino, et in Salvatore misericordia. Veritas enim ad Dominum pertinet, misericordia autem ad Salvatorem ; in veritate serval tenorem justitiæ. Quia autem et quædam errantia gratuito ad vitam colligit, et reparat ad salvationem; propterea magnificamus Dominum, et exsultamus in salutari : quia (*f*) quibus est reverenda judicis justitia, (*g*) dulcis est misericordia Salvatoris, propterea inquit Maria : « Magnificat anima mea Dominum, et exsultavit spiritus meus in Deo salutari meo. » Unus est idem spiritus et ad se ipsum spiritus dicitur, et ad corpus anima. (*h*) Spiritus naturalem spiritalem habuit admirationem, anima cor-

---

(*a*) Locus mutilatus. — (*b*) Hugo, *quia ipsum videre sapere est, et quod videtur dulcedo est.* — (*c*) Addit Hugo, *suis tam mirabiliter.* — (*d*) Alias, *reddendam*, et mox *muneris.* — (*e*) Adde ex Hug. *Sane quia universæ viæ Domini misericordia et veritas, perfecta laus est Dominum et Salvatorem confiteri, cum veritas in, etc. commendetur.* — (*f*) Hugo, *cuilibet.* — (*g*) Idem, et *exsultanter observanda miseric.* — (*h*) Locus depravatus.

pour cela que l'on dit l'âme, en parlant de l'esprit, et réciproquement. Ainsi l'âme humaine qui existe dans le corps, et ne se confond point avec lui, est appelée âme et esprit : âme, comme étant le principe de la vie corporelle, esprit comme étant une substance spirituelle. On perd l'âme comme vie du corps pour sauver l'esprit; lorsque l'on dédaigne cette vie pour obtenir de Dieu la vie éternelle. Or Marie a dit « mon » Sauveur, parce qu'il est, en effet, le sien. Le Dieu tout-puissant en vertu de cette domination qu'il exerce sur toutes les créatures, est réellement le Seigneur de tous ; mais relativement à la miséricorde par laquelle il ne rappelle effectivement à la vie qu'un certain nombre d'hommes, et non pas tous, il n'est pas le Sauveur de tous. Sa puissance s'étend sur tous également, sa miséricorde ne s'étend d'une manière efficace qu'à un certain nombre. Aussi se voyant choisie d'une manière toute spéciale, ayant reçu une grâce singulière, et affermie par une sorte de privilége de l'élection divine, la bienheureuse Vierge pleine de confiance nomme avec joie et ravissement « son » Sauveur le Fils qu'elle avait conçu pour le salut du monde.

« Parce qu'il a regardé la bassesse de sa servante. » (*Ibid.* 48.) Telle est la cause du ravissement de Marie; « c'est que le Seigneur a considéré la bassesse de sa servante; » comme si elle disait : Puisque c'est de sa faveur que je suis ravie, c'est donc de lui que vient mon transport; et comme j'aime ses dons à cause de lui, voilà pourquoi je suis ravie de joie en lui. Le regard de Dieu peut s'entendre de trois manières, selon qu'il se rapporte à la connaissance, ou à la grâce, ou au jugement. C'est de la première manière que parle l'Apôtre quand il dit : Tout est nu et découvert devant ses yeux. (*Hébr.*, IV, 13.) Mais Dieu n'étend pas sur tous les hommes le regard de sa grâce. Les yeux du Seigneur sont fixés sur les justes, etc. (*Ps.* XXXIII, 16.) C'est la troisième sorte de regard qui fera dire au Seigneur à la fin de la vie : Je ne vous connais pas. (*Matth.*, VII, 23.) Les yeux du Seigneur observent les bons et les méchants. Pour Dieu, voir du regard de connaissance, c'est ne rien ignorer de ce qui est ; le regard de la grâce, c'est quand il répand les dons de sa miséricorde ; le regard du jugement, c'est quand il donne à chacun selon ses œuvres, la gloire ou le châtiment. Regarder dit plus que voir. Regarder selon la grâce, c'est visiter ceux qui étaient auparavant dans l'abjection et le délaissement. Lorsque Dieu apaisé rend, par un effet de sa miséricorde, les biens qui avaient été ravis au pécheur, il se tourne vers lui par le regard de sa grâce. Aussi, c'est avec raison que Marie n'a regardé en elle que sa bassesse, parce que la nature humaine dans nos premiers parents, s'étant rendue indigne de la miséricorde, par suite de leur orgueil, a mérité de la recouvrer dans la personne de Marie, à cause de son humilité. En effet, le Verbe de Dieu prit en elle la substance corporelle à laquelle il voulut s'unir, et pour cela il jeta un regard de miséricorde, pour l'ennoblir, sur cette nature qu'il avait auparavant rejetée. Marie se regarda comme une humble servante, ce qu'elle était, en effet, et c'est pour cela qu'elle mérita de devenir la mère de la suprême grandeur, ce qu'elle n'était pas; tel fut l'effet de l'humilité et de la soumission qu'elle fit paraître. La soumission est de

---

poralem : quare anima dicitur spiritus, et e converso. Ideo anima humana, quia et esse in corpore habet et extra corpus, anima vocatur et spiritus. Anima dicitur in quantum est vita corporis; spiritus autem, in quantum est, (*a*) substantia spiritalis. In qua vita anima perditur, spiritus salvus fiat, cum hæc vita despicitur, ut postmodum a Deo vita æterna tribuatur. Sed « suo » nominavit, quia in salutari suo. Omnipotens enim Deus potestate qua universæ creaturæ suæ dominatur, Dominus omnium est; sed pietate qua quosdam tantum, et non omnes, ad vitam reparat, Salvator (*b*) omnium non est. Nam dominatio ejus ad omnes æqualiter respicit; bonitas vero (*c*) ad quosdam tantum. Ergo beata Virgo quia singulariter se electam videbat, cum singulariter gratiam acceperat, quasi privilegio quodam electionis divinæ confirmata, fiducialiter ipsum quem pro salute mundi filium conceperat suum etiam cum lætitia et exsultatione Salvatorem vocat.

« Quia respexit humilitatem ancillæ suæ. » Hæc est (*d*) causa exsultationis suæ, « quia respexit humilitatem ancillæ suæ : » (*v.* 48) ac si dicat : Quia de ejus gratia exsulto, ideo ab ipso est quod exsulto : et quia ejus dona propter ipsum diligo, ideo in ipso exsulto. Respectus Dei (*e*) tribus modis accipi solet, videlicet secundum cognitionem, secundum gratiam, secundum judicium. (*f*) De primo Apostolus : Omnia nuda et aperta sunt oculis ejus. (*Hebr.*, IV, 13.) Sed per gratiam Deus non omnes respicit : quia : Oculi Domini super justos (*Ps.* XXXIII, 16), etc. De tertio in fine dicetur : Nescio vos. (*Matth.*, VII, 23.) Oculi Domini bonos et malos contemplantur. Videre Deo per cognitionem, est nihil eorum quæ sunt ignorare : videre per gratiam, dona misericordiæ impendere ; videre per judicium, unumquemque secundum opera sua vel ad gloriam vel ad pœnam destinare. Respicere plus est quam videre. (*g*) Respicere per gratiam, est prius abjectos et derelictos visitare. Cum bona placatus per misericordiam subtracta restituit, rursum per respectum gratiæ ad eum se convertit. Bene ergo Maria solam (*h*) in humilitatem Dominum respexisse testatur, quia divinitatis propitiationem, quam humana natura in primis parentibus per superbiam perdidit, in Maria per humilitatem recuperavit. Nam quia in ea Verbum Patris (*i*) corporis substantiam quam sibi uniret assumpsit, quasi ad eam quam prius abjecerat naturam sublimandam per misericordiam respexit. Quia se (*j*) humilitatis quod erat ancillam cogitavit, ideo quod non erat, Sublimitatis mater esse meruit : (*k*) quia humilitatem ostendit servitutis. Servitus quatuor modis variatur. Secundum condi-

---

(*a*) Hugo ad. *ratione prædita.* — (*b*) Apud Hug. *non omnium.* — (*c*) Hug. *quosdam tantum ad salvationem discernit.* — (*d*) Alias, *gratia.* — (*e*) Adde ex Hug. *in sacra Scriptura.* — (*f*) Locus truncatus. — (*g*) Et hic locus corruptus. — (*h*) Hug. *in se.* — (*i*) Al. *carnis.* — (*j*) Hug. *humiliter,* et mox, *sublimiter.* — (*k*) Locus mancus.

quatre sortes. Il y a la servitude de condition, par laquelle tous les êtres doivent être assujettis à Dieu, car l'œuvre doit à son auteur, par une conséquence de sa condition, d'être entièrement à sa disposition et de suivre ses lois; en sorte que comme elle n'est que par lui, ainsi elle ne marche que par lui, et selon sa volonté. On appelle servitude de nécessité celle qui soumet à Dieu les volontés dépravées, de sorte que, tandis qu'elles s'efforcent d'aller contre ses ordres, elles sont néanmoins, par une disposition ineffable de sa part, réduites à ne pouvoir aboutir à rien sans sa permission; ainsi ne voulant pas servir de bon gré à l'exécution de ses ordres, elles servent de force à accomplir ses dispositions. Il y a le service inspiré par la crainte, c'est quand nous obéissons aux préceptes divins par peur, et non point par amour. Le quatrième genre de service, c'est quand nous obéissons volontiers à ses ordres, parce que nous aimons l'auteur du commandement, et que, dans cette soumission, nous ne cherchons aucun avantage en dehors de lui, sinon de marcher selon ses désirs pour arriver à lui. Nos premiers parents, dans le paradis, refusèrent à leur Créateur le service de condition, quand s'élevant par une pensée d'orgueil, ils ne voulurent pas se soumettre à celui dont ils tenaient l'existence, et que, par un désir pervers, ils voulurent l'égaler en majesté, eux dont la nature était si inférieure. Eve, dans son orgueil, oubliant qu'elle était la créature et l'ouvrage de Dieu, voulut devenir semblable à Dieu; mais Marie se soumettant humblement à son Créateur, ne prend d'autre nom que celui de servante; aussi la première fut rejetée, et celle-ci fut choisie. Le Seigneur méprisa la superbe, il regarda favorablement celle qui fut humble; les avantages que perdit l'orgueilleuse, l'humble les recouvra. Voilà pourquoi elle dit : « Il a regardé la bassesse de sa servante. » Les serviteurs de Dieu ont quelquefois l'humilité, sans avoir l'humiliation, mais ils n'ont jamais l'humiliation sans l'humilité. Ils ont l'humilité sans l'humiliation lorsqu'ils conservent intérieurement et devant Dieu tout le mérite de l'humilité, bien qu'ils ne paraissent point méprisables aux yeux des hommes. Or Marie, qui était humble devant Dieu, et vile aux yeux des hommes pour l'amour de Dieu, peut bien déclarer que le Seigneur l'a regardée sous ce double aspect, car son humilité fut agréable à Dieu, et son humiliation devant les hommes fut changée en gloire. C'est pour cela qu'elle ajoute : « Désormais toutes les générations m'appelleront bienheureuse. » Jusqu'alors elle avait porté devant les hommes l'opprobre de la stérilité, parce qu'elle avait préféré son intégrité virginale à l'union conjugale. Mais la génération charnelle imputée autrefois à la femme comme une malédiction, sera pour Marie un titre à la bénédiction et à la louange de toutes les générations mortelles; car, dit-elle, je serai appelée bienheureuse par toute génération, à cause du fruit de ma fécondité.

« Parce que le Tout-Puissant a fait pour moi de grandes choses, et son nom est saint. » (v. 49.) Ce fut une grande chose, qu'une vierge conçût un fils sans le concours d'un homme; ce fut une grande chose qu'elle portât dans son sein, et revêtu de sa chair le Verbe de Dieu; ce fut une grande chose

---

tionem servitus, quia omnia divinæ servituti debent esse obnoxia : quia opus factori suo hoc ex conditione sua debet, quod ejus dispositioni obtemperet, et instituta sequatur; ut sicut ab ipso factum est, ita non nisi ab ipso et secundum ipsum incedat. Secundum necessitatem Deo servire dicuntur pravæ voluntates, quæ cum ejus jussionibus contraire nitantur, per ineffabilem tamen ejus dispositionem arctantur, ut nil sine ejus nutu ad effectum perducere queant : serviunt nolentes ejus dispositioni, qui volentes subjecti non sunt ipsius præcepto. Servitus cum timore, est quando divina præcepta non ex dilectione implemus, sed ex formidine. Quarta servitus est, quando voluntarie ejus jussionibus obtemperamus, quia ipsum qui jubet diligimus, nec aliud in nostra servitute, extra ipsum, commodum quærimus, quam ut secundum ipsum ambulantes, ad ipsum (a) pervenire valeamus. Servitutem secundum conditionem parentes nostri in paradiso Conditori exhibere noluerunt, quando in superbiam elati despexerunt esse sub illo, (b) ad quod fuerant conditi; et voluerunt perversi esse in majestate consimiles, qui non erant in natura æquales. (c) Eva per superbiam creaturam Dei se esse et opus Dei non considerans, Deo parificari voluit, Maria autem suo factori humiliter se subdens ancillam se nominavit : et idcirco illa abjecta, et hæc elata est. Superbam despexit, et humilem respexit : id quod superba perdidit, humilis recepit. Ideo ait : « Respexit humilitatem ancillæ suæ. » (d) Sed servi Dei aliquando cum etiam humilitatem habent, humiliationem non habent : nunquam vero humiliationem sine humilitate. Humilitatem sine humiliatione habent, qui licet coram hominibus foris despicabiles non appareant, intus tamen humilitatis meritum coram Deo inviolatum conservant. Ergo Maria quæ apud Deum humilis erat, et apud homines propter Deum abjecta, in utroque se esse respectam testatur : quia et ejus humilitas apud Deum acceptabilis fuit, et ejus humiliatio apud homines in gloriam commutata. Unde sequitur : « Ex hoc beatam me dicent omnes generationes. » Usque ad illud apud homines opprobrium sterilitatis portaverat : quia integritatem virginitatis thoro maritali præponebat. Sed unde in priori generatione carnali quasi maledictionis sententiam sustinuit, inde nunc ab omni generatione mortali (e) benedictionem collaudabiliter recepit : quia ab omni generatione pro fructu fecunditatis meæ beata vocor.

« Quia fecit mihi magna qui potens est, et sanctum nomen ejus. » (v. 49.) Magnum fuit, ut virgo sine virili semine filium conciperet. Magnum fuit, ut Dei Patris Verbum carne sua indutum utero gestaret. Magnum fuit, ut dum se ancillam confessa esset, mater fieret sui plas-

---

a) Hug. *pertingere.* — *(b)* Idem, *a quo*, et mox, *perverse cum illo.* — *(c)* Hugo hic ad. *Convenienter ergo gratia culpæ respondet.* — *(d)* Quædam hic ex Hug. supplenda. — *(e)* Hug. *merita benedictione collaudatur :* tum quædam habet hic desideranda.

qu'elle devint la Mère de son Créateur au moment où elle se déclarait sa servante. « Le Tout-Puissant, » dit-elle; c'est ainsi qu'elle confesse la puissance de Dieu, parce qu'elle peut la croire, mais elle ne saurait en comprendre ni l'étendue ni la force. Elle confesse la puissance divine, mais ne prétend pas la mesurer; car elle est infinie, et il est impossible d'en connaître la grandeur. Dieu fait tout ce qu'il a prévu qu'il ferait, et il n'est pas douteux, mais inévitable que rien ne se fasse qu'il n'ait pas prévu. Marie ne dit pas : « Il a fait de grandes choses » en lui-même, ou en moi, ou par moi, mais « pour moi. » En effet, les merveilles opérées en elle pour le salut de tous, par un effet privilégié de l'amour divin, contribuèrent singulièrement à prouver sa gloire. Elle dit donc « de grandes choses, » parce qu'il est certain que le mystère de l'incarnation du Verbe est ineffable entre tous. Jamais, en effet, on ne vit de merveille plus étonnante que celle d'un Dieu fait homme, et que celle d'une nature incompréhensible qui s'unit à une substance corporelle, de telle sorte qu'elle ne perdît rien parce qu'elle était immense en elle-même, et qu'elle ne fût point amoindrie dans son être, parce qu'elle était toute entière dans une substance créée. Ce sont là de grandes choses; et c'est pourquoi le « nom du Seigneur est saint. » Or, qu'est-ce que le nom du Seigneur? C'est le bruit de sa gloire. Son nom, c'est la connaissance que l'on a de lui; son nom, c'est la foi en lui. Ce nom est saint avec les saints, il est glorifié par les saints, béni par les saints, mais par les méchants le blasphèment; parce que, pendant que le Verbe naît dans la chair, ce même Verbe manifeste la gloire de Dieu parmi les hommes.

« Sa miséricorde se répand d'âge en âge sur ceux qui le craignent. » (v. 50.) Ce n'est point Marie seule, disons-nous, qui est l'objet des faveurs du Tout-Puissant, mais pour elle il fit plus que pour tout autre; cependant il les répand sur tous ceux qui le craignent; personne n'en est exclu. « Il a déployé la force de son bras, il a dissipé les superbes qui s'élevaient dans les pensées de leurs cœurs. » (v. 51.) Voici cette miséricorde que Dieu a montrée à ceux qui le craignent; par l'incarnation il a envoyé son Verbe en ce monde, afin que par sa vertu puissante il triomphât des puissances de l'air, et rachetât le genre humain tombé sous leur joug. Ce sont là les orgueilleux que Dieu a dissipés, les chassant du cœur des hommes, enlevant leurs dépouilles, c'est-à-dire les privant de cette force qui auparavant leur assujettissait les hommes. Ce prodige, il l'accomplit à « l'aide de son bras, » c'est-à-dire qu'il triompha du démon par l'humilité de son Fils. Son bras, c'est son Fils; son infirmité fut sa puissance, car par elle le diable fut vaincu; et cette parole « par l'intelligence de son cœur » signifie que Dieu les a dispersés avec toute la profondeur de ses conseils. Ses conseils furent profonds parce que Dieu se fit homme pour l'homme, et qu'il souffrit, tout innocent qu'il fût, afin d'opérer le rachat des coupables. En cela était la sagesse; le démon n'eût pu se mettre sur sa piste, aussi Leviathan fut pris comme par un hameçon. Ou bien, par « orgueilleux, » nous pouvons entendre les Juifs, qui méprisèrent avec dédain l'humble arrivée de Jésus-Christ, qui les rejeta. C'est pourquoi il est ajouté :

---

matoris. « Qui potens est. » Quia credi potest ejus potentia, potentem confessa est : sed quanta aut qualis comprehendi non potest. Confessa est potentiam, discutere non præsumpsit; quia sciri (*a*) non convenit quanta est, quia infinita est. (*b*) Omne quod prævidit se facturum, facit; nec aliquid quod non prævidit fieri non dubium, sed fieri necesse est. Maria non ait, in se, aut in me, aut per me « fecit magna, » sed, inquit, « mihi. » Quod enim in ea ad omnium salutem factum est, hoc privilegio (*c*) dilectionis ad ejus gloriam singulariter est ordinatum. Et ideo dixit, « magna, » (*d*) quia mysterium incarnationis Verbi super omnia constat esse ineffabile. Nihil enim unquam magis mirum factum est, quam ut Deus fieret homo, et natura incomprehensibilis corporis substantiam sibi sic uniret, ut nec minus in ea esset, quia in se erat immensa; nec minor in se exsisteret, quia in illa (*e*) fuit creata. Hæc ergo sunt magna. Et ideo « sanctum nomen ejus. » Quid est nomen ejus? (*f*) Fama ejus. Nomen ejus cognitio ejus; fides, nomen ejus. Hoc nomen sanctum est cum sanctis, (*f*) cum sanctis gloriatur, a sanctis benedicitur, a perversis blasphematur : quia dum Verbum in carne nascitur, gloria Dei per Verbum in hominibus declaratur.

« Et misericordia ejus a progenie in progenies timentibus eum. » Mariæ, inquam, fecit, non tamen singulariter, sed uni excellenter : verum tamen omnibus (*g*) timentibus. Nemo a gratia excluditur. « Potentiam fecit in brachio suo, dispersit superbos mente cordis sui. » (*v.* 51.) Hæc illa misericordia, quam timentibus se exhibuit Deus : quia Verbum suum per assumptam carnem in hunc mundum misit, ut per ipsum aereas potestates potenti virtute debellaret, et genus humanum ab earum potestate redimeret. Ipsi enim superbi sunt, quos dispersit Deus, ejiciens eos foras a cordibus hominum, atque spolia eorum (*h*) diripiens, (*i*) per illam quæ prius in hominibus principabatur, virtutem dissipavit : et hoc « in brachio suo, » id est, per humilitatem Filii diabolum vicit. Brachium ejus, Filius ejus est. Ipsa infirmitas, potentia fuit : quia per illam diabolus est victus : et hoc « mente cordis sui, » id est, profundo consilio suo dispersit eos. Profundum consilium fuit, ut pro homine Deus fieret homo, et innocens pateretur; ut redimeretur nocens : et in his (*j*) erat consilium, nec poterat illud diabolus prævidere; sed captus est hamo Leviathan. Vel per « superbos, » Judæos intelligere possumus, qui humilem adventum Christi superbe contempserunt, quos abjecit. Unde subditur.

---

(1) V. lib. de vii vitiis.
(*a*) Hug. *non potest*. — (*b*) Hæc fuse apud Hug. pertractata consule. — (*c*) Hug. *electionis*. — (*d*) Adde ex Hug. *nec addidit qualia*. — (*e*) Hug. *fuerat tota*. — (*f*) Hug. *quia a sanctis glorificatur*, tum quædam hic ex ipso supplenda. — (*g*) Alias, *timentibus negatio excluditur*. — (*h*) Alias, *dirumpens*. — (*i*) Hug. *Nam qua... principabantur, virtutem dissipavit*. — (*j*) Adde hic *profundum*.

« Il renversa les puissants de leur trône, et exalta les humbles. » Il rejeta « les puissants, » ceux qui semblaient être les enfants du royaume ; les nations qui le reconnurent humblement il les associa à son royaume, et les adopta pour ses enfants ; il chassa également des esprits malins du cœur des hommes : « Il exalta les humbles, » c'est-à-dire ceux qui aiment l'humilité. La pensée du cœur de Dieu, c'est aussi sa vivace et permanente volonté pour notre éternelle et future prédestination. Lui-même est le livre de vie. La pensée, c'est donc la même chose que le livre ; chacun est inscrit sur ce livre de trois manières : d'après la prescience, d'après la cause et d'après l'opération. Quant à la première manière, tous les prédestinés sont inscrits sur ce livre. Jamais ils n'y seront rayés, quoique pour un temps certains semblent devoir périr en s'égarant loin de la voie de la vérité. Ils y sont inscrits quant à la cause, ceux qui allant à l'erreur, s'éloignent du chemin de la vérité qu'ils suivaient. Tels sont ceux qui pendant quelque temps auraient mérité d'être sauvés, s'ils fussent restés fidèles jusqu'à la fin. Les inscrits d'après leurs œuvres sont ceux dont les œuvres au regard du jugement des hommes, apparaissent telles qu'on les croit dignes d'être inscrits au livre de vie ; néanmoins, ils abandonnent le bien qu'ils paraissaient faire. Ceux-ci, d'après la prescience, ne furent jamais sur le livre de vie. « Il renversa, etc. » D'abord il chassa l'ange du ciel, puis du paradis, l'homme qui s'enorgueillissait ; mais ensuite il replaça dans la gloire l'homme humilié par la pénitence. Chaque jour, il renverse encore et humilie quelques orgueilleux en leur retirant sa grâce ; puis ces mêmes hommes s'humiliant, il les exalte en leur redonnant sa grâce première. C'est de cela qu'il s'agit dans le verset suivant : « Il a rempli de biens ceux qui étaient affamés, et il a renvoyés vides ceux qui étaient riches. » Il appelle affamés ceux qui reconnaissent qu'ils manquent du vrai bien. Par riches, il veut nous faire entendre les superbes qui s'imaginent posséder en abondance plus que tous les autres les dons gratuits de Dieu. Mais de même que les humbles, par de bas sentiments d'eux-mêmes, méritent de recevoir des grâces plus importantes, ainsi les superbes, par leur présomption, perdent même celles qu'ils ont reçues.

« Il a pris en sa protection Israël, son serviteur, se ressouvenant de sa miséricorde. » Comme un médecin fait pour son malade, il a pris sous sa garde Israël, son serviteur ; c'est-à-dire qu'il le prit humble et innocent pour le guérir comme malade, le racheter comme captif, le justifier en tant qu'impie, et le sauver comme juste. Il prit Israël sous sa garde, non pas qu'il le trouvât Israël, mais pour le rendre vrai Israël : « se souvenant de sa miséricorde, » qu'il promit autrefois, mais qu'il avait longtemps différée, suivant la parole qu'il en avait donnée à nos pères, à Abraham et à sa postérité, lorsqu'il fit avec lui son alliance éternelle. Il fut miséricordieux dans ses promesses, et véridique en les réalisant. Il promit sans rien devoir, et il exécuta intégralement ses promesses « suivant la parole qu'il avait donnée à nos pères, à Abraham et à sa postérité dans les siècles des siècles. »

Faisons encore une remarque sur ce verset : « Mon esprit est ravi de joie en Dieu, mon Sauveur. » Quelques-uns ne se réjouissent ni de Dieu ni en Dieu. Ceux, en effet, qui prennent leur joie dans les

---

« Deposuit potentes de sede, et exaltavit humiles. Potentes, » quia filii regni qui videbantur abjecti, et gentes per humilem confessionem in consortium regni atque in filiorum adoptionem assumpsit, ac malignos spiritus ex cordibus hominum abjecit : « et humiles, » id est, homines humiliatos, « exaltavit. » Mens etiam cordis Dei est vivax et permanens dispositio (a) æternæ occultæque prædestinationis. Ipse est liber vitæ. Idem est ergo mens, quod liber. Tribus modis aliquis in libro scribitur : secundum præscientiam, secundum causam, et secundum operationem. Quantum ad primum prædestinati sunt scripti : non delentur unquam, licet ad tempus quasi perituros quis a via (b) veritatis errare permittatur. Secundum causam scripti sunt, qui a via veritatis cœpta ad errores declinando recedunt. Tales autem sunt aliquando, qui digna salvatione exsisterent, si tales usque ad finem permanerent. Secundum operationem, quorum opera secundum humanum judicium talia apparent, propter quæ digni videantur scribi in libro vitæ : qui tamen ea quæ videbantur agere bona deserunt. Hi secundum præscientiam nunquam fuerunt in libro vitæ. « Deposuit, » etc. Prius angelum de cœlo, et hominem de paradiso superbientem projecit : et postea hominem per pœnitentiam (c) humiliatum ad gloriam reparavit. Sed et quotidie superbos quosque, subtrahendo gratiam suam, deponit et humiliat : et postea eosdem humiliatos, gratiam priorem restaurans, exaltat. De quo autem illud est quod sequitur : « Esurientes implevit bonis, et divites dimisit inanes? » (v. 53.) Esurientes » vocat eos qui se vero bono indigere cognoscunt : « divites » intelligere vult qui superbi sunt, et se præ aliis in donis gratiarum abundare existimant. Ergo sicut humiles modica de se sentiendo majorem gratiam merentur accipere : ita superbi de se præsumendo etiam ea quæ acceperunt amittunt.

« Suscepit Israel puerum suum recordatus misericordiæ suæ. » (v. 54.) « Suscepit, » sicut medicus ægrotum : « Israel puerum suum : » « id est, humilem et innocentem suscepit, ut sanaret infirmum, et redimeret captivum; ut justificaret impium, et salvaret justum. « Suscepit Israel, » non quem invenit Israel, sed ut faceret Israel : « recordatus misericordiæ suæ, » quam olim promisit sed diu distulerat. « Sicut locutus est ad patres nostros, » (vel patribus nostris) « Abraham et semini ejus in sæcula. » (v. 55.) Misericors in promittendo, verax in exhibendo : quia sine debito promisit, et sine dolo exhibuit. « Sicut locutus est ad patres nostros, Abraham et semini ejus in sæcula. »

(d) Nota super illud : « Exsultavit spiritus meus in Deo salutari meo; » quidam neque a Deo exsultant, neque in

(a) Hug. internæ. — (b) Alias, videatur errare. — (c) Al. humiliandum. — (d) Hæc apud Hug. suo loco exscriptorum præterisse pœnituit.

voluptés de la chair, ou qui se réjouissent d'avoir mal fait, ceux-là assurément ne prennent leur joie ni en Dieu, ni de Dieu; en effet, le mal est la source de leur joie, et parce qu'ils se réjouissent du mal en tant que mal, et qu'ils font consister toute leur joie dans la méchanceté, certainement, ils ne se réjouissent point en Dieu. D'autres abusent des dons de la grâce qu'ils ont reçus, et ce qui leur fut donné pour le salut de leur âme, ils le font servir pour l'usage de la chair et les joies du monde. Les dons reçus, ils se réjouissent, mais ils n'aiment ni en Dieu, ni pour Dieu ce qu'ils ont reçu de Dieu.

Ceux, au contraire, qui, après la réception de la grâce, font servir à l'amour de Dieu ce qu'ils ont reçu de lui, prouvent en cela que certainement ils se réjouissent de Dieu et en Dieu. Aussi, Marie pour montrer la solidité de sa joie, comment elle ne procédait point de la vanité, et n'avait point la vanité pour but, témoigna qu'elle aimait les dons de Dieu en Dieu, et qu'elle se réjouissait par rapport à la grâce dont elle était prévenue par le Sauveur. C'est pourquoi elle laissa tomber ces paroles : « Mon esprit est ravi de joie en Dieu, mon Sauveur. »

Deo. Nam qui in carnis voluptate exsultant, aut qui exsultant cum male fecerint, isti nec in Deo, nec a Deo exsultant, et malum est unde exsultant. Et quia de malo ad malum exsultant, et suum gaudium in malignitate constituunt : ideo minime in Deo exsultant. (*Prov.*, II, 14.) Sunt alii qui accepsis gratiæ donis abutuntur, et ea quæ propter salutem animæ data sunt, ad carnis usum et (a) gaudia sæculi convertunt : acceptis enim donis gaudent, (b) quia neque in Deo neque propter Deum diligunt

quod a Deo acceperunt. Qui autem gratia accepta ad amorem Dei idipsum convertunt quod ab ipso acceperunt, isti profecto et a Deo et in Deo exsultare probantur. (c) E contra ergo ut suum gaudium solidum esse monstraret, illud neque a vanitate exortum; neque ad vanitatem conversum esse, se Dei dona diligere, in Deo, et pro respectu gratiæ qua præventa erat in Salvatore exsultare perhibuit, dicens : « Exsultavit spiritus meus in Deo salutari meo. »

(a) Hug. *gloriam*. — (b) Locus mancus ex Hug. resarciendus. — (c) Hug. *Maria ergo*.

LE LIVRE
DE
L'ASSOMPTION DE LA B. VIERGE MARIE[1]

PRÉFACE. — Comment répondre avec sagesse aux questions qui me sont faites sur la dissolution corporelle et sur l'immortelle Assomption de la Vierge, mère de Notre-Seigneur ? C'est à vous, ô Dieu Père tout-puissant, que j'adresse mes ardentes supplications, à vous, qui commandez aux nuées, et elles donnent de la pluie ; à vous, qui touchez les montagnes, et elles se dissipent en fumée ; à vous, qui ouvrez la terre, et elle produit des fruits. Ordonnez-moi ce que je dois dire, inspirez mes paroles, indiquez-moi comment je dois traiter ce sujet. Quel honneur pour moi, Seigneur, quelle joie respectueuse pour mon cœur, de célébrer la Mère de votre Fils, d'employer ma langue à parler du très-saint corps de celle qui seule a mérité de concevoir Celui qui est Dieu et homme, qui est devenue le trône de Dieu, le sanctuaire du Roi éternel, ainsi que vos patriarches, vos prophètes et vos apôtres nous l'en-

(1) Ouvrage d'un auteur pieux et inconnu.

DE
ASSUMPTIONE B.(a) MARIÆ VIRGINIS
LIBER UNUS

PRÆFATIO. — Ad interrogata de Virginis et matris Domini resolutione temporali, et assumptione perenni, quid intelligam responsurus, te Deus omnipotens Pater voto

(a) Mss. *et perpetuæ virginis Mariæ matris Domini*.

supplici exoro, ut qui mandas nubibus, et pluunt imbrem, qui tangis montes, et fumigant, qui aperis terram, et germinat, quid dicam jubeas, quid proferam præbeas, ad quid dirigam sermonem aperias. Venerabile est enim mihi, Domine, et præcordiis meis reverendissimum, de matre Filii tui loqui, et de sanctissimo corpore ejus linguam sermonibus occupare, quæ sola meruit Deum et hominem paritura suscipere, facta thronus Dei et aula regis æterni, secundum quod tu nos docuisti per sanctos Patriarchas tuos; Prophetas et Apostolos, figuris et sermonibus : quibus credidimus, et certi sumus, quia nun-

seignent, et par des figures et par leurs discours. Nous croyons cette vérité, nous en sommes assurés, car, vous qui ne pouvez ni tromper ni être trompé, vous qui ne mentez jamais, vous nous avez montré votre Fils coéternel et consubstantiel à vous-même, incarné dans le sein d'une Vierge où il a pris un corps, lui qui, conjointement avec vous, avait créé tous les corps. L'auteur de tout a voulu avoir un aide, et Dieu s'est fait homme, voulant tenir quelque chose de l'homme. Il prit en Marie sa nature, mais non son origine, votre Esprit saint ayant sanctifié le sein de cette Vierge, l'ayant purifié et préparé pour la conception de votre Fils; prodige de dignité et de grâce que le cœur ne saurait comprendre, que la langue ne saurait exprimer. En effet, une telle conception, une telle naissance convenait seule à un Dieu qui venait racheter ceux qu'il avait daigné créer. Sa puissance avait créé les hommes, son humilité les rachète, il prend la bassesse de notre nature dans un corps qu'il a sanctifié; il prend cette nature sans tache dans le sein d'une Vierge immaculée. Cette grâce ineffable de sanctification qu'il avait communiquée à sa Mère avant sa conception, il ne lui a point ravie par sa naissance. Quelle fut la grandeur de ce privilège pour le corps de la sainte Vierge? Celui-là seul le sait qui prit sa propre nature de cette nature virginale qu'il avait créée. C'est par lui, puisqu'il est le canal de tous les biens que vous nous accordez, que je vous prie, Seigneur, de m'inspirer les pensées les meilleures pour parler convenablement d'une aussi haute sainteté. Dire tout ce que comporte ce sujet, nulle langue humaine ne le pourrait, que du moins ce que j'en dois dire soit conforme à la vérité. Qu'il conserve aux yeux de tous son prix, sa sainteté, et tout ce qu'il a d'inestimable. Puisque tous ces dons surpassent les forces de la raison humaine, que votre Esprit saint m'assiste, lui dont le souffle sacré nous conduit à la plénitude de la vérité. Il s'agit de ce corps et de cette âme qu'il a sanctifiés par des grâces extraordinaires, qu'il ne permette pas que nous disions des choses inexactes; mais qu'elles soient vraies, et contribuent à votre louange et à votre gloire, ô Dieu, Père tout-puissant, à l'honneur de votre Fils qui est né d'une Vierge, et à celui de ce même Esprit saint, notre Seigneur et notre Dieu avec lequel vous régnez et gouvernez dans les siècles des siècles. Ainsi soit-il.

CHAPITRE PREMIER. — Je dois répondre à une question profonde et très-élevée par elle-même, je prie donc le lecteur d'intercéder pour moi; s'il reconnaît que ce que j'ai dit est bien, qu'il remercie Dieu de ses dons; si, au contraire, dans ma bouche, la vérité n'est pas complète, qu'il compatisse à ma faiblesse; en effet, quelle que soit mon impuissance, je désire certainement n'exposer que la vérité; je veux parler selon les lumières que le Seigneur me donnera, du corps sacré de l'immortelle vierge Marie, et de l'assomption de sa sainte âme. Dans les divines Écritures, après que le Seigneur eût recommandé sur la croix sa Mère à son disciple (*Jean*, XIX, 27), afin que la chasteté soit protégée par de chastes attentions, on ne trouve rien d'elle que ce qu'en rapporte saint Luc dans les Actes des Apôtres, après avoir donné les noms de chacun d'eux. « Tous ceux-ci persévéraient, d'un cœur unanime, dans la prière avec les saintes femmes, avec Marie, mère de

quam fefellisti, qui nec falli nec fallere novisti, ostendens Filium tuum coæternum tibi et consubstantialem incarnandum, et incarnatum per virginis uterum, de quo carnem assumpsit qui corporalia cuncta tecum creavit, auctor (*a*) a ministratrice, et Deus ab homine factus homo; ab ea naturam sumens, non originem, sanctificante Spiritu sancto tuo in ea uterum humanum, et purificante atque mundante ad conceptionem Filii tui, cujus dignitatis atque gratiæ effectum nec cor concipere, nec lingua valet exprimere. Non enim nisi talis conceptus talisque partus Deum decuerat, qui veneret redimere quos voluit creare; creare præsertim majestate, redimere (*b*) humilitate: humilitatis naturam de sanctificato corpore sumens sanctam, et immaculatam de immaculato. Ineffabilem enim sanctificationis gratiam (*c*) qui concipiendus præbuit, conceptus et natus non abstulit. Quæ quantum in corpore valuerit Virginis, illi soli notissimum est, qui de ejus natura naturam suscepit quam condidit. Per quem te quæso Domine, quia per illum bona cuncta tribuis, quæ ut tribuas eligis, ut me inoffense de tanta sanctitate loqui tribuas. Etsi non totum ut est, quod impossibile omni linguæ humanæ est: tamen ipsum ex parte quod est, dicatur ut est. Sonet ergo pretiosissimum vera pretiositate, sanctissimum certa sanctitate, inæstimabilissimum fidelissima veritate. Quæ quia humanam rationem excedunt, Spiritus tuus adsit, qui suo sacro spiramine inducat nos in omnem dicendorum veritatem: ut quia de eo corpore et anima loquendum est, quod ipse præter naturalem usum sanctificavit, et gratiam contulit, non aliena dicere patiatur, sed propria: ad laudem et gloriam tuam, Deus omnipotens Pater, et ad honorem Filii tui per virginem nati, et ejusdem Spiritus sancti Dei et Domini nostri; cujus est tibi regnum et imperium in omnia sæcula sæculorum. Amen.

CAPUT PRIMUM. — (*d*) Quia profundissimæ et sua dignitate altissimæ sum responsurus quæstioni, lectorem meum obsecro, ut pro me interpretetur, et si qua bene pleniter dicta cognoverit, donis Dei gratus exsistat: sin autem minus, nostræ compatiatur humilitati; quia licet minus valeamus, vera tamen procul dubio volumus. De sanctissimo igitur corpore perpetuæ virginis Mariæ, ejusque sacræ animæ assumptione quantum Dominus donaverit loqui suscipientes, hoc primum dicimus, quod in divinis Scripturis postquam Dominus in cruce matrem discipulo commendavit (*Joan.*, XIX, 27), ut castis castitas tueretur obsequiis, nihil de ea reperitur præter id quod Lucas commemorat in Actibus Apostolorum, commemoratis eisdem nominatim, dicens: « Hi omnes erant perseverantes unanimiter in oratione cum mulie-

---

(*a*) Ita Ms. Reg. At Corb. *administratrice :* alter Reg. *administratione.* Editi, *administrator.* — (*b*) Cod. Corb. *humanitate.* — (*c*) Al. *quam.* — (*d*) Mss. hic præfigunt: *Incipit Sermo.*

Jésus et ses frères. » (*Act.*, I, 14.) Nous disons cela, parce qu'il faut traiter avec d'autant plus de précaution les vérités importantes, que ces mêmes vérités ne peuvent complètement s'appuyer sur les témoignages particuliers des autorités. Mais parce que la sainte Ecriture abandonne quelque chose à nos studieuses investigations, nous ne devons pas regarder comme superflues les vérités que nous aurons éclairées par de consciencieuses recherches. La puissance de la vérité est féconde, et lorsqu'on examine avec soin, on reconnaît qu'elle produit elle-même ce qu'elle est en soi. Souvent, étant approfondie, elle nous découvre des sens allégoriques qui sont cachés sous le sens littéral, et souvent aussi le sens littéral nous fait entendre des choses en dehors desquelles il ne faut rien chercher que ce qu'on a compris. Telles sont ces paroles : « Abraham engendra Isaac, Isaac engendra Jacob, Jacob engendra Judas et ses frères, » (*Matth.*, I, 2) et autres semblables au sujet desquelles il faut s'en tenir simplement à la lettre. L'Ecriture nous offre d'autres pages dans lesquelles elle nous insinue tout à la fois le sens de la lettre et le sens mystique ; ainsi dans le passage de la mer Rouge, dans la manne qui tombait du ciel, le tabernacle de Dieu et l'arche du Testament, il faut voir des figures d'événements futurs, comme le baptême de Jésus-Christ et les prérogatives de l'Eglise. Certains passages doivent être entendus seulement mystiquement, comme lorsqu'elle dit que Dieu répandit sur le visage d'Adam un souffle de vie. (*Gen.*, II.) Dieu cependant n'a point de bouche pour souffler, ni de mains pour agir, quoique le prophète ait dit : « Ce sont vos mains, Seigneur, qui m'ont formé, et qui ont arrangé toutes les parties de mon corps. » (*Job.*, X, 8.)

CHAPITRE II. — Il y a certaines choses dont le récit a été omis complètement, et cependant, par conviction, nous les croyons vraies ; les rapports de convenance de la chose avec ce raisonnement, nous servent, en quelque sorte, de guides et de conducteurs. Ainsi rien ne parle de la justice de Melchisédech, ce prêtre du Très-Haut, qui ignore cependant qu'elle précéda les mérites qui lui attirèrent des louanges si honorables. Ainsi encore rien ne parle de la vie bienheureuse où furent placés Enoch et Elie après leur enlèvement ; tous cependant savent parfaitement qu'ils vivent dans le bonheur, ceux que Dieu voulut enlever de cette terre, pour les conserver jusqu'à la fin des siècles. Que dire de la mort de Marie ? Que dire de son assomption ? L'Ecriture n'en parle point. Cherchons pourtant des inductions qui soient conformes à la vérité. Que la vérité elle-même devienne notre autorité, sans laquelle l'autorité n'aurait nécessairement aucune valeur ? Nous souvenant de la condition humaine, nous n'avons pas craint de dire qu'elle avait subi la mort temporelle, telle qu'assurément son fils lui-même, Dieu et homme, l'a subie conformément à la loi de notre nature mortelle ; et il l'a subie parce que, comme homme, il a été conçu, et il est né de son sein.

CHAPITRE III. — Mais si nous disons qu'elle fut liée par les chaînes de la mort, dirons-nous aussi qu'elle a été soumise à la pourriture commune, qu'elle fut changée en vers et en poussière ? Examinons si cela convient à une si haute sainteté, à ce sanctuaire de Dieu le plus digne de tous. Nous savons, en effet, qu'il fut dit au premier homme : « Tu es poussière, et tu retourneras en poussière. » (*Gen.*, III, 19.) Si

---

ribus, et Maria matre Jesu, et fratribus ejus. » (*Act.*, I, 14.) Hoc dicimus, quia tanto quæ magna sunt, cautius tractanda exsistunt, quanto specialibus auctoritatum testimoniis non possunt ad liquidum roborari. Sed quia quædam Scriptura sancta indagationum studiis quærenda reliquit, non sunt superflua æstimanda, dum vera indagatione fuerint patefacta. Fecunda est enim veritatis auctoritas ; et dum diligenter discutitur, de se gignere quod ipsa est cognoscitur. Sæpe enim discussa veram convenientiam parit, quam manifestis sermonibus abscondit ; et sæpe apertis sermonibus insinuat, in quibus nihil præter id quod sonuit quærendum invitat : ut est, quod « Abraham genuit Isaac, Isaac genuit Jacob, Jacob genuit Judam et fratres ejus, » (*Matth.*, I, 2) et cætera talia, in quibus sola tenenda est littera. Quædam autem sic commendat, ut pariter litteram et mysticum intellectum (*a*) insinuet : ut in transitu maris rubri, et manna cœlesti, et tabernaculo Dei, atque arca Testamenti, ubi futurorum figura, baptismi videlicet Christi et Ecclesiæ ostensa est prærogativa. Quædam tantum mystice, ut cum Deum dicit insufflasse in faciem (*b*) Adæ spiraculum vitæ, qui tamen os ad spirandum non habet, nec manus ad operandum, (*c*) cum dicat Propheta : « Manus tuæ, Domine, fecerunt me et plasmaverunt me. » (*Job*, X, 8.)

CAPUT II. — Sunt etiam quædam, quæ quamvis commemorari ex toto omissa sint, vera tamen ratione creduntur, ad quod ipsa convenientia rei quemadmodum dux et prævia creditur. Nihil enim de Melchisedec sacerdotis Dei excelsi justitia loquitur, cum ipsa præcessisse tantæ laudis merita cognoscatur. Nihil de Enoch et Elia, postquam rapti sunt, vitæ felicitate commendat, cunctis liquido scientibus eos beate vivere, quos Dominus hinc et in futurum servandos voluit rapere. Quid ergo de Mariæ morte, quid de ejus assumptione dicendum est, unde divina Scriptura nihil commendat, nisi quærendum ratione quid consentiat veritati ; fiatque ipsa veritas auctoritas, sine qua (*d*) necesse est nec valeat auctoritas ? Memores enim conditionis humanæ, mortem illam subiisse temporalem dicere non metuimus, quam idem certe ejus Filius, qui et Deus et homo est, lege sortis humanæ sustinuit : et hoc quia homo de ejus susceptus et profusus est utero.

CAPUT III. — Sed si dicimus eam mortis teneri vinculis, et resolutam in communem putredinem, vermem ac cinerem : (*e*) librandum est, si hoc conveniat tantæ sanctitati, tantæ aulæ Dei prærogativæ. Scimus enim dictum primo parenti : « Quia pulvis es, et in pulverem ibis. » (*Gen.*, III, 19.) Quod si de morte dicitur, generalis est

---

(*a*) Mss. *instruat*. — (*b*) Mss. *Adam*. — (*c*) Editi, *licet dicat*. — (*d*) Ita unus Reg. Ms. In Corb. *necesse est valeat*, omisso *nec*. At editi *nec est nec valet*. — (*e*) Mss. *laborandum*.

ces paroles s'entendent de la mort, la sentence est générale; mais, s'il s'agit de la réduction en poussière, la chair du Christ née de la chair de Marie a échappé à cette loi; la corruption ne l'a point atteinte. C'est d'elle que le prophète David a dit : « Parce que je suis assuré que vous ne laisserez point mon âme dans l'enfer, et que vous ne souffrirez point que votre saint éprouve la corruption du tombeau. » (*Ps.* xv, 12.) Mais de quel saint veut-on parler? L'archange nous l'a découvert en disant à Marie : « Le saint qui naîtra de vous sera appelé le Fils de Dieu. » (*Luc*, I, 35.) Oui, il est vraiment saint, et le Saint des saints. Aussi appelait-on le saint des saints cette partie de l'arche où se conservaient les objets figurant Celui qui doit être appelé seul le Saint des saints. C'est de lui aussi dont ce même archange Gabriel parle à Daniel. Parmi d'autres prédictions qu'il lui révèle, il dit : « Que ma vision et mes prophéties s'accomplissent, et que le Saint des saints soit oint. » (*Dan.*, IX, 24.) Ce saint, en effet, n'a point vu la corruption, car, le troisième jour, il ressuscita, sortant triomphant des ombres de la mort. Cette chair qu'il prit en Marie, quoique morte, à cause de son infirmité naturelle, reprit la vie par la puissance de Dieu. Lui qui mourut quand il voulut, avait aussi la puissance de ressusciter à sa volonté. Exceptons donc de la sentence générale ce corps né d'une vierge. Si ce que nous venons de dire ne convient pas à Marie, il convient cependant au fils qu'elle a conçu.

CHAPITRE IV. — Après ce qui a été dit à Adam, et dont il faut excepter le fils de Marie, examinons si les paroles dites à Ève regardent, dans leur généralité, toutes les femmes, et si Marie fait exception en quelque chose. Voici ce qui est écrit : « Dieu dit aussi à la femme : Je vous affligerai de plusieurs maux, et je multiplierai vos grossesses; vous enfanterez dans la douleur, et vous serez sous la puissance de votre mari, et il vous dominera. » (*Gen.*, III, 16.) Marie a éprouvé les douleurs quand son âme a été percée d'un glaive, au jour de la passion de Jésus-Christ; mais ses conceptions ne furent point multipliées, elle ne fut point sous la puissance de l'homme, c'est-à-dire de son mari, elle qui reçut du Saint-Esprit Jésus-Christ dans ses chastes entrailles, et demeura vierge en conservant intègre sa virginité. L'ayant reçu sans la souillure du péché et sans le préjudice de l'union avec l'homme, elle l'enfanta sans douleur, sans que sa pureté fût atteinte, et sa pudeur virginale demeura entière. Dieu, qui voulut naître de la nature humaine, put bien agir ainsi à l'égard de sa mère. Donc, Marie, qui ressemble à Ève dans ses afflictions, ne lui ressemble point dans son enfantement. Sa sainteté éminente et sa grâce incomparable lui ont mérité d'être jugée digne de recevoir Dieu d'une façon extraordinaire. C'est donc avec raison qu'une croyance fondée exempte de certaines lois générales celle qui fut comblée de tant de grâces et élevée à une si haute dignité. Jusqu'où va la puissance du Christ, le monde tout entier en est une preuve. Quelle est la puissance de la grâce, l'intégrité de Marie le démontre, intégrité aussi éloignée de la nature humaine, qu'elle est extraordinaire. Si donc, en considérant ce privilège, nous avouons qu'elle a subi la mort comme le reste des mortels, mais que la mort n'a pas retenu dans ses liens celle dont Dieu a voulu naître, avec laquelle il a communiqué dans la substance de sa chair, sera-

---

sententia; si de resolutione in pulverem, hanc conditionem Christi caro evasit de carne Mariæ sumpta, quæ corruptionem non sustinuit. De hoc enim scriptum est per David Prophetam dicentem : « Quoniam non derelinques animam meam in inferno, nec dabis sanctum tuum videre corruptionem. » (*Psal.* xv, 12.) De quo autem sancto dictum sit, Archangelus prodidit, qui ad Mariam ait : « Et quod nascetur ex te sanctum, vocabitur filius Dei. » (*Luc.*, I, 35.) Vero sanctum, et sanctum sanctorum : unde et illa Sancta sanctorum dicuntur, quæ illa servabant quibus ille figurabatur, qui veraciter solus sanctus sanctorum dicitur. Hic enim est de quo isdem archangelus Gabriel Danieli loquitur inter cætera quæ futura ostendit dicens : « Et impleatur visio et prophetia, et unguatur sanctus sanctorum. » (*Dan.*, IX, 24.) Hic enim sanctus corruptionem non vidit, qui tertia die cum triumpho de inferis rediens resurrexit. Caro ejus quæ de Maria sumpta est, etsi mortua est ex infirmitate, revixit ex Dei virtute. Sed hoc ille, qui quando voluit mori, quando voluit resurgere, potuit. Excipiatur ergo ab illa generali sententia de virgine sumpta natura. Quod si non Mariæ congruit, congruit tamen filio quem genuit.

CAPUT IV. — Post hæc quæ Adæ dicta sunt, de quibus excipiatur Mariæ filius; contenda sunt quæ etiam Evæ dicta sunt, si cunctis feminis sint generalia, et si in aliquo excipiatur Maria. Scriptum quippe est : « Mulieri quoque dixit Deus : Multiplicabo ærumnas tuas et conceptus tuos. In dolore paries filios, et sub viri potestate eris, et ipse dominabitur tui. » (*Gen.*, III, 16.) Ærumnam Maria sustinuit, cujus animam gladius passionis Christi pertransivit (*Luc.*, II, 35) : sed conceptus non multiplicavit, nec sub viri, id est, mariti potestate deguit, quæ integerrimis visceribus de Spiritu sancto Christum suscepit, et virginitatis integritate manente virgo permansit. Quem quia sine peccati colluvione, et sine virilis admixtionis detrimento suscepit, sine dolore genuit, et sine integritatis violatione, pudor virginitatis integra permansit. Hoc enim potuit efficere de matre, quia sic Deus elegit nasci de homine. Maria ergo etsi communicat ærumnis Evæ, non communicat parturiendo cum dolore. Promeruit enim hoc singularis sanctitas ejus et singularis gratia, qua susceptione Dei singulariter æstimata est digna. Non immerito ergo excipitur a quibusdam generalibus vera æstimatione, quam tanta servat gratia et attollit dignitatis prærogativa. Quantum enim Christi potestas possit, mundi ostendit universitas; quantum gratia, Mariæ monstrat integritas : quæ sicut diversa est a natura, ita diversa est ab usu. Quid ergo si in tanta diversitate eam dicimus humanæ sortis mortem subiisse, nec tamen ejus vinculis retineri, per quam Deus voluit nasci, et carnis substantia communicare, numquid impium erit? Scimus enim Jesum omnia posse, qui de se ipso ait :

LE LIVRE DE L'ASSOMPTION DE LA BIENHEUREUSE VIERGE MARIE.

ce une impiété de notre part? Ne savons-nous pas que Jésus-Christ est tout-puissant? Ne dit-il pas de lui-même : « Toute puissance m'a été donnée au ciel et sur la terre? » (*Matth.*, XXVIII, 18.)

Chapitre V. — Si donc il a voulu préserver l'intégrité virginale de sa Mère, pourquoi ne voudrait-il pas la conserver intacte de la corruption du tombeau? Qu'il parle celui qui connait les pensées du Seigneur et qui fut son conseiller. N'est-il pas digne de la bonté du Seigneur de garder l'honneur de sa mère, lui qui vint, non point nous délivrer de la loi, mais la compléter? Si la loi commande d'honorer sa mère, d'un autre côté elle condamne celui qui la déshonore. Pendant sa vie, il l'a honorée plus que tous les autres, à cause de sa conception; n'est-ce pas pieux de croire qu'il l'honore également dans sa mort par une préservation particulière, et cela en vertu d'une grâce spéciale? Oui, il a pu la rendre exempte de la pourriture et de la poussière, lui qui, en naissant d'elle, la laisse vierge. La pourriture et les vers sont un opprobre pour la condition humaine, et si Jésus a été exempt de cet opprobre, la nature de Marie doit aussi en être exceptée, puisqu'elle était si intimement unie à celle de Jésus. La chair de Jésus est la chair de Marie plus véritablement que celle de Joseph n'était celle de Judas et de ses autres frères, dont ce dernier disait : « Il est notre frère et notre chair. » (*Gen.*, XXXVII, 27.) Car la chair de Jésus-Christ, quoiqu'elle ait été ennoblie par la gloire de la résurrection et glorifiée par son ascension toute-puissante au plus haut des cieux, reste cependant la même chair; c'est la même nature qu'il a reçue de Marie. C'est lui-même qui a été conçu, qui est né, qui est ressuscité des morts par la gloire du Père, comme il nous l'atteste avec certitude, quand il dit à ses apôtres : « Voyez mes mains et mes pieds, c'est moi-même. » (*Luc*, XXIV, 39.) Que signifie : « C'est moi-même, » sinon : je ne suis pas différent de ce que j'étais quand j'ai souffert; si vous voulez vous en rendre compte, vous le reconnaitrez aux marques des clous à mes mains et à mes pieds? C'est donc lui, oui, c'est lui-même qui est monté aux cieux, et qui a transporté au-dessus des astres la chair qu'il a reçue de sa Mère, honorant par là toute la nature humaine et beaucoup plus celle de sa Mère! Si donc par la nature il est fils de sa mère, il est convenable que celle-ci soit également la mère de son fils, en ce sens que leur substance est la même; homme né de l'homme, chair issue de la chair, mère par son fils, fils par sa mère, ils ne forment pas une même personne, mais une même nature, une même substance corporelle. Si la grâce peut produire l'unité sans propriété spéciale de la nature, combien plus là où il y a unité par la grâce et où les corps sont dans des rapports particuliers par leur naissance? La grâce produit l'unité; il y avait unité des disciples dans le Christ. Il a dit d'eux : « Père saint, conservez en votre nom ceux que vous m'avez donnés; je veux qu'ils soient un comme nous le sommes. » (*Jean*, XVII, 11.) Et ailleurs, parlant de tous les justes : « Je ne prie pas seulement pour eux, mais aussi pour tous ceux qui, à leur parole, croiront en moi, afin que tous soient un, comme vous, mon Père, vous êtes en moi et moi en vous; » (*Ibid.*, 26) c'est-à-dire, pour qu'ils soient par la grâce ce que nous sommes par la nature de notre divinité. Et si cette unité par la grâce donnée à tous ceux qui croient en Jésus-Christ n'est pas refusée à Ma-

---

« Data est mihi omnis potestas in cœlo et in terra. » (*Matth.*, XXVIII, 18.)

Caput V. — Si ergo voluit integram matrem virginitatis servare pudore, cur non velit incorruptam a putredinis servare fœtore? Dicat qui cognovit sensum Domini, et qui consiliarius ejus fuit : Namquid non pertinet ad benignitatem Domini, matris servare honorem, qui legem non solvere venerat, sed adimplere? (*Matth.*, v, 18.) Lex enim sicut honorem matris præcipit, ita inhonorationem damnat. Qui enim in vita præ cæteris illam gratia sui conceptus honoravit, pium est credere singulari salvationi eam in morte et speciali gratia honorasse. Potuit enim eam a putredine et pulvere alienam facere, qui ex ea nascens potuit virginem relinquere. Putredo namque et vermis humanæ est opprobrium conditionis, a quo opprobrio cum Jesus sit alienus, natura Mariæ excipitur, quam Jesus de ea susceptibus probatur. Caro enim Jesu caro est Mariæ, et multo specialius quam Joseph Judæ cæterorumque fratrum ejus, quibus dicebat : « Frater enim et caro nostra est. » (*Gen.*, XXXVII, 27.) Caro enim Christi, quamvis gloria resurrectionis fuerit magnificata, et potenti super omnes cœlos ascensione glorificata, eadem tamen carnis mansit et manet natura, quæ suscepta est de Maria. Ipse enim est qui conceptus, et genitus, atque a mortuis suscitatus est per gloriam Patris : sicut profecto ipse testatur post resurrectionem, quando Apostolis dicit : « Videte manus meas et pedes meos, quia ipse ego sum. » (*Luc.*, XXIV, 39.) Quid enim est, « ipse ego sum : » nisi quia alter non sum, quam qui tunc eram quando passus sum? hoc si quidem cognoscere potestis, qui in manibus et pedibus clavorum vulnera cognoscitis. Ipse ergo idemque cœlos ascendit, et carnem quam de matre suscepit, super astra transvexit : honorans omnem humanam naturam, et multo magis maternam. Si igitur natura matris est filius, conveniens est ut sit et filii mater, non quantum pertinet ad æquam administrationem, sed quantum pertinet ad eamdem reciprocam substantiam : ut homo de homine, caro de carne, mater a filio, filius a matre, non ad unitatem personæ, sed ad unitatem corporalis naturæ et substantiæ. Si enim unitatem potest facere gratia sine proprietate specialis naturæ; quanto magis ubi gratiæ unitas, et corporis est specialis nativitas? Unitas namque gratiæ est, ut discipulorum in Christo, de quibus ipse dixit : « Pater sancte, serva eos in nomine tuo : quos dedisti mihi, volo ut sint unum sicut et nos. » (*Joan.*, XVII, 11.) Et iterum de omnibus justis : « Non pro his autem rogo tantum, sed et pro his qui crediderunt sunt per verbum eorum in me, ut omnes unum sint sicut et tu Pater in me, et ego in te : » (*Ibid.*, 26) hoc est, ut ipsi sint per gratiam, quod nos sumus per divinitatis naturam. Hæc quippe gratiæ unitas; quæ cunctis in Christum credentibus servatur,

rie, de l'avis même des moins sages, combien plus, jointe à l'unité dans la grâce, cette qualité distinctive de la nature produit-elle l'unité entre la mère et le fils, entre le fils et la mère? Voyons aussi ce qu'il a ajouté, en suivant, au sujet de ceux qu'il voulut être un avec lui par la grâce; il a dit : « Père saint, je veux que ceux que vous m'avez donnés soient avec moi, partout où je suis, afin qu'ils voient la gloire que vous m'avez donnée. » (*Ibid.*) O immense, ô ineffable bonté de Dieu! qui veut avoir avec lui, dans la gloire, pour qu'ils jouissent de ses clartés, ceux qui lui sont unis ici-bas par la foi, et qui sont jugés dignes d'être un avec lui. Si donc il les veut avoir avec lui, et s'il le peut, dès lors qu'il peut tout, que penser de sa mère? Où se trouvera-t-elle dignement, sinon en présence de son fils?

CHAPITRE VI. — Plus je regarde attentivement, plus je comprends, plus je crois que l'âme de Marie jouit des clartés du Christ et de sa glorieuse présence; brûlant toujours de la soif de le voir, le contemplant sans cesse, tandis qu'elle s'en nourrit d'une manière inappréciable; son Fils l'honore d'une prérogative spéciale et au-dessus de toute comparaison; c'est de posséder dans le Christ le corps qu'elle a conçu, glorifié à la droite du Père; et si ce n'est pas son corps avec lequel elle a conçu, du moins c'est le corps qu'elle a conçu. Et pourquoi ne serait-ce pas le corps avec lequel elle a conçu? Pour moi je le crois, n'ayant pas jusqu'ici rencontré d'autorité certaine affirmant le contraire. Vraiment un corps aussi sanctifié est plus digne du ciel que de la terre; oui, il est juste que le trône de Dieu, que le lit nuptial du Seigneur du ciel, que la maison et le tabernacle du Christ soient là où il est lui-même. Le ciel mérite mieux que la terre de conserver un trésor aussi précieux; il est juste que l'incorruptibilité garde une aussi grande pureté, et qu'aucune dissolution ne soit amenée par la pourriture. Donc, quand il est question de ce corps très-saint, où le Christ a pris sa chair, où il a uni la nature divine à la nature humaine, sans perdre ce qu'il était, mais prenant ce qu'il n'était pas, en sorte que le Verbe fût fait chair, c'est-à-dire que Dieu devînt homme, je crains de dire, car je ne puis l'admettre, qu'il a été donné en pâture aux vers, qu'il a subi le sort commun de la pourriture, et qu'ayant été dévoré par les vers, il soit devenu poussière. Si je n'avais pas des pensées plus hautes sur ce corps que sur le mien, je n'en dirais rien de plus que ce que je dis du mien. Je dis que, sans aucun doute, mon corps se dissoudra par la mort; après la mort viendra la pourriture; après la pourriture les vers, après les vers, ce ne sera plus, comme il le mérite, que la plus vile poussière. Il ne me paraît point que ce soit là ce qu'il faut croire de Marie. En effet, la grâce incomparable dont elle fut ornée repousse bien loin une telle idée.

CHAPITRE VII. — Des considérations nombreuses m'engagent à tenir ce langage. Parmi ces considérations, est celle de la parole que la Vérité même dit à ses disciples : « Que celui qui me sert me suive, et mon serviteur sera partout où je suis. » (*Jean*, XII, 26.) Si cette sentence générale regarde tous ceux qui servent le Christ par la foi et par des œuvres de piété, combien davantage, et en quelque sorte plus spécialement, regarde-t-elle Marie? Marie, en effet, et par toutes ses œuvres, et par la sincérité la plus rigoureuse de sa foi, a été la servante du Christ; quiconque pense sagement, le comprend sans peine.

si Mariæ etiam minus sapientium æstimatione non tollitur : quanto magis cum gratiæ unitate ipsa specialitas naturæ unum efficit matrem et filium, filium et matrem? Videndum est etiam quid de his quos secum per gratiam unum esse voluit, consequenter adjunxit. Ait enim : « Pater sancte, quos dedisti mihi, volo ut ubi sum ego, et illi sint mecum; ut videant claritatem meam quam dedisti mihi. » O magnam et inæstimabilem bonitatem Dei, qui habere secum suos in gloria vult, ut sua claritate fruantur, qui hic sua fide juncti, unum cum eo esse digni judicantur! Si igitur eos secum habere vult, ac per hoc potest qui omnia potest; quid æstimandum est de matre, ubi digna sit haberi, nisi in præsentia Filii?

CAPUT VI. — Quantum igitur contueor, quantum intelligo, quantum credo, Mariæ anima claritate fruitur Christi, et gloriosis conspectibus ejus; semper videre sitiens, et semper conspiciens, dum inæstimabiliter pascitur, excellentiori quadam specialique prærogativa a Filio honoratur : possidens in Christo corpus suum quod genuit, clarificatum in dextera Patris; et si non suum per quod genuit, tamen suum quod genuit. Et quare non suum per quod genuit? Si non obviaverit necdum perspecta auctoritas, vere credo, et per quod genuit; quia tanta sanctificatio dignior cœlo est quam terra. Thronum Dei, thalamum cœli Domini, domum atque tabernaculum Christi dignum est ibi esse ubi ipse est. Tam pretiosum enim thesaurum dignius est cœlum servare quam terra, tantam integritatem merito incorruptibilitas, non putredinis ulla resolutio sequitur. Illud ergo sacratissimum corpus, de quo Christus carnem assumpsit, et divinam naturam humanæ univit, non amittens quod erat, sed assumens quod non erat, ut Verbum caro, hoc est, Deus homo fieret, escam vermibus traditum quia sentire non valeo, dicere pertimesco communi sorte putredinis et futuri de vermibus pulveris. De quo si nihil altius sentirem quam de proprio, nihil dicerem nisi quemadmodum de proprio. Quod absque ulla ambiguitate solvendum in mortem, post mortem est futurum putredo, post putredinem vermis, post vermem, ut dignum est, abjectissimus pulvis. Quod de Maria credendum non videtur consentibile : quia æstimationem procul propellit incomparabilis gratiæ munus.

CAPUT VII. — Quod me dicere multarum consideratio rerum invitat : quarum et illa quidem est, quam suis aliquando ministris ipsa Veritas ait : « Qui mihi ministrat, me sequatur : et ubi sum ego, illic et minister meus erit. » (*Joan.*, XII, 26.) Si enim hæc est generalis sententia omnium per fidem et piam operationem Christo ministrantium, quanto magis et quomodo specialiter Mariæ? Mariam namque operis exhibitione et fidei rigidissima veritate ministram Christi fuisse, omnis qui sa-

En effet, sans aucun doute, elle a été sa servante par ses œuvres. Elle l'a porté dans son sein, elle l'a nourri et réchauffé ; après sa naissance, selon la parole de l'Evangile, elle l'a couché dans une crèche, et, fuyant la présence d'Hérode, elle le cacha en Egypte ; et n'entoura-t-elle pas son enfance de son affection maternelle la plus vive ; même jusqu'au pied de la croix, où elle vit attaché ce fils, parvenu à l'âge de l'homme parfait ? Elle ne cessa de l'accompagner avec courage, le suivant, non-seulement pour témoigner de son respect envers son Seigneur, mais aussi dans le désir de l'imiter ; et comme Marie a été la servante la plus dévouée de Jésus-Christ, par l'excellence de ses œuvres spéciales, de même elle l'a suivi, sans aucun doute, par sa fidélité religieuse et la charité d'une foi véritable. Comment put-elle ne pas croire à sa divinité, elle qui savait l'avoir conçu, non point d'une semence humaine, selon l'ordre de la nature, mais à la parole de l'ange par un souffle divin, et ne vit-elle pas toujours une multitude d'anges l'environner, pour le servir, comme après sa conception et sa naissance, quand se joignit à l'ange des bergers une multitude de l'armée céleste criant et disant : « Gloire à Dieu, au plus haut des cieux, et paix sur la terre aux hommes de bonne volonté ? » (*Luc*, II, 14.) Comme aussi lorsqu'il s'enfuit en Egypte et qu'il en revint ; à ces signes elle put connaître clairement que de tels hommages ne convenaient qu'à un Dieu. De même, la vue de l'étoile, et les mages venant des pays éloignés, lui furent aussi une très-grande preuve de cette vérité. Egalement, l'esprit prophétique qui anima Siméon et Anne, quand ils vinrent spécialement à sa rencontre, conduite qu'ils n'avaient jamais tenue pour personne. Marie, conservant certainement toutes ces choses, les gardait dans sa pieuse âme, tandis que sa foi, fortifiée par toutes ces marques, s'enracinait plus profondément ; c'est pourquoi, sans hésiter aucunement, mais toute confiante dans la puissance de son Fils, comme dans la vraie vertu de Dieu, quand aux noces le vin manqua, elle dit : « Ils n'ont point de vin, » (*Jean*, II, 3) sachant pleinement que sa puissance s'étendait jusqu'au point où il le montra bientôt en faisant un miracle divin. Voilà donc Marie, la servante de Jésus-Christ par sa foi et par ses œuvres, sa suivante dévouée jusqu'à l'heure où il mourut, non pas tant, comme nous devons le croire, par ses pas matériels que par son désir de l'imiter. Et si elle n'est pas là où Jésus-Christ veut que soient ses ministres, où sera-t-elle donc ? Et si elle est là, y sera-t-elle avec une grâce égale ? Et si elle y est avec une grâce égale, où sera la justice impartiale de Dieu, qui rend à chacun selon ses œuvres ? Si donc Marie a été ornée pendant sa vie, et justement, de plus de grâces que tous les autres, après sa mort, la proportion de ces grâces sera-t-elle diminuée ? Certes, non. Car si la mort de tous les saints est précieuse, celle de Marie est certainement plus précieuse, elle sur qui tomba une si grande abondance de grâces, qu'elle a pu être appelée mère de Dieu, et qu'elle le fut en effet.

Chapitre VIII. — Toutes ces choses étant donc considérées et au nom de la vraie raison, je crois qu'il faut confesser que Marie est en Jésus-Christ, et près de Jésus-Christ ; en Jésus-Christ, car nous avons en lui la vie, le mouvement et l'être ; puis en Jésus-Christ, ayant été enlevée glorieusement pour les joies de l'éternité, accueillie par la bénignité de Jésus-Christ

---

num sapit intelligit. Absque dubio enim opere ministratrix exstitit, quæ hunc in utero gessit, partuque profusum aluit et fovit, atque, ut Evangelium ait, in præsepio reclinavit (*Luc.*, II, 7), et a facie Herodis fugiens in Ægyptum abscondit, et omnem infantiam ejus matris affectu prosecuta est (*Matth.*, II, 13) ; ita ut usque ad crucem, in qua filius jam virum perfectum vidit pendentem, ab ejus indubitanter non recesserit consectatu, non solum gressibus pedum tanquam (*a*) pro reverentia Domini, verum etiam imitationis affectu. Maria ergo ministratrix Christi specialium operum qualitatibus sicut devotissima exstitit ; ita absque dubio religionis fide et veræ credulitatis caritate secutrix fuit. Non enim potuit divinitatis ejus nisi esse credula, quæ se noverat hunc non virili semine secundum ordinem naturæ, sed divino spiramine nuntiante Archangelo concepisse : videns semper famulantium Angelorum ei adesse frequentiam, ut concepto et nato, quando videlicet facta est cum Angelo multitudo cœlestis exercitus clamantium et dicentium : « Gloria in altissimis Deo, et in terra pax hominibus bonæ voluntatis : » (*Luc.*, II, 14) et in Ægyptum fugituro, atque inde iterum redituro : quibus liquido cognoscere potuit, quia talia obsequia non nisi Deum decuerant. (*Matth.*, II.) Unde et stellæ annuntiatio, et Magorum de longissimis partibus insperata adductio, maximum illi exstitit indicium veritatis. (*Luc.*, II, 27.) Similiter et Simeonis et Annæ prophetali dignitate insolitus cæteris et huic specialis occursus. (*Ibid.*, 36.) Quæ omnia profecto Maria conservans, his cunctis altius ad fidem roborata, pio corde conferebat : in tantum ut omnino non nutabunda, sed certa de filii potestate, tanquam de Dei vera virtute, deficiente in nuptiis vino dixerit : « Vinum non habent : » (*Joan.*, II, 3) sciens plane hoc illum potuisse, quod eum mox contigit divino miraculo complevisse. Ecce igitur Maria fide et opere Christi ministratrix, et devota usque ad ejus mortem secutrix, non plus gressu quam imitationis, ut credendum est, affectu : si ibi non fuerit, ubi Christus ministros suos vult esse ; ubi ergo erit ? Et si ibi, numquid æquali gratia ? Et si æquali gratia, ubi æqua Dei censura, qui unicuique reddit secundum sua merita ? (*Matth.*, XVI, 27.) Si ergo merito Mariæ viventi præ omnibus donata est gratia, mortuæ erit minuenda ? Absit : quia si omnium sanctorum mors est pretiosa (*Psal.* CXV, 15), Mariæ sane est pretiosissima : quam tanta comitata est gratia, ut mater Dei dicatur, et sit.

Caput VIII. — Consideratis igitur his universis, et vera ratione, confitendum censeo, Mariam in Christo, et apud Christum esse ; in Christo, quia in ipso vivimus, movemur et sumus (*Act.*, XVII, 28) ; apud Christum gloriose ad æternitatis gaudia assumptam, benignitate Chri-

---

(*a*) Sic Mss. At editi, *pro amore filii, verum etiam imitatione morum tanquam pro reverentia Dei Maria*, etc.

avec plus d'honneur que tous les autres, elle que, sur la terre, la grâce honore plus que tous les autres. Je crois qu'elle n'a pas été réduite après sa mort à l'humiliation commune, je veux dire, à l'humiliation de la pourriture des vers et et de la poussière, elle qui mit au monde son Sauveur et celui de tous les hommes; il dépend de ce Sauveur qu'un cheveu ne tombe pas de la tête des saints; il dépend aussi de lui de la conserver entière dans son âme et dans son corps. Si aucun des docteurs ne doute de la puissance qu'il possède, de conserver éternellement sa Mère sans corruption, pourquoi douter qu'il l'ait voulu, quand cette grâce dépend de sa bonté infinie? Si la divine volonté, par grâce seulement, au milieu des flammes dévorantes d'un torrent de feu, a voulu conserver sains et saufs, non-seulement les corps des jeunes Hébreux, mais s'il voulut même préserver leurs vêtements contre l'incendie, pourquoi refuserait-il de garder dans sa mère ce qu'il a choisi, pour servir de vêtement à sa divinité? Sa miséricorde seule a préservé de la corruption Jonas dans le ventre de la baleine, contre les lois ordinaires, pourquoi sa grâce ne garderait-elle pas Marie sans corruption en dehors des lois de la nature? Daniel fut préservé contre la faim des lions dévorants, et Marie ne serait pas préservée, quand elle fut ornée de tant de mérites et de si hautes dignités! Nous le savons, il est vrai, tout ce que nous venons de dire ne fait pas le compte de la nature, mais aussi, pour l'intégrité de Marie, nous ne doutons pas que la grâce a plus agi que la nature. En effet, les œuvres que nous avons rappelées appartiennent à la divinité, et elles sont possibles, parce qu'elles sont les œuvres de la toute-puissance. Le Christ, c'est la vertu de Dieu, c'est la sagesse de Dieu; il possède tout ce qui appartient à son Père, il veut, et tout ce qu'il veut existe; mais sa volonté ne s'étend qu'à des choses justes et dignes. Et, d'après cela, ne paraît-il pas convenable que Marie se réjouisse d'une joie inénarrable dans son âme et dans son corps, dans son Fils, avec son Fils, et par son Fils? Aucune malheureuse corruption ne doit la suivre, puisqu'en mettant au monde un Fils si grand, son intégrité ne fut point souillée par la corruption. C'était juste, elle devait être sans corruption, celle qui fut inondée de tant de grâces; elle doit vivre tout entière, celle qui engendra la vie parfaite et complète de tout le monde. Qu'elle soit avec celui qu'elle porta dans son sein, qu'elle soit près de celui qu'elle mit au monde, qu'elle réchauffa et qu'elle nourrit, Marie, la mère de Dieu, la nourrice de Dieu, la servante de Dieu, l'imitatrice de Dieu, de laquelle, comme je l'ai déjà dit, je ne veux pas tenir un autre langage, parce que je n'ose pas penser différemment.

Chapitre IX. — Que votre charité, mes frères, reçoive donc ce sentiment, selon que l'esprit de Jésus-Christ me l'a inspiré; je n'ai découvert qu'une partie des choses qui m'ont poussé à parler; si pourtant quelqu'un, sans oser nier que Jésus-Christ possède le pouvoir d'accorder cette faveur à sa Mère, refuse de souscrire à mon sentiment, qu'il dise en quoi cette faveur répugne, et pourquoi Marie n'en jouit pas. S'il me démontre que sur ce point il connaît les desseins de Dieu, moi, qui n'ai pas osé penser autrement de la sainte Vierge, je me rangerai de suite à son avis; j'admirerai qu'il ait pu ainsi sonder la profondeur des pensées divines, lorsque je crois, avec l'Apôtre, qu'elle doit être l'objet de notre

---

sti honoratius susceptam cæteris, quam hic gratia honoravit præ cæteris; atque ad communem humilitatem non esse adductam post mortem, putredinis videlicet et vermis et pulveris, quæ suum et omnium genuit Salvatorem : in cujus si potestate est, sanctorum de capite capillum non perire (*Luc.*, XXI, 18), est et illam anima et corpore integram posse servare. De cujus potestate si nullus dubitet ecclesiasticorum, quin possit matrem sine corruptione in perpetuum servare : cur dubitandum est voluisse, quod attinet ad tantæ benignitatis gratiam? Si elegit divina voluntas sola gratia inter crepitantes vehementium ignium flammas non solum corpora puerorum servare illæsa, verum etiam ipsa vestimenta servare inusta (*Dan.*, III, 94); cur abnuat in matre propria, quod elegit in veste aliena? Jonam servare in ventre ceti præter naturalem usum voluit incorruptum sola misericordia (*Jon.*, II, 1) : Mariam incorruptam præter naturam non servabit gratia? Servatus est Daniel ab intemperatissima fame leonum (*Dan.*, VI, 22); non servanda est Maria tantis donata meritis dignitatum? Hæc cuncta quæ diximus, quia (*a*) naturam servantia non cognoscimus : in Mariæ integritate plus potuisse gratiam quam naturam non dubitamus. Divinitatis enim opera sunt quæ dicimus; et ideo possibilia, quia sunt ab omnipotentia. Christus autem Dei virtus est et Dei sapientia (I *Cor.*, I, 14), cujus sunt omnia quæ Patris, omnia sunt quæ sunt velle; velle autem omnia quæ sunt justa et digna. Ac per hoc videtur digne lætari Maria lætitia inenarrabili anima et corpore, in proprio filio, cum filio proprio, per filium proprium, nec ullam sequi debere corruptionis ærumnam, quam nulla secuta est tantum filium pariendo integritatis corruptio : ut sit semper incorrupta, quam tanta perfudit gratia; sit integriter vivens, quæ omnium integram perfectamque genuit vitam; sit cum illo quem in suo gessit utero, sit quod illum illa quæ genuit, fovit et aluit illum Maria Dei genitrix, Dei nutrix, Dei ministratrix, et Dei secutrix : de qua, ut jam dixi, quia aliter sentire non audeo, aliter dicere non præsumo.

Caput IX. — Suscipiat igitur hunc sensum fraterna Caritas Vestra, secundum quod Spiritus Christi inspiravit. Ostensa sunt ex parte, quæ taliter me hortata sunt dicere. Si quis autem refragari his elegerit, cum dicere non velit, hæc non posse Christum : proferat quare non conveniat velle, ac per hoc non esse. Et si se veraciter consilium Dei de his nosse manifestaverit, incipiam ei credere, de quibus aliter non (*b*) præsumpsi sentire : miraborque illum altitudinem consilii divini investigasse, quam me cum Apostolo digna reverentia videor debere admirari dicens : « O altitudo divitiarum sapientiæ et

(*a*) Mss. duo, *usum*. — (*b*) Editi *possum*.

étonnement et de notre profonde vénération, en répétant : « O profondeur des richesses de la sagesse et de la science de Dieu, que vos jugements sont impénétrables, et combien vos voies déroutent toutes recherches! » (*Rom.*, xi, 33.) Et parce que, selon le même Apôtre, nous ne connaissons qu'en partie, nous ne prédisons qu'en partie (I *Cor.*, xiii, 9), je m'arrête ici, et si je n'ai pas dit tout ce qu'il fallait, j'ai parlé cependant de la manière que j'ai cru devoir le faire.

Si donc ce que j'ai écrit est la vérité, je vous rends grâces, ô Christ, de ce que sur la sainte Vierge, votre Mère, je n'ai pu avoir que des pensées pieuses et dignes. Si donc j'ai parlé comme j'ai dû approuvez-moi, ô Christ, je vous en prie, vous et les vôtres; mais si je n'ai pas fait comme j'ai dû, pardonnez-moi, vous et les vôtres, vous qui avec Dieu le Père et le Saint-Esprit, vivez et régnez dans tous les siècles des siècles. Ainsi soit-il.

scientiæ Dei, quam inscrutabilia sunt judicia ejus, et investigabiles viæ ejus! » (*Rom.*, xi, 33.) Et quia, secundum eumdem Apostolum, ex parte cognoscimus, et ex parte prophetamus (I *Cor.*, xiii, 9) : dixi de his, etsi non quantum est, tamen quemadmodum me dicere debuisse credidi. Si ergo vera sunt quæ scripsi, tibi gratias ago Christe, quia de sancta Virgine matre tua, nisi quod pium est ac dignum visum sentire non potui. Si ergo dixi ut debui, approba Christe obsecro, tu et tui : sin autem ut non debui, ignosce tu et tui ? Qui cum Deo Patre et Spiritu sancto vivis et regnas per omnia sæcula sæculorum. Amen.

DE LA VISITE DES MALADES [1]

LIVRE PREMIER

Chapitre premier. — J'allai, hier, visiter pour la dernière fois mon bien cher neveu, déjà dans les bras de la mort ; mais touché intérieurement d'une douleur profonde, mes sanglots se changèrent enfin en quelques paroles, non sans que quelques larmes ne tombassent de mes yeux, aussi je n'ai rien pu dire qui soit digne de lui et digne de moi. Quand l'âme émue d'une immense douleur veut parler, toutes ses tentatives se traduisent par une augmentation de larmes ; je m'abstenais dès lors de parler pour diminuer les miennes. Répandre des larmes qui n'ont point pour but de consoler, c'est être efféminé ; mais n'en répandre aucune quand nous devons nous réjouir avec ceux qui sont dans la joie, et pleurer avec ceux qui pleurent, c'est désobéir et manquer d'humanité. Jésus a pleuré ; je pleurerai donc, mon neveu bien-aimé, pour ne pas être désobéissant et sans cœur, et pour imiter mon Jésus ; mais je tempérerai mes larmes, pour ne pas paraître trop efféminé.

Chapitre II. — Toi aussi, cher neveu, tu te hâtes d'entrer dans cette voie où va toute chair, tu y verras tes parents, les saints patriarches, et le grand bonheur réservé à tous. Pour subside d'un si grand voyage, pour ne pas défaillir dans la route, un grand viatique t'est nécessaire. Tu dois être placé, comme une pierre vivante, dans le mur de la cité d'en haut, pour la construction de laquelle on n'entend ni bruit, ni coup de marteau ; c'est ici-bas que se doit faire le bruit, c'est ici que le marteau doit

(1) D'un auteur inconnu.

DE
VISITATIONE INFIRMORUM

LIBER PRIMUS

Caput primum. — Visitationis gratia nepoti meo carissimo morienti extremum vale dicturus hæsterna die processi : sed tactus dolore cordis intrinsecus, in sine quantulacumque oculorum humectatione vix verbum in aliquod tandem ora singultuosa resolvi, unde nec digna me, nec digna se satis proferre potui. Si enim (quod omnium est) animus dolore non minimo affectus verba attentaret, ipsa verborum attentatio lacrymarum esset augmentatio. Parcebam itaque verbis, ut parcerem lacrymis. Non consolatorias si quidem effundere lacrymas, effeminatum est : porro nullas (cum gaudere cum gaudentibus, flere cum flentibus jubeamur), et inobedientia et inhumanitas est. Et lacrymatus est Jesus. Plorabo igitur, mi nepos dulcissime, ne sim inobediens et inhumanus, sive non imitator mei Jesu : temperabo quoque a lacrymis, ne nimis videar effeminatus.

Caput II. — Tu quoque viam universæ carnis, nepos amantissime, ingredi festinas : quo visurus es parentes tuos, Patriarchas sanctos, omnium etiam summam beatitudinem. Ad tanti igitur itineris, ne deficias in via, subsidium, grande viaticum tibi est necessarium. In muro civitatis supernæ apponendus es lapis vivus, in

frapper la pierre, c'est ici que tout ce qu'il y a d'inutile dans la pierre à polir doit être brisé. Le bruit sera le souvenir de tes péchés, que ta confession pleine d'humilité fera retentir à l'oreille du prêtre, selon cette parole : « Confessez donc vos fautes l'un à l'autre. » (*Jacq.*, v, 16.) Le marteau sera le repentir du cœur, bien plus que les coups frappés sur la poitrine. Ces deux choses, tant qu'il nous reste encore un souffle de vie, doivent être tellement réglées, qu'elles ne soient plus d'aucune nécessité quand nous entrerons dans la construction de l'édifice de Dieu. En effet, où allons-nous ? A la vie. Par quel chemin ? Ecoutons la parole du Maître : « Je suis la voie, la vérité et la vie. » (*Jean*, XIV, 6.) Vous ne pouvez errer, Jésus-Christ est la voie; vous ne pouvez être trompé, Jésus-Christ est la vérité; vous ne pouvez point ne pas vivre, Jésus-Christ est la vie. Par Jésus-Christ qui est la voie, vous allez à Jésus-Christ la vraie vie; Jésus-Christ c'est le chemin, vous le voyageur. Portez Jésus-Christ comme viatique, il vous conduira à lui-même, la voie, la vérité, la vie. Mais où trouverez-vous cette voie ? où trouverez-vous ce viatique ? Jésus-Christ, c'est Dieu, Dieu est partout. Si Dieu est partout; il est donc en vous, il est derrière vous, il est devant vous, il est à l'entour de vous, Dieu remplit tout. Ne croyez pas Dieu bien loin, partout où vous le chercherez, vous le trouverez : « Si vous montez au ciel, il y est; si vous descendez aux enfers, il s'y trouve. » (*Ps.* CXXXVIII, 8.) Prenez-vous dès le matin des ailes, pour aller habiter jusqu'aux extrémités de la mer, c'est sa main qui vous conduira, c'est elle qui vous soutiendra. Partout vous aurez donc Dieu pour hôte; donnez une honorable hospitalité à un si grand hôte. Alors vous pourrez lui dire en toute assurance, de vous mener quand vous allez en avant; de vous conduire quand vous revenez, de vous diriger jusqu'au terme, et en vous conduisant, en vous dirigeant, de vous recevoir.

CHAPITRE III. — Je vous l'assure, si vous lui offrez une agréable hospitalité, celle qu'il vous offrira, à son tour, en sera plus gracieuse et plus gaie. Oh ! que vous serez heureux, si ayant été l'hôte de Dieu, vous avez une place dans sa cité, c'est-à-dire dans la céleste Jérusalem; si quelque jour, Dieu dit en vous remerciant : « J'ai été voyageur, et vous m'avez logé, et autant de fois que vous l'avez fait à un des moindres de mes frères que voici, c'est à moi-même que vous l'avez fait. Venez le béni de mon Père, possédez mon royaume! » (*Matth.*, XXV, 35, 40.) Je m'étais trompé en vous promettant l'hospitalité de Dieu en échange de la vôtre. J'avais appelé hôte un citoyen déjà enrôlé, que dis-je ? un citoyen possédant déjà un royaume. Oui, c'est un royaume, et non l'hospitalité, que Dieu nous promet. Vous régnerez avec Jésus-Christ, vous serez l'héritier de Dieu, et le cohéritier de Jésus-Christ. (*Rom.*, VIII, 17.)

Mais, mon cher ami, pour obtenir un si grand bonheur, vous avez besoin de beaucoup de préparation. Plus haut, nous avons déjà indiqué la pénitence et la confession. Si, se confesser et se repentir, c'est s'éloigner du mal; s'éloigner du mal est déjà un certain bien; mais vous savez ce mot : « Quittez le mal, et faites le bien. » (*Ps.* XXXVI, 27.) L'éloignement du mal est bon, mais, pour faire le bien, vous avez besoin d'une joie intérieure active et efficace.

---

cujus ædificio non auditur strepitus aut malleus. Hic perferendus est strepitus, hic adjiciendus est lapidi malleus, hic conterendum est totum lapidis quadrandi supervacaneum. Strepitus sit peccatorum tuorum recordatio, super quibus perstrepat in aure sacerdotis humillima tua confessio, juxta illud : « Confitemini alterutrum peccata vestra. » (*Jac.*, v, 16.) Malleus sit pœnitentia cordis plus quam pectoris percussio : quæ utraque, dum adhuc aliquantulum in hac vita prævales, ita modificentur, ne in ædificii Dei appositione necessaria habeantur. Nam quo vadis ? Ad vitam. Per quam viam ? Audi Dominum dicentem : « Ego sum via, veritas et vita. » (*Joan.*, XIV, 6.) Non potes errare, Christus via est; non potes falli, Christus veritas est; non potes non vivere, Christus vita est : per Christum viam vades ad Christum veram vitam. Christus via est, tu viator : Christum viaticum porta, conducet te ad se ipsum via, veritas et vita. Sed quo invenies viam istam? quo invenies viaticum? Christus Deus est : Deus autem ubique est. Si Deus ubique est; et in te est, post te est, ante te est, et in circuitu tuo est, Dei omnia plena sunt. Ne longe Deum arbitreris, quocumque quæsieris, ipsum invenies. Si ascenderis in cœlum, illic est : si descenderis ad infernum, adest. (*Psal.* CXXXVIII, 8, etc.) Si sumpseris pennas tuas diluculo, ut habites in extremis maris, etenim illic manus sua deducet te, et tenebit te dextera sua. Deum igitur ubique hospitem habes. Hospitium acceptum fac hospiti tanto; et tunc securus dices hospiti tuo, ut in eundo deducat te, et in deducendo conducat te, in conducendo perducat te, et in perducendo hospitetur te.

CAPUT III. — Dico tibi, si sibi gratum exhibueris hospitium, gratius et gratantius exhibebit tibi hospitium suum. O quam beatus eris, si hospes Dei fueris, si in civitate sua, cœlesti scilicet Jerusalem, mansionem acceperis; si Deus in die aliqua tibi gratias agens dixerit : Hospes fui, et collegistis me, et quamdiu fecistis uni ex his minimis meis, mihi fecistis : veni benedicte Patris mei, percipe regnum ! (*Matth.*, XXV, 35.) Erraveram equidem, quoniam pro hospitio tuo hospitium Dei promiseram : civem jam conscriptum, imo jam conregnantem, hospitem vocaveram. Non promittit tibi Deus hospitium, promittit regnum : regnabis cum Christo, eris hæres Dei, cohæres autem Christi. (*Rom.*, VIII, 17.)

Sed ad tantam felicitatem adipiscendam præparatio multifaria tibi, Carissime, est necessaria. De confessione et pœnitentia superius breviter notatum est. Confiteri et pœnitere, a malo declinare. A malo declinare, quodam modo bonum est. Sed audisti : « Declina a malo, et fac bonum. » (*Psal.* XXXVI, 27.) Bona est a malo declinatio : sed necessaria est ad bonum faciendum festina et efficax exhilaratio. « Hilarem enim datorem diligit Deus. » (*II Cor.*, IX, 7.) Et quid est bonum facere ? (*a*) In publico

---

(*a*) Ms. Reg. *In puncta.*

Car « Dieu aime celui qui donne avec joie. » (II *Cor.*, ix, 7.) Mais que faut-il entendre par faire le bien? Notre règle pour faire le bien est connue. Le Docteur des docteurs la révèle dans les bonnes œuvres exercées à son égard, en disant : « J'ai été étranger, j'ai été nu et en prison, j'ai eu soif et faim, et vous m'avez servi ; c'est même à moi en personne que vous avez fait toutes ces choses, quand vous les avez faites au moindre des miens. » (*Matth.*, xxv, 35.) Bien immense, puisque quoiqu'il soit fait aux pauvres, il rejaillit sur Dieu. Mais être généreux envers les pauvres, ce n'est pas pratiquer tout le bien. L'Apôtre dit, en effet : « Si je distribue pour la nourriture des pauvres tous mes biens, et que je n'aie point la charité, tout cela ne me sert de rien. » (I *Cor.*, xiii, 3.) La charité, voilà donc le résumé de tout bien. La distribution de vos biens aux pauvres, si cette action ne procède pas de la charité, ne remonte point jusqu'à Dieu. « Dieu est charité. » (I *Jean*, iv, 3.) Ce qui procède de Dieu, retourne à Dieu ; ce qui ne rejaillit point vers Dieu, n'a pas la charité pour principe. Donc tout ce qui vient de Dieu et tout ce qui remonte vers lui, est un don de Dieu ; ainsi distribuez de telle sorte vos biens, que leur distribution remonte vers Dieu. Mais que distribuerez-vous ? Peut-être, n'avez-vous rien à distribuer ? Ecoutez ces paroles de Tobie : « Mon Fils, si vous avez beaucoup, donnez abondamment, mais si vous avez peu, faites en sorte de donner même de ce peu. » (*Job*, iv, 9.) N'eussiez-vous donné qu'un verre d'eau froide, vous ne perdrez point votre récompense. Peut-être l'eau vous manque ? Vous avez cependant de quoi donner. Vous avez vous-même. Donnez-vous vous-même à Dieu, et vous aurez Dieu en personne. Comment vous donner à Dieu ? « Mettez ordre à votre maison, parce que vous mourrez, et que la vie vous sera enlevée. » (*Isa.*, xxxviii, 1.) Peut-être, n'avez-vous point de maison. Alors, disposez-vous, vous-même, si vous n'avez point de dispositions à prendre pour votre maison.

Chapitre IV. — En quoi consistera cette disposition ? Aimez Dieu, et Dieu vous aimera. Prenez les ailes avec lesquelles vous vous envolerez vers Dieu. Ces ailes qui serviront à vous envoler, ce sont : l'amour de Dieu et celui du prochain. Aimez Dieu et aimez le prochain, voilà dans quelle disposition il faut que vous soyez. « Vous aimerez votre prochain comme vous-même. L'amour qu'on a pour le prochain ne souffre pas qu'on lui fasse aucun mal. » (*Rom.*, xiii, 9, 10.) Que dirai-je de l'amour de Dieu ? « Vous aimerez le Seigneur, votre Dieu, de tout votre cœur, de toute votre âme et de toutes vos forces. » (*Deut.*, vi, 5.) Que votre œil, que votre bouche, que votre main, que vos pieds, que tous vos sens, que tout ce qui est vous, que tout ce qu'il y a d'amour en vous, aime Dieu, oui, vous tout entier, aimez Dieu. Voilà les deux ailes qui vous feront prendre votre essor vers les cieux ; elles vous transporteront au milieu des saints, vous mêleront aux chœurs des anges, si votre main cesse de travailler, votre pied de marcher, du moins l'âme sainte, le cœur qui craint Dieu ne cessera jamais de l'aimer.

Vous dites : J'aime Dieu, c'est bien. Plaise à Dieu que vous ayez en vous ce que vous avez avancé dans vos paroles ! La preuve que nous aimons Dieu, c'est l'accomplissement de ses commandements, c'est l'exercice volontaire de ses œuvres, c'est aimer ce que Dieu aime, c'est s'attacher avec un ardent désir à tout ce que Dieu fait. Si donc vous aimez Dieu, vous aimez ce que Dieu fait ; et si vous aimez ce que Dieu

est boni faciendi regula. Enarrat sibi bona impensa Doctor doctorum ita dicens : Hospes fui, nudus et in carcere, sitiens et esuriens ; et ministrastis mihi. (*Matth.*, xxv, 35.) Et hæc mihi fecistis, quamdiu uni ex minimis meis fecistis. Grande bonum, quod cum fit in pauperes, redundat in Deum. Sed in pauperes largitio non est totius boni exhibitio. Dicit Apostolus : « Si distribuero in cibos pauperum omnes facultates meas, caritatem autem non habuero, nihil mihi prodest. » (1 *Cor.*, xiii, 3.) Ergo totius boni summa est caritas. Distributio facultatum tuarum in pauperes, nisi ex radice caritatis procedat, in Deum non redundat. « Deus caritas est. » (1 *Joan.*, iv, 3.) Quod ex Deo procedit, in Deum redundat : quod in Deum non redundat, ex caritate non procedit. Ex Deo igitur processio, in Deum redundatio, Dei dona sunt. Distribue itaque sic tua in pauperes, ut in Deum distributio redundet. Sed quid distribues? Forsitan deest quod distribuas. Audi Tobiam : « Fili, si multum tibi fuerit, abundanter tribue : si autem exiguum, etiam illud exiguum impertiri stude. » (*Tob.*, iv, 9.) Si dederis alicui calicem aquæ saltem frigidæ, non perdes mercedem tuam. (*Matth.*, x, 42.) Sed forsitan et aqua deest : sed habes quod distribuas. Habes te ipsum : da te ipsum Deo, et habebis ipsum Deum. Quomodo dabis te Deo ? « Dispone domui tuæ, quia morieris tu, et non vives. Forsitan domum non habes : dispone tibi, si non disponis domui. » (*Isa.*, xxxviii, 1.)

Caput IV. — Qualis erit illa dispositio ? Dilige Deum, et diliget te Deus. Assume pennas cum quibus ad Deum evoles. Pennæ quibus evoles, sunt dilectio Dei et proximi. Dei et proximi dilectio, apta tui ipsius est dispositio. « Diliges proximum tuum sicut te ipsum. Dilectio proximi malum non operatur. » (*Rom.*, xiii, 9, 10.) De dilectione Dei quid dicam ? « Diliges Dominum Deum tuum ex toto corde tuo, et ex tota anima tua, et ex totis viribus tuis. » (*Deut.*, vi, 5.) Diligat Deum oculus tuus, os tuum, manus tua, pes tuus, omnis sensus tuus, quidquid tu es, quidquid dilectionis in te est, tu totus diligas Deum. Hæ sunt duæ alæ, quibus evoles ad cœlos, transvehares ad Sanctos, insereraris inter Angelos. Si otiosa sit manus ab opere, pes a deambulatione : sed nunquam sancta anima vel mens timens Deum vacare poterit a dilectione.

Sed dicis : Diligo Deum. Bene, utinam sit in te quod promisisti sermone. Dilectionis Dei probatio, mandatorum ipsius est completio ; operum suorum voluntaria completio, amare quod amat Deus, ardenti desiderio amplecti quod facit Deus. Si igitur Deum diligis, quod facit Deus diligis : et si quod facit Deus diligis, disciplinam Dei flagellantem te diligis. Flagellum Dei sustines?

fait, vous aimez la correction de Dieu qui vous atteint, Dieu vous punit? La toux vous travaille? Vous défaillez par une maladie du poumon? Votre estomac rejette la nourriture, une phtisie vous dessèche? Le vin vous est à dégoût? Une dyssenterie vous mine? Toutes espèces de maladies vous accablent? Eh bien! si votre œil sait le voir, si vous avez du cœur, regardez tout cela comme des dons de Dieu. Mon fils, ne rejetez pas la correction de votre Père. Il n'y a point de fils que son père ne châtie, mais ne vous rebutez point du châtiment du Seigneur, et ne vous fatiguez point de ce qu'il vous reprend. Car « le Seigneur châtie celui qu'il aime, et il trouve en lui son plaisir comme un père dans son fils. » (*Prov.*, III, 12.) Voulez-vous savoir comment l'infirmité du corps donne à l'âme le salut? Ecoutez la réponse du Seigneur à l'Apôtre : « La vertu se perfectionne dans la faiblesse. » (II *Cor.*, XII, 9.) C'est-à-dire, en quelque sorte, aimez l'infirmité que vous souffrez, c'est ainsi que vous avancerez de vertu en vertu. Si la vertu s'accroît dans l'infirmité, la vertu est le salut de l'âme, donc l'infirmité du corps donne quelquefois le salut, en donnant la vertu à l'âme, elle est un don de Dieu, car le salut de l'âme ne vient point d'ailleurs que de Dieu. Ne méprisez donc point le châtiment de Dieu, mais, étant châtié, rendez à Dieu des actions de grâces. Aimez sa correction, aimez ses châtiments, aimez sa condamnation, il n'agit point avec fureur ni avec colère, mais avec miséricorde. Ouvrez, quand il frappe, accourez fidèlement quand il appelle, remerciez-le de ses grâces. Rentrez en vous-même, réfléchissez un peu, pensez à Dieu, et croyez autant que vous le pouvez, que ses miséricordes surpassent infiniment toutes ses œuvres. Il est votre Dieu, il est votre juge, il ne veut point vous damner, il ne voudrait point vous juger avec sévérité, il veut vous faire grâce, il châtie miséricordieusement en vous les fautes que vous avez commises à son égard avec obstination.

Chapitre V. — Mon Dieu, ô mon Dieu, j'oserai le dire, je le dirai avec votre permission je le dirai rempli d'une grande joie, je le dirai, en quelque sorte, dans les transports de l'extase, présumant trop de vous. Si vous n'étiez Dieu, vous seriez injuste, car nous avons péché grièvement, nous nous attachons au péché obstinément, nous mettons notre joie dans le péché, nous courons après le péché, la tête levée, nous nous vantons de notre péché, et nous ne nous cachons pas, et vous êtes calme. Nous, nous nous poussons à la colère, vous, vous nous amenez à la miséricorde; nous vous irritons jusqu'à la fureur, vous différez la vengeance. Par une juste extermination, vous pouviez nous punir dans notre péché, nous anéantir dans notre oubli, et votre patience attend que nous nous corrigions par le repentir. O mon Dieu, ma miséricorde, n'est-ce point là de l'injustice? Mais y aurait-il de l'injustice en Dieu? Non, c'est impossible, car de ce que Dieu, ce juge équitable, supporte patiemment, de ce que sa juste sévérité fléchit miséricordieusement, Dieu est en cela tout entier; autrement vous ne seriez pas Dieu, si vous n'étiez fléchi, si vous ne supportiez, si vous n'aviez point de pitié, et vous ne seriez point fléchi, vous ne supporteriez point, vous n'auriez point pitié si vous n'étiez Dieu. Tout ce que vous faites vous est propre. Faites donc, ô Dieu, ce que vous faites, car ce que vous faites vous est personnel, et ce qui est à vous est bon. Aussi ce que vous faites est bien, ô mon Dieu, ma miséricorde.

Chapitre VI. — Mon bien-aimé, étant donc sur le

tussi laboras? pulmone deficis? cibum stomachus respuit? phthisi decoqueris? vinum fastidis? dyssenteria sauciaris? multimodo morborum genere afficeris? Sed et hæc, si oculum habes, si cordatus es, Dei dona sunt. Disciplinam patris ne abjicias fili. Nemo filius, quem non corripit pater. (*Hebr.*, XII, 5, etc.) Sed noli deficere a disciplina Domini, et ne fatigeris dum ab eo argueris. « Quem enim diligit Dominus, corripit, et quasi pater in filio complacet sibi. » (*Prov.*, III, 12.) Vis scire, quia infirmitas corporis salutem animæ parturit? Audi Dominum Apostolo respondentem : « Virtus in infirmitate perficitur. » (II *Cor.*, XII, 9) ac si dicat : Complectere quam pateris infirmitatem : quoniam ita proficies de virtute in virtutem. Si in infirmitate virtus augmentatur, virtus autem est salus animæ : infirmitas corporis, quando quidem per virtutem animæ parit salutem, donum Dei est; non enim est aliunde nisi ex Deo salus animæ. Aperi pulsanti, devotus esto vocanti, gratias age miseranti. Redi ad te, cogita parumper, cogita de Deo, pensa si potes, quoniam super omnia opera sua ipsius miserationes. (*Psal.* CXLIV, 9.) Ipse Deus est, ipse judex est, nec te vult damnari, nollet te male judicari, vult tui misereri, flagellat in te misericorditer, quod in eum deliquisti pertinaciter.

Caput V. — Deus meus, Deus meus, audebo dicere, pace tua dicam, quoniam magno repletus gaudio dicam, in quodam ecstasis tripudio de te præsumendo dicam : Nisi quia Deus es, injustus esses, quia peccavimus graviter, inhæremus peccato pertinaciter, gaudemus de peccato, post peccatum ambulamus, extenso collo peccatum nostrum prædicamus, nec abscondimus : et tu placatus es. Nos te provocamus ad iram, tu autem conducis nos ad misericordiam : nos irritamus te ad furorem, tu autem differs vindictam. Justo exterminio punire poteras peccantes, subvertere negligentes : et patientia tua exspectat ut corrigamur pœnitentes. Deus meus misericordia mea, numquid non hæc est injustitia? Sed numquid injustitia apud Deum? Absit. (*Rom.*, IX, 14.) Quod enim sustinet Deus judex justus patienter, quod justa severitas flectitur misericorditer, totum Deus est. Neque enim aliter Deus esses, nisi flectereris, nisi patereris, nisi miserereris: neque aliter flectereris, patereris, miserereris, nisi Deus esses. Quodcumque igitur facis, tuum est. Fac igitur Deus quod facis : quia quod facis, tuum est. Quod tuum est, bonum est : quod igitur facis, bonum est, Deus meus misericordia mea.

Caput VI. — Tu igitur, Care mi, ad modicum migra-

point de quitter ce monde, ne méprisez point cette grande, cette immense bonté du Seigneur votre Dieu; recevez joyeusement ces châtiments. Il punit en vous ce que vous ignorez, et ce n'est point avec injustice, car ses jugements sont justes, la maladie de votre corps ici-bas est une médecine pour votre âme. Or, rappelez-vous que, selon les médecins, votre maladie est incurable, et songez en vous-même que si vous osez murmurer contre Dieu, il faudra toujours bon gré mal gré supporter votre maladie, et vos murmures ne vous guériront pas; bien plus, votre âme s'affaiblira, en murmurant contre votre Dieu, votre Père, votre médecin, votre maître si plein de mansuétude et de paix, si calme quand il châtie, qui n'est jamais irrité, qui, même dans sa colère, se rappelle de sa miséricorde. Ecoutez donc mes avis, et puisque en murmurant vous auriez deux maux à supporter, soyez calme, et faites des maux de votre corps un antidote spirituel. Si vous ne voulez pas reconnaître la main de Dieu dans ses châtiments, vous serez châtié, à la fois, dans votre corps et dans votre âme, car les châtiments de Dieu ne tombent pas deux fois sur le même objet. Oh! avec quels sentiments de bonheur, avec quel cœur joyeux vous devez désirer la vérité divine! Assurément si votre corps était bien portant, vous auriez dû demander à Dieu, de tous vos vœux, cette infirmité salutaire, et craindre que la santé de votre corps ne fût pour votre âme une cause d'infirmité. Je ne sais rien autre chose, mais parce que vous êtes malade, vous devez vous réjouir utilement; parce que telle est la volonté de Dieu, vous devez l'embrasser joyeusement, de toutes vos forces. Oh! si Dieu vous eût donné l'honneur de l'épiscopat ou tout autre, ou bien la santé, le souhait de tout malade, combien serait grande votre joie de recevoir ce don de Dieu! Certainement, c'est avec une joie immense, avec une volonté plus amoureuse, et même avec action de grâces, que vous devez recevoir cette marque particulière d'attention que Dieu vous donne. C'est une de ses grâces les plus utiles. Or, si vous pensez aux naufrages de cette vie, au gain que l'on fait par une mort prématurée, quel dégoût indicible vous aurez de vivre, vous désirerez mourir dans le Seigneur, et mourir promptement! « Car bienheureux sont ceux qui meurent dans le Seigneur. » (Apoc., xiv, 13.)

Pour avoir ensemble un court entretien, conférons, si vous le voulez, de la vie présente, qui est la source de nos douleurs, et recherchons, dans une sorte de discussion amicale, ce que nous devons désirer davantage, de mal vivre ou de bien mourir. Personne ne peut s'assurer à l'avance de bien vivre. En effet, « tout homme est menteur, » (Ps. cxv, 11) et l'Apôtre, cet homme qui voit mieux que tous les autres, dans ses membres, une loi qui contredit celle de son cœur, désire se dissoudre et être avec Jésus-Christ. (Rom., v, 23.) Nous savons aussi que toute créature gémit et est comme dans les douleurs de l'enfantement, jusqu'à ce qu'elle soit délivrée de son asservissement à la corruption. (Ibid., viii, 22.) Qui peut énumérer les peines de la vie présente? la faim, la soif, le froid, le chaud, la fatigue; ces peines sont innombrables, et, par leur fréquence, elles font en quelque sorte partie de nous-mêmes. Cependant, ce n'est que le commencement de nos douleurs. En effet, allons plus avant, et voyons celles qui sont intérieures : l'ambition, l'amour, la haine, la fornication, l'adul-

---

turus de mundo, tantam et tam ineffabilem benignitatem Domini Dei tui ne spernas, flagellum ipsius gaudenter suscipe. Flagellat in te quod nescis, nec injuste; justa enim sunt ipsius judicia : morbus hic corporis, medicina est spiritalis. Porro recogita quod morbus tuus, ut aiunt medici, est incurabilis : et tecum revolve, quoniam si contra Deum præsumpseris murmurare; et morbum velis nolis sustinebis, nec murmurando sanaberis : imo anima debilitaberis, dum contra Deum tuum, patrem tuum, medicum tuum, magistrum tuum mansuetissimum et tranquillissimum, in ipso flagello pacatissimum, qui nunquam iratus, cum iratus est misericordiæ recordatur, murmuraveris. Meis igitur acquiesce consiliis, et quando quidem murmurando duo mala sustineres, pacificus esto, et gravamen corporale fac tibi antidotum spiritale. Non enim si in flagello vis Deum recognoscere, corpore et anima flagellaberis : non enim flagellat Deus bis in idipsum. O quam jucundo pectore, quam læto corde visitationem divinam debes præoptare! Certe si corpore totus prævaleres, infirmitatem medicinalem a Deo debueras votis omnibus expetere, et ne sanitas corporis infirmitas esset animæ metuere. Nihil aliud scio, sed quia infirmaris, utiliter debes gaudere : quia juxta est vocatio divina, debes ei totis nisibus lætus adesse. Eia si episcopatum aut honorem alium, aut sanitatem infirmis optabilem tibi concessisset Deus, nonne omni gaudio illud donum Dei susciperes? Certe majori exsultatione, affectuosiori voluntate, cum gratiarum etiam actione hanc Dei animadversionem debes tibi unicam habere, quia et hoc (a) utilissimum donum Dei est. Porro si de vitæ istius naufragio, deque compendiosæ mortis comparando commercio cogitares, quam inenarrabiliter vivere fastidires, quam festinanter mori in Domino concupisceres! « Beati enim mortui qui in Domino moriuntur. » (Apoc., xiv, 13.)

Nam ut collationem quamdam breviter faciamus, conferamus si placet de vita præsenti, quæ initium dolorum est, et quasi per amicum litigium quid potius appetendum sit, male vivere, an bene mori, discutiamus : nam bene vivere præsentialiter nemo potest : « Omnis enim homo mendax. » (Psal. cxv, 11.) Et Apostolus homo præ cæteris hominibus videns aliam legem in membris suis legi mentis suæ repugnantem, cupit dissolvi et esse cum Christo. (Rom., vii, 23; Philip., i, 23.) Et scimus quia omnis creatura ingemiscit et parturit, usque quo liberetur a servitute corruptionis per eum qui subjecit eam in spe. (Rom., viii, 22.) Denique quis numerare potest præsentis vitæ molestias, esurire, sitire, algere, calere, lassari? Innumerabilia sunt, ex ipsa consuetudine nobis domestica sunt. Tamen initium dolorum hæc. Sed ut altius revolvamus quæ intra nos sunt, cupere, amare,

(a) Mss. utilimum.

tère, le meurtre, perdre la vie, dérober et voler effrontément; toutes ces passions ne sont-elles pas nos ennemis? Et cependant, qui en est exempt? Qui peut se dire libre de chacune d'elles? Alors, quel est celui qui, étant exposé à tant et à de si violentes passions, peut se dire exempt de péché? Quel est l'homme vivant sous le péché qui vit bien? Donc, tout homme vit mal, puisque le péché est un mal. Donc, je le dis hardiment, le commencement de la vie de l'homme est le commencement de ses douleurs. Il y eut des philosophes qui, persuadés de cette vérité, pleuraient à la naissance des enfants, mais se réjouissaient à leur mort; montrant ainsi que l'homme naît pour la douleur, tandis que sa mort le conduit au repos. Le juste David fut tellement contristé de la naissance et de la vie de l'enfant qu'il avait eu de Bersabée, qu'il pleura et resta sans nourriture tant que l'enfant vécut; mais à peine fut-il mort, qu'il se réjouit et mangea. (II *Rois*, XII, 16.) O mort si désirable! ô mort, fin de tous les maux de cette vie! ô mort, terme de nos peines, commencement du repos! qui peut imaginer tous les avantages des joies que tu apportes? En effet, mourir mal, ce n'est point le propre de chrétiens; alors, bien mourir, c'est être avec Jésus-Christ. Et qui racontera comme il faut ses bienfaits? N'est-ce point elle qui unit l'homme avec Jésus-Christ? N'est-elle point, comme il a été dit, la mère et le commencement du vrai bonheur? Sois la bienvenue, ô mort, ma bien-aimée! Je l'avoue, si je le pouvais, je t'embrasserais de bon cœur, tu ferais volontiers mes délices, j'irais de moi-même à ta rencontre. Oui, je l'atteste, toutes mes pensées, la lecture répétée de cette lettre, me poussent à t'aimer, pourvu cependant que tu ne viennes pas subitement. Pour vous, cher neveu, ma chair et mon sang, que va visiter cette lettre, la dernière que vous recevrez avant votre mort, prenez votre consolation en elle et en toutes celles que vous avez en votre possession, afin qu'arrivé à l'extrémité, vous ne vous présentiez pas l'âme désolée devant le tribunal de Dieu.

CHAPITRE VII. — Tous ces préparatifs étant terminés, une prière vous est nécessaire. Adressez-vous donc à Dieu, et, à moins que vous ne le fassiez d'une autre manière, voici comment vous lui parlerez en toute assurance : O mon Dieu, ô mon Dieu! ma miséricorde et mon refuge, vous êtes l'objet de mes désirs; j'ai hâte d'aller à vous, ne m'abandonnez pas dans cet effroyable péril; assistez-moi avec bonté dans cette grande nécessité où je me trouve. Mes œuvres ne peuvent me racheter; mais vous, rachetez-moi, et prenez pitié de moi. Je me défie de mes mérites, mais j'ai confiance dans vos miséricordes. J'ai même plus de confiance dans vos miséricordes que de défiance dans la méchanceté de mes actes. Vous êtes mon espérance, ô mon Dieu. J'ai péché contre vous seul et par ma faute. Je vous fus assez cher pour que vous me rachetiez; que je ne sois pas si vil que vous me perdiez maintenant. Je viens à vous, ô vous qui n'avez besoin de personne, je désire ma dissolution pour vivre avec vous. O Seigneur, je remets mon esprit entre vos mains. Jetez les regards sur moi, Seigneur Dieu de vérité, et donnez-moi de dormir et de me reposer en paix, ô Dieu qui vivez et régnez dans la Trinité parfaite, dans les siècles des siècles. Ainsi soit-il.

---

odire, fornicari, adulterare, occidere vel occidi, rapere, furari, nonne inimicæ passiones nobis sunt? Tamen quis immunis, quis liber est ab his omnibus? Et quis tot et tantarum obnoxius passionum, immunis est a peccato? Et quis vivens sub peccato, bene vivit? Ergo male vivit omnis homo, quia et peccatum malum est. Denique audenter pronuntio, quia principium vitæ hominis initium dolorum est. Fuere philosophi hoc non ignorantes, qui in ortu puerorum lugebant, in morte autem gaudebant: hoc significantes, quia homo ad laborem nascitur, ad requiem autem moritur. Sanctus etiam David et de ortu et de vita filii, quem de Bersabee susceperat, in tantum est contristatus, ut dum puer adhuc viveret, lugens et incœnatus maneret; mortuo autem puerulo, et gauderet et cœnaret. (II *Reg.*, XII, 16, etc.) O mors desiderabilis! o mors omnium malorum præsentium finis! o mors laboris clausula, quietis principium? Quis excogitare queat tuarum utilitates beatitudinum? Nam male mori, Christianorum non est : bene autem mori, cum Christo vivere est. Et quis ipsius beneficia sufficienter expediat, quæ hominem Christo conglutinat, quæ, ut dictum est, finis malorum est, nutrix initiumque securæ felicitatis? Valeas mors mihi dilectissima, confiteor quoniam si possem, libenter te complecterer, libenter te gustarem, ultro subirem : et testor, quia omnis mea cogitatio, et Epistolæ præsentis frequentata lectio instigat me ad tui dilectionem, tantum ne intempestiva venias. Tu autem caro mea et os meum, quem Epistola mea visitat, quam et extremam moriturus accipis, de hac eadem Epistola, et de aliis quæ in te sunt exemplaribus consolationem accipe : ne in extremo positus, tanquam desolatus ad curiam Dei tui venias.

CAPUT VII. — His omnibus expletis, oratio tibi est necessaria. Ergo Deum alloquere, et nisi secus egeris, de ipso securus ita affare : Deus meus, Deus meus, misericordia mea, refugium meum, te desidero, ad te venire festino, ne despicias me sub tremendo discrimine positum, adesto mihi propitius in his meis magnis necessitatibus : non possum me redimere meis operationibus, sed tu redime me et miserere mei. Diffido de meis meritis, sed confido de miserationibus tuis : et plus confido de tuis miserationibus, quam diffidam de malis actibus meis. Tu es spes mea, Deus meus: tibi soli peccavi, mea culpa. Qui fui tibi carus ad redimendum, non sim vilis ad perdendum. Et nunc ad te venio qui nulli dees : cupio dissolvi, et esse tecum. In manus tuas commendo spiritum meum Domine. Respice in me Domine Deus veritatis, et præsta mihi, Deus meus, ut in pace dormiam et requiescam. Qui in Trinitate perfecta vivis et regnas Deus, per omnia sæcula sæculorum. Amen.

LIVRE SECOND

Chapitre premier. — Je croyais en avoir fini avec le traité précédent ; mais quelques-uns de nos frères, l'ayant entre les mains et s'en pénétrant avec grand soin, le louèrent sans restriction, et, comme ils l'ont attesté, le relurent avec grand plaisir, pour leur propre utilité, le jugeant également très-nécessaire pour la consolation des moribonds. La joie de mes frères devint la mienne, et je m'y attachai tellement que mon petit ouvrage me plut à cause de leur bonheur ; et ces idées que j'avais jetées là sans aucune préméditation, je les repris en sous œuvre dans le silence du cabinet. Tout ce que j'avais écrit l'avait été simplement, mais, comme je le pense, c'était aussi en conformité avec la piété catholique. C'est pourquoi je n'ai rien changé à la simplicité de mes paroles, par amour pour mes frères qui les avaient louées précédemment. Ce livre, tout petit qu'il soit, fut appelé par eux le livre de la visite des malades ; je consentis à ce qu'il restât ce qu'il était. Mais parce que je m'étais appliqué à ne point sortir des bornes d'une lettre, j'avais omis conséquemment certaines choses nécessaires pour cette visite des malades ; j'écrivis donc après coup tout ce que j'avais omis par brièveté et toutes les idées qui me revinrent dans la suite sur le même sujet. Par ordre, elles précèdent celles que j'ai écrites ; mais l'obligation où j'étais de tendre rapidement à un autre but a fait qu'elles ne viennent qu'en second lieu.

Chapitre II. — Sur le point de nous quitter, (en effet, le jour dernier approche pour tous), soyez fidèle, mon cher ami. Sans la foi, vous ne pouvez plaire à Dieu, et le cœur qui n'a point la foi, n'est pas agréable à Dieu. Nous devons croire sur Dieu beaucoup de choses nécessaires au salut. Donc, pour les mystères divins, il faut recourir davantage à la foi qu'au raisonnement. En effet, les arguments fondés sur la raison ne peuvent nous faire comprendre chacun des articles à croire, en particulier par rapport à Dieu ; mais nous pouvons et nous devons les croire. Nous ne parlons jamais de Dieu, sans que nous excédions quelque peu les bornes de notre esprit ; mais là où les bornes de l'esprit sont dépassées, la foi vient à propos. Ainsi encore nous admirons le mystère de l'unité de la Trinité et de la Trinité divine dans l'unité ; mais il est plus facile de le croire que de l'expliquer. Alors croyons aux témoignages de la sainte Écriture. En Dieu le Fils il y a d'autres choses qui nous sont proches et nous touchent de près ; par leur proximité et leur rapprochement elles nous sont intimes. Leur intimité produit le charme qu'elles ont pour nous. Quoi de plus agréable pour l'homme, et de plus salutaire pour un mourant que de parler et de se rassasier de l'humanité de Jésus-Christ ? Si le Verbe s'est fait chair et a habité parmi nous (*Jean*, I, 14), c'est de l'homme ; si l'homme est devenu Dieu, c'est encore de l'homme. Ces deux mystères ineffables sont donc de l'homme. Mais parce que, affaibli par le poids de son humanité, ne voyant maintenant que comme dans un miroir et en énigme, la faible intelligence de l'homme ne peut comprendre l'essence divine comme il convient, qu'elle contemple des yeux de son esprit l'humanité de Jésus-Christ sem-

LIBER SECUNDUS

Caput primum. — Superioris Tractatus cursum me clausisse putaveram, cum quidam de fratribus illum accipientes, ipsi attentius inhærentes, accurate collaudaverunt, et, sicuti testabantur, pro alia utilitate sui gratanter relegerunt, et eum communi decedentium a sæculo consolationi necessarium judicaverunt. Ego autem fraternum gaudium meum existimans, ita illud complexatus sum, ut in ipsorum lætitia mihi meum complaceret Opusculum, et quod ipse imprænmeditatus dictaveram, solitario (*a*) peragerem scrutinio. Erant autem quæ scripta fuerant simpliciter, sed, ut reor, catholice dicta. Unde et dictorum simplicitati propter fratrum benevolentiam, qui jam ita laudaverunt, peperci. Ipsi autem licet volumen esset parvulum : Visitationem infirmorum illud appellaverunt : ego autem superiora uti erant, manere passus sum. Sed quoniam epistolari studueram brevitati, quædam prætermiseram quæ ad eamdem infirmi visitationem necessaria fuissent. Ea ergo quæ compendii gratia prætermiseram, nec non et ea quæ super idem negotium a me postea requisita sunt, stilo subsequenti commendavi. Erant quoque ordine præcedentia, sed ipsa præposteravit ad alia tendendi non inutilis velocitas.

Caput II. — Mi carissime recessurus a nobis, (te etenim compellit dies ultima,) fidelis esto : sine fide enim non potes placere Deo ; neque enim infidelis Deo est acceptabilis. Sunt ergo de Deo multa credenda ad salutem animæ necessaria. Sacramentis igitur divinis fides plusquam verborum argumentatio adhibenda est. Neque etenim singillatim de Deo credenda per rationis argumenta possumus comprehendere, possumus autem et debemus credere. Nam neque de Deo loquimur, quin a nobismetipsis aliquantulum mente excedamus : ubi igitur est mentis excessio, idonea est fidei successio. Mirabile ergo illud de Trinitatis unitate, de unitatis deifica Trinitate sacramentum, magis est credendum quam exponendum. Enimvero credatur sacræ Scripturæ testimoniis. Sunt et alia de Deo Filio quasi nobis propinqua et contigua, et ex ipsa sui propinquitate et contiguitate nobis familiaria, et ex ipsa familiaritate nobis delectabilia. Delectabile quippe est homini et salutare morienti, loqui et satiari de humanitate Christi. Quod enim Verbum caro factum est, et habitavit in nobis (*Joan.*, I, 14), hominis est ; quod homo Deus factus est, hominis est : utrumque igitur hoc ineffabile sacramentum hominis est. Quoniam ergo infirmus hominis intellectus ex sui ipsius humanitate ponderosa hæbetatus, videns nunc per speculum in ænigmate (I *Cor.*, XIII, 12), Dei non potest divinitatem ut dignum est comprehendere ; ad illam quæ sua est,

(*a*) Mss. Reg. *peragrarem*.

blable à la sienne. Qu'elle s'y complaise, qu'elle s'en rassasie, qu'elle tourne sa face vers elle, comme il est dit d'Ezéchiel : « Ezéchiel en pleurs tourna sa face vers la muraille. » (I *Rois.*, xx, 2.) La muraille, c'est l'humanité de Jésus-Christ ; aussi Salomon a dit : « Le voilà qui se tient derrière notre muraille, » (*Cant.*, II, 9) voulant dire que sa divinité, nullement altérée et qui ne devait jamais incliner vers le péché, se cachait sous le voile de notre chair. « En effet, il parut sur la terre, et vécut au milieu des hommes. » (*Baruch*, III, 38.) C'est vers cette muraille, que le prophète lui avait prédit en esprit qu'Ezéchias, mourant tourna sa face, et il guérit. Dans l'attente de cette santé, Jacob, enfin, victorieux s'écrie, transporté de joie. « J'ai vu le Seigneur dans la face de sa divinité, » (*Gen.*, XXXII, 30) par laquelle il était Dieu, avec la face de l'humanité qu'il devait prendre ; et « ainsi mon âme a été sauvée. » Tous les saints brûlaient du désir de cette incarnation, car il était évident pour eux que le genre humain ne pouvait se sauver que par le Fils de Dieu incarné. « Il n'y a point de salut par aucun autre ; car aucun autre nom sous le ciel n'a été donné aux hommes par lesquels nous devions être sauvés. » (*Act.*, IV, 12.) Tournez donc votre face vers cette muraille qui est de nous, vers notre médiateur, d'autant plus familièrement qu'il vous appartient de l'aborder avec plus de sécurité. Il sait compatir à vos infirmités, lui qui fut le compagnon de votre faiblesse, en y participant. Il y a élevé jusqu'au haut des cieux notre chair par privilège ; car, comme Homme-Dieu, il a été élevé au-dessus des cieux. Il a voulu prendre notre humanité pour que nous participions à sa divinité. Osez donc, mon fils, vous approprier quelque chose de l'Homme-Dieu, parce que Dieu le premier s'est approprié votre humanité telle qu'elle est. De la divinité est venu le salut, et, de l'humanité, la rédemption ; cependant, le salut et la rédemption viennent de l'une et de l'autre. Mais parce que ce qui est de moi m'appartient, parce que tout ce qui vient de moi, je me l'unis par la volonté, par un lien de parenté et par une affection particulière, je me l'attribue, par le droit fondé sur la consanguinité, alors je m'adresse à mon Jésus avec plus de confiance et de bonheur qu'à personne des esprits bienheureux. Ce que vous êtes, Dieu a daigné le devenir ; il n'est point devenu ce qu'est l'ange, bien qu'il soit l'ange du grand conseil. Il vous a élevé au-dessus des anges, car vous les jugerez. Je ne voudrais pas avoir la place de l'ange, si je puis occuper celle qui est réservée à l'homme. A la cour de son Dieu, qui est aussi le vôtre, votre Dieu, votre homme vous y précéda couvert de votre robe, robe aux mille couleurs dont il s'est revêtu avec un art admirable. Il se tient devant lui, prie pour nous ; il n'est plus abaissé au-dessous des anges, au contraire, il est couronné de gloire et d'honneur, « et établi au-dessus des ouvrages des mains de Dieu. » (*Ps.* VIII, 6.) C'est lui qui est votre intercesseur, qui est votre médiateur, faites qu'il soit votre protecteur miséricordieux ; et, si Dieu est pour vous, qui sera contre vous ? Croyez donc fermement sans hésiter l'incarnation, la passion, la résurrection de Dieu, son ascension au ciel, comme aussi votre propre transformation un jour. Que votre foi, mon fils, tienne ces

---

Christi humanitatem oculum suum intellectualem reflectat. In illa delectetur, ex illa quoque satietur, ad ipsam faciem suam convertat, sicut de Ezechia dictum est : « Convertit Ezechias faciem suam cum lacrymis ad parietem. » (IV *Reg.*, xx, 2.) Paries, Christi humanitas est. Unde ita Salomon : « En ipse stat post parietem nostrum. » (*Cant.*, II, 9.) Divinitas ipsius videlicet ad nullum deflexa vel deflectenda peccatum, sub carne nostra latitabat. Nam et « in terris visus est, et cum hominibus conversatus est. » (*Baruch*, III, 38.) Ad hunc re vera parietem Ezechias sub mortis articulo, quem ei Propheta per spiritum prædixerat, faciem convertit : et ita convaluit. Hac valetudinis exspectatione tandem securus Jacob ita tripudiat : « Vidi Dominum facie » divinitatis, in qua erat Deus, « ad faciem » humanitatis, quam erat assumpturus ; et sic « salva facta est anima mea. » (*Gen.*, XXXII, 30.) Hujus incarnationis desiderio flagrabant omnes sancti : quippe quibus erat manifestum, non aliter posse salvari genus humanum, nisi per Filium Dei incarnatum. « Non enim est in alio aliquo salus ; nec enim nomen est aliud sub cœlo datum hominibus, in quo oporteat hominem salvari. » (*Act.*, IV, 12.) Ad hunc igitur parietem nostrum, mediatorem nostrum converte faciem tuam familiarius, quod tuum est aggredere securius. Scit compati tuis infirmitatibus, qui factus est tuæ infirmitatis participando consocius. Prærogativam nostræ carnis in cœlis evexit superius, quia exaltatus est super cœlos homo Deus. Participatus est nostræ humanitatis, ut nos participaremur suæ divinitatis. Aude igitur fili mi de homine tuo Deo facere quoddam participium ; quia prior fecit Deus de homine tuo puro sibi participium. Ex divinitate processit salvatio, ex humanitate redemptio ; utrumque tamen ex utroque. Sed quia meum est (*a*) meum, quia et ex me mihi quadam (*b*) cogitatione et cognatione, et secreta quadam affectione conglutino, quodam proprio jure consanguinitatis mihi vendico : tutius et jucundius loquor ad meum Jesum, quam ad aliquem sanctorum spirituum : plus debet mihi Christus, quam cuilibet cœlestium spirituum. Quod tu es, fieri dignatus est Deus : non factus est quod est angelus, etsi sit magni consilii Angelus. (*Isa.*, IX, 6.) Te exaltavit super angelos ; tu etenim judicabis angelos. Nollem habere locum angeli, si possem habere locum debitum homini. Ad curiam Dei sui, Dei tui præcessit Deus tuus, homo tuus, tunica tua, tunica polymita, quam sibi decentissime coaptavit, indutus : ibi assiduus interpellat pro nobis ; non jam ab angelis minoratus, imo gloria et honore coronatus, et super opera manuum Dei constitutus. (*Psal.* VIII, 6.) Quem igitur habes intercessorem, habes mediatorem, constitue tibi propitium adjutorem. (*Rom.*, VIII, 31.) Et si Deus pro te, quis contra te ? Firmiter igitur et fideliter credenda est Dei incarnatio, passio et resurrectio, et super cœlos ascensio, nec non et tui ipsius futura reformatio. Hæc, fili mi, fides

(*a*) Editi non repetunt, *meum*. — (*b*) Sic Mss. At editi, *agnatione*.

vérités, que votre cœur les scrute et les conserve, qu'il ne goûte rien de plus doux. Que votre bouche les confesse et les proclame avec intrépidité. « Car nous croyons de cœur pour notre justification, et nous confessons de bouche pour notre salut. » (*Rom.*, x, 10.)

CHAPITRE III. — Quoique ces choses soient suffisantes pour le salut, cependant, il y a quelques signes extérieurs qui réveillent souvent notre foi trop facile à s'endormir, et qui font pénétrer la componction au plus intime de notre âme. La piété chrétienne veut qu'on en tienne compte, et la dévotion des amis qui entourent un malade se réjouit quand ils sont accomplis. O mon fils, ne les négligez pas. Pour vous-même ils seront bien salutaires; pour vos amis et pour moi ils seront notre consolation. Les chrétiens comptent, parmi ces signes mystérieux, la représentation digne de tous nos respects de la croix du Seigneur, et que nous nommons la croix, en souvenir de la sienne ; nous confessons qu'elle est l'objet le plus précieux de notre vénération, et nous l'adorons en souvenir de notre cher crucifié. On place sur cette croix, l'image d'un homme qui y souffre ; c'est pour nous rappeler la passion de Jésus-Christ, qui nous donna le salut. Embrassez-la avec humilité, adorez-la en suppliant, sans oublier cependant ces vérités : Cette image que j'ai ici sous les yeux, ce n'est ni un Dieu, ni un homme, mais c'est un Dieu et un homme que cette sainte image représente. Vrai Dieu et vrai homme, et, cependant, chacun et tous deux ensemble ne sont qu'un ; il souffre les ignominies de la croix, subit la mort, il est enseveli. Le même vit et triomphe de ses ennemis par ce signe de la croix. Voilà ce que nous dit cette figure de la croix ; par elle, nous nous rappelons la croix et le crucifié. Je vénère ce signe sacré, et je ne cesse d'adorer mon Jésus. O mon bon Jésus, qui, attaché pour moi sur la croix, avez tant souffert, daignez me faire miséricorde. O vous qui êtes mort pour moi, et qui êtes mort à cette fin, faites que, mourant au monde, je vive pour vous, ô bon Jésus.

CHAPITRE IV. — N'oublions pas ce précepte de l'apôtre saint Jacques : « Quelqu'un d'entre vous est-il malade? qu'il appelle les prêtres de l'Église, et qu'ils prient sur lui, en l'oignant d'huile, au nom du Seigneur Jésus, et la prière de la foi sauvera le malade. » (*Jacq.*, v, 14.) Priez donc qu'on agisse ainsi à votre égard, et pour vous, comme le recommande l'apôtre saint Jacques, ou mieux, Notre-Seigneur par son apôtre, car l'onction de l'huile sanctifiée marque l'onction figurative de l'Esprit saint. Ne dédaignez pas aussi, mon fils, de recevoir le secours vivifiant du corps de Notre-Seigneur. Que dis-je ? ah! plutôt, désirez-le avec avidité, mangez-le avec foi, car cette nourriture incomparable, dont on ne peut dignement parler, vous sera un viatique très-salutaire; c'est le prix de votre rédemption, c'est le gage de notre Rédempteur, c'est la force du racheté. Au sujet de la confession, j'en ai dit quelques mots bien courts au traité précédent, car j'étais pressé d'atteindre le but que je m'étais proposé, mais je me dispose en ce moment à faire une courte récapitulation de ce chapitre de la confession.

Quelques-uns s'imaginent qu'il suffit, pour le salut, de confesser leurs crimes à Dieu seul, à qui rien n'est caché et qui pénètre toutes les consciences.

---

tua habeat', perscrutetur et teneat cor tuum ; nihil dulcius sapiat, os tuum audacter confiteatur et concinat. « Corde etenim creditur ad justitiam, ore autem confessio fit ad salutem. » (*Rom.*, x, 10.)

CAPUT III. — Et licet hæc sufficere valeant ad salutem, tamen sunt quædam exteriora signa pigritantis etiam fidei aliquando excitatoria, et quasi quamdam compunctionem penetralibus suis figentia : quæ et christianitatis religio vult observari, et amicorum ad infirmos convenientium devotio gaudet adimpleri. Hæc et tu fili mi non negligas ; erunt si quidem et tibi ipsi salubria, et mihi carisque tuis consolatoria. Habent si quidem Christianorum arcana illius Dominicæ crucis quasi quoddam venerabile monimentum, quod de crucis ipsius imaginatione crucem cognominant : quod et nos omni veneratione dignissimum fatemur, et ad recordationem Crucifixi nostri veneramur. Adjicitur etiam super crucem quædam hominis inibi patientis imago, per quod salutifera Jesu Christi nobis renovatur passio : hanc complectere humiliter, venerare suppliciter, tamen hæc ad memoriam tibi reducens :

Nec Deus est, nec homo, præsens, quam cerno, figura :
Sed Deus est et homo, quem signat sacra figura.
Verus homo verusque Deus, tamen unus uterque
Probra crucis patitur, mortem subit, et sepelitur :
Vivit idem, crucis hæc per signa triumphat ab hoste.
Id notum nobis crucis hujus littera reddit,

Scilicet ipsius nota sunt crux et crucifixus,
Hæc et ego veneror, Jesum quoque semper adoro.

Tu autem bone Jesu, qui pro me pendens ita passus es, mihi misereri digneris, et præsta qui mihi mortuus es, et ad hoc mortuus es, ut mundo moriens tibi vivam, bone Jesu.

CAPUT IV. — Nec prætermittendum est illud apostoli Jacobi præceptum : « Infirmatur quis in vobis, inducat presbyteros Ecclesiæ, et orent super eum, unguentes eum oleo sancto in nomine Domini Jesu, et oratio fidei salvabit infirmum. » (*Jac.*, v, 14.) Ergo sic roges de te et pro te fieri, sicut dixit apostolus Jacobus, imo per Apostolum suum Dominus. Ipsa videlicet olei sacrati delibutio, intelligitur Spiritus sancti typicalis unctio. Illud etiam vivificum Dominici corporis supplementum suscipere fili mi non renuas : quin potius illud avidissime quæras, fideliter comedas. Cibus ille etenim incomparabilis, viaticum tibi erit saluberrimum : redemptionis tuæ pretium. Redemptoris monimentum, et redempti munimentum. De confessione superiori Tractatu te breviter commonefeci, quod urgebat me ad alia tendendi curiosa necessitas. Nunc quoque de eodem confessionis capitulo recapitulationem compendiosam facere dispono.

Sunt quidam, qui sufficere sibi ad salutem autumant, si soli Deo, cui nihil occultum est, quem nullius latet conscientiæ, sua confiteantur crimina. Nolunt enim, aut

Ils ne veulent pas, ou ils rougissent, ou ils dédaignent de se montrer aux prêtres; cependant Dieu, par l'organe de son législateur, les a établis pour discerner entre lèpre et lèpre. Je ne veux pas que, soit honte, soit opiniâtreté, vous soyez séduit par cette fausse doctrine, qu'il y a de la confusion à se confesser au vicaire du Seigneur; allons nous soumettre avec humilité au jugement de celui que le Seigneur ne dédaigne pas de prendre pour son lieutenant. Donc, demandez la visite du prêtre, et découvrez-lui les replis les plus intimes de votre conscience. Gardez-vous de ces rêveurs, dont les fausses maximes s'affermissent par leur fréquente répétition, et qui vous répètent que la confession de ses péchés faite à Dieu sans l'intermédiaire du prêtre, suffit au salut. Je ne nie pas qu'il ne faille parler fréquemment à Dieu de ses péchés. Heureux celui qui saisira ses petits ou même ses grands défauts, et qui les brisera contre la pierre. La pierre, c'est Notre-Seigneur Jésus-Christ; mais, nous l'attestons, et la saine doctrine l'atteste avec nous, pour que vous ne prêtiez pas l'oreille aux discours des flatteurs, vous devez d'abord recourir au prêtre, il sera votre médiateur auprès de votre Dieu par un jugement salutaire. Autrement, et sous l'ancienne loi et sous la loi de grâce, comment s'accomplirait cette parole divine : « Allez, montrez-vous aux prêtres? » (*Lév.*, XIV, 2.) Comment expliquer cette autre : « Confessez vos péchés les uns aux autres ? » (*Jacq.*, V, 16.) Servez-vous donc du prêtre pour être le juge de vos plaies; au nom de Dieu, découvrez-lui vos vices, et il vous présentera l'antidote de la réconciliation.

CHAPITRE V. — Suivant la pratique de quelques-uns, ne vous adressez pas au prêtre avec artifice; un tel langage ne nuirait qu'à vous seul. Il en est qui viennent pleins de ruse devant un prêtre, et font devant lui à peu près cette confession : Moi, pécheur, j'ai péché, mon Père, par le parjure, par l'adultère, la fornication, le meurtre, le mensonge, en commettant le sacrilège, en volant et en dérobant. J'ai commis tous ces péchés par ma faute, soit par des actes, soit par ma volonté. Ainsi, ces hommes, se moquant de Dieu, dont on ne se joue pas cependant, se confessent, en entremêlant ce qu'ils n'ont pas fait, en couvrant d'un voile ce qu'ils révèlent, en sorte que, du même coup, d'un côté, ils découvrent leur péché, et de l'autre, ils le cachent en le découvrant, tellement que le prêtre se retire plein d'incertitude, entendant le certain mêlé à l'incertain. Oh! que ce prêtre traiterait avec sagesse et justice de pareilles ruses, si, appliquant son jugement sur tout ce qu'il vient d'entendre, il infligeait une punition en rapport avec toutes ces fautes, à celui qui s'en dit coupable, à celui qui s'est ainsi diffamé, en s'accusant de toutes les fautes, sans rien excepter, sans rien déterminer. En même temps, ce pécheur a fait une bonne chose, mais d'une manière désordonnée, car ce n'était pas le lieu; il aurait pu, peut-être, s'accuser ainsi d'une manière générale, si, auparavant, il eût mis à nu ses blessures une à une, ses plaies, ses meurtrissures profondes, suivant qu'elles pesaient davantage sur sa conscience.

Pour vous, mon fils, vous n'agirez pas ainsi, car vous vous inspirerez de meilleurs avis. Quand le prêtre sera devant vous, regardez-le comme l'ange de Dieu. « Les lèvres du prêtre, dit Malachie, gardent la science, et les hommes cherchent la loi sur ses lèvres. Il est l'ange du Seigneur des armées. » (*Malach.*, II,

---

erubescunt, sive dedignantur ostendere se sacerdotibus; quos tamen inter lepram et lepram discernere per legislatorem constituit Dominus. (*Deut.*, XVII, 8 et 9.) Sed nolo ut ipsa decipiaris opinione, quatenus confundaris confiteri coram Domini vicario, tabescens præ rubore, vel cervicosus præ dedignatione : nam ipsius humiliter subeundum est judicium, quem Dominus sibi non dedignatur vicarium. Ergo ad te veniro roges sacerdotem, et fac ipsum conscientiarum tuarum penitissimarum participem. Non seducat te somniantium illa superstitio, quæ in visitando confirmat, quia salvat sacerdote inconsulto ad Deum peccatorum confessio. Nos autem non abnegamus quin sit ad Deum frequenter referenda peccatorum confessio. Beatus enim qui tenebit, et allidet parvulos vel maximos suos ad petram. (*Psal.* CXXXVI, 9.) Petra autem Christus est. (I *Cor.*, X, 4.) Sed testamur, et testatur illud sana doctrina, ne tibi applaudentium faveas auribus, quoniam prius eges sacerdotis, qui mediator sit ad Deum tuum, salubri judicio : alioquin et sub Lege et gratia. « Ite et ostendite vos sacerdotibus, » (*Luc.*, XVII, 14; *Levit.*, XIV, 2) responsum divinum quomodo consummaretur? « Confitemini alterutrum peccata vestra, » (*Jacob.*, V, 16) quomodo compleretur? Ergo cicatricum tuarum arbiter, Dei vice, dominus adhibeatur presbyter, et revela ei vias tuas : et ipse tibi exhibebit antidotum reconciliationis.

CAPUT V. — Neque si quidem, sicuti quidam faciunt, cum quadam calliditate alloquaris presbyterum : quoniam talis allocutio tui ipsius foret deceptio. Accedunt si quidem decepisosi ad sacerdotes, ita eis præsentibus confitentes : Ego peccator, domine sacerdos, peccavi perjurando, adulterando, fornicando, hominem occidendo, mentiendo, sacrilegium committendo, furando, rapiendo. Hæc omnia commisi, mea culpa, vel opere, vel voluntate. Ita isti Deum irridentes, cum tamen non irridetur, confitentur quæ non fecerunt interpolantes, revelata velautes; ut sit idem in eodem peccatum denudasse, et denudatum obumbrasse, de quo sacerdos tunc incertior recedit, cum certa incerte audierit. O quam bene et juste hujuscemodi versutiis sacerdos ille consuleret, si his omnibus quæ audivit, judicium suum opponeret, et quasi reum de omnibus competenti correctione multaret, qui se de omnibus, nihil excipiens, nihil ex nomine detegens, semet infamando aggressus est! Bona quoque inordinate dispensavit, et tunc non erat his locus, et temperantior locus esset quo generalem morbum medico detegere debuisset, si prius vulnera, livores, plagas tumentes sibi singillatim, prout gravius visceribus instabant, evisceras set.

Tu vero fili mi, non ita facies, quoniam saniori consilio crediturus es. Adstantem coram te sacerdotem angelum Dei existima. « Labia quidem sacerdotis, ait Mala-

7.) Parlez donc au ministre de Dieu avec le même respect que vous auriez à l'égard de Dieu et de son ange. Découvrez-lui les replis les plus cachés de votre intérieur. Abaissez devant ses regards les barrières les plus profondes de votre conscience viciée. N'ayez pas honte de dire devant un seul ce que vous n'avez pas eu honte, peut-être, de faire devant plusieurs, et avec de nombreux complices. Car, s'il est de l'homme de pécher, il est d'un chrétien de s'éloigner du péché, et d'un démon d'y persévérer. Découvrez donc à l'ange de Dieu les fautes qui pèsent davantage à votre âme, sans rien dire d'obscur, sans envelopper votre faute de mille artifices, manifestant ce qui est vrai, sans détours. Déterminez aussi, si vous vous en rappelez, les lieux et le temps dans lesquels vous avez péché. Dites avec quelles personnes, sans jamais découvrir leurs noms, même dans le but qu'une correction secrète les fasse sortir du péché, l'âge dans lequel vous avez commis votre péché, dans quel ordre vous serviez déjà l'Eglise. Si vous êtes tombé une fois, ou par habitude, si c'est par force ou volontairement. C'est sur toutes ces circonstances que les confesseurs basent leurs jugements. En effet, les juges de la terre distinguent entre un lieu et un autre ; ils punissent différemment l'homicide commis dans le palais du roi, de celui commis sur la voie publique ou dans une maison. Quelquefois on pardonne à l'enfance à cause de son âge, quelquefois aussi on a des égards pour la vieillesse ; on maintient, au contraire, par une forte bride ceux qui sont dans la force de l'âge. C'est avec une vigueur sans pareille qu'on punit les crimes commis aux jours plus solennels, par exemple, au jour anniversaire de la naissance d'un prince ; de même certaines fautes doivent être punies avec une sévérité d'autant plus rigoureuse, qu'elles furent commises dans des endroits consacrés à Dieu, dans des jours de fêtes célébrées en son honneur, dans un âge plus judicieux ou plus avancé, par des personnes consacrées spécialement à Dieu, dans une condition plus relevée. N'exige-t-on pas davantage de celui auquel on a confié davantage ? N'est-ce pas moins de tuer un homme que d'en tuer plusieurs ? N'y a-t-il pas un moindre mal d'être tombé une fois que cent fois ? N'obtiendra-t-on pas plus promptement son pardon, si on a failli forcément, que si on est tombé librement ? Et quoique, partout où l'on pèche, le péché soit toujours péché, qu'il n'y ait aucun temps, aucun âge, aucune condition, aucun lieu qui excuse le pécheur de son péché ; cependant, toutes ces circonstances doivent être discutées, suivant leur espèce, car il faut leur appliquer la réprimande et la correction proportionnées. Eh bien ! toutes ces choses tuent l'âme, si on les tait, ou si on les déguise adroitement dans ses paroles ; au contraire, si on les met au jour, elles s'évanouiront par la pénitence. Exposez vos fautes, qui se réduiront à rien, si vous le faites convenablement. Dites vos péchés sans détours, comme vous les savez ; que dis-je ? efforcez-vous de les détruire énergiquement. Ah ! pourquoi rougir de confesser ce que vous n'avez pas rougi de faire ? Ne vaut-il pas mieux supporter un peu de honte devant un seul homme, que d'être confondu et flétri au jour du jugement, devant tant de milliers d'hommes ?

Accompagnez votre confession de pénitence, c'est le moyen pour que votre iniquité vous soit remise. Et, « heureux sont ceux dont les iniquités ont été

---

chias, custodiunt scientiam, et legem requirunt ex ore ejus. Angelus enim Domini exercituum est. » (*Malach.*, II, 7.) Et cum qua et Deum et angelum ejus decet, reverentia Dei ministrum affare. Aperi ei penetralium tuorum abditissima latibula, conscientiarum verecundarum penitiora revela repagula. Non te pudeat coram uno dicere, quod te non puduit forsitan coram multis et cum multis facere. Nam humanum est peccare, Christianum est a peccato desistere, diabolicum est perseverare. Ergo quæ mentem gravius exacerbant facinora, Dei angelo manifesta : nihil obscurum dicens ; culpam nullis ambagibus involvens, nullis circuitionibus quod verum est operiens. Designanda etiam sunt in quibus peccasti loca, si recordaris, et tempora ; cum quibus peccasti personis. non nomina ipsarum, etiam ut a peccato desistant secreto corrigenda familiaritas ; in qua peccasti labilis ætas, quo gradu jam Ecclesiæ inserviebas ; utrum semel, an ex consuetudine ; utrum necessitate, an ex voluntate cecidisti : bis enim omnibus sua instant judicia. Si enim in judiciis sæcularibus a locis loca discernuntur, alia censura vindicatur homicidium in regis curia, alia in via publica, alia in agresti villa ; aliquando pro tempore temporibus ignoscitur infantiæ, defertur aliquando senectuti, quæ media defervet ætas severa cohibetur habena ; in solemnibus (a) principum natalitiis perpetrata, feroci plectuntur exterminio facinora : sic et cætera quanto districtioribus eliminanda sunt animadversionibus, in locis Deo sacratis, in temporibus festis Deo dicatis, in ætate discretiori, in personis proprie Deo delegatis, in gradibus commissa sublimioribus. Nonne cui plus committitur, plus ab eo exigitur ? Nonne minus est hominem occidisse, quam homines ? Nonne levius est semel deliquisse, quam centies ? Nonne celeriorem consequitur veniam ex necessitate cecidisse, quam ex voluntate ? Et quamvis ubicumque peccetur, peccatum semper sit peccatum, in nullum tempus, nulla ætas, nulla persona, nullus locus muniat peccantem a peccato ; tamen hæc omnia modo suo discutiendo sunt, quoniam hæc omnia modo corripienda et corrigenda sunt. Hæc autem omnia, quæ si taceantur, vel dicta callide pallientur, animam jugulant ; si denudentur, cum pœnitentia evanescunt. In nihilum redigenda ordine competenti prosequere, sine circumlocutione edissere peccata pro viribus, imo viriliter exstirpare contende. Heu ! cur erubescis confiteri, quod facere nequaquam erubuisti ? (*b*) Melius est coram uno aliquantulum ruboris tolerare, quam in die judicii coram tot millibus hominum gravi depulsa denotatum tabescere.

Confessionem tuam pœnitentia comitetur : quoniam ita tibi remitteretur iniquitas tua. Et : « Beati quorum re-

(*a*) Alias, *præcipue*. — (*b*) Mss. *Lautius est*.

remises, et dont les péchés sont couverts et effacés. » (*Ps.* xxxi, 1.) La confession du péché, c'est la condamnation du pécheur, c'est la pénitence qui rend utile la confession. N'oubliez pas aussi la haine des péchés, car l'ami du péché est l'ennemi de son âme. Haïssons nos péchés aussi fortement que possible, puisqu'ils sont devenus nos ennemis. Mais, ne pas vouloir détruire, quand nous le pouvons, leurs chaînes d'un moment, quand nous pouvons les anéantir, par le brisement momentané de notre cœur, anéantissement qui nous donne droit à la possession du repos éternel, tandis qu'en les amassant, nous allons droit au supplice de l'enfer; ne pas agir ainsi, dis-je, c'est le comble de la démence. Confessez donc, mon bien-aimé, et avec détail, les fautes qui vous causent du remords. Découvrez particulièrement celles que vous savez être spéciales. Les fautes journalières, dont vous n'avez point été exempt, rappelez-vous-les au moins par la pensée, dans votre examen général, et ainsi comptez sur le pardon. Mais, le prêtre étant consulté, rappelez de nouveau à Dieu vos péchés, vous pourrez alors les lui présenter ; en effet, cette nouvelle présentation ne vous sera point inutile. En outre, j'allais l'oublier, remettez du fond du cœur à vos débiteurs ce qu'ils vous doivent. Aimez tous les hommes en Dieu et à cause de lui.

Chapitre VI. — Notre petit traité semblera n'offrir que des renseignements de peu d'importance et méprisables, car le souffle de l'éloquence et les fleurs de rhétorique ne l'ornent point. Il semblera même superflu, car tout ce que je viens de dire est un lieu commun pour ceux qui sont instruits. Quelquefois, il est vrai, ces derniers connaissent beaucoup de choses sur lesquelles ils n'ont aucun doute; mais qu'ils réfléchissent, que nos instructions regardent tout le monde. Nous aussi, nous avons été du nombre des moins capables; nous n'avons appris parfaitement, qu'en allant à pas lents et comptés, comme le bœuf accablé de fatigue. Mais des hommes nombreux viennent à nous dans le désir de pourvoir au salut de leurs âmes; les uns nous parlaient dans la simplicité, les autres avec dessein; nous avons fait pour eux ce qui nous a paru bon, nous avons puisé ce traité aux sources les plus savantes, et nous l'adressons à vous, pour qui notre cœur veille avec tant de souci, à vous que mon épître doit visiter, puisque ma douleur, que je ne puis contenir, m'ôte tout moyen de m'exprimer. Il est donc pour vous, oui, pour vous; il vous est d'une indispensable nécessité, à vous arrivé aux confins de la mort, et qui la verriez en quelque sorte, si elle pouvait être vue. Mes paroles vous rendront plus vigilant, vous serez plus circonspect, à cause de cette obligation où vous êtes de nous quitter; vous veillerez sur vous, vous pourvoirez à tout ce qui vous concerne, vous assurerez votre salut. Mais si, dans ce traité, je vous ai instruit de choses que vous ignoriez, ou si je vous ai rappelé ce que vous saviez déjà, la peine que je me suis donnée témoigne dans l'un et l'autre cas ma grande affection pour vous, et, s'il vous est inutile, parce que vous saviez toutes ces choses, la suite de mon langage vous les aura remémorées, et au moins il servira à d'autres moins instruits; pour moi, dont tout le bonheur est de pouvoir vous donner des avis, puisque je me suis contenté, il m'aura été très-agréable.

Chapitre VII. — Mais, de peur que l'incapacité de

missæ sunt iniquitates, et quorum tecta sunt peccata. » (*Psal.* xxxi, 1.) Peccati quoque confessio, peccatoris est damnatio; pœnitentia vero confessionem parit utilem. Odium quoque peccatis adhibendum est, quoniam peccatorum amicus, animæ suæ est inimicus. Et perfecto odio odienda sunt peccata, quoniam facta sunt nobis inimica. Momentaneas autem ipsorum illecebras, quæ ad momentaneam cordis percussionem possunt annullari, per quorum annullationem æternam possidebis requiem, per thesaurizationem in cruciatum ibis infernalem, nolle destruere cum possis, extremæ est dementiæ. Confitere igitur, care mi, nomine tenus quæ te remordent flagitia, detege specialiter quæ scis specialia; quotidiana de quibus non fuisti mundus, saltem cogitatione in collecta generali appone : sicque ex indulgentia confide. Jam vero sacerdote consulto ad Deum referenda sunt tua delicta, ipsi jam tunc erunt præsentanda : non enim talis præsentatio ultra erit infructuosa. Et quod forsitan oblitus prætermiseram, debitoribus tuis ex corde dimitte debita sua, et omnes homines in Deum propter Deum dilige.

Caput VI. — Paginulæ nostræ quasi documenta vilia videntur et despicabilia, quia non sunt rhetorico flatu et fastu cothurnata : videntur et superflua, quoniam eruditioribus hæc omnia erant pervia. Sed est aliquando ut multa noverint eruditi, de quibus non dubitaverunt, et cogitant ut eodem discendi genere cadem didicerint omnes. Sed nos de minus capacium numero fuimus, et quomodo lassus bos calcet, perspicue novimus. Accesserunt etiam ad nos animabus suis consuli concupiscentium copiosa frequentia : et quidam ex simplicitate, quidam ita loquebantur ex industria. Illis autem prout nobis collibuit, consuluimus. Tibi vero cui cor nostrum artius invigilat, et quem Epistolæ respectus visitat, quoniam dolor impatientissimus tollit colloquendi gratiam, ex his quæ ex ipsis hausimus (*a*) peritioribus hunc Tractatum direximus. Tuum est igitur, tuum est, tibi quoque pernecessarium est, qui sub mortis articulo positus es, jamque si videri posset, mortem videres : quatenus ex nostra eruditione vigilantior, vel exitus ipsius necessitate circumspector, tibi invigiles, tibi provideas, tibi consulas. Si autem in nostris Tractatibus quæ nesciebas indicavi, vel quæ sciebas iterum inculcavi, tibi tamen in utroque ex summa erga te diligentia nostrum desudavit exercitium. Et si tibi non proderit, quoniam hæc omnia sciebas, harum dictionum commonitoria connexio : quibusdam saltem minus sciolis prodesse habebit, mihi quoque cui te commonuisse voluptuosum est, quoniam mihi satisfeci, valebit.

Caput VII. — Sed ne quædam quorumdam supersti-

(*a*) Mss. *peritiores*.

certains prêtres, dont nous ne parlons pas, soit passée sous silence, comme si nous l'ignorions, nous allons finir notre discours, en parlant des prêtres, puisque c'est devant eux que nous devons nous confesser. Il serait tout à fait inutile d'écrire ces paroles, si nous n'avions pour but d'obvier à des fausses erreurs qui ont déjà causé du mal à plusieurs. Il vaut mieux détruire l'ignorance des prêtres que de demeurer, à cause de cette ignorance sans correction, plongés dans votre propre ignorance. Ne pourrait-elle pas vous nuire à vous-même, puisqu'elle a nui à beaucoup? Je vous l'ai dit plus haut, vous avez à vous confesser au prêtre, et vous devez subir son jugement. Mais, de même que les étoiles diffèrent entre elles par leur clarté, de même un prêtre diffère d'un autre prêtre par sa vie sacerdotale. Beaucoup portent le nom de prêtres, mais tous ne sont pas prêtres; à beaucoup, en effet, a été confiée la fonction du sacerdoce, mais tous ne remplissent pas de la même façon la mission qui leur fut confiée. L'un, en effet, soupire sans pouvoir se contenter, après les avantages de la vie présente, poursuivant ses propres intérêts, et non ceux de Jésus-Christ; un autre s'allanguit dans la paresse. L'ignorance en étouffe un troisième, et cependant, « celui qui ignore sera lui-même ignoré. » (I *Cor.*, XIV, 38.) Enfin, tel autre s'acquitte convenablement, quant au temps et au lieu, de la garde qui lui est confiée, et la vie de ce digne ministre répond aux obligations de la charge qui lui a été imposée. Si vous les connaissez, appelez ceux d'entre eux qui sont les plus habiles et les plus zélés. Si, en effet, pour les maladies du corps, on recherche les médecins les plus expérimentés, combien plus, pour les plaies gangrenées et spirituelles de l'âme, devons-nous recourir aux médecins les plus habiles, et, s'il m'était permis de le dire, les plus spirituels? Ce que je dis, je ne le dis pas cependant pour vous faire condamner ou censurer les prêtres du Seigneur. Le Seigneur sait ceux qui sont à lui. Mais je dis : Si vous recevez le prophète au nom du prophète, ou le juste au nom du juste, vous recevrez la récompense ou du prophète, ou du juste. (*Matth.*, x, 41.) C'est donc de tels ministres que vous appellerez.

Chapitre VIII. — Voyez dès lors quel mal provient de l'ignorance des ignorants. L'un de ces prêtres moins instruits, a entendu votre confession, il voit votre infirmité, il ignore cependant comment peser exactement l'état de votre âme; il ignore qu'une médecine énergique est nécessaire dans les maladies rapides, ou pour ceux qui sont à l'extrémité, et il répond au malade : Mon frère, si vous revenez à la vie, vous ferez tels jeûnes, telle aumône, telle prière; (tout cela est bien, mais voyez combien son erreur vous est pernicieuse), si, au contraire, cette maladie vous donne la mort, pour que votre âme ne paraisse pas devant Dieu impénitente, je vous enjoins au nom de l'obéissance de faire pénitence après votre mort pendant une semaine ou une année entière, ou par des souffrances proportionnées en longueur à la peine que vous aurez méritée. O honteux aveuglement du cœur! il était venu pour consoler le malade, il était obligé grandement de l'absoudre en toute promptitude, et, refusant l'absolution, il lie cette âme de chaînes plus fortes. O source de la perte des âmes! ces paroles du prêtre nuisent-elles à celui qui s'est confessé? Je ne sais, (toutefois il est certain qu'elles ne lui sont nullement utiles); laissons Dieu juge d'une pareille

---

tio presbyterorum a nobis intacta quasi ignota transigatur, nunc aliquantulum nostri sermonis consummatio, quoniam coram illis confitendum est ; respiciat presbyteros. Esset autem id scribere supervacaneum, nisi errori cuidam jam in multos serpenti prætenderetur obvium. Melius est quoque ignorantiæ presbyterorum consulere, quam ignorantes in ignorantia sua incastigatos remanere : posset autem et tibi, quoniam nocuit multis, nocere. Prout superius intimatum est, coram sacerdote confiteri habes, ipsiusque judicium subire debes. Sed sicut stella differt a stella in claritate : sic sacerdos differt a sacerdote in sua conversatione. Multorum siquidem est vocari sacerdotes, sed non est omnium esse sacerdotes. Si quidem multis presbyteratus committitur dispensatio, sed non omnes pariter commissæ dispensationis inserviunt ministerio. Alius equidem commodis præsentibus, quæ sua sunt, non quæ Jesu Christi exquireus, inexplebiliter iniat : alius præpeditur ex incuria : alius suffocatur ex ignorantia, et tamen « ignorans ignorabitur : » (I *Cor.*, XIV, 38) alius vero concreditæ custodiæ competenter locum et tempus explorat, respondetque probati vita ministri necessitatibus injuncti ministerii. Ex his vocandi sunt, si noveris, peritiores et curiosiores. Si enim morbis corporum medici probatiores exquiruntur : quanto magis spiritalibus animarum putredinibus adhibendi sunt medici subtiliores, et, si dici liceat, spiritaliores ? Non dico tamen ut damnes ve reprehendas Domini sacerdotes : novit enim Dominus qui sunt ejus. (II *Tim.*, II, 19.) Sed dico, si recipis prophetam in nomine prophetæ, vel justum in nomine justi, mercedem vel prophetæ vel justi recipies. (*Matth.*, X, 41.) Ergo tales vocandi sunt.

Caput VIII. — Jam vide quid de ignorantia ignorantium proveniat. Audivit quidam ex minus eruditis sacerdotibus confessionem tuam, videt infirmitatem tuam, nescit tamen res hujuscemodi æqua lance pensare : ignorat quia velox medicina subitaneis infirmitatibus vel in extremo positis sit pernecessaria, respondet ægroto : Frater, si supervixeris, ita jejuna, ita fac eleemosynam, ita ora : (hæc tamen omnia bene dixit, sed considera impium animadverte :) si autem ex hac infirmitate morieris, ne anima tua Deo videatur impœnitens, per obedientiam injungo tibi, quatenus anima tua vel totam septimanam, vel annum integrum, vel tantum temporis patiendo pœnam quam meruisti, in pœnitentia post mortem tuam sit. O exterminanda cordis cæcatio! Ad consolandum venerat infirmum : et cui major et propera incumbit absolvendi necessitas, absolutione interdicta ligationis adjicit vincula particulam. O perditionis animarum occasio! Utrum autem hæc sacerdotis allocutio confitentem noceat, (certum est autem quod non juvat,) Dei judicio reservatur. Sed quid huic consolatori, vel potius deso-

conduite. Peut-être vous désirez savoir quelle réponse faire à ce consolateur, ou plutôt à ce désolateur. Je vous le dis formellement, il faut l'instruire et ne pas lui obéir, et il n'y aura pas de désobéissance dans l'humble et respectueuse remontrance que vous lui adresserez.

Désirez-vous savoir quels remèdes appliquer à de semblables plaies, pour qu'à votre occasion les prêtres soient instruits, et que cela serve aussi au salut des âmes? Je vais ajouter ce que je répondrais aux malades à l'extrémité qui se confesseraient à moi. Je n'imposerais à personne ce que ou l'impossibilité lui ferait rejeter, ou que le peu de temps qui lui reste l'empêcherait d'accomplir, mais s'il a quelque chose qui puisse être utile aux pauvres, soit que ses mains puissent le distribuer, ou que ses amis veuillent le donner en son nom, c'est la loi, que nous rachetions nos péchés par nos aumônes. Je crois également que les prières de ses amis lui seraient très-utiles; mais si la moindre petite somme d'argent lui fait défaut, ou qu'il n'ait point d'amis, dont la piété prie pour lui, et que, de tout cela, il ne puisse rien faire autre chose que de se confesser et de se repentir, tandis que l'énormité de ses fautes l'accablera, quelle conduite tiendrai-je vis-à-vis de lui? L'amènerai-je à se désespérer, ou serai-je moi-même amené à perdre tout espoir sur lui? Mais qui donc, ô bon Jésus, désespérait de votre miséricorde? J'ose dire que désespérer de vous est une faute plus énorme que n'importe quel péché de fragilité humaine. Pourquoi les larmes qui ont servi au prince des apôtres, ne me serviraient-elles point à moi-même? Pourquoi l'Evangile nous aurait-il rappelé avec un soin si pieux le souvenir du bon larron? Quelles aumônes! quelles bonnes œuvres! quelles prières lui avez-vous indiquées, ô mon Jésus, infiniment bon, infiniment doux, infiniment miséricordieux, quand vous lui dites avec une espèce de serment : « En vérité, je vous le dis, aujourd'hui vous serez avec moi dans le paradis? » (Luc, XXIII, 41.) N'est-ce pas votre seule réponse à sa foi et à sa prière si courte : « Souvenez-vous de moi, Seigneur, lorsque vous serez dans votre royaume? » (Ibid., 42.) Aussi, je le dis à tous, je le dis aux confesseurs, je le dis aux pénitents qui demandent conseil; vous étant confessés, ne désespérez jamais; que les prêtres ne lient jamais personne après sa mort; qu'ils disent, au contraire, avec leur Jésus : « Déliez-le et laissez-le partir. » (Jean, XI, 44.) En effet, qu'une telle absolution soit utile ou ne nuise pas, cela vaut mieux que l'obstacle d'un lien imposé mal à propos. Prêtres, ne prétextez pas le peu de sécurité que vous avez, car il vaut mieux remettre le mourant entre les mains de la miséricorde de Dieu, que de le chasser désespéré du royaume de Dieu, en l'embarrassant de pièges imaginaires. Comment, pour ce défunt qu'il a lié lui-même, le prêtre osera-t-il dire : Déliez, Seigneur, l'âme de votre serviteur, ou bien les autres prières de la délivrance? Il faut donc absoudre tout le monde, du moins tous ceux qui demandent l'absolution. Ne séparons pas non plus de la communion des fidèles ceux pour lesquels on redoute promptement la mort, auxquels le souvenir amer de leurs péchés fait verser des larmes, ou que la crainte de la mort ramène au pardon, suivant cette parole de l'Ecriture : « Dans leur frayeur ils se purifieront. » (Job, XLI, 16.) Mais si ces pécheurs guérissent, qu'ils ne négligent pas de subir la longue pénitence canonique; voilà quelle conduite il faut observer avec ceux qui

---

latori, respondendum sit, si forte requiras : Absolute dico, quod docendus est iste, non sequendus : nec ibi erit inobedientia, ubi est eruditionis humilis officiositas.

Si autem hujuscemodi putredinibus quod apponendum sit cataplasma scire desideras, ut saltem sub occasione tui doceantur presbyteri, et hoc etiam proficiat saluti, quod in extremo positis et tamen confitentibus responderem, subtexo : Nemini imponendum est quod aut impossibilitas ei abdicat, aut tempus evanescens adimplere prohibeat. Si autem aliquid quod pauperibus prodesse habeat, manus ejus invenerit, aut amici sui de suo dare voluerint, legale est ut peccata sua eleemosynis redimantur; orationes etiam amicorum ei profuturas credimus. Sin autem quantulacumque pecuniæ (a) summa deerit, aut qui orent pro eo amicorum religiositas defuerit, et ex toto nihil nisi confiteri et pœnitere valebit, enormitas quoque culparum eum aggravabit, quid isti faciam? Deducam ego illum, aut ego etiam de eo in desperationem deducar? Sed quis o bone Jesu a misericordia tua desperet? Audenter pronuntio, quoniam cumulatius delictum est a te desperatio, quam qualiscumque humanæ fragilitatis offensio. Quare Apostolorum primicerio lacrymæ profuerunt, nisi prosint et mihi? Latronis illius in Evangelio memoria quare nobis tam venerabiliter recensita est? Quibus eleemosynis quibusve operibus, vel quibus orationibus respondisti mi Jesu benignissime, dulcissime, misericordissime, quasi sub jurejurando. « Amen dico tibi, hodie mecum eris in paradiso : » (Luc., XXIII, 41) nisi fidei suæ orationique brevissimæ. « Memento mei Domine, dum veneris in regnum tuum? » (Ibid., 42.) Dico itaque omnibus, dico tandem confitentibus, dico confessis consulentibus, ne confessi desperent, ne sacerdotes post mortem aliquos ligent : imo cum suo Jesu dicant : « Solvite eum, et sinite abire. » (Joan., XI, 44.) Melius est enim ut talis prosit, vel non noceat absolutio, quam obsit indiscreta ligatio. Nec prætendant sacerdotes de fallaci securitate occasionem : quoniam melius est ut morientem in manus misericordissimi Dei committant, quam desperatum cum quibusdam induciarum fabulis a regno Dei eliminent. Nam quomodo dicet sacerdos pro defuncto quem ipse ligavit : Absolve Domine animam famuli tui, vel cæteras absolutionum eulogias? Absolvendi sunt itaque omnes, absolutionem dumtaxat rogantes, nec suspendendi sunt a fidelium communione, quibus mors timetur sine dilatione, et quos peccatorum amara recordatio vel ciet in lacrymas, vel metus mortis ducit ad veniam, sicut Scriptura testatur: « Et territi purgabuntur. » (Job, XLI, 16.) Si tamen tales convaluerint, canonum diuturnam non negligant subire censuram.

(a) Mss. summins.

sont à l'extrémité, puisque le court espace de temps dont on dispose, ne permet pas d'en suivre une autre. Pour vous, mon bien cher ami, je vous dis : Montez de cœur, si vous ne pouvez de corps, au temple du Seigneur, pour y prier. Espérant votre justification, dites avec ce pécheur déjà justifié : « Mon Dieu, ayez pitié de moi qui suis un pécheur, » (*Luc*, xviii, 13) afin que vous paraissiez devant Dieu revêtu de justice, étant justifié par celui qui vit et règne dans les siècles des siècles. Ainsi soit-il.

Subitaneum ergo dum non diutius licuerit, hoc in extremo positis adhibeatur consilium. Hoc etiam Carissime do tibi amice, ascende oraturus in templum Domini corde, si non potes corpore. Dic justificandus cum illo jam justificato peccatore : « Deus propitius esto mihi peccatori : » (*Luc.*, xviii, 13) ut ascendas justus ad Deum, justificatus ab ipso, qui vivit et regnat per omnia sæcula sæculorum. Amen.

AVERTISSEMENT SUR LES DEUX SERMONS SUIVANTS

Ces deux sermons se trouvent dans un ancien manuscrit de Corbie écrit, ce semble, il y a plus de mille ans ; le premier porte cette suscription : *Incipit sermo sancti Joannis de consolatione mortis*. Le second, qui le suit immédiatement, n'a pas de titre et se termine simplement par ces mots : *Explicit de Resurrectione*. Du reste, ce second sermon, qui n'avait pas de troisième partie dans les exemplaires imprimés, paraît aujourd'hui complet d'après ce même manuscrit de Corbie. Cette partie contient le résumé de ce qui a été dit dans le premier sermon ; d'autres signes évidents montrent également qu'elle se rapporte à ce premier discours. Nous croyons que le Jean dont il est question dans le titre du premier sermon, n'est autre que saint Jean Chrysostome. Voyez, en effet, l'homélie xli sur la Ire aux Corinthiens, xv, l'homélie i sur la IIe aux Corinthiens, l'homélie lxi sur saint Jean, enfin l'homélie lxx au peuple d'Antioche (1).

(1) Les Bénédictins disent à la fin de ces sermons, que, pendant qu'on les imprimait, un manuscrit de l'abbaye de Saint-Remy, ayant environ 800 ans, leur fut communiqué. Il portait ce titre : *Incipit libellus de consolatione mortis sancti Joannis Constantipolitani episcopi.* Ce qui justifie leur conjecture.

ADMONITIO IN SERMONES DUOS PROXIME SUBSEQUENTES

Exstant Sermones isti duo in vetere Corbeiensi codice ante mille, uti videtur, annos descripto, primus quidem hocce titulo prænotatus : « Incipit Sermo sancti Joannis de Consolatione mortis. » Secundus autem primo quam proxime conjunctus absque titulo, nihilque aliud in fine habens nisi : « Explicit de Resurrectione. » Cæterum alter iste Sermo tertia parte, qua in ante excusis carebat, auctior nunc primum prodit ex laudato Corbeiensi exemplari : eaque pars recapitulationem eorum quæ in primo Sermone dicta fuerunt, continet, et aliis non incertis argumentis ad hoc Opusculum pertinere cognoscitur. Joannem porro non alium quam Chrysostomum in fronte Sermonis primi designatum opinamur. Confer homiliam ipsius xli in I Cor., xv, et homiliam i in II Cor., homiliam lxi in Joan., homiliam denique lxx ad populum Antioc., etc.

SUR LA

CONSOLATION PAR RAPPORT AUX MORTS

PREMIER SERMON

Chapitre premier. — Faites silence, mes frères, et prêtez attention à ce discours bien utile et nécessaire en ce moment. En effet, nous avons surtout besoin de remèdes quand une grave maladie s'annonce; il faut sans retard faire usage d'un collyre lorsque la douleur jette le désordre dans notre œil. Que celui donc qui ne ressent pas cette douleur ne murmure point, qu'il écoute plutôt. Qui empêche, en effet, l'homme en bonne santé, de connaître le remède qui lui sera utile? Mais que celui qui a l'œil de son intelligence troublé par ce malheur et que la douleur accable soit surtout attentif; qu'il ouvre l'œil pour recevoir le collyre salutaire de ma parole; ce sera pour lui, non-seulement une consolation, mais un remède. Il est évident, en effet, que celui qui a l'œil malade, s'il refuse de l'ouvrir au médecin qui y distille son remède, le collyre glissera sur sa paupière, et son œil restera avec sa souffrance. Il en est ainsi de l'esprit de celui qui est dans la peine; s'il se ferme à toute parole, à cause de son excessive tristesse, sans consentir à recevoir de salutaires avis, d'abord ses souffrances s'augmenteront, et peut-être éprouvera-t-il ce qui est dit dans l'Ecriture : « Que la tristesse du monde cause la mort. » (II *Cor.*, vii, 10.) L'apôtre saint Paul, le docteur des fidèles, leur salutaire médecin, dit qu'il y a deux tristesses, l'une bonne et l'autre mauvaise; une utile, et l'autre inutile; une qui sauve, et l'autre qui perd. Et, pour que personne ne mette en doute ce que je dis, je rapporterai ses propres expressions; il dit : « La tristesse qui est selon Dieu produit pour le salut une pénitence stable. » C'est là la bonne tristesse; et il ajoute : « Mais la tristesse de ce monde produit la mort. » (*Ibid.*) Voilà la mauvaise.

Chapitre II. — Examinons donc, mes frères, si cette tristesse, qui nous accable en ce moment, qui agite notre cœur et se produit par nos sanglots, est utile ou inutile, si elle peut nous servir ou nous nuire. Voilà devant nous ce corps inanimé, cet homme, n'ayant plus rien de ce qui le fait homme, est étendu là, ce sont des membres sans âme; on crie, il ne répond pas; on appelle, il reste sans voix; voilà cette face blême, cette beauté méconnaissable, à travers laquelle on distingue la mort elle-même. On pense dès lors à son perpétuel silence, on pense au plaisir, aux avantages qu'il nous a procurés ou qu'il devait nous procurer, on pense à sa bonne amitié; alors viennent au cœur des paroles pleines de douceur, et on regrette cette longue et douce familiarité. Voilà sans doute ce qui nous fait verser des larmes, pous-

DE
CONSOLATIONE MORTUORUM

SERMO PRIMUS

Caput primum. — Præbete silentium, Fratres; ne vos transeat sermo utilis et in tempore necessarius. Nam tunc vel maxime opus est medicina, quando gravis nascitur ægritudo : et tunc sollicite collyrium adhibendum est, cum fuerit oculus dolore turbatus. Quicumque ergo non habet hunc dolorem, non obstrepat, sed potius audiat; quia non impedit sanum, scire medicinam quæ prosit. Qui vero per hunc casum turbatum habet oculum mentis, et doloribus cruciatur, magis intentus sit ut aperiat oculum ad suscipiendum salutaris verbi collyrium, quo non solum consolationem, sed etiam remedium consequatur. Certum est autem, quia is qui dolet oculum, si cum medico infundenti collyrium aperire noluerit, collyrium quidem foris extra pupillam funditur, oculus vero remanet in dolore. Sic et mens dolentis, si propter nimiam tristitiam verbo se clauserit, non recepta salubri admonitione, incipiet plus dolere, et forsitan pati illud quod in Scriptura continetur. « Quia tristitia mundi mortem operatur. » (II *Cor.*, VII, 10.) Beatus Paulus apostolus, fidelium doctor et medicus salutaris, duas esse dixit tristitias, unam bonam et alteram malam; unam utilem, et alteram inutilem; unam quæ salvat, et alteram quæ perdit. Et ne dubium alicui videatur id quod dico, ipsa ejus verba recitabo. Ait enim : « Quæ secundum Deum est tristitia, pœnitentiam in salutem stabilem operatur ; » (*Ibid.*) hæc est illa bona tristitia. Sequitur deinde : « Nam sæculi hujus tristitia, mortem operatur; » hæc est illa mala.

Caput II. — Videamus ergo, Fratres, ista tristitia quæ nunc est in manibus, quæ nunc agitatur in pectore, naditur voce; utilis sit, an inutilis; prodesse valeat, an nocere. Jacet ecce corpus exanime, jacet in tabula homo sine homine, membra utique sine spiritu : clamatur, nec respondet; vocatur, et non audit; jacet facies pallida, forma mutata, per quam mors ipsa cernitur (a) : cogitatur præterea ejus perpetuum silentium, cogitatur delectatio, aut quæ fuit, aut quæ futura erat utilitas, cogitatur necessitates, veniunt in mentem verba dulcissima, longa consuetudo requiritur. Hæc sunt sine dubio quæ movent lacrymas, incitant ululatum, et totum animum in pro-

(a) Editi hic ad. *et horretur.*

DE LA CONSOLATION PAR RAPPORT AUX MORTS.

ser des gémissements, et plonge toute notre âme dans une profonde tristesse. A ces armes de notre douleur si bien trempées et si fortes opposons tout d'abord ce principe : Tout ce qui naît en ce monde doit nécessairement mourir. C'est, en effet, une loi de Dieu, c'est une sentence immuable. Après son péché, le chef du genre humain l'entendit de la bouche de Dieu, qui lui dit : « Tu es terre, et tu retourneras dans la terre. » (*Gen.*, III, 19.) Qu'y a-t-il donc de nouveau si un homme né à cet effet, a accompli la loi de Dieu, s'est soumis à sa sentence? Quoi de nouveau si, né de parents mortels, il a rempli les conditions de sa nature, conditions dont il ne pouvait s'exempter? Il n'y a rien d'extraordinaire dans ce qui est ancien, rien d'inouï dans ce qui se passe chaque jour, rien de particulier dans ce qui est général. Puisque nous savons que nos aïeux et nos grands aïeux ont passé par ce chemin de la mort, puisque nous avons appris que les patriarches eux-mêmes et les prophètes, à commencer par Adam, notre premier père, n'ont pas quitté cette vie sans mourir, soulevons donc notre âme des profondeurs de notre tristesse, car cet homme n'a fait que payer ce qu'il devait. Quand on paie ce qui est dû, quelle tristesse pouvons-nous en ressentir? C'est vraiment une dette que nous ne pouvons racheter par aucun prix. C'est une dette dont n'exemptent ni la vertu, ni la sagesse, ni la puissance, et que les rois eux-mêmes ne pourront refuser de payer. Assurément, je serais le premier à accroître votre tristesse, si la chose eût été telle, que, pouvant se racheter à prix d'argent, ou être remise, vous ne l'eussiez pas fait, par négligence ou avarice. Mais, puisque le décret de Dieu est ferme et immuable, notre douleur est vaine. Pourquoi nous faire ainsi des reproches sur sa mort, puisqu'il est écrit : « C'est à lui qu'il appartient de délivrer de la mort? » (*Ps.* LXVII, 21.) Que notre âme apprenne donc et comprenne cette première condition de toute vie créée, et l'œil malade de notre cœur commencera à recevoir un premier soulagement.

CHAPITRE III. — Je sais, dites-vous, que ce sort est commun à tous; je sais que celui qui meurt ne fait que payer sa dette; mais je songe aux charmes de notre liaison, je me rappelle son intimité, je regrette sa longue habitude. Si ces raisons vous accablent de tristesse, vous vous laissez guider par l'erreur, ce n'est point la raison qui vous gouverne. Vous devez savoir, en effet, que le Seigneur, qui vous avait procuré ce plaisir, peut en donner un autre de beaucoup préférable; il a de quoi satisfaire ce regret que vous éprouvez. Vous voyez votre avantage, pensez donc aussi à celui du défunt. Peut-être lui était-il utile qu'il en fût ainsi, suivant cette parole de l'Ecriture : « Il a été enlevé, de peur que son esprit ne fût corrompu par la malice des impies. Son âme était agréable à Dieu; c'est pourquoi il s'est hâté de le tirer du milieu de l'iniquité. » (*Sag.*, IV, 11.) Que dire de vos doux rapports? Que le temps les fait tellement oublier quelquefois, qu'ils semblent n'avoir jamais existé. Ce que produisent le temps et les jours, combien mieux doit le faire la raison et de saines réflexions? Mais surtout rappelons-nous cette sentence divine prononcée par l'Apôtre : « La tristesse du monde produit la mort; » (II *Cor.*, VII, 10) mais si le plaisir ou l'utilité présente, ou aussi la familiarité sont des choses du monde et des joies passa-

---

fundam tristitiam demergunt. Contra hæc tam valida, tam fortia doloris arma, (*a*) illud primo omnium opponendum est, quia omne quod nascitur in hoc mundo, necesse est mori. Hæc est enim lex Dei et sententia immutabilis, quam post delictum princeps generis humani accepit, dicente Deo : « Terra es, et in terram ibis. » (*Gen.*, III, 19.) Quid ergo novi contigit, si homo ad hoc natus, divinæ legi ac sententiæ satisfecit? Quid novi accidit, si ex mortalibus natus, naturæ propriæ, quia nec poterat excusare, respondit? Non est inusitatum quod antiquum est, non est inauditum quod quotidianum est, non est proprium quod commune est. Si avos et proavos novimus per hanc viam mortis profectos, si ipsos divinique Patriarchas et Prophetas ab Adam protoplasto non sine occasu audivimus migrasse de sæculo; elevemus animum de profunde tristitiæ : quia quod debebat, hoc reddidit. Et utique debitum cum redditur, quam potest habere tristitiam? Hoc est vere debitum, quod nulla potest pecunia redimi : hoc est debitum, quod nec virtus excusat, nec sapientia, nec potestas, nec ipsi denique reges poterunt declinare. Plane hortarer ego, ut augeres tristitiam, si fuisset talis res, quæ cum posset tua substantia redimi, vel differri; negligentia, aut parcitate provenisset. Cum vero Dei decretum firmum sit et immutabile, frustra dolemus, et de nobis quærimus quare sit mortuus, cum scriptum sit : « Domini Dei sunt exitus mortis. » (*Psal.* LXVII, 21.) Ista ergo communis vitæ conditio si recipiatur in animo, incipiet gravatus cordis oculus, quasi prima infusione relevari.

CAPUT III. — Sed dicis : scio communem esse hunc casum, scio quia is qui mortuus est, debitum solvit : sed delectationem cogito, necessitates repeto, consuetudinem requiro. Si propter hæc tristitia afficeris; errore duceris, non ratione gubernaris. Scire enim debes, quia Dominus, qui hanc dederat delectationem, dare potest et aliam potiorem, (*b*) et necessitatem sufficit alia occasione replere. Utilitatem vero, sicut tuam vides, debes et ejus qui defunctus est cogitare : quia sic ei fortasse expediebat, sicut scriptum est : « Raptus est, ne malitia mutaret ejus intellectum. Placita enim erat Deo anima ejus, ideoque properavit de media iniquitate educere eum. » (*Sap.*, IV, 11.) De consuetudine autem quid dicam? quam (*f.* interdum) dum tempus sic facit oblivisci, ut nunquam fuisse videatur. Quod ergo tempus præstat et dies, multo magis debet ratio et bona præstare cogitatio. Et vel illud maxime cogitandum est, quod divina per Apostolum sententia diffinivit : « Quia tristitia mundi mortem operatur. » (II *Cor.*, VII, 10.) Quod si tam oblectatio quam utilitas præsens sive consuetudo, res mundi sunt et gaudia sæculi transitoria; propter hæc animum

---

(*a*) Editi add. *spiritalibus armari præsidiis. Illud ergo,* etc.— (*b*) *Alias, et qui tibi hanc intulit necessitatem, sufficiens est per aliam occasionem supplere.*

gères de ce siècle, réfléchissez que, pour elles, laisser abattre son courage ou la tristesse pénétrer dans son cœur, sont des maladies vraiment mortelles. Aussi, je vous répéterai sans cesse, et je vous dirai : « Que la tristesse de ce monde produit la mort. » Mais pourquoi produit-elle la mort? C'est que la tristesse excessive conduit d'habitude au doute, ou à de pernicieux blasphèmes.

CHAPITRE IV. — Quelqu'un dira : Vous défendez de pleurer les morts, cependant les patriarches ont pleuré; Moïse, ce familier de Dieu, et, après lui, beaucoup de prophètes ont pleuré. Job surtout, cet homme si juste, n'a-t-il pas déchiré ses vêtements en apprenant la mort de ses enfants? Ce n'est pas moi qui défends de pleurer les morts, mais l'Apôtre, le docteur des nations, en nous disant : « Nous ne voulons pas que vous ignoriez ce que vous devez savoir, touchant ceux qui dorment du sommeil de la mort, afin que vous ne vous attristiez pas, comme font les autres hommes qui n'ont point d'espérance. » (II *Thess.*, IV, 13.) La clarté de l'Evangile ne peut être obscurcie, quoique ceux qui vécurent avant la loi ou à l'ombre de la loi ont pleuré leurs morts. Leurs pleurs étaient justes, car Jésus-Christ qui, par sa résurrection, tarit cette source de larmes, n'était pas encore descendu des cieux. Leurs pleurs étaient justes, la sentence de mort pesait encore sur eux; leurs lamentations étaient raisonnables, la résurrection n'avait pas encore été annoncée. Tous ces saints attendaient, il est vrai, l'avénement de Notre-Seigneur. Néanmoins ils pleuraient leurs morts, car ils n'avaient pas encore vu celui qu'ils espéraient. Enfin, Siméon, l'un de ces saints de l'Ancien Testament, avait d'abord été dans l'inquiétude, au sujet de sa mort; mais, quand il eut reçu dans ses bras Notre-Seigneur Jésus-Christ encore enfant selon la chair, sa sortie de ce monde le comble de joie et lui fait dire : « Maintenant, Seigneur, vous laisserez aller votre serviteur en paix, puisque mes yeux ont vu le salut que vous nous avez donné. » (*Luc*, II, 29.) O heureux Siméon! parce qu'il avait vu ce qu'il espérait, dès lors il regardait sa mort comme une source de paix et de repos. Mais, direz-vous, ne lit-on pas dans l'Evangile que le chef de la Synagogue et sa maison ont pleuré leur fille, sur le point de mourir; que les sœurs de Lazare ont pleuré leur frère? C'est vrai, mais ceux-ci avaient encore le sentiment de l'ancienne loi, car ils n'avaient pas encore vu le Christ ressuscité d'entre les morts. Notre-Seigneur lui-même a bien pleuré Lazare déjà enseveli; certes, ce n'était point pour nous apprendre à pleurer nos morts, mais afin de nous montrer par ses larmes qu'il avait pris un vrai corps. Ou bien, certainement, il a pleuré sur les Juifs, d'un amour de compassion, de ce qu'ils ne devaient pas croire en lui, après un tel miracle opéré devant eux. La mort de Lazare, en effet, ne pouvait pas être une cause de larmes, lui que Jésus disait dormir, qu'il avait promis de ressusciter, comme il le fit en effet.

CHAPITRE V. — Les anciens avaient donc leurs usages et leur faiblesse, vivant avant l'avénement du Christ. Mais depuis que le Verbe s'est fait chair, et qu'il a habité parmi nous, depuis que le second Adam a détruit la sentence prononcée contre le premier Adam, depuis que Notre-Seigneur nous a affranchis de la mort par la sienne, et qu'il est ressuscité des morts, le troisième jour, depuis ce temps, la mort ne peut être terrible pour les fidèles. Notre coucher dans la

---

dejicere, et spiritum contristari, vide ne sit vere mortifera valetudo. Repetens autem iterum atque iterum dicam : « Quia tristitia mundi mortem operatur. » Quare autem mortem operatur? Quia solet nimia tristitia aut ad dubitationem, aut ad periculosam perducere blasphemiam.

CAPUT IV. — Sed dicet aliquis : Prohibes lugere mortuos, cum et Patriarchæ plorati sunt, et Moyses ille famulus Dei, et multi deindæ Prophetæ, præsertim cum Job quoque justissimus vestem suam supra filiorum consciderit necem? (*Job*, I, 20.) Non ego prohibeo lugere mortuos, sed gentium illuminator Apostolus, qui sic ait : « Nolo vos ignorare, fratres, de dormientibus, ut non contristemini, sicut qui spem non habent. » (II *Thess.*, IV, 13.) Non potest Evangelii claritas obscurari, si hi qui ante legem aut sub legis umbra positi fuerant, suos mortuos flebant. Et merito flebant, quia nondum de cœlis venerat Christus, qui fontem illum lacrymarum sua resurrectione siccavit. Merito flebant, quia adhuc mortis sententia permanebat. Merito lamentabantur, quia nondum resurrectio prædicabatur. Sperabant quidem sancti quoque adventum Domini; sed mortuos interim flebant, quia nondum viderant quem sperabant. Denique Simeon unus de veteribus sanctis, qui prius fuerat de sua morte sollicitus, post quam Jesum Dominum adhuc puerum secundum carnem suscepit in manibus, de suo exitu gratulatur dicens : « Nunc dimittis Domine servum tuum in pace, quia viderunt oculi mei salutare tuum. » (*Luc.*, II, 29.) O beatus ille Simeon! Quia quod sperabat viderat, jam mortem suam pacem et requiem computabat. Sed dices : Ecce in Evangelio legitur, archisynagogi ploratam filiam (*Luc.*, VIII, 52), et sorores Lazari Lazarum flevisse. (*Joan.*, XI, 31.) Sed illi adhuc secundum veterem legem sapiebant, quia needum a mortuis Christum resurrexisse conspexerant. Flevit plane et ipse Dominus Lazarum jam sepultum (*Ibid.*, 35), non utique ut flendi mortuos formam daret, sed ut se per lacrymas suas verum corpus assumpsisse monstraret. Vel certe flevit (*a*) amore humano Judæos, quia nec tali signo monstrato in eum fuerant credituri. Neque enim mors Lazari causa esse poterat lacrymarum, quem ipse Jesus et dormivisse dixerat, et suscitaturum se promiserat, sicut et fecit.

CAPUT V. — Habuerunt ergo veteres suum morem, suamque fragilitatem Christi (*b*) adventum præcedentes. Jam vero ex quo Verbum caro factum est, et habitavit in nobis, ex quo primo Adæ datam sententiam Adam novissimus solvit, ex quo nostram mortem sua morte destruxit, et ab inferis die tertia Dominus resurrexit, jam non est terribilis mors fidelibus : non timetur occasus, quia Oriens venit ex alto. Clamat ipse Dominus

---

(*a*) Ms. Corb. *more.* — (*b*) Ms. Corb. *adhuc* (*f. adventu*) *pendente.*

DE LA CONSOLATION PAR RAPPORT AUX MORTS.

poussière du tombeau n'est plus à redouter, depuis que le soleil levant est venu du haut des cieux. Notre-Seigneur, qu'on n'accusera pas de mentir, crie lui-même et dit : « Je suis la résurrection et la vie ; celui qui croit en moi, quand même il serait mort, vivra, et quiconque vit et croit en moi, ne mourra jamais. » (*Jean*, XI, 25.) Frères bien-aimés, vous l'entendez, elle est bien claire, cette parole divine. Quiconque croit au Christ et observe ses commandements, vivra, quand bien même il serait mort. L'apôtre saint Paul, s'emparant de cette parole, et s'y attachant de toutes les forces de sa foi, nous donne cette instruction : « Je ne veux pas, mes frères, que vous ignoriez ce que vous devez savoir touchant ceux qui dorment du sommeil de la mort, afin que vous ne vous en attristiez pas. » (I *Thess.*, IV, 23.) Admirable expression de l'Apôtre! dans un seul mot, avant d'exposer la doctrine, il recommande la résurrection. En effet, parlant de ceux qui sont morts, il dit qu'ils dorment, afin que, par cette expression, d'être dans le sommeil, il fasse connaître qu'ils ressusciteront sans aucun doute. « N'ayez point de tristesse, dit-il, au sujet de ceux qui dorment, ressemblant en cela aux autres. » Qu'ils s'attristent, ceux qui n'ont point d'espérance, à la bonne heure ! Pour nous, qui sommes les enfants de l'espérance, réjouissons-nous. De quelle nature est notre espérance? Il le rappelle en ces termes : « Si nous croyons que Jésus est mort et ressuscité, nous devons croire aussi que Dieu amènera avec Jésus dans sa gloire ceux qui se sont endormis en lui. » (I *Thess.*, IV, 13.) Jésus, en effet, est notre salut, à nous qui vivons sur la terre ; il est aussi la vie de ceux qui quittent ce séjour de misères. « Jésus-Christ, dit l'Apôtre, est ma vie, et la mort est un gain ; » (*Philip.*, I, 21) oui, un gain, car la mort qui vient prématurément nous préserve des chagrins et des tribulations, qui se trouvent toujours semées dans le cours d'une vie plus longue. Mais décrivons, avec l'Apôtre, quel est l'ordre et la nature de notre espérance : « Nous vous déclarons, dit-il, comme l'ayant appris du Seigneur même, que nous, qui vivons et qui sommes réservés pour son avénement, nous ne préviendrons pas ceux qui sont déjà dans le sommeil de la mort. Car, aussitôt que le signal aura été donné par la voix de l'archange et par le son de la trompette de Dieu, le Seigneur même descendra du ciel, et ceux qui seront morts en Jésus-Christ ressusciteront les premiers ; puis nous autres, qui sommes vivants, et qui serons demeurés au monde jusqu'alors, nous serons emportés avec eux dans les nues, pour aller au-devant du Seigneur, au milieu de l'air ; et ainsi nous serons tous pour jamais avec le Seigneur. » (I *Thess.*, IV, 14, etc.) L'Apôtre s'exprime ainsi, parce que le Seigneur, à son arrivée, trouvera beaucoup de chrétiens vivants, n'ayant pas encore subi la mort ; et cependant ils ne seront point enlevés au ciel avant que les saints qui sont morts ne soient sortis de leurs tombeaux, éveillés par la trompette de Dieu et la voix de l'archange. Mais, lorsqu'ils auront été ressuscités, mêlés aux vivants, ils seront enlevés à travers les nues, pour aller au-devant de Jésus-Christ au milieu de l'air, et alors ils régneront pour toujours avec lui. Qui peut douter que nos corps, malgré leur pesanteur, ne puissent s'élever à travers les airs? Est-ce que, sur l'ordre du Seigneur, Pierre, avec son corps, n'a pas marché sur les eaux de la mer? (*Matth.*, XIV, 29.) Est-ce que, pour affirmer cette espérance de la résurrection, Elie n'a pas été enlevé au ciel, dans les airs, sur un char de feu? (IV *Rois*, II, 11.)

---

qui mentiri nescit : « Ego sum, inquit, resurrectio et vita : qui credit in me, etiam si mortuus fuerit, vivet ; et omnis qui vivit et credit in me, mortem non videbit in æternum. » (*Joan.*, XI, 25.) Manifesta est, Fratres carissimi, vox divina, quia qui credit Christo, et ejus mandata custodit, si mortuus fuerit, vivet. Hanc vocem beatus Paulus apostolus accipiens, et (*a*) totis fidei viribus retinens, instruebat : « Nolo, inquit, vos ignorare fratres de dormientibus, ut non tristes sitis. » (I *Thess.*, IV, 23.) O mira Apostoli pronuntiatio ! uno sermone (*b*) antequam doctrinam proferat, resurrectionem commendat. Dormientes namque appellat illos qui mortui sunt, ut dum dormire eos dicit, resurrecturos sine dubitatione consignet. « Non, inquit, tristes sitis de dormientibus, sicut et cæteri. » Qui spem non habent, contristentur : nos autem qui spei filii sumus, collætemur. Quæ autem nobis spes sit, ipse commemorat dicens : « Si credimus, quia Christus mortuus est, et resurrexit ; ita et Deus eos qui dormierunt, per Jesum adducet cum eo. » (*Ibid.*, 13.) Jesus enim nobis et hic viventibus salus est, et hinc recedentibus vita est. « Mihi, inquit Apostolus, vivere Christus est, et mori lucrum. » (*Philip.*, I, 21.) Lucrum plane, quia angustias et tribulationes, quas habet longior vita, mors accelerans lucrifacit. Jam vero ordinem et habitum spei nostræ describit Apostolus. « Hoc, inquit, vobis dicimus in verbo Domini, quia nos qui vivimus, qui residui sumus, in adventu ejus non præveniemus eos qui dormierunt : quia ipse Dominus in jussu et voce Archangeli, et in tuba Dei descendet de cœlo, et mortui qui in Christo sunt, resurgent primi : deinde nos qui vivimus, simul cum illis rapiemur in nubibus obviam Christo in aera, et ita semper cum Domino erimus. » (I *Thess.*, IV, 14.) Hoc est quod dicit, quia cum venerit Dominus, inveniet multos in corpore Christianos, qui nondum experti sunt mortem : et tamen non ante rapientur ad cœlum, quam mortui sancti de monumentis resurrexerint, tuba Dei et voce Archangeli suscitati. Cum autem fuerint suscitati, juncti pariter cum viventibus rapientur in nubibus obviam Christo in aera, et sic semper cum ipso regnabunt. Nec sane possit dubitari quod possint corpora, quamvis sint gravia, in aera sublevari : cum jubente Domino et Petrus ipsum corpus habens super undas ambulaverit maris (*Matth.*, XIV, 29); Elias quoque ad hujus spei confirmationem, per hunc aera curru flammeo sit raptus ad cœlum. (IV *Reg.*, II, 11.)

(*a*) Ms. *totius*. — (*b*) Editi *ut utramque doctrinam*.

CHAPITRE VI. — Peut-être désirez-vous savoir quel sera l'état de ceux qui ressusciteront. Ecoutez le Seigneur lui-même vous dire : « Alors les justes brilleront comme le soleil dans le royaume de leur Père céleste. » (*Matth.*, XIII, 43.) Mais pourquoi parler de la splendeur du soleil, quand les fidèles devront être transfigurés, d'après la clarté de Notre-Seigneur Jésus-Christ lui-même, comme l'atteste l'apôtre saint Paul? « Pour nous, dit-il, nous vivons déjà dans le ciel, comme en étant citoyens. Et c'est de là aussi que nous attendons Notre-Seigneur Jésus-Christ, qui transformera notre corps, tout vil et tout abject qu'il est, afin de le rendre conforme à son corps glorieux. » (*Philip.*, III, 20.) Sans aucun doute, cette chair mortelle sera transfigurée, pour être rendue conforme à la clarté du Christ. Ce qui est mortel revêtira l'immortalité, parce que ce qui a été mis en terre privé de mouvement, ressuscitera alors plein de vigueur. (I *Cor.*, XV, 43.) La chair ne redoutera plus la corruption, elle n'aura à souffrir ni la faim, ni la soif, ni le chagrin, ni l'adversité. Elle jouira d'une paix assurée, et sa vie d'alors sera dans une inébranlable sécurité. La gloire du ciel est bien différente de celle d'ici, comme aussi la joie qu'on y goûte sera sans diminution.

Saint Paul, goûtant ces choses, et les regards fixés vers elles, disait : « Je désire d'être dégagé des liens du corps et d'être avec Jésus-Christ, ce qui est sans comparaison le meilleur pour moi. » (*Philip.*, I, 23.) Et ailleurs, il enseigne encore hautement : « Pendant que nous habitons dans ce corps, nous sommes éloignés du Seigneur et loin de notre patrie, parce que c'est seulement par la foi que nous marchons vers lui; nous n'en jouissons pas encore par une claire vue. Dans cette confiance que nous avons, nous aimons beaucoup mieux sortir de la maison de ce corps, pour aller habiter avec le Seigneur. » (II *Cor.*, V, 6.) Que faisons-nous, hommes de peu de foi, qui nous tourmentons et qui séchons de douleur, quand quelqu'un de nos amis s'en va vers le Seigneur? Que faisons-nous, en aimant mieux voyager en ce monde que de paraître en présence de Jésus-Christ? Oui, oui, c'est bien un voyage tout ce temps que nous vivons. Semblables aux voyageurs de ce siècle, nous avons des demeures incertaines, nous sommes condamnés à travailler, à suer, à parcourir des routes difficiles, toutes remplies de périls. Partout nous trouvons des embûches dressées par les ennemis de notre âme et ceux de notre corps; partout nous rencontrons les chemins battus de l'erreur. Et, quoique entourés de tant de dangers, non-seulement nous ne désirons pas notre délivrance, mais même nous pleurons sur ceux qui sont délivrés comme s'ils allaient à leur perte, et nous les plaignons. Quel bien Dieu nous a-t-il fait par son Fils unique, si nous craignons encore les destinées de la mort? Pourquoi nous glorifier d'avoir pris une nouvelle naissance dans l'eau et l'esprit, si la sortie de ce monde nous contriste? Notre-Seigneur nous dit : « Si quelqu'un me sert, qu'il me suive; et là où je suis, là aussi sera mon serviteur. » (*Jean*, XII, 26.) Croyez-vous que celui qu'un roi de la terre appellerait dans son palais, ou à un festin, ne s'y rendrait pas avec une grande reconnaissance? Combien plus devons-nous accourir vers le Roi du ciel, qui ne fera pas seulement ses convives de ceux qu'il recevra, mais qui les fera régner avec lui, comme il est écrit : « Si nous mourons avec Jésus-Christ, nous vivrons aussi avec lui; si

CAPUT VI. — Sed quæris forte, quales erunt qui a mortuis resurrexerint? Audi ipsum dicentem Dominum tuum : « Tunc, inquit, justi fulgebunt sicut sol in regno Patris sui. » (*Matth.*, XIII, 43.) Quid splendorem commemorem solis? cum fideles transfigurari necesse est ad ipsius Christi Domini claritatem, ut testatur apostolus Paulus : « Nostra, inquit, conversatio in cœlis est. Unde et ipsum Salvatorem exspectamus Dominum Jesum Christum, qui transformabit corpus humilitatis nostræ ad conformationem corporis gloriæ suæ. » (*Philip.*, III, 20.) Transfigurabitur sine dubio caro ista mortalis, ad conformationem Christi claritatis, (*a*) induet mortale immortalitatem : quia quod seminatum fuerat in infirmitate, protinus surget in virtute. (I *Cor.*, XV, 43.) Non timebit caro amplius corruptionem non patietur famem, non sitim, non ægritudines, non casus adversos. Pax enim tuta, et firma securitas vitæ est. Alia utique cœlestis est gloria, ubi et gaudium sine defectione præstabitur.

Hæc in sensu et oculis gerens beatus Paulus dicebat: « Optabam dissolvi, et cum Christo esse multo magis melius. » (*Philip.*, I, 23.) Et adhuc aperte docens: « Dum sumus, inquit, in corpore, peregrinamur a Domino : per fidem enim ambulamus, et non per speciem. Habemus autem magis, inquit, bonam voluntatem peregrinari a corpore, et præsentes esse (*b*) ad Dominum. » (I *Cor.*, V, 6, etc.) Quid agimus nos parvæ fidei homines, qui anxiamur et deficimus, si aliquis de caris nostris migret ad Dominum? Quid agimus, quos peregrinatio in hoc mundo magis delectat, quam repræsentari ad Christi conspectum? Vere nos peregrinatio est omne quod vivimus : nam sicut peregrini in sæculo, sedes habemus incertas, laboramus, desudamus, vias ambulantes difficiles, periculis plenas : undique insidiæ, a spiritalibus, (*c*) a corporalibus inimicis, uudique (*d*) errorum calliculi sunt præparati. Et cum tantis periculis urgeamur, non solum ipsi non cupimus liberati, sed etiam liberatos tanquam perditos lugemus et plangimus. Quid nobis præstitit Deus per suum Unigenitum, si adhuc mortis timemus casum? Quid nos renatos ex aqua et spiritu gloriamur, quos peregrinatio de hoc mundo contristat? Ipse Dominus clamat: « Si quis mihi ministrat, sequatur me : et ubi ego sum, ibi erit et minister meus. » (*Joan.*, XII, 26.) Putas si rex terrestris ad suum palatium vel convivium aliquem vocet, non cum gratiarum actione properabit? Quanto magis ad cœlestem currendum est regem, qui quos receperit, non solum convivas, sed etiam (*e*) congregatores efficiet, sicut scriptum est : « Si commortui sumus, et convivemus; si sustinebimus, et

(*a*) Ms. *induetur*. — (*b*) Ms. Corb. *et adventare Domino*. — (*c*) Ms. *non habet*, a corporalibus. — (*d*) Ms. *errorum casus sæculi præparati*. — (*e*) Ms. *congregaturos*.

nous souffrons avec lui, nous régnerons aussi avec lui? » (II *Tim.*, II, 11, 12.) Je ne parle pas ainsi pour que quelqu'un attente à sa vie, se fasse mourir contre la volonté de Dieu, son Créateur, ou qu'il chasse son âme de l'hôtellerie de son corps; mais je le dis, pour que, soit appelé, soit sur le point de l'être, il s'en aille joyeux et content, et encore pour qu'il félicite ceux qui partent. Voici, en effet, l'abrégé de la foi chrétienne : attendre après la mort la vie véritable, espérer le retour après la sortie. Tenons-nous donc à la parole de l'Apôtre, et, pleins de confiance, rendons grâces à Dieu, qui nous a donné la victoire contre la mort, par Jésus-Christ Notre-Seigneur, à qui appartiennent la gloire et la puissance, maintenant et dans les siècles des siècles. Ainsi soit-il.

SECOND SERMON

CHAPITRE PREMIER. — Dans le discours précédent, nous avons parlé brièvement de la consolation de notre mortalité et de l'espérance de la résurrection ; en ce moment, nous voulons traiter rapidement les mêmes sujets, mais avec plus de lumière et de force. Ce que nous avons dit est entièrement certain pour les fidèles ; mais, pour les infidèles et pour ceux qui doutent, ces mêmes choses leur semblent être des fables. J'adresserai donc plus spécialement à eux ces quelques paroles. Tous vos doutes, ô vous incrédules, qui que vous soyez, ne portent que sur la substance corporelle. En effet, vous refusez de croire qu'une chair réduite en poussière puisse ressusciter et reprendre une nouvelle vie. Quant à l'âme, il n'est personne qui en doute ; les philosophes eux-mêmes, tout païens qu'ils étaient, ont admis l'immortalité de l'âme. Qu'est-ce que la mort, sinon la séparation de l'âme et du corps? Au départ de l'âme, qui vit toujours, qui ne peut mourir, puisqu'elle est créée par le souffle de Dieu, le corps seul meurt ; une partie en nous est mortelle, l'autre est immortelle. Mais l'âme se retirant, elle, que les yeux charnels n'aperçoivent point, les anges la reçoivent et la placent ou dans le sein d'Abraham, si elle est fidèle, ou dans les sombres cachots de l'enfer, si elle est en état de péché. Et quand le jour fixé sera arrivé, elle reprendra son corps, pour rendre compte de ses œuvres au tribunal de Jésus-Christ, notre véritable juge. Tout le désaccord roule donc sur notre chair. Soutenons son infirmité, et prouvons sa future résurrection.

CHAPITRE II. — O vous qui doutez, et qui êtes dans l'incrédulité, vous me demandez : Comment les morts ressusciteront-ils ? Avec quel corps viendront-ils ? Je vous répondrai par la bouche et avec les paroles de l'Apôtre : « Insensé que vous êtes, ne voyez-vous point que ce que vous semez ne reprend point de vie s'il ne meurt auparavant ? Car, quand vous semez, vous semez la graine seulement du blé, ou de quelqu'autre plante, » (I *Cor.*, xv, 36) une graine morte, sèche, sans humidité, et quand elle est en putréfaction, elle se lève pleine de fécondité,

---

conregnabimus. » (II *Tim.*, II, 11, 12.) Nec hoc ego dico, ut quis manus sibi inferat, aut se interficiat contra voluntatem Dei creatoris, aut animam ut de corporis sui expellat hospitio : sed hoc dico, ut lætus et gaudens, cum aut ipse vocatur et proximus, et ipse vadat, et euntibus gratuletur. Hæc enim est Christianæ fidei summa : vitam veram exspectare post mortem, reditum sperare post exitum. Accepta igitur voce Apostoli, cum fiducia jam dicamus gratias Deo, qui nobis contra mortem victoriam dedit, per Christum Dominum nostrum (I *Cor.*, xv, 57) : cui est gloria et potestas nunc et in sæcula sæculorum. Amen.

SERMO SECUNDUS

CAPUT PRIMUM. — Superiori quidem libello perstrinximus breviter de consolatione (a) mortalitatis, de spe resurrectionis : nunc plenius ac validius de eisdem dicere properamus. Si quidem hæc quæ locutus sum, fidelibus quidem certa sunt, infidelibus autem ac dubiis videntur esse fabulosa, ad quos pauca strictius proferamus. Certe quicumque estis increduli, omnem dubitationem de substantia corporis sustinetis. Discrediter enim a quibusdam, carnem conversam in pulverem, iterum posse resurgere, iterum reviviscere. Cæterum de anima nullum posse hominum dubitare : si quidem de animæ immortalitate nec philosophi ipsi, cum sint Pagani, dissentiunt. Nam quid est mors, nisi separatio corporis animæque. Recedente enim anima quæ semper vivit, quæ mori nescit, quia de flatu Dei est (b), solum corpus emoritur : quia aliud in nobis mortale, aliud immortale est. Sed recedens anima, quæ carnalibus oculis (c) non videtur, ab Angelis suscipitur, et collocatur aut in sinu Abrahæ, si fidelis est, aut in carceris inferni custodia, si peccatrix est : dum statutus veniat dies, quo suum recipiat corpus, et apud tribunal Christi judicis veri reddat suorum operum rationem. Ergo quia de carne tota (d) cunctatio est : hujus est infirmitas defendenda, et resurrectio consignanda.

CAPUT II. — Quod si quis requirat a me dubius et incredulus : Quomodo mortui resurgent, quo autem corpore venient ? respondebo ei ore ac verbis Apostoli : « Insipiens, tu quod seminas, non vivificatur, nisi prius moriatur : et quod seminas, nudum seminas granum tritici, aut alterius alicujus seminis, » (I *Cor.*, xv, 36), mortuum et aridum sine humore; et cum putrefactum fuerit, fecundius surgit, fitque vestitum folliculis, aristis

---

(a) Sic Ms. Corb. At editi, *mortuorum*. — (b) Editi add. *inspirata*. — (c) Editi *videri non potest*. — (d) Editi *contradictio*.

se revêt de feuilles et se charge d'épis. Celui donc, qui à cause de vous, fait lever le grain de froment, qui chaque jour tire en quelque sorte le soleil du sépulcre de la nuit, qui fait reparaître la lune évanouie, pour ainsi dire, après son déclin; qui rappelle, pour notre utilité, le jour qui avait disparu; celui-là, dis-je, ne s'inquiéterait pas de nous, pour qui il répare toutes choses? Il souffrirait que nous disparûssions pour toujours, nous qu'il échauffa de son souffle, qu'il anima de son esprit? Quoi! l'homme, qui s'est appliqué pieusement à le connaître et à l'honorer, n'existera plus jamais? Mais doutez-vous encore que vous puissiez être rendus à la vie après la mort, être rétablis dans votre état primitif après la cendre et l'anéantissement de vos os? O homme, dites-moi ce que vous étiez avant que vous fussiez conçu dans le sein de votre mère? Absolument rien. Dieu qui vous a créé de rien, ne pourra-t-il pas plus facilement vous refaire avec quelque chose? Croyez-moi, avec quelle plus grande facilité pourra-t-il refaire ce qui a déjà été, lui qui a pu créer ce qui n'exista jamais? D'une goutte de liqueur sans nom, dans le sein de votre mère, il vous donna des nerfs, des veines, des os; il pourra donc, vous devez m'en croire, vous engendrer de nouveau du sein de la terre. Mais vous craignez, peut-être, que vos os desséchés ne puissent se revêtir de leur chair première. Ah! de grâce ne jugez point la majesté de Dieu suivant la mesure de votre impuissance. Dieu, ce Créateur universel de toutes choses, qui couvre les arbres de feuilles, et les prairies de l'émail des fleurs, pourra bien, en un clin d'œil, revêtir vos os au jour de la résurrection, qui sera comme un printemps. Un jour, le prophète Ezéchiel avait douté de cette vérité, et interrogé par le Seigneur si ces os arides, qu'il voyait épars çà et là dans la campagne, vivraient encore, il répondit : « Vous le savez, Seigneur. » (*Ezéch.*, xxxvi, 3, etc.) Mais après que, sur l'ordre de Dieu, et à sa parole de prophète, il eut vu ces ossements courir chacun à sa place et dans ses jointures, après qu'il eut vu ces ossements arides s'entourer de nerfs, et s'entrelacer de veines, se couvrir de chair, se revêtir de peau, il prophétisa à l'esprit, l'esprit vint et entra dans chacun de ces corps, ils devinrent vivants et animés, et aussitôt ils se tinrent tout droits sur leurs pieds. Le prophète ayant été par là confirmé dans sa foi à la résurrection, écrivit sa vision, pour que la connaissance d'un si grand événement parvînt à ceux qui viendraient après lui. C'est donc avec justice qu'Isaïe s'écrie : « Que les morts se lèvent, qu'ils ressuscitent ceux qui sont dans les tombeaux, et ils se réjouiront, ceux qui dorment dans la terre. La rosée qui découle de vous, ô Seigneur, est leur salut. » (*Isa.*, xxvi, 19.) En effet, de même que les semences humectées par la rosée germent et poussent, ainsi les ossements des fidèles renaîtront sous l'influence de la rosée de l'Esprit saint.

Chapitre III. — Mais, expliquez-moi, dites-vous, comment de quelques petits ossements l'homme pourra renaître tout entier. N'est-il pas vrai qu'au moyen d'une petite étincelle, vous pouvez produire un grand incendie? et Dieu ne pourrait pas, avec un peu de votre cendre pour ferment, refaire tout entier votre chétif petit corps! Mais si vous dites : Nulle part on ne rencontrera les vestiges de cette chair, ces restes qui furent peut-être ou consumés par le feu, ou dévorés par les bêtes sauvages. Vous

---

armatum. Qui ergo granum tritici suscitat propter te, (*a*) qui solem quotidie quasi de sepulcro noctis suscitat, et lunam quasi de interitu reparat, et tempora recedentia revocat ad utilitatem scilicet nostram: ipsos nos, propter quos omnia reparat, non requiret, et (*b*) semel patietur exstingui, quos suo flatu accendit, quos suo spiritu animavit : et in perpetuum jam non erit homo, qui illum pie et agnovit, et coluit? Sed iterum dubitas quod possis reparari post mortem, restitui post cinerem et ossa consumpta? O homo, dic mihi, quid fuisti ante quam in matris utero conciperis? Nihil utique. Deus ergo qui te creavit ex nihilo, nonne facilius poterit reparare de aliquo? Mihi crede, facilius poterit reficere quod ante jam fuit, (*c*) qui potuit creare quod non fuit. Qui ex gutta informis liquoris in tuæ matris utero, in nervos, venas et ossa jussit excrescere, poterit, mihi crede, de utero terræ iterum generare. Sed times ne forte ossa tua arida vestiri pristina carne non possint? Noli, noli secundum tuam impotentiam Dei æstimare majestatem. Deus ille rerum omnium procreator, qui vestit arbores foliis, et prata floribus: poterit et tua ossa (*d*) illico veris tempore in resurrectione vestire. Dubitaverat aliquando de hoc ipso propheta Ezechiel, et interrogatus a Domino utrum viverent ossa arida, quæ videbantur sparsa per campum : respondit : « Tu scis Domine. » (*Ezech.*, xxxvii, 3.) Sed postquam Deo jubente, et se ipso prophetante vidit ossa ad sua loca et juncturas currentia; postquam vidit ossa arida nervis ligari, venis intexi, carne contegi, cute vestiri, postea prophetavit in spiritu : et veniens spiritus uniuscujusque introivit in corpora illa jacentia, et resurrexerunt, (*e*) mox steterunt. Sic confirmatus de resurrectione Propheta, scripsit visionem, ut ad posteros tantæ rei cognitio perveniret. Merito ergo clamat Isaias : « Exsurgent mortui, et resurgent qui sunt in monumentis, et lætabuntur qui sunt in terra. Ros enim qui abs te est, sanitas est illis. » (*Isai.*, xxvi, 19.) Vere enim sicut rore madefacta semina germinant et exsurgunt; sic rore (*f*) Spiritus ossa fidelium (*g*) germinabunt. (*Isai.*, xxvi, 19.)

Caput III. — Sed dubitas, quomodo de parvis ossibus totus homo restitui possit? Re vera tu ex modica scintilla ignis ingentem suscitas flammam; Deus non poterit ex modico cineris tui fermento totum corpusculi tui redintegrare (*h*) conspersum? Nam et si dicas : Nusquam comparent carnis ipsius reliquiæ; forsitan enim aut igne consumptæ sunt, aut a bestiis devoratæ : hoc primum

---

(*a*) Editi hic add. *ipsum te non poterit suscitare propter se*. — (*b*) In edit., *cineres*, pro, *semel*. — (*c*) Ms. a secunda manu, *quam*. — (*d*) Ms. *illo certo veri*. — (*e*) Non habet Ms. *et mox steterunt*. — (*f*) Editi ad. *sancti*. — (*g*) Et hic add. *visitata cum suo corpore in æternam gloriam*. — (*h*) Ms. *consparsum*.

devez savoir d'abord que tout ce qui se détruit est gardé dans les entrailles de la terre, d'où, sur l'ordre de Dieu, il pourra de nouveau reparaître. C'est ainsi que vous, lorsque vous n'avez point de feu, vous employez un caillou et un peu de fer, pour tirer des veines du caillou le feu dont vous avez besoin. Ce que vous pouvez par votre intelligence et la sagesse que Dieu vous a donnée, c'est-à-dire produire ce qui ne parait pas, la majesté divine ne pourrait-elle pas le faire par sa propre vertu ? Je veux dire faire sortir ce qui ne parait pas. Croyez-moi ; Dieu peut tout.

CHAPITRE IV. — Arrêtez-vous à cette dernière question : Dieu a-t-il promis d'opérer la résurrection ? Sachant que cette promesse repose sur un si grand nombre de témoignages, ayant de plus la caution très-certaine de Notre-Seigneur Jésus-Christ lui-même, affermi dans votre foi, cessez dès lors de craindre la mort ; celui, en effet, qui craint encore, refuse de croire. Celui qui refuse de croire commet un péché inguérissable, parce que, par son incrédulité, il ose affirmer ou que Dieu est impuissant, ou qu'il est menteur. Mais ce n'est point là la preuve qu'ont fournie les saints apôtres ; ce n'est point celle des saints martyrs. Les apôtres, pour prêcher cette résurrection annoncent que le Christ est ressuscité, ils prêchent que ceux qui sont morts en lui ressusciteront, et ils ne reculèrent ni devant la mort, ni devant les tourments, ni devant les croix. Mais si toute parole est sûre, étant garantie par le témoignage de deux ou trois témoins, comment la résurrection pourra-t-elle être révoquée en doute, elle en faveur de laquelle il y a des témoins si nombreux et si capables, qui ont scellé leur témoignage par l'effusion de leur sang ? Que dire des saints martyrs ? Eurent-ils ou n'eurent-ils pas une espérance certaine de la résurrection ? s'ils ne l'avaient pas eue, eussent-ils reçu la mort comme un gain immense, malgré leurs tourments et leurs peines sans nombre ? Ils ne pensaient pas aux supplices actuels, mais seulement à la récompense qui devait les suivre. Ils connaissaient cette parole : « Les choses qui se voient n'ont rapport qu'au temps ; celles qui ne se voient pas sont éternelles. » (II *Cor.*, IV, 18 ; II *Mach.*, VII.) Ecoutez, mes frères, un exemple de vrai courage. Une mère exhortait ses sept fils, et elle ne pleurait point, je dis mieux : elle surabondait de joie ; elle voyait ses fils déchirés avec des ongles de fer tomber sous le fer, rôtir dans des chaudières, et elle ne versait point de larmes, ne poussait point de gémissements, mais elle les exhortait avec soin à supporter courageusement les supplices. Cette mère pourtant n'était point cruelle, mais fidèle ; elle n'avait point pour ses enfants un amour délicat, mais courageux. Elle animait ses enfants à la souffrance, qu'elle devait elle-même, à son tour, endurer avec joie. Elle était donc certaine de sa propre résurrection et de celle de ses enfants. Pourquoi parler encore de tant d'hommes, de tant de femmes, de tant d'enfants et de jeunes vierges ? Comment se jouèrent-ils de cette mort ? Comment passèrent-ils si promptement dans les rangs de la milice céleste ? Ils pouvaient bien, s'ils l'eussent voulu, vivre encore ici-bas, car il dépendait d'eux de vivre, en reniant le Christ ou de mourir en le confessant ; mais ils aimèrent mieux se dépouiller de cette vie d'un moment, et entrer dans la vie qui ne passe pas, sortir de ce monde, et habiter le ciel.

Après de tels exemples, mes frères, comment dou-

---

scito, quia quidquid consumitur, in terræ visceribus continetur, unde rursus poterit Deo præcipiente produci. Nam et tu cum non appareat ignis, adhibes lapillum et modicum ferri, et excutis de visceribus lapilli quantum opus est ignis. Quod ergo per tuam industriam et sapientiam, quam tibi Deus ipse concessit, facis [ut (*a*) producas quod non apparet] : majestas illa divina facere sua virtute non poterit, [ut quæ interim non videntur, excutiat] ? Mihi crede, potest omnia Deus.

CAPUT IV. — Hoc tantum require, utrum promiserit se facere resurrectionem : et cum promissam tantorum diceris testimoniis, imo cum ipsius Christi Domini certissimam habeas cautionem ; confirmatus fide, mortem desine jam timere. Qui enim timet adhuc, discredit : qui discredit, peccatum contrahit insanabile, quia sua incredulitate audet Deum aut impotentem, aut certe asseverare mendacem. Sed non ita beati Apostoli, non ita sancti Martyres probant. Apostoli propter hanc prædicationem resurrectionis, Christum resurrexisse prædicant, et in ipso mortuos suscitandos annuntiant, nec mortem nec tormenta recusaverunt nec cruces. Si ergo in ore duorum vel trium testium stat omne verbum : resurrectio mortuorum, cui tot et tam idonei testes exsistunt, cui cum effusione sanguinis testimonium dicunt, quomodo potest in dubium revocari ? Quid autem sancti Martyres ? Habuerunt certam spem resurrectionis, an non ? Si non habuissent, non utique per tantos cruciatus et pœnas mortem pro lucro maximo suscepissent : non cogitabant supplicia præsentia, sed præmia secutura. Sciebant dictum : « Quæ videntur, ad tempus sunt ; quæ autem non videntur, æterna sunt. » (II *Cor.*, IV, 18.) Audite Fratres virtutis exemplum. Mater septem filios hortabatur, et non lugebat, sed potius lætabatur (II *Machab.*, 7) : videbat filios suos ungulis radi, ferro concidi, sartagine assari ; et non lacrymas fundebat, non ululatus tollebat, sed sollicite ad tolerantiam filios hortabatur. Non enim erat illa crudelis utique, sed fidelis : amabat filios, non delicate, sed fortiter. Hortabatur filios ad passionem, quam gaudens ipsa quoque (*b*) suscepit. Erat enim de sua et suorum filiorum resurrectione secura. Quid (*c*) loquar viros, quid feminas, quid pueros, quid puellas ? Quomodo sibi de ista morte luserunt, quomodo summa celeritate ad cœlestem militiam transierunt ? Poterant utique ad præsens vivere si voluissent ; quia in ipsis erat positum, Christum negando viverent, aut confitendo morerentur : sed magis elegerunt vitam projicere temporaneam, et vitam assumere sempiternam ; excludi de terra, et incolere cœlum.

Inter hæc, Fratres, quis dubitationis est locus ? Ubi potest adhuc mortis residere formido ? Si Martyrum

---

(*a*) Hæc et alia mox inclusa omittit Ms. — (*b*) Ms. *susceperit* f. *susciperet*. — (*c*) Ms. *quid loquar pueros*, etc.

ter encore? Où peut encore résider la crainte de la mort. Si nous sommes les enfants des martyrs, si nous voulons devenir leurs compagnons, que la mort ne nous contriste point; ne pleurons point les amis qui nous précèdent vers le Seigneur; car, si nous voulions les pleurer, les saints martyrs eux-mêmes nous diraient ironiquement : O fidèles, ô vous qui désirez le royaume de Dieu, qui pleurez amèrement, et vous lamentez sur le sort de vos amis qui meurent délicatement, dans leur lit et sur la plume; que feriez-vous donc, si vous voyiez qu'ils soient accablés de supplices et massacrés par les Gentils pour le nom du Seigneur? N'avez-vous point d'exemples qui vous aient précédés? Le saint patriarche Abraham, offrant en sacrifice son fils unique, l'immola sous le glaive de l'obéissance; il ne l'épargna point, quoiqu'il l'aimât d'un amour profond, afin de prouver à Dieu sa docilité. Et si vous dites qu'il agit ainsi, par l'ordre de Dieu, et vous, n'avez-vous donc pas le précepte de ne pas vous attrister au sujet de ceux qui dorment? Celui qui n'observe point les moindres préceptes, comment observera-t-il les plus grands? Ignorez-vous donc que l'âme qui se laisse abattre sous de tels fardeaux, sera incapable d'en porter de plus lourds? Celui qui redoute un ruisseau pourra-t-il jamais s'élancer sur la mer? Ainsi, celui qui pleure désolé l'ami qu'il a perdu, comment pourra-t-il jamais cueillir la palme du martyre? Il n'y a que celui qui est constant et courageux dans ses peines qui puisse franchir les degrés qui le séparent de plus grandes.

Chapitre V. — Cela suffit, mes frères, pour vous inspirer le mépris de la mort, et affermir vos espérances futures. Il me reste à vous donner un exemple puisé dans l'Ancien Testament, qui vous consolera, et que vous écouterez tous, je l'espère, patiemment, avec les oreilles de votre cœur. David, ce grand roi, souffrait avec la plus grande douleur que son fils chéri, qu'il aimait comme sa propre vie, fût frappé de maladie. Voyant que les remèdes humains ne lui étaient d'aucun secours, il se tourna vers le Seigneur. Il met de côté sa majesté royale, s'assied à terre, se couvre d'un cilice, refuse de boire et de manger pendant sept jours entiers; il supplie le Seigneur de vouloir bien lui redonner son fils. Les anciens de son palais le viennent trouver, le consolent, et le prient de prendre de la nourriture, craignant que, peut-être, en voulant la vie de son fils, il ne vienne à mourir lui-même. Ils ne purent rien obtenir, ni le contraindre à changer de résolution. Car l'amour violent a coutume de mépriser même le danger. Tant que son fils est malade, le roi reste avec son cilice de deuil, aucune parole ne peut le consoler, le besoin de nourriture ne le fait pas sortir de son état. Son âme se nourrit de tristesse, son cœur se rassasie de douleur, pour breuvage, de ses yeux coulent des torrents de larmes. Cependant il arriva ce que Dieu avait décidé, l'enfant meurt. Son épouse est dans le deuil, tout le palais dans les gémissements. Ses serviteurs tremblent, s'inquiétant outre mesure de ce qui pourrait arriver. Aucun d'eux, en effet, n'osait annoncer à son maître la mort de son fils; ils craignaient, et non sans raison, que ce père désolé qui pleurait avec tant de larmes son fils encore vivant, ne vît arriver le terme de sa vie en apprenant la mort de son enfant. Mais à entendre les chuchotements de ses domestiques, à les voir tristes, aller de l'un à l'autre pour s'engager

---

sumus filii, si eorum socii volumus inveniri, non contristemur morte, non lugeamus caros, qui nos præcedunt ad Dominum. Nam si plangere voluerimus, ipsi nobis insultabunt beati Martyres, et dicent : O fideles, o regnum Dei cupientes, vos qui caros vestros delicate morientes, in lectis utique et plumis, cum mœrore plangitis et lugetis; si eos a gentilibus propter nomen Domini cruciari et interfici videretis, quid facturi essetis? Aut non vobis præcessit exemplum? Abraham patriarcha filium unicum offerens sacrificium, gladio (a) obedientiæ jugulavit (Gen., XXII, 10); nec ei quem tanto amore dilexit, pepercit, ut Domino obediens probaretur. Et vos dicatis, illum propter Dei hoc fecisse præceptum : et vos habetis præceptum, ut non tristes sitis de dormientibus. (I Thess., IV, 13.) Qui ergo minima non servant, majora quando servabunt? Au nescitis quia animus qui in talibus frangitur, ad fortiora reprobus invenitur? Quis timens rivum, mare aliquando ingredietur? Sic qui plangit impatienter amissum, quando poterit ad martyrii pervenire certamen? Nam qui in his constans et magnanimis exsistit, jam sibi gradum ad potiora substernit.

Caput V. — Sufficiant hæc, Fratres, ad mortis contemptum, et ad spei futuræ confirmationem. Superest ut unum de veteribus exemplum proferam, quod omnem consolationem faciat, et quod etiam patientibus cordis auribus volo omnes audire. David rex magnus filium dilectum, quem sicut animam propriam diligebat, infirmitate percussum, impatientissime ferebat, et cum humana jam auxilia nihil prodessent, se ipsum convertit ad Dominum. Deposita regali gloria, sedit in terra, jacuit in cilicio, non manducavit, non bibit, septem diebus continuis orans Deum, si forte sibi filius donaretur. Accesserunt seniores domus ejus, consolantes rogaverunt ut panem sumeret, veriti ne forte dum filium vellet vivere, ipse ante deficeret. Non potuerunt extorquere, non cogere; amor enim impatiens solet pericula ipsa contemnere. Jacet rex in squalore cilicii ægrotante filio : nec verba faciunt consolationem, nec ipsa escarum necessitas (b) vocat. Mens tristitia pascitur, pectus dolore reficitur, oculi lacrymas pro potibus fluunt. Inter hæc factum est quod decreverat Deus. Moritur puer. Uxor in luctu, tota domus in planctu, famuli pavidi, quid fieret exæstuantes : nemo enim audebat domino filium mortuum (c) nuntiare, timentes utique, ne illa qui sic impatienter adhuc vivum lugebat, si audisset mortuum, vitæ faceret finem. Dum strepunt famuli inter se, dum tristes, alter ad alterum dicere aut suadet aut vetat, intellexit David, prævenit nuntios, an vitam filius exha-

---

(a) Ms. pene jugulavit, nec tanto amori pepercit. — (b) Editi, avocavit, tristitiam patitur, et mox lacrymis perpetuis fluunt. — (c) Ms. nominare.

ou se défendre mutuellement de parler, David comprit, il prévint ceux qui devaient lui annoncer la nouvelle, et leur demanda si l'enfant était mort. Une réponse négative est impossible, leurs pleurs lui disent ce qui est arrivé. Un rassemblement inaccoutumé se produit, l'attente est inquiète, on craint que ce père tendre et désolé ne se nuise à lui-même. Au contraire, le roi David quitte aussitôt son cilice, se lève tout joyeux comme si on lui eût annoncé que son fils était sain et sauf; il va dans la salle du bain, se lave, se rend au temple, adore Dieu, et mange avec ses amis, ayant comprimé ses soupirs, cessé tout gémissement, et pris un visage joyeux. Ses domestiques sont dans l'étonnement. Un changement si nouveau et si subit paraît extraordinaire à ses amis. Enfin ils osent lui demander : Pourquoi avez-vous été dans la douleur, quand votre enfant vivait encore, et pourquoi cessez-vous de pleurer après sa mort? Cet homme d'une grandeur d'âme remarquable, répondit : Il a été nécessaire, tant que mon fils vivait encore, de m'humilier, de jeûner et de répandre des larmes en présence du Seigneur, car j'avais espoir d'obtenir son retour à la vie, mais dès lors que la volonté de Dieu s'est accomplie, il serait insensé et impie d'accabler mon âme sous le poids de gémissements inutiles, et il ajouta : « C'est à moi à aller le retrouver ; pour lui il ne peut revenir à moi. » Voilà un bel exemple de force d'âme et de vertu. Mais si David, encore placé sous la loi, et étant par là, je ne dis pas dans la liberté, mais dans la nécessité de pleurer, a pu chasser de son cœur une douleur déraisonnable, s'il a aussi banni sa tristesse et celle de sa maison, nous qui sommes maintenant sous la loi de grâce, avec l'espérance certaine de la résurrection, nous, auxquels toute tristesse est interdite, comment osons-nous pleurer nos morts comme le feraient les païens, et pousser des gémissements insensés? Pourquoi ces cris désordonnés? Pourquoi déchirer nos vêtements, et chanter des paroles inutiles et des vers lugubres autour du corps et de la bière de nos défunts ? Enfin, pourquoi encore nous revêtir encore de la tête aux pieds d'habits de deuil ? Ne serait-ce pas pour donner une preuve convaincante de notre peu de foi et de notre misère, non-seulement par nos pleurs, mais aussi par notre habillement? Ces choses, mes frères, ne sont pas de notre condition, elles doivent nous être étrangères, et ne nous sont pas permises ; nous le fussent-elles, elles ne nous conviendraient pas? Bien que leur foi et le précepte de Notre-Seigneur les remplissent de courage, quelques-uns de nos frères et de nos sœurs cèdent cependant affaiblis devant les jugements de leurs parents et de leurs voisins. Ils craignent de paraître insensibles et cruels, s'ils ne prennent pas le deuil et ne s'abandonnent pas à des pleurs insensés. Quelle vanité ! et je le dirai, quelle sottise ! de s'inquiéter des jugements des hommes, si sujets à l'erreur, et de ne pas craindre de diminuer la foi que nous avons reçue. Pourquoi n'apprendrais-je pas plutôt la patience à ceux qui nous entourent? Pourquoi celui qui est faible ne s'instruirait-il pas dans la foi en me voyant? Que si le chagrin de votre cœur est si grand, votre devoir est de l'user silencieusement au dedans, et non de le publier par faiblesse de caractère.

Je proposerai encore un exemple pour l'instruction de ceux qui croient à l'obligation de pleurer les morts. Cet exemple, je l'emprunterai à l'histoire des païens. Un prince idolâtre avait un fils unique qu'il aimait beaucoup. Etant un jour au Capitole, et of-

---

lasset interrogat. Negare non possunt, factum fletibus indicant. Fit consuetudo (a) insolitus, exspectatio grandis et metus, ne quid sibi (b) periculi pius pater inferret. Surgit continuo rex David de cilicio, surgit hilaris, quasi filium suum audisset incolumem : vadit ad balneas, lavat corpusculum, vadit ad templum, adorat Deum, epulatur cum amicis, compressis suspiriis, gemitu omni deposito, vultu jam læto. Mirantur domestici, stupent amici novam et subitam (c) conversationem : audent denique interrogare, quid sibi vellet hoc, ut cum vivente filio sic doluerit, mortuo non doleret? Respondit vir magnanimitate præcipuus : Necesse fuit cum adhuc viveret filius, et humiliari, et jejunare, et lugere in conspectu Domini ; erat enim spes impetrandi commeatus (d) vitæ : at vero postquam voluntas Domini facta est, stultum est et impium animum lamentationi inutili macerari : sic dicens : « Ego ibo ad illum, ille non revertetur ad me. » Ecce exemplum magnanimitatis atque virtutis. Quod si ille David adhuc sub lege positus, sub illa non dico licentia, sed necessitate lamentationis, sic animum a luctu irrationabili (e) separavit, sic tristitiam suam suorumque compescuit : nos qui jam sub gratia sumus, sub certa spe resurrectionis, quibus omnis tristitia interdicitur, qua fronte mortuos nostros gentilium more plangimus, ululatus insanos attollimus, veluti alio genere bacchantes, concissis tunicis pectora nudamus, verba inania (f) et nœnias circa corpus et tumultum defuncti cantamus ? Postremo etiam qua ratione vestes nigras tinguimus, nisi ut nos vere infideles et miseros non tantum fletibus, sed etiam vestibus approbemus ? Aliena sunt ista, Fratres, extranea sunt, non licent : et si licerent, non decerent. Sed aliquantos de fratribus et sororibus, licet fides propria et præceptum Domini fortes faciat, parentum tamen et vicinorum opinio debilitat et frangit : ne lapidei et crudeles judicentur, (g) si pepercerint vestimento, si non insanis luctibus fuerint debacchati. Et hoc quam vanum est, quam ineptum, opiniones hominum errantium cogitare ; et non timere, ne quid minus faciat de fide quam suscepit? Quare non magis discit tolerantiam ille qui talis est, quare non a me discit fidem ille qui dubius est ? Quando etiam si tantus sit dolor ejusmodi pectoris, tacite debeat luctum sensu (h) digerere, et non levitate sui animi publicare.

Unum adhuc volo proponere exemplum ad corrigendos eos qui plangi mortuos arbitrantur. Exemplum autem de paganorum historia est. Fuit quidam princeps

(a) Ms. *solitus*. — (b) Ms. *filii ipsius pater*. — (c) Editi *conversionem*. — (d) Non habet Ms. *vitæ*. — (e) Editi *superavit*. — (f) Ms. *et vana*. — (g) Ms. *non habet, si pepercerint vestimento*. — (h) Editi *dirigere*, et in verbo *publicare* Tractatum claudunt.

frant un sacrifice à ses idoles, selon les coutumes païennes, on lui annonce que ce fils unique était mort. Il n'abandonne pas la victime qu'il tenait entre ses mains, ne verse point de larmes, ne pousse même aucun soupir. Ecoutez ce qu'il répondit : Qu'on l'ensevelisse, je sais bien que j'ai engendré un fils mortel. Faites attention à cette réponse, et voyez quel courage dans un païen. Il n'ordonne même pas d'attendre pour que son fils enseveli en sa présence. Quelle est notre conduite, mes frères? Si le démon, au jour du jugement, nous oppose ce païen en face de Notre-Seigneur Jésus-Christ, et s'il dit : Cet homme qui m'adorait, que je trompais par mes artifices, pour qu'il se prosternât devant des idoles sourdes et muettes, auquel je n'avais promis ni la résurrection des morts, ni le paradis, ni le royaume des cieux ; ce sage, ce noble ne pleura point la mort de son fils unique, il ne poussa point de gémissements. Cette nouvelle ne lui fit point interrompre les sacrifices qu'il me faisait. Mais tes chrétiens, tes fidèles pour lesquels tu as été crucifié et as souffert la mort, enfin qu'eux-mêmes n'aient point à redouter la mort, et qu'ils soient tranquilles sur leur résurrection, non-seulement ils pleurent leurs morts, et de la voix et par leur extérieur, mais même ils ont honte de paraître à l'église. Quelques-uns même d'entre tes clercs, tes pasteurs. interrompent leur ministère et s'abandonnent à leur chagrin, insultant en quelque sorte à ta volonté. Et pourquoi? Parce que tu as retiré de ce monde ceux que tu as voulu en retirer. Quelle réponse pourrons-nous faire à ces reproches, mes frères? La confusion ne nous saisirait-elle pas, nous trouvant sous ce rapport, si inférieurs aux Gentils. Et pourtant c'est bien au païen de pleurer, lui qui, ne connaissant pas Dieu, va directement au châtiment aussitôt après sa mort. Le Juif doit pleurer, ne croyant pas en Jésus-Christ, il voue son âme à la damnation. Nous pouvons aussi pleurer sur nos catéchumènes, si, par leur incrédulité ou par la négligence de leurs proches, ils s'en vont sans avoir reçu le baptême du salut. Mais pour celui qui, sanctifié par la grâce, marqué du signe de la foi, ayant mené une vie régulière, quitte ce monde, tranquille sur son innocence, celui-là, il faut le proclamer bienheureux et non le pleurer, envier son sort, et ne pas le plaindre ; envions-le, cependant, modérément, car, nous le savons, les temps s'approchent où nous le suivrons.

Essuyez donc vos larmes, interrompez vos soupirs, comprimez vos gémissements, âme fidèle. Au lieu de cette tristesse dont on vient de parler, revêtez-vous de la tristesse salutaire, de celle que le saint Apôtre dit être selon Dieu (II Cor., VII, 10), qui produit ordinairement le salut et l'affermit, je veux dire, de la pénitence des péchés commis. Descendez au fond de votre cœur, interrogez votre conscience, et si vous trouvez quelque sujet de repentir, (et vous en trouverez puisque vous êtes homme), poussez des soupirs en le confessant, répandez des larmes dans vos prières, soyez inquiet sur cette véritable mort qui a atteint votre âme ; oui, soyez inquiet sur votre péché, suivant la parole de David : « Parce que je déclarerai moi-même mon iniquité et que je serai toujours occupé de la pensée de mon péché. » (Ps. XXXVII, 19.) Nous ne serons plus effrayés de la dissolution temporelle de notre corps, auquel Dieu, en son temps, donnera une forme plus belle. Voyez comment, dans la pensée divine, ces deux choses

---

paganus, (1) qui habebat filium unicum, satisque dilectum. Hic cum in Capitolio idolis suis gentili errore sacrificaret, nuntiatur ei quod filius ille unicus (*f* defunctus esset) defuisset. Non reliquit sacra quæ gerebat in manibus, non lacrymavit, nec omnino suspiravit : sed quid respondit, audite. Sepeliatur, inquit : memini enim me filium genuisse mortalem. Vide responsum, vide hominis pagani virtutem : ut nec exspectari se jusserit, vel ut præsente se sepulturæ filius traderetur. Quid agimus, Fratres, si diabolus hunc in diem judicii coram Christo contra nos producat, et dicat : Hic meus cultor, quem ego præstigiis fallebam, ut serviret cæcis et surdis simulacris ; cui ego nec resurrectionem a mortuis, nec paradisum, nec cœlorum regna promiseram ; hic filii nobilis sapiens unici mortem nec doluit, nec ingemuit, nec tali nuntio mea sacra deseruit : tui autem Christiani, tui fideles, pro quibus ideo crucifixus et mortuus es, ut mortem ipsi non timerent, sed essent de resurrectione securi, non solum lugent mortuos et voce et habitu, sed etiam ad ecclesiam procedere confunduntur ; aliquanti etiam ipsi clerici tui et pastores ministerium suum intermittunt, vacantes luctui, quasi insultantes tuæ voluntati? Quare? Quia quos voluisti, de sæculi caligine ad te vocasti. Quid ad hæc respondere poterimus, Fratres? Nonne confusio nos apprehendet, cum in hac parte inferiores gentibus invenimur? Et utique lugere debet paganus, qui nesciens Deum, mox ut moritur, recto cursu pergit ad pœnam. Plangi debet Judæus, qui Christo non credens, animam suam perditioni deputavit. Dolendum est plane de catechumenis nostris, si aut sua incredulitate, aut negligentia proximorum, sine baptismo salutari recesserint. Cæterum qui sanctificatus gratia signatus fide, conversatione probatus, vel innocentia securus de hoc mundo recedit, beatificandus est non lugendus, desiderandus non plangendus ; sed desiderandus cum moderatione, cum sciamus nos ipsos accedentibus temporibus secuturos.

Terge igitur lacrymas, intermitte suspiria, compesce gemitus, o fidelis ; et pro hac tristitia salutarem illam induc tristitiam, utique quam beatus Apostolus secundum Deum esse memoravit, quæ salutem stabilem solet operari (II Cor., VII, 10) ; utique pœnitentiam facinorum commissorum. Scrutare pectus tuum, propriam interrogans conscientiam, et si invenias aliquid pœnitendum ; (invenies autem, cum sis homo,) trahe suspiria in confessione, funde lacrymas in oratione, esto sollicitus de morte illa vera, de pœna animæ, esto sollicitus de peccato, sicut David dicit : « Quoniam iniquitatem meam pronuntio, et sollicitus ero pro peccato meo : » (*Psal.* XXXVII, 19) et non de corporis hujus temporali dissolu-

(1) Horatius. Vide. Tit. Liv. lib. II, Plutarchus, apophtegm. Lacon. simile dictum a Laconico refert.

SUR LA CONSOLATION PAR RAPPORT AUX MORTS.

sont unies. L'Ecriture dit : « L'heure vient où tous ceux qui sont dans les sépulcres ressusciteront. » (*Jean*, v, 28.) Voilà la sécurité, voilà le mépris de la mort. Mais que suit-il ? « Ceux qui auront fait de bonnes œuvres sortiront des tombeaux pour ressusciter à la vie éternelle ; mais ceux qui en auront fait de mauvaises en sortiront pour ressusciter à leur condamnation. » Voilà la différence entre ceux qui ressusciteront. Il est nécessaire que toute chair humaine ressuscite ; mais le juste ressuscitera pour la vie, et l'impie pour le châtiment, suivant qu'il est écrit : « C'est pourquoi les impies ne ressusciteront point pour la gloire au jour du jugement, et les pécheurs n'auront point de place dans l'assemblée des justes. » (*Ps.* i, 5.) Si nous voulons donc ne pas ressusciter pour le jugement, quittons la tristesse causée par la mort, et procurons-nous par la pénitence la vraie tristesse. Ayons souci des bonnes œuvres d'une vie meilleure. Que la pensée de ce deuil, de ce cadavre, nous dise seulement qu'il faut nous rappeler que nous sommes mortels, et, armés de cette pensée, ne négligeons point notre salut, tandis qu'il est encore temps et que nous le pouvons. Alors, portons des fruits de vertu, corrigeons les fautes commises par ignorance, de peur que, surpris par l'heure de la mort, nous cherchions un temps, pour faire pénitence, sans pouvoir le trouver, de peur que nous voulions distribuer des aumônes et satisfaire pour nos péchés, sans pouvoir accomplir nos désirs.

Vous ayant montré, mes frères, la condition commune de la mort, la défense qui nous est faite de pleurer, que ces larmes sentent encore la fragilité des infidèles, et non la vertu des chrétiens ; vous ayant expliqué les secrets du Seigneur et les enseignements des apôtres sur la résurrection ; vous ayant rappelé la conduite des apôtres, les souffrances des martyrs ; ayant ajouté l'exemple de David et en outre l'action d'un idolâtre, j'ai terminé par vous exposer qu'il y a une tristesse nuisible et une autre qui est utile : la première nous porte préjudice, la seconde nous sauve par la pénitence. Après tout cela, que nous reste-t-il à faire ? mes frères, sinon de rendre grâces à Dieu le Père, et de dire : « Que votre volonté soit faite sur la terre comme au ciel ? » (*Matth.*, vi, 10.) Vous avez donné la vie et vous avez établi la mort. C'est vous qui faites venir au monde, c'est vous qui en faites sortir ; et quand vous le faites, c'est pour nous conserver. Rien de ceux qui sont à vous ne s'anéantit, vous qui avez dit que pas un cheveu de leur tête ne périrait. « Car vous leur ôterez leur esprit de vie ; ils tomberont dans la défaillance, et ils retourneront dans leur poussière. Vous enverrez ensuite votre Esprit, et ils seront créés de nouveau, et vous renouvellerez ainsi toute la face de la terre. » (*Ps.* ciii, 29, 30.) Voilà, mes frères, des paroles qui conviennent à des fidèles ; voilà un baume salutaire. Grâce à cette éponge de consolation, l'œil se sèche, imbibé par ce collyre si rationnel ; il n'éprouvera point l'aveuglement que cause le désespoir, il ne ressentira même pas quelques éblouissements de tristesse ; ayant, au contraire, toujours les regards du cœur fixés sur les choses radieuses de l'éternité, il dira, entrant dans les sentiments si patients de Job : « Le Seigneur l'a donné, et le Seigneur l'a enlevé ; il n'est arrivé que ce qu'il a voulu ; que son saint nom soit béni » (*Job*, i, 21) dans les siècles des siècles. Ainsi soit-il.

---

tione terreberis, quod suo tempore in melius Deo jubente reparabitur. Vide quemadmodum utrumque sententia divina complexa est, dicens : « Venit hora cum mortui qui sunt in monumentis resurgent : » (*Joan.* v, 28) ecce securitas, ecce contemptus mortis. Sed quid sequitur ? « Qui bona fecerunt, in resurrectionem vitæ, qui autem mala egerunt, in resurrectionem judicii : ecce diversitas resurgentium. Omnem quidem necesse est carnem resurgere dumtaxat humanam : sed bonus resurget ad vitam, malus resurget ad pœnam, sicut scriptum est : « Ideo non resurgent impii in judicio, neque peccatores in (*a*) concilio justorum. » (*Psal.* i, 5.) Ut ergo non in judicium resurgamus, intermissa mortis tristitia illam pœnitentiam et tristitiam sumamus, et curam bonorum operum ac vitæ melioris habeamus, et ad hoc sic nobis cogitatio hujus funeris et cadaveris, (*b*) ut nos mortales esse noverimus, et per hanc cogitationem, salutem nostram, dum tempus est, dum licet, minime negligamus : scilicet aut fructificantes in melius, aut emendantes si ignorantes erravimus : ne subito præoccupati die mortis, quæramus spatium pœnitentiæ, et non invenire possimus ; quæramus eleemosynas erogare, et satisfacere pro delictis, nec quod volumus concedatur.

Ostensa igitur, Fratres, mortis communis (*f. add* sorte, *vel* conditione), ostensa lacrymarum interdictione, monstrata veterum adhuc fragilitate et non Christianitatis virtute, monstrato Domini sacramento et Apostolorum de resurrectione documento, commemoratis Apostolorum actibus, et Martyrum passionibus, ostenso præterea David exemplo, et gentilis hominis insuper facto, ad ultimum exposita et noxia et utili tristitia, illa quæ nocet, ista quæ per pœnitentiam salvat : his omnibus sic ostensis, quid nos facere jam aliud oportet, Fratres, quam gratias agentes Deo Patri dicere : « Fiat voluntas tua sicut in cœlo et in terra : » (*Matth.*, vi, 10) tu dedisti vitam, tu constituisti mortem ; tu inducis in sæculum, tu educis de sæculo, et cum eduxeris servas ; nihil enim deperit tuorum, qui nec capillum capitis eorum perire dixisti : « Auferes enim spiritum eorum, et deficient, et in terram suam revertentur ; » (*Luc.*, xxi, 18) sed « emittes spiritum tuum et creabuntur, et renovabis faciem terræ ? » (*Psal.* ciii, 29 et 30). Hæc verba, Fratres, digna fidelibus, hæc medicina salutaris : hac spongia consolationis detersus oculus, hoc infusus collyrio rationis, non modo cæcitatem ex desperatione non sentiet, sed nec lippes aliquas tristitiæ sustinebit : quin potius oculis cordis lucida cuncta respiciens, dicet secundum patientissimum illum Job : « Dominus dedit, et Dominus abstulit ; sicut Domino visum est, ita factum est : sit nomen Domini benedictum » (*Job*, i, 21) in sæcula sæculorum. Amen.

(*a*) In Mss. scribitur, *consilio*. — (*b*) Ms. *et*.

AVERTISSEMENT
SUR LE TRAITÉ DE LA CONDUITE CHRÉTIENNE

On trouve ce traité au chapitre xv du deuxième livre de la vie de saint Éloi, évêque de Noyon. C'est une sorte d'abrégé écrit par saint Ouen, l'auteur de sa vie ; il a voulu dans ce discours réunir les principaux points des instructions que ce pieux évêque adressait chaque jour à son peuple. « Tous les jours, en effet, dit saint Ouen, l'infatigable prélat adressait au peuple qui lui était confié des instructions salutaires..... Réunissant à l'église le peuple convoqué de toutes parts, il lui donnait des enseignements courts mais fréquents et riches d'une doctrine spirituelle qui devait servir à son édification. Rempli d'une foi prophétique, il élevait la voix et s'adressait à ses ouailles en ces termes : Je vous supplie, frères bien aimés, je vous avertis en toute humilité, etc. » Saint Ouen cite tout ce traité et ensuite il ajoute : « Qu'il me suffise d'avoir rapporté d'une manière sommaire les instructions familières d'un si grand saint ; bien qu'elles ne soient point ici transcrites par ordre et telles qu'il les donnait chaque jour, cependant ce sont des enseignements de cette sorte que, selon les circonstances, il donnait à ses peuples. » Ceci est confirmé par notre manuscrit de Saint-Germain, qui cite ce traité séparé de la vie de saint Éloi avec cette suscription : « Ici commencent les sermons de saint Éloi, qu'il prêchait avec un grand zèle à son peuple, les tirant du riche trésor de son cœur. » Pourtant ce que dit ici saint Éloi est presque tout entier tiré des sermons de saint Césaire, qui, selon le désir de ce saint évêque, comme nous l'avons observé ailleurs, étaient lus dans toutes les églises de France et d'Espagne. Voyez au tome vingtième (appendice du tome cinquième des Bénédictins), les sermons 29, 78, 110, 116, 141, 210, 249, 258, 265, 266, 273, 275, 277, 278, 279, 289, etc., vous y trouverez les enseignements de saint Éloi ; plusieurs y sont même plus développés que dans ce traité. Par exemple, au sermon 129, n° 2, vous comprendrez mieux ce qu'on lit ici au n° 5 : *Nullus vetulas faciat*, passage où Jacques Sirmond pensait qu'on devait lire *vitulas* ainsi qu'il le voulait aussi pour le concile d'Auxerre. De même ce passage de saint Éloi, n° 9 : « Celui qui, avant un légitime mariage, ose garder une concubine, pèche plus gravement que celui qui commet un adultère, » doit être entendu dans ce sens,

ADMONITIO
IN TRACTATUM DE RECTITUDINE CATHOLICÆ CONVERSATIONIS

Exstat iste Tractatus in libro II vitæ S. Eligii episcopi Noviomensis, cap. xv, collectus nimirum ac descriptus opera Audoeni vitæ ejusdem auctoris, qui piissimi præsulis monita ad plebem suam quotidiana et præcipua comprehendere hoc Sermone studuit. « Diebus namque singulis, ait Audoenus, plebem sibi commissam infatigabiliter salutaribus monitis exhortabatur..... Nam collectis undique ad ecclesiam turbis multa quidem et magna breviter in sermone complexa, sed in ædificatione spiritualiter copiosa, cum prophetica fiducia exaltans vocem, hujuscemodi ad eos proferebat monita. Rogo vos, Fratres carissimi, et cum grandi humilitate admoneo, » etc. Repræsentat illic Audoenus sermonem integrum, eoque finito subjicit : Hæc summatim de tanti viri familiaribus monitis huc usque narrasse sufficiat; quæ ille etsi non sub unius diei articulo ex ordine ut digesta sunt percurrebat, diversis tamen temporibus hujusmodi semper præcepta populis intimabat. » Concinit vetus codex noster Germanensis, qui hunc ipsum Tractatum seorsim ab Eligii vita scriptum exhibet cum hocce titulo : « Incipiunt Sermones beati Eligii, quos cum summo studio plebi proferebat ex locupletissimo cordis thesauro. » Ea tamen quæ ibi profert Eligius, traxit pene omnia ex Cæsarianis Sermonibus, qui per Galliam universam et per Hispanias procurante Cæsario (uti a nobis alias observatum fuit) in ecclesiis lectitabantur. Adi Tomi superioris Appendicem, et confer Sermones XXIX, LXXVIII, CX, CXVI, CXLI, CCX, CCXLIX, CCLVIII, CCLXV, CCLXVI, CCLXXIII, CCLXXV, CCLXXVII, CCLXXVIII, CCLXXIX, CCLXXXIX, etc. In illis et ipsa Eligii verba reperies, et locos quosdam planius quam isthic explicatos. Ex Sermone, verbi gratia, CXXIX, n. 2, et ex CXXX, n. 1 et 2, intelliges quod hic n. 5 legitur : « Nullus vetulas faciat : » ubi Jacobus Sirmondus perinde atque in concilio Antissiodorensi, scribendum « vitulas » putabat. Item hanc Eligii sententiam, n. 9 : « Qui ante legitimas nuptias concubinam habere præsumit, pejus peccat, quam qui adulterium committit, » sic accipiendam, ut pejus peccare ille non ab aliud existimetur, nisi quia ipsius factum

que son péché est plus grave, parce qu'il est en quelque sorte plus public et d'un exemple plus pernicieux. On peut, en effet, voir que tel est le sens par les sermons 288, n° 5, et 289, n° 4 de ce même Appendice où saint Césaire motive ainsi ce sentiment : « Celui, dit-il, qui commet un adultère, a l'intention que son crime, d'ailleurs si grave, soit secret, » etc.; « mais celui qui conserve publiquement une concubine, pense qu'il lui est permis à la face de tout le peuple de mener une conduite exécrable. » Ainsi il devient une occasion de pécher pour les autres qui croient une telle chose permise. « En effet, comme le dit saint Augustin dans son Manuel, chap. 80, quoique graves et hideux, les péchés devenus communs semblent petits et de nulle importance. »

perniciosioris exempli est, disces ex ejusdem Appendicis Sermone CCLXXXVIII, n. 5, et ex CCLXXXIX, n. 4, ubi hanc istius sententiæ rationem affert Cæsarius, « quia qui adulterat, adhuc tam grave malum secrete vult agere, » etc., « ille vero qui publice concubinam habere voluerit..... rem exsecrabilem toto populo vidente licenter se putat admittere. » Sic nempe aliis præbet occasionem errandi, ut impune licere id credant. Nam « peccata, » uti ait Augustinus in *Enchirid.*, cap. LXXX, « quamvis magna et horrenda, cum in consuetudinem venerint, aut parva aut nulla esse creduntur. »

TRAITÉ
DE
LA CONDUITE CHRÉTIENNE

1. Je vous supplie, frères bien-aimés, et je vous avertis en toute humilité de vouloir bien prêter une oreille très-attentive à ce que je veux vous suggérer dans l'intérêt de votre salut. Le Seigneur Dieu tout-puissant le sait; ce que je vous adresse est, de ma part, l'effet d'une ardente charité à votre égard, et, si j'oubliais de le faire, je manquerais certainement à mon devoir. Pour vous, sans faire attention à mon indignité, recueillez volontiers ce que je dis pour votre salut, en sorte que les exhortations que vous entendrez se traduisent dans vos œuvres, et aussi pour que je puisse me réjouir dans les cieux, et de l'accomplissement de mon devoir, et de votre progrès dans la vertu. Si, ce qu'à Dieu ne plaise, je déplaisais à quelqu'un en voulant vous prêcher si souvent, je lui demande de n'être pas pour moi un sujet de peine, mais plutôt de considérer mes dangers et les menaces terribles du Seigneur contre le prêtre « qui n'annonce pas à l'impie son iniquité. L'impie mourra dans son iniquité, mais je vous redemanderai son sang; si, au contraire, vous annoncez la vérité à l'impie, et qu'il ne se convertisse point de son iniquité et ne quitte pas sa voie perverse, il mourra dans son iniquité ; mais pour vous, l'ayant averti, vous aurez sauvé votre âme. » (*Ezéch.*, XXXIII, 8, 9.) Et encore : « Criez, ne cessez point, que votre voix retentisse comme une trompette, et reprochez à mon peuple les crimes qui le souillent. » (*Is.*, LVIII, 1.)

DE
RECTITUDINE CATHOLICÆ CONVERSATIONIS
TRACTATUS

1. Rogo vos, Fratres carissimi, et cum grandi humilitate admoneo, ut intentis animis auscultare velitis, quæ vobis pro salute vestra suggerere volo. (1) Omnipotens enim scit Dominus, quod prompta erga vos caritate ista vobis profero : quæ si non fecero, procul dubio reus debiti tenebor. Vos ergo non pro mea parvitate, sed pro vestra quæ dico salute libenter suscipite ; ita dumtaxat, ut quæ aure suscipitis, opere compleatis : ut et ego de meo obsequio, et de vestro profectu merear vobiscum gaudere in cœlesti regno. Si cui forte displiceo, quod tam frequenter prædicare vobis contendo, rogo non mihi molestus exsistat, sed ipse periculum meum consideret, et audiat Dominum terribiliter comminantem sacerdoti: « Si non annuntiaveris iniquo iniquitatem suam, ipse in iniquitate sua morietur, sanguinem autem ejus de manu tua requiram. Si autem annuntiaveris impio, et ille non fuerit conversus ab iniquitate sua, et a via sua impia : ipse quidem in iniquitate sua morietur, tu autem animam tuam liberasti. » (*Ezech.*, XXXIII, 8, 9.) Et illud : « Clama, ne cesses, quasi tuba exalta vocem tuam, et an-

(1) V. Ser. CCXLIX, n. 2, in Append. tom. VI.

Vous voyez, mes frères, combien je suis obligé d'exciter sans cesse vos âmes à craindre le jugement de Dieu et à désirer les célestes récompenses, afin de pouvoir me réjouir avec vous au sein de l'éternelle paix, dans la compagnie des anges.

2. Craignez donc, je vous en prie, craignez toujours l'heure du jugement. Ne cessez d'avoir sous vos regards le jour de votre mort. Voyez en quel état vous paraîtrez devant les anges, et quelle récompense vous recevrez proportionnée à vos mérites. Pourrez-vous, en ce jour, apporter dans leur intégrité les promesses de votre baptême ? Souvenez-vous-en bien, vous avez fait alors un pacte avec Dieu ; vous avez promis sur les fonts du baptême de renoncer au démon et à toutes ses œuvres. Celui qui le put répondit alors personnellement et en son propre nom. Quant à celui qui n'a pu répondre lui-même, la personne qui le tint sur les fonts sacrés, fut sa caution et répondit pour lui.

Oh ! quelle alliance vous avez conclue avec Dieu ! Cherchez en vous-mêmes si, après ces promesses, vous n'avez point fait les œuvres mauvaises du démon auquel vous aviez renoncé. Vous avez renoncé au démon et à toutes ses œuvres, et à toutes ses pompes, c'est-à-dire à la ruse, aux maléfices, aux augures, au vol, aux fraudes, à la fornication, à l'ivrognerie et au mensonge. Voilà ses œuvres et ses pompes. Au contraire, vous avez promis de croire en Dieu le Père Tout-puissant, et en Jésus-Christ son Fils unique, Notre-Seigneur, né de la Vierge Marie, qui a souffert sous Ponce-Pilate, est ressuscité des morts le troisième jour, est monté aux cieux. Vous avez promis encore de croire au Saint-Esprit, la sainte Église catholique, la communion des saints, la rémission des péchés, la résurrection de la chair, la vie éternelle. Voilà bien l'engagement que vous avez pris, la confession que vous avez faite ; ces promesses, Dieu en garde fidèlement le souvenir. Aussi, mes frères bien-aimés, je vous avertis de vous rappeler vous-mêmes sans cesse cette confession et vos promesses, afin que ce nom de chrétien que vous avez reçu ne soit pas pour votre condamnation, mais plutôt pour votre salut.

3. En effet, vous êtes devenus chrétiens pour faire en toutes circonstances les œuvres d'un chrétien ; je veux dire pour aimer la chasteté, fuir la luxure et l'ivrognerie, pratiquer l'humilité, détester l'orgueil, car Notre-Seigneur Jésus-Christ a fait briller en lui l'humilité par ses exemples, et nous l'a enseignée par ses paroles en disant : « Apprenez de moi que je suis doux et humble de cœur, et vous trouverez le repos de vos âmes. » (*Matth.*, XI, 29.) Il faut, en outre, rejeter la jalousie, exercer la charité les uns vis-à-vis des autres, et diriger toujours vos prières vers la vie future et le bonheur éternel ; travaillez également plus pour l'âme que pour le corps, car le corps n'a que quelques instants à passer sur la terre ; pour l'âme, si elle fait bien, elle régnera sans fin dans le ciel, et, si elle fait mal, elle brûlera sans pitié au fond des enfers. Celui qui n'a de souci que pour cette vie, ressemble aux animaux et aux bêtes. De quoi vous sert-il, frères bien-aimés, d'avoir reçu le nom de chrétien et de n'en pas faire les œuvres ? Il lui est utile d'être appelé chrétien à celui qui a tou-

---

nuntia populo meo scelera eorum. » (*Isa.*, LVIII, 1.) Considerate ergo, Fratres, quia oportet me sine cessatione vestros animos ad tremendum Dei judicium, et ad desiderandum cœleste præmium excitare : (1) ut vobiscum pariter merear in Angelorum consortio perpetua pace gaudere.

2. Ideoque rogo ut diem judicii semper pertimescatis, et (2) diem mortis suspectum quotidie ante oculos habeatis. Considerate quales eritis præsentandi conspectibus Angelorum, vel qualem pro meritis vicissitudinem recepturi : si poteritis in illo die illibatum referre, quod in baptismo promisistis. Mementote, quia tunc pactum cum Deo fecistis, atque abrenuntiare vos diabolo et omnibus operibus ejus in ipso baptismo promisistis. Qui potuit, tunc ipse per se et pro se hæc respondit : qui vero non potuit, fidejussor pro eo ad ejus vicem ista Deo promisit, ille scilicet qui eum de sacro fonte suscepit : Considerate ergo quale pactum cum Deo fecistis : et requirite apud vosmetipsos, si post ipsam promissionem opera maligni diaboli, cui renuntiastis, secuti estis. Abrenuntiastis enim diabolo et omnibus pompis et operibus ejus, id est, dolis, sortibus, auguriis, furtis, fraudibus, fornicationibus, ebrietatibus et mendaciis. Hæc sunt vere opera et pompæ ejus. Promisistis e contra credere vos in Deum Patrem omnipotentem, et in Jesum Christum filium ejus unicum Dominum nostrum, natum ex Maria virgine, passum sub Pontio Pilato, tertia die resurrexisse a mortuis, ascendisse ad cœlos. Promisistis deinde credere vos et in Spiritum sanctum, sanctam Ecclesiam catholicam, Sanctorum communionem, remissionem peccatorum, carnis resurrectionem, et vitam æternam. Hæc procul dubio cautio et confessio vestra, quam tunc promisistis, semper apud Deum tenetur. Quapropter vos, Carissimi, moneo, ut ista confessio vel promissio vestra semper in vestra teneatur memoria ; ut hoc quod Christiani vocamini, non ad judicium vobis sit, sed potius ad remedium.

3. Nam ideo Christiani facti estis, ut semper opera Christiani faciatis, id est, (3) ut castitatem ametis, luxuriam et ebrietatem fugiatis, humilitatem teneatis, superbiam detestemini ; quod Dominus Jesus Christus humilitatem et ostendit exemplis, et docuit verbis, dicens : « Discite a me, quia mitis sum et humilis corde, et invenietis requiem animabus vestris : » (*Matth.*, XI, 29) invidiam etiam respuatis, caritatem invicem habeatis, (4) et semper de futuro sæculo et de æterna beatitudine cogitetis, et plus pro anima quam pro corpore laboretis : quia caro pauco tempore erit in hoc mundo ; anima vero si bene egerit, sine fine regnabit in cœlo ; at si male, sine misericordia ardebit in inferno. Qui vero non cogitat nisi de ista tantummodo vita, animalibus et bestiis similis est. (5) Non ergo vobis sufficit, Carissimi,

---

(1) Sic Ser. cit. n. 2. — (2) Ex Bened. reg., c. IV. — (3) Ex Ser. CCLXVI, n. 2, in Append. tom. VI. — (4) Ex Ser., cit. n. 1. — (5) Rursum ex n. 2.

jours présents à la mémoire les préceptes de Jésus-Christ et qui les met en pratique, à celui qui ne commet point le vol, qui ne dit pas de faux témoignage, à celui qui ne se rend coupable ni de mensonge, ni de parjure, ni d'adultère, qui ne hait personne, ne nuit à personne, mais qui aime tous les hommes comme soi-même, qui ne rend point à ses ennemis le mal pour le mal, qui, au contraire, prie pour eux ; celui encore qui ne suscite pas de procès mais fait rentrer sous le joug de la concorde ceux qui étaient en désaccord. Tels sont les préceptes que Notre-Seigneur Jésus-Christ a daigné, lui-même, nous donner dans son Évangile. Voici ses paroles : « Vous ne tuerez point, vous ne commettrez point d'adultère, vous ne déroberez point, vous ne porterez pas de faux témoignage, vous ne vous parjurerez et vous ne tromperez point. Honorez votre père et votre mère ; vous aimerez votre prochain comme vous-même. » (*Matth.*, xix, 18, 19.) Et ailleurs : « Faites aux hommes tout ce que vous voulez qu'ils vous fassent, c'est le moyen d'accomplir tout ce qui est contenu dans la loi et les prophètes. » (*Matth.*, vii, 12.) Voici d'autres préceptes plus élevés que les derniers, mais plus difficiles et donnant droit à plus de récompenses : « Aimez vos ennemis, dit-il ; faites du bien à ceux qui vous haïssent. Priez pour ceux qui vous persécutent et vous calomnient. » (*Matth.*, v, 44.) Voilà un précepte difficile et qui semble dur à l'homme ; mais quelle récompense est accordée à son accomplissement ! Écoutez : « C'est afin que vous soyez les enfants de votre Père qui est aux cieux. » (*Ibid.*, 45.) Oh ! quelle grâce immense ! De nous-mêmes, nous ne méritons pas même d'être des serviteurs, et, en aimant nos ennemis, nous devenons les enfants de Dieu. Oh ! mes frères, aimez donc vos amis en Dieu, et aimez vos ennemis à cause de Dieu. « Celui qui aime son prochain, dit l'Apôtre, a accompli la loi. » (*Rom.*, xiii, 8.) Celui qui veut être vraiment chrétien doit nécessairement garder ces préceptes ; et ne pas les garder c'est se tromper soi-même. N'ajoutez aucune foi aux supercheries et aux tromperies du démon ; mettre, au contraire, toute son espérance en Jésus-Christ seul, voilà ce qui constitue le vrai chrétien. Celui-ci doit encore recevoir avec joie les étrangers comme le Christ lui-même, car il a dit : « J'ai eu besoin de logement et vous m'avez reçu ; et autant de fois que vous l'avez fait à un des moindres de mes frères que voici, c'est à moi-même que vous l'avez fait. » (*Matth.*, xxv, 35.) C'est encore d'un bon chrétien de laver les pieds de ses hôtes et de les aimer comme ceux de ses parents qu'on aime le plus, de faire aux pauvres des aumônes proportionnées à ses ressources. Venir fréquemment à l'église, contribuer aux offrandes qu'on fait à Dieu sur l'autel, ne rien goûter de ses fruits avant que Dieu n'en ait eu les prémices, n'avoir point de balances trompeuses ni de mesures frauduleuses, ne point prêter son argent à usure, vivre soi-même dans la chasteté, enseigner à ses enfants et à ceux qui nous entourent à vivre chastement et dans la crainte de Dieu, et, chaque fois qu'approchent les solennités de la religion, garder la chasteté avec sa propre épouse, plusieurs jours auparavant, pour pouvoir, en toute sécurité de conscience, approcher de l'autel du Seigneur. Telles sont encore les œuvres d'un bon chrétien. Enfin, il faut encore savoir de mémoire le symbole et l'oraison dominicale, et enseigner ces prières

---

quod Christianum nomen accepistis, si opera Christiana non facitis. Illi enim prodest quod vocatur Christianus, qui semper Christi præcepta et mente retinet, et opere perficit ; qui furtum scilicet non facit, qui falsum testimonium non dicit, qui nec mentitur nec perjurat, qui adulterium non committit, qui nullum hominem lædit vel odit, sed omnes sicut semetipsum diligit ; qui inimicis suis malum pro malo non reddit, sed magis pro ipsis orat ; qui lites non concitat, sed discordes ad concordiam revocat. Hæc enim præcepta ipse Dominus Jesus Christus per semetipsum in Evangelio dignatus est tradere dicens : « Non homicidium facies, non adulterabis, non furtum facies, non falsum testimonium dices, non perjurabis, et fraudem non feceris. Honora patrem tuum et matrem. Et diliges proximum tuum sicut te ipsum. » (*Matth.*, xix, 18, 19.) Et : « Quodcumque vultis ut faciant vobis homines, vos facite eis : hæc est enim Lex et Prophetæ. » (*Matth.*, vii, 12.) Et adhuc majora his, sed valde fortia atque fructifera dedit mandata dicens : « Diligite inimicos vestros, et bene facite his qui oderunt vos : orate pro persequentibus et calumniantibus vos. » (*Matth.*, v, 44.) Ecce forte mandatum, et videtur hominibus durum ; sed magnum habet præmium. Audite quale : « Ut sitis, inquit, filii Patris vestri qui in cœlis est. » (*Ibid.*, 45.) O quanta gratia ! Per nos servi digni non sumus, et per inimicorum dilectionem filii Dei efficimur. Ideo ergo, Fratres, et amicos diligite in Deo, et inimicos diligite propter Deum. « Qui enim diligit proximum, sicut Apostolus dicit, Legem implevit. » (*Rom.*, xiii, 8.) Nam qui verus Christianus vult esse, hæc et necesse est præcepta custodire ; si enim non custodit, ipse se circumvenit. Ille itaque bonus Christianus est, qui nulla phylacteria vel adinventiones diaboli credit, sed omnem suam spem in solo Christo ponit ; qui peregrinos tanquam ipsum Christum cum gaudio suscipit, quia ipse dicit : « Hospes fui, et suscepistis me : » (*Matth.*, xxv, 35) et : « Quamdiu fecistis hoc uni ex minimis meis, mihi fecistis. » (*Ibid.*, 40.) Ille, inquam, bonus Christianus est, qui hospitibus lavat pedes, et tanquam parentes carissimos diligit ; qui juxta quod habet, pauperibus eleemosynam tribuit, qui ad ecclesiam frequentius venit, et oblationem quæ in altari Deo offeratur exhibet ; qui de fructibus suis non gustat, nisi prius Deo aliquis offerat, qui stateras dolosas et mensuras duplices non habet, qui pecuniam suam non ad usuram tribuit, qui et ipse caste vivit, et filios suos vel vicinos docet ut caste et cum Dei timore vivant, et quotiens sanctæ solemnitates adveniunt, ante dies plures castitatem etiam cum propria uxore custodit, ut secura conscientia ad Domini altare possit accedere ; qui postremo Symbolum et Dominicam orationem memoriter tenet, et filios ac familiam eadem docet. Qui talis

à ses enfants et à sa famille. Celui qui est tel est sans aucun doute un vrai chrétien. Jésus-Christ habite en lui, car il a dit : « Le Père et moi nous viendrons à lui et nous ferons en lui notre demeure. » (*Jean*, xiv, 23.) Il a dit également par le prophète : « J'habiterai en eux, je marcherai au milieu d'eux et je serai leur Dieu. » (*Levit.*, xxvi, 12.)

4. Vous venez d'entendre, mes frères, ce qui fait l'essence du vrai chrétien ; autant que vous le pouvez, travaillez donc avec l'aide de Dieu, pour que ce nom ne soit point faux en vous. Mais, pour porter ce titre en toute vérité, ayez toujours à l'esprit les préceptes du Christ, et accomplissez-les dans vos actes. Rachetez vos âmes des châtiments de l'enfer, tandis que vous avez les moyens en votre pouvoir. Faites l'aumône selon vos ressources, exercez la paix et la charité, remettez sous le joug de la concorde ceux qui étaient divisés, fuyez le mensonge, craignez le parjure, ne dites point de faux témoignages, et ne commettez point le vol ; offrez à l'Eglise les oblations et les dîmes, donnez, suivant que vous le pouvez, des cierges pour les lieux de pèlerinage. Sachez par cœur le Symbole et l'Oraison dominicale, et enseignez-les à vos enfants. Pour les enfants que vous avez tenus sur les fonts du baptême, vous devez les instruire et les corriger, afin qu'ils vivent toujours dans la crainte de Dieu. Sachez-le, vous êtes leurs répondants devant Dieu. Le plus souvent qu'il vous sera possible, venez à l'église, demandez humblement le patronage des saints, honorez le jour du dimanche par respect pour la résurrection de Jésus-Christ, sans vaquer à aucune œuvre servile ; célébrez les fêtes des saints avec une pieuse allégresse. Aimez votre prochain comme vous-même ; faites aux autres ce que vous voulez qui vous soit fait à vous-même ; ce que vous ne voulez point qu'on vous fasse ne le faites point. Avant tout, pratiquez la charité, car la charité couvre la multitude des péchés. Soyez hospitaliers, humbles, jetant dans le sein de Dieu toutes vos sollicitudes et vos peines, parce qu'il a soin de vous (1 *Pierre*, iv, 8 ; v, 7) ; visitez les malades, informez-vous du sort des prisonniers, recevez les voyageurs, donnez à manger à ceux qui ont faim, des vêtements à ceux qui sont nus, fuyez les sorciers et les devins. Que vos poids et vos mesures ne soient point trompeurs, que votre balance soit juste, votre boisseau exact, votre setier bien mesuré. Ne redemandez pas plus que vous avez donné, et n'exigez de personne un taux usuraire pour l'argent que vous avez prêté. Si vous observez toutes ces choses, tranquilles au jour du jugement, devant le tribunal de l'éternel Juge, vous paraîtrez en disant : Donnez-nous, Seigneur, parce que nous avons donné. Ayez pitié de nous parce que nous avons fait miséricorde. Nous avons accompli ce que vous avez ordonné, rendez à votre tour ce que vous avez promis.

5. Mais surtout, j'appelle votre attention sur ceci, et je vous supplie de ne retenir aucune des habitudes sacrilèges des païens, comme ce qui regarde les diseurs de bonne aventure, les devins, les sorciers, les enchanteurs. Pour aucune cause, ni aucune infirmité, n'ayez l'audace de les consulter et de les interroger ; celui qui commettrait cette faute perdrait la grâce de son baptême. Egalement, n'observez point les augures et les éternuements, et si vous

---

est, sine dubio verus Christianus est ; sed et Christus in ipso habitat, qui dixit : « Ego et Pater ad eum veniemus, et mansionem apud eum faciemus. » (*Joan.*, xiv, 23.) Similiter et per Prophetam dicit : « Ego inhabitabo in eis, et inter eos ambulabo, et ero illorum Deus. » (*Levit.*, xxvi, 12.)

4. (1) Ecce audistis Fratres quales sint Christiani boni : ideo quantum potestis, cum Dei adjutorio laboretis, ut nomen Christianum non sit falsum in vobis. Sed ut veri Christiani esse possitis, semper praecepta Christi et cogitate in mente, et implete in operatione. Redimite animas vestras de poenis, dum habetis in potestate remedia. Eleemosynam juxta vires facite, pacem et caritatem habete, (2) discordes ad concordiam revocate, mendacium fugite, perjurium expavescite, falsum testimonium non dicite, furtum non facite. Oblationes et decimas Ecclesiae offerte, luminaria sanctis locis juxta quod habetis, exhibete. Symbolum et orationem Dominicam in memoria retinete, et filiis vestris insinuate. Filios etiam quos ex baptismo suscepistis, docete et castigate, ut semper cum timore Dei vivant ; scitote vos fidejussores pro ipsis apud Deum esse. Ad ecclesiam quoque frequentius convenite, Sanctorum patrocinia humiliter expetite, diem Dominicam pro reverentia resurrectionis Christi absque ullo opere servili colite, Sanctorum solemnitates pio affectu celebrate. Proximos vestros sicut vosmetipsos diligite : quod vobis vultis ab aliis fieri, hoc et vos aliis facite ; quod vobis non vultis fieri, nulli faciatis. Caritatem ante omnia habete (I *Pet.*, iv, 8) quia caritas operit multitudinem peccatorum. Estote hospitales, humiles, omnem sollicitudinem vestram projicientes in Deum, quoniam ipsi cura est de vobis. (1 *Pet.*, v, 7.) Infirmos visitate, carceratos requirite, peregrinos suscipite, esurientes pascite, nudos vestite, ariolos et magos fugite. Sit vobis aequalitas in pondere et in mensura, sit statera justa, justus modius, aequusque sextarius : nec plus quam dedistis repetatis, neque usuras pro foenerata pecunia a quoquam exigatis. Quod si observaveritis, (3) securi in die judicii ante tribunal aeterni judicis venientes dicetis : Da Domine, quia dedimus ; miserere, quia misericordiam fecimus ; nos implevimus quod jussisti, tu redde quod promisisti.

5. Ante omnia autem illud denuntio atque obtestor, (4) ut nullas paganorum sacrilegas consuetudines observetis, non caragios, non divinos, non sortilegos, non praecantatores ; nec pro ulla causa aut infirmitate eos consulere vel interrogare praesumatis : quia qui facit hoc malum, perdit baptismi sacramentum. Similiter et auguria vel sternutationes observare nolite, nec in itinere positi aliquas aviculas cantantes attendatis ; sed sive

---

(1) Ex eod. Ser. n. 3. — (2) Jam ex Ser. cclxv, n. 2, ejusd App. — (3) Ex Ser. lxxviii, n. 6. — (4) Ex Ser. cclxxviii, n. 2, in Append., tom. V.

êtes en voyage ne faites point attention au chant des oiseaux ; mais, soit que vous vous mettiez en route, soit que vous entrepreniez quelque travail, signez-vous au nom de Jésus-Christ, récitez avec foi et dévotion le Symbole et l'Oraison dominicale, et l'ennemi ne pourra vous nuire en rien. Qu'un chrétien n'observe point quel jour il sort de sa maison, et quel jour il y rentre ; c'est Dieu qui a fait tous les jours. Qu'il ne fasse point attention au jour ni à la lune pour commencer un ouvrage. Que personne aux calendes de janvier ne fasse des choses défendues et ridicules, comme des images de vieilles, de petits cerfs, de divinités folâtres. Qu'on ne dresse point des tables pendant la nuit, et qu'on ne fasse point des présents pour obtenir des présages, ni des libations superflues. Qu'aucun chrétien ne consulte la flamme, ni ne croie aux enchantements, ce sont là des œuvres diaboliques. Le jour de la fête de saint Jean ou autres solennités des saints, il ne faut point à cause du solstice s'adonner aux danses, aux rondes, aux chansons diaboliques. Qu'aucun de vous ne mette sa confiance dans le nom des démons, et n'invoque Neptune, Pluton, Diane, Hercule, Minerve, Apollon ou autres inepties de ce genre. Dans le mois de mai, ou dans un autre temps, qu'il n'interrompe point son travail le jour de Jupiter, à moins que ce ne soit une fête religieuse, ni le jour des carafes ou celui des murs, ou n'importe quel jour, observez seulement le jour du dimanche. Qu'aucun chrétien ne soit assez hardi pour faire brûler des cierges en faisant des vœux dans le temple des faux dieux, dans les rochers, près des sources ou des arbres, aux barreaux des fenêtres ou dans les carrefours. Quel chrétien voudrait attacher au cou d'un homme ou d'un animal quelconque des bandelettes contenant des passages de la sainte Ecriture, quand même elles auraient été faites par un clerc qui prétendrait que c'est une chose sainte. Ces choses ne sont point le remède de Jésus-Christ, mais plutôt le poison du démon. Qu'aucun chrétien ne s'avise de faire des lustrations, d'enchanter des herbages, de faire passer ses troupeaux à travers un arbre creux, ou dans un trou de terre, par là ce serait les consacrer au démon. Une femme chrétienne ne doit pas suspendre à son cou des morceaux d'ambre, et en tissant la toile, en la teignant ou en se livrant à tout autre ouvrage, invoquer Minerve ou autres divinités païennes. Qu'elle désire que la grâce de Jésus-Christ accompagne ses travaux, et se confie de tout cœur dans la puissance de son nom. Que personne, au déclin de la lune, ne se mette à pousser des cris ; c'est Dieu qui a ordonné cette décroissance à des époques déterminées. Pourquoi craindre à la nouvelle lune d'entreprendre quelque travail ? Est-ce que Dieu n'a pas créé la lune, afin qu'elle marque les temps, et tempère les ténèbres de la nuit (*Gen.*, I, 14), et non pour empêcher le travail de personne, ou rendre l'homme insensé, comme le pensent certaines personnes dénuées de sens, qui croient que ceux qui sont possédés du démon souffrent de l'influence de la lune ? Que tout chrétien se garde bien d'appeler le soleil et la lune, ses seigneurs, ou de jurer par eux ; ce sont des créatures de Dieu, et sur son ordre, elles doivent être au service de l'homme. Ne faites point attention au destin, à la fortune, à l'étoile qu'on croit vulgairement présider à la naissance, en sorte que vous disiez : telle a été sa naissance, telle sera sa vie ; « car Dieu veut le salut de

---

iter, sive quodcumque opus arripitis, signate vos in nomine Christi, et Symbolum et orationem Dominicam cum fide et devotione dicite ; et nihil vobis nocere poterit inimicus. Nullus Christianus observet qua die domum exeat, vel qua die revertatur ; quia omnes dies Deus fecit. Nullus ad inchoandum opus diem et lunam attendat. Nullus in Kalendis Januarii nefanda et ridiculosa, vetulas, aut cervulos, aut (*a*) jocticos faciat, neque mensas (*b*) per noctem componat, nec strenas aut bibitiones exerceat superfluas. Nullus Christianus in (*c*) pyras credat, neque in cantu sedeat ; quia opera diabolica sunt. Nullus (1) in festivitate sancti Joannis aut sanctorum solemnitatibus solstitia, aut vallationes, vel saltationes, (*d*) aut cantica diabolica exerceat. Nullus nomina dæmonum, aut Neptunum, aut Orcum, aut Dianam, aut Herculem, aut Minervam, aut (*e*) Geniscum, aut cætera hujusmodi inepta credere aut invocare præsumat. Nullus diem Jovis absque sanctis festivitatibus, nec in Maio nec in ullo tempore in otio observet, (*f*) neque dies tiniarum vel murorum, aut vel unum omnino diem, nisi tantum Dominicum diem. Nullus Christianus ad fana, vel ad petras, vel ad fontes, vel ad arbores, aut (*g*) cancellos, vel per trivia luminaria faciat, aut vota reddere præsumat. Nullus ad colla vel hominis vel cujuslibet animalis ligamina Dominicam præsumat, etiamsi a clericis fiant, et si dicatur quod res sancta fit, et divinas lectiones contineat : quia non est in eis remedium Christi, sed venenum diaboli. Nullus præsumat lustrationes facere, nec herbas incantare, neque pecora per cavam arborem vel terram foratam transire ; quia per hæc diabolo videtur consecrare. Nulla mulier præsumat succinos ad collum dependere nec in tela, vel in tinctura, sive in quolibet opere, Minervam vel cæteras hujusmodi personas nominare ; sed in omni opere Christi gratiam adesse optare, et in virtute nominis ejus toto corde confidere. (2) Nullus si quando luna obscuratur, vociferare præsumat ; quia certis temporibus Deo jubente obscuratur. Nec luna nova quisquam timeat aliquid operis arripere : quia Deus ad hoc lunam fecit, ut tempora designet, et noctium tenebras temperet (*Gen.*, I, 14) ; non ut alicujus opus impediat, aut dementem hominem faciat, sicut stulti putant, qui a dæmonibus invasos a luna pati putant. Nullus dominos solem aut lunam vocet, neque per eos juret : quia creatura Dei sunt, et necessitatibus hominum jussu Dei inserviunt. Nullus sibi proponat fatum vel fortunam, aut

---

(1) V. Ser. CCLXXVII, n. 4. — (2) V. Ser. CCLXV, n. 5.

(*a*) Ms. Corb. *jotticos*. At Germ. *jotricos*. — (*b*) Alias, *super*. — (*c*) Mss. *purata quod idem est*, a πῦρ *ignis*. — (*d*) Add. in Spicil. *caraulas sou*, *coraulas*. — (*e*) Er. et Lov. *Genistum*. — (*f*) Alias, *neque turmarum*. — (*g*) Sic Ms. Germ. At Corb. *cellos*, Editi autem, *ocellos*.

tous les hommes, et que tous arrivent à la connaissance de la vérité; » (I *Tim.*, II, 4) il dispose tout avec sagesse, suivant qu'il l'a décrété avant la création du monde. En outre, si quelque maladie vous survient, n'allez point chercher les enchanteurs, les devins, les sorciers, les diseurs de bonne aventure; ne pratiquez point de superstitions diaboliques aux sources, près des arbres, ou dans les lieux écartés; mais que celui qui est malade, mette sa confiance seulement dans la miséricorde de Dieu; qu'il reçoive avec foi et dévotion le sacrement du corps et du sang de Jésus-Christ; qu'en toute confiance il demande à l'Eglise l'huile bénite, pour que son corps soit oint au nom de Jésus-Christ, et suivant l'Apôtre : « La prière de la foi sauvera le malade, et le Seigneur le soulagera; » (*Jac.*, v, 15) non-seulement il recouvrera la santé du corps, mais aussi celle de l'âme; alors s'accomplira en lui ce que le Seigneur a promis dans l'Evangile, en disant : « Tout ce que vous demanderez par la prière et avec foi vous le recevrez. » (*Matth.*, XXI, 22.) N'importe où vous soyez, à la maison, en voyage, ou dans les repas, gardez-vous de prononcer des paroles honteuses et indécentes; car suivant que le Seigneur nous l'a annoncé dans son Evangile : « Nous rendrons compte au jour du jugement de toute parole inutile que nous aurons dite. » (*Matth.*, XII, 36.) Ne vous livrez point à ces jeux inspirés par le démon, à ces danses et à ces chants en usage chez les païens. Un chrétien qui s'y adonnerait deviendrait païen par là même. A cette bouche chrétienne, où viennent se reposer les sacrements de Jésus-Christ, et qui doit sans cesse rendre gloire à Dieu, convient-il de chanter des chansons dont le démon est l'inspirateur. Aussi, mes frères, rejetez de toutes vos forces les inventions de notre ennemi, fuyez, avec la plus grande horreur, tous les rites sacrilèges dont je viens de parler; ne rendez d'honneurs à aucune créature, mais à Dieu seul et à ses saints. Détruisez les fontaines et les arbres qu'ils appellent sacrés, opposez-vous à ce qu'on fasse ces figures d'animaux, pour être placées au croisement des chemins; partout où vous les trouverez, brûlez-les. Sachez-le, aucun art n'est capable de vous sauver, si ce n'est les invocations du Seigneur et la croix de Jésus-Christ. Mais ce qui est plus étrange, ces arbres auxquels ces hommes aveugles adressent leurs vœux, viennent-ils à tomber, ils n'osent en faire du bois pour leur foyer. Voyez quelle est la sottise de ces hommes! ils rendent des honneurs à un arbre insensible et mort, et ils méprisent les préceptes du Dieu tout-puissant!

6. Que chacun croie qu'on ne doit adorer ni le ciel ni la terre, ni aucune autre créature, mais Dieu seul, car c'est lui seul qui a créé et ordonné tout. Le ciel est élevé, la terre est grande, la mer est immense, les astres sont splendides; mais nécessairement celui qui a créé toutes ces choses est plus beau et plus grand encore. Si ce que nous voyons est si incompréhensible, comme le sont les différentes variétés des fruits de la terre, la beauté des fleurs, la diversité des fruits des arbres, toutes les espèces d'animaux qui vivent sur terre, dans l'eau ou dans les

---

(*a*) genesim, quod vulgo nascentia dicitur; ut dicat: Qualem nascentium attulit, taliter erit : quia « Deus vult omnes homines salvos fieri, et ad agnitionem veritatis venire, » (1 *Tim.*, II, 4) atque in sapientia omnia dispensat, sicut disposuit ante mundi constitutionem. Præterea (1) quotiens aliqua infirmitas evenerit, non quærantur præcantatores, non divini, non sortilegi, non caragi, neque per fontes, aut arbores, vel (*b*) bivios diabolica phylacteria exerceantur : sed qui ægrotat, in sola Dei misericordia confidat, et Eucharistiam corporis ac sanguinis Christi cum fide et devotione accipiat, oleumque benedictum fideliter ab Ecclesia petat, unde corpus suum in nomine Christi unguat, et secundum Apostolum « oratio fidei salvabit infirmum, et allevabit eum Dominus, » (*Jac.*, v, 15) et non solum corporis, sed etiam animæ sanitatem accipiet : complebiturque in illo quod Dominus in Evangelio promisit : dicens : « Omnia enim quæcumque petieritis in oratione credentes, accipietis. » (*Matth.*, XXI, 22.) (2) Ante omnia ubicumque estis, sive in domo, sive in itinere, sive in convivio, verba turpia et luxuriosa nolite ex ore vestro proferre : quia, sicut Dominus in Evangelio pronuntiat: « De omni verbo otioso quod locuti fuerint homines, reddent rationem in die judicii. » (*Matth*, XII, 36.) Ludos etiam diabolicos, vel (*c*) vacillationes, vel cantica gentilium fieri vetate. Nullus Christianus hæc exerceat, (3) quia per hæc paganus efficitur : (4) nec enim justum est, ut ex ore Christiano, ubi sacramenta Christi mittuntur, et quod decet Deum semper laudare, cantica diabolica procedant. Ideoque, Fratres, omnes adinventiones inimici toto corde respuite, et supradicta sacrilegia cum omni horrore fugite. Nulli creaturæ præter Deum et sanctos ejus venerationem exhibeatis : (5) fontes vel arbores, quos sacrivos vocant, succidite; (*d*) pecudum similitudines, quas (*e*) per bivia ponunt, fieri vetate, et ubi inveneritis, igne cremate. Per nullam aliam artem salvari vos credatis, nisi per invocationem Domini et crucem Christi. Nam illud quale est, quod si arbores illæ, ubi miseri homines vota reddunt, ceciderint, non ex eis ligna ad focum deferunt? Videte quanta est stultitia hominum, si arbori et insensibili et mortuæ impendunt honorem, et Dei omnipotentis præcepta contemnunt.

6. Non ergo cœlum, non terram, nec ullam omnino creaturam præter Deum ullus adorandam credat : quia omnia ipse solus condidit atque disposuit. Altum quidem cœlum est, ingens terra, immensum mare, pulchra sidera : sed pulchrior et immensior sit necesse est qui hæc creavit. Si enim hæc quæ videntur, tam incomprehensibilia sunt, id est, varii fructus terræ, pulchritudo florum, diversitas pomorum, genera animalium, alia super terram, alia in aquis, alia in aere; apud quoque prudentia, ventorum flatus, nubium rores, tonitruorum fragores,

---

(1) V. Ser. CCLXV, n. 3, et CCLXXIX, n. 5. — (2) Ex Ser. CCLXV, n. 4. — (3) Sic Ser. CCLXXVIII, n. 1. — (4) Ita Ser. CCLXXVII, n. 4. — (5) V. Ser. CCLXXVIII, n. 5.

(*a*) Editi *Genistum*. — (*b*) Ms. Germ. *luinos*. — (*c*) Mss. *vallationes*. Forte leg. *balationes*. — (*d*) Sic Ms. Germ. At Corb. *pedum*, etc. Editi autem, *plantas sive ungulas pedum quas*. — (*e*) Ms. Germ. *per luinos*.

airs, comme l'est encore la sagesse des abeilles, le souffle des vents, la pluie qui tombe du ciel, le bruit du tonnerre, le changement des saisons, le retour fixe et varié des jours et des nuits, toutes choses qui dépassent la puissance de l'esprit humain; si, dis-je, toutes ces choses, que nous voyons et que nous ne comprenons pas, sont telles, que faut-il penser de celles du ciel que nous ne voyons pas encore? et quel doit être l'auteur qui par un signe a créé toutes ces merveilles? Craignez-le donc, mes frères, par-dessus tout, et adorez-le préférablement à tout. Aimez-le par-dessus tout, recourez à sa miséricorde, et ne désespérez jamais de sa clémence.

7. Ceux donc qui semblent vertueux, imitez-les. Corrigez et reprenez ceux qui sont mauvais, afin que vous puissiez recevoir une double récompense. Si jusqu'ici vous pouvez vous rendre témoignage que vous avez vécu sans tomber dans aucune des fautes précédentes, réjouissez-vous, et rendez grâces à Dieu, mais aussi tenez-vous sur vos gardes, et persévérez sans relâche dans vos bonnes œuvres; mais si quelqu'un jusqu'alors a fait des œuvres mauvaises, qu'il se corrige promptement, qu'il fasse pénitence de tout son cœur avant de quitter cette vie. Car, s'il meurt sans pénitence, il n'ira point dans le lieu de la rédemption, mais il sera précipité dans le feu de l'enfer, d'où il ne sortira point de toute l'éternité. Aussi je le dis à tous, je m'adresse aux hommes et aux femmes : que chacun se corrige, qu'il détruise ses vices de tout son pouvoir, qu'il expie par le repentir les actes mauvais qu'il a commis. Gardez-vous de l'ivrognerie, que personne dans les festins ne force un autre à boire plus qu'il ne faut. L'Apôtre s'est élevé fortement contre ceux qui étaient adonnés à la passion du vin. « Les ivrognes, dit-il, ne posséderont point le royaume de Dieu. » (I *Cor.*, vi, 10.) Dans toute circonstance, si petite soit-elle, que personne ne fasse attention quand il sort ou rentre à la maison, à ce qu'il rencontre, ou si quelque voix le rappelle, quel oiseau il entend chanter, ou enfin quel présage il aperçoit; celui qui fait attention à tout cela est païen à moitié. Que celui, au contraire, qui méprise ces remarques écoute avec joie le prophète qui lui dit : « Heureux l'homme qui a mis son espérance dans le Seigneur, et n'a point arrêté sa vue sur des objets également pleins d'extravagance et de tromperie. » (*Ps.* xxxix, 5.) Aussi l'Apôtre nous donne-t-il ce conseil : « Quoi que vous fassiez, en parlant ou en agissant, faites tout au nom du Seigneur Jésus-Christ. » (*Coloss.*, iii, 17.) Éloignez-vous donc absolument de toutes ces vaines observances. Méprisez les astrologues, ayez les augures en horreur, dédaignez les songes, car, comme l'atteste l'Écriture, ils sont pleins de vanité. C'est pourquoi Moïse a ordonné : « Vous n'emploierez point d'augures, vous n'observerez point les songes d'une manière superstitieuse, et vous ne vous détournerez point de Dieu pour aller chercher des magiciens. » (*Lév.*, xix, 26.) Il le faut, observez toutes ces choses de toutes vos forces, et si vous savez que quelques-uns exercent même en secret quelques pratiques de magie, il convient que vous ne vous asseyiez point à table avec eux, et que vous n'ayez avec eux aucun rapport. Pleins de mépris pour toutes ces pratiques, mettez-vous sous la protection de Dieu, et ne désespérez jamais de sa miséricorde. Chaque dimanche venez à l'église, n'y traitez point d'affaires, et ne vous y livrez point à des disputes

---

temporum vices, dierum noctiumque varius recursus, quæ omnia nullatenus mens humana potest æstimatione comprehendere : si ergo hæc talia sunt quæ videmus, et nullatenus comprehendimus; qualia æstimanda sunt illa cœlestia, quæ nondum videmus; vel qualis omnium horum artifex, cujus nutu cuncta creantur? Illum ergo, Fratres, super omnia timete, illum inter omnia adorate : illum ultra omnia amate, ad illius vos misericordiam tenete, de illius clementia nunquam desperate.

7. (1) Quos bonos videtis, illos imitamini : quos malos conspicitis, castigate et corripite, ut duplicem mercedem habere possitis. (2) Et qui hactenus idoneus a supradictis malis vixisse cognoscitur, gaudeat quidem et Deo gratias agat, ac de cætero agat, et perseverare in bonis actibus festinet : qui vero usque nunc mala opera exercuit, (3) cito se corrigat, et ex toto corde pœnitentiam agat, ante quam de hac luce discedat : quia si sine pœnitentia mortuus fuerit, non ibit in redemptionem, sed præcipitabitur in gehennam ignis, unde nunquam exiet in sæcula sæculorum. Quapropter omnes alloquor, viris et feminis dico, corrigat se unusquisque, vitia sua dum potest emendet, mala opera quæ gessit pœnitendo expiet. Nullus se inebriet, nullus in convivio cogat alium plus bibere quam oportet : quia vino multo deditos vehementer Apostolus redarguit dicens : « Neque ebriosi regnum Dei possidebunt. » (I *Cor.*, vi, 10.) Nullus in qualibet minima causa diaboli sequatur adinventiones : nullus, sicut dictum est, observet egrediens et ingrediens domum, quid sibi occurrat, vel si aliqua vox reclamantis fiat, aut qualis avis cantus garriat, vel quid etiam portantem videat : quia qui hæc observat, ex parte paganus dignoscitur. Qui vero hæc contemnit, Prophetam sibi gratuletur clamare : « Beatus vir cujus est Dominus spes ejus, qui non respexit in vanitates et insanias falsas. » (*Psal.* xxxix, 5.) Hinc et Apostolus monet : « Omne, inquit, quodcumque facitis in verbo aut in opere, omnia in nomine Domini Jesu Christi facite. » (*Colos.*, iii, 17.) Prorsus ergo recedendum est a cunctis hujuscemodi observationibus, auguria horrescenda, somnia contemnenda ; quoniam, sicut Scriptura testatur, vana sunt. Unde et per Moysen præcipitur : « Non auguraberini, inquit, non observabitis somnia, nec ad magos declinabitis. » (*Levit.*, xix, 26, 31.) Oportet ergo, ut et vos hæc tota mente observetis : et si quos cognoscitis vel occulte aliqua phylacteria exercere, expedit ut nec cibum cum eis sumatis, nec ullum consortium cum illis habeatis. (I *Cor.*, v, 11.) Ista ergo omnia spernentes, ad Dei vos auxilium conferre, et de ejus misericordia nunquam desperate. (4) Omni die Dominico ad ecclesiam convenite, et ibi

(1) Ex Ser. cclxvi, n. 3. — (2) V. Ser. cclxxviii, n. 5. — (3) Rursum ex Ser. cclxvi. — (4) V. Ser. cclxv, n. 3.

ou à des conversations inutiles. Écoutez en silence la lecture de la parole divine, priez pour la paix de l'Église et pour la rémission de vos péchés. Celui qui ne craint point de causer à l'église, rendra compte, pour lui et pour les autres, car il n'entend point la parole de Dieu, et il empêche les autres de l'entendre. C'est à lui que Notre-Seigneur s'adresse dans l'Évangile : « Malheur à vous, hypocrites, qui fermez aux hommes le royaume des cieux, car vous n'y entrez point vous-mêmes, et vous vous opposez encore à ceux qui désirent y entrer. » (*Matth.*, XXIII, 13.) Et vous, juges qui présidez, jugez en toute équité ; que dans vos jugements il n'y ait rien d'injuste, n'acceptez point de présents pour opprimer l'innocence, ne faites point attention à la personne, et n'enlevez point de force et par rapacité le bien d'autrui, car vous ignorez ce que peut devenir le vôtre dès la nuit suivante. N'opprimez point dans vos sentences le pauvre ou l'étranger, dans la crainte de cette parole sortie de la bouche de la Vérité même : « Vous serez jugés selon que vous aurez jugé les autres, et on se servira envers vous de la même mesure dont vous vous serez servis envers eux. » (*Matth.*, VII, 2.) Redoutez toujours que ces menaces du prophète ne vous soient adressées : « Malheur à vous qui êtes puissants en ce monde, qui pour des présents justifiez l'impie, et qui ravissez au juste sa propre justice ; malheur à vous qui dites que le bien est mal, et que le mal est bien ; vos lèvres distillent le mensonge, et vos mains sont pleines d'iniquité ; la vérité a été mise par vous en oubli, et la justice s'est retirée loin de vous. » (*Isa.*, V et LIX.)

8. Pesez tous ces avis, mes frères, vous qui commandez et ceux auxquels vous commandez ; affermissez-vous dans la crainte de Dieu. Retenez mes conseils et accomplissez ce qui vous est commandé. Ayez toujours la pensée du Christ en vous, son signe sur le front. Rappelez-vous combien vos ennemis sont nombreux, tous leurs efforts tendent à arrêter votre course. C'est pourquoi, en tout lieu, à toute heure, armez-vous du signe de la croix, mettez-vous à l'abri sous l'étendard de la croix ; ce signe seul les effraie, les glace de terreur ; c'est le bouclier qui est donné pour pouvoir repousser les traits enflammés des mauvais. C'est donc une grande chose que le signe du Christ, que la croix du Sauveur ; mais elle n'est utile qu'à ceux-là seuls qui obéissent aux préceptes du Christ. Efforcez-vous donc, si vous voulez qu'elle vous soit avantageuse, d'accomplir ses préceptes de toutes vos forces ; et, soit que vous soyez en repos, que vous marchiez, que vous mangiez, soit encore que vous vous mettiez au lit ou que vous en descendiez, que toujours le signe du Christ marque votre front, afin que le souvenir continuel de la présence de Dieu vous protège pendant le jour et vous garde pendant le sommeil. Et, chaque fois que vous vous éveillerez pendant la nuit, que le sommeil fuira vos paupières, que le signe de la croix vienne aussitôt se poser sur vos lèvres. Occupez votre esprit par la prière ; rappelez au fond de votre cœur les préceptes du Seigneur, de peur que tout à coup l'ennemi ne se glisse dans votre esprit engourdi, et que cet adversaire rusé ne s'introduise dans votre âme par une fâcheuse indolence. Lorsqu'il vous suggère une pensée honteuse qui fait frémir vos sens, proposez-vous le jugement de Dieu qui va fondre sur vous, le supplice de l'enfer, les châtiments de la géhenne, les ténèbres du Tartare, en un mot, tout ce

---

non causas aut rixas vel otiosas fabulas agatis : sed lectiones divinas cum silentio auscultate ; et pro Ecclesiæ pace, vel pro peccatis vestris orate. Qui enim in ecclesiis fabulari non timet, et pro se et pro aliis redditurus est rationem : dum nec ipse verbum Dei audit, nec alios audire permittit. De talibus quippe Dominus in Evangelio dicit : « Væ vobis, hypocritæ, qui clauditis regnum cœlorum ante homines : vos non introitis, nec introeuntes sinitis intrare. » (*Matth.*, XXIII, 13.) Judices etiam qui præestis, justissime judicate, nihil in judicio injuste agatis, nec munera super innocentes accipiatis, non ad personam attendati, nec res alienas rapaci fortitudine tollatis : quia de vestris quid vel super noctem agatur, nescitis. Pauperem vel advenam nullatenus in judicio opprimatis, timentes illud quod Veritas dicit : « Quia in quo judicio judicaveritis, judicabimini : et in qua mensura mensi fueritis, remetietur vobis. » (*Matth.*, VII, 2.) Cavete semper ne de vobis Propheta dicat : « Væ qui potentes estis in hoc mundo, qui justificatis impium pro muneribus, et justitiam justi aufertis ab eo. Væ qui dicitis bonum malum, et malum bonum. Labia vestra loquuntur mendacia, et manus vestræ plenæ sunt iniquitate, facta est vobis veritas in oblivionem, et justitia fugit a vobis. » (*Isa.*, V, 22, 23, 20 ; LIX, 3, 15, 14.)

Hæc, Fratres, considerantes pariter, et qui præestis, et quibus præestis, in Dei timore vos solidate. Retinete quæ dicta sunt, facite quæ præcepta sunt. Habete semper Christum in mente, signum ejus in fronte. Scitote quia multos adversarios habetis, qui cursum vestrum impedire festinant. Idcirco omni loco, omni hora, crucis signaculo vos armate, crucis vexillo vos munite : hoc enim solum timent, illud solum expavescunt, hoc et vobis datum est scutum, in quo possitis sagittas maligni ardentes exstinguere. (1) Porro magna res est signum Christi, et crux Christi : sed illis solis prodest qui faciunt mandata Christi. Ut ergo vobis prosit, præcepta ejus totis viribus adimplere contendite ; sive sedetis, sive ambulatis, sive manducatis, sive in lectum ascendatis, sive a stratu surgatis, jugiter signum Christi muniat frontem vestram, ut vos semper memoria Dei et vigilantes protegat, et in sopore custodiat. Et quoties in nocte excitati fueritis, et somnus ex oculis evolaverit, mox labiis signum crucis occurrat. Mens quoque orationibus occupetur, ac Dei præcepta in corde volvantur, ne stupido pectori repente subrepat inimicus, vel per fatuam incuriam serpat ad animam adversarius avidus. Et cum in sensu vobis turpem suggesserit cogitationem, proponite vobis futurum Dei judicium, inferni supplicium, gehennæ pœnas, tartari tenebras : quæ impii patientur. Si hæc feceritis, statim turpis cogitatio evanes-

(1) Ex Ser. mox citato, n. 1.

que souffriront les impies. Si vous agissez ainsi, aussitôt la pensée mauvaise s'évanouira, la force du Christ ne vous abandonnera point, car elle est bien vraie cette parole du prophète : « La miséricorde entourera ceux qui espèrent dans le Seigneur. » (*Ps.* xxxi, 10.)

9. Si, avec l'aide de Dieu, vous accomplissez toutes ces choses, sachez que le démon souffrira avec peine de vous voir vous retirer de sa société, et pour cela, peut-être, vous fera-t-il quelques malices, vous enverra-t-il des maladies. Gardez-vous de vous livrer au désespoir à ce sujet. Dieu permettra qu'il en arrive ainsi pour vous éprouver, pour savoir si vous vous en rapportez totalement à sa miséricorde, et si vous croyez fermement en lui. Vous aussi supportez patiemment tout ce qui vous arrive, bénissez Dieu de tout, afin que ce qui est écrit puisse s'accomplir en vous : « Heureux l'homme qui souffre patiemment les tentations, parce que, quand sa vertu aura ainsi été éprouvée, il recevra la couronne de vie. » (*Jacq.*, i, 12.) Consolez-vous aussi par ces paroles de l'Apôtre : « Lorsque nous sommes dans la tribulation, c'est le Seigneur qui nous châtie, afin que nous ne soyons pas condamnés avec le monde pour l'éternité. » (I *Cor.*, xi, 32.) Rappelez-vous aussi cette autre parole : « Dieu frappe de verges ceux qu'il reçoit au nombre de ses enfants. » (*Hébr.*, xii, 6.) Et encore : « Le Seigneur reprend et châtie ceux qu'il aime. » (*Prov.*, iii, 12.) Si, une fois ou deux, vous souffrez courageusement et avec constance pour l'amour de Dieu les traits ennuyeux que l'ennemi vous décoche, Dieu daignera, à son tour, lui interdire toutes mauvaises suggestions à votre égard, en sorte que, désormais, il ne pourra aucunement vous nuire. Si vous êtes de vrais et non pas de faux chrétiens, vous éviterez toutes les embûches du démon, vous les mépriserez et vous jetterez de toutes vos forces dans le sein de Dieu, pour les supporter patiemment et avec énergie, toutes les peines que votre ennemi vous enverra. S'il fait quelques prédictions par des devins et des sorciers, et que l'événement les confirme, ne vous étonnez point ; car tous ces esprits qui volent dans les airs peuvent bien deviner quelques faits qui se produisent dans la suite. L'Écriture sainte nous l'atteste : « Quand même, dit-elle, ils vous diraient la vérité, ne les croyez pas. Le Seigneur votre Dieu vous éprouve, pour savoir si vous le craignez ou non. » (*Deut.*, xiii, 3.) Ne l'oubliez pas, votre ennemi ne peut faire de mal ni à vous, ni à rien de ce qui vous appartient, si Dieu ne le lui permet. Mais, si Dieu le permet, c'est que nos péchés l'exigent. Or, Dieu le laisse faire pour deux motifs : ou pour nous éprouver, si nous sommes vertueux, ou pour nous châtier, si nous sommes pécheurs. Mais comment supporter avec patience ce que Dieu a permis ? Si vous avez perdu quelque chose, dites : « Le Seigneur l'a donné, le Seigneur l'a enlevé, rien n'est arrivé que suivant son bon plaisir ; que le nom du Seigneur soit béni. » (*Job*, i, 21.) Et pour cette patience, le juste recevra une couronne, le pécheur, son pardon. Voulez-vous murmurer ou vous livrer au désespoir, vous perdrez tout à la fois, et vos biens et votre âme ? Mais, frères bien-aimés, croyez-moi, si vous demeurez constamment de tout votre cœur dans la crainte de Dieu, si vous gardez ses préceptes et que vous n'observiez aucune des superstitions païennes, le démon ne pourra aucunement vous nuire, et tout ce que vous entreprendrez prospérera. Ni les augures, ni toutes

---

cet, nec vos deseret virtus Christi ; quia verum est quod Propheta canit : « Sperantes in Domino misericordia circumdabit. » (*Psal.* xxxi, 10.)

9. (1) Sed cum hæc omnia, auxiliante Domino, impleveritis, scitote quia hoc molestè acceptarus est diabolus, quod videat vos a societate sua discedere ; et ob hoc fortasse aliquas nequitias aut infirmitates vobis immittet. Nolite pro hoc desperare ; quia ad vos probandos permittet hoc Deus fieri, ut cognoscat si ex toto corde vos ad ejus misericordiam tenetis, vel si veraciter in eum creditis. Sed et vos cuncta patienter sufferte, et Deum in omnibus benedicite : ut in vobis possit impleri quod scriptum est : « Beatus vir qui suffert tentationem, quoniam cum probatus fuerit, accipiet coronam vitæ. » (*Jacob.*, i, 12.) Consoletur vos et hoc quod dicit Apostolus : « Quia cum tribulamur, a Domino corripimur, ut non cum hoc mundo damnemur. » (I *Cor.*, xi, 32.) Nec non et illud : « Flagellat Deus omnem filium quem recipit. » (*Hebr.*, xii, 6.) Et illud : « Quos amat Dominus, arguit et castigat. » (*Prov.*, iii, 12.) Quod si semel vel bis nequitias quas immittit, viriliter atque fideliter pro Dei amore sustinueritis : ita deinde postea a vestra infestatione Deus dignabitur repellere, ut ulterius vobis nunquam possit nocere. Ita ergo vos si veri et non falsi Christiani estis, omnes diabolicas circumventiones fugite ac despicite, et tota mente vos ad Deum tenete ; ut quæcumque adversa vobis inimicus immiserit, patienter et fortiter toleretis. (2) Nam et si per sortilegos aut divinos aliqua prædixerit, et ita evenerit, nolite mirari : quia spiritus per aera volantes, facile possunt prævidere aliqua futura. De hac re divina Scriptura contestatur dicens : « Etiamsi vera vobis dixerint, nolite credere eis ; tentat enim vos Dominus Deus vester, utrum timeatis eum an non. » (*Deut.*, xiii, 3.) (3) Illud etiam scitote, quia nec vos, nec aliquid quod ad vos pertinet, lædere poterit inimicus, nisi quantum permiserit Deus. Permittit autem hoc Deus ; quia peccata hominum hæc exigunt. Permittit autem duabus ex causis : ut aut probet si boni estis, aut castiget si peccatores. Sed qui patienter dispensationem Dei sustinuerit, ut cum perdiderit aliquid, dicat : « Dominus dedit, Dominus abstulit, sicut Domino placuit, sit factum, sit nomen Domini benedictum ; » (*Job*, i, 21) pro ista patientia aut coronam recipiet si justus est, aut indulgentiam si peccator. Quod si murmuraverit, vel desperaverit ; rerum pariter et animæ damnum incurret. Sed mihi credite, Fratres, quia si ex toto corde semper in timore Dei permanseritis, et præcepta ejus custodieritis, ita ut nullas ex gentili consuetudine adinventiones observetis, nihil vobis inimicus nocere poterit, sed omnia vestra prosperabuntur. Recto enim Christiano nec

---

(1) Ex Ser. cclxxviii, n. 2. — (2) Sic cod. Ser. n. 3. — (3) Ex n. 4.

ces duperies ne peuvent causer aucun mal à un vrai chrétien; car, là où le signe de la croix a précédé avec foi et crainte de Dieu, quel mal l'ennemi peut-il causer? Au contraire, il peut en faire beaucoup aux tièdes et aux négligents; car, mettant de côté les préceptes du Seigneur, se laissant aller à des actes mauvais à cause de la négligence qui préside à toute leur vie, ils se livrent de leur volonté propre au pouvoir des démons; mais, s'ils persévéraient dans le service de Jésus-Christ et qu'ils n'eussent confiance qu'en son secours, quel mal pourrait les atteindre?

10. Sachant tout cela, jetez-vous complétement entre les bras miséricordieux de Dieu; exercez-vous sans cesse aux bonnes œuvres, et donnez de vos biens aux pauvres. Que celui qui a plus donne plus; que celui qui a moins donne, joyeux et content, du peu qu'il possède. Que chacun donne selon son pouvoir, ce sera pour lui une source de joie. Celui même qui donne peu recevra beaucoup, suivant la promesse que le Seigneur fit aux apôtres, en disant : « Il recevra le centuple et possédera la vie éternelle. » (*Matth.*, XIX, 29.) Il donne, dis-je, une pièce d'argent, et il achète le royaume des cieux; il donne une légère monnaie, et il obtient la vie éternelle. Exercez-vous donc à l'aumône, « car l'aumône, comme il est écrit, délivre de la mort, et celui qui la fait ne descendra point au milieu des ténèbres. » (*Tob.*, IV, 11.) Que chacun donne suivant ce qu'il possède. Que celui qui a de l'or donne de l'or, que celui qui a de l'argent donne de l'argent. Que celui qui ne possède aucune monnaie donne de bon cœur un morceau de pain aux pauvres, et, s'il n'a pas un pain entier, qu'il rompe ce qu'il possède et qu'il en donne une partie au malheureux. Vous ne l'ignorez pas, si vous donnez ce peu de bon cœur, Dieu l'aura pour agréable. Ce n'est point l'abondance du don qui réjouit Dieu et le satisfait, mais la bonne volonté et l'affection de celui qui donne. Pour que le pauvre lui-même ne puisse pas s'excuser de ne pas faire l'aumône, Notre-Seigneur lui-même a promis qu'il ne laisserait pas un verre d'eau froide sans récompense. » (*Matth.*, X, 42.) Celui qui a reçu de Dieu de plus grands biens, aura à subir, à ce sujet, un jugement plus rigoureux; Dieu eût pu rendre riches tous les hommes, mais il a voulu qu'il y eut des pauvres en ce monde pour que les riches aient de quoi racheter leurs péchés. Rachetez-donc les vôtres, frères bien-aimés, pendant que leur prix est encore dans vos mains. Faites l'aumône prise sur un travail fructueux et honnête, et non avec le bien volé. Ecoutez favorablement à votre porte la prière des pauvres, et ils prieront pour vous au jour du jugement. Prêtez l'oreille aux cris du prophète : « Celui qui ferme l'oreille à la prière du pauvre, invoquera à son tour le Seigneur, et il n'en sera point exaucé. » (*Prov.*, XXI, 13.) Donnez donc de ce que Dieu vous a donné, car il reçoit ce que vous donnez aux pauvres. Il est vrai, vous donnez, mais c'est un placement que vous faites pour l'éternité. Vous donnez, non point pour satisfaire vos passions gloutonnes, mais pour éteindre les flammes de l'enfer. Car, « de même que l'eau éteint le feu, ainsi l'aumône efface le péché. » (*Eccli.*, III, 33.) C'est pourquoi le Seigneur dit par la bouche du prophète : «Tous donneront le prix du rachat de leurs âmes, et il n'y aura pour eux ni mort ni accident. » Rachetez donc vos âmes, tandis que vous le pouvez ;

---

auguria, nec alia quælibet figmenta nocere possunt : quia ubi signum crucis cum fide et timore Dei præcesserit, nihil ibi poterit nocere inimicus. Tepidis vero et negligentibus ideo nocere possunt, quia relinquentes Dei præcepta, per vitæ suæ negligentiam opera exercendo ; ipsi se dæmonum potestati spontanea tradunt voluntate : qui si in servitio Christi perseverarent, et per ejus auxilium solummodo confiderent, nihil prorsus mali paterentur.

10. Hæc ergo scientes, totis vos viribus ad Dei misericordiam tenete, opera bona semper agite, et de substantia vestra pauperibus erogate. Qui plus habet, plus tribuat : qui vero minus, de hoc ipso largiatur beatus et hilaris. Unusquisque quod prævalet, tribuat : quia nimirum est unde gaudebit. Scilicet (1) qui dat parum, accipiet multum ; sicut Dominus ad Apostolos promittit dicens : « Centuplum accipiet, et vitam æternam possidebit. » (*Matth.*, XIX, 29.) Dat, inquam, nummum, et comparat cœleste regnum : dat parvam pecuniam, et emit vitam æternam. (2) Tenete ergo vos ad eleemosynam, quia sicut scriptum est : « Eleemosyna de morte liberat, et qui eam fecerit, non ibit in tenebras. » (*Tob.*, IV, 11.) Unusquisque quantum prævalet, tantum porrigat. Qui habet aurum, det aurum : et qui habet argentum, det argentum : qui vero non habet pecuniam, cum bono animo det pauperibus et buccellam : et si non habet integram, ex eo quod habet frangat, et partem egeno tribuat. Sciat quia quamvis parum cum bono animo tribuerit, acceptabile Deo erit. Dominus enim non copia largitatis, sed benevolentia et devotione delectatur et pascitur largientis. Ut autem nullus pauper ab eleemosyna se excusare possit, ipse Dominus pro calice aquæ frigidæ se mercedem redditurum esse promisit. (*Matth.*, X, 42.) Qui enim a Deo plures facultates accepit, magis utique judicii periculum sustinebit. (3) Potuit nempe Deus omnes divites facere : sed pauperes ideo in hoc mundo esse voluit, ut divites haberent quomodo peccata sua redimerent. Redimite ergo vos Carissimi, dum habetis in potestate pretium ; date eleemosynam de bono et justo labore, et non de alterius rapina. Audite modo ante fores vestras pauperes rogantes, ut et ipsi pro vobis in die judicii rogent. Prophetam attendite clamantem : « Qui averterit, inquit, aurem suam ab egeno, et ipse invocabit Dominum, et non exaudiet eum. » (*Prov.*, XXI, 13.) Date ergo de eo quod Deus dedit vobis ; quia ipse accipit quod pauperibus datis. Ipsi quidem datis, sed vobis in futurum transmittitis ; non unde ventrem impleatis, sed unde flammas exstinguatis : quia « sicut aqua exstinguit ignem, ita eleemosyna exstinguit peccatum. » (*Eccli.*, III, 33.) Hinc Dominus per Prophetam dicit : « Dabunt singuli redemptionem animarum suarum, et non erit in eis morbus neque casus. » Date ergo, dum licet, re-

---

(1) Ex Ser. LXXVIII, n. 6. — (2) Ex eod. Ser. n. 5. — (3) Ex eod. Ser. n. 2.

opérez cette rédemption pendant que vous vivez encore. Après la mort, personne ne pourrait plus vous sauver.

11. Que chacun vive d'un art ou d'une industrie quelconque, et qu'il offre la dîme à Dieu dans la personne des pauvres ou dans celle de l'Eglise. Qu'il considère que tout ce qui le fait vivre vient de Dieu ; la terre, les fleuves, les semences, et tout ce qu'il y a sous le ciel et au-dessus des cieux ; s'il ne nous eût tout donné, nous n'aurions rien. Notre Dieu, qui veut bien nous faire don de tout, daigne nous redemander la dîme de ses dons, et cette dîme n'est point spécialement pour lui, elle est pour notre utilité. C'est la promesse qu'il nous a faite par son prophète : « Apportez toute la dîme dans mes greniers, et, après cela, considérez ce que je ferai, dit le Seigneur, si je ne vous ouvrirai pas toutes les sources du ciel, et si je ne répandrai pas ma bénédiction sur vous pour vous combler en abondance de toutes sortes de biens. » (*Malach.*, III, 10.) Donnez donc volontiers la dîme de tout ce que vous possédez sur cette terre, et que vous savez plaire à Dieu ; la dîme du froment, du vin, des légumes, du foin, de l'or, de l'argent, des troupeaux et de la laine des brebis. Ne fraudez point sur cette dîme qui provient de vos biens, de peur que les neuf autres parties ne vous soient enlevées, et qu'il ne vous reste que la dixième. « Pénétrez-vous de cette obligation, dit le Seigneur, et je ferai tomber pour vous la rosée du ciel, et je vous dispenserai ma bénédiction. » (*Ibid.*) Si vous donnez de plein gré, le Seigneur vous rendra davantage. Si vous ne donnez rien, vous serez coupables d'autant d'homicides qu'il y aura de pauvres qui mourront de faim là où vous habitez. En outre, Dieu vous enverra la peste et la famine ; vous perdrez tout ce que vous possédez, et, par-dessus, vos âmes elles-mêmes. Afin que ce malheur ne vous arrive point, donnez promptement et de bonne volonté pour le rachat de vos âmes. Ne faites pas de choix dans les aumônes que vous distribuez, de peur que vous n'omettiez celui qui est digne de recevoir ; vous ignorez celui en qui le Christ veut venir. Oui, ne l'oubliez pas, ce que vous donnez au pauvre et à l'étranger sur la terre, c'est à celui qui est assis au plus haut des cieux que vous le donnez ; c'est à celui qui a dit : « Celui qui vous reçoit me reçoit. » (*Matth.*, x, 40.) Et ailleurs : « Tout ce que vous faites au moindre des miens, c'est à moi que vous le faites. » (*Matth.*, xxv, 40.)

12. Mais, dans toutes ces bonnes œuvres que le Seigneur vous ordonne de pratiquer, qu'exige-t-il de vous ? Rien, sinon le salut de vos âmes ; il veut que vous le craigniez toujours, et que vous gardiez ses commandements. Si vous le faites, suivant sa promesse donnée par Moïse, il vous donnera des pluies en temps opportun, et vos terres donneront leurs produits (*Levit.*, xxvi, 3, etc.) ; il y aura quantité de fruits, de raisins, de moissons ; vous nagerez dans l'abondance de toutes choses. Vous aurez la paix à l'entour de vous ; vous serez sans crainte, et il habitera au milieu de vous. Au contraire, si vous refusez d'obéir à ses ordres, tous les malheurs prédits par Moïse fondront sur vous ; vous ressentirez la peste, la famine et la guerre ; le ciel sera d'airain, et la terre dure comme le bronze ; la terre ne vous donnera plus ses produits, toutes les moissons seront dé-

---

demptionem animarum vestrarum : redimite vos ipsi dum vivitis, quia post mortem nemo vos redimere potest.

11. (1) Unusquisque de quali ingenio vel artificio vivit, de ipso decimam Deo in pauperibus vel Ecclesiis donet. Consideret quia omnia Dei sunt per quæ vivit, sive terra, sive flumina, sive semina, vel omnia quæ sub cœlo vel super cœlos sunt : et si ipse non dedisset, nihil utique haberet. Nam Deus noster, qui dignatur totum dare, decimam de suo dignatur a nobis repetere, non sibi penitus, sed nobis profuturam. Sic enim ipse per Prophetam promisit dicens : « Inferte, inquit, omnem decimam in horreis meis, et probate me in his, dicit Dominus : si non aperuero vobis cataractas cœli, et effudero vobis fructus terræ usque ad abundantiam. » (*Malac.*, III, 10.) Reddite ergo libenter decimam ex omnibus quæ possidetis super terram, quod cognoscitis Deo placere, de frumento, de vino, de legumine, de fœno, de auro, de argento, de pecoribus, insuper et lanarum ex ovium tonsione. Nolite de cuncta substantia vestra fraudare decimam : ne vobis novem partes auferantur, et sola decima remaneat. Convertimini ad hoc, dicit Dominus, ut aperiam vobis cataractas cœli, et effundam vobis benedictionem meam. (*Ibid.*, 7.) Si igitur dederitis voluntarie, plus semper Dominus dabit vobis : si non dederitis, (2) quantacumque pauperes in locis in quibus habitatis, fame mortui fuerint, tantorum homicidiorum rei eritis. Insuper immittet vobis Dominus pestilentiam et famen : et perdetis totum quod habetis, nec non adhuc et animas vestras. Ut autem hæc vobis non veniant, festinate cum bono animo dare, unde animas vestras possitis redimere. Nec eligatis cui misericordiam faciatis, ne forte prætereatis eum qui meretur accipere : quia nescitis in quem Christus dignetur advenire. Scitote, quia quod pauperi vel peregrino in terra largimini, sedenti in cœlo datis, qui dixit : « Qui vos recipit, me recipit : » (*Matth.*, x, 40) et : Quamdiu fecistis uni ex minimis meis, mihi fecistis. » (*Matth.*, x, 40.)

12. Inter hæc autem omnia quæ Dominus exerceri præcepit bonitatis opera, nihil aliud a vobis quærit, nisi salutem animarum vestrarum : et ut timeatis eum semper, et custodiatis ejus mandata. Quod si feceritis, dabit vobis, sicut per Moysen pollicitus est, pluvias congruo tempore, et terra vestra gignet germen suum (*Levit.*, xxvi, 3, etc.) ; erit abundantia fructuum, pomorum, vinearum et segetum, et abundabitis omnibus bonis. Et dabit vobis pacem per circuitum, et absque terrore eritis, ipseque habitabit inter vos. E contra, si non custodieritis præcepta ejus, in vobis venient plagæ ab eodem Moyse prædictæ, pestilentia scilicet, fames et gladius : eritque cœlum sicut ferrum, et terra quasi æramentum ; nec proferet terra germen suum, et segetes omnes delebuntur, omnisque labor vester in casum consumetur. Insu-

---

(1 V. Ser. CCLXXVII, n. 1. — (2) Ex eod. Ser. n. 3.

truites, et votre travail tout entier s'en ira en fumée. En même temps, vos ennemis se lèveront contre vous, le glaive vous dévorera, et votre pays sera dans la solitude et la désolation. Alors, dans l'angoisse de votre douleur, vous crierez, et le Seigneur ne vous exaucera point, comme il vous en menace par le prophète : « J'ai parlé, dit-il, et ils ne m'ont point entendu ; ils crieront, et je ne les écouterai point. » (*Zach*., VII, 13.) Ailleurs, le prophète s'écrie encore : « La main du Seigneur n'est point raccourcie, pour ne pouvoir plus vous sauver ou vous entendre, mais vos iniquités ont fait une séparation entre vous et votre Dieu, et vos péchés lui ont fait cacher son visage pour ne plus vous écouter. » (*Is*., LIX, 1.) Pour que ces menaces ne viennent pas à tomber sur vous, gardez ce qui vous est commandé, accomplissez les ordres de Dieu, afin que vous viviez, que vous soyez bénis et qu'aucun malheur ne vous arrive. Voilà les paroles de consolation que le Seigneur vous adresse par le prophète : « S'ils font pénitence de leurs péchés, je me repentirai aussi moi-même du mal que je m'étais résolu de leur faire, et je ne le ferai point, dit le Seigneur. » (*Jér*., XVIII, 8.) Oh! mes frères, gardez fidèlement ces préceptes dans votre mémoire, instruisez-en vos enfants et vos voisins. Rappelez-vous-les lorsque vous restez dans vos maisons, ou quand vous êtes en voyage ; ne les oubliez pas lorsque vous serez dans la prospérité. Ayez toujours la crainte de Dieu, ne servez que lui seul, de peur que sa fureur ne s'allume contre vous. Sachez qu'il est fidèle à ses promesses, qu'il fait miséricorde à ceux qui l'aiment et gardent ses préceptes, et qu'il éloigne d'eux tous les malheurs qui voudraient les atteindre. Pesez attentivement ce que nous annonce l'apôtre saint Jean : « Nous sommes à l'heure dernière. » (I *Jean*, II, 18.) N'aimez donc pas le monde, il passe trop vite et tous ses plaisirs avec lui. Pour vous, faites la volonté du Seigneur si vous voulez demeurer éternellement, (*Ibid*., 15, etc.) avoir confiance quand il apparaîtra et n'être point confondu à son arrivée. Que personne ne vous séduise. Celui qui accomplit la justice est juste ; celui qui fait le péché est enfant du démon. Tout péché, en effet, comme le vol, l'adultère, le mensonge, ne se commet point sans la coopération de l'esprit infernal. Je vous en supplie, considérez donc quel grand malheur c'est de faire les œuvres du démon, et de partager avec lui, non pas le séjour du repos, mais les châtiments de l'enfer. En conséquence, aussitôt que vous avez péché, gardez-vous de demeurer dans une mortelle sécurité, en sorte que vos blessures s'enveniment, ou que vous en ajoutiez d'autres encore ; mais hâtez-vous aussitôt de chercher le remède par une confession pleine de repentir. Appliquez-vous à vous perfectionner sans cesse par des actes de vertu ; que celui qui fut jusqu'ici orgueilleux soit humble ; que celui qui était adultère devienne chaste ; que celui qui avait coutume de voler ou de s'approprier le bien d'autrui commence à distribuer ses propres biens à l'Église ou aux pauvres. Celui qui a été jaloux sera bienveillant ; l'ivrogne sera tempérant, l'homme irascible sera patient. Que celui qui a fait une injure demande promptement pardon ; que celui auquel on a fait l'injure la remette sans retard, pour qu'il lui soit aussi remis. Pourquoi ne pas remettre à son frère une légère offense , si nous voulons que Dieu nous remette toutes les nôtres ?

13. En effet, c'est aussi une sorte d'aumône de

per consurgent in vos hostes vestri, et devorabit vos gladius, et erit terra vestra deserta et desolata. Et tunc clamabitis præ angustia, et non exaudiet vos Dominus, sicut per Prophetam minatur dicens : « Locutus sum, et non audierunt : et clamabunt, et non exaudiam. » (*Zach*., VII, 13.) Etiam Propheta clamat : « Non est abbreviata manus Domini, ut non possit salvare aut exaudire : sed iniquitates vestræ diviserunt inter vos et Deum vestrum, et peccata vestra avertunt faciem ejus ne exaudiat. » (*Isa*., LIX, 1.) Ut ista vero vobis non contingant, custodite quæ præcepta sunt. Implete Dei mandata, ut vivatis, et bene sit vobis, nihilque calamitatis eveniat. Ipse enim per Prophetam consolatur dicens : « Si egerint, inquit, pœnitentiam pro iniquitatibus suis, et ego pœnitentiam agam super malum quod locutus sum ut facerem eis, et non faciam, dicit Dominus. » (*Jer*., XVIII, 8.) Hæc ergo, Fratres, semper in mente tenete, hæc verba filiis et vicinis vestris narrate. Hæc rememoramini dum sedetis in domibus vestris, et dum ambulatis, nec obliviscamini ea cum bene fuerit vobis : sed Deum semper timete, et ipsi soli servite ; ne irascatur contra vos furor ejus. Scitote, quia ipse custodit pactum et misericordiam diligentibus se, et custodientibus præcepta sua, omnesque ab eis tollet languores. Considerate, quia sicut Joannes apostolus prænuntiat. « Novissima hora est : » (I *Joan*., II, 18) ideoque nolite jam mundum diligere ; quia cito transit, et omnis concupiscentia ejus cum eo. Vos autem facite voluntatem Domini, ut maneatis in æternum, et habeatis fiduciam cum apparuerit, nec confundamini in adventu ejus. Nemo vos seducat. Qui facit justitiam, justus est : et qui facit peccatum, ex diabolo est. (*Ibid*., 15, etc.) Et utique omne peccatum, sive furtum, sive adulterium, sive mendacium, sine dæmonis operatione non fit. Considerate, quæso, quam perniciosum est opera diaboli exercere, ejusque participem fieri, non in requie, sed in pœna gehennæ. Ideirco quotiescumque peccatis, nolite expectare mortifera securitate, ut vulnera ipsa putrescant, nec alia insuper augeatis ; sed continuo per pœnitentiæ confessionem vobis medicinam adhibere festinate. In magnis etiam operibus vos jugiter dilatare contendite ; ut (1) qui fuit hactenus superbus, sit jam humilis ; qui erat adulter, sit castus ; qui solebat furari aut res alienas tollere, incipiat jam proprias Ecclesiis aut pauperibus erogare ; qui fuit invidus, sit benignus ; qui erat ebriosus, sit sobrius ; qui fuit iracundus, sit patiens : qui fecit alteri injuriam, cito petat veniam ; cui injuria facta est, absque mora dimittat, ut et illi dimittatur. Aut quare non dimittat fratri parum, ut ei dignetur Deus dimittere totum ?

13. Nam et hoc eleemosynæ genus est, ut dimittat ali-

(1) Ex Ser. CCLXXV, n. 3.

pardonner de tout son cœur à celui qui nous aura offensé. Que si quelqu'un est d'une pauvreté si extrême qu'il ne puisse faire une aumône corporelle, comme il n'est personne qui n'ait eu à souffrir quelque tort, s'il pardonne de tout son cœur à ceux qui l'ont offensé, et s'il ne conserve dans son cœur aucune haine contre personne, aimant tous les hommes comme lui-même, cette conduite, sans aucun doute, lui tiendra lieu d'une très-grande aumône. Afin que nous pardonnions de meilleur cœur à ceux qui nous ont offensés, le Seigneur nous fait l'exhortation suivante dans l'Evangile : « Si vous pardonnez aux hommes les fautes qu'ils font contre vous, votre Père céleste vous pardonnera aussi les vôtres. Mais si vous ne leur pardonnez point leurs fautes, votre Père ne vous pardonnera point non plus les vôtres. » (*Matth.*, VI, 14.) Que personne donc ne s'illusionne, que personne ne se trompe; garder de la haine ici-bas contre un seul homme, quel que soit le nombre des bonnes œuvres qu'on offre à Dieu, c'est perdre tout. L'Apôtre, en effet, n'a pu mentir en prononçant ces terribles paroles : « Celui qui hait son frère est un homicide, un menteur, et il marche dans les ténèbres. » (I *Jean*, III, 15.) Par frères il faut entendre ici tous les hommes; car nous sommes tous frères en Jésus-Christ. Je vous exhorte donc, frères bien-aimés, à l'amour de vos ennemis, car je ne connais point de remèdes plus efficaces pour guérir les blessures que font les péchés. C'est une œuvre difficile, j'en conviens, d'aimer ses ennemis ici-bas, mais dans l'autre vie quelle récompense nous en recevrons! Celui qui aura sur cette terre aimé ses ennemis, sera l'ami de Dieu, non-seulement son ami, mais son fils, comme il nous l'a promis dans ce passage, que nous avons cité plus haut. « Aimez vos ennemis, faites du bien à ceux qui vous haïssent, et priez pour ceux qui vous calomnient, afin que vous soyez les enfants de votre Père qui est aux cieux. » (*Matth.*, v, 44.) Donc celui qui aime possédera le repos ; « celui qui n'aime point, » comme dit l'Apôtre, « demeure dans la mort. » (I *Jean*, III, 14.)

14. D'après ce que nous venons de dire, mes bien-aimés, ayez les uns pour les autres une charité vraie et sincère, dirigez toujours vos actes vers Dieu, travaillez autant que vous le pouvez pour l'amour de Dieu et de la vie éternelle. Courez, tandis que vous êtes encore dans la lumière, avant que les ténèbres ne vous enveloppent. Vous travaillez pour le corps, travaillez aussi pour l'âme; si vous vous fatiguez pour cette chair que des vers, dans quelques instants, vont dévorer au fond d'un sépulcre, fatiguez-vous davantage encore pour l'âme; ornez-la de toutes sortes de bonnes œuvres, qui feront sa joie éternellement dans le ciel. Surtout, quand vous jeûnez, donnez aux pauvres ce qui devrait être servi sur votre table, et, comme le Seigneur nous l'enseigne dans l'Evangile : « Lorsque vous jeûnez, ne soyez point tristes, mais faites-le paraître à celui-là seul qui est présent à ce qu'il y a de plus secret. » (*Matth.*, VI, 16.) Ecoutez cet autre conseil : « Prenez garde de ne pas faire votre justice devant les hommes pour en être considérés. » (*Ibid.*, 1.) Pensez toujours davantage à la nourriture du cœur qu'à celle du corps, et, tant que vous serez en ce monde, achetez la vie éternelle par votre bonne vie. Ecoutez avec plaisir à l'église les saintes lectures, et rappelez-vous continuellement à la maison ce que vous avez

---

quis ex toto corde ei a quo læsus exstiterit. (1) Quod si aliquis ita sit pauper, ut nullam rem habeat unde eleemosynam corporalem faciat; quia non potest fieri ut ab aliquibus non patiatur injuriam, si ex toto corde omnibus in se peccantibus indulgeat, et contra nullum hominem odium in corde teneat, atque omnes sicut semetipsum diligat, hoc ei procul dubio pro maxima eleemosyna reputabitur. Ut autem in nos peccantibus liberius dimittamus, hortatur nos Dominus in Evangelio dicens : « Si dimiseritis hominibus peccata eorum, dimittet et vobis Pater vester cœlestis peccata vestra : si non dimiseritis, nec Pater vester dimittet vobis. » (*Matth.*, VI, 14.) (2) Nemo ergo se circumveniat, nemo se seducat : quia qui vel contra unum hominem in hoc mundo odium tenet, quidquid Deo in bonis operibus obtulerit, perdet totum : quia non mentitur Apostolus terribiliter clamans. « Qui odit fratrem suum, homicida est, et mendax est, et in tenebris ambulat. » (I *Joan.*, III, 15.) Hoc loco fratrem, fratres omnes oportet intelligi; quia omnes in Christo fratres sumus. (3) Ergo, Fratres, idcirco vos ad inimicorum dilectionem admoneo, quia ad sananda peccatorum vulnera nullum fortius medicamentum esse cognosco. Licet grandis sit labor inimicos diligere in hoc sæculo, sed magnum erit præmium in futuro. Qui hic dilexerit inimicos, erit Dei amicus : non solum amicus, sed etiam filius, sicut ipse, quod supra jam præmisimus, pollicetur dicens : « Diligite inimicos vestros, bene facite his qui oderunt vos, et orate pro calumniantibus vos, ut sitis filii Patris vestri, qui in cœlis est. » (*Matth.*, v, 44.) Qui ergo diligit, possidebit requiem : « Qui enim non diligit, » sicut dicit Apostolus, « manet in morte. » (I *Joan.*, III, 14.)

14. Cum hæc ita sint, Carissimi, dilectionem veram, non falsam invicem habetote : actus vestros semper ad Deum dirigite, et quidquid potestis pro amore Dei et vitæ æternæ laborate. Currite dum lucem habetis, prius quam tenebræ vos comprehendant. (*Joan.*, XII, 35.) Cum laboratis pro carne, laborate et pro anima. Si curritis pro carne, quam post modicum tempus vermes devoraturi sunt in sepulcro ; plus currite pro anima, ut ornata bonis operibus sine fine lætetur in cœlo. (4) Ante omnia quando jejunatis, quod prandere debetis pauperibus erogate : et sicut Dominus in Evangelio docet : « Cum jejunatis, nolite fieri sicut hypocritæ tristes, ut videamini ab hominibus ; sed illi soli qui videt in absconso. » (*Matth.*, VI, 16.) Et iterum monet : « Attendite, ne justitiam vestram faciatis coram hominibus, ut videamini ab eis. » (*Ibid.*, 1.) Plus ergo semper de cibo cordis quam de cibo corporis cogitate : et dum in mundo versamini, æternam vitam bene vivendo vobis emite. (5) Lectiones di-

(1) Ita fere Ser. CCCVIII, n. 3. — (2) Sic Ser. CCX, n. 5. — (3) Ita Ser. CCLXXIII, n. 1. — (4) Ex Ser. CXLI, n. 4. — (5) Ex eod. n. 5.

entendu, afin que quand le corps prend sa nourriture, votre âme se nourrisse aussi de la parole de Dieu. C'est une vérité, faible est le corps qui ne prend de nourriture qu'à de longs intervalles, faible aussi est l'âme qui ne se nourrit que rarement de la parole de Dieu. Donc, frères bien-aimés, dans vos voyages, dans votre repos, pendant votre travail, ou n'importe ce que vous fassiez, ayez toujours à la mémoire les pieuses lectures que vous avez entendues, ranimez sans cesse en votre cœur les préceptes de l'Evangile.

15. Surtout, fuyez la luxure, évitez la mauvaise concupiscence, craignez cette parole de Notre-Seigneur dans l'Evangile : « Quiconque regardera une femme avec un mauvais désir pour elle, a déjà commis l'adultère dans son cœur. » (*Matth.*, v, 28.) Aimez sincèrement vos épouses légitimes, suivant le précepte de l'Apôtre : « Maris, aimez vos femmes, comme le Christ a aimé son Eglise. » (*Ephés.*, v, 25.) Et, suivant le même Apôtre : « Que les femmes soient soumises à leurs époux, et les craignent comme Dieu même. » (*Ibid.*) Il est défendu à tout homme de renvoyer son épouse légitime sous quelque prétexte que ce soit, suivant le précepte de Notre-Seigneur : « Quiconque renvoie sa femme, si ce n'est en cas d'adultère, celui-là la fait devenir adultère. » (*Matth.*, v, 32.) Soit avant votre mariage, soit après, n'ayez point de concubines, nous le défendons. C'est tout à fait illicite. En effet, celui qui songe à prendre une épouse légitime doit, comme il est juste, rester chaste jusqu'à son mariage. Après son mariage, qu'il ne connaisse aucune autre femme, excepté celle qu'il a épousée légitimement ; c'est le précepte de l'Apôtre. Qu'il lui garde fidélité comme il veut qu'elle lui soit elle-même fidèle. Qu'il ne pèche point avec une autre, s'il ne veut point que son épouse pèche avec un autre homme. Cette menace terrible de l'Apôtre doit le pénétrer de crainte : « Dieu jugera les fornicateurs et les adultères. » (*Héb.*, xiii, 4.) Tout ce qui, d'après les lois du mariage, n'est point permis à la femme, ne l'est point non plus à l'homme. Celui donc qui, avant son mariage, ose avoir une concubine, pèche plus gravement que celui qui commet l'adultère (1), et, à cause de cela, il faut le séparer de la société des chrétiens, et, s'il ne fait point pénitence, les flammes de l'enfer le tourmenteront sans aucun espoir.

16. Donc, âme chrétienne, fuyez la fornication et rougissez de pécher sous les yeux de Dieu et de ses anges. Détestez de toutes vos forces les crimes capitaux, qui sont : le sacrilège, l'homicide, l'adultère, le faux témoignage, le vol, la rapine, l'orgueil, l'envie, l'avarice, la colère et l'ivrognerie. Voilà les crimes qui plongent les hommes dans les supplices éternels, et quiconque a la conscience d'être souillé, ne fût-ce que d'un seul de ces crimes, s'il n'en fait pas pénitence, qu'il s'attende à brûler, sans aucun espoir, dans les feux de l'enfer. C'est pourquoi, âme chrétienne, veillez, priez, évitez avec soin les crimes dont nous venons de parler. Tout le bien que vous faites, faites-le en vue de la vie éternelle. Ouvrez aux pauvres votre main pour que Jésus-Christ vous ouvre sa porte, et vous introduise dans les joies du paradis. Ne soyez pas assez insensé pour causer

(1) Voir les dernières lignes de l'avertissement placé avant ce Traité.

---

vinas in ecclesia libenter audite ; et quæ auditis, jugiter in domibus recolite : ut quomodo corpus pascitur cibo, sic anima reficiatur Dei verbo. (1) Certum est enim quia qualis est caro quæ post multos dies percipit cibum : talis est anima quæ raro pascitur Dei verbo. Ergo, Carissimi, sive ambulatis, sive sedetis, sive operamini, vel per omnia quæcumque agitis, semper quod ex divina lectione audistis ad mentem reducite, semperque Evangelica præcepta in corde ruminate.

15. Ante omnia luxuriam fugite, concupiscentiam malam vitate : timentes illud quod Dominus in Evangelio dicit : « Omnis qui viderit mulierem ad concupiscendum eam, jam mœchatus est eam in corde suo. » (*Matth.*, v, 28.) Uxores legitimas absque ulla simulatione diligite, sicut Apostolus præcepit, dicens : « Viri diligite uxores vestras, sicut et Christus dilexit Ecclesiam. » (*Ephes.*, v, 25.) Et secundum eumdem Apostolum : « Mulieres viris suis subjectæ sint, et timeant sicut Deum. » (*Ibid.*) Nec quisquam vir legitimam uxorem quacumque occasione dimittere præsumat : quia, secundum sententiam Domini : « Quicumque dimiserit uxorem suam, excepta fornicationis causa, facit eam mœchari. » (*Matth.*, v, 32.) Concubinas vero sive ante nuptias sive post nuptias habere prohibemus : quia omnino illicitum est. Nam qui uxorem legitimam ducere cogitat, dignum est ut virginitatem usque ad nuptias custodiat, et post nuptias nullam alteram præter unam conjugem legitimam cognoscat, sicut apostolus Paulus præcepit. Ipse fidem servet ei, sicut sibi servare vult : nec peccet cum alia, sicut nec suam cum alio viro vult peccare : timens illud quod idem Apostolus terribiliter proclamat dicens : « Fornicatores et adulteros judicabit Deus. » (*Heb.*, xiii, 4.) (2) Quidquid enim de jure connubii mulieribus non licet, nec viris omnino licet. Nam (3) qui ante legitimas nuptias habere concubinam præsumit, pejus peccat, quam qui adulterium committit ; et ob hoc dignus est a consortio Christianorum separari. Quod si non pœnituerit, æterna illum flamma sine remedio cruciabit.

16. Quapropter, Christiane, fuge fornicationem, erubesce jam sub oculis Dei et Angelorum peccare. Capitalia crimina omni nisu detestare, quæ sunt sacrilegium, homicidium, adulterium, falsum testimonium, furtum, rapina, superbia, invidia, avaritia, iracundia, ebrietas. Hæc sunt enim crimina quæ mergunt homines in supplicium æternum : ex quibus quicumque in se vel unum habere cognoscit, si pœnitentiam non egerit, sine ullo remedio in gehenna ignis ardebit. Et ideo, o anima Christiana, vigila, ora, cave semper prædicta crimina : et quidquid boni prævales, age pro vita æterna. Aperi pauperibus manum tuam ; ut Christus tibi aperiat januam suam, et intres in gaudia paradisi. Noli ipse te tradere in perditionem ; quia Christus pro te suum effudit san-

(1) Sic ibid. n. 2. — (2) V. Ser. cclxxxix, n. 3. — (3) Ita ibid. n. 4, et Ser. cclxxxviii, n. 5.

vous-même votre perte. N'est-ce pas pour vous que le Christ a répandu tout son sang ? Ne vous a-t-il pas montré suffisamment combien vous lui étiez cher en vous achetant à un prix si élevé ? Que la crainte de l'enfer vous effraie assez pour vous faire fuir les œuvres mauvaises. Pensez qu'à toute heure la mort va paraître, et redoutez à chaque instant le jugement que Dieu doit prononcer sur vous, afin de pouvoir vous appliquer ces paroles : « Heureux l'homme qui est toujours sur ses gardes. » (*Prov.*, XXVIII, 14.) Avez-vous mal fait ? Amendez-vous pendant que vous le pouvez ; repentez-vous tandis qu'il est encore temps. Oh! ne désespérez point de recevoir votre pardon si vous revenez à de meilleurs sentiments ; le désespoir serait une faute pire que n'importe quel péché ! Ne désespérez jamais de la miséricorde de Dieu, fussiez-vous coupables de cent péchés, eussiez-vous commis mille forfaits, car il n'est point de faute si grande dont un vrai repentir n'obtienne pardon. On vous irrite, on vous outrage, on vous fait des injures, gardez le silence, soyez patient, ne rendez pas l'injure, et, par votre silence, vous triompherez plus facilement de l'outrage. On vous maudit, bénissez ; vous recevrez une grande grâce en ne blessant pas celui par qui vous aurez été blessé. N'ayez de mépris pour personne, ni pour votre serviteur, ni pour un pauvre ; peut-être devant Dieu est-il meilleur que vous ? et aussi parce que tous, suivant l'Apôtre, « nous faisons un seul corps en Jésus-Christ, » (*Gal.*, III, 28) et encore parce que « Dieu ne fait acception de personne. » (*Act.*, X, 34.) Mais, comme il est écrit : « Chacun recevra de Seigneur la récompense du bien qu'il aura fait, qu'il soit esclave ou qu'il soit libre. » (*Ephés.*, VI, 8) Ne dites point de mal de votre frère, ne calomniez point votre prochain, n'employez point la force pour l'opprimer. Rappelez-vous ces paroles de Moïse : « Si la pauvreté réduit votre frère à se vendre à vous, vous ne l'opprimerez point en le traitant comme un esclave, vous agirez à son égard comme ayant dans le cœur la crainte de Dieu ; souvenez-vous que, vous aussi, vous êtes esclave. Vous ne haïrez point votre frère en votre cœur, mais vous le reprendrez publiquement, de peur que vous ne péchiez vous-même à son sujet. » (*Lév.*, XXV, 39 ; XIX, 17.) Aussi, Notre-Seigneur nous dit dans l'Évangile : « Si votre frère vous a offensé, allez lui représenter sa faute en particulier, entre vous et lui. » (*Matth.*, XVIII, 15.) Et ailleurs : « Eût-il péché sept fois contre vous, s'il s'est repenti aussi souvent, pardonnez-lui. » (*Luc*, XVII, 4.) Dans un autre passage : « Si, lorsque vous présentez votre offrande à l'autel, vous vous souvenez que votre frère a quelque chose contre vous, laissez votre offrande devant l'autel, allez vous réconcilier auparavant avec votre frère, et puis vous reviendrez présenter votre offrande. » (*Matth.*, V, 23, 24.) Tous ces préceptes, âme chrétienne, vous rappellent la concorde ; ce sont de doux remèdes, présents du Christ, pour les blessures de la haine. Si vous les dédaignez, vous retorquez contre vous cette sentence terrible qu'il nous adresse : « Quiconque se mettra en colère sans sujet contre son frère, méritera d'être condamné par le tribunal du jugement ; ou celui qui dira à son frère Raca, ou vous êtes un fou, méritera d'être condamné au feu de l'enfer. » (*Ibid.*, 22.) Vous venez d'entendre, frères bien-aimés, ce que vous avez à craindre, ce que vous devez observer. Ayez donc la charité, conservez la patience, fuyez la discorde, mettez un frein à votre langue, de peur qu'elle n'entraîne votre âme en enfer ; car, selon

---

guinem. Satis te carum habuit, quem tam caro pretio comparavit. Terreat te metus gehennæ, quo sic possis abstinere ab operibus pravis. Omni hora mortem adesse spera, et futura judicia Dei super te jugiter formida : ut tibi possit aptari quod scriptum est : « Beatus homo qui semper est pavidus. » (*Prov.*, XXVIII, 14.) Quod male fecisti emenda dum potes, dum habes licentiam pœnite. Veniam non desperes ni ad meliora convertaris ; quia desperatio pejor est omni peccato. (1) Nullatenus ergo de Dei misericordia desperes, nec post centum peccata, nec post mille crimina : quia nulla est tam grandis culpa, quæ pœnitendo non habeat veniam. Quamvis ergo quisque te irritet, quamvis convicietur, quamvis injuriam tibi faciat ; tu tace, patiens esto, nec rependas contumeliam ; et melius tacendo vinces injuriam. Cum maledicitur tibi, tu benedic : et magnam habebis gratiam, si non lædas a quo læsus es. Nullum despicias, non servum, non egenum : quia forsitan melior est apud Deum, quam tu ; et quia omnes, secundum Apostolum, unum sumus in Christo Jesu, » et « quia non est personarum acceptor Deus, » (*Act.*, X, 34) sed, sicut scriptum est : « Unusquisque quod fecerit bonum, hoc accipiet a Domino, sive servus, sive liber. » (*Ephes.*, VI, 8.) Non detrahas fratri tuo, nec facias calumniam proximo tuo, nec vi opprimas eum : sed sicut per Moysen dicitur : « Si paupertate compulsus vendiderit se tibi frater tuus, non affliges eum more servorum per potentiam, sed cum timore Dei age circa illum. Memento quoniam tu servus es. Non oderis fratrem tuum in corde tuo : sed publice argue illum, ut non habeas super illo peccatum. » (*Levit.*, XXV, 39 ; XIX, 17.) Hinc et Dominus in Evangelio dicit : « Si peccaverit in te frater tuus, corripe illum inter te et ipsum solum. » (*Matth.*, XVIII, 15.) Et rursum : « Si septies, inquit, in die peccaverit, et totiens pœnituerit, dimitte ei. » (*Luc.*, XVII, 4.) Et iterum : « Si offers, inquit, munus tuum ad altare, et ibi recordatus fueris, quia frater tuus habet aliquid adversum te, relinque ibi munus tuum ante altare, et vade prius reconciliari fratri tuo ; et tunc veniens offeres munus tuum. » (*Matth.*, V, 23, 24.) Hæc te, Christiane, præcepta revocent ad concordiam, hæc dulcia Christi medicamenta curent odii vulnera : quæ si contempseris, terribilem in te sententiam retorques, qua dicitur : « Omnis qui irascitur fratri suo, reus erit judicio ; vel qui dixerit fratri suo racha aut fatue, reus erit gehennæ ignis. » (*Ibid.*, 22.) Ecce audisti, Carissime, quid timeas, quid observes. Habe

(1) Sic Ser. CCLVIII, n. 2.

l'Ecriture : « La mort et la vie sont au pouvoir de la langue. » (*Prov.*, XVIII, 21.) Et encore : « L'homme qui se laisse emporter par sa langue ne prospérera pas sur la terre. » (*Ps.* CXXXIX, 12.)

17. Pesez mûrement, frères bien-aimés, tous ces préceptes, et réglez vos paroles en même temps que vos mœurs. Suivez toujours les sentiers de la justice, et aimez les préceptes de Jésus-Christ. « Que l'impie quitte sa voie, et l'injuste ses pensées, et qu'il retourne au Seigneur, » s'écrie le Prophète, « et il lui fera miséricorde, car il est plein de bonté pour pardonner. » (*Isa.*, LV, 7.) Il nous donne lui-même cet avis : « Convertissez-vous à moi, et je guérirai vos blessures. » (*Osée*, XIV, 3, 5.) Et dans Amos : « Cherchez le bien, et non le mal, afin que vous viviez heureusement, et alors le Seigneur des armées sera avec vous. » (*Amos*, V, 14.) Ailleurs : « Haïssez le mal et aimez le bien, afin que votre Dieu ait pitié de vous. » (*Ibid.*, 15.) C'est ainsi que le Seigneur vous parle par le Prophète ; cependant, si vous ne daignez pas m'écouter, du moins écoutez-le lui-même. Voici comme il console les pécheurs dans l'Evangile : « Ce n'est point les justes que je suis venu appeler, mais les pécheurs, pour qu'ils fassent pénitence. » (*Luc*, V, 32.) Il vous donne encore cet avis : « Cherchez d'abord le royaume de Dieu et sa justice, et toutes ces choses vous seront données par surcroît. » (*Matth.*, VI, 33.) « Demandez, dit-il ailleurs, et on vous donnera ; cherchez, et vous trouverez ; frappez, et on vous ouvrira. » (*Matth.*, VII, 7.) Admirons comment le Seigneur, dans son infinie miséricorde, non-seulement nous avertit, mais nous prie de nous convertir à lui. Ecoutons-le alors qu'il nous prie, de peur que, si nous ne le faisons pas, il ne nous écoute pas à son tour, quand il nous jugera. Prêtons aussi l'oreille à ces paroles de la sainte Ecriture : « Mon fils, dit-elle, ayez pitié de votre âme, vous plairez à Dieu. » Que peut répondre la faiblesse humaine à ces raisonnements ? Quoi ! Dieu vous prie d'avoir pitié de vous et vous ne le voulez pas ! Comment vouloir qu'il écoute vos supplications au jour de la nécessité, lorsque vous ne l'écoutez pas quand il vous prie en votre faveur ? Si maintenant vous négligez ce point, mes frères, que ferez-vous au jour du jugement ? Quel appui demanderez-vous ? Je vous le dis : si vous négligez en ce monde les exhortations du Seigneur, vous souffrirez en l'autre les tourments de l'enfer ; ni l'or, ni l'argent ne pourront vous délivrer ; ni ces richesses que vous cachez avec tant de soin et qui vous donnent cette arrogance coupable, qui vous fait oublier votre salut. Voici pourquoi le Seigneur vous dit par son Prophète : « Je viendrai punir les crimes du monde, je ferai cesser l'orgueil des infidèles, et j'humilierai l'insolence de ceux qui se rendent si redoutables. » (*Isaïe*, XIII, 11.) Ailleurs, il nous donne encore cet avis : « Rentrez dans votre cœur, violateurs de ma loi, cessez de faire mal, apprenez à faire le bien ; assistez l'opprimé, défendez le pauvre, ne faites point d'injustice ni à la veuve, ni à l'étranger, ni à l'orphelin. » (*Isaïe*, XLVI, 8 ; I, 16, 17.)

18. Que votre cœur, mes frères, n'oublie point ces avis, et mettez-les fidèlement en pratique sans plus tarder. Combattez contre le démon auquel vous avez renoncé ; unissez-vous au Dieu qui vous a rachetés. Qu'importe que le monde s'étonne de votre vie nou-

---

ergo caritatem, tene patientiam, fuge discordiam, impone frenos linguæ tuæ, ne trahat ad gehennam animam tuam : quia, secundum Scripturam : « Mors et vita in manibus linguæ consistit. » (*Prov.*, XVIII, 21.) Et : « Vir linguosus non dirigetur in terra. » (*Psal.* CXXXIX, 12.)

17. Hæc sollicita consideratione pensantes, Fratres carissimi, verba simul ac mores componite. Sectamini semper justitiam, amate Christi præcepta. « Derelinquat impius viam suam, et vir iniquus cogitationes suas : et revertatur ad Dominum, » sicut Propheta clamat, « et miserebitur ejus ; quia pius est ad ignoscendum. » (*Isa.*, LXV, 7.) Ipse enim admonet dicens : « Convertimini ad me, et sanabo (a) contritiones vestras. » (*Ose.*, XIV, 3, 5.) Et rursus : « Quærite bonum et non malum, ut vivatis : et erit vobiscum Dominus exercituum. » (*Amos*, V, 14.) Et iterum : « Odite malum, et diligite bonum ; ut misereatur Dominus vestri. » (*Ibid.*, 15.) Ecce hoc ipse Dominus per Prophetam clamat : et si me audire contemnitis, saltem vel ipsum audite. Ipse etiam in Evangelio consolatur peccatores dicens : « Non veni vocare justos, sed peccatores in pœnitentiam. » (*Luc.*, V, 32.) Ipse iterum admonet dicens : « Primum quærite regnum Dei et justitiam ejus, et hæc omnia adjicientur vobis. » (*Matth.*, VI, 33 ; Et iterum : « Petite, et dabitur vobis ; quærite, et invenietis ; pulsate, et aperietur vobis. » (*Ibid.*, VII, 7.) Modo enim Dominus pro ineffabili pietate sua non solum admonet, sed et rogat ut convertamur ad eum. (1) Audiamus ergo eum dum rogat : ne si non facimus, non audiat nos cum judicabit. Audiamus et Scripturam dicentem : « Fili, miserere animæ tuæ placens Deo. » Quid ad hæc respondet humana fragilitas ? Deus rogat ut tui miserearis et non vis : quomodo te audiet in die necessitatis supplicantem, cum tu eum pro te ipso non audis rogantem ? Si modo hæc neglexeritis, Fratres, quid facietis in die judicii, vel ad cujus confugietis auxilium ? Si, inquam, modo neglexeritis talia Dei hortamenta, non effugietis tunc inferni tormenta : nec vos poterit aurum vel argentum liberare, neque divitiæ, quæ nunc in angulis absconditis, et ex quibus arrogantes effecti salutem vestram obliti estis. Hinc namque Dominus per Prophetam dicit : « Visitabo super vos mala, et quiescere faciam superbiam impiorum, et arrogantiam fortium humiliabo. » (*Isa.*, XIII, 11.) Et rursum admonet dicens : « Redite prævaricatores ad cor : quiescite agere perverse, discite benefacere, succurrite oppresso, defendite pauperem, et viduam et advenam et pupillum nolite calumniari. » (*Isa.*, XLVI, 8 ; I, 16, 17.)

18. Hæc ergo, Fratres, in mente retinete, hæc magnopere custodire festinate. Pugnate ut separati a diabolo,

(1) Ex Ser. XXIX, n. 3.
(a) Mss. *aversiones*.

velle? S'il vous décrie, si même il se moque de votre fidélité à embrasser les œuvres du chrétien, ne vous en troublez point, il rendra compte de cette conduite. Mettez tout votre espoir dans la miséricorde de Notre-Seigneur Jésus-Christ, et gardez vos âmes, non-seulement de tout acte impudique, mais aussi de toute pensée d'avarice, car le Seigneur notre Dieu est un juge plein de justice, il jugera nos pensées elles-mêmes. Rejetez, mes frères, je vous le dis, rejetez bien loin l'orgueil ; c'est lui qui fit tomber le démon des cieux. Voici le témoignage de l'Apôtre : «Dieu résiste aux superbes, et il donne sa grâce aux humbles. » (*Jacq.*, IV, 6.) C'est pourquoi le Seigneur dit dans son Evangile : « Quiconque s'élève sera abaissé ; quiconque s'abaisse sera élevé. » (*Luc*, XIV, 11.) Et ailleurs, en saint Matthieu : « Si vous ne vous convertissez et si vous ne devenez comme de petits enfants, vous n'entrerez point dans le royaume des cieux. » (*Matth.*, XVIII, 3.) Déracinez aussi complètement en vous l'habitude du jurement ; celui qui jure désobéit d'une manière grave aux préceptes de Dieu. Notre-Seigneur nous fait cette défense dans son Evangile : «Moi, je vous dis de ne pas jurer du tout, ni par la terre, ni par votre tête, ni par quoi que ce soit, mais contentez-vous de dire : cela est, ou cela n'est pas. » (*Matth.*, v, 34, etc.) Vous injurie-t-on ? Rappelez-vous les préceptes de Dieu qui vous disent : « Moi, je vous dis de ne pas résister à celui qui vous traite mal, mais au contraire, si quelqu'un vous frappe sur la joue droite, présentez-lui encore l'autre. » Et plus loin : « Si quelqu'un veut vous prendre votre robe, abandonnez-lui encore votre manteau. » Et en suivant : «Donnez à celui qui vous demande, et ne poursuivez point celui qui vous enlève ce qui est à vous. » Gardez, c'est nécessaire, cette méthode de prier que Notre-Seigneur nous a apprise en ces termes : « En priant, n'affectez point de parler beaucoup, mais priez dans le secret de votre cœur, et votre Père qui voit ce qui se passe dans le secret, vous en rendra la récompense. Votre Père céleste sait ce dont vous avez besoin avant que vous le lui demandiez. » (*Matth.*, VI, 5, etc.) Frères bien-aimés, n'oubliez donc jamais ces paroles, rappelez-vous sans cesse ces préceptes. Partout où vous êtes, mêlez dans vos conversations le nom de Jésus-Christ ; car il a dit : « Quand deux ou trois sont assemblés en mon nom, je suis au milieu d'eux. » (*Matth.*, VIII, 20.) Fuyez le scandale ; Notre-Seigneur a prononcé des anathèmes contre celui qui soulève des disputes : « Malheur à l'homme par lequel le scandale arrive. » Pour vous exciter à la compassion vis-à-vis de votre prochain, retenez cette sentence de l'Evangile : « Que celui qui a deux tuniques en donne une à celui qui en est privé, et que celui qui a de quoi manger fasse de même ; » (*Luc*, III, 11) et cette autre : « Donnez, et on vous donnera. » (*Luc*, VI, 38.) Ayez toujours à la mémoire ces paroles de Notre-Seigneur : « Si vous demeurez en moi et que mes paroles demeurent en vous, vous demanderez tout ce que vous voudrez, et il vous sera accordé. » (*Jean*, XV, 7.) Prêtez aussi l'oreille à cet enseignement de l'Apôtre : « Le temps est court ; et ainsi il faut que ceux qui ont des femmes soient comme n'en ayant point, et ceux qui pleurent comme ne pleurant point ; ceux qui se réjouissent comme ne se réjouissant point ; enfin, ceux qui usent de ce monde comme n'en usant point, car la figure de ce monde passe. » (1 *Cor.*, VII, 29.) Pour nous faire désirer les choses du

---

conjungamini Deo qui vos redemit. Stupeant gentes de conversatione vestra : et si detrahant vobis, etiam et irrideant Christianitatis vos opera sectari, ne conturbemini ex hoc ; reddent enim de eo rationem. Totam ergo spem vestram in Christi misericordia ponite : et non solum ab actu impudico, sed etiam a cogitationibus sordidis animas vestras custodite ; quia Dominus Deus justus judex et de cogitationibus judicat. Et hoc moneo, Fratres, ut superbiam penitus deponatis, per quam de cœlo diabolus corruit : quia, sicut Apostolus testatur : « Deus superbis resistit, humilibus dat gratiam. » (*Jac.*, IV, 6.) Unde Dominus in Evangelio dicit : « Omnis enim qui se exaltat, humiliabitur ; et qui se humiliat, exaltabitur. » (*Luc.*, XIV, 11.) Et iterum : « Nisi conversi fueritis et efficiamini sicut parvuli, non intrabitis in regnum cœlorum. » (*Matth.*, XVIII, 3.) Jurandi etiam consuetudinem funditus omittite ; quia valde in hac parte Dei praeceptis contrariis, Domino in Evangelio prohibente : « Dico, inquit, vobis non jurare omnino, neque per terram, neque per caput, neque per aliud quodcumque : sit autem sermo vester, est est, non, non. » (*Matth.*, v, 34, etc.) Injuriantibus quoque vobis, proferte praecepta Dei quibus dicitur: « Dico vobis non resistere malo : sed si quis te percusserit in dexteram maxillam, praebe ei et alteram. » Et : « Qui vult tunicam tuam tollere, remittas ei et pallium. » Et iterum : « Qui petit a te, da ei : et qui tollit quae tua sunt, ne repetas. » Orandi utique rationem illam teneatis necesse est, quam Dominus praecepit dicens : « Cum oratis, non in multiloquio, sed in secreto cordis orate : et Pater vester qui videt in abscondito, reddet vobis. Scit, inquit, Pater vester quid opus sit vobis, antequam petatis eum. » (*Matth.*, VI, 5, etc.) Haec ergo verba Carissimi recolite, haec jugiter praecepta reminiscimini. Ubicumque estis, memoriam Christi in colloquio miscete : quia ipse dicit : « Ubi sunt duo vel tres congregati in nomine meo, ibi sum in medio eorum. » (*Matth.*, VIII, 20.) Scandala etiam fugite : quia Dominus graviter notat eum qui lites concitat dicendo : « Vae homini illi per quem scandalum venit. » In compassione vero proximi illam sententiam, tenete, qua in Evangelio dicitur : « Qui habet duas tunicas, det non habenti ; et qui habet escas, similiter faciat. » (*Luc.*, III, 11.) Et illud : « Date, et dabitur vobis. » (*Luc.*, VI, 38.) Dominicis semper mementote verbis quibus dicitur : Si manseritis in me, et verba mea in vobis manserint, quodcumque petieritis, fiet vobis. » (*Joan.*, XV, 7.) Ipsum quoque Apostolum audite clamantem : « Tempus breve est : reliquum est, ut qui habent uxores, tanquam non habentes sint ; et qui flent, tanquam non flentes ; et qui gaudent, tanquam non gaudentes ; et qui utuntur hoc mundo, tanquam non utantur : praeterit enim figura

ciel de préférence à celles de la terre, Notre-Seigneur nous dit : « Que sert à l'homme de gagner tout le monde s'il vient à perdre son âme? » (*Matth.*, XVI, 26.) Pour nous faire aimer la charité, l'évangéliste saint Jean nous adresse cette exhortation : « Si nous nous aimons les uns les autres, Dieu demeure en nous et son amour est parfait en nous. » (I *Jean*, IV, 12.) Et encore : « Dieu est charité, et celui qui demeure dans la charité, demeure en Dieu, et Dieu en lui. » (*Ibid.*) Saint Paul, à son tour, nous vante également l'excellence de la charité ; voici ses paroles : « Quand j'aurais distribué tous mes biens pour nourrir les pauvres, quand j'aurais livré mon corps pour être brûlé, si je n'avais point la charité, tout cela ne me servirait de rien. » (I *Cor.*, XIII, 3.) Il nous donne encore ailleurs cet avertissement : « Que toutes vos actions se fassent dans la charité. » (I *Cor.*, XVI, 14.) Et ailleurs : « Portez les fardeaux les uns des autres, vous accomplirez de la sorte la loi de Jésus-Christ. » (*Gal.*, VI, 2.) Le même Apôtre, poussant doucement vers les sentiers de la perfection les méchants eux-mêmes, leur dit : « Que celui qui dérobait ne dérobe plus désormais. » (*Éphés.*, IV, 28.) Il ajoute ailleurs : « Fuyez la fornication ; quelqu'autre péché que l'homme commette, il est hors du corps ; mais celui qui commet le péché de fornication pèche contre son propre corps. » (I *Cor.*, VI, 18.) Dans la même épître, il dit : « Ni les avares, ni les fornicateurs, ni les adultères, ni les ivrognes, ni les voleurs, ni les médisants, ni les ravisseurs du bien d'autrui ne posséderont le royaume de Dieu. » (*Ibid.*, 9, 10.) Ce même Apôtre, pour réfréner la cupidité, a dit : « L'avarice est la racine de tous les maux. » (I *Tim.*, VI, 10.) Donc, mes frères, rejetez l'avarice, pratiquez la charité, quittez l'incrédulité, supportez-vous mutuellement, avec humilité, prévenant par tous les moyens cette menace de l'Apôtre écrivant aux Romains : « On verra la colère de Dieu, elle éclatera du ciel contre toute l'impiété et l'injustice des hommes. » (*Rom.*, I, 18.) Craignez aussi cette parole de l'Évangile, sortie de la bouche de la Vérité même : « Ceux qui commettent l'iniquité, dit-elle, seront jetés dans la fournaise du feu ; il y aura là des pleurs et des grincements de dents. » (*Matth.*, XIII, 50.) Pensez combien ce feu sera cruel, combien il sera effrayant ; et vous, qui ne pouvez pas même tenir une seconde votre doigt dans le feu, craignez d'y être tourmenté avec votre corps pendant l'éternité.

19. Je vous en prie, voulez-vous éviter ce feu, fuir ce châtiment, cessez désormais de pécher, et prêtez l'oreille aux paroles que vous adresse le Seigneur par son Prophète : « Revenez à moi, quittez vos iniquités, et je vous guérirai. (*Ezéch.*, XVIII, 12.) Écoutez encore : « Je ne veux pas la mort de l'impie, mais qu'il revienne à moi et qu'il vive. » (*Ibid.*, XXXIII, 11.) Il nous crie ailleurs par Isaïe : Aussitôt que, vous étant convertis, vous aurez poussé des gémissements, vous serez sauvés. » (*Isa.*, XLV, 22.) C'est le même avis qu'il nous donne par le prophète Joël : « Convertissez-vous à moi de tout votre cœur, dans le jeûne, dans les pleurs, et dans les gémissements. » (*Joël*, II, 12.) Voyez combien de témoignages vous fournissent les oracles sacrés, pour vous exciter à la conversion. Veillez donc attentivement, car plus le démon prévoit comme prochaine la fin du monde, plus il sévit avec rage contre les chrétiens ; en effet, sachant que bientôt il ne lui restera plus qu'à brûler, il veut as-

hujus mundi. » (I *Cor.*, VII, 29.) Ut autem plus concupiscamus cœlestia quam terrena, Dominum audiamus dicentem : « Nihil enim prodest homini, si mundum universum lucretur, animæ vero suæ detrimentum patiatur. » (*Matth.*, XVI, 26.) Ut vero diligamus caritatem, evangelista Joannes hortatur dicens : « Si diligamus invicem, Deus in nobis manet, et caritas ejus in nobis perfecta est. » (I *Joan.*, IV, 12.) Et iterum : « Deus caritas est, et qui manet in caritate, in Deo manet, et Deus in eo. » Nec non et Paulus excellentiam caritatis simili modo profert, dicens : « Si distribuero in cibos pauperum omnes facultates meas, et si tradidero corpus meum ita ut ardeam, caritatem autem non habuero, nihil mihi prodest. » (I *Cor.*, XIII, 3.) Hinc iterum monet dicens : « Omnia vestra in caritate fiant. » (I *Cor.*, XVI, 14.) Et iterum : « Alter alterius onera portate, et sic adimplebitis legem Christi. » (*Gal.*, VI, 2.) Ipse etiam pravos quosque ad tramitem perfectionis blande coercens dicit : « Qui furabatur, jam non furetur. » (*Ephes.*, IV, 28.) Et illud : « Fugite fornicationem. Quia omne peccatum quodcumque fecerit homo, extra corpus est ; qui autem fornicatur, in corpus suum peccat. » (I *Cor.*, VI, 18.) Et iterum : « neque avari regnum Dei possidebunt, neque fornicarii, neque adulteri, neque ebriosi, neque fures, neque maledici, neque rapaces. » (*Ibid.*, 8, 9.) Idem Apostolus cupiditatem coercens dicit : « Radix omnium malorum est cupiditas. » (I *Tim.*, VI, 10.) Ergo, Fratres, abjicite cupiditatem, sectamini caritatem, deponite impietatem, supportate invicem cum humilitate, illud omnimodis præcaventes quod Apostolus ad Romanos scribens infert : « Revelabitur, inquiens, ira Dei de cœlo super omnem impietatem et injustitiam hominum. » (*Rom.*, I, 18.) Necnon et illud quod voce veritatis in Evangelio comminatur : « Qui faciunt, inquit, iniquitatem, mittentur in caminum ignis ; ibi erit fletus et stridor dentium. » (*Matth.*, XIII, 50.) Considerate igitur quam sævus quamque tremendus sit ille ignis : et qui modo nec unum quidem suffert digitum in ignem mittere, timeat ibi cum toto corpore in sæcula cruciari.

19. Rogo ergo vos, ut si vultis ab illo igne vel ab illa pœna liberari, desistatis jam amplius peccare : et Dominum per Prophetam attendite clamantem : « Revertimini recedentes ab iniquitatibus vestris, et sanabo vos. » (*Ezech.*, XVIII, 12.) Et iterum : « Nolo mortem, inquit, impii, sed ut revertatur et vivat. » (*Ezech.*, XXXIII, 11.) Et per Isaiam clamat dicens : « Quando conversus ingemueris, salvus eris. » (*Isa.*, XLV, 22.) Per Joel quoque similiter commonet dicens : « Convertimini ad me in toto corde vestro, in jejunio et fletu et planctu. » (*Joel*, II, 12.) Ecce quot testimonia ad conversionem vestram ex divinis oraculis prolata sunt. Vigilate ergo sollicite ; quia quanto proximum finem mundi diabolus prospicit,

socier à ses souffrances de nombreux compagnons, avec lesquels il sera tourmenté sans fin. Prenez donc garde, vivez continuellement dans la crainte de Dieu; sachez que chacun de vous a un ange de Dieu, qui observe partout ses actions. S'il fait bien, quelle joie il procure à ce saint ange qui lui est attaché! Mais, si ses œuvres sont mauvaises, il éloigne loin de lui cet ange de sainteté, pour s'unir au serpent infernal. C'est pourquoi, frères bien-aimés, pendant que je vous adresse ces paroles, rentrez en vous-mêmes, examinez vos consciences; voyez si votre âme est digne de cette société avec les anges. Si vous jugez que vous avez fait le bien et que vous êtes dignes de Dieu, n'ayez point sur vos mérites une folle présomption qui naît de l'orgueil, mais, au contraire, prenez garde en toute humilité. Si vous remarquez que vous êtes en état de péché mortel, ne désespérez point. Faites cependant dans votre cœur un pacte avec Dieu, pour que vous ne péchiez plus désormais. Alors espérez avec confiance votre pardon, car Dieu tient toujours ouvert le sein de sa miséricorde, et il demande que tous retournent à lui par la pénitence. En effet, serait-ce un adultère, une femme de mauvaise vie, un voleur, un ivrogne, un menteur, eût-il été le meurtrier de ses enfants, pourvu qu'il se repente et qu'il fasse un bon propos, le Seigneur pardonnera. Nous avons pour exemple le publicain de l'Evangile, le bon larron, la femme pécheresse. Saint Paul, qu'on peut aussi citer, ne dit-il pas de lui-même : « J'ai été auparavant un blasphémateur, un persécuteur et un ennemi outrageux de son Eglise; mais j'ai obtenu miséricorde de Dieu, parce que j'ai fait tous ces maux dans l'ignorance, n'ayant pas la foi? » (I *Tim.*, 1, 13.) Vous aussi, si, par hasard, vous avez péché par ignorance, réparez vos fautes par la pénitence pendant que vous le pouvez encore. Soyez contrits de n'avoir pas fait le bien. Que celui qui se repent, se repente, de telle sorte qu'à l'avenir il ne tombe plus dans les fautes qu'il pleure. Vous qui êtes les déshérités des biens de la terre ici-bas, n'en prenez point de la tristesse ; car, si vous agissez bien, vous serez plus riches dans les cieux.

20. Prenez garde que personne ne laisse échapper des paroles honteuses, et d'après l'Apôtre : « Ne vous laissez point séduire par la diversité des opinions et des doctrines étrangères; » (*Hébr.*, XIII, 9) mais, « reprenez ceux qui sont déréglés, consolez ceux qui ont l'esprit abattu, soyez patients envers tous. » (I *Thess.*, V, 14.) « Que nul discours mauvais ne sorte de votre bouche, » (*Ephés.*, IV, 29) craignant ce qui est écrit : « Les conversations mauvaises corrompent les bonnes mœurs. » (I *Cor.*, XV, 33.) Ayez en horreur la gloutonnerie et l'ivresse; Notre-Seigneur lui-même a condamné ce vice en ces termes : « Prenez garde que vos cœurs ne s'appesantissent par l'excès des viandes et du vin. » (*Luc*, XXI, 34.) L'Apôtre nous fait la même défense. Voici ses paroles : « Ne vous laissez pas aller aux excès du vin, d'où naissent les dissolutions. » (*Ephés.*, V, 18.) Assurément, celui qui boit ou mange plus qu'il ne convient, commet d'abord un péché; de plus, il s'expose à perdre la santé; car, lorsque le ventre ou les veines ont été remplis avec une satiété excessive, aussitôt et nécessairement, la passion se produit dans les membres. C'est pourquoi, ailleurs, l'Esprit saint a écrit : « Le vin bu avec

---

tanto crudelius contra Christianos sævit : ut quia cito se damnandum cognoscit, plures sibi socios in pœnam multiplicet, cum quibus utique sine fine crucietur. Cavete ergo attentius, et jugiter cum Dei timore conversamini : scientes quia unusquisque vestrum Angelum Dei habet, qui observat jugiter quæ egerit. Et si quidem bene agit, gaudium sancto Angelo sibi adhærenti gignit : si vero mala opera exercet, Angelum sanctum a se repellit, et malignum sibi dæmonem conjungit. Quapropter, Carissimi, hæc me loquente, introrsus ad vos redite, conscientias vestras discutite ; si dignas mentes angelici consortii geritis, prævidete : et si vos bonos ac dignos Deo conspicitis, de meritis vestris nunquam superba mente præsumatis, sed magis de cætero cum humilitate cavete. Si vero peccatis vos obnoxios cernitis, nullatenus desperate : (tantum facite in corde pactum cum Deo, ut jam amplius non peccetis ;) sed fiducialiter veniam sperate, quia Dominus sinum suæ pietatis assidue patefacit, et omnes ad se recipere per pœnitentiam quærit. Nam etsi adulter quis, aut meretrix, aut fur, aut ebriosus, aut mendax, vel etiam filiorum necator fuerit; tantum de cætero pœnitens caveat, et indulgebit illi Deus. Publicanum de Evangelio, et latronem, necnon et meretricem, sed et Paulum sumite in exemplum, qui de semetipso dicit : « Prius fui blasphemus et persecutor et contumeliosus ; sed misericordiam Dei consecutus sum, quia ignorans feci in incredulitate. » (I *Tim.*, 1, 13.) Et vos ergo, si forte ignoranter admisistis, reparate vos, quæso dum licet, per pœnitentiam. Confitemini Domino in totis præcordiis vestris, quoniam bonus est ; doleat vos non egisse quod bonum est. Et qui pœnitet, ita pœniteat, ut ulterius jam lugenda non committat. Et qui pauperiores in hoc sæculo estis, nolite ob hoc contristari : quia si bene agitis, ditiores eritis in cœlo.

20. Denique cavete ne quis turpem sermonem ex ore proferat : et secundum Apostolum : « Fabulis variis et doctrinis nolite seduci. » (*Hebr.*, XIII, 9.) Sed « corripite inquietos, consolamini pusillanimes, patientes estote ad omnes. » (I *Thes.*, V, 14.) Et « omnis sermo malus ex ore vestro non procedat ; » (*Ephes.*, IV, 29) timentes illud quod scriptum est : « Pervertunt mores bonos colloquia mala. » (I *Cor.*, XV, 33.) Crapulam etiam et ebrietatem perhorrescite : quia Dominus per se ipsum hoc redarguit dicens : « Cavete ne graventur corda vestra in crapula et ebrietate. » (*Luc.*, XXI, 34.) Et Apostolus prohibet dicens : « Nolite inebriari vino, in quo est luxuria. » (*Ephes.*, V, 18.) Procul dubio enim qui plus manducat aut bibit quam expedit, et peccatum incurrit, et (*a*) sanitatem servare non valet : quia cum venter aut venæ nimia fuerint satietate repletæ, illico necesse est ut libido in membris generetur. Unde et alibi scriptum est : « Vinum multum potatum amaritudo est animæ, et ruina

---

(*a*) Ms., *sanitatem.*

excès est la ruine de l'âme, c'est une ruine qui multiplie les chutes sous les pas de l'insensé, elle ôte la force, et elle est cause des blessures de plusieurs. » (*Eccli.*, xxxi, 39.) Ce que je dis, ce n'est point que je regarde le vin comme une créature mauvaise et qui doit être proscrite; non, mon dessein est seulement de vous rendre plus vigilants et plus sobres. Il y a plus, n'appelez jamais mauvaise aucune des créatures de Dieu, car Dieu a créé toutes les choses très-bonnes. En effet, certaines choses nous paraissent mauvaises, et nous sont nuisibles, mais c'est par notre faute, et non de leur nature, qu'elles sont un mal pour nous. Aussi, mes frères, n'abhorrant que le démon, que son orgueil a rendu mauvais, glorifiez le Seigneur, Créateur de tant de bonnes choses. Evitez toujours la voie large qui conduit à la mort; entrez dans la voie étroite qui nous fait trouver l'éternité sans limites; invitez à votre table les pauvres et les étrangers, obéissant au précepte du Seigneur sur ce point. « Lorsque, dit-il, vous donnez à dîner ou à souper, ne conviez point les riches à venir s'asseoir avec vous; appelez, au contraire, les pauvres, les estropiés, les aveugles et les boiteux, et vous serez heureux. » (*Luc*, xiv, 12.) En effet, ils n'ont pas le moyen de vous le rendre, mais cela vous sera rendu à la résurrection des justes. Il n'est pas juste, certes, que, parmi le peuple chrétien racheté du même prix, serviteurs du même maître, les uns soient gorgés de viandes et dans un état d'ivresse, tandis que les autres périssent de faim. Oui, c'est un péché de laisser dévorer par les vers nos superfluités, et de ne daigner même pas distribuer aux pauvres nos vêtements usés. Pourquoi donc ne pas réfléchir que nous sommes venus au monde dans les mêmes conditions, que nous sommes les serviteurs du même maître, et que nous sortirons de ce monde par une fin semblable à la leur; et encore, que si tous nous faisons le bien, nous participerons au même bonheur? Pourquoi donc le pauvre ne partagerait-il pas votre nourriture, lui qui doit partager avec vous la société des anges? Pourquoi ne recevrait-il pas votre manteau usé, lui qui, avec vous, doit recevoir la robe de l'immortalité? Considérant tout cela, mes frères, prenez un tel soin des pauvres, que, pour ce soin, vous receviez dans les cieux une récompense très-abondante. Fuyez toujours le mensonge, car, au témoignage de l'Ecriture, ce n'est point une faute légère. « La bouche qui ment, dit-elle, tue son âme. » (*Sag.*, i, 11.) Et encore : « Le faux témoin ne restera pas impuni. » (*Prov.*, xix, 5.) David, s'adressant au Seigneur, lui dit : « Vous perdrez tous ceux qui prononcent le mensonge. » (*Ps.* v, 7.) L'Apôtre, venant à son tour, nous dit : « Vous éloignant de tout mensonge, que chacun parle à son prochain dans la vérité. » (*Ephés.*, iv, 25.)

21. Placés sur cette terre, conduisez-vous-y de telle sorte que, lorsque vous la quitterez, et que les vers commenceront à dévorer votre chair au fond du tombeau, votre âme, ornée de ses bonnes œuvres, se réjouisse en paradis dans la compagnie de tous les saints. Que la mort elle-même des pécheurs vous fasse fuir les œuvres d'iniquité. Pensez aux malheurs qui sont tombés sur ceux qui vous ont précédés dans la tombe. Représentez-vous le tombeau des riches, ou de ceux qui naguères étaient encore avec vous. Qu'ont-ils été? que sont-ils? de quoi leur ont servi leurs richesses ou leur amour du monde? D'eux, il ne reste qu'un peu de poussière, et, s'ils pouvaient

---

multiplicans imprudenti offensionem, minuens virtutem, et faciens vulnera. » (*Eccli.*, xxxi, 39.) Et hæc quidem dico, non ut creaturam Dei malam asseram, aut judicem esse damnandam; sed ut vos cautiores sobrioresque reddam. Imo et admoneo, ut nullam Dei creaturam dicatis malam; quia Deus cuncta valde bona creavit. (*Gen.*, i, 31.) Nam quæcumque nobis mala esse videntur aut nocent; nostro vitio, non sua natura, nobis mala exsistunt. Ideoque Fratres solum diabolum, qui superbiendo factus est malus, detestantes, tantorum bonorum creatorem Dominum glorificate. Cavete semper viam latam, quæ ducit ad interitum : apprehendite angustam, per quam reperitur æterna latitudo. Pauperes et peregrinos ad convivium revocate. Dominumque de hac re præcipientem attendite : « Cum facis, inquit, prandium aut cœnam, noli vocare divites qui conviventur tecum ; sed voca pauperes, debiles, cæcos, claudos, et beatus eris, » (*Luc.*, xiv, 12) quia non habent unde tibi retribuant; retribuetur enim tibi in resurrectione justorum. (1) Nec enim justum est, ut in populo Christiano, qui uno pretio sunt redempti, et uni Domino serviunt, alii distentis epulis ventribus et ebrii incedant, alii famis periculo deficiant. Prorsus peccatum est, ut nostra superflua a tineis devorentur, et pauperes nec vetustissima quæque recipere mereantur. Quare non consideratis, quia pari conditione in hunc mundum venistis, uniusque Domini servi estis, simili etiam exitu de mundo migrabitis ; et si bene agitis, ad unam beatitudinem venietis? (2) At quare pauper vobiscum non accipiat cibum, qui vobiscum accepturus est consortium Angelorum? Quare non accipiat vel veterem tunicam, qui pariter accepturus est immortalitatis stolam? Hæc Fratres considerantes, ita pauperum curam gerite, ut uberrimam pro his retributionem in cœlis accipiatis. Mendacium semper fugite, quia non minimum crimen est Scriptura dicente : « Os quod mentitur, occidit animam. » (*Sap.*, i, 11.) Et : « Testis falsus non erit impunitus. » (*Prov.*, xix, 5.) Et David ad Dominum : « Perdes, inquit, omnes qui loquuntur mendacium. » (*Psal.* v, 7.) Et Apostolus : « Deponentes, inquit, mendacium, loquimini veritatem unusquisque cum proximo suo. » (*Ephes.*, iv, 25.)

21. (3) In hac ergo vita positi ita agite, ut cum hinc migraveritis, et caro vestra a vermibus cœperit devorari in sepulcro, anima ornata bonis operibus cum sanctis omnibus lætetur in cœlo. Retrahat vos a malis operibus vel peccatorum interitus. Eorum quos jam præmisistis attendite calamitates. Considerate divitum sepulcro, vel eorum qui ante parvum tempus vobiscum erant, quid fuerunt, et quid sunt, vel quid eis divitiæ vel cupiditas

---

(1) V. Ser. CXVI, n. 4. — (2) Ex eod. loco. — (3) Quæ sequuntur, conficiebant Tractatum *de vanitate sæculi*.

parler, ils vous tiendraient certainement ce langage : Pourquoi, malheureux, courez-vous après les plaisirs du monde ? Pourquoi vous charger de vices et de crimes ? Considérez nos ossements, est-ce que à leur vue votre cupidité et votre misère ne vous font pas horreur ? Ce que vous êtes, nous l'avons été ; ce que nous sommes, vous le serez. Donnez, mes frères, donnez à toutes ces choses de mûres réflexions, et, après les avoir considérées, soyez saisis d'horreur. Ayez toujours présent à vos yeux le jour de votre mort, et hâtez-vous de vous corriger autant que vous le pouvez. N'y mettez point de négligence, parce que le Dieu de miséricorde vous supporte dans votre péché ; car, plus il attend patiemment le temps de votre conversion, plus sa vengeance sera terrible, si vous négligez d'en profiter. Peut-être pensez-vous que la fin du monde est bien éloignée, mais du moins que chacun considère sa propre fin. Voyez, pendant que l'homme s'établit avec contentement et beaucoup de joie dans le monde, qu'il fait de nombreux et longs projets, tout à coup la mort l'enlève, et son âme est arrachée de son corps à l'improviste. Mais qu'il est heureux celui qui auparavant eut toujours cette heure devant les yeux, et qui mit tous ses soins à se préparer à la mort ! Il échappe aux terreurs de ce passage effrayant. Sachez-le, frères bien-aimés, c'est avec une crainte immense et de grandes douleurs que l'âme se sépare du corps. Les anges viennent la prendre pour la conduire devant le tribunal du juge redoutable, alors cette âme, se rappelant toutes les mauvaises actions qu'elle a faites jour et nuit, tremble ; elle gémit, elle veut les fuir, et demander une trêve en disant : Laissez-moi l'espace d'une seule heure. Mais toutes ses œuvres lui répondent d'une voix unanime : Tu nous as faites, nous sommes à toi, nous ne t'abandonnerons pas, nous serons toujours avec toi, et avec toi nous irons au jugement. Voilà l'état de l'âme d'un pécheur, c'est avec une frayeur horrible qu'elle se sépare du corps, et qu'elle s'en va toute remplie de péchés et accablée d'une immense confusion. Au contraire, l'âme du juste, en se séparant du corps, n'a ni crainte ni épouvante ; elle sort avec joie, et, toute pleine d'allégresse, elle va à Dieu sous la conduite de ses saints anges. Craignez donc, mes frères, cette heure dès maintenant, pour ne pas la craindre plus tard. Garantissez-vous-en maintenant, afin que vous puissiez être alors dans la sécurité. N'oubliez jamais que vous marchez au milieu des pièges du démon ; c'est pourquoi soyez toujours prêts, afin que, quand l'ordre du Seigneur vous sera donné, exempts de toute souillure du péché, vous puissiez entrer dans le repos éternel. Ne pensez pas que vous demeurerez longtemps en ce monde, car il arrivera certainement qu'après avoir reçu l'ordre du Seigneur, on ne vous accordera ni une heure, ni un seul instant pour rester en cette vie. Prenez donc bien vos mesures pour que votre mort ne cause pas de la tristesse à vos saints anges, et de la joie à vos ennemis. Vous le savez, aussitôt que l'âme sera séparée du corps, elle entrera dans le paradis en récompense de ses bonnes œuvres, ou certainement elle sera précipitée sans retard au fond des enfers, en punition de ses péchés. Choisissez donc dès maintenant ce que vous voulez, et dès ici-bas, dans cette vie, disposez-vous

---

sæculi profuerunt. Ecce nihil ex eis nisi soli cineres remanserunt : qui si loqui possent, hæc vobis procul dubio dicerent. Ut quid infelices tantum pro sæculi cupiditate discurritis ? Ut quid vos vitiis et criminibus repletis ? Considerate ossa nostra, vel sic vobis horreat cupiditas vel miseria vestra. Quod vos estis, nos fuimus : quod nos sumus, vos eritis. Ista omnia, Fratres, sollicita consideratione pensate, et hæc considerantes, expavescite : diem mortis ante oculos semper ponite, et ad emendationem quantum potestis festinate. Nolite negligere quod vos pius Dominus sustinet peccantes : quia quanto diutius expectat ut emendetis, tanto gravius vindicabit si neglexeritis. Si forte putatis quod finis mundi tardius veniat, vel unusquisque consideret suum finem. (1) Ecce dum libenter ac jucundissime moratur homo in mundo, multaque (a) in longo tempore disponit agenda, repente rapitur in mortem, et ex improviso aufertur a corpore. Sed ille beatus est, qui antea semper horam illam habuerit ante oculos, et festinaverit in illa hora mortis paratus inveniri, ut possit tanti metus terrorem evadere. Quod si vultis scire, cum metu magno, Carissimi, magnisque doloribus separatur anima a corpore. Venient enim Angeli eam assumere, ut perducant ante tribunal metuendi judicis : tunc et illa memorans opera sua mala, quæ die noctuque gessit, contremiscit et ingemiscit, et quærit ea fugere, induciasque petere, dicens : Date mihi vel unius horæ spatium. Tunc quasi simul loquentia omnia opera ejus dicunt : Tu nos egisti, tua opera sumus, non te deserimus, sed tecum semper erimus, tecumque pergemus ad judicium. Hæc quidem peccatoris anima agit, quæ cum horrendo timore separatur a corpore, et pergit plena peccatis et ingenti confusione depressa. Justi vero anima cum separatur a corpore, non timet, nec expavescit : sed magis cum gaudio egreditur, et cum exsultatione pergit ad Deum deducentibus se Angelis sanctis. Illam ergo horam modo, Fratres, timete, ne tunc timeatis : illam nunc præcavete, ut tunc securi esse possitis. Mementote jugiter, quia in medio laqueorum diaboli ambulatis ; et ideo semper parati estote, ut quando Domini præceptum missum fuerit, liberi ab omni labe peccati ad requiem transire possitis. Nec arbitremini vos diu in hoc mundo mansuros ; quia nimirum proveniet, ut non concedatur post Dominicum præceptum missum nec unius horæ spatio vel momento in hac vita consistere. Cavete igitur ne de exitu vestro tristitiam faciatis Angelis sanctis, et gaudium inimicis. Scitote vero quia anima cum a corpore avellitur, statim aut in paradiso pro bonis meritis, aut certe pro peccatis in inferno (b) continuo præcipitatur. Quapropter eligite modo quod

---

(1) Hæc inde translata in l. Medit. Bernardi, c. 11.

(a) Al. in longa tempora. — (b) Abest continuo a Mss. Corb. et lib. de vanit. sæc.

ou à vous réjouir éternellement avec les saints, ou à souffrir sans fin avec les impies. Oh! que du moins les peines vous effraient, si les récompenses ne vous attirent point; et si vous ne pouvez mépriser le monde présent, au moins ne le possédez que comme il convient. Que celui qui s'est égaré pendant sa jeunesse se repente dans sa vieillesse, et qu'il efface par la pénitence les maux qu'il a commis par ses péchés. Peu à peu, le monde disparaît pour nous, et tout ce que nous voyons nous échappe avec la rapidité d'un nuage, ou de l'ombre du soir. Ce qui nous était annoncé comme étant encore loin, nous le tenons, nous l'avons distinctement sous les yeux. Tous les biens disparaissent insensiblement, le mal s'accroît chaque jour. Frères bien-aimés, n'aimez donc pas le monde que vous voyez passer si rapidement; gardez-vous de placer dans son amour l'espérance de votre cœur, lorsque vous le voyez marcher ainsi à sa fin, et surtout quand l'Apôtre vous dit : « Que l'amitié de ce monde est l'ennemie de Dieu. » (*Jacq.*, IV, 4.)

22. Aimez donc de tout votre cœur la vie éternelle, que vous possédez sans fin dans les siècles des siècles. Dirigez-vous, sans retard, là où vous vivrez toujours, et où vous n'aurez jamais à craindre la mort! Si vous aimez tellement cette vie misérable et passagère où vous vivez avec tant de peines, où vous vous procurez si péniblement ce qui est nécessaire aux besoins du corps par vos courses, vos fatigues, vos sueurs et vos soupirs, combien plus devez-vous aimer la vie éternelle? Là vous n'éprouverez aucune fatigue, où vous aurez toujours une immense sécurité, une félicité tranquille, une heureuse liberté, et un bonheur libre de soucis, où s'accomplira cette parole de Notre-Seigneur dans son Évangile : « Les hommes seront semblables aux anges. » (*Matth.*, XXII, 30.) « Semblables, » non par la substance, mais par la béatitude, où s'accomplira aussi cette autre parole : « Alors les justes brilleront comme le soleil, dans le royaume de leur Père. » (*Matth.*, XIII, 43.) Pensez quelle sera la splendeur des âmes, quand la lumière des corps brillera de la clarté du soleil. Désormais il y aura là ni tristesse, ni peine, ni douleur, ni crainte, ni mort; une santé éternelle se soutiendra sans déclin; on n'y rencontrera nul mauvais instinct, nulle misère de la chair, nulle maladie, aucun besoin. Il n'y aura ni faim, ni soif, ni froid, ni chaud, ni fatigue du jeûne, ni tentation de l'ennemi, ni volonté de pécher, ni possibilité de jamais faire une faute; la joie et l'allégresse domineront en tout, et les hommes unis aux anges se renouvelleront, sans éprouver aucune des infirmités de la chair. Il y aura là une joie certaine, un repos assuré; là une vraie paix, là un plaisir infini, que nous n'aurons nulle crainte de perdre jamais, s'il nous est donné de l'obtenir une fois; bonheur que l'on possède toujours, dès lors qu'on a pu l'acquérir. Ce bien est tout ce qu'il y a de plus magnifique, de plus glorieux, de plus splendide, de plus beau, de plus plein de vérité et de munificence. Rien de plus sincère que cette bonté, rien de plus riche que cette abondance. Là régnera toujours la paix, une magnificence grandiose, une vraie et tranquille félicité. Là, nous n'aurons plus à redouter notre ennemi acharné, dont tout le désir est de faire périr les âmes; là, nous ne craindrons plus

vultis, et hoc jam in vita vestra hic disponite, aut perpetualiter gaudere cum sanctis, aut sine fine cruciari cum impiis. Itaque vel saltem pœnæ vos terreant, si præmia non invitant: et præsentem mundum si despicere non valetis, vel cum justitia possidete. Qui in juventute erravit, saltem in senectute resipiscat; et mala quæ peccando commisit, pœnitendo jam expurget. Ecce paulatim deficit mundus, et cuncta quæ videntur, velociter tanquam nebula aut tanquam vespertina umbra transeunt. Ecce quod olim prænuntiabatur, præsenti tempore jam perspicue cernitur : subtrahuntur omnia bona, et crescunt quotidia mala. Nolite ergo, Fratres, mundum jam diligere, [(1) quem tanta cernitis cum velocitate transire : nolite in ejus amore ancoram cordis jam figere,] quem sic ad finem conspicitis declinare : præsertim cum Apostolus clamet, quod amicitia hujus mundi inimica sit Deo. (*Jac.*, IV, 4.)

22. Vitam ergo æternam ex omnibus præcordiis vestris amate, quam nunquam in sæcula finiatis. (2) Illuc festinate, ubi semper vivatis, et ubi jam mori nunquam timeatis. Si enim sic amatis istam miseram fluidamque vitam, ubi cum tanto labore vivitis, et ubi vix currendo, satagendo, sudando, suspirando necessaria corporis satisfacitis : quanto magis amare debetis vitam æternam, ubi nullum unquam laborem sustinebitis, ubi semper summa est securitas, secura felicitas, felix libertas, libera beatitas ; ubi implebitur illud quod Dominus in Evangelio dicit : « Erunt homines similes Angelis; » (*Matth.*, XXII, 30) similes utique non substantia, sed beatitudine. Et illud : « Tunc justi fulgebunt sicut sol in regno Patris eorum. » (*Matth.*, XIII, 43.) (3) Qualis putas erit tunc splendor animarum, quando solis claritatem habebit lux corporum? Ibi jam non erit ulla tristitia, nullus labor, nullus dolor, nullus timor, nulla mors; sed perpetua semper sanitas perseverabit. Nulla ibi consurget malitia, nulla carnis miseria, nulla ægritudo, nulla omnino necessitas. Non erit ibi fames, non sitis, non frigus, non æstus, non lassitudo jejunii, nec ulla tentatio inimici, non jam peccandi voluntas, non ulla delinquendi possibilitas ; sed totum exsultatio, totum lætitia possidebit, hominesque Angelis sociati sine ulla carnis infirmitate vernabunt. Ibi ergo erit lætitia certa, ibi requies secura, ibi pax vera ; ibi jucunditas infinita, ubi si locus obtinendi ullus fuerit, amittendi in sæcula nullus erit. In qua beatitudine (*a*) quod semel adipiscitur, semper tenetur. Nihil loco illo magnificentius, nihil gloriosius, nihil clarius, nihil pulchrius, nihil verius nihil munificentius, nihil illa bonitate sincerius, nihil illa abundantia copiosius. Ibi semper pax et summa solemnitas, ibi vera et certa felicitas est. Ibi jam non formidabitur

(1) Hæc addimus ex lib. *de vanit. sæculi*. — (2) Ita et Medit. Bernardi, c. XVII. — (3) Ex Ser. CX, Append., tom. V, n. 4.
(*a*) Al. *qui*.

TRAITÉ DE LA CONDUITÉ CHRÉTIENNE.

les traits enflammés du démon, ni les perfides tentations de notre ennemi. La férocité des barbares ne nous causera plus de terreur, et nous n'aurons plus à redouter l'adversité. Là, ni le fer, ni le feu, ni le visage effrayant du bourreau ne nous causeront plus d'effroi. Dans ce lieu de gloire personne n'aura besoin de vêtement, car il n'y a ni froid, ni chaud, ni variation de température. Personne n'y a faim, personne n'y est triste, aucun n'est étranger, mais tous ceux qui mériteront d'y entrer, y vivront tranquilles comme dans leur vraie patrie. Alors la chair n'y combattra plus contre l'esprit; aucun danger ne sera à craindre, on y jouira avec les anges et de la main de Jésus-Christ de récompenses inénarrables et sans fin; car, « ce que l'œil n'a point vu, comme dit l'Apôtre, ce que l'oreille n'a point entendu, ce qui n'est jamais entré dans le cœur de l'homme, voilà ce que Dieu a préparé à ceux qui l'aiment. » (II *Cor.*, II, 9.) Quelle félicité perdra donc celui qui ne veut pas se corriger, tandis qu'il le peut encore! Aussi, mes frères, avec le secours du Seigneur, gardons-nous bien d'être encore les esclaves du péché, nous auxquels un si grand bonheur est préparé dans les cieux.

23. Tandis qu'il est temps encore, hâtons-nous de nous rendre Dieu propice; méprisons ce qui est de la terre pour attendre ce qui est du ciel. Pensons que nous sommes des étrangers sur cette terre, et nous nous dirigerons plus librement vers le ciel. Oui, elles passent avec rapidité, elles s'échappent aussi vite que l'ombre, toutes les choses que nous voyons ici-bas. Pensons à ce que nous serons au jour du jugement, quand, paraissant aux regards de Dieu et de ses anges, nos œuvres seront placées sous nos yeux. Quelle sera notre honte, lorsqu'il nous faudra rougir de nos péchés en présence de Dieu et de ses anges, nous qui cachons avec tant de soin notre péché aux regards même d'un seul homme! ou bien, quelle frayeur de voir Dieu irrité, lui que l'univers tout entier ne saurait apaiser! Ne cessons de craindre ce jour que maintenant nous ne pouvons nullement connaître. Redoutons sans cesse ce moment, et que cette crainte nous éloigne du mal. Réfléchissons à la terreur qui régnera en ce jour, quand, du haut des cieux, le Seigneur viendra juger le siècle. Quelle crainte de voir Dieu, dont la venue met en mouvement tous les éléments, fait trembler le ciel et la terre et ébranle les vertus des cieux! Alors, au son éclatant de la trompette, toutes les nations qui ont existé sous le ciel, chacun, homme ou femme, avec le sexe qui l'a distingué en venant au monde, bons et mauvais, justes et pécheurs, tous ceux qui sont nés depuis le commencement du monde, et qui sont tombés sous les coups de la mort, soit qu'ils aient été dévorés par les bêtes, consumés par le feu ou engloutis par les eaux, tous, en un instant, en un clin d'œil, ressusciteront et paraîtront, sans aucun doute, avec les mêmes corps et la même chair qu'ils eurent ici-bas; mais à l'état de l'homme parfait et à la mesure de l'âge et de la plénitude selon laquelle Jésus-Christ doit être formé en nous, et dans laquelle Notre-Seigneur lui-même est ressuscité d'entre les morts. Tous viendront devant le tribunal de Jésus-Christ, les élus comme les réprouvés le verront de leurs yeux. Notre-Seigneur lui-même nous l'atteste dans son Evangile : « Ils verront, dit-il, le

---

ferocissimus hostis, qui cupit jugiter animas jugulare : nec timebuntur ultra ignita diaboli jacula, neque ulla inimici tentamenta. Non incutiet terrorem barbarorum immanitas, nec ulla ulterius timebitur adversitas. Non ibi formidabitur ferrum, non ignis, nec facies omnino truculenta tortoris. Nemo in loco illo glorioso indiget vestimento ; quia non est illic frigus, nec æstus, nec ulla aeris inæqualitas. Nullus ibi esuriet, nullus tristatur, nullus est peregrinus : sed omnes qui ibidem attingere meruerunt, securi ut in patria vivent. Non ultra jam adversabitur caro spiritui, nec ullum timebitur periculum : sed inenarrabilia cum Angelis ac sempiterna a Christo præmia retribuentur, et quod oculus non vidit, sicut dicit Apostolus (II *Cor.*, II, 9), nec auris audivit, nec in cor hominis ascendit, quæ præparavit Deus diligentibus se. Ecce qualem beatitudinem perditurus erit, qui se modo, dum licet, emendare noluerit. Idcirco nos, Fratres, Domino auxiliante dedignemur ultra servire peccato, quibus tanta beatitudo præparatur in cœlo.

23. Dum ergo tempus est, festinemus Deum nobis propitium facere : despiciamus quæ terrena sunt, ut adipiscamur cœlestia. Cogitemus nos peregrinos esse in hoc sæculo, ut liberius festinemus ad cœlum ; velociter enim transeunt, et cito tanquam umbra prætereunt cuncta quæ hic videntur. Perpendamus quales erimus in die judicii, Dei et Angelorum conspectibus præsentandi, quando opera nostra erunt nobis ante oculos ponenda. Qualis erit illa confusio, cui contigerit pro peccatis suis in conspectu Dei omniumque hominum erubescere, qui hic nec unum quidem hominem in se peccantem vult inspicere ? Vel quis erit pavor tunc Deum iratum videre, quem placatum non valet universitas comprehendere? Illum ergo diem semper timeamus, quem modo prævidere nullatenus possumus. Illum diem jugiter pavescamus, et vel sic actus nostros a malo revocemus. Consideremus quis terror erit in die illo, cum de cœlis Dominus ad judicandum venerit sæculum. Quis metus erit Deum videre, ad cujus adventum universa elementa quatientur, ac cœlum cum terra contremiscet, virtutesque cœlorum commovebuntur ? Tunc nimirum præcinentibus Angelorum tubis, omnes gentes quæcumque sub cœlo fuerint, et omnis homo tam viri quam feminæ in eo sexu unusquisque quo natus fuit in mundo, boni simul et mali, sancti et peccatores, vel quicumque ab initio mundi nati, ac mortui fuerint, sive a bestiis devorati, sive ab igne consumpti, sive ab aquis absorpti, omnes simul in momento temporis atque in ictu oculi resurgent (I *Cor.*, XV, 52), in ipsis sine dubio corporibus atque in ipsa carne quam hic habuerunt ; scilicet in virum perfectum et in mensuram ætatis plenitudinis Christi, in qua et ipse Dominus resurrexit a mortuis. (*Ephes.*, IV, 13.) Et omnes ante judicium Christi venient, pariterque eum et electi et reprobi suis oculis videbunt, sicut et ipse Dominus in Evangelio dicit : « **Tunc**

Fils de l'homme qui viendra sur les nuées du ciel avec une grande puissance et une grande majesté, entouré de ses légions d'anges; et toutes les nations assemblées devant lui, et toutes les tribus de la terre pleureront sur elles-mêmes; il séparera les uns d'avec les autres, comme un berger sépare les brebis d'avec les boucs; il mettra les justes à sa droite et les impies à sa gauche. Alors il dira à ceux qui seront à sa droite : Venez, vous qui êtes bénis de mon Père, possédez le royaume qui vous a été préparé dès le commencement du monde, car j'ai eu faim, et vous m'avez donné à manger; j'ai eu soif, et vous m'avez donné à boire; j'ai eu besoin de logement, et vous m'avez recueilli; j'ai été nu, et vous m'avez revêtu; j'ai été malade et en prison, et vous m'avez visité; et autant de fois que vous avez fait ces choses au moindre de mes frères, c'est à moi-même que vous l'avez fait. » (*Matth.*, xxiv, 29; xxv, 32.) Alors il montrera aux regards de tout le monde ses blessures, les plaies des clous dans ce même corps, sans aucun doute, qui a été percé pour nos péchés; et, s'adressant aux pécheurs, il leur dira : « O homme, c'est moi qui de mes mains t'ai tiré du limon de la terre et qui t'ai placé au milieu des délices du paradis que tu ne méritais pas; mais me méprisant moi-même, dédaignant ma défense, tu as mieux aimé suivre l'ennemi qui te trompait ; aussi, par un juste châtiment, tu fus condamné aux supplices de l'enfer. Cependant, j'eus pitié de toi, je pris un corps de chair, j'habitai sur la terre au milieu des pécheurs; pour toi j'ai souffert des affronts et des coups, pour te délivrer, j'ai reçu des soufflets et des crachats; pour te rendre les douceurs du paradis, j'ai bu du vinaigre avec du fiel. Pour toi, j'ai été couronné d'épines, attaché à la croix, percé d'une lance; pour toi, je suis mort, j'ai été mis dans un sépulcre, je suis descendu aux enfers. Afin de te ramener en paradis, j'ai franchi les barrières du séjour ténébreux; pour te faire régner dans le ciel, j'ai pénétré dans les profondeurs du gouffre infernal. O méchanceté humaine ! pèse donc tout ce que j'ai souffert à ton occasion. Voici les blessures que j'ai reçues pour toi ; voici les marques des clous par lesquels j'ai été attaché à la croix. Tes douleurs, je les ai prises afin de te guérir ; ta peine, je l'ai subie pour te donner la gloire ; j'ai pris la mort pour que tu vives sans fin ; je me suis caché au fond d'un sépulcre afin de te faire régner au ciel. Voilà tout ce que j'ai souffert pour toi. Y a-t-il des choses plus grandes que j'aie dû faire et que je n'ai pas faites ? Hommes, parlez à votre tour, montrez ce que vous avez souffert pour moi et quel bien vous avez fait pour vous-mêmes. Pour moi, étant invisible, de mon plein gré je me suis incarné pour vous; étant impassible, j'ai voulu souffrir pour vous; étant riche, je me suis fait pauvre pour l'amour de vous. Mais vous, méprisant mes humiliations et mes préceptes, vous avez suivi votre séducteur de préférence à moi-même ; et maintenant ma justice ne peut prononcer d'autre jugement que celui que vos œuvres méritent. Prenez donc ce que vous avez vous-même choisi; vous avez méprisé la lumière, possédez les ténèbres; vous avez aimé la mort, allez à la damnation; vous avez obéi au démon, allez brûler avec lui dans le feu éternel. Jugez quel sera alors le chagrin, le deuil, la tristesse, l'angoisse des méchants, lorsque

videbunt Filium hominis venientem in nubibus cœli cum virtute magna et majestate, constipatum agminibus Angelorum (*Matth.*, xxiv, 29) et congregabuntur ante eum omnes gentes, et plangent super se omnes tribus terræ, et separabit eos ab invicem sicut pastor segregat oves ab hædis, et statuet justos quidem a dextris suis, impios autem a sinistris. Tunc dicet ad eos qui a dextris ejus erunt : Venite benedicti Patris mei, possidete præparatum vobis regnum a constitutione mundi ; esurivi enim, et dedistis mihi manducare ; sitivi, et dedistis mihi bibere ; hospes eram, et collegistis me ; nudus, et operuistis me ; infirmus et in carcere, et visitastis me. Hæc quamdiu fecistis uni ex minimis meis, mihi fecistis. » (*Matth.*, xxv, 32, etc.) Tunc omnibus aspicientibus ostendet livores et fixuras clavorum, in ipso sine dubio corpore, quod pro peccatis nostris vulneratum est : et ita compellans peccatores dicet : (1) Ego te, homo, de limo terræ manibus meis formavi, et inter paradisi delicias, quod non merebaris, collocavi : sed tu me meaque jussa contemnens, deceptorem sequi maluisti, unde et justa pœna damnatus inferni suppliciis es deputatus. Postea misertus sum tui, carnem assumpsi, in terris inter peccatores habitavi, contumelias et verbera pro te sustinui : ut te eriperem, colaphos et sputa suscepi ; ut tibi dulcedinem paradisi redderem, acetum cum felle bibi. Propter te vepribus coronatus, cruci affixus, lancea vulneratus sum. Propter te mortuus et in sepulcro positus, ad inferna descendi. Ut te ad paradisum reducerem, tartari claustra adii ; ut tu in cœlo regnares, inferni profunda penetravi. Agnosce ergo quæ pro te, impietas humana, pertuli. Ecce livores quos pro te excepi, ecce clavorum foramina quibus in cruce affixus pependi. Suscepi dolores tuos, ut te possem sanare : suscepi pœnam, ut darem tibi gloriam : suscepi mortem, ut tu viveres sine fine : conditus latui in sepulcro, ut tu regnares in cœlo. Hæc omnia pro vobis sustinui. Ampliora horum quid vobis debui facere, et non feci? Dicite nunc vel ostendite mihi quid passi estis propter me, (*a*) aut quid boni egistis pro vobis. Ego cum essem invisibilis, sponte propter vos incarnatus sum : cum essem impassibilis, propter vos pati dignatus sum : cum essem dives, propter vos egenus factus sum. Sed vos humilitatem meam et præcepta mea semper renuentes, seductorem magis quam me secuti estis. Ecce modo non potest aliud justitia mea judicare, nisi quod merentur opera vestra recipere. Ergo quod ipsi elegistis, tenete. Contempsistis lucem, possidete tenebras : amastis mortem, ite in perditionem : secuti estis diabolum, ite cum ipso in ignem æternum. (2) Quis putas erit tunc mœror, quis luctus, quæ tristitia, quæ angus-

---

(1) Ex Ser. ccxlix. App. ad tom. 5, n. 4, et 5. — (2) Hæc et lib. Medit. Bernardi, c. iii.

(*a*) In lib. *de vanit. sæc.* add. *dominatorem vestrum*.

cette sentence sera prononcée contre eux! Alors, une dure séparation les éloignera de la douce société des saints, et, livrés au pouvoir des démons, ils iront avec eux subir avec leur corps les supplices éternels; une douleur sans fin et des gémissements éternels seront leur partage. Exilés à tout jamais de la bienheureuse patrie du ciel, ils seront tourmentés au fond de l'enfer sans voir jamais la lumière, sans obtenir jamais de rafraîchissement, sans que leurs peines finissent jamais et sans espoir de posséder le repos; oui, pendant des milliers d'années, ils souffriront dans cet abîme, sans pouvoir être délivrés de toute l'éternité. Là, ni celui qui tourmente ne se lasse, ni celui qui souffre ne meurt jamais. Là, le feu brûle mais sans consumer; les tourments accablent, et sans cesse ils se renouvellent. Chacun souffrira les tourments de l'enfer proportionnellement à la grièveté de sa faute. On n'entend là que pleurs, que gémissements, que grincements de dents; on n'y recevra pas d'autre consolation que les flammes et l'effroi des supplices; les malheureux y brûleront avec les pécheurs dans un feu éternel, toujours jusque dans les siècles des siècles. Les justes, au contraire, iront dans la vie éternelle également avec le même corps qu'ils eurent en ce monde. Ils se mêleront aux chœurs des saints anges dans le royaume de Dieu, pour s'y livrer à des joies éternelles; jamais ils ne goûteront la mort, jamais ils ne verront la corruption, mais, toujours rassasiés de la joie et de la douceur de Jésus-Christ, ils brilleront comme des soleils dans la gloire et la splendeur que Dieu a préparées à ceux qui l'aiment; plus quelqu'un aura été fidèle à Dieu en cette vie, plus dans l'autre sa récompense sera grande; plus il aura aimé Dieu ici-bas, plus alors il le verra de près.

24. Voilà, mes frères, les instructions que j'avais à vous adresser; ce que je viens de faire en toute simplicité, afin que vous sachiez ce qui doit arriver à chacun de vous. Désormais, personne ne pourra s'excuser de son ignorance. On vous a annoncé la mort et la vie, c'est-à-dire les supplices des méchants et la gloire des justes; dès lors, il dépend de vous de choisir ce que vous voulez posséder. Ce que chacun ici aura désiré et obtenu, il le possédera dans l'autre vie. Désirez donc, de toutes vos forces, la vie éternelle, ne différez pas plus longtemps votre conversion; mais, pour gagner le royaume des cieux, quittez de plein gré ce qu'il vous faudra perdre de force à la fin de cette vie. De grâce, qu'il se lève, celui qui est retenu dans les chaînes du péché; qu'il sorte de son assoupissement et qu'il se réveille de son sommeil de mort. Qu'il recoure à la confession et fasse pénitence. Qu'il ne rougisse point de faire une pénitence publique des crimes qu'il a commis. Certes, ne vaut-il pas mieux faire pénitence pendant quelque temps ici-bas, que d'avoir à souffrir pendant des milliers d'années les supplices de l'enfer. Si son repentir vient du cœur, le Rédempteur viendra promptement à son secours, lui qui a ressuscité Lazare mort depuis quatre jours, et exhalant une odeur fétide. (*Jean*, XI, 43.) Le sein de sa miséricorde est toujours prêt; il attend avec bonté que les pécheurs viennent s'y jeter, car, comme il est écrit : quelque grands que soient les crimes à pardonner, il ne faut jamais désespérer de la miséricorde de Dieu; il nous crie chaque jour par son prophète : « En quelque

---

tia, cum hæc fuerit adversus impios prolata sententia? Tunc enim erit dura separatio a dulci sanctorum consortio : et traditi in potestatem dæmonum, ibunt in ipsis corporibus suis cum diabolo in supplicium æternum, et permanebunt semper in luctu et gemitu. Procul omnino exsiliati a beata paradisi patria cruciabuntur in gehenna, nunquam lucem visuri, nunquam refrigerium adepturi, nunquam pœnas finituri, nunquam requiem accepturi; sed per millia millium annorum in inferno cruciandi, nec unquam in sæcula liberandi. Ibi nec qui torquet, aliquando fatigatur ; nec qui torquetur, unquam moritur. Sic enim ibi ignis consumit, ut semper reservet; sic tormenta aguntur, ut semper renoventur. Juxta vero qualitatem culpæ, pœnam ibi unusquisque sustinet gehennæ. Non ibi auditur aliud nisi fletus, et planctus, et stridor dentium ; non erit aliud consolamentum, nisi flammæ et terrores pœnarum : ardebuntque miseri cum peccatoribus sine fine in ignem æternum semper in sæcula sæculorum. Justi autem ibunt in vitam æternam, in ipsa sine dubio carne quam hic habuerunt; et sociabuntur Angelis sanctis in regno Dei gaudiis deputati perpetuis, nunquam jam morituri, nunquam corruptionem visuri, sed semper lætitia ac dulcedine Christi saturati, et fulgebunt sicut sol in gloria et claritate, quam præparavit Deus diligentibus se. Et quanto amplius aliquis alio obediens Deo in hac vita fuerit, tanto illic amplio-

rem mercedem accipiet : quantoque amplius hic Deum amaverit, tanto tunc eum propius videbit. (1)

24. Ecce, Carissimi, prædixi vobis simpliciter, ut intelligere possitis quæ sint unicuique ventura. Nemo jam se de ignorantia poterit excusare: quoniam mors et vita prænuntiata sunt vobis, supplicia impiorum, et gloria justorum. Jam vero in arbitrio vestro consistit eligere quod teneatis. Unusquisque enim quod hic concupierit et assecutus fuerit, hoc utique possidebit. Vitam ergo æternam toto nisu concupiscite; nec emendationem vestram diutius differatis, sed ad lucranda cœlestia regna ultro ipsi relinquite quod lucis hujus fine perdendum est. Surgat jam quæso quicumque peccati catena constrictus tenetur, et expergefactus a somno suæ mortis evigilet. Recurrat ad confessionem, et agat pœnitentiam. Nec erubescat publice pœnitere super immunditiis quas gessit : quia re vera multo melius est hic pauco tempore pœnitere, quam per tot millia annorum inferni supplicia sustinere. Si ex toto corde pœnituerit, cito succurret illi Redemptor qui quatriduanum jam fœtidum suscitavit Lazarum. (*Joan.*, XI, 43.) Paratus est ille semper misericordiæ sinus, et clementer exspectat, ut suscipiat pœnitentes. Non est enim, sicut scriptum tenemus, de quamvis magnis criminibus remittendis Dei unquam misericordia desperanda : quia ipse quotidie clamat per Prophetam dicens : « Quæcumque die conversus fuerit

(1) Hic additis 10 versibus claudebatur Tract. *de vanitate sæculi*.

jour, que le pécheur se convertisse de la souillure des péchés, aussitôt je mettrai en oubli toutes ses iniquités. » (*Ezéch.*, XVIII, 21.) Il nous dit encore par un autre prophète : « Je suis le Seigneur votre Dieu, qui détruis vos iniquités. » (*Isa.*, XLIII, 25.) Et dans l'Évangile : « Il y aura plus de joie au ciel sur un pécheur qui fait pénitence, que de la persévérance des quatre-vingt-dix-neuf justes qui n'ont pas besoin de pénitence. » (*Luc*, XV, 7.) Ajoutons ces autres paroles : « Je ne veux pas la mort du pécheur, mais plutôt qu'il se convertisse et qu'il vive. » (*Ezéch.*, XXXIII, 11.) Admirez, mes frères, combien est grande la bonté de notre Dieu ! combien sa miséricorde est ineffable ! Chaque jour nous le méprisons, et chaque jour, par une tendresse pleine de bonté, il nous invite à la pénitence ! Sa bonté miséricordieuse nous inspire de la confiance, de telle sorte cependant que nous ne désespérions pas de la miséricorde de Jésus-Christ, et que nous ne présumions pas d'obtenir notre pardon sans faire des fruits de pénitence. Notre-Seigneur, en effet, en tant que Père, aura toujours une bonté indulgente et miséricordieuse ; mais, comme juge, il sera d'une majesté sévère et redoutable. Il peut, en effet, pardonner aux coupables ; il peut adoucir sa sentence, il peut accorder du temps pour la pénitence, mais, comme juge, son jugement ne peut être que très-équitable ; car, en Dieu, il ne peut y avoir ni changement ni même l'ombre d'un changement ; il juge en toute rigueur, et il rend exactement à chacun suivant ses actions ; du bien aux bons, du mal aux méchants. Aussi, frères bien-aimés, rappelez-vous ce que vous avez fait ; si vous reconnaissez avoir commis des fautes, sans aucun délai recourez au remède de la pénitence. Ecoutez l'avis du prophète : « Ne remettez pas de vous convertir au Seigneur, ne différez pas de jour en jour, car vous ne savez pas ce qui aura lieu demain. » (*Ecclés.*, V, 8.) Rappelez-vous que toute votre vie s'écoule en présence du Dieu tout-puissant qui voit en chaque homme, non-seulement ses actions, mais même ses pensées, suivant cette parole de l'Apôtre : « Nulle créature ne lui est cachée, car tout est à nu et à découvert devant ses yeux. » (*Hébr.*, IV, 13.)

25. Pénétrés de ces pensées, veillez sur vous avec un soin très-attentif ; amassez sans relâche des bonnes œuvres pour l'arrivée du dernier jour ; car, nous vous l'affirmons, la fin du monde est proche, la fin de cette vie va arriver ; et, ce qui est déplorable, de si grands maux ont lieu chaque jour, de telles tribulations s'accumulent, que, par leur ensemble, le monde semble, en quelque sorte, proclamer sa fin. Voilà que tout ce que les prophètes ont annoncé, que tout ce que les apôtres ont prédit est presque accompli ; il ne reste plus que le seul jour du jugement et de l'arrivée de l'horrible Antechrist. Voici guerre sur guerre, tribulation sur tribulation, famine sur famine, peste sur peste, et les nations qui se lèvent les unes contre les autres. Tout ce qui a été prédit depuis longtemps, nous le voyons maintenant accompli. Pourquoi sommes-nous donc de pierre, et possédons-nous un cœur de fer ? Quoi ! au milieu de tant de malheurs, nous ne songeons pas à en faire des remèdes pour notre âme ; il y a longtemps que la voix divine fait entendre ses menaces, mais l'opiniâtreté des hommes est im-

---

peccator ab immunditia sua, omnes iniquitates ejus erunt in oblivione coram me. » (*Ezech.*, XVIII, 21.) Et rursus per alium Prophetam dicit : « Ego sum Dominus Deus vester qui deleo iniquitates vestras. » (*Isa.*, XLIII, 25.) Et illud de Evangelio : « Gaudium erit in cœlo super uno peccatore pœnitentiam agente, quam super nonaginta novem justis qui non indigent pœnitentia. » (*Luc.*, XV, 7.) Et illud : « Nolo mortem peccatoris, sed ut magis convertatur et vivat. » (*Ezech.*, XXXIII, 11.) Considerate Fratres carissimi, quam larga est bonitas Dei nostri, quam ineffabilis misericordia ejus. Quotidie contemnitur ; et quotidie nos ad pœnitentiam benignissima pietate invitat. Fiduciam nobis pia ejus largitio præstat : ut nec desperemus de Christi misericordia, nec tamen nobis absque fructu pœnitentiæ veniam concessam præsumamus. Dominus enim quantum patris pietate indulgens semper et misericors est, tantum judicis majestate severus est et metuendus. Potest quidem reis dare indulgentiam, potest ipse suam reflectere sententiam, potest (c) pœnitenti gratias indulgere ; non potest tamen nisi justissime judicare : quoniam non est apud Deum commutatio, nec vicissitudinis obumbratio. Æquissime enim judicat, atque æqualiter secundum uniuscujusque facta repensat ; bona scilicet bonis, et mala malis. Ideoque Carissimi reminiscimini quæ egistis : et si vos deliquisse cognoscitis, sine aliqua dilatione ad pœnitentiæ medicamenta confugite. (*Jac.*, I, 17.) Audite Prophetam admonentem : « Nolite, inquit, tardare converti ad Dominum, nec differatis de die in diem, qua nescitis quid crastino futurum sit. » (*Eccli.*, V, 8.) Mementote semper quod ante conspectum omnipotentis Dei conversamini, qui prospicit omnium hominum non solum facta, sed et cogitationes, sicut et Apostolus ait : « Non est ulla creatura invisibilis in conspectu ejus, sed omnia nuda et aperta sunt oculis ejus. » (*Hebr.*, IV, 13.)

25. Hæc jugiter cogitantes, intentissima sollicitudine vos custodite, ultimique diei vos adventui cum bonis operibus semper præparate. Ecce jam, ut certissime tenemus, finis mundi in promptu est, jam finis sæculi instat : et quod lugendum est, tanta mala quotidie fiunt, tantæ tribulationes crebrescunt, ut per hæc etiam mundus finem suum quodam modo proclamare videatur. Ecce omnia quæ Prophetæ vaticinaverunt, quæque prædixerunt Apostoli, pene jam completa sunt : solus dies judicii et horribilis antichristi adventus adhuc restat. Ecce bellum super bellum, tribulatio super tribulationem, fames super famem, pestilentia super pestilentiam, et gens supra gentem consurgit. Omnia quæ dudum sunt prædicta, nos jam videmus impleta. Quare ergo sumus lapidei, et ferreum pectus possidemus, ut pro remedio animæ nostræ inter tot mala minime cogitemus ? Diu est enim quod vox divina minatur : sed nullatenus hominum

(c) Ms. Corb. *pœnitendi*, etc. Spicil. *pœnitendi tempus gratis* ind.

muable, la vengeance divine ne demande qu'à éclater, et, du côté de l'homme, on n'a recours à aucune satisfaction. La colère de Dieu approche, mais que la pénitence que l'on s'impose est tiède ! Les prophètes affirment la venue des supplices, et il est bien rare que les hommes implorent la miséricorde de Dieu. Aussi, mes bien-aimés, je vous en avertis en prévision de la fin du monde, cessez toute malice humaine, et implorez, de tous vos efforts, la miséricorde de Dieu. Que le poids de vos richesses ne vous courbe plus jusqu'à terre, car bientôt il nous faudra tout quitter. Non, nous ne pouvons posséder et le Christ et le monde, mais méprisons le monde pour prendre en toute liberté notre course vers le ciel.

26. Rappelons-nous combien sont graves les fautes que nous avons commises, et la grandeur des supplices de l'enfer que nous devons craindre ; puis, appliquons. une pénitence proportionnée à la gravité de nos fautes. Réfléchissons que, selon l'Apôtre, « nous n'avons rien apporté en ce monde, et à notre mort nous n'en pourrons rien emporter. » (II *Tim.*, vi, 7.) Nous sommes venus au monde nus, nous mourrons certainement nus ; et tout ce que nous aurons trouvé ici-bas, nous l'y laisserons sans aucun doute. Seulement si sur cette terre nous avons fait des bonnes œuvres, elles nous accompagneront au ciel ; que dis-je ? c'est elles qui nous porteront au ciel. Comme des voyageurs, contentons-nous donc de notre seul nécessaire. N'acquérons ici que ces richesses que nous emporterons avec nous dans notre vraie patrie, qui est le ciel. Aimons Dieu par-dessus tout, car c'est une impiété manifeste de ne pas l'aimer, puisque même en l'aimant, nous ne pouvons le payer de tous ses bienfaits. Méchants comme nous le sommes, que pourrons-nous donc donner au Seigneur si libéral pour tous les bienfaits dont il nous a comblés ? Car sans aucun mérite précédent de notre part, à nous, il nous a accordé, quoiqu'indignes, la grâce insigne de nous racheter du joug d'une cruelle domination. Du trône de la majesté de son Père il est descendu vers nous. Il a souffert toute espèce d'injures sur la terre, il a essuyé des opprobres, et subi une mort injuste, et il a supporté tout cela patiemment pour nous donner l'exemple de l'humilité et de la patience ; c'est pourquoi il dit aux disciples qui le suivaient : « Apprenez de moi que je suis doux et humble de cœur. » (*Matth.*, xi, 29.) Nous devons donc, ainsi que Notre-Seigneur l'a fait pour nous, supporter avec longanimité tous les maux qui nous arrivent à cause de nos péchés, afin que nous puissions recueillir dans la vie éternelle les fruits de la patience. Pressons donc notre course, mes frères, tandis que nous avons le temps ; haïssons ce monde que nous ne pouvons posséder longtemps. Que la contagion des mauvaises œuvres ne nous souille plus, au contraire, que les regards divins nous détournent toujours du péché. Si des hommes, pécheurs comme nous, pétris de la même boue, nous feraient rougir s'ils nous voyaient pécher, combien plus devons-nous révérer et craindre le Dieu tout-puissant, éternel, seul sans péché, qui voit et examine, non-seulement nos actions, mais même nos pensées ? Craignons-le donc en tout temps, ayons toujours avec nous le respect de sa présence, et que l'espérance du pardon nous relève ; mais aussi que la crainte de l'enfer nous afflige sans cesse. Avant tout, et par-dessus tout, ayons la charité, souvenons-nous de ce précepte du Seigneur : « Ayez en

---

pertinacia mutatur. Cœlestis olim intentatur ultio ; et nulla hominum adhibetur satisfactio. Dei proximat ira ; et tepide agitur pœnitentia. Venturum Prophetæ testantur supplicium ; et raro ab hominibus Dei imploratur auxilium. Quapropter, Dilectissimi, moneo, ut vel jam mundo finiente humana finiatur malitia, soliusque Dei toto nisi quæratur misericordia. Non vos jam divitiarum onera ad terram premant, quia cito hic omnia relinquemus : nec pariter et Christum velimus habere et sæculum ; sed spreto sæculo liberi festinemus ad cœlum.

26. Reminiscamur quam gravia sunt scelera quæ commisimus, quamque dira inferni supplicia quæ timemus : et juxta qualitatem culpæ medicamentum adhibeamus pœnitentiæ. Cogitemus quod secundum Apostolum : « Nihil in hunc mundum intulimus, nihilque ex eo morientes auferri poterimus. » (II *Tim.*, vi, 7.) Nudi nati sumus, nudi utique morituri : quidquid autem hic inventum est, hic procul dubio relinquetur. Opera tantummodo bona si hic egerimus, ipsa nobiscum ad cœlos portabuntur ; imo nos ipsa ad cœlum portabunt. Tanquam peregrini ergo sola sufficientia contenti, illas divitias nobis hic acquiramus, quæ nobiscum ad paradisi patriam feramus. Deum super omnia diligamus ; quia re vera impium est eum non diligi, cui vicem rependere non possumus, etiam et cum diligimus. Quid enim nos impii pio Domino retribuere poterimus pro omnibus quæ retribuit nobis (*Psal.* cxv, 12) ; quia nullis nostris præcedentibus meritis tanta nobis præstitit indignis, ut nos a jugo diræ dominationis redimeret. De sede paternæ majestatis ad nos descendit, injurias in terris pertulit, probra sustinuit, mortem indebite subiit : et hæc quidem omnia patienter sustulit, ut nobis humilitatis et patientiæ exempla monstraret ; unde et sequentibus se discipulis dixit : « Discite a me, quia mitis sum et humilis corde. » (*Matth.*, xi, 29.) Oportet igitur ut quemadmodum ille pro nobis, ita et nos cuncta adversa quæ nobis propter peccata nostra eveniunt, æquanimiter toleremus ; ut patientiæ fructum in vita æterna capere possimus. Urgeamus ergo, Fratres, cursum nostrum, dum tempus habemus : odiamus hunc mundum, quem diu possidere non possumus. Nulla jam nos malorum operum contagia polluant : sed divinus nos aspectus semper a peccatis arceat. Si enim homines nostri similes peccatores et ex eodem luto formatos, ne nos peccantes inspiciant, erubescimus ; quanto magis æternum et solum sine peccato omnipotentem Deum revereri ac timere debemus, qui non solum facta, sed etiam cogitationes considerat et videt ? Hunc ergo quotidie timeamus, hujus reverentiam nobiscum semper feramus : sicque nos spes indulgentiæ erigat, ut metus gehennæ semper affligat.

vous le sel de la sagesse, et conservez la paix entre vous. » (*Marc*, IX, 49.) Et de cet autre : « Je vous donne un commandement nouveau, c'est de vous aimer les uns les autres. » (*Jean*, XIII, 34.) Ailleurs il est dit : « Ayez la charité qui est le lien de l'unité. » (*Coloss.*, III, 14.) Et encore : « Soyez les imitateurs de Dieu, comme ses fils bien-aimés, et marchez dans l'amour. » (*Ephés.*, V, 1, 2.) Et de nouveau : « Que toute amertume, toute colère, tout emportement, enfin toute malice soit bannie d'entre vous. » (*Ibid.*, IV, 31.) Enfin : « Que le soleil ne se couche point sur votre colère. » (*Ibid.*, 27.) Car, de même qu'aucun remède ne peut servir à une blessure dans laquelle le fer est encore, ainsi la prière de celui dont le cœur renferme une haine mortelle ne lui est d'aucune utilité. Oui, mes frères, possédons la charité, car, si nous l'avons, nous serons ornés de toutes les vertus. Mais si nous n'avons point la charité, quelque bien que nous paraissions avoir, nous perdons tout. Ne nous lassons jamais dans la résolution que nous avons prise de bien faire, surtout en nous rappelant cette parole de Notre-Seigneur : « Celui qui met la main à la charrue, et regarde derrière lui, n'est pas digne du royaume des cieux. » (*Luc*, IX, 62.) Or, regarder en arrière, ce n'est rien autre chose que se repentir du bien qu'on a commencé, et s'enchaîner de nouveau dans les vains désirs du monde. Mais, quel que soit le nombre de nos fautes, ne perdons jamais l'espoir du pardon, car si grande que soit la malice de l'homme, la miséricorde divine est encore beaucoup plus abondante. Aussi il nous est dit par le Psalmiste : « Le Seigneur est plein de miséricorde, et on trouve en lui une abondante rédemption. » (*Ps.* CXXIX, 7.) Ailleurs il est dit : « Dieu ne méprise pas le cœur contrit et humilié. » (*Ps.* L, 19.)

27. Que ce souvenir, mes frères, nous ranime jour et nuit, que ces préceptes nous excitent continuellement. La fin de notre vie approche, elle va venir, croyons-le, espérons que le jour de notre mort est prochain, car nous ignorons s'il est encore éloigné. Corrigeons maintenant les fautes que nous avons commises, de peur que nous ne commencions à faire pénitence quand nous ne le pourrons déjà plus. Il est vrai, il y aura un repentir dans l'enfer, mais il sera tout à fait inutile. Là, il y aura un repentir que la douleur accompagne, mais n'ayant point le pouvoir de guérir. Là, il ne pourra jamais obtenir de Dieu ce qu'il demande, celui qui ici aura refusé d'obéir aux ordres de Dieu. C'est pourquoi, frères bien-aimés, autant que nous le pouvons, obéissons en tout aux ordres de Dieu, pour recevoir la récompense de nos devoirs accomplis. Châtionsnous nous-mêmes tandis qu'il en est temps, rendons-nous compte à nous-mêmes de nos actes, accusons-nous à notre propre tribunal, et ne différons point de nous amender à la fin de notre vie; mais chaque fois que nous tombons dans le péché, relevons-nous par la pénitence, et, triomphant courageusement des passions mauvaises et des illusions de la chair, mettons-nous en garde de toutes façons, car chaque jour nous nous rapprochons de la mort, et au jour que nous ignorons, quand nous serons en pleine sécurité, la mort apparaîtra tout à coup. Dirigeons donc sans retard nos pas là où nous n'avons rien à craindre, où tous les saints désirent nous recueillir et nous voir, où Jésus-Christ, le Roi des cieux, et les anges, nos célestes concitoyens,

Ante omnia et super omnia caritatem habeamus, reminiscentes præcepti Domini quo dicitur : « Habete in vobis sal, et pacem habete inter vos. » (*Marc.*, IX, 49.) Et illud : « Mandatum novum do vobis, ut diligatis invicem. » (*Joan.*, XIII, 34.) Nam et alibi dicitur : « Habete caritatem quod est vinculum unitatis. » (*Colos.*, III, 14.) Et iterum : « Estote imitatores Dei sicut filii carissimi, et ambulate in dilectione. » (*Ephes.*, V, 1, 2.) Et iterum : « Omnis amaritudo et ira et indignatio tollatur a vobis cum omni malitia. » (*Ephes.*, IV, 31.) Et : « Sol non occidat super iracundiam vestram. » (*Ibid.*, 27.) Nempe sicut nullum proficit in vulnere medicamentum, si sit intus ferrum : ita nihil proficit illius oratio, in cujus pectore mortiferum versatur odium. Habeamus, Fratres, caritatem : quia si illam habuerimus, omnibus virtutibus replebimur : si vero caritatem non habuerimus, quidquid boni habere videmur, totum perdimus. Nec in arrepto bene agendi proposito penitus lassescamus : præcipue cum Dominus dicat, nullum ponentem manum in aratro, et respicientem retrorsum, dignum esse regno cœlorum. (*Luc.*, IX, 62.) Respicere autem retrorsum, nihil aliud est quam in eo quemquam pœnitere quod cœperit bonum, et rursum mundanis desideriis obligari. Denique ab spe veniæ nulla nos malorum quantitas revocet : quia quamvis gravis sit culpa humana, largior nihilominus est misericordia divina. Unde per Psalmistam dicitur :

« Multa est apud Dominum misericordia, et copiosa apud eum redemptio. » (*Psal.* CXXIX, 7.) Et iterum : « Cor contritum et humiliatum Deus non spernit. » (*Psal.* L, 19.)

27. Hæc nos, Fratres, diebus ac noctibus memoria refoveat, hæc nos præcepta frequenter sollicitent. Debitum vitæ finem jam jamque adfuturum putemus : vicinumque speremus mortis diem, quem longinquum esse nescimus. Modo emendemus quod deliquimus ; ne tunc pœnitere incipiamus quando jam non valebimus. Erit quidem et in inferno pœnitentia, sed omnino infructuosa. Erit ibi pœnitentiæ dolorem habens, sed medicinam non habens : ibique nullatenus poterit a Deo promereri quod petit, qui hic noluerit audire quod Deus jussit. Ideoque, Carissimi, quantum possumus, præceptis Dei in omnibus obtemperemus ; ut ibi præmium muneris capiamus. Ipsi, dum licet, hic nos castigemus, ipsi nobiscum de actibus nostris rationem faciamus : ipsi nos judici nostro accusemus, atque emendationem nostram non ad extremum vitæ differamus : sed quotiens in peccatis labimur, per pœnitentiam resurgamus, ac totis viribus voluptates pessimas carnisque illecebras vincentes, illud omnimodis præcaveamus : quoniam quotidie ad mortem properamus, et dum nescimus securique consistimus, repente mors venit. Ibi ergo festinemus ubi jam non timetur, et ubi nos sancti omnes suscipere vel videre desiderant,

nous attendent les bras de leur charité tout ouverts. Oui, hâtons notre course, là où nous vivrons sans fin, et où nous pourrons nous mêler aux troupes angéliques. Enfin, dans l'exil de cette terre, agissons de telle sorte que nous paraissions au tribunal de Dieu la conscience en paix et ornés de bonnes œuvres. Offrons ici-bas à Dieu nos âmes comme un holocauste très-agréable, afin qu'en échange, nous puissions recevoir de lui le bonheur de l'éternité, et le glorifier dans les siècles des siècles. Jusqu'ici, mes frères bien-aimés, nous vous avons offert tous ces préceptes, comme un lait qui doit faire votre nourriture. C'est devant Dieu et ses saints anges qui nous écoutent, que nous nous sommes acquitté de notre charge en vous prêchant ces célestes préceptes. A vous de penser comment nos avis pourront avoir leur effet pour votre salut, à vous de vous garder de tout mal, en faisant toujours la volonté de Dieu, afin d'arriver enfin, libres de toute souillure du péché, et transportés de joie, au royaume des cieux. Que Notre-Seigneur Jésus-Christ vous en fasse la grâce, lui qui, avec le Père et le Saint-Esprit vit dans les siècles des siècles. Ainsi soit-il.

ubi nos rex cœlestis Christus et superni cives Angeli expansis caritatis brachiis exspectant. Ibi, inquam, festinemus, ubi sine fine vivamus, et ubi Angelicis agminibus consortes esse possimus. Ita postremo in exilio hujus mundi agamus, ut ad futurum judicium cum secura conscientia bonis operibus ornati veniamus ; ibique gratissimum Deo munus nostras animas offeramus ; ut pro hoc commercio ab eo æternitatis beatitudinem accipere et in sæculum sæculi gloriari possimus. Hæc nos, Carissimi, mandata hactenus quasi lac vobis gustanda porreximus : et ecce modo sub testimonio Dei et sanctorum Angelorum qui nos loquentes audiunt, absolvimus debitum nostrum, cœlestia vobis præcepta tradentes. A modo jam vestrum est cogitare, quatenus et admonitio nostra effectum habeat salutis, et vos semper voluntatem Dei facientes ab omni vos malo custodiatis, atque demum liberi ab omni contagione peccati ad regna cœlestia tripudiantes pervenire possitis : præstante Domino nostro Jesu Christo, qui cum Patre et Spiritu sancto vivit et regnat per cuncta sæcula sæculorum. Amen.

SERMON SUR LE SYMBOLE [1]

Votre charité n'ignore pas, frères bien-aimés, que les soldats de ce siècle, dans l'espérance de recevoir des récompenses temporelles de maîtres temporels, se lient auparavant par des serments militaires et jurent de leur garder fidélité ; combien plus ceux qui doivent combattre au service du Roi éternel et en recevoir d'éternelles récompenses doivent-ils se lier par des serments célestes, et confesser publiquement la foi par laquelle ils pourront lui plaire ? Car l'Apôtre nous dit : « Sans la foi, il est impossible de plaire à Dieu. » (Héb., xi, 6.) Cette foi, il la distingue bien au fond de nos cœurs, lui qui sonde les reins et les cœurs. (Ps. vii, 10.) Mais, pour conserver l'unité dans l'Eglise, la confession de bouche doit s'allier nécessairement à la foi intérieure, suivant l'exigence de ce temps : car il faut croire de cœur pour obtenir la justice, et confesser la foi par ses paroles pour obtenir le salut (Rom., x, 10) ; c'est le devoir, non-seulement des prédicateurs, mais aussi des auditeurs. En effet, comment le frère pourra-t-il porter un bon jugement sur son frère ? Comment conserver la paix dans l'Eglise, instruire les autres, apprendre d'autrui les choses nécessaires au salut, si, au moyen de la parole qui est comme le véhicule de nos pensées, nous ne faisons passer dans le cœur de nos frères ce que notre propre cœur

(1) Composé de divers passages des écrits de Rufin, de saint Césaire, de saint Grégoire, d'Ives de Chartres et d'autres auteurs.

SERMO DE SYMBOLO [1]

(2) Notum est, Dilectissimi, Caritati vestræ, quod milites sæculi beneficia temporalia a temporalibus dominis accepturi, prius sacramentis militaribus obligantur, et dominis suis fidem se servaturos profitentur : quanto magis ergo æterno Regi militaturi, et æterna præmia percepturi, debent sacramentis cœlestibus obligari, et fidem per quam ei placituri sunt, publice profiteri ? Dicit enim Apostolus : Sine fide impossibile est placere Deo. (Hebr., xi, 6.) Hanc in cordibus nostris agnoscit, qui scrutatur renes et corda. (Psal. vii, 10.) Sed propter conservandam Ecclesiæ unitatem, dispensationi hujus temporis cum fide cordis necessaria est oris confessio : quia corde creditur ad justitiam, ore autem confessio fit ad salutem (Rom., x, 10), non tantum prædicatorum, sed etiam auditorum. Non enim aliter frater de fratre bene sentiret, nec pax Ecclesiæ servaretur, nec alium docere, aut ab alio discere saluti necessaria posset, nisi

(1) Olim, tom. X, de Tempore Ser. cLxxxi, et post in Appendice lx. — (2) Ivo Carnot. Ser. de Symbolo.

renferme? La foi doit donc exister dans le cœur et être professée de bouche. La foi, en effet, est le fondement de tous les biens, la source du salut de l'homme. Sans elle, personne ne peut faire partie des enfants de Dieu; sans elle, en ce monde, on ne peut obtenir la grâce de la justification, ni dans l'autre posséder la vie éternelle. Et quiconque ne marche pas à travers les ténèbres de la foi, ne saurait parvenir à la claire vision. Pénétrés de cette vérité, les apôtres nous laissèrent une règle de foi assurée, contenue en douze articles, suivant le nombre des apôtres, et qu'ils nommèrent : Symbole. A l'aide de ce symbole, les fidèles devaient conserver l'unité catholique, et confondre les erreurs des hérétiques. Voici la tradition de nos ancêtres sur la manière dont ce symbole a été institué.

On rapporte qu'après l'Ascension de Notre-Seigneur et Sauveur près de son Père, ses disciples, enflammés par l'arrivée du Saint-Esprit et parlant toutes les langues, résolurent, avant de se séparer, pour aller chez toutes les nations prêcher la parole de Dieu, d'établir en commun la règle de leur future prédication; de peur que, éloignés les uns des autres, il n'y eût quelque variation ou dissonance dans les enseignements qu'ils adresseraient à ceux qu'ils voulaient convertir à la foi en Notre-Seigneur-Jésus-Christ. Étant donc tous réunis et remplis du Saint-Esprit, condensant en un tout l'abrégé de leur prédication, chacun disait ce qu'ils pensaient, et ainsi ils composèrent cette règle qui devait être offerte aux croyants. Le symbole est court en paroles, mais il est grand par les mystères qu'il renferme. En effet, tout ce qui a été figuré par les Patriarches, annoncé dans les Écritures, prédit par les Prophètes, soit au sujet de Dieu le Père, du Fils engendré par le Père ou de l'Esprit saint, soit au sujet des mystères qui devaient s'accomplir, de la mort de Notre-Seigneur, du mystère de la résurrection, le symbole contient tout cela en abrégé; il faut alors s'approprier tout ce qu'il contient et le confesser. Que chacun donc, après l'avoir confessé par la bouche de ceux qui l'ont tenu sur les fonts du baptême, apprenne la foi des apôtres, lorsqu'il en sera arrivé à l'âge de raison. Abordons maintenant le texte de cet abrégé de notre foi; il commence ainsi :

CHAPITRE PREMIER. — « Je crois en Dieu le Père tout puissant, » etc. D'abord, frères bien-aimés, remarquez attentivement quelles sont les premières paroles du symbole. Arrêtons-nous déjà à ce mot : « Je crois. » Remarquez que Notre Seigneur ne nous ordonne pas de discuter ses ordres divins, mais de les croire; ni d'en chercher la raison, mais de leur accorder une foi simple et inébranlable. Il n'est pas dit dans le symbole : Je crois Dieu, ou je crois à Dieu, quoique ces choses soient également nécessaires au salut. Il est, en effet, bien différent de croire à lui, de le croire ou de croire en lui. Croire à Dieu, c'est croire que ce qu'il dit est la vérité; le croire, c'est croire qu'il est Dieu; mais croire en lui, c'est l'aimer; croire que sa parole est la vérité, beaucoup d'impies même le peuvent; ils croient que sa parole est la vérité, mais ils ne veulent pas l'accomplir dans leurs actes; l'énergie leur manque pour cela. Croire que Dieu est Dieu, les démons le peuvent aussi ; mais,

---

quod in corde habet, signis vocum tanquam suis vehiculis ad aliorum corda transmitteret. Est ergo fides et corde servanda, et ore promenda. (1) Fides namque omnium bonorum est fundamentum, et humanæ salutis initium. Sine hac nemo ad numerum filiorum Dei poterit pervenire : quia sine ipsa in hoc sæculo nec justificationis consequitur gratiam, nec in futuro vitam possidebit æternam. Et si quis non ambulaverit per fidem, non perveniet ad speciem. Hoc attendentes sancti Apostoli, certam fidei regulam tradiderunt, quam secundum numerum Apostolicum duodecim sententiis comprehensam, Symbolum vocaverunt : per quam credentes catholicam tenerent unitatem, et per quam hæreticam convincerent pravitatem. (2) Symbolum ergo tali ratione institutum veteres nostri dixerunt.

[(3) Tradunt enim, quod post ascensionem Domini et Salvatoris nostri ad Patrem, cum per adventum Spiritus sancti discipuli ejus inflammati linguis omnium loquerentur, ad singulas quasque nationes, ut Dei verbum prædicarent, ituri ac discessuri ab invicem, normam prius sibi futuræ prædicationis in commune statuerunt: ne localiter ab invicem discedentes, diversum vel dissonum prædicarent his qui ad fidem Christi invitabantur. Omnes igitur in uno positi, et Spiritu Sancto repleti, breve suæ prædicationis indicium conferendo in unum, quod sentiebat unusquisque computabat, atque hanc ita credentibus dandam esse regulam instituerunt.] (4) [Symbolum breve est verbis, sed magnum est sacramentis. Quidquid enim præfiguratum est in Patriarchis, quidquid denuntiatum est in Scripturis, quidquid prædictum est in Prophetis, vel de Deo ingenito, vel de Deo in Deum nato, vel de Spiritu sancto vel de suscipiendo omni sacramento, vel de morte Domini resurrectionisque ejus mysterio, totum breviter hoc Symbolum continet, et continendo habet et confitendo. Discat ergo quisque fidem Apostolicam professus per ora gestantium in baptismo, cum ad annos intelligibiles venerit. Jam de istius Symboli professionis sacramentum textumque veniamus, quod in hunc modum incipit.]

CAPUT PRIMUM. — « Credo in Deum Patrem omnipotentem, » etc. [(5) In primis, Dilectissimi, qualis sermo sit in Symboli capite, diligenter attendite. Ergo in primo habet : « Credo. » Vide quod Dominus noster non nos jubet discutere divina judicia, sed credere : nec rationem requirere, sed fidem simpliciter et immobiliter exhibere.] Non dicit : Credo Deum, vel : Credo Deo : quamvis et hæc saluti necessaria sint. Aliud enim est credere illi, aliud credere illum, aliud credere in illum. Credere illi, est credere vera esse quæ loquitur : credere illum, credere quia ipse est Deus : credere in illum, diligere illum. Credere vera esse quæ loquitur, multi et mali possunt : credunt enim esse vera, et nolunt ea facere sua ; quia ad

(1) Ex Prologo Fulgentii de fide. — (2) Hactenus Ivo. — (3) Ex Symbolo Ruffini. — (4) Ex Ser. CCXLII. in Append., tom. V. — (5) Ex Ser. mox citato.

croire en Dieu, ceux-là seuls le peuvent qui l'aiment, qui ne sont pas seulement chrétiens de nom, mais qui le sont par leurs œuvres et par leur vie; car, sans la charité, la foi est vaine. La foi du chrétien est accompagnée d'amour; la foi du démon est sans amour. Ceux dont qui ne veulent pas croire à l'existence de Notre-Seigneur, n'imitent pas même le démon. Le démon croit que Jésus-Christ existe, mais il le hait, il confesse sa foi, mais c'est par la crainte du châtiment, et non avec l'amour qui donne la couronne ; car, les démons redoutaient d'être punis. Saint Pierre, confessant sa foi en Notre-Seigneur et s'écriant : Vous êtes le Christ, Fils du Dieu vivant (*Matth.*, XVI, 17), semble prononcer presque les mêmes paroles que les démons ; mais, parce que leur confession était faite avec la haine de Jésus-Christ, elle fut condamnée et avec justice ; tandis que celle de l'Apôtre, procédant de l'amour qu'il avait dans le cœur, fut récompensée de la félicité éternelle. Pour nous, qui sommes les enfants de Dieu par l'adoption de sa grâce, en disant : « Je crois en Dieu, le Père tout-puissant, » croyons de telle sorte en lui que nous nous unissions à lui par l'amour. « En Dieu, le Père tout-puissant. » Remarquez qu'en joignant le nom de Père à celui de Dieu, nous montrons, par cette profession de foi, qu'il ne commença pas à être Dieu et ensuite Père, mais que, sans aucun commencement, il fut toujours Dieu et Père. L'entendant appeler «Père, » sachez qu'il a un Fils, né véritablement; de même qu'on appelle possesseur celui qui possède véritablement, et maître, celui qui commande à quelqu'un. Le nom de Père, donné à Dieu, est un nom mystérieux, impénétrable; il a vraiment un Fils qui est le Verbe. Mais ne cherchez pas comment il a engendré son Fils ; les anges l'ignorent ; ce secret est inconnu aux prophètes. C'est pourquoi il est dit : Qui pourra raconter sa génération. (*Is.*, LIII, 8.) Ne discutons donc pas sur la nature de Dieu, mais croyons. Et, pour tout résumer en un mot, qu'il nous suffise de savoir que la lumière a engendré la splendeur. Nous ajoutons : « Tout-puissant, » il est, en effet, le tout-puissant auquel rien n'est impossible; il a créé le ciel, la terre, la mer, les hommes, les animaux et les reptiles, non par un acte ou un travail quelconque, mais par le seul commandement de sa parole. Qu'il ne nous vienne donc pas à l'esprit de rechercher comment ceci ou cela a-t-il pu se faire, puisque nous devons confesser que Dieu est tout-puissant.

CHAPITRE II. — « Et en Jésus-Christ, son Fils unique, Notre-Seigneur. » Remarquez que, comme nous devons croire en Dieu le Père, de même nous devons croire en Dieu le Fils; en effet, il est égal à Dieu le Père en majesté, nous lui devons donc autant d'honneur et d'humble obéissance que nous en rendons au Père. Le mot Jésus signifie Sauveur. On l'appelle Jésus parce qu'il a sauvé le monde. Le mot Christ vient de chrême ; les rois anciens étaient oints de l'huile sainte ; de même Notre-Seigneur Jésus-Christ a été rempli du Saint-Esprit qui s'est répandu en lui. Il est « unique, » parce qu'il n'admet avec les créatures ni comparaison ni ressemblance, et qu'il est le souverain Créateur de toutes choses. Les hommes sont appelés fils de Dieu par grâce; lui seul est Fils

---

hoc pedum pigri sunt. Credere autem ipsum esse Deum, et dæmones possunt. Credere vero in Deum, soli noverunt qui diligunt illum, qui non solum nomine Christiani sunt, sed et factis et vita, quia sine dilectione fides inanis est. Cum dilectione fides Christiani, sine dilectione fides dæmonis. Qui ergo non volunt credere Christum, adhuc nec dæmones imitantur. Jam credit Christum, sed odit Christum, (*f.* qui habet) habet confessionem fidei in timore pœnæ, non in amore coronæ : nam et illi puniri timebant. Denique beatus Petrus cum Domino confitens diceret : Tu es Christus Filius Dei vivi (*Matth.*, XVI, 17), eadem pene verba, quæ dæmones, proferre videtur ex ore : sed illorum confessio, quia cum odio prolata est Christi, merito damnata est ; illius quia ex interna dilectione processit, æterna beatitudine remunerata est. Nos ergo qui per adoptionem gratiæ filii Dei sumus (*Rom.*, VIII, 15), in Deum Patrem omnipotentem, ») hoc est, sic ei credamus, ut ei per dilectionem adhæreamus. « In Deum Patrem omnipotentem. » [(1) Advertite quod quomodo in confessione conjungit, ostendit quod non ante Deus esse cœpit, et postea Pater ; sed sine ullo initio et Deus semper et Pater est.] [(2) Patrem autem cum audis, agnosce quod habet Filium veraciter genitum : quomodo possessor dicitur, qui aliquid possidet, et dominus, qui alicui dominatur. Deus ergo Pater secreti sacramenti vocabulum est, cujus vere Filius est Verbum. Nec quæratur quomodo genuit Filium, quod et Angeli nesciunt, Prophetis est incognitum. Unde illud dictum est : Generationem ejus quis enarrabit? (*Isa.*, LIII, 8.) Nec a nobis discutiendus est Deus, sed credendus.] Sed ut breviter dicamus, sufficit nobis scire quia genuit lux splendorem. [(3) Omnipotentem vero ideo dicit, quia omnipotens est, cui nihil impossibile est, qui cœlum et terram, mare, homines, atque omnia animalia et reptilia, non aliquo operis actu, sed solo verbi imperio creavit. Et ideo non nobis veniat in cogitationem, quomodo hoc aut illud potuit fieri, qui omnipotentem præcipimur confiteri.]

CAPUT II. — « Et in Jesum Christum filium ejus unicum Dominum nostrum. » [(4) Advertite quod quomodo in Patrem, sic et in Filium credendum est. Et quia cum Patre æqualis est majestate, tantum ipsi, quantum et Patri, honoris non debere novimus et servitutis obsequium. Jesus autem Salvator interpretatur. Jesus autem dicitur, quod salvet populum. Christus a chrismate dicitur : quia sicut antiqui reges oleo sacro perfundebantur, ita Dominus noster Jesus Christus Spiritus sancti infusione repletus est.] (5) Unicus ideo , quia nec comparationem recipit cum creaturis, nec similitudinem : quia omnium rerum summus ipse creator est. Homines autem filii Dei vocantur per gratiam ; ille solus Filius genitus per naturam. [(6) Ostendunt ista in eum jure

(1) Ex Ser. CCXLII, jam citato, n. 2. — (2) Ex Symbolo Ruffini. — (3) Ex Ser. CCXLII, in A. pend , tom. V. — (4) Ex cod. loco et citato Ivonis Ser. — (5) Ex Symbolo Augustini. — (6) Ivo Carnot. Ser. *de Symbolo*.

par nature. Toutes ces choses nous démontrent que c'est justice de croire en lui, parce qu'il est égal au Père; il est le Sauveur qui nous a rachetés, le Christ qui nous gouverne comme roi, et notre unique Seigneur, qui, après avoir dépouillé notre ancien ennemi, nous a placés sous son joug d'une manière toute particulière. « Qui a été conçu du Saint-Esprit. » C'est-à-dire que le Saint-Esprit a été seul l'auteur de sa conception. De même que les vers, sous l'influence de la chaleur du soleil, se forment dans le limon, ainsi le Saint-Esprit illuminant et sanctifiant le cœur de la sainte Vierge, la chair du Christ fut conçue de la chair seule de la Vierge, sans le secours d'aucune semence charnelle pour origine. C'est pourquoi, se comparant au vers, il dit par la bouche du Psalmiste : « Je suis un vers, et non un homme. » (*Ps.* xxi, 7.) C'est-à-dire : je ne suis pas conçu suivant l'ordre ordinaire. « Né de la Vierge Marie. » Lui qui venait régénérer la nature humaine viciée par le péché, il voulut avoir une nouvelle loi pour naître. Etant donc le Fils unique de Dieu, il devint fils de l'homme, afin qu'étant le Créateur du monde, il en devint aussi le Rédempteur. Mais, bien que le Dieu de majesté soit né de Marie, il n'a point été souillé en naissant d'une Vierge, comme il n'a contracté aucune souillure en formant l'homme d'un peu de poussière. Enfin, si le soleil ou le feu touchent la boue, ce qu'ils touchent est purifié, et ils ne se souillent point eux-mêmes. Comment donc ce qui est l'effet de la miséricorde en Dieu pourrait-il lui causer du préjudice? Qu'y a-t-il d'incroyable qu'il soit né d'une Vierge, lui qui a pu former Adam d'une terre encore vierge, et la première femme d'une côte d'Adam ? Dieu donna à Marie son Fils qu'il aimait comme lui-même et qu'il avait engendré son égal, afin qu'il fût naturellement et tout à la fois Fils unique de Dieu et de Marie. Toute la nature a été créée par Dieu, et Dieu est né de Marie. Dieu a tout créé, et Marie a engendré Dieu. Dieu, qui a tout fait, s'est fait lui-même de Marie ; ainsi il a réparé tout ce qu'il avait créé. Lui qui a pu faire tout de rien, n'a pas voulu refaire sans Marie ce qui était souillé.

Chapitre III. — « Qui a souffert sous Ponce-Pilate, a été crucifié, est mort, a été enseveli. » Ce Pilate, sous lequel Notre-Seigneur souffrit, avait été, à cette époque, établi par l'empereur juge dans la Judée. S'il en est fait mention dans le symbole, c'est pour désigner l'époque, et non pour rappeler la dignité du personnage ; « a été crucifié. » Les prophètes ont fait plusieurs prédictions à ce sujet ; ils ont dit que, les bras étendus, il serait suspendu à la croix en présence de son peuple ingrat et méchant. Cependant, sans nous étendre plus longuement, disons qu'il a été attaché à la croix pour nous délivrer de la damnation encourue en mangeant du fruit défendu. Mais, demandez-vous, que signifie la croix ? Pourquoi Notre-Seigneur a-t-il voulu souffrir sur ce gibet ? A cela on donne une triple raison : ce fut, en premier lieu, pour que le Christ fût donné comme rédemption pour les péchés du monde, et que notre ennemi antique fût pris, en quelque sorte, à l'hameçon de la croix, afin de rendre ceux qu'il avait engloutis, vaincu, non par la puissance, mais par la justice. En second lieu, pour donner aux hommes qui le suivraient un enseignement pour leur vie. En effet, il est monté sur la croix afin de nous donner l'exemple de sa passion et de sa résurrection. Enfin, notre Seigneur accepta la croix afin de faire tomber l'orgueil du monde et

credendum esse, qui propter hoc quod æqualis Patri est, Salvator noster est redimens nos, et Christus est rex regens nos, et unicus Dominus noster, spoliato antiquo hoste, singulari dominio suo adsciscens nos. « Qui conceptus est de Spiritu sancto : » id est, cujus conceptionis solus auctor fuit Spiritus sanctus. Sicut enim vermis calefaciente sole de puro limo formatur ; sic Spiritu sancto illustrante et sanctificante cor Virginis, caro Christi de sola carne Virginis nulla sementiva carnis origine operante concepta est. Unde se vermi comparans per Psalmistam dicit : Ego sum vermis, et non homo (*Psal.* xxi, 7) ; id est, non conceptus more humano.] « Natus ex Maria virgine. » Qui veniebat inveteratam peccatis hominum renovare naturam, novam legem voluit habere nascendi. Unigenitus igitur Dei factus est hominis filius : ut qui Creator mundi erat, fieret et Redemptor. Quod vero majestatis Deus de Maria incarnatus est, non est sordidatus nascendo de Virgine, qui non fuit pollutus hominem condens ex pulvere. Denique sol aut ignis si lutum tangat, quod tetigerit purgat ; et se tamen non inquinat. Nec fuit Deo injuria causa misericordiæ. Neque sit incredibile quod ipse natus de Virgine, qui Adam de virgineo pulvere, quod tetigerit purgat ; et primam mulierem potuit de costa formare. Deus Filium suum, quem solum de corde suo æqualem sibi genitum tanquam se ipsum diligebat, ipsum dedit Mariæ ; ut naturaliter esset unus idemque communis filius Dei et Mariæ. Omnis natura a Deo creata est, et Deus ex Maria natus. Deus omnia creavit, et Maria Deum generavit. Deus qui omnia fecit, ipse se ex Maria fecit ; et sic omnia quæ fecerat refecit. Qui potuit omnia de nihilo facere, noluit ea violata sine Maria reficere.

Caput III. — « Passus sub Pontio Pilato, crucifixus, mortuus et sepultus. » [(1) Iste Pilatus judex erat in illo tempore ab imperatore positus in Judæa sub quo Dominus passus est. Cujus mentio ad temporis significationem, non ad personæ illius pertinet dignitatem.] « Crucifixus. » Hinc multa Prophetæ prædixerunt, qualiter crucifixus in cruce in conspectu populi maligni manibus extensis penderet. Tamen ut breviter dicatur, in cruce suspensus est, ut nos a damnatione ligni vetiti dissolveret, et a morte liberaret. Sed quæritur, qui sit crucis significatio, et quare Dominus in patibulo pati se elegerit ? Ad quod tripartita ratio redditur. Prima, ut Christus pro reatu mundi redemptio daretur et antiquus hostis (2) velut hamo crucis caperetur : scilicet, ut quos absorbuerat, evomeret, non potentia victus, sed justitia. Secunda causa est, ut secutoribus hominibus vitæ magisterium præberet. Ad hoc enim ascendit in crucem, ut nobis passionis et resurrectionis præberet exemplum. Tertia causa est susceptæ crucis, ut superbia sæculi et inflata

(1) Ex Ser. ccxlii, in Append., tom. V. — (2) V. Symbolum Ruffini.

SERMON SUR LE SYMBOLE.

sa vaine sagesse, en les humiliant par la folle prédication de la croix, et afin que l'on sache que la folie de Dieu l'emporte infiniment sur la sagesse des hommes. Mais voyons encore pourquoi Notre-Seigneur a choisi particulièrement ce genre de mort. Nous lisons dans l'Évangile que les Pharisiens voulurent le précipiter du haut d'une montagne, mais que, passant au milieu d'eux, il disparut. Ailleurs, nous lisons que les Juifs prirent des pierres pour les lui jeter, mais qu'il se cacha et sortit du temple. Pourquoi Notre-Seigneur ne voulut-il pas être précipité, être lapidé ou mourir sous le glaive ? Il a fait tout cela pour notre salut. La mort de Jésus-Christ, en effet, est le signe de notre salut. Notre-Seigneur ne voulut point être lapidé ou être frappé par le glaive, parce que nous ne pourrions pas toujours porter avec nous des pierres et une épée avec lesquels nous nous défendrions. Il a choisi la croix, que nous traçons avec un léger mouvement de main, et avec laquelle nous nous défendons contre les embûches de notre ennemi. C'est avec le signe de croix que l'on consacre le corps de Notre-Seigneur, que l'on sanctifie l'eau du baptême, que les prêtres et les autres ordres de la hiérarchie ecclésiastique sont initiés; en un mot, tout ce qui est béni et consacré par ce signe de la croix avec l'invocation du nom de Jésus-Christ.

CHAPITRE IV. — La croix elle-même renferme un sens très-mystérieux; lorsqu'elle est debout, la partie supérieure se dresse vers le ciel, et la partie inférieure regarde la terre; par le pied elle atteint les enfers, et sa largeur s'étend vers toutes les parties du monde. Ce qui nous montre que Jésus-Christ, par sa passion sur la croix, a été utile d'abord aux anges dans le ciel; leur nombre avait été diminué par les anges apostats, chaque jour il se complète par le nombre des fidèles ; il le fut aussi à nous-mêmes qui sommes sur la terre, et à ceux qui, à cause du péché originel, étaient retenus au fond des limbes; enfin, il fut utile à tous ceux qui habitaient les diverses parties du monde. Lorsque la croix est couchée à terre, elle regarde les quatre parties du monde, l'Orient, l'Occident, le Nord et le Midi. Ce qui nous montre que le Christ, par sa passion, attire à lui toutes les nations et qu'il s'est tout soumis, suivant ce qu'il dit en se levant d'entre les morts : Tout pouvoir m'a été donné au ciel et sur la terre. (*Matth.*, XXVIII, 18.) La croix est encore la figure d'un autre mystère plus profond, qui, en raison même de sa profondeur, doit exciter toute notre attention : la largeur de la croix nous figure l'amour du prochain qui doit s'étendre, non-seulement aux amis, mais même jusqu'à nous faire aimer nos ennemis. Sa longueur nous marque la longue et persévérante patience dans les peines et les persécutions qu'il nous faut supporter courageusement, au milieu des soupirs de notre pèlerinage, pour arriver à la patrie; nous pratiquerons par là la charité envers le prochain, et nous exercerons toutes sortes de bonnes œuvres. Par une semblable raison, sa hauteur figure la sublimité de l'espérance qui pénètre jusqu'à l'intérieur du voile où se réjouissent, dans la vision de la paix, tous ceux que les citoyens de Babylone exercent ici-bas de diverses façons, jusqu'à ce que, délivrés de la servitude de cette corruption, ils obtiennent la liberté glorieuse des enfants de Dieu. Remarquez aussi la profondeur de la croix; oui, le mystère de la croix est bien pro-

---

sapientia, per crucis stultam, ut putatur, prædicationem humiliata corrueret, et sciret id quod stultum est Dei, sapientius esse hominibus. Sed adhuc videudum est, (1) quare Dominus tale genus mortis elegerit. Legimus enim in Evangelio, quod Pharisæi voluerunt eum præcipitare de monte : At ille transiens, per medium illorum ibat. (*Luc.*, IV, 29.) Alibi quoque legimus, quod Judæi tulerunt lapides, ut jacerent in eum : ipse vero abscondit se, et exivit de templo. (*Joan.*, VIII, 49.) Quare noluit Dominus præcipitari, vel lapidari, aut etiam gladio truncari ? Utique causa nostræ salutis hoc fecit. Mors enim illius signum est nostræ salutis. Noluit ergo lapidari, aut etiam gladio percuti : quia videlicet nos semper nobiscum lapides aut ferrum ferre non possumus quibus defendamur. Elegit vero crucem, quæ levi motu manus exprimitur, qua et contra inimici versutias munimur. Hoc enim signo crucis consecratur Corpus Dominicum, sanctificatur fons baptismatis, initiantur etiam presbyteri, et cæteri gradus ecclesiastici, et omnia quæcumque sanctificantur, hoc signo Dominicæ crucis cum invocatione Christi nominis consecrantur.

CAPUT IV. — Nam et ipsa crux magnum in se mysterium continet : cujus positio talis est, ut superior pars cœlos petat, inferior terræ inhæreat, fixa in infernorum ima contingat, latitudo autem ejus partes mundi appetat. Quia et Christus per passionem crucis Angelis profuit in cœlo, quorum numerus quia per apostatam angelum imminutus fuerat, ex animabus fidelium quotidie adimpletur ; et nobis qui sumus in terra, et illis qui propter originale peccatum detinebantur apud inferos; sed et ipsis qui in diversis mundi partibus habitabant. Jacens vero crux quatuor mundi partes appetit, Orientem videlicet et Occidentem, Aquilonem et Meridiem : quia et Christus per passionem suam omnes gentes ad se trahit, et omnia sibi subjugavit, juxta quod ipse surgens a mortuis dicit : Data est mihi omnis potestas in cœlo et in terra. (*Matth.*, XXVIII, 18.) [(2) Continetur etiam in hac crucis figura altius sacramentum : quod quanto est altius, tanto attendendum diligentius. Intelligitur namque in latitudine crucis dilectio proximi, quæ non tantum usque ad amicos, sed etiam extendenda est usque ad diligendos inimicos. Intelligitur quoque in ejusdem longitudine longa et perseverans laborum et persecutionum sustinentia, quam patienter ferre debet ad patriam suspirans nostra peregrinatio, tam pro dilectione proximorum, quam pro exhibitione omnium bonorum operum. Figuratur simili ratione in altitudine ejus eminentia spei, penetrans usque ad interiora velaminis : ubi visione pacis perfruuntur, qui hic a civibus Babyloniæ multipliciter exercentur, donec in libertatem gloriæ filiorum Dei a servitute corruptionis

---

(1) Hanc quæstionem attingit Rufinus. — (2) Ivonis Carnot. verba. Ser. CCXLVII, in Append., tom. V, n. 4 et 5.

fond; à son sujet, plusieurs qui s'appellent sages, perdirent le sens, osant blâmer ce que leur raison humaine n'a pu comprendre; c'est-à-dire, pourquoi le Verbe coéternel à Dieu le Père, qui contient et remplit toutes choses, s'est renfermé tout entier dans le corps qu'il a pris, sans cesser cependant de gouverner le monde entier, de le remplir et de le renfermer.

Chapitre V. — Gardons-nous de jamais rougir de la croix de Jésus-Christ, nous qui avons trouvé la victoire dans sa Passion. De même que le Fils éternel de Dieu n'est pas né pour lui mais pour nous; de même, ce n'est pas pour lui, mais pour nous, que l'Agneau de Dieu immaculé a souffert. Qui ne remarquerait ce mystère étonnant? Celui qui est Dieu, nous est donné comme homme. Celui qu'on nous annonce comme notre Seigneur, s'appelle le crucifié; s'il a été mis à mort, ce n'est pas qu'il ne l'ait point prévu ou qu'il ait été surpris, car, dans le conseil de sa divinité, il a pris un corps humain pour qu'il pût mourir comme homme. Il a choisi le supplice de la croix pour que cette peine infamante lui préparât une victoire plus glorieuse; et, celui qui souffrait pour le bien général, devait mourir élevé en l'air, en présence, en quelque sorte, de tout le monde, afin que ceux qui voyaient le crucifié, vissent également les merveilles qu'il opérait. En effet, la gloire de Notre-Seigneur souffrant éclata assez abondamment dans l'obscurcissement subit du soleil, dans le tremblement de terre, le déchirement des rochers, la résurrection des morts. Mais surtout, combien grand fut le témoignage du larron, qui demande au Sauveur, devenu son compagnon de supplice, de vouloir bien se souvenir de lui dans le royaume des cieux! Aussi, frères bien-aimés, nous ne gémissons pas sur la croix et la mort du Christ, ni sur les moqueries et les insultes qu'il a endurées, mais, au contraire, nous les exaltons par des louanges continuelles. La mort de Notre-Seigneur Jésus-Christ ne fut pas dans son âme, mais dans sa chair seule. Pour nous, la mort est non-seulement dans notre corps, mais aussi dans notre âme; elle vient dans notre âme par le péché; dans notre corps comme peine du péché. Mais Notre-Seigneur, qui n'a pas commis de péché, ne l'eût point dans son âme; il n'est mort que dans sa chair, et cela à cause de la ressemblance de la chair de péché qu'il prit d'Adam. Aussi, sa mort unique est avantageuse à notre double mort, et sa résurrection unique est le gage de la résurrection de notre âme et de notre corps. Sa résurrection détruit nos deux morts et produit nos deux résurrections. Ce n'est donc pas sans motif qu'il resta un jour et deux nuits dans le tombeau, c'était pour réunir la lumière de sa mort unique aux ténèbres de notre double mort. Il est donc venu à nous qui étions retenus dans la mort de la chair et de l'esprit; il a souffert seulement la mort dans sa chair et il a détruit les deux nôtres. S'il eût subi l'une et l'autre de ces morts, il ne nous eût délivré d'aucune.

Chapitre VI. — « Il a été enseveli, » afin que la terre reçût aussi, pour la consolation de ceux qui y sont ensevelis, la bénédiction de son corps. On rappelle ici les infirmités du Verbe incarné, pour appuyer ces paroles de l'Apôtre : « Ce qui est faible en Dieu est plus fort que les hommes. » (I *Cor.*, I, 25.) Il est né d'une vierge, pour que nous puissions naître du sein de l'Eglise vierge. Il a été tenté pour nous délivrer de la tentation; prisonnier, pour que nous

hujus liberentur. Attendenda est etiam crucis profunditas; quia profundum est mysterium crucis, in quo multorum, qui sapientes dicuntur, ingenia defecerunt : quod ausi sunt reprehendere, quod non potuerunt humana ratione comprehendere, videlicet cur Verbum Deo Patri coæternum, omnia continens, omnia implens, in assumpto homine totum se concluserit, et tamen totum mundum regere, complere et continere non desierit.

Caput V. — Nulla ergo sit nobis de cruce Christi confusio, qui habemus de ejus passione victoriam. Sicut enim sempiternus Dei filius non sibi, sed nobis natus; ita immaculatus Dei Agnus non sibi, sed nobis passus est. Quis autem non mirificum adveriat esse mysterium, ubi ipso homo prædicatur qui Deus est, et ubi idem Dominus annuntiatur qui adscribitur crucifixus? Nec incogitata ei, quod peremptus est, aut improvisa res accidit, qui divinitatis suæ consilio idcirco suscepit hominem, ut pro homine posset occidi. Supplicium autem crucis elegit, ut sublimiorem victoriam pararet pœna deterior : et qui universitatis bono patiebatur, quasi in conspectu mundi in altum sublatus occumberet : simul ut qui crucifixum videbant, mirabilia cernerent crucifixi. Nam satis abundeque gloriam patientis ostendit repentina solis obscuritas, tremor terrarum, saxorum divisio, resurrectio mortuorum. Illud autem quanti est testimonii, quod etiam pariter crucifixus latro memoriam sui in cœlesti regno fieri a consorte supplicii precabatur? Hinc est, Carissimi, quod illusiones et probra quæ pertulit Christus, crucem mortemque ejus non suspiriis ingemiscimus, sed continuis celebramus laudibus. Mors Domini nostri Jesu Christi non fuit in anima, sed in sola carne : mors vero nostra non solum in carne, sed etiam in anima : in anima propter peccatum, in carne propter pœnam peccati. Ille vero quia peccatum non fecit, nec habuit in anima; non est mortuus, nisi in carne tantum : et hoc per similitudinem carnis peccati quam ab Adam traxit. Igitur simpla ejus mors profuit duplæ morti nostræ, et simpla ejus resurrectio, resurrectioni animæ et corporis. Resurrectio quippe ejus duas mortes nostras solvit, et duas resurrectiones nostras formavit. Nec immerito uno die et duabus noctibus jacuit in sepulcro quia videlicet lucem suæ simplæ mortis, tenebris nostræ duplæ mortis adjunxit. Venit enim ad nos, qui in morte carnis et spiritus detinebamur, et suam unam mortem carnis detulit, duasque nostras solvit. Si enim ipse utramque susciperet, a nulla nos liberaret.

Caput VI. — « Sepultus est; » ut ad consolationem sepultorum benedictionem corporis ejus et terra susciperet. Infirma incarnati Verbi commemorantur, de quibus Apostolus dicit : Quod infirmum est Dei, fortius est hominibus. (I *Cor.*, I, 25.) Natus est ex Virgine, ut nos nasceremur, ex Ecclesiæ virginis utero. Tentatus est, ut

SERMON SUR LE SYMBOLE.

soyons mis en liberté ; enchaîné, pour nous dégager des liens de la malédiction ; il a été moqué, pour que nous ne subissions pas les illusions du démon ; il a été vendu, pour nous racheter ; il fut humilié, pour que nous soyons exaltés ; il a été pris, pour nous arracher à la captivité du démon ; il fut dépouillé, pour que la nudité du premier homme, qui fit entrer la mort dans le monde, fût couverte ; il fut couronné d'épines, pour nous délivrer des épines du péché, ou mieux pour montrer que les épines du péché formeraient sa couronne, et que ceux-là seraient la couronne de l'Eglise qui, en s'adonnant aux vices, avaient été pour elle comme des épines. Pourquoi fut-il abreuvé de vinaigre ? Pour nous enivrer de la douceur des désirs du ciel et des joies éternelles. Enfin, il s'offrit en holocauste sur l'autel de la croix, pour détruire les péchés du monde. Il est mort, pour ôter à la mort sa souveraineté ; il a été enseveli, pour répandre ses bénédictions sur la sépulture des justes, et aussi pour nous ensevelir en lui, avec nos vices et nos concupiscences. Voilà comment la faiblesse de Jésus-Christ a triomphé de toute la force du monde.

CHAPITRE VII. — « Il descendit aux enfers, » pour délivrer Adam notre premier père, les patriarches, les prophètes et tous les justes qui y étaient détenus, à cause du péché originel, et aussi pour que, dégagés des liens du péché, de cette captivité et du séjour de l'enfer, rachetés de son sang, il les introduisit dans la patrie céleste et dans les joies de l'éternelle vie. Les autres qui, au péché originel, avaient ajouté une faute grave demeurèrent, comme l'affirme l'Ecriture, dans les peines de l'enfer ; suivant cette parole du prophète, parlant au nom du Christ : O mort, je serai ta mort ! (Osée, XIII, 14,) ce qui signifie que, en mourant, Notre-Seigneur a détruit la mort qui était l'ennemie du genre humain et nous a donné la vie. Enfer, je serai ta morsure ! Notre-Seigneur a mordu l'enfer en partie, en ne délivrant qu'une partie de ceux qu'il retenait ; il a laissé l'autre intacte, en laissant dans les supplices ceux qui étaient coupables de fautes graves.

« Le troisième jour, est ressuscité d'entre les morts. » Si vous avez cru de Jésus-Christ ce qui lui est désavantageux, croyez aussi ce qui lui est glorieux ; vous avez cru ce qui concernait sa mort, croyez ce qui se rapporte à sa vie. Dans sa Passion, nous voyons un mystère de piété ou de miséricorde ; sa résurrection est une œuvre de puissance, comme il le dit lui-même : J'ai le pouvoir de quitter ma vie et le pouvoir de la reprendre. (Jean, x, 18.) « Il est monté aux cieux, » c'est-à-dire qu'il a placé au-dessus des cieux, à la droite de son Père, notre nature humaine qu'il avait prise dans le sein de sa mère. De temps en temps montons, nous aussi, de cœur vers Jésus-Christ, afin que, quand arrivera le jour promis, nous le suivions avec notre corps. Vous saurez cependant, mes frères, qu'avec Jésus-Christ ne montent point ni l'orgueil, ni l'avarice, ni la luxure ; aucun de nos vices ne peut monter avec notre médecin. Désirons-nous monter à la suite de notre Sauveur ? Quittons, il le faut, nos vices et nos péchés. Tous nos ennemis nous chargent de chaînes en quelque sorte, et s'efforcent de nous retenir dans les liens du péché ; aussi, avec l'aide de Dieu, suivant ces paroles du psalmiste : Brisons leurs chaînes, afin que nous puissions dire, en toute assurance, au

---

― a tentatione liberaret ; tentus, ut dimitteremur ; ligatus, ut nos a nodo maledictionis absolveremur. Illusus est, ut nos ab illusionibus dæmonum liberaret. Venumdatus est, ut nos redimeret. Humiliatus est, ut nos exaltaret. Captus est, ut nos a captivitate dæmonum auferret. Spoliatus est, ut nuditas primi hominis, per quam mors ingressa est, tegeretur. Spinis coronatus est, ut nos liberaret a spinis peccatorum, vel potius ut monstraret se cum eis coronandum, illosque caput et coronam Ecclesiæ futuros, qui spinosi erant amando vitia. Aceto est potatus, ut nos inebriaret dulcedine cœlestis desiderii et æterni gaudii. Postremo in altari crucis sacrificatus est, ut totius mundi peccata deleret. Mortuus est, ut mortis captivaret imperium. Sepultus est, ut sepulturæ sanctorum benediceret ; et ut nos sibi vitiis et concupiscentiis sepeliret. Hæc ergo infirmitas Christi superavit omnem firmitatem mundi.

CAPUT VII. — « Descendit ad inferna, » ut Adam protoplastum, et Patriarchas, et Prophetas, omnesque justos, qui pro originali peccato ibidem detinebantur, liberaret ; et ut de vinculis peccati absolutos, de eadem captivitate et inferni loco, suo sanguine redemptos, ad supernam patriam et ad perpetuæ vitæ gaudia revocaret. Reliqui qui supra originale peccatum principalem culpam commiserunt, ut asserit Scriptura, in pœnali tartaro remanserunt : sicut in persona Christi dictum est per Prophetam : « Ero mors tua, o mors ; » (Ose., XIII, 14) id est, morte sua Christus humani generis inimicam mortem interfecit, et vitam dedit. Ero morsus tuus, inferne. Partim momordit infernum pro parte eorum quos liberavit : partim reliquit, pro parte eorum qui pro principalibus criminibus in tormentis remanserunt.

« Tertia die resurrexit a mortuis. » Si credidisti de Christo quod dedecoris est, crede quod gloriæ est. Si credidisti quod mortis est, crede quod vitæ est. Sicut enim in passione mysterium pietatis est ; ita in resurrectione operatio potestatis, ut ipse ait : « Potestatem habeo ponendi animam meam, et iterum sumendi eam. » (Joan., x, 18.) (1) « Ascendit ad cœlos, » id est, conditionem naturæ nostræ quam ex homine matre natus assumpsit, super cœlos in dextera Dei Patris collocavit. [(2) Ascendamus et nos cum Christo interim corde, ut cum dies ejus promissus advenerit, sequamur et corpore. Scire tamen debemus, Fratres, quia cum Christo non ascendit superbia, non avaritia, non luxuria, nullum vitium nostrum ascendit cum medico nostro : ideo si post medicum desideramus ascendere, debemus vitia vel peccata deponere. Omnes enim quasi quibusdam compedibus nos premunt, et peccatorum retibus nos ligare contendunt : et ideo cum Dei adjutorio secundum quod ait Psalmista : Dirumpamus vincula eorum (Psal. II, 3) : ut securi possimus dicere Domino : Dirupisti vincula mea, tibi sacrificabo hostiam

(1) Ex Ser. CCXLII, n. 2. — (2) Jam ex Ser. CLXXVII, n. 1.

Seigneur : Vous avez rompu mes liens, je vous immolerai une hostie de louange. (*Ps.* II, 3 ; cxv, 16, 17.) « Il est assis à la droite de Dieu le Père tout-puissant. » Etre assis convient à un juge, et parce que notre Rédempteur s'est élevé au ciel, qu'il juge maintenant toute chose, qu'il viendra à la fin, pour juger le monde entier, on le représente comme étant assis.

CHAPITRE VIII. — « D'où il viendra pour juger les vivants et les morts. » Il viendra au jugement, ayant le même corps que celui avec lequel il est monté au ciel ; il jugera les chrétiens et les infidèles, les justes et les pécheurs, les fidèles et les impies, car, comme dit l'Apôtre : Tous, nous comparaîtrons devant le tribunal de Jésus-Christ, afin que chacun reçoive ce qui est dû, aux bonnes ou aux mauvaises actions qu'il aura faites pendant qu'il était revêtu de son corps. (II *Cor.*, v. 10.) C'est aussi ce qu'explique Notre-Seigneur, dans l'Evangile, en ces termes (1) : .....

CHAPITRE IX. — Châtions-nous donc, rendons-nous compte à nous-mêmes de notre vie de chaque jour, accusons-nous tous les jours à notre propre tribunal, et tant que nous sommes encore dans notre chair, avec la grâce de Notre-Seigneur, combattons sans trêve cette chair de péché ; celui qui agira ainsi, n'aura point à entendre la sentence de malédiction ; celui, au contraire, qui méprise cet avis, que fera-t-il au jour terrible du jugement, lorsque, au milieu de l'épouvante du monde, Notre-Seigneur, précédé par les anges sonnant de la trompette, viendra s'asseoir sur le trône de sa majesté, entouré de la lumière de l'armée céleste ?.... (2).

CHAPITRE X. — Etant aussi incertains que nous le sommes de notre vie, ne différons point de nous procurer le remède de notre salut, car celui qui ranime notre confiance en nous disant : En quelques jours que le pécheur se convertisse, toutes ses iniquités seront oubliées (*Ezéch.*, XVIII, 21), veut aussi que nous soyons vigilants, quand il nous dit : Ne tardez point de vous convertir au Seigneur, ne différez point de jour en jour. (*Eccli.*, v, 8.) Convertissons-nous donc vers ce qu'il y a de meilleur, tandis que les remèdes sont en notre pouvoir. Anéantissons la mort ici-bas en mourant au péché, et acquérons la vraie vie avec nos mérites ici-bas. Frères bien-aimés, si nous sommes sages et fidèles, méditons ces vérités, recourons sans retard aux remèdes de la pénitence, et par la chasteté et l'humilité, par des œuvres de justice et de miséricorde, achetons auprès de Dieu le bonheur éternel. Mais retournons au sujet dont nous nous sommes écartés ; voici ce qui suit dans le symbole.

CHAPITRE XI. — « Je crois au Saint-Esprit. » Remarquez que, comme il faut croire au Père, nous devons aussi croire au Fils et au Saint-Esprit ; car celui qui refuserait de croire même en une seule personne de la sainte Trinité, ne retirerait aucun avantage de sa foi aux deux autres. La foi catholique consiste à vénérer, à croire, à honorer et à confesser Dieu dans la Trinité, et la Trinité dans l'unité. Dans cette Trinité, aucune personne n'a été antérieure ou postérieure ; car, de même que le Père n'a jamais été sans le Fils, ni le Fils sans le Père, ainsi, le Père et le Fils n'ont jamais été sans le Saint-Esprit. La sainte Trinité est donc coéternelle, son unité est inséparable, elle est sans commencement ni fin. Aucune personne n'est plus grande ou inférieure à l'autre,

(1) Voir le sermon CCX, n°s 1, 2 et 3, tome XX de cette édition. — (2) Voir les n°s 4, 5 et 6 du sermon CCXLIX, tome XX de cette édition.

laudis. (*Psal.* CXV, 16, 17.)] « Sedet ad dexteram Dei Patris omnipotentis. » Sedere, judicantis est. Et quia Redemptor noster assumptus in cœlum et nunc omnia judicat, et ad extremum judex omnium veniet, sedere describitur.

CAPUT VIII. — « Inde venturus judicare vivos et mortuos. » [(1) In ipso corpore venturus est ad judicium, in quo ascendit ad cœlum, Christianos judicaturus et Paganos, justos et peccatores, fideles et impios.] [Omnes enim, ut ait Apostolus, adstabimus ante tribunal Christi, ut referat unusquisque propria corporis sui, prout gessit, sive bonum sive malum. (II *Cor.*, v, 10.) Quam rem etiam Dominus in Evangelio denuntiat, dicens : .... (2)

CAPUT IX. — Ipsi nosmetipsos castigemus, ipsi nobiscum rationem de quotidiana conversatione faciamus, ipsi nos accusemus quotidie judici nostro, et dum in carne sumus, contra ipsam carnem, auxiliante Domino, quotidie dimicemus.] Quod qui fecerit, ab auditu malo liberabitur : qui autem contemnit, [quid faciet in illo metuendo judicii die, cum tremente mundo Dominus præcinentibus Angelorum buccinis, in illo majestatis suæ throno circumdatus cœlestis militiæ luce consederit,....

CAPUT X. — Non in remedium salutis suæ semper finis tardandus est, qui vitæ suæ semper incertus est : quia qui nos securos facit dicendo : Peccator in qua die conversus fuerit, omnes iniquitates illius oblivioni tradentur (*Ezech.*, XVIII, 21, 22) : ipse nos etiam cautos voluit, dicens : Nolite tardare converti ad Dominum, nec differatis de die in diem. (*Eccli.*, v, 8.) Convertamur ergo ad meliora, dum in nostra sunt potestate remedia. Hic exstinguamus mortem moriendo peccatis, hic vitam vitæ meritis acquiramus. Hæc ergo , Fratres dilectissimi, sapienter ac fideliter cogitantes, ad pœnitentiæ remedia confugere festinemus, et per castitatem vel humilitatem, per opera justitiæ ac misericordiæ, æterna nobis apud Deum comparemus.] Sed ut ad id redeamus unde digressi sumus, sequitur in hoc sancto Symbolo.

CAPUT XI. — « Credo in Spiritum sanctum. » [(2) Advertite quod sicut in Patrem , ita et in Filium et in Spiritum sanctum sit credendum. Nam qui vel in unam de Trinitate personam non crediderit, in duabus illi credidisse non proderit. Fides namque catholica hæc est, ut unum Deum in Trinitate, et Trinitatem in unitate veneremur, credamus et colamus et confiteamur. Et in hac Trinitate nihil prius aut posterius : quia sicut nunquam Pater sine Filio, nec Filius sine Patre ; sic et nunquam fuit Pater et Filius sine Spiritu sancto. Cœterna ergo

(1) Rursum ex Ser. citato CCXLII. — (2) Ex Ser. citato CCXLII, n. 4.

d'où nous disons qu'il y a égalité de personnes parce que, dans la Trinité, il y a égalité et une seule divinité, suivant ce témoignage et cet enseignement de l'Apôtre : Par la connaissance que les créatures nous en donnent, la Trinité nous est devenue visible, le Créateur se fait connaître par ses créatures (*Rom.*, I, 20), suivant ces comparaisons et d'autres semblables. Le soleil, la lumière et la chaleur, sont trois noms différents, et ces trois choses n'en font qu'une. Ce qui éclaire échauffe, et ce qui échauffe éclaire ; voilà trois termes divers et l'on ne connaît qu'une seule chose. Ainsi, le Père, le Fils et le Saint-Esprit forment trois personnes unies dans la divinité, et il est exact de croire à l'indivisible unité. On peut trouver de même une comparaison dans les choses de la terre ; par exemple, la nappe d'eau, la source et le fleuve. Voilà bien trois noms divers, ces trois choses n'en forment qu'une par leur nature ; ainsi, la substance du Père, du Fils et du Saint-Esprit est une, comme leur divinité est une. Ce n'est ni la personne du Père, ni celle du Saint-Esprit, mais celle du Fils qui a pris notre nature. Pour vous mieux faire comprendre, je me servirai encore de comparaisons. Afin que vous connaissiez bien le Créateur par ses créatures, je vous proposerai l'âme et la raison. Bien qu'elles soient une même chose, l'âme, cependant, a une opération, et la raison une autre : nous vivons par notre âme, et nous jugeons par la raison. Ainsi, le Père, le Fils et le Saint-Esprit étant une même substance, la Trinité tout entière a créé l'homme auquel s'est unie la seule personne du Fils, et non la Trinité tout entière. Et, quoique le même Fils de Dieu soit Dieu et homme, l'homme seul a souffert la Passion. Voici, par exemple, un arbre, tout enveloppé des rayons du soleil ; si on

le coupe, nous apercevons le coup de la hâche diviser la lumière du soleil avant d'atteindre le bois ; mais, quoique la lumière soit là, le bûcheron ne peut ni la couper ni la séparer. Il en est ainsi de la divinité, qui ne peut ni être divisée, ni être abattue ; cela seulement a souffert dans la Passion qui, comme le bois, peut être lié et retenu. C'est pourquoi, croyant au Père et au Fils, nous devons également croire au Saint-Esprit. Voilà, mes bien-aimés, la règle invariable de la vérité. Nous ne devons pas séparer sur la terre ce qui forme unité de substance et trinité de personnes. De même que rien dans les créatures ne peut être comparé à la divinité, ainsi, la nature de la divinité exclut toute division et toute inégalité. En effet, suivant la vérité écrite dans l'Evangile : de même que le Fils est sorti du Père, ainsi le Saint-Esprit procède du Père ; de même que le Fils unique est de Dieu, ainsi le Saint-Esprit est de Dieu ; de même que le Père fait miséricorde à qui il veut, que le Fils révèle le Père à qui il veut, de même, nous croyons que l'Esprit saint inspire ceux qu'il veut, et partage comme il veut les dons des grâces célestes. Aussi, le prophète a-t-il bien décrit la grâce de l'Esprit saint, en disant qu'elle est septiforme (*Isa.*, XI, 2) ; et certes, par son inspiration, on arrive au repos, et, dans sa réception complète, on possède dans la vision le vrai repos. C'est du Saint-Esprit qu'on nous fait, avec justice, cette promesse : Il vous enseignera toute chose. (*Jean*, XIV, 26.) En effet, si ce même Esprit saint ne se tient près du cœur de l'auditeur, le sermon du prédicateur est sans fruit. Gardons-nous bien d'attribuer à celui qui instruit l'intelligence que nous avons des choses qui sortent de sa bouche. Si l'Esprit saint n'est pas à l'intérieur pour enseigner,

---

est sancta Trinitas, et inseparabilis unitas, sine initio et sine fine. Nihil majus aut minus. Æqualitatem personarum dicit, quia sancta Trinitas æqualis est, et una est deitas, Apostolo dicente atque docente :] « Per ea quæ facta sunt, intellecta conspiciuntur, et per creaturam Creator intelligitur, » (*Rom.*, I, 20) secundum has comparationes et alias quamplures. Sol, candor et calor, et tria sunt vocabula, et tria unum. Quod candet, hoc calet ; et quod calet, hoc candet : tria hæc vocabula, res una cognoscitur. Ita Pater et Filius et Spiritus sanctus, tres personæ in deitate unum sunt, et individua unitas recte creditur. Item de terrenis, vena, fons, fluvius ; tria hæc vocabula, et tria unum in sua natura : ita trium personarum Patris et Filii et Spiritus sancti substantia et deitas unum est. Neque Patris persona, neque Spiritus sancti, sed sola Filii suscepit carnem. Et ut hoc intelligas, comparationibus utar. Certe ut intelligas ex creatura Creatorem, (1) in anima est et ratio : et cum sint unum, aliud agit anima, aliud ratio ; anima vivimus, ratione sapimus. Ita Pater et Filius et Spiritus sanctus cum sint una substantia, tota Trinitas operata est hominem, quem assumpsit, non tota Trinitas, sed sola persona Filii. Et licet ipse Dei Filius Deus et homo esset, homo tantum passioni subjacuit. Sicut, verbi gratia, videmus arborem splendorem solis in se habentem ; et cum inciditur, vi-

(1) V. in Append. Ser. CCXLV, n. 2.

demus quia ictus ferientis ferri splendorem solis excipit, prius quam pertingatur lignum : sed splendor cum ibi sit, non potest nec incidi, nec a dolante separari. Sic etiam divinitas non potest separari, nec incidi : illud autem passioni subjacuit, quod sicut lignum et ligari possit et teneri. Igitur sicut in Patrem et Filium, ita et in Spiritum sanctum credere debemus. Hæc est, Carissimi, inoffensa regula veritatis, ut quorum unum est et unum sunt, a nobis non separentur in terris. Nam sicut divinitati nihil de creaturis æquari potest, ita omnem divisionem et inæqualitatem natura divinitatis excludit. Secundum enim Evangelicam veritatem, sicut Filius a Patre exivit, ita et Spiritus sanctus a Patre procedit : et sicut unigenitus Filius Dei est, ita et Spiritus sanctus Dei est : et sicut Pater cui vult misereretur, et Filius cui vult Patrem revelat ; ita etiam Spiritus sanctus et inspirare legitur prout vult, et dona cœlestium gratiarum dividere prout vult. Unde bene ejusdem Spiritus gratia septiformis a Propheta describitur (*Isa.*, XI, 2) ; quia nimirum et per ejus inspirationem ad requiem pervenitur, et in ejus plena præceptione ac visione requies vera possidetur. De quo recte promittitur : Ipse vos docebit omnia (*Joan.*, XIV, 26) : quia nisi idem Spiritus cordi adsit audientis, otiosus est sermo doctoris. Nemo docenti homini tribuat quod ex ore docentis intelligit, quia

la langue du docteur travaille en vain extérieurement. C'est pourquoi, parce que nous ne pouvons rien sans lui, avec sa grâce, rendons-nous tels, que le Saint-Esprit daigne venir en nous et y faire sa demeure.

Chapitre XII. — « La sainte Eglise catholique. » Rappelons-nous ici que nous devons croire l'Eglise, mais que, cependant, nous ne devons pas croire « en » l'Eglise, car l'Eglise n'est pas Dieu, mais la maison de Dieu. Nous la disons « catholique, » parce qu'elle est répandue dans tout l'univers. C'est pourquoi les Eglises des divers hérétiques ne sont point appelées catholiques, car elles n'existent que dans certains lieux, et dans des provinces particulières; mais, pour elle, la splendeur de l'unité de sa foi brille depuis le lever du soleil jusqu'à son couchant. Ni richesses, ni trésors, ni honneurs, ni n'importe quelle substance de ce monde, ne peuvent égaler en valeur la foi catholique. En effet, elle sauve les hommes pécheurs, éclaire les aveugles, guérit les infirmes; c'est elle qui baptise les catéchumènes, justifie les fidèles, fait revivre les pénitents, augmente la justice des justes; elle couronne les martyrs, ordonne les clercs, consacre les prêtres, prépare pour le royaume des cieux, et communique avec les saints anges dans l'héritage éternel. Quel qu'il soit, si grand qu'il soit, celui-là n'est pas chrétien qui n'est pas dans l'Eglise de Jésus-Christ. C'est de cette Eglise seule que le Seigneur accepte de bon cœur le sacrifice; c'est elle seule qui intercède avec confiance en faveur de ceux qui se sont égarés. C'est pourquoi, au sujet de la manducation de l'agneau pascal, le Seigneur fait ce précepte : Vous le mangerez dans une même maison, et vous ne transporterez dehors rien de sa chair. (*Exod.*, xii, 46.) L'agneau se mange, en effet, dans une même maison, parce que dans la seule Eglise catholique, on immole la véritable hostie, notre Rédempteur. L'ordre de Dieu nous défend de porter dehors rien de sa chair, parce que nous ne devons pas donner aux chiens ce qui est saint. C'est dans son sein seulement qu'on peut faire fructueusement des bonnes œuvres, et il n'y a que ceux qui auront travaillé dans l'intérieur de cette vigne, qui recevront la récompense du denier. Elle seule protège, par l'union puissante de la charité, ceux qui sont dans son sein. De même que l'eau du déluge transporta l'arche jusque sur le sommet des plus hautes montagnes, et fit périr tous ceux qu'elle trouva en dehors de l'arche; ainsi, c'est dans l'Eglise seule que nous contemplons, dans leur vérité, les mystères les plus sublimes. Aussi, le Seigneur dit à Moïse : « Il y a un lieu sur la montagne où je me suis montré à vous; vous vous tiendrez sur la pierre, » et peu après : « J'ôterai ensuite ma main et vous me verrez par derrière. » (*Exod.*, xxxiii, 21, 23.) En réalité, c'est dans l'Eglise catholique seule qu'on aperçoit la vérité; le Seigneur nous indique qu'elle seule est le lieu d'où nous pouvons l'apercevoir. Moïse est placé sur le rocher pour y contempler la beauté de Dieu, car, quiconque ne s'établit solidement sur la foi, ne parvient jamais à discerner la présence de Dieu. Arrachez, a dit saint Cyprien, le rayon de la masse du soleil, mais l'unité de la lumière ne souffre point de division. Coupez une branche d'un arbre, jamais ce rameau détaché ne pourra bourgeonner; détournez le ruisseau de sa source, bientôt il se desséchera. Ces paroles de saint Cyprien nous font comprendre que la lumière ne souffre point de division, comme les saints prédestinés au royaume de Dieu ne peuvent aucunement

---

nisi intus sit qui doceat, doctoris lingua exterius in vacuum laborat. Unde quia sine eo nihil boni agere possumus, ipso opitulante tales nos reddamus, ad quos Spiritus sanctus advenire, et in quibus habitare dignetur.

Caput XII. — « Sanctam Ecclesiam catholicam. » [(1) Sciendum est, quod Ecclesiam credere, non tamen in Ecclesia credere debemus : quia Ecclesia non Deus, sed domus Dei est. « Catholicam » dicit toto orbe diffusam, quia diversorum hæreticorum ecclesiæ ideo catholicæ non dicuntur; quia per loca atque per suas quasque provincias continentur. Hæc vero a solis ortu usque ad occasum unius fidei splendore diffunditur.] Nullæ sunt majores divitiæ, nulli thesauri, nulli honores, nulla hujus mundi major substantia, quam est catholica fides, quæ peccatores homines salvat, cœcos illuminat; infirmos curat, catechumenos baptizat, fideles justificat, pœnitentes reparat, justos augmentat, Martyres coronat, clericos ordinat, sacerdotes consecrat, regnis cœlestibus præparat, et in æterna hæreditate cum Angelis sanctis communicat. Quisquis ille est, et qualiscumque ille est, Christianus non est qui in Christi Ecclesia non est. [(2) Sola quippe est per quam sacrificium Dominus libenter accipiat, sola quæ pro errantibus fiducialiter intercedat. Unde etiam de Agni hostia Dominus præcepit, dic... : In una domo comedetis, nec efferetis de carnibus ejus foras. (*Exod.*, xii, 46.) In una namque domo agnus comeditur, quia in una catholica Ecclesia vera hostia Redemptoris immolatur. De cujus carnibus divina jussio efferri foras prohibet, quia dari sanctum canibus vetat. Sola est in qua opus bonum fructuose peragitur, unde mercedem denarii non nisi qui intra vineam laboraverant acceperunt. Sola est quæ intra se positos valida caritatis compage custodit. Unde et aqua diluvii arcam quidem ad sublimiora sustulit; omnes autem quos extra arcam invenit, exstinxit. Sola est in qua mysteria superna veraciter contemplamur. Unde ad Moysen Dominus dicit : Est locus apud me, et stabis supra petram : (*Exod.*, xxxiii, 21) : et paulo post : Tollam manum meam, et videbis posteriora mea. (*Ibid.*, 23.) Quia enim ex sola catholica Ecclesia veritas conspicitur, apud se esse locum Dominus perhibet de quo videatur. In petra Moyses ponitur, ut Dei speciem contempletur; quia nisi quis fidei soliditatem tenuerit, divinam præsentiam non agnoscit.] (3) Avelle, inquit, radium solis a corpore, divisionem lucis unitas non capit. Frange ramum ab arbore, fractus germinare non poterit. A fonte præcide rivum, præcisus

(1) Ex Scr. cit. ccxlii, n. 4. — (2) Greg. verba lib. XXXV, *Moral.*, c. vii. — (3) Cyprianus, *de unitate Ecclesiæ* ante med.

se détacher de l'Eglise. Nous comprenons également que le rameau détaché de l'arbre du salut éternel ne peut porter des fruits; nous reconnaissons également la sécheresse du ruisseau détourné de sa source, dans ceux qui, séparés de l'unité, sont pour cela privés du Saint-Esprit.

CHAPITRE XIII. — « La communion des Saints. » C'est-à-dire que nous ne formons qu'une société, et que nous sommes unis dans la communion de l'espérance, avec ces saints qui sont morts dans la foi que nous avons reçue. Voulons-nous être, avec les saints, en communion pour la vie éternelle, ayons à cœur de les imiter. Il faut, en effet, qu'ils reconnaissent en nous quelque chose de leurs vertus, pour qu'ils daignent supplier le Seigneur en notre faveur. Si nous ne pouvons supporter les tourments que les saints ont supportés, du moins, combattons avec leur intercession contre les mauvaises passions. Ni Abraham, ni Isaac, ni Jacob n'ont été mis à mort, et, cependant, ils ont mérité, par leur foi et leur justice, d'être honorés des premiers entre les patriarches. Quiconque est trouvé fidèle, juste et louable, fait partie de leur société. C'est pourquoi, nous aussi, frères bien-aimés, quand même nous n'aurions pas à essuyer des souffrances semblables aux leurs, quand même nous n'aurions à supporter ni chaînes, ni coups, ni prison, ni autres supplices corporels, ni aucune persécution de la part des hommes à cause de la justice; néanmoins nous rentrerons en société avec les saints, si nous avons soin de châtier notre corps et de le réduire en servitude; si nous nous habituons à supplier le Seigneur avec esprit d'humilité et une âme contrite, si nous aimons avec calme les injures qui nous viendraient de la part du prochain; si nous nous réjouissons d'aimer même ceux qui nous haïssent, qui nous injurient, comme aussi de leur faire du bien et de prier pour la conservation de leur vie et pour leur salut éternel; si, enfin, nous nous efforçons de joindre à la vertu de patience tous les fruits de bonnes œuvres. Vivant de cette sorte et offrant à Dieu, suivant le mot de l'Apôtre, nos corps comme une hostie vivante, sainte et agréable à Dieu (*Rom.*, XII, 14), nous mériterons d'être élevés aux honneurs des cieux, et nous recevrons, comme récompense une gloire semblable à celle dont jouissent ceux qui ont offert pour le Seigneur leurs corps à la mort; et comme leur mort a été précieuse aux yeux du Seigneur, ainsi le sera notre vie, et les liens de notre chair étant brisés, nous mériterons d'entrer dans les parvis de la cité céleste, et, au milieu des chœurs des saints martyrs, de rendre nos actions de grâces à notre Rédempteur. Voilà les traces que nous ont laissées tous les saints, qui sont retournés dans la vraie patrie, afin que, nous attachant à leurs pas, nous les suivions dans la joie. Pourquoi ne pas nous hâter, ne pas courir pour obtenir le bonheur de voir notre patrie? Là nous attend un grand nombre d'amis; là désire nous voir la foule nombreuse et serrée de nos parents, de nos frères, de nos enfants; sûrs de leur propre salut, ils tremblent encore sur le nôtre. Quelle grande joie pour eux et pour nous, tout à la fois, d'aller les embrasser, les contempler! Là se trouvent le chœur glorieux des apôtres, la

---

arescit. In his Cypriani verbis intelligimus, lucem non capere divisionem, nisi in sanctis regno Dei prædestinatis, qui dividi ab Ecclesia nullo modo possunt : et non germinare ramum fractum salutis æternæ germine accipimus. Ariditatem vero rivi a fonte præcisi, in eo quod Spiritu sancto vacuantur, qui ab unitate separantur, agnoscimus.

CAPUT XIII. — « Sanctorum communionem, » [(1) id est, cum illis Sanctis qui in hac quam suscepimus fide defuncti sunt, societate et spei communione teneamur. (2) Si igitur cum Sanctis in æterna vita communionem habere volumus, de imitatione eorum cogitemus. Debent enim in nobis aliquid recognoscere de suis virtutibus, ut pro nobis dignentur Domino supplicare. Si enim tormenta quæ Sancti pertulerunt, ferre non possumus, vel contra malas concupiscentias, ipsis intercedentibus repugnemus. (3) Nam nec Abraham, nec Isaac, nec Jacob occisi sunt : et tamen fidei et justitiæ meritis honorati inter Patriarchas primi esse meruerunt. Ad quorum convivium congregatur, quisquis fidelis et justus et laudabilis invenitur.] Unde et nos, Fratres carissimi, etiam si nil tale perpetiamur, si non vincula, non verbera, non carceres, non supplicia corporis alia, nullam hominum persecutionem propter justitiam toleremus, societatem tamen Sanctorum obtinere valebimus, si castigare corpus nostrum, et servituti subjicere curamus, si in spiritu humilitatis et in anima contrita Domino supplicare assuescimus, si illata a proximo contumelias placida mente suscipere satagimus, si et eos qui nos odio habent, qui injurias nobis inferunt, diligere, his benefacere, et pro horum vita et sospitate gaudeamus exorare, si cum virtute patientiæ bonorum quoque operum fructibus adornari contendimus. Taliter etenim conversantibus nobis, et corpora nostra, juxta Apostoli vocem, hostiam viventem, sanctam, Deo placentem exhibentibus (*Rom.*, XII, 1), cælesti dignatione donabimur, ut communi cum eis membra sua in mortem pro Domino dederunt, gloria remuneremur : quod sicut mors illorum, sic et vita nostra pretiosa sit in conspectu Domini : diruptisque vinculis carnis, et ipsi atria supernæ civitatis intrare atque inter choros beatorum Martyrum vota gratiarum Redemptori nostro reddere merebimur. [(4) Hæc sunt vestigia quæ nobis sancti quique reverentes in patriam reliquerunt, ut illorum semitis inhærentes sequeremur ad gaudia. Cur non properamus et currimus, ut patriam nostram videre possimus? Magnus illic carorum numerus exspectat, parentum, fratrum, filiorum frequens nos et copiosa turba desiderat, jam de sua incolumitate secura, adhuc de nostra salute sollicita. Ad eorum complexum et conspectum venire, quanta illis et nobis in commune lætitia est? Illic Apostolorum gloriosus chorus. Illic Prophetarum exultantium numerus insignis. Ibi Martyrum

---

(1) Ex Ser. CCXLII, in Append., n. 4. — (2) Jam ex Ser. CCCIV, n. 1. — (3) Nunc ex Ser. CCIX, n. 5. — (4) Ex Ser. mox citato, n. 1.

multitude des prophètes tressaillant d'allégresse ; là est couronnée, pour sa victoire dans les combats, la tribu innombrable des martyrs ; là se réjouit la troupe très-illustre des vierges ; on célèbre, là aussi, la force des confesseurs. Il faut aussi y considérer la récompense de ceux qui, obéissant aux préceptes du Seigneur, ont donné les biens de la terre pour acheter les trésors du ciel. Quelle langue pourrait dire, quelle intelligence pourrait comprendre combien grandes sont les joies de la cité d'en haut ? Être mêlé aux chœurs des anges, être inondé avec les esprits bienheureux, de la gloire du Créateur, contempler face à face le visage de Dieu, voir cette lumière dont les limites sont infinies, n'avoir à redouter aucune crainte de la mort, se réjouir du don d'une immortelle incorruption ! Courons donc, avec une ardente avidité, vers ces élus de Dieu pour être plus tôt avec eux. Puissions-nous être promptement réunis au Christ, que nous regardons comme le guide de notre route, l'auteur de notre salut, le principe de la lumière, et le dispensateur des véritables joies.

CHAPITRE XIV. — « La rémission des péchés. » Croyons surtout, mes frères, la rémission des péchés, car c'est l'unique remède qui puisse délivrer le genre humain de la sentence de mort éternelle. Pour cela, le Fils unique du Très-Haut a daigné se faire homme ; il a accepté la croix avec joie, afin que sa miséricorde vous rendit innocent, vous qui, seul, ne pouviez vous laver de vos crimes. Pour cela, l'Agneau immaculé fut mis à mort, afin d'effacer par son sang les souillures du genre humain. Aussi, je m'étonne de l'obstination de certains hérétiques qui pensent qu'il n'y a point de pénitence pour ceux qui sont tombés, ou qui croient qu'il faille refuser le pardon au repentir. N'est-il pas écrit : Souvenez-vous d'où vous êtes tombés ; faites pénitence, et remettez-vous à vos bonnes œuvres passées ? (Apoc., II, 5.) N'est-ce pas à celui qui est tombé et que le Seigneur exhorte, à se relever par des bonnes œuvres, qu'il est dit : L'aumône délivre de la mort. (Tob., IV, 11.) Certes, il ne s'agit pas de cette mort que le sang de Jésus-Christ a détruite pour toujours, et dont nous a délivré la grâce salutaire du baptême et de notre Rédempteur, mais de celle qui s'est glissée en nous par le péché. Nous lisons, en effet, dans l'Ecriture : Ce n'est point le Seigneur qui a fait la mort, il ne se réjouit point de la perte des vivants, car il ne veut la ruine de personne (Sag., I, 13) ; il désire que les pécheurs fassent pénitence, et que, par elle, ils reviennent de nouveau à la vie. Aussi, par le prophète Joël, il nous crie : Maintenant donc, dit le Seigneur votre Dieu, convertissez-vous à moi de tout votre cœur, dans les jeûnes, dans les larmes et dans les gémissements. Déchirez vos cœurs, et non vos vêtements ; convertissez-vous au Seigneur votre Dieu, parce qu'il est bon et compatissant, qu'il est patient et riche en miséricorde, et qu'il peut se repentir du mal dont il vous avait menacé. (Joël, II, 12, 13.) Notre-Seigneur lui-même, nous enseignant dans l'Evangile la miséricorde de Dieu le Père, s'exprime ainsi : Quel est celui d'entre vous qui donne une pierre à son fils, lorsqu'il lui demande du pain ? Ou, s'il lui demande un poisson, lui donnera-t-il un serpent ? Si donc, vous, tout méchants que vous êtes, vous savez donner de bonnes choses à vos enfants, à combien plus forte raison votre Père qui est dans les cieux donnera-t-il l'esprit de bonté à ceux qui le lui deman-

---

populus innumerabilis ob certaminum victoriam coronatur. Illic clarissima Virginum turba lætatur, illic etiam Confessorum fortitudo laudatur. Sed etiam illorum remuneratio censetur, qui præcepta Dominica servantes, ad cœlestes thesauros terrena patrimonia transtulerunt. [(1) Quæ autem lingua dicere, vel quis intellectus capere sufficit illa supernæ civitatis quanta sint gaudia, Angelorum choris interesse, cum beatissimis spiritibus gloriæ Conditoris assistere, præsentem Dei vultum cernere, incircumscriptum lumen videre, nullo mortis metu affici, incorruptionis perpetuæ munere lætari ?] (2) ad hos electos Dei avida cupiditate properemus, ut cum his cito esse, et cito nos ad Christum convenire contingat, ad eum quem hujus itineris ducem habemus, salutis auctorem, lucis principem, lætitiæ largitorem.

CAPUT XIV. — « Remissionem peccatorum. » Credenda est præcipue, Fratres, peccatorum remissio, quia hoc unum remedium est, quod hominum genus a sententia perpetuæ mortis absolvat. Idcirco Unigenitus Altissimi dignatus est carnem assumere, contentus est cruce ; ut te, qui crimina tua evadere non poteras, indulgentia faceret innocentem. Ideo immaculatus occisus est Agnus, ut ejus cruore humani generis macula tergeretur. Miror autem, quosdam sic obstinatos, esse ut dandam non putent lapsis pœnitentiam, aut pœnitentibus existiment veniam denegandam ; cum scriptum sit : Memento unde excideris, et age pœnitentiam, et fac priora opera. (Apoc., II, 5.) Utique ei dicitur, quem constet excidisse, et quem Dominus hortatur per opera rursus exsurgere, quia scriptum est : Eleemosyna a morte liberat (Tob., IV, 11) : et non utique ab illa morte quam semel Christi sanguis exstinxit, et a qua nos salutaris baptismi et Redemptoris nostri gratia liberavit : sed ab ea quæ per delicta postmodum subrepsit. Nam cum scriptum sit : Dominus mortem non fecit, nec lætatur in perditione vivorum (Sap., I, 13) : utique qui neminem vult perire, cupit peccatores pœnitentiam agere, et per pœnitentiam denuo ad vitam redire. Ideo et per Joël prophetam clamat, et dicit : « Et nunc dicit Dominus Deus vester : Revertimini ad me ex toto corde vestro, simulque in jejunio et fletu et planctu, et scindite corda vestra, et non vestimenta vestra, et revertimini ad Dominum Deum vestrum, quia misericors, et pius est, et patiens, et multæ miserationis, et qui sententiam flectat adversus malitiam irrogatam. » (Joël., II, 12, 13.) Dominus quoque in Evangelio pietatem Dei Patris ostendens ait : « Quis est ex vobis homo, quem si petierit filius ejus panem, numquid lapidem porriget ei ? Aut si piscem postulaverit, numquid serpentem illi porrigit ? Si ergo vos, cum sitis mali, scitis bona data dare filiis vestris, quanto magis Pater vester de cœlo

---

(1) Gregorius hom. XXXVII, in Evang. — (2) Verba ultima Ser. cit. CCIX.

dent comme il faut ? (*Matth.*, vii, 9.) C'est la comparaison entre ce que fait un père selon la nature, et l'abondante et éternelle miséricorde de Dieu le Père. Si ce père de la terre, naturellement mauvais, bien qu'offensé grièvement par un fils pécheur et pervers, se réjouit et se félicite cependant en le voyant se corriger, quitter les égarements de sa vie précédente, et, touché de la douleur de la pénitence, rentrer sous la règle de l'innocence et reprendre des habitudes plus sages et meilleures, s'il presse sur son cœur, avec toute la tendresse de l'affection paternelle, ce fils qu'il avait perdu et qu'il vient de retrouver, combien plus ce père unique et véritable, bon, miséricordieux, clément, je dirai plus, la bonté, la miséricorde, la clémence même, se réjouit-il de la pénitence de ses enfants? Il ne menace point de sa colère ceux qui font pénitence et qui pleurent, ni de châtiments ceux qui sont dans la douleur ; au contraire, il leur promet le pardon et l'indulgence. Si le diable eût assez de puissance pour vous précipiter du sommet de la vertu dans les abîmes du péché, Dieu ne pourra-t-il pas vous faire remonter au sommet de la perfection, et non-seulement vous rétablir dans votre état précédent, mais vous mettre dans un état tel, que la somme du bonheur qui vous est dû surpasse celle à laquelle vous aviez droit avant votre chute.

CHAPITRE XV. — Cependant, ne vous laissez point abattre, ne perdez point l'espérance de revenir à la vertu ; de grâce, qu'il ne vous arrive pas ce qui d'habitude arrive aux impies. Ce n'est point la multitude des péchés qui conduit au désespoir, c'est l'impiété. Aussi, Salomon n'a point dit : Tout homme qui est tombé au fond de l'abîme du péché, méprise tout ; mais il a dit : Si l'impie tombe au fond de l'abîme du mal, il méprise tout. (*Prov.*, xviii, 3.) Donc, l'impie désespère de son salut, et il méprise tout, lorsqu'il est descendu dans les dernières profondeurs du mal, et non du péché. L'impiété empêche les malheureux qui en sont atteints de se tourner vers Dieu et de remonter aux hauteurs d'où ils sont tombés. Donc, toute pensée qui nous enlève l'espoir de la conversion provient de l'impiété ; elle ressemble à une pierre énorme pesant sur notre âme, qui toujours la forcerait d'abaisser ses regards vers la terre, l'empêchant de ne jamais les élever vers Dieu. Mais un cœur viril, un esprit élevé, se débarrasse au plus vite d'un poids si nuisible. Que dis-je? il chasse le démon qui lui impose ce fardeau ; il commande à son âme et il dit en chantant ces paroles du Roi-Prophète au Seigneur : Comme les yeux des serviteurs sont attachés sur les mains de leurs maîtres, et comme les yeux de la servante le sont sur les mains de sa maîtresse ; de même nos yeux sont fixés vers le Seigneur notre Dieu, en attendant qu'il ait pitié de nous. Ayez pitié de nous, Seigneur, ayez pitié de nous, parce que nous sommes remplis de confusion et dans le dernier mépris. (*Ps.* cxxii, 2, 3.) Dans ces paroles, quelle belle doctrine ! quelle céleste philosophie ! Nous sommes, dit-il, dans le dernier mépris ; par ces paroles, il a voulu nous enseigner que, bien que nous soyons remplis d'une multitude de péchés, que le mépris et les opprobres nous aient couverts, il faut, cependant, que nos yeux soient fixés vers le Seigneur notre Dieu jusqu'à ce qu'il ait pitié de nous, et que nous ne devons pas cesser nos supplications avant d'avoir mérité d'obtenir notre pardon. C'est le fait d'une âme vraiment constante et opiniâtre dans sa constance, de ne point abandonner sa persévérance à demander sous prétexte qu'elle désespère d'obtenir ; mais de persévérer

---

dabit Spiritum bonum petentibus eum ? » (*Matth.*, vii, 9, etc.) Comparat hic Dominus carnalem patrem, et Dei Patris æternam largamque pietatem. Quod si iste in terris nequam pater offensus graviter a filio peccatore et malo, si tamen eum postmodum viderit reformatum, et depositis prioris vitæ delictis, ad sobrios et bonos mores, ad innocentiæ disciplinam pœnitentiæ dolore correctum ; gaudet et gratulatur, et susceptum quem ante perdiderat, cum voto paternæ exsultationis amplectitur ; quanto magis unus ille et verus pater, bonus, misericors, pius, imo ipsa bonitas et misericordia et pietas, lætatur in pœnitentia filiorum suorum ; nec iram pœnitentibus aut plangentibus et lamentantibus nec pœnam comminatur, sed veniam magis et indulgentiam pollicetur ? Si enim tantum potuit diabolus, ut de excelsis virtutum fastigiis in profundum te duceret malorum ; quanto magis poterit Deus te ad summum bonorum verticem revocare ; et non solum in id revocare quod fuisti, sed et beatiorem multo quam prius videbaris efficere ?

CAPUT XV. — Tantum ne concidas animo, neque spem tibi abscidas bonorum, ne quæso accidat tibi quod impiis solet. Non enim peccatorum multitudo adducit in desperationem, sed impietas. Et propterea Salomon non dixit, quia omnis qui venerit in profundum malorum, contemnit ; sed « impius, inquit, si venerit in profundum malorum, contemnit. » (*Prov.*, xviii, 3.) Impiorum ergo est desperare salutem, et contemnere cum in profundum venerint malorum, non peccatorum. Impietas enim non sinit eos ad Deum respicere, et illuc redire unde dilapsi sunt. Ista ergo cogitatio, quæ spem conversionis abscidit, ab impietate descendit ; et sicut lapis gravissimus cervicibus animæ incumbens, semper eam deorsum in terram cogit aspicere, ad Deum vero suum oculos non sinit levare. Sed virilis animi est et præclaræ mentis, dejicere a cervicibus animæ suæ inimicum pondus, imo deprimentem se diabolum abjicere ; et imperare animæ suæ, ut canens verba Prophetica dicat ad Dominum : « Sicut oculi servorum in manibus dominorum suorum, et sicut oculi ancillæ in manibus dominæ suæ, ita oculi nostri ad Dominum Deum nostrum, donec misereatur nostri. Miserere nostri Domine, miserere nostri ; quia multum repleti sumus despectione. » (*Psal.* cxxii, 2, 3.) Præclara vero in his verbis et cœlestis philosophiæ doctrina est. « Repleti sumus, inquit, despectione : » hoc est quod docere nos voluit, quia et si peccatorum nostrorum multitudine repleti sumus, despectione atque opprobriis cooperti ; oculi tamen nostri ad Dominum Deum nostrum sint, donec misereatur nostri. Nec prius ab obsecratione cessemus, quam impetrare peccatorum veniam mereamur. Hoc enim vere constantis animæ est et pertinacis, ut

et de s'obstiner à prier jusqu'à ce que miséricorde lui soit faite. Et gardez-vous bien de croire par hasard que vous offenserez Dieu si, n'ayant pas mérité d'être exaucé, vous poursuivez avec importunité votre prière. Rappelez-vous la parabole de l'Evangile, et vous trouverez que le Seigneur n'a point pour désagréables les demandeurs persévérants et importuns. Il y dit en effet : Quand celui-ci ne se lèverait pas pour lui en donner, parce qu'il est son ami, je vous assure qu'il se lèverait à cause de son importunité, et lui en donnerait autant qu'il en aurait besoin. (*Luc.*, xi, 8.) Comprenez bien, mon cher ami, que le démon ne nous inspire le désespoir de demander que pour nous faire perdre confiance dans la bonté de Dieu, bonté qui nous introduit dans le chemin qui mène au ciel. De même que c'est être philosophe de ne pas pleurer pour une mort naturelle, ainsi, se consoler facilement de la mort de son âme, est le propre d'un insensé et d'une âme irréligieuse.

Ne faut-il pas nous accuser de lâcheté en voyant ceux qui pleurent la mort naturelle des corps, le faire avec tant de véhémence, bien qu'ils sachent certainement que leurs pleurs ne ramèneront pas le défunt à la vie, tandis que nous ne faisons rien de semblable pour la perte de notre âme, étant cependant assurés que la pénitence la rendrait à son premier état ?

CHAPITRE XVI. — Nous savons, en effet, qu'il en est plusieurs qui, ayant dévié du droit chemin, et s'étant détourné de l'entrée de la voie étroite, se sont tellement convertis, que leurs vertus nouvelles dépassèrent celles qu'ils possédaient précédemment, en sorte qu'ils purent obtenir la palme et la couronne, et s'associer, comme il est croyable, au nombre et au chœur des saints. Ne croyez pas, certes, que je veuille parler de ceux seulement qui sont tombés dans quelques péchés légers ; je parle de celui même qui a commis toute espèce de faute, et qui, par l'énormité de ses crimes, s'était fermé l'entrée du royaume des cieux ; je ne parle point des infidèles, mais de ceux qui ont compté parmi les chrétiens, de ceux qui, d'abord, furent agréables à Dieu, puis tombèrent dans des adultères ou autres impudicités dont il est honteux de parler, suivant le langage de l'Apôtre. Dieu ne méprise jamais la pénitence qui lui est offerte avec sincérité et simplicité ; il accueille, reçoit de bon cœur et embrasse le pécheur ; il fait tout pour le rétablir dans son état primitif ; et, ce qui est encore plus beau et plus remarquable, c'est que, quelqu'un n'eût-il pu s'acquitter complètement de la satisfaction qu'il devait, si petite que soit sa pénitence et quelque courte soit-elle, Dieu ne la dédaigne cependant pas, il l'agrée et ne veut pas que la moindre conversion soit privée de sa récompense. C'est ce que me semble indiquer Isaïe, quand, au sujet du peuple Juif, il s'exprime à peu près en ces termes : A cause de votre péché, je vous ai légèrement affligés, je vous ai frappés, et j'ai détourné ma face de vous ; vous avez été contristés, vous avez marché dans la tristesse, et je vous ai apporté consolation. (*Isaïe*, LIV, 7.) Après ces exemples de pénitence, ne persévérons donc pas dans le mal. Pourquoi dédaigner notre réconciliation : Disons au contraire, nous aussi, revenons à notre Père et rapprochons-nous de Dieu. Croyez-moi, si vous êtes convertis, jamais Dieu ne se détournera de vous. Ne dit-il pas lui-même : Je suis le Dieu qui s'ap-

---

nequaquam repellatur de perseverantia poscendi, desperatione impetrandi ; sed perseveret ac persistat in obsecrationibus donec misereatur ei. Et ne forte arbitreris te offensam magis contrahere apud Deum, si cum non merearis audiri, importunus persistas in precibus : recordare Evangelii parabolam, et ibi invenies quod perseverantes et importunos precatores Dominus non sibi ostendit ingratos. Ait enim : « Et si non dabit ei propter quod amicus ejus est, propter improbitatem tamen ejus surget, et dabit ei quantum opus habet. » (*Luc.*, XI, 8.) Intellige Carissime ergo quia propterea diabolus desperationem subjicit impetrandi, ut spem bonitatis Dei nobis abscidat, quæ est dux itineris, quo itur ad cœlum. Sicut autem pro morte communi philosophicum est a lacrymis temperare ; ita in animæ morte consolationem recipere et insipiens et irreligiosum duco.

Quinimo et ignaviæ nos arguendos puto, si cum lamentatores corporum mortisque communis tam dure et tam vehementer hoc faciant, cum sciant et certi sint nihil prodesse fletus suos ad vitam defuncti ; nos nihil tale pro animæ lamentatione faciamus, quam restitui in statum suum per pœnitentiam noverimus.

CAPUT XVI. — Scimus enim, plures prolapsos ab itinere recto, et præcipitatos ab ingressu viæ angustæ : et ita rursus reparatos esse, ut posterioribus priora transierint, atque ad palmam pervenerint et coronam, numeroque rursus et choro adscripti credantur esse Sanctorum. Et nolo putes quia de his sermo mihi sit tantum, qui in paucis et levibus peccaverunt : de illo loquor qui omnibus succubuit malis, qui immanitate scelerum viam sibi excluserit regni cœlorum ; et non de infidelibus, sed de fidelibus fuerit, et ex his qui prius placuerunt Deo, post hæc autem ceciderunt, vel in adulteria, vel in omnes impudicitias, quæ, ut Apostolus ait, turpe est dicere. Nunquam enim spernit pœnitentiam, si ei sincere et simpliciter offeratur : suscipit, libenter accipit, amplectitur, facit omnia, quatenus eum ad priorem statum revocet : quodque est adhuc præstantius et eminentius, etiamsi quis non potuerit explere omnem satisfaciendi ordinem, quantulamcumque tamen et quamlibet brevi gestam non respuit pœnitentiam ; suscipit etiam ipsam, nec patitur quamvis exiguæ conversionis perire mercedem. Hoc enim mihi videtur indicare Isaias, ubi de populo Judæorum quædam talia ait : « Propter peccatum modice contristavi te, et percussi te, et averti faciem meam a te, et contristatus es, et ambulasti tristis, et consolatus sum te. » (*Isai.*, LIV, 7.) Hæc igitur habentes exempla pœnitentiæ non perseveremus in malis, nec desperemus reconciliationem : sed dicamus : Etiam nos redeamus ad patrem, et approximemus Deo. Nunquam, crede mihi, aversabitur a se conversum. Ipse enim dicit Deus appropians ego sum, et non Deus de longe (*Jerem.*, XXIII,

proche, et je ne suis pas un Dieu qui s'éloigne? (*Jér.*, xxiii, 23.) Il ajoute par un autre prophète : Ce sont les péchés qui mettent une séparation entre vous et moi. (*Isaïe*, lix, 2.) Si les péchés nous séparent de Dieu, enlevons donc ou plus tôt cet obstacle ; que rien ne nous empêche de nous unir à lui. Dieu, en effet, ne nous a créés, il ne nous a donné l'être, à nous qui n'étions pas, que pour nous conférer les biens de l'éternité et nous donner le royaume des cieux. Non, il ne nous a point faits pour nous livrer à l'enfer et à ses feux éternels. C'est pour nous que le royaume des cieux a été créé, l'enfer le fut pour les démons. Cette vérité, je veux la prouver par l'Evangile. Notre-Seigneur dit à ceux qui sont à sa droite : Venez, les bénis de mon Père, possédez le royaume qui vous a été préparé dès le commencement du monde ; et à ceux qui seront à sa gauche, il dira, au contraire : Retirez-vous de moi, maudits ! allez au feu éternel qui fut préparé pour le diable et pour ses anges. (*Matth.*, xxv, 34, 41.) Le feu de l'enfer est donc pour le démon, mais le royaume des cieux a été préparé pour l'homme dès l'origine du monde. Prenons donc garde de nous exclure du séjour du bonheur en persistant avec opiniâtreté dans le mal. Tant que nous sommes en cette vie, quelle que soit l'énormité des fautes que nous commettions, il nous est toujours possible de nous en purifier par la pénitence. Mais à peine aurons-nous quitté ce monde, bien qu'en l'autre nous nous repentions, (et certainement nos regrets seront profonds, mais notre pénitence sera inutile), bien qu'il y ait de notre part le grincement de dents, les hurlements et les pleurs, bien que nous répandions nos prières et que nous adressions de nombreuses supplications, personne ne nous entendra, personne ne viendra à notre secours, personne ne trempera même le bout de son doigt dans l'eau pour le mettre sur notre langue tout environnée de flammes. Nous entendrons ce que le mauvais riche entendit de la bouche d'Abraham : « Il y a pour toujours un grand abîme entre vous et nous ; de sorte que ceux qui voudraient passer d'ici vers vous ne le peuvent, comme on ne peut passer ici du lieu où vous êtes. » (*Luc*, xvi, 26.)

Chapitre XVII. — Réfléchissons donc enfin, et rappelons-nous quels furent les avantages de ceux qui vécurent jusqu'à la fin de leur vie dans les plaisirs du corps et les voluptés de la vie présente. Contemplez en ce moment leur tombeau, voyez-vous encore en eux quelque vestige de leur orgueil ? Pourriez-vous reconnaître quelques marques de leurs innombrables plaisirs ? Cherchez où sont maintenant leurs riches habits, leurs parfums étrangers, la volupté de leurs spectacles, la foule de leurs parasites et l'opulence de leurs festins ? Que sont devenus leurs ris, leurs jeux, leur joie sans retenue et sans frein ? Où sont maintenant toutes ces choses et où sont-ils eux-mêmes ? Quelle fut la fin des uns et des autres ? Regardez plus attentivement, approchez plus près du sépulcre de chacun. Vous ne voyez que leurs cendres et des restes fétides de vers. Rappelez-vous-le, telle est la destinée des corps ; eussent-ils passé leur vie dans les délices et dans la joie, ou dans le travail et l'austérité. Cependant, si toute chose devait se terminer à de la cendre et à des vers, le dommage serait de peu d'importance, et la condition de notre nature pourrait facilement l'excuser. Mais, pour le moment, détournez vos regards de ces cendres et de ces tombeaux, rappelez à votre pensée ce tribunal

23) : et iterum per eumdem Prophetam : Peccata, inquit, separant inter me et vos. (*Isai.*, lix, 2.) Si ergo peccata sunt quæ nos separant a Deo, auferamus medium istud obstaculum, et nihil est quod nos prohibeat conjungi Deo. Propterea enim creavit nos Deus, et esse nos fecit qui nos eramus, ut æterna in nos conferat bona, et præstet regna cœlorum. (1) Non enim nos ad hoc fecit, ut gehennæ nos tradat ignique perpetuo. Regnum cœlorum propter nos, gehenna propter diabolum facta est. Et hæc ita esse, ex Evangeliis doceam. Ipse enim Dominus dicit his qui a dextris ejus erunt : Venite benedicti Patris mei, percipite regnum quod vobis paratum est ab origine mundi. (*Matth.*, xxv, 34.) Illis autem quia sinistris ejus erunt, dicet : Discedite a me maledicti in ignem æternum, qui paratus est diabolo et angelis ejus. (*Ibid.*, 41.) Si ergo gehenna ignis propter diabolum, propter hominem autem regnum cœlorum a constitutione mundi præparatum est : tantum est, ne nosmetipsos in ingressu bonorum persistamus in malis pertinaciter excludamus. Donec enim sumus in hac vita, quantacumque nobis acciderint peccata, possibile est omnia ablui per pœnitentiam. Cum autem abducti fuerimus ad hoc sæculo, ibi jam etiamsi pœnitebit nos (valde enim nos pœnitebit, sed nulla erit utilitas pœnitentiæ) et licet sit stridor dentium, licet ululatus et fletus, licet fundamus preces, et innumeris obsecrationibus proclamemus, nemo audiet, nemo subveniet, nec extremo quidem digito aquam quis infundet linguæ nostræ positæ in flammis : sed audiemus illud quod dives ille audivit ab Abraham : « Quia chaos magnum firmatum est inter nos et vos, et neque hinc illuc transire quis potest, neque inde huc. » (*Luc.*, xvi, 26.)

Caput XVII. — Resipiscamus ergo tandem et recordemur quid profuerit illis qui in luxuria corporis et præsentis vitæ voluptatibus usque in diem ultimum permanserunt. Intuere nunc sepulcra eorum, et vide si est in eis aliquod jactantiæ suæ vestigium, si aliqua divitiarum luxuriæ signa cognoveris. Require nunc ubi vestes et odoramenta peregrina, ubi spectaculorum voluptas, ubi asseclarum turbæ, et conviviorum cessit opulentia, risus, jocus, et immoderata atque effrenata lætitia quo abiit, quo abscessit. Ubi illa nunc, et ubi ipsi ? Quis finis utrorumque ? Intuere diligentius, et accede propius ad singulorum sepulcra. Vide cineres solos, et vermium fœtidas reliquias : et recordare hunc corporum esse finem, etiam si in deliciis et lætitia, sive in labore et continentia transegerint vitam. Nam si res omnis omnisque causa usque ad cineres veniret et vermes, parva penderentur hæc damna, et quæ facile possit excusare naturæ conditio. Nunc autem converte tuos oculos ab istis cineribus et

(1) V. Append. Ser. lxxvii, n. 2.

effrayant du jugement divin : un fleuve de flammes ardentes l'environne, on y voit les pleurs et les grincements de dents, les ténèbres extérieures, ce ver de la conscience qui ne meurt point, et ce feu qui ne s'éteindra jamais. Rappelez-vous la parabole de Lazare et de ce riche qui, maître de tant de richesses, revêtu de pourpre et de lin, n'a pu trouver même une goutte d'eau lorsqu'il était placé au milieu des ardeurs du feu. Je vous le demande, dites-moi, qu'est-ce que cette vie a de plus qu'un songe ? De même que celui qui est condamné aux mines ou à n'importe quelle peine, si, par hasard, après les dures souffrances de la vie, il vient à goûter les douceurs du sommeil, il s'imagine être assis à un festin succulant, au milieu de mets abondants ; mais, à son réveil, il ne lui reste rien que le plaisir de son rêve ; ainsi en est-il de ce riche, la vie ne lui apparaît plus que comme un rêve ; aussitôt qu'il meurt, il n'a plus avec lui que des regrets pour le passé, et des peines pour le présent.

Chapitre XVIII. — Souvenez-vous de cela, et aux flammes de la passion et de la cupidité qui vous agitent en ce moment, opposez les feux de l'enfer. Le feu d'ici-bas dévore tout ce qu'on lui fournit, mais celui de l'enfer tourmente sans cesse ceux qui lui sont donnés, et il les conserve intégralement pour leurs souffrances. Aussi est-il appelé inextinguible ; il est inextinguible, non pas seulement parce qu'il ne s'éteint pas, mais encore parce qu'il ne consumme et n'anéantit point ceux qui y sont plongés. L'Ecriture dit, en effet, que les pécheurs revêtiront l'incorruptibilité, incorruptibilité qui servira, non pour l'honneur de la vie, mais pour la prolongation du supplice. Quelle voix pourrait décrire la puissance de ces châtiments et de ce feu ? Quel discours pourrait l'expliquer ? Il n'y a rien, dans les choses périssables, qui puisse se comparer avec les choses incorruptibles, soit en bien, soit en mal. Là que faire ? que répondre ? Il n'y aura que grincements de dents, que pleurs et gémissements, pénitence tardive ; pas de secours quand les châtiments fondront sur nous de tous côtés ; aucune consolation à espérer. Personne ne se présentera à nos regards si ce n'est les bourreaux qui nous tourmenteront, et la figure épouvantable des démons. Et pourtant ces peines, ces tourments, non-seulement nous pouvons les éviter, mais nous pouvons même acquérir la vie éternelle, pourvu que nous fassions pénitence de nos péchés.

Chapitre XIX. — Vous le voyez, qu'elle est grande la puissance du repentir ! Combien de mérites notre conversion nous fait recouvrer ! Mais notre pénitence est complètement perdue si nous retombons dans les péchés que nous avons confessés. L'Ecclésiastique dit, en effet : Si l'un bâtit et que l'autre détruise, que gagneront-ils, sinon de la peine ? Et si celui qui se lave après avoir touché un mort, le touche de nouveau, de quoi lui sert de s'être lavé ? (*Eccli.*, xxxiv, 28.) De même, si un homme jeûne, pour expier ses péchés, les commet de nouveau, qui exaucera sa prière ? Les Proverbes nous disent aussi : Celui qui de la justice revient au péché, le Seigneur le précipitera sur le glaive ; comme le chien qui revient à son vomissement est odieux, ainsi devient l'insensé qui revient à son péché. (*Prov.*, xxvi, 21.) Mais écoutez maintenant ce que je vais ajouter. Souvent il arrive que, par la pénitence, quelqu'un, réparant de

sepulcris, et revoca cogitationem tuam ad illud divini judicii tribunal horrendum, quod ardens fluvius flammeis ambit fluentis, ubi fletus et stridor dentium, ubi tenebræ exteriores, ubi ille vermis conscientiæ qui nunquam moritur, et ignis qui nunquam exstinguetur. Recordare parabolam Lazari et divitis illius, qui opum tantarum dominus, qui purpura indutus et bysso, unam tunc aquæ guttam invenire non potuit, cum esset in ardoris necessitate constitutus. Dic, quæso te, quid plus habet vita ista quam somnium ? Sicut enim hi qui in metallis constituti vel condemnati, vel in alia qualibet pœna positi, si, forte post multum duræ vitæ paululum relaxati fuerint in somnium, vident se inter plures dapes positos, epulis copiosissimis perfrui, ubi vero surrexerint, nihil sibi gratiæ delectatione somnii invenerint resedisse : ita et dives ille quasi somnium habuit hujus vitæ : ubi discessit, nihil cum illo nisi præteritorum pœnitudo et præsentium pœna permansit.

Caput XVIII. — Hæc recordare, et ignem illum gehennæ his quæ te tunc exagitant flammeis libidinis et cupiditatis oppone. Ignis hic qui in præsenti est vita, absumit cuncta quæ recipit ; ille vero quos susceperit semper cruciat, et pœnæ suæ semper integros servat. Propterea enim et inexstinguibilis dicitur ; non solum quia ipse non exstinguitur, sed quia nec eos quos susceperit exstinguet aut perimet. Scriptura etenim dicit, quia et peccatores induent incorruptionem, scilicet non ad honorem vitæ, sed ad diuturnitatem supplicii profuturam. Hujus autem pœnæ et ignis illius potentiam nulla vox exponere, nullus poterit sermo explanare. Nihil est enim in rebus corruptibilibus quod conferri possit incorruptibilibus, sive bonis sive malis. Ibi quid agemus, quid respondebimus ? Nihil erit nisi stridor dentium, nisi ululatus et fletus, et sera pœnitentia, cessantibus undique auxiliis, et undique invalescentibus pœnis ; sed solatium quidem nullum. Nullus ibi occurret oculis nostris, nisi soli pœnarum ministri, et facies dira tortorum. Verum nos, hos cruciatus non solum evadere, sed etiam æternam beatitudinem, si modo de malis nostris pœnitentiam agimus, possumus acquirere.

Caput XIX. — Vides quanta est virtus pœnitentiæ ? Vides quantum meriti conversio reparavit ? Corrumpitur autem pœnitentia, si eisdem quis pro quibus confitetur, rursus involvatur malis. Unus enim, inquit, ædificans et alius destruens, quid consequentur nisi laborem ? Et qui baptizatur a mortuo, et iterum tangit mortuum, quid proficit in lavacro suo ? (*Eccl.*, xxxiv, 28, etc.) Ita et homo qui jejunat pro peccatis suis, et iterum vadit, et eadem agit, orationem ejus quis exaudiet ? Et iterum dicit : Qui redit a justitia ad peccatum, Dominus præcipitat eum in gladium. Et sicut canis, cum revertitur ad vomitum, odibilis fit : ita et stultus, cum revertitur ad peccatum suum. (*Prov.*, xxvi, 21.) Sed nunc quid dicamus, ausculta. Sæpe accidit, ut per pœnitentiam quis

nombreuses et énormes fautes, commette en même temps de nouveaux péchés pendant qu'il revenait au bien. C'est là surtout ce qui jette l'âme dans le désespoir, en voyant que l'on détruit ce qu'on avait pris la peine d'édifier, et que toutes nos peines s'en vont en pure perte. Je le répète, c'est là surtout la pensée qui accable l'âme du poids du désespoir. Mais, pour repousser bien loin cette pensée funeste et ennemie de notre vie, nous réfléchissons de nouveau à ceci : que si tout le bien que nous avons fait et cet amendement par la pénitence n'eût point existé et n'eût fait contrepoids au péché qui s'est introduit en nous, rien ne nous eût empêché de tomber dans l'abîme du mal; mais maintenant ce bien a arrêté, comme une forte cuirasse, le trait acéré et cruel, sans lui permettre de pénétrer dans les profondeurs des entrailles ; il a brisé toute la force qu'il avait de donner la mort. Il est évident que celui qui porte en lui-même de nombreuses bonnes œuvres et de mauvaises aussi en grand nombre, trouvera dans les premières une espèce de soulagement dans ses peines; quant à celui qui, au contraire, porte avec lui une grande quantité de péchés, sans aucune bonne œuvre, il n'est pas besoin de dire ce qui l'attend. Sans aucun doute, il y aura entre le bien et le mal un certain équilibre, et tous les deux seront placés, en quelque sorte, dans une balance. Le plateau qui s'abaissera, en même temps que l'un ou l'autre y sera déposé, indiquera le mérite de l'ouvrier. Si c'est la grande quantité de péchés qui l'emporte, ils entraîneront en enfer celui qui les a commis; si, au contraire, les bonnes œuvres sont plus nombreuses, elles résisteront avec force, s'opposeront aux péchés, et ramèneront des confins même de l'enfer au séjour des vivants celui qui en est l'auteur. Donc, frères bien-aimés, pensons, avec tout le soin possible, à nous pourvoir de ces remèdes pour le jour de la nécessité ; et, le jour du jugement arrivant, nous ne serons point punis avec les impies et les pécheurs, mais nous arriverons heureusement avec les justes et ceux qui craignent Dieu aux récompenses éternelles. Ainsi soit-il.

multa et magna correxerit, inter hæc tamen bona quæ per pœnitentiam correxit et peccata commiserit : et hoc est quod maxime desperationem inducit animo, quia videtur hic destruxisse quod ædificaverat, et omnes illos labores inaniter effudisse. Et hæc est cogitatio, quæ præcipue animæ pondus desperationis imponit. Sed illud rursus oportet cogitari, per quod pessima et inimica vitæ nostræ cogitatio ista repellatur : quia illa bona quæ egimus, et emendatio illa quæ per pœnitentiam quæsita est, nisi fuisset, et velut contrarium pondus ponderi huic quod ex peccato nobis introductum est, obstitisset; nihil fuerat quod in profundum malorum nos decidere prohiberet. Nunc autem sicut fortis quædam lorica jaculum grave et amarum non permisit usque ad vitalia viscerum penetrare, sed vim lethalis teli maximam fregit. Certum est enim, quia qui fert secum illuc plura opera bona, et plura opera mala, in ipsis pœnis habebit aliquid refrigerii : qui autem bonorum operum nihil habet, malorum autem secum multam copiam refert, quid eum maneat, non opus est dicere. Erit enim ibi sine dubio compensatio bonorum malorumque, et velut in statera posita utraque pars. Quæ demerserit, illa sibi eorum quo momentum vergitur, operarium vendicabit. Si ergo malorum multitudo superaverit, operarium suum pertrahit ad gehennam : si vero majora fuerint opera bonorum, summa vi obsistent, et repugnabunt malis, atque operatorem suum ad regionem vivorum ex ipso etiam gehennæ confinio revocabunt. (1) Hæc ergo, Fratres carissimi, si attentius voluerimus cogitare, remedia nobis in die necessitatis acquiramus : ut cum dies judicii venerit, non cum impiis, et peccatoribus puniamur, sed cum justis et Deum timentibus ad æterna præmia feliciter veniamus. Amen.

(1) Ex Ser, XXIX, Append., tom. V, n. 4.

SERMON

POUR LA VEILLE DE PAQUES — MANDUCATION DE L'AGNEAU (1).

Aujourd'hui, le peuple d'Israël, c'est-à-dire l'homme qui voit Dieu (car telle est la signification du mot d'Israël), reçoit l'ordre de sortir de l'Egypte. Aujourd'hui, l'Agneau de Dieu qui efface les péchés du monde est immolé pour le salut de tous. Aujourd'hui, les portes des maisons, c'est-à-dire nos fronts, sont marquées de son sang. Aujourd'hui, les Egyptiens sont mis à mort, et le peuple de Dieu est délivré de la servitude de Pharaon. Aujourd'hui, ont été frappés les premiers nés des Egyptiens, et furent épargnés, non-seulement les enfants des Israélites, mais même leurs animaux sans raison. Seigneur, vous épargnerez les hommes et les bêtes. (Ps. XXXV, 7.)

(1) Il se trouve aussi dans les ouvrages apocryphes de saint Jérôme.

SERMO

IN PERVIGILIO PASCHÆ DE ESU AGNI.

Hodie populus Israel et vere homo videns Deum, (hoc quippe interpretatur Israel,) egredi jubetur ex Ægypto. Hodie Agnus Dei, qui tollit peccata mundi (Joan., I, 19), pro omnium salute jugulatur. Hodie sanguine illius postes domorum (Exod., XII), id est, frontes nostræ depinguntur. Hodie occiduntur Ægyptii, et de servitute Pharaonis Dei populus liberatur. Hodie percutiuntur primogenita Ægyptiorum, et Israelitarum

Préparons-nous donc, frères bien-aimés, à l'immolation de l'agneau et emparons-nous de lui, non quand la lumière est douteuse ou que le croissant de la lune n'est pas encore plein, ni quand elle commence à croître ou à décroître, mais au quatorzième jour, quand sa lumière étant pleine et parfaite, elle brille de tout son éclat pour l'univers entier. Ne croyons pas que cet agneau d'un an puisse être mangé en tout lieu. Il nous est ordonné de le manger dans une seule maison ; c'est aussi dans l'Eglise seule que l'agneau peut être immolé. Par là, il est manifeste que les Juifs, les hérétiques et les sectes attachées à des dogmes pervers, qui ne mangent pas l'agneau dans l'Eglise, ne mangent pas la chair de l'agneau, mais celle du dragon, qui, suivant le Psalmiste, fut donnée en nourriture aux peuples d'Ethiopie. De même que, dans le déluge, il n'y eut de sauvé que le seul Noé qui se trouvait dans l'arche, et qu'à la prise de Jéricho il n'y eut de sauvée que la seule maison de Raab la pécheresse, c'est-à-dire l'Eglise des Gentils revenue à la foi; ainsi, dans l'immolation de l'agneau, le seul véritable agneau immolé est celui qu'on immole dans une seule maison.

« Vous prendrez un agneau d'un an. Vous le choisirez parmi les agneaux et les chevreaux. » (*Exod.*, XII, 5.) Dans un autre endroit, il est ordonné que celui qui n'aura pu faire la Pâque dans le premier mois, la fasse dans le second. De même, dans ce texte, celui qui n'a pu avoir au moins un agneau, doit avoir un chevreau. Dans la maison de l'Eglise, Jésus-Christ est immolé d'une double manière : si nous sommes justes, nous mangeons la chair de l'agneau ; si nous sommes pécheurs et que nous fassions pénitence, il est immolé pour nous en qualité de chevreau. Ce n'est point que Jésus-Christ soit pris parmi ceux qu'il nous a dit devoir être placés à sa gauche ; mais, selon la diversité de nos mérites, il est pour chacun de nous ou un agneau ou un bouc.

On demande pourquoi cet agneau n'est pas immolé pendant le jour, mais sur le soir. La raison est évidente. Notre-Seigneur et Sauveur a souffert lors de la consommation des siècles ; c'est pourquoi saint Jean dit dans son épître : Mes petits enfants, voici la dernière heure (*Jean*, II, 18) ; mais, quand on est à la dernière heure, le jour finit, c'est le commencement de la nuit. Comprenons aussi que, tant que nous sommes en ce monde, c'est-à-dire tant que nous vivons en Egypte, nous ne sommes pas dans la claire lumière, mais dans les ténèbres et dans l'obscurité. Et quoique l'Eglise, c'est-à-dire la lune, brille pour ainsi dire dans cette nuit, cependant nous ne pouvons avoir la parfaite lumière du vrai soleil.

« Dans cette même maison, vous en mangerez la chair rôtie au feu ; vous vous servirez de pain sans levain, avec des laitues sauvages. Vous ne mangerez rien qui soit crû ou qui ait cuit dans l'eau, mais seulement rôti au feu. » (*Exod.*, XII, 9, 10.) Il nous est recommandé de ne point manger de pain où se trouve l'antique levain de la malice et de la perversité. C'est de ce ferment que parle Notre-Seigneur, quand il disait à ses disciples : Gardez-vous du ferment des Pharisiens. (*Matth.*, XVI, 12, 13.) Ce levain, comme il l'interprète ensuite, c'est la doctrine des Pharisiens

---

non solum liberi, sed etiam irrationabilia jumenta servantur. Homines et jumenta salvos facies Domine. (*Psal.* XXXV, 7.) Præparemus nos, Fratres carissimi, ad immolationem agni, et apprehendamus illum, non quando dubia lux est, et adhuc lunæ cornua non implentur, non quando crescere incipit vel decrescere; sed quarta decima die, id est, lumine consummato atque perfecto, quando tota ejus lampada totus orbis impletur. Nec putemus agnum istum anniculum ubicumque posse comedi. Præcipitur nobis, ut in una illum comedamus domo, id est, (*a*) in una Ecclesia immolari agnum putemus. Ex quo manifestum est, quod Judæi et hæretici, et omnia conventicula (*b*) dogmatum perversorum, qui agnum in Ecclesia non comedunt, non eos agni carnes comedere, sed draconis, qui datus est juxta Psalmistam in escam populis Æthiopum. (*Psal.* LXXIII, 14.) Quomodo enim in diluvio non salvatur, nisi qui in arca fuerit Noe (*Gen.*, VII, 24), et corruente Jericho una tantummodo Raab meretricis, (*Jos.*, VI, 23) id est, Ecclesiæ credentis ex gentibus custoditur domus; ita et in immolatione agni tunc vere agnus occiditur, cum in una mactatur domo.

« Erit, inquit, vobis agnus immaculatus. De agnis et de hædis sumetis eum. » (*Exod.*, XII, 5.) Præcipitur et in alio loco, ut qui in primo mense pascha facere non potuerit, secundo faciat : juxta quod et nunc jubetur, ut qui non potest habere agnum, saltem hædum habeat. (*c*) Christus enim in domo Ecclesiæ dupliciter immolatur : si justi sumus, de agni carnibus vescimur ; si peccatores agimus poenitentiam agimus, nobis hædus occiditur : non quia Christus ex hædis sit, quos a sinistris stare docuit; sed pro diversitate meritorum unicuique aut agnus aut hædus est.

Quæritur etiam, quare non in die agnus iste immoletur, sed ad vesperam. Hæc causa manifesta est. Dominus enim noster atque Salvator in consummatione sæculorum passus est. Unde et Joannes in epistola sua loquitur : Filioli, novissima hora est (*Joan.*, II, 18) : quando autem hora novissima est, finito die noctis exordium est. Sed et hoc intelligendum, quod quamdiu in isto sæculo sumus, id est, versamur in Ægypto, non sumus in clara luce, sed in tenebris atque caligine. Et licet Ecclesia, id est Luna, quasi in nocte resplendeat, tamen veri solis non valemus habere perfectum fulgorem.

« In una, inquit, domo carnes assas igni comedetis, et azyma cum amaritudinibus manducabitis. Non comedetis de eis crudum aut coctum in aqua, sed assum tantum igni. » (*Exod.*, XII, 9, 10.) Jubetur nobis ut panes absque fermento veteri malitiæ et nequitiæ comedamus. (I *Cor.*, V, 8.) De quo fermento et Dominus in Evangelio discipulos monet dicens : Cavete a fermento Pharisæorum

---

(*a*) Apud Hieron. *ne extra Ecclesiam.* — (*b*) Ibid. *dogmataque.* — (*c*) Apud Hieron. *Christus enim non ex hædis fit, quos a sinistris, etc.* omissis aliis.

pervers. Voulons-nous, nous aussi, n'avoir aucune participation avec les maximes de ce monde, et vivre comme des étrangers au milieu du tumulte du siècle, soumettons-nous volontiers aux persécutions et aux souffrances, et, suivant l'Apôtre, mangeons les azymes de la sincérité et de la vérité. Vous voulez, mon cher auditeur, comprendre ce que j'avance ? Dites la vérité, parlez en toute sincérité, ne faites acception de personne, ni du riche ni du puissant. Quelque puissant ou quelque noble que soit le pécheur, reprenez-le, et vous aurez mangé le pain sans levain de la sincérité et de la vérité avec amertume. Aussi l'Apôtre dit : Disant la vérité, je me suis fait votre ennemi. (Gal., IV, 16.) Un poète païen exprime la même pensée en rapportant un proverbe usité dans le monde : La tolérance, dit-il, fait des amis, la vérité engendre la haine. Pour ce qui suit : de ne pas manger les chairs de l'agneau, crues ni bouillies, en voici le sens : nous ne devons point comprendre les saintes Ecritures, qui sont vraiment les chairs de l'agneau, seulement dans le sens historique, comme font les Juifs ; ni les prendre pour notre nourriture dans leur crudité ; nous ne devons point non plus, comme les hérétiques, au moyen d'allégories et d'interprétations subtiles, en faire sortir quelques dogmes de faux aloi, les énerver, et, faisant disparaître toute la moëlle de la vérité, nous briser contre des ombres et des fantômes. Comprenons-les, suivant le sens historique dans lequel elles ont été écrites, et néanmoins faisons-les cuire au feu de l'Esprit saint, en sorte que tout ce qui en elles paraît peu convenable ou obscur, soit expliqué dans un sens spirituel.

« Vous mangerez la tête, avec les pieds et les intestins. » (Exod., XII, 9.) A mon sens, la tête de l'agneau, c'est ce qui est décrit dans l'Evangile de saint Jean : Au commencement était le Verbe, et le Verbe était en Dieu, et le Verbe était Dieu ; il était au commencement avec Dieu. (Jean, I, 1.) Les pieds signifient l'humanité qu'il a bien voulu prendre pour notre salut. On peut encore donner un autre sens : la tête marque l'intelligence spirituelle, et les pieds la simple narration historique ; les intestins signifient tout ce qui est contenu intérieurement sous la lettre, tout ce qui ne s'aperçoit point à la surface, mais que les docteurs mettent en pleine lumière, après l'avoir mûri et ruminé par de profondes méditations ; et par là, certains passages en apparence peu convenables, se trouvent contenir une sève vitale. Que peut-on trouver de plus honteux dans l'Ecriture que l'ordre donné à Osée de prendre pour épouse une débauchée ? que l'inceste de Judas avec Thamar, sa belle-fille ; que l'adultère flétrissant de David avec Bersabée ; que le crime d'Onam, fils de Juda, se livrant à une pratique abominable pour ne point avoir d'enfants ? Si on s'arrête au sens littéral, les païens et quelques incrédules ne condamneront-ils pas ces passages de l'Ecriture comme des infamies ? ne s'en moqueront-ils pas ? Mais donnez-vous un sens à ces faits ? les purifiez-vous ? les transformez-vous par le feu de l'Esprit saint ? ils deviennent une nourriture saine, et ce qu'on regardait comme inutile offre un sens mystérieux.

« Et il n'en demeurera rien jusqu'au matin, vous n'en briserez point les os, que, s'il en reste quelque

---

(Matth., XVI, 12, 13), et postea interpretatur fermentum (a) perversorum Pharisæorum esse doctrinam. Et nos igitur si a doctrina hujus sæculi volumus esse alieni, et quasi extraneos a mundi conversatione nos facere, persecutionibus et pressuris subjecti simus, et secundum Apostolum comedamus azyma sinceritatis et veritatis. (1 Cor., V, 8.) Vis, o auditor, intelligere quod dico ? Dic quod verum est, loquere quod sincerum est, nullius personam accipias, non divitis, non potentis. Quamlibet sit potens, quamlibet sit nobilis qui peccaverit, corripe eum : et comedisti azyma sinceritatis et veritatis in amaritudine. Unde et Apostolus ait : Inimicus vobis factus sum vera dicens (Gal., IV, 16) et proverbium sæculi : gentilis quoque poeta exprimens. Obsequium, inquit, amicos, veritas odium parit. Quod autem sequitur ut non crudas carnes agni neque elixas comedamus : illud est, ne Scripturas divinas, quæ vere carnes agni sunt, aut juxta historiam tantum intelligamus, sicut Judæi, et crudas eas absumamus in cibum, aut rursum secundum hæreticos, quibusdam allegoriis et nubilo interpretationis ad perversa quæque dogmata derivemus ac enervemus eas, et succi veritate sublata umbras quasdam et imagines (b) offendamus : sed intelligamus eas et juxta historiam sicut scriptæ sunt, et nihilominus eas sancti Spiritus excoquamus ardore : et quidquid in illis secundum litteram videtur incongruum esse vel clausum, spirituali expositione pandamus.

« Caput cum pedibus et intestinis comedetis. » (Exod., XII, 9.) Caput mihi videtur esse agni, illud quod in Evangelio Joannis scribitur : In principio erat Verbum, et Verbum erat apud Deum, et Deus erat Verbum, hoc erat in principio apud Deum : (Joan., I, 1) pedes autem, homo quem pro nostra salute est dignatus assumere. Sed et aliter sentiri potest, caput intelligentia spiritalis, pedes simplex juxta historiam narratio ; intestina autem quidquid intrinsecus in littera (c) latet, quidquid in superficie non videtur, sed diligenti examinatione commolitum et ruminatum a doctoribus profertur in medium : et quod putabatur esse fœdum et indecorum, hoc reperietur esse vitale. Verbi gratia, quid turpius in Scripturis dici potest, quam si Osee meretricem habere jubeatur uxorem (Ose., 1), et Judas cum Thamar nuru sua concumbat (Gen., XXXVIII, 16), et David Bersabeæ adulterio sordidetur (II Reg., XI, 4), et Onam filius Judæ semen projiciat in terram, ne liberos generet? (Gen., XXXVIII, 9.) Hæc si secundum litteram intelligantur, nonne a gentibus et ab incredulis quibusque quasi Scripturarum stercora condemnantur atque irridentur ? Sed si illa excutias, si laves, si Spiritus sancti igne excoquas, vertuntur in cibum ; et quod putabatur inutile, invenietur esse mysterium.

« Non relinquetis de eo in mane, et os non conteretis de eo, et quod reliquum fuerit de eo usque in mane, igni comburetis illud. » (Exod., XII, 10.) Nihil de carnibus

---

(a) Abest apud Hieron. perversorum. — (b) Hieron. effundamus. — (c) Alias, lucet.

chose le matin, vous le brûlerez au feu. » (*Exod.*, XII, 10.) Des chairs de l'agneau ne réservons rien pour le siècle à venir, mangeons autant que nous le pourrons. Y a-t-il quelques parties plus fortes, comme sont les dogmes de l'Eglise, sur la Trinité, la résurection, l'âme, les anges, ou autres vérités semblables, ne leur donnons pas de fausses interprétations, en nous appuyant sur notre opinion, ne les broyons pas, mais annonçons-les dans toute leur force. Si quelque chose dépasse l'intelligence humaine, si nous ne pouvons manger en entier les chairs de l'agneau, sachons qu'au siècle à venir l'Esprit saint nous découvrira toute la vérité, et que nous nous en rassasierons.

« Voici comment vous le mangerez : Vous vous ceindrez les reins, vous aurez des souliers aux pieds et un bâton à la main, et vous mangerez à la hâte, car c'est la Pâque du Seigneur votre Dieu. » (*Exod.*, XII, 11.) Jusqu'ici, Dieu nous a prescrit quelles chairs de l'agneau nous devions manger ; apprenons maintenant dans quel costume nous devons les manger : Ayez, nous dit-il, les reins ceints. (*Luc*, XII, 35.) Et il est dit aux apôtres : « Il faut que vos reins soient ceints, et que vous ayez dans vos mains des lampes allumées. » (*Matth.*, III, 4.) Jean fut ceint d'une ceinture de peau. Elie n'avait eu rien de mou ni d'efféminé, tout son extérieur était grave et viril, on le représente couvert d'un habit de poil de chameau, et portant sur les reins une ceinture de cuir. Pour ce qui est de nous, voulons-nous manger les chairs de l'agneau ? Imposons à nos reins la loi de la mortification ; mortifions les œuvres de la chair. Que ce qui est dit du démon, dans le livre de Job : Sa force est dans ses reins, sa vigueur est particulièrement dans le nombril de son ventre (*Job*, XL, 11), périsse en nous. Que la chair ne s'élève point contre l'Esprit, mais par l'Esprit ; mortifions les œuvres de la chair, et, étant purifiés, nous pourrons manger la chair de l'agneau. Comme vous le savez, frères bien-aimés, celui qui s'est approché de sa femme ne peut s'adonner à l'oraison, ni manger les chairs de l'agneau. Moïse reçut l'ordre de faire purifier trois jours d'avance le peuple qui devait monter sur la montagne d'Oreb. David, venant vers le prêtre Achimelech, celui-ci lui demanda si ses serviteurs étaient purs : Ils le sont, dit David, depuis hier et le jour précédent. (I *Rois*, XXI, 4.) Mais si les pains de proposition ne pouvaient être mangés par ceux qui avaient touché leurs épouses, à plus forte raison ceux qui viennent de se complaire dans les embrassements de leurs épouses, ne peuvent-ils toucher et souiller ce pain qui est descendu des cieux. En disant cela, je ne veux point condamner le mariage ; mais je dis que, lorsque nous devons manger les chairs de l'agneau, il faut nous abstenir des œuvres de la chair.

Nous lisons encore : « Ayez des souliers aux pieds et un bâton à la main » ; cela marque que, tant que nous marchons dans le désert de ce siècle, il faut avoir les chaussures de la paix, de peur que, dans le désert, le scorpion et la couleuvre ne se glissent quelque part, ou que le serpent ne morde le pied du voyageur. Si par hasard il se dresse en face de nous, ayons le bâton à la main et frappons-le en disant : Votre verge et votre bâton ont été pour moi le sujet d'une grande consolation. (*Ps.* XXII, 4.) Comprenez le

---

agni usque in futurum sæculum reservemus : quantumcumque possumus, comedamus. Quod si qua in eo fortia sunt, dogmata videlicet ecclesiastica, de Trinitate, de resurrectione, de anima, de angelis et de cæteris hujusmodi, hæc non juxta nostram opinionem pravis interpretationibus disseramus, et non conteramus illa, sed ita ut sunt fortia prædicemus. Si quid autem nos quasi homines prætierit, et non potuerimus de carnibus agni comedere ; scire debemus quod in futuro sæculo doctrina Spiritus sancti nobis aperiendum sit, et comedemus illud.

« Sic autem comedetis illud : Sint lumbi vestri accincti, et calceamenta vestra in pedibus vestris, et baculi in manibus vestris, et comedetis illud cum festinatione : Pascha est enim Domini Dei vestri. » (*Exod.*, XII, 11.) Huc usque præceptum est, quales carnes agni comedere debeamus : nunc jubetur, quo a nobis habitu comedendæ sint. « Sint lumbi, inquit, vestri accincti. » (*Luc.*, XII, 35.) Et Apostolis dicitur : Sint lumbi vestri accincti, et lucernæ ardentes in manibus vestris. (*Matth.*, III, 4.) Et Joannes zona pellicea cingitur, et Elias nihil in se habens molle atque muliebre, sed totum virile et rigidum, (homo quippe hirsutus erat,) cingulum habuisse describitur. (IV *Reg.*, I, 8.) Et nos ergo si volumus carnes agni comedere, mortificemus lumbos nostros, mortificemus opera carnis, et hoc quod in Job de diabolo dicitur. « Virtus ejus in lumbis ejus et fortitudo ejus in umbilico ventris ejus. » (*Job*, XL, 11) occidatur in nobis : ne caro concupiscat adversus spiritum, sed spiritu opera carnis mortificemus ; et purificati vescemur agni carnibus. Ut autem sciatis, Fratres carissimi, quoniam quicumque uxori debitum reddit, non potest vacare orationi, nec de carnibus agni comedere ; Moysi præcipitur, ut populus, qui ascensurus erat ad montem Oreb, ante tres dies purificetur (*Exod.*, XIX, 10) ; et David cum venisset ad Achimelech sacerdotem, interrogatus si mundi sunt pueri, respondit purificatos eos esse ab heri et nudiustertius. (I *Reg.*, XXI, 4.) Si autem panes propositionis non poterant ab iis qui uxores suas tetigerant comedi, quanto magis panis ille, qui de cœlo descendit, non potest ab his qui conjugalibus paulo ante hæsere complexibus, violari atque contingi (*Joan.*, VI, 51) : Non quo nuptias condemnemus, hoc dicimus, sed quo eo tempore, quo carnes agni manducaturi sumus, vacare a carnis operibus debeamus.

Quod autem sequitur, « et calceamenta in pedibus vestris, et baculum in manibus vestris : » (*Exod.*, XII, 11) hoc jubetur, ut quamdiu in eremo hujus sæculi gradimur, calceati simus calceamentis pacis, necubi in deserto scorpius et coluber obrepat, necubi serpens plantam gradientis invadat. Quod si forte adversum nos consurrexerit, habeamus virgam in manibus, et percutiamus eum et dicamus : Virga tua et baculus tuus ipsa me consolata sunt. (*Psal.* XXII, 4.) Videte

sens mystérieux des Ecritures. Tant que nous marchons à travers la solitude, il nous est nécessaire d'avoir des souliers pour défendre nos pieds, mais, quand nous entrons dans la terre promise, on nous dit avec Jésus, fils de Navé : « Otez vos souliers de vos pieds, parce que le lieu où vous êtes est saint. » (*Jos.*, v, 16.) Nous aussi, quand nous entrerons dans le royaume des cieux, nous n'aurons plus besoin de chaussures ; nous n'userons plus de ces moyens établis pour nous protéger ici-bas, mais nous suivrons, pour le dire encore une fois, cet agneau qui a été mis à mort pour nous. Faisons en sorte que ce soit de nous que l'apôtre saint Jean ait dit : Voici ceux qui n'ont point souillé leurs vêtements, ils sont demeurés vierges, aussi ils suivent, partout où il va ; l'agneau Notre-Seigneur Jésus-Christ, à qui est honneur et gloire dans les siècles des siècles. Amen. (*Apoc.*, xiv, 4.)

SERMON

AUX NÉOPHYTES, SUR LE PSAUME XLI [1].

Parcourant avec une grande attention tout le psautier, je n'ai trouvé nulle part que les fils de Coré aient chanté quelque chose de triste. Toujours leurs psaumes respirent la joie et le bonheur ; méprisant les choses terrestres et basses, ils ne désirent que le ciel et l'éternité ; d'accord en cela avec la signification de leur nom, puisque le mot Coré signifie calvitie. Parce que Notre-Seigneur a été crucifié et enseveli sur le calvaire, tous ceux qui croient à sa croix et à sa résurrection sont les enfants de Coré ; on les nomme les enfants du calvaire. Sur ce calvaire, Notre-Seigneur, le véritable Elisée, montant au ciel après sa résurrection, a été moqué par les enfants des Juifs ; mais des ours ont dévoré ceux qui se moquaient. En voilà suffisamment sur ce titre ; venons-en maintenant au premier verset du psaume.

« Comme le cerf altéré soupire après les eaux, de même mon âme soupire après vous, ô mon Dieu ! » (*Ps.* xli, 2.) Il est de la nature du cerf de mépriser le poison du serpent ; il y a plus, de son bois, il les retire de leurs trous, les tue et les met en pièces ; et lorsque, dans ses veines, le poison commence à bouillonner, quoique ce poison ne puisse lui donner la mort, cependant la soif produit en lui un feu ardent. C'est pourquoi, comme ces cerfs désirent les eaux, ainsi nos cerfs qui sortant de l'Egypte et du siècle ont mis à mort, par leurs actes, le Pharaon, et ont fait périr dans le baptême toute son armée ; ainsi, dis-je, après la destruction du démon, ils désirent les fontaines de l'Eglise, le Père, le Fils, et l'Esprit saint. Que le Père soit une source, Jérémie l'a écrit : « Ils m'ont abandonné, moi la source d'eau vive, et ils se sont creusé des citernes crevassées qui ne peuvent retenir l'eau. » (*Jer.*, ii, 13.) Nous lisons dans un autre endroit touchant le Fils : « Ils ont délaissé la source de la sagesse. » (*Jean*, iv, 13, 14.) Et du Saint-Esprit il est dit : Celui qui boira de l'eau que je lui donnerai, il coulera en lui comme une fontaine d'eau qui rejaillira jusqu'à la vie éternelle (*Jean*, vii, 39) ; d'après le récit de l'Evangé-

[1] Ce sermon comme le précédent est à tort attribué à saint Jérôme par certains éditeurs.

mysterium Scripturarum. Quamdiu per solitudines ambulamus, necesse est ut habeamus calceamenta, quibus nostri tegantur pedes : quando vero terram repromissionis intramus, dicitur nobis cum Jesu Nave : Solve corrigiam calceamenti tui ; locus enim in quo stas sanctus est. (*Jos.*, v, 16.) Et nos ergo quando intraverimus in regna cœlorum, non habebimus opus calceamentis ; non his præsidiis, quibus custodimur in sæculo : sed ut novum dicam, agnum illum qui pro nobis occisus est sequemur. Sed videte ut de nobis dicat Joannes : Isti sunt qui vestimenta sua non coinquinaverunt, virgines enim permanserunt, qui sequuntur agnum, quocumque vadit (*Apoc.*, xiv, 4) Christum Jesum, cui est honor et gloria in sæcula sæculorum. Amen.

SERMO

IN PSALMUM XLI AD NEOPHYTOS.

Omne Psalterium sagaci mente perlustrans, nusquam invenio quod filii Chore aliquid triste cantaverint : semper in psalmis eorum læta sunt et jucunda, semper terrenis humilibusque contemptis, cœlestia et æterna desiderant, congruentes interpretationi nominis sui, si quidem Chore interpretatur calvities. Quia ergo Dominus noster in loco Calvariæ crucifixus est et sepultus (*Motth.*, xxvii, 33), quicumque in cruce ipsius credunt et in resurrectione, hi filii Chore, id est, filii Calvariæ nominantur : super qua calvaria Dominus noster verus Elisæus post resurrectionem ad cœlorum regna conscendens, irridetur a parvulis Judæorum, sed ursi comedunt irridentes. (IV *Reg.*, ii, 24.) Hoc de titulo strictim dixisse sufficiat, nunc ad Psalmi principium revertamur.

« Sicut desiderat cervus ad fontes aquarum, ita desiderat anima mea ad te, Deus. » (*Psal.* xli, 2.) Cervorum natura est, ut serpentina venena contemnant ; quin potius naribus suis eos extrahunt de cavernis, ut interficiant atque dilacerent : cumque venenum intrinsecus cœperit æstuare, quamvis eos non possit occidere, tamen sitis ardorem et incendium commovet. Tunc illi fontes desiderant, et purissimis aquis ferventia venena restringuunt. Quomodo itaque illi cervi desiderant fontes aquarum ; ita et nostri cervi, qui de Ægypto et de sæculo recedentes interfecerunt Pharaonem (a) in actibus suis, et omnem ejus exercitum in baptismo necaverunt, post interfectionem diaboli desiderant fontes Ecclesiæ Patrem et Filium et Spiritum sanctum. De Patre quod sit fons, scribitur in Jeremia. Me dimiserunt fontem aquæ vivæ, et foderunt sibi lacus detritos, qui non possunt aquas continere. (*Jerem.*, ii, 13.) De Filio vero in quodam loco legimus : Dereliquerunt fontem sapientiæ. (*Joan.*, iv, 13, 14.) Porro de Spiritu sancto : Qui biberit

(a) Apud Hier. *in aquis*.

liste, on voit que Notre-Seigneur a voulu parler ici de l'Esprit saint. Ces passages prouvent très-évidemment que les trois sources de l'Eglise sont les trois personnes de la sainte Trinité.

L'âme du fidèle soupire après ces sources ; l'âme du baptisé les désire et s'écrie : « Mon âme est toute brûlante pour Dieu, source d'eau vive. » (*Ps.* XLI, 3.) Ce n'est point légèrement qu'elle a voulu voir Dieu, elle l'a désiré de toutes ses forces ; cette soif l'a embrasée tout entière. Avant de recevoir le baptême, dans leurs entretiens les néophytes se disaient l'un à l'autre : Quand viendrai-je et paraîtrai-je en présence de Dieu? (*Ibid.*) Voici, frères bien-aimés, voici leur demande accomplie; ils sont venus, se sont tenus devant la face de Dieu, et ont paru en présence de l'autel et du mystère du Sauveur. Ceux-là seuls méritent de le voir qui, du fond de leur conscience et du plus intime de leur cœur, disent : « Mes larmes m'ont servi de pain, le jour et la nuit. » (*Ps.* XLI, 4.) En effet, pendant tout le Carême, ils se sont adonnés à la prière et aux jeûnes, ils ont dormi sur le sac et la cendre, cherchant la vie éternelle par la confession de leurs péchés. Parce qu'ils ont répandu des larmes et qu'ils ont été tristes, il leur est dit : Ceux qui sèment dans les larmes, moissonnent dans la joie (*Ps.* CXXV, 5), et : Bienheureux ceux qui pleurent, parce qu'ils seront consolés. (*Matth.*, v, 5.)

Lorsque le diable, pour tous ces motifs, les insultait en disant : Où est votre Dieu? (*Ps.* XLI, 5) maintenant admis à participer au corps de Jésus-Christ, renouvelés dans la source de vie, ils ouvrent la bouche et s'écrient : « Je passerai dans le lieu du tabernacle admirable, et j'irai jusqu'à la maison de mon Dieu. » (*Ibid.* 5.) La maison de Dieu, c'est l'Eglise, c'est cet admirable tabernacle, car on y entend des chants d'allégresse et des cris de joie semblables aux cris de ceux qui sont dans un grand festin. Les anges du ciel et toutes les vertus de la terre se réjouissent de la foi et du don de la vie éternelle que nos frères ont mérité de recevoir. En effet, si au sujet d'un pécheur qui fait pénitence et d'une pauvre petite brebis malade que le pasteur rapporte sur ses épaules, les anges sont dans la joie et l'allégresse, combien plus, lorsque tant de nos frères se sont renouvelés et purifiés dans la source de vie, le royaume des cieux tout entier doit-il être dans l'allégresse, en voyant des hommes délivrés de l'antique souillure du péché, être destinés à partager leur demeure ?

Vous donc qui, maintenant, avez revêtu Jésus-Christ, qui en suivant notre direction, avez été retirés de l'abîme du monde par la parole de Dieu comme le petit poisson l'est des eaux par l'hameçon, dites : la nature des choses a été changée en nous. Les poissons qu'on tire du fond de la mer ne peuvent vivre, mais nous, quoique les apôtres nous aient tirés du fond de la mer, et pêchés en quelque sorte, de morts que nous étions, nous sommes devenus vivants. Tant que nous étions dans le siècle, nos yeux se portaient vers le fond de l'abîme, et notre vie s'écoulait dans la boue; après que nous avons été arrachés aux flots, nous avons contemplé le soleil et regardé la vraie lumière, et, quand l'excès de notre joie nous trouble, nous disons à notre âme : « Espère en Dieu, parce que je dois encore le louer

---

de aqua quam dedero ei, orietur in eo fons aquæ salientis in vitam æternam (*Joan.*, VII, 39) : statim exponitur, Evangelista dicente, quod de Spiritu sancto fuerit sermo Salvatoris. Ex quibus manifestissime comprobatur, tres Ecclesiæ fontes Trinitatis esse mysterium.

Hos desiderat anima credentis, hos desiderat anima (*a*) baptizati, et dicit : « Sitivit anima mea ad Deum fontem vivum. » (*Psal.* XLI, 3.) Non enim leviter videre voluit Deum, sed toto desideravit ardore, toto sitivit incendio. Antequam baptismum consequerentur, [loquebantur inter se invicem atque dicebant : « Quando veniam et apparebo ante faciem Dei? » (*Ibid.*) Ecce, Fratres carissimi, impletum est, quod petebant, venerunt et steterunt ante faciem Dei, et appsruerunt ante conspectum altaris, (*b*) et ante mysterium Salvatoris. Hoc non merentur videre, nisi illi qui ex conscientia et ex imo proferunt corde memorantes : « Fuerunt mihi lacrymæ meæ panis die ac nocte; » (*Ibid.*, 4) per omnem enim Quadragesimam vacaverunt orationi atque jejuniis, in sacco et cinere dormierunt (*Psal.* CXXV, 5), futuram vitam peccatorum suorum confessione quærentes. Sed quia fuderunt lacrymas et fuerunt tristes, dicitur illis : Qui seminant in lacrymis, in gaudio metent : et : Beati lugentes, quoniam ipsi consolabuntur. (*Matth.*, v, 5.)

Pro quibus universis cum illis diabolus insultaret et diceret : « Ubi est Deus tuus ? » nunc ad corpus Christi admissi, et in vitali fonte renati confidenter loquuntur, et dicunt : « Transibo in locum tabernaculi admirabilis usque ad domum Dei. » (*Psal.* XLI, 5.) Domus Dei Ecclesia est, hoc est admirabile tabernaculum ; quia habitat in eo vox exsultationis et confessionis et sonus epulantium. Gaudent quippe super fidem et consecutionem vitæ æternæ, quam fratres nostri nunc accipere meruerunt, Angeli in cœlis, omnesque Virtutes. Si enim super uno peccatore agente pœnitentiam, et in una ovicula morbida, quæ pastoris humeris est revecta, gaudent Angeli atque lætantur ; quanto magis in tot fratribus vitali gurgite renatis atque mundatis, universa exsultant regna cœlorum, videntia homines veteri peccatorum labe purgatos suo incolatui præparari?

Dicite ergo qui Christum nunc induistis, et ductum nostrum sequentes, quasi pisciculi hamo, in sermone Dei de gurgite sæculi istius sublevamini. In nobis rerum natura mutata est. Pisces enim qui de mari extracti fuerint, moriuntur : nos autem ideo Apostoli de mundi istius mari extraxerunt atque piscati sunt, ut vivi ex mortuis fieremus. Quamdiu eramus in sæculo, oculi nostri in profundo, et vita nostra versabatur in cœno : postquam de fluctibus erepti sumus, cœpimus solem videre, cœpimus verum lumen aspicere : et præ nimio gaudio conturbati, ad animam nostram dicimus : « Spera in Deum, quoniam confitebor illi, salutare vultus mei,

---

(*a*) Ap. Hier. *baptizantis*. (f. leg. *baptizandi*.) — (*b*) Apud Hieron. *et mysterium intellexe nn', hoc,* etc

comme celui qui est le salut et la lumière de mon visage, et mon Dieu. » (*Ps.* XLI, 6.) Et ensuite nous ajoutons : « C'est pourquoi je me souviendrai de vous dans la terre du Jourdain, près d'Hermon et de la petite montagne. Un abîme appelle un autre abîme. » (*Ps.* XLI, 7.) Nous aussi, qui venons de la terre du Jourdain, c'est-à-dire du fleuve dans lequel Notre-Seigneur fut baptisé, qui venons d'Hermon, c'est-à-dire de la malédiction de ce siècle, puisque le mot Hermon signifie « anathème, » et de la petite montagne de ce monde (car, quelque saint que l'on soit, tant qu'on lutte ici-bas, on n'est point encore sur la montagne haute et sublime, mais sur une montagne basse et petite), recourons au Seigneur, et interprétons les endroits obscurs de l'Ecriture par d'autres passages de ces mêmes Ecritures. Tout ce que nous ne pouvons trouver dans les abîmes de l'Ancien Testament, nous l'expliquons par le trésor caché du Nouveau, à l'aide de la voix des cataractes de Dieu, je veux dire par la voix de ses prophètes et de ses apôtres. Toutes les hauteurs du Seigneur, ses flots et l'abondance de ses fleuves qui réjouissent la cité de Dieu et nous inondent, ont passé par Notre-Seigneur Jésus-Christ, à qui est gloire et puissance dans les siècles des siècles. Amen. (*Ps.* XLV, 5.)

SERMON

SUR LES ONCTIONS QUE LES PRÊTRES FONT AUX OREILLES ET AUX NARINES DES NÉOPHYTES [1].

Toute parole de Dieu, frères bien-aimés, doit être entendue avec grand soin et la plus religieuse attention, mais celle que je dois adresser aujourd'hui à votre charité doit l'être encore davantage. Aussi, après avoir congédié les catéchumènes, nous vous avons conservés seuls pour l'écouter. En effet, outre ces vérités qu'il convient à tous les chrétiens de savoir, nous nous proposons de vous parler spécialement de ces mystères divins que peuvent entendre ceux-là seuls qui les ont reçus avec la grâce de Notre-Seigneur. Ecoutez donc ce que nous allons vous dire, avec d'autant plus de respect, que les vérités qui sont confiées aux seuls baptisés et fidèles auditeurs sont plus mystérieuses que celles qu'entendent habituellement les simples catéchumènes. Ne vous étonnez pas, frères bien-aimés, si, pendant que nous accomplissions ces mystères, nous ne vous en avons rien dit, si nous ne les avons pas expliqués, en même temps que nous faisions votre initiation. Assurément, ce n'est point par une né-

(1) Ce sermon ainsi que les deux qui le suivent, ont été édités par Jacques Sirmond dans l'Appendice qu'il plaça à la suite de quarante sermons de saint Augustin. Cependant, bien que, dans le manuscrit de Fleury, d'où il les avait tirés, ils fussent attribués à ce saint Docteur, il ne pense pas qu'ils soient de lui. Ils sont absolument du même style que les sermons *de Tempore*, CXCII, CXCXIII, et CXCIV, qui, dans cette édition, se trouvent les CCXXXVIII, CCXXVIII, CCXXXIX, de l'Appendice du tome V des Bénédictins. Non-seulement le manuscrit de Fleury, mais encore un manuscrit très-ancien de l'abbaye de Saint-Remy, dans lequel ils suivent les discours dont nous venons de parler, attribuent les uns et les autres à saint Augustin. Ives de Chartres, dans son *Décret sur le Baptême*, assigne également ces trois sermons qui suivent à l'évêque d'Hippone. Il appelle *troisième* homélie celui qui commence par le mot *Promisimus*, et *quatrième* celui dont le début est *Huc usque*. Cependant, dans les manuscrits dont nous venons de parler, ils occupent le cinquième et le sixième rang. Toutefois, dans le manuscrit de Saint-Remy, le sermon *Promisimus*, qui est le cinquième, s'exprime ainsi dans l'exorde : « Dans un premier et dans un second discours, nous vous avons seulement parlé de choses que, etc... Maintenant nous allons traiter des mystères intérieurs, » etc.; paroles qui viennent manifestement à l'appui du rang que Ives accorde à ces sermons. Leydrade, évêque de Lyon, a inséré plusieurs passages du sermon suivant dans le Traité *du Baptême* qu'il composa sur l'invitation de Charlemagne. Ce Traité, dans lequel il ne désigne point l'auteur auquel il a fait ces emprunts, a été édité dans le troisième volume des *Analecta*. Le sermon *Huc usque* traite du lavement des pieds qui avait lieu après le baptême, usage qui, selon saint Ambroise, (livre III, *des Sacrements*, chap. 1er) n'était point observé par l'Eglise romaine.

et Deus meus. » (*Psal.* XLI, 6.) Et deinceps : « Propterea memor ero tui de terra Jordanis et Hermon a monte modico. Abyssus abyssum invocat. » (*Ibid.*, 7.) Et nos « de terra Jordanis, » id est de flumine in quo baptizatus est Dominus ; « et Hermon, » hoc est de sæculi istius maledictione, (quoniam Hermon interpretatur anathema,) « et de monte modico » hujus mundi : (quamvis enim aliquis sanctus sit, dum in isto (*a*) certatur sæculo, non est in monte grandi atque sublimi, sed in monte modico atque humili,) clamemus ad Dominum, et profunda Scripturarum ipsius de aliis Scripturarum testimoniis interpretemur. Quidquid in (*b*) abysso veteris Testamenti non possumus invenire, hoc de abscondito novi Testamenti solvimus in voce cataractarum Dei, hoc est, Prophetarum ipsius et Apostolorum. Omnia excelsa Domini, et fluctus ipsius, et impetus fluminis qui lætificant civitatem Dei super nos transierunt in Christo Jesu (*Psal.* XLV, 5), cui gloria et imperium in sæcula sæculorum. Amen.

SERMO

DE EO QUOD NEOPHYTIS EX OLEO SANCTO AURES ET NARES A SACERDOTIBUS ILLINIANTUR.

Omnis quidem Dei sermo, Fratres carissimi, cum omni intentione et diligentia mentis debet audiri : sed hic maxime, quem hodie ad Caritatem Vestram habituri sumus. Ideo enim dimissis jam catechumenis vos tantum ad audiendum retinuimus ; quia præter illa, quæ omnes Christianos convenit in commune servare, specialiter de cœlestibus mysteriis locuturi sumus, quæ audire non possunt, nisi qui ea donante jam Domino perceperunt. Tanto ergo majore reverentia debetis audire quæ dicimus, quanto majora ista sunt quæ solis baptizatis et fidelibus auditoribus committuntur, quam illa quæ etiam catechumeni audire consueverunt. Non autem mirari debetis, Fratres carissimi, quod vobis inter ipsa mysteria de mysteriis nihil diximus ; quod statim ea quæ tradidimus, interpretati sumus ; Quod certe non negligentia, quæ in tam sacris rebus atque divinis

(*a*) Apud Hier. *versatur*. — (*b*) Ap. Hier. *absconso*.

gligence, qui dans des choses si sacrées et si divines serait un sacrilége, mais c'est par respect que nous avons agi ainsi. Pendant que nous vous administrions ces divins sacrements, nous avons interrompu le ministère de la prédication, afin de donner par notre silence, une plus grande vénération à l'infinie majesté de la grâce du Seigneur, que nulle parole humaine ne saurait expliquer dignement. Mais comme il est nécessaire que votre charité soit enseignée et instruite sur tout, la cérémonie de l'administration des sacrements étant terminée, nous allons vous expliquer les mystères auxquels nous vous avons initiés, de peur que, n'ayant pas l'intelligence de la dignité de ces divins mystères, vous ne les regardiez comme moins précieux. Si Dieu vous en donne l'intelligence, vous comprendrez que tout ce qui a quelque valeur aux yeux du monde n'est rien, comparé à de si augustes sacrements. Dès lors, que chacun de vous veuille se rappeler les différents sacrements qu'il a reçus par notre ministère, avec la grâce de Notre-Seigneur, et ce qu'il a reçu alors avec simplicité et fidélité, qu'il le comprenne prudemment, afin qu'après l'avoir compris, il puisse le conserver avec plus de soin.

Tout d'abord, nous vous avons fait des onctions aux oreilles avec de l'huile bénite. Pourquoi tous les prêtres catholiques de Notre-Seigneur Jésus-Christ, en agissent-ils ainsi suivant la tradition de l'Eglise? Ecoutez-le. L'initiation à la foi et à toute la doctrine sainte pénètre dans le cœur par les oreilles ; c'est par l'entendement que se fait l'intelligence. On ne peut, en effet, connaître les mystères de la foi, si on ne les entend prêcher, d'après ces paroles du saint Apôtre : « Comment en entendront-ils parler, si personne ne leur prêche? » et plus loin : « Donc la foi vient de ce qu'on a entendu. » (*Rom.*, x, 14, 17.) C'est donc avec justice que l'on sanctifie avec cette huile les organes de ce sens, sans lequel la foi ne peut arriver à l'âme. Que ceux qui reçoivent le saint baptême gardent jusqu'à la fin leurs oreilles pures de tout mal et de toute parole honteuse ; semblables à des sourds, qu'ils n'entendent pas celui qui médit de son prochain, ou qui tient des discours obscènes et déshonnêtes, mettant en pratique cette parole des divines Ecritures : « Bouchez-vous les oreilles avec des épines, et n'écoutez pas la méchante langue ; » (*Ecclés.*, xxviii, 28) puis cette autre : « Ne prêtez pas l'oreille à des paroles vaines ; » et enfin cette dernière : « Mettez votre cœur sous le joug de la discipline, et préparez votre oreille aux paroles de la prudence. » L'onction sainte faite aux oreilles marque que nous devons nous détourner, et fuir tous les discours inconsidérés, comme étant contraires à la doctrine de Jésus-Christ, et nous disposer à n'entendre que la parole de Dieu, parce que cette huile, dont nous avons reçu l'onction, a consacré nos oreilles aux paroles du Christ. Voici comment notre Sauveur parle à son Père, et se glorifie de l'obéissance du peuple qui croit en lui : « Vous n'avez point voulu, dit-il, de sacrifice et d'holocauste, mais vous m'avez donné des oreilles parfaites ; » (*Ps.* xxxix, 7) les oreilles des fidèles de Jésus-Christ sont parfaites quand ils ne désirent entendre que Jésus-Christ et les choses qui le concernent.

Aussi dans l'Evangile, Notre-Seigneur parlant du mystère du royaume céleste, disait : « Que celui qui

---

sacrilegium est, sed religione fecimus. Adhibuimus enim tam sanctis rebus atque divinis honorem silentii ; et inter illos sacros mysteriorum apparatus a docendi cessamus officio ; ut tantam divinæ gratiæ majestatem, quæ nullis hominum vocibus digne explicari potest, amplius tacendo veneremur. Sed quia instrui in omnibus et doceri Vestram Dilectionem necesse est, transacto quidem jam mysteriorum ordine, exponimus vobis ea quæ ante tradidimus : ne dum non intelligitis divini mysterii dignitatem, minus illud pretiosum putetis. Quod si intellexeritis, videbitis omnia, quæ in hoc mundo pretiosa creduntur, tanti sacramenti comparatione vilissima. (1) Recordetur ergo unusquisque vestrum singulas mysteriorum species, quas per nostrum, donante Domino, estis ministerium consecuti : et ea quæ tunc (*a*) simpliciter ac fideliter suscepistis, nunc intelligite prudenter, ut melius possitis intellecta servare.

In primis certe aures vestras oleo benedictionis oblivimus ; sed ob quam causam secundum traditionem ecclesiasticam ab omnibus catholicis Christi sacerdotibus fiat, agnoscite. [(2) Introitus fidei et totius sanctæ doctrinæ ad animum per aures admittitur, et de auditu intellectus exoritur. Neque enim potest aliquis fidei sacramenta cognoscere, nisi audiat prædicantem, affirmante beato Apostolo qui dicit : « Quomodo autem audient, sine prædicante? » et rursus : « Ergo fides ex auditu, auditus autem per verbum Dei. » (*Rom.*, x, 17.) Recte ergo illo oleo ejus sensus organa sanctificantur, sine quo fides ad animum non potest pervenire. Simulque sanctitati ad baptismum ut aures suas ab omni malo et turpi verbo impollutas ad finem usque custodiant, et vel detrahentem proximo suo, vel obscœnæ vel impudice loquentem quasi surdi non audiant, implentes illam Scripturæ divinæ sententiam, qua dicitur : « Sepi aures tuas spinis, et noli audire linguam nequam. » (*Eccl.*, xxviii, 28.) Et alibi : « Ne credas auditui vano. » Et rursus : Da in disciplina cor tuum, et para aurem tuam verbis prudentiæ. » (3) Ergo adhibita auribus unctio sancta significat, ut omnes extra disciplinam sermones, quasi doctrinæ Christi obloquentes, aversentur ac fugiant, seque ad sola Dei verba audienda convertant : quia illito illo oleo auribus suum Christi eloquiis consecrarunt.] Ipse enim Salvator loquitur ad Patrem, et de obedientia credentis in se populi gloriatur dicens : « Sacrificium et oblationem noluisti, aures autem perfecisti mihi. » (*Psal.* xxxix, 7.) Tunc enim aures fidelium Christi perficiuntur, quando nihil præter Christum et ea quæ Christi sunt audire desiderant.

Unde et in Evangelio idem Dominus, de cœlestis regni

---

(1) Hæc Augustini nomine citat Ivo *de baptismo*, c. xciii. — (2) Leidradus *de baptismo*, c. ii, in tom. III, *vet. Analect.* — (3) Et hæc citat. Ivo ubi supra.

(*a*) Apud Ivonem, *suppliciter*.

a des oreilles pour entendre, entende. » (*Matth.*, XIII, 9, 43.) Avoir des oreilles, c'est être comme tout le monde ; mais avoir des oreilles pour entendre, n'est pas commun. Tous ceux, en effet, qui méprisent la parole de Dieu, quoiqu'ils ne puissent la mépriser avant de l'avoir entendue, sont dits néanmoins ne pas entendre, parce qu'ils méprisent ce qu'ils entendent, comme s'ils ne l'avaient point écouté. Ces hommes ont, il est vrai, des oreilles, mais ce ne sont point des oreilles pour entendre, ce sont des oreilles qui entendent pour ne point entendre, puisque, ainsi que nous l'avons dit, elles rejettent ce qu'elles ont écouté, comme si elles ne l'avaient jamais écouté. Ceux-là seuls, au sens de Notre-Seigneur, ont des oreilles pour entendre, qui confient fermement à leur esprit les paroles que leurs oreilles ont reçues, et qui font passer dans leurs actes la doctrine dont ils ont pénétré leur cœur. C'est de ces auditeurs dont Notre-Seigneur parle dans l'Évangile : « Mais pour vous, vos yeux sont heureux de ce qu'ils voient, et vos oreilles de ce qu'elles entendent, » (*Matth.*, XIII, 16) et encore : « Quiconque entend ces paroles que je dis, et les pratique, sera comparé à un homme sage qui a bâti sa maison sur la pierre, et lorsque la pluie est tombée, que les fleuves se sont débordés, que les vents ont soufflé et sont venus fondre sur cette maison, elle n'a point été renversée parce qu'elle était fondée sur la pierre. » (*Ibid.*, VII, 24.) Voici d'ailleurs ce qu'il a dit des mauvais auditeurs qui ont, à la vérité, des oreilles, mais non pour obéir : « Quiconque entend ce que je dis, et ne le pratique point sera semblable à un homme insensé qui a bâti sa maison sur le sable, et lorsque la pluie est tombée, que les fleuves se sont débordés, que les vents ont soufflé, et sont venus fondre sur cette maison, elle a été renversée, et la ruine en a été grande. » Vous voyez donc quelle différence existe entre celui qui écoute bien, et celui qui écoute mal ; entre celui qui garde la parole de Dieu, et celui qui, l'ayant écoutée la rejette comme s'il ne l'avait point entendue. Celui qui lui obéit et la pratique, a la sagesse ; celui qui la méprise est taxé de folie ; l'un bâtit sur un fondement solide, la construction du second est fragile et sans fondement, sa chute est imminente. D'un côté, il y a durée, de l'autre, ruine et grande ruine. Personne, en effet, ne tombe plus lourdement que celui qui, ayant entendu la parole de Dieu, se laisse glisser aux péchés pour lesquels des supplices éternels sont préparés. Pour vous, depuis que vos oreilles ont été marquées de l'huile sainte, vous êtes rangés dans le nombre des sages auditeurs, vous conserverez avec droiture la parole de Dieu, c'est-à-dire vous pratiquerez ce que vous avez entendu, et, au jour du jugement, vous entendrez Jésus-Christ vous dire : « Venez les bénis de mon Père, recevez le royaume qui vous a été préparé dès le commencement du monde. » (*Matth.*, XXV, 26.)

Ne croyez pas que ce soit inutilement et sans un dessein mystérieux que nous avons oint vos narines de l'huile bénite. Voici le sens de cette action : Ceux qui reçoivent le baptême sont avertis par là de garder jusqu'à la mort dans leur pureté et leur intégrité les grâces d'un si grand sacrement ; en sorte que, aussi longtemps que par leurs narines ils recevront l'air qui leur donne la vie, ils ne s'éloigneront pas du culte et du service de Jésus-Christ Notre-Seigneur. C'est en ce sens que parle le saint homme

---

mysterio cum loqueretur, dicebat : « Qui habet aures audiendi audiat. » (*Matth.*, XIII, 9, 43.) Nam cum omnium commune sit habere aures ; tamen audiendi aures commune non est. Quicumque enim Dei verba contemnunt, quamvis nisi possint contemnere, nisi prius audiant, tamen quia contemnunt quod audiunt, nec audisse dicuntur ; quia quæ audierunt, tanquam non audita despiciunt. Et ideo habent isti aures, non quæ aures audiendi esse dicuntur, sed aures quæ audiunt ne audiant, id est, ut ea quæ audierint, quasi nunquam, ut diximus, audita contemnant. Soli autem illi aures audiendi habere dicuntur a Christo, qui cum auribus audiunt, firmiter animo commendant ; et quod animo tradiderunt, operibus exsequuntur. De hujusmodi auditoribus Dominus in Evangelio loquitur : « Vestri autem beati oculi qui vident, et aures vestræ quæ audiunt : » (*Matth.*, XIII, 16.) et rursus : « Omnis enim qui audit verba mea hæc, et facit ea, assimilabitur viro sapienti, qui ædificavit domum suam supra petram : et descendit pluvia, et venerunt flumina, et flaverunt venti, et venerunt in domum illam, et non cecidit ; fundata enim erat supra petram. » (*Matth.*, VII, 24.) Rursus de male audientibus, qui habebunt quidem aures, sed non in obediendo, ita pronuntiat : « Omnis qui audit verba mea hæc, et non facit ea, similis erit viro stulto, qui ædificavit domum suam super arenam : et descendit pluvia, et venerunt flumina, et flaverunt venti, et irruerunt in domum illam et cecidit, et fuit ruina ejus magna. » Videtis ergo quantum intersit inter bene audientem, et male audientem, id est, inter eum qui custodit verba Dei, et inter eum qui cum audierit, quasi nunquam audita contemnit. Illi qui obedit et facit, sapientia ; huic qui contemnit, stultitia deputatur. Ille super solidum ædificat fundamentum : hujus vana ædificatio et absque fundamento, facile casura describitur. Ibi stabilitas ; hic ruina est, et ruina magna. Nemo enim gravius corruit, quam qui audito verbo Dei ad peccata convertitur, propter quæ æterna supplicia præparata sunt. (1) Vos autem, post quam vestræ aures oleo benedicto sunt illitæ, designati estis in numero auditorum sapientium : ut recte retinentes Dei verba, id est, quæ auditis implentes, in die judicii audiatis vobis Christum dicentem : « Venite benedicti Patris mei, suscipite paratum vobis regnum a constitutione mundi. » (*Matth.*, XXV, 26.)

Illud autem non otiose, nec absque certa ratione mysterii factum putetis, quod [(2) nares quoque vestras oleo benedictionis adunximus. Quod idcirco fieri intelligitur, ut hi, qui ad baptismum veniunt, admoneantur tanti mysterii sacramenti usque ad mortem inviolatum atque integrum custodire : ut quamdiu spiritum vitæ hujus naribus suis attrahunt, a Christi Domini nostri cultura

(1) Ivo *de baptismo*, CLXXXIII. — (2) Leidradus loco citato.

Job : « Je prends à témoin, dit-il, le Dieu vivant qui m'a ôté tout moyen de justifier mon innocence, et le Tout-Puissant qui a rempli mon âme d'amertume, que, tant que j'aurai un souffle de vie, et que Dieu me laissera l'air que je respire, mes lèvres ne prononceront rien d'injuste, et ma langue ne dira point de mensonge. Ainsi Dieu me garde de vous croire équitables. Tant que je vivrai, je ne me désisterai point de la défense de mon innocence, je n'abandonnerai point la justification que j'ai commencé à faire de ma conduite. » (*Job*, XXVII, 2.) Mais cette onction des narines a un sens encore plus profond. En effet, l'odeur de cette huile bénite au nom et en la vertu de Jésus-Christ, doit réveiller en vous un odorat tout spirituel, afin que vous puissiez goûter, non par le sens du corps, mais par le sens intellectuel, l'inestimable suavité qui s'échappe du Christ ; et que réjouis par son odeur et suivant ses traces, vous puissiez dire ces paroles que le chœur des fidèles adresse à Dieu : « Nous courrons après vous, à l'odeur de vos parfums. » (*Cant.*, I, 43.) L'Apôtre recommande aux chrétiens cette odeur en ces termes : « Je rends grâces à Dieu qui nous fait toujours triompher en Notre-Seigneur Jésus-Christ, et qui répand par nous, en tous lieux, l'odeur de la connaissance de son nom, car nous sommes devant Dieu la bonne odeur de Jésus-Christ. » (II *Cor.*, XI, 14, 15.) Voyez de quelle utilité furent les apôtres, pénétrés qu'ils étaient de l'odeur de Jésus-Christ, et la communiquant aux autres, soit par la continuité de leur prédication, soit par la sainteté de leur vie, partout ils ont répandu l'odeur si suave de Jésus-Christ, et sont devenus eux-mêmes une bonne odeur pour Dieu. C'est ce que nous voudrions produire en vous, frères bien-aimés, afin qu'après vous être approprié la bonne odeur qui vient de la connaissance de Jésus-Christ, il s'échappe de la sainteté de votre vie l'odeur la plus suave pour Dieu, par Jésus-Christ Notre-Seigneur. Ainsi soit-il.

SERMON

SUR LE SACREMENT DE BAPTÊME.

Nous vous avons promis, dans une précédente instruction, de vous parler de tous les sacrements que vous avez reçus par notre ministère, avec la grâce de Notre-Seigneur Jésus-Christ, de peur que, de votre ignorance, naisse l'indifférence. Mais nous avons tenu compte de vos fatigues et de votre mémoire, prévoyant que votre esprit fatigué ne pourrait tout comprendre, ou que votre mémoire, surchargée de la connaissance simultanée d'une infinité de choses, oublierait bientôt ce qu'elle aurait compris. Ainsi, dans une première instruction, nous ne vous avons parlé que des choses que nous vous avons administrées, avant de vous présenter à la piscine sainte, suivant les prescriptions de la discipline catholique. Nous vous avons expliqué, autant que Dieu a daigné nous en faire la grâce, ce que signifie l'onction qui, faite sur différentes parties du corps, offre des sens différents. Nous vous avons montré que, par l'huile sanctifiée, vous avez été préparés à recevoir la foi dans sa plénitude, que vous êtes appelés à être la bonne odeur de Jésus-Christ; nous vous avons avertis de renoncer au démon de tout votre cœur. Aujourd'hui, nous vous parlerons de la nature même de ce sacrement qui vous a été con-

---

et servitio non recedant. Unde et Job vir sanctus loquitur : « Vivit Dominus, qui abstulit judicium meum, et omnipotens, qui ad amaritudinem adduxit animam meam: quia donec superest halitus in me, et spiritus Dei in naribus meis, non loquentur labia mea iniquitatem, nec lingua mea loquetur mendacium. Absit a me, ut justos vos judicem : donec deficiam, non recedam ab innocentia mea, justificationem quam semel tenere cœpi, non deseram. » (*Job*, XXVII, 2, etc.) Sed adhuc subtilior intellectus in hac narium unctione signatur. Illius enim olei odor, quod in Christi nomine et virtute benedictum est, ad odoratum vos provocat spiritalem : ut non corporis, sed mentis sensibus Christum inæstimabili suavitate sentire possitis, et delectari notitia odoris ejus, ipsius vestigia subsequentes, dicere valeatis illud, quod ad Deum credentium chorus loquitur : « Post te in odorem unguentorum tuorum currimus. » (*Cant.*, I, 43.) Hunc odorem commendat Apostolus Christianis, cum dicit : « Deo autem gratias, qui triumphat nos in Christo Jesu, et odorem notitiæ sua manifestat per nos in omni loco; quia Christi bonus odor sumus Deo. » (II *Cor.*, XI, 14 et 15.) Considerate quantum Apostoli profecerint sentiendo odorem Christi, et (*f.* eum) cum prædicationis instantia et sanctitate vitæ etiam cæteris præferendo, qui dum odorem suavifragrantiæ Christi ubique diffundunt, ipsi quoque bonus Deo odor effecti sunt. Quod etiam in vobis, Fratres dilectissimi, cupimus impleri : ut cum ipsi bonum odorem Christi notitiæ ceperitis, suavissimus Deo odor etiam ex vestræ vitæ sanctitate ascendat.] Per Dominum.

SERMO

DE MYSTERIO BAPTISMATIS.

Promisimus primo Tractatu, nos de omnibus, quæ per ministerium nostrum et Christi gratiam consecuti estis, mysteriis locuturos ; ne qua vobis de ignorantia negligentia nasceretur. Sed consuluimus labori vestro et memoriæ, providentes ne aut lassatus audiendo animus omnia intelligere non posset, aut multorum simul cognitione memoria prægravata etiam quæ intellexisset cito oblita deperderet. Prima ergo (*a*) prædicatione de his tantum locuti sumus, quæ vobis, prius quam ad fontem sanctum veniretis, juxta catholicæ regulæ instituta tradidimus : et quid significaret unctio, quæ diversis corporis vestri adhibita partibus, diversum intellectum designat, prout Dominus donare dignatus est, interpretati sumus ; cum ostenderimus vos per oleum sanctificationis ad auditum plenæ fidei præparatos, et bonum Christi odorem vocatos, ex toto corde abrenuntiandum diabolo

---

(*a*) Ms. Remig. et Ivo *de baptismo*, c. CXCIV, addunt, *et secunda*.

féré aux fonts sacrés du baptême. Après avoir offert de très-sûrs garants, et promis que vous renonciez à toutes les pompes et aux œuvres du démon, à toute fornication avec lui, vous êtes descendus dans la piscine, piscine sainte, source de vie, source de rédemption, source sanctifiée par la vertu d'en haut, et tellement sanctifiée qu'elle donne aux hommes, en coulant en eux, la sainteté, malgré la multitude de leurs péchés. Vous ne devez pas juger ces eaux par les yeux, mais par l'esprit. Car, quoique la substance de cette eau soit la même que celle de l'eau commune, cependant son effet spécial provient de la grâce et de la vertu de Dieu, qui a créé l'eau, pour purifier les taches corporelles et visibles ; c'est aussi lui qui a sanctifié les eaux, qui, par la vertu secrète de sa toute-puissance, purifient les péchés qui ne se voient pas. C'est en effet l'Esprit saint qui opère par cette eau, en sorte que ceux qui, avant le baptême, se trouvaient coupables de crimes divers, et devaient brûler avec le démon dans la prison du feu éternel, méritent après le baptême d'entrer dans le royaume des cieux. Aussi dans l'Evangile, Notre-Seigneur, exprimant la puissance d'un si grand sacrement, dit : « Si quelqu'un ne renaît de l'eau et de l'Esprit saint, celui-là ne peut entrer dans le royaume des cieux. » (*Jean*, III, 5.)

Dans cette piscine, avant de faire couler sur tout votre corps l'eau sainte, nous vous avons fait cette question : Croyez-vous en Dieu, le Père tout-puissant ? Vous avez répondu : Je crois. Puis nous vous avons demandé : Croyez-vous en Jésus-Christ, son Fils, qui est né de l'Esprit saint et de la Vierge Marie ? Et chacun de vous a répondu : Je crois. Enfin, à cette troisième question : Croyez-vous au Saint-Esprit, vous avez encore répondu : Je crois. Nous avons agi ainsi pour obéir à l'ordre de Jésus-Christ, Notre-Seigneur et Sauveur, qui en montant au ciel près de son Père, fit ce commandement à ses disciples, c'est-à-dire à ses apôtres : « Allez, baptisez toutes les nations au nom du Père et du Fils et du Saint-Esprit, leur apprenant à observer toutes les choses que je vous ai prescrites. » (*Matth.*, XXVIII, 19.) Mais que personne de vous, en nous entendant nommer le Père, le Fils et le Saint-Esprit, n'aille penser que nous confessons trois dieux ; cette parole impie est bien éloignée de notre foi, car nous savons qu'il n'y a qu'un seul Dieu, comme il l'a attesté lui-même. « Je suis Dieu, dit-il, et il n'y en a point d'autre que moi. Je suis le Dieu juste, personne ne vous sauvera que moi. Convertissez-vous donc à moi, et vous obtiendrez le salut, car de tout l'univers je suis le seul Dieu, et, excepté moi, il n'en est point d'autre. » (*Isa.*, XLV, 21, 22.) Nous lisons encore au Deutéronome : « Ecoute, ô Israël, le Seigneur ton Dieu est le seul Dieu. » (*Deut.*, VI, 4.) Et ailleurs : « Le Seigneur est l'unique Dieu, depuis le haut du ciel jusqu'au plus profond de la terre, et il n'y en a point d'autre que lui. » (*Deut.*, IV, 39.) Nous reconnaissons donc et nous croyons trois personnes, le Père, le Fils et le Saint-Esprit, ayant la même puissance, la même substance, la même éternité, la même volonté, la même divinité ; nous adorons la Trinité tout entière en un seul Dieu. Croire en plusieurs Dieux, c'est l'impiété des païens ; mais aussi ne pas croire trois personnes d'une seule nature, d'une même divinité, égales et coéternelles, c'est la

---

esse commonitos. Nunc vero de interioribus jam mysteriis locuturi sumus, quæ in ipso sancto fonte celebrata sunt. Emissa enim certissima cautione, qua vos abrenuntiare omnibus pompis et operibus ejus, et omni fornicationi diabolicæ spopondistis, descendentes in fontem, fontem sacrum, fontem vitæ, fontem redemptionis, fontem sanctificatum virtute cœlesti : et ita sanctificatum, ut homines post multa peccata diluendo sanctificet. Non enim debetis illas aquas oculis æstimare, sed mente. Nam etsi substantia illius aquæ de communi aquarum natura sit, effectus tamen ejus specialis ex Dei gratia et virtute procedit, qui creavit aquas, quibus corporales sordes ac visibiles diluuntur. Ipse ergo sanctificavit aquas, per quas secreta potentiæ suæ virtute peccata quæ non videntur abluerentur. Spiritus enim sanctus in illa aqua operatur ; ut qui ante baptismum diversorum criminum rei tenebantur, et cum diabolo in gehenna æterni ignis arsuri erant, post baptismum in cœlorum regnum intrare mereantur. Unde Dominus in Evangelio potentiam tanti exprimens sacramenti ait : « Nisi quis renatus fuerit ex aqua et Spiritu sancto, non potest intrare in regnum Dei. » (*Joan.*, III, 5.)

In hoc ergo fonte, antequam vos toto corpore tingueremus, interrogavimus : Credis in Deum Patrem omnipotentem ? Respondistis : Credo. Rursus interrogavimus : Credis et in Jesum Christum Filium ejus, qui natus est de Spiritu sancto, et Maria virgine ? Respondistis singuli : Credo. Iterum interrogavimus : Et in Spiritum sanctum ? Respondistis similiter : Credo. Hæc autem fecimus juxta Domini nostri Jesu Christi Salvatoris imperium : qui cum ad Patrem in cœlos ascenderet, discipulis suis, id est Apostolis, demandavit dicens : « Euntes baptizate omnes gentes in nomine Patris, et Filii et Spiritus sancti, docentes eos servare omnia quæcumque mandavi vobis. » (*Matth.*, XXVIII, 19.) Nemo autem, cum audit Patrem et Filium et Spiritum sanctum, tres Deos nos æstimet confiteri. Quod sacrilegium absit longe a fide nostra, qui unum Deum esse ipso attestante cognovimus. « Ego, inquit, Deus, et non est alius præter me, justus et salvator non est præter me. Convertimini ad me, et salvi eritis ; quia ab extremo terræ ego sum Deus, et non est alius præter me. » (*Isa.*, XLV, 21, 22.) Et in alio libro : « Audi Israel, Dominus Deus tuus, Deus unus est. » (*Deut.*, VI, 4.) Et rursus : « Dominus Deus tuus hic est in cœlo sursum, et in terra deorsum, et non est alius præter ipsum. » (*Deut.*, IV, 39.) Tres ergo personas tenemus et credimus, id est, Patrem, et Filium, et Spiritum sanctum, unius potentiæ, unius substantiæ, unius æternitatis, unius voluntatis, unius etiam deitatis : et totam Trinitatem unius Dei appellatione veneramur. Credere autem plures Deos gentilium impietas est ; et iterum non credere tres personas unius substantiæ in una deitate atque æqualitate vel coæternitate, hæretica dementia est : cum manifesta hæc sit, quam diximus, auctoritas Christi ; « Bap-

folie des hérétiques, comme si le témoignage de Jésus-Christ que nous avons rapporté n'était pas clair : « Baptisez toutes les nations au nom du Père, du Fils et du Saint-Esprit. » (*Matth.*, xxviii, 19.)

Quant à cette autre interrogation : Croyez-vous la sainte Eglise, et la rémission des péchés, et la résurrection de la chair? nous ne vous l'avons pas faite, pour que vous croyiez en l'Eglise sainte et catholique de la même manière que vous croyez en Dieu. La raison de sa sainteté et de sa catholicité, c'est sa foi pure en Dieu. Nous ne vous disons donc pas de croire en l'Eglise, comme vous devez croire en Dieu ; mais, comprenez bien, nous vous disons et nous vous avons dit que, vivant dans le sein de l'Eglise sainte et catholique, vous deviez croire en Dieu, et croire aussi la résurrection future de la chair. Comme vous avez cru au mystère de la sainte Trinité, et que vous croyez en un seul Dieu en trois personnes, comme vous avez cru que les péchés vous seraient remis, et que vous croyez maintenant qu'ils vous sont remis par le baptême, croyez également la résurrection future de la chair ; vous avez affirmé, en effet, que vous y croyiez.

Toute l'espérance des chrétiens consiste à croire que la résurrection de ce corps, et non d'un autre, aura lieu certainement un jour, et qu'au jour du jugement, nous paraîtrons devant le tribunal de Dieu, comme maintenant nous sommes dans l'Eglise devant les saints autels. L'apôtre saint Paul l'atteste par ces paroles : « Car nous devons tous paraître devant le tribunal de Jésus-Christ, afin que chacun reçoive ce qui est dû aux bonnes ou aux mauvaises actions qu'il aura faites pendant qu'il était revêtu de son corps, » (II *Cor.*, v, 10.) Voilà ce que les âmes infidèles ne croient pas devoir arriver. Il en est qui promettent du bout des lèvres de croire, mais qui désespèrent dans leur cœur. Mais n'est-ce pas faire au Dieu tout-puissant une grave injure, de ne pas croire qu'il puisse ressusciter et vivifier de nouveau les hommes après leur mort? Pour nous, qui ajoutons foi à la parole divine, nous ne pouvons douter de notre résurrection. Nous croyons que Dieu qui a fait les hommes, lorsqu'ils n'étaient rien auparavant, pourra facilement recomposer ces corps qui déjà ont existé. Celui qui a tiré du néant le ciel, la terre, la mer, et tout ce qu'ils contiennent, et, en un mot, tous les éléments, ne pourrait-il reconstituer l'homme qu'il a fait, pour être jugé dans l'autre vie sur ce qu'il a fait en celle-ci, et pour mériter des récompenses pour la droiture de sa volonté, ou des châtiments s'il a voulu le mal? Telle est la foi des chrétiens catholiques : croire que nous ressusciterons dans le même corps que nous avons maintenant, ayant pour modèle de notre résurrection Jésus-Christ lui-même, Notre-Seigneur, le Verbe du Père, qui tout étant Dieu, et Fils de Dieu, coéternel et consubstantiel au Père selon la substance de la divinité, a pris notre nature humaine, (suivant laquelle il a voulu naître d'une vierge, souffrir ensuite, et mourir, ressusciter le troisième jour, et monter au ciel), pour réveiller en nous l'espérance de la résurrection, et pour nous faire croire que nous ressusciterons de la même manière que le Christ est aussi ressuscité d'entre les morts. C'est pourquoi l'Apôtre reprend en ces termes l'erreur des incrédules : « Puisqu'on vous a prêché que Jé-

---

tizate omnes gentes in nomine Patris, et Filii, et Spiritus sancti. » (*Matth.*, xxviii, 19.)

(1) Quod autem interrogavimus : Credis sanctam Ecclesiam, et remissionem peccatorum, et carnis resurrectionem? non eo modo interrogavimus, ut quomodo in Deum creditur, sic et in Ecclesiam sanctam et catholicam. Propterea sancta et catholica est, quia recte credit in Deum. Non ergo diximus ut in Ecclesiam, quasi in Deum crederetis : sed intelligite nos dicere, ut quia, et in Ecclesia sancta et catholica conversantes in Deum crederetis : crederetis etiam resurrectionem carnis, quæ futura est. Sicut ergo in Trinitatis mysterium credidistis, et unum Deum in Patris ac Filii et Spiritus sancti nomine suscepistis ; sicut vobis credidistis dimittenda esse peccata, et nunc jam per baptismum creditis esse dimissa : ita etiam resurrectionem carnis futuram credite ; quod certe vos credere spopondistis.

In hoc enim Christianorum spes tota consistit, ut hujus, non alterius corporis resurrectionem in veritate futuram esse credamus ; et quemadmodum nunc stamus in ecclesia ante altare Dei, ita nos in die judicii staturos esse credamus ante tribunal Dei, dicente beato apostolo Paulo : « Omnes enim nos manifestari oportet ante tribunal Christi, ut referat unusquisque propria corporis, prout gessit, sive bonum, sive malum. » (II *Cor.*, v, 10.) Id est quod infideles animæ non credunt futurum. Et sunt aliqui, qui labiis credere promittunt, sed corde desperant : qui grandem omnipotenti Deo injuriam faciunt, a quo homines post mortem suscitari et vivificari posse non credunt. Nos autem, qui divinis vocibus adhibemus fidem, de resurrectione nostra dubitare non possumus. Credimus enim, quod Deus qui fecit homines cum adhuc non fuissent, facile possit eos reficere qui fuerunt. Qui cœlum, terram, et maria, et quæ in eis sunt, atque omnia elementa fecit ex nihilo, quomodo non potest reparare homines, quos ideo fecit, ut in hac vita agerent unde in alia judicarentur, et vel pro bona voluntate præmia, vel pro mala supplicia mererentur? Hæc est enim Christianorum catholicorum fides, ut credamus nos cum hac, in qua nunc sumus, anima resurgere, habentes idoneum resurrectionis exemplum Christum ipsum Dominum nostrum Verbum Patris : qui cum sit Deus et Dei Filius, Deus Verbum et secundum substantiam divinitatis Patri coæternus et consubstantialis, ideo naturæ nostræ suscepit hominem, (juxta quem de Virgine nasci, et postea pati et mori voluit, et die tertia resurrexit, et ascendit in cœlos), ut nos ad spem resurrectionis accenderet ; ut sic nos credamus ex mortuis suscitandos, quemadmodum Christum resurrexisse a mortuis confitemur. Unde beatus Apostolus infidelium animos increpat dicens : « Si autem Christus prædicatur quod resurrexit a mortuis, quomodo quidam dicunt in vobis, quoniam

(1) Ivo, loco cit.

SERMON SUR LE SACREMENT DE BAPTÊME.

sus-Christ est ressuscité d'entre les morts, comment se trouve-t-il encore parmi vous des personnes qui osent dire que les morts ne ressuscitent point? » (I *Cor.*, xv, 12.) Gardez donc fidèlement, et croyez ce que vous atteste la parole de Dieu : il y aura une résurrection dans laquelle tous les saints qui aiment le Christ et font sa volonté recevront la glorieuse immortalité, et seront à tout jamais glorifiés en présence de Dieu, de ses anges et des vertus des cieux. Quant aux infidèles et aux pécheurs, qui n'obéissent point aux préceptes de Dieu, ils ressusciteront, mais pour que leur chair, devenue immortelle, soit livrée aux flammes éternelles, afin de brûler sans cesse, sans jamais se consumer en brûlant. Jésus-Christ lui-même, Notre-Seigneur atteste cette vérité dans l'Évangile, il dit des pécheurs : « Les méchants iront aux supplices éternels, les justes dans la vie éternelle. » (*Matth.*, xxv, 46.)

Voilà ce que nous vous avons dit jusqu'ici. Après que vous avez promis de croire, trois fois nous avons plongé votre tête dans la piscine sacrée. Cette cérémonie du baptême a une double signification mystérieuse. C'est avec raison que vous avez été plongés trois fois, car vous avez reçu le baptême au nom de la Trinité; c'est avec raison que vous avez été plongés trois fois, car vous avez été baptisés au nom de Jésus-Christ, qui est ressuscité le troisième jour d'entre les morts. Cette triple immersion nous exprime la figure de la sépulture de Notre-Seigneur. Par elle vous avez été ensevelis avec le Christ dans le baptême, et vous avez ressuscité avec le Christ dans la foi, afin que, purifiés de vos péchés, vous viviez en imitant Jésus-Christ dans la sainteté de ses vertus.

C'est pourquoi l'Apôtre nous dit : « Ne savez-vous pas que nous tous qui avons été baptisés en Jésus-Christ, nous avons été baptisés en la ressemblance de sa mort? Car nous avons été ensevelis avec lui par le baptême, pour mourir au péché; afin que, comme Jésus-Christ est ressuscité d'entre les morts par la gloire de son Père, nous aussi nous marchions dans une vie nouvelle. Car si nous avons été entés en lui par la ressemblance de sa mort, nous y serons aussi par la ressemblance de sa résurrection; sachant que notre vieil homme a été crucifié avec lui, afin que le corps du péché soit détruit en nous, et que désormais nous ne soyons plus asservis au péché. » (*Rom.*, vi, 3.) Réfléchissez bien, frères bien-aimés, à quelle condition l'Apôtre dit que vous avez été baptisés? C'est afin, dit-il, que vous ne soyez plus asservis au péché. Qu'elle est donc grande, je ne dirai pas votre négligence, mais votre folie, lorsque vous avez reçu par le baptême la rémission des péchés, de consentir à être encore enchaînés par le péché; de vouloir encore être pécheurs, après être devenu saints, et de retomber dans la fange du vice, après vous être plongés dans cette fontaine sacrée, où il n'est permis de se purifier qu'une seule fois! Ayons donc soin, mes bien-aimés, de conserver jusqu'à la fin, intact et sans tache, ce que vous avez reçu, et que vous ne pourrez plus désormais recevoir; vous êtes devenus sans péchés, quittez à tout jamais le péché. Le Christ qui, dans sa miséricorde, vous a purifiés des souillures contractées sous l'inspiration du démon, ne veut pas que vous vous souilliez après avoir été purifiés. Gloire et honneur soient à lui, avec le Père et le Saint-Esprit. Amen.

---

resurrectio mortuorum non est?» (I *Cor.*, xv, 12.) Hoc ergo tenete constanter et credite, quod divinis vocibus affirmatur, quia resurrectio sit futura, in qua sanctis omnibus, qui Christum diligunt et ejus faciunt voluntatem, immortalitas gloriosa donanda est, ut in conspectu Dei cum Angelis et cœlestibus Virtutibus in perpetuum glorientur : infideles vero et peccatores, et qui Dei præcepta non faciunt, ad hoc resurgere, ut immortalis eorum facta caro æternis incendiis deputetur; ut semper ardeat, et nunquam ardendo deficiat. Hoc enim et Domini nostri Jesu Christi sermo testatur, qui in Evangelio de peccatoribus pronuntiavit : « Tunc ibunt impii in supplicium æternum, justi autem in vitam æternam. » (*Matth.*, xxv, 46.)

Hæc sunt autem quæ huc usque diximus. (1) Postquam vos credere promisistis, tertio capita vestra in sacro fonte demersimus. Qui ordo baptismatis duplici mysterii significatione celebratur. Recte enim tertio mersi estis, qui accepistis baptismum in nomine Trinitatis. Recte tertio mersi estis, qui accepistis baptismum in nomine Jesu Christi, qui tertio die resurrexit a mortuis. Illa enim tertio repetita demersio typum Dominicæ exprimit sepulturæ; per quam Christo consepulti estis in baptismo, et cum Christo resurrexistis in fide, ut peccatis abluti sanctitate virtutum Christum imitando vivatis. Unde beatus Apostolus ait : « An ignoratis quoniam quicumque baptizati sumus in Christo Jesu, in morte ipsius baptizati sumus? Consepulti enim sumus cum illo per baptismum in mortem, ut quomodo surrexit Christus ex mortuis per gloriam Patris, ita et nos in novitate vitæ ambulemus. Si enim complantati facti sumus similitudini mortis ejus, simul et resurrectionis erimus; hoc scientes quia vetus homo noster simul crucifixus est, ut destruamus corpus peccati, ut ultra non serviamus peccato. » (*Rom.*, vi, 3.) Considerate, Fratres carissimi, qua conditione Apostolus esse dixerit baptizatos. « Ut ultra, inquit, non serviamus peccato. » Quæ enim tanta est non dico negligentia, sed amentia, cum per baptismum acceperis remissionem peccatorum, obligari velle peccatis; ut qui factus fueras ex peccatore sanctus, rursus ex sancto velis esse peccator; et post sacrum illum fontem, quem non nisi semel ablui licet, iterum ad vitiorum sordes reverti? Attendite ergo, Dilectissimi, ut quod accepistis, quod jam ulterius a vobis accipi non potest, usque ad finem integrum immaculatumque servetis; et semel effecti absque peccato, in perpetuo a peccatis omnibus recedatis. Christus enim, qui vos pollutos a diabolica suasione sordidatos sua miseratione mundavit, non vult mundatos iterum sordidari. Huic gloria et honor cum Patre et Spiritu sancto in sæcula sæculorum. Amen.

(1) Ivo ubi supra.

SERMON

SUR L'ONCTION DE LA TÊTE ET LE LAVEMENT DES PIEDS.

Jusqu'ici nous avons parlé des cérémonies qui précèdent le baptême ou qui l'accompagnent, parlons maintenant de celles qui, d'après une sainte institution, ont lieu après le baptême. Ce sacrement étant conféré, nous versons sur votre tête le saint chrème, c'est-à-dire l'huile de la sanctification, marquant par là que le Seigneur daigne revêtir les baptisés d'une dignité royale et sacerdotale. Dans l'Ancien Testament ceux qui étaient choisis pour le sacerdoce ou la royauté, recevaient l'onction avec l'huile sainte, et par l'onction faite sur la tête, les uns recevaient du Seigneur le pouvoir de régner sur le peuple de Dieu, les autres celui d'offrir les sacrifices. C'est ainsi que le saint roi David et les autres rois ont reçu l'onction de la main des prophètes, et de simples particuliers, sont devenus rois par la vertu de l'huile sanctifiée ; c'est ainsi qu'Aaron, ayant reçu l'onction des mains de Moïse, de laïque qu'il était, fut consacré par l'huile sainte prêtre du Seigneur. Aussi nous chantons dans le psaume : « C'est comme le parfum répandu sur la tête, qui descend sur toute la barbe d'Aaron. » (*Ps.* CXXXII, 2.) Mais cette huile de l'Ancien Testament ne conférait qu'une royauté temporelle, qu'un sacerdoce temporel, et les fonctions de ce sacerdoce ou de cette royauté se bornaient à cette vie, que limite un bien petit nombre d'années ; mais ce chrême ou cette onction qui vous est donnée, vous a revêtu de la dignité de ce royaume et de ce sacerdoce, qui, une fois confiés ne doivent jamais finir. Peut-être vous étonnez-vous, de m'entendre dire que, par ce saint chrême, vous avez obtenu le sacerdoce et le royaume de la gloire future? Ce n'est point moi, mais l'apôtre saint Pierre ; je dis mieux, c'est Jésus-Christ, par son apôtre, qui vous annonce que vous êtes revêtus de cette dignité. Voici le langage qu'il tient à ceux qui ont été lavés par le baptême, et oints par le saint chrême : « Quand à vous, vous êtes la race choisie, l'ordre des prêtres-rois, la nation sainte, le peuple conquis, afin que vous annonciez les grandeurs de celui qui vous a appelés des ténèbres à son admirable lumière. » (I *Pier.*, II, 9.) Réfléchissez donc à l'honneur dont vous avez été revêtus dans ce sacrement, et prenez garde qu'après être devenus par le baptême les enfants du royaume, vous ne consentiez à redevenir, par de nouvelles fautes, ce qu'à Dieu ne plaise, les enfants de l'enfer. Quelle ne serait pas, croyez-vous, la colère de Dieu, si, après ses bienfaits, après le pardon de vos péchés, vous vouliez revenir au péché ? et si, ayant été adoptés pour enfants de Dieu, comme des esclaves vous méprisiez Dieu de nouveau, pour faire la volonté du démon.

Toutes ces cérémonies accomplies, nous vous avons donné un commandement, appuyé de notre exemple et de nos paroles. Nous avons, en effet, lavé les pieds à chacun de vous, vous excitant à nous imiter, que dis-je, à imiter Notre-Seigneur et Sauveur ; de

SERMO

DE UNCTIONE CAPITIS, ET DE PEDIBUS LAVANDIS.

Huc usque de mysteriis locuti sumus, (1) quæ vel ante baptismatis sacramentum, vel in ipso baptismate celebrantur : nunc vero de his acturi sumus, quæ jam baptizatis sancta institutione complentur. Impleto enim baptismate caput vestrum chrismate, id est, oleo sanctificationis infundimus : per quod ostenditur, baptizatis regalem et sacerdotalem conferri a Domino dignitatem. Nam in veteri Testamento hi qui legebantur in sacerdotio vel in regno, sancto unguebantur oleo : et unctione capitis alii regnandi in populo Dei, alii sacrificia offerendi accipiebant a Domino potestatem. Sicut sanctum David, et cæteros reges unctos legimus a Prophetis, et de privatis in reges olei sanctificatione mutatos : sic et sanctum Aaron a Moyse unctum legimus, ex laico in sacerdotem Domini sancto oleo consecratum. Unde et in Psalmo canitur : « Sicut unguentum in capite, quod descendit in barbam, barbam Aaron. » (*Psal.* CXXXII, 2.) Sed illud in veteri Testamento oleum, temporale regnum, temporale sacerdotium conferebat ; in hac enim vita erat administrandum, quæ paucorum annorum curriculo terminatur : hoc autem chrisma, id est, hæc unctio quæ vobis imposita est, illius vobis regni, illius sacerdotii unctionem dignitatem, quod cum semel collatum fuerit, nunquam est finiendum. Miramini forte quod diximus vos illo chrismate regnum futuræ gloriæ et sacerdotium consecutos. Non ego vobis, sed apostolus Petrus, imo per Apostolum Christus, collatam hanc pronuntiat dignitatem. Sic enim loquitur ad fideles, id est, qui baptismate abluti et chrismate consecrati sunt : « Vos autem genus regale et sacerdotale, gens sancta, populus acquisitionis, ut virtutes annuntietis ejus, qui de tenebris vos vocavit in admirabile lumen suum ? » (I *Petr.*, II, 9.) Considerate ergo honorem quem in illo estis mysterio consecuti, et cavete ne forte qui post peccata per baptismum filii regni facti estis, rursus peccando, quod absit, velitis effici filii gehennæ. Quomodo enim irasci putatis Deum, si post beneficia ejus, post indulgentiam peccatorum, velitis ad peccandum reverti ; et qui adoptati estis in Dei filios, iterum quasi servi contemnentes Deum, velitis facere diaboli voluntatem ?

Impletis autem omnibus sacramentis, etiam mandatum vobis et exemplo et sermone tradidimus. (*a*) Lavimus enim singulorum pedes, ad imitationem vos nostram, imo ipsius Domini et Salvatoris nostri, provocantes, ut

---

(1) Ivo. *de baptismo*, c. CXCV.

(*a*) Hic ritus etiam XII sæculo quibusdam in Ecclesiis servabatur, teste Hugone Vict. in Joan. XIII, ubi quosdam ait velle *non remitti peccatum originale nisi in lavatione pedum post baptismum*, et ejus rei auctorem dicere Ambrosium Mediol. episc. Cujus vide, lib. *de initiandis*, c. VI.

même que nous vous avons lavé les pieds, vous devez également laver les pieds de vos frères et de vos hôtes. Nous vous avons enseigné à être, non-seulement hospitaliers, mais à honorer par l'humilité, les hôtes que vous avez accueillis dans vos demeures, en sorte que vous ne rougissiez pas d'accomplir à leur égard l'office de serviteurs. Si quelqu'un regarde cet office comme indigne de lui, si gonflé d'un orgueil diabolique, il dédaigne d'exécuter l'ordre du Seigneur, et si, tout noble qu'il soit ici-bas, il rougit de laver les pieds des chrétiens pauvres et méprisables, selon le monde, qu'il sache que le Seigneur l'a ordonné et fait lui-même; bien plus, il a daigné le faire, avant de le commander, il voulut faire précéder l'exemple, pour pouvoir plus facilement nous donner le commandement. Voici, en effet, ce que nous lisons dans l'Évangile : « Jésus qui savait que son Père lui avait mis toutes choses entre les mains, qu'il était sorti de Dieu, et qu'il s'en retournait à Dieu, se leva de table, quitta ses vêtements, et ayant pris un linge, le mit autour de lui. Puis ayant versé de l'eau dans un bassin, il commença à laver les pieds de ses disciples, et à les essuyer avec le linge qu'il avait autour de lui. » (*Jean*, XIII, 3.) Plus loin : « Après donc qu'il leur eut lavé les pieds, il reprit ses vêtements, et, s'étant mis à table, il leur dit : Vous m'appelez votre Maître et votre Seigneur, et vous avez raison, je le suis, en effet. Si donc je vous ai lavé les pieds, moi qui suis votre Maître et votre Seigneur, vous devez aussi vous laver les pieds les uns des autres. Car je vous ai donné l'exemple afin que voyant ce que j'ai fait à votre égard, vous le fassiez aussi à l'égard de vos frères. En vérité, en vérité, je vous le dis, le serviteur n'est pas plus grand que son maître, ni l'Apôtre plus grand que Celui qui l'a envoyé. Si vous savez ces choses, vous êtes heureux, pourvu que vous les pratiquiez. » (*Ibid.*, 12.) Voyez donc, frères bien-aimés, combien est malheureux et insensé le serviteur qui dédaigne de laver les pieds de son compagnon, le disciple ceux de son condisciple, quand le Seigneur et Maître de toutes choses a daigné laver les pieds de ses serviteurs et de ses disciples; il s'est humilié devant ses inférieurs, et nous, nous refusons de nous humilier sous nos égaux, qui souvent sont meilleurs que nous. D'où vient cela, sinon de notre peu de foi à la vie future? En effet, si nous croyions vraiment et de tout notre cœur que, par ces préceptes du Seigneur que nous observons dans le temps de cette courte vie, nous arrivons à des récompenses célestes et éternelles, non-seulement nous ne rougirions pas d'accomplir ces actes d'humilité, mais nous y mettrions même notre gloire.

Confiez bien fidèlement à votre mémoire ce que nous vous avons enseigné, et ce que vous nous avez promis, ou plutôt ce que vous avez promis à Dieu. Que jamais aucune tribulation de cette vie ne vous enlève le souvenir de votre promesse. Accomplissez tous les préceptes que vous avez appris, accomplissez tout ce que vous avez promis. Gardez-vous de ressembler aux Juifs qui, ayant entendu quels étaient les préceptes du Seigneur, dirent cette bonne parole : « Nous apprendrons et nous garderons tout ce que le Seigneur nous a ordonné, » (*Deut.*, V, 27) mais qui oublièrent bientôt leurs belles promesses. Ils plurent au Seigneur dans l'instant qu'ils promirent d'observer ses ordres, voici, en effet, le langage que le peuple d'Israël adressa à Moïse : « Ap-

quemadmodum nos vestros pedes lavimus, ita etiam vos pedes fratrum et hospitum lavare debeatis; non solum hospitales vos esse doceamus, sed etiam humiliter hospites ita honorantes quos in vestra susceptis hospitia, ut erga eos servorum implere non erubescatis officium. Quod si injuriosum quis putat, et diabolico inflatus tumore mandatum Domini facere dedignatur : et, quamvis ille in sæculo nobilis, pauperes et in hoc mundo contemptibiles Christiani lavare pedes erubescit ; qui et hoc præcepit, et fecit, imo antequam præciperet, facere dignatus est : si quidem præmisit exemplum, ut facilius commendaret imperium. Sic enim in Evangelio legimus de Domino Jesu : « Sciens, inquit, quod omnia dedit ei Pater in manus, et quia a Deo exivit et ad Deum vadit, surgit a cœna, et ponit vestimenta sua; et cum accepisset linteum, præcinxit se ; deinde misit aquam in pelvim, et cœpit lavare pedes discipulorum, et extergere linteo, quo erat præcinctus. » (*Joan.*, XIII, 3.) Et rursum : « Postquam autem lavit pedes eorum, accepit vestimenta sua ; et cum recubuisset iterum, dicit eis : Scitis quid fecerim vobis : vos vocatis me : Magister et domine, et bene dicitis; sum etenim. Si ergo ego lavi pedes vestros dominus et magister, quanto magis et vos debetis alterutrum lavare pedes? Exemplum enim dedi vobis, ut quemadmodum ego facio vobis, ita et vos faciatis. Amen amen dico vobis, quia non est servus major domino suo, nec Apostolus major eo qui misit illum. Si hæc scitis, beati estis si feceritis ea. » (*Ibid.*, 12.) Considerate ergo, Fratres dilectissimi, cujus infelicitatis, cujus insaniæ sit, ut dedignetur servus conservo, discipulus condiscipulo pedes lavare; quando omnium Dominus et magister servorum et discipulorum pedes lavare dignatus est. Ille se humiliavit inferioribus, nos vero humiliari dedignamur æqualibus et sæpe melioribus. Quod non aliunde, quam de incredulitate evenit futurorum. Si enim vere et toto animo crederemus, per hæc Domini præcepta, quæ brevi vitæ nostræ tempore custodimus, ad æterna et cœlestia nos præmia pervenire ; non solum non erubesceremus omnia opera humilitatis implendo, verum etiam gloriaremur.

Commendate ergo firmiter memoriæ vestræ quod audistis a nobis, et quod nobis, imo Domino (1) promisistis : nec ulla unquam tribulatio præsentis vitæ recordationem vobis vestræ auferat sponsionis. Implete omnia quæ audistis imperia : implete omnia vestra quæ promisistis. Nolite similes effici populo Judæorum, qui cum audissent præcepta Dei, recte quidem dixerunt : « Omnia quæ mandavit nobis Dominus, audiemus, et faciemus ea; » (*Deut.*, V, 27) sed quod bene promiserant, neglexerunt. Placuerunt enim Deo, quando se mandata ejus

(1) Promissam in baptismo pedum lotionem legimus in Append., tom. V, Ser. CLXVIII, n. 3, et CCLVII, n. 2.

prochez-vous donc plutôt vous-même de lui, et écoutez tout ce que le Seigneur notre Dieu vous dira, vous nous le rapporterez ensuite. Nous écouterons et nous garderons tout ce que le Seigneur notre Dieu nous dira. Le Seigneur dit à Moïse : J'ai entendu les paroles que ce peuple vous a dites : Qui leur donnera d'avoir un cœur tel qu'ils me craignent toujours, et qu'ils gardent, en tout temps mes préceptes? » (*Ibid.*, 27, 28.) Comme nous l'avons dit, ils plurent à Dieu en promettant d'exécuter ses ordres, mais ils lui déplurent en transgressant les ordres qui leur avaient été donnés et ce qu'ils avaient promis d'observer. Voici, en effet, ce que le Prophète dit à leur sujet : « Ils l'aimèrent de bouche, mais leur langue lui a menti. » (*Ps.* LXVII, 36.) C'est aimer Dieu de bouche, et non de cœur, que de promettre de faire la volonté de Dieu, de mentir ainsi par la langue, et de faire, au contraire, la volonté du démon; par là, on provoque la colère du Dieu Tout-Puissant, qui ne permet pas qu'on se moque de lui. Lui qui voit toutes les actions des hommes, même les plus secrètes, qui entend toutes les paroles, fussent-elles prononcées aussi bas que possible, qui lit et discerne toutes les pensées, jugera toutes choses avec une grande sévérité. Ici-bas, il ne punit pas toujours ceux qui l'ont méprisé, parce qu'il a résolu qu'il y aurait un jugement dans l'autre vie, où il réserve aux pécheurs une condamnation éternelle, et des châtiments sans fin. « Là, il y aura des pleurs et des grincements de dents. » (*Isa.*, LXVI, 24.)

Là aussi, dit le Seigneur, leur ver ne mourra point, et le feu qui les consumera ne s'éteindra point. Pour vous, frères bien-aimés, nous croyons que ce n'est pas légèrement que vous écoutez nos paroles qui sont vraiment divines; car ce que nous vous disons, nous l'empruntons aux saintes et divines lettres. Nous espérons dans le Seigneur que vous accomplirez tout ce que vous avez promis; Dieu vous aidant dans vos bonnes œuvres, par la grâce de Notre-Seigneur Jésus-Christ, à qui est honneur et gloire, avec le Père et l'Esprit saint, dans les siècles des siècles. Ainsi soit-il.

TRAITÉ

DE LA CRÉATION DU PREMIER HOMME [1].

Nous reconnaissons la grande dignité de la nature humaine, en voyant que l'homme a été créé, non point seulement sur l'ordre du Créateur, comme le furent les autres œuvres des six jours, mais après le conseil de la sainte Trinité, et après que la majesté divine toute entière s'y fut employée........ C'est pourquoi que chacun fasse grande attention à l'excellence de sa première condition, qu'il reconnaisse en lui l'image vénérable de la sainte Trinité, et que, par la noblesse de ses mœurs, par l'exercice des vertus et la grandeur de ses mérites, il s'efforce d'honorer cette ressemblance divine, suivant laquelle il a été créé, afin que, quand Dieu lui apparaîtra tel

---

(1) Dans saint Ambroise, ce traité a pour titre : *Dignité du premier homme*. Dans Alcuin son titre est : *Paroles du saint lévite Albin, sur ce passage de la Genèse* : « Faisons l'homme à notre image et à notre ressemblance. » Paulin d'Aquilée dans son livre, *des documents précieux*, chap. II et III, a emprunté quelques passages à ce Traité ; on trouve tout entier dans le livre *De l'Esprit et de l'âme*, ch. XXXV. Qu'il nous suffise donc de rapporter ici seulement les premières et les dernières phrases.

---

servaturos promiserant. Sic quidem legimus dixisse ad Moysen populum Israel. « Accede tu, et audi omnia quanta loquitur Dominus Deus noster ad te, et tu loqueris ad nos. Omnia quanta loquitur ad nos Dominus Deus noster, et audiemus, et faciemus. Et dixit ad Moysen Dominus : Audivi vocem sermonum populi hujus quanta locuti sunt. Quis dabit cor eorum sic esse in eis, ita ut metuant me, et observent præcepta mea omnibus diebus? » (*Ibid.*, 27, 28, 29.) Placuerunt ergo, ut diximus, Deo, quando quidem polliciti sunt se mandata ejus esse facturos : sed displicuerunt, quando quidem posita sibi mandata, et quæ promiserant servare, transgressi sunt. De ipsis enim Propheta loquitur dicens : « Dilexerunt eum in ore suo, et lingua sua mentiti sunt ei. » (*Psal.* LXVII, 36.) Hoc est enim ore Deum et non corde diligere, quod promittuunt se Dei voluntatem esse facturos, mentiuntur lingua sua, et ad faciendam diaboli refugiunt voluntatem, omnipotentem Deum ad iracundiam provocarent, qui se irrideri non patitur. Qui cum et opera hominum quamlibet in occulto facta conspiciat, qui cum verba omnia quamlibet secreto insusurrantes audiat, qui cum omnes omnium cogitationes intelligat et agnoscat, severissime judicabit. Qui hic ideo non semper contemptores suos punit, quia in futuro decrevit esse judicium, ubi æterna condemnatio et perpetua servatur peccantibus pœna. « Ibi erit fletus » oculorum, « et stridor dentium. » Ubi, sicut ipse Dominus ait : « Vermis eorum non morietur, et ignis eorum non exstinguetur. » (*Isai.*, LXIV, 24.) Vos autem, Fratres dilectissimi, credimus in nomine Domini, quod non transitorie audiatis verba nostra, imo divina : quia quod vobis dicimus, ex sanctis et divinis eloquiis mutuamur. Speramus in Domino, quod facietis omnia quæ promisistis, Deo adjuvante vos in sanctis operibus, ipsius Domini nostri Jesu Christi gratia; cui est gloria et honor cum Patre et Spiritu Sancto in sæcula sæculorum. Amen.

TRACTATUS

DE CREATIONE PRIMI HOMINIS.

Tanta dignitas humanæ conditionis esse dignoscitur, ut non solum jubentis sermone, ut alia sex dierum opera, sed consilio sanctæ Trinitatis et opera majestatis divinæ creatus sit homo : (1)..... Quapropter quisque diligentius attendat primæ suæ conditionis excellentiam, et venerandam sanctæ Trinitatis in se ipso imaginem agnoscat, honoremque similitudinis divinæ, ad quam creatus est, nobilitate morum, exercitio virtutum, dignitate meritorum habere contendat : ut quando apparuerit qualis sit,

---

(1) Omissa repete ex libro *de Spiritu et animo*.

qu'il est, il paraisse en sa présence semblable à Dieu qui l'a créé admirablement à sa ressemblance dans le premier Adam, et l'a réformé plus admirablement encore dans le second.

SERMON
SUR LA VANITÉ DU SIÈCLE [1].

Placés sur cette terre, conduisez-vous-y de telle sorte, mes frères, que, lorsque vous le quitterez et que les vers commenceront à dévorer votre chair au fond du tombeau, votre âme, ornée de ses bonnes œuvres, se réjouisse au ciel dans la compagnie de tous les saints. Que la mort de ceux qui vous ont précédés au tombeau vous fasse éviter les péchés et les œuvres d'iniquité..... Et plus quelqu'un aura été obéissant à Dieu en cette vie, plus dans l'autre sa récompense sera grande; plus il aura aimé Dieu ici-bas, plus alors il le verra de près. Bénissons donc le Seigneur notre Dieu, mes frères, de nous avoir destinés à une joie spirituelle. Ayons toujours l'humilité du cœur, et que notre joie soit en lui-même. Ne nous enorgueillissons point de n'importe quelle prospérité d'ici-bas, mais sachons que notre vraie félicité commencera seulement quand toutes les choses d'ici-bas passeront. Oui, mes frères, que notre joie soit dans l'espérance de la vie future; que la vie éternelle soit l'objet de tous nos désirs, que tous nos soupirs tendent vers Jésus-Christ, ne désirons que lui, l'unique et incomparable beauté, qui nous a aimés, tout souillés que nous étions, afin de nous rendre notre beauté; ne courons qu'à lui seul, n'adressons qu'à lui nos gémissements : « Et que ceux-là disent sans cesse : Que le Seigneur soit glorifié, qui désirent la paix de son serviteur. » (Ps. XXXIV, 27.) Amen.

SERMON
SUR LE MÉPRIS DU MONDE [2].

CHAPITRE PREMIER. — Ecoutez, frères bien-aimés, la doctrine salutaire de notre Père, ô vous qui ne désirez point un héritage terrestre, mais celui qui est éternel, qui ne voulez point recevoir de partage dans la terre des mortels, mais chanter avec le Psalmiste : « Ma portion est dans la terre des vivants ; » (Ps. CXLI, 6) vous qui avez quitté l'Egypte et courez vers la terre de la promesse. Vous avez des oreilles pour entendre, écoutez donc le Père miséricordieux qui nous appelle par ces paroles à l'héritage des cieux : « Venez, mes enfants, écoutez-moi, je vous enseignerai la crainte du Seigneur. » (Ps. XXXIII, 12, 13.) Quel est l'homme qui veut avoir la vie ? (Matth., XIX, 21.) Qui veut entrer dans la vie ? Que celui-là garde le commandement de Dieu. Parmi les préceptes, les uns sont spéciaux, d'autres sont communs. Il y a des préceptes particuliers pour les chanoines, les clercs et les moines, et d'autres qui sont communs à tous les chrétiens. Voici quelques préceptes particuliers : « Si vous voulez être parfaits, vendez tout ce que vous avez, donnez-le aux pau-

---

(1) On trouve ce sermon dans le Traité de saint Eloi, imprimé dans ce même volume, et ayant pour titre : De la conduite chrétienne, n° 21, 22, 23, excepté les dix lignes environ, vers la fin, qui commencement par ces mots : « Bénissons le Seigneur. »
(2) D'un auteur inconnu.

---

tunc similis illi appareat, qui se mirabiliter ad suam similitudinem in primo Adam condidit, mirabilius in secundo reformavit.

SERMO
DE VANITATE SÆCULI.

CAPUT PRIMUM. — In hac vita positi, Fratres, ita agite, ut cum hinc migraveritis, et caro vestra a vermibus cœperit devorari in sepulcro, anima ornata bonis operibus cum sanctis omnibus lætetur in cœlis. Retrahat vos a malis operibus vel peccatis, interitus eorum qui hic obedieris (1) ..... Et erit tunc quanto quis amplius alio hic obediens Deo fuit, tanto ampliorem illic mercedem accipiet : quantoque hic amplius Deum amavit, tanto propius eum videbit. Benedicamus igitur Dominum Deum nostrum, Fratres, qui ad lætitiam spiritalem congregavit nos. Simus in humilitate cordis semper, et gaudium nostrum penes ipsum sit. Non de prosperitate aliqua hujus sæculi inflemur ; sed noverimus felicitatem nostram non esse nisi cum ista transierint. Modo gaudium nostrum, Fratres, in spe futura sit, totum desideriam vita æterna sit, omnia suspiria nostra Christo anhelent. Ille unus pulcherrimus, qui fœdos dilexit ut pulchros faceret, desideretur ; ad illum unum curratur, illi ingemiscatur, « et dicant semper : Magnificetur Dominus, qui volunt pacem servi ejus. » (Psal. XXXIV, 27.) Amen.

SERMO
DE CONTEMPTU MUNDI (a).

CAPUT PRIMUM. — Audite, Fratres carissimi, salutiferam patris nostri doctrinam, qui non terrenam, sed æternam concupiscitis hæreditatem ; qui non vultis sortem accipere in terra morientium, sed cum Psalmista decantare : « Portio mea in terra viventium ; » (Psal. CXLI, 6) qui Ægyptum reliquistis, et ad promissionis terram festinatis. Audite itaque, habentes aures audiendi, pium patrem ad hæreditatem cœlorum nos vocantem, et dicentem : « Venite filii, audite me, timorem Domini docebo vos. Quis est homo qui vult vitam ? » (Psal. XXXIII, 12, 13.) Quis es qui vitam vis ingredi ? Serva mandata Dei. (Matth., XIX, 21.) Quorum mandatorum alia sunt specialia, alia vero communia. Specialia sunt proprie Canonicorum sive clericorum, et monachorum ; communia omnium catholicorum. Specialia igitur sunt hæc : « Si vis perfectus esse, vende omnia quæ habes, et da pauperi-

---

(1) Omissa repete ex Eligii Tractatu de rectitudine catholicæ conversationis.
(a) Addunt Mss. ad Clericos.

vres et suivez-moi. » (*Matth.*, xix, 21.) Et encore : Quiconque aura quitté pour l'amour de moi sa maison, son champ, son père, sa mère, ses frères, ses sœurs, ses enfants, ses terres, en recevra le centuple, et il aura pour héritage la vie éternelle. » (*Ibid.*, 29.) Notre-Seigneur dit à ses disciples : « Pour vous qui m'avez suivi, lorsqu'au temps de la régénération le Fils de l'homme sera assis sur le trône de sa gloire, vous serez aussi assis sur douze trônes, et vous jugerez avec lui les douze tribus d'Israël. » (*Ibid.*, 28.) Ces préceptes, mes frères, sont d'autant plus importants qu'ils sont particuliers, et d'autant plus agréables à Dieu que leur accomplissement offre plus de difficulté.

Chapitre II. — Entre autres choses, le Seigneur nous dit : « Celui qui ne renonce pas à tout ce qu'il possède ne peut être mon disciple. » (*Luc*, xiv, 33.) En disant « à tout, » il veut donc que ses disciples ne possèdent rien en propre. Celui qui possède quelque chose sur la terre, est bien loin de la doctrine de Jésus-Christ ; et celui qui n'est pas le disciple de Jésus-Christ, comment ose-t-il s'arroger le pouvoir de lier et de délier ? Prêtez bien attention, mes frères, à ces paroles de l'Evangile : « Jésus entra près de ses disciples, les portes étant fermées, et soufflant sur eux, il dit : Recevez le Saint-Esprit ; les péchés seront remis à ceux à qui vous les remettrez, et ils seront retenus à ceux à qui vous les retiendrez. » (*Jean*, xx, 22.) Possédaient-ils quelque chose en propre ceux auxquels le Maître avait dit : « Ne portez rien dans le chemin ? » (*Luc*, ix, 3.) Ceux dont l'évangéliste saint Luc rapporte « qu'ils avaient tout en commun. » (*Act.*, iv, 32.) Voyez ce que Pierre dit à Jésus : Vous voyez que nous avons tout abandonné et que nous vous avons suivi. (*Matth.*, xix, 27.) En quittant tout, ils ne s'étaient absolument rien réservé. D'où vient donc qu'ils s'attribuent le pouvoir de lier et de délier ceux qui osent posséder quelque chose sur la terre ? Comment ne rougissent-ils pas de dire : « Le Seigneur est la part de mon héritage. » (*Ps.* xv, 5.) Que devient ce texte de l'Apôtre : « Quelle alliance est possible entre le Christ et Bélial ? » (II *Cor.*, vi, 15.) Ceux qui ne veulent pas quitter les biens de la terre, pourquoi se nourrissent-ils sur les péchés du peuple ? S'ils reçoivent la dîme avec les enfants de Lévi, à quel titre partageraient-ils avec les autres tribus ? Qu'ils prennent garde à l'étymologie de leur nom ; le mot « clercs » vient de « partage ; » pourquoi, sinon parce que le Seigneur est leur portion et leur héritage ?

Chapitre III. — Pourquoi, du moins, ne réfléchissent-ils pas sur les marques de leur cléricature qui les distinguent des laïques ? Ce n'est pas sans cause, en effet, que leur tête est rasée et tondue ; la raison en est très-claire et très-évidente. Par ces marques, en effet, ils sont retranchés de la vie des laïques. Je trouve bon de donner cet avertissement très-utile, afin qu'il serve à plusieurs avec la grâce de Dieu. Nous avons appris, par le témoignage d'un grand nombre de Pères, que le cerveau est le siége de la sagesse ; et, par l'apôtre saint Paul, que le Christ est la vertu et la sagesse de Dieu. Or, comme le cerveau est dans la tête, et que la sagesse, suivant les Pères, a son siége dans le cerveau, et qu'ainsi tous les membres, au moyen de la sagesse qui lui est donnée, sont dirigés par la tête (où se trouve le cerveau, qui lui-même est le siége de la sagesse) ; ainsi, pour montrer qu'il n'y a aucune séparation entre nous et la

bus, et sequere me. » Et iterum : « Omnis qui reliquerit domum, aut agrum, aut patrem, aut matrem, aut fratres, aut sorores, aut filios, aut agros propter me, centuplum accipiet, et vitam æternam possidebit. » Et ad discipulos : « Vos qui secuti estis me, in regeneratione cum sederit Filius hominis in sede majestatis suæ, sedebitis et vos super sedes duodecim, judicantes duodecim tribus Israel. » Hæc itaque Fratres quanto singularia, tanto præcipua ; quanto acriora, tanto Deo gratiora.

Caput II. — Dicit iterum Salvator noster inter cætera : « Qui renuntiaverit omnibus quæ possidet, non potest meus esse discipulus. » (*Luc.*, xiv, 33.) Qui dixit : « omnibus, » nihil proprium a suis discipulis possideri voluit. Qui quidquam possidet in terra, remotus est a Christi disciplina. Qui autem non est discipulus Christi, quomodo præsumit sibi ligandi atque solvendi potestatem ? Intendite Fratres verba Evangelii dicentis : « Intravit Jesus januis clausis ad discipulos, et insufflans dixit eis : Accipite Spiritum sanctum : quorum remiseritis peccata, remittuntur eis ; et quorum retinueritis, retenta sunt. » (*Joan.*, xx, 22.) Numquid illi habebant proprium, quibus Magister indixerat : « Nihil tuleritis in via : » (*Luc.*, ix, 3) de quibus Lucas evangelista refert : « Erant eis omnia communia. » (*Act.*, iv, 32.) Videte quid Petrus dixerit ad Jesum : « Ecce nos reliquimus omnia, et secuti sumus te. » (*Matth.*, xix, 27.) Qui omnia reliquerant, nihil sibi penitus retinuerant. Unde ergo sibi arrogant ligandi atque solvendi potestatem, qui in terra præsumunt possidere facultatem ? Quomodo non erubescunt dicere : « Dominus pars hæreditatis meæ ? » (*Psal.* xv, 5.) Ubi est illud Apostolicum : « Quæ conventio Christi ad Belial ? » (II *Cor.*, vi, 15.) Qui terrenas possessiones relinquere nolunt, cur peccata populi comedunt ? Si decimas cum filiis Levi accipiunt, quomodo inter cæteras tribus partem accipient ? Si nominis sui etymologiam attendunt, cur clerici a sorte dicti sunt, nisi quia Dominus eorum sors vel hæreditas sit ?

Caput III. — Cur saltem clericatus sui signa, quibus a laicis discernuntur, non perpendunt ? Non enim sine causa capita eorum raduntur et tondentur, sed perspicacissima et evidentissima ratione. Nam his signis secernuntur a laicorum conversatione. Quod ut multis Deo propitiante proficiat, admonitioni utilissimæ duximus inserere. Didicimus multorum patrum auctoritate, cerebrum esse sedem sapientiæ ; Christum vero, Paulo attestante, Dei virtutem et sapientiam esse. (I *Cor.*, i, 24.) Cum itaque cerebrum sit in capite, sapientia vero juxta patrum auctoritatem in cerebro habeat sedem, et sic per sapientiam sibi infusam cuncta membra regantur a capite, quod per cerebrum est, quod est sedes sapientiæ : sic inter nos et veram sapientiam, quæ, ut diximus, Christus est, qui etiam juxta Apostolum caput nostrum

vraie sagesse qui est le Christ, lequel, selon l'Apôtre, est notre tête, il a dit en effet : « L'homme est le chef de la femme, mais le chef de l'homme est le Christ, et Dieu est le chef du Christ, » (I *Cor.*, XI, 3) nous coupons les cheveux sur cette partie de la tête où nous savons qu'habite notre vraie sagesse, c'est-à-dire Jésus-Christ, voulant marquer par là que la funeste sollicitude des choses de la terre empêche les regards de notre âme de se porter vers Dieu et de le contempler. Qui l'ignore ? Plus nous nous mêlons aux affaires du siècle, plus nous nous privons de la vision de notre Créateur. C'est pourquoi l'Apôtre nous dit : « Souvenez-vous que celui qui est enrôlé au service de Dieu, ne s'embarrasse point dans les affaires séculières. » (II *Tim.*, II, 4.) Ailleurs il dit encore : « Celui qui est sans épouse ne songe qu'aux choses de Dieu. » (I *Cor.*, VII, 32.) C'est pourquoi Moïse a écrit : « Les Lévites raseront tout le poil de leur corps. » (*Nomb.*, VIII, 7.) « Lévite » veut dire « choisi. » Quiconque a été choisi pour les ministères sacrés, devra donc retrancher tous les poils de son corps, c'est-à-dire les pensées inutiles de son cœur. Raser sa tête signifie : ôter de son esprit les pensées terrestres et superflues. Ce n'est point sans raison que les poils et les cheveux signifient les pensées inutiles. En effet, les poils ne font point partie de notre corps, c'est une superfluité produite par les humeurs de notre corps : de même, les biens de la terre ne font point partie de notre nature ; ils sont pour nous étrangers et superflus. Aussi, les fidèles du Christ qui soupirent de tout leur cœur pour la vie éternelle, qui foulent aux pieds le monde avec tous ses plaisirs, qui ne veulent rien posséder sur la terre et disent avec l'Apôtre : « Notre vie est aux cieux, » aussi, dis-je, ne gardent-ils sur leur tête qu'une minime partie de leurs cheveux, marquant par leur retranchement qu'ils n'ont qu'un bien faible souci pour les biens d'ici-bas. Ils en gardent cependant une faible partie, parce que, tant qu'ils sont sur cette terre, ils ne peuvent s'affranchir entièrement des pensées terrestres. Tout clerc donc appelé à partager l'héritage du Seigneur, et qui laisse croître sa chevelure, qui rougit de se faire raser la tête et de se dépouiller de ses cheveux, celui-là montre qu'assurément Dieu n'est point son partage, mais qu'il tient encore au monde. En effet, plus un homme aime sa chevelure, la caresse, l'entretient, plus il affiche que son cœur n'est point aux cieux, mais qu'il est encore collé à la terre. Au contraire, se raser les cheveux, les régler à sa volonté, c'est attester d'autant mieux qu'on n'aime point les choses d'ici-bas, mais celles de l'éternité.

Chapitre IV. — Si, comme nous le disions plus haut, nous nous coupons les cheveux pour montrer qu'entre nous et Dieu il n'y a aucun mur de séparation, il ressort clairement de là que, quand nous prions, nous ne devons placer sur notre tête aucune coiffure, surtout après cette parole de l'Apôtre : « L'homme ne doit pas prier la tête couverte, car il est l'image de Dieu. » (I *Cor.*, XI, 7.) C'est pourquoi, lorsque les clercs psalmodient ou chantent des cantiques spirituels, qu'ils évitent de porter sur leurs têtes des cheveux, des mitres et autres coiffures, de peur qu'en parlant à Dieu sans les marques du respect que nous lui devons, ne ne soyons jugés indignes de la miséricorde de celui dont nous repoussons les enseignements salutaires. Celui, en effet, qui n'obéit pas à l'Apôtre, contredit l'Evangile ; d'après

est, (dixit enim : « Caput mulieris est vir, caput vero viri est Christus, Christi autem caput est Deus : ») (I *Cor.*, XI, 3) ut ostendamus nullum obstaculum interesse, pilos in ea parte capitis incidimus, in qua novam sapientiam, id est, Christum inesse cognoscimus : per hoc signantes, malam terrenarum rerum sollicitudinem nostræ mentis oculos ad Deum contemplandum impedire. Scimus enim quod quisque quanto magis terrenis occupationibus implicatur, tanto magis a sui Conditoris visione impeditur. Unde Apostolus : « Nemo militans Deo implicat se negotiis sæcularibus. » (II *Tim.*, II, 4.) Item : « Qui sine uxore est, cogitat quæ sunt Dei. » (I *Cor.*, VII, 32.) Hinc Moyses ait : « Levitæ radant pilos carnis suæ. » (*Num.*, VIII, 7.) Levita interpretatur assumptus. Quisquis namque in officiis divinis assumptus est, pilos carnis, id est, superfluas cogitationes cordis radere debet. Caput igitur radere, significat cogitationes terrenas et superfluas a mente resecare. Nec incongrue per pilos et capillos significantur cogitationes superfluæ. Sicut enim pili non sunt pars corporis, sed quædam superfluitas procedens ex corporis humore : sic bona temporalia non sunt nobis naturalia, sed aliena et superflua. Hinc itaque fideles Christi, qui ad æternam vitam medullitus suspirant, qui mundum cum suis oblectationibus sub pedibus conculcant, qui in terra nihil possidere volunt, sed cum Apostolo dicunt : « Nostra conversatio in cœlis est, » (*Phil.*, III, 20) capillorum minimam partem in capitibus retinent, ut per eorum abrasionem se minimam terrenorum sollicitudinem habere designent. Quapropter etiam illam minimam particulam capillorum retinent, quia dum in hoc mundo sunt, a terrenis cogitationibus omnino vacui esse non possunt. Quisquis igitur clericus ad sortem Domini vocatus, qui comam nutrit, et capillos radere vel tondere erubescit, profecto se non de Dei, sed de mundi sorte esse testatur. Quanto enim quisque carnis crines diligit, fovet et nutrit, tanto cor suum non in cœlis, sed in terra fixum esse ostendit : quanto autem radere et edomat, tanto se non terrena, sed æterna diligere comprobat.

Caput IV. — Si vero, ut prædiximus, crines idcirco radimus, ut inter nos et Deum nihil interesse approbemus : profecto patet, quod cum in oratione persistimus, aliena velamina capitibus nostris apponere non debemus, præsertim cum Apostolus dicat : « Vir non debet orare velato capite, imago enim Dei est. » (I *Cor.*, XI, 7.) Cessent itaque clerici psalmodiæ hymnisque spiritalibus insistentes, capillos, mitras, cæteraque velamina in capitibus portare : ne dum cum Deo loquimur, famulatus sui signa occultantes, ejus indigni judicemur propitiatione, cujus salubri doctrinæ præsumimus non obedire. Qui enim non obedit Apostolo, contradicit Evangelio. Et juxta ejusdem Apostoli vocem dicentis : An quæritis

cette parole du même Apôtre : « Est-ce que vous voulez éprouver la puissance de Jésus-Christ, et voir si c'est lui qui parle par ma bouche ? » (II *Cor.*, XIII, 3.) Et cette autre : « Quand un ange viendrait du ciel pour vous annoncer un autre Evangile, qu'il soit anathème. » (*Gal.*, I, 8.) Veuillez donc, ô clercs, cesser complétement un pareil abus, de peur que, oh ! que ce malheur n'arrive pas ! Dieu ne rejette votre prière.

CHAPITRE V. — Après vous avoir exposé les signes qui distinguent les clercs des laïques, revenons à notre exhortation projetée. Ecoutons ces paroles de l'apôtre saint Jean : « N'aimez pas le monde ni les choses de ce monde. » (I *Jean*, II, 15.) Ecoutons aussi le Psalmiste, adressant ces reproches aux amateurs du monde : « Enfants des hommes, pourquoi aimez-vous la vanité, et recherchez-vous le mensonge ? » (*Ps.* IV, 3.) Salomon vient ensuite nous dire : « Vanité des vanités, tout est vanité. » (*Ecclés.*, I, 2.) Examinons l'accord qui existe entre ces organes de l'Esprit saint. L'Apôtre nous avertit de ne point aimer le monde; le Psalmiste s'élève contre ceux qui l'aiment; Salomon nous crie que tout est vanité ; l'Ecclésiaste nous déclare pourquoi nous ne devons pas aimer le monde ni suivre le mensonge ; il semble nous dire : Il ne faut point aimer les choses d'ici-bas, parce que ce sont des mensonges trompeurs, puisqu'elles ne donnent pas ce qu'elles promettent, ce ne sont pas des biens. Comme Dieu est l'auteur de tout bien et qu'il ordonne à ses vrais amis d'aimer et de rechercher tout ce qui est bien, si les choses de la terre étaient de vrais biens, il ne les mépriserait point lui-même, et il n'ordonnerait point à ses disciples de les mépriser. Ecoutons quel témoignage la vérité rend d'elle-même : « Les renards ont des tanières, et le Fils de l'homme n'a point où reposer sa tête. » (*Matth.*, VIII, 20.) De même, si la gloire du monde n'était pas une vanité, il ne se serait point caché lorsque la foule voulut le faire roi. De même, si la gloire du monde n'eût pas été une vanité, si les richesses terrestres eussent été de vrais biens, Notre-Seigneur n'eût pas fait ces menaces à leurs possesseurs, en disant : « Malheur à vous riches, » etc. (*Luc*, VI, 24.) Et ailleurs : « Il est plus facile à un câble de passer par le trou d'une aiguille qu'à un riche d'entrer dans le royaume des cieux. » (*Matth.*, XIX, 24.) Ecoutons encore ce qu'il dit à son imitateur : « Si vous voulez être parfait, allez, vendez tout ce que vous avez et donnez-le aux pauvres. » (*Ibid.*, 21.) Ailleurs : « Si quelqu'un ne renonce à tout ce qu'il possède, celui-là ne peut être mon disciple. » (*Luc*, XIV, 33.) « Personne, » dit-il encore, « ne peut servir deux maîtres, Dieu et l'argent. » (*Matth.*, VIII, 24.) Notre-Seigneur, en maître habile, vit que ses disciples auraient à lutter avec le monde, et qu'ils seraient bientôt terrassés s'ils avaient par où on puisse les saisir. Il a donc dépouillé de leurs armes nos ennemis et les siens, en nous privant des biens de la terre. Un homme tout nu qu'a-t-il à craindre des voleurs ? Mais celui qui s'embarrasse dans les affaires du siècle, prépare des armes avec lesquelles il sera blessé. Que celui donc qui ne veut point recevoir de blessures, marche dans le chemin de cet exil, dépouillé de toutes choses.

CHAPITRE VI. — Mais peut-être quelqu'un nous demandera-t-il : Puisque Dieu ordonne à ceux qui le suivent de rejeter les choses de la terre, que veut-

---

experimentum ejus qui in me loquitur Christus? » (II *Cor.*, XIII, 3.) Item : « Si angelus venerit de cœlo, et aliud Evangelium nuntiaverit vobis, anathema sit. » (*Gal.*, I, 8.) Exstirpetur ergo penitus de clero talis præsumptio, ne quod absit, a Deo expellatur ejus oratio.

CAPUT V. — His igitur signis clericalibus prælibatis, quibus a laicis discerni debemus, ad propositam admonitionem redeamus. Audiamus Joannem apostolum dicentem : « Nolite diligere mundum, neque ea quæ in mundo sunt. » (I *Joan.*, II, 15.) Audiamus et Psalmistam mundi amatores increpantem : « Filii hominum, ut quid diligitis vanitatem, et quæritis mendacium? » (*Psal.* IV, 3.) Salomon quoque subsequitur dicens : « Vanitas vanitatum, et omnia vanitas. » (*Eccl.*, I, 2.) Libet intueri quam bene consonant organa Spiritus sancti. Monet Apostolus, ut non diligamus mundum : invehitur Psalmographus in ejus amatores : clamat Salomon, cuncta subjacere vanitati. Quare non diligamus mundum, (*a*) nec sequamur mendacium, Ecclesiastes declarat ; ac si diceret : Ideo non sunt amanda ima, quia transitoria mendacia : quia quæ promittunt non conferunt, bona igitur non sunt. Cum enim bonorum omnium auctor sit Deus, et a fidelibus suis quæri et diligi quæque bona præcipiat : si mundana vera bona essent, nec ipse quidem contemneret, nec a suis sequacibus contemni præcipe-

(*a*) Ms. Reg. *ne*.

ret. Quid igitur, Veritas de se testatur, audiamus : « Vulpes foveas habent, Filius autem hominis non habet ubi caput suum reclinet. » (*Matth.*, VIII, 20.) Item si mundi gloria vana non esset, non se abscondisset, cum turbæ eum regem facere voluissent. Item si mundi gloria vana non esset, si divitiæ terrenæ vera bona essent : non earum possessoribus improperaret Dominus dicens : « Væ vobis divites. » (*Luc.*, VI, 24 etc.) Et alibi : « Facilius est camelum per foramen acus transire, quam divitem introire in regnum cœlorum. » (*Matth.*, XIX, 24.) Audiamus etiam quid suis dicat imitatoribus. « Si vis perfectus esse, vade et vende omnia quæ habes, et da pauperibus. » (*Ibid.*, 21.) Item : « Nisi quis renuntiaverit omnibus quæ possidet, non potest meus esse discipulus. » (*Luc.*, XIV, 33.) Item : « Nemo potest duobus dominis servire, id est, Deo et mammonæ. » (*Matth.*, VIII, 24.) Vidit peritus magister suos discipulos luctaturos cum mundo, qui si haberent unde tenerentur, levius dejicerentur. Tulit igitur arma suis et nostris hostibus, dum nos privavit terrenis possessionibus. Nudus namque latrones non solet timere : qui vero se mundanis implicat, tela parat quibus confodiatur. Qui ergo non vult confodi, nudus procedat per viam hujus exsilii.

CAPUT VI. — Fortassis quæret aliquis : Cum Deus sequaces suos mundana jubeat postponere, quæ sunt quæ

SERMON SUR LE MÉPRIS DU MONDE.

il donc que nous désirions ? Ecoutez-le nous dire : « Cherchez le royaume des cieux. » (*Matth.*, VI, 33.) Ou bien : « Amassez-vous des trésors dans le ciel. » (*Ibid.*, 20.) On nous demandera de nouveau : Si Dieu veut que les hommes haïssent les choses de la terre, que doivent-ils aimer ? Quelles choses ils doivent aimer ? C'est Moïse qui va leur répondre : « Vous aimerez le Seigneur, votre Dieu, de tout votre cœur, et votre prochain comme vous-même. » (*Deut.*, VI, 5.) Il nous est ordonné d'aimer notre prochain sur la terre seulement parce qu'il doit partager avec nous l'héritage du royaume céleste. Dans ce royaume, tout inondés de l'amour divin, au témoignage de l'Ecriture sainte, disant que nous aimerons nos concitoyens comme nous-mêmes, nous mettrons ce précepte à exécution, avec la grâce de Dieu, par qui, ayant été rachetés, nous vivrons sans fin ; c'est lui qui, même lorsque, par nos œuvres mauvaises, nous étions ses ennemis, nous a aimés le premier, et, alors que nous étions des serviteurs inutiles, nous a adoptés pour ses enfants et ses héritiers, livrant son Fils unique pour nous, afin de nous arracher des liens de la mort éternelle. Quel enfant peut aimer dignement un père aussi bon ? Qui peut lui rendre quelque chose qui soit digne de ses immenses bienfaits ? Le Psalmiste, admirant ses dons infinis, s'écrie : « Que rendrai-je au Seigneur pour tous ses bienfaits à mon égard ? » (*Ps.* CXV, 12.) Et, se répondant à lui-même, il ajoute : « Je prendrai le calice du salut, etc. » (*Ibid.*, 13.) Si petit que soit ce don en retour, c'est-à-dire prendre le calice du Seigneur, aucun cependant ne paraît convenir aussi dignement à la passion du Seigneur. En voici la raison : De même qu'il a donné son sang pour notre rédemption, ainsi nous, nous devons répandre le nôtre pour confesser son nom. Mais comment donnera-t-il son sang pour le Christ, celui qui, pour lui, ne veut point abandonner la vanité du monde, l'aimant moins que ce qui lui appartient ? Comment donnera-t-il sa vie pour le Christ, celui qui, contre son ordre, retient ces biens faux et fugitifs ? Il nous dit lui-même : « Si vous m'aimez, gardez mes commandements. » (*Jean*, XIV, 15.) L'apôtre saint Jean nous dit à son tour : « Celui qui dit aimer Dieu, et ne garde point ses commandements, est un menteur. » (I *Jean*, II, 4.) Celui qui ne veut point observer les commandements de Dieu, est convaincu manifestement de s'aimer lui-même, et non point Dieu.

CHAPITRE VII. — Jésus-Christ, pour l'amour de nous, s'est fait pauvre et dépouillé de tout ; pourquoi rougirions-nous d'être pauvres pour l'amour de lui ? Sa pauvreté ne nous a-t-elle pas rendus riches ? La vérité elle-même nous rend ce témoignage, que le royaume des cieux n'est point pour les riches, mais pour les pauvres, car c'est aux pauvres qu'elle dit : « Bienheureux les pauvres d'esprit, car le royaume des cieux est à eux. » (*Matth.*, V, 3.) Si le royaume des cieux est pour les pauvres, l'enfer reste pour les riches. L'Evangile nous le déclare en disant : « Il y avait un homme riche, » ajoutant après cela : « Il y avait aussi un pauvre, nommé Lazare, étendu à sa porte, tout couvert d'ulcères, etc. Or, il arriva que ce pauvre mourut et fut emporté par les anges dans le sein d'Abraham. Le riche mourut aussi, et il eut l'enfer pour tombeau. » (*Luc*, XVI, 19, 20.) Gardez-vous de penser que ces paroles soient d'Augustin ; elles

---

jubet appetere ? Audi ipsum dicentem : « Quærite regnum Dei. » (*Matth.*, VI, 33.) Item : « Thesaurizate vobis thesauros in cœlis. » (*Ibid.*, 20.) Quæret iterum aliquis : Si Deus vult homines terrena odire, quæ debent diligere ? Ista sunt quæ præcepit diligere, cum per Moysen respondit : « Diliges Dominum Deum tuum ex toto corde tuo, et proximum tuum tanquam te ipsum. » (*Deut.*, VI, 5.) Proximus in terra tantum diligi præcipitur, quia cœlestis regni hæreditatem nobiscum consortitur. In quo caritate divina perfusi, Scriptura testante (*Levit.*, XIX, 81), quæ ait, ut cives nostros sicut nos ipsos diligamus, propitiante Deo ibi facturi sumus, per quem et redempti sine fine vivemus : qui etiam cum propter opera nostra mala inimici ejus essemus, prior dilexit nos, et cum essemus servi inutiles, in filios suos nos adoptavit et hæredes, Filium suum unigenitum tradens pro nobis, ut nos eriperet a perpetuæ mortis laqueo. Quisnam puer tam benignum patrem digne potest diligere ? Quis ejus tantis beneficiis aliquid dignum potest retribuere ? Hæc tanta beneficia admirans Psalmista ait : « Quid retribuam Domino pro omnibus quæ retribuit mihi ? » (*Psal.* CXV, 12.) Cui ipse inquisitioni deinde subjungit : « Calicem salutaris accipiam, » (*Ibid.*, 13, etc.) Quantulacumque sit hæc retributio, calicem scilicet Domini accipere : nulla tamen alia ita digne videtur passioni Dominicæ congruere. Hac utique ratione, ut quemadmodum sanguinem suum dedit pro nostra redemptione, sic et nos nostrum fundamus pro sui nominis confessione. Sed quomodo pro Christo suum dabit sanguinem, qui pro eo non vult abjicere mundi vanitatem, cum nos minus quam nostra diligamus ? Quomodo pro Christo vitam tradet, qui contra ejus præcepta hæc vana et falsa possidet ? Ipse enim dicit : « Si diligitis me, mandata mea servate. » (*Joan.*, XIV, 15.) Loquitur et Joannes apostolus : « Qui dicit se diligere Deum, et mandata ejus non custodit, mendax est. » (I *Joan.*, II, 4.) Convincitur itaque, se et non Deum diligere, qui mandata ejus non vult custodire.

CAPUT VII. — Cum Christus pro nobis factus sit pauper et egenus, nos pro ipso cur pauperes esse erubescimus ? Numquid ejus pauperies nos fecit divites : Veritate attestante, regnum cœlorum non divitum, sed pauperum esse ? Dicit namque pauperibus : « Beati pauperes spiritu, quoniam ipsorum est regnum cœlorum. » (*Matth.*, V, 3.) Si est regnum cœlorum pauperum, restat ut infernus sit divitum. Hoc quoque declarat nobis Evangelium dicens : « Homo quidam erat dives. » Et post pauca subjungit : « Erat autem et quidam mendicus, Lazarus nomine, qui jacebat ad januam ejus, ulceribus plenus, etc. Factum est autem ut moreretur mendicus, et portaretur ab Angelis in sinum Abrahæ. Mortuus est autem et dives, et sepultus est in inferno. » (*Luc.*, XVI, 19, etc.) Non reputet quisquam hæc verba esse Augustini : non sunt hominis, sed Veritatis, quæ nec fallere

ne sont point d'un homme, mais de la Vérité, qui ne peut ni se tromper, ni nous tromper. Vous donc qui voulez régner avec Jésus-Christ, choisissez la pauvreté avec lui pour reposer avec le pauvre Lazare. Personne ne peut se réjouir avec le siècle, et régner avec Jésus-Christ. Ecoutons cette parole de l'Apôtre : « C'est par beaucoup de tribulations que nous devons entrer dans le royaume des cieux. » Cette autre de la vérité : Il nous faut d'abord boire le calice du Seigneur pour arriver à la possession du royaume. Celui qui veut bien vivre comme le riche, se prépare à être la nourriture des vers, dans l'enfer où, pour un plaisir d'un moment, il brûlera éternellement avec le démon, son chef. Stupide échange, se priver du royaume céleste pour une joie si courte ! Heureuse pauvreté, qui nous fait acquérir l'héritage céleste ! Commerce heureux, au lieu de biens périssables en recevoir d'éternels ; et, ce qui est un bien ineffable, régner sans fin avec Jésus-Christ ! Au contraire, malheur inexprimable, souffrir avec le démon des supplices éternels !

Chapitre VIII. — C'est pourquoi, frères bien-aimés, pensons sérieusement à ce mot de l'Evangile : « Que sert à l'homme de gagner l'univers s'il vient à perdre son âme ? Or, s'il l'a une fois perdue, par quel échange pourra-t-il la racheter ? » (*Matth.*, xvi, 26.) Quittons maintenant volontairement, et pour l'amour de Jésus-Christ, ce qu'il nous faudra abandonner un jour, de peur que, ce qu'à Dieu ne plaise, pour des biens passagers, nous perdions les biens éternels. Prenons maintenant le breuvage d'une amertume momentanée, si nous voulons recueillir un jour les joies du salut. Courons de telle sorte, en ce moment, que nous atteignions le but, dans l'avenir. On nous jugera là où nous serons trouvés. Ne perdons point le temps favorable ; l'enfer ne sera point un lieu de pénitence. Pendant que le temps nous reste, pendant que nous sommes dans le chemin, mettons-nous d'accord avec notre adversaire, qui est la loi de Dieu. La loi divine est appelée notre adversaire, parce qu'elle contrarie entièrement toutes nos voluptés charnelles. C'est pourquoi envoyons des messagers à notre adversaire, c'est-à-dire à l'Evangile, tandis que le Roi nous attend, tandis qu'il nous invite à la paix, et contractons avec lui une alliance pacifique, afin que, quand viendra ce puissant père de famille, il nous trouve, non comme des serviteurs inutiles qu'il doit punir, mais comme des enfants auxquels il doit partager l'héritage, et qu'il nous introduise avec lui dans la salle des noces pour lui rendre, à cause de ses bienfaits, d'éternelles actions de grâces par Jésus-Christ Notre-Seigneur qui, avec le Père et l'Esprit saint, vit et règne dans les siècles des siècles. Ainsi soit-il.

SERMON

SUR LES AVANTAGES DE LA DISCIPLINE [1].

Chapitre premier. — Il y en a beaucoup qui sont ennemis de la saine doctrine, qui blâment la justice, traitent la discipline de tyrannie, et attribuent à l'orgueil une répression raisonnable. Pourtant, il n'y a point de tyrannie, si ce n'est lorsqu'on ordonne quelque chose d'injuste, ni d'orgueil, sinon quand on néglige

[1] Goldast a depuis longtemps restitué à saint Valérien, évêque de Cémèle, le discours suivant. Du reste, divers passages de cet opuscule portent le nom de cet auteur dans un ancien manuscrit de Colbert. Nous avons confronté le texte avec les manuscrits de Saint-Victor, de la bibliothèque de Colbert, avec l'exemplaire de Goldast et aussi avec l'édition publiée dans la bibliothèque des Pères.

potest, nec falli. Quisquis ergo vis regnare cum Christo, elige pauperiem cum ipso, ut requiescas cum Lazaro mendico. Nemo enim potest gaudere cum sæculo, et regnare cum Christo. Audi Apostolum dicentem : « Per multas tribulationes oportet nos intrare in regnum cœlorum. » (*Act.*, xiv, 21.) Et juxta Veritatis vocem, primo nos oportet bibere Domini calicem (*Matth.*, xx, 22), ut sic pertingamus ad regni concessionem. Qui autem vult epulari cum divite, præparat se epulas vermibus gehennæ : in qua pro gaudio momentaneo ardebit perpetuo cum capite suo diabolo. Infelix commercium, pro tam brevi gaudio, cœlesti privari regno? Felix paupertas, per quam cœlestis acquiritur hæreditas ! Felix commercium, pro perituris æterna recipere : et quod ineffabile bonum est, cum Christo sine fine regnare ! E contrario ineffabilis miseria, perpetua cum diabolo pati supplicia.

Caput VIII. — Quapropter, Fratres carissimi, nos illud Evangelicum ruminemus : Quid prodest homini si universum mundum lucretur, animæ vero suæ detrimentum patiatur ? » vel quam commutationem dabit homo pro anima sua ? » (*Matth.*, xvi, 26) voluntaria pro Christo nunc ponamus quandoque dimittenda : ne, quod absit, pro transitoriis amittamus æterna. Hauriamus antidotum momentaneæ amaritudinis, ut quandoque percipiamus immensæ gaudia salutis. Sic modo curramus, ut in futuro comprehendamus : ubi inveniemur, ibi judicabimur. Non perdamus tempus acceptabile : non enim erit apud inferos locus pœnitentiæ. Dum igitur vacat, dum sumus in via, adversario nostro legi Dei consentiamus. Lex quippe divina noster ideo dicitur adversarius, quia nostris carnalibus omnino contradicit voluptatibus. Adversario itaque nostro, id est, Evangelio, dum rex exspectat, dum nos adhuc ad pacem invitat, nuntios mittamus, cum eo pacis fœdus ineamus : ut cum venerit ille magnus paterfamilias, non ut servos inutiles puniendos, sed ut filios hæreditandos inveniat, secumque introducat ad nuptias, ut de suis beneficiis sibi perennes reddamus gratias Jesu Christo Domino nostro, qui cum Patre et Spiritu sancto vivit et regnat in sæcula sæculorum. Amen.

SERMO

DE BONO DISCIPLINÆ.

Caput primum. — Multi sunt qui sanæ doctrinæ adversantur, justitiam culpant, et disciplinam imperium esse judicant, ac rationabilem castigationem superbiæ assignant : cum non sit imperium, nisi ubi aliquid jubetur injustum ; nec sit superbia, nisi ubi aliqua negligitur

quelque point de règle. La discipline est la maîtresse de la religion et de la vraie piété, car elle ne réprimande pas pour blesser, elle ne châtie point pour nuire. Enfin, possédée d'une juste colère, elle corrige les mœurs des hommes ; courroucée, elle les sauvegarde. Salomon nous dit en effet : « Mon fils, ne rejetez point la correction du Seigneur, et ne vous abattez point lorsqu'il vous châtie ; car le Seigneur châtie celui qu'il aime, et il frappe tout enfant qui vient à lui. » (*Prov.*, III, 11, 12.) Il n'est rien, assurément, que la discipline n'améliore et ne sauve. Si quelqu'un est assez sage pour se mettre sous son joug, il ne perd point la faveur de ses amis, et il n'encourt point le danger de se damner.

Chapitre II. — Que personne ne regarde comme déraisonnable la discipline sous laquelle il voit tout ce qu'il y a au ciel et sous les cieux ayant été établi par la parole efficace de Dieu, se maintenir par l'œuvre du Tout-Puissant. Au commencement de son œuvre, Dieu n'a rien fait qui précédât la discipline. En effet, lorsqu'avec l'assistance de la sagesse, il suspendait les cieux, préparait la terre, enfermait la mer, et disposait à leurs places et à leurs époques le cours du soleil et le globe de la lune, il a tout mis sous la discipline. Quelles ténèbres n'y aurait-il pas ? Quel désordre, quelles contradictions ne verrait-on pas si tous les éléments n'étaient régis par des lois établies ? Est-ce sans règle que s'effectue la marche du soleil ? Bien que, sans fatigue, il ait accompli la tâche de sa course de chaque jour, cependant, le matin, il accourt pour remplir son office, et se montre au point du ciel d'où, chaque jour, il doit éclairer l'univers. Le besoin de la règle est si grand que, dans l'espace de temps fixé par une loi, la marche des astres se fait de telle sorte, dans les révolutions alternatives de leur course continue, que ni la lune ne manquera ses éclipses, ni la flamme de sa lumière de chaque jour ne quittera le soleil. Est-ce sans l'appui de la règle que les flots de la vaste mer sont contenus par un humble grain de sable ? et que, dans ses profondeurs souvent soulevées par les vents, l'onde s'arrête, bien que plus élevée que sa barrière. La nature sans raison aurait bientôt fait de tout confondre, si la force de la discipline ne gouvernait le monde. Il nous a plu de vous tenir ce langage, pour vous apprendre à obéir aux préceptes de l'Évangile, et à exécuter les ordres du ciel.

Chapitre III. — Que doit faire une âme raisonnable et faite à l'image de Dieu ? L'homme peut facilement le comprendre, en voyant les éléments eux-mêmes obéir aux lois consacrées par la volonté de Dieu. Prêtez l'oreille à ces paroles du Prophète : « Servez le Seigneur dans la crainte, et réjouissez-vous en lui avec un saint tremblement. Embrassez étroitement la discipline, de peur qu'enfin le Seigneur ne se mette en colère, et que vous ne périssiez étant hors de la voie de la justice. » (*Ps.* II, 11, 12.) En toutes choses, il est heureux que la crainte fasse obéir à la règle ; c'est elle qui, par cela même qu'elle sait écarter les accidents, les dangers qui nous menacent, ou la colère des juges, nous donne le moyen de conserver notre vie. Qu'y aurait-il de chaste pour l'adultère ; de sûr contre le larron ? Quel lieu serait impénétrable pour le voleur ? Qui ne redouterait les anses des bords de la mer, les profondeurs des forêts ? Enfin, qu'y aurait-il d'impossible à l'audace, si la discipline ne comprimait la fureur des passions, sous la crainte du châtiment ; et, s'il n'y avait un ordre qui réglât la ma-

disciplina. Disciplina igitur magistra est religionis, magistra veræ pietatis : quæ non ideo increpat, ut lædat ; non ideo castigat, ut noceat. Denique mores hominum irata corrigit, inflammata custodit, ita Salomone dicente : « Fili, ne deficias a disciplina Domini, neque fatigeris cum ab eo increparis. Quem enim diligit Dominus, increpat : flagellat autem omnem filium quem recipit. » (*Prov.*, III, 11, 12.) Nihil profecto est quod non disciplina aut emendet, aut salvum faciat. Quam si quis sapiens apprehenderit, [nec gratiam amicitiarum perdit, nec periculum damnationis incurrit.

Caput II. — Nemo disciplinam irrationabilem putet, sub qua videt universis quæ in cœlo sunt, verbo cooperante compositis, omnipotentis Dei stare consilium. In principio enim operis sui, Deus nihil prius quam disciplinam fecit. Nam cum assistente Sapientia cœlum suspenderet, terram pararet, maria concluderet, et suis locis suisque temporibus cursum solis lunæque globum disponeret (*Prov.*, VIII, 22, etc.) ; omnia sub disciplina constituit. Quid autem non esset tenebrosum, quid non incompositum, quid non haberetur absurdum, nisi constitutis legibus cuncta starent elementa ? Numquid sine disciplina agitur solis cursus ; qui quamvis diurni itineris necessitatem infatigatus impleverit, ad officium tamen suum matutinus occurrit, et se in parte cœli quotidie terrarum spatia lustraturus ostendit. Tanta est disciplinæ ratio, ut intra temporum metas lege conscriptas ita indefessi itineris alternis vicibus siderum cursus agitetur, ut nec luna defectionis suæ damna effugiat, nec solem diurni luminis flamma destituat. Numquid sine disciplina est, quod tanti maris fluctus humili terrarum littore continentur, et in suo sinu frequenter incitata ventis, altior aggere unda concluditur ? Omnia profecto insipiens natura confunderet, nisi mundum disciplinæ ratio gubernaret. Hæc ideo proposuimus dicere, ut disceretis obedire Evangelicis præceptis, et cœlestibus obtemperare mandatis.

Caput III. — Quid autem rationalem animam, et ad Dei imaginem factam expediat, facile potest homo intelligere : cum videt sacratis per voluntatem Dei constitutionibus disciplinæ etiam elementa servire. Audite Prophetam dicentem : « Servite Domino in timore, et exsultate ei cum tremore. Apprehendite disciplinam, ne quando irascatur Dominus, et pereatis de via justa. » (*Psal.* II, 11, 12.) Bene in omnibus causis timor obtemperat disciplinæ ; qui pro hoc ipso quod imminentes periculorum casus aut iras judicum cavere novit, potestatem conservandæ salutis obtinuit. Quid igitur adultero esset castum ? quid furi tutum ? quid non esset latroni pervium ? quis non expavesceret concava littorum, secreta silvarum ? quid non præsumptio possideret, nisi furorem animorum sub metu pœnæ disciplina compesceret ? Ac nisi

nière de vivre, assurément la nature ne cesserait pas de pécher. Il n'y a rien que l'intempérance ne conseille, si la discipline veut se mettre d'accord avec elle. Il n'est rien que ne perde la volupté, si l'amour des plaisirs éloigne de vous la discipline. Il n'est rien que notre cœur, avide des richesses, ne veuille posséder, si la discipline ne condamne le vice de l'avarice. Tous les vices s'amortissent dans la crainte de la règle. Il n'est rien dont la foi puisse jamais rougir ; l'homme pense au jugement à venir de Dieu, et au compte qu'il faudra rendre de ses actions. Qu'y aura-t-il sur quoi la flamme vengeresse des crimes puisse sévir, si, sous l'influence de la discipline, vous ne pensez qu'à ce qui est juste, ou si vous réprimez ce dont vous devez rougir ? Beaucoup appliquent injustement le nom de cruauté, lorsque, par amour pour la loi, le châtiment vient s'abattre sur le voleur dont le crime est bien avéré. Est-ce que la sentence du juge ne s'appuie pas sur des lois pleines de justice ? Est-ce qu'elle n'est pas l'appui, non-seulement des générations présentes, mais encore des générations futures ? Qui donc ne se croirait en droit et dans l'obligation de pécher, si le juge ne prescrivait des lois aux actes des voluptueux et des scélérats ?

CHAPITRE IV. — Voyons ce que dit la loi : « Vous ne tuerez point, vous ne commettrez point l'adultère, vous ne direz point de faux témoignages. » (*Exod.*, xx, 13.) Voilà les prescriptions de la loi, et la rigueur des sentences du bras séculier qui s'y conforme, en combattant les actions honteuses et en retranchant les criminelles. A ce sujet, l'Ecriture ajoute : « Le juge n'est point à craindre lorsqu'on ne fait que de bonnes actions, mais lorsqu'on en fait de mauvaises ; » (*Rom.*, xiii, 3) et même lorsque le représentant de la loi exige ce genre de peine, en disant : « Œil pour œil, dent pour dent. » (*Lév.*, xxiv, 20.) Vous pourrez facilement éviter la sévérité de cette antique sentence, si vous pensez aux flammes du jugement à venir. L'apôtre saint Paul nous dit en termes formels, que nous pouvons peu nous soucier des armes du pouvoir séculier ; voici ses paroles : « Si vous voulez ne point craindre les puissances, faites ce qui est bien. » (*Rom.*, xiii, 3.) Mais, ne passons point légèrement sur ces paroles. L'Apôtre, en nous enseignant cette doctrine sur les puissances de la terre, insinue à notre esprit, quel doit être le rôle des jugements du ciel ? Car, en enseignant qu'il faut obéir aux lois d'ici-bas, il nous avertit que nous devons nécessairement prendre garde aux temps à venir : « Voulez-vous donc, dit-il, ne point craindre les puissances, faites bien. » (*Ibid.*) C'est-à-dire, si nous ne voulons point craindre le jugement à venir, « détournons-nous du mal et faisons le bien. » Et si, sur cette première partie de la loi, les lois du siècle ne nous sont point appliquées, nous devons, nous, y prendre garde et les observer avec ponctualité, pour pouvoir éloigner de nous ce grave préjudice d'une mort éternelle. En effet, ceux qu'ici-bas le tourment n'afflige pas, ceux-là seront poursuivis éternellement par des peines qui leur causeront des douleurs inextinguibles. Qui donc considérera comme déchargé du crime d'homicide celui que la sentence d'un juge corrompu de ce siècle a absous ? Qui donc croira ne point avoir commis le crime d'adultère, si, pris sur le fait, il a échappé par l'indulgence de la loi ? Que personne, en voyant sa main entière, ne croit que les supplices, dus si justement à celui qui se rend coupable de faux témoignage, lui aient été remis. Le corps étant mort, les crimes restent en

---

constitutus esset ordo vivendi, nunquam profecto finem poneret natura peccandi. Nihil est quod non gula suadeat, si gulæ disciplina consentiat. Nihil est quod non perdat luxuria, si amore vitiorum a te disciplina discedat. Nihil est quod non habendi cupiditate animus occupet, nisi avaritiæ vitium disciplina condemnet. Omnia sub metu disciplinæ vitia (*a*) jacent. Jam non est in quo fides unquam erubescat, si homo futurum Dei judicium respiciat, et causam reddendæ rationis intendat : nec est in quo vindex scelerum flamma desæviat, si intuitu disciplinæ, aut quæ sunt honesta cogites, aut quæ sunt pudenda castiges. Multi ibi nomen crudelitatis imponunt, ubi pro amore disciplinæ crimen admissi sceleris supplicio vindicatur (*b*) latronis : cum sententia (*c*) judicantis justis legibus serviat : et non solum præsentibus, sed etiam futuris manum porrigat. Quis igitur non licite crederet se debere peccare, si impudicis et impiis (*d*) actibus judex non præscriberet disciplinam ?

CAPUT IV. — Videamus quid lex loquatur : « Non occides, non adulteraris, non falsum testimonium dices. » (*Exod.*, xx, 13 etc.) Hæ sunt disciplinæ legis, quibus etiam districtio sententiæ sæcularis obsequitur ; impugnando turpia, resecando criminosa. Nam adjicit Scriptura : « Judex non est vindex positus boni operis, sed mali ; » (*Rom.*, xiii, 3) ita ut etiam vicarium pœnæ genus exigat, cum dicit : « Oculum pro oculo, dentem pro dente. » (*Levit.*, xxiv, 20.) Sed istam antiquam sententiæ severitatem facile vitare possumus, si flammas futuri judicii cogitemus. Absolute autem docet Paulus apostolus posse contemni sæcularis arma judicii, qui dicit : « Si vis potestatem non timere, quod bonum est fac. » (*Rom.*, xiii, 3.) Sed hæc non otiose tractanda sunt : nam cum de his terrenis potestatibus Apostoli doctrina commemorat, sensibus nostris cœlestis judicii partes insinuat. Nam cum docet serviendum sæculi legibus, admonet necessario hominem futuris cavere temporibus. « Si vis, inquit, non timere potestatem, quod bonum est fac : » hoc est dicere, si vis futurum non timere judicium, « declina a malo, et fac bonum. » (*Psal.* xxxvi, 39.) Ergo hanc primam constitutionis formam, quæ sæculi legibus caret, cavere debemus et vincere : ut possimus a nobis illud præjudicium perpetuæ mortis excludere. Quia quos ista temporalis non affligit pœna, hos illa in æternum insatiabili tormentorum persequitur dolore. Nemo autem illum homicidii crimen evasisse æstimet, quem excusavit sæcularis judicii corrupti sententia absolverit. Nec ille adulterii facinus prætermissum putet, qui indulgentiæ lege deprehensus evasit. Nemo cum sanam dex-

---

(*a*) Ms. Vict. cum Goldasto, *latent*. — (*b*) Fragment. Colb. omitt. *latronis*. — (*c*) Editi *vindicantis*. — (*d*) Fragment. Colbert. cod. *actibus non proscriberet disciplina : delinquentes enim quos temporalis affligit pœna, æternorum dolorum excruciant tormenta*.

entier, à moins qu'auparavant ils n'aient été expiés auprès de Dieu par l'intercession des larmes. En effet, tout armé de justes supplices, l'enfer attend son coupable. C'est plutôt pour nous confondre en cette vie, et non pour nous absoudre de nos crimes, que s'exerce l'autorité de la sentence du juge séculier. Préférablement à tout, pensons donc à ces supplices où l'homme vivra dans des châtiments éternels ; là, ni les tourments ne manqueront au corps, ni les membres aux tourments.

Chapitre V. — Nous pouvons cependant les éviter facilement, si nous tenons les rênes de la discipline, suivant ce texte de l'Apôtre : « Voulez-vous ne pas craindre les puissances, faites bien, et vous en serez loués. » (*Rom.*, XIII, 3.) Quel est donc le sage qui ne s'appliquera pas avec joie à recueillir ces avantages de la discipline, avec lesquels nous pouvons non-seulement éviter le châtiment du crime, mais encore mériter la faveur de la louange.

Ecoutons encore ces paroles du Prophète : « Embrassez étroitement la discipline, de peur qu'enfin le Seigneur ne se mette en colère, et que vous ne périssiez étant hors de la voie de la justice. » (*Ps.* II, 12.) Ici, cet avis regarde, ce me semble, ceux auxquels la discipline n'est point encore parvenue, et qui s'arrêtent encore dans les sentiers détournés, séduits par la vieille erreur de la superstition. Il est évident qu'ils n'ont pas encore vécu sous la loi, puisqu'on les avertit de s'appliquer à l'étude de la discipline. Faites attention à ce que dit ensuite le psaume : « De peur qu'enfin le Seigneur ne se mette en colère, et que vous ne périssiez étant hors des voies de la justice. » (*Ibid.*) Donc, si le Prophète juge coupables ceux auxquels la discipline n'est point encore parvenue, que croyons-nous qu'il pense de ceux que la discipline a délaissés? Jugeant les actes des uns et des autres, l'autorité du passage du Prophète accuse d'une faute bien moindre ceux auxquels la discipline ne s'est encore point fait sentir, que ceux qui en ont rejeté le frein. Le Prophète dit en effet : « Celui qui méprise la discipline, hait son âme. » (*Sag.*, III, 11.) Et ce qu'il avance est vrai. Celui-là est vraiment l'ennemi acharné de son âme, qui, méprisant les salutaires conseils de la discipline, s'embarrasse dans les œuvres du démon. Quelques-uns ne disent-ils point que la règle est renfermée sous des lois trop dures ? Qu'ils tiennent ce langage, ces hommes assez malheureux que le démon, l'auteur de la mort, attire à toutes sortes d'œuvres mauvaises, qu'une intempérance insatiable tyrannise, que domine l'ivrognerie, qu'une honteuse volupté enchaîne, et de qui jamais l'impur orgueil ne s'éloigne. Mais pour ceux, au contraire, qui ont à cœur d'être honorablement fidèles à la continence, de se ranger sous les lois de l'humilité et de la religion, le fardeau de la discipline est doux; le joug du Seigneur est léger, il n'accable que ceux qui sont perdus ou sur le point de se perdre.

Chapitre VI. — Je rougis de dire, pour la honte de l'insouciance humaine, pourquoi chez quelques-uns la discipline a si peu d'effet, quand nous voyons, au contraire, l'autorité des pasteurs se maintenir sur leurs animaux muets. Voyez les mœurs dociles du cheval ; ne nous enseigne-t-il pas à conserver le bon ordre de la discipline? Décrivant un cercle, il dispose ses membres pour cette marche tortueuse, et il veut bien se laisser conduire à l'aide d'une seule et faible guide, en sorte que, pour lui, sa course et son repos sont réglés par certaines dispositions de con-

---

teram videt, falsitatis reo debita jure supplicia judicet fuisse concessa. Defunctis corporibus salva sunt crimina, nisi fuerint prius apud Deum lacrymarum intercessione purgata. Exspectat enim reum suum gehenna debitis armata suppliciis. Ad confusionem magis præsentis vitæ, non ad absolutionem criminis pertinet auctoritas sententiæ sæcularis. Illa ergo nobis sunt ante omnia cogitanda supplicia, ubi homo vivet durante pœna : ubi nec tormenta corpori, nec desunt membra tortori.

Caput V. — Quæ tamen facile vitare possumus, si habenas disciplinæ teneamus, dicente Apostolo : « Si vis non timere potestatem, bonum fac, et habebis laudem ex ea. » (*Rom.*, XIII, 3.) Quis sapiens non ad hæc disciplinæ bona animum lætus apponat, ubi potest homo non solum criminis pœnam vitare, sed et gratiam laudationis acquirere?

Audito Prophetam dicentem : « Apprehendite disciplinam, ne quando irascatur Dominus, et pereatis de via justa. » (*Psal.* II, 12.) In hoc loco ad illos, puto, pertinet ista sententia, ad quos nondum disciplina pervenit : qui adhuc in deviis morantur, capti antiquo superstitionis errore. Probatur enim sub lege nunquam vixisse, qui admonetur ut apprehendat studium disciplinæ. Sequitur in hoc Psalmo : « Ne quando irascatur Dominus, et pereatis de via justa. » Igitur si illos Propheta statuit reos, ad quos disciplina nunquam pervenit : quid de illis judicandum putamus, quos disciplina destituit? Inter utrorumque actus, auctoritas propheticæ lectionis incusat minorem plane culpam, non pervenisse ad disciplinam, quam legem disciplinæ respuisse. Ecce dicit Propheta : « Qui spernit disciplinam, odit animam suam. » (*Sap.*, III, 11.) Et vere ut dixit, ita est : nam hostis est et inimicus animæ suæ, qui spretis disciplinæ monitis, diabolicis occupatur officiis. Dicunt aliquanti disciplinam satis duris legibus constitutam. Loquantur ista satis miseri, quos ad omne facinus ille diabolus auctor mortis invitat, quorum mentes insatiabilis gula possidet, super quos regnat ebrietas, quos turpis luxuria captivos tenet, et a quibus nunquam superbia ingrata discedit. Illis autem quibus est studium honeste fidem servare continentiæ, humilitati pietatique servire, dulce disciplinæ onus est, et leve jugum Domini : quod non gravat, nisi aut perditos, aut perituros.

Caput VI. — Erubesco dicere in confusionem humanæ negligentiæ, quare apud aliquantos parum proficiat disciplina : cum videamus pastorale magisterium etiam apud muta animalia non perire. Doceant nos ecce servare ordinem disciplinæ tam dociles equorum animi, cum in gyrum ducti flexuosis gressibus membra componunt, et sub unius habenæ retinaculo ita laxari se consentiunt, ut et currendi et standi modus sub quadam legum dispositione servetur. Ita quos natura numero dividit, stu-

vention. De même, la force de la discipline unit ceux qui naturellement étaient isolés. Voyez les bœufs, au corps musculaire, comme ils se laissent attacher à un chariot! Leur instinct se plie tellement au commandement, qu'ils laissent placer, comme naturellement, leurs fortes encolures sous un faible joug. C'est ainsi que même les animaux, féroces par nature, obéissent aux lois de la discipline. Aussi, je m'étonne quelquefois que l'homme, en qui se trouve la sagesse et le sentiment de la prudence, néglige de temps en temps les préceptes de la discipline, quand nous voyons l'animal sans raison éviter les vices, obéir aux ordres qui lui sont donnés, se soumettre à l'autorité et employer sa volonté à obéir en tout; en sorte que, s'il en est besoin, il ira à la rencontre de légions armées, et bravera, si on le lui commande, les traits ennemis. Faites attention à cette parole du Prophète à ce sujet : « Le bœuf connaît celui à qui il appartient, et l'âne l'étable de son maître, mais Israël ne m'a point connu. » (Is., 1, 3.) J'ai honte de dire que cette sentence ne stimule point notre négligence. Certes, il ne connaît point son maître, celui qui ignore les devoirs de son état.

Chapitre VII. — Je veux montrer, en ce moment, comment on peut trouver le Seigneur et le connaître, si toutefois on désire le voir. Vous voulez voir le Seigneur, allez à la recherche du mendiant, jetez vos regards sur le pauvre, accueillez l'étranger, visitez le malade, courez à la prison. Vous voulez voir Dieu, brisez les liens du captif, coupez les chaînes de l'iniquité. Écoutez le Seigneur à ce sujet : « J'ai eu faim, et vous m'avez donné à manger ; j'ai eu soif, et vous m'avez donné à boire ; j'ai eu besoin de logement, et vous m'avez recueilli ; j'ai été nu, et vous m'avez revêtu ; j'ai été malade, et vous m'avez visité ; j'ai été en prison, et vous êtes venu me voir. » (Matth., xxv, 35.) Ah! je vous le dis, ne méprisez point celui qui est nu, ne refusez point votre main à l'aveugle, n'ayez point des regards de dédain pour celui qui n'a que des haillons. C'est dans cet accoutrement que le Seigneur fut trouvé, la première fois, par les Mages, venus à sa recherche.

Et, parce que nous avons parlé de la discipline, qui donne sa vigueur à la foi chrétienne, il est encore nécessaire que nous vous exposions quels sont les ornements de la vie d'un chrétien. Chacun comprendra que c'est peu d'avoir la renommée d'une vie vertueuse, s'il n'aime la discipline, en méprisant le monde.

Chapitre VIII. — Vous avez à cœur d'honorer le Christ, tout d'abord que votre cœur et votre corps se parent de leurs vêtements. Donc, la vie tout entière d'un vrai religieux doit respirer une odeur d'innocence, de peur que celui qu'attend la couronne de la vertu, n'en soit privé par la perte de la pureté. Que la chasteté du corps soit le rempart de votre vie, et qu'une foi sans tache garde votre innocence, pour que, sous le bénéfice de ces deux intégrités, vous soyez sans souillure, et que vous régniez avec Jésus-Christ. La règle de notre vie consiste en ce point seulement : il faut que nous soyons bons. Votre étude de prédilection, pour vous qui recherchez la vertu, sera donc d'avoir la réputation d'hommes vertueux. Un homme a conservé son corps pur et sans tache, il porte cependant devant Dieu une vie lacérée, si ses actes démentent les apparences ; toutefois, nous savons bien que la bonne conscience seule peut suffire aux actes. Mais, combien il est préférable que

---

dio disciplinæ conjungit. Videte quam fortia boum corpora plaustro subjaceant : quæ in tantum imperio animum parant, ut tumentia naturaliter levi jugo colla supponant. Ita disciplinæ constitutionibus servient, etiam quæ in feritate nascuntur. Unde miror aliquotiens hominem, cui inest sapientia et intellectus prudentiæ, passim præcepta disciplinæ negligere : cum videamus mutum animal vitia cavere, jussis obtemperare, imperio deservire, atque ita ad omnem obedientiam animum aptare, ut cum opus fuerit, armatis legionibus occurrat, et hostilibus se telis jussum objiciat. Audite in hoc loco Prophetam dicentem : « Cognovit bos possessorem suum, et asinus præsepe domini sui; Israel autem me non cognovit. » (Isai., 1, 3.) Vereor dicere, ne nostram negligentiam pulset ista sententia. Non autem cognoscit dominum, qui conditionis suæ non cognoscit officium.

Caput VII. — Ostendam sane quomodo Dominus possit aut inveniri, aut cognosci : si tamen est animus videntis. Si vis videre Dominum, require mendicum, respice ad pauperem, suscipe peregrinum, visita infirmum, curre ad carcerem. Si videre Deum, vincula captivitatis absolve, nodos iniquitatis incide. Audi de hoc Dominum dicentem : « Esurivi, et dedistis mihi manducare; sitivi, et dedistis mihi bibere; hospes fui, et suscepistis me ; nudus sui, et cooperuistis me; infirmus fui, et visitastis me ; in carcere eram, et venistis ad me. » (Matth., xxv, 35.) Moneo itaque ne despicias nudum, nec cæco manum subtrahas, ne involutum pannis contemnas. In hac enim veste primum Dominus cum a Magis quæreretur, inventus est.

Et quia de disciplina fecimus mentionem, sub qua fides Christiana viget, necesse est ut omnia in aures vestras vitæ ornamenta deferantur : ut intelligat unusquisque parum sibi prodesse (a) conversionis famam, nisi in contemptu mundi amaverit disciplinam.

Caput VIII. — Ergo cui studium est Christum colere, prius cordis et corporis suscipiat indumenta. Omnis igitur vita religionis professæ, integritatis debet famam serere : ne quam exspectat corona virtutis, pudoris damno feriat. Corporis integritas vitam muniat, integritatem fides incontaminata custodiat : ut manente utriusque partis beneficio, immaculatum hominem faciat regnare cum Christo. Sed in hoc solo constat conversionis nostræ ratio, ut boni simus. Laborandum igitur illi aute omnia est, ut qui bonitatem sequitur, bonus esse judicetur. Nam quamvis homo purum corpus immaculatumque custodiat, laceratam vitam ad Deum portat, cujus actus vultum infamat : licet sciamus conscientiam solam bonam actibus posse sufficere. Sed quanto melius est, ut semper de te bene sentiat, qui circa januam tuam vanis

---

(a) Al. conversationis. At conversio, hic pro vitæ religiosæ professione accipitur, ut Reg. Bened., c. LVIII et LXIII.

vous ayez en tout temps l'estime de celui-là même qui rôde sans cesse à votre porte, travaillé continuellement de faux soupçons? N'est-il pas comme naturel au commun des hommes de penser toujours mal des bons? Pour vous, qui avez souci de votre réputation, obtenez l'inestimable faveur d'avoir complétement l'opinion pour vous. Que notre vie se passe tellement au grand jour, que tous la connaissent. Que l'innocence favorise la piété ; que la pudeur soutienne l'humilité. Vous êtes très-désireux d'avoir une réputation intacte ; avant tout, ne donnez pas lieu sur votre compte à des bruits fâcheux, quoique faux. Oui, c'est une chose importante, glorieuse et digne d'être élevée jusqu'aux cieux, de n'avoir jamais commis de mauvaises actions ; mais c'est faire acte d'un courage bien plus grand, de ne jamais donner lieu à de mauvais soupçons. Que vous sert, en effet, la sobriété, si vous avez les vices propres à l'ivresse? Ne pensera-t-il point que vous êtes ivre, celui qui vous verra au milieu de coupes, toutes ruisselantes de vin, imiter les sauts des danseurs? Qui vous croira chaste, si l'on vous voit converser avec des femmes publiques, vous prêtant à un langage mimique , ou tenant des discours déshonnêtes ou qui sentent le vice ? Je loue, il est vrai, cette chasteté dont vous avez conscience en vous-même, mais je hais ces colloques avec des femmes perdues.

CHAPITRE IX. — A ce sujet, quelqu'un dira peut-être : Ma bonne conscience me suffit. J'y consens ; pour votre innocence elle peut suffire, mais à vous seul ; or, vous devez prendre garde que, par votre légèreté, un autre ne tombe dans le péché, et que ce péché d'autrui ne rejaillisse sur vous. Rappelez-vous cette parole de l'Ecriture : « Malheur à celui par qui le scandale arrive. » (*Matth.*, XVIII, 7.) De quelque soie précieuse que vous revêtiez votre corps, de quelque toison étincelante de blancheur que vous entouriez vos membres, vous ne passerez pas tout le jour sans tache si vous vous approchez d'une fournaise ardente. Que la discipline accompagne donc tous les actes de votre vie. Si vous voulez plaire à Notre-Seigneur, faites en sorte que la foi soit le soutien de votre profession, la bonne renommée sa recommandation. Soyez toujours précédé de la patience, compagne de l'humilité, et assisté de la pudeur, gardienne de l'innocence. Loin de vous l'avarice et la satiété ; que la luxure pleure ses fautes, et que l'orgueil confondu disparaisse. Celui donc qui désire connaître Dieu, le trouvera facilement s'il se range sous cette discipline. Il y a encore beaucoup de points, frères bien-aimés, renfermés dans la discipline et que je pourrais vous découvrir; il me semble meilleur de m'arrêter ici, pour ne pas vous fatiguer par une exhortation trop longue. Mais, afin de ne rien omettre de ce travail, je dirai plus tard en quoi consistent les actes d'un bon religieux.

SERMON

DE L'OBÉISSANCE ET DE L'HUMILITÉ [1].

CHAPITRE PREMIER. — Rien ne plaît tant à Dieu que l'obéissance. Cham a été maudit, et après tant de siècles, il reste ce qu'il fut annoncé : « La race de Chanaan, et non celle de Juda (*Gen.*, IX, 25), parce qu'il n'a point obéi à son père. Sem, au contraire,

---

[1] Ce fragment d'un auteur inconnu, mais ancien, a été revu par les Bénédictins sur le manuscrit de la bibliothèque de Colbert et sur d'autres.

---

suspicionibus frequenter ægrotat ? Insitum est enim naturaliter vulgo, ut de bonis semper male judicet. Sed tu qui curam bonæ famæ colis, studio tuo gratiam integræ opinionis acquire. Vita ergo nostra ita sit lucida, ut sit omnibus nota : integritas religioni, pudor serviat humilitati. Quem amor tenet servandæ integritatis, ante omnia falsi ad se famam non admittat erroris. Magnum est quidem et gloriosum , et usque ad cœlum omnium ore proferendum , nunquam malis actibus locum dedisse : sed multo fortius est, nunquam falsis suspicionibus laborasse. Quid enim tibi prodest sobrietas, si vitia ebrietatis exerceas ? Quis non te ebrium judicet, si inter effluentes vino calices saltantium gyros imiteris ? Quis te castum putabit, si te videat meretricum fabulis mixtum, scenico sermone compositis : aut loquentem turpia, aut inhonesta resonantem ? Laudo quidem conscientiam castitatis in te, sed odi colloquium meretricis.

CAPUT IX. — In quo loco dicat fortassis aliquis : Sufficit mihi pura conscientia. Quantum ad innocentiam pertinet, tibi soli sufficit : sed providendum est, ne facilitate tua alter peccet, et alienum peccatum in te redundet : juxta illud quod dicit Scriptura : « Væ illi per quem scandalum venit. » (*Matth.*, XVIII, 7.) Quamvis autem pretioso serico corpus vestias, et niveo vellere membra componas, non sine macula diem transiges, si camini ardentis ora contigeris. In omni igitur actu tuo vitam tuam disciplina comitetur. Si vis placere Christo, elabora ut professionem tuam fides adjuvet, fama commendet. Præcedat vos patientia humilitatis socia, assistat pudicitia integritatis magistra : fugiat cupiditas, erubescat ebrietas, luxuria actus suos lugeat, superbia confusa discedat. Quicumque igitur est qui festinat Deum agnoscere, sub hoc disciplinæ ordine Christum poterit invenire. Multa quidem erant adhuc, Dilectissimi, quæ disciplinæ ratio suadebat aperire : quæ interim putavimus differenda, ne otiosis auribus fastidium pareret longa narratio. Sane ne quid in hoc opere subtraxisse videamur , claborabimus, ut ea quæ religiosis actibus competunt, sequenti tempore disseramus.

SERMO

DE OBEDIENTIA ET HUMILITATE.

CAPUT PRIMUM. — Nihil (*a*) sic Deo placet quomodo obedientia. Cham maledictus fuit, et post multa sæcula manet quod dicitur : « Semen Chanaan, et non Juda ; » (*Gen.*, IX, 25) quia patri non est obsecutus. Cæterum Sem, qui est obsecutus patri, benedictionem habuit in

---

(*a*) Vetus cod. Colb. hic ad. *itaque.*

fils obéissant, garda les effets de la bénédiction paternelle à travers les siècles. Aussi je vous le dis, enfants, il ne vous appartient point de juger vos pères. Qui donc va à l'école d'un maître et prétend l'instruire ? Vous venez à moi pour que je vous enseigne à écrire ; si j'écris devant vous et que je vous dise : Ecrivez comme je le fais moi-même, nul doute que vous deviez imiter le maître que vous avez choisi. Que celui qui est instruit aille trouver un maître plus habile que lui. Pourquoi toutes ces considérations ? Afin que nous pratiquions l'obéissance à l'égard de nos pères dans la foi. Celui qui n'obéit point à ses pères selon la foi, n'obéit point à Dieu. Le Seigneur ne nous dit-il pas : « Celui qui vous méprise, me méprise? » (*Luc*., x, 16.) Celui donc qui méprise les apôtres, méprise Jésus-Christ lui-même. Celui qui méprise son père spirituel, méprise Jésus-Christ qui nous commande par lui. J'insiste sur ce point, parce que, ici-bas, la vertu d'obéissance est en nous l'abrégé des autres, et seule elle en tient lieu. Vous jeûnez le jour et la nuit, vous faites oraison, vous vous couvrez d'un sac et de cendres; vous ne faites rien qui ne soit commandé par la loi; vous êtes sages à vos propres yeux ; si, cependant, vous n'obéissez point à votre père, vous avez perdu tous vos mérites. Un seul acte d'obéissance vaut mieux que tous les actes des autres vertus. Le jeûne et la continence, si vous n'y prenez bien garde, engendrent l'orgueil en vous ; mais l'orgueilleux est l'ennemi de Dieu. Dieu ne hait rien tant que l'orgueil ; Celui qui n'obéit point montre que son acte n'est point inspiré par la vertu, mais par l'orgueil. Il ne veut point obéir, parce qu'il se croit meilleur que celui auquel il n'obéit pas.

CHAPITRE II. — Je vous le dis ouvertement : Dieu hait toute espèce de péchés ; il hait le mensonge, le parjure, le vol, le brigandage, l'adultère, la fornication ; certes, si quelqu'un était surpris dans l'acte d'un de ces péchés, il ne saurait lever les yeux et nous l'aurions en exécration. Quelqu'un est-il orgueilleux ? sachez-le, son péché est plus grand que celui de l'adultère, et cependant nous lions conversation avec lui ! Celui qui tombe dans la fornication dira comme excuse : La chair m'a vaincu, je n'ai pu maîtriser ma jeunesse. Je ne dis point cela pour vous engager à commettre ce péché, puisque Dieu l'a également en horreur; mais je le compare avec celui dont nous parlons, et je dis : Quiconque commet un autre péché, le vol par exemple, il peut s'excuser. Il dira en effet : J'ai volé parce que j'étais dans le besoin, je mourais de faim, j'étais malade. Mais quelle excuse peut donner l'orgueilleux ? C'est pourquoi, voyez donc quel grand mal est l'orgueil, puisque rien ne peut l'excuser. Les autres vices nuisent à ceux qui les commettent ; mais l'orgueil est plus nuisible que tous les autres. Pourquoi donc tant insister? C'est afin que vous sachiez bien que l'orgueil n'est point une faute de peu d'importance. Que dit, en effet, l'Apôtre : « De peur que personne ne tombe dans la même condamnation que le diable. » (I *Tim*., III, 6.) Voyez donc que tout homme qui s'enorgueillit partagera la condamnation du démon. Mes paroles s'appuient du reste sur l'Ecriture : « Dieu résiste aux superbes ; il donne au contraire sa grâce aux humbles. » (I *Pier*., v, 5.) Oui, fuyons tous les péchés, mais l'orgueil avant tout. Vous savez que le propre de l'orgueil est de paraître toujours sage à ses propres yeux. Si quelque frère veut lui

omnia sæcula. Hoc itaque dico : Non est filiorum judicare de patribus. Nemo vadit ad magistrum, et docet magistrum suum. (*Dan*., xv, 56.) Venisti ad me, ut docerem te litteras : si tibi scripsero, et dixero tibi : Scribe quomodo et ego scribo, utique imitari debes quem magistrum elegisti. Aliquis doctus est ? Et vadit ad peritiorem magistrum. Hoc totum quare dico ? Ut obedientiam exhibeamus in patres nostros. Qui patribus non obsequitur, Deo non obsequitur. Dicit enim Dominus : « Qui vos contemnit, me contemnit. » (*Luc*., x, 16.) Qui ergo contemnit Apostolos, contemnit Christum : qui contemnit patres, contemnit Christum, qui in patribus est. Hoc dico, quia hic in nobis summa et sola est virtus obedientiæ. Si jejunaveris diebus ac noctibus, orationemque feceris, si in sacco fueris et in cinere, si aliud nihil feceris, nisi quodcumque præceptum est in lege, et tibi (*a*) fueris quasi sapiens, et obediens patri non fueris, omnes virtutes disperdidisti. Una obedientia plus valet, quam omnes virtutes aliæ. Jejunium vel continentia, nisi te diligenter attenderis, superbiam tibi facit : superbia autem inimica est Deo. Nihil sic odit Deus, quomodo superbiam. Quicumque non obedit, non facit de sanctitate, sed de superbia. Ideo enim non obedit, quia meliorem se putat illo cui non obedit. CAPUT II. — Simpliciter dico vobis : Omnia peccata odio habet Deus, mendacium, perjurium, furtum, latrocinium, adulterium, fornicationem, in quibus si quis deprehensus fuisset, non posset oculos levare, sed sic eum haberemus quasi exsecrabilem : si quis superbus est, multo pejus peccatum facit quam adulterium ; et tamen loquimur cum eo. Qui fornicatur, potest aliquid dicere : Vicit me caro mea, superavit me adolescentia mea. Non dico (*b*) quod facere debeas, si quidem et hoc odio habet Deus : sed in comparatione mali dico : Quicumque aliud peccatum fecerit, verbi causa, si furtum fecerit, excusare potest. Quid enim dicit : Propterea furtum feci, quia egebam, quia fame moriebar, quia ægrotabam. Superbus quid dicere potest ? Ideo superbia vide quantum malum sit, quod excusationem non habet. Cætera vitia eis nocent, qui ea committunt : cæterum superbia plus omnibus nocet. Hoc ergo dico, ne cogitetis peccatum (*c*) modicum esse superbiam. Nempe quid dicit Apostolus ? « Ne quis, inquit, incidat in judicium diaboli. » (I *Tim*., III, 6.) Vide ergo quoniam quicumque inflatur, in judicium diaboli incidit. Hoc ergo dico secundum quod scriptum est : « Deus superbis resistit, humilibus autem dat gratiam, » (I *Pet*., v, 5) ut omnia quidem peccata fugiamus, maxime autem superbiam. Dico vobis de superbia, semper sibi sapiens videtur. Si quis de fratribus dederit ei consilium, et dixerit ei : Frater, non debes sic

(*a*) Editi hic add. *visus*. — (*b*) Editi, *quod sibi hoc facere liceat, aut quod se excusare debeat*. — (*c*) Alias *non*, loco *modicum*.

donner un conseil et lui dise : Mon frère, vous ne devez point agir ainsi, il ne daigne pas même l'écouter parce qu'il se croit plus sage que celui qui lui donne des conseils. Et que dit-il en son cœur? Moi, je me juge plus sage; je n'ai donc point besoin de conseils. Il ne s'exprime point, il est vrai, aussi ouvertement, mais en méprisant les conseils de son frère, n'est-ce pas là le langage qu'il tient en son cœur?

Je conclus donc : celui qui est possédé de la vaine gloire, c'est inutilement qu'il possède les autres vertus. Les a-t-il ces vertus? Non, il ne les a pas, il paraît seulement les avoir. Celui, en effet, qui a ce qui est contraire à Dieu, comment peut-il posséder ce qui le rend ami de Dieu? Est-ce que l'orgueil peut habiter le cloître? Si nous jeûnons, nous en prenons occasion d'être fiers. Prions-nous pour nos péchés? L'orgueil nous attribue la bonté de notre acte? Quelqu'un jeûne-t-il ou fait-il pénitence pour obtenir le pardon de ses fautes? il s'enfle d'orgueil. Mais jeûnez-vous donc, mais priez-vous, mais observez-vous les préceptes de Dieu, pour agir contre lui?

Chapitre III. — Ah! si un moine est orgueilleux, il eût mieux valu pour lui qu'il se mariât. Je le dis en toute loyauté, je le dis à front découvert, il vaudrait mieux pour celui qui est orgueilleux, il vaudrait mieux qu'il eût tous les autres défauts, (je compare toujours les vices entre eux), car leurs funestes effets le porteraient à la pénitence et il ne mépriserait point les autres. Et après ses péchés, faisant pénitence, il est bien probable qu'il mériterait la miséricorde de Dieu. Mais l'orgueilleux possède en lui la source de tous les maux, et il ne fait point pénitence puisqu'il se croit juste. Pourquoi la superbe est-elle contraire à Dieu? parce qu'elle ne lui est point soumise. L'orgueilleux se tient toujours pour juste, il ne fait point pénitence de ses mauvaises actions; mieux que cela, il s'en glorifie comme d'actes vertueux.

Pourquoi vous tenir ce langage? C'est afin de vous instruire sur ce point, et pour que la perte des autres nous serve d'exemple. Nous sommes entrés dans le cloître, nous nous sommes dépouillés de la liberté du siècle, pourquoi? pour prendre la servitude de Jésus-Christ. En ce moment, je veux m'adresser à nos frères qui ont choisi de demeurer loin du monastère, pour que, de ces exemples que je viens de citer, l'orgueil ne naisse point en eux. Vous viviez dans le cloître, il vous plaît d'aller demeurer dix milles plus loin, vous ne devez point dédaigner la communion avec nos saints frères; ne vous croyez pas humilié, parce que vous serez venu visiter vos frères qui habitent la cité. Si vous éprouviez le besoin de sortir et d'aller visiter des femmes; si c'était le désir de parcourir les places publiques, vos scrupules ici ne seraient que trop légitimes. Mais vous ne voulez point communiquer avec vos frères en sainteté? O vous qui demeurez dans la solitude, ou vous êtes meilleur que vos frères qui sont dans le cloître, ou vous êtes plus mauvais. Si vous êtes meilleur, venez pour leur offrir l'exemple de votre vie; si, au contraire, vous êtes plus mauvais, venez pour apprendre ce que vous ignorez. C'est orgueil de dire que l'on vit dans un lieu bien retiré, et que l'on ne daigne pas voir et visiter ses frères. Je vous ai parlé ainsi, en présence de ce saint frère, dont la conduite actuelle répond à nos paroles, afin que vous sachiez bien que ce que je dis il l'a fait. Il y a beaucoup de saints directeurs qui sont vraiment des pères, qui s'appliquent à diriger les âmes des saints; lorsqu'ils voient quelques jeunes

---

agere; non eum dignatur audire, quia se magis sapientem putat quam illum qui dat consilium. Et quid dicit in corde suo? Ego mihi sapientior : ego ergo non habeo consilium? Numquid tu es sapientior me, licet non dicat : tamen ex eo quod contemnit consilium fratris, in corde suo loquitur.

Ergo hoc dico : Qui superbiam habet, sine causa alias habet virtutes. Habet virtutes? Imo non habet, sed videtur habere. Qui enim hoc habet quod Deo contrarium est, quomodo potest aliquid habere quod Deo amicum sit? (a) Superbia in monasterio sit. Si jejunamus, erigimur. Orationem facimus pro peccatis : et in superbiam erigimur. Aliquis jejunat pro peccatis suis, et pro peccatis suis agit pœnitentiam? In superbiam extollitur. Ideo jejunas, ideo oras, ideo præcepta facis, ut contra Deum facias?

Caput III. — Monachus si superbus est, multo melius ei erat si uxorem duceret. Ego simpliciter dico, et libera fronte dico, quia quicumque superbus est, melius erat ei, (et hoc in comparatione mali dico,) ut omnia alia vitia haberet, quia ex malis suis (b) inclinaretur ad pœnitentiam, et non omnes despiceret. Si autem post peccata ageret pœnitentiam, utique Dei misericordiam mereretur. Qui autem superbus est, omnium malorum habet principium, et non agit pœnitentiam quasi justus sit. Propterea superbia contraria est Deo, quia Deo non subjicitur. Sic enim se habet quasi justus. Superbus non agit pœnitentiam pro malis suis, et gloriatur quasi pro bonis.

Hæc quare dixerim, et vos ipsi intelligitis, et aliorum ruinæ nostra debent esse exempla. Propterea venimus in monasterium, libertatem sæculi perdidimus, ut servitutem Christi accipiamus. Deinde ista de fratribus loquor, qui solent sedere longius a monasterio, ne eis debeat nasci superbia de exemplo. In cœnobio vixisti : placuit tibi ut maneres in decimo milliario? Non debes synaxim sanctorum fratrum contemnere. Non te ergo viliorem putes, si ad fratres veneris in civitatem. Si necessitatem haberes ire et videre mulieres, et necesse habuisses ire in plateas; recte non ires. Ad synaxim sanctorum fratrum non vadis? O tu qui manes in secreto, aut melior es fratribus qui sunt in cœnobiis, aut pejor es. Si melior es, veni ut eis exemplum vitæ tuæ tribuas; si autem deterior es, veni ut discas quæ nescis. Superbia nascitur, quando aliquis dicit se secretum sedere, et fratres non dignatur videre et visitare, ut in superbiam erigitur. Propterea loquor præsente sancto fratre, qui hoc opere facit, ut hoc quod ego loquor, hunc sciatis opere facere. Deni-

---

(a) Hic præfigitur a secunda manu in Ms. Colb. Sed quomodo. — (b) Ms. Colb. declinaret, omisso prius quia.

gens s'en aller dans les déserts, ne point retourner au cloître et vivre dans l'orgueil, ils vont les trouver, leur font violence et les ramènent, non point dans l'intention de leur nuire, mais pour les dépouiller de leur orgueil. Mon but, en vous disant ces choses, est que ceux qui vivent à part, viennent au monastère et visitent leurs frères, ne soient point condamnés par ceux qui vivent dans le cloître comme étant travaillés d'ennui, mais qu'ils les regardent plutôt comme étant pleins d'humilité. Qu'aucun d'entre vous ne dise : Notre frère qui vit dans le désert vient à nous parce qu'il ne peut plus y demeurer; non, il vient pour vous édifier, et non pour détruire ; il vient pour se dépouiller de son orgueil. Faites attention à la vie qu'il mène. Il vit dans le désert, et cependant il n'a point la gloire de ceux qui vivent en ce lieu.

Que le Dieu tout-puissant, par les prières des saints, nous accorde d'accomplir tout ce dont nous avons parlé. Parler n'est point bien difficile, agir l'est davantage. Et si moi-même je ne puis accomplir ce que je dis, j'en parle toutefois, afin que celui qui peut le faire le fasse. Que celui qui a des oreilles pour entendre, entende en Jésus-Christ Notre-Seigneur, auquel soit honneur, force et puissance, dans les siècles des siècles. Amen.

TRAITÉ

DE LA CHARITÉ, OU EXPLICATION DE CES PAROLES DU PSAUME : LA TERRE A PRODUIT SON FRUIT [1].

Quel est votre fruit ? la charité. Si vous aimez votre frère, la terre a porté son fruit. Quelle est cette terre ? C'est celle dont il est dit : « Seigneur, vous avez béni votre terre. » (*Ps.* LXXXIV, 2.) Si Dieu n'eût béni la terre de votre âme, pour vous et les autres, elle n'eût produit aucun fruit, mais seulement des épines et des ronces. Voilà quel fruit donne votre terre quand Dieu ne la bénit point. Mais, dès qu'il la bénit, elle porte son fruit, qui est la charité. Si donc vous n'aimez pas, vous êtes stérile ; peut-être avez-vous des feuilles, mais point de fruits. Car les fruits de votre arbre, c'est la charité. Vous avez été créés pour donner des fruits. Qui vous a créés ? Pensez-vous que ce soit vous ou celui qui a dit : Je vous ai établis pour que vous portiez du fruit. Si vous vous étiez faits vous-mêmes, ou vous ne donneriez aucun fruit, ou, si vous en donniez, ce serait un fruit sauvage, sans saveur, que personne ne recueillerait, et qui ne serait point mis dans le grenier du père de famille. Puisque le père de famille vous a placés pour porter du fruit, faites donc en sorte d'en donner dans le temps qu'il vous en demandera. Mais c'est son fruit que vous donnerez, et non point le vôtre. Son fruit, pour lequel il vous a mis sur la terre, c'est la charité, et celui que vous produisez de vous-mêmes, c'est le péché. En effet : « Tout arbre que le Père céleste n'a point planté sera arraché. » (*Matth.*, XV, 13.) Pourquoi sera-t-il arraché ? Parce qu'il est venu de lui-même et n'a point été planté par le père de famille.

Vous êtes le champ de culture de Dieu, ce n'est point vous qui vous cultivez ni d'autres. L'arbre ne se plante point lui-même, il ne se cultive point. Il

---

[1] Vignier, qui a publié ce fragment d'après un manuscrit de Dijon, pense qu'il n'est pas de saint Augustin, mais de quelqu'un qui a cherché à imiter son style.

---

que multi sancti patres, qui vere patres sunt, qui regunt animas sanctorum, quando aliquos viderint juvenes ire ad deserta, et ad cœnobium non venire, et in superbia esse, vadunt et vim eis faciunt, et adducunt eos : non ut noceant, sed ut tollatur eis superbia. Hoc propterea dico, ut illi qui manent in secretis, et veniunt ad cœnobium, et fratres visitant, ab his qui sunt in cœnobiis non arguantur quasi impatientes, sed quasi humiles. Nemo dicat de vobis : Ecce ille qui in eremo sedet, quia non patitur, venit. Propterea venit ut te ædificet, non destruat, et ut superbiam perdat. Videte qualis vitæ sit. Vivit in deserto, et tamen gloriam non habet eorum qui in deserto sunt.

Deus itaque omnipotens omnia quæ locuti sumus, orationibus sanctorum nos quoque implere faciat. Nihil enim grande est dicere, sed facere. Sed quod ego facere non possum et loquor, ideo loquor ut qui potest facere, faciat ; qui habet aures audiendi, audiat in Christo Jesu Domino nostro, cui est honor, virtus et potestas in sæcula sæculorum. Amen.

TRACTATUS

DE CARITATE, SEU DE VERBIS PSALMI : TERRA DEDIT FRUCTUM SUUM.

Quis est enim fructus tuus ? Caritas. Si fratrem diligis, terra dedit fructum suum. Quæ terra ? Utique illa de qua dictum est : « Benedixisti Domine terram tuam. » (*Psal.* LXXXIV, 2.) Nam nisi terram tuam benedixisset Deus, produxisset tibi et aliis non fructum, sed spinas et tribulos. Hic est fructus terræ tuæ, quando non benedixit Deus ; sed cum benedixit, profers fructum, caritatem. Cum ergo non diligis, sterilis es ; habes forsan folia, sed fructibus vacua ; quia arboris tuæ fructus, caritas. Ecce positus es ut fructum afferas : quis te posuit ? Putas tu te ipsum, an is qui dixit : « Posui vos ut fructum afferatis ? » Si a te ipso positus esses ; aut non fructum ferres, aut si ferres, agrestem, nullius saporis, a nemine colligendum, nec in horreo patrisfamilias reponendum. Vide ergo ut cum te posuerit paterfamilias ut fructum afferas, et a te reposposcerit, ipsi reddas. Reddas utique suum, non tuum : suum ad quem te posuit, caritatem ; tuum, ad quem te posuisti malum ; « quia arbor quam non plantavit Pater, eradicabitur. » (*Matth.*, XV, 13.) Quare eradicabitur ? quia a se ipsa, non a patrefamilias.

Dei agricultura es ; non tua, non aliorum. Neque arbor se ipsam plantat, neque se ipsam excolit. Sane et Paulus plantat, et Apollo rigat ; sed et quod Paulus plantat nihil est, et quod Apollo rigat, nihil est : sed Deus dat incrementum (I *Cor.*, III, 7), postquam suo nomine plantavit Paulus, aut cum ipso. Sed qui agricola est, idem et vitis : agricola, ut plantet, ut inserat. Cui inserat ? Uti-

est vrai que Paul plante et qu'Apollon arrose, mais ce que Paul plante n'est rien, et ce qu'Apollon arrose n'est également rien. C'est Dieu qui donne l'accroissement après que Paul a planté en son nom ou avec sa coopération directe. Mais celui qui cultive est en même temps la vigne. Il est vigneron pour planter et greffer. Sur quoi greffe-t-il ? Peut-être sur un arbre étranger ? Non, sur lui-même, puisqu'il est la vraie vigne, afin que nous-mêmes nous devenions des branches; mais, si vous êtes branche, qui vous communiquera le fruit, sinon la vigne dont vous êtes la branche ? Arrachez la branche du cep, qu'arrivera-t-il ? Elle se desséchera, deviendra improductive, elle mourra; je dis plus, elle sera jetée au feu. Mes frères, vous êtes les branches; tant que vous demeurerez unis au cep, vous donnerez du fruit. Venez-vous à être coupés, qu'adviendra-t-il de vous ? Que vous restera-t-il dès lors à attendre, sinon, à être jetés au feu ? La vigne est charité, les branches seront charité. C'est la vigne qui communique aux branches les sucs nourriciers, elle est donc en droit de demander aux branches du fruit. Quels fruits ? Ceux de la charité. La charité a donné, la charité redemande, produisez la charité; la charité pour la vigne dont vous êtes branche, la charité pour le prochain qui est branche avec vous. Aimez Dieu, aimez le prochain. Mais c'est inutilement que je vous dis d'aimer Dieu et le prochain; car, si vous aimez Dieu, vous aimez le prochain; comment, en effet, avoir de l'amour pour Dieu sans affectionner le prochain ? Et ainsi, en aimant Dieu, non-seulement vous aimez le prochain, mais vous vous aimez encore vous-même. Si, au contraire, vous n'aimez pas Dieu, vous n'aimez ni le prochain ni vous-même. Comment, en effet, pouvoir aimer sans amour? Et vers qui se porte l'amour, sinon vers ce qui est bon ? Quel est le vrai bien, si ce n'est Dieu qui, lui-même, nous ordonne de nous aimer les uns les autres ? Qu'est-ce que Dieu commande ? d'aimer. Qu'est-ce que le monde commande ? de ne pas aimer. En effet, celui-là n'aime pas, qui aime ce que le monde ordonne d'aimer : « Demeurez dans ma dilection. » *(Jean*, xv, 9.) Dieu ne dit point : dans la dilection du monde. Le monde ne sait point aimer, il est l'artisan de la haine : « Si le monde vous hait, sachez qu'il m'a haï le premier. » (*Ibid.*, 18.)

Mais quelle parole ai-je entendue, mes frères : « N'aimez point le monde ? » Je reconnais la voix de celui qui parle ainsi : c'est celle du disciple aimé et aimant. Le disciple est-il donc plus que le maître ? Le maître dit : « Je vous donne le précepte d'aimer. » (*Jean*, xv, 12.) Le disciple dit : « N'aimez pas. » Des deux côtés, cependant, c'est la voix de la vérité; les deux voix excitent à l'amour. Et quand le maître nous ordonne d'aimer, il ordonne en même temps de ne pas aimer. Aimons-nous les uns les autres : que la branche aime la branche; nous qui sommes saints, n'aimons point ce qui est profane; nous qui sommes chrétiens, n'aimons point ce qui est du monde. De même, quand le disciple s'écrie : « N'aimez point, » il nous commande d'aimer, car, si nous haïssons le monde, nous aimons Dieu. Jésus-Christ affirme en disant : « Aimez, » son disciple nie par ces paroles : « N'aimez pas. » Et cependant le Sauveur ne fait pas un commandement différent ou plus étendu. Aimez-vous ? vous avez le monde en horreur. Haïssez-vous le monde ? vous aimez Dieu. Dans ces deux conditions vous avez la charité; vous aimez afin de haïr; vous n'aimez pas, afin de pouvoir aimer. Celui qui déteste sa vie corporelle l'aime; celui qui l'aime la hait. En sorte que s'accomplit cette parole du Prophète : « Vous avez de la haine au lieu de l'amour. » (*Ps.* cviii, 5.) Il est vrai que ce n'est point dans le sens que l'a dite le Prophète; car

que alienæ arbori? Minime, sibi ipsi ut viti veræ, ut sis et ipsæ palmes. Jam si palmes fueris, quis tibi fructum dabit, nisi vitis illa cujus es palmes ? Avelle palmitem a vite, quid fiet ? Marcescet, sterilescet, morietur : amplius dico, comburetur. Fratres, vos estis palmites : quamdiu viti adhæseritis, fructum dabitis. Excidatis semel : quid de vobis fiet, quid vobis ultra exspectandum manebit, quam in ignem projici ? Caritas vitis, caritas palmes. Vitales succos infundit vitis palmiti ; et ideo jure de palmite fructus reposcit. Quales ? Caritatis. Caritas dedit, caritas reposcit, redde caritatem ; caritatem viti cujus es palmes, caritatem proximo cum quo es palmes. Ama Deum, ama proximum. Frustra dico : Ama Deum, ama proximum ; nam si Deum diligis, proximum diligis ; nec enim potes diligere Deum, quin diligas proximum. Et sic diligendo Deum, ama tantum proximum diligis, sed te ipsum. Sed si non diligis Deum, neque proximum diligis, neque te ipsum. Nam quomodo potes amare sine amore ? Et cujus est amor ? Et quid est bonum, nisi Deus, qui et ipse mandat ut diligamus invicem. Quid Deus mandat? Ut diligatis. Quid mundus? Ut non diligatis : neque enim diligit, qui quæ mundus mandat ut diligat, diligit. « Manete in dilectione mea : » *(Joan.,* xv, 5) non dixit, in dilectione mundi. Nescit mundus amare ; artifex est odii. « Si mundus vos odit, scitote quia priorem me odio habuit. » (*Ibid.*, 18.)

Sed quid audio, Fratres ? « Nolite diligere mundum. » (I *Joan.,* II, 15.) Agnosco vocem, vox est dilecti et diligentis. Estne ergo discipulus supra magistrum ? Magister dicit : « Hæc mando vobis, ut diligatis. » (*Joan.,* xv, 12.) Discipulus dicit : « Nolite diligere. » Utraque tamen vox veritatis, utraque vox ad amorem incitantis. Et quando Magister mandat ut diligamus, mandat etiam ut non diligamus : diligamus invicem, palmes palmitem ; non diligamus sancti profana, Christiani sæculum. Et quando Discipulus ait : « Nolite diligere, » imperat ut amemus ; nam si odio mundum habuerimus, Deum diligimus. Ille affirmat : Diligite ; ille negat : « Nolite diligere : » nec tamen aliter nec plus imperat ille, quam iste. Diligis ? Odio habes mundum. Odisti mundum ? Deum diligis. In utroque caritas, in amando, ut odio habeas ; in non amando, ut diligas. Qui odit animam suam, amat. Qui amat, odit. Impletur quod dixit Propheta : « Odium pro dilectione, » (*Psal.* cviii, 5) non utique eo sensu quo dixit Pro

il voulait dire : J'ai témoigné de l'amour et ils m'ont rendu la haine. Mais ces mots : « De la haine, au lieu d'amour » signifient qu'en haïssant le monde, nous obtenons l'amour de Dieu en retour de cette haine, et qu'en aimant Dieu en retour de cet amour, nous sentons en nous la haine du monde. Donc, mes frères, aimez et n'aimez pas. Aimez, c'est la parole du maître. N'aimez point, c'est la parole du disciple. Cela veut dire, dans la bouche de l'un et de l'autre : Aimez. Le disciple qui est une branche de la vigne, ne pouvait parler autrement que le maître qui est la vigne elle-même. La vérité est partout, elle est dans la vigne, elle est dans la branche. Car la véritable vigne, que peut-elle produire, sinon des branches véritables ? et la vérité qui est dans tous les deux sera toujours charité, car Dieu est charité et vérité, et celui qui est en Dieu est dans la vérité, et il demeure dans la vérité, parce que la charité de Dieu est en lui.

TRAITÉ

DE LA PRIÈRE ET DE L'AUMONE [1].

« Heureux l'homme qui a de l'intelligence sur les besoins du pauvre et de l'indigent. Le Seigneur le délivrera dans le jour mauvais. » (*Ps.* XL, 2.) Nous devons donc faire attention aux besoins du pauvre et de l'indigent. Que signifie avoir de l'intelligence à l'égard du pauvre et de l'indigent, sinon qu'il ne faut pas attendre les demandes qu'ils nous adressent? Faut-il appeler miséricorde celle qu'on arrache à force de cris, et celui-là peut-il recevoir la récompense de son action, qui souffre qu'on le fatigue de prières?

Non, il n'a pas obéi à l'ordre de Dieu, mais il s'est rendu aux prières, il a vendu sa compassion, des larmes l'ont achetée. Celui, au contraire, qui a l'intelligence, donne de bon gré; il se cache, demande le silence, de peur que sa bonne action, qu'il désire être secrète, ne soit découverte par la voix du pauvre. En agissant ainsi, il se conforme à cette prescription de l'Évangile : « Lors donc que vous donnez l'aumône, ne faites point sonner la trompette devant vous, comme font les hypocrites, dans les synagogues et dans les rues, pour être honorés des hommes. Je vous le dis, en vérité, ils ont reçu leur récompense. Mais, lorsque vous faites l'aumône, faites-la de manière que votre main gauche ne sache pas ce que fait votre main droite, que votre aumône se fasse en secret, et celui qui voit ce qui se passe dans le secret, vous en rendra la récompense. » (*Matth.*, VI, 2.) Le Seigneur nous dit aussi par la bouche de Salomon : « Renfermez l'aumône dans le sein du pauvre, et elle priera pour vous afin de vous délivrer de tout mal. » (*Eccli.*, XXIX, 15.) En premier lieu, Notre-Seigneur veut que l'aumône soit secrète, car il ordonne qu'elle soit renfermée dans le cœur. Et comme il scrute les reins et les cœurs, il a voulu qu'on ne garde que pour lui ce qu'il a fait cacher dans le secret du cœur. Il montre ensuite quels sont ses effets, en nous disant, que ce n'est pas le pauvre qui priera pour nous, mais que ce sera la miséricorde elle-même ; le pauvre, en effet, peut sommeiller dans ses prières, occupé d'actions mauvaises, il peut quelquefois les interrompre. Mais la miséricorde, sans cesse en exercice et en veilles, a tant d'efficacité, qu'elle ne laisse jamais

---

[1] Connu d'Urbinat, ce Traité a été édité par Vignier avec quelques lacunes, d'après un manuscrit de la bibliothèque Royale. Ce dernier avoue que la fin ne lui paraît pas être de saint Augustin. Il nous semble que le commencement lui-même ne saurait être attribué à ce saint Docteur.

---

pheta; nam impendebat dilectionem, rependebant odium : sed « odium pro dilectione, » hoc est cum mundum oderis, rependetur tibi pro hoc odio dilectio Dei ; cum Deum dilexeris, rependetur tibi pro hac dilectione odium mundi. Ergo diligite, Fratres, et non diligite. Diligite Magistri : Non diligite Discipuli, hoc est apud utrumque : Amate. Non poterat palmes discipulus aliud dicere, quam vitis Magister. Veritas ubique, et in vite et in palmite. Nam vera vitis, quid aliud nisi veraces palmites profert ? Et hæc in utroque veritas, semper erit caritas : quia Deus est caritas, et Deus est veritas, et qui in Deo est, in veritate manet ; et in veritate manet, quia caritas Dei in illo est.

TRACTATUS

DE ORATIONE ET ELEEMOSYNA.

« Felix ille qui intelligit super egenum et pauperem ; in die mala liberabit eum Dominus. » (*Psal.* XL, 2.) Intelligere ergo debemus super egenum et pauperem : est autem intelligere super egenum et pauperem, ut rogari a talibus non exspectemus. Nec enim illa misericordia deputanda est, quæ clamoribus extorquetur, nec ille mercedem operis sui percipit, qui diu se patitur deprecari : quoniam non fecit (*f.* ob mandatum) mandatum Dei, sed precibus præstitit, misericordiam suam lacrymis vendidit. Qui intelligit autem, ultro largitur, et signato magis silentio decelat, ne opus suum quod occultum esse desiderat, ipsa vox pauperis prodat, sicut in Evangelio scriptum est : « Cum facis eleemosynam, noli tuba canere ante te, sicut hypocritæ faciunt in synagogis et in vicis, ut videantur ab hominibus : Amen dico vobis, receperunt mercedem suam. Tu autem cum facis eleemosynam, nesciat sinistra tua quid faciat dextera tua ; sed sit eleemosyna tua in abscondo, et qui videt, tibi reddet. » (*Matth.*, VI, 2.) Et per Salomonem loquitur Dominus dicens : « Conclude eleemosynam tuam in corde pauperis, et ipsa pro te orabit ab omni malo. » (*Eccli.*, XXIX, 15.) Primo occultam esse voluit, quam concludi jussit in corde. Nam cum ipse sit scrutator renis et cordis, utique sibi tantum voluit reservari, quidquid penetralibus pectoris delegavit. Deinde quanta ejus officia essent ostendit, cum pro nobis jam non pauperem dicit, sed ipsam misericordiam rogaturam : pauperem enim et dormitare posse in precibus, et occupatum malis actibus aliquando cessare. Misericordia autem laborans semper et vigilans tantum efficaciæ obtinet, ut auctorem suum sine præmio esse non patiatur. Quantum vero, et quam necessarium...

son auteur sans récompense. Mais combien il est nécessaire..... aux trésors du temps..... manifesteraient par nos biens..... (1).

L'aumône est donc ce pain céleste dont se nourrit notre âme, s'il pénètre souvent jusqu'à elle, elle en est engraissée, mais d'habitude, nous n'en recueillons que quelques miettes, pour ne pas périr dans ce désert, où l'on meurt de faim. Comment donc parvenir à être rassasié de ce pain dont Notre-Seigneur a dit : Celui qui mangera de ce pain n'aura plus faim, et celui qui boira le breuvage que je lui donnerai, n'aura plus jamais soif (*Jean*, IV, 13), promettant par là une certaine réplétion, et un rassasiement sans dégoût. Comment donc parvenir à être rassasié de ce pain, rassasiement bien différent de celui que nous obtenons après la faim naturelle ? Nous avons besoin ici de conseil, et si nous n'en tenons aucun compte, nous frapperons sans résultat pour avoir ce pain. Ce conseil que je dois vous donner, ou mieux vous recommander, sachez qu'il ne vient pas de moi, mais que je l'ai appris pour vous. Quiconque le méprisera ne frapperait pas, car suivre ce conseil, et le mettre en pratique, c'est frapper. Que veut dire ceci ? Croyez-vous, mes frères, qu'en réalité Dieu a une porte matérielle et épaisse qu'il ferme pour se mettre à l'abri des hommes, et qu'il nous dit de frapper pour que nous venions, que nous heurtions la porte, jusqu'à ce que le bruit arrivant aux oreilles du père de famille, retiré dans un coin de sa maison, il nous ordonne d'ouvrir, en disant : Qui frappe ? Qui déchire ainsi mes oreilles ? Donnez-lui ce qu'il demande, et qu'il s'en aille. Non, ce n'est point cela, toutefois c'est quelque chose de semblable. A la vérité, quand nous frappons chez quelqu'un,

(1) Lacune dans le texte.

nous nous servons de nos mains ; nous nous servons aussi de nos mains quand nous frappons près de Dieu. Si donc vous ne faites rien, je ne dis pas : vous frappez en vain, mais vous ne frappez pas, aussi vous ne mériterez rien, aussi vous ne recevrez pas, car vous ne frappez pas. Quand voulez-vous donc que je frappe ? me dites-vous. Je prie chaque jour. Vous faites bien, vous faites très-bien de demander. En effet, il a été dit : « Demandez, et on vous donnera, cherchez, et vous trouverez, frappez, et il vous sera ouvert. » (*Luc*, XI, 9.) Tout a été dit : demandez, cherchez, frappez. Vous demandez par la prière, vous cherchez en persévérant, vous frappez en donnant. Que votre main donc ne se repose pas. L'Apôtre donnant des avis aux fidèles, relativement aux aumônes, leur dit : « C'est ici un conseil que je vous donne, parce qu'il vous est utile ; et vous devez l'embrasser avec d'autant plus d'ardeur que vous n'avez pas seulement commencé les premiers à faire cette charité, mais que vous en avez de vous-même formé le dessein dès l'année passée. » (II *Cor.*, VIII, 10.) Et Daniel, l'Esprit saint a vu..... Car si nous confions nos richesses dans le sein des pauvres..... Comment feront dès lors le voleur pour s'en emparer, le brigand pour les piller, les vers pour les dévorer, la rouille pour les consumer ? quel dommage l'injustice du temps leur fera-t-elle ? Mais qu'arrive-t-il ? Si, donnant aux pauvres, nous accomplissons les préceptes divins, nos richesses s'en vont vers le Seigneur, et sont placées dans le ciel.

Appliquez-vous donc de toutes vos forces à cette œuvre, frères bien-aimés, cette volonté du Seigneur, il faut l'accomplir toujours, partout, sans cesse. Seule la miséricorde ne peut jamais tomber

---

temporum thesauris..... a facultatibus nostris manifestarent.....

Itaque panis cœlestis quo pascitur anima nostra, si quando ad eam perveniatur, ut eo saginemur, unde modo vix micas colligimus, ne in ista famelica eremo pereamus. Quomodo ergo perveniatur ad saginam hujus panis, de quo Dominus ait : Panem hunc qui manducaverit non esuriet, et potum quem dedero qui biberit, non sitiet in æternum (*Joan.*, IV, 13), saginam quamdam promittens et satietatem sine fastidio ? Quomodo ergo perveniamus ad hanc satietatem panis longe ab ea satietate in fame positi, consilio opus est : quod consilium si neglexerimus, ad panem illum sine causa pulsamus. Imo vero consilium hoc quod dicturus sum, vel potius commendaturus sum, non enim a me dicam quod vobiscum didici ; consilium ergo hoc quod dicturus sum, quisquis contempserit, omnino non pulsat. Hoc enim consilium sequi et agere, est pulsare. Quid enim ? Putatis, Fratres, quia vere quasi corporaliter habet Deus quamdam januam duram quam claudit contra homines ? et ideo nobis dixit pulsare, ut veniamus et tundamus ostium, quo usque pulsu o perveniamus ad aures patrisfamilias in secreto quodam constituti, et jubeat nobis aperire, dicendo : Quis est qui pulsat ? quis est qui auribus meis tædium facit ? Date illi quod petit, recedat hinc.

Non ita est, verumtamen est aliquid simile. Certe quando pulsas ad aliquem, manibus agis. Et quod agas manibus quando pulsas ad Dominum. Prorsus manibus agis, manibus pulsas. Si ergo non egeris, non dico frustra pulsas, sed dico non pulsas : ideo non mereberis, ideo non accipies, quia non pulsas. Quando, inquis, vis ut pulsem ? Ecce quotidie rogo, bene facis, rogare optime facis. Nam et hoc dictum est : « Petite, et dabitur vobis ; quærite, et invenietis ; pulsate, et aperietur vobis. » (*Luc.*, XI, 9.) Omnia dicta sunt, pete, quære, pulsa. Petis orando, quæris disputando, pulsas erogando. Non ergo quiescat manus. Apostolus cum de eleemosynis plebem monere t: « Consilium, inquit, in hoc do, hoc enim vobis prodest, quod non facere, sed et velle cœpistis ab anno priore. » (II *Cor.*, VIII, 10.) Et Daniel, prospicit Spiritus sanctus... Nam si divitias nostras pauperum cordibus commendemus,... quando eas postmodum aut fur appetat, aut prædo vastet aut tinea comedat, aut rubigo corrumpat, aut quod perniciosum injustum tempus assumet ? Sed quid ? Tunc opes nostræ ad Dominum transeunt, atque occupant cœlum, si pauperibus tribuentes cœlestia mandata servemus.

Huic ergo operi, Fratres, totis viribus insistendum est. Hæc Domino voluntas sine vacatione aliqua semper ubique complenda est. Sola misericordia tantummodo est ab excessibus liberata. Dum omnia odiosa sunt cum trans-

dans des excès. Tandis que tout devient odieux, en dépassant certaines bornes, la miséricorde seule n'a point de limites. Il n'y a qu'elle dont la surabondance plaît, dont la grandeur réjouit, et dont la profusion puisse être louable. Oui, c'est la miséricorde seule qui, plus elle s'accroît, plus elle acquiert de la gloire pour celui qui l'a faite, et plus elle montre de charité pour Dieu. Le Seigneur exhorte sans cesse à la faire; dans l'Évangile, Jésus-Christ ne s'en tait point, et dans les prophètes, le Saint-Esprit n'a cessé d'en parler. Le Seigneur tout-puissant nous dit par Isaïe, et nous montre quelle récompense il prépare à ceux qui sont miséricordieux. « Faites part de votre pain à celui qui a faim, et faites entrer dans votre maison les pauvres et ceux qui ne savent où se retirer. Lorsque vous verrez un homme nu, revêtez-le, et ne méprisez point votre propre chair, alors votre lumière éclatera en son temps, et votre joie débordera bientôt; votre justice marchera devant vous, et la gloire du Seigneur vous protégera, alors, vous invoquerez le Seigneur et il vous exaucera, vous parlerez encore qu'il vous dira : Me voici. » (*Isa.*, LVIII, 7, etc.) Il est assez évident, mes frères, comme je l'ai enseigné depuis longtemps, d'après Tobie, et prouvé par le témoignage d'Isaïe qu'il faut joindre l'aumône à la prière, et leur associer le jeûne. « Alors, dit-il, vous invoquerez le Seigneur, et il vous exaucera, » et votre prière s'élevant vers lui, alors que vous aurez encore la parole sur les lèvres, il vous dira : Me voici. Si vous faites miséricorde, dit-il, vous l'obtiendrez si tôt que vous la réclamerez. Le Seigneur préviendra vos demandes, et, à la faveur de vos mérites acquis, toutes vos prières seront accueillies.

Quoi de plus excellent que la prière ? Quoi de plus utile en cette vie ? Quoi de plus sublime en toute notre religion ? C'est la prière qui ranime les chrétiens; par elle, nous conversons avec Dieu, par elle nous l'appelons notre Père, et nous répandons en présence de sa majesté tous nos désirs. C'est la prière qui pénètre les cieux, traverse les nues, et monte jusqu'aux oreilles de Dieu. Elle est nécessaire à tous dans l'Église. Elle donne aux catéchumènes l'intelligence, aux fidèles le secours dont ils ont besoin, aux pénitents la consolation. Elle soutient les justes, relève les pécheurs; par elle, ceux qui sont debout ne tombent pas, et ceux qui ont été renversés, sont relevés. Tout âge, tout sexe, toute condition et toute dignité y ont recours. Elle conserve les grandes choses, et protège les petites. Par elle, les riches sont en sûreté, et les pauvres ne défaillent point. Elle veille du sein de l'abondance des uns, elle prie pour que l'indigence n'atteigne pas les autres. C'est elle qui nous gouverne dans la prospérité, par elle, nous relevons notre confiance dans l'adversité. Dans nos joies, elle nous est agréable, et douce dans nos épreuves; par elle nous recueillons la joie, par elle nous chassons la tristesse. Nous lui recommandons tous nos vœux, nos afflictions et nos ennuis, nous confions à sa fidélité ce que nous avons de plus cher. Nous la chargeons comme un navire bien frété, et muni de bons agrès, de la totalité de nos désirs, pour que, poussée par nos mains levées au ciel, et par nos soupirs, elle arrive après une course prompte et heureuse, en présence du Seigneur tout-puissant. Elle nous obtient tous les ornements de la crainte du Seigneur. Une prière assidue conserve tout ce que la foi commence, tout ce que

---

scenderint modum, sola misericordia terminum non habet. Ipsa tantum nimietas placet, cujus oblectet enormitas, cujus laudabilis possit esse profusio. Sola itaque misericordia est, quæ quanto ad majora (*a*) processerit, tanto ampliorem et sibi laudem et in Domino tribuit caritatem. Hanc fieri jugiter ipse Dominus hortatur; nec in Evangelio Christus tacet, nec per Prophetas Spiritus sanctus cessavit. Loquitur per Isaiam Dominus et Pater omnipotens Deus, qui quæ munera misericordibus præparentur, ostendit : « Frange esurienti panem tuum, et egenum sine tecto induc in domum tuam, si videris nudum, vesti, et domesticos seminis tui non despicies. Tunc erumpet temporaneum lumen tuum, et lux cito orietur. Et præibit ante te justitia, et claritas Dei circumdabit te. Cum adhuc loqueris, dicet : Ecce adsum. » (*Isai.*, LVIII, 7.) Satis evidenter, Fratres, quod apud Tobiam jam dudum docui, Isaiæ testimonio comprobatum est, adjungendam esse orationi eleemosynam, sociandumque jejunium. « Tunc, inquit, exclamabis et Deus exaudiet te, » tibique in oratione clamanti, « dum adhuc loqueris dicet : Ecce adsum. » Si misericordiam, inquit, impenderis, cito eam cum rogare incoperis, impetrabis : præveniet Dominus tuas voces, et præcurrentibus meritis tuis accipies omnia.

(*a*) Urbinas hic ad. *incrementa*.

Quid enim est oratione præclarius? Quid vitæ nostræ utilius? quid in tota nostra religione sublimius? Oratio est quæ nos Christianos provocat; oratio est qua cum Deo loquimur, qua patrem dicimus, qua universa desideria nostra in conspectu majestatis ejus effundimus. Oratio est quæ cœlos penetrat, nubes transit, Dei aures attingit. Hæc in Ecclesia universis gradibus necessaria est. Hæc catechumenis spiritum, fidelibus præsidium, pœnitentibus solatium præstat. Hæc justos continet, sublevat peccatores; per hanc etiam qui stant non cadunt, et qui elisi sunt eriguntur. Hac utitur ætas, sexus, hac conditio omnis et dignitas. Hæc magna servat, hæc tutat et minima. Per hanc divites tuti sunt, per hanc pauperes non deficiunt. Hæc ex illorum abundantia excubat, hæc ut ab ipsis penuria repellatur exorat. Hac gubernamur in prosperis, per hanc fiduciam gerimus in adversis. Hæc nobis in gaudiis jucunda est; hæc in luctibus suavis. Per hanc lætitiam percipimus, per hanc tristitiam declinamus. Huic autem nostri pondus et lætidium, votiva omnia commendamus. Hanc quasi fidelem sequestramus, quasi idoneam et tutissimam navim universorum desideriorum nostrorum mercibus oneramus, quæ ad omnipotentem Dominum, expansis manibus, fusisque precibus prospero felicique cursu perveniat. Per hanc omnia timoris Domini ornamenta percipimus.

l'Esprit saint purifie, tout ce que la charité orne. Par elle, nous sommes protégés par la chasteté ; la continence et la vertu nous gouvernent. Par elle, nous souffrons que notre corps soit enchaîné pour le Christ, par elle, enfin, nous consommons heureusement notre martyre. Ainsi soit-il.

SERMON

FAIRE L'AUMÔNE SANS ACCEPTION DE PERSONNES [1].

Quelques-uns pensent que l'aumône doit être faite aux justes seulement, mais qu'il ne faut rien donner aux pécheurs. Les manichéens qui suivent cette erreur, croient y trouver une espèce de sacrilége ; ils s'imaginent, en effet, que les membres de Dieu sont mêlés et réunis dans toute espèce de nourriture, par conséquent, ils croient qu'il faut épargner à ces membres divins d'être souillés par les pécheurs, et embarrassés de misérables nœuds. Cette opinion insensée ne mérite pas d'être réfutée, elle offense tellement le bon sens, qu'il suffit de l'exposer. D'autres qui ne partagent pas cette opinion, croient qu'il ne faut pas nourrir les pécheurs, pour ne pas être en opposition avec le Seigneur, dont l'indignation contre eux est manifeste ; comme s'il pouvait s'irriter contre nous, de ce que nous voulons venir en aide à ceux qu'il veut lui-même punir. Ils apportent ce témoignage des saintes Écritures, où nous lisons : « Donnez à celui qui a de la bonté, et n'assistez point le pécheur, car Dieu rendra aux pécheurs et aux méchants ce qu'ils méritent. Faites du bien à celui qui est humble, et ne donnez rien au méchant, parce que le Très-Haut, hait lui-même les pécheurs, et qu'il exerce sa vengeance contre les méchants. » (*Eccli.*, XII, 4.) Ne comprenant point ces paroles dans leur vrai sens, ils leur attribuent une détestable cruauté : Il faut donc sur ce sujet, ô mes Pères, m'adresser à votre charité, de peur que, par une pensée fausse, vous ne soyez pas d'accord avec la volonté divine. L'Apôtre saint Paul nous enseigne qu'il faut faire miséricorde à tous, nous disant très-clairement : « Soyons infatigables, et, pendant que nous en avons le temps, faisons du bien à tous, mais principalement à ceux qui composent la famille des fidèles. » (*Galat.*, VI, 10.) Il ressort assez clairement, il est vrai, de ce texte que, dans ces sortes d'œuvres, il faut préférer les justes. Quels autres, en effet, faut-il comprendre par les fidèles ? Lorsqu'ailleurs il est dit positivement : « Le juste vit de la foi. » (*Hébr.*, X, 38.) Toutefois, il ne faut point fermer aux autres hommes les entrailles de notre miséricorde, fussent-ils pécheurs, fussent-ils même animés à notre égard de sentiments hostiles. Notre Sauveur, lui-même, nous donne cet avis par ces paroles : « Aimez vos ennemis, faites du bien à ceux qui vous haïssent. » (*Matth.*, V, 44.) L'Ancien Testament n'a pas non plus, sur ce sujet, gardé le silence. Nous y lisons : « Si ton ennemi a faim, donne-lui à manger ; s'il a soif, donne-lui à boire. » (*Prov.*, XXV, 21.) C'est de ce texte, dont s'est servi l'Apôtre, dans le Nouveau Testament. (*Rom.*, XII, 20.)

Les textes que nous avons rapportés plus haut ne contiennent cependant point d'erreurs ; ils sont eux aussi la parole divine : « Faites miséricorde,

[1] Édité par Sirmond à la suite des *Quarante sermons* de saint Augustin.

Per hanc quidquid fides inchoat, spiritus mundat, caritas decorat, assidua deprecatione servamus. Per hanc castitate tuemur, continentia virtuteque gubernamur. Per hanc pro Christo corporis vincula sustinemus : per hanc postremo beata martyria consummamus. Amen.

SERMO

DE GENERALITATE ELEEMOSYNARUM.

Sunt qui existimant eleemosynas justis tantummodo esse præbendas ; peccatoribus autem nihil ejusmodi dari oportere. In hoc errore primum sacrilegii locum Manichæi tenent, qui credunt in quocumque cibo Dei membra permixta et colligata detineri : quibus censent esse parcendum, ne a peccatoribus polluantur, et nodis miserioribus implicentur. Hæc insania minus digne fortasse refellitur, quam sanorum omnium sensus offendet, si tantummodo proponatur. Nonnulli autem nihil tale sentientes, ideo peccatores putant non esse pascendos ; ne contra Dominum conemur, cujus in eis indignatio declaratur : tanquam ex hoc etiam nobis possit irasci, quia eis volumus subvenire, quos vult ipse punire. Adhibent et testimonia Scripturarum sanctarum, ubi legimus : « Da misericordiam, et ne suscipias peccatorem, et impiis et peccatoribus redde vindictam. Bene fac humili, et ne dederis impio ; quoniam et Altissimus odio habet peccatores, et impiis reddet vindictam. » (*Eccli.*, XII, 4.) Hæc verba quemadmodum accipienda sint non intelligentes, detestabili crudelitate induuntur. Unde nos oportet de hac re, Patres, Vestram alloqui Caritatem : ne cogitatione perversa cum divina voluntate non consentiatis.

Omnibus esse impartiendam misericordiam docet apostolus Paulus apertissime dicens : « Infatigabiles, inquit, cum tempus habemus, operemur bonum ad omnes, maxime autem ad domesticos fidei. » (*Gal.*, VI, 10.) Unde re vera satis apparet, in hujusmodi operibus justos esse præponendos. Quos enim alios intelligamus domesticos fidei, cum alibi aperte sit positum : « Justus ex fide vivit ? » (*Hebr.*, X, 38.) Non tamen aliis hominibus, etiam peccatoribus, misericordiæ claudenda sunt viscera, nec si etiam adversum nos hostilem animum gerant : ipso nostro Salvatore dicente ac monente : « Diligite inimicos vestros, bene facite his qui oderunt vos. » (*Matth.*, V, 44.) Neque hoc in libris veteribus tacitum est. Ibi enim legitur : « Si esurierit inimicus tuus, ciba illum ; si sitit, potum da illi. » (*Prov.*, XXV, 21.) Quo etiam in novo et Apostolus usus est. (*Rom.*, XII, 20.)

Nec ideo tamen falsa sunt quæ supra posuimus ; quia et ipsa divina præcepta sunt : « Da misericordiam, et ne suscipias peccatorem. » Illa enim ob hoc dicta sunt,

et n'assistez point le pécheur. » Ces paroles, en effet, ont été dites de peur que vous ne fassiez pas de bien au pécheur, par cela seul qu'il est pécheur, mais pour que vous fassiez du bien à celui qui vous hait, non parce qu'il est pécheur, mais parce qu'il est homme. Ainsi, vous garderez ces deux préceptes sans être trop indulgent pour juger, ni inhumain pour assister. Quiconque donc condamne justement un pécheur, que fait-il donc autre chose sinon ne pas le vouloir pécheur? L'homme déteste ce que Dieu hait lui-même, afin de détruire ce que l'homme a fait, et de libérer ce que Dieu a créé. L'homme, en effet, a commis le péché, et Dieu a créé l'homme; et, en joignant ensemble ces deux mots: homme pécheur, ce n'est pas une expression vide de sens que nous prononçons; parce qu'il est pécheur, reprenez-le; parce qu'il est homme, ayez en pitié. Vous ne pourrez jamais le délivrer comme homme, si vous ne le poursuivez comme pécheur. C'est cette fonction, que remplit toute discipline, qui doit convenir à chaque gouvernant; non-seulement à l'Evêque pour gouverner son diocèse, mais même au pauvre pour diriger sa maison, au mari pour conduire sa femme, au père pour commander à son enfant, au juge pour administrer sa province, au roi pour gouverner son peuple. Tous ces supérieurs étant bons, ne veulent que du bien à ceux qu'ils commandent. Serviteurs eux-mêmes, dans le gouvernement qui leur est accordé par le Maître de toutes choses, qui commande même à ceux qui gouvernent, ces supérieurs font en sorte que ceux qu'ils dirigent soient conservés comme hommes, et périssent comme pécheurs. Ils accomplissent ainsi cette parole: « Faites miséricorde, et n'assistez point le pécheur, » (*Eccli.*, XII, 4) c'est-à-dire qu'ils ne veuillent point qu'ils vivent en tant que pécheurs; et cette autre: « Venge-toi des impies et des pécheurs; » (*Ibid.*, 6) ils l'accomplissent, en détruisant en eux ce qui les rend méchants et pécheurs. «Faites du bien à celui qui est humble, » parce qu'il est humble. « Ne donnez rien à l'impie, » parce qu'il est impie. C'est pourquoi « le Très-Haut hait les pécheurs, et se vengera des méchants. » Néanmoins, parce qu'ils sont non-seulement pécheurs et impies, mais encore hommes, Dieu « fait lever son soleil sur les bons et les mauvais, et tomber sa pluie sur les justes et les injustes. » (*Matth.*, V, 45.) Donc, ne refusez la miséricorde à personne, et ne laissez dans aucun pécheur ses péchés impunis.

Concluez donc principalement de tout cela qu'il ne faut point mépriser l'aumône, qu'il faut la faire, à certains pauvres, au nom de l'humanité; car, Notre-Seigneur soulageait aussi l'indigence des pauvres avec les deniers que lui fournissait la largesse des autres. Mais, dira quelqu'un, ces malades et ces mendiants que Notre-Seigneur nous recommandait plutôt d'imiter, ceux qu'il assistait avec les deniers qu'on lui confiait, n'étaient point des pécheurs. C'est pourquoi on ne peut conclure, d'après ces textes de l'Evangile, que les miséricordieux soient obligés de recueillir et de nourrir les pécheurs. Rappelez-vous ce texte que j'ai cité plus haut. Ah! ils sont bien coupables et bien pécheurs ceux qui haïssent et persécutent l'Eglise! C'est d'eux cependant qu'il est dit: « Faites du bien à ceux qui vous haïssent; » (*Ibid.*) et Notre-Seigneur cite à l'appui l'exemple de Dieu le Père, « qui fait lever son soleil sur les bons et sur les mauvais, et tomber sa pluie sur les justes et les injustes. » (*Ibid.*) N'accueillons donc pas les pécheurs,

---

ne cuiquam peccatori propterea bene facias, quia peccator est: ut bene quid facias ei qui te odit, non quia peccator est, sed quia homo est. Ita utrumque præceptum tenebis, nec ad judicandum remissus, nec ad subveniendum inhumanus. Omnis enim qui recte arguit peccatorem, quid aliud quam non vult eum esse peccatorem? Odit ergo homo quod et Deus odit: ut perimatur quod homo fecit, et liberetur quod Deus fecit. Peccatum quippe homo fecit, ipsum et hominem Deus. Et duo ista nomina cum dicimus: Homo peccator, non utique frustra dicuntur. Quia peccator est, corripe; quia homo est, miserere. Nec omnino liberabis hominem, nisi eum persecutus fueris peccatorem. Huic officio omnis invigilat disciplina, sicut cuique regenti apta et accommodata est; non solum episcopo regenti plebem suam, sed etiam pauperi regenti domum suam, marito regenti conjugem suam, patri regenti prolem suam, judici regenti provinciam suam, regi regenti gentem suam: Omnes hi cum boni sunt, eis quos regunt bene utique volunt. Et servi juxta impartitam ab universorum Domino potestatem, qui etiam regentes regit, dant operam, ut illi quos regunt, et conserventur homines, et pereant peccatores. Ita implent quod scriptum est: « Da misericordiam, et ne suscipias peccatorem: » (*Eccli.*, XII, 4) ne hoc in illo salvum, quod peccator est, velint. « Et impiis et peccatoribus redde vindictam. » Et in hoc ipsum, quod impii et peccatores sunt, deleatur in eis. « Bene fac humili, » (*Ibid.*, 6) propter hoc quod humilis est. « Et ne dederis impio, » propter hoc quod impius est: quia ob hoc « Altissimus odit peccatores, et impiis reddet vindictam. » Qui tamen, quia non solum peccatores et impii, verum etiam et homines sunt, « facit oriri solem suum super bonos et malos, et pluit super justos et injustos. » (*Matth.*, V, 45.) Ita nulli hominum claudenda misericordia: nulli peccatori peccata impunita relaxanda sunt.

Hinc itaque maxime intelligendum est, quoniam non sit contemnenda eleemosyna, quæ quibusque pauperibus jure humanitatis impenditur; quando quidem Dominus sublevabat indigentiam pauperum, etiam ex iis loculis, quos ex opibus implebat aliorum. Quod si forte quis dixerit, nec illos debiles et mendicos, quos Dominus jussit potius imitari, nec illos quibus solebat de loculis erogare, peccatores fuisse; ideo non esse consequens, ut propter hæc Evangelica testimonia, etiam peccatores a misericordibus suscipi vel pasci jubeantur: illud attendat quod jam superius memoravi, quia utique peccatores et maxime scelerati sunt, qui oderunt et persequuntur Ecclesiam: de quibus tamen dictum est: « Bene facite his, qui oderunt vos. » (*Ibid.*) Et hoc exemplo Dei Patris astruitur, « qui facit solem suum oriri super bonos et malos, et pluit super justos et injustos. » Non ergo suscipiamus peccatores propter quod sunt peccatores: sed

parce qu'ils sont pécheurs, mais parce qu'ils sont hommes ; traitons-les en considérant leur nature humaine. Poursuivons en eux leur iniquité personnelle, et ayons pitié de leur condition, qui leur est commune avec nous ; et ainsi, « comme des ouvriers infatigables, pendant que nous en avons le temps, nous ferons du bien à tous, mais principalement à ceux qui composent la famille des fidèles. » (*Gal.*, VI, 10.)

TRAITÉ

DES DOUZE PIERRES DONT PARLE L'APOCALYPSE, CHAP. XXI [1].

Le jaspe, qui est nommé le premier, est de couleur verte. Il représente le Christ, qui est la résurrection ou la réfection des saintes âmes, ou bien les élus dont la foi ne se flétrit jamais. Le saphir, qui vient le second, a la couleur de l'azur. Il marque les saints qui, bien que retenus sur la terre, s'élèvent par la pensée jusqu'au ciel, et méprisent tout ce qui est terrestre comme s'ils ne vivaient pas sur la terre. Ils peuvent vraiment dire comme l'Apôtre : « Notre vie est au ciel. » (*Phil.*, III, 20.) Le troisième est le chalcédoine ; il est d'un grain si dur, qu'il résiste à tous les outils des joailliers ; sa couleur est celle d'une lumière à son déclin ; il représente les forts, donnant aux autres l'exemple du courage au milieu de l'adversité, et portant sans forfanterie la lumière de la science. L'émeraude est tellement verte, qu'elle rend plus vert l'air même qui l'entoure. Il y en a de plusieurs espèces, mais les plus précieuses se trouvent dans les déserts de la Scythie ; les griffons, animaux moitié lions, moitié aigles, les gardent après les avoir enlevées aux hommes ; mais des peuples qu'on nomme Arimaspes, n'ayant qu'un œil, leur déclarent la guerre et s'en emparent. De même Jésus-Christ, devant conduire les siens dans des pâturages qui nourrissent pour l'éternité, habite dans les cœurs éloignés des soucis terrestres. Les griffons, c'est-à-dire les esprits mauvais, s'efforcent d'en priver les fidèles ; mais les élus, qui ont l'œil de l'intelligence, combattent avec les griffons, et s'adjugent cette pierre précieuse. La pierre de sardonyx est composée de sardoine et d'onyx ; sa couleur interne est noire, celle du milieu est blanche, l'extérieur rouge ; elle marque ceux qui, bien que méprisés en apparence, jettent cependant une vive lumière par l'éclat de leur foi, et sont toujours pourpres du feu de la charité. La sardoine ressemble à de la terre rouge ; elle désigne les saints qui, relevés par leurs mérites, en considérant leur fragilité humaine, se reconnaissent cependant pour fils d'Adam, dont le nom signifie *terre rouge*. C'est avec raison qu'on la compte la sixième, puisque Adam a été créé le sixième jour. La chrysolite, semblable à un or brillant laissant échapper en quelque sorte des étincelles, marque ceux qui brillent par la lumière de la sagesse suprême ; et, par leur prédication, répandent sur le prochain leurs vertus comme des étincelles. Le béryl, d'un vert pâlissant, désigne les saints tout verdoyants par la contemplation de Dieu, mais pâlissant en quelque sorte dans l'administration de leurs frères. La topaze, réunissant les couleurs de toutes les pierres, signifie les

---

[1] Nous ne pouvons dire si ce traité est d'Amé, évêque et moine du Mont-Cassin, auquel le diacre Pierre attribue un ouvrage *Sur les douze pierres*. Ce qui est évident, c'est que ce fragment a une grande ressemblance avec l'interprétation que Bède a donnée de ce passage de l'Apocalypse.

---

tamen eos ipsos, quia et homines sunt, humana consideratione tractemus. Persequamur in eis propriam iniquitatem ; misereamur communem conditionem : et sic « infatigabiles, cum tempus habemus, operemur bonum ad omnes, maxime autem ad domesticos fidei. » (*Gal.*, VI, 10.)

TRACTATUS

DE DUODECIM LAPIDIBUS, DE QUIBUS APOC. XXI.

Jaspis, qui primus in ordine ponitur (*Apoc.*, XXI, 19,) viridis est coloris, et significat Christum, qui est resurrectio vel refectio sanctarum animarum ; sive electos, quorum fides nunquam marcescit. Sapphirus, qui secundus in ordine ponitur, aerei coloris, sanctos significat, qui adhuc in terra positi cœlestia mente petunt, et cuncta terrena despiciunt, quasi non sint in terra. Isti vero possunt dicere cum Apostolo : « nostra conversio in cœlis est. » (*Phil.*, III, 20.) Calcedonius, qui tertius in ordine ponitur, adeo fortissimæ naturæ est, ut sculpentium argumentis resistat, speciemque habens pallentis lucernæ, significat fortes virtutes aliis exemplum fortitudinis præbentes, et sine ostentatione lumen scientiæ portantes. Smaragdus adeo est viridis, ut aerem etiam circumfusum viridem reddat. Cujus multa sunt genera. Sed pretiosissimi in deserto Scythiæ reperiuntur, quos gryphes, ex parte leones et ex parte aquilæ, custodientes hominibus auferunt, cum quibus Arimaspi homines unum oculum habentes bella gerunt, ipsosque eis auferunt. Sic et Christus æternæ pascua refectionis suis daturus, in cordibus a terrenis curis remotis habitat, quem gryphes, id est, maligni spiritus tollere nituntur fidelibus, sed electi oculum mentis possidentes, cum gryphibus pugnant, sibique hunc pretiosum lapidem vendicant. Sardonius ex sardio et onyce componitur, primum colorem habens nigrum, medium candidum, supernum rubeum, ostendit eos, qui licet despecti videantur, splendore tamen fidei irradiantur, et caritatis igne semper rubescunt. Sardius terræ rubræ speciem habens, significat sanctos, qui quamvis sublimes sint meritis, tamen humanam fragilitatem considerantes, se esse filios Adæ recognoscunt, qui rubra terra dicitur. bene autem sexto loco ponitur, sicut ille sexto die factus est. Chrysolithus quasi aurum refulgens et quasi scintillas ex se mittens, significat eos, qui luce superna sapientiæ resplendent, suasque virtutes cum verbo prædicationis velut scintillas in proximos effundunt. Beryllus viridis et pallidus designat sanctos, contemplatione Dei virides, sed fraternæ administrationis actione quasi pallentes. Topazius omnium lapidum colorem habens signi-

saints remplis de toutes les vertus. Le chrysoprase, or et vert, désigne les saints à la foi éclatante. L'hyacinthe, semblable à l'eau traversée d'un rayon de soleil, représente les saints remplis de sagesse et inondés de rayons du véritable soleil. L'améthyste, dans sa couleur pourpre, désigne le ciel; dans sa couleur violette, l'humilité projetant l'odeur des bonnes œuvres; dans sa couleur rose, la charité des saints.

MÉLANGES [1].

Le Seigneur nous ordonne dans l'Evangile d'être simples comme des colombes, et rusés comme des serpents; en sorte qu'imitant la simplicité de la colombe et la ruse du serpent, nous ne puissions ni nuire aux autres, ni tomber dans les embûches d'autrui; il veut que nous soyons tempérés de simplicité et de prudence, parce que la prudence sans bonté devient malice, et la simplicité sans jugement s'appelle sottise. Les autres oiseaux se hâtent de protéger leurs petits, au péril même de leur vie; et, voient-ils un vautour, une couleuvre, un corbeau ou une corneille s'approcher de leur nid, aussitôt ils volent de côté et d'autre, se déchirent avec leurs griffes et leur bec, et témoignent par leurs cris de la douleur qu'ils ressentent, à cause de leurs petits. La colombe seule n'a point de douleur de l'enlèvement de ses petits, et n'en gémit point.

Différence entre le voleur et le brigand. Les voleurs tendent des embûches, et trompent par des moyens secrets; le brigand s'empare audacieusement des biens d'autrui.

Celui qui navigue souvent est exposé quelquefois à la tempête; celui qui voyage fréquemment sur les routes éprouve les attaques des voleurs, ou du moins les redoute. Dans toute condition, la gloire et l'humiliation nous arrivent dans le bonheur comme dans l'adversité, soit que nos amis nous louent plus qu'il nous convient, soit que nos ennemis nous vilipendent plus que de justice.

Pourquoi Dieu a-t-il donné les princes? C'est pour corriger le peuple qui s'égare, et ramener dans le droit chemin celui qui pèche.

Le premier degré du péché, c'est d'arrêter ses pensées sur des choses mauvaises; le second, de consentir à ces pensées perverses; le troisième, de réduire en acte ce que l'esprit avait résolu de faire; le quatrième, de ne pas faire pénitence après son péché, mais de se complaire dans sa faute.

On dit que la rouille descend vraiment avec la rosée du matin, et qu'elle colore d'une teinte de minium les grains de blés cachés dans les épis, ou..... (2).

L'obscurité de ce qu'on lit provient de trois raisons : ou de la difficulté des choses, ou de l'inhabileté du maître, ou de la trop grande épaisseur d'esprit de celui qui apprend.

Une femme fornicatrice est celle qui tombe dans le crime avec plusieurs hommes; l'adultère est celle qui, abandonnant son mari, en connaît un autre. Nous lisons qu'Achab, roi d'Israël, se livra tellement au luxe qu'il se fit une maison d'ivoire.

La vieillesse apporte avec elle beaucoup de biens et beaucoup de maux; des biens, parce qu'elle nous délivre de nos passions, de tous les tyrans les plus

(1) D'un auteur inconnu. — (2) Le texte a subi une altération en cet endroit

---

ficat sanctos omnibus refertos virtutibus. Chrysoprasus aureus et viridis designat sapientes resplendentes fide. Hyacinthus similis aquæ radio solis perfusæ, designat sanctos sapientia repletos, perfusos radio veri solis. Ametistus in suo purpureo colore cælestem in violaceo colore humilitatem cum bonæ operationis odore, in roseo caritatem sanctorum significat.

MISCELLANEÆ SENTENTIÆ.

Præcipit Dominus in Evangelio ut simus simplices quasi columbæ, et astuti quasi serpentes (*Matth.*, x, 16); ut imitantes simplicitatem columbarum, et astutiam serpentis, nec aliis nocere possimus, nec ab aliis patiamur insidias, sed simplicitate et prudentia habeamus hominem temperatum; quia prudentia absque bonitate malitia est, et simplicitas absque ratione stultitia nominatur. Aves cæteræ pullos suos etiam cum periculo vitæ suæ protegere festinant, et cum ad nidum suum, accipitrem, colubrum, corvum, sive cornicem accedere viderint, huc illucque volitant, se morsu et unguibus lacerant, et dolorem parentis querula voce testantur : sola columba ablatos pullos non dolet, non quæritur.

Differentia inter fures et latrones. Fures insidiantur, et occulta fraude decipiunt : latrones audacter aliena diripiunt.

Qui sæpe navigat, aliquando patitur tempestatem. Qui viam frequenter ingreditur, aut sustinet latronum impetus, aut certe metuit. Omnique in arte tam gloria quam obtrectatio secundis adversisque ventis oritur, dum aut amici plus merito laudant, aut inimici plus justo detrahunt.

Idcirco Deus principes dedit, ut populum corrigerent delinquentem, et ad rectum iter retraherent delinquentem.

Primum peccatum est cogitasse quæ mala sunt; secundum, cogitationibus acquievisse perversis; tertium quod mente decreveris, opere complesse; quartum, post peccatum non agere pœnitentiam, sed in suo sibi complacere delicto.

Rubigo autem proprie descendere dicitur in rore nocturno, latentia in spicis frumenta maculare colore minii, vel Senopidi se congruere. Ignosce (1).

Obscuritas lectionis nascitur tribus modis, aut rerum difficultate, aut magistri imperitia, aut nimia tarditate discentis.

Fornicaria est, quæ cum pluribus copulatur; adultera, quæ unum virum deserens, alteri jungitur. Legimus enim Achab regem Israel tantis fluxisse deliciis, ut domum sibi eburneam fecerit. (III *Reg.*, xxii, 39.)

Senectus multa secum et bona affert et mala; bona, quia nos ab impotentissimis dominis liberta voluptatibus,

(1) Locus corruptus.

cruels ; parce qu'elle met un frein à la volupté, dompte la vivacité, augmente la sagesse, donne des conseils pleins de maturité, et , l'ardeur du corps se refroidissant, elle dort sans perdre sa virginité, ayant méprisé les plaisir offerts par la Sunamite.

J'ai lu dans une dissertatation que la faiblesse du corps entraîne aussi après elle les forces de l'âme.

A la lumière d'une seule vérité, beaucoup de mensonges disparaissent. Nous devons comprendre l'Ecriture sainte, d'abord suivant le sens littéral, faisant en morale tout ce qui est commandé ; ensuite , suivant le sens allégorique , c'est-à-dire le sens spirituel ; en troisième lieu, suivant le sens anagogique.

Nous avons souvent lu, et fréquemment interprété, que, d'après la coutume ancienne du peuple Juif, les jugements se rendaient à la porte de la ville ; c'était pour que le laboureur venant plaider, ne fût point effrayé par le tumulte de la ville et les objets nouveaux qu'il rencontrerait ; et aussi, pour que l'habitant de la ville ne s'en éloignât pas beaucoup, et ne cherchât point à s'y faire conduire par des bêtes de somme.

C'est un grand péché de haïr celui qui nous reprend, surtout s'il nous reprend, non par haine, mais par affection ; s'il le fait étant seul à seul, ou après s'être adjoint un second témoin ou ensuite en présence de l'Eglise, en sorte qu'il nous reproche notre faute, non dans le désir de nous humilier, mais plutôt dans celui de nous corriger.

Les choses de ce monde et les objets corporels passent à tout instant. Rien n'est plus fugitif que la vie et les choses de la vie ; elles nous échappent que nous les tenons encore. Nous changeons et nous courons à travers l'enfance, la jeunesse, l'adolescence , l'âge viril et l'âge plus avancé , et enfin à travers les dernières années de la vieillesse, et, sans le savoir, nous arrivons ainsi aux portes de la mort. Il est commandé à l'Eglise de ne point avoir de tristesse et d'inquiétude sur les choses de la vie, ni sur les pertes qui ont coutume d'arriver en ce monde, et on dit à ses habitants : O vous qui êtes dans l'Eglise du Seigneur, réjouissez-vous toujours, et n'importe ce qui vous arrive, soyez contents des jugements de Dieu. Je ne dis point cela pour vous défendre de pleurer, car, « bienheureux ceux qui pleurent, parce qu'ils riront, » (*Luc.*, vi, 21) mais je vous donne cet avis afin que vous ne pleuriez point au sujet des choses de ce monde. Si quelqu'un de vos proches vient à mourir, si le fisc s'empare de votre patrimoine, si la goutte ou quelqu'autre maladie envahit votre corps, ne pleurez point, ne versez point de larmes, n'arrêtez point votre esprit sur les choses présentes, mais sur celle de l'avenir. Prenez garde plutôt de ne pas insulter à ceux qui tombent, et ne considérez pas la perte d'autrui comme un avantage pour vous.

Le Seigneur nous demande de faire notre salut ; c'est pour lui comme un besoin ; il nous demande de recevoir ce qui est utile à celui qui donne, afin que nous ne fassions rien sans conseil et sans motif ; que notre esprit pèse auparavant ce qu'il doit faire et qu'il l'accomplisse ensuite. Faisons miséricorde et ne soyons pas charitables, contraints en quelque sorte par la nécessité.

Le saint a disparu de la terre, et l'homme juste ne se trouve plus au milieu des hommes, partout sont des embûches, partout la fraude. On répand le sang innocent pour satisfaire l'avarice et la passion ;

---

quia imponit modum libidinis, frangit impetus, auget sapientiam, dat maturiora consilia, et frigescente corpore, dormit cum perpetua virginitate Sunamitis luxuriam contemnens. (III *Reg.*, i, 4.)

Legi in quadam controversia : Imbecillitas corporis, animæ quoque vires secum trahit.

Una enim veritate surgente, multa mendacia destruuntur. Debemus enim Scripturam sanctam primum secundum litteram intelligere, facientes in Ethica quæcumque præcepta sunt ; secundo juxta allegoriam, id est, intelligentiam spiritalem, tertio secundum futurorum beatitudinem.

In porta autem civitatis juxta veterem morem Judaici populi fuisse judicia (*Deut.*, xvii, 2), et sæpe legimus, et crebro interpretati sumus : ut nec agricola ad causam veniens, frequentia civitatis et novo terreretur aspectu, nec urbis habitator longe ab urbe properaret, et subvectionem quæreret jumentorum.

Grande peccatum est odisse corripientem, maxime si te non odio sed amore corripiat, si solus ad solum, si assumpto fratre altero, ut postea præsente Ecclesia ; ut non studio detrahendi, sed emendationis tuæ, videatur crimen ingerere.

Res enim sæculi, et omnia corpora per momenta fluunt. Nihil est fugacius sæculo, rebusque sæculi, quas dum tenemus, amittimus : et per infantiam, pueritiam, juventutem, virilem et ingravescentem ætatem, annosque ultimos senectutis mutamur et currimus, et nescientes ad mortis terminos pervenimus. Præcipitur Ecclesiæ, ut non habeat tristitiam et sollicitudinem super rebus sæculi et damnis, quæ in hoc mundo evenire consueverunt, et dicitur habitatoribus ejus : O vos qui estis in Ecclesia Domini, semper gaudete, et quidquid vobis acciderit, de Dei judiciis gratulamini. Nec hoc dico, quod flere non debeatis ; beati quippe flentes, quoniam ipsi ridebunt (*Luc.*, vi, 21) : sed illud admoneo, ne in his ploretis, quæ sæculi sunt. Si quis mortuus fuerit propinquorum, si substantiam fiscus invaserit, si corpus vel podagra vel alius quilibet morbus invaserit, nolite flere, nolite fundere lacrymas ; nec consideretis præsentia, sed futura : quin potius illud cavete, ne insultetis cadentibus, et alienam ruinam vestram ædificationem putetis.

Quærit a nobis Dominus, et quasi necessariam habens nostram salutem, poscit accipere quod danti prosit, ut faciamus judicium, id est, nihil absque consilio et ratione faciamus, et ante mens judicet quid factura sit, et postea opere compleatur, et diligamus misericordiam, et non quasi ex necessitate aut compulsi misericordes simus.

Periit sanctus de terra, et rectus in hominibus non est : ubique insidiæ, ubique fraudulentia. Innoxius sanguis effunditur, pro avaritia et libidine germanitas ignoratur : et non solum faciunt, sed defendunt quoque mala, et no-

la parenté est mise de côté, non-seulement on fait le mal, mais on l'excuse même, et, après avoir corrompu les termes, ils appellent bien ce qui est mal. Les princes eux-mêmes ne reçoivent pas des présents de ceux qui veulent bien les leur offrir, mais ils forcent leurs sujets à leur donner et leur demandent. Le juge, en jugeant autrui, prononce son jugement comme s'il devait être lui-même jugé par cet autre, en sorte qu'ils ont chacun pour leurs crimes une mutuelle indulgence, et se défendent en protégeant le crime d'un autre.

Si vous conservez un ami dans l'épreuve, gardez-le. J'ai lu quelque part : on cherche longtemps un véritable ami, on le trouve avec peine ; on le conserve difficilement.

Toute âme me paraît ressembler à Jérusalem, dans laquelle fut bâti le temple du Seigneur, où se trouve la vision de la paix, et la connaissance des saintes Écritures. Ensuite, ayant été vaincue par le péché, elle fut conduite en captivité et livrée aux tourments, elle dit maintenant à Babylone, c'est-à-dire à la confusion de ce monde et à la force opposée qui domine ici-bas : Ne m'insultez pas, ô mon ennemie, de ce que je suis tombée, je me relèverai : « Le Seigneur, en effet, relève ceux qui sont renversés : » (*Ps.* CXLV, 8) et ne nous dit-il pas par son prophète : « Celui qui est tombé ne pourra-t-il donc pas ressusciter ? » (*Ps.* XL, 9) et : « je ne veux pas la mort du pécheur, mais qu'il se convertisse et qu'il vive. » (*Ezéch.*, XXXIII, 11.) Le Seigneur n'a point égard aux dons qui sont offerts, mais à la volonté de celui qui offre. Dieu n'accepte point les vœux accompagnés du prix dont s'est vendue une femme de mauvaise vie.

C'est une grande peine, quand, au temps de la moisson et de la vendange, on nous dérobe les fruits et le vin sur lesquels nous comptions, et qu'on les enlève de nos mains, qui les tiennent, pour ainsi dire.

Bien loin d'inculper celui qui ramène à la pudeur une femme publique, il faut, au contraire, le louer de ce que de mauvaise il l'a rendue bonne.

Celui qui demeure bon ne se souille pas en s'associant à un mauvais ; mais celui qui est mauvais, devient bon en suivant les exemples d'un homme de bien.

La fornication, le vin et l'ivrognerie, ôtent tout cœur. Comme le vin et l'ivresse privent de sa raison celui qui a bu, de même la fornication et la volupté pervertissent l'intelligence, affaiblissent le cœur, et d'un homme raisonnable en font une brute ; en sorte qu'il n'a de goût que pour les lieux de débauches et de prostitution, et pour les lieux qui sont le rendez-vous de toutes les passions. Le Seigneur corrige celui qu'il aime, il laisse croupir dans ses péchés celui qu'il a mis de côté.

La nature des lions est telle, que, lorsqu'ils poussent des rugissements, les autres animaux sont dans la frayeur, et s'arrêtent sans pouvoir se mouvoir, tant est grande leur frayeur et tant est puissante la force du lion.

Il est naturel que tous les artisans donnent des exemples tirés de leur art, et fassent des comparaisons prises dans la profession dans laquelle ils ont passé leur vie ; ainsi, celui qui fut matelot ou pilote, compare sa tristesse à une tempête, appelle une perte un naufrage, nomme ses ennemis des vents contraires, et appelle de même la prospérité et la joie un air très-calme, des vents favorables pour lui, une vaste plaine ressemble à une mer tranquille. Dans un autre sens, n'importe ce que dise un

---

minibus commutatis bonum dicunt esse quod malum est. Ipsi principes, non ab offerentibus accipiunt munera, sed cogunt dare subjectos, et postulant, et judex in (*f. jure dicendo*) reddendo est sic alium judicans, quomodo ipse ab alio judicatur, ut præstent sceleribus suis mutuum favorem, et in alterius crimine se defendant.

Si habes amicum in tentatione, posside eum. Legi in cujusdam controversia : Amicus diu quæritur, vix invenitur, difficile servatur.

Videtur mihi omnis anima Jerusalem, in qua ædificatum fuit templum Domini et visio pacis, et notitia Scripturarum : et postea superata peccatis, ducta est in captivitatem, tormentisque tradita, dicere contra Babylonem, id est, confusionem hujus mundi, et adversum contrariam fortitudinem quæ huic mundo præsidet : Noli insultare mihi inimica mea, quia cecidi et resurgam : Dominus enim allevat elisos (*Psal.* CXLV, 8), et loquitur per Prophetam : « Numquid qui cadit, non resurget ? » (*Psal.* XL, 9) et : « Nolo mortem peccatoris, sed ut convertatur et vivat. » (*Ezech.*, XXXIII, 11.) Dominus non ea quæ offeruntur, sed voluntatem recipit offerentium. De mercede meretricis Deus vota non suscipit.

Gravis pœna est, quando in tempore messis et vindemiæ, speratæ fruges auferuntur et vinum, et quodam modo tenentis tolluntur e manibus.

Non est culpandus, qui meretricem convertit ad pudicitiam ; sed potius laudandus, quod ex mala bonam fecerit.

Non qui bonus permanet, ipse polluitur, si societur malo ; sed qui malus est, in bonum vertitur, si boni exempla sectetur.

Fornicatio et vinum et ebrietas aufert cor. Sicut enim vinum et ebrietas eum qui biberit mentis suæ impotem facit ; ita fornicatio ac voluptas pervertit sensum, animumque debilitat, et de rationabili homine brutum efficit animal, ut ganeas et lupanaria et libidinum lustra sectetur. Qui amatur a Domino, corripitur (*Prov.*, III, 12) ; qui negligitur, suis peccatis dimittitur.

Natura leonum esse dicitur, ut, cum infremuerint et rugierint, omnia animantia contremiscant, ut fixo gradu se movere non possint ; tantus pavor est, tanta fortitudo.

Naturale est, ut omnes artifices suæ artis loquantur exemplis, et unusquisque in quo studio trivit ætatem, illius similitudines proferat, verbi gratia, qui nauta est et gubernator, tristitiam suam comparat tempestati, damnum naufragium vocat, inimicos suos ventos appellat contrarios : rursum prosperitatem et lætitiam, auram placidissimam et secundos nominat ventos, tranquilla maria et æquora campis similia. E regione miles quid-

soldat, il parle de bouclier, de glaive, de cuirasse, de casque, de lance, d'arc et de flèche, de mort, de blessure et de victoire.

Quand l'homme corrompu sera sévèrement châtié, non-seulement le sage, mais l'insensé lui-même deviendra plus prudent.

quid dixerit, scutum, gladium, loricam, galeam, lanceam, arcum et sagittas, mortem, vulnus et victoriam sonat.

Pestilente flagellato, non solum sapiens, sed etiam stultus prudentior fiet. (*Prov.*, XIX, 25 ; XXI, 11.)

AVERTISSEMENT
SUR LES SERMONS AUX FRÈRES DANS LE DÉSERT

Dans la collection de ces sermons, deux appartenaient réellement à saint Augustin, ceux qui portent la suscription *de la Vie commune des clercs;* ils sont placés dans les précédents volumes sous les nombres 355° et 356°. Les autres sont presque tous apocryphes, et c'est avec raison que les savants les jugent indignes de saint Augustin. Baronius en parle ainsi (an. 382) : « L'auteur de ces sermons ne peut être considéré que comme un imposteur, puisqu'il ose mettre une foule de mensonges sur le compte d'un si saint et si savant docteur. » Revenant ailleurs sur le même sujet (an. 385) : « Ce répugnant faussaire, dit-il, débite une foule de choses insensées, frivoles et fabuleuses sous le nom d'un si grand docteur; il publie des mensonges étranges, » etc. Bellarmin s'exprime ainsi dans son livre *Des écrivains ecclésiastiques :* « Les sermons aux frères dans désert me paraissent pour la plupart apocryphes : dans le nombre, plusieurs sont frivoles et remplis de fables; le style est mauvais, impropre, sans liaison; il est étonnant qu'un homme sensé ait pu attribuer à saint Augustin des discours de ce genre. » Les théologiens de Louvain disent dans la censure qu'ils ont mise en tête de ces sermons : « Il est évident qu'ils ont été composés sous le nom de saint Augustin par quelque semi-latin qui voulait s'exercer; il mêle quelquefois les paroles de saint Augustin, de saint Césaire et de saint Grégoire. Martin Lypse, d'après le style et certaines locutions, soupçonne que l'auteur était un déclamateur gallo-flamand. » Ils ajoutent, d'après Jean Maubourg : « Que ces sermons ont été condamnés et réprouvés en 1414 par le conservateur apostolique de Reggio. » Erasme écrit dans sa Préface des œuvres de saint Augustin (*ad Fonsecam, archiep. Tolet.*) : « Parmi tous les ouvrages qu'on lui a faussement attribués, il n'est rien de plus insensé ni de plus impudent que les *Sermons aux Ermites*. Ni les paroles, ni la doctrine, ni le sentiment, rien, en un mot, n'est digne de saint Augustin. » Le même auteur, dans son troisième

ADMONITIO IN SERMONES AD FRATRES IN EREMO

In ea Sermonum collectione duo erant vere Augustiniani, qui nimirum *de communi vita Clericorum* appellantur, locum in superiore Tomo suum tenentes, ordine CCCLV et CCCLVI. Reliquos fere omnes subditios et Augustino indignos haberi ac dici patiemur ab eruditis. Inter eos Baronius ad annum Christi 382 : « Auctor, ait, illorum Sermonum non nisi impostor dicendus, cum multorum mendaciorum sanctissimum ac doctissimum virum constituerit assertorem. » Et ad an. 385 : « Frigidus ille fictor multa delira, vana et fabulosa sub tanti patris nomine effutit, portentosa mendacia blaterat, » etc. Bellarminus, lib. *de Scriptoribus Eccles.* : « Sermones, inquit, *ad Fratres in eremo* videntur magna ex parte conficti. Inter illos multi sunt leves et fabulosi. Phrasis est inepta, impropria, lutulenta, ut mirum sit potuisse ejusmodi Sermones S. Augustino ab aliquo viro prudente tribui. » Lovanienses Theologi censura in eosdem Sermones præfixa : « Satis constat sub D. Augustini nomine a quodam semilatino exercitii causa conscriptos esse. Aliquando intermisceri verba Augustini, Cæsarii, Gregorii. Martinus Lypsius ex phrasibus et dictionibus quibusdam suspicatur auctorem fuisse exclamatorem Galloflandrum. » Hæc Lovanienses, qui ex Mauburno addunt « hos Sermones a Conservatore Apostolico Rhegii anno 1414 damnatos et reprobatos. » Erasmus ad Fonsecam Archiep.

livre *De ratione concionandi*, dit : « Je crois que les sermons de l'Augustin Flamand sentent la bière ; tout y respire la grossièreté, excepté ce qu'il a pris dans d'autres auteurs ; car de même que ce faussaire a pris certains arguments dans la vie de saint Augustin, ainsi il a puisé son sujet dans des passages de divers auteurs, mais sans talent et sans discernement. » Nous omettons la critique de Paul Lange, dans sa *Chronique de Citize* (an. 1259), de Jean Maubourg (*in Venatorio canonici ordinis*), de Simon Verlin (*in Crisi Augustiniana*), et d'autres encore. Erasme croit que ces sermons sont l'œuvre de quelque moine de l'ordre de Saint-Augustin, qui, par cette fraude, aura pensé rendre sa congrégation vénérable, en cherchant à persuader que saint Augustin en était l'auteur. Quant à nous, ces sermons nous paraissent tels, qu'on croirait plutôt qu'ils ont été fabriqués malicieusement par quelque adversaire jaloux de l'ordre du saint docteur. Certes, tous les savants de cette congrégation aujourd'hui les rejettent et les répudient ouvertement. Jacques Hommey, dans sa collection intitulée : *Supplément des Pères,* page 645, exprime ainsi son sentiment sur ces discours : « Peu rappellent le style et l'esprit du saint docteur, plusieurs contiennent des faussetés et la plupart répugnent. » Lupus Christianus, au chapitre xxxv° de son traité *sur l'origine des Ermites de saint Augustin,* s'efforce de tout son pouvoir à les faire rejeter : « Je dis donc, écrit-il, et j'affirme fortement que les sermons susdits ne sont pas de saint Augustin, mais l'œuvre de je ne sais quel imposteur. » Et peu après il ajoute : « Le pauvre auteur de ces sermons a voulu imiter certains hommes de notre siècle, qui pensent que fabriquer des miracles, ou autres impostures du même genre pour faire l'éloge et recommander au public quelque ordre religieux, sont des fraudes licites et pieuses ; » car « il est manifeste, dit-il, que l'auteur a été un ermite de Saint-Augustin. » Enfin après avoir traité longuement ce sujet et signalé plusieurs erreurs dans le sermon cinquième, il conclut ainsi : « Il est donc constant que l'auteur de ces sermons n'est point saint Augustin, mais je ne sais quel faussaire impudent et profondément ignorant. » Bernard Vinding, théologien du même ordre de Saint-Augustin, après avoir cité et approuvé dans sa *Critique augustinienne,* la censure de Bellarmin, dit entre autres choses sur le sermon cinquième : « Il contient encore plusieurs autres inventions également sottes au sujet de Pierre ; il y en a sur Judas et sur Simplicius au sermon 28° ; sur Cyrille, au sermon 33° ; sur les Ethiopiens Acephales, au sermon 37° ; sur le tombeau de César, au sermon 48° ; enfin sur l'apparition d'une âme en Egypte, au sermon 69°. Ce faussaire a eu l'impudeur de mettre ces fables sous le nom vénérable

---

Tolet. præfatione in Augustinum scribit : « In omnibus quæ illi falso sunt inscripta, nihil insulsius aut impudentius Sermonibus *ad Eremitas,* in quibus nec verba, nec sententiæ, nec pectus, nec omnino quidquam est Augustino dignum. » Idem in libro *de ratione concionandi* tertio : « In his, ait, Sermonibus cervisiæ quoque meminit Flandricus, ut suspicor, Augustinus. Omnia miram barbariem crepant, exceptis iis quæ ex aliis auctoribus assuta sunt. Etenim ut quædam argumenta artifex ille sumpsit e vita Augustini, ita materiam e variis diversorum auctorum locis, licet indocte et impudenter omnia. » Mittimus censuras Pauli Langii in *Chronico Citizensi* ad an. 1259. Joannis Mauburni in *Venatorio Canonici Ordinis*, Simonis Verlini in *Crisi Augustiniana,* et aliorum. Arbitratur Erasmus opus esse alicujus ex Augustinensium Ordine monachi, qui « hoc fuco studuerit suum sodalicum orbi commendare, si persuasisset tantum virum ejus instituti fuisse auctorem. » Nobis porro tales videntur ii Sermones, qui credi potuissent ab aliquo potius Augustinensis Ordinis æmulo invidiose ac maligne conficti. Certe quidem viri ex eodem Ordine eruditi eos nunc tandem reprehendunt palam et repudiant. Jacobus Hommey in Collectaneorum libro cui *Supplemento Patrum* nomen fecit, pag. 645, sententiam de his Sermonibus suam dicit in hæc verba : « Pauci mihi stilum ingeniumque S. Doctoris exhibent, plures mentiuntur, plurimi offendunt. » Lupus Christianus lib. *de origine Eremitarum S. Aug.,* cap xxxv, ope atque opera omni enititur, ut Sermones iidem abjiciantur : « Dico itaque, ait, ac constanter assero præfatos istos Sermones non esse Augustini, sed esse opus nescio cujus impostoris. » Et paulo post : « Bonus ergo ille istorum Sermonum auctor imitatus est nescio quos nostri sæculi homines, qui conficta miracula, aliaque id genus falsa ad alicujus religiosi Ordinis laudem ac commendationem in vulgus spargere, esse putant fraudes licitas ac pias. » Nempe « palam esse, ait, auctorem fuisse Eremitam Augustinensem. » Denique iis operosius discussis et multis in Sermone v observatis erroribus concludit : « Constat ergo istorum Sermonum auctorem non esse S. Augustinum, sed nescio quem impudentissime mendacem, aut profundissime imperitum. » Bernardus Vindingus, Theologus item Augustinianus, censura Bellarmini laudata et probata in *Critico Augustiniano,* hæc inter alia scribit ad Sermonem v : « Qui enim complures alias et æque stultas fabulas de Petro, Juda et Simplicio Ser. xxviii, de Cyrillo, xxxiii, de Æthiopibus acephalis, xxxvii, de sepulcro Cæsaris, xlviii, de quadam anima de Ægypto exeunte, Ser. lxix,

de saint Augustin. Je n'hésite pas à dire que c'est sans raison, et qu'il a menti avec la dernière impudence (1). »

Il y a environ trois cents ans que ces sermons, qui n'avaient encore été édités par personne, virent le jour par les soins de Jourdain de Saxe, célèbre ermite de l'ordre de Saint-Augustin. Il était né à Quedelingberg; il mourut à Vienne, sur le Danube, en 1380. Les augustiniens conservent dans leur grand couvent de Paris l'autographe de Jourdain, qui leur a été transmis par les soins de l'auteur lui-même; car, au commencement de ce volume, il parle ainsi : « Comme, selon la parole du sage, les eaux retournent aux lieux d'où elles deviennent, pour couler de nouveau; moi, frère Jourdain de Saxe, appelé aussi de Quedelingberg, le moindre parmi les étudiants de Paris, j'ai voulu destiner à cette même ville, d'où l'on sait que coulent, comme d'une mer abondante, tous les flots de la science, ce volume dans lequel j'ai réuni quelques sermons de notre bienheureux Père et excellent docteur saint Augustin. J'y ai joint d'autres traités, des opuscules, des légendes sur la vie et les gestes de ce même Père, ainsi que ce qui concernait sa pieuse mère, sainte Monique, et la translation de leurs reliques. J'ai rassemblé tous ces ouvrages dans un même volume, selon qu'ils m'ont été communiqués par des personnes dignes de foi, les transcrivant fidèlement d'après des manuscrits, les uns de Paris, les autres de Rome, quelques-uns appartenant à d'anciens et célèbres monastères, qui ont bien voulu me les communiquer. Que de cette ville de sciences, ils puissent se répandre dans tout notre ordre. Je prie tout frère des écoles de notre couvent de Paris, auquel, comme marque de mon affection, je donne ce volume, afin qu'il soit placé dans la bibliothèque de ce même couvent pour l'utilité de tous; je supplie, dis-je, par les entrailles de la charité, tout frère qui le lira, ou qui le fera transcrire, de prier pour l'âme du donateur, afin que, par les mérites de saint Augustin, il jouisse un jour du bonheur du ciel. » Dans le volume de Jourdain, on ne trouve pas tous les sermons qui vont suivre, mais seulement ceux-ci : Les 1, 2, 3, 4, 6, 7, 8, 9, 10, 11, 12, 13, 14, 15, 16, 17, 18, 19, 20, 21, 22, 26 et 54, intitulés : *Aux frères dans le désert;* ensuite vient le sermon placé ici le cinquième, mais que Jourdain a mis parmi les derniers et qui est appelé : *Aux prêtres d'Hippone.* Il le fait suivre des deux sermons *sur la Vie commune des clercs;* viennent ensuite les sermons 38, 43, 44, trois autres, puis le 76. Les manuscrits des bibliothèques de Colbert et de Saint-Victor concordent tellement avec l'autographe de Jourdain, que nous les considérons comme des copies qui en ont été faites; cependant,

(1) On trouvera dans les notes latines les principales observations de Bernard Vinding.

honorifico Augustini nomine comminisci ausus est, non eum merito et hic nequissime mentitum pro certo habeam ? » etc.

Ante annos ab hinc circiter trecentos collectionem istam Sermonum (certe a nemine prius laudatam) edidit Augustinensis Ordinis Eremita percelebris, Jordanus de Saxonia, qui natus Quindelimburgi, diem obiit Viennæ ad Danubium anno 1380. Autographum Jordani servant R. R. P. P. Augustiniani in majori conventu Parisiensi, huc olim transmissum cura ipsius auctoris, qui admonitionem in fronte voluminis scripsit in hæc verba : « Quia juxta dictum Sapientis : Ad locum unde exeunt flumina revertuntur, ut iterum fluant : hinc est quod ego frater Jordanus de Saxonia, dictus de Quedelingberg, inter Scholares Parisienses minimus, quosdam Sermones beatissimi Patris nostri ac Doctoris eximii Augustini, cum quibusdam aliis Tractatibus, seu opusculis, vel legendis, de vita et gestis ejusdem sancti Patris, ac suæ piæ matris sanctæ Monicæ, atque de translationibus eorumdem, prout ad me fide digna assertione ac fideli communicatione undequaque exemplaria devenerunt, quibusdam quidem de Parisiis, quibusdam vero de Curia Romana, nonnullis quoque de antiquis et approbatis monasteriis ad me perductis, in unum volumen collegi, ipsumque ad locum Parisiensem, mare utique copiosum, unde omnia scientiarum flumina exire dignoscuntur, destinare sategi ; quatenus exinde fluat iterum per Ordinem universum, obsecrans in visceribus caritatis, ut quicumque Fratrum de studio Conventus nostri Parisiensis, cui hunc librum, in libraria ejus Conventus ad communem utilitatem ponendum, pro munusculo caritatis donare decrevi, in eo legerit, vel eum forsitan transcribi fecerit, oret pro donantis anima, ut Augustini meritis cœli fruatur gaudiis. » In Jordani volumine non omnes qui hic subsequuntur, Sermones exstant, sed isti tantum, I, II, III, IV, VI, VII, VIII, IX, X, XI, XII, XIII, XIV, XV, XVI, XVII, XVIII, XIX, XX, XXI, XXII, XXVI et LIV *ad Fratres in eremo* inscripti : postea vero subjicitur Sermo nunc ordine quintus, sed a Jordano inter ultimos collocatus et *ad Presbyteros Hipponenses* appellatus. Huic mox Jordanus subjunxit duos Sermones *de communi vita Clericorum.* Tum inde Serm. XXXVIII, XLIII, XLIV, et alios tres, ac LXXVI. Cum Jordani autographo ita concordant codices Colbertinus et Victorinus, ut ipsos ex illo descriptos credamus : tametsi admonitionem initio et aliquot in fine Sermones omittant. Plures

ils n'ont point l'avertissement qui commence, et omettent à la fin quelques sermons. Maubourg affirme avoir vu plusieurs exemplaires de cette collection différents par le nombre des sermons : « En Allemagne, dit-il, on en compte vingt-six ou vingt-sept ; dans le Brabant, trente-deux et davantage ; en Italie, ils dépassent soixante-dix, et le nombre s'en accroît chaque jour. » Le style des quarante-huit premiers, si l'on excepte le quarante-cinquième, est absolument le même. Les autres ont été tirés, mais peu fidèlement, de divers manuscrits. Le manuscrit germanique, ou quelque exemplaire pareil, a surtout donné lieu de grossir cette collection. On y trouve les sermons 49, 62, 63, 64, 65, 66, 67 et 68, dans lesquels, cependant, l'auteur de la collection a fait des additions ou des changements de sa propre autorité.

ejusdem collectionis libros Mauburnus a se visos testatur, eosque in Sermonum numero discrepantes. « Apud Almanniam, ait, sunt xxvi aut xxvii. Apud Brabantiam xxxii, aut supra. In Italia sexagenarium numerum supergressi sunt, et adhuc quotidie increscunt. » Sermonum XLVIII priorum (uno excepto XLV) idem omnino stilus. Reliqui variis ex Mss. sunt revera collecti, sed minus sincere exhibiti. Collectioni autem augendæ potissimum locum præbuit Germanense nostrum aut simile quoddam exemplar; quo nimirum continentur Sermones XLIX, LXII, LXIII, LXIV, LXV, LXVI, LXVII et LXVIII, quibus tamen plura de suo addidit collectionis auctor ac mutavit.

SERMONS

ADRESSÉS

AUX FRÈRES DU DÉSERT

ET A QUELQUES AUTRES

SERMON I. — *Institution de la vie religieuse.* — Mes frères, vous qui êtes la joie de mon cœur, ma couronne et ma félicité, paix à vous, et que la charité unie à la foi s'accroisse toujours parmi vous. Vous m'appelez le père de vos âmes, aussi, désirai-je vous façonner de telle sorte, qu'on ne voie en vous ni tache, ni ride au tribunal du juste juge. Je désire donner à vos âmes, non pas seulement des ornements, mais des remèdes s'il le faut. J'ai dessein, en effet, de recoudre ce qui est décousu, de réparer ce qui est déchiré, de guérir les blessures, de laver les souillures, de réparer ce qui est perdu, et d'orner de perles spirituelles ce qui est complet. Désirant vous faire don de ces perles précieuses qui nous viennent de la patrie du ciel, je ne veux recevoir en cette vie d'autre récompense que celle de vous voir écouter patiemment ce que j'ai à vous dire, et le mettre en pratique avec l'aide de Dieu, suivant la mesure de vos forces. Mais avant tout, frères bien-aimés, vous que j'enfante de nouveau jusqu'à ce que le Christ soit formé

SERMONES
AD FRATRES IN EREMO COMMORANTES
ET QUOSDAM ALIOS

SERMO I. — (*a*) *De institutione vitæ regularis.* — Fratres mei et lætitia cordis mei, corona mea et gaudium meum quod estis, pax vobis et caritas cum fide semper inter vos adimpleatur. Quia me putatis patrem esse animarum vestrarum; ideo desidero ita vos componere, ut in vobis macula neque ruga possit ante tribunal justi judicis apparere. Animabus enim vestris non solum ornamenta, sed etiam medicamenta desidero providere. (1) Studeo enim dissuta consuere, conscissa sarcire, vulnerata curare, abluere sordida, reparare perdita, et ea quæ sunt integra, spiritalibus margaritis ornare. Ego enim margaritas de paradisi patria vobis donare cupiens, nullam mercedem in sæculo opto recipere, nisi quod quæ vobis insinuare intendo, et patienter audire, et cum Dei adjutorio secundum vires opere adimplere semper studeatis. Sed ante omnia, Fratres carissimi quos iterum parturio donec reformetur in vobis Christus, diligatur Deus, deinde proximus, quia ista præcepta sunt principaliter nobis

(1) Cæsarii verba.
(*a*) Mss. *de margaritis regularis institutionis.*

en vous, aimez Dieu et le prochain parce que ce sont les deux principaux commandements. C'est pourquoi, frères bien-aimés, qui habitons le désert, qu'il nous plaise, au nom de notre Dieu, de prendre les sentiments qui ont inspiré la vie des apôtres, et posséder tout en commun, comme il est écrit aux actes des Apôtres : « Toutes choses étaient communes entre eux et on les distribuait à chacun selon qu'il en avait besoin. » (*Act.*, IV, 32, 35.) Persévérons dans ce genre de vie, et attachons-nous-y fortement avec le secours de Dieu, car, celui qui aura persévéré jusqu'à la fin sera sauvé. Mais si quelqu'un du siècle désire se joindre à notre congrégation, j'ordonne que tout d'abord on éprouve si sa volonté vient de Dieu. Elle ne doit être, en effet, ni violentée, ni contrainte, ni mobile, mais durable, énergique, constante, remplie et perfectionnée par l'esprit entier de la charité. Alors, proposez-lui comment il doit renoncer à sa propre volonté, et nous suivre volontairement. Je veux qu'il ne pense plus désormais à ce qui lui sera nécessaire ; notre Père céleste sait, en effet, ce dont nous avons besoin. Cherchons donc d'abord le royaume des cieux, et toutes ces choses nous seront fournies. Dans son oratoire, que personne ne fasse que ce pourquoi il a été construit et d'où il tire son nom. Appliquez-vous à la prière depuis le matin jusqu'à l'heure de sexte, au moment de la messe solennelle. Depuis sexte jusqu'à none, que tous s'appliquent à la lecture et à la méditation du « Pater noster. » A l'heure de none, il faut rendre les cahiers et prendre son repas sans précipitation, suivant la nature de son tempérament, tout en écoutant la parole de Dieu. Après le repas, travailler soit dans le jardin, soit dans le désert, ou partout où il sera nécessaire. Pour des serviteurs de Dieu, il n'y a rien de pire que l'oisiveté. Que ceux qui ne sont pas dans les ordres travaillent au nom du Seigneur, jusqu'à la chûte du jour. Que personne, cependant, ne s'approprie quelque chose de son travail, car nous voulons vivre de la vie des apôtres. Si quelqu'un agit contrairement à cette prescription, il doit être condamné pour vol ; si étant repris, il ne se corrige pas, chassez-le de votre société. Agir ainsi, ce n'est point agir avec cruauté mais avec miséricorde, c'est afin que cette contagion pestilentielle ne tue pas plusieurs d'entre vous. Lorsque vous faites quelque chose, gardez-vous de le faire en murmurant, de peur que vous ne soyez appelés « murmurateurs » en présence de Dieu. Tous, honorez immédiatement après Dieu celui qui vous commande, comme il convient à des serviteurs de Dieu. Que votre supérieur, de son côté, prenne, avant tout, sollicitude de votre salut dont il doit rendre compte. Chaque dimanche, que ceux qui veulent boire du vin, le fassent en remerciant Dieu. Quant aux vieillards, forcez-les d'en boire, mais qu'ils matent leur chair autant que leur santé le leur permet. Lorsqu'il est nécessaire que quelques-uns aillent au milieu du monde, qu'ils prennent garde de ne pas aller moins de deux ou trois. Si les yeux des serviteurs de Dieu viennent à tomber sur quelque femme, faites attention de ne pas les arrêter. Car, Dieu qui habite en vous, vous gardera de cette façon avec votre concours. En dehors du monastère, que personne, avec les gens du siècle, n'ose manger autre chose que du pain et

---

data. Et ideo, Fratres dilectissimi, commorantibus nobis in eremo, in nomine Dei nostri placeat secundum Apostolicam vitam unum sentire, et omnia communiter possidere sicut scriptum est in Actibus Apostolorum : « Quia erant illis omnia communia, et distribuebatur unicuique sicut cuique opus erat. » (*Act.*, IV, 32, 35.) In hac autem vita permaneamus, et nos ipsos in ipsa, Deo auxiliante, fortiter teneamus : quia qui perseveraverit usque in finem, salvus erit. Si quis autem de sæculo ad nostram congregationem venire desiderat, primo præcipio ut probetur an voluntas ex Deo sit. Non enim debet esse violenta, non coacta, non mobilis, sed sempiterna, virilis, constans, et omni spiritu caritatis plena atque perfecta. Tunc enim ei proponatur quomodo abneget voluntatem propriam, et sponte sequatur me. Nec volo quod cogitet amplius quid necesse ei fuerit : scit enim Pater noster cœlestis quibus indigemus. Quæramus igitur primum regnum Dei, et hæc omnia administrabuntur nobis. (1) In oratorio nemo aliquid agat, nisi ad quod factum est, unde et nomen accepit. Orationibus instate a mane usque ad sextam tantum circa missarum solemnia. A sexta vero usque ad nonam omnes vacent lectionibus et Pater noster. Ad nonam vero reddant codices, et secundum naturæ conditionem sine tumultu reficiantur, audientes verbum Dei. Post quam autem refecerint, sive in horto, sive in eremo, vel ubicumque necesse fuerit operentur. Nihil enim Dei servis otiositate pejus. Operentur ergo in nomine Domini sacrum ordinem non habentes usque ad horam lucernarii. Nemo tamen ex opere suo aliquid sibi appropriet : Apostolica enim vita optamus vivere. Si furti quis autem contra fecerit judicio condemnetur : et si correptus non emendaverit, de vestra societate projiciatur. Non enim hoc fit crudeliter, sed misericorditer ; ne contagione pestifera plures ex vobis perdat. Cum autem aliquid fit per vos, cavete ne cum murmure fiat ; ne murmuratores in conspectu Dei vocemini. Ipse vero qui vobis præest, post Deum omnes, sicut decet Dei famulos, honorate. Ipse vero qui præest, super omnia sollicitus sit de vestra salute, de quibus debet reddere rationem. Dominica autem die, qui volunt vinum cum Dei gratia bibant : sed qui antiqui sunt (*a*) bibere compellantur ; carnem tamen domantes, quantum valetudo permittit. Quando necesse est, ut aliqui ad sæculum vadant, caveant ne vadant minus quam duo vel tres. Et si oculi servorum Dei jaciantur in aliquam feminarum, cavete ne in illam figantur. Deus enim qui habitat in vobis, etiam isto modo custodiet vos ex vobis. Nemo cum sæcularibus extra monasterium manducare nisi panem, vel bibere nisi aquam præsumat, vel (*b*) etiam intus manducare

---

(1) V. Reg. Bened., VI, 52.

(*a*) Editi add. *et debiles*. — (*b*) Al. add. *aliquid*.

boire autre chose que de l'eau ; à l'intérieur, ne mangez pas en dehors de l'heure du repas ; j'excepte le cas de maladie. Quelqu'un d'entre vous est-il malade? soignez-le avec le plus d'attention possible, vînt-il de la dernière des conditions de ce monde. Que ceux qui sont en bonne santé ne se fassent pas de peine si on les traite différemment pour la nourriture, mais plutôt qu'ils se réjouissent, et rendent grâces à Dieu de ce qu'ils se portent bien, tandis que les autres sont malades. Et si, comme cela est déjà arrivé, tout à coup les hérétiques, les infidèles ou quelques autres ennemis fondent sur vous, en sorte qu'il vous soit nécessaire, mes frères, de prendre la fuite; aussitôt que, grâce à Dieu, ils se seront retirés, hâtez-vous de revenir promptement avec Elie dans les profondeurs de votre forêt, pensant qu'on ne pourra jamais séparer ceux que la charité de Dieu a unis. Si quelqu'un se révoltant sans cesse, se refuse d'observer ces prescriptions, saisissez-le et soumettez-le à la discipline du monastère. Relisez souvent, en votre particulier, ces recommandations que je vous fais, afin de ne pas les oublier. Et quand vous les aurez complètement observées, grande sera notre joie relativement au salut de nos chers fils. Voilà les choses que nous vous recommandons d'observer, c'est pour cela que vous vous êtes réunis ensemble, afin que, pleinement d'accord, vous habitiez la même maison, qu'il n'y ait en vous qu'un seul cœur, et qu'une seule âme en Dieu et en Notre-Seigneur Jésus-Christ, et qu'il vous dirige afin d'accomplir les beautés de sa loi. Ainsi soit-il.

SERMON II. — *De la paix.* — Frères bien-aimés, oh! si vous saviez combien grande est la vertu de la paix, et combien elle vous est nécessaire à vous qui demeurez dans la solitude ! La puissance de la paix est telle que l'Apôtre en fait mention dans toutes ses lettres. Je vous souhaite la paix, disait-il, et la grâce de la part de Dieu Notre-Seigneur Jésus-Christ ; le premier nous a donné cette forme de salut, en disant: « La paix soit avec vous. » (*Jean*, xx, 20.) Il l'a laissée, en qualité de testament, à ses apôtres, comme étant le souverain bien sans lequel personne ne devrait vivre. Notre Père céleste a tellement disposé les éléments, les planètes et les autres créatures insensibles qu'elles sont toutes unies par des liens de paix. Egalement, il a tellement constitué les glorieuses armées des anges, qu'après la chute des uns, c'est-à-dire des mauvais, il n'y eut entre eux nulle division, mais, au contraire, une paix pleine et complète. C'est cette glorieuse paix qui chasse les flots des mauvaises pensées, qui conserve intact l'esprit agité, et purifie la conscience. Dira-t-on qu'il est chrétien celui qui n'a la paix ni dans son cœur, ni sur ses lèvres, ni dans ses œuvres ? Celui qui n'a point d'espoir en elle, pose son pied sur un terrain glissant, dirige son navire droit au milieu de la tempête, se jette au sein des flots, ensemence sur du sable. La paix parfaite, n'est-ce point celle qui détruit les vices de notre âme, consume le ver de la conscience ? O paix ! mère des ermites, père des cénobites, sœur des moines! Tu es l'union des patriarches, le char des prophètes, le refuge des apôtres, la consolation des martyrs, le baudrier des confesseurs, la joie des vierges, le miroir des veuves, la satisfaction des époux, le boulevard contre les méchants, la haine des tyrans, le gibet des voleurs. O paix ! édifice de Dieu, les machines de guerre des princes ne te peuvent détruire, les assauts du démon ne sauraient te nuire. Tu enrichis le pauvre,

---

extra horam prandii, nisi casus infirmitatis acciderit. Qui vero infirmantur ex vobis, cum omni diligentia pertractentur, etiamsi de humillima sæculi paupertate venerint. Nec debet sanis molestum esse, si aliter tractantur in victu ; sed magis congratulentur, Deo gratias agentes, quia valent quod non valent illi. Si vero, ut fieri solet, ab hæreticis supervenerit incursio repentina, vel ab infidelibus, aut hostilitas, ita ut necesse sit fratribus fugam arripere, si Deo favente evaserint, mox ad nemus cum Elia redire festinent : cogitantes quod nullo modo poterunt separari, quos Dei caritas sociavit. Si quis autem contumaci animo hæc observare contempserit, capiatur et subjiciatur monasterii disciplinæ. Hæc autem quæ dico vobis, sæpe per vos legantur, ne oblivioni tradantur. Et ubi hæc omnia servaveritis, nobis non parva lætitia de filiorum salute erit. Hæc igitur sunt quæ ut observetis præcipimus in monasterio constituti, propter quod in unum estis (*a*) congregati, ut unanimes habitetis in domo, et sit vobis anima una et cor unum in Deo et Domino Jesu Christo, qui vos dirigat ad perficiendum mirabilia de lege sua. Amen.

SERMO II. — *De pace.* — Fratres carissimi, o si sciretis quanta sit virtus pacis, et quantum vobis in solitudine commorantibus necesse sit. Tanta est enim virtus pacis, quod in ejus dignitate Apostolus omnes suas epistolas scribebat, dicens : « Pax vobis et gratia a Domino Deo nostro. » Hanc autem salutandi formam nobis primitus donavit Christus, dicens : « Pax vobis. » (*Joan.*, xx, 20, etc.) Hanc pro testamento Christus Apostolis dereliquit, tanquam summum bonum, sine quo nullus vivere deberet. Sic etiam Pater cœlestis elementa et planetas cæteraque similia insensibilia ordinavit, ut vinculo pacis simul complecterentur. Sic etiam ordinavit gloriosos exercitus angelorum, ut post eorum descensum, scilicet malorum, nulla esset inter eos discordia, sed pax plena atque perfecta. Hæc est illa gloriosa pax, quæ fluctus malarum cogitationum eructat, mentem fluctuantem illæsam reservat, conscientiam purgat. Christianus dici non debet, qui pacem corde, et opere non habet. Qui in hac non sperat, in lubrico pedem ponit, in tempestate navem collocat, in præcipitio se illaqueat, in arena semen seminat. Hæc est illa perfecta pax, quæ mentem a vitiis purgat, vermem conscientiæ rodit. O pax eremitarum mater, cœnobitarum pater, monachorum soror : Tu Patriarcharum vinculum, tu Prophetarum vehiculum, tu Apostolorum refugium, tu Martyrum solatium, tu confessorum (*b*) baltheum, tu virginum tripudium, tu viduarum speculum, tu conjugatarum spectaculum, tu malorum præsidium, tu tyrannorum odium, tu latronum suspendium. O pax Dei ædificium : te non

(*a*) Editi add. *in eremo.* — (*b*) Mss. *balucum.*

et le riche tu le fais mendiant. Contente de tout, tu es le plus précieux de tous les biens; c'est toi qui rends les hommes enfants de Dieu ! O paix ! sans toi, les rois ne peuvent régner, les royaumes ne peuvent subsister ! Est-ce que, sans toi, les jeûnes, les prières, les aumônes peuvent nous servir à quelque chose ? Nullement. O moine ! garde la paix avec tous ; si, en effet, tu t'irrites contre ton frère, si tu as de la haine contre ton prochain, tu te contredis en récitant la prière du Seigneur. Ne dis-tu pas : « Pardonnez-nous nos offenses comme nous pardonnons à ceux qui nous ont offensés. » (*Matth.*, vi, 12.) O moine ! si tu n'aimes pas la paix, si tu hais ton prochain, de quel droit, à quel titre, de quel front demandes-tu qu'il te soit pardonné, quand tu conserves ta rancune contre le prochain ? Ayez donc la paix avec tout le monde, haïssant cependant les vices de chacun. Gardez la paix dans votre cœur, qu'elle soit sur vos lèvres et dans vos actes. Si Caïn eût eu la paix dans son cœur, il ne se fût point jeté sur son frère. Si Absalon eût eu la paix sur les lèvres, il n'eût point méprisé son père. Si Judas eût eu la paix dans ses œuvres, il n'aurait point été se pendre. Oh ! qu'il est bon, qu'il est doux pour des frères d'habiter ensemble, de telle sorte qu'il n'y ait qu'un cœur, qu'une volonté, qu'une âme pour tous et une seule manière de vivre ; le diable ne peut entrer dans une maison, ni dans une âme, où la paix domine. Oh ! qu'il est agréable pour des frères d'habiter ensemble ! L'excellence de cette vertu est telle que le Prophète l'admirait avant de montrer ce qu'elle était et quelle était son utilité. Quelle admiration il témoigne tout d'abord quand il s'écrie : « Voyez ! » (*Ps.* cxxxii, 1) et quelle admirable utilité il lui attribue, en ajoutant : « Qu'il est bon et agréable ! » (*Ibid.*) Mais vous devez savoir, mes frères, qu'il y a des biens qui ne sont point agréables, et qu'il y a des choses agréables qui ne sont point des biens. Par exemple, les jeûnes, les veilles, les mortifications et autres choses semblables sont des biens ; mais ces biens ne sont point agréables parce que la chair n'y prend point plaisir, et qu'au contraire elle en est blessée. Par opposition, les repas de débauche, les orgies sont des choses agréables, mais ne sont pas des biens. Ceux qui s'y livrent sont dans la joie, quoiqu'ils fassent mal, et ils sont dans l'allégresse pour des choses exécrables. Cher moine, c'est à peine si tu trouves ici-bas une seule chose qui soit à la fois bonne et agréable. Veux-tu cependant la trouver ? Recherche la paix et embrasse-la. C'est la seule vertu qui soit en même temps bonne et agréable. C'est sa bonté qui nous fait habiter sous le même toit, menant la même genre de vie, en sorte que nos désirs de chaque instant soient de vivre ensemble et de mourir ensemble. Nous habitons ensemble dans cette vie d'ici-bas, et pour l'avenir nous soupirons après la récompense des joies éternelles. O paix ! tu es la sérénité de l'esprit, la tranquillité de l'âme, la droiture du cœur, le lien de l'affection, l'union de la charité ! Elle est cet bien immense qui détruit les artifices, apaise les guerres, arrête les colères, brise l'orgueil, aime l'humilité, calme les discordes, met d'accord les ennemis, plaît à tous, est l'objet des désirs de tous. Mais cette paix, qui est si bonne, tous les méchants la redoutent ; ils la haïssent comme la mort. O paix ! tu ne sais pas t'élever, tu ne songes pas à t'énorgueillir ! Heureux qui te possède ! Mau-

---

possunt destruere principum fulmina, insultus dæmonum te in nullo lædere possunt. Tu pauperem divitem facis, tu divitem mendicantem producis : tu contenta in cunctis, tu ditior universis, tu homines Dei filios facis. O pax, sine te reges non regunt, sine te regna non valent. Nunquid sine te jejunia, orationes, eleemosynæ cæteraque bona nobis prodesse possunt ? Absit. O monache habeto pacem in cunctis : nam si fratri tuo irasceris, si proximum odis, tibi contradicis in oratione Dominica : clamat enim monachus : « Dimitte nobis debita nostra sicut et nos dimittimus debitoribus nostris. » (*Matth.*, vi, 12.) O monache, si pacem non diligis, si proximum odis, quo jure, quo pacto, qua fronte tibi petis dimitti, qui proximo rancorem non dimittis ? Habete ergo pacem cum omnibus, omnium tamen vitia odientes. Habete in corde, in ore et in opere pacem. Nam si Cain pacem habuisset in corde, non irruisset in fratrem. Si Absalon pacem habuisset in ore, non sprevisset patrem. Si Judas habuisset pacem in opere, non fugisset ad laqueum. O quam bonum, o quam jucundum, est habitare fratres in unum ! ut unum sit cor, una voluntas, una omnium anima, et una forma vivendi : nam diabolus intrare non potest domum vel mentem in qua pax dominatur. O quam jucundum est habitare fratres in unum ? Tanta est enim eminentia istius virtutis, quod de ea Propheta prius miraretur, quam ostenderet quid esset, vel quid utilitatis haberet. O quam grandem admirationem præposuit, quando dixit : « Ecce ! » O quam mirabilem utilitatem prædicavit, quando subjunxit : « Quam bonum et quam jucundum ? » (*Psal.* cxxxii, 1.) Sed scire debetis, Fratres mei, quod quædam sunt bona quæ non sunt jucunda, quædam jucundaque non sunt bona. Verbi gratia, bona sunt jejunia, vigiliæ, macerationes, et similia. Hæc enim sunt bona, et non jucunda, quia caro in his non jucundatur, sed læditur. Jucunda quippe sunt comessationes, ebrietates, sed non sunt bona. Hæc agentes lætantur cum male fecerint, et exsultant de rebus pessimis. O monache vix poteris invenire in præsenti unum, quod sit bonum et jucundum. Cupis tamen illud unum invenire ? Perquire pacem, et amplectere eam. Hæc est enim sola virtus, quæ bonum habet et jucundum. Hæc est illa bonitas, quæ nos habitare facit unius moris in domo ; ut simul vivere simulque mori semper optemus. In præsenti enim simul habitamus, et in futuro capiemus bravium jucunditatis æternæ. O pax, tu mentis serenitas, tu tranquillitas animi, cordis simplicitas, amoris vinculum, caritatis consortium. Hæc est illa summa felicitas, quæ simultates tollit, bella compescit, iras comprimit, superbos calcat, humiles amat, discordes sedat, inimicos concordat, cunctis placet, a cunctis optatur : sed a cunctis malis illa quæ bona est pax fugitur, et oditur ut mors. O pax, tu nescis extolli, ignoras inflari. Beatus qui te habet : maledictus qui te odit, et qui te impedit et frangit inter homines ; quoniam antichristus est, et

dit celui qui te déteste, qui t'arrête et te détruit parmi les hommes! C'est un antechrist et un fils de perdition. O paix! que celui qui te possède te garde; que celui qui ne t'a point te cherche; que celui qui t'a perdu te cherche à nouveau, s'il désire vraiment être fils de Dieu! O paix! parmi les choses créées, tu es si bonne, si admirable, si glorieuse, qu'on ne peut entendre rien de plus doux, désirer rien de plus délectable, qu'on ne peut posséder rien de plus utile. De même que l'esprit humain ne saurait donner la vie qu'à des membres unis ensemble, de même l'Esprit saint ne peut nous vivifier qu'autant que nous serons unis dans la paix. Il n'y a personne cependant, comme nous l'avons dit, qui ne veuille avoir la paix. Demandez à tous les hommes s'ils veulent la paix; d'une voix unanime, ils répondront : Nous l'aimons, nous la désirons, nous la souhaitons avec ardeur, nous la voulons. Mais, mes frères, si les hommes aiment la paix, qu'ils aiment donc aussi la justice; ce sont, en effet, deux amies bien chères. La justice et la paix s'embrassent entre elles; si vous n'aimez pas l'amie de la paix, est-ce que la paix vous aimera et voudra habiter avec vous? Non, jamais. Aimant la justice, aimez donc la paix. Cette paix est accordée aux hommes de bonne volonté par les anges. Est-il possible aux anges d'offrir la paix aux hommes de mauvaise volonté? Nullement. Et, s'il en est ainsi pour les hommes de mauvaise volonté, à plus forte raison en sera-t-il de même pour les hommes à l'œil superbe, au cœur insatiable, qui ne disent jamais : C'est assez. Ah! ceux-ci, ne pourront jamais posséder la paix! Aussi, mes frères, puisque nous avons commencé à fouler aux pieds le monde et à mépriser ce qui est terrestre, n'ambitionnons point les richesses; et, nous qui sommes pauvres, ne recherchons point, dans le désert, le faste de l'abondance. Il ne nous convient aucunement, dans cette vie solitaire où les sénateurs deviennent des hommes de travail, que des gens de peine soient oisifs; et que, nous qui sommes venus ici après avoir dit adieu aux richesses, et après avoir été possesseurs de riches domaines, nous soyons de délicats paysans. Enfin, celui-là possède la paix qui ne désire rien du siècle; celui-là est tranquille; il se complaît dans tous les biens, suivant cette parole d'un païen : Les hommes sur la terre mèneraient une vie très-heureuse, si ces deux mots le *mien* et le *tien* étaient bannis partout. O heureuse pauvreté! partout pleine de paix, partout tranquille, partout non jalousée, partout l'amie de tout le monde! Celui qui t'aime aime la vraie paix; et celui qui ne t'a point pris en affection ne comprend rien à la tranquillité. Mais, dira quelque serviteur de Dieu : Je vois des riches superbes, orgueilleux, impies, privés de tout ce qui constitue la vraie bonté; une chose cependant me frappe : ils ont la paix entre eux. Alors donc, je ne sais si je dois me réjouir de leur funeste accord, ou si je dois m'en attrister. Sachez, ô moine! que, comme la discorde est très-nuisible entre les gens vertueux, de même il faut s'affliger beaucoup quand la paix règne entre les méchants. Alors, en effet, toutes les plus mauvaises choses que les hommes peuvent faire, ou penser, croissent dans une grande proportion quand les méchants vivent en paix; quand, au contraire, ils sont en discorde, le monde vit dans une certaine tranquillité. Et, comme l'accord des méchants est contraire à l'accord des bons, il faut souhaiter que les bons jouissent de la paix, et que les méchants soient en discorde. En effet, par suite du désaccord, les méchants quelquefois deviennent bons, reconnaissant ce qu'ils sont et ce qu'ils seront. Au

filius perditionis. O pax, qui te habet, teneat te; qui te non habet, te perquirat; qui te perdidit, te requirat, si filius Dei esse peroptat. O pax, tale bonum es in rebus creatis, tam mirificum, tam gloriosum, quod nihil dulcius solet audiri, nihil delectabilius concupisci, nihil utilius possideri. Spiritus enim humanus sicut nunquam vivificat membra, nisi fuerint unita; sic Spiritus sanctus nunquam nos vivificat, nisi pace uniti fuerimus. Nemo tamen est, ut diximus, qui non velit pacem habere. Interroga omnes, si pacem desiderent : omnes una voce dicent : Hoc amamus, hoc optamus, hoc concupiscimus, hoc volumus. Si ergo, Fratres, homines pacem amant, ament et justitiam, quia duæ sunt amicæ carissimæ. Justitia enim et pax ipsæ se osculantur : sed si amicam pacis non amaveris, numquid ipsa pax te amabit, et tecum habitare volet? Absit. Amate igitur pacem diligentes justitiam. Hæc enim pax hominibus bonæ voluntatis datur ab Angelis. Numquid et pravæ voluntatis hominibus pacem offerunt Angeli? Absit. Et qui sunt pravæ voluntatis tantum, quantum illi qui superbo oculo et insatiabili corde nunquam dicunt, sufficit, tales nunquam possunt habere pacem. Propterea, Fratres mei, ex quo mundum calcare cœpimus, et terrena cuncta despicere, divitias non appetamus : nec nos qui pauperes in eremo sumus, ad superbiam divitiarum extollamur. Nullo enim modo decet nos, ut in hac vita solitaria, ubi senatores fiunt laboriosi, fiant opifices otiosi : et qui venimus relictis divitiis, qui fuimus prædiorum domini, simus rustici delicati. Ille denique pacem habet, qui nil appetit de sæculo possidere. Hic tranquillus est, hic gaudet de bonis cunctis, Pagano illo dicente : Quietissimam vitam agerent homines in terra, si hæc duo verba a natura omnium tollerentur : Meum et Tuum. O beata paupertas ubique pacis plena, ubique secura, ubique illæsa, ubique cunctorum amica! Nam qui te amat, veram pacem amat; et qui te non amat, tranquillitatem omnem ignorat. Sed dicat quis servorum Dei : Ecce divites video superbos, elatos, impios et omni bonitate perfecta carentes : unum tamen apparet, quia pacem habent ad invicem. Quid ergo? Numquid gaudere debeo de eorum nequam concordia? Nescio vel tristari. O monache, scias quod sicut multum nocet discordia inter bonos, ita valde dolendum est, quando pax est inter malos. Tunc enim augentur omnia pessima quæ fieri vel cogitari possunt inter homines, quando mali pacifice vivunt : quando vero discordant, tunc mundus aliqualiter tranquillatur. Nam sicut concordia malorum contraria est concordiæ bonorum, ita optandum est quod boni pacem habeant, et mali discordes sint. Nam per discordiam mali aliquando optimi efficiuntur, cognoscentes quid sint, quid erunt.

milieu de leurs tribulations, et lorsque leur visage est couvert d'ignominie, alors quelquefois ils invoquent le nom du Seigneur ; ce nom cependant qui, au temps de la paix, n'eut jamais rien d'aimable pour leur cœur. Prions donc pour que les bons demeurent fidèles jusqu'à la fin, et que les méchants se convertissent avant d'arriver à l'heure de la mort. Pour vous, mes frères, aimez la paix avec tout le monde ; et que cette paix, qui surpasse tout sentiment, garde vos cœurs et vos intelligences.

SERMON III. — *Du silence*. — Le silence avant tout vous est extrêmement nécessaire dans le désert, ô mes frères bien-aimés ! car tout ce qui n'édifie pas, se change alors en danger pour celui qui parle et pour ceux qui écoutent. Que notre langue, en effet, suive le bon sens et la raison, et non notre volonté dépravée. Nous ne devons point seulement tenir nos yeux fermés ; gardons aussi, entre nos dents, notre langue sur la réserve. Tout discours vain est l'indice d'une conscience vaine. Tel vous êtes, telles seront vos conversations, et tel votre esprit se découvrira ; tel vous serez dans vos actions, tel vous vous découvrirez dans vos paroles. Il est bien insensé celui qui tout d'abord ne fait pas passer, sur la langue de son jugement, la parole qui doit venir sur sa langue. Tel est l'homme dans son intelligence, tel il est dépeint par le verbiage de ses lèvres. Le verbiage transforme l'homme en plaisant, lui fait se dépouiller de la dignité de sa nature, s'arroge tous les honneurs, et se fait une infinité d'ennemis. Enfin, la mobilité de la langue pousse la jeunesse aux plaisanteries, l'âge viril à tromper, la vieillesse à médire. Il faut donc anéantir cette petite étincelle pour qu'elle ne se change pas en grand incendie ; ce rejeton, de peur qu'il ne devienne une forêt ; cette goutte d'eau, de peur qu'elle ne produise un torrent. C'est, mes frères, une œuvre plus grande de refréner sa langue que de prendre une cité. Dans l'une, en effet, on livre un assaut extérieur ; dans l'autre, un assaut intérieur. Ici, il faut prendre les armes contre nous-mêmes ; là, contre autrui. Cependant, c'est une grande honte et une misère bien humiliante de ne pouvoir contenir sa langue et de ne pouvoir enchaîner ce membre si faible. Ta langue cherche à faire une sortie ; elle cherche à se mouvoir. Pour toi, ô moine ! au moyen de la tempérance, contiens-la ; pose sur elle le pressoir de ta raison, et circoncis-la par la maturité de ta discrétion. O langue ! tu jettes dans les périls, tu causes la tristesse ; souvent, tu engendres la discorde et produis le venin de la détraction ; enfin, tu conduis aux enfers ceux qui se fient en toi ! O moine ! sache comprendre la méchanceté de la langue ; fuis-la, méprise-la, humilie-la autant qu'il t'est possible ! Veux-tu parler avec sagesse ? Ne lui laisse qu'un mouvement modéré : la langue vertueuse, en effet, ne sait arranger que des paroles divines. Oh ! qu'elle est sainte la bouche d'où ne sortent que des entretiens célestes ! O moine ! réfléchis qu'il te faudra rendre compte de toute parole inutile, et d'autant plus sévèrement que tu as moins de liaison avec le monde ! Ta vie ne doit point se passer au milieu d'une place publique, mais dans ta cellule ; tu n'as point à nourrir une famille, mais les âmes des familles au moyen de l'oraison. Tu n'es donc pas dans la nécessité de beaucoup parler, ni de vivre au milieu des hommes, ni d'offrir des marchandises pour avoir de quoi vivre ;

Nam dum tribulantur, et eorum facies ignominia replentur, aliquando quærunt nomen Domini, quod tamen tempore pacis nunquam amabile erat in corde eorum. Orandum tamen est, ut et boni in bono teneantur usque ad finem, et mali convertantur ante quam ad finem perveniant. Vos autem, Fratres, pacem ad invicem amate : quæ quidem pax custodiat corda vestra, et intelligentias vestras, quæ exsuperat omnem sensum.

SERMO III. — *De silentio*. — Silentium, Fratres carissimi, inter cætera vobis in eremo summe necessarium est. Omne enim quod non ædificat, in periculum vertitur dicentium et audientium. Lingua enim nostra et sensum nostrum sequatur et rationem, non voluntatem. Non enim debemus tantum oculos clausos servare, sed et linguas nostras intra dentes reservare illæsas : sermo enim vanus, vanæ conscientiæ index est. Qualis enim es, tales sermones loqueris, talis et mens comprobatur : et qualis fueris in factis, talis probaris in verbis. Stultus enim valde est, qui non prius verbum ducit ad linguam rationis, quam educat ad linguam oris. Qualis est homo in mente, talem verbositas depingit in ore. Verbositas hominem conducit in joculatorem, humanæ naturæ dignitatem deponit, honores sibi rapit, inimicos infinitos acquirit. Inflammat denique linguæ mobilitas in adolescentia ad jocosa, in virili ætate ad fraudulenta, sed in senili ætate ad detractoria. Restinguenda est igitur hæc parva favilla, ne in magnam vertatur flammam ; surculus, ne crescat in silvam ; gutta, ne tumescat in fontem. Majus est denique, Fratres, linguam refrenare, quam capere civitatem : quia illud insultat exterius, sed istud interius : hic sumuntur arma contra te ipsum, sed ibi de alieno. Summa tamen verecundia est et depressa dejectio, non posse linguam refrenare, et vile non posse ligare membrum. Ecce lingua egredi quærit, motum perquirit : tu vero, o monache, per temperantiam ipsam refrena, appone ei pessulum rationis, circumcide eam maturitate discretionis. O lingua, tu periculum immittis, tu luctum producis, discordiam sæpe facis, venenum detractionis paris, et ad infernum qui tibi credunt conducis. O monache, cognosce linguam nequam, fuge eam, despice eam, confunde eam si potes. Sed volo instruere linguam tuam bene loqui. Vis bene loqui ? Da ei moderatum (*a*) motum : pretiosa enim lingua non novit nisi verba divina semper construere. O quam sanctum est os, unde semper cœlestia erumpunt eloquia. O monache, considera te redditurum rationem de omni verbo otioso, et tanto magis, quanto minus mundo es obligatus. Non enim in foro, sed in cella habitare debes ; non familiam, sed familiarum animas oratione pascere debes. Non est igitur tibi necesse multum loqui, nec inter homines conversari, nec mercantias pertractare unde vivas. Nam mercantiam in monacho usuram occultam existimamus,

(*a*) Al. *modum*.

le négoce, dans un moine, je le considère comme une usure voilée. Aime donc, ô moine ! ta solitude, et fuis les rassemblements pour ne pas être accusé sur tes paroles, et humilié dans tes actes ! Es-tu interrogé ? Le mieux est de répondre à chaque question brièvement, plutôt que de prolonger outre mesure une conversation oiseuse. Le bavardage, qu'est-ce autre chose qu'une semence qui ne produit aucun fruit ? O bavard ! rougis de honte, et considère la grandeur de ta misère ? Qu'es-tu autre chose, sinon un sel affadi qui ne peut plus assaisonner ? Tu es vraiment stérile, et tu rends stériles ceux qui t'écoutent. O bavard ! tu deviens menteur, car rarement tu veux dire la vérité. Grand parleur, sache donc te connaître : tu ne rougis jamais de parler ; tu ne réfléchis pas à ce que tu as à dire, mais à tout ce que tu veux dire ; tu ne pèses pas la sagesse de tes paroles, mais leur quantité afin d'être satisfait. Oui, rougis de honte, toi qui ne sais te taire, je veux t'apprendre ce que tu fais. C'est ta nature de découvrir ce qui est caché, de remplir les cloîtres de nouvelles ; et, si tu ne sais rien, tu forges des choses inouïes ; tu feins de savoir ce que tu ne sais pas pour intéresser plus facilement tes auditeurs. O artisan de mensonges ! ouvrier de niaiseries, lis ce qui est écrit : « L'homme qui se laisse emporter par sa langue ne prospérera point, » (Ps. cxxxix, 12) surtout ne prospérera point pour la terre de promission. Oui, ô moine ! prends bien garde à toi-même ; car celui qui ne refrène point sa langue, sa religion est fausse. Celui qui ne garde point sa langue n'est pas un moine ; celui qui, au contraire, sait se modérer est très-prudent, c'est un vrai moine. Courage donc, mes frères, aimez le silence, mettez une garde à vos lèvres ; soyez vraiment solitaires pour être associés un jour avec les anges ; soyez campagnards pour être les concitoyens des saints, les familiers de Dieu. Soyez muets pour apprendre à parler ; contemplez dans le désert pour être contemplés par les saints dans le ciel. Elevez vos têtes pour tenir haut votre cœur ; étendez vos bras pour que votre corps s'étende et s'envole vers les cieux. Que Jésus-Christ notre Dieu nous y conduise. Ainsi soit-il.

SERMON IV. — *De la prudence.* — Dans le désert, frères bien-aimés, vous ne devez pas seulement conserver le silence, mais encore emmener la prudence avec vous. La prudence vous est nécessaire, elle vous montre, en effet, ce que vous devez fuir, ou ce que vous devez conserver. La prudence vous instruit à ne pas vous enorgueillir, à ne pas mettre votre confiance dans les choses du temps, à ne pas vous étonner de la fugacité des choses d'ici-bas, puisqu'elles sont caduques, et à bien prendre garde de ne posséder que comme appartenant à autrui les biens dont vous êtes le maître. La prudence vous instruit encore à laisser aller fructueusement les choses que vous ne pouvez toujours garder. La prudence te recommande encore d'être toujours le même, soit dans le bonheur, soit dans l'adversité, comme la main est toujours la même, soit qu'elle se développe tout entière, soit qu'on ferme le poing. Elle te dit combien sont répréhensibles et la trop grande louange, et le blâme sans fin ; l'une, en effet, est suspecte de flatterie, l'autre, de méchanceté. La prudence rend témoignage à la vérité, et non à l'amitié. La prudence promet avec discrétion, accomplit promptement ce qu'elle a promis, et donne même davantage que sa promesse ne contenait. La prudence apprend quel ordre il faut mettre dans les

Ama igitur, o monache, solitudinem, fuge multitudinem ; ne comprehendaris in verbo, et confundaris in facto. Quod si interrogatus fueris, melius est ad singula respondere breviter, quam diutius immorando verba curiosa prolixius extendere. Verbositas enim quid aliud est, quam semen quod fructum non facit ? Verbose, erubesce et considera tuam grandem miseriam. Quid enim aliud es quam sal infatuatum, quod ad nullum valet condimentum ? Vere infructiferus es, et infructiferos facis qui te audiunt. O verbose mendax, qui veritatem raro dicere voluisti, o loquax, cognosce te ipsum : nam loqui nunquam erubescis, nec consideras quid, sed quantum dicere possis ; non mensuras verborum sententiam, sed tantum ut satieris. O verbose erubesce, quia omnino cognosceris quid agis. Nam tua conditio est, occulta manifestare, nota in conventibus prædicare : sed si nescis, somnias inaudita, fingis scire quod nescis, ut libenter audiaris a cunctis. O artifex mendaciorum, o faber fabularum, lege quod dicitur : « Quia vir linguosus non dirigetur, » (*Psal.* cxxxix, 12) nec dirigetur in terra promissionis. O monache, et tu diligenter attendas. Nam qui non refrenat linguam suam, hujus vana est religio. Qui non custodit linguam suam, monachus non est : qui autem moderatur linguam suam, prudentissimus est, monachus est. Eia ergo, Fratres mei, amate silentium, ponite custodiam ori vestro. Estote solitarii, ut sitis Angelis sociati : estote rustici, ut sitis cives sanctorum, et domestici Dei : estote muti, ut sitis loquaces : loquimini Deo, ut sitis veraces : contemplate in eremo, ut contemplemini a sanctis in cœlo : elevate capita vestra, ut elevemini corde : extendite brachia, ut extendamini toto corpore volantes ad cœlum : ad quod perducat nos Christus Deus noster. Amen.

SERMO IV. — *De prudentia.* — Fratres carissimi, non solum silentium debetis tenere in eremo, sed etiam prudentiam rapere. Prudentia enim vobis necessaria est, quia docet quid fugiendum, estote tenendum sit. Prudentia enim te docet ut non superbias, nec innitaris rebus temporalibus, nec mireris de rebus transitoriis, cum sint caducæ, et ea quæ possides, tanquam aliena possidere advertas. Prudentia docet te, ut quæ non potes perpetuo tenere, fructuose permittas abire. Prudentia docet te, ut in cunctis semper idem sis, tam in prosperis quam in adversis ; sicut manus eadem est, et cum in palmam extenditur, et cum in pugnum constringitur. Ipsa te docet quomodo reprehensibilis sit nimia laudatio, et immoderata vituperatio ; illa quidem adulatione, ista autem suspecta malignitate. Prudentia testimonium veritati, non amicitiæ reddit. Prudentia cum discretione promittit, et promissa accelerat, et amplius quam promiserat, præstat. Prudentia docet quomodo præsentia ordines, quomodo præteritorum recorde-

choses présentes, quel souvenir il faut donner aux choses passées et comment il faut prévoir l'avenir. Oh! heureux celui qui est prudent, bienheureux, oui, vraiment bienheureux celui en qui se rencontre cette vertu! Car s'il vient à perdre tout, il peut s'écrier : Tout ce que je possède est avec moi. Quelles sont ces choses qui sont à moi ? c'est la justice, la tempérance, la force et la prudence. O homme vraiment prudent! Tout ce qui peut nous être enlevé, tu ne le regardes pas comme un bien. Le prudent étant content intérieurement, porte tout avec lui, il se suffit en tout. A l'imprudent, au contraire, rien ne suffit, car il n'est content de rien, il espère sans fin tout posséder, c'est pourquoi il manque de tout. Soyez donc, mes frères, prudents comme des serpents et simples comme des colombes. Ce sont deux choses, en effet, qui sont unies entre elles, en sorte que l'une sans l'autre sert peu ou même point du tout. En effet, la simplicité sans prudence est considérée comme sottise, mais la finesse sans simplicité s'appelle orgueil. La prudence du serpent se montre de quatre manières. D'abord, il est prudent, en rassemblant au fond de sa gorge le venin de tout son corps, et là, sous l'inspiration de la nature, il met ses soins à le conserver prudemment, en sorte que, s'il en a besoin en quelqu'occasion, il l'ait promptement pour pouvoir se défendre. Mais de ce côté on vient quelquefois à bout de tromper le serpent; en voici un exemple : La belette, son ennemie acharnée, se place devant le trou de sa caverne, et, pour le provoquer, elle l'anime habilement avec l'ombre de sa queue, jusqu'à ce qu'elle le voie sur le point de sortir ; à ce moment, la belette grimpe plus haut pour lui tendre des embûches, jusqu'à ce que, voyant à sa portée la tête du serpent, elle tire vengeance de cet ennemi capital qu'elle n'a jamais pu aimer. Alors le serpent, provoqué, sort la tête en dehors du trou de sa caverne, et, ne voyant rien dehors, il regarde en haut, le cou tendu. Mais la belette saisit le moment favorable, enfonce ses dents en deçà du venin, et tue ainsi sans danger son ennemi. Voilà, mes frères, la première ruse du serpent à laquelle se reconnaissent les sages du monde dont la prudence se montre tout entière, non dans les choses du ciel, mais dans les affaires de la terre; le diable les amuse avec l'ombre des choses qui passent, s'en étant amusé, il les trompe, les ayant trompés, il les tue. Et de peur que peut-être ils ne puissent aspirer aux choses du ciel, il les force souvent de s'évaporer du côté des désirs terrestres. En second lieu, le serpent se montre prudent en ce que, voulant descendre dans l'eau, il dépose son venin dans un endroit bien sûr, afin que, sortant de l'eau, il puisse le reprendre. Il en est quelques-uns qui suivent les traces du serpent, ce sont ceux qui, après avoir renoncé à la vie séculière, après avoir pris l'habit d'un ordre religieux et fait les vœux d'une sainte profession, arrivent à la connaissance de la vérité; mais qui, ensuite, reviennent au poison de leurs mauvaises habitudes. Il eût mieux valu pour eux de n'avoir point connu la vérité, que de retourner en arrière après l'avoir connue. En cela donc, mes frères, nous ne devons point imiter le serpent qui reprend son poison. En troisième lieu, le serpent est prudent, en se dépouillant chaque année de sa vieille peau; pour le faire, il cherche un trou étroit dans lequel il ne

---

ris, et quomodo futura prævideas. O beatus qui prudens est, et vere felix qui prudens invenitur! Nam si cuncta quæ habet amittit, clamat : Omnia mea mecum sunt. Quæ sunt ista quæ sunt mea, nisi justitia, temperantia, fortitudo et prudentia? o prudens! Omnia enim quæ eripi possunt, bona non putas esse. Cum igitur prudens in se ipso contentus sit, omnia secum habet, et in omnibus sufficiens sibi est. Imprudenti vero nihil sufficit; quia in nullo contentus est; quia omnia sine fine sperat possidere, ideo omnibus eget. Estote igitur, Fratres, prudentes sicut serpentes, et simplices sicut columbæ. Duo enim sunt quæ ad invicem connexa sunt, ut unum sine altero, aut parum, aut nihil omnino proficiat. Simplicitas enim sine astutia, stultitia reputatur : astutia vero sine simplicitate, superbia approbatur. Astutia serpentis in quatuor partes dividitur. Prima est, quod totius corporis venenum in gutture colligit, et ibi prudenter docente natura servare studet, ut si aliquando necesse fuerit, in promptu habeat unde se defendere possit. Sed in hac parte serpens quandoque decipitur. Mustela enim semper serpenti adversatur, et ante foramen cavernæ serpentis se ponit, et eum provocando tamdiu umbra caudæ suæ sollerter illudit, donec ipsum egredientem agnoscit. Tunc vero mustula de super ascendit, insidias tendens, ut cum serpentis caput viderit, capitalem vindictam sumat de hoste, quem nunquam diligere potuit. Provocatus itaque serpens, extra cavernæ foramen caput emittit, et cum nihil deorsum videat, verso gutture respicit sursum. Sed mustela cernens tempus optatum, dentes imprimit citra venenum, sicque absque periculo inimicum occidit. Hæc est prima serpentis astutia, in qua, Fratres mei, mundi sapientes notantur, quorum prudentia non in cœlestibus, sed in terrenis tota (a) illudit, illudendo diabolus in umbra mutabilium rerum illudit, illudendo decipit, decipiendo occidit. Et ne forte valeant aspirare, in ipsis terrenis cupiditatibus sæpe eos cogit exspirare. Secunda prudentia in serpente est, quod quando in aquam descendere cupit, venenum deponit in loco tutissimo : sed recedens ab aquis iterum resumit venenum. Hæc enim vestigia serpentis nonnulli sequuntur, qui post abrenuntiationem mundanæ conversationis, post habitum sanctæ religionis, post juramentum sanctæ professionis, primo agnitionem sanctæ veritatis assumunt, deinde revertuntur ad venenum pravæ consuetudinis : quibus melius esset veritatem non agnovisse, quam post agnitionem retrorsum abire. In hoc enim, Fratres mei, imitari non debemus serpentem, quia venenum resumit. Tertia prudentia serpentis est, quando veterem pellem per singulos annos exuere didicit, quam depositurus augustum foramen inquirit, per quod transiens cum dolore pellem derelinquit, sciens quia pelle

(a) Mss. *conversatur*.

puisse passer qu'avec peine, et c'est ainsi qu'il s'en dépouille, sachant que, quand il l'aura quittée, il paraîtra plus beau. Comprenons par là, mes frères, qu'il nous faut nous aussi quitter la peau de nos vices, et passer par le trou des blessures de Jésus-Christ, afin qu'alors nous paraissions plus beaux. Le riche Zachée a passé par ce trou quand il distribua tous ses biens aux pauvres; c'est aussi par là que passa Marie, la pécheresse publique, quand, dans la maison de Simon, elle quitta ses habits de pécheresse, et que, pleurant aux pieds du Sauveur, elle se revêtit d'un nouvel habit. La quatrième ruse du serpent consiste en ce que, soupçonnant qu'on va le blesser à la tête, il expose tout son corps aux coups pour conserver sa vie, parce que, bien qu'on frappe son corps, s'il peut conserver sa tête saine et sauve, il ne meurt pas. Nous aussi, mes frères, ne craignons pas de souffrir les tourments les plus affreux par amour pour notre tête, afin que nous puissions nous reposer dans la vie bienheureuse. C'est pour cela que saint Pierre s'est laissé attacher à une croix; que saint Barthélemy a été écorché vivant; que saint Paul a eu la tête tranchée; pour cela que saint Étienne a été lapidé; que saint Laurent a été rôti sur un gril; que cette vierge fameuse à laquelle on avait coupé les seins, ainsi mutilée, ainsi blessée et accablée de souffrances, était conduite glorieusement en prison, et comme si elle eût été invitée à un festin, elle suppliait le Seigneur par ses prières et lui recommandait solennellement son combat. Soyez donc prudents, mes frères, veillons par la prière, supportons patiemment toutes les croix, par amour pour celui en qui se trouve notre salut, notre vie et notre résurrection. Persévérons prudemment dans la prière. Et comme les anges louent Dieu purement dans la région des vivants, nous aussi qui, jour et nuit, chantons les louanges du Seigneur, nous devons, avec les saints anges, posséder la pureté; car ce que les anges font dans les cieux, nous, moines, nous devons le faire sur la terre. Vous donc, mes frères, qui êtes réunis dans cette solitude, votre devoir est de souffrir et de prier de tout votre cœur. Vous devez supporter patiemment tout ce qui vous déplaît et ne pas vous échapper à dire : Ces légumes causent des flatuosités, le fromage charge mon estomac, le lait me fait mal à la tête, ma poitrine ne peut supporter l'eau, les choux engendrent la mélancolie, les poireaux excitent la bile, le poisson me déplaît. Non, mes frères, ne dites point cela, ne le pensez même pas. Nous n'avons point, en effet, quitté le siècle pour vivre délicatement dans le désert. Et quoique dans le désert vous ne mangiez pas toujours du lait, du beurre, des choux et des légumes, quoique vous n'en ayez que les jours de fête, et les jours où vous recevez la visite du saint vieillard, l'évêque Valère, et que tous les autres jours vous vous nourrissiez d'herbes crues, de pain d'orge et d'eau, cependant, rappelez-vous que ce n'est pas assez d'imposer l'abstinence à votre corps, vous devez encore conserver votre âme saine et sauve. Courage, frères bien-aimés, vous dont la vie est sainte, comme je le crois, ainsi que beaucoup de vous l'ont vu et l'ont appris, je suis venu dans cette ville d'Hippone, je m'y suis rendu en toute assurance parce qu'il y avait là un saint homme, l'évêque Valère. Je ne croyais nul-

deposita, pulchrior apparebit. Per hoc enim Fratres mei, datur intelligi, ut et nos pellem vitiorum deponamus, et per foramen stigmatum Christi transeamus, et tunc pulchriores apparebimus. Per hoc foramen dives ille Zachæus intravit, quando omnia bona sua pauperibus erogavit. In hoc foramine Maria illa meretrix in domo Simonis meretricis habitum deposuit, et plorans ad pedes Salvatoris, vestem sibi innovavit. Quarta serpentis natura est, quod dum lædi suspicatur caput, ut vitam conservet, totum corpus ad percussionem disponit : quia licet corpus percutiatur, si caput illæsum reservare poterit, damna tamen mortis non patitur. Sic et nos cuncta nobis adversantia amore capitis sustinere non timeamus, ut in beata vita requiescere valeamus. Sic enim fecit Petrus pro eo in cruce suspensus : sic et Bartholomæus vivus excoriatus : sic et Paulus capite truncatus : sic et Stephanus lapidibus vulneratus : sic et Laurentius in craticula assatus : sic et virgo illa sanctissima (Agatha) torta in pectore, quæ glorianter sic amputata, sic vulnerata, sic afflicta ducebatur ad carcerem, et quasi ad epulas invitata precibus Dominum exorabat, et ei agonem suum solemniter commendabat. Estote ergo, Fratres mei, prudentes, et vigilemus in oratione, patienter omnia tormenta portantes amore illius, in quo salus, vita et resurrectio nostra consistit. Stemus prudenter in oratione.

Nam sicut Angeli pure laudant Deum in regione vivorum, ita et nos qui die et nocte psallimus Domino, debemus cum sanctis Angelis puritatem habere : quia sicut et Angeli peragunt in cœlis, ita et nos monachi facere debemus in terris. In hac igitur, Fratres mei, solitudine constituti, toto affectu orare debemus et pati. Patienter enim singula portare debemus nec dicere præsumamus : (1) Ecce legumina ventosa sunt, caseus stomachum gravat, lac capiti nocet, aquæ potum non sustinet pectus, caules melancholiam nutriunt, choleram porri accendunt, pisces mihi non sapiunt. Nolite hæc dicere, Fratres mei, nolite etiam cogitare. Non enim sæculum reliquimus, ut delicate pasceremur in eremo. Et licet in eremo non semper comedatis lac, butyrum, caules vel legumina, licet hæc non sumatis nisi tantum diebus solemnibus, et illis quibus visitamini a sancto sene episcopo Valerio; sed cunctis diebus aliis herbas crudas, panem hordeaceum et aquam sumatis : non tamen sufficit tantum corpore abstinere, sed et mentem illæsam servare debemus. Eia ergo, Fratres mei dilectissimi, quorum vita, ut puto, sancta est, ut multi ex vobis viderunt et audierunt, veni ad civitatem Hipponensem, et secure perveni, quia ibi episcopus erat sanctus homo ille Valerius. Non enim credebam episcopari, ideo secure perveni cum carissimis meis amicis Evodio, (2) Sim-

---

(1) Bernardus *in Cant.*, Ser. xxx, n. 11. — (2) « Quis est, ait Lupus, iste Simplicius, cujus nusquam meminit Augustinus : Nebridium autem Deo apud suos, non cum Augustino, servientem, paulo post Augustini conversionem carne solutum patet ex lib. IX *Conf.*, c. III, n. 6. »

lement que je serais élevé à l'épiscopat, voilà pourquoi je suis venu tranquillement avec mes chers amis Evodius, Simplicius, Nébridius et Alipius, n'apportant avec moi aucune richesse. Puis la grâce de Dieu m'aidant, je fus extrêmement favorisé par le saint vieillard Valère, lequel me donna, dans ce désert, un petit jardin bien éloigné du monde ; à grand peine je commençai à y élever un monastère, et avec d'immenses sollicitudes, j'ai rassemblé les serviteurs de Dieu qui habitaient les forêts, puis je me mis à vivre avec vous, selon la règle des apôtres, possédant tout en commun. Dans la suite, il plut à celui qui m'a séparé du sein de ma mère de me dire : Montez plus haut, et à ma grande douleur je devins prêtre et évêque. Comme je ne pouvais demeurer ici avec vous, dans la demeure épiscopale, je voulus avoir des prêtres avec lesquels je menai exactement le même genre de vie. Pour vous, je vous retrouve tels que je désirais, chastes, bienveillants, modestes, humbles, pauvres volontairement, obéissants solitaires, miséricordieux, foulant aux pieds le monde avec toute sa pompe. Mais que sont toutes ces choses sans la persévérance ? Soyez donc prudents, persévérez dans le bien, veillez dans la prière parce que le démon, votre adversaire, domine ; que le Seigneur tout-puissant veuille bien vous en délivrer, ainsi soit-il. Je vous supplie, mes frères, de ne pas vous attrister de mon départ. J'avais résolu de me consoler longtemps parmi vous et d'habiter avec vous jusqu'à la fête de l'Ascension, mais Fortunat, notre adversaire, est à son camp, je suis donc forcé impérieusement de retourner à Hippone, désirant le voir et discuter encore avec lui. Il s'efforce de toute son âme de disperser les enfants que j'ai engendrés dans les entrailles de la charité. Priez pour moi, mes frères, et ne cessez point, afin que, comme Fortunat cherche publiquement à tendre des pièges à la vraie foi, nous aussi publiquement, à l'aide de la grâce de Dieu, nous le confondions avec ses partisans, et que nous le ramenions dans le chemin de la vérité.

SERMON V. — *De l'obéissance. Saint Augustin s'adresse à ses prêtres.* — Dans toutes vos œuvres, prêtres de Dieu, mes bien-aimés, rappelez-vous toujours les ordres de Dieu, et soyez obéissants en toutes choses, afin que, par sa grâce, vous puissiez être trouvés dignes de la récompense. Sachez que, sans l'obéissance, tous vos actes seront privés de charité ; avec l'obéissance, au contraire, la charité y abondera. Il vous est donc nécessaire d'obéir, nonseulement aux supérieurs bons et modérés, mais aussi à ceux qui sont mauvais et d'une humeur difficile, non cependant parce qu'ils sont mauvais, mais parce qu'ils ordonnent l'observation de bonnes choses, auxquelles nous devons obéir. O respectable et sainte obéissance, salut de tous les fidèles, gardienne de toutes les vertus, tu ouvres le ciel et fermes l'enfer ; c'est toi qui fis descendre le Fils de Dieu sur la terre ; il vint au milieu des hommes, non pour faire la volonté de l'homme, mais la volonté de son Père qui l'envoya. Or, la volonté du Père fut qu'il rachetât le genre humain, et réconciliât sa créature qui s'était perdue. Pour accomplir cette volonté, le Fils fut obéissant jusqu'à la mort. Ainsi,

---

plicio, Nebridio, et Alipio, nil mecum divitiarum portans, et Dei gratia me coadjuvante favoratus non modicum a prædicto episcopo sene Valerio fui, quia mihi dedit hortulum, (1) in eremo a gentibus segregatum, ubi multo labore fatigatus ædificare cœpi monasterium, et cum longiori anxietate congregavi in unum servos Dei (2) per nemora habitantes, et sic vobiscum vivere cœpi secundum regulam Apostolicam omnia communia habentes et possidentes. Deinde placuit ei qui me segregavit ex utero matris meæ mihi dicere : Ascende superius, et cum magna molestia factus sum episcopus presbyter. Et quoniam vobiscum esse hic non poteram, in domo episcopi presbyteros mecum habere volui, et cum eisdem pariter vivere cœpi. Vos vero tales inveni quales desideravi, castos, benignos, modestos, humiles, omni voluntate pauperes, obedientes, solitarios, misericordes, mundum cum omni sua pompa calcantes. Sed quid hæc omnia sine perseverantia? Estote ergo prudentes, perseverantes in bono, et vigilate in orationibus, quia diabolus adversarius regnat : a quo vos liberare dignetur Dominus omnipotens. Amen. Supplico vobis, Fratres mei, ut non turbemini de recessu meo. Decreveram enim diu inter vos consolari, et vobiscum habitare usque ad festum Dominicæ Ascensionis : sed adversarius noster (3) Fortunatus ad partes pervenit, et ideo redire Hipponem omnino compellor, cupiens illum videre, et cum eo pariter disputare. Ipse enim toto affectu dissipare conatur filios, quos peperi in visceribus caritatis. Orate pro me, Fratres, et nolite deficere, ut Fortunatum, sicut publice sanctæ fidei insidiatur, ita et nos ipsum cum suis, cum Dei gratia coadjuvante, publice superare, et convertere ad viam veritatis possimus.

(a) SERMO V. — *De obedientia ad sacerdotes suos.* — In omnibus operibus vestris, sacerdotes Dei dilectissimi, semper memores estote mandatorum Dei et in omnibus sitis obedientes, ut digni repromissione per ejus gratiam inveniri possitis : scientes, quod sine obedientia omnia vacua, et cum obedientia omnia plena caritate reperiuntur. Obedire igitur vobis necesse est, non tantum bonis et modestis, sed etiam discolis et malis : non tamen quia mali sunt, sed quia bona observare præcipiunt, quibus obedire debemus. O venerabilis sanctaque obedientia, salus omnium fidelium, custodia omnium virtutum, tu cœlum aperis, et infernum claudis : tu etiam Filium Dei ad terram posuisti, et venit inter homines, non ut faceret voluntatem hominis, sed voluntatem Patris ejus qui eum misit. Voluntas enim Patris fuit, ut redimeret humanum genus, ut reconciliaret et creaturam suam quæ

---

(1) « Falsum est, ait Lupus, hortum Valerianum fuisse in eremo, etc. Erat namque in agro suburbano. » — (2) « Id quoque falsum, inquit. Etenim usque ad Augustini tempora, nullos viderat Africa Monachos. » — (3) Falsitas manifesta, cum ex lib. I, *Retr.*, c. XVI, Fortunatus cum Augustino adhuc presbytero disputationem habita ab Hippone discesserit, nec amplius, Possidio teste, cap. VI, remeaverit.

(a) In Mss. collocatur post 23, inscribiturque : *Ad presbyteros Hippon. Sermo* I.

pour que l'obéissance ne nous fût pas pénible, notre Sauveur a voulu terminer par l'obéissance sa sortie de la vie présente. C'est donc avec justice que l'obéissance est préférable à tout sacrifice, car elle nous a arrachés au pouvoir du démon, ce que n'eût pu faire aucun sacrifice légal. Qu'y a-t-il donc d'étonnant que, nous pécheurs, nous soyons soumis à l'obéissance, quand le médiateur de Dieu et des hommes ne l'a point abandonnée même à la mort, et qu'il s'y est soumis, lui qui est en tout égal au Père. Quant à nous, c'est à cause du péché que nous sommes soumis aux autres hommes, car la nature nous a faits tous égaux ; mais l'inégalité causée par le péché est réglée par le jugement de Dieu, et c'est pour cela que nous devons obéir aux hommes. En vertu de l'obéissance, jamais on ne doit faire le mal, fût-ce même un ange, un archange, un chérubin ou un séraphin qui nous en donnât l'ordre. Dieu lui-même qui est béni dans les siècles des siècles, ne pourrait nous prescrire de ne pas l'aimer de tout notre cœur. Mais, prêtres du Seigneur, vous devez savoir que le bien même doit être quelquefois interrompu dans la crainte de désobéir. Parfois, en effet, ce qui nous est commandé est glorieux aux yeux du monde; d'autrefois on nous impose de pénibles sacrifices; c'est pourquoi nous devons savoir que l'obéissance est nulle quand on se porte de soi à certaines choses, et qu'elle est de peu de valeur quand son objet n'est pas désiré. En effet, lorsque quelque chose de glorieux suivant le monde nous est commandé, lorsqu'on nous donne un poste élevé, celui qui en l'acceptant obéit, se prive du mérite de l'obéissance, s'il désirait ardemment obtenir cette place. D'un autre côté, si ce qui nous est ordonné est méprisé du monde, si ce sont des affronts et des injures à recevoir, à moins que l'âme ne s'y porte d'elle-même, elle diminue le mérite de son obéissance, parce qu'elle se porte malgré elle à ce que le monde méprise. L'obéissance doit donc, dans les choses désagréables, y mettre du sien, et dans les choses qui plaisent, elle ne doit point s'y porter. Nous le prouverons suffisamment, en mettant sous vos yeux les actes de deux amis de Dieu. Moïse, ayant reçu du Seigneur l'ordre de se mettre à la tête du peuple d'Israël, fut humble en lui-même ; réfléchissant à la gloire d'un commandement si important et s'en effrayant, il se défendit avec humilité de l'accepter. D'un autre côté, l'apôtre saint Paul, averti par une révélation de Dieu d'aller à Jérusalem, n'ignorait pas ce qu'il devait y souffrir; aussi, comme les fidèles voulaient le retenir, il s'écria : « Je vous déclare que je suis tout prêt à souffrir à Jérusalem non-seulement la prison, mais la mort même, pour le nom du Seigneur Jésus. » (*Act.*, XXI, 13.) Il va donc à Jérusalem, connaissant par révélation ce qu'il aura à endurer, et cependant il accepte de bon cœur ces afflictions. Moïse, au contraire, ne se porta point de lui-même à ce glorieux commandement, il supplia même pour qu'il ne lui fût point donné. Paul, de son plein gré, accepta les souffrances, et, connaissant les maux qui devaient fondre sur lui, il se disposa à en endurer de plus terribles. Moïse voulut décliner la gloire de l'autorité et Paul consentit à embrasser des choses dures et pénibles. La vertu de ces deux serviteurs de Dieu doit donc être notre instruction, afin que, si nous voulons atteindre la palme de l'obéissance, nous n'acceptions que sur un ordre ce qui est agréable au monde, et que nous nous portions

perierat. Et ut hæc voluntas perficeretur, Filius fuit obediens usque ad mortem. Ut ergo nobis non esset obedientia laboriosa, exitum præsentis vitæ Salvator per obedientiam terminavit. Jure ergo obedientia omni sacrificio præponitur; quia de potestate diaboli nos eripuit, quod nullum legale sacrificium facere potuit. Nec mirum, si nos peccatores obedientiæ in hac vita subjicimur, quando hanc Mediator Dei et hominum etiam in morte non deseruit, et ei se subjecit qui per omnia Patri erat æqualis. Nos autem propter peccatum aliis hominibus subjecti sumus. Nam natura omnes æquales genuit : sed inæqualitas quæ accessit ex vitio, est ordinata Dei judicio, unde nos oportet obedire hominibus. Sed per obedientiam nunquam debet fieri malum, etiam si Angelus vel Archangelus, Cherubim vel Seraphim tibi præcipiat. Nec etiam ipse Deus, qui est benedictus in sæcula, potest nobis præcipere, quod tote nolimus eum non diligamus. Sed scire debetis, sacerdotes Dei, quia propter inobedientiam aliquando debet bonum quod agimus intermitti. Verum quia nonnunquam nobis istius mundi prospera, nonnunquam jubentur adversa : propterea sciendum est, quod obedientia aliquando si de suo aliquid habeat, nulla est; aliquando si de suo aliquid non habeat, minima est. Nam cum hujus mundi prospera præcipiuntur, cum locus superior imperatur ; is qui ad hæc percipienda obedit, virtutem obedientiæ sibi evacuat, si ad hæc ex proprio desiderio anhelat. Rursum cum mundi despectus præcipitur, cum probra et contumeliæ jubentur, nisi hæc ex semetipso animus appetat, obedientiæ meritum sibi minuit : quia ad hæc quæ in hoc mundo despecta sunt, invitus nolensque descendit. Debet ergo obedientia in adversis ex suo aliquid habere, in prosperis ex suo aliquid non habere. Quod bene ostendimus, si duorum amicorum Dei facta in medium proferamus. Moyses enim, Deo jubente, ut Israeliticæ plebi præesset, apud se humilis fuit, et gloriam tanti regiminis considerans et expavescens, se humiliter excusavit. Sed Paulus apostolus Dei revelatione admonitus, ut Jerusalem pergeret, nec ignorabat ea quæ ibi pati deberet : unde cum fideles vellent eum tenere, exclamavit : « Ego autem non solum alligari, sed et mori paratus sum pro nomine Jesu. » (*Act.*, XXI, 13.) Ecce Jerosolymam pergit, per revelationem adversa cognoscit, et tamen hæc libenter appetit. Moyses autem ad prospera de suo nihil habuit ; quia precibus supplicavit, ne populo præesset. Paulus etiam ex suo voto adversa suscepit, quia mala imminentia cognovit, et ad acriora se præparavit. Moyses autem gloriam potestatis voluit declinare, et Paulus dura et aspera voluit sustinere. Ergo utrorumque servorum Dei virtute instruimur, ut si obedientiæ palmam comprehendere nitimur, prospera mundi ex sola jussione suscipiamus, et adversa ex devotione complec-

par dévouement aux choses pénibles. Pour moi, ô prêtres du Très-Haut, comme beaucoup d'entre vous l'ont vu ou ont pu l'apprendre, je suis venu dans cette cité avec mes chers amis Evodius, Simplicius, Alype, Nébridius et Anastase. J'y suis venu plein de sécurité, car je savais qu'elle avait à sa tête le saint vieillard Valère. J'y suis venu tranquillement, non pour avoir la supériorité sur vous, mais pour avoir, tous les jours de ma vie, la dernière place dans la maison du Seigneur. Je ne devais point être servi, mais servir; et je désirais vivre paisiblement dans la solitude, n'ayant point apporté de richesses avec moi. Mais à l'aide de la protection divine, favorisé aussi par le saint vieillard, l'évêque Valère, au prix de nombreuses et pénibles fatigues, je construisis dans le désert un monastère séparé du monde, et avec de grandes sollicitudes, j'y réunis en communauté les serviteurs de Dieu qui habitaient les forêts. Là je menai avec eux une vie commune, conformément à la règle établie sous les saints apôtres, ayant et possédant tout en commun, vivant dans les veilles et la prière, au delà de tout ce qui m'est possible de dire. La renommée de cette vie admirable parvint aux oreilles de notre saint évêque; il voulut bien nous visiter dans notre désert et demeurer treize jours avec nous, me donnant un jardin très agréable, placé dans le plaine. Je trouvai cet endroit éloigné du bruit du monde, et je l'acceptai volontiers afin d'y bâtir un monastère pour ces frères que j'avais trouvé tels que je l'ai désiré. Ce monastère édifié, il a plu à celui qui m'a séparé dès le sein de ma mère, et m'a appelé par sa grâce, de me dire : Montez plus haut. Et ainsi, à mon grand chagrin, je suis devenu prêtre et évêque. Mais je ne pouvais habiter de corps avec mes frères comme je l'avais fait jusqu'ici; c'est pourquoi j'ai voulu vous avoir, vous clercs, dans la maison épiscopale, et bientôt nous vécûmes ensemble de la vie des apôtres. Il vous a plu à tous d'avoir les mêmes sentiments suivant Dieu, et de posséder tout en commun. Vous avez pris cette détermination, non point malgré vous, mais spontanément, et vous avez fait vœu de vivre jusqu'à la mort sans rien posséder. O prêtre, prenez garde, oui, prenez bien garde, il vous a été libre de promettre, mais vous ne l'êtes plus de rejeter votre promesse. Etes-vous lié à une femme, gardez-vous de chercher à rompre vos liens. Etes-vous libre des liens du mariage, gardez-vous de vouloir vous enchaîner, car c'est avec moi que vous avez à faire. Vous vous êtes lié à moi, vous y ai-je contraint? Vous ai-je prié de venir? Vous ai-je attiré en vous promettant ceci ou cela? Non, jamais. Donc, soyez fidèle, et je vous donnerai la couronne de vie. Ne me résistez point, mais soyez obéissant jusqu'à la mort. Ne me résistez point parce que tout pouvoir vient de Dieu, et celui qui résiste au pouvoir, c'est à Dieu qu'il résiste. Je ne suis cependant point venu pour avoir la puissance sur vous, mais seulement pour vivre dans la solitude avec vous, comme avec mes frères. Voici que, maintenant, je suis évêque, je suis pauvre et je n'en rougis point. Pourquoi ? Parce que j'ai promis de garder la pauvreté. Prenez donc garde de m'abandonner parce que je suis pauvre. Vous avez voulu être pauvres avec moi, défiez-vous d'être pris par l'amour des richesses. Ma volonté fut toujours que nous soyons pauvres de

---

tamur. Ego autem, sacerdotes Dei altissimi, ut multi vestrum viderunt et audire potuerunt, veni ad hanc civitatem cum carissimis meis amicis Evodio, (1) Simplicio, Alipio, Nebridio, et Anastasio. Securus denique veni; quia sciebam præsulari sanctum senem Valerium. Propterea securus accessi, non ut haberem in vos potestatem, sed ut abjectus essem in domo Domini omnibus diebus vitæ meæ. Nec ut ministrari deberem, sed ministrare : et pacifice optabam vivere in solitudine, nihilque divitiarum mecum attuli, sed Dei gratia coadjuvante, favoratus etiam a sancto sene episcopo, Valerio monasterium in eremo a gentibus segregatum, multo labore fatigatus ædificavi, et cum longiori anxietate servos Dei per nemora habitantes in unum congregavi, et cum eis pariter vivere cœpi, secundum modum et regulam sub sanctis Apostolis constitutam, omnia communiter habentes et possidentes, viventes in vigiliis et orationibus ultra id quod explicare possumus. Quorum fama ad aures sancti episcopi Valerii pervenit, et placuit sibi nos in eremo visitare, et stetit nobiscum tredecim diebus, donans mihi hortum amœnitatibus plenum in planitie positum. Et quia a gentibus segregatus erat locus, libenter illum suscepi, ut ædificarem etiam monasterium fratrum, quos tales inveneram, quales invenire desideravi. Quo ædificato, placuit ei, qui me segregavit de utero matris meæ et vocavit me per gratiam suam, mihi dicere : Ascende superius. Et sic cum molestia et cum grandi anxietate factus sum Episcopus presbyter. Et quia cum fratribus meis, ut hactenus feceram, semper corpore habitare non poteram, propterea infra domum Episcopi vos clericos habere volui, et mox vobiscum secundum formam Apostolicam vivere cœpi. Placuit autem vobis omnibus omnino in Deo sentire, et omnia communiter possidere. Hæc autem facere voluistis non coacte, sed sponte, et usque ad mortem vivere sine proprio profiteri voluistis. O presbyter, attende et vigilanter attende, quod promittere tuum fuit, sed dimittere non est tuum. Alligatus es uxori, noli jam quærere solutionem. Absolutus es ab uxore, noli jam quærere uxorem, quia mecum habes causam. Ligasti te rogavi ut venires? numquid applausi promittens hæc et illa? Absit omnino. Igitur esto fidelis, et dabo tibi coronam vitæ. Noli mihi resistere, sed esto usque ad mortem obediens. Noli mihi resistere, quia omnis potestas a Deo est, et qui potestati resistit, Deo resistit. Non tamen veni, ut potestatem super vos haberem, sed tantum ut cum fratribus meis viverem in solitudine. Ecce nunc episcopus sum, et pauperem me esse non erubesco. Quare ? Quia paupertatem servare promisi. Cavete igitur ne me pauperem derelinquatis. Pauperes mecum esse voluistis ; cavete ne a divitiis capiamini. Voluntas mea fuit, ut semper toto affectu pauperes simus. Quod et si

(1) Errores jam superiori Sermone animadversi.

toute l'affection de notre cœur. Et si nous ne le sommes pas, cette pauvreté que nous faisons paraître extérieurement, n'est point la pauvreté, il faut la tenir pour une immense misère. Non, ne me résistez point, car toute puissance vient de Dieu. Il ne faut mépriser aucune puissance, qu'elle soit laïque ou ecclésiastique, parce que toutes sont dans l'ordre établi par Dieu. Lorsque Notre-Seigneur eut guéri les lépreux, ne les a-t-il pas envoyés à ceux qui étaient au pouvoir, leur disant : « Allez, montrez-vous aux prêtres ? » (*Luc*, XVII, 14.) Les Juifs, ayant méprisé Samuel, le Seigneur lui dit : « Ce n'est pas toi qu'ils ont méprisé, c'est moi. » (I *Rois*, VIII, 7.) Il dit encore à Moïse : « Celui qui, s'enflant d'orgueil, ne voudra point obéir au commandement du pontife ni à l'arrêt du juge, sera puni de mort. — (*Deut.*, XVII, 12.) Faites donc bien attention, ô prêtres, que personne d'entre vous n'ose se révolter contre celui qui vous gouverne, ou contre le prêtre qui prend soin de vous tous. Ils ont été placés dans l'Eglise pour notre utilité, afin de prévoir ce que nous devons faire, afin aussi de rendre compte à Dieu à notre sujet, et de garder l'unité dans l'Eglise. Le Seigneur a voulu que nous soyons soucieux et vigilants au sujet de cette unité, afin de ne pas être comme des brebis sans pasteurs, séparés de l'unité de la foi, courant chacun de côté et d'autre dans les sentiers de l'erreur. Il n'y a qu'un Seigneur et qu'un seul pasteur; c'est pourquoi il a voulu qu'il n'y eût aussi qu'un seul bercail. Notre-Seigneur n'a point voulu qu'on divisât sa tunique sans couture, voulant qu'elle demeurât entière, nous montrant par là qu'il ne souffrirait pas que l'unité de l'Eglise fût rompue. Aussi saint Paul a dit : « Je vous conjure, mes frères, par le nom de Jésus-Christ Notre-Seigneur, de ne point souffrir de schisme parmi vous, mais conservez l'unité de l'esprit dans le lien de la paix. » (I *Cor.*, 1, 10.) Comme plusieurs rayons sortent d'un soleil unique et ne forment qu'une seule lumière, de même, nous qui n'avons qu'une seule tête, malgré notre nombre, nous devons posséder tout en commun et dans la paix. Il s'élève fréquemment contre nous des flots d'ennemis qui veulent rompre notre union et éteindre notre bon accord dans la paix, en semant la discorde. Des lions d'une férocité inouïe nous attaquent à chaque instant, dans le dessein d'ébranler les membres par la crainte, en frappant la tête. Et, ce qui nous paraît plus grave, c'est que ce ne sont pas seulement les esprits mauvais qui nous font souffrir, mais les gens même de notre maison nous mettent en pièces, et fréquemment les guerres intestines, dont on ne se défie pas, sont plus perfides que les guerres du dehors que l'on a prévues. Le juste Abel n'a-t-il pas été tué par son frère qui habitait sous le même toit que lui ? Esaü a poursuivi son frère en fuite ; Joseph fut vendu par ses frères ; le Sauveur fut trahi par son disciple. Tous ces maux sont arrivés, parce que leurs auteurs ont rejeté l'obéissance. C'est ce malheur qui est arrivé à notre fils Janvier, qui semblait être au milieu de nous la colonne de l'obéissance et de la pauvreté, et sur la perte duquel nous devons souvent verser des larmes et pousser des gémissements. En effet, il vint à nous, les larmes aux yeux, et nous promit de garder la pauvreté pendant toute sa vie ; cependant, à notre insu, il possédait dans le monde un champ et une vigne. O mortelle possession ! O promesse traîtresse ! Il avait sur les lèvres ce

non fuerimus, hæc paupertas quam foris gerimus, non paupertas, sed grandis miseria existimanda est. Nolite ergo mihi resistere, quia omnis potestas a Deo est. Non etiam contemnendæ sunt potestates, sive mundi, sive Ecclesiæ sint : quia omnes a Deo ordinatæ sunt. Nam Dominus cum leprosos curasset, eos ad potestatem misit, dicens : « Ite, ostendite vos sacerdotibus. » (*Luc.*, XVII, 14.) Et ad Samuelem, cum sperneretur a Judæis, ait Dominus : « Non te spreverunt, sed me. » (I *Reg.*, VIII, 7.) Et ad Moysen : « Homo quicumque fecerit superbiam in sacerdotem, aut in judicem, morietur. » (*Deut.*, XVII, 12.) Cavete ergo, sacerdotes, ne aliquis vestrum audeat insurgere contra (1) præpositum vel presbyterum, qui omnium vestrum curam gerit. Ipsi enim positi sunt in Ecclesia ad nostram utilitatem, ut provideant quid agere debeamus, ut etiam pro nobis rationem Deo reddant, et unitatem Ecclesiæ custodiant : de qua Dominus nos voluit esse sollicitos, ne tanquam oves non habentes pastores per diversos errores ab unitate fidei divisi essemus. Sicut enim unus est Dominus et unus pastor, sic et unum ovile esse voluit. Propterea noluit Dominus scindi tunicam inconsutilem quæ integra erat, quia non patitur Ecclesiæ violari unitatem. Ideo Paulus ait : « Obsecro, fratres, per nomen Domini Jesu Christi, ut non sint in vobis schismata, sed servate unitatem spiritus in vinculo pacis. » (I *Cor.*, 1, 10.) Nam sicut multi radii procedunt ab uno sole, et tamen unum lumen est : ita et nos multi ab uno capite procedentes, omnia pacifice et communiter possidere debemus. Insurgunt enim frequenter inter nos tempestates inimicorum, volentium nostras concordias dissipare, et discordias seminando unionem pacis exstinguere. Aggrediuntur nos frequenter leones teterrimi, ut caput feriendo, membra saltem moveantur terrore. Et quod gravius mihi est, non solum a malignis spiritibus sæpe mala patimur, sed etiam a domesticis dilaniamur, et frequenter pejora sunt intrinseca bella a quibus non cavetur, quam forinseca quæ prævidentur. Ecce enim Abel justus a domestico fratre occiditur, Esaü fratrem fugientem persequitur, Joseph a fratribus venditur, a discipulo Salvator traditur. Hæc omnia mala facta sunt, quia obedire neglexerunt. Similiter hoc accidit Januario nostro, qui columna obedientiæ et paupertatis inter nos esse videbatur, cujus perditionem frequenter flere et ululare debemus. Nam ad nos cum lacrymis venit, et paupertatem quamdiu viveret servare promisit : et tamen (2) vineam et agrum nobis ignorantibus in sæculo

(1) Ignotas his temporibus ejusmodi subsidiarias præfecturas observat Lupus, Augustinum vero Clericis suis immediate præfuisse, ut colligitur ex Possidio, c. XXIV, et ex Actis in designatione Eraclii epist. nunc CXIII. — (2) Imo duntaxat « argentum quod diceret esse filiæ suæ », ait Aug. Ser., CCCLV, n. 3.

qu'il haïssait dans son cœur. Nous le croyions saint, il était le pire de tous. Et ainsi, pendant onze années et plus, notre fils Janvier, comme vous l'avez vu et entendu, a mal vécu et a fait une mauvaise mort. Pourquoi et comment a-t-il mal vécu? Parce qu'il a gardé secrètement ce qui lui appartenait. Comment aussi a-t-il fait une mauvaise mort, sinon parce que, à sa dernière heure, il ne s'est pas reconnu; obstiné dans son sens, sans que nous le sachions, il a fait un testament et a laissé pour héritier le fils qu'il avait dans le monde? Oh! plût à Dieu qu'au moins, à ce dernier instant, il nous eût avoué sa faute, nous eussions prié, et il eût obtenu son pardon; mais il ne s'en confessa point, ne se repentit point de son péché; c'est pourquoi il n'est point des miens et n'en fut point pendant sa vie. Liez donc les mains de son cadavre, mettez-y, rassemblés dans un linge, les cent-onze sicles qu'il tenait cachés dans la muraille de sa cellule, et dites en pleurant : « Que ton argent périsse avec toi. » (*Act.*, VIII, 20.) Il ne nous est pas permis à nous, serviteurs de Dieu, de le garder et de l'employer à notre nourriture, à nos vêtements ou à quelqu'ouvrage du monastère, puisqu'il est le prix de la damnation. Ah! prêtres de Dieu, prenez donc garde de succomber à la tentation, prenez garde de m'être rebelles, soit en public, soit en cachette. Soyez-moi fidèles, soyez-moi aussi obéissants. Et si ce devoir vous paraît dur et pénible, sortez dehors, allez trouver mes frères, et apprenez d'eux qu'ils sont doux et humbles de cœur, pauvres d'esprit et enfants de l'obéissance. Etes-vous bien tels qu'ils sont eux-mêmes? Dieu fasse que vous soyez ce qu'ils sont eux-mêmes! Vous êtes intempérants, ils sont d'une extrême sobriété; vous aimez à courir la ville, ils fuient les regards des hommes; vous êtes impudiques, ils sont chastes; vous aimez les bouffonneries, ils s'adonnent à l'oraison avec ferveur; vous sortez revêtus de peaux de lapin ou d'autres animaux semblables, leur vêtement est une peau de brebis très-grossière et très-noire, sans parler de ce qu'ils portent dessous; vous aimez beaucoup à être nourris délicatement, affectant la variété dans les viandes; depuis qu'ils sont entrés au désert, jamais ils n'ont mangé de viandes. Vous recherchez les vins exquis et enivrants, on ne leur donne qu'un peu d'eau. Tous vos désirs sont de paraître dans le monde avec des ceintures militaires, pour eux, leurs reins sont ceints et ornés de peau de chameau comme l'étaient ceux d'Elie et de Jean. O ma vigne choisie, je t'ai plantée de mes mains, prends bien attention de ne pas te changer en une vigne aux fruits amers; je t'en conjure, ne m'abandonne pas, parce que je suis pauvre, pour suivre le riche Janvier. O vigne heureuse, je crains beaucoup, qu'à la fin, tes grappes ne soient des fruits d'amertume. Que ferons-nous alors dans ce jour de malheur, lorsque Dieu le Père dira à son Fils : Appelez les ouvriers, et donnez-leur la récompense? Alors, devant le souverain Juge, vos promesses et la manière dont vous vouliez les garder seront mis en regard de votre rébellion. Fuir le monde et mépriser tout ce qui est du monde était votre promesse, et voici que, rebelles, vous vous êtes engagés dans les affaires du monde de toute la

---

possidebat. O professio mortifera, o proditoria promissio! Ore dicebat quod corde odiebat. Sanctum credebamus, qui omnibus pejor erat. Et sic annis undecim et amplius Januarius noster, ut vidistis, et audistis, male vixit, et male moritur. Quare vel quomodo male vixit? Quia quod suum (*a*) erat, secrete tenuit. Quomodo etiam male moritur, nisi quia in fine se ne cognovit, et obstinatus in suo sensu nobis ignorantibus testamentum fecit, (1) et filium quem habebat in sæculo ditavit? O utinam saltem in fine hoc nobis dixisset, ut orantibus nobis veniam impetrasset : sed nec confessus fuit, nec eum fecisse pœnituit; propterea de meis non est, nec dum viveret erat. Ligate igitur manus cadaveris ejus, ponentes in panno ligatos centum et undecim siclos, quos in pariete cellulæ retinebat, flentes et dicentes : « Pecunia tua tecum sit in perditionem. » (*Act.*, VIII, 20.) Non enim licet nobis servis Dei eam collocare vel ponere in victu vel in vestitu vel in opere monasterii, quia pretium damnationis est. Eia igitur, sacerdotes Dei, cavete ne deficiatis in tentationibus, cavete ne rebelles mihi sitis publice vel occulte. Sitis mihi fideles, sitis mihi et obedientes. Et si vobis grave est et molestum, egredimini foras, pergite ad fratres meos, et discite ab eis, quia mites sunt et humiles corde, pauperes spiritu et filii obedientiæ. Egredimini foras, et quid estis, et quid ipsi sint considerare vos volo. Numquid et vos tales estis quales et ipsi sunt? O utinam tales essetis, quales et ipsi sunt! (2) Vos enim voratores, et ipsi summæ sobrietatis; vos discursores civitatis, et ipsi visus hominum fugiunt; vos impudici, et ipsi casti; vos derisores, et ipsi ferventissimi oratores; vos pellibus cuniculorum vel variorum ornati incedistis, et ipsi ovino colore nigerrimo asperrimoque induti sunt, præter ea quæ intrinsecus sunt. Vos delicate pasci summe curatis, carnes varias affectantis; et ipsi post quam eremum intraverunt, nunquam carnes sumpserunt. Vos vina electa et inebriantia quæritis; et ipsi pusillum aquæ recipiunt. Vos balteis militum mundo apparere desideratis, et ipsi zonis camelorum renibus succincti more Eliæ et Joannis sunt decorati. O vinea mea electa, ego te plantavi, cave ne convertaris in amaritudinem; te deprecor ne me pauperem dimittas, et Januarium divitem sequaris. O vinea felix, cujus botrus summe pertimesco ne sit in fine amarissimus. O quid faciemus tunc in die illa calamitatis, in qua Deus Pater dicet Filio : Voca operarios, et redde illis mercedem? Tunc ante judicem audietur vox rebellionis vestræ quid promiseritis, et quomodo ea servare voluistis. Fugere mundum, et quæ mundi sunt contemnere, promisistis : et ecce jam rebelles totis affectibus in mun-

---

(1) Erratum duplex. Nam ex eod. Ser. et « filius ipsius in monasterio est, » non in sæculo, et « Ecclesiam scripsi hæredem, » hunc vero exhæredavit. — (2) Hæc ap Augustini Clericis conveniunt, patet ex Serm. CCCLVI, n. 3, ubi eos tales invenisse se testatur, quales desideravit, et ex num. 13, an in eorum vestitu quidquam indecens.

(*a*) Edit, ad. *non*.

force de vos affections. Pourquoi avez-vous donc murmuré si, dans ces fêtes de Pâques, je n'ai pas été présent corporellement avec vous? Il m'a semblé bon de m'éloigner de vous et d'aller trouver mes frères du désert que j'ai trouvés tels que je le désirais, comme je l'ai souvent dit. Pourquoi donc êtes-vous dans le trouble? Ne sont-ils pas vraiment pauvres, obéissants? N'ont-ils pas foulé aux pieds le monde et ses pompes? Ne vous ont-ils pas précédés depuis longtemps dans leur règle de vie? Ne sont-ils pas vraiment mes frères et mes pères? Ne suis-je pas, par leur exemple, parvenu à la voie de la vérité? Ne les ai-je pas toujours aimés, et n'ai-je pas toujours désiré leurs saints entretiens? N'ai-je pas été instruit dans la foi par Simplicianus de la Ligurie? Pourquoi donc murmurer? Pourquoi montrez-vous la douleur que vous ressentez de mon absence? Faites tout ce qui m'est agréable, et alors, en quelque lieu que je sois, je serai avec vous jusqu'à la consommation du siècle. Je m'étais décidé à demeurer en toute humilité et charité avec ces frères qui restent à la campagne et que j'aime, jusqu'à la fête de la glorieuse Ascension de Notre-Seigneur, et je ne désirais revenir près de vous que quand j'aurais su que vous vous étiez amendés. Mais comme je sais que Fortunatus, mon ennemi, s'est déjà rendu secrètement comme un loup au milieu de ceux de son parti, je reviens forcément au milieu de vous, désirant le voir, entrer de nouveau en lutte avec lui, et le confondre avec le secours du Seigneur, car il réunit toutes ses forces pour disperser et mettre à mort mes chers fils que j'ai enfantés dans les entrailles de la charité. Priez donc, nous voulons unir nos prières aux vôtres, et cessez de vous plaindre davantage de mon absence. Priez sans jamais vous lasser, afin que, comme ce Fortunatus, ce prêtre des Manichéens tend publiquement des embûches à la vraie foi des chrétiens, de même nous, aidé de la grâce de Dieu, nous puissions publiquement triompher de lui. Priez sans relâche afin de pouvoir demeurer dignement dans la vocation de clercs à laquelle la grâce de Dieu vous a appelés; et que, quand vous serez appelés au dernier jour pour recevoir la récompense, comme le figuier sans fruits, vous ne soyez pas maudits, coupés et jetés au feu, comme ayant occupé la terre en qualité de destructeurs de la loi et étant morts dans votre iniquité. Que Dieu lui-même vous aide à accomplir les merveilles de sa loi, lui qui est béni dans les siècles des siècles. Ainsi soit-il.

Sermon VI. — *La miséricorde*. — Frères bien-aimés, je vous annonce un grand sujet de joie; grâce à Dieu, nous avons triomphé de Fortunat, le prêtre des manichéens. Obstiné dans son sens, comme un autre fils de perdition, il s'est éloigné de notre troupeau tout couvert de confusion. Après son départ, j'ai baptisé environ soixante païens, qui lui étaient attachés en quelque façon. Mais maintenant je reviens à vous, dans le désir d'achever l'œuvre que j'ai commencée. « Bienheureux donc sont les miséricordieux, parce qu'ils obtiendront eux-mêmes miséricorde. » (*Matth.*, v, 7.) Oh! si nous considérions avec soin la miséricorde de Dieu, nous trouverions en nous la manière de l'exercer à notre tour. Oui, mes frères, qui a ex-

---

danis præoccupati estis. Cur ergo murmurastis, si in his (1) paschalibus diebus præsentialiter vobiscum non fui? Placuit enim mihi segregare me a vobis, et pergere ad fratres meos in solitudine, quos, ut frequenter dixi, tales inveni quales invenire desideravi. Cur ergo turbamini? Numquid ipsi vere pauperes sunt? Numquid obedientes? Numquid mundum et pompas ejus conculcaverunt? Numquid in forma vivendi vos multo tempore præcesserunt? Numquid vere fratres mei et patres sunt? Numquid per eorum exempla ad viam veritatis perveni? Numquid eos semper dilexi, et eorum sanctam conversationem semper desideravi? Numquid etiam per Simplicianum Liguriensem in fide instructus sum? Cur ergo murmuratis? Cur de mea absentia dolorem habere ostenditis? Facite quæ placita sunt mihi, et tunc ubicumque fuero, vobiscum ero usque ad consummationem sæculi. Decreveram enim cum eisdem rusticanis meis in caritate humiliter habitare usque ad festum sanctæ Ascensionis Domini, nec ad vos redire optabam, quo usque vos emendatos esse cognovissem. Sed quoniam Fortunatum adversarium ad partes occulte velut lupum pervenisse jam sentio, ideo compulsus reversus sum ad vos cupiens illum videre, et cum eo pariter disputare, et illum conculcare Domino auxiliante, qui totis viribus dissipare conatur et jugulare filios, quos peperi in visceribus caritatis. Orate igitur, et nos vobiscum orare volumus, desinentes de mea absentia amplius litigare. Orate et nolite deficere, ut Fortunatum Manichæorum presbyterum, sicut publice sanctæ fidei Christianæ insidiatur, ita et nos cum suis Dei gratia coadjuvante publice eum superare possimus. Orate sine intermissione, ut manere digne possitis in vocatione clericorum, qua per gratiam Dei vocati estis : ut dum vocabimini ad mercedem in die novissimo, non sicut ficus absque fructu maledicamini et succidamini, et in iguem mittamini, tanquam destructores legis terram occupantes et pereuntes in iniquitatibus vestris. Adjuvet autem vos ipse Deus ad perficiendum mirabilia de lege sua, qui est benedictus in sæcula. Amen.

Sermo VI. — *De misericordia*. — Fratres carissimi, annuntio vobis gaudium magnum, quoniam (2) Fortunatum Manichæorum presbyterum Dei gratia superavimus, et obstinatus, in suo sensu velut alter filius perditionis a plebe nostra recessit confusus. Post cujus recessum baptizavi fere sexaginta Paganos, qui sibi aliqualiter adhærebant. Et ecce modo reversus sum ad vos, cupiens perficere opus quod incepi. « Beati igitur misericordes, quoniam ipsi misericordiam consequentur. » (*Matth.*, v, 7.) O si diligenter considerаremus misericordiam Dei, in nobis possemus habere formam miserendi. O Fratres, quid Christum incarnatum

---

(1) Quibus maxime necessaria erat Episcopi præsentia. Sed nec Augustino roganti ut per quinque dies Scripturarum curæ sibi a Conciliis impositæ vacaret, populum concessisse ait ep. CXXIII, n. 5. Ad hæc ep. CXXII : « Noverit, inquit, dilectio vestra, nunquam me absentem fuisse licentiosa libertate, sed necessaria servitute. » — (2) Mendacium jam tertio repetitum.

cité le Christ à se faire homme ? La miséricorde. Qui lui a fait prendre nos misères ? La clémence seule. O heureuse miséricorde ! qui seule a connu le prix de notre salut ! La miséricorde seule dirige l'homme vers Dieu ; seule, elle ramène l'homme à Dieu ; seule aussi, elle conduit Dieu vers l'homme. Elle est cette seule médiatrice qui console les malheureux, réunit ceux qui sont divisés, et seule elle nous élève en humiliant Dieu. Combien miséricordieuse fut la descente de Dieu, pour que notre assomption au ciel fût plus glorieuse ! O immense miséricorde ! Infinie miséricorde, seule tu as pu attirer Dieu du ciel sur la terre, et nous élever de ce lieu d'exil dans le royaume. O lien puissant de la miséricorde par lequel Dieu a pu être lié, et l'homme qui était lié a pu briser ses liens ! O moine, si tu pesais avec soin les œuvres de Dieu à ton égard, tu trouverais que miséricorde ! C'est par miséricorde s'il flagelle pour corriger, s'il délivre du péché par l'affliction, s'il laisse régner les hypocrites et les tyrans. Dieu fait tout cela par miséricorde, dans le désir de nous octroyer la vie éternelle. Faites bien attention, mes frères, oui, faites bien attention, car, dans le pasteur comme dans le juge, on doit trouver réunies la miséricorde et la justice. Sans justice, la miséricorde est anéantie et se change en cruauté. Est-ce que la justice sans miséricorde peut être acceptée de Dieu ? Non, c'est impossible, car envers les bons comme envers les méchants, envers les bienheureux comme envers les malheureux, le Tout-Puissant exerce la miséricorde tempérée par la justice. En effet, il donne la gloire aux bienheureux, mais ils n'ont mérité d'en jouir qu'à l'aide des biens qu'il leur a confiés ; et, si les méchants souffrent des châtiments, ils en ont mérité de bien plus grands pour tout le mal qu'ils ont fait. Soyez donc, mes frères, miséricordieux, comme votre Père céleste est miséricordieux. Soyez miséricordieux, en pensant combien Moïse a été puissant sur son peuple par la miséricorde, car, pour son salut, il a demandé d'être effacé du livre de vie ; et, d'un autre côté, combien il aima la droiture, puisque, quoiqu'ayant obtenu le salut de son peuple, il dit aux Lévites : « Que chaque homme d'entre vous mette son épée à son côté. » (*Exod.*, xxxii, 27.) Il demanda la vie de tous au prix de sa mort, et il détruisit par le glaive la vie de quelques-uns, dévoré intérieurement du feu de l'amour, et à l'extérieur du feu de la justice et de la sévérité, feu également fort des deux côtés. Il était l'ambassadeur de son peuple auprès de Dieu par ses prières, et il chargea le glaive de rappeler aux hommes ce qu'exigeait la cause de Dieu. Etudions-nous donc, mes frères, à ravir la miséricorde pendant notre vie. Donnons la nourriture à celui qui a faim, le vêtement à celui qui est nu ; recevons les étrangers, consolons l'orphelin, visitons le malade, ensevelissons les morts, telles sont les œuvres de miséricorde au sujet desquelles nous serons interrogés au dernier jour. Mais vous me direz : Nous sommes dans le désert, où pourrons-nous voir des pauvres ? Comment consolerons-nous les veuves et les orphelins ? Comment pouvons-nous ensevelir les morts ? Mes frères, je sais bien vous vivez dans le désert, et je ne crois pas que vous puissiez voir des pauvres ; je ne désire point que vous sortiez de votre monastère, afin de pouvoir consoler vos mères ou vos parents. Qu'ils sont nombreux tous ceux qui, à ma connaissance, sont sortis du monas-

---

nisi misericordia ? Quid cum subjecit nostræ miseriæ, nisi sola clementia ? O beata misericordia, quæ sola commercium nostræ salutis agnovit ! Sola enim misericordia ad Deum dirigit hominem, sola ad Deum deducit hominem, sola Deum deducit ad hominem. Hæc est sola mediatrix adversos consolans, hæc disjunctos conjungit, hæc sola Deum humilians nos sublimat. Quam pia fuit Dei descensio, ut inde nostra esset gloriosa assumptio. O grandis misericordia, o infinita misericordia, tu sola potuisti Deum de cœlo ad terram trahere, nos de exsilio ad regnum erigere. O magnum misericordiæ vinculum, quo Deus ligari (*a*) et potuit, et homo ligatus vincla disrumpit ! O monache, si tuam considerares miseriam, in opere Dei erga te non invenires nisi misericordiam. Misericordia est si flagellat ut emendet, si a peccato per tribulationem liberat, si hypocritas et tyrannos regnare permittit. Hæc enim omnia Deus cum misericordia facit, cupiens nobis vitam æternam donare. Attendite ergo Fratres, attendite : nam in pastore vel judice debent esse simul misericordia et justitia. Misericordia enim sine justitia destruitur, in crudelitatem convertitur. Et justitia sine misericordia numquid accepta est apud Deum ? Absit. Justis enim et injustis, beatis et damnatis misericordiam cum justitia semper agit. Omnipotens enim beatis dat gloriam, quam non merentur habere quibuscumque bonis commissis : malis dat pœnam, quam majorem merentur habere de malis commissis. Estote ergo, Fratres mei, misericordes, sicut Pater vester misericors est. Estote misericordes, pensantes quantum Moyses in misericordia floruit propter populum, pro cujus salute petiit deleri de libro vitæ ; et quanto iterum zelo rectitudinis, cum obtinuisset veniam, ait ad populum : « Ponat vir gladium super femur suum. » (*Exod.*, xxxii, 27.) Ecce qui vitam omnium cum sua morte petiit, paucorum vitam gladio destruxit, intus igne amoris, et foris accensus zelo justitiæ et severitatis, utrobique fortis : legatus tamen populi apud Deum precibus, et causam Dei apud homines gladiis admonendam allegavit. Studeamus igitur, Fratres mei, misericordiam, dum vivimus, rapere. Cibetur a nobis esuriens, vestiatur a nobis nudus, recipiatur a nobis peregrinus, consoletur per nos pupillus, visitetur a nobis infirmus, sepeliatur a nobis defunctus. Ista enim sunt opera misericordiæ, de quibus interrogari debemus in die novissimo. Sed dicetis : Ecce in eremo sumus, pauperes videre non possumus et orphanos ; pupillos et viduas quomodo consolari valemus ? mortuos sepelire quomodo possumus ? O Fratres mei, bene scio vos in eremo esse, nec pauperes vos videre credo, nec vos monasterium exire cupio, ut matres vel proximos consolari possitis. Quam plures enim cognovi pro hac causa monasterium exivisse, qui tamen ad monasterium nunquam reversi sunt ? Sub specie

(*a*) Edit. ad. *voluit*.

tère pour ce motif, et qui n'y sont jamais rentrés! Car, que de mal se fait sous l'apparence du bien! Voici le langage que tient le démon: O moine! quoi, ignores-tu que ta mère est dans la peine? Tout récemment, elle a perdu son mari, enseveli son fils et perdu ses biens; elle est malade à la mort, et elle ne veut point se confesser. Que fais-tu donc dans le désert? A quoi penses-tu? Lève-toi promptement, quitte le monastère, va dans la cité, entre dans la maison de tes parents, et exerce à leur égard les œuvres de miséricorde, car Dieu le veut et l'ordonne. Tout en roulant ces pensées, le serviteur de Dieu sort quelquefois du monastère croyant bien faire. A peine est-il arrivé, que la mère saute au cou de son fils, le père l'embrasse, ses frères le félicitent et lui disent : Ne nous abandonnez pas, nous sommes frères, notre père est vieux, c'est à vous de gouverner la famille; pourquoi penser davantage à retourner dans votre monastère? Le consentement suit de près ce discours. Parce qu'il consent, il reste, et, en restant, il devient le pire de tous, et il perd tout le bien qu'il a fait. Défiez-vous bien, mes frères, oui, défiez-vous de la malice du démon. Cependant, je veux que vous vous occupiez d'œuvres de miséricorde. Quoique vous n'habitiez pas parmi le monde, au milieu des nations, vous pouvez toutefois vous exercer aux œuvres de miséricorde en priant, en conjurant et en suppliant pour les orphelins et les délaissés. S'il vous semble que cela ne suffit pas, rappelez-vous que vous êtes cent et davantage qui habitez ce monastère, et souvent les infirmités vous atteignent, souvent le démon vous afflige, souvent vous éprouvez des souffrances ; n'en meurt-il pas souvent parmi vous? Il vous est donc bien facile d'exercer, les uns à l'égard des autres, les œuvres de miséricorde. Mais quelqu'un d'entre vous me dira : J'ai mon père dans le siècle, et j'ai promis à Dieu de vivre jusqu'à la mort dans le monastère. Mais voici que mon père est malade, il ne peut vivre sans moi. Que ferai-je? Quel parti prendre? Si je sors, je romps mes vœux; si je reste, je laisse mourir mon père. Que faire? Oh! mes frères, prêtez bien l'oreille pour apprendre ce que vous avez à faire, je vous le dis comme le moment présent me l'inspire. Si un père ne peut aucunement vivre sans le secours de son fils, qui est moine, le fils doit fournir à son père, avec les biens du monastère, de quoi subsister ; et, si le monastère ne peut prendre cette charge, que le fils recherche, avec toute l'affection dont il est doué, le moyen de ne pas priver son père de secours. Et, s'il ne voit pas d'autre moyen, avec la bénédiction de Dieu, qu'il quitte le monastère après avoir obtenu la permission du supérieur, qu'il secoure son père par sa parole ou son travail, sans manquer à son devoir par négligence, et sans rompre encore son vœu. C'est ce qui aura lieu, si, survivant à son père, il reprend aussitôt sa vie première, vivant dans la justice et la sainteté comme auparavant, et avec d'autant plus de ferveur que, dans ces soins paternels, il s'est senti chargé au delà de la nécessité. Personne donc ne peut s'exempter de faire miséricorde, ni le riche puisqu'il possède, ni le pauvre qui peut donner au moins un verre d'eau froide, ni le moine parce qu'il doit au moins prier. O homme! qui es d'une sévérité cruelle sur la sainteté d'autrui, sache auparavant te connaître toi-même. Si tu es vertueux, ô moine! tu peux facilement tomber! Es-tu riche? c'est un don de la fortune, et non de la nature. Es-tu en bonne santé? voici l'infirmité qui frappe à ta porte. Es-tu sage? tu n'as point la constance. Pour conclure, exercez la miséricorde à l'égard des sages et des in-

enim boni multa mala fiunt. Ecce enim diabolus dicit : O monache, an ignoras tuam matrem dolere? Ecce nuper maritum amisit, filium sepelivit, possessionem perdidit, infirmatur ad mortem nec vult forsitan confiteri ; quid in eremo agis? quid cogitas? Surge velociter, egredere monasterium, ingredere civitatem, penetra domos parentum, exerce in eis opera misericordiæ : hoc enim Deus vult, hoc fieri præcipit. Dum enim servus Dei hoc cogitat, aliquando exit monasterium credens bene facere. Et ecce dum appropinquat, mater filium osculatur, pater amplectitur, fratres applaudunt, dicentes : Noli nos derelinquere : fratres enim sumus, pater noster antiquus est, tibi incumbit familiam regere ; quid ergo amplius ad monasterium redire præsumis? Et sic audiendo consentit, et consentiendo remanet, et remanendo omnibus pejor efficitur, et quidquid boni fecit, amittit. Cavete igitur, Fratres mei, cavete a malitia diaboli : exercere tamen vos volo opera misericordiæ. Etsi in sæculo non habitatis neque inter gentes, exercere tamen opera misericordiæ bene potestis, orando, obsecrando et deprecando pro orphanis et pupillis. Si hoc non videtur vobis sufficere, pensare debetis quomodo centum et plures in monasterio simul habitatis, et sæpe infirmamini, et sæpe a diabolo affligimini, sæpe patimini, numquid et sæpe morimini? Exercere ergo potestis etiam inter vos opera pietatis. Sed dicet quis ex vobis : Patrem in sæculo habeo ; et ego usque ad mortem in monasterio vivere Deo promisi. Ecce enim pater infirmatur, non potest sine me vivere. Quid ago, quid eligo? Si exire, votum frango ; si stare, patrem mori permitto. Quid ergo? O Fratres attendite quid agere debeatis, sicut pro nunc mihi occurrit. Nam si pater alicujus sine filio monacho vivere nullatenus potest, procurare debet filius quomodo de bonis monasterii patri subveniatur. Et si monasterium impotens fuerit, filius toto affectu videat quomodo pater filii non deficiat. Et si non viderit, cum Dei benedictione monasterium de licentia majoris exeat, et verbo et opere patri subveniat, ut non deficiat ex negligentia, nec votum frangere credat : quia si post patrem vivendo remanserit, statim ad pristinam vitam redire non pigeat, sancte et juste vivendo, sicut inceperat, et tanto fortius, quanto senserit se plus in paterno ministerio ultra necessitatem gravatum. Nullus igitur erit, qui se a misericordia excusare possit : nec dives, quia habet ; nec pauper, quia calice aquæ frigidæ non caret ; nec monachus, quia saltem orare debet. O homo qui crudelis es in alterius justitia, te ipsum prius agnosce. Nam si bonus es, o monache, cadere faciliter potes : si dives es, donum fortunæ est, non naturæ : si sanus es, ecce infirmitas instat : si sapiens es, non habes constan-

sensés, des malades et de ceux qui se portent bien, à l'égard de ceux qui sont d'une condition élevée, comme à l'égard de ceux qui sont d'une condition inférieure. O homme! quel sera ton sort, si le Sauveur, ayant été à ton égard clément et bon, tu ignores la pratique de la miséricorde! Que la miséricorde, mes frères, fasse vos délices, sans cependant qu'elle ait sa source soit dans la négligence, soit dans la pusillanimité, soit dans l'indiscrétion ou la faiblesse de caractère; qu'elle soit, au contraire, circonspecte de toutes façons, en sorte qu'en s'arrogeant ce qui est d'elle, elle sache ne pas enlever à la justice ce qui lui est dû. O moine! pèse la miséricorde du saint patriarche Joseph, qui oublia l'injure qu'il avait reçue de ses frères. Proposez-vous, mes frères, pour modèle la clémence de David pleurant la folie de son fils qui le poursuivait. O moine! si vous fermez les entrailles de votre miséricorde à l'indigent, la porte du Christ vous sera fermée à tout jamais. Il est, en effet, la porte du Seigneur ; c'est par elle que les justes entreront. Elle éclaire de sa splendeur le Nouveau Testament, et détruit la rigueur de l'Ancien. Elle est ce bois qui servit à Moïse pour adoucir les eaux ; elle est ce sel dont se servit Elisée pour détruire la stérilité de l'eau ; elle est cette farine au moyen de laquelle Elisée détruisit le poison qui était dans la chaudière ; elle est cette huile que le bon Samaritain versa sur le pauvre blessé ; elle est le Jourdain où fut guérie la lèpre du syrien Naaman. C'est la seule vertu qui établit la différence entre un homme cruel et un homme miséricordieux, entre un roi et un tyran. O moine! où serais-tu si la miséricorde de Dieu ne fût venue à ton secours? Si Dieu, en effet, eût agi à ton égard avec une justice rigoureuse, tu ne saurais penser quels châtiments répondraient à tes fautes. Donc, attribue tout à la miséricorde de Dieu, et dépense au service du prochain une pareille miséricorde ; sois d'autant moins avare de pardon que tu as trouvé plus de bienveillance en Dieu. Aimez donc, mes frères, la miséricorde, car je n'ai jamais vu un homme miséricordieux finir par une mauvaise mort. Que Dieu vous octroie cette miséricorde. Ainsi soit-il.

SERMON VII. — *De l'obéissance.* — Mes frères bien-aimés, il faut obéir à Dieu en toutes choses, si nous voulons nous sauver dans le désert ; et, si cette œuvre nous semble difficile, considérons l'obéissance du Fils de Dieu, et n'hésitons pas à nous dépouiller de notre orgueil. Le Fils de Dieu lui-même fut obéissant jusqu'à la mort de la croix, et nous, nous dédaignons d'obéir à ses préceptes. Si Jésus-Christ fut obéissant jusqu'à la mort de la croix, ce ne fut pas pour son avantage, mais pour le nôtre. Soyez-lui donc obéissant, non pour son utilité, mais pour la vôtre. Voyez, mes frères, l'ange, il obéit à Dieu en tout, et vous, poussière, vous vous révoltez contre Dieu ! Les créatures insensibles obéissent à Dieu, et vous, créature raisonnable, vous lui résistez! Ni le soleil, ni la lune, ni les étoiles ne s'écartent de la route qui leur fut tracée ; les astres remplissent avec exactitude leurs fonctions, et vous vous opposez à la volonté de Dieu presque en toutes choses ! Au moindre signe de Dieu, les campagnes s'ornent de fleurs, les pluies fécondent la terre, les forêts se garnissent de feuilles, le petit oiseau gazouille dans les bois, tout obéit à Dieu, et l'homme seul résiste à la volonté suprême! O moine! lis ce qui est écrit : « L'obéissance vaut mieux que

tiam. Igitur circa omnes, tam circa sapientes quam insipientes, tam circa sanos quam infirmos, tam circa nobiles quam ignobiles misericordiam habe. O homo quid de te erit, si Salvator tuus clemens et pius fuerit, et tu misericordiam ignoraveris ? Pascatur, Fratres mei, misericordia inter vos, non tamen ex negligentia, non tamen ex pusillanimitate, non ex indiscretione, non ex animi infirmitate ; sed omnibus modis sit circumspecta, ut sic suum retineat proprium, quod justitiæ non auferat debitum. O monache vide sancti Joseph misericordiam, quæ fratrum suorum est oblita injuriam. Eligite Fratres mei David clementiam, qui filii persequentis deflebat dementiam. O monache, si clauseris viscera misericordiæ indigenti, omnino claudetur tibi janua Christi. Hæc est enim porta Domini, et justi intrabunt in eam. Hæc novum Testamentum illuminat, et veteris rigorem exterminat. Hoc est lignum quo Moyses aquas dulcoravit : hoc est sal in quo Eliseus aquarum sterilitatem exterminavit : hæc est farina, qua Eliseus mortem quæ in olla erat exstirpavit. Hoc est oleum, quod Samaritanus infudit vulnerato. Hoc est Jordanis, quo curatur lepra Naaman Syri. Hæc sola virtus est, quæ dividit inter crudelem et pium, regem et tyrannum. O monache ubi esses, si tibi Dei misericordia non subvenisset ? Si enim Deus tecum ageret districta sententia, non posses cogitare pœnam, quæ responderet tuis demeritis. Omnia ergo attribue Dei misericordiæ, et a simili misericordiam expendas in usum proximi ; ut non sis avarus in miserando, cum sis expertus largitatem in Deo. Amate ergo, Fratres mei, misericordiam, quia nunquam vidi pium hominem mala morte finiri : quam misericordiam faciat vobis cum Deus. Amen.

SERMO VII. — *De obedientia* (a). — Fratres mei dilectissimi, obedire oportet Deo in omnibus, si salvari cupimus in eremo. Et si difficile nobis videtur, considerare debemus obedientiam Filii Dei, et nostram deponere contumaciam non differamus. Ipse enim Dei Filius obediens fuit usque ad mortem crucis ; et nos contemnimus ejus obedire præceptis ? Christus enim obediens fuit usque ad mortem, non pro sua, sed pro nostra utilitate. Estote ergo non pro sua, sed vestra utilitate sibi obedientes. Ecce enim, Fratres, Angelus in omnibus obedit Deo ; et tu qui cinis es, contradicis Deo? Insensibilia obediunt Deo, et tu rationalis resistis Deo ? Sol a sua semita non deviat, nec luna, nec stellæ ; omnia enim cœlica suis (b) indulgent officiis ; tu vero Dei voluntati quasi in omnibus resistis. Ad nutum Dei campi floribus decorantur, terra imbribus fecundatur, frondibus crispatur silva, in nemore citharizat avicula ; omnia Deo obediunt, et solus homo Dei voluntati resistit. O monache, lege quod dicitur : « Melior est obedientia quam victima. » (I *Reg.*, XV, 22.) Quæ

(a) MSS. addunt, *et ejus discretione.* — (b) MSS. *indigent.*

le sacrifice. » (I *Rois*, xv, 22.) Pourquoi? si ce n'est que dans les sacrifices on immole une chair étrangère, et que par l'obéissance on immole sa propre volonté, sa propre chair. Soyez donc, mes frères, obéissants pour pouvoir apaiser Dieu, que vos péchés passés ont irrité. L'homme apaise Dieu d'autant plus promptement que l'orgueil de sa volonté est immolé par le glaive du précepte.

Cependant, mes frères, prenez vos sûretés à l'égard de l'obéissance; sous son couvert peut se cacher le fiel du dragon sous l'apparence du miel, et le loup sous la peau de brebis; dans un breuvage doux, on introduit souvent du poison, et dans un vase souvent on renferme la mort. Que celui qui commande et que celui qui obéit veillent à ce que l'obéissance soit honnête, et qu'elle soit accompagnée de discrétion, car, si elle n'est pas discrète, elle devient de la cruauté; si elle n'est pas honnête, on ne doit nullement obéir. Si, par exemple, on nous ordonne de ne pas aimer Dieu, ou encore de le haïr, devrons-nous obéir? Dieu lui-même pourrait-il nous faire un pareil commandement? On ne doit, mes frères, commander que des choses justes et honnêtes; et, si elles ne le sont pas, gardons-nous bien d'obéir, quand même ce serait un apôtre qui nous en donnerait l'ordre. Sachez, mes frères, et gravez profondément dans vos cœurs, que l'obéissance sans discrétion est vaine; et ce défaut a sa source, non pas dans celui qui obéit, mais dans celui qui commande. Si l'obéissance est dénuée d'honnêteté, c'est de l'orgueil; et la faute vient à la fois et de la part de celui qui consent et de la part de celui qui commande; au dernier jour, un châtiment égal sera la punition de cette faute. Observez vous-mêmes ce que vous commandez; prenez garde aux fardeaux que vous imposez, et pesez-les. Mais, chaque fois que l'obéissance ne sera ni juste, ni honnête, que les pasteurs sachent qu'ils se rendent coupables. L'obéissance est donc, mes frères, vraie, sainte et méritoire, quand elle est enrichie de discrétion, d'honnêteté, de justice et d'humilité. Ces vertus sont les compagnes d'une sainte obéissance, et sans elles toute obéissance est vaine et inutile. C'est l'obéissance qui conserve la concorde parmi les anges, qui nourrit la paix au milieu des moines, et produit la tranquillité entre les concitoyens. L'obéissance est une vertu sans laquelle un état ne peut se soutenir, sans laquelle aucune famille ne peut être gouvernée. Qu'il est donc énorme le vice contraire à l'obéissance! A cause de ce vice, le démon a perdu le ciel, l'homme perdit le paradis, Saül le royaume, et Salomon le divin amour. O obéissance! sainte épouse de Dieu, tu es l'échelle parfaite par laquelle on monte au ciel, le char dans lequel Elie monta au ciel, la porte du paradis pour les fidèles; porte qui se ferme devant les coupables. O sainte obéissance! tu es la nourrice de l'humilité, l'épreuve de la patience, la pierre de touche de la douceur. Soyez donc, mes frères, obéisssants avec Abraham; rendez à César ce qui appartient à César, et à Dieu ce qui appartient à Dieu. Nous rendons à César ce qui lui est dû, quand nous sommes soumis à nos supérieurs. Or, notre soumission consiste dans des témoignages extérieurs de respect et d'affection. Nous devons en agir ainsi, non-seulement à l'égard de nos pasteurs, mais aussi à l'égard des saints de Dieu, et ainsi nous rendons par l'obéissance à César ce qui appartient à César. Mais nous rendons à Dieu

causa est, nisi quia in victimis aliena immolatur caro, sed in obedientia voluntas propria et caro mactatur. Estote ergo, Fratres mei, obedientes, ut Deum placare possitis de peccatis commissis. Tanto enim citius placat homo Deum, quanto repressa arbitrii sui superbia gladio præcepti se immolat.

Cavete tamen in obedientia, Fratres mei; sub ipsa enim potest latere fel draconis sub specie mellis, lupus sub pelle ovina : in potu enim dulci venenum sæpe latitat, et in olla sæpe mors ponitur. Attendat ergo qui præcipit, et qui obedire intendit, quod obedientia sit honesta, et omni discretione decorata. Nam si discreta non fuerit, crudelitas existimanda est : si honesta non fuerit, nullatenus obedire debemus. Verbi gratia, si nobis præcipitur, quod Deum non diligamus, vel quod Deum odio habeamus, numquid obedire debemus? numquid vel ipse Deus hoc præcipere potest? Honesta igitur, Fratres, debent præcipi et justa : et si honesta vel justa non fuerint, nullatenus obedire debemus, etiam si Apostolus nobis hoc indicaverit. Tenete igitur, Fratres mei, et in cordibus vestris alligate, quod obedientia sine discretione cassa est, et venit, non ex parte obedientis, sed præcipientis : et obedientia honestate privata, superbia est, et venit ex utriusque parte, consentientis et præcipientis, et in die novissimo pari pœna punientur. Custodite *(a)* quid præcipitis, cavete et ponderate quid imponitis. Verum quotienscumque obedientia honesta et justa non fuerit, totiens ad irregularitatem se devenisse pastores agnoverint. Obedientia igitur, Fratres mei, tunc vera, tunc sancta, tunc meritoria est, quando ditata est discretione, honestate, justitia et humilitate. Istæ enim sunt sociæ sanctæ obedientiæ, sine quibus omnis obedientia vana est et inutilis. Hæc est illa obedientia quæ concordiam conservat in Angelis, pacem nutrit in monachis, tranquillitatem generat in civibus. Hæc est obedientia, sine qua respublica stare non potest, sine qua familia aliqua regi non potest. O quam enorme vitium, quod obedientiæ contrarium fuit : Per hoc diabolus cœlum perdidit, per hoc homo paradisum amisit, per hoc Saül regnum, per hoc Salomon amorem divinum. O sancta Dei sponsa obedientia, tu perfecta scala es qua cœlum ascenditur, tu quadriga qua Elias vectus est in paradisum, tu porta paradisi fidelibus, et clausura *(b)* reorum. O sancta obedientia, tu humilitatem nutris, tu patientiam probas, tu mansuetudinem examinas. Estote ergo, Fratres, cum Abraham obedientes, reddentes quæ sunt Cæsaris Cæsari, et quæ sunt Dei Deo. Tunc vero reddimus Cæsari debitum suum, quando dulam prælatis nostris reddimus. Hæc enim dulia consistit in reverentiæ exhibitione et dilectione. Hoc autem facere debemus non solum pastoribus, sed et sanctis Dei; et tunc reddimus per obedientiam quæ sunt Cæsaris Cæsari.

(a) Forte *qui*, Editi, *quod*. — *(b)* Editi *eorum inferni*.

ce qui appartient à Dieu, quand nous persévérons dans le culte de latrie ; c'est celui qui convient à Dieu seul. Ce culte consiste dans la prière, dans l'action de grâces, dans la démonstration du culte extérieur et dans la piété intérieure de notre âme. Que Dieu daigne nous accorder de lui rendre ce culte et d'y persévérer, lui qui est béni dans l'éternité. Ainsi soit-il.

SERMON VIII. — *La persévérance.* — Mes frères, comme dit l'Apôtre : « Personne ne peut recevoir la couronne, s'il n'a légitimement combattu. » (II *Tim.*, II, 5.) Mais personne ne combat légitimement, sinon celui qui, dans la plaine, combat jusqu'à la fin ; or combattre jusqu'à la fin, c'est combattre légitimement ; aussi c'est mériter la couronne. Donc, ce n'est point un grand bien de commencer ce qui est bon ; mais l'achever, voilà seulement ce qui est parfait. Il y en a beaucoup qui commencent l'exécution de nombreux projets, mais ils défaillent dans le chemin. Beaucoup viennent dans le désert, mais peu arrivent à la terre de promission. Oh! mes frères, n'ayez pas de crainte de commencer de grandes choses, et ne vous ennuyez pas de poursuivre ce qui est commencé ; sachez que c'est la persévérance qui donne au mérite sa forme, donne du corps à la résolution de bien faire, récompense celui qui court, couronne le combattant, mène à la récompense et conduit au port. Elle est la robe longue du patriarche Joseph, s'étendant sans fin ; la tunique sacerdotale qui couvre les extrémités des pieds. Elle est la queue de la victime que nous sommes tenus de rendre et d'offrir à Dieu, le talon de la bonne œuvre que nous devons préserver contre la morsure du serpent ; elle est la vertu qui lie Dieu, celle qui donne son achèvement à toute bonne œuvre. C'est la persévérance qui distribue aux martyrs leurs palmes, aux vierges leurs couronnes, qui élève si haut les prêtres et les confesseurs ; elle est le vêtement sans couture, la tunique sans tache, la bonté sans malice. O moine ! qui as commencé à vivre pour le bien, prends garde de n'avoir reverdi que pour un temps ; prends garde d'être comparé à l'herbe des champs, qui naît aujourd'hui et demain se flétrit. Travaillons, mes frères, mais dans notre travail soyons persévérants ; travaillons afin d'obtenir la persévérance. Que tous les moines travaillent pour conserver leurs mérites ; que les vierges travaillent pour se perfectionner ; que les veuves travaillent et persévèrent dans cet état. Faites bien attention cependant, mes frères, car quelquefois le démon attire au bien et y conduit, pour que de ce bien résulte un plus grand mal ; contre cette ruse du démon, la persévérance seule peut faire que le bien commencé soit terminé par une bonne fin, et que le milieu ne diffère point du commencement, ni la fin du milieu. Mais mal finir le bien commencé, qu'est-ce autre chose que faire des actes monstrueux? Cette action, qui commence par l'intelligence et finit par la sensualité, ressemble en quelque façon à la chimère. En agissant ainsi, quelle différence mettez-vous entre vous et ce peintre qui a une tête humaine joignait une crinière de cheval, le tout revêtu de plumes inutiles ? Fais donc bien attention, ô moine ! que ton action ne produise pas un monstre ; toute créature sera difforme si les pieds ne répondent pas à la tête. Quelques-uns ont un bon commencement, mais leur vie offre l'image d'un monstre effrayant ; ils montrent une tête d'homme, le milieu glisse vers la luxure et présente un ventre de bouc, puis ils montrent à la

---

Sed tunc reddimus quæ sunt Dei Deo, quando in latria perseveramus : hoc enim soli Deo congruit. Hæc enim consistit in oratione, et gratiarum actione, et cultus exterioris exhibitione, et interioris mentis devotione. Quod facere nos et perseverare nobis Deus præstare dignetur in æternum benedictus. Amen.

SERMO VIII. — *De perseverantia.* — Fratres mei sicut ait Apostolus, « non potest coronari, nisi qui legitime certaverit. » (II *Tim.*, II, 5.) Nullus enim legitime certat, nisi qui, in campo usque ad finem certat : [(*a*) si certat usque ad finem, legitime certat :] ideo merito coronatur. Non est igitur magnum bonum, inchoare quod bonum est ; sed consummare, hoc solum perfectum est. Multi enim multa aggrediuntur, sed deficiunt in via : multi exeunt in desertum, sed pauci perveniunt ad terram promissionis. O Fratres mei, non tædeat incipere magna, nec fastidiat tenere inchoata ; scientes quos perseverantia informat meritum, colorat boni propositum, remunerat currentem, coronat pugnantem, ducit ad bravium, conducit cunctos ad portum. Hæc est tunica talaris sancti Joseph, usque ad finem contingens. Hæc est tunica sacerdotalis usque ad pedes perveniens. Hæc est cauda hostiæ, quam tenemur Deo reddere et offerre. Hæc est calcaneum bonæ operationis, quod contra serpentis morsum debemus observare. Hæc est virtus, quæ Deum ligat. Hæc est quæ omne bonum informat. Hæc est perseverantia, qua laureantur Martyres, qua virgines coronantur, qua sacerdotes sublimantur et confessores. Hæc est vestis sine ruga, tunica sine macula, bonitas sine malitia. O monache, qui bene incepisti vivere, cave ne ad tempus virescas, cave ne fœno compareris, quod nunc nascitur, et statim marcescit. Laboremus ergo Fratres, et laborantes perseveremus : laboremus, ut perseverantiam habeamus. Laborent monachi omnes, ut retineant : laborent virgines, ut informent : laborent viduæ, ut in ipsa perseverent. Attendite tamen Fratres : nam diabolus quandoque servos Dei ad bonum invitat et conducit, ut de bono gravius eliciat malum. Contra hunc diaboli insultum sola valet perseverantia, ut bono fine bona concludantur initia : ut principium medio, medium ne discrepet ultimo. Bonum enim inchoatum cum malo fine concludere, quid aliud est quam monstruosas res conficere ? Illa enim actio quasi Chimæra est, quæ initium habet a ratione, sed finem a sensualitate. Cum enim sic agitur, humano capiti cervicem pictor equinam jungit et superinducit infructuosas plumas. Cave ergo, o monache, ne actio tua monstrum pariat. Enormis enim erit fetus ventris, si capiti non correspondeat finis. Quidam enim habent initium bonum, quorum vita monstrum est mirabile quasi hominis præstendens caput, sed medium in luxuriam des-

(*a*) Hæc non habent Mss.

fin par leur rapacité les pieds du loup. O moine! que te sert de bien commencer et de ne pas bien finir? Si tu perds le mérite de la vertu, tu encourres la damnation et mérites de grands supplices. Qu'il eût été meilleur pour toi de ne pas connaître la voie de la vérité que de retourner en arrière, par inconstance, après l'avoir connue. O moine! ton apostasie te fera considérer comme léger, on te reprochera avec Judas l'instabilité de ton esprit; tu mets Dieu de côté, tu perds tes amis, tu te dépouilles de l'espérance : la haine de tout le monde te poursuit, et tous te regardent, à cause de ta vie, comme le dernier des apostats. O moine! prends bien garde, si tu ne persévères pas, tu mourras de mort. Donc, si tu as commencé à bâtir, achève; si tu n'as point commencé, commence. Si tu as offert au démon la fleur de ta jeunesse, n'hésite point au moins à immoler à Jésus-Christ les restes de ta vieillesse, car il est miséricordieux, t'accueillera de bon cœur, te donnera la robe blanche, mettra un anneau à ta main et des chaussures à tes pieds; et, après avoir vieilli longtemps dans des jours mauvais, ta jeunesse se renouvellera comme celle de l'aigle pour durer l'éternité. Commencez donc, mes frères; rappelez-vous sans cesse de quels sommets de la vertu Judas s'est laissé tomber. Ma langue ne saurait, en aucune façon, vous exprimer avec quelle ferveur il commença à bien agir; cependant, comment a-t-il persévéré? vous le savez. Voyez Salomon, il est tombé par inconstance; il en fut de même de Saül et de beaucoup d'autres. Commencer fut le fait d'un grand nombre, mais qu'il est petit le nombre de ceux qui persévèrent! Ayez donc soin de marcher avec précaution, pesant avec soin cette parole : Que celui qui pense être debout fasse attention de ne pas tomber. Heureux donc est celui qui continue à bien agir jusqu'à la fin. Que celui qui a daigné mourir pour nous nous accorde cette grâce. Ainsi soit-il.

SERMON IX. — *De la colère et de la haine.* — Mes frères bien-aimés, gardez le souvenir de tout ; ne se tromper en rien est le propre, non de l'humanité, mais de la divinité. De même, se troubler, souffrir et oublier n'appartiennent point à la divinité, mais à l'humanité seule. Dieu ne ment point comme l'homme, il ne s'irrite point comme le fils de l'homme. Il est donc de l'homme, mes frères, de se troubler et de se mettre en colère; et ressentir la colère est la condition commune des bons et des méchants, mais persévérer dans la haine et la colère, c'est le propre du démon. Aussi, vous qui êtes spirituels, devez-vous prendre la plus grande attention pour que la colère ne vous domine point comme des insensés. L'insensé laisse aussitôt paraître sa colère; mais comprimer fortement son cœur irascible, c'est l'effet d'une grande prudence et d'une grande perfection. O moine! gardetoi de te mettre en colère, car nous portons dans cette vaste solitude le nom et l'habit de la sainte religion. Gardez-vous donc de tout trouble; convient-il à des serviteurs de Dieu de s'y abandonner? Alors de quoi vous serviraient vos jeûnes, votre abstinence, vos sacrifices? Enfin, mes frères, de la colère procède la rancune; de la rancune, la haine qui n'est qu'une colère invétérée dans le cœur. De là naît l'homicide, sinon d'effet, du moins par la volonté; de là, la calomnie, la détraction, les soupçons et les injures, toutes choses qui sont les œuvres de la chair et du démon. O moine! quitte ta colère, détruis ta rancune, apaise ta fureur

cendit, ventremque ovinum habet, et ad ultimum in rapacitatem lupi pedes ostendit. O monache, quid tibi prodest bonum inchoare, et non finem includere? Si bonum virtutis amittis, damnum incurris, et grande supplicium promereris. O quam melius tibi fuisset, viam veritatis non agnoscere, quam post agnitam retro ire per inconstantiam! O monache, levis reputaris per tuam apostasiam, cum Juda incurris mentis instabilitatem; postponis Deum, amittis amicos, spem perdis, odio a cunctis haberis, et velut omnibus pejor apostata comprobaris in vita. O monache attende, quia nisi perseveraveris, morte morieris. Igitur si incepisti ædificare, perfice; si non incepisti, incipe. Si obtulisti florem juventutis tuæ diabolo, saltem fæcem senectutis tuæ immolare non differas Christo. Ipse enim misericors est, et recipiet te libenter, et dabit tibi stolam candidam, et annulum in manu tua, et calceamentum in pedibus tuis : et tunc inveterata olim diebus malis, renovabitur ut aquilæ juventus tua durans in æternum. Incipite ergo, Fratres mei, et perseverate reducentes vobis ad memoriam, a quanto bono recessit Judas, et quomodo ferventer bene agere cœpit, lingua vobis exprimere nullatenus possem; quomodo tamen perseveraverit, scitis. Ecce Salomon per inconstantiam corruit; sic et Saül, sic et multi alii : quia multorum incipere fuit, sed perseverantium parvus est numerus. Cavete ergo quomodo caute ambuletis, considerantes quod qui se existimat stare, videat ne cadat. Felix ergo est, qui perseverat bene facere usque in finem. Quod donum præstet nobis ille qui pro nobis mori dignatus est. Amen.

SERMO IX. — *De ira et odio.* — Fratres mei dilectissimi, sicut omnium habere memoriam, et in nullo errare, non humanitatis, sed deitatis solum est, ita turbari, pati et oblivisci solum humanitatis est, non deitatis. Nam Deus non mentitur, ut homo; nec, ut filius hominis, irritatur. Humanum est ergo, Fratres mei, turbari et irasci; et iram incurrere, bonorum et malorum communis est conditio : sed in ira vel odio perseverare, diabolicum est. Ideo vos qui spirituales estis, maxime attendere debetis, ne ira in sinu stultorum requiescat. Fatuus enim statim iram suam indicat. Fortiter tamen spiritum irascibilem continere, magnæ prudentiæ et perfectionis est. O monache noli irasci : nam nomen et habitum sanctæ religionis in hac vasta solitudine portamus. Custodite igitur vos ab omni turbatione : non enim decet servos Dei turbationem incurrere. Numquid enim proderunt vobis vestra jejunia, vestra abstinentia, vestra sacrificia. Ab ira denique, Fratres mei, procedit rancor, a rancore odium, quod est ira inveterata in animo : inde nascitur homicidium, et si non opere, saltem voluntate : inde contumelia; inde detractio, inde suspicio et injuria, quæ sunt opera carnis et diaboli. O monache, depone iram, destrue rancorem, mitiga furorem; ne filius perditionis efficiaris. O quam melius esset monacho, in sæculo vivere

pour ne pas devenir un fils de perdition. Oh ! qu'il eût été meilleur pour un moine de vivre en paix dans le siècle que de se disputer, dans la colère et la fureur, dans un monastère où fleurissent tant d'hommes vertueux, et de garder la haine dans le cœur ! Comment peut mériter de louer Dieu, et d'en être exaucé, celui qui conserve de la haine ? De quel front, ô moine ! avec quel cœur, avec quelle piété peux-tu demander ton pardon à Dieu, si, haïssant ton frère, tu demandes qu'il te soit pardonné comme tu remets à autrui ses offenses ? Ajoute foi à ma parole : Il te sera autant remis que tu auras pardonné à autrui. Chassons donc, mes frères, la colère qui est bien figurée par Lazare, ce mort fétide depuis quatre jours. Celui qui porte la colère dans son cœur, aussitôt la puanteur de ce vice le met en état de corruption. La colère naît-elle dans votre cœur ? comprimez-la aussitôt, brisez-la contre la pierre, étouffez-la à l'exemple de votre Sauveur qui, frappé sur une joue, offrit l'autre aussitôt ; car, s'il n'eût fait cela le premier, il ne m'eût pas donné l'ordre de le faire. Allons, mes frères, apprenez de celui qui a dit de lui-même qu'il était doux et humble, apprenez par ses exemples ce que vous avez souvent entendu de sa bouche. Que le soleil ne se couche point sur votre colère. Si votre frère a péché contre vous, allez le trouver, invitez-le à la paix, donnez-lui le baiser et vous aurez gagné votre frère. Pour vous, qui avez été l'offenseur, ne différez point votre démarche, ne différez point de vous réconcilier avec votre frère, allez à lui et demandez votre pardon. Si vous l'avez offensé en paroles, réconciliez-vous par de bonnes paroles ; mais si c'est par des actes, ce dont Dieu vous garde, calmez-le par des actes de repentir. Telle est la conduite que doivent tenir des serviteurs de Dieu ;

il leur convient de chasser de la sorte les démons et d'introduire les saints anges. En effet, partout où la colère régnera, le diable sera le prince de ce lieu ; et quel bien pourrait alors s'y produire ? Oui, mes frères, fuyons la colère, elle étouffe la raison, ignore les lois de l'équité, ne connaît point le soleil de justice, détruit l'amitié, enlève facilement la paix, foule aux pieds la sagesse de la raison, rend fous ceux qui sont sages, fait dévier les moines, annihile les prêtres, éloigne la chasteté, met en pièces la gravité qui convient aux pasteurs. Est-ce qu'un homme plein de colère peut être capable de donner conseil ? O moine ! regarde ton chef, élevé sur la croix, n'a-t-il point prié pour ceux qui le crucifièrent ? Et le premier des martyrs, saint Etienne, en fléchissant le genou, n'a-t-il point poussé ce cri en faveur de ceux qui le lapidaient : « Seigneur, ne leur imputez point ce péché ? » (*Act.*, VII, 59.) Mais si nous ne sommes pas arrivés à ce point de la perfection, de rendre le bien pour le mal, du moins ne rendons pas le mal pour le mal. Je ne dis point qu'il faille remettre les injures par lâcheté de caractère, mais par le principe de sagesse qui est en Jésus-Christ. Qu'elle est grande, mes frères, la tache de ce péché ! Qu'elles sont grandes, qu'elles sont étendues les misères qu'il imprime, soit au corps, soit à l'âme ! Au corps, il fait perdre son repos et sa vivacité ; mais l'âme perd la vie éternelle. Par la colère, nos péchés passés reviennent à nous et revivent, et ainsi nous en sommes accablés et nous nous damnons. Pour nous, mes frères, qui sommes vraiment chrétiens, laissons la vengeance à celui qui a dit : « La vengeance m'appartient, c'est moi qui la rendrai. » (*Hebr.*, x, 30.) Pour ce qui vous regarde, remettez-lui ce soin. Ne peut-il pas

---

pacifice, quam in monasterio cunctis bonis ornatum in ira et furore litigare, et odium in corde tenere ! Nec Deum laudare, nec ab eo exaudiri meretur, qui odium servat in corde. Qua fronte, o monache, quo affectu, qua devotione a Deo potes veniam postulare, si fratrem dum odis, petis quod tibi dimittat sicut et tu debita dimittis? Crede igitur mihi, quod tantum tibi dimittet, quantum et tu dimittis alteri. Dimittamus ergo, Fratres mei, iram, quæ recte significatur per Lazarum quatriduanum fœtidum : quia qui iram in corde portat, infamiæ fœtor statim eum corrumpit. Si ergo ira in animo nascitur, mox refrena eam, allide eam ad petram, suffoca eam exemplo tui Salvatoris, (1) qui percussus in una maxilla, mox præbuit alteram. Nam si hoc prior ipse non fecisset, mihi facere non præcepisset. Eia ergo, Fratres mei, discite ab illo qui dixit se esse humilem et mitem : discite opere, quod sæpe legistis ore. Sol non occidat super iracundiam vestram. Si enim frater tuus in te peccaverit, vade ad eum, invita eum ad pacem, da ei osculum; et lucratus es fratrem. Tu vero qui offendisti, non differas pergere, non differas fratrem reconciliare, vade ad eum, et pete veniam. Et si verbo offendisti, et tu verbo reconcilia ; si facto, quod Deus avertat, placa eum facto. Sic enim decet servos Dei facere, sic decet eos dæmones ex-

pellere, et sanctos Angelos introducere. Nam ubi ira regnaverit, ibi omnino princeps diabolus erit, nec inde aliquid boni exire poterit. Fugiamus igitur iram, Fratres mei, quæ rationem suffocat, mensuram justitiæ ignorat, solem justitiæ nescit, amicitias rumpit, de facili aufert pacem, mentis sapientiam calcat, sapientes infatuat, monachos (a) deviat, sacerdotes suffocat, castitatem evacuat, gravitatem in pastoribus dilacerat. Nec ira repletus, consilii potest esse capax. O monache intuere caput tuum ; nam in cruce positus pro suis crucifixoribus exoravit. Et primicerius martyr Stephanus pro suis lapidatoribus genua flectendo clamavit : « Domine, ne statuas illis hoc peccatum. » (*Act.*, VII, 59.) Sed si non tantæ perfectionis sumus, ut bonum reddamus pro malo, saltem pro malo malum non reddamus. Non tamen per pusillanimitatem remittendæ sunt injuriæ, sed per sapientiam quæ est in Christo Jesu. O quanta, Fratres mei, hujus peccati labes ! O quam grandis et lata miseria tam corporis quam animæ ! nam corpus quietem, et alacritatem amittit ; sed et anima vitam perdit æternam. Veniunt enim et revertuntur ad nos per iram pristina (b) peccata ; et sic confundimur et damnamur. Nos vero, Fratres, qui Christiani veraciter sumus, relinquamus vindictam illi qui ait, « Mihi vindictam, et ego retribuam. » (*Hebr.*, x, 30.)

---

(1) Imo non præbuisse nisi in præparatione cordis observat August., lib. *de mendacio*, c. xv, n. 27.
(a) Mss. *devincit*. — (b) Mss. omitt. *peccata*.

tirer une vengeance bien plus horrible que ce que nous pouvons nous imaginer? Je ne dis pas cependant que nous devions le demander, ou le désirer, mais nous devons prier pour nos ennemis, sincèrement et avec pureté de cœur. Or si nous demandons à venger nos injures, nous usurpons la fonction de Dieu. Cependant, prions sans relâche pour que Dieu venge le sang de ses serviteurs, non pour perdre, mais pour corriger, lui qui est béni au siècle des siècles. Ainsi soit-il.

SERMON X. — *Pureté de conscience et vertu d'espérance.* — Je veux vous inviter aujourd'hui, mes frères, à une joie toute spirituelle. Cette joie n'est produite, ni par l'affluence des richesses, ni par la gloire trompeuse du monde, ni par la fécondité qui donne des enfants, ni par la santé du corps, mais par une conscience pure. O vrai bonheur d'une conscience sainte! O heureuse pureté de la conscience qui chasse le ver intérieur, délivre la raison de la prison de la douleur et purifie l'âme de toute souillure ! O âme sainte! paradis de délices, plantée des arbustes variés des bonnes œuvres, émaillée des fleurs de toutes les vertus et suavement arrosée de la grâce céleste! C'est, mes frères, ce paradis dans lequel fut planté l'arbre de la céleste sagesse. C'est le lit nuptial de Dieu, le palais du Christ, la demeure de l'Esprit saint. C'est le trône de Salomon, le lit de l'époux du ciel, dans lequel la bonne conscience elle-même se réjouit délicieusement, et repose avec son époux. O conscience! en toi et avec toi, Rebecca accourt au-devant d'Isaac qui revient de la campagne. En toi se réjouit Jacob, heureux de son union avec Rachel; en toi, la Sunamite Abisag réchauffe le roi David de ses doux et pudiques embrassements. O conscience sainte! tu habites encore sur la terre et déjà tu es aux cieux! Réjouis-toi, âme sainte, ornée d'une sainte conscience; réjouis-toi dans la céleste et éternelle gloire ! C'est avec cette conscience, frères bien-aimés, que Madeleine, au cœur de feu, offre au Christ ses précieux parfums, avec elle que Marie choisit la meilleure part qui ne lui sera point enlevée. Ah! mes frères, si nous désirons atteindre cette gloire, examinons avec soin maintenant les replis de notre conscience, nous y lirons la loi de la concupiscence, nous y distinguerons les pointes de l'orgueil, de l'avarice et de l'envie. Alors, détruisons-les par la confession, par la contrition du cœur et par une vraie satisfaction; et de la sorte nous mériterons par la grâce d'arriver à cette gloire que l'œil n'a point vue, que l'oreille n'a point entendue, qui n'est jamais entrée dans le cœur de l'homme et que Dieu a préparée à ceux qui l'aiment. O mes frères! la joie de mon cœur, hâtons-nous d'entrer dans ce saint des saints. Alors, nous posséderons le bien que nous ne saurions perdre, le bien parfait qui ne nous sera point enlevé. Cependant, si nous voulons obtenir cette gloire, il nous faut aimer les épreuves, la faim et toutes les tribulations ; car, de même que l'or se purifie dans le creuset, que la lime polit le fer, que le van sépare le grain de la paille, ainsi, dans la fournaise des tribulations, la patience s'exerce, la force s'augmente, la constance s'établit plus fortement, et l'espérance nous porte vers les choses du ciel. O espérance des saints! tu es pour eux une tour de protection ; tu ne couvres pas de confusion, mais tu distribues la grâce à ceux qui mettent leur confiance en toi. Tu n'aveugles point, mais tu illumines; tu n'affames point,

Quidquid enim ad te pertinet, dimitte illi. Numquid non ipse mirabiliores vindictas facit, quam nos imaginari possumus? Non tamen hoc sibi petere debemus, aut affectare, sed pro eis mente et puro corde orare. Nam dum nostras injurias facere petimus, quod Dei est usurpamus. Orare tamen sine intermissione debemus, ut vindicet sanguinem suorum servorum, non ad damnationem, sed ad correptionem, qui est benedictus in sæcula. Amen.

SERMO X. — *De puritate conscientiæ (a), et virtute spei.* — Ad spiritale gaudium hodierna die, Fratres dilectissimi, intendo vos invitare. Quod quidem gaudium non operatur divitiarum copia, non fallax mundi gloria, non prolis fecunditas, non corporis sanitas, sed conscientiæ puritas. O felix sanctæ conscientiæ jucunditas ! O felix conscientiæ puritas, quæ vermem interiorem excludis, quæ a carcere doloris liberas rationem, quæ ab omni immunditia purgas mentem ! O mens sancta, paradisus deliciarum, variis bonorum operum virgultis consita, variisque virtutum floribus purpurata, et suaviter cœlesti gratia irrigata ! Hæc est, Fratres mei, paradisus, in qua plantatur lignum cœlestis sapientiæ. Hæc est thalamus Dei, palatium Christi, habitaculum Spiritus sancti. Hæc est thronus Salomonis, lectus sponsi cœlestis, in quo ipsa conscientia bona optime delectatur, et requiescit cum sponso. O conscientia, in te et tibi occurrit, Rebecca cum Isaac veniente de agro. In te delectatur Jacob cum Rachelis conjugio : in te Sunamitis Abisag regem David jucundis fovet amplexibus. O conscientia sancta, in terra adhuc es, et in cœlis habitas! Gaude, o anima sancta, sancta conscientia decorata. Gaude in cœlesti et æterna gloria. In ea, Fratres carissimi, Magdalena illa ignifera, Christo pretiosa offert unguenta. Ibi Maria optimam partem elegit, quæ non auferetur ab ea. Eia ergo, Fratres mei, si ad hanc gloriam cupimus pervenire, prædictam nostram conscientiam diligenter nunc discutiamus, et ibi litteram luxuriæ perlegamus, apicem superbiæ nec non avaritiæ et invidiæ perspiciamus : et deleamus ea per confessionem, per cordis contritionem, per veram satisfactionem : et tunc merebimur per gratiam adipisci gloriam illam, quam nec oculus vidit, nec auris audivit, nec in cor hominis ascendit, quæ Deus præparavit diligentibus se. O Fratres mei et lætitia cordis mei, festinemus ingredi hanc sanctam sanctorum. Tunc habebimus bonum, quod non perdemus ; perfectum bonum, quod non amittemus. Amare tamen debemus, si ad hanc gloriam pervenire cupimus, tentationes, fames, tribulationesque singulas. Nam sicut in fornace purgatur aurum, sicut lima purgat ferrum, sicut flagellum separat a grano paleam : sic in fornace tribulationum patientia exercetur, fortitudo roboratur, constantia solidatur, spes ad cœlestia invitatur. O spes sanctorum et turris fortitudinis eorum, quæ non confundis, sed te exspectantibus gra-

(a) Editi, *amore tribulationum, et spe qua per illas ad cœlestia invitatur.*

mais tu restaures. O heureuse espérance des cieux ! tu chasses la crainte du siècle, et extirpes les consolations du monde. Par toi, la crainte ne s'accroît point, et la fausse cupidité ne fait point de rêves extravagants ; par toi, les mouvements de la passion sont brisés, l'orgueil est humilié, l'envie ne peut dominer ; par toi, tous les vices sont détruits. O espérance de la cour céleste ! par toi règne la charité qui croit tout ce qui a rapport au salut, et qui espère tout ce qui nous fut promis. O mes frères ! quel homme pourrait porter le trouble dans l'esprit du serviteur de Dieu, si, près de Dieu, la cour céleste plaide en sa faveur ? comment lui nuiraient les menaces des tyrans ? que lui feraient les revers de la fortune ? O espérance ! tu es le guide de nos pensées, tu t'enracines dans la charité afin que nous y persévérions jusqu'à la mort ; et, dans la charité, tu t'étends en largeur jusqu'à l'amour de nos ennemis. O espérance de la gloire céleste ! à cause de toi les patriarches ont supporté leurs maux avec patience, les patriarches ont enduré toutes sortes de tourments, les apôtres allèrent joyeusement à la mort. Soutenus par toi, les martyrs ont souffert toutes les rigueurs, les vierges ont enduré les ardeurs du feu, les confesseurs ont supporté les mépris. Par toi, les prêtres sont revêtus de justice, les veuves s'astreignent à la chasteté, les épouses ceignent leurs reins. C'est encore par toi que les orphelins et les délaissés espèrent la fin de leur tristesse, que les pauvres espèrent se réjouir, et que les pèlerins espèrent arriver au terme et à la fin de leurs fatigues. O espérance ! tu fais tout supporter avec douceur et suavité ! Courage, mes frères, aimez-la, conservez-la, non cependant sans quelque crainte, car celui qui espère et ne craint point devient négligent, mais celui qui craint et n'espère point glisse au fond de l'abîme comme une pierre. Que notre Dieu donc nous préserve de cette chute, lui qui est descendu du ciel pour nous donner la vie et la grâce de le suivre dans son ascension au ciel. Ainsi soit-il.

SERMON XI. — *Des larmes, de la componction et de la pénitence.* — Sachez, mes frères bien-aimés, qu'après les joies de ce monde suivront d'éternelles lamentations, car personne ne peut se réjouir ici-bas et dans la vie à venir ; aussi, il est nécessaire à quiconque veut posséder l'une de ces deux joies, qu'il perde l'autre. Si donc, ô moine, tu désires te réjouir en ce monde, sache que tu seras exilé de la patrie ; mais si tu pleures ici-bas, tu seras établi citoyen de la patrie céleste. « Bienheureux, dit Notre-Seigneur, ceux qui pleurent, parce qu'ils seront consolés. » (*Matth.*, v, 5.) Mais l'on me dira : Que faut-il pleurer, et pourquoi devons-nous pleurer ? Écoutez, mes enfants, mes frères écoutez mes paroles : Nous devons pleurer les péchés que nous avons commis. Que nos larmes soient notre pain quotidien ; mangeons-le nuit et jour. C'est aussi notre devoir de pleurer les péchés des peuples comme s'ils étaient nos propres blessures. C'est ainsi que saint Paul agissait lorsqu'il s'écriait : « Qui est malade, sans que je souffre avec lui. » (II *Cor.*, XI, 29.) Nous devons encore pleurer parce que le royaume éternel est différé pour nous, ce dont le prophète David nous donnait un bel exemple en disant : « Que je suis malheureux, parce que mon exil s'est prolongé. » (*Ps.* CXIX, 54.) Voilà les trois misères qui forment le fond du livre de Jérémie ; il pleure les péchés qui souillent son âme, les assauts du malheur et le délai

tiam infundis ; non cœcas, sed illuminas ; non famelicas, sed reficis. O felix spes cœlestis, tu timorem sæculi expugnas, consolationes mundanas exstirpas. Per te timor non augetur, per te falsa cupiditas non somniatur, per te luxuria conquassatur, per te superbia humiliatur, per te invidia non dominatur, per te cuncta vitia terminantur. O spes cœlestis curiæ, in te regnat caritas, quæ credit omnia quæ ad salutem pertinent, omnia sperat quæ promissa sunt. O Fratres mei, quis hominum potest mentem servorum Dei infirmare, si apud Deum cœlestis curia pro eo allegat ? In quo nocebunt ei tyrannorum fulmina, fortunæ præcipitia quid agent ? O spes, tu cogitationes dirigis, tu in caritate altitudinem ponis, ut in ea perseveremus usque ad mortem, tu in caritate latitudinem extendis usque (*a*) ad inimicum. O spes cœlestis gloriæ, per te Patriarchæ mala patienter sustinuerunt, per te Prophetæ cuncta mala portaverunt, per te Apostoli ad mortem gaudenter perrexerunt, per te Martyres afflicti sunt, per te virgines combustæ sunt, per te confessores vituperati sunt, per te sacerdotes induti sunt, per te viduæ castitatem adstringunt, per te maritatæ lumbos præcingunt, per te pupilli et orphani sperant ridere, per te pauperes sperant gaudere, per te peregrini sperant ad terminum et finem laboris pervenire. O spes, tu omnia portare facis dulciter et suaviter. Eia ergo, Fratres mei, hanc amate, hanc tenete, non tamen sine timore : quia qui sperat, et non timet, negligens est ; qui autem timet, et non sperat, depressus est, et descendit in profundum quasi lapis. A quo descensu liberet nos ille qui de cœlo descendit, ut nobis vitam et ascensum donaret ipse Deus noster. Amen.

SERMO XI. — (*b*) *De lacrymis, compunctione et pœnitentia.* — Scitote Fratres mei carissimi, quod post mundi gaudia sequentur æterna lamenta ; quia nemo potest hic et in futuro gaudere : ideo necesse est, quod unam amittat, qui aliam voluerit possidere. Si ergo, o monache, hic gaudere cupis, scias jam te exsulem esse patriæ : sed si hic ploraveris, patriæ cœlestis civis constitueris. « Beati, inquit, qui lugent, quoniam ipsi consolabuntur. » (*Matth.*, v, 5.) Sed dicet quis : Quid flere oportet, et quare flere debemus ? Ego autem, filioli et fratres, dico quod flere debemus peccata quæ commisimus. Iste fletus sit panis noster, quem quotidie comedere debemus die ac nocte. Flere etiam debemus populorum peccata, quasi nostra sint vulnera. Sic enim Paulus faciebat, dum clamabat : « Quis infirmatur, et ego non infirmor ? » (II *Cor.*, XI, 29.) Flere etiam debemus de dilatione regni æterni ; quod bene ostendebat ille propheta David, cum dicebat : « Heu mihi quia incolatus meus prolongatus est. » (*Psal.* CXIX, 54.) Istæ enim sunt

(*a*) Mss. *ad mortem.* — (*b*) Mss. *de fletu et pœnitentia.*

de l'entrée dans la patrie. Avec la pluie de ces larmes nous devons arroser la terre de notre cœur, afin qu'elle produise les fruits des bonnes œuvres et toutes les fleurs des vertus. Ces pleurs sont aussi les trois fleuves à travers lesquels les fils d'Israël ont passé pour entrer dans la terre promise. Les pécheurs sortent vraiment de l'Egypte des vices, passant la mer Rouge, et comme leurs ennemis sont noyés dans les flots, leurs vices sont étouffés. Ils chantent vraiment au Seigneur un cantique de gloire, lorsqu'entrant dans la céleste Jérusalem, après s'être dépouillés de leur vêtement de corruption, ils entrent dans la compagnie des saints anges. O moine, fais en sorte que ton âme soit le livre d'Ezéchiel, où sont écrits les pleurs et les malédictions. Oui, ô moine, adonne-toi à ces lamentations, nourris-toi de ces chagrins, tous les jours de ta vie en pleurant tes péchés, et, non-seulement les tiens, comme nous l'avons dit, mais aussi ceux de ton prochain. Prends-bien garde cependant de pleurer la mort corporelle de quelqu'un des tiens, ou la perte des biens, ou une maladie corporelle. Car il est nécessaire que toutes ces choses arrivent, elles font partie de l'ordre commun. Il faut donc t'en remettre à la volonté de Dieu, lui confier toutes choses ; c'est lui qui mène et ramène. N'importe ce qui t'arrivera, reçois-le volontiers, loue Dieu en tout, témoigne-lui tout honneur, en lui rendant tes actions de grâces. Pleure chaque jour les péchés que tu as commis et ceux que tu vois commettre au prochain, comme s'ils étaient tes propres blessures. C'est ce que fit avec ardeur la pécheresse Marie, non-seulement dans la maison du Pharisien, mais même après la descente du Saint-Esprit. Toujours elle était dans les larmes, toujours elle pleurait pendant sa vie les fautes qu'elle avait commises. C'est aussi ce que fit Marie, mère de Notre-Seigneur, alors qu'elle se tenait debout aux pieds de la croix, non pas qu'elle pleurât ses péchés, puisqu'elle n'en avait aucun ; mais elle pleurait non-seulement la mort de son fils, mais aussi la damnation des Juifs. Vous allez me dire : Mon frère est mort, mon ami quitte la vie, il y a en moi une sensibilité naturelle qui me pousse à verser des larmes. Et moi je te dis : O moine, tempère ton chagrin. C'est au monde et non à toi qu'il appartient de pleurer les morts. Je ne condamne pas cependant les larmes de la nature qu'une force naturelle nous fait verser. Beaucoup, en effet, versent des larmes, et quoique la nature nous y invite fréquemment, l'âme du sage, cependant, reste inébranlable. O toi qui veux être sage en ce monde, garde-toi que ton esprit consente à pleurer les morts. Fais en sorte que la volonté triomphe de tes larmes. Garde-toi de laisser absorber ton âme par la faiblesse de ta volonté. Que l'esprit affaiblisse la chair, que la raison triomphe de la sensibilité. O moine, si la mort te menace, ne t'en afflige point, prépare-toi afin de n'avoir point à redouter la mort, et qu'après la mort tu commences à vivre, toi qui, avant la mort, vivais en mourant ou qui serais mort en vivant. Désire, ô moine, vivre toujours ? Cesse de pleurer les choses de la terre, ne pleure point ce qui est du monde et qui doit arriver nécessairement. Oui, cessez toutes vos larmes quand la terre en est la cause, et, au contraire, pleurez la perte des choses du ciel. « Bienheureux ceux qui pleurent, » (*Matth.*, v, 5) dit le Sauveur. « Bienheureux vous qui pleurez, car vous serez dans la joie. » (*Luc*, vi, 21.) Aimons, je le répète, aimons les larmes,

---

tres miseriæ, quibus texitur liber Jeremiæ, quibus plangit peccata animæ, insultum miseriæ, et dilationem patriæ. Horum fletuum imbribus debemus irrigare terram mentis nostræ, ut pariat fructus bonorum operum diversosque flores virtutum. Isti quoque fletus sunt tres fluctus, per quos filii Israel transierunt ad terram promissionis. Vere peccatores de Ægypto vitiorum exeunt, mare rubrum transeuntes, dum eorum hostes submerguntur, et vitia suffocantur. Vere cantant Domino gloriose, dum intrantes cœlestem Jerusalem, deposita corruptibili veste, sanctis Angelis sunt sociati. O monache, fac igitur ut mens tua sit liber Ezechielis, in quo scriptæ erant lamentationes et væ. (*Ezech.*, II, 9.) O monache, ad has lamentationes te convertas, horum dolores amplectere cunctis diebus vitæ tuæ, flendo tua peccata, et non solum, ut diximus, tua, sed et proximi tui. Caveto tamen ne fleveris mortem corporalem alicujus, nec substantiarum amissionem, nec corporis infirmitatem. Omnia enim necessaria sunt evenire, omnia hæc valde communia. Ponas ergo te in Dei voluntate, relinquens sibi omnia, et ipse te reducet et conducet : quidquid tibi acciderit, libenter suscipe, Deum in omnibus lauda, omnem honorem sibi exibeas, gratias ei solvendo. Quotidie fleas peccata quæ commisisti, et quæ committere proximos videas, quasi tua sint vulnera. Sic enim peccatrix illa Maria non solum in domo Pharisæi, sed etiam post adventum sancti Spiritus hoc idem ardenter perfecit. Semper enim dolebat, semper in vita sua flebat quæ commiserat. Sic fecit et Maria mater Domini, quæ dum juxta crucem staret ; non sua peccata flebat, quia nullum peccatum habebat ; flebat autem non tantum filii passionem, sed et Judæorum damnationem. Sed dices : Mortuum fratrem vel amicum video, naturalis infirmitas me invitat ad planctum. Ego autem dico tibi, monache, tempera luctum tuum. Non enim tuum est mortuos flere, sed sæculi. Non tamen prohibeo lacrymas naturales, quas naturalis necessitas exprimit. Nam multi lacrymas fundunt, et quamvis natura nos ad hoc frequenter invitet, animus tamen sapientis immobilis perseverat. O tu qui sapiens videris esse in sæculo, cave ne consentiat animus tuus mortuos deplorare. Stude ut luctus vincatur ab animo. Cave ne absorbeatur animus tuus ab infirmitate mentis. Extenuet spiritus carnem, ratio sensualitatem. O monache, si mors imminet, noli dolere ; præpara te, ut mortem timere non possis, ut post mortem vivere incipias, qui ante mortem moriendo vivebas, vel vivendo moriebaris. Cupis ergo, o monache, semper vivere ? Depone fletum pro terrenis, noli plorare quæ mundi sunt, et quæ necessaria sunt evenire. Depone omnino fletum pro terrenis, et assume lamentum pro cœlestibus. « Beati, inquit, qui lugent ; » (*Matth.*, v, 5) « Beati qui fletis, quia ridebitis. » (*Luc.*, vi, 21.) Diliga-

elles sont douces à ceux qui aiment Dieu. Réjouissons-nous toujours en cette vie, mes frères, dans les pleurs et les gémissements. Soyons aussi prompts à pleurer et à nous lamenter, que nous avons été téméraires à commettre des fautes ; aussi grand fut notre consentement dans le péché, aussi grande doit être notre ardeur à faire pénitence. Les péchés énormes réclament de très-grandes douleurs. Munissez-vous, mes frères, de la componction ; elle est la santé de l'âme, le pardon des péchés, le sacrifice spirituel qui charme tant le cœur de Dieu : le cœur du pécheur humilié et arrosé de larmes quotidiennes est un holocauste que Dieu agrée. O moine ! pique l'œil de ton âme pour en faire sortir les pleurs de la componction. O componction, que tu es sainte et admirable ! Tu es un bain spirituel ; tu es le châtiment divin qui change le cœur de Dieu, le stimulant qui le pousse à s'incliner vers l'homme ; tu es le lien par lequel Dieu s'attache si fortement. O componction sainte et immaculée, sans laquelle le baptême donné aux adultes ne produit pas son effet, sans laquelle on reçoit pour sa condamnation le corps du Seigneur, sans laquelle toute confession est infructueuse et toute satisfaction inutile ! O componction arrosée de larmes, ô larme qui purifie le cœur, féconde l'intention, arrose la confession et sanctifie l'âme ! C'est cette larme, sœur de la sainte componction, qui éteint les mouvements désordonnés, ouvre le paradis, ferme l'enfer et fait mépriser le monde en toutes choses. O heureuse larme ! tu éteins les pensées charnelles, tu chasses les maladies des péchés et évacues le poison introduit par la faute. O heureuse planche ! ô arche de vie par laquelle le naufragé peut revenir au port du salut ! Eau salutaire qui détruis tout péché ! O voie par laquelle nous montons au paradis ! O canal spirituel par lequel nous passons pour aller du désert au vrai chemin ! O larmes ! bain salutaire de la pénitence, qui peut aussi souvent purifier que le cœur humain a besoin d'être purifié ! C'est, mes frères, l'herbe céleste du foulon qui, chaque jour, nettoie les vêtements de ses serviteurs souillés de taches. C'est ce nitre céleste, détrempé par la rosée de la grâce divine, qui lave les souillures du péché. C'est ce bain de lessive qui lave si parfaitement la tête de l'homme intérieur. O larme ! tu es pour les ruines de l'homme le soulagement le plus doux, car tu remplaces la passion de Jésus-Christ, en offrant un remède contre le péché ; en sorte que, par toi, Jésus-Christ est forcé de mourir aussi souvent que l'homme tombe dans l'abîme des péchés ? O moine, qui donc pourra contenir ses larmes ? Entrons, je vous en prie, dans le sanctuaire de nos consciences. Examinons-les ; et, si dans notre jeunesse nous nous sommes livrés à la joie, du moins dans notre vieillesse pleurons, en pensant à ce que nous avons donné à Jésus-Christ d'un côté, et de l'autre au démon, à l'époque de notre jeunesse. Et si, avant que nous nous rendions au désert, la vue nous a portés à la concupiscence, la bouche à la gourmandise, l'ouïe à l'audition de la médisance et des discours inconsidérés ; si notre langue a failli dans ses paroles, si l'odorat a péché en flairant des parfums, et le toucher par trop de mollesse, si nous nous sommes servis de nos pieds pour le vol ; si, dans ces choses ou dans quelque autre semblable, nous recon-

---

mus, inquam, lacrymas, quia suaves sunt diligentibus Deum. Delectemur semper in hac vita, Fratres mei, in fletu et lamento. Simus tantum (a) proni ad lamentum et fletum, quantum fuimus ad culpam audaces. Qualis fuit nobis intentio ad peccandum, talis sit ad pœnitendum devotio. Gravia peccata gravissimis lamentis indigent. Accipite, Fratres mei, compunctionem ; quia sanitas animarum est, remissio peccatorum est, sacrificium spiritale est, quod Deo summe placet. Holocaustum medullatum, cor peccatoris humiliatum et quotidianis lacrymis rigatum. O monache, punge oculum mentis, ut lacrymæ prodeat compunctionis. O compunctio quam sancta et mirabilis prædicaris ! Tu spiritale lavacrum es, tu flagellum Dei es per quod Deus mutatur, tu stimulus per quem Deus ad hominem inclinatur, tu ligamentum per quod Deus fortiter adstringitur. O compunctio sancta et immaculata, sine qua adultis non valet baptismus, sine qua ad judicium Domini corpus recipitur, sine qua infructuosa est omnis confessio, sine qua omnis satisfactio inanis est ! O compuntio lacrymosa, o lacryma mentem purgans, intentionem fecundans, confessionem irrigans, animam sanctificans ! Hæc est lacryma sanctæ compunctionis soror, quæ motus illicitos exstinguit, paradisum aperit, infernum claudit, mundumque despicere in cunctis facit. O felix lacryma ! Tu carnalem cogitationem exstinguis, peccatorum morbos expellis, virus culpæ evomis. O felix tabula, o vitalis navicula, per quam naufragus redire potest ad portum salutis ! O aqua salutaris, per quam omne peccatum destruitur ! O via, per quam ad paradisum gradimur ! O spiritale conductum, per quod de invio ad viam transitur ! O felix lavacrum pœnitentiæ lacrymarum, quod toties valet ad purgandum, quoties purgatione opus habet cor humanum ! Hæc est, Fratres mei, herba cœlestis illius fullonis, qua vestes servorum suorum deturpatas a sorde quotidie purgat. Hoc est cœleste nitrum, quod de rore divinæ gratiæ decoctum, abstergit maculas peccatorum. Hoc est lixivium, quo interioris hominis caput optime abluitur. O lacryma, tu contra ruinas hominum suave solatium, quæ passionis Christi es vicaria, contra peccatum ponens remedium, ut per te toties cogatur Christus mori, quoties labitur homo in abyssum peccatorum ! O monache, ergo a lacrymis quis continere se poterit ? Intremus, obsecro, conscientias nostras, discutiamus eas ; et si risimus in juventute, saltem in senectute fleamus, cogitantes quid Christo et quid diabolo tempore nostræ juventutis persolvimus. Et si antequam ad eremum pervenimus, visus nos incurvavit per concupiscentiam, si guttur per gulam, si auditus per enormitatem verborum vel spontaneam detractionis audientiam, si lingua claudicavit in verbo, si olfactus erravit in odoramento, si tactus fefellit in suavitate, si gressus ad furtum, si in his vel aliquo istorum inveneris culpam, ablue culpam per lacrymam : juxta quantitatem sordis mensura la-

(a) Mss. *prompti*.

naissons quelque faute, effaçons-la par nos larmes. Mesurez vos larmes sur la quantité de vos fautes, en vous livrant à la pénitence, la mère de tous les biens. La crainte, qui produit le désir de la pénitence, fait naître la componction. Il faut tenir pour une bonne et digne pénitence celle qui déplore les péchés passés, de telle sorte qu'on ne commette plus les péchés qu'on a pleurés. En quoi consiste donc la pénitence? A pleurer le mal qu'on a fait, et à ne pas commettre une seconde fois ce qui a fait le sujet de nos larmes. Celui, en effet, qui pleure ses péchés et qui y retombe de nouveau, celui-là ignore encore ce qui fait l'essence de la pénitence. Celui qui dissimule n'a-t-il point l'air de se moquer, et celui qui fait encore ce dont il se repent, n'est-il pas un impénitent? Repentez-vous donc, mes frères, et faites pénitence, mais une vraie pénitence dans les larmes et les gémissements, afin que vous puissiez vous réjouir, avec justice, dans la gloire des bienheureux. Ainsi soit-il.

SERMON XII. — *L'orgueil et l'humilité.* — Mes frères bien-aimés, où sera l'orgueil, là aussi règneront les disputes et la discorde. Il ne convient donc pas que des serviteurs de Dieu, vivant dans le désert, soient orgueilleux, mais humbles; ni qu'ils soient fiers, mais doux, chastes, bienveillants et ornés de toutes les vertus. Prenez garde, mes frères, et mettez une scrupuleuse attention, afin de ne pas être enflés d'orgueil pour le bien que vous aurez fait. Sachez que c'est l'orgueil qui, des bons anges, a fait des démons; l'humilité, au contraire, rend les hommes semblables aux anges. L'orgueil a précipité du haut du ciel la gloire des anges; l'humilité fit monter au ciel l'infirmité humaine. O mes frères! lorsque vous priez, que vous lisez, que vous êtes debout ou assis, comme en veillant, prenez garde de dire de cœur ou de bouche, avec le pharisien, quoique vous viviez sous la cendre et le cilice : « Je vous rends grâce, Seigneur, de ce que je ne suis pas comme le reste des hommes. » (*Luc*, XVIII, 11.) Ceux qui mènent une vie solitaire se laissent souvent aller à ces pensées, sous l'inspiration du démon; souvent l'ennemi des serviteurs de Dieu les pousse à tenir ce langage. J'aimerais mieux vous voir sortir du désert que dire ou penser de semblables choses. Aussitôt que vous serez tentés de vous appliquer ces paroles, ou d'avoir de vous-mêmes de telles pensées, criez aussitôt, poussez des gémissements et dites : « Je suis un ver et non un homme, l'opprobre des hommes et l'abjection de la nation; » (*Ps.* XXI, 7) et, de quelques vertus que vous soyez ornés, dites avec le publicain : « Mon Dieu, soyez-moi propice, car je suis un pécheur. » (*Luc*, XVIII, 13.) Que votre charité fasse attention à ces paroles tombées des lèvres de la vérité même : « Que celui qui est le plus grand parmi vous devienne comme le plus petit, et que celui qui gouverne soit comme celui qui sert. » (*Luc*, XXII, 26.) O moine! plus tu es grand, plus il faut t'humilier en tout, et tu obtiendras grâce devant Dieu et devant les hommes. Sainte et vénérable humilité, c'est toi qui, du sein du Père, fis descendre le Fils de Dieu dans le sein de l'auguste vierge Marie. Tu le fis s'envelopper de méchants langes pour qu'il nous revêtît de l'ornement des vertus; tu le circoncis dans sa chair pour qu'il pratiquât la circoncision dans notre cœur; tu voulus qu'il fût flagellé dans son corps pour qu'il nous délivrât des châtiments dus aux péchés; tu le couronnas d'épines pour qu'il daignât nous couronner de ses roses éternelles; tu le fis passer par les infirmités, lui, le médecin de tous les malades, qui, d'un seul mot, guérit tous les maux,

crymas, assumendo pœnitentiam, quæ mater est omnium bonorum. Timor autem qui pœnitentiam concupiscit, compunctionem parit. Pœnitentia illa digna et bona est, quæ peccata peracta deplorat sic, ut deplorata iterum non committat. Quid ergo pœnitentia est, nisi ante acta deflere, et flenda iterum non committere? Nam qui sic peccata deplorat, ut iterum peccata committat, adhuc pœnitentiam agere ignorat. Numquid et qui dissimulat, irrisor est, et non pœnitens, qui adhuc agit quod pœnitet? Pœniteamini igitur, Fratres mei, et pœnitentes pœnitentiam agite in fletu et lamento; ut digne ridere possitis in gloria beatorum. Amen.

SERMO XII. — *De superbia et humilitate.* — Fratres carissimi, ubi superbia fuerit, ibi et contumelia et discordia dominabuntur. Non ergo decet servos Dei in eremo constitutos superbos esse, sed humiles; non elatos, sed mansuetos, castos, benignos, et omnibus virtutibus ornatos. Cavete, Fratres mei, et vigilanter attendite, ne superbia inflemini de bonis commissis : scientes quod superbia de Angelis bonis dæmones fecit; sed humilitas homines similes Angelis constituit. Superbia gloriam de cœlis dejecit angelicam : sed humilitas ad cœlos ascendere fecit infirmitatem humanam. O Fratres mei, cavete, ne orantes, legentes, stantes, vel sedentes, vel vigilantes dicatis ore vel corde, habitantes in cinere et cilicio cum Pharisæo : « Gratias tibi ago Domine, quia non sum sicut cæteri. » (*Luc.*, XVIII, 11.) Hæc enim solitariam vitam ducentes diabolo instigante sæpe cogitant, sæpe hoc dicere tentantur ab inimico servorum Dei; potius enim volo vos eremum exire, quam talia dicere vel cogitare. Sed dum tentamini hoc asserere, vel de vobis ipsis hoc cogitare, mox clamate, mox ululate et dicite : « Ego sum vermis, et non homo, opprobrium hominum, et abjectio plebis : » (*Psal.* XXI, 7) et cum publicano dicite, quibuscumque virtutibus sitis ornati : « Deus, propitius esto mihi peccatori. » (*Luc.*, XVIII, 13.) Attendat igitur Caritas vestra, quid dixerit veritas nostra : « Qui major est vestrum, fiat sicut minor; et qui præcessor est, sicut minister. » (*Luc.*, XXII, 26.) O monache, quanto major es, tanto humilia te in omnibus; et invenies gratiam coram Deo et hominibus. O sancta venerabilisque humilitas, tu Filium Dei de sinu Patris descendere fecisti in uterum sanctæ Mariæ virginis. Tu eum fecisti involvi vilibus panniculis, ut nos indueret virtutum ornamentis. Tu circumcidisti eum in carne, ut nos circumcideret in mente. Tu eum fecisti corporaliter flagellari, ut nos liberaret a flagello peccati. Tu eum coronasti spinis, ut et nos coronaret suis æternis rosis. Tu eum infirmari fecisti, qui medicus cunctorum erat, et solo verbo sanat universa, ut nos infirmos

afin de nous délivrer de nos infirmités. Sainte humilité, combien tu diffères de l'orgueil! En effet, mes frères, c'est l'orgueil qui renversa Lucifer du haut des cieux; c'est l'humilité qui poussa le Fils de Dieu à s'incarner. L'orgueil expulsa Adam du paradis, l'humilité introduisit le bon larron dans le séjour des bienheureux. L'orgueil introduisit la diversité et la confusion dans le langage des géants, l'humilité rassembla tous ceux qui étaient dispersés. L'orgueil changea Nabuchodonosor en bête, l'humilité fit de Joseph le chef d'Israël. L'orgueil causa la perte de Pharaon dans les flots, et l'humilité l'exaltation de Moïse. C'est cette sainte humilité qui nous a séparés du siècle, et nous a réunis dans cette solitude pour y produire les fleurs de toutes les vertus parfaites. C'est cette sainte humilité qui livra les philosophes à leur sens réprouvé, aveugla les Juifs, perdit les païens; c'est elle qui enflamme les chrétiens de zèle, ôte aux entêtés leur obstination, fait descendre les puissants de leur trône et exalte les humbles. Mais, mes frères, il n'en est pas de même de l'orgueil. Quels sont donc ses effets ? Il frappe les pasteurs, rend les riches pleins d'eux-mêmes et trompe les hommes de piété. Il aveugle les hommes pour qu'ils ne sachent pas ce qu'ils sont. Il perd le fruit des bonnes œuvres, embarrasse le cœur de l'homme; tout mal, en effet, en vient comme de sa source. C'est cette chaudière bouillante que vit Jérémie, dans laquelle sont jetés tous les princes et les pasteurs des ténèbres qui, recherchant les biens temporels, poursuivent les richesses et désirent occuper les premières places dans les synagogues, être salués dans les places publiques et appelés maîtres. Le démon attise le feu sous cette chaudière, en poussant le cœur de ces princes à des pensées superbes. L'arrogance, qui s'attribue ce qu'elle n'a point; l'insolence, qui s'approprie ce qui est dû à autrui; l'orgueil, qui croit de lui-même des choses qui dépassent la vérité; enfin la fierté blessante, qui s'attribue le commandement : voilà les quatre vents qui soufflent dans tout l'univers; voilà les quatre ouvriers qui ébranlent le monde entier, et perdent le cœur des enfants de Dieu. Que Dieu vous en garde! Ainsi soit-il.

Sermon XIII. — *De la vertu de force.* — Parce que, avec la grâce de Dieu, nous sommes rassemblés dans cette vaste solitude, sous un seul chef, afin que nous n'ayons qu'un seul cœur dans ce monastère, et que tout soit en commun, il nous faut, de préférence aux autres vertus, acquérir la force d'âme, nous en pénétrer et la pratiquer. Si, mes frères, nous faisons l'acquisition de cette vertu, nous ne craindrons point les traits de la fortune; nous nous moquerons des amorces du démon, et nous mépriserons ses colères. O mes frères! gravez profondément cette maxime dans votre cœur : Celui qui est fort est vraiment libre. En effet, il n'est point l'esclave de la fortune, ni des vanités mondaines. O mes frères! la joie de mon cœur, considérez combien fut grande la force dans les martyrs! Paraissant comme impassibles, ils méprisent les tourments, confondent les tyrans et dédaignent tout ce qui vient du monde. On a beau les écorcher vifs, les brûler, les faire souffrir dans tous leurs membres, quoique leurs corps soient distendus en tout sens, nous ne lisons point cependant que leur âme en soit ébranlée. Il est bon que vous sachiez, mes frères, qu'il y a plusieurs espèces de

---

sanaret. O sancta humilitas, quam dissimilis es superbiæ! Nam ipsa superbia, Fratres, ipsum Luciferum de cœlo dejecit : sed humilitas Dei Filium incarnavit. Ipsa superbia Adam de paradiso expulit : sed humilitas latronem in paradisum introduxit. Superbia gigantum linguas divisit et confudit : sed humilitas cunctos congregavit dispersos. Superbia Nabuchodonosor in bestiam transmutavit : sed humilitas Joseph principem Israel constituit. Superbia Pharaonem submersit : sed humilitas Moysen exaltavit. Hæc est illa sancta humilitas, quæ fecit nos privatos sæculo, quæ fecit nos in conventu solitario omnibus virtutibus florere perfectos. Hæc est illa sancta humilitas, (1) quæ philosophos tradidit in reprobum sensum, excæcavit Judæos, suffocavit Paganos, inflammat Christianos, perimit obstinatos, dejicit potentes de sede, et exaltat humiles. Sed superbia, Fratres mei, non sic. Sed quid? Prælatos percutit, divites tumorosos efficit, religiosos decipit. Hæc homines cæcat, ne se agnoscant quid sunt. Hæc fructum perdit operis, mentem hominis ligat; quia ab ea panditur omne malum. Hæc est illa fervens olla quam Jeremias vidit, in qua decoquuntur omnes principes et pastores tenebrarum (*Jerem.*, 1), sectatores bonorum temporalium, venatores divitiarum, qui primas cathedras appetunt in synagogis, et salutari in foro, et vocari Rabbi. Hanc ollam succendit diabolus, dum corda patrum inflat ad altiora. Isti sunt quatuor venti, qui totum orbem perflant, arrogantia sibi adscribens quod non habet, insolentia sibi approprians quod alteri debet, superbia multa de se credens ultra quam verum sit, contumacia se erigens in prælatum. Isti sunt quatuor fabri, qui totum mundum concutiunt, et corda filiorum Dei dissipant; a quibus nos custodiat Deus. Amen.

Sermo XIII. — *De fortitudine tenenda.* — Quia in hac vasta solitudine Dei gratia sumus in unum congregati, ut unanimes habitemus in domo, et sint nobis omnia communia, propterea inter cæteras virtutes fortitudinem oportet nos rapere, sequi et imitari. Nam si hanc virtutem amplexi fuerimus, Fratres, jacula (2) fortunæ non timebimus, deridebimus diaboli blanda, et spernemus irata. O Fratres mei, ligate hæc in cordibus vestris, quoniam qui fortis est, liber est. Non enim servit fortunæ, non vanitati mundanæ. O Fratres mei et lætitia cordis mei, considerate quanta fuerit in Martyribus fortitudo, qui velut impassibiles tormenta despiciunt, tyrannos confundunt, cuncta quæ mundi sunt despiciunt : qui licet decoriati, licet combusti, licet in cunctis membris afflicti, licet in omnibus corpore sint projecti, non tamen legimus eos esse mente mutatos. Sed scire debetis, Fratres, quod multis modis dicitur

---

(1) Nota quales sanctæ humilitatis effectus. — (2) Fortunæ nomen hic toties decantatum, in primis operibus suis appellasse quam displicuerit Augustino patet ex lib. I, *Retract.*, c. 1, et 11.

forces : Il y a la force des hypocrites, celle des philosophes et celle des bons chrétiens. L'hypocrite souffre et endure beaucoup de choses, et partout il se montre fort. Mais, malheur à l'hypocrite! parce que, en pourchassant la gloire du monde, il ne mérite que les peines éternelles. Il cherche la gloire d'une façon qu'il ne l'obtiendra pas. Car cette force n'est pas une vertu, mais un vice; elle n'est pas magnanimité, mais infirmité; on ne peut l'appeler bonté, mais faiblesse. C'est cette force que les hérétiques mettent en avant, que dérobent les faux frères, au nombre desquels, grâces à Dieu, je ne connais personne d'entre vous. Il y a encore la force des philosophes, qui foulèrent aux pieds les richesses, les honneurs, la pompe du monde, les dignités, et quelquefois même les membres de leurs corps; mais cette force est insuffisante pour mériter la vie éternelle. Pourquoi? parce qu'ils étaient privés de la charité et de la crainte de Dieu ; la charité, vous le savez, donne seule la perfection à toute bonne œuvre. Quelle force vigoureuse nous voyons dans Platon! Qu'elles furent nombreuses et grandes les épreuves qu'il eut à endurer! Mais, comme elle ne reposait pas sur le fondement de la foi, l'espérance n'éleva point cette force; et, parce qu'elle ne fut point accompagnée de la charité, elle fut sans mérite. Reste la troisième espèce de force, celle avec laquelle les bons combattent jusqu'à la mort. Tels sont ceux qui sont enracinés en Dieu; aussi, avons-nous dit plus haut, mes frères, qu'ils ne redoutent ni les paroles, ni les coups des méchants. C'est cette force admirable qui fit vaincre à Moïse la difficulté de la route du désert; c'est ce pain céleste qui nourrit Élie dans la solitude; c'est cette force qui mé-

prise la mort, cette clef qui ouvre la maison de Dieu. C'est elle qui force les rênes de la volupté de fléchir sous le frein de la raison. C'est elle qui fut la gloire de Jean dans le désert. Par elle, Paul mérite d'être regardé comme le modèle des ermites. Pour Antoine et les autres saints pères du désert, elle fut une cuirasse et une ceinture ; en étant ceints et armés, ils ne cessent de chanter chaque jour au plus haut des cieux. O force! le bâton des ermites, la ceinture des cénobites, le sacrement de tous les moines, tu es bien puissante contre la pauvreté, puisque tu empêches de s'abattre l'âme de celui qui aime la pauvreté; et, plus l'amour de la pauvreté est grand, plus l'esprit s'enrichit. Moins nous sommes favorisés des biens de la fortune, et plus la force a de puissance contre les assauts du monde. O force! si tu souffres quelque douleur, tu rends grâce de tout. Tu trouves dans la tribulation des richesses et des délices spirituelles ; en sorte que les maladies tournent plutôt à l'avantage de l'âme, qu'au dommage du corps. O force! tu rends toute cruauté inutile, tu méprises la prison, tu ne crains point la croix, tu embrasses le chevalet, tu désires les chaînes, et spontanément tu cours toujours à la mort. O moine! ta course pour le prix ne te sert de rien, ni tes bonnes œuvres, si elles ne s'appuient sur la colonne de la force. L'édifice des bonnes œuvres n'est rien, s'il ne se tient étroitement attaché à la colonne de la force ; et, si cette colonne vient à se briser, bientôt tout l'édifice des bonnes œuvres tombe à terre. Si David l'eût tenue, il n'aurait point commis d'homicide, ni d'adultère; si Samson l'eût conservée, une femme ne l'aurait point livré à ses ennemis ; si Sa-

---

fortitudo, hypocritarum videlicet, philosophorum, et bonorum fidelium. Hypocrita denique multa sustinet, multa portat, et fortis in cunctis apparet. Sed væ hypocritæ, quia venando mundi gloriam æternam pœnam meretur. Hic sic trahit gloriam, quod non habeat gloriam. Hæc enim fortitudo non virtus est, sed vitium ; non magnanimitas, sed infirmitas ; non bonitas, sed imbecillitas appellatur. Hanc prætendunt hæretici, hanc rapiunt falsi fratres, de quorum numero, Dei gratia, vos nunquam esse cognovi. Quædam etiam fortitudo est philosophorum, qui calcaverunt divitias, honores, pompas, dignitates, et aliquando membra propriorum corporum : sed hæc fortitudo est insufficiens ad æternæ vitæ meritum. Quare? Quia carebant caritate et timore Dei. Ipsa denique caritas est forma omnis bonæ actionis. O quantus rigor fortitudinis fuit in Platone! o quot et quanta patiebatur contraria! Sed quia fundamento fidei caruit, propterea spes eam fortitudinem non erexit : et quia caritate non profecit, ideo virtutis meritum omnino amisit. Sed est et alia fortitudo, qua boni quotidie certant usque ad mortem. Tales sunt fundati in Deo : et ideo supra diximus, Fratres, nec verba nec impiorum verbera timent. Hæc est illa *(a)* mirabilis fortitudo, qua Moyses asperitatem viæ deserti vicit : hic est panis cœlestis, qui Eliam in deserto pavit. Hæc est fortitudo, quæ mortem spernit : hæc est clavis, qua domus Dei

patescit et aperitur. Hæc est, quæ habenas voluptatis sub freno rationis jacere cogit. Hæc est, qua Joannes in deserto decoratur. Hæc est, qua Paulus eremitarum forma beatificatur. Hæc Antonii aliorumque sanctorum patrum lorica est et zona, qua præcincti et armati in excelsis indefessa voce quotidie clamare non cessant. O fortitudo, eremitarum baculus, cœnobitarum cingulus, monachorumque omnium sacramentum, tu contra paupertatem vales, ut non frangatur animus paupertatem amantis ; sed amplior sit interius, et magis ditescat in mente. Quanto minus abundat in rebus fortunæ, tanto plus valet fortitudo contra mundi insultum. O fortitudo, si dolorem pateris, tu in omnibus gratias agis, tu in tribulatione divitias spiritales et delicias invenis ; ut potius morbi cedant in mentis commodum, quam corporis detrimentum. O fortitudo, omnem crudelitatem evacuas, carcerem respuis, crucem non metuis, equuleum amplecteris, optas vincula, spontanea semper curris ad mortem. O monache, nihil valet cursus tui bravii, nihil tua operatio, nisi columna fortitudinis roboretur. Nihil est ædificium boni operis, nisi columnam fortitudinis amplecteris. Sed si columna fortitudinis fracta fuerit, totum ædificium bonorum operum ruit. Hanc si David tenuisset, homicidium et adulterium non commisisset. Si Samson hanc servasset, femina eum inimicis non tradidisset. Si Salomon hanc dilexisset, idola non adoras-

(a) Mss. Reg. *munerobilis.*

lomon l'eût aimée, il n'aurait point adoré les idoles; si Pierre s'y fût attaché, à la voix d'une servante il n'aurait point renié la foi ; si les enfants d'Israël l'eussent gardée, jamais ils n'auraient murmuré dans le désert. Courage donc, mes frères ; soyez courageux dans la guerre des tentations, des tribulations, des infirmités, des injustices ; combattez contre l'ancien serpent, et vous obtiendrez le royaume éternel. Ainsi soit-il.

SERMON XIV. — *Justice et correction fraternelle.* — Comme vous le savez, frères bien-aimés, j'ai pu, avec la grâce de Dieu et à ma gloire, élever près d'Hippone trois monastères en l'honneur de la sainte Trinité. Le premier est celui dans lequel depuis déjà plusieurs années, contents d'une modeste nourriture, vous demeurez pleins de joie, ayant les animaux pour société, les oiseaux pour serviteurs, méprisant la délicatesse dans les mets et évitant les regards des hommes. Aussi je n'en souffre point de peine, car souvent vous avez été favorisés d'entretiens avec les anges. Le second monastère fut bâti dans le jardin que m'a donné notre saint Père Valère, et comme après que je fus devenu évêque, il ne me fut plus possible d'habiter ici, toujours avec vous, ni avec nos frères qui vivent dans le second monastère, j'ai résolu d'avoir dans ma maison épiscopale un monastère de clercs, et j'ai commencé de mener avec eux une vie conforme aux traditions des apôtres. A vous seuls, qui avez eu la volonté si louable de vivre dans le désert, il appartient d'entendre cette parole, de la comprendre et d'accomplir dans vos actes le sens qu'elle renferme : Aimez la justice. Mais pour nos frères et les clercs qui habitent la ville, et à qui est dévolue la charge de prêcher, chaque jour, la parole de Dieu, il appartient d'aimer, non-seulement la justice pour eux-mêmes, mais ils doivent de plus juger, reprendre, supplier, blâmer en toute patience et doctrine, le peuple choisi de Dieu. Et quoique nos frères qui habitent le jardin du saint évêque Valère, soient assez éloignés de la ville, parce que, par la faveur divine, leur réputation s'est étendue, j'ai ordonné qu'ils annonceraient au peuple de Dieu la parole du salut ; et les âmes des fidèles, entendant raconter leur sainte vie et leurs exemples pieux, voyant leur manière d'agir, reviendraient spontanément à celui qui créa tout de rien. Les voilà qui jugent la terre, lient et délient comme ils veulent, toujours avec la grâce de Dieu. Mais vous qui êtes séparés du monde, qui avez voulu choisir un genre de vie plus sûr, sachez qu'en tout vous devez principalement aimer la justice. Oh ! mes frères, la joie de mon cœur, voulez-vous savoir de quelle manière vous devez dans votre solitude aimer la justice ? Prenez bien garde de vouloir ôter une paille de l'œil de votre voisin, pendant que vous ne voyez pas la poutre qui est dans le vôtre, et ne vous entremettez pas de vouloir relever un autre de sa chute, tandis que vous ne vous apercevez pas de la vôtre. N'allez pas vous mettre en devoir de guérir la maladie d'un autre, en sorte que vous négligiez vos propres maladies, de peur qu'on ne dise à chacun de vous : « Médecin, guérissez-vous d'abord vous-même. » (*Luc*, IV, 23.)

set. Si Petrus hanc tenuisset, ad vocem ancillæ fidem non negasset. Si filii Israel hanc habuissent, minime in deserto murmurassent. Eia igitur, Fratres, estote fortes in bello tentationum, tribulationum, infirmitatum, injuriarum, et pugnate cum antiquo serpente, et accipietis regnum æternum. Amen.

SERMO XIV. — *De justitia et correctione fraterna.* — Ut bene nostis, Fratres carissimi, (1) tria monasteria apud Hipponem Dei gratia merui laudabiliter ad honorem sanctæ Trinitatis construere. Quorum primum hoc est, in quo jam multis annis modico pabulo contenti alacriter commoramini, bestiis associati, avibus ministrati, ciborumque spernentes delicias, et visus hominum fugientes. Et ideo non ego miser, sed vos sæpe Angelorum assueti estis colloquiis. Aliud quoque monasterium in horto, quem sanctus noster pater Valerius mihi dedit, ædificatum est. Et quoniam post quam presbyter Episcopus factus sum, nec semper hic vobiscum habitare potui, nec cum fratribus qui in prædicto monasterio sunt ; propterea infra domum Episcopi mecum habere volui monasterium clericorum, et cum eisdem pariter vivere cœpi secundum (*a*) Apostolicam traditionem. Ad vos ergo tantum, qui in eremo laudabiliter vivere voluistis, pertinet verbum istud audire et intelligere, atque operibus adimplere quod dicitur : Diligite justitiam. Ad fratres autem nostros et clericos qui in urbe habitant, quibus etiam expedit prædicare quotidie verbum Dei, pertinet non solum diligere justitiam quo ad se ipsos, sed etiam judicare, reprehendere, obsecrare, increpare in omni patientia et doctrina populum electum Dei. Et licet fratres nostri qui collocati sunt in horto sancti episcopi Valerii, (2) satis distent ab urbe, quia eorum tamen fama divinitus divulgata est, (3) ordinavi ut verbum Dei populo salubriter prædicarent, animæque fidelium suam vitam et exempla audiendo et videndo sponte redirent ad illum qui ex nihilo cuncta creavit. Ecce quomodo terram judicant, ligant et solvunt quæ volunt, semper Deo favente. Vos vero qui segregati estis a sæculo, qui etiam vitam tutiorem eligere voluistis, audite quod in cunctis maxime justitiam diligere debeatis. O Fratres mei et lætitia cordis mei, vultis scire quomodo vos solitarii justitiam diligere debeatis ? Cavete ne sic ab alterius oculo festucam ejiciatis, ut in oculo proprio trabem non videatis : nec sic alterius velitis relevare lapsum, ut vestrum non videatis casum. Nec sic alterius curare debetis morbum, ut et vos ipsos postponatis ægro-

(1) « Falsum est, ait Lupus, quod Augustinus ædificarit monasterium in nescio qua solitudine Hipponensi atque in ipso habitarit. Patet id ex S. Possidio : dicit enim Augustinum cum amicis de Italia reducem in Africam habitasse per triennium in agro Tagastensi, quoad Hyppone, ubi Agentem in rebus in istam suam societatem, lucrari quærebat, a populo apprehensus est, factusque presbyter ædificavit monasterium in agro Valeriano. » — (2) Locus falsi insimulatus a Lupo ut supra ad Ser. IV. — (3) « Quod Augustinus fratres ordinarit ad ministerium verbi ac audiendas fidelium confessiones ; est mera fabula ecclesiasticæ istorum temporum disciplinæ palam adversa, ideoque ridenda non refutanda, » inquit Lupus.

(*a*) Editi ad. *regulam et*

Guéris-toi d'abord le premier, ô moine, afin qu'étant sain et sauf, tu puisses soigner les blessures d'autrui. Ecoutez mes frères, écoutez ces paroles de Notre-Seigneur aux Pharisiens, qui accusaient la femme adultère : « Que celui d'entre vous qui est sans péché lui jette la première pierre. » (*Jean*, VIII, 7.) O moine, juger les autres sur quelque chose, c'est te condamner toi-même. De quel front, mes frères, oserons-nous accuser autrui de quelque faute, quand nous nous sentons nous-mêmes plus gravement coupables. C'est à nous surtout, mes frères, qu'il appartient d'être purs, d'être saints, et si nous voyons l'un de nos frères pécher, il nous faut le reprendre en toute douceur, de peur qu'il ne périsse par notre négligence. La charité doit tirer le glaive de la correction, non par haine ou par rancune, mais avec le zèle de la charité. Donc que toujours la miséricorde soit liée à votre cœur, de peur que celui qui a péché ne désespère comme Judas et ne se fasse périr. Voilà, mes frères, la conduite qu'il vous importe de tenir. Mais comment doivent agir nos frères qui habitent dans la ville? écoutons : Certainement la conduite précédente leur convient déjà, mais il leur appartient encore de ne pas outrer le jugement par haine, de ne pas s'enflammer par cruauté, ni s'amollir par amour de l'argent, car nous sommes vraiment pauvres et nous sommes donnés en spectacle aux hommes et aux anges; ils ne doivent pas par crainte abandonner la justice, ni s'émouvoir à la vue de la pourpre ou des présents des riches, mais la misère du pauvre, celle de l'orphelin et du délaissé doivent seules l'émouvoir et l'exciter à pratiquer la justice de Dieu, au prix des plus grandes fatigues. C'est la voie royale dans laquelle doivent marcher ceux qui jugent la terre, sans décliner à droite, en faiblissant dans ses jugements, ni à gauche, en outrant les châtiments. Punir une faute, n'est point cruauté, mais justice; le jugement ne doit point être tyrannique, mais inspiré par la droiture divine. Nous ne voulons point cependant ni ne donnons le conseil de juger rapidement, mais il faut procéder en toute maturité, et prononcer contre les coupables, au nom de Jésus-Christ, après avoir pris connaissance de l'affaire et l'avoir examinée à fond. Si on a péché publiquement, punissez publiquement, afin que les fidèles qui, aimant la justice, l'aiment plus fortement; que, craignant le châtiment, ils le redoutent davantage et prennent garde de commettre des fautes. O sainte et louable justice! sous ta garde et par toi règne la pudeur ; par toi triomphent la paix et la sécurité ; par toi la dignité s'accroît et produit des fruits par la patience. O justice! celui qui t'aimera, qui t'embrassera, passera à pied sec avec Moïse la mer du monde, rougie par le sang des vices. Tu es la baguette dont fut frappé le rocher d'où jaillit la source d'eau pure; car des cœurs de pierre, frappés par l'arrêt de la justice, s'échappent les eaux des vertus. Tu es la verge d'Aaron, qui devint verdoyante, fleurit et donna des fruits; car la justice reverdit en quelque sorte lorsque la raison commence à la comprendre; elle fleurit quand on la pratique énergiquement, et elle donne ses fruits quand celui qui y est soumis se corrige. Tu es le van qui sépare le bon grain de la paille, la médecine qui fait sortir l'humeur; car, contre la maladie du péché, il faut opposer un emplâtre efficace, de peur qu'un écoulement sans remède dégénère en un plus grand mal, et que l'iniquité restée impunie ne produise un accroissement de crimes. Tu es cette mesure avec laquelle

tos, ne cuilibet vestrum dicatur : « Medice, cura primo te ipsum. » (*Luc.*, IV, 23.) Cura ergo primo te ipsum, o monache, ut curatus alterius vulnera curare possis. Audite Fratres mei, audite quid Dominus dixerit Pharisæis adulteram accusantibus : « Qui sine peccato est vestrum, primus in illam lapidem mittat. » (*Joan.*, VIII, 7.) O monache in quo alium judicas, te ipsum condemnas. Qua fronte, Fratres mei, poterimus arguere alios de eo quod in nobis gravius invenimus? Ad nos igitur, Fratres, pertinet mundos esse et sanctos : et si tunc fratrem nostrum peccare videmus, reprehendere eum cum omni mansuetudine debemus, ne per nostram negligentiam pereat. Caritas enim non odii, non rancoris, sed zelo justitiæ gladium correctionis evaginare debet. Tunc semper misericordia ligata sit in cordibus vestris, ne, velut Judas, ille qui peccavit, desperatus ad suspendium pergat. Hoc autem ad vos maxime pertinet, Fratres. Sed quid ad fratres in urbe habitantes pertineat; audiamus. Certe non solum hoc, sed etiam spectat ne judicium odio exasperent, ne crudelitate inflamment, ne amore pecuniæ emolliant, quia pauperes vere sumus, et spectaculum facti sumus angelis et hominibus, ne timore justitiam relinquant, ne eos moveat res purpurea, nec divitis munera : sed magis saccus pauperis, orphani et pupilli eos movere debet Dei justitiam cum labore exercere. Regia via, qui terram judicant, incedere debent, nec declinare ad dexteram molliendo in judicium, nec ad sinistram exasperando in supplicium. Non enim crudelitas est, punire reatum, sed justitia; non tyrannicum, sed divinæ rectitudinis judicium. Non tamen volumus, nec consilium damus, ut mox judicent; sed cum omni maturitate incedant, et inventa discussaque rei causa in Christi nomine judicent delinquentes, et si publice peccaverint, publice puniantur, ut et cæteri justitiam diligentes fortius diligant, et justitiam metuentes metuant, et caveant ne delinquant. O sancta laudabilisque justitia, sub te et per te pudicitia regnat, pax per te triumphat et securitas, dignitas per te floret, et fructum affert in patientia. O justitia, qui te amaverit, qui te strinxerit, cum Moyse mare mundi vitiorum sanguine rubricatum, sicco vestigio pertransibit. Hæc est virga, qua petra percussa manat in fluenta ; quia lapidea subditorum corda judicio justitiæ tacta, in virtutum exuberant flumina. Hæc est virga Aaron, quæ frondit, floruit, et fructum peperit : quia justitia quasi frondet, dum mente concipitur ; floret, dum viriliter exercetur; fructificat, dum subditus corrigitur. Hæc est ventilabrum, quo granum dividitur a palea, sanies a morbo ejicitur; quia contra morbum peccati opponendum est mordax emplastrum, ne in majus vitium tabes exuberet incurata, et in augmentum facinoris redundet iniquitas impunita. Hæc est mensura, qua debemus me-

nous devons mesurer les châtiments et peser les mérites. Prenez bien garde cependant, mes frères, qui êtes pasteurs et devez juger la terre, quelquefois la rigueur de la justice doit être relâchée, pour ne pas scandaliser le grand nombre; d'autres fois il faut l'exagérer, pour que les autres se mettent sur leurs gardes. Alors vraiment la justice est appelée un glaive à deux tranchants; elle défend le corps de l'homme des injures extérieures, et protège l'âme contre ce qui l'inquiéterait spirituellement. O justice! tu es le remède des vices, l'antidote des péchés. Tu es cette épée dont Phinéès transperça le Juif péchant avec la Madianite, et l'agitation cessa. Tu es la pierre dont David se servit pour tuer le Philistin, et délivrer Israël de la servitude. Mais, exercée sans discrétion, elle est un glaive dans la main d'un furieux. Sans prudence, la justice est la mort et la persécution des bons. Sans miséricorde, elle est un glaive dans la main d'un tyran. Exerçons donc, mes frères, la justice avec une parfaite discrétion. Appliquons la peine avec une complète maturité; ne jugeons point sur un simple soupçon, mais après nous être assurés de la vérité. Prenez donc bien garde, mes frères; employez toutes vos précautions, et ensuite jugez dans votre droiture, non pas suivant la personne, mais suivant la plus rigoureuse justice. Oh! qu'il est facile de juger! mais qu'il est amer d'avoir à rétracter ce qui a été jugé! Aussi, n'ayez point à votre tête un enfant, ou quelqu'un de peu d'intelligence, mais un vieillard, un homme prudent, chaste, sobre; en sorte que, qu'il marche ou qu'il se tienne debout, tous voient en lui le sel de la terre et la lumière du monde; un tel guide ne saurait ignorer la justice. Voyez l'empire romain, il resta en paix aussi longtemps que les sages purent le diriger, mais aussitôt que des jeunes gens inexpérimentés prirent la direction des affaires, ne connaissant point les règles de la justice, ils la rendirent suivant les personnes, et, perdant la justice, ils perdirent aussi l'empire de tout l'univers. Qu'il faut se garder d'établir des jeunes gens imprudents, chefs et pasteurs des églises, de peur qu'ils ne périssent avec leur peuple! Si de tels chefs sont constitués, non-seulement ils ne pensent ni au passé ni à l'avenir, mais ils ferment leurs oreilles pour ne pas entendre ce qui est bon et vrai. Que les jeunes gens agissent ainsi, non-seulement nous n'en doutons pas, mais nous sommes même persuadés qu'aux jours mauvais telle est aussi la conduite des vieillards. La vie d'un pasteur doit être utile tous les jours. Mais comment pourra agir ainsi celui qui ne connaît point la justice, et comment croire qu'il pourra régner éternellement? Ces hommes ne peuvent se rappeler leurs fins dernières, puisqu'ils croient vivre toujours. O mes frères! comme nous vous l'avons répété fréquemment, les pasteurs et les princes romains possédaient l'expérience du passé, dans lequel ils pouvaient très-bien se rassurer, et ils avaient toujours le soin de savoir quelque chose de l'avenir. Dans cet exercice de leurs fonctions, tout leur but consistait à poursuivre la justice jusqu'à la mort, et ils se croyaient heureux en mourant pour elle. Pour toi, ô moine! qui es établi au-dessus des autres, souviens-toi de ce que tu es, de ce que tu as été et de ce que tu seras; tu seras considéré comme juste aux yeux de Dieu, et tu ne pécheras jamais. Que ce soit toujours là, mes frères, le but de nos actions, et, si nous l'atteignons, nous serons toujours justes et fidèles. Mais il y en a quelques-uns, quoique,

---

tiri pœnas, et merita ponderare. Attendite tamen, Fratres mei pastores, qui terram judicare debetis, quod aliquando justitia est relaxanda propter scandalum multorum, aliquando exaggeranda est, ut sit cautela reliquorum. Tunc vere justitia dicitur gladius ex utraque parte acutus, quia hominis defendit corpus ab exterioribus injuriis, et animam a spiritalibus molestiis. Hæc est medicina vitiorum, antidotum peccatorum. Hæc est pugio, quo Phinees transfixit coeuntem cum Madianitide Judæum, et cessavit quassatio. Hæc est lapis, quo David percussit Philistæum, et a servitute Israel liberavit. Hæc autem sine discretione, gladius est in manu furiosi. Hæc sine prudentia, est mors et bonorum persecutio. Hæc sine misericordia, gladius est in manu tyranni. Cum summa enim discretione, Fratres mei, tenenda est justitia, cum summa deliberatione inferenda est pœna, non judicando ex suspicione, sed ex omni certitudine veritatis. Attendite Fratres mei, et ante probate, et postea recte judicate, non secundum faciem, sed recto judicio. O quam facile est judicare: sed o quam amarum, quod judicatum est retrahere! Ideo non puer, non insensatus vobis præesse debet, sed annosus, prudens, castus, sobrius, ut in progressu et statu sal terræ et lux mundi cunctis appareat: talis justitiam non poterit ignorare. Tunc enim regnum Romanorum pacifice tam diu perseveravit, quam diu sapientes regnare permiserunt: sed dum juvenes et inexpertos regnare permiserunt, tanquam justitiam ignorantes, acceptores personarum facti sunt: et sic justitiam perdentes, dominium orbis terrarum perdiderunt. Juvenes ergo imprudentes, duces vel ecclesiarum pastores constituendi non sunt; ne ipsi simul cum populo pereant. Tales enim si præsunt, non solum præterita et futura non cogitant; sed audire quod bonum est et verum aures suas obturant. Taliter etiam non solum juvenes, sed etiam (a) antiquatos in diebus malis hæc facere frequenter, minime dubitamus. Vita enim pastoris omnibus diebus prodesse debet. Sed quomodo hoc quisquam facere poterit, si justitiam ignoraverit, et regnare in æternum crediderit? Isti memorari novissima sua non possunt, quia in æternum vivere credunt. O Fratres, sicut frequenter diximus, pastores et principes Romanorum scientiam de præteritis habebant, in quibus certificari optime poterant, et de futuris aliquid scire semper procurabant. In hoc autem exercitium eorum consistebat, quod justitiam usque ad mortem prosequebantur, et pro ea moriendo felices se esse putabant. Tu vero, ô monache qui præes, obsecro memorare quid es, quid fuisti, quid eris; tunc justus reputaberis a Deo, et in æternum non peccabis. Hæc autem, Fratres mei, sit semper nostra exercitatio: et si hæc

(a) Mss. *antiquati sine minime.*

grâces à Dieu, ce ne soit pas parmi nous, qui veulent vivre de l'esprit de liberté. Ils sont superbes, avares, d'une humeur chagrine, gourmands, adultères. A peine sont-ils repris par quelqu'un, qu'ils aboient comme des chiens, mordent comme des serpents, dévorent comme des lions, se plaignent comme des femmes en travail d'enfantement, appelant mal ce qui est bien, et bien ce qui est mal. De tels gens, ouvertement et dans un langage non équivoque, osent nier la justice, en disant : Voici comment me poursuit un hypocrite qui paraît obéir à la justice. Un tel homme, mes frères, est le dernier de tous, et il eût mieux valu pour lui qu'il fût resté dans le monde. C'est pourquoi si, dans notre congrégation, nous rencontrions, ce qu'à Dieu ne plaise, un tel personnage, qui veuille ainsi fouler aux pieds la justice, il faudrait non le garder, mais le chasser, puisqu'il veut vivre de l'esprit de sa liberté. Que Dieu nous préserve cependant de tels sujets, comme il l'a fait jusqu'ici par sa grâce, afin que notre religion sainte et immaculée se change toujours de bonne en meilleure, par Jésus-Christ notre Sauveur. Ainsi soit-il.

SERMON XV. — *Les simples ne doivent point chercher à approfondir la sainte Trinité. Les sept dons du Saint-Esprit opposés aux sept péchés capitaux.* — Il est écrit, mes frères, que nous ne devons pas tenir des discours relevés comme les sages du monde qui s'y complaisent. Le prophète nous dit, en effet : « Cessez de vous abandonner à un langage sublime. » (*Rois*, II, 3.) Cette parole vous concerne, surtout vous qui êtes de la campagne, qui habitez les forêts, bien que vous ne deviez nullement douter que vous êtes les concitoyens des saints et les familiers de Dieu.

Quelles sont ces choses relevées dont nous ne devons pas parler beaucoup? c'est la toute-puissance de Dieu, la coéternité de son Fils unique, et la magnificence du Saint-Esprit. O mes frères! la joie de mon cœur, si nous voulons savoir combien le Père est immense, jamais nous ne pourrons le comprendre; si nous désirons nous représenter comment le Fils est coéternel et consubstantiel à son Père, l'esprit humain, qui n'a que ses forces naturelles, succombe sous le poids. Mais avons-nous le désir de savoir comment le Saint-Esprit contient tout, sans être contenu dans rien? Ici, toute raison humaine fait défaut. Aussi n'ayons aucun souci d'examiner tous ces points. Pourquoi, sinon, parce que nous ne le pourrions aucunement? Aussi, mes frères, sachez que chaque fois qu'il s'agit de sonder l'unité de la Trinité, il faut le faire avec de grandes précautions, parce que nulle part ailleurs on ne se trompe plus dangereusement, on ne cherche plus laborieusement et on ne trouve plus fructueusement: Contre ceux qui veulent savoir au delà de ce qui est nécessaire, appelons à notre aide le sage Salomon; et, moitié en blâmant, moitié en instruisant, qu'il nous dise : « Ne recherchez point ce qui est au-dessus de vous, et ne tâchez point de pénétrer ce qui surpasse vos forces. » (*Eccli.*, III, 22.) Que Paul, la colonne des fidèles, la lumière de l'univers, se lève et qu'il confonde, de sa voix puissante, tous les philosophes qui portent le nom de chrétiens, et veulent être sages plus qu'il ne convient de l'être. Je ne dis pas cependant, mes frères, qu'il ne faille aucunement chercher; mais, vous qui êtes grossiers, vous ne devez point traiter les questions qui concernent la divinité. Cher-

---

fecerimus, fideles et justi semper erimus. Sed sunt aliqui, licet Dei gratia non inter nos, qui spiritu libertatis vivere volunt, superbi, avari, discoli, gulosi, adulteri : qui si ab aliquo reprehenduntur, latrant ut canes, mordent ut serpentes, devorant ut leones, dolent ut parturientes, dicentes malum bonum et bonum malum. Tales aperta facie, vivoque sermone negare justitiam præsumunt, dicentes : Ecce quomodo me persequitur hypocrita, qui justitiam tenere videtur. Talis denique, Fratres, omnibus pejor est : et melius illi fuisset, si in sæculo remansisset. Et ideo si in nostra congregatione aliquem talem invenerimus, quod Deus avertat, qui sic justitiam calcare voluerit, non tenendus est, sed expellendus, tanquam vivere volens in spiritu libertatis suæ. A quibus tamen nos liberet Deus, sicut hactenus fecit per gratiam suam : ut nostra sancta et immaculata religio de bono in melius semper augmentetur, per Jesum Christum Salvatorem nostrum. Amen.

SERMO XV. — (*a*) *De fide Trinitatis a simplicibus non investiganda, et septem donis Spiritus sancti contra septem vitia.* — Scriptum est, Fratres carissimi, quod non debemus loqui sublimia, tanquam sapientes mundi gloriantes. Ait enim Propheta : « Nolite multiplicare loqui sublimia. » (I *Reg.*, II, 3.) Hoc autem verbum ad vos maxime dirigitur, qui rusticani estis, in silvis habitantes, licet cives sanctorum et domestici Dei vos nullatenus dubitare debeatis. Nolite igitur multiplicare loqui sublimia. Quæ sunt ista sublimia, de quibus non debemus multum loqui, nisi de Dei omnipotentia, de Unigeniti ejus coæternitate, de sancti Spiritus magnificentia? O Fratres mei et lætitia cordis mei, si volumus scire quantum Pater immensus sit, apprehendere non valemus. Si imaginari cupimus, quomodo Filius coæternus sit et consubstantialis, mens humana omnis naturalis succumbit. Si scire desideramus, quomodo Spiritus sanctus omnia continet, et non continetur; omnis humana ratio deficit. Ideo hæc omnia discutere non curemus. Quare non, nisi quia nullo modo valemus? Propterea, Fratres mei, sciatis, quod ubicumque quæritur de unitate Trinitatis, magna est adhibenda cautela : (1) quia nec periculosius alicubi erratur, neque laboriosius aliquid quæritur, nec fructuosius aliquid invenitur. Veniat igitur contra volentes scire ultra quam necesse est, sanctus ille Salomon, et reprehendendo atque docendo dicat : « Altiora te ne quæsieris, et fortiora te ne scruteris. » (*Eccl.*, III, 22.) Surgat etiam Paulus columna fidelium, et lumen orbis terræ, et sua voce confundat omnes philosophantes, nomen Christi portantes, volentes sapere plus quam oportet sapere. Non tamen dico, Fratres, quod omnino non quæratis :

(1) August., lib. I. c. III, *de Trinit.*
(*a*) Mss. *Contra loquentes sublimia et sapientes hujus mundi.*

chez seulement, vous qui êtes spirituels, comment vous pourrez observer les préceptes de Dieu, vaincre le démon dans ce désert, embrasser la patience que le Christ nous a enseignée. C'est là ce qu'un serviteur de Dieu doit toujours lire et accomplir. Notre nature est excessivement fragile, et cependant nous ne pouvons la comprendre par la raison. Le philosophe Aristodème passa plusieurs années de travail à rechercher la nature de l'abeille, et il ne put y parvenir. Comment alors pourrions-nous comprendre la sainte Trinité? Comment s'étonner si nous, qui sommes de boue, qui traînons avec nous des entrailles remplies d'immondices, comment s'étonner, dis-je, que nous puissions ignorer la nature de Dieu? Les anges eux-mêmes, dans le ciel, peuvent-ils la soumettre à leurs recherches? certainement non. Car que savent-ils, sinon qu'en Dieu il y a Trinité et unité; qu'il a créé et gouverne tout sans peine ni fatigue? Gardez-vous, mes frères, de tenir des discours relevés; ne soyez pas sages plus qu'il ne convient de l'être. Au jour du jugement, les chrétiens ne seront pas damnés, et ils ne rendront pas compte d'avoir ignoré la philosophie ou la dialectique, l'astrologie ou la musique, ou encore de ce qu'ils n'auront pu connaître la nature de Dieu; mais ils seront damnés, parce qu'ils auront refusé d'obéir à Dieu. Sachez, mes frères, qu'il vaut mieux confesser pieusement son ignorance, que de mettre témérairement sa science en évidence, parce que la témérité mérite un châtiment, tandis que l'ignorance est digne de pardon. Qu'il nous suffise de connaître du mystère de la sainte Trinité seulement ce que Notre-Seigneur en a expliqué à ses apôtres. Personne ne saurait parler de sa nature comme il en a parlé lui-même, en disant : « Baptisez les nations au nom du Père, du Fils et du Saint-Esprit. » (*Matth.*, XXVIII, 19.) Il désigne ouvertement trois personnes, mais il montre l'unité, en disant : « au nom, » car il n'a point dit : « aux noms. » La Trinité n'est point divisée, chaque personne indivisiblement et individuellement est Dieu, et la vie comme la divinité ne sont point divisées dans l'acte. Il y a accord dans la volonté, parité dans la puissance, égalité dans la gloire; il n'y a point de diminution dans chacune des personnes, ni augmentation dans les trois ensemble. La sainte Trinité est donc un seul Dieu, « duquel tout vient, par lequel tout existe et dans lequel tout s'en va; » et, de peur que nous ne pensions qu'il n'y a trois Dieux, l'Apôtre dit : « Gloire à lui, » et et non à « eux. » Que la gloire soit toujours à celui qui a dit : « Faisons l'homme à notre image et à notre ressemblance; » il montre qu'il n'y a qu'une seule nature en celui à l'image duquel l'homme doit être fait. Comme cependant il parle au pluriel, en disant : « notre, » il indique qu'en Dieu il n'y a pas qu'une seule personne à l'image de laquelle l'homme serait créé. Si, en effet, le Père, le Fils et le Saint-Esprit n'eussent été par essence, qu'une seule personne, il n'eût pas dit : « notre, » mais « ma, » « faisons, » mais « je ferai. » Si, d'un autre côté, dans ces trois personnes il y eût eu trois essences il n'eût pas dit : « notre, » mais « nos. » Et ainsi, en disant : « A notre image, » il indique la Trinité dans l'unité à l'image de laquelle a été créé notre homme intérieur, qui garde en lui la ressemblance de la sainte Trinité. De même que, le Père étant Dieu, le Fils Dieu, le Saint-Esprit Dieu, nous ne croyons pas cependant qu'il y ait trois Dieux, mais un seul Dieu

---

sed quæstiones in divinis vos qui grossi estis, multiplicare loqui non debetis. Quærite tantum vos qui spiritales estis, quomodo præcepta Dei servare possitis, quomodo diabolum in eremo superare debeatis, quomodo patientiam, quam Christus docuit, amplecti valeatis. Hæc enim servus Dei semper legere et adimplere debet. Natura denique nostra fragilis est; et tamen ratione comprehendi non potest. Philosophus etiam Aristodemus annis multis insudavit naturam apis investigare; nec finaliter potuit. Quomodo ergo nos Trinitatem capere valemus? Cur miramur, o Fratres, qui lutei sumus, et ventrem stercoribus plenum portantes; si nescire possimus Dei naturam? Numquid et Angeli ipsam in cœlo investigare possunt? Certum est, quod non. Quid enim sciunt, nisi quod Deus trinus et unus est, et omnia sine labore et pœna creavit et gubernat? Nolite ergo, Fratres, loqui sublimia, nolite sapere plus quam oportet sapere. In die judicii non damnabuntur Christiani, nec rationem reddent quia philosophiam, vel dialecticam, vel astrologiam. vel musicam ignoraverunt : nec de hoc quod naturam Dei scire non potuerunt; sed ideo damnabuntur, quia Deo obedire neglexerunt. Ideo scitote, Fratres, quod melius est pie confiteri ignorantiam, quam temere scientiam vendicare : quia temeritas pœnam habet, sed ignorantia promeretur veniam. Sufficiat nobis scire de mysterio Trinitatis tantum, quantum Dominus discipulis suis exposuit. Nemo enim novit sic de natura sua dicere, sicut ipse qui ait : « Baptizate gentes in nomine Patris et Filii et Spiritus sancti. » (*Matth.*, XXVIII, 19.) Tres aperte pronuntiat personas : sed unitatem ostendit dicens : « in nomine; » non enim dixit : In nominibus. Trinitas enim non dividitur : indivisibiliter et singulariter unaquæque persona Deus est, et vita vel deitas indivisa in opere, concors in voluntate, par in potentia, æqualis in gloria; nec minoratur in singulis, nec augetur in tribus. Sancta ergo Trinitas unus Deus est : « ex quo omnia, per quem omnia, in quo omnia; » et ne tres deos putaremus esse, ait Apostolus, « ipsi gloria : » non, ipsis. Ipsi quidem gloria semper sit, qui ait : « Faciamus hominem ad imaginem et similitudinem nostram. » (*Gen.*, I, 26.) Cum enim singulariter dicit : « imaginem; » ostendit unam esse naturam ejus, ad cujus similitudinem homo fieret : cum vero pluraliter dixit, « nostram; » demonstrat Deum non unam esse personam, ad cujus imaginem homo fiebat. Si enim essentia Patris et Filii et Spiritus sancti una esset persona, non dixisset, « nostram; » sed, meam : nec, « faciamus; » sed, faciam. Si vero in illis tribus personis tres essent essentiæ, non dixisset, « nostram; » sed, nostras. Et ideo cum dicit : « Ad imaginem nostram, » indicat trinitatem unitatis, ad cujus imaginem factus est homo noster interior, qui similitudinem sanctæ Trinitatis retinet. Sicut enim Pater Deus, Filius Deus, Spiritus sanctus Deus, non tamen tres deos credimus, sed unum Deum tres personas ha-

en trois personnes ; de même, il y a l'âme intelligence, l'âme volonté et l'âme mémoire, et cependant il n'y a pas trois âmes dans un même corps, mais une seule âme ; et cette âme, bien qu'une dans sa substance et sa nature, a cependant trois facultés : l'intelligence, la volonté, la mémoire. Et de même que du Père le Fils est engendré, que du Père et du Fils procède le Saint-Esprit, ainsi par l'intelligence la la volonté est produite, et des deux procède la mémoire. Sans ces trois facultés, l'âme ne saurait être parfaite, ni une seule de ces trois facultés, sans les deux autres, ne peut faire un tout parfait. L'intelligence seule ne suffit pas, à moins qu'il n'y ait la volonté dans l'amour ; et ces deux qualités ne sauraient suffire, si la mémoire ne s'y joint, elle qui toujours, dans l'âme de celui qui comprend et qui aime, demeure maîtresse de choisir. Dieu, créateur de toutes choses, a fait toutes les opérations de l'âme pour le bien : l'intelligence, pour comprendre ce qu'il ordonne ; la volonté, pour qu'elle s'applique à l'aimer ; la mémoire, afin de ne pas oublier ce qui est commandé. Ah ! mes frères, vous, la couronne de ma mère, ne discutez qu'autant qu'il vous est nécessaire pour le salut, ne soyez point sages plus qu'il ne convient. En quoi devons-nous mettre notre sagesse, si ce n'est à croire qu'en Dieu il y a trinité et unité ? Qu'y a-t-il de nécessaire pour nous, si ce n'est de nous éloigner du mal et de faire le bien ? Qu'y a-t-il de nécessaire, si ce n'est de savoir ce qui est bien et ce qui est mal ? le bien, afin que nous sachions nous en emparer ; le mal, afin que nous l'évitions. Ce n'est donc pas un mal de connaître le mal, parce que, si vous ne le connaissez pas, comment l'éviterez-vous ? En effet, par la loi, dit l'Apôtre, j'ai connu le péché, et, avant la loi, je ne le connaissais pas ; et, quand elle m'eut été donnée, j'ai vu ce qu'il fallait faire ou ce qu'il fallait éviter. Connaître le mal n'est donc pas un mal ; mais faire mal, quel païen a jamais douté que ce ne fût une faute ? Il est donc nécessaire de savoir que l'orgueil est le père et la racine de tous les vices. De lui découlent, en effet, la vaine gloire, l'envie, la colère, la tristesse, l'avarice, la volupté charnelle qui renferme la gourmandise et la luxure. Quelqu'un, mes frères, atteint-il la sagesse humaine ? En considérant les honneurs que lui rendent ses disciples, il étend ses ailes jusqu'aux extrémités de l'univers, et, plein de présomption, il se glorifie ; et ainsi, en se livrant à l'orgueil et à la présomption, bientôt la vaine gloire s'empare de lui, car il veut paraître aux yeux d'autrui tout couvert de gloire. Mais, tandis qu'il est ainsi en quête de gloire, il s'aperçoit et remarque que quelques-uns le méprisent, en disant : Il n'est pas tel que la multitude le croit. Beaucoup, en effet, ont plus d'esprit que lui, beaucoup sont meilleurs. C'est alors que cet homme, plein de lui-même, d'un côté, croyant tout savoir et posséder tous les dons, et voyant d'un autre que quelques-uns occupent des positions plus élevées, se laisse gagner par l'envie ; la colère ne tarde pas à la suivre, et, comme il ne peut la satisfaire par ses actes, la tristesse arrive à son tour ; puis, cherchant des consolations à sa tristesse, il s'abandonne à l'avarice afin de pouvoir l'emporter sur ses concurrents. Mais voici qu'en acquérant et en amassant des richessses, la gourmandise et la luxure font bientôt de lui leur victime. Alors, ô grande miséricorde du Sauveur ! l'esprit de piété vient, et, par le mépris du monde, l'avarice est repoussée. Mais

---

bentem : ita anima intellectus, anima voluntas, et anima memoria : non tamen tres animæ in uno corpore sunt, sed una anima : quæ licet unius sit substantiæ et naturæ, tres tamen habet dignitates, intellectum, voluntatem, et memoriam. Et sicut ex Patre generatur Filius, et ex Patro Filioque procedit Spiritus sanctus, ita per intellectum generatur voluntas, et ex his duobus procedit memoria. Sine his tribus anima perfecta esse non potest, nec horum trium unum sine aliis duobus aliquid integrum consistit. Nec solum sufficit intellectus, nisi sit voluntas in amore : nec hæc duo, nisi addatur memoria, quæ semper in mente intelligentis et diligentis manet eligens. Universitatis enim conditor Deus omnes motus animæ ad bonum facit ; intellectum, ut intelligamus quod jubet ; voluntatem, ut sit in amore ejus ; memoriam, ne obliviscamur quod imperat. Eia ergo, Fratres mei et corona matris meæ, nolite discutere, nisi quantum vobis necesse est ad salutem : nolite sapere, nisi quantum oportet sapere. Quid enim oportet sapere, nisi quod Deus trinus et unus est ? Quid aliud necesse est nobis, nisi declinare a malo, et facere quod bonum est ? Quid aliud necesse est, nisi quod bona cognoscamus et mala ? Bona, ut sciamus ea rapere ; mala, ut sciamus ea devitare. Non est igitur malum scire malum : quia nisi cognoveris, quomodo vitare poteris ? Per legem namque peccatum cognovi (*Rom.*, VII, 7), ait Apostolus ; quia ante legem peccatum non cognovi, sed per legem datam quid tenendum, quid vitandum erat cognovi. Malum ergo scire non est malum : sed quod malum est operari, malum esse quis Paganorum unquam dubitavit ? Necesse est ergo scire, quod superbia mater est et caput omnium vitiorum. Ab ea enim descendit inanis gloria, invidia, ira, tristitia, avaritia, voluptas carnis, in qua continetur gula atque luxuria. Ascendit quis, Fratres mei, ad sapientiam mundi, et dum considerat honores sibi a discipulis exhibitos, extendit alas suas usque ad terminos orbis terræ, et de se præsumens gloriatur, et sic superbiendo et præsumendo mox inanis gloria præsumentem aggreditur, dum ab aliis quærit gloriosus videri. Et dum sic quærit, a quibusdam consideratur et videt se despici, dicentibus : Non est quod a multis creditur. Plures namque sunt eo acutiores, et plures eo meliores non dubitamus. Inflatus vero ille, quia sic putat omnia scire vel singula possidere, videns quosdam altiores se, mox eum invidia aggreditur, cujus vestigium ira imitatur, et non valens iram opere perficere, tristatur ; et quærens consolationem tristitiæ, avaritia tangitur, ut habeat unde transcendere valeat omnes. Et ecce, dum divitias congregat et acquisierit, statim in gulæ et luxuriæ foveam cadit. Sed ô grandis misericordia Salvatoris ! Spiritus enim pietatis per contemptum mundi ordinavit, ut expelleret avaritiam :

l'avarice étant rejetée, l'âme souvent reste sous le poids d'une tristesse fâcheuse ; alors l'esprit de science nous est donné pour nous faire discerner la bonne d'avec la mauvaise tristesse. Si donc la science amène la bonne tristesse, qui découle de la douleur des péchés, elle éloigne la tristesse du siècle, qui cause la mort. Et, comme ils y sont nombreux ceux qui sont privés de ces vertus, tels que, par exemple, les hommes irascibles, l'esprit de force leur est donné, afin que, par la tempérance, ils refrènent la colère. Il faut de la force, que dis-je, il faut une force plus grande pour vaincre son âme que pour prendre une ville. L'envie est-elle excitée contre celui qui se commande si énergiquement ; l'esprit de conseil nous est donné, et, par l'amour du prochain, l'envie est mise en fuite. Mais tous ces mérites excitent-ils en nous le désir de la louange, nous recevons alors l'esprit d'intelligence qui nous fait juger de la valeur de chaque chose. L'homme s'aperçoit qu'il n'est rien, alors il s'humilie devant Dieu, et ainsi, par l'humilité de son esprit, son âme rejette la vaine gloire. Mais, parce que, quelquefois, il ne veille pas sur soi extérieurement, il lui arrive souvent de se glorifier intérieurement ; il reçoit l'esprit de sagesse qui lui donne la connaissance de Dieu. Reconnaissant sa bonté et sa miséricorde, il l'aime de toute l'affection de son cœur, et sa sagesse, inspirée par la charité, chasse l'orgueil ; l'orgueil étant banni par la grâce, nous devenons le temple de Dieu et l'habitacle du Saint-Esprit. Ainsi soit-il.

SERMON XVI. — *Sur la désobéissance, la négligence, la patience et la chasteté.* — Mes frères bien-aimés, dans toutes nos œuvres rappelons-nous toujours que tous nous paraîtrons devant le tribunal de Jésus-Christ, afin que chacun rende compte de ce qu'il a fait pendant sa vie. Prenons donc garde de nous présenter devant ce tribunal, dépouillés, et les mains vides de bonnes œuvres. Car alors les saints ne viendront point à notre aide ; le temps d'exercer la piété et d'obtenir miséricorde n'existera plus, et Marie ne demeurera plus à la porte du paradis. Tous, au contraire, s'élèveront contre nous, Abraham contre les désobéissants, Isaac contre les impatients, Jacob contre les négligents, Joseph contre les voluptueux. Oh ! avec quelle sévérité, avec quelle force, avec quelle honte les désobéissants seront repris par Abraham, le vénérable père de l'obéissance ! Aussi, mes frères, faites-y attention, soyez toujours prêts à l'obéissance des commandements de Dieu ; que vos oreilles soient toujours disposées à entendre, votre langue à parler. Soyez prompts à mettre vos pieds en mouvement. Préparez sans délai vos mains pour les bonnes œuvres ; faites-le avec un cœur joyeux, un visage calme, une bouche riante et un œil où brille l'éclat de la sainteté ; que ce soit toutefois sans amour ou crainte servile, mais avec la vraie charité : telle est l'obéissance que je désire vous voir garder. Alors, devant le tribunal du souverain Juge, Abraham vous défendra, au lieu de vous condamner ; loin de vous repousser, au contraire, il vous appellera ; il ne vous maudira point, mais il vous emportera sur les hauteurs de l'éternelle patrie. Je vous en conjure encore, mes frères, quittez toute négligence, de peur qu'Abraham vous protégeant, le saint patriarche Jacob ne se lève contre vous au dernier jour. Fuyez, mes frères, fuyez la négligence ; car, de même que, dans chaque œuvre, la diligence est une bonne mère, ainsi, pour la doctrine et la discipline, la négligence

---

sed quia abjecta avaritia, sæpe mala comprimitur tristitia, datur spiritus scientiæ, ut ostendatur quæ sit bona vel mala tristitia. Si ergo scientia bonam tristitiam adducit, quæ surgit ex dolore peccatorum, expellitur tristitia sæculi, quæ mortem operatur. Sed quia multi sunt istis omnibus carentes, sicut sunt iracundi ; ideo datur spiritus fortitudinis, qui per temperantiam refrenat iracundiam. Talis fortis est, imo fortior, qui vincit animum, quam qui capit urbem. Sed quia adhuc invidet fortius imperanti ; datur spiritus consilii, qui per amorem proximi ejicit invidiam. Sed quia pro tantis meritis sæpius vult laudari, ideo datur spiritus intellectus, per quem intelligit quid sit. Sed quia invenit se nihil esse ; ideo ante Deum humiliatur, et sic per humilitatem spiritus intellectus ejicit inanem gloriam. Sed quia aliquando non curat extrinsecus, solet tamen sæpe de se interius gloriari ; ideo datur spiritus sapientiæ, per quem incipit Deum cognoscere. Ejus autem bonitatem et misericordiam quis cognoscens, ipsum toto cordis affectu diligit, et sic sapientia per caritatem expellit superbiam, qua expulsa per gratiam efficimur templum Dei et habitaculum Spiritus sancti. Amen.

SERMO XVI. — (*a*) *De inobedientia, negligentia, patientia, et castitate.* — Fratres mei dilectissimi, in omnibus operibus vestris semper mementote, quod omnes stabimus ante tribunal Christi, ut referat unusquisque, prout gessit in corpore. Cavendum est, ne ante illud terribile tribunal vacui vel denudati appareamus. Non enim tunc sancti nobis subvenient, quia tempus miserendi et misericordiam impetrandi non erit, et jam fugiet a janua paradisi Maria. Omnes enim contra nos tunc erunt, Abraham contra inobedientes, et Isaac contra impatientes, et Jacob contra negligentes, et Joseph contra incontinentes. O quam dure reprehendentur inobedientes, Fratres mei, per venerabilem patrem obedientiæ Abraham, quam fortiter, quam turpiter ! Ideo, Fratres mei, attendite, et parati semper estote ad obedientiam mandatorum Dei, paratas semper habentes aures auditui, et linguam voci. Pedes ituros festinate, manus ad opera sine mora parate, corde jucundo, serena facie, ore risorio, et oculo ornato sanctitatis splendore ; non tamen amore servili vel metu, sed omni caritatis affectu sanctam obedientiam servare vos opto. Tunc enim ante tribunal judicis Abraham non vos condemnabit, sed commendabit ; non vos a se expellet, sed convocabit ; non vos maledicet, sed sublimabit in æterna patria. Negligentiam omnem deponere vos deprecor, Fratres, ne Abraham vos commendante contra surgat ille sanctus Jacob in die novissimo. Fugite Fratres, fugite negligentiam : nam sicut in unoquoque opere bono mater est diligentia, ita

---

(*a*) Mss. *de memoratione extremi judicii.*

est une marâtre. Mais, si nous sommes obéissants et complétement exempts de négligence, cela ne suffit pas encore, si, avec Isaac, nous ne possédons la patience. De même que, par l'impatience, tous les biens sont détruits, les meilleures vertus étouffées; ainsi, par la patience, tous les biens se produisent, et les iniquités disparaissent au fond de l'abîme. Celui, mes frères, qui n'est point patient, ne saurait être un vrai moine. Mais, eussions-nous l'obéissance avec Abraham, la patience avec Isaac, l'exactitude avec Jacob, si nous n'observons la chasteté avec Joseph, quelle utilité retirerons-nous de tous ces biens? Aimons donc, par-dessus tout la chasteté, sans laquelle toutes nos œuvres n'ont aucune valeur. O chasteté! l'ornement des grands, l'exaltation des humbles, la beauté de ceux qui n'en sont point doués, la consolation des affligés, l'accroissement de la vraie beauté, l'honneur de notre sainte religion; ô toi, qui diminues les crimes et multiplies les mérites, l'amie de Dieu, la parente des anges, la vie des patriarches, la couronne des prophètes, la ceinture des apôtres, le secours des martyrs, le char des confesseurs, le miroir des vierges, le refuge des veuves, la joie et la consolation de tous les bons! Mais il y en a, mes frères, qui veulent passer leur jeunesse dans la volupté, et, s'ils atteignent la vieillesse, ils se glorifient, en disant qu'ils sont continents; alors ils font choix de servir la chasteté quand la passion refuse de les avoir pour esclaves. Faut-il appeler chastes de pareils hommes? gardons-nous en bien. Ils ne recevront point de récompense, parce qu'ils n'ont point eu les fatigues du travail. Mais une gloire sans fin attend certainement ceux qui furent vaillants à supporter les glorieux combats. Ainsi soit-il.

SERMON XVII. — *Il faut veiller et éviter l'oisiveté.* —L'apôtre saint Pierre, mes frères bien-aimés et les plus tendrement chéris, attentif à votre salut, vous avertit avec douceur et vous exhorte à la vigilance, vous disant, entre autres choses : « Veillez, mes frères, car le démon, votre ennemi, tourne autour de vous, comme un lion rugissant, cherchant qui il pourra dévorer. » (I *Pier.*, v, 8.) Mais la foi réclame la prière, et la prière souhaite la prudence. Donc, que nous demande-t-on, sinon d'être prudents, enracinés dans la foi, et de veiller en priant? Mais pourquoi, mes frères, devons-nous passer notre vie dans les veilles? Parce que, si nous ne veillons pas, et si nous demeurons oisifs, que serons-nous dans cette solitude, sinon des âmes tièdes? Et, si nous sommes tièdes, le Seigneur nous vomira de sa bouche, de sa compagnie, de son peuple saint, parce que nous ne sommes ni chauds, ni froids. Veillez donc, mes frères, vous dépouillant en tout de l'oisiveté. Qu'est-ce que l'oisiveté, sinon la sépulture de l'homme vivant, suivant l'expression de ce païen, l'ami le plus intime du plus saint des apôtres? Par l'oisiveté, frères bien-aimés, nous nous dégoûtons de la rigueur de notre sainte religion de la solitude, nous sommes souvent tentés de sortir du désert: par elle, bien souvent, la volupté nous enflamme; par elle nous sommes entraînés à l'orgueil, conduits à la gloire du monde et tentés de nous nourrir délicatement. C'est encore l'oisiveté qui suscite en nous le désir de nous habiller somptueusement, de nous livrer à un sommeil su-

---

universæ doctrinæ et disciplinæ noverca est negligentia. Sed et si habuerimus obedientiam, et negligentia omnino carebimus; adhuc non sufficit, nisi et cum Isaac patientiam habeamus. Nam sicut per impatientiam omnia destruuntur bona, omniaque suffocantur optima; sic et per patientiam omnia generantur bona, omnes iniquitates demerguntur in profundum. Qui vero, Fratres mei, patiens non est, monachus non est. Sed et si habuerimus obedientiam cum Abraham, patientiam cum Isaac, diligentiam cum Jacob, et castitatem non servaverimus cum Joseph; quid hæc omnia nobis proderunt? Amare ergo summe debemus castitatem, sine qua nostra opera nihil valent. O castitas ornamentum nobilium, exaltatio humilium, nobilitas ignobilium, pulchritudo vilium, solamen mœrentium, augmentum pulchritudinis, decus sanctæ nostræ religionis, minoratio criminum, multiplicatio meritorum, Dei amica, Angelorum cognata, Patriarcharum vita, Prophetarum corona, Apostolorum cingulum, Martyrum auxilium, confessorum vehiculum, virginum speculum, viduarum refugium, et cunctorum bonorum gaudium et solamen! Sed quidam sunt, Fratres mei, qui in juventute sua luxuriose vivere volunt : et si ad senectutem pervenerint, gloriantur, dicentes se continentes esse. Tunc enim eligunt servire castitati, quando libido eos servos habere contempit. Numquid tales continentes dicendi sunt? Absit. Tales enim præmium non habebunt, quia laboris certamen non habuerunt. Sed illos vere exspectat sempiterna gloria, qui fortes fuerunt gloriosa certamina supportare. Amen.

SERMO XVII.— (*a*) *De vigilatione, et otiositate vitanda.* — Apostolus Petrus, fratres carissimi ac dilectissimi, de vestra salute sollicitus, vos dulciter admonet, et ad vigilandum vos exhortatur inter cætera dicens : « Vigilate fratres, quia adversarius vester diabolus quærit quem devoret, cui resistere debemus per fidem. » (I *Pet.*, v, 8.) Sed fides quærit orationem, oratio autem optat prudentiam. Quid ergo, nisi quod prudentes simus in fide fundati, et vigilemus in orationibus? Quare in vigiliis, Fratres, vigilare debemus, nisi quia si non vigilaverimus, et otiosi permanserimus, quid aliud quam tepidi in hac solitudine apparebimus? Et si tepidi fuerimus, incipiet nos evomere Salvator de ore suo, de consortio suo, de plebe sancta sua, quod nec calidi nec frigidi sumus. Vigilate ergo, Fratres, otiositatem deponentes in cunctis. Quid enim otium est, nisi vivi hominis sepultura, ut ait Paganus ille sanctissimi Apostoli (1) amicus carissimus? Per otiositatem, Fratres carissimi, rigorem sanctæ solitariæ Religionis fastidimus, per hanc eremum sæpe exire tentamur, per hanc accendimur frequenter ad luxuriam, per hanc animamur ad superbiam, per hanc ducimur ad mundi gloriam, per hanc tentamur delicate pasci, per hanc suffocamur pretiose vestiri, per hanc ad

(1) Seneca sic dictus ex apocryphis.
(*a*) Abest a Mss. *vigilatione et.*

perflu, d'entendre des conversations séculières. C'est cette oisiveté pernicieuse qui, bien souvent, a rompu les sociétés de saints, engendrant parmi elles la volupté, nourrissant la gourmandise, semant entre eux la zizanie, produisant les homicides et toutes les œuvres de la chair. Pourquoi te récrier, ô mon cher frère? Oui, que peut produire un homme oisif, sinon les œuvres de la chair? Jamais personne ne deviendra citoyen des cieux tant qu'il aimera l'oisiveté. O mon frère! toi qui vis dans le désert, si tu veux être parfait, évite donc l'oisiveté, car, dans les serviteurs de Dieu, on ne peut rien trouver de pire. Lève-toi donc, toi qui dors, habitant de la campagne, mon frère chéri! lève-toi, toi qui habites le désert, si les yeux de ton intelligence sont fermés. Lève-toi, toi qui ne portes point les yeux de ton esprit sur les cimes des vertus, et ne peux ouvrir les yeux de ton âme pour voir les choses qui te sont nécessaires. Oui, évite la paresse, et souviens-toi de faire toujours quelque chose. O mes frères! je vous désire toujours occupés afin que, par la grâce, vous méritiez de recevoir la récompense du salut. Dans son désir d'éviter ce vice, saint Antoine, le père des moines, poussa, du fond de son désert, ce cri vers Dieu, en disant: Seigneur, mon Dieu, charitable Samaritain, le vrai gardien de nos âmes et de nos corps, déposez votre grâce en moi, faites miséricorde à votre serviteur afin que, placé dans ce désert, je ne reste jamais oisif en votre présence. Il lui fut répondu: Antoine, veux-tu plaire à Dieu? prie; et, lorsque tu ne pourras plus prier, livre-toi à quelque travail manuel, mais fais toujours quelque chose. Fais ce qui dépend de toi, travaille autant que tu le pourras, et le secours d'en haut ne te fera jamais défaut. A quoi bon être défiant, mon frère? Dieu n'est-il plus le même? n'est-il point le même qui fut crucifié pour toi? Fais donc ce qui est bon. Fuis l'oisiveté, c'est la mort; ouvre les yeux de ton intelligence et ceux de ton corps, et tu verras chacune des créatures occupée à remplir un office particulier. Regarde le soleil, chaque année ne remplit-il pas sa course? la lune et les étoiles n'accomplissent-elles pas régulièrement leurs révolutions, toutes choses dans la nature s'acquittent exactement des offices qui leur sont confiés? Les animaux sauvages eux-mêmes ne fuient-ils pas l'oisiveté, en se livrant à l'instinct de leur nature? ne sont-ils pas toujours en mouvement pour se conserver la vie? les voyons-nous dans leurs besoins défaillir et se laisser aller à la paresse? jamais. Tous sont obéissants; tous font ce qu'ils doivent faire. L'homme seul, engourdi par le mauvais levain de sa nature, abandonne souvent son devoir, et, déformant l'image de Dieu en lui, persévère dans sa corruption. Rougis, ô chrétien! et cache-toi devant la face de ton Sauveur, car il est visible que tu es devenu plus insensé que les bêtes de somme et les fourmis. Va contempler la fourmi, et considère ses voies. Apprends à son école, ô malheureux! toi qui marches la tête élevée et cherches à te placer au-dessus des astres des cieux. Considère ses voies, elle n'a point de maître, et, pleine de souci au sujet de sa conservation, elle ne cesse d'amasser pendant l'été le grain qui doit la nourrir durant l'hiver. Ce spectacle ne doit pas seulement attirer l'attention des séculiers, nous aussi qui, par la grâce de Dieu, sommes dans le désert et habitons cette

---

superfluam dormitionem trahimur, per hanc ad verba sæcularia ducimur libenter audire. Hæc est illa otiositas pessima, quæ frequenter sanctorum conventus destruit, pariens in eis luxuriam, nutriens in eis gulam, seminans inter eos zizaniam, generans inter eos homicidia, et omnia quæ sunt opera carnis. Quid ergo dicis, o Frater? Quid otiose agere potes, nisi opera carnis? Nunquam quis civis cœlorum erit, si otiositatem amaverit. Ergo Frater, qui in eremo habitas, si vis perfectus esse, fuge otiositatem; quia in servis Dei nihil pejus reperitur. Surge ergo qui dormis, o rusticane mi frater care. Surge tu qui in eremo habitas, si clausos mentis oculos habes. Surge tu, qui nec ad alta virtutum oculos mentis protendis, nec ad videndum quæ necessaria tibi sunt, oculos mentis aperire vales: fuge otium, et aliquid facere memento. O Fratres mei, semper occupatos vos esse desidero, ut bravium salutis per gratiam recipere mereamini. Hanc fugere cupiens sanctus monachorum pater Antonius, clamavit ad Dominum in eremo, et dixit: O Samaritane Domine Deus meus, o animarum et corporum vere custos, suscita in me gratiam tuam, infunde servo tuo misericordiam, ut in eremo collocatus, in tuo conspectu otiosus non maneam. Et audivit Antonius: Antoni, cupis Deo placere? Ora: et dum orare non poteris, manibus labora, et semper aliquid facito. Fac quod in te est, age quod potes: et non deficiet tibi auxilium de sancto. Quid ergo diffidis, o Frater? Numquid idem Deus est? Numquid et pro te idem crucifixus est? Age igitur quod bonum est. Fuge otium, quod mors est, et aperi oculos mentis et corporis; videbisque singulas creaturas officiis singulis deputatas. Ecce enim sol cursum anni perficit, luna etiam mensibus et vicissitudinibus discurrit, et cæteræ stellæ. Omnia enim sibi deputata officia sine quiete exercent. Numquid etiam animalia bruta ad suæ naturæ industriam otium fugiunt? Numquid non semper laborant, ut conserventur in esse? Numquid in suis necessitatibus deficere et pigrescere ea videmus? Absit. Omnia enim obedientia sunt, omnia enim agunt quod agere debent. Solus autem miser homo acidia soporatus a suo officio frequenter recedit, et Dei imaginem in se deturpans in acedia perseverat. Erubesce o Christiane, et absconde te a facie Salvatoris tui, quoniam insipientior jumentis et formicis hodie factus esse comprobaris. Vade enim ad formicam, et considera semitas ejus. Disce ab ea miser, qui capite elevato perambulas et super astra cœlorum jam ascendere quæris; considera semitas ejus, quia cum præceptorem non habeat, tanquam de salute sua sollicita, in æstate grana colligere non desistit, quibus vivere possit in hieme. Non enim solum sæculares hoc attendere debent, sed et nos qui Dei gratia in eremo sumus, et (1) in hac vasta solitudine habitamus, formicarum conditiones debemus attendere, et eas in suo ope-

(1) Error sæpe animadversus.

vaste solitude, nous devons considérer l'instinct de la fourmi et l'imiter dans son travail. Nous devons travailler sans relâche pour acquérir le fruit des bonnes œuvres; pendant l'été de la vie présente, travailler avec tant de soin et de souci que, dans le temps de l'hiver, dans le temps du froid et du jugement, nous ne périssions pas de faim, afin qu'ornés de tout bien nous nous reposions éternellement dans la patrie. Allons, mes frères bien-aimés, vous qui êtes ma couronne et ma joie, repoussez toute oisiveté, faites toujours quelque bien. Si quelqu'un s'ennuie de prier ou de chanter, qu'aussitôt il travaille des mains, vous rappelant que, tant que David s'exerça au métier des armes, la volupté ne vint point lui tendre des piéges, mais que, dès l'instant où il demeura oisif dans son palais, il tomba dans l'adultère et commit l'homicide. Tant que Samson combattit contre les Philistins, il ne put devenir la proie de ses ennemis; mais lorsqu'il s'endormit dans les bras d'une femme, et que, près d'elle, il resta dans l'oisiveté, bientôt il fut pris, et ses ennemis lui crevèrent les yeux. Tant que Salomon fut occupé à la construction du temple, il ne ressentit point l'aiguillon des plaisirs; mais vint-il à quitter le travail, aussitôt il éprouva les assauts de la luxure, et, à l'instigation d'une femme, se laissant aller au culte des idoles, il adora un veau d'or dans sa chambre nuptiale. Veillez donc, mes frères, veillez sans jamais défaillir; je ne vous crois pas plus saints que David, plus forts que Samson, plus sages que Salomon. Quittez donc tout levain mauvais qui rend vos conversations inutiles, vous prive de tous biens et vous dépouille de l'ornement des vertus. Mes frères, je désire vous voir toujours occupés à quelque travail honnête; et ce que vous avez perdu dans le passé, en vivant dans le monde, recouvrez-le pour l'avenir, en vivant dans le désert. Et si, parmi vous, il y en a qui ont vécu pendant quatre-vingts ans et plus dans la sainteté, au milieu de cette solitude, soumis au joug de la sainte obéissance, de la pauvreté et de la chasteté, qu'ils se réjouissent maintenant, en attendant la bienheureuse espérance et l'arrivée de Notre-Seigneur. Ces derniers, comme nous le voyons, ne peuvent plus s'appliquer aux jeûnes, aux prières et aux autres œuvres du monastère, (ils l'ont fait tant qu'ils le purent). Aussi, mes chers enfants, s'ils ne font plus maintenant ce qu'ils ont eu l'habitude de faire, que ce ne soit point pour vous un sujet de peine. S'ils se reposent, ne vous attristez point; si je les vénère comme des pères, ne vous en étonnez point, ils en sont dignes. Non, ne vous en plaignez pas, car la charité ne pense pas mal; au contraire, elle se réjouit du bien. Aussi nous voulons et nous ordonnons, au nom du Christ, que ceux qui ont cent ans et plus disent leur « Notre Père, » assis sur leur lit, et qu'on les serve sans murmure avec beaucoup d'attention, afin qu'ils intercèdent pour nous dans les cieux où déjà ils habitent. Que celui qui est béni dans les siècles des siècles nous obtienne la grâce d'y être reçu. Ainsi soit-il.

SERMON XVIII. — *Il faut éviter l'envie.* — Mes frères, vous que j'aime tant, ne soyez point jaloux l'un de l'autre, mais que chacun s'applique à plaire à Dieu en toutes choses. L'envie, en effet, consume toutes les vertus, dissipe tous les biens, engendre tous les maux. Vous allez me dire : Nous sommes d'une intelligence

---

re imitari. Laborare enim sine intermissione debemus, ut fructum bonum operum acquiramus in æstate præsentis vitæ tam sollicite et sedule, ut tempore hiemali, et tempore frigoris et judicii non fame pereamus, sed bonis cunctis ornati æternaliter reficiamur in patria. Eia ergo, Fratres mei dilectissimi corona mea et gaudium meum quod estis, omnem otiositatem expellite, semper aliquid boni facite, et quem tædet orare vel psallere, laborare manibus non differat : cogitantes quod quamdiu David exercitavit se in militia, non insultavit sibi luxuria : sed postquam in domo otiosus remansit, laboravit adulterio, et homicidium commisit. Samson dum cum Philistæis pugnavit, non potuit capi ab hostibus : sed postquam dormivit in sinu feminæ, et otiose cum ea remansit, mox capitur, et cæcatur ab hostibus. Salomon dum occupatus esset in ædificatione templi, non sensit luxuriam : sed recedens ab opere, mox persensit insultum luxuriæ, et deficiens femina instigante ad idola, adoravit in thalamo vitulum aureum. Vigilate ergo, Fratres mei, vigilate, et nolite deficere, quia nec sanctiores David, nec fortiores Samsone, nec sapientiores Salomone vos esse cognovi. Deponatis omnem acediam, quæ sermonem nudum facit, bonis omnibus vos privat, virtutum vestimentis vos exspoliat. O Fratres mei, honesto opere semper occupatos vos esse desidero, et quod perdidistis in sæculo per præteritum, recuperetis laborando in eremo in futuro. Et si aliqui sunt ex vobis, (1) qui per annos octoginta et amplius in eremo sunt sanctissime conversati, jugo sanctæ obedientiæ, paupertatis et castitatis decorati, jam gaudeant exspectantes beatam spem et adventum Domini. Isti enim, ut videmus, qui amplius jejuniis et orationibus et operibus monasterii insistere non possunt; (fecerunt enim dum potuerunt;) propterea, Filioli mei, si modo non faciunt ea quæ facere consueverunt, non sit vobis molestum. Si quiescunt, non miremini : si venerantur a me ut patres, non tristemini, quia ipsi digni sunt. Non enim dolere debetis, quia caritas non cogitat malum, gaudet autem de bono Ideo volumus, et in Christi nomine ordinamus, ut et ipsi qui centum annorum et amplius sunt, Pater noster sedendo in lectulo dicant, et diligenter eis sine murmure serviatur, ut et ipsi pro nobis intercedant in cœlis, quorum habitatio jam ibi est : quam obtinere faciat nos ille qui est benedictus in sæcula sæculorum. Amen.

SERMO XVIII. — *De invidia cavenda.* — Fratres mei desideratissimi, nolite invicem invidere; sed studeat unusquisque Deo in cunctis placere. Invidia enim omnes virtutes concremat, omnia bona dissipat, omnia mala generat. Sed dicetis : Nos quidem grossi sumus, peccare optime scimus : sed vitare peccata vel a peccatis resur-

---

(1) Quam grandævos habuit Augustinus pater filios, quorum dicitur infra Ser. XXI, et *caput et principium.* Hinc auctoris imperitiam arguit Lupus.

bien épaisse, il ne nous est que trop facile de pécher, mais nous sommes bien faibles et bien ignorants pour éviter le péché et pour en sortir. Comment pourrons-nous donc reconnaître celui qui est envieux, ou si nous sommes nous-mêmes entachés de ce vice? O mes frères, vous voulez savoir si vous êtes envieux; vous désirez savoir si votre frère est travaillé par l'envie? faites attention que celui qui est envieux fait sien le bien d'autrui; et, quand il ne peut le faire, il crie dans les rues et les places publiques, il aboie comme un chien et se consume, il se tue lui-même à l'imitation du phénix. Que fait donc le phénix? Quand il est devenu vieux, il s'envole dans les contrées les plus chaudes, et ramasse du bois très-sec qu'il dispose en monceau; puis, en frappant ce bois de ses ailes, à coups redoublés, il y allume du feu et s'y laisse consumer? De ces cendres naît un petit ver, et ensuite ce ver devient un autre phénix. C'est là ce que fait l'hypocrite, c'est aussi ce que fait l'envieux tous les jours de sa vie, se consumant à l'intérieur et à l'extérieur, s'altérant lui-même, se blessant et se tourmentant le premier. O envieux! que tu as peu d'amis, car il n'y a peut-être personne dont le bonheur ne te fasse mal, et dont le mal ne te réjouisse! C'est avec justice que tous tes amis t'abandonnent, car il est manifeste que tu ne te réjouis d'aucun bien de tes amis. O envie! le pire des vices, la plus détestable des pestes! Envieux, qui ne peux jamais être en repos, ignores-tu donc que toute passion porte avec elle quelque ombre de félicité? Mais toi, envie, la plus affreuse des contagions, tu sembles toujours être un tourment sans secours, une maladie sans remède, un travail sans relâche, une souffrance sans allégement, une faim sans rassasiement. O envieux! piqué sans cesse d'un ver mortel qui, chaque jour, naît dans le lierre de Jonas! O serpent de feu dont le peuple d'Israël fut mordu! Cette passion, c'est, mes frères, la sauterelle qui ravage les fruits de la terre. Nous lisons, mes frères bien-aimés, que la manne étant donnée du ciel aux enfants d'Israël, une grande quantité de vers fourmillaient dans ce qu'ils réservaient. De même, de ce que la grâce divine est accordée aux fidèles par occasion, l'envie s'engendre dans le cœur de l'orgueilleux; et plus la grâce céleste s'affermit chez le fidèle, plus l'âme du superbe est dévorée par le ver de l'envie. Nous lisons qu'un ver fut produit par le lierre sous l'ombre duquel Jonas se défendait contre la chaleur, enfin le lierre tomba et périt complètement. Par le ver de l'envie, nous lisons aussi que les serpents de feu couvrirent de leurs morsures, dans l'Egypte, les enfants d'Israël; de même pour vous, habitants de cette sainte solitude, vrais enfants d'Israël, en entendant les envieux parler mal de vous, réjouissez-vous, car vous avez mérité de devenir les enfants de Dieu et de nos saints patriarches. Réjouissez-vous en priant pour ceux afin de mériter de les avoir pour compagnons dans l'assemblée des saints. Reprenez-les en leur montrant que l'envie est cette teigne excessivement funeste qui ronge les vêtements si précieux des vertus, cette rouille qui consume le trésor de la sagesse, cette sauterelle qui dévore tout ce qui, sur la terre, a quelque verdure; en effet, toute bonne œuvre qui verdoie dans l'homme, périt aussitôt de la contagion de l'envie. C'est ce vice qui précipita l'ange du haut des cieux, chassa l'homme du paradis, frappa dans le désert les enfants d'Israël, arma contre lui les frères de Joseph, fit jeter Daniel

gere ignorantes et fragiles sumus : quomodo ergo invidiam habentem, vel nos ipsos habentes cognoscere poterimus? O Fratres mei, cupitis vos ipsos, si invidi estis, cognoscere, cupitis et fratrem vestrum invidiam habentem cognoscere? Attendite quod ille invidus est, qui alienum bonum suum facit : et dum facere non potest, clamat per vicos et plateas, et velut canis latrat et ardet; sed primo se ipsum, more phœnicis, occidit. Quid enim agit phœnix, nisi quia dum senescit, ad partes calidissimas volat, ligna siccissima congregat, et lignis congregatis ligna alis percutit, et sic ignem accendit, et in eodem se comburi permittit? Ex quibus cineribus vermiculus nascitur, et postmodum phœnix alia efficitur. Quod hypocrita facit, sic et invidus agit cunctis diebus vitæ suæ, intus et extra se comburens, se infestans, primo se ipsum vulnerans et vexans. O invide, quam paucos habes amicos, qui forsitan neminem habes, de cujus bono non doleas, et de cujus malo non gaudeas! Merito omni amico privari debes, eo quod de nullo amicorum bono gaudere probatis. O invidia omni vitio pejor, et omni peste deterior! O invide, qui nunquam quiescere potes, an ignoras quod omnis malitia habet aliquam felicitatis umbram? Sed tu ipsa invidia nequissima pestis, tormentum sine refugio, morbum sine remedio, laborem sine respiratione, pœnam sine intermissione, famem sine saturitate semper habere videris. O invide, vermis mortifere, qui in hedera Jonæ quotidie nasceris! O igneus serpens, quo populus Israel pungitur! Hic est enim, Fratres carissimi, bruchus a quo fructus terrarum depascitur. Legimus enim, Fratres mei, quod filiis Israel manna cælitus datum est, quo reservato scaturiebat multitudo vermium. Sic ex gratia divinitus collata fideli, occasionaliter in animo superbi invidia nascitur. Et quanto magis cœlestis gratia fideli solidatur, tanto magis superbi mens in invidiæ vermem resolvitur. Legimus etiam vermem ex hedera natum, cujus umbra Jonas a calore defendebatur : tandem hedera corruit, et funditus devastatur. Per vermem etiam invidiæ filios Israel in Ægypto legimus igneos serpentes pupugisse. Sic et vos eremi sacri cultores, veri filii Israel, dum invidos vestros de vobis susurrantes auditis, exsultate, quoniam filii Dei et sanctorum patrum effici meruistis. Exsultate orantes pro eis, ut eos socios habere in sanctorum collegio mereamini; reprehendentes et ostendentes eis, quod ipsa invidia est illa pessima tinea, quæ purpuramenta virtutum demolitur, ærugo quæ thesaurum sapientiæ deprædatur, bruchus qui terrarum virentia comburit; quia quidquid boni operis virescit in homine, pene pestis invidiæ perdit. Hæc est quæ angelum de cœlo projecit, quæ hominem de paradiso exsulavit, quæ filios Israel in deserto percussit, quæ contra Joseph fratres armavit, quæ Danielem in lacum leonum misit, quæ caput nostrum cruci affixit, quæ

dans la fosse aux lions, attacha notre Chef au gibet de la croix, fut cause enfin que Judas se pendit. Sachez, mes frères, apprenez et prêchez sur les toits que l'envie est cette bête cruelle qui enlève la confiance, détruit la concorde, multiplie les langues acérées et malignes, tue la justice. C'est elle qui immola Abel, chargea Adam, suspendit à la croix notre bon Pasteur, abattit Pierre lorsqu'il renia le Christ, trancha la tête à Paul et à Jean, lapida Etienne, renversa Goliath, trompa David. C'est l'envie qui fit tomber les murs de Jérusalem, dépeupla Rome, détruisit Carthage, ravagea Troie et causa tous les autres maux produits par cette bête farouche. O mon frère chéri! aimable habitant de la campagne, toi la moitié de mon âme, pourquoi ne pas rejeter l'envie? pourquoi l'aimer? Aimes-tu donc la mort? Pourquoi courir au gibet? pourquoi vouloir te jeter dans une fosse profonde? O envieux! qui ne te reposes jamais, mais persécutes toujours avec Saul les serviteurs de Dieu pour les mener garrotés au prince des prêtres, voici que tu essaies d'en arrêter d'autres, mais ce sont eux qui t'arrêteront. Tu en tiens déjà d'autres pour les lier, mais voici que, tombant à terre, tu entends comme Saul : « Pourquoi me persécutes-tu? » Tu te tourmentes pour en arrêter d'autres, mais voici que tous te tiennent aveuglé. Tu veux enlever les autres par ruse, et, trompé toi-même iniquement, bientôt on te portera en terre. Allons, mes frères, quittez l'envie, et si vous vous apercevez qu'il y a parmi vous quelque envieux, priez pour eux, parce qu'ils meurent autant de fois qu'ils vous voient resplendir de l'éclat des bonnes œuvres. Voulez-vous les tourmenter? jamais vous ne pourrez mieux tourmenter les envieux qu'en vous livrant à la vertu et en procurant la gloire de Dieu. Alors ils aboient comme des chiens, dévorent comme des lions, leur visage pâlit, ils menacent de la tête, leurs yeux scintillent comme des étoiles, ils montrent leurs poings fermés, grincent les dents et meurent ainsi corps et âme. Pour vous, faites bien, non point pour allumer la fureur en eux, mais afin de plaire à Dieu. Priez pour ceux qui vous persécutent et vous calomnient, vous affligeant du mal qu'ils éprouvent dans leur corps, mais encore plus de la perte de leur âme. Que Jésus-Christ nous accorde la contrition de nos péchés et l'amour du prochain, lui qui est béni dans les siècles des siècles. Ainsi soit-il.

SERMON XIX. — *Veille de la Nativité de Jésus-Christ.* — Disposez-vous, enfants puissants, et soyez prêts, car demain l'iniquité de la terre sera détruite, et le Sauveur du monde régnera sur nous. Demain la profondeur des ténèbres sera diminuée; demain la lumière sera rendue aux yeux des fidèles et à ceux qui croient; demain le monde embrassera sa réparation; demain le Créateur des astres, le Rédempteur de tout ce qui existe sera suspendu au sein de la sainte Vierge Marie; demain Celui qui précède de toute éternité les révolutions des siècles commencera à suivre le cours de ses années; demain, les lois de la nature étant violées, les entrailles de Marie étant fécondées par la seule puissance de la divinité, un fleuve magnifique sortira de ce ruisseau, un excellent fruit apparaîtra, et, du rejeton qu'il s'est choisi, sortira la racine de toutes les bonnes œuvres, comme l'époux sort de sa couche nuptiale. Demain, ô moine! tu recueilleras Jésus, devenu petit

---

Judam suspendi fecit. Scitote, Fratres mei, atque discite, et super tecta prædicate, quod invidia est illa fera pessima, quæ fidem tollit, concordiam dissipat, [(a) tetram linguam multiplicat, justitiam disperdit,] et omnia mala generat. Hæc est quæ Abel occidit, Adam oneravit, pastorem suspendit, Petrum jugulavit dum Christum negavit, Paulum et Joannem decollavit, Stephanum lapidavit, Goliam prostravit, David decepit : hæc est quæ muros Jerusalem evertit, Romam depopulavit, Carthaginem destruxit, Trojam devastavit; et multa mala per hanc feram pessimam facta sunt. O frater mi dilecte, o rusticane amande, o dimidium animæ meæ, cur invidiam non deponis? cur eam diligis? Numquid mortem diligis? numquid ad suspendium pergis? numquid in lacum te projicis? O invide, qui numquam quiescis, sed semper cum Saulo servos Dei persequeris, eos ligatos ducens ad principem sacerdotum, ecce alios laboras tenere, sed tu teneris ab illis; alios ligare procuras; sed ecce tu cadens in terram audis cum Saulo : « Cur me persequeris? » Alios tenere sollicitas, sed ecce cæcatus teneris a cunctis. Alios defraudare procuras, et ecce nequiter defraudatus, mox deportaris ad terram. Eia ergo, Fratres, deponite invidiam, et si quos invidos vos habere videtis, orate pro eis; quia toties moriuntur, quoties vident vos bonis omnibus refulgere operibus. Cupitis ergo eos torqueri? Nunquam enim melius invidos torquere poteritis, quam virtutibus et gloriæ serviendo. Tunc enim latrant ut canes, devorant ut leones, facie pallescunt, capite minantur, oculis scintillant ut sidera, manus cancellatas astringunt, dentibus strident, et sic anima et corpore moriuntur. Vos autem bene facite, non tamen ut eos ad furorem accendatis, sed ut Deo placeatis. Orate pro persequentibus et calumniantibus vos, dolentes de malo corporis, sed fortius de animæ perditione. Concedat ergo nobis Christus peccatorum contritionem, et proximi dilectionem qui est benedictus in sæcula sæculorum. Amen.

SERMO XIX. — *De vigilia nativitatis Christi.* — Accingimini filii potentes, et estote parati : crastina enim die delebitur iniquitas terræ, et regnabit super nos Salvator mundi. Crastina die tenebrarum caligo minuetur. Crastina die lux oculis fidelium et credentibus reddetur. Crastina die mundus suam reparationem amplectabitur. Crastina die conditor siderum redemptorque omnium penditurus est ad ubera sanctæ Mariæ virginis. Crastina die ille qui æternaliter præcedit volubilitatem sæculorum, gerere se incipiet cursibus annorum. Crastina die solutis naturæ legibus, per solius divinitatis potentiam virginis Mariæ viscera fecundantur, et ex rivulo suo fluvius magnus orietur, et fructus apparebit optimus, et ex virgulto suo radix perfectorum bonorum procedet tanquam sponsus de thalamo suo. Crastina die, o monache, susci-

(a) Hæc omittunt Mss.

enfant, qui cependant existe avant tous les siècles. Prépare-toi donc, puisqu'il daigne lui-même venir te voir, t'embrasser, te serrer sur lui et ne jamais t'abandonner, à moins que tu ne l'abandonnes le premier. Contemplez-le donc, mes frères, des yeux de votre âme et de ceux de votre corps, vous verrez la puissance de ce Dieu qui vient à vous et procède du Père, comme l'époux sort de sa chambre des noces. Celui que vous verrez, que vous tiendrez, que vous adorerez, tenez-le fortement par la pureté de votre esprit et celle de votre cœur ; il est tout entier dans le monde et tout entier au ciel. Tout entier dans le monde pour sa justification, tout entier au ciel pour donner la gloire ; tout entier dans le monde pour être le guide de ceux qui y voyagent, tout entier au ciel pour ceux qui y arrivent ; tout entier sur le trône de son Père, tout entier au sein de sa glorieuse mère. Ainsi demain seront brisés les sceaux des figures, brilleront les oracles des prophètes, apparaîtront les miracles de la nature, couleront les canaux de la grâce, parce que naîtra Jésus-Christ, le Fils du Dieu vivant, à Bethléem de Juda. Lorsqu'il sera venu, nous verrons le buisson brûler, mais sans se consumer, la verge d'Aaron pousser des feuilles et donnant des fruits. Disposez-vous donc, enfants puissants, et soyez prêts afin que nous puissions voir, avec Ezéchiel, la porte très-sainte perpétuellement close. Demain, en effet, nous verrons avec Daniel, ce saint enfant, la pierre angulaire. Demain nous verrons le Roi des rois des yeux de l'esprit et de ceux du corps sous la forme d'un pain visible, lui le pain invisible, la nourriture des cieux, la réfection des bienheureux, le mets de l'éternelle vie, le gage de notre rédemption, l'hostie du salut, que demain nous devrons manger avec la plus grande avidité. Il est ce pain, cet aliment donné au peuple d'Israël. Il est cette manne très-douce portant en elle tout plaisir et toute saveur pour le goût. Il est cette nourriture que vit Pharaon où étaient des épis beaux et agréables à la vue. Il est ce pain donné à Elie qui lui communiqua la force de marcher quarante jours et quarante nuits et d'arriver à la montagne de Dieu. Il est ce pain dont se nourrissent les anges, qui engraisse les apôtres, fortifie les martyrs, restaure les confesseurs, fait la nourriture des vierges et rassasie tous les élus. Si quelqu'un mange ce pain dignement, il ne mourra point pour l'éternité, car il est l'esprit de vie, que dis-je, la vie même. Il est ce pain descendu des cieux qu'une vierge nous présentera demain, qu'elle portera sur son sein, qu'elle porta dans ses entrailles, sans fatigue, et enfanta sans souillure. Il est celui dont la mère demeura vierge avant l'enfantement, vierge pendant l'enfantement, vierge après l'enfantement. Elle adora celui qu'elle mit au monde ; il était dans son cœur avant d'être dans son sein, et avant qu'il ne fût conçu comme son fils dans ses entrailles. Levez, mes frères, levez vos têtes dans cette vaste solitude ; voici que votre rédemption est tout près de vous. O quelles grandes merveilles Dieu a faites pour nous ! Voilà, en effet, comment il nous a aimés. Etant Dieu il s'est fait homme ; le Créateur devint créature ; lui, très-riche, devint pauvre ; le Créateur de la loi fut appelé, à cause de nous, destructeur de la loi. Il nous a aimés pour nous ramener à lui, il s'est humilié pour nous exalter en lui, il s'est incliné pour nous élever jusqu'à lui. Voilà comment il nous a

---

pies infantulum Jesum, qui tamen ante omnia sæcula factus est. Para igitur te, quia ipse dignatur videre te, osculari te, astringere te, et nunquam dimittere te, nisi tu primo cum dimiseris. Aspicite ergo, Fratres, oculis mentis et corporis ; et videbitis Dei potentiam venientem, et procedentem a Patre tanquam sponsum de thalamo suo. Quem aspicietis, quem tenebitis quem adorabitis, pura mente et mundo corde ipsum fortier tenete, totum in mundo, et totum in cœlo ; totum in mundo ad justificationem, totum in cœlo ad glorificationem ; totum in mundo ut educat peregrinantes, totum in cœlo ut recipiat pervenientes, totum in solio Patris, totum in gremio gloriosæ matris. Sic enim crastina die patebunt signacula figurarum, fulgebunt oracula Prophetarum, apparebunt miracula naturarum, stillabunt spiracula gratiarum ; quia nascetur Jesus Christus filius Dei vivi in Bethleem Judæ. Dum enim venerit, videbimus rubum ardere, sed non consumi ; virgam Aaron frondentem, et fructum facientem. Accingimini ergo filii potentes, et estote parati, ut videre possimus cum Ezechiele portam sacratissimam perpetuo clausam. Crastina enim die videbimus etiam cum Daniele puero sancto lapidem angularem. Crastina die videbimus Regem regum mentalibus oculis et humanis sub forma panis visibilis panem invisibilem, alimoniam cœlestem, refectionem beatam, cibum æternæ vitæ, pignus nostræ redemptionis, hostiam salutarem, quam die crastina toto affectu manducare debemus. Iste est ille panis et cibus datus Israelitico populo, manna dulcissimum, habens in se omne delectamentum et saporis suavitatem. Iste est ille cibus, quem vidit Pharao, in quo spicæ pulchræ et formosæ erant. Iste est ille panis datus Eliæ, in cujus fortitudine ambulavit quadraginta diebus et quadraginta noctibus, et pervenit usque ad montem Dei. Iste est ille panis quo cibantur Angeli, quo saginantur Apostoli, quo reficiuntur Martyres, quo pascuntur Confessores, quo nutriuntur Virgines, et satiantur electi omnes. Panem autem hunc si quis digne manducaverit, non morietur in æternum ; quoniam spiritus vitæ, et ipsa vita est. Hic est panis qui de cœlo descendit, quem virgo nobis cras præsentabit, quem in gremio portabit, quem in ventre bajulavit sine gravamine, quem peperit sine corruptione. Cujus mater inventa est virgo ante partum, virgo in partu, virgo post partum. Ipsa quem genuit adoravit, sed prius mente quam ventre, et priusquam filius in utero conciperetur. Levate, o Fratres mei, levate in hac vasta solitudine capita vestra : ecce enim jam est in porta redemptio vestra. O quam magna magnalia Deus propter nos operatur ! Ecce enim quomodo nos amavit. Ipse enim Deus factus est homo, creator creatura, ditissimus pauper : conditor legis destructor legis propter nos appellatur. Amavit enim nos, ut reciperet nos : humiliavit se, ut exaltaret nos in se. Inclinavit se, ut erigeret nos ad se. Ecce enim quomodo nos amavit, quia descendit ut nos exaltaret, exinanivit se, ut no-

aimés. Il est descendu pour nous faire monter, il s'est anéanti pour partager avec nous sa puissance. Préparez-vous donc, enfants puissants, et soyez prêts, car demain, avec la vivacité lumineuse de votre foi, vous verrez dans un seul et même Dieu et Sauveur la divinité incarnée, la majesté subjuguée, la liberté captive, la force devenue faiblesse, l'éternité limitée, la virginité féconde, la vie infirme. Préparez-vous donc, et soyez prêts, apportant un cœur pur, une foi intègre, une charité sincère, afin que lorsque viendra ce Saint des saints, et qu'il frappera à votre porte, vous lui ouvriez aussitôt. Ne vous rebutez donc point de dompter pendant si peu de temps votre chair par des jeûnes et l'abstention du boire et du manger. Voici venir celui qui vous récompensera, rendant à chacun suivant ses œuvres. Attendant le Sauveur, vivons avec sobriété, justice et chasteté, dans l'attente de l'espérance bienheureuse et de l'arrivée de Notre-Seigneur, afin que nous puissions dignement nous glorifier avec lui dans les cieux. Ainsi soit-il.

SERMON XX. — *Naissance de Notre-Seigneur.* — L'homme, mes frères bien-aimés, ne fut pas seulement créé par la sagesse de Dieu pour jouir de l'être, mais il fut fait, dans les desseins sages de Dieu, pour être heureux, et afin qu'il pût obtenir la sagesse par cette faculté qui devait lui servir à la posséder; mais parce qu'en péchant il perdit cette faculté par laquelle il eût dû jouir de la sagesse, parce qu'il oublia de manger son pain, il échangea cette nourriture intellectuelle dont les âmes se repaissent contre des délices sensuelles et grossières. Plongé dans les choses terrestres et corporelles par ses sens et ses affections, il ne put jamais sans amour s'élever à la connaissance des choses spirituelles. Ne pratiquant que les actes de la chair, il ne sut jamais le plaisir que donnent les actes de l'esprit. Aussi la sagesse de Dieu, qui habitait au haut des cieux, descendit aujourd'hui là où était l'homme pour le ramener là d'où il était tombé. Voici que le Verbe s'est fait chair pour qu'il fût Dieu et homme parmi les hommes, et ainsi ce pain s'est changé en lait pour pouvoir devenir la nourriture des hommes faits petits enfants. Cette sagesse était pain au ciel; cette même sagesse devient lait ici-bas. Dans la divinité, cette même sagesse était le vrai pain; dans l'humanité, ce pain, descendant des cieux, devient lait aujourd'hui, afin que les hommes, devenus enfants, se nourrissent de ce lait, et que, fortifiés, ils puissent arriver au pain de la divinité, pain qui doit les restaurer, et, en les restaurant, leur procurer, malgré leur faiblesse, l'incorruptibilité. Pour les ramener à l'incorruptibilité, il leur donna donc un aliment incorruptible, c'est-à-dire à eux, petits enfants il leur donna sa chair immaculée qu'il avait prise dans le sein de sa Mère vierge, mais aux parfaits il leur donne son incorruptible divinité qu'il tient de son Père éternel; à ceux-là, afin qu'ils ne défaillent pas dans la route; à ceux-ci, pour prendre de nouvelles forces et se parfaire dans la patrie : à ceux-là pour leur consolation ; à ceux-ci pour leur glorification. Si donc, aujourd'hui, le Fils de Dieu s'est fait homme pour la rédemption des hommes, c'est afin que la chair délivrât la chair, que le prix de la rançon du genre humain fût pris en lui-même, et que le remède vînt d'où le vice s'était répandu, et que, par ce moyen, on vît tout à la fois et l'habileté du médecin et la justice du rachat, puisque, dans le racheté lui-même, se trouve et le remède pour guérir et le prix de la rançon. Mais parce

---

bis potestatem donaret. Accingimini ergo filii potentes, et estote parati, quia die crastina videbitis irreverberata acie fidei in uno eodemque Deo (a) et Domino divinitatem incarnatam, majestatem subjugatam, libertatem captivatam, virtutem infirmatam, æternitatem terminatam, virginitatem fecundatam, vitam infirmatam. Accingimini ergo, et estote parati mente pura, fide integra, caritate sincera : ut dum venerit ille sanctus sanctorum, et pulsaverit, confestim aperiatis ei. Non igitur tædeat vos modico tempore carnem vestram domare jejuniis et abstinentia escæ et potus : quia ecce remunerator adveniet, reddens unicuique secundum opera sua. Salvatorem igitur exspectantes, sobrie, juste et caste vivamus in hoc sæculo, exspectantes beatam spem et adventum Domini ; ut digne cum eo gloriari possimus in cœlis. Amen.

SERMO XX. — *De nativitate Domini.* — Fratres dilectissimi, homo non solum per Sapientiam Dei factus erat ut esset, sed etiam ad sapientiam Dei factus erat, ut beatus esset, ut illa frueretur eo sensu, quo percipi sapientia poterat. Sed quia peccando sensum amisit, quo sapientia frui debuisset, quia oblitus est comedere panem suum; et refectionem illam qua vivunt animæ, in corporalem commutavit delectationem. Terrenis igitur et corporalibus sensu et affectu immersus, non potuit se ad spiritalium cognitionem sine amore erigere, sed sola ea quæ carnis sunt agnoscere, spiritalium jucunditatem non agnovit. Ideo ipsa Dei Sapientia cum sursum esset, deorsum huic venit ubi homo erat, ut eum revocaret unde ceciderat. Et ecce Verbum caro factum est, ut Deus et homo inter homines esset : et sic conversus est panis ille in lac, ut a parvulis hominibus sumi posset. Sapientia ipsa sursum panis erat, et eadem ipsa sapientia deorsum lac erat. In divinitate ipsa Sapientia panis erat : et in humanitate panis de cœlo descendens hodie lac factum est, ut tanquam infantes per lac nutriti homines, roborati ad panem deitatis accedere possent, et idem ipse reficeret, et reficiendo languidos ad incorruptionem repararet. Dedit ergo reparandis ad incorruptionem alimentum incorruptionis, parvulis quidem immaculatam carnem quam sumpserat de virgine matre, perfectis vero incorruptibilem divinitatem quam habuit de æterno Patre : istis, ne interim deficerent in via, illis, ut reficerentur et perficerentur in patria : istis ad consolationem, illis ad glorificationem. Propter hoc ergo Dei Filius pro redemptione hominum homo hodie factus est, ut caro per carnem liberaretur, et humano generi de suo sumeretur pretium redemptionis; et inde remedium fieret, unde vitium contractum fuerat; et in eodem monstraretur, et peritia medici, et justitia redempti; quando de suo et sanando invenitur remedium, et pretium redimendo.

(a) Mss. *et homine.*

que ce qui devait être racheté devait être délivré de la corruption, le prix du rachat devait donc être aussi incorruptible. C'est pourquoi fut choisie, comme sa mère, Marie, préférée à toutes les créatures, fécondée de toutes les grâces, et comblée dès le sein de sa mère de toute vertu et de toute sainteté, afin que, de cette Mère si pure, naquît ce Fils d'une pureté infinie; et, comme ce Fils a dans le ciel un Père immortel et éternel, il eut également sur la terre une Mère exempte de toute corruption. Ainsi donc, dans le ciel, tel est le Père, tel est le Fils, et, sur la terre, telle est la Mère, tel est le Fils suivant la chair. Dans le ciel, avec son Père, il a l'éternité et l'immensité; sur la terre, avec sa Mère, il est immaculé et plein de mansuétude. Dans le ciel, avec son Père, il est glorieux et sans corruption; sur la terre, avec sa Mère, il apparaît aujourd'hui dans la crèche, humble et corruptible. Dans le ciel, il est l'image de son Père; sur la terre, nous le reconnaissons pour le Fils de Marie. Nous le considérons dans le ciel comme le Créateur des étoiles et de tout ce qui existe, mais aujourd'hui, sur la terre, il est placé entre un bœuf et un âne. Une Mère vierge dans l'humiliation est remplie d'allégresse, mais en ce jour son Fils prêche par ses actes l'humilité. Par une Vierge il vient à nous en ce jour, et par une Vierge il marche devant nous. Il vient exempt de corruption pour ôter le péché; il nous précède dans l'incorruptibilité pour nous montrer le chemin de la vertu. Aujourd'hui Jésus, de Nazareth, vient à nous pour nous donner des remèdes; il nous précède pour être notre modèle. Un bon arbre n'a point pu produire de mauvais fruit, puisque tout arbre se reconnaît à son fruit. Le tronc est sain et son fruit est sans corruption. Gabriel fut envoyé comme messager de la venue de notre Sauveur, afin de faire connaître la nouvelle naissance du Fils de Dieu dans la chair. En ce Fils, la forme d'esclave, unie à son Maître, remporta sur son ennemi une brillante victoire; et, forte de la force qu'elle tire de lui, elle ne s'en sert point cependant pour la violence et l'injure, mais elle est efficace pour obtenir la justice. Aussi fut envoyé Gabriel, l'un des anges principaux du ciel. Le nom de Gabriel lui est donné parce qu'il était le plus fort parmi les autres. Gabriel, en effet, veut dire *force*, parce que l'infirmité elle-même devint force, puisqu'en elle notre ennemi fut vaincu, et que le butin fut repris de ses mains violentes. Trois avaient péri; un quatrième vint, ce fut notre Dieu, leur Rédempteur. Le premier n'était le produit ni d'un homme, ni d'une femme, ce fut Adam; le second tirait son existence d'un homme seulement sans femme, ce fut Eve venant d'Adam, car Dieu prit une de ses côtes et la garnit de chair pour lui former un corps; le troisième vient d'un homme et d'une femme, ce fut Abel. Le quatrième est né d'une femme sans le secours de l'homme, c'est le Sauveur du monde qui a daigné naître pour nous aujourd'hui de la bienheureuse Vierge Marie. Et, comme le premier auteur du péché est tombé gagné par une femme, ainsi une femme, la Vierge Marie, a conçu, sans connaître d'homme, l'Auteur de la grâce, et l'a mis au monde aujourd'hui. C'est cette femme, mère et maîtresse de tout l'univers, qui, demeurant vierge, donna le jour aujourd'hui à un enfant. L'étoile a produit le soleil; la créature a enfanté le Créateur, la fille a conçu son père et son fils, qui est tout à la fois riche et pauvre. Elle est fille, en même temps elle est mère; elle est servante et elle est maîtresse; elle est mère

---

Quia ergo a corruptione liberandum erat quod redimendum, idcirco pretium redemptionis incorruptum esse debuerat. Propterea Maria mater electa est, et super omnes creaturas præelecta, omnibus gratiis fecundata, omni virtute et sanctitate in utero matris repleta: ut de mundissima matre mundissimus filius nasceretur, et sicut in cœlo Filius habuit Patrem immortalem et æternum, sic et in terra haberet matrem omni corruptione carentem. Igitur in cœlo qualis est Pater, talis est Filius: et in terra qualis est mater, talis est secundum carnem Filius. In cœlo cum Patre æternus est et immensus, et in terra cum matre immaculatus est et mansuetus. In cœlo cum Patre sublimis est et incorruptus, et in terra cum matre hodie in præsepio humilis et corruptibilis apparet. In cœlo imago Patris apparet, et in terra Mariæ filius ostenditur. In cœlo siderum et cunctorum factor ostenditur: sed in terra hodie inter bovem et asinum collocatur. Mater virgo in humilitate exsultat: sed ejus hodie filius humilitatem facto commendat. (a) Per virginem hodie venit ad nos, et per virginem præcessit nos. Per incorruptionem venit, ut peccatum tolleret; per incorruptionem præcessit, ut virtutem demonstraret. Venit ad nos hodie Jesus Nazarenus, ut conferret remedium; præcessit, ut daret exemplum. Non enim potuit arbor bona malum fructum facere; quoniam omnis arbor ex fructu suo cognoscitur. Radix integra, et fructus ejus incorruptus est. Salvatoris igitur nostri adventus Gabriel nuntius missus est, ut novam in carne nativitatem Filii Dei prædicaret, in quo forma servi Domino sociata hostem potenter devicit, fortis in illo, non tamen violenta ad inferendam injuriam, sed efficax ejus, et replevit carnem ad justitiam obtinendam. Propterea Gabriel missus est unus de majoribus cœlorum Angelis: sed ideo Gabriel dicitur, quia fortior cunctis erat. Gabriel enim fortitudo interpretatur: quia ipsa etiam infirmitas fortitudo fuit, quoniam in ea superatus fuit inimicus, et capta præda a violento reducta est. Tres enim perierant, et subsecutus est quartus, redemptor eorum Deus. Primus sine masculo et sine femina, ut Adam. Secundus de masculo sine femina, ut Eva de Adam, quia tulit unam de costis ejus, et replevit carnem pro ea. Tertius de masculo et femina, ut Abel. Quartus de femina sine masculo, ut Salvator mundi, qui de beata Maria virgine hodie pro nobis nasci dignatus est. Et quia primus auctor culpæ dejectus est per feminam, ideo auctorem gratiæ sine masculo concepit, et peperit hodie femina Maria virgo. Hæc est semina totius mundi mater et domina, quæ virgo permanens peperit hodie filium. Stella protulit solem, creatura genuit Creatorem, filia concepit patrem et filium, simul in unum divitem et pauperem. Ipsa filia, ipsa est et mater; ipsa ancilla

---

(a) Al. *per ignem*.

et fille de Celui qui la créa ; elle enfanta et conserva sa pureté ; elle conçut et resta vierge, et, après son enfantement, elle fut toujours vierge, comme nous l'avons dit précédemment, et sur-le-champ elle adora Celui qu'elle venait de mettre au monde. Puissions-nous avoir part à ses adorations et à ses grâces, par la miséricorde de Celui qui, avec le Père et le Saint-Esprit, vit et règne dans les siècles des siècles. Ainsi soit-il.

SERMON XXI. — *Des trois espèces de moines en Egypte.*
— Notre père saint Jérôme, frères bien-aimés, nous l'a déclaré : il y a trois espèces de moines en Egypte. Les deux premières sont excellentes ; la troisième est tiède, et il faut l'éviter avec grand soin. Quelles sont ces deux espèces si vantées, sinon l'ordre des ermites et des cénobites, dont la vie si remarquable et la sainte congrégation prit naissance au temps de la prédication apostolique. Ce sont là ces hommes d'une haute perfection auxquels je me suis souvent attaché au temps de mes erreurs, et par qui aussi j'ai mérité d'être éclairé. Le bruit de leur sainteté arrivant à mes oreilles, je n'ai point différé de recevoir le baptême. Alors, excité par ma pieuse mère, à Milan, de retourner dans notre patrie, d'un autre côté, désirant d'être uni avec eux dans les entrailles de la charité et de vivre de leur vie, je me rendis, plein de bonne volonté, près de Simplicianus, ce moine qui, pendant sa jeunesse, avait vécu si pieusement pour Dieu ; je le suppliai avec larmes et gémissements de me confier quelques-uns des serviteurs de Dieu qu'il dirigeait ; ce qu'il fit très-paternellement. Pourquoi me donna-t-il ces moines avec tant de bonté ? parce qu'il savait que j'étais résolu de fonder un monastère en Afrique. J'emmenai donc avec moi Anastase, Fabien, Sévère, Nicolas, Dorothée, Isaac, Nicostrate, Paul, Cyrille, Etienne, Jacques et Vital, ce dernier aimait tellement la pauvreté, qu'ayant trouvé à Milan un sac d'argent il ne le ramassa point. C'est de lui que je vous ai dit déjà : il trouva et n'enleva point ; il ne voulut point se laisser entraîner par l'or. Ayant avec moi ces saints hommes, je désirais les imiter avec mes bien chers amis, Evodius, Alipius et Pontianus, qui, depuis longtemps, vivaient avec moi, et avec douze autres que je m'étais adjoints depuis peu de temps, et dont notre père saint Jérôme m'avait décrit la renommée. J'arrivai de cette façon en Afrique, après avoir perdu ma pieuse mère, et je construisis, comme vous le voyez, ce monastère dans lequel nous sommes séparés, par la solitude, du reste du monde. Il plut à Dieu d'augmenter jusqu'à cent le nombre des frères, d'éclairer nos cœurs, non-seulement pour imiter nos pères, les solitaires, dans leur haute sainteté, mais encore pour posséder tout en commun, dans cette solitude, suivant la coutume des apôtres. Dieu voulait d'abord que nous observions cette règle, et qu'ensuite nous en fussions instruits ; enfin, par moi, il vous l'ordonna. Comme vous le savez, il y eut avant moi beaucoup de supérieurs. Nous devons les suivre et les imiter ; cependant, ils n'ont point appris aux autres, comme je le fais, à vivre de la vie des apôtres. Je ne rougis point de m'appeler votre chef et votre origine à tous. N'hésitez point cependant à suivre les apôtres

et domina ; ipsa genitrix et genita : ipsa cum integritate peperit, cum virginitate concepit, et post partum, ut supra diximus, virgo permansit : ipsum quem genuit mox adoravit. Cujus adorationis et gratiæ participes nos faciat ille, qui cum Patre et Spiritu sancto vivit et regnat in sæcula sæculorum. Amen.

SERMO XXI. — (a) *De triplici genere Monachorum in Ægypto.* — Ut nobis per litteras declaravit sanctus pater Hieronymus, Fratres dilectissimi, tria sunt in Ægypto genera monachorum : quorum duo optima sunt, sed tertium omnino tepidum et omni affectu vitandum. Quæ sunt illa duo quæ optima prædicantur, nisi Eremitarum atque Cœnobitarum genus et ordo, quorum vita clarissima et sancta congregatio tempore prædicationis Apostolicæ sumpsit exordium ? Isti sunt illi viri perfecti (1) quibus frequenter adhæsi tempore errorum meorum, per quos etiam illuminari merui : quorum etiam sanctitatis fama ad aures meas perveniens baptizari non diu distuli. Et pia matre me instigante apud Mediolanum, ut ad patriam remearem, et cupiens eos habere in visceribus caritatis, et cum eis pariter vivere, ad virum illum Simplicianum, qui a juventute sua devotissime Deo vixerat, in omni caritate perrexi, deprecans eum cum fletu et gemitu, ut mihi quosdam servos Dei de suis donaret : et donavit eos mihi paterne. Quare paterne eos mihi donavit ? Quia sciebat me velle monasterium in Africa ædificare. Et assumptis mecum (2) Anastasio, Fabiano, Severo, Nicolao, Dorotheo, Isaac, Nicostrato, Paulo, Cyrillo, Stephano, Jacobo, et Vitali pauperculo, qui pecuniæ sacculum apud Mediolanum invenit, et non rapuit, de quo jam sermonem fecimus, quia invenit et non rapuit, nec post aurum abire voluit. Igitur istis mecum assumptis imitari cupiebam cum carissimis meis amicis, Evodio, Alipio et Pontiano, qui diu mecum fuerant, et cum cæteris duodecim, quos nuper assumpseram, illos quorum famam etiam sanctus presbyter Hieronymus mihi (3) descripserat. Et sic perveni in Africam pia matre defuncta, et ædificavi, ut videtis, monasterium, in quo nunc sumus, in solitudine a gentibus segregatum : Et placuit Deo centenarium numerum fratrum mihi donare ; illuminans corda nostra, non solum sanctissimos patres solitarios imitari, sed etiam in hac solitudine more Apostolorum omnia communiter possidere. Hæc Deus nos servare, et postea docere, et per me vobis præcipere voluit. Sic enim videtis quia ante me multi fuerunt patres, quos sequi et imitari debemus : non tamen, sicut ego, secundum Apostolicam vitam alios vivere docuerunt. Caput igitur

---

(1) At ante Pontiani sermonem de monasteriis nihil noverat Augustinus, lib. VIII, *Conf.*, c. vi, n. 14, et 15. — (2) Possidius, c. iii, ait Augustinum regressum esse in Africam cum aliis civibus et amicis suis. Nec alios nominat Augustinus, lib. *Confess.* præter Navigium, Adeodatum, Alypium, Evodium ac Nebridium. Nihil de istis Italis. « Proinde, inquit Lupus, comitatus iste inter fabulas est computandus. » — (3) Et illud falsum observat Lupus, cum Augustinus dicat primam cum Hieronymo amicitiam nasci cœpisse tempore sui presbyteratus, idque opera Alypii in terram sanctam peregrinantis.

(a) Mss. *de tribus generibus Monachorum et de sancta paupertate.*

et à les imiter en tout. Ayez soin d'avoir et de posséder tout en commun, car ceux qui vivent sur les hauteurs de la pauvreté ne doivent avoir qu'un cœur et qu'une âme, et posséder tout en commun. Pourquoi le prix des biens était-il placé aux pieds des apôtres comme pour être foulé aux pieds? parce que les saints apôtres, et les amis de Dieu, regardaient, comme indigne d'eux, de toucher de leurs mains ce prix de la terre. C'est pour cela aussi que, dans l'ancienne loi, il était recommandé aux Lévites de ne rien posséder sur la terre. Non, n'ayons point de biens temporels pour nous y attacher; et moi, qui suis évêque, je dois également n'en point avoir, si ce n'est pour les distribuer, car les biens des Eglises sont le patrimoine des pauvres. Aussi, en ma qualité d'évêque, je dois veiller à ce que le patrimoine des pauvres, dont la conservation est confiée à l'Eglise d'Hippone, ne soit pas distribué aux riches ; il me semble l'avoir fait jusqu'ici. J'ai, en effet, des parents, et ils ne rougissent pas de se dire d'une haute noblesse. Cependant ils sont venus à mon palais épiscopal, quelquefois avec des menaces, d'autrefois avec des flatteries, en disant : Père, donnez-nous quelque chose, nous sommes de votre sang. Mais, grâces à Dieu et aussi au secours de vos bonnes prières, je ne me rappelle pas avoir enrichi aucun de mes proches, car les pauvres sont plus chers à mon cœur que les riches. Ayant la nourriture et le vêtement, tous les chrétiens doivent se tenir pour satisfaits ; et nous surtout qui sommes clercs, comme marque de ce détachement, nous devons porter les cheveux coupés et rasés, afin que les richesses, figurées par les cheveux, n'occupent point l'esprit des serviteurs de Dieu. Courage donc, mes frères, soyez pauvres non-seulement en parole, mais encore dans vos actes et en réalité, faisant grande attention aux paroles de Celui qui s'est fait notre rançon sur l'autel de la croix, qui est notre avocat aux cieux, et notre intercesseur à la droite de Dieu le Père. En effet, ce Dieu des dieux recommandait à ses disciples, qu'il avait choisis du milieu de tous les hommes, d'être le sel de la terre, la lumière du monde, les recteurs de l'Eglise militante, pour être les maîtres et les princes de l'Eglise triomphante. Il leur disait : « Bienheureux les pauvres d'esprit; » (*Matth.*, v, 3) mais non pas : Bienheureux ceux qui sont durement éprouvés dans une affreuse misère. Ceux-là, en effet, murmurent, décrient, envient ceux qui possèdent, dérobent et volent à main armée; et s'ils ne peuvent accomplir tous ces méfaits en réalité, du moins le désirent-ils. Non, ce n'est point de tels hommes que le Sauveur appelle bienheureux, car nous devons les regarder, non comme des pauvres, mais comme des malheureux. Pourquoi? parce que, délivrés de leurs misères temporelles, ils sont destinés à d'éternels malheurs, où non-seulement ils ne sauront goûter le moindre bonheur, mais encore où ils ne trouveront pas même une goutte d'eau. « Bienheureux » donc, sont « les pauvres d'esprit » qui ne simulent point la pauvreté, comme font les hypocrites, prêchant la pauvreté au dehors, mais ne sachant supporter aucun besoin. Ces faux pauvres espèrent recueillir, dans toutes leurs actions, des honneurs, des louanges, le respect des bons; ils espèrent être vénérés à l'égal de Dieu, et désirent que tous les appelle saints. Ils prêchent en paroles seulement la pauvreté et l'abstinence, mais ils ne pensent même

---

et principium omnium vestrum me ipsum dicere non erubesco. Non tamen vos pigeat eos sequi et imitari in omnibus, attendentes omnia communiter habere et possidere, quia in celsitudine paupertatis viventibus non licet, nisi ut unum sit cor, una anima, et omnia communiter possideant. Unde agrorum pretia ponebantur ante pedes Apostolorum, tanquam pedibus conculcanda; quia ipsi sancti Apostoli et amici Dei indigna reputabant agrorum pretia manibus contrectari. Unde etiam in veteri lege Levitis præcipiebatur, nihil in terra eorum possidere. Non ergo habere debemus temporalia ad possidendum : nec ego, qui Episcopus sum, habere debeo, nisi tantum ad dispensandum; quia bona Ecclesiarum patrimonium pauperum sunt. Unde ego, qui Episcopus sum, summe cavere debeo, ne res pauperum, quas Hipponensis Ecclesia conservare videtur, divitibus largiantur, quod bene feci huc usque. Nam consanguineos habeo, et (1) nobiles se dicere non erubescunt. Ad me Episcopum veniunt, aliquando cum minis, aliquando cum blanditiis dicentes : Da nobis aliquid pater, caro enim tua sumus. Et tamen Dei gratia, et vestris orationibus mediantibus, consanguineum aliquem me ditasse non recolo. Cariores enim mihi reputo pauperes, quam divites : quia habentes victum et vestitum, fideles omnes contenti esse debent, maxime nos clerici : in cujus rei signum capita tonsa et rasa habere debemus, ne divitiarum capilli occupent mentem servorum Dei. Eia ergo, Fratres, estote pauperes, non solum verbo, sed et opere et veritate, attendentes quid nobis dicat qui nostrum se fecit pretium in ara crucis, qui etiam noster est advocatus in cœlo, et intercessor ad dexteram Dei Patris. Dicebat enim ille Deus deorum discipulis suis, quos de toto mundo præelegerat, ut essent sal terræ, lux mundi, rectores Ecclesiæ militantis, magistri et senatores Ecclesiæ triumphantis. Ait enim : « Beati pauperes spiritu : » (*Matth.*, v, 3) non : Beati qui dura sub grandi necessitate patiuntur. Tales enim murmurant, detrahunt, invident habentibus, rapiunt et furantur : sed si non opere, saltem voluntate hæc adimplere conantur. Ideo tales beatos non appellat Salvator, quia non pauperes, sed miseri sunt putandi. Quare? Quia de angustiis temporalibus educti ad æternas miserias deputati sunt : ubi non solum beatitudinem habere non poterunt, sed nec guttam aquæ invenient. « Beati ergo pauperes spiritu, » sed non paupertatem simulantes. Tales sunt hypocritæ, paupertatem a foris prædicantes, nullam tamen necessitatem portare volentes. Tales in cunctis operibus suis sperant reverentiam honoris, gloriam laudis, a melioribus metui, et ut Deus venerari, sancti ab omnibus vocari desiderant, sola voce paupertatem et abstinentiam prædicant, sed digito suo non co-

---

(1) Augustinus, Ser. CCCLVI. n. 13, dicit se non de nobilibus, sed de pauperibus natum, et, lib. II, *Conf.* c. III, filium municipis Thagastensis admodum tenuis.

pas à mouvoir ces fardeaux du bout du doigt. Ils couvrent extérieurement leurs corps d'habits déguenillés; mais, sur leur peau, ils sont revêtus de pourpre. Ils disent qu'ils couchent sur la cendre, et ils ne dédaignent pas de superbes palais. A l'extérieur, ils montrent une face angélique, mais intérieurement ils portent celle du loup. Tels furent ces Sarabaïtes dont notre père saint Jérôme nous parle en troisième lieu, et dont la société doit être évitée avec le plus grand soin. Ces hommes vivaient en Egypte, habitant les cavernes des rochers, revêtus de peaux de pourceaux et de bœufs, ceints de cordes de palmiers, tout couverts, depuis la ceinture jusqu'aux talons, d'épines entrelacées ensemble; puis, sortant de leurs cavernes les pieds nus et tout ensanglantés, ils allaient à Jérusalem à la fête des Tabernacles, et, entrant dans le Saint des saints, ils disaient observer la pauvreté et l'abstinence avec la plus grande rigidité, puis ils se hâtaient de s'arracher la barbe, en présence de tout le monde, sans aucune rémunération. Après avoir ainsi fait provision de gains et de réputation, ils retournaient aux lieux qu'ils habitaient, se livrant dans leur solitude à la joie, et vivant luxurieusement au delà de tout ce que nous pouvons dire. Je vous en supplie, mes frères, mes chers enfants, vous que j'enfante, chaque jour, dans les entrailles de la charité, ne les imitez pas, car nous ne disons point qu'ils sont bienheureux, mais condamnés. Aimez donc la pauvreté, aimez-la de toute votre affection. Ne vous laissez point défaillir, pour être la nation choisie et non rejetée, la race sainte et non obstinée dans le mal, le peuple d'acquisition et non de perdition, le sacerdoce royal et non le prix vénal. Vous êtes la sainte congrégation formée sur le modèle de celle des apôtres, séparés du monde par un cœur pur et des œuvres saintes. Déjà, par la vertu de Dieu, vous avez frappé les chefs de Moab; déjà, vous avez blessé à mort les satrapes et les tyrans de Jérusalem, ainsi que les hypocrites de l'Egypte. Vous êtes ma vigne de choix, plantée au milieu du paradis de l'Eglise, rachetée et arrosée par le sang de Jésus-Christ. Seul, avec la grâce de Jésus-Christ, je vous ai réunis dans cette vigne, afin qu'y travaillant jusqu'à la fin, vous en tiriez un fruit convenable en son temps. C'est moi qui vous ai choisis pour cette vigne, qui vous ai appelés à cet héritage de Dieu, toutefois sous le bon plaisir de l'évêque Valère, qui me fit des dons nombreux des biens de l'épiscopat pour bâtir un monastère dans ce désert. Il n'eût point suffi de vendre mon patrimoine, s'il ne m'eût aidé de son côté. C'est moi qui vous ai choisis pour cette congrégation; ce n'est point vous qui m'avez choisi, mais moi qui vous ai choisis. Et, après que je fus devenu évêque, bien souvent je priai Vital, Nicolas, Etienne, Dorothée, Paul, Jacques, Cyrille, de ne pas m'abandonner seul dans l'épiscopat, car, tout en étant évêque, j'étais sûr cependant de ne jamais mettre la pauvreté de côté, mais de vivre au milieu des richesses, comme Abraham, Isaac et Jacob; je souhaitais garder la vraie pauvreté pour être du nombre de ceux dont l'Apôtre dit : « Comme n'ayant rien et possédant tout. » (II Cor., VI, 10.) Ainsi donc, je les priai souvent de venir, non point pour fuir le désert, mais pour vivre en solitaires au milieu même de la cité, et afin que nous puissions habiter dans un palais sanctifié. Mais ils n'ont pas voulu venir, craignant pour eux-

gitant ea movere : corpora a foris despectis vestibus tegunt, sed intus ad carnem purpura induuntur : in cinere prædicant se jacere, sed excelsa palatia non despiciunt : angelicam faciem a foris ostendunt, sed lupinam eos intus habere non dubitamus. Tales fuerunt illi Sarabaïtæ, de quibus tertio nobis scripsit pater Hieronymus, quorum genus est omni affectu vitandum. Ipsi denique in Ægypto erant, in foraminibus petrarum habitantes, induti porcorum et boum pellibus tantum, cincti funibus palmarum, spinas ad calcanea portantes ad cingulum ligatas, discalceati, et sanguine cruentati cavernas exeuntes, ad festum scenopegiæ pergebant Jerosolymam, et Sancta sanctorum intrantes, paupertatem et abstinentiam prædicabant cum omni affectu servare, barbas postmodum in conspectu hominum sine redemptione evellere festinabant, et sic acquisita fama et lucro ad propria remeabant, solitarie gaudentes et epulantes supra id quod explicare possumus. Hos, Fratres mei et filioli mei, quos quotidie parturio in visceribus caritatis, nolite obsecro imitari, quia non beatos, sed damnatos jam eos esse prædicamus. Amate igitur paupertatem, amate eam omni affectu, et nolite deficere, ut sitis genus electum, non abjectum; gens sancta, non obstinata; populus acquisitionis, sed non perditionis; regale sacerdotium, non venale pretium. Vos estis illa Apostolica forma sanctaque congregatio, a mundo corde et opere segregati, qui Dei virtute jam percussistis duces Moab, satrapas et tyrannos Jerusalem et Ægyptiorum hypocritas jam vulnerastis ad mortem. Vos estis vinea mea electa, in medio Ecclesiæ paradisi plantata, Christi sanguine redempta et irrigata. Ad hanc vineam ego solus Dei virtute vos congregavi, et operarios meos vos feci, ut laborantes in ea usque ad finem dignum fructum recipiatis in tempore suo. Ad hanc vineam ego vos elegi, ad hanc Dei hæreditatem vos convocavi, licet favoratus a sancto Episcopo Valerio, qui de bonis episcopatus, ut monasterium in eremo ædificarem, mihi multa donavit. Non enim satis fuit (1) patrimonium meum vendere, nisi etiam ipse me coadjuvasset. Ad hanc igitur congregationem ego vos elegi. Non vos me elegistis, sed ego elegi vos. Et ecce postquam Episcopus factus sum, Vitalem, Nicolaum, Stephanum, Dorotheum, Paulum, Jacobum, Cyrillum frequenter rogavi, ut me solum in episcopatu non dimitterent : quia licet Episcopus essem, non tamen credebam paupertatem despicere; sed cum Abraham, Isaac et Jacob inter divitias vivere, et veram paupertatem servare optabam, ut de numero eorum essem, de quibus ait Apostolus : « Tanquam nihil habentes, et omnia possidentes. » (II Cor., VI, 10.) Igitur hos frequenter rogavi ut venirent, non ut essent rebelles eremo, sed ut solitarie etiam in civitate viventes, habitare possemus in palatio sancto. Sed ecce noluerunt venire tanquam de

(1) Patrimonium Augustinus non monasterio, sed pauperibus erogavit, ut patet ex Ser. CCCLV, n. 2. V. epist. CXXVI, n. 7.

mêmes; oui, ils ne voulurent pas venir, pour ne pas être séduits par le siècle. Pourquoi ne le voulurent-ils pas? ce n'est point parce qu'ils n'étaient pas dignes, mais parce que, non-seulement ils voulurent être pauvres, mais faire même au delà de ce que nous avons marqué dans notre *Miroir*: fouler aux pieds, en tout, le monde et ses pompes. De ces beaux traits, nous devons tous avoir une grande joie, car ils voulurent faire ce qu'ils avaient promis à Dieu et à moi. Et, comme je ne pouvais rester seul étant évêque, je demandai au saint vieillard Valère, qui déjà m'avait donné le pouvoir de prêcher au peuple, d'établir un monastère de clercs dans la maison épiscopale. Le saint évêque voulut bien condescendre à ma demande, et ainsi, avec les moines dont j'ai parlé, je commençai à vivre dans une grande pauvreté, ne mangeant point de viande, sinon quand il nous vient des hôtes, mais vivant seulement de racines et de légumes, sans huile ni beurre, comme j'avais coutume de le faire joyeusement avec vous auparavant. Donc, mes frères, bien que vous me voyez assis sur la chaire épiscopale, cependant je me félicite d'avoir conservé la pauvreté, comme une chère épouse, car elle est aussi l'épouse du Christ, la richesse des saints, la vie des bienheureux, la sûreté des fidèles, l'ornement des clercs, la beauté des nobles, la grandeur des riches. Cette sainte pauvreté est telle que celui qui la garde et l'aime ne peut jamais être dans l'indigence. Ce n'est pas étonnant, mes frères, car, par elle, il nous est donné de posséder le Seigneur de toutes choses. Il est, en effet, dans la pauvreté, le trésor de ceux qui espèrent en lui, la consolation dans la solitude, la gloire dans l'abjection, l'honneur dans le mépris, l'abri qui nous protége en tout. Soyez donc pauvres, mes frères, parce que le Seigneur a exaucé la prière des pauvres, et que son oreille a entendu les bonnes dispositions de leur cœur. Alors vous serez pauvres par affection, vraiment bienheureux, bienveillants, obéissants, sincères dans vos paroles, simples et ne connaissant nullement le mal, si vous êtes, en réalité, pauvres de cœur et dans vos actes. Que le chef des martyrs, saint Étienne, daigne nous obtenir cette grâce, lui qui pria pour ses persécuteurs, Notre-Seigneur Jésus-Christ, qui, avec le Père et le Saint-Esprit, vit et règne dans les siècles des siècles. Ainsi soit-il.

Sermon XXII. — *Motifs de consolation pour les frères du désert que saint Augustin avait quittés. Exhortation à la prière et aux larmes.* — Mes frères, la joie de mon cœur, il est temps que je retourne vers Celui qui m'envoya vers vous; mais n'en soyez pas dans la tristesse, et que votre cœur ne se trouble pas. Je demanderai au Père céleste qu'il vous garde, et que l'Esprit de vérité demeure toujours avec vous. Oh! que la prière est nécessaire aux serviteurs de Dieu et aux solitaires! Par elle, on apaise Dieu, et Dieu s'incline vers nous. Le peuple hébreu avait adoré le veau d'or qu'il s'était fait. Dieu dit alors à Moïse : « Laisse, que ma colère s'allume contre eux. » Et Moïse répondit : « Je vous en prie, Seigneur, que votre indignation s'apaise, et laissez-vous fléchir pour pardonner à l'iniquité de votre peuple. » (*Exod.*, XXXII, 10, 12.) Aus-

se ipsis timentes; ne a sæculo caperentur, noluerunt venire. Quare noluerunt? Non quia non digni, sed quia non solum pauperes esse voluerunt, sed etiam supra id quod in Speculo nostro edidimus facere voluerunt, calcantes per omnia sæculum et pompas ejus. De quo munere summum gaudium omnes habere debemus, quia facere voluerunt quæ Deo et mihi promiserant. Et quia solus stare non poteram Episcopus, ideo rogavi sanctum senem Valerium, qui mihi jam potestatem prædicandi in populo dederat, ut infra domum Episcopi (1) monasterium clericorum constituerem. Et placuit sancto Episcopo mihi condescendere : et sic cum eisdem in omni paupertate vivere cœpi, non manducans carnes, nisi dum hospites veniunt : sed tantum olera et legumina absque oleo vel butyro, sicut ante vobiscum cum gaudio consueveram. Igitur, Fratres mei, licet in cathedra episcopali me videatis, paupertatem tamen mihi etiam sponsam tenere congratulor : quia ipsa est etiam Christi sponsa, sanctorum possessio, beatorum vita, fidelium securitas, clericorum ornamentum, monachorum vita, nobilium pulchritudo, divitum magnificentia. Hæc est illa sancta paupertas, quam qui tenet et amat, nulla indigentia laborare potest. Nec mirum, Fratres, quia sibi datur omnium Dominum possidere. Ipse est enim sperantibus in se thesaurus in paupertate, solatium in solitudine, gloria in abjectione, honor in contemptu, umbraculum in omni protectione. Estote igitur pauperes, Fratres mei, quoniam desiderium pauperum exaudivit Dominus, et præparationem cordis eorum audivit auris sua. Tunc enim vere pauperes eritis spiritu, tunc vere beati, tunc benigni, tunc obedientes, tunc veraces, tunc non ficti, tunc omnis mali ignari, si vero corde et opere pauperes inveniamini. Quam gratiam nobis impetrare dignetur beatus primicerius Martyrum Stephanus, qui pro suis persecutoribus exoravit Dominum nostrum Jesum Christum, qui cum Patre et Spiritu sancto vivit et regnat in sæcula sæculorum. Amen.

Sermo XXII. — (a) *De consolatione fratrum in eremo, a quibus sanctus Augustinus recessit, cum exhortatione ad orationem et lacrymas.* — Fratres mei et lætitia cordis mei, tempus est ut revertar ad eum qui misit me ad vos : vos vero nolite contristrari, nec turbetur cor vestrum. Rogabo enim patrem ut ipse vos custodiat, et maneat vobiscum in æternum Spiritus veritatis. Iterum dico : Nolite de meo recessu amplius contristari, sed semper orate pro invicem, ut salvemini. Valde enim servis Dei et solitariis est necessaria oratio, per quam Deus placatur, per quam Deus ad nos inclinatur. Adoraverat enim populus Judaicus vitulum conflatilem, et ait Dominus Moysi : « Dimitte ut irascatur furor meus contra eos. » Cui Moyses : « Quæso Domine, quiescat ira tua, et esto placabilis super malitiam populi tui. » (*Exod.*,

(1) Lupus ait « esse admodum probabile, quod Clericorum monasterium Augustinus non instituerit nisi post mortem Valerii, tunc forsitan nactus primara habitationem domus episcopalis. »

(a) Mss. *De Oratione.*

sitôt, le Seigneur s'apaisa. Oh! qu'elle est grande la puissance de la prière! que sa force est mystérieuse! Moïse priait sur la montagne, et Josué taillait en pièces Amalech. Par la prière, Ezéchias est guéri, et il recouvre la santé de l'âme et du corps. Par la prière, Saul devient Paul, le docteur des nations, le prédicateur de l'univers. Je vous en supplie, mes frères, priez les uns pour les autres, afin que vous soyez sauvés. Je vous le recommande avec l'Apôtre, mes frères, que tous adressent à Dieu des supplications, des prières, des demandes, des actions de grâces. Priez sans jamais vous lasser, et, s'il est possible, versez des larmes. Oh! quel grand sacrifice du soir vous offririez à Dieu, si, en même temps que la prière, vous répandiez des larmes! La divine Ecriture nous excite tantôt aux larmes et tantôt à la joie. Souvent notre Sauveur disait à ses disciples : « Heureux ceux qui pleurent ici-bas, » (*Matth.*, v, 5) parce qu'ils se réjouiront dans l'éternelle vie. D'abord, il faut pleurer; mais après la peine vient la joie, parce que « bienheureux sont ceux qui pleurent. » (*Ibid.*) Mais notre Sauveur ajoute ensuite : « Réjouissez-vous et soyez dans l'allégresse, parce que votre récompense est abondante dans les cieux. » (*Ibid.*, 12.) Et ce sont certainement les larmes et les prières qui nous valent cette récompense. Vous prierez donc, mes frères, dans ce désert; priez sans jamais défaillir. Car, comme il est naturel aux chiens d'aboyer, de même ce doit être le propre des solitaires de prier. La demande des bons est une conversation avec Dieu. Quand un serviteur de Dieu lit, Dieu, sans aucun doute, lui parle avec vivacité; mais, quand il prie, il s'entretient doucement avec Dieu. Dieu seul est véritablement sage, sous peu de mots il renferme beaucoup de sens; il donne gaiement tout ce qui est nécessaire, et plus abondamment et plus parfaitement que les hommes ne sauraient et ne pourraient penser. O mes frères! mes bien-aimés, criez dans ce désert, poussez des gémissements dans cette vaste solitude, ne cessez point de pousser de grands cris. En priant, gémissez et ne cessez point, mais priez non-seulement de paroles, mais de cœur. N'entendez-vous pas sans cesse, dans le désert, les oiseaux qui chantent les louanges de Dieu, leur Créateur? Et si vous ne pouvez chanter, vous qui déjà êtes arrivés à une grande vieillesse, du moins que votre cœur ne se taise point, car Dieu exauce également ceux dont la bouche garde le silence, mais dont le cœur prie. Dans votre prière, ne vous occupez pas tant des mots que du sens. En effet, Jérémie, dans sa prison, prend courage; Daniel se réjouit au milieu des lions; les trois enfants sont dans l'allégresse au milieu de leur fournaise; Job triomphe sur son fumier; le larron trouve le paradis sur sa croix; Suzanne est défendue devant les vieillards; Etienne, du milieu de son torrent, s'élève au ciel, et, pendant qu'on le lapide, la prière qu'il fait en faveur de Saul est exaucée. Il n'y a donc point d'endroits où nous ne devions prier, parce que Dieu est partout et qu'il veut bien partout nous exaucer. Priez donc toujours et en tous lieux, afin de vous sauver. Chacun doit non-seulement prier pour lui, mais encore pour les autres. Car, comme dit notre vénérable père saint Ambroise, si vous priez Dieu seulement pour vous, vous n'aurez que votre mérite propre; mais, si vous priez pour les autres, tous alors prieront pour vous. O sainte oraison! colonne des saintes vertus, échelle de la sainteté, époux des veuves, parente des anges, fondement de la foi, couronne des moines, consola-

XXXII, 10.) Et ecce placatus est Dominus. O quam grandis est ipsius orationis causa, o quam grande mysterium! Ecce Moyses orabat in monte, et Josue Amalech devincebat. Per orationem Ezechias sanatur, et salutem animæ et corporis adipiscitur. Per orationem Saulus Paulus, doctor gentium, et prædicator orbis terræ effectus est. Obsecro ergo, Fratres mei, ut oretis pro invicem, ut salvemini. Deprecor, Fratres mei, cum Apostolo, primum omnium fieri obsecrationes, orationes, postulationes et gratiarum actiones. Orate, et nolite deficere, et si possibile est, lacrymas fundatis. O quam magnum sacrificium Deo obtulistis vespertinum, lacrymas cum oratione effundere! Divina enim Scriptura aliquando nos ad lacrymas, aliquando ad gaudium nos invitat. Sæpe enim dicebat Salvator discipulis suis : « Beati qui lugent » in hac vita, quia gaudebunt in æterna vita. Prius enim dolendum est : sed post dolorem gaudium subsequitur, quia « beati qui lugent. » (*Matth.*, v, 5.) Sed postea dicit Salvator : « Gaudete et exsultate, quoniam merces vestra copiosa est in cœlis. » (*Ibid.*, 12.) Quæ quidem merces per lacrymas et orationes acquiritur. Orate igitur, Fratres mei, in eremo: orate, et nolite deficere. Nam sicut proprium est canibus latrare, ita proprium est eremi cultoribus orare. Bonorum enim oratio locutio est ad Deum. Quando enim servi Dei legunt, Deus sine dubio eis ferventer loquitur : sed dum orant, cum Deo suaviter loquuntur. Ipse enim sapiens est, quia sub paucis verbis multa comprehendit : et quidquid necesse est, hilariter tribuit, et abundantius atque perfectius quam homines sciant vel valeant cogitare. O Fratres mei dilectissimi, clamate in eremo, ululate in hac vasta solitudine, vociferari non quiescatis : clamate orando, et nolite deficere; et non solum voce, sed maxime mente. Ecce enim auditis semper aves in deserto cantantes, et laudantes, Deum factorem suum. Et si cantare non potestis, qui senes multum jam estis; mente saltem nolite tacere. Nam et tacentes ore, mente autem orantes exaudit Dominus. Nec in oratione locutio tantum quæritur, quantum sensus. Ecce enim Jeremias confortatur in carcere, Daniel inter leones exsultat, tres pueri in fornace tripudiant, Job in sterquilinio triumphat, paradisum de cruce latro invenit, Susanna inter senes defenditur, Stephanus de torrente in cœlum suscipitur, et inter lapidantes pro Saulo exauditur. Non est igitur locus in quo orare non debeamus; quia Deus ubique est, ubique nos exaudire dignatur. Orate igitur semper, et in omni loco, ut salvemini. Non solum unusquisque pro se, sed pro omnibus orare debemus. Nam, ut ait venerabilis pater Ambrosius : Si pro te tantum rogaveris Deum, tantum tuum meritum possides : sed si pro omnibus rogaveris, omnes pro te rogabunt. Oratio sancta, columna sanctarum virtutum, deitatis scala, viduarum maritus, Angelorum cognata,

SERMONS ADRESSÉS AUX FRÈRES DU DÉSERT, ETC.

tion des époux! Heureux celui qui t'aime, plus heureux celui qui te pratique; heureux celui qui t'embrasse, mais plus heureux celui qui persévère à se livrer à toi ! Heureux celui qui, avec toi, répand des larmes, car nous avons la certitude d'offrir à Dieu un holocauste saint et sans tache. Pleurez donc, mes frères, en priant, et ne cessez point, afin d'être trouvés dignes de la grâce de Dieu. Mais vous me direz: Nous sommes nombreux ici, et, excepté Evodius, Alypius et Pontianus, qui sont instruits sur l'Ecriture sainte, tous, nous sommes ignorants et grossiers; enseignez-nous donc à prier. O mes frères! bien que vous soyez ignorants, et que vous ne compreniez pas les subtilités de l'esprit, cependant je ne vous regarde pas pour si faibles d'intelligence, et, malgré votre ignorance et votre bassesse, vous m'êtes plus chers que des sages orgueilleux et pleins d'eux-mêmes. Toutefois, avec la grâce de Dieu, ce que vous savez suffit à votre salut. Bien que vous ne compreniez pas la moëlle des Ecritures, comme Evodius, Alypius et Pontianus, qui, longtemps, sont demeurés à Rome avec moi, cependant je suis persuadé que vous en comprenez l'écorce. Nous vous avons dit tout d'abord que vous deviez, comme cela vous est prescrit, chanter, prier et travailler des mains, et que si du temps vous restait, aussitôt vous réciteriez le *Pater noster*. Cette prière, que l'on appelle l'Oraison dominicale, renferme les sept demandes qui comprennent toutes les espèces de prières que nous adressons à Dieu pour demander des biens ou pour éviter le mal, ou pour déplorer les fautes passées. Les trois premières demandes regardent l'éternité, les quatre autres paraissent se rapporter à cette vie temporelle, car le pain quotidien, c'est-à-dire spirituel, bien qu'il soit pour l'éternité, se rapporte cependant à cette vie présente, en tant qu'il s'administre à l'âme par des signes, des paroles ou des livres. Il s'appelle pain, parce qu'il se gagne par le travail, et que nous nous l'approprions par une sorte de manducation. Après les péchés nous sont remis, et nous, nous remettons aux autres leurs fautes : cette demande est la seconde des quatre. Pour les tentations qui infestent ici-bas notre vie, et la délivrance du mal, ces deux choses regardent cette vie, car, par la justice de Dieu, nous avons encouru la mort; sa miséricorde seule peut nous en délivrer. Ces choses expliquées, les paroles de ces demandes doivent être pesées avec le plus grand soin, afin que, bien comprises, elles échauffent davantage la volonté, et que ce qui fait l'objet de la demande obtienne plus promptement son effet. Priez donc, mes frères, en disant : « Notre Père, » rendant grâces au Distributeur de tous biens, qui est notre douceur, notre vie et notre résurrection, notre espérance et la lumière de nos yeux, le bâton de notre vieillesse, et nous donne l'intelligence pour le connaître et comprendre le mystère de ses conseils secrets. C'est lui qui donne l'efficacité à nos actes, la grâce qui nous range au nombre des élus, l'accomplissement de ses préceptes et de ceux de ses serviteurs, la consolation et la constance dans l'adversité, la prévoyance et la crainte dans la prospérité, et qui, de quelque côté que nous nous tour-

---

fundamentum fidei, monachorum corona, conjugatarum examen. Beatus qui te amat, beatior qui te frequentat. Beatus qui te astringit : sed beatior qui in te perseverat. Beatus qui tecum lacrymas fundit, quoniam holocaustum Deo sanctum et immaculatum offerre non dubitamus. Flete igitur Fratres mei orando, et nolite quiescere, ut digni efficiamini gratia Dei. Sed dicetis : Ecce multi sumus, et præter Evodium, (1) Alypium et (2) Pontianum, qui de Scriptura sancta multa noverunt, (3) omnes grossi et idiotæ sumus ; igitur doce nos orare. O Fratres mei, licet grossi sitis, et subtilia non capiatis : non tamen debiliores vos reputo, sed cariores vos teneo ignaros et humiles, quam sapientes elatos et superbos. Dei tamen gratia pro vestra salute sufficit quod habetis. Licet enim medullam Scripturarum non intelligatis sicut Evodius, Alypius, et Pontianus, qui (1) Romæ diu mecum commorati sunt : tamen Scripturam corticem vos intelligere non dubitamus. Diximus enim primo vobis, quod psallere, orare, et manibus laborare debeatis, quando necesse fuerit; et si vobis tempus superfuerit, dicere Pater noster non differatis. Ipsa enim Dominica oratio appellatur, in qua septem petitiones reperiuntur, in quibus omnes species orationis comprehenduntur, quibus Deum interpellamus pro appetendis bonis, pro vitandis malis, aut pro delendis commissis.

Tres enim primæ petitiones pertinent ad æternitatem : reliquæ vero quatuor ad hanc vitam temporalem pertinere videntur, quia et panis quotidianus, scilicet spiritalis, licet sit sempiternus, ad hanc tamen vitam etiam pertinet, in quantum ministratur animæ quibusdam signis, dictis vel scriptis. Et ideo panis dicitur, quia laborando et disserendo discitur, et ita quasi manducando deglutitur. Nunc quoque peccata dimittuntur nobis, et nos dimittimus aliis : quæ petitio est inter quatuor secunda. Et tentationes quæ nunc nostram vitam infestant, et ipsa liberatio a malo, ad hanc vitam pertinent, quia Dei justitia mortem incurrimus, unde Dei misericordia liberandi sumus. Quæ cum ita sint, ipsarum petitionum verba diligentius pertractanda sunt, ut intellecta majorem generent cordis affectum, et quod petitur, ad velociorem perducatur effectum. Orate igitur, Fratres, dicentes : « Pater noster : » referentes gratias largitori omnium bonorum, qui dulcedo nostra est, vita et resurrectio nostra est, spes nostra est, et lumen oculorum nostrorum, baculus senectutis nostræ, donans nobis sensum ut eum agnoscamus, et secreta secretorum suorum intelligamus. Ipse enim nobis dedit efficaciam in opere, gratiam inter electos, effectum in suis et suorum præceptis, solamen et constantiam in adversis, cautelam in prosperis et timorem, et quocumque vertimur, sua grandis miseri-

---

(1) Alypium, qui Augustino prior episcopatum adeptus est, ex epistolis apud August. xxiv, xxvii, xxviii, et xxix, fingit hic in monasterio relictum. — (2) « De Pontiano isto, ait Lupus, referunt nobis Sermones isti (scil. hic 36, et 48,) mirabiles strophas ac fabulas, mendaciaque nimium grossa. Ideoque credo ipsum esse socium fictum. » — (3) Non ita tamen idiotæ qui in Hippon. monasterio ex quo, ut observat Lupus, simul et semel decem fuere assumpti ad episcopatum. — (4) Evodium Romæ cohabitasse Augustino falsum intelligitur ex lib. IX, *Conf.*, c. viii.

nions, nous prévient de son infinie miséricorde. O mes frères, ne négligeons pas de prier, ni de dompter notre chair et de veiller. Et cependant que rendrons-nous à Celui qui n'a pas permis que nous fussions submergés, lorsque nous étions exposés sur les flots de la grande mer? Nous étions presque perdus, et il nous a délivrés; nous étions errants au milieu du monde, et il nous a ramenés dans la voie; nous étions ignorants, et il nous enseigna la vérité. Mes frères, pourquoi négligerions-nous donc de prier, nous qui n'avons point une famille à gouverner, mais seulement à plaire à Dieu? Et, afin que vous puissiez plus facilement chanter et prier, sans être trop empêché par les soins du corps, j'ai ordonné que, sur les biens de la mense épiscopale de l'Eglise d'Hippone, on vous apporte, à vous, mes frères bien-aimés, cent quarante vêtements, avec autant de chaussures, afin que, dans le temps de l'hiver, chacun reçoive ce qui lui sera nécessaire. Ensuite, il les replacera, pour y être conservés, dans le vestiaire commun, avec grand soin et charité, se rappelant que la vraie charité ne recherche point ce qui est à soi, mais ce qui est de Dieu. Gardez-vous de jamais faiblir dans ces recommandations. Que le Dieu de paix, qui a tiré d'entre les morts Jésus-Christ Notre-Seigneur, le grand Pasteur des brebis rachetées par le sang de l'éternel Testament, vous incline vers tout bien, afin que vous fassiez sa volonté, accomplissant en vous ce qui plaît à ses yeux, par Jésus-Christ auquel est honneur et gloire dans les siècles des siècles. Amen. Priez pour moi, mes frères, et, avant mon départ, j'ai l'intention de vous saluer dans un saint baiser. Ainsi soit-il.

SERMON XXIII. — *Du jeûne.* — Souvent on vous a dit, frères bien-aimés, que le jeûne est une chose sainte, une œuvre du ciel, la porte du royaume et la mesure du sort réservé dans la vie future. Si quelqu'un s'en acquitte comme il doit, il sera regardé comme l'ami de Dieu, il s'unira à lui et deviendra tout spirituel. Par le jeûne, mes frères, les vices sont détruits, les vertus augmentées, la chair humiliée, les forces du démon vaincues. O jeûne sacré! tu domptes le corps de peur qu'il ne se révolte, tu ranimes les vertus pour les faire revivre, tu illumines le coupable et le guéris afin qu'il vive. O jeûne! ton joug est doux aux bons et haïssable aux méchants; tu es agréable aux saints, mais détestable pour les impies. O jeûne sacré! tu dévoiles les mystères divins, tu fais reconnaître ce qui est sage et prudent, tu rappelles le souvenir de ce qui est passé, tu règles le présent et tu fais prévoir l'avenir. Mais prenez garde, mes frères, de devenir, à cause de votre jeûne, ou orgueilleux, ou envieux, ou pleins d'avarice et d'hypocrisie. Vous avez souvent entendu que Babylone, cité immense et populeuse, est l'ennemie des chrétiens; qu'elle est adonnée à l'idolâtrie, asservie à toutes sortes d'erreurs. Quelques géants, dit-on, la construisirent; mais, enflés d'orgueil, ils élevèrent au milieu une tour surnommée Babel. Survint ensuite Nabuchodonosor; ce roi l'agrandit, l'enrichit, et, fou d'orgueil, il s'écria : « N'est-ce pas là cette grande Babylone dont j'ai fait le siége de mon royaume, je l'ai bâtie dans la grandeur de ma puissance et dans l'éclat de ma gloire. » (*Dan.*, IV, 27.) A peine avait-il prononcé cette exclamation orgueilleuse, qu'une voix du ciel se fit entendre : « Voici, disait-elle, ce qui vous est annoncé, ô roi! votre royaume passera en d'autres mains; vous serez chassé de la compagnie des hommes, vous habiterez avec les ani-

---

cordia nos prævenit. O Fratres mei, non negligamus orare, non carnem domare, non vigilare. Et tamen quid ei retribuemus, qui non permisit nos submergi, cum in mari magno essemus? Ecce enim consumpti eramus, et nos liberavit; errantes eramus in sæculo, et reduxit nos ad viam; ignorantes eramus, et docuit nos veritatem. Non igitur, Fratres, tædeat nos orare, qui non familiam regere, sed tantum Deo placere debemus. Et ut bene psallere et orare possitis absque magno corporis impedimento, de bonis episcopatus Ecclesiæ Hipponensis centum et quadraginta vestimenta cum calceamentis vobis dilectis fratribus meis deportari præcepi, ut tempore frigoris, quantum necesse fuerit, unusquisque recipiat, reponentes ea et custodientes in communi vestiario cum omni diligentia et caritate : scientes quod vera caritas non quærit quæ sua sunt, sed quæ Dei; sic autem facientes non deficiatis. Deus autem pacis, qui eduxit de mortuis pastorem magnum ovium in sanguine testamenti æterni Dominum nostrum Jesum Christum, aptet vos in omni bono, ut faciatis voluntatem ejus, faciens in vobis quod placeat coram se per Christum Jesum, cui est honor et gloria in sæcula sæculorum. Amen. Orate pro nobis Fratres, et ante meum recessum cupio vos salutare in osculo sancto. Amen.

SERMO XXIII. — *De jejunio.* — Frequenter audistis, Fratres carissimi, quod jejunium est res sancta, opus cœleste, janua regni, futuri sæculi forma : quod si quis juste perfecerit, Dei socius existimabitur, sibi conjungitur, et spiritalis efficitur. Per jejunium, Fratres mei, prosternuntur vitia, augmentantur virtutes, humiliatur caro, diabolicæ devincuntur virtutes. O sacrum jejunium, tu corpus refrenas ne surgat, tu virtutes incitas ut resurgant, tu rem illuminas et sanas ut vivat. O jejunium, tu suave es bonis, tu odibile es malis, tu delectabile es sanctis, sed detestabile pravis. O sacrum jejunium, tu divina mysteria pandis, quæ sapientiæ et prudentiæ sunt agnoscis, recordari præterita facis, ordinare præsentia non negligis, et prævidere futura festinas. Sed cavete, Fratres mei, ne jejunando superbi efficiamini, ne cupidi, ne avaritia vel hypocrisi pleni. Nam sæpe audistis, quod Babylon civitas magna et populosa est inimica Christianis, idolis serviens, diversis erroribus mancipata, quam, ut dicunt, aliqui gigantes eam ædificaverunt, sed superbia inflati fecerunt in medio turrem, quæ vocata est Babel. Postea vero venit Nabuchodonosor, et amplificavit eam, et ditavit, et inflatus superbia clamavit, et dixit : « Nonne hæc est civitas Babylon, quam ego edificavi in domum regni in robore fortitudinis meæ, et in gloriam decoris meæ? » (*Dan.*, IV, 27, etc.) Et dum rex sic exclamaret, vox irruit super eum, dicens : « Tibi dicitur, rex : Regnum tuum transiet a te, ab hominibus ejicieris, et cum bestiis ferisque erit

maux et les bêtes farouches, vous mangerez du foin comme un bœuf, et sept temps passeront sur vous jusqu'à ce que vous reconnaissiez que le Très-Haut a un pouvoir absolu sur les royaumes des hommes. » (*Ibid.*, 28, 29.) Vous voyez ainsi que, par son orgueil, il perdit son royaume ici-bas et la raison, en sorte qu'il dut habiter avec les animaux. Cette Babylone, mes frères, n'est autre chose que ce monde, qui est plein de confusion, rempli d'erreurs, d'iniquités et du poison de la méchanceté. Voyez maintenant, mes frères, comme le monde entier est plongé dans le mal; voyez comment le diable y règne, puisque l'ambition le régit, la perfidie le domine, et qu'on y foule aux pieds la simplicité. Aussi, mes frères, pénétrés de toutes ces choses, gardons-nous de toute espèce de mal, sachant que l'humilité seule nous aidera à vaincre tous les maux, et que, sans elle, nos jeûnes nous seront inutiles. C'est à l'aide de cette vertu que nous pourrons entrer dans la vie. Ne nous enorgueillissons donc point, si notre vie est droite; mais, en pratiquant l'humilité, ne cessons le même temps de vivre en philosophes. Mais qu'est-ce que vivre en philosophes? c'est penser à l'heure de notre mort. Qu'est-ce qui nous conduit au royaume des cieux? ce n'est ni la gloire du monde, ni la multitude des richesses, ni la noblesse du rang, ni la science, ni la sagesse, ni l'éloquence, mais la grâce seule de Jésus-Christ, la vertu et les bonnes œuvres. Allons, mes frères, considérez dans quel but vous êtes venus ici. Pourquoi aspiriez-vous au désert? que vouliez-vous faire? quel ministère désiriez-vous accomplir? Tous, vous n'aurez qu'une voix pour dire : Nous souhaitions de servir Dieu. Et, puisqu'il en est ainsi, vous devez souvent penser que votre devoir est non-seulement d'affliger votre chair par le jeûne, par la privation de nourriture et de breuvage, autant que votre santé vous le permet. Mais vous devez également mépriser le monde, pleurer vos péchés; et, dans ce désert, nous devons jusqu'à la mort ne point aspirer au rôle de docteur, mais y demeurer toujours sous la cendre et le cilice. Puissions-nous être aidés par Jésus-Christ, le Fils de Dieu, que nous savons avoir jeûné quarante jours et quarante nuits, et qui est béni dans les siècles des siècles. Ainsi soit-il.

SERMON XXIV. — *Exhortation à la solitude, d'après l'exemple de saint Jérôme. Encore du jeûne.* — Nous lisons, mes frères bien-aimés, que notre père saint Jérôme fut cardinal du titre de l'église de Saint-Laurent, martyr. Et, comme il reprenait fortement les Romains de leur avarice et de leur libertinage effréné, ils voulurent, comme vous le savez, le traîner devant le peuple, revêtu d'habits de femme. Mais, avec le secours de Dieu, et sans que la renommée de sa sainteté en fût diminuée, il sortit de Rome; et, dans la compagnie de Paule et d'Eustochie qu'il avait enfantées à la foi de Jésus-Christ, sur la demande de leur père, comme sa lettre nous en rend témoignage, il mena un genre de vie si austère, qu'il n'est point à ma connaissance qu'aucun des chrétiens de nos jours l'ait dépassé. Nous aussi, mes frères, comme vous le voyez, nous avons voulu quitter le monde; avec saint Jérôme, nous avons désiré fuir dans les forêts, et nous

---

habitatio tua, fœnum ut bos comedes, et septem tempora super te mutabuntur, donec scias quod Excelsus dominatur in regno hominum. » Et sic videtis quod superbiendo regnum terrenum amisit et sensum, quia cum bestiis habitare volebat. Babylon hæc, Fratres mei, mundus iste est, qui plenus est confusione, plenus erroribus, iniquitatibus, et veneno malitiæ. Ecce nunc, Fratres mei, quomodo totus mundus in maligno positus est. Ecce quomodo diabolus regnat in eo, dum regnat ambitio, dum dominatur perfidia, dum conculcatur simplicitas. Et ideo, Fratres, hæc omnia agnoscentes caveamus a cunctis malis : scientes quod per solam humilitatem omnia mala vincere valemus, sine qua nostra jejunia nobis non proderunt. Hæc est per quam ad vitam intrare poterimus. Non ergo extolli debemus, si bene vivamus : sed humilitatem servantes semper philosophari non desistamus. Quid enim est philosophari, nisi mortem præmeditari? Ad regnum enim cœlorum non conducit nos gloria mundi, non multitudo divitiarum, non nobilitas generis, non scientia, non sapientia, non facundia verborum, sed sola gratia Christi, et virtutes, et opera. Eia igitur, Fratres, considerate ad quid huc venistis, et quid eremum concupistis, quod agere voluistis, quod officium habere desiderastis. Omnes uno ore dicetis : Deo servire optamus. Et quia sic est, propterea attendere frequenter debetis, quod vestrum officium est non solum carnem jejuniis et abstinentia escæ et potus affligere, quantum valetudo naturæ permittit, sed etiam mundum contemnere, peccata deflere; et non doctoris appetere cathedram, sed in cinere et cilicio perseverare in eremo usque ad mortem debemus. Adjuvet nos Christus Filius Dei, quem credimus jejunasse quadraginta diebus et quadraginta noctibus, qui est benedictus in sæcula. Amen.

SERMO XXIV. — *De exhortatione ad solitudinem exemplo sancti Hieronymi : ac de jejunio.* — (1) Legimus enim, Fratres carissimi, sanctum patrem Hieronymum (2) Cardinalem fuisse in ecclesia sancti Laurentii martyris : et quia Romanos de avaritia et fœtida luxuria fortiter reprehendebat, ab eis (3) per vestem muliebrem, ut jam audistis, cum proclamare in populo voluerunt; sed Deo auxiliante sanctitatis fama minime diminuta : Romam tandem egressus est, et cum Paula et Eustochio, quas in fide Christi nutrierat, earum patre rogante, ut nobis per epistolam scripsit, asperrimam vitam sanctus pater Hieronymus duxit : in tantum, ut neminem legere audiam fidelium modernorum austeriorum fuisse. Itaque, Fratres, etiam nos, ut vidistis, mundum deserere voluimus, et ad nemora cum Hieronymo fugere concupivimus, et perseverare secundum Apostolicam vitam desi-

---

(1) « Peccat hic auctor in antiquam caute mentientium legem : Oportet mendacem esse sui memorem : dicit namque, *legimus*; eoque verbo satis indicat se non Hieronymo coætaneum, sed longe posteriorem. » Lupus. — (2) Id falsum fuse probat Lupus ex lite Hieronymum inter et Joannem Jerosolym. orta, quod in tabulam Clericorum ecclesiæ Jerosol. adscribi renuerat. Neque quis dicat eum post hanc controversiam factum Cardinalem : post mortem enim Damasi contigit. — (3) « Fabula de impostura hic est sanctissimo huic Doctori, ipsique Rom. Ecclesiæ nimium contumeliosa, » ait Lupus. « O quanti emisset ista Ruffinus, si quis talia suo tempore excogitasset, » exclamat card. Baron.

avons souhaité de suivre pour toujours la vie des apôtres. C'est pourquoi prenons donc bien nos mesures pour vivre, en ce désert, dans la justice et la sainteté. Vous devez savoir que, pour les habitants du désert, le jeûne est extrêmement nécessaire. Mais considérons d'abord quelle est son essence. Qu'est-ce donc que le jeûne? c'est une satisfaction que doit payer chacun de nos membres; ils doivent satisfaire pour les péchés qu'ils ont commis. Si quelqu'un a péché par gourmandise, qu'il satisfasse en jeûnant, car celui-là seul qui est sans faute doit aussi être seul sans châtiment; mais, comme personne n'est innocent, nul ne doit donc vivre sans s'imposer quelque peine. Mon œil a péché bien des fois; par lui la mort est entrée dans mon âme. Donc, que mon œil se ferme, qu'il souffre et qu'il ne voie plus jamais ce qui le réjouit. Telle est, mes frères, la manière dont nous devons agir vis-à-vis chacun des membres de notre corps. C'est en nous abstenant de l'iniquité et de la volupté, que nous offrirons à Dieu un jeûne qui aura de la valeur, qui sera accepté de Dieu et utile pour nous. Voilà le grand, voilà le vrai jeûne. Agissant ainsi, on dira que notre vie est sainte et pieuse. La piété consiste, en effet, à rendre à Dieu le culte qui lui est dû. On peut donc dire que celui-là mène une vie droite, qui rend à Dieu ce qu'il lui doit, et à César ce qui appartient à César. En quoi consiste donc l'impiété, si ce n'est de s'adonner à l'idolâtrie? Beaucoup, cependant, disent aussi qu'il y a impiété de ne pas donner aux pauvres de ce qui nous appartient. C'est pourquoi je désire que vous sachiez, mes frères, qu'autre chose est une faute, autre chose un crime, autre chose une impiété. Il y a faute quand, par le péché, nous nous faisons du mal à nous-mêmes. Il y a crime quand nous faisons du tort à notre prochain, et impiété quand nous tombons dans l'idolâtrie. De même, autre chose est la miséricorde, autre la clémence, autre la piété. La miséricorde a pour objet la nature; la clémence a pour objet la justice, et la piété s'exerce à l'égard de Dieu. Pour aider votre intelligence, laissez-moi, mes frères, vous donner des exemples. Celui-là est miséricordieux qui, voyant quelqu'un justement condamné à être pendu, s'émeut naturellement, en prend compassion, et mû par ce sentiment, le délivre du supplice qui l'attendait. De même, si quelqu'un enlève à un pauvre son bien, et qu'il en survienne un autre pour reprendre au voleur ce qu'il avait enlevé pour le rendre au pauvre, nous disons alors que celui-là est doué de miséricorde. D'un autre côté, si quelqu'un voit un homme injustement puni, et qu'il s'expose aux dangers pour le délivrer, nous disons alors de cet homme qu'il possède la clémence. Pour la piété, qu'est-ce autre chose, sinon honorer Dieu d'un cœur pur, ce qui s'appelle encore latrie. Nous, nous sommes véritablement livrés au jeûne quand nous sommes ornés de la piété, de la miséricorde et de la clémence. Que le Christ nous aide, lui qui vit avec le Père et le Saint-Esprit, et règne dans les siècles des siècles. Ainsi soit-il.

SERMON XXV. — *Du jeûne, et quand il fut institué.* — Vous devez savoir, frères bien-aimés, que, dès le commencement du monde, Dieu, en commandant à Adam et Eve qui étaient dans le paradis terrestre, de s'abstenir du fruit d'un arbre, a ordonné le jeûne solennel que l'Eglise nous prescrit aujourd'hui. Moïse, le juste,

deramus : propterea diligenter attendamus, ut sancte et juste in eremo convivamus. Scire enim debetis, quod demorantibus in solitudine jejunium valde necessarium est. Sed primo videamus quid sit jejunium. Quid enim est jejunium, nisi cunctorum membrorum debita satisfactio? Membra enim satisfacere debent propter peccata quæ commiserunt. Unde si quis in gula peccaverit, satisfaciat jejunando : nam qui solus est sine culpa, solus est et sine pœna. Sed quoniam nullus est sine culpa, ideo nullus sine pœna vivere debet. Oculus enim meus frequenter peccavit ; quia per eum mors intravit in animam meam : claudatur ergo oculus, et patiatur, ne quod eum delectat, videat. Sic enim de singulis corporis membris faciendum est, Fratres. Tunc enim magnum, tunc Deo acceptum, tunc sibi devotum jejunium reddimus, dum ab iniquitatibus et voluptatibus abstinemus. Hoc est magnum et perfectum jejunium. Sic enim agentes, sancte et juste et pie vivere dicimur. Pietas enim est cultus Deo reddere quod debet. Sic talis juste vivere dicitur, quando Deo reddit quod reddere debet, et Cæsaris quæ sunt Cæsari. Impietas quid aliud est, quam idolatriam committere? Multi tamen dicunt quod impietas est, quando pauperibus quis sua non elargitur. Propterea, Fratres mei, scire vos volo quod aliud est flagitium, aliud facinus, aliud impietas. Flagitium est, dum peccando nos ipsos offendimus : Facinus quando proximum, impietas quando idolatriam committimus. Similiter aliud est misericordia, aliud clementia, aliud pietas. Misericordia circa naturam, clementia erga justitiam, sed pietas erga Deum versatur. Et quia grossi estis, Fratres, veniat verbi gratia. Misericordia est, dum si quis videndo aliquem juste damnatum duci ad suspendium, naturaliter movetur eique compatitur, et ita motus a suspendio eum liberat. Similiter si quis rapit pauperi aliquid boni, et veniat alius, et raptori eripiat ea et pauperi reddat, talem dicimus habere misericordiam. Clementia vero est, ut si quis injuste hominem punitum videat, et objiciat se periculis ut illum eripiat, talem dicimus clementiam possidere. Pietas autem quid aliud est, quam pietate, misericordia et clementia reformemur. Adjuvet nos Christus, qui cum Patre et Spiritu sancto vivit, et regnat in sæcula sæculorum. Amen.

(1) SERMO XXV. — *De jejunio, et ubi fuit institutum.* — Scire namque debetis, Fratres dilectissimi, quod hoc solemne jejunium quod alma mater Ecclesia hodierna die præcipit observari, a creatione hominis in ipso mundi primordio præcepit Deus in paradiso Adæ et Evæ, ut a fructu arboris abstinerent. Hoc etiam ante

(1) Et hic Sermo multis erroribus scatet, dum de festis, vigiliis, ac jejuniis pro præsenti usu agit. At etiam post Augustinum nulla Apostolorum, nisi Petri et Pauli, Andreæ et Jacobi, nulla B. Mariæ festivitas in Kalendario Carthagin. recensetur.

s'y soumit aussi avant la loi ; puis il la reçut. Sous la loi, Elie s'y soumit, puis il s'envola au ciel sur son char de feu. Tant qu'Eve s'abstint, elle fut vierge et resta dans le paradis. Mais à peine rompit-elle le jeûne, qu'elle tomba dans la misère, sentit s'allumer en elle le foyer des passions, fut placée sous la puissance de son mari, et chassée du paradis. Moïse, après son jeûne, parla avec Dieu face à face, lui qui, avant de jeûner, n'avait osé ni le voir, ni s'en approcher. Jérusalem, au temps du roi Ezéchias et d'Isaïe, fut délivrée de Sennacherib par le jeûne, et cent quatre-vingt-cinq mille hommes furent tués, en une seule nuit par Dieu, et, de peur que leurs cadavres n'engendrassent la corruption, ils furent consumés et réduits en poussière. Au temps de Jonas, le jeûne qu'il prêcha sous la cendre et sous le cilice obtint le pardon. Josué, fils de Navé, ne jeûna-t-il pas, avant d'arrêter, pendant le jour, le cours du soleil et de la lune, afin de pouvoir triompher de ses ennemis? O jeûne! délices des âmes, heureux celui qui t'aime, mais plus heureux encore celui qui t'observe! Celui qui jeûne pour paraître bon, pour se conserver, pour jouir d'une meilleure santé, et pour que son corps ne prenne pas trop d'embonpoint, celui-là n'est point heureux, car le jeûne qu'il pratique n'a pas pour principe la vertu, mais la présomption. Non, ce n'est point là l'effet de la vertu, mais le désir de s'amaigrir. Ainsi ce n'est pas pour le monde, mais pour Dieu, que nous devons jeûner. C'est ainsi que se conduisaient nos pères dans l'ancienne loi. Ils offraient à Dieu la dîme et les prémices de tous leurs biens. Nous aussi nous devons consacrer à Dieu des prémices.

Mais quelles prémices offrir à Dieu, ce sera lorsque nous priverons notre corps de nourriture pour pouvoir faire l'aumône, et que nous jeûnerons spirituellement en quittant nos vices. De telles prémices seront vraiment agréables à Dieu. Rappelez-vous bien, mes frères, qu'anciennement nos pères, dans la foi, avaient l'habitude de jeûner la veille des grandes solennités jusqu'à la nuit. Cette coutume était louable et bonne. Mais, ce n'est pas tout, ils veillaient même pendant la nuit et se réunissaient à l'église pour jouer et danser, chose détestable et mauvaise. Tels étaient non-seulement les Romains, les habitants de Pavie et de Ravenne, mais même ceux de Milan. Cette honteuse coutume était à Milan l'objet de la vive douleur de cette mère, qui m'a enfanté au Christ dans ma chair et dans mon âme; et, sur ses pressantes sollicitations, il fut établi par notre père saint Ambroise que les veilles seraient abolies et cesseraient pour tout le monde, afin que les homicides et les fornications ne fussent plus commis par les fidèles. L'Église de Milan ordonna seulement aux fidèles le jeûne de l'esprit et du corps, accompagné de l'aumône. Mais vous me direz : Est-ce que nous devrons jeûner tous les jours de notre vie? O mes frères! vous avez reçu ma règle, et, entre autres choses, je vous ai fréquemment répété que vous deviez dompter votre chair par la privation de nourriture et de boisson, autant que votre santé vous le permet. Je n'ai point voulu me lier, je n'ai point voulu porter vos fardeaux, mais j'ai seulement voulu vous imposer de jeûner et de faire abstinence autant qu'il vous sera possible, avec la grâce de Dieu. Je ne veux pas que

---

legem Moyses sanctus observavit, et legem suscepit. Hoc sub lege Elias astrinxit, et ad cœlum in curru volavit. Eva quamdiu abstinuit, virgo fuit, et in paradiso permansit ; sed dum jejunium violavit, in miseriam corruit, libidinis corruptionem persensit, sub domino constituta remansit, et de paradiso expulsa fuit. Moyses etiam post jejunium cum Deo facie ad faciem locutus est, qui ante jejunium Deum nec videre nec ad eum accedere ausus fuerat. Jerosolyma a Sennacherib tempore Ezechiæ regis et Isaiæ per jejunium liberata, et centum et octoginta quinque millia cœlitus interfecti in nocte una, et ne fœterent eorum corpora, incinerati et in pulverem redacti sunt. Tempore etiam Jonæ jejunium prædicantis in cinere et cilicio veniam impetravit. Numquid et Josue filius Nave jejunavit, prius quam per diem et cursum solis et lunæ temperavit, et hostes superavit? O jejunium convivium animarum, beatus qui te amat, sed beatior qui te frequentat! Qui enim jejunat, ut bonus appareat, ut conservetur, ut sanior fiat, et ut ne corpore nimis impinguescat, non beatus est ille : quia jejunium quod facit, non virtutis est, sed præsumptionis; non virtutis est, sed attenuationis. Ideo non mundo, sed Deo jejunare debemus : sic enim sancti patres in veteri lege faciebant. Decimas enim Deo dabant, et primitias de omnibus bonis suis : sic et nos Deo primitias dare debemus. Quas tunc primitias Deo damus, quando corpore quidem a cibis eleemosynas etiam dando, et mente a vitiis jejunamus. Et nunc Deo tales primitiæ acceptæ sunt. Sed scitote Fratres mei, quod (1) antiquitus patres nostri fideles jejunare consueverunt in vigiliis magnarum solemnitatum usque ac noctem : quod laudandum erat et bonum. Sed hoc non solum, sed etiam vigilabant per noctem, et ad ecclesiam ludendo et chorizando conveniebant : quod detestabile erat et malum. Tales non solum Romani erant, non solum Papienses et Ravennates, sed etiam Mediolanenses : de qua turpi consuetudine dolebat Mediolani mater illa, quæ me carne et spiritu in Christo regeneravit, et institutum est (2) ipsa instigante a patre nostro sancto Ambrosio, ut vigiliæ cassarentur, vel cessarent a cunctis, ut homicidium et fornicationes a fidelibus deponerentur. Solum tamen jejunium mentis et corporis cum eleemosyna Mediolanensis ecclesia fidelibus reliquit. Sed dicetis : Numquid in vita nostra semper jejunare debemus? O Fratres mei, legem meam recepistis, et audistis frequenter inter cætera, quod carnem vestram dometis abstinentia escæ et potus, quantum valetudo permittit. Nolo enim me ipsum ligare. Nolui onera vestra portare : sed hoc solum

---

(1) Jejunium Vigiliarum nullum reperimus apud Augustinum, nisi Natalis Domini, quod forsitan ad Nonam solvebatur; qua hora soluta, sunt ejusmodi jejunia in Ecclesia deinceps recepta. At in Quadragesima etiam Bernardi ævo ad Vesperam usque jejunabatur, ut patet ex ipsius Ser. III, de Quadrag. — (2) Qui illud, cum describitur, lib. IX, *Conf.*, c. VII : « Vigiliarum primas tenens? » Augustinus etiam Ser. CCCXI, n. 5, docet vigiliarum institutionem per Aurelium factam cantus et saltus cessisse.

vous jeûniez le dimanche, car les hérétiques et les infidèles le font. Mais tout jeûne, excepté celui qu'on ferait le dimanche, est bon et louable s'il est fait dans de bonnes conditions. Il y a cependant quelques jeûnes de dévotion, comme de jeûner la veille des fêtes de saint Cyprien, notre compatriote, des saints Gervais et Protais, et autres fêtes semblables. Il y a un jeûne de précepte, comme celui qui précède l'Assomption de la sainte Vierge, la Nativité de saint Jean-Baptiste, des saints apôtres Pierre et Paul, Simon et Jude, Matthieu, André et Jacques le Majeur. A ces veilles de fête, nous sommes toujours obligés de jeûner, afin que, si par le jeûne, nous souffrons avec eux, nous soyons aussi glorifiés éternellement avec eux. Mais, mes frères, vous allez donc me dire : Pourquoi faisons-nous la fête de saint Jean-Baptiste ? ne fût-il point conçu dans le péché ? D'abord, faites attention qu'aussitôt après l'opération de l'homme, la conception a lieu dans la femme. Alors la chair se forme, et, quarante-sept jours après, l'âme est créée, puis introduite dans le corps, suivant l'opinion de notre père, le martyr saint Cyprien, auquel je suis heureux de croire en toutes choses, car ses paroles étaient inspirées du Saint-Esprit. On célèbre, non la première, mais la seconde Nativité. La première eut lieu dans le sein de sa mère quand son âme fut unie à son corps, l'autre eut lieu à sa naissance quand il parut à la lumière. Celle-ci se fit sans péché, car il fut sanctifié étant encore dans sa mère. Cette fête se célèbre non-seulement chez les chrétiens, elle a même une veille chez les infidèles. C'est surtout dans cette fête que les païens infidèles se réunissaient dans leurs églises pour veiller, comme nous l'avons dit plus haut. Mais les veilles étant abolies, nous conservons cependant encore le nom donné dans l'antiquité, car nous appelons encore veille le jour où nous jeûnons. Je veux encore, mes frères, m'expliquer davantage. Vous avez connaissance de sainte Elisabeth, fille de sainte Ismara, laquelle Ismara fut sœur charnelle de sainte Anne, mère de la sainte Vierge Marie. Lorsqu'Elisabeth était enceinte de Jean, Jean ne fut point sanctifié avant l'arrivée de la sainte Vierge, mais il le fut aussitôt que la sainte Vierge eut salué Elisabeth. Il y a donc justice de notre part de célébrer cette Nativité. Parlons maintenant des apôtres dont la vigile n'est point célébrée. Nous ne jeûnons point la veille de la fête de saint Philippe et de saint Jacques, parce que cette fête tombe entre Pâques et la Pentecôte. C'est le temps de la joie, de l'allégresse et de la réjouissance ; c'est celui dans lequel Notre-Seigneur est ressuscité des morts. La fête de saint-Jacques, fils de Zébédée, n'a point de veille dans certaines Eglises ; la raison en est qu'ayant été mis à mort dans les jours des azymes, nous ne célébrons pas le jour de sa mort, mais plutôt celui de sa translation. La fête de saint Barthélemi semble n'avoir pas de veille, parce que ce saint ne mourut que le lendemain du jour où il fut écorché ; et, s'il y avait une vigile, ce ne pourrait être que le troisième jour, ce qui est contraire à la règle de tous les autres jeûnes. Saint Thomas n'a point de vigile, sa fête arrivant pendant l'Avent. Barnabé n'a point de jeûne, parce qu'il n'est point compté parmi les

super vos ponere volui, ut jejunetis et abstineatis, quantum facere Deo favente potestis. Nolo tamen, quod diebus Dominicis jejunetis : hoc enim hæretici et infideles faciunt. Omne autem jejunium, exceptis diebus Dominicis, bonum est et laudandum, si bene fit. Aliquod tamen est jejunium devotionis, ut jejunare vigilias sanctorum Cypriani compatriotæ nostri, et Gervasii et Protasii, et similia. Aliud est jejunium institutionis, ut assumptionis sanctæ Mariæ, et navitatis sancti Joannis Baptistæ, sanctorum apostolorum Petri et Pauli, Simonis et Judæ, Matthæi, et Andreæ, et Jacobi majoris. Istorum enim vigilias jejunare semper debemus, ut sicut jejunando cum eis patimur, ita in futurum cum eis pariter gloriemur. Sed mox mihi Fratres dicetis : Cur festum nativitatis sancti Joannis celebramus ? Numquid in peccato conceptus est ? Et ideo attendite, quod prius seminatur homo, postea concipitur in vulva, et ibi caro formatur, deinde post dies quadraginta septem (1) creatur anima, et corpori infunditur, (2) secundum sanctum patrem et martyrem Cyprianum, cui (3) in omnibus compellor credere, quia per Spiritum sanctum optime locutus est. Celebratur tamen nativitas sancti Joannis Baptistæ, non prima, sed secunda. Prima enim nativitas fuit in utero, quando anima in utero fuit infusa. Alia vero ex utero, quando venit ad lucem ; et hæc sine peccato fuit, quia sanctificatus fuit in utero. Hæc autem festivitas non solum apud fideles, sed apud infideles vigiliam habet. In hoc festo maxime Pagani infideles adducebant ad ecclesiam suam conveniebant vigilautes, ut supra diximus. Sed (4) destructis vigiliis illis, adhuc tamen antiquitatis nomen tenemus ; quia dum jejunamus, vigiliam nuncupamus. Vel aliter diximus, Fratres. Nam dum illa sancta Elisabeth, quæ filia fuit sanctæ Ismaræ, quæ quidem Ismara soror fuit carnalis sanctæ Annæ matris Dominæ nostræ, dum gravida esset de Joanne, ante adventum Virginis sanctificatus Joannes non fuit, sed salutata Elisabeth a Virgine, mox Joannes sanctificatus fuit in utero. Merito ergo ejus nativitatem celebrare debemus. Sed nunc de Apostolis, quorum vigiliæ non habentur, dicamus. Festum enim Philippi et (5) Jacobi jejunium non habet, eo quod inter Pascha et Pentecosten est, quod tempus est gaudii, lætitiæ et exsultationis, quia Salvator surrexit a mortuis. Jacobus etiam Zebedæi apostolus apud quosdam vigiliam non habet, eo quod occisus fuerit in diebus azymorum ; nec diem mortis ejus celebramus, sed potius (6) translationis. Bartholomæus etiam vigiliam non videtur habere, eo quod una dierum fuerit decoriatus, et sequenti die obiit, et sic si haberet vigiliam, oporteret quod esset in tertia die, quod est contra normam aliorum jejuniorum. Thomas autem vigiliam non habet, eo quod tempore (7) adventus venit. Barnabas jejunium

(1) De origine animarum etiam senex Augustinus cunctatus est lib. I, *Retract.*, n. 3. — (2) « Apud Cyprianum de ea quæstione ne verbum quidem reperias, » ait Lupus. — (3) Ei tamen mox non credit Serm. XXVIII. — (4) Circa sæculum XIII, prohibitas legimus ob scandala inde nata. — (5) Jacobi festivitas proxime post Natalem Domini in Kalendario Carthagin. collocatur. — (6) Quæ, ut observat Lupus, primum innotuit desinente sæculo VIII, sub regno Alphonsi casti. — (7) Adventus nomen ac celebritas Augustini ævo ignota.

douze. Il en est de même de Mathias, sa fête tombant toujours un jour de jeûne; de l'évangéliste saint Jean, parce qu'en ce jour nous sommes dans la gloire, transportés en esprit dans les cieux, et que nous devons chanter gloire à Dieu au plus haut des cieux. Je vous demande, mes frères, que, si vous n'êtes pas obligés d'observer ces jeûnes pour la rémission de vos péchés, du moins vous ne cessiez de jeûner pour vaincre les piéges de l'ennemi de votre salut et dompter votre chair autant qu'il vous sera possible. Que le Christ, Fils de Dieu, nous protège, lui qui a bien voulu naître et mourir pour nous. Ainsi soit-il.

SERMON XXVI. — *Du murmure, de la médisance, et des châtiments infligés aux damnés.* — Habitants du désert, frères bien-aimés, nous ne devons être en aucun cas ni murmurateurs, ni médisants, ni calomniateurs, car, vous le savez, ces hommes n'entreront point dans le royaume de Dieu. Que notre langue trompeuse ne se laisse point aller à dire des choses ineptes; mais, avec l'aide de Dieu, sans la volonté, le bon plaisir de qui une feuille d'arbre ne se meut point, que tout murmure et toute médisance soient bannis loin de nous, nous rappelant ce qui est arrivé, à cause de ses murmures, à Marie, sœur d'Aaron et de Moïse. Elle murmura de ce que Moïse avait épousé une femme de l'Ethiopie. Le Seigneur fut animé contre elle d'une fureur extrême, car Moïse était le plus doux de tous les hommes qui existaient sur la terre. Le Seigneur dit à Aaron et à Marie : « Venez vers l'arche d'alliance. » Quand ils furent arrivés, le Seigneur leur dit : « Pourquoi n'avez-vous pas craint de murmurer contre Moïse, mon serviteur ? » (*Nombr.*, XII, 4, et suiv.) Je lui parle face à face. Il est mon serviteur, et je n'en ai point de plus fidèle dans ma maison. Aussitôt Marie fut toute couverte d'une lèpre qui tomba sur elle comme de la neige. A cette vue, Moïse courut au Seigneur, et lui dit : Mon Dieu, guérissez-la, je vous en prie. Le Seigneur lui répondit : Qu'elle soit éloignée pendant sept jours du camp, et Marie sera ensuite rétablie dans son premier état. Je vous prie, mes frères, de faire attention que Marie, dans cette circonstance, représente l'âme des sujets et des disciples lorsqu'elle refuse d'obéir à son supérieur et au prêtre, et qu'elle accompagne ce refus de murmures. Elle devient alors couverte de lèpre, et sa lèpre est visible quand sa faute est publique. Mais le bon Pasteur, dont la sollicitude s'étend sur vous tous, soupirant après le salut des âmes, compatit à ce pécheur, et demande par ses prières, en faveur de cet infirme, le secours du divin Médecin. Et le bon Pasteur, qui ne cesse de donner sa vie pour ses brebis, crie chaque jour d'une voix puissante : Seigneur, je vous en prie, guérissez-la, pansez ses blessures, elle en est toute bouleversée. Guérissez-la, la lèpre du murmure la couvre tout entière. Ramenez-la, car elle avait été séparée de l'assemblée de vos fidèles. Donc, mes frères, prenez bien garde d'être murmurateurs. De même que la lèpre dévore tout le corps et infecte ceux-là même qui la touchent, ainsi le murmurateur cause non-seulement sa propre ruine, mais il fait même périr tous ceux qui l'écoutent. Mes frères, ne soyez ni murmurateurs, ni grands parleurs, mais vrais dans vos discours. Dans un flux de paroles, comment le péché ne pourrait-il pas se glisser, et comment toutes pourraient-elles être vraies? Qu'il est dangereux non-seulement de dire des choses

---

non habet, quia de duodecim non fuit. Mathias jejunium non habet, eo quod tempore jejunii sit. Joannes evangelista jejunium non habet, eo quod in gloria in excelsis simus, et gloriam in excelsis Deo cantare debemus. Rogo tamen vos, Fratres, licet jejunia ista servare non teneamini pro remissione peccatorum vestrorum, vel pro periculo hostium jejunare non desistatis, carnem domantes, quantum portare potestis. Adjuvet nos Christus filius Dei qui pro nobis nasci et mori dignatus est. Amen.

SERMO XXVI. — (a) *De murmuratione et detractione et de pœnis damnandorum.* — Demorantibus nobis in eremo, Fratres dilectissimi, murmuratores, detractores, vel susurrones nullatenus esse debemus : scientes quod tales regnum Dei non consequentur. Non igitur stulta loquamur lingua dolosa, sed cum Dei adjutorio, sine cujus voluntate et nutu folium arboris non movetur, omnis murmuratio vel detractio procul sit a nobis : considerantes quid Mariæ sorori Aaron et Moysi, quia murmuravit, acciderit. Nam murmuravit, quia Moyses uxorem Æthiopissam duxerat, cui murmuranti iratus est Dominus valde, eo quod Moyses esset mitissimus super omnes homines qui morabantur in terra. Et ait Dominus Aaron et Mariæ : « Egredimini ad tabernaculum fœderis. » Quibus pervenientibus ait Dominus : « Quare non timuistis detrahere servo meo Moysi, » (*Num.*, XII, 4, etc.) cui loquor facie ad faciem ? Servus etenim meus est, et in domo mea fidelissimus est. Et ecce Maria repleta est lepra, cadens super eam quasi nix. Quam videns Moyses, exclamavit ad Dominum dicens : « Deus meus, obsecro sana eam. » Cui respondit Dominus : « Separetur septem diebus extra castra, et postea revocabitur » Maria ad pristinam sanitatem. Ideo attendite Fratres, quod Maria hæc quæ peccavit, animam subditorum et discipulorum significat, quando suo præposito vel presbytero obedire recusat, et recusando murmurat, in murmurando leprosa efficitur : quod apparet, dum culpa ejus publicatur. Sed bonus pastor qui omnium vestrum curam gerit, quærens sanitatem animarum, compatitur peccanti, et auxilium divinæ medicinæ precibus postulat infirmanti : clamatque quotidie indefessa voce pastor bonus, qui animam suam ponere non desistit pro ovibus suis, dicens : Obsecro Domine, sana eam ; sana contritiones ejus, quia commota est. Sana eam, quia lepra murmurationis plena est. Revoca eam, quia a consortio fidelium tuorum separata est. Igitur Fratres attendite, ne murmuratores sitis. Nam sicut lepra proprium corpus devorat, et sibi adhærentes inficit : sic et murmurator non solum se ipsum destruit, sed etiam cunctos audientes occidit. Ideo, Fratres, attendite, ut non murmuratores vel loquaces sitis, sed veraces : quia in superfluo eloquio peccatum deesse non poterit, nec omnino veritas adesse. O quam grande pericu-

(a) In Mss. proxime ante Ser. XIX, locum habet, inscribiturque : *De murmuratoribus et pœnis inferni.*

fausses! mais on ne doit même pas être sans crainte, et on s'expose à des châtiments, quand on dit la vérité. Enfin, je n'ose pas louer les bavards, mais je ne crains pas d'appeler bienheureux ceux qui gardent le silence. Faites bien attention, mes frères, ne vous laissez pas comprendre dans le nombre de mes prêtres murmurateurs. Car, si je suis venu à vous, et si je voulus, dans les solennités de Pâques, demeurer avec vous dans cette solitude, c'est parce que mes prêtres ont murmuré et qu'ils lancèrent la calomnie sur Augustin. Ils ne voulurent point obéir aux préceptes du Seigneur; aussi, en murmurant, devinrent-ils lépreux et se couvrirent-ils de la souillure du péché. Je les ai chassés de ma maison, parce que, quoiqu'élus, ils ne se rendirent pas dignes de demeurer avec moi. Oui, je les ai séparés, expulsés, car ils ne pouvaient se tenir sans murmurer. Pour vous, dont l'office est de prier sans cesse, je vous en supplie, redoublez de ferveur dans vos prières, afin que, plein de joie, je les trouve guéris, et que je les rétablisse en communion avec l'Eglise d'Hippone, eux que j'avais cru meilleurs que je ne les ai trouvés. Toutefois, ce bannissement est pour leur salut, et non pour leur perte, pour les corriger, et non pour les damner. Ainsi Adam fut chassé du paradis, afin que, dans cet exil malheureux, il se corrigeât, et que, dans cette peine temporelle, il pût acquérir, avec la grâce, l'éternelle promesse. Bien qu'Adam eût péché, le Seigneur cependant ne l'abandonna point, mais il l'invita toujours à la pénitence, lui et les siens. Après qu'Adam eut commis sa faute, il voulut se cacher, et se cacha en effet devant la porte du Seigneur, ce qui était la marque de sa douleur et de sa confusion. Telle est, mes frères, la conduite que je veux que vous teniez, si jamais vous avez le malheur de murmurer ou de pécher, ce qui est la condition de tous les mortels. Confondez-vous, et cachez, par humilité, votre face devant la face du Sauveur, afin que, lorsqu'il vous visitera dans la solitude du paradis, et qu'il vous appellera, disant à chacun : Adam où es-tu? vous voyiez dans quels malheurs le péché vous a plongés. Dès lors qu'il vous appelle par votre nom, il marque certainement qu'il vous appelle à la pénitence. Dès lors qu'il s'écrie : Où es-tu? Il montre qu'il ignore la voie du pécheur, ou mieux, non qu'il l'ignore, mais qu'il la réprouve. Il se montre après-midi, nous marquant que l'amour du Seigneur pour le pécheur s'est refroidi, parce que l'ardeur de la charité s'est ralentie dans l'homme par le péché. Pensez à cela, reconnaissez avec Adam que vous avez péché et dites: Seigneur, j'ai entendu votre voix dans le désert, et je fus saisi de crainte, parce que j'étais dépouillé de bonnes œuvres; je me suis caché par humilité, reconnaissant que j'ai péché entre le ciel et contre vous. Mais Dieu chassera du paradis ceux qui agiront autrement, qui se livreront au murmure et à la détraction envers leur prochain, et nourriront dans leurs cœurs de mauvais desseins. Cependant, touché de compassion, il les revêtira de tuniques de peau, de peur que, dans la saison du froid, ils ne périssent pour toujours. O immense miséricorde de Dieu O infinie clémence du Seigneur! Que sa charité pour nous est grande et admirable. Chaque jour, en effet, nous péchons, nous l'offensons fréquemment, et cependant, il ne veut point nous abandonner; mais chaque jour, il veut bien encore nous donner les

lum est, non solum dicere falsa, sed et vera prædicare pœnosum et dubium est! Loquaces denique laudare non audeo : sed tacentes beatos prædicare præsumo. Attendite, o Fratres mei, attendite, ne simul cum presbyteris meis murmurantibus capiamini. Nam ad vos perveni, (1) et in diebus Paschalibus vobiscum in hac solitudine esse volui, quia murmuraverunt, et Augustino detraxerunt presbyteri, et noluerunt Dominicis obedire præceptis, ideo leprosi murmurando facti sunt, et immunditia peccatorum percussi sunt, et a domo mea expulsi sunt, quia vocati non fuerunt digni mecum perseverare. Ideo separati sunt et expulsi, quia non potuerunt sine murmure stare. Vos autem, quorum officium est semper orare, ferventius nunc orare vos deprecor, ut tanquam sanatos ad communionem ecclesiæ Hipponensis revocare gaudenter possimus illos, (2) quos tales invenire credidi, quales invenire non potui. Hæc tamen expulsio est ad salutem, non ad perditionem; ad correctionem, non ad damnationem. Sic enim expulsus est Adam de paradiso, ut in hoc exsilio miseriæ corrigeretur : ut in hac pœna temporali per gratiam adipisceretur æternam promissionem. Nam licet Adam peccaverit, Dominus tamen eum non deseruit, sed ad pœnitentiam eum et suos semper invitavit. Post quam enim Adam peccavit, latere se voluit, et abscondit se a facie Domini, quod erat signum doloris et erubescentiæ. Sic enim volo vos facere, Fratres. Nam et si aliquando murmurastis vel peccastis, quod est conditio cunctorum viventium, erubescite et abscondite faciem vestram per humilitatem a facie Salvatoris : ut dum visitaverit vos in solitudine paradisi, et vocaverit vos ,dicens cuilibet: « Adam ubi es : » Gen., III, 9) consideretis in quanta peccatorum miseria positi sitis. Per hoc enim quod vos proprio nomine vocat, signum dat quod ad pœnitentiam vocat. Per hoc quod dicit : « Ubi es : » ostendit quod viam peccatoris ignorat; non tamen quod ignoret, sed quod reprobet. Post meridiem apparet; ostendens quod Dominus ab amore peccatorum refrigescit, quia per peccatum in homine refrigeratus est amor caritatis. Hoc enim pensate, et cum Adam vos peccasse cognoscite, et dicite : Domine, « audivi vocem tuam » in eremo, « et timui, eo quod » bonis operibus « nudus essem, et abscondi me » (Ibid., 10) per humilitatem, cognoscens quod peccavi in cœlum et coram te. Sed et contrarium facientes, murmurantes et detrahentes proximo suo, et mala portantes in cordibus suis, expellet eos Dominus de paradiso : sed tamen faciet Dominus misericordia motus tunicas pelliceas ne tempore frigoris perpetuo moriantur. O grandis Dei misericordia ! o infinita Dei clementia ! o magna et admirabilis ejus dilectio circa nos ! Ecce enim quotidie peccamus, frequen-

(1) V. notam postremam Ser. v. — (2) Imo August. jam senex Ser. CCCLVI, n. 3. « Tales, inquit, inveni, quales desideravi. » Et Ser. CCCLV, n. 7. « Omnes mihi libenter obediunt » quibus Sermonibus Clericos ab omni mala suspicione liberare omni nisu contendit.

tuniques de peau de la correction et du pardon. Voilà combien est grande la miséricorde du Sauveur pour nous. Donc, mes frères, la joie de mon cœur, rentrons en nous-mêmes ; examinons notre âme sérieusement, sachant qu'en ce moment nous sommes placés les paradis de la pénitence et des délices, étant constitués et établis dans l'Église. Il nous a fait le précepte de l'aimer de tout notre cœur, de toute notre âme, d'aimer aussi notre prochain ; mais comment pouvons-nous l'aimer si nous devenons dans le désert, murmurateurs et médisants ? O quelle peste effroyable et mortelle c'est que le murmure ! Qu'elle est dangereuse, puisqu'elle ruina des congrégations de clercs et de nombreuses cités ! Et comme il y a un grand péril de demeurer avec les murmurateurs, il faut les chasser du milieu de nous, de peur que les autres ne soient corrompus par eux. Une troisième langue cause bien des maux, aussi, si ces malheureux étant repris une fois ne se corrigent pas, il faut les expulser de votre sainte congrégation. Ne croyez point que ce soit cruauté, et que ceux qui sont expulsés pour un temps, ne se plaignent point de ce bannissement, mais qu'ils l'acceptent en toute humilité, pleurant et se lamentant de ce qu'ils n'ont pas encore compris cette parole de l'apôtre : « Si quelqu'un se regarde comme religieux, et qu'il ne mette pas un frein à sa langue, sa religion est fausse. » (*Jac.*, 1, 26.) Il vaut mieux, en effet, être banni ici-bas, et pour un temps d'une congrégation, que d'être chassé pour l'éternité du royaume des cieux. C'est ainsi, comme nous l'avons dit plus haut, qu'Adam fut chassé du paradis, non pour sa perte, mais pour son amendement. Si votre frère qui a péché et qui a médit de son prochain ayant été repris s'est corrigé, je veux que vous le receviez parmi vous fraternellement. Il est préférable, en effet, qu'au dernier jour nous soyons repris pour trop de miséricorde que pour trop de sévérité. Quand avons-nous lu qu'un homme miséricordieux ait jamais péri, je ne sais ; mais j'ai souvent appris la mort du cruel et de l'impie. Donc, mes frères, la joie de mon cœur, je vous en prie, ne péchez point, afin qu'au dernier jour vous ne soyez trouvés ni cruels ni miséricordieux à l'excès. Cessez les murmures, cachez votre langue derrière vos dents, mettez une garde à votre bouche, et taisez-vous, il est bon de se taire, non-seulement, sur les mauvais, mais aussi quelquefois sur les bons. Le prophète roi, n'a-t-il pas dit : « Je me suis tu sur les bons. » (*Ps.* xxxviii, 3.) En effet, nous ne devons pas partout étaler toute espèce de bien au grand jour, mais en toutes choses nous devons savoir le temps de le découvrir. Vous serez donc, mes frères, non point bavards, mais véridiques. Repoussez bien loin le murmure, fuyez-le comme la mort. Murmurer, calomnier et mépriser, c'est le métier des hypocrites et des ignorants. L'hypocrite ne se lasse ni de murmurer, ni de ravaler, il médit de tout le monde, pour que lui seul soit appelé bienheureux par tout le monde. Il juge tout, pour qu'il n'y ait personne qui ose le juger. Il méprise tout pour être le seul que chacun regarde. O hypocrite, ne viens jamais t'asseoir à ma table. Car, avant que d'y rien prendre, on te ferait déjà entendre ma leçon. Qu'ai-je, en effet, écrit tout d'abord au-dessus de ma table ? Que désiré-je qu'on y apprenne en premier lieu ? La première chose que je veux qu'on

ter eum offendimus ; et tamen nos derelinquere non vult, sed tunicas pelliceas (*a*) correctionis et veniæ nobis quotidie donat et largitur. Ecce quanta est misericordia nostri Salvatoris. Igitur, Fratres mei et lætitia cordis mei, redeamus ad nosmetipsos, et eam diligenter discutiamus, scientes, quod nunc in paradiso pœnitentiæ et deliciarum positi sumus, et in Ecclesia ejus positi et collocati sumus. Dedit nobis præcepta, ut toto corde, tota mente eum diligamus, et proximum nostrum. Sed quomodo diligere eum possumus, si susurrones et detractores in eremo facti sumus ? O quam pestis misera et mortalis est ipsa murmuratio ! o quam venenosa est, quæ conventus clericorum et civitates multas destruxit ! Et quia grande periculum est, inter murmuratores habitare ; et ideo expellendi sunt tales, ne cæteri corrumpantur per eos. Tertia enim lingua multa mala committit (*Eccli.*, xxviii, 16) : ideo si semel correpti non se emendaverint, de vestra sancta et singulari societate expellantur. Nec crudele hoc esse credatis, nec illi qui expulsi sunt ab hac, de hac expulsione dolere debent ; sed cum omni humilitate eam suscipiant, dolentes tamen et flentes, quod nondum intellexerunt Apostolum dicentem : « Si quis se putat religiosum esse, non refrænans linguam suam, hujus vana est religio. » (*Jac.*, 1, 26.) Melius est enim a congregatione præsenti expelli ad tempus, quam a cœlesti regno perpetuo. Sic enim, ut supra diximus, expulsus est Adam de paradiso, non ad damnationem, sed ad correctionem. Correctus vero et emendatus frater qui peccaverit, et qui proximo detraxerit, volo ut inter vos fraterne recipiatur. Melius enim est, ut redarguamur de misericordia, quam de crudelitate, in die novissimo. Nam pium hominem quando perisse legimus, ignoro : sed impium et crudelem frequenter perisse audio. Igitur, Fratres mei et lætitia cordis mei, obsecro ut non peccetis, ut in die novissimo nec crudeles, nec nimis misericordes inveniri possitis. Deponite murmura, claudite infra dentes linguam, ponite custodiam ori vestro, et silete ; non solum a malis, sed etiam quandoque a bonis silere, laudabile est. Ait enim sanctus Propheta : « Silui a bonis. » (*Psal.* xxxviii, 3.) Nam omne bonum ubique proferre non debemus : sed tempus proferendi agnoscamus in cunctis. Estote igitur, Fratres, non loquaces, sed veraces. Calcate murmurationes, et fugite eas ut mortem. Nam murmurare, detrahere vel despicere, hypocritarum conditio et ignorantium. Murmurare denique et detrahere hypocrita non satiatur, de omnibus maledicens ut ipse solus a cunctis prædicetur beatus. Omnia judicat, ut nemo sit qui eum audeat judicare. Omnia despicit, ut ipse solus sit qui ab omnibus aspiciatur. O hypocrita, cave ne ad mensam meam pervenias. Nam ibi ante quam aliquid sumas, lectio mea tibi primo legetur. Quid enim primo in mensa mea descripsi ? Quid primo in ea habere vel au-

---

(*a*) Al. *contritionis*.

y observe est celle-ci : Quiconque aime par ses paroles à ronger la réputation des absents, qu'il sache que cette table lui est interdite. C'est pourquoi, mes frères, si quelqu'un désire murmurer, qu'il n'ait pas l'audace d'approcher, je ne dis pas de notre congrégation, mais même de notre table. Nous ne sommes pas venus dans le désert pour murmurer, mais afin de fouler aux pieds les choses d'ici-bas, et pouvoir ensuite vivre dans la solitude, dans la piété, la justice et la sainteté. Si nous ne le faisons pas, ce dont Dieu nous garde, il eût mieux valu pour nous que nous ne fussions pas nés. Pourquoi, mes frères, eût-il mieux valu? C'est qu'il eût été préférable de ne pas être que d'exister pour le mal? N'eût-ce pas été un bien d'être privé de l'existence, plutôt que de souffrir éternellement en en jouissant ? Car je ne vois pas ce qui peut nuire à ce qui n'existe pas. Mais avoir l'être et souffrir toujours, qu'est-ce autre chose que d'avoir toujours la mort sans la mort? C'est la vérité, mes frères, c'est indubitablement la vérité que j'ose vous dire : il eût mieux valu ne pas être que d'être et de souffrir continuellement, et de vivre dans les tourments toute l'éternité. Appliquons-nous donc, mes frères, à vivre toujours bien, afin que toujours notre existence soit heureuse. Nous savons bien que nous avons la vie par la grâce de Dieu, mais nous ignorons complétement, si, toujours, cette vie sera heureuse. C'est pourquoi refrénons tellement notre langue et les autres membres de notre corps que, par le moyen de la grâce divine, nous n'arrivions jamais à tomber dans l'éternel malheur. Qu'on ne dise jamais de nous ce qui est dit de Judas, le traître disciple : « Il eût mieux valu pour cet homme n'être jamais né. » (*Matth.*, xxvi, 24.) Pourquoi eût-il été préférable pour lui de n'être pas venu au monde? C'est qu'il est plus avantageux de n'avoir point eu la vie que de demeurer au fond des enfers. Là, bien qu'on y ressentira l'aiguillon de la douleur et du repentir, il n'y aura cependant point de redressement de la volonté, en sorte que les damnés ne pourront ni aimer, ni désirer la justice. Aussi, ce riche qui souffrait cruellement au fond des enfers, bien qu'il semblât prendre souci de ses frères vivants, cependant il n'avait aucune sollicitude pour la justice, car, d'aucune façon, les habitants de l'enfer ne peuvent affectionner la justice. Cependant, ce riche demeurait et était enseveli au fond de l'abîme; il était complètement dans l'ignorance du sort de ses frères, et, pourtant, il paraissait s'inquiéter d'eux ; c'est ainsi que nous, vivants, nous agissons vis-à-vis des morts, quoique nous ignorions absolument dans quel état ils sont. Oh! mes frères, gardons-nous donc de pécher, pour ne pas tomber dans ces flammes. Cette flamme brûle assurément, mais ne donne point de lumière. Pourquoi ? C'est que, en même temps que la flamme de l'enfer tourmente les damnés, elle les prive de la vision de la vraie lumière; et, comme au dehors la douleur du feu les châtie, au dedans la souffrance de la cécité les jette dans la nuit. Ceux qui de cœur et de corps ont abandonné leur Créateur, sont ainsi punis dans leur corps et dans leur âme, et des deux côtés ressentent de cuisantes douleurs ceux qui, pendant leur vie, s'étaient faits les esclaves des mauvaises passions.

dire desidero? Quid primo in ea servare præcipio, nisi quod :

(1) Quisquis amat dictis absentum rodere famam,
 Hanc mensam vetitam noverit esse sibi?

Quapropter, Fratres, si quis murmurare desiderat, non solum ad nostram (*a*) congregationem, sed nec ad mensam nostram accedere præsumat. Non enim ad eremum venimus, ut murmuremus : sed ut mundanis omnibus conculcatis, in eremo pie, sancte et juste vivere valeamus. Quod si non fecerimus, quod Deus avertat, melius fuisset quod nati non fuissemus. Quare, Fratres mei, melius fuisset, nisi quia melius fuisset non esse, quam male esse? Numquid non melius est carere esse, qua cum esse perpetuo cruciari ? Nam non esse, cui possit obesse, ignoro. Sed habere esse, et perpetuo cruciari, quid aliud est, quam mortem sine morte semper habere ? Verum, et indubitanter verum vobis, Fratres mei, dicere audeo, (2) melius esset non esse, quam cum esse perpetuo affligi, vel æternaliter cruciari. Studeamus igitur, Fratres, semper bene vivere, ut et semper bene esse possideamus. Esse enim Dei gratia habere nos scimus : sed semper bene esse omnino ignoramus. Propterea taliter linguam cæteraque corporis membra restringamus, ut mediante divina gratia, ad perpetuum malum esse non perveniamus. Nec de nobis dicatur, quod de Juda proditore discipulo dicitur : « Melius ei fuisset, si natus non fuisset homo ille.» (*Matth.*, xxvi, 24.) Quare illi melius fuisset, si natus non fuisset : nisi quia melius est omni esse carere, quam in inferno jacere ? Ibi denique et si stimulus doloris et pœnitudinis, nulla tamen erit ibi correctio voluntatis, ut nullatenus a damnatis possit diligi vel desiderari justitia. Ideo illi diviti qui in inferno cruciabatur, quamvis curam de vivis fratribus gerere videretur, non tamen eidem de justitia cura erat, quia justitiam nullatenus diligere possunt qui in inferno sunt. Jacebat tamen dives, et sepultus erat in inferno, et (3) quid de fratribus suis esset, ignorabat et nesciebat omnino : et tamen curam de eis videbatur habere ; sicut et nos viventes de mortuis, quamvis quid agant utique nesciamus. Itaque, Fratres, caveamus ne peccemus ; ne ad illam flammam perveniamus. (4) Ipsa denique flamma concremationem habet, sed lumen nullum habet. Quare ? Nisi quia quos gehennæ flamma cruciat, a visione veri luminis cæcat ; et ut foris eos dolor combustionis cruciet, intus pœna cæcitatis obscuret ; ut qui Creatori suo corde et corpore deliquerant, corpore simul et corde puniantur, et utrobique pœnam sentiant, qui dum viverent,

(1) Hæc mensæ Augustini apposita refert Possidius in ejus vita Odo Clun., lib. III, *Collat.*, n. 5. — (2) Nota prolixa ad oram exemplari Jordani apposita, qua locus iste cum alio Augustini, lib. III, *de lib. Arb.*, c. vi, n. 18, conciliatur, in Mss. Reg. et Vict. in ipsummet textum temere translata est. — (3) Ex Aug., l. *de Cura pro mortuis*, c. xiv. — (4) Gregor. lib. IX, *Moral.*, c. xxxviii.

(*a*) Ed. add. *apostolic*. m.

Voilà, mes frères, comment les pécheurs sont punis; pour tous, il n'y a qu'un même feu; tous, cependant, ne souffrent point également, mais plus un homme se sera plongé dans les déréglements, plus terribles seront les châtiments dont il sera puni dans l'éternité. Il n'y a donc pour chacun qu'un même feu, et ce feu est matériel; et, bien qu'il fasse souffrir dans leurs corps les pécheurs les plus endurcis, il n'est point allumé par la main des hommes, ni alimenté par la poix, l'huile ou le bois; mais quand, après le péché, il est une fois allumé, nous ne devons nullement douter que sa durée sera éternelle. O enfer, tu es étendu et n'as point de mesure; tu es profond et je sais que tes profondeurs sont sans limites; tu es insatiable, parce que je sais que tu reçois indistinctement les pauvres et les riches. L'ardeur de tes feux est incomparable, ta pesanteur est insupportable, les douleurs dont tu es rempli sont innombrables. Là se trouvent toutes les misères, les ténèbres, aucun ordre, l'horreur éternelle, aucun espoir de bonheur ou de voir cesser le mal; les damnés éprouveront, au contraire, éternellement tout le mal que l'on peut imaginer. Là, mes frères, les démons ne cessent de pleurer et de hurler, sans relâche, ils frappent les pécheurs, tantôt l'orgueilleux, puis l'arrogant, puis celui qui est plein de la gloire du monde, après le voluptueux, le traître, l'homicide, l'usurier, le bavard, le flatteur, le menteur et le médisant. Oui, ils crieront, mais que crieront-ils, sinon : Frappez, déchirez, tuez, faites mourir sans mort, vite, dépouillez, hâtez-vous d'enlever de force, ici des charbons, ici de la poix, faites fondre l'or et l'argent. Et, parce que pendant leur vie, ils n'ont point voulu comprendre Dieu, et que, s'ils eussent vécu éternellement, ils auraient toujours voulu mal faire, aussi les supplices qu'ils éprouveront seront-ils éternels et sans qu'ils puissent jamais s'en racheter. Donc, mes frères, je vous en prie, ne péchez pas. Gardez votre langue, sachez la maintenir, fermez-la avec un cadenas, car toute parole inutile ne passera pas en vain; au jour du jugement, il nous faudra rendre compte de toute parole oiseuse. Que Jésus-Christ, notre Dieu, nous aide à persévérer dans toute espèce de bien, lui qui, avec le Père et le Saint-Esprit, vit et règne dans les siècles des siècles. Ainsi soit-il.

Sermon XXVII. — *Du prodigue.* — Paix à vous, mes frères bien-aimés, qui avez choisi avec Marie la meilleure part, vous étant résolu de mépriser le monde avec ses pompes; oui, vous avez voulu n'avoir pour le monde que du mépris. Obtempérant aux conseils si salutaires de nos saints pères Ambroise et Simplicien, nous avons entrepris le genre de vie le plus sûr, fuyant le monde avec Paul, craignant de nous laisser prendre par lui. Enfin, nous sommes dans le désert, comprenant le bonheur que l'on goûte dans la communion et la fraction du pain, disant avec le prophète : « Qu'il est bon, qu'il est agréable pour des frères d'habiter ensemble ! » (*Ps.* CXXXII.) Oh! que cette vie est plus sûre, qu'elle est plus douce, quand on peut s'exhorter l'un et l'autre, quand l'exemple de l'un enflamme l'autre. O sainte vie érémitique, vie solitaire, vie de ceux qui combattent contre le monde, vie des parfaits, vie plus angélique qu'humaine, vie des pénitents, vie de ceux qui mettent leur refuge en Dieu, vie divine et non humaine, vie des enfants de l'erreur qui reviennent à leur père. Vous êtes la maison où se réconcilie avec son père le fils qui dépensa la portion

---

pravis delectationibus serviebant. Ecce, Fratres, quomodo puniuntur peccatores, quibus unus ignis omnibus est; non tamen uno modo omnes cruciantur, sed quanto quis in deliciis plus permanserit, tanto fortius cruciabitur in æternum. Unus igitur ignis singulis est, et corporeus est, et uti sævissimos peccatores corporaliter cruciet, nec studio humano accenditur, nec lignis, pice vel oleo nutritur; sed post peccatum semel accensus, in æternum durare nullatenus dubitare debemus. O inferne, tu latus es, et mensuram nos habes; profundus es, et nullum fundum te habere cognosco; insatiabilis es, quia omnes tam pauperes quam divites te libenter suscipere audio; plenus ardore incomparabili, plenus fœtore intolerabili, plenus omni dolore innumerabili. Ibi omnis miseria, ibi tenebræ, ibi nullus ordo, ibi horror æternus, ibi nulla spes boni, ibi nulla desperatio mali; sed omne malum quod existimari potest, damnatis in æternum erit. Ibi, Fratres mei, dæmones flere et clamare non cessant, percutere peccatores nunquam desistunt, nunc superbum, nunc elatum, nunc gloria mundi plenum, nunc luxuriosum, nunc proditorem, nunc homicidam, nunc fœneratorem, nunc verbosum, nunc adulatorem, nunc mendacem, nunc detractorem. Ecce quomodo clamabunt. Sed quid clamabunt, nisi : Percute, dilacera, interfice, sine morte occide, velociter spolia, deprædari festina, fer prunas, picem para, aurum et argentum liquesce. Et quia dum vixerunt, Deum intelligere noluerunt, et si in æternum vixissent, semper male facere voluissent, ideo sine redemptione merito in æternum cruciabuntur. Itaque, Fratres, obsecro, ut non peccetis. Custodite linguam vestram, servate eam, claudite eam vecte ferreo, quoniam sermo vanus in vacuum non ibit : sed de omni verbo otioso in die novissimo redditurum sumus rationem. Adjuvet nos Jesus Christus Deus noster, ad perseverandum in omnibus bonis, qui cum Patre et Spiritu sancto vivit et regnat in sæcula sæculorum. Amen.

Sermo XXVII. — *De filio prodigo.* — Pax vobis, Fratres dilectissimi, qui optimam partem cum Maria elegistis, dum mundum et pompas ejus contemnere voluistis. Voluistis enim terrena despicere. Saniori enim consilio sanctorum Ambrosii et Simpliciani patrum vitam tutiorem aggressi sumus cum Paulo mundum fugiente, timentes ne caperemur ab eo. In eremo denique sumus, jucunditatem communicationis et fractionis panis intelligentes, clamantes cum Propheta : « Ecce quam bonum et quam jucundum, habitare fratres in unum ! » (*Psal.* CXXXII.) Tutior enim hæc vita est, et dulcior, ubi unus alium cohortatur, ubi alter alterius exemplo inflammatur. O vita sancta eremitica, vita solitaria, vita perfectorum, vita angelica non humana, vita pœnitentium, vita contra mundum pugnantium, vita ad Deum fugientium, vita deifica non humana, vita filiorum qui erraverunt, ad patrem re-

de son héritage, en vivant dans la débauche. Si Janvier, notre frère, eût vraiment connu cette vie, il n'eût point gardé de l'or sans que nous le sussions. S'il l'eût aimé, il eût rougi de conserver une vigne, un champ et de l'argent. Pourquoi ? Parce qu'il eût reconnu que de votre plein gré vous observiez une pauvreté plus rigide que mes prêtres. Car, semblable à ce fils qui s'en alla dans une contrée éloignée, où il dissipa tout son bien par une vie de plaisirs, ce frère, ou n'importe quel pécheur, en aimant les plaisirs de la chair, s'éloigne de Dieu, et il s'en éloigne d'autant plus, que, par le péché, il lui ressemble moins. La substance de l'homme est tout ce qui vit, pense, comprend et parle, toutes choses que Dieu partage également. Le pécheur perd follement son bien, en dépensant dans de mauvaises actions sa conscience, sa vie, ses pensées et ses paroles. De ce fils il est dit qu'il commença à sentir le besoin, et que, pour cela, il s'attacha à un des habitants de la contrée, qui l'envoya à sa maison de campagne pour y garder les pourceaux, et ce malheureux désirait se rassasier des fruits sauvages, que les pourceaux ramassaient, et personne ne lui en donnait. Le pécheur tombe aussi dans le besoin, quand il désire remplir son ventre, non du pain de la vie éternelle, mais de glands dont se nourrissent les porcs. Aussi s'attache-t-il à un des princes de ce monde, sous le bon plaisir duquel il puisse faire paître les pourceaux, c'est-à-dire, les démons. Le porc est un animal immonde qui se rassasie et se délecte de fange et d'immondices. Les siliques représentent, non-seulement le gland, mais tous les restes repoussants et immondes dont le porc fait sa nourriture favorite.

En un mot, ces siliques sont la fornication, l'ivrognerie, la gloutonnerie. Ce sont là les mets exquis des démons, dont le pécheur désire se remplir, mais personne ne lui en donne à sa suffisance. Le pécheur, en effet, est toujours pressé par la faim, toujours il voudrait dévorer, tantôt en vivant luxurieusement, tantôt en se livrant à d'autres plaisirs dont il cherche à se repaître. Mais, le Seigneur son Père le visitant par la grâce de sa passion, ce misérable pécheur se repent alors, il lui répugne de mener paître les pourceaux, il pense, et sa méditation le fait se lever, courir à son père et s'écrier : « Mon Père, j'ai péché contre le ciel, » (*Ibid.*, 21) car souvent j'ai pris en vain votre nom et celui de vos saints : j'ai péché aussi devant vous, parce que j'ai péché contre votre humanité, ne reconnaissant point par mes œuvres les souffrances auxquelles vous vous êtes livré pour moi ; j'ai péché aussi « devant vous, » car vous êtes tout ensemble Dieu et homme. « J'ai péché contre le ciel, » parce que j'ai péché contre le Père et le Saint-Esprit. « Je ne suis donc pas digne d'être appelé votre fils. » Mais que fera ce père miséricordieux ? Ecoutons, lisons, prêchons-le, ne le taisons point. Ce père, touché de miséricorde, le voyant encore en vie, accourt ; le voyant pleurer, il pleure ; le voyant tout nu, il lui fait préparer une robe ; le voyant sans chaussure, il lui fait donner de quoi couvrir ses pieds ; le croyant faible et mourant de faim, il ordonne de tuer le veau gras. Oh ! qu'elle est grande la miséricorde d'un si bon père ! Que sa bonté est infinie ! Que sa compassion est douce, qu'elle est amoureuse ! Son fils s'en va au loin, et cependant, il l'attend avec patience. Son fils a perdu

---

deuntium ! Hæc est domus, ubi reconciliatur patri filius, qui portionem substantiæ consumpserat luxuriose vivendo. Hanc, Fratres mei, si Januarius noster cognovisset, aurum nobis ignorantibus non retinuisset. Hanc si dilexisset, (1) vineam, agrum, et pecuniam tenere erubuisset. Quare ? Quia paupertatem asperiorem presbyteris meis vos sponte tenere vidisset. Nam sicut filius ille, qui peregre profectus est in regionem longinquam, ubi dissipavit substantiam suam luxuriose vivendo (*Luc.*, XV, 13) : sic et ipse, vel quicumque peccator, dum carnales voluptates diligit, a Domino peregrinatur : et quanto peccando fit dissimilior, tanto magis a Deo elongatur. Substantia enim hominis est omne quod vivit, cogitat, sapit et loquitur, quæ Deus æque dividit. Quam substantiam peccator consumit, dum conscientiam et vitam et cogitationes et verba in malis actionibus impendit. De filio etiam isto dicitur quod cœpit egere ; et ideo adhæsit uni civium regionis, qui misit eum in villam ut pasceret porcos, et cupiebat implere ventrem de siliquis quas porci manducabant, et nemo illi dabat. Eget enim peccator, dum cupit implere ventrem, non pane vitæ æternæ, sed glandibus, qui porcorum cibus est. Ideo adhæsit uni de principibus mundi, sub cujus favore pascere porcos, id est, dæmones valeat. Porcus enim immundum animal est, et de sordibus saturatur et delectatur. Siliquæ enim sunt non solum glandes, sed etiam omne turpe et im-

mundum quod porcus comedere delectatur. Istæ denique siliquæ sunt fornicatio, ebriositas, et gulositas. Isti enim sunt dæmonum cibi, quibus peccator repleri desiderat, sed nemo illi ad sufficientiam. Peccator enim semper famescit, semper devorare quærit, nunc luxuriando, nunc alia faciendo semper delectari desiderat. Sed visitante Domino patre per gratiam passionis suæ pœnitet miser peccator, dolet jam pascere porcos, cogitat, et cogitando surgit pergens ad patrem, dicens : « Pater, peccavi in cœlum, » (*Ibid.*, 21) quia assumpsi frequenter nomen tuum et sanctorum tuorum in vanum : peccavi etiam « coram te, » quia in tua humanitate peccavi, quia non cognovi opera tuam infirmitatem, quam pro me passus es ; peccavi et coram te, quia Deus et homo es. « Peccavi in cœlum, » quia in Patrem et in Spiritum sanctum. « Non igitur sum dignus vocari filius tuus. » Sed quid fecerit pius pater, audiamus, legamus, prædicemus, non sileamus. Nam misericordia motus, videns illum viventem, occurrit, videns lacrymantem, lacrymatur ; videns eum nudatum, stolam jubet parari ; videns eum discalceatum, calceatur ; credens eum debilem et famelicum, occidi jubet vitulum saginatum. O quam grandis misericordia tanti patris, o quam infinita ejus pietas, o quam dulcis, o quam pia miseratio ! Ecce ibat filius peregre fugit, et tamen patienter exspectat. Omnia bona destruxit, et tamen ad se revocare festinat. Porcos pascit,

(1) Error idem ac supra Ser. V.

tous ses biens, et cependant il s'empresse de le ramener à lui. Il fait paître les pourceaux et il lui prépare le veau gras ; il meurt presque de faim, et il crie qu'il faut le rassasier ; il vient nu, dépouillé de bonnes œuvres, et il le fait revêtir de la robe de la grâce première du Sauveur qu'il reçut au baptême ; il lui fait donner l'anneau de la foi en signe d'alliance, afin qu'il se garde bien désormais de paître les pourceaux, après s'être réfugié dans la maison de son père, et afin qu'il s'établisse comme un concitoyen des saints et un serviteur de Dieu, dans la maison de la divine majesté pour l'éternité et au delà. C'est ce que nous montre bien ce père de la miséricorde, car, à la vue de son fils, il est touché de compassion, il accourt, étend les bras, et, se jetant à son cou, il l'embrasse en disant à ses serviteurs : « Amenez le veau gras et mangeons-le ; mon fils était mort, il est ressuscité, il était perdu, il est retrouvé. » (Ibid., 22.) C'est ainsi qu'a agi le Sauveur à l'égard de Pierre, quand celui-ci le renia : aussitôt qu'il l'eut regardé, que son regard divin eut pénétré dans son âme, Pierre pleura amèrement. Le Sauveur vient au-devant du pécheur, car, de lui-même, il ne peut s'approcher de Dieu, à moins que Dieu ne lui vienne en aide et que son regard n'illumine son intelligence. Mais, aussitôt qu'il l'a regardé, il se penche sur son cou, car le fardeau qu'il place sur son cou est léger, en disant : « Apprenez de moi que je suis doux et humble de cœur. « (Matth., xi, 29.) Il le revêt d'une robe, quand il couvre son âme du vêtement des vertus. Il y a deux espèces de robes : l'une, quand ici-bas notre âme est recouverte du manteau des vertus ; l'autre est la robe d'immortalité, quand notre corps ressuscitera à la fin des siècles. Aussi, mes frères, bien que vous viviez dans le désert, sachez que les deux robes sont deux espèces de résurrection : L'une est celle de l'âme, quand elle ressuscite de ses vices dans lesquels elle était morte ; l'autre est celle du corps, quand notre corps prendra la figure du corps glorieux de Notre-Seigneur Jésus-Christ, et revêtira une forme nouvelle au jour du jugement. Courage donc, mes frères, vous qui êtes aussi la couronne de ma mère, rappelons-nous que nous faisons paître les pourceaux, lorsque pendant si longtemps, par nos péchés nous réjouissons les démons. Combien souvent nous avons soupiré après leurs ordures, quand nous voulions plaire au monde, quand nous désirions nous y rendre florissants, quand nous nous attachions de toute l'ardeur de notre âme à ses plaisirs pervers ! Mais, maintenant, par la grâce de Dieu, nous sommes les serviteurs de Jésus-Christ, ne cessons de crier : J'ai péché, Seigneur, je ne suis plus digne d'être appelé votre fils. Entendant notre cri, il viendra à nous, nous embrassera, et nous donnera sa paix. Il nous gratifia d'une robe, quand il dépouilla notre âme de ses vices ; il nous fit don d'un anneau, quand il nous fortifia dans sa foi ; il nous donna des chaussures, quand il imprima dans notre mémoire le souvenir de la mort ; il tua le veau gras, quand, au sacrement de l'autel, il renouvela dans notre âme le souvenir de sa passion. Alors le père mange et vit avec nous, quand, par notre persévérance, nous faisons notre bonheur d'accomplir ses œuvres. Après que nous sommes parés de la sorte, Dieu ordonne à ses anges de préparer le festin, parce que, étant morts, nous sommes ressuscités, et, qu'étant perdus nous avons été retrouvés. Rappelez-vous donc, mes frères, dans quel dessein vous êtes venus ici. Nous sommes dans la solitude, nous nous sommes éloignés

et ei jam vitulum parat. Fame jam fere moritur, et epulari jam clamat. Nudus apparet, bonis operibus privatus, et ecce stola pristinæ gratiæ Salvatoris quam in baptismo recepit, induitur, et annulus fidei desponsationis datur : ne amplius valeat pascere porcos, qui ad domum patris fugit ; sed tanquam civis sanctorum et domesticus Dei fundetur in domo divinæ majestatis in æternum, et ultra. Quod bene ostendit ille misericordiæ pater, quia videns illum misericordia motus est, et occurrit, et brachia extendens super collum ejus, osculatus est eum, dicens servis suis « : Adducite vitulum, et manducemus. Hic filius meus mortuus erat, et revixit ; perierat, et inventus est. » (Ibid., 22.) Similiter hoc idem fecit Salvator Petro, quando eum negavit : quando illum respexit, quando respexit mentem ejus, tunc flevit amare. Occurrit peccatori Salvator : quia per se non potest ad Deum accedere, nisi ei subveniat, nisi mentem ejus respiciat. Sed postquam eum respexerit, flectitur super collum ejus, quia onus ejus leve ponit super collum ejus, dicens : « Discite a me, quia mitis sum et humilis corde. » (Matth., xi, 29.) Tunc stola induitur, dum anima indumento virtutum vestitur. Duæ enim stolæ sunt : una videlicet quando anima in præsenti indumento virtutum vestitur ; altera vero immortalitatis est, quando corpus in fine sæculi etiam resuscitabitur. Et ideo, Fratres mei, licet in eremo sitis, scire tamen debetis, quod duæ stolæ sunt duæ resurrectiones : quarum una est animæ, quando resuscitatur a vitiis, in quibus mortua jacebat ; altera corporis, quando corpus configuratum erit corpori claritatis Christi, quando in die judicii reformabitur. Eia ergo, Fratres mei et corona matris meæ, scitote quod porcos jam pavimus, cum multo tempore dæmonibus peccando placuimus. Jam frequenter eorum siliquas desideravimus, quando mundo placere voluimus, quando in eo florere concupivimus, quando delectationibus suis toto affectu adhæsimus. Sed nunc Dei gratia servi Christi sumus, clamare non cessemus : Peccavi Domine : jam non sum dignus vocari filius tuus. Quorum clamorem audiens occurrit nobis osculando, suam pacem donando. Stolam donavit, quando animam vitiis spoliavit. Annulum donavit, quando in fide nos sua roboravit. Calceamenta donavit, quando memoriam mortis nobis impressit. Vitulum occidit, quando in sacramento altaris memoriam passionis ejus in mente renovavit. Tunc nobiscum pater manducat et epulatur, quando in operibus suis perseverando delectamur. Tunc sic nobis ornatis præcipit Angelis Deus, ut convivium præparent, quia mortui eramus, et resurreximus ; perieramus, et inventi sumus. Cogitate ergo Fratres ad quid venimus. Ecce in solitudine sumus, elongati sumus a sæculo, et longo tempore jam

du monde depuis longtemps déjà, nous demeurons dans le désert pour pouvoir vivre plus tranquillement, à la manière des apôtres. Ce n'est point le lieu qui fait les saints, mais c'est la bonne vie qui sanctifiera le lieu et nous sanctifiera nous-mêmes. L'ange a péché dans le ciel, Adam a péché dans le paradis, et, cependant, quel lieu était plus saint ? Si le lieu eût pu rendre heureux ses habitants, ni l'homme, ni l'ange ne fussent déchus de leur dignité. Pensez, mes frères, à ce que vous rappellent votre vêtement noir, votre ceinture de peau, la couronne de votre tête. Notre vêtement noir, qui est méprisable, nous exprime le mépris du monde et le souvenir de la mort ; la ceinture de peau indique la répression imposée à nos reins ; les cheveux rasés sur notre tête marquent que nous avons chassé de notre esprit toute la superfluité des crimes. Telle est la réponse que fit à ma demande mon père spirituel saint Ambroise, quand étant âgé de trente ans, il me régénéra dans le Christ. Pensons, mes frères, combien nous serions condamnables, si, sous un tel extérieur, pouvaient se cacher la superbe et la volupté. Nous, habitants de ce désert, nous avons donc grand besoin de l'humilité désignée par le vêtement, de la chasteté figurée par la ceinture autour des reins, de l'obéissance exprimée par l'humilité de notre extérieur ; nous portons aussi des bâtons qui nous désignent la discipline sous laquelle nous devons toujours être disposés à vivre. Que le Dieu qui nous a appelés des ténèbres du paganisme à la grâce, nous affermisse dans toute espèce de bien, afin que nous abondions dans l'espérance et la force de l'Esprit saint. Ainsi soit-il.

SERMON XXVIII. — *Sur la cène du Seigneur.* — Nous avons appris, frères bien-aimés, que le Seigneur trempa un morceau de pain, pour le donner à Judas, et que, dès que Judas eut pris ce morceau, Satan entra en lui. Jésus lui dit alors : « Ce que vous faites, faites-le au plus tôt. » (*Jean*, XIII, 26.) Judas donc, ayant pris le morceau, sortit aussitôt, et il était nuit. Après qu'il fut sorti, le Seigneur dit à ses disciples : « Levez-vous. » Il ajouta ensuite : « Mes petits enfants, je n'ai plus que peu de temps à être avec vous ; » cependant, avant que je me retire de vous, « je vous laisse un commandement nouveau, c'est de vous aimer les uns les autres, comme je vous ai aimés. » (*Ibid.*, 33, 34.) Votre charité n'ignore pas que toute la perfection de notre vie et de notre vertu prend sa source dans l'Evangile. Les paroles dont il se compose nous viennent de notre grand Maître, elles sont pour cela plus précieuses, elles nous servent de puissantes exhortations et contribuent chaque jour à notre édification. Si nous vous le présentons en ce moment, et si nous les rappelons à votre mémoire, ce n'est point parce que vous ne les comprenez pas bien ; et, en effet, bien que vous habitiez le désert, et que vous soyez séparés du monde corporellement ; cependant, vous avez pu les apprendre avant que je sois élevé à la dignité de la prêtrise et de l'épiscopat. Or je vous remets ces choses en mémoire, non point pour vous en instruire, mais pour nous servir d'avertissements à vous et à moi. Dans l'Evangile que nous venons de lire et qui se rapporte au jour présent, on nous enseigne la patience, la charité et l'humilité. Aussi, mes frères, afin que moi aussi je puisse plus complétement avec vous me corriger et m'instruire, j'ai bien voulu quitter mes prêtres, qui, comme vous, mènent la vie

mansimus in solitudine, ut secundum Apostoli eam formam quietius vivere valeamus. Locus enim non facit sanctos, sed operatio bona locum sanctificabit et nos. Peccavit enim angelus in cœlo, peccavit Adam in paradiso : et tamen nullus locus sanctior illis erat. Si enim loca habitatorem beare possent, nec homo nec angelus a dignitate sua corruissent. Pensate ergo, Fratres, quid vestis nigra, quid zona pellicea, quid corona capitis persuadeant. Nigra enim vestis, quæ vilis est, mundi contemptum nobis denuntiat, et memoriam mortis. Zona pellicea lumborum refrenationem declarat. Capilli rasi de vertice, superfluitatem criminum significant ablatam de mente. Sic enim mihi sanctus pater Ambrosius, quando me regeneravit in Christo anno ætatis meæ (1) tricesimo, mihi petenti respondit. Cogitate ergo, Fratres, quam reprehensibile est, si sub tali habitu superbia lateat vel luxuria. Summe necessaria est igitur nobis in eremo demorantibus ipsa humilitas, quæ designatur per vestem ; castitas, quæ denotatur per lumborum præcinctionem ; obedientia, quæ intelligitur per subjectionem. Portamus etiam baculos, per quos intelligitur disciplina, sub qua semper parati esse debemus. Deus autem qui nos de tenebris gentium revocavit ad gratiam, confirmet etiam in omni bono, ut abundemus in spe et virtute Spiritus sancti. Amen.

SERMO XXVIII. — *In cœna Domini.* — Audivimus, Fratres carissimi, quod cum Dominus intinxisset panem, ut daret Judæ, quod post buccellam intravit in eum Satanas. Et ait Jesus : « Quod facis, fac citius. » (*Joan.*, XIII, 26.) Cum ergo accepisset ille buccellam, exivit continuo. Erat autem nox. Cum ergo exiisset, ait Dominus discipulis suis : « Surgite. » Et postea ait : « Filioli, adhuc modicum vobiscum sum. » Antequam tamen a vobis recedam, « mandatum novum do vobis, ut diligatis invicem, sicut dilexi vos. » (*Ibid.*, 33, 34.) Satis enim novit Caritas vestra, quod tota perfectio nostræ vitæ et ædificationis ex Evangelio accipitur. Ejus verba a summo nostro Magistro nobis data sunt ; ideo pretiosiora sunt, et satis nos hortantur, nosque ædificant quotidie. Et ea vobis modo præsentamus, ad memoriam vobis reducimus, non quia non bene intelligatis, licet (2) in eremo permaneatis, et segregati a gentibus sitis etiam corporaliter, antequam essem presbyter episcopus pariter videre potuistis : sed ideo vobis ad memoriam reduco, non ut doceamus, sed ut et me et vos, Fratres, moneamus. In Evangelio quo dicitur, quod ad præsentem diem pertinet, de patientia et dilectione et humilitate instruimur. Ideo, Fratres, ut et ego plenius valeam una vobiscum corrigi et doceri, relinquere volui presbyteros meos, quorum vita Apostolica vestra et eo-

(1) Imo trigesimo tertio, quo anno Monica cessit e vita lib. IX *Conf.*, c. XI, n. 28. — (2) Vide Ser. IV, p. 273 notam 1.

des apôtres ; aujourd'hui, je n'ai pas même hésité à abandonner de corps le saint vieillard Valère, dans le désir de vous instruire et de m'édifier près de vous, afin qu'au jour d'une aussi grande solennité, nous puissions ensemble présenter à Dieu quelque fruit. Prêtant, mes frères, une oreille bien attentive à l'explication de l'Evangile, je désire que vous appreniez et que vous sachiez que le Seigneur Jésus, voulant convertir son disciple Judas et l'amener au repentir, employa différents moyens : les menaces, les sacrements, ses exemples et ses larmes. Enfin, il lui déclara que sa damnation et sa ruine éternelles étaient prêtes, quand il lui dit pendant la cène : « Celui qui a porté la main au plat avec moi, est celui qui me trahira. » (*Matth.*, xxvi, 23.) Judas, pensant que ses desseins pervers n'étaient nullement connus de personne, rougit en entendant son Maître, mais il ne se repentit point. Longtemps avant sa passion, le Sauveur avait dit : « Ne vous ai-je pas choisi tous les douze? cependant l'un de vous est un démon. » (*Jean*, vi, 71.) Après la cène, il ajouta : « Vous êtes purs, mais non pas tous. » (*Ibid.*, xiii, 10.) Le Maître tenait ce langage dans le dessein de corriger son disciple par ses paroles, voici maintenant qu'il a recours à la crainte. Notre-Seigneur voyant donc qu'il ne pouvait le ramener par ses paroles, puisqu'il résistait sciemment, s'applique à le gagner, en lui inspirant la crainte des châtiments éternels ; voici sa menace : « Malheur à l'homme par lequel je serai trahi, il lui eût mieux valu de n'être jamais né. » (*Matth.*, xxvi, 24.) Le Seigneur n'en resta pas là, il invita doucement ce cœur de son disciple si perversement endurci à l'amour du plus adorable sacrement, en lui disant comme aux autres,

après Pierre : « Recevez et mangez, ceci est mon corps. » Pourquoi ce sacrement fut-il donné aux hommes ? C'est afin qu'ici-bas le corps pût être réuni à son chef. Comme le pain se compose de la réunion de plusieurs grains, et que le vin se tire de la liqueur de plusieurs grappes, de même le corps de Jésus-Christ est composé de l'union de plusieurs hommes. Notre-Seigneur offrit à son disciple le sacrement de l'unité, pour l'inviter à l'humilité de la charité ; bien qu'il ait donné également, à cause des autres disciples, l'exemple de l'humilité, il désirait néanmoins ardemment de recouvrer sa brebis perdue. Voyant donc qu'il était obstiné dans son endurcissement, il se lève de table, dépose ses vêtements, se ceint d'un linge et arrive tout d'abord, comme on le pense, devant le prince des apôtres. La divinité incarnée se met à genoux devant lui, un Dieu devant un homme, le Créateur devant sa créature, le Maître devant son disciple, le souverain Roi devant un pêcheur, la science devant l'ignorance, la sagesse devant la stupidité, enfin, la beauté devant la laideur. Mais Pierre, voyant la divinité incarnée fléchir le genou devant lui, s'effraya, fut saisi de trouble, et il se mit à courir comme un insensé dans la salle du festin, en disant: « Jamais vous ne me laverez les pieds. » (*Jean*, xiii, 8.) Car, dit Pierre, j'ai déjà confessé, Seigneur, que vous étiez le Christ, Fils du Dieu vivant et, vous voulez me laver les pieds? Vous, mes frères, qui demeurez dans le désert, vous devez remarquer pourquoi l'on dit : La cène étant faite, quoique, après le lavement des pieds, il soit dit que Notre-Seigneur donna à Judas le morceau de pain. Nous ne devons pas comprendre que la cène fut finie, car on rapporte que le pain

---

rum una est : et sanctum senem Valerium etiam corpore hodierna die relinquere non curavi, cupiens vos docere et a vobis doceri, ut fructum aliquem Deo in die tantæ solemnitatis offerre digne pariter possimus. Ideo, Fratres, ad expositionem sancti Evangelii accedentes, primo audire et scire vos volo, quod Dominus Jesus discipulum Judam multis modis, minis, sacramentis et exemplis et planctu volens corrigere, et prædictis modis ad correctionem invitare, ad ultimum eum manifestavit in damnationem et ruinam jam esse paratum, dum in cœna dixit : « Qui intinguit mecum manum in paropside, hic me tradet. » (*Matth.*, xxvi, 23.) Cum enim Judas pravam suam vitam nulli patere putavisset, magistrum audiendo erubuit, sed non pœnituit : multo enim ante passionem dixit : « Nonne duodecim elegi, sed unus ex vobis diabolus est? » (*Joan.*, vi, 71.) Et post cœnam ait : « Vos mundi estis, sed non omnes. » (*Joan.*, xiii, 10.) Hoc autem Magister dicebat, volens discipulum verbo corrigere. Ecce quomodo verbis timoris eum correxit. Sed videns Dominus quod verbis eum corrigere, ipso nolente, non poterat, studuit eum corrigere, et sibi timorem æternum inculere, dum ait : « Væ homini illi per quem tradar ego ; melius ei fuisset, si natus non fuisset. » (*Matth.*, xxvi, 24.) Sed Dominus cor discipuli nequiter induratum, ad dilectionem sacramenti dulciter

invitavit dicens sibi post Petrum et cæteris : « Accipite et comedite : hoc est corpus meum. » Sacramentum enim illud ideo hominibus datur, ut corpus in terris capiti coadunetur. Sicut enim multa grana unum panem conficiunt, et ex multis racemis unum vinum extrahitur ; sic ex multis hominibus Christi corpus conficitur. Obtulit autem Dominus discipulo sacramentum unitatis, ut eum invitaret ad humilitatem dilectionis. Licet etiam propter alios discipulos humilitatis exemplum præbuerit, tamen ovem perditam recuperare valde cupiebat. Sed videns eum nequiter obstinatum, surgit a cœna, et vestimenta deponit, linteo se præcinxit, et ad principem Apostolorum primo, ut arbitror, Fratres, pervenit. Ante eum divinitas incarnata, Deus ante hominem, Creator ante creaturam, Magister ante discipulum, Rex ante piscatorem, doctus ante indoctum, sapientia ante ignorantiam, pulchritudo ante deformitatem. Ideo Petrus divinitatem incarnatam videns ante se incurvari, expavit, exhorruit, et per cœnaculum (1) velut insensatus cucurrit, et clamavit : « Non lavabis mihi pedes in æternum. » (*Joan.*, xiii, 8.) Nam inquit Petrus, Domine, jam dixi quod tu es Christus filius Dei vivi, et tu mihi lavas pedes? Sed notare debetis Fratres qui in eremo habitatis, cur, inquam, cœna facta dicitur, cum post ablutionem pedum dicatur buccellam panis Judæ

(1. Nota phrasim.

restait encore sur la table. Le repas se continuait encore quand Notre-Seigneur se leva de table, et, cependant, il est dit : La cène étant déjà faite. Comprenez bien ce passage : la cène n'était pas faite, mais préparée et disposée pour l'usage de tous les convives qui devaient s'y réunir. Aussi, saint Jean, cet aigle puissant, qui a donné le récit de cette cène, pesant tout avec une grande attention, voulut d'abord relever la grandeur de notre divin Sauveur, quand il dit : « Jésus sachant que son Père lui a remis toutes choses entre les mains, qu'il est sorti de Dieu, et qu'il retourne à Dieu. » (*Jean*, XIII, 3.) Saint Jean exprime la grande puissance de Jésus-Christ, quand il affirme que le Père lui a tout donné; il déclare son immense élévation, en disant qu'il est sorti de Dieu, et cependant nous venons de lire, aujourd'hui, que celui qui tient tout en ses mains dépose ses vêtements. Mais qu'y a-t-il d'étonnant de le voir déposer ses vêtements pour ses disciples, quand nous savons qu'il livra sa chair pour ses ennemis mêmes ? Qu'y a-t-il d'étonnant qu'il se ceigne d'un linge comme un esclave, quand, après avoir pris la forme d'esclave, il eut tout l'extérieur d'un homme ? Qu'y a-t-il d'étonnant qu'il ait versé de l'eau dans un bassin, puisqu'il daigna répandre son sang pour notre rédemption ? Saint Jean, ajoute : « Il vint donc à Simon Pierre. » (*Ibid.*, 6.) Quelques-uns, comme notre saint martyr et docteur Cyprien, croient que le Sauveur lava Judas avant Pierre, dans le dessein de ramener ce disciple fourvoyé. Mais la raison ne paraît pas sérieuse, car, parce qu'il avait établi Pierre le chef de tous, il vint à lui comme au premier en honneur, afin qu'ensuite les autres fassent de même. C'est ainsi qu'il faut l'entendre, car l'Évangéliste, après avoir décrit sommairement ce qui s'est fait, en disant : « Il commença à leur laver les pieds et à les essuyer d'un linge, » revient sur ses pas et reprend l'ordre des actions, en disant : « Il vint donc d'abord à Simon Pierre. » Que signifient ces autres paroles de Notre-Seigneur : « Celui qui sort du bain, n'a besoin que de se laver les pieds, et il est net dans tout le reste ? » (*Ibid.*, 10.) S'il est net dans tout le reste, pourquoi est-il besoin qu'il se lave les pieds ? Vous remarquerez ici, mes frères, que Notre-Seigneur veut faire mention de l'ablution du baptême : Celui donc qui est lavé tout entier dans le baptême, n'a besoin que de se laver les pieds des péchés véniels que l'esprit humain ne peut éviter totalement, pas même l'enfant dans sa vie d'un jour qu'il passe sur la terre. Les rites sacrés de la cène étant achevés et consommés, dans cette même cène, les apôtres ayant été élus et consacrés, les prêtres ayant communié, leurs pieds étant lavés le Sauveur se remit à table et dit : « Savez-vous ce que je viens de vous faire ? Si donc je vous ai lavé les pieds, moi qui suis votre Seigneur et votre Maître, vous devez aussi vous laver les pieds les uns aux autres. » (*Ibid.*, 13, 14.) Si je suis Maître apprenez à l'école du maître. Si je suis Seigneur, que le serviteur se garde bien de dédaigner ce que je fais; si, le premier j'ai pardonné au traître, appliquez-vous aussi à pardonner. Si devant lui j'ai fléchi le genou, soyez humbles en présence de vos adversaires ; si je me suis laissé embrasser par lui, veuillez à votre tour tendre vos joues ; si j'ai donné le nom d'ami à celui qui me trahissait, vous de votre

---

Dominum porrexisse. Non debemus intelligere coenam finitam, cum dicatur panis esse adhuc super mensam. Adhuc enim coenabatur quando Dominus a mensa surrexit, et tamen coena jam facta dicitur. Intelligere hoc namque debetis, quod non facta erat, sed parata, et ad convivantium mensæ usum perducta. Ideo Joannes aquila grandis istam dicit coenam, omnia diligenter attendens, prius nostri Salvatoris celsitudinem voluit commendare, dum ait : « Sciens Jesus quia omnia dedit ei Pater in manus, et quia a Deo exivit, et ad Deum vadit. » (*Joan.*, XIII, 3.) Magnam Christi potentiam exprimit Joannes, cum omnia Patrem ei dedisse affirmat. Magnam celsitudinem Christi prædicat, cum eum a Deo exisse asserit : et tamen hodie audivimus, quod Ille qui habet omnia in manu, vestimenta etiam deponit. Sed quid mirum, si pro discipulis vestimenta deponit, qui etiam carnem pro inimicis suis dedit? Et quid mirum, si more famuli præcinxit se linteo, qui formam servi accipiens, habitu inventus est ut homo? Quid mirum si fudit aquam in pelvim, qui dignatus est fundere sanguinem pro nostra redemptione? Et ait Joannes : « Venit ergo ad Simonem Petrum. » (*Ibid.*, 6.) Videtur denique quibusdam, sicut fuit martyr ille sanctissimus et doctor Cyprianus, ante Petrum Judam lavasse, volens Dominus prædictum discipulum revocare. Sed (1) non videtur ratio ponderosa : ex quo enim Petrum jam cunctorum caput fecerat, ad eum accessit primo in honore, ut cæteri postea similiter facerent. Ideo sic intelligendum est, cum summam rei bene transcripsisset dicendo : « Coepit lavare pedes, et linteo tergere : » redit postea ad ordinem rei ostendendo, dicens : « Venit ergo ad Simonem. » Quid est etiam quod Dominus postea dicit : « Qui lotus est, non indiget nisi ut pedes lavet, sed est mundus totus ? » (*Ibid.*, 10, etc.) Si mundus est totus, quare necesse est ut pedes lavet? Ideo, Fratres, attendere debetis, quod hanc mentionem facit Dominus de ablutione baptismatis : qui ergo lotus est in baptismate totus, non est necesse nisi ut pedes venialium peccatorum lavet, quibus humana mens obstare non potest, nec infans cujus unius diei vita regnat super terram. Peractis denique et consummatis sacræ coenæ sacramentis, factis et ordinatis in eadem coena Apostolis, sacerdotibus communicatis, et lotis eorum pedibus, iterum intravit mensam et ait : « Scitis quid fecerim vobis. Si ergo ego Dominus et Magister lavi pedes vestros, et vos debetis alter alterius lavare pedes. » (*Ibid.*, 13, 14.) Si sum magister, discite a magistro ; si Dominus, erubescat hæc despicere servus ; si jam peperci proditori, et vos parcere studeatis ; si ante eum genu flexi, humiles ante adversarios estote ; si me ab eo permisi osculari, et vos maxillam præbere dignemini ; si proditorem amicum vocavi, et vos inimicum amicum vocare corde et opere non dedignemini :

(1) Jam oblitus est auctor quod Ser. XXV asseruerat, Cypriano se in omnibus credere.

SERMONS ADRESSÉS AUX FRÈRES DU DÉSERT, ETC.

côté ne dédaignez pas d'appeler de cœur et par vos actes ami celui qui était votre ennemi, car le serviteur n'est pas au-dessus de son maître. Peu de temps après, manifestant sa peine à l'égard du fils de perdition, exhalant sa douleur, l'esprit troublé et plein de tristesse, il laissa tomber ces paroles : « Un de vous doit me trahir. » (*Ibid.*, 22.) Oh ! quelle peine ressentit le Seigneur de la perte de son disciple ! Comme il s'appliqua à le ramener à lui. Il fut affligé parce qu'il ne put le corriger ; il fut affligé parce qu'il le savait déjà, par son obstination, dans la compagnie du démon. Il fut affligé enfin de ce qu'il devait prononcer contre lui la sentence de l'éternelle damnation. Les disciples, voyant le trouble sur le visage que les anges désirent contempler, se demandèrent entre eux : Quel était celui-là ? cherchant lequel d'entre eux était le plus grand. Mais pourquoi ces recherches ? N'est-ce point parce qu'étant hommes, ils s'imaginèrent que celui qui était le plus grand, devait prendre les moyens de trahir son Maître, afin de pouvoir dominer ? Quelques-uns portèrent peut-être leurs soupçons sur Pierre, parce qu'il promit de faire, en faveur de son Maître, plus et de plus grandes choses ; ils pensaient qu'il avait parlé hypocritement chaque fois qu'il avait dit : « Vous êtes le Fils de Dieu. » Mais Pierre, qui se sentait innocent, fit signe à Jean de faire la demande. Le Seigneur lui répondit : « Celui auquel je donnerai du pain trempé, c'est lui, » (*Ibid.*, 26) mais gardez-vous bien de le dire à Pierre. « Et Jésus, ayant trempé un morceau de pain, le donna à Judas. » (*Ibid.*) Nous devons croire que Notre-Seigneur ne répondit point à Jean à haute voix, car, si Pierre l'eût entendu, il aurait déchiré le traître de ses dents. Egalement il ne faut pas penser que Judas reçut alors le corps de Jésus-Christ, car Notre-Seigneur avait communié auparavant tous les disciples ainsi que Judas, comme saint Luc le montre évidemment ; cependant le Seigneur voulut donner à son disciple du pain trempé, pour marquer que le poison s'était insinué dans son cœur qui en était comme tout trempé. « Après qu'il eût pris le morceau, Satan entra dans son cœur. » (*Ibid.*, 27.) Est-ce que Satan n'y était déjà pas entré auparavant ? Oui, mes frères, avant le morceau de pain, Satan était dans le cœur de Judas ; mais il régnait seulement sur ses affections et sa volonté, tandis qu'après, Satan y entra par l'effet et par les œuvres. Et cependant le morceau que Jésus-Christ donna à son disciple était bon ; le sacrement qu'il lui distribua l'était également : mais quelquefois le bien est nuisible, quelquefois aussi le mal est avantageux. En effet, le corps de Notre-Seigneur qui est si riche en biens, devient un mal pour ceux qui sont mauvais. L'aiguillon de la concupiscence qui est un mal, fut cependant un bien pour l'apôtre saint Paul ; nous savons combien il lui fut avantageux, malgré sa nature mauvaise. Comme nous venons de le dire, le Christ donna à dessein ce pain que Judas reçut indignement ; ce fut afin que le pouvoir du démon, après cette déclaration, fût plus grand sur lui et qu'il pût exercer à son égard une vengeance plus éclatante. La grâce lui étant ôtée, le Seigneur l'abandonna au mal, il le laissa aller au gré des désirs de son cœur, et ainsi il alla à l'accomplissement de ses perfides desseins. Le laissant seul à sa volonté propre et à son libre arbitre, il dit à son disciple : « Ce que tu veux faire, fais-le promptement. » (*Ibid.*) Comme si le Seigneur lui eût dit : Puisque je ne puis te ramener ni par la crainte de la honte, ni par celle de

---

quia non est servus major domino suo. Et post pauca, de filio perditionis dolorem ostendens et dolens, turbatus in spiritu et contristatus, ait : « Unus vestrum me tradet. » (*Ibid.*, 22.) O quam doluit Dominus discipulo perdito ! o quam studuit eum ad se revocare ! Doluit, quia non potuit eum corrigere. Doluit, quia obstinatum jam eum esse cum diabolo cognoscebat. Doluit, quia super eum sententiam æternæ damnationis daturus erat. Et videntes discipuli faciem, quam Angeli aspicere desiderant, esse turbatam, dixerunt, quis esset ille, quærentes quis eorum esset major. Sed quare hoc ? nisi quia arbitrati sunt ut homines, ille qui major est, ut dominari possit, magistrum prodere procurat. Aliqui tamen de Petro forte suspicabantur, quia plus et plurima se facturum jam promiserat pro magistro : suspicantes, quod ficto corde sic totius loqueretur : « Tu es Filius Dei. » Sed quia Petrus innocentem se sciebat, innuit Joanni ut peteret. Cui Dominus : « Cui panem intinctum porrexero, ille est : » sed cave ne Petro dicas. « Et cum intinxisset Jesus panem, dedit Judæ. » (*Ibid.*, 26.) Non est ergo credendum, quod Dominus alta voce dixerit : quia si Petrus hoc scivisset, dentibus proditorem dilacerasset. Nec etiam est putandum, quod Judas tunc Christi corpus sumpsisset, quia jam Dominus omnes discipulos communicaverat et Judam, sicut Lucas evidenter ostendit : panem intinctum tamen Dominus discipulo porrigere voluit, ut cor intinctum veneno significaret. « Et post buccellam intravit in eum satanas. » (*Ibid.*, 27.) Numquid satanas tamen ante cor ejus intraverat ? Omnino, Fratres, ante buccellam cor Judæ intraverat ? sed affectu et voluntate tantum : sed post buccellam intravit satanas effectu et opere : tamen bona fuit buccella quam Christus discipulo dedit. Bonum etiam sacramentum quod ei tribuit : sed aliquando bona obsunt, et mala quandoque prosunt. Corpus enim Domini quod bonum est, malis malum est. Et carnis stimulus malus est, et tamen Paulo bonus est ; et quod malum est, sibi profuisse cognoscimus. Sicut supra diximus, Fratres, panis iste porrectus a Christo, et indigne receptus a Juda, fecit ex merito Christus, ut major esset licentia super eum diabolo post manifestationem ideo graviorem vindictam in eum fecit. Subtracta enim gratia cum Dominus ad malum dimisit, et dimisit eum secundum desideria cordis sui, et ivit in adinventionibus suis. Et permittens eum in propria voluntate et arbitrio, ait discipulo : « Quod facis, fac citius : » (*Ibid.*) quasi dicat Dominus : Quia non possum te revocare timore verecundiæ, nec mortis æternæ, nec amore ; do tibi potestatem, ut agas facto quod jam voluntate fecisti. O Juda, quid facis ? Attende ante quam facias : nam

la mort éternelle, ni par l'amour, je te donne la permission de mettre en acte ce que tu as déjà fait par ta volonté. O Judas, que fais-tu? Fais bien attention avant d'agir, car après ton acte, peut-être ne pourras-tu obtenir la grâce du repentir. Pourquoi veux-tu livrer celui qui t'a pardonné tant de péchés? Ne t'a-t-il pas bien souvent délivré de la mort? N'est-ce pas par affection pour toi qu'il a guéri ton père de la lèpre et qu'il délivra de la paralysie ta mère, avec laquelle tu avais eu commerce? Ne t'avait-il pas choisi pour disciple? Ne t'avait-il pas nommé l'économe de sa petite troupe? Est-ce qu'il ne t'a point souvent pardonné tes larcins? N'est-ce pas pour toi, après Pierre, qu'il eut le plus d'égards? Jésus-Christ n'a-t-il pas voulu t'avoir toujours près de lui? Dès qu'il connût que tu voulais le trahir, est-ce que souvent il ne t'appela point à la paix? Ne te donnat-il pas son corps sacré? N'a-t-il point fléchi le genou devant toi? Ne t'a-t-il pas lavé les pieds? Est-ce qu'il ne t'a pas embrassé? Pourquoi donc vouloir trahir le Maître dont tu as reçu tant de bienfaits? Mais sans considérer tous ces motifs, ayant reçu le morceau trempé, « il sortit aussitôt. » Le mot, « il sortit » est bien dit, puisqu'il s'éloigna en réalité de Dieu et de la société des autres disciples. « Il était nuit, » (*Ibid.*, 30) remarque l'Evangéliste. C'est avec justesse que ce traître disciple avait choisi la nuit, puisque l'aveuglement avait obscurci son esprit. Après que ce disciple eut quitté les autres à la nuit, le Maître aussitôt rassembla les onze et leur dit : « Mes petits enfants, je n'ai plus que peu de temps à être avec vous..... mais je vous laisse un commandement nouveau, c'est de vous aimer les uns les autres comme je vous ai aimés. » (*Ibid.*, 33, 34.) Notre-Seigneur était le nouvel homme, car les hommes peuvent naître de quatre manières : ils peuvent naître sans mère, comme Eve; ou sans père et sans mère comme Adam; ou d'un père et d'une mère, comme ils naissent tous; ou d'une mère seulement et sans père comme Jésus-Christ. C'était vraiment un nouvel homme, puisqu'il était Dieu et homme. Il promettait aussi un nouveau royaume que personne n'avait jamais osé promettre; aussi il donna en réalité un commandement nouveau. Dans l'ancienne loi, il était dit : « Vous aimerez votre ami et vous haïrez votre ennemi; » (*Matth.*, v, 43) mais Jésus-Christ nous donna un commandement nouveau, en nous ordonnant d'aimer nos ennemis comme nos amis. Les autres vertus, telles que la foi, la prière, l'aumône, la virginité, en un mot, toutes les vertus corporelles peuvent être communes aux fidèles et aux infidèles; mais aimer son ennemi est la vertu spéciale des chrétiens. Aussi, le Maître de vérité nous dit : « C'est à cette marque que les hommes reconnaîtront que vous êtes mes disciples, si vous avez les uns pour les autres une affection mutuelle. » (*Jean*, XIII, 35.) Sachez cependant, mes frères, que vous devez observer cet ordre dans votre charité. D'abord nous devons aimer Dieu plus que nous-mêmes, et par-dessus toutes choses; ensuite notre âme, qui est notre prochain le plus près; en troisième lieu, notre corps qui est l'œuvre de Dieu, aussi l'Apôtre disait : « Nul ne hait sa propre chair. » (*Ephés.*, v, 29.) C'est pourquoi nous devons nourrir notre corps et ne point le faire périr, nous devons le soutenir en apaisant sa faim et sa soif, autant que sa santé l'exige; tel est, en effet, l'ordre de Dieu, tel est l'ordre de l'Apôtre, c'est aussi, mes frères, ce que je vous ai commandé.

post factum forte gratiam pœnitendi habere non poteris. Quid cupis tradere, qui tibi multa peccata pepercit? Numquid a morte te sæpe liberavit? Numquid tui amore (1) patrem tuum sanavit a lepra, et matrem, cum qua concubueras, a paralysi etiam liberavit? Numquid te discipulum constituit? Numquid te bursarium fecit? Numquid in furto te sæpe invenit, et semper tibi pepercit? Numquid (2) te post Petrum ut plurimum honoravit? Numquid semper Christus juxta se te habere voluit? Numquid ad pacem, postquam te proditurum cognovit, sæpe revocavit? Numquid tibi suum sacrum corpus donavit? Numquid ante te genu flexit? Numquid pedes lavit? Numquid te osculatus est? Cur ergo prodere vis magistrum, a quo tot bona recepisti? Sed hæc omnia non considerans, recepta buccella « exivit continuo. » (*Ibid.*, 30.) Et bene « exivit, » quia vere a Deo et a consortio discipulorum Dei exivit. « Et erat, » inquit Evangelista, « nox. » Merito nox discipulo proditori data erat, quia cæcitas mentem ejus caligaverat. Qui discipulus postquam ab eis recessit nocte, mox Magister undecim congregavit, et ait : « Filioli, modicum tempus adhuc vobiscum sum : « ideo » mandatum novum do vobis, ut diligatis invicem, sicut dilexi vos. » (*Ibid.*, 33, 34.) Novus enim erat homo, quia quatuor modis generantur homines; aut sine matre, ut Eva; aut sine patre et matre, ut Adam; aut ex patre et matre, ut homines; aut sine patre ex matre tantum, ut Christus. Bene ergo novus erat, quia Deus et homo erat. Novum etiam regnum promittebat, quod nemo unquam promittere ausus erat : ideo novum mandatum dedit. In lege autem veteri dictum erat : « Diliges amicum tuum, et odio habebis inimicum tuum. » (*Matth.*, v, 43.) Sed Christus novum mandatum dedit, quia ut amicos inimicos diligere mandat. Cæteræ namque virtutes, fides scilicet, oratio, eleemosyna, virginitas, et cæteræ virtutes corporis et fidelibus et (3) infidelibus communes esse possunt : sed inimicum diligere tantum Christianorum virtus est : et ideo Magister veritatis dixit, « in hoc cognoscent homines, quod mei estis discipuli, si dilectionem ad invicem habueritis. » (*Joan.*, XIII, 35.) Scitote tamen, Fratres, quod talis ordo in diligendo servandus est. Primo super nos et super omnia Deum diligere debemus : deinde animam nostram, quæ nostra proxima est; deinde corpus, quia factura Dei est : ideo Apostolus dicebat : Nemo carnem suam odio habeat. (*Ephes.*, v, 29.) Ideo nutrire debemus corpus, nec ipsum occidere, sed sustentare debemus cibo et potu, quantum valetudo permittit. Sic enim vult Deus, sic vult Apostolus :

---

(1) Hæc merito ut figmenta respuit Vindingus. — (2) Ei prælati etiam videntur Joannes et Jacobus, qui in Transfiguratione et in Archisynagogi filiæ suscitatione, etc., soli juxta Christum, non Judas. — (3) Qui infidelibus fides esse potest?

Je vous exhorte en conséquence, mes bien-aimés, je vous avertis et je vous ordonne de ne mortifier votre chair qu'autant que la nature le permet. Ayant vu, en effet, au milieu de vous des sexagénaires, des septuagénaires, même des centenaires, les voyant, dis-je, emportés par l'ardeur de leur amour pour Dieu, crucifier leur corps, ne point boire de vin, n'est-il point à craindre que cette conduite n'offense Dieu, loin de lui plaire? A ces vieillards, j'ordonne au nom de Jésus-Christ, qu'au moins les jours de dimanche et de fêtes plus solennelles, ils boivent du vin ou de la bière. Pour les jeunes gens qui sont plus vigoureux, qui ont déjà commencé leurs triomphes sur l'ennemi, au nom de Jésus-Christ qu'ils fassent pénitence pour ne point tomber dans les piéges du démon, et qu'ils s'appliquent au service de leur Créateur. (Telle est ma volonté, tels sont les préceptes que j'ai donnés; gardons-nous de faire périr notre corps.) Ensuite, nous devons aimer le prochain comme étant notre frère, qu'il soit notre ami ou notre ennemi. Faites bien attention. Voyez-vous votre ennemi avoir faim, donnez-lui à manger, donnez-lui à boire, fournissez-lui des vêtements, et ne méprisez pas votre chair. L'amour spirituel est le propre des gens de bien, quiconque le possède est bon. Qui est jamais entré dans le paradis la haine dans le cœur? Au contraire, celui qui n'a point déposé sa haine, descend aux enfers; je me rappelle l'avoir lu bien souvent, je n'accorderai jamais qu'une telle âme prenne son vol vers les demeures célestes. Désirons-nous, mes frères, devenir les citoyens de la cité céleste? Gardons alors le nouveau commandement de la cité nouvelle. Cette cité, dis-je, possède la paix, ordonne la paix et chérit ceux qui aiment la paix. Suivons donc la paix, sans laquelle nul ne peut voir Dieu. Cherchons la paix, et ensuite mettons-nous sur ses traces. C'est en elle que Dieu habite, en elle qu'il prend son repos et sa tranquillité, car il s'est plu à faire séjour au sein de la paix. N'ayons donc point un cœur rempli de haine, de peur d'être les enfants du traître Judas, d'être attachés avec lui à un gibet, et qu'en sa compagnie, le démon ne nous entraîne aux enfers. Celui qui porte la haine dans son cœur, est un second démon, et celui qui trouble la paix est l'Antechrist : au contraire, celui qui fait régner la paix parmi ses frères, est un vrai fils de Dieu. Rappelez-vous, mes frères, l'exemple de Marie : elle a beaucoup aimé, aussi beaucoup de péchés lui furent remis. Quelles paroles Notre-Seigneur adressa-t-il à Pierre, sinon celles-ci : « Pierre, m'aimez-vous? » (*Jean*, XXI, 15.) Et parce qu'il aimait, il fut digne d'être aimé et digne d'entendre cette réponse : « Paissez mes brebis, paissez mes agneaux. » Que dit-il aussi au disciple que le Christ aimait et qui aimait le Christ? Mon bien-aimé, venez à moi, il est temps que vous soyez rassasié. Gardons donc la paix, mes frères, si nous voulons avoir la paix avec Jésus-Christ. Si vous voulez être aimés de Jésus-Christ, à cause de lui, aimez votre ennemi. Si donc vous voulez être aimés, aimez. Attachons-nous à la paix, chérissons-la, gardons jusqu'à la mort la paix et la concorde, si nous voulons toujours être en paix avec Dieu. La paix est la gardienne et la parure de toutes les vertus, Dieu la fit annoncer par ses anges le jour de sa naissance. Souvent il annonça la paix à ses apôtres, et leur ordonna de prêcher la paix aux hommes. Il laissa la paix pour testament à ses apôtres; attaché à l'arbre de la croix, il de-

---

sic et vobis, Fratres mei, præcepi. Ideo, Fratres, hortor vos et moneo, atque fieri præcipio, ut tantum carnem domelis, quantum natura portare potest. Nam cum videam inter vos quosdam sexagenarios, quosdam septuagenarios, quosdam (1) centenarios, videns eos Dei amore ferventes, corpora eorum crucifigentes, vinum etiam non bibentes, timeo ne potius Deum offendant quam placent. Talibus in Christi nomine præcipio, ut saltem diebus Dominicis et solemnibus vinum vel cervisiam bibant. Juvenes autem qui fortes sunt, et jam triumphare de inimico cœperunt, in Christi nomine pœnitentiam agant, ne deficiantur ab hoste; (Sic enim volo, sic sæpe præcepi servari : sic non occidemus corpora nostra;) sed serviant Creatori suo. Deinde diligere debemus proximum, sicut fratrem nostrum, amicum nostrum vel inimicum. Ideo attende : quod si inimicum videris esurire, ciba illum, da illi potum, cooperias eum, et carnem tuam ne despexeris. Dilectio enim spiritalis bonorum est : quia omnis habens eam, bonus est. Numquid etiam cum odio aliquando paradisum quis intravit? Ad infernum vero odium habentem sæpe me legisse memoror, sed ad cœlum nunquam volare concedam. Cupimus ergo, Fratres, esse cives cœlestis civitatis? Servemus novum mandatum novæ civitatis. Illa, inquam, civitas habet pacem, præcipit pacem, et diligit diligentes pacem. Sequamur ergo pacem, sine qua Deum nemo videre potest. Quæramus pacem, et postea sequamur pacem. In ipsa Deus habitat, in ipsa quiescit et pausat : quia factus est in pace locus ejus. Non ergo habeamus cor intinctum odio, ne filii Judæ proditoris simus : ne cum eo suspendamur, et a diabolo pariter cum eo trahamur ad tartara. Qui odium in corde portat, secundus diabolus est : et qui pacem impedit, Antichristus est : et qui pacem ordinat inter fratres, re vera filius Dei est. Attendite, Fratres, Mariam : quoniam multum dilexit, dimissa sunt ei peccata multa. Quid etiam Petro dixit Dominus, nisi « Petre amas me ? » Et quia amavit, meruit amari, meruit audire : « Pasce oves meas, pasce agnos meos. » (*Joan.*, XXI, 15.) Quinetiam discipulo ait qui diligebat Christum, et quem Christus diligebat : Dilecte mi, veni ad me, quia tempus est ut epuleris. Pacem ergo habeamus, Fratres, si pacem cum Christo habere volumus. Si vis amari a Christo, ama inimicum propter Christum. Si vis ergo amari, ama. Hanc amplectimini, hanc diligite, hanc pacem et concordiam usque ad mortem servate, si vultis cum Deo pacem habere. Pax enim omnium custodia et cura virtutum est. Hanc pacem annuntiare in suo ortu Angelis præcepit. Pacem annuntiavit sæpe Apostolis, pacem prædicare præcepit hominibus, pacem pro testamento Apostolis reliquit, pacem in cruce

(1) V. Supra Ser. XVII.

manda la paix, et chaque fois que se renouvelle ce sacrifice, il veut que la paix soit annoncée au peuple. Jamais le pardon ne sera donné si ce n'est à l'homme pacifique. Repoussez donc loin de vous ce poison mortel de la haine, et gardez la paix entre vous, car vous êtes des frères réunis sous le même toit, dans cette vaste solitude. Nous mangeons le même pain, nous avons un vêtement uniforme, d'une même couleur noire, et nous buvons la même eau. Retenons toujours, mes frères, au fond de notre cœur, que Notre-Seigneur ayant été baisé par son ennemi, donna pourtant le nom d'ami à ce traître : « Mon ami, dit-il, dans quel dessein êtes-vous venu? » (*Matth.*, xxvi, 49.) Donnez donc vraiment le baiser de paix de la réconciliation, et non le baiser du traître. Celui qui embrasse hypocritement son ennemi ou qui lui adresse des paroles flatteuses, pourra-t-il empêcher qu'on ne le regarde comme le frère, le compagnon et le semblable du traître Judas? Au contraire, celui qui agirait ainsi par affection, serait véritablement l'enfant de Jésus-Christ. Pour vous, mes frères, dont la vie est la lumière du monde, bien que vous ne viviez point sous ses regards, je vous considère cependant comme la lumière du monde et le sel de la terre. En conséquence, puisque vous êtes lumière, qu'on voie briller vos bonnes œuvres. Nous qui paraissons porter dans tout notre extérieur l'image de la croix, qui vivons sous le nom d'un saint Institut, qui portons le noir vêtement de l'humilité, et des ceintures de peau, prenons garde de n'être que des sépulcres blanchis, qui, au dehors, semblent beaux et brillants, mais dont l'intérieur est rempli d'ossements. Veillons bien pour qu'il ne nous soit pas dit : « Malheur à vous qui fermez aux hommes la porte du royaume des cieux. » (*Matth.*, xxiii, 13.) Ma crainte est assez fondée pour redouter que nous n'entrions pas au paradis, et que nous ne laissions pas les autres y entrer. Mais, mes frères, pourquoi ce langage de ma part? Ce n'est point que je vous croie mauvais, mais il provient de la douleur que j'éprouve au sujet de la perte de notre frère Simplicius; ce malheureux, étant venu frapper à la porte de notre monastère, s'était adjoint avec une grande ferveur à notre petite communauté; puis, ayant appris que son père avait été mis à mort, il nous quitta, et entra dans le monde pour pouvoir venger la mort de son père. Que celui donc qui présume être ferme, veille attentivement et prenne garde de tomber, et que les hommes ne voient pas tomber si misérablement ceux qui semblaient être les colonnes de la sainteté, se fermant le royaume des cieux, non seulement à eux-mêmes, mais encore à ceux qui vivent dans le monde. Pour nous, mes frères, qui portons le nom et le saint habit de religieux, une vie mauvaise est plus dangereuse que pour ceux qui vivent au sein du siècle. Pleurons donc nos péchés et ceux de notre frère perdu, aimons-nous les uns les autres, car la charité vient de Dieu. Que personne ne rougisse de demander pardon à son frère, car sur la croix Jésus-Christ n'a point rougi de rappeler ses ennemis à la paix. Le serviteur rougira-t-il de faire ce que son maître a fait le premier? Que le Seigneur qui nous fait habiter sous le même toit, nous qui avons le même but, qui est la vraie paix, et produit l'unité avec la diversité, nous donne de persévérer toujours dans la véritable paix.

SERMON XXIX. — *Sur la langue trompeuse.* — Je désire, frères bien-aimés, que vous sachiez quelle est

---

pendens postulavit, pacem in sacrificio totiens in populo pronuntiari voluit. Nulla denique dabitur venia, nisi pacifico viro. Pellite ergo a vobis hoc odii mortiferum venenum, et pacem inter vos habete; quia estis fratres qui in hac vasta solitudine simul in unum estis congregati. Uno enim pane, uno indumento, uno nigro colore, una aqua omnes simul participamus. Reducamus igitur, Fratres, ad nostram memoriam, quod Dominus ab inimico osculatus est, et tamen amicum vocat illum proditorem : « Amice, inquit, ad quid venisti? » (*Matth.*, xxvi, 49.) Date igitur reconciliationis pacem, sed non osculum proditionis. Qui enim ficte inimicum osculatur, vel verbo blanditur, Judæ proditoris fratrem et socium et similem ei esse, quis dubitare poterit? Sed qui amore, Christi enim filius est. Vos enim, Fratres, quorum vita lux mundi est, licet mundus vos non videat, tamen mundi lucem vos appello et sal terræ. Ideo quia lux estis, luceant opera vestra bona. Nos qui videmur gerere in corporis nostri habitu figuram crucis, et nomen religionis sanctæ habemus, nigram etiam vestem humilitatis portamus, zonis etiam pelliceis præcincti apparemus, caveamus ne simus sepulcra dealbata, quæ foris pulchra et speciosa apparent, sed intus plena sunt ossibus mortuorum occultis : provideamus ne nobis dicatur : « Væ vobis qui clauditis cœlorum regnum ante homines. » (*Matth.*, xxiii, 13.) Timeo enim satis, ne paradisum (*f.* non) intremus, nec alios intrare permittamus. Hoc autem quare dico, Fratres? Non quia credam vos malos esse, sed quia doleo de Fratre nostro perdito (1) Simplicio, qui ad hunc locum et ad hanc sanctam congregationem cum tanto fervore pervenit, et audito patrem interfectum esse, a nobis recessit, et mundum intravit, ut patris vindictam vindicare posset. Qui ergo se existimat stare, vigilanter attendat et videat ne cadat, et sic homines videntes illos qui columnæ sanctitatis esse videbantur tam nequiter cadere, non solum ipsis regnum cœlorum claudunt, sed et in sæculo demorantibus. Nobis denique, Fratres, qui nomen et habitum sanctæ religionis portamus, vita mala periculosior ostenditur, quam in sæculo demorantibus. Ploremus ergo, Fratres, peccata nostra, et fratris nostri amissi : diligamus et nos invicem, quia caritas ex Deo est. Non erubescat alter alteri veniam postulare, quia non erubuit Christus inimicos ad pacem in cruce revocare. Non erubescat facere servus, quod primum fecit et Dominus. Dominus autem qui habitare facit nos unius moris in domo, qui est vera pax, qui fecit utraque unum, nos in vera pace perseverare faciat.

SERMO XXIX. — *De lingua dolosa.* — Cupio vos scire, Fratres carissimi, quæ sit lingua dolosa, a qua eximius

---

(1) Simplicium istum ignotum virum ac fictitium jam observavit Lupus ad Ser. iv.

cette langue trompeuse dont le plus fameux des prophètes, David, demandait au Seigneur d'être délivré, en disant : « Seigneur, délivrez mon âme des lèvres injustes et de la langue trompeuse. » (*Ps.* cxix, 2.) Sachez alors, mes frères, que la langue trompeuse n'est pas seulement celle qui sème la discorde entre les frères, qui suscite des procès, excite des colères ou même trouble les couvents; il faut aussi appeler langue trompeuse celle qui s'applique à vous louer par des flatteries, vous donnant en face des qualités que vous n'avez point. C'est de tels gens que nous devons demander à Dieu d'être délivrés et de ne jamais les rencontrer. Pourquoi devons-nous prier d'en être libérés à jamais? pourquoi devons-nous les fuir comme la mort? parce que ce sont des flatteurs, parce qu'ils aiment et fabriquent le mensonge; ce sont des inventeurs de faussetés, les frères du diable, des destructeurs de la vérité, des faussaires de la simplicité, des semeurs de haines, des émissaires du démon, des entremetteurs de Satan, des persécuteurs de Dieu, les assassins des âmes, les causes de tous les maux, distillant le miel de leurs lèvres, mais vomissant dans le cœur des hommes un venin d'aspic inguérissable. Voilà pourquoi nous devons demander au Seigneur d'en être délivrés. O langue injuste et trompeuse! inique trahison, ruse détestable du démon, ô malice incompréhensible! Ce n'est pas seulement par des paroles méchantes, mais c'est avec un ton doucereux qu'elle s'applique à tromper les hommes pour les conduire avec elle aux enfers. Car si un homme est blessé par un autre homme, s'il souffre de sa part des injures, des affronts et des insultes, c'est un ennemi, pensera-t-il en lui-même, je crois qu'il ne m'aime pas, il faut donc que je m'en défie, se dira-t-il. Et si je veux plaire à Dieu, à l'occasion je lui présenterai l'autre joue, j'endurerai tout avec patience, et je ne voudrai jamais rendre le mal pour le mal. Tels sont les remèdes que je dois employer dans ce cas. Mais si cet homme me félicite, et si je ne sais pas reconnaître ses paroles de flatterie, quel remède pourrai-je y opposer? C'est pourquoi, mes frères, appelons trompeuse, non-seulement la langue qui cause du mal à ses frères, mais même celle qui les endort par ses flatteries. Et cependant si quelqu'un ne blesse point par ses paroles, celui-là est un homme parfait; mais, comme il n'y a personne de parfait sur cette terre, il faut nécessairement que nous portions les fardeaux les uns des autres. Celui en qui la charité ne demeure point, celui-là non-seulement est impuissant pour porter les fardeaux du prochain, il ne peut même pas porter les siens. Comment se conduit celui qui n'a point la charité? Aussitôt d'une paille il en fait une poutre, prenant une parole pour un acte, il la tient pour passée en fait, et aussitôt il se plaint, clabaude, s'attriste et menace de déchirer la vie du prochain. C'est ainsi que se consume celui en qui ne brûle point la charité, qui ne sait point porter les fardeaux d'autrui, se souhaitant même souvent la mort, sans pourtant pouvoir mourir. Qu'il n'en soit pas ainsi de nous, mes frères, si nous venons à éprouver les coups de la langue trompeuse, souffrons-les sans avoir l'esprit troublé, ni le cœur gros, mais humble et tranquille. Disons : « Seigneur, délivrez mon âme des lèvres injustes et de la langue trompeuse. » (*Ps.* cxix.) C'est ainsi qu'en celui qu'habite la charité, la flamme de cette charité s'allume plus ardente. Le cœur s'enflamme et brûle, nos entrailles de miséricorde se raniment, et ceux qui ont ressenti

---

Prophetarum David postulabat a Domino liberari, dum dicebat : « Domine, libera animam meam a labiis iniquis, et a lingua dolosa. » (*Psal.* cxix, 2.) Et ideo scitote, Fratres, quod non solum est lingua dolosa illa quæ seminat inter fratres discordias, quæ suscitat lites, quæ incitat furores, quæ etiam conventus conturbat; sed etiam illam dolosam linguam dicimus, quæ te laudare adulando procurat, dicens in facie te esse quod non es. A talibus autem Deum deprecari debemus, ut nos liberet, et liberemur. Quare ab his liberari debemus petere? Quare eos ut mortem fugere debemus, nisi quia adulatores sunt, quia mendacia diligunt et faciunt, quia falsitatis sunt inventores, quia diaboli fratres, quia veritatis destructores, quia puritatis deviatores, quia odiorum inventores, quia diaboli jaculatores, quia satanæ mediatores, quia Dei persecutores, quia animarum (f. interfectores) invectores, et omnium malorum inventores, mel in ore portantes, et venenum aspidum insanabile in corde hominum conspuentes. Ecce propter quod a Domino liberari postulare debemus. O iniqua lingua et dolosa, o iniqua proditio, o pessima diaboli astutia, o grandis malitia! Non solum per amara verba, sed etiam per dulcia homines illaqueare procurat, ut secum eos perducat ad tartara. Nam si homo ab homine læditur, opprobria, contumelias et injurias patitur, inimicus reputatur ab eo, credo quod me non diligit, omnino oportet me custodire ab eo, dicet homo : sed si Deo placere volo, me oportet alteram maxillarum ei præbere, et totum portare in patientia, vel malum pro malo non reddere. Ecce quomodo ad talia remedium est. Sed si homo beatum me prædicet, et verba adulationis non cognovero, quod remedium habere potero? Ideo, Fratres, non solum lingua dolosa est illa, quæ mala inter fratres committit, sed et illa quæ adulatur. Si quis verbo tamen non offendit, hic perfectus est vir. Sed quia nemo perfectus in via, ideo necesse est ut alter alterius onera portemus. Nemo tamen alterius onera portare potest, nisi qui habet caritatem. Sed qui caritatem non habet, non solum onera proximi portare non valet, sed nec etiam sua. Quid enim facere debet, qui caritatem non habet? Ecce statim de festuca trabem facit, verbum pro facto reputans factum fuisse putat : et sic dolet, clamat, tristatur, minatur vitam proximo dilacerare : et sic consumitur ille qui caritatem non habet, et onera alterius portare nescit, mori etiam frequenter desiderans, sed mori non potest. Nos vero, Fratres, non sic : sed si verberamini a lingua dolosa, non turbato animo, non corde inflato, sed humili et tranquillo, dicite : « Domine, libera animam meam a labiis iniquis, et a lingua dolosa. » (*Psal.* cxix.) Sic in homine caritatem habente excitatur frequentius amor caritatis. Inflammatur etenim cor et ardet, reviviscunt viscera pietatis, et sic clamare non cessant qui tanguntur a lingua dolosa : « Deficit in dolo-

les atteintes de la langue trompeuse ne cessent de crier : « Ma vie se consume dans la douleur, et mes années dans les gémissements. » (*Ps.* xxx, 11.)

SERMON XXX. — *La confession des péchés*. — Les hommes ont l'habitude de dire, frères bien-aimés : Dieu connaît tout ; il n'y a pour lui ni passé, ni futur ; il voit tout, pèse tout ; tout sous ses yeux est à nu et à découvert. Pourquoi veut-il donc que nous confessions aux hommes les péchés que nous avons commis si méchamment ? Ne vaut-il pas mieux taire ce qui est mauvais que de le prêcher sur les toits ? D'autres diront encore : J'ai péché plus que tous les autres, mais si je dévoile tout aux hommes, tous me regarderont comme le dernier de mes semblables, et, à mon exemple, beaucoup tomberont dans des fautes nombreuses. Pourquoi donc l'homme doit-il confesser à un autre ses propres péchés ? O homme ! ignores-tu donc que tous nous sommes pécheurs ? Et si nous disons que nous sommes sans péché, nous nous trompons nous-même, et la vérité n'est point en nous. Nous péchons tous, tous nous naissons avec le péché, tous nous sommes plongés dans le péché, même l'enfant dont la vie n'est que d'un jour sur la terre. Pourquoi donc craindre de confesser ces péchés ? Oui, il faut se confesser à Dieu, parce qu'il est bon et que sa miséricorde est éternelle. Dieu veut, en effet, que nous nous confessions, non qu'il ignore nos péchés, mais afin que le démon sache que nous nous sommes confessés et que nous nous sommes repentis d'avoir péché, afin aussi que nos péchés étant accusés avec douleur et dans les larmes, il n'ait plus de motifs de demander notre condamnation. Faites bien attention, mes frères, le diable veut que nous nous taisions, et Dieu veut que nous nous confessions. Auquel faut-il obéir de préférence ? Evidemment c'est à Dieu dont les commandements ne tendent qu'à notre salut. A quoi nous suffirait-il de quitter le mal si nous ne confessions, dans la douleur, les péchés que nous avons commis. Il ne suffit pas de nous confesser à Dieu seul, c'est à un autre que nous devons avouer les fautes que nous avons commises. Ne tardez donc point de vous confesser à Dieu, ne tardez point de vous convertir à Dieu, et ne différez pas de jour en jour, car la colère de Dieu éclatera tout à coup, et au jour de sa vengeance il vous fera périr. O mes frères ! qui vous êtes endormis jusqu'à cette heure, convertissez-vous à Dieu de tout votre cœur, dans les jeûnes, les gémissements et les pleurs. En vous disant : « de tout votre cœur, » le Prophète nous fait remarquer que le cœur doit être la source de la pénitence, les pleurs regardent les yeux, les sanglots la bouche, et le jeûne agit sur tout le corps. O homme ! que tardes-tu de revenir à bien, examine toute ton âme, descends dans les secrets les plus profonds de ton cœur, examine bien avant de commencer ta propre accusation. Que ton cœur s'est rendu coupable en désirant le mal, ta bouche en disant des faussetés, ton œil en se repaissant de vanité, ton oreille en se complaisant à entendre le mensonge, et ta main en se rendant coupable de coups et d'homicides, sinon de fait, au moins par la volonté. Qui pourra s'excuser en disant : Que nos pieds sont agiles à courir dans la carrière du mal ? Donc, ô mes frères ! comme vous avez fait servir vos membres à l'impudicité et à l'injustice pour commettre l'iniquité, faites-les servir maintenant à la justice pour la sanctification de votre vie. D'abord que votre cœur qui, le premier, a pensé au mal, qui l'a désiré, se repente et s'afflige ; que vos yeux pleurent ; que votre bouche prie sans interruption ; que vos oreilles en-

---

re vita mea, et anni mei in gemitibus. » (*Psal.* xxx, 11.)

SERMO XXX. — *De confessione peccatorum*. — Dicere solent homines, Fratres carissimi : Deus cuncta novit, apud eum nec præteritum nec futurum est : omnia videt et omnia ponderat, omnia nuda et aperta sunt ei. Quare igitur vult ut confiteamur hominibus peccata nostra, quæ nequiter gessimus ? Numquid non melius est, cuncta mala tacere, quam ea prædicare in tectis ? Ecce enim quis dicet : Peccavi super omnes homines. Sed si cuncta hominibus prædicavero, omnibus hominibus pejor reputabor a cunctis, exemploque meo multi multa mala committent. Quomodo ergo confiteri debet homo alterutrum peccata sua ? O homo, an ignoras quod omnes peccatores sumus ? Et si dixerimus, quod peccatum non habemus, nos ipsos seducimus, et veritas in nobis non est. Omnes peccamus, omnes cum peccato nascimur, omnes in peccata demergimur, etiam infans cujus est unius diei vita super terram. Cur ergo timemus peccata confiteri ? Tamen oportet confiteri Deo, quoniam bonus est, et in æternum misericordia ejus. Vult enim Deus quod confiteamur ; non quod ignoret peccata nostra, sed ut diabolus audiat, quoniam confitemur et pœnitet nos peccasse ; et peccatis confessis cum dolore et lacrymis, non habeat amplius unde nos incuset. Ecce enim, Fratres, diabolus vult ut taceamus, Deus vult ut confiteamur ; et cui magis obediendum sit ? Certe constat quod Deo, qui salutaria præcepit. Non enim sufficit cessare a malo nisi peccata quæ fecimus confiteamur cum dolore. Nec soli Deo sufficit confiteri, sed alterutrum peccata nostra confiteri debemus. Non igitur tardes confiteri Deo, non tardes converti ad Deum, nec differas de die in diem : subito enim veniet ira Dei, et tempore vindictæ destruet te. (*Joel*, II, 12.) O Fratres mei qui usque nunc dormistis, convertimini ad Deum in toto corde vestro, in jejunio, planctu et fletu. Ecce enim quia dicit, in toto corde, nos docet Propheta, quod in corde est fons pœnitentiæ, fletus vero ad oculum, planctus autem ad os, sed jejunium ad totum corpus refertur. O homo, ne tardes converti ad Deum : discute mentem tuam, prospice singula secreta cordis, considera ante quam ad confessionem accedas, quod cor peccavit mala appetendo, oculus vanitatem videndo, os falsitatem dicendo, auris mendacia audiendo, manus verbera et homicidia perpetrando, et si non opere, saltem voluntate. Quis se excusare poterit ? Pedes etiam veloces ad malum. Igitur, o Fratres mei, sicut exhibuistis membra vestra servire immunditiæ et iniquitati ad iniquitatem, ita et nunc exhibete membra vestra servire Deo in sanctificationem. Primo enim cor quod mala cogitavit et concupivit, pœniteat et doleat ; et oculus fleat, os sine intermissione oret, aures audiant verbum Dei, manus

tendent la parole de Dieu ; que vos mains distribuent l'aumône, reçoivent les voyageurs, soulagent les malades, donnent des habits à ceux qui n'en ont point ; que vos pieds viennent à l'église ; que vos genoux se courbent et souffrent, car, comme il n'y eut aucun membre qui, par ses péchés, n'ait déplu à Dieu, qu'il n'y en ait aucun non plus qui n'endure une peine proportionnée. Dieu nous donne des membres pour son service, et non pour celui du monde. Mais, hélas ! mes frères, les citoyens du ciel et les serviteurs de Dieu sont devenus les amateurs du monde, aimant plus ardemment les biens de la terre que ceux du ciel, les choses passagères que les choses éternelles, leurs richesses qu'eux-mêmes. Non, mes frères, non qu'il n'en soit pas ainsi. Voici déjà le temps qui s'approche ; déjà la menace est suspendue sur notre tête. Debout donc vous qui mangez le pain de la douleur. Hâtons-nous de courir à l'Eglise, et déplorant nos péchés, confessons-les avec douleur. Mais voici d'abord l'ordre qu'il faut suivre : Commençons par examiner nos péchés, ensuite découvrons tellement l'amour du monde qui vit en nous et les circonstances de nos péchés, qu'ils soient connus de Dieu et de ses prêtres, afin que nous puissions nous retirer, non point chargés, mais débarrassés de notre fardeau. Mes frères, ne différez point de confesser vos péchés, car celui qui diffère sa confession jusqu'à la fin du carême, ou jusqu'au dernier jour de sa vie, démontre qu'il ne fait point cette action de bon gré ; il ne paraît l'accomplir ni gracieusement, ni d'un cœur droit, mais par force. Or, réfléchissez combien les services forcés plaisent peu à Dieu et aux hommes. Encore une fois, ne différons point de jour en jour de révéler les secrets de notre cœur. Dieu a promis le pardon au pénitent, mais il ne l'a point promis à celui qui différerait au lendemain. Donc ne remettons point, mais allant faire notre accusation, qui que nous soyons, homme ou femme, ne vous mettez point à rire, n'y allez point chargé d'ornements, ne commencez point par raconter des inutilités ; mais la tête baissée, le dos couvert de cendres et d'un cilice, confessez vos péchés à un homme comme vous. Mais, croyez-moi, ô homme ! n'ayez point de honte de vous accuser ; bien souvent, en effet, le démon vous serrera le cœur pour empêcher votre accusation ; vous vous direz comment confesser tels ou tels péchés ? O homme ! quand ces pensées vous viendront, regardez-les comme des tentations du démon, qui veut méchamment vous enchaîner, afin que, demeurant dans le péché, vous fassiez toujours ce qui lui est agréable, sans grande tentation de sa part. N'ayez point de crainte, mes frères, de confesser vos péchés, car ce que je sais par la confession je le sais moins que ce que je ne sais pas. Pourquoi craindre donc d'accuser tes fautes ; celui qui les entend est pécheur comme toi, et peut-être plus grand pécheur que toi. C'est un homme, il ne diffère point de moi ; il n'a rien que je n'aie également. O homme pécheur ! pourquoi donc redouter de révéler ton âme à un autre homme pécheur aussi. Choisis le parti que tu veux prendre ; si tu te dérobes à la confession, sans confession tu subiras la damnation. Dieu exige la confession, afin de délivrer celui qui s'humilie, et il damne celui qui ne se confesse pas, afin de punir l'orgueilleux pendant toute l'éternité. Confessez-vous donc, mes frères, et ne différez point. Hâtez-vous, accourez à la sainte moisson de la confession. La confession c'est le salut des âmes,

eleemosynam porrigant, peregrinos suscipiant, infirmos foveant, nudos induant, pedes veniant ad ecclesiam, genua flectantur et laborent : quia sicut nullum fuit membrum quod peccando Deo non displicuerit, ita nullum sit membrum quod pœnam non patiatur condignam. Dedit enim nobis Deus membra, ut sibi serviamus, non mundo. Sed heu, Fratres, cœlorum cives et domestici Dei facti sunt amatores mundi, fortius diligentes terrena quam cœlestia, transitoria plus quam æterna, res suas plus quam se ipsos ! Non sic, Fratres mei, non sic : quia ecce jam tempus prope est, ecce jam nobis minatur. Surgite ergo qui panem doloris comeditis, et ad ecclesiam pergere festinemus, et flentes peccata nostra cum dolore confiteamur. Sed primo talis ordo tenendus est, ut peccata præmeditentur, et proferendo taliter mundum et circumstantiam peccatorum Deo et sacerdotibus confiteamur, ut a pedibus suis non onerati, sed alleviati discedere valeamus. Et nolite, Fratres mei, differre confiteri peccata vestra : nam qui usque ad ultimum diem quadragesimæ vel vitæ suæ distulerit confiteri, dat signum, quod hoc libenter non facit : non gratiose, non puro corde, sed coactus hoc facere videtur : sed coacta servitia quantum Deo vel hominibus placeant, considerate. Non ergo de die in diem differamus pandere cordis nostri secreta. (1) Promisit enim Deus veniam pœnitenti : sed non promisit usque in crastinum differenti. Igitur non differamus, sed cum ad confessionem accesseris tu homo vel femina, cave ne rideas, vel ornate incedas, ne fabulas primo proferas, sed cum humiliato capite, et dorso cinere et cilicio infuso, confiteamini alterutrum peccata vestra. Sed deprecor te, o homo, ut confiteri non pudeas : frequenter enim diabolus cor tuum astringit, ne confitearis, dicens : Quomodo confitebor hæc et illa ? O homo quandocumque hoc persenseris, diaboli tentationem esse non dubites, qui cupit te astringere nequiter, ut in peccatis positus sine magna tentatione semper agas quæ placita sunt ei. Nolite ergo timere peccata confiteri, o Fratres : nam illud quod per confessionem scio, minus scio quam illud quod nescio. Cur confiteri times peccata ? Peccator est qui audit peccata, sicut et tu, et forsitan major. Homo est, nihil differt a me, nihil alienum habet a me. Cur ergo times, o homo peccator, homini peccatori confiteri ? Elige quod vis : si non confessus lates, inconfessus damnaberis. Ad hoc enim Deus exigit confessionem, ut liberet humilem. Ad hoc damnat non confitentem, ut superbum puniat in æternum. Confitemini, o Fratres mei, et nolite differre : ad sacram messem confessionis accedere festinate. Hæc est enim salus animarum, dissipatrix vitiorum, restauratrix virtutum, oppugnatrix dæmonum, pavor inferni, obstaculum diaboli,

(1) Similis est Sententia Prosperi LXI, sed non verba eadem.

l'épouvante des vices, la restauratrice des vertus, la citadelle contre les démons, la terreur de l'enfer, le rempart opposé au démon, le vêtement des âmes angéliques, la confiance de l'Eglise, le soutien, le guide, le bâton, la lumière et l'espérance de tous les fidèles. O sainte et admirable confession! tu fermes le gouffre de l'enfer, et tu ouvres la porte du paradis! O confession! sans toi le juste est regardé comme en disgrâce, et le pécheur est considéré comme mort. O confession! la vie des justes, la gloire des pécheurs! toi seule es nécessaire au pécheur, et néanmoins celui qui veut être juste doit se soumettre à tes lois et recourir à toi fréquemment. Rien enfin ne subsistera au jour du jugement de ce qui aura été lavé par la confession. O sainte confession! tu as pesé d'un si grand poids, tu eus tant de mérite près de Dieu que tu as réhabilité un brigand qui, sur la croix, a confessé le Seigneur crucifié, comme s'il eût été lui-même crucifié pour le nom du Seigneur. Voilà quelle puissance a eu cette courte confession d'un pécheur. Pour nous qui sommes prêtres, et plaise à Dieu que nous en soyons de bons, il nous faut veiller avec une grande attention, et être pleins de sollicitude pour que nous fassions pénétrer avec tant de douceur, dans le cœur des coupables, des paroles de crainte et de contrition, que nous n'étouffions jamais en eux le mot de leur propre accusation, en sorte qu'en ouvrant leurs cœurs nous ne leur fermions pas la bouche. Cependant gardons-nous bien d'absoudre même celui qui est contrit, à moins que nous ne le sachions confessé, car, à la vérité, « on croit par le cœur pour la justification, mais on se confesse de bouche pour obtenir le salut. » (Rom., x, 10.) Celui qui a sur les lèvres les paroles d'accusation, et ne les a point dans le cœur, celui-là est un trompeur ou un homme léger. Celui qui les a dans le cœur et point sur la langue est ou un orgueilleux, ou un timide. Il est donc bien important que les prêtres soient tels qu'ils connaissent et sachent l'espèce, la nature et la quantité du remède qu'ils doivent donner aux malades. Puissent-ils avoir l'aide du Seigneur, notre Dieu qui vit et règne dans les siècles des siècles. Ainsi soit-il.

SERMON XXXI. — *Vanité du monde; nous devons le détester à cause des trois maux principaux qui le rongent.* — Il est écrit, frères bien-aimés, que nous n'aimions pas le monde, car « le monde passe et sa concupiscence avec lui. » (1 Jean, II, 15, 17.) O monde impur! qui ne cesses de tendre des pièges aux hommes, tu ne leur laisses pas un instant de repos, tu veux tous les dévorer, tu voudrais tous les voir périr. Malheur à quiconque croit en toi; heureux celui qui te résiste, mais plus heureux celui qui quitte la terre sans avoir rien ressenti de tes blessures! O monde plein de fourberie! tu promets tous les biens et ce sont tous les maux que tu laisses; tu promets la vie et tu donnes la mort; tu promets la joie et tu ne laisses que tristesse; tu promets le repos et avec toi c'est le trouble; tu promets des fleurs, mais qu'elles sont vite fanées; tu promets de demeurer, mais que tu as bientôt disparu! Non, il ne faut pas t'aimer, car tu passes complètement, et ta concupiscence s'évanouit comme la fumée. Interrogeons tous ceux qui t'ont aimé, ô monde impur! tous ceux auxquels tu as voulu autrefois donner la fleur de la plus brillante jeunesse, une vie durable, des richesses abondantes, une grande quantité de domestiques, les douceurs de la paix; que tous parlent et parlent bien haut; qu'Adam, notre vénérable patriarche, se lève avec tous ses enfants, et que, d'une voix unanime, ils nous

---

Angelorum tunica, Ecclesiarum fiducia, salus, dux, baculus, lumen et spes omnium fidelium. O sancta atque admirabilis confessio, tu obstruis os inferni, et aperis paradisi portas. O confessio, sine te justus judicatur ingratus, et peccator mortuus reputabitur. O confessio vita justorum, peccatorum gloria, tu sola necessaria es peccatori, et nihilominus justus si quis reputabitur, te astringere et frequentare debet. Nihil denique remanebit in judicio, quod fuerit per confessionem purgatum. O confessio illibata! Tanto pondere appensum est, tantumque valuit apud Deum, quod homo novit appendere latroni qui in cruce confessus est Domini crucifixum, quantum si fuisset pro Domino crucifixus. Ecce quantum profuit brevis confessio peccatoris. Sed nos qui sacerdotes sumus, et utinam boni simus, caute nobis vigilare necesse est et sollicite, quatenus sic delinquentium cordibus tanto moderamine verbum timoris et contritionis infigamus, ut eos nequaquam a verbo confessionis exterreamus; ut sic corda aperiant, quod ora non obstruamus. Sed nec absolvere debemus etiam compunctum, nisi viderimus confessum : quoniam quidem « corde creditur ad justitiam, ore autem fit confessio ad salutem. » (Rom., x, 10.) Qui ergo verbum confessionis in ore habet, et in corde non habet, aut dolosus est, aut vanus. Qui vero in corde, et non in ore, aut superbus est, aut timidus. Decet igitur sacerdotes esse tales, ut cognoscant et sciant, quam, qualem, et quantam infirmantibus exhibere debeant medicinam : adjuvante Domino Deo nostro, qui vivit et regnat in sæcula sæculorum. Amen.

SERMO XXXI. — *De fallacia mundi, et ejus detestatione, propter tria præcipue mala quæ in eo sunt.* — Scriptum est, Fratres carissimi, quod mundum non diligamus (I Joan., II, 15), quoniam « mundus transit et concupiscentia ejus. » (Ibid., 17.) O munde immunde, qui homines illaqueare non desinis, quiescere non permittis, rapere omnes appetis, occidere omnes quæris. Væ qui tibi credit, beatus qui tibi resistit, sed beatior qui a te illæsus recedit. O munde proditor, cuncta bona promittis, sed cuncta mala perfers; promittis vitam, sed donas mortem; promittis gaudium, sed largiris mœrorem; promittis quietem, sed ecce turbatio; promittis florem, sed cito vanescit; promittis stare, sed cito recedis. Non ergo es diligendus, quoniam omnino transis, et concupiscentia tua velut fumus evanescit. Alloquantur omnes amatores tui, o munde immunde, quibus aliquando florem serenissimæ juventutis præstare voluisti, vitam diuturnam, divitiarum copiam, familiarium abundantiam, pacis amœnitatem : dicant omnes, loquantur cuncti, surgat venerabilis pater Adam cum omnibus filiis suis, et uno ore loquantur, utrum in hac vita gaudium

SERMONS ADRESSÉS AUX FRÈRES DU DÉSERT, ETC.

fassent entendre si, dans cette vie, il y a une joie sans douleur, une paix sans quelque désaccord, un repos sans inquiétude, une santé sans aucune infirmité, une lumière sans ténèbres, du pain sans douleur et des ris sans larmes. N'aimez donc pas le monde, mes frères, puisqu'il passe avec la concupiscence qui nous le fait aimer. O monde impur, trompeur et traître! n'es-tu pas plus dangereux quand tu flattes que lorsque tu es à charge? N'es-tu pas plus à craindre quand tu caresses que quand tu méprises? N'es-tu pas plutôt digne de haine lorsque tu fais semblant d'aimer que quand tu déclares ta haine au grand jour? O monde immonde! il est impossible d'habiter dans ton sein et de ne pas gémir; mettre en toi ses espérances et ne pas craindre, c'est une vanité; aimer en toi ce qui est de toi, et ne pas courir de danger, c'est impossible. O mes frères! gardez-vous bien d'aimer le monde puisqu'il passe, que la concupiscence qui nous porte vers lui passe aussi. Et cependant voyez : le monde passe, il nous trouble et on l'aime, il trompe et on le tient pour fidèle, il tue et on le désire comme la vie, il est inconstant et on s'attache à lui. O monde impur! si tu étais florissant, que feraient donc tes amants? Mais, en réalité, tu es loin d'être florissant, et tu ne présentes aucune stabilité; le miel et les douceurs que tu offres cachent des amertumes, une joie fausse, une douleur assurée, un plaisir incertain, un travail pénible, un repos inquiet, une possession pleine de misère et une espérance de béatitude bien caduque. N'aimez donc point le monde, car « tout ce qui existe dans le monde est ou concupiscence de la chair, ou concupiscence des yeux, ou orgueil de la vie. » (*Ibid.*, 19.) Parlons aujourd'hui, si nous le pouvons, mes frères, de chacun de ces points. On appelle volupté de la chair le plaisir que notre misérable chair recherche d'une manière illicite, par exemple, dans la gourmandise, l'ivresse, la luxure, le sommeil prolongé et le rire immodéré. Et comme notre chair est ce que nous avons de plus proche, ses vices sont les premiers qui nous attaquent. Plus nous sommes en rapports fréquents avec le monde, plus sa société nous est dangereuse et beaucoup succombent sous l'attaque de ses vices. Adam s'est perdu par la gourmandise, Lot par l'ivresse, Salomon par la luxure. Aussi, mes frères, nous devons sans retard opposer l'abstinence à la gourmandise. Considérez bien que ce n'est pas le boire, mais un fruit qui fut cause que le premier homme trouva la mort. Ce n'est point pour une poule, mais pour un plat de lentilles qu'Esaü perdit son droit d'aînesse. Je n'ignore pas qu'il fut accordé à Noé de manger de toute espèce de viande, qu'il croirait pouvoir servir de nourriture, et qu'Elie se rétablit de ses fatigues en mangeant de la viande. Mais, d'un autre côté, nous regardons comme admirable l'abstinence de saint Jean; c'est ce dernier exemple que nous devons suivre. Nous ne devons imiter ni Esaü, qui se laissa tromper par l'amorce d'un plat de lentilles, ni David qui fut repris pour avoir trop soupiré après un peu d'eau; mais nous devons imiter notre Roi qui, tenté non par de la chair, mais par du pain, remporta une brillante victoire sur l'ennemi le plus acharné. Oh! que l'abstinence est une grande et admirable vertu! Par elle, les hommes deviennent les enfants du Très-Haut, elle chasse les vices, expulse les démons; elle produit le salut dans les âmes, elle donne même au corps la santé. Considérez, mes frères, en quoi consiste la concupiscence de la chair, et jusqu'où elle s'étend. Elle est le ferment et la

---

habuerint sine dolore, pacem sine discordia, quietem sine metu, sanitatem sine infirmitate, lumen sine tenebris, panem sine dolore, risum sine fletu. Nolite igitur, Fratres, mundum diligere, quoniam transit et concupiscentia ejus. O munde immunde, fallax et proditor, numquid non periculosior es blandus, quam molestus? numquid non magis timendus es dum allicis, quam dum spernis? numquid non magis odiendus dum diligere dissimulas, quam dum odire te ostendis? O munde immunde, in te habitare, et non dolere, impossibile est; in te sperare, et non timere, vanum est; in te tua amare, et non periclitari, impossibile est. O Fratres mei, nolite ergo eum diligere, quoniam transit et concupiscentia ejus. Sed ecce mundus transit et nos turbat, et amatur; fallit, et fidelis reputatur; occidit, et velut vita desideratur; flectit, et amplectitur. O munde immunde, et si floreres, quid facerent amatores tui? Sed vere non flores, et stabilitatem nullam habes; sed mella tua et dulcedo tua asperitatem habent, jucunditatem falsam, certum dolorem, incertam laetitiam, durum laborem, timidam quietem, rem plenam miseriae, et spem beatitudinis inanem. Nolite ergo diligere mundum : quia « omne quod est in mundo, aut est concupiscentia carnis, aut concupiscentia oculorum, aut superbia vitae. » (*Ibid.*, 19.) Agamus, Fratres, si possumus hodierna die de singulis. Voluptas enim carnis dicitur, quam per modum illicitum misera caro appetit, ut gulositas, ebrietas, luxuria, nimia dormitio, et vanus risus. Et quia caro vicinior est, per vitia ejus primum nos aggreditur. Mundus enim quanto familior est, tanto periculosior est, et multi per vitia ejus corruunt. Ecce Adam per gulam, Lot per ebrietatem, Salomon per luxuriam. Ideo, Fratres, gulositati per abstinentiam occurrere festinanter debemus. Considerate, quod non propter potum, sed propter pomum homo primitus mortem invenit. Esau non propter gallinam, sed propter lenticulam primatum suum perdidit. Scio enim Noe omne genus carnis quod cibo esset visum, manducare concessum esse : Eliam cibo carnis refectum legimus. Joannis mirabilem abstinentiam praedicamus. Sic nos facere debemus, sed non sicut Esau lenticulae concupiscentia deceptus non sicut David propter aquae desiderium reprehensus (II *Reg.*, XXIII, 55) : sed sicut rex noster, qui non do carne, sed de pane tentatus, tentatorem superavit teterrimum. O magna et admirabilis abstinentiae virtus, per quam homines filii Dei excelsi efficiuntur, per quam vitia expelluntur et daemones, per quam non solum animarum salus agitur, sed etiam corporum sanitas possidetur. Ecce enim, Fratres, concupiscentia carnis qualis et quanta est. Ipsa enim fomentum et mater aliarum voluptatum est; quia qui bene comedit, libidines carnis frequen-

mère des autres voluptés, car celui qui mange beaucoup ressent fréquemment les passions de la chair, il recherche le sommeil ; de là naissent la démangeaison de parler, les querelles qui sont les œuvres de la chair, de là la perte de son argent. N'aimez donc point, mes frères, le monde, car il y a dans son sein une grande concupiscence de la chair. Qu'y rencontre-t-on encore, ô mes frères! sinon la concupiscence des yeux? Dieu nous a donné les yeux pour voir les magnificences qu'il a créées, afin que nous le louions de tout notre cœur, ou pour pleurer le mal que nous avons fait. Ici, ne sommes-nous pas dans la misère, et dans la misère nous ne devons pas rire, mais plutôt pleurer. Quand l'enfant vient au monde, il ne rit pas, il pleure. Pourquoi pleure-t-il, sinon pour attester de la voix et confesser par ses larmes qu'il est venu au sein de la misère? En effet, les enfants d'Adam sont nés pour le travail et pour la peine, car un joug pesant a été mis sur tous les enfants d'Adam, depuis le jour où ils sont sortis du sein de leur mère jusqu'à celui où ils rentreront au tombeau. Nous ne devons donc point rire, mais pleurer, nous rappelant que nous ne lisons nulle part que Notre-Seigneur ait ri ; nous lisons, au contraire, qu'il a pleuré. Mais comment pleurerons-nous nos péchés? comment élèverons-nous nos yeux vers la montagne d'où descend notre secours ? Ecoutons saint Jean. Que nous dit-il, sinon que tout ce qui est dans le monde est concupiscence des yeux? On l'appelle concupiscence des yeux, parce que c'est par les yeux que les désirs de l'or et de l'argent, que celui de posséder et de jouir de tous les biens terrestres, pénètrent dans les profondeurs de l'âme. Il faut donc veiller avec un soin jaloux sur son œil, car il est la porte du cœur et son messager. Fermez, en effet, votre œil ; il n'y aura plus de désir de posséder, la volonté cessera et dès lors l'enfer est fermé. Oui, mes frères, il se fait autant de mal par les yeux qu'on peut acquérir de mérites par leur moyen. Si David eût fermé les yeux, il n'eût point vu cette femme, et n'eût point commis d'adultère. Si Judas n'eût point vu d'argent, il n'aurait pas trahi son Maître. Et si les Sodomites eussent fermé les yeux, ils n'auraient point vu les jeunes gens, et n'auraient pas péri. Fermons donc les yeux pour ne point voir la vanité. Gardons la porte de notre cœur, de peur que le voleur, qui chaque jour s'efforce d'y entrer, ne vienne et ne nous enlève tous nos biens. Ferme ton œil et tu seras délivré du vice; ferme la porte et tu pourras tuer le voleur; ferme ton œil, et il n'y aura plus de volonté de posséder; ferme ton œil, et tu fermeras l'enfer pour toujours. Je sais bien que beaucoup d'aveugles sont mauvais, mais il n'y a pas de doute qu'ils ne fussent devenus pires, s'ils eussent vu ce qui se trouve dans le monde. La vue est la cause de la cupidité et le principe du désir. Fermons donc la porte, de peur que la mort ait la facilité d'entrer. Qu'y a-t-il encore dans le monde, sinon orgueil de la vie? O orgueil! marâtre de toutes les vertus, qui t'a créé ? qui t'a députée vers nous ? qui t'introduisit si funestement dans l'assemblée des riches et des pauvres ? Je sais que ce n'est point Dieu qui t'a fait, qui t'a envoyé vers nous, qui t'a introduit dans l'assemblée des moines riches ou pauvres. Il n'a point voulu de toi lorsqu'il s'est revêtu de notre chair, mais en compagnie de l'humilité, ton ennemie, il a daigné habiter entre le bœuf et l'âne, et il voulut être soumis à Marie et à Joseph. Que fais-tu donc au milieu de nous ? Ce n'est point la nature qui t'a produit, elle par qui tous naissent, vivent et meurent de la même manière.

ter sentit, dormire quærit : inde verbositas et rixæ quæ sunt opera carnis, inde consumptio pecuniæ. Nolite ergo, Fratres, diligere mundum, quia in eo summa concupiscentia est carnis. Sed quid aliud nisi concupiscentia oculorum, o Fratres mei ? Fecit enim Deus nobis oculos videntes, qui fecit magnalia, ut toto corde eum laudemus, plorantes si qua mala fecimus. Ecce in miseria sumus, et in miseriis non ridere, sed flere debemus. Cum enim nascitur puer, non ridet, sed plorat. Quare plorat, nisi quia voce testatur et confitetur plorando, se ad miseriam devenisse ? Nascuntur enim filii Adam ad laborem et dolorem, quia jugum grave positum est super filios Adam a die exitus de ventre matris eorum, usque in diem sepulturæ eorum. Non igitur ridere, sed flere debemus, attendentes et scientes quod Dominum nunquam risisse, sed flevisse legimus. Sed quomodo fleamus peccata, quomodo elevemus oculos ad montem unde veniat auxilium. audiamus Joannem. Quid enim dicit, nisi quod omne quod est in mundo, est concupiscentia oculorum ? Concupiscentia oculorum dicitur ; quia per oculos desideria auri et argenti, possessionum et cunctorum terrenorum intrinsecus animæ intimantur. Ideo summe custodiendus est oculus, quia janua cordis est et nuntius. Nam claude oculum, et voluntas habendi non erit ; cesset voluntas ; et ecce infernus clauditur. Ecce enim Fratres, quot mala per oculos fiunt, tot bona per eosdem possunt adipisci. Si enim David oculos clausisset, feminam non vidisset, adulterium non commisisset. Si Judas pecuniam non vidisset, magistrum minime tradidisset. Et si Sodomitæ oculos clausissent, juvenes non vidissent, nec periissent. Claudamus igitur oculos ne videant vanitatem ; custodiamus januam cordis nostri, ne latro qui quotidie procurat intrare, veniat et cuncta bona valeat deprædari. Claude enim oculum, et amittis vitium ; claude januam, et latronem occides ; claude oculum, et voluntas non erit habendi ; claude oculum, et infernum clauseris in æternum. Licet tamen multi cæci mali sint, sed pejores eos fore non dubitamus, si hæc quæ mundi sunt viderent. Ipsa enim visio causa cupiditatis est, et principium appetitus. Claudamus ergo januam, ne mors intrare possit per fenestras nostras. Quid enim aliud in mundo esse legimus, nisi superbiam vitæ ? O superbia, cunctarum virtutum noverca, quis te creavit, quis te ad nos misit, quis te ad conventum divitum et pauperum tam miserabiliter introduxit ? Scio quod Deus te non fecit, nec te ad nos misit, nec ad conventum monachorum pauperum vel divitum introduxit, nec te, dum carnem assumpsit, assumere voluit ; sed tua inimica humilitate dignatus est habitare inter bovem et asinum, et subditus esse voluit Mariæ et Joseph. Quid ergo agis inter nos ? Nam te na-

Que fais-tu donc au milieu des serviteurs de Dieu? que leur montres-tu? pourquoi les gonfler? pourquoi faire voir qu'ils sont bouffis de toi? Tu sais bien que tu n'es point capable de leur donner la vie éternelle. Que leur montres-tu qui leur donne sujet de s'élever au-dessus des astres, désirant s'égaler à Dieu et même vouloir monter au-dessus de lui, s'ils le pouvaient? O orgueil! marâtre des vertus, mère des vices, porte de l'enfer, maîtresse d'erreur, tête du démon, source de tout ce qui est vicieux, que fais-tu au milieu des hommes? de quelles promesses les endors-tu pour qu'ils te témoignent tant d'amour? Vois ceux qui t'aiment, avec quelle célérité ils tombent du faîte de leurs grandeurs. Regarde Nabuchodonosor que tu paraissais tant aimer, qui t'aimait si ardemment, et s'attacha à toi si puissamment, en sorte qu'il crut sur tes inspirations que personne n'était plus grand que lui sur la terre. Regarde bien, le voilà, il s'incline, il tombe, il est plongé au dernier degré d'humiliation; en sorte que, semblable au bœuf, il broute l'herbe des champs. Voilà ce qui arrive à tes amants. Au contraire, ceux qui ne t'aiment pas s'élèvent des bas-fonds de leur fumier, et sont placés avec les princes du peuple du Seigneur, occupant par leur science un trône de gloire, d'honneur et de dignité. Allons donc, mes frères, apprenez à posséder l'humilité, apprenez à fouler aux pieds l'orgueil, apprenez même à l'éviter. Le fouler aux pieds comme un cadavre, que c'est difficile aux riches! quelle rude besogne! mais aussi qu'elle est méritoire! Soyez donc pauvres, si vous aspirez vraiment à être humbles, car les richesses mises de côté, et foulées aux pieds, on arrive facilement à faire l'acquisition de la sainte et parfaite humilité qui ne pourrait se plaire avec elles. O richesses dont les apparences sont si douces et si pleines d'appâts pour les hommes insensés! en réalité, vous êtes plus mortelles que n'importe quel poison. Qui voudrait donc prendre du poison, s'il n'était mélangé avec quelque substance plus douce? Mais, mélangé à quelque chose de sucré, on ne fait aucune difficulté de le prendre; néanmoins, celui qui l'a pris, meurt. De même, celui qui aime les richesses, semble y trouver quelque douceur; mais voici que la mort, se cachant dans les richesses, attaque cet homme riche, superbe, gonflé d'orgueil et de vanité, et lui ôte la vie; et cet homme, après qu'il est immolé, est conduit aux enfers. Voilà de quelle utilité nous sont les richesses de ce monde; elles nous enlèvent la vraie vie, nous rendent chaque jour différents de nous-mêmes, nous font tomber fréquemment dans des embûches. Ce sont elles qui nous élèvent à l'orgueil, nous font entourer de respects hypocrites, et c'est sur elles que compte toujours le diable pour conduire aux enfers l'âme enorgueillie. Chassez donc, mes frères, les richesses afin de pouvoir plus facilement vous défaire de l'orgueil. Otez les richesses et il n'y aura plus d'enfer. Faites l'aumône et la vertu viendra séjourner en vous. Ignorez-vous, mes frères, que ne pas donner aux pauvres, c'est leur avoir pris ce qu'ils possèdent? En effet, si quelqu'un peut secourir celui qui a faim, et ne lui donne point à manger, on dit justement qu'il lui ôte la vie et qu'il est cause de sa mort. O chrétien! sois couvert de honte et de confusion de voler le pauvre, quand c'est une loi pour nous de toujours lui offrir. C'est dépasser toute iniquité que de vouloir devenir riche en retranchant du nécessaire des pauvres et des veuves. Je le veux bien, mes frères, aimons les gains honnêtes, mais ayons horreur des épargnes

---

tura non ostendit, qua uno modo generantur, uno modo vivunt et moriuntur omnes. Quid ergo agis inter servos Dei? Quid ostendis eis? Cur eos inflas? Cur inflare eos demonstras? Nosti quod eis æternam vitam præstare non poteris. Quid eis demonstras propter quod eleventur super astra cœlorum, cupientes esse sicut Deus, et super eum ascendere vellent, si possent? O superbia noverca virtutum, mater vitiorum, porta inferni, magistra erroris, caput diaboli, vitiorum principium, quid inter homines facis, quid eis promittis, quod te tantum diligere demonstrant? Ecce amatores tui tam cito de altitudine cadunt. Ecce enim Nabuchodonosor, quem tantum diligere videbaris, et tantum te diligebat, tam fortiter te adstrinxit, ut credere eum faceres, quia nullus in major esset in orbe: et ecce mox deflectitur et cadit, et demergitur in profundum, et quasi bos fœnum comedit. Ecce quid accidit te diligentibus? Sed te non amantes de stercore penitus elevantur, et collocantur cum principibus populi Domini, solium gloriæ, honoris et dignitatis tenentes in scientia. Eia ergo, Fratres, discite humilitatem habere, discite superbiam conculcare, discite et eam devitare. Velut mortem eam conculcare, o quam difficile divitibus, o quam pœnosum, o quam meritorium? Estote ergo pauperes, si vere humiles esse cupitis. Nam destructis divitiis et conculcatis, faciliter sancta perfectaque humilitas acquiritur, cum quibus vere poterunt habitare. O divitiæ, dulcissimæ et suavissimæ hominibus insipientibus apparetis: sed omni veneno mortaliores estis omnino. Venenum enim quis sumere poterit, nisi fuerit aliqua dulcedine copulatum? Sed commixtum dulcedini, faciliter sumitur: sic enim qui recipit, moritur. Sic qui divitias amat, dulcedinem videtur gustare: sed ecce mors inter divitias latens, hominem superbum et elatum, divitem, inflatum aggreditur, et aggressus occiditur, et occisus ad infernum perducitur. Ecce quantum prosunt nobis divitiæ mundi hujus, per quas occidimur, per quas mutamur quotidie, per quas insidiamur frequenter, per quas elevamur in vanitatem, per quas veneramur mendaciter, per quas animam superbam ad infernum diabolus semper exspectat conducere. Tollite ergo, Fratres mei, divitias, ut facilius tollatis superbiam; tollite divitias, et infernus non erit. Date eleemosynam, et omnia munda dabuntur vobis. O Fratres mei, an ignoratis quod pauperibus non dare, tulisse est? Et merito quando quis potest esurientibus subvenire, et non pascit, merito vitam exstinguit, et eos mori permittit. Pudeat et erubescat Christianus tollere pauperibus, quibus jubemur semper offerre. Ultra omnem iniquitatem est divitem velle fieri de exiguitate pauperum vel viduarum. Itaque, Fratres, amanda sunt honesta lucra, sed horreantur dam-

qui causeraient notre perte. Que personne ne soit assez osé pour détourner à son profit quelque chose des biens qu'il doit distribuer. Amasser, c'est perdre pour celui qui entasse à l'aide de sordides épargnes. Il attire plutôt à soi la pauvreté celui qui, par des secours d'argent, ne subvient pas à la pauvreté de ceux qui lui en demandent. Or, mes frères, il viendra ce jour, oui il viendra, sans tarder beaucoup, ce jour où il nous sera dit : « J'ai eu faim, et vous ne m'avez pas donné à manger, » et où il sera ajouté : « Allez, maudits, au feu éternel ! » (*Matth.*, xxv, 41.) O mes frères ! si on doit jeter au feu ceux qui n'ont point fait l'aumône et qui n'ont point donné aux pauvres le fruit de leur travail, que dira-t-on à ceux qui n'ont point craint de ravir le bien d'autrui ? Ils brûlent avec le diable, ceux qui n'ont point revêtu celui qui était nu. Où croyons-nous que brûleront ceux qui ont dépouillé les veuves et les orphelins ? Nous ne devons point spolier les pauvres, pour que, dépouillés nous-mêmes, nous vivions dans une abondance qui exalterait en nous l'orgueil; mais ne différons point de faire l'aumône, afin de devenir pauvres et humbles. Qu'il ne nous suffise pas seulement d'accomplir ces devoirs, mais efforçons-nous aussi d'amener le prochain à ces mêmes devoirs; faisons entendre à ceux qui ont le pouvoir et aux gouverneurs de ce monde, qu'ils doivent non-seulement faire l'aumône, mais encore garder leurs royaumes dans la paix, sachant que, s'ils mettent la justice de côté, leurs royaumes ne sont pas autre chose qu'un brigandage. Il y a beaucoup de gouverneurs, mais qu'on en trouve peu qui aiment la justice ! On demandait un jour à Socrate que l'on avait vu rire, quel en était le sujet. C'est, répondit-il, que je vois de grands brigands en faire conduire de petits à la potence; puis, selon qu'on le rapporte, il ajouta à haute voix : Oh ! que vous méritez bien plus d'être pendus, vous qui, assis sur des trônes ou habitant des palais, vous rendez coupables de grands brigandages, que ceux qui toujours en frayeur se retirent dans les forêts ! Donc, mes frères, gardez-vous de rien prendre, gardez-vous de prêter à usure dans le dessein de vivre au milieu des délices de la vie. Si vous êtes entourés de richesses, n'y mettez point votre cœur ; distribuez-les, au contraire, afin d'être humbles et de pouvoir imiter Celui qui dira à ceux qui l'ont suivi : Venez les bénis de mon Père, possédez le royaume qui vous a été préparé dès le commencement du monde. Ainsi soit-il.

SERMON XXXII. — *Aux lépreux, pour leur recommander la patience.* — Frères bien-aimés, je sais que le Seigneur vous a frappés de la lèpre pour jusqu'au jour de votre mort. Aussi je vous supplie, au nom de Notre-Seigneur Jésus-Christ, vous qui avez été rachetés par son sang précieux, de ne pas défaillir au milieu des tribulations qui peuvent contribuer à votre gloire; rappelez-vous que par l'affliction de notre chair, nous faisons périr l'infirmité de notre âme. L'esprit perd de sa vigueur, lorsque notre misérable corps se repose dans les délices. Donc, si la pauvreté vous accable, si le chagrin vous attriste, si votre estomac souffre, si votre poitrine ou votre ventre enfle, si la souffrance s'est emparée de votre corps entier, si, en un mot, le malheur vous poursuit de toutes parts, que toujours votre amour pour Dieu, que votre pieuse patience, et que l'espérance des biens futurs soient votre consolation au milieu des peines et des périls de la vie. Méprisons donc sincèrement les richesses et nous serons riches. Méprisons les supplices de nos ennemis, et toujours nous serons victorieux.

nosa compendia. Nullus audeat inde tollere, ubi debeat collecta dispergere. Addendo perdit, qui retinendo collegerit : paupertatem potius ad se trahit, qui paupertatem se exigentium pecunia non repellit. O Fratres mei, veniet dies ille, veniet, nec tardabit, quando nobis dicetur : « Esurivi, et non dedistis mihi manducare : » et ultimo dicetur illis, « ite maledicti in ignem æternum. » (*Matth.*, xxv, 41.) O Fratres, si in ignem mittentur illi qui non sunt elargiti, nec quæ cum labore lucrati sunt pauperibus donaverunt, quid dicetur illis qui aliena rapere non timuerunt ? Cum diabolo ardent, qui nudum non induerunt : ubi putamus arsuros qui viduas et orphanos spoliaverunt ? Non ergo spoliare debemus pauperes, ut denudati abundemus in superbia vitæ, sed eleemosynas dare, ut pauperes et humiles simus, non differamus. Sed hæc non solum facere nobis sufficit, sed proximum etiam ad hæc inducere festinemus, dicentes potestatem habentibus et terrarum rectoribus, quod non solum eleemosynam porrigant, sed et quod regna sua in pace custodiant ; scientes, quod remota justitia regna latrocinia efficiuntur. Multi enim sunt rectores, sed pauci justitiæ amatores invenientur. Nam cum quæsitum fuisset a Socrate ridente, cur sic fortiter rideret, respondit : Video magnos latrones ad suspendium duci facere parvos : et alta voce clamasse refertur : O quam digniores estis suspendi, qui in cathedris et domibus habitatis latrocinia majora committentes, quam qui in silvis cum tremore quotidie demorari videntur. Quapropter, Fratres, nolite rapere, nolite fœnerari, ut abundetis in superbia vitæ. Sed divitiæ si affluant, nolite cor apponere ; sed dispergite eas, ut humiles sitis, et imitari valeatis illum qui sequentibus se dicet : « Venite benedicti Patris mei, possidete regnum quod vobis paratum est ab origine mundi. » (*Ibid.*, 34.) Amen.

SERMO XXXII. — *Ad leprosos ut patientiam teneant* — Fratres mei dilectissimi, scio quod percussit vos Deus, et leprosi facti estis usque ad diem mortis vestræ. Ideo obsecro vos in Domino nostro Jesu Christo, cujus pretioso sanguine redempti estis, ut non deficiatis in tribulationibus quæ sunt pro gloria vestra : scientes, quod per carnis afflictionem, mentis infirmitatem occidimus. Spiritus enim deficit, dum misera caro gaudendo quiescit. Ergo si paupertas urgeat, si luctus mœstificat, si stomachus doleat, si pectus vel venter infletur, si totius corporis dolor vos inquietat, si calamitas vos undique vexat ; semper vos lætificet in omnibus laboribus et periculis vitæ hujus amor vester in Deum, et pia patientia, et certa spes supernorum. Despiciamus ergo divitias corde, et erimus locupletes. Despiciamus inimicorum supplicia, et erimus semper victoriosi. Despiciamus corporis sanita-

Méprisons la santé du corps, afin d'obtenir la santé et le repos éternel. Aussi, que vous soyez dans les infirmités ou les douleurs, la patience vous est d'une extrême nécessité. Personne ne pourra se mêler aux bienheureux, personne ne deviendra citoyen des cieux, personne ne saurait être l'ami de Dieu, s'il ne sait pas être patient au milieu des malheurs. O patience, tu l'emportes sur toute mauvaise fortune, non point en luttant, mais en supportant; non en murmurant, mais en rendant grâces de toutes choses. C'est la patience qui efface les souillures de n'importe quelle volupté, c'est elle qui donne à Dieu des âmes purifiées; c'est le navire qui conduit au port tous ceux qui s'y attachent. C'est par elle que l'enfer se ferme, par elle que le paradis s'ouvre à ceux qui l'aiment. C'est par elle que chacun obtient cette justification, et sans elle, personne ne peut y arriver. Oh! s'il vous est pénible d'être affligés de la lèpre, conservez néanmoins la patience en toutes choses. Relevez votre tête et considérez avec affection les blessures de notre Sauveur attaché à la croix, les douleurs de sa mort, le prix de son rachat et les cicatrices de sa résurrection. Quel autre spectacle aurons-nous sous les yeux, si ce n'est sa tête penchée pour nous appeler et nous pardonner, son cœur ouvert pour nous aimer, ses bras étendus pour nous embrasser, tout son corps abandonné pour nous racheter. Réfléchissez à la valeur infinie de toutes ces choses, vous qui souffrez : pesez-les dans la balance de votre cœur, afin qu'il demeure pour toujours fixé dans votre cœur, celui qui pour vous, fut tout entier attaché à la croix. Et combien plus encore notre Sauveur a souffert pour nous, combien de souffrances il a supportés avec patience. Toute sa vie, en effet, fut remplie de douleurs, et arrivant enfin à la croix à travers les affreuses tortures de sa passion, il fut exposé aux moqueries. Lui la vraie palme de la victoire ; il était venu pour briser les épines des péchés, et il fut lui-même couronné d'épines ; sans travail et sans peine il brise les liens de ceux qui sont enchaînés, et il fut chargé de fers ; il relève ceux qui sont tombés, et il fut attaché à un bois infamant ; la source de l'éternelle vie fut abreuvée de vinaigre, la justice fut renversée, le salut fut blessé, la vie fut mise à mort. Mais la mort ne tua la vie que pour un temps, afin que pour toujours la mort pérît des mains de la vie. Voilà, mes frère, la patience de Jésus-Christ, voilà sa bonté et sa clémence. Et si vous désirez en entendre encore davantage, nous pouvons nous étendre plus au long sur Notre-Seigneur Jésus-Christ. Ne vous ennuyez donc pas d'écouter, car si la lassitude s'emparait de vous, je ne vous adresserais plus désormais la parole. Tout mon désir est de vous consoler, et non de vous attrister. Mais, si l'ennui pèse sur vous, parlez : si au contraire vous éprouvez de la joie, écoutez. Voici que notre Sauveur est venu ; il gouverne les astres, et il voulut être allaité ; il est le pain, et il voulut avoir faim ; il est la source, et il voulut avoir soif, il est la lumière, et il éprouva le besoin du sommeil ; il est le repos, et il accepta la fatigue; la vérité, et il se cacha ; lui, le juge des vivants et des morts, il voulut être condamné par un juge mortel, et être jugé par des hommes injustes, lui qui est la justice même ; enfin, il est l'unité, et il voulut être exposé au changement. Rien ne nous est si salutaire que de penser chaque jour à tout ce que ce Dieu homme a enduré pour nous. Voyez combien notre Sauveur a souffert, il est devenu comme un lépreux sur la croix, il est resté patient, nous laissant son exemple afin que nous marchions sur

---

tem, et æternam quietem et sanitatem recipiemus. Igitur vobis infirmantibus et languentibus patientia summe necessaria est. Nullus enim beatus esse poterit, nullus cœlorum civis efficitur, nullus amicus Dei constituitur, qui inter mala patiens non inventus fuerit. O patientia, tu omnia vincis adversa, non colluctando, sed sufferendo ; non murmurando, sed in omnibus gratias agendo. Ipsa enim patientia est, quæ fæcem totius voluptatis abstergit : ipsa Deo limpidas animas reddit : ipsa navis quæ ad portum cunctos suos amatores perducit. Ipsa est per quam infernus clauditur, et paradisus aperitur suis amatoribus. Ipsa est per quam omnis, et sine qua nullus justificabitur. O si grave vobis est quia leprosi estis, patientiam in cunctis habete. Elevate capita vestra, et corde aspicite vulnera Salvatoris nostri in ligno pendentis, pœnas morientis, pretium redimentis, cicatrices resurgentis : quid aliud videre poterimus, nisi caput inclinatum ad vocandum et parcendum, cor apertum ad diligendum, brachia extensa ad amplexandum, totum corpus expositum ad redimendum. Hæc quanta sint, cogitate vos qui doletis : hæc in statera vestri cordis appendite, ut totus vobis figatur in corde, qui pro vobis totus fixus fuit in cruce. Et (a) quid plura Salvator noster pro nobis sustinuit, quid plura patienter portavit. Tota enim vita sua plena fuit dolore, et tandem ad crucem perveniens per passionem, ludibriis exponitur qui est vere palma victoriæ, spinis coronatur qui spinas peccatorum venit confringere, ligatur qui sine labore et pœna et solvit compeditos, ligno suspenditur qui erigit elisos, aceto potatur fons æternæ vitæ, disciplina cæditur, vulneratur salus, vita moritur. Occidit ad tempus vitam mors, ut in perpetuum a vita occideretur mors. Ecce, Fratres, Christi patientia, ecce Christi bonitas et clementia. Et si placet etiam plura audire, possumus et adhuc plura de Christo prædicare. Non igitur tædeat vos audire. Nam et si fatigaremini, vobis non amplius prædicarem. Cupio enim consolari vos, et non tristari. Nam si tædium est, dicite : si vero gaudium, audite. Ecce enim venit Salvator regens sidera, et sugere voluit ubera. Ipse qui panis est esurire voluit, ipse fons sitire, ipse lux dormire, ipse quies fatigari, ipse veritas occultari, ipse judex vivorum et mortuorum a mortali judice condemnari, ipse justitia ab injustis judicari, ipse unitas mutari. Nihil enim tam salutiferum nobis est, quam quotidie cogitare quanta pro nobis pertulit Deus et homo. Ecce enim Salvator passus est, leprosus in cruce factus est, patiens factus est, nobis

(a) Hic et mox, *quam plura.*

ses traces. Si vous le faites, non-seulement vous ne supporterez point difficilement vos infirmités, mais avec le Prophète, vous ne cesserez de dire de bouche et par vos actes : « Que ma vie s'éteigne dans la douleur et mes années dans les gémissements. » (*Ps.* xxx, 11.) Je vous entends me dire : Oh! qu'il est pénible, qu'il est contraire à la nature, qu'il est malheureux de ne pouvoir habiter avec les hommes! Voyez, nous sommes éloignés des villes, les peuples nous méprisent, nos parents nous haïssent, nos proches nous fuient, nos amis nous abandonnent, il nous faut nous éloigner de toute habitation, comme si nous n'étions pas enfants des hommes? O mes frères, attendez patiemment sans vous troubler ; ce que vous dites est vrai, mais je ne veux pas que vous ignoriez ce que vous lisez. Le Seigneur, en effet, dit à Moïse : le lépreux n'habitera point dans ma maison. Pourquoi donc vous chagriner de ne pouvoir habiter au milieu des hommes? Est-ce que vos concitoyens exempts de lèpre, pourraient vous accorder cette permission? Est-ce qu'ils pourraient vous ouvrir la maison de Dieu? Deviendrez-vous meilleurs en conversant avec eux? Ignorez-vous qu'il fut dit au saint ermite Antoine : si vous voulez vous sauver, fuyez les hommes, fuyez le monde et ses pompes. A quoi bon donc vous décourager de ne pouvoir vivre au milieu des hommes. Voyez le saint homme Job, il était sage, riche, juste, droit et craignant Dieu, et cependant une lèpre lui couvre le corps. Néanmoins il ne se plaint pas, il est chassé des habitations, il est méprisé des hommes et abandonné ; son épouse blasphème à son sujet, qu'importe, aucun murmure ne s'échappe de ses lèvres, il ne prononce aucune plainte grave contre Dieu ; il considérait qu'une autre vie allait bientôt venir. Gardez-vous donc, mes frères, de vous décourager, sachant que c'est à cause de vos péchés que Dieu vous a frappés, ou bien pour vous éprouver. Rappelez-vous Marie qui murmura contre Moïse son frère, elle devint lépreuse. Le roi Azarias ayant présumé de ses forces, devint lépreux, il en fut de même de Giézi qui se rendit coupable de simonie et de Naaman qui se glorifia. Pour vous, qui avez été aussi frappés, soyez patients, acceptez cette épreuve d'un cœur reconnaissant, pour ne pas souffrir ici et gémir dans l'autre vie dans des tourments éternels. Encouragez-vous donc, et ne craignez pas. J'ai cru que je pourrais être avec vous le troisième jour de Pâques, mais comme notre cher évêque Valentin a quitté ce monde, je n'ai pu réaliser ce dessein. J'ai fait mettre en pièces les vases d'argent qui faisaient partie des biens de l'Eglise d'Hippone, afin de subvenir à vos besoins et à ceux des captifs. Que Dieu nous console, lui qui console ses serviteurs, au milieu de toutes leurs tribulations. Ainsi soit-il.

Sermon XXXIII. — *Motifs de détester l'ivrognerie, puisé dans le récit d'un terrible accident.* — Ne vous étonnez pas, frères bien-aimés, si, pour la troisième fois aujourd'hui, et avec l'aide de Dieu je vous adresse la parole. Un terrible accident a eu lieu en ce jour, comme vous l'avez appris ; à cette occasion j'ai voulu réunir dans l'église d'Hippone, non-seulement les plus anciens, mais j'ai fait même rassembler toutes les femmes et les enfants ; vous voyant réunis, je veux vous raconter avec douleur, avec la plus profonde tristesse, avant que ce malheur ne soit parvenu aux

---

relinquens exemplum, ut sequamur vestigia ejus. Quod si feceritis, non solum infirmitatem non moleste portabitis, sed cum Propheta clamare voce et opere non desistetis : Deficiat in dolore vita mea, et anni mei in gemitibus. Sed dicetis : O quam grave, o quam inhumanum, o quam forte est inter homines habitare non posse! Ecce enim separati sumus ab urbibus, gentes nos spernunt, parentes nos odiunt, consanguinei fugiunt, amici nos deserunt, separati sumus a castris, ac si ex hominibus nati non essemus. O Fratres mei, attendite patienter, et nolite turbari ; nam verum est quod dicitis, sed nolo vos ignorare quid legitis : ait enim Dominus Moysi : Non habitabit in domo mea plenus lepra. Cur ergo turbamini, si inter homines habitare non potestis! Numquid mundi cives hoc præstare nobis potuerunt? Numquid domum Dei vobis aperire potuerunt? Numquid per eorum conversationem efficiemini meliores? An ignoratis quid dictum fuerit sancto viro Antonio : Si cupis salvari, fuge homines, fuge mundum et pompas ejus. Cur ergo turbamini, si inter homines conversari non potestis? Ecce enim sanctus Job justus, sapiens, dives, rectus et timens Deum, et tamen (1) leprosus efficitur ; tamen non conqueritur, extra castra projicitur, ab hominibus despicitur et deseritur. Ab uxore blasphematur ; tamen non conqueritur, nec labiis suis contra Deum mortaliter locutus est, considerans aliam vitam cito esse venturam.

Non ergo turbemini, sed considerate quia propter peccata vestra percussit vos Deus, vel ut examinet vos. Ecce enim Maria, quia murmuravit in fratrem suum Moysen, leprosa est facta. Azarias rex, quia præsumpsit, leprosus factus est : et Giezi, quia simoniam commisit, et Naaman, quia se glorificavit. Vos etiam (f. quando quidem) quandoque modo percussi estis, patientes estote, et gratulanti animo suscipite illam ; ne pariter hic et in futuro æterna tormenta patiamini. Confortamini ergo, et nolite timere. Ego vobiscum esse credidi tertia die Paschæ : sed quia Valentinus noster migravit a sæculo, propterea vobiscum esse non potui. Sed nunc fractis argenteis vasis de bonis ecclesiæ Hipponensis, vobis in necessitatibus et pro captivis providere volui. Consoletur autem nos Deus, qui suos consolatur in omni tribulatione. Amen.

Sermo XXXIII. — *De detestatione ebrietatis, cum terribilis casus enarratione.* — Non miremini, Fratres carissimi, si hodie ter sermonem Deo auxiliante perfecero. Accidit hodie terribilis casus, ut omnes audistis, propter quem non solum ad ecclesiam Hipponensem omnes antiquiores habere volui, sed etiam omnes feminas et infantes in unum congregari præcepi. Quibus congregatis cum dolore et anxietate vobis enarrare intendo, antequam pateat in plebe, (2) quid accidit præclarissimo civi nostro Hipponensi Cyrillo. Ecce enim, ut scitis, potens erat inter nos opere et sermone, et fere

---

(1) Nec leprosum dicit Scriptura, cui nec minus repugnat mox dictum, *extra castra projicitur.* — (2) Inter fabulas hæc recenset Vindingus.

oreilles du peuple, ce qui est arrivé à Cyrille, l'un de nos plus illustres concitoyens de la ville d'Hippone. Il était, comme vous le savez, parmi nous puissant en œuvres et en paroles, aimé de presque tout le monde. Il avait, vous le savez aussi, un fils, c'était le seul qu'il possédait, et parce qu'il était unique, il l'aimait outre mesure et plus que Dieu lui-même. Aussi, enivré de cet amour excessif, il négligeait de corriger son fils, lui laissant la liberté de faire tout ce qui lui était agréable. O trompeuse liberté ! O immense perdition des enfants ! O amour paternel plus funeste que la mort ! Ils disent qu'ils aiment leurs enfants et ils préparent leur perte. Ils se disent pleins d'affection pour eux, et ils disposent ce qui doit leur procurer la mort. Ces pères se vantent de nourrir leurs enfants, et voici que le père et le fils tombent tous deux dans la fosse. Pourquoi ce père et ce fils tombent-ils ensemble dans cette fosse ? Pourquoi ? C'est parce que ce père est aveugle, parce qu'il est mauvais, et qu'il semble mettre tout à fait de côté son salut et celui de ses enfants. En quoi et de quelle manière a-t-il négligé ces choses importantes ? N'est-ce point quand il donna tant de liberté à son fils, quand il négligea de le corriger, quand il lui épargna la verge, lui montrant toujours un visage content ? Voulez-vous apprendre maintenant comment père et enfant tombent l'un et l'autre dans la fosse ? Bien que vous le sachiez, cependant, comme il est nécessaire que vous soyez pénétrés de crainte pendant toute votre vie, je n'hésite point à vous narrer de nouveau les tristes événements de ce jour. Cyrille votre concitoyen avait un fils, comme vous le savez, il négligeait de le corriger ; ce fils vivant dans la débauche, consuma une partie de son patrimoine, mais aujourd'hui, dans la fureur de l'ivresse, il brutalisa méchamment sa mère enceinte, voulut déshonorer sa sœur, tua son père et blessa à mort deux autres de ses sœurs. O terrible domination du démon ! il tue son père, le premier qu'il devait révérer après Dieu, sa mère qui le porta dans son sein, il la traite avec brutalité quoique enceinte, ses sœurs qu'il devait aimer si tendrement, il voulut insulter l'une et blesse les deux autres à mort. O douloureuse ivresse, mère de tous les maux, sœur de toute espèce de luxure, père de tout orgueil ! O ivresse ! tu aveugles l'esprit, tu ôtes la rectitude du jugement, tu n'inspires aucun bon conseil, tu n'es qu'un démon flatteur, un poison doucereux, un péché attrayant. O ivresse ! n'est-ce point toi qui enfles l'estomac outre mesure ? n'est-ce point par toi que le souffle se corrompt ? N'enténèbres-tu pas la vue ? N'est-ce point toi qui affaiblis tous les membres ? N'accélères-tu pas la marche de la mort ? Ne détruis-tu pas la fortune ? Est-ce que tu n'exerces pas ta tyrannie sur l'homme entier ? N'entraînes-tu pas avec toi celui qui t'aime, devenu stupide et hébété ? O ivresse ! que ceux qui t'aiment apprennent à te connaître, qu'ils sachent t'éviter, oui qu'ils sachent t'éviter scrupuleusement, qu'ils sachent te fuir comme la mort, car ceux qui t'auront aimée ne posséderont point le royaume de Dieu. Donc, ô fidèles, fuyez ce vice, gardez-vous de vous enivrer par le vin ; qu'il ne vous suffise pas de vous abstenir, mais il faut encore que ceux qui le font, apprennent aux autres à s'en garder, leur enseignant comment Lot devenu ivre, pécha avec ses filles, comment Samson enivré par le vin, fut livré à ses ennemis par les mains d'une courtisane. Ecoutez fidèles, écoutez ces paroles du prophète Isaïe : « Malheur à vous qui vous levez dès le matin, pour

---

dilectus ab omnibus. Filium, ut scitis, habebat, et eum unicum possidebat : et quia unicus erat, eum superflue diligebat et supra Deum. Ideo superfluo amore inebriatus, filium corrigere negligebat, in dans etiam potestatem faciendi omnia quæ placita essent illi. O dolosa libertas, o grandis filiorum perditio, o paternus amor mortiferus ! Ecce filios se dicunt diligere, quos jugulari procurant. Dicunt eos amare, quibus jam suspendia parant. Dicunt patres filios se nutrire : sed ecce jam pater et filius ambo in foveam cadunt. Quare pater cum filio cadit in foveam, pater cum pater cæcus est, quia malus, et quia salutem suam et filiorum suorum videtur negligere ? Quo et quo modo pater hæc neglexerit, nisi quando filio libertatem donavit, quando eum corrigere neglexit, quando virgæ pepercit, quando ei semper serenam faciem demonstravit ? Cupitis audire nunc quomodo pater et filius in foveam cadunt ? Licet enim sciatis, tamen quia necesse est ut vos quamdiu vivitis timeatis, ideo quæ hodie facta sunt iterum dicere non erubesco. Ecce enim Cyrillus vester filium habebat ut scitis, quem corrigere negligebat, et luxuriose vivendo consumpsit partem bonorum suorum : sed ecce hodie ebrietatem perpessus, matrem prægnantem nequiter oppressit, sororem violare voluit, patrem occidit, et duas sorores vulneravit ad mortem. O magna diaboli dominatio, patrem quem post Deum revereri debebat, occidit, matrem a qua portabatur, prægnantem oppressit, sorores quas tenerrime diligere debebat, voluit violare, et duas vulneravit ad mortem. O dolorosa ebrietas, omnium malorum mater, omnis luxuriæ soror, omnis superbiæ pater ! O ebrietas tu mentem cæcas, judicio recto cares, consilium nullum habes, blandus dæmon es, venenum dulce es, peccatum suave es. O ebrietas, numquid non per te inflatur stomachus ? numquid non per te putrescit anhelitus ? numquid non oculos cæcas ? numquid non cuncta membra debilitas ? numquid non mortem acceleras ? numquid non bursam evacuas ? numquid non dominium recipis ab homine ? numquid bestialem et irrationabilem te diligentem tecum ducis ? O ebrietas, discant te diligentes agnoscere, discant te devitare, iterum discant te devitare, discant te velut mortem effugere ; quoniam qui te dilexerit, regnum Dei non consequetur. Ergo o fideles abstinete, et nolite inebriari vino. Non enim sufficit abstinere, sed abstinentes alios abstinere doceatis, docentes quomodo Lot inebriatus cum filiabus jacuit ; Samson etiam vino repletus per meretricem inimicis traditur. Audite fideles, audite Isaiam dicentem : « Væ qui consurgitis mane ad ebrietatem sectandam, et potandum usque ad vesperam, ut in vino æstuetis. » (*Isai.*, v, 11.) In veteri etiam lege præceptum erat, quod sacerdotes

vous plonger dans les excès de la table et pour boire jusqu'à ce que le vin vous échauffe par ses fumées. » (*Isaïe*, v, 11.) Dans l'ancienne loi, il était ordonné que les prêtres, quand ils entreraient dans le temple pour le service du Seigneur, ne boiraient point du tout de vin; s'il en était ainsi, lorsqu'ils paraissaient seulement dans le temple, que devons-nous faire, nous misérables? Combien d'entre vous visitent le cabaret avant le temple, restaurent leur corps avant leur âme, et rendent leurs devoirs au démon avant de les rendre à Dieu ! O fidèles qui n'êtes plus des fidèles, pourquoi ces rapports avec le vin ? Le vin a-t-il été créé pour vous faire défaillir en maudissant le nom du Seigneur ? Abstenez-vous donc de tout excès dans le boire, pour ne pas devenir désobéissants. Aussi longtemps qu'Adam garda la tempérance, il fut obéissant, il demeura bon, juste et saint. Combien de temps Elie fit-il des miracles ? tant qu'il ne se nourrit que de pain et d'eau, mais après qu'il se fut nourri de viande, qu'il eut bu du vin à satiété, on ne voit plus qu'il ait fait des miracles (1). Courage donc, mes frères, rappelez-vous entre tous, le fait dont je vous ai donné plus haut la narration, et craignez le Seigneur; à vos craintes, unissez de ferventes prières pour qu'il vous délivre toujours de ces maux et de tous les autres. Ainsi soit-il.

SERMON XXXIV. — *Deux espèces d'hommes quittent le monde ; ils sont représentés par le juste Lot et par sa femme.* — Vous avez appris, frères bien-aimés, que Lot, neveu d'Abraham, demeura juste et saint au milieu de la corruption des habitants de Sodome et de Gomorrhe. Le Seigneur, ayant le dessein de perdre ces cités, envoya ses anges à Lot, son serviteur, pour empêcher qu'il pérît avec les méchants. Au moment où il sortait, les anges lui dirent : « Sauvez votre vie; » (*Gen.*, XIX, 17) mais la femme de Lot ayant regardé derrière elle, fut aussitôt changée en statue de sel. Or, mes frères, tout ce qui est écrit, a été écrit pour notre instruction, et pour que nous en retirions quelque fruit. Dans Lot et dans son épouse sont désignées deux espèces d'hommes qui quittent le monde. Les uns le quittent absolument, les autres le font avec tiédeur, regardant en arrière et vont à la mort. Sodome, dont le nom signifie, aveuglement, mutisme et dureté, figure le monde qui renferme tant d'hommes muets et aveugles : des saints anges et des saints prédicateurs leur sont envoyés pour leur dire : « Sauvez votre vie, » et fuyez sur la montagne. Fuir Sodome, qu'est-ce autre chose, sinon, fuir les feux de la volupté, de la luxure, de l'orgueil et de l'avarice ? Nous ne devons point nous retourner pour les contempler, car celui qui a été vainqueur du monde, qui a gravi la montagne d'un saint institut, ne doit point avoir de retour en arrière. Pourquoi ? Parce qu'il vaudrait mieux ne point connaître la voie de la vérité que de retourner en arrière, après cette connaissance. Qu'est-ce à dire, sinon qu'il eût bien mieux valu être resté dans la vie séculaire et laïque que de déserter la vie solitaire, après l'avoir embrassée. Apostasier, c'est un crime, c'est une faute mortelle, c'est vivre toujours avec la damnation. De tels religieux sont comparés à une femme, à l'épouse de Lot, parce qu'étant morts et regardant en arrière, ils sont changés en une statue de sel. Lot reçut

(1) Se reporter aux notes du latin dans lesquelles sont signalées les principales erreurs et les plus grossières bévues de l'auteur.

cum ingrederentur templum ministrare Domino, omnino non vinum biberent. Si ergo hoc erat, dum templum tantum ingrederentur ; et quid nos miseri facere debemus? O quam plures sunt ex vobis qui prius tabernam visitant, quam templum ; prius corpus reficiunt, quam animam ; prius dæmonem sequuntur, quam Deum? O fideles non fideles, quid vobis cum vino? Numquid vinum factum est, ut deficiatis maledicentes nomen Domini ? Abstinete ergo a superfluo potu, ne rebelles efficiamini. Quamdiu enim Adam abstinuit, tamdiu obediens fuit, tamdiu bonus, sanctus et justus permansit. Sic et Elias tamdiu miracula fecit, quamdiu pane et aqua refectus est : sed postquam carnes comedit, et vinum bibit in saturitate, (1) miracula non legitur fecisse. Eia ergo fideles, casum superius assignatum inter cætera considerantes Deum timete, et timentes eum ferventer rogate, ut ab his et ab omnibus malis liberet nos semper. Amen.

SERMO XXXIV. — *De duobus generibus hominum mundum derelinquentium, qui sancto Lot et uxore sua designantur.* — Audistis, Fratres carissimi, quod Lot nepos Abrahæ inter pessimos Sodomitas et Gomorrhæos sancte et juste moratus est. Quas civitates volens subvertere Dominus, ad servum suum Lot Angelos misit, ut cum malis non periret. Qui cum exiret, dixerunt ei Angeli : « Salva animam tuam. » (*Gen.*, XIX, 17.) Uxor vero Lot quia retro respexit, mox mutata est in statuam salis. Igitur, Fratres mei, quæcumque scripta sunt, ad nostram doctrinam scripta sunt, ut inde fructum aliquem capiamus. In Lot enim et uxore sua duo genera hominum designantur, scilicet mundum derelinquentium : quorum unum perfecte deserit, aliud quoque tepide et respiciendo retro venit ad mortem. Sodoma quoque, quæ cæcitas vel muta vel asperitas interpretatur, mundus est, in quo sunt homines muti et cæci, ad quos mittuntur sancti Angeli et sancti prædicatores, ut dicant : « Salva animam tuam, » et in monte te salvum fac. Fugere enim Sodomam, quid aliud est, quam incendium libidinis, luxuriæ, superbiæ et avaritiæ fugere? Quibus et præcipimur non retro respicere, quia victor mundi et montem sanctæ religionis ingressus, non debet retro respicere. Quare ? Quia melius esset viam veritatis non agnoscere, quam post agnitam retro abire. Quid est dicere, nisi quod melius esset, quod in vita sæculari et laicali mansisset, quam postmodum solitariam vitam desereret? Apostatare enim nequam est, mortale est, cum damnatione semper vivere est. Tales enim feminæ et uxori Lot comparantur, quia morientes,

(1. Hæc quam temere dicta ! Nam carnes sibi per miraculum a corvo allatas comedit III *Reg.*, XVII, 6, quod initium miraculorum eju fuit; quorum gratia ad raptum usque non caruit.

l'ordre de se sauver sur une montagne ; la montagne désigne la vie contemplative. O homme ! gravis donc la montagne de la pénitence, gravis la montagne de la divine contemplation ; sur cette montagne fais ton salut, en volant sur cette montagne prends-y ta retraite comme le passereau, et là, sauve ton âme dégagée des soucis et des attaches du siècle. C'est ainsi que fit ce noble jeune homme Nathanaël, de qui on rapporte ces paroles : « Maître, dit-il, que faut-il faire pour avoir la vie éternelle. » Si vous voulez, dit le Seigneur, entrer dans la vie, « gardez mes commandements. Quels sont ces commandements ? répond le jeune homme. Vous aimerez le Seigneur votre Dieu, dit Jésus-Christ, de tout votre cœur, vous ne ferez point d'homicide, vous ne commettrez point d'adultère ; vous ne volerez point ; vous ne direz point de faux témoignage, honorez votre père et votre mère et votre prochain comme vous-même. » Le jeune homme reprit aussitôt : « Seigneur, j'ai observé toutes ces choses depuis ma jeunesse, » que me manque-t-il ? Notre-Seigneur lui dit : « Si vous voulez être parfait, vendez tout ce que vous avez, donnez-le aux pauvres et suivez-moi. » (*Matth.*, XIX, 16.) Alors ce jeune homme suivit Jésus, sans plus jamais regarder derrière lui, il quitta son père, sa mère, son épouse, ses enfants, ses sœurs, sa vie même ; et, en jeune homme prudent, il se retire sur la montagne de Dieu, abandonne Sodome et Gomorrhe, fuit les ardeurs de la volupté, étouffe en lui les soucis du siècle, et gravissant la montagne d'une haute contemplation, achète dans un champ, le trésor caché, le conservant toute sa vie avec un soin jaloux. Pierre agit de même quand, volontairement il quitta tout, abandonnant tout pour suivre Jésus. C'est aussi ce que fit Marie, la sœur de Lazare, avec Lazare, son frère, et l'autre Marie, vierge très-prudente, quand ils vendirent leurs biens et en apportèrent le prix aux pieds des apôtres. Il fut agréable à Elie et à Jean, fils de Zacharie, d'en faire autant avant que de s'enfoncer dans le désert. Telle fut aussi la conduite de Paul et d'Antoine, avant d'habiter le désert, pendant de si longues années. Telle fut aussi celle de mes frères, qui voulurent suivre et imiter la vie et les exemples des saints Pères. N'est-ce point ce que nous souhaitons nous-même ? Nous sommes, il est vrai, dans le siècle, mais notre désir constant est d'être avec vous dans la solitude, comme nous avons commencé de le faire, et nous l'avons fait, tant que nous n'avons pas été chargés du fardeau de l'épiscopat. Courage donc, mes frères, vous vous êtes soumis au joug de Dieu, par amour pour lui, afin que, privés de la facilité de pécher, vous puissiez être maintenus dans vos bonnes résolutions par la chaîne de l'obéissance. Mais, prenez garde, mes frères, la joie de mon cœur, qu'il ne sert de rien de faire le bien par force, il faut l'accomplir dans la liberté de notre volonté. Ceux qui font le bien forcément, ne font rien qui soit agréable à Dieu, et on peut très-justement les comparer à Simon de Cyrène, que les Juifs contraignirent de porter la croix de Jésus-Christ. Simon, en effet, porte la croix avec peine, parce qu'il ne la porte point librement ; on lui impose cette tâche, mais il ne s'y complaît pas, aussi manquant de persévérance, il s'enfuit et s'éloigne de la croix sans en avoir retiré de fruit, parce que rien ne peut être appelé bon, si l'on n'y persévère jusqu'à la mort.

---

retro aspicientes, convertuntur in statuam salis. Lot præcipitur ut in montem se salvum faciat, per quem contemplativa vita designatur. Tu vero homo ascende in montem pœnitentiæ, ascende in montem divinæ contemplationis. In hunc montem te salvum fac, in hunc montem volando transmigra sicut passer, et ibidem salva animam tuam curis et sæculi dignitate denudatus. Sic enim fecit gloriosus ille adolescens (1) Nathanael, de quo legitur : sit enim : « Magister, quid faciam, ut habeam vitam æternam ? » Cui dominus : « Si vis ad vitam ingredi, serva mandata. » Cui adolescens : « Quæ sunt mandata ? » Cui Dominus : « Diliges Dominum Deum tuum ex toto corde tuo, non homicidium facies, non adulterabis, non facies furtum, non falsum testimonium dices, honora patrem tuum et matrem tuam, et proximum tuum sicut te ipsum. » Hæc omnia ad tuam viam pertinent. Cui dixit adolescens : « Domine, hæc omnia custodivi a juventute mea : » quid mihi deest ? Cui Dominus : « Si vis perfectus esse, vende omnia quæ habes, et da pauperibus, et sequere me. » (*Matth.*, XIX, 16.) Et secutus est Jesum adolescens ille, et nunquam retro postmodum respiciens, reliquit patrem et matrem et uxorem, filios et sorores, et animam suam (2). Tunc prudens adolescens montem Dei ascendit, Sodomam et Gomorrham reliquit, incendium libidinis fugit, curam sæculi suffocavit, et montem summæ contemplationis ascendens, emit in agro thesaurum absconditum, carum eum tenens in vita sua. Similiter hoc idem fecit Petrus, quando voluntarie omnia deseruit, omnia relinquens, et secutus est Jesum. Sic et Maria illa Lazari soror, cum Lazaro fratre suo et Maria virgine prudentissima, quando omnia vendiderunt, et pretium ante pedes Apostolorum posuerunt. Sic et Eliæ facere placuit, et Joanni Zachariæ filio quando eremum intraverunt. Sic et Paulus cum Antonio, quando annis multis eremum coluerunt. Sic et fratres mei, qui sanctorum patrum vitam et exempla imitari et sequi voluerunt. Numquid nos etiam hoc idem optamus ? Etenim in sæculo sumus : semper tamen, ut incœpimus, vobiscum in solitudine esse desideramus, et ostendimus opere, quando episcopali Ecclesia gravati non fuimus. Eia ergo, Fratres, pro Deo jugo Dei submissi estis, ut sublata licentia peccandi catena obedientiæ in proposito bono retineri possitis. Sed attendite Fratres mei et lætitia cordis mei, quod nihil proficit bene operari ex coactione, nisi ex voluntate libera faciatis. Qui enim bene faciunt coacte, Deo non sunt accepta quæ faciunt, et Simoni Cyreneo, quem Judæi angariaverunt ut crucem Christi portaret, optime comparantur. Ecce enim Simon crucem portat cum dolore, quia non libenter portat ; angariatur, sed non moratur in ea ; ideo non perseverando fugit, et sine fructu a cruce recedit : quia nihil boni dicitur,

(1) Hoc nomen tacente Scriptura non divinaret Augustinus. — (2) Contrarium innuit Scriptura.

Pour nous, nous crucifions nos corps par la discipline, les veilles et l'abstinence du boire et du manger, mais je crains bien que nous n'agissions sous l'empire de la contrainte, et que tout en maltraitant notre corps, nous ne vivions encore dans le monde, au moins par la volonté. Dès lors, mes frères, montons donc la montagne de l'obéissance et souvenons-nous de ce que nous avons promis à Dieu. Rien n'est plus grand que l'obéissance, rien de pire que la désobéissance. Adam a péri, parce qu'il fut désobéissant. Le Christ est ressuscité, parce qu'il obéit à son Père ; Jonas désobéissant, fut englouti par la baleine ; Saül désobéissant, tomba sous le pouvoir du démon. Que Jésus-Christ, lui-même, nous délivre de cette obsession, afin de pouvoir dignement voler sur la montagne de la contemplation. Ainsi soit-il.

SERMON XXXV. — *Adressé aux juges, afin qu'ils prennent garde de se laisser corrompre par la haine, l'affection, l'argent, les prières ou la crainte, qu'ils évitent les autres vices et observent la justice.* — Quoique préoccupé par une longue discussion avec Fortunat, prêtre des manichiens, vous m'avez prié, ô juges, de vous adresser un discours; vaincu par la tendresse que je vous porte et avec le secours de Dieu, je ne diffère pas. Vous voici maintenant réunis dans le palais de l'évêque, mais vous ne vous êtes point assemblés pour écouter des sophismes, ni pour remplir votre intelligence du bavardage des poètes; ce n'est point non plus, pour que je vous appelle bienheureux, mais seulement, pour entendre ce qui sera nécessaire à votre salut, et afin que l'écoutant, vous le fassiez passer dans vos œuvres. Vous êtes considérés par les hommes comme les chefs du peuple, les juges de la terre, les pères des orphelins, les maris des veuves, les amants zélés de la justice, les défenseurs de la chose publique. Prenez donc garde de vous laisser corrompre par la haine, l'amour, l'argent, les prières ou la crainte. Ils convient que les juges accomplissent, non-seulement, ce que nous avons recommandé, ils doivent encore, avec le secours de Dieu, fouler aux pieds l'orgueil, détester la luxure, avoir la duplicité en horreur et mépriser l'avarice, qu'on appelle la marâtre et l'ennemie souveraine de la justice ; car l'avarice méconnait son père, ignore sa mère, perd ses amis et se délaisse elle-même. Bien loin que les juges recherchent l'avarice, qu'ils aiment, au contraire, la générosité ; qu'ils chérissent les pauvres et qu'ils se montrent affables vis-à-vis des faibles et des orphelins, non-seulement en paroles, mais aussi en œuvres. Qu'ils se gardent bien de détourner leur visage du pauvre, et, s'ils sont plus instruits, qu'ils ne dédaignent pas de tenir compte des autres fidèles ; ils ne doivent pas non plus relever la tête dans leur mépris pour quelques-uns, sachant que le savant et l'ignorant sont également sujets à la mort. Il est donc convenable pour les juges, de garder avec une attention jalouse, la grâce qu'ils ont reçue d'en haut, de montrer leur bonne foi et d'entretenir en eux, le zèle de la droiture. Il est également convenable que les juges soient partisans de la clémence, qu'ils détestent la rigueur extrême, qu'ils soient bienveillants pour tous, lents à se mettre en colère, prompts à la miséricorde, fermes dans l'adversité, humbles et défiants dans la prospérité ; qu'ils se regardent comme supérieurs à toutes les dignités, et qu'ils prennent garde, de n'avoir aucun mépris pour leurs inférieurs. Il convient, en outre, que les juges soient sages et

nisi usque ad mortem in bono perseveretur. Sic et nos crucifigamus corpora nostra verberibus, vigiliis, abstinentia escæ et potus. Sed timeo ne coacti hoc agamus, et corpora macerantes mundo saltem voluntate vivamus. Ideo, Fratres, in hunc montem obedientiæ ascendamus, et quod Deo promisimus, attendamus. Nihil est enim majus obedientia, nihil pejus inobedientia. Adam periit, quia inobediens fuit : Christus resurrexit, quia Patri obedivit. Jonas inobediens a pisce absorptus est : Saul inobediens a dæmone correptus est. A qua correptione liberet nos ipse Christus, ut digne ad montem contemplationis volare possimus. Amen.

SERMO XXXV. — *Ad judices, ut caveant, ne odio, amore, pretio, precibus, vel timore corrumpantur, cæteraque vitia declinent, et justitiam servent.* — Rogatus a vobis, o judices, licet cum (1) Fortunato Manichæorum presbytero longa disputatione gravatus, sermonem vestra dilectione devictus facere, Deo auxiliante, non distulimus. Ecce enim nunc congregati estis in domo Episcopi, convenistis omnes in unum, non ut sophismata audiatis, non ut poetarum curiositatem intelligatis, non ut beatos vos esse prædicem, sed solum ut quid pro vestra salute necessarium fuerit audiatis, et audientes operibus adimpleatis. Vos enim reputati estis ab hominibus duces populi, judices terræ, orphanorum patres, viduarum mariti, justitiæ zelatores, reipublicæ amatores. Cavete ergo, ne corrumpamini odio, amore, pretio, precibus vel timore. Decet igitur judices non solum quod diximus adimplere, sed cum Dei adjutorio calcare superbiam, abominari luxuriam, abhorrere falsitatem, despicere avaritiam, quæ noverca dicitur esse et summa inimica justitiæ. Ipsa enim est quæ patrem nescit, matrem ignorat, amicos perdit, et se ipsam relinquit. Decet igitur judices non avaritiam, sed largitatem sectari, et amare parvulos, pusillis et orphanis faciem serenam non solum verbo, sed opere demonstrare. Non enim avertere faciem debent a paupere, nec priores dedignetur conservare fideles, nec cervicum erigere debent quosdam despiciendo : scientes, quod moritur pariter doctus et indoctus. Decet igitur judices gratiam, quam divinitus receperunt, sollicita mente custodire, fidem ostendere, zelum rectitudinis conservare. Decet etiam judices clementiæ esse cultores, detestatores sævitiæ, cunctis benignos, ad iram tardos, ad misericordiam festinos, in adversis firmos, in prosperis humiles et cautos, et quibuscumque dignitatibus sublimatos se ipsos agnoscant, et caveant, ne suos inferiores despiciant. Decet etiam judices sapientes esse, et in lege doctissimos, ne dicere valeant, tanquam legem sanctam ignorantes, bonum malum, et malum bonum. Decet

(1) V. supra sub finem Ser. IV.

très-versés dans la connaissance de la loi, afin que, dans leur ignorance de la loi divine, ils n'appellent pas bien ce qui est mal et mal ce qui est bien. De plus, il est convenable qu'ils aient la crainte de Dieu plus que les autres hommes, qu'ils procurent avec plus de soin le salut des âmes que celui du corps, et qu'ils aiment davantage l'honneur de Dieu que les bourses pleines d'or. Mais, malheur à vous, ô juges! malheur à vous dans l'éternité et au delà, si la vérité ne se trouve point en vous, si l'on ne rencontre en vous ni miséricorde, ni compassion, ni justice, ni science de Dieu. Quoi donc, alors, règne en vous? L'avarice, le mensonge, la plainte, le faux bruit, la perversion de la loi divine, car vous appelez mal ce qui est bien et bien ce qui est mal. On rencontre l'acception des personnes. Il n'y a plus de vérité en vous. Les vérités sont diminuées par vous. O pères des pauvres! oh! non, vous n'êtes plus véritablement des pères, mais des brigands. Pourquoi n'êtes-vous plus pères? Parce que, par vous, l'oppression s'étend partout ; il n'est plus personne qui ait pitié des pupilles de Dieu ; si le riche vient vous glisser un petit mot, vous n'avez rien à lui répondre, vous le soutenez, vous élevez sa cause jusqu'aux nues. O juges, qui aimez la science et la justice du monde, faites bien attention à ce que vous faites. Car vous êtes tout remplis de la science du monde et vous mourrez avec elle. En quoi consiste, en effet, cette science du monde? A amasser des richesses, à acquérir des gains terrestres, à tromper le prochain, à mentir, à jurer, à corrompre cautéleusement la justice, en un mot, à agir ainsi en toutes choses. Telle est, en réalité, la sagesse de ce monde. C'est en cela que consiste presque toute votre vie ; mais rappelez-vous bien, vous qui jugez la terre, que la sagesse de ce monde n'est que folie auprès de Dieu. Vous me dites, ô évêque, nous n'aimons point cette science, nous ne commettons point de vol, nous ne trompons ni n'offensons en quoi que ce soit le prochain. Pourquoi? parce que nous ne recevons rien autre chose que ce qu'il veut bien nous donner. Et moi, je vous réponds : Vous faites tout ce que vous pouvez faire. C'est vrai, on ne vous a pas donné davantage, aussi vous n'avez pas reçu davantage ; cependant tout ce que vous avez pu, vous l'avez fait ; d'une mince affaire, vous en avez fait une d'une grande portée ; car bien que vous n'ayez point dérobé par la violence, et que vous n'ayez point détourné votre prochain sur la grande route, vous pouvez cependant être des voleurs. Le voleur, en effet, redoute le châtiment, et quand il ne peut voler, il s'arrête, mais il n'en est pas moins voleur. Dieu interroge le cœur, et non la main. Voyez le loup, il rôde souvent autour de la bergerie, il veut enlever des brebis, il veut déchirer, il veut dévorer ; mais les pasteurs veillent, les chiens aboient, et le loup, plein de crainte, s'enfuit. Ne l'appellerons-nous point loup cependant? Assurément, il en est de même de vous, qui faites tout ce que vous pouvez ; si vous pouviez davantage, vous feriez davantage. Allons donc, ô juges, prenez bien garde d'être confondus avec les juges infâmes de Suzanne. Le Seigneur suscitera encore l'esprit de Daniel, il mettra son esprit et la sagesse du jeune Daniel dans l'esprit de quelque jeune homme ; et comme il fit pour les juges de la chaste Suzanne ; il confondra tous les faux témoins avec les juges, et dès lors ils sauront de quoi leur aura servi leur science. Considérez donc, ô juges de la terre, ce que dit Dieu par Osée son serviteur : « Je visiterai mon peuple, et les juges et leurs voies, et je

etiam judices plus Deum timere, quam alii homines ; plus de salute animarum curare, quam corporis ; plus honorem Dei, quam marsupia plena diligere. Sed væ vobis, o judices, væ vobis in æternum et ultra, quia non est in vobis veritas, non misericordia, non pietas, non justitia, nec scientia Dei potest in vobis inveniri. Quid enim inter vos regnat? Avaritia, mendacium, clamor, apparentia, perversio sacræ legis, dicentes malum bonum, bonum malum. Ecce acceptio personarum. Non est enim veritas in vobis. Diminutæ sunt a vobis veritates. O pauperum patres, o vere non patres, sed prædones! Quare non patres? Quia ubique per vos opprimuntur, nec est qui misereatur pupillis Dei : sed si dives locutus fuerit, mox tacuistis, causas suas usque ad nubes perduxistis. O judices scientiam et justitiam mundi amantes, attendite quid agitis. Nam scientia mundi pleni estis, et in ipsa moriemini. Quæ est enim scientia mundi, nisi thesaurum congregare, lucrum terrenum acquirere, decipere proximum, mentiri, jurare, justitiam caute pervertere, et similia in cunctis agere? Ista enim est sapientia hujus mundi. In istis fere quasi tota vestra vita consistit ; et ideo attendite qui judicatis terram, quod sapientia hujus mundi stultitia est apud Deum. Sed dicitis : O episcope, hanc scientiam non amamus, furtum non committimus, proximum non decipimus nec offendimus. Quare? Quia nihil aliud recipimus, nisi quantum nobis donare voluerit. Ego autem dico vobis, quod tantum fecistis, quantum facere potuistis. Non plus vobis fuit datum ; ideo non plus recepistis. Quantum potuistis, fecistis. Leves causas magnas fecistis. Nam etsi vi non rapuistis, et proximum in via non deprædati fuistis ; latrones tamen esse potestis. Latro enim timet malum, et ubi non potest, non facit ; et tamen latro est. Deus enim cor interrogat, et non manum. Lupus enim frequenter venit ad ovile, et quærit rapere oves, quærit lacerare, quærit devorare. Vigilant tamen pastores, latrant canes ; et sic lupus timendo fugit. Numquid non tamen lupum non esse dicimus? Absit. Sic et vos facitis quantum potestis : si plura possetis, plura faceretis. Eia igitur, o judices, attendite, ne cum falsis judicibus Susannæ confundamini. Suscitabit enim Dominus spiritum Daniel, et ponet spiritum ejus, et sapientiam pueri sui Danielis in mentem alicujus juvenis, et sicut fecit in Susannæ judicibus, confundet omnes falsos testes cum judicibus ; et tunc scient quid profuerit sibi sua scientia. Considerate ergo, o judices terræ, quid per Oseam servum suum Deus loquatur. Ait enim : « Visitabo populum meum, et judices, et vias eorum, et cogitationes eorum reddam eis. » (*Osee*, IV, 9.) O quam horrendum est incidere in manus Domini !

leur rendrai ce que leurs pensées ont mérité. » (*Osée,* IV, 9.) Oh! qu'il est horrible de tomber entre les mains du Seigneur! Oh! quelle vengeance, quel châtiment pour les méchants au dernier jour ; et les marchands trompeurs, et les faux juges seront chassés de la maison de Dieu, ils seront expulsés du paradis, et ils iront dans le lieu des pleurs éternels et des grincements de dents. Réfléchissez donc à mes conseils, ouvrez donc les portes de votre cœur. Levez-vous, vous qui dormez, lisez le prophète Isaïe. Obéissez-lui non pas demain, mais aujourd'hui, , non pas seulement aujourd'hui, mais actuellement. Voici ce qu'il dit: « Que l'impie abandonne sa mauvaise voie et que l'injuste quitte ses pensées et retourne au Seigneur; le Seigneur aura pitié de lui, parce qu'il est miséricordieux. » (*Isaïe,* LV, 7.) Accourez donc, ô juges, pour ne pas être jugés sévèrement, au Père de la miséricorde, demandez votre pardon, rendez ce que vous avez reçu injustement. Demandez votre pardon, car le Seigneur n'est point éloigné de tous ceux qui l'invoquent avec sincérité. C'est lui qui guérit ceux qui ont le cœur contrit et les humbles d'esprit, il sauvera les cœurs brisés. Marchez pendant que vous êtes encore dans la lumière, pendant qu'il fait encore jour. Bientôt, ô juges, va venir la nuit ; elle vient déjà la mort dans laquelle on ne pourra plus marcher. Pensez à ce que vous êtes, et où vous devez aller. Vos parents qui sont morts vous l'annoncent, les tombeaux vous le crient, l'enfer vous le dit par ses cris perçants, les démons vous attendent, les prêtres ne cessent de vous avertir. Pourquoi t'enorgueillir, ô terre et cendre? O juge, qui n'as pas reconnu Dieu, alors que tu passes au milieu des tombeaux de tes ancêtres, sache que les morts te crient: « Tu es poussière et tu retourneras en poussière. » (*Gen.,* III, 19.) Ils furent hommes, et comme vous, ils ont possédé des richesses. Où ils sont maintenant, nous y viendrons également. Où est leur orgueil, où est leur conscience qu'ils disaient pure, où est leur chaire magistrale, où est l'honneur qu'ils tiraient de leurs disciples. Que sont devenus leurs vêtements tout chamarrés de soie et de fourrures? O cendre et poussière? O juge, vois ce que tu es et ce que tu seras. Ne tarde donc pas de te convertir à Dieu et ne diffère pas de jour en jour. Bientôt va venir sa colère, car le jour de perdition est proche, il est nécessaire qu'il vienne et les temps se hâtent. Que personne d'entre vous, cependant, ne désespère, que personne ne se défie de la miséricorde de Dieu. Sachez bien qu'il n'est point de faute, si grande soit elle, qui ne puisse obtenir son pardon, et pour que personne ne tombe dans le désespoir, qu'il se rappelle l'exemple de Marie la pécheresse, cette maîtresse de volupté, cette mère de la vaine gloire, sœur de Marthe et de Lazare, et qui mérita dans la suite d'être appelée l'apôtre des apôtres. Puissions-nous obtenir le secours du Dieu homme, qui pour nous daigna naître et mourir. Ainsi soit-il.

SERMON XXXVI. — *A ses prêtres, leur reprochant leur vie coupable.* — Frères, bien-aimés, comme l'a appris votre charité, la main qui doit purifier les taches d'un vase souillé, doit être pure, de peur qu'étant impure, elle ne le souille davantage ; ce qui aurait lieu si impure, elle touchait des choses impures. C'est pourquoi, ô prêtres du Dieu très-haut, il vous est dit : « Purifiez-vous, vous, qui portez les vases du Seigneur. » (*Is.,* LII, 11.) C'est vous, en effet, qui devez porter les vases du Seigneur, vous auxquels il a été donné de connaître les mystères du

O quanta ultio, o quanta miseria malis erit in die novissimo ! Expellentur enim mali mercatores, falsi judices de domo Domini, exsulabunt a domo Dei, expellentur a paradiso, et ibunt in locum ubi semper erit fletus et stridor dentium. Ideo attendite ad consilium meum, aperite cordis portas. Surgite qui dormistis, legite Isaiam prophetam, sequimini eum ; non cras, sed hodie ; non tamen hodie, sed et nunc. Ait enim Propheta : « Derelinquat impius viam suam, et vir iniquus cogitationes suas, et revertatur ad Dominum, et miserebitur ejus, quia misericors est. » (*Isa.,* LV, 7.) Currite judices, ne judicemini, ad patrem misericordiæ, quærite veniam, reddite quod recepistis illicite. Quærite veniam, quoniam prope est omnibus invocantibus eum in veritate. Ipse est qui sanat contritos corde, et humiles spiritu, et corde tribulatos salvabit. Ambulate dum lucem habetis, dum dies est. Ecce, o judices, veniet jam nox : quia venit jam mors, in qua non erit licitum ambulare. Cogitate quid estis, quo ituri estis. Parentes enim vestri prædicant mortui, sepultura clamat, infernus ululat, dæmones exspectant, sacerdotes prædicant : quid superbis terra et cinis? O judex qui Deum non agnovisti, dum juxta tumulos patrum tuorum transis, scias quod mortui clamant : Terra es, et in terram ibis. (*Gen.,* III, 19.) Homines enim fuerunt, sicut et vos divitias possidendo. Ubi modo ipsi sunt, sic et nos erimus. Ubi superbia eorum, ubi conscientia, ubi cathedra magistralis, ubi honor discipulorum, ubi indumenta serico et pelle decorata? O cinis et pulvis! o judex quid es, et quid eris, considera. Non ergo tardes converti ad Deum, et ne differas de die in diem. Subito enim venit ira ejus, quia juxta est dies perditionis, et adesse quidem necesse est, et festinant tempora. Nemo ex vobis tamen desperet, nemo diffidat de Dei misericordia. Sed attendite quia nulla culpa tam magna est, quæ non habeat veniam. Et ne aliquis desperet, Mariam illam peccatricem, dominam luxuriæ, vanæ gloriæ matrem, sororem Marthæ et Lazari in exemplum assumite, quæ postmodum Apostolorum apostola meruit nuncupari. Adjuvet autem nos ipse Deus et homo, qui pro nobis nasci et mori dignatus est. Amen.

SERMO XXXVI. — *Ad presbyteros suos, malam vitam eorum reprehendens.* — Fratres carissimi, ut novit Caritas Vestra, oportet manum mundam esse, quæ polluti vasis maculas debet purgare ; ne pollua deterius possit coinquinare, cum sordida sordidum tractat. Propterea, sacerdotes altissimi Dei, vobis dicitur : « Mundamini qui fertis vasa Domini. » (*Isa.,* LII, 11.) Vos enim estis qui vasa Domini ferre debetis, quibus datum est nosse mysteria regni Dei. Vos estis sal terræ, lux mundi,

royaume de Dieu. Vous êtes le sel de la terre, la lumière du monde, la lampe allumée, la cité placée sur la montagne, les colonnes du temple, l'arbre de la science placé au milieu de l'Eden, les défenseurs et les maîtres de la terre, les concitoyens des anges du paradis, les enfants des prophètes, les parents des patriarches, les successeurs des apôtres. Purifiez-vous donc, afin de vous rendre dignes de pouvoir porter avec vos pères les vases du Seigneur ; non pas seulement, les vases d'or et d'argent, mais ceux-là aussi pour le rachat desquels Notre-Seigneur a daigné mourir. C'est pourquoi, que votre charité fasse bien attention à ce que vous devez être afin de pouvoir porter dignement les vases du Seigneur. L'Apôtre nous dit à ce sujet : « Il faut que l'évêque soit irréprochable comme étant le dispensateur et l'économe de Dieu ; qu'il ne soit point altier, ni colère, ni sujet au vin, ni violent et prompt à frapper, ni porté à un gain honteux. » (*Tit.*, I, 7.) Non-seulement, moi, comme évêque, je dois observer ces recommandations, mais vous aussi comme moi, vous devez les garder, avec la grâce de Dieu. Il est recommandé au prêtre comme à l'évêque, d'être sans faute en toutes choses, c'est-à-dire, irréprochable ; qu'il ne recherche, ni une épouse, ni les richesses, ni les honneurs, afin de ne pas être appelé mondain. Celui qui a le soin des âmes ne doit point courir de maison en maison, ni fréquenter la place publique avec les paysans, ni acheter des marchandises, ni s'immiscer dans les mariages, ni cultiver la terre, ni entrer dans les auberges, ni courir çà et là, à moins que la nécessité ne l'y appelle. En agissant de la sorte, ils se rendront irréprochables devant les hommes. Ainsi, ils pourront porter convenablement les vases du Seigneur. Si le contraire arrive, ce dont le Seigneur nous préserve, comment pourront-ils faire disparaître le mal du milieu du troupeau, étant eux-mêmes tombés également dans le même péché ou même dans un plus grand ? Un tel prêtre ne saurait plus être appelé dispensateur, mais mieux, dissipateur. En effet, autre chose est le dispensateur et autre chose est le maître. Le dispensateur, n'est qu'un serviteur. Il n'est point permis au dispensateur de frapper les serviteurs, ni de les tuer, ni de les exciter à la colère, car son maître est humble, bon et miséricordieux. Il n'est point permis non plus au dispensateur de se livrer à des emportements. Rien, en effet, n'est plus malséant, rien n'est plus condamnable, rien n'est plus léger, ni plus honteux pour un pasteur que la colère furieuse. Que le pasteur fasse donc attention, que le dispensateur fasse aussi attention à ce que nous lisons dans l'Ecriture : « Il ne faut pas que le serviteur de Dieu s'amuse à contester, mais il doit être modéré envers tout le monde, capable d'instruire, patient envers les méchants, car il doit reprendre avec douceur ceux qui résistent à la vérité. » (II *Tim.*, II, 24, 25.) Que les pasteurs sachent donc être patients, s'ils sont offensés ; et pour mériter moi-même la patience, il faut que mes prêtres s'abstiennent, non-seulement, de toute contestation mais aussi qu'ils se gardent de l'ivresse. Il n'est point permis à un clerc de boire en dehors de l'heure marquée, ni de manger quelque chose, ou de passer de maison en maison, et de préparer des dîners et des festins. Prenez bien garde, mes prêtres, oui, prenez bien garde, et si je vous dis la vérité, ne vous en effrayez pas. Un clerc, en effet, se rend digne d'un profond mépris, si, étant souvent appelé à des dîners, il ne sait pas refuser, quand même quelque nécessité le forcerait d'accepter. Car souvent, quand une foule nombreuse assiste à un dîner ou à un repas quelconque,

---

lucerna accensa, civitas in monte posita, columnæ templi, lignum scientiæ in medio paradisi positum, patroni et rectores terræ, Angelorum et paradisi cives, Prophetarum filii, Patriarcharum cognati, Apostolorum successores. Mundamini ergo, ut digne cum patribus ferre possitis vasa Domini : vasa enim non solum aurea et argentea, sed etiam illa pro quibus redimendis Dominus mori dignatus est. Propterea attendat Caritas Vestra, quales esse debetis, ut digne vasa Domini portare possitis. Ait enim Apostolus : « Oportet Episcopum sine crimine esse, tanquam Dei dispensatorem, non protervum, non iracundum, non vinolentum, non percussorem, non turpis lucri appetitorem. » (*Tit.*, I, 7.) Hæc autem non solum ego Episcopus servare debeo, sed et vos una mecum, Deo auxiliante, servare debetis. Per omnia sine crimine sicut Episcopum, ita jubet esse presbyterum, id est, irreprehensibilem, ut non quærat uxores, non divitias, non honores, ne sæcularis dicatur. Non enim debet qui animarum curam gerit, transire de domo in domum, non frequentare forum cum rusticis, non mercantias acquirere, non commatres procurare, non ligonisare, non tabernas intrare, non discurrere, nisi necessitate compulsus. Sic enim facientes irreprehensibiles sunt apud homines. Sic enim vasa Domini digne portare poterunt. Sed si contrarium fuerit, quod Dominus avertat, quomodo poterit auferre malum de medio ovium, si in delicto similiter simili corruerit vel majori ? Non enim talis dispensator dicitur, sed potius dissipator. Aliud est enim dispensator, et aliud dominus. Dispensator enim servus est. Non enim licet dispensatori percutere servos, non occidere, non iracundiam portare : quia Dominus ejus humilis, benignus et misericors est. Non ergo licet dispensatori furiosum esse. Nihil enim fœtidius, nihil damnosius, nihil levius, nihil turpius in pastore furiositate. Attendat igitur pastor, attendat et dispensator, quid legitur : « Servum Dei non oportet rixari, sed humilem ad omnem esse, patientem, doctorem, in mansuetudine erudientem eos qui contra moneant. » (II *Tim.*, II, 24, 25.) Discant ergo pastores, si offenduntur, patientes esse. Et ut ego patientiam merear, oportet presbyteros etiam non solum abstinere a rixis, sed ab ebrietate cavere. Non enim licet clerico extra horam bibere, vel aliquid manducare, vel de domo in domum transire, et prandium vel cœnam ordinare. Attendite, presbyteri mei, attendite, et si veritatem dico, nolite turbari. Nam valde despicitur clericus, qui sæpe vocatus ad prandium non recusat, etiam necessitate aliqua compulsus. Sæpe enim in cœna vel prandio, ubi

naissent des disputes, des excès dans le boire, et en un mot, toutes les œuvres de la chair. Aussi, un clerc doit-il avoir grand soin de ne pas se permettre de manger en dehors de sa maison ou de celle de l'évêque, et même de se faire servir dans la maison où mangent des hommes du monde. Quel plus grand soin devons-nous apporter, sinon ne pas passer pour convoiter un gain honteux. Tout lucre doit être fort éloigné des prêtres; nous ne sommes pas, en effet, des trafiquants du siècle, mais des choses qui ont rapport à Dieu. Les séculiers, dites-vous, ne viennent pas jusqu'à nous, comment comprendre vos avis ? Écoutez. Vous avez voulu entendre notre parole, et à peine eut cessé mon mal de dent, j'ai voulu me rendre au milieu de vous; ce n'est point pour que vous entendiez l'éloge de vos qualités, mais pour que vous sachiez votre misère, en vous disant la vérité. Qu'êtes-vous ? Nous sommes pasteurs, répondrez-vous. Ce que vous dites, est la vérité, et moi aussi je dis que vous êtes pasteurs. Mais quels pasteurs êtes-vous ? je n'ose le dire, parce je serais comme vous un menteur. Tous nous sommes pécheurs, tous nous sommes nés et avons été conçus dans le péché, et tous nous vivons dans le péché. Cependant, il est nécessaire que je dise la vérité, parce que je suis évêque, parce que je suis pasteur et que je suis prêt à donner ma vie pour vous. Je ne dois donc pas me taire, parce que, bien que pécheur, cependant, j'ai résolu de donner ma vie pour votre salut, et déjà je m'y suis préparé. Je dirai la vérité quand même ; tout ce qui est vrai, n'importe de quelle bouche cela vient, vient de Dieu, vient du Père, du Fils et du Saint-Esprit, il convient de le dire et de ne point le cacher. Si je cachais la vérité, je serais semblable à vous en toutes choses, ce que je ne veux pas. Si donc Dieu est avec moi, qui sera contre moi ? Serait-ce Fortunat ou Arius avec leurs embûches? Car parce que je leur ai dit la vérité, ils m'ont tendu des pièges dans le désert, voulant me prendre et me faire périr ; cependant Dieu m'a délivré. J'aurais pourtant volontiers souffert le martyre, et à cette heure je suis encore prêt à mourir pour la vérité. Ecoutez donc, rebelles, écoutez loups ravisseurs ; écoutez, vous qui vous railliez de tout. Que le saint prophète Ezéchiel se joigne à moi, il avait vu dans la maison du Seigneur, la porte close; qu'il se lève, et vous découvre la vision qu'il aperçut et qu'il toucha. Dites, dites, ô saint Ezéchiel, parlez à mes prêtres. Le Seigneur lui dit : « Fils de l'homme, prophétisez, touchant les pasteurs d'Israël, et dites-leur : Voici ce que dit le Seigneur Dieu : Malheur aux pasteurs d'Israël qui se paissaient eux-mêmes, cependant les pasteurs ne paissent-ils pas leurs troupeaux ? Pour vous, vous mangiez le lait de mon troupeau et vous vous couvriez de sa laine, vous preniez les brebis les plus grasses pour les tuer, et vous ne vous mettiez point en peine de paître mon troupeau. Vous n'avez point travaillé à fortifier celles qui étaient faibles, ni à guérir celles qui étaient malades ; vous n'avez point bandé les plaies de celles qui étaient blessées, vous n'avez point relevé celles qui étaient tombées, et vous n'avez point cherché celles qui s'étaient perdues, mais vous vous contentiez de les dominer avec une rigueur sévère et pleine d'empire ; ainsi mes brebis ont été dispersées. Mais je viens moi-même à ces pasteurs, j'irai

magna exsistit multitudo, rixæ et ebrietates nascuntur, et ea quæ sunt opera carnis. Ideo summe cavere debet clericus, ne extra domum suam vel episcopi prandere audeat, vel in eadem illum audeat sæcularibus præparare. Quid enim aliud habere debemus, nisi quod turpis lucri appetitores non simus? Omne enim lucrum remotum a presbyteris debet. Nam non sæculi, sed eorum quæ Dei sunt, negotiatores sumus. Sæculares ad nos venire non possunt, numquid vel intelligere ? Absit. Sermonem nostrum audire voluistis, et dimisso dentium dolore volui habere vos ; non ut bonos vos esse audiatis, sed ut veritatem loquendo vestram miseriam intelligatis. Quid enim estis ? Dicetis : Pastores sumus. Ego autem dico quod pastores estis, et verum est quod dicitis. Sed qui pastores vel quales, dicerere non audeo, quia simul vobiscum mendax. Omnes peccatores sumus, omnes in peccatis nati et concepti sumus, omnes in peccatis vivimus. Expedit tamen ut verum dicam, quia Episcopus sum, quia pastor sum, quia pro vobis animam ponere paratus sum. Tacere igitur non debeo, quia licet peccator sum, animam tamen pro vestra salute ponere jam decrevi, jam me paravi. Verum tamen dicam : et omne quod verum est, a quocumque dictum, a Deo est, a Patre et Filio et Spiritu sancto est, dicere expedit, non occultare. Nam si verum tacerem, essem vobis similis in cunctis : quod nolo. Si ergo Deus mecum, quis contra me ? Numquid (1) Fortunatus vel Arius cum suis insidiis ? Nam quia verum eis dixi, ideo in eremo insidias mihi posuerunt, volentes me comprehendere et occidere ; et tamen Deus me liberavit. Libenter tamen suscepissem martyrium, et etiam pro veritate mori semper paratus sum. Audite ergo (2) rebelles, audite lupi rapaces, audite vos derisores. Veniat etiam illo sanctus Ezechiel, qui portam clausam viderat in domo Domini (*Ezech.*, LIV, 1), surgat et vobis aperiat visionem quam vidit et palpavit. Dic, dic : O sancte Ezechiel, dic presbyteris meis. Ait sibi Dominus : « Fili hominis, propheta de pastoribus Israel, dicque ad eos : Væ pastoribus qui pascebant semetipsos. Nonne greges pascuntur a pastoribus ? Lac comedebatis, et lanis operiebamini : quod crassum erat occidebatis, gregem autem meum non pascebalis. Quod infirmum erat non consolidastis, et quod ægrotum erat non sanastis. Quod confractum est non alligastis, et quod abjectum est non reduxistis ; et quod perierat non quæsistis : sed cum austeritate imperabatis eis et cum potentia. Et dispersæ sunt oves meæ. Sed ego super pastores, requiram gregem meum de manu eorum. » (*Ezech.*, XXXIV, 2, etc.) Ecce quomodo de

(1) «Primo grande mendacium strophaque nimium imperita est, quod Augustinus disputarit, cum Ario, deinde quod jam Episcopus disputaret cum Fortonato.» Lupus. V. Ser. IV. — (2) Verus Augustinus Ser. CCCLV, tom. V, n. 7. de suis Sacerdotibus ait : « Omnes mihi libenter obediunt. »

chercher mon troupeau et je le reprendrai d'entre leurs mains. » (Ezéch., xxxiv, 2, 3, 4, 5, 10.) Voici comment le Seigneur se plaint de vous, car vous n'êtes point pasteurs, mais des loups ravissants, parce que presque tout ce que vous faites, vous le faites par amour du gain ; vous voulez avoir, non-seulement ce qui appartient aux églises, mais aussi ce qui appartient aux séculiers. Discutons maintenant vos intentions, cherchons vos intentions. N'est-il pas vrai, que vous ne daignez pas chanter la messe, ni baptiser, ni ensevelir les morts sans rémunération ou au moins sans la promesse d'être payés ? N'est-il pas vrai que vous désirez plutôt voir la mort des riches que la santé de leur corps? Voilà comme vous êtes loups, voilà comment vous corrompez tout pour la simonie. O prêtres, que faisons-nous, que sommes-nous, pourquoi dormir de la sorte ? Voyez le voleur, il ne vole qu'une seule fois, il n'a pris et enlevé qu'une seule fois le gain du prochain ; mais si on le découvre, on blasphème contre lui, on le frappe, on lui enlève l'objet volé et on le condamne à mort comme voleur. O mes prêtres, si l'usure est considérée comme un crime dans un laïque, si à cause de cela il doit mourir, et si on le condamne à mort, que nous sera-t-il fait au dernier jour ? Comment le monde agirait-il vis-à-vis de nous, s'il avait pouvoir sur nous? C'est pourquoi, gardez la justice, ne cherchez point le gain, mais ayant la nourriture et le vêtement, soyez contents pour tout le reste. Celui, au contraire, qui célèbre, prêche ou baptise pour en percevoir quelque gain, se prive par le fait des biens célestes. Souvenez-vous des grands de Rome antique, ils ne prenaient de leurs richesses que ce qui leur était strictement nécessaire ; quant au reste, ils le donnaient aux pauvres, conservant en toutes choses une mesure admirable. C'est pour cela et à cause de toutes les autres bonnes œuvres qu'ils faisaient, ou qu'ils voulaient faire qu'ils ont mérité d'être exaltés par l'empire immense qu'ils gouvernaient, et d'être craints de l'univers entier. Pourtant, ils étaient païens et ils regardaient comme une insigne folie d'adorer comme Dieu un crucifié, mais ils craignaient leurs divinités. Et nous qui portons sur notre front le nom du Christ, que faisons-nous chaque jour, sinon de la simonie et du brigandage ? Et moi aussi, quand j'étais infidèle, j'étais regardé partout le monde comme le plus subtil, non-seulement, d'entre les Carthaginois, mais même d'entre les Romains. Une foule nombreuse se pressait souvent autour de moi, et quand ils me voyaient ou m'entendaient passer, ils mettaient la main sur la bouche ; ils m'avaient fait citoyen romain, chef des tribuns, et me destinaient pour épouse la fille de Pontien du même âge que moi. J'ose dire ces choses, j'ose l'affirmer, je ne suis changé en rien, méprisant tous ces avantages, ne faisant nul cas de toutes ces promesses, détestant les richesses, je quittai prudemment la ville, me retirant à Milan, ne voulant point d'épouse, croyant que rien n'est plus mauvais que d'avoir des femmes pour compagnie et pour société. Etant encore l'esclave de mes iniquités je ne voulais pas faire ces choses, et maintenant, devenu le serviteur du Christ, je suis tenté de faire ce que j'ai dit et même des choses souvent plus coupables. Pour nous, mes frères, qui sommes toujours au milieu des combats, bien, que nous soyons tentés de

---

vobis queritur Dominus, quia non estis pastores, sed lupi rapaces, quia omnia quasi quæ facitis, propter lucrum facitis. Non solum quæ ecclesiarum sunt quæritis, sed et quæ mundanorum. Ecce enim discutiamus mentem, perquiramus veritatem. Numquid missam cantare, numquid baptizare, numquid mortuum sepelire sine pretio vel promissione dignamini ? Numquid non citius mortem divitum, quam corporis salutem desideratis videre ? Ecce quomodo lupi estis, ecce quomodo omni simonia infecti estis. O sacerdotes quid agimus, quid sumus, cur tantum dormimus ? Ecce latro semel furatur, semel fœnus proximi tollit vel rapit : sed si capitur, blasphematur, verberatur, furtum imponitur, et tanquam latro judicatur ad mortem. O sacerdotes mei, si fœnus in laico crimen judicatur, si propter hoc mori debet et condemnatur ad mortem ; quid de vobis erit in die novissimo ? Quid de nobis faceret mundus, si super nos potestatem haberet ? Quapropter tenete justitiam, nolite lucrum facere, sed habentes victum et vestitum, contenti per omnia esse debetis. Sed qui celebrat vel prædicat vel baptizat, ut inde lucrum acquirat, bonis cœlestibus de facto se privat. Ecce enim Romani principes, quantum necesse eis fuerat de divitiis suis, tantum recipiebant, aliud quoque pauperibus erogabant, justitiam mirabilem conservabant in cunctis : propter quæ et alia bona quæ faciebant et observari volebant, meruerunt magnifico imperio sublimari, et timeri a cunctis in orbe. Ecce enim Pagani erant, et stultissimum putabant pro Deo colere crucifixum ; et tamen Deum suum timebant. Et nos qui nomen Christi in fronte portamus, quid aliud quam simoniam et latrocinia quotidie procuramus ? Ego etiam infidelis eram, et non solum a Carthaginensibus, sed a Romanis acutissimus reputabar a cunctis. (1) Copiosa turba circumdabat frequenter, et me transire videntes et audientes manum ori suo ponebant, civem Romanum tribunorum caput me fecerant, et uxorem Pontiani filiam mihi æqualem paraverant. Audeo enim dicere, audeo hoc asserere, in nullo me mutatum fuisse, omnia contemnens, cuncta quæ promiserant spernens, divitias abhorrens, civitatem (2) caute relinquens, fugiens Mediolanum, (3) uxorem non quærens, cogitans nihil pejus habere quam consortium mulierum et societatem. Hæc omnia servus iniquitatum mearum facere nolebam : qui tamen (4) nunc

---

(1) Multa hic falsa uno lib. VI Conf., c. vi, loco refelluntur. « Inhiabam, ait August., honoribus lucris conjugio. » Hinc Lupus : « Quomodo ergo ambabus manibus non arripuisset supremum istum tribunatum. » — (2) Mediolanum missus evectione publica petiit, lib. V Conf., c. xiii. — (3) Imo ambienti dissuadere nequit Alypius, lib. VI Conf., c. xii, Mater uxorem quærit, c. xiii. Concubina alteri succedit, c. xv. — (4) « Plane, inquit Lupus, blasphemum est, Augustinum episcopum talium tentationum motibus fuisse impetitum. » Patet id ex lib. I Soli., c. x, et lib. X Conf., c. xxx, etc.

retourner dans le monde, de nous marier, de faire du négoce, de vivre délicatement, de monter même dans les chaires, prenons garde d'être damnés avec le monde. Vous êtes, en effet, des dieux très-élevés, le Dieu des dieux désire habiter dans votre assemblée. Vous êtes ses vicaires, c'est vous qui tenez sa place. Vous êtes tous ses enfants très-élevés en dignité, ayant reçu le pouvoir de lier et de délier, même d'ouvrir le ciel et de fermer l'enfer. Allons donc, prêtres du Dieu très-haut, ouvrez les oreilles de votre cœur, cessez d'agir d'une manière aussi perverse, apprenez à faire le bien, paissez mes brebis par la parole et par l'exemple, gardez-vous de leur fermer le ciel. Vous le fermez en ne corrigeant pas, vous le fermez quand vous donnez l'exemple d'une vie coupable, soyez l'œil de l'aveugle et le pied du boiteux. Vous serez l'œil de l'aveugle, en dissipant les ténèbres de son ignorance. Vous serez le pied du boiteux, en lui montrant le chemin de la vérité et en fortifiant sa foi. Mais, si pour vous-mêmes, vous ne savez pas fortifier votre foi, comment pourrez-vous soutenir celle des autres? Oh! faites bien attention, ne vous fâchez point si je vous dis la vérité, car je sais et je sais de bonne source que la vérité vous est amère. Aussi, si je ne vous disais point la vérité, vous ne voudriez pas me croire, mais vous ne deviendriez pas meilleurs. C'est bien vrai, la vérité est amère et ceux qui l'aiment comme ceux qui la prêchent sont souvent remplis d'amertume et de douleur; cependant, je n'ose pas me taire, ni je n'ai l'intention de vous plaire, car si je plaisais aux hommes mauvais, je ne serais point le serviteur de Dieu. Vous voulez que je vous plaise, vous désirez que je vous aime, et cependant, vous ne voulez pas que je vous corrige. Cependant, je vous supplie de rendre votre vie meilleure, foulant aux pieds l'avarice, méprisant la volupté, évitant l'orgueil, haïssant la simonie, aimant les pauvres, renonçant aux pompes de ce monde et aussi intercédant pour nous, priant sans cesse, afin que je puisse avec vous porter dignement, avec sa grâce, les vases du Seigneur. Et si quelqu'un se laisse aller à murmurer contre moi, qu'il sache que ses murmures tombent sur son père, sur son évêque, qui lui pardonne et prie pour lui.

SERMON XXXVII. — *Les prêtres doivent se montrer les ministres de Dieu, et prendre garde de paraître vendre les dons du Saint-Esprit. Motifs de conserver la patience et la chasteté, et de haïr la fornication.* — D'après le récit de l'historien des Actes des Apôtres, frères bien-aimés, Judas s'étant retranché par son apostasie du collége apostolique, la divine Providence, jetant les fondements de l'édifice de l'Eglise, fondements qui, suivant l'apôtre saint Jean, sont les douze noms des apôtres, appela à cette auguste fonction saint Mathias. Et de même que saint Mathias reçut le pouvoir et remplaça Judas complétement, de même, nous aussi, nous avons reçu l'autorité dans l'Eglise de Dieu, qui nous a faits ses ministres, nous a établis dans son palais et nous a choisis pour être la nation sainte, le peuple de Dieu, le sel de la terre, la lumière du monde et des hommes angéliques, exempts de la souillure du péché. Nous sommes les ministres de Dieu et ses serviteurs. Nous ne sommes pas des serviteurs qui servent par crainte, mais nous obéissons fidèlement en tout à la volonté du Maître, et alors nous sommes en si grande intimité avec lui,

servus Christi ea quæ diximus, et majora tentor habere frequenter. Nos autem, Fratres, qui in pugna semper sumus, licet tentemur ad mundum redire, uxorari, negotiari, delicate vivere, cathedram etiam ascendere; caveamus ne cum mundo damnemur. Vos enim estis dii excelsi, in quorum synagoga Deus deorum stare desiderat. Vos estis ejus vicarii, qui vicem ejus geritis. Vos estis filii excelsi omnes, quibus datur potestas ligandi atque solvendi, aperiendi etiam cœlum, et infernum claudendi. Eia ergo, sacerdotes Dei excelsi, aperite aures cordis vestri, quiescite jam agere perverse, discite bene facere, pascite oves verbo et exemplo, nolite eis cœlum claudere. Clauditis, dum non corrigitis; clauditis, dum male vivere ostenditis. Oculus sitis cæco, et pes claudo. Tunc enim oculus estis cæco, cum ejus tenebras effugatis ignorantiæ. Et pes estis claudo, quando viam veritatis demonstratis, vel quando fidem eorum roboratis. Sed si fidem vestram pro vobis roborare nescitis, quomodo aliorum fidem roborare poteritis? Et ideo attendite, nec turbemini, si veritatem dico vobis. Scio enim, et bene scio, quod vobis amara est veritas. Quare, nisi quia veritatem dico, non creditis mihi, et in melius etiam non mutamini? Amara est ergo veritas, et qui eam amant vel prædicant, sæpe replentur amaritudine et dolore. Tacere tamen non audeo, nec vobis placere intendo: quia si hominibus malis placerem, servus Dei non essem. Vultis ut placeam, desideratis ut diligam: tamen non vultis ut corrigam. Obsecro tamen vos, ut vitam emendetis, conculcantes avaritiam, despicientes luxuriam, vitantes superbiam, simoniam odientes, pauperes amantes, pompas hujus sæculi renuentes, et pro nobis intercedentes, sine intermissione orantes, ut et ego una vobiscum vasa Domini digne per gratiam merear portare. Et si quis de me murmuraverit, sciat quod de patre Episcopo murmuraverit; parcatur illi, et oretur pro eo.

SERMO XXXVII. — *Quod sacerdotes se debeant exhibere sicut Dei ministros, et cavere ne dona sancti Spiritus vendere procurent, patientiam quoque et castitatem servare, ac de fornicationis detestatione.* — Fratres carissimi, sicut Actuum Apostolorum narrat historia, apostatante Juda a consortio Apostolorum, divina providentia ad structuram Ecclesiæ providens fundamenta, quæ secundum Joannem sunt duodecim nomina Apostolorum, beatum Matthiam vocavit ad apostolatum. Et sicut suscepit Matthias principatum, et surrexit loco Judæ: sic etiam nos suscepimus principatum in Ecclesia Dei, et per gratiam suam suos ministros facere voluit, et in palatio suo nos constituit, et elegit ut essemus gens sancta, populus Dei, sal terræ, lux mundi, et angelici homines absque peccato. Ministri etiam Dei sumus et servi. Servi enim dicuntur non qui ad oculum serviunt, sed qui voluntati Domini in omnibus fideliter obediunt, et tunc in tantam familiaritatem Domini moventur, quod

SERMONS ADRESSÉS AUX FRÈRES DU DÉSERT, ETC.

qu'il ne nous appelle plus ses serviteurs, mais ses amis. Montrons-nous donc véritablement dignes de cet auguste titre, par notre zèle, par la science, par une charité sincère, par nos veilles, notre patience à supporter la prison, les coups et à prêcher la parole de vérité. Et ainsi n'ayant rien, en possédant le Christ, nous posséderons tout. Voilà la vie des élus, voilà le salut des prêtres ; c'est en cela que consistent le repos des serviteurs de Dieu et la volonté de ses amis sincères. Notre sanctification consiste à nous montrer en tout comme les ministres de Dieu, par une grande patience dans la tribulation, dans les embarras, dans la chasteté, dans la tempérance, la science, la douceur, dans une charité vraie, par la sincérité dans nos paroles, ne donnant à personne sujet de s'offenser, afin que notre ministère ne soit pas réprouvé, car nous sommes les serviteurs de Jésus-Christ. Le ministère de Jésus-Christ est réprouvé, notre servitude tombe dans le mépris, quand nous méprisons les œuvres du Christ, et que nous sommes négligents pour les exécuter. Mais malheur à nous, mes frères, malheur à nous, parce que nous portons vainement le nom du Christ ; nous portons vainement le nom de Dieu, puisque nous n'accomplissons pas par nos actes ce que nous devons accomplir. O prêtres! examinons nos intentions, et voyons si nous sommes les serviteurs du Christ. Voyons ce que nous devons faire en réalité, et ne soyons pas des serviteurs inutiles. De quelle manière? Il n'y en a point d'autres que de nous montrer les ministres de Dieu par une grande patience. Mais malheur à nous qui semblons n'avoir pas l'ombre de patience. Nous devons être pauvres comme membres de Jésus-Christ et ministres de Dieu ; mais si la pauvreté nous atteint, si quelque nécessité corporelle nous trouble et nous afflige, nous songeons aussitôt à vendre les dons du Saint-Esprit. O mes prêtres! gardez-vous de commettre ce crime ; souvenez-vous que ces dons, vous les avez reçus gratuitement, distribuez-les donc aussi gratuitement pour ne point partager la damnation de Simon le Magicien, auquel saint Pierre répliqua : « Que ton argent périsse avec toi. » (*Act.*, viii, 20.) Celui qui reçoit le prix des sacrements ressemble à Giézi et sera couvert de lèpre. Elisée ayant guéri de la lèpre, dans le Jourdain, Naaman, prince de Syrie, Naaman étant de retour offrit au prophète de nombreux présents ; ce dernier ne voulut rien recevoir. Comme le prince syrien se retirait, Giézi, le disciple du prophète, le rappela pour lui demander les présents. Quand il les eut reçus, le prophète sut tout par l'inspiration de l'Esprit saint, et, le faisant venir, il le réprimanda et le frappa de lèpre. (IV *Rois*, v, 15, etc.) C'est ainsi que sont frappés tous ceux qui réclament de l'argent pour les sacrements qu'ils administrent. Mais l'Ecriture ne dit-elle pas, répliquerez-vous : Que ceux qui servent à l'autel doivent vivre de l'autel ? (I *Cor.*, ix, 13.) Je n'ose pas, ô prêtres, nier complétement ce que vous me citez, mais sachez que Dieu découvre le fond du cœur humain. Car si vous différez de donner le sacrement à raison de votre pauvreté, alors vous êtes un marchand, et non un pasteur, ni un ministre de Jésus-Christ. Ne demandez donc rien, ne recevez pas tel prix convenu pour le baptême, si vous ne voulez pas partager le sort de Simon. Si, étant convenu d'un prix, vous vendez le sacrement comme Judas, vous avez livré votre Sauveur. De bon gré et d'une volonté sincère, administrez les sacrements sans rien demander, sans rien attendre, sans rien désirer de ce qui est promis ; mais si on vous donne quelque

---

non amplius servi, sed amici vocantur. Ideo tota mente nos exhibeamus in multa tribulatione, in caritate, in scientia non ficta, in vigiliis, in carceribus et plagis, in verbo veritatis. Et sic nihil habentes, omnia Christum possidendo simus possidentes. Hæc est enim beatorum vita, hæc est sacerdotum salus : hæc est servorum Dei requies, hæc est amicorum ejus voluntas. Hæc enim sanctificatio nostra, ut in omnibus exhibeamus nosmetipsos sicut Dei ministros in multa patientia, in tribulatione, in necessitate, in castitate, in abstinentia, in scientia, in suavitate, in caritate non ficta, in verbo veritatis, nemini dantes ullam offensionem, ut non vituperetur ministerium nostrum : Christi enim servi sumus. Tunc Christianorum ministerium vituperatur, servitus nostra despicitur, quando ea quæ Christi sunt despicimus, et opere adimplere negligimus. Sed væ nobis, Fratres mei, væ nobis, quia falsum nomen Christi portamus, falsum nomen Dei gerimus, quia opere non adimplemus quod implere debemus. Discutiamus sacerdotes mentem nostram, et sciamus si servi Christi simus. Sciamus enim quid facere debeamus, ne servi inutiles simus. Quid enim ? Certe nihil aliud, nisi quod exhibeamus nosmetipsos sicut Dei ministros in multa patientia. Sed væ nobis, quia nullam patientiam habere videmur. Nam pauperes esse debemus, quia membra Christi sumus, et ministri Dei. Sed si pauper- tas aggreditur, vel aliqua corporis necessitate turbamur et affligimur, dona sancti Spiritus vendere procuramus. O sacerdotes mei, nolite hoc malum facere : sed mementote quod gratis accepistis, et ideo gratis reddite ; ne cum Simone Mago damnemini, cui dixit Petrus : « Pecunia tua tecum sit in perditionem. » (*Act.*, viii, 20.) Qui etiam pretium recipit de sacramentis, Giezi ita est et plenus lepra. Nam cum Eliseus mundasset Naaman principem Syriæ in Jordane a lepra, rediens Naaman obtulit Prophetæ multa munera : sed ille noluit recipere. (IV *Reg.*, v, 15, etc.) Qui cum recessisset, locutus est ei Giezi discipulus Prophetæ, petens a principe Syriæ munera. Quibus acceptis Propheta omnia per spiritum novit, et videns eum redarguit percutiens eum lepra. Sic etiam percutiuntur omnes, qui pro sacramentis pecuniam petunt. Sed dicetis : Numquid non Scriptura dicit : Qui altari servit, de altari vivat? (I *Cor.*, ix, 13.) O sacerdotes, hoc quod dicitis omnino negare non audeo : sed scitis quod Deus intuetur corda hominum. Nam si sacramentum dare distuleris, etiamsi omni paupertate vallatus, non pastor es, non minister Christi es, sed mercator. Non igitur petas, non etiam tantum pro baptismo recipias, ut cum Simone perire non velis. Nam facto pacto sacramentum vendidisti, et Salvatorem tuum prodidisti cum Juda. Spontanea et sincera voluntate porrige

chose, vous pouvez le recevoir en toute équité et le posséder de même. Que le prêtre se souvienne cependant qu'il doit mener une vie pauvre. C'est pourquoi, s'il possède abondamment, s'il jouit d'un bénéfice considérable ; si, après avoir pris sa nourriture et son vêtement, il reste quelque chose, qu'il n'hésite pas à le donner aux pauvres, car ces biens appartiennent aux pauvres. Quant à cette parole qu'un fidèle ne doit point rejeter : « Que celui qui sert à l'autel vive de l'autel, » elle est vraie absolument ; en effet, il n'est point permis aux prêtres de travailler des mains, de fouiller la terre, de battre le fer ou autres choses semblables ; ils doivent ce respect à la majesté du grand sacrement dont ils sont les ministres. Mais cette parole est adressée plutôt aux séculiers qu'aux prêtres, de peur que les prêtres de Dieu ne périssent de faim et de froid, c'est pourquoi il est convenable que celui qui sert à l'autel vive de l'autel. De même, mes frères, quiconque achète un sacrement, une Eglise, des bénéfices, ou l'entrée de l'Eglise, ou qui se fait adjuger ces choses par la puissance séculière, doit savoir qu'avec Giézi et Judas il est condamné. Déjà la lèpre l'infecte ; il faut, dès maintenant le chasser du temple du Seigneur. Pourquoi ? parce que « celui qui n'entre pas par la porte dans la bergerie, mais y monte par un autre endroit, est un voleur et un larron. » (*Jean*, x, 1.) Il faut le réprouver, parce que le Seigneur chassa du temple les vendeurs et les acheteurs ; il faut le repousser, comme les lépreux devaient être chassés de la compagnie des hommes. Ce n'est pas entrer par la porte dans l'Eglise que d'y entrer par le moyen des laïques. Les dons spirituels n'ont point été confiés aux laïques, mais aux vicaires du Seigneur. Les vicaires du Seigneur sont ceux qui tiennent la place des apôtres. Que les laïques administrent leurs villes et leurs bourgs, mais qu'ils fassent une sérieuse attention de ne pas mettre la main sur les biens de l'Eglise d'Hippone. Rarement ou jamais les riches ne disposent de prébendes pour les prêtres pauvres ; et si, parfois, ils en disposent, ce n'est point par amour de Dieu, c'est afin qu'ils puissent jouir avec leur épouse et leur famille des biens de l'Eglise. Que le prêtre qui, par crainte ou par affection, se laisse dépouiller par le riche, sache donc qu'il ne restera point impuni ; et, si ce n'est pas dans le présent, certainement dans l'autre monde il aura à souffrir les feux éternels. Mais revenons à notre but, mes frères, et apprenons comment nous pourrons nous montrer les ministres de Dieu : vous désirez le savoir, en effet. Si les persécutions nous atteignent, ne nous laissons point défaillir ; ayons de la patience, au contraire. Si les besoins de la pauvreté nous serrent, ne désespérons point, mettons notre confiance dans le Seigneur. Si l'on blasphème contre nous, ne répondons point, pardonnons. Si nous recevons des coups et des soufflets, ne tardons pas d'offrir aussitôt l'autre joue. Si des paroles d'insulte ou de mépris viennent nous frapper, taisons-nous. Si on nous mène à la mort, allons-y avec joie. Pourquoi ? parce que « le serviteur n'est pas plus que le maître. » Et « s'ils m'ont persécuté, ils vous persécuteront également, » (*Jean*, xv, 20) dit le Seigneur ? Telle est la patience dont nous devons être ornés, si nous voulons être les ministres de Jésus-Christ. Quel est encore le sens de ces autres paroles : Montrons-nous les ministres de Jésus-Christ par notre chasteté. La chasteté est cette vertu sans laquelle on devient coupable de tout le reste. C'est cette vertu

---

sacramenta, nihil petendo, nihil exspectando, nihil de promisso desiderando : sed si tibi datur, juste recipis, juste possidere potes. Memento tamen, quod pauperem vitam sacerdos gerere debet, et ideo si superbiam habet, si magno (1) beneficio gaudet, præter victum et vestitum quod superest, pauperibus dare non differat, quia omnia pauperum sunt. Verbum autem illud quod negare non debet fidelis : Qui altari servit, de altari vivat, verum omnino est : quia (2) non licet sacerdotibus manibus operari, ligonisare, ferrum fabricare, et similia : hoc autem propter reverentiam et tanti sacramenti dignitatem. Illud autem magis ad sæculares, quam ad sacerdotes pertinet, ne ipsi sacerdotes Dei fame pereant vel nuditate : ideo dignum est, ut qui altari servit, de altari vivat. Similiter, Fratres, qui sacramentum emit, vel ecclesiam, vel (3) præbendas, vel ecclesiarum introitus, vel sæculari potentia hoc pro se procuravit ; sciat quod cum Giezi et Juda jam damnatus est, jam leprosus factus est, jam de templo Domini expellendus est. Quare sic ? Quia « qui non intrat per ostium in ovile, sed ascendit aliunde, fur est et latro. » (*Joan.*, x, 1.) Ideo reprehendendus est, quia ementes et vendentes Dominus ejicit de templo : repellendus est, quia leprosi ejici jubentur. Non intrat per ostium ad ecclesiam, qui per laicalem portam intrat.

Non enim laicis spiritalia dona tradita sunt, sed Domini vicariis. Vicarii Domini sunt, qui vicem Apostolorum tenent. Castella autem et villas suas laici dispensent : bona autem Hipponensis Ecclesiæ vigilanter attendant ne tangant. Divites enim raro vel nunquam pauperibus sacerdotibus præbendas procurant : et si procurant, non Dei amore procurant, sed ut cum uxore et familia de bonis ecclesiæ gaudere valeant. Et ideo sciat sacerdos, qui timore vel amore defraudari a divite se permittit, quod impunitus non remanebit : et si non in præsenti, saltem in futuro igne æterno non carebit. Redeamus igitur ad propositum, Fratres, et sciamus quomodo poterimus nos exhibere sicut Dei ministros : cupitis enim scire. Ecce si persecutiones venient, non deficiamus, sed patientiam habeamus. Si necessitas paupertatis contingat, non desperemus, sed in Domino confidamus. Si blasphemamur, non respondeamus, sed parcamus. Si colaphis vel alapis cædimur, aliam partem parare non differamus. Si verbo vel murmure percutimur, taceamus. Si occidimur, gaudenter ad mortem pergamus. Quare ? Quia « non est servus major domino suo. Si enim me persecuti sunt, et vos persequentur, » (*Joan.*, xv, 20) ait Dominus. Ita enim patientia ornari debemus, si ministri Christi esse optamus. Sed quid aliud, nisi quod

(1) Hæc vox auctorem indicat recentiorem. — (2) Aliter Augustinus L. *de opere Monach.*, et antiqui canones docent. — (3) Alia vox vix ante sæculum x, eo sensu accepta.

qui nous rend recommandables à Dieu, qui fait de nous des anges, qui nous élève par un vol léger au-dessus des astres. C'est cette vertu sans laquelle nous ne saurions porter les vases du Seigneur. C'est cette vertu à laquelle l'Apôtre nous oblige étroitement quand il dit : « Que la fornication et n'importe quelle impureté ne soient pas même nommées parmi vous, » (*Ephés.*, v, 3) afin que votre âme ne puisse être atteinte par la corruption des mauvais discours. Dès lors, mes frères, prenez bien garde non-seulement d'éloigner de vous la fornication, mais même tout soupçon mauvais. Il ne convient nullement qu'un clerc s'assied seul avec des femmes, s'entretienne avec elles, ni qu'elles fréquentent sa maison, afin qu'on ne puisse pas en concevoir des soupçons malveillants. O qu'il est vil ! qu'il est misérable ! dans quelle faiblesse il est tombé le clerc qui, souvent, converse avec des femmes ! De quelle folie et de quelle inexpérience est possédé celui qui recherche l'amitié des femmes ! Aussi vous qui êtes la lumière du monde, la cité placée sur la montagne, gardez votre réputation, gardez-la de telle sorte que ceux qui vous louent n'aient point à rougir en face de vos détracteurs. Comprenez, mes frères, comprenez bien ces paroles de l'Apôtre : « La fornication et l'impureté. » La fornication est l'union naturelle, mais défendue, de l'homme avec la femme. Il y a fornication de s'unir avec des femmes de mauvaise vie. Une femme, qu'elle soit adultère ou concubine est une femme de mauvaise vie. La fornication est interdite aux clercs, car, étant les ministres du Seigneur, nous ne pouvons devenir les membres d'une impudique. Qu'il est honteux pour un clerc d'être devenu l'esclave d'une courtisanne ! Celui qui se joint à une femme de mauvaise vie ne fait plus qu'un même corps avec elle. Nous devons encore comprendre combien la fornication est un grand mal. Si le mariage est défendu aux prêtres, combien grand doit être le crime de la fornication ? Ne savez-vous pas, mes frères, qu'on ordonne aux laïques mariés de s'abstenir du mariage pour un temps, afin de pouvoir vaquer à la prière ; et des prêtres, qui chaque jour doivent consacrer le corps de Notre-Seigneur, ne rougiraient pas de garder des concubines dans leur maison ! voilà comment vous sauriez garder vos membres dans la sainteté ! Vous vous rappelez, mes frères, qu'un jour David vint trouver le grand prêtre Achimelech ; David ayant faim, lui dit : Donnez-moi quelque nourriture. Le grand prêtre répondit : Je n'ai point sous la main de pains profanes, mais seulement des pains de proposition ; dites-moi, ô David ! si vos serviteurs n'ont point eu de commerce avec les femmes. Ils s'en sont abstenus hier et le jour précédent, dit le roi. Alors le grand prêtre lui donna les pains de proposition. Si donc le grand prêtre demanda à David si ses serviteurs étaient purs avant de recevoir les pains de proposition, que devons-nous faire, nous misérables prêtres, avant de recevoir le corps de Notre-Seigneur ? Les prêtres païens eux-mêmes, mes chers frères, avant d'offrir de l'encens à leurs divinités, doivent s'abstenir autant que possible de toute souillure. Étant déjà évêque d'Hippone, je pénétrai dans l'Ethiopie, avec quelques serviteurs de Jésus-Christ, pour annoncer à ces peuples le saint Evangile du Sauveur. Nous avons vu là un grand nombre d'hommes et de femmes sans tête, mais ayant dans la poitrine

---

in castitate nosmetipsos exhibere debemus? Hæc est illa virtus, quæ nos Deo commendat, quæ nos angelos facit, quæ nos super æthera volando conducit. Hæc est illa virtus, sine qua quis est factus omnium reus. Hæc est illa virtus, sine qua vasa Domini ferre non possumus. Hæc est illa sancta virtus, quam adstringere nos docet Apostolus : « Fornicatio et omnis immunditia non nominetur in vobis, » (*Ephes.*, v, 3) ne mens vestra colloquiis malis possit corrumpi. Ideo Fratres attendite, quod non solum a vobis removenda est fornicatio, sed etiam omnis suspicio falsa. Non decet clericum cum mulieribus sedere, vel fabulari, vel domum ejus frequentare ; ne suspicio mala inde progrediatur. O quam vilis, o quam miser et pusillanimis reputatur clericus, qui frequenter cum mulieribus conversatur ! Insipiens valde est, et inexpertus, qui amicitias mulierum procurat. Et ideo vos qui estis lux mundi, et civitas in monte situata, sic famam vestram custodire debetis, ut non erubescant de detractoribus laudatores. Attendite etiam, Fratres, attendite quod dicit Apostolus : « Fornicatio et immunditia. » Fornicatio enim est naturalis mulierum concubitus, sed illicitus. Fornicatio est, cum meretricibus agere. Mulier sive adultera, sive concubina, meretrix vocatur. Fornicatio enim ideo clericis interdicitur, quia cum simus ministri Domini, membra meretricis non efficiamur. O quam turpe est, clericum a meretrice duci captivum. Qui enim adhæret meretrici, unum corpus efficitur. Et ideo scire debemus, quod malum est fornicari. Nam si conjugium sacerdotibus prohibetur, quanto magis crimen fornicationis in nobis æstimabitur ? Ecce enim, Fratres, laicis conjugatis ad tempus abstinere præcipitur, ut vacent orationi ; et sacerdotes quos corpus Domini consecrare omni die oportet, concubinas in domo tenere non erubescunt. Ecce quomodo vasa vestra possidere in sanctificatione sciatis. Scitis enim, Fratres, quod die quadam David venit ad Achimelech sacerdotem, et ait David esuriens : Da mihi aliquid cibi. Et respondit : Non habeo panes laicales ad manus, sed tantum panem sanctum, et ideo dic mihi o David, sunt mundi pueri tui a mulieribus ? et ait : Sunt ab heri et nudiustertius. Et sic dedit sacerdos eis santificatum panem. Si ergo interrogavit sacerdos, utrum servi David mundi erant propter panes propositionis accipiendos ; quid facere nos debemus miseri sacerdotes propter corpus Domini accipiendum ? O Fratres mei, sic et sacerdotes Paganorum dum offerre debent diis suis incensa, ab omni malo ut possunt abstinent. (1) Ecce ego jam Episcopus Hipponensis eram, et cum quibusdam servis Christi ad Æthio-

---

(1) Hic observat Lupus, Augustinum profectum nunquam fuisse in Mauritaniam paganam, sed tantum in Christianam ; non prædicationis gratia, sed ad componenda quædam negotia a Zozymo legatum. Hunc vero apostolatum manifestissimam imposturam esse, ut indicat epist. nunc CLXXIX, n. 46, eo certius quod a sene conscripta sit.

des yeux immenses, et nous ressemblant pour le reste des membres (1). Au milieu d'eux, nous avons trouvé des prêtres mariés; néanmoins, ils étaient d'une si grande retenue que, bien que chaque prêtre eût son épouse, cependant ils ne voulaient pas la toucher, si ce n'est une fois par an, et en ce jour ils s'abstenaient de tout sacrifice. Dans l'Ethiopie inférieure, nous avons trouvé d'autres hommes qui n'avaient qu'un œil au milieu du front; leurs prêtres fuyaient toute conversation avec les hommes, ils s'abstenaient de toute volupté charnelle, et la semaine dans laquelle ils devaient offrir l'encens à leurs divinités ils se privaient de toute nourriture charnelle, ne prenant rien qu'un vase d'eau chaque jour; et, contents de la sorte, ils offraient dignement leurs sacrifices à leurs idoles. Qu'elle est grande la misère des chrétiens! Les païens sont devenus les docteurs des fidèles; des pécheurs et des femmes de mauvaise vie précéderont les fidèles dans le royaume des cieux. Qu'il n'en soit pas ainsi, mes frères, non qu'il n'en soit pas ainsi; n'aimons pas le Seigneur seulement de bouche, mais par nos œuvres et réellement. Si nous vivons dans la justice, la sobriété et la chasteté, nous serons alors les vrais ministres de ce Dieu auquel soit bénédiction dans les siècles des siècles. Ainsi soit-il.

SERMON XXXVIII. — *Grandes louanges données à l'Ecriture sainte, avec exhortation à en aimer la lecture.*
— Il est écrit, mes frères bien-aimés, que Moïse plaça dans le tabernacle un bassin d'airain dans lequel devaient se purifier Aaron et ses enfants lorsqu'ils entreraient dans le Saint des saints. Mais faites bien attention que, sous la loi antique, tout ce qui se faisait dans le temple de Dieu désignait à l'avance une chose future qui était cachée en figure dans notre Eglise, suivant cette parole de l'Apôtre : « Tout ce qui est écrit, est écrit pour notre instruction. » (*Rom.*, xv, 4.) Les saints Pères n'eussent pas pris tant de soins de recommander à notre souvenir tant et de si excellents écrits, si ce n'est afin que, lisant les Actes de ces saints personnages, nous puissions nous édifier par leurs exemples. Lisez donc, mes frères, l'Ecriture sainte; lisez-la pour ne pas devenir aveugles et conducteurs d'aveugles. Lisez la sainte Ecriture où vous trouverez abondamment ce que vous devez faire et ce que vous devez éviter. Lisez-la, car on la trouve plus douce que le miel, plus agréable que le pain, plus réjouissante que le vin. Dévorez-la, et vous comprendrez comment le Dieu des Dieux est l'étendue à cause de son éternité, la largeur par sa charité, la hauteur par sa majesté, et comme il est la profondeur à cause de l'immensité de sa sagesse. Sondez l'Ecriture sainte, et vous verrez comment ce Dieu des Dieux, né de la Vierge Marie et fait homme, nous aime comme charité, nous connaît comme vérité, comment il siège comme justice, comment il nous gouverne étant la majesté. Lisez la sainte Ecriture, et vous saurez comment ce Jésus de Nazareth dirige étant le principe, comment il soutient étant le

---

(1) Voir les notes latines au sujet de cette fable et des suivantes.

---

piam perrexi, ut eis sanctum Christi Evangelium prædicarem, et (1) vidimus ibi multos (2) homines ac mulieres capita non habentes, sed oculos grossos fixos in pectore, cætera membra æqualia nobis habentes : inter quos sacerdotes eorum vidimus uxoratos; tantæ tamen abstinentiæ erant, quod licet uxores sacerdotes omnes haberent, nunquam tamen nisi semel in anno eas tangere volebant, qua die ab omni sacrificio abstinebant. Vidimus et in inferioribus partibus Æthiopiæ homines unum oculum tantum in fronte habentes, quorum sacerdotes a conversationibus hominum fugiebant, ab omni libidine carnis se abstinebant, et in septimana in qua diis suis thura offerre debebant, ab omni labe carnis abstinebant se : nihil sumebant nisi metretam aquæ per diem; et sic contenti manentes digne sacrificium diis suis offerebant. O grandis Christianorum miseria : Ecce (3) Pagani doctores fidelium facti sunt, et peccatores et meretrices præcesserunt fideles in regno Dei. Non ergo sic, Fratres, non sic, Dominum non tantum diligamus ore, sed opere et veritate. Tunc veri ejus ministri erimus, si sobrie, si juste, si caste vixerimus : qui est benedictus in sæcula. Amen.

SERMO XXXVIII. — (*a*) *De sacræ Scripturæ ingentibus præconiis cum exhortatione ad diligentem ipsius lectionem.* — Scriptum est, Fratres carissimi, quod Moyses posuit in tabernaculo labrum æneum, in quo lavarentur Aaron et filii ejus, cum ingrederentur Sancta sanctorum. (*Exod.*, XL, 28.) Ideo, attendite, quia quidquid sub lege antiqua io templo Dei efficiebatur, aliquid futurum præsignabat, quod in Ecclesia nostra sub figura tegebatur, sicut ait Apostolus : « Quæcumque scripta sunt, ad nostram doctrinam scripta sunt, » (*Rom.*, xv, 4.) Non enim sancti patres curassent tot et tanta scripta memoriæ commendare, nisi ut alios legentes, alios per exempla ædificarent. Legite ergo, Fratres mei, Scripturam sacram, legite eam, ne cæci sitis et duces cæcorum. Legite sacram Scripturam, in qua quid tenendum, quid fugiendum, plene invenietis. Legite eam, quia omni melle dulcior, omni pane suavior, omni vino hilarior invenitur. Apprehendite eam, et invenietis quomodo Deus deorum sit longitudo propter æternitatem, quomodo sit latitudo propter caritatem, quomodo sit sublimitas propter majestatem, quomodo sit profundum propter sapientiæ (*b*) immensitatem. Quærite Scripturam sacram, et invenietis quomodo iste Deus deorum natus ex Maria virgine et homo factus, nos amat ut caritas, quomodo novit ut veritas, quomodo (*c*) sedet ut æquitas, quomodo dominatur ut majestas. Legite Scripturam sacram, et invenietis quomodo Nazarenus ille Jesus regit ut principium, quomodo tuetur ut salus, quomodo operatur ut

---

(1) « Ecce, *inquit Lupus*, August., lib. XVI *de Civit. Dei*, c. VIII, in senectute a se scripto, talia hominum monstra dicit a se visa, non in Æthiopia, sed in opere musivo Carthagin. Neque dicit ea esse; sed «ferunt esse,» sed «Gentium narrat historia, » solita utique mendaciis scatere. » — (2) « Nota verba *Homines, ac mulieres*. Ex iis quippe non male quis colligat auctorem istum fuisse Gallum aut Valonem : hi namque viros vocant homines» Lupus. — (3) Ex libris *de Civit. Dei*, e contra patet, quam Augustinus persuasum habuerit, gentilem ritum totum. in immunditiis versari.

(*a*) Ms. *de sacra Scriptura legenda.* — (*b*) Mss. *profunditatem.* — (*c*) Alias, *cædit.*

salut, comment il opère étant la force, comment il éclaire étant la lumière, comment il secourt étant la miséricorde. C'est pourquoi, mes frères, tant que nous serons dans cette vie faible et misérable, ayons soin d'apprendre cette sagesse et d'y appliquer toute la force de notre intelligence. Que faut-il penser d'un homme sans lettres? qu'est-il? n'est-il point un vil animal ou un bouc? n'est-il pas un bœuf ou un âne, un cheval ou un mulet auquel l'intelligence fait défaut? Allons donc, mes frères, vous qui êtes appelés pasteurs de brebis raisonnables, hâtez-vous de vous nourrir, non point des sophismes des païens, ni des vers des poètes, ni des viandes creuses des philosophes, dont rendront compte et les docteurs et les auditeurs; nourrissez-vous, au contraire, de cette si douce sagesse des sagesses, qui s'appelle l'héritage de Dieu et la chère possession de ses enfants. C'est cette doctrine, la plus aimable de toutes, que les prophètes ont annoncée, dont les patriarches se sont divinement enivrés, que le Fils de Dieu, après qu'il eut paru sur la terre et qu'il eut vécu parmi les hommes, a éclaircie et manifestée, montrant de la manière la plus claire ce que nous avions à faire ou à éviter, et qu'il nous a révélée en nous l'enseignant par ses apôtres. C'est elle qui nous enseigne à aimer les choses du ciel et à mépriser celles de la terre. C'est cette mère des fidèles qui, chaque jour, nous enseigne comment nous croyons en Dieu le Père tout-puissant, comment nous le verrons venir, dans sa majesté, et distribuer la récompense aux bons et le châtiment aux méchants. Elle est la lumière de nos pieds, et la voie de notre salut; elle nous enseigne comment nous devons d'abord aimer Dieu par-dessus tout, puis notre âme ensuite, comme étant ce que nous avons de plus cher, et ensuite l'âme de notre prochain; enfin, comment il nous faut aimer notre corps, et après le corps de notre prochain comme le nôtre même. Tel est, en effet, le moyen parfait d'aimer Dieu, nous-mêmes et notre prochain. C'est là cette sagesse divine, qui est sortie de la bouche du Très-Haut; cachée aux philosophes, aux sophistes, aux astrologues, aux curieux et aux raisonneurs, elle fut révélée à des pêcheurs grossiers et ignorants. Et encore aujourd'hui, n'est-elle pas révélée seulement aux petits? Elle est l'inspiratrice et la maîtresse de toutes les sagesses et de toutes les sciences; c'est elle qui nous apprend à distinguer ceux qui à l'extérieur sont caressants, et hypocrites au dedans. Elle est la science des sciences, le viatique des anges, la nourriture des archanges, la gloire des apôtres, la confiance des patriarches, l'espoir des prophètes, la couronne des martyrs, la force des vierges, la réfection des moines, le repas des évêques, la provision des prêtres, le principe dirigeant des enfants, la doctrine des veuves, la beauté des époux, la résurrection des morts et la protection sans fin des vivants. C'est par elle que nous sommes ornés de la foi, affermis par l'espérance et fortifiés par la charité. Celui qui aura trouvé ce trésor trouvera la vie, et puisera le salut que donne le Seigneur. Elle est ce bassin énorme que Moïse plaça dans le tabernacle, et où devaient se purifier Aaron et ses enfants pénétrant dans le Saint des saints. Mais, direz-vous, que devons-nous comprendre par Aaron, le grand prêtre? Je vous réponds, mes frères : Aaron désigne à notre intelligence le grand-prêtre, et ses enfants désignent les autres prêtres d'un rang inférieur. Par

virtus, quomodo revelatur ut lux, quomodo assistit, ut pietas. Et ideo, Fratres mei, quamdiu in hac infirma et vana vita fuerimus, hanc sapientiam discere et sapere tota mente curemus. Quid enim homo sine litteris reputatur? Quid enim est? Numquid non pecus vel hædus? Numquid non bos vel asinus? Numquid non equus vel mulus, quibus non est intellectus? Eia igitur, Fratres, qui pastores rationalium ovium nuncupamini, festinate rapere non sophismata Paganorum, non carmina poetarum, non fallacias philosophorum, de quibus doctores et auditores redditurl sunt rationem; sed illam dulcissimam sapientiam sapientiarum, quæ hæreditas Dei, et filiorum ejus cara possessio nuncupatur. Hæc est illa doctrina super omnia diligenda, quam Prophetæ prædixerunt, quam Patriarchæ divinitus hauserunt, quam Dei Filius, post quam in terris visus et cum hominibus conversatus est, aperuit et declaravit, et quid tenendum et quid vitandum apertissime demonstravit, et per suos Apostolos nos ipsam docendo illuminavit. Hæc est quæ nos docet amare cœlestia, et terrena despicere. Hæc est mater fidelium, quæ quotidie docet nos quomodo credamus Deum esse omnipotentem, quomodo ipsum videbimus in sede majestatis venientem, quomodo bonis bona et malis mala tribuentem videbimus. Hæc est lucerna pedum nostrorum, et via salutis nostræ, in qua instruimur quomodo primo Deum super omnia diligamus, quomodo animam nostram postmodum sicut quid propinquius, quomodo postmodum animam proximi, quomodo postmodum corpus proprium, quomodo postmodum corpus proximi velut nostrum diligamus. Iste est enim perfectus modus, Deum, nos et proximum diligendi. Hæc est illa sacra sapientia, quæ ex ore Altissimi prodiit, philosophis, sophisticis, astrologis, curiosis ac dialecticis abscondita, sed grossis et rudibus piscatoribus revelata. Numquid non et hodie etiam solum parvulis revelatur? Hæc est omnium sapientiarum et doctrinarum magistra et domina, quæ etiam nos docet, exterius blandos, et interius fraudulentos cognoscere. Hæc est scientia scientiarum, Angelorum ferculum, Archangelorum pulmentum, Apostolorum gloria, Patriarcharum fiducia, Prophetarum spes, Martyrum corona, virginum fortitudo, monachorum refectio, episcoporum vacatio, sacerdotum cellarium, puerorum principium, viduarum doctrina, conjugatorum pulchritudo, mortuorum resurrectio, viventium sempiterna protectio. Hæc est per quam fide ornamur, spe confirmamur, et caritate roboramur. Hæc est quam qui invenerit, inveniet vitam, et hauriet salutem a Domino. Hæc est labrum pelvis quam Moyses posuit in tabernaculo, in quo lavarentur Aaron et filii ejus, cum ingrederentur Sancta sanctorum. Sed dices : Quid per magnum sacerdotem Aaron intelligere debemus? Dico enim vobis, Fratres, quod per Aaron summum sacerdotem intelligere debemus, et per filios ejus alios sacerdotes minores : per labrum æneum legem Domini intelligo, in qua omnes tam ma-

le bassin d'airain, je comprends la loi du Seigneur à laquelle tous les prêtres, grands et petits, doivent s'appliquer pour la lire, l'enseigner et l'observer. Par la pureté du corps, il faut comprendre la componction, qui doit nous purifier intérieurement, afin de nous rendre dignes, par cette purification, de pénétrer dans le Saint des saints, c'est-à-dire dans le secret de Dieu et de ses Ecritures. Faites donc attention, mes frères, et réfléchissez que nous avons tout prêt un vase dans lequel il nous faut laver la souillure de notre âme, et préparer ce qui doit la purifier. Voici, en effet, que la loi sainte, que l'Ecriture sans tache a été mise à notre disposition, afin de pouvoir nous orner de vertus. Mais, malheur à nous! nous devrions être un exemple de bonne vie, et nous sommes des exemples d'erreur ! D'où vient cela, sinon de ce que nous sommes aveugles, de ce que nous ignorons la loi, dont la lecture et la méditation sont pour nous un sujet d'ennui ; et cependant chaque jour nous montons en chaire, et nous travaillons au salut des âmes. Quoi d'étonnant si le prêtre tombe? quoi d'étonnant s'il ne relève pas ceux qui tombent ? quoi d'étonnant s'il n'est plus qu'un conducteur d'aveugles ? Il a foulé aux pieds la loi du Seigneur, il l'a méprisée comme on méprise un cadavre. Qu'a-t-il aimé à la place? de quoi a-t-il eu soin? qu'a-t-il désiré avec affection? Son désir a été de garder avec précaution une épouse ou une concubine, d'avoir dans son écurie des chevaux comme un soldat, de nourrir des chiens pour la chasse et d'élever des vautours; et cependant, semblable au cheval et au mulet qui sont dépourvus d'intelligence, il veut être honoré dans les festins, il veut que les hommes l'appellent Rabbi. Voilà comment tombe le prêtre, voilà comment il vit. Mais, si celui qui paraissait être la colonne du temple tombe lui-même, combien mieux devra périr le peuple ? Si Dieu a trouvé des taches jusque dans ses anges, il en trouvera encore davantage dans ceux qui habitent des maisons de boue, et qui n'ont que la terre pour fondement. Connaissez donc la loi, ô prêtres, pour ne pas outrager les sourds. Vous les outragez quand, par ignorance, vous ne savez pas donner un conseil. Vous mettez devant l'aveugle une pierre d'achoppement quand vous lui enseignez l'erreur à la place de la vérité. Ainsi désormais, mes frères, ne vous laissez plus aller à la paresse, mais lisez l'Ecriture. Apprenez-la, mes bien chers enfants; lisez-la fréquemment, elle est plus onctueuse que l'huile, plus magnifique que l'or, plus pure que l'argent. C'est elle qui nous rappelle le mieux à Dieu et nous le fait aimer, qui illumine nos cœurs, purifie notre langue, éprouve notre conscience, sanctifie notre âme, affermit notre foi, repousse le démon, fait mépriser le péché, réchauffe les âmes engourdies, enseigne la lumière de la science, chasse les ténèbres de l'ignorance, enlève la tristesse que donne le monde, réchauffe la joie de l'Esprit saint et étanche la soif de ceux qui sont altérés. Cette sainte Ecriture, c'est notre loi sans tache qui, d'insensés, fait des sages, qui met au premier rang les derniers, de petits nous rend grands, d'êtres sans gloire fait des êtres nobles. Elle refrène la nature, contient la légèreté, adoucit la douleur, donne l'espérance, couronne le vieillard, instruit le jeune homme, tempère ceux qui sont pleins de dédain, reprend ceux qui s'égarent, guérit les malades, fortifie les faibles, rend sensés les hommes inintelligents, donne de l'aplomb à l'esprit, anime les somnolents, excite les paresseux, exhorte les indolents, donne la grâce à ceux qui

gni sacerdotes quam parvi studere debent et legendo et docendo et opere adimplendo : per munditiam corporis, compunctionem intelligamus, qua mundari debemus, ut ad Sancta sanctorum, id est, ad secreta Dei et scripturarum penetranda per purificationem digni inveniamur. Et ideo, Fratres mei, attendite et considerate quod vas paratum habemus in quo oportet mentis fœditatem abluere, et munditiam mentis in eo præparare. Ecce enim lex sancta et Scriptura immaculata parata est, ut virtutibus decoremur. Sed væ nobis, qui debemus esse exemplum correctionis, et ecce sumus exemplum erroris. Unde hoc, nisi quia cæci sumus, et idiotæ ignorantes legem, et cam legere fastidimus ; et tamen cathedram tenere, et animarum curam gerere quotidie procuramus ? Quid ergo mirum, si cadit sacerdos ? Quid mirum, si non sublevat delinquentes ? Quid mirum, si dux cæcorum est ? Ecce legem Domini conculcavit, despexit eam ut mortem. Sed quid dilexit, quid procuravit, quid toto affectu concupivit ? Uxorem vel concubinam caute tenere, equos velut miles in stabulo possidere, canes pro venatione nutrire, accipitres custodire : et tamen velut equus et mulus quibus non est intellectus, cupit honorari in cœnis, et ab hominibus vocari Rabbi. Ecce quomodo cadit sacerdos, ecce quomodo vivit. Sed et si cadit qui sibi columna videbatur in templo, quanto magis populus peribit ? Si Deus in angelis suis reperit pravitatem, quanto magis in his qui habitant domos luteas, et qui terrenum habent fundamentum ? Discite ergo legem sacerdotes, ne surdo maledicatis. Tunc surdo maledicitis, quando consilium propter ignorantiam dare nescitis. Tunc cæco offendiculum ponitis, quando falsa pro veris ostenditis. Itaque, Fratres, nolite jam pigrescere, sed legite Scripturam. Discite eam, filioli, sæpe eam legite ; quia lenior oleo, sublimior auro, argento purior. Hæc est quæ præcipue in Deum provocat, et Deum diligere invitat, corda illuminat, linguam purificat, conscientiam probat, animam sanctificat, fidem confirmat, diabolum rejicit, peccatum spernit, animas frigidas calefacit, lumen scientiæ ostendit, tenebras ignorantiæ expellit, tristitiam sæculi exstinguit, lætitiam Spiritus sancti accendit, sitienti potum tribuit. Hæc est Scriptura sancta lex nostra immaculata, quæ de insipientibus sapientes facit, primos de novissimis ponit, magnos de minimis efficit, nobiles de ignobilibus commutat, naturam frenat, prohibet levitatem, temperat dolorem, confert spem, coronat senem, docet juvenem, mitigat dedignantes, instruit errantes, sanat ægrotos, roborat infirmos, brutos facit sensatos, mentis stabilitatem donat, excitat somnolentes, otiosos increpat, pigros incitat, credentibus gratiam dat, reges humiliat, humiles exaltat, rectas vias indicat, eleemosy-

croient, humilie les rois, exalte les humbles, indique la voie droite et commande l'aumône. Elle est la science des sciences; c'est elle qui donne la sagesse, exalte la gloire, multiplie les honneurs et enseigne l'humilité, la charité, la douceur, l'obéissance et la mansuétude. Elle est la bonne intelligence pour tous ceux qui font bien et aiment Dieu. C'est elle qui conserve l'abstinence, la chasteté, la générosité et la pauvreté volontaires. Enfin elle donne à tous la vraie doctrine, le bonheur, la paix suave, la joie, la stabilité du cœur, la sobriété du corps, la componction de l'esprit, la vraie humilité; elle nous remplit de la charité fraternelle, et allume en nous la crainte du Seigneur. C'est pourquoi, mes frères, celui qui aime cette sagesse, et accomplit la loi avec amour, sera appelé le plus grand dans le royaume des cieux; il possèdera une grande autorité dans l'Eglise, et recevra au dernier jour de magnifiques et nombreuses récompenses. Ainsi soit-il.

SERMON XXXIX. — *Sur la vie solitaire et contemplative.* — Que la paix soit avec vous, mes frères, et que la charité, unie à la foi, ne défaille point en vous. Que la paix soit avec vous, mes frères, parce que vous avez été choisis, avant l'origine du monde, pour être dans cette vaste solitude avec Elie, Paul, Hilarion, Antoine et Jean, saints et sans tache, en présence de Dieu. Que la paix soit avec vous, car vous n'êtes pas la race délaissée, mais la race choisie; vous n'êtes point le sacerdoce vénal, mais royal; vous n'êtes point la nation obstinée, mais sainte; ni le peuple de perdition, mais d'acquisition. Paix à vous, qui n'aimez point la conversation des hommes, mais celle des anges dans les bois et les forêts. Que la paix soit avec vous, avec la vraie charité des apôtres, comme n'ayant rien et possédant tout. Que la paix soit avec vous, mes frères et mes fils bien-aimés, vous que chaque jour j'engendre dans le Christ, dans des entrailles de charité. Possédez, dis-je, cette paix du Christ, qui surpasse tout sentiment; qu'elle garde, comme je le souhaite, nos cœurs et nos intelligences. Que la paix soit avec vous, mes frères, vous qui avez répudié le siècle, méprisé le monde, qui, jusqu'à présent, n'avez point recherché les louanges mondaines, et avez fui les rires des hommes, afin de pouvoir vous mêler aux saintes phalanges et aux conversations angéliques. Que la paix soit avec vous, vous que j'ai choisis pour mes fils et mes frères, afin de vous avoir pour compagnons et associés de mes tentations. Voulant vivre de cette vie, suivant la règle des apôtres, vous ne m'avez point choisi, c'est moi qui vous ai choisis. Je vous ai séparés de ce siècle méchant, et vous ai amenés dans ces endroits solitaires, dans ces cavernes et ces cellules, afin que vous y demeuriez, comme les apôtres eux-mêmes, contents de la plus chétive nourriture. Restons-y donc, mes frères, combattant chaque jour nos combats contre l'antique serpent. Demeurons courageux dans cette guerre, réprimant et ceignant nos reins, et tenant allumés les flambeaux de la charité, de la justice, de la paix et de la tranquillité. Vous ne m'avez point choisi pour ces œuvres, c'est moi qui vous ai choisis, et vous ai établis dans cette vigne de pénitence; quiconque voudra la ravager sera mordu par le noir et infernal serpent. C'est cette vigne fertile que j'ai plantée à la trente-troisième année de ma vie, semblable en cela au serviteur de Dieu, Noé, et nous désirons de tous nos vœux, sous la conduite de Dieu, la voir ornée des exemples et de la doctrine des saints, et ainsi ornée la garder avec une si grande

---

nam imperat. Hæc est scientia scientiarum, quæ sapientiam dat, gloriam exaltat, honorem multiplicat, humilitatem, caritatem, lenitatem, obedientiam et mansuetudinem docet, et intellectus bonus est omnibus bene facientibus et diligentibus Deum. Hæc est quæ abstinentiam, castitatem, largitatem et voluntariam paupertatem conservat. Postremo doctrinam omnibus, felicitatem, suavitatem, gaudia, stabilitatem cordis, sobrietatem corporis, compunctionem mentis, veram humilitatem donat, caritatem fraternam implet, et timorem Domini accendit. Quamobrem, Fratres mei, qui hanc sapientiam diligit, et diligenter legem implet, maximus vocabitur in regno cœlorum, et principatum Ecclesiæ possidebit, et præmia et munera copiosa recipiet in die novissimo. Amen.

SERMO XXXIX. — *De vita solitaria et contemplativa.* — Pax vobis, Fratres, et caritas cum fide vobis non deficiat. Pax vobis, Fratres, quoniam electi estis ante mundi constitutionem in hac vasta solitudine, ut sitis cum Elia, Paulo, Hilarione, Antonio et Joanne sancti et immaculati in conspectu Dei. Pax vobis, quoniam non estis genus abjectum, sed electum; non venale, sed regale sacerdotium; non gens obstinata, sed sancta: non populus perditionis, sed acquisitionis. Pax vobis, qui non conversationem hominum, sed Angelorum in silvis ac nemoribus adamatis. Pax vobis, et vera Apostolorum caritas, tanquam nihil habentes, et omnia possidentes. Pax vobis, Fratres mei et filii mei dilectissimi, quos quotidie in Christo parturio in visceribus caritatis. Pax vobis illa, inquam, Christi, quæ exsuperat omnem sensum, custodiat, ut optamus, corda nostra et intelligentias nostras. Pax vobis, Fratres, qui sæculum calcastis, mundum despexistis, non laudem mundi usque nunc adamastis, risum hominum fugistis, ut sanctis agminibus et angelicis colloquiis vacare possitis. Pax vobis, quos in filios et fratres elegi, ut consortes et participes vos habeam in tentationibus meis. Ad hanc autem vitam juxta Apostolicam formam vivere volentes non me elegistis, sed ego elegi vos. Segregavi vos a sæculo isto maligno, et eduxi vos per singula eremi loca, per speluncas et cellas, ut velut Apostoli ipsi modico contenti pabulo demoretis. Stemus ergo hic, Fratres, in bello pugnantes quotidie cum antiquo serpente. Stemus fortes in bello, restringentes et præcingentes lumbos nostros, tenentesque lucernas ardentes caritatis, justitiæ, pacis et tranquillitatis. Ad hæc enim non me elegistis, sed ego elegi vos, et posui vos in vineam pœnitentiæ, quam quicumque dissipare præsumpserit, mordebit eum teterrimus inferni coluber. Hæc est vinea illa fertilis, quam plantavi anno ætatis meæ tricesimo tertio, velut servus Dei Noe, quam cupimus tota mente, Deo duce, sanctis exemplis et sanctorum documentis ornare, et ornatam taliter custodire, ut a nemine transeuntium possit vindemiari, nec aper de silva possit

vigilance qu'aucun des passants ne puisse la vendanger, que le sanglier de la forêt ne puisse la ravager, et que les étrangers ne puissent lui dérober ses travaux et ses fruits. C'est cette vigne que j'ai plantée comme un bon père de famille, et que j'ai entourée des haies de la pauvreté, de la charité, de l'obéissance et de la chasteté, ainsi que je l'ai appris du très-cher Simplicien ; vigne pour laquelle, sortant de grand matin, à l'exemple du père de famille, je vous ai loués en qualité d'ouvriers, afin que vous produisiez du fruit, cinquante, soixante ou cent pour un, suivant l'abondance de la gloire de Notre-Seigneur Jésus-Christ. Vous êtes cet institut religieux sans tache, dont la renommée de sainteté se répand dans tout l'univers, dont la vie céleste est admirée de tout le monde et dont la conduite est jugée plus angélique qu'humaine, non-seulement par les chrétiens, mais encore par les Juifs et les païens. Elle est ce paradis délicieux que Dieu planta à l'origine, dans lequel, par les mérites de ma mère, il plaça l'homme, par un don tout gratuit, pour y élaborer la vertu de patience, l'érudition de la doctrine, la chasteté du corps, l'assiduité de la prière, la confession des fautes et l'abondance des larmes. Elle est ce paradis d'où coulent les fleuves de la sagesse et de la vérité, de la continence et de la chasteté, dans lequel Dieu se délecte comme de toute espèce de richesses. Elle est cette règle apostolique, de la bonne direction et de l'équité, qui prit naissance au temps de la prédication des apôtres, lesquels n'avaient qu'un cœur et qu'une âme dans le Seigneur, qui n'appelaient comme leur bien rien de ce qui leur appartenait, mais pour qui tout était commun et était distribué à chacun, suivant que le besoin s'en faisait sentir. N'est-ce pas ainsi, mes frères, que nous avons promis tous de vivre jusqu'à la mort ? Elle est cette institution apostolique, séparée du siècle par sa pureté de cœur et de corps, qui frappa les chefs de Moab, tua les satrapes et les tyrans de Jérusalem, et blessa à mort les hypocrites des Egyptiens. Elle est cette vigne du serviteur de Dieu, Noé, placée au milieu du paradis, rachetée et arrosée par le sang de Jésus-Christ, que les princes des Sarabaïtes et les pasteurs des hérétiques, semblables à des sangliers échappés de la forêt, voulurent détruire au temps des moines et des solitaires illustres, Paul et Antoine. Ils voulurent brûler la haie, renverser l'enceinte de pierre, ravager les fruits, détruire les ceps et les fleurs, semer et remplir de zizanie cette riche campagne de vertus, mais elle était protégée par la vertu de Dieu, et leurs desseins sinistres ne réussirent point. C'est pour cette vigne, mes frères, que je vous ai loués ; je vous ai pris pour mes ouvriers, afin que, travaillant jusqu'à la fin, vous receviez en son temps la récompense convenable. Ce n'est point vous qui m'avez choisi pour cet office, mes frères, comme je l'ai dit plus haut ; c'est moi, au contraire, qui vous ai choisis. Hélas ! un an après, je devins évêque, mais je ne vous ai pas abandonnés pour cela. Forcé d'habiter au milieu du monde, je fondai un monastère de prêtres et de clercs ; je me retirai dans le palais épiscopal, afin de vivre avec eux en communauté comme auparavant j'avais vécu avec vous. « Ce n'est pas vous qui m'avez choisi ; c'est moi, au contraire, qui vous ai choisis. » (*Jean*, xv, 16.) Vous savez, mes frères, à qui il faut attribuer cette parole dans son vrai sens. Notre-Seigneur l'a prononcée, et elle fut dite aux disciples du Seigneur. Mais ce n'est pas seulement à eux, c'est

eam exterminare, nec alieni possint diripere labores ejus et fructus. Hæc est illa vinea, quam plantavi velut paterfamilias, quam sepe paupertatis, caritatis, obedientiæ et castitatis, ut a Simpliciano carissimo viro didici, circumdedi : ad quam velut paterfamilias exiens primo mane, vos conduxi in operarios, ut afferatis fructum quinquagesimum, sexagesimum et centesimum, secundum abundantiam gloriæ Domini Christi. Hæc est illa religio immaculata, cujus sanctitas per totum orbem terrarum divulgatur, quorum conversatio a cunctis miratur, quorum vita non solum a Christianis, sed a Judæis et Paganis potius angelica quam humana reputatur. Hæc est illa amœnissima paradisus, quam Deus a principio plantaverat, in qua posuit per gratiam et donum meritis matris meæ hominem, ut operaretur virtutem patientiæ, eruditionem doctrinæ, corporis castitatem, assiduitatem precum, confessionem delictorum, abundantiam lacrymarum. Hæc est illa paradisus, de qua exeunt flumina sapientiæ et veritatis, continentiæ et castitatis, in qua Deus delectatur sicut in omnibus divitiis. Hæc est illa norma Apostolica, virga directionis et æquitatis, quæ tempore Apostolicæ prædicationis sumpsit exordium, quorum anima una et cor unum erat in Domino, nec quidquam eorum quæ possidebant aliquid suum esse dicebant, sed omnia erant communia, et distribuebantur singulis prout cuique opus erat. Numquid non et nos, Fratres mei, sic usque ad mortem vivere promisimus ? Hæc est ergo religio Apostolica, et a mundo corde et corpore segregata, quæ percutit duces Moab interfecit satrapas et tyrannos Jerusalem, et Ægyptiorum hypocritas vulneravit ad mortem. Hæc est vinea servi Dei Noe, in medio paradisi situata, Christi sanguine redempta et irrigata, quam Sarabaitarum principes, hæreticorum pastores velut aper de silva tempore illorum magnorum monachorum et eremitarum, Pauli videlicet et Antonii, destruere quæsierunt : cujus sepem comburere, cujus gyrum lapideum supplantare, cujus fructus, vites et flores incidere, cujus planiciem virtutum zizania seminare et replere quæsierunt, sed Dei virtute circumdata minime potuerunt. Ad hanc autem vineam, Fratres mei, vos conduxi, et operarios vos feci meos, ut laborantes usque ad finem, dignum fructum recipiatis in tempore suo, ad quem non me elegistis, ut supra diximus, Fratres, sed ego elegi vos : sed post annum factus sum episcopus, non tamen vos relinquens. Sed compulsus inter gentes habitare, monasterium presbyterorum et clericorum ordinavi, intravi domum episcopi, ut communiter cum eis viverem, sicut et vobiscum antea vixeramus. Non igitur me elegistis, sed ego elegi vos. (*Joan.*, xv, 16.) A quo, Fratres mei, maxime hoc dictum sit scitis : a Domino dictum est, et discipulis Domini dictum est : verumtamen non tantum illis, sed etiam nobis dictum est, quos voca-

à nous aussi qu'elle a été dite, nous qu'il a appelés à partager leur sollicitude et leur gloire. Comme il a daigné nous appeler par sa grâce et nous faire participants de son exhortation, il en est de même pour vous. Qu'il est difficile celui qui ne veut jouir que du beau côté de sa charge, et qui s'exempte à dessein du côté administratif et rebutant; c'est se priver justement de l'honneur, que de rechercher l'honneur sans la charge. A vous donc, qui êtes seulement pasteurs de vos âmes, s'adresse le bon Pasteur qui, le troisième jour, comme vous le savez, donna son âme pour ses brebis, en disant : Ce n'est point vous qui m'avez choisi; c'est moi, au contraire, qui l'ai fait. Il vous exhorte non-seulement à ne pas déserter votre solitude, mais à croître de vertus en vertus portant du fruit, afin que votre fruit demeure. Portons, mes frères, notre attention sur ces quatre choses : la dignité, le devoir, le souci et la persévérance. Notre-Seigneur dit : « Je vous ai choisis, » voilà notre dignité; « pour aller, » voilà notre office; et « produire du fruit, » c'est notre souci; et « afin que votre fruit demeure, » c'est la persévérance. Notre dignité consiste donc dans l'élection, notre devoir dans la fatigue, notre souci à rapporter du fruit, enfin notre persévérance à conserver notre fruit. C'est une grande chose d'être choisi par Celui qui ne se trompe pas quand il choisit ; c'est une plus grande chose d'être choisi pour faire l'œuvre de Dieu ; mais la plus grande de toutes, c'est d'être choisi à l'avance entre les élus eux-mêmes. Voici encore le sens de ces paroles : Ce n'est point vous qui m'avez choisi; c'est moi, au contraire, qui ai eu pour vous toute espèce de choix. Il y a trois genres de choix : l'élection, la sous-élection, enfin l'élection de choix. *L'élection* a lieu quand, de la multitude des choses bonnes ou mauvaises, on choisit ce qui est bon, comme d'un pressoir l'on fait couler l'huile. La *seconde élection*, quand, du bien qui est choisi, on fait choix de ce qui est meilleur. Enfin, quand du meilleur on sépare ce qui est excellent, on a alors l'*élection de choix*. C'est dans cet ordre qu'Aaron et ses enfants furent choisis pour remplir les fonctions du sacerdoce devant le Seigneur. D'abord, le Seigneur de toutes les nations qui sont sous le firmament, choisit Israël pour en faire son peuple particulier. Parmi les Israélites, il choisit en second lieu les enfants de Lévi, ceux-ci devaient désormais, en qualité de ministres spirituels, accomplir jusqu'à la fin dans le tabernacle du Seigneur les cérémonies de son culte. Mais parmi eux, Dieu choisit encore pour ses prêtres, les enfants d'Aaron; ils avaient pour mission d'apaiser par leurs prières et leurs sacrifices l'indignation du Seigneur contre son peuple. Il est hors de doute que c'est la manière dont nous avons été choisis, lorsque nous fûmes purifiés par l'onde sacrée du baptême. Notre seconde élection a eu lieu quand nous fûmes admis au partage des saints, en entrant dans l'ordre de la cléricature. Mais nous fûmes l'objet d'une élection toute spéciale, quand nous avons été élevés à l'état de religieux solitaires et établis pour le gouvernement de sa famille, dispensateurs de ses ministères. C'est une grande chose, mes frères, d'avoir été choisis; c'en est une plus grande d'avoir été l'objet d'un second choix, mais le plus grand honneur est d'avoir été choisis entre tous. Vraiment le Seigneur nous a choisis, et nous a choisis spécialement pour être son héritage. Car à l'élévation de nos mains les rois inclinent la tête, ils offrent des présents, ils nous appellent leurs pères, et ils attendent de nous que nous ressemblions à Elie et à Paul l'ermite, et que nous soyons leurs intercesseurs auprès de Dieu. Malheur cependant aux habitants du désert, si, au

---

vit in partem sollicitudinis et gloriæ eorum. Sicut dignatus est vocare per gratiam, et participes nos fecit exhortationis; sic et vos. Delicatus est enim qui vult uti parte, et administrationem partis dissimulat ex rata : merito se privat honore, qui honorem affectat sine onere. Vobis ergo qui pastores estis tantum animarum vestrarum, loquitur pastor bonus, qui tertia die, ut audistis, animam suam posuit pro ovibus suis dicens : « Non me elegistis, sed ego elegi vos : » non istam tantum desertam habitationem deserendo, sed de virtute in virtutem procedendo fructum afferentes, ut fructus vester maneat. In his quatuor, Fratres mei, attendere debemus, scilicet dignitatem, officium, cautelam et constantiam : dignitatem, quia dicit : « Elegi vos; » officium, « ut eatis; » cautelam, « ut fructum afferatis; » constantiam, quia « fructus vester maneat. » Est ergo dignitas in electione, officium in fatigatione, cautela in fructificatione, et constantia etiam in fructificatione. Magnum est enim, quod elegit nos qui non fallitur dum elegit ; majus est, quod Dei est opus ad quod elegit : sed maximum, quod inter electos prælegit. Est enim sensus talis : Non vos me elegistis, sed ego modo modo eligendi elegi vos. Sunt enim tres modi eligendi, electio, subelectio, et prælectio. Electio est, quando de multitudine bonorum et malorum eligitur bonum, sicut de torculari oleum separatur. Subelectio est, quando de bonis electis eliguntur meliores. Postea quando de melioribus optimi eliguntur, prælectio est. In hunc ordinem electus est Aaron et filii ejus, ut sacerdotio fungerentur coram Domino. Primo enim Dominus ex omni natione quæ sub cœlo erat, Israel elegit in populum peculiarem sibi. De his autem subelegit filios Levi, qui tanquam ministri spirituales in tabernaculo Domini ritu perpetuo deservirent. De quibus etiam prælegit filios Aaron in sacerdotes, qui precibus et oblationibus suis indignationem Domini in populum placarent. Ad hunc sane modum elegit nos, cum per aquam baptismatis lavit nos. Subelegit cum in sortem sanctorum vocavit nos, et in ordinem clericatus. Sed cum in statum eremitarum promovit nos et in dispensatione familiæ suæ dispensatores suorum ministeriorum, prælegit nos. Magnum est enim, Fratres, quod elegit nos : majus est, quod subelegit : sed maximum, quod prælegit. Vere ergo elegit nos et prælegit nos Dominus in hæreditatem sibi. Nam ad elevationem manuum nostrarum, regum capita inclinantur, munera offerunt etiam patres nos profitentur, exspectantes nos esse cum Elia et Paulo eremita, et intercessores apud Deum. Væ tamen in eremo habitantibus, si inter malos pisces foras in die

dernier jour, ils sont jetés dehors avec les mauvais poissons ! Malheur aux pasteurs des brebis, s'ils doivent être rangés parmi les boucs. Que nous est-il recommandé ensuite, mes frères? écoutez : « Je vous ai établis pour aller. » Les hommes peuvent occuper quatre positions : être couchés, être assis, être debout et marcher. Tout homme, en effet, n'importe où il soit, est ou couché, ou assis, ou debout, ou bien il marche. Mais ces quatre situations diffèrent entre elles de cette manière. Quand un homme est couché, toutes les parties de son corps se reposent, mais lorsqu'il est assis, les parties inférieures se reposent, puisqu'elles sont assises ; les parties supérieures fatiguent. Quand il se tient debout, l'homme tout entier fatigue, car en général sa fatigue provient de son poids. Mais quand il marche, à cette fatigue s'ajoute un grand épuisement qui provient du mouvement. De cette manière, mes frères, les hommes occupent dans l'Eglise de Dieu quatre degrés ou états. Parmi les fidèles, les uns sont bons, d'autres sont mauvais. Ne nous occupons point, mes frères, du nombre des mauvais ; il s'est multiplié au delà des grains de sable de la mer. Pour les bons, on peut les ranger par ordre et même les distinguer. Sans nul doute, parmi les bons, les uns sont actifs, d'autres contemplatifs, et certains sont supérieurs aux uns et aux autres. Et ainsi on distingue une espèce de méchants et trois espèces de bons. En tout il y a donc quatre sortes de fidèles. Les mauvais qui sont couchés, sont ceux qui dans le monde ne font rien ; cette espèce de gens met son espoir et sa confiance dans la grandeur de ses richesses, leur ventre est leur divinité ; étendus mollement sur leur lit, ils s'adressent à leur âme et lui disent souvent : O mon âme, vous avez de grands biens d'amassés, mangez et buvez, opprimez les pauvres, méprisez vos voisins, ne voulez point d'enfants, arrondissez-vous, déployez vos ailes, montez jusqu'aux astres, qu'il n'y ait aucune prairie où votre volupté ne se vautre, et répétez-vous bien : C'est garder une citadelle que de se préserver de tout mal. O mes frères, de tels gens sont couchés tout étendus, dorment la nuit, vivent dans l'ivresse. Mais voici la mort qui les saisit au milieu de leur nonchalance et de leur sommeil, et aussitôt ils s'évanouissent comme une flamme légère. Et pourtant chaque jour l'Apôtre leur criait en disant : « Mes frères, sachez que l'heure vient de nous réveiller de notre sommeil. » (Rom., XIII, 11.) Parmi les bons, il y a les bons époux ; ce sont ceux qui font un bon usage de ce qui est permis. Mais ceux-ci sont partagés, parce que d'une part, ils servent Dieu, et de l'autre le monde. C'est d'eux que l'Apôtre parle en disant : Ils honorent Dieu de leur substance, étant appliqués aux œuvres de miséricorde; cependant, ils s'inquiètent outre mesure au sujet de leurs épouses, de leurs possessions, de leurs frères, de leurs enfants et de leurs proches, et parce qu'ils sont pris en partie par les charmes du monde, on dit qu'ils sont assis, car ils fatiguent dans les parties supérieures, et se reposent dans les inférieures. Il y a d'autres hommes qui sont contemplatifs et dont, nous l'avons dit plus haut, toute la vie est au ciel ; vous êtes de ce nombre par la grâce de Dieu, je le crois et j'en suis sûr. De tels gens mettent tout leur espoir en Dieu, leurs désirs continuels sont de souffrir des opprobres, la faim, la nudité, les persécutions par amour pour Jésus-Christ; pour eux, vivre c'est mourir, et mourir est un gain. Ils s'é-

---

novissimo projicientur. Væ pastoribus ovium, si inter hædos numerandi sunt. Quid ulterius, Fratres, dicatur, audite. « Posui vos ut eatis : » nam quatuor sunt hominum positiones, accubitus, sessio, statio, et ambulatio. Omnis enim homo sic est in loco positus, quod aut jacet, aut sedet, aut stat, aut ambulat. Hæc autem tantum se differunt in hunc modum. Nam cum homo jacet, omnes partes corporis quiescunt. Cum vero sedet, inferiores partes corporis quiescunt, quia sedere videntur, sed superiores laborant. Cum autem stat, totus laborat homo erigens se, quia generaliter pondere suo laborat. Cum vero ambulat, additur labori gravis ex motu fatigatio. Ad hunc modum, Fratres, quatuor sunt hominum gradus et status in Ecclesia Dei. Fidelium enim alii boni, alii mali. Numerum malorum, Fratres, non distinguimus, quoniam multiplicatus est super numerum arenæ maris. Boni vero sicut ordinem recipiunt, sic etiam et distinctionem. Sane bonorum aliqui sunt activi, aliqui contemplativi, aliqui utrisque prælati. Et sic unum malorum genus, et tria bonorum genera. Quatuor enim sunt fidelium genera. Mali autem sunt jacentes, qui in mundo quiescunt : tales totam spem et fiduciam ponunt in numero divitiarum, quorum Deus venter est. Tales in lecto jacentes loquuntur animæ suæ, et sæpe dicunt : O anima mea, habes multa bona reposita, epulare et bibe, opprime pauperes, despice vicinos, renue natos, dilata te, extende alas, ascendite super sidera, non sit pratum quod luxuria tua non pertranseat, dic animæ tuæ : (1) Castrum servat qui se ipsum ab omni malo præservat. O Fratres, tales prostrati jacent, nocte dormiunt, ebrii sunt, et ecce mox eos jacentes et dormientes aggreditur mors, et sicut favilla statim deficiunt. Talibus autem quotidie clamabat Apostolus : dum dicebat : « Fratres scientes quia hora est jam nos de somno surgere. » (Rom., XIII, 11.) Inter bonos sunt boni conjugati, qui bene utuntur licitis, sed tales divisi sunt, quia partim serviunt Deo, et partim mundo. De quibus ait Apostolus : Honorant Deum de substantia sua operibus misericordiæ intenti (I Cor., 7); tamen solliciti sunt ultra modum de uxore, possessionibus, fratribus, filiis et cognatis. Et quia isti partim delectantur in mundo, ideo sedere dicuutur, quia in superioribus laborant et in intimis quiescunt. Sunt et alii contemplativi, quorum, ut diximus supra, conversatio in cœlis est : de quorum numero vos esse Dei gratia credo, et certus sum. Tales spem omnem in Deo ponunt, opprobria, famem, nuditatem, pressuras amore Christi sustinere semper desiderant, quibus vivere mori est, et mori lucrum, clamantes cum Apostolo dicentes : « Quis me liberabit de corpore mortis hujus? » (Rom., VII, 24.) Tales sunt velut milites, et cœlorum cives. Isti laborant su-

---

(1) V. Bernard., Ser. II, de Assumpt., n. 2.

SERMONS ADRESSÉS AUX FRÈRES DU DÉSERT, ETC.

crient avec l'Apôtre en disant: « Qui me délivrera de ce corps de mort? » (*Rom.*, VII, 24.) Ils sont comme les soldats et les citoyens du ciel. Ceux-ci travaillent sur la terre, et chaque jour les anges viennent les fortifier. Il y en a d'autres qui marchent. Il incombe à ces derniers de marcher, et de marcher non-seulement comme nous de vertus en vertus, mais plus que nous parmi toutes les autres espèces d'hommes, il leur faut courir et examiner ce qui se passe. Ce sont les pasteurs et les prélats; leur devoir est tantôt d'exhorter, tantôt de reprendre, ici de menacer, là de consoler, ailleurs d'instruire, en d'autres temps de prêcher, de lire ou de prier; à certains il faut sourire, avec d'autres pleurer, il faut applaudir ceux-ci, éviter ceux-là, visiter les uns en esprit et par lettres, et pour d'autres les réjouir de notre présence. Telle doit être la vie des prélats en leur qualité de pasteurs, ils marchent comme Jésus, leur Maître, qui, marchant le long de la mer de Galilée, appela ses apôtres et leur dit : Allez partout l'univers, prêchez l'Evangile à toute créature raisonnable. Tels doivent être tous les pasteurs des Eglises, auxquels Jésus-Christ a dit : Marchez, parce qu'il est périlleux pour les pasteurs et les médecins des âmes d'être seulement debout. Marchez donc, car il est funeste de s'asseoir, il vous est mortel de rester couchés. Marchez, excitez les nonchalants et dites : Sortez de votre sommeil, depuis trop longtemps vous dormez; criez, pasteurs et prédicateurs de la vérité, et élevez votre voix, afin que, par toute la terre, soit entendu le son de votre correction, de vos réprimandes, de votre charité et de votre sainteté. Est-ce que notre Maître voulant ressusciter le mort de quatre jours, n'a pas crié à haute voix? Veillez donc, excitez ceux qui dorment, et employez envers eux les menaces pour inspirer la crainte. Passez ensuite à ceux qui sont assis, exhortez-les à tendre vers ce qui est mieux et dites: Sur les bords des fleuves de Babylone soyez assis et pleurez au souvenir de Sion, tendez la main au pauvre, pour que votre droite ne soit pas livrée à l'oubli. C'est en vain que nos mains sont tendues vers Dieu, si, selon notre pouvoir, nous ne les tendons pas aux pauvres. Si celui qui est assis, manifeste le désir de se lever, offrez-lui votre bras en disant : Levez-vous, vous qui fûtes si longtemps assis, qui avez mangé le pain de la douleur. Mais à ceux qui sont debout, montrez-leur que c'est à eux qu'il fut dit : « Vous serez assis sur douze trônes pour juger les douze tribus d'Israël. » (*Matth.*, XIX, 28.) Pour ceux-là, il est nécessaire de les consoler, car ils fatiguent beaucoup. Parlez-leur de la sorte : Bienheureux les pauvres d'esprit, parce que le royaume des cieux vous appartient. Bienheureux vous qui pleurez, parce que vous serez dans la joie. Bienheureux vous qui êtes en ce moment affamés, parce que vous serez rassasiés. Bienheureux vous qui évitez les hommes, parce que vous aurez les anges pour société. Vous êtes bien heureux d'être solitaires, parce que vous deviendrez citoyens des cieux. Conduisez-vous donc courageusement, mes frères, que votre cœur se fortifie dans le bien et attendez le Seigneur, car il viendra et ne tardera pas. Encore un peu de temps et vous verrez le rémunérateur de ces combats dans lesquels vous avez supporté les privations et les chagrins. Le royaume des cieux, en effet, souffre violence, et ceux qui se feront violence le posséderont. C'est là le travail de notre charge. Ce monde, mes frères, est souvent comparé à la mer

per terram, et quotidie ab Angelis sustentantur. Sunt et alii qui ambulant. Istis ambulare incumbit, non tantum ut et nos de virtute in virtutem, sed plus quam nos inter diversa hominum genera ambulare, discurrere, et examinare quid agatur. Isti sunt pastores et prælati, quibus incumbit nunc exhortari, nunc increpare, nunc minari, nunc consolari, nunc docere, nunc prædicare, nunc legere, nunc orare, quibusdam ridere, quibusdam flere, quibusdam applaudere, quosdam fugere, quosdam mente et litteris visitare, quosdam præsentia intueri. Tales sunt prælati nostri ut pastores, ambulantes velut magister Jesus, qui ambulans juxta mare Galilææ vocavit discipulos, et ait illis : Ite in orbem universum, prædicate Evangelium omni creaturæ rationali. (*Marc.*, XVI, 15.) Tales sunt omnes Ecclesiarum pastores, quibus a Christo dicitur : Ite, quia periculosum est tantum stare pastoribus et medicis animarum. Ite ergo, quia perniciosum est sedere, et peremptorium est jacere. Ite, excitate jacentes, et dicite : Jam de somno surgite, quia diu dormistis. Clamate, pastores et prædicatores veritatis, et exaltate vocem vestram, ut in omnem terram audiatur sonus vestræ correctionis, increpationis, caritatis et sanctitatis vestræ. Numquid non Magister quatriduanum mortuum volens resuscitare, voce magna clamavit? Vigilate ergo, et excitate dormientes, et minas cum terroribus eis adhibete, Deinde ad sedentes transite, et exhortantes eos ut ad meliora proficiant, dicite : Super flumina Babylonis sedete et flete, dum recordamini Sion : porrigite manum pauperi, ne oblivioni detur dextera vestra. Frustra enim manus tendit ad Deum, qui pro posse suo manus ad pauperes non extendit. Si vero qui sedet, aliquando stare voluerit, apponite manum, et dicite : Surge postquam sederis, qui manducasti panem doloris. Stantibus autem dicite quod promissum est : « Sedebitis vos super sedes duodecim, judicantes duodecim tribus Israel. » (*Matth.*, X, 28.) Istis autem necessaria est consolatio, quia multum laborant. Dicendum ergo eis est : Beati pauperes spiritu, quoniam vestrum est regnum cœlorum. Beati qui nunc fletis, quia ridebitis. Beati qui nunc famescitis, quia saturabimini. Beati qui homines fugitis quia Angelis sociabimini. Beati solitarii, quia cœlorum cives efficiemini. Viriliter ergo agite, Fratres mei, et confortetur cor vestrum, et exspectate Dominum ; quia veniet, et non tardabit. Modicum erit, et videbitis remuneratorem militiæ vestræ, pro qua penurias et anxietates sustinuistis. Regnum enim cœlorum vim patitur, et violenti multi possidebunt illud. Hic est enim labor officii nostri. (1) Iste enim mundus, Fratres mei, mari sæpe comparatur, per quod multiplex est transitus. Nam quidam transeunt vado, quidam navigio, quidam ponte, quidam

(1) V. Bernardum, Ser. XXXV, de diversis editionis novæ.

que l'on traverse de diverses manières; les uns la traversent à gué, d'autres en bateau, ceux-ci sur un pont, ceux-là submergés nagent dans les flots; ce sont là les quatre états que nous avons nommés. Ceux qui restent couchés représentent ceux qui sont engloutis, ils descendent au fond de la mer comme une pierre. Ceux qui sont mariés passent la mer comme dans un gué; quoiqu'au milieu des flots ils seront sauvés, purifiés par le feu. Les contemplatifs passent sur un pont l'onde salée, ils ont choisi un chemin qui offre plus de sécurité; le monde est mort pour eux. Ceux-ci méprisent le monde, traversent dans la faim, la soif, dans la nudité et le froid, dans des veilles nombreuses et des fatigues de tout genre, cette vaste mer à pied sec, comme nous l'avons appris par notre expérience et éprouvé par notre foi éclairée. Vous êtes, ô mes frères, ceux qui m'êtes restés fidèles dans mes tribulations; nous traversons la vaste mer comme sur un pont. C'est à nous vraiment qu'il incombe de venir au secours des autres, afin qu'ils ne descendent pas comme une pierre au fond de l'abîme. Vous tous, venez donc à leur secours par vos prières, tous jeûnez, traversant cette mer si étendue, car tous sont en danger, tant ceux qui naviguent que ceux qui sont engloutis; ceux même qui passent la mer à gué courent aussi des périls. N'en courons-nous point, nous aussi, qui la passons sur un pont? Est-ce que le pont ne s'écroule pas aussi quelquefois? Il faut donc prier avec soin, mes frères, pour ne point tomber avec le pont. Car si nous étions précipités de cet endroit, ce dont Dieu nous préserve, notre perte serait plus prompte, puisque nous tomberions d'un point plus élevé. De notre pont, tendons donc la main à ceux que les flots engloutissent de peur qu'ils ne périssent, et travaillons aussi pour que le puits de l'enfer ne s'ouvre pas, et ne referme pas sur nous sa geule béante. Arrivons maintenant, mes frères, à la prudence, écoutez, soyez attentifs et voyez avec quelle précaution vous devez marcher. Il faut marcher avec précaution afin de produire du fruit. Notre-Seigneur rappelle trois espèces de fruits dans l'Évangile, le trente pour un, le soixante et le cent. Le cent est celui des vierges, le trente celui des sujets, le soixante celui des prélats, leur fruit doit être double. Il ne suffit pas, en effet, au prélat de se conserver pur et juste, mais il convient qu'il fasse, autant qu'il est en lui, jeter une vive lumière aux bons par sa vie et ses exemples. C'est pour signifier cette obligation que nous a été donnée la tunique traînante, afin que, faisant le bien et tenant allumé le flambeau des bonnes œuvres, nous persévérions jusqu'au jour de notre vocation, en sorte que l'on ne puisse nous dire: « Cet homme a commencé de bâtir, et il n'a pu achever. » (*Luc*, XIV, 30.) Nos chanoines et nos prêtres doivent bien savoir, en effet, que plus ils l'emportent sur les autres par la dignité, plus aussi sera grande la difficulté dans le compte à rendre, car les degrés qu'ils ont montés sont autant de liens dont ils sont entourés. Qui est pris d'autant de liens que le prêtre, est-ce le bœuf ou l'âne, le voleur ou le lion enchaîné? O prêtre, lorsque tu revêts tes ornements, d'abord tu te serres avec les liens de l'amict dont tu couvres ton cou, ensuite tu mets l'aube et tu entoures tes reins d'une ceinture ou d'un cordon, comme s'il t'était dit: Serre ton cou, en posant une garde à ta bouche; serre le lien d'une boisson fortement tempérée, afin que ton cœur ne médite pas le mal, étreins tes reins, crucifie ta chair par l'abstinence du manger et du boire, autant que ta santé le permet.

submersi natant in fluctu. Isti sunt illi quatuor status quos nominavimus. Jacentes enim submerguntur, et descendunt in profundum quasi lapis. Conjugati vado mare transeunt, et mediis fluctibus isti salvabuntur igne purgati. Contemplativi aquam maris ponte transeunt, securiorem viam eligentes, quibus mundus mortuus est. Isti sunt mundum despicientes, quia sicco pede et vestigio mare magnum, ut experientia didicimus et oculata fide probavimus, transeunt in fame et siti, nuditate et frigore, in vigiliis multis et in laboribus plurimis. Vos autem, Fratres mei, estis qui mecum permansistis in tentationibus meis, et mare magnum ponte transimus. Nobis vere incumbit cæteris subvenire, ne descendant in profundum quasi lapis. Subvenite vos omnes orationibus vestris, omnes jejunate, hoc mare magnum transeuntes, quia omnes in periculo positi sunt, tam navigantes quam submergentes et tam vado mare hoc transeuntes in periculo sunt. Numquid etiam et nos qui per pontem transimus? Numquid non et pons aliquando cadit? Orandum est omnino, Fratres, ne de ponte cadamus. Nam si de ponte caderemus, quod Deus avertat, citius moreremur; quia de loco sublimiori caderemus. Porrigamus ergo manus de ponte ad submergentes, ne moriantur: et laboremus ne etiam puteus inferni aperiatur, et claudat super nos os suum. Nunc vero, Fratres, de cautela audiamus, et audientes advertatis, et videatis quomodo caute ambuletis. Caute autem ambulandum est, ut fructum afferatis. Tres enim fructus Dominus memorat in Evangelio, trigesimum, sexagesimum, et centesimum. Centesimus est virginum, trigesimus subditorum, sexagesimus prælatorum, id est fructus duplicatus. Non enim prælato sufficit, se ipsum immaculatum servare: sed expedit, ut bonos, quantum in se est, faciat vita et exemplo relucere. Ad hoc enim significandum data est nobis tunica talaris, ut bene facientes et lucernas bonorum operum tenentes, perseveremus usque in diem vocationis nostræ, ne dicatur nobis: « Hoc homo cœpit ædificare, et non potuit consummare. » (*Luc.*, XIV, 30.) Advertere namque debent canonici nostri et presbyteri, quod quanto præ aliis major dignitas in honore, tanto major in reddenda ratione difficultas: quia quod graduum culmen ascendunt, tot rationum vinculis erunt alligati. Quis enim tot vinculis alligatur, quot sacerdos, bos vel asinus, latro vel leo captus? O sacerdos, cum te ipsum induis, primo amictu faucibus circumdatis ligaris, albam postmodum ponis, subcinctorio vel cingulo renes astringis, ac si tibi dicatur: Astringe fauces ponendo custodiam ori tuo, astringe funiculum admixti potus, nec cor tuum mala meditetur: stringe renes, crucifige carnem tuam abstinentia escæ et potus, quantum valetudo

Mettant ces avis à profit, mes frères, bien-aimés, vous vivrez, vous ferez le bien, et le bien viendra à vous. Mais priez celui sans lequel vous ne pouvez rien faire, afin que, comme il vous a choisis du milieu du monde et vous a conduits à cette vie qui fut celle même des apôtres, il vous donne un tel secours que vous soyez réunis autour de sa table, dans le royaume de son Père. Réfléchissez cependant, mes frères, que tant que nous vivons nous sommes exposés aux plus grands dangers. Aussi que personne ne se rassure sur le bien qu'il a déjà accompli, mais qu'il pense à cette parole de l'Apôtre : « Que celui qui croit être debout, prenne garde de tomber. » (I Cor., x, 12.) Est-ce que, mes frères, Lucifer n'est pas tombé, tout éblouissant de lumière ? N'en fut-il point de même de Pierre ? et parmi les disciples, lequel fut plus que Judas dans la familiarité de Jésus-Christ ? Et parce qu'il eut confiance en lui-même et qu'il ne persévéra pas dans le bien, il tomba, se rompit et mourut. Priez donc, mes frères, celui sans la volonté duquel une feuille d'arbre ne se meut pas ; qu'il vous gouverne et vous dirige dans cette solitude jusqu'à la fin, de telle sorte que vous alliez, que vous rendiez du fruit et que votre fruit demeure. Ainsi soit-il. Ne vous troublez pas, frères bien-aimés, si je vous engage à boire du vin et à manger du pain de froment avec des bettes assaisonnées de beurre. Nous croyons qu'aujourd'hui le Fils de l'homme est ressuscité d'entre les morts, aussi faut-il se réjouir et faire un petit festin, car notre frère était mort et il est revenu à la vie ; il était perdu il est retrouvé. Entourant la table, livrez-vous sans crainte à la gaieté de ce repas, car je suis Jacob votre père.

SERMON XL. — *Sur la discipline des clercs.* — Vous avez entendu pendant le repas, frères bien-aimés, comment le Seigneur ordonna à son serviteur Abraham de prendre son fils Isaac qu'il aimait plus que toute chose au monde, et de le lui offrir sur une montagne que le Seigneur lui avait montrée ; quelques-uns disent que cette montagne était celle du Calvaire où l'Homme-Dieu fut crucifié. Cette histoire qu'on vient de vous lire, bien comprise, sert d'abord à l'édification des enfants d'obéissance. C'est une parole fidèle, pleine de vie et d'efficacité, et plus pénétrante qu'un glaive à deux tranchants. Mais je veux vous dire aujourd'hui quelque chose sur la manière d'obéir et sur la puissance de l'obéissance. Car de même qu'il faut obéir volontiers avec joie, de même aussi il faut le faire promptement. L'obéissance doit avoir lieu sans retard ; car Dieu n'aime point l'obéissance lente, l'obéissance qui discute et qui, lorsqu'on lui commande, veut savoir pourquoi, comment et dans quel motif on lui commande. Aujourd'hui on nous propose un exemple excellent de cette obéissance. Abraham est notre père, car on l'appelle le vieillard fidèle et le premier modèle de foi ; regardons-le aussi comme le premier modèle et la forme de la véritable obéissance. Voici, mes frères, que Dieu lui propose d'immoler son fils. Mais quel fils ? Ecoutez, et vous qui entendez, soyez dans l'étonnement. C'est un fils bien-aimé, son fils premier né, le fils de la grande promesse, le fils qui devait lui donner une nombreuse postérité. Il avait été dit à Abraham dans son extrême vieillesse : « C'est d'Isaac que sortira la race qui doit porter votre nom, » (*Gen.*, XXI, 12) et en lui la postérité sera aussi nombreuse que les étoiles du ciel et que le sable de la mer. Abraham était en effet centenaire lorsqu'il engendra Isaac

---

permittit. Hæc, Fratres mei dilectissimi, facientes vivetis, et bene eritis, et bene vobis erit. Verumtamen orate illum sine quo nihil potestis facere, ut sicut elegit vos de mundo, et conduxit vos ad hanc singularem Apostolicam vitam et societatem ; sic vos juvet, ut edatis super mensam in domo Patris sui. Pensate tamen, Fratres mei, quod quamdiu vixerimus, in periculo grandi positi sumus. Ideo de bonis suis nemo confidat ; sed cogitet, sicut dicit Apostolus, quod cum quis existimat se stare, caveat ne cadat. Numquid, Fratres mei, non Lucifer sic decoratus cecidit ? Numquid non etiam Petrus ; aut qui inter discipulos Christo familiarior Judas ? Et quia de se confitendo, nec in bono perseverando permansit : cecidit, et crepuit, et mortuus est. Rogate igitur, Fratres, illum sine cujus voluntate folium arboris non movetur, ut usque in finem taliter vos in hac solitudine regat, et dirigat, ut eatis et fructum afferatis, et fructus vester maneat. Amen. Non turbemini, Fratres dilectissimi, si compello vos vinum bibere, et panem tritici cum betis butyro mixtis simul comedere. Nam hodierna die credimus Filium hominis resurrexisse a mortuis ; ideo gaudere et epulari oportet, quia frater noster mortuus fuerat et revixit ; perierat, et inventus est. Ad mensam ergo accedentes cum gaudio epulemini, quoniam ego sum Jacob pater vester.

SERMO XL. — *De observantia clericorum.* — Audistis in mensa, Fratres carissimi, qualiter Dominus præcepit servo suo Abrahæ, ut tolleret filium suum, quem super cuncta terrena diligebat Isaac, et offerret eum super unum montium quem monstraverat sibi Dominus, quem dicunt nonnulli illum esse montem Calvariæ, in quo crucifixus fuit ille Deus et homo. Series historiæ nuper simpliciter intellecta, primo ædificat obedientiæ filios. Fidelis enim sermo, vivus et efficax, et penetrabilior omni gladio ancipiti. Sed de modo et virtute obedientiæ aliquid vobis nunc dicendum est. Nam sicut obediendum est libenter, sic hilariter, sic et velociter. Obedientia enim sine mora esse debet. Non placet Deo morosa et disceptatrix obedientia : quæ quidem cum præcipitur, quærit cur, quare, quamobrem præcipiatur. Istius obedientiæ exquisitum nobis hodierna die exemplum proponitur. Abraham pater noster ; sic enim dicitur senex fidelis et prima credendi via. Sanctus igitur pater Abraham, et prima obedientiæ norma, et forma veræ obedientiæ apud omnes esse credatur. Ecce, Fratres, præcepit ei Deus filium immolare. Sed quem filium ? Audi, et obstupesce qui audis, filium dilectum, filium primogenitum, filium magnæ promissionis, filium magnæ generationis. Dictum enim fuerat Abrahæ, in extrema sua senectute : « In Isaac vocabitur tibi semen tuum, » (*Gen.*, XXI, 12) et in ipso erit semen tuum, sicut stellæ cœli, et sicut arena maris. Centenarius enim erat Abraham,

de Sara, sa véritable épouse, qui était stérile ; d'Agar la servante il eut Ismaël, le lanceur de flèches. Il avait reçu cet enfant promis miraculeusement, et après l'avoir obtenu d'une façon plus merveilleuse encore, il l'avait élevé religieusement. Cependant, malgré tous ces motifs, non-seulement Abraham ne discuta point, ne murmura et n'hésita point, non-seulement son visage ne fut point troublé, mais encore tout père qu'il était, il s'arma d'une pieuse cruauté à l'égard de son fils, afin d'obéir promptement. Ecoutez bien, ô vous enfants de l'obéissance, qui en avez fait le vœu et la profession. Allez, ô mon frère, et faites de même. Songez à vous en acquitter toujours avec fidélité, faites-le avec un visage gai, et vous vivrez ; et votre postérité sera bénie plus que la postérité d'Abraham. Mais ces paroles font résonner à nos oreilles, je ne sais quoi de plus grand et de plus doux, car bien qu'écrites longtemps avant nous, elles n'ont été dites que par allégorie. Détournons donc les feuilles de la vigne pour trouver le fruit spirituel qu'elles cachent, comme on cherche la noix sous son écorce, le grain sous la paille et le trésor dans le sein de la terre. Mais pour entrer dans l'esprit de la solennité de ce jour, dont le Christ est l'objet, considérons si, dans les choses qui ont été dites au temps d'Abraham, nous pouvons faire quelque application à moi Augustin, votre père. Essayons de dire quelque chose à ce sujet qui puisse servir à la gloire de Dieu et à notre mutuelle édification. D'après les Hébreux, Abraham dans trois époques de sa vie, porta trois noms différents. D'abord il fut appelé *Illam*, qui a le sens d'élevé, lorsqu'il était encore en Chaldée dans sa patrie et dans sa parenté, dans la maison de son père. Mais quittant la terre de Chanaan pour se rendre à l'appel de Dieu, il fut nommé Abram qui signifie *père élevé*. Enfin, à l'époque de sa circoncision il fut surnommé Abraham, c'est-à-dire, Père d'une multitude de nations. Portez à votre tour, mes frères, votre attention sur votre père. Tout d'abord, je fus appelé, philosophe distingué. J'étais alors le plus renommé entre tous les célèbres, et celui qui cultivait les arts libéraux avec le plus de bonheur. J'étais élevé, dis-je, par la hauteur de la science qui enfle et non de la charité qui édifie. Les grands parmi les Romains, m'appelaient aussi le Cèdre odoriférant, au feuillage luxuriant, mais je ne portais pas de fruits. Je surpassais en hauteur et en impiété tous mes contemporains. Je dépassais par mon élévation les cèdres du Liban. Mais voici que j'ai le bonheur de rencontrer une mère pleine de tendresse, la parole d'un saint évêque, la vie et les exemples de nos saints pères, Paul, Antoine et Simplicien et avec tout cela la voix du Seigneur qui brise les cèdres ; ainsi fut renversé ce cèdre du Liban, je devins une victime toute prête pour le sacrifice, afin de répandre la bonne odeur de la suavité ; c'est ainsi que je devins père élevé. Alors je me rendis en Afrique, amenant avec moi dix-neuf de mes frères, vivant ensemble dans une sainte maison et pleins d'ardeur de se séparer du monde. Notre vénérable père Valère voulant participer à nos bonnes œuvres et à nos prières, nous fit don de cet endroit solitaire où nous sommes maintenant, ce dont plusieurs des nôtres furent témoins. Quand ce monastère fut bâti, au nom de Jésus-Christ et de la sainte Trinité, je fus nommé pontife de l'Eglise d'Hippone, et ainsi je fus appelé le père très-haut d'une grande multitude. De même,

---

dum genuit Isaac de Sara sterili uxore propria, de Agar ancilla Hismaelem sagittarium. Mirabiliter promissum susceperat, mirabilius susceptum religiose educavit. Inter hæc tamen non contradixit Abraham, sed nec murmuravit, nec hæsitavit, nec faciem conturbavit : imo tanquam pater exsurgens pia crudelitate in filium se armavit, et mox obediret. Attendite vos filii obedientiæ, qui votum fecistis et professionem. Vade, o tu frater, et fac similiter. Hæc simper adimplere cogita, hoc semper facie læta fac, et vives, et erit semen tuum benedictum ultra semen Abrahæ. Verumtamen quid majus nescio murmurat, quid affectuosius susurrat vox ista in auribus nostris, licet hæc tempore tanto ante nos scripta sunt, quæ sunt per allegoriam dicta. Discutiamus ergo folia vineæ, ut fructum inveniamus spiritalis intelligentiæ, tanquam sub cortice nucleum, tanquam sub palea granum, tanquam sub terra thesaurum. Verum ut hodiernæ Christi solemnitati satisfaciamus, consideremus utrum ea quæ dicta sunt de tempore Abraham, inclinare possimus ad me Augustinum patrem vestrum. Tentemus super hoc aliquid dicere ad Dei laudem ; et ad nostram aliqualem ædificationem. Sed secundum Hebræos Abraham sub tribus temporibus tria sortitus est nomina. Primo dictus est (1) Illam, quod ibidem sonat quod excelsus, cum adhuc esset in Chaldæa, in terra et in cognatione sua in domo patris sui. Ascendens autem in terram Chanaan ad vocationem Dei, dictus est Abram, quod interpretatur, pater excelsus. Tandem (2) in circumcisionis suæ tempore tunc dictus est Abraham, hoc est, Pater multarum gentium. Attendite, Fratres, et vos in patrem vestrum. Nam primo vocatus sum excelsus philosophus. Eram enim inter omnes magnos nominatissimus, et liberalium artium sagacissimus indagator. Excelsus eram, celsitudine scientiæ quæ inflat, non caritatis quæ ædificat. Nam Cedrum odoriferum vocabant me Romani principes, foliis abundantem ; sed non habebam fructum. Excelsus eram et impius super omnes coætaneos meos, elatus et superexaltatus super cedros Libani. Et ecce accessit ad me mater pietate plena, prædicatio sancti viri Episcopi, vita et exempla sanctorum patrum Pauli et Antonii et Simpliciani, et cum his omnibus vox Domini confringentis cedros comminuit cedrum Libani, et hostia præparata ad victimam in odorem suavitatis, et sic factus sum pater excelsus. Deinde ad Africam veni, mecum ducens decem et novem ex fratribus meis simul viventes in palatio sancto, et cupientes separari a sæculo. Sanctus pater Valerius cupiens esse participes fructuum et orationum, locum istum secretum, in quo nunc sumus, nobis donavit, et multi nostrum viderunt. Sed loco isto ædificato, in Christi nomine et sanctæ Trinitatis pon-

---

(1) Gen. xi, 26, statim ab ipso ortu vocatur Abram. — (2) Imo ante circumcisionis præceptum, Gen., xvii, 5.

mes frères, qu'on appelle les pontifes les pasteurs du troupeau, on les appelle aussi les pères du peuple à cause de leurs soins, de leur sollicitude toute paternelle, et alors je devins comme un olivier fertile dans la maison du Seigneur. Les prélats sont comparés à l'olivier à cause de la triple propriété de l'huile. L'huile d'abord éclaire, elle nourrit, et ranime les membres fatigués. Les prélats également doivent éclairer par leur parole, nourrir par l'exemple, et ranimer par des secours temporels ceux qui sont dans le besoin. Pour moi, mes frères, je ne dis point que j'ai accompli tout cela. Cependant, je m'étudie à exposer la sainte Ecriture, a protéger la tour de David avec les boucliers les plus forts, à la faire connaître et à y mettre l'ordre, après l'avoir munie et manifestée. Que comprendre, en effet, par la tour de David, sinon l'assemblée des saints ? Et ainsi notre doctrine et son exposition s'étend de l'orient à l'occident, du nord au midi. Ce n'est point de moi cependant qu'elle procède, mais de la maison de Dieu ; je suis donc appelé, non-seulement le père des nations, mais une vigne abandonte établie sur les flancs de la maison de Dieu. Les flancs de cette maison sont ceux qui lisent et qui prient, et les époux de ceux qui lisent, qui prient et qui unissent. A vous qui êtes ceux qui lisent et qui prient, nous vous avons distribué abondamment la doctrine, en vous expliquant la discipline des apôtres. A ceux qui sont mariés, nous avons aussi fait boire la coupe de la vie. Quant à vous, je vous ai enivré du vin de la ferveur, de la charité et de la justice ; quand à eux, je leur ai enseigné la paix et la patience. Mais revenons à l'histoire exposée au commencement : elle nous insinue trois choses, la discipline régulière, le progrès et la fin. Le Seigneur nous dit : « Prenez votre fils ; » (*Gen.*, XXII, 2) c'est comme s'il nous disait : Toi qui est moine, prends ton fils Isaac dont le nom signifie joie, c'est-à-dire, prends ta propre volonté, cette volonté dans laquelle l'homme se réjouit et se complait quand elle est satisfaite. C'est la première victime que l'homme doit présenter à Dieu et offrir sur l'une des montagnes que Dieu nous a désignés. Le Seigneur nous en a fait connaître un grand nombre. Mais parmi toutes ces montagnes, nous distinguons le médiateur entre Dieu et les hommes, l'homme Dieu, Jésus-Christ ; car il est dit de lui : « Dans les derniers jours ce sera la montagne de la maison du Seigneur placée sur la hauteur des monts,» (*Isaïe*, II, 2) et ailleurs : « La montagne de Dieu est une montagne grande et fertile. » (*Ps.* LXVII, 16.) Or, de cette montagne descend la rosée et le parfum pour la barbe d'Aaron. Tous nous pouvons recevoir des parfums de la plénitude du Christ. Les apôtres eux-mêmes, mes frères, sont aussi appelés des montagnes, car ils sont les fondements de Jésus-Christ ; c'est-à-dire de l'Eglise, établis sur les montagnes saintes. Est-ce que les anges ne sont point appelés eux-mêmes de hautes montagnes ? Or, Jésus, la vraie montagne, assis sur le Thabor, adressa un sermon à ses disciples, leur énumérant les sept béatitudes de l'esprit. O mes frères, considérez attentivement combien la superfluité et l'abondance des biens de ce monde sont un grand obstacle pour notre saint institut et combien elles lui sont préjudiciables ; c'est ce que nous pouvons lire, bien mieux dans le livre de notre conscience, que l'expliquer dans nos discours ? Ne lisons-nous pas que le péché de Sodome fut l'abondance du pain et l'orgueil de la vie ?

tifex Hipponensis factus sum, et vocatus sum pater excelsus multorum. Pontifices enim, Fratres mei, sicut vocantur pastores gregis, ita et patres plebis pro cura et patria sollicitudine, et tunc factus sum sicut oliva fructifera in domo Dei. Præsules enim olivæ comparantur propter vim olei triplicem. Nam oleum primo illuminat, pascit, et fessa membra fovet. Sic et præsules illuminare debent verbo, pascere exemplo et fovere egentes temporali beneficio. Ego enim, Fratres, non dico me hoc facere ; studeo tamen sacram Scripturam exponere, turrim Davidicam clypeis fortissimis munire, munitam declarare, et declaratam ordinare. Nam quid per turrim Davidicam, nisi sanctorum Ecclesiam intelligo ? Et sic jam ab ortu et occasu, ab aquilone et austro viget nostra doctrina et expositio. Non tamen a me, sed de domo Dei procedit : et sic non solum pater gentium dicor, sed etiam vitis abundans in lateribus domus Dei. Cujus domus sunt latera legentes et orantes, et conjugati legentium et orantium et conjugantium. Nam vobis qui estis legentes et orantes, abundanter propinavimus doctrinam, quibus disciplinam Apostolicam tradidi. Conjugatis poculum vitæ etiam propinavimus. Vobis tamen propinavi vinum fervoris, caritatis et æquitatis ; illis vero pacem et patientium donavimus. Revertamur ergo ad historiam prætaxatam, quæ insinuat nobis tria, scilicet disciplinam regularem, progressum, et exitum. Dicitur enim nobis a Domino : « Tolle filium tuum : » (*Gen.*, XXII, 2) quasi dicat Dominus : Tu qui monachus es, tolle filium tuum Isaac, qui interpretatur Risus : hoc est, tuam propriam voluntatem tolle, in cujus executione homo ridet et delectatur. Et hæc est prima oblatio, quam homo debet Deo reddere et offerre super unum montium quem monstrat nobis Deus. Nam multa genera montium demonstrat nobis Dominus. Sed de quatuor nobis mediator Dei et hominum homo Christus Jesus mons dicitur, qui erit in novissimis diebus mons domus Domini in vertice montium. (*Isai.* II, 2.) Et iterum : Mons Dei mons pinguis et coagulatus. (*Psal.*, LXVII, 16.) Porro de hoc monte descendit ros et unguentum pro barba Aaron. Omnes enim de Christi plenitudine unguentum recipere possumus. Apostoli etiam, Fratres, dicuntur montes ; quia fundamenta ejus, scilicet Ecclesiæ, in montibus sanctis. Angeli numquid non et ipsi montes dicuntur excelsi ? Porro Jesus, qui mons dicitur, sedens in monte Thabor sermonem discipulis facit, enumerans septem beatitudines Spiritus. O Fratres, attendite quantum sit impedimentum, quam grave dispendium inferat sanctæ religioni superfluitas et abundantia rerum, quod longe magis legimus in libro nostræ conscientiæ, quam possumus explicare sermonibus. Numquid non Sodomitarum peccatum fuisse legitur abundantia panis et superbia vitæ ? Numquid non angeli videntes se abundare in pulchritudi-

Les anges ne tombèrent-ils pas parce qu'ils s'enorgueillirent de leur sagesse et considérèrent leur beauté? N'est-ce point presque pour le même motif que nos pères furent bannis du paradis? Quand le monde fut englouti et périt dans le déluge, n'est-ce point quand il fut dans l'abondance, et qu'il se servit de cette abondance pour méconnaître Dieu? Est-ce que les Egyptiens nageant dans l'abondance, n'attirèrent point sur eux la colère de Dieu, et ne furent-ils pas ensevelis sous les flots? N'est-ce point à cause de l'excessive richesse, que les idoles couvrirent la terre? N'est-ce point parce qu'Amalech se réjouissait de son opulence, qu'il fut transporté d'envie et périt sous la main de Saül? Au temps de David, n'est-ce point pour ce motif que plusieurs milliers d'hommes périrent? Saül devenu opulent ne devint-il pas orgueilleux et ne fût-il point rejeté? N'est-ce point ainsi que fut mis à mort Hérode, de la main d'un Ascalonite? N'est-ce point parce qu'Hérode le tétrarche comptait sur ses richesses pour apaiser son peuple qui regardait Jean comme un prophète saint et juste, qu'il lui fit cependant couper la tête. Pensez, mes frères, à ce qui est arrivé à Holopherne, à César, à Néron, à Valentin, à Constantin, à Dèce, à Julien? Que valut à César et à Néron leur abondance? A Assuérus son argent, à Antiochus sa pénitence fausse et hypocrite? Honorons donc le Christ pauvre dans cette vie, pour être riches dans l'autre; car l'orgueil et la volupté accompagnent les richesses. Aimons-donc, mes frères, la grande pauvreté du Christ et des apôtres, de peur que, dans notre saint institut, notre beauté ne perde de son éclat, et que les pierres de notre sanctuaire ne soient dispersées. Assurément, mes frères, par la comparaison avec les autres pauvretés, le mérite de notre pauvreté volontaire brille parmi nous d'un éclat plus frappant. Il y a cinq espèces de pauvreté. La première est la misère, la seconde la pauvreté de cupidité, la troisième la pauvreté de superfluité, la quatrième la pauvreté de tromperie, la cinquième la pauvreté volontaire. La première est celle du mendiant, la seconde celle de l'avare, la troisième celle du prodigue, la quatrième celle du sépulcre blanchi, la cinquième celle de l'homme qui se mortifie. La première est un fléau, la seconde un poison, la troisième un van, la quatrième une tente, la cinquième un édifice. La première est malheureuse car elle fait souffrir, la seconde infectée de poison, car elle tue, la troisième n'est que du vent car elle enfle, la quatrième est trompeuse, car elle dissimule, la cinquième glorieuse, puisqu'elle couronne. Quoi d'étonnant, si le chrétien ami de la sobriété recommande la sobriété de l'esprit, quand Epicure, le maître de la volupté, la recommanda en disant : Que la pauvreté serait heureuse, si elle était joyeuse! C'est à ce sujet, que l'homme dévoué à Dieu immole sa propre volonté, et c'est son intention principale en faisant profession d'obéissance. Viennent ensuite mes frères, ces paroles : « Abraham prépara son âne et prit avec lui deux jeunes serviteurs. » (*Gen.*, XXII, 3, etc.) Pour Isaac, il portait le bois de cèdre et Abraham le feu et le glaive. Etant arrivés à la montagne, Isaac se laisse lier et placer sur le bûcher, et apprenant par son père la volonté de Dieu, il n'ouvrit point la bouche. Lorsqu'Abraham étendait le bras, il entendit : « Ne mettez point la main sur votre enfant; » mais à la place d'Isaac, prenez ce bélier l'un des plus gras de tout votre troupeau, je vous l'ai préparé, il est dans les buissons. Creusons maintenant ces paroles, mes frères; par l'âne ne

---

ne sapientia superbientes ceciderunt? Numquid non et patres nostri quasi ratione eadem expulsi sunt de paradiso? Numquid non et mundus submersus fuit, quando abundantes, et in suis abundantiis Deum non cognoscentes perierunt? Numquid non Ægyptii abundantes iracundia pleni facti sunt et submersi? Numquid non propter abundantiam idola terræ facta sunt? Numquid non Amalech quia abundabat, id est, invidia plenus, desivit in manu Saul? Numquid non tempore David multa millia interfecti sunt? Numquid non Saul abundans superbus efficitur et ejicitur? Numquid non Herodes Ascalonita jugulatur? Numquid non Herodes tetrarcha sperans in sua abundantia populo satisfacere, qui credebat Joannem esse sanctum et justum, ipsum tamen decollavit? Cogitate, Fratres, quid receperit Holofernes, quid Cæsar, quid Nero, quid Valentinus, quid Constantinus, quid Decius, quid Julianus? Quid ergo valuit Cæsari, et Neroni abundantia? quid Assuero pecunia? quid Antiocho simulata et palliata pœnitentia? Colamus ergo Christum pauperem in præsenti, ut simus divites in futuro. Comes enim divitiarum superbia et luxuria est. Amemus ergo, o Fratres, summam Christi et Apostolorum paupertatem; ne in nostra sancta religione mutetur color optimus, et dispergantur lapides sanctuarii nostri. Sane enim, Fratres mei, ex collatione aliarum paupertatum commendatio paupertatis voluntariæ plenius inter nos relucet. Sunt enim quinque genera paupertatis. Prima est infelicitas, secunda est paupertas cupiditatis, tertia paupertas superfluitatis, quarta dolositatis, quinta paupertas voluntatis. Primam habet mendicus, secundam habet avarus, tertiam habet prodigus, quarta est paries dealbatus, quintam habet vir compeditus. Prima est flagellum, secunda est venenum, tertia est ventilabrum, quarta est umbraculum, quinta ædificium. Prima est misera, quia cruciat : secunda est venenosa, quia necat : tertia est ventosa, quia inflat : quarta dolosa, quia dissimulat : quinta gloriosa, quia coronat. Nec mirum, si Christianus amator sobrietatis, sobrietatem spiritus commendavit, cum Epicurus præceptor voluptatis eam commendaverit, dicens : Quam felix paupertas est, si læta est. Super hanc propriam voluntatem offert homo devotus, quod præcipue fit in professione obediendi. Sequitur, Fratres : « Stravit Abraham asinum, duos pueros secum ducens. » (*Gen.*, XXII, 3, etc.) Isaac vero ligna cedrina portabat, Abraham autem ignem et gladium. Venientes autem ad montem ligatur Isaac, super ligna ponitur, et scita a patre Dei voluntate, non aperuit os suum. Et extendens manum Abraham, audivit : « Ne extendas manum super puerum; » sed pro Isaac, tolle arietem unum de cunctis tuis melioribus, quem inter spinas tibi paravi. Attenda-

faut-il point entendre notre chair, notre chair qui comme l'âne doit être domptée avec la verge et les fardeaux? Notre chair, qu'il faut dompter, dans sa nourriture, puis avec la cendre, et avec les cilices, de peur, que prenant une graisse et un embonpoint excessifs et devenant trop épaisse, elle ne regimbe, comme l'âne qui voulut, semblable à un petit chien, jouer avec son maître. Les deux serviteurs, sont les cinq sens de l'homme. Ils ne sont que deux cependant, parce que, pour l'usage et l'exécution de leur volonté, il n'y en a que deux parmi les membres qui fassent ce service. Pour moi, je fais l'office d'Abraham au milieu de vous et au milieu de nos chanoines; pour que la chair ne s'emporte pas dans la luxure, et que la mort n'entre point par les fenêtres, je vous ai associés à deux serviteurs, c'est-à-dire à la pauvreté et à la prière, avec lesquelles vous pourrez amortir les cinq sens de votre corps. Avec elles nous oublierons nos maux passés, les mauvaises pensées ne monteront point dans notre cœur, l'affection pour nos proches ne nous dominera point. Car ce sont les vices qui chaque jour, criblent les solitaires comme du froment. Ce sont là ces soucis âcres qui ont rendu languissantes les saintes résolutions du religieux; au milieu d'eux, l'homme juste se dessèche et souffre cruellement; ils sont pour les moines comme ces mouches qui piquent et meurent en laissant leur dard, gâtant ainsi toute la suavité du parfum. Ils sont ces oiseaux qui mangent le froment que le semeur avait jeté dans l'âme. Pour vous, mes frères, lorsque ces pensées s'emparent de votre cœur, recourez à l'oraison et à de saintes occupations, pour que ces mouches d'une malignité de serpent ne vous dévorent pas. N'est-ce point la conduite tenue par notre père saint Antoine. Ayant reçu des lettres de ses amis qui vivaient encore dans le monde, aussitôt reçues il les jeta dans le feu en disant: Vous n'êtes que des papiers trompeurs, tout remplis de mensonges; je vous brûle, pour ne pas être brûlé par vous. Avançons, mes frères, Isaac est lié. Puissiez-vous dans cette solitude être liés si fortement que vous ignoriez les habitudes de la vie du monde, et que vous goûtiez les douceurs de notre sainte communauté. Puissiez-vous aimer la sobriété du sommeil, la tranquillité de l'esprit, la pureté du corps, l'austérité de la mort et une attente complète de votre salut. Isaac est délié et revient plein de joie vers sa mère, à Bersabée. Puissiez-vous, vous aussi revenir délivrés à votre mère, la Jérusalem céleste. Lorsque vous y serez parvenus, vous trouverez le siège du repos, le bonheur de la tranquillité et la clarté de la lumière.

Sermon XLI. — *De l'observance du jeûne du Carême.* — Lorsque vous jeûnez, parfumez-vous la tête et lavez-vous tout le visage, afin de ne pas faire paraître aux hommes que vous jeûnez. (*Matth.*, vi, 17.) Le devoir de celui qui jeûne consiste à se tenir sous le cilice et dans la cendre, à ne point se vêtir d'habits malpropres, à mortifier sa chair, à amaigrir son visage, à conserver sa pâleur, sans chercher à la faire disparaître, à ne point s'asseoir à des tables opulentes, ni à visiter les festins et les fêtes, et à marcher sans avoir la tête penchée; qu'il mette sa gloire, au contraire, à faire l'aumône, à observer la chasteté, à vivre dans la justice, la sainteté et la piété, dans l'attente de la sainte résurrection de Jésus-Christ. Faites toutes ces choses, non pour être vus des hommes, mais seulement de celui qui voit tout dans le secret. S'il arrivait cependant, que la renommée de vos jeûnes se répandît parmi les hommes, lavez aussitôt votre visage afin de ne

mus nunc, Fratres: nam quid per asinum nisi carnem nostram intelligo, quæ velut asinus domanda est virga, onere? et pabulo, et cinere, et cilicio caro domanda est, ne impinguata, incrassata et dilatata recalcitret, velut asinus qui cum domino velut catellus ludere voluit. Duo namque pueri sunt quinque hominis sensus: quos tamen duos dicimus, quia ad usum et ad exsecutionem eorum duo intra membrorum mancipata sunt. Nam et ego velut Abraham in vobis et canonicis nostris, ne caro luxuriet, et ne mors per fenestras intret, duobus pueris vos sociavi, paupertati scilicet et orationi, quibus mediantibus quinque sensus corporis exstinguere poteritis. Nam per hæc præterita mala obliviscemur, cogitationes malæ non ascendent in corda vestra, affectio cognatorum in regnabit in vobis. Hæc enim sunt, quæ quotidie monachos cribrant sicut triticum. Istæ sunt mordaces curæ, quæ sanctum viri propositum enervaverunt. Inter has vir sanctus coquitur et cruciatur. Hæc sunt monachorum muscæ mordaces et morientes, quæ perdunt suavitatem unguenti. Hæc sunt volatilia quæ comedunt frumentum in anima seminatum. Vos autem, Fratres, dum hæc in corda vestra ascendunt, recurrite ad orationem vel ad operis occupationes, ne vos serpentinæ muscæ deglutiant. Numquid non sic fecit sanctus pater Antonius? qui cum epistolas a caris suis in sæculo morantibus recepisset, nullam legere voluit, sed receptas in ignem projecit, dicens: Chartæ fallaces estis, etiam plenæ mendaciis, comburo vos, ne comburar a vobis. Sequitur Fratres: ligatur Isaac. Sic et vos ligamini in hac solitudine tam fortiter, ut consuetudines vitæ sæcularis ignoretis, et suavitatem sanctæ religionis capiatis. Placeat vobis somni sobrietas, mentis tranquillitas, corporis munditia, mortis severitas, et cuncta salutis exspectatio: solvitur Isaac, et jucunde ad matrem revertitur in Bersabee. Sic et vos vertamini soluti ad matrem quæ sursum est Jerusalem. Cum ergo illuc perveneritis, dabit refrigerii sedem, quietis beatitudinem, et luminis claritatem.

Sermo XLI. — *De observantia jejunii Quadragesimalis.* — Cum jejunaveris, ungue caput tuum, et faciem tuam lava, ne videaris hominibus jejunans. (*Matth.*, vi, 19.) Jejunantis officium est, in cinere et cilicio sedere, sordidas vestes non tenere, carnem macerare, faciem attenuare, in pallore permanere, non ipsam lavare, non ad mensam opulentam accedere, non convivia et festa visitare, non capite inclinato incedere: sed eleemosynas dare, castitatem servare, juste, sancte et pie vivere, Christi sanctam resurrectionem expectans glorietur. Hæc autem omnia facite, non ut videamini ab hominibus, sed tantum ab illo qui cuncta videt in abscondito. Sed si contingeret, quod fumus jejuniorum spargeretur

pas faire paraître aux hommes que vous jeûnez. Trois choses, mes frères, nous sont proposées aujourd'hui, savoir : jeûner, laver notre visage et parfumer notre tête. C'est dans ces trois choses que notre vie doit consister. Quelles sont ces choses, mes frères, sinon, se détourner du mal, faire le bien et rapporter à Dieu tout ce que nous avons ? Voilà tout ce que renferme notre sainte religion chrétienne. Qu'est-ce en effet, mes frères, que le jeûne, sinon se détourner du mal; se laver le visage, sinon faire le bien; se parfumer la tête, sinon tout rapporter à Dieu ? On me dira peut-être, votre exposition est bien courte; où est cette eau vive dont nous désirons que vous nous abreuviez. Redoublez votre attention, mes frères. Notre vieil ennemi, dans le paradis, persuada d'abord à vos premiers parents d'offenser le Seigneur; en second lieu, de se cacher sur le soir devant la face de Dieu, et enfin, de manger du fruit de l'arbre défendu. Là, il fut dit de jeter le trouble dans la tête ; ici, au contraire, il est dit de parfumer notre tête; là, de dérober notre visage en le cachant, ici, de le laver ; là de manger, mais ici, de jeûner. Croyons à celui qui nous fait ces préceptes et non à celui qui persuade tout le contraire. Son Père nous le recommande en ces termes : « Celui-ci est mon Fils bien-aimé, écoutez-le. » (Matth., xvii, 5.) Que nous dit-il aujourd'hui ? « Lorsque vous jeûnez. » Il y a, mes frères, un jeûne recommandable et un autre qui est répréhensible. Il est condamnable celui que les hommes voient et que l'on pratique à cause des hommes; celui-là, au contraire, est recommandable qui se fait en vue de Dieu seul. Mais il y en a qui jeûnent comme malades, d'autres comme dégoûtés, certains comme avares, d'autres encore comme hypocrites. Le malade jeûne pour avoir la santé, celui qui est en dégoût pour recouvrer l'appétit, l'avare pour épargner; l'hypocrite pour se faire voir. Le malade jeûne par raison de santé; celui qui est dégoûté, par gourmandise; le jeûne de l'avare est de la parcimonie, celui de l'hypocrite est de la dissimulation. Quoique ces jeûnes ne soient pas dangereux, comme celui du malade, cependant ils sont infructueux. Jeûnez donc, mes frères, à cause de Dieu. Brisez la noix pour avoir l'amande : rejetez les feuilles pour trouver le fruit. Nettoyons le puits pour puiser de l'eau aux sources du Sauveur, car le Sauveur nous dit : « Que ceux qui ont soif viennent puiser de l'eau. » (Isa., LV, 1.) L'eau du Sauveur est de trois sortes : il y a, mes frères, l'eau des larmes, telles que celles qu'il versa sur Lazare et sur la ville de Jérusalem ; l'eau qu'il mit dans un bassin lorsqu'il lava les pieds de ses disciples ; et l'eau qui sortit de son côté. C'est une nécessité pour nous, mes frères, d'avoir la première, si nous voulons bien jeûner. La première eau est celle de la contrition, la seconde celle de la confession, la troisième celle de la satisfaction. La première guérit notre âme, la seconde la rafraîchit, la troisième la féconde. Ainsi, ô fidèle, si tu veux bien jeûner, procure-toi ces eaux, lave-toi et tu seras guéri de ta lèpre. Mais si tu ne les possèdes point, ton jeûne sera de peu de valeur. Aussi, mes frères bien-aimés, appelés aujourd'hui aux noces du grand Roi, revêtons-nous de nos habits de fête et prenons nos trompettes et nos cymbales retentissantes. Louons ce bon père de famille qui a daigné nous appeler à ses noces. Quelles sont, mes frères, ces noces auxquelles nous sommes conviés aujourd'hui ? Ce sont

inter homines, statim faciem tuam lava, ne videaris hominibus jejunans. Tria enim, Fratres, proponuntur nobis hodie, scilicet jejunare, faciem lavare, et caput unguere. Hæc tria sunt, in quibus tota vita nostra consistere debet. Quæ sunt ista, Fratres, nisi declinare a malo, et facere bonum, et totum quod habes Deo contribuere ? Ecce quidquid continet nostra Christiana sancta religio. Quid enim per jejunare, Fratres, nisi a malo declinare ; per faciem lavare, bonum facere ; per caput unguere, totum Deo tribuere ? Sed dicet quis : Brevis est hæc expositio : sed et aquam vivam, ut cupimus, non propinasti. Attendite ergo, Fratres. Nam hostis antiquus vestris primis parentibus primo in paradiso suasit, ut Dominum offenderent; secundo, ut faciem a Deo absconderent post meridiem ; tertio, ut de ligno vetito comederent. Nam ibi dicitur, ut caput pungeret ; sed hic, ut caput ungueret : ibi abscondendo faciem latitaret, sed hic lavaret ; ibi ut comederet, sed hic ut jejunaret. Credamus illi qui modo hæc præcepit, sed non illi qui contraria persuasit. Ait enim Pater : « Hic est filius meus dilectus, ipsum audite. » (Matth., xvii, 5.) Nam ait hodie : « Cum jejunatis. » Est enim, Fratres, quoddam jejunium commendabile, et quoddam damnabile; damnabile, quod vident homines, quod fit propter homines ; commendabile, quod solum propter Deum fit. Sed aliqui jejunant ut infirmi, aliqui ut fastiditi, aliqui ut avari, aliqui ut hypocritæ. Ægrotus jejunat, ut valeat ; fastiditus, ut appetat ; avarus, ut parcat ; hypocrita, ut appareat. Jejunium ægroti est sanitatis, jejunium fastiditi est gulositatis, jejunium avari est parcitatis, jejunium hypocritæ est simulatis. Hæc autem jejunia etsi non sunt periculosa, ut ægroti ; tamen sunt infructuosa. Jejunate ergo, Fratres, propter Deum : frangatis nucem, ut accipiatis nucleum : projiciamus folia, ut inveniamus fructum : 'purgemus puteum, ut hauriamus aquas de fontibus Salvatoris. Ait enim Salvator : « Sitientes venite ad aquas. » (Isa., LV, 1.) Nam triplex est aqua Salvatoris, Fratres : aqua lacrymarum, quando flevit super Lazarum et super civitatem ; aqua quam posuit ad pelvim, quando discipulorum pedes lavit : aqua quæ de latere ejus emanavit. Primam oportet nos habere, Fratres, si recte jejunare cupimus. Est ergo prima aqua contritionis, secunda confessionis, tertia satisfactionis. Prima mentem sanat, secunda refrigerat, tertia fecundat. Ergo fidelis si cupis recte jejunare, istas aquas recipe, et lava te, et mundaberis a lepra. Nam nisi habueris has aquas, jejunium tuum modicum valebit. Ideo vocati hodie ad nuptias magni regis, Fratres dilectissimi, oruemus nos vestimentis, tubis et cymbalis bene sonantibus. Laudemus ipsum patremfamilias, qui ad suas nuptias nos vocare dignatus est. Quæ sunt nuptiæ hodie præparatæ, Fratres, nisi justi dies quos Deus

ces jours de sainteté que Dieu a daigné consacrer. Voilà les jours qu'il nous faut observer et dans lesquels nous mériterons de recevoir la loi. Voilà les jours réparateurs qui donnent la santé à notre âme et à notre corps. Ce sont ces jours de noce, dans lesquels nous devons nous parer de nos habits de fête, et faire retentir les cymbales, les trompettes et les instruments harmonieux. Tels sont les instruments que nous devons faire retentir dans ces noces quadragésimales. Car tout d'abord nous devons nous revêtir des saintes vertus après nous être dépouillés de nos vices. En second lieu, il faut faire retentir la cymbale en frappant notre poitrine par la contrition. Ensuite nous devons crier comme des hérauts en appelant ceux qui sont encore à la mamelle et les enfants afin qu'ils apprennent à jeûner, les vieillards afin qu'ils enseignent le jeûne, car voici maintenant le temps favorable, voici maintenant les jours de grâce et de salut, voici les jours de pardon, voici les jours de satisfaction. Vous donc qui avez sommeillé pendant longtemps dans l'iniquité, levez-vous, souvenez-vous d'où vous êtes tombé et faites pénitence pendant que vous en avez le temps, que vous êtes en santé, et que vous pouvez encore pécher, et que ce ne soit pas la crainte, mais l'amour qui soit le principe de votre pénitence. Quiconque, mes frères, a le bonheur d'anéantir ses péchés par la pénitence, celui-là participe déjà au bonheur des anges. La pénitence n'est-elle point le remède à nos blessures, l'espoir de notre salut? par elle, les pécheurs sont sauvés, à cause d'elle, Dieu penche vers la miséricorde. Lorsque vous ferez pénitence, mes frères, versez des larmes pour vos péchés, qu'elles tombent de votre corps et de votre cœur. N'est-ce point à cause de ses larmes, mes frères, que Pierre fut regardé par le Christ? N'est-ce point pour cela que Marie mérite son pardon? C'est grâce à ces larmes que Marthe fut guérie; n'est-ce point aussi pour ce motif que la Chananéenne fut exaucée? N'est-ce point pour cela que Lazare fut rappelé à la vie? Lavez donc votre visage, vous qui commencez aujourd'hui à jeûner, frappez votre poitrine avec larmes et élevez votre voix en confessant et en déclarant au prêtre vos péchés. Rappelez-vous, mes frères, ce qu'obtint David par sa confession. Il ne dit que ces mots : « J'ai péché contre le Seigneur, » (II Reg., XII, 13) et le prophète Nathan lui dit : « O David, le Seigneur a transféré votre péché loin de vous. Prenez garde que votre confession ne soit celle de Saül. Samuel lui reprocha d'avoir dit avec orgueil : « J'ai péché.» (I Reg., XV, 24.) Aussi mérita-t-il d'entendre : Dieu a transféré votre royaume à un autre. Judas dit aussi : « J'ai péché, » (Matth., XXVII, 4) et ce ne fut point la douleur, mais le désespoir qui lui arracha ce cri. Caïn ne dit-il pas aussi : « Mon iniquité est trop grande pour mériter mon pardon. » Donc, mes frères, lorsque vous jeûnez, arrosez votre visage de larmes, parfumez la tête de Jésus-Christ qui est la tête de tous les chrétiens. Parfumez-le donc, avec l'huile de la miséricorde en faisant l'aumône et en lui criant ces mots de contrition : Nous avons péché, Seigneur, mais ayez pitié de nous. Alors vous serez parfumés à votre tour de l'huile de la joie ; c'est cette même onction que David reçut comme nous le lisons ; Pierre et Marie furent ainsi parfumés, nous l'avons vu. C'est cette même onction qu'ont toujours reçue nos frères qui l'ont bien voulu. Quelqu'un viendra peut-être me dire : Comment faire pour parfumer Dieu ? O pécheur, adresse-toi d'abord à Marie la pécheresse. Elle parfuma d'abord les pieds, puis la tête, c'est-à-dire, com-

consecrare dignatus est? Isti enim sunt dies quos observare debemus, in quibus legem recipere merebimur. Isti sunt dies medicinales, qui animæ et corpori conferunt sanitatem. Isti sunt dies nuptiales, in quibus vestimentis ornati esse debemus, cymbala et tubas, organaque bene sonantia sonantes. Hæc enim sunt instrumenta quæ in nuptiis quadragesimalibus sonare debemus. Nam primo vestire nos debemus virtutibus sanctis, exspoliatis vitiis. Secundo cymbalum percutiendo pectora per contritionem sonare debemus. Tertio ut præcones clamare debemus, sugentes ubera jejunare vocando, parvulos ut jejunare discant, senes ut jejunare doceant : quia ecce nunc tempus acceptabile, ecce nunc dies gratiæ et salutis, ecce dies remissionis, ecce dies satisfactionis. Tu ergo inique qui longo tempore dormisti, surge, memento unde cecideris, et age pœnitentiam dum tempus habes, dum sanus es, dum peccare potes; ut non ex timore, sed ex amore videaris pœnitere. Omnis enim, Fratres mei, qui per pœnitentiam deleverit peccata sua, jam angelicæ felicitatis particeps est. Ipsa namque pœnitentia est medicamentum vulneris, spes salutis, per quam peccatores salvantur, per quam Deus ad misericordiam inclinatur. Dum autem pœnitentiam, Fratres, feceritis, fundite pro peccatis lacrymas cordis et corporis. Numquid non lacrymando, Fratres mei, Petrus a Christo respicitur? Numquid non Maria veniam meretur? Numquid non Martha lacrymis sanatur? Numquid non Chananæa exauditur? Numquid non Lazarus ad vitam revocatur? Lava ergo faciem tu qui hodie incipis jejunare, lacrymis percute pectus, exalta vocem tuam confitendo, et annuntiando sacerdoti peccata tua. Audite, Fratres, quid David per confessionem consecutus est. Quid ait, nisi : « Peccavi Domino ? » (II Reg., XII, 13). Et Nathan propheta ait : O David, transtulit Deus peccatum tuum a te. Cavete tamen Fratres, ne confessio sit Saül, qui redargutus a Samuele superbiendo dixit : « Peccavi. » Qui statim audire meruit : Transtulit Deus regnum tuum a te. (I Reg., XV, 24.) Sic et dixit Judas : « Peccavi, » non dolendo, sed diffidendo. (Matth., XXVII, 4.) Sic et Cain : « Major est iniquitas mea, quam ut veniam merear. » (Gen., IV, 13.) Ergo, Fratres, cum jejunatis, facies vestras lavate lacrymis, caput unguite Christum, per caput cunctorum est. Ipsum ergo unguite, scilicet oleo misericordiæ, eleemosynas dando, et verba contritionis clamando. Peccavimus Domine, sed miserere. Et sic uncti erimus a Christo oleo lætitiæ. Sic unctum David legimus, sic unctum Petrum et Mariam prospicimus, sic unctos volentes semper spectavimus fratres. Sed quis dicet : Quomodo unguendus est Deus? O peccator, vade primo ad Mariam peccatricem. Ipsa enim unxit pedes,

mençant par l'âme, elle put ensuite approcher jusqu'à la tête. Car si d'abord elle n'eût lavé les pieds de Jésus-Christ par ses larmes, elle n'eût point osé s'approcher de la tête du Sauveur pour la parfumer. Il est donc tout d'abord nécessaire d'arroser les pieds de larmes, ensuite il nous sera facile de nous approcher de la tête du Sauveur. Sachez, cependant, mes frères, que si vous ne pardonnez à vos ennemis du fond du cœur, tout ce que vous faites, soit que vous jeûniez, soit que vous fassiez l'aumône, et quel que soit le bien que vous exécutiez, tout est vain, et vous êtes des serviteurs inutiles, si vous n'accordez pas à votre prochain son pardon. Vous me direz : il m'est impossible de pardonner à mon ennemi, et puisque toutes mes bonnes œuvres n'ont point de valeur sans cela, je ne veux plus désormais ni m'affliger par le jeûne, ni distribuer mes biens. Ecoutez mon conseil; remettez et il vous sera remis. Comme il n'y a aucun mal qui reste impuni, il n'est aucun bien non plus qui restera sans récompense auprès de Dieu, qui connaît le secret de tous les cœurs.

SERMON XLII. — *Vie et mœurs des clercs.* — Mes frères bien-aimés, le saint prophète Jérémie, considérant la négligence des prêtres et des prélats, poussa ces gémissements lamentables: « Les petits enfants ont demandé du pain, et il n'est, il ne fut personne qui put leur en donner. » (*Jér.*, IV, 4.) Jérémie criait ainsi, en voyant la destruction de la cité sainte, il pleure et se lamente sur la cruauté des mères, des pères, des pasteurs qui dévorent et perdent leurs fils. Malheur à vous, pasteurs, qui avez mangé ce qui était gras, qui n'avez point consolidé ce qui était brisé, qui n'avez point remis dans son chemin ce qui était égaré, n'avez point guéri ce qui était malade, ni couvert ce qui était nu. O mes frères, nous sommes aujourd'hui devenus des loups ravissants, mettant de côté la justice et ignorant la vérité et la miséricorde. Craignons donc que le Seigneur ne nous dise : Je vous ai établi économe sur ma famille, et vous ne lui avez point distribué de pain. Vous n'êtes donc point économe, mais dissipateur, ni un gardien vigilant, mais un bourreau. O mauvais serviteur, je te jetterai dans les ténèbres extérieures, car tes enfants t'ont demandé du pain, et il n'est personne qui voulut leur en donner. Donc, mes frères, distribuez le pain, rompez-le à vos sujets avant qu'ils ne périssent de faim, car s'ils meurent, c'est à vous que je redemanderai leur sang. Distribuez donc le pain de toute sainteté à ceux qui ont faim. Il y a, en effet, un pain pur que l'on distribue et que l'on rompt aux enfants, mais il en est un autre qui est impur et que l'on donne aux esclaves. Ces deux espèces de pains sont réunis dans la maison de Dieu, comme dans l'aire la paille est avec le bon grain. Nous lisons pourtant dans l'Ecriture qu'il y a trois espèces de pains: les pains de Pharaon, les pains d'oblations et les pains de proposition. Les premiers sont les pains des laïques, les seconds ceux des prêtres, les derniers ceux des pasteurs. Les pains de Pharaon sont les trois concupiscences: la concupiscence de la chair, la concupiscence des yeux et l'orgueil de la vie. La première est la luxure qui énerve, la seconde l'avarice qui tourmente, la troisième la superbe qui enfle comme une outre. La luxure produit l'impureté, l'avarice engendre l'envie, l'orgueil donne naissance à l'injustice. La luxure presse l'homme au dedans de lui par la souillure, l'avarice le pousse au dehors pour se

---

et postea caput, scilicet animam, et postea accedere potuit ad caput. Nam si primo lacrymis Christi pedes non lavisset, ad caput Christi accedere unguendo ausa non fuisset. Ergo necesse est primo ad pedes lacrymas fundere, et postea ad Christi caput accedere. Scitote tamen, Fratres mei, quod nisi inimicis vestris corde peperceritis, omnia quæ agitis, sive jejunetis, sive eleemosynam detis, sive omnia quæ bona sunt agatis, omnia vana sunt, et servi inutiles estis, nisi proximo peperceritis. Sed dicetis : Ego parcere inimico non possum : ex quo ergo mihi bona non valent sine hoc, me affligere jejunando, bona distribuendo, non amplius volo. Ego autem dico vobis : Dimittite, ut dimittatur vobis. Nullum tamen malum impunitum, nec aliquod bonum irremuneratum remanebit apud Deum, qui novit abscondita cordis cunctorum.

SERMO XLII. — *De vita et moribus clericorum.* — Fratres carissimi, sanctus ille Jeremias considerans sacerdotum et prælatorum negligentiam, lamentabiles voces emittens dicebat : « Parvuli petierunt panem, et non est, nec erat qui frangeret eis. » (*Thren.*, IV, 4.) Clamabat ergo Jeremias, aspiciens destructionem sanctæ Civitatis, plorat et lamentatur crudelitatem matrum, patrum et pastorum, qui devorant filios in perditione. Væ vobis pastoribus Israel, qui quod pingue erat comedistis, quod confractum erat non consolidastis, quod erroneum erat non revocastis, quod infirmum erat non sanastis, quod nudum erat non cooperuistis. (*Ezech.*, XXXIV, 2, etc.) O Fratres, lupi rapaces hodie facti sumus, justitiam postponentes, veritatem et misericordiam ignorantes. Cavete ergo ne vobis Dominus hodie dicat : Dispensatorem te posui super familiam meam, et tu panem eis non fregisti. Non ergo dispensator, sed dissipator; non speculator, sed spiculator. O serve nequam, mittam te in tenebras exteriores, quoniam pueri tui petierunt tibi panem, nec fuit qui frangeret eis. Itaque, Fratres, distribuendus est panis et frangendus subditis, antequam fame pereant : nam si morientur, de manibus tuis sanguis eorum exquiretur. Distribuendus itaque est panis omnis sanctitatis esurientibus. Est enim, Fratres, panis mundus, qui distribuendus est et frangendus filiis. Est et alter panis immundus, qui distribuendus est servis. Sunt etiam isti panes conjuncti in domo Dei, sicut in area paleæ cum granis. Tres tamen panes legimus in Scriptura, panes Pharaonis, oblationis, et propositionis. Primi sunt laici, secundi sunt sacerdotes, tertii vero pastores. Panes Pharaonis dividuntur in tres partes, in concupiscentiam carnis, et concupiscentiam oculorum, et superbiam vitæ. Prima est luxuria, quæ enervat : secunda est avaritia, quæ cruciat : tertia est superbia, quæ velut vesica inflat. Luxuria est proferens immunditiam, avaritia est generans invidiam, superbia

satisfaire, l'orgueil au-dessus de lui pour s'élever. La luxure abaisse l'homme au dedans de lui-même, car étant fait à l'image de Dieu, il cherche à vivre dans la fange comme un pourceau. L'avarice entraîne l'homme en dehors de lui-même, car pour les biens de la terre, il délaisse ceux du ciel. L'orgueil l'élève au-dessus de lui-même, en sorte qu'il porte sa tête jusqu'aux cieux. Et ainsi, mes pères et mes frères, l'homme par la volupté désire se complaire dans la vanité, par l'avarice se consoler dans les biens passagers, par l'orgueil se glorifier de son impiété. Tels sont ces pasteurs que le Seigneur chassa du temple, achetant et vendant. Ils sont cette compagnie de cinquante hommes sur laquelle Elie fit tomber le feu du ciel. Ils sont ces faux prophètes, vêtus de peaux de brebis, mais, qui à l'intérieur, sont des loups cruels. Alors pour nous qui portons le nom de pasteurs, abattons la volupté par la tempérance ; engloutissons l'avarice par l'aumône, mettons en fuite l'orgueil par l'humilité et la patience. De même qu'il est impossible au démon obstiné dans le mal de pouvoir entrer dans le paradis, ainsi il est impossible aux pasteurs voluptueux, avares et superbes de rendre leurs sujets chastes, humbles et généreux, car c'est une nécessité que le troupeau soit fait à l'image de son chef. Il y a encore le pain d'oblation que nous devons, non-seulement rompre, mais encore offrir à Dieu. David disait : « Que ma prière monte comme l'encens, en votre présence. » (*Ps.* CXL, 2.) Ce pain est de trois façons, car la prière doit être large, fervente et pure. Large, car nous devons prier pour tout le monde, même pour ceux qui nous calomnient et nous persécutent ; fervente, ne demandons point avec nonchalance, mais dévotement, et il sera accordé à notre persévérance. Vous me direz, mon cher frère, que doit être celui qui prie, que doit-il demander, pour qui doit-il demander et à qui faut-il demander ? A cette question : dans quel état dois-je être pour prier, je réponds vous devez être vertueux, car nous savons que Dieu n'exauce point les pécheurs. Mais vous me dites: que dois-je demander ? Il vous faut demander la vie, ou le moyen d'obtenir des mérites en cette vie. Et si vous me dites : Pour qui dois-je prier, je réponds : pour ceux qui vivent bien et pour ceux qui vivent mal, pour le juste, afin qu'il persévère, pour le pécheur, afin qu'il se convertisse ; mais on ne doit pas prier pour les saints, ni pour les damnés. Celui qui prie pour un martyr, fait injure au martyr, et celui qui prie pour les damnés n'obtiendra absolument rien. Dieu cependant, est assez puissant pour faire que ces pierres deviennent des pains, mais si vous allez plus loin et que vous me demandiez à qui faut-il s'adresser ? apprenez que nous devons tout demander au Père, au nom du Fils, et ainsi nous serons de vrais pasteurs. Il y a encore un autre pain, le pain de propitiation. Ce pain est de trois sortes, le pain des anges dont se nourrit l'homme à l'autel, le pain des enfants, c'est-à-dire les paroles de la sainte doctrine. C'est ce pain qui avec le premier est descendu du ciel. C'est ce pain, qu'il n'est pas bon de prendre et de donner aux chiens c'est-à-dire aux hérétiques, car c'est le pain des enfants. C'est le pain demandé dans cette parole : « Mon ami, prêtez-moi trois pains, » (*Luc.*, XI, 5) c'est-à-dire, le pain de la grâce, celui de la doctrine et celui de l'exemple. C'est le pain donné à Pierre, dont il devait paître les

---

parit injustitiam. Luxuria est premens hominem intra se per pollutionem, avaritia extra se per vacationem, superbia supra se per elationem. Luxuria deprimit hominem intra se, quia cum factus sit ad imaginem Dei, velut porcus in luto vivere quærit. Avaritia trahit hominem extra se, quia propter terrena dimittit cœlestia. Superbia extollit supra se, ut ponat in cœlum os suum. Et sic, Patres et Fratres, homo per luxuriam in vanis cupit delectari, per avaritiam in transitoriis consolari, per superbiam de impietate gloriari. Isti sunt pastores, quos Dominus ejecit de templo vendentes et ementes. Isti sunt quinquagenarii, qui per Eliam comburuntur. Isti sunt illi falsi prophetæ vestiti pellibus caprinis, qui etiam intrinsecus sunt lupi rapaces. Ergo nos qui pastores sumus nominati, luxuriam frangamus per abstinentiam, avaritiam submergamus per eleemosynam, superbiam fugiamus per humilitatem et per patientiam. Nam sicut impossibile est dæmonem in malo obstinatum paradisum intrare ; sic impossibile est luxuriosis pastoribus, avaris et superbis subditos castos et humiles et bonos facere, quia necesse est ut talis sit grex, qualis sit et rex. Est et alius panis oblationis, quem quidem non solum frangere, sed et Deo offerre debemus. David dicebat : « Intret oratio mea sicut incensum in conspectu tuo. » (*Psal.* CXL, 2.) Iste est panis triplex, quia oratio debet esse ampla, devota et pura. Ampla, ut pro omnibus rogetis, etiam pro calumniantibus et persequentibus vos ; devota, ut non remisse agatis, sed devote, et dabitur vobis perseverantibus. Sed dicet quis : Qualis debet esse qui petit, quid petat, pro quo petat, et a quo petatur? Si petis qualis esse debeas, dicimus quod bonus : quia scimus, quod Deus (1) peccatores non audit. Sed dicis quid petere debeas, dico quod vitam vel meritum vitæ, vel apprehendentiam meritorum vitæ. Sed si dicis pro quo petere debeas, dico quod pro bene et male viventibus, ut bonus perseveret, et malus convertatur : non pro sanctis, non pro damnatis. Nam qui orat pro Martyre, injuriam facit Martyri : et qui orat pro damnatis, nullatenus impetrabit. Potens tamen est Deus, ut de lapidibus istis fiant panes. Sed si ulterius abhuc petis a quo, dicitur quod a Patre omnia petere in Filii nomine debemus ; et sic veri pastores erimus. Est et alius panis, scilicet propitiationis. Et iste est triplex, panis Angelorum, de quo manducat homo in altari, panis filiorum, id est verborum sanctæ doctrinæ. Hic est panis, qui cum primo pane de cœlo descendit. Hic est panis, quem non est bonum sumere, et dare canibus hæreticis, quia panis filiorum est. Hic est panis petitus : « Amice accommoda mihi tres panes, » (*Luc.*, XI, 5) scilicet vitæ, doctrinæ et exempli. Hic est panis datus Petro, ut pascat

(1) Adversatur Augustinus, tract. LIV, in Joan., n. 13, ubi hæc verba ait esse nondum illuminati. « Nam, inquit, et peccatorem exaudit Deus. »

agneaux ; car le Seigneur recommanda trois fois à Pierre de paître ses brebis, afin que tu apprennes, ô pasteur, à paître tes brebis de la doctrine, de la vie et de l'exemple, ou bien de l'Eucharistie, de la doctrine et d'une vie sainte. Et cette recommandation que le Seigneur fit à Pierre, il la fait aussi à tous ses autres apôtres. Donc, faisons paître nos brebis, rompons le pain à nos enfants, afin qu'ils ne tombent pas de faiblesse dans le chemin, nourrissons du pain des anges, nourrissons de la parole, nourrissons de l'exemple, de peur que notre peuple tout entier ne vienne à périr. Nous sommes les chefs des peuples, les conducteurs des aveugles et des ignorants, le bâton des boiteux, les chefs de l'univers, les messagers des rois, les supérieurs des anges, mais nous sommes presque des démons, si nous accomplissons ces devoirs avec négligence. Mes frères, faisons donc paître notre peuple, de peur qu'il ne soit comme des brebis sans pasteurs, afin que, des pâturages de cette solitude, Jésus-Christ Notre-Seigneur nous conduise aux pâturages de sa divine société.

SERMON XLIII. — *De l'Epiphanie et de la recherche du Christ.* — Vous avez appris, nos frères bien-aimés, avec quel soin les saints rois ont cherché le Seigneur : nous ne doutons pas que par leurs recherches ils aient trouvé le Dieu homme et nous croyons fermement et nous annonçons qu'ils lui ont offert des présents d'un grand prix. Vous aussi, mes frères, cherchez le Christ, cherchez le Nazaréen, cherchez celui qui est tout fleuri, tout éclatant de blancheur et rouge comme l'écarlate. Cherchez le Christ, mais le Christ crucifié : cherchez et vous trouverez, frappez et il vous sera ouvert ; criez, appelez votre bien-aimé, dites-lui que vous languissez d'amour. O vous les amants du monde, qui n'avez de goût que pour les choses de la terre, qui faites votre Dieu de la concupiscence et dont la vie se passe à chercher ce qui fait rougir, que faites-vous sans le Christ ? que désirez-vous ? Quel est votre goût, quel est votre espoir ? Sans le Christ croyez-vous pouvoir jouir de la paix ? Pourrez-vous, sans le Christ, avoir le bonheur ou la victoire, la dignité ou la sécurité, la foi ou la charité, l'espoir ou la confiance, la constance ou la tempérance, la prudence ou la science, la beauté ou la force, les sens de l'odorat ou du toucher, ceux de la vue ou de l'ouïe ? Non, mes frères, jamais. Cherchez donc le Christ tandis qu'on peut le trouver, invoquez-le tandis qu'il est près. En lui, en effet, se rencontrent toutes les vertus et les trésors cachés de la science et de la sagesse. Cherchez le Christ et vous trouverez le Christ ; frappez à la porte du Christ et le Christ vous ouvrira. Prenez la voie du Christ, afin que le Christ lui-même vous conduise. Gardez soigneusement le Christ, si vous voulez que le Christ vous garde à son tour. Aimez le Christ, pour que le Christ vous aime. Cherchez le Christ pauvre et vous trouverez le Christ riche. Donnez à manger aux affamés du Christ, afin que le Christ vous nourrisse. Visitez les infirmes du Christ, et vous aurez la visite du Christ. Conservez la paix avec le prochain par amour pour le Christ et le Christ établira sa paix dans votre cœur. Recherchons donc ce Christ, désirons-le en toute sincérité, connaissons-le toujours autant qu'il nous sera possible. Cherchons-le en tout temps avec soin, et quand nous l'aurons trouvé, gardons-le si fortement, avec tant de bonheur et de suavité que nous ne le perdions plus. Nous chercherons donc le Christ, mais non sur la place publique où règne une grande vanité. Nous chercherons le Christ, mais non au forum où il ne ren-

---

agnos : nam ter ait Dominus Petro ut pascat oves, ut tu pastor intelligas oves pascere doctrina, vita et exemplo, vel Eucharistia, doctrina et vita sancta. Et sicut Dominus ait Petro, ita et cæteris Apostolis suis. Ergo pascamus oves nostras, parvulis nostris panem frangamus, ne deficiant in via : pascamus pane angelico, pascamus verbo, pascamus exemplo, ne tota gens pereat. Nam capita gentium sumus, cæcorum et ignorantium duces, claudorum baculus, terrarum principes, regum viatores, angelis superiores ; sed dæmonibus pejores, dum hæc negligenter prospicimus. Fratres, pascamus ergo populum, ne sint velut oves absque pastore, ut de pascuis solitudinis trahat ad pascua societatis Jesus Christus Dominus noster.

SERMO XLIII. — *De Epiphania et quærendo Christum.* — Audistis, Fratres carissimi, sanctissimos reges Dominum diligenter quæsivisse : et quærendo Deum et hominem invenisse non dubitamus, et sibi pretiosa munera obtulisse firmiter credimus et prædicamus. Vos ergo, Fratres, quærite Christum, quærite Nazarenum, quærite floridum, candidum et rubicundum. Quærite Christum, et hunc crucifixum : quærite, et invenietis ; pulsate, et aperietur vobis : clamate, et vocate dilectum, nuntiantes quia amore languescitis. O vos mundi amatores qui terrena sapitis, quorum Deus venter est et vita in confusione, quid agitis sine Christo, quid concupiscitis, quid sapitis, quid speratis ? Numquid sine Christo vobis pax esse poterit ? Numquid felicitas vel victoria, numquid dignitas vel securitas, numquid fides vel caritas, numquid spes vel fiducia, numquid constantia vel temperantia, numquid prudentia vel scientia, numquid pulchritudo vel fortitudo, numquid olfactus vel tactus, numquid visus vel auditus sine Christo esse poterit ? O Fratres mei absit. Quærite ergo Christum, dum inveniri potest : invocate eum, dum prope est. In ipso namque sunt omnes virtutes, et thesauri sapientiæ et scientiæ absconditi. Quærite Christum, et invenietis Christum : pulsate ad Christum, et aperietur vobis per Christum. Dirigite viam Christi, ut dirigat vos Christus. Custodite Christum, ut custodiat vos Christus. Amate Christum, ut amet vos Christus. Quærite Christum pauperem, et invenietis Christum divitem. Pascite famelicos Christi, ut pascat vos Christus. Visitate infirmos Christi, ut visitet vos Christus. Pacem habete cum proximo Christi amore, ut vos pacificet Christus. Hunc ergo Christum quæramus, illum tam veraciter cupiamus, hunc semper ut possimus agnoscamus. Hunc semper perquiramus, et inventum tam fortiter, tam suaviter, tam dulciter teneamus, ut eum non amittamus. Quærendus est ergo Christus : sed non in platea, ubi est summa vanitas. Quærendus est Christus : sed non in foro, ubi est grandis

contre que contradiction. Nous chercherons le Christ, mais non dans les tavernes, où l'on ne voit que l'ivresse dégoûtante. Nous chercherons le Christ, mais non dans les palais du monde, où l'on ne trouve qu'une tromperie inouïe. Nous chercherons le Christ, mais non dans les écoles des philosophes du monde, car il y règne une infinie perversité. O vous que le monde passionne, qui n'avez de goût que pour la terre et qui ne cessez de courir çà et là à la recherche des honneurs et des pompes terrestres ; qui franchissez à la hâte les montagnes et les Alpes dans le désir de sonder les hauteurs du ciel, l'étendue de la terre, la profondeur de la mer, vous exposant à la chaleur, au froid, à la faim, à la nudité, pourquoi ne pas chercher le Christ en qui vous ferez la rencontre complète de toutes ces choses et de plus grandes encore ? Cessez dès lors de faire le mal, et apprenez à bien faire, ô vous qui ne vous appliquez qu'à considérer les révolutions des cieux, non pour connaître Dieu avec plus de perfection, mais pour étaler votre science aux yeux du monde. Que les sages et les insensés eux-mêmes cherchent le Christ ; mais qu'ils ne le cherchent point avec la volupté qui renferme une laideur secrète ; ni avec l'orgueil, en qui se cache un éternel malheur, ni avec l'avarice, qui est l'esclavage des idoles et cause des châtiments sans fin. Mais hélas ! mes frères, hélas ! il n'est plus personne aujourd'hui qui fasse le bien, il n'est personne qui veuille adorer le Christ par ses actions, il n'est personne qui mette son espoir en lui ; le soldat n'a d'espoir qu'en son épée, le roi dans ses richesses, l'enfant dans un fruit, le serviteur dans son maître, la femme dans son mari, le mari dans sa femme, la vieille dans sa petite bourse, le paysan dans ses instruments de travail. Voilà, mes frères, voilà comment chacun s'éloigne de Dieu, notre salut. Voilà comment nous espérons dans la vanité, abandonnant Dieu notre Créateur et nous retirant de Dieu qui doit être notre salut. Qu'il n'en soit pas ainsi, mes frères, non, pas ainsi, quand même nous serions accablés de richesses et d'honneurs, n'y mettons point notre cœur, ne mettez votre cœur que dans le Christ, espérez toujours en lui, car il prend soin de chacun d'entre vous. Oui, mes frères, cherchons le Christ, et ne nous arrêtons jamais, jusqu'à ce que nous l'ayons trouvé. Cherchons-le tandis qu'on peut le trouver, invoquons-le tandis qu'il est près de nous. Mais que faire pour le chercher ? Voyez, en ce jour, on recherche le Christ, les païens le cherchent, les Juifs le cherchent. Prends bien garde, chrétien, de chercher le Christ avec les Juifs, mais ne cesse point de le chercher avec les rois païens. Les païens cherchent le Christ pour l'adorer, les Juifs dans le dessein déjà de le supplanter. Les païens aujourd'hui viennent trouver le Christ, mais les Juifs le méprisent. Les païens pour rencontrer le Christ, s'exposent aux fatigues, mais les Juifs à cause de leur amour du repos ne le connaissent pas. Les païens adorent le Christ en lui offrant des présents, et déjà les Juifs intriguent pour le faire mourir. Les païens en adorant le Christ, et en voyant les miracles opérés devant eux, l'exaltent de tout leur cœur ; la synagogue des Juifs, au contraire, s'apprête déjà à le couronner d'épines. Les païens retournent pleins de joie par un autre chemin, mais les Juifs commencent déjà à craindre que les Romains ne viennent et ne fassent disparaître leur cité et leur nation. Rougissez, ô Juifs perfides, rougissez, car viendra le temps où il ne restera pas sur vos murailles pierre sur pierre, parce que vous n'avez pas connu le temps où l'on

---

adversitas. Quærendus est Christus : sed non in taberna, ubi est summa ebrietas. Quærendus est Christus : sed non in sæculari curia, ubi est maxima falsitas. Quærendus est Christus : sed non in scholis mundanorum philosophorum, ubi est infinita perversitas. O vos mundi amatores, qui terrena sapitis, et pro terrenis honoribus et pompis discurrere non desistitis, transvolantes montes et alpes, investigare volentes alta cœli, lata terræ, profunda maris, in calore et frigore, fame et nuditate, cur Christum non quæritis, in quo hæc omnia et majora perfecte reperiuntur? Quiescite jam agere perverse, discite benefacere o vos qui cœlorum motus continue investigare curatis, non tamen ut Deum perfectius cognoscatis, sed ut mundo florentes appareatis. Sapientes igitur et insipientes quærite Christum, sed non cum luxuria, in qua est latens deformitas ; non cum superbia, in qua latet æterna calamitas ; non cum avaritia, in qua est dolorum servitus et æterna infelicitas. Sed heu, Fratres, heu non est hodie qui faciat bonum, non est qui Christum adorare opere quærat, nec est qui speret in eo : sed miles in ense, rex in divitiis, puer in pomo, servus in domino, uxor in viro, vir in uxore, vetula in parva pecunia, et rusticus in ligone sperat. Ecce, Fratres, ecce, quomodo unusquisque recedit a Deo salutari nostro. Ecce quomodo speramus in vanitate, derelinquentes Deum factorem nostrum, et recedentes a Deo salutari nostro. Non sic igitur, Fratres mei, non sic, etiam si divitiæ et honores affluant, nolite cor apponere ; sed solum in Christo cor apponite, in ipso semper sperate, quia ipsi cura est de singulis vobis. Quæramus ergo Christum, Fratres mei, et nunquam quiescamus, quo usque inveniamus. Quærite eum dum inveniri potest, invocate eum dum prope est. Sed quomodo eum quæremus ? Ecce enim quæritur hodie Christus, quærunt eum Pagani, quærunt eum Judæi. O Christiane cave ne quæras Christum cum Judæis, sed cum Paganis regibus perquirere non desistas. Nam Pagani quærunt Christum adorare ; sed Judæi quærunt Christum jam supplantare. Pagani hodie ad Christum veniunt ; sed Judæi Christum spernunt. Pagani veniendo ad Christum laborant ; sed Judæi quiescendo Christum ignorant. Pagani Christo munera offerentes ipsum adorant ; sed Judæi jam Christi mortem procurant. Pagani adorando Christum et miracula ibidem videndo ipsum toto corde magnificant ; sed Judæorum synagoga jam Christum spinis coronat. Pagani per aliam viam revertuntur gaudentes ; sed Judæi jam incipiunt esse paventes ne forte veniant Romani, et tollant eorum locum et gentem. Erubescite, o perfidi Judæi, erubescite, quia veniet tempus quando lapis super lapidem in te non remanebit, eo quod non cognoveris

vous visitait. Rougissez parce que déjà des étrangers ont mis le pied sur votre héritage, ils sont amenés par une étoile aux pieds de votre roi qui vient de naître, sa précieuse naissance fut prédestinée avant tous les siècles, annoncée à l'avance par les prophètes, manifestée aux bergers et révélée aux rois sages. O Juifs! toujours rebelles à Dieu! O aveugles! ô opiniâtres! Pourquoi ne pas réfléchir aux merveilles que le Seigneur a faites au milieu de votre pays? Pourquoi ne pas chercher le Christ? Pourquoi ne pas le reconnaître comme Dieu et homme? Pourquoi ne pas l'adorer comme vrai Fils de Dieu? O mes frères, non-seulement les Juifs, mais aussi les mauvais chrétiens cherchent aujourd'hui à faire mourir le Christ. Quand cherchent-ils à commettre ce crime? Quand ils font mépris d'observer ses préceptes. Ce n'est point ainsi qu'ont agi les Mages, mais aussitôt qu'ils crurent à la naissance du Christ, ils s'exposèrent sans se rebuter aux fatigues d'une longue route et ils méritèrent enfin de le rencontrer; ils le trouvèrent, mais non revêtu de langes précieux, ni entouré de nombreux domestiques, ni dans une chambre toute ornée de peinture, ni couché dans un lit d'ivoire et dans un palais royal; car le Sauveur ne voulut pour chambre qu'une étable, pour lit qu'un peu de paille, et pour serviteur, qu'un bœuf et qu'un âne. Allons donc, mes frères, cherchez le Christ, cherchez le Nazaréen, cherchez celui qui est tout fleuri, éclatant de blancheur et rouge comme l'écarlate ; à sa naissance les anges chantent, les justes se réjouissent, la femme stérile pousse des cris de joie, la veuve prophétise, le vieillard Siméon attend. Joseph réfléchit. Marie sa mère le couche, le bœuf le reconnaît, l'âne le porte, l'étoile le déclare, les Mages

l'adorent. Il est le Dieu des dieux dans Sion, il apparaît terrible dans les Chérubins, il apparaît admirable dans les Séraphins et il se montre incompréhensible dans les Vertus. C'est celui qui naguères est né de la vierge Marie et fut fait homme : il devint homme, pour faire de nous des dieux. Il eut faim afin de nous fortifier, il eut soif, pour pouvoir nous donner le breuvage de la vie éternelle. Il fut tenté à cause de nous, pour nous délivrer des tentations, et lié à cause de nous, afin de rompre nos liens ; il s'humilia pour nous, afin de nous exalter, il fut dépouillé à cause de nous, afin de nous couvrir, et couronné d'épines, pour qu'il pût nous couronner, il fut abreuvé de fiel et de vinaigre, pour nous ouvrir des sources d'où couleraient des fleuves de miel. Il reçut la mort afin de nous donner la vie éternelle ; il fut enseveli pour pouvoir bénir la sépulture des siens, il monta au ciel pour nous ouvrir les portes du ciel ; il est assis à la droite de Dieu son Père, afin d'exaucer les prières et les vœux des fidèles. Voilà donc pourquoi le Christ est né, voilà pourquoi le Christ est descendu au milieu de nous. Que faites-vous donc, ô vous que le monde enchante ? Quoi de commun entre vous et la chair, ô vénérables vieillards ? O jeunes gens délicats, que pensez-vous faire, puisque vous ne pouvez rien faire sans le Christ, quels que soient les biens terrestres dont vous soyez pourvus? Cherchez donc le Christ, ô jeunes gens, afin de conserver votre jeunesse. Vous vieillards, cherchez le Christ afin de pouvoir vivre dans toute espèce de prospérité. Cherchez sans vous lasser jamais le Christ, ce Jésus qui guérit le serviteur du Centurion, affermit le paralytique, ressuscita Lazare, donna la vue aux aveugles, rendit heureuse la pécheresse, exauça la Chana-

tempus visitationis tuæ. Erubescite, quia ecce jam alieni hæreditatem vestram ingrediuntur, et ad vestrum regem natum per stellam deducuntur, cujus pretiosa nativitas fuit ante sæcula prædestinata, a Prophetis prænuntiata, pastoribus annuntiata, et sapientibus regibus revelata. O Judæi semper Deo rebelles, o cæci et obstinati, cur non consideratis mirabilia quæ Deus operatur in medio terræ vestræ? cur Christum non quæritis? cur Deum et hominem non agnoscitis? cur eum ut verum Dei Filium non adoratis? O Fratres mei, non solum Judæi, sed et mali Christiani hodie occidere quærunt Christum. Quando hoc quærunt, nisi quando præcepta sua servare contemnunt? Non sic Magi fecerunt ; sed mox Christo nato credentes, per viam laborare cœperunt, et sic perseverantes aliquando eum invenire meruerunt, non in pretiositate pannorum, non in multitudine servorum, non in thalamo picto, non in lecto eburneo, non in aula regia : sed pro thalamo voluit reclinari in stabulo, pro lecto habere voluit fœnum, pro (1) servitoribus bovem et asinum Salvator habere voluit. Eia ergo Fratres mei, quærite Christum, quærite Nazarenum, quærite hunc floridum, candidum et rubicundum, ad cujus ortum Angeli cantant, sancti exsultant, sterilis clamat, vidua prophetizat, Simeon senex exspectat, Joseph cogitat, Maria mater reclinat, bos cognoscit, asinus portat, stella demonstrat, Magus adorat. Iste est Deus deorum in Sion, qui in Cherubim apparet terribilis, qui in Seraphim apparet mirabilis, qui in virtutibus ostenditur incomprehensibilis. Iste est qui nuper de Maria virgine natus est, et homo factus est : ut nos deos faceret, factus est homo. Iste est qui esurivit, ut nos reficeret ; qui sitivit, ut nobis vitæ æternæ pocula ministraret. Iste est qui pro nobis tentatur, ut nos a tentationibus liberaret ; qui pro nobis ligatur, ut nos absolveret ; qui pro nobis humiliatur, ut nos exaltaret ; qui pro nobis exspoliatur, ut nos tegeret ; qui pro nobis coronatur, ut nos coronaret ; qui felle et aceto potatur, ut nobis fontes mellifluos aperiret. Mortem suscepit, ut nobis vitam æternam donaret, sepultus est, ut sepulturam suorum benediceret ; ascendit in cœlum, ut nobis cœlorum portas aperiret ; sedet ad dexteram Dei Patris, ut credentium preces et vota exaudiret. Ecce ergo ad quid natus est Christus, ecce propter quid ad nos descendit Christus. Quid igitur agitis, o vos mundi amatores? Quid vobis cum carne, o venerabiles senes ? O juvenes delicati, quid agere creditis, cum nihil sine Christo potestis facere, quibuscumque bonis terrenis ornati sitis? Quærite ergo o juvenes Christum, ut juvenes maneatis. Quærite vos senes Christum , ut cum omni prosperitate vivere valeatis. Quærite Christum, et nolite quiescere, illum Christum, illum Jesum qui Cen-

(1) Hæc vox favet Lupi conjecturæ de auctore Gallo vel Valone, sicut et dictio superior : « Alpes transvolantes. »

néenne, pardonna au larron et lui donna le paradis. Cherchez ce Christ avec la foi, avec l'espérance et avec la charité. Cherchez le Christ et ne vous arrêtez point. Cherchez le Christ et ne mettez pas votre espérance dans la longueur de votre vie, car sa fin est incertaine. Mais prenez garde de ne pas être enduits en erreur, car il se fait beaucoup de mal sous l'apparence du bien. Notre vieil ennemi ne cesse de prendre la forme des anges de lumière, dressant partout ses pièges pour nous tromper. Cet esprit malin connaît le caractère des hommes, il sait pour qui il doit employer l'ardeur de la concupiscence, la voracité de la gourmandise, la corruption de la volupté et les douleurs de l'envie. Il sait très-bien quel est celui qu'il pourra troubler par le chagrin, tromper par la joie, opprimer par la crainte et séduire par les applaudissements. Il examine le caractère de chacun et ne cesse par tout moyen d'appliquer le van et de sonder les affections de chaque homme ; et quand il a découvert quelle passion domine, aussitôt il met là tous ses efforts. Pour vous, fidèle, aussitôt que vous sentirez les atteintes de la tentation, sur-le-champ cherchez le Christ, invoquez le Christ, et bientôt il viendra à votre secours car il est fidèle, et il ne permet pas que nous soyons tentés au-dessus de ce que nous pouvons supporter. Lui qui est béni dans les siècles des siècles. Ainsi soit-il.

Sermon XLIV. — *De la piété, de la charité et des suffrages envers les morts.* — Frères bien-aimés, je ne me rappelle point d'avoir lu que celui-là ait fait une mort malheureuse, qui, pendant cette vie, s'est occupé volontiers d'œuvres de charité et de miséricorde. En effet, l'homme compatissant, ainsi que celui qui pratique avec joie les œuvres de charité, compte un grand nombre d'intercesseurs. Que dirons-nous des hommes de miséricorde, si ce n'est cette parole que nous avons lue fréquemment : « Leurs œuvres les suivent ? » (*Apoc.*, xiv, 13.) Pourquoi ? n'est-ce point parce qu'ils ont un grand nombre d'intercesseurs ? Aussi est-il impossible que les prières de tant d'âmes ne soient pas exaucées. Considère bien, ô homme, quel est celui que tu rencontres sur ton chemin ; réfléchis, c'est un homme créé à l'image de Dieu, et cependant il est pauvre, il est nu, il est mendiant, peut-être est-il orphelin et mineur. Garde-toi de le mépriser, de le frapper, de le repousser ; car, bien que le malheureux soit pauvre, nu, affamé, et qu'il t'apparaisse misérable, bien qu'il souffre et qu'il ait honte, cependant tu ne dois point le rejeter. Non, mes frères, ne les méprisez point ; et, si même ils vous demandent avec importunité, ne murmurez jamais contre eux, car les pauvres et les misérables ne cessent jamais de louer le Seigneur. Toi, riche, qui parcours les chemins et les places publiques, la tête haute, considère que, comme le pauvre, tu es né de la femme, et que tu vivras bien peu de temps. Et, quoique tu sois riche, souvent pourtant l'amertume et les chagrins remplissent ta vie ; tu fus engendré dans la corruption, tu t'es développé, et tu as grandi dans les ténèbres, ta mère t'a enfanté dans les douleurs. Avant de sortir du sein de ta mère, tu fus pour elle une charge pesante, et, avant de sortir, tu l'as déchirée d'une façon honteuse. Comme le pauvre et le mendiant, tu as pleuré aussitôt que tu as fait ton entrée dans cette vallée de larmes. Nous naissons donc de la même manière, nous vivons de

turionis servum sanavit, paralyticum solidavit, Lazarum resuscitavit, cæcos illuminavit, meretricem beatificavit, Chananæam exaudivit, latroni pepercit, et ei paradisum donavit. Hunc Christum quærite fide, spe et caritate. Quærite Christum, et nolite quiescere. Quærite Christum, et nolite sperare in longitudine vitæ vestræ, quia incertus est exitus. Sed attendite ne decipiamini, quia sub specie boni multa mala fiunt. Non enim desinit hostis antiquus figuram assumere Angelorum lucis, laqueos deceptionis ubique prætendens. Novit enim malignus naturas hominum, et cui adhibeat cupiditatis calorem, gulæ voracitatem, luxuriæ fœditatem, invidiæ calamitatem. Optime novit quem mœrore conturbet, quem fallat gaudio, quem metu opprimat, quem admiratione seducat. Cunctorum discutit naturas, ventilare et perscrutari cunctorum affectus in nullo desistit : et ubi cognoverit quod delectet, ibi suum (*a*) exercitium ponit. Tu ergo fidelis, cum tentationes persenseris, mox Christum quære, mox Christum invoca ; et mox tibi ipsi auxiliabitur, quia fidelis est, et non permittit nos tentari supra id quod possumus portare. Qui est benedictus in sæcula. Amen.

Sermo XLIV. — *De pietate, caritate et suffragiis defunctorum.* — Fratres carissimi, nunquam recordor me legisse mala morte perisse, qui libenter in hac vita opera caritatis vel pietatis voluerit exercere. Habet enim multos intercessores pius homo, et ille qui opera caritatis exercet hilariter. Quid enim aliud de piis hominibus dicere poterimus, nisi id quod frequenter legimus : « Opera enim illorum sequuntur illos ? » (*Apoc.*, xiv, 13.) Quare ? Nisi quia multos habent intercessores, ideo impossibile est, ut preces multorum non exaudiantur. Considera ergo, o homo, quis est ille qui tibi in via occurrit : animadverte quod homo est ad imaginem Dei factus, et tamen pauper est, nudus est, mendicus est, orphanus et pupillus forsitan est. Cave tamen, ne talem despicias, ne eum percutias, ne expellas. Nam licet pauper, licet nudus, licet famelicus, licet miser appareat, licet doleat, licet erubescat, non tamen expellendus est pauper. Nolite, Fratres, eos spernere, nec, etiamsi importune petierint, de eis aliquando murmurare, quia pauperes et inopes non cessant laudare Deum. Considera tu dives, quia vias perambulas et plateas erecto capite et collo, quod tu simul cum paupere natus es de muliere, et brevi vives tempore. Et licet dives sis, sæpe tamen repleris amaritudine et doloribus. In sordibus generatus es, in tenebris confoveris, in doloribus etiam peperit te mater tua. Ante exitum matrem gravi- ter onerasti, in exitu matrem dilacerasti turpiter. Flevisti simul cum paupere et mendico, quando vallem plorationis ingressus es. Pares ergo geniti sumus, pariter vivimus, pariter moriemur et omnes. Considera ergo, o

(*a*) Mss. *exercitum.*

même, et tous nous mourrons les uns comme les autres. Songe donc, ô riche, que le pauvre et l'opulent naissent et meurent sans aucune distinction. Ne méprise donc pas les pauvres, ne détourne point d'eux une main de bénédiction; accepte-les, au contraire, avec un visage ouvert, ranime-les par ton exemple et tes paroles. O mes frères, que la miséricorde soit donc notre mère! Car celui qui restaure du pain de la parole celui qui a faim, qui rafraîchit de l'eau de la sagesse celui qui a soif, qui ramène à la maison de son père celui qui s'égarait, qui protége l'innocent, qui enseigne la foi et la patience à celui qui est malade, qui vient en aide par ses consolations et ses paroles compatissantes à celui que la tribulation accablent, celui-là est vraiment plein de piété et de miséricorde, il est le véritable ami de Dieu, et il n'est personne qui ose dire qu'il ait fait une fin malheureuse. O miséricorde, l'appui du salut, l'ornement de la foi, la propitiation des péchés! tu es l'épreuve des justes, tu fortifies les saints et tu ramènes les méchants au bien; que celui qui, sans toi, paraît être comblé de tous les biens, ou qui paraît orné de la chasteté, ne cesse de dire : Je suis un serviteur inutile. Mais faites bien attention, mes frères, faites bien attention; non-seulement il nous faut avoir pitié des pauvres en cette vie, mais encore étudions-nous à avoir la plus grande compassion pour les défunts et à leur venir en aide, nous souvenant de ce que fit Juda Machabée. Il dit, en effet, que c'était « une sainte pensée de prier pour les morts, afin qu'ils soient délivrés de leurs péchés. » (II Mach., XII, 46.) Juda savait bien, en effet, que personne ne pouvait se glorifier d'avoir conservé la chasteté de son cœur, lorsqu'il se rappelait que les astres eux-mêmes n'étaient pas purs en présence de Dieu. Les anges sont tombés du ciel, donc les astres mêmes n'ont pas été purs ; et l'enfant lui-même, dont la vie n'est que d'un jour sur la terre, n'est pas sans péché. Que dire donc de nous? Pourrions-nous nous glorifier d'avoir conservé notre cœur pur? Non, jamais. Que dire alors? Que nous sommes tous pécheurs, que nous avons été tous conçus dans le péché, que nous y vivons; tous nous menons une vie pécheresse, tous nous vivons dans le péché, et peut-être mourrons-nous dans des péchés véniels. Donc, nous avons tous besoin de miséricorde, parce que tous, sans exception, il nous faudra sortir de cette vie. Et quoique nous mations durement notre chair par le jeûne et l'abstinence, quoique nous supportions avec patience pour l'amour de Jésus-Christ toute espèce de maux, cependant les souffrances de ce monde n'ont aucune proportion avec la gloire future qui sera révélée en nous. (Rom., VIII, 18.) Donc, nous avons besoin de miséricorde, car, à l'aide de nos seuls mérites, nous ne pouvons pas atteindre à la vie éternelle. Cependant, ô homme, désires-tu que Dieu ait pitié de toi? Fais en sorte d'avoir toi-même pitié du prochain. Dieu, en effet, mesurera sa miséricorde envers toi sur celle que tu auras exercée à l'égard du prochain, et tu ne recevras dans l'autre vie qu'en proportion de ce que tu auras fait dans celle-ci. Prie donc pour les défunts, afin que, quand ils seront dans la vie éternelle, ils prient pour toi, car ils attendent de nous que nous leur venions en aide, puisque le temps de mériter ne leur est pas donné. Chaque jour donc les malheureux, que les tourments enveloppent, crient vers nous; ils crient, et trop peu leur répondent ; ils se plaignent amèrement, et il n'est personne qui veuille les consoler. O mes frères, que notre cruauté est grande! Qu'elle est énorme notre inhumanité!

---

dives, quod pauper et dives pari modo omnes nascuntur, et moriuntur. Noli ergo eos despicere, noli manum benedictionis avertere ab eis ; sed eos facie serena suscipe, eos verbo et exemplo refice. Misericordia igitur, o Fratres mei, mater nostra sit. Nam qui esurientem pane verbi reficit, qui sitientem potu sapientiæ refrigerat, qui errantem in domum patris revocat, qui innocentem protegit, qui infirmum fide et patientia instruit, qui in tribulatione oppresso consolando vel compatiendo subvenit, hic verus pius est, verus misericors est, verus amicus Dei est ; nec cum mala morte periturum aliquis dicere audeat. O misericordia salutis præsidium, fidei ornamentum, propitiatio peccatorum! Tu justos probas, tu sanctos roboras, malos ad bonum perducis : et qui sine te cunctis bonis abundare videtur, vel castitate apparet decoratus, omnino dicere non desistat : Servus inutilis sum. Sed attendite etiam, Fratres mei, attendite, quia non solum pauperibus in via misereri debemus ; sed et defunctis cum omni diligentia misereri et subvenire studeamus, attendentes et quid Judas Machabæus fecerit. Dixit enim, quod « sancta esset cogitatio pro defunctis exorare, ut a peccatis solvantur. » (II Machab., XII, 46.) Sciebat enim ipse Judas, quod nemo gloriari poterat castum se habere cor : considerans etiam, quod astra non erant munda in conspectu Dei. Ceciderunt enim angeli de cœlo, ideo munda astra non fuerant : nec etiam infans, cujus vita est unius diei super terram, sine peccato est. Quid ergo de nobis dicemus? Numquid gloriari poterimus castum habere cor? Absit omnino. Quid? Nisi quia omnes peccatores sumus, omnes etiam in peccatis concepti sumus et nati, omnes etiam vitam peccabilem ducimus, omnes in peccatis vivimus, et forsitan in venialibus morimur. Ergo misericordia indigemus, quia de hac vita omnes migraturi sumus. Et licet carnem dure maceremus jejuniis et abstinentiis, licet omnia mala patienter ob Christi amorem sustineamus ; non tamen condignæ sunt passiones hujus temporis ad futuram gloriam, quæ revelabitur in nobis. (Rom., VIII, 18.) Ergo misericordia indigemus : quia per nostra merita æternam vitam acquirere non valemus. Cupis autem, o homo, ut tui misereatur Deus? Fac ut proximo miserearis. Nam tantum tibi miserebitur Deus, quantum et tu misereberis proximo : tantum recipies in alia vita, quantum facies in præsenti vita. Ora ergo pro defunctis, ut dum fuerint in æterna vita, pro te orare non negligant. Exspectant enim nos, ut juventur per nos ; tempus enim operandi jam profugit ab eis. Clamant igitur quotidie qui jacent in tormentis. Clamant, et pauci sunt qui respondeant : ululant, et non est qui consoletur eos. O quam grandis crudelitas, Fratres mei, o quam

Chaque jour, ceux qui, pendant leur vie, ont consenti à endurer pour nous toute espèce de maux, élèvent leurs cris vers nous, et nous ne nous mettons point en peine de leur porter secours. Vraiment, notre inhumanité est sans bornes. Le malade gémit sur son lit de douleur, et les médecins le consolent; le pourceau grogne, et tous aussitôt s'inquiètent de ses cris; un âne tombe, et chacun s'empresse de le relever; mais le fidèle gémit dans les tourments, et nul ne répond à son appel. Voilà, mes frères, jusqu'où va notre inhumanité. Allons, qu'il n'en soit plus ainsi, mais souvenez-vous que prier pour les morts, afin qu'ils soient délivrés des peines dues à leurs fautes, est une pensée sainte et salutaire, charitable, heureuse et agréable à Dieu et aux anges. Mais quelqu'un dira : J'avais un père vertueux et bon, miséricordieux et chaste, humble et orné de toutes les vertus, et, si tout ce que je lis est vrai, je n'ai aucun doute sur son bonheur. A quoi bon prier pour lui? à quoi bon donner l'aumône, jeûner ou visiter les tombeaux des saints? Non, il n'est point nécessaire de prier pour lui, car il fut fidèle, pieux, chaste, humble, patient, orné de toutes vertus; il ne courut point après l'or, il ne mit point son espérance dans les trésors; il eût pu violer la loi et il ne l'a point violée, faire le mal et il ne l'a point fait. Que dois-je donc croire, sinon ce que je lis? Ne lisons-nous pas et n'entendons-nous pas prêcher que celui qui fait le bien sera largement récompensé? O homme, je ne prétends aucunement infirmer ce que vous avancez là. En effet, qui d'entre les fidèles ose douter que celui qui fait bien recevra une juste récompense ? Je vous conseille cependant de ne pas cesser de prier pour les défunts. Je vous l'ai dit plus haut, personne ne vit sans péché, personne ne peut se vanter d'avoir toujours conservé son cœur chaste et pur. Or, qu'est-ce que je vous conseille de faire? que veux-je ? qu'est-ce que je vous demande, sinon de quitter l'incertain pour vous attacher à ce qui est certain? En quoi consiste l'incertain ? c'est que vous ne savez si votre père gémit dans les tourments, ou s'il a été trouvé digne d'amour ou de haine. Beaucoup ici-bas jouissaient d'une certaine réputation de sainteté; et cependant, en présence de Dieu, ils n'ont point été trouvés bons, mais mauvais. Encore une fois, prenez donc le certain, et mettez de côté tout ce qui est incertain. N'est-il pas certain qu'il fut pécheur, et, bien qu'il ait été orné de bonnes œuvres, nous ignorons cependant s'il a été trouvé digne de posséder la gloire éternelle. Lisez donc, ô homme, et hâtez-vous de faire passer en acte que c'est une sainte et salutaire pensée de prier pour les morts, de donner l'aumône, de crucifier sa chair, d'accomplir des œuvres de miséricorde et de faire des pèlerinages, afin qu'ils soient délivrés de leurs péchés. Car, si ceux pour lesquels vous priez sont des bienheureux ou des damnés, dès lors que vous l'ignorez, et que Dieu ne vous l'a point révélé, vous ne sauriez faire injure ni aux bienheureux, ni aux damnés, ni même offenser Dieu. S'ils sont des élus, ils n'ont pas besoin de vos bonnes œuvres; si, au contraire, ils sont damnés, ils ne peuvent en obtenir l'effet. Puisque donc vous n'êtes pas certain ni qu'ils soient damnés, ni qu'ils soient dans la gloire, n'hésitez point de prier pour eux, quoique, comme nous l'avons dit, ils n'ont pas besoin de vos bonnes œuvres s'ils sont parmi les bienheureux, et que les méchants n'obtiennent rien s'ils sont avec les damnés. Sachez cependant et croyez fermement que, bien que vous priiez

---

grandis inhumanitas! Clamant ad nos quotidie, qui dum vixerunt, multa mala pro nobis sustinere voluerunt ; nec eis subvenire curamus. O vere magna inhumanitas! Ecce enim infirmus jacet et clamat, et a medicis consolatur; clamat porcus, et omnes cum eo clamare non cessant; cadit asinus, et omnes eum sublevare festinant : sed clamat in tormentis fidelis, et non est qui respondeat. Ecce nostra inhumanitas, Fratres. Eia ergo non sic : sed mementote, Fratres, quod sancta et salubris, pia et felix et suavis Deo et Angelis est cogitatio pro defunctis exorare, ut a pœnis quas pro peccatis patiuntur, solvantur. Sed dicet quis : Ecce patrem pium et bonum habui, misericordem et castum, humilem et omnibus virtutibus ornatum : nam si vera sunt quæ lego, eum esse beatum non dubito. Cur ergo orare pro eo volo, cur eleemosynam dare, cur jejunare, cur sanctorum corpora visitare? Non est ergo necesse pro eo orare, quia fidelis fuit, pius, castus, humilis, patiens, et cunctis bonis ornatus, et post aurum etiam non abiit, nec in pecuniæ thesauris speravit : potuit enim transgredi, et non est transgressus ; et facere malum, et non fecit. Quid ergo credere debeo, nisi quod lego ? Quid enim lego, vel quid prædicari audio, nisi quod qui bene operabitur, bene remunerabitur? O homo, hæc quæ dicis ego nullo modo tibi negare audeo. Quis enim fidelium dubitat, quod qui bene fecerit, bene recipiet? Consulo tamen ut pro defunctis exorare non desistas. Dixi enim supra, quod nemo sine crimine vivit, nemo gloriari potest castum vel mundum se habere cor. Quid ergo facere consulo, quid volo, vel quid deprecor, nisi quod dimittas incertum, et accipias certum ? Quid enim est incertum, nisi quod nescis utrum pater tuus crucietur, vel utrum dignus fuerit odio vel amore? Multi enim fuerunt qui reputati fuerunt sancti, et tamen in conspectu Dei non boni, sed mali inventi sunt. Accipe ergo quod est certum, et dimitte quod est incertum. Certum enim est, quod peccator fuit : et licet bonis operibus ornatus fuerit, ignoramus tamen utrum æternam gloriam meruerit possidere. Lege ergo, o homo, et opere adimplere festina, quod sancta et salubris est cogitatio pro defunctis exorare, eleemosynam dare, carnem affligere, opera pietatis exercere, et peregrinationes facere, ut a peccatis solvantur. Nam et si sunt beati vel damnati pro quibus rogas, dummodo nescias, et a Deo revelatum tibi non fuerit, non beatis vel damnatis injuriam facere potes, vel Deum offendere : quia si beati sunt, bono tuo non indigent; et si damnati sunt, obtinere non valent. Ergo dum certus non sis quod nec damnati nec beati sint, orare pro eis non differas : quia, ut supra diximus, bonis tuis non indigent qui beati sunt, et mali non obtinent, quia damnati sunt. Scias tamen, et indubitanter credas, quod licet pro defunctis beatis vel damnatis,

pour les défunts qui sont au ciel, ou pour ceux qui sont damnés, les bonnes œuvres que font ceux qui sont en état de grâce ne sont pas perdues pour cela. Souvent nous vous avons annoncé, et souvent nous vous avons enseigné, comme étant absolument de foi, qu'aucun mal ne demeurera impuni, ni aucun bien sans récompense, près de celui en qui il n'y a point acception de personnes, car votre prière retournera dans votre sein. Donc vous prierez toujours pour les défunts; et si votre prière ne leur est point utile, ou parce qu'ils sont désormais dans le bonheur, ou parce qu'ils souffrent dans les enfers, elle reviendra à vous et grossira votre trésor. Et de la sorte nous serons bons, nous serons charitables et miséricordieux, aussi jamais nous ne pourrons périr d'une mort malheureuse, et le Seigneur nous gardera tout le cours de notre vie; et quand enfin nous la quitterons, il nous donnera celle que l'œil n'a point vue, que l'oreille n'a point entendue et qui n'a jamais été comprise par le cœur d'un homme vivant. Hâtons-nous donc, mes frères, de prier pour les défunts, afin qu'à leur tour ils s'empressent de nous appeler à eux. Ils voient, en effet, la très-sainte Trinité, une et cependant composée de trois personnes; ces deux notions ne rappellent à leur pensée qu'un seul et même Dieu; ces personnes infinies en elles-mêmes et distinctes sont unies entre elles par des liens ineffables. Et, si vous ne pouvez comprendre comment la sainte Trinité est en même temps trois et une, écoutez un exemple : Il n'y a au ciel qu'un seul soleil; il marche, il échauffe, il éclaire. Sur la terre il n'y a qu'un feu, ayant également trois propriétés : le mouvement, la lumière et la chaleur, et il n'est pas en votre pouvoir de séparer la lumière du mouvement et de la chaleur. Il en est de même de la très-sainte Trinité de Dieu; et, si nous ne pouvons pas comprendre ce mystère, hâtons-nous de faire de bonnes œuvres, afin que nous méritions par sa grâce de voir la sainte Trinité telle qu'elle est. C'est avoir le cœur bien barbare que d'abandonner sa patrie, de la mépriser et de refuser d'y habiter. Ne mettons donc point de paresse à opérer le bien, afin que nous puissions retourner dans notre patrie et y demeurer. La beauté de la justice, en effet, est si grande, il est si complet le bonheur que l'on goûte au sein de la lumière éternelle, c'est-à-dire de la vérité et de la sagesse immuables, que ne dussions-nous même y séjourner qu'une heure ou qu'une demi-heure, ce serait avec justice et raison que, pour posséder ce seul bien, nous mépriserions les années innombrables de cette vie, fussent-elles pleines de délices et de l'abondance des biens temporels. O royaume glorieux de Dieu, ô notre patrie si désirable, tu vaux autant que ce que je puis donner ; la veuve avec ses deux petites pièces de monnaie t'achète aussi bien que Pierre en abandonnant ce qu'il possédait, que Zachée en donnant la moitié de ses biens, que Marie, sœur de Lazare, qui vendit tout et le déposa aux pieds des apôtres. Pourquoi donc mettre tant de paresse à bien faire? Pourquoi négliger de prier pour nos défunts ? Considérons donc, mes frères, attentivement notre patrie, et voyons-la composée, non pas seulement d'hommes, mais aussi d'anges et d'archanges, de trônes et de dominations, des puissances et des principautés. Là, l'homme contemplera la Trinité sainte et indivisible telle qu'elle est, et il la contemplera dans une clarté plus abondante ou au moins égale aux mérites qu'il aura amassés pendant cette vie par

---

obsecres, bona quæ pro bonis fiunt non amittuntur. Sæpe enim prædicavimus, et sæpe integra fide docuimus, quod nullum malum impunitum, et nullum bonum irremuneratum erit apud quem non est acceptio personarum. Oratio enim tua in sinu tuo convertetur. Igitur pro defunctis semper orandum est : et si non proficiet eis quia beati vel damnati sunt, oratio in sinu nostro convertetur. Sic enim boni erimus, sic pii et misericordes, sic mala morte perire non poterimus, quia Dominus custodiet nos in tota vita nostra, quam postea deserendo, dabit illam quam nec oculus vidit, nec auris audivit, nec in cor hominis ascendit viventis. Festinemus ergo, o Fratres, pro defunctis exorare, ut et ipsi festinent nos ad se vocare : vident enim sanctam Trinitatem tantum esse unam, quantum tres simul sunt, nec plus aliquid sunt duæ quam una res, et in se infinita sunt, et singula in singulis, et omnia in singulis, et singula in omnibus, et omnia in omnibus, et unum omnia sunt. Et si capere non potestis quomodo sancta Trinitas tres et unum sunt, exemplum accipite. Unus enim est sol in cœlo currens, calescens, et fulgens. Unus est in terra ignis tria similiter habens, motum, lucem, et fervorem : nec lucem a motu et fervore dividere potes. Sic est sancta Dei Trinitas. Et si ejus mysterium capere non valemus, bene operari festinemus, ut, sicuti est, sanctam Trinitatem per gratiam videre mereamur. Inhumanum est namque, patriam deserere, patriam despicere, vel in ea nolle habitare. Bene ergo operari non pigeat, ut patriam habitare possimus, et ad eam redire valeamus. [(1) Tanta est enim pulchritudo justitiæ, tanta jucunditas lucis æternæ, hoc est, incommutabilis veritatis et sapientiæ, ut etiam si non liceret in ea amplius manere quam unius diei hora vel media, propter hoc solum innumerabiles anni hujus vitæ pleni deliciis et circumfluentia bonorum temporalium recte meritoque contemnerentur hæc omnia.] O regnum Dei gloriosum, o patria nostra desiderabilis, tantum vales quantum habeo : tantum emit de te vidua duobus minutis, quantum Petrus relinquens omnia, quantum Zachæus dando dimidiam patrimonii partem, quantum Maria soror Lazari, quæ omnia vendidit, et ante pedes Apostolorum posuit. Cur ergo bene operari pigrescimus? Cur pro defunctis orare negligimus? Intueamur ergo, Fratres, patriam nostram, non solum ex hominibus, sed etiam ex Angelis atque Archangelis, Thronis et Dominationibus, Principatibus et Potestatibus congregatam. Ibi etiam sanctam et individuam Trinitatem, sicuti est, homo videbit : plus vel tantum abundantius, quantum plus in via (a) operando me-

---

(1) Augustinus, lib. III, *de lib. arbitr.*, n. 77.
(a) Mss. *operari*.

ses bonnes œuvres. Sachons cependant que de quelques biens que nous soyons chargés, ce n'est pas à cause d'eux que nous serons en mesure de pouvoir acheter cette gloire ; nous ne la possédons que par grâce. Nous y serons cependant tous contents, tous heureux, tous dans la joie. Elle est cette « meilleure part que Marie a choisie, » (*Luc*, x, 42) en se reposant et en s'asseyant aux pieds du Seigneur ; elle contemplait tout à la fois le Dieu et l'homme. Pourquoi l'Evangile dit : « la meilleure part ? » N'est-ce point de ce que, par la contemplation, on veut désigner la vie éternelle ? Elle est la meilleure vie, parce qu'elle est sûre, parce qu'elle est éternelle, parce qu'elle est vraie, parce que c'est notre bonheur de posséder Dieu, de le voir, de le contempler. Elle est notre meilleure part, et, cette part, nous ne pouvons en jouir tant que nous sommes en cette vie. Pourquoi ? parce que tant que nous vivons, nous voyageons loin de Dieu, nous sommes toujours au milieu des dangers, et, comme Marthe, nous nous embarrassons toujours dans les travaux de cette vie. Ici-bas nous travaillons, en effet, avec Marthe, donnant l'hospitalité et fournissant aux serviteurs de Dieu ce qui leur est nécessaire. Marthe a choisi cette part, elle fut bonne, mais non la meilleure, car elle n'est pas éternelle. Elle a été bonne cependant, car, en persévérant dans les œuvres de charité, elle mérita de s'asseoir avec sa sœur aux pieds du Seigneur dans la vie éternelle. Hâtons-nous donc d'accomplir des œuvres de miséricorde et de prier pour les défunts, afin qu'il nous soit donné de voir et de pouvoir saluer avec respect les patriarches et les prophètes. Les noms de ces saints personnages sont gravés pour l'éternité, car ils sont dignes de Dieu, illustres par leur foi, remarquables par leur hospitalité, habiles par leur bon sens, sages dans leurs actes, riches des biens du siècle, les réparateurs et les restaurateurs de l'univers, pleins de foi dans les promesses, les hôtes des anges ; ils virent Dieu face à face, furent prudents et victorieux, et l'empire qu'ils avaient fondé ne cessa point jusqu'à ce que le Christ sortant de leur race par le sein de la bienheureuse Vierge, l'espérance de toutes les nations, naquit dans le monde et y fit son apparition, toute brillante de lumière. Ils s'entretinrent avec Dieu, et Dieu leur révéla ses secrets ; en sorte qu'illuminés par l'Esprit saint, ils connurent toutes les choses qui devaient arriver, comme si elles eussent été présentes. Hâtons-nous donc, mes frères, de quitter le siècle, afin de pouvoir aussi saluer et contempler les saints apôtres, dont les regards réjouis ont mérité de voir Dieu vivant dans la chair, et dont les fruits demeurent éternellement dans la patrie céleste. Hâtons-nous encore, mes frères, d'entrer dans le Saint des saints, afin de voir les saints martyrs de Dieu. Ils ont dompté leur chair, affermi leur esprit, commandé aux démons ; ils ont brillé par leurs vertus, méprisé les choses présentes, et annoncé de la voix et par leur conduite cette patrie qui fait en ce moment l'objet de notre entretien. Hâtons-nous encore de pénétrer dans le Saint des saints, et d'y contempler les saints confesseurs de Dieu ; bien qu'ils n'aient pas été frappés du glaive des persécuteurs, cependant dignes de Dieu par le mérite de leur vie, ils ne sont point privés de la récompense du martyre. On ne mérite pas seulement la récompense du martyre par l'effusion du sang, mais aussi par l'abstention du péché et par

---

ruerit, clarius videbit. Non tamen quibuscumque bonis oneratí simus, propter hoc eam emere valeamus, nisi per gratiam possidere. Omnes tamen ibi contenti erimus, omnes felices, omnes jucundantes. Hæc est enim illa optima pars, quam Maria elegit quiescendo et sedendo ad pedes Domini. Contemplabatur enim ipsa Deum et hominem ; ideo « optimam partem elegit. » (*Luc.*, x, 42.) Quare « optimam partem » dicit, nisi quia per contemplationem æterna vita designatur ? Optima vita, est enim quia secura est, quia æterna est, quia vera est, quia felicitas nostra est, Deum habere, Deum videre, Deum contemplari. Ideo optima pars est, quam partem non possumus in via possidere. Quare ? Quia quamdiu vivimus, peregrinamur a Domino, et semper in periculo sumus, et, semper in labore in hac vita cum Martha fatigamur. Sumus enim hic cum Martha laborantes, hospites recipientes, et ministrantes servis Dei quæ necessaria sunt. Hanc partem Martha elegit, et bona fuit, sed non optima : quia non æterna. Bona tamen fuit, quia perseverando in operibus caritatis, sedere ad pedes Domini in æterna vita cum sorore meruit. Festinemus ergo opera pietatis exercere, et pro defunctis exorare, ut videre possimus, et revereuter salutare valeamus Prophetas sanctissimos et Patriarchas veraces. Isti enim sunt quorum nomina manent in æternum, quia Deo digni sunt, fide præclari, hospitalitate præcipui, astuti in sensu, sapientes in opere, rebus sæcularibus locupletes, reparatores orbis terrarum atque recreatores, creduli in repromissionibus, Angelorum susceptores, facie ad faciem Deum videntes, prudentes et victoriosi, quorum imperii potestas non cessavit, quoad usque Christus ex eorum germine per uterum beatæ Virginis, quæ est spes omnium gentium, natus in mundo, coruscando in mundo apparuit. Isti enim sunt sancti viri, cum quibus locutus est Deus, et ostendit eis secreta sua, ut ea quæ ventura erant quasi præsentia Spiritu sancto illuminati agnoscerent. Festinemus ergo, Fratres, sæculum exire, ut etiam salutare et videre valeamus sanctos Apostolos, quorum oculi beati, qui Deum in carne (*a*) viventem videre meruerunt, quorum fructus in patria in æternum manet. Festinemus etiam, Fratres mei, ingredi Sancta sanctorum, ut etiam valeamus videre sanctos Dei Martyres, qui carnem domuerunt, spiritum roboraverunt, dæmonibus imperaverunt, virtutibus coruscaverunt, præsentia despexerunt, et illam patriam de qua nunc loquimur, voce et moribus prædicaverunt. Festinemus etiam, Fratres, ingredi Sancta sanctorum, ut videre valeamus sanctos Dei confessores : qui licet persecutorum non senserint gladium, tamen per vitæ meritum Deo digni præmio martyrii non privantur : quia martyrium non tantum effusione sanguinis, sed etiam abstinentia peccatorum et exercitatione divinorum præceptorum

(*a*) Ms. *venientem.*

l'observation des préceptes divins. Hâtons-nous donc de pénétrer dans le Saint des saints, afin d'y voir et de saluer avec respect la sainte Mère de Dieu, avec toutes ses saintes vierges, avec cette multitude de tout sexe qui, enflammée par ses exemples, marcha sur ses traces. En quittant volontairement toute union matrimoniale, mettant de côté tout espoir de postérité, elles furent dignes d'être unies à l'Epoux éternel qui habite aux cieux, et de ne faire qu'un avec lui par le cœur, les actes, l'extérieur et les moindres gestes. Elles furent, ces saintes vierges, toutes dévouées à Dieu; elles s'appliquèrent pendant leur vie à la prière, s'adonnèrent aux jeûnes, firent l'aumône, secoururent les pauvres, se réjouirent dans la tribulation, furent puissantes dans les tentations, et rendirent grâces à Dieu de la perte des biens temporels. Oui, mes frères, hâtons-nous d'imiter ces saints. Apprenons d'eux à faire vaillamment et sans interruption les œuvres de charité, et nous mériterons par ces bonnes œuvres, et avec sa grâce, de voir Dieu face à face, tel qu'il est. Que celui qui est la force et le salut de tous les saints nous accorde ce bonheur. Ainsi soit-il.

SERMON XLV. — *Faisons pénitence et évitons la détraction.* — Heureux l'homme auquel Dieu fera miséricorde. Confessons nos fautes, mes frères, et Dieu exercera sa miséricorde à notre égard. Nos péchés sont énormes, mais cependant, parce que le Seigneur est grand, faisons pénitence, car sa miséricorde s'étend dans tous les siècles. Remarquez, mes frères, ce qui est dit : dans tous les siècles. Dans l'enfer, qui pourra s'accuser à vous? Il n'est personne, en effet, qui puisse faire pénitence en enfer, une telle pénitence serait sans fruit. Ici, il fait miséricorde à celui qui se repent; ici, il tend la main à celui qui est tombé. Au ciel, il siége comme juge, lui qui nous appelle à nous convertir. Heureux ceux qui pratiquent la justice. Le juste tombe sept fois par jour, soit dans ses pensées, soit dans ses paroles, et il se relève. En quelque jour que le pécheur se convertira, et qu'il fera pénitence, Dieu aura pitié de lui. Le juste ne doit pas être en sécurité, le pécheur ne doit pas désespérer; que l'un et l'autre craignent et espèrent. Bienheureux celui auquel le Christ fit connaître cette vie, celui-là est son père et sa mère. Celui qui agit de la sorte se sauve, et, par son exemple, il conduit les autres à la vie éternelle. C'est une loi qui prend sa source dans l'Evangile. Si l'homme qui a été baptisé pèche, et qu'il fasse une vraie pénitence, aussitôt ses péchés lui sont remis. Celui qui renie le Christ est un impie, et il ne lui sera pardonné ni en ce monde, ni en l'autre. Nous venons parler de l'impiété, parlons maintenant de la vertu. Le premier degré, c'est l'humilité et la persévérance dans les bonnes œuvres; le second, le jeûne et l'aumône; le troisième, de suivre les inspirations de la charité et d'acquérir la patience; le quatrième, de tout abandonner pour l'amour de Jésus-Christ; enfin le cinquième, c'est de se défaire de ses vices. Il y a plus de vertu à se dépouiller de ses vices qu'à donner ce que l'on possède. Il ne sert de rien de quitter ses biens temporels, si nous ne quittons aussi nos vices. Beaucoup abandonnent leurs richesses, mais ne se dépouillent pas de leurs vices. Il est bon de jeûner et de faire l'aumône. Le jeûne sans l'aumône a peu de valeur; mais le jeûne, uni aux autres vertus, a une grande utilité. De quoi me sert le jeûne, si je suis voluptueux, si je suis porté à la colère, si je suis

perficitur. Festinemus igitur ingredi Sancta sanctorum, ut videre mereamur et salutare reverenter sanctam Dei genitricem, cum sanctis suis virginibus, quæ suis exemplis utriusque sexus multitudo ejus sequitur vestigia, et relictis nuptiarum copulationibus, dimissaque liberorum propagine, sponso qui in cœlis est perenni, mente, actu, habitu et gestu applicari meruerunt. Istæ enim fuerunt virgines sacræ Deo devotæ, quæ in vita sua fuerunt orationibus instantes, jejuniis adhærentes, eleemosynas facientes, pauperes recreantes, in tribulatione gaudentes, in bello potentes, in damnis temporalium rerum Deo gratias agentes. Festinemus ergo, Fratres mei, istos imitari sanctos. Discamus ab eis opera caritatis sine intermissione exercere valenter, et exercendo per gratiam merebimur Deum videre facie ad faciem, sicuti est : quod nobis concedat ille qui est sanctorum omnium virtus et salus. Amen.

SERMO XLV. — *De pœnitentia agenda, et detractione vitanda.* — Beatus homo cui miserebitur Deus. Confiteamur, Fratres, et miserebitur nobis. Grandia sunt peccata nostra (a) quia tamen magnus Dominus, sed agamus pœnitentiam, quoniam in sæculum misericordia ejus. Videte, Fratres, quid dicat. In sæculum. In inferno quis confitebitur tibi? Nemo est enim, qui possit in inferno pœnitentiam agere : infructuosa est enim talis pœnitentia. Hic miseretur pœnitenti, hic porrigit manum cadenti. In cœlo sedet judex, qui ad conversionem nos admonet. Beati qui faciunt justitiam. Justus septies cadit in die de cogitationibus suis aut de sermonibus suis, et iterum surgit. In quacumque die conversus fuerit peccator, et egerit pœnitentiam, miserebitur ei Deus. Neque justus debet esse securus, nec peccator desperare : in utroque timor sit et spes. Felix est, cui hanc vitam Christus notam fecit : et pater et mater est. Qui sic agit, se liberat, et alios suo exemplo ad vitam æternam perducit. Lex enim est, quæ cum Evangelio partem habet. Baptizatus homo si peccat, et agit veram pœnitentiam, cito ei remittuntur peccata. Impius est qui Christum negat, neque hic, neque in futuro remittetur ei. Diximus de impietate dicamus de pietate. Primus gradus est humilitas, et in bono opere perseverare. Secundus gradus est, jejunare, et eleemosynas facere. Tertius gradus est, caritatis sectari, et patientiam habere. Quartus gradus est, omnia derelinquere propter Christi amorem. Quintus gradus est, vitia dimittere. Major virtus est, vitia dimittere, quam res. Nihil prodest dimittere terrenas substantias, si vitia non dimittimus. Multi divitias derelinquunt, vitia non relinquunt. Bonum est jejunare, et eleemosynam facere. Jejunium sine eleemosyna parum valet : jejunia vero cum aliis virtutibus proderunt. Quid mihi prodest, cum jeju-

(a) Forte hic addendum *sed*, et mox omittendum.

médisant ? Les blessures de la langue sont plus profondes que celles du glaive. Le glaive tue le corps, mais ne saurait atteindre l'âme. Considérez, mes frères, quels grands maux cause la langue; pour le bien, elle a une grande puissance; pour le mal, c'est la mort. Quelle fut la cause de la chute du démon ? S'est-il rendu coupable de vol, d'homicide, d'adultère ? S'il est tombé, ce n'est point à cause de ces crimes, mais à cause de sa langue. Que dit-il, en effet ? « Je monterai jusqu'au ciel, j'établirai mon trône au-dessus des astres, et je serai semblable au Très-Haut. » (Is., XIV, 13.) Que dit Salomon ? « La vie et la mort sont au pouvoir de la langue. » (Prov., XVIII, 21.) La détraction est un grand péché. Le prophète s'en exprime ainsi : « Malheur à moi, mes lèvres sont impures. » (Is., VI, 5.) Donc, celui qui a les lèvres impures ne saurait prophétiser. Malheur à moi, misérable, si j'ai quitté ma mère, mes frères, mes sœurs, les biens périssables, si j'ai abandonné le siècle, et qu'ici je sois encore inquiet pour des biens qui passent. Des lèvres nous promettons la paix, et nous ne la tenons pas dans notre cœur. Le paix du Christ, voilà les armes du chrétien. Je me tue moi-même si je médis des autres. Salomon veut dire pacifique, parce que la réserve de sa conversation le rendait remarquable. La sagesse se nomme votre épouse, votre sœur, votre fiancée. Le démon a un grand nombre de pièges. L'homicide est un piège du démon, l'avarice un piège du démon, la détraction un piège du démon. Tant que nous sommes dans la sainteté, nos âmes sont sous l'opération de Dieu, et aussitôt que nous dirigeons notre volonté vers le péché pour le commettre, alors nos âmes sont dans le trouble. Là où on éprouve une plus grande peine, là aussi la victoire est plus grande; mais ce que les oreilles charnelles n'entendent point, les oreilles du Christ l'entendent dans les cieux. Le juste et le pécheur vivent également dans la chair, ils font le même naufrage, leurs fins sont pareilles, mais que leurs récompenses sont différentes ! Les justes arrivent aux récompenses éternelles, et les pécheurs aux supplices éternels. Gardons-nous d'être jamais d'accord avec celui qui médit. Entre un fornicateur et un médisant, la distance est bien grande; le fornicateur, en effet, se cause seulement la mort, mais celui qui se livre à la médisance se perd lui-même, et perd en même temps celui qui l'écoute. « Malheur à l'homme qui fait l'œuvre de Dieu avec négligence, » (Jérém., XLVIII, 10) comme dit le prophète. Il y a les fils de la géhenne, les fils de perdition ou les fils du démon, et les fils de Dieu; car chacun est appelé l'enfant de celui dont il fait les œuvres. Il est dit dans un autre endroit : « Venez, mes enfants, écoutez-moi, je vous enseignerai la crainte du Seigneur. Eloignez-vous du mal et faites le bien; recherchez la paix et mettez-la en pratique. Les yeux du Seigneur reposent sur le juste, et ses oreilles entendent sa prière. » (Ps. XXXIII, 12, etc.) Que Notre-Seigneur Jésus-Christ nous en fasse la grâce, lui qui vit et règne dans les siècles des siècles. Ainsi soit-il.

SERMON XLVI. — *Sur les anges et sur l'hospitalité.* — Puisque nous sommes sans cesse protégés par les anges, afin de ne pas tomber dans l'abîme, ne dois-je pas pour cette raison m'empresser de vous faire un discours sur eux, en leur honneur ? Mais que dire de ces esprits angéliques, puisque nous sommes si indignes d'en parler ? Nous croyons cependant avec raison, et en cela notre foi est indubitable, qu'enivrés de la divine présence et heureux de la vision sans fin, ils goûtent les biens du Seigneur que l'œil

---

nio si luxuriosus sum, si iracundus sum, si detractor sum? Majora vulnera sunt linguæ, quam gladii. Gladius corpus interficit, animam autem non interficit. Videte, Fratres, quanta mala habet lingua; in bono magna est, in malo mors est. Diabolus unde cecidit ? Numquid furtum fecit ? Numquid homicidium fecit ? Numquid adulterium fecit ? Diabolus non propter hoc cecidit, sed propter linguam : quia dixit : « In cœlum ascendam, super sidera ponam thronum meum, et ero similis Altissimo. » (Isa., XIV, 13.) Quid dicit Salomon ? « In manibus linguæ mors est vita est. » (Prov., XVIII, 21.) Detractio grande vitium est. Propheta dicit : « Væ mihi misero, quia immunda labia habeo. » (Isa., VI, 5.) Igitur qui immunda labia habet, non potest prophetare. Væ mihi misero, si dimisi matrem, si dimisi fratres, si dimisi sorores, si dimisi res perituras, si reliqui sæculum, et hic propter res perituras sollicitor. Pacem labiis promittimus, et in corde non tenemus. Christianorum arma, pax Christi est. Me ipsum occido, si aliis detraho, Salomon interpretatur Pacificus, sanctæ conversationis opere præclarus. Uxor tua dicitur sapientia, soror et sponsa. Multos habet diabolus laqueos : homicidium diaboli laqueus est, avaritia diaboli laqueus est, detractio diaboli laqueus est. Quamdiu in sanctitate sumus, animæ nostræ in opere Dei sunt. Quamdiu in peccatis ad peccandum voluntatem dirigimus, animæ nostræ turbantur. Ubi enim major pœna, major victoria est. Sed quod aures carneæ non intelligunt, aures Christi in cœlis intelligunt. Justus et peccator æqualiter habent carnem, æquale patiuntur naufragium; similes unde sunt, sed diversa præmia. Justi ducuntur ad præmia æterna, peccatores ad gehennam sempiternam. Non oportet consentire detrahenti. Tanta enim distantia est inter fornicantem et detrahentem : ut ille qui fornicatur, tantum se occidat; ille autem qui detrahit, et se et eum qui audit perdat. « Maledictus homo qui facit opus Dei negligenter. » (Jerem., XLVIII, 10) sicut dicit Propheta. Filii gehennæ, filii perditionis, et filii diaboli, et filii Dei; quia unusquisque cujus opera facit, ejus filius appellatur. Et in alio loco dicit : « Venite filii, audite me, timorem Domini docebo vos. Declina a malo, et fac bonum : inquire pacem, et sequere eam. Oculi Domini super justos, et aures ejus in preces eorum. » (Psal. XXXIII, 12, etc.) præstante Domino nostro Jesu Christo, qui vivit et regnat in sæcula sæculorum. Amen.

SERMO XLVI. — *De angelis et hospitalitate.* — Quia a naturis angelicis semper defendimur, ne demergamur, Fratres dilectissimi, ideo de eis ad eorum honorem sermonem facere non pigrescamus. Sed quid de angelicis spiritibus loquamur, cum de eis loqui immundi simus ? Credimus tamen sane, et indubitata fide tenemus, divina eos

n'a point vus, que l'oreille n'a pas entendus, et que le cœur de l'homme n'a point compris. Que vous dirai-je donc, malheureux pécheur, cendre et poussière que je suis? je ne puis penser à leur gloire, et vous,vous n'êtes pas capables de l'entendre. Cependant, puisque la bouche parle de l'abondance du cœur, disons ce qui nous sera possible à la gloire de Dieu, dont la bonté daigne nous échauffer aux rayons de son amour. Dans les esprits supérieurs, on ne trouve pas seulement une admirable dignité et une complaisance pleine de bonté, mais une gloire si grande que la langue ou le cœur de l'homme ne peuvent nullement en parler, ni même y penser. Ils se tiennent, en effet, toujours devant Dieu; ils sont ses ministres, les citoyens du ciel, les princes du paradis, les maîtres de la science, les docteurs de la sagesse, la lumière des âmes, leurs gardiens, les protecteurs de nos corps et les défenseurs de nos biens. C'est ce dont nous rend un excellent témoignage ce docteur des docteurs, ce prédicateur de la vérité, quand, enlevé au troisième ciel, il mérita de se mêler à cette bienheureuse cour, de voir Dieu tel qu'il est, et qu'il fut jugé digne de connaître des secrets cachés à tous les autres hommes. Alors il dit, il répéta et cria bien haut que ces esprits étaient des serviteurs envoyés pour exercer leur ministère en notre faveur. Ils sont les gardiens des provinces, protègent avec tout le soin possible nos biens, tant spirituels que temporels, ils sont nos intercesseurs contre le foyer de la concupiscence, ils obtiennent pour nous la victoire contre le démon et nous excitent à verser les larmes de la contrition, de la pénitence et de la prière. Ils portent avec joie nos œuvres et nos pensées dans les cieux; ils sont pour nous des frères qui nous aiment tendrement, nous instruisent en tout temps, nous protègent en tout, attendant notre arrivée au ciel et désirant nous voir remplir les places vides du paradis. Ces très-purs esprits nous sont donnés pour gardiens pendant notre sommeil; ils nous assistent dans nos prières et nous les inspirent. Quel est donc, mes frères, celui qui ne voudra pas toujours avoir présente la pensée des anges? Qui ne les aimera pas? Qui ne voudra vénérer ceux qui se tiennent toujours en présence de Dieu? Ce sont eux qui nous soutiennent, qui nous portent secours sur terre et sur mer, qui éclairent notre esprit et notre corps, qui nous consolent dans nos tribulations et nos misères. Par eux, nous sommes souvent délivrés de nos infirmités; par eux et avec eux, étant à l'extrémité, nous voyons plus clairement la vérité, nous sommes affermis dans la foi, défendus contre l'esprit malin et transportés par leurs soins, après avoir obtenu la victoire, soit au ciel, soit au purgatoire; et, dans ce lieu de l'expiation, il n'y a pas de doute que souvent ils ne nous visitent et ne nous consolent, nous promettant l'entrée dans la céleste Jérusalem. Allons, mes frères, appliquons-nous avec ardeur à imiter les saints anges, et non-seulement les saints anges, mais aussi leurs amis. Examinons avec soin et étudions attentivement, autant qu'il nous sera possible, les saintes Ecritures, afin d'y trouver les amis des anges; et, quand nous les aurons trouvés, voyons ce qu'ils ont fait, comment ils se rendirent agréables aux anges, et en quoi ils les imitèrent pour assurer leur salut. Que le saint patriarche Abraham se présente tout d'abord et nous apprenne ce qu'il fit. Que son neveu Loth le suive, et qu'il nous dise pourquoi et comment il mérita d'être sauvé de Sodome par les anges. Que

præsentia et visione beatos sine fine lætari bonis Domini, quæ nec oculus vidit, nec auris audivit, nec in cor hominis ascendit. Quid ergo miser peccator pulvis et cinis vobis loquar : quia nec ego eorum gloriam valeo cogitare, nec vos audire sufficitis? Profecto si ex abundantia cordis os loquitur, ad Dei laudem qui nos dignatur ad amorem suum inflammare, dicamus quod possumus. In supernis spiritibus non tantum admirabilis dignitas est, et dignatio amabilis invenitur, sed tanta gloria est, quod lingua vel cor humanum nullatenus dicere valet vel cogitare. Ipsi enim Deo semper assistunt, domestici Dei sunt, cœli cives, principes paradisi, scientiæ magistri, doctores sapientiæ, illuminatores animarum, custodes earum, corporum zelatores, et defensores bonorum. Quod bene testatur ille Doctor doctorum, et veritatis prædicator, quando raptus fuit usque ad tertium cœlum. et beatæ illi curiæ interesse meruit, et videre Deum sicuti est, atque super omnes homines meruit nosse secreta. (*Hebr.*, 1, 14.) Tunc enim ait, tunc enim dixit et exclamavit, quod omnes erant administratores spiritus missi in ministerium nostrum. Ipsi provinciarum custodes dignitatesque nostras tam spiritales quam temporales omni diligentia custodientes, ipsi sunt contra fomitem impetrantes, ipsi sunt pro nobis contra dæmonem victoriam obtinentes, ipsi sunt per quos ad fletum contritionis, pœnitentiæ et orationis inducimur : ipsi sunt per quos nostra facta vel cogitata ad cœlum hilariter portantur, ipsi sunt fratres nostri, qui valde nos diligunt, nos ubique instruunt, in cunctis nos protegunt, nostrum adventum exspectantes ad cœlum, et sedes paradisi per nos repleti affectant : isti sunt sanctissimi spiritus, qui nobis dormientibus adsunt custodes, nobis orantibus adsunt tripudiantes. Quis ergo, Fratres, Angelorum memoria in mente carebit? Quis eos non diliget? Quis non veneretur eos, qui in conspectu Dei semper assistunt? Isti sunt per quos sustentamur, per quos in mari et in terra juvamur, per quos mente et corpore illuminamur, per quos in tribulationibus et angustiis consolamur, per quos ab infirmitatibus frequenter liberamur, per quos et a quibus in extremis (*f*. confortamur) contemplamur, in fide solidamur, et a maligno spiritu defensamur, et obtenta victoria ad paradisum vel ad purgatorium per eosdem deportamur : et dum purgamur, ab eis sæpe visitari et consolari non dubitamus, promittentes cœlestem Jerusalem civitatem ingressuros. Eia ergo, Fratres, studeamus sanctos Angelos imitari, et non solum ipsos sed etiam Angelorum amicos. Circumspiciamus enim integra mente, perlegamus Scripturas, ut possumus, et inveniamus Angelorum amicos : quibus inventis, petamus quid fecerunt, quomodo Angelis placuerunt, in quibus eos securi imitati sunt. Veniat sanctus pater Abraham, et quid fecit innotescat. Veniat et nepos ejus Lot, et dicat propter

Tobie vienne après eux, amenant son fils avec lui, et qu'il nous enseigne pourquoi il mérita qu'un ange lui rendît la vue, et que son fils fût préservé. Que les trois enfants viennent, et nous décrivent comment ils ne ressentirent aucun effet des tourments qui leur avaient été préparés. Que Pierre vienne à son tour, et que nous entendions de lui comment il mérita d'être délivré par un ange, afin qu'instruits des grandes merveilles opérées par les anges, nous puissions marcher à la suite de ces saints personnages et les imiter. Dites-nous donc, ô saint patriarche Abraham, ce que vous avez fait ou ce que vous avez enseigné à faire, pour vous être attiré si heureusement les faveurs des saints anges. Dites, que nous l'apprenions de vous, enseignez-nous-le, afin que nous soyons instruits par vous. Vous êtes notre père, nous sommes vos enfants, et c'est à vous de nous instruire. Mes frères, que pourra-t-il nous dire, quel autre enseignement pourra-t-il nous donner, sinon qu'il s'est toujours complu à exercer les saintes lois de l'hospitalité? O sainte et sincère hospitalité, qui le rendit digne de recevoir, non-seulement les anges, mais quelquefois Dieu lui-même! Voilà pourquoi Abraham fut si agréable aux anges de Dieu, voilà pourquoi Loth mérita d'être délivré, pourquoi Tobie recouvre la vue, et son fils est conservé sain et sauf, voilà aussi pourquoi les trois enfants et Pierre furent délivrés pleins de vie de leur prison. Apprenez donc, chrétiens, apprenez à exercer envers tous l'hospitalité, de peur que celui auquel vous aurez fermé votre porte et refusé l'entrée de votre maison, ne soit Dieu lui-même. Lot alla au-devant des anges, comme s'ils eussent été des étrangers; en récompense de sa louable conduite, il fut préservé du vice des habitants de Sodome, se conserva pur au milieu de ces hommes corrompus, fut arraché aux dangers de la cité, évita d'y être brûlé vif, et fut réservé pour les récompenses de l'éternité. N'est-ce point Dieu que vit Abraham quand, rencontrant trois étrangers, il en adora un? Donc, mes frères, empressez-vous de recevoir les étrangers. Vous ignorez mes frères, en effet, si le Christ ne daigne pas vous visiter en personne, bien qu'il soit toujours dans l'hôte que vous recevez. Que votre porte s'ouvre aux étrangers ; recevez-les avec joie, lavez leurs pieds, purifiez leurs têtes, nettoyez leurs souillures, et jamais ne détournez votre main du pauvre. Si vos ressources ne vous permettent pas de subvenir à tous, du moins que votre bonne volonté se manifeste à l'égard de tous. Recevez donc, mes frères, les étrangers, car la même récompense que vous obtiendriez en allant en pèlerinage, vous l'obtiendrez en recevant les pèlerins. Tous deux sont égaux en mérites, et celui qui héberge et celui qui travaille pour Dieu. O hospitalité vraiment sainte, l'amie des anges, la sœur de la charité, la couronne de l'humilité! Celui qui t'aime possède la vraie humilité, et celui qui te possède, ô humilité, exerce toujours une sincère hospitalité, car sans toi l'hospitalité ne saurait exister. Apprenons donc, mes frères, non-seulement des patriarches à exercer l'hospitalité, mais aussi du Christ à pratiquer l'humilité. Apprenons de lui, non point à créer le monde, ni à produire toutes les choses visibles et invisibles, ni à faire des miracles, ni à ressusciter les morts, ni à marcher sur les flots à pied sec; non, rien de tout cela, apprenons seulement de lui qu'il est doux et humble de cœur. Voilà le fondement achevé de l'hospitalité. O sainte humilité, sœur de

---

quid vel quomodo a Sodoma per angelos liberari meruit. Veniat et Tobias, ducens secum filium, et propter quid per angelum illuminari meruit, et (f. filius) filium custodiri, doceat. Veniant tres pueri, et quomodo activis et passivis approximatis non sequatur necessario actio, scribant. Veniat et Petrus, et quomodo per Angelum liberari meruit audiamus, ut audientes magna magnalia quæ sancti Angeli fecerunt, eos sequi et imitari valeamus. Dic nobis, sancte pater Abraham, quid fecisti, vel quid facere docuisti, ut sanctis Angelis tam jucunde placeres? Dic, ut a te discamus ; doce, ut nos a te doceri valeamus : nam pater es, et quia omnes filii tui sumus, te decet nos docere. O Fratres, quid aliud dicere poterit, quid aliud vel docere, nisi quod hospitalitatem semper exercere voluit? O sancta veraque hospitalitas, quæ non solum Angelos, sed etiam ipsum Deum aliquando recipere meruisti ! Ecce propter quid Abraham Dei Angelis placuit, ecce propter quid Lot liberari meruit, ecce propter quid Tobias illuminatur, et filius illæsus reservatur, ecce propter quid tres pueri et Petrus illæsus reservatur in carcere. Discite ergo Christiani, discite hospitalitatem exhibere in cunctis ; ne forte cui domum clauseritis, cui hospitalitatem negaveritis, ipse sit Deus. Obviam enim ivit Lot Angelis, tanquam peregrinis, qui ex sua laudabili consuetudine jam Sodomitico vitio liberatus est : et inter pessimos optimus conservator, a periculo civitatis eripitur, et corporale evadit incendium, et ad æternum conservatus est præmium. Numquid et Abraham Deum vidit, quando tres vidit, et unum adoravit? Igitur, o Fratres, recipere peregrinos festinate. Tu enim nescis an Christus dignetur te visitare, licet Christus semper in hospite sit. Pateat enim peregrinis janua tua, suscipe eos alacriter, ablue pedes, ablue eorum capita, purga eorum immunditias, et noli avertere manum tuam ab ullo paupere. Et si cunctis subvenire non vales, saltem voluntas bona sit circa eos. Suscipite ergo, Fratres, peregrinos : quia qualem mercedem habemus peregrinando, talem habebimus peregrinos suscipiendo. Fiunt enim ambo æquales, et qui propter Deum refrigerat, et qui propter Deum laborat. O sancta namque hospitalitas, Angelorum amica, caritatis soror, humilitatis corona! Nam qui habet te, habet veram humilitatem : et qui te o humilitas habet, veram hospitalitatem habet : nam sine te hospitalitas nulla est. Discamus ergo, Fratres, non solum a patribus hospitalitatem servare, sed a Christo humilitatem astringere. (1) Discamus ab eo non mundum fabricare, non cuncta visibilia et invisibilia creare, non in ipso mundo miracula facere, et mortuos resuscitare, non siccis pedibus super aquas ambulare, non hæc omnia, sed tantum quia mitis est, et humilis corde. Hoc est perfec-

(1) Ex August. Ser. LXIX, n. 2.

l'hospitalité, sa douce amie, tu te juges toujours plus indigne que les autres en tout, tu ne désires jamais la supériorité, tu évites les places qui mettent en évidence, tu as horreur de toute domination, tu ne t'attaches qu'à la seule hospitalité, c'est elle seule que tu veux posséder. Courage, mes frères, la patrie est élevée, et le chemin est humble. Parcourons-le cependant, ne le perdons jamais de vue, marchons-y toujours. C'est ainsi que firent Abraham et Lot en recevant les étrangers, c'est ce que fit Tobie en ensevelissant les morts, c'est aussi ce que font les anges dont le Sauveur nous dit qu'ils voient toujours la face de son Père qui est aux cieux. Ainsi soit-il.

SERMON XLVII. — *Profonde horreur du péché des Sodomites.* — Ecoutez, non pas vous, mes frères bien-aimés, mais vous, princes qui ressemblez à ceux de Sodome; prêtez l'oreille à la loi de notre Dieu, peuple de Gomorrhe. (*Isaïe*, 1, 10.) Ecoutez et faites aussi entendre à vos enfants, ô nation pécheresse, chargée d'iniquité, à cette race corrompue, à ces enfants méchants et scélérats. Vous avez abandonné le Seigneur, vous avez blasphémé le saint d'Israël et malgré vos promesses de fidélité vous vous êtes retournés en arrière. Depuis la plante des pieds jusqu'au haut de votre tête, il n'y a rien de saint en vous ; aussi votre terre est déserte, vos villes sont brûlées par le feu, des étrangers dévorent votre pays devant vous, et votre cité sera désolée comme une terre ravagée par ses ennemis. Pourquoi tous ces maux qui vous accablent, sinon parce que vous êtes semblables aux habitants de Sodome ? Ecoutez donc, princes qui imitez ceux de Sodome, écoutez Isaïe vous dire : La multitude de vos victimes m'est à dégoût, car vous me les offrez malgré votre indignité. Ne m'offrez donc plus ainsi, des sacrifices inutilement, car je hais vos sabbats, votre encens et toutes vos solennités, toutes ces choses me sont devenues à charge. Lorsque vous étendrez vos mains vers moi, je détournerai mes yeux de vous, et lorsque vous multiplierez vos prières, je ne vous écouterai point, parce que vous vous abandonnez à toutes les turpitudes. Quelle est donc cette turpitude ? C'est celle que l'Apôtre appelle le vice de l'impureté. (*Rom.*, 1, 24.) Oui, cette turpitude, c'est cette exécrable impureté, c'est cette effroyable misère, à la vue de laquelle les anges s'enfuient, et devant laquelle les démons eux-mêmes voilent leurs regards. C'est cette impureté, ce crime honteux que des hommes commettent avec d'autres hommes. C'est d'eux que l'Apôtre nous dit : « Non-seulement ceux qui font ces choses, mais aussi ceux qui approuvent ceux qui les font, sont dignes de mort. » (*Ibid.*, 32.) C'est cette impureté si bien nommée, qui est la plus grande souillure de l'esprit et du corps. Et cette souillure n'est pas seulement un péché, c'est encore la peine du péché. Lorsque Dieu voit ces hommes le mépriser complétement, fouler aux pieds ses commandements, il les livre à leurs sens réprouvés, afin qu'ils se livrent à cette abomination, et afin qu'ils ne puissent comprendre ni remarquer, comme dit l'Apôtre. Comme ils n'ont fait aucun état, ni aucun usage de la connaissance qu'ils avaient de Dieu, le Seigneur les a livrés à cette ignominie, car les hommes rejetant l'alliance des deux sexes qui est selon la nature, ont été embrasés d'un désir brutal les uns envers les autres, l'homme commettant avec l'homme une infamie détestable. Quel vice abominable ! quel crime

---

tum hospitalitatis fundamentum. O sancta namque humilitas, hospitalitatis soror et amica suavis, qui te in cunctis magis indigniorem se aliis arbitratur, primatus et cathedras omnes fugit, omne dominium abhorret, solam hospitalitatem amplectitur, solam eam possidere desiderat. Eia ergo, Fratres, excelsa est patria, sed humilis est via. Mensuremus ergo eam, perquiramus eam, ambulemus per eam. Sic enim fecit Abraham et Lot, dum peregrinos suscipiebant : sic Tobias, dum mortuos sepeliebat : sic enim et Angeli de quibus ait Salvator, quod semper vident faciem Patris qui est in cœlis. (*Matth.*, XVIII, 10.) Amen.

SERMO XLVII. — *De vehementi peccati Sodomitici detestatione.* — Audite, non Fratres carissimi, sed principes Sodomitarum, percipite auribus legem Dei vestri populus Gomorrhæ. Audite, et auditum facite filiis vestris, o gens plena peccato, gravi iniquitati, semini nequam, filiis sceleratis. Ecce dereliquistis Deum, blasphemastis sanctum Israel, et alienati estis jam retrorsum. A planta enim pedis usque ad verticem non est in vobis sanitas : ideo terra vestra deserta, civitates vestræ succenduntur igni, regionem vestram coram vobis alieni devorant, et desolabitur civitas sicut in vastitate hostili. (*Isa.*, 1, 10.) Quare hoc patimini, nisi quia similes Sodomitis jam estis ? Audite ergo principes Sodomorum, audite Isaiam vobis dicentem : Multitudine victimarum vestrarum plenus sum, eo quod indigne mihi offertis. Ne offeratis igitur ultra sacrificium ; quia sabbata vestra, incensum vestrum, et solemnitates vestras odivit anima mea, et omnia hæc sunt mihi molesta. Cum extenderitis manus vestras, avertam oculos meos a vobis : et cum multiplicaveritis orationes, non exaudiam, pro eo quod turpitudinem operamini. Quæ est illa turpitudo, nisi illa quæ immunditia per Apostolum appellatur ? (*Rom.*, 1, 24.) Illa denique est turpitudo, illa summa immunditia, illa summa miseria, a qua Angeli fugiunt, quam dæmones videntes oculos claudunt. Illa est enim immunditia et miseria quam masculi in masculos operantur. De quibus ait Apostolus : Non solum qui faciunt, sed et qui facientibus consentiunt, digni sunt morte. (*Ibid.*, 32.) Hæc est merito immunditia quia est nimia mentis et corporis spurcitia. Et hæc spurcitia non solum peccatum est, sed et pœna peccati. Cum enim Deus videt omnino se contemnentes, et mandata sua conculcantes, vertit eos in reprobum sensum, ut illam abominationem exerceant, et non intelligant et animadvertant, sicut ait Apostolus (*Ibid.*, 28,26) : Quia non probaverunt Deum habere in notitia, tradidit eos Dominus ignominiæ : nam masculi relicto naturali usu feminæ, exarserunt in desideriis suis, id est, masculi in masculos turpitudinem operantes. O quam abominabile vitium, o quam detestabile crimen, o quam mortiferum damnum, o quam pessimum scelus, o quam inaudibile

horrible! quelles folies mortelles; quelle scélératresse détestable! quel mal inouï! Voici un membre du Christ qui non-seulement se livre à la fornication, mais qui tient même la place d'une femme débauchée. Voilà cette infamie que Dieu poursuit de sa haine la plus vive, que les saints détestent, que les bienheureux haïssent, qu'évitent ceux qui recherchent le royaume éternel de Dieu, mais que ceux qui doivent être tourmentés et maudits avec le diable et ses anges aiment avec frénésie. O Sodomites corrompus, hommes pécheurs dans la force du mot. Oui, très-corrompus, comme l'atteste l'Ecriture. Les habitants de Sodome étaient des hommes perdus de vices et des pécheurs devant le Seigneur. (*Gen.*, XIII, 13.) On appelle pécheur devant le Seigneur celui dont Dieu ne laisse pas le péché impuni, et à qui il ne remet pas le châtiment, bien qu'il diffère la peine pour un temps. C'est pourquoi il dit : « Le cri des crimes de Sodome et de Gomorrhe s'élève de plus en plus, et leur péché est monté jusqu'à son comble. » (*Gen.*, XVIII, 20.) On dit, en effet, que le péché crie, quand non-seulement, il reste dans la pensée, mais quand on le fait passer dans ses actes sans aucune crainte, et qu'il se multiplie par l'habitude. Alors le Seigneur tirant le glaive de sa fureur, fait tomber du ciel une pluie de soufre et de feu, et ces villes sont consumées et englouties. C'est avec justice que ces villes furent englouties et périrent par le feu, parce que les femmes et les hommes qui les habitaient étaient embrasés des feux d'une ignoble volupté. O détestable luxure, la ruine des vertus, l'accroissement des vices, l'aliment de la concupiscence, l'anéantissement de la charité, l'anéantissement des fortunes ! Tu es douce, mais toute ta douceur se changera bientôt en une immense amertume. O volupté, par toi la paix est détruite, par toi, on commet l'homicide, par toi les cités sont réduites en cendres, par toi les états marchent à leur ruine ; c'est par toi que presque tous les maux arrivent, par toi David s'éloigne de Dieu, c'est toi qui causes la mort de Samson ; à cause de toi Salomon fut rejeté, à cause de toi Lot souffrit, quittant sa patrie et perdant sa femme. Prévaricateurs de la loi, faites donc attention, lisez la loi. Imitateurs des habitants de Gomorrhe, cessez dès lors d'agir avec tant de perversité, apprenez désormais à faire le bien, ou dès maintenant apprenez à craindre Dieu. Fuyez les Sodomites comme la mort. Ne vous mêlez jamais à leur compagnie afin de ne pas vous exposer à périr avec eux. Le temps viendra et il ne tardera pas beaucoup, et l'on verra se lever le juste Joseph qui ne craignit pas d'accuser devant son père ses frères de ce crime honteux. Qu'il se lève donc maintenant cet exemple insigne de chasteté, et qu'il fasse périr tous ceux qui commettent une semblable iniquité. Qu'il vienne à son tour, ce grand saint Paul, ce vase d'élection et qu'il confonde tous ceux qui aiment de pareilles choses, en sorte qu'on n'en trouve plus dans l'univers. Qu'il vienne aussi ce bien-aimé de Dieu, cette figure de la virginité et que sa présence pleine de pudeur confonde tous ces misérables. Qu'il vienne encore cette lumière du monde, ce précurseur si cher, et dans sa grande hardiesse, qu'il extermine tous ces criminels du souffle de sa bouche. Que Lot lui-même, ce neveu du juste Abraham, apparaisse avec ses descendants et qu'il les expulse tous de la terre des vivants. Viennent tous les saints anges et qu'ils consument tous ceux qui commettent l'iniquité des habitants de Gomorrhe. Courage donc, cessez désormais d'agir criminellement, apprenez avec Lot

malum! Ecce enim membrum Christi non solum fornicatur, sed etiam meretrix efficitur. Hæc est enim illa immunditia, quam Deus odio summe habet, quam detestantur sancti, quam odiunt beati, quam fugiunt illi qui regnum Dei consequuntur æternum, quam diligunt illi qui cruciandi et maledicendi sunt cum diabolo et angelis suis. O pessimi Sodomitæ, et viri peccatores! o pessimi, attestante Scriptura : Erant Sodomitæ pessimi et peccatores coram Domino. (*Gen.*, XIII, 13.) Peccator enim dicitur coram Domino, cujus peccatum Deus non dimittit impunitum, et non differt qui differens est pœnam. Unde ait : « Clamor Sodomorum et Gomorrhæorum multiplicatus est, peccatum eorum gravatum est nimis. » (*Gen.*, XVIII, 20.) Clamor enim dicitur peccatum, quando non solum cogitatur, sed absque omni timore ad actum perducitur, et in consuetudine multiplicatur. Et tunc Dominus gladium furoris sui extendens, pluit ignem et sulfur de cœlo, et combustæ sunt civitates, et submersæ. Merito igitur per sulfur civitates illæ submersæ sunt, et destructæ, quia tam eorum feminæ quam eorum masculi fœtenti luxuria ardebant. O luxuria pessima, virtutum destructio, vitiorum augmentatio, delectationis combustio, caritatis diminutio, bursarum evacuatio! Dulcis es : sed ecce omnis dulcedo in amaritudinem grandem mox convertitur. O luxuria, per te pax destructa est, per te homicidium factum est, per te civitates combustæ sunt, per te regna perdita sunt, per te omnia fere mala facta sunt, per te David exsulat a Deo, per te Samson moritur, per te Salomon expellitur, per te Lot patitur, relinquens patriam, et uxorem amittens! Et ideo prævaricatores legis attendite, legite legem. O Gomorrhæorum sequaces, quiescite jam agere perverse, discite jam bene facere, discite jam Deum timere. Fugite Sodomitas ut mortem. Nolite conversari cum eis, ne forte cum eis deperetis. Veniet enim tempus, et non tardabit, et insurget ille sanctus Joseph, qui de hoc crimine pessimo suos fratres incusare patri non timuit. Surgat et nunc hoc castitatis exemplum, et interficiat omnes tales operantes iniquitatem. Veniat ille magnus sanctus Paulus, vas electionis, et confundat omnes tales talia diligentes, ut nullus reperiatur in orbe. Veniat ille dilectus Dei virginitatis imago sanctus Joannes, et sua virginali præsentia tales confundat. Veniat etiam illa lucerna mundi, et præcursor dilectus, et sua grandi audacia, omnes tales interficiat spiritu oris sui. Veniat et Lot nepos sancti Abrahæ cum nepotibus suis, et omnes tales expellat de terra viventium. Veniant omnes sancti Angeli, et comburant omnes qui operantur iniquitatem Gomorrhæorum. Eia ergo quiescite jam agere perverse, discite cum Lot et Joseph bene facere, antequam adimpleantur quæ diximus :

et Joseph à faire le bien, avant que ne fondent sur vous les malheurs que nous avons annoncés. Souvenez-vous souvent et n'oubliez jamais ce que fit cette matrone romaine du nom de Tarpéia. Que fit-elle? La volupté la dominait, et toute païenne qu'elle était, elle voulait vivre dans la chasteté. Que faire alors? elle voulut et commanda qu'on lui arrachât les yeux, puis renonçant à tous les plaisirs, elle se contenta d'un peu de pain et d'eau et encore en petite quantité. O mes frères, quelle admirable résolution dans cette femme! quelle vertu étonnante! quelle force courageuse? En effet, par cette conduite elle n'attendait point le paradis comme récompense, elle ne désirait point d'en être louée, elle ne voulait point que pour cette action on la proclamât bienheureuse. Nous ignorons dans quel but elle agit ainsi, puisque nous assurons qu'elle fut païenne. Je sais seulement une chose, c'est que si elle m'eût demandé avis, à moi Augustin, bien que chrétien, je n'aurais pu lui donner d'autre conseil que celui de ne prendre pour sa nourriture qu'un peu de pain et d'eau. Pour nous, mes frères, nous devons savoir et ne douter nullement que la chasteté ne peut subsister avec l'abondance et la fertilité. Et si vous n'ajoutez pas foi à mes paroles, croyez du moins aux Gomorrhéens. Ils possédaient, en effet, en abondance tous les biens, et après avoir mangé et bu, ils se levèrent pour jouer. C'est ainsi que je vous vois faire, vous regorgez de pain, de vin et de tous les autres biens dont vous avez besoin, aussi je crains que vous ne veniez à périr. Pourquoi? Parce qu'il n'est point de mal qui ne domine en vous. N'êtes-vous pas orgueilleux, avares, gourmands? Ne commettez-vous point d'infamies sur des enfants? O misérables membres du démon, pourquoi ne rougissez-vous pas? Pourquoi ne pas cesser de vous livrer à de semblables abominations? Je rougis avec mon caractère d'évêque de parler de telles choses, je rougis de raconter toutes ces horreurs. Mais si je me tais, ce silence serait ma mort, et si je parle, je n'éviterai point de passer par vos langues. Je parlerai donc en toute liberté, puisque vous aussi vous ne rougissez point de faire ces œuvres publiquement. Corrigez donc votre vie, et moi je cesserai mon langage : Cessez de mal faire, moi à mon tour, je cesserai de vous reprocher votre mauvaise vie. C'est ainsi qu'agit le Seigneur lui-même, si nous changeons de vie, il change ses sentiments à notre égard : à ceux qui agissent bien, il promet la gloire, et aux méchants il réserve des châtiments éternels. Instruisons-nous donc nous-mêmes, mes frères, dans la science et dans la chasteté, afin de devenir studieux et intelligents, avenants, affables, pleins de douceur dans une charité sincère. Car si vous désirez vous livrer aux plaisirs, jamais vous ne saurez posséder la charité. La charité est une vertu, on l'appelle même la consommation et la perfection des autres vertus, tandis que la luxure en est la destruction. Aucune vertu, aucune bonté, aucune sagesse ne peut subsister avec la volupté; aucune justice, rien de grand, mais, au contraire, toute espèce de perversité, et l'esprit de parti, triomphant avec elle. Réfléchissez combien alors la chasteté est nécessaire. Si vous vivez avec cette vertu, il n'y aura point de rixes à l'intérieur, ni de paroles mauvaises. Et si vous ne me croyez pas, lisez ce qui est arrivé à Lot. Les anges entrèrent dans sa maison; aussitôt que les habitants de Sodome l'apprirent, ils entourèrent sa demeure et peut-être n'entrèrent-ils pas seulement

Mementote frequenter, et nolite oblivisci, quid fecerit illa femina Romana Tarpeia. Quid enim fecit? Nam luxuria magna regnabat in ea ; tamen ipsa Pagana casta vivere volebat. Quid enim fecit? Oculos sibi erui voluit, et præcepit : et deliciis cunctis depositis, panem tantum cum aqua sumere voluit ad mensuram. O Fratres, mirabilis conditio mulieris, mirabilis bonitas, mirabilis fortitudo : quia per hoc non paradisum exspectat, nec per hoc laudari desiderat, nec beata prædicari affectat ; nam propter quid hoc fecerit ignoramus, quia Paganam eam fuisse prædicamus ! Unum tamen scio, quod si consilium ab Augustino petisset, ego tanquam fidelis nihil aliud dicere potuissem, nisi quod tantum panem et aquam sumeret determinato pondere et mensura. Nos ergo, Fratres, scire debemus, et nullatenus dubitare, quod castitas cum abundantia et fertilitate stare non potest. Sed si mihi non creditis, Gomorrhensibus credite. Abundabant enim valde in cunctis bonis, et postquam comederant et biberant, surrexerunt ludere. Sic et vos (f. abundantes) operantes video : nam fertilitatem habetis pane, vino et cunctis bonis omnibus quibus indigetis ; ideo timeo ne pereatis. Quare ? Quia non est malum quod in vobis non regnet. Numquid superbi ? numquid avari ? numquid gulosi ; numquid puerorum concubitores ? O miseri, membra diaboli, cur non erubescitis ? cur non desistitis talia operari ? Confundor ego episcopus talia loqui, confundor et talia enarrare. Sed et si tacuero, mors mihi est, et si hoc prædicavero, non effugiam linguas vestras. Audacter igitur prædicabo, quia et vos publice operari non erubescitis. Emendate igitur vitam, et emendabo verba : quiescite agere perverse, et ego quiescam mala vestra vobis improperare. Sic etiam Dominus facit, quia mutata vita mutat sententiam : bene operantibus promittit gloriam ; male vero pœnam æternam. Erudiamus igitur, Fratres, nosmetipsos in scientia et castitate, ut studentes et intelligentes simus, suaves, affabiles et mites in caritate non ficta. Nam si luxuriari volueritis, nunquam caritatem habere poteritis. Caritas enim est virtus, quæ consummatio et perfectio aliarum virtutum dicitur, sic et luxuria destructio. Nam nulla virtus, nulla bonitas, nulla sapientia cum luxuria stare potest, nulla justitia, nulla laus, sed omnis perversitas, et personarum acceptio in ea regnat. Ideo attendite, quam necessaria est ipsa castitas. Nam si caste vixerimus, rixæ intus non erunt, non verba mala. Et si mihi non creditis, quid Lot acciderit, legite. Nam sancti Angeli domum ejus intraverunt : quo facto Sodomitæ domum ejus circumdederunt, et forsitan non solum (1) per ostium, sed per fenestras intraverunt. Numquid et Lot cum nepotibus suis verberaverunt ? Omnino, ut arbitror, non solum verba, sed ver-

(1) Imo ut advertit August., lib. *contra mendacium*, 34. Scriptura teste Gen., XIX, 11, « nec ostium domus invenire potuerunt. »

par la porte, mais aussi par la fenêtre. Ne frappèrent-ils pas Lot avec ses enfants? A mon avis, ceux-ci eurent à essuyer, non-seulement leurs insultes, mais même leurs coups. Et peut-être, mes frères, si la femme de Lot fut changée en statue de sel, est-ce parce qu'elle ne mettait pas toute son énergie à résister aux Sodomites. Les femmes étaient plongées dans cette même corruption, dans ces mêmes crimes et dans de plus grands peut-être, car les femmes dans ces villes furent la source de toutes ces ignominies, et après qu'elles furent profondément corrompues, elles enseignèrent le crime aux hommes. O femmes, mères de la luxure, ne vous suffisait-il donc pas d'avoir trompé le premier homme! Donc, convertissons-nous au Seigneur, soyons pénitents, n'ayons qu'un cœur dans l'amour de Dieu et travaillons ensemble comme des membres bien d'accord. Comme la haine désagrége l'Eglise, le lien de la charité ne fait que l'édifier. La haine engendre la détraction et l'envie qui sont la perte et la ruine de l'Eglise. Par la haine, on est bien loin de conserver ce sage profit, et ce bonheur que chante le livre des Psaumes : « Qu'il est bon, qu'il est agréable pour des frères d'habiter ensemble ! » (*Ps.* cxxxii, 1.) Par la haine, on repousse le Christ, notre vraie sagesse, suivant cette parole: « La vraie sagesse n'habitera point dans une âme méchante. » (*Sag.*, 1, 4.) Aussi je vous prie de corriger votre vie, enseignant à vos fils et à vos filles le moyen de vivre dans la chasteté, de marcher avec prudence, de pratiquer la tempérance dans le boire et le manger ; que leur langage soit pudique, leur démarche digne, leur visage modeste, leur langue affable, leur âme pleine de charité, et leurs mains toutes remplies de bonnes œuvres. Vous conduisant de la sorte, mes frères, avec le juste Lot, vous vous délivrerez par la fuite du gouffre infernal, et la grâce vous emportera sur ses ailes, au séjour de la gloire. Ainsi soit-il.

SERMON XLVIII. — *Du soin de son âme.* — L'âme humaine, frères bien-aimés, participe de la nature de toutes les choses créées, elle en approche et les renferme, et cela d'une manière d'autant plus parfaite qu'elle est l'image de Dieu. Tout ce qui est spirituel est de son domaine, elle a le ciel pour y demeurer, les anges pour se réjouir avec eux, la gloire pour la posséder et la Trinité pour s'y plonger. D'un autre côté, toute la création matérielle était également comprise dans l'homme, et la nature de tous les êtres corporels existe en lui, pour lui et par lui, et cela avec d'autant plus de perfection, qu'il l'emporte d'une manière plus admirable sur tout ce qui est corporel. En effet, il possédait tout, tout lui obéissait, car tout était sous sa domination, les astres pour l'éclairer, les éléments pour le nourrir, les animaux pour faire sa volonté, ce qui était destiné à la nourriture pour le nourrir, les brebis et les bœufs, les lions et les oiseaux, tout obéissait à l'homme sans révolte. Que fallait-il de plus? Eh bien, il y a encore quelque chose de plus que tout cela. Qu'y a-t-il donc de plus grand, sinon ce qui est divin? Qu'y a-t-il de divin dans l'homme? N'est-ce point parce qu'il est orné de l'image de la très-sainte Trinité? « Faisons, dit la sainte Trinité, l'homme à notre image et à notre ressemblance. » (*Gen.*, 1, 26.) Quelle est l'image de Dieu en nous? N'est-ce point ce qu'il y a de meilleur en nous? Et que trouve-t-on de meilleur en notre nature? n'est-ce point la raison, l'intelligence, la mémoire et la volonté? O

---

bera receperunt. Et forsitan, Fratres, ideo uxor Lot conversa fuit in statuam salis, quia Sodomitis non procurabat resistere. In simili etiam scelere, in eodem crimine mulieres etiam erant, et forsitan in majori, quia principium tanti criminis in illis civitatibus mulieres fuerunt, et homines postmodum ipsae pessimae docuerunt. O mulieres luxuriae matres, non sufficiebat primum hominem decepisse? Ideo convertamur ad Dominum, simus pœnitentes, unanimes in dilectione Dei, et ut membra unita simul laboremus. Nam sicut odium dissipat Ecclesiam, ita vinculum dilectionis aedificat eam. Odium enim generat detractionem et invidiam, quae pestilentia et pernicies est Ecclesiae. Per odium amittitur illa sancta utilitas et jucunditas, de qua dicitur : « Ecce quam bonum et quam jucundum, habitare fratres in unum. » (*Psal.* CXXXII, 1.) Per odium expellitur Christus, qui est vera sapientia : quia « in malevolam animam non introibit sapientia. » (*Sop.*, I, 4.) Et ideo rogo vos, ut vitam vestram emendetis, docentes filios vestros et filias quomodo caste vivant, et mature incedant, abstinentes a cibo et potu : sit eorum sermo pudicus, incessus honestus, vultus inclinatus, lingua affabilis, mens plena dilectione, manus plena operatione : ut si sic feceritis, Fratres, cum sancto Lot liberemini de inferno fugientes, et volantes per gratiam ad gloriam. Amen.

SERMO XLVIII (1). — *De cura animæ.* — Anima humana, Fratres carissimi, omnium creaturarum naturam participat, ambit et capit, et tanto amplius, quanto gloriosius est Dei imagine insignita. Omne enim spirituale suum est, quia cœlum habet ad manendum, Angelos ad congaudendum, gloriam ad habendum, et Trinitatem ad fruendum. In ipso denique homine deposita erat etiam corporalis creatura, et omnium corporalium naturalium natura in se, et ad se, et per se : et tanto perfectius, quanto mirabilius erat omni corporeo. Omnia enim possidebat, omnia sibi obediebant, quia omnia ei subjecta erant, astra scilicet ut lucerent, elementa ut alerent, animalia ut subirent, et cibaria ut nutrirent, oves et boves, leones et aves, omnia obediebant homini sine ulla rebellione. Et quid plura etiam? Etiam hoc quod majus est. Quid est quod majus est, nisi quod divinum est? Quid enim in homine divinum est, nisi quod imagine sanctae Trinitatis ipse homo decoratus est? « Faciamus, inquit sancta Trinitas, hominem ad imaginem et similitudinem nostram. » (*Gen.*, I, 26.) Quæ est imago Dei in nobis, nisi id quod melius reperitur in nobis? Quid est quod melius reperi-

---

(1) Lupus, *de Orig. Erem.* S. Aug., pag. 378, hoc Sermone expenso haec habet « Absit ut hi fabulosissimi ac mendacissimi Sermones sint S. Augustini. Adeoque lapsus est magister noster Basilius Legionensis dum ex isto omnium mendacissimo Ser. XLVIII, postremam S. Prosperi sententiam putavit esse desumptam. » Magistri hujus lapsum non ita pervidit Carolus Morelius, quem hic etiam male secutus est.

homme, vous avez appris votre gloire, apprenez maintenant votre misère. O homme, né de la femme, vivant bien peu de temps, rempli de beaucoup de misères, qui tombez comme la fleur des champs, et comme elle, êtes foulé aux pieds, qui disparaissez comme l'ombre, sans demeurer dans le même état; car vous êtes tantôt riche, tantôt pauvre, tantôt en bonne santé et tantôt malade, tantôt dans la joie et tantôt dans la tristesse, tantôt sachant et tantôt ignorant, tantôt distinguant bien les objets et tantôt aveugle, aujourd'hui citoyen et demain exilé, aujourd'hui bon, demain mauvais. Voilà comment vous êtes stable, voilà votre immutabilité. O homme, ignorez-vous donc que vous eussiez pu ne pas mourir? Ces deux alternatives étaient en votre puissance, pouvoir et ne pas pouvoir mourir. Vous avez méprisé l'une et choisi l'autre, vous avez méprisé la vie et choisi la mort; vous avez méprisé ce qui est doux et choisi ce qui est amer; vous avez méprisé la vie éternelle et avez préféré choisir la mort éternelle. Comment cela, ô homme? N'avez-vous pas été créé bon, droit, saint et agréable à Dieu? Et cependant bien misérablement appesanti, engraissé, dilaté, vous vous êtes révolté contre Dieu votre créateur. Et aussitôt emporté par l'orgueil, oublieux des bienfaits de Dieu, indifférent sur votre justice, vous êtes tombé dans l'abîme de la misère, dans le bourbier infect et dans les ombres de la mort. Aussi faites bien attention à ce qui suit : Croyez-vous que Dieu doive mentir ou que le fils de l'homme soit dans la nécessité de changer? Il édicta, en effet, et prononça cette sentence qu'aussitôt que vous mangeriez du fruit de l'arbre, vous devriez mourir. A-t-il prononcé cette sentence en se jouant ou a-t-il, pour rire, donné ce précepte? Je ne le pense pas. Pourquoi cela ne me paraît-il pas ainsi; c'est que je l'ai appris par expérience et qu'une foi clairvoyante me l'a démontré. N'ai-je point expérimenté qu'aussitôt après le péché, les éléments, qui auparavant étaient d'une qualité excellente et pondérée, commencèrent à lutter les uns contre les autres? Il y a, en effet, une certaine quantité de terre dans la chair, une certaine quantité de liquide dans le sang, une certaine quantité d'air dans le souffle, une certaine quantité de feu dans la chaleur, et ces quatre éléments aussitôt après le péché, se mirent à lutter l'un contre l'autre; ainsi nos premiers parents furent accablés d'infirmités, ils éprouvèrent des maux de tête, d'estomac, de foie, tous leurs membres furent attaqués tour à tour, puis la mort vint, et ensuite on les conduisit au tombeau. Mais dira quelqu'un : Qu'est-ce donc que l'homme après la mort? Il est certain que ce n'est plus un homme, et pourtant c'est encore quelque chose dans ses deux parties prises isolément. Quelles sont ces deux parties? C'est l'âme et le corps, la matière et la forme. L'âme ne meurt point, elle n'éprouve point les coups de la mort puisqu'elle est immortelle; il en est ainsi de la matière du corps qui est simple numériquement: bien que le corps en effet se dissolve, sa dissolution cependant n'est pas tellement complète, qu'il ne soit plus rien, et qu'il retourne dans le non être. L'âme demeure toujours la même, comme étant quelque chose de divin, l'homme ne cesse d'exister que quant à l'être. Dès lors, toutes les âmes redeviennent des esprits, et tous les corps sont de la terre et ils seront tels, jusqu'à ce que l'âme se revête de son corps, afin que l'homme tout entier soit glorifié et dans son corps et dans son âme. Si vous me demandez ce que devient l'homme mort, quelle autre réponse pourrai-je vous

tur in nobis, nisi ratio, intellectus, memoria et voluntas? O homo audivisti tuam gloriam, audi nunc tuam miseriam. O homo, natus de muliere, brevi vivens tempore, repletus multis miseriis, qui quasi flos campi egrederis et conteretis, et fugis velut umbra, nec in eodem statu permanens, nunc dives nunc pauper, nunc sanus nunc languidus, nunc gaudens nunc tristis, nunc sciens nunc ignarus, nunc videns nunc cæcus, nunc civis nunc exsul, nunc bonus nunc malus : ecce quomodo stabilis, ecce quomodo permanens. O homo, an ignoras quia potuisses non mori? Utraque enim potentia in manu tua erat, posse et non posse mori : contempsisti primam, et elegisti secundam; contempsisti vitam, et elegisti mortem; contempsisti dulce, et elegisti amarum; contempsisti vitam æternam, et mortem æternam eligere voluisti. Et unde hoc, homo? Numquid bonus, rectus, sanctus, et Deo dilectus creatus es? Et tamen miserrime incrassatus, impinguatus, dilatatus, recalcitrasti contra Deum factorem tuum. Et ecce elatus in superbia, ignarus (f. de gratia) Dei gratia, inscius de justitia cecidisti in lacum miseriæ, in luto fæcis, et in umbra mortis. Ideo attende quid sequitur. Putas quod Deus mentiatur, vel ut filius hominis mutetur? Statuit enim ipse, et sententiam posuit, ut quotienscumque comederes ex ligno, mori debuisses. Numquid ludendo hoc edixit, vel ridendo hoc asseruit? Omnino hoc tamen mihi non apparet. Quare non apparet, nisi quia experientia didici, et oculata fide probavi? Numquid experior, quod post peccatum elementa quæ in summa et optima qualitate erant, mox propter peccatum pugnare cœperunt? Est enim ratio terræ in carne, ratio humoris in sanguine, ratio aeris in spiritu, ratio ignis in calore : et hæc quatuor mox post peccatum ad invicem prœliari cœperunt, et sic nostri primi parentes infirmitatibus aggravantur, et dolore capitis, stomachi, hepatis, omniumque membrorum vexantur, sicque moriuntur, sicque ad sepulcra deducuntur. Sed dicet quis : Quid est homo post mortem? Certum est, quod non est homo : et tamen est aliquid, quantum ad duas partes. Quæ sunt illæ partes, nisi anima et corpus, materia et forma? Anima enim non moritur, nec succumbit per mortem, cum omnino sit immortalis : nec corporis materia cum sit una numero : quia licet corpus resolvatur, non tamen devenit ad tantam resolutionem, quod omnino nihil sit, et quod cedat in non ens. Manet eadem anima semper, et tanquam quid divinum : deficit tamen homo quantum ad esse. Omnes enim animæ spiritus sunt, et omnia corpora terra sunt, et erunt quousque anima induet se suo corpore ut totus homo glorificetur, corpore videlicet et anima. Si ergo petis quid est homo mortuus : quid aliud dicere poterimus, nisi quod terra, putredo, cadaver et fœtor

faire, sinon qu'il devient terre, corruption, cadavre et puanteur? Si vous m'interrogez sur son être, vous voyez qu'il n'est plus; s'il s'agit de son corps, demandez à la terre. O vous jeunes gens et vous puissants, allez aux tombeaux de vos pères, considérez ce qu'ils furent et ce qu'ils sont. Ouvrons leurs sépulcres, et distinguons qui parmi eux fut le maître ou qui fut l'esclave, qui fut beau ou laid, qui fut droit ou courbé. Ouvrons les yeux de notre esprit et de notre corps, et n'ayons pas honte d'envisager souvent en face notre grande misère. Entrons dans ces tombeaux et sachons bien ce qu'on y trouve. Qu'y trouvons-nous, mes frères, quelles choses y rencontre-t-on? Si vous plongeons nos regards, nous voyons des têtes de mort, d'informes débris. C'est vrai, c'est vrai, n'en doutez pas, croyez-moi j'en ai fait l'expérience; dans ces débris sont des animaux, des reptiles engendrés par la corruption. Les vers rongent les entrailles où ils se sont formés. Voilà ce que nous sommes, ce que nous serons et ce que nous deviendrons. Pourquoi donc te gonfler d'orgueil, ô riche? Pourquoi ne pas faire attention à ce qu'on te dit? Quoi! tu te troubles en portant là tes regards? Pourquoi ne pas te convertir puisque tu peux faire chaque jour cette expérience? Souvenez-vous, mes frères, de toutes ces choses et faites pénitence dans les pleurs et les gémissements, avant que ne viennent ces jours d'amertume remplis de misère et de tristesse. Je viens de vous dire ce que devient l'homme mort, il me reste à vous dire ce qui se passe pour l'âme. O mes frères, que pourrai-je dire sur ce sujet, sans me mettre d'accord avec nos anciens? Que disent-ils? Les âmes vont ou en paradis avec ceux qui sont dans la joie, ou en enfer avec ceux qui doivent souffrir; si elles vont en purgatoire, elles sont sur le chemin qui mène à la patrie; elles sont déjà heureuses, car leur sort est assuré: cependant, prions pour elles et avec toute notre charité venons à leurs secours par nos prières, nos aumônes, nos jeûnes et nos pénitences. Ce sont là ces affligés qui chaque jour élèvent leurs cris vers le Seigneur et recourent à Celui dont la science est proclamée partout, dont la sagesse est manifeste, la clémence partout estimée, la puissance partout promulguée. Ces âmes crient chaque jour, implorant chacune sa miséricorde et déplorant leur misère en disant: Seigneur, vous savez que je souffre violence, aussi ai-je recours à vous, je ne méprise point votre science, je ne me détourne point de votre sagesse, mais j'implore votre clémence. Ce n'est pas, Seigneur, que je souffre injustement, car ce n'est point pour les péchés d'autrui, mais pour les miens que je suis châtié; mais Seigneur, je souffre violence, car je souffre beaucoup et je mérite mes souffrances. J'ai péché, Seigneur, en amassant des biens et des richesses et en n'en distribuant pas suffisamment aux pauvres, comme vous l'aviez ordonné; mais malheureux que je suis, j'en ai amassé beaucoup dans la douleur et le chagrin, sans savoir à quel parent ou à quel ami je les laisserais. Malheureux homme, considère bien et pèse attentivement toutes tes pensées, toutes tes actions, toi qui ne cesses d'amasser tous les jours de ta vie. O homme, dominé par l'avarice, ignores-tu donc qu'il y a trois passions insatiables et une quatrième chose qui ne dit jamais: c'est assez? Quelle est cette chose qui ne dit jamais: c'est assez? N'est-ce point l'esprit de l'homme qui ne peut se résoudre à dire: cela me suffit? Ignores-tu, ô homme que l'a-

---

est? Si petis de suo esse, vides quod deficit. Si petis de corpore interroga terram. Euntes vos, o juvenes et potentes, ad sepulcra patrum vestrorum, considerate quid fuerunt, et quid sunt. Monumenta eorum aperiamus, et videamus quis dominus, et quis servus, quis pulcher, quis turpis, quis rectus, quis curvus inter eos fuerit. Aperiamus oculos mentis et corporis, et nostram grandem miseriam frequenter non pigeat considerare. Intremus sepulcra, et quid inveniemus discamus. Quid, Fratres, invenimus, vel quæ? Nam si respexerimus, invenimus mortuorum capita, renes et ventrem. Verum, et indubitanter verum: mihi experto credite, quod in capitibus invenietis bufones saltantes, generatos ex cerebro; in renibus serpentes generatos in lumbis ambulantes; in ventre vermes scaturientes, generatos ex visceribus. Ecce quid sumus, et quid jam erimus, ecce in quod resolvimur. Quid ergo inflaris, o dives? Cur non attendis quæ audis? Cur turbaris cum prospicis? Cur non converteris cum hoc quotidie experiris? Mementote, Fratres, hæc omnia, et agite pœnitentiam in fletu et lamento ante quam veniant dies illi amari pleni miseriæ et tristitiæ. Audistis jam quid est homo mortuus: restat nunc dicere quid sit de anima. O Fratres mei, quid de hoc dicere poterimus, nisi concordaverimus cum vetulis nostris? Quid enim dicunt, nisi quod vel in paradiso cum gaudentibus, vel in inferno cum dolentibus; sed si in purgatorio, in via eundi ad patriam sunt; et isti jam bene sunt, quia securi sunt. Orandum tamen pro eis est, et isti toto affectu subveniendum est orationibus, eleemosynis, sacrificiis, jejuniis et macerationibus. Isti sunt denique illi afflicti, qui ad Dominum quotidie clamant, et ad illum recurrunt, cujus scientia ubique allegatur, cujus sapientia demonstratur, cujus clementia ubique ponderatur, cujus potentia ubique promulgatur. Isti quotidie clamant, unusquisque per se suam misericordiam implorantes, et suam miseriam deplorantes, et dicentes: Domine, scias quod vim patior, ideo ad te recurro, non contemnendo scientiam tuam, non avertendo tuam sapientiam; sed interpello tuam clementiam. Non enim, Domine, injuste patior, quia non pro alieno delicto; sed pro meo patior: vim tantum Domine, patior, quia fortiter patior, et juste patior. Peccavi Domine, substantias et divitias congregando, nec pauperibus ut jusseras sufficienter tribuendo. Sed multa infelix congregavi cum dolore et mœrore, nesciens cui ea dimitterem amico vel proximo. O infelix homo, considera, et diligenter adverte quid agis, quid cogitas, dum cunctis diebus vitæ tuæ congregare non desinis. O homo avaritia plenus, an ignoras quod tria sunt insatiabilia, et quartum nunquam dicit: Sufficit? Et quid est quod nunquam dicit: Sufficit, nisi animus hominis, qui nunquam dicit: Satis est? O homo an ignoras, quod radix omnium malorum ava-

varice est la source de tous les maux, c'est une servile idolâtrie, elle est la mère de l'usure, la génératrice de la simonie, une source de crimes, le chemin des supplices éternels, la pourvoyeuse de l'enfer? O avarice, abîme insatiable, tu ne dis en aucun temps : C'est assez ; sans cesse affamée, toujours tu gémis, tout te jette dans des troubles sans fin. Si le soleil se montre chaque jour, tu dis en gémissant : Nous aurons une grande sécheresse; si, au contraire, il vient à pleuvoir, tu prétends que tout sera perdu ; si tu vois que le temps est calme, aussitôt par tes désirs, tu rappelles la pluie ou le soleil. O peste sans fin ! ô rage qu'on ne peut assouvir ! tout ici-bas est renfermé dans de certaines bornes ; l'avarice seule n'en connaît aucune. Tous les vices de l'homme s'éteignent avec l'âge ; l'avarice seule se rajeùnit sans cesse. O rage qui ne connaît jamais de limites ! La terre est contenue dans ses limites, l'eau ne sort pas de son lit, l'air ne franchit pas l'espace qui lui est assigné, le ciel lui-même a des bornes, l'avarice seule n'en connaît point? Oui, avare, t'offrirait-t-on la terre entière, tu désirerais la mer, et si c'était la terre et la mer, tu voudrais encore l'air. Mais aurais-tu en ta possession la terre, la mer et l'air, tu ambitionnerais encore le ciel et tu voudrais y demeurer. Le ciel serait-il devenu ton séjour que tu ne serais pas encore satisfait. Il faudrait que tu fusses l'égal de Dieu ou même son supérieur. O peste plus furieuse que le démon lui-même ! Le démon voulut se rendre semblable au Très-Haut, mais l'avare voudrait s'élever au-dessus de Dieu s'il était possible. Ce langage que Dieu tiendra aux avares, au dernier jour, sera bien juste :

O homme, germe encore inconnu! que ton entrée dans ce monde fut humble ! Né pauvre, tu n'étais pas encore avare, et cependant tu as vécu dans l'avarice, tu as amassé de l'or et de l'argent et oublié Dieu ton Créateur. Où est donc le fruit et le gain de tes labeurs ? Allez donc, maudits, au feu éternel, et qu'il arrive ce que vous avez voulu. Telle sera la sentence du grand Roi. Dès lors, mes frères, n'aimez pas votre corps plus que votre âme et vos enfants plus que vous-mêmes. Voilà que le jour de votre mort approche, et quiconque succombera sous les coups de la mort se trouvera séparé des siens, quittera son épouse, ses parents, et sera conduit par eux à son tombeau. O déplorable cruauté! objet bien digne d'étonnement ! O infidélité qui remplit de stupéfaction ! Un mari tendrement aimé est abandonné par son épouse chérie, le fils est repoussé par sa mère. On voit les pères enfouir leurs enfants dans la terre et les enfants leur père. Ce défunt est laissé là seul, chacun revient à sa maison, et bientôt on le laisse dans l'oubli comme étant mort dans les cœurs. Voilà, mes frères, l'amitié du monde, voilà la mesure de son étendue et de sa constance. Quel est celui qui aime assez son ami ou son parent pour désirer demeurer seulement une nuit avec lui. Considère donc, ô homme, quels sont ces amis, pour lesquels tu perds ton âme et offenses Dieu. Tous t'abandonnent, tous te fuiront, et délaissé de tous, tu seras par ces amis étendu dans une fosse de quelques pieds. Comme j'étais à l'embouchure du Tibre, en compagnie de ma tendre mère, attendant un temps favorable pour retourner en Afrique, et aussi le bon plaisir de Celui

---

ritia est et servitus indololatriæ, mater usuræ, genitrix simoniæ, fomes culpæ, æternæ pœnæ via, nutrix gehennæ? O avaritia abyssus insatiabilis, quæ nunquam dicis : Sufficit : semper famescis, semper doles, semper tristaris in cunctis. Nam si sol quotidie oritur; dolendo dicis, Siccitas erit : si pluvia descenderit, omnia periclitari asseris: si temperiem adesse prospicis, solem vel pluviam adesse desiderabis. O pestis interminabilis, o famelica rabies! nam omnia suis terminis clauduntur, sola avaritia nullo clauditur fine. Omnia in homine senescunt vitia, sola avaritia juvenescit. O rabies omni fine carens! Numquid terra suis limitibus terminatur, aqua suis finibus limitatur, aer suo fine concluditur, cœlum suis terminis actatur, sola avaritia terminum nescit? O avare, si terra tibi cuncta datur, mare quæris. Sed si terra et mare, aerem petis. Sed si terram, mare et aerem possederis, adhuc cœlum ambis, et ipsum penetrare affectas. Et si cœlum penetraveris, adhuc non quieveris, donec te Deo adæquaveris, vel fueris superior Altissimo. O pestis dæmone sævior! nam dæmon similis Altissimo esse voluit, sed avarus super Deum, si posset, ascendere vellet. Merito avaris in die novissimo loquetur Dominus, dicens: O homo, sine honore mundum intrasti in pellicula sanguine cruentatus, sine divitiis natus, sine avaritia genitus : et tu in avaritia vixisti, et dilatatus es in auro et argento,

et oblitus es Dei creatoris tui. Ubi enim est fructus et lucrum laborum vestrorum? Ite ergo maledicti in ignem æternum, et sicut voluistis, ita fiat. Ecce sententiam summi Regis. Itaque, Fratres, nolite amare plus corpus quam animam, et plus filios quam vos ipsos. Ecce enim in janua dies mortis est. Tunc enim quilibet suis excluditur, ab uxore dimittitur, a cognatis separatur, et ab eisdem ad sepulcrum ducitur. O magna crudelitas! O magna admiratio! O admirabilis infidelitas! Ecce, maritus dilectus ab uxore dilecta relinquitur, filius a matre projicitur, et pater a filiis, et filii a patre sub terra reconduntur: solus ille dimittitur, et quilibet ad propria revertitur, et cito oblivioni traditur, tanquam mortuus a corde. Ecce, Fratres, mundi amicitia quanta vel qualis est. Non enim est aliquis qui tantum amicum vel cognatum diligat, quod per noctem secum morari cupiat. Vide ergo, o homo, quales amicos habes, pro quibus animam perdis, pro quibus Deum offendis. Omnes dimittunt te, omnes se abscondent, omnes cito fugient a te, et in foveam trium brachiorum collocabunt te. Num cum essemus apud ostia Tyberina matre caritatis sociati, expectantes temporis tranquillitatem, causa remeandi ad Africam, et gratia illius cui terra et mare obediunt, compulsi a(1) Pontiano præfecto, viro clarissimo, qui de Roma ad nos videndum venerat,

(1) « Dum Augustinus Roma Mediolanum ad rhetoricam professionem abiit, Urbanam præfecturam gerebat Symmachus, » ut dicitur lib. V. Conf. cap. XIII, « eamque gessit plurimis adhuc post annis. Eam quippe adhuc gessit, dum sanctus Bonifacius assumptus fuit ad sedem Apostolicam, atque adversus ipsum acriter fovit schisma Eulalianum. » Lupus.

auquel les vents et la mer obéissent; fortement engagé par le préfet Pontianus, personnage de grande considération qui était venu de Rome tout exprès pour me voir, je retournai avec lui à Rome, pour étudier avec plus d'attention les monuments magnifiques et les œuvres des païens. La curiosité me poussa comme les autres à aller voir le cadavre de César dans son tombeau. Qu'ai-je aperçu? une couleur livide répandue partout, ce cadavre déjà tout entouré de corruption, le ventre rompu, et des millers de vers fourmillant de tous côtés. Ils se repaissaient jusque dans les cavités des yeux, les cheveux n'adhéraient plus à la tête, les lèvres pourries laissaient les dents à découvert, la racine du nez était à nu. Regardant alors ma mère si chrétienne, je lui dis : Qu'est donc devenu ce corps de l'empereur qu'on admirait ? Où sont ces richesses immenses, ces plaisirs préparés avec tant de luxe, où la multitude des princes, où la foule des officiers, où ces légions de soldats, où ces meutes de chiens, ces chevaux rapides, ces oiseaux aux mélodies ravissantes? Que sont devenus cette chambre décorée de peintures, ce lit d'ivoire, cette couche royale, ce trône impérial, cette garde-robe si bien fournie ? Que sont devenus cette chevelure brillante, cette face radieuse, en un mot, tous ces agréments dont on peut jouir sous le ciel ? O César, pourtant les hommes te respectaient, les princes te craignaient, les cités t'honoraient, tous te redoutaient. Je te le demande, où sont toutes ces choses ? Où est ce splendide entourage ? Où est ta magnificence ? Ma pieuse mère me fit cette réponse: Mon fils, quand son âme l'eut abandonné, tout lui fit défaut, et on le laissa enfermé dans cet étroit tombeau, en proie à la corruption et à la pourriture. Courage donc, fidèles de Jésus-Christ, considérez ce que nous sommes, réfléchissez au but de votre création, voyez ce que vous êtes déjà. Faites donc pénitence, mes petits enfants, vous que j'enfante une seconde fois, jusqu'à ce que le Christ soit formé en vous. Faites donc pénitence, avant que la mort, l'ennemie de votre nature, ne vous saisisse. Décidez-vous à faire une confession simple, humble, utile, secrète, complète, concise, accompagnée de contrition, une confession qui fasse couler vos larmes et que vous ne devez point retarder, puisque nous ignorons complètement l'heure de notre mort. Lorsque la maladie vous aura conduits à l'extrémité, ô mes frères, qu'il vous sera pénible, dur, difficile et douloureux de vous repentir et de pleurer sur le mal que vous avez commis, et sur le bien que vous avez omis ! Pourquoi en est-il ainsi ? N'est-ce point que toute l'attention de notre esprit est portée où nous ressentons la force de notre douleur. A cela viennent se joindre beaucoup de chaînes qui partent du cœur. La nature gémit, la peine nous accable, car la mort est sur le point de s'emparer de nous. Ces pères qui ont aimé démesurément leurs enfants, pour lesquels même ils se croient damnés, déjà ils les voient d'un œil vitreux, ils regardent leurs épouses tout en pleurs ; le monde leur donne encore de la confiance, le démon les fait espérer, et promet à ces malades un brevet de santé, de peur qu'ils ne regrettent leurs péchés : le corps ne pense pas encore sitôt défaillir ; les médecins les rassurent, afin de continuer leurs visites lucratives ; les parents les encouragent, les prêtres eux-mêmes entretiennent l'illusion, et ainsi ces riches meurent pour l'enfer. Vous venez d'entendre, ô homme, tout ce que je viens de dire, eh bien, ma conviction est que bientôt tout cela vous arrivera. Je vous supplie donc, avant

cum eodm iterum reversi sumus Romam ad intuendum diligentius magnifica ædificia et opera Paganorum : et ductus sum cum cæteris ad videndum cadaver Cæsaris in sepulcro, et vidi quod omnino esset livido colore ornatum, putredine circumdatum, ventrem ejus diruptum, et verminum per illum catervas transeuntes prospexi. Duo quoque famelici in foveis oculorum pascebantur, crines ejus non adhærebant capiti, dentes ejus apparebant labiis consumptis, et revelatum erat narium fundamentum. Et intuens matrem Christianissimam, dixi : Ubinam est Cæsaris corpus præclarum, ubi magnitudo divitiarum, ubi apparatus deliciarum, ubi multitudo dominorum, ubi caterva baronum, ubi acies militum, ubi canes venatici, ubi equi veloces, ubi aves cantantes, ubi thalamus pictus, ubi lectus eburneus, ubi thorus regalis, ubi thronus imperialis, ubi muratoria vestimentorum, ubi capilli solares, ubi facies decora, ubi omnia quæ sub cœlo sunt ? Te namque verebantur homines, te timebant principes, te colebant urbes, te timebant omnes. Ubinam quæso sunt hæc omnia, a quo recessit tanta jactantia ? Quo ivit tua magnificentia ? Et respondit mater pietate plena, Fili, omnia sibi pariter defecerunt quando defecit spiritus ejus, et reliquerunt cum captivatum in sepulcro trium brachiorum plenum fœtore et putredine. Eia ergo fideles Christi, considerate quid sumus, animadvertite ad quid venimus, prospicite quid jam sumus. Agite ergo pœnitentiam, Filioli mei quos iterum parturio donec reformetur in vobis Christus. Agite ergo pœnitentiam, antequam mors inimica naturæ vos aggrediatur. Statuatis vobis simplicem, humilem, utilem, secretam, frequentem, promptam, amaram, lacrymosam et festinam confessionem, cum etiam horam mortis omnino ignoremus. Nam cum in extrema ægritudine fueritis, Fratres, o quam forte, o quam durum, o quam pœnosum, o quam lacrymabile erit vobis pœnitere et dolere de malis commissis, et de bonis omissis ? Quare hoc erit, nisi quia illic capitur tota intentio mentis, ubi est vis doloris ? Multa enim occurrunt impedimenta cordi. Nam corpus dolet, pœna affligit, quia mors appropinquat intrare : filios quos patres summe dilexerant, pro quibus etiam se damnatos existimant, tenebroso oculo aspiciunt, uxores jam lacrymantes considerant, mundus adhuc eis fiduciam præstat, diabolus ne de peccatis doleant, fidem tribuit, et chirographum infirmantibus præbet ; caro non deficere adhuc satis sperat ; medici adhuc ut lucrentur, ipsum confortant ; parentes applaudunt, sacerdotes alliciunt, et sic divites moriuntur in inferno. O homo, audisti quid locutus sum ; omnino credo quod hæc omnia cito experieris. Obsecro igitur te, ut antequam infirmitate graveris, agas pœnitentiam, disponas domum

que la maladie ne s'appesantisse sur vous, de faire pénitence et de mettre ordre à votre maison. Faites ce que vous avez à faire, faites votre testament pendant que vous êtes encore en bonne santé, que vous avez l'esprit lucide et que vous vous appartenez. Car si vous attendez la maladie, vous serez certainement conduits là où vous ne voulez pas, soit par des menaces, soit par des caresses. Pendant que vous êtes encore jeune, ô homme, mettez ordre à vos affaires, faites pénitence, aimez Dieu, non-seulement en parole, mais en vérité et réellement. Si votre langue a offensé votre prochain, apaisez-le par vos paroles ; si ce sont vos actes, apaisez-le par vos actes, car on nous pardonnera avec la même mesure dont nous nous serons servis pour pardonner aux autres. Je te le répète, ô homme, fais pénitence. Souviens-toi de tes fins dernières et tu ne pécheras jamais. Rentre en toi-même, souviens-toi que tu ne fus qu'une vile semence, que tu n'es qu'un vase d'immondices, et que tu seras la pâture des vers. Voilà les fins dernières que doit ruminer chaque jour quiconque a la foi. O homme, souviens-toi de tes fins dernières, sache qu'après la mort, un ver germera de ta langue pour les péchés que ta langue a commis, de ton estomac pour tes péchés de gourmandise ; des scorpions se formeront de la semence de tes reins, pour punir les péchés de la luxure, des crapauds sortiront de ton cerveau, pour punir le péché d'orgueil. Souviens-toi de tes fins dernières, jeunes homme qui t'avances avec tant de verdeur, qui marches la tête haute, en méprisant tout ce qui touche aux intérêts de Dieu. Souviens-toi de tes fins dernières, tu es terre et tu redeviendras terre. Souviens-toi de tes fins dernières, tu as été conçu dans le péché, tu es né dans la peine, tu vis dans la misère et nécessairement tu mourras dans l'angoisse. O homme, pourquoi te vanter de ta force ? Voici que tu deviens malade, et il ne faut que quelques instants pour t'abattre. Pourquoi te laisser enfler par la sagesse du monde ? Elle n'est que folie, tu la perdras et je condamnerai ta prudence, dit le Seigneur. Pourquoi la science t'enfle-t-elle ? Le cœur des philosophes ne s'est-il pas obscurci ? ne se sont-ils pas évanouis dans leurs conceptions? N'ont-ils pas été livrés à leur sens réprouvé ? Pourquoi te vanter de la noblesse de tes ancêtres? Est-ce que nous n'avons pas tous la même origine ? Tous ne marchons-nous pas vers la mort ? Quel est le noble qui jamais naquit sans causer des douleurs à sa mère? Est-ce que le noble comme le pauvre ne sont pas formés dans le sein d'une femme ? La mort qui nivelle tout, a-t-elle jamais épargné le riche? Pourquoi te vanter de tes richesses ? ne t'exposent-elles pas plutôt aux embûches des perfides qu'à l'affection d'amis sincères ? Presque jamais on ne recherche le pauvre pour lui donner la mort, mais toujours on tend des pièges au riche. Souviens-toi de tes fins dernières, ô homme qui passes tes jours dans les festins ; tu es sorti nu du sein de ta mère, et nu tu sortiras de ce monde. Ah! mes frères, ouvrez donc vos demeures aux pauvres, faites l'aumône, soumettez la chair à l'esprit, en toutes choses souvenez-vous de vos fins dernières, afin de ne jamais pécher mortellement. Que le Dieu, sans la permission duquel une feuille d'arbre même ne saurait se mouvoir, nous porte secours, pour accomplir tout ce qui lui est agréable, lui qui est béni dans les siècles des siècles. Ainsi soit-il.

Sermon XLIX. — *Misère de la chair et fausseté de la*

---

tuam. Fac quod fiendum est, fac testamentum, dum sanus es, dum sapiens es, dum tuus es. Nam si exspectaveris infirmitatem, omnino minis vel blandimentis duceris quo tu non vis. O homo, dum juvenescis, dispone domum tuam, age pœnitentiam, dilige Deum non solum verbo, sed opere et veritate. Et si proximum offendisti verbo, placa eum verbo ; si facto, placa eum facto : quia eadem mensura parcetur nobis, qua pepercimus aliis. O homo fac pœnitentiam. Memorare novissima tua, ut in æternum non pecces. (*Eccl.*, VII, 40.) Revertere ad te ipsum, memorans quod fuisti (1) sperma liquidum, quod modo es vas stercorum, quod eris cibus vermium. Hæc enim sunt novissima quæ cogitare debet quotidie qui fidelis est. O homo memorare novissima tua, quia post mortem vermis nascetur tibi de lingua pro peccato linguæ, de stomacho pro peccato gulæ, de spermate renum scorpiones pro peccato luxuriæ, de cerebro bufones pro peccato superbiæ. Memorare novissima tua, o juvenis, qui floride ambis et pergis capite elevato cuncta quæ Dei sunt Despiciendo. Memorare novissima tua, quia terra es, et in terram ibis. Memorare novissima tua, quia conceptus es in culpa, natus in pœna, vivens in miseria, et necessario morieris in angustia. O homo cur te jactas fortitudine? Ecce nunc post modicum infirmaris, et deficis. Cur inflaris mundi sapientia ? Ecce quod stultitia est, et eam perdes, et tuam prudentiam reprobabo, dicit Dominus. Cur inflaris scientia ? Numquid philosophis obscuratum est cor, et in cogitationibus suis evanuerunt? Numquid traditi sunt in reprobum sensum ? Cur te jactas generis nobilitate ? Numquid omnium nascendi conditio una est ? Numquid et moriendi una conclusio? Quis nobilium unquam natus est sine sanguinis cruentatione ? Numquid nobilis simul cum paupere per eumdem naturi meatum transit ? A regula etiam mortis numquid parcitur diviti? Cur divitiis te jactas? Ipsæ enim potius insidiæ tibi sunt, quam amicitiæ. Nam pauper fere nunquam occidi quæritur ; diviti vero semper insidiatur. Memorare, o homo, novissima tua qui quotidie epularis, quomodo nudus de utero matris venisti, et nudus reverteris. Eia ergo, Fratres, domos vestras pauperibus aperite, eleemosynas facite, voluptates vestras rationi subjugate, in cunctis memorantes novissima vestra, ut mortaliter non peccetis in æternum. Adjuvet autem nos Deus, sine cujus voluntate folium arboris non movetur, ad perficiendum ea quæ placita sunt ei, qui est benedictus in sæcula sæculorum. Amen.

Sermo XLIX. — (2) *De miseria carnis et falsitate*

---

(1) V. Medit. apud Bernard., cap. III. — (2) In Ms. German. 400 circiter ann. *De misera vita hujus sæculi*. In reliquis plurima interpolata et mutata, ut am monuimus. Eadem arte confecti sunt Serm. LXII, LXIV, LXV, LXVI et LXVII.

vie présente. — O vie, qui, avec tes prétendus avantages, a trompé, séduit et aveuglé tant de monde, quand tu fuis, tu n'es rien ; quand on te voit, tu n'es qu'une ombre ; quand tu t'élèves, tu n'es que de la fumée. Tu es douce aux insensés, amère aux sages. Celui qui t'aime ne te connaît point ; ceux qui te méprisent savent ce que tu es. Il faut te craindre, et il faut te fuir. Malheureux ceux qui se fient en toi, bienheureux ceux qui te méprisent. Tu n'es pas la vraie vie comme tu voudrais le paraître. Pour les uns tu te présentes longue, afin de les perdre à la fin ; pour les autres tu parais courte, afin de ne pas leur permettre de se repentir quand ils le veulent ; pour les uns tu es large, afin qu'ils fassent ce qu'ils veulent ; pour les autres tu es étroite, afin qu'ils ne fassent pas le bien. C'est pourquoi, ô sage, tu fais bien de fuir ce qui te fuit. Voilà quelle est notre vie, elle ressemble à un homme dans une maison étrangère, ignorant l'heure et le jour dans lequel le maître lui dira : Sors d'ici, car la maison que tu habites n'est pas à toi. O siècle de vanité, pourquoi nous faire tant de promesses puisque tu trompes. Celui qui voudra être ton ami deviendra l'ennemi de Dieu. L'amitié du monde est l'ennemie de Dieu. C'est la chair qui perd l'âme. C'est la chair qui reçoit notre ennemi avec les vices qu'il apporte. C'est elle qui fomente les homicides, sème la fornication, la concupiscence, les dissensions, la volupté, le vol, l'idolâtrie, l'avarice, l'orgueil et la discorde parmi les frères. L'envie et les blasphèmes contre Dieu, provoque les schismes, encourage les hérésies, cause des divisions au sein de l'Eglise de Dieu, met des pierres d'achoppement parmi les peuples chrétiens, suscite des luttes entre nations, des enchantements parmi les parents, et, ce qui est plus mauvais, jette dans le cœur des serviteurs de Dieu toute espèce de pensées ; en un mot, elle est la cause de tous les maux qui existent dans ce monde fragile, détestable et criminel, et dans lequel cependant elle passe avec une extrême rapidité. Le diable a la chair en son pouvoir, mais il n'a point l'âme, car le Seigneur disait au démon au sujet du saint homme Job : Je le livre à ta puissance, mais respecte son âme. Cette chair misérable appesantit l'âme, et, par son inconstance, la plonge dans l'enfer. La chair est la véritable ennemie de l'âme ; si elle n'était point son ennemie, elle n'eût point aimé les vanités de ce monde, et n'eût point mis ses jouissances dans une vie fausse, vie excessivement malheureuse, exposée à la corruption des humeurs, aux aiguillons de la douleur, aux épidémies répandues dans l'air. La bonne chère t'appesantit, les jeûnes t'abattent, le jeu te dissipe, la tristesse te consume, les soucis te rongent, la tranquillité t'énerve, les richesses t'enorgueillissent, la pauvreté t'humilie, la jeunesse t'élève, la vieillesse te courbe, l'infirmité te casse, le chagrin te mine, et, par-dessus tout cela, la mort plus menaçante encore fond sur toi comme une furieuse. O chair qu'accable tant de maux, est-ce que ton devoir n'eût pas été de t'attacher à cette vie éternelle sur laquelle la mort n'a point de prise, où la jeunesse ne craint pas la vieillesse ; la lumière, les ténèbres ; la joie, la tristesse ; où la grandeur n'a rien à désirer ; la volonté rien à regretter, et dont le bonheur n'aura à redouter aucun changement ? Voilà les sept biens qu'il t'eût fallu obtenir. O chair malheureuse, pourquoi les as-tu refusés pendant que tu vivais ; si tu avais persévéré dans le bien, et si tu avais toujours bien agi, tu n'aurais pas été privée

præsentis vitæ. — (1) O vita quæ tantos decipis, de propriis tantos seduxisti, tantos excæcasti : quæ dum fugis, nihil es ; dum videris, umbra es : dum exaltas, fumus es. Dulcis es stultis, et amara sapientibus. Qui te amat, non te cognoscit ; qui te contemnunt, ipsi te intelligunt. Timenda es, et fugienda es. Væ qui tibi credunt, beati qui te contemnunt. Vera non es vita, quam te ostendis. Aliis ostendis te longam, ut perdas in finem ; aliis brevem, ut dum pœnitere volunt, non permittas : aliis largam, ut faciant quid volunt ; aliis angustam, ut non faciant bonum. Quare, o sapiens, fuge quod fugit. Sic enim est vita nostra, quasi homo in domo aliena, nesciens qua hora vel die patronus dicat : Vade foras : quia non est tua domus in qua es. O sæculum vanum, quid nobis tanta promittis, dum decipis ! Qui tibi amicus voluerit esse, inimicus Dei constituetur. Amicitia sæculi, inimicitia Dei est. (2) Caro est, quæ animam perdit : caro est, quæ recipit inimicum cum vitiis. Item seminat homicidia, seminat fornicationem, seminat concupiscentiam, seminat rixas, seminat libidinem, seminat furtum, seminat idolatriam, seminat cupiditatem, seminat superbiam, et inter fratres discordiam, seminat invidiam, seminat contra Deum blasphemiam, provocat schismata, irritat hæreses, et intra Ecclesiam Dei infert divisiones, inter populos Christianos ponit offendicula, et inter gentes pugnas, et inter consanguinitates incantationes, et, quod pejus est, in corda servorum Dei diversa genera cogitationum immittit, et omnia quæ mala sunt in hoc mundo caduco, pessimo et nefando, et quasi orta sub omni velocitate transit. Carnis etiam potestatem habet diabolus, et non animæ, dicente Domino ad diabolum de beato Job : Do tibi illum in potestate, sed non animam ejus. Caro misera gravat animam, caro vaga demergit in infernum. (*Job*, II, 6.) Caro inimica est animæ : quæ si inimica non esset, non utique dilexisset istius sæculi vanitatem, et vita vana non frueretur. O vita atrocissima, (3) quam humores tumidant, dolores æstuant, aeres morbidant, escæ inflant, jejunia macerant, joci solvunt, tristitiæ consumunt, vita vana non frueretur. O vita atrocissima, divitiæ superbiunt, paupertas ejicit, juventus extollit, senectus incurvat, frangit infirmitas, mœror consumit, et super his omnibus mors atrocissima succumbit ut furibunda. O caro cum deformitate depressa, illam debuisti vitam amplecti quæ in æternitate consistit, ubi vita est sine morte, ubi juventus sine senectute, ubi lux sine tenebris, ubi gaudium sine tristitia, ubi nobilitas et voluntas sine injuria, ubi regnum sine commutatione. Hæc sunt septem quæ consequi debueras. O caro miserabilis, quare negasti dum viveres ? Si perseverasses bona, et quibuslibet bonis privata non fuisses, si bene

---

(1) Ex Epist. I Columbani Abbatis. — (2) V. lib. *de Salutarib. docum.*, cap. LXIV. — (3) Sic lib. *Speculi*, c. XXI.

de tous ces biens ; ton séjour eût été fixé là où est une joie sans fin, une gloire que rien ne flétrit, des plaisirs incorruptibles et incomparables, où le Christ est le bonheur des apôtres, des prophètes et de tous les saints, où l'on trouve un plaisir souverain avec les saints anges qui chantent les louanges de Dieu, et où l'on éprouve, en un mot, la jouissance de tous les biens. A cause des pauvretés de ce siècle, tu as méprisé tous ces biens qui nous procurent tant de bonheur. Quand ta fin sera venue, quoique tu retournes en poussière, une ennemie te poursuivra, ce sera la corruption, la pourriture et les vers ; tu éprouveras la décomposition du sépulcre, afin que les vivants prennent exemple sur toi, sur ce que tu as été et ce que tu es ; qu'ils te voient consumée par les vers; qu'ils songent qu'à la fin du monde, pour accomplir tes fins dernières, après le retour de l'âme, c'est-à-dire de la vie dans le corps avec lequel tu fus associée auparavant, tu auras en partage des supplices éternels, et en même temps que l'âme tu seras damnée. Ame malheureuse, poursuivie sans cesse par la chair! La chair désire, le corps exécute. Quand la chair est rassasiée des mets les plus abondants, de boisson et de plaisirs, elle pousse à faire toute espèce de mal. La chair provoque à l'homicide, la chair commet les adultères, la chair engage aux querelles et aux scandales, la chair amène l'ivrognerie, la chair, en un mot, excite toutes les concupiscences de ce monde. O chair malheureuse, quelle est ta force et que fais-tu ? Pourquoi tant peser sur l'âme qui ne désire que servir Dieu ? O chair, tu es une misérable, ta perte ne te suffit pas, pourquoi t'efforcer encore de plonger avec toi dans l'abîme l'âme infortunée ? Malheur à toi, ô âme, qui as reçu pour compagne une chair aussi ennemie ! Chair malheureuse, que demandes-tu, que veux-tu ? Est-ce qu'au grand jour du jugement l'âme pourra être jugée sans toi ? Chair misérable, corrompue et flétrie par toutes les souillures du péché, quand tu vivais tu étais belle comme le soleil, splendide comme la lune, tes yeux brillaient comme des étoiles, tes cheveux retombaient en longues tresses ; arrosée par les plus précieux parfums, tu te couvrais de riches vêtements, et dans ta nourriture et dans ton breuvage tu recherchais toutes les saveurs. Sache bien, pauvre âme, que quand tu ranimais et réchauffais ce corps de ténèbres et de corruption, tu préparais aux vers leur pâture. Il eût fallu te rappeler ce que tu avais entendu de ton Créateur, de celui qui t'avait façonnée, lorsque le premier péché fut commis : « Tu es terre, dit-il, et tu retourneras dans la terre. » (Gen., III, 19.) Ecoute Job qui te dit : « Je suis sorti nu du sein de ma mère, et nu je m'en irai d'ici. » (Job, I, 21.) Ecoute maintenant le prophète Isaïe : « Le peuple est vraiment comme l'herbe des champs. » (Isa., XL, 7.) Chair misérable et criminelle, prête l'oreille maintenant à ces paroles de l'apôtre saint Paul, ce prédicateur remarquable : « Nous n'avons rien apporté en ce monde, et nous n'en pouvons rien emporter. » (I Tim., VI, 7.) Cette misérable chair ne porte rien avec elle que le fardeau de ses péchés. Ce n'est que par la chair que l'âme pèche. Que l'âme y fasse toute l'attention possible. Notre âme est emprisonnée, la chair est son cachot. L'âme crie vers le Seigneur, mais non la chair qui persévère dans le mal. L'âme n'a point d'autre remède que de se délivrer de la chair et de la réduire en poussière ; qu'on lui ôte le vin, et qu'on lui donne de l'eau ; qu'on lui ôte le sang, et qu'elle

egisses. Illic enim permansisses ubi est gaudium sempiternum, ubi immarcescibilis est gloria, ubi incorruptibilis est et incomparabilis delectatio, ubi Christus Apostolorum et Prophetarum et sanctorum omnium est jucunditas, nec non et summa lætitia cum sanctis Angelis canentibus laudes Deo, ubi delectatio omnium bonorum. Hæc omnia bona delectabilia per hujus sæculi pravitates sprevisti. Ecce post finem quamvis in limo terræ manciperis, habes inimicitiam, id est corruptionem, fœtorem et vermem, et dissolutionem fœtoris pateris, ut viventes de te exemplum accipiant, quid fuisti, quid quid es : quia a vermibus consumeris, postremo vero in finem propter novissima, propter redeuntem animam, id est, vitam in corpore, in quo prius fuisti, suppliciis æternis manciparberis, et simul cum anima damnaberis. (1) O misera anima quam caro persequitur. Caro concupiscit, corpus operatur. Caro autem cum satiatur affluentissimis cibis et potibus et delectationibus, hortatur omnia mala facere. Caro provocat homicidia, caro perpetrat adulteria, caro committit rixas et scandala, caro inserit ebrietatem, caro portat omnem concupiscentiam hujus sæculi. O caro misera, quid habes, quid agis, quid tantum gravas animam, quæ nihil desiderat nisi Deo servire? Tu, o caro, misera : non sufficit tibi perditio tua, quod adhuc animam infelicem tecum demergere conaris ? Væ tibi anima, quæ tibi carnem contrariam accepisti. Caro mala, quid quæris, quid desideras ? Non enim poterit sine te anima judicari in die judicii. Caro misera et putribilis, et omni squalore peccatorum plena, quando viva eras, pulchra eras ut sol, splendida ut luna, et oculi tui micabant ut stellæ, et crines tui longævi, et ungueuas te pretiosis unguentis, vestibus utebaris optimis, et in cibis tuis et potibus condebas aromatum multitudinem. Et scito, anima, dum corpus tenebrosum et fœtidum reficiebas atque fovebas, escas vermibus præparabas. Memorare debuisti quæ a factore et opifice tuo audieris, cum primum peccatum commisisti : « Terra es, inquit, et in terram reverteris. » (Gen., III, 19.) Et Job audi : « Nudus egressus sum de utero matris meæ, et nudus revertar illuc. » (Job, I, 21.) Audi etiam Isaiam vaticinantem : « Vere fœnum est populus. » (Isa., XL, 7.) Caro misera et nefanda, audi Paulum apostolum prædicatorem egregium dicentem : « Nihil intulimus in hunc mundum, nec auferre quid possumus. » (I Tim., VI, 7.) Nihil aliud caro misera nisi peccatorum sarcinam secum portat. Non nisi per carnem anima peccat. Anima quomodo potest videat, caro eam tenet inclusam. Anima clamat ad Dominum, non caro quæ in malitia perseverat. Anima remedium aliud non habet, nisi tollatur a carne, et

(1) V. lib. de Salutar. documentis, cap. LXIV.

ne reçoive plus que l'humilité de la terre. Chair misérable, que fera-t-on de toi quand je te quitterai et que la vie t'abandonnera? Seule tu seras jetée dans le sein de la terre, et tu ne commanderas plus rien. Le pire des héritages tombera sur toi, je veux dire: la corruption, la pourriture et les vers. Voilà ce que tu as acquis quand tu étais vivante; voilà ce que tu possèdes maintenant que tu gis dans un tombeau. N'as-tu donc pas pu te mortifier par les privations, t'humilier par le jeûne, sous la cendre et le cilice? Tu aurais été sauvée pour toujours avec l'âme, si tu t'en étais rapportée à elle, car tu ne pouvais être bonne sans y rendre l'âme; en effet, ce corps ne saurait être dompté par l'abstinence sans préparer le salut de l'âme. Entends le langage que notre Créateur tient à la chair. O ma créature, dit-il, je t'ai choisie belle et brillante du limon de la terre, en toi j'ai renfermé mon image, je t'ai donné un souffle de vie, je t'ai accordé une âme invisible et t'ai revêtue de la robe d'immortalité, je t'ai placée dans un jardin de délices; tu jouissais d'une vie angélique, tu contemplais avec bonheur toute espèce de mets et les objets les plus agréables; tout ce que j'ai créé, je l'ai mis sous ta domination et t'ai comblée de richesses abondantes. En outre, tous les arbres du paradis étaient à ta disposition, et, pour avoir mangé du seul fruit qui t'était défendu, vois où tu es tombée, du paradis dans l'enfer, de la lumière dans les ténèbres, d'un lieu de bonheur et de félicité dans le chaos, et dans les maux les plus ténébreux. Au lieu d'exhaler une odeur suave, maintenant tu gémis dans la pourriture et la puanteur, au lieu de goûter une nourriture angélique, toi-même deviendras la pâture des vers; un vêtement de corruption a remplacé ta robe d'immortalité. La vie que je t'ai accordée, je te la retire, je te la reprends, et, chair misérable et corruptible, l'enfer sera ton partage, cet enfer où il y aura des pleurs, des gémissements, des sanglots, des grincements de dents et d'affreux supplices; et, ce qui est pire, après la mort, la corruption; après les vers et la pourriture du sépulcre, tu redeviendras poussière. O chair, que dévorera un feu inextinguible, écoute l'âme s'adressant au corps: Envoyée par Dieu, je suis venue à toi des hauteurs du ciel; pour toi, tu viens de la terre, ne vaut-il pas mieux que tu montes avec moi au ciel que de m'entraîner avec toi aux enfers? Tandis que nous vivons et que nous sommes ensemble, faisons ce qui est bien, c'est-à-dire des aumônes, de chastes jeûnes, donnons l'hospitalité aux étrangers, revêtons les pauvres, et exerçons-nous à toutes sortes de bonnes œuvres, afin que, par le bien que nous ferons, nous puissions monter jusqu'au ciel. Là, nous ne serons plus revêtus d'un corps corruptible, mais d'un vêtement incorruptible; on n'y trouvera point de puanteur, mais des parfums très-agréables. Là, plus de ténèbres, mais une lumière sans fin; on n'y rencontrera pas des fourmilières de vers, mais des troupes d'anges, des millions de saints, le chœur de tous les Prophètes, avec les saints anges chantant à Dieu des hymnes sans fin. Que le Christ nous donne de jouir avec eux des joies éternelles, lui qui vit et règne dans les siècles des siècles avec le Père et le Saint-Esprit. Ainsi soit-il.

Sermon L. — *Du salut de l'âme.* — Autant qu'il dépend du désir de notre âme, frères bien-aimés, notre volonté est de venir souvent à vous pour vous visi-

---

caro redigatur in pulverem; tollatur ei vinum, et detur ei aqua; auferatur ei sanguis, et detur ei humor terrenus. O caro misera, quid de te agetur quando a te egrediar, et vita a te recadet? Tu sola in utero et sinu terræ jacebis, et aliud nunquam manciperis: habebis in te hæreditatem pessimam, id est, corruptionem, fœtorem et vermes. Ecce quæ acquisivisti, dum viva eras: ecce quid possides, dum in sepulcro jaces. Non potuisti te jejuniis macerare, ac jejuniis et cilicio humiliare? In perpetuum cum anima salva fuisses, si ei credidisses: quia non bene facere potes, nisi aliis bene feceris: hoc est, nisi corpus per abstinentiam afflixeris, animam salvare non poteris. Audi quid Creator noster dicat ad carnem: O, inquit, mea creatura, ego te ex lino terræ pulchram et lucidam assumpsi, imaginem meam in te condidi, spiramen vitæ tribui, animam invisibilem tibi concessi, immortalitatis tunica te indui, in paradiso voluptatis te collocavi, vita angelica perfruebaris, cibos et delectabilia jucunditatis contemplabaris, et omnia quæ creavi in tua dominatione humiliavi, et affluentes divitias dedi. Insuper et omnia ligna paradisi tibi subdita erant, et pro uno vetito quod ibidem comedisti, ecce ubi cecidisti, scilicet de paradiso in infernum, de luce ad tenebras, de amœnitatis et jucunditatis loco ad chaos et ad omnia obscurissima mala: pro delectabili odore nunc putredini et putori manciparis, pro esca angelica in cibo vermibus subjacebis, pro immortalitatis veste corrupto induta es vestimento. Ecce quam concessi vitam abstuli et subtraxi, ut tu misera et putribilis caro inferno manciperis, ubi est fletus et mugitus atque ululatus, insuper et stridor dentium et teterrima tormenta: et, quod pejus est, post mortem in corruptionem, post vermes et fœtorem et consumptionem postea in pulverem redacta. O caro quæ igni inexstinguibili mancipaberis, audi animam dicentem ad corpus: Ego de cœlo veni a Deo concessa tibi. Nam tu de terra es: melius est ut mecum ascendas ad cœlum, quam tu me trahas ad infernum. Dum vivimus et sumus in unum, operemur manibus quod bonum est, id est, eleemosynas et jejunia in castitate et in hospitalitate egenorum, et in nuditate pauperum, et in omnibus bonis operibus: ut per bonam operationem quam agimus, ascendere, ad cœlestia valeamus: ubi non jam solutione corporis, sed incorruptionis veste induamur; ubi non jam fœtor, sed odor suavissimus; ubi non jam tenebræ, sed lux perpetua micat; ubi non jam vermium multitudo, sed caterva Angelorum, et innumerabilia millia Sanctorum, et Prophetarum omnium chorus cum sanctis Angelis hymnum Deo incessanter canunt. Cum ipsis nos faciat æterna gaudia percipere Christus: qui cum Patre et Spiritu sancto vivit et regnat in sæcula sæculorum. Amen.

Sermo L. — (1) *De salute animæ.* — Quantum ad

---

(1) Ex variis Cæsarii Arelat. sententiis conflatus.

ter ; et, pressé par le temps de venir vous trouver, il nous fut donné d'arriver jusqu'à vous sain et sauf ; puisque nous avons tous à nous réjouir de la santé de nos corps, parlons, autant que Dieu nous le permettra, du salut de nos âmes, qui est le véritable salut. Nous avons été faits, mes frères, à l'image de Dieu, afin que, par sa grâce, nous comprenions quelle est la patrie qu'il faut désirer, quel est le vrai bonheur, quelle est la vraie vie, quelle est la santé parfaite et l'éternelle félicité. Mais connaissons tout cela du fond du cœur, avec la grâce de Dieu. Que personne ne puisse s'excuser et dire : Je n'ai point d'instruction, aussi je ne puis comprendre les préceptes de Dieu. Celui qui n'a point reçu d'instruction doit savoir ce qui est ou ce qui n'est pas. Que l'homme interroge sa conscience, qu'il s'exhorte lui-même et se tienne ce langage : O homme, qui es-tu, où es-tu et d'où viens-tu ? Et réponds-toi : Je suis homme et je sais que je suis la créature de Dieu. Interroge-toi de nouveau et dis : Quelle est ta nature, et sais-tu de quoi tu es composé ? Réponds et dis : Je sais que je suis composé d'un corps et d'une âme. Quelle est des deux parties celle que tu sais être la meilleure ? Réponds : Sans aucun doute, l'âme l'emporte de beaucoup sur la chair. Tes réponses sont excellentes et faites dans un ordre convenable, lorsque tu dis que l'âme l'emporte sur la chair. Dis-moi encore, ô homme, où es-tu ? Tu répondras : dans le monde. Ensuite, où seras-tu ? dans le ciel. Combien de temps y seras-tu ? dans les siècles des siècles. Excellentes réponses et pleines de vérité. Fais maintenant un compte de ta vie et sois un juste juge. Parmi toutes les choses que Dieu t'a données, donne à ta chair de quoi se soutenir dans le monde, et mets en réserve pour ton âme de quoi la faire vivre éternellement dans le ciel. Examine attentivement ta conscience, et vois si tu as placé dans le ciel pour ton âme autant de choses que tu en as pour ton corps dans le monde, et si tu as amassé autant de biens solides dans le ciel, que tu t'en es réservé dans le monde. Vois si tu as mis dans le paradis, par l'aumône, autant de boisseaux de froment, autant de mesures de vin pour donner la vie à ton âme, que tu en as conservé pour donner la vie à ton corps. Lorsque tu auras porté là-dessus une vigilante attention, et que la sagesse aura guidé tes considérations, tu verras que tu auras gardé dans le monde beaucoup pour ton corps, tandis que tu n'as placé au ciel qu'une faible partie. Rougis donc et cours bien vite au remède de la pénitence, car tu as prononcé le jugement déjà commencé contre toi-même. D'un côté, tu as dit la vérité, et les œuvres que tu as faites sont contraires, car tu as accordé tout à la chair, non-seulement en agissant fidèlement, mais même infidèlement. J'ignore si en toi-même ton jugement est faussé, puisque les sentences que tu rends entre ton âme et ton corps sont injustes. Comment pourrais-tu être juste, puisque tu juges mal ce qui te regarde toi-même. Certes, maintenant nous nourrissons notre chair, nous parons notre corps et nous l'environs quelquefois, nous le repaissons trop délicatement, et, dans quelques mois ou dans quelques années, que nous le voulions ou non, les vers le dévoreront dans le tombeau ; et nous méprisons notre âme que les anges doivent présenter à Dieu dans le ciel. Que cette heure sera dure pour l'âme pécheresse,

---

animæ nostræ desiderium pertinet, Fratres carissimi, voluntatis nostræ est, ut ad vos requirendos frequenter veniamus, sed necessitate temporis nunc veniendi incolumes nos venire meruimus : et ideo quia de communi corporum sanitate gaudemus, de animarum salute, quæ vera salus est, in quantum Dominus dederit, colloquamur. Ideo, Fratres, ad imaginem Dei facti sumus, ut, Deo donante, intelligamus quæ sit desideranda patria, quæ sit vera beatitudo, quæ vera vita, quæ perfecta sanitas, quæ sit æterna felicitas. Sed intus in corde, Deo inspirante, cognoscamus. Nemo se excusare poterit, ut dicat. Non novi litteras, ideo Dei præcepta intelligere non possum : quia qui litteras non novit, quid sit aut non sit, intelligere debet. Interroget homo conscientiam suam, et alloquatur se ipsum, et dicat sibi suis verbis : O homo, quis es, aut ubi es, et unde venisti ? Et responde tibi : Homo sum, et Dei creaturam me esse cognosco. Iterum interroga, et dic : Quid in te habes, aut ex quibus rebus te factum esse cognoscis ? Responde et dic : Ex anima et carne me constare cognosco. Quid in te ex his duabus rebus melius habes ? Responde : Sine dubio animam meliorem habeo quam carnem. Optime et ordine legitimo respondisti, et dixisti te animam meliorem habere quam carnem. Dic mihi adhuc : Ubi es, o homo ? Respondebis, in mundo. Postea vero ubi eris ? In cœlo. Quamdiu ibi eris ? In sæcula sæculorum. Justissime respondisti, et verum dixisti : fac modo ratio- nem vitæ tuæ, et esto judex justus. Ex omnibus rebus quas dedit tibi Deus, serva carni tuæ unde sustentetur in mundo, et repone animæ tuæ unde in perpetuum vivat in cœlo. Attende diligenter conscientiam tuam, et vide si tantas res animæ tuæ reposuisti in cœlo, quantas habes corpori tuo in mundo : si tot solidos reposuisti in cœlo, quantos tibi servasti in mundo. Vide si tot modios tritici, si tot amphoras vini per eleemosynam in paradiso, unde vivat anima tua, reposuisti, quantum tibi reservasti unde vivere possit caro tua in mundo. Cum ergo ista diligenter attenderis, et considerans sapienter, vides te prope totam libram carni tuæ servasse in mundo, et unam unciam reposuisse in cœlo ; erubesce, et cito ad pœnitentiæ medicamenta confuge : quia inceptum in te ipsum judicium judicasti. Aliud verum dixisti, et aliud operibus perfecisti : quia totum carni non solum fideliter, sed etiam infideliter deputasti. Nescio si apud te periclitetur judicium tuum, quando inter animam et carnem tuam iniqua sunt judicia tua. Et ubi te justum invenire potero, quem in te ipsum iniquum esse cognosco ? Et tunc certe nutrimus carnem, ornamus carnem, aliquoties inebriamus nos, et nimium deliciose pascimus carnem, quam velimus nolimus, post paucos menses aut annos vermes devoraturi sunt in sepulcro ; et contemnimus animam quæ Deo ab Angelis præsentatur in cœlum. O quam dura erit animæ peccatrici, et quam intolerabilis hora illa, quando viderit bonam

qu'elle sera intolérable quand elle verra l'âme juste recevoir son repos dans le paradis, et elle, au contraire, entrer dans les tourments éternels! Frères bien-aimés, puisque nous ne faisons pas la part de notre âme plus grande, voyons du moins si nous la faisons égale. Ce n'est pas à l'extérieur dans notre corps, mais à l'intérieur au dedans de nous, que nous avons été faits à l'image de Dieu. Notre chair a été formée du limon de la terre; est-il juste que le limon de la terre passe avant l'image? La chair, en effet, doit servir et l'âme commander. Celle-ci doit exercer son commandement, et celle-là doit se soumettre et obéir. Dans tous les bons chrétiens l'âme domine, et la chair est forcée de servir. Mais dans les pécheurs, dans les amateurs de ce monde, c'est l'inverse; bien plus, l'ordre est perverti, la chair s'élève et l'âme est humiliée. Celle-là se nourrit dans les délices, et celle-ci meurt de faim; celle-là se pavane dans des vêtements précieux, celle-ci est à peine enveloppée de quelques vieux haillons; et, si elle est présentée au Juge éternel toute chargée de péchés, alors apparaîtra sa véritable ignominie. Puisque l'âme doit être la maîtresse du corps, quiconque élève trop la chair par les délices et les plaisirs, quiconque la nourrit, la réchauffe, la flatte, tandis qu'il méprise et met son âme de côté, celui-là lève les pieds en l'air et plonge sa tête dans l'abîme. Tel paraît aux yeux des hommes celui qui marcherait les pieds en l'air, tel est aux yeux des anges celui qui est dominé par sa chair. Comme je l'ai dit plus haut, Dieu nous a créés à son image et à sa ressemblance, et, comme l'homme intérieur devrait dominer en nous, nous méprisons d'autant Dieu que nous faisons son image l'esclave d'un misérable limon, jugement inique par lequel nous préférons la chair à l'âme. Mais ce n'est point là ce que font les hommes d'un jugement droit. Beaucoup, en effet, sont honnêtes, sobres et humbles, miséricordieux, chastes; en eux l'âme gouverne et la chair obéit. Aussi je prie chacun de vous, mes frères, d'examiner attentivement sa conscience, et si la chair domine, qu'aussitôt il remette en place la maîtresse et réprime la servante, en sorte que la chair ne triomphe pas de l'âme et ne l'entraîne pas à la volupté, mais que la maîtresse gouverne son corps, et la conduise dans les sentiers de la chasteté et de la justice. Celui, au contraire, qui sent en lui l'âme dominer, avec l'aide de Dieu, qu'il conserve le frein de la discipline, et à travers les écueils de cette mer du monde, avec la vérité pour gouvernail, qu'il dirige tellement le navire de son corps qu'il ne fasse point naufrage, faute de précaution, dans les flots de la justice. Pour qu'on puisse reconnaître que notre âme domine vraiment sur nous, ne prenons sur nos biens que ce qui doit nous suffire pour vivre, et pour nous vêtir en toute simplicité. Tout ce que Dieu nous donnera en plus, par l'aumône que nous verserons dans le sein des pauvres, préparons le bonheur éternel de notre âme, de peur que si, par hasard, nous chargeons notre chair d'ornements et si nous la nourrissons avec trop de mollesse, nous partagions le sort du riche couvert de pourpre, et non celui de Lazare. Vous savez, en effet, pour avoir souvent entendu la lecture de l'Evangile, que ce riche qui, chaque jour, se livrait à des festins somptueux, qui était revêtu de pourpre et de lin, quitta ensuite son corps et fut enseveli dans les enfers; et là, au milieu des flammes, il demanda une goutte d'eau et un lieu de repos, et il ne put les trouver. La chair qui vit ici-bas dans

animam requiem recipere in paradiso, severo torqueri in æterno supplicio. Ergo considerate, Fratres carissimi, si non majorem, certe vel æqualem partem animæ faciamus. Non enim foris in corpore, sed intus in interiori homine facti sumus ad imaginem Dei. Caro enim nostra de limo terræ formata est. Numquid justum est, ut limus terræ imagini præponatur? Caro enim debet servire, et anima imperare. Ista debet exercere imperium, et illa subjecta servitium. In omnibus Christianis bonis anima dominatur, et caro servire compellitur. In peccatoribus vero et amatoribus hujus mundi, inverso, imo perverso ordine caro erigitur, et anima humiliatur; illa deliciis pascitur, et ista fame torquetur; illa luxuriatur in vestibus pretiosis, et ista vix in veteribus involvitur pannis: et si peccatis fuerit obnoxia, æterno Judici præsentatur, et tunc vera ejus ignominia apparebit. Nam cum anima in corpore suo caput esse debeat, quicumque carnem deliciis aut voluptatibus nimium erigit, nutrit, fovet et palpat, animam vero despicit et contemnit; pedes levat in alto, et caput imprimit in profundo. Et qualis est in oculis hominum, qui inversis pedibus ambulare videtur, talis est in oculis Angelorum, cui caro propria dominatur. Sicut ergo supra dixi, fecit nos Deus ad imaginem et similitudinem suam: et cum deberet in nobis homo interior dominari, in tantum Deum contemnimus, ut imaginem Dei miserabili limo servire faciamus: et hoc est iniquum judicium, ut carnem nostram animæ præponamus. Sed nos omnes homines recto judicio non faciunt. Multi enim sunt honesti, sobrii et humiles, misericordes, casti, in quibus anima tenet imperium, et caro subjecta servit. Et ideo rogo vos, Fratres, attendat unusquisque conscientiam suam: et si dominatur anima, cito erigat dominam, et stimulet ancillam: ut non caro vincat animam, et ad luxuriam trahat, sed magistra carnem suam regat, et per vias castitatis et justitiæ ducat. Qui vero in se sentit animam dominari, teneat cum Dei adjutorio disciplinæ continentiam, et per freta pelagi hujus mundi ita navigium corporeum, veritate gubernante, contendat, ne inter fluctus justitiæ naufragium incautus incurrat. Ut enim agnoscatur, quod ex nobis in veritate anima dominetur, de substantia nostra victum nobis sufficienter et vestitum simplicem reservemus, et quidquid amplius Deus dederit, animæ in æternam beatitudinem per eleemosynam pauperum reponamus: ne forte cum carnem nostram ornamentis componimus, et multis deliciis saginamus, partem cum illo divite purpurato, et non cum Lazaro habeamus. Scitis enim, ut in Evangelio frequenter audistis, quòd dives ille qui epulabatur quotidie splendide, et purpura induebatur et bysso, post de corpore exiit, et sepultus est in inferno, et ibi inter flammas aquæ guttam et locum refrigerii requisivit, et invenire non meruit. Ecce cujus caro luxuriatur et epu-

les délices et se nourrit délicatement, voilà quelles richesses elle rencontrera dans l'enfer. Pour Lazare, au contraire, qui ne posséda ni richesses, ni vêtements de luxe, après sa mort il se reposa dans le sein d'Abraham. Ainsi que je l'ai déjà dit, frères bien-aimés, mettons un frein à notre intempérance, donnons en ce monde à notre chair une nourriture et un vêtement simples, afin de réserver quelque chose à notre âme pour la vie future. Gardez, pour donner en aumônes, ce que réclame la gourmandise. Que les vains ornements que la volupté et la délicatesse recherchent ici-bas, la miséricorde et la vérité les placent dans le ciel. Vous voulez être parés, cherchez donc les ornements dont un homme indigne ne puisse se parer. Nous voulons des plaisirs, ne recherchons point les plaisirs passagers de la chair qui composent la boue en ce monde ; allons de préférence aux plaisirs éternels et spirituels qui font la nourriture des anges au ciel. Vous désirez peut-être savoir quels sont ces plaisirs, écoutez ces paroles de l'Apôtre : « Ce que l'œil n'a point vu, ce que l'oreille n'a point entendu, ce que le cœur de l'homme n'a point compris, voilà ce que Dieu a préparé à ceux qui l'aiment. » (I *Cor.*, II, 9.) Vous demandez encore et vous voulez savoir en quoi consiste ce bonheur ? Puisque vous avez soif de connaître la vérité, Dieu doit être vos délices, votre repos, votre santé, votre joie, votre bonheur, votre rafraîchissement, votre douceur ; et quels que soient les saints désirs que votre âme puisse former, vous le trouverez complètement en Dieu. C'est la promesse du saint Apôtre : « Dieu vous sera tout en toutes choses. » (I *Cor.*, XV, 28.) Avare, écoute-moi, quelle chose peut te suffire, si Dieu ne te suffit pas ? Si donc vous portez vos désirs vers ces biens d'en haut, cherchez le repos du paradis, soupirez pour le bonheur éternel, d'où l'ami ne s'en va pas, où l'ennemi n'entre pas, d'où l'homme vertueux ne peut jamais sortir, et où le méchant ne peut jamais entrer. Ornés de bonnes œuvres, dirigeons donc nos pas vers cette patrie, afin qu'après avoir versé nos aumônes dans le sein des pauvres, nous puissions arriver au royaume céleste, à ce royaume auquel veuille bien nous conduire Celui qui est béni dans les siècles des siècles. Ainsi soit-il.

SERMON LI. — Que personne, frères bien-aimés, ne se laisse tromper par une fausse sécurité et croie qu'il ne paraîtra pas devant le tribunal de Jésus-Christ, etc. (1).

SERMON LII. — Pourquoi ai-je exprimé le désir et vous ai-je prié hier de venir aujourd'hui en plus grand nombre, c'est que j'ai à vous parler, etc. (2).

SERMON LIII. — Le sermon que je dois faire entendre aujourd'hui à votre bienveillance doit rouler sur nous. Puisque, comme dit l'Apôtre, nous sommes donnés en spectacle, etc. (3).

SERMON LIV. — Rien ne plait tant à Dieu que l'obéissance. Cham fut maudit, et, après beaucoup de siècles, la malédiction prononcée contre lui demeure, etc. (4).

SERMON LV. — *Mort de Valentin, évêque de Carthage.* — Le livre de la Sagesse recommande, en beaucoup d'endroits, la sagesse de la conduite, car,

(1) C'est le sermon LIII, appendice, tome XIX de cette édition. — (2) Sermon CCCLV, tome XIX de cette édition. — (3) Sermon CCCLVI, tome XIX de cette édition. — (4) Imprimé dans ce volume, page 247.

latur in sæculo, quales divitias inveniet in inferno. Lazarus vero qui nec divitias nec ornamenta habuit in sæculo, post mortem in sancti Abrahæ requievit gremio. Sicut ergo supra dixi, Fratres carissimi, refrenemus gulam nostram, et victum et vestitum simplicem carni nostræ in hoc sæculo præparemus, ut remaneat aliquid quod in futuro sæculo animæ reponamus. Quod peritura gula cupit, reservet eleemosynæ. Ornamenta quæ luxuria ac suavitas requirit in mundo, misericordia et veritas reponat in cœlo. Si ornati volumus esse, quæramus ornamenta unde nemo ornatur indignus. Si delicias concupiscimus, non quæramus carnales ac transitorias, ex quibus stercora conficiuntur in mundo, sed magis spiritales et æternas, unde Angeli epulantur in cœlo. Et si forte quæris quæ sint illæ deliciæ, audi Apostolum dicentem : « Quod nec oculus vidit, nec auris audivit, nec in cor hominis ascendit, quæ præparavit Deus diligentibus se. » (I *Cor.*, II, 9.) Adhuc quæris et interrogas, quid sit hoc ? Si vis verum agnoscere, Deus est deliciæ tuæ, requies tua, sanitas tua, gaudium tuum, felicitas tua, refrigerium tuum, amœnitas tua, et quidquid sancte possit desiderare anima tua, totum tibi Deus erit. Sic beatus Apostolus dicit : « Et erit Deus omnia in omnibus. » (I *Cor.*, XV, 28.) Avare audi me, quid tibi sufficit, si Deus tibi non sufficit ? Si ergo ista omnia desideratis, paradisi requiem quærite, pro æterna beatitudine suspirate, unde non exit amicus, ubi non intrat inimicus, unde nec bonus potest exire aliquando, nec malus ullo modo introire. Ad istam ergo patriam ornati bonis operibus festinemus, ut dum eleemosynam pauperibus dederimus, ad cœlestia regna pervenire possimus : ad quæ ille nos perducat qui est benedictus in sæcula sæculorum. Amen.

SERMO LI. — Nemo, Fratres carissimi, falsa securitate se decipiat, et putet se ante tribunal Christi non esse venturum, etc.

SERMO LII. — Propter quod volui et rogavi hesterna die, ut hodierna frequentius conveniretis, hoc est quod dicturus sum, etc.

SERMO LIII. — Caritati vestræ hodie de nobis ipsis Sermo reddendus est. Quia enim, ut ait Apostolus, spectaculum facti sumus, etc.

SERMO LIV. — Nihil sic Deo placet, quemadmodum obedientia. Cham maledictus fuit, et post multa sæcula manet quod dicitur, etc.

SERMO LV. — (1) *De obitu Valentini episcopi Carthaginensis.* (2) — Liber Sapientiæ, Fratres carissimi, multis modis commendat nominis sapientiam : primo, quia

(1) Sermonis hujus non alius stilus ac priorum. — (2) « Intolerabilis error est in hac epigraphe, » inquit Lupus. « Etenim per Augustini tempora inter Ecclesiæ Carthaginensis Episcopos nullum novimus Valentinum. Dum Augustinus ad presbyteratum raperetur, Ecclesiæ Carthagin. præsidebat sanctus Aurelius, seditque usque ad mortem propemodum sancti Augustini. Proxime ei successit Capreolus, Capreolo Quodvultdeus, Quodvultdeo Deo gratias, Deo gratias Eugenius : nullus omnino Valentinus. »

en premier lieu, elle délivre l'homme du danger ; en second lieu, elle le conserve après l'avoir préservé ; en troisième lieu, elle le couronne après l'avoir conservé. Comment le délivre-t-elle ? nous en trouvons un exemple en Noé qu'elle sauva dans l'arche, alors que l'eau ravageait la terre. Comment le conserve-t-elle ? cela est évident par l'histoire de Jacob, en voyant comment le Seigneur le conduisit dans les sentiers de la justice, et lui montra pendant son sommeil le royaume de Dieu. Il dit après son réveil : C'est ici vraiment la maison de Dieu et la porte du ciel. Quant à la gloire de Dieu, qui fait notre couronne, il est ajouté : Dieu rendra à ses saints la récompense de leurs travaux, et les conduira dans un sentier plein de merveilles. Ce sont là les trois états de l'Église : l'état de la pénitence, celui de la justice, celui de la gloire. Dans le premier, Dieu nous délivre; dans le second, il nous conserve ; dans le troisième, il nous couronne. Le premier de ces trois états nous est pénible, le second nous repose, le troisième nous perfectionne. Dans le premier, nous trouvons travail et douleur; dans le second, douceur et agrément ; dans le troisième, gloire et honneur. Mais, comme pour mes frères les chanoines, leurs lectures ou les exhortations qu'ils ont reçues ont roulé très-souvent sur ces trois états, que c'est l'objet de leurs discussions à leur table de chaque jour, peut-être diront-ils dans leur cœur : C'est un ennui de n'entendre parler que de cela, surtout aujourd'hui qu'il convient de rendre les honneurs que nous devons à notre révérend évêque Valentin. Veuillez m'écouter. Si je devais vous causer quelques ennuis, je retournerais vers mes frères qui, de tout leur esprit et de tout leur cœur, soupirent pour m'entendre. Une parole déjà connue et ancienne peut quelquefois devenir nouvelle. La nourriture qui a été triturée plus longtemps se digère plus vite. Aussi, mes frères, afin que la distinction des trois états soit mise dans une lumière plus évidente, employons tous nos efforts à ce dessein. Dans l'état de pénitence, le Seigneur ramène l'aveugle par un chemin pénible et lui promet le royaume de Dieu son Père. Dans l'état de justice, le Seigneur conduit le juste dans des voies droites, et lui montre le royaume de Dieu. Dans l'état de gloire, le Seigneur mène le juste, le saint, dans un sentier admirable, et l'introduit dans le royaume de Dieu. Voilà comment, mes frères, celui qui est aveugle est ramené, de ses sentiers impraticables, dans le vrai chemin : de l'exil dans la patrie, de sa demeure terrestre à son vrai séjour, de vertus en vertus, de la prison du corps à la gloire éternelle. Voilà comment s'opère le retour de l'aveugle, afin qu'il ne soit pas sans le Christ ; comment le juste est dirigé, afin que le Christ demeure avec lui ; comment l'élu est rappelé, afin d'habiter avec le Christ. O mes frères, voyez quel malheur c'est d'être sans le Christ ! dans quelle sécurité on vit lorsqu'on a le Christ avec soi ! Voyez combien on est heureux d'habiter avec le Christ ! Ne pensez pas que ce soit une même chose d'avoir le Christ avec soi, ou d'être avec le Christ. L'Apôtre avait le Christ avec lui quand il disait : « Je ne suis pas seul, mais la grâce de Dieu est avec moi. » (1 *Cor.*, xv, 10.) Il n'était pas encore avec le Christ, puisqu'il désirait voir son corps se dissoudre afin d'être avec le Christ. Le bon larron avait le Christ avec lui quand le Christ lui faisait cette promesse : « Aujourd'hui tu seras avec moi dans le paradis. » (*Luc*, xxiii, 43.) L'aveugle n'opère son retour que par des chemins pénibles. Il est dur assurément de quitter ses habitudes, plus dur de se former à de nou-

---

hominem a periculo liberat : secundo, quia conservat liberatum : tertio, quia coronat conservatum. Quomodo autem liberat, exemplum patet de Noe, quem, cum aqua deleret terram, liberavit in arca. Quomodo autem conservat, patet de Jacob, quomodo duxit eum Dominus per vias rectas, et ostendit illi dormienti regnum Dei. Qui evigilans ait : Vere hic est domus Dei et porta cœli. De gloria Dei vero quæ coronat, subditur : Reddet Deus mercedem sanctis suis laborum suorum, et deducet eos in via mirabili. Isti enim sunt tres status Ecclesiæ : status videlicet pœnitentiæ, justitiæ, et gloriæ. In primo liberat, in secundo conservat, in tertio coronat Dominus. In primo afficimur, in secundo reficimur, in tertio perficimur. In primo est labor et dolor, in secundo sapor et decor, in tertio gloria et honor. Verum tamen quia de his statibus frequentius fratribus nostris Canonicis frequens fuit lectio et exhortatio, et in mensa quotidiana disputatio, forte in corde dicetis : Tædium est tantum de hoc nobis audire, quia etiam obsequium oportet, ut nos decet, reverendo Valentino episcopo exhibere. Sed non pigeat vos, Fratres, me supportare. Quod si tædium vobis esset, ad fratres meos confugiam, qui me audire tota mente et toto affectu desiderant. Nam verbum notum et antiquum, novum aliquando fieri potest. Cibus etiam diu masticatus citius digeritur. Ut ergo, Fratres, distinctio trium statuum clarius elucescat, conatus eis accommodemus in hunc modum. In statu pœnitentiæ cæcum reducit Dominus per vias duras, et promittit illi regnum Dei Patris sui. In statu justitiæ justum reducit Dominus per vias rectas, et ostendit illi regnum Dei. In statu gloriæ justum et sanctum educit Dominus in via mirabili, et introducit eum in regnum Dei. Ecce, Fratres, quomodo reducitur cæcus de invio ad viam, de exsilio ad patriam, de mansione ad mansionem, de virtute ad virtutem, de corporis carcere ad æternam gloriam. Ecce quomodo reducitur cæcus ne sit sine Christo, deducitur justus ut sit Christus cum eo, educitur sanctus ut ipse sit cum Christo. O Fratres mei, ecce quomodo esse sine Christo miserum est, Christum secum esse tutum est, esse cum Christo beatum est. Non enim existimandum est idem esse, secum esse Christum, et esse cum Christo. Apostolus enim habebat secum Christum, dum dicebat, « Non ego solus sum, sed gratia Dei mecum est. » (1 *Cor.*, xv, 10.) Nondum erat cum Christo, dum dissolvi cupiebat, et esse cum Christo. Latro secum habet Christum, cui promittebat Christus : « Hodie mecum eris in paradiso. » (*Luc.*, xxiii, 43.) Reducitur itaque cæcus per vias duras. Sane durum est relinquere consueta, durius aggredi inconsueta ; sed durissimum est in fornace decoqui continua, in qua necesse est ut decoquatur taliter, ut

velles habitudes, mais ce qui surtout est dur, c'est d'être purifiés comme dans une fournaise toujours ardente, de nous y assouplir de telle sorte que nous n'ayons aucune volonté propre, et que par notre obéissance nous soyions semblables à une branche flexible. Aux pécheurs ces voies paraissent dures plus que tout ce qui est dur, amères au-dessus de toute amertume, haïssables comme la mort. Quelles sont donc ces voies, mes frères? n'est-ce point abandonner les vanités du monde? Oh! qu'il est dur, qu'il semble mortel, qu'il est amer d'abandonner le monde! Mais parce que c'est dur, parce que c'est amer, parce que c'est difficile, vous recevrez pour cela le centuple, et vous posséderez la vie éternelle. Courage, soldats, levez-vous maintenant, trop longtemps vous avez dormi; que vos armes soient la contrition du cœur, la confession de la bouche et la mortification de la chair; car votre Sauveur va venir, il ne tardera pas. Le voici déjà à la porte, déjà il t'appelle; le voici, il te presse d'entrer. Mais tu dis, malheureux : Dans la contrition on éprouve de la douleur, dans la confession de la honte, dans la mortification de la peine, que ferai-je donc? Allons, soldat de Jésus-Christ, déjà tu es proclamé citoyen des cieux par celui qui est ton chef, celui-là même qui considère ta peine et ta douleur. Mais plus ce sera dur, et plus tes souffrances te seront utiles. Cependant, combats vaillamment tandis que tu le peux, car la couronne de justice t'est destinée; le Seigneur te la décernera en ce jour où il apparaîtra comme un juste juge. Mais, après que l'aveugle sera devenu clairvoyant, que d'impie il sera juste, nous pourrons, mes frères, vraiment chanter : « Le Seigneur l'a conduit dans les sentiers de la justice. » Afin que nos élèves ne s'en aillent pas sans rien apprendre, je dis ceci pour eux;

il y a trois espèces de direction. C'est une chose différente d'être conduit, une autre d'être dirigé, et une troisième d'être corrigé. Le Prophète disait : « Le Seigneur me conduit et il ne me manquera rien. » (*Ps.* xxii, 1.) Ailleurs il dit : « Dirigez mes sentiers en votre présence; » (*Ps.* v, 9) et ailleurs encore : « Comment le jeune homme peut-il redresser sa voie? » (*Ps.* cxviii, 9.) Isaïe dit de son côté : « Chaque matin, il me prend lui-même et me touche l'oreille. » (*Isa.*, l, 4.) D'une chose inanimée, comme d'un char, d'un vaisseau, on dit proprement qu'elle est gouvernée; d'une chose animée, mais privée de raison, comme d'un cheval, d'un mulet, qu'elle est dirigée; d'un être raisonnable, on dit qu'il est « corrigé, » c'est-à-dire gouverné par son cœur (*corde regitur*), ce qui arrive pour l'homme. D'où vient que le juste est élevé? c'est afin qu'il goûte les choses d'en haut et qu'il les recherche. Telle était la volonté de Jérémie quand il disait : « Demeurez fermes dans vos voies, et considérez en quoi consiste la vie éternelle. » (*Jérém.*, vi, 16.) Daniel, prosterné en adoration à la vue de la Majesté éternelle, entendit un ange lui dire : « Reste debout sur tes pieds. » Si cependant vous ne voulez pas ajouter foi au prophète, écolier mutin, croyez du moins le poëte auquel Dieu a donné un front élevé, lui ordonnant de regarder le ciel. Un tyran, lui demandant pourquoi Dieu l'avait créé, reçut cette réponse : Pour contempler les cieux et la divinité qui les gouverne. L'homme a été placé sur la terre, non pour la terre, mais pour le ciel; et il a été fait de terre, non pas que la terre fût sa fin, mais en vue du ciel. J'ignore si un chrétien eût mieux répondu et donné de meilleures raisons. L'animal muet, sans raison, ne connait-il pas la cause de sa maladie? Le lion malade cherche le

---

velut carnes possit amputari, et velut virga ad omnem modum revolvi. Istæ sunt viæ peccatoribus duræ super omnia dura, amaræ super omnia amara, odiosæ ut mors. Quæ sunt istæ viæ, Fratres, nisi relinquere quæ mundi sunt? O quam durum est, o quam mortale videtur, o quam amarum, relinquere quæ mundi sunt! Sed quia dura, quia amara, quia pœnosa, ideo centuplum accipies, et vitam æternam possidebis. Eia milites surgite jam, quia diu dormistis : armate vos contritione cordis, confessione oris, afflictione carnis; quia ecce veniet Salvator, et non tardabit. Ecce jam in janua est, ecce jam te vocat, ecce te venire compellit. Sed dices o miser : In contritione est dolor, in confessione rubor, in afflictione labor, quid ergo faciam? Eia o miles Christi, civis cœlorum jam denuntiaris ab illo qui super te est, ipse qui laborem et dolorem considerat. Verumtamen quanto duriora, tanto utiliora tibi erunt. Verumtamen certa valenter dum potes, quoniam reposita est tibi corona justitiæ, quam reddet tibi Dominus in illa die justus judex. Postquam autem cæcus factus est videns, impius justus; tunc « deduxit Dominus per vias rectas » cantare poterimus, Fratres. Sunt enim Fratres, ut scholares nostri vacui non recedant, tres species rectitudinis. Aliud est enim regi, aliud dirigi, aliud corrigi (*f*. aliud erigi). Nam Propheta dicebat : « Dominus regit me, et nihil mihi

deerit. » (*Psal.* xxii, 1.) Et iterum « Dirige in conspectu tuo viam meam. » (*Psal.* v, 9.) Et iterum : « In quo corrigit adolescentior viam suam. » (*Psal.* cxviii, 9.) Et iterum : « Mane, » inquit Isaias, « erigit mihi aurem. » (*Isai.*, l, 4.) Res enim, Fratres, inanimata proprie dicitur regi, ut currus et navis. Res sensata præter rationem dirigitur, ut equus et mulus quibus non est intellectus. Res rationalis corrigitur, scilicet corde regitur, ut homo. Justus vero erigitur, ut sapiat quæ sursum sunt, et quærat. Sic enim volebat Jeremias, dum dicebat : « State in viis vestris, et considerate quæ sit via æterna. » (*Jer.*, vi, 16.) Daniel ad majestatis visionem prostratus audivit ab Angelo : « Sta super pedes tuos. » (*Dan.*, x, 11.) Quod tamen si non credis Prophetæ, crede Poetæ, scholaris perverse, cui Deus os sublime dedit, cœlumque videre jussit : a quo dum quæreret tyrannus et diceret : Quare te Deus fecit? Respondit : Ut contempler cœlum et cœlorum numina. Factus est enim homo in terra, non ad terram, sed ad cœlum : et factus est de terra non propter terram, sed propter cœlum. Quis fidelium plus dixisset, Fratres, aut probabiliori argumento, nescio. Numquid etiam animal mutum et brutum novit argumentum ægritudinis suæ? Numquid leo infirmans animal, quod simia dicitur, quærit, qua devorata mox convalescit? Numquid etiam simia ægrotans quærit sanguinem canis, ursus for-

singe, le dévore et recouvre aussitôt la santé. Le singe, de son côté, ne cherche-t-il pas le sang d'un chien ; l'ours, les fourmis ; la panthère, les chèvres ; les serpents, les jeunes pousses de la vigne? L'homme, au contraire, si expert en physique, semble ignorer toutes ces choses. Chaque être aime ce qui lui donne le bonheur, mais qu'il en soit ainsi de l'homme, ses œuvres, à mon avis, ne le prouvent guère. Recherche donc, ô homme, le ciel pour lequel tu as été créé ; ne te livre point à la philosophie, tu n'as point été créé pour la philosophie et il t'importe peu de savoir les choses de la terre, tu ne dois t'intéresser qu'à celles d'en haut. Demeure donc sur tes pieds, demeure dans les voies que t'a tracées la nature pour lesquelles tu as été créé, et suis-les, suivant les circonstances, tantôt en donnant, tantôt en pardonnant. Donnez et il vous sera donné. Et alors le Seigneur vous dira : Mon ami, montez plus haut, entrez dans la joie de votre Seigneur. Quelqu'un nous demandera peut-être : Comment et de quelle manière l'âme sortira du corps? Salomon lui-même ne paraît-il pas l'ignorer, en disant qu'il ne connaît pas complétement le chemin par lequel l'aigle monte vers les cieux. Comment voit-elle donc Dieu? comment voit-elle l'ange, comment se voit-elle elle-même, et les autres esprits bons et mauvais ? C'est ce qui fait en ce moment l'admiration de notre illustre philosophe. Car, dans ses livres sur les animaux, il établit que les cinq sens de notre corps nous sont communs avec les bêtes pour l'usage seulement, et non pour le plaisir. L'homme trouve son plaisir en tous, l'animal ne trouve le sien qu'en deux, je veux dire le goût et le toucher ; les autres sont pour lui un moyen de se mouvoir et quelquefois de s'enflammer, mais jamais un moyen de jouissances. D'où vient donc que l'esprit sorti du corps perd complétement les deux sens qu'il a de communs avec les brutes? Car il n'a plus à son usage le goût ni le toucher, ou n'y prend aucune jouissance ; pour les trois autres, il les garde pour son usage et sa jouissance. Pour ce philosophe, il lui semble alors étonnant qu'un esprit dégagé du corps se serve des sens du corps. Cependant, si ce philosophe n'a point compris cela parfaitement, c'est vrai néanmoins ; il est tout à fait vrai et hors de doute que l'esprit devenu libre voit Dieu, se réjouit en Dieu, afin qu'on ne lui adresse pas toujours ce reproche : O âme, où est ton Dieu? L'âme entendra aussi les anges chanter et se livrer à la joie. Elle verra et entendra ces paroles : Je mets cinq cités sous ta domination, c'est-à-dire cinq espèces de béatitudes ; et ainsi il sera rendu à chacun suivant ses œuvres. Et s'il nous arrive de dire : Seigneur, que faites-vous? quand avons-nous mérité toutes ces récompenses de votre part? ce bon père de famille nous répondra comme Alexandre répondit à un soldat qui lui demandait une récompense, et auquel il donna une ville : Si tu n'es pas digne d'obtenir une aussi grande récompense, je suis assez grand et assez puissant pour te faire un aussi grand don. Les anges, mes frères, s'étonneront extrêmement des œuvres de Dieu dans l'union de l'âme et du corps dans l'homme, dans l'union de l'homme et du Verbe dans le Christ, dans l'union de l'homme et de Dieu dans le ciel. Le Seigneur dira encore : « Père, je veux qu'ils soient un avec nous, comme vous et moi nous sommes un. » (*Jean*, XVII, 21.) La première union les étonne quand il y a union d'une seule chose avec une autre aussi seule ; la deuxième les étonne davantage, quand le Verbe seul s'unit à l'âme et au corps ; mais la troisième les étonne beaucoup plus, quand l'âme seule s'unit aux trois personnes de la sainte Trinité. Toutes ces choses que

---

micas, leopardus capreas, vitis serpentes ferculum ? Homo vero attritus in physica, hæc omnia ignorare videtur. Unumquodque enim felicitatem affectat ; sed si homo affectat, opere tamen affectare non videtur. Quære ergo, o homo, cœlum ad quod factus es : noli quærere philosophiam, quoniam ad philosophiam factus non es, nec expedit tibi scire quæ sunt super terram, sed tantum quæ sursum sunt. Sta igitur super pedes tuos, sta in viis tuis naturalibus, ad quas factus es, et dirige eas, si necesse est in dando et dimittendo. Date, et dabitur vobis. Et tunc Dominus tibi dicet : Amice, ascende superius, intra in gaudium Domini tui. Sed dicet quis : Quomodo et qualiter egredietur spiritus de corpore ? Numquid Salomon hoc ignorare videtur, dum se dixit penitus ignorare viam aquilæ in cœlo? (*Prov.*, XXX, 18, 19.) Quomodo ergo Deum videt, quomodo angelum, quomodo se ipsum, quomodo spiritum alium bonum vel malum ? Super hoc bodie ille magnificus philosophus admiratur. Nam in libris de Animalibus, quinque sensus corporis communes esse nobis ad usum cum brutis posuit, non ad oblectamentum. Homo in omnibus delectatur : pecus vero tantum in duobus delectatur, scilicet in gustu et tactu ; in aliis vero movetur quandoque et excitatur, sed non delectatur. Unde ergo est, quod spiritus egressus a corpore, duos quos habet communes cum bestiis penitus amittit. Non enim gustu vel tactu utitur vel oblectatur : sed alios tres ad usum retinet et oblectamentum. Mirabile tamen videtur ei, scilicet quod spiritus sine corpore sensibus corporis utatur. Quod tamen philosophus si forte plane non intellexit, verum est tamen, et omnino verum et irrefragabile, quia spiritus liber videt Deum, delectatur in Deum, ne semper sibi dicatur. O anima, ubi est Deus tuus ? Audiet etiam Angelos cantantes et jubilantes. Videbit etiam et audiet. Esto super quinque civitates, id est, beatitudines, et sic unicuique secundum opera sua. Et si dicetur nobis, Domine, quid facis, quando hæc omnia meruimus a te largiri? Porro respondebit ille magnus paterfamilias, velut Alexander militi petenti munus, cui civitatem dedisse fertur : Si tu tamen non es dignus tanta recipere, ego tamen sum dignus et potens tanta donare. Angeli, Fratres, mirabuntur non modicum de operibus Dei in conjunctione animæ et carnis in homine, in conjunctione hominis et Verbi in Christo, in conjunctione hominis et Dei in cœlo. Nam dicturus est Dominus : « Pater, volo ut sint unum nobiscum, sicut ego et tu unum sumus. » (*Joan.*, XVII, 21.) De prima admirantur, ubi unum uni jungitur ; de secunda plus, ubi unum duobus jungetur ; sed de tertia plurimum, ubi

je viens d'exposer en général peuvent s'appliquer spirituellement en souvenir du saint évêque Valentin. Etant catéchumène de dix-neuf ans, il reçut le baptême, et ainsi Dieu le ramena par les sentiers de la justice, après il le conduisit à l'épiscopat par les voies dures de la pénitence, et enfin il l'introduisit dans la voie admirable de la gloire. Courons donc après lui de telle sorte, mes frères, que nous atteignions la récompense destinée à notre éternelle vocation, en ce jour où viendra Jésus, le Fils de Dieu, qui, avec le Père et le Saint-Esprit, vit et règne dans les siècles des siècles. Ainsi soit-il.

SERMON LVI. — *Avertissement qui montre l'utilité qu'on peut retirer de la lecture des livres saints.* — Soutenus par la grâce du Christ, frères bien-aimés, adonnez-vous toujours avec un cœur altéré et plein d'ardeur à la lecture divine, de telle sorte que votre obéissance très-scrupuleuse nous cause une grande joie spirituelle. Mais voulez-vous que les saintes Ecritures vous soient une source de douceur, et que les divins préceptes vous soient aussi utiles qu'il convient? arrachez-vous, quelques heures, aux occupations mondaines, employez ces heures à relire dans l'intérieur de vos maisons ces pages sacrées, et abandonnez-vous complètement à la miséricorde de Dieu. Puissiez-vous alors voir s'accomplir fidèlement en vous ce qui est écrit de l'homme de bien qui « médite jour et nuit la loi du Seigneur. » (*Ps.* II, 1.) On vous appliquera aussi ces paroles. « Heureux ceux qui s'appliquent à pénétrer ses ordonnances et qui le recherchent de tout leur cœur; » (*Ps.* CXVIII, 2) de vous il sera encore dit : « J'ai caché vos paroles au fond de mon cœur afin de ne point vous offenser. » (*Ibid.*, 11.) Comme vous venez de l'entendre, de même que celui qui cache au fond de son cœur les paroles de Dieu, ne pèche pas, de même celui qui ne les y cache pas, ne peut s'empêcher de pécher. Les marchands ne se contentent pas de faire du gain sur une seule marchandise, mais ils en achètent de plusieurs sortes pour augmenter leur fortune. Les laboureurs ont bien soin de jeter en terre diverses espèces de semence, afin d'être en mesure d'amasser une nourriture suffisante pour eux et pour les leurs : à plus forte raison, quand il s'agit de gains spirituels, il ne doit pas vous suffire d'entendre à l'église des lectures sacrées, mais dans vos maisons et dans vos réunions; et quand les jours sont courts, pendant quelques heures dérobées à la nuit, vous devez vous appliquer à une lecture pieuse ; ainsi vous pourrez amasser dans le grenier de votre cœur le froment spirituel, et cacher dans le trésor de vos âmes les perles des Ecritures, afin qu'au jour du jugement, quand nous paraîtrons au tribunal du Juge éternel, on nous trouve revêtus et non pas nus, suivant les paroles de l'Apôtre. Considérez attentivement, frères bien-aimés, que les Ecritures saintes sont comme des lettres qui nous viennent de notre patrie. Notre patrie, c'est le paradis, nos parents sont les patriarches et les prophètes, les apôtres et les martyrs. Les anges sont nos concitoyens, nous avons le Christ pour Roi. Quand Adam eut péché, dans sa personne, nous avons été en quelque sorte jetés dans l'exil de ce monde : mais notre Roi qui est bon et miséricordieux au delà de tout ce qu'on peut dire et penser, a daigné nous envoyer les saintes Ecritures par les patriarches et les prophètes, afin de nous rappeler

---

unum tribus in Trinitate jungentur. Hæc autem generaliter exposita, spiritualiter tamen ad commemorationem hujus sancti episcopi Valentini trahi possunt : qui dum esset catechumenus annorum decem et novem, ad baptismum pervenit : et sic reduxit eum Dominus per vias rectas : postmodum deduxit eum episcopum per vias duras pœnitentiæ : postmodum eduxit eum per viam admirationis et gloriæ. Sic ergo post eum curramus, Fratres, ut comprehendamus bravium æternæ vocationis in die illa, cum venerit Jesus Filius Dei, qui cum Patre et Spiritu sancto vivit et regnat in sæcula sæculorum. Amen.

SERMO LVI. — (1) *Admonitio per quam ostenditur quod bonum sit lectionem divinam legere.* — Propitio Christo, Fratres carissimi, ita lectionem divinam avido et sitienti corde semper excipiatis, ut nobis spiritale gaudium de vestra fidelissima obedientia faciatis. Sed si vultis ut vobis Scripturæ sanctæ dulcescant, et secundum quod oportet divina præcepta proficiant, subtrahite vos aliquibus horis occupationibus mundi; quibus etiam in domibus vestris divina eloquia relegentes, ad integrum vos Dei misericordiæ consecretis; ut in vobis illud feliciter impleatur, quod de beato viro scriptum est, quia « in lege Domini meditabitur die ac nocte : » (*Psal.* II, 1) et illud : « Beati qui scrutantur testimonia ejus, in toto corde exquirunt eum : » (*Psal.* CXVIII, 2) et illud : « In toto corde meo abscondi eloquia tua, ut non peccem tibi. » (*Ibid.*, 11.) Sicut enim, ut ipsi auditis, ille qui in corde suo abscondit eloquia Dei, non peccat; ita et ille qui non abscondit, peccare non cessat. Si enim negotiatoribus non sufficit de una tantum merce lucra conquirere, sed plures merces comparant, ex quibus substantiam suam augeant; et agricolæ diversa genera seminum conantur inserere, unde sufficientem cibum sibi et suis valeant præparare : quanto magis in spiritalibus lucris non vobis debet sufficere, quod in ecclesia lectiones divinas auditis, sed in domibus et in conviviis vestris, et quando dies breves sunt, etiam aliquibus horis in noctibus lectioni divinæ debetis insistere, ut in horreo cordis vestri spiritale possitis triticum comparare, et in thesauris animarum vestrarum Scripturarum margaritas recondere; et cum in die judicii ante tribunal æterni Judicis venerimus, sicut dicit Apostolus, vestiti, et non nudi inveniamur. (II *Cor.*, v, 3.) Et illud, Fratres, carissimi, diligenter attendite, quia Scripturæ divinæ quasi litteræ sunt de patria nostra nobis transmissæ. (2) Patria enim nostra paradisus est, parentes nostri sunt Patriarchæ et Prophetæ et Apostoli et Martyres : cives enim sunt Angeli, rex autem noster Christus est. Quando enim peccavit Adam, tunc in ipso velut in exsilium hujus mundi projecti sumus : sed quia rex noster plus quam cogitari

---

(1) In Mss. duobus non admodum vetustis nobis occurrit Augustino adscriptus. Est auctoris Cæsarium imitantis. — (2) Cæsar. in Append. tom. V, serm. LXIX, n. 2.

notre pays, et de nous inviter à tendre sans cesse vers l'éternelle et vraie patrie. Et comme la faiblesse humaine avec notre esprit rebelle méprisait ses Ecritures, il daigna descendre lui-même, nous délivrer de la tyrannie et de l'orgueil du démon, nous porter à la vraie humilité par l'exemple de sa mansuétude, nous soustraire à la puissance de l'antique serpent par les souffrances de sa passion, descendre aux enfers, en tirer les saints de l'ancien Testament qui y étaient retenus à cause du péché originel, monter aux cieux et envoyer d'en haut l'Esprit saint pour nous fortifier contre les embûches du démon, enfin, envoyer ses apôtres dans l'univers pour annoncer au monde le royaume des cieux. Et quoiqu'il nous trouve, non-seulement orgueilleux, mais même impies, non-seulement coupables du péché originel, mais aussi de péchés actuels, cependant il pardonne à tout le monde, sans que personne ne l'en supplie ; et, sans nous traiter comme nous le mériterions, nous condamnant à des travaux excessivement pénibles, tout chargés de chaînes et d'entraves ; il aime mieux, pressé par son ineffable charité, nous animer par sa clémence et sa miséricorde, afin de nous faire régner avec lui. Dans cette situation, frères bien-aimés, à quoi pensent donc ces serviteurs qui sont assez présomptueux pour mépriser les préceptes de leur maître, en sorte qu'ils ne daignent même pas relire ces lettres d'invitation qui les appellent à la béatitude du royaume céleste ? Est-ce que, parmi nous, quelqu'un ayant adressé une lettre à son homme d'affaires, si celui-ci, non-seulement n'accomplissait pas ce qui lui est commandé, mais ne daignait pas même lire ses ordres, est-ce que, dis-je,

cet homme ne mériterait pas d'encourir, non l'indulgence, mais un châtiment, non la liberté, mais une dure captivité ; de même celui qui néglige de lire les saintes Ecritures, qui lui viennent de sa patrie céleste, doit craindre d'être bien en danger de n'obtenir aucune récompense éternelle, et même de ne pas échapper à des châtiments sans fin. C'est pour nous un si grave péril, de ne pas lire les préceptes divins, qu'un prophète pousse ces cris plein de tristesse : « Mon peuple a été conduit en captivité, parce qu'il n'a point possédé la science, car celui qui ne connaît pas, sera à son tour méconnu. » (*Isaïe*, v, 15.) Sans aucun doute, celui qui en ce monde néglige de chercher Dieu dans de saintes lectures, Dieu, de son côté, dédaignera de le reconnaître dans l'éternelle béatitude ; et il doit craindre que, les portes fermées, il ne lui faille entendre du dehors avec les vierges folles : « Je vous ignore, je ne vous connais pas, retirez-vous de moi, ouvriers d'iniquités. » (*Matth.*, xxv, 12 ; *Luc*, xiii, 27.) Que signifie, « je vous ignore, je ne vous connais pas ? » Comment Dieu ignore-t-il ceux qu'il envoie en enfer ? C'est sans doute, parce que, comme je viens de le dire, Dieu ne daignera pas reconnaître au jour du jugement, ceux qui ne veulent pas le connaître en lisant ses lettres. Et cette parole que nous trouvons dans Salomon, écoutons-la, non point avec négligence, mais avec une grande attention et même avec crainte : « Celui qui ferme ses oreilles pour ne point entendre la loi, sa prière sera en abomination. » (*Prov.* xxviii, 9.) Ne faut-il pas qu'il écoute Dieu d'abord, celui qui veut que Dieu l'exauce. Car de quel front veut-il que Dieu l'exauce, quand il le méprise assez pour

vel dici potest pius et misericors est, Scripturas divinas velut invitatorias ad nos per Patriarchas et Prophetas dignatus est mittere, quibus nos ad æternam in terrenam patriam invitaret. Et cum Scripturas ejus rebelli spiritu fragilitas humana contemneret, dignatus est per se ipsum descendere, et nos de tyrannide et de superbia diaboli liberare, et ad veram humilitatem exemplo nos suæ mansuetudinis provocare, de potestate etiam antiqui (*a*) serpentis per passionis (*b*) injuriam liberare, ad inferna descendere, et antiquos sanctos, qui originali peccato obnoxii tenebantur, eripere, in altum ascendere, Spiritum sanctum, qui nos contra omnes insidias diaboli confortaret, de cœlis mittere, Apostolos etiam suos, qui regnum Dei per universum mundum evangelizarent, dirigere. Et licet nos non solum superbos, sed etiam impios, non solum originalibus, sed etiam actualibus peccatis obnoxios invenisset ; totum tamen, nemine supplicante, dimisit : et non, sicut merebamur, multis catenis vel compedibus oppressos ad exercenda laboriosa opera nos traxit, sed magis pro ineffabili pietate, ut cum illo regnemus, clementer ac misericorditer invitavit. Cum hæc ita sint, Fratres carissimi, quid de se cogitant servi, qui ita præsumunt Domini sui præcepta contemnere, ut nec ipsas invitatorias litteras, quibus ad regni beatitudinem eos invitat, dignentur relegere ? Quomodo enim si aliquis nostrum ad procuratorem suum litteras dirigat,

(*a*) Mss. *hostis*. — (*b*) Mss. *misericordiam*.

et ille non solum non impleat quod præcipitur, sed etiam ipsa jussoria relegere dedignetur, non indulgentiam, sed pœnam, non libertatem accipere, sed carcerem merebitur sustinere : ita ille qui divinas Scripturas de patria æterna transmissas dissimulat legere, timere debet, ne forte præmia æterna non accipiat, sed etiam pœnam perpetuam non evadat. Nam in tantum periculosum est nobis divina precepta non legere, ut Propheta lugubriter clamet : « Ideo captivus ductus est populus meus, quia non habuit scientiam : qui autem ignorat, ignorabitur. » (*Isai.*, v, 15.) Sine dubio qui Deum per divinam lectionem in hoc sæculo dissimulat inquirere, et Deus illum in æterna beatitudine dedignabitur agnoscere : et timere debet ne clausis januis cum stultis virginibus foris excludere mereatur audire : « Nescio vos, non novi vos ; discedite a me operarii iniquitatis. » (*Matth.*, xxv, 12 ; *Luc.*, xiii, 27.) Quid est : « Nescio vos, non novi vos ? » Quomodo eos nescit, quos in ignem mittit ? Ido utique, quia, sicut jam dictum est, qui eum in hoc sæculo legendo nolunt intelligere, in die judicii illos Deus dedignabitur agnoscere. Et illud quod in Salomone scriptum est, non negligenter, sed cum grandi sollicitudine ac timore debemus audire. « Qui, inquit, obturat aurem suam ne audiat legem, oratio ejus erit exsecrabilis. » (*Prov.*, xxviii, 9.) Debet prius audire Deum, qui vult exaudiri a Deo. Nam qua fronte vult ut Deus eum exaudiat, quem

refuser de lire ses préceptes. Et d'où vient, frères bien-aimés, que des chrétiens, et ce qui est encore plus mauvais, que quelquefois, des clercs même, devant faire un voyage ont bien soin de tenir prêts du pain, du vin, de l'huile et différentes autres provisions, en sorte que chacun, pour ce voyage terrestre prépare abondamment ce qui doit faire vivre sa chair, sans s'inquiéter de prendre un petit livre pieux afin de fortifier son âme pour ici-bas et pour l'éternité ? Comme il y a deux hommes en nous, l'intérieur fait à l'image de Dieu et l'extérieur formé du limon de la terre, pourquoi montrer tant de sollicitude pour le corps, que des vers doivent dévorer au fond d'un tombeau, et traiter l'homme intérieur fait à l'image de Dieu, comme un vil esclave, le laissant mourir de faim et de soif par la privation de la nourriture substantielle de la parole de Dieu. C'est tellement négliger Dieu, qu'on semble mépriser et dédaigner son image qu'il a mise en nous. Frères bien-aimés, pensez à l'utilité et à la sagesse de ces réflexions ; autant que nous le pouvons, hâtons-nous de mettre fin aux discours oiseux, aux détractions et à toute espèce de bouffonnerie, de toutes nos forces écartons les empêchements de ce monde, saisissons quelques heures pendant lesquelles, pour le salut de notre âme, nous nous appliquerons à la prière et à une lecture de piété. Et alors cette parole de nos saints Livres s'accomplira: Ceux qui auront été instruits, brilleront comme des étoiles, dans des éternités sans fin. Que celui-là daigne nous l'accorder qui étant Dieu vit et règne avec le Père et le Saint-Esprit dans les siècles des siècles. Ainsi soit-il.

SERMON LVII. — En cette vie, agissez de telle sorte, mes frères, que lorsque vous en sortirez et que votre chair sera dévorée au fond du tombeau, etc. (1)

SERMON LVIII. — *Que la gloire du monde n'est rien.* — La lecture de l'épître de l'Apôtre vous a fait entendre ces mots, frères bien-aimés : « Le temps est court et ainsi il faut que ceux même qui ont des femmes, soient comme n'en ayant pas ; et que ceux qui usent de ce monde soient comme n'en usant point, car la figure de ce monde passe ; » (1 *Cor.*, VII, 29, 31) et le jour du Seigneur arrivera comme un voleur à l'improviste. C'est pourquoi, ô mon âme, quelles que soient les choses que tu entendes ou que tu lises, rappelle-toi pour t'aider, le conseil du saint prophète Daniel s'exprimant ainsi : « Garde mon conseil, et rachète tes péchés par l'aumône. » (*Dan.*, IV, 24.) Si vous négligez ce conseil c'est en vain que vous frapperez à la porte du ciel. O âme, renfermée dans cette frêle enveloppe du corps, veille, t'est-il dit, frappe, demande et prie. Le Seigneur a dit : Il sera ouvert à celui qui demande et à celui qui frappe. Et si vous passez à travers les flammes, je serai avec vous et les flammes ne vous consumeront point ; vous obtiendrez tout ce que vous demanderez par la prière, et si vous frappez en priant, le Christ vous ouvrira ses portes et vous entrerez dans le paradis pour le posséder. Et si, ô mon frère, si vous conservez encore quelqu'illusion au sujet du monde, considérez votre propre fin, il est écrit : « Je suis sorti nu du sein de ma mère, et je rentrerai nu dans les entrailles de la terre. » (*Job*, I, 21.) Donc, mon frère, vous n'avez rien apporté avec vous, quand vous êtes

(1) Voir plus haut sermon *sur la Vanité du siècle*, page 237 de ce même volume.

in tantum despicit, ut ejus præcepta legere dissimulet ? Et illud quale est, Fratres carissimi, quod nonnulli Christiani, et, quod pejus est, aliquotiens etiam clerici, quando iter acturi sunt, et panem et vinum et oleum et diversas expensas sibi ordinant præparari; et cum tanta unusquisque in terreno itinere præparat unde vivat caro sua, unum libellum legere non curat, unde hic et in æternum reficiatur anima sua? Et cum duos homines in se habeat, interiorem ad imaginem Dei factum, et exteriorem de limo terræ formatum ! tantam sollicitudinem pro corpore, quod in sepulcro a vermibus devorandum est, habere videtur ; interiorem vero hominem, qui ad imaginem Dei factus est, tanquam vile mancipium sine pabulo verbi Dei fame et siti cruciare cognoscitur. In tantum enim Deum negligit, ut in se imaginem ipsius despiciat et contemnat. Hæc ergo, Fratres carissimi, sapienter et utiliter cogitantes, quantum possumus, otiosis fabulis et detractionibus ac scurrilitatibus cunctis finem studeamus imponere, et totis viribus de impedimentis mundi istius fugiendo, aliquas horas quærere, in quibus pro salute animæ nostræ orationi vel lectioni possimus insistere ; ut in nobis impleatur illud quod scriptum est : « Qui docti fuerint, fulgebunt sicut stellæ in perpetuas æternitates. » (*Dan.*, XII, 3.) Quod ipse præstare dignetur, qui cum Patre et Spiritu sancto vivit et regnat Deus per omnia sæcula sæculorum. Amen.

SERMO LVII. — In hac vita positi, Fratres, ita agite, ut cum hinc migraveritis, et caro vestra cœperit devorari in sepulcro, etc.

SERMO LVIII. — (1) *De eo quod nihil sit gloria mundi.* — Apostolica lectio, Fratres carissimi, hunc sonitum reddidit : « Tempus breve est ; reliquum est, ut et qui habent uxores, tanquam non habentes sint, et qui utuntur mundo, tanquam non utantur : præterit enim figura hujus mundi, » (1 *Cor.*, VII, 29) et sicut fur, dies Domini ita veniet. Itaque, o anima, quæcumque audis et legis, consilium te juvet sanctissimi Danielis dicentis : « Consilium meum accipe, et peccata tua eleemosynis redime. » (*Dan.*, IV, 24.) Quod consilium si neglexeris, ad cœlum sine causa pulsas. O anima quæ intra carnis parietes fragiles habitas, vigila, inquit, et pulsa, pete et roga ; pulsanti tibi et petenti aperietur, dicit Dominus. Et si transieris per ignem, tecum sum, et flamma non comburet te : quæ orando si quæsieris, invenies ; cum pulsaveris rogando, Christus tibi aperiet januas, ut possessor paradisi introeas. Si adhuc, Frater, de fine mundi putas tibi restare aliquid, vel tuum tibi considera finem. Scriptum est : « Nudus exivi de utero matris meæ, nudus etiam ibo sub terram. » (*Job*, I, 21.) Ergo, Frater, nihil tecum attulisti quando ingressus es mundum, nihil tecum tolles cum dimiseris mundum. (2) Audite itaque omnes insipientes in populo, et negligentes aliquando cognoscite.

(1) Correctionem damus prout exstat in Michaelino Mss. ann. circiter 500, in quo et Augustino adscribitur. — (2) Hic incipiebat sermo LXXV.

entré dans le monde, vous n'emporterez rien quand vous quitterez le monde. Vous tous, parmi le peuple qui êtes insensés, écoutez, vous qui êtes languissants, comprenez enfin. Allez aux sépulcres des morts et instruisez-vous par l'exemple des vivants d'autrefois. Leurs ossements dorment, l'homme a disparu et cependant son sort est réservé pour le jour du jugement. Il nous fut semblable, c'était autrefois un homme vivant dans la vanité, recherchant les richesses de ce monde, il ajouta des champs à ses champs, planta des vignes, remplit ses greniers d'une multitude de provisions et se réjouit dans son abondance; et voilà tout à coup que toutes ces choses sont enlevées à ses yeux. Il se donnait de grands airs, revêtu d'habits de soie, se livrant à toutes les pompes et à toutes les voluptés, étalant ses richesses dans ses repas, il s'adonnait, dans les fureurs de l'ivresse, aux danses et aux jeux ; il ne quittait pas la table, sa vie n'était en quelque sorte qu'un divertissement. Mais voici que tous ces plaisirs ont disparu à ses yeux. Que sont devenues toutes ces délices ? Où sont cette magnificence, cette pompe, ces festins recherchés ? Maintenant que sont devenus ceux qui l'entouraient dans ses folles réunions, qui à l'intérieur et au dehors ne cessaient de publier ses louanges ? Que sont devenus les ornements de ses palais, l'éclat de ses riches vêtements ? Où sont ces pierres précieuses recherchées si avidement et cette immense quantité d'argent ? Où est enfin la cupidité elle-même qui, tout en se livrant chaque jour à ses caprices, ignore quand elle devra tout perdre ? Où sont cette sagesse et ces harangues soigneusement préparées ? Que sont devenus les applaudissements et les louanges, les flatteries continuelles des amis ? Comment se sont évanouis ces troupeaux d'esclaves et ces lustres aux feux étincelants ? Comment a disparu la foule des clients qui l'environnaient. Tout cela s'est évanoui à ses yeux et il n'en garde même plus le souvenir. Il est là au fond du tombeau, réduit en poussière. Sa chair qu'il nourrissait si délicatement s'est évanouie ; ses nerfs ne sont plus là dans leurs jointures ; les os seuls demeurent, ils sont conservés pour l'instruction des vivants et pour montrer ce qu'il reste des morts. Son corps parait jouir du repos, mais son âme a l'enfer pour demeure et ne reviendra plus jamais à la lumière. D'épaisses ténèbres l'environnent, la crainte et l'affliction se sont emparées de lui; les vers et le feu le consument et les larmes ne cessent de couler de ses yeux. Il éprouve de fréquents grincements de dents parce que des douleurs affreuses ne cessent de le tourmenter et que la souffrance pèse sans cesse sur son âme. Combien il se repent d'avoir autrefois mal vécu dans le monde, d'avoir été négligent de n'avoir point aimé la douceur et la miséricorde ! maintenant il la demande cette miséricorde, jamais il ne l'obtiendra ; il se repent d'avoir possédé des richesses nombreuses et de les avoir conservées sans en faire part aux pauvres ; d'avoir perdu le temps qui lui était donné pour la pénitence, de n'avoir point amendé sa vie afin de ne point tomber dans des peines si cruelles. Maintenant la grande résurrection l'attend pour le livrer à son juge redoutable. Là, les anges le jetteront dans l'effroi, lui reprochant de n'avoir point aimé l'aumône, et c'est pourquoi la miséricorde lui sera refusée également. L'enfer avec ses flammes l'attend parce qu'il ne s'est point servi des pauvres pour l'éteindre pendant sa vie ; des vers qui ne meurent point dévoreront ses entrailles, parce qu'il n'a point nourri le pauvre dans sa

---

Ite ad sepulcra mortuorum, et videte exempla viventium. Jacent ossa, perit (a) homo, et tamen causa ejus reservatur in die judicii. Fuit et ipse nobis similis aliquando homo in vanitate vivens, id sæculo studens divitiis, multiplicavit agros, plantavit vineas, implens horrea sua in apothecis multis, et lætatus est in abundantia sua : et ecce subito ablata sunt omnia ab oculis ejus. Plaudebat sibi per schemata multa, sericis vestibus indutus, pompas et luxurias sibi adhibens, epularum divitias excolens, saltationes et jocos in ebrietatibus exhibebat, prandia sua cum cœna miscebat, et lætitiæ suæ vix dabat finem ; et ecce ablata sunt omnia ab oculis ejus. Ubi ergo abierunt illa omnia ? Ubi pompa, ubi schemata, ubi exquisita convivia ? Ubi modo sunt illi, qui eum (b) in furibundis agminibus constipabant, qui domi forisque laudabant ? Ubi ornatus domorum et pretiosa luxuria vestimentorum ? Ubi gemmarum ambitio, et argenti pondus immensum ? Ubi postremo ipsa cupiditas, quæ cum omnia quotidie quæ vult agit, nescit quando totum habet amittere ? Ubi sapientia illa et foris excogitata dissertio ? Ubi applausus laudum, et adulatio amicorum assidua ? Ubi servorum subditi greges et lampadarum radiantia lumina ? Ubi antecedentium turba clientium ? Transierunt omnia ista ab oculis ejus, et ultra non erit memoria ejus. Jacet in sepulcro redactus in pulverem ; defluxerunt carnes ejus quas deliciæ nutriebant ; abscesserunt nervi a compagibus suis : sola remanserunt ossa, quæ servantur in exempla viventium, ut cognoscantur reliquiæ mortuorum. Putatur enim requiescere corpus ejus in inferno habitat anima ejus, et non videbit ulterius lumen. Circumdant enim eum tenebræ multæ : tremor et afflictio apprehendunt eum : vermes et ignis consument eum, et fletus non desinet ab oculis ejus. Stridor dentium frequentat eum, eo quod pessimi dolores perurgent eum, et non desinunt pœnæ ab anima ejus. Pœnitet eum modo male vixisse in sæculo, et negligentem fuisse, pietatem et misericordiam non amasse : et modo quæret eam, et non inveniet; multas divitias possedisse et reposuisse, et non eas erogasse egentibus ; perdidisse se tempus pœnitentiæ, et non correxisse dies suos, ut non incideret in talibus pœnis. Exspectat ergo eum resurrectio magna, ut tradat eum pejori judicio. Ibi enim eum conturbabunt Angeli, improperantes quod eleemosynam non amaverit : et ideo misericordia ei denegatur; gehenna ardens eum exspectat, quia in pauperibus cum viveret non exstinxit ; ventrem ejus perpetui

(a) Al. caro. — (b) Al. in foro longius ab omnibus conspiciebant. Ubi.

faim. Oh! que la miséricorde que nous exerçons pendant notre vie, a de valeur devant Dieu! elle nous réjouit pendant que nous la faisons ici-bas, et au jour du jugement nous la retrouvons pour en recueillir les fruits, suivant ces paroles de l'Evangile : « Bienheureux les miséricordieux parce qu'ils obtiendront eux-mêmes miséricorde. » (*Matth.*, v, 7.) Hâtez-vous donc, tandis que vous possédez encore la lumière de cette vie, de peur que les ténèbres de la mort ne vous saisissent : faites en ce monde des aumônes qui détruisent vos péchés, afin qu'elles viennent à votre aide au jour du jugement; ce que vous mangez, vous le perdez ; le fruit de votre travail, vous le laisserez; mais ce que vous aurez donné aux pauvres, vous le posséderez en toute assurance. Puisse votre miséricorde vous précéder au jour du jugement et intercéder pour vous en présence du Seigneur, afin qu'après avoir été miséricordieux, vous obteniez miséricorde, par la grâce de Notre-Seigneur Jésus-Christ auquel soit honneur et gloire dans les siècles des siècles. Ainsi soit-il.

SERMON LIX. — Ecoutez, frères bien-aimés, la doctrine pleine de salut de notre père, cette doctrine etc. (1).

SERMON LX. — *Persécution des chrétiens.* — Nous vous avons souvent répété, frères bien-aimés, qu'en tout temps les chrétiens souffrent persécution. Ce monde est sous la domination de l'esprit du mal. Le démon notre ennemi règne en ce monde, et nous nous imaginons n'avoir point à souffrir la persécution? Y a-t-il une seule chose qui ne persécute point le chrétien. Tout ici-bas sert à persécuter le disciple de Jésus-Christ? Faut-il nous étonner que les autres nous persécutent, si nous voulons être les serviteurs de Jésus-Christ? Nos parents eux-mêmes sont nos persécuteurs. Quiconque ne nous ressemble point, nous persécute et nous prend en haine. Nous nous étonnons que les autres nous persécutent? Notre corps lui-même devient un instrument de persécution. Si je mange un peu, mon corps frêle d'abord deviendra robuste, et la santé de mon corps sera pour mon âme une persécution. De quelque côté que je me tourne, je trouve la persécution. Si je regarde une femme, mon œil me persécute, il voudrait tuer mon âme. Si je contemple des richesses, de l'or, de l'argent, des possessions, n'importe ce que je vois et que je désire, c'est pour mon âme un objet de persécution. Ne croyons pas que le martyr consiste seulement dans l'effusion du sang; pour les chrétiens et pour les religieux il y a un martyr continuel. La passion persécute le jeune homme, elle voudrait répandre le sang de son âme. Quand ton âme est en danger et qu'elle court les plus grands périls, alors Notre-Seigneur Jésus se présente à la droite de son Père et combat pour le jeune homme qui s'est donné à lui. Il y a donc des martyrs en temps de paix, il y a aussi des apostasies. Que personne ne dise que le martyre n'existe plus ; aujourd'hui encore il y a le martyre, il y a l'apostasie. Moi, qui aujourd'hui ai toute l'apparence d'un moine, si je romps mes vœux, je renie Jésus-Christ. Et si en temps de paix, je renie Jésus-Christ, que ferais-je dans la persécution ?

(1) Voir le sermon *sur le mépris du monde*, page 237 de ce volume.

vermes consument; qui esurientem pauperem non refecit. O quantum valet apud Dominum misericordia, quæ in vita hujus sæculi exhibetur; quæ dum hic exhibendo delectatur, ad recolligendum in judicio invenitur : sicut in Evangelio dicit : « Beati misericordes, quoniam ipsi misericordiam consequentur. » (*Matth.*, v, 7.) Currite itaque, dum lucem hujus vitæ habetis, ne tenebræ mortis vos comprehendant : facite misericordias in hoc sæculo, quæ deleant peccata, ut succurrant vobis in die judicii : quia quod manducatis, perditis, et quod laboratis, relinquitis ; quod vero pauperibus erogatis, hoc firmiter possidebitis. Antecedat vos misericordia vestra in die judicii, et ipsa interpellat pro vobis in conspectu Domini : ut misericordes misericordiam consequamini : præstante Domino nostro Jesu Christo, cui est honor et gloria in sæcula sæculorum. Amen.

SERMO LIX. — Audite Fratres carissimi salutiferam patris nostri doctrinam, qui non terrenam, etc.

SERMO LX. — (1) *De persecutione Christianorum.* — Frequenter diximus, Fratres carissimi, quod semper Christiani persecutionem patiuntur. Mundus iste in maligno positus est. Adversarius noster diabolus regnat in mundo ; et nos putamus quod non patiamur persecutionem ? Quæ enim res non persequitur Christianum ? Omnia quæ in mundo sunt, persequuntur Christianum. Miramur, si nos persequuntur alii, si Christo servire voluerimus ? Et parentes nostri nos persequuntur. Quicumque dissimilis est nostri, persequitur nos, et odio nos habet. Miramur, si alii nos persequuntur ? Ipsum corpus nostrum nos persequitur. Si comedero paululum, et corpusculum robustum fuerit, sanitas corporis mei persequitur animam meam. Quicumque me vertero, persecutio mihi est. Si videro mulierem, oculus meus persequitur me ; cupit enim interficere animam meam. Si videro divitias, si aurum, si argentum, si possessiones, quodcumque videro et desideravero, hoc persequitur animam meam. Non putemus tantum in effusione sanguinis esse Martyrium : semper martyrium est [(a) Christianis et religiosis]. Adolescentulum libido persequitur : vult libido effundere sanguinem animæ. Quando periclitatur anima tua, et quasi in periculo constituitur, tunc stat Dominus Jesus a dextris Patris, et pugnat pro adolescentulo suo. Si ergo sunt martyria in pacis tempore, sunt et negationes. Nemo ergo dicat, non esse martyrium. Et martyrium est et negatio. Ego hodie qui videor esse monachus, si (b) rupero propositum meum, Christum negavi. Et si in pace Christum nego, in persecutione quid facerem ? Non torqueor neque exuror, et denego : si torquerer et

(1) In bibliotheca Patrum inter homilias Cæsarii editus est Augustini nomine, cui et tribuunt plures Mss. alii vero Cæsario. Sed sive editorum sive Mss. mirum quanta sit varietas. Hunc ex Ms. Floriacensi correctum jam damus cum tractatu superiori *de Obedientia*, p. 247, haud parum consentientem.

(a) Hæc non habet Ms. — (b) Al. *reliquero*.

Je ne suis point tourmenté, je n'éprouve point les rigueurs du feu et je renie ; que ferais-je donc si j'étais dans les tourments et dans les flammes ? Celui qui abjure au milieu de la persécution, peut être excusé par ses plaies : les saints intercèdent pour lui. Que dit-il, en effet ? J'ai voulu combattre, ma chair a défailli dans la lutte : mon âme n'a point cédé, c'est mon corps qui fut faible ; ma volonté voulait une chose, mon corps me poussait à une autre : cependant son excuse n'est pas valable. Il n'est point en effet, de plaie qui doive nous séparer de l'amour de Jésus-Christ. Que nous dit ce bon Maître : Tu étais consumé au milieu des flammes, tu étais suspendu sur le chevalet, tu souffrais à cause de moi, et tu dis : Il ne m'a pas été possible d'endurer ces tourments. Mais comment Pierre les a-t-il endurés, comment Paul, comment les autres martyrs ont-ils pu les supporter ? Ils étaient cependant de même nature que toi ? Moine, toi qui fuis le jeûne, crois-tu pouvoir éviter le feu ? Ce que je veux montrer, c'est que chaque époque a ses martyrs et ses persécutions. Mais enfin quel est donc le langage de l'Apôtre au sujet des veuves qui convolent à de secondes noces ? Quel est son langage ? « Elles s'exposent à la damnation, en violant la foi qu'elles avaient donnée auparavant. » (I *Tim.*, v, 12.) Comment parle-t-il à cette veuve ? O veuve, avant de m'avoir promis que tu resterais veuve, tu avais encore la liberté de te marier, mais dès que tu m'eus promis d'être à moi, depuis ce temps tu fus mienne, et en voulant épouser un second mari, tu m'as méprisé, tu es adultère, parce que tu m'étais unie. Il en est de même pour toi, ô moine, avant ta promesse il était en ton pouvoir de faire ce que tu voulais. Ta parole t'a lié à moi ; qui t'y a poussé ? T'ai-je contraint ? N'étais-tu pas libre ? Il fut en ton pouvoir de promettre. Tu as promis, dès lors tu fus à moi. Je ne laisserai point échapper ce qui m'appartient, il ne t'est point permis de mettre de côté le serment que tu as fait. Tu fus libre de promettre, tu ne l'es plus de te rétracter. Si tu me quittes, tu n'occupes plus dans mon cœur la place que je t'avais donnée. D'abord tu étais libre, et cependant tu étais de ma maison, tu n'étais point à la vérité l'objet de mes complaisances attentives ; tu n'étais point de mes ministres, cependant tu appartenais à ma maison, tu n'étais point avec moi, néanmoins tu m'appartenais. Mais dès l'instant que tu es entré dans ma milice, si tu te retires, je ne te regarde plus comme de ma maison, mais comme un fugitif. Pourquoi toutes ces paroles ? Parce qu'il dépendait de nous de promettre à Dieu de le servir et de lui obéir, et il ne dépend plus de nous de ne point accomplir notre promesse. Vous avez promis, c'est une récompense que vous vous êtes assurée. Vous refusez ? C'est un châtiment que vous préparez. L'une ou l'autre de ces alternatives dépend de vous. Nous avons dit et nous le répétons encore : Vous avez promis, c'est une récompense que vous vous êtes assurée. Vous refusez ? Vous serez puni. Oui, ces deux choses dépendent de vous, choisissez celle que vous voudrez. Vous avez le chemin de la mort et de la vie, entrez dans celui que voudrez. Je viens de vous dire tout cela, frères bien aimés, afin que personne d'entre vous ne pense garder toujours sa liberté et ne dise : Tous ceux qui se marient, qui habitent les cités, qui font la guerre, ou le commerce, en un mot, le monde entier est en danger, il n'y a que les moines qui seront sauvés. Entre notre condition et la leur il n'y a point de parité. Eux, pénétrés de leur faiblesse, n'ont point

---

exurerer, quid facerem ? Qui in persecutione negat, habet veniam plagæ : pro illo precantur sancti. Quid enim dicit ? Volui pugnare, caro mea in colluctatione defecit ; non cessit animus, sed cessit corpus : aliud mens cogitabat, aliud corpus compellabat : et tamen non habet excusationem. Nulla enim est plaga quæ debeat ab amore Christi separare. Quid enim tibi dicit ? Hoc est, in incendio ardebas, in equuleo pendebas, propter me torquebaris : et dicis : Non potui sustinere tormenta. Et quomodo sustinuit Petrus, quomodo Paulus, quomodo cæteri Martyres sustinuerunt ? Ea habuerunt corpora quæ et tu habes ? Hoc ergo dico, quoniam omni tempore sunt martyria, sunt et (*a*) persecutiones. Denique Apostolus quid loquitur de viduis, quæ secundos duxerunt maritos ? Quid dicit ? « Habentes damnationem, quia primam fidem irritam fecerunt. » (I *Tim.*, v, 12.) Viduæ quid dicit ? O vidua antequam mihi promitteres quod esses vidua, in tua erat potestate ut nuberes : ex quo tempore confessa es, ut mihi permaneres, ex eo tempore mea esse cœpisti ; si volueris secundum maritum ducere, me contempsisti, [(*b*) adultera es, quia mihi jam juncta eras]. Sic et tu monache, antequam promitteres, in tua erat potestate facere quod volebas. Vox tua ligavit te mihi : quis te compulit ? Numquid necessitatem feci ? Nonne liber eras ? In potestate tua fuit promittere. Promisisti, meus esse cœpisti : meum nolo dimittere : non tibi licet dimittere quod promiseras. Promittere tuum fuit, dimittere non est tuum. Si me dimiseris, non habeo te in eo gradu, in quo prius habui. Primum liber eras, eras quidem de familia mea : non eras ante oculos meos, non eras de ministris meis, sed tamen de familia mea eras ; non eras mecum, sed tamen meus eras. Ex quo mihi militare cœpisti, si recesseris, non habeo te de familia, sed quasi fugitivum. Hoc totum quare dico ? Quoniam in nostra erat potestate promittere servitutem Dei et obedire ; non est in nostra potestate dimittere. Promisisti ? Præmium tuum habes. Negasti ? Pœnam habes : utrumque propter confusionem tuum est. Diximus, atque iterum dicimus : Promisisti ? Præmium habes. Dimisisti ? Pœnam habes. Utrumque tuum est, elige quod velis. Habes viam mortis et vitæ, ingredere quam volueris. Hoc totum dico vobis, Fratres carissimi, ne quis de vobis putet se habere liberam potestatem, et dicat : Ergo illi qui uxores habent, qui sunt in civitatibus, qui militant, qui negotiantur, ergo totus mundus in periculo est, soli mo-

---

(*a*) Ms. *prævaricationes*. — (*b*) Isthæc omittit Ms.

promis de faire ce qu'ils ne pouvaient pas. Pour eux, ils sont toujours chrétiens. Ils sont chrétiens quoique vivant dans le monde, quoique marchands ; ils sont chrétiens, tout en étant soldats. Corneille le centurion fut soldat et il fut sauvé. Pour moi qui suis moine, qui ai cessé d'appartenir au monde et suis devenu religieux, ou je serai sauvé comme moine, ou je ne serai point sauvé du tout ; point de milieu. S'il me plaît d'abandonner la vie monastique et de suivre la vie du siècle, le Seigneur ne me considérera plus comme séculier, mais comme apostat. Il ne nous est donc pas permis de laisser de côté le vœu que nous avons fait. Quelqu'un dira peut-être : Que faire ? si je ne suis pas fidèle à mon vœu, je ne suis plus ni séculier ni moine ? Quelqu'un tombe-t-il dans un péché énorme, pourtant il désire se corriger, que faire ? Eh bien, je vous dis : Il n'est point en notre pouvoir de mettre de côté un vœu que nous avons fait, eussions-nous péché contre la dignité de notre promesse. Mais si, ayant choisi la vie monastique vous venez à pécher, soyez alors un moine pénitent ; ne rentrez point dans la vie séculière, restez moine. Vous me direz : J'ai fui mon Maître de peur qu'il ne me frappe, dois-je toujours fuir ? Si vous vous repentez d'avoir pris la fuite : vous devez revenir à votre Maître. Qu'il ne vous arrive jamais de dire : J'ai regret d'avoir pris la fuite et je dois toujours fuir. Que nous soyons saints, ou que nous soyons pécheurs, il ne nous est jamais permis de rompre nos serments. Si vous êtes saint, vous faites un moine heureux, si vous êtes pécheur vous serez un moine misérable. Vous n'avez point le pouvoir de rompre vos serments, eussiez-vous péché contre le respect que vous leur deviez. Ce que je dis, je le dis en général, ce que je vous dis, je me le dis à moi-même, afin que personne ne croie avoir la liberté de rompre ses vœux. Je vais dire une chose inouïe, mais c'est une comparaison pour me faire bien comprendre, et non une affirmation. Supposez que deux moines soient tombés, c'est-à-dire qu'ils aient péché tous les deux. L'un d'eux, supposez-le encore, rentre dans le monde, il se marie et dit : Je ne puis y tenir, je ne puis rester moine. L'autre qui a aussi péché, a compris la grandeur de sa faute, il ne se confesse point, il déplore cependant sa faute, et jour et nuit il implore la miséricorde du Seigneur. Je ne dis point qu'il a bien fait en péchant, cependant en comparaison de celui qui a prévariqué publiquement, il est un saint. Quel est mon but en tout ceci ? Ce n'est point d'encourager le pécheur, et par cet encouragement, de lui fournir un prétexte de pécher ; mais j'affirme que quiconque péchera, il ne lui est point permis pour cela de rompre ses vœux. Le Seigneur est assez puissant pour nous délivrer tous, vous et moi des embûches du démon : à lui soit honneur et gloire dans les siècles des siècles. Ainsi soit-il.

Sermon LXI. — *Sur l'obéissance*. — Si nous voulons mériter la récompense de la vie éternelle, mettons tous nos soins et toutes nos forces à garder les préceptes divins. Ces préceptes de Dieu sont un lourd fardeau pour ceux qui n'en veulent point, mais ils sont légers pour ceux qui les aiment, suivant ce qu'il dit lui-même : « Mon joug est doux et mon fardeau est léger. » (*Matth.*, xi, 30.) Ecoutons Notre-Seigneur et Sauveur nous commander et nous proposer son exemple : « Prenez, dit-il, mon joug sur vous et ap-

---

nachi salvantur. Non est nostra et illorum æqua conditio. Illi scientes imbecillitatem suam non promiserunt facere quod non potuerunt. Illi quidem Christiani sunt. Sed est Christianus quasi sæcularis, et quasi negotiator ; et Christianus quasi miles. Et Cornelius Centurio miles fuit, sed salvatus est. Ego qui monachus sum, qui desivi esse sæcularis, et factus sum monachus : aut monachus salvus ero, aut aliter non salvabor ; non est aliud medium. Si voluero dimittere vitam monachi, et sequi sæcularem, non habebit me Dominus quasi sæcularem, sed quasi prævaricatorem. Non ergo licet nobis dimittere quod habemus in proposito. Dicat aliquis : Quid facio, si peccavi in isto proposito, qui factus sum nec sæcularis nec monachus ? Aliquis peccat peccato majori ? cupit emendare ? [(a) Ergo hoc dico : Non nobis licet dimittere quod habuimus in proposito, licet dignitatem propositi perdideris.] Si peccasti in vita monachi constitutus, esto pœnitens quasi monachus : non quasi sæcularis sed quasi monachus. Aliquis dicat : Fugi dominum meum, ne me cædat : semper fugere debeo ? Si te pœnitet quod fugisti, debes reverti ad Dominum tuum. Nemo dicat : Pœnitet me quia fugi, et debeo semper fugere. Sive sancti simus, sive peccatores simus, nobis non licet mutare propositum. Si sanctus es, beatus es monachus : si peccator es, miser es monachus. Non licet mutare proposi-

(1) Hic finis est Ms. Flor. In editis longe diversus est.
(a) Hæc non habet Ms.

tum, licet dignitatem propositi perdideris. Hæc quidem in commune loquor : et quod vobis loquor, mihi quoque loquor, ne quis se putet habere potestatem mutare propositum. (1) Rem vobis dico novam : quasi in comparatione dico, non quasi hoc præcipiam. Fac duos monachos corruisse ; hoc est, uterque peccaverit. Alius de ipsis verbi causa, sæcularem duxit uxorem, et dixit : Non possum sustinere, non possum monachus perseverare. Alius vero qui peccaverat, intellexit suum peccatum ; nulli confitetur, plangit tamen quod fecit, die noctuque Domini misericordiam deprecatur. Non dico quia bene fecerit quod peccavit : ad comparationem tamen ejus qui publice sceleratus est, iste sanctus est. Hoc totum quare dico ? Non ut spem peccatoribus dem, aut per ipsam spem dem occasionem peccandi ; sed dico, etiam quicumque peccaverit, non ei licet mutare propositum. Dominus autem est potens me et vos ab omnibus insidiis diaboli liberare totos : cui est honor et gloria per omnia sæcula sæculorum. Amen.

Sermo LXI. — *De obedientia*. — Si præmia æternæ vitæ volumus promereri, præcepta Dei totis viribus satagamus custodire. Præcepta namque Dei nolentibus gravia, volentibus sunt levia, sicut ipse ait : « Jugum enim meum suave est, et onus meum leve. » (*Matth.*, xi, 30.) Audiamus Dominum et Salvatorem nostrum præcipien-

prenez de moi que je suis doux et humble de cœur. » (*Ibid.*, 29.) Que signifie, prendre sur soi le joug du Seigneur, sinon se soumettre à cause de Dieu au précepte de la sainte obéissance. Celui-là est doux qui supporte avec patience toutes les injures et les affronts qui lui sont faits, faisant passer dans ses œuvres, cette sentence de l'Apôtre dans laquelle il nous dit : « Ne rendez point le mal pour le mal, ni outrage pour outrage, mais au contraire, bénissez ceux qui nous maudissent, » (I *Pier.*, III, 9) et ailleurs : « Ne vous laissez point vaincre par le mal, mais triomphez du mal par le bien. » (*Rom.*, XII, 21.) Celui-là est humble qui choisit toujours d'être méprisé dans la maison de Dieu, qui consent que tous lui soient préférés, qui se regarde toujours comme de la poussière et de la cendre, et en tout ce qu'il fait comme un serviteur inutile, et qui, non-seulement dans ses paroles, mais dans ses actes, dans ses pensées et dans toute sa manière d'être s'abaisse et se méprise. Cet homme sans aucun doute est bien capable de se plier à une règle et d'obéir, ainsi il ne peut s'écarter de la voie de la justice, ni s'égarer à droite ou à gauche ; car étant doux, aucune adversité ne pourra l'abattre, et étant humble, ni la prospérité, ni la gloire ne sauraient l'exalter. Nous voyons combien est grand le fruit de l'obéissance par ce que Notre-Seigneur ajoute : « Et vous trouverez le repos de vos âmes. » Se plier à la règle de l'obéissance est, il est vrai, un travail maintenant ; mais cette soumission produira dans l'avenir, les fruits d'une paix profonde. Notons bien que plus nous serons ici-bas obéissants à nos supérieurs, plus Dieu sera obéissant à nos prières et plus son joug nous sera doux et son fardeau léger. Vous devez aussi savoir que celui qui est orgueilleux est impatient de tout frein et ne saurait se soumettre aux règles de l'obéissance. Par cela seul qu'il vit avec hauteur, il méprise les autres et a plus de désirs de se plier à ses volontés qu'à celles des autres : il est impatient de tout frein, aussi les moindres préceptes, et les plus légers lui semblent durs et insupportables et il croit que cela seul est bien qu'il a conçu dans l'obstination de son cœur : son sens propre lui tient lieu de la raison de tout le monde. De tels hommes jettent souvent le trouble au milieu de frères bien unis ; ils soulèvent des querelles, ne veulent point vivre suivant la règle commune et ne se contentent pas des choses dont la pauvreté religieuse doit se contenter. Et quoi qu'ils vivent avec plus de négligence que les autres, ils veulent recevoir plus d'honneurs. Ces âmes rebelles et désobéissantes sont souvent livrées aux passions de la chair, elles glissent insensiblement à des actes honteux, et la plupart d'entre elles abandonnent misérablement, et pour leur perte, la société de leurs frères et oublient leurs saintes promesses : c'est pour eux que l'apôtre saint Pierre prononce ces terribles paroles : « Si, dit-il, après s'être retiré des corruptions du monde, ils se laissent vaincre et s'y engagent de nouveau, leur dernier état est pire que le premier. Car il leur eût été meilleur de n'avoir point connu la voie de la justice, que de retourner en arrière après l'avoir connue, et d'abandonner la loi sainte qui leur avait été prescrite. » (II *Pier.*, II, 20, 21.) De là aussi, cette menace du Seigneur : « Malheur à celui par qui vient le scandale. » (*Matth.*, XVIII, 7.) Quiconque reconnaît être en cet état, tandis qu'il a le temps de se corriger, qu'il recoure bien vite aux larmes et à la péni-

---

tem nobis, et suo exemplo admonentem. « Tollite, inquit, jugum meum super vos, et discite a me, quia mitis sum, et humilis corde. » (*Ibid.*, 29.) Quid est jugum Dei super se tollere, nisi sanctæ obedientiæ præcepto se ipsum propter Deum subjicere? Mitis autem est, qui omnes injurias et contumelias, quæ sibi illatæ fuerint, æquanimiter tolerat, qui eam Apostolicam sententiam opere tenet, qua dicitur : « Non reddentes malum pro malo, vel maledictum pro maledicto, sed e contrario benedicentes : » (I *Per.*, III, 9) et iterum : « Noli vinci a malo, sed, vince in bono malum. » (*Rom.*, XII, 21.) Humilis vero est, qui eligit abjectus esse in domo Dei, et omnes sibi præferre, qui se semper pulverem et cinerem esse putet, et in cunctis quæ agit servum se indignum, non solum verbo, sed opere, cogitatione, et omni conversatione sua semper se vilem agit et contemnit. Talis procul dubio ad servandam disciplinam atque obedientiam est idoneus, nec potest perire a via justitiæ, neque declinare ad dexteram sive ad sinistram : quia in eo quod mitis est, nulla adversitate frangitur: in eo autem quod humilis est, nulla prosperitate vel gloria elevatur. Quantus autem sit obedientiæ fructus, ostenditur, cum subinfertur : « Et invenietis requiem animabus vestris. » Obedientiæ quidem disciplina modo in labore est, sed in futuro fructum habet pacatissimum. Et sciendum, quod quanto modo erimus obedientes patribus nostris, tanto erit Deus obediens orationibus nostris, et tanto erit nobis jugum ejus suave et onus ejus leve. Scire quoque oportet, quia superbus et impatiens disciplinæ et obedientiæ regulis subjacere non potest. In eo enim quod elate vivit, cæteros despicit, et suis magis quam alterius definitionibus obedire appetit : in eo autem quod impatiens est, ipsa parva et levia dura et intolerabilia esse dijudicat, idque solum rectum esse æstimat, quod obstinato corde conceperit : sensuque proprio pro omnium utitur ratione. Isti tales fratres unanimes sæpe perturbant, litesque movent, nec volunt ad mensuram aliorum vivere, nec sunt contenti his quibus contenta debet esse religiosa paupertas. Et cum negligentius cæteris vivant, plus aliis volunt honorari. Hujusmodi rebelles et inobedientes animæ frequenter in passionibus suæ carnis decidunt, et usque ad turpia opera dilabuntur, et ex his plerique a societate fratrum et a sancto proposito miserabiliter et damnabiliter discedunt : de talibus terribiliter clamat Petrus apostolus : « Si, inquit, fugientes coinquinationes mundi, his rursus implicati superantur, facta sunt eorum posteriora pejora prioribus. Melius enim erat eis non cognoscere viam justitiæ, quam post cognitionem retrorsum reverti ab eo quod illis traditum est sancto mandato : » (II *Petr.*, II, 20, 21) hinc Dominus ait : « Væ illi per quem scandalum venit. » (*Matth.*, XVIII, 7.) Quisquis ergo talem se esse recognoscit, dum tempus corrigendi habet ad la-

tence, qu'il triomphe de l'orgueil par l'humilité, que la douceur condamne son impatience, qu'il change ses vices en vertus, de peur qu'en persévérant dans le mal, il n'aboutisse à des supplices éternels. Nous devons donc garder et en réalité et dans nos actes, cette obéissance dont nous avons fait profession. C'est ainsi que nous agissons, quand nous honorons et aimons pour l'amour de Dieu celui qui nous commande, et quand nous faisons promptement et de bon cœur tout ce qu'il nous ordonne, comme si l'ordre nous venait du Maître des cieux lui-même. Le supérieur tient la place de Jésus-Christ; c'est pourquoi le Seigneur dit à ses pasteurs : « Celui qui vous écoute, m'écoute, celui qui vous méprise, me méprise. » (*Luc*, x, 16.) Comme ceux qui obéissent de bon gré doivent se réjouir et s'attendre à recevoir du Seigneur une magnifique récompense, parce que ce qu'ils font par l'ordre de leurs supérieurs, ils le tiennent comme commandé par Dieu lui-même; de même, ceux qui méprisent les ordres de leurs supérieurs doivent certainement craindre et attendre un jugement sévère de la part de Dieu, car en méprisant un supérieur, ce n'est pas lui qui est livré au mépris, mais celui dont il tient la place. Nous ne pouvons honorer Dieu sans en recueillir de grands avantages, et nous ne pouvons le mépriser sans nous exposer à de grandes pertes. L'obéissance doit être sans lenteur, sans murmure et sans tristesse intérieure, mais accompagnée de joie et de gaieté. Dieu aime celui qui donne avec joie. Le bien qui se fait avec tristesse n'est point agréable à Dieu, car Dieu regarde plutôt au fond du cœur qu'à l'extérieur. L'obéissance doit durer jusqu'à la mort, parce que Jésus-Christ a obéi à son Père, pour nous, jusqu'à la mort. Notre Rédempteur par son exemple nous anime à l'observation de ce saint précepte, par ces paroles: « Prenez mon joug sur vous et apprenez de moi, que je suis doux et humble de cœur.

Sermon LXII. — *Crainte de Dieu et fuite de l'avarice*. — La crainte du Seigneur chasse le péché. A la suite de la crainte du Seigneur naissent une foule de biens. Salomon dit : « Le commencement de la sagesse est la crainte du Seigneur; » (*Prov.*, ix, 10) et ailleurs: « Heureux l'homme qui est toujours craintif. » (*Prov.*, xxviii, 14.) Grâce à la crainte du Seigneur, les âmes échappent aux châtiments de l'enfer et son amour nous donne des joies éternelles, car la crainte du Seigneur et l'amour du prochain constituent la charité. Celui qui possède la charité, possède Dieu, et celui qui possède Dieu évite les vanités mondaines. Celui qui aime le Christ craint l'enfer et désire le paradis auquel il aspire de toutes ses forces, dans lequel il espère demeurer, et où l'on ne rencontre ni la crainte de la mort, ni l'effroi causé par un ennemi. Celui qui possède Dieu en lui même, repousse le démon; donc par l'amour de Dieu et du prochain on arrive à la vie éternelle. L'amour de de Dieu fait demeurer en Dieu : l'Apôtre a dit : « L'amour du prochain, ne fait pas le mal. » (*Rom.*, xiii, 10.) Que personne ne fasse à autrui, ce qu'il ne voudrait pas qu'on lui fît à lui-même : celui qui agit de la sorte, ne tombe dans aucun péché. Celui qui s'embarrasse dans les choses de la terre, s'éloigne de l'amour de Dieu. En aucune circonstance les richesses ne s'obtiennent sans péché, en ce monde. Si l'un ne perdait pas, un autre ne saurait acquérir ; celui qui recueille

---

crymas et pœnitentiam cito redeat, superbiam cum humilitate vincat, impatientiam mansuetudine damnet, vitia in virtutes convertat, ne sic in malo perseverat, ad æterna supplicia perveniat. Debemus ergo eam quam professi sumus obedientiam et virtute et opere custodire. Quod tunc agimus, cum eum qui nobis præest, pro amore Dei honoramus atque diligimus, et quidquid ab eo nobis præcipitur, tanquam ab ipso cœlesti Domino fuerit imperatum, libenter implere festinamus. Prælatus enim Christi vices agit in monasterio : unde ipse suis pastoribus ait : « Qui vos audit, me audit, et qui vos spernit, me spernit. » (*Luc.*, x, 16.) Sicut enim gaudere debent, et magnum a Domino præmium exspectare, qui libenter obediunt; quia quod ipsi majorum jussu faciunt, hoc ipsi auctori Deo impendunt : sic nimirum magnum a Deo judicium timere et exspectare debent, qui prælatorum suorum jussa despiciunt : quia cum prælatus contemnitur, non ipse, sed is in cujus loco positus est, contemptui habetur. Nec potest Deus a nobis sine magno fructu honorari, nec despici sine magno detrimento. Debet autem (1) obedientia esse sine mora, non cum murmure, neque cum tristitia animi, sed cum gaudio et hilaritate. Hilarem enim datorem diligit Deus. Bonum autem quod cum tristitia fit, Deo non est acceptabile, quia ipse magis est inspector cordis quam corporis. Debet quoque obedientia esse usque ad mortem, quia usque ad mortem Patri suo propter nos obedivit Christus. Ad hoc sanctum præceptum ipse suo exemplo noster Redemptor nos admonet, dicens : « Tollite jugum meum super vos, et discite a me, quia mitis sum, et humilis corde. »

Sermo LXII. — (2) *De timore Domini et avaritia vitanda*. — Timore Domini expellit peccatum. De timorem Domini nascuntur multa bona. Salomon ait : « Principium sapientiæ, timor Domini : » (*Prov.*, ix, 10) et alibi dicit : « Beatus homo qui semper est pavidus. » (*Prov.*, xxviii, 14.) Per timorem Domini evadunt animæ de pœnis inferni, et per amorem ejus invenitur gaudium sempiternum, quia timor Domini et amor proximi caritas est. qui autem caritatem habet, Deum habet : et qui Deum habet, sæcularia fugit. Qui Christum diligit, infernum timet, et paradisum desiderat : ubi anhelat pervenire, in quo sperat permanere, in quo non est timor de morte, nec trepidatio de hoste. Qui Deum habet in se, diabolum repellit : ergo per dilectionem Dei et proximi vita pervenitur æterna. Amor Dei in Deo permanere facit : Apostolus ait : « Dilectio proximi malum non operatur. » (*Rom.*, xiii, 101.) Unusquisque quod sibi fieri non vult, alteri ne faciat : qui sic agit, peccatum non incurrit. Qui terrenis se implicat, elongat se ab amore Dei. Nunquam divitiæ sine peccato acquiruntur in hoc sæculo. Si unus non perdit, alter non acquirit : gaudet qui acquirit, tristatur qui amittit. Multi sunt qui de alienis lacrymis elee-

(1) V. Reg. Bened., cap. v. — (2) In Ms. Germ. inscribitur : *De timore Domini liber S. Augustini*.

se réjouit, celui qui perd est triste. Il y en a beaucoup qui espèrent faire l'aumône avec les larmes d'autrui, ils dépouillent l'un pour vêtir l'autre : ils dépouillent l'un et soulagent l'autre avec le bien d'autrui. L'aumône que l'on fait et qui est le fruit de l'iniquité est une abomination devant Dieu. Celui qui croit faire des œuvres de charité d'une manière injuste, est sans mérite devant Dieu. Que dire, mes frères, de ces riches qui thésaurisent et ignorent pour qui ils entassent ces richesses ; ils amassent les biens de la terre, et perdent ceux du ciel ; ils gagnent de l'argent et perdent leurs âmes ; toute leur attention se porte sur ce qu'ils acquièrent, et ils n'ont aucun souci de ce qu'ils perdent. Un grand nombre croient marcher en pleine lumière, et se regardent comme étant tout lumineux au dehors, quand ils sont tout remplis de la boue du péché, et que d'épaisses ténèbres les enveloppent au dedans. O passion aveugle, qui sépare les âmes de Jésus-Christ, comme il arriva pour ce riche qui chaque jour faisait des festins splendides, quand devant sa porte Lazare le mendiant était couché. Mais le riche mourut et tomba en enfer; pour Lazare, il fut porté dans le sein d'Abraham. Malheureux riches, pourquoi n'êtes vous pas saisis de frayeur vous qui convoitez tant les richesses de la terre et qui perdez celles du ciel ? Celui qu'un tel exemple n'effraie pas, marche en aveugle. L'apôtre saint Jacques leur dit : « Et maintenant, riches, pleurez et poussez des cris dans la vue des misères qui doivent fondre sur vous. La pourriture consume les richesses que vous gardez, les vers mangent les vêtements que vous avez eu réserve. La rouille ronge l'or et l'argent que vous cachez et cette rouille portera témoignage contre vous au jugement de Dieu. » (*Jacq.*, v, 1, 2, 3.)

Malheur à ceux qui sont ainsi. L'avare n'a point de compassion ; dans ses désirs insatiables il ressemble à l'enfer. Plus l'enfer dévore, plus il convoite et plus il désire, c'est ainsi qu'est l'avare, jamais il n'est assouvi. Il voit croître sa vaine opulence, et avec elle croît sa peine. Les puissants auront à endurer des châtiments bien plus rigoureux. Plus on reçoit d'honneur et plus est grand le péril que l'on court. Tels sont les orgueilleux, les superbes, ceux que gonfle la vanité, les voluptueux, les gourmands et enfin ceux qui cherchent à plaire aux hommes plutôt qu'à Dieu. Ce sont ceux qui s'aiment eux-mêmes, qui sont plus au service de leur intempérance qu'attentifs aux choses spirituelles, s'occupant à parer leur corps, couvrant leur âme d'ignominie, toujours prêts à suivre les désirs de la chair et à négliger les biens de l'âme. Au dehors ils se parent, et ne sont à l'intérieur que pourriture. Ils se croient sages, tandis qu'ils sont insensés, car la sagesse de ce monde est folie devant Dieu. Ils se concilient les amitiés de ce monde et perdent celles de l'éternité ; car l'Apôtre dit : « Quiconque voudra devenir l'ami de ce siècle, se fera l'ennemi de Dieu. » (*Jac.*, IV, 4.) L'orgueilleux néglige le service de Dieu et sert le diable, il perd sa ressemblance avec Dieu et devient semblable au démon. Malheur à ceux qui méprisent les paroles divines et aiment à se repaître d'illusions ! A leur mépris de la vérité ils ajoutent l'amour des vanités du démon ; en poursuivant les biens de la terre, ils perdent ceux du ciel. Malheur à eux ! ils deviendront la proie de l'enfer. Car pendant qu'ils ont le temps, et qu'ils en ont le pouvoir, ils ne se corrigent point, ne s'améliorent point ; quand la mort viendra, leurs biens resteront sur cette terre, et leur âme descendra nue et dépouillée au fond des enfers. Frères bien-

---

mosynas facere se sperant, unum exspoliant, alterum vestiunt : unum inanem faciunt ; alium alienis reficiunt. Eleemosyna cum iniquitate acquisita abominatio est apud Deum. Qui de iniquitate misericordiam facere putat, nihil est apud Deum. Quid dicemus, Fratres carissimi, de illis divitibus qui thesaurizant et ignorant cui congregunt ea (*Psal.* XXXVIII, 7) ; acquirunt terrena, et perdunt cœlestia ; lucrantur pecunias, et perdunt animas ; attendunt quid acquirunt, et non perpendunt quid amittunt. Multi sunt qui in luce ambulare se putant, et foris claros existere se existimant, cum peccatorum luto pleni, intus tenebrosi persistant. O cæca cupiditas, quæ à Christo animas separas ! ut ille dives qui quotidie epulabatur splendide, ante cujus januam Lazarus jacebat mendicus. Mortuus autem dives in inferno est lapsus, Lazarus vero est in sinum Abrahæ elevatus. (*Luc.*, XVI.) Quare miseri divites non expavescitis, qui terrenas divitias concupiscitis, et cœlestia perditis? Qui tale exemplum non timet, cæcus ambulat. Jacobus apostolus dicit : « Eia nunc divites plorate et ululate in miseriis vestris, quæ venient ad vos. Divitiæ vestræ putrefactæ sunt, vestimenta vestra a tineis corrosa sunt. Aurum et argentum vestrum æruginavit, et ærugo eorum vobis in testimonium erit. » (*Jac.*, v, 1, etc.) Væ illis qui tales sunt. Avarus misericordiam non habet, cupidus similis est inferno. Infernus quantumcumque plus devorat, tanto magis cupit et desiderat, sic et avarus nunquam satiabitur. Crescit vana potentia, crescit et pœna. Potentes potentiora tormenta patientur. (*Sap.*, VI, 7.) Quanto major honor datur, tanto majus periculum. Isti tales sunt elati, superbi, vanitate pleni, luxuriosi, gulosi et hominibus magis placentes quam Deo. Hi sunt se ipsos amantes, gulæ servientes magis quam spiritalibus intendentes, corpus ornantes, et animam fœdantes, carnalibus consentientes, spiritalia negligentes. Foris se ornant, cum sint intus tabefacti. Æstimantes se esse sapientes, cum sint stulti ; quia sapientia hujus mundi apud Deum stultitia est. (1 *Cor.*, III, 19.) Colligentes amicitias sæculares, perdunt æternales : dicit namque Apostolus : « Quicumque voluerit esse amicus hujus sæculi, inimicus constituitur Dei. » (*Jac.*, IV, 4.) Superbus negligit servire Deo, et servit diabolo, et Deo (*f.* dissimilis) inutilis est, diabolo similis. Væ qui verba divina despiciunt, et falsas suggestiones amant? Dum veritatem spernunt, diabolicas vanitates concupiscunt ; cum terrena sequuntur, perdunt cœlestia. Væ illis quos tales infernus rapuerit. Qui dum tempus habent, et in sua sunt potestate, non corrigunt se, nec emendant ; cum mors venerit, potentia illorum remanebit, et sola anima misera nonne in infernum ibit? O Fratres carissimi, quid dicemus de illis qui voverunt, et non impleverunt? Melius est non vovere, quam post

aimés, que dire de ceux qui ont fait des vœux et ne les ont point accomplis ? Ne vaut-il pas mieux ne point s'engager, que de ne point remplir son engagement. Si vous ne rendez pas à Dieu ce que vous avez promis, votre sort sera bien plus terrible que si vous n'eussiez jamais fait de promesses. C'est ainsi, en effet, que s'exprime le Prophète : « Faites des vœux à Dieu et soyez-y fidèles. » (*Ps.* LXXV, 12.) On lit dans la Sagesse : « La bouche qui dit le mensonge, tue l'âme. » (*Sag.*, I, 11.) Ailleurs le Psalmiste ajoute : « Vous perdrez tous ceux qui se laissent aller au mensonge. »(*Ps.* v, 7.) Il est encore dit : « D'après vos paroles ou vous serez justifié, ou vous serez condamné. » (*Matth.*, XII, 37.) Beaucoup, en effet, ce qui est détestable, trompés par les ruses diaboliques, abandonnent des promesses faites à Dieu et se livrent à des œuvres mauvaises. Frères bien-aimés, jetez sur vous des regards attentifs et demandez-vous où sont les rois, où sont les grands, où sont vos amis, où sont vos parents. Voilà comment d'une puissance si grande ou d'une joie si vive est résultée la misère et le chagrin ; de tant de richesses, la plus grande pauvreté ; d'une si grande abondance, tant de privation ; d'une joie si courte, une tristesse aussi longue ; d'une vie si rapide, une mort éternelle ; d'une santé si frêle, une infirmité qui n'aura point de fin ; d'une lumière d'une durée si courte, des ténèbres éternelles. Voilà comment cette douceur si éphémère des parfums et des jouissances du luxe sera remplacée par des douleurs immenses et des puanteurs insupportables ; comment, au lieu de ces vêtements si nombreux que nous possédions, et que nous aurions dû distribuer aux pauvres, nous n'aurons que la plus affreuse nudité. Je vous en conjure donc, frères bien-aimés, pendant que le Seigneur vous donne encore l'intelligence spirituelle ; n'aimez point ce qui doit mourir. Donnez peu et vous recevrez beaucoup. Ceux qui abandonneront tout à cause de Jésus-Christ, recevront le centuple et posséderont la vie éternelle. Et encore qu'ils soient en petit nombre, hélas ! ceux qui veulent entrer dans la voie du salut, car il y en a beaucoup d'appelés mais peu d'élus, je leur dirai qu'il vaut mieux entrer avec le petit nombre dans le royaume des cieux, que de descendre avec la foule au fond des enfers. Le peu du juste est préférable aux richesses immenses des pécheurs. Que Notre-Seigneur nous donne sa grâce, lui auquel soit honneur et puissance dans les siècles des siècles. Ainsi soit-il.

SERMON LXIII. — O mes frères bien-aimés, que nous avons à craindre ce jour dans lequel Notre-Seigneur Jésus-Christ s'est proposé de venir tout entouré de flammes, etc. (1).

SERMON LXIV. —*Exhortation aux prêtres, afin qu'ils enseignent au peuple chrétien ce qu'il doit savoir et pratiquer.*— Prêtez bien l'oreille, mes petits enfants, et comprenez comment l'Ecriture sainte nous avertit et nous exhorte à tendre au royaume des cieux, en nous montrant la route par laquelle nous pourrons échapper aux maux d'ici-bas, et arriver à la vie éternelle par la grâce de Notre-Seigneur Jésus-Christ. Le Seigneur, en effet, par la voix du Prophète, crie aux prêtres qui sont à la tête des peuples de les instruire, de les avertir et de leur annoncer la voie de la vérité. « Crie, lui dit-il, ne te rebute point, élève ta voix, qu'elle éclate comme le bruit d'une trom-

(1) Voir tome XX de cette édition, sermon CCLI.

votum promissa non reddere : melius est non promittere, quam fidem promissam non adimplere. Multum tibi pejus fuerit, si non reddideris Deo quod promisisti, quam si votum nunquam emisisses : dicit namque Propheta : « Vovete et reddite Deo vestro : » (*Psal.* LXXV, 12) et in Sapientia dicitur : « Os quod mentitur, occidit animam : » (*Sap.*, I, 11) et alibi Psalmista : « Perdes omnes qui loquuntur mendacium ; » (*Psal.* v, 7) et alibi : « Ex verbis tuis aut justificaberis, aut condemnaberis. » (*Matth.*, XII, 37.) Multi enim, quod pejus est, Dei promissa dimittunt diabolica fraude decepti, opera mala sequuntur. Considerate ergo, Fratres carissimi, vosmetipsos, et cogitate ubi sint reges, ubi potentes, ubi amici, ubi parentes. Ecce quomodo de tanta potentia vel lætitia tanta provenit miseria et angustia, de tantis divitiis tot inopiæ, de tanta satietate tanta fames, de tam brevi delectatione tam longa tristitia, de tam brevi vita tam longa mors, de tam exigua sanitate tam longa infirmitas, de tam brevi luce tam longæ tenebræ, de tam parva suavitate odoris vel luxuriæ, tantos recipientes dolores et fœtores, et de vestimentorum nostrorum abundantia, ex qua largiri debuimus pauperibus, tantam recipiemus nuditatem. Rogo vos, Fratres carissimi, dum vobis Dominus dat intellectum spiritualem, ut non ametis omne moriturum. Date parum, et accipietis multum. Qui autem reliquerint omnia propter Christum, centuplum accipient, et vitam æternam possidebunt. Et quia licet pauci sint, heu, qui hanc salutis viam arripere volentes, eo quod multi sint vocati, pauci vero electi : melius est tamen cum paucis ingredi ad vitam æternam, quam cum multis ad gehennam. Melius est modicum justo super divitias peccatorum multas : auxiliante Domino nostro Jesu Christo, cui est honor et imperium in sæcula sæculorum. Amen.

SERMO LXIII — O Fratres carissimi, quam metuenda est illa dies, in qua Dominus noster Jesus Christus cum flamma ignis advenire proposuit, etc.

SERMO LXIV. (1) — *De exhortatione ad sacerdotes, ut doceant quid populum Christianum scire et observare oporteat.* — Audite, filioli mei, et intelligite quomodo Scriptura sancta admonet nos et invitat ad regna cœlorum, et ostendit viam quomodo mala istius mundi evadere possimus, et ad vitam pervenire æternam Christo adjuvante. Clamat enim Dominus per Prophetam ad sacerdotes qui populo præsunt, ut doceant eum et admoneant, et viam veritatis annuntient : dicit enim : « Clama, ne cesses ; quasi tuba exalta vocem tuam, et annuntia populo meo scelera eorum : » (*Isa.*, LVIII, 1) et iterum : « Quod si non annuntiaveris iniquo iniquitatem suam,

(1) Præter usitatas cum Ms. Germ. varietates hanc insuper observare est, quod postrema subsequentis in eodem Ms. Sermonis pars hic in unum conjungatur.

pette, annonce à mon peuple les crimes dont il s'est s'est rendu coupable. » (*Is.*, LVIII, 1.) Et dans un autre passage : « Si tu n'annonces pas au méchant son iniquité, je te redemanderai son sang. » (*Ezéch.*, III, 18.) D'après ces paroles, c'est donc une grande nécessité, pour tous les prêtres, d'annoncer aux peuples la voie qui mène au salut, et par laquelle ils pourront parvenir à la vie éternelle. Et d'abord il faut expliquer ce que tout chrétien doit savoir et garder profondément dans son cœur, je veux dire le premier commandement, formulé ainsi par Notre-Seigneur : « Vous aimerez le Seigneur votre Dieu de tout votre cœur, de toute votre âme, de toutes vos forces et de tout votre esprit, et votre prochain comme vous-mêmes. » (*Matth.*, XXII, 37.) Si vous mettez bien avant dans votre cœur ces préceptes de l'amour et de la crainte de Dieu, de la charité pour le prochain, et si vous avez à cœur de les recevoir avec respect, alors, Dieu aidant, cette bonne volonté s'étendra facilement à d'autres objets. Il a promis, en effet, à ceux qui l'aiment, la résurrection après la mort, les joies du paradis, la compagnie des anges et la vie éternelle. Dès lors, dans la possession de ces biens, l'adversité ne chagrine plus, la maladie n'importune plus, la vieillesse ne s'empare plus de vous, nous ne rencontrons plus la mort, c'est une paix et une tranquillité sans fin, c'est pour l'âme et le corps la santé la plus florissante, la jeunesse la plus verdoyante ; en un mot, c'est la vie éternelle dans le royaume des cieux. Voilà les promesses faites à ceux qui font le bien et s'abstiennent de tout mal. Que chacun donc songe aux moyens par lesquels il pourra obtenir cette félicité. Qu'il soit bienveillant, compatissant, bon, miséricordieux, sobre, chaste, ardent pour tout ce qui est bien, plein de répugnance pour le mal.

Qu'il évite la paresse dans la pratique des vertus, et s'étudie à plaire à Dieu par l'exercice de tout ce qui est bien. Qu'il ne soit ni médisant, ni fornicateur, ni voleur, ni avare, ni adonné au vin, ni gourmand, ni occupé de ces futilités qui ne tendent point à la chose importante. Oui, qu'il évite ces vices, et ceux qui y sont adonnés, de peur que ces vices et ces maux ne souillent son âme. Qu'il aime la justice, qu'il recherche la paix, qu'il chérisse ses parents, qu'il soit plein d'affection pour son prochain. Qu'il accueille avec joie les étrangers, visite les malades ; autant qu'il le peut avec l'aide de Dieu, et en proportion de ses biens, qu'il prélève sur ce qu'il possède de quoi donner aux pauvres avec la plus grande joie, qu'il subvienne aussi avec le plus grand plaisir à tous leurs besoins ; qu'il sache que Dieu le lui rendra, lui qui voit et pèse toutes choses. C'est au sujet des pauvres qu'il a dit : « Tout ce que vous ferez à l'un de ces petits, c'est à moi que vous le faites. » (*Matth.*, XXV, 40.) O mes chers enfants, tendez toujours la main aux pauvres avec joie, avec un cœur content et suivant vos moyens. Si c'est un laboureur qui cultive la terre, de tous ses fruits et de toutes les récoltes que le Seigneur lui envoie, qu'il ne fraude point l'Église sur la dîme qui lui revient, et qu'il n'oublie pas de donner au pauvre de la portion qui lui reste. Si c'est un marchand, dont le commerce soit le travail, s'il ne sert pas Dieu dans son négoce, s'il refuse de donner la dîme ; si, de ce qui lui reste, il ne cherche point à soulager les pauvres, il périra, lui et son argent. S'il est encore d'autres professions dans lesquelles le Seigneur ait inspiré à quelqu'un l'intelligence de faire du gain pour se nourrir et se vêtir, lui et les siens, après avoir payé la dîme, qu'il prenne encore dans ce qui lui reste pour faire avec un cœur

---

sanguinem ejus de manu tua requiram. » (*Ezech.*, III, 18.) In his igitur grandis necessitas est omnibus sacerdotibus, ut viam salutis populo demonstrent, per quam illuc æternam acquirere possint. In primis ipsis explicando quod omnis Christianus scire et in corde suo firmiter tenere debet, quod primum est mandatum Domino dicente : « Diliges Dominum Deum tuum ex toto corde tuo, et ex tota anima tua, et ex tota virtute tua, et ex tota mente tua : deinde proximum sicut te ipsum. » (*Matth.*, XXIII, 37.) Si ista, id est, amorem Dei et timorem, ac proximi dilectionem in corde tuo posueris, et hæc præcepta cum summa reverentia suscipere volueris, tunc ad aliam voluntatem bonam, Deo largiente, facilius poteris pervenire. Promisit enim his qui diligunt eum, resurrectionem post mortem, paradisi delicias, Angelorum consortium, et vitam sempiternam. Unde post hæc nec adversa te molestant, nec infirmitas gravat, nec senectus occupat, nec mors occurrit, sed pax et securitas perpetua, sanitas animarum et corporum gratissima, juventus venustissima, et regni cœlestis vita æterna. Et hæc promissa sunt bona facientibus et de malis se continentibus. Cogitet ergo unusquisque, qualiter ad illam bonitatem pervenire possit. Sit benevolus, pius, benignus, misericors, sobrius, castus, ad omne opus bonum promptus, ad mala tardus. Otia virtutum fugiat, et omni virtutum exercitio Deo pla-

cere studeat. Non sit detractor, non fornicator, non rapax vel avarus, non ebrius, non gulosus, vel in scurrilitate quæ ad rem non pertinet constitutus ; sed et illa et in ipsis positos quasi serpentem fugiat, ne vitiis et malis hujusmodi animam suam inquinet. Diligat justitiam, pacem inquirat, amet parentes, dilectionem habeat ad proximum. Cum gaudio peregrinos suscipiat, infirmos visitet et in quantum valet, Deo adjuvante, ad sibi copiam bonorum temporalium ministrante, ut habeat unde cum summa lætitia pauperibus tribuat, et cum summo gaudio necessitati eorum subveniat ; credat sibi retributorem esse Deum, qui videt et considerat universa : pro quo et dixit : « Quidquid feceritis uni de minoribus istis, mihi fecistis. » (*Matth.*, XXV, 40.) Et, filioli mei, semper cum gaudio et læto animo pauperibus manum porrigite, in quantum prævaletis. Et si aliquis est laborator qui terram colat, de fructibus suis et ex eis omnibus quæ Dominus ei donat, in decima Ecclesiam non defraudet, et de particula sua pauperibus dare non negligat. Si negotiator est, et in hoc laborat, et ipse Deo non servit de suo labore, vel decimam reddere noluerit, et de sua particula pauperibus ministrare non curaverit, ad nihilum ipse una cum pecunia sua redigetur. Et quacumque arte Dominus alicui personæ ingenium lucrandi donaverit, unde se et suos nutrire ac vestire potuerit, et cum hoc superlucrari

gai l'aumône aux pauvres, pour le rachat de son âme et de celles de ses parents. De plus, vivez encore dans la chasteté, dans la sobriété et la piété, afin que les bonnes œuvres que vous faites soient agréables à Dieu. Séculiers, aimez à vous rassembler à l'église, faites aux prêtres votre confession avec un cœur humble et pur, et priez-les de vouloir bien s'adresser à Dieu, afin qu'il vous pardonne vos péchés. Chaque dimanche, vous devez offrir à Dieu votre offrande pour vous et pour les vôtres, autant que votre condition le permet; c'est, en effet, un sacrifice digne de Dieu, et qui lui est bien agréable, que les chrétiens, pour les négligences qu'ils ont commises, se hâtent de l'apaiser par des oblations saintes et par les largesses de l'aumône; comme aussi de vouloir, ainsi que je l'ai dit, se purifier de ses péchés par une confession sincère, par la contrition du cœur, par toute espèce de satisfaction, par une prière pure, par le jeûne et l'abstinence. Vous tous dont la conduite est telle, examinez-vous sérieusement; pourquoi avez-vous été placés dans cette vallée de larmes? pourquoi êtes-vous venus en ce monde? Oui, pourquoi? N'est-ce pas pour que, nés faibles et nus par suite de la faute de nos premiers parents, et jetés dans l'exil de cette vie, au lieu du paradis qui devait être notre partage, nous puissions, en faisant le bien, reconquérir notre patrie. Si donc, par ignorance ou par folie, vous commettez quelque péché contre Dieu, ne différez point de l'effacer par vos bonnes œuvres. Rappelez soigneusement à votre mémoire que si quelqu'un, se trouvant dans une condition normale, vit dans son intérieur dans la paix et la tranquillité comme il convient à un chrétien vertueux, s'il honore ses parents, aime son épouse, et instruit, avec le soin le plus scrupuleux, ses enfants de la foi catholique et de la loi de Dieu, en sorte qu'ils sachent aimer, craindre et honorer Dieu, celui-là mène une vie agréable à Dieu. Par-dessus tout, frères bien-aimés, abstenez-vous des conversations mauvaises, ne dites point de mal de votre prochain; mais si quelqu'un remarque dans son frère quelque défaut, conformément à la doctrine de l'Évangile, qu'il le reprenne et l'avertisse avec charité, et si vous le gaguez c'est vous-même que vous sauverez. Principalement aussi, évitez l'ivrognerie; cette passion amène dans l'âme une grande ruine. De même que le feu dévore rapidement la paille, et la consume pour peu qu'elle soit sèche, ainsi l'ivrognerie détruit le corps, et allume tout à la fois dans l'âme et dans le corps un incendie terrible de péchés, surtout dans les jeunes gens. Le vin et la jeunesse sont deux brasiers; aussi celui qui n'évite pas l'ivresse ne pourra éviter le péché. Quand vous arrivez à l'église, entrez avec le plus grand respect et la crainte la plus profonde, considérant que vous allez paraître devant le Seigneur et le Maître de toutes les créatures, afin de demander là le pardon de toutes vos négligences. Tandis que nous sommes à l'église, offrant au Seigneur nos prières pour nos péchés, étant d'abord justifiés par les œuvres de notre foi, autant qu'il est possible, levons vers Dieu les yeux de notre âme, faisant toujours attention aux consolations qu'il plaira à Dieu de faire descendre sur nous. Les yeux du Seigneur reposent toujours sur les justes, et ses oreilles sont attentives à leurs prières. Si vous observez en tout temps ces avis, et si vous avez toujours Dieu

---

aliqua post decimam, ex ipsa sua particula quæ sibi remanet, pro redemptione animæ suæ ac suorum pauperibus hilariter donet. In his autem omnibus caste, sobrie et pie vivendum est, ut opus bonum quod facitis, Deo acceptabile fiat. Sæculares ad ecclesiam libenter convenite, confessiones vestras humili et puro corde sacerdotibus facite, et illos rogate quod pro peccatis vestris Deum, ut vobis indulgeat, orare dignentur. Oblationes per dies Dominicos pro vobis et vestris secundum status vestri possibilitatem debetis Deo offerre. Dignum namque et acceptabile sacrificium Deo est, ut Christiani quod negligenter egerint, per sacras oblationes et eleemosynarum largitionem placare festinent, et per veram, ut præmittitur, confessionem, cordis contritionem, ac omnimodam satisfactionem, per orationem puram, per jejunium et abstinentiam peccata sua abluere velint. Et vos similiter agentes in omnibus, vosmetipsos considerate, propter quid in hac valle miseriæ, id est, in hoc mundo nati estis. Et cur, nisi ut nuduli primorum parentum peccato exigente, de paradiso in præsens exsilium relegati, bene faciendo ad patriam revertamur. Si igitur per ignorantiam vel per stultitiam contra Deum quidquam peccando egistis, per opera vestra bona id emendare non tardetis; hoc vobis ad memoriam sollicite reducendo, ut si quis legitimatus sit, in domo sua tranquille et pacifice, ut bonum decet Christianum, vivat, parentibus honorem impendat, uxorem diligat, filios catholicam fidem et Dei legem cum summa disciplina instruat, ut Deum diligere, timere et honorare sciant: hoc enim beneplacitum est apud Deum. Super omnia turpiloquia abstinentes, Carissimi, proximis vestris detrahere nolite; sed si alicui aliquid in aliquo displicet, illam Evangelicam sectantes doctrinam, arguite et monete in caritate, et si illum lucrati fueritis, vosmetipsos salvabitis. (*Matth.*, XVIII, 15.) In omnibus ebrietatem cavete. Hæc enim subversio magna est animæ. Sicut enim ignis facile incendit stipulas, at leviter siccas exurit paleas; sic ebrietas corpus corrumpit, animam simul et corpus in grave peccatorum incendium dejicit, et præcipue in juvenibus. Vinum enim et juventus, duplex incendium. Propterea qui ab ebrietate non cavet, peccatum non evadet. Ad ecclesiam quando venitis, cum summa reverentia et timore maximo intrare debetis: considerantes quia ad Dominum et dominatorem universæ creaturæ vaditis, eidem ibidem pro negligentiis vestris veniam deprecaturi. Dum etiam in ecclesia stamus, orationes Domino pro peccatis nostris fundentes, prius tamen operibus fidei, in quantum possibile est, justificati oculos mentis ad Deum levemus, semper intendentes qualiter de supernis a Deo (*a*) consolationibus præbeatur. Oculi enim Domini super justos, et aures ejus in preces eorum. Ista si frequenter feceris, et præ oculis Deum habueris, inimicus fugiet a te. Angelus enim Do-

(*a*) Ms. *consulatium*.

sous les yeux, l'ennemi s'éloignera de vous. Votre bon ange viendra à votre secours, de la part du Seigneur, en voyant la fermeté de votre esprit pour la pratique de toutes ces choses. Considérez que Dieu est bon et miséricordieux, qu'il reçoit avec bonté ceux qui le prient d'un cœur pur; que l'effet de ses promesses n'est pas éloigné, qu'il soulage et guérit ceux dont le cœur est contrit. Vous ne devez pas ignorer non plus, frères bien-aimés, d'après les paroles de Jésus-Christ, nous l'annonçant dans la sainte Ecriture, que la fin de ce monde approche. Chaque jour se produisent les signes qui nous sont annoncés dans l'Evangile, d'après lesquels j'espère que son arrivée est prochaine, et qu'il va bientôt juger le monde entier par le feu. Voici, en effet, venir notre Seigneur et tous ses anges avec lui, les vertus des cieux seront ébranlées. Alors notre Rédempteur, le Roi universel paraîtra assis sur le trône de sa majesté; toutes les nations comparaîtront devant lui, et il en fera la séparation comme le berger fait la séparation des brebis avec les boucs. Les bons, il les placera à sa droite; pour les méchants, il les mettra à gauche. A ceux qui seront placés à sa droite il dira : « Venez les bénis de mon Père, recevez le royaume qui vous a été préparé dès le commencement du monde. J'ai eu faim, et vous m'avez donné à manger ; j'ai eu soif, et vous m'avez donné à boire. J'étais nu, et vous m'avez vêtu ; j'étais malade et en prison, et vous m'avez visité, etc. » Les justes lui répondront, en disant: « Quand, Seigneur, nous avons-vous vu avoir faim et avoir soif, être nu, être malade et dans une prison, et que nous vous avons servi ? » Le Seigneur leur répondra ainsi : « Toutes les fois que vous avez fait ces choses au moindre des miens, c'est à moi que vous l'avez fait. » Puis, se tournant vers ceux qui seront à sa gauche, il leur dira : « Retirez-vous de moi, maudits, allez au feu éternel qui a été préparé pour le démon et pour ses anges. J'ai eu faim, et vous ne m'avez point donné à manger, etc. » Et ainsi pour chaque œuvre : « Et ils iront aux supplices éternels, et les justes dans la vie éternelle. » (*Matth.*, xxv, 34.) Considérez donc, mes chers enfants, la grande bonté de Dieu, avec quelle patience il nous supporte dans nos péchés. Pensons à ce jugement futur, afin qu'il ne nous reproche pas nos péchés. C'est pourquoi, mes bien-aimés, nous devons faire de cela l'objet de notre considération la plus attentive. Pendant que chacun le peut, pendant qu'il a le temps et qu'il tient en ses mains sa récompense, suivant ses moyens, qu'il se rachète lui-même, pour ne pas rester esclave du péché et sous la tyrannie du démon. Et alors vous qui êtes séculiers, après votre pénitence et votre réconciliation opérée, d'après l'avis du prêtre, communiez dans les temps qui sont surtout prescrits par l'Eglise à ce sujet. Cependant, plusieurs jours auparavant, éloignez-vous même de vos épouses, afin que vous puissiez recevoir l'hostie immaculée dans un cœur pur et un corps chaste. Honorez vos prêtres, obéissez-leur pour Dieu ; c'est à eux, en effet, que le Seigneur a dit : « Celui qui vous écoute m'écoute, et celui qui vous méprise me méprise. » (*Luc*, x, 16.) Que les enfants honorent leurs parents, et vous tous, chrétiens, respectez-vous réciproquement. Il est écrit, en effet : « Prévenez-vous l'un l'autre par des égards. » (*Rom.*, xii, 10.) Donnez à manger à ceux qui ont faim, à boire à ceux qui ont soif, recevez les voyageurs et les étrangers, surtout ceux qui sont

---

mini bonus adjutor tibi erit, si mentem tuam firmam in his existere perspexerit. Considera quia pius et misericors est Deus, et puro corde se deprecantes misericorditer recipit, promissiones suas non elongat, et allevat ac sanat eos qui contriti sunt corde. Hoc etiam, Carissimi, latere vos non debet, verbis Christi per Scripturam sacram nobis nuntiantibus, quod istius mundi finis appropinquat, et per quotidiana signa, quæ per Evangelium prædicta sunt et quotidie fiunt, spero in proximo ejus esse adventum, ut per ignem omnem judicet mundum. Ecce enim Dominus veniet, et omnes angeli ejus cum eo, et virtutes cœlorum movebuntur. Tunc sedebit Redemptor noster rex omnium in sede majestatis suæ, et congregabuntur ante eum omnes gentes, et separabit eos ad invicem, sicut pastor segregat oves ab hædis. Qui boni sunt, statuet eos ad dexteram suam, malos vero ad sinistram. Et his qui a dextris ejus erunt, dicet : « Venite benedicti Patris mei, percipite regnum quod vobis paratum est ab origine mundi. Esurivi, et dedistis mihi manducare. Sitivi, et dedistis mihi bibere. Nudus eram, et operuistis me. Infirmus eram, et in carcere, et visitastis me, etc. « Tunc respondebunt justi, dicentes : » Domine, quando te vidimus esurientem, et sitientem, et nudum, et infirmum, vel in carcere, et ministravimus tibi ? » Tunc respondebit illis, dicens : « Quamdiu uni de minimis meis fecistis, mihi fecistis. » His vero qui a sinistris ejus erunt, dicet : « Discedite a me maledicti in ignem æternum, qui præparatus est diabolo et angelis ejus. Esurivi enim, et non dedistis mihi manducare, » et sic de singulis. « Et ibunt hi in supplicium æternum, justi autem in vitam æternam. » (*Matth.*, xxv, 34, etc.) Considerate igitur, filioli, magnum Dei pietatem, quali nos in peccatis nostris suffert patientia. Pensemus judicium illud futurum, ut peccata nostra nobis non improperet. Propterea, Carissimi, hoc nobis in omnibus considerandum est. Dum unusquisque potest, dum tempus habet, dum pretium in manibus tenet, in quantum prævalet redimat se unusquisque, ne debitor peccati ac in servitute diaboli persistat. (1) Et exinde vos seculares post pœnitentiam et reconciliationem actam, secundum sacerdotis concilium communicate temporibus præcipue ab hæc ab Ecclesia ordinatis. Prius tamen aliquot plures dies a propriis etiam uxoribus abstinete, ut mundo corde et casto corpore sanctum sacrificium accipere possitis. Sacerdotibus vestris honorem impendite, eis et propter Deum obedite : ipse namque Dominus ad ipsos dicit : « Qui vos audit, me audit ; et qui vos spernit, me spernit. » (*Luc.*, x, 16.) Filii honorent parentes, similiter et omnes Christiani invicem vos honorate : scriptum namque est : « Honore invicem prævenientes. » (*Rom.*, xii, 10.) Esurientes pascite, sitientibus

---

(1) Quæ sequuntur expressa sunt ex homilia quæ in Ms. German. inscribitur : *ad prædicandum*, cujus initium : Considerare debemus.

pauvres, traitez-les suivant votre pouvoir avec humanité, lavez-leur les pieds; revêtez ceux qui sont nus, venez en aide à ceux qui sont dans la tribulation, consolez ceux qui pleurent, visitez les malades, ensevelissez les morts, allez trouver ceux qui sont en prison, et, autant que le Seigneur vous en aura donné le moyen, aidez-les de vos biens et soulagez-les. Secourez les veuves et les orphelins qui sont dans la tribulation. Secourez aussi les pauvres et tous ceux qu'oppriment des hommes méchants ou des juges iniques, défendez-les autant que vous le pouvez; que vos jugements soient droits, gardez la justice, exercez la miséricorde à l'égard de tous, entretenez la paix parmi vous, et que ceux qui sèmeraient la discorde soient rappelés à l'union. Sachez de mémoire le Symbole et l'Oraison dominicale, enseignez vos fils et vos filles à les savoir aussi. Les enfants que vous avez tenus sur les fonts du baptême, instruisez-les de la foi, et souvenez-vous que vous êtes leur caution devant Dieu. Aussi, instruisez-les sans cesse, châtiez-les sans vous lasser et reprenez-les. A l'égard de tous ceux qui vous sont soumis, comme vous y êtes tenus, avertissez-les de vivre ici-bas dans la sobriété, la chasteté, la piété et la justice. Dites la vérité de cœur et de bouche, gardez la chasteté et la continence. Soyez sobres et tempérants dans le boire et le manger, observez le jeûne, honorez les vieillards, aimez les jeunes gens dans la charité du Christ, soyez patients envers tous, faites du bien à ceux qui vous haïssent. Que la charité et la joie, la patience, la bonté, l'espérance, la charité, la modestie, la douceur, la continence, la chasteté, la sainte dilection habitent toujours dans votre cœur. Que toutes ces vertus inspirent toujours vos pensées, vos paroles et vos œuvres pieuses. Avant toutes choses, gardez l'humilité et pratiquez-la. Mettez toute votre espérance dans le Seigneur. Si vous remarquez en vous quelque bien, ne vous l'attribuez point pour vous donner de vaines louanges, mais rapportez-le à la gloire de Dieu qui vous l'a donné. Au contraire, apercevez-vous en vous quelque mal, sachez que Dieu n'en est point l'auteur, mais qu'il est arrivé par votre faute et par votre négligence. Craignez le jour du jugement; redoutez l'enfer, désirez la vie éternelle; le jour et la nuit, veillez à ce que tout soit saint dans vos pensées, vos actions et vos paroles. Attendez chaque jour votre départ de ce monde, le terme approche tous les jours. Accomplissez les préceptes du Seigneur, et ne désespérez jamais de sa miséricorde. Que personne ne fasse à autrui ce qu'il ne voudrait pas qu'on lui fît. Et si vous voulez que les hommes vous traitent avec bonté, traitez-les ainsi vous-même. Pour la charité, qui est l'amour de Dieu et du prochain, gardez-la envers tous et en toute circonstance. Que personne ne s'illusionne, mes frères, car quiconque après le baptême commet des péchés mortels, s'il tombe dans l'homicide, l'adultère, la fornication, le vol, le faux témoignage, le parjure et autres péchés de cette nature, s'il n'en fait pas une vraie pénitence, s'il ne fait pas une aumône proportionnée et ne persévère pas dans les bonnes œuvres, jamais il n'entrera dans le royaume des cieux, ni ne possédera la gloire éternelle; mais il descendra avec douleur dans le gouffre de l'enfer, « car ceux qui commettent ces choses ne posséderont point le royaume de Dieu. » (*Gal.*, v, 21.) C'est de là qu'il est écrit

potum porrigite, hospites et peregrinos præcipue pauperes suscipite, humanitatem, quam potestis, illis impendite, pedes illorum lavate, vestite nudos, in tribulatione positis subvenite, consolamini dolentes, infirmos visitate, mortuos sepelite, in carcere positos requirite, et de bonis vestris, quantum facultas vobis a Domino concessa suppetit, subvenite, ac eis ministrate: viduas et orphanos in tribulatione positos adjuvate, pauperes et oppressos a pravis hominibus vel de iniquo judicio, in quantum vobis possibile est, adjuvate, seu adjutorium præstate: judicium rectum ac justitiam servate, misericordiam in omnibus facite, pacem in vobis metipsis habete, et eos qui discordes sunt, ad viam concordiæ revocate. Symbolum et orationem Dominicam tenete, filios et filias vestras docete ut ipsi teneant. Filios quos in baptismo recepistis, in fide tradite, et scitote vos pro eis apud Deum fidejussores existere. Et ideo semper docete, indesinenter castigate et corripite illos. Omnes vero subjectos vestros, ut tenemini, admonete, ut sobrie, caste, pie et juste vivant in hoc sæculo. Veritatem corde et ore dicite, castitatem et continentiam servate, sobrietatem et parcitatem cibi et potus habete, jejunium servate, seniores honorate, juniores in Christi amore diligite, patientes estote ad omnes, bene facite his qui oderunt vos. **Caritas** et **gaudium**, patientia, benignitas, bonitas, spes, fides, **modestia**, mansuetudo, continentia, castitas et dilectio sint in corde vestro jugiter. Et hæc in cogitationibus sanctis et eloquiis ac operibus piis conservate. Humilitatem ante omnia custodite et tenete. (1) [Spem vestram totam in Domino ponite. Bonum cum aliquod in vobis inveneritis, non vobis ad laudem vestram inanem, sed Deo ad sui gloriam, qui hoc vobis dedit, adscribite. Malum vero quod in vobis videritis, non Dei causa, sed vestra culpa et negligentiis vestris hoc factum fore sciatis. Diem judicii timete, gehennam expavescite, vitam æternam desiderate, cogitationes et opera simul et verba die noctuque in bonum custodite. Transitum vestrum de hoc mundo qui semper appropinquat omni die sperate. Præcepta Dei adimplete, et de ejus misericordia nunquam desperate.] Quod sibi quis fieri non vult, alii non faciat. Et prout vultis ut faciant vobis homines bona, et vos facite illis similiter. Caritatem autem, quæ est dilectio Dei et proximi, in omnibus et ante omnia servate. Nemo se circumveniat, Fratres: quia omnis homo qui post baptismum mortalia crimina commisit, seu homicidium, adulterium, fornicationem, furtum, falsum testimonium, perjurium; et his similia peccata mortalia perpetratus fuerit, si pœnitentiam veram non egerit, eleemosynam justam non fecerit, et in bonis operibus non permanserit, nunquam in regnum cœlorum intrabit, nec possidebit gloriam æternam, sed cum luctu in infernum descendet. Nam « qui talia agunt, regnum Dei non pos-

(1) Sententia ex Regula Bened., cap. IV, excerpta.

que Dieu ne pardonnera point en quelque sorte à ceux qui pèchent (*Job*, IX, 28), car le pécheur aura à subir les épreuves d'ici-bas et à se laver de ses taches en ce monde, ou bien sa punition sera réservée pour le jugement de l'éternité, en sorte que le mal qui a été fait sera puni dans l'avenir, s'il n'est point puni sur la terre. C'est dans ce sens qu'il est dit que Dieu ne pardonnera point à ceux qui ont péché. Ailleurs, il est écrit que Dieu ne laissera aucun péché impuni, c'est-à-dire sans vengeance, parce que, certainement, ou nous expierons nos péchés ici-bas par la pénitence, ou Dieu les punira en toute justice par la sévérité de son jugement. Sachez bien, d'un autre côté, et croyez très-fermement que tout homme si criminel, si grand pécheur qu'il soit, pourvu qu'il fasse une vraie pénitence, qu'il distribue des aumônes convenables, qu'il persévère dans ses bonnes œuvres, guidé par une vraie dévotion, croyez, dis-je, que cet homme ne goûtera point la mort éternelle, ne tombera jamais dans l'enfer, mais qu'après cette vie il sera porté au ciel par les saints anges et possédera la gloire éternelle. C'est pourquoi Dieu dit : L'homme ne sera pas jugé deux fois sur le même point. L'Apôtre, de son côté, n'ajoute-t-il pas : « Si nous nous jugeons nous-mêmes ici-bas, le Seigneur ne nous jugera point? » (1 *Cor.*, XI, 31) c'est-à-dire que ceux qui, en cette vie, se jugent par une vraie pénitence, au jugement dernier, ne seront point jugés sur les péchés qu'ils ont pleurés, car, s'étant jugés eux-mêmes, ils n'auront plus d'autre jugement à subir. C'est pourquoi il est écrit, dans un autre endroit, que si nous faisons une pénitence parfaite, non-seulement Dieu nous remettra nos fautes, mais, après ces fautes même, il nous promet une récompense. Ainsi, frères bien-aimés, hâtons-nous, tandis que nous vivons, d'améliorer notre vie, et tout le mal que nous avons fait contre les préceptes de Dieu, pleurons-le, cessons désormais de commettre le péché et conservons-nous dans notre bonne volonté, dans la droiture de nos pensées. Parlons et agissons saintement, avec le secours et sous la conduite de Notre-Seigneur Jésus-Christ, qui, étant Dieu, vit et règne dans les siècles des siècles. Ainsi soit-il.

SERMON LXV. — *Exhortation pour l'instruction des hommes en général, pour leur inspirer le désir de la vie céleste et le mépris de la vie terrestre.* — Frères bien-aimés, chacun doit expier ses péchés, autant qu'il peut, avec la grâce de Dieu. Tout chrétien, en effet, doit soupirer après la patrie du ciel et désirer se réunir à Dieu le Père tout-puissant, qui habite dans les cieux, en sorte qu'il puisse dire vraiment : « Notre Père qui êtes aux cieux. » Là où se trouve notre Père des cieux, là est notre patrie du ciel. Tout notre désir doit être d'y arriver ; espérons y parvenir et y demeurer à jamais. Cette vie n'est point la vie du ciel, mais une vie terrestre ; elle n'est point la patrie, mais l'exil ; elle n'est point durable, mais passagère, car chaque jour elle incline vers sa fin. Cette patrie céleste, dans laquelle Dieu habite avec ses saints anges et ses élus, n'aura point de fin. Qu'il est vraiment insensé celui qui ne désire point se rendre près d'un tel Père, habiter une telle patrie, faire partie de cette société des citoyens des cieux? Quel est donc celui qui, emmené en captivité, ne voudrait point revenir dans sa patrie? qui, jeté dans une prison ténébreuse, ne voudrait plus jamais en sortir

sidebunt : » (*Gal.*, V, 21) proinde scriptum est : Nequaquam Deus delinquentibus parcet (*Job*, IX, 28), quoniam peccator aut flagellum temporale habebit, aut purgationem in hoc sæculo faciet, aut puniendus relinquitur æterno judicio, aut quod male admiserit puniendum, punit in hoc sæculo : ac proinde est quod delinquentibus non parcet Deus : et alibi scriptum est : Nulla peccata Deus permittet inulta, hoc est, sine vindicta : quia certe aut nos hic vindicabimus peccata nostra per pœnitentiam, aut illa vindicabit Deus per severitatem judicii et justitiam. Et illud scitote certissime, et firmiter credite, quod omnis homo quamvis seu quantumcumque criminosus fuerit, seu peccator existerit, si veram pœnitentiam egerit, ac justas eleemosynas fecerit, et in bona devotione cum operibus justis permanserit, mortem æternam non gustabit, nec unquam in infernum descendet, sed ab Angelis sanctis post vitam præsentem in cœlum levabitur, et gloriam possidebit æternam : unde Deus dixit : Non judicabitur homo bis in idipsum : et Apostolus ait : « Si hic judicaremus nos, nequaquam a Domino judicaremur : » (1 *Cor.*, XI, 31) hoc est, quod illi qui in hac vita præsenti per veram pœnitentiam judicant, in judicio extremo de his non judicabuntur ; quia sic eorum judicium in hac vita terminatur. Unde et alibi scriptum est, quod si nos perfecte pœnitentiam egerimus, non solum Deus culpas nostras remittit, sed post culpas etiam præmia promittit. Ideoque, Fratres carissimi, vitam nostram in vita præsenti emendare festinemus, et quidquid mali contra præcepta Dei fecimus, defleamus, et ulterius peccare cessemus, ac in voluntate bona, cogitatione recta, et verbis ac operibus sanctis nos conservemus, auxiliante ac gubernante Domino nostro Jesu Christo, qui vivit et regnat Deus in sæcula sæculorum. Amen.

SERMO LXV. — (1) *De exhortatione ad generalem hominum instructionem pro desiderio vitæ cœlestis, et contemptu præsentis.* — Fratres carissimi, unusquisque peccata sua emendare debet, in quantum prævalet Deo auxiliante. Omnis enim homo Christianus desiderare debet patriam cœlestem, et Deum Patrem omnipotentem qui in cœlis habitat, ut dicere mereatur : « Pater noster, qui es in cœlis : » (*Matth.*, VI, 9) ibi videlicet ubi est pater de cœlis, ubi est patria nostra cœlestis, illuc desiderare debemus, ut pervenimus : ibi pervenire speremus, ut et illic permaneamus. Ista namque vita non cœlestis, sed terrena, non patria, sed exsilium, nec perpetua, sed transitoria, quia quotidie ad finem prona. Illa vero patria cœlestis, in qua Deus cum sanctis Angelis et electis suis habitat, finem non habet. Vere igitur stultus est, qui ad talem Patrem talemque patriam ac talem cœlestium civium societatem pervenire non desiderat. Quis est ille, qui in captivitatem ductus ultra ad patriam redire nollet? Quis in carcere tenebroso positus amplius

(1) In Ms. Germ. hanc præfert epigraphen : *Homilia ad instituendos homines.*

et revoir la lumière? qui, après avoir souffert la faim jusqu'à la mort, si la possibilité de manger lui était offerte, refuserait la nourriture? qui, après avoir été tourmenté de la soif, ne se désaltérerait point s'il rencontrait le moyen de le faire? En vérité, mes bien-aimés, ce monde n'est point notre patrie, c'est pour nous la captivité de Babylone, car, embarrassé de tous côtés dans les filets de nos ennemis nombreux et variés, j'entends le monde la chair, et le vieil ennemi du genre humain, la vie présente n'est point la liberté, elle n'est pour nous qu'une prison de péchés. Désirons être arrachés à cette captivité, être délivrés de cette prison. Ne soyons pas comme des esclaves, bornant nos désirs à ces biens de la vie présente, biens si remplis de vanité, et qui n'apportent que trouble et angoisses; mais, comme des enfants de liberté, soupirons après les biens du ciel, qui comblent tous les désirs de ceux qui les possèdent. C'est là l'aliment, c'est là la vie céleste que nous devons demander à notre Créateur et à notre Maître, afin que, dans cette vallée de misères, dans cet exil d'ici-bas, il veuille bien nous garder et nous diriger, pour qu'aidés de sa grâce, nous puissions arriver au port du salut. Ce monde n'a-t-il point quelque ressemblance avec la mer? La mer exhale une odeur désagréable, le monde ne sent-il pas mauvais? Avec la grâce de Dieu, arrachons-nous, il le faut, à cette puanteur. Nous devons, avec la plus grande humilité, prier Dieu, notre Créateur, invoquer tous ses saints, afin que, nous tirant de cette vallée de larmes, il nous fasse les associés des citoyens des cieux. Mettons donc tous nos soins pour arriver au plus tôt là où nous espérons demeurer sans interruption, où il n'y a nulle crainte de la mort, nul danger de la part d'un ennemi. Là, c'est une vie sans fin, une jeunesse qui ne vieillit point, une lumière sans ténèbres, une joie sans tristesse, une volonté sans inconstance, un repos sans travail, une satiété sans dégoût, une clarté sans ombre. La vie d'ici-bas n'est-elle point affreuse et pénible, fragile et ennuyeuse, caduque et misérable, pleine de déceptions et de ruses, et toute remplie de souffrances et de scandales. Nous naissons dans le chagrin, nous vivons dans la peine et nous mourons dans la douleur. Et ce qui est pire et plus regrettable que tout le reste, c'est que quelques-uns sortent de cette vie sans la contrition et la confession, que leurs péchés auraient réclamées; non-seulement la mort temporelle vient s'abattre sur eux, mais ils tombent dans les enfers et meurent de la mort éternelle. Ils ont passé leur vie éloignés de toute pratique de dévotion; pour cela, des tourments sans nombre fondront sur eux, et jamais ils n'arriveront à la vie qui ne passe point. Pendant que le temps leur fut donné, ils n'ont point voulu se réformer, ayant plus d'affection pour la gourmandise que d'attraits pour la sobriété, plus pour la volupté que pour la chasteté, plus enclins aux choses de la terre qu'aux choses du ciel, aimant la créature préférablement au Créateur. L'abstinence mène à la chasteté, la chasteté à la gloire; la fornication, au contraire, aboutit au châtiment. La chasteté élève jusqu'au ciel, la luxure ensevelit dans les enfers. La chasteté unit aux saints anges, la fornication nous unit aux démons. La sobriété est la source des saintes pensées; l'ivresse, au contraire, si elle entend de saintes paroles ne les garde point dans son cœur. Tout homme donc qui aime véritablement son âme, doit non-seulement aimer son corps, en lui donnant sa pâture,

exire nollet, et lucem videre? Quis usque ad mortem famem sustinens, si ei manducandi possibilitas adfuerit, non manducaret? Quis sitim patiens, si facultas bibendi exstiterit, non potaret? Nobis, Carissimi, mundus iste vere non patria, sed captivitas Babylonica est : quia multipliciter diversorum inimicorum nostrorum laqueis irretiti, mundi videlicet, carnis, et generis humani inimici, vita etiam præsens non libertas, sed carcer peccatorum nobis est. De hac igitur captivitate, de hoc tenebrarum carcere eripi laboremus, et non ut servi hunc cibum et potum vanitatis præsentis anxium et laboriosum appetamus, sed ut filii liberi cœlestem desideremus cibum et potum, hunc videlicet qui plena satietas est civium supernorum. Pro hoc cibo, pro hac cœlesti vita creatorem et gubernatorem nostrum rogare debemus et orare, ut in hac valle miseriæ, seu exsilio præsenti nos custodire et gubernare dignetur, ut opitulante illo, ad portum salutis pervenire valeamus. Mundus enim iste similitudinem maris habet. Mare fœtet, similiter et mundus. Ex hoc fœtore, auxiliante Deo, extrahere nos debemus. Oportet namque cum humilitate maxima orare Deum creatorem nostrum, sanctosque suos precari, ut ex valle lacrymarum nos eruens, ipsorum civium supernorum consortes nos efficiat. (1) Illuc enim summo studio properare debemus, ubi sine interruptione manere speramus, ubi nullus timor de morte, nulla dubitatio de hoste. Ibi vita sine fine, juventus sine senectute, lux sine tenebris, gaudium sine tristitia, voluntas sine molestia, requies sine labore, satietas sine fastidio, claritas sine nube. Hæc autem vita horrenda est et laboriosa, fragilis et fastidiosa, caduca ac misera, deceptrix atque dolosa, et ærumnis ac scandalis plena. In luctu nascimur, in labore vivimus, et in dolore morimur. Et quod pejus est, et super omnia magis dolendum, quidam peccatis suis exigentibus non confessi, nec contriti, de hac vita migrantes, non solum temporali morte plectuntur, sed et in infernum deducti morte moriuntur perpetua. Vitam etenim suam, sine omni pietate duxerunt, et ob hoc multa tormenta passuri, nunquam vitam consequentur æternam. Dum enim tempus habuerunt, vitam suam emendare noluerunt, plus gulam amantes quam abstinentiam sectantes, plus luxuriam quam castitatem, magis terrestria quam cœlestia, plus creaturam quam Creatorem diligentes. Abstinentia ducit ad castitatem, castitas perducit ad gloriam, et fornicatio demergit ad pœnam. Castitas ad cœlum sublevat, et luxuria ad infernum profundit. Castitas sanctis Angelis unit, fornicatio autem dæmonibus jungit. Sobrietas cogitationes sanctas instituit, ebrietas vero etiam si audit verba sancta, in corde non suscipit. Oportet ergo unumquem-

(1) V. infra serm. LXVII.

mais surtout il lui faut nourrir son âme, en lui donnant l'aliment qu'elle réclame. Nous voyons que, naturellement, si le corps a faim, il cherche des aliments ; s'il a soif, il demande à boire ; s'il est nu, il a besoin de vêtements ; il réclame le repos après le travail, le sommeil est pour lui un besoin, s'il a été empêché de dormir, et ainsi des autres besoins du corps. Est-ce que l'âme n'éprouve pas aussi tous ces besoins? Les préceptes du Seigneur sont le pain dont elle doit se nourrir, la prière pieuse la désaltère, elle a pour vêtement la vérité et la justice, son repos, c'est l'humilité et l'obéissance. A ce banquet de la société éternelle, beaucoup, il est vrai, sont appelés, mais peu sont élus. (*Matth.*, xxII, 14.) Les uns recueillent trente pour un, d'autres soixante, d'autres enfin cent. (*Matth.*, xIII, 8.) Oh ! qu'elle est heureuse l'âme à laquelle Dieu Notre-Seigneur a daigné accorder une demeure dans le repos éternel ! Et quiconque voudra arriver à cette demeure, qu'on appelle le royaume des cieux, ne doit être ni orgueilleux, ni avare, ni envieux, ni colère, ni gourmand, ni ivrogne, ni ambitieux, ni voluptueux, ni parjure, ni homicide, ni faussaire, ni adultère, et ainsi des autres vices. Mais, si nombreuses que soient les fautes dans lesquelles il est tombé, il ne doit cependant pas désespérer de la miséricorde de Dieu, mais, au contraire, espérer dans cette miséricorde divine, et avoir la confiance de recouvrer son salut par l'amendement de sa vie et la pratique des bonnes œuvres. Qu'il entende volontiers la parole de Dieu, qu'il se rende avec soin à l'église, qu'il fasse très-souvent sa confession au prêtre, et qu'il ait pour tous les hommes une charité que rien n'éteigne. Celui en qui la charité ne se trouvera point, ne pourra entrer dans la vie éternelle. L'homme ici-bas vit bien peu de temps. Tandis que nous en avons le loisir, faisons le bien à l'égard de tout le monde, et préparons les voies du Seigneur par la vertu. C'est maintenant le temps favorable, voici les jours du salut, et le Christ est le salut des hommes. Si nous sommes dans l'obligation d'aimer nos parents et nos amis, combien davantage sommes-nous tenus d'aimer celui qui nous a créés, nous, nos amis, nos parents? Aimons celui qui étend son domaine sur toute créature, c'est-à-dire Dieu. Aimons le prochain comme nous-mêmes, parce que notre prochain, comme nous, a été formé de terre, afin que par là nous méritions la vie éternelle, par le secours de celui qui vit et règne, etc.

Sermon LXVI. — *Nécessité de la pénitence*. — Notre Dieu, plein de tendresse et de miséricorde, frères bien-aimés, nous exhorte à la componction et à la pénitence par ces paroles : « Convertissez-vous à moi de tout votre cœur, dans les jeûnes, dans les pleurs et dans les gémissements; car je ne veux point la mort du pécheur, mais qu'il se convertisse et qu'il vive. » (*Joël*, II, 12.) Dans un autre endroit, le Prophète ne dit-il pas : « Ne tardez point de vous convertir au Seigneur, et ne différez point de jour en jour ? » (*Eccli.*, v, 8.) « Quand, est-il encore dit, vous vous serez converti, en poussant des gémissements, vous serez sauvé. » Revenez donc, mes bien-aimés, au Seigneur votre Dieu, comme des bons serviteurs retournent près de leur maître fidèle. Humilions-nous en présence de Dieu, et pleurons devant Dieu qui nous a créés. N'ayons point de honte de faire pénitence en ce monde et de demander le pardon de nos

---

que verum animæ amatorem non solum corpus nutriendo diligere, sed et animam nutriendo nutrire. Videmus naturaliter quod si corpus esurit, cibum quærit; si sitit, potum appetit; si nudum est, vestimentum desiderat; requiem petit cum laborat, somnum quærit, dum dormire infestat : et sic de cæteris corporis necessitatibus. Anima autem omnibus his indiget. Præceptum Domini panis ejus est, oratio sancta potus ejus, vestis ejus veritas et justitia, requies ejus humilitas et obedientia. In hoc etiam convivio æternæ societatis multi sunt vocati, pauci vero electi. (*Matth.*, xxII, 14.) Alii accipiunt fructum tricesimum, alii sexagesimum, alii vero centesimum. (*Matth.*, xIII, 8.) O quam beata est illa anima, cui Dominus Deus dignatus est concedere mansionem in æterna requie. Et qui hanc mansionem, regnum videlicet cœleste, ingredi voluerit, non debet esse superbus neque avarus, non invidus nec iracundus, non gulosus nec ebriosus, non cupidus nec luxuriosus, non perjurus, non homicida, non falsator neque adulter, et sic de singulis. Quamvis autem infinita mala perpetraverit, de Dei tamen misericordia, desperare non debet sed spem habere debet de Dei misericordia, et fiduciam recuperandi salutem, per vitæ suæ emendationem et bonorum operum exercitationem. Verba Dei debet libenter audire, et ad ecclesiam diligenter convenire, sacerdotibus sæpissime confiteri, omnibus hominibus caritatem firmam tenere. Qui enim caritatem non habuerit, in vitam æternam introire non valebit. Parvo tempore homo vivit in hoc sæculo. Dum igitur tempus habemus, operemur bonum ad omnes, et vias Domini præparemus bonas. Ecce nunc tempus acceptabile, ecce nunc dies salutis. Salus hominum Christus est. Si parentes nostros et amicos diligere debemus, quanto magis istum diligere tenemur, qui et nos et nostros fecit et creavit parentes? Hunc amemus qui universæ dominatur creaturæ, scilicet Deum. Diligamus proximum, sicut et nos : quia de terra, sicut et nos, proximi nostri sunt formati, ut per hoc vitam mereamur æternam, ipso adjuvante qui vivit et regnat, etc.

Sermo LXVI. — (1) *De agenda pœnitentia*. — Pius et misericors Deus, Fratres carissimi, ad compunctionem et pœnitentiam nos hortatur, dicens : « Convertimini ad me in toto corde vestro, in jejunio et fletu et planctu; quia nolo mortem peccatoris, sed ut convertatur et vivat : » (*Joel.*, II, 12) et iterum : « Noli tardare, inquit, Propheta, converti ad Dominum, et ne differas de die in diem : » et iterum : « Cum conversus ingemueris, salvus eris. » (*Eccli.*, v, 8.) Convertimini igitur, Carissimi, ad Dominum Deum nostrum, tanquam boni servi ad fidelem Dominum. Humiliemus nos in conspectu Dei, et ploremus ante Deum qui fecit nos. Non dedignemur in hoc sæculo agere pœnitentiam, et

---

(1) In Ms. Germ. *homilia S. Augustini* nuncupatur. Auctor imitatus est Cæsarium Arelat.

péchés, afin de pouvoir éviter les peines de l'enfer et arriver aux joies éternelles. Corrigeons-nous par le jeûne, par les veilles et les autres œuvres de piété, sachant que Dieu ne méprise jamais le cœur contrit et humilié. (*Ps.* L, 24.) L'Apôtre, pour nous le prouver, a dit : « Je châtie mon corps et je le réduis en servitude. » (I *Cor.*, IX, 27.) Si nous nous occupons de notre corps, travaillons aussi pour notre âme dont la dignité est bien plus grande; si nous avons tant de sollicitude pour rassasier notre misérable chair, que les vers dans quelques années dévoreront dans le sépulcre, combien plus devons-nous ne point mépriser l'âme, qui doit être présentée à Dieu et à ses anges dans le ciel? Songez bien, frères bien-aimés, que l'abondance de la nourriture excite la luxure : quand la chair est traitée avec une si grande délicatesse, et que l'âme s'amollit dans une telle abondance, c'est une pâture qu'on prépare aux vers dans cette chair engraissée. Je vous en prie encore, mes frères, chaque fois que vous passez près du tombeau d'un riche, considérez attentivement où sont ses richesses et ses parures, demandez-vous ce qu'est devenue sa gloire, la pompe qu'il étalait, où sont ses plaisirs, ses voluptés, les spectacles qu'il donnait. Pesez attentivement, voyez et connaissez ce qu'il en reste : de la poussière, de la puanteur et des vers. O homme, regarde donc les sépulcres des morts, et parle-toi à toi-même, tu pourras certainement te tenir ce langage : De ce malheureux qu'on a mis dans cette fosse, que reste-t-il en ce moment? rien autre chose que des ossements et de la poussière. Et vraiment si tu veux bien écouter ces ossements arides, ne te tiendront-ils pas cet éloquent langage, ne te diront-ils pas : Malheureux! quelle peine tu prends pour satisfaire ta passion en ce monde! Pourquoi donc abaisser ta tête malheureuse sous le joug de l'orgueil et de la volupté? Pourquoi tant d'efforts pour le service des maîtres les plus cruels, c'est-à-dire les vices et les crimes? Regarde-moi bien et comprends; considère-moi, et, certainement, comme ce n'est que trop juste, ta volupté ou ton avarice te feront horreur. Ce que tu es, je l'ai été ; ce que je suis maintenant, tu le seras aussi. Si la vanité m'a toujours dominé, que l'iniquité ne te consume point; si je me suis souillé par la luxure, que la chasteté soit ton ornement; regarde ma poussière et abandonne tes mauvais désirs, etc. Ainsi faisons tout notre possible, avec le secours de Dieu, pour que les plaies d'autrui nous servent de remèdes, pour que la mort des autres nous apporte la vie ; et nous pouvons très-bien arriver à cette fin, si nous avons plus de soucis pour notre âme que pour notre corps, en sorte que, quand notre chair aura été déposée dans le tombeau, notre âme, ornée de toute sorte de bonnes œuvres, s'élève dans les cieux. O mon âme, si jamais la beauté d'une femme étrangère vient à te séduire, ou bien la concupiscence de la chair qui est ta ruine, sache que le corps et l'âme seront également punis. Car, quand notre chair sera réduite en pourriture dans le tombeau, notre âme sera plongée dans le gouffre au milieu d'affreux tourments. Voilà par quels enseignements les ossements et les restes des morts nous rappellent chaque jour au Seigneur. Je le dis, et c'est la vérité, frères bien-aimés, tout voluptueux, tout négligent qui accueillera avec de véritables sentiments de crainte les paroles que je viens de dire, qui aussitôt aura recours au remède de la pénitence, et qui quittera cette vie après de dignes fruits de repentir, ce-

peccatorum nostrum precari veniam, ut infernalem evadere possimus pœnam, ac ad æternam pervenire lætitiam. Emendemus ergo nos in jejuniis et vigiliis et cæteris operibus piis, scientes quod cor contritum et humiliatum Deus non spernit (*Psal.* L, 24) : sic enim ait Apostolus : « Castigo corpus meum, et in servitutem redigo. » (I *Cor.*, IX, 27.) Si pro carne nostra laboramus, laboremus etiam pro anima nostra, quæ dignior est. Si curam habemus pro satietate miseræ carnis nostræ, quam post paucos annos vermes devorabunt in sepulcro ; quanto magis despicere non debemus animam, quæ Deo et Angelis ejus præsentatur in cœlo? Cogitate, Fratres carissimi, quia abundantia pabuli luxuriam administrat; cum caro in tam copiosis deliciis satiatur, et mens tantis mulcetur divitiis, in pinguedine carnium providetur esca vermium. Iterum rogo vos, Fratres, quotiens juxta sepulturam divitum transitis, ut diligenter inspiciatis ubi sint eorum divitiæ vel ornamenta, ubi gloria, ubi vanitas, ubi luxuriæ, ubi voluptas, vel ubi eorum sunt spectacula. Considerate diligenter et videte et agnoscite, quia nihil aliud in eis est, nisi cinis et fœtor et vermis. O homo, vide sepulcra mortuorum, et dic tibi tu ipse, et loquens tecum dicere potes : Ecce nunc ex illo misero qui hic depositus fuit, nihil aliud nisi ossa et pulvis evenit. Et vere, homo si ipsa ossa arida audire volueris, tibi prædicare poterunt et dicere : O miser, quantum pro cupiditate hujus sæculi discurris, aut quid superbiæ vel luxuriæ infelicia colla submittis? ut quid te applicasti ad serviendum crudelissimis dominis, vitiis videlicet et criminibus? Attende ad me, et intellige ; considera me, et vel sic tibi horreat luxuria tua vel avaritia tua. Hoc quod tu es, ego fui : et quod ego sum modo, tu eris postea. Si in me permansit vanitas, te non consumat iniquitas ; si me luxuria polluit, te exornet castitas ; vide pulverem meum, et relinque desiderium tuum malum, etc. Ideo quantum possumus, auxiliante Deo, laboremus, ut aliorum vulnera nobis conferant medicamenta, et aliorum mors ad vitam nobis proficiat : et hoc optime fieri potest, si plus crimus solliciti pro anima quam pro corpore : ut cum caro nostra fuerit in sepulcro posita, anima nostra bonis operibus in cœlos elevetur ornata. O anima, si nos deceperit pulchritudo alienæ mulieris, aut concupiscentia carnis, quæ est ruina animæ, scito quod corpus simul cum anima pœnas habebunt. Nam cum caro nostra putruerit in sepulcro, anima nostra torquenda mergetur in inferni barathro. Ecce quales prædicationes ossa et cineres mortuorum quotidie proclamant ad Dominum. Vere dico, Fratres carissimi, quicumque luxuriosus vel negligens ea quæ dico cum magno timore suscipere voluerit, et cito ad medicamenta pœnitentiæ confugerit, et in pœnitentia ex hac vita migraverit, paradisi gaudia possidebit. Quam si non egerit,

lui-là possédera les joies du paradis. Mais, s'il ne fait point pénitence, et qu'une mort subite le surprenne, il n'y a plus de remède, des châtiments sans fin seront son partage. Pour nous, frères bien-aimés, autant qu'il nous est possible, avec la grâce de Dieu, combattons courageusement contre les concupiscences de la chair, triomphons des voluptés de ce monde, et nous mériterons de la sorte d'obtenir la récompense de l'éternité pour les siècles des siècles. Ainsi soit-il.

SERMON LXVII. — *Fuite de la vanité et acquisition des vertus.* — Frères bien-aimés, c'est pour nous une nécessité d'avoir l'humilité, d'observer les préceptes divins, de garder la charité, de suivre la vérité et de fuir la vanité. La vérité nous purifie, la vanité nous souille. Le Christ est vérité, suivant ses propres paroles. « Je suis la voie, la vérité, la vie; » (*Jean*, XIX, 6) la voie droite, la lumière véritable, la vie qui ne finira point. Les enfants de Dieu sont véridiques, les enfants du démon sont menteurs. Chacun est l'enfant de celui dont il fait les œuvres. Ceux qui suivent Dieu, sont toujours dans la lumière : pour ceux qui imitent le démon, ceux-là marchent dans les ténèbres et n'auront jamais la lumière. O mes enfants bien-aimés, qu'il est mauvais et criminel d'abandonner la lumière pour suivre les ténèbres; de fuir la vie pour courir à la mort ; de quitter la vérité pour embrasser le mensonge ; de mettre ses délices dans la vaine gloire et de mépriser les biens éternels ; de nous complaire dans les douleurs et les peines de cette vie, et de perdre de gaieté de cœur la joie et le repos de l'éternité. L'Ecriture nous dit : Ne recherchez point la gloire et vous ne serez point confondu, si la gloire vient vous trouver. Bienheureux ceux dont les regards sont spirituels, ils contemplent les choses du ciel et dédaignent celles de la terre. Toute leur sollicitude est de quitter au plus tôt cette vie misérable, fragile et courte, pour jouir de ce bienheureux repos des saints qui ne finira jamais : ils se hâtent d'aller là où ils espèrent demeurer toujours, où on ne rencontre ni la crainte de la mort, ni l'effroi d'un ennemi. Là on jouit d'une vie que la mort ne termine pas, d'une jeunesse qui ne craint point la vieillesse, d'une lumière sans ténèbres, d'une joie sans tristesse, d'une volonté sans faiblesse, d'un royaume sans révolution, d'un repos sans fatigue, d'une satiété sans dégoût, d'une clarté sans ombre. Là c'est la vie des anges, vie toujours joyeuse. La joie de ce monde, encore que par fois elle nous semble véritable, se change le plus souvent en une véritable tristesse. Le royaume de Dieu est sans fin. La vie de ce monde nous doit être un objet de dégoût, celle du ciel doit exciter notre amour et nos désirs. La vie présente est malheureuse, elle est caduque, bien plus elle est incertaine, trompeuse et jamais satisfaite. Nous naissons dans la peine et le chagrin, notre vie s'écoule dans la misère et l'angoisse. Nous vivons dans la souffrance, nous mourons dans la douleur, et à la fin, ce qui est encore bien plus regrettable, si nous partons sans avoir fait pénitence, des châtiments éternels seront notre partage. Car qu'ils n'espèrent jamais obtenir leur pardon, puisque dans le temps qu'ils le pouvaient ils n'ont point fait pénitence. Il est certain que ceux qui ne connaissent pas les préceptes du Christ, ou qui les connaissant, ne les observent point, qui n'ont que

et mors repentina eum prævenerit, sine ullo remedio æternæ pœnæ cruciatus habebit. Nos igitur, dilectissimi Fratres, quantum possumus cum Dei adjutorio, contra carnales concupiscentias viriliter pugnemus : ut devictis hujus sæculi voluptatibus æternum præmium consequi mereamur per infinita sæcula sæculorum. Amen.

SERMO LXVII. — (1) *De fuga vanitatis et virtutum adeptione.* — Dilectissimi fratres, oportet humilitatem nos habere, præcepta Dei custodire, caritatem tenere, veritatem sequi, et fugere vanitatem. (*a*) Veritas enim mundat, vanitas coinquinat. Veritas Christus est, sicut ipse dicit : « Ego sum via, veritas et vita. » (*Joan.*, XIV, 6.) Via recta, lux vera, et vita perpetua. Veraces filii Dei sunt, mendaces vero filii diaboli. Unusquisque enim cujus opera agit, ejus filius appellatur. Qui sequuntur Deum, semper in luce sunt : qui autem imitantur diabolum, in tenebris ambulant, et lucem nunquam habebunt. O dilectissimi filii, quam malum et quam perversum est, dimittere lucem, et sequi tenebras ; fugere vitam, et appropinquare morti ; dimittere veritatem, et sequi mendacium ; delectari in vana gloria et spernere sempiterna ; jucundari in præsenti dolore et pœna, et amittere lætitiam et quietem sempiternam ! (*b*) Scriptura enim dicit : Non quæras gloriam, et non confunderis, cum gloriosus fueris. Beati illi qui oculos habent spiritales, et contemplantur cœlestia, et respuunt terrena. Ex hac enim fragili, misera et brevi vita festinant ad illam beatam requiem sanctorum, quæ nunquam finietur : (2) illuc festinant, ubi semper permanere sperant, ubi non est timor de morte, nec pavor de hoste. Ibi est vita sine morte, juventus sine senectutis exspectatione, lux sine tenebris, gaudium absque tristitia, voluntas absque injuria, regnum sine commutatione, requies sine labore, satietas sine fastidio, et claritas sine nube. Ibi est vita angelica semper læta. Lætitia hujus sæculi licet sæpe gaudium esse videatur, sæpissime tamen in tristitiam vertitur. Regnum Dei non habet finem. Vita hujus sæculi horrenda est; illa vero amanda atque desideranda. Hæc enim præsens vita misera et caduca est, imo incerta, deceptrix et insatiabilis. In pœna et luctu nascimur, in miseria et angustia nutrimur : in labore vivimus, in dolore morimur, et in fine, quod magis dolendum est, si impœnitentes discedimus, perpetua tormenta patiemur. Nam veniam postmodum non consequentur, qui dum tempus hic habuerint, pœnitentiam condignam non egerint. Nam qui præcepta Christi non habent, vel etiam habentes non servant, et promissa cœlestia despiciunt, qui plus amant gulam quam absti-

(1) Ms. Germ. inscriptio : *Homilia ad prædicandum.* — (2) Sic supra Ser. LXV.
(*a*) Ms. Germ. *Beatus Augustinus dixit, veritas mundat*, etc. — (*b*) Idem cod. Hyeronimus dicit : « Non quæras gloriam, et non contristeris cum inglorius fueris, » etc.

du mépris pour les promesses célestes, qui préfèrent la gourmandise à l'abstinence, qui recherchent plus les plaisirs que la chasteté, tous ceux-là sans aucun doute ne posséderont pas le royaume des cieux. La fornication condamne une âme au châtiment, la chasteté élève un mortel à la gloire. La chasteté prépare un chemin pour le ciel, la volupté fait qu'on se précipite en enfer. La chasteté associe un homme sujet à la mort aux saints et aux anges dont la vie est immortelle, la fornication jette dans la société de Satan et de ses démons. Un pourceau engraissé se roule dans un bourbier, et si vous venez à jeter devant lui des pierres précieuses, sans les voir il les ensevelira dans la boue. C'est ainsi que l'homme ivre, gorgé de vin et appesanti par ses fumées, rassasié de nourriture, s'abandonne à toutes les voluptés, et se plongeant dans l'ignominie des vices, il n'a jamais à la bouche les paroles de l'Ecriture sainte et ne les reçoit point dans son cœur. Qu'il lui est doux de se livrer à l'impureté, mais qu'il lui est amer de garder la chasteté ! Ce malheureux marche dans l'orgueil et la superbe et désire paraître meilleur que les autres en ce monde, bien que devant Dieu, il soit exécrable. Il se croit bien plus élevé que les autres, quoiqu'il soit le dernier de tous, et dans le moment où il se croit plus solide et plus ferme, il tombe dans le gouffre et se précipite dans les abîmes éternels. Puissiez-vous en être délivrés par le Dieu tout-puissant qui vit et règne sans fin. Ainsi soit-il.

Sermon LXVIII. — *Comment il faut remédier aux vices par les vertus ; malheur de l'enfer.* — Mes frères, il nous faut craindre extrêmement pour trois motifs : à cause de la gourmandise, de l'avarice et de l'orgueil, c'est par ces trois appats que le démon trompa Adam, notre père, en disant : « Aussitôt que vous mangerez de ce fruit, vos yeux s'ouvriront, et vous serez comme des dieux. » (*Gen.*, III, 5.) Pour nous, retenons bien dans notre esprit et craignous ces trois piéges si funestes, pour ne pas être comme Adam chassés tout nus du paradis. A la gourmandise, à cette insatiable avidité des sens, opposons l'abstinence ; à la cupidité et à l'avarice, opposons la pauvreté de l'esprit et les largesses de l'aumône ; à l'orgueil et aux désirs de grandeurs, opposons la vraie humilité et la soumission en tout, sachant bien que nous avons les anges de Dieu pour gardiens. Le Sauveur lui-même ne nous dit-il pas : « En vérité je vous le dis, leurs anges voient sans cesse la face de mon Père qui est dans les cieux. » (*Matth.*, XVIII, 10.) Car nous pouvons croire en toute certitude que toutes les actions que nous faisons le jour comme la nuit, bonnes ou mauvaises sont portées par eux sous les regards de Dieu. Notre bon ange nous exhorte au bien par ses conseils, en sorte que, quand nous faisons quelque chose de bien, nous sommes assurés qu'il est à notre droite. Mais si nous avons quelque mauvaise pensée, ou si nous faisons quelqu'action mauvaise, petite ou grande, personne ne doute qu'un mauvais ange ne nous inspire, et qu'il ne soit près de nous pour se moquer et se réjouir, pendant que notre bon ange est dans la tristesse et la douleur. Aussi, lorsque nous nous laissons entraîner à des conversations inutiles, ou que nous faisons quelque mal, c'est par la suggestion du démon. Si, au contraire, nous gémissons, si nous soupirons pour nos péchés, si nous nous adonnons aux œuvres de vertus, c'est certainement un saint ange de Dieu qui nous dirige et nous conseille. De ces trois sources du mal, dont j'ai parlé plus haut, et dont le démon s'est

nentiam, magis luxuriam quam castitatem sectantur, absque dubio regnum Dei non possidebunt. Fornicatio urget animam ad pœnam, castitas levat mortalem ad gloriam. Castitas erigit iter ad cœlum, luxuria facit ruere in infernum. Castitas jungit hominem moribundum sanctis et Angelis perpetualibus, fornicatio sociat satanæ et dæmonibus. Porcus crassus se volvit in volutabro : et si porco margaritas ante ipsum posueris, non advertens conculcabit in luto. Sic et homo ebriosus, vino repletus ac crapulosus, ferculis satiatus, diversis in luxuriis se proruit, et in stercore vitiorum se volutans, verba sanctæ Scripturæ nec ore profert, nec corde suscipit. Dulce illi est fornicari, et continentiam servare amarum. Ille miser ambulat elatus et superbus, et cupit esse melior quam cæteri in hoc sæculo, cum tamen apud Deum deterior sit. Altiorem se cæteris existimat, etiamsi omnium inferior exsistat. Et sic dum melius et firmius se stare putat, in præcipitium cadit, et in æternum barathrum vadit. Ex quo omnipotens Deus vos eripiat, qui sine fine vivit et regnat. Amen.

Sermo LXVIII. — *Quomodo per virtutes obviandum sit vitiis : et de miseria infernali.* — Fratres, satis timere nos oportet propter tres causas, hoc est, gulam, cupiditatem, et superbiam : quia diabolus istis tribus circumvenit patrem nostrum Adam, dicens : « In quacumque die comederitis ex hoc fructu, aperientur oculi vestri, et eritis sicut dii. » (*Gen.*, III, 5.) Nos autem teneamus mente, et timeamus istas tres causas pessimas, ne ut Adam nuduli expellamur de paradiso. Contra gulam et ingluviem ventris, abstinentiam, contra cupiditatem et avaritiam, paupertatem spiritus et eleemosynarum largitionem, contra superbiam et elationem, veram humilitatem et omnimodam subjectionem exercentes : hæc scientes quia Angelos Dei custodes habemus, sicut ipse Salvator ait : « Amen dico vobis : Angeli eorum semper vident faciem Patris mei qui in cœlis est. » (*Matth.*, XVIII, 10.) Quapropter certe credere possumus, quia omnia opera nostra quæ operamur die ac nocte, sive bona sive mala, ab ipsis in conspectu Dei nuntiata erunt. Nam Angelus bonus hortatur nos consilio boni, (*adde*, operis) quia cum aliquid boni agimus, ipsum a dextris nostris esse credamus. Cum vero malum aliquid cogitamus, aut facimus sive parvum, sive magnum, hoc nulli dubium quin malignum angelum hortatorem habeamus, qui super hoc nos gaudens irridet, cum Angelus sanctus tristatur et dolet. Et ideo cum verba otiosa dicimus, aut quidquam mali facimus, diabolicum consilium est. Cum autem ingemiscimus, et pro peccatis nostris suspiramus, aut opera virtutum facimus, tunc Angelum Dei sanctum administratorem et consiliatorem habemus. Nam de illis

servi pour Adam, afin de lui inspirer de mauvais desseins, gardons-nous avec le plus grand soin. Ces trois vices, la gourmandise, la cupidité et l'orgueil, sont la source de maux innombrables et infinis. En effet, ces racines mauvaises et principales de nos vices n'occasionnent-elles pas le sacrilége, l'homicide, la fornication, le vol, l'avarice, la volupté, le faux témoignage, la colère, la discorde, le parjure et autres péchés semblables? Pour nous, frères bien-aimés, mettons donc la véritable humilité à la place de l'orgueil et de la superbe, l'abstinence à la place de la gourmandise, l'aumône au lieu de l'avarice, la pénitence véritable au lieu du sacrilége, l'amour de Dieu et du prochain à la place de l'homicide, la générosité au lieu du vol, la charité au lieu de l'avarice, la chasteté à la place de la luxure, la vérité dans le cœur et sur les lèvres pour remplacer le mensonge, l'esprit de paix pour opposer à la colère; enfin, comme contraire à la discorde, la concorde et le lien indissoluble de la paix; et contre le parjure, la crainte du Seigneur. Mais, pardessus tout, ayez une espérance ferme, une foi droite, la charité parfaite. Opposant ainsi aux vices les vertus, guérissant les contraires par ceux qui leur sont opposés, vivons devant Dieu et devant les hommes dans la droiture et la justice. Ce sont là les armes des anges, la cuirasse et l'arc des vertus, le bouclier impénétrable de la foi et le casque du salut. Celui qui, avec une foi inébranlable, portera toujours ces armes, aucun démon ne pourra jamais lui nuire. O mes frères bien-aimés, armons-nous, il le faut, contre un ennemi si méchant, contre ce persécuteur acharné du genre humain, afin que nous puissions en triompher avec courage; sans cesse comme un voleur, il est toujours prêt à nous dérober nos bonnes œuvres, en nous suggérant ses mauvais desseins. Assurément beaucoup sont trompés par les ruses du démon, et s'endorment dans une fausse sécurité. Ils disent, en effet : Je suis jeune, pendant que j'ai le temps et que je suis dans la fleur de la jeunesse, je veux jouir du monde; quand je serai parvenu à la vieillesse et que je ne pourrai plus me livrer aux plaisirs que je souhaite, alors je m'en priverai et je ferai pénitence. Et ce malheureux ne songe pas qu'il n'a rien d'assuré, pas même une heure, pas même un instant, et que sa vie n'est point en son pouvoir. Allons, mes frères bien-aimés, ne vous laissez ni tromper, ni séduire par cette détestable sécurité; faut-il l'appeler une sécurité, ne devrait-on pas plutôt la nommer un péril. Aussi, que l'instant de notre mort ne sorte point de notre mémoire, demeurons toujours dans la crainte du Seigneur; faisons pénitence, car notre passage, je veux dire notre vie en ce monde, est court, et la misérable puissance dont on jouit dans ce monde du temps est caduque et fragile. Répondez-moi : Où sont les empereurs et les rois? où sont les généraux, les princes et les barons? Qu'est devenu leur or, leur argent et leurs riches vêtements? N'est-il pas écrit : « Les puissants endureront des tourments en proportion de leur puissance. » (*Sag.*, VI, 7.) Maudite soit cette demeure obscure; maudite cette fosse qui vous glace d'effroi, maudite cette caverne si ténébreuse, si profonde et si sombre. Comparons, frères bien-aimés, et voyons quelle différence entre une consolation si mince et un malheur si long; entre une joie si courte et une aussi longue tristesse; entre une lumière si faible et des ténèbres si profondes; entre un gain si petit et un dommage

---

tribus causis, quas superius diximus, et quas diabolus in Adam subministravit per instinctionem mali consilii, solerti custodia nos caveamus. Istae enim tres, gula videlicet, cupiditas et superbia, multa et infinita generant mala. Occasionantur namque hae malae et principales vitiorum radices, sacrilegium, homicidium, fornicationem, furtum, avaritiam, luxuriam, falsum testimonium, iram, discordiam, perjurium, et his similia. Nos igitur, Fratres carissimi, ponamus contra superbiam et elationem veram humilitatem, contra gulam abstinentiam, contra cupiditatem eleemosynam, contra sacrilegium perfectam pœnitentiam, contra homicidium Dei et proximi dilectionem, contra furtum benignitatem, contra avaritiam castitatem, contra luxuriam castitatem, contra falsum testimonium veritatem cordis et oris, contra iram (*a*) pacem, contra discordiam veram concordiam et vinculum pacis firmum contra perjurium timorem Domini : et super omnibus spem firmam, fidem rectam, caritatem perfectam. Taliter per virtutes vitiis obviando, et contraria contrariis curando, coram Deo et hominibus cum justitia et aequitate vivamus. Ista enim sunt arma angelica, lorica et arcus virtutum, scutum fidei firmissimum, et galea salutis. Qui haec arma in fide non haesitans secum portaverit, nullus ei diabolus nocere poterit. O Fratres carissimi, contra possimum hostem, id est, immitissimum generis humani inimicum tantum nos armare debemus, ut ipsum viriliter superare valeamus, qui semper paratus est velut latro ad furandum, opera nostra bona, consilia mala subministrando. Certe multi audacia diabolica decipiuntur, et securitate propria, quam sibi fingunt, decipiuntur. Dicunt enim : Juvenis sum, dum est mihi tempus, et interim quod floret in me juventus fruar mundo; cum ad senectutem venero, et amplius quae volo exercere nequivero, tunc pœnitentiam agens abstinebo. Et non cogitat ille miser, quod non habet certum unius horae vel momenti spatium, seu etiam potestatem de vita sua. Eia carissimi Fratres, non vos decipiat aut seducat ista pessima securitas : quae non securitas, sed potius periculum dici potest. Proinde diem mortis semper in memoria habeamus, semper in timore Domini stantes, pœnitentiam agamus, quia transitus noster, vita videlicet hujus saeculi, brevis est, et caduca ac fragilis ista misera praesentis mundi temporalis potentia. Dic ubi imperatores et reges, ubi duces, principes (*b*) aut barones, ubi aurum et argentum ac ornamenta eorum? Scriptum est : « Potentes potenter tormenta patientur. » (*Sap.*, VI, 7.) Vae tam obscurae mausioni, vae tam languidae foveae, vae tam tenebrosae, tam profundae et opacae cavernae. Pensemus, Carissimi, quomodo de tam parva consolatione, tam longa calamitas; de tam brevi laetitia, tam longa tristitia;

(*a*) Ms. Germ. *patientiam veram*. — (*b*) Ms. Germ. omitt. *barones*.

si grave ; entre une sécurité si trompeuse et un péril si réel ; entre une puissance temporelle d'aussi courte durée, et des tourments qui ne finiront jamais ; entre une joie si éphémère, et des larmes si durables et cependant si amères ; entre les pompes de ce monde si pleines de vanité et les cruelles peines de l'enfer. De ces peines, le père n'en délivrera point le fils ; pour elles le fils ne se fera point caution pour le père, et là on ne rencontre ni ami pour son rachat, ni frère qui vienne à votre secours. Ceux qui y sont tombés, appellent la mort, mais la mort ne leur répondra point. On y fait tardivement une pénitence bien dure, sans que celui qui la fait en éprouve aucun soulagement. Là, plus de vie, mais un séjour pénible et une mort éternelle ; là, un feu plein de ténèbres et une demeure horrible ; là, les flammes de l'enfer et des flammes inextinguibles ; là, d'immenses tourments et des soupirs profonds ; là, des gémissements plein de deuil et une défaillance perpétuelle ; là, habiteront les malheureux avec les malheureux, les superbes avec les superbes, les homicides avec les homicides, les adultères avec les adultères, les avares avec les avares, les voleurs avec les injustes, les prélats hypocrites avec les sujets mauvais, les religieux dissolus avec des compagnons dissolus et des compagnes voluptueuses, et ainsi des autres. Tous y seront tourmentés d'une façon effrayante à décrire, et les souffrances de leur infernale prison seront sans fin. Que le Dieu tout-puissant nous accorde de nous corriger de nos vices pour échapper à ces supplices, lui qui vit et règne dans les siècles des siècles. Ainsi soit-il.

SERMON LXIX. — *Exhortation à la prière.* — Frères bien-aimés, lorsque vous voulez prier, ou pleurer vos péchés, fermez sur vous votre porte et priez le Seigneur, votre Dieu de tout votre cœur. Le Seigneur alors jettera ses regards sur vous, il vous sera propice et favorable, comme fait une bonne mère à l'égard de son enfant lorsqu'elle le voit dans la douleur et dans les larmes. Gravez, frères bien-aimés ces paroles dans votre cœur et comprenez-les. Et si quelques-uns ne les comprennent pas, qu'ils interrogent ceux dont le sens est plus juste et plus raisonnable. Faites l'acquisition, mes bien-aimés, du trésor céleste, reléguant bien loin les vanités de ce monde. Qu'un exemple horrible vous fasse réfléchir et vous jette dans la consternation : c'est ce qu'un homme juste, dans un moment d'extase, vit et entendit au sujet d'une âme qui quittait la vie en Égypte, ce sont les reproches qu'elle adressait à son corps. Cet homme, de l'âme duquel nous venons de parler, avait un corps rempli d'embonpoint et possédait plusieurs qualités extérieures. Avec un corps si gras et une telle abondance de biens, il ne pensait à rien autre chose qu'à faire tout le mal qu'il pouvait, et sans s'inquiéter en rien du salut de son âme, il vécut plongé dans toute espèce de péchés. Il arriva qu'à la suite d'une grave infirmité, il vit la mort s'approcher. Alors son âme frappant à la porte de son corps, fortement ébranlée par la crainte et le chagrin ne quittait ce corps qu'avec une extrême difficulté, car elle voyait devant elle les démons tout préparés, se disant entre eux en chuchottant : Comme elle tarde ! Pourquoi donc ? D'où viennent tant de délais ? Hâtons-nous, peut-être que Michel avec ses anges vont nous chasser et nous enlever cette âme que nous avons te-

de tam modica luce, tam magnæ tenebræ ; de tam exiguo lucro, tam grave damnum ; de tam vana securitate, tam forte periculum ; de tam parva potentia hujus temporis, tam longa tormenta sine fine mansura : de tam brevi jucunditate, tam longæ et tamen amaræ lacrymæ ; de tam inani hujus mundi pompa, dira gehennalis provenit pœna : de qua non liberabit pater filium ; nec pro patre filius fidejubebit, ubi non reperitur amicus qui redimat, nec frater qui succurrat. Ubi qui ibi sunt, mori quærunt, sed mortem impetrare nequeunt. Ubi amara pœnitentia tarde agitur, nec ob hoc sic pœnitens adjuvatur. Ibi nulla vita, sed mansio dura et mors æterna, ibi tenebrosus ignis et locus horribilis, ibi flamma gehennalis et inextinguibilis, ibi immensa tormenta et suspiria valida, ibi luctuosi gemitus et languor longus, ibi miseri cum miseris, superbi cum superbis, homicidæ cum homicidis, adulteri cum adulteris, avari cum avaris, fures cum iniquis, falsi prælati cum falsis subditis, dissoluti religiosi cum dissolutis sociis et sociabus lascivis, et sic de singulis. Qui omnes simul inenarrabiliter cruciabuntur, et infernali carcere sine fine torquentur. De quo nos vitiis emendatos omnipotens Deus eripere dignetur, qui vivit et regnat in sæcula sæculorum. Amen.

SERMO LXIX. — (1) *De exhortatione ad orandum, cum exemplo cujusdam defuncti in Ægypto. Et de miseria animæ.* Fratres dilectissimi, quando orare vultis, aut peccata vestra plangere, claudite ostium super vos, et orate Dominum Deum vestrum in toto corde. Tunc respiciens Dominus super vos, propitius ac pius vobis erit, quasi pia mater filio suo, dum eum dolentem et plorantem reperit. Hæc, Carissimi, in cordibus vestris scribite, et intelligite. Et qui non intelligunt, eos qui rationabiliter sapiunt, interrogent. Acquirite vobis, Dilectissimi, thesaurum cœlestem, mundi hujus postpositis vanitatibus : attendentes et valde timentes quoddam exemplum horribile, quod quidam homo sanctus in excessu mentis positus vidit, et audivit de quadam anima de Ægypto exeunte : et contra corpus suum contendente. Erat enim homo iste, de cujus anima fit ad præsens mentio, corpore fecundus valde, et temporalium stipatus plurimum : et in tali corporis et rerum prosperitate positus nihil aliud cogitabat, nisi cuncta quæ poterat perficere mala, nec quidquam de animæ suæ salute tractans, totus vixit in peccatis. Accidit ut infirmitate laborans, morti appropinquaret. Et ecce spiritus illius ad ostium corporis pulsans terrore ac mœrore permaxime concussus admodum exire tardabat ; quia diabolos ante se præparatos videbat, ac inter se mussitare dicentes : Quomodo tardatur ? Cur fit hoc ? Quare facit tot moras ? Festinemus, forsitan Michael cum sociis suis opprimet nos, ac animam illam nobis tollent, quam per multos annos vinculis nostris constrinximus. Tunc unus ex diabolis res-

(1) Sermonum priorum stilum sapit.

nue dans nos liens pendant tant d'années. Alors un des démons leur répondit en disant : N'ayez aucune crainte, cette âme est à nous. Moi je connais ses œuvres, j'ai toujours été avec cet homme le jour et la nuit. Cette âme infortunée entendant ces paroles, s'écria : Malheur à moi ! pourquoi suis-je née ? pourquoi ai-je été créée ? Malheur à moi ! pourquoi suis-je donc entrée dans ce corps ? Que je suis malheureuse d'avoir ici-bas vécu dans cette affreuse prison de la chair ! Malheur à toi, corps infortuné ! pourquoi as-tu ravi le bien d'autrui ? Tu as amassé dans ta maison la fortune des pauvres et leur subsistance. Tu te nourrissais de mets délicats, et moi j'avais faim de notre salut. Tu buvais un vin délicieux, et moi j'avais soif de la fortune de vie. Tu te revêtais d'habits précieux, quand moi j'étais toute dépouillée de vertus. Tu étais engraissé et j'étais maigre ; tu étais rouge, et j'étais pâle, tu étais gai, et j'étais triste. Tu riais et je pleurais ; tu te réjouissais et j'étais dans la douleur. Toujours tu as fait ce qui m'était contraire, bientôt tu vas être la pâture des vers, de la pourriture et de la poussière. Pendant quelque temps tu te reposeras au sein de la terre, puis tu seras conduit en enfer avec moi, pour y subir comme moi des châtiments qui dureront l'éternité. Après ses paroles, une sueur froide couvrit le corps, et l'âme le quitta. A ces mots, le démon, cet ange de Satan qui veille toujours pour nous suggérer, non pas le bien, mais le mal, la saisit en disant : Vite mes compagnons, hâtez-vous, saisissez vos tridents les plus aigus et enfoncez-les douloureusement dans ses yeux. Tout ce qu'elle vit de beau et de honteux, elle le convoitait avec ardeur. Enfoncez-les dans sa bouche car tout ce qu'elle désira soit dans le boire, soit dans le manger, soit dans les conversations, elle ne s'en priva point, que ce fût juste ou injuste. Percez aussi son cœur fourbe et trompeur dans lequel ne fut, ni la compassion, ni la miséricorde, ni la charité, ni la bonté. Percez encore ses mains rapaces, toujours habiles pour le vol, le brigandage et la rapine, et si lentes pour les œuvres de piété. Percez également ses pieds si prompts pour entrer dans toute voie mauvaise. Après avoir ainsi puni dans tous ses membres, cette âme infortunée sortie de son corps, l'élevant sur leurs ailes noires, obscures et membraneuses, ils la conduisirent en enfer. Pendant qu'elle était en chemin cette âme vit une grande clarté et dit : Où donc est cette brillante lumière et quelle est-elle ? Les démons lui répondirent en ces termes : Ne reconnais-tu pas la patrie qui t'était destinée, quand tu es venue dans ce lieu d'exil ? Autrefois tu as renoncé à nos pompes, et tu nous a chassés par le baptême et le signe de la croix. Tu as entendu les prophètes et les apôtres, tu as entendu tes prêtres et tes pasteurs qui ne cessaient de te montrer la voie de la vie, et de louer le nom de ton Sauveur ; mais que ton cœur était éloigné de leur doctrine ! Maintenant tu passes près de cette patrie, d'où tu es sortie tout d'abord, mais tu n'y habiteras point, tu n'y entreras jamais. Tu entends les chœurs des anges, et ce n'est point pour ta consolation, au contraire, c'est pour ton éternelle désolation. Tu verras la clarté dont jouissent les saints, et comme nous qui, avons été chassés du paradis, tu ne la posséderas jamais. Et de même que nous avons été et que nous sommes encore dans la damnation, toi aussi tu partageras notre sort. Jusqu'ici tu as vécu dans l'exil, désormais tu seras avec nous dans la perdition dans laquelle nous avons beaucoup de

---

pondens dixit : Nolite timere, nostra est : ego opera ejus scio, ego semper cum illo diebus ac noctibus fui. Hæc illa anima misera audiens dixit : Heu mihi, quare unquam nata fui aut creata? Væ mihi, quare unquam in hoc corpus intravi ? Væ mihi, quod unquam in isto pessimo carcere carnis exstiti ! Væ tibi corpus miserum, quare alienas rapuisti pecunias ? Tu facultates pauperum et substantias eorum in domum tuam congregasti. Tu cibariis delicatis te nutriebas, et ego salutem nostram esuriebam. Tu vinum bibebas saporosum, et ego fontem vitæ sitiebam. Tu te pretiosis decorasti vestibus, me nuda exsistente virtutibus. Tu quidem fecundum eras, et ego macra ; tu rubicundum, et ego pallida ; tu hilare, et ego mœsta. Tu ridebas, et ego flebam ; tu gaudebas et ego dolebam. Tu semper mihi contraria egisti, modo es esca vermium et putredo ac pulvis. Requiesces per modicum tempus in terra, et postea mecum in infernum deduceris, tormenta sicut et ego passurum æterna. His dictis, corpus sudare cœpit, ac spiritum reddere. Tunc ille diabolus angelus satanæ, qui non in bono, sed in malo custos et instinctor ejus perstitit, eam apprehendens dixit : Nolite socii, nolite moram facere, sed tridentes acutissimos apprehendite, et cum dolore in oculos ejus figite ! quidquid enim vidit sive pulchrum sive turpe, totum concupivit. Pungite os ejus : quia omnia quæ desideravit, sive in comedendo sive bibendo vel etiam loquendo, justis vel injustis nunquam pepercit. Pungite et cor ejus dolorosum (forsan, dolosum) et falsum, in quo nec pietas nec misericordia nec caritas nec bonitas fuit. Pungite etiam manus ejus rapaces, quæ ad furtum, latrocinium et rapinam promptæ, et ad opera pietatis tardæ fuerunt. Insuper et pedes ejus, qui ad omnem viam malam veloces exstiterunt. Tunc illam miseram animam de corpore ejectam sic membratim punientes, levaverunt super alas suas nigras, tenebrosas et vespertiliones, ad infernum ipsam deducentes. Et dum sic in itinere esset, vidit anima illa claritatem magnam, et dixit : Ubi, vel quid est illa claritas ? Responderunt dæmones dicentes : Non agnoscis patriam unde exivisti, quando in hanc peregrinationem venisti ? Tu quondam renuntiasti pompis nostris, et per baptismum ac signum crucis nos expulisti. Audisti Prophetas et Apostolos, audisti etiam sacerdotes et Curatos tuos, qui non cessabant tibi viam vitæ prædicare, et nomen Salvatoris tui laudare : cor autem tuum a doctrina eorum longe erat. Modo transis juxta patriam illam unde prima venisti, non tamen ibi divertes, nec venies. Choros Angelorum audis, non ad tuam consolationem, sed ad tuam perpetuam desolationem. Claritatem sanctorum videbis, nec tamen ibi habitabis, quemadmodum et nos non facimus, qui de paradiso ejecti sumus : et sicut fuimus ac sumus in perditione, sic et tu nobiscum eris. Usque modo fuisti in

compagnons. Alors cette âme misérable s'écria au milieu de sa douleur, de ses larmes et de ses effrayants gémissements : Que je suis malheureuse ! Pourquoi ai-je été créée ? Pourquoi suis-je venue au monde ? Pourquoi ai-je été associée à ce corps de péché. Malheur à moi, de ce que, attachée désormais à ce séjour de damnation, j'ai perdu la lumière éternelle à laquelle, innocente, j'avais droit au jour de mon baptême ! J'aperçois maintenant cette voie spacieuse qui conduit à la patrie, et cependant, je ne pourrai plus la suivre. Alors ses ennemis la conduisirent malgré ses pleurs et ses gémissements jusqu'aux portes de l'enfer ; là le diable sous la forme d'un dragon était prêt à la recevoir, et ouvrant sa gueule large et hideuse il l'engloutit et la rejeta dans les brasiers les plus ardents de l'enfer, où ses pareilles attendent le jugement. Que cet exemple, mes bien-aimés, nous serve de leçon et d'avertissement, en sorte que les tristes blessures des autres nous soient des remèdes certains, et que, profitant du temps, nous amendions notre vie mettant de côté les plaisirs de la chair et recherchant ceux de l'esprit. Alors quittant pleins de joie ce misérable corps, nous pourrons dire : Mon âme s'est attachée à vous, parce que ma chair a été châtiée pour l'amour de vous, ô mon Dieu. Pour cela, ô mon Seigneur, que votre main me reçoive. Qu'il daigne nous accorder cette grâce, celui qui sauve tous ceux qui espèrent en lui, qui vit et règne comme Dieu dans les siècles des siècles. Ainsi soit-il.

Sermon LXX. — Quelle est la puissance de la véritable humilité, il nous est facile, mes frères, de le reconnaître d'après les paroles du Seigneur, etc (1).

Sermon LXXI. — Nous lisons dans les livres inspirés d'en haut, cette parole : Mon fils, ne tardez pas à vous convertir au Seigneur, etc (2).

Sermon LXXII. — La véritable mort, celle que les hommes doivent redouter, est la séparation de l'âme d'avec Dieu. Et la plupart du temps lorsque les hommes craignent cette mort, etc (3).

Sermon LXXIII. — *Contre celui qui garde longtemps sa colère dans son cœur et ne veut point s'humilier.* — Tout homme qui veut se venger de son ennemi, provoque la vengeance de Dieu contre lui. Faites donc, mes frères, ce que recommande l'Apôtre : « Ne rendant à personne le mal pour mal. » (*Rom.*, XII, 20.) C'est-à-dire que le mal doit être vaincu par le bien. Quand vous voulez exercer la vengeance, sans aucun doute, vous voulez vaincre, prenez garde qu'en voulant vaincre un homme, vous ne soyez vous-même vaincu par la colère. Parce qu'il vous a blessé, vous, voulez-vous aussi blesser ? Parce qu'il a nui, vous, voulez-vous aussi nuire ? et pour surpasser cet homme, vous voulez nuire plus qu'il n'a nui. Comment voulez-vous triompher du mal par le mal ? Ce n'est point là ce que l'Apôtre a dit, ce n'est point ce que vous avez entendu. Donc, « ne soyez pas vaincu par le mal, » vous entendez ? Peut-être me répondrez-vous : C'est aussi ce que je veux. Mais personne n'a triomphé de moi : L'Apôtre a dit : « Triomphez du mal par le bien. » C'est-à-dire : de celui qui vous a blessé par sa colère, triomphez de lui par votre patience : de celui qui vous a blessé par son avarice, triomphez de lui par votre douceur. Voyez celui qui vous a dépouillé par son avarice, le voilà qu'il a faim, le voilà dans le besoin, c'est votre ennemi, il

(1) Extrait des œuvres d'Alcuin, (voir *De Virtutibus et vitiis*, chap. x et xi.) — (2) Voir le même traité d'Alcuin, chap. xii. — (3) Imprimé dans les énarrations sur le Psaume XLVIII. Sermon II du nombre 2 au nombre 5.

peregrinatione, nunc moraberis nobiscum in damnatione, in qua multos habemus socios. Tunc cœpit illa misera anima cum dolore et fletu ac gemitu ingente dicere : Heu me miseram, quod unquam creata fui ac nata, seu in hoc corpus maculatum posita ! Heu mihi, quod in ista damnatione posita claritatem æternam perdidi, ex qua olim sine macula exivi. Modo video spatiosam viam, quæ ducit ad patriam, non tamen perambulabo eam. Tunc perduxerunt eam inimici sic fleutem et gementem ad perditionis portas, ubi diabolus ad recipiendum eam præparatus erat in similitudine draconis, et aperiens fauces suas fœtidissimas, ac glutiens eam revomuit in calidissimum locum igneum, ubi sui consimiles exspectant judicium. Hoc exemplo, Dilectissimi, edocti ac admoniti, ut aliorum fera vulnera nobis sint medicamenta certa, vitam nostram hic dum valemus in melius emendemus, carnalia abdicantes, spiritalia sectantes : ut sic lætanter ex hoc corpusculo egredientes dicere possimus : Adhæsit anima mea post te; quia caro mea castigata pro te Deus meus. Ob hoc, mi Domine, me suscipiat dextera tua. Quod nobis concedere dignetur qui salvat omnes sperantes in se, ac vivit et regnat Deus in sæcula sæculorum. Amen.

Sermo LXX. — Quanta sit veræ humilitatis virtus, Fratres, facile ex verbis Domini cognoscitur, etc.

Sermo LXXI. — Legitur in litteris divinitus inspiratis dictum, Fili, ne tardes converti ad Dominum, etc.

Sermo LXXII. — Mors autem vera quam (*a*) timent homines, est separatio animæ a Deo. Et plerumque cum timent homines mortem istam, etc.

Sermo LXXIII. — *De illo qui iram diu in pectore retinet, et non vult humiliari.* — Omnis homo qui vult de inimico suo vindicari, provocat in se vindictam Dei. Sec hoc facite, Fratres, quod dicit Apostolus : « Nulli malum pro malo reddentes. » Hoc est enim (*b*) vinci de bono malum. Quando enim vindicari vis, sine dubio vincere vis : vide ne dum vis hominem vincere, ab ira vincaris. Quia læsit, vis et tu lædere : quia nocuit, vis et tu nocere ; et ut tu vincas amplius, magis quam ille nocuit. Quomodo vincis malum in malo ? Non hoc dixit Apostolus, non hoc audisti. Ergo « noli vinci a malo, » audisti. Et forsitan respondebis : Hoc et ego volo. Sed nemo me vincit. Dixit namque Apostolus : « Vince in bono malum. » (*Rom.*, XII, 20.) Hoc est (*c*) enim, qui te læsit sua iracundia, tu illum vince tua patientia. Qui te læsit sua avaritia, vince illum tua misericordia. Ecce qui te sua avaritia exspoliavit, ecce eget, ecce esurit ; vindica te, inimicus tuus est. Sed si esurit, ciba illum : si sitit, potum da illi. « Hoc enim faciens, carbones ignis conge-

(*a*) Leg. *non timent*. — (*b*) Apud Vign. *vincere*. — (*c*) Vign. *eum qui*.

faut vous en venger. Mais s'il a faim, donnez-lui à manger. S'il a soif, donnez-lui à boire. « En agissant ainsi, vous amasserez sur sa tête des charbons de feu. » Mais peut-être pensez-vous que par ces paroles l'Apôtre vous exhorte à la méchanceté, comme s'il nous recommandait de lui nuire davantage, et d'amasser sur sa tête des charbons de feu. Mais si telles sont vos pensées, vous voulez vaincre le mal par le mal, en sorte qu'en faisant même l'aumône, vous voulez la faire par l'amour de la vengeance. Vous me direz : Que signifie donc : « Vous amasserez sur sa tête des charbons ardents ? » Ce seront des charbons ardents qui le consumeront, en sorte qu'il se repentira de s'être laissé aller à l'inimitié contre vous. Vous êtes homme, il est homme. Il a voulu nuire, voulez-vous nuire? Vous allez être deux méchants. Comment osez-vous dire, moi aussi je hais le méchant, vous qui augmentez le nombre des méchants? Vous avez l'intention de vaincre votre ennemi, considérez votre intérieur et prenez garde d'y rencontrer quelque chose que vous devez vaincre. Pendant que vous vous livrerez à ces considérations, vous vous direz: C'est un homme qui m'a injurié, je veux prier le Seigneur pour lui afin qu'il se repente. Par cette manière d'agir vous avez perdu un ennemi, et vous avez gagné un ami, si celui qui vous a blessé de mauvais est devenu bon, par la vertu de vos prières. Ne nous hâtons donc point d'avoir pour défense devant le Seigneur, la précipitation indécente du serviteur, en sorte que, quand le jour de la vengeance sera arrivé, nous ne soyons point punis, avec les impies et les pécheurs, mais que nous soyons honorés avec les justes et ceux qui craignent Dieu, dans les siècles des siècles. Ainsi soit-il.

SERMON LXXIV. — Frères bien-aimés, il nous a été recommandé de tenir nos cœurs en haut, c'est dans l'espoir que nous penserons à cette vie future, etc (1).

SERMON LXXV. — Entendez, vous qui vivez dans le monde et qui pensez quelquefois comme des insensés, approchez des sépulcres des morts et voyez les exemples des vivants, etc (2).

SERMON LXXVI. — *Sur les pensées.* — Rappelons en premier lieu, qu'il faut résister aux mauvaises pensées, que si notre ennemi nous glisse secrètement quelque pensée charnelle ou honteuse, avant qu'elle ne touche notre âme et la blesse, enlevons sa flèche empoisonnée et arrachons-la. D'habitude elle apporte la tristesse, nous fait douter de nos bonnes résolutions, nous inspire du désespoir pour le bien, excite en nous toutes sortes de passions; en un mot, elle aiguise tous ses traits afin que, comme il est écrit au Psaume dixième, « ses flèches percent dans l'ombre les âmes droites. » (*Ps.* x, 3.) A peine cette pensée arrive-t-elle, poussez vers le Seigneur des soupirs ardents et tournez vers lui les regards de votre âme, afin d'empêcher sa suggestion de vous atteindre, car votre cœur pourrait en être souillé. Comme une robe blanche qui a été tachée de sang, recouvre sa blancheur, si on la lave aussitôt, et qu'au contraire, on l'ôte difficilement, quand la tache y séjourne quelque temps et s'y imprègne; de même l'âme humaine en détruisant la pensée sur-le-champ la pensée qui survient, peut garder sa blancheur, mais si elle la laisse séjourner longtemps, il lui faudra de grands efforts pour s'en purifier. C'est là, la première victoire de

(1) Fragment du sermon cccxcv, publié dans les volumes précédents. — (2) Même sermon que le LVIII ci-dessus avec un exorde plus court.

res super caput ejus. » Si hoc cogitas quasi ad malitiam nos hortatus est, tanquam dixerit, ut plus ei noceat, ut carbones congeras super caput ejus. Si hoc cogitas, in malo vis vincere malum, et ipsam eleemosynam ut facias, amore vindictæ vis facere. Sed dicis, quid est : « Carbones ignis congeres super caput ejus. » Carbones ignis sunt, in quibus uritur ut pœniteat illum contra te inimicitias habuisse. Homo es, homo est: lædere voluit, lædere vis ? Ecce duo mali estis. Quomodo ergo dicis, et ego odi malum, qui auges numerum malorum? Vis vincere inimicum tuum, attende te intrinsecus, et vide, ne ibi habeas quem vincere debeas. Et dum ista consideraveris, dices tibi : Homo est qui me læsit : rogem pro illo Dominum ut pœniteat eum. Et si ita feceris, et inimicum perdidisti, et amicum acquisisti, dum ille si læsit, ex malo orationibus tuis factus est bonus. Nec defendi ante Dominum (*a*) servi inverecunda festinatione properemus, ut cum dies illæ vindictæ advenerit, non cum impiis et peccatoribus puniamur, sed cum justis et Deum timentibus honoremur in sæcula sæculorum. Amen.

SERMO LXXIV. — Fratres carissimi, quod audivimus dici ut sursum corda habeamus, spes fit, ut de illa futura vita cogitemus, etc.

(1) In Remigiano Ms. anno circiter 700, Augustino tribuitur.
(*a*) Apud Vign. *sui*.

SERMO LXXV. — Audite itaque qui estis in populo, et stulti aliquando sapite, accedite ad sepulturam mortuorum, et videte exempla viventium, etc.

SERMO LXXVI (1). — *De cogitationibus.* — Primum quidem cogitationibus malis repugnandum est, ut cum aliquid carnale aut sordidum susurraverit adversarius, prius quam tinguat mentem et sauciet, sagitta deletur, et excutiatur. Solet enim tristitiam afferre, et dubitationes de proposito, et desperationem bonorum adspirare, et varias cupiditates ingerere, et omnes omnino sagittas acuere, ut sicut in decimo Psalmo scriptum est : « Ut sagittent in occulto rectos corde. » (*Psal.* x, 3) Tu ergo mox ut cœperit, geminato suspirio ad Dominum mente conversa, ne permittas accedere concilium, quod sensum possit inquinare. Sicut enim vestimentum candidum, cum fuerit sanguine aspersum, si mox fuerit lotum candorem suum recepit; si autem insederit et incoxerit macula, vix lavatur: sic et mens humana, si surgentem cogitationem mox deleverit, potest suum retinere candorem; si autem diutius residere permiserit, vix cum magno labore purgatur. Hæc est autem prima victoria secreti certaminis nostri, quod Dominus exspectat et Angeli, cum cogitationibus malis mens humana fideliter

nos combats intérieurs. Notre-Seigneur et ses anges l'attendent et demandent à toute âme humaine de s'opposer fidèlement à toute mauvaise pensée et de vaincre les mauvaises inclinations, par de bonnes raisons. C'est par là que nous méritons la louange, que s'augmente notre gloire, suivant cette expression de l'Apôtre : « Quand viendra le Seigneur, il éclairera le secret des ténèbres et manifestera les intentions du cœur, alors chacun aura de Dieu la louange qu'il mérite. » (I *Cor.*, IV, 5.) Il est évident, en effet, pour les âmes les plus chrétiennes que Dieu notre Juge distribuera la louange ou le blâme, non-seulement pour les actions mais encore pour les pensées. Vous n'ignorez pas aussi, mes frères, à l'égard de ces pensées qui nous tourmentent si souvent malgré nous, que ces pensées, bien souvent, nous sont suggérées par l'esprit malin. De quelle manière, cela arrive-t-il ? apprenons-le de l'Apôtre qui nous dit : « Je ne fais point ce que je veux, au contraire, je fais ce que je déteste : je vois dans mes membres une autre loi, qui contredit la loi de mon esprit et qui m'enchaîne sous la loi du péché. » (*Rom.*, VII, 15, 23.) En effet, le seul but, l'unique étude de Satan est de charger l'âme humaine de mauvaises inspirations. Si dès le commencement de notre vie nous avons à essuyer ses attaques, c'est afin que nous observions la tête du serpent ; lui de son côté ne perd pas de vue notre talon, non pas celui de nos pieds, mais celui de notre esprit, pour faire en sorte de pouvoir retenir par sa morsure vers la terre l'âme qui courait vers les biens éternels. Mais afin de pouvoir vivre avec une âme ferme et droite au milieu de ces ténèbres, que le mal amasse autour de nous, veillons du mieux que nous pourrons sur les yeux de notre cœur. Et pour vaincre, il nous faut nécessairement des armes. « Les armes de notre combat, dit l'Apôtre, ne sont point charnelles, mais elles sont puissantes par Dieu, pour renverser les remparts et pour détruire les desseins perfides de nos ennemis. » (II *Cor.*, X, 4.) Ainsi soit-il.

occurrit, et bonis rationibus malos superat cogitatus. Hinc laus nascitur, hinc crescit gloria, sicut Apostolus ait : « Cum venerit, inquit, Dominus, illuminabit occulta tenebrarum, et manifestabit concilia cordis ; tunc laus erit unicuique a Deo. » (I *Cor.*, IV, 5.) Manifestum est enim apud fideliores, quia non solum de factis, sed etiam de cogitatis, aut laus aut vituperatio a Deo judice tribuatur. Item quod inviti patimur cogitationes frequenter, non nos latet, Fratres, quod maligni frequenter cogitationes sustinemus. Quando autem ita sit, de Apostolo discimus dicente : « Non quod volo hoc ago, sed quod odi illud facio : » et : « Video aliam legem in membris meis repugnantem legi mentis meæ, et captivantem me in lege peccati. » (*Rom.*, VII, 15, 23.) Et re vera unum propriumque studium est satanæ, humanam mentem pravis gravare consiliis. Si quidem hanc injuriam ab exordio sortiti sumus, ut nos serpentis caput observemus : ille autem nostrum calcaneum, utique non nostrorum pedum sed mentis observat ; ut si quomodo possit currentem ad cœlestia animam morsu suo ad terrestria detinere. Adversus has ergo obscuritates malorum ut sinceris mentibus vivere possimus, cordis oculi bene curandi sunt. Et ut vincamus, arma nobis sunt valde necessaria. « Arma inquit, militiæ nostræ non carnalia, sed potentia Deo, ad destructionem munitionum, malorum concilia destruentes. » (II *Cor.*, X, 4.) Amen.

PRÉFACE

DU

TOME SEPTIÈME DE L'ÉDITION DES BÉNÉDICTINS

Après avoir jusqu'ici publié les ouvrages dogmatiques, dans lesquels saint Augustin développe la doctrine de l'Eglise et forme les fidèles à la piété, il nous reste désormais à éditer les traités de polémique, qu'il publia pour défendre cette même Eglise contre les ennemis qui l'attaquaient. Au premier rang de ces ouvrages apologétiques se présente cette Œuvre magistrale écrite contre les païens, ennemis nés, et plus implacables que tous les autres, du nom chrétien. En effet, toujours, soit par une guerre ouverte, ayant recours à la violence et aux tourments, soit par des calomnies manifestement odieuses, toujours, dis-je, on les vit persécuter les adorateurs du seul vrai Dieu. Que ce fût la manie constante des idolâtres d'attribuer à la religion chrétienne toutes calamités qui tombaient sur le monde, chacun le sait, pour peu qu'il ait parcouru les anciens apologistes, Tertullien, Arnobe et saint Cyprien, qui, chacun dans leur temps et selon leur force, ont réfuté, dans des écrits apologétiques, ces reproches des infidèles. Plus tard, sous le règne d'Honorius, lorsque Rome eût été mise au pillage par l'armée des Goths, ces reproches des idolâtres se renouvelèrent; et, attribuant odieusement à la religion chrétienne le désastre de Rome, ils déversèrent encore avec plus d'âpreté leurs insultes grossières contre le vrai Dieu. Les lois des empereurs ne permettaient plus dès lors à personne d'adorer les faux dieux. Or, disaient les païens, Rome, privée des dieux tutélaires, sous la protection desquels ses fondateurs l'avaient placée, devait inévitablement succomber, et les

IN TOMUM SEPTIMUM PRÆFATIO

Postquam dogmatica opera dedimus, quibus Ecclesiam informat Augustinus eruditque ad pietatem : restant edenda deinceps scripta ejus polemica, quæ pro Ecclesiæ defensione converso in ipsius hostes stilo composuit. Polemicorum autem primo ordine offert sese grande Opus contra Paganos, adversarios Christiani nominis primos et præ cæteris magis infensos, qui unius veri Dei cultores aperto bello semper, aut adhibita vi sævitiaque, aut certe odiosis criminationibus sunt persecuti. Idololatrarum enim perpetuum hunc fuisse morem, ut si qua orbi calamitas accidisset, hanc religioni Christianæ imputarent, nemo est qui non intelligat ex lectione veterum, Tertulliani, Arnobii, Cypriani, qui olim suo quisque tempore impiorum obtrectationes scriptis apologeticis propulsare pro virili contenderunt. Imperante postea Honorio, cum Romæ summam cladem Gothorum exercitus intulisset, recruduerunt infidelium querelæ, solitoque acerbius et injuriosius Deo vero obtrectare cœperunt, excidium Urbis in Christianam religionem odiosissime referentes. Nam quia per Imperatorum leges nemini jam colere deos licebat, Romam tutelaribus, quibus conditores illam sui custodiendam crediderant, diis destitutam inevitabili exitio

chrétiens, qui n'avaient pas échappé eux-mêmes aux malheurs de tous dans le pillage commun, qui avaient eux aussi subi les injures de la captivité, étaient sans aucun doute la cause de tous ces malheurs. Alors, enflammé du zèle de la maison de Dieu, saint Augustin se proposa d'écrire contre ces blasphémateurs un ouvrage ayant pour titre : *La Cité de Dieu*. Lui-même explique en peu de mots dans le fragment de ses *Rétractations*, qu'on place habituellement en tête de cet ouvrage, quel plan il a suivi dans ce vaste travail, pour venger la religion chrétienne. Ce plan apparaîtra encore plus clairement par les sommaires de chaque livre, qui, dans cette édition, sont placés en tête de ce traité.

Il divise d'abord son ouvrage en deux parties : l'une, qui renferme les dix premiers livres, est une réponse aux païens ; il y détruit leurs anciennes opinions sur le culte de leurs dieux, dieux qu'on devait, selon les uns, honorer pour la vie présente, selon d'autres, pour la vie future. Dans la seconde partie, il parle des deux Cités, l'une du monde, l'autre de Dieu, dans lesquelles sont renfermés et les anges et les hommes ; il montre leur origine, leurs progrès, leur terminaison, c'est-à-dire la fin qui les attend.

Cet ouvrage, si important à cause de son sujet et des hautes vérités qu'il renferme, fut travaillé avec un soin extrême par ce saint docteur ; son génie extraordinaire et sa vaste érudition en firent une œuvre d'élite. Il est, en effet, impossible de dire quelle immense variété de choses, quelle science profonde, quelle logique serrée et éloquente ce livre renferme. On voit que le courageux vengeur de la Cité de Dieu a voulu que son ouvrage ne laissât rien à désirer, ni du côté de l'art et de l'éloquence, ni du côté de l'érudition sacrée ou profane. Aussi, ces livres sont-ils devenus comme un vaste réservoir où les savants apologistes, qui, dans la suite, ont défendu la religion divine contre les impies, ont cru devoir puiser leurs preuves et leurs raisonnements.

cecidisse, atque ex ipsis haud dubie Christianis, qui in Urbis direptione commune omnium discrimen et captivitatis injurias minime evasissent, totius mali causam ortam esse clamitabant. Tunc ergo zelo domus Dei exardescens Augustinus, animum induxit Opus contra blasphemos, *de Civitate Dei* nuncupatum, conscribere : quo immenso labore quomodo Christianam religionem ulciscatur, et explicat ipse breviter in *Retractatione* quæ Operi præfigi solet, et luculentius docent librorum argumenta singulorum, quæ hac primum editione per nos in fronte voluminis exhibentur.

Partes Operis duas præsertim facit, altera quæ priores decem libros complectitur, Paganis respondens, vetustas illorum opiniones de deorum cultu, quem alii propter hanc vitam, alii propter futuram, esse utilem disputabant, evellit ex animis : altera utriusque Civitatis, mundi et Dei, quibus universi, angeli et homines, hac vel illa comprehendimur, exortum, procursum, exitum tandem sive debitos fines exponit.

Maximi momenti Opus maxima cura elaboravit pro materiæ præstantia et dignitate, proutque virum decebat et summo ingenio præditum, et omnium scientiarum genere ornatissimum. Nam immane dictu est quanta hic sit rerum varietas, quam profusa eruditio, quam solers et exquisita ratio disserendi : quasi nihil strenuus Civitatis Dei vindex voluerit, neque artis et industriæ, neque eruditionis sive sacræ, sive profanæ, desiderari his in libris : e quibus re ipsa, tanquam e penu refertissimo, eruditi disputatores quicumque adversus impios divinæ religionis defensionem posthac suscipiunt, opem et copiam sibi petendam putant.

Macédonius, vicaire d'Afrique, n'avait encore vu que les trois premiers livres de cet ouvrage, que, transporté d'admiration, il écrivait à saint Augustin : « Je ne puis vous dire combien je suis touché de la sagesse qui brille dans vos écrits, etc. Je trouve dans ceux que vous avez publiés tant de pénétration, de science, de sainteté, qu'on ne peut rien désirer au delà. » Un peu plus bas, parlant de ce même ouvrage, il ajoute : « J'ai dévoré vos livres, car ce ne sont pas de ces écrits froids et languissants, qui pouvaient me permettre de penser à autre chose; ils se sont emparés de moi, m'ont arraché à toute autre affaire, et m'ont tellement enchaîné que, (puisse Dieu ne pas m'en faire un reproche), je ne sais ce qui me paraît le plus admirable en eux, ou de la perfection du sacerdoce, ou de la connaissance de la philosophie, ou d'une science parfaite de l'histoire, ou des charmes de l'éloquence. Cette dernière a tant d'attraits, même pour les ignorants, qu'ils ne peuvent quitter cet ouvrage avant de l'avoir lu, et qu'ils y reviennent lors même qu'ils l'ont parcouru. Vous avez convaincu ces opiniâtres impudents qui, etc. » (*Ep.* CLIV.) Paul Orose, dans la préface de son *Histoire générale*, ouvrage qu'il composa à l'instigation de saint Augustin, loue ce savant évêque des soins qu'il donne au onzième livre dirigé contre les païens. « Déjà, dit-il, dix rayons se levant eurent à peine quitté ce foyer de la lumière ecclésiastique, qu'ils resplendirent dans tout l'univers. » Le sénateur Cassiodore, au chapitre seizième de son livre des *Institutions*, nous invite « à parcourir avec une activité constante les livres de *La Cité de Dieu*. » Il ne faut pas non plus oublier ici ce que pensaient de cet ouvrage les rois de France. Charlemagne qui, au témoignage d'Eginard, « chérissait les livres de saint Augustin, et surtout ceux qui ont pour titre : *La Cité de Dieu*. » Aussi, le poète Saxonicus (*Annales*, livre V) dit, en parlant de ce prince : « Les livres qu'Augustin écrivit sur la Cité céleste, ce prince les avait souvent entendus avec délices. » Charles V, surnommé le Sage, combla d'honneurs et éleva

Volumina prima hujus Operis non plus tria viderat Macedonius Africæ Vicarius, cum obstupefactus admiratione rescripsit Augustino : « Miro modo afficior sapientia tua, etc. Nam et illa (quæ edidisti) tantum habent acuminis, scientiæ, sanctitatis, ut nihil supra sit. » (*Epist.* CLIV.) Moxque de iisdem : « Explicui, ait, tuos libros, (neque enim tam languidi aut inertes erant, ut me aliud quam se curare paterentur :) injecerunt manum, ereptumque aliis sollicitudinum causis, suis vinculis illigarunt, ita enim (mihi Deus propitius sit,) ut ego anceps sim, quid in illis magis mirer, sacerdotii perfectionem, philosophiæ dogmata, historiæ plenam notitiam, an facundiæ jucunditatem, quæ ita imperitos etiam illicere potest, ut donec explicent non desistant, et cum explicaverint, adhuc requirant. Convicti namque sunt impudenter pertinaces, etc. » Paulus Orosius in præfatione ad historiarum libros, quos Augustini impulsu confecit, laudat perficiendo adversus Paganos undecimo libro insistentem, « quorum, inquit, jam decem orientes radii mox ut de specula ecclesiasticæ claritatis elati sunt, toto orbe fulserunt. » Jubet Cassiodorus Senator in lib. *Institut.*, c. 16, ut libros *de Civitate Dei* « infastidibili sedulitate percurramus. » Neque sunt hoc loco prætereundi Francorum reges, Carolus Magnus, qui, teste Eginhardo, « delectabatur libris S. Augustini, præcipueque his qui *de Civitate Dei* prætitulati sunt. » De quo Poeta Saxonicus, lib. v, *Annal.*

> Quos Augustinus cœli de civibus almis
> Scripsit, amanter eos crebrius audierat.

à une haute dignité l'auteur qui avait traduit ces livres en français, et lui avait dédié cette traduction.

C'est au zèle de Marcellin que nous devons cet excellent ouvrage. Bien que saint Augustin fût assez porté à les écrire, par son amour pour la Cité céleste, il ne le fit cependant que sur les instances de Marcellin. On trouve, en effet, dans une lettre de ce dernier adressée à saint Augustin une demande à ce sujet : « Quant à moi, je vous prie de composer des livres sur toutes ces questions ; dans le temps où nous sommes surtout, ils seront d'une grande utilité pour l'Église. » (*Ep.* cxxxvi, n. 3.) Au commencement de sa réponse, saint Augustin lui dit, il est vrai, qu'il désire répondre à ces questions, non pas « par l'étendue d'un livre, mais si cela peut suffire par un entretien épistolaire. » (*Ep.* cxxxviii, n. 1.) Cependant, après avoir répondu aux questions concernant les païens, il promet, si quelque chose est dit contre ce qu'il avance, de répondre à tout, « soit par des lettres, soit par des livres. » (*Ibid.*, n. 20.)

Cette épître à Marcellin, dans laquelle le saint docteur hésite pour savoir s'il se contentera de lettres, ou s'il composera des livres contre les païens, fut écrite l'an 412. Nous ne pouvons donc nous ranger au sentiment de Baronius qui prétend que ces livres furent commencés en 411, alléguant pour raison qu'ils furent composés à l'occasion du pillage de Rome, qui eut lieu en 410. Nous pensons qu'ils n'ont été commencés que peu avant le meurtre de Marcellin, qui s'accomplit au mois de septembre de l'année 413, comme nous le faisons observer dans une note sur l'épître à Cécilien. (*Ep.* cli.) En effet, depuis l'exorde du second livre, jamais dans le cours du reste de l'ouvrage, la parole n'est adressée à Marcellin, auquel cependant tous les livres de *La Cité de Dieu* avaient été dédiés. Dans une lettre à Evode, écrite vers la fin de l'année 415 (*Ep.* clxix), le saint docteur raconte qu'aux trois livres déjà parus, il en a ajouté deux, le quatrième et le cinquième, commencés et achevés cette même année. Après avoir publié les dix pre-

---

Carolus item V, cognomento Sapiens, qui pro iisdem libris Gallice redditis, sibique nuncupatis, versionis auctorem amplissima dignitate auxit exornavitque.

Eximium hoc opus Marcellini studio debemus. Quanquam enim Augustinus Civitatis cœlestis caritate satis adduceretur ad scribendum, fecit tamen etiam provocatus a Marcellino, cujus hæc ea de re in epistola ad Augustinum exstat postulatio : « Ego vero ad hæc omnia..... libros confici deprecor, Ecclesiæ, hoc maxime tempore, incredibiliter profuturos. » (*Epist.* cxxxvi, n. 3.) Cui rescribens Augustinus initio quidem significat cupere se de his agere « non librorum negotio, sed epistolari, si potest sat esse, colloquio ; » (*Epist.* cxxxviii, n. 1) postea tamen quam ibi Paganorum quæstiones enodavit, si quid contra moveat, « vel epistolis, vel libris, » (*Ibid.*, n. 20) ad omnia responsurum se pollicetur.

Hanc ad Marcellinum epistolam, in qua de edendis contra Paganos « vel epistolis, vel libris, » adhuc deliberandum relinquit, scripsit anno Christi 412. Quapropter discedere nos oportet a Baronii opinione, qui hos libros ideo ponit anno 411, inchoatos, quia Romanæ cladis, quæ anno 410, contigit, occasione prodierunt. Cœptos itaque non arbitramur nisi paulo ante Marcellini cædem, quam anno 413, mense Septembri factam observamus in epistola ad Cæcilianum (*Epist.* cli) : nam et ab exordio secundi libri deinceps ad ipsum (cujus nomini omnes dedicati sunt) Marcellinum nunquam sermo dirigitur. Duos libros, quartum et quintum, in epistola ad Evodium sub anni 415 (*Epist.* clxix, n. 1), finem scripta memorat S. Doctor se tribus aliis adjunxisse, hoc ipso anno 415, inchoatos et perfectos. Undecimum, editis jam ante aliis decem, scribebat circiter annum 416,

miers, il écrivait le onzième vers l'an 416, ainsi que l'enseigne Orose dans la préface de son *Histoire générale*, qu'il commença vers ce même temps. Saint Augustin lui-même parle du quatorzième dans son premier livre contre l'*Adversaire de la loi et des prophètes*, publié vers l'an 420. Enfin ce grand ouvrage, auquel il dit avoir été occupé pendant plusieurs années, fut terminé peu après l'an 426; c'est ce que prouvent les *Rétractations*, ouvrage terminé certainement en 426 ou 427. Au quarante-et-unième chapitre du livre second, *La Cité de Dieu* est le dernier ouvrage dont il soit fait mention.

Il n'est pas nécessaire de parler du travail que nous a coûté cette édition. Certes, nous n'avons nul regret d'avoir consulté et parcouru un très-grand nombre de manuscrits; non-seulement l'avis des savants, mais notre propre expérience nous a appris qu'à cause de leur doctrine élevée, qu'à raison des antiquités grecques ou romaines fréquemment mentionnées, ces livres, plus que tous les autres, avaient besoin d'être collationnés avec les anciens manuscrits. La division par chapitres avec des titres, dont quelques-uns ne veulent pas, existe dans des manuscrits qui ont plus de neuf cents ans. Certes, il est bien permis de croire que, l'ouvrage étant terminé, elle fut faite soit par saint Augustin lui-même, soit d'après ses conseils pour aider les lecteurs, comme cela avait eu lieu autrefois pour les livres saints.

Enfin, quant aux commentaires de cet ouvrage, que, d'après l'autorité d'hommes sages et instruits, nous avons cru devoir omettre, nous les avons parcourus avec attention, et nous avons eu soin de transporter dans notre édition les observations les plus utiles que nous y avons trouvées, pour expliquer les passages qui offraient quelques difficultés.

teste Orosio in præfatione ad historiarum Opus eo fere anno inchoatum. Quarti-decimi meminit ipse Augustinus in libro *contra Adversarium Legis et Prophetarum* primo, quem circa annum 420, edidit. Tandem immensum hoc Opus, quo se per aliquot annos detentum dicit, non multo post anni 426, finem absolutum esse probant *Retractationes*: in quibus, anno certe 426, aut 427, perfectis, libro II, capite 41, citatur liber *de Civitate Dei* postremus.

De nostro jam labore nihil interest mentionem injicere. Certe quidem haud nos pœnitet tam multa exemplaria, quorum Syllabum in fine habes, evolvisse ac perlegisse: quippe qui hos libros propter reconditiorem doctrinam, Græcasque ac Romanas antiquitates passim inspersas, collatione veterum codicum indigere præ cæteris, non solum eruditorum admonitione, sed etiam usu nostro ac experientia didicimus. Capitulorum cum argumentis suis distinctionem, quam improbare voluit non nemo, habent codices ante nongentos annos scripti, et digna est profecto, quæ Augustini opera aut jussu adjecta credatur ad juvandos lectores, sed absoluto jam opere, quemadmodum in sacris libris olim factum erat.

Postremo quod ad Commentarios hujus Operis attinet, quos virorum prudentum et litteratorum consilio ac auctoritate adducti prætermisimus, eos perlustravimus diligenter et excerptas ex iis in loca difficilia observationes illustriores huc transferendas curavimus.

SOMMAIRES
DES
VINGT-DEUX LIVRES DE LA CITÉ DE DIEU

LIVRE PREMIER.

Saint Augustin s'élève contre les païens qui attribuaient à la religion chrétienne, parce qu'elle défend le culte des dieux, les malheurs du monde et surtout le pillage récent de Rome par les Goths. Il parle des biens et des maux qui, alors comme toujours, furent communs aux bons et aux méchants. Enfin, il réprime l'insolence de ceux qui objectaient les outrages éprouvés par les femmes chrétiennes de la part des soldats barbares.

LIVRE DEUXIÈME.

Des maux que les Romains ont éprouvé avant Jésus-Christ, et pendant qu'ils adoraient les faux dieux. Corruption des mœurs et vices de l'âme, les plus grands et les seuls vrais maux. Loin de les délivrer de ces maux, leurs dieux les en ont accablés.

LIVRE TROISIÈME.

Après avoir parlé, dans le livre précédent, des maux de l'âme et de la corruption des mœurs, saint Augustin montre dans celui-ci comment les Romains, depuis la fondation de la ville, furent sans cesse en butte aux maux extérieurs et temporels; il établit que ces dieux qu'ils servaient en toute liberté, avant la venue du Christ, n'ont rien fait pour les délivrer de cette sorte de maux.

LIVRE QUATRIÈME.

Le saint docteur prouve que la grandeur et la durée de l'empire romain doivent être attribuées, non à Jupiter, ni aux dieux du paganisme, à chacun desquels la croyance vulgaire osait à peine confier certains offices de détail et des moins importants; mais qu'on doit les rapporter au Dieu unique et véritable, seul auteur de toute félicité, qui par sa puissance et sa sagesse, établit et conserve les royaumes de la terre.

LIVRE CINQUIÈME.

Après avoir montré dans le livre précédent, que la grandeur de l'empire romain ne saurait être attribuée aux faux dieux, il fait d'abord justice de l'opinion insoutenable de ceux qui prétendent rapporter au destin la puissance et les développements de cet empire. De là, passant à la question de la prescience divine, il prouve qu'elle ne détruit pas le libre arbitre de notre volonté. Ensuite il traite des mœurs des anciens Romains, et il explique quel mérite ils ont eu dans l'accroissement de leur empire, ou plutôt quel jugement divin leur a valu l'assistance du vrai Dieu, qu'ils ne connaissaient pas. Enfin, il indique la

ELENCHUS LIBRORUM DE CIVITATE DEI

LIBER PRIMUS.

Paganos reprehendit, qui orbis calamitates, maximeque Romanæ urbis recentem a Gothis vastationem Christianæ religioni, qua deorum cultus prohibetur, tribuebant. Agit de commodis et incommodis, quæ tunc bonis et malis, ut solet, fuerunt communia. Illorum denique retundit procacitatem, qui Christianorum feminarum violatum a militibus pudorem objectabant.

LIBER SECUNDUS.

In quo disputatione instituta de malis, quæ ante Christum vigente deorum falsorum cultu perpessi sunt Romani, demonstratur primum eos morum malis et animi vitiis, quæ mala vel sola, vel maxima deputanda sunt, cumulatos procurantibus diis falsis, nedum liberatos fuisse.

LIBER TERTIUS.

Ut in superiore libro de malis morum et animi, sic in præsente de corporis externarumque rerum incommodis ostendit Augustinus, Romanos a condita Urbe his assidue vexatos fuisse, atque ad avertenda id genus mala deos falsos, cum ante Christi adventum libere colerentur, nihil præstitisse.

LIBER QUARTUS.

In quo probatur, amplitudinem Romani imperii ac diuturnitatem ascribendam esse, non Jovi diisve paganorum, quibus singulis vix singulæ res et infima quæque committenda credebantur officia, sed uni vero Deo felicitatis auctori, cujus potestate ac judicio regna terrena constituuntur atque servantur.

LIBER QUINTUS.

Initio de tollenda fati opinione agit, ne demum exsistant qui Romani imperii vires et incrementa, quæ non posse diis falsis ascribi superiore libro monstravit, referre in fatum velint. Inde ad quæstionem de præscientia Dei delapsus, probat liberum nostræ voluntatis arbitrium per eam non auferri. Postea de moribus Romanorum antiquis dicit, et quo eorum merito, sive quo Dei judicio factum sit, ut illis ad augendum imperium Deus ipse ve-

véritable cause de la prospérité des empereurs chrétiens.

LIVRE SIXIÈME.

Jusqu'ici saint Augustin a surtout réfuté ceux qui pensaient qu'on devait honorer les dieux pour en obtenir des faveurs temporelles; il va maintenant s'adresser à ceux qui croient que leur culte sert pour la vie éternelle. Les cinq livres suivants sont dirigés contre ces derniers. Dans celui-ci, il montre tout d'abord quelle basse opinion avait de ces dieux Varron, le plus habile théologien du Paganisme. Il cite d'après cet auteur les trois sortes de théologie, fabuleuse, naturelle et civile. Il montre ensuite que les dieux fabuleux et civils ne peuvent rien pour ce qui concerne le bonheur de la vie future.

LIVRE SEPTIÈME.

De quelques dieux choisis dans la théologie civile, Janus, Jupiter, Saturne et autres ; que leur culte ne saurait conduire à la félicité éternelle.

LIVRE HUITIÈME.

Le saint docteur passe à la troisième sorte de théologie, c'est-à-dire à la théologie naturelle, il discute avec les Platoniciens, qui étaient les plus célèbres des philosophes et les moins éloignés de la vérité chrétienne, la question de savoir si le culte de ces dieux sert pour acquérir cette vie heureuse, qui doit suivre la mort. Il réfute d'abord Apulée et les autres, qui veulent qu'on honore les démons comme des médiateurs entre les dieux et les hommes; il montre que ces démons sont sujets à des vices que les hommes sages et honnêtes évitent et condamnent; qu'ils ont introduit les fables sacrilèges des poètes, les jeux obscènes du théâtre, les maléfices et les crimes de la magie, qu'ils aiment toutes ces choses et qu'ils s'en repaissent ; d'où il conclut qu'ils sont impuissants à rendre les dieux bons, favorables aux hommes.

LIVRE NEUVIÈME.

Après avoir montré dans le livre précédent qu'il fallait rejeter le culte des démons, qui eux-mêmes, par des preuves multipliées, se révèlent comme des esprits mauvais, saint Augustin dans ce livre, s'adresse à ceux qui établissent une distinction entre les démons, disant que les uns sont bons, les autres méchants. Il établit que cette différence n'existe nullement, et démontre qu'on ne saurait attribuer à aucun d'eux, mais au Christ seul, le pouvoir de remplir les fonctions de médiateur pour le bonheur des hommes.

LIVRE DIXIÈME.

Dans ce livre, le saint évêque d'Hippone enseigne que les bons anges ne veulent point pour eux de ces honneurs divins, appelés culte de *Latrie*, lequel consiste en des sacrifices; que ce culte n'appartient qu'au seul Dieu véritable, dont les anges eux-mêmes sont les serviteurs. Il discute ensuite contre Porphyre sur la manière dont l'âme est purifiée et délivrée.

LIVRE ONZIÈME.

Ici commence la seconde partie de l'ouvrage qui traite de la naissance, des progrès et du sort qui attend chacune des deux Cités, la Cité terrestre et la

rus, quem non colebant, adjutor fuerit. Docet postremo quæ vera ducenda sit felicitas Christianorum imperatorum.

LIBER SEXTUS.

Hactenus contra eos qui propter hanc temporalem vitam colendos deos putant : nunc autem adversus eos qui cultum ipsis credunt propter vitam æternam exhibendum : quos Augustinus libris quinque sequentibus confutaturus, ostendit hic in primis opinionem de diis quam abjectam habuerit ipsemet Varro theologiæ gentilis scriptor commendatissimus. Affert theologiæ istius genera secundum Varronem tria, fabulosum, naturale, et civile : ac mox de fabuloso et de civili demonstrat, nihil hæc genera ad futuræ vitæ felicitatem conferre.

LIBER SEPTIMUS.

De diis selectis civilis theologiæ, Jano, Jove, Saturno, et cæteris; quod nec eorum cultu perveniatur ad æternæ vitæ felicitatem.

LIBER OCTAVUS.

Venit ad tertium genus theologiæ, quæ dicitur naturalis : quæstionem de diis eo pertinentibus, an istorum videlicet deorum cultus prosit ad consequendam vitam beatam, quæ post mortem futura est, discutiendam suscipit cum Platonicis, qui cæterorum philosophorum sint facile principes et a fidei Christianæ veritate propius recedentes. Atque hic primum refellit Apuleium et quicumque alii cultum dæmonibus tanquam internuntiis et interpretibus inter deos et homines impendi volunt, ostendens ipsos dæmones, quos vitiis obnoxios esse, et quæ probi prudentesque homines aversantur et damnant, id est, sacrilega poetarum figmenta, ludibria theatrica, magicarum artium maleficia et scelera importasse, iisque omnino favere et delectari compertum est, nulla posse ratione diis bonis homines conciliare.

LIBER NONUS.

Postquam dixit in superiore libro de abjiciendo dæmonum cultu, quippe qui spiritus malos se ipsi prodant tam multis argumentis : in isto jam libro iis occurrit Augustinus, qui dæmonum differentiam afferunt aliorum malorum, aliorum bonorum : qua ipse explosa differentia probat nulli omnino dæmoni, sed uni Christo munus mediatoris hominum ad beatitudinem posse competere.

LIBER DECIMUS.

In quo docet Augustinus divinum honorem, qui latriæ cultus dicitur et sacrificiis agitur, nolle Angelos bonos exhiberi nisi uni Deo, cui et ipsi serviunt. De principio subinde ac via purgandæ ac liberandæ animæ disputat contra Porphyrium.

LIBER UNDECIMUS.

Incipit Operis pars altera, quæ est de duarum Civitatum, terrenæ et cœlestis, exortu et procursu, ac debitis

Cité céleste. Dans ce livre, saint Augustin montre le commencement de ces Cités dû à la séparation des bons et des mauvais anges, et à ce sujet il parle de l'origine du monde racontée dans la sainte Ecriture, au commencement du livre de la Genèse.

LIVRE DOUZIÈME.

Au début de ce livre, le saint recherche, au sujet des anges, d'où est venue aux uns une volonté bonne, aux autres une volonté mauvaise ; quelle a été la cause du bonheur des anges restés fidèles, et du malheur de ceux qui se sont révoltés. Il parle ensuite de la création de l'homme, il montre qu'il n'est point éternel, qu'il a été créé dans le temps, et qu'il n'a d'autre auteur que Dieu même.

LIVRE TREIZIÈME.

Le saint établit que la mort à laquelle les hommes sont condamnés, vient du péché d'Adam.

LIVRE QUATORZIÈME.

Saint Augustin parle de nouveau du péché du premier homme ; il établit que c'est de lui que viennent les défauts d'une vie charnelle et les affections vicieuses ; mais surtout il démontre que de cette source découle le vice honteux de l'impureté comme un juste châtiment de la désobéissance. Il recherche comment, si l'homme n'eût pas péché, la race humaine se fût propagée sans aucune passion charnelle.

LIVRE QUINZIÈME.

Après avoir traité dans les quatre livres précédents de l'origine des deux Cités, le saint docteur dans les quatre livres suivants, va raconter les progrès de ces mêmes Cités. Il développe ce sujet de manière à exposer les principaux chapitres de l'histoire sainte qui s'y rapportent. Dans ce quinzième livre il expose ce qu'on lit dans la Genèse depuis Caïn et Abel jusqu'au déluge.

LIVRE SEIZIÈME.

Dans la première partie de ce livre, du 1er au XIIe chapitre, il traite du développement des deux Cités, selon les Livres saints, depuis Noé jusqu'à Abraham. Dans la seconde partie, s'occupant seulement de la Cité céleste, il expose son développement depuis Abraham jusqu'aux rois d'Israël.

LIVRE DIX-SEPTIÈME.

Dans ce livre sont développés les progrès de la Cité de Dieu, du temps des rois et des prophètes, depuis Samuel et David jusqu'à Jésus-Christ. Le saint expose les prophéties faites du temps des rois, contenues dans les psaumes et les livres de Salomon, au sujet du Christ et de son Eglise.

LIVRE DIX-HUITIÈME.

Il parle du développement de la Cité terrestre depuis le temps d'Abraham jusqu'à la fin du monde, la comparant à la Cité céleste. Il mentionne les prophéties au sujet du Christ, tant celles des sibylles que celles surtout des saints prophètes, qui ont écrit depuis la fondation de Rome, Osée, Amos, Isaïe, Michée, et ceux qui les suivirent.

---

finibus. Hoc primum libro Civitatum earumdem exordia quomodo in angelorum bonorum et malorum discretione præcesserint, demonstrat Augustinus, eaque occasione agit de constitutione mundi, quæ sacris litteris in principio libri Geneseos describitur.

LIBER DUODECIMUS.

In quo prius quidem de angelis inquirit Augustinus, unde nimirum aliis bona voluntas, aliis mala, et quæ causa beatitudinis bonorum, quæ causa miseriæ malorum angelorum fuerit. Postea vero de hominis institutione agit, docetque eum non ab æterno, sed in tempore esse conditum, nec alio auctore quam Deo.

LIBER TERTIUS DECIMUS.

In quo docetur, mortem in hominibus esse pœnalem, ortamque ex Adami peccato.

LIBER QUARTUS DECIMUS.

Rursum de primi hominis peccato, ex quo vitæ carnalis et vitiosorum affectuum causam profluxisse docet Augustinus : sed præsertim libidinis erubescendæ malum pœnam inobedientiæ reciprocam esse ostendit ; et quomodo, si non peccasset homo, filios fuisset absque libidine propagaturus, inquirit.

LIBER QUINTUS DECIMUS.

Postquam egit quatuor proxime antecedentibus libris de Civitatum duarum, terrenæ ac cœlestis exortu, libros totidem de earumdem Civitatum procursu subjungit Augustinus, idque argumentum ea ratione aggreditur, ut præcipua capita sacræ historiæ eodem spectantia pertractet, primum scilicet quinto decimo hoc libro quæ in Genesi leguntur a Caino et Abele usque ad diluvium.

LIBER SEXTUS DECIMUS.

In cujus priore parte, a capite videlicet primo ad duodecimum, Civitatis utriusque cœlestis ac terrenæ procursus exhibetur secundum sacram historiam a Noe usque ad Abraham. Posteriore autem parte de cœlestis tantummodo Civitatis procursu ab Abraham usque ad Israelitarum reges disputatur.

LIBER DECIMUS SEPTIMUS.

In quo agitur de Civitatis Dei procursu temporibus Regum et Prophetarum a Samuele et David usque ad Christum, et quæ sacris litteris mandatæ sunt vaticinationes eorumdem temporum in Regum, Psalmorum et Salomonis libris, de Christo et Ecclesia exponuntur.

LIBER DECIMUS OCTAVUS.

Dicit de terrenæ Civitatis a tempore Abrahami ad mundi finem procursu cum ipsa Civitate cœlesti : et attingit oracula de Christo, cum Sibyllarum, tum maxime sacrorum Vatum, qui ab regni Romanorum initio scripserunt, Osee, Amos, Isaiæ, Michææ, et subsequentium.

LIVRE DIX-NEUVIÈME.

Dans ce livre, saint Augustin traite du sort des deux cités; il énumère, au sujet des biens et des maux, les diverses opinions des philosophes, qui ont vainement cherché à se former une béatitude dans cette vie; en les réfutant longuement, il montre quel est le bonheur et la paix de la Cité céleste, c'est-à-dire, du peuple chrétien; quelle félicité ce peuple peut goûter ici-bas, et celle qu'il doit espérer dans l'avenir.

LIVRE VINGTIÈME.

Du jugement dernier et des témoignages tant du Nouveau que de l'Ancien Testament établissant que ce jugement aura lieu.

LIVRE VINGT-ET-UNIÈME.

Fin réservée à la Cité du diable ou supplice éternel des damnés et arguments des incrédules contre cette vérité.

LIVRE VINGT-DEUXIÈME.

De la fin réservée à la Cité de Dieu ou de l'éternelle félicité des saints. Solides fondements de la foi à la résurrection des corps. Quelle sera cette résurrection. L'ouvrage se termine par des considérations sur ce que les saints feront dans leurs corps immortels et spirituels.

LIBER DECIMUS NONUS.

In quo de finibus utriusque Civitatis, terrenæ ac cœlestis, disputatur. Recensentur de bonorum et malorum finibus opiniones Philosophorum, qui beatitudinem in hac vita facere ipsi sibi frustra conati sunt : qui dum operosius refelluntur, ipsius Civitatis cœlestis, seu populi Christiani beatitudo et pax quænam sit, qualisve hic haberi vel in futurum sperari possit, demonstratur.

LIBER VIGESIMUS.

De judicio novissimo, deque testimoniis cum novi tum veteris Instrumenti, quibus denuntiatur futurum.

LIBER VIGESIMUS PRIMUS.

De fine debito Civitatis diaboli, supplicio scilicet damnatorum sempiterno, deque humanis contra illud incredulorum argumentis.

LIBER VIGESIMUS SECUNDUS.

De fine debito Civitatis Dei, hoc est, de æterna felicitate sanctorum. Astruitur fides resurrectionis corporum, et explicatur qualis futura sit. Tum, dicto quid acturi sint in corporibus immortalibus atque spiritalibus sancti, Opus terminatur.

EXTRAIT

DU SECOND LIVRE DES RÉTRACTATIONS, CHAPITRE XLIII.

Rome venait d'être envahie et entièrement détruite par les Goths, sous la conduite d'Alaric. Les adorateurs de la multitude des faux dieux, les païens, c'est le nom qu'on leur donne, accusèrent de ce désastre la religion chrétienne, et commencèrent à blasphémer contre le vrai Dieu avec plus d'amertume et d'acharnement que jamais. Dévoré du zèle de la maison de Dieu, j'entrepris d'opposer à leurs blasphèmes et à leurs erreurs les livres de *la Cité de Dieu*. Cet ouvrage me demanda plusieurs années, obligé que j'étais, dans les intervalles, d'expédier des affaires pressantes et dont la solution ne souffrait point de retard. Il ne fallut pas moins de vingt-deux livres pour achever ce grand travail sur *la Cité de Dieu*. Les cinq premiers sont consacrés à combattre l'erreur des païens, qui font du culte des faux dieux la condition du bonheur de l'humanité, et qui attribuent à la ruine de ce culte les maux innombrables qui affligent la terre. Dans les cinq suivants, je réfute ceux qui, tout en avouant que les hommes ont toujours été et seront toujours exposés à ces calamités plus ou moins grandes, suivant les lieux, les temps et les personnes, prétendent néanmoins que le culte des faux dieux, avec ses sacrifices, est utile pour la vie future qui doit suivre la mort. C'est donc à la réfutation de cette double erreur opposée à la religion chrétienne que sont consacrés ces dix premiers livres.

Nous ne nous sommes pas contenté de réfuter les doctrines de nos adversaires, sans établir les nôtres; et, pour éviter ce reproche, nous avons consacré à ce dernier objet la seconde partie de cet ouvrage, qui se compose des douze derniers livres. Ce qui ne nous a pas empêché, suivant les besoins de notre thèse, d'affirmer nos doctrines dans les dix premiers livres, comme de réfuter nos adversaires dans les douze derniers. De ces douze derniers, les quatre premiers traitent de l'origine des deux cités, la cité de Dieu et la cité du monde; les quatre suivants, de leurs progrès et de leurs développements; les quatre derniers, de la fin si différente qui les attend. Ces vingt-deux livres, bien qu'ils traitent des deux cités, n'empruntent leur titre qu'à la meilleure, la cité de Dieu. Je n'aurais pas dû, au dixième livre (chap. VIII), donner comme un miracle cette flamme venue du ciel, qui, au sacrifice d'Abraham, avait couru entre les victimes divisées, puisque Abraham

LIBRI II RETRACTATIONUM, CAPUT XLIII.

Interea Roma Gothorum irruptione, agentium sub rege Alarico, atque impetu magnæ cladis eversa est: cujus eversionem deorum falsorum multorumque cultores, quos usitato nomine Paganos vocamus, in Christianam religionem referre conantes, solito acerbius et amarius Deum verum blasphemare cœperunt. Unde ego exardescens zelo domus Dei, adversus eorum blasphemias, vel errores, libros *de Civitate Dei* scribere institui. Quod Opus per aliquot annos me tenuit, eo quod alia multa intercurrebant, quæ differre non oporteret, et me prius ad solvendum occupabant. Hoc autem *de Civitate Dei* grande Opus tandem viginti duobus libris est terminatum. Quorum quinque primi eos refellunt, qui res humanas ita prosperari volunt, ut ad hoc multorum deorum cultum, quos Pagani colere consueverunt, necessarium esse arbitrentur; et quia prohibetur, mala ista exoriri atque abundare contendunt. Sequentes autem quinque adversus eos loquuntur, qui fatentur hæc mala, nec defuisse unquam, nec defutura mortalibus; et ea nunc magna, nunc parva, locis, temporibus personisque variari: sed deorum multorum cultum, quo eis sacrificatur, propter vitam post mortem futuram, esse utilem disputant. His ergo decem libris duæ istæ vanæ opiniones Christianæ religionis adversariæ refelluntur.

Sed ne quisquam nos aliena tantum redarguisse, non autem nostra asseruisse, reprehenderet, id agit pars altera Operis hujus, quæ duodecim liberis continetur. Quanquam, ubi opus est, et in prioribus decem quæ nostra sunt asseramus, et in duodecim posterioribus redarguamus adversa. Duodecim ergo librorum sequentium primi quatuor continent exortum duarum Civitatum, quarum est una Dei, altera hujus mundi. Secundi quatuor excursum earum sive procursum. Tertii vero, qui et postremi, debitos fines. Ita omnes viginti et duo libri cum sint de utraque Civitate conscripti, titulum tamen a meliore acceperunt, ut *de Civitate Dei* potius vocarentur. In quorum decimo libro (*Cap.* VIII) non debuit pro miraculo poni in Abrahæ sacrificio flammam cœlitus factam inter divisas victimas cucurrisse: quoniam hoc illi in visione

ne l'avait vue qu'en songe. Au dix-septième livre, à propos de Samuel, au lieu de : « Il n'était pas des fils d'Aaron, » (chap. v, n. 2,) j'aurais dû dire : « Il n'était pas le fils d'un prêtre. » Il était, en effet, plus conforme à la loi que les fils des prêtres morts succédassent à leurs pères. Le père de Samuel se trouve bien au nombre des fils d'Aaron ; mais il ne fut ni prêtre ni enfant d'Aaron, en ce sens qu'Aaron l'aurait engendré ; il le fut seulement de la même manière que tous les Hébreux sont appelés enfants d'Israël. Ce livre commence ainsi : « Gloriosissimam civitatem Dei. »

monstratum est. In septimo decimo libro quod dictum est de Samuele (*Cap.* v) : « Non erat de filiis Aaron : » dicendum potius fuit : Non erat filius sacerdotis. Filios quippe sacerdotum defunctis sacerdotibus succedere, magis legitimi moris fuit. Nam in filiis Aaron reperitur pater Samuelis, sed sacerdos non fuit ; nec ita in filiis, ut eum ipse genuerit Aaron ; sed sicut omnes illius populi dicuntur filii Israel. Hoc Opus sic incipit : « Gloriosissimam Civitatem Dei. »

VINGT-DEUX LIVRES
SUR
LA CITÉ DE DIEU
CONTRE LES PAIENS
ADRESSÉS A MARCELLIN [1]

LIVRE PREMIER

Saint Augustin s'élève contre les païens qui attribuaient à la religion chrétienne, parce qu'elle défend le culte des dieux, les malheurs du monde, et surtout le pillage récent de Rome par les Goths. Il parle des biens et des maux qui alors, comme toujours, furent communs aux bons et aux méchants. Enfin, il réprime l'insolence de ceux qui objectaient les outrages éprouvés par les femmes chrétiennes de la part des soldats barbares.

PRÉFACE.
DESSEIN ET SUJET DE CET OUVRAGE.

Acquiesçant à vos désirs et voulant remplir ma promesse, j'entreprends cet ouvrage, mon très-cher fils Marcellin (2), pour défendre la glorieuse Cité de Dieu contre ceux qui préfèrent leurs dieux à son divin fondateur. Je veux la justifier soit lorsque vivant de la foi, elle accomplit dans le temps son pèlerinage au milieu des impies, soit dans l'état immuable du séjour éternel, qu'elle attend maintenant avec patience jusqu'à ce que sa justice soit manifestée ; séjour que par une dernière victoire sa sainteté possédera dans une paix inaltérable. Œuvre immense et difficile, mais Dieu est mon soutien. Je n'ignore pas, en effet, de quelles forces il est besoin pour persuader aux superbes la grande puissance de l'humilité qui, par une générosité, fruit de la grâce et non de l'ostentation hu-

(1) Commencés en l'an 413, achevés vers l'an 426. — (2) Marcellin, tribun d'Afrique, ami de saint Augustin. Pour plus de détails, voir, dans le tome V, la note sur la lettre CXXVIII, page 120.

AD MARCELLINUM
DE CIVITATE DEI
CONTRA PAGANOS
LIBRI XXII.

LIBER PRIMUS

Paganos reprehendit, qui orbis calamitates, maximeque Romanæ urbis recentem a Gothis vastationem Christianæ religioni, qua deorum cultus probibetur, tribuebant. Agit de commodis et incommodis, quæ tunc bonis et malis, ut solet, fuerunt communia. Illorum denique retundit procacitatem, qui Christianarum feminarum violatam a militibus pudorem objectabant.

PRÆFATIO
DE SUSCEPTI OPERIS CONSILIO ET ARGUMENTO.

Gloriosissimam Civitatem Dei, sive in hoc temporum cursu, cum inter impios peregrinatur ex fide vivens, sive in illa stabilitate (*Habac.*, II, 4) sedis æternæ, quam nunc exspectat per patientiam (*Rom.*, VIII, 25), quoad usque justitia convertatur in judicium (*Psal.* XCIII, 15), deinceps adeptura per excellentiam victoria ultima et pace perfecta, hoc opere (a) a te instituto, et mea promissione debito, defendere adversus eos, qui Conditori ejus deos suos præferunt, fili carissime Marcelline, suscepi. Magnum opus et arduum : sed Deus adjutor noster est. (*Psal.* LXI, 9.) Nam scio quibus viribus opus sit, ut persuadeatur superbis quanta sit virtus humilitatis, qua fit ut omnia terrena cacumina temporali mobilitate nutantia, non humano usurpata fastu, sed divina gratia donata celsitudo transcendat. Rex enim et Conditor Civitatis hujus, de qua loqui instituimus, in Scriptura (b) populis suis sententiam divinæ legis aperuit, qua dictum est : « Deus su-

(a) Editiones Vind. hoc est Vindelini, Er. Erasmi, et Lov. Lovaniensium, habent, *ad te instituto*. At Am. id est Amerbachiana editio, et plures probæ notæ Mss. *a te instituto*. Propositum enim a Marcellino id opus fuerat epistola inter Augustinianas CXXXVI, n. 3, ipsique promissum ab Augustino epistola CXXXVII, n. 20, sicuti nunc observavimus in voluminis hujus præfatione. Prosequuntur ex prædictis codicibus nonnulli, *et mea ad te promissione debito*. — (b) Sic Mss. Editi autem, *populi sui*.

maine, nous élève au-dessus de toutes les grandeurs de la terre si périssables et si incertaines. Le roi et le fondateur de cette Cité, dont nous allons parler, enseigne à ses peuples dans l'Ecriture cette sentence de la loi divine : « Dieu résiste aux superbes, il donne sa grâce aux humbles. » (*Jac.*, IV, 6 ; I *Pier.*, V, 5.) Mais l'âme gonflée par l'orgueil cherche à s'approprier cet attribut de Dieu, elle aime à s'entendre appliquer cet éloge : « Pardonnez aux vaincus et domptez les superbes. » (*Enéid.*, VI.) C'est pourquoi je parlerai aussi, autant que mon sujet et l'occasion le permettront, de la Cité terrestre qui, avide de domination, bien que les peuples lui soient asservis, est elle-même esclave de sa passion de dominer.

CHAPITRE PREMIER.

Des ennemis du nom chrétien qui, dans le pillage de Rome n'ont été épargnés par les barbares, qu'à cause de Jésus-Christ.

C'est en effet de cette Cité terrestre que sortent les ennemis contre lesquels il faut défendre la Cité de Dieu ; plusieurs il est vrai, ayant abjuré leurs erreurs impies, sont devenus citoyens assez fidèles de cette dernière Cité.

Mais aussi chez plusieurs quelle haine ardente, quelle ingratitude pour les bienfaits si manifestes de son Rédempteur ! Ils oublient qu'ils n'élèveraient pas aujourd'hui leur voix contre elle, si, lorsqu'ils fuyaient le glaive ennemi, ils n'avaient trouvé dans ses lieux saints une vie dont ils s'enorgueillissent. Eh quoi ! ces ennemis du nom chrétien, ne sont-ce pas ces mêmes Romains que les barbares ont épargnés à cause du Christ(1)? J'en atteste les tombeaux des martyrs et les basiliques des apôtres, qui, dans le pillage de la ville, ont reçu dans leur sein et les chrétiens et ceux qui étaient étrangers à la foi ! Jusques à leur seuil sévissait l'ennemi altéré de sang, mais là s'arrêtait la fureur du carnage ; là étaient conduits, afin de ne pas tomber dans des mains plus cruelles, ceux que des ennemis compatissants avaient épargnés même hors des lieux saints (2). Ceux mêmes qui, partout ailleurs, étaient farouches et impitoyables, parvenus à ces lieux où était interdit ce que le droit de la guerre leur permettait, sentaient s'éteindre en eux la soif du sang et le désir de faire des captifs. Ainsi sont échappés plusieurs qui insultent aux temps chrétiens, imputent au Christ les maux que Rome a éprouvés et prétendent

---

(1) Orose nous apprend, (liv. VII, ch. XXXIX,) qu'à la prise de Rome, Alaric donna à ses soldats l'ordre suivant : « Que si quelques habitants cherchaient un asile dans les lieux saints, et surtout dans les basiliques des saints apôtres Pierre et Paul, ils devaient leur laisser la vie et la liberté. »

(2) Marcella et sa fille Principie éprouvèrent cette compassion des barbares ; ceux-ci les ayant trouvées dans leur maison, les conduisirent dans la basilique de Saint-Paul. (Saint Jérôme, ép. CLIV à Principie.) Sozomène parle d'une autre femme qu'un soldat accompagna jusqu'à la basilique de Saint-Pierre, afin que sa pudeur fût à l'abri de tout outrage.

---

perbis resistit, humilibus autem dat gratiam. » (*Jac.*, IV, 6 ; I *Petr.*, V, 5.) Hoc vero quod Dei est, superbæ quoque animæ spiritus inflatus affectat, amatque sibi in laudibus dici :

Parcere subjectis, et debellare superbos.
(*Æneid.*, VI.)

Unde etiam de terrena Civitate, quæ cum dominari appetit, etsi populi serviant, ipsa ei dominandi libido dominatur non est prætereundum silentio, quidquid dicere suscepti hujus operis ratio postulat, et facultas datur.

CAPUT PRIMUM.

De adversariis nominis Christi, quibus, in vastatione Urbis, propter Christum Barbari pepercerunt.

Ex hac namque exsistunt inimici, adversus quos defendenda est Dei Civitas : quorum tamen multi, correcto impietatis errore, cives in ea fiunt satis idonei ; multi vero in eam tantis exardescunt ignibus odiorum, tamque manifestis beneficiis Redemptoris ejus ingrati sunt, ut hodie contra eam linguas non moverent, nisi ferrum hostile fugientes, in sacratis ejus locis vitam, de qua superbiunt, invenirent. An non etiam illi Romani Christi nomini infesti sunt, quibus propter Christum Barbari pepercerunt? Testantur hoc Martyrum loca et basilicæ Apostolorum, quæ in illa vastatione Urbis ad se confugientes suos alienosque receperunt. Huc usque cruentus sæviebat inimicus ; ibi accipiebat limitem trucidatoris furor ; illo ducebantur a miserantibus hostibus, quibus etiam extra ipsa loca pepercerant, ne in eos incurrerent, qui similem misericordiam non habebant. Qui tamen etiam ipsi alibi truces atque hostili more sævientes, postea quam ad loca illa veniebant, ubi fuerat interdictum, quod alibi jure belli licuisset, tota feriendi refrenabatur immanitas, et captivandi cupiditas frangebatur. Sic evaserunt multi, qui nunc Christianis temporibus detrahunt, et mala quæ illa civitas pertulit, Christo imputant ; bona vero quæ in eos, ut viverent, propter Christi honorem facta sunt,

devoir non au Christ, mais à leur destin cette vie qui leur a été conservée en l'honneur du Christ. Ne devraient-ils pas, s'ils avaient quelque raison, reconnaître dans les maux qu'ils ont soufferts des barbares la main de la Providence, qui se sert souvent de la guerre pour punir et réprimer la corruption des mœurs chez les méchants, qui exerce par cette sorte d'afflictions les âmes justes et fidèles ; soit qu'étant ainsi éprouvées, elles passent à une vie meilleure, soit que Dieu les garde sur la terre pour l'accomplissement de ses desseins? Ne devraient-ils pas reconnaître comme un effet du christianisme, que, contre les usages de la guerre, des barbares cruels les aient épargnés, que par le nom de Jésus-Christ ils aient été sauvés soit ailleurs, soit dans des lieux sacrés, qu'on avait choisis célèbres et spacieux, afin qu'ils pussent contenir et sauvegarder un plus grand nombre de personnes? Ne devraient-ils pas rendre grâces à Dieu, et pour éviter le feu éternel embrasser et invoquer avec sincérité ce nom, dont ils se sont hypocritement servis pour échapper à la mort temporelle? Car, parmi ceux que vous voyez attaquer avec tant d'insolence et de fureur les serviteurs du Christ, il en est beaucoup qui n'ont échappé au massacre qu'en feignant d'être chrétiens. Et maintenant, orgueil ingrat, impiété insensée, leur cœur pervers se jette dans des ténèbres éternelles en repoussant ce nom, qu'ils ont invoqué même d'une bouche menteuse, pour continuer à jouir de cette lumière temporelle.

CHAPITRE II.

Jamais, dans les guerres précédentes, les vainqueurs n'avaient épargné les vaincus à cause des dieux qu'ils adoraient.

Tant de guerres ont eu lieu, soit avant la fondation de Rome, soit depuis son origine et depuis l'établissement de l'empire ; qu'ils en lisent le récit, et qu'ils nous disent si jamais après la prise d'une ville, les vainqueurs ont épargné ceux qui s'étaient réfugiés dans les temples de leurs dieux, ou si jamais chef barbare a ordonné que, dans le sac de la ville, on respectât celui qui serait trouvé dans tel ou tel temple (1). Énée n'a-t-il pas vu Priam « égorgé sur l'autel, souiller de son sang les feux que lui-même avait consacrés ? » (*Énéid.*, liv. II.) Diomède et Ulysse « ne saisirent-ils pas l'image sacrée après avoir massacré ses gardes, et n'osèrent-ils pas de leurs

(1) Saint Augustin semble avoir ignoré quelques traits de genre racontés par les historiens grecs et latins. Arrien (Liv. II *de Gest. Alex.*) dit qu'à la prise de Tyr, Alexandre épargna ceux qui s'étaient réfugiés dans le temple d'Hercule. Agésilas, au témoignage de plusieurs historiens, après avoir vaincu les Athéniens et les Thébains, ne voulut pas qu'on fît aucun mal à ceux qui s'étaient réfugiés dans le temple de Minerve. (Xenoph. *in Agesilas*, Pausanias *in Lacon.* Plutarq. Emilius Probus *in Agesil.*)

non imputant Christo nostro, sed fato suo : cum potius deberent, si quid recti saperent, illa quæ ab hostibus aspera et dura perpessi sunt, illi divinæ providentiæ tribuere, quæ solet corruptos hominum mores bellis emendare atque conterere ; itemque vitam mortalium justam atque laudabilem talibus afflictionibus exercere, probatamque vel in meliora transferre, vel in his adhuc terris propter usus alios detinere ; illud vero, quod eis vel ubicumque, propter Christi nomen, vel in locis Christi nomini dedicatissimis et amplissimis, ac pro largiore misericordia ad capacitatem multitudinis electis, præter bellorum morem truculenti Barbari pepercerunt, hoc tribuere temporibus Christianis ; hinc Deo gratias agere, hinc ad ejus nomen veraciter currere, ut effugiant pœnas ignis æterni ; quod nomen multi eorum mendaciter usurparunt, ut effugerent pœnas præsentis exitii. Nam quos vides petulanter et procaciter insultare servis Christi, sunt in eis plurimi qui illum interitum clademque non evasissent, nisi servos Christi se esse finxissent. Et nunc ingrata superbia atque impiissima insania, ejus nomini resistunt corde perverso, ut sempiternis tenebris puniantur ; ad quod nomen ore vel subdolo confugerunt, ut temporali luce fruerentur.

CAPUT II.

Quod nulla unquam bella ita gesta sunt, ut victores, propter deos eorum quos vicerant, parcerent victis.

Tot bella gesta conscripta sunt, vel ante conditam Romam, vel ab ejus exortu et imperio, legant, et proferant sic ab alienigenis aliquam captam esse civitatem, ut hostes qui ceperant, parcerent eis quos ad deorum suorum templa confugisse compererant ; aut aliquem ducem Barbarorum præcepisse, ut irrupto oppido nullus feriretur, qui in illo vel illo templo fuisset inventus. Nonne vidit Æneas Priamum per aras

Sanguine fœdantem quos ipse sacraverat ignes ?
(*Æneid.*, II.)

Nonne Diomedes et Ulysses

..... cæsis summæ custodibus arcis,
Corripuere sacram effigiem, manibusque cruentis
Virgineas ausi divæ contingere vittas ?

mains sanglantes toucher les chastes bandelettes de la déesse ? » Cependant, ce qui suit n'est pas vrai, que « de ce moment les Grecs aient vu leurs espérances diminuer et s'évanouir. » C'est après qu'ils ont vaincu, qu'ils ont mis Troie à feu et à sang, qu'ils ont massacré Priam se réfugiant aux pieds des autels. Troie ne périt point parce qu'elle a perdu Minerve, car qu'est-ce que Minerve elle-même avait perdu avant d'être enlevée ? Peut-être ses gardiens. Sans aucun doute ; et ceux-ci massacrés, on put ravir la statue. Loin de garder les hommes, c'étaient, au contraire, ces derniers qui gardaient l'image. Comment donc honorait-on comme gardienne de la patrie et des citoyens, cette déesse impuissante à protéger ses propres gardes.

CHAPITRE III.

C'est à tort que les Romains ont cru que des Pénates qui n'avaient pu sauver Troie, pourraient les défendre.

C'est à de tels dieux que les Romains s'applaudissaient d'avoir confié la tutelle de leur ville ! Erreur bien digne de compassion ! Et ils s'irritent lorsque nous disons ces choses de leurs dieux ; mais ils ne s'irritent point contre leurs auteurs, ils paient même pour les apprendre, ils jugent que ceux qui les enseignent méritent un salaire public et des honneurs. Virgile, que lisent les enfants, afin que, comme imbibés dès leurs jeunes années de ce grand poëte, le plus célèbre et le meilleur de tous, ils ne puissent que difficilement l'oublier, selon ce mot d'Horace : « Le vase neuf gardera longtemps le parfum de la première liqueur qu'on y a versée ; » (*Epît.*, liv. II) Virgile, dis-je, nous montre Junon ennemie des Troyens, excitant contre eux Éole le roi des vents. « Une race que je déteste, dit-elle, navigue sur la mer Tyrrhénienne portant en Italie Ilion et ses Pénates vaincus. » (*Énéid.*, liv. 1er.) Est-ce donc à ces Pénates vaincus que la prudence devait recommander Rome pour la rendre victorieuse ? Mais peut-être Junon parlait-elle alors comme une femme irritée, ne sachant ce qu'elle disait. Eh bien, Énée lui-même, tant de fois appelé le pieux Énée, ne s'exprime-t-il pas ainsi : « Panthus, fils d'Othrys, prêtre de la Citadelle et d'Apollon, accourt éperdu au seuil de mon palais ; traînant par la main son petit fils, il porte les choses sacrées et nos dieux vaincus ? » (*Énéid.*, liv. II.) N'avoue-t-il pas que ces dieux sont plutôt confiés

---

Nec tamen quod sequitur verum est :

   Ex illo fluere, ac retro sublapsa referri
   Spes Danaum.

Postea quippe vicerunt, postea Trojam ferro ignibusque deleverunt, postea confugientem ad aras Priamum obtruncaverunt. Nec ideo Troja periit, quia Minervam perdidit. Quid enim prius ipsa Minerva perdiderat, ut periret ? an forte custodes suos ? Hoc sane verum est : illis quippe interemptis potuit auferri. Neque enim homines a simulacro, sed simulacrum ab hominibus servabatur. Quomodo ergo colebatur, ut patriam custodiret et cives, quæ suos non valuit custodire custodes ?

CAPUT III.

Quam imprudenter Romani deos penates, qui Trojam custodire non potuerant, sibi credideruunt profuturos.

Ecce qualibus diis urbem Romani servandam se (a) commendasse gaudebant. O nimium miserabilem errorem ! Et nobis succensent, cum de diis eorum talia dicimus : nec succensent auctoribus suis, quos ut edisceret, mercedem dederunt ; doctoresque ipsos insuper, et salario publico, et honoribus dignissimos habuerunt. Nempe apud Virgilium, quem propterea parvuli legunt, ut videlicet poeta magnus omniumque præclarissimus atque optimus teneris ebibitus annis non facile oblivione possit aboleri, secundum illud Horatii :

   Quo semel est imbuta recens servabit odorem
   Testa diu.
                (*Epist.*, II.)

Apud hunc ergo Virgilium nempe Juno inducitur infesta Trojanis, Æolo ventorum regi adversus eos irritando dicere :

   Gens inimica mihi Tyrrhenum navigat æquor,
   Ilium in Italiam portans, victosque penates.
                (*Æneid.*, I.)

Itane istis penatibus victis, Romam, ne vinceretur, prudentes commendare debuerunt ? Sed hæc Juno dicebat, velut irata mulier, quid loqueretur ignorans. Quid Æneas ipse pius totiens appellatus, nonne ita narrat ?

   Panthus Otriades, arcis Phœbique sacerdos,
   Sacra manu, victosque deos, parvumque nepotem
   Ipse trahit, cursuque amens ad limina tendit.
                (*Æneid.*, II.)

(a) Plures Mss. *commisisse.*

à sa tutelle, qu'il n'est remis lui-même à leur garde, quand Hector lui dit : « Troie te recommande son culte et ses Pénates? » Si donc Virgile appelle ces dieux vaincus, s'il nous les montre même après leur défaite confiés à un homme pour échapper n'importe comment aux mains des vainqueurs; quelle folie de croire que Rome fut sagement placée sous leur tutelle, et qu'elle ne pouvait périr si elle ne les eût perdus! Mais quoi! honorer comme chefs et comme protecteurs des dieux vaincus, n'est-ce pas se vouer à de funestes auspices plutôt qu'à des divinités bienfaisantes? Combien est-il plus raisonnable de croire, non pas que Rome n'aurait point subi ce désastre si ses dieux n'avaient péri, mais plutôt qu'eux-mêmes depuis longtemps auraient disparu, si cette ville ne les eût protégé de tout son pouvoir! Qui donc, en réfléchissant, ne voit combien est ridicule la prétention d'être invincible sous la protection de dieux vaincus, et de ne devoir la défaite qu'à la perte de tels défenseurs! Avoir voulu des protecteurs périssables, n'était-ce pas une raison suffisante pour périr? Aussi, lorsque les poètes nous parlent dans leurs chants de dieux vaincus ce n'est point une fiction, c'est un aveu que la vérité arrache à des hommes de cœur. Mais nous devons ailleurs et plus à propos développer avec soin ces considérations. Pour le moment, suivant ma pensée, je veux, autant que je le pourrai, bien montrer l'ingratitude de ces hommes, qui blasphèment le Christ, et lui imputent des maux, qu'ils souffrent avec justice, comme châtiments de leur corruption. Ils ne daignent pas considérer que, malgré leur indignité, c'est à cause du Christ qu'ils ont été épargnés; avec une perversité sacrilége et insensée, ils déchaînent contre lui ces mêmes langues qui ont hypocritement invoqué son nom pour conserver la vie. Tremblants dans nos lieux saints, ils ont su se taire pour y être en sûreté, et voici qu'épargnés des ennemis par respect pour le Christ, ils ne sortent de ces asiles que pour vomir contre lui de furieuses malédictions.

CHAPITRE IV.

A la prise de Troie, le temple de Junon ne sauva personne de la fureur des Grecs; les basiliques des apôtres ont, au contraire, servi d'asile contre les barbares, à tous ceux qui s'y sont réfugiés.

Troie elle-même, cette mère du peuple romain ne put, comme nous l'avons dit, offrir dans

---

Nonne deos ipsos, quos victos non dubitat dicere, sibi potius quam se illis perhibet commendatos? cum ei dicitur :

Sacra suosque tibi commendat Troja penates.

Si igitur Virgilius tales deos, et victos dicit, et ut vel victi quoquo modo evaderent homini commendatos, quæ dementia est, existimare his tutoribus Romam sapienter fuisse commissam, et nisi eos amisisset, non potuisse vastari? Imo vero victos deos tanquam præsides ac defensores colere, quid est aliud quam tenere non numina bona, sed (*a*) omnia mala? Quanto enim sapientius creditur, non Romam ad istam cladem non fuisse venturam, nisi prius illi perissent, sed illos potius olim fuisse perituros, nisi eos, quantum potuisset, Roma servasset? Nam quis non, cum adverterit, videat, quanta sit vanitate præsumptum, non posse vinci sub defensoribus victis, et ideo perisse, quia custodes perdidit deos; cum vel sola potuerit esse causa pereundi, custodes habere voluisse perituros? Non itaque, cum de diis victis illa conscriberentur, atque canerentur, (*b*) poetas libebat mentiri, sed cordatos homines cogebat veritas confiteri. Verum ista opportunius alio loco diligenter copioseque tractanda sunt : nunc quod institueram de ingratis hominibus dicere, parumper (*c*) explicem, ut possum : qui ea mala quæ pro suorum morum perversitate merito patiuntur, blasphemantes Christo imputant; quod autem illis etiam talibus propter Christum parcitur, nec dignantur attendere, et eas linguas adversus ejus nomen dementia sacrilegæ (*d*) protervitatis exercent, quibus linguis usurpaverunt mendaciter ipsum nomen, ut viverent; vel quas linguas in locis ei sacratis metuendo presserunt, ut illic tuti atque muniti, (*e*) ubi propter eum illæsi ab hostibus fuerunt, inde in eum maledictis hostilibus prosilirent.

CAPUT IV.

De asylo Junonis in Troja, quod neminem liberavit a Græcis, et basilicis Apostolorum, quæ omnes ad se confugientes a Barbaris defenderunt.

Ipsa, ut dixi, Troja, mater Romani populi, sacratis in locis deorum suorum munire non potuit cives suos ab ignibus ferroque Græcorum, eosdem

---

(*a*) Editi, *sed dæmonia mala.* At melioris notæ Mss. *sed omina mala,* id est præsagia excidii et cladis venturæ. — (*b*) Lov. *poetis libebat.* Cæteri libri, *poetas,* accusandi casu, quem verbo *libet* adjungere amat Augustinus. Sic in lib. II *Retract*, cap. xxv : *In me potius dicens quidquid eum libuit.* — (*c*) Er. et aliquot probæ notæ Mss. *expediam.* — (*d*) Vind. Am. et plerique Mss. *perversitatis.* — (*e*) Lov. *atque muniti essent, et ubi propter eum,* etc. Addiderunt (*essent et*) invitis omnibus libris editis et Mss.

LIVRE I. — CHAPITRE V.

ses temples un asile à ses citoyens contre la fureur des Grecs, qui pourtant adoraient les mêmes dieux. Bien plus, dans le temple de Junon, « Phœnix et le cruel Ulysse, gardiens choisis veillaient sur le butin. C'est là, que de toutes parts s'amoncellent les trésors de Troie ravis aux sanctuaires embrasés, les tables des dieux, les vases d'or massif, les dépouilles captives; une longue foule d'enfants et de mères effrayées se rangeaient à l'entour. » (*Enéid.*, liv. II.) Un lieu consacré à une si grande divinité, est choisi pour servir non d'asile, mais de prison aux vaincus; ce temple dédié, non pas à un dieu quelconque, appartenant au dernier rang des divinités, mais à l'épouse, à la sœur de Jupiter, comparez-la aux temples de nos saints apôtres. Là, on portait les dépouilles arrachées aux dieux et aux sanctuaires en flammes, non pour les rendre aux vaincus (1), mais pour les partager entre les vainqueurs; ici, on rapportait avec honneur et vénération tout objet qui, trouvé ailleurs, était reconnu appartenir à ces saints lieux. Là, la liberté était ravie, ici, elle était sauvée; là, on renfermait les captifs, ici, il était défendu d'en faire; là, on était entassé pour être prisonnier par des ennemis insolents, ici, on était conduit par des vainqueurs compatissants pour conserver sa liberté. La cupidité et l'orgueil des Grecs polis avaient choisi le temple de Junon, nos basiliques l'avaient été par ces barbares farouches dans une pensée de miséricorde et de piété. Peut-être dira-t-on que les Grecs, dans leur victoire, ont respecté les temples de dieux qu'ils adoraient eux-mêmes, qu'ils n'ont osé ni massacrer, ni rendre captifs les malheureux Troyens qui s'y étaient réfugiés, que Virgile n'exprime ici qu'une fiction poétique. Mais non, il ne trace ici que le tableau fidèle du sac d'une ville envahie par l'ennemi.

CHAPITRE V.

Sentiment de César touchant la coutume de piller les villes prises.

Si nous en croyons Salluste, historien digne de foi (*Conjurat. de Catilina*), César dans son discours au sénat parlant des conjurés n'oublie pas de rappeler cette coutume; il montre l'enlèvement des vierges et des jeunes gens, les enfants arrachés des bras de leurs parents, les

(1) Un soldat avait découvert chez une vierge consacrée à Dieu des vases d'un grand prix confiés à sa garde; dès qu'Alaric eut appris qu'ils appartenaient à la basilique de Saint-Pierre, il ordonna de les rendre. (*Orose*, liv. VII, ch. xxxix.)

---

ipsos deos colentium; quin etiam Junonis asylo

> Custodes lecti, Phœnix, et dirus Ulysses,
> Prædam asservabant; huc undique Troia gaza
> Incensis erepta adytis, mensæque deorum,
> Crateresque auro solidi, captivaque vestis
> Congeritur. Pueri et pavidæ longo ordine matres
> Stant circum.
> 					(*Æneid.*, II.)

Electus est videlicet locus tantæ deæ sacratus, non unde captivos non liceret educere, sed ubi captivos liberet includere. Compara nunc asylum illud, non cujuslibet dei gregalis, vel de turba plebis, sed de Jovis ipsius sororis et conjugis et reginæ omnium deorum, cum Memoriis nostrorum Apostolorum. Illuc incensis templis et diis erepta spolia portabantur, non (*a*) reddenda victis, sed dividenda victoribus : huc autem, et quod alibi ad ea loca compertum est pertinere, cum honore et obsequio religiosissimo reportatum est. Ibi amissa, hic servata libertas : ibi clausa, hic interdicta captivitas; ibi possidendi a dominantibus hostibus premebantur,

huc liberandi a miserantibus hostibus ducebantur; postremo illud Junonis templum sibi elegerat avaritia et superbia levium Græcorum, istas Christi basilicas misericordia et humilitas etiam immanium Babarorum. Nisi forte Græci quidem in illa sua victoria templis deorum communium pepercerunt, atque illo confugientes miseros victosque Trojanos ferire vel captivare non ausi sunt; sed Virgilius, poetarum more, illa mentitus est. Imo vero morem hostium civitates evertentium ille descripsit.

CAPUT V.

De generali consuetudine hostium victas civitates evertentium, quid Cæsar senserit.

Quem morem etiam (*b*) Cæsar, sicut scribit Sallustius, (*de Catilinæ conjuratione*) nobilitate veritatis historicus) sententia sua, quam de conjuratis in senatu habuit, commemorare non prætermittit : Rapi virgines, pueros; divelli liberos a parentum complexu, matres familiarum pati quæ victoribus (*c*) colli-

(*a*) Plures Mss. *donanda victis*. — (*b*) Vind. Er. et Mss. Gallicani ac Romani, *Cato*. Sed quia verba nunc laudata ab Augustino Cæsaris sunt apud Sallustium, non Catonis, ideo in Amerbachiana editione, quam hic secuti sunt Lovanienses, interpretibus hujus operis Valoisio et Trivetho emendare visum est *Cæsar* : tametsi libri, ut ipsi observant, communiter haberent *Cato*. Quid si in eo Augustinus, quod eruditis nonnunquam contingit, memoria lapsus est, aut Sallustio usus vario sive mendoso? — (*c*) Lov. *collibuissent :* male et dissentientibus cæteris libris.

femmes nobles livrées à tous les caprices du vainqueur, les temples et les maisons pillés, le fer et la flamme se promenant partout, enfin la ville tout entière remplie d'armes, de cadavres, de sang et de deuil. S'il ne parlait pas des temples, nous pourrions croire qu'ordinairement les ennemis épargnaient le sanctuaire des dieux. Et ce n'était pas de la part d'ennemis étrangers mais c'était de Catilina et de ses partisans, citoyens de la ville et les premiers du sénat, que les temples romains redoutaient ces outrages. Mais on dira peut-être que c'étaient des hommes perdus, parricides envers leur patrie.

CHAPITRE VI.

Les Romains n'ont jamais épargné les temples dans les villes qu'ils ont prises.

Eh pourquoi donc parler de tant de nations qui se sont fait la guerre, et qui n'ont jamais épargné les vaincus réfugiés dans les temples de leurs dieux ? Voyons les Romains eux-mêmes, oui, dis-je, considérons ces mêmes Romains, auxquels on fait un si grand mérite de pardonner aux vaincus et de dompter les superbes, et d'aimer mieux remettre une injure que d'en poursuivre la vengeance. (SALL. *Conj. de Catil.*) Ils ont pris et rasé tant de villes considérables pour étendre au loin leur domination ; qu'on nous dise donc quels temples ils avaient coutume d'épargner, qui pussent servir d'asile aux vaincus ? Dira-t-on qu'ils l'ont fait, et que les historiens de leurs exploits n'en ont pas parlé ? Quoi donc, des écrivains si studieux à rechercher ce qui pouvait être un sujet d'éloges, auraient tu des témoignages de piété, qui leur semblent si recommandables ? On dit que Marcus Marcellus, ce noble citoyen romain, ayant pris la ville de Syracuse, pleura la ruine de cette illustre cité et versa des larmes sur elle avant de la baigner dans son sang (1). Il eut même soin de sauvegarder l'honneur des femmes de l'ennemi ; en effet, avant de livrer la ville au pillage, il défendit expressément de faire violence à aucune personne libre. Cependant, la ville subit le sort de la guerre, et nous ne voyons nulle part qu'un vainqueur si chaste et si clément ait ordonné d'épargner quiconque se serait réfugié dans tel ou tel temple. Certes, puisqu'on nous parle de ses larmes, de cet édit protecteur de la chasteté ; il est à croire qu'on n'eût pas manqué de nous raconter un pareil trait de clémence. On fait un mérite à Fabius, destructeur de Tarente, de n'avoir point pillé les statues des dieux (2). En effet, son secrétaire lui

---

(1) Syracuse, ville de Sicile ; Marcellus en fit le siége qui, grâce aux machines inventées par Archimède, dura trois ans. Ce que saint Augustin dit ici de Metellus est tiré du XXVe livre de Tite-Live.
(2) Tarente, ville de Calabre, s'était révoltée contre les Romains et avait ouvert ses portes à Annibal. Fabius, l'ayant reprise, la livra au pillage. C'est également Tite-Live qui (liv. XXVII) cite la réponse de ce général au sujet des statues.

---

buisset, fana atque domos spoliari, cædem, incendia fieri ; postremo armis, cadaveribus, cruore atque luctu omnia repleri. Hic si fana tacuisset, deorum sedibus solere hostes parcere putaremus. Et hæc non ab alienigenis hostibus, sed a Catilina et sociis ejus nobilissimis senatoribus et Romanis civibus Romana templa metuebant. Sed hi videlicet perditi et patriæ parricidæ.

CAPUT VI.

Quod nec Romani quidem ita ullas ceperint civitates, ut in templis earum parcerent victis.

Quid ergo per multas gentes, quæ inter se bella gesserunt, et nusquam victis in deorum suorum sedibus pepercerunt, noster sermo discurrat ? Romanos ipsos videamus : ipsos, inquam, recolamus respiciamusque Romanos, de quorum præcipua laude dictum est :

Parcere subjectis, et debellare superbos :
(*Æneid.*, VI.)

et quod accepta injuria ignoscere, quam persequi malebant (SALLUST., *de Catil. conjur.*) : quando tot tantasque urbes, ut late dominarentur, expugnatas captasque everterunt, legatur nobis quæ templa excipere solebant, ut ad ea quisquis confugisset liberaretur ? An illi faciebant, et scriptores earumdem rerum gestarum ista reticebant ? Itane vero, qui ea quæ laudarent maxime requirebant, ista præclarissima secundum ipsos pietatis indicia prætrerrirent ? Egregius Romani nominis Marcus Marcellus, qui Syracusas urbem ornatissimam cepit, refertur eam prius flevisse ruituram, et ante ejus sanguinem suas illi lacrymas effudisse. Gessit et curam pudicitiæ, etiam in hoste servandæ. Nam priusquam oppidum victor jussisset invadi, constituit edicto, ne quis corpus liberum violaret. Eversa est tamen civitas more bellorum, nec uspiam legitur ab imperatore tam casto atque clementi fuisse præceptum, ut quisquis ad illud vel illud templum fugisset, abiret illæsus. Quod utique nullo modo præteriretur, quando nec ejus fletus, nec quod edixerat pro pudicitia minime violanda potuit taceri. Fabius Tarentinæ urbis eversor, a simulacrorum deprædatione se

ayant demandé ce qu'il fallait faire du grand nombre de statues qu'on avait prises, il couvrit sa modération sous le voile d'une plaisanterie. Il demande comment sont ces statues, on lui répond qu'il y en a de fort grandes et même d'autres qui sont armées. Laissons, dit-il, aux Tarentins leurs dieux irrités. Que si les historiens de Rome n'omettent ni les larmes et la chaste compassion de l'un, ni l'ironique modération de l'autre, comment auraient-ils oublié de nous dire que, par respect pour tel ou tel dieu, ceux qui s'étaient réfugiés dans son temple avaient été soustraits à la mort et à l'esclavage?

CHAPITRE VII.

C'est au droit de la guerre qu'il faut attribuer les cruautés commises dans le pillage de Rome, mais la clémence des barbares n'est due qu'à l'influence du nom de Jésus-Christ.

C'est donc aux usages de la guerre qu'il faut attribuer les pillages, les meurtres, les vols, les incendies et toutes les horreurs commises dans le dernier désastre de Rome. Mais que par une nouveauté étrange et inouïe, la férocité des barbares se soit adoucie au point de choisir les plus vastes basiliques pour servir d'asiles au peuple qu'on voulait épargner; que dans ces asiles, personne n'ait été ni frappé, ni enlevé; que des vainqueurs plus cruels n'aient pu en arracher, pour les rendre esclaves, ceux que les vainqueurs plus compatissants y avaient conduits; c'est au nom du Christ, c'est à l'âge chrétien qu'il faut en faire honneur. Aveugle qui ne le voit pas! ingrat celui qui le voit sans en être reconnaissant, et insensé celui qui blâme cette reconnaissance! Quel homme sage oserait rapporter cette clémence à la cruauté des barbares? Celui-là seul a effrayé, dompté et assoupli ces cœurs farouches et sauvages, qui avait dit longtemps avant par la bouche de son prophète : « Je châtierai leurs iniquités avec la verge et leurs péchés avec le fouet, sans pourtant éloigner d'eux ma miséricorde. » (*Ps.* LXXXVIII, 33.)

CHAPITRE VIII.

Des biens et des maux temporels communs aux bons et aux méchants.

1. On dira peut-être : Pourquoi cette divine miséricorde s'est-elle étendue à des impies et à des ingrats? C'est, croyons-nous parce qu'elle vient de celui « qui fait briller son soleil sur les bons et sur les méchants et pleuvoir sur les

---

abstinuisse laudatur. Nam cum ei scriba suggessisset quid de signis deorum, quæ multa capta fuerant, fieri juberet, continentiam suam etiam jocando condivit. Quæsivit enim, cujusmodi essent : et cum ei non solum multa grandia, verum etiam renuntiarentur armata : Relinquamus, inquit, Tarentinis deos iratos. Cum igitur nec illius fletum, nec hujus risum, nec illius castam misericordiam, nec hujus facetam continentiam, Romanarum rerum gestarum scriptores tacere potuerint; quando prætermitteretur, si aliquibus hominibus in honorem cujuspiam deorum suorum sic pepercissent, ut in quoquam templo cædem vel captivitatem fieri prohiberent?

CAPUT VII.

Quod in eversione Urbis quæ aspere gesta sunt, de consuetudine acciderint belli; quæ vero clementer, de potentia provenerint nominis Christi.

Quidquid ergo vastationis, trucidationis, deprædationis, concrementationis, afflictionis, in ista recentissima Romana clade commissum est, fecit hoc consuetudo bellorum. Quod autem more novo factum est, quod inusitata (*a*) rerum facie immanitas barbara tam mitis apparuit, ut amplissimæ basilicæ implendæ populo cui parceretur, eligerentur et decernerentur, ubi nemo feriretur, unde nemo raperetur, quo liberandi multi a miserantibus hostibus ducerentur, unde captivandi (*b*) ulli nec a crudelibus hostibus abducerentur; hoc Christi nomini, hoc Christiano tempori tribuendum quisquis non videt, cæcus; quisquis videt, nec laudat, ingratus; quisquis laudanti reluctatur, insanus est. Absit, ut prudens quisquam hoc feritati imputet Barbarorum. Truculentissimas et sævissimas mentes ille terruit, ille frenavit, ille mirabiliter temperavit, qui per Prophetam tanto ante prædixit : « Visitabo in virga iniquitates eorum, et in flagellis peccata eorum; misericordiam autem meam non dispergam ab eis. » (*Psal.* LXXXVIII, 33.)

CAPUT VIII.

De commodis atque incommodis, quæ bonis ac malis plerumque communia sunt.

1. Dicet aliquis : Cur ergo ista divina misericordia etiam ad impios ingratosque pervenit? Cur putamus, nisi quia eam ille præbuit, qui quotidie « facit oriri

---

(*a*) Vox *rerum* abest a vetere libro Silvanectensi. — (*b*) Vi.d. Er. et Lov. *nulli.* Verius Am. et Mss. *ulli.*

justes et sur les pécheurs. » (*Matth.*, v, 45.) Quelques-uns en y réfléchissant se repentent de leur impiété et se corrigent ; d'autres, il est vrai « méprisant, » selon la parole de l'Apôtre, « les richesses de la bonté et de la patience de Dieu, par leur impénitence et la dureté de leur cœur, amassent sur leur tête un trésor de colère pour le jour de la vengeance et de la manifestation du juste jugement de Dieu, qui rendra à chacun selon ses œuvres. » (*Rom.*, II, 4.) Toutefois, Dieu par sa longanimité invite les méchants à la pénitence, de même que, par les fléaux, il apprend aux bons à être patients. C'est ainsi également que la miséricorde de Dieu embrasse les bons pour les encourager, et que sa sévérité s'applique aux méchants pour les punir. En effet, il a plu à la divine Providence de préparer aux bons dans l'avenir des biens dont ne jouiront point les méchants, et de réserver aux impies des maux que les justes n'auront point à souffrir. Quant à ces biens et à ces maux temporels, elle a voulu qu'ils fussent communs aux uns et aux autres ; et cela, pour qu'on ne désirât point avec trop d'avidité des biens que possèdent aussi les méchants, et qu'on ne redoutât point avec trop de lâcheté des maux, qui souvent sont le partage même des bons.

2. Ce qui importe surtout, c'est l'usage qu'on fait soit de la prospérité, soit de l'adversité. Les biens temporels n'enorgueillissent point le juste, et ces maux passagers ne sauraient l'abattre ; quant au méchant, parce qu'il s'est laissé corrompre par le bonheur, le malheur devient pour lui un châtiment. Cependant, souvent dans cette distribution des biens et des maux, la main de Dieu se montre d'une manière évidente. Car, si Dieu punissait ici-bas tout péché d'un châtiment manifeste, on croirait que rien n'est réservé pour le jugement dernier ; d'un autre côté, si aucun crime n'était frappé, dès ici-bas, de peines évidentes, on douterait de la providence de Dieu. Il en est de même des faveurs temporelles ; on croirait qu'il n'en est pas le dispensateur, s'il ne les déversait parfois avec une libéralité éclatante sur ceux qui les lui demandent ; mais s'il les accordait toujours, on serait tenté de croire que c'est pour de tels biens qu'il faut le servir, et cette sorte de culte, loin de nous rendre pieux, nous porterait à la cupidité et à l'avarice. Cela étant ainsi, lorsque les bons et les méchants souffrent les mêmes maux, ils ne sont pas pour cela confondus entre eux, par ce qu'ils sont soumis aux mêmes afflictions. La différence entre ceux qui souffrent subsiste malgré la parité des tourments, et bien que soumis aux mêmes épreuves, autre est la vertu, autre le vice. Sur le même brasier l'or resplendit et la paille fume ; le même traîneau (1) écrase

(1) *Tribula*, sorte de traîneau dont on se servait pour séparer le froment de la paille, avant l'usage des fléaux.

solem suum super bonos et malos, et pluit super justos et injustos ? » (*Matth.*, v, 45.) Quamvis enim quidam eorum ista cogitantes, pœnitendo ab impietate se corrigant ; quidam vero (sicut Apostolus dicit) « divitias bonitatis et longanimitatis Dei contemnentes, secundum duritiam cordis sui et cor impœnitens thesaurizent sibi iram in die iræ et revelationis justi judicii Dei, qui reddet unicuique secundum opera ejus : » (*Rom.*, II, 4) tamen patientia Dei ad pœnitentiam invitat malos, sicut flagellum Dei ad patientiam erudit bonos. Itemque misericordia Dei fovendos amplectitur bonos, sicut severitas Dei puniendos corripit malos. Placuit quippe divinæ providentiæ præparare in posterum bona justis, quibus non fruentur injusti ; et mala impiis, quibus non excruciabuntur boni. Ista vero temporalia bona et mala utrisque voluit esse communia : ut nec bona cupidius appetantur, quæ mali quoque habere cernuntur ; nec mala turpiter evitentur, quibus et boni plerumque afficiuntur.

2. Interest autem plurimum, qualis sit usus, vel earum rerum quæ prosperæ, vel earum quæ dicuntur adversæ. Nam bonus temporalibus nec bonis extollitur, nec malis frangitur ; malus autem ideo hujuscemodi infelicitate punitur, quia felicitate corrumpitur. Ostendit tamen Deus sæpe etiam in his distribuendis evidentiam operationem suam. Nam si nunc omne peccatum manifesta plecteret pœna, nihil ultimo judicio servari putaretur : rursus si nullum peccatum nunc puniret aperte Divinitas, nulla esse providentia divina crederetur. Similiter in rebus secundis, si non eas Deus quibusdam petentibus evidentissima largitate concederet, non ad eum ista pertinere diceremus ; itemque si omnibus eas petentibus daret, non nisi propter talia præmia serviendum illi esse arbitraremur ; nec pios nos faceret talis servitus, sed potius cupidos et avaros. Hæc cum ita sint, quicumque boni et mali pariter afflicti sunt, non ideo ipsi distincti non sunt, quia distinctum non est quod utrique perpessi sunt. Manet enim dissimilitudo passorum etiam in similitudine passionum ; et licet sub eodem tormento, non est

le chaume et nettoie le froment; l'huile et la lie ne sont point confondues, bien que serrées par le même pressoir. Ainsi, la même calamité tombant sur les bons et sur les méchants, éprouve, purifie, perfectionne les uns, tandis qu'elle perd, ruine et endurcit les autres; au milieu des mêmes épreuves ceux-ci rugissent et blasphèment contre Dieu, ceux-là l'invoquent et le bénissent. Tant il est important de considérer, non pas ce que l'on souffre, mais la manière dont on supporte les souffrances. Agités par un même mouvement, la fange répand une odeur fétide et le baume des parfums exquis.

CHAPITRE IX.

Raisons pour lesquelles les bons et les méchants sont également affligés.

1. Mais dans ce désastre qu'ont donc souffert les chrétiens, qui, aux yeux de la foi, ne doive tourner à leur profit? D'abord, considérant humblement toutes les iniquités qui ont porté la colère de Dieu à verser sur le monde ces immenses calamités, tout éloignés qu'ils sont de ces crimes et de ces désordres impies, cependant ils ne se croient pas tellement exempts de fautes, qu'ils ne peuvent mériter ces maux temporels pour leurs propres péchés. En effet, outre qu'il n'y a personne dont la vie, si irrépréhensible qu'elle soit, ne cède en certaines occasions à la concupiscence charnelle, et qui, tout en s'abstenant de crimes énormes, de forfaits abominables et impies, ne se rende néanmoins coupable de quelques péchés ou rares, ou d'autant plus fréquents qu'ils sont plus légers; trouverait-on facilement quelqu'un qui traite comme ils doivent être traités, ces hommes dont l'orgueil effrayant, la luxure, l'avarice et les iniquités exécrables et impies forcent Dieu de broyer la terre, selon la menace qu'il en a faite par son prophète? Qui donc vit avec cette sorte de gens comme il faudrait y vivre? Trop souvent, par une dissimulation coupable, on évite de les éclairer, de les avertir, et même de les reprendre et de les corriger! On fuit la peine, on n'ose pas leur déplaire, on craint de les irriter, de peur qu'ils ne deviennent un obstacle, et ne nous nuisent dans les biens temporels que notre cupidité désire acquérir, ou dont notre lâcheté redoute la perte. Aussi quoique la vie des méchants répugne aux bons, et que cette répugnance les préserve de la damnation, que les impies doivent encourir après cette vie, cependant, comme ils se montrent trop indulgents à l'égard de ces iniquités condamnables, par crainte de perdre des biens qui sont, pour eux-mêmes, une source de

---

idem virtus et vitium. Nam sicut sub uno igne aurum rutilat, palea fumat; et sub eadem tribula stipulæ comminuuntur, frumenta purgantur; nec ideo cum oleo amurca confunditur, quia eodem preli pondere exprimitur: ita una eademque vis irruens bonos probat, purificat, eliquat; malos damnat, vastat, exterminat. Unde in eadem afflictione mali Deum detestantur atque blasphemant; boni autem precantur et laudant. Tantum interest, non qualia, sed qualis quisque patiatur. Nam pari motu exagitatum et exhalat horribiliter cœnum, et suaviter fragat unguentum.

CAPUT IX.

De causis correptionum, propter quas et boni et mali pariter flagellantur.

1. Quid igitur in illa rerum vastitate Christiani passi sunt, quod non eis magis fideliter ista considerantibus ad profectum valeret? Primo quod ipsa peccata, quibus Deus indignatus implevit tantis calamitatibus mundum, humiliter cogitantes, quamvis longe absint a facinorosis, flagitiosis atque impiis, tamen non usque adeo se a delictis deputant alienos, ut nec temporalia pro eis mala perpeti se judicent (a) dignos. Excepto enim quod unusquisque, quamlibet laudabiliter vivens, cedit in quibusdam carnali concupiscentiæ, etsi non ad facinorum immanitatem et gurgitem flagitiorum atque impietatis abominationem, ad aliqua tamen peccata vel rara vel tanto crebriora, quanto minora: hoc ergo excepto, quis tandem facile reperitur, qui eosdem ipsos, propter quorum horrendam superbiam, luxuriam et avaritiam, atque exsecrabiles iniquitates et impietates, Deus, sicut minando prædixit, conterit terras, sic habeat, ut habendi sunt? sic cum eis vivat, ut cum talibus est vivendum? Plerumque enim ab eis docendis, admonendis, aliquando etiam objurgandis et corripiendis male dissimulatur; vel cum laboris piget, vel cum eorum os (b) coram verecundamur offendere; vel cum inimicitias devitamus, ne impediant et noceant in istis temporalibus rebus, sive quas adipisci adhuc appetit nostra cupiditas, sive quas amittere formidat infirmitas: ita ut, quamvis bonis vita malorum displiceat, et ideo cum eis non incidant in illam damnationem, quæ post hanc vitam talibus præparatur, tamen quia propte-

---

(a) Lov. *indignos*: reluctante sensu et cæteris libris. — (b) Nonnulli codices omittunt *coram*.

fautes légères et vénielles, il est vrai ; c'est justice qu'ils soient punis avec les méchants dans le temps, bien qu'ils soient épargnés dans l'éternité. C'est justice que, partageant avec eux les châtiments envoyés par la Providence, ils éprouvent l'amertume de cette vie, qui, en les charmant par sa douceur, les a empêchés de faire sentir aux impies l'amertume salutaire des reproches.

2. Si pourtant on omet de reprendre et de corriger ceux qui font mal, soit qu'on attende un moment plus favorable, soit qu'on craigne qu'ils n'en deviennent plus mauvais, ou bien encore de peur qu'ils ne détournent les faibles de la piété et de la vertu, et que par leurs violences ils ne les éloignent de la foi, ce n'est plus instinct de cupidité, mais c'est une charité prudente. Ce qui est répréhensible, c'est que des hommes qui, par une vie réglée montrent l'horreur qu'ils ont pour les crimes des méchants, alors qu'ils devraient blâmer et reprendre les fautes d'autrui, les tolèrent avec faiblesse ; ils ne veulent pas s'attirer d'inimitiés, ni s'exposer à souffrir des dommages dans ces biens temporels dont ils peuvent jouir d'une manière légitime, mais auxquels ils sont trop attachés pour des chrétiens, qui ne sont dans ce monde qu'en passant, et qui portent dans leur cœur l'espoir de la patrie céleste. Ce ne sont pas seulement ceux qui plus faibles, sont engagés dans les liens du mariage, ayant ou désirant avoir des enfants, possédant des maisons et des serviteurs, enfin, ceux auxquels l'Apôtre enseigne et rappelle leurs devoirs mutuels d'épouses et d'époux, d'enfants et de pères, de serviteurs et de maîtres ; ce ne sont pas ceux-là seulement, dis-je, qui, avides d'acquérir les richesses de ce monde et ne pouvant en supporter la perte qu'avec chagrin, n'osent pas s'exposer à la haine de ces hommes dont ils détestent la vie criminelle et souillée. Non, ceux-là même, qui, menant une vie plus parfaite, qui, libres des liens du mariage, se contentent d'une nourriture frugale et de simples vêtements, souvent trop soucieux de leur réputation ou de leur vie, s'abstiennent de reprendre les méchants dont ils redoutent la perfidie et les violences. Encore que cette crainte n'aille pas jusqu'à céder aux menaces et aux persécutions des impies pour imiter leurs crimes, toutefois, le plus souvent ils ne veulent pas blâmer ce qu'ils refuseraient de commettre, et cela, lorsque leur blâme servirait peut-être à la correction de quelques-uns. Ils ont peur, s'ils ne réussissaient pas, que leur vie ou leur réputation soient compromises. Ce qui les retient, ce n'est pas la pensée qu'ils ont besoin de l'une et l'autre pour ins-

---

rea peccatis eorum damnabilibus parcunt, dum eos in suis licet levibus et venialibus metuunt, jure cum eis temporaliter flagellentur, quamvis in æternum minime puniantur. Jure istam vitam, quando divinitus affliguntur cum eis, amaram sentiunt, cujus amando dulcedinem peccantibus eis amari esse noluerunt.

2. Nam si propterea quisque objurgandis et corripiendis male agentibus parcit, quia opportunius tempus inquirit, vel eisdem ipsis metuit, ne deteriores ex hoc efficiantur, vel ad bonam vitam et piam erudiendos impediant alios infirmos, et premant atque avertant a fide ; non videtur esse cupiditatis occasio, sed consilium caritatis. Illud est culpabile, quod hi, qui dissimiliter vivunt, et a malorum factis abhorrent, parcunt tamen peccatis alienis, quæ dedocere aut objurgare deberent, quum eorum offensiones cavent, ne sibi noceant in his rebus, quibus licite boni atque innocentes utuntur ; sed cupidius, quam oportebat eos, qui in hoc mundo peregrinantur, et spem supernæ patriæ præ se gerunt. Non solum quippe infirmiores vitam ducentes conjugalem, filios habentes vel habere quærentes, domos ac familias possidentes, (quos Apostolus in Ecclesiis alloquitur, docens et monens quemadmodum vivere debeant et uxores cum maritis, et mariti cum uxoribus, et filii cum parentibus, et parentes cum filiis, et servi cum dominis, et domini cum servis,) multa temporalia, multa terrena libenter adipiscuntur, et moleste amittunt ; propter quæ non audent offendere homines, quorum sibi vita contaminatissima et consceleratissima displicet : verum etiam hi, qui superiorem vitæ gradum tenent, nec conjugalibus vinculis irretiti sunt, et victu parvo ac tegumento utuntur, plerumque suæ famæ ac saluti (a) consulentes, dum insidias atque impetus malorum timent, ab eorum reprehensione sese abstinent. Et quamvis non in tantum eos metuant, ut ad similia perpetranda quibuslibet eorum terroribus atque improbitatibus cedant ; ea ipsa tamen, quæ cum eis non perpetrant, nolunt plerumque corripere, cum fortasse possint aliquos corripiendo corrigere ; ne, si non potuerint, sua salus ac fama in periculum exitiumque perveniat : nec ea conside-

(a) Verbum *consulentes* abest ab Am. Er. ac Mss. Potest illæso sensu deleri, ut quod proxime sequitur, dum....... *timent*, referatur ad præcedentia verba, *famæ* scilicet *ac saluti*.

truire le prochain ; c'est bien plutôt cette faiblesse qui se complaît dans les louanges et l'estime des hommes (I *Corinth.*, IV, 3), qui craint leurs jugements et redoute les tourments et la mort de la chair. Ce n'est donc pas une charité discrète, mais une sorte de cupidité qui les empêche d'accomplir ce devoir de la correction fraternelle.

3. Voilà une raison, selon moi, assez importante, pour laquelle, quand il plait à Dieu de punir par des peines temporelles la corruption des mœurs, les bons sont châtiés avec les méchants. Ils sont punis comme eux, non pas parce qu'ils vivent comme eux, mais parce que comme eux ils aiment cette vie temporelle, bien qu'ils n'y soient point aussi fortement attachés. Cette vie, les bons devraient la mépriser, pour que les méchants repris et corrigés pussent obtenir la vie éternelle ; que si ces derniers ne voulaient pas s'unir à eux pour l'obtenir, on les supporterait alors et on les aimerait comme ennemis ; car tant qu'ils vivent, on ignore s'ils ne doivent pas un jour se convertir. En ce point sont encore plus coupables, ceux auxquels il est dit par la bouche du prophète : « Celui-là mourra dans son péché, mais je demanderai compte de son âme à celui qui doit veiller sur lui. » (*Ezech.*, XXXIII, 6.) En effet, c'est pour reprendre les pécheurs qu'on a établi dans les églises des surveillants, c'est-à-dire, les pasteurs des peuples. Toutefois, quoique n'étant point pasteur, il n'est pas absolument exempt de cette faute, le chrétien qui, voyant dans ceux avec lesquels il vit plusieurs choses à reprendre et à blâmer, se tait de peur de s'attirer une haine qui le troublerait dans ces biens dont il jouit légitimement, mais auxquels il attache trop de prix. Une autre raison encore pour laquelle les bons sont affligés de calamités temporelles, est celle dont Job peut fournir l'exemple, c'est-à-dire, pour que l'homme éprouvé apprenne à se connaître, et voie si sa piété envers Dieu part d'un motif désintéressé.

CHAPITRE X.

Les justes n'éprouvent aucun dommage des pertes temporelles.

1. Après avoir sérieusement médité ces raisons, voyez s'il est arrivé aux chrétiens fidèles et pieux quelque mal qui ne puisse se changer en bien. Serait-elle fausse, par hasard, cette parole de l'Apôtre : « Pour ceux qui aiment Dieu, nous savons que tout concourt à leur bien. »

---

ratione, qua suam famam ac salutem vident esse necessariam utilitati erudiendorum hominum ; sed ea potius infirmitate, qua delectat lingua blandiens et humanus dies (I *Cor.*, IV, 3), et reformidatur vulgi judicium et carnis excruciatio vel peremptio ; hoc est, propter quædam cupiditatis vincula, non propter officia caritatis.

3. Non mihi itaque videtur hæc parva esse causa, quare cum malis flagellentur et boni, quando Deo placet perditos mores etiam temporalium pœnarum afflictione punire. Flagellantur enim simul non quia simul agunt malam vitam, sed quia simul amant temporalem vitam, non quidem æqualiter, sed tamen simul : quam boni contemnere deberent, ut illi correpti atque correcti consequerentur æternam ; ad quam consequendam si nollent esse socii, ferrentur et diligerentur inimici ; quia donec vivunt, semper incertum est, utrum voluntatem sint in melius mutaturi. Qua in re non utique parem, sed longe graviorem habent causam, quibus per Prophetam dicitur : « Ille quidem in suo peccato morietur, sanguinem autem ejus de manu speculatoris requiram. » (*Ezech.*, XXXIII, 6.) Ad hoc enim speculatores, hoc est, populorum præpositi constituti sunt in Ecclesiis, ut non parcant objurgando peccata. Nec ideo tamen ab hujuscemodi culpa penitus alienus est, qui licet præpositus non sit, in eis tamen quibus vitæ hujus necessitate conjungitur, multa monenda vel arguenda novit, et negligit, devitans eorum offensiones, propter illa quibus in hac vita non indebitis utitur, sed plus quam debuit delectatur. Deinde habent aliam causam boni, quare temporalibus affligantur malis, qualem habuit Job ; ut sibi ipse humanus animus sit probatus et cognitus, quanta virtute pietatis gratis Deum diligat.

CAPUT X.

Quod sanctis in amissione rerum temporalium nihil pereat.

1. Quibus recte consideratis atque perspectis, attende utrum aliquid mali accidere fidelibus et piis, quod eis non in bonum verteretur : nisi forte putandum est Apostolicam illam vacare sententiam, ubi ait : « Scimus quia diligentibus Deum omnia (a) cooperantur in bonum. » (*Rom.*, VIII, 28.) Amise-

---

(a) Vetustissimus Corbeiensis liber, *cooperatur* : juxta Græc. συνεργεῖ, quod Chrysostomus, Theodoretus et Theophylactus ad Deum referunt.

(*Rom.*, VIII, 28.) Ils ont perdu tout ce qu'ils possédaient, mais ont-ils perdu la foi, la piété et ces biens de l'homme intérieur « qui le rendent riche devant Dieu ? » (I *Pierr.*, III, 4.) Telles sont les richesses des chrétiens, possesseurs de ces biens. L'Apôtre disait : « C'est une grande fortune que la piété unie à la modération d'esprit. Nous n'avons rien apporté en ce monde, nous n'en pouvons rien emporter; ayant de quoi nous nourrir et nous vêtir soyons contents. En effet, ceux qui veulent devenir riches tombent dans la tentation et les piéges du démon ; ils s'égarent dans des désirs insensés et funestes, qui précipitent les hommes dans l'abîme de la perdition et de la damnation. La soif des richesses est la cause de tous les maux ; quelques-uns, égarés par cette passion, ont erré dans la foi, et se sont exposés à beaucoup d'afflictions et de peines. » (I *Tim.*, VI, 6.)

2. Or, si dociles aux leçons que leur donnait l'Apôtre dénué de richesses temporelles, mais riche de biens intérieurs, ceux qui ont perdu leur fortune dans ce grand désastre la possédaient dans cet esprit, c'est-à-dire, s'ils usaient des biens de ce monde comme n'en usant pas (I *Corinth.*, VII, 31), ils ont pu dire avec l'homme inébranlable au milieu des plus rudes tentations : « Je suis sorti nu des entrailles de ma mère et nu je retournerai dans le sein de la terre ; le Seigneur m'avait donné, il m'a ôté; il a été fait selon son bon plaisir. Que son nom soit béni. « (*Job*, I, 21.) Fidèle serviteur, la volonté de son maître était sa plus grande fortune, il s'enrichissait en s'y attachant, et il ne s'attristait pas de se voir pendant sa vie abandonné par des biens, qu'il aurait dû bientôt lui-même abandonner en mourant. Quant à ceux qui, plus faibles, avaient pour ces biens terrestres quelque attachement immodéré, sans cependant les préférer au Christ, la douleur qu'ils éprouvent de cette perte leur fait sentir ce qu'il y avait de déréglé dans leur affection ; car, autant ils s'étaient exposés aux afflictions et aux peines, selon la parole de l'Apôtre citée plus haut, autant leur douleur a dû être grande. Il fallait qu'ils fussent instruits par l'expérience, puisqu'ils avaient si longtemps négligé les enseignements de la parole. En effet, quand l'Apôtre dit : « Ceux qui veulent devenir riches tombent dans la tentation, etc. » (I *Tim.*, VI, 9) c'est le désir cupide des richesses qu'il blâme et non leur possession. Ne dit-il pas ailleurs : « Ordonnez aux riches de ce monde de n'être point orgueilleux, de ne point mettre leur confiance dans des richesses incertaines, mais dans le Dieu vivant qui nous donne tout en abondance pour en jouir.

runt omnia quæ habebant? numquid fidem? numquid pietatem? numquid interioris hominis bona, « qui est ante Deum dives? » (I *Petr.*, III, 4.) Hæ sunt opes Christianorum, quibus opulentus dicebat Apostolus : « Est autem quæstus magnus pietas cum sufficientia. Nihil enim intulimus in hunc mundum, sed nec auferre aliquid possumus; habentes autem victum et tegumentum, his contenti simus. Nam qui volunt divites fieri, incidunt in tentationem et laqueum, et desideria multa stulta et noxia, quæ mergunt homines in interitum et perditionem. Radix est enim omnium malorum avaritia; quam quidam appetentes a fide pererraverunt, et inseruerunt se doloribus multis. » (I *Tim.*, VI, 6, etc.)

2. Quibus ergo terrenæ divitiæ in illa vastatione perierunt, si eas sic habebant, quemadmodum ab isto foris paupere, intus divite audierant; id est, si mundo utebantur, tanquam non utentes (I *Cor.*, VII, 31), potuerunt dicere, quod ille graviter tentatus et minime superatus : « Nudus exivi de utero matris meæ, nudus revertar in terram. Dominus dedit, Dominus abstulit; sicut Domino placuit, ita factum est : sit nomen Domini benedictum; » (*Job*, I, 21) ut bonus servus magnas facultates haberet ipsam sui Domini voluntatem, cui pedisequus mente ditesceret, nec contristaretur eis rebus vivens (*a*) relictus, quas cito fuerat moriens relicturus. Illi autem infirmiores, qui terrenis his bonis, quamvis eo non præponerent Christo, aliquantula tamen cupiditate cohærebant, quantum hæc amando peccaverint, perdendo senserunt. Tantum quippe doluerunt, quantum se doloribus inseruerant : sicut Apostolus dixisse supra commemoravi. Oportebat enim ut eis adderetur etiam experimentorum disciplina, a quibus fuerat tam diu neglecta verborum. Nam cum dixit Apostolus : « Qui volunt divites fieri, incidunt in tentationem, etc. » (I *Tim.*, VI, 9) profecto in divitiis cupiditatem reprehendit, non facultatem; (*b*) qui præcepit alibi, dicens : « Præcipe divitibus hujus mundi, non superbe sapere, neque sperare in incerto divitiarum (*c*), sed in Deo vivo, qui præstat nobis omnia abundanter ad fruendum; bene faciant,

---

(*a*) Sic Mss. At editi, *relictis* : minus integra illa antithesi, quæ Augustino placuit horum verborum, *vivens relictus et moriens relicturus*. — (*b*) Veteres editiones Vind. Am. Er. *quam præcepit*. Sic etiam Mss. habent, excepto uno et altero, in quibus legitur, *de qua præcepit*. — (*c*) In editis additur, *suarum* : quod abest a Mss.

LIVRE I. — CHAPITRE X.

Qu'ils soient bienfaisants, riches en bonnes œuvres; qu'ils donnent l'aumône de bon cœur et avec générosité; qu'ils s'amassent un trésor solide de bonnes œuvres pour l'avenir, afin d'obtenir la véritable vie. » (I *Tim.*, VI, 17.) Ceux qui ont fait cet usage des biens sont largement consolés de leurs pertes légères; ce qu'ils ont sûrement conservé, en faisant facilement l'aumône, leur donne plus de joie, que ne leur cause de tristesse la perte si facile de ce qu'ils avaient timidement conservé. Ils ont pu perdre sur la terre ce qu'ils n'avaient pas eu la force de transporter ailleurs. Et de fait, ceux qui ont suivi ce conseil de leur Seigneur : « Ne vous amassez pas des trésors sur la terre, où le ver et la rouille les dévorent, où les voleurs les découvrent et les dérobent; mais placez vos trésors dans le ciel où le voleur ne peut les atteindre, ni le ver les corrompre; car où est votre trésor, là aussi sera votre cœur; » (*Matth.*, VI, 19) ceux-là, dis-je, ont vu au jour de l'affliction, combien ils avaient été avisés d'avoir écouté ce maître si sage et ce gardien fidèle de leur trésor; si plusieurs se sont réjouis d'avoir mis leurs richesses dans des lieux dont l'ennemi ne s'est pas approché, avec combien plus de justice et de sécurité doivent s'applaudir ceux qui, sur l'avis de Dieu, les avaient placées là où il ne pouvait nullement les atteindre. Aussi Paulin, évêque de Nole, notre ami, qui avait échangé son immense fortune contre la pauvreté volontaire et les richesses de la sainteté, captif des barbares quand ils dévastèrent la ville de Nole (1), m'a raconté depuis que dans son cœur il adressait à Dieu cette prière : « Seigneur, ne permettez pas que je sois torturé au sujet de l'or ou de l'argent, vous qui savez où est ma fortune. » En effet, tous ses biens étaient là, où lui avait appris à placer son trésor, celui qui avait prédit au monde ces calamités. Ceux donc qui ont obéi au conseil du Seigneur qui leur apprend où et comment il faut thésauriser, n'ont pas même perdu de biens temporels dans l'invasion des barbares. Quant à ceux qui ont eu regret de ne pas avoir suivi ce conseil, si une sagesse prévoyante ne leur avait pas appris l'usage qu'ils devaient faire de ces biens, certes, l'expérience qui a suivi a dû le leur apprendre.

3. Mais, dira-t-on, de très-bons chrétiens ont subi la torture pour découvrir leurs biens aux ennemis? Soit, ils n'ont pu ni livrer, ni perdre le bien qui les rendait bons; que s'ils ont mieux aimé souffrir les tortures que livrer ces richesses d'iniquité, ils n'étaient pas bons. Il fallait que ceux qui souffraient de tels tourments pour leurs biens, apprissent ce qu'on devait endurer

(1) Après la prise de Rome, les Goths s'étaient répandus dans le Latium et dans la Campanie, où ils pillèrent la ville de Nole.

divites sint in operibus bonis, facile tribuant, communicent, thesaurizent sibi fundamentum bonum in futurum, ut apprehendant veram vitam. » (*Ibid.*, 17, etc.) Hæc qui de suis faciebant divitiis, magnis sunt lucris levia damna solati; plusque lætati ex his quæ facile tribuendo tutius servaverunt, quam contristati ex his quæ timide retinendo facilius amiserunt. Hoc enim potuit in terra perire, quod piguit inde transferre. Nam qui receperunt consilium Domini sui, dicentis : « Nolite condere vobis thesauros in terra, ubi tinea et rubigo exterminant, et ubi fures effodiunt et furantur; sed thesaurizate vobis thesauros in cœlo, quo fur non accedit, neque tinea corrumpit : ubi enim est thesaurus tuus, ibi erit et cor tuum; » (*Matth.*, VI, 19) tribulationis tempore probaverunt quam recte sapuerint, non contemnendo veracissimum præceptorem et thesauri sui fidelissimumque invictissimumque custodem. Nam si multi sunt gavisi, ibi se habuisse divitias suas, quo contigit ut hostis non accederet; quanto certius et securius gaudere potuerunt, qui monitu Dei sui illuc migraverant, quo accedere omnino non posset? Unde Paulinus noster, Nolensis episcopus, ex opulentissimo divite voluntate pauperrimus et copiosissime sanctus, quando et ipsam Nolam Barbari vastaverunt, cum ab eis teneretur, sic in corde suo, ut ab eo postea cognovimus, precabatur : « Domine, non excrucier propter aurum et argentum; ubi enim sint omnia mea, tu scis. » Ibi enim habebat omnia sua, ubi eum condere et thesaurizare ille monstraverat, qui et hæc mala mundo ventura prædixerat. Ac per hoc qui Domino suo monenti obedierant, ubi et quomodo thesaurizare deberent, nec ipsas terrenas divitias Barbaris incursantibus amiserunt. Quos autem non obedisse pœnituit, quid de talibus rebus faciendum esset, si non præcedente sapientia, certe consequente experientia didicerunt.

3. At enim quidam boni etiam Christiani tormentis excruciati sunt, ut bona sua hostibus proderent? Illi vero nec prodere, nec perdere potuerunt bonum, quo et ipsi boni erant. Si autem torqueri, quam mammona iniquitatis prodere maluerunt, boni non erant. Admonendi autem fuerant, qui tanta patiebantur pro auro, quanta essent sustinenda pro Christo : ut eum potius diligere discerent, qui pro se passos æterna felicitate ditaret; non aurum et

pour le Christ, afin d'aimer ce Sauveur, mort pour leur procurer l'éternelle félicité, plutôt que l'or ou l'argent, pitoyables sujets de souffrances, soit qu'on les sauve par un mensonge ou qu'on les livre en disant la vérité. Dans les tortures, nul de ceux qui ont confessé Jésus-Christ ne l'a perdu; nul, au contraire, n'a conservé son or qu'en le reniant. Aussi, peut-être que ces tourments, qui apprenaient à s'attacher au seul bien incorruptible, étaient plus utiles que ces mêmes richesses, dont l'amour tourmentait leurs possesseurs sans aucun véritable profit. Mais il en est qui ne possédant rien, ont été tourmentés parce qu'on ne les croyait pas?.. Peut-être que ceux-là désiraient les richesses et que leur volonté répugnait à aimer la sainte pauvreté; il a donc fallu leur montrer que ce n'était pas la possession elle-même, mais la convoitise qui méritait de tels châtiments. Si c'est pour avoir embrassé une vie plus parfaite, qu'ils n'avaient ni or ni argent caché, j'ignore s'il est quelqu'un de cette sorte qui ait été tourmenté pour ses richesses présumées; mais cela aurait-il eu lieu, qu'en confessant la sainte pauvreté au milieu des tortures, c'était confesser le Christ? Aussi le confesseur de la sainte pauvreté a pu n'être pas cru des ennemis, mais il n'a pu en souffrant être privé d'une céleste récompense.

4. Cependant, ajoute-t-on, une longue famine a consumé une foule de chrétiens? Les vrais fidèles ont encore, par une pieuse résignation, tourné cette épreuve à leur avantage; car ceux que la faim a fait périr, elle les a, comme toute autre maladie du corps, soustraits aux maux de cette vie. A ceux qu'elle n'a pas fait mourir elle a enseigné une abstinence plus étroite et des jeûnes plus longs.

CHAPITRE XI.

Plus ou moins longue, cette vie temporelle doit avoir une fin.

Mais un grand nombre de chrétiens ont été massacrés, un grand nombre ont péri de divers genres de mort affreux? Si c'est un malheur regrettable, il est commun à tous ceux qui sont nés pour cette vie. Ce que je sais, c'est que personne n'est mort, qui ne dût mourir un jour. Or, la fin de la vie égale la plus longue à la plus courte; car ce qui a également cessé d'être n'est ni meilleur, ni pire, ni plus long, ni plus court. Et qu'importe quel genre de mort mette un terme à cette vie, puisque celui qui meurt ne peut être forcé à mourir de nouveau! Puisque les accidents de cette vie suspendent, en quelque sorte chaque jour, des morts sans nombre sur la tête de chaque homme, tant qu'il ignore celle qui doit l'atteindre, ne vaut-il pas

argentum, pro quo pati miserrimum fuit, seu mentiendo occultaretur, seu verum dicendo proderetur. Namque inter tormenta nemo Christum confitendo amisit; nemo aurum, nisi negando, servavit. Quocirca utiliora erant fortasse tormenta, quæ bonum incorruptibile amandum docebant, quam illa bona, quæ sine ullo utili fructu dominos sui amore torquebant. Sed quidam etiam non habentes quod proderent, dum non creduntur, torti sunt? Et hi forte habere cupiebant, nec sancta voluntate pauperes erant; quibus demonstrandum fuit, non facultates, sed ipsas cupiditates talibus esse dignas cruciatibus. Si vero melioris vitæ proposito reconditum aurum argentumque non habebant; nescio quidem utrum cuiquam talium acciderit, ut dum habere creditur, torqueretur; verumtamen etiam si accidit, profecto qui inter illa tormenta paupertatem sanctam confitebatur, Christum confitebatur. Quapropter etsi non meruit ab hostibus credi, non potuit tamen sanctæ paupertatis confessor sine cœlesti mercede torqueri.

4. Multos, inquiunt, etiam Christianos fames diuturna vastavit. Hoc quoque in usus suos boni fideles pie tolerando verterunt. Quos enim fames necavit, malis vitæ hujus, sicut corporis morbus, eripuit; quos autem non necavit, docuit parcius vivere, docuit productius jejunare.

CAPUT XI.

De fine temporalis vitæ, sive longioris, sive brevioris.

Sed enim multi etiam Christiani interfecti sunt, multi multarum mortium fœda varietate consumpti? Hoc si ægre ferendum est, omnibus qui in hanc vitam procreati sunt, utique commune est. Hoc scio, neminem fuisse mortuum, qui non fuerat aliquando moriturus. Finis autem vitæ, tam longam quam brevem vitam, hoc idem facit. Neque enim aliud melius, et aliud deterius; aut aliud majus, et aliud brevius est, quod jam pariter non est. Quid autem interest, quo mortis genere vita ista finiatur, quando ille cui finitur, iterum mori non cogitur? Cum autem unicuique mortalium sub quotidianis vitæ hujus casibus, innumerabiles mortes quodam modo comminentur quamdiu incertum est, quænam earum ventura sit; quæro utrum satius sit, unam perpeti

mieux en souffrir une et mourir, que de vivre et les craindre toutes ? Je sais bien que notre lâcheté préfère vivre longtemps sous la menace de tant de morts, que d'en subir une pour n'en avoir plus à craindre. Mais autre chose est ce qui répugne à notre chair faible et infirme, autre chose ce que conseille une raison droite et éclairée. La mort ne doit point être considérée comme mauvaise, si elle a été précédée d'une bonne vie ; rien ne la rend mauvaise, sinon ce qui la suit. Il ne faut pas s'inquiéter par quel accident perdent la vie ceux qui doivent nécessairement mourir, mais du lieu où la mort les entraîne. En quoi ont pu nuire à ceux qui avaient bien vécu ces morts cruelles et effrayantes? Les chrétiens ne savent-ils pas que la mort du pauvre pieux au milieu des chiens qui léchaient ses plaies, fut de beaucoup préférable à celle du riche impie expirant sur la pourpre et le lin ? (*Luc*, XVI, 20.)

CHAPITRE XII.

La privation de sépulture ne saurait nuire aux chrétiens.

1. Pourtant, dans cet immense massacre, les cadavres n'ont pu être ensevelis ? C'est encore un malheur que redoute peu une foi pieuse; elle sait que la dent des bêtes féroces ne saurait nuire à des corps qui doivent ressusciter, et dont un seul cheveu ne saurait périr. (*Luc*, XXI, 18.) Si la rage d'un ennemi, s'exerçant sur les restes de ceux qu'il a immolés, pouvait nuire tant soit peu pour la vie future, la Vérité n'eût pas dit : « Ne craignez point ceux qui tuent le corps, mais qui ne peuvent tuer l'âme. » (*Matth.*, X, 28.) A moins qu'il ne se trouve quelqu'un d'assez insensé pour prétendre que les meurtriers du corps ne doivent pas être craints avant la mort, mais après, parce qu'ils peuvent priver ce corps de sépulture. Elle sera donc fausse alors cette parole qu'ajoute le Christ : « Qui tuent le corps, et ensuite ne peuvent plus rien, » si leur cruauté envers les cadavres produit de tels effets ! Quoi ! la parole de la Vérité serait fausse ! On avoue qu'ils peuvent quelque chose quand ils tuent, parce que le corps possède le sentiment ; mais ensuite ils sont impuissants, parce qu'un cadavre ne saurait plus rien éprouver. Les corps de plusieurs chrétiens sont restés sans sépulture, mais nul ne les a retranchés du ciel ni de la terre, que remplit de sa présence celui qui sait d'où rappeler à la vie ce qu'il a créé. Il est vrai que le Psalmiste dit : « Ils ont livré les restes de vos serviteurs en pâture aux oiseaux du ciel et les corps de vos saints aux bêtes féroces ; ils

---

moriendo, an omnes timere vivendo? Nec ignoro quam (*a*) inertius eligatur, diu vivere sub timore tot mortium, quam semel moriendo nullam deinceps formidare. Sed aliud est quod carnis sensus infirmiter pavidus refugit, aliud quod mentis ratio diligenter enucleata convincit. Mala mors putanda non est, quam bona vita præcesserit. Neque enim facit malam mortem, nisi quod sequitur mortem. Non itaque multum curandum est eis, qui necessario morituri sunt, quid accidat ut moriantur ; sed moriendo quo ire cogantur. Cum igitur Christiani noverint longe meliorem fuisse religiosi pauperis mortem inter linguentium canum linguas, quam impii divitis in purpura et bysso (*Luc.*, XVI, 20) ; horrenda illa genera mortium quid mortuis obfuerunt, qui bene vixerunt?

CAPUT XII.

De sepultura humanorum corporum, quæ Christianis etiam si fuerit negata, nil adimit.

1. At enim in tanta strage cadaverum, nec sepeliri potuerunt? Neque istud pia fides nimium reformidat, tenens prædictum, nec absumentes bestias resurrecturis corporibus obfuturas, quorum capillus capitis non peribit. (*Luc.*, XXI, 18.) Nullo modo diceret Veritas : « Nolite timere eos qui corpus occidunt, animam autem non possunt occidere ; » (*Matth.*, X, 28) si quidquam obesset futuræ vitæ, quidquid inimici de corporibus occisorum facere voluissent. Nisi forte quispiam sic absurdus est, ut contendat eos qui corpus occidunt, non debere timeri ante mortem, ne corpus occidant, et timeri debere post mortem, ne corpus occisum sepeliri non sinant. Falsum est ergo quod ait Christus, « qui corpus occidunt, et postea non habent quid faciant ; » si habent tanta, quæ de cadaveribus faciant. Absit, ut falsum sit quod Veritas dixit. Dictum est enim aliquid eos facere cum occidunt, quia in corpore sensus est occidendo; postea vero nihil habere quod faciant, quia nullus sensus est in corpore occiso. Multa itaque corpora Christianorum terra non texit : sed nullum eorum quisquam a cœlo et terra separavit, quam totam implet præsentia sui, qui novit unde resuscitet quod creavit. Dicitur quidem in Psalmo : « Posuerunt mortalia servorum tuorum escas volatilibus cœli, carnes sanc-

(*a*) Gallicani et Romani Mss. *quam citius eligatur.*

ont répandu leur sang comme l'eau à l'entour de Jérusalem, et il n'était personne pour les ensevelir; » (*Ps.* LXXVIII, 2) mais c'est pour peindre la cruauté de ceux qui l'ont fait, plutôt que pour déplorer le malheur de ceux dont les corps ont subi ce traitement, qu'il s'exprime ainsi. Ce sort peut paraître dur et cruel devant les hommes, mais « la mort de ses saints est précieuse devant le Seigneur. » (*Ps.* CXV, 15.) Du reste, soin des obsèques, solennité de la sépulture, pompe des funérailles, tout cela est une consolation pour les vivants plutôt qu'un soulagement pour les morts. Si de pompeuses funérailles peuvent servir à l'impie, ce sera une perte pour le juste de n'avoir qu'une humble sépulture, ou d'en être privé. Une foule d'esclaves ont fait à ce riche vêtu de pourpre des obsèques magnifiques devant les hommes; mais combien plus belles étaient devant Dieu celles que le pauvre couvert d'ulcères recevait de la main des anges, qui le transportèrent non dans un tombeau de marbre, mais dans le sein d'Abraham.

2. Ceux contre lesquels je défends la Cité de Dieu se raillent de ces considérations; pourtant leurs philosophes mêmes ont dédaigné ce soin de la sépulture (1). Souvent des armées entières, mourant pour une patrie terrestre, se sont peu souciées du lieu où leurs corps seraient gisants, et de quelles bêtes ils deviendraient la pâture; et les poètes ont pu dire avec applaudissement : « Le ciel couvre celui qui n'a point de tombeau. » (LUCAIN, *Phars.*, ch. VII.) Combien moins nos ennemis doivent-ils railler les chrétiens sur ces corps privés de sépulture? Ces derniers n'ont-ils pas la promesse qu'en un instant leur chair et tous ces membres arrachés, non-seulement à la terre, mais au sein le plus profond des éléments, dans lesquels leurs corps se seront dissous, renaîtront et recouvreront leur intégrité première?

CHAPITRE XIII.

Pourquoi il faut ensevelir les corps des fidèles.

Cependant, il ne faut pas pour cela traiter avec dédain et abandonner les corps de ceux qui sont morts, surtout ceux des justes et des fidèles, dont l'Esprit saint s'est servi comme de vases et d'instruments pour accomplir toutes sortes de bonnes œuvres. Si le vêtement, l'anneau, ou tout autre objet ayant appartenu à un père, est d'autant plus cher à ses enfants que leur piété filiale est plus vive; à plus forte rai-

(1) Diogène le Cynique, Anaxagore, Théodore de Cyrènes et autres. Voyez Sénèque. *De la tranquillité de l'âme*, ch. XIV et Ep. XCII.

torum tuorum bestiis terræ : effuderunt sanguinem eorum, sicut aquam, in circuitu Jerusalem, et non erat qui sepeliret : » (*Psal.* LXXVIII, 2) sed magis ad exaggerandam crudelitatem eorum qui ista fecerunt, non ad eorum infelicitatem qui ista perpessi sunt. Quamvis enim hæc in conspectu hominum dura et dira videantur : sed « pretiosa in conspectu Domini mors sanctorum ejus. » (*Psal.* CXV, 15.) Proinde omnia ista, id est, curatio funeris, conditio sepulturæ, pompa exsequiarum, magis sunt vivorum solatia, quam subsidia mortuorum. Si aliquid prodest impio sepultura pretiosa, oberit pio vilis aut nulla. Præclaras exsequias in conspectu hominum exhibuit purpurato illi diviti turba famulorum : sed multo clariores in conspectu Domini ulceroso illi pauperi ministerium præbuit Angelorum, qui eum non extulerunt in marmoreum tumulum, sed in Abrahæ gremium sustulerunt. (*Luc.*, XVI, 22.)

2. Rident hæc illi, contra quos defendendam suscepimus Civitatem Dei. Verumtamen sepulturæ curam etiam eorum philosophi contempserunt : et sæpe universi exercitus, dum pro terrena patria more- rentur, ubi postea jacerent, vel quibus bestiis esca fierent, non curarunt : licuitque de hac re poetis plausibiliter dicere :

Cœlo tegitur, qui non habet urnam.
(LUCANUS, *Phars.*, c. VII.)

Quanto minus debent de corporibus insepultis insultare Christianis, quibus et ipsius carnis et membrorum omnium reformatio non solum ex terra, verum etiam ex aliorum elementorum secretissimo sinu, quo dilapsa cadavera recesserunt, in temporis puncto reddenda et redintegranda promittitur? (I *Cor.*, XV, 52.)

CAPUT XIII.

Quæ sit ratio sanctorum corpora sepeliendi.

Nec ideo tamen contemnenda et abjicienda sunt corpora defunctorum maximeque justorum atque fidelium, quibus tanquam organis et vasis ad omnia bona opera (*a*) sanctus usus est Spiritus. Si enim paterna vestis et anulus, ac si quid hujusmodi, tanto carius est posteris, quanto erga parentes major

(*a*) Plerique et melioris notæ Mss. *sancte usus est spiritus* : id est, ipse justorum animus sancto corporum usu opera bona edidit.

son ne devons-nous pas mépriser des corps, qui nous sont unis d'une manière beaucoup plus étroite et plus intime que nos vêtements. Ils ne servent pas seulement d'ornement ou de secours à l'homme, mais il font partie de sa nature. De là ces soins pieux pour les funérailles des anciens justes, ces obsèques solennelles, cette sépulture recommandée; eux-mêmes, pendant leur vie, ont ordonné à leurs enfants d'ensevelir et de transporter leurs corps. (*Gen.*, XLVII, 30; L, 2, 24.) Au témoignage de l'ange, Tobie s'était rendu agréable à Dieu, par le soin qu'il prenait d'ensevelir les morts. (*Tob.*, II, 9; XII, 12). Le Seigneur lui-même, qui devait ressusciter le troisième jour, loue et commande de publier la bonne action d'une femme pieuse, qui a versé un parfum précieux sur ses membres, comme l'ayant fait pour sa sépulture. (*Matth.*, XXVI, 10.) L'Evangile cite avec éloge ceux qui, ayant reçu son corps descendu de la croix, le couvrirent avec soin d'un linceul, et l'ensevelirent honorablement. (*Jean*, XIX, 38.) Ces exemples ne prouvent pas qu'il y ait quelque sentiment dans les corps des défunts, mais ils montrent que la Providence de Dieu veille sur ces restes, et que ces pieux devoirs lui sont agréables, parce qu'ils sont un témoignage de la foi à la résurrection. D'où nous pouvons tirer cette leçon salutaire : combien sera grande la récompense des aumônes que nous faisons à ceux qui vivent et qui ont le sentiment, puisque même les soins, que nous rendons à des dépouilles inanimées, ne sont point perdus devant Dieu. Il y a encore d'autres enseignements sous ces ordres, que les saints patriarches remplis de l'esprit prophétique, donnaient au sujet de la sépulture ou de la translation de leurs corps; (*Gen.*, XLVII, 50) ; mais ce n'est pas ici le lieu d'en parler, ce que nous avons dit suffit. Or, si la privation des choses nécessaires à la vie, comme la nourriture et le vêtement, bien que ce soit une cruelle épreuve, ne détruit chez les bons ni la patience, ni le courage, ni la piété du cœur, mais au contraire, l'exerce et fortifie ces vertus; comment ceux qui déjà reposent en paix dans les demeures inaccessibles des saints, pourraient-ils souffrir de ce que leurs restes ont été privés d'obsèques, et des soins ordinaires qui accompagnent les funérailles. Aussi, quand, dans le sac de Rome ou des autres cités, les corps des chrétiens sont demeurés sans sépulture, ce n'a été ni une faute pour les vivants, qui n'ont pu s'acquitter de ce devoir, ni une peine pour les morts qui ne pouvaient sentir cette privation.

---

affectus ; nullo modo ipsa spernenda sunt corpora, quæ utique multo familiarius atque conjunctius, quam quælibet indumenta gestamus. Hæc enim non ad ornamentum vel adjutorium, quod adhibetur extrinsecus, sed ad ipsam naturam hominis pertinent. Unde et antiquorum justorum funera officiosa pietate curata sunt, et exsequiæ celebratæ, et sepultura provisa (*Gen.*, XLVII, 30; L, 2, 24) : ipsique dum viverent, de sepeliendis, vel etiam transferendis suis corporibus filiis mandaverunt : et Tobias sepeliendo mortuos Deum promeruisse, teste Angelo, commendatur. (*Tob.*, II, 9 ; XII, 12.) Ipse quoque Dominus die tertio resurrecturus, religiosæ mulieris bonum opus prædicat, prædicandumque commendat, quod unguentum pretiosum super membra ejus effuderit, atque hoc ad eum sepeliendum fecerit. (*Matth.*, XXVI, 10.) Et laudabiliter commemorantur in Evangelio qui corpus ejus de cruce acceptum diligenter atque honorifice tegendum sepeliendumque curarunt. (*Joan.*, XIX, 38.) Verum istæ auctoritates non (*a*) hoc admonent, quod insit ullus cadaveribus sensus ; sed ad Dei providentiam, cui placent etiam talia pietatis officia, corpora quoque mortuorum pertinere significant, propter fidem resurrectionis astruendam. Ubi et illud salubriter discitur, quanta possit esse remuneratio pro eleemosynis, quas viventibus et sentientibus exhibemus, si neque hoc apud Deum perit, quod exanimis hominum membris officii diligentibus persolvitur. Sunt quidem et alia, quæ sancti Patriarchæ de corporibus suis vel condendis vel transferendis prophetico spiritu dicta intelligi voluerunt. (*Gen.*, XLVII, 50.) Non autem hic locus est, ut ea pertractemus, cum sufficiant ista quæ diximus. Sed si ea quæ sustentandis viventibus sunt necessaria, sicut victus et amictus, quamvis cum gravi afflictione desint, non frangunt in bonis perferendi tolerandique virtutem, nec eradicant ex animo pietatem, sed exercitatam faciunt fecundiorem ; quanto magis, cum desunt ea quæ curandis funeribus condendisque corporibus defunctorum adhiberi solent, non efficiunt miseros in occultis piorum sedibus jam quietos ? Ac per hoc quando ista cadaveribus Christianorum in illa magnæ urbis, vel etiam aliorum oppidorum vastatione defuerunt, nec vivorum culpa est, qui non potuerunt ista præbere ; nec pœna mortuorum, qui non possunt ista sentire.

(*a*) Veteres quidam libri probæ notæ : *non ad hoc admonent.*

CHAPITRE XIV.

Les consolations divines n'ont jamais manqué aux chrétiens dans leur captivité.

Mais, disent-ils, plusieurs chrétiens ont aussi été emmenés captifs ? Certes, c'est le plus grand des malheurs, si on a pu les emmener dans un lieu où ils n'ont point trouvé leur Dieu. Les saintes Ecritures ont encore de grandes consolations pour ce genre d'infortune. Les trois enfants ont été captifs, Daniel et d'autres prophètes l'ont été (*Dan.*, I, 6), et Dieu ne manqua jamais de les consoler. Lui, qui n'a point abandonné le prophète dans les entrailles d'un monstre (*Jonas*, II, 1), n'a pas délaissé ses serviteurs sous la domination d'un peuple barbare, il est vrai, mais pourtant composé d'hommes. Mais ceux que nous réfutons aiment mieux rire de ces prodiges que les croire. Toutefois, sur la foi de leurs auteurs, ils croient qu'Arion de Méthymne, le célèbre joueur de lyre, ayant été précipité d'un navire dans la mer, fut reçu et porté à terre sur le dos d'un dauphin (1). Mais ce que nous disons du prophète Jonas est plus incroyable ; sans doute, car le fait est plus merveilleux, et il est plus merveilleux, parce qu'il est l'œuvre d'une main plus puissante.

(1) Hérodote raconte cette fable dans son premier livre.

CHAPITRE XV.

Exemple de Régulus qui, par religion, retourne volontairement en captivité, sans que sa piété le préserve de la mort.

1. Ils ont cependant aussi, parmi leurs hommes illustres, un admirable exemple d'une captivité volontairement soufferte pour cause de religion. Marcus Attilius Régulus, général romain, fut pris par les Carthaginois ; comme ces derniers aimaient mieux recouvrer leurs prisonniers que de retenir ceux des Romains, ils l'envoyèrent lui-même à Rome avec les ambassadeurs pour traiter cette affaire, l'obligeant par serment de revenir à Carthage, si leur proposition était repoussée. Il partit, et jugeant cet échange désavantageux pour la république, il dissuada les sénateurs de le faire. Après avoir émis cet avis, fidèle à son serment sans y être contraint par ses concitoyens, il retourna volontairement à Carthage. Là, on le fait mourir au milieu de tourments raffinés et épouvantables. Enfermé dans un coffre étroit, hérissé de pointes, où il est contraint de rester debout, il ne peut se pencher sans éprouver les plus atroces douleurs, et meurt exténué par la privation de sommeil. Certes, c'est avec justice qu'on exalte une

CAPUT XIV.

De captivitate sanctorum, quibus nunquam divina solatia defuerunt.

Sed multi, inquiunt, Christiani etiam captivi ducti sunt. Hoc sane miserrimum est, si aliquo duci potuerunt, ubi Deum suum non invenerunt. Sunt in Scripturis sanctis hujus etiam cladis magna solatia. Fuerunt in captivitate tres pueri ; fuit Daniel, fuerunt alii prophetæ : nec Deus defuit consolator. (*Dan.*, I, 6.) Sic ergo non deseruit fideles suos sub dominatione gentis, licet barbaræ, tamen humanæ, qui Prophetam non deseruit nec in visceribus belluæ. (*Jon.*, II, 1.) Hæc quoque illi, cum quibus agimus, malunt irridere, quam credere : qui tamen in suis litteris credunt Arionem Metybmnæum nobilissimum citharistam, cum esset dejectus e navi, exceptum delphini dorso, et ad terras pervectum. Verum illud nostrum de Jona propheta incredibilius est? Plane incredibilius, quia mirabilius ; et mirabilius, quia potentius.

CAPUT XV.

De Regulo, in quo captivitatis, ob religionem etiam sponte tolerandæ, exstat exemplum : quod tamen illi deos colenti prodesse non potuit.

1. Habent tamen isti de captivitate religionis causa etiam sponte toleranda et in suis præclaris viris nobilissimum exemplum. Marcus (*a*) Attilius Regulus, imperator populi Romani, captivus apud Carthaginenses fuit. Qui cum sibi mallent a Romanis suos reddi, quam eorum tenere captivos, ad hoc impetrandum etiam istum præcipue Regulum cum legatis suis Romam miserunt, prius juratione constrictum, si quod volebant minime peregisset, rediturum esse Carthaginem. Perrexit ille, atque in senatu contraria persuasit : quoniam non arbitrabatur utile esse Romanæ reipublicæ mutare captivos. Nec post hanc persuasionem a suis ad hostes redire compulsus est : sed (*b*) quod juraverat, id sponte complevit. At illi eum excogitatis atque horrendis cruciatibus necaverunt. Inclusum quippe angusto ligno, ubi stare coge-

(*a*) Cognomen *Attilius* abest a Vind. et a Mss. Hanc Marci Reguli historiam, qui nempe primo Punico bello consul cum L. Manlio Volsone creatus, exercitum in Africam Romanorum primus trajecit, refert Agellius lib. VI, c. IV, Appianus *de bellis Punicis*, Polybius lib. 1, et alii permulti. — (*b*) Vind. Am. Er. et nostri omnes Mss. *sed quin juraverat.*

vertu supérieure à une telle infortune. Cependant, il avait juré par ces dieux, dont le culte aujourd'hui défendu serait cause, disent-ils, des calamités qui tombent sur le genre humain. Or, si ces dieux, qu'on honorait pour en obtenir les prospérités de cette vie, ont voulu ou permis que ce religieux observateur du serment souffrît de telles tortures, qu'aurait pu faire de plus cruel leur indignation pour châtier un parjure? Mais tirons de ce raisonnement une double conclusion. De vrai, Régulus avait un tel respect pour les dieux, que la fidélité à son serment ne lui permet ni de rester dans sa patrie, ni de se retirer dans un autre lieu, mais l'oblige à retourner vers ses plus cruels ennemis. S'il jugeait cette fidélité, dont les suites furent si affreuses, profitable pour cette vie, il se trompait sans aucun doute. Son exemple prouve donc que le culte des dieux ne sert de rien pour la félicité temporelle, puisque lui si attaché à ce culte est vaincu et fait prisonnier, et que pour avoir été religieux observateur de son serment, il meurt au milieu de supplices inouïs et atroces. Que si la piété envers les dieux obtient pour récompense le bonheur après cette vie, qu'on cesse donc de calomnier les âges chrétiens, qu'on cesse de prétendre que Rome a subi ces calamités, parce qu'elle n'adore plus ces dieux, puisque même en les honorant avec une piété scrupuleuse, elle aurait pu être aussi malheureuse que Régulus. A moins pourtant que, devant une vérité si manifeste, on ne pousse la folie et l'aveuglement, jusqu'à soutenir qu'un homme fidèle aux dieux peut être malheureux, mais qu'une ville entière ne saurait l'être ; comme si la multitude étant toujours composée d'individus, la puissance de ces dieux était moins capable de protéger un seul qu'un plus grand nombre.

2. Si l'on prétend que, dans cette captivité et au milieu de ces cruels supplices, Régulus a pu être heureux par la seule vertu de l'âme, cherchons avant tout cette vertu véritable, qui peut aussi rendre une cité heureuse ; la ville n'étant qu'une société d'hommes unis, ce qui fait le bonheur de l'homme, doit aussi faire celui de la cité. Je ne veux point encore rechercher quelle fut la vertu de Régulus. Il suffit, pour le moment, que cet exemple illustre force nos adversaires à convenir que ce n'est point pour les biens du corps, ni pour des avantages extérieurs qu'on doit honorer les dieux. N'a-t-il pas, en effet, renoncé à toutes ces choses, plutôt que

---

retur, clavisque acutissimis undique confixo, ut se in nullam ejus partem sine pœnis atrocissimis inclinaret, etiam (a) vigilando peremerunt. Merito certe laudant virtutem tam magna infelicitate majorem. Et per deos ille juraverat, quorum (b) cultu prohibito, has generi humano clades isti opinantur infligi. Qui ergo propterea colebantur, ut istam vitam posperam redderent, si verum juranti has irrogari pœnas seu voluerunt, seu permiserunt, quid perjuro gravius irati facere potuerunt? Sed cur non ratiocinationem meam potius ad utrumque concludam? Deos certe sic ille coluit, ut propter jurisjurandi fidem nec remaneret in patria, nec inde quolibet iret, sed ad suos acerrimos inimicos redire minime dubitaret. Hoc si huic vitæ utile existimabat, cujus tam horrendum exitum meruit, procul dubio fallebatur. Suo quippe docuit exemplo, nihil deos ad istam temporalem felicitatem suis prodesse cultoribus : quando quidem ille eorum deditus cultui, et victus et captivus abductus, et quia noluit aliter quam per eos juraverat facere, novo ac prius inaudito nimiumque horribili supplicii genere cruciatus exstinctus est. Si autem deorum cultus post hanc vitam velut mercedem reddit felicitatem, cur calumniantur temporibus Christianis, ideo dicentes Urbi accidisse illam calamitatem, quia deos suos colere destitit, cum potuerit etiam illos diligentissime colens tam infelix fieri, quam ille Regulus fuit ? Nisi forte contra clarissimam veritatem tanta quisquam dementia miræ cæcitatis obnitetur, ut contendere audeat universam civitatem deos colentem infelicem esse non posse, unum vero hominem posse; quod videlicet potentia deorum suorum multos potius sit idonea conservare, quam singulos ; cum multitudo constet ex singulis.

2. Si autem dicunt M. Regulum etiam in illa captivitate illisque cruciatibus corporis, animi virtute beatum esse potuisse ; virtus potius vera quæratur, qua beata possit esse et civitas. Neque enim aliunde beata civitas, aliunde homo : cum aliud civitas non sit, quem (c) concors hominum multitudo. Quamobrem nondum interim disputo, qualis in Regulo virtus fuerit. Sufficit nunc, quod isto nobilissimo exemplo coguntur fateri, non propter corporis bona, vel earum rerum quæ extrinsecus homini accidunt, colendos deos : quando quidem ille carere his omnibus maluit, quam deos per quos juravit offendere. Sed quid faciamus hominibus, qui gloriantur talem se habuisse civem, qualem timent habere civitatem?

(a) Libri nonnulli : *jugulando*; sed male. Huc pertinet illud Ciceronis Orat. in Pisonem : *Marcum Attilium Regulum Carthaginenses resectis palpebris illigatum in machina vigilando peremerunt.* Non multo aliter Valerius, lib. IX, c. 11. — (b) Vind. Am. et Lov. *pro cultu.* Abest *pro* ab Er. et plerisque Mss. — (c) Nonnulli codices, *consors.*

d'offenser les dieux au nom desquels il avait juré. Mais que dire de ces hommes qui se glorifient d'un tel concitoyen, et craignent que la cité ne lui ressemble? S'ils n'ont point cette crainte, qu'ils avouent donc qu'une ville aussi pieuse envers les dieux que le fut Régulus, a pu subir le sort de ce général, et qu'ils cessent de poursuivre le christianisme de leurs calomnies. Mais puisque cette question s'est élevée au sujet des chrétiens emmenés en captivité, qu'ils se rappellent donc cet exemple et se taisent, les détracteurs impudents et insensés de la religion la plus salutaire. Si ce n'a pas été une honte pour ces dieux, que, voulant rester fidèle à la foi jurée en leur nom, leur plus religieux serviteur ait été privé de sa patrie, sans en espérer une autre; que, captif, il ait subi de la part des ennemis une longue mort au milieu de tortures cruelles et inouïes; comment reprocher comme un crime au christianisme la captivité de ses enfants, qui, attendant avec une foi vive la patrie céleste, se considèrent comme des étrangers dans leurs propres demeures.

CHAPITRE XVI.

La violence subie pendant la captivité, même par les vierges consacrées, n'a pu flétrir en elles la chasteté de l'âme.

Ils croient sans doute accabler les chrétiens d'un terrible reproche, quand, exagérant les maux de la captivité, ils ajoutent les violences exercées sur des femmes, des jeunes filles, et même sur des vierges consacrées. Or, ici, ce n'est ni la foi, ni la piété, ni même la vertu qu'on nomme chasteté, qui sont en jeu; c'est plutôt notre pensée qui éprouve de la difficulté à concilier les délicatesses de la pudeur avec les données de la raison. Aussi notre intention est-elle moins de répondre à nos ennemis, que de consoler nos sœurs. Il faut donc poser comme un principe certain que la vertu, règle d'une bonne vie, a son siège dans l'âme, d'où elle commande aux membres du corps, et que le corps est saint, lorsque la volonté qui le gouverne est sainte. Tant que cette volonté demeure ferme et constante, tout ce qu'un autre fait du corps ou au corps, si on ne peut l'éviter sans pécher soi-même, ne rend point coupable celui qui le souffre. Mais, parmi ces violences que le corps d'autrui peut souffrir, s'il en est qui causent la douleur, il en est aussi qui peuvent produire la volupté. Or, bien qu'un tel outrage n'enlève point la chasteté, à laquelle l'âme reste constamment attachée, cependant il alarme la pudeur. Elle tremble qu'on ne croie à un consentement de l'esprit, dans un acte où peut-être la chair n'a pu rester insensible.

Quod si non timent, tale ergo aliquid quale accidit Regulo, etiam civitati tam diligenter, quam ille, deos colenti occidere potuisse fateantur, et Christianis temporibus non calumnientur. Verum quia de illis Christianis orta quæstio est, qui etiam *(a)* captivi ducti sunt; hoc intueantur et taceant, qui saluberrimæ religioni hinc impudenter atque imprudenter illudunt; quia si diis eorum probro non fuit, quod attentissimus cultor illorum, dum eis jurisjurandi fidem servaret, patria caruit, cum aliam non haberet, captivusque apud hostes *(b)* per longam mortem supplicio novæ crudelitatis occisus est; multo minus nomen criminandum est Christianum, in captivitate sacratorum suorum, qui supernam patriam veraci fide exspectantes, etiam in suis sedibus peregrinos se esse noverunt. (I *Pet.*, II, 11.)

CAPUT XVI.

An stupris, quæ etiam sanctarum forte virginum est passa captivitas, contaminari potuerit virtus animi sine voluntatis assensu.

Magnum sane crimen se putant objicere Christianis, cum eorum exaggerantes captivitatem, addunt etiam stupra commissa, non solum in aliena matrimonia virginesque nupturas, sed etiam in quasdam sanctimoniales. Hic vero non fides, non pietas, non ipsa virtus quæ castitas dicitur, sed nostra potius disputatio inter *(c)* pudorem atque rationem quibusdam coartatur angustiis. Nec tantum curamus hic alienis responsionem reddere, quantum ipsis nostris consolationem. Sit igitur in primis positum atque firmatum, virtutem qua recte vivitur, ab animi sede membris corporis imperare, sanctumque corpus usu fieri sanctæ voluntatis: qua inconcussa ac stabili permanente, quidquid alius de corpore, vel in corpore fecerit, quod sine peccato proprio non valeat evitari, præter culpam esse patientis. Sed quia non solum quod ad dolorem, verum etiam quod ad libidinem pertinet, in corpore alieno perpetrari potest; quidquid tale factum fuerit, etsi retentam constantissimo animo pudicitiam non excutit, pudorem tamen incutit; ne credatur factum cum mentis etiam voluntate, quod fieri fortasse sine carnis aliqua voluptate non potuit.

(a) Plures Mss. *captivati sunt.* — *(b)* Lov. *longa morte et supplicio*: dissentientibus editis aliis et Mss. — *(c) Inter pudorem et rationem coarctatur.* nam pudor prohibet etiam corporis violationem non malam dici, ratio id jubet.

CHAPITRE XVII.

De la mort volontaire par crainte du châtiment ou du déshonneur.

Aussi, qui donc serait assez inhumain pour refuser le pardon à celles qui se sont donné la mort pour éviter cet outrage? Quant à celles qui n'ont pas voulu se tuer, pour ne pas commettre un crime elles-mêmes, en se défendant du crime d'autrui, qui donc, à moins d'être insensé, oserait les en blâmer? En effet, s'il n'est pas permis de tuer de son autorité privée un homme, bien qu'il soit coupable, aucune loi ne permettant ce meurtre, certainement celui qui se donne la mort est homicide. Il est d'autant plus coupable en se tuant, qu'il était plus innocent dans la cause pour laquelle il se condamne à mourir. Si nous détestons avec raison l'action de Judas, si la Vérité déclare qu'en se pendant, il a plutôt aggravé qu'expié le crime de son infâme trahison; car son funeste repentir, désespérant de la miséricorde de Dieu, rendait impossible une salutaire pénitence; combien plus doit s'abstenir de se donner la mort, celui qui n'a point en soi de crime qui réclame une telle expiation? En se tuant, Judas tue un criminel, et cependant ce n'est pas seulement de la mort du Christ, c'est de la sienne aussi qu'il meurt coupable; c'est pour son crime, mais par un autre crime, qu'il se donne la mort. Pourquoi donc un homme qui n'a point fait de mal, s'en ferait-il à lui-même? En se tuant, il tue un innocent, pour empêcher qu'un autre ne soit coupable. Pour éviter qu'un autre ne commette un crime contre lui, pourquoi en commettrait-il un lui-même?

CHAPITRE XVIII.

De la violence que, malgré la volonté, le corps souffre de la part des autres.

1. On craint peut-être d'être souillé par la luxure d'autrui? Non, si elle est étrangère, elle ne peut souiller; et, si elle souille, elle n'est plus étrangère. La pureté est une vertu de l'âme; elle a pour compagne la force, qui la dispose à supporter toutes sortes de maux, plutôt que de consentir à ce qui est mal; or, nul homme, si constant et si chaste qu'il soit, ne peut répondre des violences qu'on peut faire subir à son corps, mais seulement du consentement ou du refus de sa volonté. Qui donc serait assez insensé pour croire qu'il a perdu la chasteté, si sur cette chair qui lui appartient, s'exerce et s'assouvit malgré lui une passion étrangère!

CAPUT XVII.
De morte voluntaria ob metum pœnæ sive dedecoris.

Ac per hoc et quæ se occiderunt, ne quidquam hujusmodi paterentur, quis humanus affectus eis nolit ignosci? et quæ se occidere noluerunt, ne suo facinore alienum flagitium devitarent, quisquis eis hoc crimini dederit, ipse (*a*) crimine insipientiæ non carebit. Nam utique si non licet privata potestate hominem occidere vel nocentem, cujus occidendi licentiam lex nulla concedit : profecto etiam qui se ipsum occidit, homicida est; et tanto fit nocentior, cum se occiderit, quanto innocentior in ea causa fuit, qua se occidendum putavit. Nam si Judæ factum merito detestamur, eumque Veritas judicat, cum se laqueo suspendit, sceleratæ illius traditionis auxisse potius quam expiasse commissum (*Matth.*, xxvii, 5; *Act.*, 1, 18); quoniam Dei misericordiam desperando exitiabiliter pœnitens, nullum sibi salubris pœnitentiæ locum reliquit : quanto magis a sua nece se abstinere debet qui tali supplicio quod in se puniat, non habet? Judas enim cum se occidit, sceleratum hominem occidit : et tamen non solum Christi, verum etiam suæ mortis reus finivit hanc vitam; quia licet propter suum scelus, alio suo scelere occisus est. Cur autem homo, qui mali nihil fecit, sibi male faciat, et se ipsum interficiendo hominem interficiat innocentem, ne alium patiatur nocentem; atque in se perpetret peccatum proprium, ne in eo perpetretur alienum?

CAPUT XVIII.
De aliena violentiarum libidine, quam in oppresso corpore mens invita perpetitur.

1. At enim, ne vel aliena polluat libido, metuitur. Non polluet, si aliena erit : si autem polluet, aliena non erit. Sed cum pudicitia virtus sit animi, comitemque habeat fortitudinem, qua potius quælibet mala tolerare, quam malo consentire decernit; nullus autem magnanimus et pudicus in potestate habeat, quid de sua carne fiat, sed tantum quid annuat mente, vel renuat : quis (*b*) eadem sana mente putaverit se perdere pudicitiam, si forte in apprehensa et oppressa carne sua exerceatur et expleatur libido non sua? Si enim hoc modo pudicitia perit, profecto

(*a*) Plerique Mss. *crimen*. Ex iis perpauci loco *carebit* habent *carebis*. — (*b*) Sic Vind. Am. et Mss. At Er. et Lov. *quis tandem sana*.

Si la chasteté peut se perdre de cette manière, alors ce n'est plus une vertu de l'âme, elle n'est plus au nombre des biens qui constituent une vie bonne ; non, elle doit être rangée parmi les qualités du corps, comme la force, la beauté, une santé florissante, et autres choses du même genre ; biens dont la perte n'empêchent nullement la vie d'être bonne et sainte. Si la chasteté n'est rien autre chose, pourquoi s'efforcer de la conserver même au péril de sa vie ? Mais, si c'est un bien de l'âme, la violence que subit le corps ne peut rien contre elle. Il y a plus, c'est même un bien pour cette sainte continence, lorsqu'elle résiste aux attraits des concupiscences charnelles, elle sanctifie le corps lui-même ; avec l'inébranlable résolution de ne point céder à la volupté, le corps conserve sa sainteté, puisque la volonté d'en user saintement persévère, et que le corps, autant qu'il dépend de lui, en conserve la puissance.

2. Et de fait, la sainteté du corps ne consiste pas dans l'intégrité des membres ou dans leur préservation de tout contact; ne peuvent-ils pas être froissés ou blessés par divers accidents, et les médecins, pour les guérir, ne sont-ils pas obligés d'y faire des opérations qui répugnent ? Appelée à constater l'intégrité d'une jeune fille, une sage femme, soit malice, ignorance ou hasard, détruit en elle cette intégrité ; y aurait-il quelqu'un d'assez insensé pour soutenir que par un tel accident, cette vierge est flétrie même dans la sainteté de son corps. Aussi, tant que l'âme persévère dans la résolution, par laquelle le corps même a mérité d'être sanctifié, la violence d'une passion étrangère ne saurait ravir au corps cette sainteté, que conserve un amour constant de la chasteté. Mais qu'une femme dont l'esprit est corrompu, violant les promesses faites à Dieu, aille se livrer à celui qui l'a séduite, dirons-nous que pendant le trajet elle est encore chaste de corps, après avoir perdu cette chasteté de l'âme qui sanctifiait son corps ? Loin de nous une telle erreur. Comprenons plutôt que le corps, même subissant la violence, ne perd point la sainteté, tant que l'âme demeure chaste ; mais que, demeurât-il intact, il perd cette vertu si la sainteté de l'âme est violée. Aussi rien qui doive être puni d'une mort volontaire dans la femme qui, sans aucun consentement de sa part, a été victime des violences d'autrui. A plus forte raison avant d'avoir subi ces violences, car elle commettrait elle-même un homicide certain pour éviter un crime étranger et encore incertain.

---

pudicitia virtus animi non erit; nec pertinebit ad ea bona, quibus bene vivitur, sed in bonis corporis numerabitur; qualia sunt, vires, pulchritudo, sana (a) integraque valetudo, ac si quid hujusmodi est : quæ bona, etiam si minuantur, bonam justamque vitam omnino non minuunt. Quod si tale aliquid est pudicitia, utquid pro illa, ne amittatur, etiam cum periculo corporis laboratur? Si autem animi bonum est, etiam oppresso corpore non amittitur. Quin etiam sanctæ continentiæ bonum cum immunditiæ carnalium concupiscentiarum non cedit, et ipsum corpus sanctificatur : et ideo cum eis non cedere inconcussa intentione persistit, nec de ipso corpore perit (b) sanctitas, quia eo sancte utendi perseverat voluntas, et quantum in ipso est, etiam facultas.

2. Neque enim eo corpus sanctum est, quod ejus membra sunt integra, aut eo, quod nullo contrectantur attactu; cum possint diversis etiam casibus vulnerata vim perpeti, et medici aliquando saluti opitulantes hæc ibi faciant, quæ horret aspectus. Obstetrix virginis cujusdam integritatem manu velut explorans, sive malevolentia, sive inscitia, sive casu, dum inspicit, perdidit : non opinor quemquam tam stulte sapere, ut huic periisse aliquid existimet etiam de ipsius corporis sanctitate, quamvis membri illius integritate jam perdita. Quocirca proposito animi permanente, per quod etiam corpus sanctificari meruit, nec ipsi corpori aufert sanctitatem violentia libidinis alienæ, quam servat perseverantia continentiæ suæ. At vero si aliqua femina mente corrupta, violatoque proposito quod Deo voverat, pergat vitianda ad deceptorem suum; adhuc eam pergentem sanctam vel corpore dicimus, ea sanctitate animi, per quam corpus sanctificabatur, amissa atque destructa? Absit hic error : et hinc potius admoneamur, ita non amitti corporis sanctitatem, manente animi sanctitate, etiam corpore oppresso, sicut amittitur corporis sanctitas violata animi sanctitate, etiam corpore intacto. Quamobrem non habet quod in se morte spontanea puniat femina, sine ulla sua consensione violenter oppressa, et alieno compressa peccato : quanto minus ante quam hoc fiat; ne admittatur homicidium certum, cum ipsum flagitium, quamvis alienum, adhuc pendet incertum.

(a) Plures Mss. omittunt *integraque*. Et loco *sana*, quidam ferunt *sanitas*. — (b) Ita Vind. et Mss. At Am. Er. et Lov. *perit castitas*.

CHAPITRE XIX.

De Lucrèce, qui s'est donné la mort à cause de l'outrage qu'elle avait reçu.

1. N'est-il pas manifeste, comme nous le disons, que malgré la violence faite au corps, si la volonté reste toujours chaste, l'auteur seul de l'oppression est criminel, et non celle qui l'a subie. Mais peut-être oseront-ils encore contester une démonstration si claire, ceux contre lesquels nous défendons non-seulement la sainteté du cœur, mais encore la pureté de corps chez les femmes chrétiennes outragées pendant leur captivité? Cependant ils proclament la chasteté de Lucrèce, cette noble matrone de l'ancienne Rome. Ayant subi dans son corps la violence du fils de Tarquin, elle révèle le crime de cet infâme jeune homme à Collatin son époux, à Brutus, son parent, tous deux illustres et remplis de courage, elle les fait jurer de la venger; puis désolée de l'outrage qu'elle a reçu, et ne pouvant en supporter la honte, elle se donne la mort. Que dirons-nous de cette femme? Etait-elle chaste, était-elle adultère? Qui balancerait à répondre? « Ils étaient deux, et chose admirable, un seul fut adultère, » a dit avec vérité un orateur traitant supérieurement ce sujet.

Mot sublime et profondément vrai. Considérant dans cette action honteuse la criminelle passion de l'un, et la chaste volonté de l'autre, la diversité des volontés plutôt que l'union matérielle des corps : « Ils étaient deux, s'écrie-t-il, un seul fut adultère. »

2. Mais pourquoi donc celle qui n'est point adultère est-elle traitée plus sévèrement que l'autre? Celui-ci est chassé de sa patrie avec son père, celle-là se punit du dernier supplice; si souffrir malgré soi violence n'est point une impudicité, est-ce justice que la chasteté soit punie? J'en appelle à vous, lois et juges de Rome. Vous ne permettez pas que même après un crime, un scélérat puisse être mis à mort, s'il n'est condamné. Si donc on vous déférait cette cause, si on vous prouvait que non-seulement une femme qui n'était point condamnée, mais une femme chaste et innocente a été tuée, ne puniriez-vous pas ce crime comme il le mérite? C'est ce qu'a fait cette Lucrèce si vantée; c'est elle qui a versé le sang de Lucrèce innocente, chaste et outragée. J'attends votre sentence... Vous ne pouvez prononcer contre elle, son absence la soustrait à vos châtiments; mais pourquoi prodiguer tant d'éloges à la meurtrière d'une matrone pure et innocente? Certes, vous

---

CAPUT XIX.

De Lucretia, quæ se ob illatum sibi stuprum peremit.

1. An forte huic perspicuæ rationi, qua dicimus corpore oppresso, nequaquam proposito castitatis ulla in malum consensione mutato, illius tantum esse flagitium qui opprimens concubuerit, non illius quæ oppressa concumbenti nulla voluntate consenserit, contradicere audebunt hi, contra quos feminarum christianarum in captivitate oppressarum non tantum mentes, verum etiam corpora sancta defendimus? Lucretiam certe, matronam nobilem veteremque romanam, pudicitiæ magnis efferunt laudibus. Hujus corpore cum violenter oppresso Tarquinii regis filius libidinose potitus esset, illa scelus improbissimi juvenis marito Collatino (a) et propinquo Bruto, viris clarissimis et fortissimis, indicavit, eosque ad vindictam constrinxit : deinde fœdi in se commissi, ægra atque impatiens se peremit. Quid dicemus? adultera hæc, an casta judicanda est? Quis in hac controversia laborandum putaverit? Egregie quidam ex hoc veraciterque declamans, ait : « Mirabile dictu; duo fuerunt, et adulterium unus ad-

misit. » Splendide atque verissime. Intuens enim in duorum corporum commixtione unius inquinatissimam cupiditatem, alterius castissimam voluntatem; et non quid conjunctione membrorum, sed quid animorum diversitate ageretur, attendens : « Duo, » inquit, « fuerunt, et adulterium unus admisit. »

2. Sed quid est hoc, quod in eam gravius vindicatur, quæ adulterium non admisit? Nam ille patria cum patre pulsus est, hæc summo est mactata supplicio. Si non est illa impudicitia, qua invita opprimitur; non est hæc justitia, qua casta punitur. Vos appello, leges judicesque romani. Nempe post perpetrata facinora nec quemquam scelestum indemnatum impune voluistis occidi. Si ergo ad vestrum judicium quisquam deferret hoc crimen, vobisque probaretur, non solum indemnatam, verum etiam castam et innocentem interfectam esse mulierem; nonne eum qui id fecisset, severitate congrua plecteretis? Hoc fecit illa Lucretia; illa, sic prædicata Lucretia innocentem, castam, vim perpessam Lucretiam insuper interemit. Proferte sententiam. Quod si propterea non potestis, quia non adstat quam punire possitis; cur interfectricem innocentis et castæ tanta prædicatione laudatis? Quam certe apud

---

(a) Veteres libri nonnulli, *Conlatino*. Apud Livium tamen, qui Lucretiæ historiam texit, in lib. I vocatus *Collatinus*.

ne pouvez nier que devant les juges d'enfer, même tels que vos poètes les représentent, elle ne soit placée parmi ceux « qui, dégoûtés de la lumière, se sont de leur propre main arraché une vie innocente, et ont rejeté au loin leurs âmes, » (*Enéid.*, liv. VI.) Elle désire revoir le jour « les destins s'y opposent, et le marais qu'on ne saurait traverser l'enveloppe de ses tristes ondes. » Mais peut-être n'est-elle point dans ce lieu, s'étant arrachée non pas une vie innocente, mais une vie tourmentée par le remords? Que serait-ce, en effet, si, (ce qu'elle seule pouvait savoir), quoique subissant la violence de ce jeune homme, elle a néanmoins consenti au plaisir, consentement dont elle eut tant de douleur qu'elle voulut le punir par sa mort? Ce que pourtant elle ne devait point faire, s'il lui était possible d'apaiser les faux dieux par une pénitence efficace. Toutefois, s'il en est ainsi, il n'est plus vrai de dire qu'ils étaient deux, et qu'un seul fut adultère; tous deux l'ont été, l'un par une violence ouverte, l'autre par un consentement secret; alors ce n'est plus une femme innocente qui s'est tuée. Dans ce cas, ses défenseurs peuvent dire qu'elle n'est pas aux enfers parmi ceux « qui de leur propre main se sont arraché une vie innocente. » Ici, cependant, sont deux extrémités inévitables : si on nie l'homicide, on confirme l'adultère; si on la justifie d'adultère, on la déclare homicide, et partant, impossible d'échapper à ce raisonnement : Si elle est adultère, pourquoi ces éloges? si elle est chaste, pourquoi ce suicide?

3. Quant à nous, il nous suffit qu'on ait dit à la louange de cette noble dame : Ils étaient deux, un seul fut adultère, pour justifier nos chrétiennes outragées pendant leur captivité, contre ceux qui, n'ayant aucune notion de la sainteté, osent les insulter. En effet, leur opinion est que nul consentement mauvais n'a flétri la chasteté de Lucrèce. Qu'elle se soit tuée pour avoir souffert violence tout en restant pure elle-même, ce n'est pas amour de la vertu, mais faiblesse de la honte. Elle rougit du crime commis sur elle, et non pas avec elle; cette romaine trop avide de gloire craint que si elle survit à l'outrage qu'elle a subi malgré elle, on ne soupçonne qu'elle y ait consenti; ne pouvant dévoiler sa conscience aux yeux des hommes, elle fait de sa mort un témoin de son innocence; elle tremble qu'on ne croie à sa complicité, si elle supporte l'outrage honteux

---

infernos judices, etiam tales, quales poetarum vestrorum carminibus cantitantur, nulla ratione defenditis, constitutam scilicet inter illos,

qui sibi letum
Insontes peperere manu, lucemque perosi,
Projecere animas.
(*Æneid.*, VI.)

Cui ad superna redire cupiendi

Fata (*a*) obstant, tristique palus innabilis unda
Alligat.

An forte ideo ibi non est, quia non insontem, sed male sibi consciam se peremit? Quid si enim, (quod ipsa tantummodo nosse poterat), quamvis juveni violenter irruenti, etiam sua libidine illecta consensit, idque in se puniens ita doluit, ut morte putaret expiandum? Quanquam nec siquidem occidere se debuit, si fructuosam posset apud deos falsos agere pœnitentiam. Verumtamen si forte ita est, falsumque est illud, quod duo fuerunt, et adulterium unus admisit, sed potius ambo adulterium commiserunt, unus manifesta invasione, altera latente consensione : non se occidit insontem, et ideo potest a litteratis ejus defensoribus dici non esse apud inferos inter illos, « qui sibi letum insontes peperere manu. » Sed ita hæc causa ex utroque latere coarctatur, ut si extenuatur homicidium, adulterium confirmetur; si purgatur adulterium homicidium cumuletur : nec omnino invenitur exitus, ubi dicitur : Si adulterata, cur laudata? si pudica, cur occisa?

3. Nobis tamen in hoc tam nobili feminæ hujus exemplo ad istos refutandos, qui christianis feminis in captivitate compressis alieni ab omni cogitatione sanctitatis insultant, sufficit quod in præclaris ejus laudibus dictum est : « Duo fuerunt, et adulterium unus admisit. » Talis enim ab eis Lucretia magis credita est, quæ se nullo adulterino potuerit maculare consensu. Quod ergo se ipsam, quoniam adulterum (*b*) pertulit, etiam non adulterata occidit, non est pudicitiæ caritas, sed pudoris infirmitas. Puduit enim eam turpitudinis alienæ in se commissæ, etiamsi non secum; et romana mulier laudis avida nimium verita est, ne putaretur, quod violenter est passa cum viveret, libenter passa si viveret. Unde ad oculos hominum mentis suæ testem illam pœnam adhibendam putavit, quibus conscientiam demonstrare non potuit. Sociam quippe facti se credi erubuit, si, quod alius in ea fecerat turpiter, ferret

---

(*a*) Scripti libri omnes prope, *Fas obstat*. Et loco *innobilis*, habent *inamabilis*. Quidam etiam *tristisque*, pro *tristique*; et *undæ*, pro *unda*. Nec pauciores ibi discrepantiæ repertæ sunt in Virgilianis veteribus libris. — (*b*) Sic Mss. At editi *adulterium*.

dont elle a été la victime. Les femmes chrétiennes n'ont point imité cet exemple, elles vivent après avoir subi une semblable violence. Elles n'ont pas vengé sur elles le crime d'autrui par leur propre crime, ce qui aurait eu lieu, si la honte de l'outrage souffert les avait portées à se donner la mort. Elles ont en elles et devant Dieu la gloire de la chasteté, le témoignage de leur conscience; cela leur suffit, puisqu'il ne leur reste rien de légitime à faire, et qu'en voulant éviter l'injure des soupçons humains, elles agiraient contre l'autorité de la loi divine.

CHAPITRE XX.

Il n'est jamais permis aux chrétiens de se donner la mort.

Ce n'est donc pas sans raison que, dans les saints livres canoniques, nous ne trouvons aucun passage qui ordonne ou permette de se donner soi-même la mort, soit pour acquérir l'immortalité, soit pour éviter ou prévenir quelque malheur. Nous devons croire, au contraire, que Dieu nous le défend, quand il dit : « Tu ne tueras point, » (*Exod.*, xx, 13) surtout en voyant qu'il n'ajoute point ton prochain, comme il le fait en parlant du faux témoignage : « Tu ne porteras point faux témoignage contre ton prochain, » dit-il. Il ne faut cependant pas croire que celui qui porte un faux témoignage contre lui-même soit exempt de ce crime, car la règle de l'amour du prochain est l'amour de soi, puisqu'il est écrit : « Tu aimeras ton prochain comme toi-même. » (*Matth.*, xxii, 39.) Si donc, quoique cette loi ne parlant que du prochain puisse sembler à ceux qui la comprennent mal, ne pas s'étendre jusqu'au faux témoignage contre soi-même, si, dis-je, on n'est pas moins coupable en témoignant faussement contre soi que contre autrui, combien plus doit-on juger qu'il n'est pas permis de se tuer soi-même, puisque ce précepte : « Tu ne tueras point, » étant absolu et sans aucune adjonction, n'excepte personne, pas même celui qui le reçoit. Aussi en est-il qui ont cherché à l'étendre jusqu'aux animaux, soutenant qu'il défend de donner la mort même à aucun de ces derniers. Mais pourquoi ne pas l'étendre aux plantes, à tout ce qui tient à la terre, et qu'elle nourrit de ses sucs. Bien que privés de sentiments, ne dit-on pas que ces êtres vivent? Ils peuvent donc mourir et partant être tués si l'on emploie la violence.

ipsa patienter. Non hoc fecerunt feminæ christianæ, quæ passæ similia vivunt. Tamen nec in se ultæ sunt crimen alium, ne alienorum sceleribus adderent sua, si, quoniam hostes in eis concupiscendo stupra commiserant, illæ in se ipsis homicidia erubescendo committerent. Habent quippe intus gloriam castitatis, testimonium conscientiæ : habent autem coram oculis Dei sui, nec requirunt amplius, ubi, quid recte faciant, non amplius habent; ne devient ab auctoritate legis divinæ, cum male devitant offensionem suspicionis humanæ.

CAPUT XX.

Nullam esse auctoritatem, quæ Christianis in qualibet causa jus voluntariæ necis tribuat.

Neque enim frustra in sanctis canonicis (a) Libris nusquam nobis divinitus præceptum permissumve reperiri potest, ut vel ipsius adipiscendæ immortalitatis, vel ullius carendi cavendive mali causa, nobismetipsis necem inferamus. Nam et prohibitos nos esse intelligendum est, ubi Lex ait : « Non occides : » (*Exod.*, xx, 13) præsertim quia non addidit, proximum tuum : sicut falsum testimonium cum vetaret : « Falsum, inquit, testimonium non dices adversus proximum tuum. » Nec ideo tamen si adversus se ipsum quisquam falsum testimonium dixerit, ab hoc crimine se putaverit alienum. Quoniam regulam diligendi proximum a semetipso dilector accepit; quandoquidem scriptum est : « Diliges proximum tuum tanquam te ipsum. » (*Matth.*, xxii, 39.) Porro si falsi testimonii non minus reus est qui de se ipso falsum fatetur, quam si adversus proximum hoc faceret; cum in eo præcepto, quo falsum testimonium prohibetur, adversus proximum prohibeatur, possitque non recte intelligentibus videri non esse prohibitum ut adversus se ipsum quisque falsus testis assistat : quanto magis intelligendum est, non licere homini ne ipsum occidere, cum, quod scriptum est : « Non occides, » nihilo deinde addito, nullus, nec ipse utique cui præcipitur, intelligatur exceptus? Unde quidam hoc præceptum etiam in bestias ac pecora conantur extendere ut ex hoc nullum etiam illorum liceat occidere. Cur non ergo et herbas, et quidquid humo radicitus alitur ac figitur? nam et hoc genus rerum, quamvis non sentiat, dicitur vivere; ac per hoc potest et mori; proinde etiam, cum vis adhibetur, occidi. Unde et Apostolus, cum de hujuscemodi seminibus loqueretur : « Tu, inquit, quod seminas, non vivificatur,

---

(a) Editi, *canonicisque*. Particula *que* non est in Ms.

L'Apôtre écrit en parlant de ces espèces : « Ce que tu sèmes ne saurait vivre, s'il ne meurt auparavant. » (1 *Cor.*, xv, 36.) Et nous lisons dans un Psaume : « Il a tué leurs vignes par la grêle ? » (*Ps.* LXXVII, 47.) S'ensuit-il que ce précepte : « Tu ne tueras point, » nous défende d'arracher un arbrisseau, et qu'il nous faille sottement embrasser les erreurs de Manès ? Laissant donc ces rêveries, quand nous lisons : « Tu ne tueras point, » nous n'appliquons pas ce précepte aux plantes, car elles sont privées de sentiment, ni aux animaux sans intelligence, oiseaux, poissons, quadrupèdes ou autres, car, n'ayant pas comme nous la raison, ils ne sauraient nous être unis ; aussi, par une juste disposition de la Providence, leur vie et leur mort sont également pour notre usage, c'est donc de l'homme seul qu'il faut entendre ce précepte : « Tu ne tueras point, » ni un autre, ni par conséquent toi-même, car celui qui se tue n'est-il pas le meurtrier d'un homme ?

CHAPITRE XXI.

Exceptions à la loi qui défend l'homicide.

Cependant cette même autorité divine a établi certaines exceptions à cette loi qui ne permet pas de tuer un homme. C'est lorsque Dieu le commande, soit par une loi générale, soit par un ordre temporaire et particulier. En effet, celui-là n'est pas homicide qui doit son ministère à celui qui ordonne ; il n'est que comme le glaive servant d'instrument aux mains qui s'en servent. Aussi ils n'ont pas violé ce précepte : « Tu ne tueras point, » ceux qui sur l'ordre de Dieu ont entrepris des guerres, ou qui, revêtus de la puissance publique ont, suivant les lois, c'est-à-dire suivant les règles d'une raison éclairée par la justice, puni de mort les scélérats. Nous n'accusons point Abraham de cruauté, mais nous louons, au contraire, sa piété, quand, non par passion, mais pour obéir aux ordres de Dieu, il se dispose à immoler son fils. (*Gen.*, XXII, 10.) Et c'est avec raison qu'on demande s'il faut reconnaître un ordre de Dieu dans la mort de la fille de Jephté, qui, étant accourue au-devant de son père, fut immolée pour satisfaire au vœu qu'il avait fait de sacrifier à Dieu le premier objet qui se présenterait à lui au retour de sa victoire. (*Jug.*, XI, 34.) Si l'on excuse Samson de s'être écrasé lui et ses ennemis sous les ruines d'un édifice, c'est parce que l'Esprit qui par lui faisait des miracles, le lui avait intérieurement inspiré. (*Ibid.*, XVI, 30.) C'est

---

nisi (*a*) moriatur. » (I *Cor.*, xv, 36.) Et in Psalmo scriptum est : « Occidit vites eorum, in grandine. » (*Psal.* LXXVII, 47.) Num igitur ob hoc, cum audimus : « Non occides, » (*Exod.*, xx, 13) virgultum vellere nefas ducimus, et manichæorum errori insanissime acquiescimus ? His igitur deliramentis remotis, cum legimus : « Non occides, » si propterea non accipimus hoc dictum esse de fructetis, quia nullus est eis sensus ; nec de animantibus (*b*) irrationalibus, volatilibus, natatilibus, ambulatilibus, reptilibus, quia nulla nobis ratione sociantur, quam non eis datum est nobiscum habere communem ; quia justissima ordinatione Creatoris et vita et mors eorum nostris usibus subditur : restat ut de homine intelligamus, quod dictum est : « Non occides : » nec alterum ergo, nec te. (*c*) Neque enim qui se occidit, aliud quam hominem occidit.

CAPUT XXI.

De interfectionibus hominum, quæ ab homicidii crimine excipiuntur.

Quasdam vero exceptiones eadem ipsa divina fecit auctoritas, ut (*d*) non liceat hominem occidi. Sed his exceptis, quos Deus occidi jubet, sive data lege, sive ad personam pro tempore expressa jussione : (Non autem ipse occidit, qui ministerium debet jubenti, sicut adminiculum gladius (*e*) utenti. Et ideo nequaquam contra hoc præceptum fecerunt, quo dictum est : « Non occides, » qui Deo auctore bella gesserunt, aut personam gerentes publicæ potestatis secundum ejus leges, hoc est, justissimæ rationis imperium, sceleratos morte punierunt. Et Abraham non solum non est culpatus crudelitatis crimine, verum etiam laudatus est nomine pietatis, quod voluit filium nequaquam scelerate, sed obedienter occidere. (*Gen.*, XXII, 10.) Et merito quæritur, utrum pro jussu Dei sit habendum, quod Jephte filiam, quæ patri occurrit, occidit, cum se immolaturum Deo id vovisset, quod ei redeunti de prælio victori primitus occurrisset. (*Jud.*, XI, 34.) Nec Samson aliter excusatur, quod se ipsum cum hostibus ruina domus oppressit (*Jud.*, XVI, 30), nisi quia spiritus latenter hoc jusserat, qui per illum miracula faciebat.) His igitur exceptis, quos vel lex justa generaliter, vel

---

(*a*) Editi, *nisi prius moriatur.* Abest *prius* a Mss. et a Græco textu Pauli. — (*b*) Mss. *irrationabilibus.* — (*c*) Sic Mss. at Lov. *non alterum, ergo nec te.* — (*d*) Lov. *ut liceat :* omissa negante particula, quæ inest in cæteris libris, et prorsus necessaria videtur ad Augustini propositum, qui illis exceptionibus ipsa Dei auctoritate factis legem non occidendi firmatam fuisse docet. — (*e*) Editi, *gladius est utenti.* At Mss. non habent *est :* cujus loco bene subauditur *debet.*

pourquoi, excepté ceux qu'une loi générale basée sur la justice, et ceux que Dieu lui-même, source de toute justice, ordonnent de mettre à mort, quiconque tue, ou lui-même ou un autre, est coupable d'homicide.

CHAPITRE XXII.

Se donner la mort n'est point une marque d'héroïsme.

1. Qu'on admire, si l'on veut, chez tous ceux qui se sont tués eux-mêmes, une certaine grandeur de courage ; mais on ne peut reconnaître en eux une véritable sagesse. Et encore, en consultant plus attentivement la raison, on ne saurait avec justice appeler grandeur de courage, cette impuissance à supporter les maux de la vie ou les crimes d'autrui, qui porte un homme à se donner la mort. C'est plutôt faiblesse d'âme de ne pouvoir souffrir ou la dure condition du corps, ou les jugements insensés du peuple. Elle est réellement plus grande l'âme qui supporte sans les fuir les misères de la vie, et qui, forte du bon témoignage de sa conscience, méprise ces vaines opinions des hommes, et surtout du vulgaire, si souvent environnées d'erreurs. Si se tuer soi-même est la marque d'un grand cœur, qui mieux que Cléombrotus mérite cette gloire? Après avoir lu le livre de Platon sur l'immortalité de l'âme, il se précipita, dit-on, du haut d'un mur pour passer de cette vie à une autre, qu'il croyait meilleure. Aucun malheur, aucun crime vrai ou supposé dont il ne puisse supporter le poids, mais son grand cœur seul le porte à embrasser la mort, et à briser les doux liens qui nous attachent à la vie. Pourtant cette action est plutôt étrange que bonne, au témoignage même de Platon qu'il venait de lire. Ce dernier l'eût faite lui-même, et aurait conseillé de la faire, si la même intelligence qui lui fit connaître l'immortalité de l'âme, ne lui eût montré que c'était un acte non-seulement à éviter, mais à défendre.

2. Cependant plusieurs se sont tués pour ne pas tomber entre les mains des ennemis? Nous ne cherchons pas ici si on l'a fait, mais si on a dû le faire. La saine raison doit être préférée aux exemples; il en est néanmoins qui s'accordent avec elle, et qui sont d'autant plus dignes d'imitation, qu'ils viennent d'une piété plus éminente. Ni les patriarches, ni les prophètes, ni les apôtres n'ont attenté à leur vie : Jésus-Christ, qui leur dit de fuir de ville en ville pour éviter la persécution (*Matth.*, x, 23), ne pouvait-

---

ipse fons justitiæ Deus specialiter occidi jubet, quisquis hominem vel se ipsum, vel quemlibet occiderit, homicidii crimine innectatur.

CAPUT XXII.

Quod nunquam possit mors voluntaria ad magnitudinem animi pertinere.

1. Et quicumque hoc in se ipsis perpetraverunt, animi magnitudine fortasse mirandi, non sapientiæ sanitate laudandi sunt. Quanquam si rationem diligentius consulas, ne ipsa quidem animi magnitudo recte nominatur, ubi quisque non valendo tolerare, vel quæque aspera, vel aliena peccata, se ipse interemerit. Magis enim mens infirma deprehenditur, quæ ferre non potest, vel duram sui corporis servitutem, vel stultam vulgi opinionem : majorque animus merito dicendus est, qui vitam ærumnosam magis potest ferre, quam fugere; et humanum judicium, maximeque vulgare, quod plerumque caligine erroris involvitur, præ conscientiæ luce ac puritate contemnere. Quamobrem si magno animo fieri putandum est, cum sibi homo ingerit mortem, ille potius (a) Cleombrotus in hac animi magnitudine reperitur; quem ferunt lecto Platonis libro, ubi de immortalitate animæ disputavit, se præcipitem dedisse de muro, atque ita ex hac vita migrasse ad eam, quam credidit esse meliorem. Nihil enim urgebat aut calamitatis, aut criminis, seu verum, seu falsum, quod non valendo ferre se auferret : sed ad capessendam mortem, atque ad hujus vitæ suavia vincula rumpenda sola adfuit animi magnitudo. Quod tamen magne potius factum esse quam bene, testis ei potuit esse Plato ipse, quem legerat : qui profecto id præcipue potissimumque fecisset, vel etiam præcepisset, nisi ea mente qua immortalitatem animæ viderat, nequaquam faciendum, quin etiam prohibendum esse judicasset.

2. At enim multi se interemerunt, ne in manus hostium pervenirent? Non modo quærimus utrum sit factum, sed utrum fuerit faciendum. Sana quippe ratio etiam exemplis anteponenda est, cui quidem et exempla concordant, sed illa quæ tanto digniora sunt imitatione, quanto excellentiora pietate. Non fecerunt Patriarchæ, non Prophetæ, non Apostoli : quia et ipse Dominus Christus, quando eos, si persecutionem paterentur, fugere admonuit de civitate in civitatem (*Matth.*, x, 23), potuit admonere ut sibi

---

(a) Vind. Am. et omnes prope Mss. *Theobrotus.* Cicero in 1 Tusc. *Ambraciotam Cleombrotum* vocat.

il pas aussi leur dire de se donner la mort pour ne pas tomber au pouvoir de leurs persécuteurs? Or s'il n'a ni ordonné, ni conseillé cette manière de quitter la vie à ses disciples, auxquels il a promis et préparé une demeure éternelle au sortir de ce monde (*Jean*, XIV, 2), quels que soient les exemples allégués par les Gentils qui ne connaissent pas Dieu, il est clair que cela n'est point permis aux adorateurs du Dieu unique et véritable.

CHAPITRE XXIII.

De Caton qui, ne pouvant supporter la victoire de César, se donne la mort.

Toutefois, après Lucrèce, dont plus haut j'ai dit suffisamment ce qu'il fallait penser, il leur est difficile d'invoquer un exemple ayant plus d'autorité que celui de ce Caton, qui se tua à Utique (1). Non qu'il soit le seul, mais à cause de sa réputation de science et de vertu (2), il semble qu'on a pu, et qu'on peut, sans encourir de reproche, faire ce qu'il a fait. Que dirai-je donc en particulier de l'action de cet homme? Sinon que ses amis, parmi lesquels se trouvaient des hommes également instruits, le dissuadaient sagement de cette résolution; ils jugeaient qu'elle renfermait plus de lâcheté que de courage; qu'elle était inspirée par une faiblesse impuissante à supporter l'adversité, plutôt que par un sentiment d'honneur qui redoute l'infamie. Caton lui-même révèle ce sentiment dans les conseils qu'il donne à son fils. Si c'est une honte de vivre sous César victorieux, pourquoi conseiller cette honte à son fils, en lui ordonnant de tout attendre de la clémence du vainqueur? Pourquoi ne pas l'obliger à mourir avec lui? Si Torquatus est félicité d'avoir mis à mort son fils victorieux, pour avoir combattu contre ses ordres (3), pourquoi Caton, qui ne s'épargna pas lui-même, épargne-t-il son fils vaincu comme lui? Eh quoi! est-il plus honteux d'être vainqueur contre l'ordre de son chef, que de subir un vainqueur contre les répugnances de l'honneur? Caton n'a donc pas cru que ce fût une honte de vivre sous César victorieux, autrement le fer paternel eût préservé son fils de cet opprobre. Quoi donc le porte à en user ainsi? C'est que, autant il aime ce fils pour lequel il réclame et espère la clémence de César, autant il envie à ce dernier, (César lui-même l'a dit) (4) la gloire de lui par-

---

(1) Il s'agit de Caton le jeune, arrière petit-fils de Caton l'Ancien. Il est connu sous le nom de Caton d'Utique, du nom de la ville où il s'est donné la mort.
(2) La sagesse et la vertu des deux Catons étaient devenues proverbiales, d'où ce mot de Juvénal : « Un troisième Caton est tombé du ciel. » (Liv. I, Sat. II.)
(3) Tite-Live raconte que le consul Manlius Torquatus fit mettre à mort son fils, pour avoir combattu contre son ordre, encore que ce fils eût remporté la victoire. (Liv. VIII.)
(4) Plutarque dit qu'en apprenant la mort de Caton, César s'écria : « O Caton, j'envie la gloire de ta mort, puisque tu m'as envié celle de te conserver la vie. » (*In Catone*.)

---

manus inferrent, ne in manus persequentium pervenirent. Porro si hoc ille non jussit, aut monuit, ut eo modo sui ex hac vita migrarent, quibus migrantibus mansiones æternas se præparaturum esse promisit (*Joan.*, XIV, 2), quælibet exempla opponant gentes quæ ignorant Deum, manifestum est hoc non licere colentibus unum verum Deum.

CAPUT XXIII.

Quale exemplum sit Catonis, qui se, victoriam Cæsaris non ferens, interemit.

Sed tamen etiam illi præter Lucretiam, de qua supra satis quod videbatur diximus, non facile reperiunt de cujus auctoritate præscribant, nisi illum Catonem, qui se Uticæ occidit : non quia solus id fecit, sed quia vir doctus et probus habebatur, ut merito putetur recte etiam fieri potuisse vel posse quod fecit. De cujus facto quid potissimum dicam, nisi quod amici ejus etiam docti quidam viri, qui hoc fieri prudentius dissuadebant, imbecillioris quam fortioris animi facinus esse censuerunt, quo demonstraretur non honestas turpia præcavens, sed infirmitas adversa non sustinens? Hoc et ipse Cato in suo carissimo filio indicavit. Nam si turpe erat sub victoria Cæsaris vivere, cur auctor hujus turpitudinis (*a*) pater filio fuit, quem de Cæsaris benignitate omnia sperare præcepit? Cur non et illum secum coegit ad mortem? Nam si eum filium, qui contra imperium in hostem pugnaverat, etiam victorem laudabiliter Torquatus occidit; cur victus victo filio pepercit Cato, qui non pepercit sibi? An turpius erat, contra imperium esse victorem, quam contra decus ferre victorem? Nullo modo igitur Cato turpe esse judicavit, sub victore Cæsare vivere : alioquin ab hac turpitudine paterno (*b*) ferro filium liberaret. Quid est ergo, nisi quod filium quantum amavit, cui parci a Cæsare et speravit et voluit, tantum gloriæ ipsius Cæsaris,

---

(*a*) Vox *pater* abest a Mss. — (*b*) Aliquot libri : *paterno furore*.

donner, ou pour me servir d'une expression plus douce, il rougit de ce pardon.

CHAPITRE XXIV.

Régulus supérieur à Caton en vertu, les chrétiens supérieurs à Régulus.

Nos adversaires ne veulent pas que nous préférions à Caton le saint homme Job, qui aima mieux souffrir dans sa chair les plus cruels tourments, que de s'en délivrer en se donnant la mort, ni les autres saints que nos Écritures, d'une si haute autorité et si dignes de foi, nous représentent aimant mieux subir les chaînes et la domination des ennemis, que de s'ôter eux-mêmes la vie. Mais, appuyés sur leurs propres livres, nous jugeons Marcus Régulus supérieur à Marcus Caton. Caton n'a jamais vaincu César, auquel il refuse de se soumettre après sa défaite, et, pour ne pas reconnaître l'autorité de son vainqueur, il se tue lui-même. Quant à Régulus il a déjà battu les Carthaginois; général il a donné aux Romains, non pas une victoire toujours triste sur des concitoyens, mais un triomphe glorieux sur les ennemis de la patrie. Vaincu dans la suite, il aime mieux subir les fers de ces mêmes ennemis que de s'y dérober par la mort. Il conserve la patience sous le joug des Carthaginois en leur livrant son corps vaincu; il garde la constance dans son amour pour Rome, en laissant à ses concitoyens son cœur invincible. Ce qui l'empêche de se tuer, ce n'est pas l'amour de la vie; la preuve c'est que, pour rester fidèle à son serment, il n'hésite pas à retourner chez ces mêmes ennemis, plus irrités encore contre lui par l'avis qu'il vient d'émettre au sénat, que par les victoires qu'il a remportées sur eux. En préférant terminer ses jours au milieu des tourments inventés par leur rage, plutôt que de se tuer lui-même, ce généreux contempteur de la vie montre bien qu'il considérait comme un grand crime de se donner la mort. Parmi leurs grands hommes les plus illustres et les plus vertueux, les Romains n'en sauraient trouver un plus digne d'éloges; le succès n'a pu le corrompre, il est resté pauvre après une si grande victoire; le malheur n'a pu l'abattre, il retourne intrépide, subir des supplices inouïs. Ainsi donc, ces braves et magnanimes défenseurs de la patrie terrestre, adorateurs, mais adorateurs sincères de dieux mensongers, et religieux observateurs de leurs serments, quoique par le droit de la guerre ils pussent tuer leurs ennemis vaincus, vaincus eux-mêmes n'ont pas voulu s'ôter la vie; la mort ne leur causait aucun effroi, cependant, plutôt que de se la donner eux-mêmes,

ne ab illo etiam sibi parceretur, ut ipse Cæsar dixisse fertur, invidit; aut, ut aliquid nos mitius dicamus, erubuit?

CAPUT XXIV.

Quod in ea virtute, qua Regulus Catone præstantior fuit, multo magis emineant Christiani

Nolunt autem isti, contra quos agimus, ut sanctum virum Job, qui tam horrenda mala in sua carne perpeti maluit, quam illata sibi morte omnibus carere cruciatibus; vel alios sanctos ex nostris litteris summa auctoritate celsissimis, fideque dignissimis, qui captivitatem dominationemque hostium ferre, quam sibi necem inferre maluerunt : Catoni præferamus : sed ex litteris eorum, eidem illi Marco Catoni Marcum Regulum præferamus. Cato enim nunquam Cæsarem vicerat, cui victus dedignatus est subjici, et ne subjiceretur, a se ipso elegit occidi : Regulus autem Pœnos jam vicerat, imperioque Romano Romanus imperator non ex civibus dolendam, sed ex hostibus laudandam victoriam reportaverat : ab eis tamen postea victus, maluit eos ferre serviendo, quam eis se auferre moriendo. Proinde servavit et sub Carthaginiensium dominatione patientiam, et in Romanorum dilectione constantiam, nec victum auferens corpus ab hostibus, nec invictum animum a civibus. Nec quod se occidere noluit, vitæ hujus amore fecit. Hoc probavit, cum causa promissi jurisque jurandi ad eosdem hostes, quos gravius in senatu verbis, quam in bello armis offenderat, sine ulla dubitatione remeavit. Tantus itaque vitæ hujus contemptor, cum sævientibus hostibus per quaslibet pœnas eam finire, quam se ipse perimere maluit, magnum scelus esse, si se homo interimat, procul dubio judicavit. Inter omnes suos laudabiles et (a) virtutum insignibus illustres viros non proferunt Romani meliorem, quem neque felicitas corruperit, nam in tanta victoria mansit pauperrimus; nec infelicitas fregerit, nam ad tanta exitia revertit intrepidus. Porro si fortissimi et præclarissimi viri terrenæ patriæ defensores, deorumque licet falsorum, non tamen fallaces cultores, sed veracissimi etiam juratores, qui hostes victos more ac jure belli ferire potuerunt, hi ab hostibus victi se ipsos ferire noluerunt; et cum mortem minime formidarent, victores tamen dominos ferre, quam eam sibi inferre malue-

(a) Mss. *virtutis.*

ils ont préféré subir le joug des vainqueurs! A combien plus forte raison les chrétiens, qui servent le vrai Dieu, qui aspirent à une patrie céleste, doivent-ils s'abstenir d'un tel crime, si la Providence voulant les éprouver ou les châtier, les livre pour un temps au pouvoir de leurs ennemis? Celui qui étant si grand, s'est fait si petit par amour pour eux, ne les abandonnera pas dans cette humiliation. Ils doivent, dis-je, d'autant plus s'en abstenir, qu'aucune loi, qu'aucun règlement militaire ne les oblige à tuer même leur ennemi vaincu. D'où vient donc cette pernicieuse erreur? Quoi! un homme s'ôte la vie, parce que son ennemi a commis un péché sur lui, ou pour éviter qu'il ne le commette, tandis qu'il n'oserait tuer ce même ennemi déjà coupable ou sur le point de l'être.

CHAPITRE XXV.

Qu'il n'est pas permis de commettre un péché pour en éviter un autre.

Mais, dit-on, il est à craindre que, livré à la brutalité de l'ennemi et ressentant les douceurs de la volupté, le corps ne porte l'esprit à consentir au péché. Ce n'est donc pas pour éviter le crime d'autrui, mais pour prévenir le sien propre qu'on doit se donner la mort. Non, non, jamais une âme assujettie à Dieu et à sa sagesse bien plus qu'aux instincts charnels, ne consentira à ces mouvements impurs, excités dans son corps par une concupiscence étrangère. Cependant, puisque, comme la vérité le proclame, c'est un forfait odieux et damnable de se tuer soi-même, qui sera assez insensé pour dire: Péchons maintenant de peur de pécher plus tard; commettons un homicide dans la crainte que peut-être nous ne tombions dans un adultère! Si l'iniquité a un tel empire, qu'il nous faille choisir, non plus entre l'innocence et le crime, mais entre deux forfaits, ne vaut-il pas mieux préférer un adultère incertain et à venir, à un homicide actuel et certain? Ne vaut-il pas mieux commettre un péché que la pénitence peut expier, que d'en commettre un qui exclue le repentir? Ceci soit dit pour ces fidèles qui, craignant de consentir aux mouvements excités en eux par une brutalité étrangère, pensent qu'ils doivent se donner la mort pour éviter leur propre crime et non celui d'autrui. Mais à Dieu ne plaise qu'une âme chrétienne qui se confie en son Dieu, qui a mis son espérance en lui, donne un consentement honteux aux voluptés des sens! Cette concupiscence rebelle, qui réside dans nos membres de mort, peut bien s'émouvoir comme par sa propre loi, contrairement à

---

runt: quanto magis Christiani verum Deum colentes et supernæ patriæ suspirantes, ab hoc facinore temperabunt, si eos divina dispositio vel probandos vel emendandos ad tempus hostibus subjugaverit; quos in illa humilitate non deserit, qui propter eos tam humiliter venit Altissimus; præsertim quos nullius militaris potestatis vel talis militiæ jura constringunt, ipsum hostem (a) ferire superatum? Quis ergo tam malus error obrepit, ut homo se occidat, vel quia in cum peccavit, vel ne in eum peccet inimicus: cum vel peccatorem vel peccaturum ipsum occidere non audeat inimicum?

CAPUT XXV.

Quod peccatum non per peccatum debeat declinari.

At enim timendum est et cavendum, ne libidini hostili subditum corpus illecebrosissima voluptate animum alliciat consentire peccato. Proinde, inquiunt, non jam propter alienum, sed propter suum peccatum, ante quam hoc quisque committat, se debet occidere. Nullo modo quidem hoc faciet animus, ut consentiat libidini carnis suæ aliena libidine (b) concitatæ, qui Deo potius ejusque sapientiæ, quam corporis concupiscentiæ subjectus est. Verumtamen si detestabile facinus et damnabile scelus est, etiam se ipsum hominem occidere, sicut veritas manifeste proclamat; quis ita desipiat, ut dicat: Jam nunc peccemus, ne postea forte peccemus; jam nunc perpetremus homicidium, ne forte postea incidamus in adulterium? Nonne si tantum dominatur iniquitas, ut non innocentia, sed potius peccata eligantur, satius est incertum de futuro adulterium, quam certum de præsenti homicidium? Nonne satius est flagitium committere, quod pœnitendo sanetur, quam tale facinus ubi locus salubris pœnitentiæ non relinquitur? Hæc dixi propter eos vel eas, quæ non alieni, se proprii peccati devitandi causa, ne sub alterius libidine etiam excitatæ suæ forte consentiunt, vim sibi, qua moriantur, inferendam putant. Cæterum absit a mente Christiana quæ Deo suo fidit, in eoque spe posita ejus adjutorio nititur; absit, inquam, ut mens talis (c) cujuslibet carnis voluptatibus ad consensum turpitudinis cedat. Quod si illa concupiscen-

---

(a) Vind. Am. Er. et plures Mss. *ferre*: minus bene. — (b) Aliquot Mss. *concitante*. Et paulo post plerique habent, *quam corpori concupiscentiæque subjectus est*. — (c) Sic Vind. Am. et Mss. At Er. et Lov. *quibuslibet*.

notre volonté ; mais, si ses mouvements sont exempts de faute dans le corps qui les souffre pendant le sommeil, combien plus sont-ils innocents dans celui qui les éprouve malgré lui et sans y consentir ?

CHAPITRE XXVI.

Motifs qui doivent nous faire comprendre comment quelques saints se sont ôté la vie, ce qui ordinairement n'est pas permis.

Cependant, disent-ils, dans les temps de persécution, de saintes femmes, pour échapper au déshonneur, se sont précipitées dans le fleuve qui devait les engloutir ; elles y ont trouvé la mort, et l'Eglise catholique honore avec solennité leur martyre (1). Je ne veux point juger témérairement de ces personnes ; j'ignore si une autorité divine, par des témoignages dignes de foi, n'a pas engagé l'Eglise à leur rendre ces honneurs ; il se peut faire qu'il en soit ainsi. Que dire, en effet, si elles ont agi ainsi, non par une fausse persuasion humaine, mais par une inspiration divine, écoutant, non pas la voix de l'erreur mais celle de l'obéissance, comme Samson, dont il ne nous est pas permis de croire autrement. Lorsque Dieu commande et qu'il fait connaître clairement ses ordres, qui oserait faire un crime de l'obéissance ? Mais il ne s'ensuit pas qu'on puisse sans crime se proposer d'immoler son fils à Dieu, parce qu'Abraham est loué pour l'avoir fait. Quant, obéissant à ses chefs légitimes, le soldat donne la mort à un homme, aucune loi civile ne l'accuse d'être homicide ; il y a plus, il serait considéré comme rebelle et traître s'il ne le faisait. Mais s'il agit ainsi de son autorité privée, il devient responsable du sang qu'il a versé. Il est donc puni pour le même acte, s'il le fait sans ordre, ou s'il ne le fait pas, ayant reçu l'ordre de le faire. S'il en est ainsi quand un général commande, à combien plus forte raison quand le Créateur lui-même donne ses ordres. Aussi celui qui sait qu'il n'est pas permis de s'ôter la vie, peut se tuer, si c'est pour obéir à celui dont il n'est pas permis de mépriser le commandement ; cependant, qu'il ait soin de s'assurer que cet ordre est bien certain. Pour nous, nous éclairons les consciences suivant les règles que nous avons apprises, et nous ne prétendons pas juger des choses cachées. « Personne ne sait ce qui se passe dans l'homme, sinon l'esprit de l'homme qui est en lui. »

(1) Sainte Pélagie, sa mère et ses sœurs, s'illustrèrent par ce genre de martyre. (Peut-être faudrait-il mettre sainte Pélagie, sainte Domnine et ses deux filles. Car les Actes disent que lorsque sainte Pélagie se précipita du toit, elle était seule. En parlant de femmes qui se sont jetées dans un fleuve, saint Augustin fait évidemment allusion à la mort de sainte Domnine et de ses filles.) Saint Ambroise fait leur éloge. (Liv. III *de Virg.*, et *Epist. ad Simpl.*) Baronius (An. 303) soupçonne que ce sont les mêmes dont parle Eusèbe. (*Hist. Eccl.*, Liv. VIII, chap. xxiv.)

---

tialis inobedientia, quæ adhuc in membris moribundis habitat, præter nostræ voluntatis legem quasi lege sua movetur : quanto magis absque culpa est in corpore non consentientis, si absque culpa est in corpore dormientis ?

CAPUT XXVI.

De his quæ fieri non licent, cum a sanctis facta noscuntur, qua ratione facta credenda sint.

Sed quædam, inquiunt, sanctæ feminæ tempore persecutionis, ut insectatores suæ pudicitiæ devitarent, in rapturum atque necaturum se fluvium projecerunt ; eoque modo defunctæ sunt, earumque martyria in catholica Ecclesia veneratione celeberrima frequentantur. De his nihil temere audeo judicare. Utrum enim Ecclesiæ aliquibus fide dignis testificationibus, ut earum memoriam sic honoret, divina persuaserit auctoritas, nescio : et fieri potest ut ita sit. Quid si enim hoc fecerunt, non humanitus deceptæ, sed divinitus jussæ ; nec errantes, sed obedientes ? sicut de Samsone aliud nobis fas non est credere. Cum autem Deus jubet, seque jubere sine ullis ambagibus intimat, quis obedientiam in crimen vocet ? quis obsequium pietatis accuset ? Sed non ideo sine scelere facit, quisquis Deo immolare filium decreverit, quia hoc Abraham etiam laudabiliter fecit. Nam et miles cum obediens potestati, sub qua (a) legitime constitutus est, hominem occidit, nulla civitatis suæ lege reus est homicidii : imo nisi fecerit, reus est imperii deserti atque contempti. Quod si sua sponte atque auctoritate fecisset, in crimen effusi humani sanguinis incidisset. Itaque unde punitur si fecerit injussus, inde punietur nisi fecerit jussus. Quod si ita est jubente imperatore, quanto magis jubente Creatore ? Qui ergo audit, non licere se occidere, faciat, si jussit cujus non licet jussa contemnere. Tantummodo videat, utrum divina jussio nullo nutet incerto. Nos per aurem conscientiam convenimus, occultorum nobis judicium non usurpamus. « Nemo scit quid agatur in homine, nisi spiritus hominis, qui in ipso est. » (1 *Cor.*, II, 11.) Hoc dicimus, hoc asserimus, hoc modis omnibus appro-

(a) Plures Mss. *sub qua legibus constitutus est.*

(I *Cor.*, II, **11**.) Ce que nous disons, ce que nous attestons, ce que nous approuvons de toute manière, c'est qu'il n'est permis à personne de se donner la mort, soit pour échapper aux misères de cette vie, s'exposant ainsi à tomber dans des misères éternelles ; soit pour éviter les péchés d'autrui, car alors, celui que la faute d'un autre laissait innocent, se charge lui-même d'un très-grand crime, soit à cause de ses péchés passés, car, au contraire, on a besoin de vivre pour les expier par la pénitence ; soit par le désir d'une vie meilleure, qu'on espère après celle-ci, car cette vie meilleure qui suit la mort, n'est point pour ceux qui se sont eux-mêmes ôté la vie.

CHAPITRE XXVII.

Est-il permis de s'ôter la vie pour éviter le péché.

Reste encore un motif, dont j'ai déjà parlé, pour lequel on croit utile de se donner la mort : c'est la crainte que l'attrait du plaisir ou la violence de la douleur ne fasse tomber dans le péché. Si l'on admettait cette raison, il s'ensuivrait qu'on devrait encore bien plutôt exhorter les hommes à se tuer, lorsqu'ils viennent de recevoir dans le sacrement de la régénération le pardon de toutes leurs fautes. Le passé étant effacé, c'est vraiment le temps de se mettre en garde contre les iniquités à venir. S'il est jamais permis de se donner la mort, pourquoi pas surtout en ce moment ? Pourquoi le nouveau baptisé tient-il encore à la vie ? Pourquoi exposer de nouveau ce front purifié à tous les dangers de ce monde ; puisqu'il est si facile de l'en affranchir par une mort volontaire, et qu'il est écrit : « Celui qui aime le danger y tombera ? » (*Eccli.*, III, 27.) Pourquoi donc aimer tant et de si grands périls, ou si on ne les aime pas, pourquoi s'y exposer en conservant une vie qu'il est permis de quitter ? Y aurait-il quelqu'un d'assez insensé et d'assez aveugle, pour croire qu'il doive se donner la mort, de peur d'être poussé au crime par la tyrannie d'un maître, tandis qu'il serait obligé de conserver la vie pour vivre au milieu d'un monde rempli de ces tentations, qu'on redoute sous un seul maître, et d'une foule d'autres qui se rencontrent toujours ici-bas ? Pour quelle raison exhorter les baptisés, soit à garder la virginité, soit à observer la continence dans le veuvage ou la fidélité dans le mariage ? C'est un temps perdu, si nous avons une voie plus courte et exempte du péché pour envoyer au Seigneur plus innocents et plus purs les nou-

bamus, neminem spontaneam mortem sibi inferre debere, velut fugiendo molestias temporales, ne incidat in perpetuas: neminem propter aliena peccata, ne hoc ipse incipiat habere gravissimum proprium, quem non polluebat alienum: neminem propter sua peccata præterita, propter quæ magis hac vita opus est, ut possit pœnitendo sanari : neminem velut desiderio vitæ melioris, quæ post mortem speratur ; quia reos suæ mortis melior post mortem vita non suscipit.

CAPUT XXVII.

An propter declinationem peccati mors spontanea appetenda sit.

Restat una causa, de qua dicere cœperam, qua utile putatur, ut se quisque interficiat, scilicet ne in peccatum irruat, vel blandiente voluptate, vel dolore sæviente. Quam causam si voluerimus admittere, eo usque progressa perveniet, ut hortandi sint homines tunc se potius interimere, cum lavacro sanctæ regenerationis abluti, universorum remissionem acceperint peccatorum. Tunc enim tempus est cavendi omnia futura peccata, cum omnia sunt deleta præterita. Quod si morte spontanea recte fit, cur non tunc potissimum fit ? Cur baptizatus sibi quisque parcit ? Cur liberatum caput tot rursus vitæ hujus periculis inserit, cum sit facillime potestatis illata sibi nece omnia devitare, scriptumque sit : « Qui amat periculum, incidit in illud ? » (*Eccli.*, III, 27.) Cur ergo amantur tot et tanta pericula, vel certe, etiamsi non amantur, suscipiuntur, cum manet in hac vita cui abscedere licitum est ? An vero tam insulsa perversitas cor evertit, et a consideratione veritatis avertit, ut, si se quisque interimere debet, ne unius captivantis dominatu corruat in peccatum, vivendum sibi existimet, ut ipsum perferat mundum per omnes horas tentationibus plenum, et talibus, (*a*) quales sub uno domino formidantur, et innumerabilibus cæteris, sine quibus hæc vita non ducitur ? Quid igitur causæ est, cur in eis exhortationibus tempora consumamus, quibus baptizatos alloquimur studemus accendere, sive ad virginalem integritatem, sive ad continentiam vidualem, sive ad ipsam tori conjugalis fidem ; cum habeamus meliora et ab omnibus peccandi periculis remota compendia, ut, quibuscumque post remissionem recentissimam peccatorum arripiendam mortem sibique ingerendam persuadere potuerimus, eos ad Dominum saniores

---

(*a*) Sic aliquot Mss. Alii vero, *qualibus sub uno domino formidatur.* Et quidam cum editio Vind. Am. Er. Lov. *qualis..... formidatur.*

veaux baptisés, en leur persuadant de s'ôter la vie, aussitôt qu'ils ont reçu le pardon de leurs fautes? Or, si celui qui croirait que ceci puisse se faire et se conseiller serait, non-seulement, un ignorant, mais un insensé ; de quel front alors oser dire à un homme : Tuez-vous, de peur que, vivant sous un maître impudique, vous n'ajoutiez une faute plus grave à vos fautes légères ; puisqu'on ne saurait sans crime lui dire : Tuez-vous, maintenant que tous vos péchés sont effacés, de crainte d'en commettre de pareils ou de plus grands, en vivant dans un monde rempli de séductions, de cruautés, d'ignorances et de menaces? Parler ainsi, serait un crime ; donc aussi, c'est un crime de se donner la mort. S'il était permis de le faire, on ne pourrait en trouver une cause plus légitime que celle dont nous venons de parler ; or, celle-là même ne l'est pas, donc, il n'y en a aucune.

CHAPITRE XXVIII.

Desseins de Dieu, en permettant ces outrages qu'ont subis ses chastes servantes.

1. Aussi, fidèles servantes du Christ, la vie ne doit point vous être à charge parce que les ennemis ont abusé de votre pudeur ; grande et solide est votre consolation, si votre conscience vous assure que vous n'avez point consenti au péché, qui a été permis contre vous! Mais, direz-vous, pourquoi a-t-il été permis ? Il est vrai que la Providence de celui qui a créé, et gouverne le monde est un abîme, « que ses jugements sont impénétrables et ses voies incompréhensibles. » (*Rom.*, XI, 33.) Cependant, examinez sincèrement vos consciences : ne vous êtes-vous point enorgueillies de votre virginité et de votre continence? Trop sensibles aux louanges des hommes, n'avez-vous point jalousé celles qui possédaient les mêmes dons? Je ne vous reproche pas ce que j'ignore, et je n'entends point ce que votre conscience vous répond. Si pourtant, elle vous dit qu'il en est ainsi, alors ne soyez pas surprises d'avoir perdu ce par quoi vous cherchiez à plaire aux hommes, et d'avoir conservé ce qui échappe à leur vue. Si vous n'avez pas consenti au péché, c'est Dieu qui, par son secours, vous a empêché de perdre sa grâce, et l'opprobre souffert de la part des hommes a succédé à la gloire humaine, pour vous détourner d'aimer trop cette dernière. Faibles âmes, que l'un et l'autre vous consolent, d'un côté c'est l'épreuve qui sanctifie, de l'autre, le châtiment qui instruit. Pour celles à qui leur conscience rend le témoignage de ne s'être jamais enorgueillies de leur virginité et de leur continence, qui, humbles de cœur, se sont réjouies avec crainte de ce don de Dieu ; qui, loin de porter envie à celles qui possédaient ces

---

purioresque mittamus? Porro si quisquis hoc aggrediendum et suadendum putat, non dico desipit, sed insanit! Qua tandem fronte homini dicit : Interfice te, ne parvis tuis peccatis adjicias gravius, dum vivis sub domino barbaris moribus impudico, qui non potest nisi sceleratissime dicere : Interfice te, peccatis tuis omnibus absolutis, ne rursus talia vel etiam pejora committas, dum vivis in mundo tot impuris voluptatibus illecebroso, tot nefandis crudelitatibus furioso, tot erroribus et terroribus inimico? Hoc quia nefas est dicere, nefas est profecto se occidere. Nam si hoc sponte faciendi ulla causa justa esse posset, procul dubio justior quam ista non esset. Quia vero nec ista est, ergo nulla est.

CAPUT XXVIII.

Quo judicio Dei in corpora continentium libido hostilis peccare permissa sit.

1. Non itaque vobis, o fideles Christi, sit tædio vita vestra, si ludibrio fuit hostibus castitas vestra. Habetis magnam veramque consolationem, si fidam conscientiam retinetis, non vos consensisse peccatis eorum, qui in vos peccare permissi sunt. Quod si forte, cur permissi sint, quæritis ; alta quidem est providentia Creatoris mundi atque Rectoris, et « inscrutabilia sunt judicia ejus, et investigabiles viæ ejus. » (*Rom.*, XI, 33.) Verumtamen interrogate fideliter animas vestras, ne forte de isto integritatis et continentiæ vel pudicitiæ bono vos inflatius exstulistis, et humanis laudibus delectatæ in hoc etiam aliquibus invidistis. Non accuso quod nescio, nec audio quod vobis interrogata corda vestra respondent. Tamen si ita esse responderint, nolite mirari hoc vos amisisse, unde hominibus placere gestiistis ; illud vobis remansisse, quod ostendi hominibus non potest. Si peccantibus non consensistis, divinæ gratiæ, ne amitteretur, divinum accessit auxilium ; humanæ gloriæ, ne amaretur, humanum successit opprobrium. In utroque consolamini pusillanimes ; illinc probatæ, hinc castigatæ ; illinc justificatæ, hinc emendatæ. Quarum vero corda interrogata respondent, nunquam se de bono virginitatis vel viduitatis vel conjugalis pudicitiæ superbiisse, sed humiliter consentiendo de dono Dei cum tremore exsultasse (*Rom.*, XII, 16 ; *Psal.* II, 1), nec invidisse cuiquam paris excellentiam

belles vertus, et de rechercher les louanges des hommes, d'autant plus grandes que la vertu qui les mérite est plus rare, ont, au contraire, désiré que le nombre des âmes chastes s'accrût, plutôt que d'être elles-mêmes distinguées par leur petit nombre ; si, dis-je, quelques-unes d'elles ont souffert de l'insolence des barbares, qu'elles n'accusent point Dieu qui l'a permis ; qu'elles ne pensent pas que sa providence cesse de veiller sur ces actes, parce qu'elle permet ce que personne ne peut commettre impunément. En effet, Dieu, par un secret jugement, lâche quelquefois la bride aux mauvaises passions, se réservant de les punir d'une manière manifeste au dernier jugement. Ces femmes, auxquelles leur conscience rend le témoignage de ne point s'être enorgueillies de leur chasteté, et qui, cependant, ont été outragées par les barbares, avaient peut-être quelque défaut secret, qui aurait dégénéré en orgueil, si, dans ce désastre public elles eussent échappé à cette humiliation. Comme donc quelques-uns sont enlevés par la mort de peur que la corruption ne les pervertisse (*Sag.*, IV, **11**), de même, quelque chose a été ravie à ces personnes par la violence, de crainte que la prospérité n'altérât leur modestie. Ainsi, ni celles qui étaient trop vaines de leur vertu intacte, ni celles qui, sans l'insolence des ennemis auraient pu le devenir, n'ont perdu la chasteté, mais elles ont appris à être humbles ; celles-là ont été guéries de l'orgueil, celles-ci en ont été préservées.

2. N'oublions pas non plus de faire observer que, parmi celles qui ont subi ces outrages, quelques-unes peut-être regardaient la continence comme un bien du corps, qui demeure tant que le corps est pur de toute souillure étrangère, et non comme un bien qui consiste dans une volonté ferme, aidée de la grâce divine, par laquelle l'âme et le corps sont sanctifiés ; bien tel qu'il ne saurait nous être ravi sans notre consentement. Peut-être sont-elles maintenant délivrées de cette erreur. Et de fait, considérant avec quelle droiture d'intention elles ont servi Dieu, convaincues par la foi qu'il ne peut délaisser ceux qui le servent et l'invoquent ainsi, sachant d'ailleurs combien la chasteté lui plaît, elles concluent qu'il n'aurait jamais permis qu'un tel accident arrivât à ses saintes, si la sainteté qu'il leur a donnée et qu'il aime en elles pouvait se perdre ainsi.

---

sanctitatis et castitatis ; sed humana laude postposita, quæ tanto major deferri solet, quanto est bonum rarius quod exigit laudem, optasse potius ut earum amplior numerus esset, quam ut ipsæ in paucitate amplius eminerent ; nec istæ, quæ tales sunt, si earum quoque aliquas barbarica libido compressit, permissum hoc esse causentur ; nec ideo credant Deum ista negligere, quia permittit quod nemo impune committit. Quædam enim veluti pondera malarum cupiditatum, et per occultum præsens divinum judicium relaxantur, et (*a*) manifesto ultimo reservantur. Fortassis autem istæ, quæ bene sibi sunt consciæ non se ex isto castitatis bono cor inflatum extulisse, et tamen vim hostilem in carne perpessæ sunt, habebant aliquid latentis, infirmitatis quæ posset in superbiæ fastum, si hanc humilitatem in vastatione illa evasissent, extolli. Sicut ergo quidam morte raptisunt, ne malitia mutaret intellectum eorum (*Sap.*, IV, **14**); ita quiddam ab istis vi raptum est, ne prosperitas mutaret modestiam earum. Utrisque igitur, quæ de carne sua, quod turpem nullius (*b*) esset perpessa contactum, vel jam superbiebant, vel superbire, si nec hostium violentia contrectata esset, forsitan poterant, non ablata est castitas, sed humilitas persuasa : illarum tumori (*c*) succursum est immanenti, istarum occursum est imminenti.

2. Quanquam et illud non sit tacendum, quod quibusdam quæ ista perpessæ sunt, potuit videri continentiæ bonum in bonis corporalibus deputandum, et tunc manere, si nullius libidine corpus attrectaretur ? non autem esse positum in solo adjuto divinitus robore voluntatis, ut sit sanctum et corpus et spiritus; nec tale bonum esse, quod invito animo non possit auferri : qui error eis fortasse sublatus est. Cum enim cogitant qua conscientia Deo servierint, et fide inconcussa non de illo sentiunt quod ita sibi servientes eumque ita invocantes deserere ullo modo potuerit, quantumque illi castitas placeat dubitare non possunt, vident esse consequens, nequaquam illum fuisse permissurum, ut hæc acciderent sanctis suis, si eo modo perire posset sanctitas, quam contulit eis, et diligit in eis.

(*a*) Apud Lov. repetitur *quædam* hoc modo : *et quædam manifesto ultimo*, etc., renitente sensu et cæteris libris. — (*b*) Sic probæ notæ Mss. At editi, *essent perpessa* : et infra, *contrectatæ essent*. — (*c*) Editi, *occursum est* : quo loco potiores Mss. *succursum est*.

CHAPITRE XXIX.

Réponse que les chrétiens peuvent faire aux païens, qui leur reprochent de n'avoir pas été délivrés par Jésus-Christ de la fureur des barbares.

Toute la famille du Dieu souverain et véritable a donc une consolation propre, consolation vraie, qui ne repose pas sur l'espérance de choses fragiles et périssables. Même cette vie temporelle, elle ne doit point la prendre en dégoût, puisqu'elle y est instruite pour la vie éternelle ; elle use des biens d'ici-bas, comme une étrangère et sans y attacher son cœur ; quant aux maux, ils lui servent d'épreuve ou de correction. Relativement à ceux qui insultent à sa souffrance et lui disent : « Où est votre Dieu » (*Ps.* XLI, 4), s'ils la voient subir quelques calamités temporelles, qu'ils nous disent eux-mêmes, lorsqu'ils sont soumis aux mêmes malheurs, où sont leurs dieux, puisqu'ils ne les adorent ou ne prétendent les adorer que pour en être préservés. Pour elle, voici sa réponse : Mon Dieu est présent partout, tout entier en tout lieu, sans être renfermé dans aucun ; il peut être présent sans qu'on le voie, et absent sans changer de place. S'il m'afflige, c'est pour éprouver ma vertu ou châtier mes péchés ; pour ces maux patiemment soufferts, il me réserve une récompense éternelle. Mais qui êtes-vous donc, vous qui ne méritez pas même qu'on vous parle de vos dieux, à plus forte raison de mon Dieu, « ce Dieu redoutable plus que tous les autres, car tous les dieux des Gentils sont des démons, au lieu que c'est le Seigneur qui a fait les cieux ? » (*Ps.* XCV, 4.)

CHAPITRE XXX.

A quelle sorte de prospérités aspirent ceux qui se plaignent du Christianisme.

Si ce Scipion Nasica, autrefois votre pontife, lui que le sénat, recherchant l'homme le plus vertueux, choisit unanimement pour aller recevoir la déesse de Phrygie ; si, dis-je, cet homme, dont peut-être vous n'oseriez supporter la présence, vivait encore, lui-même réprimerait votre impudence. Car, pourquoi dans les maux qui vous affligent, accusez-vous par vos plaintes, les temps du christianisme ? N'est-ce pas parce que voudriez satisfaire en paix vos passions, et vous abandonner sans trouble à toutes les dissolutions ? Non, vous ne désirez pas la paix, l'abondance pour en jouir honnêtement, c'est-à-dire, avec modération, tempérance et piété ; mais, afin de vous procurer par de folles dépenses des

CAPUT XXIX.

Quid familia Christi respondere debeat infidelibus cum exprobrant, quod eam a furore hostium non liberaverit Christus.

Habet itaque omnis familia summi et veri Dei consolationem suam, non fallacem, nec in spe rerum nutantium vel labentium constitutam ; vitamque etiam ipsam temporalem minime pœnitendam, in qua eruditur ad æternam ; bonisque terrenis tanquam peregrina utitur, nec capitur, malis autem aut probatur, aut emendatur. Illi vero qui (*a*) probationi ejus insultant, eique dicunt, cum forte in aliqua temporalia mala devenerit : « Ubi est Deus tuus ? » (*Psal.* XLI, 4.) Ipse dicant, ubi sint dii eorum, cum talia patiuntur, pro quibus evitandis eos vel colunt, vel colendos esse contendunt. Nam ista respondet : Deus meus ubique præsens est, ubique totus, nusquam inclusus, qui possit adesse secretus, abesse non motus : ille cum me adversis rebus exagitat, aut merita examinat, aut peccata castigat, mercedemque mihi æternam pro toleratis pie malis temporalibus servat : vos autem qui estis, cum quibus loqui dignum sit saltem de diis vestris, quanto minus de Deo meo, qui terribilis est super omnes deos ; quoniam dii gentium dæmonia, Dominus autem cœlos fecit ?

CAPUT XXX.

Quam pudendis prosperitatibus affluere velint, qui de Christianis temporibus conqueruntur.

Si (*b*) Nasica ille Scipio vester quondam pontifex viveret, quem sub terrore belli punici in suscipiendis phrygiis sacris, cum vir optimus quærcretur, universus senatus elegit, cujus os fortasse non auderetis aspicere, ipse vos ab hac impudentia coliberet. Cur enim afflicti rebus adversis de temporibus querimini Christianis, nisi quia vestram luxuriam cupitis habere securam et perditissimis moribus remota omni molestiarum asperitate diffluere ? Neque enim propterea cupitis habere pacem et omni genere copiarum abundare, ut his bonis honeste utamini, hoc est, modeste, sobrie, temperanter, pie : sed ut infinita varietas voluptatum insanis effusionibus exquiratur,

---

(*a*) Vind. Am. Er. ac plerique Mss. *probitati.* — (*b*) Defessa Italia Punico bello secundo atque ab Annibale vexata, adscitum est ex Pessinunte civitate Phrygiæ simulacrum matris deûm, quod videlicet sibyllinis versibus intellexerant collocandum Romæ, ut hostes expellerentur. Ad id rite excipiendum, cum vir optimus jussu Delphici oraculi quæreretur, electus est Scipio Nasica. (Ex Cicer. Orat. de *haruspicum responsis*, Livio, lib. XXIX, etc.)

voluptés nombreuses et variées, qui, en corrompant les mœurs, produisent au sein de la prospérité des maux pires que la cruauté des ennemis. Or, ce Scipion, votre souverain pontife, l'homme le plus vertueux au jugement du sénat, redoutant pour vous cette corruption malheureuse, ne voulait pas qu'on détruisît Carthage, la rivale de Rome, et s'opposait à Caton qui était d'un avis contraire. Il craignait que la sécurité ne devînt funeste aux âmes amollies, et pensait que la crainte était nécessaire aux citoyens comme un tuteur aux pupilles. Son sentiment était juste, les événements se chargèrent de lui donner raison. Carthage ayant été détruite, ce grand sujet de terreur pour Rome étant disparu, une foule innombrable de maux naissent de la prospérité. D'abord la concorde entre les citoyens périt étouffée dans de sanglantes séditions; puis, par un enchaînement de causes funestes, les guerres civiles s'allument; il y a tant de massacres, tant de sang répandu, on y voit une soif si féroce de proscriptions et de brigandages, que ces Romains qui, dans les temps de vertu, ne craignaient que les maux que pouvaient leur causer les ennemis, alors dégénérés en souffrent de plus cruels de la part de leurs concitoyens; et, cette passion de dominer, défaut le plus enraciné dans l'esprit romain, étant demeurée victorieuse dans un petit nombre des plus puissants, réduisit sous le joug le reste du peuple accablé et abattu.

CHAPITRE XXXI.

Quels vices accrurent chez les Romains cette passion de dominer.

Mais cette passion de dominer pouvait-elle se calmer dans des esprits superbes, avant d'arriver par des honneurs continués jusqu'à la puissance royale. Or, cette continuation d'honneurs ne pouvait avoir lieu, si une brigue ambitieuse n'eût prévalu, et cette brigue ne pouvait prévaloir que chez un peuple corrompu par l'avarice et la débauche. Ce qui rendit le peuple avare et débauché ce fut cette prospérité que, par une sage prévoyance Nasica voulait écarter, en demandant que la rivale la plus forte et la plus puissante de Rome fût conservée. La crainte selon lui eût arrêté la licence, sans licence plus de débauche, et sans débauche plus d'avarice; ces

secundisque rebus ea mala oriantur in moribus, quæ sævientibus pejora sint hostibus. At ille Scipio pontifex maximus vester, ille judicio totius senatus vir optimus, istam vobis metuens calamitatem, nolebat æmulam tunc imperii Romani Carthaginem dirui, et decernenti ut dirueretur, contradicebat (PLUTARC., *in Catone majore*, LIVIUS, lib. XLIX, etc.) Catoni, timens infirmis animis hostem, securitatem, et tanquam pupilis civibus idoneum tutorem, necessarium videns esse terrorem. Nec eum sententia fefellit : re ipsa probatum est, quam verum diceret. (SALLUST., in *bello Jurgurt.*, VELLEIUS PATERCULUS, initio lib. II.) Deleta quippe Carthagine, magno scilicet terrore Romanæ reipublicæ depulso et exstincto, tanta de rebus prosperis orta mala continuo subsecuta sunt, ut corrupta disruptaque concordia prius sævis (*a*) cruentisque seditionibus, deinde mox (*b*) malarum connexione causarum, bellis etiam civilibus tantæ strages ederentur, tantus sanguis effunderetur, tanta cupiditate proscriptionum ac rapinarum ferveret immanitas, ut Romani illi qui, vita integriore mala metuebant ab hostibus, perdita integritate vitæ crudeliora paterentur a civibus : eaque ipsa libido dominandi, quæ inter alia vitia generis humani (*c*) meracior inerat universo populo Romano, postea quam in paucis potentioribus vicit, obtritos fatigatosque cæteros etiam jugo servitutis oppressit.

CAPUT XXXI.

Quibus vitiorum gradibus aucta sit in Romanis cupido regnandi.

Nam quando illa quiesceret in superbissimis mentibus, donec continuatis honoribus ad potestatem regiam perveniret? Honorum porro continuandorum facultas non esset, nisi ambitio prævaleret. Minime autem prævaleret ambitio, nisi in populo avaritia luxuriaque corrupto. Avarus vero luxuriosusque populus secundis rebus effectus est, quas Nasica illo providentissime cavendas esse censebat, quando civitatem hostium maximam, fortissimam, opulentissimam nolebat auferri; ut timore libido premere-

---

(*a*) Tiberii Gracchi, deinde Caii fratris, in quibus primum usque ad sanguinem civilem ventum est, quarum prior fuit decem annis post deletam Carthaginem. LUD. VIVES. — (*b*) Nam ex seditione C. Gracchi ortus est tribunatus Livii Drusi, quem Patres equitibus, qui ex lege Gracchi judicabant, opposuerunt. Ex hoc bellum sociale, quod promissa a Luvio Druso civitas non præstaretur. Ex hoc Mithridaticum, cum Mithridates rex Ponti confisus discordiæ Italiæ multa civium millia, qui in suo regno negotiabantur, jussit interfici. Ex hoc bello civilia Mariana, cum Marius provinciam et bellum Mithridaticum L. Syllæ vellet eripere. Ex hujus seminibus Sertorianum, Lepidanum, conjuratio Catilinæ, postremo Pompeianum. Hinc Cæsaris regnum, quo occiso, bella civilia, Antonianum, Philippense Bruti et Cassii, Siculum sexti Pompeii, Actiacum. Tandem respublica in monarchiam et tyrannidem versa est. LUD. VIVES. — (*c*) Vind. Am. et Lov. *immoderatior*. At Er. et veteres Mss. *meracior* : excepto uno et altero, in quo est *ferocior*.

vices comprimés, on eût vu s'épanouir et croître la vertu nécessaire à la république, et se maintenir une liberté nécessaire à la vertu. C'est cette même prévoyance, cet amour éclairé de la patrie qui porte ce souverain pontife, reconnu, (on ne saurait assez le dire,) pour le citoyen le plus vertueux par tout le sénat, qui le porte, dis-je, à s'opposer au dessein que ses collègues avaient de bâtir un amphithéâtre ; il leur persuade avec une noble éloquence de ne point permettre que la mollesse des Grecs corrompe l'austérité des mœurs romaines, et ne relâche la vigueur de leur vertu. Telle fut l'autorité de sa parole que le sénat éclairé par son discours, défendit même qu'on apportât des sièges pour assister aux jeux scéniques, usage qui, déjà commençait à s'introduire. Avec quel zèle n'eût-il pas banni de Rome ces jeux eux-mêmes, s'il eût osé s'élever contre l'autorité de ceux qu'il croyait des dieux, et qu'il ne savait pas être de funestes démons, ou s'il le savait, qu'il croyait plutôt devoir apaiser que mépriser. En effet, elle n'avait pas encore été révélée aux nations, cette doctrine supérieure qui, purifiant le cœur par la foi, l'élève aux cieux et même par-delà les cieux, et qui, le transformant par une humble piété, l'affranchit de l'orgueilleuse domination des démons.

CHAPITRE XXXII.

De l'établissement des spectacles à Rome.

Sachez, en effet, vous qui l'ignorez, ou qui, affectant de l'ignorer, murmurez contre celui qui vous a délivrés de tels maîtres, sachez que ces jeux de théâtre, spectacles d'infamies et de libertinage, n'ont pas été établis à Rome par les vices des hommes, mais par l'ordre de vos dieux. Il serait plus raisonnable de rendre les honneurs divins à ce Scipion qu'à de pareils dieux ; certes, ils ne valaient pas leur pontife ! Si votre raison, enivrée si longtemps à la coupe de l'erreur, peut encore faire quelque réflexion juste, écoutez ceci : Pour apaiser la peste qui tuait les corps, vos dieux réclament en leur honneur ces jeux scéniques, et votre pontife, voulant éviter cette peste qui corrompt les âmes, s'oppose à la construction d'un amphithéâtre. S'il vous reste encore quelque lueur d'intelligence pour préférer l'âme au corps, choisissez celui qui mérite vos hommages, car la peste ne cessa pas de sévir, parce que cette folie du théâtre vint amollir un

---

tur, (*a*) libido pressa non luxuriaretur, luxuriaque cohibita nec avaritia grassaretur : quibus vitiis obscuratis, civitati utilis virtus floreret et cresceret, eique virtuti libertas congrua permaneret. Hinc etiam erat, et ex hac providentissima patriæ caritate veniebat, quod ab urbe ipse vester pontifex maximus, a senatu temporis illius (quod sæpe dicendum est) electus sine ulla sententiarum discrepantia vir optimus, caveam theatri senatum construere molientem, ab hac dispositione et cupiditate (Livius, lib. XLVIII; Valer., lib. II, c. 4; Appian., lib. I, *de bellis civilibus*) compescuit; persuasitque oratione gravissima, ne Græcam luxuriam virilibus patriæ moribus paterentur obrepere, et ad virtutem labefactandam enervandamque Romanam peregrinæ consentire nequitiæ : tantumque auctoritate valuit, ut ejus verbis commota senatoria providentia, etiam subsellia, quibus ad horam congestis in ludorum spectaculo jam uti civitas cœperat, deinceps prohiberet apponi. Quanto studio iste ab urbe Roma ludos ipsos scenicos abstulisset, si auctoritati eorum, quos deos putabat, resistere auderet ; quos esse noxios dæmones non intelligebat; aut si intelligebat, placandos etiam ipse potius, quam contemnendos existimabat. Nondum enim fuerat declarata Gentibus superna doctrina, quæ fide

(*a*) Nonnulli Mss. *libidine pressa*.

cor mundans, ad cœlestia vel supercœlestia capessenda, humili pietate humanum mutaret affectum, et a dominatu superborum dæmonum liberaret.

CAPUT XXXII.

De scenicorum institutione ludorum.

Verumtamen scitote qui ista nescitis, et qui vos scire dissimulatis advertite, qui adversus liberatorem a talibus dominis murmuratis : ludi scenici, spectacula turpitudinum et licentia vanitatum, non hominum vitiis, sed deorum vestrorum jussis Romæ instituti sunt. Tolerabilius divinos honores deferretis illi Scipioni, quam deos ejusmodi coleritis. Neque enim erant illi dii suo pontifice meliores. Ecce attendite, si mens tamdiu potatis erroribus ebria, vos aliquid sanum considerare permittit. Dii propter (Liv., lib. VII; Valer., lib. II, c. 4) sedandam corporum pestilentiam ludos sibi scenicos exhiberi jubebant : pontifex autem propter animorum cavendam pestilentiam, ipsam scenam construi prohibebat. Si aliqua luce mentis animum corpori præponitis, eligite quem colatis. Neque enim et illa corporum pestilentia ideo conquievit, quia populo bellicoso et solis antea ludis Circensibus assueto ludorum sceni-

peuple belliqueux, ne connaissant jusque-là d'autres jeux que ceux du cirque; non, mais la malice de ces esprits méchants, prévoyant que la contagion allait cesser, saisit avec joie cette occasion d'introduire un fléau beaucoup plus dangereux, puisqu'il s'attaque non pas à la vie, mais aux mœurs, En effet, tel est l'aveuglement, telle la corruption que les spectacles produisent dans l'âme de ces misérables, que, même dans ces derniers temps, (la postérité pourra-t-elle le croire,) ceux que possède cette passion funeste, échappés au sac de Rome et réfugiés à Carthage, faisaient chaque jour dans les théâtres éclater à l'envi leur fol enthousiasme pour des histrions.

CHAPITRE XXXIII.

Les Romains ont conservé leurs vices, malgré le désastre de Rome.

O âmes insensées! quelle est donc, je ne dirai pas votre erreur, mais votre frénésie? Quoi! on nous apprend que les peuples de l'Orient pleurent votre désastre, qu'il est un deuil public pour les grandes cités des contrées les plus éloignées; et vous, vous courez aux théâtres, vous les assiégez, vous les remplissez, vous les rendez encore beaucoup plus malsains qu'ils n'étaient auparavant! C'était cette peste, cette corruption des âmes, cette ruine de l'honneur et de la probité que redoutait pour vous ce Scipion, quand il s'opposait à la construction d'un théâtre, quand il prévoyait que la bonne fortune pourrait facilement vous corrompre et vous perdre, et qu'il voulait que vous eussiez toujours des ennemis à craindre. Selon lui, la république ne serait pas heureuse pour avoir ses remparts debout, si les mœurs étaient en ruines. La séduction de démons impies a été plus puissante sur vous que la prévoyance des hommes sages. De là vient que vous ne voulez pas qu'on vous reproche le mal que vous faites, et que vous reprochez aux chrétiens le mal que vous souffrez. Corrompus par la bonne fortune, incorrigibles sous les coups de de l'adversité, ce que vous cherchez dans la sécurité, ce n'est pas la tranquillité de l'état, mais l'impunité de vos débauches. Scipion voulait que la crainte de l'ennemi vous préservât du vice, et maintenant, broyés sous les pieds de l'ennemi, vous n'avez pas quitté le vice; vous avez perdu l'avantage que vous deviez tirer du malheur, et vous êtes devenus les plus misérables, tout en restant les plus corrompus des hommes.

corum delicata subintravit insania : sed astutia spirituum nefandorum prævidens illam pestilentiam jam fine debito cessaturam, aliam longe graviorem, qua plurimum gaudet, ex hac occasione non corporibus, sed moribus curavit immittere; quæ animos miserorum tantis obcæcavit tenebris, tanta deformitate fœdavit, ut etiam modo, (quod incredibile forsitan erit, si a nostris posteris audietur,) Romana urbe vastata, quos pestilentia ista possedit, atque inde fugientes Carthaginem pervenire potuerunt, in theatris quotidie certatim pro histrionibus insanirent.

CAPUT XXXIII.
De vitiis Romanorum, quos patriæ non correxit eversio.

O mentes amentes, quis est hic tantus, non error, sed furor, ut exitium vestrum (sicut audivimus) plangentibus orientalibus populis, et maximis civitatibus in remotissimis terris publicum luctum mœroremque ducentibus, vos theatra quæreretis, intraretis, impleretis, et multo insaniora, quam fuerant antea, faceretis? Hanc animorum labem ac pestem, hanc probitatis et honestatis eversionem vobis Scipio ille metuebat, quando construi theatra prohibebat, quando rebus prosperis vos facile corrumpi atque everti posse cernebat, quando vos ab hostili terrore securos esse nolebat. Neque enim censebat ille felicem esse rempublicam stantibus mœnibus, ruentibus moribus. Sed in vobis plus valuit quod dæmones impii seduxerunt, quam quod homines providi præcaverunt. Hinc est quod mala quæ facitis, vobis imputari non vultis; mala vero quæ patimini, Christianis temporibus imputatis. Neque enim in vestra securitate pacatam rempublicam, sed luxuriam quæritis impunitam, qui depravati rebus prosperis, nec corrigi potuistis adversis. Volebat vos ille Scipio terreri ab hoste, ne in luxuriam flueretis: vos nec contriti ab hoste luxuriam repressistis: perdidistis utilitatem calamitatis, et miserrimi facti estis, et pessimi permansistis.

CHAPITRE XXXIV.

La bonté de Dieu a rendu ce désastre moins complet.

Et cependant, c'est Dieu qui vous a conservé la vie, Dieu qui, en vous épargnant, vous invite à vous corriger par la pénitence, Dieu qui, malgré votre ingratitude, a permis que, soit sous le nom de ses serviteurs, soit grâce aux sanctuaires de ses martyrs, vous échappiez aux mains des ennemis. Romulus et Rémus, voulant peupler leur ville, ouvrirent, dit-on, un asile, où quiconque se retirait, était assuré de l'impunité, si coupable qu'il fût. Cet exemple a merveilleusement tourné à la gloire du Christ. Les destructeurs de Rome ordonnent la même chose que ses fondateurs. Or, qu'y a-t-il d'étonnant que ceux-ci, pour augmenter la population de leur ville, aient fait ce que ceux-là ont fait pour sauver un grand nombre de leurs ennemis ?

CHAPITRE XXXV.

L'Église a des enfants encore inconnus parmi ses adversaires; et, parmi ses enfants, il en est qui ne doivent pas persévérer.

Qu'elle réponde donc ainsi à ses adversaires, ou mieux encore, si elle trouve des raisons plus forte, la famille de Notre-Seigneur Jésus-Christ, ce Roi dont elle est la Cité voyageuse ici-bas. Pourtant, qu'elle sache bien que, même parmi ses ennemis, sont cachés des citoyens qui doivent lui appartenir, afin qu'elle ne juge pas stérile, même pour eux, la patience avec laquelle elle souffre leur hostilité, jusqu'au jour de leur conversion à la foi. De même en est-il, parmi ceux qui sont unis de communion avec cette Cité de Dieu, pendant qu'elle est sur cette terre, qui ne lui seront point unis dans la félicité éternelle des saints. Ignorés ou connus, ils osent s'unir aux adversaires, pour murmurer contre Dieu, dont ils portent le sceau; ils remplissent tantôt les théâtres avec eux, et tantôt les églises avec nous. Toutefois, il ne faut pas désespérer de la conversion de quelques-uns de ces derniers, puisque, même parmi nos ennemis déclarés, sont cachés des prédestinés, nos amis futurs, qui l'ignorent eux-mêmes. Et de fait, dans ce siècle, les deux Cités sont mêlées et confondues, jusqu'à ce que le dernier jugement établisse leur séparation. C'est sur leur origine, leurs progrès, la fin qui les attend que je veux, avec l'aide divine, exposer mes pensées pour la gloire de la Cité de Dieu, qui paraîtra plus éclatante mise en regard de la Cité opposée.

CAPUT XXXIV.

De clementia Dei, quæ Urbis excidium temperavit.

Et tamen quod vivitis, Dei est; qui vobis parcendo admonet, ut corrigamini pœnitendo; qui vobis etiam ingratis præstitit, ut vel sub nomine servorum ejus, vel in locis Martyrum ejus hostiles manus evaderetis. Romulus et Remus asylum constituisse perhibentur, quo quisquis confugeret, ab omni noxa liber esset, augere quærentes creandæ multitudinem civitatis. Mirandum in honorem Christi (a) præcessit exemplum. Hoc constituerunt eversores Urbis, quod constituerant antea conditores. Quid autem magnum, si hoc fecerunt illi, ut civium suorum numerus suppleretur, quod fecerunt isti, ut suorum hostium numerositas servaretur?

CAPUT XXXV.

De latentibus inter impios Ecclesiæ filiis, et de falsis intra Ecclesiam Christianis.

Hæc et talia, si qua uberius et commodius potuerit, respondeat inimicis suis redempta familia Domini Christi, et peregrina Civitas regis Christi. Meminerit sane, in ipsis inimicis latere cives futuros, ne infructuosum vel apud ipsos putet, quod donec perveniat ad confessos, portat infensos : sicut ex illorum numero etiam Dei Civitas habet secum, quamdiu peregrinatur in mundo, connexos communione sacramentorum, nec secum futuros in æterna sorte sanctorum, qui partim in occulto, partim in aperto sunt; qui etiam cum ipsis inimicis adversus Deum, cujus sacramentum gerunt murmurare non dubitant; modo cum illis theatra, modo ecclesias nobiscum replentes. De correctione autem quorumdam etiam talium multo minus est desperandum, si apud apertissimos adversarios prædestinati amici latitant, adhuc ignoti etiam sibi. Perplexæ quippe sunt istæ duæ civitates in hoc sæculo, invicemque permixtæ, donec ultimo judicio dirimantur; de quarum exortu et procursu et debitis finibus, quod dicendum arbitror, quantum divinitus adjuvabor, expediam, propter gloriam Civitatis Dei, quæ (b) alienis a contrario comparatis clarius eminebit.

(a) Plerique Mss. cum Viud. *processit.* — (b) Mss. non pauci, *alternis.*

CHAPITRE XXXVI.

Plan des livres suivants.

Mais j'ai encore certaines choses à dire contre ceux qui rejettent les malheurs de l'empire romain sur notre religion, parce qu'elle défend de sacrifier à leurs dieux. Je rappellerai donc, selon mes souvenirs, ou autant que besoin sera, quels maux Rome ou les provinces soumises à son empire eurent à supporter avant la prohibition de ces sacrifices. Ces désastres, ils nous les reprocheraient sans doute, si notre religion eût dès-lors brillé à leurs yeux, et défendu leurs cérémonies sacriléges. Ensuite, je montrerai pour quelles qualités et dans quel but Dieu, le maître souverain des royaumes de la terre, a daigné favoriser leur empire, et comment ceux qu'ils croient des dieux, loin d'y avoir contribué, y ont plutôt nui par leurs fourberies et leurs prestiges. Enfin, nous devrons aussi combattre ceux qui, vaincus et persuadés par les preuves les plus claires, s'efforcent de montrer qu'il faut servir les dieux, non pour les biens de la vie présente, mais pour ceux de la vie qui doit suivre la mort. Question, à mon avis, bien plus difficile, et qui mérite d'être traitée avec le plus grand soin. Nous aurons, en effet, à réfuter des philosophes, non pas du commun, mais les plus célèbres d'entre eux, qui s'accordent avec nous sur plusieurs points, à savoir : que l'âme est immortelle, que le vrai Dieu a créé le monde, et que sa Providence gouverne tout ce qu'il a créé. Mais comme il faut les combattre dans leurs sentiments qui sont contraires aux nôtres, nous ne faillirons pas à ce devoir. Ainsi, après avoir réfuté, selon les forces que Dieu nous donnera, toutes les contradictions impies, nous établirons la Cité de Dieu, la véritable piété, le culte divin, dans lequel seul est véritablement promise la béatitude éternelle. Terminons donc ici ce livre, afin de donner un nouveau début au sujet que nous voulons traiter.

CAPUT XXXVI.

De quibus causis sequenti disputatione sit disserendum.

Sed adhuc quædam mihi dicenda sunt adversus eos, qui Romanæ reipublicæ clades in religionem nostram referunt, qua diis suis sacrificare prohibentur. Commemoranda enim sunt quæ et quanta occurrere potuerint, vel satis esse videbuntur mala, quæ illa civitas pertulit, vel ad ejus imperium pertinentes provinciæ, ante quam eorum sacrificia prohibita fuissent; quæ omnia procul dubio nobis tribuerent, si jam vel illis clareret nostra religio, vel ita eos a sacris sacrilegis prohiberet. Deinde monstrandum est, quos eorum mores, et quam ob causam verus Deus ad augendum imperium adjuvare dignatus est, in cujus potestate sunt regna omnia : quamque nihil eos adjuverint hi, quos deos putant; quin potius quantum decipiendo et fallendo nocuerint. Postremo adversus eos dicetur, qui manifestissimis documentis confutati atque convicti conantur asserere, non propter vitæ præsentis utilitatem, sed propter eam quæ post mortem futura est, colendos deos. Quæ, nisi fallor, quæstio multo erit operosior, et (*a*) sublimiore disputatione dignior, ut et contra philosophos in ea disseratur, non quoslibet, sed qui apud illos excellentissima gloria clari sunt, et nobiscum multa sentiunt, scilicet de animæ immortalitate, et quod Deus verus mundum condiderit, et de providentia ejus, qua universum quod condidit, regit. Sed quoniam et ipsi in illis quæ contra nos sentiunt, refellendi sunt; deesse huic officio non debemus; ut refutatis impiis contradictionibus pro viribus, quas Deus impartiet, asseramus Civitatem Dei, veramque pietatem, et Dei cultum, in quo uno veraciter sempiterna beatitudo promittitur. Hic itaque modus sit hujus voluminis, ut deinceps disposita ab alio sumamus exordio.

(*a*) Vind. Am. et Mss. magno consensu, *subtiliore.* Er. *subtili.*

LIVRE DEUXIÈME

Des maux que les Romains ont éprouvés avant Jésus-Christ, et pendant qu'ils adoraient les faux dieux. Corruption des mœurs et vices de l'âme, les plus grands et les seuls vrais maux. Loin de les délivrer de ces maux, leurs dieux les en ont accablés.

CHAPITRE PREMIER.

Méthode dont il faut user dans les controverses.

Si l'esprit humain, travaillé par l'infirmité de sa condition présente, ne voulait pas résister à la splendeur de la vérité; si, au contraire, il cherchait dans un enseignement salutaire un remède à ses faiblesses, attendant que, grâce au secours divin, la foi et l'amour lui apportassent une guérison complète, il ne faudrait pas de longs discours pour démontrer la fausseté d'une erreur quelle qu'elle soit, il suffirait d'avoir un sens droit, et de savoir rendre sa pensée. Mais aujourd'hui la maladie de ces esprits égarés est d'autant plus dangereuse et funeste, qu'ils soutiennent leurs conceptions insensées comme des vérités et comme la raison même, et cela malgré toutes les réfutations possibles, toutes les raisons que l'homme peut attendre de l'homme. Est-ce aveuglement, qui les empêche de voir les choses les plus claires, ou bien est-ce une obstination indomptable qui refuse d'accepter l'évidence? Il est donc souvent nécessaire de s'étendre sur des vérités manifestes, il faut, non pas les montrer à ceux qui les voient, mais les faire en quelque sorte toucher du doigt, les mettre sous le regard des yeux qui s'en détournent. Et pourtant y aurait-il un terme à nos discussions et à nos discours, si nous devions répondre à des adversaires qui répondent toujours? Car ceux qui ne peuvent comprendre ce qu'on leur dit, ou qui par entêtement résistent à la lumière, ceux-là, selon le mot de l'Ecriture, « ne parlent qu'un langage d'iniquité, » (*Ps.* XXXI, 1) et leur sottise ne se lasse jamais. Si nous voulions réfuter toutes les objections qu'ils nous opposent sans s'inquiéter de ce qu'ils disent, satisfaits seulement de nous contredire, voyez combien nous perdrions de temps et de peines dans ce travail stérile! Aussi je ne voudrais pour juges de mes écrits ni vous, mon cher Marcellin, ni ceux à qui je destine cet ouvrage, en vue de leur être utile et pour l'amour de Jésus-Christ, si vous

LIBER SECUNDUS

In quo disputatione instituta de malis quæ ante Christum, vigente deorum falsorum cultu, perpessi sunt Romani, demonstratur primum eos morum malis et animi vitiis, quæ mala vel sola vel maxima deputanda sunt, cumulatos procurantibus diis falsis, nedum liberatos fuisse.

CAPUT PRIMUM.

De modo qui necessitati disputationis adhibendus est.

Si rationi perspicuæ veritatis infirmus humanæ consuetudinis sensus non auderet obsistere, sed doctrinæ salubri languorem suum tanquam medicinæ subderet, donec divino adjutorio fide pietatis impetrante sanaretur, non multo sermone opus esset ad convincendum quemlibet vanæ opinationis errorem, his qui recte sentiunt, et sensa verbis sufficientibus explicant. Nunc vero, quoniam ille est major et (a) tetrior insipientium morbus animorum, quo irrationabiles motus suos, etiam post rationem plene redditam, quanta homini ab homine debetur, sive nimia cæcitate, qua nec aperta cernuntur, sive obstinatissima pervicacia, qua et ea quæ cernuntur non feruntur, tanquam ipsam rationem veritatemque defendunt; fit necessitas copiosius dicendi plerumque res claras, velut eas non spectantibus intuendas, sed quodam modo tangendas palpantibus et conniventibus offeramus. Et tamen quis disceptandi finis erit et loquendi modus, si respondendum esse respondentibus semper existimemus? Nam qui vel non possunt intelligere quod dicitur, vel tam duri sunt adversitate mentis, ut, etiamsi intellexerint, non obediant, respondent, ut scriptum est, et loquuntur iniquitatem, atque infatigabiliter vani sunt. (*Psal.* XXXI, 1.) Quorum dicta contraria si totiens velimus refellere, quotiens obnixa fronte statuerint non (b) curare quid dicant, dum quocumque modo nostris disputationibus contradicant, quam sit infinitum et ærumnosum et infructuosum vides. Quamobrem nec te ipsum, mi fili Marcelline, nec alios quibus hic labor noster in Christi caritate utiliter ac liberaliter servit, tales meorum scriptorum velim judices, qui

---
(a) Nonnulli Mss. *deterior*. — (b) Veteres libri, *non cogitare*.

étiez de ceux qui veulent toujours une réponse aux difficultés soulevées contre ce qu'ils ont lu, comme ces femmes dont parle l'Apôtre, « qui apprennent toujours et n'arrivent jamais à la connaissance de la vérité. » (II *Tim.*, III, 7.)

CHAPITRE II.

Résumé du premier livre.

En me proposant de parler de la Cité de Dieu, but unique de cet ouvrage, que j'ai entrepris avec l'aide du Seigneur, j'ai dû, dans le livre précédent, répondre d'abord à ceux qui attribuent au Christianisme les guerres qui écrasent le monde, et surtout la récente dévastation de Rome par les barbares. La raison qu'ils allèguent, c'est que notre sainte religion interdit les sacrifices qu'ils offrent à leurs abominables divinités. Ne devraient-ils pas plutôt être pénétrés de reconnaissance envers le Christ, puisque c'est par respect pour son nom que contrairement à ce qui se pratique en temps de guerre, les barbares leur ont libéralement accordé des asiles religieux très-vastes, dans lesquels ils pouvaient se réfugier? Souvent même le titre de disciple du Christ, qu'il fût véritable ou seulement simulé par la crainte, leur inspira tant de respect, qu'ils crurent que ce qu'autorisait les droits de la guerre ne leur était plus permis. Ici s'est présentée cette question : Pourquoi des impies, des ingrats, ont-ils joui eux-mêmes de ces avantages, et pourquoi les dures calamités de la guerre ont-elles pesé également sur les bons et les méchants? J'ai traité longuement cette question; elle trouble, en effet, un grand nombre d'esprits, étonnés de voir que les dons habituels de Dieu, ou les afflictions humaines sont indifféremment le partage des bons et des méchants; aussi me suis-je un peu étendu sur ce point, ainsi que le demandait l'œuvre que j'ai entreprise. Je l'ai fait surtout pour la consolation de ces femmes pieuses et chastes, dont la vertu et la pudeur ont eu à souffrir quelque outrage, bien que leur chasteté soit restée intacte; afin que leur vie ne leur soit point à charge, puisque leur cœur n'a aucune faute à déplorer. Ensuite en quelque mots, j'ai répondu à ces impudents, qui avec une audace effrénée, osent insulter aux malheurs de nos chrétiens, et à l'humiliation de nos saintes et chastes sœurs. Hommes pervers, ils ont secoué toute honte. Qu'ils sont dégénérés de ces anciens Ro-

responsionem semper desiderent, cum his quæ leguntur audierent aliquid contradici; ne fiant similes earum mulliercularum, quas commemorat Apostolus, « semper discentes, et ad veritatis scientiam nunquam pervenientes. » (II *Tim.*, III, 7.)

CAPUT II.
De his quæ primo volumine expedita sunt.

Superiore itaque libro, cum de Civitate Dei dicere instituissem, unde hoc universum opus, illo adjuvante, in manus sumptum est, occurrit mihi (*a*) respondendum esse primitus eis, qui hæc bella quibus mundus iste conteritur, maximeque Romanæ urbis recentem a Barbaris vastationem Christianæ religioni tribuunt, qua prohibentur nefandis sacrificiis servire dæmonibus : cum potius hoc deberent tribuere Christo, quod propter ejus nomen contra institutum moremque bellorum, eis quo confugerent, religiosa et amplissima loca Barbari libera præbuerunt; atque in multis famulatum (*b*) deditum Christo, non solum verum, sed etiam timore confictum sic honoraverunt, ut quod in eos belli jure fieri licuisset, illicitum sibi esse judicarent. Inde incidit quæstio, cur hæc divina beneficia etiam ad impios ingratosque pervenerint, et cur illa itidem dura, quæ hostiliter facta sunt, pios cum impiis pariter afflixerint. Quam quæstionem per multa diffusam, (in omnibus enim quotidianis vel Dei muneribus vel hominum cladibus, quorum utraque bene ac male viventibus permixte atque indiscrete sæpe accidunt, (*c*) solet multos movere,) ut pro susceptis operis necessitate dissolverem, aliquantum immoratus sum, maxime ad consolandas sanctas feminas et pie castas, in quibus ab hoste aliquid perpetratum est, quod intulit verecundiæ dolorem, etsi non abstulit pudicitiæ firmitatem; ne pœniteat eas vitæ, (*d*) quas non est unde possit pœnitere nequitiæ. Deinde pauca dixi in eos, qui Christianos adversis illis rebus affectos, et præcipue pudorem humiliatarum feminarum, quamvis castarum atque sanctarum, protervitate impudentissima exagitant, cum sint nequissimi et irreverentissimi, longe ab eis ipsis Romanis degeneres, quorum præclara multa laudantur et litterarum memoria celebrantur, imo illorum gloriæ vehementer adversi. Romam quippe (*e*) partam veterum auctamque laboribus, fœdiorem stantem fecerant quam ruentem : quando quidem in

---

(*a*) In plerisque Mss. *resistendum.* — (*b*) Sic meliores Mss. At editi, *debitum.* — (*c*) Er. et Lov. *solent.* Melius Vind. Am. et aliquot Mss. *solet*, subaudi : quæstio illa, quam *per multa diffusam* dicit.— (*d*) Er. et Lov. *apud quas.* Non opus erat addere hic *apud*, quod a cæteris libris abest. — (*e*) Lov. *cura partam.* Vind. Am. et Er. *cura structam.* At Mss. constanter habent, *partam* : et carent voce, *cura.*

mains, dont on raconte de si nombreux actes de vertus, et dont la littérature a célébré les louanges! Ne sont-ils pas les plus grands ennemis de la gloire de leurs ancêtres? Cette Rome que les travaux de leurs pères avaient élevée et agrandie, ils l'ont plus déshonorée au temps de sa grandeur, qu'elle ne le fut dans sa chute; en effet, sous les coups des ennemis on ne vit tomber que la pierre et le bois, mais dans la vie de ces hommes ce furent les remparts de la vertu et la beauté morale qui s'écroulèrent, le feu des passions qui dévorait leurs cœurs était plus ardent que celui qui consuma la ville. J'ai terminé là mon premier livre. Je me propose maintenant de raconter les maux que Rome eut à subir depuis sa fondation, soit dans son enceinte même, soit dans les provinces conquises; maux qu'ils ne manqueraient pas d'attribuer à la religion chrétienne, si dès lors la prédication évangélique eût eu la pleine liberté de s'élever contre leurs divinités vaines et trompeuses.

CHAPITRE III.

Que l'histoire nous apprend quels maux ont été soufferts par les Romains, quand ils adoraient les faux dieux, avant l'établissement du Christianisme.

Souvenez-vous bien, dans ce que je vais dire, que je parle contre ces insensés dont l'ignorance a fait naître ce proverbe : « Il ne pleut pas, les chrétiens en sont la cause. » Car, il en est un certain nombre qui, amis des lettres et de l'histoire, connaissent très-bien ce que je vais dire; mais ils feignent de ne pas le savoir, pour exciter contre nous la haine des ignorants; ils font tous leurs efforts pour confirmer le peuple dans cette idée, que le nom chrétien est la cause de tous les malheurs, qui tombent nécessairement sur le genre humain, à différents intervalles de temps et de lieux; parce que ce nom, ennemi de celui de leurs dieux, s'étend partout avec une gloire extraordinaire. Or, qu'ils repassent donc avec nous les revers et les maux nombreux que la république eut à souffrir avant l'incarnation du Christ, avant que son nom se fût couvert, aux yeux des peuples, de cette gloire dont ils sont jaloux. Qu'ils essaient, s'ils le peuvent, de défendre sur ce point leurs dieux, qui, selon eux, sont honorés pour détourner ces calamités, dont maintenant ils rejettent la cause sur nous-mêmes. Pourquoi, en effet, ces dieux ont-ils laissé tomber sur leurs adorateurs les maux dont je vais parler, avant que la prédication du nom de Jésus-Christ ait pu leur porter ombrage, et défendre les sacrifices qui leur étaient offerts?

ruina ejus lapides et ligna, in istorum autem vita omnia, non murorum, sed morum munimenta atque ornamenta ceciderunt, cum funestioribus eorum corda cupiditatibus quam ignibus tecta illius urbis arderent. Quibus dictis, primum terminavi librum. Deinceps itaque dicere institui, quæ mala civitas illa perpessa sit ab origine sua, sive apud se ipsam, sive in provinciis sibi jam subditis; quæ omnia Christianæ religioni tribuerent, si jam tunc Evangelica doctrina adversus falsos et fallaces eorum deos testificatione liberrima personaret.

CAPUT III.

De assumenda historia, qua ostendatur, quæ mala acciderint Romanis, cum deos colerent, ante quam religio Christiana obcresceret.

Memento autem me ista commemorantem, adhuc contra imperitos agere, ex quorum imperitia illud quoque ortum est vulgare proverbium : Pluvia (a) defit, causa Christiani. Sunt namque qui eorum studiis liberalibus instituti amant historiam, qua facillime ista noverant : sed ut nobis ineruditorum turbas infestissimas reddant, se nosse dissimulant; atque hoc apud vulgus confirmare nituntur, clades quibus per certa intervalla locorum et temporum genus humanum oportet affligi, causa accidere nominis Christiani, quod contra deos suos ingenti fama et præclarissima celebritate percuncta diffunditur. Recolant ergo nobiscum, antequam Christus venisset in carne, antequam ejus nomen ea, cui frustra invident, gloria populis innotesceret, quibus calamitatibus res Romanæ multipliciter varieque contritæ sint, et in his defendant, si possunt, deos suos, si propterea coluntur, ne ista mala patiantur cultores eorum; quorum si quid nunc passi fuerint, nobis imputandum esse contendunt. Cur enim ea quæ dicturus sum, permiserunt accidere cultoribus suis, antequam eos declaratum Christi nomen offenderet eorumque sacrificia prohiberet?

(a) Editi, *defecit* : et ex iis tres, scilicet Vind. Am. Er. prosequuntur, *causa Christiani nominis*. At veteres libri non addunt, *nominis* : et loco *defecit*, habent omnes *defit*. Plures quoque ex iisdem Mss. optimæ notæ verba consequentia nonnullis omissis particulis sic distinguunt : *Causa Christiani sunt. Nam qui eorum studiis liberalibus instituti amant historiam, facillime ista noverunt.* Istud itidem in Christianos proverbium paulo aliis verbis commemoratum habes Enarrat. in Psal. LXXX, n. 1.

CHAPITRE IV.

Les adorateurs des dieux n'en ont jamais reçu aucun précepte de vertu; ils célébraient, au contraire, leurs mystères par toutes sortes de turpitudes.

D'abord, pourquoi leurs dieux ne se mirent-ils point en peine de les garantir contre une infâme corruption de mœurs? Car, le vrai Dieu, ne recevant d'eux aucun hommage, c'est à bon droit qu'il les a délaissés; mais ces dieux, que ces hommes si ingrats se plaignent de ne pouvoir servir, pourquoi n'ont-ils donné à leurs adorateurs aucune loi pour les aider à bien régler leur vie? N'était-il pas juste qu'ils prissent soin de la conduite d'hommes, qui célébraient si soigneusement leurs mystères. Chacun est mauvais, me répondra-t-on, par le fait de sa propre volonté. Qui dira jamais le contraire? Cependant, des dieux sages auraient dû, non-seulement, ne pas dérober à la connaissance de leurs peuples fidèles, mais leur annoncer clairement les règles d'une vie vertueuse; ils auraient dû, par leurs envoyés, avertir et corriger les rebelles, publier hautement les peines qui attendent les méchants, et les récompenses réservées aux bons. A-t-on jamais entendu dans les temples une voix qui fit retentir de tels enseignements? Moi aussi, aux jours de ma jeunesse, j'assistais à ces spectacles et à ces scènes sacriléges; je voyais des hommes agités d'une fureur étrange, et c'était pour moi un plaisir; j'aimais leurs chants et tous ces jeux honteux et infâmes, que l'on célébrait en l'honneur des dieux et des déesses, en l'honneur de Céleste, déesse vierge (1) et de Cybèle, mère de toutes les divinités. Au jour de l'ablution solennelle, que l'on pratiquait en l'honneur de cette dernière devant sa litière, de misérables histrions chantaient publiquement des choses dont aurait dû rougir, je ne dis pas la mère des dieux, mais la mère de n'importe quel sénateur, ou seulement celle d'un honnête homme et même celle de ces histrions. En effet, la perversité elle-même ne peut enlever une certaine pudeur, que commande le respect dû aux parents. Certes, ces bouffons n'auraient pas osé répéter, chez eux en présence de leurs mères, les paroles obscènes qu'ils chantaient, et les gestes lascifs, qu'ils ne craignaient pas de faire devant la mère des dieux, en présence d'une immense multitude de l'un et de l'autre sexe. Cette foule put assister à ce spectacle retenue par la curiosité; mais après

---

(1) Cette déesse *Céleste* était spécialement honorée en Afrique. Tertullien (*Apolog.*, ch. xxiv) dit : Chaque province, chaque ville a ses dieux, la Syrie honore Astarté... l'Afrique, *Céleste*. (*Cœlestis*). Saint Augustin parle de nouveau de cette déesse, chap. xxvi de ce livre, et dans plusieurs autres endroits. Nous ne savons pourquoi *tous* les traducteurs la confondent avec Cybèle, quand le saint docteur la distingue lui-même, en disant : Cœlesti virgini et Berecynthiæ matri omnium.

CAPUT IV.

Quod cultores deorum nulla unquam a diis suis præcepta probitatis acceperint, et in sacris eorum turpia quæque celebraverint.

Primo ipsos mores ne pessimos haberent, quare dii eorum curare noluerunt? Deus enim verus eos, a quibus non colebatur, merito neglexit : dii autem illi, a quorum cultu se prohiberi homines ingratissimi conquerantur, cultores suos ad bene vivendum quare nullis legibus adjuverunt? Utique dignum erat, ut quomodo isti illorum sacra, ita illi istorum facta curarent. Sed respondetur, quod voluntate propria quisque malus est. Quis hoc negaverit? Verumtamen pertinebat ad consultores deos, vitæ bonæ præcepta non occultare populis cultoribus suis, sed clara prædicatione præbere : per vates etiam convenire atque arguere peccantes; palam minari pœnas male agentibus, præmia recte viventibus polliceri. Quid unquam tale in deorum illorum templis prompta et eminenti voce concrepuit? Veniebamus etiam nos aliquando adolescentes ad spectacula ludibriaque sacrilegiorum : spectabamus arreptitios, audiebamus symphoniacos; ludis turpissimis, qui diis deabusque exhibebantur, oblectabamur, Cœlesti virgini, et Berecynthiæ matri omnium : ante cujus lecticam (a) die solemni lavationis ejus, talia per publicum cantitabantur a nequissimis scenicis, qualia, non dico matrem deorum, sed matrem qualiumcumque senatorum vel quorumlibet honestorum virorum, imo vero qualia nec matrem ipsorum scenicorum deceret audire. Habet enim quiddam erga parentes humana verecundia, quod nec ipsa nequitia possit auferre. Illam proinde turpitudinem obscœnorum dictorum atque factorum, scenicos ipsos domi suæ proludendi causa coram matribus suis agere puderet, quam per publicum agebant, coram deum matre, spectante et audiente utriusque sexus frequentissima multitudine. Quæ si illecta curiositate adesse potuit circumfusa, saltem offensa castitate debuit abire

---

(a) Pridie idus Apr. mater deûm magna pompa a suis sacerdotibus ad Almonem fluvium, qui non procul ab Urbe in Tiberim influit, producebatur, ibique ad confluentem duorum amnium abluebatur vetere instituto. Nam quo primum die ex Asia illuc est advecta, a sacerdote lota est, isque mos postea sacer fuit et singulis annis repetitus. De quo more Lucanus in I. Ovidius in iv, Fast. Prudentius in martyrio Romani.

de telles infamies, elle dut se retirer le rouge au front. Qu'appellera-t-on sacrilége, si ce sont là des cérémonies saintes ? Si c'est là une ablution, que nommera-t-on souillure ? On donnait à toutes ces choses le nom de *mets* ; c'était, en effet, comme un festin que l'on célébrait, et dans lequel ces divinités immondes se repaissaient des aliments qui leur convenaient. Qui donc ne comprend quels sont les esprits qui se délectent de ces turpitudes ? Sinon celui qui ignore l'existence des esprits immondes se décorant faussement du titre de dieux, ou bien celui qui vit de telle sorte qu'il doit plutôt désirer leur faveur, ou craindre leur colère que celle du vrai Dieu.

CHAPITRE V.
Des obscénités par lesquelles on honorait la mère des dieux.

Ici, je ne prendrais pas pour juges ces hommes qui, loin de lutter contre ces débordements, y trouvent leurs délices ; j'en appellerais à Scipion Nasica, cet homme que le sénat choisit, comme le plus vertueux, pour aller chercher l'image de l'infâme déesse et l'apporter dans la ville. Qu'il nous dise, s'il eût été flatté que sa propre mère eût mérité que la république lui conférât de tels honneurs ! Les Grecs, les Romains et d'autres nations rendaient, en effet, les honneurs divins à certains personnages, dont ils avaient reçu des bienfaits signalés, les considérant comme immortels et admis au rang des dieux. Sans doute, Scipion aurait été jaloux que sa mère eût pu obtenir cette gloire. Demandons-lui maintenant, s'il consentirait à ce que l'on mêlât de telles turpitudes aux honneurs divins qu'on lui rendrait. Ne protesterait-il pas hautement qu'il aime mieux que sa mère demeure ensevelie dans l'insensibilité de la mort, que de la voir vivre au rang des dieux, et consentir à entendre de telles infamies ? Non, ce sénateur de Rome, qui eût l'âme assez grande pour s'opposer à la construction d'un théâtre dans une ville d'hommes au mâle courage, ce sénateur n'eût jamais voulu les honneurs divins pour sa mère, à la condition qu'elle entendît comme un hommage des chants que, simple matrone, elle n'aurait pu entendre sans se sentir insultée ? Aurait-il pu croire qu'une femme honnête mise au rang des dieux, eût perdu toute pudeur, à tel point que ses adorateurs devraient désormais l'honorer par des chants, qui seraient un outrage pour toute personne vivante ; hommages devant lesquels elle devrait se boucher les oreilles et s'enfuir, afin que son mari, ses proches ne fussent pas obligés de rougir pour elle. Or, cette mère des dieux, dont l'homme le plus vicieux ne voudrait point pour mère, désireuse de gagner l'affection des Romains, choisit le citoyen le plus vertueux, non pour le rendre tel par ses

---

confusa. Quæ sunt sacrilegia, si illa sunt sacra? aut quæ inquinatio, si illa lavatio? Et hæc fercula appellabantur, quasi celebraretur convivium, quo velut suis epulis immunda dæmonia pascerentur. Quis enim non sentiat cujusmodi spiritus talibus obscœnitatibus delectentur, nisi vel nesciens utrum omnino sint ulli immundi spiritus deorum nomine decipientes, vel talem agens vitam, in qua istos potius quam Deum verum et optet propitios, et formidet iratos?

CAPUT V.
De obscœnitatibus, quibus mater deûm a cultoribus suis honorabatur.

Nequaquam istos, qui flagitiosissimæ consuetudinis vitiis oblectari magis quam obluctari student, sed illum ipsum Nasicam Scipionem, qui vir optimus a senatu electus est, cujus manibus ejusdem dæmonis simulacrum susceptum est, in Urbemque pervectum, habere de hac re judicem vellem. Diceret nobis, utrum matrem suam tam optime de republica vellet mereri, ut ei divini honores decernerentur : sicut et Græcos et Romanos aliasque gentes constat quibusdam decrevisse mortalibus, quorum erga se beneficia magnipenderant, eosque immortales factos, atque in deorum numerum receptos esse crediderant. Profecto ille tantam felicitatem suæ matri, si fieri posset, optaret. Porro si ab illo deinde quæreremus, utrum inter ejus divinos honores vellet illa turpia celebrari; nonne se malle clamaret, ut sua mater sine ullo sensu mortua jaceret, quam ad hoc dea viveret, ut illa libenter audiret? Absit, ut senator populi Romani ea mente præditus, qua theatrum ædificari in urbe fortium virorum prohibuit, sic vellet coli matrem suam, ut talibus dea sacris propitiaretur, qualibus matrona verbis offenderetur. Nec ullo modo crederet verecundiam laudabilis feminæ ita in contrarium divinitate mutari, ut honoribus eam talibus advocarent cultores sui, qualibus conviciis in quempiam jaculatis, cum inter homines viveret, nisi aures clauderet, seseque subtraheret, erubescerent pro illa et propinqui, et maritus, et liberi. Proinde talis

avis et la puissance de son aide, mais pour le tromper indignement; c'est ainsi que selon l'Ecriture « la femme séduit les âmes précieuses des hommes. » (*Prov.*, VI, 26.) Elle trompa ce grand cœur, afin que, glorifié en quelque sorte par l'oracle divin et se considérant comme réellement le plus vertueux, il négligeât la vraie piété et la vraie religion, sans laquelle l'esprit le plus distingué ne fait que s'évanouir dans de vaines pensées d'orgueil. Pourrait-il n'y avoir pas quelque piége dans cette recherche du plus vertueux citoyen, par une déesse, qui aime dans ses mystères des choses que les hommes vertueux éloigneraient avec horreur de leurs festins.

CHAPITRE VI.

Les dieux des païens ne leur ont jamais enseigné à vivre saintement.

De là, dans les dieux cette indifférence à l'égard des mœurs dans les villes, et chez les peuples qui leur étaient dévoués; ces maux et ces vices détestables qui ruinaient, non les champs ou les vignes de leurs adorateurs, non leurs maisons ou leurs biens, non pas même leurs corps, qui sont soumis aux âmes, mais qui souillaient les âmes, les esprits qui doivent gouverner les corps, ils les voyaient avec insouciance; ils laissaient ceux qui les adoraient, s'enfoncer dans un abîme d'ignominie, sans s'y opposer par la menace d'aucun châtiment! Ont-ils porté quelque défense, qu'on nous la montre, qu'on nous la prouve? Et qu'on ne vienne pas nous vanter quelques chuchotements mystérieux, enseignés dans le secret et soufflés à l'oreille d'un très-petit nombre d'initiés, lesquels renfermaient je ne sais quelles leçons de probité et de vertu; mais qu'on nous montre, qu'on nous désigne les temples consacrés à ces réunions pieuses, d'où étaient bannis les jeux accompagnés de postures lascives et de chants licencieux, et où l'on ne célébrait point les fêtes de la Fuite (1), en lâchant la bride à toutes les passions, véritable fuite de l'honneur et de la modestie. Qu'on nous montre les lieux où ces divinités donnaient aux peuples des enseignements, pour leur apprendre à réprimer l'avarice, à dompter l'ambition, et à refréner la luxure, où enfin les malheureux pouvaient apprendre ce dont Perse recommande vivement la connaissance : « Etudiez, dit-il, misérables, et apprenez les causes; sachez ce que nous sommes, pourquoi nous sommes entrés dans la vie, quel est l'ordre imposé, de quel point et vers quel but tourne mollement la roue ; sachez régler votre

(1) *Fugalia*. C'était une fête établie à l'occasion de l'expulsion des Tarquins. On la célébrait au mois de février, après les *Terminales*.

mater Deum, qualem habere matrem puderet quemlibet etiam pessimum virum, Romanas occupatura mentes quæsivit optimum virum, non quem monendo et adjuvando faceret, sed quem fallendo deciperet : ei similis de qua scriptum est : « Mulier autem virorum pretiosas animas captat : » (*Prov.*, VI, 26) ut ille magnæ indolis animus hoc velut divino testimonio (*a*) sublimatus, et vere se optimum existimans, veram pietatem religionemque non quæreret, sine qua omne quamvis laudabile ingenium superbia vanescit et decidit. Quomodo igitur nisi insidiose quæreret dea illa optimum virum, cum talia quærat in suis sacris, qualia viri optimi abhorrent suis adhiberi conviviis?

CAPUT VI.

Deos paganorum nunquam bene vivendi sanxisse doctrinam.

Hinc est quod de vita et moribus civitatum atque populorum, a quibus colebantur illa numina, non curarunt, ut tam horrendis (*b*) et detestabilibus malis, non in agro et vitibus, non in domo atque pecunia, non denique in ipso corpore, quod menti subditur, sed in ipsa mente, in ipso rectore carnis animo, eos impleri ac pessimos fieri sine ulla sua terribili prohibitione permitterent. Aut si prohibebant, hoc ostendatur potius, hoc probetur. Nec nobis nescio quos susurros paucissimorum auribus anhelatos et arcana velut religione traditos jactent, quibus vitæ probitas castitasque discatur : sed demonstrentur vel commemorentur loca talibus aliquando conventiculis consecrata; non ubi ludi agerentur obscœnis vocibus et motibus histrionum, nec ubi Fugalia celebrarentur effusa omni licentia turpitudinum ; (et vere Fugalia, sed pudoris et honestatis :) sed ubi populi audirent quid dii præciperent de cohibenda avaritia, ambitione frangenda, luxuria refrenanda; ubi discerent miseri, quod discendum Persius increpavit dicens :

Disciteque o miseri, et causas agnoscite rerum,
Quid sumus, aut quidnam (*c*) victuri gignimur; ordo
Quis datus, aut metæ quam mollis flexus, et (*d*) unde;
Quis modus argenti, quid fas optare, quid asper

(*a*) Plures Mss. *sublevatus*. — (*b*) Hic Mss. addunt, *eos :* nec tamen omittunt infra ante verbum *impleri*. — (*c*) Aliquot Mss. *quidnam venturi*. Et quidam, *quonam venturi*. — (*d*) Nonnulli codices, *undæ*, cum diphtongo in secunda syllaba. Nec male, si forte alludit poeta ad metam id naumachia constitutam, ad quam subito navis esset convertenda, uti videre est in *Æneid.*, v.

fortune et vos désirs d'après une juste mesure ; voyez quelle est l'utilité de cet écu âprement convoité ; voyez quelle part vous devez faire à la patrie et à vos proches ; apprenez ce que Dieu veut que vous soyez, et quelle est votre place dans le monde. » (*Sat.* III.) Qu'on nous dise donc, en quel endroit les dieux donnaient habituellement de telles leçons, et où se rendaient souvent leurs adorateurs pour les recueillir ; quant à nous, nous vous montrons nos églises élevées dans ce but, partout où la religion chrétienne est répandue.

CHAPITRE VII.

En dehors d'une sanction divine, les systèmes philosophiques sont impuissants pour réprimer les vices ; l'exemple des dieux est plus puissant que les leçons des hommes.

Peut-être va-t-on nous alléguer les écoles et les enseignements de la philosophie ? D'abord, ils appartiennent à la Grèce et non à Rome ; s'ils sont venus à Rome, c'est parce que la Grèce est devenue province romaine ; après tout, ce sont là des inventions de l'esprit humain et non des préceptes divins. Des hommes d'une grande perspicacité ont employé toutes les forces de leur raison, pour arriver à découvrir les secrets de la nature, les vertus auxquels il faut aspirer et les vices que l'on doit éviter ; quelles conséquences la logique peut tirer du raisonnement et quelles conclusions, au contraire, seraient inexactes. Quelques-uns d'entre eux, avec le secours divin, découvrirent de grandes vérités ; mais la faiblesse humaine les fit d'autre part s'égarer dans de vaines pensées ; la divine providence punit ainsi justement leur orgueil, pour apprendre, par leur exemple, que c'est des profondeurs de l'humilité, que la voix de la piété s'élève vers les hauteurs célestes. Avec la grâce du Seigneur, le Dieu véritable, nous aurons lieu d'examiner et de traiter à fond ce sujet. Si, pourtant, les philosophes ont trouvé certaines maximes capables de former à une vie honnête et de préparer à la vie bienheureuse, n'est-ce pas à eux qu'il serait plus juste de rendre les honneurs divins ? Ne serait-il pas incomparablement mieux d'entendre lire les livres de Platon dans des temples qui lui seraient dédiés, que de voir dans les temples des démons ces mutilations volontaires des prêtres Galles, ces consécrations honteuses, ces blessures insensées, enfin toutes ces infamies et ces cruautés, qui se rencontrent également dans les cérémonies en l'honneur de tels dieux. Pour former la jeunesse à la pratique de la vertu, combien l'enseignement de lois données par les dieux, eût été préférable à ces vains éloges des lois et des coutumes de vos ancêtres ? De fait, tous les adora-

Utile nummus habet ; patriæ carisque propinquis
Quantum elargiri deceat ; quem te Deus esse
Jussit, et humana qua parte locatus es in re,
(*Satyra* III.)

Dicatur in quibus locis hæc docentium deorum solebant præcepta recitari, et a cultoribus eorum populus frequenter audiri, sicut nos ostendimus ad hoc ecclesias institutas, quaquaversum religio Christiana diffunditur.

CAPUT VII.

Inutilia esse inventa philosophica sine auctoritate divina ubi quemquam ad vitia pronum magis movet quod dii fecerint, quam quod homines disputarint.

An forte nobis philosophorum scholas disputationesque memorabunt? Primo hæc non Romana, sed Græca sunt : aut si propterea jam Romana, quia et Græcia facta est Romana provincia, non deorum præcepta sunt, sed hominum inventa, qui utcumque conati sunt ingeniis acutissimis præditi ratiocinando vestigare, quid in rerum natura latitaret, quid in moribus appetendum esset atque fugiendum, quid in ipsis ratiocinandi regulis certa connexione traheretur, aut quid non esset consequens, vel etiam repugnaret. Et quidam eorum quædam magna, quantum divinitus adjuti sunt, invenerunt ; quantum autem humanitus impediti sunt, erraverunt : maxime cum eorum superbiæ juste providentia divina resisteret, ut viam pietatis ab humilitate in superna surgentem, etiam istorum comparatione monstraret : unde postea nobis erit in Dei veri Domini voluntate disquirendi ac disserendi locus. Verumtamen si philosophi aliquid invenerunt, quod agendæ bonæ vitæ beatæque adipiscendæ satis esse possit ; quanto justius talibus divini honores decernerentur? Quanto melius et honestius in Platonis templo libri ejus legerentur, quam in templis dæmonum Galli absciderentur, molles consecrarentur, insani secarentur, et quidquid aliud vel crudele, vel turpe, vel turpiter crudele, vel crudeliter turpe in sacris talium deorum celebrari solet ? Quanto satius erat, ad erudiendum justitiam juventutem, publice recitari leges deorum, quam laudari inaniter leges atque instituta majorum? Omnes enim cultores talium deorum, mox ut eos libido perpulerit, ferventi, ut ait Persius,

teurs de ces divinités, dès que, selon le mot de Perse, (*Sat.* III), le venin d'un coupable désir bouillonne dans leur cœur, se rappellent les actions de Jupiter, plutôt que les leçons de Platon ou les censures de Caton. Ainsi Térence nous montre un jeune libertin regardant sur le mur une peinture, où l'on voit Jupiter répandant, selon l'antique tradition, une pluie d'or dans le sein de Danaë (*Eunuq.*, act. III, s. 5) : ce jeune homme alors s'autorise de cet exemple pour se livrer au crime ; il se vante d'imiter un dieu. Et quel dieu? dit-il ; celui qui du bruit de sa foudre fait trembler les voûtes célestes ; et moi, homme de rien, je craindrais de l'imiter ? Non, je l'ai fait, et j'en suis heureux.

CHAPITRE VIII.

Que les représentations du théâtre, où l'on voit les infamies des dieux, les rendent favorables loin de les offenser.

Mais, dira-t-on, nous apprenons ces choses par les fictions des poëtes et non dans les fêtes des dieux. Je ne veux pas dire que les fêtes sont plus infâmes que les pièces de théâtre ; je dis seulement, et l'histoire m'en est témoin, que ce n'est point par une superstition aveugle que les Romains mêlèrent aux fêtes des dieux, comme un hommage, ces jeux où l'on représente les fables inventées par les poëtes ; mais les dieux eux-mêmes les réclamèrent impérieusement, les obligèrent de force et voulurent être ainsi honorés solennellement. J'ai déjà touché ce point dans le premier livre. (ch. XXXII.) Car ce fut à l'occasion d'une peste qui désolait la ville, que les pontifes introduisirent à Rome les représentations théâtrales. Or, dans la conduite de la vie, qui ne pensera pas devoir prendre pour règle les actions, que l'on représente dans ces jeux établis par l'ordre des dieux, plutôt que les conseils dictés par une autorité humaine? S'il est faux que Jupiter soit adultère, comme l'ont imaginé les poëtes, ces chastes divinités, justement irritées, ne devaient-elles pas punir non l'omission, mais l'odieuse invention de ces jeux ? Et c'est là, ce que le théâtre dans la comédie et la tragédie offre de moins infâme ; les fables des poëtes données en spectacle contiennent bien des choses honteuses, mais du moins, voilées sons une certaine décence d'expressions, ce qui n'a pas lieu dans beaucoup d'autres pièces. Aussi ces fables sont-elles les leçons que les enfants sont obligés de lire et d'apprendre, sous la direction de vieillards qui appellent ces études honnêtes et libérales !

---

tincta veneno (*Satyra* III), magis intuentur quid Jupiter fecerit, quam quid docuerit Plato, vel censuerit Cato. Hinc apud Terentium flagitiosus adolescens spectat tabulam quamdam pictam in pariete, ubi inerat pictura hæc Jovem quo pacto Danae misisse aiunt in gremium quondam imbrem aureum (*In Eunucho*, act. III, sc. 5) : atque ab hac tanta auctoritate adhibet patrocinium turpitudini suæ, cum in ea se jactat imitari deum. At quem deum? inquit. Qui templa cœli summo sonitu concutit. Ego homuncio hoc non facerem? Ego vero illud feci, ac lubens.

CAPUT VIII.

De ludis scenicis, in quibus dii non offenduntur (a) editione suarum turpitudinum, sed placantur.

At enim non traduntur ista sacris deorum, sed fabulis poetarum. Nolo dicere illa mystica quam ista theatrica esse turpiora : hoc dico, quod negantes convincit historia, eosdem illos ludos, in quibus regnant figmenta poetarum, non per imperitum obsequium sacris deorum suorum intulisse Romanos, sed ipsos deos, ut sibi solemniter ederentur, et honori suo consecrarentur, acerbe imperando, et quodam modo extorquendo fecisse. Quod in primo libro (*cap.* XXXII) brevi commemoratione perstrinxi. Nam ingravescente pestilentia, ludi scenici auctoritate Pontificum Romæ primitus instituti sunt. Quis igitur in (*b*) agenda vita non ea sibi potius sectanda arbitretur, quæ actitantur ludis auctoritate divina institutis, quam ea quæ scriptitantur legibus humano consilio promulgatis? Adulterum Jovem si poetæ fallaciter prodiderunt ; dii (*c*) utique casti, quia tantum nefas per humanos ludos confictum est, non quia neglectum, irasci ac vindicare debuerunt. At hæc sunt scenicorum tolerabiliora ludorum, comœdiæ scilicet et tragœdiæ, hoc est, fabulæ poetarum agendæ in spectaculis, multa rerum turpitudine, sed nulla saltem, sicut alia multa, verborum obscœnitate compositæ : quas etiam inter studia, quæ honesta ac liberalia vocantur, pueri legere et discere coguntur a senibus.

(*a*) Sic Mss. At editi, *edictione*. — (*b*) Lov. *augenda*. Melius editi alii et Mss. *agenda*. — (*c*) Lov. *dii hi utique qua casti, quibus tantum nefas*, etc. Refragantur editi alii et Mss.

CHAPITRE IX.

Les anciens Romains pensaient qu'on devait réprimer la licence, que les Grecs, d'après le conseil de leurs dieux, avait accordée aux poètes.

Que pensaient les anciens Romains de cette licence? Cicéron nous l'apprend dans ses livres de la République (1); il fait dire à Scipion l'Africain (2) dans une discussion : « Que jamais la comédie n'eût pu étaler ses ignominies sur la scène, si la corruption des mœurs ne l'y eût autorisée. » Et, du reste, les anciens Grecs pouvaient donner une certaine raison de la fausse opinion qu'ils avaient sur les théâtres; chez eux, d'après une loi, la comédie pouvait dire ce qu'elle voulait et sur les choses et sur les personnes. Aussi, comme dit le même Scipion dans le livre cité plus haut : « Qui n'a-t-elle pas attaqué? ou plutôt tourmenté? qui a-t-elle épargné? Oui, elle a flétri des citoyens obscurs, corrompus et séditieux, Cléon, Cléophon, Hyperbolus (3); passe encore pour ces hommes, ajoute-t-il; cependant, c'était plutôt le devoir du censeur que celui du poète de les flétrir. Mais, que Périclès après avoir gouverné Athènes, glorieusement et pendant de longues années en temps de guerre et en temps de paix; que cet homme ait été outragé dans ces vers, que ces vers aient été débités sur la scène, ce n'était pas moins odieux que si chez nous Plaute ou Névius (4) eussent voulu ternir la gloire de Publius ou de Cnéius Scipion, ou Cécilius (5) celle de Marcus Caton. » Et il ajoute : « Au contraire, chez les Romains, bien que les lois des douze Tables n'aient édicté la peine de mort que contre un petit nombre de crimes, cependant, elles l'ont formulée contre celui qui, par des vers ou des représentations licencieuses, aurait outragé ou flétri la réputation d'autrui. Cela est très-juste. En effet, les magistrats seuls ont le droit de juger notre conduite après une discussion loyale; et il ne peut être permis de déverser sur nous le blâme, qu'à la condition que nous pourrons nous défendre et faire appel à la justice. » J'ai cru devoir faire presque textuellement cet emprunt au quatrième livre de la République de Cicéron; je n'y ai supprimé ou changé que quelques mots pour plus de clarté. Ce passage, en effet, vient bien au su-

(1) Ces livres de Cicéron sont perdus. — (2) Cet interlocuteur est le second Africain, le destructeur de Numance et de Carthage.
(3) Plutarque (*In Nicia*) parle de Cléon, de Cléophon et d'Hyperbolus. Il a également écrit la vie de Périclès.
(4) Plaute et Névius, poëtes comiques; le dernier mourut à l'Utique, où il avait été exilé, pour avoir attaqué dans ses vers Métellus et Scipion l'Africain.
(5) Cécilius Stace, poëte comique, originaire des Gaules, était le compagnon d'Ennius.

CAPUT IX.

Quid Romani veteres de cohibenda poetica licentia senserint, quam Græci deorum secuti judicium, liberam esse voluerunt.

Quid autem hinc senserint Romani veteres, Cicero testatur in libris, quos de republica scripsit, ubi Scipio disputans ait : « Nunquam comœdiæ, nisi consuetudo vitæ pateretur, probare sua theatris flagitia potuissent. » Et Græci quidem antiquiores vitiosæ suæ opinionis quamdam convenientiam servaverunt, apud quos fuit etiam lege concessum, ut quod vellet comœdia, de quo vellet, nominatim diceret. « Itaque, sicut in eisdem libris loquitur Africanus, quem illa non attigit, vel potius quem non vexavit, cui pepercit? Esto, populares homines improbos, in republica seditiosos, Cleonem, Cleophontem, Hyperbolum læsit. Patiamur, inquit; etsi ejusmodi cives a censore melius est quam a poeta notari : sed Periclem, cum jam suæ civitati maxima auctoritate plurimos annos domi et belli præfuisset, violari versibus, et eos agi in scena non plus decuit, quam si Plautus, inquit, noster voluisset, aut Nævius Publico et Cneo Scipioni, aut Cæcilius Marco Catoni maledicere. » Deinde paulo post : « Nostræ, inquit, contra duodecim Tabulæ cum perpaucas res capite sanxissent, in his hanc quoque sanciendam putaverunt, si quis (*b*) occentavisset, sive carmen condidisset, quod infamiam faceret flagitiumve alteri. Præclare. Judiciis enim (*c*) magistratuum, disceptationibus legitimis propositam vitam, non poetarum ingeniis habere debemus; nec probrum audire, nisi ea lege ut respondere liceat, et judicio defendere. » Hæc ex Ciceronis quarto de republica libro ad verbum excerpenda arbitratus sum, nonnullis, propter faciliorem intellectum, vel prætermissis, vel paululum commutatis. Multum enim ad rem pertinent, quam molior explicare, si potero. Dicit deinde alia, et sic concludit

(*a*) Vind. et Veteres libri, *Gneo*. Porro Publius et Cneus Scipio fratres fuerunt, et si Servio credimus, gemini, de quibus illud *Æneid.*, VI, interpretatur : *Duo fulmina belli Scipiadas*. Eosdem Cicero in Orat. pro Cornel. Balbo, *duo fulmina imperii* appellat; et 1 paradoxo, *duo propugnacula belli*. — (*b*) Editi, *actitavisset*. Sed verius Mss. *occentavisset* : nam hoc verbum habent etiam quæ supersunt duodecim Tabularum fragmenta. Ejus interpretatio ad oram Corbeiensis exemplaris pervetusti hæc adscripta est : *Occentare est infame carmen nominata persona edere* : *Occentare, contrarium canticum cantare*. Eodem fere modo Festus exponit, *de convicio facto clare et cum quodam canore*. — (*c*) Editi, *ac magistratuum*. Abest *ac* a Mss.

jet que je m'efforce d'exposer selon mon pouvoir. Après avoir ajouté encore quelques réflexions, il conclut en montrant que les anciens Romains n'aimaient, sur la scène, ni la louange, ni le blâme pour aucun homme vivant. Toutefois, je l'ai remarqué, si les Grecs agissaient avec moins de réserve, ils étaient plus excusables, sachant que leurs dieux trouvaient un plaisir et un agrément dans ces pièces de théâtre, qui dévoilaient les infamies, non-seulement des hommes, mais aussi les leurs, soit réelles, soit inventées par l'imagination des poètes; et plût à Dieu que l'on se fût contenté de rire de ces crimes des dieux sans chercher à les imiter! Là, où les dieux n'avaient nul souci de leur réputation, il eût été trop prétentieux de vouloir épargner celle des citoyens et même celle des magistrats.

CHAPITRE X.

Funeste artifice des démons, qui veulent que l'on raconte à leur sujet des crimes vrais ou faux.

Et qu'on n'allègue pas comme excuse, que ces infamies divines n'étaient que des fictions sans réalité; une telle invention n'en est que plus coupable, au point de vue religieux; mais au point de vue de la malice des démons, quelle ruse et quel artifice plus propre à séduire? La diffamation d'un magistrat honnête, qui rend des services à la patrie, n'est-elle pas d'autant plus odieuse qu'elle s'écarte davantage de la vérité, et qu'elle est plus opposée à la conduite ordinaire de cet homme? Mais si c'est un dieu qu'on outrage indignement, quel supplice ne méritera pas une telle audace? Mais les esprits mauvais, faussement considérés comme dieux, aiment qu'on leur attribue des crimes qu'ils n'ont point commis; c'est ainsi que par ces opinions trompeuses ils enlacent comme dans des filets les âmes humaines, et les entraînent avec eux dans les supplices destinés aux méchants. Que ces crimes aient été commis par des hommes, que ces esprits, amis de l'erreur humaine, aiment à voir divinisés, et dans lesquels ils trouvent par mille artifices le moyen de se faire adorer, ou que ces mêmes crimes ne soient le fait d'aucun mortel, ces esprits faux et trompeurs les acceptent volontiers pour le compte de la divinité. Par là, le ciel même couvre de son autorité les forfaits et les turpitudes qui peuvent souiller la terre. Aussi les Grecs, adorateurs de telles divinités, ne prétendirent point au respect des poètes au milieu des licences effrénées du théâtre, soit désir d'imiter leurs divinités, soit crainte de provoquer leur indignation par une

---

hunc locum, ut ostendat veteribus displicuisse Romanis, vel laudari quemquam in scena vivum hominem, vel vituperari. Sed, ut dixi, hoc Græci quamquam inverecundius, tamen convenientius licere voluerunt, cum viderent diis suis accepta et grata esse opprobria, non tantum hominum, verum et ipsorum deorum in scenicis fabulis; sive a poetis essent illa conficta, sive flagitia eorum vera commemorarentur et agerentur in theatris, atque ab eorum cultoribus utinam solo risu, ac non etiam imitatione digna viderentur. Nimis enim superbum fuit, famæ parcere principum civitatis et civium, ubi suæ famæ parci numina noluerunt.

CAPUT X.

Qua nocendi arte dæmones velint vel falsa de se crimina, vel vera narrari.

Nam quod affertur pro defensione, non illa vera in deos dici, sed falsa atque conficta: idipsum est scelestius, si pietatem consulas religionis: si autem malitiam dæmonum cogites, quid astutius ad decipiendum atque callidius? Cum enim probrum jacitur in principem patriæ bonum atque utilem, nonne tanto est indignius, quanto a veritate remotius, et a vita illius alienus? Quæ igitur supplicia sufficiunt, cum deo sic ista tam nefaria, tam insignis injuria sit? Sed maligni spiritus, quos isti deos putant, etiam flagitia quæ non admiserunt, de se dici volunt, dum tamen humanas mentes his opinionibus velut retibus (a) induant, et ad prædestinatum supplicium secum trahant: sive homines ista commiserint, quos deos haberi gaudent qui humanis erroribus gaudent, pro quibus se etiam colendos mille nocendi fallendique artibus interponunt; sive etiam non ullorum hominum illa crimina vera sint, quæ tamen de numinibus fingi libenter accipiunt fallacissimi spiritus, ut ad scelesta ac turpia perpetranda, velut ab ipso cœlo traduci in terras satis idonea videatur auctoritas. Cum igitur Græci talium numinum servos se esse sentirent, inter tot et tanta eorum theatrica opprobria parcendum sibi a poetis nullo modo putaverunt, vel diis suis etiam sic consimilari appetentes, vel metuentes ne honestiorem famam ipsi requirendo,

---

(v) Vind. Am. et Er, *inducant.*

CHAPITRE XI.

Les comédiens admis aux charges publiques chez les Grecs, parce qu'il n'eût pas été juste que les hommes dédaignassent ceux qui apaisaient les dieux.

C'est pour la même raison que les acteurs furent aussi admis chez les Grecs aux premières charges de l'Etat. Ainsi, comme nous le voyons dans ce même livre de la République, on confia le gouvernement d'Athènes à Eschine (1), homme très-éloquent de cette ville, qui avait joué la tragédie dans sa jeunesse, et plusieurs fois les Athéniens choisirent Aristodème, autre acteur tragique, pour l'envoyer traiter avec Philippe, les plus graves intérêts de la paix et de la guerre. En effet, si ces arts et ces jeux étaient agréables aux dieux, il ne paraissait pas que l'on dût noter d'infamie ceux qui s'y livraient. Chose honteuse pour les Grecs, mais conséquence logique de leurs idées religieuses ! voyant que leurs dieux eux-mêmes abandonnaient volontiers leur propre vie au dire des poètes et des histrions, pouvaient-ils oser y soustraire la vie des citoyens ? Au contraire, loin de mépriser ils jugèrent dignes de tous les honneurs de la république, les hommes qui produisaient sur le théâtre ces scènes agréables aux divinités protectrices du pays. Et, en effet, où était le motif d'honorer les prêtres qui offraient aux dieux des sacrifices agréables, et de regarder comme infâmes les acteurs qui procuraient aux dieux un plaisir et un honneur qu'ils exigeaient et dont l'omission aurait attiré leur courroux, selon leurs propres menaces ? Du reste, Labéon (2), homme très-versé, dit-on, dans ces matières, distingue selon le culte qu'on leur rend deux sortes de divinités, les unes bonnes, les autres mauvaises ; on apaise celles-ci, dit-il, par du sang et des gémissements suppliants ; pour les autres, il faut un culte plein de joie et d'allégresse, des jeux, des festins, des lectisternes, (voir plus loin : Liv. III, ch. XVII). Plus tard, si Dieu nous le permet, nous examinerons plus en détail toutes ces opinions. Pour le moment, sans considérer si les mêmes hommages étaient rendus indifféremment à tous les dieux, comme étant tous bons (car, pourquoi des dieux mauvais, mais ceux dont nous parlons le sont tous, puisqu'ils ne sont que des esprits immondes ?) ou bien si, suivant la distinction de Labéon, on honorait

---

(1) Plutarque (*de Decem Rhetoribus*) nous apprend ces détails sur Eschine et Aristodème.
(2) Il y eut trois Labéon, jurisconsultes également habiles ; mais le plus célèbre fut Antistius Labéon, contemporain d'Auguste, et qui, outre la science du droit, était très-versé dans la connaissance de l'antiquité. C'est de ce dernier que parle ici saint Augustin.

---

et eis se hoc modo præferendo, illos ad iracundiam provocarent.

CAPUT XI.

De scenicis apud Græcos in reipublicæ administrationem receptis, eo quod placatores deorum injuste ab hominibus spernerentur.

Ad hanc convenientiam pertinet, quod etiam scenicos actores earumdem fabularum non parvo civitatis honore dignos existimarunt. Si quidem, quod in eo quoque de republica libro commemoratur, et Æschines Atheniensis, vir eloquentissimus, cum adolescens tragœdias actitavisset, rempublicam capessivit ; et Aristodemum tragicum item actorem maximis de rebus pacis ac belli legatum ad Philippum Athenienses sæpe miserunt. Non enim consentaneum putabatur, cum easdem artes eosdemque scenicos ludos etiam diis suis acceptos viderent, illos per quos agerentur, infamium loco ac numero deputare. Hæc Græci turpiter quidem, sed sane diis suis omnino congruenter, qui nec vitam civium lacerandam linguis poetarum et histrionum subtrahere ausi sunt, a quibus cernebant deorum vitam eisdem ipsis diis volentibus et libentibus carpi ; et ipsos homines, per quos ista in theatris agebantur quæ numinibus, quibus subditi erant, grata esse cognoverant, non solum minime spernendos in civitate, verum etiam maxime honorandos putarunt. Quid enim causæ reperire possent, cur sacerdotes honorarent, quia per eos victimas diis acceptabiles offerebant, et scenicos probrosos haberent, per quos illam voluptatem sive honorem diis exhiberi petentibus, et, nisi fieret, irascentibus, eorum admonitione didicerant ? Cum præsertim Labeo, quem hujuscemodi rerum peritissimum prædicant, numina bona a numinibus malis ista etiam cultus diversitate distinguat, ut malos deos propitiari cædibus et tristibus supplicationibus asserat, bonos autem obsequiis lætis atque jucundis : qualia sunt, ut ipse ait, ludi, convivia (*Infra* lib. III, c. XVII), lectisternia. Quod totum quale sit, postea, si Deus juverit, diligentius disseremus. Nunc ad rem præsentem quod attinet, sive omnibus omnia tanquam bonis permixte tribuantur, (neque enim esse debet deos malos, cum potius isti (a) quia immundi sunt spiritus, omnes sint mali) sive certa discretione, sicut Labeoni visum est, illis illa, istis ista distri-

---

(a) In Mss. *qui*.

les uns d'une façon et les autres d'une autre, disons seulement que les Grecs agissaient très-conséquemment à leurs principes, en accordant une égale considération aux prêtres, ministres des sacrifices, et aux acteurs qui exécutaient les représentations du théâtre. Ainsi, ils ne voulaient faire injure ni à tous leurs dieux, si tous aimaient également les jeux de la scène, ni, ce qui eût été plus criminel, aux bons seulement, si, seuls ils s'en prenaient plaisir à ces divertissements.

CHAPITRE XII.

Les Romains, en refusant aux poètes, à l'égard des hommes, une liberté qu'ils leur accordaient à l'égard des dieux, avaient meilleure opinion d'eux-mêmes, que de leurs dieux.

Pour les Romains, Scipion vante leur sagesse dans le discours sur la République ; remarquant qu'ils n'avaient point voulu, sous peine de mort, contre les transgresseurs de cette défense, que leur vie ou leur réputation fût exposée à la malignité des poètes. Loi juste et honorable pour eux, mais pleine de dédain et d'impiété à l'égard des dieux. Ceux-ci se laissaient patiemment et même volontiers couvrir d'opprobres et d'ignominies par les poètes ; les Romains le savaient, et ces outrages leur parurent plutôt insupportables pour eux que pour leurs dieux ; la loi les en mit à couvert, tandis qu'ils ne craignirent pas d'en abreuver les dieux dans les solennités religieuses. Eh ! quoi, Scipion, pourquoi vanter cette défense qui ôte aux poètes de Rome la faculté d'outrager un citoyen, tandis qu'ils n'ont de respect pour aucune de vos divinités ? L'honneur de votre sénat est-il donc plus à ménager que l'honneur du Capitole, et celui de Rome seule plus que celui du ciel tout entier ? Est-ce pour cela qu'une loi expresse interdit aux poètes la médisance à l'égard des citoyens, tandis qu'ils lancent impunément tant d'injures contre les dieux, sans que ni sénateur, ni censeur, ni magistrat, ni pontife s'en mette en peine ? Que Plaute ou Névius aient mal parlé de Publius et de Cnéius Scipion, ou Cécilius de Caton, ce sera donc une indignité ; et il ne sera point inconvenant, que votre Térence(1) irrite les passions de la jeunesse par l'exemple honteux du très-bon et très-grand Jupiter ?

CHAPITRE XIII.

Les Romains auraient dû comprendre que leurs dieux, qui voulaient être honorés par des jeux pleins d'ignominie, ne méritaient pas les honneurs divins.

Voici sans doute, ce que répondrait Scipion, s'il vivait encore : Comment ne pas laisser

(1) Poète comique, ami de Scipion et de Lelius, qui, dit-on, l'aidèrent à composer ses comédies.

buantur obsequia : competentissime Græci utrosque honore (a) dignos ducunt, et sacerdotes, per quos victimæ ministrantur, et scenicos, per quos ludi exhibentur : ne vel omnibus diis suis, si et illi ludi omnibus grati sunt, vel, quod est indignius, his quos bonos putant, si ludi ab eis solis amantur, facere convincantur injuriam.

CAPUT XII.

Quod Romani auferendo libertatem poetis in homines, quam dederunt in deos, melius de se, quam de diis suis senserint.

At Romani, sicut in illa de republica disputatione Scipio gloriatur, probris et injuriis poetarum subjectam vitam famamque habere noluerunt, capite etiam (b) plectendum sancientes, tale carmen condere si quis auderet. Quod erga se quidem satis honeste constituerunt, sed erga deos suos superbe et irreligiose : quos cum scirent non solum patienter, verum etiam libenter poetarum probris maledictisque lacerari, se potius quam illos hujuscemodi injuriis indignos esse duxerunt, seque ab eis etiam lege munierunt, illorum autem ista etiam sacris solemnitatibus miscuerunt. Itane tandem Scipio laudas hanc poetis Romanis negatam esse licentiam, ut cuiquam opprobrium infligerent Romanorum, cum videas eos nulli deorum pepercisse vestrorum ? Itane pluris tibi habenda visa est existimatio curiæ vestræ quam Capitolii, imo Romæ unius quam cœli totius, ut linguam maledicam in cives tuos (c) exercere poetæ etiam lege prohiberentur, et in deos tuos securi tanta convicia, nullo senatore, nullo censore, nullo principe, nullo pontifice prohibente jacularentur ? Indignum videlicet fuit, ut Plautus, aut Nævius Publico et Cneo Scipioni, aut Cæcilius M. Catoni malediceret ; et dignum fuit, ut Terentius vester flagitio Jovis optimi maximi adolescentium nequitiam concitaret ?

CAPUT XIII.

Debuisse intelligere Romanos, quod dii eorum, qui se turpibus ludis coli expetebant, indigni essent honore divino.

Sed responderet mihi fortasse, si viveret : Quomodo

(a) Mss. alii, *honore ducunt;* alii, *honori ducunt :* omissa voce *dignos.* — (b) Vind. Am. Er. et prope omnes Mss, *capite etiam sancientes :* absque verbo, *plectendum :* pro quo Lov. *puniri.* — (c) Aliquot Mss. *exerere.*

impunies des choses que les dieux eux-mêmes ont rendues sacrées, en introduisant dans les mœurs romaines ces jeux du théâtre où tout cela ce fait, se débite et se représente avec solennité? N'en ont-ils pas fait une partie essentielle de leur culte? Mais, pourquoi n'avoir pas compris par là même, que ces dieux n'étaient point des dieux véritables, et ne méritaient point que la république leur rendît les honneurs dûs à la divinité? S'ils eussent prescrit des jeux insultants pour les Romains, aurait-on cru pouvoir ou devoir les honorer ainsi? Comment donc a-t-on pu vénérer, comment n'a-t-on pas plutôt détesté ces esprits qui, ne cherchant qu'à séduire, ont voulu qu'on célébrât leurs crimes au milieu même de leurs solennités religieuses? Cependant, quoique, séduits par une funeste superstition, ils rendissent les honneurs divins à ces esprits qui avaient réclamé ces obscénités de la scène, comme une chose sacrée, les Romains eurent assez le respect de leur propre dignité, pour ne point imiter les Grecs, et refuser tout honneur aux acteurs qui représentaient ces pièces. Au contraire, le même Scipion dans Cicéron, nous dit : « Que, pour eux, l'art du théâtre et des jeux était une profession infamante, et que ceux qui l'exerçaient, non-seulement ne pouvaient prétendre aux dignités accordées aux autres citoyens, mais que même ils étaient exclus de leur tribu (1) par ordre du censeur. » Disposition pleine de sagesse et glorieuse pour les Romains! Pourtant, je voudrais plus de suite, plus de conséquence dans cette sagesse. Qu'un citoyen romain, quel qu'il soit, veuille être acteur, alors, non-seulement, la voie des honneurs lui est fermée, mais encore la note du censeur ne lui permet pas de rester dans sa propre tribu. O sentiment jaloux de l'honneur de la cité, ô inspiration vraiment romaine! Mais je le demande, qu'on me donne une bonne raison, m'expliquant pourquoi les acteurs sont exclus de toutes les dignités, tandis que les jeux du théâtre font partie du culte divin? Longtemps la vertu romaine ignora cet art, qui, sous prétexte d'amuser, amène la corruption des mœurs. Les dieux en ont réclamé l'exercice? Alors, pourquoi mépriser cet acteur qui honore la divinité? Comment oser noter d'infamie celui qui joue sur la scène un rôle honteux, et adorer celui qui exige cet hommage? Cette dispute doit se régler entre les Grecs et les Romains, c'est eux qu'elle regarde. Les premiers pensent qu'il est juste d'honorer les hommes du théâtre, puisqu'ils adorent les dieux qui, eux-

(1) *Étaient exclus de leur tribu.* C'est-à-dire, que le censeur les faisait passer dans une tribu inférieure, ce qui était une note infamante. (Voy. Tite-Liv., Livre XLV.)

nos ista impunita esse nollemus, quæ ipsi dii sacra esse voluerunt, cum ludos scenicos, ubi talia celebrantur, dicitantur, actitantur, et Romanis moribus invexerunt, et suis honoribus dicari exhiberique jusserunt? Cur ergo non hinc magis ipsi intellecti sunt non esse dii veri, nec omnino digni, quibus divinos honores deferret illa respublica? Quos enim coli minime deceret, minimeque oporteret, si ludos expeterent agendos conviciis Romanorum, quomodo quæso colendi putati sunt, quomodo non detestandi spiritus intellecti, qui cupiditate fallendi inter suos honores sua celebrari crimina poposcerunt? Itemque Romani, quamvis jam superstitione noxia premerentur, ut illos deos colerent, quos videbant sibi voluisse scenicas turpitudines consecrari, suæ tamen dignitatis memores ac pudoris, actores talium fabularum nequaquam honoraverunt more Græcorum, sed sicut apud Ciceronem idem Scipio loquitur : « Cum artem ludicram scenamque totam (a) probro ducerent, genus id hominum non modo honore civium reliquorum carere, sed etiam tribu moveri notatione censoria voluerunt. » Præclara sane, et Romanis laudibus annumeranda prudentia : sed vellem se ipsa sequeretur, se imitaretur. Ecce enim recte quisquis civium Romanorum esse scenicus elegisset, non solum ei nullus ad honorem dabatur locus, verum etiam censoris nota tribum tenere propriam minime sinebatur. O animum civitatis laudis avidum, (b) germaneque Romanum! Sed respondeatur mihi, qua consentanea ratione homines scenici ab omni honore repelluntur, et ludi scenici deorum honoribus admiscentur? Illas theatricas artes diu virtus Romana non noverat : quæ si ad oblectamentum voluptatis humanæ quærerentur, vitio morum irreperent humanorum. Dii eas sibi exhiberi petiverunt; quomodo ergo abjicitur scenicus, per quem colitur Deus? et theatricæ illius turpitudinis qua fronte notatur actor, si adoratur exactor? In hac controversia Græci Romanique concertant. Græci putant recte se honorare homines scenicos, quia colunt ludorum scenicorum flagitatores deos : Romani vero hominibus scenicis nec plebeiam tribum, quanto

(a) Vind. Am. Er. et Mss. *in probro ducerent.* — (b) *Germaneque*, id est, et vere, laudis aviditate, Romanum ; quia Romana gens fuit laudis avidissima.

mêmes, exigent cette sorte d'honneur ; les seconds ne permettent point aux acteurs de souiller de leur présence, même la tribu où le peuple est admis, ni à plus forte raison le sénat. Or, voici un raisonnement qui embrasse toute cette controverse. Les Grecs posent cette majeure : Si ces dieux ont droit à des hommages, il faut assurément honorer les acteurs ; or, disent les Romains, de tels hommes ne méritent aucun honneur ; donc, concluent les chrétiens, ces dieux n'ont droit à aucun hommage.

CHAPITRE XIV.

Platon, qui ne voulait point de poètes dans une bonne république, fut meilleur que ces dieux, qui mêlèrent à leur culte les représentations du théâtre.

1. Les poètes eux-mêmes, auteurs de telles inventions, ces poètes qui, d'après la loi des douze Tables, ne peuvent blesser la réputation des citoyens, et qui d'ailleurs, lancent tant d'outrages contre les dieux, pourquoi ne sont-ils pas infâmes comme les comédiens ? Voilà ce que je demande maintenant ? On honore les auteurs de ces fictions déshonorantes pour les dieux, et on flétrit ceux qui les représentent, est-ce justice ? N'est-ce pas plutôt à Platon qu'il faut décerner la palme ? Ce philosophe, se formant l'idéal d'une bonne république, voulait que l'on en expulsât les poètes comme des ennemis de la vérité. Or, cet homme ne pouvait supporter qu'on insultât les dieux ; il repoussait également ces fables propres à altérer et à corrompre les mœurs des citoyens. Maintenant, mettez d'un côté Platon, ce simple mortel qui éloigne les poètes pour préserver les citoyens de l'erreur, et de l'autre ces immortels qui approuvent ces spectacles impurs, comme un honneur dû à leur divinité. Si ce philosophe par ses leçons ne put empêcher d'écrire ces histoires scandaleuses, du moins, il fit ses efforts pour en détourner les Grecs frivoles et corrompus ; les dieux, au contraire, par une volonté formelle les firent représenter chez les graves et austères Romains. Non-seulement, ils exigèrent de force, mais ils voulurent qu'on leur dédiât ces spectacles, qu'on les leur consacrât, qu'on les célébrât solennellement en leur honneur. A qui donc appartiennent plus justement les honneurs divins ? Est-ce à Platon qui interdisait de tels crimes et de telles infamies, ou bien aux démons, heureux d'avoir ainsi trompé les hommes, auxquels Platon n'avait pu faire entendre la vérité ?

2. Labéon met ce philosophe au rang des demi-dieux, comme Hercule, comme Romulus. Or, il place les demi-dieux au-dessus des héros ; mais, selon lui, les uns et les autres doivent compter parmi les dieux. Cependant, je n'hésite

minus senatoriam curiam dehonestari sinunt? In hac disceptatione hujuscemodi ratiocinatio summam quæstionis absolvit. Proponunt Græci : Si dii tales colendi sunt, profecto etiam tales homines honorandi. Assumunt Romani : Sed nullo modo tales homines honorandi sunt. Concludunt Christiani : Nullo modo igitur dii tales colendi sunt.

CAPUT XIV.

Meliorem fuisse Platonem, qui poetis locum in bene morata urbe non dederit, quam hos deos, qui se ludis scenicis voluerint honorari.

1. Deinde quærimus, ipsi poetæ talium fabularum compositores, qui duodecim Tabularum lege prohibentur famam lædere civium, tam probrosa in deos convicia jaculantes, cur non ut scenici habeantur inhonesti. Qua ratione rectum est, ut poeticorum figmentorum et ignominiosorum deorum infamentur actores, honorentur auctores? An forte Græco Platoni potius palma danda est? qui cum ratione formaret, qualis esse civitas debeat, tanquam adversarios (a) veritatis, poetas censuit urbe pellendos. Iste vero et deorum injurias indigne tulit, et fucari corrumpique figmentis animos civium noluit. Confer nunc Platonis humanitatem a civibus decipiendis poetas urbe pellentem, cum deorum divinitate honori suo ludos scenicos expetente. Ille, ne talia vel scriberentur, etsi non persuasit disputando, tamen suasit levitati lasciviæque Græcorum : isti, ut talia etiam agerentur, jubendo extorserunt gravitati et modestiæ Romanorum. Nec tantum hæc agi voluerunt, sed sibi dicari, sibi sacrari, sibi solemniter exhiberi. Cui tandem honestius divinos honores decerneret civitas, utrum Platoni hæc turpia et nefanda prohibenti, an dæmonibus hac hominum deceptione gaudentibus, quibus ille vera persuadere non potuit?

2. Hunc Platonem Labeo inter semideos commemorandum putavit, sicut Herculem, sicut Romulum. Semideos autem heroibus anteponit : sed utrosque inter numina collocat. Verumtamen istum quem

(a) Sic magno consensu Mss. At editi, *adversarios civitatis.*

pas à préférer, non-seulement, aux héros, mais à toutes ces divinités païennes, celui qu'il appelle un demi-dieu. Les lois romaines se rapprochent des sentiments de Platon ; celui-ci condamne absolument toutes ces fictions des poètes ; ces lois enlèvent, du moins, aux poètes la liberté de mal parler des hommes. Platon interdit aux poètes le séjour même de la ville ; les Romains déclarent incapables de remplir les fonctions publiques les acteurs qui représentent les fictions poétiques ; peut-être les eussent-ils absolument bannis, s'ils n'eussent craint ces divinités, qui ont commandé les jeux du théâtre. Les Romains ne pouvaient donc recevoir, ni attendre de leurs dieux des lois propres à former ou à corriger les mœurs, puisque, par leurs propres lois, ces dieux se trouvent humiliés et confondus. En effet, les dieux réclament comme un honneur des jeux scéniques ; les Romains écartent de tous les honneurs les acteurs qui se prêtent à la représentation de ces jeux ; les premiers veulent que, dans leurs fêtes, on célèbre leurs infamies par des inventions poétiques ; les seconds ne permettent pas à l'impudence des poètes de s'exercer contre les hommes. Or, Platon, ce demi-dieu, s'opposa au libertinage de ces divinités, et montra ce que la perfection demandait encore au caractère romain, quand il bannit complètement d'une république modèle, les poètes qui mentent à plaisir, et qui proposent, à l'imitation des hommes faibles, les plus grands crimes comme des actions divines. Pour nous, nous ne considérons Platon, ni comme un dieu, ni comme un demi-dieu ; nous ne le comparons ni à un ange du Dieu tout-puissant, ni à un prophète inspiré, ni à un apôtre, ni à aucun martyr, ni à un simple chrétien ; avec l'aide de Dieu, nous en donnerons la raison en son lieu. Cependant, si l'on veut qu'il soit un demi-dieu, nous le préférons, sinon à Romulus et à Hercule, (quoique nul poète, nul historien ne lui attribue soit le meurtre d'un frère, soit quelques autres crimes (1)) ; nous le préférerons, dis-je, à Priape, à un Cynocéphale, et enfin à la Fièvre, à tous ces dieux que les Romains empruntèrent aux étrangers, ou qu'ils se firent eux-mêmes. Quand de si grands maux menaçaient d'envahir les esprits et de corrompre les mœurs, ces dieux auraient-ils pu y mettre obstacle par de sages préceptes et de bonnes lois ; et lorsque ces maux s'étaient comme enracinés, auraient-ils pu les extirper ? Ils avaient, au contraire, jeté la semence des vices, ils en avaient favorisé le développement, en manifestant le désir de voir étaler sur la scène, aux yeux des peuples, les actions honteuses qu'ils avaient faites, ou qu'ils voulaient qu'on leur attribuât ; afin que, abrité sous leur divine autorité, le cœur humain pût se

---

(1) *Le meurtre d'un frère*, comme à Romulus qui avait tué son frère ; *quelques autres crimes*. Les poètes et les historiens mettaient, en effet, un grand nombre de crimes sur le compte d'Hercule.

---

appellat semideum, non heroibus tantum, sed etiam diis ipsis præferendum esse non dubito. Propinquant autem Romanorum leges disputationibus Platonis, quando ille cuncta poetica figmenta condemnat, isti autem poetis adimunt saltem in hominos maledicendi licentiam : ille poetas ab urbis ipsius habitatione, isti saltem actores poeticarum fabularum removent a societate civitatis, et si contra deos ludorum scenicorum expetitores aliquid auderent, forte undique removerent. Nequaquam igitur leges ad instituendos bonos aut corrigendos malos mores, a diis suis possent accipere, seu sperare Romani, quos legibus suis vincunt atque convincunt. Illi enim honori suo deposcunt ludos scenicos, isti ab honoribus omnibus repellunt homines scenicos : illi celebrari sibi jubent figmentis poeticis opprobria deorum, isti ab opprobriis hominum deterrent impudentiam poetarum. Semideus autem ille Plato, et talium deorum libidini restitit, et ab indole Romanorum quid perficiendum esset, ostendit, qui poetas ipsos vel pro arbitrio mentientes, vel hominibus miseris quasi deorum facta pessima imitanda proponentes, omnino in civitate bene instituta vivere noluit. Nos quidem Platonem nec deum, nec semideum perhibemus ; nec ulli sancto Angelo summi Dei, nec veridico Prophetæ, nec Apostolo alicui, nec cuilibet Christi Martyri, nec cuiquam Christiano homini comparamus ; cujus nostræ sententiæ ratio, Deo prosperante, suo loco explicabitur. Sed eum tamen, quando quidem ipsi volunt fuisse semideum, præferendum esse censemus, si non Romulo et Herculi, (quamvis istum nec fratrem occidisse, nec aliquod perpetrasse flagitium quisquam historicorum vel poetarum dixit, aut finxit :) certe, vel Priapo, vel alicui Cynocephalo, postremo vel Febri, quæ Romani numina partim peregrina receperunt, partim sua propria sacraverunt. Quomodo igitur tanta animi et morum mala, bonis præceptis et legibus vel imminentia prohiberent, vel insita extirpanda curarent dii tales, qui etiam seminanda et augenda flagitia curaverunt, talia vel sua vel quasi sua facta per theatricas celebritates populis innotescere cupientes,

laisser enflammer par les plus honteuses passions. C'est ce dont se plaint vainement Cicéron, lorsque, à propos des poètes, il s'écrie (III *Tusc.*): « Se sentant appuyés par les clameurs et les applaudissements du peuple, comme si c'étaient ceux d'un juge illustre plein de sagesse, voyez quelles ténèbres ils répandent ? quelles terreurs ils inspirent ? quelles passions ils allument ? »

CHAPITRE XV.

Les Romains se créèrent certains dieux par adulation, et non par raison.

Quelle fut la raison qui, chez les Romains, présida au choix de ces dieux, mêmes faux ? N'est-ce pas surtout l'adulation ? Ainsi ce Platon, à qui l'on attribue la qualité de demi-dieu, et qui a tant travaillé par ses leçons à éloigner des esprits les vices, qui corrompent le plus les mœurs, n'obtient pas même le moindre sanctuaire ; mais ils mettent leur Romulus au-dessus d'un grand nombre de divinités, quoique, d'après l'enseignement secret de leurs mystères, il doive être considéré plutôt comme un demi-dieu que comme un dieu. Ils lui accordent même un flamine, ordre des plus relevés dans le sacerdoce, chez les anciens Romains, comme l'indique la hauteur du bonnet. Aussi trois divinités seulement avaient leurs flamines, il y avait le Dial pour Jupiter, le Martial pour Mars, et le Quirinal pour Romulus ; car celui-ci après l'apothéose, que lui décerna l'amour des citoyens, fut appelé Quirinus. Il reçut donc un honneur qui ne fut accordé ni à Neptune ni à Pluton, frères de Jupiter, ni même à Saturne, leur père ; partant, il fut plus considéré que ces dieux, puisqu'on attacha à son culte un prêtre égal en dignité à celui de Jupiter ; peut-être même Mars n'obtint-il un flamine que par égard pour Romulus son fils.

CHAPITRE XVI.

Si ces dieux avaient quelque souci de la justice, ils auraient eux-mêmes donné aux Romains des lois, au lieu de les obliger à en emprunter à la Grèce.

Or, si les Romains avaient pu recevoir des règles de conduite de leurs divinités, ils n'auraient pas eu besoin, peu après la fondation de Rome, d'emprunter aux Athéniens les lois de Solon, qu'ils s'efforcèrent encore d'améliorer et de perfectionner, ne croyant pas devoir les conserver telles qu'ils les avait reçues. Lycurgue avait bien imaginé de dire que les lois, qu'il donnait à Lacédémone, lui avaient été inspirées par Apollon ; les Romains eurent la sagesse de

---

ut tanquam auctoritate divina, sua sponte nequissima libido accenderetur humana : frustra hoc exclamante Cicerone, qui cum de poetis ageret : « Ad quos cum accessit, inquit, clamor et approbatio populi, quasi magni cujusdam et sapientis magistri, quas illi obducunt tenebras? quos invehunt metus? quas inflammant cupiditates? »

CAPUT XV.

Quod Romani quosdam sibi deos, non ratione, sed adulatione instituerint.

Quæ autem illic eligendorum deorum etiam ipsorum falsorum ratio, ac non potius adulatio est? quando istum Platonem, quem semideum volunt, tantis disputationibus laborantem ne animi malis, quæ præcipue cavenda sunt, mores corrumperentur humani, nulla sacra ædicula dignum putarunt, et Romulum suum diis multis prætulerunt, quamvis et ipsum semideum potius quam deum velut secretior eorum doctrina commendet. Nam etiam flaminem illi instituerunt, quod sacerdotii genus adeo in Romanis sacris testante apice excelluit, ut tres solos flamines haberent tribus numinibus institutos, Dialem Jovi, Martialem Marti, Quirinalem Romulo. Nam benevolentia civium velut receptus in cœlum, Quirinus est postea nominatus (Cic., orat. III *in Catil.*, Livius, lib. I.) Ac per hoc et Neptuno et Plutoni fratribus Jovis, et ipsi Saturno patri eorum isto Romulus honore prælatus est, ut pro magno sacerdotium, quod Jovi tribuerunt, hoc etiam huic tribuerunt, et Marti tanquam patri ejus, forsitan propter ipsum.

CAPUT XVI.

Quod si diis ulla esset cura justitiæ, ab eis Romani accipere debuerint præcepta vivendi potius, quam leges ab aliis hominibus mutuari.

Si autem a diis suis Romani vivendi leges accipere potuissent, non aliquot annos post Romam conditam ab Atheniensibus mutuarentur leges Solonis : quas tamen non ut acceperunt (a) tenuerunt, sed meliores et emendatiores facere conati sunt. Quamvis Lycurgus Lacedæmoniis leges ex Appolinis auctoritate se instituisse confinxerit : quod prudenter Romani credere noluerunt ; propterea non

(a) Verbum *tenuerunt* abest à Mss.

ne pas y croire, aussi n'est-ce pas à cette source qu'ils puisèrent leur législation. Numa Pompilius, successeur de Romulus, leur donna, dit-on, quelques lois, mais insuffisantes pour le bon gouvernement de la cité. Il établit également des solennités religieuses ; cependant on ne voit point que les dieux lui aient dicté ces règlements. Ainsi les dieux ne se mettent nullement en peine de préserver leurs adorateurs de tous ces maux, qui, au jugement des plus illustres païens (PLAUTUS *in Persa*), amènent la ruine des états, alors même que les villes sont debout, erreurs de l'intelligence, désordres dans la vie et dans les mœurs ; loin de chercher à écarter ces maux, nous avons montré plus haut qu'ils avaient eu à cœur de les développer.

CHAPITRE XVII.

Enlèvement des Sabines, et autres injustices qui se commirent même aux meilleures époques de la République romaine.

Peut-être les dieux ne donnèrent-ils point de lois aux Romains, parce que, comme dit Salluste (*De conjur. Catil.*), chez ce peuple le droit et la vertu étaient aussi efficacement commandés par la conscience que par des lois ? Je serais tenté de croire, que ce fut, en effet, cette conscience et ce respect du droit qui présidèrent à l'enlèvement des Sabines ! Ces filles étrangères sont attirées sous le prétexte perfide d'un spectacle, elles sont enlevées non point par leurs parents, mais chacun s'empare par force de celle qu'il peut saisir ; quoi de mieux, quoi de plus juste ! Si c'était une injustice de la part des Sabins de ne point accorder les femmes qu'on leur demandait, l'injustice ne fut-elle pas plus criante quand les Romains les enlevèrent de force ? Il eût été plus conforme à l'équité de faire la guerre à des voisins, qui refusaient des épouses à leurs voisins, que de la faire à des parents qui réclamaient des filles qu'on leur avait ravies. Dans ce cas, le dieu Mars aurait assisté son fils, et celui-ci en vengeant par les armes l'injure du refus, aurait ainsi obtenu les mariages désirés. La guerre n'aurait-elle pas autorisé le vainqueur à s'emparer, avec quelque apparence de droit de ces femmes, qu'on lui avait injustement refusées ? Or, la paix ne lui donnait nullement ce droit, et il ne fit ensuite qu'une guerre injuste contre des pères justement indignés. Mais voici qui fut vraiment plus heureux et plus honorable pour les Romains, c'est que malgré les jeux du cirque, institués en mémoire de ce fait odieux (1), l'exemple qu'ils rappelaient ne fut approuvé ni dans la ville, ni dans le reste de l'état ; les Romains purent bien, malgré ce rapt injuste, faire de

(1) Les jeux du cirque en l'honneur de Neptune équestre furent célébrés pour la première fois par Romulus, pour attirer les femmes voisines et principalement les filles des Sabins, dont il méditait l'enlèvement.

inde acceperunt. Numa Pompilius, qui Romulo successit in regnum, quasdam leges, quæ quidem regendæ civitati nequaquam sufficerent, condidisse fertur ; qui eis multa etiam sacra constituit ; non tamen perhibetur easdem leges a numinibus accepisse. Mala igitur animi, mala vitæ, mala morum, quæ ita magna sunt, ut his (PLAUTUS *in Persa*) doctissimi eorum viri etiam stantibus urbibus respublicas perire confirment, dii eorum, ne suis cultoribus acciderent, minime curarunt ; imo vero ut augerentur, sicut supra disputatum est, omni modo curaverunt.

CAPUT XVII.

De raptu Sabinarum, aliisque iniquitatibus, quæ in civitate Romana etiam laudatis viguere temporibus.

An forte populo Romano propterea leges non sunt a numinibus constitutæ, quia, sicut Sallustius ait : Jus bonumque apud eos non legibus magis quam natura valebat ? (SALL., *de conjur. Catil.*) Ex hoc jure ac bono, credo, raptas esse Sabinas. Quid enim justius et melius, quam filias alienas fraude spectaculi inductas, non a parentibus accipi, sed vi, ut quisque poterat, auferri ? Nam si inique facerent Sabini negare postulatas, quanto fuit iniquius rapere non datas ? Justius autem bellum cum ea gente geri potuit, quæ filias suas ad matrimonium conregionalibus et confinalibus suis negasset petitas, quam cum ea quæ repetebat ablatas. Illud ergo potius (a) fieret : ibi Mars filium suum pugnantem juvaret, ut conjugiorum negatorum armis ulcisceretur injuriam, et eo modo ad feminas quas voluerat, perveniret. Aliquo enim fortasse jure belli, injuste negatas, juste victor auferret : nullo autem jure pacis non datas rapuit, et injustum bellum cum earum parentibus juste succensentibus gessit. Hoc sane utilius feliciusque successit, quod etsi ad memoriam fraudis illius Circensium spectaculum mansit, facinoris

(a) Editi : *Illud ergo potius ibi fieret, ubi Mars*, etc. Castigatur locus ex Mss.

Romulus un dieu, mais nulle loi, nulle coutume autorisée ne permit chez eux de semblables enlèvements. C'est sans doute ce même sentiment de justice et d'équité, qui porta Junius Brutus, après l'expulsion du roi Tarquin et de ses fils, dont l'un avait outragé Lucrèce, à forcer son collègue Tarquin Collatin, cet homme de bien, cet homme juste, ce mari de Lucrèce, de renoncer au consulat, et de s'exiler, à cause de la parenté et du nom, qui le reliaient à la famille des Tarquins (1). Le peuple favorisa ou du moins souffrit cette injustice, le peuple qui cependant avait élevé Collatin au consulat, aussi bien que Brutus! C'est encore ce même sentiment de droiture et d'équité, qui rendirent Rome si ingrate envers Marcus Camille, illustre guerrier de ces temps anciens? Les Véiens, ennemis acharnés du peuple romain, avaient pendant dix ans de guerre fait essuyer aux armes romaines de nombreux et rudes échecs, et lorsque Rome tremblante craignait pour son propre sort, Camille remporte sur les ennemis une victoire signalée, s'empare de leur opulente cité; mais l'envie des détracteurs de sa vertu le poursuit, les tribuns du peuple l'accusent, et pour éviter une condamnation certaine, il se voit obligé de s'exiler de lui-même; absent, il est condamné à payer dix mille livres, lui qui devait encore bientôt délivrer des mains des Gaulois son ingrate patrie. Mais il serait fastidieux de rappeler toutes les hontes, toutes les injustices dont était remplie cette ville; les grands voulaient dominer le peuple, le peuple résistait, et les défenseurs de l'un et l'autre parti étaient bien plus guidés par le désir du triomphe, que par l'amour de l'équité et de la vertu.

CHAPITRE XVIII.

Ce que Salluste nous apprend des mœurs romaines, alors que la crainte en maintenait l'austérité, ou que la sécurité en favorisait le relâchement.

1. Je m'arrêterai donc, et je préfère invoquer le témoignage de Salluste lui-même, qui a dit à la louange des Romains : « Que chez eux le droit et la vertu étaient aussi efficacement commandés par la conscience que par des lois, » mot qui nous a fourni l'occasion des réflexions précédentes. Salluste parlait de cette époque qui suivit l'expulsion des rois, et pendant laquelle, en très-peu de temps, Rome accrut considérablement sa puissance. Cependant au premier livre de son histoire, tout en commençant, cet écrivain avoue que même peu après que le gouverne-

(1) Tite-Live raconte (livre I), que Collatin fut forcé par Brutus, non-seulement de quitter le consulat, mais de vendre son patrimoine et de s'exiler à Lavinie.

---

tamen in illa civitate et imperio non placuit exemplum; faciliusque Romani in hoc erraverunt, ut post illam iniquitatem Deum sibi Romulum consecrarent, quam ut in feminis rapiendis factum ejus imitandum lege ulla vel more permitterent. Ex hoc jure ac bono post expulsum cum liberis suis regem Tarquinium, cujus filius Lucretiam stupro violenter oppresserat, Junius Brutus consul Lucium Tarquinium Collatinum maritum ejusdem Lucretiæ collegam suum, bonum atque innocentem virum, propter nomen et propinquitatem Tarquiniorum coegit magistratu se abdicare, nec vivere in civitate permisit. Quod scelus favente vel patiente populo fecit, a quo populo consulatum idem Collatinus, sicut etiam ipse Brutus, acceperat. Ex hoc jure ac bono Marcus Camillus illius temporis vir egregius, qui Veientes gravissimos hostes populi Romani post decennale bellum, quo Romanus exercitus toties male pugnando graviter afflictus est, jam ipsa Roma de salute dubitante atque trepidante, facillime superavit, eorumque urbem opulentissimam cepit; invidia obtrectatorum virtutis suæ et insolentia tribunorum plebis reus factus, tam ingratam sensit quam liberaverat civitatem, ut de sua damnatione certissimus in exsilium sponte discederet, et decem millibus æris absens etiam damnaretur : mox iterum a Gallis vindex patriæ futurus ingratæ. Multa commemorare jam piget fœda et injusta, quibus agitabatur illa civitas, cum potentes plebem sibi subdere conarentur, plebsque illis subdi recusaret, et utriusque partis defensores magis studiis agerent amore vincendi, quam æquum et bonum quidquam cogitarent.

CAPUT XVIII.

Quæ de moribus Romanorum, aut metu compressis, aut (a) securitate resolutis, Sallustii prodat historia.

1. Itaque habebo modum, et ipsum Sallustium testem potius adhibebo, qui cum in laude Romanorum dixisset, unde nobis iste sermo ortus est : « Jus bonumque apud eos non legibus magis quam natura valebat, prædicans illud tempus, » quo expulsis regibus incredibiliter civitas brevi ætatis spatio plurimum crevit : idem tamen in primo historiæ suæ

(a) Editi, *severitate* : male et dissentientibus Mss.

ment eut passé de la main des rois dans celle des consuls, bientôt on vit dans la ville des insolences de la part des grands, et par suite la retraite du peuple se séparant du sénat, et une foule d'autres dissensions intérieures.

En effet, il observe ensuite que, entre la première et la seconde guerre punique, le peuple romain vécut dans une parfaite concorde, et pratiqua constamment la vertu; il en attribue la cause, non à l'amour de la justice, mais à la crainte qui faisait redouter quelque surprise du côté de Carthage, tant que cette ville restait debout. C'est pourquoi l'illustre Nasica ne voulait pas qu'on la détruisît, afin de réprimer par cette terreur la corruption et les vices, et de conserver la pureté des mœurs. Après cette remarque, Salluste ajoute aussitôt : « Mais après la ruine de Carthage, la discorde, l'avarice, l'ambition, et tous les vices, qui se produisent ordinairement dans un état florissant, se multiplièrent d'une manière étonnante. » Ainsi nous fait-il entendre que déjà auparavant, ces désordres se montraient souvent, et se multipliaient. Il en donne donc aussitôt la raison : « Car, dit-il, on vit dès le commencement les insolences des grands, et par suite la retraite du peuple se séparant du sénat, et d'autres dissensions intestines ; et si le droit et l'équité eurent quelque empire, ce ne fut qu'au moment de l'expulsion des rois, alors que l'on craignait encore Tarquin, et que l'on avait à soutenir une rude guerre(1). »

Et encore dans ce court intervalle, à ce moment de l'expulsion et de la proscription des rois, voyez quel était cet empire du droit et de l'équité, il n'avait, selon notre auteur, d'autre appui que la crainte; on redoutait Tarquin qui renversé du trône, chassé de la ville, s'était associé aux Etrusques pour faire la guerre aux Romains. Ecoutons donc la suite de l'histoire de Salluste : « Après cela, dit-il, les patriciens se permirent d'exercer sur le peuple un pouvoir tyrannique, disposant en rois de la vie et de la personne des citoyens, les excluant de la propriété, et se réservant toute autorité à eux seuls. Fatigué de ces injustices, surtout accablé d'impôts, le peuple qui dans la guerre payait de son argent et de sa personne, se retira en armes sur le mont Sacré, et sur le mont Aventin. Telle est l'origine des tribuns, et d'autres droits accordés au peuple. Ce fut la seconde guerre punique qui mit fin de part et d'autre aux discordes et à la lutte. » Voyez donc dans ce court espace de temps qui suivit l'expulsion des rois, quels furent ces Romains dont on a dit : « Chez eux le droit et la vertu étaient aussi efficacement commandés par la conscience que par des lois. »

(1) La guerre contre Porsenna, roi des Etrusques, qui voulait rétablir les Tarquins, et pressait vivement Rome.

libro atque ipso ejus exordio fatetur, etiam tunc cum ad consules a regibus esset translata respublica, post parvum intervallum, injurias validiorum, et ob eas discessionem plebis a patribus, aliasque in urbe dissensiones fuisse. Nam cum optimis moribus et maxima concordia populum Romanum inter secundum et postremum bellum Carthaginense commemorasset egisse, causamque hujus boni, non amorem justitiæ, sed stante Carthagine metum pacis infidæ fuisse dixisset ; unde et Nasica ille ad reprimendam nequitiam, servandosque istos mores optimos, ut metu vitia cohiberentur, Carthaginem nolebat everti : continuo subjecit idem Sallustius, et ait : « At discordia, et avaritia, atque ambitio, et cætera secundis rebus oriri sueta mala, post Carthaginis excidium maxime aucta sunt. » Ut intelligeremus etiam antea et oriri solere, et augeri. Unde subnectens cur hoc dixerit : « Nam injuriæ, inquit, validiorum, et ob eas discessio plebis a patribus, aliæque dissensiones domi fuere jam inde a principio, neque amplius quam regibus exactis, dum metus a Tarquinio et bellum grave cum Ethruria positum est, æquo et modesto jure agitatum. » Vides quemadmodum illo etiam brevi tempore, ut regibus exactis, id est, ejectis, aliquantum æquo et modesto jure ageretur, metum dixit fuisse causam, quoniam metuebatur bellum, quod rex Tarquinius regno atque Urbe pulsus, Ethruscis sociatus contra Romanos gerebat. Attende itaque quid deinde contexat. « Dein, inquit, servili imperio patres plebem exercere, de vita (a) atque tergo regio more consulere, agro pellere, et cæteris expertibus soli in imperio agere. Quibus sævitiis et maxime fœnore oppressa plebs, cum assiduis bellis tributum simul et militiam toleraret, armata montem Sacrum atque Aventinum insedit : tumque tribunos plebis et alia sibi jura paravit. Discordiarum et certaminis utrimque finis fuit secundum bellum Punicum. » Cernis ex quo tempore, id est, parvo intervallo post reges exactos, quales Romani fuerint, de quibus ait : « Jus bonumque apud eos non legibus magis quam natura valebat. »

(a) Vind. ac quiete erga se. Verius cæteri libri, atque tergo, id est, verberibus suppliciaque virgarum, quibus liberum corpus Romani civis cædi fuit vetitum.

2. Or, si telle fut l'époque que l'on vante comme les temps les meilleurs et les plus beaux de la république romaine, que devrons-nous dire et penser de l'âge suivant? Par un changement insensible, comme dit le même historien, la beauté éclatante et les vertus excellentes de cette république auraient fait place à toutes les hontes et à tous les crimes, telle fut Rome, dit Salluste, après la ruine de Carthage. On peut voir dans son histoire comment il rappelle et décrit brièvement cette époque, comment il démontre que ces désordres moraux, qui prirent naissance dans la prospérité de l'empire, amenèrent les guerres civiles (1). « De ce moment, dit-il, les mœurs antiques ne déclinent plus insensiblement comme par le passé, mais c'est un torrent qui se précipite; et la jeunesse est tellement corrompue par le luxe et l'avarice, qu'il semble être dans la nature des jeunes gens de ne pouvoir conserver leur patrimoine, ni souffrir que d'autres conservent le leur. » Ensuite, il parle des vices de Sylla et des hontes de la république, sur ce point, les autres écrivains, quoique bien inférieurs en éloquence, sont d'accord avec lui.

3. Vous voyez, je pense, et tout esprit attentif remarquera facilement, dans quel abîme ce déluge de corruption avait plongé Rome, avant la venue de notre souverain Roi. En effet, tout cela s'est passé, non pas seulement avant que le Christ se fût manifesté et eût prêché sa doctrine, mais avant même qu'il naquît de la Vierge. Or, les maux si grands et si nombreux de ces temps passés, ces maux moins graves de l'époque plus reculée, et les désordres plus odieux et plus intolérables qui suivirent la destruction de Carthage, les Romains n'osent les imputer à leurs divinités, qui remplissaient perfidement l'esprit des hommes d'erreurs capables de faire pulluler tous les crimes; comment donc attribuent-ils les maux présents au Christ, qui, par sa doctrine très-sainte, condamne le culte de ces dieux faux et trompeurs, déteste et flétrit de sa divine autorité toutes ces passions funestes et criminelles; et qui de cette manière retire insensiblement sa famille de ce monde croulant sous le poids de ces iniquités, pour élever sa Cité éternelle; Cité que l'on peut appeler très-glorieuse, non par une flatterie mensongère, mais par une juste appréciation de la vérité.

CHAPITRE XIX.

Corruption de la république romaine, avant que Jésus-Christ eût détruit le culte des faux dieux.

Voilà donc cette république romaine, « dont,

---

(1) Guerres civiles entre les sénateurs et les Gracques, entre Marius et Sylla, entre César et Pompée.

---

2. Porro si illa tempora talia reperiuntur, quibus pulcherrima atque optima fuisse prædicatur Romana respublica; quid jam de consequenti ætate dicendum aut cogitandum arbitramur, cum paulatim mutata, ut ejusdem historici verbis utar, ex pulcherrima atque optima, pessima ac flagitiosissima facta est, post Carthaginis videlicet, ut commemoravit, excidium? Quæ tempora ipse Sallustius, quemadmodum breviter recolat et describat, in ejus historia legi potest, quantis malis morum, quæ secundis rebus exorta sunt, usque ad bella civilia demonstret esse perventum. « Ex quo tempore, ut ait, majorum mores non paulatim ut antea, sed torrentis modo præcipitati, adeo juventus luxu atque avaritia corrupta, ut merito dicatur genitos esse qui neque ipsi habere possent res familiares, neque alios pati. » Dicit deinde plura Sallustius de Syllæ vitiis cæteraque fœditate reipublicæ : et alii scriptores in hæc consentiunt, quamvis eloquio multum impari.

3. Cernis tamen, ut opinor, et quisquis adverterit, facillime perspicit (a) colluvie morum pessimorum quo illa civitas prolapsa fuerit, ante nostri superni Regis adventum. Hæc enim gesta sunt non solum antequam Christus in carne præsens docere cœpisset, verum etiam antequam de virgine natus esset. Cum igitur tot et tanta mala temporum illorum vel tolerabiliora superius, vel post eversam Carthaginem intoleranda et horrenda diis suis imputare non audeant, opiniones humanis mentibus, unde talia vitia silvescerent, maligna astutia inserentibus; cur mala præsentia Christo imputant, qui doctrina saluberrima et falsos ac fallaces deos coli vetat, et istas hominum noxias flagitiosasque cupiditates divina auctoritate detestans atque condemnans, his malis tabescenti ac labenti mundo ubique familiam suam sensim subtrahit, qua condat æternam, et non plausu vanitatis, sed judicio veritatis gloriosissimam Civitatem?

CAPUT XIX.

De corruptione Romanæ reipublicæ prius quam cultum deorum Christus auferret.

Ecce Romana respublica (quod non ego primus dico, sed auctores eorum unde hæc mercede didici-

---

(a) Am. Er. et Lov. *colluviem*. Erratum, quod emendat Vind. et Mss.

par un changement insensible, la beauté éclatante et les vertus excellentes, ont fait place à toutes les hontes et à tous les crimes. » Ce n'est pas moi qui l'invente, ce sont des historiens dont on nous a vendu les leçons, qui l'ont dit bien avant Jésus-Christ. Il est donc avéré qu'avant le Christ, après la ruine de Carthage : « les mœurs antiques ne déclinent plus insensiblement comme par le passé, mais s'en vont comme un torrent qui se précipite, tant la jeunesse est corrompue par le luxe et l'avarice. » Lisez-nous donc les lois que vos dieux ont formulées chez vous contre le luxe et l'avarice; si du moins ces dieux se contentaient de ne rien dire de la chasteté et de la modestie, sans imposer des actions pleines d'ignominie et de honte, les appuyant de toute l'autorité de leur divinité imaginaire! Lisez au contraire, toutes ces prescriptions si multipliées contre l'avarice et la débauche, qui nous sont données par les prophètes, le saint Evangile, les Actes des Apôtres et les épîtres, et qui partout sont répétées aux populations assemblées pour les entendre. Prescriptions excellentes, prescriptions divines qui ne sont pas seulement le faible écho des discussions philosophiques, mais la voix puissante de Dieu, qui fait éclater ses oracles comme un tonnerre. Toutefois la dégradation et les crimes de cette république souillée, avant le Christ, par le luxe, l'avarice et toutes les passions, ils ne les imputent point à leurs dieux; et aujourd'hui si leur orgueil et leur mollesse leur ont attiré quelques souffrances, c'est le christianisme qui en est la cause. Au contraire, si ces préceptes de justice et de morale étaient entendus et écoutés de tous les rois de la terre, de tous les peuples, des princes et des juges du monde, des jeunes jens, des vierges, des vieillards et des enfants, (*Ps.* CXLVIII, 11), en un mot, de tout âge et de tout sexe, et de tous ceux à qui s'adresse saint Jean-Baptiste, publicains mêmes et soldats (*Luc*, III, 13), on verrait sur la terre une société florissante et jouissant de tout le bonheur possible ici-bas, en attendant la félicité suprême, qui lui serait réservée dans le royaume éternel. Mais celui-ci reçoit ces enseignements, celui-là les méprise, un grand nombre préfèrent les vices enchanteurs qui perdent aux vertus austères qui sauvent; aussi les serviteurs de Jésus-Christ, rois, princes, juges, soldats, provinciaux, riches, pauvres, libres ou esclaves de l'un et l'autre sexe, tous sont dans la nécessité de subir les maux de cette société perverse et remplie de crimes. C'est par cette patience qu'ils mériteront un trône brillant dans la très-auguste société des anges, dans cette république céleste, qui ne connaît pas d'autre loi que la volonté de Dieu.

mus, tanto ante dixerunt ante Christi adventum) paulatim mutata, ex pulcherrima atque optima, pessima atque flagitiosissima facta est. Ecce ante Christi adventum, post deletam Carthaginem, majorum mores, non paulatim, ut antea, sed torrentis modo præcipitari, adeo juventus luxu atque avaritia corrupta est. Legant nobis contra luxum et avaritiam præcepta deorum suorum populo Romano data. Cui utinam tantum casta et modesta reticerent, ac non etiam ab illo probrosa et ignominiosa deposcerent, quibus per falsam divinitatem perniciosam conciliarent auctoritatem. Legant nostra, et per Prophetas, et per sanctum Evangelium, et per apostolicos Actus, et per Epistolas, tam multa contra avaritiam atque luxuriam, ubique populis ad hoc congregatis, quam excellenter, quam divine, non tanquam ex philosophorum concertationibus strepere, sed tanquam ex oraculis et Dei nubibus intonare. Et tamen luxu atque avaritia sævisque ac turpibus moribus ante adventum Christi rempublicam pessimam ac flagitiosissimam factam, non imputant diis suis: afflictionem vero ejus, quamcumque isto tempore superbia deliciæque eorum perpessæ fuerint, religioni increpitant Christianæ. Cujus præcepta de justis probisque moribus, si simul audirent atque curarent reges terræ et omnes populi, principes et omnes judices terræ, juvenes et virgines, senes cum junioribus (*Psal.* CXLVIII, 11), ætas omnis capax et uterque sexus, et quos Baptista Joannes alloquitur, exactores ipsi atque milites (*Luc.*, III, 13); et terras vitæ præsentis ornaret sua felicitate respublica, et vitæ æternæ culmen beatissimæ regnatura conscenderet. Sed quia iste audit, ille contemnit, pluresque vitiis male blandientibus quam utili virtutum asperitati sunt amiciores; tolerare Christi famuli jubentur, sive sint reges, sive principes, sive judices, sive milites, sive provinciales, sive divites, sive pauperes, sive liberi, sive servi utriuslibet sexus, pessimam etiam, si ita necesse est, flagitiosissimamque rempublicam; et in illa Angelorum quadam sanctissima atque augustissima curia cœlestique republica, ubi Dei voluntas lex est, clarissimum sibi locum etiam ista tolerantia comparare.

CHAPITRE XX.

Quel bonheur, et quelle sorte de félicité désirent les adversaires de la religion chrétienne.

Quant aux amis, aux adorateurs de ces dieux, dont ils se glorifient d'imiter les vices et les crimes, s'inquiètent-ils de la corruption et de la dégradation profonde de la république? Nullement. Qu'elle subsiste, disent-ils, qu'elle prospère par le nombre de ses troupes et de ses victoires; ou mieux encore, qu'elle jouisse de la paix et de la sécurité, cela suffit. Que nous importe le reste? ce qu'il nous faut surtout, c'est que chacun puisse toujours augmenter ses richesses, pour suffire aux prodigalités de chaque jour, et pour donner au puissant la facilité de dominer le faible. Que les pauvres rampent devant les riches pour avoir du pain, ou pour vivre sous leur tutelle dans une tranquille oisiveté; que les riches abusent des pauvres comme d'instruments à leur service, et pour faire parade de leur clientèle. Que le peuple applaudisse, non point ceux qui prennent ses intérêts, mais ceux qui lui procurent des plaisirs. Que rien de pénible ne soit commandé, que rien d'impur ne soit défendu. Que les rois ne s'inquiètent pas si leurs sujets sont bons, mais s'ils sont bien soumis. Que les provinces n'obéissent point à leurs gouverneurs, comme aux surveillants de leur moralité, mais comme aux maîtres de leur fortune, aux pourvoyeurs de leurs plaisirs; qu'importe que cette soumission manque de sincérité et repose sur une crainte servile et criminelle? Que les lois protègent plutôt la vigne que l'innocence des mœurs. Que personne ne soit traduit devant les tribunaux, à moins d'avoir causé un dommage à la propriété, à la maison ou à la vie d'autrui, ou de lui avoir nui en violant ses intérêts; du reste, chez soi, avec les siens et avec tous ceux qui se prêteront à ses désirs, chacun sera libre de faire ce que bon lui semblera. Que les courtisanes abondent, soit pour quiconque veut en jouir, soit surtout pour ceux qui ne peuvent entretenir de concubines. Que l'on élève de vastes et riches palais; que l'on fréquente les festins somptueux, chacun selon son gré et son pouvoir; que les jours et les nuits se passent dans les orgies du jeu, de la table, du vomitoire et du lupanar. Partout le bruit des danses, partout les applaudissements éhontés du théâtre, ainsi que le bouillonnement des passions les plus cruelles et les plus honteuses. Celui qui blâmera ces plaisirs sera considéré comme un ennemi public; si quelqu'un entreprend de les réformer ou de les bannir, la multitude aura toute liberté d'étouffer sa voix, de le chasser, de lui ôter la vie même. Ceux qui ont procuré au peuple ces plaisirs et qui en autorisent la jouissance, voilà les dieux véritables! Qu'on les ho-

CAPUT XX.

Quali velint felicitate gaudere, et quibus moribus vivere, qui tempora Christianæ religionis incusant.

Verum tales cultores et dilectores deorum istorum, quorum etiam imitatores in sceleribus et flagitiis se esse lætantur, nullo modo curant pessimam ac flagitiosissimam non esse rempublicam. Tantum stet, inquiunt, tantum floreat copiis referta, victoriis gloriosa; vel quod est felicius, pace secura sit. Et quid ad nos? imo id ad nos magis pertinet, si divitias quisque semper augeat, quæ quotidianis effusionibus suppetant, per quas sibi etiam infirmiores subdat quisque potentior. Obsequantur divitibus pauperes causa saturitatis, atque ut eorum patrociniis quieta inertia perfruantur, divites pauperibus ad clientelas et ad ministerium sui fastus abutantur. Populi plaudant, non consultoribus utilitatum suarum, sed largitoribus voluptatum. Non jubeantur dura, non prohibeantur impura. Reges non curent quam bonis, sed quam subditis regnent. Provinciæ regibus non tanquam rectoribus morum, sed tanquam rerum dominatoribus et deliciarum suarum provisoribus serviant : eosque non sinceriter honorent, sed nequiter ac serviliter timeant. Quid alienæ viti potius, quam quid suæ vitæ quisque noceat, legibus advertatur. Nullus ducatur ad judices, nisi qui alienæ rei, domui, saluti, vel cuiquam invito fuerit importunus, aut noxius : cæterum de suis, vel cum suis, vel cum quibusque volentibus faciat quisque quod libet. Abundent publica scorta, vel propter omnes quibus frui placuerit, vel propter eos maxime, qui privata habere non possunt. Exstruantur amplissimæ atque ornatissimæ domus, opipara convivia frequententur, ubi cuique libuerit et potuerit, die noctuque ludatur, bibatur, vomatur, diffluatur. Saltationes undique concrepent, theatra inhonestæ lætitiæ vocibus, atque omni genere sive crudelissimæ sive turpissimæ voluptatis exæstuent. Ille sit publicus inimicus, cui hæc felicitas displicet : quisquis eam mutare vel auferre tentaverit, eum libera multitudo avertat ab auribus, evertat a sedibus, auferat a viventibus. Illi habeantur

nore à leur gré, qu'on leur accorde les jeux qu'ils désirent obtenir de leurs adorateurs et avec ces adorateurs ; seulement, qu'ils empêchent ce bonheur d'être troublé par l'ennemi, ou par la peste, ou par toute autre calamité. Quel homme raisonnable ne comparerait une telle république, je ne dis pas à l'empire romain, mais au palais de Sardanapale (1), de ce roi tellement débauché qu'il ordonna d'écrire sur son tombeau, qu'il ne laissait en mourant que les seules voluptés dont il avait épuisé la coupe durant sa vie ? Si ces hommes avaient un roi semblable, se prêtant complaisamment à leurs vœux, ne contrariant en rien leurs désirs, ils lui consacreraient un temple et un flamine plus volontiers que les anciens Romains ne le firent à Romulus.

CHAPITRE XXI.

Ce que Cicéron pensait de la République romaine.

1. On dédaigne le témoignage de celui qui affirme la corruption et la dégradation profonde de la république; on ne se met point en peine de ces mœurs corrompues et dégradées qui la souillent et la déshonorent ; qu'elle reste debout, dit-on, qu'elle se soutienne, cela suffit. Mais écoutez, non pas le témoignage de Salluste qui en affirme la corruption et la dégradation, mais celui de Cicéron attestant qu'elle est déjà complètement anéantie, et qu'elle n'existe plus. Il met en scène Scipion, celui même qui avait détruit Carthage ; il le fait parler de la république à cette époque, où déjà on pressentait sa chute prochaine, par suite de la corruption que Salluste a décrite. C'est au moment où venait d'être tué l'un des Gracques, qui, selon Salluste, commença les grandes séditions; car, il est question de cette mort dans le même ouvrage. Or, à la fin du second livre, Scipion dit que, comme dans un concert, les instruments ou les voix doivent garder un certain accord dans la variété des tons, à moins de blesser une oreille exercée, et que l'harmonie elle-même, naît de cet accord de sons très-divers ; ainsi dans un état, il se forme comme un concert qui résulte de l'accord des ordres de citoyens, même les plus différents entre eux, grands, petits et intermédiaires. Ce que l'on nomme harmonie dans la musique, ajoute-t-il, s'appelle concorde dans l'ordre politique, et c'est la garantie la plus sûre et la plus solide du salut d'une république. Or, cette concorde ne peut se maintenir que par la justice. Puis, comme il développait un peu

(1) Sardanapale, dernier roi d'Assyrie, Cicéron (Ve *Tuscul.*) rapporte son épitaphe.

dii veri, qui hanc adipiscendam populis procuraverint, adeptamque servaverint. Colantur ut voluerint, ludos exposcant quales voluerint, quos cum suis vel de suis possint habere cultoribus : tantum efficiant ut tali felicitate nihil ab hoste, nihil a peste, nihil ab ulla clade timeatur. Quis hanc rempublicam sanus, non dicam Romano imperio, sed domui Sardanapali comparaverit ? qui quondam rex ita fuit voluptatibus deditus, ut in sepulcro suo scribi fecerit, ea sola se habere mortuum, quæ libido ejus etiam cum viveret, hauriendo consumpserat. Quem regem isti si haberent sibi in talibus indulgentem, nec in eis cuiquam ulla severitate adversantem, huic libentius quam Romani veteres Romulo templum et flaminem consecrarent.

CAPUT XXI.
Quæ sententia fuerit Ciceronis de Romana republica.

1. Sed si contemnitur qui Romanam rempublicam pessimam ac flagitiosissimam dixit, nec curant isti quanta morum pessimorum ac flagitiosorum labe ac dedecore impleatur, sed tantummodo ut consistat et maneat; audiant eam, non, ut Sallustius narrat, pessimam ac flagitiosissimam factam, sed, sicut Cicero disputat, jam tunc prorsus perisse, et nullam omnino remansisse rempublicam. Inducit enim Scipionem, eum ipsum qui Carthaginem exstinxerat, de republica disputantem, quando præsentiebatur ea corruptione, quam describit Sallustius, jam jamque peritura. Eo quippe tempore disputatur, quo jam unus Gracchorum occisus fuit, a quo scribit seditiones graves cœpisse Sallustius. Nam mortis ejus fit in eisdem libris commemoratio. Cum autem Scipio in secundi libri fine dixisset, ut in fidibus ac tibiis atque cantu ipso ac vocibus concentus est quidam tenendus ex distinctis sonis, quem immutatum aut discrepantem aures eruditæ ferre non possunt, isque concentus ex dissimillimarum vocum moderatione concors tamen efficitur et congruens ; sic ex summis et infimis et mediis interjectis ordinibus, ut sonis, (*a*) moderata ratione civitatem consensu dissimillimorum concinere ; et quæ harmonia a musicis dicitur in cantu, eam esse in civitate concordiam ; arctissimum atque optimum omni in republica vinculum incolumitatis, eamque sine justitia nullo pacto esse posse :

(*a*) Vind. Am. Er. et aliquot Mss. *moderatam rationem*. Cæteri fere Mss. *moderatione*.

longuement l'utilité de la justice dans un état et le danger de son absence, Pilus (1), un des interlocuteurs, désire que cette question soit encore traitée plus en détail, et que l'on parle de nouveau et plus au long sur la justice, parce que l'on disait déjà communément qu'il était impossible de gouverner la république, sans manquer à la justice. Scipion consent à examiner cette question et à la résoudre; mais il ajoute que tout ce qu'il a dit est nul, et qu'il ne peut en dire davantage, si l'on refuse d'admettre comme choses absolument certaines, non-seulement la fausseté du préjugé qui suppose le gouvernement impossible sans injustice, mais encore comme très-vrai ce principe, qu'il est impossible de gouverner sans une très-exacte justice. L'examen de cette question fut remis au jour suivant; il est dans le troisième livre l'objet d'une discussion animée. Pilus soutient l'opinion de ceux qui pensent que l'on ne peut administrer sans injustice; toutefois, il se défend bien d'admettre pour lui-même un tel sentiment. Il plaide donc avec soin la cause de l'injustice contre la justice, et semble s'attacher à montrer, par des exemples et des apparences de bonnes raisons, l'utilité de l'une, et l'inutilité de l'autre. Alors, sur la demande de tous les assistants, Lélius prend la défense de la justice, et il affirme, avec toute l'énergie dont il est capable, que rien n'est plus nuisible à un état que l'injustice, et qu'une république ne peut être administrée, et se maintenir que par le règne souverain de la justice.

2. La question paraissant suffisamment débattue, Scipion reprend la suite de son discours; il rappelle et recommande une courte définition qu'il a donnée de la république : c'est, dit-il, la chose du peuple. Or, le peuple, ce n'est point toute multitude assemblée, mais, ajoute-t-il, c'est une société formée par le droit et par la communauté d'intérêt. Il montre ensuite l'utilité des définitions dans une discussion. Aussi de celles qu'il a données, il conclut qu'il y a république, ou chose du peuple, quand un roi, ou quelques magistrats, ou le peuple lui-même, administre avec justice et sagesse. Mais si le roi est injuste, c'est un tyran, dit-il, pour parler comme les Grecs; si les magistrats sont injustes, leur accord s'appellera faction; si le peuple est injuste, Scipion ne lui trouve pas de dénomination, à moins de lui appliquer aussi celle de tyran; or, dans ces cas, on ne devra plus dire, comme dans l'entretien précédent, que la république est corrompue, mais on conclura, d'après

(1) Cicéron dans ce dialogue fait intervenir Scipion le second Africain, Lélius et Furius Pilus.

ac deinde cum aliquanto latius et uberius disseruisset, quantum prodesset justitia civitati, quantumque obesset, si abfuisset, suscepit deinde Pilus, unus eorum qui disputationi aderant, et poposcit ut hæc ipsa quæstio diligentius tractaretur, ac de justitia plura dicerentur, propter illud, quod jam vulgo ferebatur, rempublicam (a) regi sine injuria non posse. Hanc proinde quæstionem discutiendam et enodandam esse, assensus est Scipio, respondtique nihil esse, quod adhuc de republica putaret dictum, et quo possent longius progredi, nisi esset confirmatum, non modo falsum esse illud, sine injuria non posse; sed hoc verissimum esse, sine summa justitia rempublicam regi non posse. Cujus quæstionis explicatio, cum in diem consequentem dilata esset, in tertio libro magna (b) conflictatione res acta est. Suscepit enim Pilus ipse disputationem eorum qui sentirent sine injustitia regi non posse rempublicam, purgans se præcipue, ne hoc ipse sentire crederetur. Egitque sedulo pro injustitia contra justitiam, ut hanc esse utilem reipublicæ, illam vero inutilem, veri similibus rationibus et exemplis velut conaretur ostendere. Tum Lælius rogantibus omnibus, justitiam defendere aggressus est, asseruitque quantum potuit, nihil tam inimicum quam injustitiam civitati, nec omnino nisi magna justitia geri aut stare posse rempublicam.

2. Qua quæstione, quantum satis visum est, pertractata, Scipio ad intermissa revertitur, recolitque suam atque commendat brevem reipublicæ definitionem, qua dixerat eam esse rem populi. Populum autem, non omnem cœtum multitudinis, sed cœtum juris consensu et utilitatis communione sociatum esse determinat. Docet deinde quanta sit in disputando definitionis utilitas : atque ex illis suis definitionibus colligit tunc esse rempublicam, id est rem populi, cum bene ac juste geritur, sive ab uno rege, sive a paucis optimatibus, sive ab universo populo. Cum vero injustus est rex, quem tyrannum, more Græco, appellavit ; aut injusti optimates, quorum consensum dixit esse factionem ; aut injustus ipse populus, cui nomen usitatum non reperit, nisi ut etiam ipsum tyrannum vocaret ; non jam vitiosam, sicut pridie fuerat disputatum, sed, sicut ratio ex illis definitionibus connexa docuisset, omnino nullam esse rempublicam : quoniam non esset res populi, cum tyran-

(a) Plures libri hic vel infra loco regi, habent geri. — (b) Mss. conflictione.

LIVRE II. — CHAPITRE XXI.

les définitions, qu'elle n'existe plus. Ce ne serait plus, en effet, la chose du peuple, si la tyrannie et une faction s'en étaient emparées ; un peuple injuste ne serait plus un peuple, parce que ce ne serait plus, selon la définition, une société formée par le droit et la communauté d'intérêts.

3. Ainsi cette république romaine dépeinte par Salluste, n'était donc pas seulement, comme il le dit, tombée dans une corruption et une dégradation profonde ; elle était anéantie, selon la conclusion de cet entretien entre les principaux citoyens de l'époque. Cicéron lui-même, l'assure, non par la bouche de Scipion ou de quelque autre ; en effet, c'est en son propre nom qu'il parle au commencement du cinquième livre, lorsqu'après avoir rappelé cette parole du poète Ennuius : « La force de Rome est dans ses mœurs et ses hommes antiques, » il ajoute : « Ce mot si court et si plein de vérité ressemble pour moi à la parole d'un oracle. En effet, ni les hommes sans les bonnes mœurs, ni les bonnes mœurs sans ces hommes, n'eussent jamais fondé ni maintenu si longtemps cette république, qui étendait si loin sa juste et forte domination. Avant notre époque, l'usage de la patrie était d'élever au pouvoir les hommes distingués par le mérite, et ces hommes vertueux maintenaient les coutumes et les institutions des ancêtres. Notre âge a reçu la république comme un magnifique tableau ; la voyant tomber de vétusté, non-seulement il a négligé de lui rendre ses anciennes couleurs, mais il ne s'est pas même préoccupé d'en conserver le dessin et même les derniers linéaments. Que reste-t-il, en effet, des mœurs antiques, qui, selon le poète, font la force de la république ? Elles sont tellement oubliées, que, non-seulement, on n'en suit plus les règles, mais que même on ne les connaît plus. Parlerai-je des hommes ? Les mœurs ont péri par disette d'hommes ; et il ne suffit pas des d'expliquer ce malheur, mais il faut nous défendre comme des coupables dignes du dernier supplice. Car ce n'est point le hasard, ce sont nos vices qui depuis longtemps ont anéanti la république, et l'ont réduite à n'exister que de nom. »

4. Ainsi parlait Cicéron ; à la vérité l'Africain, dans la bouche duquel il met ses dissertations sur la république, était mort depuis longtemps (1), mais le Christ n'était pas encore venu. Or, lorsque l'on pensait et que l'on parlait de la sorte, si déjà la religion chrétienne eût été propagée, si elle eût établi son empire dans le

---

(1) Environ soixante-dix ans, car Scipion Emilien mourut vers l'an de Rome 624, et par conséquent c'était environ 60 ans avant Jésus-Christ que Cicéron écrivait ses livres *De Republica*.

---

nus cam factione capesseret ; nec ipse populus jam populus esset, si esset injustus, quoniam non esset multitudo juris consensu et utilitatis communione sociata, sicut populus fuerat definitus.

3. Quando ergo respublica Romana talis erat, qualem illam describit Sallustius, non jam pessima ac flagitiosissima, sicut ipse ait, sed omnino nulla erat, secundum istam rationem quam disputatio de republica inter magnos ejus tum principes habita patefecit. Sicut etiam ipse Tullius, non Scipionis, nec cujusquam alterius, sed suo sermone loquens, (a) in principio quinti libri, commemorato prius Ennii poetæ versu, quo dixerat : « Moribus antiquis res stat Romana virisque. Quem quidem ille versum, inquit, vel brevitate vel veritate tanquam ex oraculo mihi quodam esse effatus videtur. Nam neque viri, nisi ita morata civitas fuisset, neque mores, nisi hi viri præfuissent, aut fundare, aut tam diu tenere potuissent tantam et tam juste lateque imperantem rempublicam. Itaque ante nostram memoriam, et mos ipse patrius præstantes viros adhibebat, et veterem morem ac majorum instituta retinebant excellentes viri. Nostra vero ætas cum rempublicam sicut picturam accepisset egregiam, sed evanescentem vetustate, non modo eam coloribus iisdem quibus fuerat, renovare neglexit, sed ne id quidem curavit, ut formam saltem ejus et extrema tanquam lineamenta servaret. Quid enim manet ex antiquis moribus, quibus ille dixit rem stare Romanam, quos ita oblivione obsoletos videmus, ut non modo non colantur, sed (b) etiam ignorentur ? Nam de viris quid dicam ? Mores enim ipsi interierunt virorum penuria, cujus tanti mali non modo reddenda ratio nobis, sed etiam tanquam reis capitis quodam modo dicenda causa est. Nostris enim vitiis, non casu aliquo, rempublicam verbo retinemus, re ipsa vero jam pridem amisimus. »

4. Hæc Cicero fatebatur, longe quidem post mortem Africani, quem in suis libris fecit de Republica disputare, adhuc tamen ante adventum Christi : quæ si diffamata et prævalescente religione Christiana sentirentur atque dicerentur, quis non istorum ea Christianis imputanda esse censeret ? Quamobrem

---

(a) Hic Vind. Am. Er. addunt, *testatur*. Lov. *demonstravit*. Quo loco in Mss. supplendum relinquitur verbum *patefecit*. — (b) Plures Mss, *sed jam* ; vel, *sed et jam*.

monde, lequel de nos ennemis n'eût cru devoir attribuer aux chrétiens la cause de tous ces maux? Mais alors pourquoi donc leurs dieux n'ont-ils pas empêché l'anéantissement de cette république, dont Cicéron déplore si amèrement la ruine avant l'incarnation du Christ? Que ses admirateurs considèrent ce qu'elle fut même avec ses mœurs et ses hommes antiques; qu'ils voient si réellement la justice fut sa vie, ou plutôt si dès lors au lieu d'être une réalité vivante, elle ne fut pas une brillante peinture, selon le mot qui échappe à Cicéron faisant son éloge. Plus tard, avec l'aide de Dieu, nous examinerons cette question, car quand il en sera temps, reprenant les définitions si brèves de la république et du peuple, telles que Cicéron les met dans la bouche de Scipion, et m'appuyant sur de nombreux témoignages qu'il nous fournit dans cette discussion, soit en son nom, soit par les interlocuteurs, j'espère prouver qu'il n'y eut jamais de vraie république, parce qu'il n'y eut jamais en elle de justice. Cependant, suivant d'autres définitions plus probables, ce fut encore à certain point de vue une république, mieux administrée par les anciens Romains que par les modernes. Mais il n'y a de vraie justice que dans la république fondée et gouvernée par le Christ, si toutefois nous voulons lui donner ce nom, car nous ne pouvons nier qu'elle ne soit la chose du peuple. Cependant ce nom employé habituellement dans un autre sens, et pour désigner tout autre chose, pourra paraître trop étranger à notre langage ordinaire; au moins il est certain que la vraie justice est dans cette Cité, dont l'Ecriture parle en ces termes : « De grandes choses ont été publiées de vous, ô Cité de Dieu. » (*Ps.* LXXXVI, 3.)

CHAPITRE XXII.

Les dieux des Romains ne s'opposèrent jamais à la corruption des mœurs, qui devait amener la ruine de la république.

1. Mais en n'envisageant que la question qui nous occupe, il est de fait que, malgré les éloges décernés à cette république pour le présent comme pour le passé, elle était cependant tombée dans un abîme de corruption et de dégradation, bien longtemps avant le Christ, ce sont ses écrivains les plus distingués qui nous le disent; ou plutôt elle était anéantie, les mœurs les plus dépravées l'avaient détruite. Pour la préserver de cette ruine, ses dieux protecteurs ne devaient-ils pas donner des préceptes de vertu et de morale à leur peuple fidèle, à ce peuple qui leur avait consacré un si grand nombre de temples et de prêtres, qui leur offrait tant de sacrifices, et célébrait en leur honneur un si grand nombre

---

cur non curarunt dii eorum, ne tunc periret atque amitteretur illa respublica, quam Cicero longe antequam Christus in carne venisset, tam lugubriter deplorat amissam? Viderint laudatores ejus, etiam illis antiquis viris et moribus qualis fuerit, utrum in ea viguerit vera justitia; an forte nec tunc fuerit viva moribus, sed picta coloribus. Quod et ipse Cicero nesciens, cum eam præferret, expressit. Sed alias, si Deus voluerit, hoc videbimus. Enitar enim suo loco, ut ostendam secundum definitiones ipsius Ciceronis, quibus quid sit respublica, et quid sit populus, loquente Scipione, breviter posuit; attestantibus etiam multis, sive ipsius, sive eorum quos loqui fecit in eadem disputatione sententiis, nunquam illam fuisse rempublicam; quia nunquam in ea fuit vera justitia. Secundum probabiliores autem definitiones, pro suo modo (a) quodam respublica fuit : et melius ab antiquioribus Romanis, quam a posterioribus administrata est. Vera autem justitia non est, nisi in ea republica, cujus conditor rectorque Christus est : si ipsam rempublicam placet dicere, quoniam eam rem populi esse, negare non possumus. Si autem hoc nomen, quod alibi aliterque vulgatum est, ab usu nostræ locutionis est forte remotius ; in ea certe Civitate est vera justitia, de qua Scriptura sancta dicit : « Gloriosa dicta sunt de te Civitas Dei. » (*Psal.* LXXXVI, 3.)

CAPUT XXII.

Quod diis Romanorum nulla unquam cura fuerit, ne malis moribus respublica deperiret.

1. Sed quod pertinet ad præsentem quæstionem, quamlibet laudabilem dicant istam fuisse vel esse rempublicam, secundum eorum auctores doctissimos jam longe ante Christi adventum pessima ac flagitiosissima facta erat : imo vero nulla erat, atque omnino perierat perditissimis moribus. Ut ergo non periret, dii custodes ejus populo cultori suo dare præcipue vitæ ac morum præcepta debuerunt, a quo tot templis, tot sacerdotibus et sacrificiorum generibus, tam multiplicibus variisque sacris, tot festis solemnitatibus, tot tantorumque ludorum celebritatibus co-

(a) Sic potiores Mss. At Vind. et Er. *quædam.* Lov. *quondam.*

de mystères, de fêtes et de jeux solennels? Mais non, ces démons n'ont souci que d'eux-mêmes, ils ne s'inquiètent point de la vertu de leurs adorateurs, ou plutôt ils font tout pour les corrompre; ce qu'ils veulent, c'est que ce peuple asservi par la crainte, les honore par ses vices. Si l'on prétend qu'ils ont donné quelques lois morales, où sont-elles? Qu'on nous les montre, qu'on nous les lise. Laquelle de ces lois avaient méprisé les Gracques, lorsqu'ils remplissaient Rome de troubles et de séditions? Et Marius, Cinna, Carbon, quelle loi enfreignaient-ils en excitant, sous les prétextes les plus iniques, ces guerres civiles si cruellement conduites, et terminées encore d'une manière plus barbare? Quelle loi enfin avait violée Sylla lui-même, cet homme dont la vie, les mœurs et les actions, telles qu'elles nous sont racontées par Salluste et les autres historiens (1), font frémir tout le monde? N'avouera-t-on pas qu'alors la république n'était plus?

2. En présence de cette corruption peut-être alléguera-t-on, comme on le fait, ce mot de Virgile pour excuser les dieux : « Ils ont abandonné leurs sanctuaires et leurs autels, ces dieux autrefois soutiens de l'empire. » (*Enéid.*, II.) Mais s'il en est ainsi, d'abord nos adversaires n'ont aucune raison de se plaindre du christianisme, sous prétexte qu'il aurait été cause de la désertion de leurs divinités, puisque déjà depuis longtemps les mœurs des ancêtres avaient chassé de la ville comme une armée de moucherons, cette foule de petites divinités? Toutefois où était donc cette multitude de dieux, bien longtemps avant la corruption générale, lorsque Rome fut prise et incendiée par les Gaulois? Sans doute, ils étaient là, mais ils dormaient? La ville entière était au pouvoir des ennemis, il ne restait plus que le Capitole, et il allait aussi être pris, si les oies n'avaient veillé pendant que les dieux dormaient. Aussi à cette occasion, Rome imita la superstition des Egyptiens, adorateurs des bêtes et des oiseaux, elle institua des fêtes en l'honneur de l'oie. Mais ce n'est pas encore le moment de nous occuper de ces maux du dehors, de ces maux qui viennent des ennemis ou de quelque accident, maux du corps, et non de l'âme; je ne parle maintenant que de cette corruption qui d'abord, enlevant insensiblement aux bonnes mœurs leur vif éclat, puis les faisant déchoir avec la rapidité d'un torrent impétueux, mina tellement la république, que ses écrivains n'hésitent point à en reconnaître le complet anéantissement, bien que les toits et les murailles restassent encore debout. Or, si Rome avait méprisé les préceptes divins de justice et de morale, c'eût été avec raison que les dieux l'auraient abandonnée, et l'auraient laissé périr en

---

(1) Cicéron appelle Sylla (lib. III *De Finibus*) « un maître passé dans ces trois vices détestables, la luxure, l'avarice et la cruauté. »

---

lebantur : ubi nihil dæmones nisi negotium suum egerunt, non curantes quemadmodum illi viverent, imo curantes ut etiam perdite viverent, dum tamen honori suo illa omnia metu subditi ministrarent. Aut si dederunt, proferatur, ostendatur, legatur, quas deorum leges illi civitati datas contempserint Gracchi ut seditionibus cuncta turbarent; quas Marius, et Cinna, et Carbo, ut in bella etiam progrederentur civilia, causis iniquissimis suscepta, et crudeliter gesta crudeliusque finita; quas denique Sylla ipse, cujus vitam, mores, facta, describente Sallustio aliisque historiæ scriptoribus, quis non exhorreat? Quis illam rempublicam non tunc perisse fateatur?

2. An forte propter hujuscemodi civium mores Virgilianam illam sententiam, sicut solent, pro defensione suorum deorum opponere audebunt :

Discessere omnes adytis arisque relictis
Dii, quibus imperium hoc steterat?
(*Æneid.*, II.)

Primum si ita est, non habent cur querantur de religione Christiana, quod hac offensi eos dii sui deseruerint : quoniam quidem majores eorum jam pridem moribus suis ab Urbis altaribus tam multos ac minutos deos, tanquam muscas abegerunt. Sed tamen hæc numinum turba ubi erat, cum longe ante quam mores corrumperentur antiqui, a Gallis (Liv., lib. V; Plutarch., *in Camillo*); Roma capta et incensa est? An præsentes forte dormiebant? Tunc enim tota Urbe in hostium potestatem redacta, solus collis Capitolinus remanserat; qui etiam ipse caperetur, nisi saltem anseres diis dormientibus vigilarent. Unde pene in superstitionem Ægyptiorum bestias avesque colentium Roma deciderat, cum anseri solemnia celebrabant. Verum de his adventitiis, et corporis potius quam animi malis, quæ vel ab hostibus vel alia clade accidunt, nondum interim disputo : nunc ago de labe morum, quibus primum paulatim decoloratis, deinde torrentis modo præcipitatis, tanta, quamvis integris tectis mœnibusque, facta est ruina reipublicæ, ut magni auctores eorum eam tunc amissam non dubitent dicere. Recte autem abscesserant, ut

quittant leurs temples et leurs autels. Mais dites-nous donc quels étaient ces dieux qui ne voulurent point rester avec un peuple dévoué, avec ce peuple auquel ils n'apprirent point à bien vivre, ni à réformer ses mœurs?

CHAPITRE XXIII.

Les divers événements ne dépendent point de la faveur ou de l'opposition des démons, mais de la juste volonté du vrai Dieu.

1. Eh quoi! ne semblent-ils pas avoir favorisé les passions, et ce qui est évident, c'est qu'ils n'ont pas cherché à les réprimer? Ils font parvenir sept fois au consulat Marius, homme nouveau, de basse naissance, cruel instigateur, et auteur d'affreuses guerres civiles; grâce à ces dieux, il meurt comblé de jours, et pendant son septième consulat; il évite ainsi de tomber entre les mains de Sylla, qui bientôt va revenir victorieux. Que si ces faveurs ne sont point un effet de la protection des dieux, voici certes un aveu qui a son prix : Quoi! sans leur protection un homme peut donc obtenir tous les avantages temporels si ardemment convoités! un homme comme Marius peut, malgré l'indignation de ces dieux, avoir santé, force, richesses, honneurs, dignités, longue vie? Et un homme comme Régulus sera réduit en captivité et en esclavage; il aura à souffrir la misère, les veilles, toutes sortes de douleurs et une mort cruelle, malgré l'amitié de ces mêmes dieux? Mais c'est un aveu de l'impuissance de ces dieux et de l'inutilité de leur culte? En effet, s'ils ont surtout donné au peuple des enseignements contraires à la probité, et à ces vertus dont on attend la récompense après la mort; si, par rapport aux prospérités passagères du temps présent, ils ne peuvent être nuisibles à leurs ennemis, ni utiles à leurs amis, est-il besoin de les honorer? Faut-il y mettre tant d'empressement? Dans ces jours de calamités et de douleurs, pourquoi se plaindre comme s'ils s'étaient retirés à cause de quelque offense? Pourquoi à leur occasion adresser à la religion chrétienne les plus indignes outrages? S'ils ont quelque puissance pour le bien ou pour le mal, comment ont-ils si bien favorisé Marius, le plus méchant des hommes? Comment ont-ils délaissé Régulus, ce citoyen si vertueux? N'est-ce pas une preuve manifeste que ces dieux sont injustes et mauvais? Peut-être est-ce pour cela même qu'on pense qu'il faut les craindre et les honorer? Erreur, car Régulus les a certes aussi bien servis que Marius. Toutefois, si les dieux ont plus favorisé ce dernier, ce n'est pas une raison

---

amitteretur, omnes adytis arisque relictis dii, (*a*) si eorum de bona vita atque justitia civitas præcepta contempserat. Nunc vero quales, quæso, dii fuerunt, si noluerunt cum populo cultore suo vivere, quem male viventem non docuerant bene vivere?

CAPUT XXIII.

Varietates rerum temporalium, non ex favore aut impugnatione dæmonum, sed ex veri Dei pendere judicio.

1. Quid quod etiam videntur eorum adfuisse cupiditatibus implendis, et ostenduntur non præfuisse refrenandis? Qui enim Marium novum hominem et ignobilem, cruentissimum auctorem bellorum civilium atque gestorem, ut septies consul fieret adjuverunt, atque ut in septimo suo consulatu moreretur senex, nec in manus Syllæ futuri mox victoris irrueret? (*b*) Si enim ad hæc eum dii eorum non juverunt non parum est quod fatentur etiam non propitiis diis suis posse accidere homini istam temporalem, quam nimis diligunt, tantam felicitatem; et posse homines sicut fuit Marius, salute, viribus, opibus, honoribus, dignitate, longævitate cumulari et perfrui diis iratis : posse etiam homines, sicut fuit Regulus, captivitate, servitute, inopia, vigiliis, doloribus excruciari et emori diis amicis. Quod si ita esse concedunt, compendio nihil eos prodesse, et coli superfluo, confitentur. Nam si virtutibus animi et probitati vitæ, cujus præmia post mortem speranda sunt, magis contraria ut populus disceret instituerunt : si nihil etiam in his transeuntibus et temporalibus bonis, vel eis quos oderunt nocent, vel eis quos diligunt prosunt, quid coluntur, ut quid tanto studio colendi requiruntur? Cur laboriosis tristibusque temporibus, tanquam offensi abscesserint, murmuratur, et propter eos Christiana religio conviciis indignissimis læditur? Si autem habent in his rebus, vel beneficii vel maleficii potestatem, cur in eis adfuerunt pessimo viro Mario, et optimo Regulo defuerunt? An ex hoc ipsi intelliguntur injustissimi et pessimi? Quod si propterea magis timendi et colendi putantur : neque hoc putentur. Neque enim minus eos invenitur Regulus coluisse, quam Marius. Nec ideo vita pessima eligenda

---

(*a*) Lov. *dii, quorum de bona vita.* Dissentiunt cæteri libri. — (*b*) Hic editi addunt : *Cur non etiam juverunt, ut a tantorum se compesceret immanitate focinorum?* Sed hæc a Mss. omnibus absunt Gallicanis et Romanis.

LIVRE II. — CHAPITRE XXIII.

pour imiter ses crimes; en effet, Métellus, l'homme le plus estimé parmi les Romains, qui eut cinq fils consulaires, jouit aussi de toutes les félicités temporelles; l'infâme Catilina, au contraire, criblé de dettes, périt misérablement dans la guerre suscitée par sa perfidie; mais un bonheur véritable et solide devient le partage seulement des serviteurs fidèles du vrai Dieu qui seul peut le donner.

2. En voyant la république périr par la corruption morale, les dieux ne firent rien pour régler ou corriger les mœurs, afin d'empêcher cette ruine, mais ils la précipitèrent en développant encore cette dépravation universelle. Prétendront-ils encore être bons, feignant de se retirer comme offensés par la corruption des citoyens? Mais ils sont bien là encore, ils se trahissent, et on les convainc d'imposture; ils sont impuissants à rien sauver par leurs préceptes, impuissants à se cacher dans le silence. Je ne parle point de ce que fit la compassion des habitants de Minturnes, lorsqu'ils confièrent Marius à la protection de la déesse Marica dans son bois, pour lui assurer le succès; je ne dis point comment, sorti heureusement de l'état le plus désespéré, ce barbare introduisit dans Rome une armée aussi barbare que lui; on pourra, si l'on veut, lire dans les historiens les cruautés qu'il exerça dans sa victoire, victoire plus sanglante contre des citoyens qu'elle ne l'eût été contre des ennemis. Je passe tout cela, et je n'attribue pas cet atroce succès de Marius à je ne sais quelle déesse Marica, je l'attribue à une disposition secrète de la divine Providence, pour fermer la bouche des païens, et garantir de l'erreur ceux qui, au lieu d'écouter les passions, veulent peser sagement les choses. En effet, si les démons exercent quelque action dans ces événements, ils ne peuvent dépasser les limites qu'il plaît à la Toute-Puissance divine de leur fixer. Ainsi nous apprenons à ne point trop estimer la prospérité terrestre, qui bien souvent est le partage des méchants, comme elle le fut de Marius, et à ne point la considérer comme mauvaise, puisque bien des fois aussi elle fut accordée, malgré les démons, à des hommes pieux et adorateurs fidèles du seul vrai Dieu; ainsi encore voyons-nous que par rapport aux biens ou aux maux de la vie présente, nous n'avons ni à craindre, ni à apaiser ces esprits impurs. Ils sont comme les méchants ici-bas, ils ne peuvent faire tout ce qu'ils voudraient, mais seulement ce que leur permet la disposition de Celui dont personne ne peut comprendre pleinement, ni reprendre justement les décrets.

---

videatur, quia magis Mario quam Regulo dii favisse existimantur. Metellus enim Romanorum laudatissimus, qui habuit quinque filios consulares, etiam rerum temporalium felix fuit; et Catilina pessimus, oppressus inopia et in bello sui sceleris prostratus infelix : et verissima atque certissima felicitate præpollent boni Deum colentes, a quo solo conferri potest.

2. Illa igitur respublica malis moribus cum periret, nihil dii eorum pro dirigendis vel pro corrigendis egerunt moribus, ne periret : imo depravandis et corrumpendis addiderunt moribus, ut periret. Nec se bonos fingant, quod velut offensi civium iniquitate discesserint. Prorsus ibi erant ; produntur, convincuntur : nec subvenire præcipiendo, nec latere tacendo potuerunt. Omitto quod Marius a miserantibus Minturnensibus Maricæ deæ in luco ejus commendatus est, ut ei omnia prosperaret ; et ex summa desperatione reversus incolumis, in Urbem duxit crudelem crudelis exercitum : ubi quam cruenta, quam incivilis, hostilique immanior ejus victoria fuerit, eos qui scripserunt legant qui volunt. Sed hoc, ut dixi, omitto : nec Maricæ nescio cui tribuo Marii sanguineam felicitatem, sed occultæ potius providentiæ Dei ad istorum ora claudenda, eosque ab errore liberandos qui non studiis agunt, sed hæc prudenter advertunt. Quia et si aliquid in his rebus dæmones possunt, tantum possunt, quantum secreto omnipotentis arbitrio permittuntur ; ne magnipendamus terrenam felicitatem, quæ, sicut Mario, malis etiam plerumque conceditur ; nec eam rursus quasi malam arbitremur, cum ea multos etiam pios et bonos unius Dei veri cultores, invitis dæmonibus præpolluisse videamus ; nec eosdem immundissimos spiritus vel propter hæc ipsa bona malave terrena propitiandos aut timendos existimemus. Quia sicut ipsi mali homines in terra, sic etiam illi non omnia quæ volunt facere possunt, nisi quantum illius ordinatione sinuntur ; cujus plene judicia nemo comprehendit, juste nemo reprehendit.

CHAPITRE XXIV.

Des actions de Sylla dont les dieux se vantèrent d'être les fauteurs.

1. Sylla lui-même de qui la domination fit regretter celle dont il tirait vengeance, Sylla s'étant avancé avec son armée sous les murs de Rome pour combattre Marius, les entrailles des victimes donnèrent des présages si favorables, que, selon Tite-Live, l'aruspice Posthumius s'engagea à subir le dernier supplice, si les dieux n'aidaient Sylla à accomplir tout ce qu'il méditait. Ils n'avaient donc point quitté leurs sanctuaires et leurs autels, quand ils annonçaient ainsi les succès de Sylla, et n'avaient nul souci de réformer ses mœurs. Ils lui présageaient une grande victoire, mais ils n'avaient garde de réprimer ses mauvaises passions par de salutaires menaces. Déjà, pendant la guerre contre Mithridate en Asie, Jupiter lui fait dire par Lucius Titius qu'il sera vainqueur, ce qui se réalise. Puis lorsqu'il se prépare à revenir à Rome, pour venger dans le sang des citoyens ses injures personnelles et celles de ses amis, le même Jupiter envoie encore un soldat de la sixième légion, lui annoncer que, comme il lui avait prédit la victoire sur Mithridate, il lui promet encore de l'aider à reprendre le pouvoir à ses ennemis, mais en versant beaucoup de sang. Sylla demande au soldat quelle était la forme de l'apparition, et sur la réponse de celui-ci, il reconnaît que c'est la même qu'avait vue cet autre soldat qui lui avait, de la part de Jupiter, prédit la victoire sur Mithridate. Que répondre ici? Pourquoi chez ces dieux, le soin d'annoncer tous ses succès? sans qu'aucun d'eux s'inquiète de corriger Sylla par ses conseils, et de l'empêcher, non pas de souiller, mais d'anéantir complètement la république par les maux horribles d'une épouvantable guerre civile? On comprend, ce que j'ai déjà remarqué plus d'une fois, et les saintes Ecritures d'accord avec les faits nous l'enseignent, que les démons travaillent dans leur intérêt, en se faisant reconnaitre et adorer comme des dieux, et en réclamant des hommages qui, au jugement de Dieu, associeront leurs adorateurs à la réprobation qu'ils subissent eux-mêmes.

2. Plus tard, Sylla étant venu à Tarente, y offre un sacrifice; sur le sommet du foie d'un veau offert, il aperçoit la figure d'une couronne d'or. C'est, lui dit l'aruspice Posthumius, le présage d'une victoire signalée, et vous seul, ajoute-t-il, devez manger les entrailles de la victime. Bientôt arrive l'esclave d'un certain Lu-

---

CAPUT XXIV.

De Syllanis actibus, quorum se dæmones ostentaverunt adjutores.

1. Sylla certe ipse, cujus tempora talia fuerunt, ut superiora, quorum vindex esse videbatur, illorum comparatione quærerentur, cum primum ad Urbem contra Marium castra movisset, adeo læta exta immolanti fuisse scribit Livius, ut custodiri se Postumius haruspex voluerit capitis supplicium subiturus, nisi ea quæ in animo Sylla haberet, diis juvantibus implevisset. Ecce non discesserant adytis arisque relictis dii, quando de rerum eventu prædicebant, nihilque de ipsius Syllæ correctione curabant. Promittebant (a) præsagiendo felicitatem magnam, nec malam cupiditatem minando frangebant. Deinde cum esset in Asia bellum Mithridaticum gerens, per Lucium Titium ei mandatum est a Jove, quod esset Mithridatem superaturus : et factum est. Ac postea molienti redire in Urbem, et suas amicorumque (b) injurias civili sanguine ulcisci, iterum mandatum est ab eodem Jove per militem quemdam legionis sextæ, prius se de Mithridate prænuntiasse victoriam, et tunc promittere daturum se potestatem, qua recuperaret ab inimicis rempublicam non sine multo sanguine. Tunc percontatus Sylla, quæ forma militi visa fuerit; cum ille indicasset, eam recordatus est quam prius ab illo audierat, qui de Mithridatica victoria ab eodem mandata pertulerat. Quid hic responderi potest, quare dii curaverint velut felicia ista nuntiare, et nullus eorum curaverit Syllam monendo corrigere, mala tanta facturum scelestis armis civilibus, qualia non fœdarent, sed auferrent omnino rempublicam? Nempe intelliguntur dæmones, sicut sæpe dixi, notumque nobis est in litteris sacris, respice ipsæ satis indicant, negotium suum agere, ut pro diis habeantur et colantur, et ea illis exhibeantur, quibus ii qui exhibent sociati, unam pessimam causam cum eis habeant in judicio Dei.

2. Deinde cum venisset Tarentum Sylla, atque ibi sacrificasset, vidit in capite vitulini jecoris similitudinem coronæ aureæ. Tunc Postumius haruspex ille respondit, præclaram ei significare victoriam, jussitque ut extis illis solus vesceretur. Postea parvo intervallo servus cujusdam Lucii Pontii vaticinando clamavit : A Bellona nuntius venio, victoria tua est,

---

(a) Vind. Am. et Mss. *præsagando.* — (b) Lov. *subortas injurias.* Abest *subortas* a Vind. Am. Er. et plerisque Mss.

cius Pontius, et d'un ton de prophète, il s'écrie : « Bellone m'envoie, Sylla, la victoire est à toi. » Puis il ajoute : « Le Capitole va brûler. » Aussitôt il quitte le camp, mais il revient précipitamment le lendemain, et déclare que le Capitole est brûlé. C'était vrai, le démon, du reste, pouvait facilement prévoir ce fait, et en annoncer de suite l'accomplissement. Voyez donc, et ceci intéresse particulièrement notre cause, voyez donc quels sont ces dieux auxquels veulent être soumis ceux qui blasphèment notre Sauveur, qui affranchit ses fidèles de l'empire des démons! Un homme s'écrie d'un ton prophétique : « Sylla, la victoire est à toi; » et pour montrer qu'il fait cette prédiction au nom d'un esprit divin, il annonce en même temps un fait qui va s'accomplir, et qui s'accomplit, en effet, bientôt, à une grande distance du lieu où était ce messager inspiré. Toutefois, il ne s'écrie pas : « Sylla, pas de cruautés. » Et certes ne méditait-il pas des crimes épouvantables, ce vainqueur qui avait, dans un foie de veau, aperçu une couronne d'or comme un signe glorieux de son triomphe? Si de tels indices venaient de divinités justes, et non des démons impies, les entrailles des victimes ne devaient présager à Sylla que ses crimes et leurs suites funestes, même pour lui. En effet, cette victoire fut moins utile que fatale à sa grandeur à raison de ses passions. Insatiable dans ses désirs, élevé ou plutôt accablé par la prospérité, il se fait plus de mal à lui-même par sa corruption, qu'il n'en cause à ses ennemis par sa cruauté. Ces choses véritablement tristes et déplorables, les dieux ne les lui annoncent ni par les entrailles des victimes, ni par les augures, ni par une vision, ni par une prophétie. Ils avaient plus peur de le voir sage que victorieux; bien plus, ces démons l'aidaient à remporter une grande victoire sur ses concitoyens, pour le vaincre eux-mêmes, l'enchaîner par des vices honteux, et ainsi se l'attacher d'une manière plus étroite.

CHAPITRE XXV.

Combien les esprits mauvais portent les hommes au mal, en donnant leurs exemples comme une autorité divine.

1. Qui donc, à moins qu'il ne préfère imiter de tels dieux, plutôt qu'être délivré de leur joug par la grâce du vrai Dieu, qui donc, dis-je, ne comprend et ne voit comme ces esprits mauvais s'efforcent de donner au crime, par leur exemple, une autorité divine? On les a vus, en effet, se livrer entre eux un combat, dans une plaine de la Campanie, où peu après, pendant la guerre civile, eut lieu une bataille acharnée. (JUL. OBS., lib. *de Prodigiis*.) D'abord on enten-

---

Sylla. Deinde adjecit, arsurum esse Capitolium. Hoc cum dixisset, continuo egressus e castris, postera die concitatior reversus est, et Capitolium arsisse clamavit. Arserat autem re vera Capitolium. Quod quidem dæmoni et prævidere facile fuit, et celerrime nuntiare. Illud sane intende, quod ad causam maxime pertinet, sub qualibus diis esse cupiant, qui blasphemant Salvatorem voluntates fidelium a dominatu dæmonum liberantem. Clamavit homo vaticinando : Victoria tua est, Sylla : atque ut id divino spiritu clamare crederetur, nuntiavit etiam aliquid et prope futurum et mox factum, unde longe aberat per quem ille spiritus loquebatur : non tamen clamavit : Ab sceleribus parce Sylla; quæ illic victor tam horrenda commisit, cui corona aurea ipsius victoriæ illustrissimum signum in vitulino jecore apparuit. Qualia signa si dii justi dare solerent, ac non dæmones impii, profecto illis extis nefaria potius atque ipsi Syllæ graviter noxia mala futura monstrarent. Neque enim ejus dignitati tantum profuit illa victoria, quantum nocuit cupiditati; qua factum est, ut immoderatis inhians, et secundis rebus elatus ac præcipitatus, magis ipse periret in moribus, quam inimicos in corporibus perderet. Hæc illi dii vere tristia vereque lugenda, non extis, non auguriis, non cujusquam somnio vel vaticinio prænuntiabant. Magis enim timebant ne corrigeretur, quam ne vinceretur. Imo satis agebant, ut victor civium gloriosus, victus atque captivus nefandis vitiis, et per hæc ipsis etiam dæmonibus multo abstrictius subderetur.

CAPUT XXV.

Quantum maligni spiritus ad flagitia incitent homines, cum in committendis sceleribus quasi divinam exempli sui interponunt auctoritatem.

1. Illinc vero quis non intelligat, quis non videat, nisi qui tales deos imitari magis elegit, quam divina gratia ab eorum societate separari, quantum moliantur maligni ista spiritus exemplo suo, velut divinam auctoritatem præbere sceleribus, quod etiam in quadam Campaniæ lata planitie, ubi non multo post civiles acies nefario prælio conflixerunt, ipsi inter se prius pugnare (JULIUS OBSEQUENS, lib. *de prodigiis*) visi sunt? Namque ibi auditi sunt primum ingentes fragores : moxque multi se vidisse nuntiarunt per

dit un grand tumulte, et bientôt plusieurs racontèrent qu'ils avaient vu deux armées se battre pendant quelques jours. La bataille terminée, on remarqua des piétinements d'hommes et de chevaux, autant qu'il en pouvait rester à la suite d'un tel combat. Si cette guerre entre eux fut réelle, c'est une bonne excuse pour la guerre civile, mais aussi on peut voir par là comme ces dieux sont méchants et misérables. Si ce combat fut une feinte, dans quel but eut-il lieu, sinon dans celui d'engager par leur exemple les Romains à se livrer sans remords aux horreurs de la guerre civile? Déjà cette guerre était commencée, et plusieurs engagements impies avaient été suivis d'un détestable carnage. Un soldat arrachant les dépouilles d'un ennemi qu'il venait d'abattre, avait reconnu son propre frère dans ce cadavre dépouillé, et maudissant les guerres civiles, il s'était tué lui-même sur le corps de son frère. Ce trait avait causé une assez vive émotion. Pour diminuer l'horreur qu'inspiraient des faits de ce genre, pour attiser encore la fureur de ces guerres criminelles, ces funestes démons qu'on vénère, qu'on adore comme des dieux, veulent se montrer aux hommes en guerre les uns avec les autres, afin que les citoyens ne craignent pas de continuer cette sorte de combats, et que les crimes des hommes trouvent leur excuse dans l'exemple des dieux. C'est ce même esprit de malice qui les porte à exiger qu'on leur dédie, qu'on leur consacre ces jeux du théâtre, dont j'ai déjà longuement parlé, dans lesquels et les chants, et les représentations étaient d'abominables infamies commises par ces dieux. Qu'on pense qu'ils les ont commises réellement, ou s'ils ne les ont pas commises, qu'on voie que la représentation de tels actes leur est agréable, cela suffit pour déterminer à les commettre en toute sécurité. Ainsi, pour égarer les esprits, ils ont voulu, non-seulement par des combats tels que les représentent les acteurs, mais en se montrant eux-mêmes aux hommes sur un champ de bataille, justifier les récits despoètes; afin que, lorsque ces derniers les montrent luttant les uns contre les autres, on ne pût prétendre que c'étaient là des inventions indignes d'eux, et injurieuses à leur divinité.

2. Nous sommes contraints de rappeler ces choses, de montrer que les auteurs païens eux-mêmes ne craignent pas de dire et d'écrire que la corruption des mœurs avait tué la république romaine bien avant la venue de Jésus-Christ. Cette destruction, nos adversaires ne l'imputent pas à leurs dieux, mais ces maux passagers qui ne peuvent nuire aux justes, soit que ceux-ci leur survivent, ou qu'ils y trouvent la mort, ces maux, selon eux, c'est notre Christ qui en

---

aliquot dies duas acies prœliari. Quæ pugna ubi destitit, vestigia quoque velut hominum et equorum, quanta de illa conflictatione exprimi poterant, invenerunt. Si ergo veraciter inter se numina pugnaverunt, jam bella civilia (*a*) excusentur humana; consideretur tamen quæ sit talium deorum vel malitia, vel miseria : si autem se pugnasse finxerunt, quid aliud egerunt, nisi ut sibi Romani bellando civiliter, tanquam deorum exemplo nullum nefas admittere viderentur? Jam enim cœperant bella civilia, et (*b*) aliquot nefandorum prœliorum strages exsecranda præcesserat. Jam multos moverat, quod miles (Liv., lib. LXXIX) quidam dum occiso spolia detraheret, fratrem nudato cadavere agnovit, ac detestatus bella civilia, se ipsum ibi perimens fraterno corpori adjunxit. Ut ergo tanti hujus mali minime tæderet, sed armorum scelestorum magisque ardor incresceret, (*c*) noxii dæmones, quos illi deos putantes colendos et venerandos arbitrabantur, inter se pugnantes hominibus apparere voluerunt, ne imitari tales pugnas civica trepidaret affectio, sed potius humanum scelus divino excusaretur exemplo. Hac astutia maligni spiritus etiam ludos, unde multa jam dixi, scenicos sibi dicari sacraricque jusserunt : ubi deorum tanta flagitia theatricis canticis atque fabularum actionibus celebrata, et quisquis eos talia fecisse crederet, et quisquis non crederet, sed tamen illos libentissime sibi (*d*) talia velle exhiberi cerneret, securus imitaretur. Ne quis itaque existimaret in deos convicia potius, quam eis dignum aliquid scriptitasse, ubicumque illos inter se pugnasse poetæ commemorarunt, ipsi ad decipiendos homines poetarum carmina firmaverunt, pugnas videlicet suas non solum per scenicos in theatro, verum etiam per se ipsos in campo humanis oculis exhibentes.

2. Hæc dicere compulsi sumus, quoniam pessimis moribus civium Romanam rempublicam jam antea perditam fuisse, nullamque remansisse ante adventum Domini Jesu Christi, auctores eorum dicere et scribere minime dubitarunt. Quam perditionem diis suis non imputant, qui mala transitoria, quibus boni seu vivant, seu moriantur, perire non possunt,

---

(*a*) Vind. Am. Er. et Mss. *excusantur*. — (*b*) Editi, *aliqua*. At Mss. *aliquot*. Refer. ad *prœliorum*. — (*c*) Editi, *mox hi dæmones*. Plerique autem et melioris notæ Mss. *noxii dæmones*. Huic lectioni congruit illud sequenti capite, n. 1, *spirituum noxiorum*. — (*d*) Abest *velle* a Mss.

est l'auteur. Pourtant c'est lui qui par tant de préceptes soutient la vertu contre la corruption, tandis que leurs dieux n'ont jamais donné aucune prescription de ce genre, et qu'au contraire, peu soucieux de la moralité de leurs adorateurs et du salut de la république, ils ont, par leurs exemples funestes, autorisé cette dépravation qui causa sa ruine. Certes personne, je pense, n'osera dire que si la république a péri, c'est que ces dieux, amis de la vertu, irrités contre les vices de leurs adorateurs, ont déserté les temples et abandonné leurs autels ; leur présence ne nous est-elle pas attestée par tous ces présages, ces augures, ces oracles qu'ils étalent complaisamment pour montrer leur connaissance de l'avenir, et l'aide qu'ils peuvent donner dans les combats ? Si véritablement ils s'étaient retirés, si soustraits à leurs funestes instigations, les Romains n'eussent été poussés à la guerre civile que par leurs propres passions, cette guerre eût été moins cruelle.

CHAPITRE XXVI.

Morale enseignée en secret par les dieux, tandis que publiquement ils enseignaient la corruption.

1. S'il en est ainsi, si ces infamies, mêlées à ces cruautés, si ces hontes, ces crimes des dieux, réels ou supposés, sont, à leur demande et sous peine d'encourir leur indignation, consacrés par des fêtes solennelles, étalés en public pour être offerts aux regards et à l'imitation de tous ; que veut-on dire lorsqu'on prétend que, dans le secret des temples, quelques préceptes de morale sont donnés à un petit nombre d'initiés par ces mêmes démons ? Ah ! leur amour de la volupté les signale assez comme des esprits immondes, et par les crimes honteux, réels ou imaginaires, dont ils demandent la représentation aux débauchés, l'extorquant à ceux qui ont quelque pudeur, ne se proclament-ils pas les auteurs d'une vie criminelle et dépravée ? Si cette initiation est vraie, c'est la preuve d'une malice plus raffinée chez ces êtres nuisibles. Telle est, en effet, le pouvoir de l'innocence et de la chasteté, qu'il n'y a personne ou presque personne qui ne soit sensible à la louange de les posséder, ou qui soit perverti au point d'avoir perdu tout sentiment de l'honnête. La malice des démons ne pourrait donc aussi complètement séduire, si, comme le disent nos Ecritures, ils ne se transformaient parfois en anges de lumière. (II *Cor.*, XI, 14.) Au dehors donc des enseignements impies et im-

Christo nostro imputant : cum Christus noster tanta frequenter pro moribus optimis præcepta contra perditos mores, dii vero ipsorum nullis talibus præceptis egerint aliquid cum suo cultore populo, pro illa republica, ne periret ; imo eosdem mores velut suis exemplis auctoritate noxia corrumpendo, egerunt potius ut periret. Quam non ideo tunc periisse quisquam, ut arbitror, jam dicere audebit, quia discessere omnes adytis arisque relictis dii, velut amici virtutibus, cum vitiis hominum offenderentur ; quia tot signis extorum, auguriorum, vaticiniorum, quibus se tanquam præscios futurorum adjutoresque præliorum jactare et commendare gestiebant, convincuntur fuisse præsentes : qui si vere abscessissent, mitius Romani in bella civilia suis cupiditatibus quam illorum instigationibus exarsissent.

CAPUT XXVI.

De secretis dæmonum monitis, quæ pertinebant ad bonos mores, cum palam in sacris eorum omnis nequitia disceretur.

1. Quæ cum ita sint, cum palam aperteque turpitudines crudelitatibus mixtæ, opprobria numinum et crimina, sive prodita, sive conficta, ipsis exposcentibus, et nisi fieret irascentibus, etiam certis et statis solemnitatibus consecrata illis et dedicata claruerint, atque ad omnium oculos, ut imitanda proponerentur, spectanda processerint ; quid est, quod iidem ipsi dæmones, qui se hujuscemodi voluptatibus immundos spiritus esse confitentur, qui suis flagitiis et facinoribus, sive iudicatis sive simulatis, eorumque sibi celebratione petita ab impudentibus, extorta a pudentibus, auctores se vitæ scelestæ immundæque testantur, perhibentur tamen in adytis suis secretisque penetralibus dare quædam bona præcepta de moribus, quibusdam velut *(a)* electis sacratis suis ? Quod si ita est, hoc ipso callidior advertenda est et convincenda malitia spirituum noxiorum. Tanta enim vis est probitatis et castitatis, ut omnis vel pene omnis ejus laude moveatur humana natura, nec usque adeo sit turpitudine vitiosa, ut totum amittat sensum honestatis. Proinde malignitas dæmonum, nisi alicubi se quemadmodum scriptum in nostris litteris novimus, transfiguret in angelos lucis (II *Cor.*, XI, 14), non implet negotium deceptionis. Foris itaque populis celeber-

---

(a) Heraldus ad Arnobii librum V, pro glossemate habet hæc verba, *quibusdam velut electis.* Sed insunt Mss. omnibus, faciuntque apprime ad propositum Augustini, in ipsis forte etiam alludentis ad Manichæorum Electos, quibus illius sectæ doctrina secretior servabatur. Nam quod subsequitur, *sacratis suis,* non ipsos mores, ut Heraldus putavit, spectat, quasi adjectivum ; sed homines significat diis religione addictos, ut passim hoc in opere.

purs retentissent avec solennité aux oreilles des peuples, au dedans une chasteté hypocrite fait à peine entendre quelques sons à un petit nombre. La publicité la plus grande pour les obscénités, le secret pour ce qui est honnête; la vertu se cache, le déshonneur s'affiche. Le mal rassemble une foule de spectateurs; ce qui est bien trouve à peine de rares auditeurs, comme s'il fallait rougir de la vertu, et se glorifier du vice. Mais où cela se passe-t-il, sinon dans les temples des démons, dans les repaires de l'imposture? Il arrive ainsi que les hommes honnêtes, d'ailleurs en petit nombre, sont séduits, et que le grand nombre de ceux qui sont dépravés est maintenu dans la corrpution.

2. Où et quand les initiés de la déesse Céleste (1) recevaient-ils ces leçons de chasteté? Nous l'ignorons. Mais devant le temple même où se voit l'image de la déesse, réunis de toutes parts et nous plaçant comme nous pouvions, nous regardions très-attentivement les jeux qui se célébraient; nos yeux se portaient tour à tour et sur ces courtisanes parées, et sur la déesse vierge; on l'adorait avec respect, on commettait devant elle toute sorte d'infamies. Nous n'avons pas vu là d'histrion réservé ou de comédienne retenue; chacun était fidèle à son rôle impudique. On savait les hommages qui plaisaient à la déesse ; après avoir assisté à ce spectacle, la matrone retournait plus instruite au foyer domestique. Quelques-unes, plus réservées, détournaient leurs regards de ces mouvements lascifs des histrions, et ce n'était que par des regards jetés à la dérobée qu'elles apprenaient l'art du crime! Elles n'osaient, en effet, devant des hommes fixer leurs regards sur ces spectacles impurs; mais elles eussent encore moins osé condamner avec un cœur chaste des cérémonies sacrées, objets de leur vénération. Cependant, on apprenait publiquement dans le temple ce qu'on n'eût osé commettre que dans le secret de la maison. La pudeur (s'il s'en trouvait dans un tel lieu) devait certes être surprise que les hommes ne commissent pas librement des crimes enseignés religieusement au nom des dieux, crimes dont ils exigeaient la représentation sous peine de s'exposer à leur colère. Quel esprit donc, sinon celui qui se complaît dans ces hommages impurs, stimule intérieurement les âmes corrompues, et, se repaissant de leurs crimes, les encourage aux adultères? Il élève dans les temples les simulacres des démons. Il aime dans les jeux la représentation des vices; murmurant en secret, pour tromper quelques âmes honnêtes, certaines paroles de vertu, il étale au grand jour toutes les séductions de la volupté, pour retenir sous son empire le nombre infini des hommes dépravés.

(1) Voyez sur cette déesse Céleste la note placée au chap. iv de ce même livre.

rimo strepitu impietas impura circumsonat, et intus paucis castitas simulata vix sonat : præbentur propatula pudendis, et secreta laudandis : decus latet, et dedecus patet : quod malum geritur, omnes convocat spectatores; quod bonum dicitur, vix aliquos invenit auditores : tanquam honesta erubescenda sint, et inhonesta glorianda. Sed ubi hoc, nisi in dæmonum templis? ubi, nisi in fallaciæ diversoriis? Illud enim fit, ut honestiores, qui pauci sunt, capiantur : hoc autem, ne plures, qui sunt turpissimi, corrigantur.

2. Ubi et quando sacrati Cœlestis audiebant castitatis præcepta, nescimus : ante ipsum tamen delubrum, ubi simulacrum illud locatum conspiciebamus, universi undique confluentes, et ubi quisque poterat stantes, ludos qui agebantur intentissimi spectabamus, intuentes alternante conspectu, hinc meretriciam pompam, illinc virginem deam; illam suppliciter adorari, ante illam turpia celebrari : non ibi pudibundos mimos, nullam verecundiorem scenicam vidimus; cuncta obscœnitatis implebantur officia. Sciebatur virginali numini quid placeret, et exhibebatur quod de templo domum matrona doctior reportaret. Nonnullæ pudentiores avertebant faciem ab impuris motibus scenicorum, et artem flagitii (a) furtiva intentione discebant. Hominibus namque verecundabantur, ne auderent impudicos gestus ore libero cernere : sed multo minus audebant sacra ejus, quam venerabantur, casto corde damnare. Hoc tamen palam discendum præbebatur in templo, ad quod perpetrandum saltem secretum quærebatur in domo : (b) mirante nimium (si ullus ibi erat) pudore mortalium, quod humana flagitia non libere homines committerent, quæ apud deos etiam religiose discerent, iratos habituri, nisi etiam exhibere curarent. Quis enim alius spiritus occulto instinctu nequissimas agitans mentes, et instat faciendis adulteriis, et pascitur factis, nisi qui etiam sacris talibus oblectatur, constituens in templis simulacra dæmonum, amans in ludis simulacra vitiorum; susurrans in occulto verba justitiæ ad decipiendos etiam paucos bonos, frequentans in aperto invitamenta nequitiæ ad possidendos innumerabiles malos?

(a) Hic in excusis additum, videre erubescentes : quod abest a Mss. — (b) Editi : Mirum nimium si ullus ibi erat pudor mortalium, quo humana, e'c. Emendantur a Mss.

CHAPITRE XXVII.

Jeux obscènes par lesquels les Romains apaisaient les dieux lorsque la République était en péril.

Homme sérieux et se croyant philosophe, Cicéron, édile désigné, proclamait dans toute la cité que, parmi les devoirs de sa charge, il devait, par des jeux solennels, apaiser la déesse Flore; or, on célébrait ordinairement ces jeux avec d'autant plus de dévotion qu'ils sont plus infâmes. Devenu consul, au moment où la républiqeu courait les plus grands périls, il dit, dans un autre endroit, que rien de ce qui peut calmer les dieuy n'a été omis, et qu'on a célébré les juex pendant dix jours. Comme s'il n'eût pas été plus convenable d'irriter de tels dieux par la tempérance, que de les apaiser par des obscénités, et de provoquer leur colère par la pratique de la vertu, que de les adoucir par de si honteux désordres. Ces hommes contre lesquels on cherchait à se rendre les dieux propices, eussent-ils sévi avec la plus effrayante cruauté, auraient été moins nuisibles que ces dieux qu'il fallait apaiser par le plus honteux libertinage. Puisque, pour détourner les maux dont l'ennemi menaçait les corps, on n'obtenait l'assistance de ces dieux qu'en ruinant la vertu dans les âmes; ils ne veulent protéger les murailles de la cité, qu'après y avoir eux-mêmes détruit de fond en comble les bonnes mœurs. Et la ville entière repaissait ses yeux et ses oreilles du spectacle de ces jeux, par lesquels on apaisait de telles divinités; jeux où s'étalaient l'effronterie, l'impudence, la luxure, la corruption, la débauche, et dont la louable vertu des Romains privait les acteurs de tout honneur, les dégradait de leurs tribus, les notant de honte et d'infamie. Oui, toute la cité contemplait ces hommages honteux, abominables pour toute piété vraie, destinés à rendre propices de tels dieux; elle entendait ces fables licencieuses et criminelles sur ces mêmes dieux, ces actions ignominieuses commises par eux avec une scélératesse et une infamie, qui n'ont pu être surpassées que par la scélératesse et l'infamie de ceux qui les ont inventées. Les spectateurs croyaient qu'il leur fallait imiter ces actions dont la représentation plaisait aux dieux, et non pas pratiquer ce je ne sais quoi de bon et d'honnête, transmis (si toute fois il l'était) à un petit nombre, et si secrètement, qu'on semblait plutôt en craindre la publicité que l'inobservation.

CAPUT XXVII.

Quanta eversione publicæ disciplinæ Romani diis suis placandis sacraverint obscæna ludorum.

Vir gravis et (*a*) philosophaster Tullius ædilis futurus, clamabat in auribus civitatis, inter cætera sui magistratus officia sibi Floram matrem ludorum celebritate placandam (Act. VI, *in Verrem*) : qui ludi tanto devotius, quanto turpius celebrari solent. Dicit alio loco jam consul in extremis periculis civitatis, et ludos per decem dies factos, neque rem ullam quæ ad placandos deos pertineret prætermissam (Act. III, *in Catilinam*) : quasi non satius erat tales deos irritare temperantia, quam placare luxuria; et eos honestate etiam ad inimicitias provocare, quam tanta deformitate lenire. Neque enim gravius fuerant quamlibet crudelissima immanitate nocituri homines, propter quos placabantur, quam nocebant ipsi, cum vitiositate fœdissima placarentur. Quando quidem ut averteretur quod metuebatur ab hoste in corporibus, eo modo dii conciliabantur, quo virtus debellaretur in mentibus; qui non opponerentur defensores oppugnatoribus mœnium, nisi prius fierent expugnatores morum bonorum. Hanc talium numinum placationem petulantissimam, impurissimam, impudentissimam, nequissimam, immundissimam, cujus actores laudanda Romanæ virtutis indoles honore privavit, tribu movit, agnovit turpes, fecit infames : hanc, inquam, pudendam veræque religioni aversandam et detestandam talium numinum placationem, has fabulas in deos illecebrosas atque criminosas, hæc ignominiosa deorum facta vel scelerate turpiterque (*b*) commissa, vel sceleratius turpiusque conficta, oculis et auribus publicis civitas tota discebat; hæc commissa numinibus placere cernebat; et ideo non solum illis exhibenda, sed sibi quoque imitanda credebat; non illud nescio quid velut bonum et honestum, quod tam paucis et tam occulte dicebatur, (si tamen dicebatur) ut magis ne innotesceret, quam ne non fieret, timeretur.

(*a*) Editi, *philosophus Tertullius*. Consentiunt Mss. plerique, posteriore tamen vocabulo in quibusdam bipartito, ut legatur, *philosophus ter Tullius*. Verior lectio videtur veteris libri Corbeiensis, *philosophaster Tullius :* quam conjecturam assecutus erat Lud. Vives : ut videlicet Augustinus eo verbo notet inanem Tullii philosophiam, quæ a tam stultis et sacrilegis erroribus non cum liberavit. — (*b*) Sic in Mss, At in excusis hoc loco *conficta*; et altero loco post *turpiusque*, positum erat *commissa*.

CHAPITRE XXVIII.
Sainteté de la religion chrétienne.

Que les hommes aient été par le nom du Christ arrachés au joug infernal, et à la société damnable de ces puissances impures, que de ces ténèbres funestes de l'impiété, ils soient passés aux salutaires clartés de la religion, c'est ce dont se plaignent ces méchants, ces ingrats. Esclaves étroitement enchaînés de cet esprit pervers, ils murmurent en voyant les peuples affluer aux chastes solennités de nos églises, dans lesquelles une honnête décence sépare les deux sexes. Là on apprend combien il faut vivre saintement dans le temps, pour mériter d'obtenir après cette vie une vie heureuse et éternelle; là d'un lieu élevé, et en présence de tous, on explique la sainte Écriture et la doctrine du salut; ceux qui pratiquent ces enseignements les entendent pour leur salut, ceux qui les négligent les entendent pour leur condamnation. Quelques-uns de ceux qui raillent de tels enseignements viennent-ils à les entendre, un changement soudain détruit toute leur insolence, ou bien elle est réprimée par la crainte ou la honte. Rien de souillé, rien de criminel n'est étalé sous les yeux et proposé à l'imitation; mais on y rappelle les commandements du vrai Dieu, on raconte ses miracles, on le remercie de ses bienfaits, on lui demande ses grâces.

CHAPITRE XXIX.
Exhortation aux Romains pour les porter à renoncer au culte des faux dieux.

1. C'est là qu'il faut plutôt élever tes désirs, ô noble caractère de Rome, sang des Régulus, des Scévola, des Scipions, des Fabricius. Voilà où tu dois aspirer. Distingue ces pieux enseignements des folies honteuses et des perfides impostures des démons. Si la nature t'a donné de louables qualités; la véritable piété seule les purifie et les perfectionne, l'impiété les détruit, et les rend dignes de châtiment. Choisis maintenant ce que tu veux suivre, pour que l'on puisse sans erreur te louer, non en toi-même, mais dans le Dieu de vérité. Ta gloire autrefois fut célèbre, mais par un secret jugement de la divine Providence, la vraie religion te manqua, tu ne pouvais la choisir. Voici le temps, sors de ton sommeil, déjà tu t'es réveillée dans quelques-uns des tiens, dont la vertu parfaite, et les souffrances endurées pour la foi véritable font notre gloire; résistant avec énergie aux puissances ennemies, ils en ont courageusement triomphé par leur mort, et nous ont acquis par leur sang cette patrie nouvelle. C'est là que

---

CAPUT XXVIII.
De Christianæ religionis salubritate.

Ab istarum immundissimarum potestatum tartareo jugo et societate pœnali erui per Christi nomen homines, et in lucem saluberrimæ pietatis ab illa perniciosissimæ impietatis nocte transferri, queruntur, et murmurant iniqui et ingrati, et illo nefario spiritu altius obstrictiusque (*a*) possessi, quia populi confluunt ad ecclesias casta celebritate, honesta utriusque sexus discretione: ubi audiant quam bene hic ad tempus vivere debeant, ut post hanc vitam beate semperque vivere mereantur; ubi sancta Scriptura justitiæque doctrina de superiore loco in conspectu omnium personante, et qui faciunt, audiant ad præmium; et qui non faciunt, audiant ad judicium. Quo etsi veniunt quidam talium præceptorum irrisores, omnis eorum petulantia aut repentina immutatione deponitur, aut timore vel pudore comprimitur. Nihil enim eis turpe ac flagitiosum spectandum imitandumque proponitur, ubi veri Dei aut præcepta insinuantur, aut miracula narrantur, aut dona laudantur, aut beneficia postulantur.

CAPUT XXIX.
De abjiciendo cultu deorum cohortatio ad Romanos.

1. Hæc potius concupisce, o indoles Romana laudabilis, o progenies Regulorum, Scævolarum, Scipionum, Fabriciorum: hæc potius concupisce, hæc ab illa turpissima vanitate et fallacissima dæmonum malignitate discerne. Si quid in te laudabile naturaliter eminet, nonnisi vera pietate purgatur atque perficitur; impietate autem (*b*) disperditur, et punitur. Nunc jam elige quid sequaris, ut non in te, sed in Deo vero sine ullo errore lauderis. Tunc enim tibi gloria popularis adfuit, sed occulto judicio divinæ providentiæ vera religio quam eligeres defuit. Expergiscere, dies est; sicut experrecta es in quibusdam, de quorum virtute perfecta, et pro fide vera etiam passionibus gloriamur, qui usquequaque adversus potestates inimicissimas confligentes, easque fortiter moriendo vincentes, sanguine nobis hanc patriam peperere suo. Ad quam patriam te invitamus et exhortamur, ut ejus adjiciaris numero civium, cujus quodam modo asylum est vera remissio peccatorum. Non audias degeneres tuos Christo

(*a*) Editi, *oppressi*: dissentientibus Mss. — (*b*) Sic Er. et Mss. At Vind. Am. et Lov. *dispergitur*.

nous t'invitons, c'est là que nous t'appelons, viens te joindre au nombre des citoyens de cette patrie, dans laquelle la vraie rémission des péchés ouvre en quelque sorte un asile (1). N'écoute pas tes enfants dégénérés qui outragent le Christ et ses fidèles, les accusant des malheurs de ce temps; ce qu'ils veulent, ce ne sont pas des jours où la vie soit tranquille, mais des temps où leur perversité ne soit point troublée. Même pour une patrie terrestre, ces désordres ne te plurent jamais. Maintenant marche à la conquête d'une patrie céleste, cette conquête te coûtera peu, et ton règne y sera solide et éternel. Car là ce n'est plus l'autel allumé de Vesta, ce n'est plus la pierre du Capitole (2), mais le Dieu unique et véritable, qui « ne mesurant à ta puissance ni l'espace, ni la durée, te donnera un royaume sans fin. » (*Enéid.*, liv. I.)

2. Loin de rechercher ces dieux faux et trompeurs, repousse-les avec mépris, reprends la véritable liberté. Ce ne sont pas des dieux, ce sont des esprits mauvais qui souffrent de ton éternelle félicité. Junon n'a jamais tant envié aux Troyens, dont tu tires ton origine, la gloire de la cité romaine, que ces démons, que tu regardes encore comme des dieux, n'envient aux hommes la gloire de la Cité éternelle. Et toi-même, n'en as-tu pas en quelque sorte jugé ainsi, quand d'un côté tu les apaisais par des jeux, et que, d'un autre, tu déclarais infâmes ceux qui représentaient ces mêmes jeux! Consens à reprendre ta liberté contre ces esprits immondes, qui t'imposèrent l'obligation de leur consacrer comme une chose sainte, la célébration solennelle de leur ignominie. Tu as écarté de tes honneurs les acteurs qui représentaient ces crimes des dieux, conjure le vrai Dieu d'éloigner de toi ces mêmes dieux, qui se complaisent dans ces actions honteuses. S'ils les ont réellement commises, quelle ignominie! S'ils se les laissent attribuer, quelle perversité! C'est bien d'avoir de toi-même exclus de la société civile les histrions et les acteurs, mais regarde encore de plus près : Peuvent-elles vraiment apaiser les dieux, ces représentations qui couvrent les hommes d'infamie? Comment penses-tu placer au rang des puissances célestes les dieux qui se repaissent de tels hommages, quand tu refuses d'admettre ceux qui les leur rendent, même au dernier rang des citoyens de Rome? Comme elle est incomparablement plus glorieuse la Cité céleste où la victoire c'est la vérité, où la dignité c'est la sainteté, où la paix c'est la félicité, où la vie c'est l'éternité! Tu rougirais d'avoir dans ta société de tels hommes, à combien plus forte raison refuse-t-elle d'admettre dans son sein de

(1) Allusion à l'asile que Romulus avait ouvert dans Rome et dont il sera parlé plus loin. (Liv. V, chap. XVII.)
(2) Allusion au feu de Vesta, qui devait brûler continuellement, et à la statue de pierre, qui représentait Jupiter au Capitole.

Christianisve detrahentes, et accusantes velut tempora mala, cum quærant tempora quibus non sit quieta vita, sed potius secura nequitia. Hæc tibi nunquam nec pro terrena patria placuerunt. Nunc jam cœlestem arripe pro qua minimum laborabis, et in ea veraciter semperque regnabis. Illic enim tibi non Vestalis focus, non lapis Capitolinus, sed Deus unus et verus « nec metas rerum, nec tempora ponet, imperium sine fine dabit » (*Æneid.*, 1.)

2. Noli deos falsos fallacesque requirere ; abjice potius atque contemne, in veram emicans libertatem. Non sunt dii, maligni sunt spiritus, quibus æterna tua felicitas pœna est. Non tam Juno Trojanis, a quibus carnalem originem ducis, arces videtur invidisse Romanas (*Æneid.*, I), quam isti dæmones, quos adhuc deos putas, omni generi hominum sedes invident sempiternas. Et tu ipsa non parva ex parte de talibus judicasti, quando ludis eos placasti, et per quos homines eosdem ludos fecisti, infames esse voluisti. Patere asseri libertatem tuam adversus immundos spiritus, qui tuis cervicibus imposuerant sacrandam sibi et celebrandam ignominiam suam. Actores criminum divinorum removisti ab honoribus tuis : supplica Deo vero, ut a te removeat illos deos, qui delectantur criminibus suis, seu veris, quod ignominiosissimum est ; seu falsis, quod malitiosissimum est. Bene, quod tua sponte histrionibus et scenicis societatem civitatis patere noluisti ; evigila plenius ; nullo modo his artibus placatur divina majestas, quibus humana dignitas inquinatur. Quo igitur pacto deos, qui talibus delectantur obsequiis, haberi putas in numero sanctarum cœlestium potestatum, cum homines per quos eadem aguntur obsequia, non putasti habendos in numero qualiumcumque civium Romanorum ? Incomparabiliter superna est civitas clarior, ubi victoria, veritas ; ubi dignitas, sanctitas ; ubi pax, felicitas ; ubi vita, æternitas. Multo minus habet in sua societate tales deos, si tu in tua tales homines habere erubuisti. Proinde si ad beatam pervenire desideras Civitatem, devita dæmonum societatem. Indigne ab honestis coluntur, qui per turpes

tels dieux? Si donc tu désires parvenir à cette Cité bienheureuse, fuis la société des démons. C'est une honte pour des hommes honnêtes d'adorer des dieux que des infâmes seuls peuvent rendre propices. Que la sainteté chrétienne les bannisse de ton culte, comme la note du censeur excluait les comédiens de tes dignités. Même sur les biens temporels, les seuls que désirent les méchants, comme sur les maux de ce monde, les seuls qui soient redoutés des impies, ces dieux n'ont nullement la puissance qu'on leur attribue. L'eussent-ils, que nous devrions encore mépriser ces frêles avantages plutôt que de nous exposer, en les honorant à cause de ces biens, à perdre ceux que les démons nous envient. Nous terminons ici ce livre, mais à ceux qui prétendent qu'on doit les honorer parce qu'ils sont puissants sur les biens et les maux d'ici-bas, nous allons démontrer au livre suivant qu'ils ne possèdent point ce pouvoir.

LIVRE TROISIÈME

Après avoir parlé dans le livre précédent des maux de l'âme et de la corruption des mœurs, saint Augustin montre dans celui-ci comment les Romains, depuis la fondation de la ville, furent sans cesse en butte aux maux extérieurs et temporels; il établit que ces dieux qu'ils servaient en toute liberté avant la venue du Christ, n'ont rien fait pour les délivrer de cette sorte de maux.

CHAPITRE PREMIER.

Des adversités que les méchants seuls redoutent; le monde les a éprouvées, alors même qu'il adorait les dieux.

Inutile à mon avis, de parler plus longtemps de ces maux si funestes à l'âme et aux bonnes mœurs, et contre lesquels nous devons principalement nous mettre en garde; j'ai suffisamment démontré que les faux dieux, loin d'alléger le poids des maux qui oppressaient leurs adorateurs, n'ont travaillé qu'à le rendre plus lourd. Je vais maintenant parler de ces maux, les seuls que nos adversaires ne veulent pas souffrir, comme la faim, la maladie, la guerre, la spoliation, la captivité, le meurtre et autres calamités semblables rapportées au premier livre. Car les méchants n'estiment maux que ceux-là qui, néanmoins, ne rendent pas mauvais; au milieu des biens qu'ils louent, ils ne rougissent pas d'être eux-mêmes méchants en les louant; et le mauvais état de leur villa les tourmente plus que celui de leur vie; comme si le

placantur. Sic isti a tua (a) pietate removeantur purgatione Christiana, quomodo illi a tua dignitate remoti sunt notatione censoria. De bonis autem carnalibus, quibus solis mali perfrui volunt, et de malis carnalibus, quæ sola perpeti nolunt, quod neque in his habeant, quam putantur habere isti dæmones, potestatem, quanquam si haberent, deberemus potius etiam ista contemnere, quam propter ista illos colere, et eos colendo ad illa quæ nobis invident, pervenire non posse : tamen nec in istis eos hoc valere quod hi putant, qui propter hæc eos coli oportere contendunt, deinceps videbimus, ut hic sit hujus voluminis modus.

LIBER TERTIUS

Ut in superiori libro de malis morum et animi, sic in præsenti de corporis externarumque rerum incommodis ostendit Augustinus, Romanos a condita Urbe his assidue vexatos fuisse, atque ad avertenda id genus mala deos falsos, cum ante Christi adventum libere colerentur, nihil præstitisse.

(a) Sic Mss. Editi autem, *a tua societate.*

CAPUT PRIMUM.

De adversitatibus quas soli mali metuunt, et quas semper passus est mundus, cum deos coleret.

Jam satis dictum arbitror de morum malis et animorum, quæ præcipue cavenda sunt, nihil deos falsos populo cultori suo, quo minus eorum malorum aggere premeretur, subvenire curasse; sed potius, ut maxime premeretur, egisse. Nunc de illis malis video dicendum, quæ sola isti perpeti nolunt, qualia sunt fames, morbus, bellum, exspoliatio, captivitas, trucidatio : et si qua similia jam in primo libro commemoravimus. Hæc enim sola mali deputant mala, quæ non faciunt malos; nec erubescunt inter bona quæ laudant, ipsi mali esse qui laudant; magisque stomachantur, si villam malam habeant, quam si vitam; quasi hoc sit hominis maximum bonum, habere bona omnia, præter se ipsum. Sed neque talia mala, quæ isti sola formidant, dii eorum, quando ab eis libere colebantur, ne illis acciderent, obstiterunt. Cum enim variis per

souverain bien de l'homme consistait à avoir tout bon hors soi-même. Mais ces maux mêmes, les seuls qu'ils redoutent, les dieux qu'ils servaient alors en toute liberté les en ont-ils préservés? Et lorsqu'en divers lieux et à diverses époques, avant la venue de notre Rédempteur, d'innombrables, quelquefois même d'incroyables calamités accablaient le genre humain, n'était-ce pas ces faux dieux qu'adorait l'univers; à l'exception toutefois, du seul peuple hébreu et de quelques personnes qui, en dehors de ce peuple, par un juste et secret jugement de Dieu, ont mérité de recevoir sa grâce? Mais pour ne pas être trop long, je passerai sous silence les affreux désastres des autres nations; qu'il me suffise de parler de Rome et de l'empire romain, c'est-à-dire, des maux qui ont affligé la ville en particulier avant la venue du Christ, puis de ceux qu'ont soufferts les provinces alliées ou soumises à la république, lorsque déjà elles formaient comme un seul corps avec elle.

CHAPITRE II.

Les dieux adorés également et par les Romains et par les Grecs, ont-ils eu des raisons pour permettre la destruction de Troie.

D'abord, pourquoi Troie elle-même ou Ilion, origine du peuple romain qui servait les mêmes dieux que les Grecs, a-t-elle été vaincue, prise et détruite par ces derniers? (car il n'y a pas à taire ou à dissimuler ce que j'ai effleuré au premier livre, ch. IV.) Priam, dit-on, a subi la peine du parjure de son père Laomédon. (VIRGIL. *Enéid.*, l. I.) Alors il est donc vrai qu'Apollon et Neptune aient servi comme mercenaires ce même Laomédon? Car on rapporte qu'il leur promit un salaire et mentit à sa promesse. Ce qui m'étonne, c'est qu'Apollon, qui passe pour devin, ait travaillé à une si grande œuvre sans savoir que Laomédon ne tiendrait pas sa promesse! Il est vrai qu'il ne fut guère plus honorable pour Neptune son oncle, frère de Jupiter et roi des mers, d'ignorer ainsi l'avenir. Homère, cependant, qui vivait, dit-on, avant la fondation de Rome (1), lui fait prédire de grandes destinées aux descendants d'Enée qui élevèrent cette ville. (*Iliad.*, l. II.) Il fit même, dit le poète, disparaître Enée dans un nuage pour le soustraire au glaive d'Achille, lui qui, néanmoins, comme l'avoue Virgile, « désirait renverser de fond en comble les murs de la parjure Ilion élevés par ses mains. » (*Enéid.*, l. V.) D'aussi grands dieux donc que Neptune et Apollon, sans prévoir que Laomédon leur refusera le salaire promis, construisent gratuitement les murs de Troie pour

---

(1) On ne sait pas au juste à quelle époque vivait Homère; l'opinion la plus probable est qu'il mourut vers l'an 900 avant Jésus-Christ. Du reste tous les savants conviennent qu'il est antérieur à la fondation de Rome.

---

diversa (a) loca temporibus ante adventum Redemptoris nostri innumerabilibus nonnullisque etiam incredibilibus cladibus genus contereretur humanum, quos alios quam istos deos mundus colebat, excepto uno populum Hebræo, et quibusdam extra ipsum populum, ubicumque gratia divina digni occultissimo atque justissimo Dei judicio fuerunt? Verum ne nimium longum faciam, tacebo aliarum usquequaque gentium mala gravissima : quod ad Romam pertinet Romanumque imperium tantum loquar, id est, ad ipsam proprie civitatem, et quæcumque illi terrarum, vel societate conjunctæ, vel conditione subjectæ sunt, quæ sint perpessæ ante adventum Christi, cum jam ad ejus quasi corpus reipublicæ pertinerent.

CAPUT II.

An dii, qui et a Romanis, et a Græcis similiter colebantur, causas habuerint, quibus Ilium paterentur exscindi.

Primum ipsa Troja vel Ilium, unde origo est populi Romani, (neque enim prætereundum, aut dissimulandum est, quod et in primo libro, cap. IV attigi,) eosdem habens deos et colens, cur a Græcis victum, captum atque deletum est? Priamo, inquiunt, sunt reddita Laomedontea paterna perjuria. Ergo verum est, quod Apollo atque Neptunus eidem Laomedonti mercenariis operibus servierunt. Illis quippe promisisse mercedem falsumque jurasse perhibetur. Miror, Apollinem nominatum divinatorem in tanto opificio laborasse nescientem quod Laomedon fuerat promissa negaturus. Quanquam nec ipsum Neptunum patruum ejus, fratrem Jovis, regem maris, decuit ignarum esse futurorum. Nam hunc Homerus de stirpe Æneæ, a cujus posteri (b) condita Roma est, cum ante illam urbem conditam idem poeta fuisse dicatur, inducit magnum aliquid divinantem (*Iliad.*, II) : Quem etiam nube rapuit, ut dicit, ne ab Achille occideretur, « cuperet cum vertere ab imo » (quod apud Virgilium confitetur) (*Æneid.*, v) « structa suis manibus perjuræ mœnia Trojæ. » Nescientes igitur tanti dii Neptunus

---

(a) Abest *loca* a Mss. — (b) Vox *condita* abest a Vind. Am. Er. et Mss.

des ingrats. Que nos adversaires voient s'il n'est pas plus criminel de croire à de tels dieux, que de se parjurer à leur égard. Du reste, Homère lui-même, en cette circonstance, n'y croit pas beaucoup, car il fait combattre Neptune contre Troie, Apollon pour cette ville; cependant, la fable ne raconte-t-elle pas que tous deux aient été également offensés? Si donc ils croient à ces fables, qu'ils rougissent d'adorer de telles divinités; s'ils n'y croient pas, qu'ils n'allèguent plus les parjures de Troie, ou bien qu'ils s'étonnent que leurs dieux aient puni ceux de cette ville et favorisé ceux de Rome. Pourquoi, en effet, dans cette ville si grande et si corrompue, la conjuration de Catilina réunit-elle tant de complices, dont le bras se nourrissait de sang romain et la langue de parjure? Que faisait habituellement ce sénat taré dans ses jugements? ce peuple corrompu, soit en émettant ses suffrages, soit en prononçant sur les causes qui se traitaient devant lui, sinon se parjurer criminellement? Car, dans cette dégradation des mœurs, si l'on avait conservé l'antique usage du serment, ce n'était pas pour refréner les crimes par une crainte religieuse, mais pour y mettre le comble par le parjure.

CHAPITRE III.

Les dieux n'ont pu s'offenser de l'adultère de Pâris, crime fréquent, dit-on, parmi eux.

Il n'y a donc pas de raison pour supposer les dieux « appuis de Troie, » irrités contre le parjure de cette ville, lorsqu'il est évidemment prouvé qu'ils ont été vaincus par la force supérieure des Grecs. Ce ne fut pas non plus leur indignation contre l'adultère de Pâris qui les fit abandonner Troie, comme d'autres le prétendent pour les excuser. Car leur coutume est de commettre et de prêcher le crime, non de le venger. « La ville de Rome, comme je l'ai appris, dit Salluste (*De Catilin. conjurat.*), fut fondée et habitée à son origine par les Troyens, qui, fuyant sous la conduite d'Enée, erraient çà et là incertains de leurs demeures. » Si donc les dieux ont cru devoir punir l'adultère de Pâris, le châtiment devait peser davantage, ou du moins autant sur les Romains, puisque la mère d'Enée en était coupable. Pourquoi auraient-ils détesté le crime de Pâris, et non celui que (pour ne pas parler des autres) leur compagne Vénus commit avec Anchise, dont elle eut Enée? Est-ce parce que Ménélas s'indigna, tandis que Vulcain n'y fit pas attention? Il me semble, en effet,

et Apollo, Laomedontem sibi negaturum esse mercedem, structores mœnium Trojanorum gratis, et ingratis fuerunt. Videant ne gravius sit tales deos credere, quam diis talibus pejerare. Hoc enim nec ipse Homerus facile credidit, qui Neptunum quidem contra Trojanos, Apollinem autem pro Trojanis pugnantem facit, cum illo perjurio ambos fabula narret offensos. Si igitur fabulis credunt, erubescant talia colere numina : si fabulis non credunt, non obtendant Trojana perjuria; aut mirentur deos perjuria punisse Trojana, amasse Romana. Unde enim conjuratio Catilinæ in tanta tamque corrupta civitate habuit etiam eorum grandem copiam, quos manus atque lingua perjurio aut sanguine civili alebat? Quid enim aliud totiens senatores corrupti in judiciis, totiens populus in suffragiis vel in quibusque causis, quæ apud eum concionibus agebantur, nisi etiam pejerando peccabant? Namque corruptissimis moribus ad hoc mos jurandi servabatur antiquus, non ut ab sceleribus metu religionis prohiberentur, sed ut perjuria quoque sceleribus cæteris adderentur.

CAPUT III.

Non potuisse offendi deos Paridis adulterio, quod inter ipsos traditur frequentatum.

Nulla itaque causa est, quare dii, quibus, ut dicunt, steterat illud imperium, cum a Græcis prævalentibus probentur victi Trojanis pejerantibus fingantur irati. Nec adulterio Paridis, ut rursus a quibusdam defenduntur, ut Trojam deseruerent, succensuerunt. Auctores enim doctoresque peccatorum esse adsolent, non ultores. « Urbem Romam, inquit Sallustius (*De Catil. conjur.*), sicuti ego accepi, condidere atque habuere initio Trojani, qui Ænea duce profugi incertis sedibus vagabantur. » Si ergo adulterium Paridis vindicandum numina censuerunt, aut magis in (a) Romanis, aut certe etiam in Romanis puniendum fuit; quia Æneæ mater hoc fecit. Sed quomodo in illo illud flagitium oderant, qui in sua socia Venere non oderant (ut alia omittam) quod cum Anchise commiserat, ex quo Æneam pepererat? An quia illud factum est indignante Menelao, illud autem concedente Vulcano? Dii enim, credo, non zelant conjuges suas, usque adeo ut eas etiam cum hominibus dignentur habere communes. Irridere fabulas fortassis

---

(a) Editi *aut magis in Trojanis.* Emendantur a Mss.

que les dieux ne sont pas très-jaloux de leurs femmes, à tel point qu'ils daignent même les avoir en commun avec les hommes. Peut-être croira-t-on que je raille et que je ne traite pas assez sérieusement une question de si grande importance! Eh bien soit! ne croyons pas qu'Énée soit fils de Vénus, je vous l'accorde, mais à condition que Romulus ne sera pas fils de Mars. Car, si vous croyez l'un, pourquoi rejeter l'autre? Serait-il permis aux dieux de s'unir aux femmes, tandis que les hommes ne pourraient sans crime s'unir aux déesses? Sévère ou plutôt incroyable différence! Quoi! ce qui dans le domaine de Vénus serait permis à Mars, serait interdit à cette déesse elle-même? Non, l'autorité de Rome affirme l'un et l'autre; et naguère César n'a pas cru moins fermement avoir Vénus pour aïeule, que l'antique Romulus Mars pour père.

CHAPITRE IV.

Opinion de Varron croyant qu'il est utile que les hommes se targuent d'une origine divine.

Croyez-vous tout cela, dira quelqu'un? Non, je ne le crois pas. Car Varron lui-même, un de vos hommes les plus instruits, avoue ce mensonge, avec une certaine réserve, il est vrai, mais assez clairement néanmoins. Or, il est utile à l'état, selon lui, que des hommes de cœur se croient, même à tort, descendus des dieux. Sur la foi de cette céleste origine, le cœur de l'homme se porte avec une plus vive ardeur aux grandes actions, les poursuit avec plus d'énergie, et cette sécurité elle-même en favorise beaucoup le succès. Ce sentiment de Varron que j'ai exprimé comme j'ai pu, voyez quelle large porte il ouvre à l'erreur! Il nous montre qu'on ne s'est pas fait défaut de consacrer des mensonges religieux, lorsqu'on les a jugés utiles aux citoyens.

CHAPITRE V.

Il n'est pas probable que les dieux aient puni l'adultère de Páris, sans venger celui de la mère de Romulus.

Si Vénus de son union avec Anchise put enfanter Énée, et Mars engendrer Romulus de son commerce avec la fille de Numitor, je ne m'en occupe pas. Car il y a dans les saintes Écritures une question à peu près semblable; on se demande si les anges prévaricateurs se sont unis aux filles des hommes, commerce d'où seraient nés les géants, hommes d'une grandeur et d'une force extraordinaire dont la terre était alors remplie. Notre raisonnement se réduit donc en ce moment à ces deux points. Ou les choses que les auteurs rapportent de la mère d'Énée et du père de Romulus sont vraies, et

existimor, nec graviter agere tanti ponderis causam. Non ergo credamus, si placet, Æneam esse Veneris filium : ecce concedo, si nec Romulum Martis. Si autem illud, cur non et illud? An deos fas est hominibus feminis, mares autem homines deabus misceri nefas? Dura, vel potius non credenda conditio, quod ex jure Veneris in concubitu Marti licuit, hoc in jure suo ipsi Veneri non licere. At utrumque firmatum est auctoritate Romana. Neque enim minus credidit recentior Cæsar aviam Venerem, quam patrem antiquior Romulus Martem.

CAPUT IV.

De sententia Varronis, qua utile esse dixit, ut se homines diis genitos mentiantur.

Dixerit aliquis : Itane tu ista credis? Ego vero ista non credo. Nam et vir doctissimus eorum Varro falsa hæc esse, quamvis non audacter, neque fidenter, pene tamen fatetur. Sed utile esse civitatibus dicit, ut se viri fortes, etiamsi falsum sit, diis genitos esse credant : ut eo modo animus humanus velut divinæ stirpis fiduciam gerens, res magnas aggrediendas præsumat audacius, agat vehementius, et ob hoc impleat ipsa securitate felicius. Quæ Varronis sententia expressa, ut potui, meis verbis, cernis quam latum locum aperiat falsitati; ut ibi intelligamus plura jam sacra et quasi religiosa potuisse confingi, ubi putata sunt civibus etiam de ipsis diis prodesse mendacia.

CAPUT V.

Non probari, quod dii adulterium Paridis punierint, quod in Romuli matre non ulti sunt.

Sed utrum potuerit Venus ex concubitu Anchisæ Æneam parere, vel Mars ex concubitu filiæ Numitoris Romulum gignere, in medio relinquamus. Nam pene talis quæstio etiam de Scripturis nostris oboritur (*Gen.*, VI, 4), qua quæritur utrum prævaricatores angeli cum filiabus hominum concubuerint; unde natis gigantibus, id est, nimium grandibus ac fortibus viris, tunc terra completa est. Proinde ad utrumque interim modo nostra disputatio referatur. Si enim vera sunt, quæ apud illos de matre Æneæ et de patre Romuli lectitantur, quomodo possunt diis adulteria displicere hominum, quæ in se ipsis con-

alors comment les dieux peuvent-ils avoir en horreur parmi les hommes l'adultère qu'ils souffrent patiemment parmi eux? Ou elles sont fausses, et ils ne peuvent pas encore s'offenser des adultères réels des hommes, puisqu'ils aiment à se voir attribuer faussement les mêmes crimes. Ajoutez que si l'adultère de Mars est incroyable, parce qu'on ne peut ajouter foi à celui de Vénus, il n'y a plus de commerce divin pour défendre l'honneur de la mère de Romulus. Sylva était une prêtresse consacrée à Vesta, les dieux devaient venger d'une manière plus éclatante ce sacrilége sur les Romains, que l'adultère de Pâris sur les Troyens. Car les anciens Romains eux-mêmes, enterraient vives les Vestales convaincues de ce crime (Tite-Live, l. VIII et XXII), tandis que tout en châtiant les femmes adultères, ils ne les punissaient jamais de mort; se montrant ainsi vengeurs plus sévères de la profanation du sanctuaire, que de celle du lit nuptial.

CHAPITRE VI.

Parricide de Romulus que les dieux laissèrent impuni.

Il y a plus, si ces divinités avaient en horreur les crimes des hommes, à tel point que leur courroux contre l'adultère de Pâris leur eût fait abandonner et livrer au fer et aux flammes la ville de Troie, le meurtre du frère de Romulus les eût bien plus soulevés contre Rome, que l'injure d'un mari grec contre les Troyens. Ils eussent été plus irrités du parricide d'une ville naissante, que de l'adultère d'un empire florissant. Peu importe, dans la question présente, que Romulus ait ordonné le meurtre, ou que lui-même l'ait commis, ce que l'impudence fait nier à plusieurs, la honte, révoquer en doute, et la douleur, dissimuler. Pourquoi nous arrêterions-nous à peser à ce sujet le témoignage des historiens? On sait bien que le frère de Romulus fut tué, et non par des ennemis, ni par des étrangers. Si Romulus a commis lui-même ou commandé le meurtre, il était bien plus le chef des Romains que Pâris celui des Troyens, pourquoi donc le ravisseur d'une épouse étrangère provoque-t-il sur Troie la colère des dieux, tandis que le meurtrier de son frère attire leur protection sur Rome? Si, au contraire, Romulus fut étranger à ce crime, la ville entière devait le venger; en négligeant de le faire, elle a approuvé le meurtre; et alors ce n'est plus un fratricide, mais, ce qui est plus abominable encore, c'est un parricide qui a été commis. Romulus et Rémus n'étaient-ils pas tous deux ses fondateurs, bien que le crime ait ravi le

corditer ferunt? Si autem falsa sunt, nec sic quidem possunt irasci veris adulteriis humanis, qui etiam falsis delectantur suis. Huc accedit, quoniam si illud de Marte non creditur ut hoc quoque de Venere non credatur, (a) nullo divini concubitus obtentu matris Romuli causa defenditur. Fuit autem sacerdos (b) Sylvia Vestalis, et ideo dii magis in Romanos sacrilegum illud flagitium, quam in Trojanos Paridis adulterium, vindicare debuerunt. Nam et ipsi Romani antiqui in stupro detectas Vestæ sacerdotes, vivas etiam defodiebant (Livius, lib. VIII. et lib. XXII), adulteras autem feminas, quamvis aliqua damnatione, nulla tamen morte plectebant : usque adeo gravius quæ putabant adyta divina, quam humana cubilia vindicabant.

CAPUT VI.

De parricidio Romuli, quod dii non vindicarunt.

Aliud adjicio, quia si eo usque peccata hominum illis numinibus displicerent, ut offensi Paridis facto desertam Trojam ferro ignibusque donarent; magis eos contra Romanos moveret Romuli frater occisus, quam contra Trojanos Græcus maritus illusus; magis irritaret parricidium nascentis, quam regnantis adulterium civitatis. Nec ad causam, quam nunc agimus, interest, utrum hoc fieri Romulus jusserit, aut Romulus fecerit, quod multi impudentia negant, multi pudore dubitant, multi dolore dissimulant. Nec nos itaque in ea re diligentius requirenda per multorum scriptorum perpensa testimonia demoremur : Romuli fratrem palam constat occisum; non ab hostibus, non ab alienis. Si aut perpetravit aut imperavit hoc Romulus; magis ipse fuit Romanorum, quam Paris Trojanorum caput : cur igitur Trojanis iram deorum provocavit ille alienæ conjugis raptor, et eorumdem deorum tutelam Romanis invitavit iste sui fratris exstinctor? Si autem illud scelus a facto imperioque Romuli alienum est; quoniam debuit utique vindicari, tota hoc illa civitas fecit, quod tota (c) contempsit; et non jam fratrem, sed patrem, quod pejus est, occidit. Uterque enim fuit conditor, ubi alter scelere ablatus non permissus est esse regnator. Non est, ut arbitror, quod dicatur quid mali

---

(a) Er. et Lov. *nullo igitur*. Abest *igitur* ab editis aliis et Mss. — (b) Vind. Am. et plerique Mss. loco *Sylvia*, habent *Ilia*. Utrumque nomen habuit filia Numitoris, Remi et Romuli mater, quæ et *Rhea* dicebatur. — (c) Sic Am. Er. et Mss. At Vind. et Lov. *consensit*.

trône au second. On ne saurait dire, à mon avis, par quel crime Troie a mérité cet abandon des dieux qui la livre à sa ruine, et par quel bien Rome s'est attiré leur protection sous laquelle elle devait grandir. Ah! c'est que les dieux fuyant le théâtre de leur défaite, se rendirent auprès des Romains afin de pouvoir les tromper également. Ou plutôt, ils n'ont point quitté les champs de Troie, ils y sont restés pour tromper selon leur coutume, les nouveaux habitants, et ils multiplient ici leurs ruses et leurs supercheries pour obtenir de plus grands honneurs.

CHAPITRE VII.
Ilion ruinée par Fimbria, général de Marius.

Quel nouveau crime avait commis Ilion pour que l'homme le plus misérable du parti de Marius, Fimbria, l'ait détruite avec plus de cruauté et de barbarie que ne l'avait fait autrefois les Grecs? Alors, au moins, plusieurs s'étaient enfui, plusieus captifs conservèrent la vie dans l'esclavage. Fimbria, au contraire, après avoir donné l'ordre de n'épargner personne, condamne la ville entière, et tous ses habitants périssent dans les flammes. Ce ne furent point les Grecs que le crime d'Ilion avait irrités, mais les Romains, tirant leur origine de ses malheurs, qui la traitèrent ainsi; et, cependant, les dieux communs à ces deux cités n'ont rien fait, disons vrai, n'ont rien pu faire pour lui épargner ces maux. Est-ce qu'alors aussi, « tous les dieux, soutiens de la ville, relevée sur ses cendres et ses antiques ruines, abandonnèrent les sanctuaires et les autels déserts? » S'il en est ainsi, j'en demande la raison, car plus je trouve bonne la cause des malheureux Troyens, plus je trouve mauvaise celle des dieux. Ils avaient fermé leurs portes à Fimbria pour conserver à Sylla leur cité fidèle. Fimbria, transporté de colère, les brûle ou plutôt les extermine complètement. Alors, cependant, Sylla était chef du meilleur parti, ses armes cherchaient à rendre la liberté à la république, ses heureux commencements n'avaient pas encore eu leurs suites funestes. Que pouvaient faire de mieux les citoyens de cette ville? Quoi de plus honorable, de plus fidèle, de plus digne enfin de leur parenté romaine, que de conserver leur ville au meilleur parti, en fermant les portes au parricide de la république? Défenseurs des dieux, voyez quelle affreuse ruine suivit cette noble action. Ces dieux, selon vous, auraient abandonné des adultères, ils auraient livré Ilion aux flammes des Grecs, pour que Rome plus chaste naquît de ses

---

Troja meruerit, ut eam dii desererent, quo posset exstingui; et quid boni Roma, ut eam dii inhabitarent, quo posset augeri : nisi quod victi inde fugerunt, et se ad istos quos pariter deciperent, contulerunt. Imo vero et illic manserunt, ad eos more suo decipiendos, qui rursus easdem terras habitarent; et hic easdem artes fallaciæ suæ magis etiam exercendo, majoribus honoribus gloriati sunt.

CAPUT VII.
De eversione Ilii, quod dux Marii Fimbria excidit.

Certe enim civilibus jam bellis scatentibus, quid miserum commiserat Ilium, ut a Fimbria, Marianarum partium homine pessimo, everteretur, multo ferocius atque crudelius, quam olim a Græcis? (Vide Liv., l. LXXXII et l. LXXXIII; APPIAN., *in Mithridatico*.) Nam tunc et multi inde fugerunt, et multi captivati saltem in servitute vixerunt. Porro autem Fimbria prius edictum proposuit, ne cui parceretur; atque urbem totam cunctosque in ea homines incendio concremavit. Hoc meruit Ilium, non a Græcis quos sua irritaverat iniquitate, sed a Romanis quos sua calamitate propagaverat : diis illis communibus ad hæc repellenda nihil juvantibus, seu, quod verum est, nihil valentibus. Numquid et tunc abscessere omnes adytis arisque relictis dii, quibus illud oppidum steterat, post antiquos Græcorum ignes ruinasque reparatum? Si autem abcesserant, causam requiro : et oppidanorum quidem quanto invenio meliorem, tanto deteriorem deorum. Illi enim contra Fimbriam portas clauserant, ut Syllæ servarent integram civitatem : hinc eos iratus incendit, vel potius penitus exstinxit. Adhuc autem meliorum partium civilium Sylla dux fuit, (CICER., Orat. *pro Cœlio*.; SALLUSTIUS *in Catilin.*) adhuc armis rempublicam recuperare moliebatur : horum bonorum initiorum nondum malos eventus habuit. Quid ergo melius cives illius urbis facere potuerunt? quid honestius? quid fidelius? quid Romana parentela dignius, quam meliori causæ Romanorum civitatem servare, et contra parricidam Romanæ reipublicæ portas claudere? At hoc eis in quantum exitium verterit, attendant defensores deorum. Deseruerint dii adulteros Iliumque flammis Græcorum reliquerint, ut ex ejus cineribus Roma castior nasceretur : cur et postea deseruerunt eamdem civitatem Romanis cognatam, non rebellantem adversus Romam nobilem filiam, sed

cendres? Soit, mais pourquoi, depuis ont-ils délaissé cette mère de Rome? S'était-elle révoltée contre sa noble fille? Ne gardait-elle pas, au contraire, la plus constante et la plus religieuse fidélité au parti le plus juste? Pourquoi la livrer, je ne dis pas aux valeureux Grecs, mais au plus infâme des Romains? Si les dieux étaient opposés au parti de Sylla, à qui ces malheureux voulaient conserver leur ville, pourquoi promettre et annoncer à ce même Sylla tant de prospérités? Ne les reconnaît-on pas ici encore, adulateurs de la félicité, plutôt que protecteurs des malheureux? Si Ilion fut alors détruite, ce ne fut point parce qu'ils l'abandonnèrent. Les démons en effet, toujours si vigilants à tromper, firent ce qui était en leur pouvoir; en effet, toutes leurs statues ayant été renversées et réduites en cendres avec la ville, seule, si nous en croyons Tite-Live (l. LXXXIII), l'image de Minerve resta intacte et debout au milieu de son temple totalement détruit. Non, certes, pour qu'on pût s'écrier à leur honneur : « Dieux de la patrie, votre protection s'étend toujours sur Troie; » mais, afin qu'il fût impossible de dire à leur défense : « Ils ont tous quitté leurs sanctuaires et leurs autels. » (VIRG., *Énéid.*, l. II.) Car, s'il leur a été donné d'accomplir cette sorte de prodige, ce n'était pas pour prouver leur puissance, mais pour établir contre eux le fait de leur présence.

CHAPITRE VIII.

Rome devait-elle être confiée à la garde des dieux d'Ilion.

Quelle prudence, après le désastre instructif de Troie, de confier aux dieux d'Ilion la garde de Rome? Ils avaient déjà, me dira-t-on, pris l'habitude de demeurer à Rome, quand Ilion tomba sous les coups de Fimbria. D'où vient donc cette statue de Minerve qui y resta debout? D'ailleurs, s'ils étaient à Rome quand Fimbria ruina Troie, peut-être aussi étaient-ils à Troie quand les Gaulois pillaient et incendiaient Rome! Mais, comme ils ont l'oreille fine et les mouvements rapides, ils accoururent aussitôt aux cris des oies pour sauver au moins le Capitole, avertis trop tard pour défendre le reste de la ville!

CHAPITRE IX.

Doit-on attribuer aux dieux la paix du règne de Numa.

On croit encore que c'est avec le secours de ces dieux que Numa Pompilius, successeur de Romulus, passa en paix tout le temps de son règne, et ferma le temple de Janus, qui était ouvert pendant la guerre; il aurait mérité cette faveur en établissant plusieurs rites sacrés chez

---

justioribus ejus partibus fidem constantissimam piissimamque servantem, eamque delendam reliquerunt, non Græcorum viris fortibus, sed viro spurcissimo Romanorum? Aut si displicebat diis causa partium Syllanarum, cui servantes urbem miseri portas clauserant; cur eidem Syllæ tanta bona promittebant, et præuntiabant? An et hinc agnoscuntur adulatores felicium potius quam infelicium defensores? Non ergo Ilium etiam tunc, ab eis cum desereretur, eversum est. Nam dæmones ad decipiendum semper vigilantissimi, quod potuerunt, fecerunt. Eversis quippe et incensis omnibus cum oppido simulacris, solum Minervæ sub tanta ruina templi illius, ut scribit Livius (LIV., lib LXXXIII), integrum stetisse perhibetur. Non ut diceretur : « Dii patrii, quorum semper sub numine Troja est » (VIRGIL., *Æneid*, II) ad eorum laudem : sed ne diceretur : Excessere omnes adytis arisque relictis dii, ad eorum defensionem. Illud enim posse permissi sunt, non unde probarentur potentes, sed unde præsentes convincerentur.

CAPUT VIII.

An debuerit diis Iliacis Roma committi.

Diis itaque Iliacis post Trojæ ipsius documentum qua tandem prudentia Roma custodienda commissa est? Dixerit quispiam, jam eos Romæ habitare solitos, quando expugnante Fimbria cecidit Ilium. Unde ergo stetit Minervæ simulacrum? Deinde, si apud Romam erant, quando Fimbria delevit Ilium ; fortasse apud Ilium erant, quando a Gallis ipsa Roma capta et incensa est : sed ut sunt auditu acutissimi, motuque celerrimi, ad vocem anseris cito redierunt, ut saltem Capitolinum collem, qui remanserat, tuerentur : cæterum ad alia defendenda serius sunt redire commoniti.

CAPUT IX.

An illam pacem, quæ sub Numæ regno fuit, deos præstitisse credendum sit.

Hi etiam Numam Pompilium successorem Romuli adjuvisse creduntur, ut toto regni sui tempore

les Romains. Il faudrait féliciter ce prince de cette longue tranquillité, s'il avait su employer ce loisir à de sages institutions, et si dédaignant une curiosité pernicieuse, il avait sincèrement recherché le vrai Dieu. Mais ce ne sont point les dieux qui lui accordèrent cette tranquillité. Sans doute, ils l'eussent moins abusé, s'ils l'avaient trouvé moins oisif, car ils lui procurèrent d'autant plus d'occupation qu'il était moins occupé. Et de fait, Varron, nous apprend les pratiques et les artifices dont il usa pour associer lui et Rome à de tels dieux ; j'en parlerai avec plus d'à-propos en son lieu, s'il plaît au Seigneur ; pour le moment, il s'agit des bienfaits des dieux. C'est un grand bienfait que la paix ; mais c'est un bienfait du vrai Dieu, comme le soleil, la pluie et les autres avantages de la vie, qu'il répand également sur les ingrats et les méchants. Que si Rome et Pompilius durent aux dieux ce don précieux, pourquoi depuis, l'empire romain ne put-il en jouir même dans les temps les plus dignes d'éloge. Ces cérémonies étaient-elles plus efficaces à l'époque où elles furent établies, que lorsqu'on les célébrait après leur institution ? Avant Numa elles n'étaient pas encore, pour les établir il les ajouta au culte, quand elles existèrent, on les observa pour en tirer profit. Quoi donc ! ces quarante-trois, ou selon d'autres, trente-neuf années du règne de Numa s'écoulent dans une si profonde paix ; et dans la suite, lorsque les sacrifices sont établis, que les dieux invoqués par ces rites sacrés, sont déjà les chefs et les défenseurs de la ville, depuis la fondation de Rome jusqu'à Auguste, c'est à peine si l'on remarque, comme une grande merveille, dans ce long espace de temps, une seule année où les Romains, après la première guerre punique, aient pu fermer les portes du temple de la guerre !

CHAPITRE X.

Etait-il à désirer que Rome accrût son empire par cette fureur des combats, au lieu de rester paisible et en sûreté avec cet esprit, qui l'animait sous Numa.

Répondra-t-on que sans ces guerres assidues et continuelles, l'empire romain ne pouvait s'acquérir une puissance si vaste et une gloire si universelle ? Belle raison ? Et, pourquoi cette agitation troublée serait-elle la condition de sa grandeur ? Pour le corps humain par exemple, une taille moyenne avec la santé n'est-elle pas préférable à une stature gigantesque, à laquelle on n'arrive qu'au prix de peines continuelles, et qui, une fois obtenue, loin de donner le repos, ne procure que des souffrances proportionnées

---

pacem haberet, et Jani portas, quæ bellis patere adsolent, clauderet : eo merito scilicet, quia Romanis multa sacra constituit. Illi vero homini pro tanto otio gratulandum fuit, si modo id rebus salubribus scisset impendere, et perniciosissima curiositate neglecta, Deum verum vera pietate perquirere. Nunc autem non ei dii contulerunt illud otium : sed eum minus fortasse decepissent, si otiosum minime reperissent. Quanto enim minus eum occupatum invenerunt, tanto magis ipsi occupaverunt. Nam quid ille molitus sit, et quibus artibus deos tales sibi, vel illi civitati consociare potuerit Varro prodit : quod si Domino placuerit, suo diligentius disseretur loco : modo autem quia de beneficiis eorum quæstio est, magnum beneficium est pax ; sed Dei veri beneficium est plerumque etiam sicut sol, sicut pluvia vitæque alia subsidia, super ingratos et nequam. Sed si hoc tam magnum bonum dii illi Romæ vel Pompilio contulerunt, cur imperio Romano per ipsa tempora (a) laudabilia id nunquam postea præstiterunt ? An utiliora erant sacra, cum, instituerentur, quam cum instituta celebrarentur ? Atqui tunc nondum erant, sed ut essent addebantur : postea vero jam erant, quæ ut prodessent custodiebantur. Quid ergo est, quod illi quadraginta tres, vel, ut alii volunt, triginta novem anni in tam longa pace transacti sunt regnante Numa, et postea sacris institutis, diisque ipsis, qui eisdem sacris fuerant invitati, jam præsidibus atque tutoribus, vix post tam multos annos ab Urbe condita usque ad Augustum unus pro magno miraculo commemoratur, (Livius, lib. 1) annus post primum bellum Punicum, quo belli portas Romani claudere potuerunt ?

CAPUT X.

An optandum fuerit, quod tanta bellorum rabie Romanorum augeretur imperium, cum eo studio quo sub Numa auctum est, et quietum esse potuisset et tutum.

An respondent, quod nisi assiduis sibique continuo succedentibus bellis Romanum imperium tam longe lateque non posset augeri, et tam grandi gloria diffamari ? Idonea vero causa : ut magnum esset imperium, cur esse deberet inquietum ? Nonne in corporibus hominum satius est modicam staturam cum sanitate habere, quam ad molem aliquam giganteam

(a) Vind. Am. Er. et fere omnes Mss. *laudabilia.*

à la force des membres? Quel mal y aurait-il ou plutôt quel bien n'y aurait-il pas à ce que nous en fussions à ces temps esquissés par Salluste, quand il dit : « Au commencement, les rois, premier nom des gouvernants sur la terre, différents d'inclinations s'adonnaient les uns aux exercices de l'esprit, les autres à ceux du corps. Alors les hommes passaient une vie exempte de cupidité, contents de ce qu'ils avaient. » (SALLUST., *in Catilin.*) Eh quoi! pour réaliser cet immense accroissement de l'empire, fallait-il donc cet état que Virgile flétrit, lorsqu'il dit : « Mais peu à peu cet âge se corrompt et perd sa beauté, puis vient la rage des armes et l'ardente cupidité. » (*Enéid.*, l. VIII.) Sans doute, on peut justifier les Romains d'avoir entrepris tant de guerres; des ennemis dangereux les attaquaient, il fallait nécessairement les repousser, non pas pour acquérir une gloire humaine, mais pour assurer leur salut et leur indépendance. Eh bien soit! Car, comme le dit Salluste : « Lorsque leur état soutenu par les lois et les bonnes mœurs, pourvu d'un territoire suffisant, parut jouir d'une prospérité et d'une puissance assez grandes, comme il arrive dans les choses humaines, son opulence excita l'envie. Les rois et les peuples voisins veulent éprouver sa force à la guerre; un petit nombre d'amis leur portent secours, la crainte tient les autres éloignés du danger. Mais les Romains également attentifs dans la paix et dans la guerre se hâtent, se préparent, s'excitent, vont à la rencontre de l'ennemi et couvrent de leurs boucliers, leur liberté, leur patrie, leurs familles. Quand leur valeur a repoussé le danger, des alliés, des amis les voient venir à leurs secours, et c'est en donnant plutôt qu'en recevant de tels bienfaits qu'ils se préparent des alliances. Ce fut par ces voies généreuses que Rome grandit. » (*In Catil.*) Mais sous le règne de Numa où la paix dura si longtemps, d'injustes agresseurs se livraient-ils à des incursions contre eux, ou bien les laissaient-ils en repos pour que cette paix pût subsister? Si, alors même les Romains se voyaient exposés à ces luttes sans repousser les armes par les armes; les moyens qu'ils employaient pour éviter tout combat funeste, pour éloigner les ennemis terrifiés sans le choc impétueux des batailles, ne pouvaient-ils les employer toujours et faire régner Rome dans la paix, les portes de Janus toujours closes? Si ce n'était pas en leur pouvoir, Rome n'avait donc pas la paix quand ses dieux le voulaient, mais quand les peuples voisins faisaient trêve à leurs hostilités; à moins cependant, que les dieux ne veuillent se faire un mérite auprès d'un homme, de ce que l'autre

perpetuis afflictionibus pervenire? nec cum perveneris, requiescere; quanto grandioribus membris, tanto majoribus agitari malis? Quid autem mali esset, ac non potius plurimum boni, si ea tempora perdurarent, quæ perstrinxit Sallustius? ubi ait : « Igitur initio reges (nam in terris nomen imperii id primum fuit) diversi; pars ingenium, alii corpus exercebant : etiam tum vita hominum sine cupiditate agitabatur, sua cuique satis placebant. » (SALLUST.. *in Catilin.*) An ut tam multum augeretur imperium, debuit fieri quod Virgilius detestatur, dicens :

Deterior donec paulatim ac decolor ætas,
Et belli rabies, et amor successit habendi?
(*Æneid.*, VIII.)

Sed plane pro tantis bellis susceptis et gestis, justa defensio Romanorum est, quod irruentibus sibi importune inimicis resistere cogebat, non aviditas adipiscendæ laudis humanæ, sed necessitas tuendæ salutis et libertatis. Ita sit plane. « Nam post quam res eorum, sicut scribit ipse Sallustius, (a) legibus, moribus, agris aucta, satis prospera, satisque pollens videbatur, sicuti pleraque mortalium habentur, invidia ex opulentia orta est. Igitur reges populique finitimi bello tentare, pauci ex amicis auxilio esse. Nam cæteri metu perculsi longe a periculis aberant. At Romani domi militiæque intenti festinare, parare, alius alium hortari, hostibus obviam ire; libertatem, patriam, parentesque armis tegere. Post ubi pericula virtute propulerant, sociis atque amicis auxilia portabant, magisque dandis quam accipiendis beneficiis amicitias parabant. » (*In Catil.*) Decenter his artibus Roma crevit. Sed regnante Numa, ut tam longa pax esset, utrum irruebant improbi belloque tentabant; an nihil eorum fiebat, ut posset pax illa persistere? Si enim bellis etiam tum Roma lacessebatur, nec armis arma obvia ferebantur; quibus modis agebatur, ut nulla pugna superati, nullo Martio impetu territi sedarentur inimici; his modis semper ageretur, et semper Roma clausis Jani portis pacata regnaret. Quod si in potestate non fuit, non ergo Roma pacem habuit quamdiu dii eorum, sed quamdiu homines finitimi circumquaque voluerunt, qui eam nullo bello provocaverunt : nisi forte dii tales etiam id homini vendere audebunt, quod alius homo voluit sive noluit. Interest quidem jam vitio proprio, malas mentes

(a) Apud Sallustium loco *legibus*, est *civibus*.

veut ou ne veut pas. C'est déjà tout différent que ces démons, autant qu'il leur est permis, abattent, emportent des esprits méchants par leur propre perversité. Encore s'ils le pouvaient toujours, ils seraient sans cesse les arbitres de la paix et de la victoire qui sont rarement décidées autrement que par les passions humaines. Cependant, ces événements tournent le plus souvent contre le gré de ces dieux; c'est un fait que confirme, non-seulement la fable si souvent menteuse, et révélant à peine quelque indice de vérité, mais qui ressort de l'histoire romaine elle-même.

CHAPITRE XI.

Statue d'Apollon de Cumes, qui aurait pleuré, dit-on, la défaite des Grecs, qu'il ne pouvait secourir.

Pour quelle autre raison cet Apollon de Cumes pleura-t-il pendant quatre jours, lorsqu'on faisait la guerre contre les Achéens et le roi Aristonic(1). Les aruspices, effrayés de ce prodige, veulent jeter la statue dans la mer; mais les vieillards de Cumes interviennent, ils racontent que pareil prodige a déjà eu lieu pendant la guerre contre Antiochus et Persée, et parce qu'elle été favorable aux Romains, ils assurent que ces derniers, par un sénatus-consulte, ont envoyé des offrandes à leur Apollon. Alors, des aruspices plus habiles étant appelés, répondent que les pleurs de la statue d'Apollon sont d'un heureux augure pour les Romains. Cumes étant une colonie grecque, les larmes d'Apollon annoncent le deuil et la défaite à la terre d'où on l'a fait venir, à la Grèce elle-même. Bientôt on apprend que le roi Aristonic est vaincu et captif; malheur que redoutait et pleurait Apollon, comme l'indiquaient les larmes de sa statue. Les poètes ne sont donc pas tout à fait dans le faux, quand, dans leurs vers fabuleux, vraisemblables cependant, ils nous dépeignent les mœurs des dieux. Ainsi, dans Virgile, Diane déplore le trépas de Camille, et Hercule verse des larmes sur la mort prochaine de Pallas. C'est pour cette raison peut-être que Numa, en possession d'une paix profonde, dont il ignore l'auteur, sans chercher à le connaître, réfléchit dans son loisir à quels dieux il confiera le salut et le gouvernement de Rome. Mais comme il ne croit pas que le dieu véritable et souverainement puissant s'occupe des choses d'ici-bas, d'un autre côté, se souvenant que les dieux troyens amenés par Enée, ont été impuissants à conserver longtemps et le royaume de Troie, et celui de Lavinie fondé par Enée lui-même, il juge nécessaire la protection d'autres dieux.

(1) Jules Obsequens (*De Prodigiis*) dit qu'il pleura quatre jours. Tite-Live (Liv. XLIII) dit : trois jours et trois nuits.

---

quatenus sinantur isti dæmones vel terrere vel excitare : sed si semper hoc possent, nec aliud secretiore ac superiore potestate contra eorum conatum sæpe aliter agerctur, semper in potestate haberent (*a*) paces bellicasque victorias, quæ semper fere per humanorum animorum motus accident : quas tamen plerumque contra eorum fieri voluntatem, non solum fabulæ multa mentientes, et vix veri aliquid vel indicantes, vel significantes, sed etiam ipsa Romana confitetur historia.

CAPUT XI.

De simulacro Cumani Apollinis, cujus fletus creditus est cladem Græcorum, quibus opitulari non poterat, indicare.

Neque enim aliunde Apollo ille Cumanus, cum adversus Achæos regemque Aristonicum bellaretur, quatriduo flevisse nuntiatus est : quo prodigio haruspices territi, cum id simulacrum in mare putavissent esse projiciendum, Cumani senes intercesserunt, atque retulerunt tale prodigium et Antiochi et (*b*) Persis bello in eodem apparuisse figmento : et quia Romanis feliciter provenisset, ex senatusconsulto eidem Apollini suo dona esse missa testati sunt. Tunc velut peritiores acciti haruspices responderunt, simulacri Apollinis fletum ideo prosperum esse Romanis, quoniam (*c*) Cumana colonia Græca esset, suisque terris unde accitus esset, id est, ipsi Græciæ luctum et cladem Apollinem significasse plorantem. Deinde mox regem Aristonicum victum et captum esse, nuntiatum est, quem vinci utique Apollo nolebat et dolebat, et hoc sui lapidis etiam lacrymis indicabat. Unde non usquequaque incongrue, quamvis fabulosis, tamen veritati similibus, mores dæmonum describuntur carminibus poetarum. Nam Camillam Diana doluit apud Virgilium, et Pallantem moriturum Hercules flevit. (*Æneid.* xi.) Hinc fortassis et Numa Pompilius pace abundans, sed quo donante nesciens, nec requirens; cum cogitaret otiosus, quibusnam diis tuendam Romanam salutem regnumque committeret, nec verum illum atque omnipotentem summum Deum curare opinaretur ista terrena, atque

(*a*) Sic Vind. Am. et Mss. At Er. et Lov. *pacem.* — (*b*) Editi : *Persidis.* Mss. *Persis,* pro quo Lud. Vives putat legendum *Persæ,* Philippi filii Macedonum regis, quem L. Æmilius Paulus bello Macedonico secundo vicit. Plutarch. in Æmilio Paulo. — (*c*) Lov. *Cumæ.* Cæteri libri : *Cumana.*

Il les adjoint donc aux premiers qui sont passés à Rome avec Romulus, ou qui doivent y venir après la ruine d'Albe, soit pour les garder comme fugitifs, soit pour les aider comme impuissants.

CHAPITRE XII.
Quels dieux les Romains ajoutent à ceux du Numa; impuissance de ces nombreuses divinités.

Cependant Rome ne daigna pas se contenter de tous ces rites sacrés, établis déjà en si grand nombre par Pompilius. Jupiter n'y voyait pas encore son temple souverain. Ce fut Tarquin qui plus tard éleva le Capitole. Esculape vint d'Epidaure à Rome; comme très-habile médecin il voulait une ville distinguée, pour exercer son art avec plus de gloire. La mère des dieux y vint aussi de je ne sais où, de Pessinonte. Était-il convenable, en effet, lorsque son fils trônait sur le Capitole, qu'elle-même restât ignorée dans un lieu si obscur. Cette déesse cependant, si elle est la mère des dieux, ne fut pas seulement précédée, mais suivie à Rome par plusieurs de ses fils! Je serais étonné pourtant qu'elle ait enfanté Cynocéphale, qui vint d'Egypte longtemps après! Que la déesse Fièvre soit sa fille; c'est à Esculape, son petit-fils, de nous l......Mais quelle que soit sa mère, les dieux étrangers n'oseront pas, je présume, mépriser cette déesse, citoyenne de de Rome. Sous la tutelle de tant de dieux, car qui pourrait les compter? dieux indigènes et étrangers, dieux du ciel, de la terre, des enfers, des mers, des fontaines, des fleuves, et, comme le dit Varron, certains et incertains, et dans tous les ordres, divisés comme chez les animaux, en mâles et femelles; sous la tutelle de tant de dieux, dis-je, Rome devait-elle être troublée, affligée par de si grands et si horribles désastres, dont je ne citerai qu'un petit nombre? Vainement, par la fumée abondante de ses sacrifices, comme un signal donné, elle réunissait, pour la protéger, cette immense multitude de dieux; les temples, les autels, les sacrifices et les prêtres qu'elle leur consacrait, étaient un outrage pour le dieu véritable et souverain, à qui seul ces honneurs sont légitimement dus. Et de fait, ne vécut-elle pas plus heureuse quand elle en avait moins? Mais, comme un vaisseau plus grand exige plus de nautonniers, plus elle s'agrandissait, plus elle croyait devoir appeler de dieux à sa garde. Sans doute, elle ne croyait pas que ce petit nombre de divinités, sous lesquelles, comparées aux dé-

---

recoleret Trojanos deos, quos Æneas advexerat, neque Trojanum, neque Laviniense ab ipso Ænea conditum regnum diu conservare potuisse, alios providendos existimavit, quos illis prioribus, (sive qui cum Romulo jam Romam transierant, sive quandoque Alba eversa fuerant transituri,) vel tanquam fugitivis custodes adhiberet, vel tanquam invalidis adjutores.

CAPUT XII.
Quantos sibi deos Romani præter constitutionem Numæ adjecerint, quorum eos numerositas nihil juverit.

Nec his sacris tamen Roma dignata est esse contenta, quæ tam multa illic Pompilius constituerat: nam ipsius summum templum nondum habebat Jovis. Rex quippe Tarquinius ibi Capitolium fabricavit. Æsculapius autem ab Epidauro (*a*) ambivit Romam, ut peritissimus medicus in urbe nobilissima artem gloriosius exerceret. Mater etiam deum nescio unde a (*b*) Pessinunte. Indignum enim erat, ut cum ejus filius jam colli Capitolino præsideret, adhuc ipsa in loco ignobili latitaret. Quæ tamen si omnium deorum mater est, non solum secuta est Romam quosdam filios suos, verum et alios præcessit etiam secuturos. Miror sane, si ipsa peperit Cynocephalum, qui longe postea venit ex Ægypto. Utrum etiam dea Febris ex illa nata sit, viderit Æsculapius pronepos ejus. Sed undecumque nata sit, non (opinor) audebunt eam ignobilem dicere dii peregrini deam civem Romanam. Sub hoc tot deorum præsidio, quos numerare quis potest? indigenas et alienigenas, cœlites, terrestres, infernos, mari, nos fontanos, (*c*) fluviales; et, ut Varro dicit, certos atque incertos, in omnibusque generibus deorum, sicut in animalibus, mares et feminas? Sub hoc ergo tot deorum præsidio constituta Roma, non tam magnis et horrendis cladibus, quales ex multis paucas commemorabo, agitari affligique debuit. Nimis enim multos deos grandi fumo suo, tanquam signo dato ad tuitionem congregaverat; quibus templa, altaria, sacrificia, sacerdotes instituendo atque præbendo, summum verum Deum, cui uni hæc rite gesta debentur, offenderet. Et felicior quidem cum paucioribus vixit : sed quanto major facta est, sicut navis nautas, tanto plures adhibendos putavit : credo, desperans pauciores illos, sub quibus in comparatione pejoris vitæ melius vixerat, non

---

(*a*) Editi, *ab Epidauro abiit*. At veteres libri, *ab Epidauro ambivit*. Æsculapium ex Epidauro Achaiæ oppido in Urbem advectum memorat Livius, lib. X. — (*b*) Vind. Am. et Er. *nescio unde uota Prænestinum montem inscdit*. Ubi Lud. Vives loco *Prænestinum*, legendum existimat *Palatinum* : quia in Palatio, ait, locata est deum mater. Sed verior lectio Lov. et Mss. *nescio unde a Pessinunte*. Confer Notam *b* supra pag. 477. — (*c*) In multis Mss. *pluviales*.

bauches qui ■■■■■s mœurs étaient pures, fût un appui suffisant pour sa grandeur. Et cependant, même sous les rois, excepté Numa, dont j'ai parlé plus haut, quel affreux malheur que ce combat, suite d'une querelle, qui amena la mort du frère de Romulus !

CHAPITRE XIII.

Comment les Romains obtinrent leurs premières épouses.

Pourquoi ni Junon, qui, avec son Jupiter, favorisait déjà les Romains, ces maîtres du monde, ce peuple revêtu de la toge (*Enéid.*, l. 1), ni Vénus même ne put-elle aider les enfants de son fils Enée, en leur procurant d'honnêtes et légitimes mariages ? De quels maux ce manque d'épouses ne fut-il pas cause ? Il fallut les enlever par ruse, et bientôt après prendre les armes contre des beaux-pères. Et ces malheureuses femmes injustement ravies n'ont pas encore pardonné cet outrage à leurs maris, que déjà elles reçoivent en dot le sang de leurs pères. Mais dans ce combat, les Romains triomphent de leurs voisins. Cependant, que de parents, que d'alliés blessés ou morts des deux côtés dans cette victoire ! Au sujet de la guerre entre César et Pompée, entre un seul beau-père et un seul gendre, et lorsque la fille de César, épouse de Pompée, était déjà morte, une légitime douleur arrache ces plaintes au poëte Lucain : « Je chante la guerre plus que civile, livrée dans les champs de l'Emathes, et le triomphe accordé au crime. » (LUC. liv. I.) Oui, les Romains ont vaincu, ils ont pu, les mains teintes du sang de leurs beaux-pères, arracher aux filles de ces derniers de tristes embrassements. Pendant le combat, elles n'avaient su pour qui faire des vœux, et elles n'osaient pleurer le meurtre de leurs pères, craignant d'irriter leurs époux victorieux. (OVID., *Fast.*, III.) Ce fut Bellone, et non Vénus, qui présida à de telles noces. Alecto elle-même, cette furie infernale, n'eut-elle pas alors plus de puissance sur eux, malgré la faveur dont Junon les environnait déjà, que quand les prières de cette déesse excitaient sa fureur contre Enée. (*Enéid.*, l. VI.) Andromaque, devenue captive, fut plus heureuse que ces premières épouses romaines. Esclave, il est vrai, elle dut se prêter aux caprices de Pyrrhus, mais du moins ce dernier, en la quittant, ne versait le sang d'aucun Troyen. Mais les Romains frappent dans le combat ceux dont les filles partagent leur couche. L'une soumise au vainqueur pouvait pleurer la mort de ses proches, elle n'avait plus à le redouter. Les autres, liées à des hommes qui vont combattre leurs parents, craignent à leur départ la mort de ces derniers

---

sufficere ad opitulandum granditati suæ. Primo enim sub ipsis regibus, excepto Numa Pompilio, de quo jam supra locutus sum, quantum malum discordiosi certaminis fuit, quod fratrem Romuli coegit occidi ?

CAPUT XIII.

Quo jure, quo fœdere Romani obtinuerint primo conjugio.

Quomodo nec Juno, quæ cum Jove suo jam fovebat Romanos rerum dominos, gentemque togatam, (*Æneid.*, 1) nec Venus ipsa Æneidas suos potuit adjuvare, ut bono et æquo more conjugia mererentur, cladesque tanta irruit hujus inopiæ, ut ea dolo raperent, moxque compellerentur pugnare cum soceris; ut miseræ feminæ nondum ex injuria maritis conciliatæ, jam parentum sanguine dotarentur? At enim vicerunt in hac conflictione Romani vicinos suos? Quantis et quam multis utrimque vulneribus et funeribus tam propinquorum et confinium istæ victoriæ constiterunt? Propter unum Cæsarem socerum et unum generum ejus Pompeium, jam mortua Cæsaris filia uxore Pompeii, quanto et quam justo doloris instinctu Lucanus exclamat :

Bella per Emathios plus quam civilia campos.
Jusque datum sceleri canimus.
(LUCAN., l. 1.)

Vicerunt ergo Romani, ut strage socerorum manibus cruentis ab eorum filiabus amplexus miserabiles extorquerent; nec illæ auderent flere patres occisos, ne offenderent victores maritos; quæ adhuc illis pugnantibus, pro quibus facerent vota nesciebant. (OVID., III, *Fast.*) Talibus nuptiis populum Romanum non Venus, sed Bellona (*a*) dotavit : aut fortassis Alecto illa (*b*) infernalis furia, jam eis favente Junone, plus in illos habuit licentiam, quam ejus precibus contra Æneam fuerat excitata. (*Æneid.*, VI.) Andromache felicius captivata est, quam illa conjugia Romana nupserunt : licet serviles, tamen post ejus amplexus nullum Trojanorum Pyrrhus occidit. Romani autem soceros interficiebant in præliis, quorum jam filias amplexabantur in thalamis. Illa victori subdita, dolere tantum suorum mortem potuit, non timere : illæ sociatæ bellantibus parentum suorum mortes procedentibus viris timebant, redeuntibus dolebant, nec timorem habentes liberum, nec dolorem. Nam propter interitum civium, propinquorum,

---

(*a*) Omnes prope Mss. *donavit*. — (*b*) Vind. Am. Er. et Mss. *inferna furia.*

et les pleurent à leur retour, et même ni leur crainte ni leur douleur ne sont libres. Peuvent-elles apprendre la mort de leurs concitoyens, de leurs proches, de leurs frères, de leurs pères, sans éprouver un pieux déchirement, ou se réjouir sans cruauté de la victoire de leurs maris? Puis, selon le sort de la guerre, les unes perdent leurs époux par le fer de leurs parents, d'autres, et leurs parents et leurs maris qui s'entretuent. Car ces combats ne furent pas toujours heureux pour les Romains. Leur ville fut même assiégée, et ils durent s'enfermer pour se défendre. Les portes étant ouvertes par ruse, et l'ennemi introduit dans les murs, au forum même, un combat impie et cruel s'engage entre les gendres et les beaux-pères. (Tite-Live, liv. I.) Ces ravisseurs sont enfoncés, ils s'enfuient en masse dans leurs maisons, souillant par cette lâcheté leurs anciennes victoires déjà si honteuses et si déplorables. Alors Romulus, désespérant du courage des siens, supplie Jupiter d'arrêter leur fuite, ce qui valut à ce dieu le surnom de Stator. (Tite-Live, liv. I.) Cet affreux carnage n'eût cependant pas cessé, si les épouses ravies ne s'étaient précipitées, les cheveux en désordre, aux pieds de leurs pères, et n'eussent, non par des armes, mais par de pieuses instances, apaisé leur trop juste ressentiment. Ensuite, Romulus, qui n'avait pu souffrir un frère pour collègue, fut obligé de partager le pouvoir avec Tatius, roi des Sabins. Mais combien de temps devait-il le supporter, lui qui n'avait pu endurer un frère et un frère jumeau. Aussi, après le meurtre de Tatius, pour devenir un plus grand dieu, il occupe seul le trône. Qu'est-ce donc que ces contrats de mariage, ces ferments de guerres, ces pactes de famille, d'alliance, de société, de religion? Que peut être, enfin, la vie d'une cité sous la tutelle de tant de divinités? Voyez combien de réflexions sérieuses je pourrais faire ici, si la suite de mon sujet n'appelait ailleurs mon attention et mes paroles.

CHAPITRE XIV.

Impiété des Romains dans la guerre contre Albe; leur passion de dominer leur donne la victoire.

1. Après Numa, quels événements sous les autres rois? Les Albains sont provoqués à la guerre, mais quels maux s'ensuivent et pour eux, et pour les Romains! Sans doute cette paix si longue sous Numa était devenue fastidieuse. Que de massacres entre les armées d'Albe et de Rome! Quel épuisement des deux côtés! Cette Albe que le fils d'Énée, Ascagne avait fondée, mère plus prochaine de Rome que Troie elle-même, résiste aux provocations de Tullus Hostilius (Tite-Live, l. I); tour à tour victorieuse et vaincue, elle eut à déplorer autant de défaites

fratrum, parentum, aut pie cruciabantur, aut crudeliter lætabantur victoriis maritorum. Huc accedebat, quod, ut sunt alterna bellorum, aliquæ parentum ferro amiserunt viros, aliquæ utrorumque ferro et parentes et viros. Neque enim et apud Romanos parva fuerunt illa discrimina. Siquidem ad obsidionem quoque perventum est civitatis, clausisque portis se tuebantur. Quibus dolo apertis, admissisque hostibus intra mœnia, in ipso foro scelerata et nimis atrox inter generos socerosque pugna commissa est. (Livius, lib. I.) Et raptores illi etiam superabantur; et crebro fugientes intra domos suas, gravius fœdabant pristinas, quamvis et ipsas pudendas lugendasque victorias. Hic tamen Romulus de suorum jam virtute desperans, Jovem rogavit ut starent: atque ille hac occasione nomen Statoris invenit. (Livius, lib. I.) Nec finis esset tanti mali, nisi raptæ illæ laceratis crinibus emicarent, et provolutæ parentibus, iram eorum justissimam, non armis victricibus, sed supplici pietate sedarent. Deinde Titum Tatium regem Sabinorum, socium regni Romulus ferre compulsus est, germani consortis impatiens: sed quando et istum diu toleraret, qui fratrem geminumque non pertulit? Unde et ipso interfecto, ut major deus esset, regnum solus obtinuit. Quæ sunt ista jura nuptiarum, quæ irritamenta bellorum, quæ fœdera germanitatis, affinitatis, societatis, divinitatis? Quæ postremo sub tot diis tutoribus vita civitatis? Vides quanta hinc dici et quam multa possent, nisi quæ supersunt nostra curaret intentio, et sermo in alia festinaret.

CAPUT XIV.

De impietate belli, quod Albanis Romani intulerunt, et de victoria dominandi libidine adepta.

1. Quid deinde post Numam sub aliis regibus? Quanto malo, non solum suo, sed etiam Romanorum, in bellum Albani provocati sunt? quia videlicet pax Numæ tam longa viluerat. Quam crebræ strages Romani Albanique exercitus fuerunt, et utriusque comminutio civitatis? Alba namque illa, quam filius Æneæ creavit Ascanius, Romæ mater propior ipsa quam Troja, a Tullo Hostilio rege provocata conflixit (Livius, lib. I): confligens autem et afflicta est, et afflixit, donec multorum tæderet pari defectione certaminum. Tunc eventum belli de Ter-geminis

qu'elle avait remporté de victoires. Alors on convint de part et d'autre qu'on remettrait les destinées de la guerre à trois frères jumeaux. Du côté des Romains, ce sont les trois Horaces, du côté des Albains, les trois Curiaces. (*Ibid.*) Deux des Horaces tombent sous les coups de ceux-ci, qui eux-mêmes sont vaincus et tués par le dernier des Horaces. Rome demeure victorieuse, mais avec quelle perte! Dans ce combat définitif, sur six un seul revoit sa maison. A qui le détriment de part et d'autre? A qui le deuil? N'est-ce pas à la race d'Enée, aux descendants d'Ascagne, aux enfants de Vénus, aux petits-fils de Jupiter? N'était-ce pas plus qu'une guerre civile de voir la cité fille combattre contre la cité sa mère? A ce dernier combat des trois jumeaux vint encore s'ajouter un événement horrible, atroce. On sait qu'avant la guerre les deux peuples étaient amis comme le sont des voisins et des parents. L'un des Curiaces avait pour fiancée la sœur des Horaces. Lorsque celle-ci voit son frère victorieux rapporter les dépouilles de son fiancé, elle pleure, mais ce frère la perce de son glaive. Cette femme seule me semble montrer des sentiments plus humains que tout le peuple romain. Qu'elle pleure celui à qui elle avait donné sa foi, qu'elle pleure même son frère meurtrier de celui auquel il avait promis une sœur, je ne puis accuser ses larmes. Pourquoi dans Virgile fait-on un mérite au pieux Enée d'avoir pleuré un ennemi tué de sa main? (*Enéid.*, l. X.) Pourquoi Marcellus, réfléchissant sur la grandeur et la gloire de Syracuse qui viennent de s'écrouler sous ses coups, verse-t-il des larmes de compassion sur une destinée si ordinaire ici-bas? (*Voy.* l. I, ch. VI.) Au nom de l'humanité, de grâce, ne faites pas un crime à cette femme d'avoir pleuré son époux tombé sous les coups de son frère, si l'on a fait un mérite à des hommes de pleurer un ennemi vaincu. Ainsi quand cette femme pleure son époux tué par son frère, Rome, au contraire, se réjouit d'une guerre meurtrière faite contre une cité sa mère, et d'une victoire qui a coûté de part et d'autre des flots d'un sang allié.

2. Pourquoi m'alléguer ces noms de gloire et de triomphe? Laissez de côté les préjugés d'une vaine opinion, mettez à nu ces forfaits pour les examiner, les peser, les juger. Dites-nous le crime d'Albe comme vous citiez l'adultère de Troie. Trouve-t-on ici rien de semblable? Non, Tullus voulait seulement réveiller l'ardeur des combats dans ses guerriers oisifs, dans ses bataillons déshabitués du triomphe. Ce seul désir ambitieux le porte donc à un si grand crime, à

---

hinc atque inde fratribus placuit experiri (Livius, ibid.): a Romanis tres Horatii, ab Albanis autem tres Curiatii processerunt : a Curiatiis tribus Horatii duo, ab uno autem Horatio tres Curiatii superati et extincti sunt. Ita Roma exstitit victrix, ea clade etiam in certamine extremo, ut de sex viris unus rediret domum. Cui damnum in utrisque? Cui luctus nisi Æneæ stirpi, nisi Ascanii posteris, nisi proli Veneris, nisi (*a*) nepotibus Jovis? Nam et hoc plus quam civile bellum fuit, quando filia civitas cum civitate matre pugnavit. Accessit aliud huic Ter-geminorum pugnæ ultimæ atrox atque horrendum malum. Nam ut erant ambo populi prius amici, (vicini quippe atque cognati,) uni Curiatiorum desponsata fuerat Horatiorum soror : hæc posteaquam sponsi (*b*) spolia in victore fratre conspexit, ab eodem fratre, quoniam flevit, occisa est. Humanior hujus unius feminæ, quam universi populi Romani, mihi fuisse videtur affectus. Illa quem virum jam fide media retinebat, aut forte etiam ipsum fratrem dolens qui occiderat cui sororem promiserat, puto quod non culpabiliter fleverit. Unde enim apud Virgilium (*Æneid.*, x) pius Æneas laudabiliter dolet hostem etiam sua peremptum manu? unde Marcellus syracusanam civitatem, recolens ejus paulo ante culmen et gloriam sub manus suas subito concidisse, communem cogitans conditionem flendo miseratus est? Quæso ab humano impetremus affectu, ut femina sponsum suum a fratre suo peremptum sine crimine fleverit, si viri hostes a se victos etiam cum laude fleverunt. Ergo sponso a fratre illatam mortem quando femina illa flebat, tunc se contra matrem civitatem tanta strage bellasse, et tanta hinc et inde cognati cruoris effusione vicisse, Roma gaudebat.

2. Quid mihi obtenditur nomen laudis, nomenque victoriæ? Remotis obstaculis insanæ opinionis facinora nuda cernantur, nuda pensentur, nuda judicentur. Causa dicatur Albæ, sicut Trojæ adulterium dicebatur. Nulla talis, nulla similis invenitur : tantum ut desides moveret

Tullus in arma viros, et jam desueta triumphis
Agmina.
(*Æneid.*, VI.)

Illo itaque vitio tantum scelus perpetratum est socialis belli atque cognati. Quod vitium Sallustius

---

(*a*) Probæ notæ Mss. *neptibus Jovis*. An forte referendum ad civitates filiam et matrem, de quibus continuo. — (*b*) Plures Mss. *sponsalia*.

une guerre entre alliés et parents. C'est cette passion si pernicieuse que Salluste flétrit en passant. Il rappelle brièvement et avec éloge « les premiers âges du monde, quand la vie des hommes s'écoulait sans ambition, que chacun se contentait du sien. Mais, ajoute-t-il (Sall., *in Catil.*), lorsque l'Asie vit Cyrus, la Grèce, les Lacédémoniens et les Athéniens s'emparer des villes, subjuguer les nations, prendre leur passion de dominer pour un motif de guerre, et attacher la plus grande gloire à l'empire le plus étendu...., etc.) » il continue ce tableau, mais qu'il me suffise d'avoir cité ce passage. Cette fureur de dominer par les calamités dont elle est la cause, bouleverse et écrase le genre humain. Dominé par cette passion, c'est alors que Rome s'applaudit de son triomphe sur Albe, et qu'elle donne le nom de gloire au succès éclatant de son crime. « Car, dit l'Ecriture, on loue le pécheur dans les désirs de son âme, et on bénit celui qui commet l'iniquité. » (*Ps.* III, 9.) Arrière donc ces voiles trompeurs, ce vernis séduisant, soumettons les choses à un sérieux examen. Qu'on ne me dise plus : Grand est celui-ci, grand est celui-là, parce qu'il a combattu contre tel ou tel, et l'a vaincu. Les gladiateurs combattent aussi, eux aussi triomphent, et leur férocité a aussi sa couronne de gloire. Mais, à mon avis, il vaut mieux subir l'ignominie qui s'attache à la lâcheté que de rechercher la gloire par de tels moyens. Et pourtant si dans l'arène, un père et un fils s'avançaient comme gladiateurs pour combattre l'un contre l'autre, qui supporterait ce spectacle? Qui ne s'empresserait de le repousser ? Pourquoi donc la gloire s'est-elle attachée à la lutte d'une cité fille contre la cité sa mère? La raison de cette différence? Est-ce parce qu'ici il n'y a pas d'arène, et que le vaste champ de bataille, au lieu du cadavre de deux gladiateurs, était jonché d'une multitude de morts laissés par les deux peuples ? Est-ce parce qu'au lieu d'amphithéâtre, ces combats avaient pour spectateurs l'univers entier, tous les hommes vivants et à naître, aussi longtemps et aussi loin qu'on entendra parler de cette guerre impie?

3. Cependant ces dieux protecteurs de Rome, présents à ces combats comme à des spectacles, durent faire violence à leur amour pour Rome. Mais enfin, comme il y a trois Curiaces morts, ils consentent que la sœur des Horaces, soit envoyée par le glaive fraternel rejoindre ses deux frères, afin que Rome victorieuse ne compte pas moins de victimes. Ensuite, comme fruit de la victoire, Albe est détruite, c'est là, cependant, après Ilion ruinée par les Grecs, après Lavinium, où Enée, errant et fugitif a établi son empire, le troisième asile où se sont réfugiées ces divini-

---

magnum transeunter attingit. Cum enim laudans breviter (*a*) antiquiora commemorasset tempora, quando vita hominum sine cupiditate agitabatur, et sua cuique satis placebant : « Postea vero, inquit, quam in Asia Cyrus, in Græcia Lacedæmonii atque Athenienses cœpere urbes atque nationes subigere, libidinem dominandi causam belli habere, maximam gloriam in maximo imperio putare : » (Sallust., *in Catil.*) et cætera quæ ipse instituerat dicere. Mihi hucusque satis sit ejus verba posuisse. Libido ista dominandi magnis malis agitat et conterit humanum genus. Hac libidine Roma tunc victa Albam se vicisse triumphabat, et sui sceleris laudem gloriam nominabat. « Quoniam laudatur, inquit Scriptura nostra, peccator in desideriis animæ suæ; et qui iniqua gerit, benedicitur. » (*Psal.* III, 9.) Fallacia igitur tegmina, et deceptoriæ dealbationes auferantur a rebus, ut sincero inspiciantur examine. Nemo mihi dicat, Magnus ille atque ille, quia cum illo et illo pugnavit, et vicit. Pugnant etiam gladiatores, vincunt et ipsi : habet præmia laudis et illa crudelitas. Sed puto esse satius cujuslibet inertiæ pœnas luere, quam illorum armorum gloriam quærere. Et tamen si in arenam procederent pugnaturi inter se gladiatores, quorum alter filius, alter pater esset, tale spectaculum quis ferret? quis non auferret? Quomodo ergo gloriosum alterius matris, alterius filiæ civitatis, inter se armorum potuit esse certamen ? An ideo diversum fuit, quod arena illa non fuit, et latiores campi non duorum gladiatorum, sed in duobus populis multorum funeribus implebantur ; nec amphitheatro cingebantur illa certamina, sed universo orbe, et tunc vivis, et posteris, quousque ista fama porrigitur, impium spectaculum præbebatur?

3. Vim tamen patiebantur studii sui dii illi præsides imperii romani, et talium certaminum tanquam theatrici spectatores, donec Horatiorum soror propter Curiatios tres peremptos etiam ipsa tertia ex altera parte fraterno ferro duobus fratribus adderetur, ne minus haberet mortium etiam Roma quæ vicerat. Deinde ad fructum victoriæ Alba subversa est : ubi post Illium, quod Græci everterunt, et post Lavi-

(*a*) In plerisque Mss. *antiquorum.*

tés de Troie. Mais, peut-être, selon leur coutume, avaient-elles quitté cette ville, aussi fût-elle détruite! « Abandonnant leurs sanctuaires et leurs autels, ces dieux soutiens de l'empire s'étaient enfuis. » Mais s'ils désertent pour la troisième fois, c'est pour choisir Rome, quatrième cité sagement confiée à leur protection. Albe, où Amulius règne en chassant son frère, leur déplaît, Rome où Romulus a tué le sien, leur sourit davantage. Mais, dira-t-on, avant la destruction d'Albe, ses habitants ne furent-ils pas transférés à Rome pour ne plus faire qu'une même cité? Soit, mais est-il moins constant que cette ville, royaume d'Ascagne, et troisième refuge des dieux troyens, ait été détruite par la cité, sa fille? Pour faire des débris des deux peuples épuisés par la guerre ce triste assemblage, que de sang avait été versé des deux côtés! Qu'ai-je besoin de rapporter une à une ces mêmes guerres tant de fois renouvelées sous les autres rois? Elles paraissaient terminées par des victoires, et toujours, et toujours d'immenses carnages les renouvelaient, toujours, et toujours, après un traité de paix et d'alliance, la guerre se rallumait entre gendres et beaux-frères entre les descendants des uns et des autres. Une preuve non équivoque de ces calamités, c'est qu'aucun de ces rois ne put fermer les portes de la guerre. Aucun donc ne put régner en paix sous la tutelle de tant de dieux.

CHAPITRE XV.

Vie et mort des rois de Rome.

1. Mais quelle fut la fin des rois eux-mêmes? Pour Romulus, une fable adulatrice nous le représente admis parmi les dieux. Mais certains historiens (Tite-Live, l. 1; Denis, l. II) rapportent qu'il fut massacré par les sénateurs, à cause de sa cruauté; puis un je ne sais quel Julius Proculus, suborné par eux, raconta qu'il lui était apparu, et que par sa bouche, il ordonnait au peuple romain de l'honorer parmi les dieux; par ce moyen ils retinrent et apaisèrent le peuple qui commençait à se soulever contre eux. De plus, une éclipse de soleil apparut alors. La foule ignorante, ne sachant pas qu'elle était l'effet du mouvement déterminé des astres, l'attribua à la vertu de Romulus. Quand même c'eût été une marque de deuil de la part de cet astre, n'était-ce pas une raison de plus de croire au meurtre de Romulus? Ne révélait-il pas en quelque sorte le forfait lui-même en refusant sa lumière, comme il arriva, en effet, quand les Juifs impies et cruels attachèrent le Seigneur à la croix? (*Luc*, XXIII, 45). Il est certain qu'alors

---

nium, ubi (*a*) Æneas regnum peregrinum atque fugitivum constituerat, tertio loco habitaverant numina illa Trojana. Sed more suo etiam inde jam fortasse migraverant; ideo deleta est. Discesserant videlicet « omnes adytis arisque relictis dii, quibus imperium illud steterat. » Discesserant sane ecce jam tertio, ut eis quarta Roma providentissime crederetur. Displicuerat enim et Alba, ubi Amulius expulso fratre, et Roma placuerat, ubi Romulus occiso fratre regnaverat. (Titus Liv., lib. II.) Sed antequam Alba dirueretur, transfusus est, inquiunt, populus ejus in Romam, ut ex utraque una civitas fieret. Esto, ita factum sit : urbs tamen illa, Ascanii regnum et tertium domicilium Trojanorum deorum, ab urbe filia mater eversa est. Ut autem belli reliquiæ e duobus populis unum facerent miserabile coagulum, multus ante fusus utriusque sanguis fuit. Quid jam singillatim dicam sub cæteris regibus toties eadem bella renovata, quæ victoriis finita videbantur, et tantis stragibus iterum iterumque confecta, iterum iterumque post fœdus et pacem inter generos et soceros et eorum stirpem posterosque repetita? Non parvum indicium calamitatis hujus fuit, quod portas belli nullus clausit illorum. Nullus ergo illorum sub tot diis præsidibus in pace regnavit.

CAPUT XV.

Qualis Romanorum regum vita atque exitus fuerit.

1. Ipsorum autem regum qui exitus fuerunt? De Romulo viderit adulatio fabulosa, qua perhibetur receptus in cœlum : viderint quidam scriptores eorum (Livius, lib. I; Dionysius, lib. II), qui eum propter ferocitatem a senatu discerptum esse dixerunt, subornatumque nescio quem Julium Proculum, qui eum sibi apparuisse diceret, cumque per se populo mandasse romano, ut inter numina coleretur; eoque modo populum, qui contra senatum intumescere cœperat, repressum atque sedatum. Acciderat enim et solis defectio, quam certa ratione sui cursus effectam imperita nesciens multitudo meritis Romuli tribuebat. Quasi vero si luctus ille solis fuisset, non magis ideo credi deberet occisus, ipsumque scelus aversione etiam diurni luminis indicatum : sicut revera factum est, cum Dominus crucifixus est crudelitate atque impietate Judæorum. (*Luc.*, XXIII, 45.)

(*a*) Sic magno consensu Mss. At editi, *ubi rex Latinus Æneam regem peregrinum atque fugitivum constituerat.*

cet obscurcissement du soleil ne provenait pas du cours régulier des astres, car c'était à la fête de Pâque qui ne se célèbre que dans la pleine lune, or, on sait que les éclipses n'arrivent naturellement qu'au défaut de la lune. Cicéron lui-même fait assez voir que cet apothéose de Romulus est plutôt un préjugé qu'un fait. Aux livres de la république, il met dans la bouche de Scipion ces paroles à la louange de Romulus : « Il s'était acquis une telle réputation qu'étant tout à coup disparu pendant une éclipse de soleil, on le crut élevé au rang des dieux, renommée qu'aucun mortel ne conquit jamais sans une vertu extraordinaire. » Quand il dit qu'il disparut subitement, il veut sans doute faire entendre que ce fut par la violence de la tempête, ou par un meurtre secret. Car d'autres écrivains rapportent que cette éclipse fut accompagnée d'une tempête subite qui servit d'occasion au crime, ou qui elle-même consuma Romulus. (TITE-LIVE, l. I; DENIS, l. II.) Tullus Hostilius, troisième roi des Romains, fut lui aussi frappé par la foudre; à ce sujet, Cicéron, dans le même traité ne dit-il pas : « Si malgré cette mort, on ne le crut pas reçu parmi les dieux, c'est que les Romains ne voulaient pas avilir un honneur dont selon leur opinion jouissait Romulus, en l'attribuant si facilement à un autre. » On trouve même dans une catilinaire (la troisième), cette phrase assez claire : « Le fondateur de cette ville, Romulus, par notre reconnaissance et l'éclat de notre gloire, nous l'avons élevé au rang des dieux immortels, » montrant ainsi, non pas que l'apothéose fût véritable, mais qu'on en répandit partout le bruit à cause de la vertu du prince. Dans son dialogue intitulé Hortensius, parlant des éclipses régulières de soleil : « Pour produire, dit-il, les mêmes ténèbres qu'à la mort de Romulus, qui eut lieu pendant une éclipse. » Ici, plus philosophe que panégyriste, il ne craint pas de laisser entendre une mort tout à fait humaine.

2. Mais pour tous les autres rois de Rome, si l'on excepte Numa Pompilius et Ancus Martius qui moururent dans leur lit, quelle fin tragique! (TITE-LIVE, l. Ier; DENIS, l. III.) Tullus Hostilius, comme je l'ai dit, vainqueur et destructeur d'Albe est consumé par la foudre avec toute sa maison. Tarquin l'Ancien est massacré par le fils de son prédécesseur; Servius Tullius tombe victime de la scélératesse de Tarquin le Superbe qui le remplace sur le trône. Et les dieux n'abandonnent point leurs sanctuaires et leurs autels à la vue d'un tel parricide commis sur cet excellent prince, eux que, dit-on, l'adultère de Pâris irrita tellement qu'ils quittèrent

Quam solis obscurationem non ex canonico siderum cursu accidisse, satis ostendit, quod tunc erat pascha Judæorum; nam plena luna solemniter agitur : regularis autem solis defectio non nisi lunæ fine contingit. Satis et Cicero illam inter deos Romuli receptionem putatam magis significat esse, quam factam, quando et laudans eum in libris *de Republica*, Scipionisque sermone : « Tantum est, inquit, consecutus, ut cum subito sole obscurato non comparuisset, deorum in numero collocatus putaretur : quam opinionem nemo unquam mortalis assequi potuit sine eximia virtutis gloria. » Quod autem dicit, eum subito non comparuisse, profecto ibi intelligitur aut violentia tempestatis, aut cædis facinorisque secretum. Nam et alii scriptores eorum (LIVIUS, lib. I; DIONYS., lib. II) defectioni solis addunt etiam subitam tempestatem, quæ profecto aut occasionem sceleri præbuit, aut Romulum ipsa consumpsit. De Tullo quippe etiam Hostilio, qui tertius a Romulo rex fuit, qui et ipse fulmine absumptus est, dicit in eisdem libris idem Cicero, propterea et istum non creditum in deos receptum tali morte, quia fortasse quod erat in Romulo probatum (id est persuasum) Romani vulgare noluerunt, id est vile facere, si hoc et alteri facile tribueretur. Dicit etiam aperte in Invectis : (Orat. III, in Catil.) « Illum qui hanc urbem condidit, Romulum ad deos immortales benevolentia famaque sustulimus : » ut non vere factum, sed propter merita virtutis ejus benevolentia jactatum diffamatumque monstraret. In Hortensio vero dialogo cum de solis canonicis defectionibus loqueretur : « Ut easdem, inquit, tenebras efficiat, quas efficit in interitu Romuli, qui obscuratione solis est factus. » Certe hic minime timuit hominis interitum dicere, quia disputator magis quam laudator fuit.

2. Cæteri autem reges populi romani, excepto Numa Pompilio et Anco Martio, qui morbo interierunt, quam horrendos exitus habuerunt? Tullus, (de hoc et sequentibus, LIVIUS, lib. I; DIONYS., lib. III) ut dixi, Hostilius, victor et eversor Albæ, cum tota domo sua fulmine concrematus est. Priscus Tarquinius per sui decessoris filios interemptus est. Servius Tullius generi sui Tarquinii Superbi, qui ei successit in regnum, nefario scelere occisus est. Nec « discessere adytis arisque relictis dii, » tanto in optimum illius populi regem parricidio perpetrato, quos dicunt, ut hoc miseræ Trojæ facerent, camque Græcis

Troie et la livrèrent aux flammes vengeresses des Grecs. Ce n'est pas tout, Tarquin assassine son beau-père, et c'est lui-même qui obtient son trône. Cet infâme parricide règne par son meurtre odieux, il se glorifie de tous ses combats victorieux, de ses déprédations, il élève le Capitole, et les dieux ne s'éloignent pas, non, ils sont présents, ils demeurent, ils le voient; ils souffrent que leur roi Jupiter les préside et règne sur eux du haut de ce temple, œuvre d'un parricide! Car enfin, était-il innocent lorsqu'il bâtit le Capitole? Est-ce seulement dans la suite qu'il mérita par ses crimes d'être expulsé de Rome? Mais son règne pendant lequel il élève le Capitole, s'ouvre par le plus horrible des forfaits. Et, quand ensuite les Romains le chassent du trône et lui ferment les portes de la cité, c'est pour l'outrage fait à Lucrèce, non par lui, mais par son fils à son insu et même en son absence. Il assiégeait alors la ville d'Ardée et combattait pour le peuple romain, et nous ne savons ce qu'il eût fait, si on lui eût appris le crime de son fils. Et, néanmoins, sans connaître et sans chercher à savoir ce qu'il en pense, le peuple lui ôte le pouvoir, l'armée rentre sur l'ordre qui lui est donné, et les portes fermées aussitôt interdisent au roi l'entrée de Rome. Tarquin irrité, soulève les peuples voisins, il écrase ces mêmes Romains par les guerres les plus sanglantes; enfin, abandonné des alliés qui faisaient son espoir, et désormais impuissant à recouvrer son trône, il se fixe à Tusculum, ville voisine de Rome; là, il passe quatorze années paisibles dans la vie privée; il y vieillit avec son épouse, terminant ses jours par une fin préférable peut-être à celle de son beau-père, qui reçut de son gendre criminel une mort à laquelle, dit-on, sa fille ne fut pas étrangère. (TITE-LIVE, l. I; VALÈRE, l. IX, ch. XI.) Cependant, les Romains ne flétrirent pas ce Tarquin du nom de Cruel ou de Scélérat, ils l'appelèrent le Superbe, sans doute que leur orgueil propre ne pouvait supporter le faste royal. Ils ont eu si peu d'horreur pour le crime de Tarquin, meurtrier de son beau-père et du meilleur de leurs princes, qu'ils en ont fait leur roi. Ici, je me demande si accorder une telle récompense à un pareil forfait, n'est pas un plus grand crime. Néanmoins, les dieux ne quittèrent ni leurs sanctuaires, ni leurs autels. A moins, peut-être, qu'on ne dise à leur défense, que ces dieux demeurèrent à Rome, non pas pour lui accorder des bienfaits, mais plutôt pour lui infliger des châtiments en la séduisant par de trompeuses victoires, et l'écrasant par des guerres terribles. Telle fut la vie des Romains sous les rois, à cette

diruendam exurendamque relinquerent, adulterio Paridis fuisse commotos. Sed insuper interfecto a se socero Tarquinius ipse successit. Hunc illi dii nefarium parricidam soceri interfectione regnantem, insuper multis bellis victoriisque gloriantem, et de (a) manubiis Capitolium fabricantem, non abscedentes, sed præsentes manentesque viderunt, et regem suum Jovem in illo altissimo templo, hoc est in opere parricidæ, sibi præsidere atque regnare perpessi sunt. Neque enim adhuc innocens Capitolium struxit, et postea malis meritis Urbe pulsus est : sed ad ipsum regnum, in quo Capitolium fabricaret, immanissimi sceleris perpetratione pervenit. Quod vero eum Romani regno postea depulerunt, ac secluserunt mœnibus civitatis, non ipsius de Lucretiæ stupro, sed filii peccatum fuit, illo non solum nesciente, sed etiam absente commissum. Ardeam civitatem tunc oppugnabat, et pro populo romano bellum gerebat : nescimus quid faceret, si ad ejus notitiam flagitium filii deferretur. Et tamen inexplorato ejus judicio et inexperto, ei populus ademit imperium ; et recepto exercitu, a quo deseri jussus est, clausis deinde portis non sivit intrare redeuntem. At ille post bella gravissima, quibus eosdem Romanos concitatis finitimis attrivit, posteaquam desertus ab eis quorum fidebat auxilio, regnum recipere non evaluit, in oppido Tusculo Romæ vicino quatuordecim, ut fertur, annos privatam vitam quietus habuit, et cum uxore consenuit, optabiliore fortassis exitu, quam socer ejus generi sui facinore, nec ignorante filia, sicut perhibetur, exstinctus. (LIVIUS, lib. I.) Nec tamen istum Tarquinium Romani crudelem aut sceleratum, sed superbum appellaverunt, fortassis regios ejus fastus alia superbia non ferentes. Nam scelus occisi ab eo soceri optimi regis sui usque adeo contempserunt, ut eum regem suum facerent : ubi miror si non scelere graviore mercedem tantam tanto sceleri reddiderunt. Nec « discessere adytis arisque relictis dii, » nisi forte quispiam sic defendat istos deos, ut dicat eos ideo mansisse Romæ, quo possent Romanos magis punire suppliciis, quam beneficiis adjuvare, seducentes eos vanis victoriis et

---

(a) Editi, *de bellorum manubiis.* Abest *bellorum* a Mss. nec opus erat addere, *quando manubiis nihil aliud intelligitur quam præda bello parta, vel ex prædæ venditione collecta pecunia.* Vide Agellium, lib. XIII, cap. XXIII; Florus, v, *De eodem Tarquinio,* lib. 1, c. VII. *De manubiis captarum urbium templum erexit.*

époque glorieuse de leur république qui dura environ deux cent quarante-trois ans jusqu'à l'expulsion de Tarquin le Superbe, et, pendant laquelle toutes ces victoires achetées au prix de tant de sang et de calamités, reculèrent à peine à vingt milles de Rome les frontières de l'empire, territoire qui est loin d'égaler celui de la moindre ville de Gétulie.

CHAPITRE XVI.

Premiers consuls de Rome, l'un envoie son collègue en exil, et bientôt, après un affreux parricide, il meurt lui-même à Rome, de la main d'un ennemi qu'il a blessé.

A cette époque, ajoutons celle où, selon Salluste, on se gouverna avec justice et modération, c'est-à-dire, aussi longtemps qu'ont eut à craindre Tarquin, et la grande guerre d'Etrurie à soutenir. Car tant les Etrusques prêtèrent leur concours à Tarquin pour rentrer dans son royaume, Rome fut ébranlée par une guerre dangereuse. Aussi Salluste dit que la république fut gouvernée avec équité et modération sous la pression de la crainte, et non sous l'empire de la justice. Dans ce temps si court, quelle funeste année que celle de la création des premiers consuls, après le bannissement de la puissance royale, année qu'ils n'ont pas même achevée. Car Junius Brutus dépose et exile son collègue Tarquin Collatin; bientôt après il succombe lui-même dans un combat en donnant la mort à celui qui le tue; il avait auparavant massacré ses fils et ses beaux-frères, en apprenant qu'ils avaient conjuré pour le retour de Tarquin. Virgile ayant cité ce fait avec éloge, la pitié lui arrache aussitôt un cri d'horreur. En effet, à peine a-t-il dit: « Ses fils fomentent de nouvelles guerres, le père les enverra à la mort au nom de la liberté chérie, » que bientôt après, il s'écrie: « Malheureux, quel que soit le jugement de la postérité. » (*Enéid.*, l. VI.) De quelque manière que les neveux jugent de tels actes, qu'ils les louent et les exaltent s'ils veulent, le meurtrier de ses fils n'en est pas moins malheureux. Et, comme pour consoler cette infortune, il ajoute: « En toi triomphe l'amour de la patrie, et l'immense désir de la gloire. » Mais ce Brutus, meurtrier de ses enfants, qui, en frappant le fils de Tarquin, son ennemi, en reçoit en même temps la mort et ne peut lui survivre, ce Brutus auquel survit Tarquin lui-même, ne semble-t-il pas venger par ses malheurs l'innocence de son collègue Collatin, excellent citoyen, à qui, après l'exil de Tarquin, il fait subir le même sort ? Ce

bellis gravissimis conterentes. Hæc fuit Romanorum vita sub regibus laudabili tempore illius reipublicæ usque ad expulsionem Tarquinii Superbi per ducentos ferme et quadraginta et tres annos, cum illæ omnes victoriæ tam multo sanguine et tantis emptæ calamitatibus, vix illud imperium intra viginti ab Urbe millia dilataverint : quantum spatium absit ut saltem alicujus Getulæ civitatis nunc territorio comparetur !

CAPUT XVI.

De primis apud Romanos consulibus, quorum alter alterum patria pepulit, moxque Romæ post atrocissima parricidia a vulnerato hoste vulneratus interiit.

Huic tempori adjiciamus etiam tempus illud, quousque dicit Sallustius æquo et modesto jure agitatum, dum metus a Tarquinio et grave bellum cum Etruria positum est. Quamdiu enim Etrusci Tarquinio redire in regnum conanti opitulati sunt, gravi bello Roma concussa est. Ideo dicit æquo et modesto jure gestam rempublicam metu premente, non persuadente justitia. In quo brevissimo tempore quam funestus ille annus fuit, quo primi consules creati sunt, expulsa regia potestate? Annum quippe suum non compleverunt. Nam Junius Brutus exhonoratum ejecit Urbe collegam Lucium Tarquinium Collatinum; deinde mox ipse in bello cecidit mutuis cum hoste vulneribus, occisis a se ipso primitus filiis suis et uxoris suæ fratribus, quod eos pro restituendo Tarquinio conjurasse cognoverat. Quod factum Virgilius posteaquam laudabiliter commemoravit, continuo clementer exhorruit. Cum enim dixisset :

Natosque pater nova bella moventes
Ad pœnam pulchra pro libertate vocabit;

mox deinde exclamavit, et ait :

Infelix ! utcumque ferent ea facta minores.
(*Æneid.*, vi.)

Quomodolibet, inquit, ea facta posteri ferant, id est præferant et extollant; qui filios occidit, infelix est. Et tanquam ad consolandum infelicem, subjunxit :

Vincit amor patriæ, laudumque immensa cupido.

Nonne in hoc Bruto, qui et filios occidit, et a se percusso hosti filio Tarquinii mutuo percussus supervivere non potuit, eique potius ipse Tarquinius supervixit, Collatini collegæ videtur innocentia vindicata, qui bonus civis hoc Tarquinio pulso passus est quod tyrannus ipse Tarquinius? Nam et idem

même Brutus aussi était, dit-on, parent de Tarquin. Ce fut donc la ressemblance du nom qui perdit Collatin. Il fallait alors l'obliger à quitter son nom et nullement sa patrie ; car, enfin, ce n'eût été qu'un nom de moins, il se serait appelé Lucius Collatin. Mais ce qu'il peut perdre sans aucun préjudice, on ne le lui enlève pas, et on prive un premier consul de sa dignité, on chasse un bon citoyen de sa patrie ! Est-ce un titre de gloire pour Brutus que cette injustice détestable et totalement inutile à la république ? Est-ce pour l'accomplir qu'a triomphé en lui l'amour de la patrie et l'immense désir de la gloire ? Aussitôt après l'expulsion du tyran Tarquin, Tarquin Collatin, mari de Lucrèce, est créé consul avec Brutus. Que le peuple est juste de considérer les mœurs plutôt que le nom d'un bon citoyen ! Mais quelle injustice dans Brutus de lui arracher sa patrie et sa dignité, à lui son collègue dans cette nouvelle charge, quand il pouvait lui supprimer un nom, si ce nom déplaisait! Tous ces crimes furent commis, toutes ces calamités eurent lieu quand cette république se gouvernait avec justice et modération. Lucrétius lui-même, qui fut mis à la place de Brutus, meurt avant la fin de l'année. Ainsi P. Valérius, qui avait succédé à Collatin, et M. Horatius, élu à la mort de Lucrétius, terminent cette année funeste et désastreuse, qui eut cinq consuls ; et c'est sous les auspices d'une telle année que Rome inaugure la dignité nouvelle du consulat.

CHAPITRE XVII.

Maux qui affligent Rome après la création du consulat, sans que les dieux qu'elle adore lui portent aucun secours.

1. Déjà la crainte a peu à peu diminué, non pas que la guerre ait cessé, mais elle est devenue moins menaçante, ce temps d'un gouvernement juste et modéré cesse, il fait place à celui que le même Salluste caractérise en peu de mots : (*Hist.*, l. I.) « Ensuite, les patriciens commencent à traiter le peuple en esclave ; ils disposent en rois de la vie et de la personne des citoyens, s'emparent de leurs biens et s'attribuent à eux seuls toute l'autorité. Irrité de ces violences et surtout écrasé sous le poids de l'usure, ayant d'ailleurs, dans ces luttes continuelles, outre les impôts à payer, toutes les charges de la guerre à supporter, le peuple se retire en armes sur le mont Sacré et le mont Aventin. Alors il obtient ses tribuns et d'autres droits. Cependant, ces discordes et ces luttes intestines ne cessent qu'à la seconde guerre punique. » Mais, pourquoi

---

Brutus consanguineus Tarquinii fuisse perhibetur. Sed Collatinum videlicet similitudo nominis pressit, quia etiam Tarquinius vocabatur. Mutare ergo nomen, non patriam cogeretur : postremo (*a*) in ejus nomine hoc vocabulum minus esset, L. Collatinus tantummodo vocaretur. Sed ideo non amisit quod sine ullo detrimento posset amittere, ut et honore primus consul et civitate bonus civis carere juberetur. Etiamne ista est gloria Junii Bruti detestanda iniquitas et nihilo utilis reipublicæ? Etiamne ad hanc perpetrandam :

Vicit amor patriæ, laudumque immensa cupido ?

Jam expulso utique Tarquinio (*b*) tyranno, consul cum Bruto creatus est maritus Lucretiæ L. Tarquinius Collatinus. Quam juste populus mores in cive, non nomen attendit! quam (*c*) injuste Brutus collegam primæ ac novæ illius potestatis, quem posset, si hoc offendebatur, nomine tantum privare, et patria privavit et honore? Hæc mala facta sunt, hæc adversa acciderunt, quando in illa republica æquo et modesto jure agitatum est. Lucretius quoque, qui in locum Bruti fuerat subrogatus, morbo, antequam idem annus terminaretur, absumptus est. Ita P. Valerius, qui successerat Collatino, et M. Horatius, qui pro defuncto Lucretio suffectus fuerat, annum illum funereum atque tartareum, qui consules quinque habuit, compleverunt : quo anno consulatus ipsius novum honorem ac potestatem auspicata est romana respublica.

CAPUT XVII.

Post initia consularis imperii, quibus malis vexata fuerit Romana respublica, diis non opitulantibus quos colebat.

1. Tunc jam diminuto paululum metu, non quia bella conquieverant, sed quia non tam gravi pondere urgebant, finito scilicet tempore quo æquo et modesto jure agitatum est, secuta sunt quæ idem Sallustius breviter explicat. (*Hist.*, lib. I.) « Dein servili imperio patres plebem exercere, de vita atque tergo regio more consulere, agro pellere, et cæteris expertibus soli in imperio agere. Quibus sævitiis, et maxime fenore oppressa plebs, cum assiduis bellis tributum et militiam simul toleraret, armata montem Sacrum atque Aventinum insedit : tumque tribunos plebis et alia sibi jura paravit. Discordiarum et certaminis utrimque finis fuit secundum bellum Punicum. » Quid

---

(*a*) Vind. Am. et Er. *Si in ejus nomine.* — (*b*) Quibusdam probæ notæ Mss. abest *tyranno.* — (*c*) Mss. *quam impie Brutus.*

si longtemps m'arrêter moi-même ou retenir le lecteur? Salluste ne nous dépeint-il pas brièvement toutes les calamités qui, dans les longues années de cette période jusqu'à la seconde guerre punique, accablent la république, inquiétée au dehors par les guerres continuelles, troublée au dedans par les séditions et les discordes civiles? Aussi ces victoires, loin de procurer une joie solide à un peuple heureux, ne sont que de vaines consolations pour des misérables et de trompeuses amorces, qui poussent des esprits inquiets à s'engager de plus en plus dans de stériles malheurs. Que les bons et sages Romains ne s'irritent point de nos paroles; il est vrai, que cet avertissement et cette prière sont inutiles, parce que certainement ils ne sauraient s'en fâcher. Que disons-nous, en effet, de plus grave que leurs auteurs, dont nous sommes loin d'avoir et les talents et les loisirs? Cependant, n'ont-il pas consacré leur temps à les étudier, et ne les font-ils pas étudier de même à leurs enfants? Ceux qui s'irritent souffriraient-ils que je dise ce qu'on lit dans Salluste (*Hist.*, l. I) : « Des troubles fréquents, des séditions et enfin des guerres civiles s'élevèrent, lorsqu'un petit nombre d'hommes puissants auxquels la plupart avaient cédé le pouvoir, sous l'honnête prétexte qu'ils agissaient au nom du sénat ou bien eu celui du peuple, recherchèrent la domination. On n'était pas appelé bon ou mauvais citoyen suivant les services rendus à la république; tout le monde était également corrompu; non, le nom de bon citoyen était réservé à celui qui, par ses richesses et sa puissance de nuire, était plus en mesure de défendre l'état présent des choses. » Si ces historiens ont cru qu'il était d'une honnête liberté de ne point cacher les désordres de leur patrie, à laquelle ils sont, du reste, contraints de prodiguer souvent les plus grands éloges, parce qu'ils ne connaissent pas cette autre patrie plus véritable, qui choisit ses sujets pour l'éternité; que ne devons-nous pas faire, nous dont la liberté est d'autant plus grande que notre espérance en Dieu est meilleure et plus certaine, lorsqu'ils imputent les maux présents à notre Christ, pour éloigner les faibles et les ignorants de cette Cité, la seule où l'on puisse jouir d'une félicité éternelle? D'ailleurs, nous ne disons rien contre leurs dieux de plus étrange que ces mêmes écrivains qu'ils lisent et qu'ils vantent; ce que nous citons, nous le puisons dans leurs ouvrages : il nous serait même impossible de rapporter tout ce qu'ils en ont écrit.

2. Où étaient donc ces dieux, qu'on croit devoir honorer pour la chétive et trompeuse félicité d'ici-bas, lorsque les Romains, dont ils

---

itaque ego tantas moras vel scribens patiar, vel lecturis afferam? Quam misera fuerit illa respublica tam longa œtate per tot annos usque ad secundum bellum Punicum, bellis forinsecus inquietare non desistentibus et intus discordiis seditionibusque civilibus, a Sallustio breviter intimatum est. Proinde victoriæ illæ non solida beatorum gaudia fuerunt, sed inania solatia miserorum, et ad alia atque alia (*a*) sterilia mala subeunda illecebrosa incitamenta minime quietorum. Nec nobis, quia hæc dicimus, boni Romani prudentesque succenseant : quanquam de hac re nec petendi sint, nec monendi, quando eos minime succensuros esse certissimum est. Neque enim gravius vel graviora dicimus auctoribus eorum, et stilo et otio multum impares : quibus tamen ediscendis et ipsi elaboraverunt, et filios suos elaborare compellunt. Qui autem succensent, quando me ferrent, si ego dicerem, quod Sallustius ait : (*Hist.* lib. I) « Plurimæ turbæ, seditiones, et ad postremum bella civilia orta sunt, dum pauci potentes, quorum in gratiam plerique concesserant, sub honesto patrum aut plebis nomine dominationes affectabant; bonique et mali cives appellati, non ob merita in rempublicam, omnibus pariter corruptis, sed uti quisque locupletissimus et injuria validior, quia præsentia defendebat, pro bono ducebatur. » Porro si illi scriptores historiæ ad honestam libertatem pertinere arbitrati sunt, mala civitatis propriæ non tacere, quam multis locis magno præconio laudare compulsi sunt, cum aliam veriorem, quo cives æterni legendi sunt, non haberent : quid nos facere convenit, quorum spes quanto in Deo melior et certior, tanto major debet esse libertas, cum mala præsentia Christo nostro imputant, ut infirmiores imperitioresque mentes alienentur ab ea civitate, in qua sola jugiter feliciterque vivendum est? Nec in deos eorum horribiliora nos dicimus, quam eorum identidem auctores, quos legunt et prædicant : quandoquidem et ex ipsis quæ diceremus accepimus, et nullo modo dicere vel talia, vel cuncta sufficimus.

2. Ubi erant ergo illi dii, qui propter exiguam fallacemque hujus mundi felicitatem colendi existi-

(*a*) Sic Mss. Editi vero *terribilia*.

achetaient le culte par la plus astutieuse fourberie, étaient en proie à de pareilles calamités? Où étaient-ils, quand fut tué le consul Valérius en défendant le Capitole envahi par les bannis et les esclaves? Ainsi il fut plus facile à Valérius de délivrer le sanctuaire de Jupiter qu'à toute la foule des dieux, y compris leur roi très-bon et très-grand, dont le temple venait d'être délivré, de sauver le courageux consul. Où étaient-ils, quand Rome fatiguée par des séditions incessantes, attendant avec quelque repos les ambassadeurs envoyés à Athènes pour en rapporter les lois, fut affreusement ravagée par la famine et la peste? (Tite-Live, l. III.) Où étaient-ils, quand ce peuple, en proie à une nouvelle famine, créa le premier préfet des vivres (*Ibid.*, l. IV); quand la famine devenue plus affreuse, Spurius Mélius, qui distribuait du blé à la foule mourant de faim, fut soupçonné d'aspirer à la royauté, accusé sur les instances de ce même préfet, devant le vieux dictateur L. Quintius, et mis à mort par le maître de la cavalerie Q. Servilius, au milieu du plus grand et du plus dangereux tumulte qu'ait vu la cité? Où étaient-ils, lorsque pendant une contagion des plus cruelles, le peuple, ne trouvant aucun remède, et épuisé par de longues et terribles souffrances, résolut d'instituer en l'honneur de ces dieux inutiles les Lectisternes, cérémonies inconnues jusqu'alors? (*Ibid.*, l. V.) On dressait dans les temples des lits en l'honneur des dieux, d'où le nom de cette cérémonie sacrée, ou plutôt sacrilége. Où étaient-ils, quand les armées romaines, épuisées de sang et de forces par une guerre de dix ans contre les Véïens, allaient succomber sous tant de pertes, si Camille, condamné depuis par son ingrate patrie, ne fût venu à leur secours? Où étaient-ils, quand les Gaulois prirent Rome, la pillèrent, l'incendièrent et la remplirent de carnage? Où étaient-ils, quand cette fameuse peste fit de si grands ravages et enleva Furius Camillus qui, après avoir sauvé son ingrate patrie contre les Véïens, la délivra ensuite des Gaulois? (*Ibid.*, l. VII.) Ce fut pendant cette contagion que furent introduits à Rome les jeux du théâtre, nouvelle peste qui tua, non les corps, mais ce qui fut beaucoup plus pernicieux, les mœurs des Romains? Où étaient-ils, quand sévissait un autre fléau, ces empoisonnements attribués à un nombre considérable de nobles matrones, dont les mœurs furent trouvées plus funestes encore que toute contagion? Quand aux Fourches Caudines, cernés avec leur armée par les Samnites, les deux consuls sont contraints de souscrire un honteux traité, car six cents chevaliers romains

---

mantur; cum Romani, quibus se colendos mendacissima astutia venditabant, tantis calamitatibus vexarentur? Ubi erant, quando Valerius consul ab exsulibus et servis incensum Capitolium cum defensaret, occisus est? Faciliusque ipse prodesse potuit ædi Jovis, quam illi turba tot numinum cum suo maximo atque optimo rege cujus templum liberaverat, subvenire. Ubi erant, quando densissimis fatigata civitas seditionum malis, cum legatos Athenas missos ad leges mutuandas paululum quieta opperiretur, gravi fame pestilentiaque vastata est? (Livius, lib. III.) Ubi erant, quando rursus populus, cum fame laboraret, præfectum annonæ primum creavit; atque ipsa fame invalescente, Spurius (*a*) Melius (Livius, lib. IV), qui esurienti multitudini frumenta largitus est, regni affectati crimen incurrit, et ejusdem præfecti instantia per dictatorem L. Quintium ætate decrepitum, a Quinto Servilio magistro equitum cum maximo et periculosissimo tumultu civitatis occisus est? Ubi erant, quando pestilentia maxima exorta, diis inutilibus sine remedio populus diu multumque fatigatus nova Lectisternia, quod nunquam antea fecerat, exhibenda arbitratus est? (Liv. lib., V.) Lecti autem sternebantur in honorem deorum, unde hoc sacrum vel potius sacrilegium nomen accepit. Ubi erant, quando per decem continuos annos male pugnando crebras et magnas clades apud Veios exercitus romanus acceperat, nisi per Furium Camillum tandem subveniretur, quem postea civitas ingrata damnavit? Ubi erant, quando Galli Romam ceperunt, spoliaverunt, incenderunt, cædibus impleverunt? Ubi erant, cum illa insignis pestilentia tam ingentem stragem dedit, qua et ille Furius Camillus exstinctus est, qui rempublicam ingratam et a Veientibus ante defendit, et de Gallis postea vindicavit? In hac pestilentia scenicos ludos, aliam novam pestem, non corporibus Romanorum, sed, quod est multo perniciosius, moribus intulerunt. Ubi erant, quando alia pestilentia gravis de venenis matronarum exorta credita est, quarum supra fidem multarum atque nobilium mores deprehensi sunt omni pestilentia graviores? Vel quando in Caudinas furculas a Samnitibus obsessi ambo cum exercitu consules fœdus cum eis fœdum facere coacti sunt; ita ut equitibus romanis sexcentis obsidibus datis, cæteri amissis armis aliisque spoliati privatique tegminibus, sub jugum hostium cum vestimentis sin-

---

(*a*) Editi *Æmilius*. At Mss. *Melius*. Sic et Livius, lib. IV.

sont laissés en otage, les autres, dépouillés de leurs armes et de leurs vêtements, passent presque nus sous le joug? Lorsque, dans le camp même, tandis que les uns sont atteints d'une épidémie, les autres périssent, frappés par la foudre? (*Ibid.*, l. X.) Quand, en proie à une peste insupportable, Rome se vit forcée de faire venir d'Epidaure Esculape, comme dieu médecin? Sans doute que Jupiter, qui, depuis longtemps déjà siégeait au Capitole, n'avait pu dans sa jeunesse, à cause de ses nombreux désordres, se livrer à l'étude de la médecine! Où étaient-ils, quand tous les ennemis de Rome en même temps conjurés, Lucaniens, Brutiens, Samnites, Etrusques et Gaulois Sénons, après avoir massacré les ambassadeurs, mirent l'armée en déroute avec son préteur, et tuèrent sept tribuns et treize mille guerriers? (*Ibid.*, l. XII.) Quand après de longues et sanglantes séditions, le peuple, par une scission hostile, finit par se retirer sur le mont Janicule, calamité si terrible qu'on créa un dictateur, Hortensius, mesure extrême qu'on ne prenait que dans les plus grands dangers? Après avoir ramené le peuple, ce magistrat meurt dans sa charge, ce qui n'était encore arrivé à aucun dictateur; en cela, les dieux furent d'autant plus coupables qu'ils avaient alors parmi eux Esculape.

3. Alors de si nombreuses guerres éclatent de tous côtés, que le besoin de soldats fait appeler sous les armes les prolétaires, ainsi nommés parce que, trop pauvres pour faire la guerre, ils ne s'occupaient que d'élever des enfants. Appelé par les Tarentins, Pyrrhus, roi des Grecs, jouissant dès lors d'une immense renommée, marche contre les Romains. (*Ibid.*, l. XII.) Il consulte Apollon sur l'issue des événements; ce dieu lui répond avec assez de courtoisie par un oracle tellement ambigu, que quoi qu'il arrive le dieu est toujours prophète, le voici: « Je dis toi, Pyrrhus, les Romains pouvoir vaincre. » De cette manière, que Pyrrhus soit vaincu par les Romains, ou que les Romains soient vaincus par Pyrrhus, le prophète peut attendre en sûreté l'un ou l'autre événement. Mais quel horrible carnage alors dans les deux armées! Cependant, Pyrrhus fut vainqueur, il pouvait interpréter à son avantage l'oracle d'Apollon, si les Romains aussitôt ne l'eussent défait dans un autre combat. Au milieu des maux de tant de guerres, une maladie étrange attaque les femmes enceintes, elles meurent avant de pouvoir se délivrer de leur fruit. (OROSE, liv. IV, ch. II.) Esculape, je pense, dut donner pour excuse, qu'étant médecin, il n'était pas sage-femme! La mortalité s'étend aux troupeaux; on craint même que les espèces ne disparaissent. Et cet hiver mémorable qui sévit avec une rigueur si incroyable, que, pendant

gulis mitterentur? Vel quando gravi pestilentia cæteris laborantibus multi etiam in exercitu icti fulmine perierunt? Vel quando item alia intolerabili pestilentia Æsculapium ab Epidauro quasi medicum deum Roma advocare atque adhibere compulsa est? (LIVIUS, lib. X) quoniam regem omnium Jovem, qui jam diu in Capitolio sedebat, multa stupra, quibus adolescens vacaverat, non permiserant fortasse discere medicinam. Vel cum conspirantibus uno tempore hostibus, Lucanis, Brutiis, Samnitibus, Etruscis et Senonibus Gallis, primo ab eis legati perempti sunt (LIVIUS, lib. XII) deinde cum prætore oppressus exercitus, septem tribunis cum illo pereuntibus et militum tredecim millibus? Vel quando post graves et longas Romæ seditiones, quibus ad ultimum plebs in Janiculum hostili direptione secesserat, hujus mali tam dira calamitas erat, ut ejus rei causa, quod in extremis periculis fieri solebat, dictator crearetur Hortensius, qui, plebe revocata, in eodem magistratu exspiravit, quod nulli dictatori ante contigerat, et quod illis diis jam præsente Æsculapio gravius crimen fuit.

3. Tum vero tam multa bella ubique crebruerunt, ut inopia militum proletarii illi, qui eo quod proli gignendæ vacabant, ob egestatem militiæ non valentes, hoc nomen acceperant, militiæ conscriberentur. Accitus etiam a Tarentinis Pyrrhus, rex Græciæ, tunc ingenti gloria celebratus, Romanorum hostis effectus est. (LIVIUS, lib. XII.) Cui sane de rerum futuro eventu consulenti, satis urbane Apollo sic ambiguum oraculum edidit, ut e duobus quidquid accidisset, ipse divinus haberetur. Ait enim : Dico te, Pyrrhe, vincere posse Romanos. Atque ita sive Pyrrhus a Romanis, sive Romani a Pyrrho vincerentur, securus fatidicus utrumlibet exspectaret eventum. Quæ tunc et quam horrenda utriusque exercitus clades? In qua tamen superior Pyrrhus exstitit, ut jam posset Apollinem pro suo intellectu prædicare divinum; nisi proxime alio prælio Romani abscederent superiores. Atque in tanta strage bellorum etiam pestilentia gravis exorta est mulierum : nam priusquam maturos partus ederent, gravidæ moriebantur. (OROS., lib. IV. c. IV.) Ubi se, credo, Æsculapius excusabat, quod archiatrum, non obstetricem profitebatur. Pecudes quoque similiter interibant, ita ut jam defecturum genus animalium crederetur. Quid hiems

quarante jours, les neiges s'élèvent, au forum même, à une hauteur prodigieuse et que le Tibre est couvert de glace; si ces choses étaient arrivées de notre temps, que ne diraient pas nos ennemis? Et cette peste, non moins désastreuse, si longue et si meurtrière? Avec des progrès effrayants elle étend ses ravages d'une année à l'autre; la présence d'Esculape est inutile, on est obligé de recourir aux livres Sybillins. (Orose, l. IV, ch. v.) Dans ce genre d'oracle, remarque Cicéron dans son livre *de la Divination*, on croit plutôt les interprètes, qui exposent comme ils peuvent, ou comme ils veulent leurs conjectures incertaines. (Liv. II *de la Divin.*) Ils répondent alors que la cause du fléau est la profanation de plusieurs temples occupés par des particuliers; de sorte que, pour le moment, Esculape est sauvé du grave soupçon d'ignorance ou de coupable lâcheté. Pourquoi tant de citoyens se sont-ils appropriés sans conteste ces édifices sacrés, sinon que, par suite de l'impuissance de cette foule de divinités, si longtemps invoquées en vain, on abandonna peu à peu leurs temples qui, devenus déserts, purent être employés à des usages profanes, sans que personne ne s'en offensât? En ce moment, pour apaiser la peste, on les recherche, ou les répare avec soin; mais bientôt abandonnés de nouveau et livrés à l'u-

surpation, ils retombent dans l'oubli. Autrement, attribuerait-on à Varron une science si profonde, parce que, dans ses écrits sur les monuments sacrés, il en a signalé un si grand nombre d'inconnus? Mais alors il s'agissait moins d'un remède efficace contre la peste, que d'une excuse spécieuse à l'impuissance des dieux.

CHAPITRE XVIII.

Défaites des Romains dans les guerres puniques, malgré les demandes de secours adressées aux dieux.

1. Dans les guerres puniques, lorsque la victoire, longtemps incertaine et indécise, flotte entre les deux empires, que de petits états sont broyés dans les chocs puissants de deux peuples valeureux! Que de villes célèbres et florissantes détruites! de cités ravagées, anéanties! Quelles immenses contrées, que de terres dévastées! Quelles sanglantes alternatives de batailles perdues ou gagnées! Quelle destruction d'hommes, soit parmi les soldats, soit parmi les peuples sans défense! Que de flottes brisées dans des combats navals ou submergées par les tempêtes! Si je voulais raconter ces événements, ou seulement les indiquer, j'aurais toute une histoire à écrire. Alors Rome, troublée par l'excès de sa crainte, recourut à de vains et ridicules remèdes. Sur l'au-

---

illa memorabilis tam incredibili immanitate sæviens, ut nivibus horrenda altitudine etiam in foro per dies quadraginta manentibus, Tiberis quoque glacie duraretur, si nostris temporibus accidisset, quæ isti et quanta dixissent? Quid illa itidem ingens pestilentia, quamdiu sævivit, quam multos peremit? (Oros., lib. IV, c. v.) Quæ cum in annum alium multo gravius tenderetur, frustra præsente Æsculapio, aditum est ad libros Sibyllinos. In quo genere oraculorum, sicut Cicero in libris *de Divinatione* commemorat, magis interpretibus, ut possunt seu volunt, dubia conjectantibus, credi solet. Tunc ergo dictum est eam esse causam pestilentiæ, quod plurimæ ædes sacræ multi occupatas privatim tenerent : sic interim a magno imperitiæ vel desidiæ crimine Æsculapius liberatus est. Unde autem a multis ædes illæ fuerant occupatæ, nemine prohibente, nisi quia tantæ numinum turbæ diu frustra fuerat supplicatum : atque ita paulatim loca deserebantur a cultoribus, ut tanquam vacua sine ullius offensione possent humanis saltem usibus vindicari? Nam quæ tunc velut ad sedandam pestilentiam diligenter repetita atque reparata, nisi postea eodem modo neglecta atque usurpata latitarent, non utique magnæ peritiæ Varronis tribueretur,

quod scribens de ædibus sacris tam multa ignorata commemorat. Sed tunc interim elegans, non pestilentiæ depulsio, sed deorum excusatio procurata est.

CAPUT XVIII.

Quantæ clades Romanos sub bellis Punicis triverint, frustra deorum præsidiis expetitis.

1. Jam vero Punicis bellis, cum inter utrumque imperium victoria diu anceps atque incerta penderet, populique duo prævalidi impetus in alterutrum fortissimos et opulentissimos agerent, quot minutiora regna contrita sunt? quæ urbes amplæ nobilesque deletæ? quot afflictæ, quot perditæ civitates? quam longe lateque tot regiones terræque vastatæ sunt? quoties victi hinc atque inde victores? quid hominum consumptum est, vel pugnantium militum, vel ab armis vacantium populorum? quanta vis navium marinis etiam præliis oppressa, et diversarum tempestatum varietate submersa est? Si enarrare vel commemorare conemur, nihil aliud quam scriptores etiam nos erimus historiæ. Tunc magno metu perturbata romana civitas ad remedia vana et ridenda currebat. Instaurati sunt ex auctoritate librorum

torité des livres Sybillins, les jeux séculaires sont rétablis; ils se célébraient tous les cent ans, mais des temps plus heureux les avaient fait oublier. Les pontifes renouvellent aussi en l'honneur des dieux infernaux des jeux sacrés également abolis en des jours meilleurs. Sans doute qu'à l'époque de cette restauration, les enfers voyaient tellement abonder les morts, qu'il leur fallait des jeux! Alors, cependant, les malheureux humains, par des guerres furieuses, des haines sanglantes, des victoires également funestes de part et d'autre, jouaient les grands jeux des démons et leur préparaient de somptueux festins. Quoi de plus malheureux, dans cette première guerre punique, que la défaite des Romains, défaite si complète qu'elle livre aux ennemis Régulus lui-même, dont j'ai déjà parlé au premier et au second livre, cet homme si véritablement grand, naguère encore vainqueur et triomphant des Carthaginois; il eût achevé la première guerre punique, si trop avide d'honneur et de gloire, il n'eût imposé à ces derniers épuisés des conditions insupportables? Si la captivité si inattendue de ce grand homme, si l'indignité de sa servitude, sa fidélité à son serment, la cruauté de sa mort, ne contraignent pas les dieux à rougir, eh bien, c'est qu'ils sont vraiment d'airain et qu'ils n'ont point de cœur.

2. Pendant ce temps, les plus grandes calamités ne manquent pas non plus dans les murs mêmes de Rome. C'est un débordement extraordinaire du Tibre qui submerge toutes les parties basses de la ville (Orose, l. IV, ch. 11); des maisons sont renversées par la violence des flots, d'autres s'écroulent minées peu à peu par les eaux stagnantes. Après ce fléau, c'est le feu plus désastreux encore, qui consume les édifices les plus élevés autour du forum, sans épargner le temple de Vesta, la propre demeure, où des vierges, dont le sacerdoce est plutôt un esclavage qu'un honneur, sont chargées de le faire vivre constamment en renouvelant avec soin le bois sur son autel. (*Ibid.*, et Tite-Live, l. xix.) Mais en ce moment, il ne vit pas seulement, il sévit avec fureur. Effrayés de sa violence, les vierges ne peuvent sauver de l'incendie cette divinité fatale, qui avait déjà causé la ruine de trois villes qui l'avaient adorée (1). Le pontife Métellus, oublieux de sa propre vie, se précipite et à demi-brûlé lui-même, il arrache la déesse aux flammes. Ou bien le feu ne le reconnut point; ou bien il y avait là une divinité qui, dans le cas où elle eût existé, n'était pas même capable de fuir. Un homme est donc plus puissant pour secourir Vesta, que cette déesse pour secourir un homme. Si elle ne peut se préserver

---

(1) Saint Augustin veut parler de Troie, Lavinium et Albe, qui toutes trois avaient des autels de Vesta, et qui toutes trois aussi périrent par le feu.

Sibyllinorum ludi seculares, quorum celebritas inter centum annos fuerat instituta, felicioribusque temporibus memoria negligente perierat. Renovarunt etiam pontifices ludos sacros inferis, et ipsos abolitos annis retrorsum melioribus. Nimirum enim quando renovati sunt, tanta copia morientium ditatos inferos etiam ludere delectabat : cum profecto miseri homines ipsa rabida bella et cruentas animositates funereasque hinc atque inde victorias, magnos agerent ludos dæmonum et opimas epulas inferorum. Nihil sane miserabilius primo bello punico accidit, quam quod ita Romani victi sunt, ut etiam Regulus ille caperetur, cujus in primo et in altero libro mentionem fecimus, vir plane magnus et victor antea domitorque Pœnorum : qui etiam ipsum primum bellum Punicum confecisset, nisi aviditate nimia laudis et gloriæ duriores conditiones, quam ferre possent, fessis Carthaginensibus imperasset. Illius viri et captivitas inopinatissima, et servitus indignissima, et juratio fidelissima, et mors crudelissima si deos illos non cogit erubescere, verum est quod ærei sunt, et non habent sanguinem.

2. Nec malo illo tempore gravissima intra mœnia defuerunt. Nam (Oros., lib. IV, c. xi) exundante nimis ultra morem fluvio Tiberino pene omnia urbis plana subversa sunt : aliis impetu quasi torrentis impulsis, aliis velut stagno diuturno madefactis atque sublapsis. Istam deinde pestem (Oros., *ibid.*; Liv., lib. XIX; Ovid., lib. VI, *Fast.*) ignis perniciosior subsecutus est, qui correptis circa forum quibusque celsioribus, etiam templo Vestæ suo familiarissimo non pepercit, ubi ei veluti vitam perpetuam diligentissima substitutione lignorum, non tam honoratæ quam damnatæ virgines donare consueverant. Tunc vero illic ignis, non tantum vivebat, sed etiam sæviebat. Cujus impetu exterritæ virgines, sacra illa fatalia, quæ jam tres, in quibus fuerant, presserant civitates, cum ab illo incendio liberare non possent (Liv., lib. XIX), Metellus pontifex suæ quodam modo salutis oblitus irruens ea semiustulatus abripuit. Neque enim vel ipsum ignis agnovit : aut vero erat ibi numen, quod non etiam, si fuisset, fugisset. Homo igitur potius sacris Vestæ, quam illa homini prodesse potuerunt. Si autem a se ipsis ignem non

elle-même des flammes, que pourra-t-elle contre l'eau et le feu en faveur d'une cité, qu'elle semble avoir pris sous sa protection? L'événement a déjà montré sa complète impuissance. Nous ne pourrions objecter ceci; si ces idoles étaient établies, non pour sauvegarder les biens temporels, mais pour représenter les biens éternels; si nos adversaires nous disaient que, matérielles et visibles, elles peuvent périr sans le moindre préjudice pour le but de leur institution, et être rétablies de nouveau pour les mêmes usages. Maintenant encore, frappés d'un déplorable aveuglement, ils s'imaginent que des idoles périssables peuvent rendre impérissables l'existence et la félicité temporelles d'une ville. Aussi, lorsqu'on leur montre la ruine et la désolation se faisant cruellement sentir, même en présence des idoles, rougissent-ils d'abandonner une opinion qu'ils ne sauraient défendre.

CHAPITRE XIX.

Désastres de la seconde guerre punique : elle anéantit les forces des deux puissances rivales.

Il serait trop long de rappeler tous les désastres qui, dans la seconde guerre punique, affaiblissent deux peuples se livrant si longtemps, et dans des lieux si divers, des combats acharnés. En effet, au rapport de ceux-mêmes qui racontent ces guerres, moins en historiens qu'en panégyristes de Rome, le vainqueur eut plutôt l'air d'un vaincu. (TITE-LIVE, l. XXI; et SILIUS ITALIC, l. I.) Annibal surgit tout-à-coup de l'Espagne, franchit les Pyrénées, continue sa course à travers les Gaules, se creuse un chemin dans les Alpes. Une si longue marche a augmenté ses forces, il dévaste, il subjugue tout sur son passage, il inonde comme un torrent les défilés de l'Italie. Quelles sanglantes guerres, quels nombreux combats! Que de défaites pour les Romains! Que de villes infidèles devant l'ennemi! Combien sont prises et ruinées! Quelles affreuses mêlées, toujours désastreuses pour Rome, glorieuses pour Annibal! Que dire de l'horrible massacre de Cannes, où malgré sa fureur, Annibal rassasié du carnage de tant d'intrépides ennemis, ordonna, dit-on, de les épargner. Pourquoi ces trois boisseaux d'anneaux qu'il envoie à Carthage (TITE-LIVE, l. XXIII); n'est-ce pas pour indiquer que, dans ce combat, la noblesse est tombée en quantité telle, qu'il est plus facile de la mesurer que de la compter, et que le chiffre des morts, parmi cette multitude sans anneau, d'autant plus nom-

repellebant; civitatem, cujus salutem tueri putabantur, quid contra illas aquas flammasque poterant adjuvare? sicut etiam res ipsa nihil ea prorsus potuisse patefecit. Hæc istis nequaquam objicerentur a nobis, si illa sacra dicerent, non tuendis his bonis temporalibus instituta, sed significandis æternis; et ideo, cum ea quod corporalia visibiliaque essent, perire contingeret, nihil his rebus minui, propter quas fuerant instituta, et posse ad eosdem usus denuo reparari. Nunc vero cæcitate (*a*) mirabili, eis sacris quæ perire possint, fieri potuisse existimant, ut salus terrena et temporalis felicitas civitatis perire non posset. Proinde cum illis etiam manentibus sacris, vel salutis contritio, vel infelicitas irruisse monstratur, mutare sententiam, quam defendere nequeunt, erubescunt.

CAPUT XIX.

De afflictione belli Punici secundi, qua vires partis utriusque consumptæ sunt.

Secundo autem bello Punico nimis longum est commemorare clades duorum populorum, tam longe secum lateque pugnantium; ita ut his quoque (LIV., initio lib. XXI; SILIUS ITAL., lib. I) fatentibus, qui non tam narrare bella Romana, quam Romanum imperium laudare instituerunt, similior victo fuerit ille qui vicit. Annibale quippe ab Hispania surgente, et Pyrenæis montibus superatis, Gallia transcursa, Alpibusque disruptis, tam longo circuitu auctis viribus, cuncta vastando aut subigendo, torrentis modo Italiæ faucibus irruente, quam cruenta (*b*) bella gesta sunt, quam multa prœlia? Quotiens Romani superati? Quam multa ad hostem oppida defecerunt? Quam multa capta et oppressa? Quam diræ pugnæ, et totiens Annibali Romana clade gloriosæ? De Cannensi autem mirabiliter horrendo malo quid dicam, ubi Annibal cum esset crudelissimus, tamen tanta inimicorum atrocissimorum cæde satiatus, parci jussisse perhibetur? Unde tres (LIV., lib. XXIII) modios annulorum aureorum Carthaginem misit : quo intelligerent tantam in illo prœlio dignitatem cecidisse Romanam, ut facilius eam caperet mensura quam numerus; atque hinc strages turbæ cæteræ, tanto utique numerosioris, quanto (*c*) infimioris, quæ sine annulis jacebat, conjicenda potius quam nuntianda putaretur.

(*a*) Sic Mss. At editi, *miserabili*. — (*b*) Mss. *quam cruenta prælia gesta sunt? Quotiens,* etc. — (*c*) Editi, *infirmioris.* Melius Mss. *infirmioris,* id est, ignobilioris turbæ, cui non erat usus annuli.

breuse qu'elle est plus obscure, ne peut être évaluée que par des conjectures? Rome se trouve alors dans une telle pénurie de soldats, qu'il lui faut offrir l'impunité aux coupables, la liberté aux esclaves, moins pour remplir des vides avec ces ignobles recrues, que pour constituer une nouvelle armée. Mais ces esclaves, ou pour leur faire plus d'honneur, ces affranchis qui vont combattre pour la république romaine, n'ont pas d'armes. On arrache des temples celles qui les ornent, les Romains semblent dire à leurs dieux : Déposez les armes que depuis si longtemps vous portez en vain, nos esclaves tireront peut-être quelque avantage de ce dont vous n'avez pu rien faire. Le trésor public ne suffit plus à la solde des troupes, les fortunes particulières viennent au secours des besoins de la république. Chacun se dépouille avec enthousiasme de tout ce qu'il a, les sénateurs eux-mêmes, excepté l'anneau et la bulle, misérables insignes de leurs dignités, ne se réservent aucun objet d'or, à plus forte raison les autres ordres. Que ne dirait pas l'insolence de nos adversaires, si de nos jours ils eussent été réduits à cette extrémité? A peine pouvons-nous supporter leurs reproches, alors même que, pour des plaisirs superflus, il leur reste à donner à des histrions plus d'argent qu'il n'en fallût pour lever des légions dans cet extrême péril.

CHAPITRE XX.

Ruine de Sagonte (1); l'alliance des Romains ne lui procure pas le secours de leurs dieux.

De tous les maux de la seconde guerre punique, il n'en est pas de plus déplorable, de plus digne de compassion que la ruine de Sagonte. Ville d'Espagne, toute dévouée au peuple romain, c'est en lui gardant sa foi qu'elle est complétement détruite, Annibal, ayant rompu avec les Romains, cherche les moyens de les exciter à la guerre. Il assiége donc cruellement Sagonte. Rome l'apprend, elle envoie aussitôt des députés à Annibal pour lui faire lever le siége. Méprisés par ce général, ils se rendent à Carthage, se plaignent de la rupture des traités ; mais leur démarche est inutile, ils reviennent à Rome. Pendant les longs retards de cette négociation, cette ville infortunée, si opulente, si chère à sa nation, si chère à la république romaine, est détruite après huit ou neuf mois de siége par les Carthaginois. On ne saurait lire sans horreur le récit de ce désastre, que serait-ce de l'écrire? Je veux cependant le raconter en peu de mots ; il est d'une grande importance pour mon sujet. D'abord la ville est en proie aux horreurs de la famine, on en vient à se nourrir des cadavres de ses proches, selon le témoignage de quelques historiens. Bientôt accablée par toutes

(1) Sagonte, ville autrefois très-célèbre de l'Espagne Tarragonaise, non loin du lieu où se trouve aujourd'hui la ville de Valence. Tite-Live (livre XXI) raconte au long comment elle fut ruinée par Annibal.

Denique tanta militum inopia secuta est, ut Romani reos facinorum proposita impunitate colligerent, servitia libertate, donarent, atque ex illis pudendus non tam suppleretur quam institueretur exercitus. Servis itaque, imo ne faciamus injuriam, jam libertis, pro Romana republica pugnaturis arma defuerunt. Detracta sunt templis, tanquam Romani diis suis dicerent : Ponite quæ tam diu inaniter habuistis, ne forte aliquid utile inde facere possint nostra mancipia, unde vos nostra numina nihil facere potuistis. Tunc etiam stipendiis sufficiendis cum defecisset ærarium, in usus publicos opes venere privatæ, adeo unoquoque id quod habuit conferente, ut præter singulos annulos aureos singulasque bullas miserabilia dignitatis insignia, nihil sibi auri senatus ipse, quanto magis cæteri ordines tribusque relinquerent. Dum ferret istos, si nostris temporibus ad hanc inopiam cogerentur, cum eos modo vix feramus, quando pro superflua voluptate plura donantur histrionibus, quam tunc legionibus pro extrema salute collata sunt?

CAPUT XX.

De exitio Saguntinorum, quibus propter Romanorum amicitiam pereuntibus dii Romani auxilium non tulerunt.

Sed in his omnibus belli Punici secundi malis, nihil miserabilius ac miserabili querela dignius, quam exitium Saguntinorum fuit. Hæc quippe Hispaniæ civitas amicissima populi Romani dum eidem populo fidem servat, eversa est. Hinc enim Annibal fracto fœdere Romanorum, causas quæsivit quibus eos irritaret ad bellum. Saguntum ergo ferociter obsidebat : quod ubi Romæ auditum est, missi legati ad Annibalem, ut ab ejus obsidione discederet. Contempti Carthaginem pergunt, querimoniamque deponunt fœderis rupti, infectoque negotio Romam redeunt. Dum hæ moræ aguntur, misera illa civitas opulentissima, suæ reipublicæ Romanæque carissima ; octavo vel nono a Pœnis mense deleta est. Cujus interitum legere, quanto magis scribere, horroris est. Breviter tamen eum commemorabo ; ad rem

sortes de calamités, elle ne veut pas, du moins, tomber captive aux mains d'Annibal : tous les citoyens élèvent un immense bûcher, y mettent le feu, et s'y précipitent eux et les leurs en s'égorgeant. C'est ici que devaient agir ces dieux voraces et brouillons, avides de la graisse des sacrifices, ne cherchant qu'à séduire par l'obscurité de leurs faux oracles ; c'est ici qu'ils devaient intervenir pour porter secours à la ville la plus dévouée au peuple romain, et ne pas souffrir qu'elle pérît pour garder à Rome sa fidélité. N'ont-ils pas présidé comme arbitres à l'alliance de cette ville avec Rome ? Cependant, c'est en voulant rester invariablement attachée à ce traité conclu sous leurs auspices, scellé par la foi du serment, qu'elle est assiégée, écrasée, ruinée par un perfide ennemi. Si ces dieux, déchaînant plus tard la foudre et les tempêtes, ont effrayé Annibal sous les murs de Rome, et l'ont forcé de fuir ; c'est ici surtout qu'ils devaient agir ainsi. Je dis plus, c'est en faveur de ces amis de Rome, réduits à l'extrémité pour ne pas rompre leur alliance, et privés de tout secours, que les dieux devaient déchaîner les tempêtes, plutôt qu'en faveur des Romains qui combattaient pour eux-mêmes, et étaient assez puissants pour résister à Annibal. S'ils étaient des défenseurs jaloux du bonheur et de la gloire de Rome, eussent-ils laissé peser sur elle le terrible reproche de la ruine de Sagonte ? Et maintenant, qu'il faut être insensé pour croire que c'est à la protection de ces dieux que Rome doit de ne pas succomber aux coups d'Annibal victorieux, quand Sagonte, qui meurt pour rester son alliée, ne peut obtenir d'eux le moindre secours ! Si le peuple de Sagonte eût été chrétien, s'il eût souffert un pareil traitement pour rester fidèle à l'Évangile, encore qu'il ne se fût pas détruit lui-même par le fer, par le feu ; cependant ces désastres subis pour la foi, ce peuple croyant au Christ les eût soufferts avec l'espérance, non pas d'une récompense courte et temporelle, mais d'une éternité de bonheur. Quant à ces dieux qu'on sert et qu'on doit servir, dit-on, pour s'assurer la prospérité de biens fragiles et passagers, que nous répondront leurs défenseurs ? Comment les justifieront-ils de la destruction de Sagonte, sinon comme ils les ont justifiés au sujet du supplice de Régulus ? Car la seule différence est que là c'est un homme seul, et ici tout un peuple, qui périt pour garder la foi jurée. Par respect pour son serment, l'un veut retourner à l'ennemi, l'autre n'y veut point passer. Serait-ce cette fidélité qui pro-

quippe quæ agitur, multum pertinet. Primo fame contabuit ; nam etiam suorum cadaveribus a nonnullis pasta perhibetur. Deinde omnium fessa rerum, ne saltem captiva in manus Annibalis perveniret, ingentem rogum publice struxit, in quem ardentem ferro etiam trucidatos omnes se suosque miserunt. Hic aliquid agerent dii helluones atque nebulones, sacrificiorum adipibus inhiantes, et fallacium divinationum caligine decipientes ; hic aliquid agerent, civitati populi Romani amicissimæ subvenirent, fidei conservatione pereuntem perire non sinerent. Ipsi utique medii præfuerunt, cum Romanæ reipublicæ interjecto fœdere copulata est. Custodiens itaque fideliter quod ipsis præsidibus placito junxerat, fide vinxerat, juratione constrinxerat, a perfido obsessa, oppressa, consumpta est. Si ipsi dii tempestate atque fulminibus Annibalem postea Romanis proximum mœnibus terruerunt, longeque miserunt (LIV., lib. XXVI) ; tunc primum tale aliquid facerent. Audeo quippe dicere, honestius illos pro amicis Romanorum, ideo periclitantibus ne Romanis frangerent fidem, et nullam opem tunc habentibus, quam pro ipsis Romanis, qui pro se pugnabant, atque adversus Annibalem opulenti erant, potuisse tempestate sævire. Si ergo tutores essent Romanæ felicitatis et gloriæ, tam grave ab ea crimen Saguntinæ calamitatis averterent : nunc vero quam stulte creditur diis illis defensoribus Romam victore Annibale non perisse, qui Saguntinæ urbi non potuerunt, ne pro ejus opitulari amicitia, subvenire ? Si Saguntinorum Christianus populus esset, et hujusmodi aliquid pro fide Evangelica pateretur, quanquam se ipse nec ferro, nec ignibus corrupisset ; sed tamen si pro fide Evangelica excidium pateretur, ea spe pateretur qua in Christum crediderat, non mercede brevissimi temporis, sed æternitatis interminæ (a). Pro istis autem diis, qui propterea coli perhibentur, qui propterea colendi requiruntur, ut harum labentium atque transeuntium rerum felicitas tuta sit, quid nobis defensores et excusatores eorum de Saguntinis pereuntibus respondebunt, nisi quod de illo Regulo exstincto ? Hoc quippe interest, quod ille unus homo, hæc tota civitas utriusque tamen interitus causa conservatio fidei fuit. Propter hanc enim ad hostes et redire ille voluit, et noluit ista transire. Conservata ergo provocat deorum iram fides ? an possunt et diis propitiis, perire non solum quique homines, verum etiam integræ civitates ? Utrum vo-

(a) In solis editis post *interminæ*, additum est *potiretur*.

voque la colère des dieux? Ou bien serait-ce que, malgré la protection de ces divinités, des hommes, des villes entières même peuvent périr? Choisissez. Mais si garder sa foi est un crime devant ces dieux, qu'ils cherchent donc des parjures pour adorateurs. Si, d'un autre côté, leur protection laisse les individus, les cités périr dans les tourments et les maux les plus cruels, c'est en pure perte qu'on les sert en vue du bonheur? Que ceux qui attribuent leurs malheurs à la destruction de leurs autels, cessent de s'exaspérer contre nous; ces autels seraient debout, ces dieux les couvriraient de leur protection, qu'ils pourraient encore avoir à se plaindre de leurs maux, comme ils le font maintenant, et de plus être exposés à souffrir d'horribles tourments et une fin misérable comme l'ont éprouvé Régulus et Sagonte.

CHAPITRE XXI.

Ingratitude de Rome envers Scipion, son libérateur. Quelles étaient les mœurs de cette ville à l'époque que Salluste appelle son meilleur temps.

Entre la seconde et la troisième guerre punique, (je passe beaucoup de choses à cause des limites de cet ouvrage,) quand, suivant Salluste, les Romains vivaient au milieu des mœurs les plus pures et de la plus grande concorde, Scipion, ce libérateur de Rome et de l'Italie, cet illustre et admirable héros, qui termine la seconde guerre punique si terrible, si funeste et si inquiétante pour Rome, ce vainqueur d'Annibal, celui qui seul put dompter Carthage, dont la vie dès l'enfance consacrée aux dieux, s'épanouit, en quelque sorte, dans les temples (Tite-Live, l. XXVI), se retire devant les accusations de ses ennemis. Il est obligé de renoncer à une patrie délivrée et sauvée par son courage, et après un aussi insigne triomphe, il termine ses jours à Linterne, avec si peu de regret pour sa ville natale, qu'il ne veut pas même que cette ingrate patrie lui rende les honneurs funèbres. Bientôt après, à la suite du char triomphal du proconsul Cnéius Manlius (Tite-Live, l. XXXIX), vainqueur des Gallo-Grecs, le luxe asiatique, l'ennemi le plus redoutable, fait irruption dans Rome. Alors, pour la première fois, on voit des lits d'airain, de riches tapis, alors on introduit dans les festins des chanteuses, et d'autres abus plus licencieux encore. Mais je ne veux parler maintenant que des maux que les hommes souffrent avec chagrin, non de ceux qu'ils recherchent avec plaisir. Aussi ce que j'ai rapporté de Scipion qui, cédant aux intrigues de ses ennemis, meurt loin d'une patrie qu'il a

---

lunt, eligant. Si enim fidei servatæ irascuntur illi dii, quærant perfidos a quibus colantur. Si autem etiam illis propitiis multis gravibusque cruciatibus afflicti, interire homines civitatesque possunt, nullo fructu felicitatis hujus coluntur. Desinant igitur succensere, qui sacris deorum suorum perditis se infelices esse factos putant. Possent enim illis non solum manentibus, verum etiam faventibus, non sicut modo de miseria murmurare, sed sicut tunc Regulus et Saguntini excruciati horribiliter etiam penitus interire.

CAPUT XXI.

Quam ingrata fuerit Romana civitas Scipioni liberatori suo, et in quibus moribus egerit, quando eam Sallustius optimam fuisse describit.

Porro inter secundum et postremum bellum Carthaginense, quando Sallustius optimis moribus et maxima concordia dixit egisse Romanos, (multa enim prætereo, suscepti operis modum cogitans,) eodem ergo ipso tempore morum optimorum maximæque concordiæ, Scipio ille Romæ Italiæque liberator, ejusdemque belli Punici secundi tam horrendi, tam exitiosi, tam periculosi præclarus mirabilisque confector, victor Annibalis domitorque Carthaginis, cujus ab adolescentia vita describitur (Liv., lib. XXVI) diis dedita templisque nutrita, inimicorum (Livius, lib. XXXVIII) accusationibus cessit, carensque patria, quam sua virtute salvam et liberam reddidit, in oppido Linternensi egit reliquam complevitque vitam, post insignem suum triumphum nullo illius urbis captus desiderio, ita ut jussisse perhibeatur, ne saltem mortuo in ingrata patria funus fieret. Deinde tunc primum per (a) Cneum Manlium proconsulem de Gallogræcis triumphantem (Livius, lib. XXXIX), Asiatica luxuria Romam omni hoste pejor irrepsit. Tunc enim primum lecti ærati, et pretiosa stragula visa perhibentur: tunc inductæ in convivia psaltriæ, et alia licentiosa nequitia. Sed nunc de his malis quæ intolerabiliter homines patiuntur, non de his quæ libenter faciunt, dicere institui. Unde illud magis quod de Scipione commemoravi, quod cedens inimicis extra patriam, quam liberavit, mortuus est, ad præsentem pertinet dis-

(a) Vind. Er. et Mss. *Gneum.* Ipsum Livius, lib. XXXIX, Cneum Manlium Volsonem vocat, et de Gallis qui Asiam (scilicet minorem) incolebant, (qui Gallogræci et Galatæ dicti sunt,) triumphasse memorat.

sauvée, convient mieux à mon sujet. Quoi ! ces dieux dont il a protégé les temples contre Annibal, ne pouvaient-ils pas lui rendre bienfait pour bienfait, eux qu'on ne sert uniquement que pour la félicité d'ici-bas ? Mais, comme Salluste vante l'excellence des mœurs romaines de ces temps ; j'ai cru devoir signaler cette invasion du luxe asiatique, pour faire comprendre que Salluste ne parle de cette époque qu'en comparaison des autres, où aux plus sanglantes discordes se joignit une plus grande dépravation des mœurs. C'est, en effet, entre la première et la seconde guerre punique qu'est portée la loi Voconia (Tite-Live, l. XLI), qui défend d'instituer une femme héritière, pas même une fille unique. Je ne sais s'il est possible de dire, d'imaginer quelque chose de plus inique que cette loi. Toutefois, dans l'intervalle de ces deux guerres, la misère est plus supportable. Au dehors seulement l'armée est abîmée par les guerres, mais ses victoires la consolent ; à l'intérieur, plus de discordes comme autrefois. Dans la dernière guerre punique, la valeur impétueuse du second Scipion, qui lui aussi reçut le nom d'Africain, détruit de fond en comble la rivale de la république. Mais bientôt Rome est assiégée d'une foule de maux, et la source de tous ces malheurs, engendrés par l'extrême corruption des mœurs, découle elle-même de l'état prospère et de la sécurité de l'empire ; aussi peut-on affirmer que Carthage, par sa ruine si prompte, est bien plus funeste à son ennemie qu'elle ne l'a jamais été par ses longues hostilités. Depuis lors, jusqu'à César-Auguste, qui enlève complétement aux Romains la liberté, (liberté de leur aveu même dépouillée de toute gloire, source de dissensions et de ruines, et d'ailleurs énervée et languissante), qui soumet toutes choses à son caprice royal, et qui paraît rendre la jeunesse et la force à la république, en quelque sorte épuisée de vieillesse ; pendant tout ce temps, dis-je, que de défaites désastreuses, que je passe sous silence, accablent les armées pour diverses causes ! Quelle ignominie que ce honteux traité de Numance (1) ! Les poulets sacrés s'étaient envolés de leur cage, dit-on, c'était un mauvais présage pour le consul Mancinus, comme si, pendant tant d'années que cette petite ville tint l'armée romaine en échec sous ses murs, et fut la terreur de la république, les autres généraux n'avaient marché contre elle que sous de sinistres augures.

(1) Voir dans Tite-Live, livre LV, ce traité qu'Hostilius Mancinus fut contraint de faire avec la ville de Numance. Cette cité espagnole tint longtemps en échec les armées romaines et ne put être prise que par le destructeur de Carthage.

putationem, quod ei Romana numina, a quorum templis avertit Annibalem, non reddiderunt vicem, quæ propter istam tantummodo coluntur felicitatem. Sed quia Sallustius eo tempore ibi dixit mores optimos fuisse, propterea hoc de Asiana luxuria commemorandum putavi, ut intelligatur etiam illud a Sallustio in comparatione aliorum temporum dictum, quibus temporibus pejores utique in gravissimis discordiis mores fuerunt. Nam tunc, id est, inter secundum et postremum bellum Carthaginense, lata est etiam illa lex Voconia, ne quis hæredem feminam faceret, nec unicam filiam (Liv., lib. XLI.) Qua lege quid iniquius dici aut cogitari possit, ignoro. Verumtamen toto illo intervallo duorum bellorum Punicorum tolerabilior infelicitas fuit. Bellis tantummodo foris conterebatur exercitus, sed victoriis consolabatur : domi autem nullæ, sicut alias, discordiæ sæviebant. Sed ultimo bello Punico uno impetu alterius Scipionis, qui ob hoc etiam ipse Africani cognomen invenit, æmula imperii Romani ab stirpe deleta est ; ac deinde tantis malorum aggeribus oppressa Romana respublica, ut prosperitate ac securitate rerum, unde nimium corruptis moribus mala illa congesta sunt, plus nocuisse monstretur tam cito eversa, quam prius nocuerat tam diu adversa Carthago. Hoc toto tempore usque ad Cæsarem Augustum, qui videtur non adhuc vel ipsorum opinione gloriosam, sed contentiosam et exitiosam et plane jam enervem ac languidam libertatem omni modo extorsisse Romanis, et ad regale arbitrium cuncta revocasse, et quasi morbida vetustate collapsam veluti instaurasse ac renovasse rempublicam ; toto ergo isto tempore, omitto ex aliis atque aliis causis etiam atque etiam bellicas clades, et Numantinum fœdus horrenda ignominia maculosum ; volaverant enim pulli de cavea, et Mancino consuli, ut aiunt, augurium malum fecerant ; quasi per tot annos, quibus illa exigua civitas Romanum circumfessa exercitum affixerat, ipsique Romanæ reipublicæ terrori esse jam cœperat, alii contra eam malo augurio (a) processerint.

(a) Mss. processerunt.

CHAPITRE XXII.

Edit de Mithridate, ordonnant le massacre de tous les Romains qui se trouvent en Asie.

Tout en passant ces choses sous silence, je ne saurais taire cependant l'ordre donné par Mithridate, roi d'Asie, de massacrer en un jour la foule immense des Romains qui voyageaient et s'occupaient de leurs affaires; ordre qui fut exécuté. (Tite-Live, 1. LXXVIII.) Quel spectacle affreux, et bien digne de compassion! Tout à coup, en quelque lieu qu'il se trouve, à la campagne, en voyage, à la ville, à la maison, au village, sur la place publique, au temple, au lit, à table, chaque Romain est subitement et cruellement massacré! Gémissements des mourants, larmes des spectateurs, des meurtriers peut-être, qui les dira? Quelle cruelle nécessité pour un hôte, non-seulement de voir ces horribles massacres dans sa maison, mais de les accomplir lui-même, obligé de quitter tout à coup ce visage d'une douceur hospitalière, pour exécuter dans la paix cette sanglante hostilité, et devenir bourreau et victime, car le coup qui perce le cœur de l'un, transperce l'âme de l'autre. Est-ce que ces malheureux aussi avaient méprisé les augures? N'avaient-ils pas des dieux domestiques et publics, qu'ils pouvaient consulter, lorsqu'ils sont partis pour ce voyage sans retour? S'il en est ainsi, pourquoi vous plaindre du christianisme dans les circonstances où nous nous trouvons. Dès lors les Romains méprisaient déjà ces vains oracles. Mais, s'ils les ont consultés, qu'on nous dise de quoi toutes ces superstitions leur ont servi, quand elles étaient permises par les lois humaines, mais par elles seulement?

CHAPITRE XXIII.

Des maux intérieurs qui troublèrent la République, après le prodige qui consistait dans la rage de tous les animaux au service de l'homme.

Mais notons enfin le plus brièvement possible ces maux d'autant plus affreux qu'ils furent plus intérieurs : discordes civiles ou plutôt *inciviles*, ce ne sont pas des séditions, mais de véritables guerres au sein de la ville, le sang coule à flots, les partis se heurtent non plus à coups de langue, et par des altercations, mais avec des armes. Guerres sociales, guerres des esclaves, guerres civiles; que de sang romain elles font couler! Quelle dévastation, quel vide dans l'Italie! Avant que le Latium son allié se soulève contre Rome, tous les animaux domestiques, chiens, chevaux, ânes, bœufs, et tous les

CAPUT XXII.

De Mithridatis edicto, quo omnes cives Romanos, qui intra Asiam invenirentur, jussit occidi.

Sed hæc, inquam, omitto, quamvis illud nequaquam tacuerim, quod Mithridates rex Asiæ ubique in Asia peregrinantes cives Romanos, atque innumerabili copia suis negotiis intentos uno die occidi jussit : et factum est. (Livius, lib. LXXVIII.) Quam illa miserabilis rerum facies erat, subito quemque ubicumque fuisset inventus, in agro, in via, in oppido, in domo, in vico, in foro, in templo, in lecto, in convivio, inopinate atque impie fuisse trucidatum? Quis gemitus morientium, quæ lacrymæ spectantium, fortasse etiam ferientium fuerunt? Quam dura necessitas hospitum, non solum videndi nefarias illas cædes domi suæ, verum etiam perpetrandi; ab illa blanda comitate humanitatis repente mutatis vultibus ad hostile negotium in pace peragendum, mutuis dicam omnino vulneribus, cum percussus in corpore, et percussor in animo feriretur? Num et isti omnes auguria contempserant? Num deos et domesticos et publicos, cum de sedibus suis ad illam irremeabilem peregrinationem profecti sunt, quos consulerent, non habebant? Hoc si ita est, non habent cur isti in hac causa de nostris temporibus conquerantur. Olim Romani hæc vana contemnunt. Si autem consuluerunt, respondeatur quid ista profuerunt, quando per humanas dumtaxat leges, nemine prohibente, licuerunt.

CAPUT XXIII.

De interioribus malis, quibus Romana respublica exagitata est, præcedente prodigio, quod in rabie omnium animalium, quæ hominibus serviunt, fuit.

Sed jam illa mala breviter, quantum possumus, commemoremus, quæ quanto interiora, tanto miseriora exstiterunt : discordiæ civiles, vel potius inciviles; nec jam seditiones, sed etiam ipsa bella urbana, quæ jam tantus sanguis effusus est, ubi partium studia, non *(a)* concionum dissensionibus variisque vocibus in alterutrum, sed plane jam ferro armisque sæviebant : bella socialia, bella servilia, bella civilia quantum Romanum cruorem fuderunt, quantam Italiæ vastationem desertionemque fecerunt? Namque antea quam se adversus Romam sociale Latium commoveret (Oros., lib. V), cuncta animalia humanis

---

(a) Editi, *contentionum.* Mss. vero, *concionum.*

autres animaux au service de l'homme, oubliant leur douceur habituelle, s'effarouchent tout à coup, désertent les étables, courent en liberté; redoutables à approcher, même pour leurs maîtres, on ne saurait les chasser sans s'exposer à la mort, ou au plus grand danger. (OROSE, liv. V.) Présage, quelles grandes calamités n'annonçait pas ce phénomène, puisque par lui-même sans rien présager, c'était déjà un si terrible mal? Si un tel fléau fût arrivé de nos jours, la rage des païens ne serait-elle pas plus violente contre nous, que ne le fut alors contre eux celle de ces animaux?

CHAPITRE XXIV.

Discordes civiles excitées par les séditions des Gracques.

Les séditions des Gracques allumées par les lois agraires commencent les guerres civiles. Ces tribuns voulaient partager au peuple les terres que la noblesse possédait injustement. Mais oser détruire une usurpation aussi ancienne, c'était l'entreprise la plus dangereuse et même la plus pernicieuse, comme l'événement l'a démontré. Que de trépas, lors du massacre du premier des Gracques! et ensuite, quand, peu de temps après, son frère fut également mis à mort! Ni les lois, ni les représentants de l'autorité n'ont de force; patriciens et plébéiens sont enveloppés dans un même massacre par les armes de ces factieux en désordre. Après le meurtre du plus jeune des Gracques, le consul Lucius Opimius, qui avait pris les armes contre lui, au sein même de la ville, avait fait un immense carnage des citoyens, pour pouvoir le massacrer avec ses amis; et quand il fit poursuivre le reste du parti par des enquêtes judiciaires, on dit que trois mille hommes perdirent la vie. On peut supposer le nombre des victimes qui dut tomber dans le tumulte et la fureur du combat, puisque les tribunaux en firent tant périr de sang froid. Le meurtrier de Gracchus vendit la tête au consul au poids de l'or. Le marché était conclu avant le massacre (PLUTARCH., *in Gracchis*), dans lequel périrent également le consulaire Marcus Fulvius et ses enfants.

CHAPITRE XXV.

Temple de la Concorde élevé par ordre du sénat aux lieux mêmes de la sédition et du massacre.

Un décret du sénat, certes bien avisé, fait élever un temple à la Concorde, aux lieux mêmes où cette funeste sédition a éclaté, et fait couler le sang de tant de citoyens de tout

---

usibus subdita, canes, equi, asini, boves, et quæque alia pecora sub hominum dominio fuerunt, subito efferata et domesticæ lenitatis oblita, relictis tectis libera vagabantur, et omnem non solum aliorum, verum etiam dominorum aversabantur accessum, non sine exitio vel periculo audentis, si quis de proximo urgeret. (a) Quanti mali signum fuit, si hoc signum fuit, quod tantum malum fuit, si etiam signum non fuit? Hoc si nostris temporibus accidisset, rabidiores istos quam illi sua animalia pateremur.

CAPUT XXIV.

De discordia civili, quam Gracchiæ seditiones excitaverunt.

Initium autem civilium (b) bellorum fuit, seditiones Gracchorum agrariis legibus excitatæ. Volebant enim agros populo dividere, quos nobilitas perperam possidebat. Sed tam vetustam iniquitatem audere convellere, periculosissimum; imo vero, ut ipsa res docuit, perniciosissimum fuit. Quæ funera facta sunt, cum prior Gracchus occisus est? quæ etiam, cum alius frater ejus non longo interposito tempore? Neque enim legibus et ordine potestatum, sed turbis armorumque conflictibus nobiles ignobilesque necabantur. Post Gracchi alterius interfectionem, Lucius Opimius consul, qui adversus eum intra Urbem arma commoverat, eoque cum sociis oppresso et exstincto ingentem civium stragem fecerat, cum quæstionem haberet jam judiciaria inquisitione cæteros persequens, tria millia hominum occidisse perhibetur. Ex quo intelligi potest, quantam multitudinem (c) mortium habere potuerit turbidus conflictus armorum, quando tantam habuit judiciorum velut examinata cognitio. Percussor Gracchi ipsius caput quantum grave erat, tanto auri pondere consuli vendidit. Hæc enim pactio cædem præcesserat. (PLUTARC. *in Gracchis.*) In qua etiam occisus est cum liberis Marcus Fulvius consularis.

CAPUT XXV.

De æde Concordiæ ex senatus-consulto in loco seditionum et cædium condita.

Eleganti sane senatus consulto eo ipso loco, ubi funereus tumultus ille commissus est, ubi tot cives

---

(a) Ita omnes Mss. At editi: *Quod quanti mali signum fuit? Quod si hoc signum fuit, quod tantum malum fuit, quantum malum fuit illud, cujus hoc signum fuit?* — (b) Mss. habent, *civilium malorum.* — (c) Nonnulli codices, *mortuorum.*

ordre, afin que ce monument frappe les yeux des orateurs et leur rappelle le meurtre des Gracques (1). Mais qu'est-ce autre chose, sinon se moquer des dieux? Quoi! élever un temple à une déesse qui, si elle eût été présente dans la ville, l'aurait préservée des déchirements causés par de pareilles dissensions! A moins, toutefois, que la Concorde, coupable de ce forfait pour avoir abandonné les cœurs des citoyens, ne mérite d'être enfermée dans ce temple comme dans une prison. Pourquoi, en effet, si l'on voulait avoir un monument en rapport avec les événements, ne l'avoir pas plutôt consacré à la Discorde? Est-il une raison pour que la Concorde soit une déesse, et que la Discorde soit privée de cet honneur? Alors, selon le classement de Labéon, l'une serait une divinité bonne, l'autre une divinité mauvaise; il semble que ce savant n'ait été porté à faire cette distinction, que parce qu'il voyait la Fièvre comme la Santé avoir des temples à Rome. D'après le même principe, non-seulement la Concorde, mais la Discorde aussi, devait avoir son sanctuaire. Et c'était un grand danger pour les Romains de vouloir vivre sans se préoccuper de la colère d'une si méchante déesse, et d'oublier que c'était son courroux qui avait autrefois causé la ruine de Troie. N'ayant pas été invitée parmi les dieux, elle suscite avec une pomme d'or la querelle des trois déesses; de là, guerre parmi les divinités, victoire de Vénus, rapt d'Hélène, destruction de Troie. Si, indignée peut-être de ne pas voir, comme les autres dieux, son temple s'élever dans la ville, elle la remplissait déjà de troubles aussi sanglants, combien plus atroce ne dut pas être sa fureur, en voyant à l'endroit du massacre, sur le théâtre même de ses horribles exploits, un temple consacré à sa rivale! Quand nous nous moquons de ces divinités ridicules, ces savants et ces sages s'irritent contre nous; néanmoins, adorateurs des bonnes et mauvaises divinités, il leur est impossible de se tirer de cette question sur la Concorde et la Discorde, soit qu'ils aient abandonné le culte de ces déesses, et leur aient préféré la Fièvre et la Guerre, auxquelles étaient consacrés d'anciens temples, soit qu'ils les aient honorées; le fait est que la Concorde les a tellement abandonnés à la fureur de la Discorde, que celle-ci les a poussés jusqu'aux guerres civiles.

CHAPITRE XXVI.

Différentes guerres qui suivirent l'érection du temple de la Concorde.

Voilà l'admirable barrière contre les séditions, ce temple de la Concorde, témoignage du

(1) La place où fut guillotiné Louis XVI s'appelle aussi : « place de la Concorde; » singulière rencontre de drôles inspirés par les mêmes *Esprits!*

---

ordinis cujusque ceciderunt, ædes Concordiæ facta est, ut Gracchorum pœnæ testis concionantium oculos feriret, memoriamque compungeret. Sed hoc quid aliud fuit, quam irrisio deorum, illi deæ templum construere, quæ si esset in civitate, non tantis dissensionibus dilacerata corrueret? Nisi forte sceleris hujus rea Concordia, quia, deseruerat animos civium, meruit in illa æde tanquam in carcere includi. Cur enim, si rebus gestis congruere voluerunt, non ibi potius ædem Discordiæ fabricaverunt? An ulla ratio redditur, cur Concordia dea sit, et Discordia dea non sit; ut secundum Labeonis distinctionem bona sit ista, illa vero mala? Nec ipse aliud secutus videtur, quam quod advertit Romæ etiam Febri, sicut Saluti, templum constitutum. Eo igitur modo non tantum Concordiæ, verum etiam Discordiæ constitui debuit. Periculose itaque Romani tam mala dea irata vivere voluerunt, nec Trojanum excidium recoluerunt originem ab ejus offensione sumpsisse. Ipsa quippe quia inter deos non fuerat invitata, trium dearum litem aurei mali suppositione (a) commenta est: unde rixa numinum, et Venus victrix, et rapta Helena, et Troja deleta. Quapropter, si forte indignata quod inter deos in Urbe nullum templum habere meruit, ideo jam turbabat tantis tumultibus civitatem, quanto atrocius potuit irritari, cum in loco illius cædis, hoc est, in loco sui operis adversariæ suæ constitutam ædem videret? Hæc vana ridentibus nobis illi docti sapientesque stomachantur, et tamen numinum bonorum malorumque cultores de hac quæstione Concordiæ Discordiæque non exeunt, sive prætermiserint harum dearum cultum, eisque Febrem Bellonamque prætulerint, quibus antiqua fana fecerunt; sive et istas coluerint, cum sic eos discedente Concordia, Discordia sæviens usque ad civilia bella perduxerit.

CAPUT XXVI.

De diversis generibus belli, quæ post conditam ædem Concordiæ sunt secuta.

Præclarum vero (b) seditionibus obstaculum, ædem

(a) Sic Mss. Editi vero, *commentata est.* — (b) Mss. *seditionis.*

meurtre et du supplice des Gracques, qu'ils crurent devoir mettre en face des orateurs factieux. Quels fruits en devaient-ils retirer? Les maux plus terribles encore qui suivirent le firent connaître. Depuis, en effet, bien loin d'éviter l'exemple des Gracques, les orateurs font tous leurs efforts pour les surpasser. Lucius Saturninus, tribun du peuple, Caïus Servilius, préteur, et plus tard Marcus Drusus, causent par leurs séditions, d'abord les massacres les plus horribles, et bientôt après les guerres sociales. L'Italie en est violemment affligée, une dévastation épouvantable la change en désert (1). Vient ensuite la guerre des esclaves, puis les guerres civiles ; mais que de combats livrés, que de sang versé ! Presque toutes les nations de l'Italie qui donnaient à l'empire romain sa principale vigueur, étaient tombées sous le joug de la barbarie. Depuis, une poignée de gladiateurs, soixante-dix à peine, allument la guerre des esclaves. Ce que fut cette guerre, la multitude des esclaves soulevés, leur ardeur, leur férocité, le nombre des généraux vaincus, les villes, les provinces dévastées, la manière dont elles le furent, c'est ce que les historiens ont eu peine à décrire. Ce ne fut pas la seule guerre des esclaves ; auparavant déjà, les esclaves avaient ravagé la Macédoine (2), depuis, ils ruinèrent la Sicile et les côtes. Qui dira les nombreux et horribles brigandages, puis les guerres formidables des pirates? (TITE-LIVE, l. XCIX.) Qui donnera à son récit une grandeur en rapport avec ces événements?

CHAPITRE XXVII.

Guerre civile entre Marius et Sylla.

Marius couvert du sang des citoyens, vaincu lui-même après le massacre d'un grand nombre de ses ennemis, est obligé de fuir ; la ville respire quelques instants à peine, pour me servir des paroles de Cicéron (IIIe *Catilinaire*), puis Cinna rentre vainqueur avec Marius. Alors, il verse le sang des plus illustres citoyens, et éteint les lumières de la république. Sylla venge la cruauté de cette victoire ; inutile de dire au prix de combien de sang romain et de quelles calamités pour l'empire. Cette vengeance, bien plus funeste que si les crimes qu'elle voulait punir étaient restés sans châtiment, fit dire à Lucain (l. II) :

(1) Eutrope, parlant de la guerre sociale (Liv. V), dit qu'elle coûta la vie à plus de cent cinquante mille hommes, parmi lesquels vingt-quatre consulaires, sept préteurs et trois cents sénateurs. Velléius fait monter le nombre des victimes à un chiffre beaucoup plus élevé.

(2) Tite-Live parle (Liv. LVI) d'une guerre des esclaves qui avait précédé la guerre sociale ; puis (Livre XCV) il raconte celle qui eut pour généraux Chrysus et Spartacus, et qui causa tant de désastres dans l'Italie.

Concordiæ testem cædis supplicique Gracchorum concionantibus opponendam putarunt. Quantum ex hoc profecerint, indicant secuta pejora. Laborarunt enim deinceps concionatores, non exemplum devitare Gracchorum, sed superare propositum, Lucius Saturninus tribunus plebis, et (a) Caius Servilius prætor, et multo post Marcus Drusus, quorum omnium seditionibus cædes primo jam tunc gravissimæ, deinde socialia bella exarserunt : quibus Italia vehementer afflicta, et ad vastitatem (b) mirabilem desertionemque perducta est. Bellum deinde servile successit, et bella civilia : in quibus quæ prælia commissa sunt, quid sanguinis fusum? ut omnes fere Italiæ gentes, quibus Romanum maxime præpollebat imperium, tanquam sæva (c) barbaries domarentur. Jam ex paucissimis, hoc est, minus quam septuaginta gladiatoribus quemadmodum bellum servile contractum sit, ad quantum numerum et quam acrem ferocemque pervenerit : quos ille numerus imperatores populi Romani superaverit : quas et quomodo civitates regionesque vastaverit, vix qui historiam conscripserunt, satis explicare potuerunt. Neque id solum fuit servile bellum ; sed et Macedoniam provinciam prius servitia depopulata sunt, et deinde Siciliam oramque maritimam. Quanta etiam et quam horrenda commiserint primo latrocinia, deinde valida bella (Livius, lib. XCIX) piratarum, quis pro magnitudine rerum valeat eloqui?

CAPUT XXVII.

De bello civili Mariano atque Syllano.

Cum vero Marius civili sanguine jam cruentus, multis adversarum sibi partium peremptis, victus Urbe profugisset, vix paululum respirante civitate, ut verbis Tullianis utar (*Orat.* III, *in Catilin.*), superavit postea Cinna cum Mario. Tunc vero clarissimis viris interfectis, lumina civitatis exstincta sunt. Ultus est hujus victoriæ crudelitatem postea Sylla, ne dici quidem opus est quanta diminutione civium et quanta calamitate reipublicæ. De hac enim vindicta, quæ

(a) In Mss. *Gaius Servilius prætor.* Mox omnes libri, *et multo post :* ubi Lud. Vives opinatur legendum, *et non multo post :* quia septem annos tantum a Saturnino tribuno ad Marcum Livium Drusum reperit. De Druso socialis belli auctore scripsit Livius, lib. LXXI. De Saturnino autem ac Servilio Glaucia prætore, lib. LXIX — (b) Editi, *miserabilem.* At Mss. *mirabilem.* — (c) Lova. *barbarie.* Cæteri editi et Mss. *barbaries.*

« Le remède dépasse toute mesure, la main du médecin poursuit le mal trop loin ; les coupables périssent, mais c'est lorsqu'il n'y a plus que des coupables qu'on donne aux haines toute liberté, qu'on laisse la vengeance se précipiter dégagée du frein des lois. » Cette guerre de Marius et de Sylla, outre ceux qui jonchèrent les champs de batailles, remplit de cadavres la ville elle-même, ses rues, ses places, ses marchés, ses théâtres, ses temples ; aussi est-il difficile de savoir à quel moment les vainqueurs firent couler plus de sang, est-ce avant pour vaincre, est-ce après pour avoir vaincu ? A la première victoire de Marius, quand il revient de l'exil, ce sont des massacres de toutes parts ; la tête du consul Octavius est exposée aux rostres ; César et Fimbria sont égorgés dans leurs maisons ; les deux Crassus, le père et le fils sont immolés en présence l'un de l'autre. Bébius et Numitor traînés, par un crochet, expirent en laissant leurs entrailles éparses çà et là ; Catulus se soustrait par le poison aux mains de ses ennemis ; Mérula, flamine de Jupiter, se coupe les veines et fait au dieu une libation de son propre sang. Sous les yeux même de Marius on frappait tous ceux auxquels il ne tendait pas la main en réponse à leur salut. (Voy. Tite-Live, l. LXXX ; Appien, l. I, et Plutarq., sur *Marius et Sylla*.)

CHAPITRE XXVIII.

Comment Sylla venge la cruauté de Marius.

Sylla vengeur de tant de cruautés, revient ensuite victorieux. Sa victoire qui a coûté le sang de tant de citoyens, termine la guerre ; mais les inimitiés survivent, et le vainqueur sévit encore avec plus de cruauté pendant la paix. Les massacres anciens et nouveaux du premier Marius, sont suivis des massacres plus affreux de Marius le Jeune et de Carbon, chefs du même parti. Le retour de Sylla est imminent, désespérant de la victoire et même de leur salut, ils égorgent partout partisans et ennemis. Ils ont répandu le carnage par toute la ville ; ce n'est pas assez, ils assiégent le sénat, et de la curie comme d'une prison, ils tirent les sénateurs pour les livrer au tranchant du glaive. Le pontife Mucius Scévola, ne voyant pas dans Rome d'asile plus sacré que le sanctuaire de Vesta s'y réfugie ; il est massacré pendant qu'il embrasse l'autel, et son sang faillit éteindre ce feu perpétuel, qu'entretenait la vigilance des vierges. Voici maintenant Sylla qui rentre vainqueur dans Rome ; déjà, il a, non par un combat, mais par un ordre,

---

perniciosior fuit, quam si scelera quæ puniebantur, impunita relinquerentur, ait et Lucanus :

> Excessit medicina modum, nimiumque secuta est,
> Qua morbi duxere, manus ; periere nocentes.
> Sed cum jam soli possent superesse nocentes.
> Tunc data libertas odiis, resolutaque legum
> Frenis ira ruit.   (Lib. II.)

Illo bello Mariano atque Syllano, exceptis his qui foris in acie ceciderunt, in ipsa quoque Urbe cadaveribus vici, plateæ, fora, theatra, templa completa sunt ; ut difficile judicaretur quando victores plus funerum ediderint, utrum prius ut vincerent, an postea quia vicissent : cum primum victoria Mariana, quando de exsilio se ipse restituit, exceptis passim quaqua versum cædibus factis, caput Octavii consulis poneretur in rostris, Cæsar et Fimbria in domibus (*a*) trucidarentur suis, duo Crassi pater et filius in conspectu mutuo mactarentur, Bebius et Numitorius unco tracti sparsis visceribus interirent, Catulus hausto veneno se manibus inimicorum subtraheret : Merula flamen Dialis præcisis venis Jovi etiam suo sanguine litaret. In ipsius autem Marii oculis continuo feriebantur, quibus salutantibus dexteram porrigere noluisset. (Vide Livium, lib. LXXX. Appian. lib. I. *de bellis civ.* Plutarch, *in Mario et Sylla*, etc.)

CAPUT XXVIII.

Qualis fuerit Syllana victoria vindex Marianæ crudelitatis.

Syllana vero victoria secuta, hujus videlicet vindex crudelitatis, post tantum sanguinem civium, quo fuso comparata fuerat, finito jam bello inimicitiis viventibus, crudelius in pace grassata est. Jam etiam post Marii majoris pristinas ac recentissimas cædes additæ fuerant aliæ graviores a Mario juvene, atque Carbone earumdem partium Marianarum : qui Sylla imminente, non solum victoriam, verum etiam ipsam desperantes salutem, cuncta suis alienisque cædibus impleverunt. Nam præter stragem late per diversa diffusam, obsesso etiam senatu (Livius, lib. LXXXVI), de ipsa curia, tanquam de carcere, producebantur ad gladium. Mutius Scævola pontifex, quoniam nihil apud Romanos templo Vestæ sanctius habebatur, aram ipsam amplexus, occisus est : ignemque illum, qui perpetua cura virginum semper ardebat, suo pene sanguine exstinxit. Urbem deinde Sylla victor

---

(*a*) Vind. Am. Er. et aliquot Mss. *trucidarentur a suis.*

fait égorger dans une ferme publique sept mille hommes qui s'étaient rendus, et qui, par conséquent, étaient sans armes. Dans la ville, tout partisan de Sylla frappe qui il veut, le nombre des morts est incalculable. On suggère enfin à Sylla qu'il serait bon de laisser vivre quelques citoyens, pour que les vainqueurs aient à qui commander. Alors est refrénée cette fureur du carnage qui courait çà et là. A la satisfaction générale, on expose cette table qui proscrit et dévoue à la mort deux mille chevaliers et sénateurs. Ce nombre afflige, mais la fin du massacre console, et la douleur que cause la mort de tant de victimes, n'égale pas la joie de n'avoir plus rien à craindre. Ce contentement égoïste ne laisse cependant pas que de gémir sur la barbarie raffinée, avec laquelle on fait mourir plusieurs proscrits. L'un d'eux fut déchiré, non par le glaive, mais par les ongles de ceux qui s'étaient faits ses bourreaux (1); des hommes mettent en pièces un homme vivant, avec plus de férocité que des bêtes un vil cadavre! Un autre a les yeux arrachés, les membres coupés un à un, et dans ces atroces souffrances on le contraint de vivre ou plutôt de mourir lentement. Il est des villes illustres qui sont vendues à l'encan comme des fermes. Une d'elles voit tous ses habitants égorgés comme on égorge un criminel (2). C'est là ce qui se passe en temps de paix, après la guerre, non pour hâter la victoire incertaine, mais pour faire respecter la victoire acquise. La paix rivalise de cruauté avec la guerre, et elle l'emporte. Celle-ci, en effet, s'attaque aux hommes armés, celle-là les tue sans défense. Pendant la guerre, on pouvait rendre blessure pour blessure; pendant cette paix, celui qui a échappé au fer ne peut conserver sa vie; au contraire, il lui faut mourir sans résistance.

CHAPITRE XXIX.

Comparaison de l'invasion des Goths avec les malheurs que les Romains éprouvèrent, soit dans l'irruption des Gaulois, soit dans les guerres civiles.

Quelle rage des nations étrangères, quelle férocité des barbares peut être comparée à cette victoire de citoyens sur citoyens? Qu'est-ce que Rome a souffert de plus funeste, de plus atroce, de plus déchirant? Est-ce l'ancienne irruption des Gaulois, la récente invasion des Goths, ou

(1) Florus appelle Bébius cet homme qui fut si cruellement déchiré (Liv. III).
(2) Il s'agit ici de la ville de Sulmone. Voici ce qu'on lit à ce sujet dans Florus (Liv. III) : « Des villes très-riches d'Italie furent vendues à l'encan, Spolète, Interamnis, Præneste Fluentia. Pour Sulmone, ses habitants furent comme des otages condamnés par le droit de la guerre à périr. Sylla ordonna de détruire cette ville ainsi condamnée. »

intravit, qui in villa publica, non jam bello, sed ipsa pace sæviente, septem (a) deditorum (unde utique inermia) non pugnando, sed jubendo prostraverat. In Urbe autem tota quem vellet Syllanus quisque feriebat : unde tot funera numerari omnino non poterant, donec Syllæ suggereretur, sinendos esse aliquos vivere, ut essent quibus possent imperare qui vicerant. Tunc jam cohibita, quæ hac atque hac passim furibunda ferebatur licentia jugulandi, tabula illa cum magna gratulatione proposita est, quæ hominum ex utroque ordine splendido, equestri scilicet atque senatorio, occidendorum ac proscribendorum duo millia continebat. Contristabat numerus, sed consolabatur modus; nec quia tot cadebant tantum erat mœroris, quantum lætitiæ quia cæteri non timebant. Sed in quibusdam eorum, qui mori jussi erant, etiam ipsa licet crudelis cæterorum securitas, genera mortium exquisita congemuit. Quemdam enim sine ferro laniantium manus diripuerunt, immanius homines hominem vivum quam bestiæ solent discerpere cadaver abjectum. Alius oculis effossis et particulatim membris amputatis in tantis cruciatibus diu vivere, vel potius diu mori coactus est. (b) Subhastatæ sunt etiam, tanquam villæ, quædam nobiles civitates. Una vero, velut unus reus duci juberetur, sic tota jussa est trucidari. Hæc facta sunt in pace post bellum, non ut acceleraretur obtinenda victoria, sed ne contemneretur obtenta. Pax cum bello de crudelitate certavit, et vicit. Illud enim prostravit armatos, ista nudatos. Bellum erat, ut qui feriebatur, si posset, feriret : pax autem, non ut qui evaserat, viveret, sed ut moriens non repugnaret.

CAPUT XXIX.

De comparatione Gothicæ irruptionis cum eis cladibus, quas Romani vel a Gallis, vel a bellorum civilium auctoribus exceperunt.

Quæ rabies exterarum gentium, quæ sævitia barbarorum huic de civibus victoriæ civium comparari potest? Quid Roma funestius, tetrius, amariusque vidit, utrum olim Gallorum et paulo ante Gotho-

(a) Vind. Er. et Lov. *peditum*. At Am. et Mss. *deditorum*. Suffragatur Livius, lib. LXXVIII, nisi quod non septem, sed *octo millia deditorum* trucidata refert. Valerius, lib. IX, c. II. *Quatuor legiones*, inquit, *contrariæ partis fidem suam secutus, in villa publica, quæ in campo Martio erat... obtruncari jussit.* — (b) Vind. Am. et aliquot Mss. *subvastatæ*. Verius alii libri, *subhastatæ*, id est sub hasta venales propositæ.

bien cette férocité de Marius, de Sylla, et des autres chefs de leurs partis, hommes illustres et distingués qui s'acharnèrent sur les membres mêmes de leur ordre? Les Gaulois, il est vrai, massacrèrent tous les sénateurs qui étaient dans la ville, à l'exception de ceux qui avaient trouvé au Capitole le seul refuge protégé, n'importe comment, contre l'ennemi. Ils permirent même à ceux-ci de racheter à prix d'or une vie qui, hors des atteintes du glaive, pouvait cependant être détruite par la longueur d'un siége. Quant aux Goths, ils épargnèrent tant de sénateurs que c'est chose inouïe qu'ils en aient tué quelques-uns. Sylla, au contraire, du vivant de Marius, siége en vainqueur, pour décréter les massacres, au Capitole respecté par les Gaulois. Après la fuite de Marius, qui devait être suivie d'un retour plus horrible et plus sanglant, il fait ratifier au Capitole par le sénat ses décrets de mort et de confiscation. Mais Sylla est absent à son tour : est-il alors quelque chose d'assez sacré pour les partisans de Marius, quand Mucius Scévola, citoyen, sénateur, pontife, embrassant l'autel même sur lequel reposaient, croyait-on, les destinées de Rome, ne peut trouver grâce devant eux? Enfin, pour passer sous silence des massacres innombrables, la dernière table de proscription (1) dressée par Sylla fait immoler plus de sénateurs que les Goths n'en purent même dépouiller.

CHAPITRE XXX.

Suite des guerres nombreuses et désastreuses qui ont précédé la venue du Christ.

Quel front, quelle audace, quelle impudence, quelle sottise, ou plutôt quelle folie des païens de ne pas imputer ces maux à leurs dieux, et de reprocher ceux que nous souffrons maintenant à notre Christ! Ces cruelles guerres civiles, de l'aveu même de leurs écrivains, plus désastreuses que toutes les guerres étrangères, qui, non-seulement ébranlent, mais renversent la république, n'ont-elles pas sévi longtemps avant l'avénement de Jésus-Christ? Voyez par quel enchaînement de causes funestes, les guerres de Marius et de Sylla se relient à celles de Sertorius et de Catilina, l'un proscrit, l'autre formé par Sylla; puis à la sanglante lutte de Lépidus et de Catulus, le premier voulant abolir, le second défendre les institutions de Sylla. (TITE-LIVE, l. XC.) C'est ensuite la rivalité de César et de Pompée; Pompée, partisan de Sylla, qu'il égale en puissance s'il ne le surpasse (*Ibid.*, l. CIX et CX); César qui ne peut supporter cette puissance, uniquement parce qu'elle est supérieure

(1) Plutarque (*in Sylla*) raconte qu'en peu de jours, ce dictateur donna trois tables de proscription.

rum irruptionem, an Marii et Syllæ aliorumque in eorum partibus virorum clarissimorum tanquam suorum luminum in sua membra ferocitatem? Galli quidem trucidaverunt senatum, quidquid ejus in Urbe tota, præter arcem Capitolinam, quæ sola utcumque defensa est, reperire potuerunt; sed in illo colle constitutis auro vitam saltem vendiderunt, quam etsi ferro rapere non possent, possent tamen obsidione consumere : Gothi vero tam multis senatoribus pepercerunt, ut magis mirum sit quod aliquos peremerunt. At vero Sylla, vivo adhuc Mario, ipsum Capitolium, quod a Gallis tutum fuit, ad decernendas cædes victor insedit : et cum fuga Marius esset elapsus, ferocior cruentiorque rediturus, iste in Capitolio per senatus etiam consultum tam multos vita rebusque privavit. Marianis autem partibus, Sylla absente, quid sanctum cui parcerent fuit, quando Mutio civi, senatori, pontifici, aram ipsam ubi erant, ut aiunt, fata Romana, miseris ambienti amplexibus non pepercerunt? Syllana porro tabula illa postrema, ut omittamus alias innumerabiles mortes, plures jugulavit senatores, quam Gothi vel spoliare potuerunt.

CAPUT XXX.

De connexione bellorum, quæ adventum Christi plurima et gravissima præcesserunt.

Qua igitur fronte, quo corde, qua impudentia, qua insipientia, vel potius amentia, illa diis suis non imputant, et hæc nostro imputant Christo? Crudelia bella civilia omnibus bellis hostilibus, auctoribus etiam eorum fatentibus, amariora, quibus illa respublica nec afflicta, sed perdita omnino judicata est, longe ante adventum Christi exorta sunt, et sceleratarum concatenatione causarum a bello Mariano atque Syllano ad bella Sertorii et Catilinæ, quorum a Sylla fuerat ille proscriptus, ille nutritus : inde ad Lepidi et Catuli bellum (LIVIUS, lib. XC), quorum alter gesta Syllana rescindere, alter defendere cupiebat : inde ad Pompeii et Cæsaris, quorum Pompeius sector Syllæ fuerat (Livius, lib. CIX, CX, CXI, etc), ejusque potentiam vel æquaverat, vel jam etiam superaverat; Cæsar autem Pompeii potentiam non ferebat, sed quia non habebat; quam tamen illo victo interfectoque transcendit. Hinc ad alium Cæsa-

à la sienne, qu'il élève bien plus haut, cependant, après la défaite et la mort de son rival. Enfin, ces guerres civiles se continuent sous le second César, appelé depuis Auguste, et dont le règne vit naître le Christ. Car Auguste lui-même entreprend plusieurs guerres civiles, nombre d'hommes illustres y périssent ; entre autres, Cicéron lui-même, cet éloquent orateur politique. (TITE-LIVE, l. CXX.) Le vainqueur de Pompée, Caïus César, avait usé de sa victoire avec clémence et laissé jouir ses adversaires de la vie et des dignités ; mais il paraît aspirer à la royauté, aussitôt quelques nobles sénateurs conjurés le poignardent dans la salle même du sénat, prétendant sauver la liberté de la république. (*Ibid.*, l. CXVI.) Bientôt sa puissance est convoitée par Antoine, de mœurs bien inférieures, souillé et gangrené par tous les vices. Cicéron lui résiste hardiment en faveur de cette même liberté de la patrie. Alors surgit l'autre César, jeune homme d'un caractère surprenant, fils adoptif de Caïus César et depuis appelé Auguste, comme je l'ai dit. Cicéron favorise la puissance de ce jeune prince contre celle d'Antoine, espérant qu'après avoir chassé et détruit la tyrannie de ce rival, il rétablira la liberté républicaine. Pousser jusque-là l'aveuglement et l'imprévoyance de l'avenir ! Ce jeune homme, dont il a tant à cœur l'élévation et la puissance, livre à Antoine, comme gage de leur alliance, la tête de ce même Cicéron, et s'empare de cette liberté de la république, pour laquelle Cicéron a tant réclamé.

CHAPITRE XXXI.

Avec combien d'impudence reprochent au Christ les malheurs présents, ceux qui ne cessent pas d'adorer les dieux ; puisqu'au moment où florissait leur culte on éprouva de si grands désastres.

Qu'ils accusent leurs dieux de ces maux si terribles, ceux qui ne veulent pas rendre grâce à notre Christ de si grands bienfaits ! Et certes, quand ces calamités sévissaient, le feu brûlait sur les autels des dieux, l'encens d'Arabie, des guirlandes de fleurs nouvelles y répandaient leurs parfums ; les prêtres étaient magnifiquement vêtus, les temples splendidement ornés. C'étaient dans ces enceintes sacrées, des sacrifices, des jeux, des fureurs fanatiques. Et, cependant, le sang des citoyens versé à flots par la guerre civile ne coulait-il pas de tous côtés, et jusque sur les autels des dieux ? Cicéron ne cherche pas un asile dans un temple, hélas ! Mucius s'y était vainement réfugié ! Au contraire, ceux-mêmes qui insultent avec plus d'indignité notre époque chrétienne, se sont réfugiés dans les temples du Christ. Il y a plus, les barbares les y ont conduits pour les sauver. Oui,

rem, qui post Augustus appellatus est, pervenerunt, quo imperante natus est Christus. Nam et ipse Augustus cum multis gessit bella civilia : et in eis etiam multi clarissimi viri perierunt, inter quos et Cicero disertus ille artifex regendæ reipublicæ. (LIVIUS, lib. CXX.) Pompei quippe victorem Caium Cæsarem, (qui victoriam civilem clementer exercuit, suisque adversariis vitam dignitatemque donavit,) tanquam regni appetitorem quorumdam nobilium conjuratio senatorum velut pro reipublicæ libertate in ipsa curia trucidavit. (LIVIUS, lib. CXVI.) Hujus deinde potentiam, multum moribus dispar, vitiis omnibus inquinatus atque corruptus, affectare videbatur Antonius, cui vehementer pro eadem illa velut patriæ libertate Cicero resistebat. Tunc emerserat mirabilis indolis adolescens ille alius Cæsar illius Caii Cæsaris filius adoptivus : qui, ut dixi, postea appellatus est Augustus. Huic adolescenti Cæsari, ut ejus potentia contra Antonium nutriretur, Cicero favebat ; sperans eum depulsa et oppressa Antonii dominatione instauraturum reipublicæ libertatem, usque adeo cæcus atque improvidus futurorum, ut ille ipse juvenis, cujus dignitatem ac potestatem fovebat, et eumdem Ciceronem occidendum Antonio quadam quasi concordiæ pactione permitteret, et ipsam libertatem reipublicæ, pro qua multum ille clamaverat, ditioni propriæ subjugaret.

CAPUT XXXI.

Quod impudenter præsentia incommoda Christo imputent, qui deos colere non sinuntur, cum tantæ clades eo tempore quo colebantur exstiterint.

Deos suos accusent de tantis malis, qui nostro Christo ingrati sunt de tantis bonis. Certe quando illa mala fiebant, calebant aræ numinum, Sabæo thure sertisque recentibus halabant, clarebant sacerdotia, fana renidebant, sacrificabatur, ludebatur, furebatur in templis, quando passim tantus civium sanguis a civibus, non modo in cæteris locis, verum inter ipsa quoque deorum altaria fundebatur. Non elegit templum, quo confugeret Tullius ; quia frustra elegerat Mutius. Hi vero qui multo indignius insultant Christianis temporibus, aut ad loca Christo dicatissima confugerunt, aut illuc eos ut viverent, etiam ipsi Barbari deduxerunt. Illud scio, et hoc mecum

j'affirme, et tout homme sans parti pris jugera comme moi et reconnaîtra facilement que, si le genre humain avait reçu la doctrine chrétienne avant les guerres puniques, pour ne pas parler d'autres calamités, et qu'il fût survenu d'aussi grands désastres que ceux dont ces guerres accablèrent l'Europe et l'Asie, il n'est personne de nos adversaires qui ne les eût attribués à la religion chrétienne. Qu'il serait plus difficile encore de supporter leurs récriminations, si, pour m'en tenir aux maux particuliers à Rome, la connaissance et la propagation du christianisme avaient précédé l'invasion des Gaulois, le débordement du Tibre, les ravages des incendies, et par-dessus tout les guerres civiles! Et tous ces autres maux tellement incroyables qu'on les regarde comme des prodiges, s'ils étaient arrivés de nos jours, à qui en feraient-ils un crime? N'est-ce pas aux chrétiens? Je ne parle pas de ces faits plus étonnants que nuisibles, des bœufs qui parlent, des enfants qui font entendre quelques mots dans le sein de leur mère, des serpents qui volent, des poules, des femmes qui changent de sexe, et beaucoup d'autres semblables rapportés, non pas dans leurs fables, mais dans leurs histoires (Tite-Live, l. XXIV, XXVII, XXVIII); vrais ou faux, ils ne sont que surprenants et nullement pernicieux. Mais, quand il plut de la terre, quand il plut de la craie, quand il plut des pierres, non pas ce qu'on a coutume d'appeler de la grêle, mais de véritables pierres, certes, ces phénomènes purent causer les plus grands ravages. Nous lisons aussi dans leurs historiens que les feux de l'Etna, lancés jusqu'au rivage de la mer, l'avaient rendue tellement brûlante qu'elle calcinait les rochers et faisait fondre la poix des navires. Ce fait, quoique d'un merveilleux incroyable, causa de grands désastres. Une autre éruption, est-il rapporté, couvrit la Sicile d'une telle quantité de cendres, que les maisons de Catane disparurent et s'écroulèrent sous cette masse. Touchés de ce malheur, les Romains par pitié exemptèrent cette ville du tribut cette année-là. L'histoire dit encore qu'une multitude prodigieuse de sauterelles s'abattit sur l'Afrique, déjà province romaine. Après avoir dévoré les fruits et les feuilles des arbres, cette immense nuée fut se précipiter dans la mer; le flot les rejeta mortes sur le rivage; l'air se corrompit et amena une peste si maligne que, dans le seul royaume de Massinissa, il périt huit cent mille hommes, et bien plus encore près des côtes. A Utique, de trente mille jeunes soldats qui étaient en garnison, dix mille seulement survécurent. Quelle est celle de ces calamités que cette sotte vanité, qui nous at-

---

quisquis sine studio partium judicat, facillime agnoscit, (ut omittam cætera quæ multa commemoravi, et alia multo plura quæ commemorare longum putavi,) si humanum genus ante bella Punica reciperet Christianam disciplinam, et consequeretur rerum tanta vastatio, quanta illis bellis Europam Africamque contrivit; nullus talium, quales nunc patimur, nisi Christianæ religioni illa mala tribuisset. Multo autem minus eorum voces tolerarentur, quantum attinet ad Romanos, si Christianæ religionis receptionem et diffamationem, vel irruptio illa Gallorum, vel Tiberini fluminis igniumque illa depopulatio, vel quod cuncta mala præcedit, bella illa civilia sequerentur. Mala etiam alia, quæ usque adeo incredibilia acciderunt, ut inter prodigia numerarentur, si Christianis temporibus accidissent, quibus ea, nisi Christianis hominibus, tanquam crimina objicerent? Omitto quippe illa, quæ magis fuerunt mira quam noxia (Livius, lib. XXIV, XXVII, XXVIII, etc.), boves locutos, infantes nondum natos de uteris matrum quædam verba clamasse, volasse serpentes, feminas et gallinas et homines in masculinum sexum fuisse conversas: et cætera hujusmodi, quæ in eorum libris, non fabulosis, sed historicis, seu vera seu falsa sint, non inferunt hominibus perniciem, sed stuporem. Sed cum pluit terra, cum pluit creta, cum pluit lapidibus, non ut grando appellari solet hoc nomine, sed omnino lapidibus; hæc profecto etiam graviter lædere potuerunt. Legimus apud eos Ætnæis ignibus ab ipso montis vertice usque ad littus proximum decurrentibus ita ferbuisse mare, ut rupes exurerentur, et pices navium solverentur. Hoc utique non leviter noxium fuit, quamvis incredibiliter mirum. Eodem rursus æstu ignium tanta vi favillæ scripserunt oppletam esse Siciliam, ut Catanensis urbis tecta obruta et oppressa (a) dirueret: qua calamitate permoti, misericorditer ejusdem anni tributum ei relaxavere Romani. (Livius, lib. XC.) Locustarum etiam in Africa multitudinem prodigii similem fuisse, cum jam esset populi Romani provincia, litteris mandaverunt: consumptis enim fructibus foliisque lignorum, ingenti atque inæstimabili nube in mare dicunt esse dejectam: qua mortua redditaque littoribus, atque hinc aere corrupto, tantam ortam pestilentiam, ut in solo regno Masinissæ octingenta hominum millia perisse referantur, et multo amplius

(a) Vind. Am. et Lov. *diruerent*. Mss. vero *dirueret*. Er. *diruerit*.

taque et nous force à répondre, n'aurait pas attribuée au christianisme, si elles fussent arrivées depuis l'ère chrétienne? Et cependant, bien loin de les imputer à leurs dieux, dans la crainte de souffrir de moindres maux, ils réclament le culte de ceux qui n'ont pu protéger leurs pères de maux incomparablement plus grands.

LIVRE QUATRIÈME [1]

Le saint docteur prouve que la grandeur et la durée de l'Empire Romain doivent être attribuées, non à Jupiter, ni aux dieux du paganisme, à chacun desquels la croyance vulgaire osait à peine confier certains offices de détail et des moins importants, mais qu'on doit les rapporter au Dieu unique et véritable, seul auteur de toute félicité, qui, par sa puissance et sa sagesse, établit et conserve les royaumes de la terre.

CHAPITRE PREMIER.

Des sujets traités dans le premier livre.

Ayant entrepris de parler de la Cité de Dieu, j'ai cru devoir répondre tout d'abord à ceux de ces adversaires qui, attentifs seulement à poursuivre les joies de la terre, n'ayant d'ardeur que pour les biens passsagers, s'en prennent à la religion chrétienne, la seule vraie et salutaire, de tout ce qu'ils éprouvent de pénible, bien que cela leur arrive plutôt comme un avertissement de la miséricorde de Dieu, que comme une punition sévère de sa justice. Il y a un vulgaire ignorant, dont la haine contre nous s'exalte par l'appui qu'elle paraît trouver dans l'autorité de gens plus habiles. Il s'imagine que les malheurs de ce temps ont été inconnus aux siècles passés; et cette opinion se trouve confirmée par le silence de ceux qui, en connaissant parfaitement la fausseté, dissimulent ce qu'ils en savent, afin de fortifier les murmures qui s'élèvent contre nous. C'est pourquoi j'ai dû faire voir, par les livres où leurs écrivains ont consigné l'histoire des faits anciens, qu'il en est tout autrement. J'ai dû montrer aussi que les faux dieux adorés publiquement alors, ou secrètement aujourd'hui, n'é-

[1] Écrit en 415. Saint Augustin parle de ce livre et du cinquième, comme ayant été commencés et terminés cette même année, dans la lettre CLXIX adressée à Évode.

---

in terris littoribus proximis. Tunc Uticæ ex triginta millibus (a) juniorum, quæ ibi erant, decem remansisse confirmant. Talis itaque vanitas, qualem ferimus, eique respondere compellimur, quid horum non Christianæ religioni tribueret, si temporibus Christianis videret? Et tamen diis suis non ista tribuunt : quorum ideo cultum requirunt, ne ista vel minora patiantur, cum ea majora pertulerint a quibus antea colebantur.

LIBER QUARTUS

In quo probatur amplitudinem Romani imperii ac diuturnitatem adscribendam esse, non Jovi diisve Paganorum, quibus singulis vix singulæ res et infima quæque committenda credebantur officia, sed uni vero Deo felicitatis auctori; cujus potestate ac judicio regna terrena constituuntur atque servantur.

CAPUT PRIMUM.

De his quæ primo volumine disputata sunt.

De civitate Dei dicere exorsus, prius respondendum putavi ejus inimicis, qui terrena gaudia consectantes, rebusque fugacibus inhiantes, quidquid in eis triste, misericordia potius admonentis Dei, quam punientis severitate patiuntur, religioni increpitant Christianæ, quæ una est salubris et vera religio. Et quoniam cum sit in eis etiam vulgus indoctum, velut doctorum auctoritate in odium nostrum gravius irritantur, existimantibus imperitis, ea quæ suis temporibus insolite acciderunt, per alia retro tempora accidere non solere; eorumque opinionem, etiam iis qui eam falsam esse noverunt, ut adversum nos justa murmura habere videantur, suæ scientiæ dissimulatione firmantibus : de libris quos auctores eorum ad cognoscendam præteritorum temporum historiam memoriæ mandaverunt, longe aliter esse quam putant, demonstrandum fuit; et simul docendum, deos falsos quos vel palam colebant, vel occulte adhuc colunt, eos esse immundissimos spiritus et malignissimos ac fallacissimos dæmones; usque adeo ut aut veris, aut fictis etiam, suis tamen criminibus delectentur, quæ sibi celebrari per sua festa voluerunt; ut a perpetrandis damnabilibus factis humana revocari non possit infirmitas, dum ad hæc imitanda

(a) Vind. Am. et Er. *virorum.* Triginta millia erant militum, apud Uticam ad præsidium totius Africæ ordinata teste Orosio, qui eosdem Augustino consentiens vocat juniores. Mox infra vetus Corbeiensis codex et alii quidam Mss. habent, *decem millia remansisse.*

taient que des esprits impurs, des démons remplis de méchanceté et de fourberie; au point qu'ils se complaisent en leurs crimes vrais ou supposés, mais bien à eux cependant; puisqu'ils ont voulu qu'on les célébrât dans leurs fêtes, afin que l'infirmité humaine ne pût s'arracher à ces abominations, s'y trouvant provoquée par l'exemple même des dieux. Nos arguments ne se sont point appuyés sur de simples conjectures, mais sur des souvenirs personnels quelquefois, puisque nous avons vu une partie des infamies célébrées dans ce culte pervers, souvenirs empruntés aussi aux livres de ceux qui nous ont laissé le récit des orgies accomplies, non comme une insulte, mais comme un honneur religieux à la divinité. En effet, Varron, cet homme si instruit et d'une si grande autorité chez les païens, traitant séparément des choses divines et des choses humaines, et les classant chacune selon leur importance, place les représentations du théâtre, non parmi les choses humaines, mais bien parmi les divines, tandis qu'elles ne devraient pas même figurer parmi les choses humaines, dans une cité qui ne compterait que des citoyens vertueux et honnêtes; et il ne l'a point fait de son autorité privée, mais, né et élevé à Rome, il les y avait trouvées classées de cette manière. Ayant, au premier livre, indiqué sommairement ce que je devais traiter, ayant ensuite touché quelques-uns de ces points dans les deux livres suivants, je dois maintenant sur le reste satisfaire l'attente du lecteur.

CHAPITRE II.

Des matières contenues au second et au troisième livre.

J'avais donc promis de répondre à ceux qui s'en prennent à notre religion de tous les malheurs de la république, en rappelant, autant que je le pourrai, toutes les calamités si terribles qui ont affligé Rome ou ses provinces, avant l'interdiction des sacrifices; calamités qu'on ne manquerait pas de nous attribuer aussi, si dès lors le christianisme eût été connu, si dès lors il eût mis fin aux cérémonies sacriléges de l'idolâtrie. Tout cela nous paraît suffisamment établi dans le second et le troisième livre, qui traitent, l'un des maux de l'âme, les seuls vrais maux, ou du moins les plus grands de tous, l'autre des maux du corps, de ces maux extérieurs communs aux bons et aux méchants, et que la sottise de ces derniers redoute exclusivement, tandis qu'ils acceptent, non-seulement avec patience, mais très-volontiers, ceux qui font leur perversité. Et cependant, combien ai-je passé rapidement sur ce qui regarde la ville elle-même et son empire, sur ce qui s'est accompli jusqu'à César-Auguste. Que n'aurais-je point dit, si j'avais voulu rassembler dans mon récit,

---

velut divina præbetur auctoritas. Hæc non ex nostra conjectura probavimus, sed partim ex recenti memoria, quia et ipsi vidimus talia ac talibus numinibus exhiberi; partim ex litteris eorum, qui non tanquam in contumeliam, sed tanquam in honorem deorum suorum ista conscripta posteris reliquerunt : ita ut vir doctissimus apud eos Varro et gravissimæ auctoritatis, cum rerum humanarum atque divinarum dispertitos faceret libros, alios humanis, alios divinis, pro sua cujusque rei dignitate distribuens, non saltem in rebus humanis, sed in rebus divinis poneret ludos scenicos : cum utique, si tantummodo boni et honesti homines in civitate essent, nec in rebus humanis ludi scenici esse debuissent. Quod profecto non auctoritate sua fecit, sed quoniam eos Romæ natus et educatus in divinis rebus invenit. Et quoniam in fine primi libri, quæ deinceps dicenda essent, breviter posuimus, et ex his quædam in duobus consequentibus diximus, exspectationi legentium quæ restant reddenda cognoscimus.

(a) Lov. *sacrilegiis.* Dissentiunt cæteri libri.

CAPUT II.
De his quæ libro secundo et tertio continentur.

Promiseramus ergo quædam nos esse dicturos adversus eos, qui Romanæ reipublicæ clades in religionem nostram referunt, et commemoraturos quæcumque et quantacumque occurrere potuissent, vel satis esse viderentur, mala, quæ illa civitas pertulit, vel ad ejus imperium provinciæ pertinentes, antequam eorum sacrificia prohibita fuissent : quæ omnia procul dubio nobis tribuerent, si jam vel illis clareret nostra religio, vel ita eos a sacris (a) sacrilegis prohiberet. Hæc in secundo et tertio libro satis, quantum existimo, absolvimus : in secundo agentes de malis morum, quæ mala vel sola, vel maxima deputanda sunt; in tertio autem de his quæ stulti sola perpeti exhorrent, corporis videlicet externarumque rerum, quæ plerumque patiuntur et boni. Illa vero mala non dico patienter, sed libenter habent, quibus ipsi fiunt mali. Et quam pauca dixi de

non-seulement les maux que les hommes se font eux-mêmes, comme sont les ravages et les horreurs de la guerre; mais encore tous ceux qui proviennent des éléments, tous ces accidents qu'Apulée décrit rapidement dans son livre *du Monde*, où il nous fait voir que toutes les choses d'ici-bas ne font que changer, passer et périr. En effet, il dit expressément que le sol, entr'ouvert par d'effroyables tremblements de terre, a englouti des villes avec leurs habitants; que des pluies torrentielles ont inondé des contrées entières; que le continent a été découpé en îles par l'impétuosité des flots étrangers; que des îles se sont trouvées reliées au continent par le retrait de la mer; que des villes ont été renversées par les vents et les tempêtes; que les feux du ciel ont embrasé la terre, et dévoré plusieurs pays de l'Orient, tandis que d'autres, en Occident, étaient victimes d'inondations furieuses. On a vu l'Etna ouvrir son cratère, et jeter sur ses flancs des fleuves de feu et de prodigieux incendies. Je n'en finirais point, si je voulais rassembler tous ces faits et ceux du même genre, que l'histoire nous montre en si grand nombre, dans ce temps où le nom du Christ n'avait point encore mis fin à ces damnables superstitions du paganisme. J'avais promis aussi de montrer les raisons pour lesquelles le vrai Dieu, qui tient en ses mains le sort des empires, avait daigné aider les Romains à accroître le leur, tandis que ceux qu'ils adorent comme des dieux, au lieu de contribuer en rien à cet accroissement, n'avaient fait que le retarder par leurs ruses et leurs tromperies; c'est ce qui me reste à dire , en insistant particulièrement sur les progrès de l'empire. Quant aux effets pernicieux produits sur les mœurs par la perfidie de ces démons adorés, j'en ai amplement parlé au second livre. Dans toute la suite des trois premiers livres, je n'ai point manqué de signaler, à l'occasion, quels adoucissements, au milieu des calamités de la guerre, le nom de Jésus-Christ a procuré aux bons et aux méchants, en imprimant respect aux barbares, et en arrêtant leur sauvage fureur; c'est ainsi que se manifeste l'action de notre Dieu, « qui fait briller son soleil sur les bons et les méchants, et répand sa rosée sur les justes et les injustes. » (*Matth.*, v, 45.)

CHAPITRE III.

Si l'étendue de l'empire, qui ne s'obtient que par la guerre, peut, aux yeux du sage, passer pour un vrai bien ou un bonheur.

Voyons maintenant ce qui peut autoriser les

sola ipsa civitate atque ejus imperio? nec inde omnia usque ad Cæsarem Augustum. Quid si commemorare voluissem, et exaggerare illa mala, quæ non sibi invicem homines faciunt, sicut sunt vastationes eversionesque bellantium, sed ex ipsius mundi elementis terrenis accidunt rebus? quæ uno loco Apuleius breviter stringit in eo libro quem *de Mundo* scripsit, terrena omnia dicens mutationes, conversiones atque interitus habere. Namque immodicis tremoribus terrarum, ut verbis ejus utar, dissiluisse humum, et interceptas urbes cum populis, dicit : abruptis etiam imbribus prolutas totas esse regiones : illas etiam quæ prius fuerant continentes, hospitibus atque advenis fluctibus insulatas, aliasque desidia maris pedestri accessu pervias factas : ventis ac procellis eversas esse civitates : incendia de nubibus emicasse, quibus Orientis regiones conflagratæ perierunt; et in Occidentis plagis scaturigines quasdam ac proluviones easdem strages dedisse. Sic ex Ætnæ verticibus quondam effusis crateribus, divino incendio per declivia, torrentis vice flammarum flumina cucurrisse. Si hæc atque hujusmodi, quæ habet historia, unde possem, colligere voluissem, quando finissem quæ illis temporibus evenerunt, antequam Christi nomen (*a*) illa istorum vana et veræ saluti perniciosa comprimeret? Promiseram me etiam demonstraturum, quos eorum mores, et quam ob causam Deus verus ad augendum imperium adjuvare dignatus est, in cujus potestate sunt regna omnia; quamque nihil eos adjuverint hi quos deos putant, et potius quantum decipiendo et fallendo nocuerint; unde nunc mihi video esse dicendum, et magis de incrementis imperii Romani. Nam de noxia fallacia dæmonum; quos velut deos colebant, quantum malorum invexerit moribus eorum, in secundo maxime libro non pauca jam dicta sunt. Per omnes autem absolutos tres libros, ubi opportunum visum est, commendavimus etiam in ipsis bellicis malis quantum solatiorum per Christi nomen, cui tantum honoris Barbari detulerunt præter bellorum morem, bonis malisque contulerit, quomodo, « qui facit solem suum oriri super bonos et malos, et pluit super justos et injustos. » (*Matth.*, v, 45.)

CAPUT III.

An latitudo imperii, quæ non nisi bellis acquiritur, in bonis sive sapientium habenda sit, sive felicium.

Jam itaque videamus quale sit, quod tantam lati-

(*a*) Mss. *ulla istorum vana.*

Romains à attribuer l'étendue et la durée de leur empire à ces dieux, qu'ils croient décemment honorés par des jeux impurs et par des ministres infâmes. Mais d'abord, ne serait-il pas à propos d'examiner s'il y a quelque raison, quelque sagesse à vanter la grandeur et la puissance de l'empire, quand on est obligé de se demander quel bonheur peuvent goûter des hommes qui vivent toujours au milieu des fureurs de la guerre, toujours couverts du sang de leurs concitoyens ou de leurs ennemis, mais bien de sang humain, sans cesse en proie à de sombres terreurs ou à d'avides passions? Leur joie, s'il en est pour eux, ressemble au verre brillant et fragile; plus elle a d'éclat, plus on doit craindre de la voir se briser tout à coup. Pour en juger plus sainement, mettons de côté toute vaine enflure, et ne laissons pas égarer notre pensée par le prestige de ces mots pompeux, de peuples, de royaumes, de provinces. Imaginons deux hommes, car l'homme, dans la société, est comme une lettre dans un livre; si grande que soit la ville, si étendu que soit le royaume, l'homme pris à part en est l'élément premier; de ces deux hommes, faisons l'un pauvre, ou plutôt de condition médiocre, l'autre puisamment riche. Ce dernier, toujours en proie à la crainte, rongé par le chagrin, tourmenté d'insatiables désirs, sans sécurité, sans repos, suffit à peine aux querelles et aux disputes qui l'accablent; au prix de toutes ces misères, il augmente démesurément sa fortune; mais il multiplie en même temps ses peines et ses soucis. Le premier a un patrimoine modeste qui suffit à ses besoins; il est chéri des siens, vit en paix avec tous, parents, amis, voisins; il possède la piété du cœur, la bonté de l'âme, la santé du corps, la frugalité, la pureté de mœurs, le calme de la conscience. Quel insensé pourra hésiter dans ses préférences? Ce qui est vrai de deux hommes l'est aussi de deux familles, de deux peuples, de deux royaumes; partout c'est la même règle. Appliquons-la avec le plus grand soin, et notre esprit, ramené à la vérité, reconnaîtra bien vite où se trouve la vanité, et où la félicité. C'est pourquoi, avec l'adoration rendue au vrai Dieu, par un culte légitime et des mœurs pures, on doit souhaiter que les gens de bien étendent au loin leur autorité, et cela pour l'avantage de leurs sujets bien plus que pour le leur. En effet, en ce qui les concerne personnellement, leur piété et leur vertu, qui sont des dons précieux du ciel, suffisent à leur félicité, en faisant leur bonheur ici-bas, et en leur assurant le bonheur éternel. Ainsi donc, sur la terre, le règne des hommes de bien importe moins à leur bonheur qu'à celui du genre

---

tudinem ac diuturnitatem imperii Romani illis diis audent tribuere : quos etiam per turpium ludorum obsequia et per turpium hominum ministeria se honeste coluisse contendunt. Quanquam prius vellem paululum inquirere, quæ sit ratio, quæ prudentia, cum hominum felicitatem non possis ostendere, semper in bellicis cladibus et in sanguine civili, vel hostili, tamen humano, cum tenebroso timore et cruenta cupiditate versantium; (a) ut vitrea lætitia comparetur fragiliter splendida, cui timeatur horribilius ne repente frangatur, de imperii magnitudine ac latitudine velle gloriari. Hoc ut facilius dijudicetur, non vanescamus inani ventositate jactati, atque obtundamus intentionis aciem altisonis vocabulis rerum, cum audimus populos, regna, provincias : sed duos constituamus homines; (Nam singulus quisque homo, ut in sermone una littera, ita quasi elementum est civitatis et regni, quantalibet terrarum occupatione latissimi :) quorum duorum hominum, pauperem unum, vel potius mediocrem; alium prædivitem cogitemus : sed divitem timoribus anxium, mœroribus tabescentem, cupiditate flagrantem, nunquam securum, semper inquietum, perpetuis inimicitiarum contentionibus anhelantem, augentem sane his miseriis patrimonium suum in immensum modum, atque illis augmentis curas quoque amarissimas aggerantem; mediocrem vero illum re familiari parva atque succincta sibi sufficientem, carissimum suis, cum cognatis, vicinis, amicis dulcissima pace gaudentem, pietate religiosum, benigium mente, sanum corpore, vita parcum, moribus castum, conscientia securum. Nescio utrum quisquam ita desipiat, ut audeat dubitare quem præferat. Ut ergo in his duobus hominibus, ita in duabus familiis, ita in duobus populis, ita in duobus regnis regula sequitur æquitatis : qua vigilanter adhibita, si nostra intentio corrigatur, facillime videbimus ubi habitet vanitas, et ubi felicitas. Quapropter si verus Deus colatur, eique sacris veracibus et bonis moribus serviatur, utile est ut boni longe lateque diu regnent. Neque hoc tam ipsis, quam illis utile est, quibus regnant. Nam quantum ad ipsos pertinet, pietas et probitas eorum, quæ magna dona Dei sunt, sufficit eis ad veram felicitatem, qua et ista vita bene agatur, et postea percipiatur æterna. In hac ergo terra regnum bonorum, non tam illis præstatur, quam rebus hu-

(a) Editi, *ut vitro lætitia eorum comparetur*. At melioris notæ Mss. omisso *eorum*, habent *ut vitrea lætitia comparetur*, id est acquiatur.

humain ; mais la domination des méchants est surtout terrible pour eux-mêmes, à cause de la facilité qu'elle leur donne de s'abandonner à la licence et aux vices, leurs sujets ne pouvant d'ailleurs trouver le malheur que dans leurs propres iniquités ; attendu que, pour des sujets vertueux, tout ce que leur font souffrir des maîtres pervers ne peut être regardé comme un châtiment du crime, mais comme épreuve de la vertu. Aussi, l'homme de bien, même au sein de l'esclavage, est véritablement libre, tandis que le pervers, quand même il serait sur le trône, est véritablement esclave, et non pas d'un maître seulement, mais, chose plus terrible, d'autant de tyrans qu'il compte de vices ; car c'est bien à propos des vices que l'Ecriture a dit : « L'homme est l'esclave de celui qui a pu lui imposer des chaînes. » (II *Pier.*, II, 19.)

CHAPITRE IV.

Un royaume sans justice ressemble à un repaire de brigands.

En effet, que sont les royaumes sans la justice, sinon des sociétés de brigands ? Et à leur tour, que sont pareilles sociétés sinon de petits royaumes ? Elles sont aussi une réunion d'hommes, avec un chef qui les gouverne, elles ont un pacte social qui les unit, le butin s'y partage d'après les conventions prises ; si cette détestable société vient à s'étendre, à occuper quelque contrée, à s'y établir, à y posséder des villes, à subjuguer des peuples, elle prend plus solennellement le titre de royaume, elle s'en croit le droit après avoir de cette manière assuré l'impunité de ses crimes, sans avoir pour cela éteint l'ardeur de ses convoitises. C'est ce que dit fort bien, et avec beaucoup de vérité, à Alexandre le Grand, un pirate qu'il avait fait arrêter. (NONIUS MARC, citant CIC., III *de la Répub.*) Le monarque ayant demandé à cet homme quel droit il pouvait avoir d'infester ainsi la mer, il répondit avec une hardiesse intrépide : Mon droit sur ce ce point est le même que celui que tu t'arroges toi-même sur l'univers entier ; seulement, comme je n'ai pour cela qu'un petit navire, on m'appelle brigand, toi, qui possèdes une grande flotte, on te donne le titre de conquérant.

CHAPITRE V.

Des gladiateurs fugitifs qui se créèrent une puissance égale à celle des rois.

C'est pourquoi je ne veux point examiner ici quels étaient ces hommes que Romulus réunit pour fonder sa ville ; il suffit que le droit de cité qu'il leur accorda les mettant à couvert des supplices dûs à leur crimes, et dont la crainte pouvait les jeter en de plus graves excès, les ait

---

manis. Malorum vero regnum magis regnantibus nocet, qui suos animos vastant scelerum majore licentia : his autem qui eis serviendo subduntur, non nocet nisi iniquitas propria. Nam justis quidquid malorum ab iniquis dominis irrogatur, non pœna criminis, sed virtutis examen. Proinde bonus etiamsi serviat, liber est : malus autem etiamsi regnet, servus est ; nec unius hominis, sed quod est gravius, tot dominorum, quot vitiorum. De quibus vitiis cum ageret Scriptura divina : « A quo enim quis, inquit, devictus est, huic et servus addictus est. » (II *Petr.*, II, 19.)

CAPUT IV.

Quam similia sint latrociniis regna absque justitia.

Remota itaque justitia, quid sunt regna, nisi magna latrocinia ? quia et ipsa latrocinia quid sunt, nisi parva regna ? Manus (a) et ipsa hominum est, imperio principis regitur, pacto societatis astringitur, placiti lege præda dividitur. Hoc malum si in tantum perditorum hominum accessibus crescit, ut et loca teneat, sedes constituat, civitates occupet, populos subjuget, evidentius regni nomen assumit, quod ei jam in manifesto confert non adempta cupiditas, sed addita impunitas. Eleganter enim et veraciter Alexandro illi Magno quidam comprehensus pirata respondit. (Refert NONIUS Marc. ex Cic., III. *de republica.*) Nam cum idem rex hominem interrogasset, quid ei videretur, ut mare haberet infestum ; ille libera contumacia : Quod tibi, inquit, ut orbem terrarum ; sed quia id ego exiguo navigio facio, latro vocor ; quia tu magna classe, imperator.

CAPUT V.

De fugitivis gladiatoribus, quorum potentia similis fuerit regiæ dignitatis.

Proinde omitto quærere quales Romulus congregaverit, quoniam multum eis consultum est, ut ex illa vita dato sibi consortio civitatis, pœnas debitas cogitare desisterent, quarum metus eos in majora facinora propellebat ; ut deinceps pacatiores essent

---

(a) Sic Mss. At Lov. *Manus etenim ipsa hominum est, cum imperio*, etc.

rendus plus traitables et plus humains; je tiens seulement à signaler ici un événement qui frappa cruellement l'empire romain, et le fit trembler, alors même que puissant déjà (Tite-Live, XCV; Plutarque; Crassus; Orose, l. V, ch. xxiv; Aug., plus haut, liv. III, ch. xxvi), il avait su plier à son joug plusieurs nations et se rendre terrible à toutes les autres; Rome dut alors faire les plus grands efforts pour se sauver d'une ruine complète; quand une poignée de gladiateurs échappés des amphithéâtre, de la Campanie, trouvèrent moyen de rassembler une grande armée, sous la conduite de trois chefs, et de ravager cruellement la plus grande partie de l'Italie. Qu'on nous dise quel dieu les protégeait pour les faire arriver, d'un début si vil et si méprisable, à une puissance redoutable à l'empire romain lui-même, malgré ses forces et ses ressources. Voudra-t-on arguer du peu de durée de leur fortune pour leur refuser l'appui des dieux (1)? Comme si l'on pouvait appeler longue une vie d'homme quelconque! Dès lors, il faudrait dire que les dieux ne portent personne au pouvoir, puisque chacun n'a qu'un rapide passage dans la vie. Il ne faut donc plus parler de faveurs ou de bienfaits, puisque chaque individu ne durant qu'un instant, pour eux, comme pour tous, la jouissance s'évanouit comme une vapeur légère. Qu'importe, en effet, à ceux qui ont adoré les dieux avec Romulus et ont disparu depuis longtemps, que l'empire romain ait eu après leur mort de magnifiques accroissements? Ils n'en sont pas moins réduits tous à plaider aux enfers leur cause propre et personnelle, bonne ou mauvaise; ce qui du reste importe peu à mon sujet. Le même raisonnement s'applique à tous ceux qui ont vécu pendant la durée de l'empire; la succession continue des vivants aux morts peut bien constituer une grande durée quant à l'ensemble, mais vraiment chacun a passé rapidement et à la hâte, emportant le bagage des actions de sa vie. Que s'il faut attribuer à la protection d'en haut même ce passage rapide, ne voit-on pas qu'on a prononcé en faveur de ces gladiateurs qui, brisant les chaînes de leur esclavage, ont pu échapper à leurs tyrans, rassembler une grande et vaillante armée, se donner un gouvernement et des chefs, se rendre tout à fait redoutables à la grandeur romaine? Invincibles aux efforts d'un grand nombre de généraux, ils ont fait de grandes conquêtes remporté plusieurs victoires, se sont donné les jouissances qu'ils ont voulues, ont vécu au gré de leurs désirs, glorieux et triomphants jusqu'à leur ruine, qui, certes, fut assez difficile. Mais passons à des choses plus élevées.

(1) Cette guerre ne dura que trois ans et fut terminée par Licinius Crassus.

rebus humanis. Hoc dico, quod ipsum Romanum imperium, jam magnum multis gentibus subjugatis cæterisque terribile, acerbe sensit, graviter timuit, non parvo negotio devitandæ ingentis cladis (a) oppressit; quando (Livius, lib. XCV, Plutarc., in Crasso, Orosius, lib. V, c. xxiv, et Aug, supra lib. III, c. xxvi) paucissimi gladiatores in Campania de ludo fugientes, exercitum magnum compararunt, tres duces habuerunt, Italiam latissime et crudelissime vastaverunt. Dicant quis istos deus adjuverit, ut ex parvo et contemptibili latrocinio pervenirent ad regnum, tantis jam Romanis viribus arcibusque metuendum. An quia non diu fuerunt, ideo divinitus negabuntur adjuti? Quasi vero ipsa cujuslibet hominis vita diuturna est. Isto ergo pacto neminem dii adjuvant ad regnandum, quoniam singuli quique cito moriuntur: nec beneficium deputandum est, quod exiguo tempore in unoquoque homine, ac per hoc singillatim utique in omnibus vice vaporis evanescit. Quid enim interest eorum qui sub Romulo deos coluerunt, et olim sunt mortui, quod post eorum mortem Romanum tantum crevit imperium? cum illi apud inferos causas suas agant: utrum bonas, an malas, ad rem præsentem non pertinet. Hoc autem de omnibus intelligendum est, qui per ipsum imperium, (quamvis decedentibus succedentibusque mortalibus in longa spatia protendatur,) paucis diebus vitæ suæ cursim raptimque transierunt, actuum suorum sarcinas bajulantes. Sin vero etiam ipsa brevissimi temporis beneficia deorum adjutorio tribuenda sunt, non parum adjuti sunt illi gladiatores, qui servilis conditionis vincula ruperunt, fugerunt, evaserunt, exercitum magnum et fortissimum collegerunt, obedientes regum suorum consiliis et jussis, multum Romanæ celsitudini metuendi, et aliquot Romanis imperatoribus insuperabiles multa ceperunt: potiti sunt victoriis plurimis, usi voluptatibus quibus voluerunt; quod suggessit libido, fecerunt; postremo donec vincerentur, quod difficillime est factum, sublimes regnantesque vixerunt. Sed ad majora veniamus.

(a) Editi, *oppressum*. At Mss. *oppressit* : ut sensus sit, istud belli servilis monstrum fuisse a Romano imperio oppressum, non facili negotio.

CHAPITRE VI.

De l'ambition du roi Ninus, le premier qui, pour étendre sa domination, ait déclaré la guerre à ses voisins.

Justin, qui a écrit en latin l'histoire des Grecs, ou plutôt des peuples étrangers, suivant et abrégeant Trogue Pompée, commence ainsi ses récits : « Tout d'abord, le gouvernement des peuples et des nations était aux mains de rois parvenus à cette haute dignité, non par la faveur populaire, mais par l'estime que leur avaient attirée leurs vertus. Les peuples n'avaient point de lois formulées, les décisions de leurs princes en tenaient lieu ; on savait défendre ses frontières, mais sans chercher à les étendre, et chacun se contentait de régner sur ses concitoyens. Ninus, roi d'Assyrie, fut le premier qui, poussé par l'ambition, voulut changer cette coutume primitive, et déclara la guerre à ses voisins ; profitant de leur inexpérience des armes, il les soumit tous jusqu'aux confins de la Lybie. » Un peu plus loin il ajoute : « Ninus affermit cette puissance qu'il s'était faite par des conquêtes nouvelles. Vainqueur des peuples les plus rapprochés, il joignit leurs forces aux siennes, pour de nouvelles guerres, chacun de ses succès devenant ainsi l'instrument et le moyen d'un plus grand, il dompta tous les peuples de l'Orient. » Quelle que soit la véracité de cet auteur ou de Trogue Pompée, car des documents certains nous prouvent qu'ils se sont souvent trompés, toujours est-il qu'il est constant pour tous les historiens, que Ninus a considérablement augmenté la puissance des Assyriens, et cette puissance peut se v nter d'une durée que n'a point encore l'empire romain ; en effet, ceux qui se sont occupés de la chronologie (Eusèbe), lui attribuent une durée de douze cent quarante ans depuis Ninus jusqu'à la domination des Mèdes. Or, faire la guerre à ses voisins d'abord, pour atteindre ensuite ceux qui viennent après, écraser et dompter, pour la seule ambition de régner, des peuples complétement inoffensifs, qu'est-ce autre chose en vérité que le brigandage en grand ?

CHAPITRE VII.

Si les royaumes de la terre peuvent attribuer leurs succès ou leurs revers à l'assistance, ou à l'abandon des dieux.

Si ce royaume put ainsi s'étendre et durer sans la protection des dieux, quelle raison d'attribuer à ceux que Rome adore l'étendue et la durée de son empire ? Dans les deux cas ce sont

CAPUT VI.

De cupiditate Nini regis, qui ut latius dominaretur, primus intulit bello finitimis.

Justinus qui Græcam, vel potius peregrinam Trogum Pompeium secutus, non latine tantum, sicut ille, verum etiam breviter scripsit historiam, opus librorum suorum sic incipit : « Principio rerum gentium nationumque imperium penes reges erat, quos ad fastigium hujus majestatis, non ambitio popularis, sed spectata inter bonos moderatio provehebat. Populi nullis legibus tenebantur : (a) arbitria principum pro legibus erant. Fines imperii tueri magis quam proferre mos erat : intra suam cuique patriam regna finiebantur. Primus omnium Ninus rex Assyriorum veterem et quasi avitum gentibus morem nova imperii cupiditate mutavit. Hic primus intulit bella finitimis, et rudes adhuc ad resistendum populos ad terminos usque Libyæ perdomuit. » Et paulo post : « Ninus, inquit, magnitudinem quæsitæ dominationis continua possessione firmavit. Domitis igitur proximis, cum accessione virium fortior ad alios transiret, et proxima quæque victoria instrumentum sequentis esset, totius Orientis populos subegit. » Qualibet autem fide rerum, vel iste vel Trogus scripserit ; nam quædam illos fuisse mentitos, aliæ fideliores litteræ ostendunt : constat tamen et inter alios scriptores, regnum Assyriorum a Nino rege fuisse longe lateque porrectum. Tam diu autem perseveravit, ut Romanum nondum sit ejus ætatis. Nam sicut scribunt (Eusebius) qui chronicam historiam persecuti sunt, mille ducentos et quadraginta annos ab anno primo quo Ninus regnare cœpit, permansit hoc regnum, donec transferretur ad Medos. Inferre autem bella finitimis, et inde in cætera procedere, ac populos sibi non molestos sola regni cupiditate conterere et subdere, quid aliud quam grande latrocinium nominandum est ?

CAPUT VII.

An regna terrena inter profectus suos atque defectus deorum vel juventur vel auferantur auxilio.

Si nullo deorum adjutorio tam magnum hoc regnum et prolixum fuit, quare diis Romanis tribuitur Romanum regnum locis amplum temporibusque

---
(a) Mss. omittunt, *arbitria principum pro legibus erant.*

les mêmes principes. Si l'on veut attribuer la fortune des Assyriens à la protection des dieux, je demanderai desquels ? En effet, les peuples domptés par Ninus adoraient les mêmes divinités que lui. Si l'on veut que les Assyriens en aient eu d'autres plus habiles à créer ou à soutenir les empires, je demanderai, si ces dieux étaient morts, quand leurs protégés perdirent le sceptre, ou bien si, rebutés, d'une ingratitude qui ne payait pas leurs services, ou attirés par l'espoir de plus riches offrandes, ils ont mieux aimé passer aux Mèdes, puis aux Perses, quand Cyrus leur eût promis, sans doute, quelque chose de plus engageant ou de plus attrayant. En effet, ce peuple, après l'immense mais éphémère empire d'Alexandre le Macédonien, possède jusqu'à ce jour une domination considérable en Orient (1). Dès lors, il faut accuser d'infidélité ces dieux qui abandonnent leurs protégés et passent à l'ennemi ; ce qu'on ne pourrait reprocher à un mortel, à Camille. Ce grand homme vainqueur du plus cruel ennemi de Rome, avait été en butte à l'ingratitude de la cité qu'il avait sauvée ; mais cette cité était sa patrie, aussi quand elle eut de nouveau besoin de son bras, il oublia l'injure qu'il en avait reçue, et la délivra des Gaulois. Ou bien, il faudra dire qu'ils n'ont pas la puissance qui convient à la divinité, puisqu'ils peuvent être vaincus par les forces ou l'habileté des hommes ; à moins encore qu'on aime mieux les mettre aux prises les uns avec les autres, et les faire vaincre, non par des hommes, mais par d'autres dieux ; chaque empire ayant ainsi ses protecteurs particuliers, les immortels épouseront là haut les querelles et les inimitiés des habitants de la terre. Alors chaque cité aura moins d'intérêt à invoquer ceux qui la protègent, qu'à se rendre propices ceux qu'invoquent ses ennemis. Quelle que soit l'interprétation qu'on donne à ces défections, à ces fuites, à ces trahisons en pleine guerre, toujours est-il que le nom du Christ n'avait point encore été prêché à cette époque, et en ces régions où les malheurs de la guerre ont ainsi découronné des peuples, pour transporter à d'autres leur puissance. Or, si après ces douze cents et quelques années, quand tomba l'empire assyrien, la religion chrétienne eût déjà commencé à prêcher le royaume éternel et à prohiber le culte sacrilége des faux dieux, la vanité de ce peuple n'eût-elle pas prétendu qu'un empire si longtemps conservé n'avait péri enfin,

---

(1) Justin, Diodore, Plutarque et d'autres historiens parlent de la translation de l'empire des Assyriens aux Mèdes par Arbace, général de ces derniers, qui triompha de Sardanapale. Orose dit que cet événement eut lieu l'année même que Procas, père d'Amulius et de Numitor, et bisaïeul de Romulus, commença à régner sur les peuplades latines. La durée de l'empire médique fut d'environ 350 ans, jusqu'au règne d'Astyage. Alors Cyrus, fils de Cambyse, fit passer cet empire aux Perses, qui le conservèrent environ 230 ans, jusqu'à la conquête d'Alexandre. Saint Augustin dit que l'empire macédonien dura très-peu de temps ; soit qu'il entende par là le règne d'Alexandre lui-même, qui fut très-court ; soit qu'il veuille désigner le temps de la domination grecque en Orient, par les lieutenants d'Alexandre ou leurs successeurs, ce qui s'étendrait de l'année 331 jusqu'à l'an 246 avant Jésus-Christ, époque de la fondation du royaume des Parthes. Ce dernier conserva sa puissance jusqu'à l'an 226 après Jésus-Christ, cinquième année du règne d'Alexandre Sévère. Artaxercès, ayant vaincu les Parthes, rétablit ce royaume des Perses, qui existait encore du temps de saint Augustin.

---

diuturnum? Quæcumque enim causa est illa, eadem est etiam ista. Si autem et illud deorum adjutorio tribuendum esse contendunt, quæro quorum? Non enim aliæ gentes, quas Ninus domuit et subegit, alios tunc colebant deos. Aut si proprios habuerunt Assyrii, quasi peritiores fabros imperii construendi atque servandi, numquidnam mortui sunt, quando et ipsi imperium perdiderunt, aut mercede non sibi reddita, vel alia promissa majore, ad Medos transire maluerunt, atque inde rursus ad Persas, Cyro invitante et aliquid commodius pollicente? Quæ gens non angustis Orientis finibus, post Alexandri Macedonis regnum magnum locis, sed brevissimum tempore, in suo regno adhuc usque perdurat. Hoc si ita est, aut infideles dii sunt, qui suos deserunt, et ad hostes transeunt ; quod nec homo fecit Camillus, quando victor et expugnator adversissimæ civitatis, Romam, cui vicerat, sensit ingratam, quam tamen postea oblitus injuriæ, memor patriæ, a Gallis iterum liberavit : aut non ita fortes sunt, ut deos esse fortes decet, qui possunt humanis vel consiliis vel viribus vinci. Aut si cum inter se belligerant, non dii ab hominibus, sed dii ab aliis diis forte vincuntur, qui sunt quarumque proprii civitatum ; habent ergo et ipsi inter se inimicitias, quas pro sua quisque parte suscipiunt. Non itaque deos suos debuit colere civitas magis, quam alios a quibus adjuvarentur sui. Postremo quoquo modo se habeat deorum iste vel transitus, vel fuga, vel migratio, vel in pugna defectio, nondum illis temporibus atque in illis terrarum partibus Christi nomen fuerat prædicatum, quando illa regna per ingentes bellicas clades amissa atque translata sunt. Nam si post mille ducentos et quod excurrit annos, quando regnum Assyriis ablatum est, jam ibi Christiana religio aliud regnum prædicaret æternum, et deorum falsorum cultus sacrilegos inhiberet ; quid aliud gentis illius vani homines dicerent, nisi regnum quod tam diu conservatum est,

que pour ce motif unique, l'abandon du culte des dieux et l'introduction du christianisme? Que nos adversaires d'aujourd'hui comprennent bien la vanité de cette prétention, c'est l'image fidèle de la leur. Si donc ils ont encore quelque sentiment de pudeur, qu'ils cessent désormais de nous objecter de semblables frivolités. Au reste, l'empire romain souffre une affliction passagère qui n'est point une ruine totale, pareille fortune lui a été faite déjà dans les siècles passés; il a bien pu se rétablir alors, il n'y a donc rien de désespéré jusqu'à ce jour, Dieu a ses desseins, et il n'est pas donné à l'homme d'en sonder la profondeur.

CHAPITRE VIII.

A quels dieux les Romains attribueront-ils l'accroissement et la conservation de leur empire, puisqu'ils les jugent à peine capables de veiller chacun sur une seule chose.

Maintenant, nous examinerons, si vous le voulez bien, quels sont les dieux ou le dieu, dans une si grande multitude, à qui les Romains pourraient attribuer les progrès ou la conservation de leur empire. Sans doute, dans une œuvre d'un si grand éclat et d'une si haute importance, ils n'oseront pas attribuer la moindre part à la déesse Cloacine (1), ni à Volupia dont le nom dérive de volupté, ni à Libentine qui doit le sien à la débauche (*libido*), ni à Vaticanus (2) qui veille aux premiers vagissements des nouveau-nés, ni à Cunina la gardienne des berceaux (*cunas*). Comment pourrais-je citer dans un seul chapitre de ce traité le nom de tant de dieux ou déesses, dont les noms et les charges particulières décrits à part ont rempli de vastes volumes? En effet, on n'a point voulu confier à un seul la tutelle de tout ce qui concerne la campagne; la plaine est confiée à Rusina, le sommet des montagnes à Jugatinus, les collines à Collatina, les vallons à Vallonia. Ségétie a reçu la garde des moissons; mais comme elle ne suffit pas à cet office, le blé déjà semé et non encore sorti de terre est confié à la déesse Séia, Ségétie n'aura plus qu'à protéger jusqu'à la moisson les épis qui couvrent le sillon; la récolte et le placement dans les greniers se feront sous les auspices de Tutiline. Evidemment Ségétie, qui a veillé sur la semence depuis le jour où elle n'était qu'une herbe jusqu'à la maturité des épis, ne peut rien au delà? Et tout cela n'a point suffi encore au désir de multiplier

(1) Cloacine, déesse des égouts, la note conservée dans le latin indique son origine.
(2) Peut-être devait-on suivre ici la variante qui dit *Vagitano*, mot plus rapproché de *vagissement*.

---

nulla alia causa nisi suis religionibus desertis et illa recepta perire potuisse? In qua voce vanitatis quæ poterat esse, isti attendant speculum suum; et similia conqueri, si ullus in eis pudor sit, erubescant. Quanquam Romanum imperium afflictum est potius, quam mutatum; quod et aliis ante Christi nomen temporibus ei contigit : et ab illa est afflictione recreatum; quod nec istis temporibus desperandum est. Quis enim de hac re novit voluntatem Dei?

CAPUT VIII.

Quorum deorum præsidio putent Romani imperium suum auctum atque servatum, cum singulis vix singularum rerum tuitionem committendam esse crediderint.

Deinde quæramus, si placet, ex tanta deorum turba, quam Romani colebant, quem potissimum, vel quos deos credant illud imperium dilatasse atque servasse. Neque enim in hoc tam præclaro opere et tantæ plenissimo dignitatis audent aliquas partes deæ (*a*) Cloacinæ tribuere; aut Volupiæ, quæ a voluptate appellata est; aut Libentinæ, cui nomen est a libidine; aut (*b*) Vaticano, qui infantum vagitibus præsidet; aut Cuninæ, quæ cunas eorum administrat. Quando autem possunt uno loco libri hujus commemorari omnia nomina deorum, aut dearum, quæ illi grandibus voluminibus vix comprehendere potuerunt, singulis rebus propria dispertientes officia numinum? Nec agrorum munus uni alicui deo committendum arbitrati sunt; sed rura deæ Rusinæ, juga montium deo Jugatino; collibus deam Collatinam, vallibus Valloniam præfecerunt. Nec saltem potuerunt unam Segetiam talem invenire, cui semel segetes commendarent : sed sata frumenta quam diu sub terra essent, præpositam voluerunt habere deam Sejam; cum vero jam essent super terram et segetem facerent, deam Segetiam; frumentis vero collectis atque reconditis, ut tuto servarentur, deam Tutilinam præposuerunt. Cui non sufficere videretur illa Segetia, quam diu seges ab initiis herbidis usque ad aristas aridas perveniret? Non tamen satis fuit

(*a*) Lov. et probæ notæ Mss. *Cluacinæ*. Alii veteres libri cum Vind. Am. et Er. *Cloacinæ*. Lactantius l. I *de falsa relig.*, c. xx : *Cloacinæ simulacrum*, inquit, *in cloaca maxima repertum Tatius* (is est qui regnavit cum Romulo) *consecravit, et quia cujus esset effigies ignorabat, ex loco illi nomen imposuit.* Consentit Cyprianus de Idolorum vanitate, et ipse August. infra c. xxiii. Fuit et *Venus Cluacina* dicta, a *cluere* quod est purgare, de qua Plin., l. xv, c. xxix. — (*b*) Editiones Vind. Am. Er. et aliquot Mss. *Vagitano*.

les dieux, l'âme de ces malheureux mortels, après avoir méprisé les chastes embrassements du seul vrai Dieu, semblait avoir à cœur de se livrer honteusement à une multitude de démons! On a donc imaginé une Proserpine qui veille à la germination du blé, un Nodot aux nœuds du chaume, une Volutina, à l'enveloppe de l'épi; quand l'enveloppe commence à s'ouvrir Patélana aide ce même épi à sortir; Hostilina sera invoquée quand l'épi sera au niveau de la barbe qui l'entoure, et cela, parce qu'autrefois égaler, être de niveau se disait en latin *hostire;* Flore veillera la floraison, Lacturnus protégera l'épi en lait; Matuta s'occupera de la maturation, Roncina de la coupe et de l'enlèvement des récoltes. Ce n'est pas tout bien sûr, mais la fatigue me gagne plutôt qu'eux la honte. Ces quelques mots suffiront pour montrer que les Romains n'oseraient attribuer l'établissement, les progrès, ou la conservation de leur empire à de semblables divinités ainsi réduites à des offices restreints sans rien de considérable ou d'universel. Comment Ségétie penserait-elle aux destinées de Rome, elle, incapable de s'occuper à la fois et des arbres et des moissons? Comment Cunina présiderait-elle au sort des armes, quand elle n'a pas le droit d'étendre sa sollicitude au delà du berceau d'un enfant? A quoi servira Nodotus dans les hasards de la guerre, lui, borné aux soins des nœuds et des coudes du chaume, sans avoir le droit de penser à l'épi. On donne un seul portier à une maison, ce n'est qu'un homme et il suffit; mais il y faut trois dieux, Forculus pour la porte, Cardea pour les gonds, Limentinus pour le seuil: Forculus tout seul aurait été insuffisant à s'occuper à la fois des portes, des gonds et du seuil.

CHAPITRE IX.

Si l'on doit attribuer l'étendue et la durée de l'empire romain à Jupiter, le plus grand des dieux.

Laissons de côté, au moins pour un instant, cette multitude de dieux inférieurs, et cherchons parmi les divinités supérieures celle à qui l'on doit faire honneur de l'accroissement de Rome et de sa longue domination sur tant de peuples divers. Naturellement, nous pensons à Jupiter, proclamé le roi des dieux et des déesses, témoin le sceptre qu'on lui donne, et son temple bâti sur le sommet du Capitole. C'est de ce dieu qu'il faut entendre cette parole pleine de justesse, dit-on, quoique proférée par une bouche poétique: Tout est plein de Jupiter. (VIRGILE,

---

hominibus deorum multitudinem amantibus, ut anima misera dæmoniorum turbæ prostitueretur, unius Dei veri castum dedignata complexum. Præfecerunt ergo (*scilicet* a *proserpendo*) Proserpinam frumentis germinantibus, geniculis nodisque culmorum deum Nodotum, involumentis folliculorum deam Volutinam; cum folliculi patescunt, ut spica exeat, deam (*a*) Patelaneam; cum segetes novis aristis æquantur, quia veteres æquare hostire dixerunt, deam Hostilinam; florentibus frumentis deam Floram, lactescentibus (*b*) deum Lacturnum, maturescentibus deam (*c*) Matutam; cum runcantur, id est, a terra auferuntur, deam Runcinam. Nec omnia commemoro, quia me piget quod illos non pudet. Hæc autem paucissima ideo dixi, ut intelligeretur nullo modo eos dicere audere ista numina imperium constituisse, auxisse, conservasse Romanum, quæ ita suis quæque adhibebantur officiis, ut nihil universum uni alicui crederetur. Quando ergo Segetia curaret imperium, cui curam gerere simul et segetibus et arboribus non licebat? Quando de armis Cunina cogitaret, cujus præposita parvulorum cunas non permittebatur excedere? Quando Nodotus adjuvaret in bello, qui nec ad folliculum spicæ, sed tantum ad nodum geniculi pertinebat? Unum quisque domui suæ ponit ostiarium, et quia homo est, omnino sufficit: tres deos isti posuerunt: Forculum foribus, (*d*) Cardeam cardini, Limentinum limini. Ita non poterat Forculus simul et cardinem limenque servare.

CAPUT IX.

An imperii Romani amplitudo et diuturnitas Jovi fuerit ascribenda, quem summum deum cultores ipsius opinantur.

Omissa igitur ista turba minutorum deorum, vel aliquantum intermissa, officium majorum deorum debemus inquirere, quo Roma tam magna facta est, ut tam diu tot gentibus imperaret. Nimirum ergo Jovis hoc opus est. Ipsum enim deorum omnium dearumque regem (*e*) esse volunt: hoc ejus indicat sceptrum, hoc in alto colle Capitolium. De isto deo, quamvis a Poeta, dictum convenientissime prædicant, Jovis omnia plena. (VIRG., *Eclog.*, III.) Hunc Varro

---

(*a*) Sic Mss. At editi, *Patelenam*. — (*b*) Vind. Am. et Lov. *deam Lacturciam.* Sed veteribus libris, quos istinc sequimur, favet Servius in *Georg.*, I, *Lactantem deum*, non *deam*, ex Varrone appellans. — (*c*) Vind. Am. et Er. *Maturam.* At meliores Mss. cum Lov. *Matutam.* — (*d*) *Cardeam* habent libri omnes. *Carnam* mallet Lud. Vives. Eadem ipsa *Carna* et *Crane* vocatur ab Ovidio VI *Fast.* — (*e*) Quædam exemplaria, *regem completorem volunt.*

Egl., III.) Varron veut même qu'à lui revienne le culte de ceux qui n'adorent qu'un seul dieu sans images, quel que soit d'ailleurs le nom dont ils l'appellent. Mais alors, pourquoi Rome l'a-t-elle traité aussi mal que tant d'autres peuples, pourquoi lui a-t-elle fait cette injure de le représenter par des statues? ce qui déplaît si fort à Varron lui-même, malgré l'entraînement naturel des usages de la grande cité, qu'il ne craint pas de dire, que ceux qui ont introduit les simulacres ont ôté aux peuples la crainte des dieux, et fomenté l'erreur.

CHAPITRE X.

Opinions de ceux qui ont partagé entre différents dieux le gouvernement des diverses parties du monde.

Pourquoi à Jupiter allier Junon qu'on dit sa sœur et son épouse? C'est, dit-on, que Jupiter habite l'éther et Junon l'air, deux éléments qui s'unissent, l'un plus élevé, l'autre moins; en ce cas, nous n'avons plus affaire à ce Jupiter qui remplit tout, (VIRG., *Egl.*, III) si Junon occupe aussi sa part, à moins qu'ils ne remplissent tous deux ces deux éléments et qu'ils ne soient ensemble en chacun d'eux; mais alors pourquoi l'éther à Jupiter et l'air à Junon? En tout cas, à eux deux ils pourraient suffire à tout; pourquoi la mer à Neptune et la terre à Pluton? Encore, pour ne pas les laisser seuls, leur donnera-t-on des épouses, à Neptune Salacie, et à Pluton Proserpine. Junon occupant la partie inférieure du ciel, l'air, Salacie devra posséder la partie inférieure de la mer, et Proserpine celle de la terre. C'est ainsi qu'on cherche une explication rationnelle de ces fables, mais en vain; car, s'il en était ainsi, les anciens n'auraient pas dû nous parler de quatre éléments, mais de trois, afin d'en attribuer un à chaque couple de ces dieux. Aussi bien, admettons qu'on ait pu distinguer l'éther de l'air; mais franchement, l'eau au fond ou à la surface, n'est-elle pas toujours de l'eau? Dites que l'une diffère de l'autre, je le veux, mais pas au point qu'elle cesse d'être de l'eau. Et la terre inférieure ne sera-t-elle pas toujours de la terre, quelque différente que vous la supposiez de l'autre? Enfin, trois éléments ou quatre, c'est tout le monde matériel; et Minerve où la placez-vous? que possède-t-elle? que remplit-elle? Elle a, comme Jupiter et Junon, son autel au Capitole, bien qu'elle ne soit pas fille de tous les deux. Vous lui donnerez, sans doute, la partie supérieure de l'éther, et vous expliquerez ainsi la fiction des poètes, qui la font sortir du cerveau de Jupiter; alors, pourquoi n'est-elle pas la reine des

---

credit etiam ab his coli, qui unum Deum solum sine simulacro colunt, sed alio nomine nuncupari. Quod si ita est, cur tam male tractatus est Romæ, (sicut quidem et in cæteris gentibus,) ut ei fieret simulacrum? Quod ipsi etiam Varroni ita displicet, ut cum tantæ civitatis perversa consuetudine premeretur, nequaquam tamen dicere et scribere dubitaret, quod hi qui populis instituerunt simulacra, et metum dempserunt, et errorem addiderunt?

CAPUT X.

Quas opiniones secuti sint, qui diversos deos diversis mundi partibus præfecerunt.

Cur illi etiam Juno uxor adjungitur, quæ dicitur soror et conjux? Quia Jovem, inquiunt, in æthere accipimus, in aere Junonem; et hæc duo elementa conjuncta sunt, alterum superius, alterum inferius. Non est ergo ille de quo dictum est: Jovis omnia plena (*Eclog.*, III); si aliquam partem implet et Juno. An uterque utrumque implet, et ambo isti conjuges et in duobus istis elementis, et in singulis simul sunt? Cur ergo æther datur Jovi, aer Junoni? Postremo (*a*) ipsi duo satis essent: quid est quod mare Neptuno tribuitur, terra Plutoni? Et ne ipsi quoque sine conjugibus remanerent, additur Neptuno Salacia, Plutoni Proserpina. Nam sicut inferiorem cœli partem, id est, aerem, inquiunt, Juno tenet; ita inferiorem maris Salacia, et terræ inferiorem Proserpina. Quærunt quemadmodum sarciant fabulas, nec inveniunt. Si enim hæc ita essent, tria potius elementa mundi esse, non quatuor, eorum veteres proderent, ut singula deorum conjugia singulis dividerentur elementis. Nunc vero omni modo affirmaverunt, aliud esse ætherem, aliud aerem. Aqua vero sive superior, sive inferior, utique aqua est: puta quia dissimilis, numquid in tantum vel aqua non sit? Et inferior terra, quid aliud potest esse quam terra, quantalibet diversitate distincta? Deinde ecce jam totus in his quatuor vel tribus elementis corporeus completus est mundus, Minerva ubi erit? quid tenebit? quid implebit? Simul enim cum his in Capitolio constituta est, cum ista filia non sit amborum. Aut si ætheris partem superiorem Minervam tenere dicunt, et hac occasione fingere poetas quod de Jovis capite nata sit; cur non ergo ipsa potius deorum

(*a*) Editi, *Postremo si ipsi duo.* Abest *si* a Mss.

dieux, étant elle-même plus élevée que Jupiter? Si c'est peu décent de soumettre le père à la fille, pourquoi ne pas appliquer le même principe entre Jupiter et Saturne? C'est, dites-vous, que Saturne a été vaincu. Ils se sont donc battus? Non pas, s'écrie-t-on aussitôt. Ce sont là des fables, de vaines paroles. Eh bien, laissons les fables, et ayons sur les dieux des idées plus élevées; mais pourquoi n'a-t-on pas donné au père de Jupiter un trône, sinon plus élevé, au moins égal? C'est, paraît-il, parce que Saturne personnifie la durée du temps; ils adorent donc le temps, les adorateurs de Saturne, et nous devons entendre que Jupiter, le roi des dieux, est né du temps. Du reste, quelle difficulté à faire naître du temps Jupiter et Junon, si l'un est le ciel et l'autre la terre, puisque le ciel et la terre ont été créés; ces nouvelles idées ont été émises par les sages les plus illustres, car ce n'est point chez les poètes, mais chez les philosophes que Virgile a pris ce qu'il dit : « Alors le père tout-puissant, le Ciel, descend au sein de son épouse, et la réjouit par des pluies fécondes; » (*Géorg.*, II) de son épouse, c'est-à-dire de Tellus ou la terre. On veut même ici trouver des différences, et en la terre même distinguer Terre, Tellus et Tellumo; tout cela ce sont des dieux avec leurs noms à part, leurs fonctions distinctes, leur culte séparé. On appelle aussi la Terre, mère des dieux, si bien que les poètes sont excusables dans leurs fictions, puisque nous voyons leurs livres sacrés eux-mêmes faire de Junon, non-seulement, la sœur et l'épouse, mais la mère de Jupiter. Cette même terre, on l'appelle aussi Cérès et même Vesta, bien que le plus souvent Vesta (Ovid., VI, *Fastes;* Cic., II, *des lois*) ne soit autre chose que le feu domestique si indispensable aux cités; on lui donne des vierges pour prêtresses, la stérilité étant commune au feu et aux vierges. Il n'a pas fallu moins que le Fils de la Vierge (*Isaïe*, VII, 14), pour détruire ces vaines superstitions. Mais après avoir accordé au feu les honneurs mêmes de la chasteté, si j'ose dire ainsi, comment se fait-il qu'on ne rougisse pas de confondre Vesta et Vénus, comme pour faire disparaître cette virginité honorée dans ses prêtresses? Si Vesta est Vénus, comment ses prêtresses la peuvent-elles honorer en s'abstenant de ses œuvres? A moins qu'il n'y ait deux Vénus, l'une vierge, l'autre épouse? Ou plutôt trois : une pour les vierges, Vesta; une pour les épouses; et une aussi pour les prostituées, à qui les Phéniciens offraient le prix du déshonneur

---

regina deputatur, quod sit Jove superior? An quia indignum erat præponere patri filiam? Cur non de Jove ipso erga Saturnum justitia ista servata est? An quia victus est? Ergo pugnarunt? Absit, inquiunt : fabularum est ista garrulitas. Ecce fabulis non credatur, et de diis sentiantur meliora : cur ergo non data est patri Jovis, etsi non sublimior, æqualis certe sedes honoris? Quia Saturnus, inquiunt, temporis longitudo est. Tempus igitur colunt, qui Saturnum colunt, et rex deorum Jupiter insinuatur natus ex tempore. Quid enim indignum dicitur, cum Jupiter et Juno nati dicuntur ex tempore, si cœlum est ille et illa terra, cum facta sint utique cœlum et terra? Nam hoc quoque in libris suis habent eorum docti atque sapientes : neque de figmentis poeticis, sed de philosophorum libris a Virgilio dictum est :

Tum pater omnipotens fecundis imbribus æther.
Conjugis in lætæ gremium descendit.
(*Georg.*, II.)

id est, in gremium telluris aut terræ. Quia et hic aliquas differentias volunt esse, atque in ipsa terra aliud (a) Terram, aliud Tellurem, aliud Tellumonem putant. Et hos omnes deos habent suis nominibus appellatos, suis officiis distinctos, suis aris sacrisque veneratos. Eamdem terram etiam matrem deorum vocant : ut jam poetæ tolerabiliora confingant, si secundum istorum, non poeticos, sed sacrorum libros, non solum Juno soror et conjux, sed etiam mater est Jovis. Eamdem terram Cererem, eamdem etiam Vestam volunt : cum tamen sæpius Vestam (Ovid., VI, *Fast.*; Cic., II *de leg.*) non nisi ignem esse perhibeant, pertinentem ad focos, sine quibus civitas esse non potest; et ideo illi virgines solere servire, quod sicut ex virgine, ita nihil ex igne nascatur. Quam totam aboleri vanitatem et exstingui utique ab illo oportuit, qui est natus ex virgine. (*Isai.*, VII, 14.) Quis enim ferat, quod cum tantum honoris et quasi castitatis igni tribuerint, aliquando Vestam non erubescunt etiam Venerem dicere, ut vanescat in ancillis ejus honorata virginitas? Si enim Vesta Venus est, quomodo ei rite virgines a Venereis operibus abstinendo servierunt? An Veneres duæ sunt, una virgo, altera mulier? An potius tres, una virginum, quæ etiam Vesta est, alia conjugatarum, alia meretricum? Cui etiam (Euseb., IV *de præparat.*

(a) *Terram* ipsum elementum, *Tellurem* deam a vi passiva terræ inhærente, quasi feminam, et *Tellumonem* deum a vi activa, quasi marem appellabant. V. infra l. VII. c. XXIII.

de leurs filles avant de les marier ? (Eusèbe, *prépar. évang.*, VIII ; Athan., *Disc. contre les païens.*) Laquelle de ces trois sera la dame de Vulcain ? Non pas la vierge, puisqu'elle a un mari ; pas la courtisane, juste ciel ! Ce serait trop d'injure pour le fils de Junon et le collaborateur de Minerve; la mariée, sans doute, mais prenez garde à sa conduite avec Mars. Allons, dit-on, le voilà revenu aux fables ! Est-il juste de m'en blâmer et de trouver mal ce que je dis des dieux, quand on trouve fort bon et fort agréable que le théâtre produise toutes ces scènes scandaleuses ? Et chose incroyable, si elle n'était constante et publique, tous ces spectacles remplis de crimes ont été établis en l'honneur de ces mêmes divinités.

CHAPITRE XI.

De la multitude des dieux que les savants païens prétendaient n'être que le seul et même dieu Jupiter.

Qu'on apporte donc à son gré toutes sortes de raisons, et d'arguments pris dans la nature, pour établir que Jupiter est l'âme de ce monde matériel, remplissant et animant toute cette masse formée de quatre éléments, plus ou moins,

si l'on veut ; qu'il cède une part de sa puissance à sa sœur et à ses frères, qu'on en fasse l'éther qui embrasse Junon ou l'air inférieur ; qu'il soit le ciel entier, donnant sa rosée et sa fécondité à la terre, son épouse et sa mère, (puisque cela n'a rien de honteux chez les dieux) ; et pour ne pas chercher de plus longs détails, qu'il soit un Dieu unique auquel plusieurs appliquent cette parole d'un poète éminent : « Dieu est répandu par toutes les terres, par tous les espaces des nues et les profondeurs des cieux. » (Virg. *Géorg.*, iv.) Qu'il soit Jupiter dans l'éther, Junon dans l'air, Neptune dans la mer, Pluton dans la terre, Proserpine au-dessous, Vesta aux foyers domestiques, Vulcain avec les forgerons, Soleil, lune, étoiles dans les astres du firmament, Apollon dans les oracles, Mercure dans le commerce, Janus en ce qui commence, Terminus en ce qui finit, Saturne dans le temps, Mars ou Bellone dans la guerre, Bacchus pour les vignes, Cérès pour les blés, Diane dans les forêts, Minerve dans les choses de l'esprit. Qu'il soit même toute cette multitude de dieux inférieurs ; qu'il préside sous le nom de Liber à la puissance génératrice de l'homme, sous le nom de Libéra à celle de la

---

Evang., viii.; Athanas., *Orat. cont. gent.*) Phœnices donum dabant de prostitutione filiarum, antequam jungerent eas viris. Quæ illarum est matrona Vulcani ? Non utique virgo, quoniam habet maritum. Absit autem ut meretrix, ne filio Junonis et cooperario Minervæ facere videamur injuriam. Ergo hæc ad conjugatas intelligitur pertinere : sed eam nolumus imitentur in eo quod fecit illa cum Marte. Rursus, inquiunt, ad fabulas redis. Quæ ista justitia est, nobis succensere, quod talia dicimus de diis eorum ; et sibi non succensere, qui hæc in theatris libentissime spectant crimina deorum suorum ? Et quod esset incredibile, nisi contestatissime probaretur, hæc ipsa theatrica crimina deorum suorum in honorem instituta (a) sunt eorumdem deorum.

CAPUT XI.

De multis diis, quos doctores Paganorum unum eumdemque Jovem esse defendunt.

Quotquot (b) libet igitur physicis rationibus et disputationibus asserant : modo sit Jupiter corporei hujus mundi animus, qui universam istam molem ex quatuor, vel quot eis placet, elementis constructam atque compactam implet et movet; modo inde

suas partes sorori et fratribus cedat; modo sit æther, ut aerem Junonem subterfusam de super amplectatur; modo totum simul cum aere sit ipse cœlum, terram vero tanquam conjugem eamdemque matrem (quia hoc in divinis turpe non est) fecundis imbribus et seminibus fetet; modo autem (ne sit necesse per cuncta discurrere) deus unus de quo multi a poeta nobilissimo dictum putant :

Deum namque ire per omnes
Terrasque, tractusque maris, cælumque profundum :
(Virgil., *Georg.*, iv.)

ipse in æthere sit Jupiter, ipse in aere Juno, ipse in mari Neptunus, in inferioribus etiam maris ipse Salacia, in terra Pluto, in terra inferiore Proserpina, in focis domesticis Vesta, in fabrorum fornace Vulcanus, in sideribus sol et luna et stellæ, in divinantibus Apollo, in merce Mercurius, in Jano (c) initiator, in Termino terminator, Saturnus in tempore, Mars et Bellona in bellis, Liber in vineis, Ceres in frumentis, Diana in silvis, Minerva in ingeniis : ipse sit postremo etiam in illa turba quasi plebeiorum deorum : ipse præsit nomine Liberi virorum seminibus, et nomine Liberæ feminarum : ipse sit (d) Diespiter, qui partum perducat ad diem; ipse sit dea

---

(a) Editi, *instituta esse* : dissentientibus Mss. — (b) Mss. pauci, *Quotlibet.* Plerique, *Quodlibet.* — (c) Observat Lud. Vives legi aliis in libris *janitor.* In omnibus tamen quos inspeximus est *initiator.* — (d) Mss. plures, *Diespater.* Alii, *Dispater,* vel *Dispiter.*

femme; qu'il soit Diespiter conduisant l'embryon jusqu'à sa naissance, ou Mena qui surveille les mois des femmes, ou Lucine déesse de l'enfantement; que sous le nom d'Ops il secoure les enfants à leur naissance et les recueille sur le sein de la terre; qu'il ouvre leur bouche au vagissement et soit Vaticanus, les lève de terre et soit Levana, ou garde leurs berceaux sous le nom de Cunina, qu'il prédise leur destinée par l'organe de ces déesses qu'on appelle Carmentes. Qu'il préside aux événements fortuits et porte le nom de Fortune, qu'il fasse prendre la mamelle aux enfants et s'appelle Rumina, (du mot *ruma* autrefois employé pour signifier mamelle), déesse Potina et qu'il leur présente à boire, déesse Educa qu'il leur donne à manger; appelez-le Paventia à cause des épouvantes de l'enfant, Venilia à cause de l'espérance qui vient, Volupia à cause de la volupté, Agenore de l'action, Stimula pour l'aiguillon qui pousse l'homme aux excès, Strénie quand il inspire le courage, Numéric quand il apprend à compter, Camœna à chanter, Consus quand il donne des conseils, Sentie quand il suggère des idées. Je consens encore qu'il soit la déesse Juventa, qui fait passer de l'enfance à la jeunesse, la Fortune barbue couvrant de duvet le menton des jeunes gens; je me permettrai seulement, de dire en passant, qu'on n'a point assez fait d'honneur à ces mêmes jeunes gens, en ne donnant pas à cette divinité le sexe masculin, l'appelant par exemple, Fortunius et Barbatus à cause de la barbe, comme on dit Nodotus à cause des nœuds de chaume. Qu'il soit Jugatinus unissant les époux; qu'on l'invoque sous le nom de Virginal lorsqu'on ôte la ceinture à la vierge, qui vient de prendre mari; qu'il se confonde avec Mutunus ou Tutunus qui est le Priape des Grecs; qu'il soit enfin, autant qu'il se peut sans honte, tout ce que j'ai dit et même tout ce que je n'ai point dit, (car je n'ai pas cru qu'il fallût tout dire), tous les dieux et toutes les déesses enfin, ou bien que tous les autres soient parties de lui-même, ou son action, sa vertu, comme le veulent les sages et les habiles qui en font l'âme du monde. En ce cas, (et je n'examine pas ici s'il est réel,) que perdrait-on, à résumer sagement tous ces cultes en celui d'un seul Dieu? Que mépriserait-on de lui, en l'adorant lui-même; s'il y avait lieu de craindre que certaines parties de son être, ne s'indignassent de l'oubli où on pourrait le laisser, c'est donc qu'il n'y a pas

---

Mena, quam præfecerunt menstruis feminarum; ipse Lucina, quæ a parturientibus invocetur : ipse opem ferat nascentibus, excipiendo eos sinu terræ, et vocetur Opis; ipse in vagitu os aperiat, et vocetur deus Vaticanus : ipse levet de terra, et vocetur dea Levana; ipse cunas tueatur, et vocetur dea Cunina : non sit alius, sed ipse in deabus illis, quæ fata nascentibus canunt, et vocantur Carmentes : præsit fortuitis, voceturque Fortuna : in diva Rumina mammam parvulo immulgeat, quia rumam dixerunt veteres mammam; in diva Potina potionem ministret; in diva (*a*) Educa escam præbeat : de pavore infantum Paventia nuncupetur; de spe quæ venit, Venilia ; de voluptate Volupia; de actu Agenoria; de stimulis, quibus ad nimium actum homo impellitur, dea Stimula nominetur : (*b*) Strenia dea sit, strenuum faciendo; Numeria, quæ numerare doceat; Camœna, quæ canere : ipse sit et Deus Consus, præbendo consilia; et dea Sentia, sententias inspirando : ipse dea Juventas, quæ post (*c*) prætextam excipiat juvenilis ætatis exordia : ipse sit et Fortuna Barbata, quæ adultos barba induat; quos honorare (*d*) noluerunt, ut hoc qualecumque numen saltem masculum deum, vel a barba Barbatum, sicut a nodis Nodotum, vel certe non Fortunam, deum aliquis barbas habet, Fortunium nominarent : ipse in Jugatino deo conjuges jungat; et cum virgini uxori zona solvitur, ipse invocetur, et dea (*e*) Virginiensis vocetur : ipse sit (*f*) Mutunus vel Tutunus, qui est apud Græcos Priapus : si non pudet, hæc omnia quæ dixi, et quæcumque non dixi, (non enim omnia dicenda arbitratus sum,) hi omnes dii deæque sit unus Jupiter : sive sint, ut quidam volunt, omnia ista partes ejus, sive virtutes ejus, sicut eis videtur, quibus eum placet esse mundi animum; quæ sententia velut magnorum multumque doctorum est. Hæc si ita sint, (quod quale sit, nondum interim quæro,) quid perderent, si unum Deum colerent prudentiore compendio? Quid enim ejus contemneretur, cum ipse coleretur? Si autem metuendum fuit, ne prætermissæ sive ne-

---

(*a*) Vind. Am. et Er. *Edulica*. — (*b*) Ita in Mss. hic et infra c XVI. In editis vero, *Strenua*. — (*c*) Vetus codex Faur. in interlineari spatio addit, *post* 15. annos. Glossema non ineptum. *Prætextam* enim vocabant togam purpura circumtextam, qua non magistratus tantum, sed etiam pueri utebantur usque ad pubertatem, quo tempore togam virilem induebant. — (*d*) Editi, *voluerit*. Melius Mss. *noluerunt* : referendo ad eos qui adultis *Barbatam* colendam deam, non deum instituerunt. — (*e*) Sic Mss. At editi, *Virginensis*. — (*f*) Vind. Am. Er. et nonnulli Mss. *Motunus*, Lov. cum aliquot etiam Mss. *Mutinus*. Plerique vero veteres libri, *Mutunus* : quibus consentit Arnobius lib. IV. et Lactantius lib. I. *de Falsa relig.*, c. XX. Postea Am. et Er. subjiciunt, *vel Tutinus*. Vind. *vel Tutumus*. Mss. pauci, *vel Tuturius*. Omnes prope alii, *vel Tutunus*. Hoc tamen Lovanienses Ludovici Vives conjecturam secuti omiserunt. Arnobius lib. IV. *advers. gent*: *Et quia non supplices Mutuno procumbimus atque Tutuno*, etc.

en lui, comme on le prétend, une seule vie animant tout, et résumant tous les dieux, vertus, membres ou parties de lui-même ? Chaque partie a donc sa vie à part, son action séparée, puisque l'une se peut irriter quand les autres sont calmes et satisfaites ; si l'on prétend que toutes les parties à la fois, c'est-à-dire, Jupiter tout entier s'offenserait de ce que chaque partie ne recevrait pas un culte spécial et séparé, on dit une sottise. En effet, rien ne serait oublié quand on adorerait celui-là, qui seul, possède et résume tout ; un exemple seulement qui tiendra lieu d'une infinité d'autres. On veut que tous les astres soient parties de Jupiter, qu'ils soient tous vivants avec des âmes raisonnables, dieux incontestables enfin ; ne voit-on pas alors, qu'il y en a une infinité qui ne reçoivent aucun culte, qui n'ont ni temples, ni autels ; très-peu reçoivent ces honneurs et ont des sacrifices à part ; si donc, ceux qui n'ont point un culte particulier peuvent s'irriter de cet oubli, ne doit-on pas craindre, en attirant d'en haut quelques regards propices, de provoquer la colère du ciel entier ? Si tous les astres se trouvent adorés en Jupiter qui les contient tous, ne serait-il pas plus simple de résumer en lui seul, le culte qu'on rend à plusieurs ? Ainsi, pas un ne pourrait se fâcher comme d'un oubli méprisant, ce qui vaudrait beaucoup mieux que de donner, par un culte restreint à quelques-uns, un juste sujet de courroux à ceux beaucoup plus nombreux, qu'on est obligé de laisser de côté ; surtout, quand avec l'éclat dont ils brillent au firmament ils se voient préférer un Priape impur avec sa nudité obscène.

CHAPITRE XII.

De l'opinion de ceux qui font de Dieu l'âme du monde, et du monde le corps de Dieu.

Quelle est donc cette doctrine ? Ne doit-elle pas soulever tous les hommes intelligents ou même tous les hommes en général, car, il n'est pas besoin ici de beaucoup d'habileté, il suffit de n'avoir point le parti pris de contester quand même. Si Dieu est l'âme du monde, si le monde lui sert de corps, voilà donc au complet un être vivant, composé de corps et d'âme ; ce Dieu, c'est le sein de la nature contenant en lui toutes choses ; son âme c'est la vie de tout. Elle est la source des âmes et des vies des êtres animés quel que soit leur sort ou leur condition ; dès lors, il n'y a rien qui ne soit une partie de Dieu. Mais voyez, quelle indignité ! quelle impiété ! Quoi donc, ce que je foule aux pieds est une partie de Dieu ! Si je tue quelque animal, j'aurai

---

glectæ partes ejus irascerentur : non ergo ut volunt, velut unius animantis hæc tota vita est, quæ omnes continet deos, quasi suas virtutes, vel membra, vel partes ; sed suam quæque pars habet vitam a cæteris separatam, si præter alteram irasci altera potest, et alia placari, alia concitari. Si autem dicitur omnes simul, id est, totum ipsum Jovem potuisse offendi, si partes ejus non etiam singillatim minutatimque colerentur, stulte dicitur. Nulla quippe earum prætermitteretur, cum ipse unus qui habet omnia, coleretur. Nam ut alia omittam, quæ sunt innumerabilia, cum dicunt omnia sidera partes Jovis esse, et omnia vivere atque rationales animas habere, et ideo sine controversia deos esse, non vident quam multos non colant, quam multis ædes non construant, aras non statuant, quas (*f.* tam) tamen paucissimis siderum statuendas esse putaverunt, et singillatim sacrificandum. Si igitur irascuntur, qui non singillatim coluntur, non metuunt paucis placatis, toto cœlo irato vivere ? Si autem stellas omnes ideo colunt, quia in Jove sunt quem colunt, isto compendio possent in illo uno omnibus supplicare. Sic enim nemo irasceretur, cum in illo uno (*a*) nemo contemneretur, potius quam cultis quibusdam justa irascendi causa illis, qui prætermissi essent, multo numerosioribus præberetur : præsertim cum eis de superna sede fulgentibus, turpi nuditate distentus præponeretur Priapus.

CAPUT XII.

De opinione eorum, qui Deum animam mundi, et mundum corpus Dei esse putaverunt.

Quid illud, nonne debet movere acutos homines, vel qualescumque homines ? Non enim ad hoc ingenii opus est excellentia, ut deposito studio contentionis attendant, si mundi animus Deus est, eique animo mundus ut corpus est, ut sit unum animal constans ex animo et corpore, atque iste Deus est (*b*) sinu quodam naturæ in se ipso continens omnia, ut ex ipsius anima, qua vivificatur tota ista moles, vitæ atque animæ cunctorum viventium pro cujusque (*c*) nascentis sorte sumantur, nihil omnino remanere, (*d*) quod non sit pars Dei. Quod si ita est, quis non videat quanta impietas et irreligiositas con-

---

(*a*) Hic editi addunt, *omnibus supplicaretur*. Abest a Mss. — (*b*) Sic omnes Mss. Editi autem, *sinus quidam*. — (*c*) Veteres libri, *nascendi*. (*d*) Vind. Am. et Er. *remanere potest*. Lov. *remanere posse*. Abest *posse* a Mss.

égorgé une partie de Dieu ! Et je ne dis rien de tout ce qui pourrait s'offrir à la pensée, mais qu'une sage réserve m'empêche d'exprimer.

CHAPITRE XIII.

De ceux qui croient que les animaux raisonnables seulement sont parties de Dieu.

Si l'on prétend que les animaux raisonnables, l'homme par exemple, sont seuls parties de Dieu, je demanderai comment Dieu étant le monde entier, on a pu en séparer et en retrancher les bêtes ? Mais passons ; je m'en tiens à l'animal raisonnable, à l'homme ; quoi de plus triste que de croire que j'ai frappé une partie de Dieu, quand j'ai frappé un enfant ? Peut-on sans folie admettre que des parties de Dieu s'abandonnent à des actes honteux, impies, criminels et méritent la damnation ? Puis, comment Dieu se fâchera-t-il contre ceux qui refusent de l'adorer, si ces impies font partie, de lui-même ? Il en faut donc venir à décider que tous les dieux ont chacun leur personnalité ; qu'ils vivent pour eux-mêmes ; qu'aucun n'est la partie d'un autre ; qu'il faut adorer tous ceux qu'on peut connaître et adorer, cela n'étant pas possible pour tous à cause du grand nombre. Jupiter étant leur roi, c'est à lui je pense qu'on attribue l'établissement et les aggrandissements de Rome. Quel autre, en effet, serait jugé capable d'une pareille entreprise, quand tous sont occupés à des offices particuliers et distincts, sans qu'aucun puisse usurper sur le terrain d'autrui. C'est donc au roi des dieux qu'il appartient de donner et d'agrandir le royaume des hommes.

CHAPITRE XIV.

C'est à tort qu'on attribue à Jupiter l'accroissement des royaumes, puisque la Victoire, si elle est vraiment déesse, comme on le veut, suffit par elle-même à cet office.

Mais ici, je demanderai d'abord, pourquoi le royaume lui-même, ne serait pas aussi une divinité ? La Victoire a bien cet honneur ; puis, quel besoin de Jupiter, si la Victoire daigne se montrer propice, et si elle peut toujours se ranger du côté qu'elle veut rendre victorieux ? Avec l'appui et la faveur de cette déesse, Jupiter, fût-il en repos ou occupé ailleurs, il n'y a pas de nation qu'on ne puisse soumettre, pas de peuple qu'on ne puisse dompter. Si l'on m'objecte qu'il répugne à des gens de bien, de faire une guerre injuste, et d'attaquer spontanément, sans autre motif que l'ambition de reculer ses frontières, des voisins tranquilles et

---

sequatur, ut quod calcaverit quisque, partem Dei calcet, et in omni animante occidendo, pars Dei trucidetur ? Nolo omnia dicere quæ possunt occurrere cogitantibus, dici autem sine verecundia non possunt.

CAPUT XIII.

De his qui sola rationalia animantia partes esse unius Dei asserunt.

Si autem sola animalia rationalia, sicut sunt homines, partes Dei esse contendunt ; non video quidem, si totus mundus est Deus, quomodo bestias ab ejus partibus separent ? Sed obluctari quid opus est ? De ipso rationali animante, id est homine, quid infelicius credi potest, quam Dei partem vapulare, cum puer vapulat ? Jam vero partes Dei fieri lascivas, iniquas, impias, atque omnino damnabiles, quis ferre possit, nisi qui prorsus insanit ? Postremo quid irascitur eis, a quibus non colitur, cum a suis partibus non colatur ? Restat ergo ut dicant, omnes deos suas habere vitas, sibi quemque vivere, nullum eorum esse partem cujusquam ; sed omnes colendos ; qui cognosci et coli possunt ; quia tam multi sunt, ut omnes non possint. Quorum Jupiter, quia rex præsidet, ipsum credo ab eis putari regnum constituisse, vel auxisse Romanum. Nam si hoc ipse non fecit, quem alium deum opus tam magnum potuisse aggredi credant, cum omnes occupati sint officiis et operibus propriis, nec (*a*) alter irruat in alterius ? A rege igitur deorum regnum hominum potuit propagari et augeri.

CAPUT XIV.

Augmenta regnorum Jovi incongruenter ascribi : cum, si Victoria, ut volunt, dea est, ipsa huic negotio sola sufficeret.

Hic primum quæro, cur non etiam ipsum regnum deus aliquis est ? Cur enim non ita sit, si Victoria dea est ? Aut quid ipso Jove in hac causa opus est, si Victoria faveat sitque propitia, et semper eat ad illos, quos vult esse victores ? Hac dea favente et propitia, etiam Jove vacante vel aliud agente, quæ gentes non subditæ remanerent ? quæ regna non cederent ? An forte (*b*) displicet bonis, iniquissima improbitate pugnare, et finitimos quietos nullamque injuriam facientes ad dilatandum regnum bello

---

(*a*) Lov. *ne alter :* dissentientibus editis aliis et Mss. — (*b*) Vind. Am. Er. *non displicet.* Expuncta est negatio auctoritate Mss.

parfaitement inoffensifs ; je cède à l'instant, j'approuve pleinement et je loue sans réserve.

CHAPITRE XV.
S'il convient à des gens de bien de vouloir étendre leur empire.

Prenons garde, s'il ne serait point indigne d'hommes de bien de se complaire en la grandeur de leur puissance ; en effet, l'accroissement en a été favorisé par l'iniquité de ceux contre qui ils ont eu à soutenir de justes guerres ; l'état n'aurait point grandi, si les voisins, calmes et tranquilles chez eux, n'eussent point attiré la guerre par quelque injustice. Ce serait un grand bonheur pour l'humanité s'il n'y avait que de petits états heureux dans une paix et une concorde universelle ; le monde compterait ainsi les nations en grand nombre, comme une cité compte les nombreuses familles de ses citoyens. Faire la guerre et devenir puissant par la défaite de ses voisins, paraît aux méchants un bonheur, aux bons une fâcheuse nécessité. Mais comme il serait plus fâcheux encore de voir l'empire aux mains des méchants, nous pouvons bien aussi appeler cela bonheur ; seulement, il est hors de doute, qu'il serait plus heureux de vivre en paix avec un bon voisin, que d'en subjuguer un mauvais. On ne peut honnêtement désirer que la crainte ou l'injustice nous provoquent à vaincre en nous donnant un ennemi. Si donc, les Romains ont pu se faire un empire si étendu, par des guerres justes et légitimes, et non point par d'autre, n'ont-ils pas d'excellentes raisons d'honorer comme déesse l'injustice étrangère ? Elle a eu la plus grande part à leurs succès en leur procurant des aggresseurs, et fournissant matière à leurs triomphes. Après tout, rien n'empêche que l'injustice ne soit déesse au moins à titre d'étrangère, puisque Rome a bien admis la Crainte, l'Epouvante et la Fièvre comme dieux indigènes. Ainsi donc, avec ces deux auxiliaires, l'Injustice étrangère et la Victoire, l'une fournissant les motifs de guerre et l'autre donnant le succès, Rome était assurée de l'empire, Jupiter pouvait dormir en paix ; et qu'aurait-il à voir ici, quand les deux choses qu'on pourrait regarder comme des marques de sa faveur, sont divinisées, adorées personnellement et pour leur propre compte ? Pour qu'il pût revendiquer quelque droit, il faudrait qu'il s'appelât Empire, comme on dit déesse Victoire. Si au contraire, l'empire est un bienfait de Jupiter, pourquoi pas aussi la Victoire ? On ne tomberait point en de semblables inconséquences, si, au lieu d'adorer une pierre au Capitole, on connaissait le seul vrai Dieu, Roi des rois, Seigneur des seigneurs.

spontaneo provocare ? Plane si ita sentiunt, approbo et laudo.

CAPUT XV.
An congruat bonis latius velle regnare.

Videant ergo ne forte non pertineat ad viros bonos, gaudere de regni latitudine. Iniquitas enim eorum cum quibus justa bella gesta sunt, regnum adjuvit ut cresceret : quod utique parvum esset, si quies et justitia finitimorum contra se bellum geri nulla provocaret injuria ; ac felicioribus sic rebus humanis omnia regna parva essent concordi vicinitate lætantia ; et ita essent in mundo regna plurima gentium, ut sunt in urbe domus plurimæ civium. Proinde belligerare et perdomitis gentibus dilatare regnum, malis videtur felicitas, bonis necessitas. Sed quia pejus esset, ut injuriosi justioribus dominarentur, ideo non incongrue dicitur etiam ista felicitas. Sed procul dubio felicitas major est, vicinum bonum habere concordem, quam vicinum malum subjugare bellantem. Mala vota sunt, optare habere quem oderis, vel quem timeas, ut possit esse quem vincas. Si ergo justa gerendo bella, non impia, non iniqua, Romani imperium tam magnum acquirere potuerunt, numquid tanquam aliqua dea colenda est eis etiam iniquitas aliena ? Multum enim ad istam latitudinem imperii eam cooperatam videmus, quæ faciebat injuriosos, ut essent cum quibus justa bella gererentur, et augeretur imperium. Cur autem et iniquitas dea non sit, vel externarum gentium, si Pavor et Pallor et Febris dii Romani esse meruerunt ? His igitur duabus, id est, aliena iniquitate et dea Victoria, dum bellorum causas iniquitas excitat, Victoria eadem bella feliciter terminat, etiam feriato Jove crevit imperium. Quas enim hic partes Jupiter haberet, cum ea quæ possent beneficia ejus putari, dii habentur, dii vocantur, dii coluntur, ipsi pro suis partibus invocantur ? Haberet autem hic etiam ille aliquam partem, si Regnum etiam ipse appellaretur, sicut appellatur illa Victoria. Aut si regnum munus est Jovis, cur non et victoria munus ejus habeatur ? Quod profecto haberetur, si non lapis in Capitolio, sed verus Rex regum et Dominus dominantium cognosceretur atque coleretur.

CHAPITRE XVI.

Pourquoi les Romains donnant des dieux à tout objet, à tout acte, ont-ils voulu que le temple du Repos fût placé en dehors des portes de leur ville.

Les Romains sont pour moi un véritable sujet d'étonnement ; ils ont donné des dieux particuliers à chaque chose, à chaque objet, à chaque action même ; ainsi la déesse Agénorie qui excite au mouvement : la déesse Stimule qui le provoque jusqu'à l'excès : la déesse Murcie qui va aux excès inverses et rend l'homme *murcidus* comme dit Pomponius, c'est-à-dire, mou et enclin à une excessive oisiveté : la déesse Strénie qui inspire le courage. Toutes ces divinités ont un culte et des sacrifices publics ; mais celle qu'ils nomment *Quies*, parce qu'elle fait le repos de l'homme, ils n'ont point voulu l'admettre dans la ville, ils lui laissent son temple en dehors, à la porte Colline. Est-ce indice de leur esprit turbulent, ou bien la preuve que ceux qui adorent pareille foule de démons, ne sauraient avoir le repos, le vrai médecin qui nous le promet, ayant dit : « Apprenez de moi, que je suis doux et humble de cœur, et vous trouverez le repos de vos âmes ? » (*Matth.*, XI, 29.)

CHAPITRE XVII.

Si la puissance suprême est à Jupiter, peut-on dire que la Victoire aussi est une divinité.

On dira peut-être que Jupiter envoie la Victoire, et que par obéissance au roi des dieux, elle va où il l'envoie et s'attache au parti qu'il lui indique ? On peut dire cela, non de ce Jupiter que leur fantaisie a fait roi des dieux, mais du Roi éternel des siècles ; il envoie non pas la Victoire, qui n'a aucune existence personnelle, mais bien son ange pour rendre victorieux ceux qu'il lui plaît, par des desseins mystérieux, sans doute, mais nécessairement justes. Si la Victoire est déesse, pourquoi le triomphe ne serait-il pas dieu, frère, fils ou époux de la Victoire ? Ils ont eu, en effet, de leurs divinités des idées telles que si les poètes les eussent inventées et que nous les leur objections, ils répondraient qu'il faut se moquer de ces fictions ridicules, que la vérité ne permet pas d'attribuer sérieusement aux dieux ; et, cependant, ils n'ont point trouvé singulier de faire entrer dans leur culte des choses aussi étranges, et à peine supportables dans les fictions poétiques. Pourquoi, n'adressent-ils pas toutes leurs prières et toutes leurs supplications au seul Jupiter ? La déesse Victoire, qui lui est soumise, oserait-elle né-

CAPUT XVI.

Quid fuerit quod Romani omnibus rebus et omnibus motibus deos singulos, deputantes, ædem Quietis extra portas esse voluerunt.

Miror autem plurimum, quod cum deos singulos singulis rebus et pene singulis motibus attribuerent, vocaverunt deam Agenoriam, quæ ad agendum excitaret; deam Stimulam, quæ ad agendum ultra modum stimularet; deam Murciam, quæ præter modum non moveret, ac faceret hominem, ut ait Pomponius, murcidum, id est, nimis desidiosum et inactuosum; deam Streniam, quæ faceret strenuum; his omnibus diis et deabus publica sacra facere susceperunt. Quietem vero appellantes, quæ faceret quietum, cum ædem haberet extra portam Collinam, publice illam suscipere noluerunt. Utrum indicium fuit animi inquieti, an potius ita significatum est, qui illam turbam colere perseveraret, non plane deorum, sed dæmoniorum, eum quietem habere non posse : ad quam vocat verus Medicus, dicens : « Discite a me, quia mitis sum, et humilis corde; et invenietis requiem animabus vestris. » (*Matth.*, XI, 29.)

CAPUT XVII.

An si Jovis summa potestas est, etiam Victoria dea debuerit æstimari.

An forte dicunt, quod deam Victoriam Jupiter mittat, atque illa tanquam regi deorum obtemperans, ad quos jusserit veniat, et in eorum parte considat? Hoc vere dicitur, non de illo Jove, quem deorum regem pro sua opinione confingunt; sed de illo vero rege sæculorum, quod mittat non Victoriam, quæ nulla substantia est, sed Angelum suum, et faciat vincere quem voluerit; cujus consilium occultum esse potest, iniquum non potest. Nam si victoria dea est, cur non deus est et triumphus, et victoriæ jungitur vel maritus, vel frater, vel filius? Talia quippe isti de diis opinati sunt, qualia si poetæ fingerent, atque a nobis exagitarentur; responderent isti; ridenda esse figmenta poetarum, non veris attribuenda numinibus : et tamen se ipsi non ridebant, cum talia deliramenta non apud poetas legebant, sed in templis colebant. Jovem igitur de omnibus rogarent, ei uni tantummodo supplicarent. Non enim quo misisset Victoriam, si dea est et sub illo rege est, pos-

gliger les ordres du maître, pour n'en faire qu'à sa volonté?

CHAPITRE XVIII.

La déesse Félicité et la déesse Fortune, quelle différence entre elles.

Mais la Félicité aussi est déesse, elle a son temple, son autel, ses sacrifices particuliers. Cela étant, il paraîtrait que c'est à elle seule qu'on doit sacrifier; en effet, avec elle, de quoi peut-on manquer? Pourquoi reconnaître aussi la déesse Fortune et l'adorer? Serait-ce qu'autre chose est la fortune et autre chose la félicité? La fortune, en effet, peut-être bonne ou mauvaise, tandis que la félicité mauvaise n'est plus la félicité. Certes, il semble que les dieux de l'un et l'autre sexe, si cette distinction existe parmi eux, ne peuvent se concevoir que bons; c'est l'avis de Platon (II *de Répub.*), des autres philosophes, de tous les meilleurs princes ou chefs de gouvernements. Comment donc la déesse Fortune est-elle tantôt bonne et tantôt mauvaise? Peut-être que mauvaise elle n'est plus déesse, qu'elle est devenue tout à coup quelque démon méchant? En quel nombre sont ces déesses? Le même, sans doute, que celui des hommes fortunés, c'est-à-dire, des bonnes fortunes. Comme il y a en même temps beaucoup d'infortunés, et partant beaucoup de mauvaises fortunes, si la fortune était une, elle serait en même temps bonne et mauvaise, ceci pour les uns, cela pour les autres. Celle qui est déesse est-elle toujours bonne? alors c'est la Félicité; pourquoi deux noms différents? Passons encore là-dessus, car on voit quelquefois une même chose porter deux noms; mais pourquoi des temples différents, des autels séparés, des mystères à part? C'est, disent-ils, que nous appelons Félicité, le bonheur que récompense un vrai mérite, et bonne Fortune celui qui vient aux bons et aux méchants sans égard aux mérites; c'est un hasard, le mot fortune l'indique. Comment appeler bonne cette fortune qui vient sans discernement aux bons et aux méchants? Pourquoi honorer une déesse aveugle, qui marche à tout hasard et souvent néglige ses fidèles, pour s'attacher à ceux qui la méprisent? Si ses adorateurs peuvent, par leur culte, attirer ses bienfaits, elle distingue donc le mérite, elle ne marche donc plus au hasard; que devient alors la définition de la fortune? Pourquoi dire qu'elle tire son nom du hasard qui la conduit? Si elle est fortune selon l'étymologie, il ne sert de rien de lui rendre un culte; si elle discerne le mérite, elle n'est plus fortune. Ju-

CAPUT XVIII.

Felicitatem et Fortunam qui deas putant, qua ratione (a) secernunt.

Quid quod et Felicitas dea est? Ædem accepit, aram meruit, sacra ei congrua persoluta sunt. Ipsa ergo sola coleretur. Ubi enim ipsa esset, quid boni non esset? Sed quid sibi vult, quod et Fortuna dea putatur, et colitur? An aliud est felicitas, aliud fortuna? Quia fortuna? potest esse et mala; felicitas autem si mala fuerit, felicitas non erit. Certe omnes deos utriusque sexus, (si et sexum habent,) non nisi bonos existimare debemus. Hoc Plato (II *de Republica*) dicit, hoc alii philosophi, hoc excellentes reipublicæ populorumque rectores. Quomodo ergo dea fortuna aliquando bona est, aliquando mala? An forte quando mala est, dea non est, sed in malignum dæmonem, repente convertitur? Quot sunt ergo deæ istæ? Profecto quotquot homines fortunati, hoc est, bonæ fortunæ. Nam cum sint et alii plurimi simul, hoc est, uno tempore, malæ for- tunæ, numquid si ipsa esset, simul et mala esset et bona; his aliud, illis aliud? An illa quæ dea est, semper bona est? Ipsa est ergo felicitas cur adhibentur duo nomina? Sed hoc ferendum est; solet enim et una res duobus nominibus appellari. Quid diversæ ædes, diversæ aræ, diversa sacra? Est causa, inquiunt; quia felicitas illa est, quam boni habent præcedentibus meritis; fortuna vero quæ dicitur bona, sine ullo examine meritorum fortuitu accidit hominibus et bonis et malis, unde etiam fortuna nominatur. Quomodo ergo bona est, quæ sine ullo judicio venit et ad bonos et ad malos? Ut quid autem colitur, quæ ita cæca est, passim in quoslibet incurrens, ut suos cultores plerumque prætereat, et suis contemptoribus hæreat? Aut si aliquid proficiunt cultores ejus, ut ab illa videantur, et amentur; jam merita sequitur, non fortuitu venit. Ubi est ergo definitio illa fortunæ? Ubi est quod a fortuitis etiam nomen accepit? Nihil enim prodest eam colere, si fortuna est. Si autem suos cultores discernit, ut prosit, fortuna non est. An et ipsam, quo voluerit, Jupiter mittit? Colatur ergo ipse solus; non enim potest ei jubenti, et eam quo voluerit

(a) Sic Mss. At editi, *qua ratione fecerunt.*

piter, l'envoie-t-il aussi à qui il lui plaît? Alors n'adorez que lui, la Fortune ne saurait lui résister et refuser d'aller où il l'envoie. Qu'elle reste seulement la déesse des méchants, qui ne veulent pas acquérir les mérites qui attireraient à eux la Félicité.

CHAPITRE XIX.
De la Fortune féminine.

Ils ont une si haute idée de cette Fortune adorée comme déesse, qu'ils osent bien dire que sa statue érigée par les dames romaines et appelée pour cela la Fortune féminine, (Tite-Live, l. II,) a parlé et déclaré, non pas une fois mais plusieurs, qu'elle agréait ce culte des dames. (Plutarq., *Coriol.* et liv. *de la Fort.*) Cela serait vrai, qu'il ne faudrait point s'en étonner, ce moyen de tromper les hommes n'est point au-dessus du savoir faire des démons pleins de malice. Mais il eût été facile de découvrir leurs ruses et leurs supercheries par cette seule observation, que cette déesse qui a parlé est celle qui marche au hasard, et non point celle qui prend garde au mérite. En effet, si la Fortune a parlé, la Félicité est restée muette; c'était pour ôter aux hommes le souci de bien vivre, pourvu qu'ils puissent seulement avoir les faveurs de la Fortune, qui ne s'occupe point des mérites. Mais si la Fortune parle, ce devrait être, à mon sens, la fortune virile, plutôt que la féminine; ainsi du moins, on ne pourrait dire que celles qui ont dédié la statue, ont répandu ce bruit par l'effet du babil ordinaire à leur sexe.

CHAPITRE XX.
De la Vertu et de la Foi qui ont eu des temples et des sacrifices dans le paganisme, tandis qu'on ne rendait aucun honneur à mille autres bonnes qualités, qui auraient dû cependant ne point être oubliées, puisqu'on déifiait celles-là.

Ils ont fait de la Vertu une déesse: j'avoue au moins que je la préférerais à beaucoup d'autres; mais elle est simplement un don de Dieu; qu'on l'obtienne de celui qui seul peut la donner, et bientôt on verra s'évanouir cette foule de fausses divinités. Pourquoi aussi a-t-on déifié la Foi, et lui a-t-on érigé temples et autels? Celui qui la connaît véritablement en devient lui-même la demeure sainte. Mais où ont-ils appris ce que c'est que la foi, cette vertu dont le premier acte est de nous faire croire en Dieu? La vertu ne suffisait-elle pas? Est-ce qu'elle se peut séparer de la foi? Ils ont divisé la vertu en quatre espèces, la prudence, la justice, la force et la tempérance; ces division sont leurs subdivisions, la foi est évidemment comprise dans la

---

mittenti, fortuna resistere. Aut certe istam mali colant, qui nolunt habere merita, quibus possit dea Felicitas invitari.

CAPUT XIX.
De Fortuna muliebri.

Tantum sane huic, velut numini tribuunt, quam Fortunam vocant, ut simulacrum ejus, quod a matronis dedicatum est, et (Liv., lib. II) appellata est Fortuna muliebris, etiam (Plutarch., *in Coriolano*, et lib. *de Fort.*) locutum esse memoriæ commendaverint, atque dixisse non semel, sed iterum, quod eam rite matronæ dedicaverint. Quod quidem si verum sit, mirari nos non oportet. Non enim malignis dæmonibus etiam sic difficile est fallere, quorum artes atque versutias hinc potius isti advertere debuerunt, quod illa dea locuta est, quæ fortuitu accidit, non quæ meritis venit. Fuit enim Fortuna loquax, et muta Felicitas; et ad quid aliud, nisi ut homines recte vivere non curarent, conciliata sibi Fortuna, quæ illos sine ullis bonis meritis faceret fortunatos? Et certe si Fortuna loquitur, non saltem muliebris, sed virilis potius loqueretur, ut non ipsæ quæ simulacrum dedicaverunt, putarentur tantum miraculum muliebri loquacitate finxisse.

CAPUT XX.
De Virtute et Fide, quas pagani templis et sacris honoraverunt, prætermittentes alia bona, quæ similiter colenda fuerunt, si recte aliis divinitas tribuebatur.

Virtutem quoque deam fecerunt: quæ quidem si dea esset, multis fuerat præferenda. Et nunc quia dea non est, sed donum Dei est, ipsa ab illo impetretur, a quo solo dari potest; et omnis falsorum deorum turba vanescet. Sed cur et Fides dea credita est, et accepit etiam ipsa templum et altare? Quam quisquis prudenter agnoscit, habitaculum illi se ipsum facit. Unde autem sciunt illi quid sit fides, cujus primum et maximum officium est, ut in verum credatur Deum? Sed cur non suffecerat virtus? Nonne ibi est et fides? Quando quidem virtutem in quatuor species distribuendam esse viderunt, prudentiam, justitiam, fortitudinem, temperantiam. Et

justice ; elle est en souverain honneur chez nous qui savons le sens de cette parole : « Le juste vit de la foi. » (*Habac.*, II, 4.) Mais je m'étonne comment les partisans de la multiplicité des dieux ont fait de la Foi une déesse, et ont refusé le même honneur à toutes les vertus qui auraient pu également le revendiquer. Pourquoi pas la tempérance, qui a donné tant de gloire à plusieurs grands personnages de Rome ; pourquoi pas la force, qui a soutenu la main de Mucius Scévola au milieu des flammes (TITE-LIVE, l. II), produit le dévouement de Curtius se précipitant dans l'abîme pour le salut de la patrie (*Ibid.*, l. VII), de Décius père (*Ibid.*, l. VIII), et de Décius fils, se sacrifiant pour l'armée (*Ibid.* l. X.) Je dis tout cela, en supposant que ces actions étaient le fruit d'un vrai courage, question qui n'est pas la nôtre pour le moment. Pourquoi la prudence, pourquoi la sagesse, n'ont-elles jamais obtenu les honneurs divins ? Peut-être parce qu'elles sont toutes honorées sous le nom général de vertu ? A ce titre, on ne devrait adorer qu'un seul Dieu, puisqu'on pense que tous les autres sont des parties de lui-même. Mais sous le nom de vertu, sont comprises aussi la foi et la pudeur, ce qui n'a point empêché de leur élever des temples spéciaux et des autels particuliers.

CHAPITRE XXI.

Ne sachant point distinguer Dieu de ses dons, les païens auraient dû au moins se contenter de diviniser la Vertu et la Félicité.

Ce n'est point la vérité, mais la vanité qui a fait ces déesses ; car toutes ces choses sont des dons de Dieu, et non point elles-mêmes des divinités. Toutefois, là où se trouvent la vertu et la félicité, qu'est-il besoin d'autre chose ? Et quelle chose pourrait satisfaire celui que ne satisfont pas la vertu et la félicité ? La vertu ne renferme-t-elle pas tout ce qu'il faut faire, et la félicité, tout ce qu'on peut désirer ? Si c'était pour obtenir ces choses qu'on suppliait Jupiter, car l'étendue et la durée de l'empire, si ce sont des biens, se rapportent nécessairement à la félicité, pourquoi n'a-t-on pas compris qu'elles sont, non pas Dieu, mais des dons de Dieu ? Si l'on veut absolument qu'elles soient des divinités, au moins ne devait-on pas leur en adjoindre une si grande multitude. Parcourez toutes les fonctions des dieux et des déesses, tout ce que l'imagination leur a bien voulu attribuer, et dites-moi quel bien l'un de ces dieux pourra procurer encore à celui qui possède la vertu et la félicité. Quelle science demander à Mercure ou à Minerve, la vertu ayant tout avec elle ? L'art

---

quoniam istæ singulæ species suas habent, in partibus justitiæ fides est : maximumque locum apud nos habet, quicumque scimus quid sit, quod « justus ex fide vivit. » (*Habac.*, II, 4.) Sed illos miror appetitores multitudinis deorum, si fides dea est, quare aliis tam multis deabus injuriam fecerunt, prætermittendo eas ; quibus similiter ædes et aras dedicare potuerunt ? Cur temperantia dea esse non meruit ; cum ejus nomine nonnulli Romani principes non parvam gloriam compararint ? Cur denique fortitudo dea non est, quæ adfuit Mutio (LIV., lib. II), cum dexteram porrexit in flammas ; quæ adfuit Curtio (LIV., lib. VII), cum se pro patria in abruptam terram præcipitem dedit ; quæ adfuit Decio patri (LIV., lib. VIII), et Decio filio (LIV., lib. X), cum pro exercitu se voverunt ? Si tamen his omnibus vera inerat fortitudo, unde modo non agitur. Quare prudentia, quare sapientia nulla numinum loca meruerunt ? An quia in nomine generali ipsius virtutis omnes coluntur ? Sic ergo posset et unus Deus coli, cujus partes cæteri dii putantur. Sed in illa una virtute et fides est, et pudicitia ; quæ tamen extra in ædibus propriis altaria meruerunt.

(a) Editi, *Quod unum non intelligentes Deum, virtute saltem,* etc.

CAPUT XXI.

Quod (a) dona non intelligentes Dei, Virtute saltem et Felicitate debuerint esse contenti.

Has deas non veritas, sed vanitas fecit. Hæc enim veri Dei munera sunt, non ipsæ sunt deæ. Verumtamen ubi est virtus et felicitas, quid aliud quæritur ? Quid ei sufficit, cui virtus felicitasque non sufficit ? Omnia quippe agenda complectitur virtus, omnia optanda felicitas. Si Jupiter, ut hæc daret, ideo colebatur ; quia si bonum aliquid est latitudo regni atque diuturnitas, ad eamdem pertinet felicitatem ; cur non intellectum est dona Dei esse, non deas ? Si autem putatæ sunt deæ, saltem alia tanta deorum turba non quæreretur. Consideratis enim officiis deorum dearumque omnium, quæ sicut voluerunt pro sua opinatione finxerunt, inveniant, si possunt, aliquid quod ab aliquo deo præstari possit homini habenti virtutem, habenti felicitatem. Quid doctrinæ, vel a Mercurio, vel a Minerva petendum esset, cum virtus omnia secum haberet ? Ars quippe ipsa bene recteque vivendi, virtus a veteribus definita est. Unde ab eo quod Græce ἀρετή dicitur virtus,

de bien vivre en droiture et justice, c'est la vertu même, d'après la définition des anciens ; c'est même pour cela à ce qu'il paraît, que le mot ἀρετή qui chez les Grecs signifie vertu, a été reproduit chez les Latins dans le mot *ars* qui signifie art. Mais si la vertu ne pouvait être que l'apanage des hommes intelligents, pourquoi demander au vieux Catius (*qui catos et acutos facit*) la finesse et l'habileté, puisqu'on les a par la félicité? En effet, naître avec un esprit heureux, c'est félicité. Si l'enfant ne pouvait, avant sa naissance, invoquer la déesse Félicité pour en obtenir ce bien précieux, au moins les parents pouvaient, par leur ferveur, obtenir une lignée intelligente. A quoi servirait aux femmes en couche d'invoquer Lucine, puisqu'avec le secours de la Félicité, elles pouvaient obtenir une heureuse délivrance et les plus heureuses qualités pour leurs enfants? Pourquoi recommander à Ops l'enfant qui paraît à la lumière, à Vaticanus celui qui vagit au berceau, à Cunina celui qui repose, à Rumina celui qui prend le sein, à Statilinus celui qui commence à se tenir sur ses jambes, à Adéona et Abéona l'enfant qui s'approche ou qui s'éloigne; pourquoi demander à Mens de leur donner un bon jugement, à Volumnus et Volumna une bonne volonté ; pourquoi demander aux dieux des noces le bonheur du mariage, aux dieux de la campagne, et surtout à la déesse Fructère, des fruits abondants, à Mars et Bellone le succès dans la guerre, la victoire à la déesse de ce nom, à Honos l'honneur, à Pecunia la richesse, à Esculanus et Argentinus son fils, la monnaie de cuivre ou d'argent; Argentinus est appelé fils d'Esculanus (PLINE, l. XXXIII, ch. III), parce que, dit-on, la monnaie de cuivre a précédé celle d'argent. A ce compte, on devrait le faire aussi père d'Aurinus, parce que la monnaie d'or n'est venue que plus tard ; si l'on avait inventé ce dieu, on ne manquerait pas de le préférer à son père Argentinus et à son aïeul Esculanus, comme on a fait pour Jupiter par rapport à Saturne. Pour tous ces biens de l'âme ou du corps, ou même tout à fait extérieurs, qu'était-il besoin d'inventer et d'honorer une si grande multitude de dieux. Je ne les ai pas tous nommés assurément ; et eux-mêmes, avec tout leur zèle, n'ont pu, pour chaque bien de la vie, pour chaque objet, pour tous les détails, trouver un dieu particulier, spécial. Combien il eût été plus facile, par un heureux résumé, de confier tout à la Félicité ; elle suffisait à procurer tous les biens et à éloigner tous les maux. On n'avait plus besoin de Fessonia pour guérir la fatigue, de Pellonia pour repousser les ennemis ; un malade n'était plus obligé d'invoquer Apollon ou Esculape ou tous les deux à la fois en cas de

---

nomen artis Latinos traduxisse putaverunt. (DONATUS, *in Andriam Terentii.*) Sed si virtus non nisi ad ingeniosum posset venire, quid opus erat deo Catio patre, qui catos, id est acutos faceret, cum hoc posset conferre felicitas? Ingeniosum quippe nasci, felicitatis est. Unde, etiamsi non potuit a nondum nato coli dea Felicitas, ut hoc ei conciliata donaret, conferret hoc parentibus ejus cultoribus suis, ut eis ingeniosi filii nascerentur. Quid opus erat parturientibus invocare Lucinam, cum si adesset felicitas, non solum bene parerent, sed etiam bonos? Quid necesse erat Opi deæ commendare nascentes, deo Vaticano vagientes, deæ Cuninæ jacentes, deæ Ruminæ sugentes, deo Statilino stantes, deæ Adeonæ adeuntes, Abeonæ abeuntes; deæ Menti, ut bonam haberent mentem; deo Volumno et deæ Volumnæ, ut bona vellent; diis (*a*) nuptialibus, ut bene conjugarentur; diis agrestibus, ut fructus uberrimos caperent, et maxime ipsi divæ Fructeseæ; Marti et Bellonæ, ut bene belligerarent; deæ Victoriæ, ut vincerent; deo (*b*) Honori, ut honorarentur; deæ Pecuniæ, ut pecuniosi essent; deo (*c*) Æsculano et filio ejus Argentino, ut haberent æream argenteamque pecuniam? Nam ideo patrem Argentini Æsculanum posuerunt, quia prius ærea pecunia in usu esse cœpit (PLIN., lib. XXXIII, c. 3), post argentea. Miror autem, quod Argentinus non genuit Aurinum, quia et aurea subsecuta est. Quem deum isti si haberent, sicut Saturno Jovem, ita et patri Argentino et avo Æsculano Aurinum præponerent. Quid ergo erat necesse propter hæc bona vel animi, vel corporis, vel externa, tantam deorum turbam colere et invocare; quos neque omnes commemoravi, nec ipsi potuerunt omnibus generum humanis bonis minutatim singillatimque digestis deos minutos et singulos providere; cum posset magno facilique compendio una dea Felicitas cuncta conferre; nec solum ad bona capienda quisquam alius, sed neque ad depellenda mala quæreretur? Cur enim esset invocanda propter fessos diva (*d*) Fessonia, propter hostes depellendos diva Pellonia, propter ægros medicus vel Apollo, vel Æsculapius, vel ambo simul quando esset grande

(*a*) Vind. Am. et nonnulli. Mss. *diis conjugalibus*. — (*b*) Er. et aliquot Mss. *deo Honorino*. — (*c*) Nonnulli Mss. hic et infra constanter, *Æscalono*.— (*d*) Veteres libri non pauci, *Fessona*.

grave danger. On ne pensait plus à Spiniensis pour arracher les épines dans les champs, à Rubigo pour qu'elle épargnât les moissons, il suffisait de la présence et des secours de la Félicité pour qu'il ne survînt aucun mal, ou tout au moins, pour qu'on en fût promptement délivré. Enfin, puisque nous parlons de ces deux déesses la Vertu et la Félicité, si cette dernière est le prix de la première, elle n'est donc pas une déesse, mais un don de Dieu. Si elle est déesse, pourquoi ne dit-on pas aussi qu'elle confère la vertu même, puisque la possession de la vertu est aussi une grande félicité?

CHAPITRE XXII.

De la science d'honorer les dieux que Varron se vante d'avoir enseignée aux Romains.

Que veut donc Varron quand il se vante, comme d'un signalé service rendu à ses concitoyens, de leur avoir appris, non-seulement, quels dieux il faut honorer, mais encore, quel culte il faut rendre à chacun? « De même, dit-il, qu'il ne sert à rien de savoir le nom et de connaître la personne d'un médecin, si l'on ne sait qu'il est médecin; de même, il n'y a aucun avantage à savoir qu'Esculape est dieu, si l'on ne sait qu'il veille à la santé, ignorant ainsi quelles choses on peut lui demander. » Il exprime la même idée dans une autre comparaison. « Non-seulement, dit-il, on ne peut vivre confortablement, mais même on ne peut nullement vivre, si on ignore qui est artisan, boulanger, couvreur, à qui il faut s'adresser pour les objets indispensables, et de qui on obtiendra secours dans ses besoins, conseil dans ses incertitudes; ainsi bien évidemment, la connaissance des dieux nous procure tous ses avantages, quand elle va jusqu'à nous faire savoir quelles sont la puissance et la fonction de chacun d'eux. Par là, nous savons à qui nous adresser, qui implorer en chaque circonstance; et il ne nous arrivera pas, comme aux comiques sur le théâtre, de demander du vin aux Nymphes et de l'eau à Bacchus. » Grands avantages assurément! Qui ne serait reconnaissant envers ce maître, si son enseignement était la vérité, s'il nous faisait connaître le vrai Dieu, qui seul peut donner tous les biens, qui seul a droit à notre culte!

CHAPITRE XXIII.

De la Félicité que les Romains, adorateurs de tant de dieux, avaient cependant laissée dans l'oubli, bien que seule elle pût tenir lieu de tous les autres.

1. Mais comment se fait-il, si leurs livres sont

---

periculum? Nec deus Spiniensis, ut spinas ex agris eradicaret; nec dea Rubigo, ut non accederet, rogaretur : una Felicitate præsente et tuente, vel nulla mala exorirentur, vel facillime pellerentur. Postremo quoniam de duabus istis deabus Virtute et Felicitate tractamus, si felicitas virtutis est præmium, non dea, sed Dei donum est. Si autem dea est, cur non dicatur et virtutem ipsam conferre; quando quidem etiam virtutem consequi felicitas magna est?

CAPUT XXII.

De scientia colendorum deorum, quam a se Varro gloriatur collatam esse Romanis.

Quid ergo est, quod pro ingenti beneficio Varro jactat præstare se civibus suis, quia non solum commemorat deos, quos coli oporteat a Romanis, verum etiam dicit quid ad quemque pertineat? « Quomodo nihil prodest, inquit, hominis alicujus medici nomen formamque nosse, et quod sit medicus ignorare; ita dicit nihil prodesse scire, deum esse Æsculapium, si nescias eum valetudini opitulari, atque ita ignores cur ei debeas supplicare. » Hoc etiam affirmat alia similitudine, dicens : « non modo bene vivere, sed vivere omnino neminem posse, si ignoret quisnam sit faber, quis (a) pistor, quis tector, a quo quid utensile petere possit, quem adjutorem assumere, quem ducem, quem doctorem : eo modo nulli dubium esse asserens, ita esse utilem cognitionem deorum, si sciatur quam quisque deus vim et facultatem ac potestatem cujusque rei habeat. Ex eo enim poterimus, inquit, scire cujusque causa deum advocare atque invocare debeamus; ne faciamus, ut mimi solent, et optemus a Libero aquam, a Lymphis vinum. » Magna sane utilitas. Quis non huic gratias ageret, si vera monstraret; et si unum verum Deum, a quo essent omnia bona, hominibus colendum doceret!

CAPUT XXIII.

De Felicitate, quam Romani multorum veneratores deorum, diu non coluerunt honore divino, cum pro omnibus sola sufficeret.

1. Sed unde nunc agitur, si libri et sacra eorum vera sunt, et Felicitas dea est, cur non ipsa una quæ coleretur constituta est, quæ posset universa

a) Sic Mss. Editi autem, *pictor.*

vrais, leur culte légitime, si la Félicité est déesse enfin, qu'on n'ait pas pensé à l'adorer elle seule, puisqu'elle suffit à tout donner et à rendre heureux? Qui, en effet, a d'autres désirs que ceux du bonheur? Pourquoi si tard, et après l'oubli d'une infinité de grands personnages, Lucullus est-il le premier qui ait pensé à élever un temple à une si auguste déesse (1)? Pourquoi Romulus désireux d'assurer la prospérité de la ville qu'il bâtissait, n'a-t-il point le premier construit cet édifice? Il pouvait se passer des autres dieux et il n'avait plus besoin de rien, en s'assurant les faveurs de cette divinité; aussi bien sans elle, lui-même n'eût pu devenir roi et même dieu plus tard. Pourquoi tant de protecteurs à Rome, Janus, Jupiter, Mars, Picus, Tibernius, Faune, Hercule et les autres? Pourquoi T. Tatius a-t-il introduit encore Saturne, Ops, le Soleil, la Lune, Vulcain, la Lumière et le reste, Cloacine même, et non la Félicité? Pourquoi Numa, toujours sans elle, en a-t-il admis un grand nombre d'autres encore? Peut-être lui a-t-elle échappé dans la foule. Hostilius n'aurait point eu besoin d'apaiser la Peur et la Pâleur, nouvelles divinités qu'il introduisait, s'il avait eu pour lui la Félicité; en effet, par le puissant secours de cette déesse, la peur et la pâleur auraient été mises en fuite, sans qu'on eût besoin d'obtenir leur départ par l'oblation des sacrifices.

2. Enfin, comment se fait-il, que déjà l'empire romain avait multiplié ses conquêtes, avant qu'on n'eût invoqué encore la Félicité? Ne serait-ce point l'indice que cet empire était plutôt grand qu'heureux? En effet, comment aurait-il eu le vrai bonheur n'ayant pas la vraie piété? Car, la piété est le culte du seul vrai Dieu et non pas celui de toutes ces fausses divinités, de tous ces démons. Mais, quand la Félicité eut enfin des autels, ne vit-on pas les horreurs des guerres civiles? Etait-ce que la Félicité voulait aussi faire voir son indignation pour le long oubli dans lequel on l'avait laissé; considérant, non comme un honneur, mais comme une injure d'être invoquée si tard, et associée à Priape, à Cloacine, à la Peur, à la Pâleur et à la Fièvre, dont le culte sacrilége n'était qu'un crime de plus pour ceux qui le rendaient.

3. Enfin, si après tant de dieux indignes, on rougissait d'avoir négligé une si noble déesse, pourquoi ne pas lui rendre un culte supérieur? Pourquoi ne pas la ranger parmi les dieux *Consentes*, qui composent le conseil de Jupiter, ou du moins, parmi les dieux *choisis* (2)? Pourquoi ne pas lui élever un temple magnifique,

(1) Ce fut l'an 666, d'autres disent 680 de Rome, que Lucullus éleva un temple à la Félicité, en reconnaissance des succès qu'il avait obtenus dans ses guerres contre Mithridate et contre Tigrane.
(2) Les *Consentes* (abréviation de *consentientes*) étaient les douze dieux admis aux conseils de Jupiter, voici leurs noms : Jupiter, Junon, Vesta, Minerve, Cérès, Diane, Vénus, Mars, Mercure, Neptune, Vulcain, Apollon. Les dieux *choisis* étaient au nombre de huit; c'étaient: Saturne, Pluton, Bacchus, l'Amour, le Destin, Cybèle, Proserpine, Amphytrite. Ces derniers, tout en étant du nombre des grands dieux, n'avaient pas le droit absolu de siéger aux délibérations de l'Olympe.

conferre, et compendio facere felicem? Quis enim optat aliquid propter aliud quam ut felix fiat? Cur denique tam sero huic tantæ deæ post tot Romanos principes Lucullus ædem constituit? Cur ipse Romulus felicem cupiens condere civitatem, non huic templum potissimum struxit? Nec propter aliquid diis supplicavit, quando nihil deesset, si hæc adesset. Nam et ipse nec prius rex, nec, ut putant, postea deus fieret, si hanc deam propitiam non haberet. Ut quid ergo constituit Romanis deos, Janum, Jovem, Martem, Picum, Faunum, Tiberinum, Herculem, et si quos alios? Ut quid Titus Tatius addidit Saturnum, Opem, Solem, Lunam, Vulcanum, Lucem, et quoscumque alios addidit, inter quos etiam deam Cloacinam, Felicitate neglecta? Ut quid Numa tot deos et tot deas sine ista? An eam forte in tanta turba videre non potuit? Hostilius certe rex deos et ipse novos Pavorem atque Pallorem propitiandos non introduceret, si deam istam nosset aut coleret. Præsente quippe Felicitate omnis pavor et pallor, non propitiatus abscederet, sed pulsus aufugeret.

2. Deinde quid est hoc, quod jam Romanum imperium longe lateque crescebat, et adhuc nemo Felicitatem colebat? An ideo grandius imperium, quam felicius fuit? Nam quomodo ibi esset vera felicitas, ubi vera non erat pietas? Pietas enim est verax veri Dei cultus, non cultus falsorum tot deorum, quot dæmoniorum. Sed et postea jam in deorum numerum Felicitate suscepta, magna bellorum civilium infelicitas subsecuta est. An forte juste est indignata Felicitas, quod et tam sero, et non ad honorem, sed ad contumeliam potius invitata est, ut cum ea coleretur Priapus, et Cloacina, et Pavor, et Pallor, et Febris, et cætera non numina colendorum, sed crimina colentium?

3. Ad extremum, si cum turba indignissima tanta dea colenda visa est, cur non vel illustrius cæteris colebatur? Quis enim ferat, quod neque inter deos Consentes quos dicunt in consilium Jovis adhiberi,

sur quelque point élevé pour marquer ainsi son excellence? Pourquoi même, ne pas la préférer à Jupiter? N'est-ce pas à elle que Jupiter est redevable du sceptre de l'Olympe, si, toutefois, ce sceptre l'a rendu heureux; car, après tout, le bonheur est encore préférable à l'empire. En effet, chacun sait qu'on trouvera facilement des gens qui ne voudraient pas être rois, mais on n'en trouvera point qui ne veuillent être heureux. Consultez donc les dieux, soit par les augures, soit de toute autre manière, comme vous jugerez bon; demandez-leur s'ils ne consentiraient pas à céder la place à la Félicité, le jour où vous voudriez élever à cette déesse, un temple plus vaste et plus magnifique dans un lieu déjà occupé par d'autres sanctuaires et d'autres autels? Mais Jupiter, lui-même, céderait sa colline du Capitole, pour que le sommet en fût habité par l'auguste déesse! Personne, en effet, ne peut résister à la Félicité, qu'en refusant d'être heureux, ce qui ne peut se rencontrer. Jupiter interrogé, se garderait donc bien de répondre par un refus, semblable à celui que lui ont fait éprouver à lui-même, Mars, Terminus et Juventas, qui n'ont jamais voulu céder la place à leur supérieur, à leur roi. Les légendes rapportent, en effet, que le roi Tarquin voulant bâtir le temple du Capitole, et voyant que l'emplacement qui lui semblait le meilleur et le plus convenable, était déjà en la possession d'autres dieux, eut scrupule de rien faire qui pût leur déplaire. Il imagina de consulter par la voix des augures, les dieux nombreux établis sur la colline, pour savoir s'ils consentiraient bien à céder leur place à Jupiter; ce que tous firent volontiers, à l'exception des trois que j'ai déjà nommés, Mars, Terminus et Juventas. Aussi les laissa-t-on dans le temple, mais sous des symboles si peu sensibles, que les savants eux-mêmes pouvaient à peine les y découvrir. Jupiter ne rendrait donc pas à la Félicité le refus outrageant qu'il a reçu de Mars, Terminus et Juventas; ceux-ci même qui ont résisté à Jupiter, céderaient à la Félicité qui leur a donné Jupiter pour roi; ou s'ils ne le faisaient pas, ce ne serait point par mépris pour cette déesse, mais parce qu'ils aimeraient mieux l'obscurité dans le temple de la Félicité, que l'éclat dans leurs propres demeures.

4. La Félicité ainsi établie en haut lieu et d'une manière splendide, les citoyens sauraient à qui ils doivent s'adresser pour voir accomplir tous leurs vœux; ainsi, conduits par la nature même des choses, ils en viendraient à abandonner la multitude des dieux, pour adorer seulement la Félicité, ne fréquenter que son temple, n'adresser qu'à elle ces vœux de bonheur, que personne ne peut s'empêcher de former. C'est elle

nec inter deos quos Selectos vocant, Felicitas constituta est? Templum aliquod ei fieret, quod et loci sublimitate et operis dignitate præemineret. Cur enim non aliquid melius, quam ipsi Jovi? Nam quæ etiam Jovi regnum nisi Felicitas dedit? si tamen cum regnaret, felix fuit. Et potior est felicitas regno. Nemo enim dubitat, facile inveniri hominem, qui timeat se fieri regem: nullus autem invenitur, qui se nolit esse felicem. Ipsi ergo dii, si per auguria vel quolibet modo eos posse consuli putant, de hac re consulerentur, utrum vellent Felicitati loco cedere; si forte aliorum ædibus vel altaribus jam fuisset locus occupatus, ubi ædes major atque sublimior Felicitati construeretur, etiam ipse Jupiter cederet, ut ipsum verticem collis Capitolini Felicitas potius obtineret. Non enim quispiam resisteret Felicitati, nisi, quod fieri non potest, qui esse vellet infelix. Nullo modo omnino si consuleretur, faceret Jupiter, quod ei fecerunt tres dii, Mars, Terminus, et Juventas, qui majori et regi suo nullo modo cedere loco voluerunt. Nam sicut habent eorum litteræ, cum rex Tarquinius Capitolium fabricare vellet, eumque locum qui ei dignior aptiorque videbatur, ab diis aliis cerneret præoccupatum, non audens aliquid contra eorum facere arbitrium, et credens eos tanto numini suoque principi voluntate cessuros; quia multi erant illic ubi Capitolium constitutum est, per augurium quæsivit, utrum concedere locum vellent Jovi: atque ipsi inde cedere omnes voluerunt, præter illos quos commemoravi, Martem, Terminum, Juventatem: atque ideo Capitolium ita constructum est, ut etiam isti tres intus essent tam obscuris signis, ut hoc vix homines doctissimi scirent. Nullo modo igitur Felicitatem Jupiter ipse contemneret, sicut a Termino, Marte, Juventate contemptus est. Sed ipsi etiam qui non cesserant Jovi, profecto cederent Felicitati, quæ illis regem fecerat Jovem. Aut si non cederent, non id contemptu ejus facerent, sed quod in domo Felicitatis obscuri esse mallent, quam sine illa in locis propriis eminere.

4. Ita dea Felicitate in loco amplissimo et celsissimo constituta, discerent cives unde omnis boni voti petendum esset auxilium. Ac sic ipsa suadente natura, aliorum deorum superflua multitudine derelicta, coleretur una Felicitas, uni supplicaretur, unius templum frequentaretur a civibus qui felices

enfin qu'on demanderait à elle-même, après l'avoir demandée à tous; car quelle chose a-t-on jamais demandé à aucun dieu, sinon la félicité, ou ce qu'on croyait s'y rapporter? Si donc la Félicité peut choisir l'hôte qu'elle daignera visiter, (et elle le peut si elle est déesse,) qu'y a-t-il de plus insensé que de la demander à d'autres dieux, quand on peut s'adresser à elle-même? On devait donc par honneur lui accorder la place la plus honorable. Ainsi lisons-nous, (PLINE, liv. II, chap. LII; OVID., *Fast.*, VI) que les anciens Romains avaient déféré un culte plus distingué que celui de Jupiter même, à un Summanus, le maître des foudres de la nuit, comme Jupiter l'est de celles du jour. Mais quand Jupiter eut enfin obtenu ce temple magnifique, cet éclat de la splendide demeure attira tellement la foule, qu'à peine, aujourd'hui, trouve-t-on quelqu'un qui se souvienne d'avoir non pas même entendu prononcer le nom de Summanus, mais seulement de l'avoir lu quelque part. Mais si la félicité est un don de Dieu, comme elle l'est en effet, et non pas déesse, cherchons ce Dieu qui peut la donner, et laissons cette funeste multitude de faux dieux, qu'honore la foule des insensés, transformant en divinités les dons du vrai Dieu, et refusant, par une orgueilleuse obstination, de se soumettre à l'auteur de ces dons. Celui-là donc ne peut manquer d'être malheureux, qui honore la félicité comme une déesse, et méprise le Dieu qui la peut donner; de même qu'il est dévoré de la faim celui qui s'obstine à promener sa langue sur l'image du pain, au lieu d'adresser une demande à son frère qui possède un pain véritable.

CHAPITRE XXIV.

Comment les païens se défendent d'adorer comme dieux les dons mêmes de Dieu.

Examinons maintenant ce qu'allèguent nos adversaires. Peut-on croire, disent-ils, que nos ancêtres aient été assez insensés pour ne pas s'apercevoir que toutes ces choses étaient des dons de Dieu, et non pas des dieux? Seulement, sachant que tous ces biens ne pouvaient venir que d'un dieu, et ne connaissant pas le nom qui lui était propre, ils le désignaient au moyen du mot même qui signifiaient ses bienfaits, soit par dérivation, comme Bellone de *bellum*, Cunina de *cuna*, Ségétia de *segetes*, Pomone de *poma*, Bubona de *boves*, ou même sans aucun changement; ainsi, Pécunia, la déesse qui donne l'argent, sans croire pour cela que l'argent lui-même, *pecunia*, dût recevoir le culte divin; ainsi Vertu, la déesse de la vertu, Honneur celle de l'honneur, Concorde, Victoire, les déesses qui

esse vellent, quorum esset nemo qui nollet : atque ita ipsa a se ipsa peteretur, quæ ab omnibus petebatur. Quis enim aliquid ab aliquo deo, nisi felicitatem velit accipere, vel quod ad felicitatem existimat pertinere? Proinde si felicitas habet in potestate cum quo homine sit, (habet autem, si dea est,) quæ tandem stultitia est, ab aliquo eam deo petere, quam possis a se ipsa impetrare? Hanc ergo deam super deos cæteros honorare etiam loci dignitate debuerunt. Sicut enim apud ipsos legitur (PLIN., lib. II, c. LII; OVID., *Fast.*, LII), Romani veteres nescio quem Summanum, cui nocturna fulmina tribuebant, coluerunt magis quam Jovem, ad quem diurna fulmina pertinerent. Sed post quam Jovi templum insigne ac sublime constructum est, propter ædis dignitatis sic ad eum multitudo confluxit, ut vix inveniatur qui Summani nomen, quod audire jam non potest, se saltem legisse meminerit. Si autem felicitas dea non est, quoniam, quod verum est, munus est Dei; ille Deus quæratur, qui eam dare possit, et deorum falsorum multitudo noxia relinquatur, quam stultorum hominum multitudo vana sectatur, dona Dei deos sibi faciens, et ipsum cujus ea dona sunt, obstinatione superbæ voluntatis offendens. Sic enim carere non potest infelicitate, qui tanquam deam felicitatem colit, et Deum datorem felicitatis relinquit : sicut carere non potest fame, qui panem pictum linguit, et ab homine qui verum habet, non petit.

CAPUT XXIV.

Qua ratione defendant pagani, quod inter deos colant ipsa dona divina.

Libet autem eorum considerare rationes. Usque adeone, inquiunt, majores nostros insipientes fuisse credendum est, ut hæc nescirent munera divina esse, non deos? Sed quoniam sciebant nemini talia nisi aliquo deo largiente concedi, quorum deorum nomina non inveniebant, earum rerum nominibus appellabant deos, quas ab eis sentiebant dari, aliqua vocabula inde flectentes, sicut a bello Bellonam nuncupaverunt, non bellum; sicut a cunis Cuninam, non cunam; sicut a segetibus Segetiam, non segetem; sicut a pomis Pomonam, non pomum; sicut a bubus Bubonam, non bovem : aut certe nulla vocabuli declinatione, sicut res ipsæ nominantur, ut Pecunia dicta est dea, quæ dat pecuniam, non omnino pecunia dea ipsa putata est : ita Virtus, quæ

donnent ces biens. De même, quand on nomme la déesse appelée Félicité, on n'entend point cette félicité qui est communiquée, mais la divinité de qui elle vient.

CHAPITRE XXV.
Du Dieu unique qu'il faut adorer; si on ignore son nom, du moins on sait bien que c'est lui qui donne la félicité.

J'admets ces idées, et j'espère qu'elles me fourniront le moyen de convaincre plus facilement ceux dont le cœur n'est pas tout à fait endurci. L'infirmité humaine a déjà reconnu que la félicité ne peut venir que de Dieu, la même vérité a été comprise par ceux qui adoraient une multitude de dieux, parmi lesquels Jupiter; mais comme ils ne connaissaient pas le nom de ce Dieu qui donne la félicité, ils l'ont appelé du nom même de son bienfait, preuve évidente qu'ils ne croyaient pas pouvoir attribuer la félicité à Jupiter, qu'ils adoraient déjà, mais à cet autre Dieu, qu'ils ont voulu désigner sous le nom du bienfait. Puis donc qu'ils croyaient que la félicité est le don de ce Dieu qu'ils ignoraient, qu'on le cherche, ce Dieu, qu'on l'adore, et il suffit. Repoussons dès lors le bruyant essaim de ces innombrables démons; que celui-là ne se contente pas de ce Dieu unique, qui ne sera pas satisfait de son bienfait ; oui, qu'il cherche un objet à son culte en dehors du Dieu véritable, d'où vient la félicité, celui à qui ne suffit point le don même de la félicité; mais celui qui s'en contente, (et qui pourrait désirer quelque chose au delà?) ne peut servir qu'un seul Dieu, celui qui donne la félicité. Ce n'est point celui qu'on nomme Jupiter. Car, si on croyait que Jupiter donne la félicité, on n'en chercherait point quelqu'autre pour la donner et prendre d'elle le nom qui la désigne. Jupiter lui-même ne recevrait pas un culte si injurieux; car c'est bien lui qu'on fait corrupteur adultère des épouses, et ravisseur d'un enfant (HOMÈRE, *Illiad.*, liv. XX), dont la beauté enflamme ses convoitises impudiques.

CHAPITRE XXVI.
Des jeux du théâtre que les dieux ont voulu faire célébrer en leur honneur.

« Ces fictions d'Homère, dit Cicéron (*Tusc.*, 1, I), ont abaissé les dieux jusqu'aux misères de l'humanité; mieux eût valu élever l'homme jusqu'aux vertus des dieux. » C'est avec raison que déplaisaient à cet homme sérieux ces criminelles imaginations du poète; mais pourquoi aussi les jeux du théâtre, où l'on débite, où l'on chante, où l'on représente ces turpitudes, sont-ils célébrés en l'honneur des dieux? Pourquoi les sages les

---

dat virtutem ; Honor, qui honorem; Concordia, quæ concordiam ; Victoria , quæ dat victoriam. Ita, inquiunt , cum Felicitas dea dicitur, non ipsa quæ datur, sed numen illud attenditur a quo felicitas datur.

CAPUT XXV.
De uno tantum colendo Deo, qui licet nomine ignoretur, tamen felicitatis dator esse sentitur.

Ista nobis reddita ratione, multo facilius eis, quorum cor non nimis obduruit, persuadebimus fortasse quod volumus. Si enim jam humana infirmitas sensit, non nisi ab aliquo Deo dari posse felicitatem ; et hoc senserunt homines qui tam multos colebant deos, in quibus et ipsum eorum regem Jovem : quia ejus nomen a quo daretur felicitas ignorabant, (*a*) ideo ipsius rei nomine quam credebant ab illo dari, eum appellare voluerunt : satis ergo (*b*) judicarunt, nec ab ipso Jove dari posse felicitatem, quem jam colebant; sed utique ab illo quem nomine ipsius felicitatis colendum esse censebant. Confirmo prorsus a quodam Deo quem nesciebant, eos credidisse dari felicitatem : ipse ergo quæratur, ipse colatur, et sufficit. Repudietur strepitus innumerabilium dæmoniorum : illi non sufficiat hic Deus, cui non sufficit munus ejus. Illi, inquam, non sufficiat ad colendum Deus dator felicitatis, cui non sufficit ad accipiendum ipsa felicitas. Cui autem sufficit, (non enim habet homo quid amplius optare debeat,) serviat uni Deo datori felicitatis. Non est ipse quem nominant Jovem. Nam si eum datorem felicitatis agnoscerent, non utique alium, vel aliam a qua daretur felicitas, nomine ipsius felicitatis inquirerent; neque ipsum Jovem cum tantis injuriis colendum putarent. Iste alienarum dicitur (*c*) adulterator uxorum, iste pueri pulchri impudicus amator et raptor. (HOMER., lib. XX, *Iliad.*)

CAPUT XXVI.
De ludis scenicis, quos sibi dii celebrari a suis cultoribus exegerunt.

« Sed fingebat hæc Homerus, ait Tullius (*Tuscul.*, 1), et humana ad deos transferebat : divina mallem ad nos. » Merito displicuit viro gravi divinorum criminum poeta confictor. Cur ergo ludi scenici, ubi hæc dictitantur, cantitantur, actitantur, deorum hono-

---

(*a*) Editi, *et ideo.* At Mss. non habent, *et.* — (*b*) Sic Mss. Editi vero, *indicant.* — (*c*) Nostri omnes Mss. *adulter.*

rangent-ils parmi les choses divines? Ce n'est pas contre les fictions des poètes, mais contre les institutions des ancêtres, que Cicéron doit ici réclamer. Mais ceux-ci ne pourraient-ils pas s'écrier à leur tour : En quoi sommes-nous coupables? Les dieux ont voulu qu'on leur rendît ces honneurs, ils les ont exigés avec rigueur; ils ont fait les plus terribles menaces contre leur omission. Et de vrai, si par hasard on y a négligé quelque chose, ils s'en sont vengés d'une manière épouvantable; et quand les omissions ont été réparées, ils ont bien voulu redevenir propices. Le fait suivant prouvera en même temps et leur puissance et leur merveilleuse intervention. Un paysan romain, Titus Latinius, père de famille, fut averti en songe de se rendre au sénat, pour dire qu'il fallait recommencer les jeux, parce que, au premier jour de leur célébration, un scélérat conduit au supplice, en présence du peuple réuni pour la solennité, avait troublé par la tristesse de son sort le plaisir que les dieux cherchent sans doute dans ces jeux publics. Après avoir reçu cet ordre, le paysan n'osa point l'exécuter; la nuit suivante, on le lui réitéra avec sévérité; il n'obéit point, et son fils mourut. La troisième nuit, même apparition avec menaces des plus grands maux, s'il hésitait encore; malgré tout, il n'osa point. C'est pourquoi il fut frappé d'une maladie horrible et infiniment douloureuse; alors seulement, poussé par ses amis, il avertit le magistrat, on l'apporta au sénat dans une litière, il raconta sa vision, et aussitôt, rendu à la santé, il put s'en retourner à pied dans sa maison. Le sénat, tout stupéfait de ce prodige, fit recommencer les jeux, en y consacrant une somme quatre fois plus forte. Quel homme de sens ne voit que ces malheureux, soumis à la domination tyrannique des démons, dont la grâce de Dieu peut seule nous délivrer par Jésus-Christ Notre-Seigneur (*Rom.*, VII, 25), ont été contraints d'offrir à leurs dieux ces spectacles que la droite raison pouvait faire trouver infâmes? C'étaient bien les crimes divins, célébrés par la poésie, qu'on représentait dans ces jeux, répétés sur la demande des dieux et par l'ordre du sénat. Dans ces spectacles, d'infâmes histrions représentent, célèbrent, apaisent Jupiter, le corrupteur de la vertu; si ces crimes sont pure fiction, il devrait être courroucé; si vous croyez qu'il puisse trouver du plaisir à voir représenter ses crimes imaginaires, n'est-il pas évident que l'honorer n'est autre chose que subir l'esclavage du démon? Et c'est lui qui aurait donné aux Romains de fonder, d'agrandir et de conserver leur empire! lui plus méprisable que le dernier des Romains, qui au-

ribus exhibentur, inter res divinas a doctissimis conscribuntur? Hic exclamet Cicero, non contra figmenta poetarum, sed contra instituta majorum. An (*a*) non exclamarent et illi : Quid nos fecimus? Ipsi dii ista suis honoribus exhibenda flagitaverunt, atrociter imperarunt, cladem nisi fieret prænuntiarunt; quia neglectum est aliquid, severissime vindicarunt; quia id quod neglectum fuerat factum est, placatos se esse monstrarunt. Inter eorum commemoratur virtutes et miranda facta quod dicam. Tito (*b*) Latinio rustico Romano patrifamilias dictum est in somnis, in senatum nuntiaret, ut ludi Romani instaurarentur, quod primo eorum die in quodam scelerato, qui populo spectante ad supplicium duci jussus est, numinibus videlicet ex ludis hilaritatem quærentibus, triste displicuisset imperium. Cum ergo ille qui somnio commonitus erat, postera die jussa facere non ausus esset; secunda nocte hoc idem rursus severius imperatum est : amisit filium, quia non fecit. Tertia nocte dictum est homini, quod major ei pœna, si non faceret, immineret. Cum etiam sic non auderet, in morbum incidit acrem et horribilem. Tum vero ex amicorum sententia ad magistratus rem detulit, atque in lectica allatus est in senatum : exposito que somnio, recepta continuo valetudine, pedibus suis sanus abscessit. Tanto stupefactus miraculo senatus quadruplicata pecunia ludos censuit instaurari. Quis non videat, qui sanum sapit, subditos homines malignis dæmonibus, a quorum dominatione non liberat nisi gratia Dei per Jesum Christum Dominum nostrum (*Rom.*, VII, 25), vi compulsos esse exhibere talibus diis, quæ recto consilio poterant turpia judicari? In illis certe ludis poetica numinum crimina frequentantur, qui ludi cogentibus numinibus jussu senatus instaurabantur. In illis ludis corruptorem pudicitiæ Jovem turpissimi histriones cantabant, agebant, (*c*) placabant. Si illud fingebatur, ille irasceretur : si autem suis criminibus etiam (*d*) fictis delectabatur, quando coleretur, nisi diabolo serviretur? Itane iste Romanum conderet, dilataret, conservaret imperium, quovis Romano, cui displicebant talia, homine abjectior? Iste daret felicitatem, qui tam infelici-

(*a*) Mss. *An exclamarent* : omisso *non*. — (*b*) Editi, *Latino*. Nonnulli Mss. *Latinio*. His consentiunt Livius, l. II, ac Valer., l. I, c. VII et eum de plebe hominem dicunt, quod forte *rustici Romani* appellatione significare volebat Cicero, somnium hoc ipsum narrans in libro *de divinatione* primo. — (*c*) Sic Mss. cum Vind. At Am. Er. et Lov. *placabant*. — (*d*) Vetus liber Faur. *factis*

rait assez d'honneur encore pour ne pas se plaire à ces turpitudes! Il donnerait la félicité, lui dont le culte est si malheureux, et dont plus malheureux encore serait le courroux que pourrait lui inspirer un refus.

CHAPITRE XXVII.
Des trois genres de dieux dont a traité le pontife Scévola.

On a dit que le savant pontife Scévola (1) parle de trois sortes de dieux, introduits, les uns par les poëtes, les autres par les philosophes, les derniers enfin par les politiques. (Voy. plus loin, liv. VI, ch. v.) La première catégorie n'est pas sérieuse, tout y est fable indécente; la seconde ne saurait convenir aux nations, parce qu'on y trouve beaucoup de choses superflues, quelquefois même dangereuses; le superflu n'est pas un grand inconvénient, car les jurisconsultes eux-mêmes ont admis la maxime, que le superflu ne saurait préjudicier. Mais alors, quelles choses peuvent donc être regardées comme dangereuses? C'est de dire que « Castor, Pollux, Esculape, Hercule ne sont rien; les philosophes, en effet, n'hésitent point à dire que c'étaient de simples mortels, et qu'ils ont subi le sort commun. Qu'est-ce à dire, sinon que les cités ne possèdent pas la réalité dans les vains simulacres des dieux, que le vrai Dieu n'a ni sexe, ni âge, ni membres corporels? » Voilà ce que le pontife ne veut pas laisser dire aux populations; car, pour lui, il sait bien à quoi s'en tenir. Il croit donc qu'il importe au bien public que le peuple soit trompé en fait de religion. Varron dit la même chose dans ses écrits sur les dieux; belle religion et capable de donner secours à la pauvre humanité! Quand elle cherche la vérité comme remède à ses maux, il faut croire qu'il lui est avantageux d'être trompée. Nous trouvons également les motifs qui poussent Scévola à rejeter les dieux des poëtes : « C'est que les dieux sont tellement rabaissés, qu'ils ne peuvent même plus être comparés à l'honnête homme le plus vulgaire. L'un est voleur, l'autre adultère; tels autres n'ont que paroles ineptes ou indécentes; trois déesses se disputent le prix de la beauté, les deux qui sont vaincues par Vénus s'en vengent par la ruine de Troie. Jupiter se change en cygne ou en taureau pour jouir des femmes; une déesse épouse un mortel; Saturne dévore ses enfants; rien d'étrange enfin, ou de criminel que les poëtes n'attribuent aux dieux, si éloigné qu'il puisse être de leur nature. » O grand pontife Scé-

(1) C'est celui que Cicéron appelle : *Jurisperitorum eloquentissimus et eloquentium jurisperitissimus* (de Orat., lib. I.)

ter colebatur; et nisi ita coleretur, infelicius irascebatur?

CAPUT XXVII.
De tribus generibus deorum, de quibus Scævola pontifex disputavit.

Relatum est in litteras, doctissimum pontificem (V. infra, lib. VI. c. v.) Scævolam disputasse tria genera tradita deorum : unum a poetis, alterum a Philosophis, tertium a principibus civitatis. Primum genus nugatorium dicit esse, quod multa de diis fingantur indigna : secundum non congruere civitatibus, quod habeat aliqua supervacua, aliqua etiam quæ obsit populis nosse. De supervacuis non magna causa est : solet enim et a (*a*) jurisperitis dici : Superflua non nocent. Quæ sunt autem illa quæ prolata in multitudinem nocent? « Hæc, inquit, non esse deos Herculem, Æsculapium, Castorem, Pollucem : proditur enim a doctis, quod homines fuerint, et humana conditione defecerint. Quid aliud? (*b*) Quod eorum qui sint dii non habeant civitates vera simulacra; quod verus Deus nec sexum habeat, nec ætatem, nec definita corporis membra. » Hæc pontifex nosse populos nou vult : nam falsa esse (*c*) non putat. Expedire igitur existimat, falli in religione civitates. Quod dicere etiam in libris rerum divinarum ipse Varro non dubitat. Præclara religio, quo confugiat liberandus infirmus, et cum veritatem qua liberetur inquirat, credatur ei expedire quod fallitur. Poeticum sane deorum genus cur Scævola respuat, eisdem litteris non tacetur : « quia sic videlicet deos deformant, ut nec bonis hominibus comparentur, cum alium faciunt furari, alium adulterari; sic item aliquid aliter, turpiter, atque inepte dicere ac facere; tres inter se deas certasse de præmio pulchritudinis, victas duas a Venere Trojam evertisse; Jovem ipsum converti in bovem aut cygnum, ut cum aliqua concumbat; deam homini nubere : Saturnum liberos devorare : nihil denique posse contingi miraculorum atque vitiorum, quod non ibi reperiatur, atque ab deorum natura longe absit. » O Scævola pontifex maxime, ludos tolle, si potes : præcipe populis, ne

(*a*) Sic Mss. Editi autem, *viris peritis* — (*b*) Editi, *Quid aliud, quam quod eorum,* etc. Expungendum *quam* : nam abest ab omnibus Mss. et additum verba subsequentia, quæ pontificis Scævolæ sunt, cum proxime præcedentibus male connectit. — (*c*) Aliquot Mss. *esse non putant*. Et quidam a secunda manu, *esse computat*.

vola, abolis ces jeux, si tu le peux ; détourne les peuples de rendre aux dieux de ces honneurs où on apprend à admirer leurs crimes, et à les imiter dans la mesure du possible. Si les peuples répondent qu'ils ont reçu ces usages des pontifes eux-mêmes, supplie les dieux de ne plus exiger ce culte que vous avez introduit sur leur demande. Si tout cela est mauvais et complétement indigne de la majesté des dieux, quelle injure ne leur fait-on pas par ces fictions déshonorantes ! Mais ils ne t'écoutent pas ; démons corrupteurs, ils se complaisent dans le mal, non-seulement ils ne se tiennent point pour déshonorés par ces fictions infâmes, mais ils s'indignent si elles ne sont l'ornement de leurs plus belles solennités. En appellerez-vous à Jupiter enfin, à lui le plus souvent mis en jeu dans ces représentations immondes? Vous en faites le roi des dieux, le maître, le souverain du monde, mais ne voyez-vous pas que vous lui faites la plus grave injure, en le confondant dans votre culte avec cette multitude de ses sujets?

CHAPITRE XXVIII.
Si le culte des dieux a facilité aux Romains la formation et l'extension de leur empire.

Non, ils n'ont pu agrandir ni conserver l'empire romain, ces dieux conciliés ou plutôt accusés par des honneurs tels, que la triste vérité en serait moins odieuse que la complaisance en de si horribles fictions. S'ils avaient eu, en effet, la puissance qu'on leur prête, ils l'eussent exercée de préférence en faveur des Grecs, qui ont toujours été plus grands et plus dignes dans ces choses divines, les jeux et représentations du théâtre. Ils n'ont point prétendu se protéger eux-mêmes contre ces attaques poétiques permises à l'égard des dieux, les hommes aussi y sont demeurés sujets ; puis ils n'ont point taxé d'infamie les acteurs, au contraire, ils les ont crus dignes des plus grands honneurs. De même que les Romains ont pu avoir la monnaie d'or sans invoquer Aurinus ; ainsi pouvaient-ils avoir celle d'argent ou de cuivre sans Argentinus ou son père Esculanus, et ainsi du reste, que je ne prendrai pas la peine d'énumérer. De même aussi, ils pouvaient obtenir l'empire, non pas assurément sans l'aide du Dieu véritable, mais sans aucun culte, aucune connaissance de ces faux dieux ; connaissant le seul vrai Dieu et le servant avec une foi sincère et des mœurs pures, ils auraient eu plus facilement ici-bas leur empire avec tous ses accroissements, et en tout cas, quoi qu'il en eût été de leur domination terrestre, ils se fussent assuré le royaume éternel dans l'autre vie.

tales honores diis immortalibus deferant, ubi crimina deorum libeat mirari, et quæ fieri possunt placeat imitari. Si autem tibi responderit populus : Vos nobis importastis ista pontifices : deos ipsos roga, quibus instigantibus ista jussistis, ne talia sibi jubeant exhiberi. Quæ si mala sunt, et propterea nullo modo de deorum majestate credenda, major est deorum injuria, de quibus impune finguntur. Sed non te audiunt. dæmones sunt, prava docent, turpibus gaudent : non solum non deputant injuriam, si de illis ista fingantur ; sed eam potius injuriam ferre non possunt, si per eorum solemnia non agantur. Jam vero si adversus eos Jovem interpelles, maxime ob eam causam, quia ejus plura crimina ludis scenicis actitantur ; nonne etiamsi Deum Jovem nuncupatis, a quo regitur totus atque administratur hic mundus, eo illi fit a vobis maxima injuria, quod eum cum istis colendum putatis, eorumque regem esse perhibetis ?

CAPUT XXVIII.
An ad obtinendum dilatandumque regnum profuerit Romanis cultus deorum.

Nullo igitur modo dii tales, qui talibus placantur, vel potius accusantur honoribus, ut majus sit crimen quod eis falsis oblectantur, quam si de illis vera dicerentur, Romanum imperium augere et conservare potuissent. Hoc enim si possent, Græcis potius donum tam grande conferrent, qui eos in hujuscemodi rebus divinis, hoc est, ludis scenicis honorabilius dignuisque coluerunt, quando et a morsibus poetarum, quibus deos dilacerari videbant, se non subtraxerunt, dando eis licentiam male tractandi homines quos liberet, et ipsos scenicos non turpes judicaverunt, sed dignos etiam præclaris honoribus habuerunt. Sicut autem potuerunt auream pecuniam habere Romani, quamvis deum Aurinum non colerent : sic et argenteam habere potuerunt, et æream, si nec Argentinum, nec ejus patrem colerent Æsculanum : et sic omnia quæ retexere piget. Sic ergo et regnum invito quidem Deo vero nullo modo habere possent ; diis vero istis falsis et multis ignoratis sive contemptis, atque illo uno (*a*) cognito et fide sincera ac moribus culto, et melius hic regnum haberent, quantumcumque haberent, et post (*b*) hæc acciperent sempiternum, sive hic haberent, sive non haberent.

(*a*) Lov. *incognito* : refragantibus cæteris libris. — (*b*) Sic Mss. Editi autem, *post hoc.*

CHAPITRE XXIX.

De la fausseté du présage qui semblait promettre aux Romains la force et la durée de leur empire.

Examinons le présage si vanté qu'on a voulu tirer du fait cité un peu plus haut, Mars, Terminus et Juventas refusant de céder à Jupiter. Cela signifiait, dit-on, que les fils de Mars, les Romains, ne céderaient à personne les contrées qu'ils auraient occupées, que personne ne pourrait déplacer les bornes de leur empire, et que la jeunesse romaine ne céderait jamais à une autre. Laissons aux Romains le soin de concilier avec le respect dû au maître de leurs dieux et au protecteur de leur empire, ces présages qui le représentent comme un adversaire auquel il est beau de ne pas céder. Que si cela est, on n'a rien à craindre aujourd'hui, on peut bien dire qu'ils ne voudront pas céder au Christ, ces dieux qui ont refusé de céder à Jupiter; ils pouvaient cependant bien, sans dommage pour les frontières romaines, céder à ce divin maître et leurs temples et surtout les cœurs convertis à la foi. Mais avant la naissance du Christ, avant la publication des livres d'où nous avons tiré tout cela, postérieurement toutefois à la manifestation du présage sous Tarquin, on a pu voir les armées romaines battues, mises en fuite, accuser la fausseté de la promesse que faisait Juventas en tenant ferme contre Jupiter. On avait vu les fils de Mars domptés par les Gaulois, leur pays avait été envahi, Rome elle-même avait été témoin du désastre; on avait vu les frontières romaines se resserrer par la soumission d'un grand nombre de cités à Annibal. Ainsi disparaissait l'éclat du présage, il ne restait plus que la rébellion contre Jupiter, rébellion de démons, non de dieux. Et plus tard, ces frontières n'ont-elles pas changé en Orient, par la volonté d'Adrien? Trois provinces célèbres, Arménie, Mésopotamie, Assyrie, furent cédées aux Perses; Terminus, le protecteur de ces frontières, dont la résistance à Jupiter avait donné de si belles assurances, fit bien voir qu'il avait plus de respect pour la volonté de l'empereur que pour celle du roi de l'Olympe; car autre chose encore est de ne pas quitter le poste, autre chose d'y rentrer. Plus tard encore, quand ces provinces eurent été recouvrées, n'avons-nous pas vu, tout récemment, Terminus reculer encore? Julien, si respectueux pour les oracles, avait, dans un excès de confiance, ordonné de brûler les vaisseaux qui portaient les provisions;

CAPUT XXIX.

De falsitate auspicii, quo Romani regni fortitudo et stabilitas visa est indicari.

Nam illud quale est quod pulcherrimum auspicium fuisse dixerunt, quod paulo ante commemoravi, Martem et Terminum et Juventatem nec Jovi regi deorum loco cedere voluisse? Sic enim, inquiunt, significatum est, Martiam gentem, id est Romanam, nemini locum quem teneret daturam; Romanos quoque terminos propter deum Terminum neminem commoturum; juventutem etiam Romanam propter deam Juventatem nemini esse cessuram. Videant ergo quomodo habeant istum regem deorum suorum et datorem regni sui, ut (*a*) eum auspicia ista pro adversario ponerent, cui non cedere pulchrum esset. Quanquam hæc si vera sunt, non habent omnino quid timeant. Non enim confessuri sunt, quod dii cesserint Christo, qui Jovi cedere noluerunt. Salvis quippe imperii finibus Christo cedere potuerunt et de sedibus locorum et maxime de corde credentium. Sed antequam Christus veniret in carne, antequam denique ista scriberentur, quæ de libris eorum proferimus; sed tamen postea quam factum est sub rege Tarquinio illud auspicium, aliquotiens Romanus exercitus fusus est, hoc est, versus in fugam, falsumque ostendit auspicium, quo Juventas illa non cesserat Jovi; et gens Martia, superantibus atque irrumpentibus Gallis, in ipsa Urbe contrita est; et termini imperii, deficientibus multis ad Annibalem civitatibus, in angustum fuerant coarctati. Ita evacuata est pulchritudo auspiciorum, remansit contra Jovem contumacia, non deorum, sed dæmoniorum. Aliud est enim non cessisse; aliud unde cesseras redisse. Quanquam et postea in Orientalibus partibus (V. Eutrop., lib. VIII) Hadriani voluntate mutati sunt termini imperii Romani. Ille namque tres provincias nobiles, Armeniam, Mesopotamiam, Assyriam, Persarum concessit imperio: ut deus ille Terminus, qui Romanos terminos secundum istos tuebatur, et per illud pulcherrimum auspicium loco non cesserat Jovi, plus Hadrianum regem hominum, quam regem deorum timuisse videatur. Receptis quoque alio tempore provinciis memoratis, nostra pene memoria retrorsus terminus cessit; quando Julianus deorum illorum oraculis deditus, immoderato ausu naves jussit incendi quibus alimonia portabatur (V. *infra*,

(*a*) Editi, *ut et*. Melius Mss. *ut eum*.

bientôt l'armée fut réduite aux dernières extrémités, l'empereur avait reçu le coup mortel ; de toutes parts l'ennemi pressait si fort les légions éperdues, qu'il n'y avait plus aucun espoir de salut, sans la conclusion de ce traité qui changea encore une fois les limites de l'empire, pour les établir là où elles sont encore, avec moins de pertes toutefois qu'aux jours d'Adrien. C'est donc un vain présage que celui tiré de la résistance de Terminus à Jupiter, puisque depuis il a dû céder devant la volonté d'Adrien, la témérité de Julien et l'impérieuse nécessité de Jovien. Les plus graves et les plus sages des Romains l'ont fort bien remarqué, mais ils furent impuissants contre les usages d'une cité enchaînée aux superstitions diaboliques ; aussi bien, tout en comprenant la vanité de ces observances, ils croyaient eux-mêmes pouvoir rendre à la nature, placée sous la conduite du vrai Dieu, le culte dû à lui seul, « servant, dit l'Apôtre, la créature au lieu du Créateur qui est béni dans les siècles. » (*Rom.*, I, 25.) Il était nécessaire que le vrai Dieu vînt à notre aide, et nous envoyât ces apôtres saints, ces hommes vraiment pieux qui donneraient leur vie pour la vraie religion, et nous délivreraient ainsi des vaines superstitions.

CHAPITRE XXX.

Les adorateurs des idoles ont avoué eux-mêmes ce qu'ils en pensaient.

Cicéron, augure lui-même, se raille des augures, et blâme ceux qui demandent aux cris des corbeaux ou des corneilles, la manière de régler leur vie. (*De la divination*, l. II.) Mais ce philosophe de l'Académie, pour lequel rien n'est certain, ne saurait avoir ici aucune autorité. Au second livre *De la nature des dieux*, il fait parler Q. Lucilius Balbus, qui, tout en rattachant certaines superstitions à la nature des choses et à des raisons physiques ou philosophiques, ne laisse pas de s'indigner contre l'introduction des simulacres adorés, et des idées fabuleuses mêlées à la religion. Voici ses paroles : « Voyez-vous comment d'utiles et précieuses découvertes dans l'ordre naturel ont conduit les esprits aux fables religieuses et aux divinités imaginaires ? On est venu jusqu'aux opinions les plus fausses, aux erreurs les plus dangereuses et aussi à des pratiques voisines du ridicule ; on nous a parlé de la beauté des dieux, de leur âge, de leurs vêtements, de leur sexe, de leurs mariages, de leurs parentés ; on leur a prêté enfin tous les apanages de la faiblesse de l'homme ; ils se troublent, ils s'enflamment de passion, ils con-

lib. V, c. XXI); qua exercitus destitutus, mox etiam ipso hostili vulnere exstincto, in tantam est redactus inopiam, ut inde nullus evaderet, undique hostibus incursantibus militem imperatoris morte turbatum, nisi placito pacis illic imperii fines constituerentur, ubi hodieque persistunt ; non quidem tanto detrimento, quantum concesserat Hadrianus, sed media tamen compositione defixi. Vano igitur augurio deus Terminus non cessit Jovi, qui cessit Hadriani voluntati, cessit etiam Juliani temeritati, et Joviani necessitati. Viderunt hæc intelligentiores gravioresque Romani ; sed contra consuetudinem civitatis, quæ (*a*) dæmoniacis ritibus fuerat obligata, parum valebant : quia et ipsi etiamsi illa vana esse sentiebant, naturæ tamen rerum sub unius veri Dei regimine atque imperio constitutæ, religiosum cultum qui Deo debetur, exhibendum putabant ; « servientes, » ut ait Apostolus, « creaturæ potius quam Creatori, qui est benedictus in sæcula. » (*Rom.*, I, 25.) Hujus Dei veri erat auxilium necessarium, a quo mitterentur sancti viri et veraciter pii, qui pro vera religione morerentur, ut falsæ a viventibus tollerentur.

(*a*) Am. et Mss. *dæmonicis*.

CAPUT XXX.

Qualia de diis gentium etiam cultores eorum se sentire fateantur.

Cicero augur irridet auguria, et reprehendit homines corvi et corniculæ vocibus vitæ consilia moderantes. (*De divinat.*, lib. II.) Sed iste Academicus qui omnia esse contendit incerta, indignus est qui habeat ullam in his rebus auctoritatem. Disputat apud eum Q. Lucilius Balbus in secundo *de deorum natura* libro, et cum ipse superstitiones ex natura rerum velut physicas et philosophicas inserat, indignatur tamen institutioni simulacrorum et opinionibus fabulosis, ita loquens : « Videtisne igitur, ut a physicis rebus bene atque utiliter inventis, ratio sit tracta ad commentitios et fictos deos ? Quæ res genuit falsas opiniones, erroresque turbulentos, et superstitiones pene aniles. Et formæ enim nobis deorum, et ætates, et vestitus ornatusque noti sunt ; genera præterea, conjugia, cognationes, omniaque traducta ad similitudinem imbecillitatis humanæ. Nam et perturbatis animis inducuntur ; accepimus enim deorum cupiditates,

naissent le chagrin et la colère; au dire des poëtes, ils ont même leurs guerres et leurs combats; Homère les place de part et d'autre à la tête d'armées qui se battent; bien plus, ils font même la guerre pour leur propre compte, contre les Titans, par exemple, ou contre les Géants. N'est-ce pas folie que de dire et de croire ces choses aussi vaines que frivoles?» Voilà pourtant ce qu'acceptent les adorateurs des idoles. Pour Cicéron, tout cela est de la superstition, mais il rapporte à la religion ce qu'il paraît emprunter aux stoïciens. « Non-seulement les philosophes, dit-il, mais nos pères aussi ont séparé la superstition de la religion, appelant superstitieux ceux qui passaient des journées entières en prières et en sacrifices, pour obtenir que leurs enfants leur survécussent. » Qui ne voit ici comment, ennemi du culte reçu, il affecte de louer la religion des anciens, et cherche à la distinguer de la superstition, sans pouvoir y parvenir? En effet, si les anciens ont appelé superstitieux ceux qui passaient des jours entiers en prières et en sacrifices, pourquoi pas aussi ceux (blâmables selon lui) qui ont introduit les idoles, inventé les distinctions des dieux par l'âge ou le vêtement, leur sexe, leurs mariages, leurs parentés? Puisque tout cela est blâmé comme superstitieux, évidemment le reproche va aux ancêtres qui ont imaginé ces choses, ou y ont attaché leur culte. Ce reproche tombe sur l'auteur lui-même, qui, malgré tous les efforts de son éloquence pour faire voir qu'il était affranchi, payait son tribut comme la foule; lui, si disert dans son livre, il n'eût osé ouvrir la bouche pour proclamer ce qu'il avance devant le peuple assemblé. Aussi, nous chrétiens, devons-nous mille actions de grâces au Seigneur notre Dieu, non pas au ciel et à la terre, comme Tullius, mais à celui qui a fait le ciel et la terre, qui nous a délivrés de ces superstitions, contre lesquelles Balbus ose à peine balbutier quelque parole de blâme; il nous en a délivrés par l'humilité de Jésus-Christ, par la prédication des apôtres, par la foi des martyrs qui sont morts pour la vérité après avoir vécu avec elle; il les a détruites, non-seulement dans le cœur des fidèles, mais encore dans les édifices qui étaient consacrés à la pratique de ces mêmes superstitions.

CHAPITRE XXXI.

Idées de Varron; il a su se préserver de l'erreur vulgaire; bien qu'il ne soit point arrivé à la connaissance du vrai Dieu, cependant il a senti qu'il ne fallait adorer qu'un seul Dieu.

1. Varron lui-même, que je vois à regret placer les jeux du théâtre parmi les choses divines,

---

ægritudines, iracundias. Nec vero (ut fabulæ ferunt) dii bellis præliisque caruerunt. Nec solum, ut apud Homerum (*Iliad.*, xx), cum duos exercitus contrarios alii dii ex alia parte defenderent, sed etiam ut cum Titanis, aut cum Gigantibus sua propria bella gesserunt. Hæc et dicuntur et creduntur stultissime, et plena sunt vanitatis summæque levitatis. » Ecce interim quæ confitentur qui defendunt deos gentium. Deinde cum hæc ad superstitionem pertinere dicat, ad religionem vero, quæ ipse secundum Stoicos videtur docere : « Non enim philosophi solum, inquit, verum etiam majores nostri superstitionem a religione separaverunt. Nam qui totos dies precabantur, inquit, et sibi sui liberi superstites essent, superstitiosi sunt appellati. » (Vide LACTANT., lib. IV, c. xxviii.) Quis non intelligat eum conari, dum consuetudinem civitatis timet, religionem laudare majorum, eamque a superstitione velle sejungere, sed quomodo id possit non invenire? Si enim a majoribus illi sunt appellati superstitiosi, qui totos dies precabantur et immolabant, numquid (*a*) et illi qui instituerunt (quod iste reprehendit) deorum simulacra diversa ætate et veste distincta, deorum genera, conjugia, cognationes? Hæc utique cum tanquam superstitiosa culpantur, implicat ista culpa majores talium simulacrorum institutores atque cultores: implicat et ipsum, qui quantolibet eloquio se in libertatem nitatur evolvere, necesse habebat ista venerari; nec quod in hac disputatione disertus insonat, mutire auderet in populi concione. Agamus itaque Christiani Domino Deo nostro gratias, non cœlo et terræ, sicut iste disputat, sed ei qui fecit cœlum et terram; qui has superstitiones quas iste Balbus velut balbutiens vix reprehendit, per altissimam Christi humilitatem, per Apostolorum prædicationem, per fidem Martyrum pro veritate morientium et cum veritate viventium, non solum in cordibus religiosis, verum etiam in ædibus superstitiosis libera suorum servitute subvertit.

CAPUT XXXI.

De opinionibus Varronis, qui reprobata persuasione populari, licet ad notitiam veri Dei non pervenerit, unum tamen Deum colendum esse censuerit.

1. Quid ipse Varro, quem dolemus in rebus divinis

(*a*) Sola editio Lov. *Numquid non et illi*, etc.

bien qu'il ne le fasse point par son propre jugement, Varron, qui en plusieurs passages exhorte au culte des dieux avec un certain accent de piété, ne déclare-t-il pas qu'il pratique le culte de l'Etat, pour déférer à l'ordre établi bien plus qu'aux inclinations de son esprit ? Ne va-t-il pas jusqu'à dire que, s'il avait à fonder une nouvelle ville, il choisirait les dieux et leurs noms par des raisons plus conformes à l'ordre naturel; mais que, citoyen d'une ville ancienne déjà, il doit conserver les noms, les surnoms, l'histoire que lui ont transmis les ancêtres, qu'il fait ainsi son traité et écrit son livre pour apprendre au peuple à honorer les dieux et non point à les mépriser ? Par là, cet homme d'une si rare sagacité indique clairement qu'il passe sous silence une foule de choses qu'il méprise lui-même, et que le peuple mépriserait également s'il était instruit. Ce serait là de ma part une conjecture toute naturelle ; mais l'auteur lui-même prend soin de nous dire, en parlant des religions, qu'il y a beaucoup de vérités que le public ne doit pas connaître, comme aussi beaucoup de choses fausses sur lesquelles il lui importe d'être trompé, et que c'est pour cela que les Grecs ont renfermé dans le silence et le secret des temples les mystères et les télètes. On voit aussi tout le système de ces faux sages, à qui était confié le gouvernement des cités et des nations. Ces supercheries incroyables réjouissaient la malignité des démons, qui tenaient ainsi et les trompeurs et les dupes, sous une domination à laquelle on ne peut échapper que par la grâce de Jésus-Christ Notre-Seigneur.

2. Ce même auteur plein de science et d'habileté nous dit encore, qu'à son sens, ceux-là seulement ont compris ce qu'est Dieu, qui l'ont regardé comme l'âme qui gouverne le monde par le mouvement et la raison. Ce n'est point encore la vérité parfaite puisque le vrai Dieu est, non pas une âme, mais le Créateur des âmes mêmes. Cependant, on sent que s'il avait pu se dégager des préjugés de la coutume, il aurait reconnu et enseigné qu'on ne doit adorer qu'un Dieu gouvernant le monde par la raison et le mouvement ; alors nous n'aurions plus qu'à lui demander pourquoi il en fait une âme, et non pas le Créateur des âmes. Il dit aussi que les anciens Romains, pendant plus de cent soixante-dix ans, ont honoré les dieux sans fabriquer d'idoles, et il ajoute : « Si l'on eût continué, le culte eût été et meilleur et plus pur. » Et pour confirmer cette pensée, il cite l'exemple des Juifs, et c'est après cela qu'il vient à conclure que ceux qui les premiers ont donné aux peuples des idoles, ont détruit la crainte des

---

ludos scenicos, quamvis non judicio proprio, posuisse, cum ad deos colendos multis locis velut religiosus hortetur, nonne ita confitetur, non se illa judicio suo sequi, quæ civitatem Romanam instituisse commemorat, in eam civitatem novam constitueret, ex naturæ potius formula deos nominaque eorum se fuisse dedicaturum non dubitet confiteri ? Sed jam quoniam in vetere populo esset, acceptam ab antiquis nominum et cognominum historiam tenere, ut tradita est, debere se dicit, et ad eum finem illa scribere ac perscrutari, ut potius eos magis colere, quam despicere vulgus velit. Quibus verbis homo acutissimus satis indicat, non se aperire omnia, quæ non sibi tantum contemptui essent, sed etiam ipsi vulgo despicienda viderentur, nisi tacerentur. Ego ista conjicere putari debui, nisi evidenter alio loco ipse diceret de religionibus loquens, multa esse vera, quæ non modo vulgo scire non sit utile, sed etiam tametsi falsa sunt, aliter existimare populum expediat, et ideo Græcos teletas ac mysteria taciturnitate parietibusque clausisse. Hic certe totum consilium prodidit velut sapientium, per quos civitates et populi regerentur. Hac tamen fallacia miris modis maligni dæmones delectantur, qui et deceptores et deceptos pariter possident, a quorum dominatione non liberat nisi gratia Dei per Jesum Christum Dominum nostrum.

2. Dicit etiam idem auctor acutissimus atque doctissimus, quod hi soli ei videantur animadvertisse quid esset Deus, qui crediderunt eum esse animam motu ac ratione mundum gubernantem. Ac per hoc, etsi nondum tenebat quod veritas habet ; Deus enim verus, non anima, sed animæ quoque est effector et conditor : tamen si contra præjudicia consuetudinis liber esse posset, unum Deum colendum fateretur atque suaderet, motu ac ratione mundum gubernantem ; ut ea cum illo de hac re quæstio remaneret, quod eum diceret esse animam, non potius (a) et animæ creatorem. Dicit etiam antiquos Romanos plus annos centum et septuaginta deos sine simulacro coluisse. « Quod si adhuc, inquit, mansisset, castius dii observarentur. » Cui sententiæ suæ testem adhibet inter cætera etiam gentem Judæam ; nec dubitat eum locum ita concludere, ut dicat, qui primi simulacra deorum populis posuerunt, eos civitatibus suis et metum dempsisse, et errorem addi-

(a) Er. et Lov. *non potius animæ*. Cæteris in libris, *et animæ*.

dieux, et augmenté l'erreur, jugeait avec raison que la stupidité des simulacres devait faire mépriser les dieux ; il ne dit point qu'ils ont introduit l'erreur mais qu'ils l'ont augmentée, montrant ainsi que l'erreur existait déjà avant les idoles. Aussi, quand il déclare que ceux-là seulement ont compris la nature de Dieu, qui l'ont regardé comme l'âme qui gouverne le monde, et que la religion serait plus pure sans les idoles, qui ne verrait combien il s'est approché de la vérité? S'il pouvait quelque chose contre une erreur si ancienne, il reconnaîtrait un seul Dieu qui gouverne le monde, il saurait qu'on le doit adorer sans idoles; arrivé aussi près de la vérité, il saurait peut-être, en considérant la nature de l'âme sujette au changement, conclure que le vrai Dieu doit être une nature immuable qui a créé les âmes mêmes. Ainsi, tout ce que ces hommes ont dit pour se moquer de la pluralité des dieux, est bien moins une lumière qu'ils veulent communiquer qu'un aveu où les a poussés une secrète volonté de Dieu. Si donc nous invoquons parfois leur témoignage, c'est pour confondre ceux qui s'obstinent à ne point ouvrir les yeux, pour apercevoir à quel dur esclavage, à quelle maligne puissance de l'enfer, nous sommes arrachés par le sacrifice auguste du sang précieux versé pour nous, et la grâce de l'Esprit saint qui nous est donné.

CHAPITRE XXXII.

Quel intérêt les chefs des nations avaient-ils à entretenir leurs peuples dans les fausses religions.

Varron dit aussi, en parlant des généalogies des dieux, que les peuples avaient plus d'inclination pour les poètes que pour les philosophes, et que c'est le motif pour lequel les ancêtres, c'est-à-dire, les premiers Romains, ont admis le sexe, la naissance et les mariages des dieux. Mais en réalité, cela est le fait des sages prétendus, qui ont cru habile de tromper le peuple dans sa religion, et ainsi d'imiter aussi bien que d'honorer ces démons, qui ont un singulier plaisir à tromper. Et de même que les démons ne peuvent être maîtres que de ceux qu'ils ont réussi à tromper, de même aussi les politiques, non pas sages, mais semblables aux démons, abusant de la religion, persuadaient aux peuples ce qu'ils regardaient eux-mêmes comme mensonge, enchaînant ainsi la société civile pour la soumettre à leur domination. Comment un homme faible et ignorant aurait-il pu échapper à l'erreur où le poussaient en même temps et ses chefs et les démons?

disse; prudenter existimans deos facile posse in simulacrorum stoliditate contemni. Quod vero non ait, errorem tradiderunt; sed, addiderunt; jam utique fuisse etiam sine simulacris intelligi vult errorem. Quapropter cum solos dicit animadvertisse quid esset Deus, qui eum crederent animam mundum gubernantem, castiusque existimat sine simulacris observari religionem, quis non videat quantum propinquaverit veritati? Si enim aliquid contra vetustatem tanti posset erroris, profecto et unum Deum, a quo mundum crederet gubernari, et sine simulacro colendum esse censeret; atque in tam proximo inventus facile fortasse de animæ mutabilitate commoneretur, ut naturam potius incommutabilem, quæ ipsam quoque animam condidisset, Deum verum esse sentiret. Hæc cum ita sint, quæcumque tales viri in suis litteris multorum deorum ludibria posuerunt, confiteri ea potius occulta Dei voluntate compulsi sunt, quam persuadere conati. Si qua igitur inde a nobis testimonia proferuntur, ad eos redarguendos proferuntur, qui nolunt advertere de quanta et quam maligna dæmonum potestate nos liberet singulare sacrificium tam sancti sanguinis fusi et donum Spiritus impertiti.

CAPUT XXXII.

Ob quam speciem utilitatis principes gentium apud subjectos sibi populos falsas religiones voluerunt permanere.

Dicit etiam de generationibus deorum magis ad poetas, quam ad physicos fuisse populos inclinatos; et ideo et sexum et generationes deorum majores suos, id est, veteres credidisse Romanos, et eorum constituisse conjugia. Quod utique non aliam ob causam factum videtur, nisi quia hominum velut prudentium et sapientium negotium fuit populum in religionibus fallere, et in eo ipso non solum colere, sed imitari etiam dæmones, quibus maxima est fallendi cupiditas. Sicut enim dæmones nisi eos quos fallendo deceperint, possidere non possunt; sic et homines principes, non sane justi, sed dæmonum similes, ea quæ vana esse noverant religionis nomine populis tanquam vera suadebant, hoc modo eos civili societati velut (*a*) artius alligantes, quo similiter subditos possiderent. Quis autem infirmus et indoctus evaderet simul fallaces, et principes civitatis, et dæmones?

(*a*) Plerique Mss. *aptius.*

CHAPITRE XXXIII.

La sagesse et la puissance du vrai Dieu règlent la durée de tous les princes et de tous les empires.

Ainsi, le Dieu auteur et dispensateur de la félicité, étant le seul vrai Dieu, donne seul aux bons et aux méchants les royaumes de la terre, non point au hasard et en aveugle, car il n'est pas la fortune, mais dans un ordre et sur un plan que nous ignorons et qu'il connaît très-bien, ordre et plan dont il n'est point l'esclave, mais dont il dispose en maître et en souverain. Ce n'est qu'aux bons qu'il accorde la félicité, les esclaves n'en sont point exclus et sa possession n'est pas assurée aux rois mêmes; elle ne saurait être complète en cette vie, mais seulement dans l'autre, où il n'y aura plus d'esclaves. C'est pourquoi il donne les royaumes de la terre aux bons et aux méchants, il n'entend pas que ses serviteurs, dès leurs premiers pas, et dans l'enfance de leur âme, soupirent après de semblables récompenses en s'en exagérant la grandeur. C'est là tout le mystère du vieux Testament qui figurait le nouveau; Dieu y promettait des dons et des récompenses terrestres, mais les spirituels comprenaient, sans le publier cependant, de quelle éternité ces biens temporels étaient la figure, et que les dons de Dieu sont la vraie félicité.

CHAPITRE XXXIV.

Dieu a fait voir par sa conduite envers les Juifs que c'est lui qui est le maître des biens d'ici-bas.

Et, pour montrer que ces biens de la terre, objet unique des vœux de tous ceux qui ne savent pas en apprécier d'autres, sont aussi au pouvoir et à la disposition de sa Providence, à l'exclusion de cette foule de faux dieux adorés par les Romains, il a voulu que son peuple entré en Égypte en fort petit nombre, y reçût un accroissement merveilleux et en fût délivré par les plus insignes prodiges. Ce n'est point Lucine qu'ont invoquée les femmes juives, pour obtenir de nombreux enfants et accroître si merveilleusement leur nation; Dieu lui-même a voulu délivrer tous ces enfants des tentatives criminelles des Égyptiens et les dérober à la mort. (*Exod.*, 1, 15.) Ils ont sucé le lait sans Rumina, reposé au berceau sans Cunina, bu et mangé sans le secours d'Educa ou de Potina. Les dieux enfantins n'ont rien eu à voir à l'éducation des Hébreux, les dieux nuptiaux rien à leurs alliances; ils n'ont point invoqué Priape dans leurs mariages. Ce n'est point la faveur de Neptune qui

CAPUT XXXIII.

Quod judicio et potestate Dei veri omnium regum atque regnorum ordinata sint tempora.

Deus igitur ille felicitatis auctor et dator, quia solus est verus Deus, ipse dat regna terrena et bonis et malis. Neque hoc temere et quasi fortuitu, quia Deus est, non fortuna; sed pro rerum ordine ac temporum occulto nobis, notissimo sibi : cui tamen ordini temporum non subditus servit, sed eum ipse tanquam dominus regit, moderatorque disponit. Felicitatem vero non dat nisi bonis. Hanc enim possunt et non habere et habere servientes, possunt et non habere regnantes. Quæ tamen plena in ea vita erit, ubi nemo jam serviet. (*a*) Et ideo regna terrena et bonis ab illo dantur, et malis; ne ejus cultores adhuc in provectu animi parvuli hæc ab eo munera quasi magnum aliquid concupiscant. Et hoc est sacramentum veteris Testamenti, ubi occultum erat novum, quod illic promissa et dona terrena sunt; intelligentibus et tunc spiritalibus, quamvis nondum in manifestatione prædicantibus, et quæ illis temporalibus rebus significaretur æternitas, et in quibus Dei donis esset vera felicitas.

CAPUT XXXIV.

De regno Judæorum, quod ab uno et vero Deo institutum atque servatum est, donec in vera religione manserunt.

Itaque ut cognoscerentur etiam illa terrena bona, quibus solis inhiant qui meliora cogitare non possunt, in ipsius unius Dei esse posita potestate, non in multorum falsorum quos colendos Romani antea crediderunt, populum suum in Ægypto de paucissimis multiplicavit, et inde signis mirabilibus liberavit. Nec Lucinam mulieres illæ invocaverunt, quando earum partus, ut miris modis multiplicarentur, et gens illa incredibiliter cresceret, ab Ægyptiorum persequentium et infantes omnes necare volentium manibus ipse liberavit, ipse servavit. (*Exod.*, 1, 15.) Sine dea Rumina suxerunt; sine Cunina in cunis fuerunt; sine Educa et Potina escam potumque sumpserunt : sine tot diis puerilibus edu-

---

(*a*) Subsequenti sententiæ, quam nulli non habent veteres ac scripti libri, isthæc editi Vind. Am. et Er. præmittunt verba : *Et ideo regna mundi hujus Deus bonis et malis communiter præstat, ne boni ea tanquam Dei magna munera concupiscant.* Tumque subjungunt rursum integram illam sententiam : *Et ideo regna terrena et bonis ab illo*, etc. Non de hac sententia, ut non nemo existimavit, sed de verbis ei præmissis est observatio Vivis et Latinii, abesse illa a Mss. et e margine in textum irrepsisse.

a ouvert les flots de la mer pour leur donner passage, ou les a rappelés pour engloutir l'ennemi qui les poursuivait. (*Exod.*, XVI, 15.) Ils ont reçu la manne du ciel sans se faire une déesse Mannia, ils ont bu l'eau du rocher sans adorer les Nymphes ni les Lymphes; les sauvages mystères de Mars ou de Bellone n'ont point été célébrés dans leurs guerres; il est vrai qu'ils n'ont point vaincu sans la victoire, mais pour eux la victoire était un don de Dieu, et non point une divinité. Ils ont eu des moissons sans Ségétia, des bœufs sans Bubone, du miel et des fruits sans Mellone ou Pomone, et ainsi du reste. Tous ces biens pour lesquels les Romains ont invoqué la multitude des faux dieux, ils les ont reçus bien plus heureusement du seul Dieu véritable. S'ils ne l'avaient point offensé par leur curiosité impie, s'ils ne s'étaient point laissé séduire aux enchantements magiques, jusqu'à se faire des dieux étrangers et adorer des idoles, si enfin ils n'avaient point fait mourir le Christ, ils auraient encore leur empire, plus heureux que celui des Romains sans être aussi vaste. Aujourd'hui ils sont dispersés chez tous les peuples et par toute la terre, par une providence spéciale du vrai Dieu. En effet, si de toutes parts les simulacres des dieux, leurs autels, les temples sont renversés, leurs bois sacrés détruits, leurs sacrifices interdits, nous pouvons prouver par les livres des Juifs que cela a été prédit longtemps à l'avance, tandis que si nous n'avions à produire que les nôtres, on ne manquerait pas de nous accuser de les avoir supposés à cette fin. Mais il est temps d'arrêter ici des développements bien longs déjà, ce qui nous reste à dire sera reporté au livre suivant.

---

cati sunt; sine diis conjugalibus conjugati; sine cultu Priapi conjugibus mixti. Sine invocatione Neptuni mare transeuntibus divisum patuit, et sequentes eorum inimicos fluctibus in se redeuntibus obruit. (*Exod.*, XVI, 15.) Nec consecraverunt aliquam deam Manniam, quando de cœlo manna sumpserunt; nec quando sitientibus aquam percussa petra profudit, Nymphas Lymphasque coluerunt. (*Exod.*, XVII, 6.) Sine insanis sacris Martis et Bellonæ bella gesserunt, et sine victoria quidem non vicerunt, non eam tamen deam, sed dei sui munus habuerunt. Sine Segetia segetes, sine Bubona boves, mella sine Mellona, poma sine Pomona; et prorsus omnia, pro quibus tantæ falsorum deorum turbæ Romani supplicandum putaverunt, ab uno vero Deo multo felicius acceperunt. Et si non in eum peccassent impia curiositate, tanquam magicis artibus seducti, ad alienos deos et ad idola defluendo, et postremo Christum occidendo, in eodem regno, etsi non spatiosiore, tamen feliciore mansissent. Et nunc quod per omnes fere terras gentesque dispersi sunt, illius unius veri Dei providentia est : ut quod deorum falsorum usquequaque simulacra, aræ, luci, templa evertuntur, et sacrificia prohibentur, de codicibus eorum probetur quemadmodum hoc fuerit tanto ante prophetatum; ne forte, cum legeretur in nostris, a nobis putaretur esse confictum. Jam quod sequitur in volumine sequenti videndum est, et hic dandus hujus prolixitatis modus.

LIVRE CINQUIÈME [1]

Après avoir montré dans le livre précédent que la grandeur de l'empire Romain ne saurait être attribuée aux faux dieux, il fait d'abord justice de l'opinion insoutenable de ceux qui prétendent rapporter au destin la puissance et les développements de cet empire. De là, passant à la question de la prescience divine, il prouve qu'elle ne détruit pas le libre arbitre de notre volonté. Ensuite, il traite des mœurs des anciens Romains, et explique quel mérite ils ont eu dans l'accroissement de leur empire, ou plutôt quel jugement divin leur a valu l'assistance du vrai Dieu, qu'ils ne connaissaient pas. Enfin, il indique la véritable cause de la prospérité des empereurs chrétiens.

PRÉFACE.

Il est donc certain que la félicité, qui n'est pas une déesse, mais un don de Dieu, est l'entier accomplissement de tout ce que nous pouvons désirer; d'un autre côté, les hommes ne doivent adorer d'autre Dieu que celui qui peut les rendre heureux; en sorte que si la félicité était une déesse, elle mériterait seule d'être adorée. Voyons maintenant, comme suite de ce que nous avons dit, pourquoi Dieu, qui peut disposer en maître de ces biens qui sont aussi le partage de ceux qui ne sont pas bons, et par cela même pas heureux, a voulu que l'empire romain eût une puissance si grande et de si longue durée. Car qu'on ne doive pas les attribuer à cette multitude de faux dieux que les Romains adoraient, c'est ce que nous avons déjà dit souvent, et ce que nous répéterons encore toutes les fois que l'occasion s'en présentera.

CHAPITRE PREMIER.

La grandeur de l'empire Romain et des autres empires n'a point eu une cause fortuite ni dépendante de la position des astres.

La cause de la grandeur de l'empire Romain n'est donc ni fortuite, ni fatale, au sens ou selon l'opinion de ceux qui appellent fortuits les effets qui n'ont point de causes, ou qui en ont une qui n'est point conforme à l'ordre de la raison; et fatals ceux qui arrivent en dehors de la volonté de Dieu et des hommes par une espèce de nécessité. Les royaumes de la terre sont assurément établis par la divine Providence. Si quelqu'un en attribue l'institution au destin, parce qu'il donne à la volonté ou à la puis-

[1] Écrit en 415.

LIBER QUINTUS

Initio de tollenda fati opinione agit, ne demum exsistant qui Romani imperii vires et incrementa, quæ non posse diis falsis adscribi superiore libro monstravit, referre in fatum velint. Inde ad quæstionem de præscientia Dei delapsus, probat liberum nostræ voluntatis arbitrium per eam non auferri. Postea de moribus Romanorum antiquis dicit, et quo eorum merito, sive quo Dei judicio factum sit, ut illis ad augendum imperium Deus ipse verus, quem non colebant, adjutor fuerit. Docet postremo quæ vera ducenda sit felicitas Christianorum imperatorum.

PRÆFATIO.

Quoniam constat omnium rerum optandarum plenitudinem esse felicitatem, quæ non est dea, sed donum Dei; et ideo nullum deum colendum esse ab hominibus, nisi qui potest eos facere felices; unde si illa dea esset, sola colenda merito diceretur: jam consequenter videamus, qua causa Deus, qui potest et illa bona dare, quæ habere possunt etiam non boni, ac per hoc etiam non felices, Romanum imperium tam magnum tamque diuturnum esse voluerit. Quia enim hoc deorum falsorum illa quam colebant multitudo non fecit, et multa jam diximus, et ubi visum fuerit opportunum esse, dicemus.

CAPUT PRIMUM.

Causam Romani imperii omniumque regnorum nec fortuitam esse, nec in stellarum positione consistere.

Causa ergo magnitudinis imperii Romani nec (a) fortuita est, nec fatalis, secundum eorum sententiam sive opinionem, qui ea dicunt esse fortuita, quæ vel nullas causas habent, vel non ex aliquo rationabili ordine venientes; et ea fatalia, quæ præter Dei et hominum voluntatem cujusdam ordinis necessitate contingunt. Prorsus divina providentia regna constituuntur humana. Quæ si propterea quisquam fato tribuit, quia ipsam Dei voluntatem vel potestatem fati nomine appellat, sententiam teneat, linguam

(a) Non deerant qui ad fortuitam sive fatalem causam hic recurrendum putarent. Testis est Cicero in libro *de divinatione* secundo : « L. quidem Tarutius Firmanus, familiaris, inquit, noster, in primis Chaldaicis rationibus eruditus, urbis etiam nostræ natalem diem repetebat ab iis Parilibus, quibus eam a Romulo conditam accepimus, Romamque, cum esset in jugo lunæ, natam esse dicebat, nec ejus fata canere dubitabat. O vim maximam erroris! Etiamne urbis natalis dies ad vim stellarum et lunæ pertinebat? Fac in puero referre ex qua affectione cœli primum spiritum duxerit: num hoc in latere, aut in cæmento, ex quibus urbs effecta est, potuit valere? »

sance de Dieu le nom de destin, sa pensée est bonne, mais qu'il l'exprime autrement. Car, pourquoi ne dit-il pas tout d'abord ce qu'il devra dire plus tard, lorsqu'on lui demandera ce qu'il entend par destin. En effet, selon le langage vulgaire, le destin se prend pour l'influence de la position des astres au moment de la naissance ou de la conception de quelqu'un, et il en est qui regardent cette influence comme distincte de la volonté de Dieu, tandis que d'autres soutiennent qu'elle en dépend. Or, ceux qui croient que les astres nous déterminent à agir en dehors de la volonté de Dieu, et qui, sans elle, assignent à chacun sa part de bonheur ou de malheur, doivent être exclus de la société, non-seulement de ceux qui professent la vraie religion, mais même de celle des adorateurs des faux dieux quels qu'ils soient. Car, à quoi tend cette opinion, si ce n'est à détruire toute espèce de culte et de prière ? Toutefois, notre but, en ce moment, n'est pas de combattre ces sortes de personnes, nous ne voulons avoir à faire qu'à ceux qui, pour défendre leurs fausses divinités, s'attaquent à la religion chrétienne. Pour ceux-là, qui font dépendre l'influence des astres de la volonté de Dieu, s'ils s'imaginent que sa suprême puissance leur a donné le pouvoir qu'ils leur attribuent, sur le caractère de l'homme, sur les biens ou les maux qui lui surviennent, ils font au ciel une grave injure de croire que là, comme dans un sénat très-illustre, et dans une cour toute resplendissante de lumières, on ordonne des crimes tellement énormes que, si quelque ville de la terre en ordonnait de pareils, le genre humain tout entier devrait s'unir pour la détruire de fond en comble. D'ailleurs, quel jugement laisse-t-on à Dieu, le maître des astres et des hommes, sur les actions humaines, puisqu'on attribue aux astres une influence qui rend ces actions nécessaires? Ou bien, si l'on ne veut pas dire que les astres ne règlent point eux-mêmes ces événements, mais seulement par la puissance que Dieu leur a donnée, et qu'ils ne font qu'exécuter ses ordres dans la nécessité qu'ils imposent; comment peut-on attribuer à Dieu des volontés qu'on rougirait d'attribuer aux étoiles ? D'autre part, si l'on dit que les astres présagent plutôt les événements qu'ils ne les font, en sorte que, leur position serait comme la voix qui prédit l'avenir, et non l'acte qui le détermine, selon l'opinion de plusieurs savants assez distingués ; je répondrai que les astrologues n'ont pas l'habitude de parler ainsi. Ils ne disent pas, par exemple, que Mars, dans telle position, prédit un homicide, mais qu'il le fait. Cependant, je veux bien accorder qu'ils ne parlent pas exactement, et qu'il faudrait les renvoyer aux philosophes, pour apprendre à exprimer correctement ce qu'ils croient trouver dans la position

---

corrigat. Cur enim non hoc primum dicit, quod postea dicturus est, cum ab illo quisquam quæsierit quid dixerit fatum? Nam id homines quando audiunt, usitata loquendi consuetudine non intelligunt nisi vim positionis siderum, qualis est quando quis nascitur, sive concipitur : quod aliqui alienant a Dei voluntate, aliqui ex illa etiam hoc pendere confirmant. Sed illi qui sine Dei voluntate decernere opinantur sidera quid agamus, vel quid bonorum habeamus malorumve patiamur, ab auribus omnium repellendi sunt; non solum eorum qui veram religionem tenent, sed qui deorum qualiumcumque, licet falsorum, volunt esse cultores. Hæc enim opinio quid aliud agit, nisi ut nullus omnino colatur aut rogetur Deus? Contra quos modo nobis disputatio non est instituta, sed contra eos qui pro defensione eorum quos deos putant, Christianæ religioni adversantur. Illi vero qui positionem stellarum quodam modo decernentium qualis quisque sit, et quid ei proveniat boni quidve mali accidat, ex Dei voluntate suspendunt, si easdem stellas putant habere hanc potestatem traditam sibi a summa illius potestate, ut volentes ista decernant; magnam cœlo faciunt injuriam, in cujus velut clarissimo senatu ac splendidissima curia opinantur scelera facienda decerni; qualia si aliqua terrena civitas decrevisset, genere humano decernente fuerat evertenda. Quale deinde judicium de hominum factis Deo relinquitur, quibus cœlestis necessitas adhibetur, cum Dominus ille sit et siderum et hominum? Aut si non dicunt stellas, accepta quidem potestate a summo Deo, arbitrio suo ista decernere, sed in talibus necessitatibus ingerendis illius omnino jussa complere : itane de ipso Deo sentiendum est, quod indignissimum visum est de stellarum voluntate sentire? Quod si dicuntur stellæ significare potius ista quam facere; ut quasi locutio quædam sit illa positio prædicens futura, non agens : (non enim mediocriter doctorum hominum fuit ista sententia,) non quidem ita solent loqui Mathematici, ut verbi gratia dicant, Mars ita positus homicidam significat; sed, homicidam facit : verumtamen ut concedamus non eos ut debent loqui, et a philosophis

des astres; mais d'où vient qu'ils n'ont jamais pu dire pourquoi, dans la vie de deux jumeaux, dans leurs actions, leur fortune, leurs professions, leurs emplois, leurs charges et les autres événements de la vie humaine, dans leur mort même, il y a souvent tant de différence, qu'à cet égard, des étrangers ont plus de ressemblance avec eux, que les jumeaux entre eux, quoiqu'ils n'aient été séparés dans leur naissance que par un très-court espace de temps, et que leur conception se soit faite par un seul acte et au même instant?

CHAPITRE II.

De la ressemblance et de la différence des maladies dans les jumeaux.

D'après Cicéron (1), Hippocrate, médecin très-fameux, aurait écrit que deux frères lui parurent être jumeaux, parce qu'ils étaient tombés malades ensemble, et que leur maladie s'aggravait ou diminuait en même temps. Mais le stoïcien Possidonius, (Cic., II *Tusc.*, etc. I *De la Divination*, etc., III *Off.*) très-grand astrologue, en donnait pour raison qu'ils étaient nés et conçus sous la même constellation. Ainsi, ce que le médecin expliquait par la ressemblance de tempérament, le philosophe l'attribuait à l'influence de la position des astres, au moment de leur conception et de leur naissance. Or, ici la conjecture du médecin paraît meilleure et beaucoup plus probable. Car, d'après la disposition du corps de leurs parents, à l'instant de la conception, ils ont pu recevoir une impression telle que, prenant ensuite un même accroissement dans le sein de leur mère, ils soient nés avec une complexion toute semblable. De plus, nourris des mêmes aliments, dans la même maison, ils respirèrent le même air dans les mêmes conditions d'habitation, ils burent la même eau, toutes choses qui, selon les médecins, exercent sur le corps une influence décisive, bonne ou mauvaise; enfin, accoutumés aux mêmes exercices, leur constitution fut tellement identique, que les mêmes causes produisirent les mêmes effets, même pour les rendre malades en même temps. Mais vouloir attribuer cette ressemblance de maladie à la position du ciel et des astres au moment de leur conception ou de leur naissance, quand tant de personnes d'inclinations différentes, et avec les chances les plus variées, ont pu être conçues et naître en même temps, dans un même pays, sous un même ciel, je ne sais vraiment comment qua-

(1) Ce fait ne se trouve point rapporté dans les ouvrages qui nous restent de Cicéron et d'Hippocrate.

accipere oportere sermonis regulam, ad ea prænuntianda quæ in siderum positione se reperire putant; qui fit, quod nihil unquam dicere potuerunt, cur in vita geminorum, in actionibus, in eventis, in professionibus, artibus, honoribus, cæterisque rebus ad humanam vitam pertinentibus, atque in ipsa morte sit plerumque tanta diversitas, ut similiores eis sint, quantum ad hæc attinet, multi extranei, quam ipsi inter se gemini, perexiguo temporis intervallo in nascendo separati, in conceptu autem per unum concubitum uno etiam momento seminati?

CAPUT II.

De geminorum simili dissimilique valetudine.

Cicero dicit, Hippocratem nobilissimum medicum scriptum reliquisse, quosdam fratres, cum simul ægrotare cœpissent, et eorum morbus eodem tempore ingravesceret, eodem levaretur, geminos suspicatum. Quos (Cic., II *Tusc.*, et I *de Divinat.*, et III *Offic.*) Possidonius Stoicus multum astrologiæ deditus, eadem constitutione astrorum natos, eademque conceptos solebat asserere. Ita quod medicus pertinere credebat ad simillimam temperiem valetudinis, hoc philosophus astrologus ad vim constitutionemque siderum, quæ fuerat quo tempore concepti natique sunt. In hac causa multo est acceptabilior et de proximo credibilior conjectura medicinalis: quoniam parentes ut erant corpore affecti, dum concumberent, ita primordia conceptorum affici potuerunt, ut consecutis ex materno corpore prioribus incrementis paris valetudinis nascerentur; deinde in una domo eisdem alimentis nutriti, ubi aerem et loci positionem et vim aquarum plurimum valere ad corpus vel bene vel male (*a*) afficiendum, medicina testatur; eisdem etiam exercitationibus assuefacti tam similia corpora gererent, ut etiam ad ægrotandum uno tempore eisdem causis similiter moverentur. Constitutionem vero cœli ac siderum, quæ fuit quando concepti sive nati sunt, velle trahere ad istam ægrotandi paritatem, cum tam multa diversissimi generis diversissimorum (*b*) affectuum et eventorum eodem tempore in unius regionis terra eidem cœlo subdita potuerint concipi et nasci, nescio cujus sit insolentiæ. Nos autem novimus geminos, non solum actus et peregrinationes habere diversas, verum etiam dispares

(*a*) Ita Corbeiensis codex. Alii Mss, cum editis, *accipiendum*. — (*b*) Mss. plerique, *effectuum*.

lifier une telle impudence? Pour nous, nous avons connu des jumeaux, dont non-seulement les actions et les habitudes, mais même les maladies étaient différentes. Hippocrate, ce me semble, en rendrait raison très-facilement, en disant que la diversité des aliments et des exercices, qui ne dépendent pas du tempérament, mais de la volonté, ont pu occasionner des maladies différentes. Quant à Possidonius, au contraire, ou quelqu'autre partisan de la fatalité des astres, je me demande quelle explication il pourrait donner ici, supposé qu'il voulût renoncer à se jouer de l'ignorance des âmes simples. Car, pour ce qui est de l'avantage qu'on prétend tirer de ce faible intervalle de temps qui sépare la naissance de deux jumeaux, et qui fait, en ce petit point du ciel où se marque l'heure, la différence de ce qu'on appelle l'horoscope; ou il n'a pas d'importance, eu égard à cette diversité énorme de volontés, d'actions, de mœurs, de succès et de revers que l'on remarque en eux; ou il en a trop, pour convenir également à la bassesse ou à la noblesse de la condition des jumeaux, quand on fait consister toute la différence dans l'heure de la naissance. Vous le voulez, soit; mais alors, si l'un naît sitôt après l'autre, qu'ils aient tous deux le même horoscope, je demande une entière ressemblance en toutes choses, ce qui ne peut se rencontrer en quelques jumeaux que ce soit; mais si le second tarde assez longtemps pour changer l'horoscope, je demande la diversité de père et de mère, ce qui est impossible pour deux jumeaux.

CHAPITRE III.

De l'argument de la roue du potier qu'apporte l'astrologue Nigidius dans la discussion des jumeaux.

C'est en vain qu'on a recours à cette fameuse fiction de la roue de potier, qu'inventa Nigidius pour se tirer d'embarras et qui le fit surnommer le Potier (1). Il se mit donc à tourner de toutes ses forces une roue de potier, et pendant qu'elle tournait, il la marqua deux fois d'encre, mais si rapidement, qu'on la crut marquée qu'en un seul endroit. Cependant, lorsqu'elle fut arrêtée, on retrouva sur la roue les deux signes qu'il avait imprimés, séparés l'un de l'autre par un assez grand intervalle. Ainsi, dit-il, dans le mouvement encore plus rapide du ciel, quand même deux jumeaux se suivraient avec une vitesse égale à celle de ma main, lorsque j'ai frappé deux fois cette roue, il y aurait toujours un grand intervalle dans les cieux; et telle est la cause, ajoute-t-il, de toutes les différences que l'on trouve dans les mœurs et les événements de la vie de deux jumeaux. Mais cet argument est plus fragile que les vases mêmes que forme la

(1) Aulu Gelle parle de Nigidius, livre XIX, chapitre xiv, voir Lucain, livre 1er.

ægritudines perpeti. De qua re facillimam, quantum mihi videtur, rationem redderet Hippocrates, diversis alimentis et exercitationibus, quæ non de corporis temperatione, sed de animi voluntate veniunt, dissimiles eis accidere potuisse valetudines. Porro autem Possidonius, vel quilibet fatalium siderum assertor, mirum si potest hic invenire quid dicat, ni velit imperitorum mentibus in eis quas nesciunt rebus illudere. Quod enim conantur efficere de intervallo exiguo temporis, quod inter se gemini dum nascerentur, habuerunt, propter cœli particulam, ubi ponitur horæ notatio, quem horoscopum vocant; aut non tantum valet, quanta invenitur in geminorum voluntatibus, actibus, moribus, casibusque diversitas; aut plus etiam valet quam est geminorum vel humilitas generis eadem, vel nobilitas, cujus maximam diversitatem non nisi in hora qua quisque nascitur, ponunt. Ac per hoc si tam celeriter alter post alterum nascitur, ut eadem pars horoscopi maneat; cuncta paria quæro, quæ in nullis possunt geminis inveniri: si autem sequentis tarditas horoscopum mutat; parentes diversos quæro, quos gemini habere non possunt.

CAPUT III.

De argumento quod ex rota figuli Nigidius mathematicus assumpsit in quæstione geminorum.

Frustra itaque affertur nobile illud commentum de figuli rota, quod respondisse ferunt Nigidium hac quæstione turbatum, unde et Figulus appellatus est. Dum enim rotam figuli vi quanta potuit intorsisset, currente illa bis numero de atramento tanquam uno ejus loco summa celeritate percussit; deinde inventa sunt signa, quæ fixerat, desistente motu, non parvo intervallo in rotæ illius extremitate distantia. Sic, inquit, in tanta cœli rapacitate, etiamsi alter post alterum tanta celeritate nascatur, quanta rotam bis ipse percussi, in cœli spatio plurimum est : hinc sunt, inquit, quæcumque dissimillima perhibentur in moribus, casibusque geminorum. Hoc figmentum fragilius est, quam vasa quæ illa rotatione finguntur. Nam si tam multum in cœlo interest, quod constella-

roue du potier. Car, s'il y a dans le ciel, à la naissance de deux jumeaux, une si grande distance, que les constellations ne peuvent expliquer pourquoi l'un obtient un héritage, tandis que l'autre s'en trouve privé; comment ose-t-on inspecter le ciel, à la naissance de ceux qui ne sont point jumeaux, et leur prédire dès l'heure de leur naissance, des événements qui sont enveloppés dans un secret tel, que personne ne saurait les saisir et les dévoiler. Ils diront peut-être, que pour ceux qui ne sont point jumeaux, ils font ces prédictions sur de plus longs espaces de temps; tandis que le peu d'intervalle qui existe entre la naissance de deux jumeaux ne peut apporter de différence que sur de très-petites choses, pour lesquelles on n'a pas coutume de consulter les astrologues, (qui donc, en effet, les consulterait pour s'asseoir, se promener, pour l'heure ou le menu du repas?) Mais nous arrêterons-nous à ces bagatelles, quand nous prouvons que les différences qui existent entre les jumeaux sont des différences essentielles dans leurs mœurs, leurs actions et les événements de leur vie ?

CHAPITRE IV.

Des deux jumeaux Esau et Jacob, fort différents entre eux de mœurs et de conduite.

L'histoire de nos premiers pères rapporte que, deux jumeaux, pour ne parler que des plus célèbres, naquirent, se suivant si près l'un de l'autre, que le second tenait la plante du pied du premier. (*Gen.*, XXV, 24.) Cependant, nous voyons dans leur vie une telle diversité de mœurs, d'actions et d'affection paternelle, que le petit intervalle qui sépara leur naissance, les rendit même ennemis. Est-ce que je veux dire que, quand l'un marchait, l'autre était assis, que quand l'un dormait, l'autre veillait, ou bien quand celui-ci parlait, celui-là se taisait? Non, ce sont là des choses trop minutieuses et qui échappent à ceux qui remarquent la position des astres, à l'heure de la naissance, pour consulter les astrologues. L'un a servi comme un mercenaire, l'autre n'a jamais servi ; l'un était aimé de sa mère, l'autre ne l'était point ; l'un perdit son droit d'aînesse, qui était si considéré chez les Juifs, l'autre l'acquit. Que dirai-je de leurs femmes, de leurs enfants, de leurs biens, quelle différence entre eux, dans tout cela ! Si donc toutes ces choses dépendent de ces petits moments qui séparent la naissance de deux jumeaux et ne sont point marqués dans leurs constellations, pourquoi les prédire en observant les constellations des autres.[7] Et si on les prédit, parce qu'elles ne dépendent pas de ces minutes insaisissables, mais d'espaces de temps plus considérables, qui peuvent être observés et notés, à quoi sert ici cette roue du po-

tionibus comprehendi non potest, ut alteri geminorum hæreditas obveniat, alteri non obveniat; cur audent cæteris qui gemini non sunt, cum inspexerint eorum constellationes, talia pronuntiare, quæ ad illud secretum pertinent, quod nemo potest comprehendere, et momentis annotare nascentium ? Si autem propterea talia dicunt in aliorum genituris, quia hæc ad productiora spatia temporum pertinent ; momenta vero illa partium minutarum, quæ inter se gemini possunt habere nascentes, rebus minimis tribuuntur, de qualibus Mathematici non solent consuli : (quis enim consulat quando sedeat, quando deambulet, quando vel quid prandeat?) numquid ista dicimus, quando in moribus, operibus, casibusque geminorum plurima plurimumque diversa monstramus?

CAPUT IV.

De Esau et Jacob geminis, multum inter se morum et actionum qualitate disparibus.

Nati sunt duo gemini antiqua patrum memoria (ut de insignibus loquar) sic alter post alterum, ut posterior plantam prioris teneret. (*Gen.*, XXV, 24.) Tanta in eorum vita fuerunt moribusque diversa, tanta in actibus disparilitas, tanta in parentum amore dissimilitudo, ut etiam inimicos eos inter se faceret ipsa distantia. Numquid hoc dicitur, quia uno ambulante alius sedebat, et alio dormiente alius vigilabat, alio loquente alius tacebat ; quæ pertinent ad illas minutias, quæ non possunt ab eis comprehendi, qui constitutionem siderum, qua quisque nascitur, scribunt, unde Mathematici consulantur? Unus duxit mercenariam servitutem, alius non servivit : unus a matre diligebatur, alius non diligebatur : unus honorem, qui magnus apud eos habebatur, amisit, alter indeptus est. Quid de uxoribus, quid de filiis, quid de rebus, quanta diversitas ? Si ergo hæc ad illas pertinent minutias temporum, quæ inter se habent gemini, et constellationibus non ascribuntur; quare aliorum constellationibus inspectis ista dicuntur ? Si autem ideo dicuntur, quia non ad minuta incomprehensibilia, sed ad temporum spatia pertinent, quæ

tier, si ce n'est à faire tourner ces hommes au cœur d'argile et à les empêcher de réfuter les vaines imaginations des astrologues ?

CHAPITRE V.

De quelle manière on prouve que la science des astrologues est vaine et fausse.

Ceux-là même, dont nous avons déjà parlé, et dont la maladie, s'aggravant et diminuant au même moment, fit conjecturer à Hippocrate, d'après les règles de la médecine, qu'ils étaient jumeaux, ne réfutent-ils pas assez l'erreur de ceux qui prétendent attribuer aux astres, ce qui provient de la similitude du tempérament ? Pourquoi, en effet, étaient-ils malades ensemble et au même moment et non l'un après l'autre, suivant l'ordre de leur naissance, puisqu'ils ne pouvaient naître en même temps ? Ou si cette différence dans l'instant de la naissance ne contribue point à les rendre malades en des temps différents, pourquoi veulent-ils leur donner de l'importance pour expliquer tant d'autres différences ? Pourquoi ont-ils pu voyager, se marier, avoir des enfants et beaucoup d'autres choses en divers temps, parce qu'il y eut quelque intervalle dans leur naissance, et pourquoi ne pourront-ils pas, pour la même raison, être malades en divers temps? Car, si le retard de la naissance a changé l'horoscope et apporté de la différence pour les autres choses, pourquoi l'égalité de la conception ne s'est-elle reproduite que dans la maladie. Ou si le destin de la santé dépend de la conception et celui des autres choses de la naissance, ils ne devraient donc rien prédire, par rapport à la santé, sur les constellations de la naissance, puisque l'heure de la conception se dérobe à leurs recherches. Mais s'ils prédisent les maladies, sans consulter l'horoscope de la conception, parce que le moment de la naissance les indique, comment pourront-ils annoncer, d'après l'heure de la naissance, à l'un des deux jumeaux, quand il sera malade, puisqu'ils devaient nécessairement l'être tous deux ensemble, bien qu'ils ne fussent pas nés au même instant? De plus, si dans la naissance des jumeaux, il y a un tel intervalle de temps qu'il nécessite le changement des constellations, de l'horoscope et de ces pôles astrologiques (1) auxquels on attribue même la puissance de changer les destinées ; je demande comment cela se peut-il faire, puisque leur con-

---

(1) Pôles astrologiques. Le latin dit *cardines*, qu'on pourrait traduire par les *points cardinaux* de l'astrologie. On en comptait quatre principaux. Ἀνατολή, ou le lever de l'astre, le commencement de la vie, Δύσις, le coucher, le déclin de la vie, Μεσουρανία, le milieu du ciel, le Zénith ; puis enfin, Ὑπογαίον le Nadir, le point opposé au Zénith de la vie. D'autres points étaient encore signalés entre ces pôles astrologiques, les uns influaient sur la fortune, les autres sur la santé, etc. Voir Manilius, livre II, qui, comme l'observe Vivès dans son Commentaire : *Ex nugio Materni diversa tradit*.

---

observari notarique possunt; quid hic agit rota illa figuli, nisi ut homines luteum cor habentes in gyrum mittantur, ne Mathematicorum vaniloquia convincantur?

CAPUT V.

Quibus modis convincantur Mathematici vanam scientiam profiteri.

Quid iidem ipsi, quorum morbum, quod eodem tempore gravior leviorque apparebat amborum, medicinaliter inspiciens Hippocrates, geminos suspicatus est, nonne satis istos redarguunt, qui volunt sideribus dare, quod de corporum simili temperatione veniebat? Cur enim similiter eodemque tempore, non alter prior, alter posterior aegrotabant, sicut nati fuerant, quia utique simul nasci ambo non poterant? Aut si nihil momenti attulit, ut diversis temporibus aegrotarent, quod diversis temporibus nati sunt ; quare tempus in nascendo diversum ad aliarum rerum diversitates valere contendunt? Cur potuerunt diversis temporibus peregrinari, diversis temporibus ducere uxores, diversis temporibus filios procreare, et multa alia, propterea quia diversis temporibus nati sunt, et non potuerunt eadem causa diversis etiam temporibus aegrotare? Si enim dispar nascendi mora mutavit horoscopum, et disparilitatem intulit caeteris rebus; quod illud in aegritudinibus mansit, quod habebat in temporis aequalitate conceptus ? Aut si fata valetudinis in conceptu sunt, aliarum vero rerum in ortu esse dicuntur, non deberent inspectis natalium constellationibus de valetudine aliquid dicere, quando eis inspicienda conceptionalis hora non datur. Si autem ideo praenuntiant aegritudines, non inspecto conceptionis horoscopo, quia indicant eas momenta nascentium ; quomodo dicerent cuilibet eorum geminorum ex nativitatis hora, quando aegrotaturus esset, cum et alter qui non habebat eamdem horam nativitatis, necesse haberet pariter aegrotare? Inde quaero, si tanta distantia est temporis in nativitate geminorum, ut per hanc oporteat eis constellationes fieri diversas, propter diversum horoscopum, et ob hoc diversos omnes cardines, ubi tanta vis ponitur, ut hinc etiam diversa sint fata ; unde hoc accidere potuit, cum eorum conceptus diversum

ception ne saurait différer d'un moment ? Ou si les destinées de deux enfants conçus en même temps ont pu être changées à la naissance, pourquoi aussi les destinées de deux enfants nés en même temps de deux mères, ne seraient-elles pas différentes et pour la vie et pour la mort? Car, si le même moment de la conception ne les a pas empêchés de naître l'un après l'autre, pourquoi le même moment de la naissance les empêcherait-il de mourir l'un avant l'autre ? Si, malgré la conception simultanée, des accidents divers surviennent dans le sein maternel, pourquoi deux enfants nés au même moment n'éprouveraient-ils pas aussi sur la terre des fortunes différentes, réduisant ainsi à néant toutes les inventions de cet art ou plutôt de cette imposture? Qu'est-ce à dire ? Quoi! deux enfants conçus en même temps, sous une seule et même position du ciel, ont des destins divers qui les font naître à des heures différentes, et deux enfants nés de deux mères, au même moment et sous la même position du ciel, ne pourraient avoir des destinées différentes, qui les fissent vivre ou mourir en des temps divers ? Est-ce que les enfants qui ne sont que conçus, n'ont pas encore leurs destinées et qu'ils ne peuvent les avoir qu'en naissant? Pourquoi alors dit-on que si on savait l'heure de la conception, les astrologues diraient des choses bien plus merveilleuses ? D'où vient encore que plusieurs citent l'exemple d'un sage qui choisit son heure pour s'approcher de sa femme, afin qu'elle lui donnât un fils plus parfait ? Pourquoi enfin, au sujet des deux jumeaux malades en même temps, Possidonius qui était philosophe et astronome distingué, répondait-il que cela venait de ce qu'ils étaient nés et conçus au même instant ? Il ajoutait le mot conçus, dans la crainte qu'on ne lui objectât qu'il n'était pas certain qu'ils fussent nés en même temps, tandis qu'on ne pouvait douter qu'ils n'eussent été conçus au même moment. Il parlait ainsi, afin de ne pas être obligé de convenir que la même maladie qu'ils avaient eue ensemble, provenait de la ressemblance des tempéraments et de pouvoir attribuer ce phénomène à l'influence des astres qui avaient présidé à leur conception. Si donc l'heure de la conception a tant de vertu sur la ressemblance des destinées, la naissance n'a pas dû les changer. Ou bien, si les destinées des jumeaux changent, parce qu'ils naissent à des moments différents, pourquoi ne pas dire plutôt qu'elles sont déjà changées, pour qu'ils naissent en divers temps ? Enfin, est-il croyable que la volonté des hommes ne change en rien les destinées de la naissance, quand l'ordre de la naissance change celles de la conception ?

tempus habere non possit? Aut si duorum uno momento temporis conceptorum potuerunt esse ad nascendum fata disparia, cur non et duorum uno momento temporis natorum possint esse ad vivendum atque moriendum fata disparia? Nam si unum momentum, quo ambo concepti sunt, non impedivit, ut alter prior, alter posterior nasceretur; cur, uno momento si duo nascuntur, impediat aliquid, ut alter prior, alter posterior moriatur? Si conceptio momenti unius diversos casus in utero geminos habere permittit; cur nativitas momenti unius non etiam quoslibet duos in terra diversos casus habere permittat, ac sic omnia hujus artis vel potius vanitatis commenta tollantur? Quid est hoc quod uno tempore, uno momento, sub una eademque cœli positione concepti diversa habent fata, quæ illos perducant ad diversarum horarum nativitatem, et uno momento temporis sub una eademque cœli positione de duabus matribus duo pariter nati, diversa fata habere non possunt, quæ illos perducant ad diversam vivendi vel moriendi necessitatem? An concepti nondum habent fata, quæ nisi nascantur, habere non poterunt? Quid est ergo quod dicunt, si hora conceptionalis inveniatur, multa ab istis dici posse (a) divinis? Unde etiam illud a nonnullis prædicatur, quod quidam sapiens horam elegit, qua cum uxore concumberet, unde filium mirabilem gigneret. Unde postremo et hoc est, quod de illis pariter ægrotantibus geminis Possidonius magnus astrologus idemque philosophus respondebat, ideo fieri, quod eodem tempore fuissent nati, eodemque concepti. Nam utique propter hoc addebat conceptionem, ne diceretur ei non ad liquidum eodem tempore potuisse nasci, quos constabat omnino eodem tempore fuisse conceptos ; ut hoc quod similiter simulque ægrotabant, non daret de proximo pari corporis temperamento, sed eamdem quoque valetudinis parilitatem sideris nexibus alligaret. Si igitur in conceptu tanta vis est ad æqualitatem fatorum, non debuerunt nascendo eadem fata mutari. Aut si propterea mutantur fata geminorum, quia temporibus diversis nascuntur, cur non potius intelligamus jam fuisse mutata, ut diversis temporibus nascerentur? Itane non mutat fata nativitatis voluntas viventium, cum mutet fata conceptionis ordo nascentium?

(a) Editi, *divinitus*. At Mss. alii, *divinius*: alii, quod magis placet, *divinis*, id est Mathematicis divinandi artem profitentibus.

CHAPITRE VI.

Des jumeaux de sexe différent.

Bien que la conception des jumeaux ait lieu au même instant, comment se fait-il que l'un soit conçu mâle et l'autre femelle, sous la même constellation fatale? J'ai connu des jumeaux de différent sexe ; ils sont tous deux encore vivants et même dans la force de l'âge; ils se ressemblent extérieurement, autant qu'il est possible entre personnes de sexe différent ; cependant, sans parler des actions qui diffèrent nécessairement entre elles, ils ont un genre de vie et des habitudes très-opposés; l'un est à l'armée, remplissant les fonctions de comte et presque toujours absent de chez lui ; l'autre ne s'éloigne jamais de la maison paternelle ou de ses champs; de plus, chose surprenante, si l'on croit à la fatalité des astres, mais qui n'étonne plus, si l'on considère la liberté de l'homme et le don de Dieu, l'un est marié, l'autre est vierge consacrée à Dieu ; celui-ci a beaucoup d'enfants, celle-là est vouée au célibat. Mais, dira-t-on, la force de l'horoscope n'est-elle pas très-grande ? J'ai déjà prouvé assez longuement qu'il n'en était rien. Quoi qu'il en soit, ils admettent son influence pour la naissance, et pourquoi pas pour la conception, puisqu'il est certain qu'un seul acte la produit? Et la loi de la nature est telle ici, qu'une femme après avoir conçu un enfant, n'en peut concevoir un autre avant d'être délivrée ; d'où il suit nécessairement qu'il faut que deux jumeaux soient conçus au même moment. Est-ce que par hasard, étant nés sous un horoscope différent, ils ont été changés, au moment de leur naissance, l'un en mâle et l'autre en femelle ? Cependant, il ne serait pas tout à fait absurde d'attribuer certaines influences aux astres pour la différence des corps, comme nous voyons le soleil, en s'éloignant ou en s'approchant de nous, régler la diversité des saisons, et sous les diverses phases de la lune plusieurs sortes de choses augmenter ou diminuer, comme les oursins, les huîtres et les marées, cet admirable flux et reflux de l'Océan ; mais quant aux volontés de l'âme, elles ne sauraient être soumises à la position des astres, et vouloir faire dépendre d'eux nos actions, c'est nous avertir de chercher des raisons pour n'en pas faire dépendre même les choses corporelles. Mais qu'y a-t-il donc de plus corporel que le sexe ? Et cependant, des jumeaux de divers sexe peuvent être conçus sous la position des mêmes astres. Aussi, qu'y a-t-il de plus insensé de dire ou de croire que la position des astres qui, au

CAPUT VI.

De geminis disparis sexus.

Quanquam et in ipsis geminorum conceptibus, ubi certe amborum eadem momenta sunt temporum, unde fit ut sub eadem constellatione fatali alter concipiatur masculus, altera femina? Novimus geminos diversi sexus, ambo adhuc vivunt, ambo ætate vigent adhuc ; quorum cum sint inter se similes corporum species, quantum in diverso sexu potest; instituto tamen et proposito vitæ ita sunt dispares, ut præter actus quos necesse est a virilibus distare femineus, quod ille in officio Comitis militat et a sua domo pene semper peregrinatur, illa de solo patrio et de rure proprio non recedit. Insuper, (quod est incredibilius, si astralia fata credantur ; non autem mirum, si voluntates hominum et Dei munera cogitentur :) ille conjugatus, illa virgo sacra est ; ille numerosam prolem genuit, illa nec nupsit. At enim plurimum vis horoscopi valet ? Hoc quam nihil sit, jam satis disserui. Sed qualecumque sit, in ortu valere dicunt : numquid et in conceptu? ubi et unum concubitum esse manifestum est ; et tanta naturæ vis est, ut cum conceperit femina, deinde alterum concipere (a) omnino non possit : unde necesse est, eadem esse in geminis momenta conceptus. An forte, quia diverso horoscopo nati sunt, aut ille in masculum, dum nascerentur, aut illa in feminam commutata est? Cum igitur non usquequaque absurde dici posset, ad solas corporum differentias afflatus quosdam valere sidereos, sicut in solaribus accessibus et decessibus videmus etiam ipsius anni tempora variari, et lunaribus incrementis atque decrementis augeri, et minui quædam genera rerum, sicut echinos, et conchas, et mirabiles æstus oceani; non autem et animi voluntates positionibus siderum subdi : nunc isti cum etiam nostros actus inde religare conantur, admonent ut quæramus, unde ne in ipsis quidem corporibus eis possit ratio ista constare. Quid enim tam ad corpus pertinens, quam corporis sexus? Et tamen sub eadem positione siderum diversi sexus gemini concipi potuerunt. Unde quid insipientius dici aut credi potest, quam siderum positionem, quæ ad horam conceptionis eadem ambobus fuit, facere non

---

(a) Fieri tamen posse ut superfetet mulier, et factum esse nonnunquam ut concepto uno fetu alterum conceperit, docet Aristoteles, lib. VII. *de histor. animalium*, Plinius, lib. VII. c. xi, et Hippocrates, lib. *de superfetatione*.

moment de la conception était la même pour tous deux, n'ait pas pu leur donner un même sexe, et que l'astre qui a présidé à leur naissance, ait pu les déterminer à des états si différents que le sont le mariage et la virginité?

CHAPITRE VII.

Du choix des jours pour se marier, pour planter ou pour semer.

D'abord, qui pourrait supporter, qu'en choisissant des jours, on se fît soi-même de nouveaux destins. Celui-là était né pour avoir un fils digne de mépris, plutôt que d'admiration, alors cet homme habile choisit le temps de s'unir à sa femme. Il s'est donc fait un destin qu'il n'avait pas, et par là ce qui n'était pas fatal par sa naissance, commence à le devenir et de son fait. Singulière folie ! On choisit un jour pour se marier, je pense que c'est pour ne pas tomber dans un mauvais jour et s'exposer, sans choix, à une union malheureuse. Que deviennent donc les décrets portés par les astres à la naissance ? Est-ce que l'homme peut changer, par le choix d'un jour, ce qui a été arrêté depuis longtemps, et ce qu'il a résolu lui-même, en choisissant un jour, ne pouvait être modifié par une autre volonté ? D'ailleurs, s'il n'y a que les hommes soumis aux astres et que tout le reste qui existe sous le ciel, n'y soit pas, pourquoi choisit-on certains jours exprès pour planter la vigne ou les arbres, ou pour semer les blés ; d'autres jours, pour dompter les animaux, pour faire couvrir les juments et les vaches, pour multiplier les troupeaux et autres choses semblables ? S'ils disent que pour tout cela, le choix des jours est très-important, parce que tous les corps animés ou inanimés, selon les moments divers, dépendent de la position des astres, qu'ils considèrent quelle multitude d'êtres naissent et commencent en même temps et ont des actions tellement contraires, que ces observations-là feraient rire même des enfants. Car, qui serait assez insensé pour oser dire que tous les arbres, les plantes, les animaux, serpents, oiseaux, poissons, vermisseaux, naissent chacun en particulier à des moments divers ? Cependant, pour éprouver la science des astrologues, il en est souvent qui leur apportent l'horoscope des bêtes, dont ils ont eu soin d'observer chez eux la naissance sur les constellations, pour se rendre compte, et ils préfèrent aux autres, ceux qui, après avoir observé les astres, disent que ce n'est pas un homme qui est né, mais une bête ;

---

potuisse, ut cum quo habebat eamdem constellationem, sexum diversum a fratre non haberet ; et positionem siderum, quæ fuit ad horam nascentium, facere potuisse, ut ab eo tam multum virginali sanctitate distaret?

CAPUT VII.

De electione diei quo uxor ducitur, quove in agro aliquid plantatur aut seritur.

Jam illud quis ferat, quod in eligendis diebus nova quædam suis actibus fata moliuntur? Non erat videlicet ille ita natus, ut haberet admirabilem filium ; sed ita potius, ut contemptibilem gigneret : et ideo vir doctus elegit horam qua misceretur uxori. Fecit ergo fatum quod non habebat, et ex ipsius (*a*) facto cœpit esse fatale, quod in ejus nativitate non fuerat. O stultitiam singularem! Eligitur dies ut ducatur uxor : credo, propterea quia potest in diem non bonum, nisi eligatur, incurri, et infeliciter duci. Ubi est ergo quod nascenti jam sidera decreverunt? An potest homo quod ei jam constitutum est, diei electione mutare, et quod ipse in eligendo die constituerit, non poterit ab alia potestate mutari? Deinde si soli homines, non autem omnia quæ sub cœlo sunt, constellationibus subjacent, cur alios eligunt dies accommodatos ponendis vitibus, vel arboribus, vel segetibus; alios dies pecoribus, vel domandis, vel admittendis manibus, quibus equarum vel boum fetentur armenta, et cætera hujusmodi? Si autem propterea valent ad has res dies electi, quia terrenis omnibus corporibus, sive animantibus, (*b*) sive non animantibus, secundum diversitates temporalium momentorum, siderum positio dominatur; considerent quam innumerabilia sub uno temporis puncto vel nascantur, vel oriantur, vel inchoentur, et tam diversos exitus habeant, ut istas observationes cuivis puero ridendas esse persuadeant. Quis enim est tam excors, ut audeat dicere, omnes arbores, omnes herbas, omnes bestias, serpentes, aves, pisces, vermiculos, momenta nascendi singillatim habere diversa? Solent tamen homines ad tentandam peritiam Mathematicorum afferre ad eos constellationes mutorum animalium, quorum ortus propter hanc explorationem domi suæ diligenter observant, eosque Mathematicos præferunt cæteris, qui constellationibus inspectis dicunt non esse hominem natum, sed pecus. Audent etiam dicere quale pecus, utrum aptum

---

(*a*) Editi dissentientibus scriptis libris, *fato*. — (*b*) Mss. non habent, *sive non animantibus*.

ils osent même dire quelle bête, si c'est une bête à laine, si elle est propre à la voiture, à la charrue ou à garder la maison ; car on les consulte même sur les destinées des chiens et leurs réponses sont reçues avec de grands applaudissements. Les hommes ont-ils perdu le sens au point de s'imaginer que la naissance d'un homme empêche tellement celle des autres êtres, qu'une mouche ne pourrait pas même naître en même temps que lui, sous la même région du ciel. Car, s'ils admettaient la production d'une mouche, le raisonnement les conduirait progressivement à admettre celle des chameaux et des éléphants. Et ils ne veulent pas remarquer qu'ayant choisi un jour pour semer leur champ, une infinité de grains tombent par terre en même temps, germent, lèvent, croissent et murissent en même temps, et que, cependant, parmi ces épis de même âge et pour ainsi dire de même germe, les uns sont détruits par la nielle, les autres mangés par les oiseaux et ceux-là arrachés par les passants. Comment expliquer cela? Diront-ils que ces épis qui ont des destinées différentes, ont eu des constellations différentes? Ou bien reconnaîtront-ils qu'on a tort de choisir des jours pour ces sortes de choses, qui ne sont point soumises aux influences célestes, n'y soumettant que les hommes, qui, cependant, sont les seules créatures sur terre auxquelles Dieu ait donné une volonté libre? Tout considéré, on peut croire sans témérité que quand les astrologues font des réponses très-conformes à la vérité, ils les font par une secrète inspiration des mauvais esprits, qui ont le soin de répandre et d'affermir parmi les hommes ces opinions fausses et dangereuses, et non par leur science d'observation et d'inspection des astres, car cette science est entièrement vaine.

CHAPITRE VIII.

De ceux qui appellent destin, non pas la position des astres, mais l'enchaînement des causes qui dépendent de la volonté de Dieu.

Quant à ceux qui appellent destin, non la disposition des astres, au moment de la conception, de la naissance, ou du commencement de tout être quel qu'il soit, mais l'enchaînement et la suite des causes de tout ce qui se fait, nous ne nous arrêterons pas beaucoup à disputer avec eux sur ce mot, puisqu'ils attribuent l'ordre même et cet enchaînement des causes à la volonté et à la puissance du Dieu souverain, que nous croyons avec raison et avec vérité, connaître toutes choses avant qu'elles n'arrivent ; il n'est rien qu'il n'ait réglé d'avance, et de lui procède toute puissance, bien que toute volonté ne vienne pas de lui. Aussi, qu'ils appellent destin, cette volonté souveraine de Dieu, dont la puissance s'étend invinciblement à toutes

---

lanitio, an vectationi, an aratro, an custodiæ domus. Nam et ad canina fata tentantur, et cum magnis admirantium clamoribus ista respondent. Sic desipiunt homines, ut existiment, cum homo nascitur, cæteros rerum ortus ita inhiberi, ut cum illo sub eadem cœli plaga nec musca nascatur. Nam si hanc admiserint, procedit ratiocinatio, quæ gradatim accessibus modicis eos a muscis ad camelos elephantosque perducat. Nec illud volunt advertere, quod electo ad seminandum agrum die, tam multa grana in terram simul veniunt, simul germinant, exorta segete simul herbescunt, pubescunt, flavescunt, et tamen inde spicas cæteris coævas, atque, ut ita dixerim, congerminales, alias rubigo interimit, alias aves depopulantur, alias homines avellunt. Quomodo istis alias constellationes fuisse dicturi sunt, quas tam diversos exitus habere conspiciunt? An eos pœnitebit his rebus dies eligere, easque ad cœleste negabunt pertinere decretum, et solos sideribus subdent homines, quibus solis in terra Deus dedit liberas voluntates? His omnibus consideratis, non immerito creditur, cum Astrologi mirabiliter multa vera respondent, occulto instinctu fieri spirituum non bonorum, quorum cura est has falsas et noxias opiniones de astralibus fatis inserere humanis mentibus atque firmare, non horoscopi notati et inspecti aliqua arte, quæ nulla est.

CAPUT VIII.

De his qui non astrorum positionem, sed connexionem causarum ex Dei voluntate pendentem fati nomine appellant.

Qui vero non astrorum constitutionem, sicuti est cum quidque concipitur, vel nascitur, vel inchoatur, sed omnium connexionem seriemque causarum, qua fit omne quod fit, fati nomine appellant ; non multum cum eis de verbi controversia laborandum atque certandum est ; quando quidem ipsum causarum ordinem et quamdam connexionem Dei summi tribuunt voluntati et potestati, qui optime et veracissime creditur et cuncta scire antequam fiant, et nihil inordinatum relinquere ; a quo sunt omnes

choses, c'est ce qu'il est facile de prouver par ces vers qui sont de Sénèque, si je ne me trompe : « Père souverain et dominateur des cieux, conduisez-moi partout où vous voudrez, je vous obéis sans retard ; me voici plein de bonne volonté : et quand je ne le voudrais pas, je serais toujours obligé de vous suivre ; ma malice ne me servirait qu'à faire en souffrant ce que j'aurais fait avec joie, si j'étais homme de bien. Les destins conduisent ceux qui les suivent volontairement, ils entraînent ceux qui leur résistent. » Il est évident par ces derniers mots, que le poète appelle destin ce qu'il avait appelé auparavant la volonté du Père souverain de l'univers ; il dit qu'il est prêt à lui obéir et à se laisser conduire volontairement, de peur d'y être forcé quand même ; parce que si les destins conduisent ceux qui ont bonne volonté, ils entraînent malgré eux ceux qui ne veulent pas les suivre. Nous trouvons aussi la même opinion dans ces vers d'Homère que Cicéron a traduits : « Le cœur de l'homme est tel, chaque jour, qu'il plaît à Jupiter, le père des dieux et des hommes. » (*Odis.*, XVIII.) Il est vrai que dans cette question, le sentiment d'un poète n'est pas d'une grande valeur, mais comme Cicéron nous apprend que les Stoïciens ont coutume d'alléguer ces vers d'Homère, pour prouver la puissance du destin, il ne s'agit plus du poète mais de ces philosophes qui, en apportant ces vers dans la discussion, montrent clairement ce qu'ils entendent par le destin, puisqu'ils appellent de ce nom Jupiter, qu'ils regardent comme le Dieu souverain, dont ils font dépendre l'enchaînement des destins.

CHAPITRE IX.

De la prescience divine et de la libre volonté de l'homme, contre le sentiment de Cicéron.

1. Cicéron (livre *de la Divin.* II) s'efforce de combattre ces philosophes, mais il ne croit pas pouvoir réussir, comme il faut, s'il ne détruit la divination. Pour cela, il va jusqu'à nier toute science de l'avenir et il soutient de toutes ses forces qu'elle n'existe nulle part, ni en Dieu, ni en l'homme et qu'on ne peut rien prédire. Ainsi, il nie la prescience de Dieu, et s'efforce, par de vains raisonnements, d'anéantir toute prophétie, même celle qui serait plus claire que le jour ; il s'objecte quelques oracles faciles à convaincre de fausseté, quoique cependant il

---

potestates, quamvis ab illo non sint omnium voluntates. Ipsam itaque præcipue Dei summi voluntatem, cujus potestas insuperabiliter per cuncta porrigitur, eos appellare fatum sic probatur. Annæi Senecæ sunt, nisi fallor, hi versus :

    Duc summe pater, altique dominator poli,
    Quocumque placuit, nulla parendi mora est.
    Adsum impiger : fac nolle, comitabor gemens,
    Malusque patiar facere quod licuit bono.
    Ducunt volentem fata, nolentem trahunt.
                        (*Epist.* XVIII.)

Nempe evidentissime hoc ultimo versu ea fata appellavit, quam supra dixerat summi patris voluntatem : cui se paratum obedire dicit, ut volens ducatur, ne nolens trahatur ; quoniam scilicet : Ducunt volentem fata, nolentem trahunt. Illi quoque versus Homerici, huic sententiæ suffragantur, quos Cicero in Latinum vertit :

    Tales sunt hominum mentes, (*a*) quali pater ipse
    Jupiter auctiferas lustravit lumine terras.
                        (*Odis.*, XVIII.)

Nec in hac quæstione auctoritatem haberet poetica sententia : sed quoniam Stoicos dicit, vim fati asserentes, istos ex Homero versus solere usurpare, non de illius poetæ, sed de istorum philosophorum opinione tractatur, cum per istos versus, quos disputationi adhibent, quam de fato habent, quid sentiant esse fatum, apertissime declaratur, quoniam Jovem appellant, quem summum deum putant, a quo connexionem dicunt pendere fatorum.

CAPUT IX.

De præscientia Dei et libera hominis voluntate, contra Ciceronis definitionem.

1. Hos Cicero (lib. *de Divinat.*, II) ita redarguere nititur, ut non existimet aliquid se adversus eos valere, nisi auferat divinationem. Quam sic conatur auferre, ut neget esse scientiam futurorum, eamque omnibus viribus nullam esse omnino contendat, vel in Deo, vel in homine, nullamque rerum prædictionem. Ita et Dei præscientiam negat, et omnem prophetiam luce clariorem conatur evertere vanis argumentationibus, et opponendo sibi quædam oracula, quæ facile possunt refelli : quæ tamen nec ipsa convincit. In his autem Mathematicorum conjecturis refutandis ejus regnat oratio ; quia vere tales sunt,

---

(*a*) Editi, *qualis*. At probæ notæ Mss. *quali*. Et quidam, *quales*. In altero versu Colbertinus codex, loco *auctiferas*, habet *astriferas*. Neutra lectio respondet Græco sic nunc habenti : Τοῖος γὰρ νόος ἐστὶν ἐπιχθονίων ἀνθρώπων, Οἶον ἐπ' ἦμαρ ἄγῃσι πατὴρ ἀνδρῶν τε θεῶν τε. Id est, *Talis mens est terrestrium hominum, qualem in diem ducit hominum deorumque pater.*

LIVRE V. — CHAPITRE IX.

n'y parvienne pas lui-même. Son éloquence triomphe lorsqu'il s'agit de réfuter les conjectures des astrologues, parce qu'elles sont vraiment telles, qu'elles se détruisent et se réfutent elles-mêmes. Mais ceux qui veulent établir la fatalité des astres, sont beaucoup plus supportables que lui, qui veut détruire toute science de l'avenir. Car reconnaître un Dieu et lui refuser la prescience de ce qui doit arriver, c'est évidemment de la folie. Ce qu'ayant bien vu lui-même, il a tâché cependant de justifier cette parole de l'Ecriture : « L'insensé a dit dans son cœur : Il n'y a point de Dieu, » (*Ps.* XIII, 1) mais il ne l'a pas fait en son nom, car il prévoyait les inconvénients d'un pareil discours ; c'est pourquoi, dans son livre *de la Nature des dieux*, il fait soutenir ce rôle par Cotta, contre les stoïciens ; pour lui, il se range du côté de Lucilius Balbus, auquel il a confié la défense des stoïciens, aimant mieux se mettre avec Balbus qu'avec Cotta qui nie l'existence de la nature divine. Mais dans les livres *de la Divination*, il combat ouvertement et par lui-même la prescience de l'avenir. Il paraît agir ainsi, dans la crainte qu'en admettant le destin, il ne soit obligé de sacrifier la liberté de la volonté ; car il s'imagine qu'en accordant la connaissance de l'avenir, on est forcé d'admettre le destin comme une conséquence absolument nécessaire. Mais,

quoi qu'il en soit de ces disputes subtiles et embarrassées des philosophes, comme nous reconnaissons un Dieu souverain et véritable, nous reconnaissons aussi sa volonté, sa suprême puissance et sa prescience. Et nous ne craignons pas que notre volonté ne soit pas la cause de ce que nous faisons, bien que celui dont la prescience ne saurait se tromper a prévu que nous le ferions. C'est cette crainte qui a porté Cicéron à combattre la prescience et les stoïciens à nier la nécessité universelle, tout en soutenant que rien n'arrive sans l'ordre du destin.

2. Que pouvait donc redouter Cicéron dans la prescience de l'avenir, pour chercher à la renverser par un raisonnement détestable? C'est sans doute, parce que si tout ce qui doit arriver est prévu, il arrivera dans l'ordre où il a été prévu, et s'il en est ainsi, l'ordre des choses est certain par la prescience de Dieu. Et si l'ordre des choses est certain, l'ordre des causes l'est également ; car, rien ne se peut faire qu'il ne soit précédé de quelque cause efficiente : et si l'ordre des causes, qui est le principe de tout, est certain, c'est le destin, dira-t-il, qui fait tout ce qui arrive. Ainsi, il n'y a plus rien en notre pouvoir et il n'y a point de libre arbitre : mais si nous accordons cela, ajoute-t-il, toute la vie humaine est bouleversée ; c'est en vain qu'on fait des lois, c'est en vain qu'on adresse des re-

---

ut se ipsæ destruant et refellant. Multo sunt autem tolerabiliores qui vel siderea fata constituunt, quam iste qui tollit præscientiam futurorum. Nam et confiteri esse Deum et negare (*a*) præscium futurorum, apertissima insania est. Quod et ipse cum videret, etiam illud tentavit asserere, quod scriptum est : « Dixit insipiens in corde suo : Non est Deus ; » (*Psal.* XIII, 1) sed non ex sua persona. Vidit enim quam esset invidiosum et molestum ; ideoque Cottam fecit disputantem de hac re adversum Stoicos in libris *de deorum natura*, et pro Lucilio Balbo, cui Stoicorum partes defendendas dedit, maluit ferre sententiam, quam pro Cotta, qui nullam naturam divinam esse contendit. In libris vero *de divinatione* ex se ipso apertissime oppugnat præscientiam futurorum. Hoc autem totum facere videtur, ne fatum esse consentiat, et perdat liberam voluntatem. Putat enim, concessa scientia futurorum, ita esse consequens fatum, ut negari omnino non possit. Sed quoquo modo se habeant tortuosissimæ concertationes et disputationes philosophorum, nos ut confi-

temur summum et verum Deum, ita voluntatem summamque potestatem ac præscientiam ejus confitemur. Nec timemus ne ideo non voluntate faciamus, quod voluntate facimus, quia id nos facturos ille præscivit, cujus præscientia falli non potest. Quod Cicero timuit, ut oppugnaret præscientiam ; et Stoici, ut non omnia necessitate fieri dicerent, quamvis omnia fato fieri contenderent.

2. Quid est ergo quod Cicero timuit in præscientia futurorum, ut eam labefactare disputatione detestabili niteretur? Videlicet quia si præscita sunt omnia futura, hoc ordine venient, quo ventura esse præscita sunt ; et si hoc ordine venient, certus est ordo rerum præscienti Deo ; et si certus est ordo rerum, certus est ordo causarum ; non enim aliquid fieri potest, quod non aliqua efficiens causa præcesserit ; si autem certus est ordo causarum, quo fit omne quod fit ; fato, inquit, fiunt omnia quæ fiunt. Quod si ita est, nihil est in nostra potestate, nullumque est arbitrium voluntatis : quod si concedimus, inquit, omnis humana vita subvertitur ; frustra leges

(*a*) Mss. *præscientiam*

proches, qu'on loue, qu'on blâme, qu'on exhorte; il n'y a plus aucune justice à récompenser les bons et à punir les méchants. C'est donc pour éviter ces conséquences injustes, absurdes et pernicieuses à la société, qu'il ne veut pas admettre la prescience de l'avenir; en sorte qu'il réduit l'homme religieux à cette extrémité de choisir de deux choses l'une, ou que certains actes dépendent de notre volonté, ou bien qu'il y a une prescience de l'avenir; parce qu'il pense que ces opinions ne sauraient subsister toutes deux ensemble et qu'on ne peut prouver et établir l'une, sans détruire l'autre; si nous admettons la prescience de l'avenir, nous détruisons le libre arbitre; si, au contraire, nous choisissons le libre arbitre, nous détruisons la prescience de l'avenir. Aussi, ce grand et savant homme, dont tous les efforts sont consacrés avec une extrême habileté au bien de la société, choisit pour son opinion, le libre arbitre et pour l'établir, il nie la prescience de l'avenir; et ainsi en voulant faire les hommes libres, il les rend impies. L'homme religieux, au contraire, admet l'une et l'autre, les reconnaît toutes deux et les soutient également par sa foi et sa piété. Comment cela, dit notre orateur? car, s'il y a une prescience de l'avenir, il s'ensuit nécessairement et il faut que nous arrivions à cette conclusion, que rien n'est au pouvoir de notre volonté; que si notre volonté a quelque pouvoir, nous arrivons par des raisonnements contraires à conclure qu'il n'y a point de prescience de l'avenir. Et, en effet, si la volonté est libre, le destin ne fait pas tout; si le destin ne fait pas tout, l'ordre de toutes les causes n'est pas certain; si l'ordre des causes n'est pas certain, l'ordre des choses ne l'est pas non plus dans la prescience en Dieu, puisqu'elles ne peuvent se faire si elles ne sont précédées de causes efficientes; si l'ordre des choses n'est pas certain dans la prescience divine, elles n'arrivent donc pas comme Dieu les a prévues; et si elles n'arrivent pas comme il les a prévues, il n'y a pas en Dieu de prescience pour toutes les choses futures.

3. Pour nous, à l'encontre de ces raisonnements téméraires et impies, nous disons que Dieu connaît toutes choses avant qu'elles arrivent; et que notre volonté fait tout ce que nous sentons et savons ne faire qu'à notre gré. Mais nous ne disons pas que tout se fait par le destin, bien plus, nous disons que rien ne se fait par le destin. Car nous avons fait voir que ce mot destin, dans le sens qu'on lui donne ordinairement, pour signifier la position des astres, au moment de la conception ou de la naissance, n'a aucune valeur (parce que la chose qu'il exprime est tout à fait chimérique). Quant à l'ordre des

dantur; frustra objurgationes, laudes, vituperationes, exhortationes adhibentur; neque ulla justitia bonis præmia, et malis supplicia constituta sunt. Hæc ergo ne consequantur indigna et absurda et perniciosa rebus humanis, non vult esse præscientiam futurorum : atque in has angustias coarctat animum religiosum, ut unum eligat e duobus, aut esse aliquid in nostra voluntate, aut esse præscientiam futurorum; quoniam utrumque arbitratur esse non posse; sed si alterum confirmabitur, alterum tolli; si elegerimus præscientiam futurorum, tolli voluntatis arbitrium; si elegerimus voluntatis arbitrium, tolli præscientiam futurorum. Ipse itaque ut vir magnus et doctus, et vitæ humanæ plurimum ac peritissime consulens, ex his duobus elegit liberum voluntatis arbitrium : quod ut confirmaretur, negavit præscientiam futurorum; atque ita dum vult facere liberos, fecit sacrilegos. Religiosus autem animus utrumque eligit, utrumque confitetur, et fide pietatis utrumque confirmat. Quomodo, inquit? Nam si est præscientia futurorum, sequentur illa omnia, quæ connexa sunt, donec eo perveniatur, ut nihil sit in nostra voluntate. Porro si est aliquid in nostra voluntate, eisdem recursis gradibus eo pervenitur, ut non sit præscientia futurorum. Nam per illa omnia sic recurritur : Si est voluntatis arbitrium, non omnia fato fiunt; si non omnia fato fiunt, non est omnium certus ordo causarum; si certus causarum ordo non est, nec rerum certus est ordo præscienti Deo, quæ fieri non possunt, nisi præcedentibus et efficientibus causis : si rerum ordo præscienti Deo certus non est, non omnia sic veniunt, ut ea ventura præscivit; porro si non omnia sic veniunt, ut ab illo ventura præscita sunt, non est, inquit, in Deo præscientia omnium futurorum.

3. Nos adversus istos sacrilegos ausus atque impios, et Deum dicimus omnia scire, ante quam fiant; et voluntate nos facere, quidquid a nobis non nisi volentibus fieri sentimus et novimus. Omnia vero fato fieri non dicimus, imo nulla fieri fato dicimus : quoniam fati nomen ubi solet a loquentibus poni, id est in constitutione siderum cum quisque conceptus aut natus est, (quoniam res ipsa inaniter asseritur,) nihil valere monstramus. Ordinem autem causarum, ubi voluntas Dei plurimum potest, neque

causes, où la volonté de Dieu est très-puissante, nous ne le nions pas, et nous ne l'appelons pas destin, à moins qu'on ne fasse venir ce mot d'un autre qui signifie parler, et qu'on le comprenne ainsi; car il nous est impossible de renier cette parole des livres saints : « Dieu a parlé une fois et j'ai entendu ces deux choses : La puissance appartient à Dieu, et à vous, Seigneur, la miséricorde, car vous rendez à chacun selon ses œuvres. » (*Ps.* LXI, 12.) Puisqu'il est dit: Dieu a parlé une fois, il faut entendre par là, une parole immuable, comme il connaît immuablement tout ce qui doit arriver et ce qu'il fera lui-même. De cette sorte, nous pourrions nous servir du mot destin pour signifier parler, si ce mot ne se prenait d'ordinaire dans un autre sens, dont nous voudrions détourner les cœurs. Mais de ce que l'ordre de toutes les causes est certain pour Dieu, il ne s'ensuit pas que rien ne dépende de notre volonté. Car, nos volontés elles-mêmes sont dans l'ordre des causes, qui est certain pour Dieu et qu'il prévoit, parce que les volontés humaines sont les causes de leurs actions. En sorte que celui qui a prévu toutes les causes, n'a pas pu certainement ignorer nos volontés, qu'il a connues d'avance comme causes de nos actions.

4. Et même ce dont convient Cicéron, (livre *Du destin*), que rien ne se fait sans une cause efficiente qui précède l'acte, suffirait ici pour le convaincre. Car que lui sert-il d'ajouter à ce qu'il a dit : que rien ne se fait sans cause, mais que toute cause n'est pas fatale, parce qu'il y a aussi des causes fortuites, naturelles et volontaires? Il suffit qu'il reconnaisse que tout ce qui se fait n'arrive qu'en vertu d'une cause précédente. En effet, nous ne disons pas qu'il n'y a point de ces causes fortuites, d'où vient même le nom de fortune, mais nous disons qu'elles sont cachées, et nous les attribuons à la volonté du vrai Dieu ou de quelques autres esprits ; et les causes naturelles elles-mêmes, nous ne les séparons pas de la volonté de celui qui est l'auteur et le créateur de la nature. Quant aux causes volontaires, elles viennent de Dieu, des anges, des hommes ou des animaux, si toutefois on peut appeler volontés ces mouvements des animaux dépourvus de raison, qui les portent à rechercher ou à éviter certaines choses conformes ou contraires à leur nature. Quand je parle des volontés des anges, j'entends ou les bons anges, que nous appelons les anges de Dieu ; ou les mauvais, que nous appelons les anges du diable ou démons ; il en est de même des volontés des hommes, qui sont bons et méchants. D'où il suit qu'il n'y a point d'autre cause efficiente de

negamus, neque fati vocabulo nuncupamus, nisi forte ut fatum a fando dictum intelligamus, id est, a loquendo : non enim abnuere possumus esse scriptum in litteris sanctis : « Semel locutus est Deus, duo hæc audivi; quoniam potestas est Dei, et tibi, Domine, misericordia, quia tu reddes unicuique secundum opera ejus. » (*Psal.* LXI, 12.) Quod enim dictum est : « Semel locutus est, » intelligitur immobiliter, hoc est, incommutabiliter est locutus, sicut novit incommutabiliter omnia quæ futura sunt, et quæ ipse facturus est. Hac itaque ratione possemus a fando fatum appellare, nisi hoc nomen jam in alia re voluntate intelligi, quo corda hominum nolumus inclinari. Non est autem consequens, ut si Deo certus est omnium ordo causarum, ideo nihil sit in nostræ voluntatis arbitrio. Et ipsæ quippe nostræ voluntates in causarum ordine sunt, qui certus est Deo ejusque præscientia continetur ; quoniam et humanæ voluntates humanorum operum causæ sunt. Atque ita qui omnes rerum causas præscivit, profecto in eis causis etiam nostras voluntates ignorare non potuit, quas nostrorum operum causas esse præscivit.

5. Nam et illud quod idem Cicero (*a*) concedit (lib. *de Fato*), nihil fieri si causa efficiens non præcedat, satis est ad eum in hac quæstione redarguendum. Quid enim eum adjuvat, quod dicit, nihil quidem fieri sine causa sed non omnem causam esse fatalem; quia est causa fortuita, est naturalis, est voluntaria? Sufficit, quia omne quod fit, non nisi causa præcedente fieri confitetur. Nos enim eas causas, quæ dicuntur fortuitæ, unde etiam fortuna nomen accepit, non esse dicimus nullas, sed latentes ; easque tribuimus, vel Dei veri, vel quorumlibet spirituum voluntati : ipsasque naturales nequaquam ab illius voluntate sejungimus, qui est auctor omnis conditorque naturæ. Jam vero causæ voluntariæ, aut Dei sunt, aut angelorum, aut hominum, aut quorumque animalium : si tamen appellandæ sunt voluntates (*b*) animalium rationis expertium motus illi, quibus aliqua faciunt secundum naturam suam, cum quid vel appetunt, vel evitant. Angelorum autem voluntates dico, sive bonorum, quos angelos Dei dicimus; sive malorum, quos angelos diaboli vel etiam dæmones appellamus; sic et hominum bonorum scilicet et malorum. Ac per hoc colligitur, non esse causas efficientes omnium quæ

(*a*) Vind. Am. et Er. *contendit.* — (*b*) Hoc loco Mss. *animarum.*

TOM. XXIII. 39

tout ce qui arrive que des causes volontaires, c'est-à-dire, qui procèdent de cette nature qui est esprit de vie. Car l'air ou le vent s'appelle aussi esprit (*spiritus*); mais, comme c'est un corps, ce n'est pas l'esprit de vie. Or, l'esprit de vie qui vivifie tout, et qui est le créateur de tous les corps et de tous les esprits créés, c'est Dieu lui-même, qui est l'esprit incréé. Dans sa volonté réside le souverain pouvoir; c'est elle qui aide les bonnes volontés des esprits créés, qui juge les mauvaises et les ordonne toutes; c'est elle, cette volonté souveraine, qui donne le pouvoir d'agir à quelques-unes et qui ne l'accorde pas à d'autres. Car, comme il est le créateur de toutes les natures, il est l'auteur de tous les pouvoirs, mais non pas de toutes les volontés. Les volontés mauvaises, en effet, ne viennent pas de lui, parce qu'elles sont contre la nature, qui vient de lui. Les corps sont soumis aux volontés créées, les uns aux nôtres, c'est-à-dire, à celles de tous les animaux, mais davantage à celles des hommes que des bêtes; les autres, à celles des anges, mais tous sont soumis à la suprême volonté de Dieu, de qui dépendent toutes les volontés, parce qu'elles n'ont de pouvoir qu'autant qu'il leur en accorde. Ainsi, la cause qui fait toutes choses et qui n'est point faite, c'est Dieu. Toutes les autres causes font et sont faites, comme sont tous les esprits créés, surtout tous ceux qui sont raisonnables. Quant aux causes corporelles, qui sont plutôt faites, qu'elles ne font, on ne saurait les mettre au nombre des causes efficientes, parce qu'elles peuvent seulement ce que leur font faire les volontés des esprits. Comment donc l'ordre des causes qui est certain dans la prescience de Dieu, peut-il faire que rien ne dépende de notre volonté, puisque nos volontés ont une place si considérable dans l'ordre même des causes? Aussi, que Cicéron se débatte tant qu'il voudra, avec ceux qui disent que cet ordre des causes est fatal, ou plutôt qui l'appellent destin; pour nous, nous avons en horreur une telle opinion, surtout à cause du sens faux et mauvais qu'on donne d'ordinaire à ce mot. Mais quand il nie que l'ordre de toutes les causes est certain et très-connu de la prescience divine, nous sommes plus indignés contre lui, que les stoïciens. Car, ou il nie l'existence de Dieu, comme il a essayé de le faire, sous le nom d'un autre, dans ses livres *de la Nature des dieux*; ou il reconnaît qu'il y en a un, auquel il refuse la prescience de l'avenir, et alors encore, il ne dit rien autre chose que cet insensé, dont parle l'Ecriture, qui a dit dans son cœur : « Il n'y a point de Dieu. » (*Ps.* XIII, 1.) Celui, en effet, qui ne connaît pas l'avenir, n'est pas Dieu. Aussi, nos volontés n'ont de pouvoir qu'autant que Dieu l'a voulu et prévu; d'où il suit qu'elles

fiunt, nisi voluntarias, illius naturæ scilicet quæ spiritus vitæ est. Nam et aer iste seu ventus, dicitur spiritus, sed quoniam corpus est, non est spiritus vitæ. Spiritus ergo vitæ qui vivificat omnia, creatorque est omnis corporis et omnis creati spiritus, ipse est Deus, spiritus utique non creatus. In ejus voluntate summa potestas est, (*a*) quæ creatorum spirituum voluntates bonas adjuvat, malas judicat, omnes ordinat; et quibusdam tribuit (*b*) potestates, quibusdam non tribuit. Sicut enim omnium naturarum creator est, ita omnium potestatum dator, non voluntatum. Malæ quippe voluntates ab illo non sunt; quoniam contra naturam sunt, quæ ab illo est. Corpora igitur magis subjacent voluntatibus; quædam nostris, id est, omnium animantium mortalium, et magis hominum quam bestiarum; quædam vero angelorum; sed omnia maxime Dei voluntati subdita sunt; cui etiam voluntates omnes subjiciuntur, quia non habent potestatem nisi quam ille concedit. Causa itaque rerum quæ facit, nec fit, Deus est. Aliæ vero causæ et faciunt, et fiunt, sicut sunt omnes creati spiritus, maxime rationales. Corporales autem causæ, quæ magis fiunt, quam faciunt, non sunt inter causas efficientes annumerandæ; quoniam hoc possunt, quod ex ipsis faciunt spirituum voluntates. Quomodo igitur ordo causarum, qui præscienti certus est Deo, id efficit ut nihil sit in nostra voluntate, cum in ipso causarum ordine magnum habeant locum nostræ voluntates? Contendat ergo Cicero cum eis qui hunc causarum ordinem dicunt esse fatalem, vel potius ipsum fati nomine appellant; quod nos abhorremus, præcipue propter vocabulum, quod non in re vera consuevit intelligi. Quod vero negat ordinem omnium causarum esse certissimum et Dei præscientiæ notissimum, plus eum quam Stoici detestamur. Aut enim Deum esse negat, quod quidem inducta alterius persona in libris de deorum natura facere molitus est : aut si esse confitetur Deum, quem negat præscium futurorum, etiam sic dicit nihil aliud, quam quod ille « dixit insipiens in corde suo : Non est Deus. » (*Psal.* XIII, 1.) Qui enim non est præscius omnium futurorum, non est utique

(*a*) Sic Vind. Er. et plures Mss. At Lov. *qui*. Nonnulli e Mss. *qua*. — (*b*) Ita in Mss. In editis vero, *potestatem*.

peuvent très-certainement tout ce qu'elles peuvent, et qu'elles feront très-certainement tout ce qu'elles doivent faire, parce que celui dont la prescience est infaillible, a prévu tout ce qu'elles pourraient faire et ce qu'elles feraient. C'est pourquoi, s'il me plaisait d'appliquer le mot destin à quelque chose, j'aimerais mieux dire que le destin du plus faible est dans la volonté du plus fort dont il dépend, que de dire que cet ordre des causes, que les stoïciens appellent destin, contre l'usage ordinaire de ce mot, détruit le libre arbitre de notre volonté.

CHAPITRE X.

Si la volonté de l'homme est soumise à l'empire de la nécessité.

1. Il ne faut point non plus craindre cette nécessité que redoutaient tellement les stoïciens, qu'ils cherchèrent à distinguer les causes, pour soustraire les unes à la nécessité et y soumettre les autres; et parmi celles qu'ils ont voulu affranchir, se trouvent nos volontés, de peur qu'elles ne fussent pas libres, si elles étaient nécessaires. Assurément, si l'on entend par nécessité ce qui n'est pas en notre pouvoir, et qui arrive même malgré nous, comme par exemple la nécessité de la mort, il est évident que nos volontés qui rendent notre vie bonne ou mauvaise, ne sont point soumises à une pareille nécessité. Nous faisons, en effet, beaucoup de choses, qui ne seraient point faites, si nous ne voulions pas. C'est à cela que se rapporte tout d'abord la volonté. Si nous voulons, elle est; si nous ne voulons, elle n'est pas, car nous ne voudrions pas, si nous ne voulions. Mais si l'on prend la nécessité pour ce qui nous fait dire, il est nécessaire qu'une chose soit ou se fasse ainsi, je ne vois pas pourquoi nous craignons qu'elle nous ôte le libre arbitre de notre volonté, car nous ne plaçons pas, sous l'empire de la nécessité, la vie et la prescience divine, lorsque nous disons : Il est nécessaire que Dieu vive toujours et qu'il sache toute chose d'avance, comme nous ne diminuons point sa puissance, lorsque nous disons qu'il ne peut ni mourir ni se tromper; puisqu'au contraire, il serait moins puissant, s'il pouvait l'un ou l'autre. C'est par cela même qu'il ne peut ni mourir, ni se tromper, qu'on l'appelle tout-puissant. Car, il est tout-puissant, parce qu'il fait ce qu'il veut, et qu'il ne souffre pas ce qu'il ne veut pas. S'il en était autrement, il ne serait pas tout-puissant; et c'est par cela même que certaines choses lui sont impossibles qu'il est tout-puissant. De même, lorsque nous disons : il est nécessaire que nous voulions par notre libre arbitre ; nous disons certainement la vérité, et cependant, nous ne soumettons pas

---

Deus. Quapropter et voluntates nostræ tantum valent, quantum Deus eas valere voluit atque præscivit; et ideo quidquid valent, certissime valent; et quod facturæ sunt, ipsæ omnino facturæ sunt; quia valituras atque facturas ille præscivit, cujus præscientia falli non potest. Quapropter si mihi fati nomen alicui rei adhibendum placeret, magis dicerem fatum esse infirmioris, potentioris voluntatem qui cum habet in potestate, quam illo causarum ordine, quem non usitato, sed suo more Stoici fatum appellant, arbitrium nostræ voluntatis auferri.

CAPUT X.

An voluntatibus hominum aliqua dominetur necessitas.

1. Unde nec illa necessitas formidanda est, quam formidando Stoici laboraverunt causas rerum ita distinguere, ut quasdam subtraherent necessitati, quasdam subderent; atque in his quas esse sub necessitate noluerunt, posuerunt etiam nostras voluntates, ne videlicet non essent liberæ, si subderentur necessitati. Si enim necessitas nostra illa dicenda est, quæ non est in nostra potestate, sed etiam si nolimus, efficit quod potest, sicut est necessitas mortis; manifestum est voluntates nostras, quibus recte vel perperam vivitur, sub tali necessitate non esse. Multa enim facimus, quæ si nollemus, non utique faceremus. Quo primitus pertinet ipsum velle; nam si volumus, est; si nolumus, non est; non enim vellemus, si nollemus. Si autem illa definitur esse necessitas, secundum quam dicimus necesse esse ut ita sit aliquid, vel ita fiat; nescio cur eam timeamus, ne nobis libertatem auferat voluntatis. Neque enim et vitam Dei et præscientiam Dei sub necessitate ponimus, si dicamus necesse esse Deum semper vivere, et cuncta præscire : sicut nec potestas ejus minuitur, cum dicitur mori fallique non posse. Sic enim hoc non potest, ut potius, si posset, minoris esset utique potestatis. Recte quippe omnipotens dicitur, qui tamen mori et falli non potest. Dicitur enim omnipotens faciendo quod vult, non patiendo quod non vult; quod ei si accideret, nequaquam esset omnipotens. Unde propterea quædam non potest, quia omnipotens est. Sic etiam cum dicimus, necesse esse, ut cum volumus, libero velimus arbitrio; et verum procul dubio dicimus, et

notre libre arbitre à la nécessité, qui détruit la liberté. Nos volontés sont donc à nous et c'est par elles que nous faisons ce que nous voulons faire et que nous ne ferions pas, si nous ne le voulions. De plus, si quelqu'un souffre malgré lui, par la volonté d'autrui, c'est encore l'effet de la volonté, non pas de celui qui souffre, mais de la volonté de Dieu qui le permet. Car, s'il y avait seulement ici la volonté d'un autre homme et qu'elle ne puisse s'accomplir, c'est qu'une volonté plus puissante en arrêterait l'effet, et, cependant, cette volonté perverse ne serait pas la volonté d'un autre, mais bien celle de celui qui voudrait faire souffrir, bien qu'il ne puisse l'accomplir. C'est pourquoi, tout ce qu'un homme souffre malgré lui, ne doit être attribué ni à la volonté de l'homme, ni à celle des anges ou de quelqu'autre esprit créé, mais à la volonté de celui qui seul peut donner le pouvoir aux volontés.

2. Cela ne veut pas dire que rien ne dépende de notre volonté, parce que Dieu a prévu ce qui devrait en dépendre. Au contraire, en le prévoyant, il n'a pas prévu le néant. Si donc, celui qui a prévu ce qui devait arriver par notre volonté, a prévu quelque chose, c'est assurément que par la prescience divine, quelque chose dépend de notre volonté. Ainsi, nous ne sommes nullement obligés, pour conserver la prescience de détruire le libre arbitre, ou de refuser à Dieu la prescience de l'avenir, ce qui serait un blasphème pour conserver le libre arbitre ; mais nous embrassons également ces deux vérités, nous les soutenons également avec une foi sincère; la première, pour bien croire, la seconde, pour bien vivre. Car, on vit mal, si la croyance au sujet de la divinité n'est pas bonne et complète. Gardons-nous donc bien, sous prétexte de vouloir être libres, de nier la prescience de celui dont la grâce nous rend ou nous rendra libres. Ce n'est donc pas en vain qu'on fait des lois, qu'on adresse des réprimandes, qu'on loue et qu'on blâme; car, Dieu a prévu l'usage de tous ces moyens, qui ont toute la force qu'il a prévue; de même, les prières servent à obtenir les choses qu'il a prévu devoir accorder à ceux qui le prieraient, et c'est de toute justice qu'on récompense les bonnes actions et qu'on punisse les mauvaises. En effet, un homme ne pèche pas, parce que Dieu a prévu qu'il pécherait ; mais, au contraire, on ne doute point que lorsqu'il commet un péché, c'est lui-même qui le commet, parce que celui dont la prescience ne saurait être en défaut, a prévu que ce ne serait ni le destin, ni la fortune, ni quelqu'autre chose, mais l'homme même qui pécherait. Il est vrai qu'il ne pèche point, s'il ne le veut pas; mais, s'il n'a

non ideo ipsum liberum arbitrium necessitati subjicimus, quæ admitit libertatem. Sunt igitur nostræ voluntates, et ipsæ faciunt quidquid volendo facimus, quod non fieret, si nollemus. Quidquid autem aliorum hominum voluntate nolens quisque patitur, etiam sic voluntas valet; etsi non illius tamen hominis voluntas, sed potestas Dei (a). Nam si voluntas tantum esset, nec posset quod vellet, potentiore voluntate impediretur; nec sic tamen voluntas, nisi voluntas esset; nec alterius, sed ejus esset qui vellet, etsi non posset implere quod vellet. Unde quidquid præter suam voluntatem patitur homo, non debet tribuere humanis vel angelicis vel cujusquam creati spiritus voluntatibus, sed ejus potius qui dat potestatem volentibus.

2. Non ergo propterea nihil est in nostra voluntate, quia Deus præscivit quid futurum esset in nostra voluntate. Non enim qui hoc præscivit nihil præscivit. Porro si ille qui præscivit quid futurum esset in nostra voluntate, non utique nihil, sed aliquid præscivit; profecto et illo præsciente est aliquid in nostra voluntate. Quocirca nullo modo cogimur, aut retenta præscientia Dei tollere voluntatis arbitrium, aut retento voluntatis arbitrio Deum (quod nefas est) negare præscium futurorum : sed utrumque amplectimur, utrumque fideliter et veraciter confitemur; illud, ut bene credamus ; hoc, ut bene vivamus. Male autem vivitur, si de Deo non bene creditur. Unde absit a nobis ejus negare præscientiam, ut (b) liberi esse velimus, quo adjuvante sumus liberi, vel erimus. Proinde non frustra sunt leges, objurgationes; exhortationes, laudes et vituperationes; quia et ipsas futuras esse præscivit, et valent plurimum, quantum eas valituras esse præscivit; et preces valent ad ea impetranda, quæ se precantibus concessurum esse præscivit; et juste præmia bonis factis, et peccatis supplicia constituta sunt. Neque enim ideo (c) peccat homo, quia Deus illum peccaturum esse præscivit ; imo ideo non dubitatur ipsum peccare, cum peccat, quia ille cujus præscientia falli non potest, non fatum, non fortunam, non aliquid aliud, sed ipsum peccaturum esse præs-

(a) Lov. *Dei est.* Verbo *est* carent libri cæteri — (b) Omnes propo Mss. *ut libere velimus.* — (c) Plures probæ notæ Mss. Faur. Corb, etc. *Neque enim ideo non peccat. Gervas. nec peccat.*

pas eu la volonté de pécher, Dieu le sait aussi par sa prescience.

CHAPITRE XI.

De la Providence de Dieu qui s'étend à tout, et qui gouverne tout par ses lois.

Puisque ce Dieu souverain et véritable, qui avec son Verbe et l'Esprit saint ne sont tous trois qu'une même chose, un seul Dieu tout-puissant, est le créateur et l'auteur de toute âme et de tout corps; qu'il est la source de la félicité de ceux qui sont heureux dans la vérité et non dans la vanité; qu'il a fait l'homme un être raisonnable, composé d'un corps et d'une âme, qu'il n'a pas permis que son péché restât sans châtiment ni sans miséricorde. Puisqu'il a donné aux bons et aux méchants l'existence comme aux pierres, la vie végétative comme aux plantes, la vie sensitive comme aux animaux et la vie intellectuelle comme aux anges; qu'il est le principe de toute règle, de toute beauté, de tout ordre, comme de la mesure, du nombre et du poids; qu'il est l'auteur de toutes les productions de la nature, de quelque genre et de quelque prix qu'elles soient; que c'est de lui que viennent les semences des formes, les formes des semences, de même que le mouvement des semences et des formes; que c'est lui qui a créé la chair et qui lui a donné sa beauté, sa force, sa fécondité; qu'il a disposé les membres de telle sorte qu'ils se rapportent parfaitement, pour leur mutuelle conservation; qu'il a doué même l'être sans raison de mémoire, de sens et de désirs; donnant de plus à la créature raisonnable, l'esprit, l'intelligence et la volonté; qu'il veille, non-seulement sur le ciel et la terre, les anges et les hommes, mais encore sur le plus petit et le plus vil des insectes, sur la plume de l'oiseau, la fleur des champs, la feuille de l'arbre; puisqu'il prend soin de toutes ces choses, en leur donnant la convenance et l'harmonie qui est propre à chacune d'elles; il est impossible de croire qu'il ait voulu laisser les royaumes de la terre avec leurs gouvernements en dehors des lois de sa Providence.

CHAPITRE XII.

Par quelles actions les Romains ont mérité de la protection du vrai Dieu, qu'ils n'adoraient pas, l'agrandissement de leur empire.

1. Voyons donc à présent par quelles vertus et pour quelle cause le vrai Dieu, qui tient en sa main tous les royaumes de la terre, a daigné favoriser les Romains en agrandissant leur em-

---

civit. Qui si nolit, utique non peccat; sed si peccare noluerit, etiam hoc ille præscivit.

CAPUT XI.

De universali providentia Dei, cujus legibus omnia continentur.

Deus itaque summus et verus cum Verbo suo et Spiritu sancto, quæ tria unum sunt, Deus unus omnipotens, creator et factor omnis animæ atque omnis corporis; cujus sunt participatione felices, quicumque sunt veritate, non vanitate felices; qui fecit hominem rationale animal ex anima et corpore; qui eum peccantem nec impunitum esse permisit, nec sine misericordia dereliquit; qui bonis et malis essentiam etiam cum lapidibus, vitam seminalem etiam cum arboribus, vitam sensualem etiam cum pecoribus, vitam intellectualem cum solis angelis dedit; a quo est omnis modus, omnis species, omnis ordo; a quo est mensura, numerus, pondus; a quo est quidquid naturaliter est, cujuscumque generis est, cujuslibet æstimationis est; a quo sunt semina formarum; formæ seminum, motus seminum atque formarum; qui dedit et carni originem, pulchritudinem, valetudinem, propagationis fecunditatem, membrorum dispositionem, salutem concordiæ : qui et animæ irrationali dedit memoriam, sensum, appetitum; rationali autem insuper mentem, intelligentiam, voluntatem; qui non solum cœlum et terram, nec solum angelum et hominem; sed nec exigui et contemptibilis animantis viscera, nec avis pennulam, nec herbæ flosculum, nec arboris folium sine suarum partium convenientia, et quadam veluti pace dereliquit; nullo modo est credendum regna hominum eorumque dominationes et servitutes a suæ providentiæ legibus alienas esse voluisse.

CAPUT XII.

Quibus moribus antiqui Romani meruerint, ut Deus verus, quamvis non eum colerent, eorum augeret imperium.

1. Proinde videamus quos Romanorum mores, et quam ob causam Deus verus ad augendum imperium adjuvare dignatus est, in cujus potestate sunt etiam regna terrena. Quod ut absolutius disserere possemus, ad hoc pertinentem et superiorem librum

pire. C'est pour traiter plus à fond ce sujet que déjà, au livre précédent, nous avons montré que le pouvoir de leurs dieux, honorés même par des jeux ridicules, n'y avait contribué en rien, et que, depuis le commencement de celui-ci jusqu'à présent, nous avons traité de la question du destin pour en faire justice, dans la crainte que plusieurs, déjà persuadés de l'inanité du culte de leurs dieux pour la conservation et l'accroissement de leur empire, n'attribuassent ces faveurs à je ne sais quel destin, plutôt qu'à la volonté toute-puissante du Dieu souverain. Les anciens Romains, selon que leur histoire nous l'apprend, étaient, il est vrai, comme les autres peuples, à l'exception du seul peuple hébreu, adorateurs des faux dieux; ils offraient des sacrifices aux démons, non à Dieu. Cependant, nous savons aussi qu'ils étaient avides de louanges et non de richesses (Salluste, dans *Catilina*); qu'ils se contentaient de biens suffisants et honnêtement acquis, pourvu qu'ils eussent beaucoup de gloire. Ils aimaient passionnément la gloire; pour elle, ils voulaient vivre, pour elle encore ils n'hésitaient pas à mourir. Cette passion était si grande dans leurs cœurs qu'elle y étouffait toutes les autres. Enfin, comme ils croyaient indigne de leur patrie d'être asservie, mais glorieux pour elle de commander et de dominer, ils firent d'abord tous leurs efforts pour la rendre libre, et ensuite pour la rendre maîtresse de l'univers. De là vient que, ne pouvant supporter la domination royale, ils se choisirent, chaque année, deux souverains qu'ils appelèrent consuls, d'un mot latin qui veut dire : *donner conseil*, et non rois ou seigneurs, qui viennent de noms qui signifient *régner* et *dominer*, bien que le nom de roi semble plutôt venir de *régir*, comme celui de royaume de celui de roi. Mais le faste des rois a empêché de les considérer comme l'autorité modérée de celui qui gouverne un état, ou la direction bienveillante de celui qui l'aide de ses conseils; on n'a plus vu en eux que l'orgueil des tyrans. Aussi, après l'expulsion de Tarquin et l'institution des consuls, il arriva ce que le même auteur rapporte à la louange des Romains, que « la ville, chose incroyable, ayant recouvré sa liberté, s'éleva bientôt à une grande puissance, tant les citoyens étaient animés par la passion de la gloire. » (Salluste, *ibid.*) Entraînés par ce violent désir de louange et d'honneur, ils firent des actions admirables, c'est-à-dire qu'elles furent louables et glorieuses au jugement des hommes.

2. Le même Salluste fait l'éloge de deux hommes illustres de son temps, Marcus Caton et Caius César. (*Ibid.*) Il dit que, depuis longtemps, la république n'avait produit des hommes aussi vertueux, bien que de mœurs différentes.

---

conscripsimus, quod in hac re potestas nulla sit eorum deorum, quos etiam rebus nugatoriis colendos putarunt; et præsentis voluminis partes superiores quas huc usque perduximus, de fati quæstione tollenda : ne quisquam cui jam persuasum esset non illorum deorum cultu Romanum imperium propagatum atque servatum, nescio cui fato potius id tribueret, quam Dei summi potentissimæ voluntati. Veteres igitur primique Romani, quantum eorum docet et commendat historia, quamvis ut aliæ gentes, excepta una populi Hebræorum, deos falsos colerent, et non Deo victimas, sed dæmoniis immolarent; tamen « laudis avidi, pecuniæ liberales erant, gloriam ingentem, divitias honestas volebant; » hanc ardentissime dilexerunt, propter hanc (*a*) vivere voluerunt, pro hac et mori non dubitaverunt. (Sallust., *in Catil*.) Cæteras cupiditates hujus unius ingenti cupiditate presserunt. Ipsam denique patriam suam, quoniam servire videbatur inglorium, dominari vero atque imperare gloriosum, prius omni studio liberam, deinde dominam esse concupierunt. Hinc est quod regalem dominationem non ferentes, annua imperia binosque imperatores sibi fecerunt, qui consules appellati sunt a consulendo, non reges aut domini a regnando atque dominando; cum et reges utique a regendo dicti melius videantur, ut regnum a regibus, reges autem, ut dictum est, a regendo; sed fastus regius non disciplina putata est regentis, vel benevolentia consulentis, sed superbia dominantis. Expulso itaque rege Tarquinio, et consulibus institutis, secutum est quod idem auctor in Romanorum laudibus posuit, « quod civitas, incredibile memoratu est, adepta libertate quantum brevi creverit, tanta cupido gloriæ incesserat. » (Sallust., *ibid.*) Ista ergo laudis aviditas et cupido gloriæ multa illa miranda fecit, laudabilia scilicet atque gloriosa secundum hominum existimationem.

2. Laudat idem Sallustius temporibus suis magnos et præclaros viros, Marcum Catonem et Caium Cæsarem, dicens quod diu illa respublica non habuit quemquam virtute magnum, sed sua memoria fuisse illos duos ingenti virtute, diversis mo-

---

(*a*) Plures Mss. *vincere*.

Or, dans l'éloge de César, il rapporte qu'il désirait une grande puissance, une bonne armée et une nouvelle guerre où il pourrait faire briller son courage. Ainsi, le souhait le plus ardent de ces hommes vertueux était de voir de pauvres peuples prendre les armes, Bellone agiter dans ses mains meurtrières son fouet tout sanglant, afin d'avoir quelque occasion de signaler leur valeur. Tels étaient les effets de cette passion démesurée pour la gloire. Toutefois, on ne peut nier qu'ils ne firent des actions héroïques, d'abord par amour pour la liberté, ensuite par la passion de dominer et d'acquérir de l'honneur. Leur plus grand poète leur rend ce double témoignage lorsqu'il dit : « Déjà Porsenna leur ordonnait de recevoir Tarquin qu'ils avaient chassé et qui les tenait étroitement assiégés dans leur ville ; mais les Romains exposaient généreusement leur vie pour la défense de leur liberté. » (Virgile, *Enéid.*, VIII.) Ils n'avaient alors point d'autre ambition que de mourir vaillamment ou de vivre libres. Mais lorsqu'ils eurent conquis leur liberté, l'amour de la gloire prit une telle place dans leurs cœurs, que la liberté seule leur parut peu de chose, si l'empire du monde ne la suivait ; aussi, faisaient-ils grand cas de ces autres paroles que le même poète met dans la bouche de Jupiter : « Junon, si courroucée maintenant qu'elle remue ciel et terre, s'adoucira un jour ; elle se mettra avec moi pour favoriser les Romains, qui deviendront les maîtres du monde. C'est ma volonté bien arrêtée ; le cours des siècles amènera le temps où la postérité d'Assaracus soumettra Phthie, la fameuse Mycènes, et dominera sur Argos vaincue. » (*Enéide*, I.) A la vérité, quand Virgile introduisait Jupiter dans son récit pour prédire ce glorieux avenir, lui-même en voyait l'accomplissement et en faisait revivre la mémoire. Mais j'ai voulu rapporter ces paroles, pour montrer qu'après la liberté, les Romains ont tellement estimé la domination, qu'ils en faisaient leur plus beau titre de gloire. De là vient encore que le même poète préfère aux arts exercés par les autres nations la science de régner et de commander, de subjuguer et de dompter les peuples ; aussi en parle-t-il comme de la science propre aux Romains, quand il dit : « D'autres peuples plus habiles feront respirer l'airain et sauront animer le marbre, je le crois certainement ; ils auront des orateurs plus éloquents et des astronomes plus distingués, qui liront dans les cieux et mesureront le cours des astres. Pour vous, Romains, souvenez-vous que vous êtes faits pour gouverner les nations. Ce sera là votre science ; c'est vous qui devez être les arbitres de la paix ; à vous de pardonner aux

---

ribus. (*Ibid.*) In laudibus autem Cæsaris posuit, quod sibi magnum imperium, exercitum, bellum novum exoptabat, ubi virtus enitescere posset. Ita (*a*) fiebat in votis virorum virtute magnorum, ut excitaret in bellum miseras gentes, et flagello agitaret Bellona sanguineo, ut esset ubi virtus eorum enitesceret. Hoc illa profecto laudis aviditas et gloriæ cupido faciebat. Amore itaque primitus libertatis, post etiam dominationis, et cupiditate laudis et gloriæ, multa magna fecerunt. Reddit eis utriusque rei testimonium etiam poeta insignis illorum, inde quippe ait :

Necnon Tarquinium ejectum Porsenna jubebat
Accipere, ingentique urbem obsidione premebat :
Æneadæ in ferrum pro libertate ruebant.
(Virgil., *Æneid.*, VIII.)

Tunc itaque magnum illis fuit aut fortiter emori, aut liberos vivere. Sed cum esset adepta libertas, tanta cupido gloriæ incesserat, ut parum esset sola libertas, nisi et dominatio quæreretur, dum pro magno haberetur quod velut loquente Jove idem poeta dicit :

... Quin aspera Juno,
Quæ mare nunc, terrasque metu, cœlumque fatigat,
Consilia in melius referet, mecumque fovebit
Romanos rerum dominos gentemque togatam.
Sic placitum, veniet lustris labentibus ætas,
Cum domus Assaraci Phthiam clarasque Mycenas
Servitio premet, ac victis dominabitur Argis.
(*Æneid.*, I.)

Quæ quidem Virgilius, Jovem inducens tanquam futura prædicentem, ipse jam facta recolebat, cernebatque præsentia : verum propterea commemorare illa volui, ut ostenderem dominationem post libertatem sic habuisse Romanos, ut in eorum magnis laudibus poneretur. Hinc est et illud ejusdem poetæ, quod cum aliarum gentium artibus eas ipsas proprias Romanorum artes regnandi atque imperandi et subigendi ac debellandi populos anteponeret, ait :

Excudent alii spirantia mollius æra :
Credo equidem, vivos ducent de marmore vultus :
Orabunt causas melius, cœlique meatus
Describent radio, et surgentia sidera dicent.
Tu regere imperio populos, Romane, memento,

(*a*) Editi, *fidebat*. Castigantur auctoritate veterum Mss.

peuples soumis et de dompter ceux qui vous résistent. » (*Enéide*, VI.)

3. Ils exerçaient d'autant mieux cet art qu'ils étaient moins adonnés aux voluptés qui énervent l'âme et le corps, et qu'ils avaient moins de passion pour les richesses, qui corrompent les bonnes mœurs, en dépouillant des malheureux pour engraisser de vils comédiens. C'est pourquoi, au temps où écrivait Salluste et chantait Virgile, il y avait une telle dépravation et un tel débordement de mœurs, qu'il n'était déjà plus question de ces moyens pour arriver aux honneurs et à la gloire, mais on avait recours à l'intrigue et à la fourberie. C'est ce qui faisait dire à Salluste : « D'abord les hommes se laissèrent plutôt gagner par l'ambition que par l'avarice, car c'est un vice qui est moins éloigné de la vertu. En effet, le lâche désire aussi bien que le vaillant la gloire, l'honneur, le commandement; mais l'âme généreuse y aspire par la bonne voie, tandis que les autres, à défaut de moyens honorables, emploient, pour y arriver, l'intrigue et la fraude. » (SALLUSTE.) C'est donc par la bonne voie, c'est-à-dire par la vertu, et non par une fausse ambition, qu'on parvient à l'honneur, à la gloire, à la puissance ; cependant, le lâche y aspire comme l'homme de cœur, mais celui-ci y tend par la bonne voie. Il n'y en a pas d'autre que la vertu, c'est le seul moyen qui le conduit au but, c'est-à-dire à la gloire, à l'amour, au commandement. C'était là, chez les Romains, un sentiment profond, qu'attestent les temples qu'ils ont élevés, l'un contre l'autre, à la Vertu et à l'Honneur, prenant pour des dieux les dons de Dieu. Par là, on peut comprendre quel but ils proposaient à la vertu, et à quoi la rapportaient ceux qui, parmi eux, étaient gens de bien, ils la rapportaient à l'honneur ; or les méchants ne possédant point cette vertu, désiraient aussi parvenir aux honneurs ; ils tentaient d'y arriver par de mauvais moyens, c'est-à-dire par la ruse et la fourberie.

4. Salluste fait un très bel éloge de Caton, en disant « que moins il recherchait la gloire, plus elle le poursuivait. » (SALLUSTE, *ibid.*) Car la gloire dont les Romains étaient si passionnés n'est, en vérité, que la bonne opinion de l'homme vis-à-vis d'un autre homme. Aussi est-il plus excellent de s'attacher à la vertu, qui ne saurait être satisfaite de l'opinion des hommes, s'il ne s'y joint le témoignage de la conscience. C'est ce qui fait dire à l'Apôtre : « Toute notre gloire est dans le témoignage de notre conscience. » (II *Cor.*, I, 12.) Et ailleurs : « Que chacun donc examine

Hæ tibi erunt artes, (*a*) pacique imponere morem;
Parcere subjectis, et debellare superbos.
(*Æneid.*, VI.)

3. Has artes illi tanto peritius exercebant, quanto minus se voluptatibus dabant, et enervationi animi et corporis in concupiscendis et augendis divitiis, et per illas moribus corrumpendis, rapiendo miseris civibus, largiendo scenicis turpibus. Unde qui tales jam morum (*b*) labes superabant atque abundabant, quando scribebat ista Sallustius, canebatque Virgilius, non illis artibus ad honores et gloriam, sed dolis atque fallaciis ambiebant. Unde idem dicit : « Sed primo magis ambitio quam avaritia animos hominum exercebat, quod tamen vitium propius (*c*) virtutem erat. Nam gloriam, honorem, imperium bonus et ignavus æque sibi exoptant : sed ille, inquit, vera via nititur, huic quia bonæ artes desunt, dolis atque fallaciis contendit. » (SALLUST., *in Catil.*) Hæ sunt illæ bonæ artes, per virtutem scilicet, non per fallacem ambitionem ad honorem et gloriam et imperium pervenire; quæ tamen bonus et ignavus æque sibi exoptant; sed ille, id est, bonus, vera via nititur. Via virtus est, qua nititur tanquam ad possessionis finem, id est, ad gloriam, honorem, imperium. Hoc insitum habuisse Romanos, etiam deorum apud illos ædes indicant, quas conjunctissimas constituerunt Virtutis et Honoris, pro diis habentes quæ dantur a Deo. Unde intelligi potest quem finem volebant esse virtutis, et quo eam referebant, qui boni erant, ad honorem scilicet; nam mali nec habebant eam, quamvis honorem habere cuperent, quem malis artibus conabantur adipisci, id est, dolis atque fallaciis.

4. Melius laudatus est Cato. De illo quippe ait : « Quo minus petebat gloriam, eo (*d*) illum magis sequebatur. » (*Ibid.*) Quando quidem gloria est, cujus illi cupiditate flagrabant, judicium hominum bene de hominibus opinantium. Et ideo melior est virtus, quæ humano testimonio contenta non est, nisi conscientiæ suæ. Unde dicit Apostolus : « Nam gloria nostra hæc est, testimonium conscientiæ nostræ. » (II *Cor.*, I, 12.) Et alio loco : « Opus autem suum probet unusquisque, et tunc in semetipso tantum gloriam habebit, et non in altero. » (*Gal.*, VI, 4.) Gloriam

(*a*) Lov. *pacisque*. Editi alii cum Mss. *pacique*. — (*b*) Nonnulli Mss. *labe* : librariorum solemni vitio omissa littera extrema, quia eadem est prima subsequentis vocabuli, in quo clarius sonabat pronuntiante lectore. Paulo ante legendum *forsitan*, *quia tales* : aut certe *tabes morum* hic ipsi appellantur homines vitiosi; quomodo a Plauto in Persa dicitur homo *labes populi*. — (*c*) Editi, *propius virtuti*. At Mss. *propius virtutem*. Et sic in antiquis exemplaribus Sallustii. — (*d*) Apud Sallustium, *eo magis illum assequebatur*.

ses œuvres, et alors il trouvera sa véritable gloire en lui-même, et non dans les louanges des autres. » (*Gal.*, VI, 4.) Ainsi, ce n'est pas la vertu qui doit rechercher la gloire, l'honneur et la puissance que les Romains souhaitaient tant d'acquérir, et auxquelles les gens de bien aspiraient par des voies honnêtes, mais c'est la gloire qui doit rechercher la vertu. Car il n'y a de véritable vertu que celle qui a pour fin le souverain bien de l'homme. Aussi, Caton ne dut pas demander des honneurs, mais Rome devait les lui accorder, à cause de sa vertu, sans qu'il les demandât. (PLUTARQUE, *sur Caton le Jeune*.)

5. Sans aucun doute, de ces deux grands hommes qui parurent alors, César et Caton, Caton est celui dont la vertu s'approcha le plus de la véritable. Voyons donc ce qu'était alors la république romaine, et ce qu'elle avait été autrefois, au jugement même de Caton : « Ne vous imaginez pas, dit-il, que ce soit par les armes que nos ancêtres ont rendu la république si grande, de si petite qu'elle était. S'il en était ainsi, elle serait à présent beaucoup plus florissante. En effet, nous avons beaucoup plus d'alliés et de citoyens, d'armes et de chevaux, qu'ils n'en avaient alors. Mais ils avaient d'autres choses qui les ont rendus puissants, et que nous n'avons plus : Au dedans, ils étaient industrieux; au dehors, ils exerçaient leur autorité avec justice. Ils apportaient dans les conseils une âme libre et élevée ; ils n'étaient ni livrés au crime, ni esclaves de leurs passions. Au lieu de ces vertus, nous sommes perdus de débauches et d'avarice. L'État est pauvre et les particuliers opulents. Nous faisons l'éloge des richesses, et nous aimons l'oisiveté. Il n'y a plus de distinction entre bons et méchants ; toutes les récompenses de la vertu sont données à l'ambition et à la faveur. Et il ne faut pas s'en étonner, quand chacun ne prend conseil que de ses intérêts, quand chez soi on est esclave de la volupté, et ici de l'argent et de la faveur; de là vient que la république désarmée court à sa ruine. » (SALLUSTE.)

6. Quand on entend ces paroles de Caton ou de Salluste, on est porté à croire que tous les anciens Romains, ou du moins la plupart, méritaient les éloges qu'ils en font. Mais il n'en est pas ainsi : autrement, ce que dit le même historien, comme je l'ai rapporté au second livre de cet ouvrage, ne serait pas vrai. Dès le commencement, dit Salluste (chap. XVIII), les injustices des grands donnèrent lieu à une scission entre le peuple et le sénat, et à d'autres dissensions intérieures; on ne gouverna avec justice et modération qu'après l'expulsion des rois, tant qu'on craignit le retour de Tarquin, et jusqu'à la fin de la guerre cruelle qu'on eut avec l'Étrurie, qui voulait son rétablissement. Ensuite, le sénat traita les plébéiens comme des esclaves, les fit plier sous la verge à la façon des rois, les chassa

---

ergo et honorem et imperium, quæ sibi exoptabant, et quo bonis artibus pervenire nitebantur boni, non debet sequi virtus, sed ipsa virtutem. Neque enim est vera virtus, nisi quæ ad eum finem tendit, ubi est bonum hominis, quo melius non est. Unde et honores quos petivit Cato, petere non debuit, sed eos civitas ob ejus virtutem non petenti dare. (PLUTARCH., *in Catone minore*.)

5. Sed cum illa memoria duo Romani essent virtute magni, Cæsar et Cato, longe virtus Catonis veritati videtur propinquior fuisse, quam Cæsaris. Proinde qualis esset illo tempore civitas, et antea qualis fuisset, videamus in ipsa sententia Catonis. (Apud SALLUST., *in Catil.*) « Nolite, inquit, existimare, majores nostros armis rempublicam ex parva magnam fecisse. Si ita esset multo pulcherrimam eam nos haberemus. Quippe sociorum atque civium, præterea armorum et equorum major copia nobis quam illis est. Sed alia fuere quæ illos magnos fecerunt, quæ nobis nulla sunt : domi industria, foris justum imperium, animus in consulendo liber, neque delicto neque libidini obnoxius. Pro his nos habemus luxuriam atque avaritiam, publice egestatem, privatim opulentiam : laudamus divitias, sequimur inertiam : inter bonos et malos discrimen nullum ; omnia virtutis præmia ambitio possidet. Neque mirum : ubi vos separatim sibi quisque consilium capitis, ubi domi voluptatibus, hic pecuniæ aut gratiæ servitis, eo fit ut impetus fiat in vacuam rempublicam. »

6. Qui audit hæc Catonis verba sive Sallustii, putat quales laudantur Romani veteres, omnes eos tales tunc fuisse vel plures. Non ita est : alioquin vera non essent quæ ipse item scribit, ea quæ commemoravi in secundo libro hujus Operis (cap XVIII), ubi dicit : Injurias validiorum, et ob eas discessionem plebis a patribus, aliasque dissensiones domi fuisse jam inde a principio, neque amplius æquo et modesto jure actum, quam expulsis regibus, quam diu metus a Tarquinio fuit, donec bellum grave, quod propter ipsum cum Ethruria susceptum fuerat, finiretur : postea vero servili imperio patres exercuisse plebem, regio more verberasse, agro pepulisse, et cæteris ex-

de ses champs, et, les ayant dépouillés de tout, resta seul pour administrer les affaires de la république. Toutes ces divisions pendant lesquelles les uns voulaient dominer et les autres ne voulaient pas être esclaves, ne cessèrent qu'à la seconde guerre punique. Car la terreur s'empara de nouveau des esprits qui, détournés de ces troubles, par des soins plus importants, se calmèrent, et ainsi se rétablit la concorde entre les citoyens. Mais alors même il n'y avait qu'un petit nombre d'hommes, gens de bien à leur manière, qui étaient chargés de l'administration principale; et, par leur tolérance, ainsi que par la sagesse de leurs conseils, ils firent fleurir la république, selon que l'atteste le même historien, lorsqu'il dit qu'après avoir considéré la multitude des belles actions du peuple Romain, et dans la paix et dans la guerre, et sur terre et sur mer, il s'était demandé quelle était surtout la cause de la prospérité de ses affaires ; et, comme il savait que, souvent, avec une poignée de soldats, les Romains avaient engagé le combat contre des légions formidables d'ennemis, et qu'avec de faibles troupes ils avaient soutenu des guerres contre des rois puissants ; et, après y avoir pensé mûrement, il est convaincu que la cause de tant de brillants succès est toute entière dans la noble vertu de quelques citoyens, en sorte que la pauvreté a triomphé des richesses et le petit nombre du grand. « Mais, ajoute-t-il, depuis que cette ville se fut laissée corrompre par le luxe et l'oisiveté, la république soutint, par sa propre grandeur, les vices de ceux qui la gouvernaient. » Caton n'a donc fait l'éloge que d'un petit nombre d'hommes vertueux, qui parvinrent à la gloire, à l'honneur, au commandement, par le véritable chemin, c'est-à-dire par la vertu même. C'est par elle, selon la remarque de Caton, que le travail était en honneur chez eux pour enrichir le trésor public, tandis que la fortune particulière restait médiocre. Mais la corruption des mœurs a produit deux effets tout opposés, la misère publique et la richesse privée.

CHAPITRE XIII.

De l'amour de la gloire qui est un vice et qui cependant est réputé vertu, parce qu'il met un frein à des vices plus honteux.

Quand les royaumes de l'Orient eurent illustré le monde pendant de longs siècles, Dieu voulut susciter l'empire d'Occident, qui fut le dernier, mais le plus fameux par sa grandeur et sa puissance. Et, dans le dessein qu'il avait de châtier les crimes de plusieurs nations, il le remit entre les mains d'hommes qui, par le seul motif de l'honneur, n'eurent d'autre désir que la gloire de leur patrie, et n'hésitèrent pas à sacrifier leur propre vie à son salut, réprimant en eux la cupidité et beaucoup d'autres vices qu'ils

pertibus solos egisse in imperio ; quarum discordiarum, dum illi dominari vellent, illi servire nollent, finem fuisse bellum Punicum secundum. Quia rursus gravis metus cœpit urgere, atque ab illis perturbationibus alia majore cura cohibere animos inquietos, et ad concordiam revocare civilem. Sed per quosdam paucos, qui pro suo modo boni erant, magna administrabantur, atque illis toleratis ac temperatis malis, paucorum bonorum providentia res illa crescebat, sicut idem historicus dicit, multa sibi legenti et audienti, quæ populus Romanus domi militiæque, mari atque terra præclara facinora fecerit, se libuisse attendere quæ res maxime tanta negotia sustinuisset ; quoniam sciebat sæpenumero parva manu cum magnis legionibus hostium contendisse Romanos, cognoverat parvis copiis bella gesta cum opulentis regibus ; sibique multa agitanti constare dixit, paucorum civium egregiam virtutem cuncta patravisse, eoque factum ut divitias paupertas, multitudinem paucitas superaret. « Sed post quam luxu atque desidia, inquit, civitas corrupta est, rursus respublica magnitudine sui imperatorum atque magistratuum vitia sustentabat. » Paucorum igitur virtus ad gloriam, honorem, imperium, vera via, id est, virtute ipsa nitentium, etiam a Catone laudata est. Hinc erat domi industria, quam commemoravit Cato, ut ærarium esset opulentum, tenues res privatæ. Unde corruptis moribus vitium e contrario posuit, publice egestatem, privatim opulentiam.

CAPUT XIII.

De amore laudis, qui cum sit vitium, ob hoc virtus putatur, quia per ipsum vitia majora cohibentur.

Quamobrem cum diu fuissent regna Orientis illustria, voluit Deus et Occidentale fieri, quod tempore esset posterius, sed imperii latitudine et magnitudine illustrius. Idque talibus potissimum concessit hominibus ad domanda gravia mala multarum gentium, qui causa honoris, laudis et gloriæ consuluerunt patriæ, in qua ipsam gloriam requirebant, salutemque ejus saluti suæ præponere non dubitave-

remplaçaient par un seul, l'amour de la gloire. Car, pour juger les choses sainement, il faut reconnaître que l'amour de la gloire est aussi un vice. Le poète Horace en convient, lorsqu'il dit : « Etes-vous possédé de l'amour de la louange ? Il y a certains remèdes qui peuvent vous guérir, c'est de lire trois fois religieusement un petit traité de philosophie. » (*Epit.*, I, liv. III.) Et, dans ses vers lyriques, pour réprimer la passion de dominer, il s'exprime ainsi : « Vous étendrez votre empire plus loin, en mettant des bornes à votre ambition, qu'en réunissant la Libye à Cadix, et en tenant l'une et l'autre Carthage sous une même servitude. » (Liv. II, *des Odes*.) Toutefois, pour ceux qui n'ont pas reçu l'Esprit saint, et ne peuvent réprimer les passions honteuses par la grâce de la foi, de la piété, et par l'amour de la beauté éternelle, ne vaut-il pas mieux au moins qu'ils les surmontent par la passion de la gloire humaine, qui n'en fait pas des saints à la vérité, mais qui les rend moins vicieux. C'est pour cela que Cicéron, dans ses livres de la république où il parle de l'institution du chef de l'Etat, ne dissimule pas qu'il faut le nourrir de gloire, et ajoute, pour le prouver, que c'est à la passion de la gloire qu'il faut attribuer les actions héroïques et merveilleuses de leurs ancêtres. Aussi non-seulement ils ne résistaient point à ce vice, mais encore ils le favorisaient, en l'excitant dans les cœurs, persuadés qu'ils étaient d'être par là très-utiles à la république. Et Cicéron lui-même, dans ses livres de philosophie, fait assez voir qu'il était très-sensible à cette perfide passion ; il avoue son faible en termes fort clairs. Car, en parlant des études auxquelles il faut surtout s'appliquer, en se proposant pour fin le vrai bien, l'amour de la vertu, et non la vanité de la gloire humaine, il ne laisse pas d'établir cette maxime générale : « L'honneur fait vivre les arts, tous les hommes sont excités au travail par le motif de la gloire, et personne n'est disposé à relever ce qui est tombé dans le mépris public. » (Liv. I *des Tusculanes*.)

CHAPITRE XIV.

Qu'il faut s'efforcer de surmonter la vaine gloire, parce que toute la gloire des justes repose en Dieu.

Il vaut sans doute mieux résister à cette passion que de s'y laisser aller. Car on est d'autant plus semblable à Dieu qu'on est plus exempt de ce vice. Il est vrai qu'en cette vie il n'est pas possible de le déraciner entièrement du cœur de l'homme, parce qu'il ne cesse de tenter même les meilleures âmes. Cherchons au moins à surmonter la passion de la gloire par l'amour de la

runt, pro isto uno vitio, id est, amore laudis, pecuniæ cupiditatem et multa alia vitia comprimentes. Nam sanius videt, qui et amorem laudis vitium esse cognoscit : quod nec poetam fugit Horatium, qui ait :

Laudis amore tumes, sunt certa piacula quæ te
Ter pure lecto poterunt recreare libello.
(Lib. I, *Epistol.*)

Idemque in carmine Lyrico, ad reprimendam dominandi libidinem ita cecinit :

Latius regnes avidum domando
Spiritum, quam si Lybyam remotis
Gadibus jungas, et uterque Pœnus
Serviat uni.
(Lib. II, *Carm.*)

Verumtamen qui libidines turpiores, fide pietatis impetrato Spiritu sancto, et amore intelligibilis pulchritudinis non refrenant, melius saltem cupiditate humanæ laudis et gloriæ, non quidem jam sancti, sed minus turpes sunt. Etiam Tullius hinc dissimulare non potuit, in iisdem libris quos de republica scripsit, ubi loquitur de instituendo principe civitatis, quem dicit alendum esse gloria ; et consequenter commemorat majores suos multa mira atque præclara gloriæ cupiditate fecisse. Huic ergo vitio non solum non resistebant, verum etiam id excitandum et accendendum esse censebant, putantes hoc utile esse reipublicæ. Quanquam nec in ipsis philosophiæ libris Tullius ab hac peste dissimulet, ubi eam luce clarius confitetur. Cum enim de studiis talibus loqueretur, quæ utique sectanda sunt fine veri boni, non ventositate laudis humanæ, hanc intulit universalem generalemque sententiam : « Honos alit artes, omnesque accenduntur ad studia gloria, jacentque ea semper quæ apud quosque improbantur. » (lib. I, *Tusc.*)

CAPUT XIV.

De resecando amore laudis humanæ, quoniam justorum gloria omnis in Deo sit.

Huic igitur cupiditati melius resistitur sine dubitatione, quam ceditur. Tanto enim quisque est Deo similior, quanto est ab hac immunditia mundior. Quæ in hac vita et si non funditus eradicatur ex corde, quia etiam bene proficientes animos tentare

justice; et si certaines choses, qui tombent sous le mépris du monde, sont bonnes et saintes, quand même l'amour de la gloire humaine en rougirait, qu'il cède à l'amour de la vérité. Car, lorsque l'amour de la gloire l'emporte dans un cœur sur la crainte ou l'amour de Dieu, c'est un vice si contraire à la vraie foi que le Seigneur a dit : « Comment pouvez-vous croire, vous qui attendez de la gloire les uns des autres, et qui ne recherchez point celle qui vient de Dieu seul? » (Jean, v, 44.) Et, en parlant de ceux qui croyaient en Jésus-Christ, et qui craignaient de faire profession publique de leur foi, le même évangéliste dit : « Ils ont préféré la gloire des hommes à celle de Dieu. » (Jean, XII, 43.) Ce n'est pas ainsi qu'ont agi les apôtres; ils prêchaient le nom du Seigneur Jésus, non-seulement dans les lieux où il était rejeté, et où, comme parle Cicéron, personne n'aurait osé le relever du mépris public, mais encore où il était l'objet de la haine la plus profonde, se rappelant ce qu'ils avaient entendu dire à leur bon maître, qui était en même temps le divin médecin des âmes : « Si quelqu'un me renie devant les hommes, je le renierai devant mon Père, qui est dans les cieux et devant les anges de Dieu. » (Matth., x, 33 ; Luc, XII, 9.) Aussi les malédictions et les opprobres, les plus violentes persécutions et les plus cruels supplices ne purent les détourner d'annoncer l'Evangile du salut, malgré tous les frémissements des aversions humaines. Et quand, par leurs œuvres, leurs paroles et leur vie vraiment divines, ils eurent triomphé de la dureté des cœurs, introduit sur la terre la paix de la justice, et acquis la plus grande gloire dans l'Eglise du Christ, ils ne se reposèrent pas dans ces victoires, comme dans le but final de leur vertu; mais ils les rapportèrent à la gloire de Dieu qui, par sa grâce, avait opéré tant de prodiges, et ils enflammaient du même amour divin ceux dont ils étaient chargés, afin que Dieu les fît tels qu'ils étaient eux-mêmes. Car le divin Maître leur avait appris à ne pas être vertueux pour la vaine gloire, lorsqu'il leur disait : « Prenez garde de faire vos bonnes œuvres devant les hommes, afin d'en être vus; autrement, vous ne recevriez pas de récompense de votre Père qui est dans les cieux. » (Matth., VI, 1.) Mais, d'un autre côté, dans la crainte qu'ils ne prissent mal ce qu'il leur disait, et que leurs vertus cachées fussent moins utiles, il leur apprend pour quelle fin ils devaient se faire connaître : « Que vos œuvres, dit-il, brillent devant les hommes, afin qu'ils voient le bien que vous faites, et glorifient votre Père qui est dans les cieux. » (Matth., v, 16.) Ce n'est donc pas afin qu'ils vous voient, c'est-à-dire afin qu'ils s'attachent à vous par l'estime

non cessat ; saltem cupiditas gloriæ superetur dilectione justitiæ : ut si alicubi jacent, quæ apud quosque improbantur, si bona, si recta sunt, etiam ipse amor humanæ laudis erubescat, et cedat amori veritatis. Tam enim est hoc vitium inimicum piæ fidei, si major in corde sit cupiditas gloriæ quam Dei timor vel amor, ut Dominus diceret : « Quomodo potestis credere, gloriam ab invicem exspectantes, et gloriam quæ a solo Deo est non quærentes ? » (Joan., v, 44.) Item de quibusdam qui in eum crediderant, et verebantur palam confiteri, ait Evangelista : « Dilexerunt gloriam hominum magis quam Dei. » (Joan., XII, 43.) Quod sancti Apostoli non fecerunt : qui cùm in his locis prædicarent Christi nomen, ubi non solum improbatur; sicut illi ait : « Jacentque ea semper, quæ apud quosque improbantur; » verum etiam summæ detestationis habebatur : tenentes quod audierant a bono magistro eodemque medico mentium : « Si quis me negaverit coram hominibus, negabo eum coram Patre meo, qui in cœlis est, et coram angelis Dei ; » (Matth., x, 33 ; Luc., XII, 9) inter maledicta et opprobria, inter gravissimas persecutiones crudelesque pœnas non sunt deterriti a prædicatione salutis humanæ tanto fremitu offensionis humanæ. Et quod eos divina facientes atque dicentes divineque viventes, debellatis quodam modo cordibus duris, atque introducta pace justitiæ, ingens in Ecclesia Christi gloria consecuta est ; non in ea tanquam in suæ virtutis fine quieverunt : sed eam quoque ipsam ad Dei gloriam referentes, cujus gratia tales erant, isto quoque fomite eos quibus consulebant, ad amorem illius a quo et ipsi tales fierent, accendebant. Namque ne propter humanam gloriam boni essent, docuerat eos magister illorum, dicens : « Cavete facere justitiam vestram coram hominibus, ut videamini ab eis ; alioquin mercedem non habebitis apud Patrem vestrum, qui in cœlis est. » (Matth., VI, 1.) Sed rursus ne hoc perverse intelligentes hominibus placere metuerent, minusque prodessent latendo quod boni sunt, demonstrans quo fine innotescere deberent : « Luceant, inquit, opera vestra coram hominibus, ut videant bona facta vestra, et glorificent Patrem vestrum, qui in cœlis est. » (Matth., v, 16.) Non ergo « ut videamini ab eis, » id est, hac intentione ut eos ad vos converti velitis, quia non per vos aliquid estis : sed « ut glorificent

qu'ils auront conçue de votre manière d'agir, car vous n'êtes rien de vous-mêmes, « mais afin qu'ils glorifient votre Père qui est dans les cieux, » et que, convertis à lui, ils deviennent, par sa grâce, ce que vous êtes. C'est bien là ce qu'ont pratiqué les martyrs, qui ont autant surpassé par leur nombre, que par leur vertu et leur véritable piété, les Scévola, les Curtius et les Décius; car ils ne se donnaient pas eux-mêmes la mort, mais ils la recevaient avec courage, comme ils supportaient patiemment les souffrances qu'on leur faisait endurer. Quant à ceux-là, citoyens de la Cité terrestre, comme ils ne se proposaient d'autre but, dans les services qu'ils rendaient à leur patrie, que son salut et sa grandeur; qu'ils n'envisageaient pas le royaume du ciel, mais celui de la terre; qu'ils n'avaient point en vue la vie éternelle, mais cette vie qui finit aujourd'hui pour les uns, et qui finira demain pour les autres; qu'eussent-ils aimé, sinon la gloire, au moyen de laquelle ils espéraient revivre pour l'admiration de la postérité?

CHAPITRE XV.

De la récompense temporelle que Dieu accorde aux vertus morales des Romains.

Si donc, à ceux que Dieu ne devait pas admettre à la vie éternelle avec ses saints anges dans la Cité céleste, où conduit la véritable piété qui ne rend le culte religieux, que les Grecs appellent *latrie*, qu'au seul vrai Dieu; si, dis-je, il ne leur eût accordé cette gloire terrestre d'un empire très-florissant, les bonnes actions, les vertus par lesquelles ils s'efforçaient d'acquérir cette gloire, seraient demeurées sans récompense. Cependant, c'est de ceux qui font le bien pour être estimés des hommes, que le Seigneur a dit : « En vérité, je vous le dis, ils ont reçu leur récompense. » (*Matth.*, VI, 2.) Il est vrai qu'ils ont sacrifié leurs fortunes particulières pour le bien de l'Etat et pour augmenter les revenus du trésor public, qu'ils ont résisté à l'avarice, qu'ils ont pourvu au salut de la patrie par des conseils désintéressés, qu'ils n'étaient pas enclins à la débauche et qu'ils n'ont commis aucun des crimes prévus par leurs lois; mais ils n'ont pratiqué toutes ces vertus que comme la véritable voie qui pouvait les conduire aux honneurs, à l'autorité suprême, à la gloire. Aussi ils ont été honorés chez presque toutes les nations; ils ont imposé les lois de leur empire à beaucoup de peuples, et aujourd'hui encore l'histoire porte leur renommée dans presque toutes les parties de la terre. Ils n'ont pas sujet de se plaindre de la justice du Dieu souverain et véritable. Ils ont reçu leur récompense.

Patrem vestrum, qui in cœlis est, » ad quem conversi fiant quod estis. (*a*) Hos secuti sunt Martyres, qui Scævolas, et Curtios, et Decios, non sibi inferendo pœnas, sed illatas ferendo, et virtute vera, quoniam vera pietate, et innumerabili multitudine superarunt. Sed cum illi essent in civitate terrena, quibus propositus erat omnium pro illa officiorum finis, incolumitas ejus, et regnum non in cœlo, sed in terra; non in vita æterna, sed in decessione morientium et successione morituroum; quid aliud amarent quam gloriam, qua volebant etiam post mortem tanquam vivere in ore laudantium?

CAPUT XV.

De mercede temporali, quam Deus reddidit bonis moribus Romanorum.

Quibus ergo non erat Deus daturus vitam æternam cum sanctis Angelis suis in Civitate sua cœlesti, ad cujus societatem pietas vera perducit, quæ non exhibet servitutem religionis, quam λατρείαν Græci vocant, nisi uni vero Deo; si neque hanc eis terrenam gloriam excellentissimi imperii concederet, non redderetur merces bonis artibus eorum, id est virtutibus, quibus ad tantam gloriam pervenire nitebantur. De talibus enim, qui propter hoc boni aliquid facere videntur, ut glorificentur ab hominibus, etiam Dominus ait : « Amen dico vobis, perceperunt mercedem suam. » (*Matth.*, VI, 2.) Sic et isti privatas res suas pro communi, hoc est republica, et pro ejus ærario contempserunt, avaritiæ restiterunt, consuluerunt patriæ consilio libero; neque delicto secundum suas leges, neque libidini obnoxii : his omnibus artibus tanquam vera via nisi sunt ad honores, imperium, gloriam : honorati sunt in omnibus fere gentibus; imperii sui leges imposuerunt multis gentibus; hodieque litteris et historia gloriosi sunt pene in omnibus gentibus. Non est quod de summi et veri Dei justitia conquerantur : « perceperunt mercedem suam. »

(*a*) Editi, *Hoc*. At Mss. *Hos*, id est Apostolos, de quibus antea.

CHAPITRE XVI.

De la récompense des saints, qui sont les citoyens de la Cité éternelle; que les exemples des vertus pratiquées par les Romains leur ont été utiles.

Mais elle est bien supérieure la récompense des saints qui souffrent ici-bas pour la Cité de Dieu, qui est méprisée par les amateurs de ce monde. Cette Cité est éternelle; là, personne ne naît, parce que personne ne meurt. Là, est la véritable et parfaite félicité, qui n'est pas une déesse, mais un don de Dieu. C'est de là que nous avons reçu le gage de la foi, qui nous fait soupirer, pendant tout le temps que dure notre pèlerinage, après les beautés de la patrie. Là, le soleil ne se lève point sur les bons et sur les méchants (*Matth.*, v, 45), mais le soleil de justice éclaire seulement les bons. Là on ne sera plus en peine d'enrichir le trésor public aux dépens des particuliers, puisque le trésor de la vérité est le partage de tous. Aussi, ce n'est pas seulement pour récompenser les vertus des Romains que leur empire est devenu si glorieux; non, c'était encore pour servir d'exemple aux citoyens de l'éternelle Cité, pendant leur pèlerinage ici-bas, et leur faire considérer sagement quel amour doit les embraser pour la patrie céleste, pour la vie éternelle qui les y attend, puisque la Cité terrestre a été tant aimée de ses citoyens pour une gloire passagère.

CHAPITRE XVII.

Quel fruit les Romains ont retiré de leurs guerres, et quel bien ils ont procuré aux peuples dont ils ont été les vainqueurs.

1. Quant à ce qui regarde cette vie mortelle, qui dure si peu, qu'importe à l'homme qui doit mourir le gouvernement sous lequel il passera sa vie; pourvu que ceux qui lui commandent ne le forcent pas à faire des choses injustes et impies? Les Romains ont-ils nui autrement aux nations, qu'ils ont soumises à leurs lois, qu'en faisant verser le sang dans des guerres cruelles? S'ils eussent pu les assujettir à leur empire, de leur plein consentement, le succès eût été meilleur; mais ils n'auraient pas eu les honneurs de la victoire. Les Romains vivaient cependant sous les lois qu'ils imposaient aux autres. Si donc cela se fût fait sans le concours de Mars et de Bellone, c'est-à-dire sans victoire, puisqu'il n'y aurait point eu de combat, est-ce que la condition des Romains et des autres peuples n'aurait pas été absolument la même? Surtout, si l'on eût fait d'abord ce qu'on accorda plus tard très-facilement et très-gracieusement; c'est-à-dire si l'on eût donné le droit de citoyen romain à tous les sujets de l'empire, en sorte que ce qui était auparavant le privilége de quelques-uns, eût été le partage de tous, à la condition toutefois que les

CAPUT XVI.

De mercede sanctorum civium Civitatis æternæ, quibus utilia sunt Romanorum exempla virtutum.

Merces autem sanctorum longe alia est etiam hic opprobria sustinentium pro (a) Civitate Dei, quæ mundi hujus dilectoribus odiosa est. Illa Civitas sempiterna est: ibi nullus oritur, quia nullus moritur. Ibi est vera et plena felicitas, non dea, sed donum Dei. Inde fidei pignus accepimus, quamdiu peregrinantes ejus pulchritudini suspiramus. Ibi non oritur sol super bonos et malos (*Matth.*, v, 45), sed sol justitiæ solos protegit bonos. Ibi non erit magna industria, ditare ærarium publicum privatis rebus angustis, ubi thesaurus communis est veritatis. Proinde non solum ut talis merces talibus hominibus redderetur, Romanum imperium ad humanam gloriam dilatatum est; verum etiam ut cives æternæ illius Civitatis, quam diu hic peregrinantur, diligenter et sobrie illa intueantur exempla (II *Cor.*, v, 6) et videant quanta dilectio debeatur supernæ patriæ propter vi-tam æternam, si tantum a suis civibus terrena dilecta est propter hominum gloriam.

CAPUT XVII.

Quo fructu Romani bella gesserint, et quantum his quos vicere contulerint.

1. Quantum enim pertinet ad hanc vitam mortalium, quæ paucis diebus ducitur et finitur, quid interest sub cujus imperio vivat homo moriturus, si illi qui imperant, ad impia et iniqua non cogant? Aut vero aliter nocuerunt Romani gentibus, quibus subjugatis imposuerunt leges suas, nisi quia id factum est ingenti strage bellorum? Quod si concorditer fieret, idipsum fieret meliore successu: sed nulla esset gloria triumphantium. Neque enim et Romani non vivebant sub legibus suis, quas cæteris imponebant. Hoc si fieret sine Marte et Bellona, ut nec victoria locum haberet, nemine vincente ubi nemo pugnaverat, nonne Romanis et cæteris gentibus una esset eademque conditio? Præsertim si mox

---

(a) Mss. magno consensu, *pro veritate*.

malheureux qui n'auraient point eu de terres pour leur subsistance eussent été nourris aux dépens du public. Certes, de bons administrateurs de la république eussent perçu ces droits alimentaires avec plus de satisfaction du consentement volontaire des peuples soumis, qu'en les exigeant des vaincus par la violence.

2. Je ne vois point du tout, en effet, en quoi le salut public, les bonnes mœurs, ni même les dignités de l'Etat, sont intéressés à ce que les uns soient vainqueurs et les autres vaincus. Il n'y a que le vain éclat de la gloire humaine qui y trouve son compte; ça été, du reste, la récompense de ceux qui ont brigué cette faveur, et qui ont entrepris, pour arriver à ce but, des guerres désastreuses. Est-ce que leurs terres ne paient plus d'impôts? Est-ce qu'il leur est permis d'apprendre ce qui n'est pas permis à d'autres? Est-ce qu'il n'y a pas aussi beaucoup de sénateurs dans des contrées qui ne connaissent Rome que de nom? Otez la vaine gloire, que sont tous les hommes, sinon des hommes comme les autres? Et, quand même la perversité du siècle souffrirait que les hommes les plus vertueux fussent les plus considérés, devrait-on faire tant de cas de l'honneur humain, qui n'est qu'une fumée légère? Mais encore ici, profitons du bienfait de la grâce divine. Considérons combien ceux qui ont mérité la gloire humaine, comme récompense de leurs vertus, ont méprisé de plaisirs, enduré de travaux, dompté de passions. Et que cela serve au moins à humilier notre orgueil, puisque cette Cité sainte, où nous espérons régner un jour, est autant au-dessus de celle d'ici-bas que le ciel est au-dessus de la terre, la vie éternelle au-dessus des joies du temps, la gloire solide au-dessus des vaines louanges, la société des anges au-dessus de celle de pauvres mortels, la lumière de celui qui a fait le soleil et la lune au-dessus de la lumière du soleil et de la lune. Comment les citoyens d'une si belle patrie peuvent-ils croire qu'ils ont fait quelque chose de grand, quand, pour l'acquérir, ils ont pratiqué quelques bonnes œuvres ou souffert quelques maux, tandis que, pour la patrie terrestre, dont ils étaient déjà en possession, ceux-là ont tant fait et tant souffert? Surtout, si on considère que la rémission des péchés, qui rassemble tous les citoyens de la patrie éternelle, est comme figurée par cet asile de Romulus, où l'impunité du crime rassemblait la multitude des coupables qui ont fondé la ville de Rome.

fieret, quod postea gratissime atque humanissime factum est, ut omnes ad Romanum imperium pertinentes societatem acciperent civitatis et Romani cives essent; ac sic esset omnium, quod erat ante paucorum: tantum, quod plebs illa quæ suos agros non haberet, de publico viveret: qui pastus ejus per bonos administratores reipublicæ gratius a concordibus præstaretur, quam victis extorqueretur.

2. Nam quid intersit ad incolumitatem, bonosque mores, (a) ipsas certe hominum dignitates, quod alii vicerunt, alii victi sunt, omnino non video, præter illum gloriæ humanæ inanissimum fastum, in quo perceperunt mercedem suam, qui ejus ingenti cupidine arserunt, et ardentia bella gesserunt. Numquid enim illorum agri tributa non solvunt? Numquid eis licet discere, quod aliis non licet? Numquid non multi senatores sunt in aliis terris, qui Romam ne facie quidem norunt? Tolle jactantiam, et omnes homines quid sunt nisi homines? Quod si perversitas sæculi admitteret, ut honoratiores essent quique meliores: nec sic pro magno haberi debuit honor humanus, quia nullius est ponderis fumus. Sed utamur etiam in his rebus beneficio Domini Dei nostri: consideremus quanta contempserint, quæ pertulerint, quas cupiditates subegerint pro humana gloria, qui eam tanquam mercedem talium virtutum accipere meruerunt: et valeat nobis etiam hoc ad opprimendam superbiam; ut cum illa Civitas, in qua nobis regnare promissum est, tantum ab hac distet quantum distat cœlum a terra, a temporali lætitia vita æterna, ab inanibus laudibus solida gloria, a societate mortalium societas Angelorum, a lumine solis et lunæ lumen ejus qui fecit solem et lunam, nihil sibi magnum fecisse videantur tantæ patriæ cives, si pro illa adipiscenda fecerint boni operis aliquid, vel mala aliqua sustinuerint; cum illi pro hac terrena jam adepta tanta fecerint, tanta perpessi sint. Præsertim quia remissio peccatorum, quæ cives ad æternam colligit patriam, habet aliquid, cui per umbram quamdam simile fuit asylum illud Romuleum, quo multitudinem, qua illa civitas conderetur quorumlibet delictorum congregavit impunitas.

(a) Editi, et ipsas. Expungendum et, quod a Mss. abest : ut sensus sit, bonos mores esse ipsas hominum dignitates.

CHAPITRE XVIII.

Combien les chrétiens doivent éviter de se glorifier, s'ils font quelque chose par amour de la céleste patrie, quand les Romains ont tant fait pour la gloire humaine et la Cité terrestre.

1. Qu'y a-t-il donc de si étonnant de mépriser, pour cette éternelle patrie des cieux, tous les charmes les plus séduisants du siècle, quand Brutus a pu se résoudre à faire mourir ses fils pour la patrie terrestre, sacrifice que la Cité céleste n'avait jamais exigé? Certes, il est plus difficile de donner la mort à ses enfants que de faire l'aumône aux pauvres, s'il était nécessaire pour son salut, ou d'abandonner, pour la foi et la justice, des biens qu'on amasse et qu'on conserve pour ses propres enfants. Car les biens terrestres ne nous rendent heureux ni nous, ni nos enfants, puisque nous pouvons les perdre durant le cours de notre vie, ou les laisser à notre mort à des inconnus, peut-être à des ennemis. Dieu seul peut nous rendre heureux, parce que seul il est capable de remplir et de satisfaire véritablement nos cœurs. Mais, pour Brutus, le poète même qui le loue d'avoir fait mourir ses enfants, atteste qu'il était malheureux d'avoir agi ainsi; car il dit: « Ce père fera mourir ses fils séditieux pour venger la noble liberté, mais il sera malheureux, quel que soit le jugement de la postérité sur cette action. » (*Énéide*, VI.) Il ajoute quelques mots de consolation à ce père malheureux dans le vers suivant : « L'amour de la patrie et une passion insatiable de la gloire ont triomphé de la nature. » Tels sont les deux mobiles qui ont porté les Romains à des actions merveilleuses : la liberté et le désir de la gloire humaine. Si donc le désir de procurer la liberté à des hommes qui doivent bientôt mourir, et la passion de la gloire, que les mortels recherchent si avidement, ont pu décider un père à faire mourir ses enfants; quelle merveille, si, pour la véritable liberté qui nous affranchit de la servitude du péché, de la mort et du démon; si, pour satisfaire, non notre ambition, mais notre charité, en délivrant les hommes, non de la domination de Tarquin, mais de celle des démons et du prince des démons, nous ne faisons pas mourir nos enfants, mais nous mettons les pauvres de Jésus-Christ au nombre de nos enfants?

2. Si cet autre noble romain, du nom de Torquatus, fit mourir son fils, victorieux des ennemis de la patrie, parce que, contre l'ordre de son père qui commandait l'armée, il avait combattu, emporté par sa jeunesse, l'ennemi qui le provoquait et le bravait, ce père agissant

avec tant de rigueur, craignant qu'il n'y eût plus de danger pour l'Etat, dans l'exemple de son autorité méprisée, que d'avantages dans la victoire remportée sur l'ennemi. Quel sujet auront-ils de se glorifier ceux qui, pour obéir aux lois de l'immortelle patrie, méprisent tous les biens de la terre, que l'on aime assurément moins que des enfants? Si Furius Camille, après avoir délivré son ingrate patrie du joug des Véïens, ses ennemis les plus acharnés, fut condamné à l'exil par des concitoyens jaloux, et ne laissa pas cependant de la délivrer encore des Gaulois, parce qu'il ne pouvait trouver d'autre pays où il pût vivre avec gloire. Pourquoi celui qui, dans l'Eglise de Dieu, aurait eu à supporter, de la part d'hommes ennemis, une injure atroce et infamante, se glorifierait-il, comme d'une chose très-méritoire, de n'avoir point fait cause commune avec les hérétiques, de n'avoir point suscité de nouveau schisme; mais, au contraire, d'avoir défendu de tout son pouvoir, contre la perversité des hérétiques, cette Eglise sainte; puisqu'il n'y a point d'autre société où l'on puisse, je ne dirai pas, vivre avec l'estime des hommes, mais acquérir la vie éternelle? Si Mutius, ne pouvant tuer Porsenna comme il en avait le projet, qu'une erreur fatale l'empêcha de réaliser, pour faire la paix avec ce prince, qui tenait la ville de Rome étroitement assiégée, mit sous ses yeux sa main sur des charbons ardents, l'assurant que plusieurs comme lui avaient juré sa perte; en sorte que Personna, effrayé et de cette intrépidité et du sort qui l'attend de la part d'hommes aussi résolus, se hâte de terminer la guerre et de faire la paix avec les Romains! Qui croira mériter le royaume des cieux, quand, pour l'obtenir, il aurait livré pour la foi, non pas seulement sa main, mais son corps tout entier aux flammes allumées par ses persécuteurs? Si Curtius tout armé se précipite avec son cheval dans un abîme pour obéir aux oracles de ses dieux, qui avaient commandé aux Romains d'y jeter ce qu'ils avaient de meilleur, croyant, d'après le sentiment qu'ils avaient de leur supériorité en hommes et en armes, que les dieux demandaient le sacrifice d'un homme armé; qui ose dire qu'il a fait quelque chose pour la patrie éternelle, pour avoir non pas recherché, mais souffert une semblable mort de la part des ennemis de sa foi, quand il a entendu de la bouche de son Seigneur, qui est aussi le roi de sa patrie, cet oracle bien plus certain : « Ne craignez point ceux qui tuent le corps, mais qui ne peuvent rien sur l'âme? » (*Matth.*, x, 28.) Si les Décius se dévouèrent à la mort, par un serment solennel, pour apaiser par leur dévouement la colère des dieux irrités,

perator, ab hoste provocatus juvenili ardore pugnaverat, licet vicisset, occidit; ne plus mali esset in exemplo imperii contempti, quam boni in gloria hostis occisi : ut quid se jactent, qui pro immortalis patriæ legibus omnia, quæ multo minus quam filii diliguntur, bona terrena contemnunt? Si Furius Camillus etiam ingratam patriam, a cujus cervicibus acerrimorum hostium Veientium jugum depulerat, damnatusque ab æmulis fuerat, a Gallis iterum liberavit, quia non habebat potiorem ubi posset vivere (*a*) gloriosus; cur extollatur velut grande aliquid fecerit, qui forte in Ecclesia ab inimicis carnalibus gravissimam exhonorationis passus injuriam, non se ad ejus hostes hæreticos transtulit, aut aliquam contra illam ipse hæresim condidit, sed eam potius quantum valuit ab hæreticorum perniciosissima (*b*) pravitate defendit; cum alia non sit, non ubi vivatur in hominum gloria, sed ubi vita acquiratur æterna? Si Mutius, ut cum Porsenna rege pax fieret, qui gravissimo bello Romanos premebat, quia Porsennam ipsum occidere non potuit, et pro eo alterum deceptus occidit, in ardentem aram ante oculos ejus dexteram extendit, dicens multos tales, qualem illum videret, in ejus exitium conjurasse; cujus ille fortitudinem et conjurationem talium perhorrescens, sine ulla (*c*) dilatione se ab illo bello facta pace compescuit : quis regno cœlorum imputaturus est merita sua, si pro illo non unam manum, neque hoc sibi ultro faciens, sed persequente aliquo patiens, totum flammis corpus impenderit ? Si Curtius armatus equo concito in abruptum hiatum terræ se præcipitem dedit, deorum suorum oraculis serviens, quoniam jusserant ut illuc id quod Romani haberent optimum mitteretur, nec aliud intelligere potuerunt, quam viris armisque se excellere, unde videlicet oportebat ut deorum jussis in illum interitum vir præcipitaretur armatus; quid se magnum pro æterna patria fecisse dicturus est, qui aliquem fidei suæ passus inimicum, non se ultro in talem mortem mittens; sed ab illo missus obierit; quando quidem a Domino suo eodemque rege patriæ suæ certius oraculum accepit : « Nolite timere eos qui corpus occidunt, animam autem non possunt occidere? » (*Matth.*, x, 28.) Si se occidendos certis verbis quodam modo consecrantes Decii devoverunt, ut illis cadentibus et iram deorum sanguine suo pla-

(*a*) Sola editio Lov. *gloriosius.* — (*b*) Aliquot Mss. *vanitate.* — (*c*) In Mss. *dubitatione.*

et sauver l'armée romaine ; que les saints martyrs ne s'enorgueillissent point d'avoir fait quelque chose, qui soit digne de les faire entrer en possession de cette patrie, où se trouve la vraie et éternelle félicité, et s'ils ont combattu, avec l'ardeur de la charité animée par la foi, jusqu'à l'effusion de leur sang, prouvant, comme il leur est commandé, non-seulement leur amour vis-à-vis de leurs frères pour qui ils le répandaient, mais encore vis-à-vis de leurs ennemis même qui le répandaient. Si Marcus Pulvillus, à la dédicace d'un temple en l'honneur de Jupiter, de Junon et de Minerve, méprisa tellement la fausse nouvelle de la mort de son fils qui lui fut portée par des esprits jaloux, pensant que, dans son trouble, il aurait quitté la cérémonie et aurait laissé à son collègue la gloire de cette dédicace, qu'il ordonna de laisser le cadavre sans sépulture, parce que la passion de la gloire l'emportait dans son cœur sur la douleur de la perte qu'il venait de faire; qui donc se vantera d'avoir fait quelque chose de grand pour la prédication de l'Evangile, qui délivre d'une foule d'erreurs et rassemble les citoyens de l'éternelle patrie, quand le Seigneur a dit à celui qui s'inquiétait de la sépulture de son père : « Suivez-moi et laissez les morts ensevelir leurs morts? » (*Matth.*, VIII, 22.) Si Marcus Régulus, pour ne pas manquer à la foi jurée à de cruels ennemis, quitta Rome pour retourner chez eux, parce que, comme il l'avait dit aux Romains qui voulaient le retenir, il ne pourrait soutenir avec honneur la dignité de citoyen romain, après avoir été l'esclave des Carthaginois ; si ce grand homme expie, dans de cruels supplices, le conseil qu'il avait donné au sénat romain de ne pas se soumettre à leurs exigences, quels tourments ne doit-on pas mépriser pour garder la foi à cette patrie, dont le bonheur est la récompense même de la foi ? Ou bien, que rendons-nous au Seigneur pour tous les biens que nous avons reçus de lui (*Ps.* CXV, 12), quand nous souffrons pour la foi qui lui est due, les tourments que souffrit Régulus pour celle qu'il devait aux plus perfides ennemis ? De plus, comment un chrétien osera-t-il se vanter de la pauvreté volontaire qu'il a embrassée pour marcher d'un pas plus léger, pendant son pèlerinage, dans la voie qui mène à la patrie dont Dieu lui-même doit faire toute la richesse, quand il sait que Lucius Valérius mourut, dans son consulat, si pauvre que le peuple fut obligé de contribuer aux frais de ses funérailles; que Quintus Cincinnatus, ne possédant que quatre arpents de terre qu'il cultivait de ses propres mains, fut tiré de sa charrue pour être fait dictateur, honneur plus grand que celui de consul, et qu'après

---

cantibus Romanus liberaretur exercitus; nullo modo superbient sancti Martyres tanquam dignum aliquid pro illius patriæ (*a*) participatione fecerint, ubi æterna est et vera felicitas, si usque ad sui sanguinis effusionem, non solum suos fratres (*b*) pro quibus fundebatur, verum et ipsos inimicos a quibus fundebatur, sicut eis præceptum est, diligentes, caritatis fide et fidei caritate certarunt ? Si Marcus Pulvillus dedicans ædem Jovis, Junonis, Minervæ, falso sibi ab invidis morte nuntiata, ut illo nuntio perturbatus absederet, atque ita dedicationis gloriam collega ejus consequeretur, ita contempsit, ut eum etiam projici (*c*) insepultum juberet; et sic in ejus corde orbitatis dolorem gloriæ cupiditas vicerat : quid magnum se pro Evangelii sancti prædicatione, qua cives supernæ patriæ de diversis liberantur et colliguntur erroribus, fecisse dicturus est, cui Dominus de sepultura patris sui sollicito ait : « Sequere me, et sine mortuos sepelire mortuos suos? » (*Matth.*, VIII, 22.) Si M. Regulus, ne crudelissimos hostes jurando falleret, ad eos ab ipsa Roma reversus est, quoniam sicut Romanis cum tenere voluntibus respondisse fertur, posteaquam Afris servierat, dignitatem illic honesti civis habere non posset; eumque Carthaginenses, quoniam contra eos in Romano senatu egerat, gravissimis suppliciis necaverunt; qui cruciatus non sunt pro fide illius patriæ contemnendi, ad cujus beatitudinem fides ipsa perducit? Aut quid retribuetur Domino pro omnibus quæ retribuit (*Psal.* CXV, 12), si pro fide quæ illi debetur talia fuerit homo passus, qualia pro fide quam perniciosissimis inimicis debebat passus est Regulus? Quomodo autem se audebit extollere de voluntaria paupertate Christianus, ut in hujus vitæ peregrinatione expeditior ambulet viam, quæ perducit ad patriam, ubi veræ divitiæ ipse Deus est, cum audiat vel legat L. Valerium, qui in suo defunctus est consulatu, usque adeo fuisse pauperem; ut nummis a populo collatis ejus sepultura curaretur? audiat vel legat Q. Cincinnatum, cum quatuor jugera possideret, et ea suis manibus coleret, ab aratro esse adductum, ut dictator fieret (LIVIUS,

---

(*a*) Gervasianus codex, *perceptione*. — (*b*) *Pro quibus fundebatur:* non quidem ad redemptionem, ut fusus est Christi sanguis, sed ad exemplum fortitudinis. *De fortitudine fidelium*, inquit Leo, epist. alias LXXXIII, nunc XCVII, *exempla nata sunt patientiæ, non dona justitiæ*. LEONARD COQUÆUS. — (*c*) Sic Plutarchus. At Livius cadaver efferri jussisse scribit.

LIVRE V. — CHAPITRE XVIII.

avoir remporté sur les ennemis de la république une victoire éclatante, il alla ensevelir sa gloire dans sa pauvreté passée? Mais, qui donc pourrait concevoir une haute opinion de sa vertu, parce qu'aucune séduction du monde n'aura pu le séparer de la société de ceux qui aspirent à la patrie éternelle, quand il voit Fabricius rejeter généreusement tous les offres de Pyrrhus, roi d'Épire, et même le quart de son royaume, pour ne pas s'éloigner de Rome, aimant mieux y demeurer pauvre et simple particulier? Car, chose bien digne de remarque, tandis que la république était riche, les particuliers étaient si pauvres que l'un d'eux, qui avait été deux fois consul, fut chassé honteusement de ce sénat d'indigents par le censeur, parce qu'on trouva chez lui dix livres pesant d'argent. Et si ces mêmes hommes, dans leur héroïque pauvreté, savaient enrichir le trésor public par leurs triomphes, est-ce que les chrétiens qui, par un motif plus élevé, mettent tous leurs biens en commun, selon ce qui est écrit dans les Actes des Apôtres (*Act.*, II, 25; IV, 42), afin qu'ils soient distribués à chacun suivant ses besoins, et que personne n'ait rien en propre, mais que tout soit commun entre eux, ne doivent pas comprendre qu'ils n'ont aucun sujet de se glorifier de ce qu'ils font pour être admis dans la société des anges; puisque ces hommes en ont fait presque autant pour conserver la gloire de la nation romaine?

3. Ces faits et plusieurs autres, que leur histoire rapporte, nous seraient-ils ainsi connus; la renommée les aurait-elle publiés partout, si les brillantes prospérités de l'empire Romain n'eussent étendu au loin sa puissance? D'où il suit que cet empire, si grand par ses conquêtes et par sa durée, si illustre par les vertus de ses grands hommes, a été pour eux la récompense proportionnée à la mesure de leurs désirs. Il est pour nous un enseignement salutaire, par les exemples qui nous sont proposés; en sorte que, si nous ne pratiquons pas pour la glorieuse Cité de Dieu au moins les vertus que les anciens Romains pratiquaient pour la gloire de la Cité terrestre, nous soyons couverts de confusion; et que, si nous en pratiquons de semblables, nous n'en concevions point de vanité. Parce que, comme le dit l'Apôtre : « Les souffrances de cette vie n'ont aucune proportion avec la gloire future qui sera révélée en nous. » (*Rom.*, VIII, 18.) Mais, quant à la gloire humaine et passagère, la vertu des Romains en paraît assez digne. Aussi, le Nouveau Testament manifestant ce qui était voilé dans l'Ancien, c'est-à-dire que le seul vrai Dieu ne doit pas être adoré pour les biens terrestres, que sa Providence accorde indifféremment

---

lib. III; VALER., lib. IV, c. IV), major utique honore quam consul; victisque hostibus ingentem gloriam consecutum in eadem paupertate mansisse? Aut quid se magnum fecisse prædicabit, quod nullo præmio mundi hujus fuerit ab æternæ illius patriæ societate seductus, cum Fabricium didicerit tantis muneribus Pyrrhi regis Epirotarum, promissa etiam quarta parte regni, a Romana civitate non potuisse divelli, ibique in sua paupertate privatum manere maluisse? Nam illud quod rempublicam, id est, rem populi, rem patriæ, rem communem cum haberent opulentissimam atque ditissimam, sic ipsi in suis domibus pauperes erant, ut quidam eorum qui jam bis consul fuisset, ex illo senatu pauperum hominum pelleretur notatione censoria, quod decem pondo argenti in vasis habere compertus est; (*a*) ita iidem ipsi pauperes erant, quorum triumphis publicum ditabatur ærarium : nonne omnes Christiani, qui excellentiore proposito divitias suas communes faciunt, secundum id quod scriptum est in Actis Apostolorum, ut distribuatur unicuique, sicut cuique opus est (*Act.*, II, 45, IV, 32), et nemo dicat aliquid proprium, sed sint illis omnia communia; intelli-

gunt se nulla ob hoc ventilari oportere jactantia, id faciendo pro obtinenda societate Angelorum, cum pene tale aliquid illi fecerint pro conservanda gloria Romanorum?

3. Hæc et alia, si qua hujuscemodi reperiuntur in litteris eorum, quando sic innotescerent, quando tanta fama præcarentur, nisi Romanum imperium longe lateque porrectum, magnificis successibus augeretur? Proinde per illud imperium tam latum tamque diuturnum, virorumque tantorum virtutibus præclarum atque gloriosum, et illorum intentioni merces quam quærebant est reddita, et nobis proposita necessariæ commonitionis exempla : ut si virtutes, quarum istæ utcumque sunt similes, quas isti pro civitatis terrenæ gloria tenuerunt, pro Dei gloriosissima Civitate non tenuerimus, pudore pungamur; si tenuerimus, superbia non extollamur. Quoniam, sicut dicit Apostolus, « indignæ sunt passiones hujus temporis ad futuram gloriam, quæ revelabitur in nobis. » (*Rom.*, VIII, 18.) Ad humanam vero gloriam præsentisque temporis satis digna vita æstimabatur illorum. Unde etiam Judæi qui Christum occiderunt, revelante Testamento novo,

---

(*a*) Lov. *si ita.* Abest *si* a cæteris libris.

aux bons et aux méchants, mais pour la vie éternelle et les récompenses infinies de la Cité des élus, c'est avec justice que les Juifs déicides ont été livrés aux Romains pour servir à leur gloire; afin que ceux qui ont recherché et acquis la gloire humaine par les seules vertus morales, l'emportassent sur ceux qui ont rejeté et mis à mort par leurs crimes l'auteur de la gloire véritable, et le roi de l'éternelle Cité.

CHAPITRE XIX.
De la différence entre la passion de la gloire et celle de la domination.

Il y a certainement de la différence entre l'amour de la gloire humaine et le désir de la domination. Car, bien qu'il soit pour ainsi dire naturel à ceux qui aiment trop la gloire humaine de se laisser emporter par le désir de dominer, cependant ceux qui aspirent à la véritable gloire humaine, s'efforcent de ne pas déplaire à de bons juges. Il y a, en effet, beaucoup d'actions moralement bonnes, dont plusieurs jugent bien sans cependant les pratiquer; et c'est par là que tendent à la gloire, à la puissance, à la domination, ceux dont parle Salluste quand il dit : (*sur Catilina*) Qu'ils marchent par la bonne voie. Au contraire, celui qui sans aimer cette gloire, qui fait craindre à l'homme de déplaire à ceux qui jugent sainement, désire dominer et commander, cherche à obtenir ce qu'il désire par toutes sortes de moyens et même par le crime. D'où il suit que celui qui désire la gloire, ou y tend par la bonne voie, ou par des déguisements et des artifices, pour paraître ce qu'il n'est pas, homme de bien. Aussi, est-ce un grand mérite à un homme vertueux de mépriser la gloire, parce que ce sentiment ne peut être connu que de Dieu, et n'est point soumis au jugement de l'homme. Car, quoiqu'on fasse devant les hommes pour leur faire croire qu'on méprise la gloire, s'ils supposent par là qu'on en désire davantage, il n'y a pas moyen de détruire ces soupçons. Mais celui qui méprise les louanges des hommes, méprise aussi leurs soupçons téméraires, bien que cependant, s'il est vraiment homme de bien, il ne méprise pas leur salut; parce que telle est la justice de celui dont la vertu vient de l'Esprit de Dieu, qu'il aime même ses ennemis. Il les aime en ce sens qu'il souhaite que ses envieux, ses détracteurs se corrigent, afin de partager avec eux, non la félicité de la terre, mais celle du ciel. Quant à ceux qui le louent, bien qu'il fasse peu de cas des louanges, il estime beaucoup leur amitié, et il ne veut pas tromper ceux

quod in Vetere velatum fuit, ut non pro terrenis et temporalibus beneficiis, quæ divina providentia permixte bonis malisque concedit, sed pro æterna vita muneribusque perpetuis et ipsius supernæ Civitatis societate colatur Deus unus et verus, rectissime istorum gloriæ donati sunt; ut hi qui qualibuscumque virtutibus terrenam gloriam quæsierunt et acquisierunt, vincerent eos qui magnis vitiis datorem veræ gloriæ et Civitatis æternæ occiderunt atque respuerunt.

CAPUT XIX.
Quo inter se differant cupiditas gloriæ, et cupiditas dominationis.

Interest sane inter cupiditatem humanæ gloriæ, et cupiditatem dominationis. Nam licet proclive sit, ut qui humana gloria nimium delectatur, etiam dominari ardenter affectet; tamen qui veram licet humanarum laudum gloriam concupiscunt, dant operam bene judicantibus non displicere. Sunt enim multa in moribus bona, de quibus multi bene judicant, quamvis ea multi non habeant : per ea bona morum nituntur ad gloriam et imperium vel dominationem de quibus ait Sallustius (*Catilina*) : Sed ille vera via nititur. Quisquis autem sine cupiditate gloriæ, qua veretur homo bene judicantibus displicere, dominari atque imperare desiderat, etiam per apertissima scelera quærit plerumque obtinere quod diligit. Proinde qui gloriam concupiscit, aut vera via nititur, aut certe dolis atque fallaciis contendit, volens bonus videri esse, quod non est. Et ideo virtutes habenti magna virtus est contemnere gloriam; quia contemptus ejus in conspectu Dei est, judicio autem non aperitur humano. Quidquid enim fecerit ad oculos hominum, quo gloriæ contemptor appareat, ad majorem laudem, hoc est, ad majorem gloriam facere si credatur, non est unde se suspicantium sensibus aliter esse quam suspicantur, ostendat. Sed qui contemnit judicia laudantium, contemnit etiam suspicantium temeritatem; quorum tamen, si vere bonus est, non contemnit salutem; quoniam tantæ justitiæ est qui de Spiritu Dei virtutes habet, ut etiam ipsos diligat inimicos; et ita diligat, ut (*a*) suos osores vel detractores velit correctos habere consortes; non in terrena patria, sed superna; in laudatoribus autem suis quamvis parvipendat quod eum laudant, non tamen parvipendit quod amant; nec eos vult fallere laudantes, ne de-

---
(*a*) Sic Vind. Am. Er. et plerique Mss. At Lov. *ut susurrones*.

LIVRE V. — CHAPITRE XIX.

qui le louent, de peur de tromper ceux qui l'aiment ; aussi les presse-t-il ardemment de reporter leurs louanges plutôt à celui de qui nous tenons tout ce qu'il y a de louable en nous. Mais si celui qui méprise la gloire est avide de domination, il surpasse les bêtes en cruauté et en brutalité. Il y en eut plusieurs ainsi parmi les Romains. Pour avoir perdu tout soucis de l'estime publique, le désir de dominer ne leur manquait pas. L'histoire en signale un grand nombre, et, parmi eux, César Néron doit être placé au premier rang, comme le plus vicieux. Il était si efféminé qu'il semblait qu'on n'avait rien de viril à redouter de sa part, et si cruel qu'on aurait pu croire qu'il n'y avait rien d'efféminé en lui, si on ne l'eût connu. Et, cependant, c'est en de pareilles mains que la Providence du Dieu souverain remet l'exercice de la puissance suprême, quand elle juge que les hommes méritent d'avoir de tels maîtres. La parole divine est très-claire à ce sujet, car c'est la sagesse même qui a dit : « C'est par moi que règnent les rois, et que les tyrans dominent sur la terre. » (*Prov.*, VIII, 15.) Mais pour qu'on ne prenne pas le mot *tyran*, selon son ancienne signification, pour désigner, non les rois méchants et dépravés, mais des princes puissants, comme l'a dit Virgile dans ce vers : « Je prendrai pour un gage de paix de toucher la main droite du tyran des Troyens ; » (*Énéide*, VII) il est dit très-clairement de Dieu, dans un autre endroit de la sainte Ecriture que « c'est lui qui fait règner les princes fourbes, à cause de la perversité des peuples. » (*Job,* XXXIV, 30.) Ainsi, quoique j'aie assez montré, selon mon pouvoir, pourquoi les Romains, qui étaient gens de bien, d'après les règles de la Cité terrestre, ont été favorisés du Dieu de justice et de vérité, pour obtenir un empire si glorieux, il peut cependant exister une autre cause plus secrète : ce sont les divers mérites des hommes que Dieu connaît mieux que nous. Quoi qu'il en soit, il doit demeurer certain, pour tout homme vraiment pieux, que personne ne peut avoir de vertu véritable sans la vraie piété, c'est-à-dire sans le culte du vrai Dieu, et que la vertu n'est pas vraie quand elle est esclave de la gloire humaine. Néanmoins, pour ceux qui ne sont pas de la Cité éternelle, qui est appelée dans les saintes lettres la Cité de Dieu (*Ps.* XLV, XLVII, etc.), ils sont encore plus utiles à la Cité terrestre avec la vertu même qu'ils ont, que s'ils n'en avaient point du tout. Mais, quant à ceux qui joignent la bonne vie à une véritable piété, s'ils ont la science de gouverner les peuples, il ne peut rien arriver de plus avantageux à l'humanité que d'être commandée par de tels princes ; c'est vraiment par un effet de la miséricorde de Dieu qu'ils exercent le pouvoir souverain. Mais de tels hommes, quelque vertueux qu'ils soient en cette vie, n'attribuent leurs mérites qu'à la grâce de Dieu, qui les a accordés à leurs désirs, à leur

---

cipiat diligentes; ideoque instat ardenter, ut potius ille laudetur, a quo habet homo quidquid in eo jure laudatur. Qui autem contemptor gloriæ, dominationis est avidus, bestias superat, sive crudelitatis vitiis, sive luxuriæ. Tales quidam Romani fuerunt. Non enim cura existimationis amissa dominationis cupiditate caruerunt : multos tales fuisse, prodit historia. Sed hujus vitii summitatem, et quasi arcem quamdam Nero Cæsar primus obtinuit; cujus fuit tanta luxuries, ut nihil ab eo putaretur virile metuendum; tanta crudelitas, ut nihil molle habere crederetur, si nesciretur. Etiam talibus tamen dominandi potestas non datur nisi summi Dei providentia, quando res humanas judicat talibus dominis dignas. Aperta de hac re vox divina est, loquente Dei sapientia : « Per me reges regnant, et tyranni per me tenent terram. » (*Prov.*, VIII, 15.) Sed ne tyranni non pessimi atque improbi reges, sed vetere nomine fortes dicti existimentur, unde ait Virgilius : Pars mihi pacis erit, dextram tetigisse tyranni (*Æneid.*, VII) : apertissime alio loco de Deo dictum est : « Qui regnare facit hominem hypocritam propter perversitatem populi. »(*Job,* XXXIV, 30.) Quamobrem, quamvis, ut potui, satis exposuerim qua causa Deus unus verus et justus Romanos secundum quamdam formam terrenæ civitatis bonos adjuverit ad tanti imperii gloriam consequendam : potest tamen et alia causa esse latentior, propter diversa merita generis humani, Deo magis nota quam nobis; dum illud constet inter omnes veraciter pios, neminem (V. *infra, lib.* XIX, c. XXV) sine vera pietate, id est, veri Dei vero cultu veram posse habere virtutem; nec eam veram esse, quando gloriæ servit humanæ. (*Psal.* XLV, XLVII, etc.) Eos tamen qui cives non sunt Civitatis æternæ, quæ in sacris litteris nostris dicitur Civitas Dei, utiliores esse terrenæ Civitati, quando habent virtutem vel ipsam, quam si nec ipsam. Illi autem qui vera pietate præditi bene vivunt, si habent scientiam regendi populos, nihil est felicius rebus humanis, quam si Deo miserante habeant potestatem. Tales autem homines virtutes suas, quantascumque in hac vita possunt habere, non tribuunt nisi gratiæ Dei,

foi, à leurs prières. Ils reconnaissent, en même temps, combien ils sont éloignés de la perfection des saints anges, à la société desquels ils désirent d'être réunis un jour. Au contraire, la la vertu, qui, destituée de la véritable piété, est esclave de la gloire humaine, quelques louanges qu'on lui donne, ne mérite pas seulement qu'on la compare aux faibles commencements des fidèles, dont l'espérance est placée dans la grâce et la miséricorde du vrai Dieu.

CHAPITRE XX.

Qu'il est aussi honteux de rendre la vertu esclave de la gloire humaine que des voluptés charnelles.

Les philosophes, qui placent le souverain bien de l'homme dans la vertu même, pour faire honte à d'autres philosophes qui, tout en estimant la vertu, la rapportent à la volupté comme à sa véritable fin, et pensent que la volupté seule mérite qu'on la recherche pour elle-même, et la vertu pour la volupté, ont coutume de faire à ce sujet un tableau. Ils représentent la volupté assise sur un trône, comme une reine délicate; les vertus, comme autant d'esclaves, sont à ses pieds, observant tous ses mouvements, toujours prêtes à exécuter ses ordres. Elle commande à la prudence de veiller avec soin à la paix et à la conservation de son règne; à la justice, d'accorder toutes les faveurs possibles, afin d'exciter des amitiés nécessaires à son bien-être; de ne faire de tort à personne, de peur que la violation des lois ne cause du trouble et ne nuise à sa sécurité; à la force, que s'il survient quelque douleur, elle en réprime la violence pour l'empêcher de succomber, qu'elle retienne fortement, au fond de l'âme la volupté, sa souveraine, afin que le souvenir des plaisirs passés adoucisse l'amertume de la douleur présente. A la tempérance de régler les aliments, surtout ceux qui flattent davantage, de peur que les excès ne lui soient nuisibles, et que la santé, qui est, selon les Epicuriens, la plus grande volupté, n'en soit notablement altérée. Ainsi, les vertus avec toute leur gloire sont réduites à être les servantes de la volupté, qui ressemble assez à une petite femme impérieuse et impudente. Ils disent qu'il n'y a rien de plus infâme, de plus hideux, et dont la vue soit plus insupportable aux gens de bien que cette peinture, et ils disent vrai. Mais je ne pense pas qu'on puisse faire un tableau parfaitement ressemblant et décent où seraient représentées les mêmes vertus, au service de la gloire humaine; car, bien que cette gloire ne soit pas une femme délicate, elle est bouffie et pleine d'orgueil. Aussi, il serait par trop indigne de mettre à son service des vertus solides et

quod eas volentibus, credentibus, petentibus dederit; simulque intelligunt, quantum sibi desit ad perfectionem justitiæ, qualis est in illorum sanctorum Angelorum societate, cui se nituntur aptare. Quantumlibet autem laudetur atque prædicetur virtus, quæ sine vera pietate servit hominum gloriæ, nequaquam sanctorum exiguis initiis comparanda est, quorum spes posita est in gratia et misericordia veri Dei.

CAPUT XX.

Tam turpiter servire virtutes humanæ gloriæ, quam corporis voluptati.

Solent Philosophi, qui finem boni humani in ipsa virtute constituunt, ad ingerendum pudorem quibusdam philosophis, qui virtutes quidem probant, sed eas voluptatis corporalis fine metiuntur, et illam per se ipsam putant appetendam, istas propter ipsam, (Cicer., II, *de Finibus*) tabulam quamdam verbis pingere, ubi voluptas in sella regali quasi delicata quædam regina considat; eique virtutes famulæ subjiciantur, observantes ejus nutum, ut faciant quod illa imperaverit: quæ prudentiæ jubeat, ut vigilanter inquirat, quomodo voluptas regnet, et salva sit; justitiæ jubeat, ut præstet beneficia quæ potest ad comparandas amicitias corporalibus commodis necessarias; nulli faciat injuriam, ne offensis legibus voluptas vivere secura non possit: fortitudini jubeat, ut si dolor corpori acciderit, qui non compellat in mortem, teneat dominam suam, id est, voluptatem fortiter in animi cogitatione, ut per pristinarum deliciarum suarum recordationem mitiget præsentis doloris aculeos: temperantiæ jubeat, ut tantum capiat alimentorum, et si qua delectant, ne per immoderationem noxium aliquid valetudinem turbet, et voluptas, quam etiam in corporis sanitate Epicurei maximam ponunt, graviter offendatur. Ita virtutes cum tota suæ (a) gloriæ dignitate tanquam imperiosæ cuidam et inhonestæ mulierculæ servient voluptati. Nihil hac pictura dicunt esse ignominiosius et deformius, et quod minus ferre bonorum possit aspectus: et verum dicunt. Sed non existimo satis debiti decoris esse picturam, si etiam talis fingatur, ubi virtutes humanæ gloriæ serviant. Licet enim ista gloria delicata mulier non sit, inflata tamen est, et multum inanitatis habet. Unde non ei digne servit

(a) Aliquot probæ notæ Mss. *cum tota suæ gloria dignitatis.*

réelles, qui n'auraient plus leur but, puisque la prudence ne pourrait rien prévoir, la justice rien ordonner, la force rien supporter et la tempérance rien modérer, si ce n'est ce qui plairait aux hommes et ce qui flatterait la vaine gloire. Et il ne faut pas que ceux qui se croient sages, et qui se complaisent en eux-mêmes, s'imaginent être exempts de ces hontes, parce que, méprisant la gloire, ils méprisent les jugements d'autrui. Car leur vertu, si toutefois ils en ont, est toujours en quelque manière esclave des louanges ; et celui-là montre bien qu'il n'a pas cessé d'être homme, en se complaisant en lui-même. Mais celui qui, par une véritable piété, place sa foi et ses espérances dans le Dieu qu'il aime, s'applique bien plus à considérer ses défauts que ses vertus ; et, s'il en a quelques-unes, elles lui plaisent moins à lui-même qu'à la vérité qu'elles honorent; en sorte que, s'il y a quelque chose en lui qui pourrait lui plaire, il l'attribue à la miséricorde de celui auquel il craint de déplaire, le remerciant pour les plaies qu'il a daigné guérir en lui, et le priant pour celles qui restent à guérir.

CHAPITRE XXI.

Que l'empire romain a reçu sa puissance du vrai Dieu, de qui émane tout pouvoir et dont la providence règle toutes choses.

Puisqu'il en est ainsi, n'attribuons la puissance de disposer des royaumes et des empires qu'au seul vrai Dieu, qui n'accorde qu'à ceux qui sont pieux la félicité céleste, mais qui donne les royaumes de la terre aux bons et aux méchants, comme il lui plaît, lui à qui rien d'injuste ne saurait plaire. Car, bien que nous ayons dit ce qui lui a plu de nous découvrir, nous reconnaissons que c'est une chose très-grave, et qui est bien au-dessus de nos forces, de discerner les mérites cachés des hommes, et d'apprécier exactement ce qui peut leur valoir l'autorité souveraine. Ainsi donc, ce seul vrai Dieu, qui ne retira jamais au genre humain ni sa justice, ni sa protection, a donné l'empire aux Romains, quand il a voulu et aussi grand qu'il l'a voulu ; comme il l'a donné aux Assyriens, et même aux Perses, qui, selon que leur histoire l'atteste, n'adoraient que deux dieux, l'un bon et l'autre mauvais. Je ne parle pas du peuple Hébreu, dont il a été assez question en son temps, et qui, tant qu'il a régné, n'a jamais adoré qu'un seul Dieu. Celui donc qui a donné aux Perses des moissons et les autres dons de la terre, sans qu'ils rendissent aucun culte à la déesse Ségétia, et à tant d'autres divinités que les Romains avaient préposées à chacune de leurs affaires, les recommandant les unes à une divinité, les autres à plusieurs ; c'est lui-même qui leur a donné l'empire, sans qu'ils eussent honoré ces dieux auxquels

---

soliditas quædam firmitasque virtutum, ut nihil provideat prudentia, nihil distribuat justitia, nihil toleret fortitudo, nihil temperantia moderetur, nisi unde placeatur hominibus et ventosæ gloriæ serviatur. Nec illi se ab ista fœditate defenderint, qui cum aliena spernant judicia velut gloriæ contemptores, sibi sapientes videntur et sibi placent. Nam eorum virtus, si tamen ulla est, alio modo quodam humanæ subditur laudi. Neque enim ipse qui sibi placet, homo non est. Qui autem vera pietate in Deum, quem diligit, credit et sperat, plus intendit in ea in quibus sibi displicet, quam in ea, si qua in illo sunt, quæ non tam ipsi quam veritati placent : neque id tribuit, unde jam potest placere, nisi ejus misericordiæ, cui metuit displicere : de his sanatis gratias agens, de illis sanandis preces fundens.

CAPUT XXI.

Romanum regnum a Deo vero esse dispositum, a quo est omnis potestas, et cujus providentia reguntur universa.

Quæ cum ita sint, non tribuamus dandi regni atque imperii potestatem, nisi Deo vero, qui dat felicitatem in regno cœlorum solis piis, regnum vero terrenum et piis et impiis, sicut ei placet, cui nihil injuste placet. Quamvis enim aliquid diximus, quod apertum nobis esse voluit; tamen multum est ad nos, et valde superat vires nostras, hominum occulta discutere, et liquido examine merita dijudicare regnorum. Ille igitur unus verus Deus, qui nec judicio, nec adjutorio deserit genus humanum, quando voluit, et quantum voluit Romanis regnum dedit : qui dedit Assyriis, vel etiam Persis, a quibus solos duos deos coli, unum bonum, alterum malum continent litteræ istorum : ut taceam de populo Hebræo, de quo jam dixi, quantum satis visum est, qui præter unum Deum non coluit et quando regnavit. Qui ergo Persis dedit segetes sine cultu deæ Segetiæ, qui alia dona terrarum sine cultu tot deorum, quos isti, rebus singulis singulos, vel etiam rebus singulis plures præposuerunt; ipse etiam regnum dedit sine cultu eorum, per quorum cultum se isti regnasse crediderunt. Sic etiam hominibus; qui Mario, ipse Caio Cæsari; qui Augusto, ipse et Neroni; qui Vespasianis, vel patri vel filio, suavissimis imperatoribus, ipse et

Rome se croit redevable du sien. C'est le même Dieu qui a donné aussi la puissance souveraine à certains hommes, à Marius et à Caïus César, à Auguste et à Néron; aux Vespasiens, père et fils, les meilleurs des empereurs, et à Domitien, le plus cruel de tous; et, pour ne pas les nommer tous les uns après les autres, c'est lui qui a couronné Constantin, l'empereur chrétien, et Julien, l'apostat. Les heureuses inclinations de ce dernier prince furent viciées par une excessive ambition, et par une curiosité détestable et sacrilége. Il avait mis sa confiance en de vains oracles, et, se croyant assuré de la victoire, il fait brûler les vaisseaux qui portaient les vivres nécessaires à la subsistance de son armée, et poursuit en furieux sa folle entreprise; il trouve bientôt la mort, juste châtiment de sa témérité. Son armée, en proie à la faim, fut abandonnée sur le territoire ennemi, et pas un seul de ses soldats n'eût été sauvé, si, malgré les présages du dieu Terme, dont nous avons parlé au livre précédent (chap. XXIX), les bornes de l'empire Romain n'eussent reculé; car ce dieu qui n'avait pas cédé à Jupiter, céda à la nécessité. Assurément, c'est le Dieu unique et véritable qui règle et gouverne toutes les choses comme il lui plaît; et, si les raisons de sa conduite sont cachées, est-ce à dire pour cela qu'elles soient injustes?

CHAPITRE XXII.

Que la durée et le sort des guerres dépend de la volonté de Dieu.

Comme Dieu est le souverain arbitre de tout, et que c'est un effet de sa justice ou de sa miséricorde d'affliger ou de consoler les hommes, c'est de lui aussi que dépendent les temps des guerres; c'est lui qui permet que les unes finissent plus tôt, les autres plus tard. La guerre des pirates et la troisième guerre punique furent terminées, l'une par Pompée et l'autre par Scipion, en si peu de temps que cela paraît incroyable. La guerre des gladiateurs fugitifs, où plusieurs généraux et deux consuls furent vaincus (TITE-LIVE, liv. XCV, XCVI), où l'Italie fut horriblement brisée et ravagée, s'acheva cependant après trois années de ruines. Les Picentins, les Marses et les Péligniens, qui n'étaient pas des étrangers, mais des Italiens (TITE-LIVE, liv. LXXII-LXXVI), après avoir vécu longtemps et très-fidèlement sous la domination romaine, tentèrent de recouvrer leur liberté, alors même que les Romains avaient déjà subjugué plusieurs nations, et que Carthage était détruite. Dans cette guerre, sur leur territoire, les Romains furent souvent vaincus, deux consuls y périrent, ainsi que beaucoup de sénateurs illustres; toutefois, ce fléau ne dura pas longtemps, on le vit

---

Domitiano crudelissimo : et ne per singulos ire necesse sit, qui Constantino Christiano, ipse apostatæ Juliano : cujus egregiam indolem decepit amore dominandi sacrilega et detestanda curiositas, cujus vanis deditus oraculis erat, quando fretus securitate victoriæ, naves quibus victus necessarius portabatur, incendit; deinde fervide instans immodicis ausibus, et mox merito temeritatis occisus, in locis hostilibus egenum reliquit exercitum, ut aliter inde non posset evadi, nisi contra illud auspicium dei Termini, de quo superiore libro diximus (Cap. XXIX), Romani imperii termini moverentur. Cessit enim Terminus deus necessitati, qui non cesserat Jovi. Hæc plane Deus unus et verus regit et gubernat, ut placet : et si occultis causis, numquid injustis?

CAPUT XXII.

Tempora exitusque bellorum ex Dei pendere judicio.

Sic etiam tempora ipsa bellorum, sicut in ejus arbitrio est justoque judicio et misericordia, vel atterere, vel consolari genus humanum, ut alia citius, alia tardius finiantur. Bellum Piratarum a Pompeio, bellum Punicum tertium a Scipione incredibili celeritate et temporis brevitate confecta sunt. Bellum quoque fugitivorum gladiatorum, quamvis multis Romanis ducibus et duobus consulibus victis (LIV., lib. XCV, XCVI), Italiaque horribiliter contrita atque vastata, tertio tamen anno post multa consumpta (a) consumptum est. Picentes, Marsi et Peligni, gentes non exteræ (LIV., lib. LXXII-LXXVI), sed Italicæ, post diuturnam et devotissimam sub Romano jugo servitutem, in libertatem caput erigere tentaverunt, jam multis nationibus Romano imperio subjugatis, deletaque Carthagine : in quo bello Italico Romanis sæpissime victis, ubi et duo consules perierunt, et alii nobilissimi senatores : non diuturno tamen tempore tractum est hoc malum; nam quintus ei annus finem dedit. Sed bellum Punicum secundum cum maximis detrimentis et calamitate reipublicæ per annos decem et octo Romanas vires extenuavit, et

(a) Sic Vind. Am. et Mss. At Er et Lov. *consummatum est.*

finir au bout de cinq ans. Mais la seconde guerre punique se prolongea pendant dix-huit ans, avec de si grands dommages pour la république, qu'elle était épuisée et comme sur le penchant de sa ruine ; en deux combats, les Romains perdirent près de soixante-dix mille hommes. La première guerre punique dura vingt-trois ans ; celle de Mythridate, quarante. (FLORUS, liv. III.) Et, pour que personne ne pense que les Romains étaient plus habiles à terminer les guerres dans ces premiers temps où leur vertu est tant vantée, j'ajouterai que la guerre des Samnites se prolongea pendant près de cinquante ans ; et dans cette guerre ils furent si défaits et si maltraités, qu'ils passèrent même sous le joug. (Voy. TITE-LIVE, liv. IX.) Et, comme ils n'aimaient pas la gloire pour la justice, mais la justice pour la gloire, ils rompirent bientôt le traité qui avait scellé la paix. Je rappelle toutes ces choses, parce que plusieurs, ignorant ou feignant d'ignorer le passé, prennent occasion de toute guerre, qui se prolonge un peu depuis l'ère chrétienne, pour s'attaquer insolemment à notre religion, s'écriant que, si elle n'existait pas et si l'on servait les dieux suivant l'ancien rite, la valeur romaine, qui terminait si promptement les guerres avec l'aide de Mars et de Bellone, les terminerait encore de même à présent. Que ceux qui ont lu l'histoire se rappellent donc cette longue durée des guerres des anciens Romains, combien les succès en furent variés, et quelles défaites lamentables ils essuyèrent ; qu'ils considèrent que le monde est soumis à ces fléaux divers, comme la mer aux tempêtes ; qu'ils confessent enfin la vérité, qui leur est contraire ; qu'ils cessent de tromper les ignorants et de se perdre eux-mêmes, par les discours insensés qu'ils tiennent contre Dieu.

CHAPITRE XXIII.

De la guerre où Radagaise, roi des Goths et adorateur des démons, fut défait en un seul jour, malgré ses troupes nombreuses.

Pour ce qui est de cet événement merveilleux que la miséricordieuse bonté de Dieu a accompli de nos jours, loin de le rapporter avec actions de grâces, ils voudraient, s'il était possible, l'ensevelir dans un oubli complet. Quant à nous, si nous n'en disions rien, nous serions des ingrats comme eux. Radagaise, roi des Goths, s'était approché de Rome avec une armée formidable de barbares, et menaçait d'en faire périr tous les habitants, lorsqu'en un seul jour il fut défait si promptement, que les Romains, sans avoir même reçu une blessure, taillèrent en pièces

---

pene consumpsit : duobus præliis ferme septuaginta Romanorum millia ceciderunt. Bellum Punicum primum per viginti et tres annos peractum est : bellum Mithridaticum quadraginta annis. (FLORUS, lib. III.) Ac ne quisquam arbitretur rudimenta Romanorum fuisse fortiora ad bella citius peragenda, superioribus temporibus multum in omni virtute laudatis, bellum Samniticum annis tractum est ferme quinquaginta : in quo bello ita Romani victi sunt, ut sub jugum etiam mitterentur. Sed quia non diligebant gloriam propter justitiam, sed justitiam propter gloriam diligere videbantur, pacem factam fœdusque ruperunt. (LIV., lib. IX.) Hæc ideo commemoro, quoniam multi præteritarum rerum ignari, quidam etiam dissimulantes suæ scientiæ, in temporibus Christianis aliquod bellum paulo diutius trahi vident, illico in nostram religionem protervissime insiliunt, exclamantes, quod si ipsa non esset, et vetere ritu numina colerentur, jam Romana illa virtute, quæ adjuvante Marte et Bellona tanta celeriter bella confecit, id quoque celerrime finiretur. Recolant igitur qui legerunt quam diuturna bella, quam variis (a) eventibus, quam luctuosis cladibus a veteribus sint gesta Romanis, sicut solet orbis terrarum velut procellosissimum pelagus varia talium malorum tempestate jactari : et quod nolunt aliquando fateantur, nec insanis adversus Deum linguis se interimant, et decipiant imperitos.

CAPUT XXIII.

De bello in quo Rhadagaisus rex Gothorum dæmonum cultor, uno die cum ingentibus copiis suis victus est.

Quod tamen nostra memoria recentissimo tempore Deus mirabiliter et misericorditer fecit, non cum gratiarum actione commemorant : sed quantum in ipsis est, omnium, si fieri potest, hominum oblivione sepelire conantur : quod a nobis si tacebitur, similiter erimus ingrati. Cum Rhadagaisus rex Gothorum agmine ingenti et immani jam in Urbis vicinia constitutus, Romanis cervicibus immineret, uno die tanta celeritate sic victus est, ut ne uno quidem non dicam exstincto, sed (b) vulnerato Romanorum, multo amplius quam centum millium prosterneretur ejus exercitus, atque ipse (c) cum filiis mox captus pœna debita necaretur. Nam si ille tam impius, cum tan-

---

(a) Sic Mss. At editi, *eventibus*. — (b) Er. et Lov. *sed nec*. Abest *nec* ab aliis libris. — (c) Ex Romanis et Gallicanis Mss. Plures probæ notæ non habent, *cum filiis*.

plus de cent mille hommes de son armée, et que lui-même, fait prisonnier avec ses fils, reçut le juste châtiment de ses crimes (1). Car, si ce prince impie fût entré dans la ville, avec cette multitude de soldats aussi impies que lui, à qui eût-il fait grâce? à quelles tombes de martyrs eût-il rendu honneur? quel homme eût-il respecté par la crainte de Dieu? de qui n'aurait-il pas versé le sang, ou bien qui n'aurait-il pas déshonoré? Mais surtout, comme ces barbares eussent élevé la voix en faveur de leurs dieux, avec quelle dérision insultante ils se seraient vantés d'avoir été victorieux et d'avoir eu tant de puissance, parce que leur roi, par des sacrifices quotidiens, apaisait les dieux et se les rendait favorables, ce que la religion chrétienne ne permet pas de faire aux Romains? En effet, comme il s'approchait de ces lieux, où le Dieu de majesté l'a terrassé par sa puissance, avec le bruit de son nom, qui se répandait au loin, on nous disait, à Carthage, que les païens croyaient et publiaient hautement qu'avec l'aide et la protection des dieux amis, auxquels il offrait, disait-on des sacrifices tous les jours, leur roi ne pourrait jamais être vaincu par ceux qui n'offraient plus, et qui ne permettaient plus d'offrir de tels sacrifices aux dieux de Rome. Et ces misérables ne pensent point à rendre grâces à la bonté infinie de Dieu, qui, ayant résolu de punir les hommes coupables par cette irruption de barbares, a daigné tempérer son indignation par une telle clémence, qu'il a permis cette défaite subite et merveilleuse, dans la crainte qu'on attribuât aux démons la victoire du barbare qui les invoquait, et que les esprits faibles ne fussent ébranlés. Dans la suite, le Dieu de miséricorde a voulu que Rome fût prise par d'autres barbares qui, contre l'ancienne coutume des guerres de ce temps, ont protégé, par respect pour la religion chrétienne, ceux qui se réfugièrent dans les lieux saints; de plus, ils se montrèrent, au nom du Christ, tellement ennemis des démons et des sacrifices impies, dans lesquels le roi des Goths plaçait toute sa confiance, qu'il semblait qu'ils eussent déclaré à toutes ces pratiques superstitieuses, une guerre plus acharnée qu'aux hommes mêmes. Ainsi le vrai Dieu, qui est aussi le maître de toutes choses, a usé de miséricorde envers les Romains, et a fait voir, par cette incroyable défaite des adorateurs des démons, que leurs sacrifices ne sont point nécessaires au salut des empires; afin que ceux qui ne se livrent point à des disputes opiniâtres, mais qui réfléchissent sagement, n'abandonnent point la vraie religion à cause des calamités publiques, et s'y tiennent, au contraire, plus fidèlement attachés dans l'attente de la vie éternelle.

(1) Cette invasion, dont les historiens parlent peu, eut lieu sous Honorius vers l'an 406; ce fut Stilicon qui triompha de Radagaise. Paul-Émile (Hist. Francor., lib. 1) et Orose (lib. VII, cap. xxxvii) disent que les Goths étaient au nombre de 200,000. (Voir le sermon cv de saint Augustin.)

tis et tam impiis copiis Romam fuisset ingressus, cui pepercisset? Quibus honorem locis Martyrum detulisset? In qua persona Deum timeret? Cujus non sanguinem fusum, cujus pudicitiam vellet intactam? Quas autem isti pro diis suis voces haberent, quanta insultatione jactarent, quod ille ideo vicisset, ideo tanta potuisset, quia quotidianis sacrificiis placabat atque invitabat deos, quod Romanos facere Christiana religio non sinebat? Nam propinquante jam illo his locis, ubi nutu summæ majestatis oppressus est, cum ejus fama ubique crebresceret, nobis apud Carthaginem dicebatur, hoc credere, spargere, jactare Paganos, quod ille diis amicis protegentibus et opitulantibus, quibus immolare quotidie ferebatur, vinci omnino non posset ab eis qui talia diis Romanis sacra non facerent, nec fieri a quoquam permitterent. Et non agunt miseri gratias tantæ misericordiæ Dei, qui cum statuisset irruptione barbarica (a) graviora pati dignos mores hominum castigare, indignationem suam tanta mansuetudine temperavit, ut illum primo faceret mirabiliter vinci, ne ad infirmorum animos evertendos gloria daretur dæmonibus, quibus eum supplicare constabat; deinde (b) ab his Barbaris Roma caperetur, qui contra omnem consuetudinem bellorum ante gestorum ad loca sancta confugientes Christianæ religionis reverentia tuerentur, ipsisque dæmonibus atque impiorum sacrificiorum ritibus, de quibus ille præsumpserat, sic adversarentur (c) pro nomine Christiano, ut longe atrocius bellum cum eis quam cum hominibus gerere viderentur: ita verus Dominus gubernator rerum et Romanos cum misericordia flagellavit, et tam incredibiliter victis supplicatoribus dæmonum, nec saluti rerum præsentium necessaria esse sacrificia illa monstravit; ut ab his qui non pervicaciter contendunt, sed prudenter attendunt, nec propter præsentes necessitates religio vera deseratur, et magis æternæ vitæ fidelissima exspectatione teneatur.

(a) Sic plures Mss. Alii quidam, graviora dignos, omisso pati. At editi, graviore dignos — (b) Editi. Deinde cum. Abest cum a Mss. — (c) Mss. omittunt, pro.

CHAPITRE XXIV.

En quoi consiste la véritable félicité des princes chrétiens.

Nous ne disons pas non plus que, parmi les empereurs, ceux qui furent chrétiens ont été heureux, ou parce qu'ils ont régné longtemps, ou parce qu'étant morts en paix ils ont laissé leur trône à leurs fils, ou parce qu'ils ont vaincu les ennemis de l'Etat, ou enfin parce qu'ils ont pu réprimer les tentatives de rébellion des mauvais citoyens. Toutes ces choses, biens ou consolations de cette misérable vie, ont été aussi le partage de ceux qui adoraient les démons, et qui n'appartenaient pas au royaume de Dieu, comme les princes chrétiens. Il en a été ainsi par un effet de la miséricorde de Dieu, afin que ceux qui croient en lui ne désirent pas ces faveurs, comme le souverain bien de l'homme. Mais nous appelons heureux les princes qui font régner la justice, qui, au milieu des louanges trop flatteuses qu'on leur adresse, des respects trop serviles qu'on leur porte, ne s'en enorgueillissent pas, mais se souviennent qu'ils sont hommes; qui se servent de leur puissance surtout pour répandre le culte du Seigneur, et se faire les serviteurs fidèles de sa majesté souveraine; qui craignent Dieu, l'aiment et l'adorent; qui préfèrent la possession de ce royaume où les compétiteurs ne sont point à craindre; qui sont lents à punir et prompts à pardonner; qui emploient les châtiments par nécessité pour le bien de l'Etat qu'ils doivent défendre, et non pour satisfaire leur vengeance; qui pardonnent, non pour que le crime reste impuni, mais dans l'espérance que le coupable se corrigera; qui, forcés d'agir avec rigueur, tempèrent cette sévérité par la douceur et la bienfaisance. D'autant plus retenus dans leurs plaisirs, qu'ils ont plus de liberté, ils préfèrent commander à leurs passions plutôt qu'à tous les peuples du monde. Ils agissent ainsi, non pour satisfaire des désirs de vaine gloire, mais par amour pour la félicité éternelle; enfin, ils ont soin d'offrir au Dieu véritable, pour leurs péchés, le sacrifice de l'humilité, de la miséricorde et de la prière. Tels sont les princes chrétiens que nous appelons heureux; ils le sont, dès ce monde, par l'espérance, et ils le seront un jour en réalité, quand sera arrivé ce que nous attendons.

CHAPITRE XXV.

Des prospérités que Dieu accorda à Constantin, empereur chrétien.

Pour empêcher ceux qui croient que Dieu doit être adoré pour parvenir à la vie éternelle, de

CAPUT XXIV.

Quæ sit Christianorum imperatorum, et quam vera felicitas.

Neque enim nos Christianos quosdam imperatores ideo felices dicimus, quia vel diutius imperarunt, vel imperantes filios morte placida reliquerunt, vel hostes reipublicæ domuerunt, vel inimicos cives adversus se insurgentes et cavere et opprimere potuerunt. Hæc et alia vitæ hujus ærumnosæ, vel munera, vel solatia, quidam etiam cultores dæmonum accipere meruerunt, qui non pertinent ad regnum Dei, quo pertinent isti : et hoc ipsius misericordia factum est, ne ab illo ista, qui in eum crederent, velut summa bona desiderarent. Sed felices eos dicimus, si juste imperant, si inter linguas subliminter honorantium et obsequia nimis humiliter salutantium non extolluntur, sed se homines esse meminerunt; si suam potestatem ad Dei cultum maxime dilatandum, majestati ejus famulam faciunt; si Deum timent, diligunt, colunt; si plus amant illud regnum, ubi non timent habere consortes; si tardius vindicant, facile ignoscunt; si eamdem vindictam pro necessitate regendæ tuendæque reipublicæ, non pro saturandis inimicitiarum odiis (a) exserunt; si eamdem veniam non ad impunitatem iniquitatis, sed ad spem correctionis indulgent; si quod aspere coguntur plerumque decernere, misericordiæ lenitate et beneficiorum largitate compensant; si luxuria tanto eis est castigatior, quanto posset esse liberior; si malunt cupiditatibus pravis, quam quibuslibet gentibus imperare : et si hæc omnia faciunt, non propter ardorem inanis gloriæ, sed propter caritatem felicitatis æternæ : si pro suis peccatis, humilitatis et miserationis et orationis sacrificium Deo suo vero immolare non negligunt. Tales Christianos imperatores dicimus esse felices interim spe, postea re ipsa futuros, cum id quod exspectamus advenerit.

CAPUT XXV.

De prosperitatibus, quas Constantino imperatori Christiano Deus contulit.

Nam bonus Deus, ne homines qui eum crederent propter æternam vitam colendum, has sublimitates et regna terrena existimarent posse neminem con-

---
(a) Aliquot Mss. *exercent.*

penser qu'il est impossible d'arriver aux grandeurs de ce monde, sans la faveur des démons qui ont une grande puissance sur les choses d'ici-bas, Dieu, toujours bon, a comblé l'empereur Constantin, qui l'adorait au lieu de servir les démons, de prospérités terrestres si grandes que personne n'oserait seulement en souhaiter de semblables. Il lui accorda même de fonder une ville, compagne de l'empire romain, et qui est comme la fille de Rome, mais où il n'y a ni temple, ni idole des faux dieux. Ce prince régna pendant de longues années; seul Auguste il gouverna et défendit l'empire. Il fut toujours victorieux dans les guerres qu'il entreprit, et toujours heureux dans la répression de la tyrannie; il mourut chargé d'années et de gloire, et laissa l'empire à ses enfants. Mais aussi, afin d'empêcher que les empereurs ne se fissent chrétiens pour jouir de la félicité de Constantin, tandis qu'on ne doit être chrétien que pour la vie éternelle, Dieu retira de ce monde Jovien, bien plus tôt que Julien, et il permit que Gratien fût tué par un tyran. Il fut cependant plus favorisé que le grand Pompée, adorateur des dieux de Rome; car ce dernier ne put être vengé par Caton, qui fut son successeur et qu'il laissa, pour ainsi dire, héritier de la guerre civile. Gratien, au contraire, bien que les âmes pieuses ne réclament pas ces sortes de consolations, fut vengé par Théodose, qu'il avait associé à l'empire, quoiqu'il eût un jeune frère, préférant un ami fidèle à une trop grande puissance.

CHAPITRE XXVI.
De la foi et de la piété de Théodose Auguste.

1. Aussi Théodose ne resta pas fidèle à Gratien seulement pendant sa vie, mais encore après sa mort; il reçoit dans ses états Valentinien, son jeune frère, chassé par le meurtrier Maxime; et, comme un prince vraiment chrétien, il lui témoigne une affection toute paternelle, quand il pouvait se débarrasser aisément de ce jeune prince, dénué de tout secours, s'il eût été animé plutôt par l'ambition de régner que par une charité généreuse, mais il lui conserva les honneurs dus à son rang et le consola par ses bienfaits. Ensuite, comme Maxime était devenu plus redoutable par ses succès, Théodose, dans ses plus grandes inquiétudes, ne se laissa pas entraîner à des curiosités sacriléges et illicites. Il envoya vers Jean, solitaire d'Égypte, que la renommée lui avait fait connaître, comme un grand serviteur de Dieu, doué de l'esprit prophétique, et il

---

sequi, nisi dæmonibus supplicet, quod hi spiritus in talibus multum valerent, Constantinum imperatorem non supplicantem dæmonibus, sed ipsum verum Deum colentem, tantis terrenis implevit muneribus, quanta optare nullus auderet: cui etiam condere civitatem Romano imperio sociam, velut ipsius Romæ filiam, sed sine aliquo dæmonum templo simulacroque concessit. Diu imperavit, universum orbem Romanum unus Augustus tenuit et defendit: in administrandis et gerendis bellis victoriosissimus fuit; in tyrannis opprimendis per omnia prosperatus est; grandævus ægritudine et senectute defunctus est, filios imperantes reliquit. Sed rursus ne imperator quisquam ideo Christianus esset, ut felicitatem Constantini mereretur, cum propter vitam æternam quisque debeat esse Christianus; (*a*) Jovianum multo citius quam Julianum abstulit; Gratianum ferro tyrannico permisit interimi; longe quidem mitius, quam magnum Pompeium, colentem (*b*) velut Romanos Deos. Nam ille vindicari a Catone non potuit, quem civilis belli quodam modo hæredem reliquerat: iste autem, quamvis piæ animæ solatia talia non requirant, a Theodosio vindicatus est, quem regni participem fecerat, cum parvulum haberet (*c*) fratrem, avidior fidæ societatis, quam nimiæ potestatis.

CAPUT XXVI.
De fide et pietate Theodosii Augusti.

1. Unde et ille non solum vivo servavit quam debebat fidem, verum etiam post ejus mortem pulsum ab ejus interfectore Maximo Valentinianum ejus parvulum fratrem in sui partes imperii tanquam Christianus excepit pupillum; paterno custodivit affectu, quem destitutum omnibus opibus nullo negotio posset auferre, si latius regnandi cupiditate magis quam benefaciendi caritate flagraret: unde potius cum servata ejus imperatoria dignitate susceptum, ipsa humanitate et gratia consolatus est. Deinde cum Maximum terribilem faceret ille successus, hic in angustiis curarum suarum non ad lapsus ad curiositates sacrilegas atque illicitas, sed ad Joannem in Ægypti eremo constitutum, quem Dei servum prophetandi spiritu præditum fama crebrescente didicerat, misit; atque ab eo nuntium victoriæ certissimum accepit. Mox tyranni Maximi

---

(*a*) Pauciores Mss. cum editis, *Jovinianum*. — (*b*) Editi, *colentem videlicet*. At omnes Mss. *velut*. — (*c*) In excusis legebatur, *haberet et fratrem, avidior fide societatis*, etc. sed particula *et* non est in melioris notæ Mss. quorum etiam auctoritate emendamus, *fidæ*.

reçut de lui l'assurance formelle de la victoire sur le tyran. Bientôt après, en effet, vainqueur de Maxime, il rétablit dans ses états, dont il avait été chassé, le jeune Valentinien, auquel il témoigna la plus grande tendresse et les égards les plus marqués; et ce prince étant mort peu de temps après, soit par trahison, soit autrement, il marche contre Eugène, un autre tyran qui s'était injustement emparé du trône. Ayant reçu encore une réponse favorable du prophète, il s'avance plein de foi contre l'usurpateur, dont il défait l'armée formidable plus encore par ses prières que par l'effort de ses armes. Les soldats, présents à ce combat, nous ont rapporté que les traits qu'ils lançaient leur étaient comme enlevés des mains, parce qu'il s'était élevé, du côté de Théodose, un vent si violent que, non-seulement il poussait avec une grande force tout ce qu'on envoyait à l'ennemi, mais encore que les traits de l'ennemi se retournaient contre lui-même. Aussi le poète Claudien, quoique ennemi du nom de Jésus-Christ, n'en a pas moins célébré les louanges de Théodose, quand il dit : « O prince trop aimé de Dieu, pour toi, du fond de ses antres, Éole déchaîne ses ouragans armés; pour toi, le ciel combat; pour toi, les vents conjurés volent à l'appel de tes clairons. » Vainqueur, comme il l'avait cru et prédit, Théodose fit abattre des statues qu'on avait élevées dans les Alpes, en l'honneur de Jupiter, et qui étaient comme consacrées, par je ne sais quels sortilèges, pour le faire périr. Toujours libéral, il partagea gaîment les foudres d'or du dieu, entre ses gardes qui, dans la joie autorisée par de tels succès, disaient en riant qu'ils voudraient bien en être foudroyés. Il traita avec bonté les enfants de ses ennemis, qui avaient été tués, non par ses ordres, mais dans la chaleur du combat. Comme, sans être encore chrétiens, ils s'étaient réfugiés dans les églises, il voulut profiter de cette occasion pour leur faire embrasser le christianisme; il leur témoigna une charité que la religion seule peut inspirer. Au lieu de les dépouiller de leurs biens, il les enrichit de nouvelles faveurs. Il ne permit à personne, après la victoire, d'en profiter pour exercer des vengeances particulières. Il ne se comporta pas dans les guerres civiles comme Cinna, Marius, Sylla et tant d'autres qui s'ingéniaient à les prolonger, mais il en déplorait la naissance et ne souffrait pas qu'elles fussent nuisibles à personne, quand elles étaient terminées. Au milieu de toutes les difficultés qui surgirent au commencement de son règne, il ne cessa, par des lois très-justes et très-saintes, de soutenir l'Église contre les attaques des impies. L'hérétique Valens, fauteur des Ariens, l'avait fort affligée; pour lui, il se réjouissait plus d'être un de ses membres que

exstinctor Valentinianum puerum imperii sui partibus, unde fugatus fuerat, cum misericordissima veneratione restituit : eoque sive per insidias, sive quo alio pacto vel casu proxime exstincto, alium tyrannum Eugenium, qui in illius imperatoris locum non legitime fuerat subrogatus, accepto rursus prophetico responso, fide certus oppressit, contra cujus robustissimum exercitum magis orando, quam feriendo pugnavit. Milites nobis qui aderant, retulerunt, extorta sibi esse de manibus quæcumque jaculabantur, cum a Theodosii partibus in adversarios vehemens ventus iret, et non solum quæcumque in eos jaciebantur concitatissime raperet, verum etiam ipsorum tela in eorum corpora retorqueret. Unde et poeta Claudianus, quamvis a Christi nomine alienus, in ejus tamen laudibus dixit :

O nimium dilecte Deo, cui fundit ab antris
Æolus armatas hyemes, cui militat æther,
Et conjurati veniunt ad classica venti !

Victor autem, sicut crediderat et prædixerat, Jovis simulacra, quæ adversus eum fuerant nescio quibus ritibus velut consecrata, et in Alpibus constituta, deposuit : eorumque fulmina, quod aurea fuissent, jocantibus (quod illa lætitia permittebat) Cursoribus, et se ab eis fulminari velle dicentibus, hilariter benigneque donavit. Inimicorum suorum filios, quos non ipsius (a) jussus, sed belli abstulerat impetus, etiam nondum Christianos ad Ecclesiam confugientes : Christianos hac occasione fieri voluit, et Christiana caritate dilexit; nec privavit rebus, (b) et auxit honoribus. In neminem post victoriam privatas inimicitias valere permisit. Bella civilia, non sicut Cinna et Marius et Sylla et alii tales nec finita finire voluerunt, sed magis doluit exorta quam cuiquam nocere voluit terminata. Inter hæc omnia ex ipso initio imperii sui non quievit justissimis et misericordissimis legibus adversus impios laboranti Ecclesiæ subvenire; quam Valens hæreticus favens Arianis vehementer afflixerat : cujus Ecclesiæ se membrum esse magis quam in terris regnare gaudebat. Simulacra gentilium ubique evertenda præcepit,

(a) Plerique Mss. *jussu*: et quidam omittunt *sed*. Forte legendum, *non ipsius, sed belli* : et delendum, *jussus*. — (b) Sic Mss. At editi, *sed auxit*.

d'être le maître du monde. Il ordonna de renverser partout les idoles des nations, comprenant parfaitement que les biens de la terre sont entre les mains du vrai Dieu, et non des démons. Mais qu'y a-t-il de plus admirable que sa profonde humilité? Lors du crime affreux des habitants de Thessalonique, ce prince, à la prière des évêques, leur avait promis un pardon généreux; mais, obsédé par quelques-uns de ses courtisans, il tira vengeance de l'insulte commise contre lui. Réprimandé avec rigueur, selon la discipline de l'Eglise, il se soumit à une telle pénitence que le peuple intercéda en sa faveur, et fut plus affligé à la vue de la majesté impériale si humiliée, qu'il n'avait été effrayé de sa colère, après la faute dont il s'était rendu coupable. Telles sont les bonnes œuvres, sans parler d'autres, qu'il serait trop long de rapporter, que ce prince a emportées avec lui; seules elles sont restées de toute cette vaine ostentation de la grandeur humaine, qui passe si promptement; la récompense de ces œuvres est la félicité éternelle que Dieu ne donne qu'à ceux qui sont véritablement pieux. Pour tout le reste, honneurs ou secours de la vie présente, comme le monde, la lumière, l'air, la terre, les eaux, les fruits, et même l'âme de l'homme, son corps, ses sens, l'esprit et la vie, Dieu donne ces sortes de biens aux bons et aux méchants.

Il faut en dire autant des empires; si grands qu'ils soient, Dieu les dispense à son gré, selon les besoins des temps qu'il gouverne par sa prudence.

2. Maintenant, il me paraît nécessaire de répondre à ceux qui, convaincus par les preuves les plus manifestes, que la multitude des faux dieux ne sert de rien pour obtenir les biens temporels que les insensés seuls désirent, s'efforcent d'établir les avantages du culte des faux dieux, non pour la vie présente, mais pour la vie future. En effet, quant à ceux qui veulent honorer les idoles pour les avantages de ce monde, et qui se plaignent qu'on ne leur permet pas de s'attacher à des superstitions puériles, je pense leur avoir suffisamment répondu dans ces cinq premiers livres. Lorsque je publiai les trois premiers, j'ai appris qu'on préparait je ne sais quelle réponse. Ensuite, il me revint qu'elle était prête, mais qu'on attendait le moment opportun de la publier sans danger. J'avertis mes contradicteurs de ne pas souhaiter ce qui ne saurait leur être avantageux. Car on s'imagine avoir répondu, quand on n'a pas su se taire. Qu'y a-t-il, en effet, de plus bavard que la vanité? Ce n'est pas à dire pourtant qu'elle ait autant de pouvoir que la vérité, parce que, si elle veut, elle peut crier plus fort que la vérité. Qu'ils réfléchissent donc sérieusement; et

---

satis intelligens nec terrena munera in dæmoniorum, sed in Dei veri esse posita potestate. Quid autem fuit ejus religiosa humilitate mirabilius, quando in Thessalonicensium gravissimum scelus, cui jam episcopis intercedentibus promiserat indulgentiam, tumultu quorumdam, qui ei cohærebant, vindicare compulsus est, et ecclesiastica coercitus disciplina, sic egit pœnitentiam, ut imperatoriam celsitudinem pro illo populus orans magis fleret videndo prostratam, quam peccando timeret iratam? Hæc ille secum, et si qua similia, quæ commemorare longum est, bona opera tulit, ex isto temporali vapore cujuslibet culminis et sublimitatis humanæ; quorum operum merces est æterna felicitas, cujus dator est Deus (a) solis veraciter piis. Cætera vero vitæ hujus vel fastigia vel subsidia, sicut ipsum mundum, lucem, auras, terras, aquas, fructus, ipsiusque hominis animam, corpus, sensus, mentem, vitam, bonis malisque largitur: in quibus est etiam quælibet imperii magnitudo, quam pro temporum gubernatione dispensat.

2. (b) Proinde jam etiam illis respondendum esse video, qui manifestissimis documentis, quibus ostenditur, quod ad ista temporalia, quæ sola stulti habere concupiscunt, nihil deorum falsorum numerositas prosit, confutati atque convicti conantur asserere, non propter vitæ præsentis utilitatem, sed propter eam quæ post mortem futura est, colendos deos. Nam istis qui propter amicitias mundi hujus volunt vana colere, et non se permitti puerilibus sensibus conqueruntur, his quinque libris satis arbitror esse responsum. Quorum tres priores cum edidissem, et in multorum manibus esse cœpissent, audivi quosdam nescio quam adversus eos responsionem scribendo præparare. Deinde ad me perlatum est, quod jam scripserint, sed tempus quærant, quo sine periculo possint edere. Quos admoneo, non optent quod eis non expedit. Facile est enim cuiquam videri respondisse, qui tacere noluerit. Aut quid est loquacius vanitate? Quæ non ideo potest quod veritas, quia si voluerit, etiam plus potest clamare quam veritas. Sed considerent omnia diligenter: et si forte sine studio partium judicantes, talia esse perspexerint, quæ potius exagitari, quam con-

---

(a) Nonnulli Mss. *solus*. — (b) Hic apud Am. Er. et Lov. factum est caput xxvii, et titulus iste additus: *Contra invidos invectio Augustini, qui scripserunt contra editos jam libros*. Sed id tentatum sine auctoritate Mss. et refragante antiquiore editione Vind.

si, mettant de côté tout intérêt de parti, ils s'aperçoivent qu'il est plus facile d'attaquer ce que nous disons par un babillage impudent et par des bouffonneries satyriques, que par de solides raisons ; qu'ils s'abstiennent de ces réfutations misérables, et qu'ils préfèrent la correction des sages aux louanges des insensés. Car, s'ils attendent l'occasion pour médire à leur aise, et non pour dire librement la vérité, qu'ils prennent garde de ressembler à cet homme qui était estimé heureux, parce qu'il pouvait se livrer au mal impunément, et dont Cicéron a dit : «O malheureux qui avait la liberté de mal faire ! » Aussi, s'il y a quelqu'un qui se croit heureux parce qu'il a la liberté de médire, qu'il sache bien qu'il serait beaucoup plus heureux si cette liberté lui était refusée ; en effet, dès maintenant, en mettant de côté toute vaine complaisance, il peut proposer tout ce qu'il voudra contre nous, avec le désir de s'instruire, et il recevra une réponse amicale, de ceux qu'il aura consultés avec sagesse, gravité et convenance.

LIVRE SIXIÈME

Jusqu'ici saint Augustin a surtout réfuté ceux qui s'imaginaient qu'on devait honorer les dieux, pour en obtenir des faveurs temporelles ; il va maintenant s'adresser à ceux qui croient que leur culte sert pour la vie éternelle. Les cinq livres suivants sont dirigés contre ces derniers. Dans celui-ci, il montre tout d'abord quelle basse opinion avait de ces dieux Varron, le plus habile théologien du paganisme. Il cite, d'après cet auteur, trois sortes de théologie : la théologie fabuleuse, la théologie naturelle, et la théologie civile. Il montre ensuite que les dieux fabuleux et les dieux civils ne peuvent rien pour ce qui concerne le bonheur de la vie future.

PRÉFACE.

Dans les cinq livres précédents, je crois avoir suffisamment réfuté ceux qui prétendent, qu'en vue des intérêts de la vie présente et de la prospérité temporelle, il faut rendre à une multitude de fausses divinités ces hommages et cette adoration, que nous appelons d'un mot grec Λατρεία (*culte de Latrie*). A la lumière de la vérité chrétienne, on voit clairement que ces dieux ne sont que de vains simulacres, des esprits immondes, de perfides démons : en tout cas, des créatures, et non le Créateur. Cependant, qui l'ignore ? Telles sont la sottise et l'obstination qu'elles ne peuvent être vaincues ni par ce que j'ai écrit jusqu'ici, ni par tout ce que l'on pourrait encore écrire. On sait, en effet, que l'orgueil résiste à toute la puissance de la vérité ; ce vice

---

velli possint, garrulitate impudentissima et quasi satyrica vel mimica levitate, cohibeant suas nugas ; et potius a prudentibus emendari, quam laudari ab imprudentibus eligant. Nam si non ad libertatem vera dicendi, sed ad licentiam maledicendi tempus exspectant, absit ut eis eveniat quod ait Tullius de quodam, qui peccandi licentia felix appellabatur : O miserum, cui peccare licebat ! Unde quisquis est, qui maledicendi licentia felicem se putat, multo erit felicior, si hoc illi omnino non liceat : cum possit deposita inanitate jactantiæ etiam isto tempore tanquam studio consulendi quidquid voluerit, contradicere ; et quantum (*a*) possunt, ab eis quos consulit amica disputatione, honeste, graviter, libere, quod oportet audire.

LIBER SEXTUS

Hactenus contra eos qui propter hanc temporalem vitam colendos deos putant : nunc autem adversus eos qui cultum ipsis credunt

(*a*) Editi, *possit*. Verius Mss. *possunt* : eos intellige qui consuluntur amica disputatione.

propter vitam æternam exhibendum : quos Augustinus libris quinque sequentibus confutaturus, ostendit hic in primis opinionem de diis quam abjectam habuerit ipsemet Varro theologiæ gentilis scriptor commendatissimus. Affert theologiæ istius genera secundum eumdem tria, fabulosum, naturale et civile : ac mox de fabuloso et de civili demonstrat, nihil hæc genera ad futuræ vitæ felicitatem conferre.

PRÆFATIO.

Quinque superioribus libris satis mihi adversus eos videor disputasse, qui multos deos et falsos, quos esse inutilia simulacra, vel immundos spiritus et perniciosa dæmonia, vel certe creaturas, non creatorem veritas Christiana convincit, propter vitæ hujus mortalis rerumque terrenarum utilitatem, eo ritu ac servitute, quæ Græce λατρεία dicitur, et uni vero Deo debetur, venerandos et colendos putant. Et nimiæ quidem stultitiæ vel pertinaciæ, nec istos quinque, nec ullos alios quanticumque numeri libros satis esse posse, quis nesciat ? quando ea putatur gloria vanitatis, nullis cedere viribus veritatis ;

détestable perd ainsi celui qui s'en fait l'esclave. C'est un mal incurable contre lequel échouent tous les soins, non par la faute du médecin, mais par la nature du malade, qui ne peut être guéri. Or, il se rencontre des hommes qui approfondissent ce qu'ils lisent, sans se laisser dominer par aucune prévention, ou sans s'attacher opiniâtrément à leurs anciennes erreurs; ceux-là, loin de croire que nous n'avons point assez fait, penseront que, dans les cinq livres précédents, nous nous sommes étendu plus qu'il n'était nécessaire. Ils n'hésiteront pas à considérer, comme absolument dénuée de sens, de raison, et comme le résultat de la plus imprudente légèreté et d'une funeste animosité, cette haine que les ignorants suscitent contre la religion chrétienne, à l'occasion des malheurs présents, des calamités et des bouleversements qui affligent le monde ; haine que des savants eux-mêmes, esclaves d'une stupide impiété, ne se contentent pas de dissimuler, mais qu'ils encouragent malgré les lumières de leur conscience.

CHAPITRE PREMIER.

De ceux qui prétendent adorer les dieux en vue de la vie éternelle, et non pour la vie présente.

1. Maintenant, selon l'ordre que je me suis prescrit, je dois réfuter et instruire ceux qui prétendent que c'est, non en vue de la vie présente, mais de la vie future, que l'on doit honorer ces dieux des nations que le christianisme repousse. Or, je rappellerai tout d'abord cette vérité proclamée par le Psalmiste : « Bienheureux celui qui met toute son espérance dans le Seigneur son Dieu, et qui méprise les vanités et les folies trompeuses. » (*Ps.* XXXIX, 5.) Cependant, parmi toutes ces vanités et ces folies, on peut encore, jusqu'à un certain point, prêter l'oreille à la doctrine des philosophes qui n'admettaient point les erreurs et les fausses opinions du peuple, de ce peuple qui élevait des statues à ses divinités; de ce peuple qui avait imaginé sur le compte de ces dieux, soi-disant immortels, une multitude de choses fausses et honteuses, soit qu'il les regardât comme des fictions, ou qu'il les crût réellement, et enfin qui avait souillé, par toutes ces indignités, le culte et les cérémonies sacrées. Les philosophes ayant donc, sinon en public, du moins dans leur enseignement privé, déclaré qu'ils réprouvaient ces folies, il ne sera pas hors de propos d'examiner avec eux cette question : Si, en vue de la vie future, il ne faut pas adorer un seul Dieu, créateur de tous les êtres corporels et spirituels, mais plusieurs dieux qu'il aurait faits lui-même, et qu'il aurait élevés en gloire,

in perniciem utique ejus, cui vitium tam immane dominatur. Nam et contra omnem curantis industriam, non malo medici, sed ægroti insanabilis, morbus invictus est. Hi vero qui ea quæ legunt, vel sine ulla, vel non cum magna ac nimia veteris erroris obstinatione, intellecta et considerata perpendunt, facilius nos isto numero terminatorum quinque voluminum plus quam quæstionis ipsius necessitas postulabat satis fecisse, quam minus disseruisse judicabunt; totamque invidiam, quam Christianæ religioni de hujus vitæ cladibus terrenarumque contritione ac mutatione rerum imperiti facere conantur, non solum dissimulantibus, sed contra suam conscientiam faventibus etiam doctis, quos impietas vesana possedit, omnino esse inanem rectæ cogitationis atque rationis, plenamque levissimæ temeritatis et perniciosissimæ animositatis, dubitare non poterunt.

CAPUT PRIMUM.

De his qui dicunt deos a se, non propter præsentem vitam coli, sed propter æternam.

1. Nunc ergo quoniam deinceps, ut promissus ordo expetit, etiam hi refellendi et docendi sunt, qui non propter istam vitam, sed propter illam quæ post mortem futura est, deos gentium, quos Christiana religio destruit, colendos esse contendunt; placet a veridico oraculo sancti Psalmi sumere exordium disputationis meæ : « Beatus cujus est Dominus Deus spes ipsius, et non respexit in vanitates et insanias mendaces. » (*Psal.* XXXIX, 5.) Verumtamen in omnibus vanitatibus insaniisque mendacibus longe tolerabilius philosophi audiendi sunt, quibus displicuerunt istæ opiniones erroresque populorum; qui populi constituerunt simulacra numinibus, multaque de eis quos deos immortales vocant, falsa atque indigna sive finxerunt, sive ficta crediderunt, et credita eorum cultui sacrorumque ritibus miscuerunt. Cum his hominibus, qui etsi non libere prædicando, saltem utcumque in disputationibus mussitando, talia se improbare testati sunt, non usque adeo inconvenienter quæstio ista tractatur : utrum non unum Deum qui fecit omnem spiritalem corporalemque creaturam, propter vitam quæ post mortem futura est coli oporteat; sed multos deos, quos ab illo uno factos et sublimiter collocatos (PLATO, *in Timæo*) quidam eorumdem philosopho-

LIVRE VI. — CHAPITRE I.

selon la pensée de quelques-uns de ces mêmes philosophes, et même des plus distingués, comme des plus savants. (PLATON, *in Timæo*.)

2. Et qui donc souffrirait qu'on dise et qu'on soutint que ces dieux, dont j'ai nommé quelques-uns au quatrième livre, et auxquels sont confiées les fonctions les plus communes, puissent donner la vie éternelle? Qui donc de ces hommes si habiles, d'un esprit si pénétrant, qui se vantent, comme d'un immense bienfait, d'avoir enseigné quelle prière il faut adresser à chaque divinité, et pourquoi; (VARRON, liv. IV, chap. XXII); afin, disent-ils, d'éviter une méprise ridicule souvent représentée dans la comédie, méprise qui consiste, par exemple, à demander de l'eau à Bacchus et du vin aux nymphes? Qui, parmi ces hommes, lorsqu'on se sera adressé aux dieux immortels, et qu'on aura demandé du vin aux nymphes, et qu'on aura reçu cette réponse : « Nous avons de l'eau, c'est à Bacchus qu'il faut demander le vin, » nous conseillerait d'ajouter : « Si vous ne pouvez me donner du vin, au moins donnez-moi la vie éternelle? » Quelle monstrueuse absurdité! Mais les nymphes riraient aux éclats! (elles rient, dit-on, facilement) (1). Si elles ne veulent pas tromper comme les démons, elles répondront à ce suppliant : « Pauvre homme! penses-tu donc qu'il soit en notre pouvoir de donner la vie (*vitam*), nous qui n'avons pas même la vigne (*vitem*)! N'est-ce pas une folie honteuse de solliciter et d'attendre la vie éternelle de semblables divinités? Les emplois qui consistent à protéger et à défendre la vie présente, si misérable et si courte, sont tellement partagés entre elles, que demander à l'une ce qui appartient à l'autre, c'est prêter au ridicule d'une scène de comédie. Si donc on rit avec raison de ce que font sciemment les acteurs sur le théâtre, n'aura-t-on pas encore plus raison de rire des simples, qui les imitent sottement dans les réalités de la vie? Ainsi quel Dieu, quelle déesse faut-il invoquer? quelles prières doit-on leur adresser? quelles sont les attributions de ces dieux institués par les villes? Tout cela a été réglé et transmis à la postérité par l'ingénieuse habileté des savants; ils ont enseigné ce que l'on doit demander à Bacchus, aux Nymphes, à Vulcain, et à tous les autres, dont j'ai fait une énumération bien incomplète au livre quatrième, ne croyant pas avoir besoin de les nommer tous. Or, si l'on se trompe en demandant le vin à Cérès, le pain à Bacchus, l'eau à Vulcain, le feu aux Nymphes, combien ne sera-t-il pas plus déraisonnable de prier l'un d'entre eux de nous accorder la vie éternelle?

(1) Allusion à ces mots de la IIIme Eglogue de Virgile : *Sed faciles Nymphæ risere*. Plaisanterie ironique du saint Docteur, car dans ce passage de Virgile, le mot *faciles* signifie : *propices*.

---

rum cæteris excellentiores nobilioresque senserunt.

2. Cæterum quis ferat dici atque contendi, deos illos, quorum in quarto libro quosdam commemoravi, quibus rerum exiguarum singulis singula distribuuntur officia, vitam æternam cuiquam præstare? An vero illi peritissimi et acutissimi viri, qui se pro magno beneficio conscripta docuisse (VARRO, lib. IV, cap. XXII) gloriantur, ut sciretur quare cuique deo supplicandum esset, quid a quoque esset petendum, qua absurditate turpissima, qualis jocularitur in mimo fieri solet, peteretur a Libero aqua, a (a) Lymphis vinum; auctores erunt cuipiam hominum diis immortalibus supplicanti, ut cum a Lymphis petierit vinum, eique responderint : Nos aquam habemus, hoc a Libero pete; possit recte dicere : Si vinum non habetis, saltem date mihi vitam æternam? Quid hac absurditate monstrosius? Nonne illæ cachinnantes (solent enim esse ad risum faciles) si non affectent fallere ut dæmones, supplici respondebunt : O homo putasne in potestate nos habere vitam, quas audis non habere vel vitem? Impudentissimæ igitur stultitiæ est, vitam æternam a talibus diis petere vel sperare, qui vitæ hujus ærumnosissimæ atque brevissimæ, et si qua ad eam pertinent adminiculandam atque fulciendam, ita singulas particulas tueri asseruntur, ut si id quod sub alterius tutela ac potestate est, petatur ab altero, tam sit inconveniens et absurdum, ut mimicæ scurrilitati videatur esse simillimum. Quod cum fit a scientibus mimis, digne ridentur in theatro; cum vero a nescientibus stultis, dignius irridentur in mundo. Cui ergo deo vel deæ, propter quid supplicaretur, quantum ad illos deos attinet quos instituerunt civitates, a doctis solerter inventum memoriæque mandatum est; quid a Libero, verbi gratia, quid a Lymphis, quid a Vulcano, ac sic a cæteris, quos partim commemoravi in quarto libro, partim prætereundos putavi. Porro si a Cerere vinum, a Libero panem, a Vulcano aquam, a Lymphis ignem petere erroris est; quanto majoris deliramenti esse intelligi debet, si cuiquam istorum pro vita supplicetur æterna?

(a) Editi, *Nymphis*. At Mss. constanter, *Lymphis*. Mutata olim est a Latinis littera in Græco nomine νύμφη, quo veteres aquam vel aquarum deas appellabant.

TOM. XXIII.

3. Nous étant posé cette question : Quels dieux ou quelles déesses doivent être considérés comme donnant aux hommes le pouvoir terrestre? Après l'avoir soigneusement discutée, nous avons vu que c'est une grave erreur de croire que, dans cette multitude de faux dieux, il y en ait aucun qui puisse donner seulement les royaumes de la terre. Ne serait-ce pas une impiété bien plus insensée de penser que l'un d'entre eux puisse donner la vie éternelle, vie qui est incomparablement supérieure à tous les royaumes terrestres? En effet, si ces dieux nous ont paru incapables de donner la puissance temporelle, ce n'est point à raison de leur grandeur ou de leur dignité qui dédaignerait de s'occuper de soins aussi vils et aussi méprisables. Non, c'est que, tout méprisables que paraissent ces biens terrestres, à celui qui considère leur fragilité et leur vanité, ces dieux ont été jugés indignes d'en être les dispensateurs et les conservateurs. En conséquence, si, comme nous l'avons vu dans les deux livres précédents, parmi cette foule de dieux inférieurs ou supérieurs, il n'y en a aucun qui puisse donner aux mortels des royaumes périssables, combien plus seront-ils impuissants à leur donner l'immortalité?

4. Il y a plus; comme je m'adresse maintenant à ceux qui pensent que le culte des dieux n'a point pour but la vie présente, mais la vie future, ils doivent d'abord convenir qu'il ne faut pas même honorer ces dieux à cause de telle ou telle faveur, dont une vaine opinion, contraire à la vérité, assigne la dispensation à tel ou tel d'entre eux; motif sur lequel s'appuient ceux qui défendent leur culte, comme procurant des avantages temporels, et que j'ai, selon mon pouvoir, réfutés dans les deux livres précédents. Ceci posé, quand même ceux qui honorent la déesse Juventas seraient brillants de jeunesse, et que ceux qui la méprisent succomberaient dès leurs jeunes années, ou du moins seraient flétris par une vieillesse prématurée; quand même la Fortune barbue décorerait plus richement et plus agréablement les joues de ses adorateurs, et laisserait glabre, ou couvert d'une barbe ridicule, le menton de ceux qui la dédaignent, alors nous pourrions dire que ces déesses exercent leur pouvoir dans les limites qui leur sont tracées; mais aussi nous conclurions qu'il ne faut point demander la vie éternelle à Juventas, qui ne saurait faire croître la barbe, ni attendre de la Fortune barbue rien de bon après cette vie, puisque, ici-bas même, son pouvoir ne va pas jusqu'à donner l'âge où naît cette barbe, dont elle est la déesse. Si donc le culte de ces déesses n'est point nécessaire, même pour

3. Quamobrem, si cum de regno terreno quæreremus, quosnam illud deos vel deas hominibus credendum esset posse conferre, discussis omnibus longe alienum a veritate monstratum est, a quoquam istorum multorum numinum atque falsorum saltem regna terrena existimare constitui; nonne insanissimæ impietatis est, si æterna vita, quæ terrenis omnibus regnis sine ulla dubitatione vel comparatione præferenda est, ab istorum quoquam dari cuiquam posse credatur? Neque enim propterea dii tales vel terrenum regnum dare non posse visi sunt, quia illi magni et excelsi sunt, hoc quiddam parvum et abjectum, quod non dignarentur in tanta sublimitate curare. Sed (a) quantumlibet consideratione fragilitatis humanæ caducos apices terreni regni merito quisque contemnat; illi dii tales apparuerunt, ut indignissimi viderentur, quibus danda atque servanda deberent vel ista committi. Ac per hoc, si (ut superiora proximis duobus libris pertractata docuerunt) nullus Deus ex illa turba, vel quasi plebeiorum, vel quasi procerum deorum, idoneus est regna mortalia mortalibus dare, quanto minus potest immortales ex mortalibus facere?

4. Huc accedit, quia si jam cum illis agimus qui non propter istam, sed propter vitam quæ post mortem futura est, existimant colendos deos; jam nec propter illa saltem quæ deorum talium potestati tanquam dispartita et propria, non ratione veritatis, sed vanitatis opinione tribuuntur, omnino colendi sunt; sicut credunt hi qui cultum eorum vitæ hujus mortalis utilitatibus necessarium esse contendunt : contra quos jam quinque præcedentibus voluminibus satis, quantum potui, disputavi. Quæ cum ita sint, si eorum qui colerent deam Juventatem, ætas ipsa floreret insignius; contemptores autem ejus, vel intra annos occumberent juventutis, vel in ea tanquam senili (b) torpore frigescerent; si malas cultorum suorum speciosius et festivius Fortuna barbata vestiret; a quibus autem sperneretur, glabros aut male barbatos videremus; etiam sic rectissime diceremus, huc usque istas deas singulas posse, suis officiis quodam modo (c) limitatas; ac per hoc nec a Juventate oportere peti vitam æternam, quæ non daret barbam; nec a Fortuna barbata boni aliquid

(a) Sic Mss. Editi vero, *quantalibet*. — (b) Sic Mss. At editi, *corpore*. — (c) Editi, *posse suis officiis quodam modo limitari*. Legendum cum Mss. *limitatas* : et verbum *posse* accipiendum ibi, pro eo quod est vim habere.

obtenir les avantages placés sous leurs dépendances ; et, de fait, un grand nombre de serviteurs de Juventas n'ont eu aucun des dons de la jeunesse, tandis que beaucoup d'autres qui l'ont négligée, possèdent toutes les forces du jeune âge ; de même aussi plusieurs adorateurs de la Fortune barbue n'en ont rien obtenu, ou seulement un rare duvet ; en sorte que ces dévots, trompés dans leur attente, devenaient un objet de raillerie pour ceux dont le menton était garni d'une barbe abondante, sans qu'ils eussent jamais invoqué cette déesse. Qui donc serait encore assez insensé pour juger utile pour la vie éternelle ce culte ridicule et inutile, même quand il s'agit de ces faveurs temporelles et passagères, auxquelles ces dieux sont censés présider chacun dans sa sphère ? Que ces dieux puissent donner la vie éternelle, ils n'ont pas même osé l'affirmer ceux qui, profitant de l'ignorance du peuple pour les faire honorer, leur ont assigné n'importe quel petit emploi, afin que, dans cette immense multitude, personne ne demeurât oisif.

CHAPITRE II.
Que faut-il penser de l'opinion de Varron au sujet des dieux païens, dont il révèle l'origine et les mystères, mais de telle sorte que son silence eût été préférable pour eux.

Y a-t-il quelqu'un qui ait étudié ces matières avec plus de curiosité que Marcus Varron ? Où trouver ailleurs des découvertes plus savantes, des considérations plus approfondies, des distinctions plus subtiles, des descriptions plus soignées et plus complètes ? Son style, il est vrai, est peu agréable, mais sa science est profonde, et ses aperçus sont dignes d'attention. L'homme qui s'attache aux choses elles-mêmes, trouve dans Varron toute cette érudition que nous appelons séculière, et que les païens nomment libérale, comme celui qui aime la forme trouve son plaisir dans Cicéron. Enfin, celui-ci même rend au premier cet hommage ; il dit, dans ses livres académiques : qu'il a traité le sujet dont il s'agit d'après Marcus Varron, « l'homme, ajoute-t-il, assurément le plus pénétrant, et sans aucun doute le plus savant. » Il ne l'appelle pas l'orateur le plus éloquent et le plus agréable, parce que, en effet, il lui était très-inférieur sous ce rapport ; mais il dit que c'était « l'homme assurément le plus pénétrant. » Et, dans ces mêmes livres académiques, où il met tout en doute, il affirme cependant que Varron est « un homme de la science duquel on ne saurait douter. » Pour lui, ce point est tellement incontestable, qu'il ne peut admettre ici le doute, dont il use partout ailleurs, et que même en prenant la défense du doute académique, il semble oublier ici qu'il est académicien. Au premier livre, fai-

post hanc vitam esse sperandum, cujus in hac vita potestas nulla esset, ut eamdem saltem ætatem, quæ barba induitur, ipsa præstaret. Nunc vero cum earum cultus nec propter ista ipsa, quæ putant eis subdita, sit necessarius ; quia et multi colentes Juventatem deam minime in illa ætate viguerunt, et multi non eam colentes gaudent robore juventutis ; itemque multi Fortunæ barbatæ supplices ad nullam vel deformem barbam pervenire potuerunt, et si qui eam pro barba impetranda venerantur, a barbatis ejus contemptoribus irridentur : itane desipit cor humanum, ut quorum deorum cultum propter ista ipsa temporalia et cito prætereuntia munera, quibus singulis singuli præesse perhibentur, inanem ludibriosumque cognoscit, propter vitam æternam credat esse fructuosum ? Hanc dare illos posse, nec hi dicere ausi sunt, qui eis, ut ab insipientibus populis colerentur, ista opera temporalia quoniam nimis multos putaverunt, ne quisquam eorum sederet otiosus, minutatim divisa tribuerunt.

CAPUT II.
Quid Varronem de diis gentium sensisse credendum sit, quorum talia et genera et sacra detexit, ut reverentius cum eis ageret, si de illis omnino reticeret.

Quis Marco Varrone curiosius ista quæsivit ? quis invenit doctius ? quis consideravit attentius ? quis distinxit acutius ? quis diligentius pleniusque conscripsit ? Qui tametsi minus est suavis eloquio, doctrina tamen atque sententiis ita refertus est, ut in omni eruditione, quam nos sæcularem, illi autem liberalem vocant, studiosum rerum tantum iste doceat, quantum studiosum verborum Cicero delectat. Denique et ipse Tullius huic tale testimonium perhibet, ut in libris Academicis dicat eam, quæ ibi versatur, disputationem, se habuisse cum Marco Varrone, « homine, inquit, omnium facile acutissimo, et sine ulla dubitatione doctissimo. » Non ait, eloquentissimo vel facundissimo ; quoniam re vera in hac facultate multum impar est : sed omnium, inquit, facile acutissimo. Et in eis libris, id est, Academicis, ubi cuncta dubitanda esse contendit, addidit : sine ulla dubitatione doctissimo. Profecto

sant l'éloge des œuvres littéraires de Varron, il écrit : « Nous étions comme des voyageurs, errants et étrangers dans notre propre ville; mais tes livres nous ont fait rentrer chez nous; ils nous ont montré enfin qui nous sommes et où nous sommes. Tu nous as fait connaître l'âge de notre patrie, les successions des temps, les règles du culte et les droits du sacerdoce; par toi nous apprenons la discipline privée et publique, l'état des quartiers et des lieux; par toi nous savons les noms, les genres, les fonctions et les causes de toutes les choses divines et humaines. » Cet homme d'une érudition si remarquable, si supérieure, cet homme dont Térence a fait l'éloge, en disant dans un vers court, mais élégant : « Varron, homme très-savant sur tout point, » cet homme qui a tant lu, qu'on s'étonne qu'il ait eu le loisir d'écrire, et qui a peut-être plus écrit de livres qu'un autre n'en pourrait lire; Varron, dis-je, si distingué par son génie et sa science, en supposant qu'il eût voulu combattre et ruiner ces rites sacrés dont il parle, les mettant au compte de la superstition, et non de la religion, aurait-il pu constater plus de choses ridicules, méprisables et odieuses? je l'ignore. Cependant, tel est le culte qu'il rend aux dieux et qu'il veut qu'on leur rende, que, dans ses écrits mêmes, il déclare craindre leur ruine, non par suite d'une invasion ennemie, mais par la négligence des citoyens. Il prétend donc les sauver, et, par le moyen de ses livres, perpétuer leur souvenir dans le cœur des hommes vertueux; service plus signalé que quand Métellus sauva l'autel de Vesta d'un incendie, ou quand Énée emporta ses pénates de Troie embrasée ! Et toutefois il livre à la postérité des histoires que doivent également rejeter les sages et les insensés, comme étant absolument indignes de la vérité religieuse. Que devrons-nous donc en conclure, sinon que ce fut un homme très-ardent et très-habile, mais qui, au lieu de jouir de la liberté du Saint-Esprit, était l'esclave des lois et des coutumes de sa patrie? Sous prétexte de mettre en honneur la religion, il ne sut pas se taire sur des objets qui lui déplaisaient.

CHAPITRE III.

Division des livres de Varron sur les antiquités divines et humaines.

Or, Varron a écrit quarante et un livres d'antiquités sur les choses humaines et les choses

---

de hac re sic erat certus, ut auferret dubitationem, quam solet in omnibus adhibere, tanquam de hoc uno etiam pro Academicorum dubitatione disputaturus, se Academicum fuisset oblitus. In primo autem libro cum ejusdem Varronis litteraria opera prædicaret (Cicero, lib. I, *de quæst. Acad.*) : « Nos, inquit, in nostra urbe peregrinantes errantesque, tanquam hospites, tui libri quasi domum reduxerunt, ut possemus aliquando qui et ubi essemus agnoscere. Tu ætatem patriæ, tu descriptiones temporum, tu sacrorum jura, tu sacerdotum, tu domesticam, tu (a) publicam disciplinam, tu (b) sedem regionum, locorum, tu omnium divinarum humanarumque rerum nomina, genera, officia, causas aperuisti. » Iste igitur vir tam insignis excellentisque peritiæ, et quod de illo etiam Terentianus elegantissimo versiculo breviter ait : Vir doctissimus undecumque Varro; qui tam multa legit, ut aliquid ei scribere vacasse miremur; tam multa scripsit, quam multa vix quemquam legere potuisse credamus; iste, inquam, vir tantus ingenio, tantusque doctrina, si rerum velut divinarum, de quibus scribit, oppugnator esset atque destructor, easque non ad religionem, sed ad superstitionem diceret pertinere, nescio utrum tam multa in eis ridenda, contemnenda, detestanda conscriberet. Cum vero deos eosdem ita coluerit, colendosque censuerit, ut in eo ipso opere litterarum suarum dicat se timere ne pereant, non incursu hostili, sed civium negligentia, de qua illos velut ruina liberari a se dicit, et in memoria bonorum per hujusmodi libros recondi atque servari utiliore cura, quam Metellus de incendio sacra Vestalia, et Æneas de Trojano excidio penates liberasse prædicantur; et tamen ea legenda sæculis prodit, quæ a sapientibus et insipientibus merito abjicienda, et veritati religionis inimicissima judicentur; quid existimare debemus, nisi hominem acerrimum ac peritissimum, non tamen sancto Spiritu liberum, oppressum fuisse suæ civitatis consuetudine ac legibus; et tamen ea quibus movebatur sub specie commendandæ religionis tacere noluisse?

CAPUT III.

Quæ sit partitio Varronis librorum suorum, quos de antiquitatibus rerum humanarum divinarumque composuit.

Quadraginta et unum libros scripsit antiquitatum; hos in res humanas divinasque divisit, rebus humanis viginti quinque, divinis sexdecim tribuit;

(a) Apud Ciceronem, *tu bellicam disciplinam.* — (b) Editi, *sedium.* At Mss, plerique et apud Cic. *sedem.*

divines; vingt-cinq concernent les premières, et seize les secondes. Voici l'ordre et la division de cet ouvrage : l'auteur distribué les choses humaines en quatre parties, contenant chacune six livres. Il considère les auteurs des faits, le lieu, le temps et la nature de ces faits. Ainsi les six premiers livres traitent des hommes, les six suivants des lieux, les six de la troisième partie s'occupent des temps, et enfin les six derniers des choses. Donc, quatre fois six livres, en tout vingt-quatre; mais ils sont précédés d'un livre particulier, qui traite cette question d'une manière générale. Pour les choses divines, c'est-à-dire, pour le culte à rendre aux dieux, c'est une division analogue. Car ici encore, avec le culte, il faut considérer les hommes, le temps et le lieu. De là encore quatre parties, qui comprennent seulement chacune trois livres; les trois premiers traitent des hommes, les suivants traitent des lieux, les autres des temps, et les trois derniers des sacrifices. Quel est le sacrificateur, quels sont le lieu, le temps et la nature du sacrifice, voilà ce qu'explique Varron par de subtiles distinctions. Mais il fallait dire à qui sont faites les offrandes. C'était surtout là ce qu'on attendait; aussi il écrivit trois derniers livres sur les dieux, et ainsi on a cinq fois trois livres, c'est-à-dire quinze. Or, j'ai dit qu'ils sont au nombre de seize; c'est que Varron a placé comme introduction un livre spécial, qui embrasse tout l'ensemble de la matière. Après ce livre préliminaire, chacune des cinq divisions principales se subdivise elle-même; ainsi, des trois livres qui concernent les hommes, le premier traite des pontifes, le second des augures, et le troisième des quindécemvirs (1). Des trois sur les lieux, le premier traite des oratoires, le second des temples, et le troisième des lieux sacrés. Les trois livres suivants, qui ont rapport aux temps, c'est-à-dire aux jours de fêtes, l'un parle des féries, l'autre des jeux du cirque, et le dernier des jeux scéniques. Viennent ensuite les trois livres qui s'occupent des sacrifices, et dont le premier regarde les consécrations, le second les offrandes privées, et le troisième les offrandes publiques. Comme pour fermer cette série pompeuse d'hommages, viennent enfin ceux qui en sont l'objet; dans un premier livre, les dieux certains; dans un second, les incertains; dans un troisième, le dernier de tous, les divinités principales et choisies.

(1) Les duumvirs des temples avaient été institués par Tarquin le Superbe, comme le rapporte Denys, liv. IV. Ils présidaient à la lecture des livres sacrés et des vers Sibyllins, et à l'interprétation des oracles du peuple romain. Dans la suite, le peuple ayant demandé qu'ils fussent élus parmi les siens, on en augmenta le nombre qui fut porté à dix. Enfin, à ces dix on eu adjoignit cinq, et ils furent fixés à ce nombre dans la suite.

istam secutus in ea partitione rationem, ut rerum humanarum libros senos quatuor partibus daret. Intendit enim qui agant, ubi agant, quando agant, quid agant. In sex itaque primis de hominibus scripsit, in secundis sex de locis, sex tertios de temporibus, sex quartos eosdemque postremos de rebus absolvit. Quater autem seni, viginti et quatuor fiunt. Sed unum singularem, qui communiter prius de omnibus loqueretur, in capite posuit. In divinis identidem rebus eadem ab illo divisionis forma servata est, quantum attinet ad ea quæ diis exhibenda sunt. Exhibentur enim ab hominibus in locis et temporibus sacra. Hæc quatuor quæ dixi, libris complexus est ternis; nam tres priores de hominibus scripsit, sequentes de locis, tertios de temporibus quartos de sacris; etiam hic qui exhibeant, ubi exhibeant, quando exhibeant, quid exhibeant, subtilissima distinctione commendans. Sed quia oportebat dicere, et maxime id exspectabatur, quibus exhibeant, de ipsis quoque diis tres conscripsit extremos, ut quinquies terni quindecim fierent. Sunt autem omnes, ut diximus, sexdecim; quia et istorum exordio unum singularem, qui prius de omnibus loqueretur, apposuit; quo absoluto, consequenter ex illa quinque partita distributione tres præcedentes, qui ad homines pertinent, ita subdivisit, ut primus sit de pontificibus, secundus de auguribus, tertius de quindecimviris sacrorum. Secundos tres ad loca pertinentes; ita ut in uno eorum de sacellis, altero de sacris ædibus diceret, tertio de locis religiosis. Tres porro qui istos sequuntur, cum ab hominibus et tempora pertinent, id est, ad dies festos; ita ut unum eorum faceret de feriis, alterum de ludis Circensibus, de scenicis tertium. Quartorum trium ad sacra pertinentium, uni dedit consecrationes, alteri sacra privata, ultimo publica. Hanc velut pompam obsequiorum in tribus, qui restant, dii ipsi sequuntur extremi, quibus iste universus cultus impensus est : in primo dii certi, in secundo incerti, in tertio cunctorum novissimo dii præcipui atque selecti.

CHAPITRE IV.

L'exposé de Varron montre que, pour les adorateurs des dieux, les choses humaines sont antérieures aux choses divines.

1. Par tout ce que nous avons dit et ce que nous ajouterons, il est clair pour tout homme qui ne s'obstinera pas dans une funeste illusion, qu'il serait très-imprudent et inutile d'attendre, ou de chercher la vie éternelle parmi toutes ces habiles et subtiles divisions ou distinctions. En effet, toutes ces choses sont de l'invention ou des hommes ou des démons; et, pour être mieux compris, je veux parler ici, non pas des bons génies tels que les imaginent les païens, mais de ces esprits impurs, pétris de méchanceté et de jalousie, qui inspirent secrètement au cœur des impies de funestes erreurs, entraînant de plus en plus les âmes dans les vaines pensées, les détournant de l'éternelle et immuable vérité. Parfois même ils agissent sur les sens extérieurs, et font tous leurs efforts pour confirmer ainsi leurs mensonges par des signes trompeurs. Varron lui-même déclare qu'il a commencé à écrire sur les choses humaines avant de traiter des choses divines, parce que les villes furent d'abord bâties; ce fut seulement plus tard que l'on institua le culte des dieux. Or, la vraie religion n'est point l'œuvre d'aucune cité; c'est elle, au contraire, qui élève la Cité céleste. C'est le vrai Dieu, auteur de la vie éternelle, qui la révèle et l'enseigne à ses véritables adorateurs.

2. Quand Varron avoue qu'il a traité les choses humaines avant les choses divines, parce que ces dernières sont établies par les hommes, voici la raison qu'il donne : « Le peintre, dit-il, est avant le tableau, l'ouvrier avant l'édifice, ainsi les villes existent avant leurs institutions. » Toutefois, il ajoute, qu'il eût commencé par les dieux, s'il se fût proposé d'examiner complétement la nature divine. N'envisage-t-il donc ici la nature divine que partiellement, et non dans son tout? Ou bien, est-ce que même une partie de la nature divine ne doit pas précéder la nature humaine? Mais, dans ses trois derniers livres, où il parle avec tant de détails des dieux certains, des dieux incertains et des dieux choisis, ne semble-t-il pas ne vouloir rien omettre de ce qui concerne la nature des dieux? Alors, que signifie cette parole : « Si nous traitions de toute la nature divine et humaine, nous aurions parlé des dieux avant les hommes? » Il traite, en effet, ou de toute la nature des dieux, ou d'une fraction, ou de rien. S'il parle de toute la nature divine, il doit la placer avant les choses humaines; s'il ne parle que d'une fraction, pourquoi n'en serait-il pas

CAPUT IV.

Quod ex disputatione Varronis apud cultores deorum antiquiores res humanæ quam divinæ reperiantur.

1. In hac tota serie pulcherrimæ ac subtilissimæ distributionis et distinctionis vitam æternam frustra quæri et sperari impudentissime vel optari, ex his quæ jam diximus, et quæ deinceps dicenda sunt, cuivis hominum, qui corde obstinato sibi non fuerit inimicus, facillime apparet. Vel hominum enim sunt ista instituta, vel dæmonum; non quales vocat illi dæmones bonos, sed, ut loquar apertius, immundorum spirituum et sine controversia malignorum, qui noxias opiniones, quibus anima humana magis magisque vanescat, et incommutabili æternæque veritati coaptari atque inhærere non possit, invidentia mirabili et occulte inserunt cogitationibus impiorum, et aperte aliquando ingerunt sensibus, et qua possunt fallaci attestatione confirmant. Iste ipse Varro, propterea se prius de rebus humanis, de divinis autem postea scripsisse testatur, quod prius exstiterint civitates, deinde ab eis hæc instituta sint. Vera autem religio non a terrena aliqua civitate instituta est : sed plane cœlestem ipsa instituit Civitatem. Eam vero inspirat et docet verus Deus, dator vitæ æternæ, veris cultoribus suis.

2. Varronis igitur confitentis ideo se prius de rebus humanis scripsisse, postea de divinis, quia divinæ istæ ab hominibus institutæ sunt, hæc ratio est : « Sicut prior est, inquit, pictor quam tabula picta, prior faber quam ædificium; ita priores sunt civitates, quam ea quæ a civitatibus sunt instituta. » Dicit autem se prius scripturum fuisse de diis, postea de hominibus, si de omni natura deorum scriberet. Quasi hic de aliqua scribat, et non de omni; aut vero etiam aliqua, licet non omnis, deorum natura non prior debeat esse, quam hominum? Quid quod in illis tribus novissimis libris, deos certos et incertos et selectos diligenter explicans, nullam deorum naturam præmittere videtur? « Quid est ergo quod ait. Si de omni natura deorum et hominum scriberemus, prius divina absolvissemus, quam humana attigissemus? » Aut enim de omni natura deorum scribit, aut de aliqua, aut omnino de nulla. Si de omni; præponenda est utique rebus humanis : si de aliqua; cur non etiam ipsa res præcedat huma-

encore de même? Est-ce qu'une partie de la divinité ne mérite pas encore d'être préférée à toute l'humanité? Si toutefois on ne croit pas devoir mettre cette partie avant l'universalité des choses humaines, du moins devra-t-elle avoir le pas sur les seules affaires de Rome. Car dans les livres qui traitent des choses humaines, notre auteur s'arrête à Rome seulement. Cependant, il prétend avoir eu raison de placer ces livres avant ceux qui parlent des dieux, parce que le peintre est avant le tableau, l'ouvrier avant l'édifice. Il avoue ainsi très-nettement que les choses divines sont une invention des hommes, comme la peinture et l'architecture. Il ne reste donc plus qu'à supposer qu'il ne parle d'aucune nature divine; il n'a pas voulu le dire ouvertement, mais il le fait assez entendre. En disant, *pas toute nature*, on comprend ordinairement, *quelque nature;* mais aussi on peut comprendre *nulle nature;* car, ce qui n'est *rien*, n'est ni *tout*, ni *quelque*. De son propre aveu, s'il traitait de toute la nature divine, elle devrait venir avant les choses humaines; mais, ce qu'il ne dit pas, et ce que le bon sens réclame, c'est que, en parlant de *quelque*, et non de *toute* nature divine, il devait encore la mettre avant les choses de Rome; il pense devoir la mettre après, donc elle n'est rien. Ce n'est donc pas qu'il ait voulu préférer l'humain au divin; mais il n'a pas voulu mettre le faux avant le vrai. Dans ce qu'il a écrit des choses humaines, il a suivi l'histoire des faits accomplis; mais, dans les choses divines, quelle autre règle a-t-il pu prendre que de vaines opinions? C'est ce qu'il a voulu habilement insinuer, non pas seulement par l'ordre qu'il a suivi, mais par la raison qu'il en donne. Sans cette raison, peut-être aurait-on pu lui prêter un motif différent; or, dans l'explication qu'il fournit lui-même, il ne laisse pas lieu à une interprétation arbitraire; il ne préfère pas la nature humaine à la nature divine, mais il met les hommes avant leurs inventions. Ainsi, avoue-t-il, qu'en écrivant sur les dieux, il ne s'occupe pas de la réalité qui est dans la nature, mais de la fausseté qui est le fruit de l'erreur. Cet aveu est encore plus explicite dans un autre endroit, comme je l'ai remarqué au quatrième livre (chap. xxxii). Il dit que, s'il fondait une nouvelle ville, il écrirait selon la nature même des choses, mais que, se trouvant dans une ville ancienne, il avait dû se conformer à la coutume établie.

nas? An indigna est præferri etiam universæ naturæ hominum pars aliqua deorum? Quod si multum est, ut aliqua pars divina præponatur universis rebus humanis; saltem digna est vel Romanis. Rerum quippe humanarum libros, non quantum ad orbem terrarum, sed quantum ad solam Romam pertinet, scripsit. Quos tamen rerum divinarum libris se dixit scribendi ordine merito prætulisse; sicut pictorem tabulæ pictæ, sicut fabrum ædificio; apertissime confitens, quod etiam istæ res divinæ, sicut pictura, sicut structura, ab hominibus institutæ sint. Restat ut de nulla deorum natura scripsisse intelligatur; neque hoc aperte dicere voluisse, sed intelligentibus reliquisse. Ubi enim dicitur, non omnis, usitate quidem intelligitur aliqua : sed potest intelligi et nulla; quoniam quæ nulla est, nec omnis, nec aliqua est. Nam ut ipse dicit, si omnis esset natura deorum de qua scriberet, scribendi ordine rebus humanis præponenda esset : ut autem et ipso tacente veritas clamat, præponenda esset certe rebus Romanis, etiam si non omnis, sed saltem aliqua esset : recte autem postponitur; ergo nulla est. Non itaque rebus divinis anteferre voluit res humanas, sed rebus veris noluit anteferre res falsas. In his enim quæ scripsit de rebus humanis, secutus est historiam rerum gestarum : quæ autem de his, quas divinas vocat, quid nisi opiniones rerum vanarum? Hoc est nimirum, quod voluit subtili significatione monstrare; non solum scribens de his posterius quam de illis, sed etiam rationem reddens cur id fecerit. Quam si tacuisset, aliter hoc factum ejus ab aliis fortasse defenderetur. In ea vero ipsa ratione quam reddidit, nec aliis quidquam reliquit pro arbitrio suspicari, et satis probavit homines se præposuisse institutis hominum, non naturam hominum naturæ deorum. Ita se libros rerum divinarum, non de veritate quæ pertinet ad naturam, se de falsitate quæ pertinet ad errorem, scripsisse confessus est. Quod apertius alibi posuit, sicut in quarto libro (cap. xxxii) commemoravi, ex naturæ formula se scripturum fuisse, si novam ipse conderet civitatem, quia vero jam veterem invenerat, non se potuisse nisi ejus consuetudinem sequi.

CHAPITRE V.

Trois genres de théologie exposés par Varron : théologie fabuleuse, théologie naturelle, théologie civile.

1. Maintenant, quelle est cette distinction que Varron établit dans la théologie, ou le traité des dieux? Il parle de théologie mythique, de théologie physique, et de théologie civile. La première, si la langue le permettait, nous l'appellerions *fabulaire;* mais disons fabuleuse, à cause des fables qu'elle renferme; car, *mythe* en grec veut dire fable; il est admis pour la seconde de la désigner sous le nom de *naturelle;* la troisième est bien nommée par Varron lui-même, qui l'appelle *civile.* « On appelle mythique, ajoute-t-il, la théologie des poètes, physique celle des philosophes, et civile celle du peuple. La première, dit-il encore, renferme beaucoup de fictions contraires à la nature et à la dignité des dieux immortels. Ainsi, tel Dieu naît de la tête ou de la cuisse d'un autre, ou de quelques gouttes de sang. Là, on voit les fureurs et les adultères des dieux; on voit ces divinités au service de l'homme, et on leur attribue des choses indignes, non pas d'un homme quelconque, mais du plus méprisable des mortels. » C'est ainsi que Varron, lorsqu'il le peut, sans honte et sans crainte, avoue sans détour et sans déguisement toutes les infamies que la fable menteuse met au compte de la divinité. En effet, il ne parlait ni de la théologie naturelle, ni de la théologie civile, mais de la fabuleuse, et il croit pouvoir lui faire librement son procès.

2. Comment parle-t-il de la seconde? « Le second genre de théologie, dit-il, a fourni aux philosophes la matière de livres nombreux. Ils expliquent la nature des dieux, leur séjour, leur naissance, leur qualité. Depuis quand existent-ils, ou sont-ils éternels? viennent-ils du feu, comme le prétend Héraclite, ou des nombres, comme le veut Pythagore, ou des atomes, comme l'enseigne Epicure? Les philosophes traitent ces choses et beaucoup d'autres, que l'on écoute plus volontiers entre les murs d'une école, qu'au milieu de la place publique. » Varron ne dit rien contre cette théologie physique, qui est celle des savants; seulement il rappelle leurs dissentiments, d'où sont sorties des sectes innombrables. Il n'admet point ce second genre pour la place publique, c'est-à-dire, pour le peuple; il le renferme dans l'école. Mais, quant au premier, si rempli d'infamies et de mensonges, il n'en prive point les villes. O pieuses oreilles du peuple, ô chastes oreilles des Romains! elles ne peuvent entendre, sur les dieux immortels, les discussions des philosophes; mais, ce que les poètes chantent, ce

CAPUT V.

De tribus generibus theologiæ secundum Varronem, scilicet uno fabuloso, altero naturali, tertioque civili.

1. Deinde illud quale est, quod tria genera theologiæ dicit esse, id est, rationis quæ de diis explicatur, eorumque unum mythicon appellari, alterum physicon, tertium civile? Latine si usus admitteret, genus quod primum posuit, fabulare appellaremus; sed fabulosum dicamus : a fabulis enim mythicon dictum est; quoniam μῦθος Græce fabula dicitur. Secundum autem ut naturale dicatur, jam et consuetudo locutionis admittit. Tertium etiam ipse Latine enuntiavit, quod civile appellatur. Deinde ait : « Mythycon appellant, quo maxime utuntur poetæ; phy-sicon, quo philosophi; civile, quo populi. Primum, inquit, quod dixi, in eo sunt multa contra dignitatem et naturam immortalium ficta. In hoc enim est, ut deus alius ex capite, alius ex femore sit, alius ex guttis sanguinis natus : in hoc, ut dii furati sint, ut adulteraverint, ut servierint homini : denique in hoc omnia diis attribuuntur, quæ non modo in hominem, sed etiam quæ in contemptissimum hominem cadere possunt. » Hic certe ubi potuit, ubi ausus est, ubi impunitum putavit, quanta mendacissimis fabulis naturæ deorum fieret injuria, sine caligine ullius ambiguitatis expressit. Loquebatur enim, non de naturali theologia, non de civili, sed de fabulosa, quam libere a se putavit esse culpandam.

2. Videamus quid de altera dicat. « Secundum genus est, inquit, quod demonstravi, de quo multos libros philosophi reliquerunt : in quibus est, dii qui sint, ubi, quod genus, quale, a quonam tempore, an a sempiterno fuerint, an ex igne sint, ut credit Heraclitus; an ex numeris, ut Pythagoras; an ex atomis, ut ait Epicurus. Sic alia, quæ facilius intra parietes in schola, quam extra in foro ferre possunt aures. » Nihil in hoc genere culpavit, quod physicon vocant, et ad philosophos pertinet : tantum quod eorum inter se controversias commemoravit, per quos facta est dissidentium multitudo sectarum. Removit tamen hoc genus a foro, id est, a populis : scholis vero et parietibus clausit. Illud autem primum mendacissimum atque turpissimum a civitatibus non removit. O religiosa aures populares, atque in his etiam Romanas! Quod de diis immortalibus philosophi disputant, ferre non

que les acteurs exécutent, ces fictions qui sont contraires à la dignité et à la nature des dieux immortels, ces fictions qui déshonoreraient le plus méprisable des hommes, non-seulement sont supportées, mais sont écoutées avec plaisir. Bien plus, on s'imagine que les dieux aiment ces spectacles, qui sont un moyen d'apaiser leur courroux.

3. Mais, dira-t-on, il faut distinguer la théologie mythique ou fabuleuse, et la théologie physique ou naturelle de celle que l'on appelle civile, dont il reste à parler. L'auteur établit lui-même cette distinction; mais que nous apprend-il de ce dernier genre? Je vois bien ce qui caractérise le genre fabuleux; il est faux, honteux, infâme. Or, en séparant le genre naturel du civil, n'est-ce pas reconnaître encore que celui-ci est défectueux? Si ce que l'on nomme naturel l'est véritablement, quel est son vice, pour l'exclure? Si ce que l'on appelle civil n'est point naturel, quelle raison de l'admettre? Et voici pourquoi Varron traite des choses humaines avant les choses divines; c'est que, pour ces dernières, il s'est appuyé, non sur la nature, mais sur les institutions des hommes. Voyons donc quelle est cette théologie civile : « Le troisième genre, dit Varron, est celui que les citoyens, dans les villes et surtout les prêtres, doivent connaître et pratiquer. Il apprend quels dieux il faut honorer publiquement, quelles cérémonies, quels sacrifices il faut faire en leur honneur. » Remarquons encore cette observation : « Le premier genre convient au théâtre, le second au monde, le troisième à la ville. » Qui ne verrait ici celui qu'il préfère? évidemment, c'est le second, celui qu'il réserve aux philosophes. Cette théologie, dit-il, appartient au monde; et, selon les philosophes, rien de plus excellent que le monde. Mais la première et la troisième, la théologie du théâtre et celle de la ville les distingue-t-il ou les unit-il? De ce que les villes sont du monde, il ne s'ensuit pas nécessairement que ce qui est de la ville soit aussi du monde; car, en suivant de fausses opinions, une ville peut croire et vénérer des choses qui n'existent réellement ni dans le monde, ni en dehors du monde. Le théâtre n'est-il pas dans la ville? n'est-ce pas la cité qui a établi le théâtre? Et pourquoi l'a-t-elle établi, sinon pour les jeux scéniques? Et les jeux scéniques, où se trouvent-ils, sinon parmi ces choses divines traitées si habilement dans les livres de Varron?

possunt : quod vero poetæ canunt, et histriones agunt, quia contra dignitatem ac naturam immortalium ficta sunt, quia non modo in hominem, sed etiam in contemptissimum hominem cadere possunt, non solum ferunt, sed etiam libenter audiunt. Neque id tantum, sed diis quoque ipsis hæc placere, et per hæc eos placandos esse decernunt.

3. Dixerit aliquis : Hæc duo genera, mythicon et physicon, id est, fabulosum atque naturale, discernamus ab hoc civili, de quo nunc agitur; unde illa et ipse discrevit : jamque ipsum civile videamus, qualiter explicet. Video quidem, cur debeat discerni fabulosum : quia falsum, quia turpe, quia indignum est. Naturale autem a civili velle discernere, quid est aliud, quam etiam ipsum civile fateri esse mendosum? Si enim illud naturale est, quid habet reprehensionis, ut excludatur? Si autem hoc quod civile dicitur, naturale non est, quid habet meriti, ut admittatur? Hæc nempe illa causa est, quare prius scripserit de rebus humanis, posterius de divinis; quoniam in divinis rebus non naturam, sed hominum instituta secutus est. Intueamur sane et civilem theologiam. « Tertium genus est, inquit, quod in urbibus cives, maxime sacerdotes, nosse atque administrare debent. In quo est, quos deos publice colere, quæ sacra et sacrificia facere quemque par sit. Adhuc quod sequitur attendamus. Prima, inquit, theologia maxime accommodata est ad theatrum, secunda ad mundum, tertia ad urbem. » Quis non videat, cui palmam dederit? Utique secundæ, quam supra dixit esse philosophorum. Hanc enim pertinere testatur ad mundum, quo isti nihil esse excellentius opinantur in rebus. Duas vero illas theologias, primam et tertiam, theatri scilicet atque urbis, distinxit, (a) an junxit? Videmus enim non continuo quod est urbis, pertinere posse et ad mundum; quamvis urbes esse videamus in mundo : fieri enim potest, ut in urbe secundum falsas opiniones, ea colantur et ea credantur, quorum in mundo vel extra mundum natura sit nusquam : theatrum vero ubi est, nisi in urbe? Quis theatrum instituit, nisi civitas? Propter quid instituit, nisi propter ludos scenicos? Ubi sunt ludi scenici, nisi in rebus divinis, de quibus hi libri tanta solertia conscribuntur?

(a) Lov. ac sejunxit. Verius Er. et melioris notæ Mss. an junxit? Nempe quas distributione ipsa distinxit theologias, primam et tertiam, fabulosam et civilem, easdem junxisse Varro videtur, alteram ad urbem, alteram ad theatrum, quod ipsius urbis est, pertinere docens.

CHAPITRE VI.

Réfutation de la théologie mythique ou fabuleuse et de la théologie civile de Varron.

1. O Marcus Varron, ô esprit si pénétrant, ô homme, sans aucun doute, le plus savant, homme cependant, et non pas Dieu, ni même élevé par l'Esprit de Dieu à cette vérité et à cette liberté qui permet de voir et d'annoncer les choses divines, vous voyez combien ce qui concerne les dieux doit être séparé des bagatelles et des mensonges humains; mais vous craignez de blesser les superstitions et les coutumes de l'opinion! Et ces coutumes, lorsque vous y réfléchissez attentivement, vous sentez vous-même, d'accord avec tous vos littérateurs, qu'elles sont indignes des dieux, de ces dieux mêmes tels que les a conçus dans les éléments du monde la faiblesse de l'esprit humain! A quoi donc sert ici le génie de l'homme, même le plus distingué? Votre science humaine, si vaste et si variée, que vous suggère-t-elle dans cet embarras? Vous êtes obligé de rendre aux dieux civils les hommages dont vous voudriez honorer les dieux naturels. Vous avez aussi trouvé des dieux fabuleux, contre lesquels vous donnez libre cours à votre indignation; mais bon gré mal gré, vos plaintes retombent sur les dieux civils eux-mêmes. Vous dites que les fabuleux appartiennent au théâtre, les naturels au monde, et les civils à la cité; mais le monde est l'œuvre des dieux, les théâtres et les cités sont l'œuvre des hommes; et les dieux dont on rit sur le théâtre sont les mêmes que l'on adore dans les temples; ceux auxquels l'on offre des jeux sont les mêmes à qui l'on immole des victimes. Combien donc ne serait-il pas plus sincère et plus adroit de les diviser en dieux naturels et en dieux inventés par les hommes, et de dire que les poètes et les prêtres parlent différemment de ces derniers, que, cependant, ils sont d'accord dans une erreur commune, et que leur langage plaît également aux démons ennemis de la vérité?

2. Oubliant donc un instant la théologie naturelle, dont nous parlerons plus tard, osera-t-on maintenant solliciter et attendre la vie éternelle des dieux des poètes, dieux honorés sur le théâtre et dans les jeux scéniques? Loin de nous une telle pensée, et puisse le vrai Dieu nous garantir de cette folie sacrilège et impie! Quoi, on demanderait la vie éternelle à ces divinités que l'on flatte, et que l'on se rend favorables par la représentation de leurs crimes? Personne, je pense, ne pousse la démence à cet excès, qui dépasse toute limite. Donc, ni la théologie fabuleuse, ni la théologie civile ne peuvent assurer la vie éternelle à qui que ce soit. La pre-

CAPUT VI.

De theologia mythica, id est, fabulosa, et de civili, contra Varronem.

1. O Marce Varro, cum sis homo omnium acutissimus, et sine ulla dubitatione doctissimus, sed tamen homo, non Deus, nec Spiritu Dei ad videnda et annuntianda divina in veritatem libertatemque subvectus, cernis quidem quam sint res divinæ ab humanis nugis atque mendaciis dirimendæ : sed vitiosissimas populorum opiniones et consuetudines in superstitionibus publicis vereris offendere, quas a deorum natura abhorrere vel talium quales in hujus mundi elementis humani animi suspicatur infirmitas, et sentis ipse, cum eas usquequaque consideras, et omnis vestra litteratura circumsonat. Quid hic agit humanum quamvis excellentissimum ingenium? Quid tibi humana licet multiplex ingensque doctrina in his angustiis suffragatur? Naturales deos colere cupis, civiles cogeris. Invenisti alios fabulosos, in quos liberius quod sentis evomas, unde et istos civiles velis nolisve perfundas. Dicis quippe fabulosos accommodatos esse ad theatrum, naturales ad mundum, civiles ad urbem : cum mundus opus sit divinum, urbes vero et theatra opera sint hominum; nec alii dii rideantur in theatris, quam qui adorantur in templis; nec aliis ludos exhibeatis, quam quibus victimas immolatis. Quanto liberius subtiliusque ista divideres, dicens alios esse deos naturales, alios ab hominibus institutos; sed de institutis aliud habere litteras poetarum, aliud sacerdotum; utrasque tamen ita esse inter se amicas consortio falsitatis, ut gratæ sint utræque dæmonibus, quibus inimica est doctrina veritatis?

2. Sequestrata igitur paululum theologia, quam naturalem vocant, de qua postea disserendum est, placetne tandem vitam æternam peti aut sperari a diis poeticis, theatricis, ludicris, scenicis? Absit : imo avertat Deus verus tam immanem sacrilegamque dementiam. (a) Quid, ab eis diis, quibus hæc placent, et quos hæc placant, cum eorum illic crimina frequententur, vita æterna poscenda est? Nemo, ut

---

(a) Sic Mss. At editi, *Numquid ab eis diis.*

mière sème, par ses fictions, la honte que moissonne la seconde par ses faveurs; la première répand le mensonge, la seconde le recueille. L'une souille les choses divines par de faux crimes, l'autre met la représentation de ces crimes au rang des choses divines. L'une célèbre dans les vers des poètes ces odieuses fictions divines, l'autre les consacre par des fêtes en l'honneur des dieux. L'une chante les scélératesses et les infamies de la divinité, l'autre les aime. La première les découvre ou les invente, la seconde les atteste comme vraies, ou y prend plaisir, malgré leur fausseté. De part et d'autre, honte et abomination; mais la théologie du théâtre fait profession publique de ces turpitudes, et la théologie civile s'en fait une parure. La vie éternelle viendra-t-elle donc de ces pratiques, qui souillent la courte durée de la vie présente? ou bien faudra-t-il dire que notre vie sera souillée par la société des hommes vicieux qui s'insinueraient dans nos affections et gagneraient notre complicité, et qu'elle ne la sera pas par l'alliance avec les démons, dont le culte consiste à honorer leurs crimes? Ces crimes sont-ils vrais, quelle perversité? sont-ils faux, quel culte!

3. Nos réflexions pourront peut-être faire croire à un homme, peu au courant de cette matière, qu'il n'y a de ridicule et d'indigne de la majesté divine que les abominations chantées par les poètes, ou représentées sur le théâtre; mais que les rites observés par les prêtres, et non les jeux des histrions, ne renferment rien d'indécent, rien de répréhensible. S'il en était ainsi, jamais personne n'eût eu la pensée d'instituer les infamies du théâtre en l'honneur des dieux, et jamais les dieux eux-mêmes n'en eussent imposé l'obligation. Or, si toute honte est bannie du théâtre en l'honneur des dieux, c'est parce que l'on agit de même dans les temples. Enfin, en essayant de distinguer la théologie civile de la fabuleuse et de la naturelle pour en faire un genre à part, notre auteur nous la montre plutôt comme un composé des deux autres que comme une théologie différente. Il dit, en effet, que les fictions des poètes sont au-dessous du culte populaire, et que le vulgaire ne peut atteindre la doctrine des philosophes. « Et le peuple, dit-il, en repoussant ces choses, n'en fait pas moins, aux uns et aux autres, de nombreux emprunts pour le culte civil. Aussi, en traitant de ce culte, nous verrons ce qu'il a de commun avec les poètes; mais ses rapports avec la philosophie devront se manifester davantage. » Les rapports avec la poésie ne sont donc pas nuls. Cependant, dans un autre endroit, il

---

arbitror, usque ad tantum præcipitium furiosissimæ impietatis insanit. Nec fabulosa igitur, nec civili theologia sempiternam quisquam adipiscitur vitam. Illa enim de diis turpia fingendo seminat, hæc favendo metit. Illa mendacia spargit, hæc colligit. Illa res divinas falsis criminibus insectatur, hæc eorum criminum ludos in divinis rebus amplectitur. Illa de diis nefanda figmenta hominum carminibus personat, hæc ea deorum ipsorum festivitatibus consecrat. Facinora et flagitia numinum illa cantat, hæc amat. Illa prodit, aut fingit : hæc autem aut attestatur veris, aut oblectatur et falsis. Ambæ turpes, ambæque damnabiles : sed illa quæ theatrica est, publicam turpitudinem profitetur; ista quæ urbana est, illius turpitudine ornatur. Hinccine vita æterna sperabitur, unde ista brevis temporalisque polluitur? An vero vitam polluit consortium nefariorum hominum, si se inserant affectionibus et assensionibus nostris, et vitam non polluit societas dæmonum, qui coluntur criminibus suis? Si veris, quam mali? si falsis, quam male?

3. Hæc cum dicimus, videri fortasse cuipiam nimis harum rerum ignaro potest ea sola de diis talibus majestati indigna divinæ, et ridicula, detestabilia celebrari, quæ poeticis cantantur carminibus, et ludis scenicis actitantur; sacra vero illa, quæ non histriones, sed sacerdotes agunt, ab omni esse dedecore purgata et aliena. Hoc si ita esset, nunquam theatricas turpitudines in eorum honorem quisquam celebrandas esse censeret, nunquam eas ipsi dii præciperent sibimet exhiberi. Sed ideo nihil pudet ad obsequium deorum talia gerere in theatris, quia similia geruntur in templis. Denique cum memoratus auctor civilem theologiam a fabulosa et naturali, tertiam quamdam sui generis distinguere conaretur, eam magis ex utraque temperatam, quam ab utraque separatam intelligi voluit. Ait enim, ea quæ scribunt poetæ minus esse, quam ut populi sequi debeant; quæ autem philosophi, plus quam ut ea vulgum scrutari expediat. « Quæ sic abhorrent, inquit, ut tamen ex utroque genere ad civiles rationes assumpta sint non pauca. Quare quæ sunt communia cum (a) poetis, una cum civilibus scribemus : e quibus major societas debet esse nobis cum philosophis, quam cum poetis. » Non ergo nulla cum poetis. Et tamen alio loco dicit de generationibus deorum

(a) Vind. Am. Er et Mss. *cum propriis.*

dit que, sur le point des générations divines, les peuples préfèrent les poètes aux philosophes. Ici donc il dit ce que l'on doit faire, ailleurs ce que l'on fait. Il dit que les philosophes ont écrit en vue de l'utilité, et les poètes en vue du plaisir. Ainsi, les crimes des dieux, voilà ce que les poètes racontent, voilà ce que le peuple ne doit pas imiter; mais voilà cependant ce qui plaît aux hommes et aux dieux. Les poètes, dit-il, ont écrit pour le plaisir, et non pour l'utilité; toutefois, ce qu'ils ont écrit, c'est ce que les dieux réclament et ce que le peuple leur accorde.

CHAPITRE VII.

Ressemblance et accord entre la théologie fabuleuse et la théologie civile.

1. La théologie des poètes, cette théologie du théâtre, si infâme et si honteuse, se rapporte donc à la théologie civile. Tout entière, souillée et jugée digne de tout mépris, elle entre cependant dans cette religion que l'on croit devoir respecter et observer. Elle y entre, selon que j'ai entrepris de le prouver, non comme une partie étrangère, déplacée; ce n'est point un membre attaché à un corps qui n'est pas le sien; non, c'est bien une partie parfaitement unie au corps dont elle dépend. N'est-ce pas ce que démontrent les statues et les images des dieux, leur âge, leur sexe, leur attitude? Les pontifes n'ont-ils pas, comme les poètes, un Jupiter barbu et un Mercure imberbe? Les prêtres et les histrions n'honorent-ils pas Priape par les mêmes obscénités? Qu'il attende les adorations dans ses temples, ou qu'il vienne exciter le rire sur le théâtre, ce dieu n'étale-t-il pas les mêmes turpitudes? Le vieux Saturne, le jeune Apollon sont-ils tellement la propriété des poètes, qu'on ne voie aussi leurs statues dans les temples? Pourquoi, faisant des divinités masculines de Forculus, qui préside aux portes, et de Limentinus, qui garde les seuils, a-t-on placé au milieu d'eux une déesse, Cardéa, protectrice des gonds? N'est-ce pas dans les livres des choses divines que l'on trouve ces détails, considérés par les poètes sérieux, comme indignes de leurs vers? Diane, qui paraît armée sur le théâtre, quitte-t-elle son carquois pour se montrer en ville, et y paraître comme une simple jeune fille? Apollon qui joue de la harpe sur la scène, est-il étranger à cet art dans le temple de Delphes? Mais tout ceci est très-honnête en comparaison de bien d'autres turpitudes. Qu'ont pensé de Jupiter ceux qui l'ont fait élever par une nourrice au Capitole? N'ont-ils pas appuyé le témoignage d'Evhémère, qui assura, non comme un conteur de fables, mais avec la gravité d'un historien, que tous ces dieux ont été des hommes mortels? Et ceux qui font asseoir

magis ad poetas quam ad physicos fuisse populos inclinatos. Hic enim dixit quid fieri debeat, ibi quid fiat. Physicos dixit utilitatis causa scripsisse, poetas delectationis. Ac per hoc ea quæ a poetis conscripta populi sequi non debent, crimina sunt deorum : quæ tamen delectant et populos et deos. Delectationis enim causa, sicut dicit, scribunt poetæ, non utilitatis : ea tamen scribunt quæ diis expetant, populi exhibeant.

CAPUT VII.

De fabulosæ et civilis theologiæ similitudine atque concordia.

1. Revocatur igitur ad theologiam civilem theologia fabulosa, theatrica, scenica, indignitatis et turpitudinis plena, et hæc tota quæ merito culpanda et respuenda judicatur; pars hujus est quæ colenda et observanda censetur; non sane pars incongrua, sicut ostendere institui, et quæ ab universo corpore aliena importune illi connexa atque suspensa sit, sed omnino consona, et tanquam ejusdem corporis membrum convenientissime copulata. Quid enim aliud ostendunt illa simulacra, formæ, ætates, sexus, habitus deorum? Numquid barbatum Jovem, imberbem Mercurium poetæ habent, pontifices non habent? Numquid Priapo mimi, non etiam sacerdotes enormia pudenda fecerunt? An aliter stat adorandus in locis sacris, quam procedit ridendus in theatris? Num Saturnus senex, Apollo ephebus, ita personæ sunt histrionum, ut non sint statuæ delubrorum? Cur Forculus qui foribus præest, et Limentinus qui limini, dii sunt masculi, atque inter hos Cardea femina est, quæ cardinem servat? Nonne ista in rerum divinarum libris reperiuntur, quæ graves poetæ suis carminibus indigna duxerunt? Numquid Diana theatrica portat arma, et urbana simpliciter virgo est? Numquid scenicus Apollo citharista est, et ab ac arte Delphicus vacat? Sed hæc honestiora sunt in comparatione turpiorum. Quid de ipso Jove senserunt, qui ejus nutricem in Capitolio posuerunt? Nonne attestati sunt Euhemero, qui omnes tales deos non fabulosa garrulitate, sed historica diligentia homines fuisse mortalesque conscripsit? Epulones etiam deos parasitos Jovis, ad ejus mensam qui constituerunt, quid aliud quam mimica sacra esse voluerunt? Nam parasitos Jovis

LIVRE VI. — CHAPITRE VII.

à la table de Jupiter, comme des parasites, tous les autres dieux, que se proposent-ils, sinon de donner à la bouffonnerie un caractère sacré? Si un acteur avait dit que Jupiter avait appelé à son festin de tels parasites, on eût pensé qu'il cherchait à exciter le rire. Mais c'est Varron qui l'a dit; il l'a dit, non en se moquant des dieux, mais en recommandant leur culte. Il l'a écrit dans les livres qui traitent des choses divines, et non des choses humaines, à l'endroit où il expose la dignité du Capitole, et non quand il parle des jeux scéniques. Ainsi, il est contraint d'avouer qu'en faisant les dieux semblables à l'homme, on convient qu'ils aiment les mêmes plaisirs que l'homme.

2. En effet, les esprits malins n'ont pas failli à leur rôle, se jouant de l'esprit des hommes pour y affermir ces funestes opinions. Ainsi, le gardien du temple d'Hercule, n'ayant rien à faire, passe ses loisirs à jouer aux dés. D'une main il joue pour Hercule, de l'autre pour lui-même, convenant que, s'il gagne, il prendra sur les offrandes pour faire un festin et se procurer une maîtresse; que si, au contraire, la faveur du jeu est pour Hercule, il devra, à ses propres frais, donner au dieu les mêmes jouissances; ensuite, vaincu par lui-même au profit d'Hercule, il lui offre le prix convenu : un festin avec la fameuse courtisane Larentina. Celle-ci, s'étant endormie dans le temple, crut pendant son sommeil avoir commerce avec le dieu, qui lui dit que le premier jeune homme qui se présenterait à elle, au sortir de ce lieu, lui donnerait sa récompense, et qu'elle devrait considérer cette récompense comme venant de la main d'Hercule. Or, en quittant le temple, le premier jeune homme qui se trouva à sa rencontre fut l'opulent Tarutius; il l'aima et vécut avec elle pendant longtemps, et en mourant il la constitua son héritière. Celle-ci eut donc ainsi une fortune considérable; et, pour ne point paraître indigne des largesses divines, elle crut faire une chose très-agréable aux dieux, en laissant tous ses biens au peuple romain. Elle disparut, mais on trouva son testament, et pour cela, dit-on, elle fut jugée digne des honneurs divins.

3. Si c'étaient les poètes qui racontassent de telles fictions, ou les comédiens qui les représentassent, on dirait assurément qu'elles appartiennent à la théologie fabuleuse, et qu'il faut absolument les retrancher de la théologie civile. Or, quand un auteur aussi grave rapporte ces ignominies, non comme le produit de l'imagination des poètes, mais comme partie de la religion des peuples, comme regardant, non les comédiens et le théâtre, mais le culte et les temples; en un mot, quand il les attribue à la théologie civile, et non à la fabuleuse, ce n'est pas en vain que les histrions représentent dans

---

ad ejus convivium adhibitos si minus dixisset, risum utique quæsisse videretur. Varro dixit; non cum irrideret deos, sed cum commendaret, hoc dixit : divinarum, non humanarum rerum libri, hoc cum scripsisse testantur; nec ubi ludos scenicos exponebat, sed ubi Capitolina jura pandebat. Denique a talibus vincitur, et fatetur, sicut forma humana deos fecerunt, ita eos delectari humanis voluptatibus credidisse.

2. Non enim et maligni spiritus suo negotio defuerunt, ut has noxias opiniones humanarum mentium inificatione firmarent. Unde etiam illud est, quod Herculis æditnus otiosus atque feriatus lusit tesseris secum, utraque manu alternante, in una constituens Herculem, in altera se ipsum; sub ea conditione, ut si ipse vicisset, de stipe templi sibi cœnam pararet, amicamque conduceret; si autem victoria Herculis fieret, hoc idem de pecunia sua voluptati Herculis exhiberet : deinde cum a se ipso tanquam ab Hercule victus esset, debitam cœnam et nobilissimam meretricem (a) Larentinam deo Herculi dedit. At illa cum dormivisset in templo, vidit in somnis Herculem sibi esse commixtum, sibique dixisse, quod inde discedens cui primum juveni obvia fieret, apud illum esset inventura mercedem, quam sibi credere deberet ab Hercule persolutam. Ac sic abeunti cum primus juvenis ditissimus Tarutius occurrisset, eamque dilectam secum diutius habuisset, illa hærede (b) relicta defunctus est. Quæ amplissimam adepta pecuniam, ne divinæ mercedi videretur ingrata; quod acceptissimum putavit esse numinibus, populum Romanum etiam ipsa scripsit hæredem; atque illa non comparente, inventum est testamentum : quibus meritis eam ferunt etiam honores meruisse divinos.

3. Hæc si poetæ fingerent, si mimi agerent, ad fabulosam theologiam dicerentur procul dubio pertinere, et a civilis theologiæ dignitate separanda judicarentur. Cum vero hæc dedecora, non poetarum, sed populorum; non mimorum, sed sacrorum; non theatrorum, sed templorum; id est, non fabulosæ, sed civilis theologiæ, a tanto auctore produntur;

(a) Editi, *Laurentuam*. At poliores Mss. *Larentinam*. Hæc Lactantio, l. I, c. xx, Flora est, cujus festa Floralia. — (b) Vox *relicta* abest a Mss.

leurs jeux l'excessive infamie des dieux. Hélas ! c'est bien en vain que les prêtres, dans leurs cérémonies sacrées, essaient de leur attribuer une honnêteté à laquelle ils sont étrangers. Junon a ses mystères, qui se célèbrent dans sa chère île de Samos, où elle fut mariée à Jupiter. Il y a les mystères de Cérès, dans lesquels on réclame Proserpine enlevée par Pluton ; il y a les mystères de Vénus, dans lesquels on pleure la mort de son amant, le bel Adonis, qui périt sous la dent d'un sanglier. La mère des dieux a ses mystères où des eunuques, appelés Galles, déplorent, par leur propre infortune, le malheur du jeune et bel Atys, qu'elle aimait, mais qui fut victime de sa jalousie de femme. Tous ces mystères ne sont-ils pas plus obscènes encore que tout ce que l'on voit sur la scène ? Alors pourquoi séparer, pourquoi attribuer les fictions des poètes au théâtre, et à la cité la théologie civile, comme s'il s'agissait de distinguer l'honnêteté et la vertu de la honte et du vice ? Au contraire, on doit savoir gré aux bouffons qui ont épargné à nos regards de voir, sur la scène, toutes les ignominies que cache l'enceinte des temples. Mais que devons-nous penser des mystères qui s'enveloppent de ténèbres, quand ce qui se montre au grand jour est déjà si abominable ? Que font dans l'ombre ces eunuques, ces infâmes ? Aux païens d'y voir. Cependant, ils n'ont pu totalement tenir dans le secret la honte de ces hommes déshonorés et corrompus. Qu'ils fassent entendre à qui le voudra croire qu'ils font quelque chose de saint avec ces hommes qui, ils ne peuvent le nier, sont comptés et figurent parmi les choses saintes. Nous ignorons ce qui se passe, mais nous savons qui l'on emploie. Car nous savons ce que l'on fait sur la scène, où l'on ne vit jamais homme aussi ignominieusement dégradé, même dans un chœur de prostituées ; et cependant les acteurs du théâtre sont considérés comme infâmes et déshonorés. Quelles sont donc ces cérémonies sacrées dont la sainteté exige des prêtres, tels qu'ils seraient rejetés même par la lubricité des histrions.

CHAPITRE VIII.

Des explications naturelles que les docteurs païens donnent en faveur de leurs dieux.

1. Mais tout cela s'appuie sur des raisons, dit-on, sur des interprétations prises dans l'ordre naturel ; comme s'il s'agissait ici de physique, et non de théologie, des secrets de la nature, et non de l'essence de Dieu. En effet, quoique le vrai Dieu soit tel par sa nature, et non par l'opinion des hommes, cependant toute nature

---

non frustra histriones ludicris artibus fingunt deorum, quæ tanta est, turpitudinem, sed plane frustra sacerdotes velut sacris ritibus conantur fingere deorum, quæ nulla est, honestatem. Sacra sunt Junonis, et hæc in ejus dilecta insula Samo celebrantur, ubi nuptum data est Jovi. Sacra sunt Cereris, ubi a Plutone rapta Proserpina quæritur. Sacra sunt Veneris, ubi amatus ejus Adonis aprino dente exstinctus juvenis formosissimus plangitur. Sacra sunt Matris deûm, ubi Atys pulcher adolescens ab ea dilectus et muliebri zelo abscisus, etiam hominum abscisorum, quos Gallos vocant, infelicitate deploratur. Hæc cum deformiora sint omni scenica fœditate, quid est quod fabulosa de diis figmenta poetarum ad theatrum videlicet pertinentia velut secernere nituntur a civili theologia, quam pertinere ad urbem volunt, quasi ab honestis et dignis indigna et turpia ? Itaque potius est unde gratiæ debeantur histrionibus, qui oculis hominum pepercerunt, nec omnia spectaculis nudaverunt, quæ sacrarum ædium parietibus occuluntur. Quid de sacris eorum boni sentiendum est, quæ tenebris operiuntur, cum tam sint detestabilia, quæ proferuntur in lucem ? Et certe quid in occulto agant per abscisos et molles, ipsi viderint. Eosdem tamen homines infeliciter ac turpiter enervatos atque corruptos minime occultare potuerunt. Persuadeant cui possunt, se aliquid sanctum per tales agere homines ; quos inter sua (*a*) sancta numerari atque versari negare non possunt. Nescimus quid agant, sed scimus per quales agant. Novimus enim quæ agantur in scena, quo nunquam, vel in choro meretricum, abscisus aut mollis intravit : et tamen etiam ipsa turpes et infames agunt ; neque enim ab honestis agi debuerunt. Quæ sunt ergo illa sacra, quibus agendis tales elegit sanctitas, quales nec thymelica in se admittit obscœnitas ?

CAPUT VIII.

De interpretationibus naturalium rationum, quas doctores pagani pro diis suis conantur ostendere.

1. At enim habent ista physiologica quasdam sicut aiunt, id est, naturalium rationum interpretationes. Quasi vero nos in hac disputatione physiologiam quæramus, et non theologiam ; id est, rationem, non naturæ, sed Dei. Quamvis enim qui

---

(*a*) Aliquot Mss. *sua sacra*. Paulo post editi, *quæ nunquam vel in choro meretricum, quo nemo abscisus*, etc. Emendantur a Mss.

n'est point Dieu; il y a celle de l'homme, celle de la brute, celle de l'arbre, celle de la pierre, et rien de tout cela n'est Dieu. Or, si, avant tout, quand il s'agit de la mère des dieux, cette interprétation repose sur ce principe, que c'est la terre qui a enfanté les dieux, avons-nous besoin d'en chercher davantage? que voulons-nous de plus? Quoi de plus favorable à l'opinion de ceux qui disent que tous les dieux furent des hommes? Ils sont sortis de la terre, puisque la terre est leur mère; mais, selon la vraie théologie, la terre est l'œuvre de Dieu, et non la mère de Dieu. Toutefois, quelque interprétation que l'on donne à ces mystères, en les rappelant à l'ordre naturel, il n'en est pas moins vrai que les actions de ces hommes efféminés sont contre la nature, et non selon ses vœux : désordre, crime, infamie, que l'on étale au milieu des temples, et que le plus vicieux des hommes n'oserait avouer au milieu des tortures! D'ailleurs, si, sous prétexte qu'ils s'expliquent en les rappelant à l'ordre naturel, on prétend excuser et défendre ces mystères, plus honteux que toutes les ignominies du théâtre, pourquoi n'excuse-t-on pas de même, pourquoi ne défend-on pas les fictions poétiques? Car elles aussi, selon plusieurs, s'expliquent de la même façon : c'est de la sorte que ce qui a été imaginé de plus cruel et de plus inouï, Saturne, dévorant ses enfants, doit s'entendre, selon quelques-uns, de la longueur du temps, image de Saturne, qui détruit lui-même tout ce qu'il a produit; ou bien, selon Varron, c'est la semence qui retombe dans la terre d'où elle était sortie. D'autres donnent encore différentes interprétations, et ainsi du reste.

2. Et voilà ce que l'on appelle la théologie fabuleuse, que l'on condamne et que l'on rejette avec toutes ces prétendues explications; on la flétrit comme ayant imaginé contre les dieux des inventions odieuses, et on la retranche, non-seulement de la théologie naturelle, théologie des philosophes, mais encore de la théologie civile, qui nous occupe, et qui appartient aux villes et aux peuples. Voici en cela le dessein des hommes les plus savants et les plus pénétrants, qui ont écrit sur cette matière : Comprenant que les deux théologies, fabuleuse et civile, étaient également condamnables, et croyant pouvoir réprouver la première, sans oser le faire pour la seconde, ils flétrirent la théologie fabuleuse, et mirent en comparaison avec elle la théologie civile, non pour la faire choisir de préférence à l'autre, mais pour la faire paraître digne du même mépris. Ainsi, sans danger pour ceux qui n'osaient blâmer la théologie civile, les meilleurs esprits étaient amenés à dé-

---

verus Deus est, non opinione, sed natura sit Deus : non tamen omnis natura deus est; quia et hominis, et pecoris, et arboris, et lapidis utique natura est, quorum nihil est Deus. Si autem interpretationis hujus, quando agitur de sacris Matris deûm, caput est certe quod Mater deûm terra est, quid ultra quærimus, quid cætera perscrutamur? Quid evidentius suffragatur eis qui dicunt, omnes istos deos homines fuisse? Sic enim sunt terrigenæ, sicut eis mater est terra. In vera autem theologia opus Dei est terra, non mater. Veruntamen quoquo modo sacra ejus interpretentur, et referant ad rerum naturam; viros muliebria pati, non est secundum naturam, sed contra naturam. Hic morbus, hoc crimen, hoc dedecus habet inter illa sacra professionem, quod in vitiosis hominum moribus vix habet inter tormenta confessionem. Deinde si ista sacra quæ scenicis turpitudinibus convincuntur esse fœdiora, hinc excusantur atque purgantur, quod habent interpretationes suas, quibus ostendantur rerum significare naturam; cur non etiam poetica similiter excusentur atque purgentur? (a) Multi enim et ipsa ad eumdem modum interpretati sunt : usque adeo ut quod ab eis immanissimum et infandissimum dicitur, Saturnum suos filios devorasse, ita nonnulli interpretentur, quod longinquitas temporis, quæ Saturni nomine significatur, quidquid gignit ipsa consumat : vel sicut idem opinatur Varro, quod pertineat Saturnus ad semina, quæ in terram, de qua oriuntur, iterum recidunt. Itemque alii alio modo, et similiter cætera.

2. Et tamen theologia fabulosa dicitur, et cum omnibus hujuscemodi interpretationibus suis reprehenditur, abjicitur, improbatur; nec solum a naturali, quæ philosophorum est, verum etiam ab ista civili, de qua agimus, quæ ad urbes populosque pertinere asseritur, eo quod de diis indigna confinxerit, merito repudianda discernitur : eo nimirum consilio, ut quoniam acutissimi homines atque doctissimi, a quibus ista conscripta sunt, ambas improbandas intelligebant, et illam scilicet fabulosam et istam civilem, illam vero audebant improbare, hanc non audebant; illam culpandam proposuerunt, hanc ejus similem comparandam exposuerunt; non ut hæc præ illa tenenda eligeretur, sed ut cum illa respuenda intelligeretur; atque ita sine periculo

(a) Sic Mss. Editi vero, *Multa enim et ipsi.*

daigner l'une comme l'autre, et à se réfugier dans la théologie naturelle. En effet, théologie fabuleuse, théologie civile, sont toutes deux et civiles et fabuleuses; fabuleuses, pour celui qui considérera attentivement les vanités et les obscénités qui les souillent; civiles, pour celui qui remarquera que les jeux scéniques appartenant à la théologie fabuleuse entrent dans les fêtes des dieux civils, et dans les rites sacrés de la cité. Comment donc attribuer le pouvoir de donner la vie éternelle à ces dieux, dont les images et le culte montrent la complète ressemblance avec les dieux fabuleux et très-ouvertement repoussés, ressemblance dans les traits, l'âge, le sexe, l'attitude, les mariages, les généalogies, les honneurs? Autant de circonstances, du reste, qui nous font comprendre, ou qu'ils ont été des hommes qui, par leur vie ou leur mort, ont obtenu les honneurs divins, à l'instigation perfide des démons, ou du moins que ces esprits impurs n'ont négligé aucune occasion de tromper les hommes.

CHAPITRE IX.

Des fonctions de chacun des dieux.

1. Quoi, ces fonctions des dieux, si minutieusement et si indignement partagées, de telle sorte que l'on prétend qu'il faut adresser à chaque divinité des prières spéciales selon ses attributions; ces fonctions, dont nous avons déjà parlé sans avoir tout dit, ne sentent-elles pas la bouffonnerie du théâtre plutôt que le respect de la divinité? Celui qui donnerait à son enfant deux nourrices, l'une pour la nourriture, l'autre pour le breuvage, comme ces deux offices ont été confiés aux deux déesses Educa et Potina, celui-là ne paraîtrait-il pas un insensé? ne semblerait-il pas dans sa maison imiter les folies du théâtre? On prétend que le nom du dieu Liber vient de la délivrance que l'homme éprouve après l'union; et Vénus est aussi appelé Libera, parce que, dit-on, elle procure à la femme le même avantage; et c'est pour cela que, dans leurs temples, on offre à Liber le sexe de l'homme, et à Libera celui de la femme. De plus, on donne encore à Liber des femmes et du vin pour exciter les sens. Ainsi célèbre-t-on les Bacchanales avec une fureur incroyable; Varron lui-même avoue que les Bacchantes ne peuvent se livrer à ces orgies sans être en délire. Toutefois, dans la suite, le sénat plus sage condamna ces désordres et les abolit. Peut-être alors du moins finit-on par remarquer combien agissent puissamment sur l'esprit de l'homme ces esprits impurs que l'on

corum qui civilem theologiam reprehendere metuebant, utraque contempta, ea quam naturalem vocant, apud meliores animos invenirent locum. Nam et civilis et fabulosa ambæ fabulosæ sunt ambæque civiles : ambas inveniet fabulosas, qui vanitates et obscœnitates ambarum prudenter inspexerit; ambas civiles qui scenicos ludos pertinentes ad fabulosam in deorum civilium festivitatibus et in urbium divinis rebus adverterit. Quomodo igitur vitæ æternæ dandæ potestas cuiquam deorum istorum tribuitur, quos sua simulacra et sacra convincunt, diis fabulosis apertissime reprobatis esse simillimos formis, ætatibus, sexu, habitu, conjugiis, generationibus, ritibus, in quibus omnibus aut homines fuisse intelliguntur, et pro uniuscujusque vita vel morte sacra eis et solemnia constituta, hunc errorem insinuantibus firmantibusque dæmonibus, aut certe ex qualibet occasione immundissimi spiritus fallendis humanis mentibus irrepsisse?

CAPUT IX.

De officiis singulorum deorum.

1. Quid ipsa numinum officia tam viliter minutatimque concisa, propter quod eis dicunt pro uniuscujusque proprio munere supplicari oportere, unde non quidem omnia, sed multa jam diximus, nonne scurrilitati mimicæ, (*a*) quam divinæ consonant dignitati? Si duas quisquam nutrices adhiberet infanti, quarum una nihil nisi escam, altera nihil nisi potum daret, sicut isti ad hoc duas adhibuerunt deas, Educam et Potinam; nempe desipere, et aliquid mimo simile in sua domo agere videretur. Liberum a liberamento appellatum volunt, quod mares in coeundo per ejus beneficium emissis seminibus liberentur : hoc idem in feminis agere Liberam, quam etiam Venerem putant, quod et (*b*) ipsas perhibeant semina emittere; et ob hoc Libero eamdem virilem corporis partem in templo poni, femineam Liberæ. Ad hæc addunt mulieres attributas Libero, et vinum propter libidinem concitandam. Sic Bacchanalia summa celebrantur insania. Ubi Varro ipse confitetur a Bacchantibus talia fieri non potuisse, nisi mente commota. Hæc tamen postea displicuerunt senatui saniori, et ea jussit auferri. (Livius, lib. XXXIX.) Saltem hic tandem forsitan senserunt quid immundi spiritus, dum pro diis habentur, in homi-

---

(*a*) Editi, *magis quam*. At Mss. carent particula *magis* quæ quidem aliis similibus locis omittitur sæpe ob Augustino. — (*b*) Sic Vind. Am. et Mss. At Er. Lov. *ipsam*.

LIVRE VI. — CHAPITRE IX.

divinisait. Assurément on ne permettrait rien de semblable sur le théâtre ; on y voit des jeux, mais ils n'offrent point le spectacle de ces fureurs, quoique ce soit une sorte de fureur de considérer comme dieux ceux qui prennent plaisir à de tels jeux.

2. Mais quelle est cette distinction faite par Varron entre l'homme superstitieux et l'homme religieux, le premier craignant les dieux, le second les honorant comme des pères et ne les redoutant pas comme des ennemis? Que prétend-il quand il dit que tous sont tellement bons, qu'ils aiment mieux épargner un coupable que de nuire à un innocent? Cependant, il donne à la femme accouchée trois dieux pour la protéger contre les vexations nocturnes de Sylvanus. Or, pour figurer ces trois dieux, trois hommes font la ronde autour de la maison, et frappent le seuil avec la hache, puis avec un pilon, et enfin la nettoient avec un balai, trois symboles d'agriculture, qui empêchent Sylvanus d'entrer. Car c'est avec la hache que l'on coupe et que l'on taille les arbres, avec le pilon que l'on fait la farine, et avec le balai que l'on ramasse le froment. De là trois divinités, qui ont la garde de l'accouchée pour la défendre contre le dieu Sylvanus : Intercidona, du coup de hache, Pilumnus, du pilon, et Deverra, du balai. Ainsi les dieux bons seraient impuissants contre ce dieu méchant, à moins d'être plusieurs contre un, et s'ils n'opposaient les signes de l'agriculture à ce dieu des forêts cruel, barbare et farouche! Est-ce donc là l'innocence des dieux? est-ce là leur concorde? sont-ce là ces divinités bienfaisantes des villes, divinités plus ridicules que les folies du théâtre?

3. Lorsque l'homme et la femme s'unissent par le mariage, on appelle le dieu Jugatinus, soit. Mais il faut conduire l'épouse à la maison de son mari : on fait venir Domiducus. Pour qu'elle y réside, on emploie Domitius. Pour qu'elle demeure avec son époux, on invoque la déesse Manturna. Que demande-t-on encore? Qu'on respecte du moins la pudeur ; qu'on laisse agir, dans le secret de la honte, la concupiscence de la chair et du sang! Pourquoi remplir la chambre nuptiale d'une foule de divinités, quand les paranymphes se retirent? Ce n'est point parce que le sentiment de leur présence inspire une plus grande réserve ; non, mais avec leur concours la femme, naturellement faible et redoutant ce moment inconnu encore, fera sans difficulté le sacrifice de sa virginité ; là donc se rencontrent et Virginiensis, et Subigus, et Prema, et Pertunda, et Vénus, et Priape. Quoi donc? si donc

num possint mentibus. Hæc certe non fierent in theatris. Ludunt quippe ibi, non furunt : quamvis deos habere, qui etiam ludis talibus delectentur, simile sit furoris.

2. Quale autem illud est, quod cum religiosum a superstitioso ea distinctione discernat, ut a superstitioso dicat timeri deos, a religioso autem tantum vereri ut parentes, non ut hostes timeri ; atque omnes ita bonos dicat, ut facilius sit eos nocentibus parcere, quam lædere quemquam innocentem ; tamen mulieri fetæ post partum tres deos custodes commemorat adhiberi, ne Silvanus deus per noctem ingrediatur et vexet; eorumque custodum significandorum causa tres homines noctu circumire limina domus, et primo limen securi ferire, postea pilo, tertio deverrere scopis, ut his datis culturæ signis, deus Silvanus prohibeatur intrare ; quod neque arbores cæduntur ac putantur sine ferro, neque far conficitur sine pilo, neque fruges coacervantur sine scopis ; ab his autem tribus rebus tres nuncupatos deos : Intercidonam a securis intercisione, Pilumnum a Pilo, Deverram a scopis, quibus diis custodibus contra vim dei Silvani feta conservaretur? Ita contra dei nocentis sævitiam non valeret custodia bonorum, nisi plures essent adversus unum, eique aspero, horrendo, inculto, utpote silvestri, signis culturæ tanquam contrariis repugnarent. Itane ista est innocentia deorum, ista concordia? Hæccine sunt numina salubria urbium, magis ridenda quam ludibria (a) theatrorum?

3. Cum mas et femina conjunguntur, adhibetur deus Jugatinus : sit hoc ferendum. Sed domum est ducenda quæ nubit : adhibetur et deus Domiducus. Ut in domo sit, adhibetur deus Domitius. Ut maneat cum viro, additur dea Manturna. Quid ultra quæritur? Parcatur humanæ verecundiæ : peragat cætera concupiscentia carnis et sanguinis procurato secreto pudoris. Quid impletur cubiculum turba numinum, quando et paranymphi inde discedunt? Et ad hoc impletur, non ut eorum præsentia cogitata major sit cura pudicitiæ, sed ut feminæ sexu infirmæ, novitate pavidæ, illis cooperantibus sine ulla difficultate virginitas auferatur : adest enim dea Virginiensis, et deus pater Subigus, et dea mater Prema, et dea (b) Pertunda, et Venus, et Priapus. Quid est hoc? Si omnino laborantem in illo opere virum ab diis ad-

---

(a) Sola editio Lov., *quam ludibria puelarum et theatrorum*. — (b) Sic Am. et Mss. At Vind. Er. et Lov. *Partunda* : et infra *Partundus*, loco *Pertunda*. Videsis Arnobium, lib. IV, adversus gentes.

TOM. XXIII. 42

l'homme avait absolument besoin du secours divin dans cette œuvre; un seul dieu ou une seule déessse n'était-ce pas assez ? Est-ce que c'eût été trop peu que Vénus seule, qui est alors invoquée, parce que ce n'est que par sa puissance qu'une femme peut cesser d'être vierge. S'il reste encore aux hommes quelque chose de cette pudeur, qu'on ne trouve point chez ces dieux, le souvenir de la présence de tant de divinités, participant à cet acte, ne doit-il pas leur inspirer un certain respect, de sorte que l'un soit moins violent dans ses désirs, et l'autre plus ferme dans sa résistance? Et, en effet, si la déesse Virginiensis est là pour délier la ceinture, le dieu Subigus pour soumettre, Préma pour réduire, que vient faire une Pertunda ? Qu'elle rougisse, qu'elle se retire, et laisse au mari le soin d'agir lui-même. Son nom ne fait qu'exprimer une action, qu'il serait infâme de laisser à un autre qu'à l'époux. Mais peut-être est-elle tolérée, parce que c'est une déesse et non un dieu; car si c'était une divinité mâle, du nom de Pertundus, le mari serait plus empressé à demander du secours contre elle, par respect pour son épouse, que ne le fait l'accouchée contre Sylvanus! Mais quoi! n'y a-t-il pas là encore un dieu qui n'est que trop mâle ? C'est Priape, sur l'ignoble genou duquel doit s'asseoir la nouvelle épouse, selon ce que la loi de l'honnêteté et la religion imposent aux nobles dames (1).

4. Que l'on cherche donc maintenant, où l'on pourra, le moyen de distinguer subtilement la théologie civile de la théologie fabuleuse, la ville du théâtre, le temple de la scène, les fonctions des prêtres, des vers des poètes, comme on distinguerait la décence de l'ignominie, la vérité du mensonge, le grave du léger, le sérieux du bouffon, ce qu'il faut désirer de ce qu'il faut repousser. Nous comprenons l'intention. On sait que la théologie du théâtre, ou fabuleuse, dépend de celle de la ville, qui s'y peint comme dans un miroir; et ainsi, en expliquant cette dernière, que l'on n'ose condamner, on réprouve et on flétrit avec plus de liberté la première, qui en est l'image ; et par là ceux qui connaissent le dessein des sages sont amenés à détester l'original aussi bien que la copie, copie où les dieux aiment à se reconnaître; de sorte que, pour bien savoir ce qu'ils sont, il faut les voir dans l'une et l'autre de ces théologies. C'est aussi pour ce motif qu'ils ont obligé leurs adorateurs, par de terribles menaces, à leur consacrer les turpitudes de la théologie fabuleuse, à en faire l'objet des solennités, les mettant au rang des choses divines. En même temps, ils se révélèrent plus évidemment comme des esprits impurs; et

(1) Cet intraduisible passage et tant d'autres nous donnent une idée des mœurs païennes, et des conséquences de l'idolâtrie. Oh! comme le dit saint Augustin, qu'il soit béni à tout jamais, le Médiateur divin qui, arrachant tant d'âmes à ce cloaque, en a formé des citoyens de la Cité céleste!

juvari oportebat, non sufficeret aliquis unus, aut aliqua una? Numquid Venus sola parum esset, quæ ob hoc etiam dicitur nuncupata, quod sine ejus vi femina virgo esse non desinat? Si ulla est frons in hominibus, quæ non est in numinibus, nonne cum credunt conjugati tot deos utriusque sexus esse præsentes, et huic operi instantes; ita pudore afficiuntur, ut et ille minus moveatur, et illa plus reluctetur? Et certe si adest Virginiensis dea, ut virgini zona solvatur; si adest deus Subigus, ut viro subigatur; si adest dea Prema, ut subacta, ne se commoveat, comprimatur; dea Pertunda ibi quid facit? Erubescat, eat foras : agat aliquid et maritus. Valde inhonestum est, ut quod vocatur illa, impleat quisquam nisi ille. Sed forte ideo toleratur, quia dea dicitur esse, non deus. Nam si masculus crederetur, et Pertundus vocaretur, (a) magis contra eum pro uxoris pudicitia posceret maritus auxilium, quam feta contra Silvanum. Sed quid hoc dicam, cum ibi sit et Priapus (b) nimius masculus, super (ARNOB., lib. IV et LACTANT., lib. I, c. xx) cujus immanissimum et turpissimum fascinum sedere nova nupta jubeatur, more honestissimo et religiosissimo matronarum ?

4. Eant adhuc, et civilem theologiam a theologia fabulosa, urbes a theatris, templa a scenis, sacra pontificum a carminibus poetarum, velut res honestas a turpibus, veraces a fallacibus, graves a levibus, serias a ludicris, appetendas a respuendis qua possunt quasi conentur subtilitate discernere. Intelligimus quid agant : illam theatricam et fabulosam theologiam ab ista civili pendere noverunt, et ei de carminibus poetarum tanquam de speculo resultare ; et ideo ista exposita, quam damnare non audent, illam ejus imaginem liberius arguunt et reprehendunt ut qui agnoscunt quid velint, et hanc ipsam faciem cujus illa imago est, detestentur; quam tamen dii ipsi tanquam in eodem speculo se intuentes ita diligunt, ut qui qualesque sint in utraque melius videantur. Unde etiam cultores suos terribilibus imperiis compulerunt, ut immunditiam theologiæ fabulosæ sibi

(a) Lov. et aliquot Mss. majus. — (b) In sola editione Lov. nimis.

cette théologie de théâtre, repoussée et condamnée, ils en firent une partie essentielle de la théologie civile, admise et approuvée. De la sorte, la théologie tout entière, fausse, infâme, remplie de divinités mensongères, se partagea entre les enseignements des prêtres et les vers des poètes. Qu'elle ait encore d'autres parties, ce n'est pas la question qui nous occupe; pour le moment, en partant de la division de Varron, je crois avoir suffisamment démontré que la théologie du théâtre et la théologie civile ne sont qu'une seule et même théologie. Toutes deux également honteuses, absurdes, indignes, fausses, peuvent-elles, l'une ou l'autre, donner la vie éternelle? Un homme religieux ne saurait le croire.

5. Enfin, Varron lui-même nomme et énumère les dieux, dans une série qui commence, par Janus, à la conception de l'enfant, et qui se termine à la mort du vieillard décrépit. La dernière de ces divinités qui président aux destinées de l'homme, c'est la déesse Nænia, qui chante aux funérailles de ceux qui sont arrivés à l'extrême vieillesse. Ensuite, il montre les dieux qui ne s'occupent pas de l'homme lui-même, mais de ce qui le concerne, comme la nourriture, le vêtement et tout ce qui est nécessaire à la vie. Il assigne à chacun sa fonction; il dit quelles prières on doit adresser, soit à l'un, soit à l'autre. Et, dans tout ce détail, il n'en désigne aucun, il n'en nomme aucun à qui l'on doive demander la vie éternelle, qui, pour nous chrétiens, est notre but et notre espérance. Qui donc sera assez peu intelligent pour ne pas comprendre la pensée de Varron? S'il expose avec tant de soin, s'il explique ainsi la théologie civile, s'il en fait voir la ressemblance avec la théologie fabuleuse, indigne et flétrie, s'il enseigne assez clairement que celle-ci n'est qu'une dépendance de la première, n'est-ce point pour disposer les esprits à se réfugier dans la théologie naturelle, qu'il dit être celle des philosophes? Ne voit-on pas avec quelle habileté il réprouve la théologie fabuleuse, n'osant le faire pour la théologie civile, tout en en laissant voir les défauts; de sorte que toutes deux réprouvées par la saine raison, ne laissent plus de place que pour la théologie naturelle? Mais, avec l'aide de Dieu, nous examinerons avec soin cette dernière, quand son tour sera venu.

CHAPITRE X.

De la liberté de Sénèque qui s'élève avec plus de force contre la théologie civile, que Varron contre la fabuleuse.

1. Varron n'eut point la hardiesse de blâmer

---

dicerent, in suis solemnitatibus ponerent, in rebus divinis haberent; atque ita et se ipsos immundissimos spiritus manifestius esse docuerunt, et hujus urbanæ theologiæ velut lectæ et probatæ illam theatricam, abjectam atque reprobatam, membrum partemque fecerunt; ut cum sit universa turpis et fallax, atque in se contineat commentitios deos, una pars ejus sit in litteris sacerdotum, altera in carminibus poetarum. Utrum habeat et alias partes, alia quæstio est : nunc propter divisionem Varronis, et urbanam et theatricam theologiam ad unam civilem pertinere, satis, ut opinor, ostendi. Unde, quia sunt ambæ similis turpitudinis, absurditatis, indignitatis, falsitatis, absit a (a) viris religiosis, ut sive ab illa vita speretur æterna.

5. Denique et ipse Varro commemorare et enumerare deos cœpit a conceptione hominis, quorum numerum exorsus est a Jano; eamque seriem perduxit usque ad decrepiti hominis mortem, et deos ad ipsum hominem pertinentes clausit ad Næniam deam, quæ in funeribus senum cantatur : deinde cœpit deos alios ostendere, qui pertinerent, non ad ipsum hominem, sed ad ea quæ sunt hominis, sicuti est victus, vestitus, et quæcumque alia quæ huic vitæ sunt necessaria; ostendens in omnibus quod sit cujusque munus, et propter quid cuique debeat supplicari : in qua universa diligentia nullos demonstravit vel nominavit deos, a quibus vita æterna poscenda sit, propter quam unam proprie nos Christiani sumus. Quis ergo usque adeo tardus sit, ut non intelligat istum hominem civilem theologiam tam diligenter exponendo et aperiendo, eamque illi fabulosæ, indignæ atque probrosæ similem demonstrando, atque ipsam fabulosam partem esse hujus satis evidenter docendo, non nisi illi naturali, quam dicit ad philosophos pertinere, in animis hominum moliri locum, ea subtilitate, ut fabulosam reprehendat, civilem vero reprehendere quidem non audeat, sed prodendo reprehensibilem ostendat, atque ita utraque judicio recte intelligentium reprobata, sola naturalis remaneat eligenda? De qua suo loco in adjutorio Dei veri, diligentius disserendum est.

CAPUT X.

De libertate Senecæ, qui vehementius civilem theologiam reprehendit, quam Varro fabulosam.

1. Libertas sane quæ huic defuit, ne istam urbanam

(a) Plures Mss. *a veris religiosis.*

la théologie civile, comme la théologie du théâtre, à laquelle elle est si ressemblante ; mais Annæus Sénèque, écrivain célèbre, que certains signes font croire contemporain des apôtres, prit plus de liberté, s'il ne s'affranchit pas complétement. Il usa, en effet, de cette liberté dans ses écrits, mais non dans sa conduite ; car, dans le livre (1) qu'il composa contre les superstitions, il s'étend bien plus longuement, et s'élève bien plus fortement contre la théologie civile, que Varron ne le fait contre la théologie fabuleuse du théâtre. Parlant des statues : « Ces dieux vénérables, immortels et inviolables, que l'on consacre, sont faits, dit-il, d'une matière très-vile et sans vie. On leur donne la forme d'hommes, d'animaux farouches, de poissons ; on leur prête des corps où les sexes sont confondus. On appelle dieux ces objets, qui seraient des monstres si tout à coup on les voyait apparaître animés d'un esprit vivant. » Un peu plus loin, après avoir résumé les pensées de quelques philosophes, et faisant l'éloge de la théologie naturelle, il pose cette question : « Croirai-je, dira-t-on ici, croirai-je que le ciel et la terre sont des dieux, et qu'il y a encore d'autres divinités au-dessus de la lune, et d'autres au-dessous ? Souffrirai-je que Platon me parle d'un dieu sans corps, ou le péripatéticien Straton d'un dieu sans âme ? » Voici sa réponse : « Eh quoi ! dit-il, croyez-vous de préférence les rêveries de T. Tatius, de Romulus ou de Tullus Hostilius ? Tatius invente la déesse Cloacina, Romulus trouve Picus et Tibérinus, Hostilius divinise la Peur et la Pâleur, deux terribles affections humaines, l'une étant l'agitation d'un esprit effrayé, l'autre étant sur le corps une couleur, et non une maladie. Aimez-vous mieux admettre de telles divinités, et les placer dans le ciel ? » Mais avec quelle liberté ne parle-t-il pas des cérémonies aussi infâmes que cruelles ! « Celui-ci, dit-il, se prive de sa virilité, cet autre se déchire les bras. En quoi donc redoutent le courroux des dieux, ceux qui pensent les apaiser par de telles pratiques ? Si les dieux veulent être honorés de la sorte, ils ne méritent aucun culte. Une telle fureur s'est emparée des esprits troublés et égarés, que l'on croit calmer les dieux par des cruautés que ne commirent jamais les hommes les plus farouches, dont la fable a conservé la mémoire. On vit des tyrans mutiler quelques hommes, mais aucun n'ordonna à un homme de se mutiler lui-même. On fit des eunuques pour satisfaire les passions royales, mais jamais personne ne se fit lui-même eunuque sur l'ordre de son maître. Pour eux, ils se déchirent à l'envi dans les temples ; ils offrent leurs blessures et leur sang comme des prières.

---

(1) Ce livre est cité par Tertullien, dans son *Apologétique*, ch. XII, mais il n'existe plus.

---

theologiam theatricæ simillimam, aperte sicut illam reprehendere auderet, Annæo Senecæ, quem nonnullis indiciis invenimus Apostolorum nostrorum claruisse temporibus, non quidem ex toto, verum ex aliqua parte non defuit. Adfuit enim scribenti, viventi defuit. Nam in eo libro quem contra superstitiones condidit, multo copiosius atque vehementius reprehendit ipse civilem istam et urbanam theologiam, quam Varro theatricam atque fabulosam. Cum enim de simulacris ageret : « Sacros, inquit, immortales, (a) inviolabiles in materia vilissima atque immobili dedicant, habitus illis hominum ferarumque et piscium, quidam vero mixto sexu diversis corporibus induunt : numina vocant, quæ si spiritu accepto subito occurrerent, monstra haberentur. » Deinde aliquanto post, cum theologiam naturalem prædicans, quorumdam philosophorum sententias digessisset, opposuit sibi quæstionem, et ait : « Hoc loco dicit aliquis : Credam ego cœlum et terram deos esse, et supra lunam alios, infra alios ? Ego feram aut Platonem, aut Peripateticum Stratonem, quorum alter fecit deum sine corpore, alter sine animo ? » Et ad hoc respondens : « Quid ergo tandem, inquit, veriora tibi videntur T. Tatii, aut Romuli, aut Tulli Hostilii somnia ? Cloacinam Tatius dedicavit deam, Picum Tiberinumque Romulus, Hostilius Pavorem atque Pallorem teterrimos hominum affectus, quorum alter mentis territæ motus est, alter corporis, nec morbus quidem, sed color. Hæc numina potius credes, et cœlo recipies ? » De ipsis vero ritibus crudeliter turpibus quam libere scripsit ? « Ille, inquit, viriles sibi partes amputat, ille lacertos secat. Ubi iratos deos timent, qui sic propitios merentur ? Dii autem nullo debent coli genere, si et hoc volunt. Tantus est perturbatæ mentis et sedibus suis pulsæ furor, ut sic dii placentur, quemadmodum ne homines quidem sæviunt teterrimi et in fabulas (b) traditæ crudelitatis. Tyranni laceraverunt aliquorum membra, neminem sua lacerare jusserunt. In regiæ libidinis voluptatem castrati sunt quidam : sed nemo sibi, ne vir esset, jubente domino, manus intulit. Se ipsi in templis contrucidant, vulneribus suis ac san-

---

(a) Sic Mss. Editi vero, *inviolabilesque deos in materia*. — (b) Editi, *traditi*. Sed melius Mss. *tradita*.

Si nous voulons considérer ce qu'ils font, ce qu'ils souffrent, nous verrons, à côté de l'humilité, de la liberté, de la raison, des choses si opposées, qu'il serait impossible de douter du délire de ceux qui se livrent à ces désordres, si ce délire était moins commun : mais la multitude des insensés est la seule garantie de la raison. »

2. Sénèque rappelle ensuite ce qui se pratique au Capitole. Il en fait justice avec une grande liberté. Mais qui pourrait croire que ce ne sont pas là des actes de fureur et de bouffonnerie? En effet, parlant des cérémonies égyptiennes, dans lesquelles on pleure en cherchant Osiris perdu, et où l'on se réjouit en le retrouvant, il en relève le ridicule, puisque ce n'est là qu'une fiction, où ceux qui pleurent n'ont rien perdu, et ceux qui se réjouissent n'ont rien trouvé, quoiqu'ils paraissent réellement affectés de tristesse et de joie; ensuite il ajoute : « Toutefois, cette folie a son temps; on peut tolérer cela une fois l'an. Mais allez au Capitole, vous rougirez des extravagances qui s'y produisent, et que la démence publique accomplit comme un devoir. L'un présente au dieu les divinités qui le révèrent, l'autre indique l'heure à Jupiter. Celui-ci est licteur, celui-là est parfumeur, et, par de vains mouvements, il feint d'accomplir son office. Il y a les coiffeuses de Junon et de Minerve qui, se tenant loin de la statue et même du temple, agitent leurs doigts comme si elles arrangeaient les cheveux des déesses ; d'autres tiennent le miroir ; d'autres prient les dieux d'assister à leurs procès; quelques-uns leur présentent des requêtes et les instruisent de leurs affaires. Un habile archimime, vieillard usé, exerçait chaque jour sa profession au Capitole, comme si les dieux eussent regardé avec plaisir celui que les hommes ne voulaient plus voir. Il y a donc là des artisans de toute sorte travaillant pour les dieux immortels. » Un peu plus loin, Sénèque ajoute encore : « Toutefois, si ces hommes rendent à la divinité un culte vain, il n'est du moins ni honteux, ni infâme. Mais des femmes sont assises au Capitole, se croyant aimées de Jupiter, sans craindre Junon dont, selon les poètes, la jalousie est si implacable. »

3. Varron ne fut pas si hardi ; il réprouva bien la théologie poétique, mais il n'osa condamner la théologie civile que Sénèque attaque. Mais, à vrai dire, les temples où se pratiquent de telles choses sont plus abominables que le théâtre sur lequel on les représente. C'est pourquoi, par rapport aux observances de la théologie civile, Sénèque veut que le sage ne s'y attache point par une religion sincère, mais qu'il se contente de s'y conformer en apparence dans ses actes extérieurs. « Le sage, dit-il, obéira aux lois qui imposent ces obligations, mais sans

---

guine supplicant. Si cui intueri vacet, quæ faciunt, quæque patiuntur, invenies tam indecora honestis, tam indigna liberis, tam dissimilia sanis, ut nemo fuerit dubitaturus furere eos, si cum paucioribus furerent : nunc sanitatis patrocinium insanientium turba est. »

2. Jam illa quæ in ipso Capitolio fieri solere commemorat, et intrepide omnino coarguit, quis credat nisi ab irridentibus aut furentibus fieri? Nam cum in sacris Ægyptiis Osirim lugeri perditum, mox autem inventum magno esse gaudio derisisset, cum perditio ejus inventioque fingatur, dolor tamen ille tque lætitia ab eis qui nihil perdiderunt nihilque invenerunt, veraciter exprimatur. « Hic tamen, inquit, furori certum tempus est. Tolerabile est, semel in anno insanire. In Capitolium perveni, pudebit publicatæ dementiæ, quod sibi vanus furor attribuit officii. Alius numina deo subjicit, alius horas Jovi nuntiat; alius lictor est, alius unctor qui vano motu brachiorum imitatur unguentem. Sunt quæ Junoni ac Minervæ capillos disponant, longe a templo, non tantum a simulacro stantes, digitos movent ornan- tium modo. Sunt quæ speculum teneant : sunt quæ ad vadimonia sua deos advocent : sunt qui libellos offerant, et illos causam suam doceant. Doctus archimimus senex jam decrepitus, quotidie in Capitolio mimum agebat, quasi dii libenter (*a*) spectarent, quem homines desierant. Omne illic artificum genus operantium diis immortalibus desidet. Et paulo post : Hi tamen, inquit, etiamsi supervacuum usum, non turpem nec infamem deo promittunt. Sedent quædam in Capitolio, quæ se a Jove amari putant : nec Junonis quidem, si credere poetis velis, iracundissimæ respectu terrentur. »

3. Hanc libertatem Varro non habuit : tantummodo poeticam theologiam reprehendere ausus est; civilem non ausus est, quam iste concidit. Sed si verum attendamus, deteriora sunt templa ubi hæc aguntur, quam theatra ubi finguntur. Unde in his sacris civilis theologiæ has partes potius elegit Seneca sapienti, ut eas in animi religione non habeat, sed in actibus fingat. Ait enim : « Quæ omnia sapiens servabit tanquam legibus jussa, non tanquam diis

---

(*a*) Vind. Am. et Mss. *expectarent*.

croire qu'elles soient agréables aux dieux. » Et plus loin il ajoute : « Que sont ces mariages des dieux, mariages impies entre frères et sœurs? Ainsi, nous donnons Bellone à Mars, Vénus à Vulcain, Salacia à Neptune. Nous en laissons quelques-uns dans le célibat, comme s'ils n'avaient pas trouvé à se placer; cependant il y a quelques déesses veuves, comme Populonia, Fulgora et Rumina, mais je ne suis point étonné que leur main n'ait nullement été enviée. Toute cette vile multitude de dieux, amassés par une longue superstition, ne devra donc recevoir notre culte que comme un tribut payé à la coutume, et non à la réalité. » Il est donc vrai que ni les lois, ni la coutume de la théologie civile, n'ont rien établi qui fût agréable aux dieux, ou qui eût une réalité pour objet. Toutefois, cet homme, en quelque sorte affranchi par la philosophie, restait, comme illustre sénateur romain, l'esclave d'un culte qu'il condamnait. Il faisait ce qu'il réprouvait, et adorait l'objet de ses mépris. Il avait puisé dans la philosophie une lumière qui le préservait de la superstition ; mais la coutume et les mœurs de la cité l'entraînaient à observer dans le temple ce qu'il n'aurait pas voulu jouer sur le théâtre ; et en cela il était d'autant plus coupable que le peuple le croyait sincère, lorsqu'il n'agissait que par feinte, tandis que l'histrion sur la scène se propose de récréer, et non de tromper.

CHAPITRE XI.

Ce que Sénèque pensait des Juifs.

Parmi les pratiques répréhensibles et superstiticuses de la théologie civile, Sénèque range aussi les mystères des Juifs, et en particulier leur sabbat. Selon lui, ce septième jour, qui revient régulièrement, leur fait perdre, dans une inutile oisiveté, à peu près la septième partie de leur vie, et beaucoup d'affaires souffrent ainsi de n'être pas faites au temps convenable. Toutefois, il n'ose faire aucune mention des chrétiens, que dès lors les Juifs considéraient comme des ennemis déclarés; il ne veut pas les louer, contrairement à l'ancien usage de sa patrie, ni peut-être les blâmer contre sa propre volonté. Mais c'est en parlant des Juifs qu'il dit : « Cependant la coutume de cette nation perverse a tellement prévalu, qu'elle domine par toute la terre : les vaincus imposent la loi aux vainqueurs. » Il s'étonne à ce sujet, parce qu'il ignore le secret des conseils divins, et il exprime ainsi son opinion relativement aux mystères juifs : « Pour eux, dit-il, ils connaissent les raisons de leurs rites sacrés, mais la majeure partie du peuple ne sait pas pourquoi

grata. » Et paulo post : « Quid quod et matrimonia, inquit, deorum jungimus, et ne pie quidem fratrum ac sororum? Bellonam Marti collocamus, Vulcano Venerem, Neptuno Salaciam. Quosdam tamen cœlibes relinquimus, quasi conditio defecerit; præsertim cum quædam viduæ sint, ut Populonia, vel Fulgora, et (a) diva Rumina: quibus non miror petitorem defuisse. Omnem istam ignobilem deorum turbam, quam longo ævo longa superstitio congessit, sic, inquit, adorabimus, ut meminerimus cultum ejus magis ad morem, quam ad rem pertinere. » Nec leges ergo illæ, nec mos in civili theologia id instituerunt, quod diis gratum esset, vel ad rem pertineret. Sed iste quem (b) philosophia quasi liberum fecerat, tamen quia illustris populi Romani senator erat, colebat quod reprehendebat, agebat quod arguebat, quod culpabat adorabat : quia videlicet magnum aliquid eum philosopia docuerat, ne superstitiosus esset in mundo, sed propter leges civium moresque hominum, non quidem ageret fingentem scenicum in theatro, sed imitaretur in templo : eo damnabilius, quod illa quæ mendaciter agebat, sic ageret, ut eum populus veraciter agere existimaret; scenicus autem ludendo potius delectaret, quam fallendo deciperet.

CAPUT XI.

Quid de Judæis Seneca senserit.

Hic inter alias civilis theologiæ superstitiones reprehendit etiam sacramenta Judæorum, et maxime sabbata ; inutiliter eos facere affirmans, quod per illos singulos septem interpositos dies, septimam fere partem ætatis suæ perdant vacando, et multa in tempore urgentia non agendo lædantur. Christianos tamen jam tunc Judæis inimicissimos, in neutram partem commemorare ausus est, ne vel laudaret contra suæ patriæ veterem consuetudinem, vel reprehenderet contra propriam forsitan voluntatem. De illis sane Judæis cum loqueretur, ait : « Cum interim usque eo sceleratissimæ gentis consuetudo convaluit, ut per omnes jam terras recepta sit : victi victoribus leges dederunt. » Mirabatur hæc dicens, et quid divinitus ageretur ignorans, subjecit plane sententiam, qua significaret quid de illorum sacramentorum ratione sentiret. Ait enim : « Illi tamen causas ritus sui noverunt ; major pars populi facit, quod cur

---

(a) Probæ notæ Mss. *Divarona*. — (b) Sic aliquot Mss. At editi, *philosophi quasi liberum fecerunt*.

elle les observe. » Or, pourquoi et comment ces mystères ont-ils été divinement institués, comment ensuite la même autorité divine en a-t-elle affranchi, en temps convenable, le peuple de Dieu, à qui fut révélé le mystère de la vie éternelle? C'est une question que nous avons examinée déjà, surtout dans notre traité contre les manichéens, et c'est ce que nous verrons encore dans cet ouvrage quand le moment sera venu.

CHAPITRE XII.

Conclusion. On ne saurait donc douter qu'ils ne soient incapables de nous donner la vie éternelle, ces dieux qui ne sauraient aider même dans les choses temporelles.

Telles sont donc ces trois théologies, mystique, physique et politique, ou, comme disent les Latins, fabuleuse, naturelle et civile. Or, ce n'est point de la théologie fabuleuse que l'on doit attendre la vie éternelle, puisqu'elle est clairement condamnée par les adorateurs mêmes de cette multitude de faux dieux ; ce n'est pas davantage de la théologie civile, dont la fabuleuse est une dépendance, puisque cette théologie civile est en tout semblable à la première, ou même est encore plus détestable. Si les raisons que nous avons données dans ce livre ne paraissent pas suffire, on pourra se rappeler ce que nous avons dit dans les livres précédents, et surtout dans le quatrième, où nous avons parlé de Dieu comme dispensateur de la félicité éternelle. Car, si la félicité était une déesse, qui donc, sinon elle seule, devraient invoquer les hommes pour obtenir la vie éternelle? Mais ce n'est point une déesse, c'est un don de Dieu. Dès lors, à qui devons-nous être consacrés, sinon à ce Dieu qui donne la félicité, nous qui aimons d'un amour pur la vie éternelle, où réside la vraie et pleine félicité? Après ce que nous avons dit, je ne pense pas que quelqu'un puisse encore s'imaginer que la félicité vienne d'aucun de ces dieux, que l'on honore par tant d'infamies, qui s'irritent encore plus indignement quand on leur refuse ces ignobles honneurs; esprits immondes qui se trahissent par ces turpitudes. Or, comment pourrait donner la vie éternelle celui qui ne saurait donner la félicité? Car la vie éternelle consiste dans une félicité sans fin. En effet, si une âme partage, avec les esprits immondes, les peines qui feront éternellement leur supplice, c'est pour elle plutôt la mort éternelle que la vie. Il n'y a pas de mort plus vraie et plus affreuse que la mort qui ne meurt pas. Mais l'âme, créée immortelle, ne pouvant être sans une vie quelconque, sa mort suprême c'est la privation de la vie divine dans un supplice éternel. Celui-là donc seul procure la vraie félicité, qui donne la vie éternelle, ou celle dont la félicité n'aura point de

---

faciat ignorat. » Sed de sacramentis Judæorum, vel cur, vel quatenus instituta sint auctoritate divina, ac postmodum a populo Dei, cui vitæ æternæ mysterium revelatum est, tempore quo oportuit eadem auctoritate sublata sint, et alias diximus, maxime cum adversus Manichæos ageremus, et in hoc Opere loco opportuniore dicendum est.

CAPUT XII.

Quod gentilium deorum vanitate detecta, nequeat dubitari æternam eos vitam nemini posse præstare, qui nec ipsam adjuvent temporalem.

Nunc propter tres theologias, quas Græci dicunt mythicen, physicen, politicen, Latine autem dici possunt, fabulosa, naturalis, civilis; quod neque de fabulosa, quam et ipsi multorum falsorumque deorum cultores liberrime reprehenderunt, neque de civili, cujus illa pars esse convincitur, ejusque et ista simillima vel etiam deterior invenitur, speranda est æterna vita; si cui satis non sunt quæ in hoc volumine dicta sunt, adjungat etiam illa quæ in superioribus libris, et maxime quarto de felicitatis datore Deo plurima disputata sunt. Nam cui nisi uni felicitati propter æternam vitam consecrandi homines essent, si dea felicitas esset? Quia vero non dea, sed munus est Dei; cui Deo nisi datori felicitatis consecrandi sumus, qui æternam vitam, ubi vera est et plena felicitas, pia caritate diligimus? Non autem datorem esse felicitatis quemquam istorum deorum, qui tanta turpitudine coluntur, et nisi ita colantur, multo turpius irascuntur, atque ob hoc se spiritus immundissimos confitentur, puto ex his quæ dicta sunt, neminem dubitare oportere. Porro qui non dat felicitatem, vitam quomodo possit dare æternam? Eam quippe vitam æternam dicimus, ubi est sine fine felicitas. Nam si anima in pœnis vivit æternis, quibus et ipsi spiritus cruciabuntur immundi, mors est illa potius æterna, quam vita. Nulla quippe major et pejor est mors, ubi non moritur mors. Sed quod animæ natura, per id quod immortalis creata est, sine qualicumque vita esse non potest, summa mors ejus est alienatio a vita Dei in æternitate supplicii. Vitam igitur æternam, id est, sine ullo fine felicem, solus ille dat, qui dat veram felicitatem. Quam quoniam illi, quos colit

terme. On a vu que ces dieux de la théologie civile ne peuvent donner ce bonheur. Il suit donc que, non-seulement on ne doit point les adorer pour en obtenir des faveurs temporelles et terrestres nous avons, dans les cinq livres précédents, fait voir leur impuissance à cet égard ; à plus forte raison, ne doivent-ils pas être honorés pour en obtenir cette vie éternelle qui doit suivre la mort. C'est ce que nous avons montré dans ce livre, nous appuyant sur les paroles mêmes de leurs adorateurs. Mais une coutume invétérée, ayant toujours de profondes racines, si quelqu'un trouve que je n'ai pas suffisamment démontré qu'il fallait fuir et repousser le culte de ces dieux de la théologie civile, qu'il daigne lire attentivement le livre qui, avec l'aide de Dieu, suivra immédiatement celui-ci.

LIVRE SEPTIÈME

De quelques dieux choisis dans la théologie civile : Janus, Jupiter, Saturne et autres; que leur culte ne saurait conduire à la félicité éternelle.

PRÉFACE.

En me montrant tellement acharné dans mes efforts pour ruiner et détruire entièrement ces vieilles et coupables opinions, ennemies de la vraie piété, mais gravées si profondément et si fortement dans les esprits, par la longue erreur du genre humain ; en coopérant, suivant mes faibles ressources, et avec le secours divin, à la grâce de Celui qui seul peut mener cette œuvre à bonne fin, je compte sur la patience et la bienveillance de ceux qui sont plus prompts à concevoir, et plus capables de comprendre. Pour eux, les livres précédents suffisent, et au delà, à les détacher de ces erreurs. Mais ils voudront bien, dans l'intérêt d'autrui, ne pas regarder comme superflu ce qu'ils sentent ne leur être plus nécessaire. En effet, c'est un sujet bien important que nous allons traiter. Nous proclamons que, tout en nous procurant les secours nécessaires à cette fragile existence que nous accomplissons actuellement, la divinité vraie et véritablement sainte ne doit cependant être ni sollicitée, ni honorée pour cette vie mortelle, qui n'est qu'une vapeur fugitive, mais qu'elle doit l'être pour la vie bienheureuse, qui n'est autre que la vie éternelle.

theologia ista civilis, dare non posse convicti sunt; non solum propter ista temporalia atque terrena, quod superioribus quinque libris ostendimus, sed multo magis propter vitam æternam, quæ post mortem futura est, quod isto uno etiam illis cooperantibus egimus, colendi non sunt. Sed quoniam veternosæ consuetudinis vis nimis in alto radices habet, si cui de ista civili theologia respuenda atque vitanda parum videor disputasse, in aliud volumen, quod huic, opitulante Deo, conjungendum est, animum intendat.

LIBER SEPTIMUS

De diis selectis civilis theologiæ, Jano, Jove, Saturno, et cæteris, quod nec eorum cultu perveniatur ad æternæ vitæ felicitatem.

(a) Vind. et Er. *non tantum.*

PRÆFATIO.

Diligentius me pravas et veteres opiniones veritati pietatis inimicas, quas tenebrosis animis altius et tenacius diuturnus humani generis error infixit, evellere atque exstirpare conantem ; et illius gratiæ, qui hoc ut verus Deus potest, pro meo modulo in ejus adjutorio cooperantem, ingenia celeriora atque meliora, quibus ad hanc rem superiores libri satis superque sufficiunt, patienter et æquanimiter ferre debebunt; et propter alios non putare superfluum, quod jam sibi sentiunt non necessarium. Multum magna res agitur, cum vera et vere sancta divinitas, quamvis ab ea nobis etiam huic quam nunc gerimus, fragilitati necessaria subsidia præbeantur, non (a) tamen propter mortalis vitæ transitorium vaporem, sed propter vitam beatam, quæ non nisi æterna est, quærenda et colenda prædicatur.

CHAPITRE PREMIER.

La véritable divinité ne se trouvant point dans la théologie civile, doit-on croire qu'on pourra la trouver dans les dieux choisis?

Quant à cette divinité, ou, si l'on veut, cette déité (car nous n'avons pas de répugnance à nous servir de ce terme pour traduire plus fidèlement l'expression grecque Θεότης), elle n'est pas dans la théologie appelée civile, dont Marcus Varron a fait l'exposé dans ses seize livres. Cela veut dire que l'on ne parviendra pas au bonheur de la vie éternelle par le culte de pareils dieux, tels que les cités les ont établis, et avec les honneurs qu'elles leur décernent. Celui que mon sixième livre, récemment terminé, n'a point encore persuadé, n'aura peut-être plus rien à désirer pour voir cette question en lumière, s'il vient à lire celui-ci. Car il peut arriver que quelqu'un pense au moins aux dieux principaux et choisis, que Varron a cités dans son dernier livre, et dont nous avons peu parlé, et qu'il les regarde comme devant être honorés en vue de la vie bienheureuse, qui ne peut exister sans être éternelle. A ce sujet, je ne prétends pas dire ce que Tertullien alléguait sans doute avec plus d'esprit que de justesse : « Si l'on choisit les dieux comme on démêle des oignons, tout ce qui n'est pas choisi est condamné. » (*Apol.*, ch. XIII.) Non, je ne dis pas cela. Car je vois que, même entre ceux qui sont choisis, on en prend quelques-uns pour remplir quelques fonctions plus importantes et plus distinguées. C'est ainsi que dans les armées, après qu'on a fait choix de jeunes soldats, on choisit de nouveau parmi eux pour l'exécution de quelque manœuvre plus difficile. Et lorsque dans l'Eglise quelques-uns sont élus pour gouverner, ce n'est pas à dire pour cela que les autres sont rejetés; non, puisque tous les fidèles qui se conservent bons sont appelés, à juste titre, les élus. Dans un édifice, ne choisit-on pas les pierres angulaires, sans pour cela rejeter les autres, que l'on destine pour d'autres parties de la construction. De même, parmi les raisins, il en est que l'on prend pour manger, et on ne dédaigne pas pour cela les autres qui sont laissés pour faire le vin que l'on boit. Mais qu'est-il besoin de citer tant d'exemples, puisque la chose est évidente ? Aussi ce n'est pas à cause du choix qui a été fait de certains dieux, pris dans la multitude des autres, qu'il faut blâmer, ou celui qui en a écrit, ou leurs adorateurs, ou les dieux eux-mêmes. Mais il faut plutôt examiner quels sont ces dieux, et pourquoi on les a choisis.

CAPUT PRIMUM.

An, cum in theologia civili deitatem non esse constiterit, in selectis diis eam inveniri posse credendum sit.

Hanc divinitatem, vel, ut sic dixerim, deitatem; nam et hoc verbo uti jam nostros non piget, ut de Græco expressius transferant id quod illi θεότητα appellant : hanc ergo divinitatem sive deitatem non esse in ea theologia, quam civilem vocant; quæ a Marco Varrone sexdecim voluminibus explicata est, id est, non perveniri ad æternæ vitæ felicitatem talium deorum cultu, quales a civitatibus qualiterque colendi instituti sunt, cui nondum persuasit sextus liber, quem proxime absolvimus, cum istum forsitan legerit, quid de hac quæstione expedienda ulterius desideret, non habebit. Fieri enim potest, ut saltem deos selectos atque præcipuos, quos Varro volumine complexus est ultimo, de quibus parum diximus, quisquam colendos propter vitam beatam, quæ non nisi æterna est, opinetur. Qua in re non dico quod facetius ait Tertullianus fortasse quam verius (*In Apologetico*, c. XIII) : Si dii seliguntur ut bulbi, utique cæteri reprobi judicantur. Non hoc dico; video enim etiam ex selectis seligi aliquos ad aliquid majus atque præstantius; sicut in militia, cum tyrones electi fuerint, ex his quoque eliguntur ad opus aliquod majus armorum. Et cum eliguntur in Ecclesia, qui fiant præpositi, non utique cæteri reprobi judicantur. Non hoc dico; video enim etiam ex selectis seligi aliquos ad aliquid majus atque præstantius; sicut in militia, cum tyrones electi fuerint, ex his quoque eliguntur ad opus aliquod majus armorum. Et cum eliguntur in Ecclesia, qui fiant præpositi, non utique cæteri reprobantur, cum omnes boni fideles electi merito nuncupentur. Eliguntur in ædificio lapides angulares, non reprobatis cæteris qui structuræ partibus aliis deputantur. Eliguntur uvæ ad vescendum, nec reprobantur aliæ, quas relinquimus ad bibendum. Non opus est multa percurrere, cum res in aperto sit. Quamobrem non ex hoc, quod dii ex multis quidam selecti sunt, vel is qui scripsit vel eorum cultores, vel dii ipsi vituperandi sunt; sed advertendum potius quinam isti sint, et ad quam rem selecti videantur.

CHAPITRE II.

Quels sont les dieux choisis, sont-ils dispensés des fonctions des dieux inférieurs?

Quant aux dieux choisis, ils nous sont clairement signalés par Varron dans un livre unique qu'il leur a destiné. C'est Janus, Jupiter, Saturne, Génius, Mercure, Apollon, Mars, Vulcain, Neptune, le Soleil, Orcus, le vieux Liber, Tellus, Cérès, Junon, la Lune, Diane, Minerve, Vénus, Vesta; en tous, vingt bien comptés : douze du sexe masculin, huit du sexe féminin. Or, ces dieux sont-ils dits être choisis à cause de leurs fonctions plus importantes dans le monde, ou bien à cause de leur renommée plus grande parmi les peuples, et du culte plus célèbre qui leur est rendu? S'ils sont ainsi distingués, parce que dans le monde ils ont le gouvernement d'œuvres plus relevées, nous ne devrions pas les trouver mêlés à cette multitude de dieux vulgaires et communs, destinés aux moindres offices. Car, au moment de la conception de l'enfant, point de départ de tous ces emplois morcelés, distribués en détail à une foule de dieux, Janus lui-même ne commence-t-il pas par préparer la semence qui va être communiquée? Et Saturne est là aussi pour favoriser cette opération. Là aussi est Liber(1) pour délivrer l'homme, après son union avec la femme. Et puis Libera, la même, dit-on, que Vénus, rend le même service à cette dernière. Tous ces dieux sont du nombre des dieux choisis. Mais il y a là aussi une déesse Ména, qui préside aux règles des femmes. Bien que fille de Jupiter, elle est cependant au rang des divinités vulgaires. Et, dans ce livre des dieux choisis, le même auteur assigne cette fonction à Junon elle-même, la reine parmi ces divinités choisies; c'est cette même Junon, sous le nom de Lucine, qui est chargée de veiller sur cette infirmité des femmes avec Ména, sa belle-fille. Là se trouvent aussi deux autres dieux, je ne sais quels Vitumnus et Sentinus, très-peu connus; l'un donne la vie à l'enfant, l'autre lui donne le sentiment. Et assurément, tout en étant des plus obscurs, ils lui font un présent beaucoup plus considérable que tous ces dieux puissants et choisis. Car certainement, sans la vie et le sentiment, qu'est-ce que cette matière informe que porte la femme en son sein, sinon un je ne sais quoi de répugnant semblable au limon et à la terre?

(1) Cicéron, au IIe livre *de la Nature des dieux*, enseigne que ce Liber n'est pas le même que Bacchus ou Liber fils de Jupiter et de Sémélé.

CAPUT II.

Qui sint dii selecti, et an ab officiis viliorum deorum habeantur excepti.

Hos certe deos selectos Varro unius libri contextione commendat, Janum, Jovem, Saturnum, Genium, Mercurium, Apollinem, Martem, Vulcanum, Neptunum, Solem, Orcum, Liberum patrem, Tellurem, Cererem, Junonem, Lunam, Dianam, Minervam, Venerem, Vestam : in quibus omnibus ferme viginti, duodecim mares, octo sunt feminae. Hæc numina utrum propter majores in mundo administrationes selecta dicuntur, an quod populis magis innotuerunt, majorque est eis cultus exhibitus? Si propterea quia opera majora ab his administrantur in mundo, non eos invenire debuimus inter illam quasi plebeiam numinum multitudinem minutis opusculis deputatam. Nam ipse primum Janus, cum puerperium concipitur, unde cuncta opera illa sumunt exordium, minutatim minutis distributa numinibus, aditum aperit recipiendo semini. Ibi est et Saturnus propter ipsum semen. Ibi Liber, qui marem effuso semine liberat. Ibi Libera, quam et Venerem volunt, quæ hoc idem beneficium conferat feminæ, ut etiam ipsa emisso semine liberetur. Omnes hi ex illis sunt, qui selecti appellantur. Sed ibi est et dea Mena, quæ menstruis fluoribus præest, quamvis Jovis filia, tamen ignobilis. Et hanc (a) provinciam fluorum menstruorum in libro selectorum deorum ipsi Junoni idem auctor assignat, quæ in diis selectis etiam regina est; et hic tanquam Juno Lucina cum eadem Mena privigna sua eidem cruori præsidet. Ibi sunt et duo, nescio qui obscurissimi. Vitumnus et Sentinus; quorum alter vitam, alter sensus puerperio largiuntur. Et nimirum multo plus præstant, cum sint ignobilissimi, quam tot illi proceres et selecti. Nam profecto sine vita et sensu, quid est illud totum, quod muliebri utero geritur, nisi nescio quid abjectissimum limo ac pulveri comparandum?

(a) Editi, *providentiam*. Emendantur ex Mss.

CHAPITRE III.

On ne peut donner aucune raison pour expliquer la prééminence de certains dieux, puisque des offices plus distingués sont confiés à plusieurs dieux inférieurs.

1. Quelle raison a donc forcé tant de dieux choisis à remplir ces bas offices, tandis que Vitumnus et Sentinus, ces dieux ensevelis dans l'obscurité, ont sur eux l'avantage dans la distribution de ces honneurs et de ces emplois. Car c'est le dieu choisi Janus qui procure la voie, et ouvre, pour ainsi dire, la porte à la semence. C'est le dieu choisi Saturne qui réunit la semence; Liber, dieu choisi aussi, gouverne l'émission de cette même semence chez les hommes; Libera, qu'on dit être Cérès ou Vénus, fait la même chose chez les femmes. La déesse choisie Junon, non pas toute seule, mais avec Ména, fille de Jupiter, procure le cours menstruel pour l'accroissement de ce qui a été conçu. Et c'est Vitumnus, un dieu obscur et vulgaire, qui donne la vie; et c'est Sentinus, également dieu obscur et vulgaire, qui donne le sentiment : deux dons qui l'emportent sur les dons des autres dieux, comme eux-mêmes sont au-dessous de l'intelligence et de la raison. Car, de même que les êtres qui raisonnent et comprennent, sont assurément au-dessus de ceux qui, privés d'intelligence et de raison comme les animaux, ont cependant la vie et le sentiment; de même les êtres doués de vie et de sentiment passent, à juste titre, avant ceux qui n'ont ni la vie, ni le sentiment. Ainsi donc, Vitumnus, qui donne la vie, et Sentinus, qui produit le sentiment, auraient dû être placés au nombre des dieux choisis, plutôt que Janus, Saturne, Liber et Libera, qui ne s'occupent que des divers mouvements de cette semence humaine, vile matière sur laquelle il répugne d'arrêter sa pensée, tant qu'elle n'est point arrivée à la vie et au sentiment. Ces bienfaits choisis ne sont point accordés par des dieux choisis, mais par certaines divinités inconnues, peu considérées comparativement à la dignité des autres. On me répondra sans doute que Janus a autorité sur tout commencement, et qu'en raison de cela on lui attribue à juste titre la conception. On dira que Saturne exerce sa puissance sur toute semence, et que l'on ne peut soustraire à son opération celle de l'homme; de même pour Liber et Libera, qui président à l'émission des semences, et par conséquent à la reproduction de l'homme. Enfin on fera le même raisonnement par rapport à Junon, qui a le soin de toute purification et de tout enfantement, et qui, par conséquent, assiste les femmes dans leurs infirmités mensuelles et dans leurs accouchements. Mais alors qu'on cherche ce qu'il faut répondre

CAPUT III.

Quam nulla sit ratio, quæ de selectione quorumdam deorum possit ostendi, cum multis inferioribus excellentior administratio deputetur.

1. Quæ igitur causa sit selectos deos ad hæc opera minima compulit, ubi a Vitumno et Sentino, quos fama obscura recondit, in hujus munificentiæ partitione superentur? Confert enim selectus Janus aditum et quasi januam semini; confert selectus Saturnus semen ipsum; confert selectus Liber ejusdem seminis emissionem viris; confert hoc idem Libera, quæ Ceres seu Venus est, feminis; confert selecta Juno, et hæc non sola, sed cum Mena filia Jovis, fluores menstruos ad ejus quod conceptum est incrementum; et confert Vitumnus obscurus et ignobilis vitam; confert Sentinus obscurus et ignobilis sensum; quæ duo tanto illis rebus præstantiora sunt, quanto et ipsa intellectu ac ratione vincuntur. Sicut enim quæ ratiocinantur et intelligunt, profecto potiora sunt his, quæ sine intellectu atque ratione, ut pecora, vivunt et sentiunt; ita et illa quæ vita sensuque sunt prædita, his quæ nec vivunt, nec sentiunt, merito præferuntur. Inter selectos itaque deos Vitumnus vivificator et Sentinus sensificator magis haberi debuerunt, quam Janus seminis admissor et Saturnus seminis dator vel sator et Liber et Libera seminum commotores vel emissores; quæ semina indignum est cogitare, nisi ad vitam sensumque pervenerint. Quæ munera selecta non dantur a diis selectis, sed a quibusdam incognitis et præ istorum dignitate neglectis. Quod si respondetur, omnium initiorum potestatem habere Janum, et ideo illi etiam quod (a) aperitur conceptui non immerito attribui; et omnium seminum Saturnum, et ideo seminationem quoque hominis non posse ab ejus operatione sejungi; omnium seminum emittendorum Liberum et Liberam, et ideo his etiam præesse, quæ ad substituendos homines pertinent; omnium purgandorum et pariendorum Junonem, et ideo eam non deesse purgationibus feminarum et partubus hominum; quærant quid respondeant de

---

(a) Vind. Am. et Er. *quod aperit conceptum.*

par rapport à Vitumnus et à Sentinus; qu'on dise, si l'on veut, qu'ils ont autorité sur tout ce qui a vie et sentiment. Si on leur donne cette autorité, que l'on fasse attention à quel rang plus distingué on va les élever. Car, pour les semences, la naissance a lieu sur la terre, et vient de la terre. Mais pour ce qui est de vivre et d'avoir le sentiment, cela appartient aussi aux dieux du ciel, et c'est ainsi que tout le monde pense. Si, au contraire, on dit que pour Vitumnus et Sentinus leurs attributions ne s'exercent que pour ce qui prend vie dans la chair, et se compose de sens, pourquoi le dieu qui fait vivre et sentir tout le reste ne le fait-il pas pour la chair aussi, accordant également ce bienfait au fruit de la femme par une action générale? Qu'est-il donc besoin de Vitumnus et de Sentinus? Que si celui qui préside généralement à la vie et au sentiment a confié à ces dieux, comme à des serviteurs, tous ces êtres charnels, comme étant trop loin et trop bas, ces dieux choisis sont-ils donc tellement peu fournis de serviteurs qu'ils ne puissent trouver à qui confier complétement ces êtres terrestres; en sorte que, malgré toute la noblesse qui les a fait distinguer des autres, ils se trouvent forcés de partager un tel emploi avec ces dieux obscurs? Ainsi Junon, la déesse choisie, la reine, la sœur et l'épouse de Jupiter, est pourtant l'Iterduca des enfants, et elle s'emploie à cela avec les déesses, tout à fait inconnues, qu'on appelle Abéona et Adéona! On a mis là aussi la déesse Mens pour donner aux enfants la sagesse. Et cette déesse n'a pas rang parmi les dieux choisis; comme si l'on pouvait donner à l'homme quelque chose de plus grand que la sagesse. Mais c'est différent pour Junon, c'est une déesse choisie, parce qu'elle est Iterduca et Domiduca; comme s'il servait à quelque chose de s'en aller et d'être ramené chez soi, si l'on n'a pas la sagesse! Et la déesse qui donne ce bienfait de la sagesse n'a point été, par ces ordonnateurs, placée au rang des divinités choisies! Assurément, elle devrait être placée avant Minerve, à qui, parmi ces emplois si détaillés, ils ont confié la mémoire des enfants. Qui doute, en effet, qu'il soit beaucoup mieux d'avoir de la sagesse, qu'une mémoire même aussi puissante qu'on voudra? Car aucun homme n'est méchant s'il est sage. Mais n'en est-il pas qui sont très-méchants avec une mémoire extraordinaire, et qui le sont d'autant plus qu'ils peuvent moins oublier leurs mauvais projets? Et pourtant Minerve a rang parmi les dieux choisis, mais la déesse Mens est perdue dans la vile multitude. Que dirai-je de la Vertu? que dirai-je de la Félicité? Nous en avons déjà beaucoup parlé au quatrième livre (chap. XXI). Ils les admettaient comme déesses, mais ils n'ont pas voulu leur donner une place parmi les dieux choisis. Pourtant, ils y ont mis Mars et Orcus, le premier, l'auteur de tant de meurtres, le

---

Vitumno et Sentino, utrum et ipsos velint habere omnium quæ vivunt et sentiunt potestatem. Quod si concedunt, attendant quam eos sublimius locaturi sint. Nam seminibus nasci, in terra et ex terra est; vivere autem atque sentire etiam deos sidereos opinantur. Si autem dicunt Vitumno atque Sentino hæc sola attributa, quæ in carne vivescunt et sensibus adminiculantur; cur non deus ille, qui facit omnia vivere atque sentire, etiam carni vitam præbet et sensum, universali opere hoc munus etiam partubus tribuens? Et quid opus est Vitumno atque Sentino? Quod si ab illo qui vitæ et sensibus universaliter præsidet, his quasi famulis ista carnalia velut extrema et ima commissa sunt; itane sunt illi selecti destituti familia, ut non invenirent quibus etiam ipsi ista committerent, sed cum tota sua nobilitate, qua visi sunt seligendi, opus facere cum ignobilibus cogerentur? Juno selecta et regina Jovisque soror et conjux, hæc tamen Iterduca est pueris, et opus facit cum deabus ignobilissimis Abeona et Adeona. Ibi posuerunt et Mentem deam, quæ faciat pueris bonam mentem, et inter selectos ista non ponitur, quasi quidquam majus præstari homini possit. Ponitur autem Juno, quia Iterduca est et Domiduca, quasi quidquam prosit iter carpere et domum duci, si mens non est bona : cujus muneris deam selectores isti inter selecta numina minime posuerunt. Quæ profecto et Minervæ fuerat præferenda, cui per ista minuta opera puerorum memoriam tribuerunt. Quis enim dubitet multo esse melius habere bonam mentem, quam memoriam quantumlibet ingentem? Nemo enim malus est, qui bonam habet mentem; quidam vero pessimi memoria sunt mirabili, tanto pejores quanto minus possunt quod male cogitant oblivisci. Et tamen Minerva est inter selectos deos; Mentem autem deam turba vilis operuit. Quid de Virtute dicam? quid de Felicitate? de quibus in quarto libro plura jam diximus (cap. XXI); quas cum deas haberent, nullum eis locum inter selectos deos dare voluerunt, ubi dede-

LIVRE VII. — CHAPITRE III.

second, recevant ceux qui en sont les victimes.

2. Puis donc que, dans cette multitude d'offices distribués en détail à ce que j'appellerai la plèbe des dieux, nous voyons les dieux choisis eux-mêmes apporter leur concours, comme le sénat l'apporte au peuple, puisque nous trouvons certains dieux, qui ne seront jamais admis comme dieux choisis, préposés à l'administration d'emplois plus importants et plus nobles, il nous reste à conclure que ce n'est pas en raison des fonctions plus éminentes qu'ils remplissent dans le monde, mais bien à cause d'une renommée plus grande parmi les peuples, qu'ils ont pris rang parmi les divinités choisies, et qu'ils sont désignés comme supérieurs aux autres dieux. C'est ce qui fait dire à Varron lui-même que, pour certains dieux, pères ou mères d'autres dieux, le hasard les a tenus dans l'obscurité, comme cela arrive aussi aux hommes. Si donc la Félicité n'a pas dû être mise au nombre des divinités choisies, sans doute parce que ce n'est pas par leur mérite, mais par l'effet du hasard que celles-ci sont arrivées à un rang supérieur; du moins faudrait-il y placer la Fortune, et même on devrait l'élever au-dessus de ces divinités de premier ordre; puisque, dans la distribution de ses faveurs, cette déesse, dit-on, se conduit à l'égard de chacun, non pas suivant la raison, mais suivant le caprice. C'est elle qui devrait tenir le premier rang parmi ces dieux choisis envers lesquels surtout elle a montré ce qu'elle pouvait faire. En effet, ne les voyons-nous pas devoir leur élévation, non à une vertu supérieure, ni à un bonheur mérité, mais à l'aveugle puissance de la fortune, comme le reconnaissent leurs adorateurs. Car l'éloquent Salluste avait en vue peut-être aussi les dieux eux-mêmes, lorsqu'il disait (*sur Catilina*) : « Oui, certainement, la fortune domine en toutes choses; par elle, toutes choses se trouvent, ou mises en relief, ou rejetées dans l'ombre, par caprice plutôt que par justice. » On ne peut, en effet, trouver le motif qui a fait glorifier Vénus et reléguer la Vertu dans l'oubli, puisque toutes deux ont été divinisées, et que leurs mérites respectifs sont si peu susceptibles d'être comparés. Ou bien, si on juge digne d'honneur ce qui est recherché du plus grand nombre, Vénus est, en effet, plus recherchée que la Vertu, pourquoi a-t-on élevé Minerve, et laissé dans l'obscurité Pécunia? Car, dans le genre humain, la cupidité en attire plus que la science; et, parmi ceux mêmes qui cultivent la science, on en trouve rarement dont le talent ne s'exerce pas à prix d'argent, et on apprécie toujours davantage le prix auquel on fait quelque chose que la chose même que l'on fait pour ce prix. Si donc ce choix des dieux a été décidé par le jugement de la multitude, qui ne rai-

---

runt Marti et Orco, uni effectori mortium, alteri receptori.

2. Cum igitur in his minutis operibus, quæ minutatim diis pluribus distributa sunt, etiam ipsos selectos videamus, tanquam senatum cum plebe pariter operari; et inveniamus a quibusdam diis, qui nequaquam seligendi putati sunt, multo majora atque meliora administrari, quam ab illis qui selecti vocantur; restat arbitrari non propter præstantiores in mundo administrationes, sed quia provenit eis ut populis magis innotescerent, selectos eos et præcipuos nuncupatos. Unde dicit etiam ipse Varro, quod diis quibusdam patribus et deabus, matribus, sicut hominibus, ignobilitas accidisset. Si ergo Felicitas ideo fortasse inter selectos deos esse non debuit, quod ad istam nobilitatem non merito, sed fortuito pervenerunt; saltem inter illos, vel potius præ illis Fortuna poneretur, quam dicunt deam non (*a*) rationabili dispositione, sed ut temere acciderit, sua cuique dona conferre. Hæc in diis selectis tenere apicem debuit, in quibus maxime quid posset ostendit : quando eos videmus non præcipua virtute, non rationabili felicitate, sed temeraria, sicut eorum cultores de illa sentiunt, Fortunæ potestate selectos. Nam et vir disertissimus Sallustius etiam ipsos deos fortassis attendit, cum diceret : « Sed profecto Fortuna in omni re dominatur; ea res cunctas ex libidine magis quam ex vero celebrat obscuratque. » (*In bello Catiln.*) Non enim possunt invenire causam cur celebrata sit Venus, et obscurata sit Virtus; cum ab istis ambarum consecrata sint numina, nec comparanda sint merita. Aut si hoc nobilitari meruit, quod plures appetunt; plures enim Venerem (*subaudi*, appetunt) quam Virtutem; cur celebrata est dea Minerva, et obscurata est dea Pecunia? cum in genere humano plures alliciat avaritia quam peritia; et in eis ipsis qui sunt artificiosi, raro invenias hominem, qui non habeat artem suam pecuniaria mercede venalem; plurisque pendatur semper propter quod aliquid fit, quam id quod propter aliud fit. Si ergo insipientis judicio multitudinis facta est deorum ista selectio, cur dea Pecunia Minervæ

(*a*) Lov. *non irrationabili*. Melius editi alii, *non rationabili* : suffragantibus Mss. qui paulo post loco *acciderit*, habent *accederet*.

sonne pas, pourquoi la déesse Pécunia n'a-t-elle pas été préférée à Minerve, puisqu'il y a tant d'ouvriers qui ne travaillent qu'à cause d'elle? Que si cette distinction est le fait d'un petit nombre de sages, pourquoi la Vertu n'a-t-elle pas été préférée à Vénus, puisque la raison la met bien avant elle? Mais du moins, comme je l'ai dit, la Fortune qui domine en toutes choses, d'après le sentiment de ceux qui lui attribuent la plus grande influence; la Fortune qui glorifie toutes choses, ou les laisse dans l'obscurité, par caprice plutôt que par justice, si elle a eu sur les dieux assez de pouvoir pour élever, ou mettre dans l'oubli ceux qu'elle voulait, et cela par une décision portée à l'aventure, ne devrait-elle pas avoir la première place parmi les dieux choisis, puisqu'elle a un pouvoir si souverain sur les dieux eux-mêmes? Et pour qu'il n'en soit pas ainsi, faut-il croire que la Fortune n'a eu pour elle-même qu'une fortune contraire? Elle s'est donc opposée à elle-même, cette Fortune qui honore les autres et n'a pu s'honorer soi-même.

CHAPITRE IV.

Les dieux inférieurs n'étant point exposés à être déshonorés, ont une condition meilleure que les dieux choisis dont on raconte tant de choses infâmes.

Quiconque est avide de noblesse et d'illustration pourrait féliciter ces dieux choisis et vanter leur bonheur, si la distinction qui les honore ne les destinait aux outrages plutôt qu'aux honneurs. Car, pour cette foule obscure de divinités, l'oubli qui la couvre la protège contre les opprobres qui pourraient l'accabler. Nous rions, à la vérité, en voyant ainsi répartis entre eux les différents emplois que leur attribue la vaine opinion des hommes; semblables à ces percepteurs de la dernière classe, ou bien à ces artisans du quartier des orfèvres, chez lesquels aucun vase ne peut sortir entièrement achevé sans passer par la main d'une foule d'ouvriers, alors qu'un seul homme habile aurait pu le finir. Mais on n'a pas cru devoir autrement ménager la multitude de ceux qui travaillent, qu'en faisant apprendre à chacun en peu de temps et facilement une partie de l'art, de peur qu'en se perfectionnant dans cet art tout entier, ils ne fussent obligés d'y mettre un trop long temps, et d'y lutter avec trop de difficultés. Cependant, à peine trouvera-t-on quelqu'un des dieux non choisis qui se soit fait une réputation d'infamie, par suite de quelque crime. Au contraire, il serait difficile de trouver un seul des dieux choisis qui n'ait pas attiré sur lui quelque insigne flétrissure. Ces grands dieux sont descendus aux humbles emplois des petits dieux. Les petits dieux n'ont jamais atteint, par leurs

---

prælata non est, cum propter pecuniam sint artifices multi? Si autem paucorum sapientium est ista distinctio, cur non prælata est Veneri Virtus, cum eam longe ratio præferat? Saltem certe, ut dixi, ipsa Fortuna, quæ, sicut putant qui ei plurimum tribuunt, in omni re dominatur, et res cunctas ex libidine magis quam ex vero celebrat obscuratque; si tantum in deos valuit, ut temerario judicio suo quos vellet celebraret, obscuraretque quos vellet, præcipuum locum haberet in selectis, quæ in ipsos quoque deos tam præcipuæ est potestatis. An ut illic esse non posset, nihil aliud etiam ipsa Fortuna, nisi adversam putanda est habuisse fortunam? Sibi ergo adversata est, quæ alios nobiles faciens nobilitata non est.

CAPUT IV.

Melius actum cum diis inferioribus, qui nullis infamentur opprobriis, quam cum selectis, quorum tantæ turpitudines celebrentur.

Gratularetur autem diis istis selectis quisquam nobilitatis et claritudinis appetitor, et eos diceret fortunatos, si non eos magis ad injurias quam ad honores selectos videret. Nam illam infimam turbam ipsa ignobilitas texit, ne obrueretur opprobriis. Ridemus quidem, cum eos videmus figmentis humanarum opinionum partitis inter se operibus distributos, tanquam (a) minusculariis vectigalium conductores, vel tanquam opifices in vico argentario, ubi unum vasculum ut perfectum exeat, per multos artifices transit, cum ab uno perfecto perfici posset. Sed aliter non putatum est operantium multitudini consulendum, nisi ut singulas artis partes cito ac facile discerent singuli, ne omnes in arte una tarde ac difficile cogerentur esse perfecti. Verumtamen vix quisquam reperitur deorum non selectorum, qui aliquo crimine famam traxit infamem; vix autem selectorum quispiam, qui non in se notam contumeliæ insignis acceperit. Illi ad istorum humilia opera descenderunt, isti in illorum sublimia crimina non venerunt. De Jano quidem non mihi facile quidquam occurrit, quod ad probrum pertineat. Et

(a) Lov. *minutularios*. Vind. Am. Er. et aliquot Mss. *munusculariis*. Alii veteres libri, hic et infra cap. II, *minusculariis*.

crimes, à la hauteur des grands dieux. A la vérité, pour ce qui regarde Janus, il me revient difficilement quelque chose qui sente l'infamie. Peut-être a-t-il été tel, peut-être a-t-il vécu plus innocemment et s'est-il plus éloigné des crimes et des forfaits. Il a accueilli avec bonté Saturne dans sa fuite, il a partagé son royaume avec cet hôte, en sorte que chacun d'eux put fonder une ville (*Énéide*, VIII), l'un Janiculum, l'autre Saturnia. Mais tous ces gens avides d'infamies, quand il s'agit du culte des dieux, ayant trouvé sa vie moins honteuse, ont voulu le déshonorer par une statue monstrueusement difforme, et ils l'ont représenté tantôt avec deux fronts, tantôt même avec quatre, comme si sa personne était double. Ont-ils donc voulu par hasard que la plupart des dieux choisis ayant perdu toute pudeur par leurs actions infâmes, Janus, du moins, se montrât avec d'autant plus de fronts qu'il était plus innocent?

CHAPITRE V.

De la doctrine secrète des païens et de leurs explications physiques.

Mais écoutons plutôt les explications physiques par lesquelles les païens s'efforcent de cacher la honte de leur infâme erreur, en lui donnant l'apparence d'une doctrine profonde. D'abord, voici comme Varron fait valoir ces explications : Il dit, que les anciens ont imaginé les statues des dieux, leurs insignes et leurs ornements, afin qu'en les remarquant, ceux qui auraient été introduits dans le secret des mystères de la doctrine, pussent voir en esprit l'âme du monde et ses parties, c'est-à-dire, les véritables dieux. Ceux qui ont fait les statues de ces dieux, en leur donnant l'apparence humaine, paraissent s'être réglés d'après cette idée, que l'âme des mortels qui est dans le corps humain, est très-semblable à l'âme immortelle des dieux. C'est absolument comme si on plaçait des vases pour indiquer les différents dieux, et que, dans le temple de Bacchus, on plaçât un œnophore pour signifier le vin dont il est le dieu, désignant ainsi le contenu par le contenant. Il en est de même, pour les statues auxquelles on donnerait la forme humaine. On veut signifier par elles l'âme raisonnable, parce que le corps humain contient cette substance d'une nature semblable à celle de Dieu ou des dieux. Tels sont les mystères de doctrine qu'avait pénétrés cet homme si savant, pour ensuite les produire au grand jour. Mais, ô le plus pénétrant des hommes! est-ce que dans ces mystères de doctrine vous avez perdu cette prudence qui vous faisait dire si sagement : Les premiers qui ont élevé des statues aux yeux des peuples ont fait perdre la crainte à leurs concitoyens, et leur ont apporté l'erreur?

---

fortasse talis fuerit, innocentius vixerit et a facinoribus flagitiisque remotius. Saturnum fugientem benignus excepit : cum hospite partitus est regnum, ut etiam civitates singulas conderent, iste Janiculum, ille Saturniam. (*Æneid.*, VIII.) Sed isti in cultu deorum omnis dedecoris appetitores, cujus vitam minus turpem invenerunt, eum simulacri monstrosa deformitate turparunt, nunc cum bifrontem, nunc etiam quadrifrontem, tanquam geminum, facientes. An forte voluerunt, ut, quoniam plurimi dii selecti erubescenda perpetrando amiserant frontem, quanto iste innocentior esset, tanto frontosior appareret?

CAPUT V.

De paganorum secretiore doctrina physicisque rationibus.

Sed ipsorum potius interpretationes physicas audiamus, quibus turpitudinem miserrimi erroris, velut altioris doctrinæ specie colorare conantur. Primum eas interpretationes sic Varro commendat, ut dicat antiquos simulacra deorum et insignia, ornatusque finxisse; quæ cum oculis animadvertissent hi qui adissent doctrinæ mysteria, possent animam mundi ac partes ejus, id est, deos veros animo videre : quorum qui simulacra specie hominis fecerunt, hoc videri secutos, quod mortalium animus qui est in corpore humano, simillimus est immortalis animi : tanquam si vasa ponerentur causa notandorum deorum, et in Liberi æde œnophorum sisteretur, quod significaret vinum, per id quod continet id quod continetur : ita per simulacrum quod formam haberet humanam, significari animam rationalem, quod eo velut vase natura ista soleat contineri, cujus naturæ deum volunt esse, vel deos. Hæc sunt mysteria doctrinæ, quæ iste vir doctissimus penetraverat, unde in lucem ista proferret. Sed o homo acutissime, num in istis doctrinæ mysteriis illam prudentiam perdidisti, qua tibi sobrie visum est, quod hi qui primi populis simulacra constituerunt, et metum dempserunt civibus suis, et errorem addiderunt, castiusque deos sine simulacris veteres

Sans statues les anciens Romains ont honoré leurs dieux plus religieusement. Ces anciens Romains ont été cause que vous osez dire cela contre leurs descendants. Car, s'ils eussent honoré les statues des dieux, peut-être enseveliriez-vous sous le silence de la crainte tous ces sentiments, vrais parfois, que vous avez manifestés en condamnant les statues, et vous proclameriez plus fortement et avec plus de hauteur ces mystères de doctrine, renfermés dans toutes ces fictions vaines et pernicieuses. Cependant, votre âme si éclairée et si habile, oh! combien nous la plaignons! Ce n'est nullement par ces mystères de doctrine qu'elle a pu arriver à son Dieu, c'est-à-dire, à celui par qui elle a été faite, et non avec lequel elle a été faite; à celui dont elle est, non pas une portion, mais dont elle est l'ouvrage; à celui qui n'est pas l'âme de tous, mais qui a fait toute âme; à la lumière duquel seul l'âme devient heureuse, si elle ne méconnaît pas sa grâce. Mais ces mystères de doctrine quels sont-ils, et quelle estime faut-il leur accorder? Ce qui va suivre le fera voir. Cependant, cet homme si savant reconnaît que l'âme du monde et ses parties sont de véritables dieux, d'où il résulte que toute sa théologie, c'est-à-dire, la théologie naturelle elle-même, à laquelle il assigne la plus haute importance, a pu seulement s'étendre jusqu'à la nature de l'âme rai-

sonnable. Car sur la théologie naturelle il fait un très-court préambule dans ce livre où nous verrons si, par des explications physiques, il peut rapporter à cette théologie naturelle la théologie civile, la dernière dont il traite au sujet des dieux choisis. S'il l'a pu, toute la théologie sera naturelle, et alors, qu'était-il nécessaire de séparer la théologie civile de la théologie naturelle, et de faire tant de frais de distinctions? Et, s'il l'a séparée par une juste distinction, à quoi va-t-il aboutir, puisque la théologie naturelle, qui lui plaît tant, n'est pas vraie? Car elle n'arrive que jusqu'à l'âme, et non jusqu'au vrai Dieu qui a fait l'âme aussi. Combien donc est-elle encore plus abjecte et plus fausse cette théologie civile qui s'occupe principalement de la nature des corps, comme le prouveront ses explications si recherchées et si bien analysées! J'aurai nécessairement à en citer quelques-unes.

CHAPITRE VI.

Opinion de Varron d'après laquelle Dieu est l'âme du monde, lequel renfermant dans ses différentes parties un grand nombre d'âmes, leur communique la nature divine.

Le même Varron, dans son préambule sur la théologie naturelle, dit encore qu'il pense que Dieu est l'âme du monde, appelé par les grecs

---

observasse Romanos? Hi enim tibi fuerunt auctores, ut hæc contra posteriores Romanos dicere auderes. Nam si et illi antiquissimi simulacra coluissent, fortassis totum istum sensum de simulacris non constituendis, interim (*a*) verum, timoris silentio premeres, et in hujuscemodi perniciosis vanisque figmentis mysteria ista doctrinæ loquacius et elatius prædicares. Anima tamen tua tam docta et ingeniosa, (ubi te multum dolemus,) per hæc mysteria doctrinæ ad Deum (*b*) suum, id est, a quo facta est, non cum quo facta est; nec cujus portio, sed cujus conditio est; nec qui est omnium anima, sed qui fecit omnem animam, quo solo illustrante fit anima beata, si ejus gratiæ non sit ingrata, nullo modo potuit pervenire. Verum ista mysteria doctrinæ qualia sint, quantique pendenda, quæ sequuntur ostendent. Fatetur interim vir iste doctissimus, animam mundi ac partes ejus esse veros deos: unde intelligitur totam ejus theologiam, eam ipsam scilicet naturalem, cui plurimum tribuit, usque ad animæ rationalis naturam se extendere potuisse. De naturali enim

paucissima præloquitur in hoc libro: in quo videbimus utrum per interpretationes physiologicas ad hanc naturalem possit referre civilem, quam de diis selectis ultimam scripsit. Quod si potuerit, tota naturalis erit: et quid opus erat ab ea civilem tanta cura distinctionis abjungere? Si autem recto discrimine separata est; quando nec ista vera est quæ illi naturalis placet; pervenit enim usque ad animam, non usque ad verum Deum qui fecit et animam: quanto est abjectior et falsior ista civilis, quæ maxime circa corporum est occupata naturam; sicut ipsæ interpretationes ejus, ex quibus quædam (*c*) necessario commemorare me oportet, tanta ab ipsis exquisitæ et enucleatæ diligentia demonstrabunt?

CAPUT VI.

De opinione Varronis, qua arbitratus est Deum animam esse mundi, qui tamen in partibus suis habeat animas multas, quarum divina natura sit.

Dicit ergo idem Varro adhuc de naturali theologia

(*a*) Editi, *interim veri timoris*, etc. Corriguntur ex Mss. — (*b*) Sic Vind. Am. et Mss. At Er. et Lov. *ad Deum summum*. — (*c*) Vind. Am. Er. et Mss. *necessaria*.

Κόσμος, et que ce monde est Dieu. Il ajoute que, comme l'homme sage, bien que composé de corps et d'âme, doit cependant à son âme d'être appelé sage; ainsi, le monde est appelé Dieu par son âme, quoiqu'il soit formé d'un corps et d'une âme. Ici, il semble en quelque manière reconnaître un seul Dieu. Mais, pour en introduire plusieurs, il ajoute que le monde est divisé en deux parties: le ciel et la terre; que le ciel aussi se divise en deux parties, l'éther et l'air; et la terre également en deux parties: celle de l'eau et celle de la terre ferme. Il dit que l'éther occupe la plus haute région, l'air la seconde, l'eau la troisième, et la terre la dernière et la plus basse. Ces quatre parties sont remplies d'âmes. Dans l'éther et l'air sont les âmes immortelles; dans l'eau et sur la terre, les âmes mortelles. Depuis la plus haute extrémité de la circonférence du ciel jusqu'au cercle de la lune résident les âmes éthérées, les astres et les étoiles, dieux célestes, que non-seulement l'on reconnaît par la pensée, mais que l'on voit par les yeux. Mais entre le cercle de la lune et les hauteurs des nuages et des vents résident les âmes aériennes, que l'esprit seul peut atteindre, mais non la vue. On les appelle héros, lares, génies. Telle est en abrégé la théologie naturelle que Varron nous propose dans son prologue. Cette théologie n'est pas seulement la sienne, elle est celle de beaucoup de philosophes. Il me faudra la discuter avec plus de soin, lorsque, avec le secours du vrai Dieu, j'aurai terminé ce qui me reste à dire de la théologie civile au sujet des dieux choisis.

CHAPITRE VII.

A-t-il été raisonnable de faire deux divinités de Janus et de Terminus.

Janus donc, par lequel Varron a commencé, quel est-il, je le demande? On me répond: Il est le monde. Cette réponse est tout à la fois courte et claire. Pourquoi donc lui rapporte-t-on l'origine des choses, tandis que la fin est attribuée à un autre qu'on appelle Terminus? (PLUTARQUE, *Vie de Numa*.) Car c'est à cause des origines et des fins, prétend-on, que deux mois ont été consacrés à ces dieux en surplus des dix qui s'écoulent jusqu'à Décembre, et dont Mars est le premier. Ces deux mois sont, Janvier, consacré à Janus, et Février, consacré à Terminus. C'est pourquoi les Terminales, dit-on (PLUTARQUE, *ibid.*), se célèbrent dans ce même mois de Février, alors que s'accomplit le sacrifice expiatoire appelé *Februum*, d'où le mois a pris son nom. Est-ce donc que les origines des choses appartiennent au monde, c'est-à-dire, à Janus, tandis que la fin ne le concerne plus; en sorte que le soin en

---

præloquens, deum se arbitrari esse animam mundi, quem Græci vocant κόσμον, et hunc ipsum mundum esse deum: sed sicut hominem sapientem, cum sit ex corpore et animo, tamen ab animo dici sapientem; ita mundum deum dici ab animo, cum sit ex animo et corpore. Hic videtur quoquo modo confiteri unum Deum; sed ut plures etiam introducat, adjungit mundum dividi in duas partes, cœlum et terram; et cœlum bifariam, in æthera et aera; terram vero in aquam et humum: e quibus summum esse æthera, secundum aera, tertiam aquam, infimam terram: quas omnes partes quatuor animarum esse plenas, in æthere et acre immortalium, in aqua et terra mortalium; ab summo autem circuitu cœli ad circulum lunæ æthereas animas esse astra ac stellas, eos cœlestes deos non modo intelligi esse, sed etiam videri: inter lunæ vero gyrum et nimborum ac ventorum cacumina aereas esse animas, sed eas animo, non oculis videri; et vocari heroas, et lares, et genios. Hæc est videlicet breviter in ista præloculione proposita theologia naturalis, quæ non huic tantum, sed multis philosophis placuit: de qua tunc diligentius disserendum est, cum de civili, quantum ad deos selectos attinet, opitulante Deo vero, quod restat implevero.

CAPUT VII.

An rationabile fuerit, Janum et Terminum in duo numina separari.

Janus igitur, a quo sumpsit exordium, quæro quisnam sit? Respondetur: Mundus est. Brevis hæc plane est atque aperta responsio. Cur ergo ad eum dicuntur rerum initia pertinere, fines vero ad alterum, quem Terminum vocant? Nam propter initia et fines duobus istis diis duos menses perhibent dedicatos (PLUT., *in Numa*), præter illos decem quibus usque ad Decembrem caput est Martius; Januarium Jano, Februarium Termino. Ideo Terminalia eodem mense Februario celebrari dicunt (PLUT., *ibid.*), cum fit sacrum purgatorium, quod vocant (a) Februum; unde mensis nomen accepit. Numquid ergo ad mun-

---

(a) Plures et optimæ notæ Mss. cum Vind. Am. et Er. *Februm*. Non male fortassis, tametsi apud Varronem, l. V, *de Lutina ling.* legatur: *Februum Sabinis purgamentum, et in Sacris nostris verbum.*

a été donné à un autre dieu? Ne convient-on pas que tout ce qui se forme dans ce monde se termine également dans ce monde! Quelle légèreté! Dans l'action qu'il opère on lui donne une demi-puissance, dans la statue qui le représente on lui donne un double visage. Ne comprendrait-on pas mieux ce dieu à double visage, si on disait qu'il est en même temps Janus et Terminus, et si on attribuait un visage aux origines et l'autre aux fins? Car celui qui agit, doit considérer l'une et l'autre, l'origine et la fin. En effet, en tout ce qui détermine nos actions, si nous ne tenons pas compte du commencement, nous ne pouvons pas prévoir la fin. Il est donc nécessaire que l'application de l'esprit qui cherche à prévoir l'avenir, s'unisse à la mémoire qui rappelle le passé. Car celui qui oublie ce qu'il a commencé, ne trouvera pas le moyen de terminer. Que si on pensait que la vie heureuse se commence en ce monde, et trouve sa perfection hors du monde, et si pour cela on n'accordait la puissance à Janus, c'est-à-dire, au monde, que pour les commencements, assurément on lui préférerait Terminus, et on ne ferait pas de ce dieu un dieu séparé des dieux choisis. Et même maintenant, puisque c'est par ces deux dieux que se conduisent le commencement et la fin des choses temporelles, Terminus doit recevoir plus d'honneurs. Car la joie n'est-elle pas plus grande lorsqu'on achève? Au contraire, les commencements sont remplis d'inquiétude jusqu'à ce qu'on arrive à la fin. La fin, voilà ce qu'on désire le plus quand on commence, voilà ce qu'on se propose, voilà ce qu'on attend, voilà ce qu'on est impatient d'obtenir. Et on ne se réjouit de ce qu'on commence que quand il est terminé.

CHAPITRE VIII.

Pour quelle raison les adorateurs de Janus représentent avec deux faces son image à laquelle cependant ils veulent aussi qu'on voie quatre fronts.

Mais déjà, donnons l'explication de la statue à deux faces. On dit que Janus a deux faces, une devant et une derrière, parce que notre bouche, quand nous l'ouvrons, paraît ressembler au monde. De là, les Grecs ont appelé le palais οὐρανός et quelques poètes latins, dit notre auteur, l'ont appelé *cœlum*. (ENNIUS dans Cicéron, II *de Natura deorum*.) Par notre bouche ouverte il y a un passage qui aboutit au dehors du côté des dents, et à l'intérieur du côté du gosier. Voilà donc où le monde en est arrivé à cause du nom grec ou poétique de notre palais. Mais en quoi cela peut-il avoir rapport à l'âme, à la vie éternelle? On honorerait donc un pareil Dieu à cause seulement de la salive, dont une

---

dum, qui Janus est, initia rerum pertinent, et fines non pertinent, ut alter illis deus præficeretur? Nonne omnia quæ in hoc mundo fieri dicunt, in hoc etiam mundo terminari fatentur? Quæ est ista vanitas, in opere illi dare potestatem dimidiam, in simulacro faciem duplam? Nonne istum bifrontem multo elegantius interpretarentur, si eumdem et Janum et Terminum dicerent; atque initiis unam faciem, finibus alteram darent? Quoniam qui operatur, utrumque debet intendere. In omni enim motu actionis suæ qui non respicit initium, non prospicit finem. Unde necesse est (*a*) a memoria respiciente prospiciens connectatur intentio. Nam cui exciderit quod cœperit, quomodo finiat non inveniet. Quod si vitam beatam in hoc mundo inchoari putarent, extra mundum perfici, et ideo Jano, id est, mundo, solam initiorum tribuerent potestatem; profecto ei præponerent Terminum, cumque a diis selectis non alienarent. Quanquam etiam nunc cum in istis duobus diis initia rerum temporalium finesque tractantur, Termino dari debuit plus honoris. Major enim lætitia est, cum res quæque perficiunt, sollicitudinis autem plena sunt cœpta, donec perducantur ad finem, quem qui aliquid incipit, maxime appetit, intendit, exspectat, exoptat; nec de re inchoata, nisi terminetur, exsultat.

CAPUT VIII.

Ob quam causam cultores Jani bifrontem imaginem ipsius finxerint, quam tamen etiam quadrifrontem videri volunt.

Sed jam bifrontis simulacri interpretatio proferatur. Duas eum facies ante et retro habere dicunt, quod hiatus noster, cum os aperimus, mundo similis videatur: unde et palatum Græci οὐρανόν appellant: et nonnulli, inquit, poetæ Latini *cœlum* vocaverunt palatum (ENNIUS, apud Cicer., II *de Nat. deor*): a quo hiatu oris, et foras esse aditum ad dentes versus, et introrsus ad fauces. Ecce quo perductus est mundus propter palati nostri vocabulum, vel Græcum, vel poeticum. Quid autem hoc ad animam,

---

(*a*) Sic omnes Mss. quorum unus tamen loco *prospiciens*, habet *prospicientis*. At editi, *necesse est ut memoriæ respicienti prospiciens*, etc.

partie s'avale, et l'autre se rejette sous le ciel du palais à l'ouverture de chacune de ses deux portes. Et puis, qu'y a-t-il de plus absurde que de ne pas trouver dans le monde même deux portes opposées l'une à l'autre, par lesquelles ou ce qu'il reçoit puisse arriver en lui, ou ce qu'il rejette au dehors puisse sortir de son sein, et de vouloir, de notre bouche et de notre gosier, avec lesquels le monde n'a point de ressemblance, faire la représentation du monde dans la personnification de Janus, à cause du seul palais auquel Janus ne ressemble nullement? Pour ce qui est des quatre fronts qu'on lui donne en l'appelant le double Janus, on explique cela à cause des quatre parties du monde; comme si le monde pouvait regarder hors de soi, de même que Janus le fait par toutes ses faces. Ensuite, si Janus est le monde et que le monde se compose de quatre parties, la statue de Janus avec ses deux visages exprime quelque chose de faux; ou si ce qu'elle signifie est vrai, parce que l'on comprend aussi le monde entier par les deux noms d'Orient et d'Occident, est-ce que quand nous nommons les deux autres parties de Septentrion et de Midi, on doit appeler le monde double comme on appelle le double Janus ce dieu à quatre fronts? Il n'y a donc nullement moyen dans ces quatre portes, qui s'ouvrent pour laisser entrer ou sortir, de trouver une ressemblance avec le monde, pas même celle qu'on a cru trouver entre la bouche de l'homme et le Janus à double visage. Pourtant, que Neptune nous vienne en aide et apporte un poisson, alors nous aurons outre les ouvertures de la bouche et du gosier, deux autres ouvertures à droite et à gauche, qui sont les ouïes! Et cependant, par tant de portes, aucune âme ne peut échapper à la vanité, sinon l'âme docile à la Vérité qui a dit : « Je suis la porte. » (*Jean*, x, 9.)

CHAPITRE IX.

Puissance de Jupiter. On compare ce Dieu à Janus.

1. Mais pour Jovis, qu'on appelle encore Jupiter, qu'ils nous fassent connaître ce qu'ils veulent qu'on en pense. C'est un dieu, disent-ils, qui a toute puissance sur les causes par lesquelles tout se fait en ce monde. Voilà quelque chose de grand, comme l'atteste ce beau vers de Virgile : « Heureux qui a pu connaître la raison des choses ! » (*Géorg.*, II.) Mais pourquoi Janus vient-il avant lui? Que cet homme, si subtil et si savant, nous réponde là-dessus : « C'est que, nous dit-il, le pouvoir de Janus s'exerce sur ce qui commence, celui de Jupiter

---

quid ad vitam æternam? Propter solas salivas colatur hic deus, quibus partim glutiendis, partim exspuendis, sub cœlo palati utraque panditur janua. Quid est porro absurdius, quam in ipso mundo non invenire duas januas ex adverso sitas, per quas vel admittat ad se aliquid intro, vel emittat a se foras; et de nostro ore et gutture, quorum similitudinem mundus non habet, velle mundi simulacrum componere in Jano, propter solum palatum, cujus similitudinem Janus non habet? Cum vero cum faciunt quadrifrontem et Janum geminum appellant, ad quatuor mundi partes hoc interpretantur, quasi aliquid spectet mundus foras, sicut per omnes facies Janus. Deinde si Janus est mundus, et mundus quatuor partibus constat, falsum est simulacrum Jani bifrontis; (*a*) aut si propterea verum est, quia etiam nomine Orientis et Occidentis totus solet mundus intelligi, numquid cum duas partes alias nominamus Septemtrionis et Austri, sicut illum quadrifrontem dicunt geminum Janum, ita quisquam geminum dicturus est mundum? Non habent omnino unde quatuor januas, quæ intrantibus et exeuntibus pateant, interpretentur ad mundi similitudinem; sicut de bifronte quod dicerent saltem in ore hominis invenerunt; nisi Neptunus forte subveniat et porrigat piscem, cui præter hiatum oris et gutturis etiam dextra et sinistra fauces patent. Et tamen hanc vanitatem per tot januas nulla effugit anima, nisi quæ audit Veritatem dicentem : « Ego sum janua. » (*Joan.*, x, 9.)

CAPUT IX.

De Jovis potestate, atque ejusdem cum Jano comparatione.

1. Jovem autem, qui etiam (*b*) Jupiter dicitur, quem velint intelligi, exponant. « Deus est, inquiunt, habens potestatem causarum, quibus aliquid fit in mundo. » Hoc quam magnum sit, nobilissimus Virgilii versus ille testatur : « Felix qui potuit rerum cognoscere causas. » (*Georg.*, II.) Sed cur ei præponitur Janus? Hoc nobis vir ille acutissimus doctissimusque respondeat. « Quoniam penes Janum, inquit, sunt prima, penes Jovem summa.

(a) Editi post *Jani bifrontis*, addunt, *quia Janus etsi quadrifrons legitur, nunquam tamen quadrijanus invenitur* : quod a Mss. abest. — (b) *Jovis et Jupiter* perinde in recto dicebatur : sed usus demum obtinuit, ut in obliquo *Jovis*, in recto *Jupiter* tantum diceretur.

sur ce qui arrive à son point le plus élevé. C'est donc avec raison que Jupiter est regardé comme exerçant la royauté sur toutes choses. Car ce qui commence est dépassé par ce qui a pris son plus grand développement; et, quoique le commencement soit avant par le temps, la perfection est avant par le mérite. » Mais cela serait parfait, s'il y avait à distinguer dans la création ce qui commence et ce qui arrive à sa perfection. De même que partir est le commencement de l'action, arriver en est le point culminant; de même aussi débuter dans l'étude, c'est le commencement de l'entreprise, comprendre la science qui a été enseignée, c'en est la fin. Ainsi, en toutes choses, le commencement vient en premier lieu, et la fin arrive par le point extrême. Mais déjà cette affaire a été débattue entre Janus et Terminus ! Quant à ce qu'on attribue à Jupiter, ce sont les causes efficientes, et non les effets; et, de toute manière, il est impossible que les faits, et leurs commencements, surpassent les causes même pour le temps. Car ce qui produit est toujours avant ce qui est produit. Si donc, dans ce qui se fait, les commencements appartiennent à Janus, ce n'est pas à dire pour cela qu'ils précèdent les causes efficientes que l'on attribue à Jupiter. En effet, comme rien n'est produit, ainsi rien ne commence à être produit, si la cause efficiente ne l'a pas devancé. Certes, pour ce qui est de ce Dieu au pouvoir duquel sont les causes de toutes les substances créées et de tous les êtres de la nature, si les peuples l'appellent Jupiter, et s'ils l'honorent par tant d'outrages et d'imputations criminelles, ils commettent un sacrilége plus abominable, que s'ils ne reconnaissaient absolument aucun dieu. Aussi il vaudrait mieux donner le nom de Jupiter à quelqu'autre, digne d'honneurs aussi honteux et aussi infâmes, et substituer à la place du vrai Jupiter une vaine représentation sur laquelle tomberaient ces blasphèmes; ce qui eut lieu pour Saturne, à qui, dit-on, une pierre fut présentée pour qu'il la dévorât en place de son fils. Cela serait mieux que de proclamer ce dieu maître du tonnerre et infâme adultère, gouvernant le monde et se livrant lui-même à toutes sortes de débauches; ayant sous son autorité les causes souveraines de toutes les substances et de tous les êtres de la nature, et étant lui-même soumis à des causes immorales.

2. Ensuite, je demande quelle place on assigne à ce Jupiter parmi les dieux, si Janus est le monde. Car notre auteur a déjà défini les véritables dieux, comme étant l'âme du monde et ses parties. Par là, tout ce qui n'est pas cela n'est pas véritable dieu, au dire de ces païens. Diront-ils donc que Jupiter est l'âme du monde, tandis que Janus n'en est que le corps, c'est-à-dire ce monde visible. S'ils le disent, il n'y aura

---

Merito ergo rex omnium Jupiter habetur. Prima enim vincuntur a summis : quia licet prima præcedant tempore, summa superant dignitate. » Sed recte hoc diceretur, si factorum prima discernerentur et summa; sicut initium facti est proficisci, summum pervenire; initium facti incœptio discendi, summum perceptio doctrinæ; ac sic in omnibus prima sunt initia, (a) summique sunt fines. Sed jam hoc negotium inter Janum Terminumque discussum est. Causæ autem quæ dantur Jovi, efficientia sunt, non effecta; neque ullo modo fieri potest, ut vel tempore præveniantur a factis initiisve factorum. Semper enim prior est res quæ facit, quam illa quæ fit. Quapropter si ad Janum pertinent initia factorum, non ideo priora sunt efficientibus causis, quas Jovi tribuunt. Sicut enim nihil fit, ita nihil inchoatur ut fiat, quod non faciens causa præcesserit. Hunc sane deum, penes quem sunt omnes causæ factarum omnium naturarum naturaliumque rerum, si Jovem populi appellant, et tantis contumeliis tamque scelestis criminationibus colunt, tetriore sacrilegio sese obstringunt, quam si prorsus nullum putarent deum. Unde satius esset eis alium aliquem Jovis nomine nuncupare, dignum turpibus et flagitiosis honoribus, supposito vano figmento quod potius blasphemarent, (sicut Saturno dicitur suppositus lapis, quem pro filio devoraret,) quam istum deum dicere et tonantem et adulterantem, et totum mundum regentem et per tot stupra diffluentem, et naturarum omnium naturaliumque rerum causas summas habentem et suas causas bonas non habentem.

2. Deinde quæro, quem jam locum inter deos huic Jovi tribuant, si Janus est mundus. Deos enim veros animam mundi ac partes ejus iste definivit; ac per hoc quidquid hoc non est, non est utique secundum istos verus deus. Num igitur ita dicturi sunt Jovem animam mundi, ut Janus sit corpus ejus, id est, iste visibilis mundus? Hoc si dicunt, non erit quemadmodum Janum deum dicant; quoniam mundi

(a) Sic Mss. Editi, vero, *summæque sunt fines.*

plus moyen pour eux d'appeler Janus dieu, puisque même selon eux le corps du monde n'est pas Dieu, mais seulement l'âme du monde et ses parties. Aussi le même Varron dit très-clairement que, suivant sa pensée, Dieu est l'âme du monde, et ce monde lui-même est dieu. Mais il ajoute que, de même que l'homme sage, composé d'une âme et d'un corps, doit cependant à son âme d'être appelé sage; ainsi le monde est appelé dieu à cause de son âme, bien qu'il soit composé de l'âme et du corps. Ainsi, abstraction faite de son âme, le corps du monde n'est pas dieu, mais seulement ou son âme sans le corps, ou son corps uni à l'âme, de telle sorte cependant qu'il ne soit pas dieu selon le corps, mais seulement selon l'âme. Si donc Janus est le monde, et si Janus est dieu; pour que Jupiter puisse être dieu, dira-t-on qu'il est une partie de Janus? Mais comment? N'est-ce pas plutôt à Jupiter qu'on attribue tout? De là cette parole : « Tout est plein de Jupiter. » (VIRGILE, *Eglog.* III.) Donc, pour que Jupiter soit dieu, et surtout roi des dieux, il faut qu'il soit le monde, et non autre, afin que, suivant la doctrine des païens, il règne sur les autres dieux, comme sur ses parties. Pour appuyer ce sentiment, quelques vers de Valérius Soranus sont rapportés par le même Varron dans ce livre qu'il a écrit à part sur le culte des dieux. Les voici : « Jupiter, tout-puissant, père des rois, de tous les êtres et des dieux mêmes, mère aussi des dieux, dieu seul et embrassant tous les autres. » Et dans le même livre Varron les explique ainsi : On a donné à Jupiter le sexe mâle pour produire la semence, et le sexe femelle pour la recevoir. Jupiter est le monde, il fait sortir de lui-même toutes les semences, et il les fait rentrer en lui. Ainsi, ajoute-t-il, Soranus a bien dit : Jupiter père et mère. Et il a écrit avec non moins de raison qu'il est un et tous, car le monde est un, et tout est en lui.

CHAPITRE X.

La distinction de Janus et de Jupiter est-elle juste?

Puis donc que Janus est le monde, et Jupiter aussi, et qu'il n'y a qu'un monde, pourquoi Janus et Jupiter sont-ils deux dieux? pourquoi ont-ils chacun leurs temples et leurs autels à part? pourquoi leurs sacrifices sont-ils différents, comme aussi leurs statues? C'est parce que, dira-t-on, autre est la puissance des commencements, autre celle des causes, et qu'ainsi la première a reçu le nom de Janus, et la seconde celui de Jupiter. Mais alors si un homme, se livrant à divers emplois, exerçait un double pouvoir ou une double profession, pourrait-on, par la raison que la puissance de chaque emploi est

---

corpus non est deus vel secundum ipsos, sed anima mundi ac partes ejus. Unde apertissime idem dicit, deum se arbitrari esse animam mundi, et hunc ipsum mundum esse deum; sed sicut hominem sapientem, cum sit ex animo et corpore, tamen ex animo dici sapientem; ita mundum deum dici ab animo, cum sit ex animo et corpore. Solum itaque mundi corpus non est deus; sed aut sola anima ejus, aut simul corpus et animus; ita tamen ut non sit a corpore, sed ab animo deus. Si ergo Janus est mundus, et deus est Janus, numquid Jovem esse ejus possit, aliquam partem Jani esse dicturi sunt? Magis enim Jovi universum solent tribuere; unde est : « Jovis omnia plena. » (*Eclog.* III.) Ergo et Jovem, ut deus sit, et maxime rex deorum, non alium possunt existimare quam mundum; ut diis cæteris secundum istos suis partibus regnet. In hanc sententiam etiam quosdam versus Valerii Sorani exponit idem Varro, in eo libro quem seorsum ab istis de cultu deorum scripsit; qui versus hi sunt :

Juppiter omnipotens regum (*a*) rerumque deûmque
Progenitor, genitrixque deûm, deus unus, et omnis.

Exponuntur autem in eodem libro, ita ut eum marem existimarent, qui semen emitteret, feminam quæ acciperet; Jovemque esse mundum; et cum omnia semina ex se emittere, et in se recipere : « Qua causa, inquit, scripsit Soranus, Jupiter progenitor genitrixque; nec minus cum causa unum et omnia idem esse; mundus enim unus, et in eo uno omnia sunt. »

CAPUT X.

An Jani et Jovis recta discretio sit.

Cum ergo Janus mundus sit, et Jupiter mundus sit, unusque sit mundus, quare duo dii Janus et Jupiter? Quare seorsus habent templa, seorsus aras, diversa sacra, dissimilia simulacra? Si propterea quod alia vis est primordiorum, alia causarum, et illa Jani, illa Jovis nomen accepit; numquid si unus

---

a) Vind. Am. et Er. *regum rex ipse deusque.*

différente, dire de lui qu'il y a dans sa personne deux juges ou deux artisans? De même donc pour le dieu unique, exerçant son pouvoir sur les commencements et puis aussi sur les causes, est-il nécessaire de penser qu'il y a en lui deux dieux, parce que les commencements et les causes sont deux choses différentes? Si on le croit ainsi, qu'on dise qu'en Jupiter il y a autant de dieux qu'on lui a donné de surnoms, en raison des diverses puissances qu'il exerce, parce que toutes les opérations qui lui ont valu ces surnoms sont nombreuses et variées. Je vais citer quelques-uns de ces noms.

CHAPITRE XI.

Surnoms de Jupiter. Ils ne s'appliquent pas à plusieurs dieux, mais au seul et même Jupiter.

On l'a appelé des noms de *Victor*, *Invictus*, *Opitulus*, *Impulsor*, *Stator*, *Centipoda*, *Supinalis*, *Tigillus*, *Almus*, *Ruminus*, et encore d'autres dont il serait trop long de continuer la liste. On a donné ces surnoms au même dieu pour des causes et des puissances différentes. Cependant on n'a pas forcé Jupiter de faire de lui-même autant de dieux qu'il a d'attributions. Ces attributions sont : de vaincre tout et d'être invincible, de porter secours aux indigents, d'avoir la puissance de renverser, de placer, d'affermir et de détruire, de maintenir le monde et de le soutenir, comme s'il était une poutre lui servant d'appui, de distribuer la nourriture à tout, et de la donner aux animaux par le moyen de l'estomac, je veux dire par la mamelle. Parmi ces différentes attributions, il y en a d'importantes, il y en a de chétives, et cependant un seul est dit remplir les unes et les autres. Je pense que les causes et les commencements des choses, pour lesquelles on a voulu qu'un seul monde fût deux dieux, ont plus de rapport ensemble, que l'action de soutenir le monde et celle de présenter la mamelle aux animaux. Et cependant pour ces deux fonctions, si différentes l'une de l'autre, et par leurs effets et par leur dignité, il n'a pas fallu établir deux dieux, mais il a suffi du seul Jupiter, qu'on a appelé Tigillus pour l'une et Ruminus pour l'autre. Je n'oserais dire que présenter la mamelle aux animaux conviendrait mieux à Junon qu'à Jupiter, d'autant plus que la déesse Rumina lui viendrait en aide et l'assisterait dans cette fonction! Et de fait, on pourrait me répondre que Junon n'est autre que Jupiter, d'après ces vers de Valérius Soranus, où il est dit : « Le tout-puissant Jupiter, père des rois, de toutes choses, et aussi des dieux dont il est

---

homo in diversis rebus duas habeat potestates aut duas artes, quia singularum diversa vis est, ideo duo judices aut duo dicuntur artifices? Sic ergo et unus Deus, cum ipse habeat potestatem primordiorum, ipse causarum, num propterea illum duos deos esse necesse est putari, quia primordia causæque res duæ sunt? Quod si hoc justum putant, etiam ipsum Jovem tot deos esse dicant, quotquot ei cognomina propter multas potestates dederunt; quoniam res omnes ex quibus illa cognomina sunt adhibita, multæ atque diversæ sunt; ex quibus pauca commemoro.

CAPUT XI.

De cognominibus Jovis, quæ non ad multos deos, sed ad unum eumdemque referuntur.

Dixerunt eum Victorem, Invictum, Opitulum, Impulsorem, Statorem, Centumpedam, Supinalem, Tigillum, (a) Almum, Ruminum, et alia quæ persequi longum est. Hæc autem cognomina imposuerunt uni deo propter causas potestatesque diversas, non tamen propter tot res etiam tot deos eum esse coegerunt; quod omnia vinceret, quod a nemine vinceretur, quod opem indigentibus ferret, quod haberet impellendi, statuendi, stabiliendi, resupinandi potestatem, quod tanquam tigillus mundum contineret ac sustineret, quod aleret omnia, quod ruma, id est, mamma aleret animalia. In his, ut advertimus, quædam magna sunt, quædam exigua; et tamen unus utraque facere perhibetur. Puto inter se propinquiora esse causas rerum atque primordia, propter quas res unum mundum duos deos esse voluerunt, Jovem atque Janum, (b) quam continere mundum et mammam dare animalibus; nec tamen propter hæc duo opera tam longe inter se vi et dignitate diversa, duo dii esse compulsi sunt; sed unus Jupiter, propter illud Tigillus, propter illud Ruminus appellatus est. Nolo dicere, quod animalibus mammam præbere sugentibus magis Junonem potuit decere, quam Jovem; præsertim cum esset etiam diva Rumina, quæ in hoc opus adjutorium illi famulatumve præberet. Cogito enim posse responderi, et ipsam Junonem nihil aliud esse quam Jovem, secundum illos Valerii Sorani versus, ubi dictum est :

(a) Am. et Er. *Alinum*. — (b) Sola editio Lov. *quem continere dicunt mundum.*

également la mère. » Pourquoi donc a-t-il été appelé aussi Ruminus, quand, en examinant avec un peu plus d'attention, nous trouvons qu'il est également la déesse Rumina? Car s'il semblait à bon droit indigne de la majesté des dieux, que dans un seul épi l'un eût le soin du nœud, et l'autre celui de l'enveloppe du grain ; combien est-il plus indigne de cette même majesté que, lorsqu'il s'agit d'une fonction aussi basse que celle de donner la mamelle aux animaux, il faille, pour s'en acquitter, la puissance réunie de deux dieux? Et que l'un de ces deux soit Jupiter, le roi même de tous les dieux, agissant en cela, non pas au moins avec son épouse, mais avec je ne sais quelle obscure Rumina! A moins toutefois qu'il ne soit encore cette Rumina même; dans ce cas, il serait en même temps Ruminus et Rumina : Ruminus pour les mâles, Rumina pour les femelles. Sans doute, je dirais bien qu'on n'a pas voulu donner à Jupiter un nom féminin, si, dans les vers cités plus haut, on ne l'appelait père et mère, et si, parmi ses surnoms, on ne voyait pas celui de Pecunia, dont on l'appelle encore. Pecunia est cette déesse qui compte parmi les divinités de la dernière classe, et dont nous avons fait mention au quatrième livre. (chap. XXI, XXIV.) Mais, comme les hommes et les femmes ont de l'argent, pourquoi n'a-t-il pas été appelé Pecunia, et aussi Pecunius, comme on a dit Rumina et Ruminus? Je laisse aux savants de la théologie païenne le soin d'éclaircir ce point!

CHAPITRE XII.

Jupiter s'appelle aussi Pecunia.

Mais n'est-elle pas admirable la raison que l'on a donnée de ce nom? Jupiter est appelé Pecunia, dit-on, parce que tout est à lui. O la haute et profonde raison d'un nom divin! Quoi! celui à qui tout appartient est appelé Pecunia! N'est-ce pas le comble du mépris et de l'outrage? Car, en comparaison de tout ce que le ciel et la terre renferment de trésors, qu'est-ce donc que l'argent, j'entends ici tous ces biens que les hommes possèdent sous ce nom d'argent? Certainement, c'est l'avarice qui a donné ce nom à Jupiter; en sorte que quiconque a l'amour de l'argent puisse se flatter qu'il aime, non pas un dieu quelconque, mais le roi même de tous les dieux. Ce serait bien différend, si on l'appelait richesse. La richesse est une chose, et l'argent une autre. En effet, nous appelons riches les hommes sages, justes, bons, qui n'ont point d'argent, ou qui en ont peu. Car ils sont riches par les vertus qui les font se contenter de ce qu'ils ont, lorsqu'il leur faut répondre aux nécessités de la vie du corps. Au contraire, ils sont pauvres ces avares toujours insatiables dans

Juppiter omnipotens regum rerumque deûmque
Progenitor genitrixque deûm.

Quare ergo dictus est et Ruminus, cum diligentius fortasse quærentibus ipse inveniatur esse etiam illa diva Rumina? Si enim majestate deorum recte videbatur indignum, ut in una spica alter ad curam geniculi, (*a*) altera ad folliculi pertineret; quanto est indignius unam rem infimam, id est, ut mammis alantur animalia, duorum deorum potestate curari, quorum sit unus Jupiter rex ipse cunctorum; et hoc agat non saltem cum conjuge sua, sed cum ignobili nescio qua Rumina, nisi quia ipse est etiam ipsa Rumina (*b*); Ruminus fortasse pro sugentibus maribus, Rumina pro feminis? Dicerem quippe noluisse illos Jovi femininum nomen imponere, nisi et in illis versibus Progenitor genitrixque diceretur; et inter alia ejus cognomina legerem, quod etiam Pecunia vocaretur, quam deam inter illos minusculiarios invenimus, et in quarto libro commemoravimus. (Cap. XXI, XXIV.) Sed cum et mares et feminæ habeant pecuniam, cur non et Pecunia et Pecunius appellatus sit, sicut Rumina et Ruminus; ipsi viderint.

CAPUT XII.

Quod Jupiter etiam Pecunia nuncupetur.

Quam vero eleganter rationem hujus nominis reddiderunt? Et Pecunia, inquiunt, vocatur, quod ejus sunt omnia. O magnam rationem divini nominis! Imo vero ille cujus sunt omnia, vilissime et contumeliosissime Pecunia nuncupatur. Ad omnia enim quæ cœlo et terra continentur, quid est pecunia in omnibus omnino rebus, quæ ab hominibus nomine pecuniæ possidentur? Sed nimirum hoc avaritia Jovi nomen imposuit, ut quisquis amat pecuniam, non quemlibet deum, sed ipsum regem omnium sibi amare videatur. Longe autem aliud esset, si divitiæ vocaretur. Aliud namque sunt divitiæ, aliud pecunia. Nam dicimus divites, sapientes, justos, bonos, quibus pecunia vel nulla, vel parva est; magis enim sunt virtutibus divites, per quas

---

(*a*) Editi hoc etiam loco *alter*. At Mss. *altera* scilicet *Volutina*. Vide supra lib. IV, c. VIII. — (*b*) Hic in editis additur, *ipse Ruminus* ; quod abest a Mss.

leurs désirs, et n'arrivant jamais à les satisfaire; puisque, quelque grande que soit la quantité d'argent qu'ils puissent posséder, ils ne peuvent être rassasiés au milieu de leur abondance, si grande qu'elle soit. Et le vrai Dieu lui-même nous l'appelons riche à juste titre; ce n'est cependant pas en argent, mais en toute-puissance qu'il l'est. On appelle donc riches ceux qui possèdent de l'argent, mais de vrai ils sont pauvres, s'ils sont dominés par la cupidité. De même, on appelle pauvres ceux qui n'ont point d'argent, mais au fond ils sont riches, s'ils sont sages. Que doit donc être, pour le sage, cette théologie où le roi des dieux a reçu le nom d'un objet qu'aucun sage n'a jamais désiré? (SALLUSTE, *Catilina*.) Ah! si cette doctrine des dieux nous apprenait quelque chose qui eût l'avantage d'intéresser le salut, combien il eût été plus naturel d'appeler ce dieu modérateur du monde, non pas *Pecunia*, mais *Sapientia*, c'est-à-dire la sagesse dont l'amour purifie des souillures de l'avarice, qui est l'amour de l'argent!

CHAPITRE XIII.

En exposant ce qu'est Saturne et ce qu'est Génius, on enseigne que l'un et l'autre ne sont toujours que le seul Jupiter.

Mais pourquoi en dire davantage sur ce Jupiter avec lequel il faudra peut-être encore identifier les autres dieux, en sorte que l'opinion de la pluralité des dieux demeure sans réalité? Et, en effet, tous les dieux se réduiraient à lui seul; soit qu'ils passent pour être ses parties ou ses puissances; soit que la vertu de cette âme du monde, que l'on croit répandue dans tout, reçoive différents noms de divinités, rappelant ou les différentes parties de cette masse immense qui constitue ce monde visible, ou les différentes opérations de la nature. Car, examinons bien, qu'est-ce que Saturne? Varron dit: C'est l'un des principaux dieux qui exerce sa puissance sur toutes les semences. Mais son explication des vers de Valérius Soranus ne se réduit-elle pas à cette proposition que Jupiter est le monde, qu'il fait sortir de lui toutes les semences, et qu'il les y fait rentrer? C'est donc lui qui exerce la puissance sur toutes les semences. Qu'est-ce que Génius? C'est, dit toujours le même Varron, un dieu qui est préposé et a puissance sur tout ce qui doit être engendré. Mais quel autre dieu a cette puissance, croit-on, sinon le monde pour qui on a dit: « Jupiter père et mère. » Et lorsque, dans un autre endroit, Varron dit que Génius est l'âme raisonnable de chaque homme, et que chacun a son Génius; quand il ajoute que l'âme, c'est-à-dire le Génius du monde, est dieu,

eis etiam in ipsis corporalium rerum necessitatibus sat est quod adest; pauperes vero avaros, semper inhiantes et egentes; quamlibet enim magnas pecunias habere possunt, sed in earum quantacumque abundantia non egere non possunt. Et Deum ipsum verum recte dicimus divitem, non tamen pecunia, sed omnipotentia. Dicuntur itaque et divites pecuniosi; sed interius egeni, si cupidi. Item dicuntur pauperes pecunia carentes; sed interius divites, si sapientes. Qualis ergo ista theologia debet esse sapienti, ubi rex deorum ejus rei nomen accepit, quam nemo sapiens concupivit? (SALLUST., *in Catil.*) Quanto enim facilius, si aliquid hac doctrina quod ad vitam pertineret æternam salubriter disceretur, deus mundi rector non ab eis pecunia, sed sapientia vocaretur, cujus amor purgat a sordibus avaritiæ, hoc est, ab amore pecuniæ?

CAPUT XIII.

Quod dum exponitur quid Saturnus quidve sit Genius, uterque unus Jupiter esse docetur.

Sed quid de hoc Jove plura, ad quem fortasse

(*a*) Plures Mss. *ipsi sint omnes.*

cæteri referendi sunt, ut inanis remaneat deorum opinio plurimorum, cum hic (*a*) ipse sit omnes; sive cum partes ejus vel potestates existimantur, sive cum vis animæ, quam putant per cuncta diffusam, ex partibus molis hujus, in quas visibilis mundus iste consurgit, et multiplici administratione naturæ, quasi plurium deorum nomina accepit? Quid enim et Saturnus? « Unus, inquit, de principibus deus, penes quem sationum omnium dominatus est. » Nonne expositio versuum illorum Valerii Sorani sic se habet: Jovem esse mundum, et eum omnia semina ex se emittere, et in se recipere? Ipse est igitur penes quem sationum omnium dominatus est. Quid est Genius? « Deus, inquit, qui præpositus est ac vim habet omnium rerum gignendarum. » Quem alium hanc vim habere credunt, quam mundum, cui dictum est: Jupiter progenitor genitrixque? Et cum alio loco Genium dicit esse uniuscujusque animum rationalem, et ideo esse singulos singulorum, talem autem mundi animum deum esse; ad hoc idem utique revocat, ut tanquam universalis genius ipse mundi animus esse credatur. Hic est igitur quem appellant Jovem. Nam si omnis

il en revient à dire que l'âme du monde est regardée comme le Génius universel. Ce Génius alors est donc celui qu'on appelle Jupiter. Car si tout Génius est dieu, et si l'âme de tout homme est Génius, il s'ensuit que l'âme de tout homme est dieu. Que si cette conséquence absurde les fait reculer, il ne leur reste plus qu'à appeler particulièrement et exclusivement Génius, le dieu qu'on dit être l'âme du monde. Mais ce dieu, c'est Jupiter.

CHAPITRE XIV.
Fonctions de Mercure et de Mars.

Quant à Mercure et à Mars, on n'a pas trouvé moyen de les rattacher à quelque partie du monde, ni à aucune action divine sur les éléments. On les a donc au moins fait présider aux œuvres de l'homme, comme ministres de la parole et de la guerre. Si le premier des deux, Mercure, exerce aussi sa puissance sur la parole des dieux, il commande donc au roi même des dieux, en ce sens que Jupiter parle avec sa permission, ou qu'il a reçu de lui la faculté de parler, ce qui assurément est absurde. Mais, si on dit que c'est seulement la parole humaine sur laquelle la puissance lui est attribuée; il n'est pas croyable que Jupiter ait voulu s'abaisser jusqu'à donner la mamelle aux enfants, bien plus aux animaux eux-mêmes, ce qui lui a fait donner le nom de Ruminus, et qu'il n'ait pas voulu s'intéresser du soin de notre parole, faculté qui nous met au-dessus des animaux. Ainsi donc il faut admettre que Jupiter est le même que Mercure. Mais que sera-ce si l'on dit que Mercure est la parole même, comme le prouvent toutes les explications qu'on donne sur lui? Car on dit Mercure pour signifier, qui court au milieu (ARNOBE, liv. III), parce que la parole court au milieu parmi les hommes. Et en grec on dit ἑρμῆς, parce que la parole et l'interprétation de la parole s'appellent ἑρμηνεία. Egalement on le fait présider au commerce, parce que c'est la parole qui est l'intermédiaire entre les vendeurs et les acheteurs. Ses ailes à la tête et aux pieds, signifient que la parole est portée comme sur des ailes à travers les airs. On l'appelle messager, parce que la parole est la messagère de toutes nos pensées. Si donc Mercure est la parole, de leur aveu même, il n'est plus dieu. Mais, comme ils se font des dieux, qui ne sont pas non plus des démons, en suppliant les esprits immondes, ils se mettent en la possession de ceux qui ne sont pas des dieux, mais des démons. Egalement, n'ayant pu trouver pour Mars aucun élément, ni aucune partie du monde à lui assigner, pour y administrer n'importe quoi dans les opérations de la nature, ils l'ont appelé le dieu de la guerre; la guerre, œuvre des hommes, et qu'ils ne devraient jamais

---

genius deus, et omnis viri animus genius, sequitur ut sit omnis viri animus deus; quod si et ipsos abhorrere absurditas ipsa compellit, restat ut eum singulariter et excellenter dicant deum genium, quem dicunt mundi animum, ac per hoc Jovem.

CAPUT XIV.
De Mercurii et Martis officiis.

Mercurium vero et Martem quomodo referrent ad aliquas partes mundi et opera Dei, quæ sunt in elementis, non invenerunt; et ideo eos saltem operibus hominum præposuerunt, sermocinandi et belligerandi (a) administros. Quorum Mercurius si sermonis etiam deorum potestatem gerit, ipsi quoque regi deorum dominatur, si secundum ejus arbitrium Jupiter loquitur, aut loquendi ab illo accepit facultatem: quod utique absurdum est. Si autem illi humani tantum sermonis potestas tributa perhibetur, non est credibile ad lactandos mamma, non solum pueros, sed etiam pecora, unde Ruminus cognominatus est, Jovem descendere voluisse, et curam nostri sermonis, quo pecoribus antecellimus, ad se pertinere noluisse : ac per hoc idem ipse est Jovis atque Mercurius. Quod si sermo ipse dicitur esse Mercurius, sicut ea quæ de illo interpretantur, ostendunt: (nam ideo Mercurius, quasi (*Apud* ARNOB., liv. III) medius currens dicitur appellatus, quod sermo currat inter homines medius; ideo ἑρμῆς Græce, quod sermo vel interpretatio, quæ utique ad sermonem pertinet, ἑρμηνεία dicitur; ideo et mercibus præesse, quia inter vendentes et ementes sermo fit medius; alas ejus in capite et pedibus significare volucrem ferri per aera sermonem; nuntium dictum, quoniam per sermonem omnia cogitata enuntiantur :) si ergo Mercurius ipse sermo est, etiam ipsis confitentibus, deus non est. Sed cum sibi deos faciunt eos, qui (b) nec dæmones sunt, immundis supplicando spiritibus, possidentur ab eis qui non dii, sed dæmones sunt. Item quia nec Marti aliquod elementum vel partem mundi invenire potuerunt, ubi ageret opera qualiacumque naturæ, deum belli esse

(a) Sic Mss. At editi, *ministros*. — (b) Particula *nec* ab Er. et Lov. omissa hic fuit : restituitur ex Vind. Am. et Mss.

désirer! Si donc la Félicité accordait une paix perpétuelle, Mars n'aurait rien à faire. Mais si Mars est la guerre même, comme Mercure est la parole, plût au ciel que la guerre, divinisée à tort, soit aussi absente qu'il est manifeste qu'elle n'est pas une divinité.

CHAPITRE XV.
Étoiles que les païens désignent par les noms de leurs dieux.

Peut-être dira-t-on que ces étoiles sont les dieux mêmes dont elles portent les noms. En effet, il y a une étoile qu'on appelle Mercure, il y en a une également qu'on appelle Mars. Mais il y a aussi celle qu'on appelle Jupiter; et cependant, Jupiter passe pour être le monde. Il y a aussi l'étoile appelée Saturne, et avec cela on ne lui donne pas une petite importance, elle donne le développement à toutes les semences. Il y a aussi celle qu'on appelle Vénus, la plus brillante de toutes, et néanmoins on veut que la même Vénus soit aussi la lune; quoique pour cet astre si brillant, comme pour la pomme d'or, il y ait débat entre Junon et Vénus. Car les uns disent que l'étoile du matin appartient à Vénus, les autres disent que c'est à Junon; mais, comme à l'ordinaire, Vénus l'emporte. En effet, ceux qui attribuent cette étoile à Vénus sont en bien plus grand nombre, on trouve à peine quelqu'un qui les contredise. Mais qui ne rirait pas, en entendant proclamer Jupiter roi de tous les dieux, et en voyant son étoile effacée par l'éclat de celle de Vénus? Ne devrait-elle pas, parmi les autres étoiles, être d'autant plus brillante que lui-même est plus puissant? On répond, qu'elle paraît ainsi moins brillante, parce qu'elle est beaucoup plus élevée et plus éloignée de la terre. Si donc la place est plus élevée en raison de la dignité plus grande, pourquoi Saturne est-il plus élevé que Jupiter? Sans doute ces fables vaines, qui donnent la royauté à Jupiter, ne sont point parvenues jusqu'à la région des astres, et ce que Saturne ne put obtenir ni dans son royaume, ni au Capitole (1), il le possède du moins dans le ciel! Mais pourquoi Janus n'a-t-il pas une étoile quelconque? Si c'est parce qu'étant le monde, toutes les étoiles sont en lui, Jupiter est aussi le monde, et cependant il a son étoile. Pauvre Janus! plaidant sa cause le mieux qu'il a pu, et ne pouvant obtenir une étoile au ciel, peut-être est-ce comme compensation qu'on lui donne tant de visages sur la terre? Ensuite, je suppose que c'est à cause de

---

(1) Saturne, chassé, dit-on, de la Crète, où il régnait, par son fils Jupiter, ne fut pas plus heureux au Capitole. Après avoir habité cette colline où il avait fondé Saturnia, il fut obligé de la céder à Jupiter auquel elle fut consacrée.

---

dixerunt, quod opus est hominum, et optabile eis non est. Si ergo pacem perpetuam Felicitas daret, Mars quid ageret non haberet. Si autem ipsum bellum est Mars, sicut sermo Mercurius; utinam quam manifestum est quod non sit deus, tam non sit et bellum quod vel falso vocetur deus.

CAPUT XV.
De stellis quibusdam, quas pagani deorum suorum nominibus nuncuparunt.

Nisi forte illæ stellæ sunt hi dii, quas eorum appellavere nominibus. Nam stellam quamdam vocant Mercurium, quamdam itidem Martem. Sed ibi est et illa quam vocant Jovem; et tamen eis mundus est Jovis: ibi quam vocant Saturnum; et tamen ei (*a*) præterea dant non parvam substantiam, omnium videlicet seminum: ibi est et illa omnium clarissima, quæ ab eis appellatur Venus; et tamen eamdem Venerem esse etiam Lunam volunt: quamvis de illo fulgentissimo sidere apud eos tanquam de malo aureo Juno Venusque contendant. Luciferum enim quidam Veneris, quidam dicunt esse Junonis: sed, ut solet, Venus vincit. Nam multo plures eam stellam Veneri tribuunt, ita ut vix eorum quisquam reperiatur, qui aliud opinetur. Quis autem non rideat, cum regem omnium Jovem dicant, (*b*) quod stella ejus ab stella Veneris tanta vincitur claritate? Tanto enim esse debuit cæteris illa fulgentior, quanto est ipse potentior. Respondent ideo sic videri, quia illa quæ putatur obscurior, superior est atque a terris longe remotior. Si ergo superiorem locum major dignitas meruit, quare Saturnus ibi est Jove superior? An vanitas fabulæ, quæ regem Jovem facit, non potuit usque ad sidera pervenire; et quod non valuit Saturnus in regno suo, neque in Capitolio, saltem est permissus obtinere in cœlo? Quare autem Janus non accepit aliquam stellam? Si propterea quia mundus est, et omnes in illo sunt: et Jovis mundus est, et habet tamen. An iste causam suam composuit ut potuit, et pro una stella quam non habet inter sidera, tot facies accepit in terra? Deinde si propter solas stellas Mercurium et Martem partes mundi putant, ut eos deos habere

---

(*a*) Sic Mss. Editi vero, *præter eam.* — (*b*) Sola editio Lov. pro *quod*, habet *cum.*

leurs seules étoiles que Mercure et Mars passent pour être des parties du monde, afin de pouvoir être regardés comme dieux. Car assurément, la parole et la guerre ne sont pas des parties du monde, mais des actes humains. Et alors, pourquoi en est-il autrement du Bélier et du Taureau, et du Cancer, et du Scorpion, et autres constellations, que l'on compte parmi les signes du ciel, qui ne sont pas de simples étoiles, mais qui forment chacune un groupe d'étoiles, et qui sont placées bien plus haut et jusqu'au sommet de l'éther, là où un mouvement plus constant assure aux astres une marche invariable? Pourquoi ne leur a-t-on décerné ni autels, ni sacrifices, ni temples; pourquoi ne les a-t-on même pas placées, je ne dis pas, parmi les dieux choisis, mais au moins, parmi ceux que j'appellerai la plèbe des dieux?

CHAPITRE XVI.

D'Apollon, de Diane et des autres dieux choisis dont on a voulu faire des parties du monde.

Bien qu'on veuille qu'Apollon soit oracle et médecin, cependant, pour le placer en quelque partie du monde, on a dit aussi qu'il était le soleil. Et de Diane sa sœur, on a dit pareillement qu'elle était la lune, et on l'a préposée aux chemins. De là, on l'a proclamée vierge, parce que le chemin ne produit rien. C'est aussi pour cela qu'on leur donne des flèches à tous deux, parce que ces deux astres envoient leurs rayons du ciel jusqu'à la terre. Selon la même théologie, Vulcain est le feu, Neptune l'eau, le vieux Dis ou Orcus la partie terrestre et inférieure du monde. Pour Liber et Cérès on les fait présider aux semences, Liber aux mâles, Cérès aux femelles; ou bien, le premier à l'élément liquide des semences, la seconde à leur élément sec. Et tout cela se rapporte encore au monde, c'est-à-dire, à Jupiter, qui pour cela même a été appelé père et mère (*voyez plus haut*, chap. xi), faisant sortir de lui toutes les semences et les y faisant rentrer. Quelquefois aussi on veut que la grand'mère des dieux soit Cérès, qui n'est autre, dit-on, que la terre, et on prétend encore que c'est Junon. Et voilà pourquoi on lui attribue les causes secondes des choses, bien que, cependant, on ait appelé Jupiter père et mère des dieux, parce que, selon la même doctrine, le monde tout entier est Jupiter lui-même. Et comme on a fait présider Minerve aux beaux arts, et qu'il ne s'est trouvé aucune étoile pour l'y placer, on a dit qu'elle était ou l'éther supérieur, ou même la lune. Vesta elle-même aussi a été regardée comme la plus grande déesse, parce qu'elle est la terre, quoiqu'on ait cru devoir lui attribuer ce feu du monde plus léger qui sert aux usages

---

possint, quia utique sermo et bellum non sunt partes mundi, sed actus hominum; cur Arieti et Tauro et Cancro et Scorpioni cæterisque hujusmodi quæ cœlestia signa numerant, et stellis non singulis, sed singula pluribus constant, superiusque (*a*) istis in summo cœlo perhibent collocata, ubi constantior motus inerrabilem meatum sideribus præbet, nullas aras, nulla sacra, nulla templa fecerunt; nec deos, non dico inter hos selectos, sed ne inter illos quidem quasi plebeios habuerunt?

CAPUT XVI.

De Apolline et Diana cæterisque selectis diis, quos partes mundi esse voluerunt.

Apollinem quamvis divinatorem et medicum velint, tamen ut in aliqua parte mundi statuerent, ipsum etiam solem esse dixerunt; Dianamque germanam ejus similiter lunam et viarum præsidem. Unde et virginem volunt, (*b*) quod via nihil pariat : et ideo ambos sagittas habere, quod ipsa duo sidera de cœlo radios terras usque pertendant. Vulcanum volunt ignem mundi, Neptunum aquas mundi, Direm patrem, hoc est Orcum, terrenam et infimam partem mundi. Liberum et Cererem præponunt seminibus, vel illum masculinis, illam femininis; vel illum liquori, illam vero ariditati seminum. Et hoc utique totum refertur ad mundum, id est, ad Jovem, qui propterea dictus est. (*Supra* cap. xi.) Progenitor genitrixque, quod omnia semina ex se emitteret, et in se reciperet. Quando quidem etiam Matrem magnam eamdem Cererem volunt, quam nihil aliud dicunt esse quam terram, eamque perhibent et Junonem. Et ideo ei secundas causas tribuunt rerum : cum tamen Jovi sit dictum : Progenitor genitrixque deum : quia secundum eos totus mundus ipse est Jovis. Minervam etiam, quia eam humanis artibus præposuerunt, nec invenerunt vel stellam ubi eam ponerent, eamdem vel summum æthera vel etiam lunam esse dixerunt. Vestam quoque ipsam propterea dearum maximam putaverunt, quod ipsa sit terra; quamvis ignem mundi leviorem qui per-

---

(*a*) Lov. *ista* : dissentientibus editis aliis et Mss. — (*b*) In sola editione Lov. *quia nihil pariat* : omisso verbo, *via*.

ordinaires, et non pas ce feu plus ardent tel que celui de Vulcain. Et ainsi, ils veulent que tous ces dieux choisis soient le monde, les uns pour une partie, les autres pour le tout. Les uns sont le monde entier comme Jupiter, les autres ne sont que les parties du monde, comme Génius, la Grande Mère, le Soleil et la Lune, ou plutôt Apollon et Diane. Tantôt aussi un seul dieu est plusieurs choses, tantôt une seule chose est plusieurs dieux. Et d'abord, un seul dieu est plusieurs choses, comme Jupiter. Jupiter est le monde tout entier, et puis il est le ciel seul, et enfin, il n'est plus seulement qu'une étoile. Il en est de même pour Junon. Elle est la reine des causes secondes, et puis elle est l'air, et puis elle est la terre, et si elle pouvait l'emporter sur Vénus, elle serait encore une étoile. De même pour Minerve. Elle est la partie supérieure de l'éther, elle est encore la lune, qui est, comme on le pense, à la dernière limite de l'éther. Par contre, plusieurs dieux font une seule et même chose; Janus est le monde et Jupiter aussi; Junon est la terre, la Grande Mère l'est aussi, et Cérès l'est également.

CHAPITRE XVII.

Que Varron lui-même a déclaré douteuses ses opinions sur les dieux.

Ce que j'ai cité pour exemple, et il en est de même du reste, ne se trouve guère éclairé par les explications des païens. Tant s'en faut, ils ne font, au contraire, que l'embrouiller davantage. Suivant le mouvement précipité que leur imprime l'erreur, ils se réfugient dans telle ou telle hypothèse, ou ils se hâtent de s'en retirer. C'est au point que Varron lui-même, plutôt que de rien affirmer, a préféré douter de tout. Car après avoir terminé sur les dieux certains le premier de ses trois derniers livres, voici comment dans le second il entre en matière sur les dieux incertains. Il dit : « Si, dans ce livre, j'exprime au sujet des dieux des opinions douteuses, il ne faut pas m'en faire de reproches. Car celui qui pensera qu'on doit et qu'on peut se prononcer, n'aura qu'à le faire après m'avoir entendu. Quant à moi, on m'amènerait à révoquer en doute ce que j'ai dit dans mon premier livre, plutôt que de me faire tirer une conclusion quelconque sur tout ce que je vais raconter dans celui-ci. » Ainsi, non-seulement il a jeté l'incertitude sur son livre touchant les dieux incertains, mais il a même ôté tout caractère de certitude à son premier livre sur les dieux certains. En outre, dans son troisième livre sur les dieux choisis, il fait d'abord les réflexions préliminaires qui lui paraissent résulter de la théologie naturelle; puis, avant d'entrer dans le récit des fables, des folies et des mensonges de

tinet ad usus hominum faciles, non violentiorem qualis Vulcani est, ei deputandum esse crediderunt. Ac per hoc omnes istos selectos deos hunc esse mundum volunt, in quibusdam universum, in quibusdam partes ejus : universum sicut Jovem; partes ejus, ut Genium, ut Matrem magnam, ut solem (a) et Lunam, vel potius Apollinem et Dianam. Et aliquando unum deum res plures, aliquando unam rem deos plures faciunt. Nam unus deus res plures sunt, sicut ipse Jupiter : et mundus enim totus Jupiter, et solum cœlum Jupiter, et sola stella Jupiter habetur et dicitur. Itemque Juno secundarum causarum domina, et Juno aer, et Juno terra, et si Venerem (b) vinceret, Juno stella. Similiter Minerva summus æther, et Minerva itidem luna, quam esse in ætheris infimo limite existimant. Unam vero rem deos plures ita faciunt. Et Janus est mundus, et Jupiter : sic et Juno est terra, et Mater magna, et Ceres.

CAPUT XVII.

Quod etiam ipse Varro opiniones suas de diis pronuntiarit ambiguas.

Et sicut hæc, quæ exempli gratia commemoravi, ita cætera non explicant, sed potius implicant; sicut impetus errabundæ opinionis impulerit, ita huc atque illuc, hinc atque illinc, insiliunt et resiliunt : ut ipse Varro de omnibus dubitare, quam aliquid affirmare maluerit. Nam trium extremorum primum cum de diis certis absolvisset librum, in altero de diis incertis dicere ingressus, ait : « Cum in hoc libello dubias de diis opiniones posuero, reprehendi non debeo. Qui enim putabit judicari oportere et posse, cum audierit, faciet ipse. Ego citius perduci possum, ut in primo libro quæ dixi in dubitationem revocem, quam in hoc quæ (c) perscribam omnia ut ad aliquam dirigam summam. » Ita non solum istum de diis incertis, sed etiam illum de certis fecit incertum. In tertio porro isto de diis selectis, postea quam prælocutus est quod ex naturali theologia

---

(a) Mss. *ut Solem vel Lunam; ut potius*, etc. — (b) *Vincere*, puta in contentione de Lucifero sidere, quod, uti capite superiore observat, quidam dicunt esse Junonis. — (c) Mss. *præscribam omnia, ut aliquam dirigam summam* : omisso *ad*.

la théologie civile, où non-seulement, il n'était pas guidé par la vérité, mais où il lui fallait encore subir la pression que lui imposait l'autorité des ancêtres, il s'exprime ainsi : « Je vais parler en ce livre-ci des dieux publics du peuple romain, auxquels on a dédié des temples et dressé des statues. Mais, comme Xénophanes de Colophon, je déclare ce que je pense sans vouloir le soutenir. Car là-dessus l'homme en est réduit à des conjectures; à la nature divine appartient la science. » C'est donc de choses qu'il ne s'explique pas, et qu'il ne croit pas bien fermement, de choses qui ne sont en lui qu'à l'état d'opinion, dont il doute même, qu'il promet timidement de parler, se proposant de faire connaître comment les hommes les ont réglées. Il savait que le monde existe, que le ciel et la terre existent; que le premier est tout brillant d'étoiles, que la seconde fournit beaucoup de semences. Il croyait que tous les êtres, de même que toute cette masse et tout cet ensemble de la nature, sont gouvernés par une force invisible et toute-puissante, et qu'ils sont dirigés par un esprit supérieur dont l'immutabilité est assurée. Mais il ne pouvait pas également affirmer de Janus qu'il fut le monde; il ne pouvait pas non plus découvrir comment Saturne, étant le père de Jupiter, était devenu son sujet, sans compter tous les autres problèmes semblables qu'il ne pouvait résoudre.

CHAPITRE XVIII.

Cause la plus vraisemblable du paganisme.

De tout cela, la raison la plus vraisemblable, c'est que les dieux ont été des hommes, et qu'en l'honneur de chacun d'eux, ceux qui les ont faits dieux pour les flatter, ont établi des cérémonies et des solennités d'après leur caractère, leurs mœurs, leurs actions et les différentes vicissitudes de leur vie. Ces traditions de mensonge se sont peu à peu fait accepter des âmes humaines semblables à celles des démons et avides de toute vanité. Elles se sont répandues de tous côtés, embellies par les fictions des poètes, et présentées d'une manière séduisante par les esprits imposteurs. En effet, qu'un fils impie chasse son père de son royaume, soit à cause de la crainte qu'il a d'être mis à mort par ce père inhumain, soit à cause de la passion qu'il ressent pour le trône, cela est plus naturel que l'explication de Varron, quand il dit que Saturne, vaincu par Jupiter, son fils, représente la supériorité de la cause représentée par Jupiter sur la semence qu'on attribue à Saturne. Car, s'il en était ainsi, jamais Saturne n'aurait précédé ni engendré Jupiter, parce que la cause précède toujours la semence, et n'en est jamais

---

præloquendum putavit, ingressurus hujus civilis theologiæ vanitates et insanias mendaces, ubi eum non solum non ducebat rerum veritas, sed etiam majorum premebat auctoritas : « De diis, inquit, populi Romani publicis, quibus ædes dedicaverunt, eosque pluribus signis ornatos notaverunt, in hoc libro scribam, sed ut Xenophanes Colophonius scribit, quid putem, non quid contendam, ponam. Hominis enim est hæc opinari, dei scire. » Rerum igitur non comprehensarum, nec firmissime creditarum, sed opinatarum et dubitandarum sermonem trepidus pollicetur, dicturus ea quæ ab hominibus instituta sunt. Neque enim, sicut sciebat esse mundum, esse cœlum et terram, cœlum sideribus fulgidum, terram seminibus fertilem, atque hujusmodi cætera, sicut hanc totam molem atque naturam vi quadam invisibili ac præpotenti regi atque administrari certa animi stabilitate credebat; ita poterat affirmare de Jano, quod mundus ipse esset; aut de Saturno invenire, quomodo et Jovis pater esset et regnanti subditus factus esset, et cætera talia.

CAPUT XXVII.

Quæ credibilior causa sit, qua error paganitatis inoleverit.

De quibus credibilior redditur ratio, cum perhibentur homines fuisse, et unicuique eorum ab his qui eos adulando deos esse voluerunt, ex (a) ejus ingenio, moribus, actibus, casibus, sacra et solemnia constituta, atque hæc paulatim per animas hominum dæmonibus similes et ludicrarum rerum avidas irrependo, longe lateque (b) vulgata, ornantibus ea mendaciis poetarum, et ad ea fallacibus spiritibus seducentibus. Facilius enim fieri potuit, ut juvenis impius vel ab impio patre interfici metuens et avidus regni patrem pelleret regno, quam id quod iste interpretatur, ideo Saturnum patrem a Jove filio superatum, quod ante est causa quæ pertinet ad Jovem, quam semen quod pertinet ad Saturnum. Si enim hoc ita esset, nunquam Saturnus prior fuisset, nec pater Jovis esset. Semper enim semen causa præcedit, nec unquam generatur ex semine. Sed cum conantur

---

(a) Er. et Lov. *ex eorum*. At Mss. *ex ejus* : quod refertur ad *unicuique*. — (b) Editi, *vulgarunt*. Emendantur a Mss.

engendrée. Mais quand ces hommes, si pénétrants pourtant, s'épuisent en efforts pour faire à ces fables toutes puériles ou à ces actions humaines l'honneur d'une explication naturelle, alors ils se trouvent réduits à de telles extrémités, que nous sommes forcés de déplorer leur malheureuse détresse.

CHAPITRE XIX.

Explications qui donnent la raison du culte de Saturne.

Les païens, dit Varron, ont raconté que Saturne dévorait ce qui naissait de lui. C'était parce que les semences retournent là où elles ont pris naissance. Pour ce qui est de la motte de terre qu'on lui présenta à dévorer au lieu de Jupiter, cela signifie, dit toujours le même Varron, que l'homme a commencé d'abord par enfouir les semences à la main avant l'utile découverte de la charrue. Saturne aurait donc dû être appelé la terre, et non pas la semence. Car c'est la terre qui, d'une certaine manière, dévore ce qu'elle a produit, puisque les semences qui sortent de son sein y rentrent de nouveau. Et ce qu'on dit de la motte de terre que Saturne a prise pour Jupiter, en quoi cela signifie-t-il que la semence fut d'abord enfouie par la main de l'homme. Est-ce que par là même ce que la terre recouvre n'est pas dévoré comme le reste?

Et cependant, ce qui est dit de Saturne, auquel la motte de terre fut présentée à la place de Jupiter soustrait ainsi à sa voracité, fait entendre que celui qui dans l'ensemencement jette la terre dans le sillon, a ôté préalablement la semence au lieu de la faire dévorer plus sûrement en la déposant sous la terre. Ensuite, d'après cette comparaison, Jupiter serait la semence, et non la cause de la semence, comme on le disait tout à l'heure. Mais à quoi voudriez-vous voir aboutir ceux qui, expliquant des inepties, ne trouvent rien de raisonnable à dire? Varron dit encore : Saturne a une faux, à cause de l'agriculture. Assurément, quand il régnait, il n'y avait point encore d'agriculture. Aussi, l'époque de Saturne est appelée l'époque primitive; parce que, suivant l'interprétation que le même Varron donne de ces récits mensongers, les premiers hommes vivaient de ce que la terre produisait sans culture. Est-ce qu'il a reçu la faux en échange de son sceptre perdu, afin qu'après avoir été dans les premiers temps un roi oisif, il devînt, sous le règne de son fils, un travailleur actif? Ensuite, Varron ajoute que certains peuples, comme les Carthaginois, lui immolaient des enfants, que même certains autres, comme les Gaulois, lui immolaient des hommes; parce que, de toutes les semences, la meilleure, c'est le genre humain. Sur cette sauvage erreur qu'est-il nécessaire de parler davan-

---

vanissimas fabulas sive hominum res gestas velut naturalibus interpretationibus honorare, etiam homines acutissimi tantas patiuntur angustias, ut eorum quoque vanitatem dolere cogamur.

CAPUT XIX.

De interpretationibus, quibus colendi Saturni (a) ratio concinnatur.

Saturnum, inquit, dixerunt, quæ nata ex eo essent, solitum devorare, quod eo semina, unde nascerentur, redirent. Et quod illi pro Jove gleba objecta est devoranda, significat, inquit, manibus humanis obrui cœptas serendo fruges, antequam utilitas arandi esset inventa. Saturnus ergo dici debuit ipsa terra, non semina : ipsa enim quodam modo devorat quæ genuerit, cum ex ea nata semina in eam rursus recipienda redierint. Et quod pro Jove accepisse dicitur glebam, quid hoc ad id valet, quod manibus hominum semen gleba coopertum est? Numquid ideo non est, ut cætera, devoratum, quod gleba coopertum est? Ita enim hoc dictum est, quasi qui glebam opposuit, semen abstulerit, sicut Saturno perhibetur oblata gleba ablatum Jovem; ac non potius gleba semen operiendo fecerit illud diligentius devorari. Deinde isto modo semen est Jupiter, non seminis causa, quod paulo ante dicebatur. Sed quid faciant homines, qui cum res stultas interpretantur, non inveniunt quid sapienter dicatur? Falcem habet, inquit, propter agriculturam. Certe illo regnante nondum erat agricultura, et ideo priora ejus tempora perhibentur, sicut idem ipse fabellas interpretatur, quia primi homines ex his vivebant seminibus, quæ terra sponte gignebat. An falcem sceptro perdito accepit, ut qui primis temporibus rex fuerat otiosus, filio regnante fieret operarius laboriosus? Deinde ideo dicit a quibusdam pueros ei solitos immolari, sicut a Pœnis, et a quibusdam etiam majores, sicut a Gallis, quia omnium seminum optimum est genus humanum. De hac crudelissima vanitate

---

(a) In editis : *Saturni causam ratiocinantur* : corrupte.

tage? Remarquons plutôt et tenons comme certain, que ces explications ne se rapportent point au vrai Dieu, nature vivante, incorporelle, immuable, à qui il faut demander la vie éternellement heureuse; mais qu'elles se terminent toutes aux choses corporelles et limitées par le temps, le changement et la mort. Quant à ce que la fable raconte de Saturne, qu'il enleva la virilité à son père le Ciel, cela, d'après Varron, signifie que c'est à Saturne et non au Ciel que la semence divine appartient, parce que, autant que l'on en peut juger, rien au ciel ne naît de semence. Mais voici autre chose : Si Saturne est fils du Ciel, il est fils de Jupiter. Car c'est une chose affirmée universellement et expressément que Jupiter, c'est le ciel. Ainsi, ce qui ne vient pas de la vérité se renverse de soi-même, et ordinairement sans l'impulsion de personne. Varron dit encore qu'on appelle Saturne Κρόνος, ce qui en grec signifie la durée du temps. Sans le temps, explique-t-il, la semence ne peut être féconde. Voilà ce qu'on dit de Saturne, et beaucoup d'autres choses encore, qui toutes se rapportent à la semence. Mais au moins, avec une si grande puissance, Saturne devrait suffire aux semences. Pourquoi donc va-t-on pour cela rechercher d'autres dieux, surtout Liber et Libera ou Cérès? Au sujet de ces dieux, Varron reprend ses explications sur les semences, et il en dit autant que s'il n'avait point du tout parlé de Saturne.

CHAPITRE XX.

Mystères sacrés de Cérès à Eleusis.

Entre les mystères de Cérès, on parle beaucoup de ceux d'Eleusis, qui, chez les Athéniens, furent très-renommés. Varron n'en explique rien. Il ne fait mention que de ce qui regarde l'invention du froment, que l'on attribue à Cérès, et la perte de sa fille Proserpine enlevée par Pluton. Il trouve que Proserpine signifie la fécondité des semences. Cette fécondité ayant manqué pendant un certain temps, et la terre étant désolée par la stérilité, on commença à croire que c'était Pluton qui avait enlevé et retenait aux enfers la fille de Cérès, c'est-à-dire, la fécondité appelée Proserpine, du verbe *proserpere*, qui signifie *pousser, sortir de terre*. Cet événement malheureux ayant été célébré par un deuil public, et la fécondité ayant reparu avec Proserpine, on fit de nouveau éclater la joie, et on institua à cet effet des solennités. Varron ajoute qu'il y a dans ces mystères beaucoup d'autres rites qui ne peuvent se rapporter qu'à l'invention des blés.

---

quid opus est plura dicere? Hoc potius advertamus atque teneamus, has interpretationes non referri ad verum Deum, vivam, incorpoream, incommutabilemque naturam, a quo vita in æternum beata poscenda est; sed earum esse fines in rebus corporalibus, temporalibus; mutabilibus atque mortalibus. Quod Cœlum, inquit, patrem Saturnus castrasse in fabulis dicitur, hoc significat penes Saturnum, non penes Cœlum, semen esse divinum. Hoc propterea, quantum intelligi datur, quia nihil in cœlo de seminibus nascitur. Sed ecce, Saturnus si Cœli est filius, Jovis est filius. Cœlum enim esse Jovem (*a*) innumerabiliter et diligenter affirmant. Ita ista quæ a veritate non veniunt, plerumque et nullo impellente se ipsa subvertunt. Κρόνον appellatum dicit, quod Græco vocabulo significat temporis spatium : sine quo semen, inquit, non potest esse fecundum. Hæc et alia de Saturno multa dicuntur, et ad semen omnia referuntur. Sed saltem Saturnus seminibus cum tanta ista potestate sufficeret : quid ad hæc dii alii requiruntur, maxime Liber et Libera, id est, Ceres? De quibus rursus, quod ad semen attinet, tanta dicit, quasi de Saturno nihil dixerit.

CAPUT XX.

De sacris Cereris Eleusinæ.

In Cereris autem sacris prædicantur illa (*b*) Eleusinia, quæ apud Athenienses nobilissima fuerunt. De quibus iste nihil interpretatur, nisi quod attinet ad frumentum, quod Ceres invenit, et ad Proserpinam, quam rapiente Orco perdidit. Et hanc ipsam dicit significare fecunditatem seminum : quæ cum defuisset quodam tempore, eademque sterilitate terra mœreret, exortam esse opinionem, quod filiam Cereris, id est, ipsam fecunditatem, quæ a proserpendo Proserpina dicta esset, Orcus abstulerat, et apud inferos detinuerat : quæ res cum fuisset luctu publico celebrata, quia rursus eadem fecunditas rediit, Proserpina reddita exortam esse lætitiam, et ex hoc solemnia constituta. Dicit deinde multa in mysteriis ejus tradi, quæ nisi ad frugum inventionem non pertinent.

(*a*) Lov. *immutabiliter* : dissentientibus editis aliis et Mss. — (*b*) Sic Er. et Mss. At Viud. Am. et Lov. *Eleusina*.

CHAPITRE XXI.

Infamie des fêtes célébrées en l'honneur de Bacchus.

Pour les mystères de Liber ou de Bacchus, ce dieu qu'ils font présider aux semences liquides, c'est-à-dire, non-seulement aux différentes liqueurs des fruits, parmi lesquelles le vin tient en quelque sorte le premier rang, mais encore aux semences animales, dire à quelles infamies les païens sont descendus, en vérité j'en ai honte, à cause des longueurs dans lesquelles il me faudrait tomber. Toutefois, en face d'une stupidité aussi insolente, j'en parlerai. Entre autres horreurs que je suis forcé d'omettre à cause de leur trop grand nombre, Varron nous dit qu'en certains endroits de l'Italie, il y avait des fêtes de Liber, que l'on célébrait avec un si grand excès d'infamie, qu'en son honneur on adorait les parties honteuses de l'homme, et cela, non pas dans le secret qu'exigerait encore une pudeur non complétement perdue, mais au grand jour et avec tous les transports d'une corruption qui s'étale. Car, pendant le temps que duraient les fêtes de Liber, ce membre honteux, déposé sur un char avec grand honneur, était promené d'abord au dehors dans la campagne et dans les bourgs, et ensuite, il était introduit jusque dans la ville. A Lavinium, on consacrait un mois tout entier au seul Bacchus. Tous les jours de ce mois se passaient à faire résonner les airs des paroles les plus infâmes, jusqu'à ce que le membre en question eût traversé le forum en triomphe, pour être replacé là où il demeurait ordinairement. Et il fallait qu'à ce membre honteux, la mère de famille la plus honnête allât publiquement porter une couronne. C'est ainsi qu'on devait rendre le dieu Liber propice au succès des semences; c'est ainsi qu'on devait détourner des champs tout funeste enchantement. Il fallait qu'une femme respectable fît en public ce qu'on n'aurait jamais dû permettre, sur le théâtre même, à une femme publique en présence de femmes honnêtes. C'est pourquoi on n'a pas cru que Saturne seul pût suffire aux semences, afin que l'âme immonde trouvât les occasions de multiplier les dieux, et que, justement abandonnée du seul véritable Dieu à cause de ses impuretés, et se prostituant à une multitude de fausses divinités, par une passion de plus en plus ardente pour l'ignominie, elle pût donner un nom vénérable à ces sacriléges et qu'elle se livrât à toutes les souillures et à tous les déshonneurs que lui infligerait cette foule d'impures divinités.

CAPUT XXI.

De turpitudine sacrorum, quæ Libero celebrantur.

Jam vero Liberi sacra, quem liquidis seminibus, ac per hoc non solum liquoribus fructuum, quorum quodam modo primatum vinum tenet, verum etiam seminibus animalium præfecerunt, ad quantam turpitudinem pervenerint, piget quidem dicere, propter sermonis longitudinem; sed propter superbam istorum hebetudinem non piget. Inter cætera quæ prætermittere, quoniam multa sunt, cogor; in Italiæ compitis quædam dicit sacra Liberi celebrata cum tanta licentia turpitudinis, ut in ejus honorem pudenda virilia colerentur; non saltem aliquantum verecundiore secreto, sed in propatulo exsultante nequitia. Nam hoc turpe membrum per Liberi dies festos cum honore magno plostellis impositum, prius rure in compitis, et usque in urbem postea vectabatur. In oppido autem (*a*) Lavinio uni Libero totus mensis tribuebatur, cujus diebus omnes verbis flagitiosissimis uterentur, donec illud membrum per forum transvectum esset, atque in loco suo quiesceret. Cui membro inhonesto matrem familias honestissimam palam coronam necesse erat imponere. Sic videlicet Liber deus placandus fuerat (*b*) proventibus seminum : sic ab agris fascinatio repellenda, ut matrona facere cogeretur in publico, quod nec meretrix, si matronæ spectarent, permitti debuit in theatro. Propter hæc Saturnus solus creditus non est sufficere posse seminibus, ut occasiones multiplicandorum deorum immunda anima reperiret, et ab uno vero Deo merito immunditiæ destituta, ac per multos falsos aviditate majoris immunditiæ prostituta, sacrilegia sacra nominaret, seseque spurcorum dæmonum turbis conviolandam polluendamque præberet.

(*a*) Aliquot Mss. *Lavino.* Sed longe plures probæ notæ, *Lanvino.* An forte pro, *Lanuvino.* Nam *agro Lanuvino* legere est in Horat., III, 27, de Lanuvii et Lavinii oppidi differentia dicit Sigonius in Liv. lib. VIII. — (*b*) Vind. Am. Er. et quidam Mss. *pro eventibus seminum.*

CHAPITRE XXII.

De Neptune, de Salacia et de Vénilia.

Neptune avait déjà pour épouse Salacia, qu'on a dit être l'eau de la partie inférieure de la mer. Pourquoi lui a-t-on ajouté encore Vénilia? Ne serait-ce pas pour satisfaire la passion de l'âme, qui se livre à la corruption, et pour multiplier, sans motif et sans nécessité, l'invocation des démons? Mais faisons connaître l'explication de cette belle théologie; qu'elle arrête nos reproches, en nous donnant de bonnes raisons. Vénilia, dit Varron, c'est l'eau qui va frapper le rivage, Salacia, c'est celle qui va à la pleine mer. Pourquoi donc en faire deux déesses, puisque c'est la même eau qui vient et qui retourne? Oui, c'est bien la passion en délire qui s'épuise en transports, et se jette dans cette multitude de divinités. Car, bien que cette eau qui va et qui revient ne soit pas double, cependant, saisissant l'occasion d'une vaine apparence, elle appelle à elle deux démons et se flétrit encore davantage, cette âme qui s'en va et ne revient pas. (*Ps.* LXXVII, 44.) Je t'en prie, Varron, ou plutôt je vous en conjure, ô vous qui avez lu de pareils écrits provenant d'hommes aussi savants, et qui vous vantez d'y avoir beaucoup appris, donnez-moi là-dessus une explication favorable, je ne dis pas à cette nature éternelle et immuable qui est Dieu seul, mais au moins à ce que vous dites de l'âme du monde, et de ses parties, que vous regardez comme de véritables dieux. La partie de l'âme du monde, qui pénètre la mer, vous en avez fait un dieu, c'est Neptune; voilà une erreur en quelque sorte plus tolérable. Mais en est-il ainsi de l'eau qui va au rivage et qui retourne en pleine mer? Y a-t-il là deux parties du monde, ou deux parties de l'âme du monde? Qui de vous a perdu l'esprit au point d'admettre cela? Pourquoi donc vous a-t-on fait de cela deux déesses; sinon parce que vos sages ancêtres ont pris leurs mesures, non pas pour vous mettre sous la garde de plusieurs divinités, mais pour vous donner, comme maîtres, un plus grand nombre de démons, de ces démons qui se complaisent dans toutes ces vanités et dans tous ces mensonges? Et, avec cette explication, pourquoi Salacia a-t-elle perdu la partie inférieure de la mer qui la soumettait à son mari? Car, en disant qu'elle est le flot qui revient, vous l'avez mise à la surface. Ou bien s'est-elle irritée de voir son mari prendre Vénilia pour concubine, et l'a-t-elle dans sa colère chassé des régions supérieures de la mer?

CAPUT XXII.

De Neptuno, et Salacia, ac Venilia.

Jam utique habebat Salaciam Neptunus uxorem, quam inferiorem aquam maris esse dixerunt: quid illi adjuncta est et Venilia, nisi ut sine ulla causa necessariorum sacrorum, sola libidine animæ prostitutæ, multiplicaretur invitatio dæmoniorum? Sed proferatur interpretatio præclaræ theologiæ, quæ nos ab ista reprehensione reddita ratione compescat. Venilia, inquit, unda est, quæ ad littus venit : Salacia, quæ in salum redit. Cur ergo deæ fiunt duæ, cum sit una unda quæ venit et redit? Nempe ipsa est exæstuans in multa numina libido vesana. Quamvis enim aqua non geminetur quæ it, et redit; hujus tamen occasione vanitatis, duobus dæmoniis invitatis, amplius anima commaculatur, quæ it, et non redit. Quæso te Varro, vel vos qui tam doctorum hominum talia scripta legistis, et aliquid magnum vos didicisse jactatis, interpretamini hoc, nolo dicere secundum illam æternam incommutabilemque naturam, qui solus est Deus; sed saltem secundum animam mundi, et partes ejus, quos deos veros esse existimatis. Partem animæ mundi, quæ mare permeat, deum vobis fecisse Neptunum, utcumque tolerabilioris est erroris. Itane unda ad littus veniens et in salum rediens, duæ sunt partes mundi, aut duæ partes animæ mundi? Quis vestrum ita desipiat, ut hoc sapiat? Cur ergo vobis duas deas fecerunt, nisi quia provisum est a sapientibus majoribus vestris, non ut dii plures vos regerent, sed ut ea quæ istis vanitatibus et falsitatibus gaudent, plura vos dæmonia possiderent? Cur autem illa Salacia per hanc interpretationem inferiorem maris partem, qua viro erat subdita, perdidit? Namque illam modo, cum refluentem fluctum esse perhibetis, in superficie posuistis. An quia Veniliam pellicem accepit, irata suum maritum de supernis maris exclusit?

CHAPITRE XXIII.

De la Terre, dont Varron prouve la divinité par la raison que l'âme du monde, à laquelle il attribue la divinité, la pénètre et lui communique une force divine.

1. Il n'y a qu'une seule terre. Nous la voyons, il est vrai, tout entière habitée par les êtres animés dont elle est la patrie. Cependant, ce n'est qu'un grand corps parmi les différents éléments, et elle est la moins noble partie du monde. Pourquoi veut-on en faire une déesse? Est-ce à cause de sa fécondité? Alors pourquoi n'élèverait-on pas plutôt à la dignité de dieux les hommes qui la rendent féconde en lui consacrant leurs soins, non pas lorsqu'ils l'adorent, mais lorsqu'ils la cultivent. Mais, dit-on, ce qui la constitue déesse, c'est la partie de l'âme du monde qui la pénètre. Comme si l'âme ne se manifestait pas davantage dans l'homme, au point qu'en lui l'existence de l'âme ne peut être mise en question! Et cependant les hommes ne passent pas pour des dieux; et, ce qu'il y a de particulièrement déplorable, c'est que eux, qui ne sont point des dieux, se mettent au-dessous de ces dieux, auxquels ils sont bien supérieurs; ils se soumettent à les honorer, à les adorer, aveuglés qu'ils sont par la plus étonnante comme par la plus misérable de toutes les erreurs. Et voyez, dans ce même livre des dieux choisis, Varron avance que, dans l'ensemble et l'universalité de la nature, il y a trois degrés pour l'âme; le premier, quand elle pénètre toutes les parties du corps vivant, de manière à lui donner, non pas la sensibilité, mais seulement une certaine force qui le fait vivre. Cette force circule en notre corps dans les os, les ongles et les cheveux. C'est ainsi que, dans ce monde terrestre, les arbres, bien que privés de sentiment, se nourrissent, croissent et ont une certaine vie qui leur est propre. Au second degré, l'âme est douée de sentiment; ce sentiment, elle le fait monter aux yeux, aux oreilles, aux narines, à la bouche, et elle le répand dans le toucher. Le troisième degré de l'âme, c'est le plus parfait. A ce degré, l'âme s'appelle l'esprit, et l'intelligence domine en elle. Excepté l'homme, aucun être mortel ne possède l'intelligence. Cette partie de l'âme dans le monde, Varron dit qu'on l'appelle dieu, et dans l'homme, on l'appelle Génius. Ainsi, dans ce monde, les pierres et la terre que nous voyons, et dans lesquelles la sensibilité ne pénètre pas, sont comme les os et les ongles de Dieu. Le soleil, la lune, les étoiles que nous sentons, et par lesquels il sent, sont ses sens. L'éther est son esprit dont la puissance, étendue jusqu'aux astres, constitue les dieux. Et de cet esprit, ce qui, à travers les astres, pénètre la terre s'ap-

---

CAPUT XXIII.

De Terra, quam Varro deam esse confirmat, eo quod ille animus mundi, quem opinatur deum, etiam hanc corporis sui infimam partem permeet, eique vim divinam impertiat.

1. Nempe una est terra, quam quidem plenam videmus animalibus suis : verumtamen ipsam magnum corpus in elementis mundique infimam partem cur eam volunt deam? An quia fecunda est? Cur ergo non magis homines dii sunt, qui eam fecundiorem faciunt excolendo; sed cum arant, non cum adorant? Sed pars animæ mundi, inquiunt, quæ per illam permeat, deam facit. Quasi non evidentior sit in hominibus anima, quæ utrum sit, nulla fit quæstio; et tamen homines dii non habentur : et quod est graviter dolendum, his qui dii non sunt, et quibus ipsi meliores sunt, colendis et adorandis mirabili et miserabili errore subduntur. Et certe idem Varro in eodem de diis selectis libro, tres esse affirmat animæ gradus in omni universaque natura : unum, qui omnes partes corporis quæ vivunt, transit, et non habet sensum, sed tantum ad vivendum valetudinem : hanc vim in nostro corpore permanere dicit in ossa, ungues, capillos; sicut in mundo arbores sine sensu aluntur et crescunt, et modo quodam suo vivunt. Secundum gradum animæ, in quo sensus est : hanc vim pervenire in oculos, aures, nares, os, tactum. Tertium gradum animæ esse summum, qui vocatur animus, in quo intelligentia præeminet : hoc præter hominem omnes mortales : (a) hanc partem animæ mundi dicit deum, in nobis autem genium (b) vocari. Esse autem in mundo lapides ac terram, quam videmus, quo non permanat sensus, ut ossa, ut ungues Dei. Solem vero, lunam, stellas, quæ sentimus, quibusque ipse sentit,

---

(a) Hic editi addunt, *in qua quoniam homines Deo videntur esse similes* : quod abest a Mss. — (b) In ante editis post *genium vocari*, ita legebatur : « Sic ergo et in anima mundi tres gradus instituens, unam partem ejus lapides esse dicit ac ligna, et hanc terram quam videmus, quo non permanat sensus : aliam vero quam sensum vocat ejus, ut æthera : tertiam porro, quam et animam ejus nuncupat, quæ scilicet pervenit in astra; eam quoque asserit facere deos, et per eam, quando in terram permanant, deam Tellurem; quod autem inde, » etc. Lectio alia, quam nos prætulimus, omnium est aut melioris notæ Mss.

pelle la déesse Tellus, et ce qui, de là, pénètre dans la mer et l'Océan, c'est le dieu Neptune.

2. Que Varron revienne donc de cette théologie qu'il prétend appeler naturelle, et où il a voulu se retrancher, comme pour se reposer de tous ces détours et de tous ces labyrinthes où il s'épuise de fatigues. Qu'il revienne, oui, qu'il revienne à la théologie civile. Je l'y retiens encore pour le temps de cette discussion. Je pourrais bien déjà lui dire ceci : C'est que si la terre et les pierres ressemblent à nos os et à nos ongles, sans doute elles ne sont pas plus douées d'intelligence qu'elles ne le sont de sensibilité. Ou bien, si l'on veut que les os et les ongles soient pourvus d'intelligence, parce qu'ils appartiennent à l'homme, qui est doué d'intelligence ; c'est une aussi grande stupidité de dire que la terre et les pierres sont des dieux dans le monde, que c'en serait une de donner le nom d'hommes aux os et aux ongles qui sont en nous. Mais il faut peut-être laisser cela à discuter avec les philosophes. Quant à maintenant, je ne veux voir que le politique. Car il peut bien se faire que, tout en paraissant avoir voulu relever la tête pour respirer à l'air libre de la théologie naturelle, néanmoins, dans l'étude de ce livre-ci et dans le sentiment qu'il a de s'y voir percé à jour, il ait eu en vue d'y répondre du terrain où il s'était réfugié, et qu'il ait dit cela de peur qu'on ne crût que ses ancêtres de Rome ou d'autres cités avaient honoré inutilement Tellus et Neptune. Voici donc ce que je dis : Comme il n'y a qu'une seule terre, pourquoi la partie de l'âme du monde, qui pénètre la terre, n'a-t-elle pas fait d'elle une seule divinité sous le nom de Tellus? Si elle l'a fait, que deviendra le frère de Jupiter et de Neptune, Orcus qu'on appelle aussi Dis ? Et Proserpine qui, d'après une autre opinion, émise dans les mêmes livres de Varron, n'est pas la fécondité de la terre, mais sa partie inférieure? Si l'on me répond que la partie de l'âme du monde, qui pénètre la partie supérieure de la terre, c'est le dieu Dis ; que ce qui pénètre la partie inférieure, c'est la déesse Proserpine, alors que deviendra Tellus? Car le tout qu'elle formait a été divisé en ces deux parties et en ces deux divinités, de sorte que, pour elle-même qui vient en tiers, on ne peut trouver ni ce qu'elle est, ni où elle est. Peut-être dira-t-on que ces deux divinités réunies, Orcus et Proserpine, ne sont que la déesse Tellus ; qu'ainsi, elles ne sont plus trois, mais ou une, ou deux. Mais cependant on en nomme trois, on en reconnaît trois, on en honore trois ; on donne à ces trois leurs autels, leurs temples, leurs sacrifices, leurs statues, leurs prêtres ; autant de moyens par lesquels l'âme est prostituée à ces démons du mensonge, qui

---

sensus esse ejus. Æthera porro animum ejus : ex cujus vi, quæ pervenit in astra, ipsam quoque facere deos ; et per ea quod in terram permeat, deam Tellurem ; quod autem inde permeat in mare atque oceanum, deum esse Neptunum.

2. Redeat ergo ab hac quam theologiam naturalem putat, quo velut requiescendi causa ab his ambagibus atque amfractibus fatigatus egressus est. Redeat, inquam, redeat ad civilem : hic cum adhuc teneo, tantisper de hac ago. Nondum dico, si terra et lapides nostris sunt ossibus et unguibus similes, similiter eos intelligentiam non habere, sicut sensu carent ; aut si idcirco habere dicuntur ossa et ungues nostri intelligentiam, quia in homine sunt qui habet intelligentiam, tam stultum esse qui hos deos in mundo dicit, quam stultus est qui in nobis ossa et ungues homines dicit. Sed hæc cum philosophis fortassis agenda sunt : nunc autem istum adhuc politicum (a) volo. Fieri potest, ut licet in illam naturalis theologiæ veluti libertatem caput erigere paululum voluisse videatur, adhuc tamen hunc librum versans, et se in illo versari cogitans, cum etiam inde respexerit, et hoc propterea dixerit, ne majores ejus, sive aliæ civitates, Tellurem atque Neptunum coluisse inaniter crederentur. Sed hoc dico, pars animi mundani quæ per terram permeat, sicut una est terra, cur non etiam unam fecit deam, quam dicit esse Tellurem? Quod si ita fecit, ubi erit Orcus frater Jovis atque Neptuni, quem Ditem patrem vocant? ubi ejus conjux Proserpina, quæ secundum aliam in eisdem libris positam opinionem, non terræ fecunditas, sed pars inferior perhibetur? Quod si dicunt, animi mundani partem, cum permeat terræ partem superiorem, Ditem patrem facere deum ; cum vero inferiorem, Proserpinam deam ; Tellus illa quid erit? Ita enim totum quod ipsa erat, in duas istas partes deosque divisum est, ut ipsa tertia quæ sit, aut ubi sit, inveniri non possit : nisi quis dicat simul istos deos Orcum atque Proserpinam, unam deam esse Tellurem ; et non esse jam tres, sed aut unam, aut duos : et tamen tres dicuntur, tres habentur, tres coluntur aris suis, delubris suis, sacris, simula-

(a) Hic editi, addunt, *id est civilem*. Glossema quod abest a Mss.

jettent la souillure sur elle. Mais qu'on me réponde encore : Quelle partie de la terre se trouve pénétrée par l'âme du monde pour former le dieu Tellumon ? Il n'y en a pas de nouvelle, dit Varron. C'est une seule et même terre qui a une double vertu : l'une masculine, en produisant les semences, l'autre féminine, en recevant les mêmes semences et en les nourrissant. De là, la terre a été appelée Tellus, à cause de sa vertu féminine, et Tellumon, à cause de sa vertu masculine. Pourquoi donc les pontifes, d'après les indications de Varron, ont-ils ajouté des autres dieux, offrant ainsi leurs sacrifices à quatre dieux, à Tellus, à Tellumon, à Altor et à Rusor ? En voilà assez de dit sur Tellus et Tellumon. Mais pourquoi sacrifier à Altor ? Parce que, dit Varron, tout ce qui est né tire sa nourriture de la terre. Et pourquoi à Rusor ? Parce que, ajoute-t-il, tout retourne à la terre.

CHAPITRE XXIV.

Surnoms de Tellus. Leur signification. En supposant que ces surnoms désignent plusieurs opérations, ils ne devaient pas prouver l'existence de plusieurs dieux.

1. Il s'ensuit donc que l'unique terre possédant ces quatre vertus devait recevoir quatre surnoms, mais non pas former quatre dieux. C'est ainsi qu'avec beaucoup de surnoms, il n'y a toujours qu'un seul Jupiter, comme il n'y a aussi qu'une seule Junon. En toutes ces divinités, une puissance multiple est dite appartenir à un seul dieu, ou à une seule déesse. La multitude des surnoms ne fait pas la multitude des dieux. Telles les femmes les plus viles, quelquefois la honte les saisit ; elles se repentent d'avoir, en proie à la passion, recherché les foules auxquelles elles se livraient. Telle aussi l'âme avilie et prostituée aux esprits impurs. Le plus souvent, il lui a plu de multiplier les dieux pour multiplier ses abaissements et ses flétrissures ; mais quelquefois aussi elle en a senti la honte et le remords. Aussi, Varron lui-même semble avoir rougi de cette foule de divinités ; il veut que Tellus ne soit qu'une seule déesse. « On l'appelle aussi, dit-il, la Grande Mère. Elle a un tambour pour signifier le globe de la terre. Elle porte des tours sur la tête pour signifier les villes, et les siéges que l'on figure auprès d'elle représentent que tout est en mouvement autour d'elle, tandis qu'elle est immobile. Les Galles, qui sont là pour la servir, indiquent que, pour avoir la semence, il faut cultiver la terre ; car on trouve tout dans la terre. Les mouvements auxquels ils se livrent, sont pour ceux qui cultivent la terre une recommandation de ne jamais rester en repos, car ils auront toujours à faire. Le son des cymbales, le bruit des instruments

cris, sacerdotibus suis, et per hæc etiam fallacibus prostitutam animam constuprantibus dæmonibus suis. Adhuc respondeatur, quam partem terræ permeet pars mundani animi, ut deum faciat Tellumonem ? Non, inquit, sed una eademque terra habet geminam vim, et masculinam, quod semina producat ; et feminam, quod recipiat, atque enutriat : inde a vi feminina dictam esse Tellurem, a masculina Tellumonem. Cur ergo pontifices, ut ipse indicat, additis quoque aliis duobus, quatuor diis faciunt rem divinam, Telluri, Tellumoni, Altori, Rusori ? De Tellure et Tellumone jam dictum est : Altori quare ? Quod ex terra, inquit, aluntur omnia quæ nata sunt. Rusori quare ? Quod rursus, inquit, cuncta eodem revolvuntur.

CAPUT XXIV.

De Telluris cognominibus eorumque significationibus, quæ etiam si erant multarum rerum indices, non debuerunt multorum deorum firmare opiniones.

1. Debuit ergo una terra propter istam (a) quadri-

(a) Plerique et potiores Mss. Vind. et Am. *quater geminam vim*.

geminam vim quatuor habere cognomina, non quatuor facere deos : sicut tot cognominibus unus Jupiter, et tot cognominibus una Juno ; in quibus omnibus vis multiplex esse dicitur ad unum deum vel unam deam pertinens, non multitudo cognominum deorum etiam multitudinem faciens. Sed profecto sicut aliquando etiam ipsas vilissimas feminas earum, quas libidine quæsierunt, tædet pœnitetque turbarum : sic animam vilem factam et immundis spiritibus prostitutam deos sibi multiplicare, quibus contaminanda prosterneretur, sicut plurimum libuit, sic aliquando et piguit. Nam et ipse Varro quasi de ipsa turba verecundatus, unam deam vult esse Tellurem : « Eamdem, inquit, dicunt Matrem magnam, quod tympanum habeat, significari esse orbem terræ : quod turres in capite, oppida : quod sedes fingantur circa eam, cum omnia moveantur, ipsam non moveri. Quod Gallos huic deæ ut servirent fecerunt, significat qui semine indigeant, terram sequi oportere ; in ea quippe omnia reperiri. Quod se apud eam jactant, præcipitur, inquit, qui terram

agités par les mains, représentent ce qui se fait dans la culture de la terre ; ces cymbales et instruments sont d'airain, parce que chez les anciens la terre se cultivait avec l'airain, avant l'invention du fer. Le lion libre et apprivoisé signifie qu'il n'y a point de terre si sauvage et si ingrate qu'on ne puisse soumettre à la culture. Les différents noms et surnoms donnés à Tellus mère, ajoute-t-il ensuite, ont fait penser qu'il y avait en elle plusieurs dieux. On croit que Tellus est Ops, parce qu'elle s'améliore par le travail. On l'appelle Mère, parce qu'elle est très-féconde; Grande Mère, parce qu'elle produit les aliments; Proserpine, parce que les moissons sortent de la terre, qui les fait germer et pousser ; Vesta, parce que la terre est couverte d'herbes, qui lui font comme un vêtement. Ainsi, conclut-il, ce n'est pas sans raison qu'on ramène les autres déessses à celle-ci, et qu'on les comprend toutes en une. » Si donc il n'y a qu'une seule déesse en Tellus, qui, au fait, n'en est pas même une, en la considérant à la lumière de la vérité, pourquoi en chercher plusieurs en elle ? Qu'à elle seule on donne tous ces noms divers, soit ; mais qu'on ne compte pas en elle autant de déesses que de noms. Néanmoins, l'autorité des anciens, même lorsqu'ils se trompent, domine Varron et le fait trembler de s'être ainsi avancé. Aussi ajoute-t-il cette restriction : « Ce que j'ai dit ne s'oppose nullement à l'opinion de nos ancêtres, qui ont admis ici plusieurs déesses. » Comment donc peut-il n'y avoir pas opposition ? N'est-ce pas bien différent de dire que plusieurs noms désignent une seule et même déesse, ou de prétendre qu'ils en désignent plusieurs ? Varron répond : Oui, mais il peut se faire que la même chose soit une, et qu'en même temps plusieurs autres choses soient en elle. Assurément, je l'accorde; mais de ce que plusieurs choses sont dans un seul homme, s'ensuit-il pour cela qu'il y a en lui plusieurs hommes ? Il en est de même pour une déesse. Qu'il y ait en elle plusieurs opérations, peut-on dire pour cela qu'il y ait plusieurs déesses ? Mais puisqu'ils le veulent, qu'ils divisent, qu'ils réunissent, qu'ils multiplient, qu'ils confondent et qu'ils mêlent.

2. Tels sont les fameux mystères de Tellus et de la Grande Mère. Dans ces mystères, tout se rapporte à des semences périssables et à l'exercice de l'agriculture. C'est donc dans ce but et pour cette fin qu'interviennent les tambours, les astres, les Galles, tous ces mouvements insensés du corps, ce retentissement des cymbales, ces images de lions. Et y a-t-il quelqu'un à qui tout cela puisse promettre la vie éternelle ? Et ces Galles, qu'on a fait eunuques, sont-ils voués au culte de la grande déesse, pour signifier que ceux qui ont besoin de semence doivent s'attacher à

colunt, ne sedeant; semper enim esse quod agant. Cymbalorum sonitus, ferramentorum (a) jactandorum ac manuum et ejus rei crepitus in colendo agro quid fit, significant, ideo ære, quod eam antiqui colebant ære, antequam ferrum esset inventum. Leonem, inquit, adjungunt solutum ac mansuetum, ut ostendant esse nullum genus terræ tam remotum ac vehementer ferum, quod non subigi colique conveniat. Deinde adjungit et dicit, Tellurem matrem et nominibus pluribus et cognominibus quod nominarunt, deos existimatos esse complures. Tellurem, inquit, putant esse Opem, quod opere fiat melior; Matrem, quod plurima pariat; magnam, quod cibum pariat; Proserpinam, quod ex ea proserpant fruges; Vestam, quod vestiatur herbis. Sic alias deas, inquit, non absurde ad hanc revocant. » Si ergo una dea est, quæ quidem consulta veritate nec ipsa est, interim quid itur in multas? Unius sint ista multa nomina, non tam deæ multæ quam nomina. Sed errantium majorum auctoritas deprimit, et eumdem Varronem post hanc sententiam trepidare compellit. Adjungit enim et dicit : « Cum quibus opinio majorum de his deabus, quod plures eas putarunt esse, non pugnat. » Quomodo non pugnat, cum valde aliud sit, unam deam nomina habere multa, aliud esse deas multas ? Sed potest, inquit, fieri ut eadem res et una sit, et in ea quædam res sint plures. Concedo in uno homine esse res plures, numquid ideo et homines plures? Sic in una dea esse res plures, numquid ideo et deas plures? Verum sicut volunt, dividant, conflent, multiplicent, replicent, implicent.

2. Hæc sunt Telluris et Matris magnæ præclara mysteria, unde omnia referuntur ad mortalia semina et ad exercendam agriculturam. Itane ad hæc relata et hunc finem habentia tympanum, turres, Galli, jactatio insana membrorum, crepitus cymbalorum, confictio leonum, vitam cuiquam pollicentur æternam? Itane propterea Galli abscisi huic Magnæ deæ serviunt, ut significent qui semine indigent, terram sequi oportere; quasi non eos ipsa potius servitus semine faciat indigere? Utrum enim se-

---

(a) Vind. *ferramentorum ritus jactandorum*. Am. et Er. *ferramentorum ictus jactandorum*. Sex Mss. *ferramentorum factorum*. Paulo post plerique Mss. *qui fit, significant*. Locus perplexus et vitiatus.

la terre, eux que leur service envers cette grande déesse a privés de leur fécondité? Car enfin, en s'attachant à cette déesse, obtiennent-ils une semence qu'ils n'ont pas, ou plutôt ne se voient-ils pas obligés à la perte de celle qu'ils ont? Est-ce là expliquer les mystères, ou en dévoiler l'horreur? Et on ne remarque pas combien la malice des démons a pris d'empire, en n'osant pas faire de grandes promesses à ceux qui se consacraient à eux, et en exigeant d'eux des conditions si cruelles. Si la terre n'était pas une déesse, les hommes se contenteraient d'employer leurs mains pour la travailler, afin de lui faire donner la semence; mais ils n'emploieraient pas ces mêmes mains pour se faire violence à eux-mêmes, et se priver pour elle de la fécondité qu'on lui demande. Si la terre n'était pas une déesse, elle deviendrait féconde par le travail de l'homme, et elle ne forcerait pas l'homme à se rendre stérile par ses propres mains. Que déjà dans les mystères de Liber une honnête femme, sous les regards de la multitude, ait couronné les parties honteuses de l'homme; qu'à ce spectacle, on ait vu le mari peut-être, la honte et la sueur sur le front, si peu qu'il soit resté de pudeur parmi les hommes; qu'à la célébration des noces l'on ait eu coutume de faire asseoir la nouvelle mariée sur le genou d'un Priape, ces rites sont certainement moins infâmes et plus faciles à dédaigner, que ces mystères de turpitude cruelle ou de cruauté honteuse. Là, du moins, si les deux sexes sont flétris par les artifices du démon, ni l'un ni l'autre n'attentent à sa propre existence. Là on craint les sorts jetés sur la campagne, mais ici on ne recule pas même devant la mutilation des membres. Là, sans doute, on sacrifie la pudeur de la nouvelle épouse, mais de manière à ne lui faire perdre ni sa fécondité, ni même sa virginité. Mais ici on retranche la virilité, de manière à ce que, sans être changé en femme, l'homme ne subsiste plus.

CHAPITRE XXV.

Quelle explication la doctrine des sages de la Grèce a trouvée au sujet de la mutilation d'Atys.

Et cet Atys, il n'en a point fait mention, il n'en a cherché aucune explication. Et cependant, c'est en mémoire de l'amour de Cybèle pour lui que le Galle se mutile. (Voyez plus haut, liv. II, chap. VII; liv. VI, chap. VII.) Mais les savants et les sages de la Grèce n'ont nullement voulu passer sous silence leur système là-dessus. Il est si pur et si riche! En raison de l'aspect que prend la terre au printemps, époque à laquelle elle est naturellement plus belle à contempler, le célèbre philosophe Porphyre a prétendu qu'Atys signifiait les fleurs. La perte de sa virilité représente, d'après lui, la chute de la fleur avant le fruit. Ce n'est donc pas l'homme lui-même, ou l'espèce

---

quendo hanc deam, cum indigeant, semen acquirunt; an potius sequendo hanc deam, cum habeant, semen amittunt? Hoc interpretari est, an detestari? Nec attenditur, quantum maligni dæmones prævaluerint, qui nec aliqua magna his sacris polliceri ausi sunt, et tam crudelia exigere potuerunt. Si dea terra non esset, manus ei homines operando inferrent, ut semina consequerentur per illam; non etiam sibi sæviendo, ut semina perderent propter illam. Si dea non esset, ita fecunda fieret manibus alienis, ut non cogeret hominem sterilem fieri manibus suis. Jam quod in Liberi sacris honesta matrona pudenda virilia coronabat, spectante multitudine; ubi rubens et sudans, si est ulla frontis in hominibus, adstabat forsitan et maritus: et quod in celebratione nuptiarum, super Priapi scapum nova nupta sedere jubebatur; longe contemptibiliora atque (a) leviora sunt præ ista turpitudine crudelissima vel crudelitate turpissima, ubi dæmoniacis (b) artibus sic uterque sexus illuditur, ut neuter suo vulnere perimatur. Ibi fascinatio timetur agrorum, hic membrorum amputatio non timetur. Ibi sic dehonestatur novæ nuptæ verecundia, ut non solum fecunditas, sed nec virginitas adimatur; hic ita amputatur virilitas, ut nec convertatur in feminam, nec vir relinquatur.

CAPUT XXV.

Quam interpretationem de abscisione Atys Græcorum sapientium doctrina repererit.

Et (c) Atys ille non est commemoratus, nec ejus ab isto interpretatio requisita est, in cujus dilectionis memoriam Gallus absciditur. (V. supra lib. II, c. VII, lib. VI, c. VII.) Sed docti Græci atque sapientes nequaquam rationem tam sanctam præclaramque tacuerunt. Propter vernalem quippe faciem terræ, quæ cæteris temporibus est pulchrior, Porphyrius

---

(a) Vind. Am. et Er. *atque confusibiliora*. Minus apte. — (b) Plures Mss, *ritibus*. Et quidam, *retibus*. — (c) In veteribus libris plerisque cum duplici *tt* scribitur, *Attis*. De hujus historia sive fabula Servius in Æneid., IX. Arnobius, lib. V, etc.

d'homme qu'on a appelé Atys, mais ce sont ses parties viriles qui se trouvent comparées à la fleur. Car elles sont tombées, l'homme restant vivant. Ou plutôt elles ne sont pas tombées, ni elles n'ont pas été retranchées, mais elles ont été déchirées sans remède, et cette fleur perdue ne fut suivie d'aucun fruit, ce fut la stérilité. Que signifie donc cet homme, reste de lui-même? Que signifie ce qui lui est resté après sa mutilation? A quoi cela tend-il? Quelle explication en tire-t-on? En s'épuisant ainsi en si inutiles efforts, sans rien trouver de raisonnable, les païens nous démontrent qu'il faut plutôt croire ce que la renommée a jeté sur le compte d'un homme fait eunuque, et ce qu'elle en a fait écrire. C'est avec raison que notre Varron s'est détourné d'une pareille explication, et qu'il n'a pas voulu en parler. Certes, ce n'était pas ignorance chez un homme aussi savant.

CHAPITRE XXVI.

Infamie des mystères de la Grande Mère.

Il en a été de même de tous ces êtres efféminés consacrés à la même Grande Mère contre toute pudeur de l'homme et de la femme. Hier encore, on les voyait la chevelure parfumée, le visage fardé, les membres pendants et sans soutien, avec une démarche lascive, s'exposant sur les places et dans les rues de Carthage, et réclamant du public de quoi mener leur vie honteuse (1). Egalement, Varron n'en a voulu rien dire, et je ne me souviens pas en avoir rien lu quelque part dans ses livres. L'interprétation a fait défaut, la raison a rougi, le langage s'est arrêté. La Grande Mère a remporté la victoire sur tous les dieux ses enfants, non à cause de la grandeur de sa divinité, mais à cause de l'énormité de ses crimes. Avec une pareille monstruosité, celle de Janus ne peut entrer en comparaison. Janus n'était hideux que dans ses statues; pour elle, elle est hideuse dans la cruauté de ses mystères. A Janus on ajoutait des membres dans les statues qu'on lui élevait. A la Grande Mère on mutilait des membres dans les hommes qu'on lui consacrait. Ces infamies ne sont pas surpassées par les incestes si nombreux et si affreux de Jupiter lui-même. Jupiter, au milieu de ses débauches de femmes, n'a apporté au ciel que l'opprobre du seul Ganymède. Mais elle, la Grande Mère, c'est avec une foule d'efféminés, acceptant le déshonneur et l'étalant en public, qu'elle a souillé la terre et outragé le ciel. Peut-être pourrait-on, dans ce genre de

---

(1) D'après une loi portée par Métellus, il était permis aux Galles de la mère des dieux de demander l'obole de l'aumône au peuple. Cette loi est mentionnée par Ovide dans ses *Fastes*, IVe livre, et par Cicéron, dans son ouvrage sur les lois : « Excepté, dit-il, les ministres de la mère de l'Ida, et encore à certains jours, je n'admets pas que personne doive mendier. » Et il ajoute : « Nous avons supprimé l'industrie des mendiants, nous avons seulement excepté celle qui regarde spécialement les prêtres de Cybèle, et cette exception n'est que pour un petit nombre de jours; car cet abus de la mendicité jette la superstition dans les esprits, et il épuise les maisons. » Voyez Tertulien, *Apolog.*, ch. XIII.

---

philosophus nobilis Atyn flores significare perhibuit (In libro *de ratione naturali deor.*); et ideo abscisum, quia flos decidit ante fructum. Non ergo ipsum hominem, vel quasi hominem, qui vocatus est Atys, sed virilia ejus flori comparaverunt. Ipsa quippe illo vivente deciderunt; imo vero non deciderunt, neque decerpta, sed plane discerpta sunt; nec illo flore amisso quisquam postea fructus, sed potius sterilitas consecuta est. Quid ergo ipse reliquus, et quidquid remansit absciso, quid eo significari dicitur? quo refertur? quæ interpretatio inde profertur? An hæc frustra moliendo nihilque inveniendo persuadent illud potius esse credendum, quod de homine castrato fama jactavit, litterisque mandatum est? Merito (*a*) hinc aversatus est Varro noster, neque hoc dicere voluit; non enim hominem doctissimum latuit.

(*a*) Editi, *huic adversatus est.* Emendantur a Mss.

CAPUT XXVI.

De turpitudine sacrorum Matris magnæ.

Itemque de mollibus eidem Matri magnæ contra omnem virorum mulierumque verecundiam consecratis, qui usque in hesternum diem madidis capillis, facie dealbata, fluentibus membris, incessu femineo per plateas vicosque Carthaginis, a populis unde turpiter viverent exigebant, nihil Varro dicere voluit, nec uspiam me legisse commemini. Defecit interpretatio, erubuit ratio, conticuit oratio. Vicit Matris magnæ omnes deos filios, non numinis magnitudo, sed criminis. Huic monstro nec Jani monstrositas comparatur. Ille in simulacris habebat solam deformitatem, ista in sacris deformem crudelitatem : ille membra in lapidibus addita, hæc in hominibus perdita. Hoc dedecus tot Jovis ipsius et tanta stupra non vincunt; ille inter femineas corruptelas uno Ganymede cœlum infamavit; ista tot

honteuse cruauté, ou lui comparer ou même lui préférer Saturne qui, dit-on, mutila son père. Mais au moins, dans les mystères de Saturne, les hommes étaient plutôt tués par les mains d'autrui, que mutilés par les leurs propres. Saturne a dévoré ses enfants, suivant les poètes, et là-dessus, les naturalistes se livrent à d'arbitraires interprétations. Mais l'histoire nous révèle qu'il les a mis à mort. Toutefois, comme les Carthaginois lui ont sacrifié leurs enfants, les Romains n'ont pas admis cette pratique. Cependant, cette Grande Mère des dieux a introduit aussi des eunuques dans les temples romains, et elle y a maintenu cette cruelle coutume. En effet, on croyait qu'elle entretenait les forces des Romains, en retranchant la virilité aux hommes. Que sont en comparaison de cette horreur les vols de Mercure, les débauches de Vénus, les adultères et les turpitudes des autres? Nous citerions les livres en témoignage de ces excès, si dans les théâtres on ne les célébrait pas tous les jours par des chants et des danses. Mais, qu'est-ce que tout cela en comparaison de pareilles hontes dont l'énormité était apparemment réservée à la Grande Mère? Notez que l'on dit que ce sont les poètes qui ont imaginé tout cela. Les poètes ont-ils aussi inventé que ces horreurs étaient agréables aux dieux, et qu'elles étaient agréées de même par eux? Oui, sans doute, le fait de les célébrer ou de les publier doit être attribué à l'audace ou à la licence des poètes. Mais l'introduction de ces infamies dans les choses divines et dans les solennités du culte, sur l'ordre et la menace des dieux, n'est-elle pas un crime imputable aux dieux? Bien plus, n'est-ce pas de leur part un aveu formel qu'ils sont des démons, et qu'ils trompent les misérables humains? Pour ce qui est de la consécration des eunuques, dont la Mère des dieux a reçu l'hommage, les poètes ne l'ont pas inventé, ils ont mieux aimé en frémir d'horreur que d'en rien célébrer. C'est donc à de pareils dieux choisis que l'homme doit être consacré, pour vivre heureux après sa mort; à ces dieux au service desquels une fois consacré, il ne peut vivre honnêtement avant sa mort, étant condamné à d'ignominieuses superstitions et se faisant l'esclave d'impurs démons. Mais tout cela, dit Varron, se rapporte au monde (*mundum*). Qu'il prenne garde que ce soit plutôt à l'immonde (*immundum*). Mais qu'est-ce donc que l'on ne peut pas rapporter au monde, parmi ce qui est dans le monde? Pour nous, nous cherchons une âme qui, mettant sa confiance dans la vraie religion, n'adore pas le monde comme son Dieu, mais le préconise comme l'ouvrage

mollibus professis et publicis et inquinavit terram, et cœlo fecit injuriam. Saturnum fortasse possemus huic in isto genere turpissimæ crudelitatis sive conferre, sive præferre, qui patrem castrasse perhibetur; sed in Saturni sacris homines alienis manibus potius occidi, quam suis abscidi potuerunt. Devoravit ille filios, ut poetæ ferunt, et physici ex hoc interpretantur quod volunt; ut autem historia prodit, necavit; sed quod ei Pœni suos filios sacrificaverunt, non recepere Romani. At vero ista magna deorum Mater etiam Romanis templis castratos intulit, atque istam sævitiam moremque servavit; credita vires adjuvare Romanorum, exsecando virilia virorum. Quid sunt ad hoc malum Mercurii furta, Veneris lascivia, stupra ac turpitudines cæterorum, quæ profferremus de libris, nisi quotidie cantarentur et saltarentur in theatris? Sed hæc quid sunt ad tantum malum, cujus magnitudo magnæ Matri tantummodo competebat? Præsertim quod illa dicuntur a poetis esse conficta; quasi poetæ id etiam finxerint, quod ea sint diis grata et accepta. Ut ergo canerentur vel scriberentur, audacia sit vel petulantia poetarum; ut vero divinis rebus et honoribus eisdem imperantibus et extorquentibus numinibus adderentur, quid est nisi crimen deorum; imo vero confessio dæmoniorum, et deceptio miserorum? Verum illud quod de abscisorum consecratione Mater deorum coli meruit, non poetæ confinxerunt, sed horrere magis quam canere maluerunt. Hisne diis selectis quisquam consecrandus est, ut post mortem vivat beate, quibus consecratus ante mortem honeste non potest vivere, tam fœdis superstitionibus subditus et immundis dæmonibus obligatus? Sed hæc omnia, inquit, referuntur ad mundum. Videat ne potius ad immundum. (*a*) Quid autem non potest referri ad mundum, quod esse demonstratur in mundo? Nos autem animum quærimus, qui vera religione confisus, non tanquam deum suum adoret mundum, sed tanquam opus Dei propter Deum laudet mundum; et mundanis sor-

(*a*) Editi Vind. Am. et Er. carent hac sententia : *Quid autem non potest*, etc., ejusque loco habent : *Cui enim hic mundus est deus, nec animo religiosus existit; nec honestus vivet ille, nec mundus. Nos autem animum*, etc. Lectio hæc, tametsi Ludovico Vivi visa sit melior, venit profecto ex glossemate non bono ad illud quod præcedit : *Videat ne potius ad immundum* : ubi nihil subintelligere oportebat aliud nisi *spiritum*, id est, *dæmonem*.

de Dieu et à cause de Dieu. Nous cherchons une âme qui, délivrée des souillures du monde, s'élève purifiée jusqu'à Dieu, auteur du monde.

CHAPITRE XXVII.

Vaines explications des philosophes naturalistes. Ils n'honorent point le vrai Dieu. Leur culte ne convient pas au vrai Dieu.

1. Pour ce qui est de ces dieux choisis, nous voyons qu'ils ont vraiment acquis une plus grande célébrité que les autres. Toutefois, ce n'a pas été pour donner de l'éclat à leurs vertus, mais pour ôter à leurs infamies le bénéfice du secret. C'est ce qui nous porte davantage à croire qu'ils ont été des hommes, comme du reste le proclament, non-seulement les écrits des poëtes, mais encore les documents des historiens. Car si Virgile a dit : « Saturne le premier est descendu du céleste Olympe. Il fuyait devant les armes de Jupiter, et se réfugiait dans l'exil après la perte de son royaume; » (*Enéide*, VIII) ce fait se trouve répété tout au long avec les circonstances qui s'y rattachent, dans l'histoire d'Evhémère, qu'Ennius a traduite en langue latine. Et, comme il s'en trouve bien des preuves parfaitement établies, dans les auteurs qui, avant nous, ont écrit contre les erreurs du paganisme, soit en grec, soit en latin, je ne veux pas insister davantage là-dessus.

2. Quand je considère comment, à l'aide des sciences naturelles, certains savants subtils s'efforcent de transformer tous ces événements humains en choses divines; je vois qu'il n'y a rien dans ces sciences qu'on ait pu rapporter à autre chose qu'à des œuvres terrestres et temporelles, ou à une nature corporelle et essentiellement variable, même lorsqu'elle est invisible. Tout cela ne peut nullement être le vrai Dieu. Si au moins dans leurs différents signes on apercevait quelque conformité avec la religion proprement dite, il y aurait sans doute à regretter que leurs pratiques n'eussent pas pour but d'annoncer et de proclamer le vrai Dieu; cependant, il y aurait à se féliciter encore de n'y voir ni faire ni ordonner des actes aussi horribles et aussi honteux. Mais maintenant, s'il y a crime, lorsque à la place du vrai Dieu, qui seul peut faire la félicité de l'âme devenue sa demeure, on rend un culte à l'âme ou au corps; combien est-il encore plus criminel de rendre un culte à tous ces êtres qui ne peuvent donner à leurs adorateurs ni le salut du corps, ni l'honneur de l'âme. Si donc on établit un temple, un sacerdoce, un sacrifice qu'on ne doit qu'au vrai Dieu, pour honorer quelque élément de la nature ou quelque esprit créé, lors même qu'il

---

dibus expiatus, mundus perveniat ad Deum, qui condidit mundum.

CAPUT XXVII.

De figmentis physiologorum, qui nec veram divinitatem colunt, nec eo cultu quo colenda est vera divinitas.

1. Istos vero deos selectos videmus quidem clarius innotuisse quam cæteros; non tamen ut eorum illustrarentur merita, sed ne occultarentur opprobria; unde magis eos homines fuisse credibile est; sicut non solum poeticæ litteræ, verum etiam historicæ tradiderunt. Nam quod Virgilius ait :

Primus ab æthereo venit Saturnus Olympo,
Arma Jovis fugiens, et regnis exsul ademptis :
(*Æneid.*, VIII.)

et quæ ad hanc rem pertinentia consequuntur, totam de hoc (a) Euhemerus pandit historiam, quam Ennius in Latinum vertit eloquium; unde quia plurima posuerunt, qui contra hujusmodi errores ante nos vel Græco sermone vel Latino scripserunt, non in eo mihi placuit immorari.

2. Ipsas physiologias cum considero, quibus docti et acuti homines has res humanas conantur vertere in res divinas, nihil video nisi ad temporalia terrenaque opera naturamque corpoream, vel etiamsi invisibilem, tamen mutabilem potuisse revocari; quod nullo modo est verus Deus. Hoc autem si saltem religiositati congruis significationibus ageretur, esset quidem dolendum, non his verum Deum annuntiari, atque prædicari; tamen aliquomodo ferendum tam fœda et turpia non fieri, nec juberi; at nunc cum pro Deo vero, quo solo anima se inhabitante fit felix, nefas sit colere aut corpus aut animam; quanto magis nefarium est ista sic colere, ut nec salutem, nec decus humanum corpus aut anima colentis obtineat? Quamobrem si templo, sacerdote, sacrificio, quod vero Deo debetur, colatur aliquod elementum mundi, vel creatus aliquis spiritus, etiamsi non immundus et malus; non ideo malum est, quia illa

---

(a) Vind. Am. et aliquot Mss. *Homerus*. Sed verius cæteri libri, *Euhemerus*. Hic enim scripsit sacram historiam, V, supra lib. VI, cvii.

ne serait ni impur, ni méchant, cette action est mauvaise. Elle est mauvaise; non qu'il faille regarder comme mauvais le temple, ou le sacerdoce, ou le sacrifice par lesquels on exerce un pareil culte; mais parce que le temple, le sacerdoce et le sacrifice ne doivent servir qu'à honorer celui-là seul à qui est dû tout culte et tout hommage. Si, au contraire, on a recours à des statues de forme insensée ou monstrueuse, à des sacrifices humains, à des cérémonies dans lesquelles on couronne les parties honteuses de l'homme, ou encore à des récompenses décernées à la débauche, au retranchement des membres, à la mutilation des parties viriles, à la consécration d'hommes efféminés, enfin à des fêtes célébrées par des jeux impurs et obscènes; si par là on prétend honorer l'unique vrai Dieu, c'est-à-dire, le créateur de toute âme et de tout corps; on pèche, non pas parce qu'il ne faut pas honorer celui qu'on honore, mais parce que celui qu'on devait honorer a été honoré autrement qu'il ne devait l'être. Quant à celui qui, par de tels actes, c'est-à-dire, par des infamies et des crimes, veut honorer non pas le vrai Dieu, c'est-à-dire, le créateur de l'âme et du corps, mais la créature, si pure qu'elle soit, âme ou corps, ou tous les deux, celui-là pèche deux fois contre Dieu. Il pèche d'abord, en adorant à la place de Dieu ce qui n'est pas Dieu. Il pèche encore, en se livrant à un culte tel qu'on ne doit l'adresser ni à Dieu, ni à un autre que Dieu. Pour ce qui est des païens, quel a été leur culte, quelle honte et quel appareil de crimes l'ont accompagné, c'est chose facile à constater. Mais quels êtres ou quels esprits ont-ils honorés? Cela resterait à l'état de question obscure, si leur histoire n'attestait que ces infamies, ces turpitudes qu'ils avouent, ils ne les commettaient que sur l'ordre de leurs dieux. Ces dieux exigeaient cela! Toute équivoque est donc écartée. Il est clair que ce sont les démons fauteurs de tout crime, les esprits impurs que toute cette théologie civile invoque, et dans l'exhibition de ces images insensées, et aussi pour la possession des cœurs pervertis par elles.

CHAPITRE XXVIII.

La doctrine de Varron sur la théologie ne s'accorde dans aucune de ses parties.

A quoi donc aboutit cet homme si savant et si pénétrant, ce Varron, en s'efforçant, par la subtilité de son raisonnement, de ramener et de rapporter tous ces dieux au ciel et à la terre? Il ne peut y arriver. Ces dieux glissent de ses mains, ils y reviennent, ils tombent et ne se retrouvent plus. Car, sur le point de parler des dieux femelles, c'est-à-dire des déesses, il dit : «Comme je l'ai observé dans mon premier livre, qui traite des origines, on remarque deux principes

---

mala sunt quibus colitur; sed quia illa sunt talia, quibus solus ille colendus sit, cui talis cultus servitusque debetur. Si autem stoliditate vel monstrositate simulacrorum, sacrificiis homicidiorum, coronatione virilium pudendorum, mercede stuprorum, sectione membrorum, abscisione genitalium, consecratione mollium, festis impurorum obscœnorumque ludorum, unum verum Deum, id est, omnis animæ corporisque creatorem colere se quisque contendat; non ideo peccat, quia non est colendus quem colit; sed quia colendum, non ut colendus est, colit. Qui vero et rebus talibus, id est, turpibus et scelestis; et non Deum verum, id est, animæ corporisque factorem, sed creaturam quamvis non vitiosam colit, sive illa sit anima, sive corpus, sive anima simul et corpus, bis peccat in Deum, quod et pro ipso colit, quod non est ipse; et talibus rebus colit, qualibus nec ipse colendus est, nec non ipse. Sed hi quonam modo, id est, quam turpiter nefarieque coluerint, in promptu est. Quid autem vel quos coluerint, esset obscurum, nisi eorum testaretur historia, ea ipsa quæ fœda et turpia confitentur numinibus terribiliter exigentibus reddita. Unde remotis constat ambagibus, nefarios dæmones atque immundissimos spiritus, hac omni civili theologia in visendis stolidis imaginibus, et per eas possidendis etiam stultis cordibus, invitatos.

CAPUT XXVIII.

Quod doctrina Varronis de theologia in nulla sibi parte concordet.

Quid igitur valet, quod vir doctissimus et acutissimus Varro velut subtili disputatione hos omnes deos in cœlum et in terram redigere ac referre conatur? (a) Non potest; fluunt de manibus, resiliunt, labuntur et decidunt. Dicturus enim de feminis, hoc est, deabus : « Quoniam, inquit, ut in primo libro dixi de locis, duo sunt principia deorum animadversa de cœlo et terra, a quo dii partim dicuntur

(a) Ita in Mss. At in editis prava hic fuit interpunctio atque addita particula copulativa sic, *ac referre conatur et non potest? Fluunt*, etc.

pour les dieux, l'un céleste et l'autre terrestre. De là des dieux, dont les uns sont dits célestes, et les autres terrestres. Dans les livres précédents, nous avons commencé par le ciel ; alors, nous avons parlé de Janus, que ceux-ci ont appelé le ciel, et ceux-là le monde. De même, en écrivant sur les dieux femelles, nous commençons par Tellus. » Je me figure l'embarras d'un si grand génie. Car il se laisse guider par un certain rapport de vraisemblance : le ciel, c'est le principe actif ; la terre, c'est le principe passif. Au premier donc il donne la puissance masculine ; à la seconde, la puissance féminine. Et il ne voit pas que celui à qui il faut attribuer tout cela, c'est Celui qui a fait le ciel et la terre. C'est d'après ces données qu'il explique dans un livre précédent les mystères divins des Samothraces, et qu'il promet que dans ses écrits il exposera, et adressera aux siens très-religieusement des choses qui leur sont encore inconnues. Plusieurs signes, dit-il dans ce livre, lui ont fait conclure que parmi les différentes statues des dieux, l'une représente le ciel, l'autre la terre, une autre ces types universels que Platon appelle les idées (*Timée et Parménide*). Il veut que par le ciel on entende Jupiter, que Junon soit la terre et Minerve les idées. Le ciel est le principe par lequel quelque chose peut se faire, la terre est la matière de laquelle elle se fait, les idées sont le modèle d'après lequel elle se fait. Sur ce sujet, j'oublie de dire que Platon attribue une si grande puissance aux idées, que, d'après lui, ce n'est pas le ciel qui aurait rien créé sur leur modèle, mais, au contraire, le ciel même aurait été créé par elles. Là-dessus, voilà ce que j'ai à dire : c'est que, dans ce livre *des Dieux choisis,* Varron a perdu de vue la raison de ces trois divinités, dans lesquelles il a pour ainsi dire tout résumé. Car au ciel il attribue les dieux mâles, et à la terre les dieux femelles, parmi lesquels il a rangé Minerve qu'il avait placée auparavant avant le ciel lui-même. Ajoutez à cela que le dieu mâle Neptune a sa place dans la mer, qui tient à la terre et non au ciel. Et Dis, que les Grecs appellent Pluton, n'est-il pas aussi un dieu mâle, frère de Jupiter et de Neptune ? On le dit cependant aussi appartenir à la terre. Il en habite la partie supérieure, tandis qu'à son épouse Proserpine il fait occuper la partie inférieure. Comment font-ils tant d'efforts pour placer les dieux au ciel, et les déesses sur la terre ? Qu'y a-t-il de solide, de logique, de raisonnable, de positif dans tout ce système ? Quant à Tellus, elle est le principe des déesses. C'est la Grande Mère devant laquelle retentissent les clameurs furieuses d'hommes infâmes, qui sont efféminés, mutilés, qui se déchirent et se livrent à des mouvements furibonds. Que veut-on donc dire quand on appelle Ja-

cœlestes, partim terrestres ; ut in superioribus initium fecimus a cœlo, cum diximus de Jano, quem alii cœlum, alii dixerunt esse mundum ; sic de feminis initium scribendi facimus a Tellure. » Sentio quantam molestiam tale ac tantum patiatur ingenium. Ducitur enim quadam ratione veri simili, cœlum esse quod faciat, terram quæ patiatur ; et ideo illi masculinam vim tribuit, huic femininam ; et non attendit eum potius esse qui hæc facit, qui utrumque fecit. Hinc etiam Samothracum nobilia mysteria in superiore libro sic interpretatur, eaque se quæ nec suis nota sunt scribendo expositurum eisque missurum quasi religiosissime pollicetur. Dicit enim se ibi multis indiciis collegisse in simulacris aliud significare cœlum, aliud terram, aliud exempla rerum, quas Plato appellat ideas (*in Timæo et Parmenide*); cœlum Jovem, terram Junonem, ideas Minervam vult intelligi ; cœlum a quo fiat aliquid, terram de qua fiat, exemplum secundum quod fiat. Qua in re omitto dicere, quod Plato illas ideas tantam vim habere dicit, ut secundum eas non cœlum aliquid fecerit, sed etiam cœlum factum sit. Hoc dico, istum in hoc libro selectorum deorum rationem illam trium deorum, quibus quasi cuncta complexus est, perdidisse. Cœlo enim tribuit masculos deos, feminis terræ ; inter quas posuit Minervam, quam supra ipsum cœlum ante posuerat. Deinde masculus deus Neptunus in mari est, quod ad terram potius quam ad cœlum pertinet. (*a*) Dis pater postremo, qui Græce πλούτων dicitur, etiam ipse masculus frater amborum terrenus deus esse perhibetur ; superiorem terram tenens, in inferiore habens Proserpinam conjugem. Quomodo ergo (*b*) deos ad cœlum, deas ad terram referre conantur ? Quid solidum, quid constans, quid sobrium, quid definitum habet hæc disputatio ? Illa autem est Tellus initium dearum, Mater scilicet magna, apud quam mollium et abscisorum seseque secantium atque jactantium insana perstrepit turpitudo. Quid est ergo quod dicitur caput deorum Janus, caput dearum Tellus ?

(*a*) Plures Mss. *Ditis pater. Alii, Diispater.* — (*b*) Editi Vind. et Am. *Quomodo ergo deos in cœlo, deas in terra esse perhibent, qui rursus deos ad terram, deas ad cœlum referre conantur?*

nus la tête des dieux, et Tellus la tête des déesses? L'erreur ne fait pas à Janus une seule tête, la fureur ne fait pas à Tellus une tête saine (1). Pourquoi ces efforts inutiles pour rapporter tout cela au monde? Et, quand on le pourrait, aucun homme religieux ne peut adorer le monde à la place du vrai Dieu. Et cependant l'évidence doit les convaincre qu'ils ne le peuvent pas non plus. Que plutôt ils rapportent tout cela à des hommes morts, à des esprits pervers, et tout problème disparaîtra.

CHAPITRE XXIX.
On doit rapporter au seul vrai Dieu, tout ce que les philosophes ont rapporté au monde et à ses parties.

En effet, tout ce que, d'après la théologie de ces dieux, les philosophes ont rapporté au monde, par des raisons naturelles, combien plus raisonnablement, et sans avoir à craindre aucune opinion sacrilége, pourrait-on le rapporter au vrai Dieu, qui a fait le monde, au Créateur de toute âme et de tout corps? Remarquons bien cela, en procédant de cette manière : Nous adorons Dieu, et non pas le ciel et la terre, ces deux parties qui constituent le monde, ni l'âme ou les âmes répandues dans tous les corps vivants. Nous adorons Dieu, qui a fait le ciel et la terre, et tout ce qu'ils renferment. Enfin, nous adorons Dieu, qui a fait toute âme quelle qu'elle soit, ou privée de sentiment et de raison, ou douée seulement de sentiment, ou ornée de l'intelligence.

CHAPITRE XXX.
Sentiments par lesquels nous discernons le Créateur des créatures, et nous n'adorons pas à la place d'un seul Dieu autant de divinités, que l'unique auteur de toutes choses a tiré d'êtres ou d'objets du néant.

Et d'abord commençons à parcourir les œuvres du Dieu unique et véritable. Car c'est à cause de ses œuvres que, dans le but de donner une explication presque honnête à leurs mystères, qui sont l'excès de la honte et du crime, les païens se sont fait cette multitude de faux dieux. Nous adorons ce Dieu, qui fixe aux natures qu'il a créées le commencement et la fin de leur existence et de leur mouvement. C'est lui qui possède en lui-même les causes de toutes choses, en a la connaissance et en marque la disposition. C'est lui qui a mis dans les semences cette force cachée qui les développe, et dans les êtres vivants, sur lesquels sa bienveillance s'est exercée, l'âme raisonnable qu'on appelle l'esprit. Il a donné également à ceux-ci la faculté et l'usage de la parole. Il a distribué à certains esprits, suivant son bon plaisir, le don d'annoncer l'avenir. Lui-même révèle les choses futures par qui il lui plaît,

(1) L'*erreur* puisqu'on représente Janus avec plusieurs têtes. — La *fureur* avec laquelle les Galles célébraient ses mystères, montre que Tellus n'avait pas la tête saine, puisqu'elle se laissait honorer par de telles infamies.

Nec ibi facit unum caput error, nec hic sanum furor. Cur hæc frustra referre nituntur ad mundum? (a) Quod etsi possent, pro Deo vero mundum nemo pius colit; et tamen eos nec hoc posse, veritas aperta convincit. Referant hæc potius ad homines mortuos, et ad dæmones pessimos, et nulla quæstio remanebit.

CAPUT XXIX.
Quod omnia quæ physiologi ad mundum partesque ipsius retulerunt, ad unum verum Deum referre debuerint.

Namque omnia quæ ab eis ex istorum deorum theologia velut physicis rationibus referuntur ad mundum, quam sine ullo scrupulo sacrilegæ opinionis Deo potius vero, qui fecit mundum, omnis animæ et omnis corporis conditori tribuantur, advertamus hoc modo : Nos Deum colimus, non cœlum et terram, quibus duabus partibus mundus hic constat : nec animam vel animas per viventia quæcumque diffusas; sed Deum qui fecit, cœlum et terram et omnia quæ in eis sunt : qui fecit omnem animam, sive quocumque modo viventem et sensus et rationis expertem, sive etiam sentientem, sive etiam intelligentem.

CAPUT XXX.
Qua pietate discernatur a creaturis Creator, ne pro uno tot dii colantur, quot sunt opera unius auctoris.

Et jam ut incipiam illa unius et veri Dei opera percurrere, propter quæ isti sibi dum quasi honeste conantur sacramenta turpissima et scelestissima interpretari, deos multos falsosque fecerunt : illum Deum colimus, qui naturis a se creatis et subsistendi et movendi initia finesque constituit; qui rerum causas habet, novit, atque disponit; qui vim seminum condidit; qui rationalem animam, quæ dicitur animus, quibus voluit viventibus indidit; qui sermonis facultatem usumque donavit; qui munus futura dicendi, quibus placuit spiritibus impertivit, et per quos placet ipse futura prædicit, et per quos placet malas valetudines pellit; qui bellorum quoque ipso-

(a) Sic Mss. At ed. *quasi possit pro vero Deo mundus vel opus pro factore coli.*

et également il chasse les maladies par qui il lui plaît. N'est-ce pas lui aussi qui, dans les guerres elles-mêmes, lorsqu'il juge à propos de corriger ou de châtier de cette manière le genre humain, en ménage les commencements, les progrès et les résultats? Il a créé aussi et il gouverne le feu, l'élément du monde le plus rapide et le plus violent, de manière à maintenir l'immense nature. Il est le créateur et le modérateur de toutes les eaux. Il a créé le soleil, la plus brillante de toutes les lumières matérielles, et il lui a donné la chaleur nécessaire et le mouvement. Les enfers mêmes ne sont point soustraits à sa domination et à sa puissance. Il fournit les semences et les aliments dont usent les mortels, et secs ou liquides il les dispense aux différentes substances, selon leur nature. Il affermit la terre et la féconde; il en distribue les fruits aux animaux et aux hommes. Il connaît et gouverne, non-seulement les causes principales, mais encore les causes secondes. Il assigne à la lune ses phases diverses; il ouvre des chemins au ciel et sur la terre pour que les corps puissent se mouvoir et changer de lieu. A l'esprit humain qu'il a créé, il a dispensé la science des différents arts nécessaires pour le soutien de la vie et de la nature. C'est lui qui a établi l'union des deux sexes pour la propagation des espèces. C'est lui aussi qui a donné aux sociétés humaines, pour l'entretien des foyers et des flambeaux, le bienfait du feu terrestre pour les usages les plus ordinaires de la vie. Voilà assurément toutes ces fonctions divines que Varron a entrepris de distribuer aux dieux choisis, par je ne sais quelles interprétations physiques qu'il a reçues de la tradition d'autrui, ou qu'il doit à ses propres conjectures. Mais tout cela est l'action du seul vrai Dieu. Il agit en Dieu, c'est-à-dire qu'il est tout entier partout; qu'il ne peut être ni circonscrit par aucun lieu, ni retenu par aucun lien; qu'il n'est susceptible ni de division, ni de changement; qu'il remplit le ciel et la terre par la présence de sa toute-puissance, et non pas par le besoin de se placer. Il gouverne donc tellement tous les êtres qu'il a créés, que, même en les dominant, il leur laisse l'exercice et la liberté de leurs propres mouvements. Bien qu'ils ne puissent être rien sans lui, ils ne sont pas pourtant ce qu'il est. Il fait beaucoup de choses par le ministère des anges, mais il ne les rend heureux que de lui-même. Ainsi quoique, pour certaines causes, il envoie ses anges aux hommes, toutefois ce n'est pas par les anges, mais par lui-même, qu'il veut rendre les hommes participants du bonheur des anges. C'est de cet unique et véritable Dieu que nous espérons la vie éternelle.

---

rum, cum sic emendandum et castigandum est genus humanum, exordiis, progressibus, finibusque moderatur; qui hujus mundi ignem vehementissimum et violentissimum pro immensæ naturæ temperamento et creavit et regit; qui universarum aquarum creator et gubernator est; qui solem fecit corporalium clarissimum luminum, eique vim congruam et motum dedit; qui ipsis etiam inferis dominationem suam potestatemque non subtrahit; qui semina et alimenta mortalium, sive arida sive liquida naturis competentibus attributa substituit; qui terram fundat atque fecundat; qui fructus ejus animalibus hominibusque largitur; qui causas non solum principales, sed etiam subsequentes novit, atque ordinat; qui lunæ statuit (a) motum suum; qui vias cœlestes atque terrestres locorum mutationibus præbet; qui humanis ingeniis, quæ creavit, etiam scientias artium mortalium, ad adjuvandam vitam naturamque concessit; qui conjunctionem maris et feminæ ad adjutorium propagandæ prolis instituit; qui hominum cœtibus, quem focis et luminibus adhiberent, ad facillimos usus terreni ignis indulsit. Ista sunt certe, quæ diis selectis, per nescio quas physicas interpretationes vir acutissimus atque doctissimus Varro, sive quæ aliunde accepit, sive quæ ipse conjecit, distribuere laboravit. Hæc autem facit atque agit unus verus Deus; sed sicut (b) Deus, id est, ubique totus, nullis inclusus locis, nullis vinculis alligatus, in nullas partes sectilis, ex nulla parte mutabilis, implens cœlum et terram præsente potentia, non (c) indigente natura. Sic itaque administrat omnia quæ creavit, ut etiam ipsa proprios (d) exercere et agere motus sinat. Quamvis enim nihil esse (e) possint sine ipso, non sunt quod ipse. Agit autem multa etiam per Angelos; sed non nisi ex se ipso beatificat Angelos. Ita quamvis propter aliquas causas hominibus Angelos mittat; non tamen ex Angelis homines, sed ex se ipso, sicut Angelos, beatificat. Ab hoc uno et vero Deo vitam speramus æternam.

(a) Vind. Am. et probæ notæ Mss. *modum suum.* — (b) Editi : *Sed sicut idem Deus, ubique totus,* etc. Corriguntur a Mss. — (c) Editi, *non absente,* At omnes Mss. *non indigente.* — (d) Plerique Mss. *exserere.* — (e) Sic Mss. At editi, *nihil esse possit sine ipso, non tamen sunt ulla quod ipse.*

CHAPITRE XXXI.

De quels bienfaits de Dieu usent spécialement les amis de la vérité, abstraction faite des libéralités que Dieu exerce généralement à l'égard de tous les hommes.

Car, outre ces bienfaits que, dans le gouvernement de la nature dont nous avons dit quelque chose, Dieu dispense aux bons et aux méchants, nous recevons de sa part un grand témoignage de son amour extrême, et ce témoignage est spécial aux bons. Car sans doute l'existence, la vie, la faculté de contempler le ciel et la terre, l'usage de l'esprit et de la raison, qui nous fait aller à la recherche de celui-là même qui a tout créé, sont des bienfaits, dont nous pouvons à peine rendre de dignes actions de grâces. Toutefois, rappelons-nous que, chargés et couverts de péchés, obstinés à nous détourner de la clarté de Dieu pour ne la pas voir, déterminés à nous condamner nous-mêmes à l'aveuglement, par suite de notre amour pour les ténèbres de l'iniquité, nous n'avons point été entièrement abandonnés de Celui dont nous rejetions la lumière. Il nous a envoyé son Verbe, son Fils unique, afin que, par l'incarnation, la naissance et les souffrances de ce divin Fils, mystères opérés pour nous, nous apprissions à quelle valeur il estimait l'homme; que nous fussions, par ce sacrifice unique, purifiés de tous nos péchés, et que, par sa charité répandue dans nos cœurs avec son Esprit, nous pussions surmonter toute difficulté, arriver à l'éternel repos et jouir des douceurs ineffables de sa contemplation. Or, en présence de tels bienfaits, quels cœurs et quelles langues auraient la prétention de suffire aux actions de grâces?

CHAPITRE XXXII.

Le mystère de la Rédemption du Christ n'a fait défaut à aucune époque dans le passé. Il a toujours été affirmé par différents signes.

Dès l'origine du genre humain, les anges ont annoncé ce mystère de la vie éternelle à ceux que Dieu avait désignés. Ils l'ont annoncé au moyen de certains signes et de certains mystères conformes aux temps. Ensuite, le peuple hébreu fut réuni en une seule république pour représenter ce mystère. Et c'était afin qu'au sein de ce peuple et par la voix de certains hommes, les uns sachant ce qu'ils annonçaient, les autres l'ignorant, tout ce qui devait se passer depuis l'avénement du Christ jusqu'à présent, et encore dans la suite, fût prédit d'avance. Voilà pourquoi cette nation des Hébreux a été dispersée à travers les nations, pour rendre témoignage aux Ecritures, qui ont annoncé le salut éternel en Jésus-Christ. Car ce ne sont pas seulement toutes les prophéties les plus claires, ni les préceptes de la vie destinés à former les mœurs et la piété, qui sont contenues dans ces Ecritures;

CAPUT XXXI.

Quibus proprie beneficiis Dei, excepta generali largitate, sectatores veritatis utantur.

Habemus enim ab illo, præter hujuscemodi beneficia, quæ ex hac, de qua nonnulla diximus, administratione naturæ bonis malisque largitur, magnum et bonorum proprium magnæ dilectionis indicium. Quanquam enim, quod sumus, quod vivimus, quod cœlum terramque conspicimus, quod habemus mentem atque rationem, qua eum ipsum, qui hæc omnia condidit, inquiramus, nequaquam valeamus actioni sufficere gratiarum : tamen quod nos oneratos obrutosque peccatis, et a contemplatione suæ lucis aversos, ac tenebrarum, id est, iniquitatis dilectione cæcatos, non omnino deseruit, misitque nobis Verbum suum, qui est ejus unicus Filius, quo pro nobis assumpta carne nato atque passo, quanti Deus hominem penderet nosceremus, atque illo sacrificio singulari a peccatis omnibus mundaremur, ejusque Spiritu in cordibus nostris dilectione diffusa, omnibus difficultatibus superatis in æternam requiem et contemplationis ejus ineffabilem dulcedinem veniremus, quæ corda, quot linguæ ad agendas ei gratias satis esse contenderint?

CAPUT XXXII.

Quod sacramentum redemptionis Christi nullis retro temporibus defuerit, semperque sit diversis significationibus prædicatum.

Hoc mysterium vitæ æternæ jam inde ab exordio generis humani per quædam signa et sacramenta temporibus congrua, quibus oportuit, per Angelos prædicatum est. Deinde populus Hebræus in unam quamdam rempublicam, quæ hoc sacramentum ageret, congregatus est; ubi per quosdam scientes, per quosdam nescientes, id quod ex adventu Christi usque nunc et deinceps agitur, prænuntiaretur esse venturum : sparsa etiam post eadem gente per gentes propter testimonium Scripturarum, quibus æterna salus in Christo futura prædicta est. Omnes

mais ce sont encore les rites sacrés, le sacerdoce, le tabernacle, le temple, les autels, les sacrifices, les cérémonies, les fêtes et tout ce qui se rapporte au culte dû à Dieu, et appelé en grec *latrie*, qui ont signifié et annoncé, et ce que, en vue du salut éternel des fidèles, nous croyons accompli, et ce dont nous voyons actuellement l'accomplissement, et ce que nous espérons devoir s'accomplir en Jésus-Christ.

CHAPITRE XXXIII.

Par la seule religion chrétienne on a pu reconnaître la fourberie des esprits mauvais, qui se réjouissent des erreurs des hommes.

Ainsi, par cette religion une et vraie, on a pu reconnaître que les dieux des nations sont les plus immondes démons. Ces démons, profitant des différentes occasions du passage des âmes dans l'autre vie, ou bien, prenant la forme de créatures mondaines, ont voulu passer pour des dieux. Leur impur orgueil leur fait savourer les honneurs divins avec toutes les circonstances criminelles et infâmes qui les accompagnent, et leur fait envier aux âmes humaines le retour au vrai Dieu. De leur cruelle et impie domination, l'homme s'affranchit lorsqu'il croit en Celui qui lui a donné, pour se relever, l'exemple d'une humilité aussi grande que l'orgueil qui les a fait tomber. Parmi eux, il faut compter, non-seulement ceux-là dont nous avons déjà beaucoup parlé, et puis d'autres semblables, et d'autres encore adorés dans d'autres pays et sous d'autres climats, mais encore ceux-ci dont nous traitons maintenant, et qui, étant les dieux choisis, forment comme un sénat parmi les dieux. Je les dis choisis. En effet, ils le sont vraiment, non par la dignité de leurs vertus, mais par la haute réputation de leurs crimes. Tandis que Varron s'épuise en efforts pour expliquer leurs mystères sacrés, comme par des raisons naturelles, cherchant à jeter un voile d'honnêteté sur des infamies, il ne peut trouver moyen de se conformer à ses raisons et de se mettre en accord avec elles. Le motif en est que les causes mêmes de ces mystères ne sont pas celles qu'il croit, ou plutôt qu'il veut qu'on croie. En effet, si ces causes étaient, je ne dis pas celles-là même qu'il allègue, mais seulement des causes semblables, ne se rapportant en rien au vrai Dieu et à la vie éternelle, fin suprême de la religion ; toutefois, par une explication telle quelle de la nature des choses, elles adouciraient un peu l'horreur, que doivent exciter dans ces mystères les infamies, et les absurdités dont on ne comprend pas le sens. Voilà à quoi ont tendu les efforts de Varron, par rapport à certaines fictions des théâtres, ou à certains mystères des temples. Mais en cela il

enim non solum prophetiæ, quæ in verbis sunt; nec tantum præcepta vitæ, quæ mores pietatemque (a) conformant, atque illis litteris continentur ; verum etiam sacra, sacerdotia, tabernaculum, sive templum, altaria, sacrificia, ceremoniæ, dies festi, et quidquid aliud ad eam servitutem pertinet, quæ Deo debetur, et Græci proprie λατρεία dicitur, ea significaverunt et prænuntiaverunt, quæ propter æternam vitam fidelium in Christo et impleta credimus, et impleri cernimus, et implenda confidimus.

CAPUT XXXIII.

Quod per solam Christianam religionem manifestari potuerit fallacia spirituum malignorum, de hominum errore gaudentium.

Per hanc ergo religionem unam et veram potuit aperiri, deos gentium esse immundissimos dæmones, sub defunctarum occasionibus animarum vel creaturarum specie mundanarum deos se putari cupientes, et quasi divinis honoribus eisdemque scelestis ac turpibus rebus superba impuritate lætantes, atque ad verum Deum conversionem humanis animis invidentes. Ex quorum immanissimo et impiissimo dominatu homo liberatur, cum credit in eum qui præbuit ad exsurgendum tantæ humilitatis exemplum, quanta illi superbia ceciderunt. Hinc sunt, non solum illi, de quibus multa jam diximus, et alii atque alii similes cæterarum gentium atque terrarum ; sed etiam hi, de quibus nunc agimus, tanquam in senatum deorum selecti ; sed plane selecti nobilitate criminum, non dignitate virtutum. Quorum sacra Varro dum quasi ad naturales rationes referre conatur, quærens honestare res turpes, quomodo his quadret et consonet, non potest invenire : quoniam non sunt ipsæ illorum sacrorum causæ quas putat, vel potius vult putari. Nam si non solum ipsæ, verum etiam quælibet aliæ hujus generis essent, quamvis nihil ad Deum verum vitamque æternam, quæ in religione quærenda est, pertinerent ; tamen qualicumque de rerum natura reddita ratione, aliquantulum mitigarent offensionem, quam

(a) Aliquot Mss. *confirmant*.

n'a point justifié les théâtres, à cause de leur ressemblance avec les temples. Il a plutôt condamné les temples, à cause de leur ressemblance avec les théâtres. Cependant, quoi qu'on puisse dire de ses efforts, il n'en a pas moins voulu, en cherchant ses raisons dans les causes naturelles, apaiser le trouble que de si affreuses infamies jetaient dans les esprits.

CHAPITRE XXXIV.

Livres de Numa. Le Sénat les fit brûler dans la crainte de faire connaître les causes des mystères sacrés, expliqués dans ces livres.

Contre ces raisons, nous avons découvert, et Varron, cet homme si docte, en a trahi le secret, nous avons découvert, dis-je, que les livres de Numa, dévoilant les causes des mystères sacrés, ne purent nullement être tolérés. Non-seulement on les a jugés indignes d'arriver par la lecture à la connaissance des âmes religieuses; mais on n'a pas voulu les laisser subsister même dans la profondeur des ténèbres. Car je vais dire ce que j'avais promis au troisième livre (voyez Tite-Live, liv. XL; Valère Max., liv. I, ch. I; Pline, liv. XIII; Lactance, liv. I, ch. xxii) de cet ouvrage. Je m'étais engagé à en parler en son lieu. En effet, voici ce qu'on lit, dans le même Varron, au livre *du Culte des dieux* (chap. ix):

« Un certain Térentius avait un fonds de terre au pied du mont Janicule. Son bouvier, faisant passer la charrue près du sépulcre de Numa Pompilius, en retira et fit sortir de terre les livres où ce roi avait relaté les causes de l'institution des mystères sacrés. Térentius rentra dans la ville et porta ces livres au préteur. Celui-ci, en ayant examiné le commencement, en défera au sénat comme pour une chose grave. Les principaux du sénat ayant lu certaines raisons de l'institution des mystères sacrés, le sénat approuva ce qu'avait fait le roi défunt Numa, mais dans sa religion il décida que le préteur brûlerait ces livres. » Chacun peut croire de cela ce qu'il voudra. Même je laisse dire ce que la fureur de disputer pourra suggérer à quiconque se fera gloire de défendre une pareille impiété. Qu'il me suffise de faire remarquer que les causes des mystères sacrés, exposées dans les livres du roi Pompilius, fondateur de ces mystères chez les Romains, ont dû rester inconnues et au peuple et au sénat et même aux prêtres, et que ce n'est que par une curiosité illicite que Numa Pompilius est arrivé à découvrir ces secrets diaboliques qu'il a écrits pour se les rappeler. Mais en même temps qu'on fasse attention à ceci, c'est que tout roi qu'il était, et bien qu'il n'eût personne à craindre, il n'a osé en instruire personne, et qu'il n'a pas voulu non plus en rien détruire par

---

non intellecta in sacris aliqua velut turpitudo aut absurditas fecerat : sicut in quibusdam theatrorum fabulis vel delubrorum mysteriis facere conatus est : ubi non theatra delubrorum similitudine absolvit, sed theatrorum potius similitudine delubra damnavit : tamen utcumque conatus est, ut sensum horribilibus rebus offensum velut naturalium causarum (*a*) ratione reddita deliniret.

CAPUT XXXIV.

De libris Numæ Pompilii, quos senatus, ne sacrorum causæ, quales in eis habebantur, innotescerent, jussit incendi.

Sed contra invenimus, sicut ipse vir doctissimus prodidit, de Numæ Pompilii libris redditas sacrorum causas nullo modo potuisse tolerari, nec dignas habitas, quæ non solum lectæ innotescerent religiosis, sed saltem scriptæ reconderentur in tenebris. Jam enim dicam, quod in tertio hujus Operis libro (cap. ix) me suo loco dicturum esse promiseram. Nam, sicut

apud eumdem Varronem legitur in libro *de cultu deorum* : « Terentius quidam cum (*b*) haberet ad Janiculum fundum, et bubulcus ejus juxta sepulcrum Numæ Pompilii trajiciens aratrum eruisset ex terra libros ejus, ubi sacrorum institutorum scriptæ erant causæ, in Urbem pertulit ad prætorem. At ille cum inspexisset principia, rem tantam detulit ad senatum. Ubi cum primores quasdam causas legissent, cur quidque in sacris fuerit institutum, Numæ mortuo senatus assensus est, eosque libros tanquam religiosi Patres conscripti, prætor ut combureret, censuerunt. » Credat quisque quod putat : imo vero dicat quod dicendum suggesserit vesana contentio, quilibet tantæ impietatis defensor egregius. Me admonere sufficiat, sacrorum causas a rege Pompilio Romanorum sacrorum institutore conscriptas, nec populo, nec senatui, nec saltem ipsis sacerdotibus innotescere debuisse, ipsumque Numam Pompilium curiositate illicita ad ea dæmonum pervenisse secreta, quæ ipse quidem scriberet, ut haberet unde legendo commoneretur : sed ea tamen, cum rex

(*a*) Mss. ratio reddita. — (*b*) Quidam Mss. araret.

aucun moyen. Ainsi, il n'a voulu que personne en sût rien, dans la crainte de donner aux hommes des leçons criminelles. D'un autre côté, il a reculé devant leur suppression, de peur d'irriter les démons. Il les a donc enfouis dans un lieu qu'il croyait sûr. Il ne s'imaginait pas que la charrue pût ainsi s'approcher de son tombeau. Mais le sénat, redoutant de condamner la religion des ancêtres, se trouve par là même forcé de respecter les institutions de Numa. Cependant, il juge ses livres si nuisibles qu'il n'ordonne pas de les enfouir de nouveau. Il craint que la curiosité n'en ait que plus d'ardeur à rechercher une chose déjà découverte; mais il fait détruire par le feu ces monuments du crime. Croyant qu'il était nécessaire de célébrer ces mystères, il trouve le spectacle de l'État livré à l'erreur par suite de l'ignorance des causes, bien plus supportable que la vue du trouble qui le désolerait, si ces causes venaient à être connues.

CHAPITRE XXXV.

De l'hydromancie par laquelle certains démons se jouaient de Numa en lui faisant apparaître leurs images.

Numa, ne recevant de la part de Dieu ni prophète, ni ange, se vit forcé de pratiquer l'hydromancie pour voir dans l'eau les images des dieux, ou plutôt les prestiges des démons, et apprendre d'eux ce qu'il devait établir et observer dans les mystères sacrés. Le même Varron dit que ce genre de divination a été apporté par les Perses, et il raconte que Numa et après lui le philosophe Pythagore y ont eu recours. Il dit également qu'on interrogeait aussi les enfers, en se servant de sang; ce que, selon lui, les Grecs appelaient nécromancie. Mais qu'on appelle cela hydromancie ou *nécromancie*, c'est toujours la même chose, et ce sont toujours les morts qui annoncent l'avenir. Comment tout cela se fait? C'est l'affaire des païens. Car je ne veux pas dire que ces arts divinatoires fussent interdits par les lois chez les païens, même avant la venue du Sauveur, ni qu'ils fussent bien sévèrement punis. Non, je n'ai point l'intention de dire cela. Peut-être alors ces choses étaient-elles permises? Toutefois, c'est par l'emploi de ces arts divinatoires que Pompilius a appris ces mystères sacrés, dont il révéla les différentes actions et dont il enfouit les causes, tant il eut peur de ce qu'il avait appris. Quant à ces causes, le sénat fit brûler les livres qui les promulguaient. Quelles explications vient donc m'apporter Varron sur je ne sais quelles autres causes qu'il appelle physiques, et par lesquelles il veut donner une couleur honnête à ces mystères. Si ces livres de Numa n'avaient révélé que des causes sem-

---

esset, qui minime quemquam metueret, nec docere aliquem, ut nec delendo vel quoquo modo consumendo perdere auderet; ita quod scire neminem voluit, ne homines nefaria doceret; violare autem timuit, ne dæmones iratos haberet; obruit, ubi tutum putavit, sepulcro suo propinquare aratrum posse non credens. Senatus autem cum religiones formidaret damnare majorum, et ideo Numæ assentiri cogeretur; illos tamen libros tam perniciosos esse judicavit, ut nec obrui rursus juberet, ne humana curiositas multo vehementius rem jam proditam quæreret, sed flammis aboleri nefanda monumenta: ut quia jam necesse esse existimabant sacra illa facere, tolerabilius erraretur causis eorum ignoratis, quam cognitis civitas turbaretur.

CAPUT XXXV.

De hydromantia, per quam Numa, visis quibusdam dæmonum imaginibus, ludificabatur.

Nam et ipse Numa, ad quem nullus Dei propheta, nullus sanctus Angelus mittebatur, hydromantiam facere compulsus est, ut in aqua videret imagines deorum, vel potius ludificationes dæmonum, a quibus audiret, quid in sacris constituere atque observare deberet. Quod genus divinationis idem Varro a Persis dicit allatum, quo et ipsum Numam, et postea Pythagoram philosophum usum fuisse commemorat: ubi adhibito sanguine etiam inferos perhibet (a) sciscitari; et νεκρομαντείαν Græce dicit vocari: quæ sive hydromantia, sive necromantia dicatur, idipsum est, ubi videntur mortui divinare. Quibus hæc artibus fiant, ipsi viderint. Nolo enim dicere has artes etiam ante nostri Salvatoris adventum in ipsis civitatibus gentium legibus solere prohiberi, et pœna severissima vindicari. Nolo, inquam, hoc dicere: fortassis enim talia tunc licebant. His tamen artibus didicit sacra illa Pompilius, quorum sacrorum facta prodidit, causas obruit; ita timuit et ipse quod didicit: quarum causarum proditos libros senatus incendit. Quid mihi ergo Varro illorum sacrorum alias nescio quas causas velut physicas interpretatur; quales, si

(a) Am. Er. et aliquot Mss. *suscitari*: moxque nonnulli codices, et νεκυομαντείαν.

blables, le sénat ne les aurait pas fait brûler, ou bien les Pères conscrits auraient fait brûler également ceux de Varron, qui sont écrits et adressés à César, pontife. Ce qu'on dit de Numa qu'il retirait (en latin *egerere*), c'est-à-dire qu'il emportait de sa demeure l'eau nécessaire à ses expériences d'hydromancie, a donné lieu au récit de son mariage avec la nymphe Égérie, comme tout cela est exposé au livre de Varron cité plus haut. C'est ainsi que les faits véritables se trouvent transformés en autant de fables lorsqu'on les a comme revêtus de mensonges. C'est donc par cette hydromancie que, poussant la curiosité à ses dernières limites, ce roi de Rome apprit les mystères sacrés qu'il fit consigner dans les livres des pontifes, et les causes de ces mystères dont il se réserva à lui seul la connaissance. Ayant donc écrit ces causes à part, il les associa d'une certaine manière à sa mort, ayant soin de les dérober à la connaissance des hommes, et les faisant ensevelir avec lui. De cela il faut conclure, ou que ces livres avaient dépeint chez les démons des passions tellement ignominieuses et criminelles, que toute la théologie civile paraissait abominable même aux yeux de pareils hommes, qui, cependant, avaient déjà admis dans leurs mystères mêmes tant de cérémonies honteuses; ou bien que tous ces dieux y étaient montrés comme n'étant rien autre chose que des hommes morts qui, à la faveur du temps, avaient fini par être regardés parmi les nations comme des dieux immortels, et admis comme tels par la foi de presque tous les peuples. Cela était d'autant plus naturel, que ces mêmes démons prenaient assurément plaisir à de pareils mystères; et, pour recevoir eux-mêmes leurs honneurs, se substituaient à la place de ces morts qu'ils avaient laissé passer pour des dieux, par certains signes trompeurs et certains miracles mensongers. Mais, grâce à une providence cachée du vrai Dieu, il est arrivé que, gagnés par ces arts divinatoires qui constituent l'hydromancie, et devenus les amis de Pompilius, ils ont été mis à sa discrétion et lui ont tout avoué. Et cependant il ne leur a pas été permis de l'avertir qu'à sa mort il eût à brûler ses secrets plutôt que de les enfouir. Et pour que la connaissance n'en pût arriver à personne, ils n'ont pu arrêter ni la charrue qui les a exhumés, ni la plume de Varron qui nous a transmis le récit de cet événement. Car ils ne peuvent pas aller au delà de ce qui leur est permis. Et par un juste et profond jugement du Dieu souverain, il ne leur est rien permis qu'en raison de ce que valent ceux qui méritent d'être seulement affligés par eux, ou même d'être entièrement soumis à leur domination et à leurs illusions. Mais combien on a jugé ces écritures pernicieuses et opposées au culte de la vraie Divinité! On peut s'en rendre compte par ce fait, que le sénat aima mieux brûler ce que Pompilius s'était contenté de cacher,

---

libri illi habuissent, non utique arsissent; aut et istos Varronis ad Cæsarem pontificem scriptos atque editos Patres conscripti similiter incendissent? Quod ergo aquam egesserit, id est, exportaverit Numa Pompilius, unde hydromantiam faceret, ideo nympham Ægeriam conjugem dicitur habuisse, quemadmodum in supradicto libro Varronis exponitur. Ita enim solent res gestæ aspersione mendaciorum in fabulas verti. In illa igitur hydromantia curiosissimus ille rex Romanus et sacra didicit, quæ in libris suis pontifices haberent; et eorum causas, quas præter se neminem scire voluit. Itaque eas seorsum scriptas secum quodam modo mori fecit, quando ita subtrahendas hominum notitiæ sepeliendasque curavit. Aut ergo dæmonum illic tam sordidæ et noxiæ cupiditates erant conscriptæ, ut ex his tota illa theologia civilis etiam apud tales homines execrabilis appareret, qui tam multa in ipsis sacris erubescenda susceperant; aut illi omnes nihil aliud quam homines mortui prodebantur, quos tam (a) prolixi temporis vetustate fere omnes populi gentium deos immortales esse crediderant; cum et talibus sacris iidem illi dæmones oblectarentur, qui se colendos pro ipsis mortuis, quos deos putari fecerant quibusdam fallacium miraculorum attestationibus, supponebant. Sed occulta, Dei veri providentia factum est, ut et Pompilio amico suo illis conciliati artibus, quibus hydromantia fieri potuit, cuncta illa confiteri permitterentur; et tamen ut moriturus incenderet ea potius, quam obrueret, admonere non permitterentur; qui ne innotescerent, nec aratro, quo sunt eruta, obsistere potuerunt, nec stilo Varronis, quo ea quæ de hac re gesta sunt, in nostram memoriam pervenerunt. Non enim possunt, quod non sinuntur efficere; sinuntur autem alto Dei summi justoque judicio pro meritis eorum, quos ab eis vel affligi tantum, vel etiam subjici ac decipi justum est. Quam vero perniciosæ vel a cultu veræ divinitatis alienæ illæ litteræ judicatæ sint, hinc intelligi potest, quod eas maluit senatus incendere,

(a) Am. et Mss. *tam prolixa.*

que d'avoir cette crainte qui avait ôté à Pompilius toute résolution là-dessus. Que celui donc qui ne veut pas vivre pieusement ici-bas, cherche dans de pareils mystères le moyen de vivre éternellement. Quant à celui qui rejette toute société avec les esprits de malice, qu'il ne craigne en rien cette superstition coupable par laquelle on les honore, mais qu'il reconnaisse la véritable religion, qui les dévoile et triomphe de leur malice.

LIVRE HUITIÈME

Le saint docteur passe à la troisième sorte de théologie, c'est-à-dire à la théologie naturelle. Il discute avec les platoniciens, qui étaient les plus célèbres des philosophes et les moins éloignés de la vérité chrétienne, la question de savoir si le culte de ces dieux sert pour acquérir cette vie heureuse, qui doit suivre la mort. Il réfute d'abord Apulée et les autres, qui veulent qu'on honore les démons comme des médiateurs entre les dieux et les hommes; il montre que ces démons sont sujets à des vices que les hommes sages et honnêtes évitent et condamnent; qu'ils ont introduit les fables sacrilèges des poètes, les jeux obscènes du théâtre, les maléfices et les crimes de la magie, qu'ils aiment toutes ces choses, et qu'ils s'en repaissent; d'où il conclut qu'ils sont impuissants à rendre les dieux bons, favorables aux hommes.

CHAPITRE PREMIER.

Question de la théologie naturelle à discuter avec les philosophes dont la doctrine est la plus éminente.

Maintenant il nous faut une application beaucoup plus grande que lorsqu'il s'est agi de la solution des précédentes questions, et de l'explication des livres antérieurs. Car ce n'est pas avec les premiers venus que nous allons avoir à discuter sur la théologie qu'on appelle naturelle. Il ne s'agit plus, en effet, de la théologie fabuleuse ou civile, je veux dire de cette théologie de théâtre, ou de cette théologie d'état, dont l'une étale les crimes des dieux, dont l'autre proclame leurs désirs les plus criminels, et par là même plus dignes de démons que de dieux. Non, c'est avec des philosophes qu'il nous faut conférer, c'est-à-dire avec des hommes dont le nom s'interprète en latin, (voyez Cicéron, II *Offic.*) comme exprimant un engagement formel à aimer la sagesse. Or, si par sagesse on doit entendre le Dieu par qui tout a été fait, comme l'autorité et la vérité divine l'ont démontré (*Sag.*, VII, 25; *Hébr.*, I, 3), le vrai philosophe est l'ami de Dieu. Mais parce que la chose même que représente ce nom ne se trouve pas dans tous ceux qui se font gloire de le por-

---

quas Pompilius occultavit, quam timere quod timuit, qui hoc audere non potuit. (*a*) Qui ergo vitam nec modo habere vult piam, talibus sacris quærat æternam. Qui autem cum malignis dæmonibus non vult habere societatem, non superstitionem, qua coluntur, noxiam pertimescat; sed veram religionem, qua produntur et vincuntur, agnoscat.

LIBER OCTAVUS

Venit ad tertium genus theologiæ, quæ dicitur naturalis, deque diis eo pertinentibus quæstionem, an istorum videlicet deorum cultus prosit ad consequendam vitam beatam, quæ post mortem futura est, discutiendam suscipit cum Platonicis, qui cæterorum philosophorum sunt facile principes et ad fidei Christianæ veritatem propius accedentes. Atque hic primum refellit Apuleium et quicumque alii cultum dæmonibus tanquam internuntiis et interpretibus inter deos et homines impendi volunt; ostendens ipsos dæmones, quos vitiis obnoxios esse, et quæ probi prudentesque homines aversantur et damnant, id est, sacrilega poetarum figmenta, ludibria theatrica, magicarum artium maleficia et scelera importasse, iisque omnino favere et delectari compertum est, nulla posse ratione diis bonis homines conciliare.

CAPUT PRIMUM.

De quæstione naturalis Theologiæ cum philosophis excellentioris scientiæ discutienda.

Nunc intentione nobis opus est animo multo quam erat in superiorum solutione quæstionum et explicatione librorum. De theologia quippe, quam naturalem vocant, non cum quibuslibet hominibus; (non enim fabulosa est vel civilis, hoc est, vel theatrica, vel urbana; quarum altera jactitat deorum crimina, altera indicat deorum desideria criminosiora, ac per hoc malignorum potius dæmonum quam deorum;) sed cum philosophis est habenda collatio; quorum ipsum nomen si Latine interpretemur (V. Cic., II, *Offic.*), amorem sapientiæ profitetur. Porro si sapientia Deus est, per quem facta sunt omnia (*Sap.*, VII, 25; *Hebr.*, I, 3), sicut divina

---

(*a*) Sic omnes Mss. At editi : *Qui ergo nec felicem in futuro vitam, nec modo habere vult piam, talibus sacris mortem quærat æternam.*

ter (LACTANCE, liv. III) (et, en effet, tous ceux qui s'appellent philosophes ne sont pas pour cela amis de la sagesse), il faut sans doute, entre tous ceux dont les écrits ont pu nous faire connaître les doctrines, choisir ceux avec lesquels cette question pourra être traitée d'une manière convenable. Car dans cet ouvrage je n'ai pas entrepris de réfuter toutes les vaines opinions de tous les philosophes, mais seulement les opinions qui appartiennent à la théologie, c'est-à-dire à la science qui traite ou qui parle de la divinité, suivant la signification des mots grecs qui en sont la racine. Et encore ce ne sont pas les opinions théologiques de tous que je veux réfuter, mais seulement les opinions de ceux qui, d'accord avec nous sur l'existence de la divinité et sur le soin qu'elle prend des choses humaines, s'imaginent toutefois que le culte d'un Dieu unique et immuable n'est pas suffisant pour gagner une vie heureuse après la mort, mais qu'il faut encore pour arriver là adorer cette multitude de dieux créés et établis par le Dieu unique. Ces philosophes déjà vont bien au delà de la sphère de Varron, ils se rapprochent bien plus que lui de la vérité. Si, en effet, Varron a pu étendre toute la théologie naturelle jusqu'à ce monde et à l'âme du monde, ceux-ci confessent au-dessus de toute nature d'âme un Dieu qui, non-seulement a fait ce monde visible nommé souvent le ciel et la terre, mais encore a créé absolument toute âme, et qui rend heureuse l'âme raisonnable et intelligente, telle que l'âme humaine, par la participation de sa lumière incorporelle et immuable. Ces philosophes, on les appelle platoniciens, nom dérivé de celui de leur maître Platon. Quel est celui qui pourrait ignorer cela, si peu qu'il ait entendu parler de philosophie ? Au sujet de Platon, je toucherai légèrement et en peu de mots ce qui me paraît nécessaire à la présente question. Et d'abord je ferai mention de ceux qui l'ont précédé dans le même genre d'écrits.

CHAPITRE II.

De deux sortes de philosophes, qui sont ceux de l'école italique et ceux de l'école ionienne. Fondateurs de ces écoles.

Quant à ce qui regarde la littérature grecque, dont la langue est la plus célèbre parmi les autres langues des nations païennes (voyez liv. VII, *quest. sur les juges*), il y a deux sortes de philosophes, les Italiques ainsi appelés de cette partie de l'Italie autrefois nommée la grande Grèce, et les Ioniens qui tirent leur nom de ces contrées qu'on appelle encore maintenant la Grèce. L'école italique a eu pour auteur Pythagore de Samos, à qui on attribue le mot

---

auctoritas veritasque monstravit, verus philosophus est amator Dei. Sed quia res ipsa, cujus hoc nomen est, non est in omnibus qui hoc nomine gloriantur (LACTANT., lib. III); (neque enim continuo veræ sapientiæ sunt amatores, quicumque appellantur philosophi;) profecto ex omnibus quorum sententias e litteris nosse potuimus, eligendi sunt cum quibus non indigne quæstio ista tractetur. Neque enim hoc opere omnes omnium philosophorum vanas opiniones refutare suscepi, sed eas tantum quæ ad theologiam pertinent, quo verbo Græco significari intelligimus de divinitate rationem sive sermonem; nec eas omnium, sed eorum tantum, qui cum et esse divinitatem et humana curare consentiant, non tamen sufficere unius incommutabilis Dei cultum ad vitam adipiscendam etiam post mortem, beatam, sed multos, ab illo sane uno conditos atque institutos, ob eam causam colendos putant. Hi jam etiam Varronis opinionem veritatis propinquitate transcendunt. Si quidem ille totam theologiam naturalem usque ad mundum istum vel ejus animam extendere potuit; isti vero supra omnem animæ naturam confitentur Deum, qui non solum mundum istum visibilem, qui sæpe coeli et terræ nomine nuncupatur, sed omnem etiam omnino animam fecerit; et qui rationalem et intellectualem, cujus generis anima humana est, participatione sui luminis incommutabilis et incorporei beatam facit. Hos philosophos Platonicos appellatos, a Platone doctore vocabulo derivato, nullus qui hæc vel tenuiter audivit, ignorat. De hoc igitur Platone, quæ necessaria præsenti quæstioni existimo, breviter attingam, prius illos commemorans, qui cum in eodem genere litterarum tempore præcesserunt.

CAPUT II.

De duobus philosophorum generibus, id est, Italico et Ionico, eorumque auctoribus.

Quantum enim attinet ad litteras Græcas, quæ lingua inter cæteras Gentium clarior habetur, duo philosophorum genera traduntur; unum Italicum, ex ea parte Italiæ, quæ quondam magna Græcia nuncupata est; alterum Ionicum, in eis terris, ubi et nunc Græcia nominatur. Italicum genus auctorem habuit Pythagoram Samium, a quo etiam ferunt

même de philosophie. (Cicéron, V *Tuscul.*) Avant lui, on appelait sages ceux qui paraissaient être supérieurs aux autres par un certain genre de vie qui leur attirait l'estime. Mais lui, interrogé sur sa profession, répondit qu'il était philosophe, c'est-à-dire qu'il recherchait et aimait la sagesse. Car faire profession d'être sage lui paraissait prétentieux au suprême degré. L'école ionienne a eu pour chef Thalès de Milet, l'un des sept connus sous le nom de sages (1). Tandis que les six autres se distinguaient par leur genre de vie et par certains préceptes qui apprennent à bien vivre, Thalès, pour se donner des continuateurs de sa doctrine, s'éleva au-dessus d'eux en cherchant à pénétrer la nature des choses et en perpétuant ses démonstrations par des écrits. Ce qui l'a rendu surtout remarquable, c'est que, par des calculs astrologiques parfaitement conçus, il a pu annoncer d'avance les éclipses de soleil, et même celles de lune. (Cicéron, I *de la Divination*.) Cependant il a cru que l'eau était le principe des choses, et que c'était de l'eau que tiraient leur existence tous les éléments du monde, le monde lui-même et tout ce qui y est engendré. Quant à cette œuvre que nous voyons si admirable lorsque nous contemplons le monde, il ne la soumet à rien de ce qui se rattache à l'intelligence divine. Son successeur fut Anaximandre, son disciple. Celui-ci ne garda point l'opinion de son maître sur la nature des choses. Car il n'admit point un principe unique comme Thalès qui proclamait que ce principe était l'eau, mais il crut que les choses avaient leurs principes spéciaux; ces principes étaient, selon lui, infinis, et ils engendraient des mondes innombrables, et tout ce qui prend naissance dans ces mondes. Il prétendait que ces mondes tantôt périssaient et tantôt renaissaient, chacun avec la durée qu'il pouvait atteindre. Quant à l'intelligence divine, il ne lui faisait honneur de rien dans toutes ces œuvres. Il laissa pour disciple et pour successeur Anaximène qui attribua toutes les causes des choses à l'air infini. Il ne nia point l'existence des dieux, il ne les passa point sous silence. Toutefois, il ne crut pas que l'air fût fait par eux; au contraire, il pensa qu'ils tiraient leur origine de l'air. Mais Anaxagore, son disciple, comprit que le créateur de toutes ces choses que nous voyons, c'est un esprit divin. Il dit qu'une matière infinie, composée de particules semblables les unes aux autres, constituait chaque genre d'êtres suivant la mesure et l'espèce qui leur est propre, mais sous l'action de l'esprit divin. Diogène (2), autre disciple d'Anaximène, dit également que l'air est la matière

---

(1) Thalès vécut, dit-on, sous le règne de Romulus (Voyez au livre XVIII de cet ouvrage ch. xxiv.) Les six autres appelés sages avec lui sont : Chilon de Lacédémone, Pittacus de Mitylène, Bias de Priène, Cléobule de Lindos, Périandre de Corinthe et Solon d'Athènes.
(2) Ce Diogène n'est pas le fameux Cynique, mais Diogène Apolloniate, dont Cicéron parle au 1er livre *de la nature des dieux*.

---

ipsum philosophiæ nomen exortum. (Cicero, in V *Tusc.*) Nam cum antea Sapientes appellarentur, modo quodam laudabili vitæ aliis præstare videbantur; iste interrogatus, quid profiteretur, Philosophum se esse respondit, id est, studiosum vel amatorem sapientiæ; quoniam sapientem profiteri, arrogantissimum videbatur. Ionici vero generis princeps fuit Thales Milesius, unus illorum septem qui appellati sunt Sapientes. Sed illi sex vitæ genere distinguebantur, et quibusdam præceptis ad bene vivendum accommodatis; iste autem Thales, ut successores etiam propagaret, rerum naturam scrutatus suasque disputationes litteris mandans eminuit; maximeque admirabilis exstitit, quod astrologiæ numeris comprehensis defectus solis et lunæ etiam prædicere potuit. (Cicero, I, *de divinat.*) Aquam tamen putavit rerum esse principium, et hinc omnia elementa mundi ipsumque mundum, et quæ in eo gignuntur, exsistere. Nihil autem huic operi, quod mundo considerato tam admirabile aspicimus, ex divina mente præposuit. Huic successit Anaximander ejus auditor, mutavitque de rerum natura opinionem. Non enim ex una re, sicut Thales ex humore, sed ex suis propriis principiis quasque res nasci putavit. Quæ rerum principia singularum esse credidit infinita, et innumerabiles mundos gignere, et quæcumque in eis oriuntur; eosque mundos modo dissolvi, modo iterum gigni existimavit, quanta quisque ætate sua manere potuerit; nec ipse aliquid divinæ menti in his rerum operibus tribuens. Iste Anaximenem discipulum et successorem reliquit; qui omnes rerum causas infinito aeri dedit; nec deos negavit, aut tacuit; non tamen ab ipsis aerem factum, sed ipsos ex aere ortos credidit. Anaxagoras vero ejus auditor, harum rerum omnium, quas videmus, effectorem divinum animum sensit; et dixit ex infinita materia quæ constaret (*a*) similibus inter se particulis, rerum omnium (*b*) genera pro modulis

---

(*a*) Vind. Am. Er. *dissimilibus*. Sic rursus infra loco, *similibus*. — (*b*) Omnes prope Mss. *rerum omnium quibus suis et propriis singula fieri*. Cygirannensis codex, *rerum omnium quibusque suis et propriis singula fieri*.

des choses, et que tout en est fait. Mais il ajoute qu'il lui faut pour cela la raison divine sans laquelle rien ne peut se produire de lui. A Anaxagore succéda son disciple Archélaüs. Celui-ci de même crut que tout se composait d'atomes semblables les uns aux autres, et dont chaque chose se faisait. Toutefois, dans sa pensée, il y a en ces atomes une intelligence qui, soit en joignant, soit en séparant ces corps toujours existants, je veux dire les atomes, produit tous les phénomènes que nous voyons. Socrate fut, dit-on, le disciple d'Archélaüs. Il devint le maître de Platon, en vue duquel j'ai retracé en abrégé tout ce que je viens d'exposer.

CHAPITRE III.

Principes de Socrate.

On dit donc que c'est Socrate qui, le premier, a tourné toute la philosophie à la correction et au règlement des mœurs. (CICÉRON, I *quest. Acad.*) Avant lui, les philosophes employaient généralement leurs plus grands efforts à approfondir les vérités physiques ou naturelles. Mais il ne me semble pas qu'on puisse juger clairement la cause qui a amené Socrate à agir ainsi. Y a-t-il été déterminé par le dégoût que pouvaient lui faire éprouver toutes ces questions obscures et incertaines, et est-ce par ce motif qu'il s'est appliqué à trouver quelque chose de clair, de certain, et en même temps de nécessaire à cette vie bienheureuse? Car c'est pour cette seule vie bienheureuse que tous les philosophes semblent avoir dépensé leur activité en veilles et en travaux. Ou bien, comme l'ont conjecturé certains critiques plus bienveillants, était-ce parce qu'il ne voulait pas que des esprits souillés par des passions terrestres fissent des efforts pour arriver à cette connaissance des choses divines? Sans doute, il voyait quelquefois les causes de ce qui existe recherchées par de telles âmes, et en même temps il jugeait que les causes premières et essentielles, ne résidaient que dans la volonté d'un Dieu unique et souverain. Aussi pensait-il (PLATON, *Phédon*) qu'elles ne pouvaient être saisies que par les âmes pures. Voilà pourquoi il était d'avis qu'il fallait travailler sans relâche à purifier sa vie par de bonnes mœurs, afin que l'esprit libre de la tyrannie des passions retrouvât sa vigueur naturelle pour s'élever aux choses éternelles, et que la pureté de son intelligence lui fît apercevoir la nature de cette lumière incorporelle et immuable, dans laquelle les causes de toutes les natures créées trouvent la vie et la stabilité. Cependant, il est constant que, même dans ces questions morales où il semblait avoir dirigé son esprit tout entier, il a parfaitement mystifié la sottise de ces ignorants, qui prétendent toujours savoir

---

et speciebus propriis singula fieri, sed animo faciente divino. Diogenes quoque Anaximenis alter auditor, aerem quidem dixit rerum esse materiam, de qua omnia fierent; sed eum esse compotem divinæ rationis, sine qua nihil ex eo fieri posset. Anaxagoræ successit auditor ejus Archelaus; etiam ipse de particulis inter se similibus, quibus singula quæque fierent, ita omnia constare putavit, ut inesse etiam mentem diceret, quæ corpora (*a*) æterna, id est, illas particulas conjungendo et dissipando ageret omnia. Socrates hujus discipulus fuisse perhibetur, magister Platonis propter quem breviter cuncta ista recolui.

CAPUT III.

De Socratica disciplina.

Socrates ergo primus universam philosophiam ad corrigendos componendosque mores flexisse memoratur (CICERO, I, *Acad. quæst.*); cum ante illum omnes magis physicis, id est, naturalibus rebus perscrutandis operam maximam impenderent. Non mihi autem videtur posse ad liquidum colligi, utrum Socrates, ut hoc faceret, tædio rerum obscurarum et incertarum ad aliquid apertum et certum reperiendum animum intenderit, quod esset beatæ vitæ necessarium; propter quam unam omnium philosophorum invigilasse ac laborasse videtur industria; an vero, sicut de illo quidam benevolentius suspicantur, nolebat immundos terrenis cupiditatibus animos se extendere in divina (*b*) conari. Quando quidem ab eis causas rerum videbat inquiri, quas primas atque summas non nisi in unius (*c*) ac summi Dei voluntate esse credebat; unde non eas putabat (Apud PLATON., *in Phædone*) nisi mundata mente posse comprehendi; et ideo purgandæ bonis moribus vitæ censebat instandum, ut deprimentibus libidinibus exoneratus animus naturali vigore in æterna se attolleret, naturamque incorporei et incommutabilis luminis, ubi causæ omnium factarum naturarum stabiliter vivunt, intelligentiæ puritate conspiceret. Constat cum tamen imperitorum stulti-

(*a*) Vind. Am. et Er. non *æterna* habent, sed *dissimilia*. — (*b*) Unus et alter Mss. *et conari*. — (*c*) Editi, *veri ac summi*. Abest *veri* a Mss.

quelque chose. Tantôt confessant son ignorance, tantôt dissimulant sa science, il les déroutait dans la discussion par les agréments admirables de son esprit, et par le bon goût de ses piquantes railleries. De là, ayant soulevé contre lui de grandes inimitiés, il fut condamné par suite d'accusations calomnieuses, et il subit la mort. Mais plus tard, cette même ville qui l'avait condamné publiquement, Athènes, l'honora par un deuil public; l'indignation populaire se retourna contre ses deux accusateurs à un tel point que l'un périt sous les coups de la multitude irritée, et que l'autre ne put éviter un pareil châtiment, qu'en se condamnant à un exil volontaire et perpétuel (1). Avec la réputation si illustre que lui donna sa mort aussi bien que sa vie, Socrate laissa plusieurs sectateurs de sa philosophie, qui trouvèrent leur plaisir à s'appliquer avec ardeur à l'examen des questions morales qui tendent au souverain bien par lequel l'homme peut devenir heureux. Et comme dans ses controverses, bien qu'il y remue tout, affirmant, puis niant ensuite, Socrate ne fait point apparaître évidemment ce souverain bien; chacun parmi ses disciples a pris ce qui lui a plu, et il a placé le bien final où il lui semblait bon. Le bien final s'appelle ainsi, parce que c'est le point où, une fois arrivé, on est heureux. Ainsi, entre les disciples de Socrate, il y a eu une telle diversité de sentiments sur cette question du bien final, que, chose à peine croyable de la part de philosophes ayant eu le même maître, les uns ont prétendu que le souverain bien, c'était la volupté, comme Aristippe; les autres ont dit que c'était la vertu, comme Antisthène. Ainsi les uns ont eu une opinion, les autres en ont eu une autre. (Voyez CICÉRON, II *de finibus.*) Il serait trop long de faire le récit de tant d'opinions.

CHAPITRE IV.

Du plus célèbre des disciples de Socrate, Platon, qui a donné à toute la philosophie trois grandes divisions.

Mais parmi les disciples de Socrate, celui qui s'est illustré par la réputation la plus éminente et la plus légitime, et qui a complétement effacé tous les autres, c'est Platon. Il était athénien. Son origine était des plus honorables, et son admirable génie le plaçait bien avant tous ses condisciples. Toutefois, il pensa que, pour perfectionner la philosophie, ses propres ressources et les enseignements de Socrate ne seraient pas suffisants. Il fit donc les voyages les plus loin-

(1) L'auteur veut parler de Mélitus et d'Anytus, dont le premier fut condamné à mort. Quant à Anytus, il fut forcé de s'exiler. (PLATON dans l'*Apol.* et LAERCE *sur Socrate.*)

tiam scire se aliquid opinantium, etiam in ipsis moralibus quæstionibus, quo totum animum intendisse videbatur, vel confessa ignorantia sua, vel dissimulata scientia, lepore mirabili disserendi et acutissima urbanitate agitasse atque versasse. Unde et concitatis inimicitiis calumniosa criminatione damnatus, morte multatus est. Sed cum postea illa ipsa, quæ publice damnaverat, Atheniensium civitas publice luxit, in duos accusatores ejus usque adeo populi indignatione conversa, ut unus eorum oppressus vi multitudinis interiret, exsilio autem voluntario atque perpetuo pœnam similem alter evaderet. Tam præclara igitur vitæ mortisque fama Socrates reliquit plurimos suæ philosophiæ sectatores, quorum certatim studium fuit in quæstionum moralium disceptatione versari, ubi agitur de summo bono, quo fieri homo beatus potest. Quod in Socratis disputationibus, dum omnia movet, asserit, destruit, quoniam non evidenter apparuit; quod cuique placuit, inde sumpserunt, et ubi cuique visum est, constituerunt finem boni. Finis autem boni appellatur, quo quisque cum pervenerit, beatus est.

Sic autem diversas inter se Socratici de isto fine sententias habuerunt, ut (quod vix credibile est, unius magistri potuisse facere sectatores) quidam summum bonum esse dicerent voluptatem, sicut Aristippus; quidam virtutem, sicut Antisthenes. Sic alii atque alii aliud atque aliud opinati sunt; quos (Vide CIC., II *de finib.*) commemorare longum est.

CAPUT IV.

De præcipuo inter Socratis discipulos Platone, qui omnem philosophiam triplici partitione distinxit.

Sed inter discipulos Socratis, non quidem immerito, excellentissima gloria claruit, (*a*) qui omnino cæteros obscuraret Plato. Qui cum esset Atheniensis, honesto apud suos loco natus, et ingenio mirabili longe suos condiscipulos anteiret, parum tamen putans perficiendæ philosophiæ sufficere se ipsum ac Socraticam disciplinam, quam longe lateque potuit peregrinatus est, quaqua versum cum alicujus nobilitate scientiæ percipiendæ fama rapiebat. Itaque et in Ægypto didicit quæcumque illic magna habe-

(*a*) Mss. *qua.*

tains, s'étendant de tous côtés et allant partout où l'entraînait le renom de quelque enseignement célèbre. Ainsi, il s'instruisit en Égypte de tout ce qu'on y regardait comme important, et de tout ce qu'on y enseignait comme tel. De là, se rendant dans ces endroits de l'Italie où la gloire des pythagoriciens était si honorée, il se mit très-facilement au courant de tout ce que la philosophie italique avait de choisi, après y avoir entendu les docteurs les plus illustres. Et parce qu'il aimait tout particulièrement Socrate, son maître, il l'introduisit comme interlocuteur dans presque tous ses discours ; et même tout ce qu'il avait appris d'autres philosophes, et ce qu'il avait découvert avec sa haute intelligence, il sut le revêtir des agréments que Socrate répandait dans ses conversations morales. Aussi, comme l'étude de la sagesse a un double objet : l'action et la contemplation ; d'où on peut dire qu'il y a deux parties : la partie active et la partie contemplative ; que la partie active a pour objet la direction de la vie, c'est-à-dire le règlement des mœurs, et que la partie contemplative s'occupe de faire voir les causes de la nature et la vérité pure. Socrate excelle, dit-on, dans la partie active, et Pythagore a plus approfondi la partie contemplative, vers laquelle il a dirigé toutes les forces de son intelligence. Partant de là, Platon, en réunissant les deux enseignements de Socrate et de Pythagore, a le mérite d'avoir perfectionné la philosophie qu'il divise en trois parties : l'une morale qui a surtout pour objet l'action, l'autre naturelle à laquelle on assigne la contemplation, la troisième rationnelle dans laquelle on distingue le vrai du faux. Bien que celle-ci soit nécessaire aux deux premières, c'est-à-dire à l'action et à la contemplation, cependant c'est la contemplation surtout qui revendique pour elle-même l'étude approfondie de la vérité. Cette division en trois parties n'est donc pas contraire à celle qui fait consister l'étude entière de la sagesse dans l'action et la contemplation. Quant à dire ce qu'a pensé Platon sur ces trois parties, sur chacune d'elles, ou, pour mieux m'expliquer, si l'on veut faire connaître où Platon déclare et croit qu'il faut placer la fin de toutes les actions, la cause de tous les êtres, la lumière de toutes les raisons, voilà ce qu'il serait long de développer par voie de discussion, et ce que je ne crois pas devoir avancer à moins d'en donner des preuves. Car la méthode si connue de Socrate, son maître et son interlocuteur dans ses dialogues, cette méthode d'envelopper sa science ou son opinion, Platon affecte de la suivre, et il se plaît à le faire. Il arrive de là que la pensée de Platon lui-même sur les grandes questions ne se reconnaît pas facilement. Cependant, parmi tous ses ouvrages, ou bien dans ce qu'il lui a plu de raconter et de consigner des pensées des autres, il nous faut citer et intro-

---

bantur atque docebantur, et inde in eas Italiæ partes veniens ubi Pythagoræorum fama celebrabatur, quidquid Italicæ philosophiæ tunc florebat, auditis eminentioribus in ea doctoribus facillime comprehendit. Et quia magistrum Socratem singulariter diligebat, eum loquentem fere in omnibus sermonibus suis faciens, etiam illa quæ vel ab aliis didicerat, vel ipse quanta potuerat intelligentia viderat, cum illius lepore et moralibus disputationibus temperavit. Itaque cum studium sapientiæ in actione et contemplatione versetur, ita ut una pars ejus activa, altera contemplativa dici potest ; quarum activa ad agendam vitam, id est, ad mores instituendos pertinet, contemplativa autem ad conspiciendas naturæ causas et sincerissimam veritatem : Socrates in activa excelluisse memoratur ; Pythagoras vero magis contemplativæ, quibus potuit intelligentiæ viribus, institisse. Proinde Plato utrumque jungendo philosophiam perfecisse laudatur, quam in tres partes distribuit : unam moralem, quæ maxime in actione versatur ; alteram naturalem, quæ contemplationi deputata est ; tertiam rationalem, qua verum disterminatur a falso. Quæ licet utrique, id est, actioni et contemplationi sit necessaria, maxime tamen contemplatio perspectionem sibi vindicat veritatis. Ideo hæc tripartitio non est contraria illi distinctioni, qua intelligitur omne studium sapientiæ in actione et contemplatione consistere. Quid autem in his vel de his singulis partibus Plato senserit, id est, ubi finem omnium actionum, ubi causam omnium naturarum, ubi lumen omnium rationum esse cognoverit vel crediderit, disserendo explicare et longum esse arbitror, et temere esse affirmandum non arbitror. Cum enim magistri sui Socratis, quem facit in suis voluminibus disputantem, notissimum morem dissimulandæ scientiæ vel opinionis suæ servare affectat, quia et illi ipse mos placuit, factum est ut etiam ipsius Platonis de rebus magnis sententiæ non facile perspici possint. Ex his tamen quæ apud eum leguntur, sive quæ ab aliis dicta esse narravit atque conscripsit, quæ sibi placita viderentur, quædam commemorari, et huic operi inseri oportet a nobis,

duire ici certains passages, soit approbatifs de la vraie religion que notre foi soutient et défend, soit contraires à cette même religion, mais les uns et les autres ayant rapport à cette question de l'unité divine ou de la pluralité des dieux, en vue de cette vie vraiment heureuse qui doit exister après la mort. Car ceux qui ont le mérite d'avoir plus approfondi, plus fidèlement compris, et suivi avec plus d'éclat Platon, le philosophe qui sans contredit s'est élevé de beaucoup au-dessus de tous les autres chez les païens, ceux-là peut-être ont de Dieu ce sentiment, qu'en lui se trouve et la cause de l'existence, et la raison de l'intelligence, et l'ordre de la vie. De ces trois choses, on voit que la première se rapporte à la partie naturelle, la deuxième à la partie rationnelle, et la troisième à la partie morale. Car si l'homme a été créé tel, que par ce qu'il a d'excellent en lui, il puisse atteindre celui qui est excellent par-dessus tout, c'est-à-dire le Dieu unique, vrai et très-bon, sans lequel aucune nature ne subsiste, aucune doctrine n'instruit, aucune pratique n'importe, il faut donc le chercher lui-même là où tout est pour nous assurance; il faut le contempler là où tout est pour nous certitude; il faut l'aimer là où tout est pour nous rectitude.

CHAPITRE V.

C'est de préférence avec les platoniciens qu'on va discuter, puisque leurs principes sont supérieurs aux systèmes de tous les autres philosophes.

Si donc Platon a défini le sage celui qui imite, qui connaît, qui aime ce Dieu dont la communication seule peut le rendre heureux, qu'est-il nécessaire d'étudier les autres philosophes? Aucune école de philosophie ne s'est plus approchée de notre christianisme que celle des platoniciens. Il faut donc que, devant eux, elle rentre dans l'oubli et le néant, cette théologie fabuleuse qui raconte les crimes des dieux pour amuser des âmes impies, et encore cette théologie civile où d'impurs démons, usurpant des noms divins, séduisent les peuples adonnés aux plaisirs terrestres, et profitent des erreurs humaines pour les faire servir à leur propre culte et les tranformer en honneurs divins. Le spectacle de leurs crimes représentés sur la scène, c'est le culte qu'ils réclament de leurs adorateurs, et auquel ils les excitent en allumant en eux les passions les plus immondes. Quant à eux-mêmes, ils se donnent des plaisirs plus agréables dans la personne même des spectateurs. Et si par eux quelque semblant de vertu et d'honnêteté se

vel ubi suffragatur religioni veræ, quam fides nostra suscipit ac defendit, vel ubi ei videtur esse contrarius, quantum ad istam de uno Deo et pluribus pertinet quæstionem, (a) propter vitam, quæ post mortem futura est, veraciter beatam. Fortassis enim qui Platonem cæteris philosophis gentium longe rectequo prælatum acutius atque veracius intellexisse atque secuti esse fama celebriore laudantur, aliquid tale de Deo sentiunt, ut in illo inveniatur et causa subsistendi, et ratio intelligendi, et ordo vivendi. Quorum trium, unum ad naturalem, alterum ad rationalem, tertium ad moralem partem intelligitur pertinere. Si enim homo ita creatus est, ut per id quod in eo præcellit, attingat illud quod cuncta præcellit, id est, unum verum optimumque Deum, sine quo nulla natura subsistit, nulla doctrina instruit, nullus usus expedit : ipse quæratur, ubi nobis (b) secura sunt omnia ; ipse cernatur, ubi nobis certa sunt omnia ; ipse diligatur, ubi nobis recta sunt omnia.

CAPUT V.

Quod de theologia cum Platonicis potissimum disceptandum sit, quorum opinioni omnium philosophorum postponenda sint dogmata.

Si ergo Plato Dei hujus imitatorem, cognitorem, amatorem dixit esse sapientem, cujus participatione sit beatus, quid opus est excutere cæteros? Nulli nobis, quam isti, propius accesserunt. Cedat eis igitur non solum theologia illa fabulosa deorum criminibus oblectans animos impiorum; nec solum etiam illa civilis, ubi impuri dæmones terrestribus gaudiis deditos populos deorum nomine seducentes, humanos errores tanquam suos divinos honores habere voluerunt, (c) ad spectandos suorum criminum ludos cultores suos tanquam ad suum cultum studiis immundissimis excitantes, et sibi delectabiliores ludos de ipsis spectatoribus exhibentes : ubi si qua velut honesta geruntur in templis, conjuncta sibi theatrorum obscœnitate turpantur ; et quæcumque turpia

---

(a) Sic veteres libri. At impressi, *pertinet quæstionem, quem propter vitam, quæ post mortem futura est, veraciter beatam, colendum esse catholicæ religionis asserit disciplina. Fortassis enim,* etc. — (b) Loco *secura,* quidam Mss. habent *diserta.* Colbertinus, *inserta.* Alii plerique, *certa :* quod verbum altero nihilo minus loco repetunt post, *ipse cernatur.* Nullibi vero invenimus lectionem, quam veterum librorum esse dicit Ludov. Vives, scilicet, *ipse quæratur, ubi nobis certa sunt omnia ; ipse cernatur, ubi nobis vera sunt omnia,* etc. — (c) Editi, *habere voluerunt ; ubi ad spectandos suorum criminum ludos, cultores suos tanquam suæ vanitatis administratores habuerunt : ubi per eos ad suum cultum studiis immundissimis alios excitantes,* etc. Castigantur ex veteribus libris.

montre encore dans les temples, l'ignominie du théâtre, à laquelle il se trouve mêlé, le souille et le déshonore. En même temps, toutes les infamies qui se commettent au théâtre méritent presque un éloge, si on les met en comparaison avec les abominations des temples. Et non-seulement la théologie fabuleuse et la théologie civile doivent s'effacer devant la doctrine de Platon, mais aussi tout ce que Varron a voulu expliquer de ces mystères et de leur rapport prétendu au ciel, à la terre, aux semences et aux opérations des êtres de la nature. Car tous ces rites païens ne signifient point ce qu'il dit et ce qu'il s'efforce d'insinuer, ainsi la vérité ne répond point à son appel et à ses efforts; et quand ils le signifieraient, l'âme raisonnable n'aurait pas encore à honorer comme son Dieu ce qui, dans l'ordre de la nature, a été placé au-dessous d'elle, elle n'a pas dû préférer à soi, comme des dieux, des êtres avant lesquels le vrai Dieu l'a placée en elle-même. Il en est de même de ces secrets qui intéressaient réellement les mystères dont nous parlons, que Numa prit soin de dérober aux regards en les ensevelissant avec lui, que la charrue fit sortir de terre et que le sénat ordonna de mettre au feu. Dans ce genre de secrets, nous raconterons, pour juger de Numa avec plus de modération, ce qu'Alexandre de Macédoine écrit à sa mère, et qu'il dit lui avoir été révélé par un grand prêtre des sacrifices égyptiens, un certain Léon (1). Dans cette lettre, ce ne sont pas seulement les Picus, les Faunus, les Enée ou les Romulus, ou même les Hercule, les Esculape, les Liber, fils de Sémélé, les deux frères fils de Tyndare, et les autres que l'on pourra trouver parmi les mortels acceptés comme dieux. Non, ce sont les dieux eux-mêmes du premier ordre; ceux que Cicéron semble vouloir atteindre dans ses *Tusculanes*, tout en taisant leurs noms; c'est Jupiter, Junon, Saturne, Vulcain, Vesta, et tant d'autres que Varron s'efforce de transformer en parties ou en éléments du monde, ce sont ceux-là même qui sont signalés comme n'ayant été rien autre chose que des hommes. Sans doute ce prêtre aussi craint pour ces mystères, qui se trouvent par son fait presque divulgués, et, en même temps qu'il le supplie, il avertit Alexandre d'avoir à donner des ordres pour qu'on livre aux flammes, après qu'elle en aura pris connaissance, ces secrets qu'il a écrits à sa mère. Ainsi donc, non-seulement ce qui est renfermé dans les deux théologies, celle qu'on appelle fabuleuse, et celle qu'on appelle civile, doit céder aux platoniciens, à ces philosophes qui ont proclamé le vrai Dieu comme étant l'auteur de toutes choses, le révélateur de la vérité, le distributeur de la béatitude; mais qu'ils cèdent aussi à ces hommes si considérables qui ont connu un si grand Dieu, ces autres philosophes qui ont attribué les principes corporels de la nature à des intelligences liées à la matière; comme Thalès, qui rapporte tout à

(1) Voyez plus bas au livre XII, chap. x, et aussi saint Cyprien, *sur la vanité des idoles*.

geruntur in theatris, comparata sibi templorum fœditate laudantur. Et ea quæ Varro ex his sacris, quasi ad cœlum et terram rerumque mortalium semina et actus interpretatus est; quia nec ipsa illis ritibus significantur, quæ ipse insinuare conatur; et ideo veritas conantem non sequitur: et si ipsa essent, tamen animæ rationali ea quæ infra illam naturali ordine constituta sunt, pro deo suo colenda non essent; nec sibi præferre debuit, tanquam deos, eas res, quibus ipsam prætulit verus Deus. Et ea quæ Numa Pompilius re vera ad sacra ejusmodi pertinentia secum sepeliendo curavit abscondi, et aratro eruta senatus jussit incendi. In eo genere sunt etiam illa, ut aliquid de Numa mitius suspicemur, quæ Alexander Macedo scribit ad matrem, sibi a magno antistite sacrorum Ægyptiorum quodam Leone patefacta: ubi non Picus et Faunus et Æneas et Romulus, vel etiam Hercules et Æsculapius et Liber Semele natus, et Tyndaridæ fratres, et si quos alios ex mortalibus pro diis habent, sed ipsi etiam (a) majorum gentium dii, quos Cicero in Tusculanis tacitis nominibus videtur attingere, Jupiter, Juno, Saturnus, Vulcanus, Vesta, et alii plurimi, quos Varro conatur ad mundi partes sive elementa transferre, homines fuisse produntur. Timens enim et ille quasi revelata mysteria, petens admonet Alexandrum, ut cum ea matri conscripta insinuaverit, flammis jubeat concremari. Non solum ergo ista, quæ duæ theologiæ, fabulosa continet et civilis, Platonicis philosophis cedant, qui verum Deum, et rerum auctorem, et veritatis illustratorem, et beatitudinis largitorem esse dixerunt: sed alii quoque philosophi, qui corporalia naturæ principia corpori deditis mentibus opinati sunt, cedant his tantis et tanti

(a) Vind. Am. et Er. *majores*. Melius Lov. et Mss. *majorum*. Nam ita Cicero in citato loco I. *Tus*.

l'eau, Anaximène à l'air, les stoïciens au feu, Épicure aux atomes, c'est-à-dire à ces corps infiniment petits qu'on ne peut ni diviser ni apercevoir. Qu'il en soit de même de tous ces autres philosophes qu'il n'est pas nécessaire de s'arrêter à énumérer, et qui, dans les corps simples ou composés, sans vie ou vivants, enfin dans ce qu'on appelle des corps, ont proclamé trouver la cause et le principe des choses. Car certains d'entre eux ont cru que des êtres inanimés pouvaient produire des êtres vivants. Tels ont été les épicuriens. D'autres, au contraire, ont attribué, il est vrai, aux êtres vivants la production des choses vivantes et sans vie ; mais dans ces êtres vivants, ils n'ont voulu voir que des corps engendrant des corps. En effet, ce corps qui est un des quatre éléments dont le monde est composé, je veux dire le feu, les stoïciens l'ont regardé comme doué de vie et de sagesse. Ils lui ont attribué la formation du monde, et de tout ce qui est dans le monde ; enfin, ils l'ont tout à fait considéré comme dieu. Ces philosophes et les autres qui leur ressemblent n'ont pu imaginer dans leur être rien autre chose, que ce que leurs cœurs asservis aux sens ont pu leur faire voir. Infailliblement, ils portaient en eux-mêmes quelque chose qu'ils ne voyaient pas ; et dans leur pensée ils se représentaient ce qu'ils avaient vu hors d'eux-mêmes, et cela lorsqu'ils ne le voyaient plus, mais que seulement ils y pensaient. Or, dans le moment où elle apparaît ainsi à la pensée, cette représentation n'est déjà plus un corps, elle est seulement l'image d'un corps. Mais ce qui réfléchit dans l'âme cette image d'un corps n'est ni un corps, ni l'image d'un corps. Et ce qui, en nous faisant voir l'image, juge si cette image est belle ou laide, ce principe-là qui est en nous-mêmes est sans doute meilleur que la chose qu'il juge. C'est l'esprit de l'homme, et la substance de l'âme raisonnable qui est absolument incorporelle, puisque déjà cette image du corps n'est plus elle-même corporelle, lorsqu'elle est vue et jugée dans l'esprit de celui qui pense. L'âme n'est donc ni terre, ni eau, ni air, ni feu, ces quatre corps qu'on appelle les quatre éléments, dont nous voyons le monde composé. Or, si notre âme n'est pas corps, comment Dieu, créateur de l'âme, serait-il corps ? Que ces philosophes donc cèdent aux platoniciens, comme on l'a dit ; qu'ils leur cèdent aussi ceux-là qui, sans doute, auraient honte de dire que Dieu est corps, mais qui se sont imaginé que nos âmes étaient de la même nature que Dieu. Ainsi ils ne se sont pas laissé ébranler par cette grande mutabilité de l'âme, qu'on ne peut attribuer sans crime à la nature divine. Mais je les entends dire : C'est le corps qui change la nature de l'âme, car par

---

Dei cognitoribus (a) viris, ut Thales in humore, Anaximenes in aere, Stoici in igne, Epicurus in atomis, hoc est, minutissimis corpusculis, quæ nec dividi nec sentiri queunt, et quicumque alii, quorum enumerationi immorari non est necesse, sive simplicia, sive conjuncta corpora, sive vita carentia, sive viventia, sed tamen corpora, causam principiumque rerum esse dixerunt. Nam quidam eorum a rebus non vivis res vivas fieri posse crediderunt, sicut Epicurei. Quidam vero a vivente quidem et viventia et non viventia, sed tamen a corpore corpora. Nam Stoici ignem, id est, corpus unum ex his quatuor elementis, quibus visibilis mundus hic constat, et viventem, et sapientem, et ipsius mundi fabricatorem atque omnium quæ in eo sunt, eumque omnino ignem deum esse putaverunt. Hi et cæteri similes eorum id solum cogitare potuerunt, quod cum eis corda eorum obstricta carnis sensibus fabulata sunt. In se quippe habebant quod non videbant, et apud se imaginabantur quod foris viderant, etiam quando non videbant, sed tantummodo cogitabant. Hoc autem in conspectu talis cogitationis jam non est corpus, sed similitudo corporis. Illud autem unde videtur in animo hæc similitudo corporis, nec corpus est, nec similitudo corporis ; et unde videtur, atque utrum pulchra an deformis sit judicatur, profecto est melius quam ipsa quæ judicatur. Hæc mens hominis et rationalis animæ natura est, quæ utique corpus non est ; si jam illa corporis similitudo, cum in animo cogitantis aspicitur atque judicatur, nec ipsa corpus est. Non est ergo nec terra, nec aqua, nec aer, nec ignis : quibus quatuor corporibus, quæ dicuntur quatuor elementa, mundum corporeum demus esse compactum. Porro si noster animus corpus non est, quomodo Deus creator animi corpus est ? Cedant ergo et isti, ut dictum est Platonicis : cedant et illi, quos quidem puduit dicere Deum corpus esse, verumtamen ejusdem naturæ, cujus ille est, animos nostros esse putaverunt. Ita non eos movit tanta mutabilitas animæ, quam Dei naturæ tribuere nefas est. Sed dicunt : Corpore mutatur animæ natura, nam per se ipsam incommutabilis

(a) Vind. Am. et Er. veris.

elle-même elle est immuable. A ce compte, ils pourraient dire aussi : Ce n'est que par quelque corps que la chair se trouve blessée, car par elle-même elle est invulnérable. En somme, il n'y a rien qui puisse changer ce qui est immuable, et par cela même qu'une chose peut être changée par un corps quelconque, elle peut donc l'être par quelque chose, et en conséquence il n'est pas juste de l'appeler immuable.

CHAPITRE VI.

Sentiment des platoniciens dans cette partie de la philosophie, qu'on appelle partie physique ou naturelle.

Justement élevés au-dessus des autres par leur réputation et leur gloire, ces philosophes ont donc bien vu qu'aucun corps n'est Dieu. Aussi, ils ont passé par-dessus tous les corps pour chercher Dieu. Ils ont vu que tout ce qui est muable n'est pas le Dieu souverain ; et ils ont passé par dessus toute âme et tout esprit muable pour chercher le Dieu souverain. Ensuite, ils ont vu que dans toute chose muable ce n'est que par celui qui est en vérité, parce qu'il est d'une manière immuable, que peut exister la forme par laquelle un être est ce qu'il est, de quelque manière et de quelque nature qu'il soit. Et par là, il n'a pas pu leur échapper que soit le corps du monde entier, ses figures, ses qualités, ce mouvement régulier et ces éléments coordonnés du ciel à la terre, et ces divers corps qu'ils renferment ; soit toute vie, ou celle qui développe les corps et y maintient l'équilibre des parties, telle que la vie des plantes, ou bien celle à laquelle s'ajoute la faculté sensitive, comme dans les animaux ; ou bien celle qui est complétée par l'intelligence, comme dans les hommes ; ou enfin cette vie qui n'a pas besoin d'être soutenue par la nourriture, mais qui seulement subsiste et est douée de sentiments et d'intelligence, comme dans les anges ; rien en un mot ne peut exister que par celui qui est absolument. Car pour lui, exister et vivre ne sont pas deux choses différentes, puisqu'il ne peut pas exister sans être vivant. De même en lui, vivre et avoir l'intelligence ne sont pas non plus deux choses différentes, puisqu'il ne peut pas vivre sans être intelligent. Egalement en lui l'intelligence et la béatitude ne sont pas deux choses différentes, comme s'il pouvait être intelligent sans être heureux. Non, vivre, être intelligent, être heureux, voilà pour lui ce qui s'appelle être. A cause de cette immutabilité et de cette simplicité, ils ont compris et qu'il a fait tout ce que nous voyons, et que lui-même n'a pu être fait par personne. Car ils ont considéré que tout ce qui existe est corps ou âme ; que l'âme est quelque chose de meilleur que le corps ; que la forme du corps est sensible, celle de l'âme intelligible. Ils ont donc préféré la forme intelligible à la forme sensible. Nous

---

est. Poterant isti dicere : Corpore aliquo vulneratur caro, nam per se ipsam invulnerabilis est. Prorsus quod mutari non potest, nulla re potest : ac per hoc quod corpore mutari potest, aliqua re potest, et ideo incommutabile recte dici non potest.

CAPUT VI.

De Platonicorum sensu in ea parte philosophiæ, quæ physica nominatur.

Viderunt ergo isti philosophi, quos cæteris non immerito fama atque gloria prælatos videmus, nullum corpus esse Deum : et ideo cuncta corpora transcenderunt quærentes Deum. Viderunt quidquid mutabile est, non esse summum Deum : et ideo omnem animam mutabilesque omnes spiritus transcenderunt, quærentes summum Deum. Deinde viderunt omnem speciem in re quacumque mutabili, qua est quidquid illud est, quoquo modo et qualiscumque natura est, non esse posse nisi ab illo qui vere est, quia incommutabiliter est. Ac per hoc sive universi mundi corpus, figuras, qualitates, ordinatumque motum, et elementa disposita a cœlo usque ad terram, et quæcumque corpora in eis sunt ; sive omnem vitam, vel quæ nutrit et continet, qualis est in arboribus ; vel quæ et hoc habet et sentit, qualis est in pecoribus ; vel quæ et hæc habet et intelligit, qualis est in hominibus ; vel quæ nutritorio subsidio non indiget, sed tantum continet, sentit, intelligit, qualis est in angelis, nisi ab illo esse non posse qui simpliciter est : quia non aliud illi est esse, aliud vivere, quasi possit esse non vivens ; nec aliud illi est vivere, aliud intelligere, quasi possit vivere non intelligens ; nec aliud illi est intelligere, aliud beatum esse, quasi possit intelligere et non beatus esse ; sed quod est illi vivere, intelligere, beatum esse, hoc est illi esse. Propter hanc incommutabilitatem et simplicitatem intellexerunt eum et omnia ista fecisse, et ipsum a nullo fieri potuisse. Consideraverunt enim quidquid est, vel corpus esse, vel vitam ; meliusque aliquid vitam esse, quam corpus ; speciemque corporis esse sensibilem, intelligibilem

appelons sensible ce qui peut être saisi par la vue, ou par l'attouchement du corps. Nous appelons intelligible ce qui peut être atteint par le regard de l'esprit. Car il n'est aucune beauté corporelle, qu'elle consiste dans l'attitude du corps, comme la figure, ou dans son mouvement, comme le chant, il n'en est aucune dont l'esprit ne juge pas. Cela ne pourrait certainement avoir lieu, si, en lui, la forme n'était meilleure, cette forme qui subsiste sans le volume de la matière, sans le bruit de la voix, sans l'espace du lieu ou du temps. Mais là encore, si l'esprit n'était pas muable, l'un ne jugerait pas mieux que l'autre sur la forme sensible ; ni l'esprit le plus vif ne se prononcerait mieux que le plus lourd ; ni le plus habile que le plus incapable, ni le plus exercé que le moins exercé ; ni un seul et même esprit, par l'effet du progrès qui s'opère en lui, ne jugerait mieux à une époque postérieure qu'à son premier instant. Or, ce qui est sujet au plus ou au moins, est muable sans aucun doute. De là, les hommes habiles et savants, exercés à l'art du raisonnement, ont conclu sans difficulté que la forme la meilleure n'était pas dans ces choses où il est démontré qu'elle est muable. Puis donc que l'examen qu'ils en ont fait leur a montré le corps et l'âme avec plus ou moins de forme, et que s'ils pouvaient être privés de toute forme, c'est qu'ils cesseraient absolument d'exister, ils ont compris qu'il y a quelque chose où se trouve la forme première et immuable, et par conséquent nullement comparable à aucune autre. Et c'est là qu'ils ont cru très-bien et avec juste raison trouver le principe de toutes choses, lequel, sans avoir été fait lui-même, a fait tout ce qui existe. Ainsi donc, ce que l'on peut connaître de Dieu par la raison, Dieu le leur a manifesté, en leur faisant voir et comprendre ses perfections invisibles, par le miroir des œuvres visibles qu'il a faites. (*Rom.*, I, 19.) De même, il leur a montré sa puissance éternelle et sa divinité, lui qui a créé également toutes les choses visibles et temporelles. C'en est assez de dit sur cette partie qu'on appelle physique ou naturelle.

CHAPITRE VII.

Supériorité des platoniciens sur les autres philosophes, dans la logique ou philosophie rationnelle.

Quant à cette partie de la science qu'on appelle partie logique ou rationnelle, loin de moi l'idée de comparer aux philosophes dont nous parlons ceux qui ont mis dans les sens la faculté qui nous fait discerner la vérité, et qui ont pensé que c'était à leurs lois peu sûres et même trompeuses, qu'il fallait apprécier tout objet d'étude. Tels les épicuriens et tous ceux qui suivent les mêmes principes. Bien plus, ces

---

vitæ. Proinde intelligibilem speciem sensibili prætulerunt. Sensibilia dicimus, quæ visu tactuque corporis sentiri queunt : intelligibilia, quæ conspectu mentis intelligi possunt. Nulla est enim pulchritudo corporalis, sive in statu corporis, sicut est figura, sive in motu, sicut est cantilena, de qua non animus judicet. Quod profecto non posset, nisi melior in illo esset hæc species, sine tumore molis, sine strepitu vocis, sine spatio vel loci vel temporis. Sed ibi quoque nisi mutabilis esset, non alius alio melius de specie sensibili judicaret : melius ingeniosior quam tardior, melius peritior, quam imperitior, melius exercitatur quam minus exercitatus, et idem ipse unus cum proficit, melius utique postea quam prius. Quod autem recipit (*a*) magis et minus, sine dubitatione mutabile est. Unde ingeniosi et docti et in his exercitati homines facile collegerunt, non esse in eis rebus primam speciem, ubi mutabilis esse convincitur. Cum igitur in eorum conspectu et corpus et animus magis minusque speciosa essent, et si omni specie carere possent, omnino nulla essent, viderunt esse aliquid ubi prima esset et incommutabilis (*supple*, species), et ideo nec comparabilis : atque ibi esse rerum principium rectissime crediderunt, quod factum non esset, et ex quo facta cuncta essent. Ita quod notum est Dei, ipse manifestavit eis, cum ab eis invisibilia ejus per ea quæ facta sunt intellecta conspecta sunt (*Rom.*, I, 19); sempiterna quoque virtus ejus et divinitas : a quo etiam (*b*) visibilia et temporalia cuncta creata sunt. Hæc de illa parte quam physicam, id est, naturalem nuncupant, dicta sint.

CAPUT VII.

Quanto excellentiores cæteris in logica, id est, rationali philosophia, Platonici sint habendi.

Quod autem attinet ad doctrinam, ubi altera pars versatur, quæ ab eis logica, id est, rationalis vocatur; absit ut his comparandi videantur, qui posuerunt judicium veritatis in sensibus corporis, eorumque infidis et fallacibus regulis omnia quæ discuntur metienda esse censuerunt, ut Epicurei, et

---

(*a*) Sic Mss. At editi, *majus et minus.* — (*b*) Mss. plures loco *visibilia*, habent *invisibilia.* Quidam vero utrumque sic : *a quo etiam invisibilia et visibilia cuncta creata sunt.*

philosophes eux-mêmes, si passionnés pour l'art de la dispute auquel ils ont donné le nom de dialectique, les stoïciens ont cru que la dialectique devait être attribuée aux sens. Car ils soutenaient que c'était des sens que l'esprit percevait les notions de ces choses, qu'ils expliquaient par des définitions, notions appelées par eux ἔννοιαι en grec. Ce serait aussi par les sens, selon eux, que se transmettrait et que se composerait toute méthode pour apprendre et pour enseigner. Ici, je ne puis trop m'étonner! Ces philosophes disent qu'il n'y a de beaux que ceux qui sont sages. Hé bien, par quels sens ont-ils vu cette beauté, par quels yeux de la chair ont-ils aperçu l'éclat et la gloire de la sagesse? Au contraire, les philosophes que nous préférons aux autres à bien juste titre, ont parfaitement distingué ce que l'esprit saisit de ce que les sens peuvent aborder. Ils n'ôtent rien aux sens de ce qu'ils peuvent, mais ils ne leur attribuent rien au delà. Quant à cette lumière des esprits nécessaire pour tout apprendre, ils ont dit que c'est Dieu lui-même par qui tout a été fait.

CHAPITRE VIII.

Dans la philosophie morale, les platoniciens occupent également le premier rang.

La partie qui reste est la partie morale, qu'on appelle en grec Ethique. Dans cette partie, on s'occupe du souverain bien auquel nous rapportons toutes nos actions, que nous désirons pour lui-même, et non pas comme moyen pour arriver à autre chose, et enfin à la possession duquel nous fixons notre bonheur, n'ayant rien à rechercher au delà pour être heureux. Aussi, on l'a appelé encore la fin, parce que c'est pour arriver à lui que nous voulons le reste, tandis que c'est pour lui-même que nous l'aimons et que nous le voulons. Or, ce bien dans lequel consiste le bonheur, les uns l'ont fait dépendre du corps, les autres de l'esprit, d'autres à la fois du corps et de l'esprit qui sont dans l'homme. En effet, ils voyaient que l'homme est composé d'une âme et d'un corps, et en conséquence ou par l'une ou l'autre de ces deux substances, ou par toutes les deux, ils pensaient qu'ils pourraient être heureux de ce bonheur final auquel ils rapporteraient toutes leurs actions, et qu'ils n'auraient plus à rechercher un but au delà. Il s'ensuit que ceux qu'on dit avoir ajouté une troisième sorte de biens qu'on appelle extérieurs, comme l'honneur, la gloire, la richesse et autres de ce genre, ne l'ont pas fait comme s'il s'agissait d'un bien final, c'est-à-dire d'un bien désirable pour lui-même, mais ils les ont présentés comme désirables en vue d'autres biens.

quicumque alii tales; ut etiam ipsi Stoici, qui cum vehementer amaverint solertiam disputandi, quam dialecticam nominant, a corporis sensibus eam ducendam putarunt; hinc asseverantes animum concipere notiones, quas appellant ἐννοίας, earum rerum scilicet quas definiendo explicant; hinc propagari atque connecti totam discendi docendique rationem. Ubi ego multum mirari soleo, cum pulchros dicant non esse nisi sapientes, quibus sensibus corporis istam pulchritudinem viderint, qualibus oculis carnis formam sapientiæ decusque conspexerint. Hi vero, quos merito cæteris anteponimus, discreverunt ea quæ mente conspiciuntur, ab iis quæ sensibus attinguntur; nec sensibus adimentes quod possunt, nec eis dantes ultra quam possunt. Lumen autem mentium esse dixerunt ad discenda omnia, eumdem ipsum Deum a quo facta sunt omnia.

CAPUT VIII.

Quod etiam in morali philosophia Platonici obtineant principatum.

Reliqua est pars moralis, quam Græco vocabulo dicunt ἠθικήν, ubi quæritur de summo bono, quo referentes omnia quæ agimus, et quod non propter aliud, sed propter se ipsum appetentes, idque adipiscentes, nihil quo beati simus, ulterius requiramus. Ideo quippe et finis est dictus, quia propter hunc cætera volumus, ipsum autem non nisi propter ipsum. Hoc ergo beatificum bonum, alii a corpore, alii ab animo, alii ab utroque in homine esse dixerunt. Videbant quippe ipsum hominem constare ex animo et corpore, et ideo ab alterutro istorum duum, aut ab utroque bene sibi esse posse credebant, finali quodam bono, quo beati essent, quo cuncta quæ agebant referrent, atque id (*a*) quo referendum esset non ultra quærerent. Unde illi qui dicuntur addidisse tertium genus bonorum, quod appellatur extrinsecus, sicuti est honor, gloria, pecunia, et si quid hujusmodi, non sic addiderunt, ut finale esset, id est, propter se ipsum appetendum, sed propter aliud; (*b*) bonumque esse hoc genus bonis, malum autem malis. Ita bonum hominis, qui vel ab animo, vel a corpore, vel ab utroque expetiverunt, nihil aliud quam ab homine expetendum esse putaverunt. Sed qui id appetiverunt a corpore, a parte hominis

(*a*) Hic in solis editis additum est, *cum forent adepti.* — (*b*) Sic Mss. At editi, *Sed propter aliud bonum, quo esset hoc genus bonum bonis,* etc.

Ils les ont montrés comme étant des biens pour les bons, mais devenant des maux pour les méchants. Ainsi ce bien de l'homme, tous ceux qui l'ont fait dépendre ou de l'âme ou du corps, ou de tous les deux, ceux-là ont pensé qu'on ne pourrait nullement le trouver hors de l'homme. Mais ceux qui l'ont recherché dans le corps, l'ont recherché dans sa partie inférieure ; ceux qui l'ont demandé à l'âme, l'ont demandé à sa partie la meilleure. Enfin, ceux qui l'ont recherché dans l'âme et le corps, l'ont recherché dans tout l'homme. Mais soit qu'ils l'aient vu dans une partie quelconque, soit qu'ils l'aient vu dans l'homme tout entier, ils ne l'ont toujours vu que dans l'homme. Et ces différentes opinions, au nombre de trois, n'ont pas pour cela fait naître trois écoles seulement, mais elles ont engendré une foule de sentiments opposés et de sectes philosophiques, parce que sur le bien du corps, sur celui de l'esprit et sur le bien de l'un et de l'autre, les différents philosophes ont eu des vues différentes. Que tous ces philosophes s'inclinent donc devant ces sages, qui ont montré le bonheur dans l'homme, non pas alors qu'il jouit de son corps ou de son esprit, mais alors qu'il jouit de Dieu, et qu'il en jouit non pas comme l'esprit jouit du corps ou de lui-même, ou comme un ami jouit de son ami, mais comme l'œil jouit de la lumière. S'il faut ici apporter quelque comparaison tirée des choses présentes pour expliquer ce dont nous parlons, nous le ferons dans un autre endroit avec l'aide de Dieu et suivant notre capacité. Maintenant, qu'il nous suffise de remarquer que Platon a défini le bien final ; qu'il le fait consister à vivre suivant la vertu, qu'il l'accorde seulement à celui qui connaît Dieu et imite Dieu, et qu'il ne reconnaît personne d'heureux par une autre cause. Aussi, il n'hésite pas à dire que philosopher, c'est aimer Dieu dont la nature est incorporelle. De là on conclut tout naturellement que l'ami de la sagesse, c'est-à-dire le philosophe, sera heureux quand il commencera à jouir de Dieu. Car bien que celui qui jouit de ce qu'il aime ne soit pas toujours heureux pour cela ; puisque beaucoup sont malheureux par cela même qu'ils aiment ce qui n'est pas aimable, et ils sont plus malheureux encore d'en jouir ; cependant personne n'est heureux s'il ne jouit de ce qu'il aime. Aussi ceux-là même qui aiment ce qu'il ne faut pas aimer, ne se trouvent pas heureux à aimer, mais à jouir. Quiconque par conséquent jouit de ce qu'il aime, si c'est le vrai et le souverain bien qu'il aime, n'est-il pas heureux ? Qui pourrait le nier sans être le plus malheureux des hommes ? Or, Platon dit que c'est Dieu lui-même qui est le vrai et le souverain bien. Par là même, il veut que le philosophe soit l'ami de Dieu. Car puisque la philosophie nous fait aboutir à la vie heureuse, il veut que celui qui a aimé Dieu soit heureux par la jouissance même de l'objet aimé.

deteriore ; qui vero ab animo, a parte meliore ; qui autem ab utroque, a toto homine. Sive ergo a parte qualibet, sive a toto, non nisi ab homine. Nec istæ differentiæ, quoniam tres sunt, ideo tres, sed multas dissensiones philosophorum sectasque fecerunt : quia et de bono corporis, et de bono animi, et de bono utriusque diversi diversa opinati sunt. Cedant igitur hi omnes illis philosophis, qui non dixerunt beatum esse hominem fruentem corpore, vel fruentem animo, sed fruentem Deo : non sicut corpore vel se ipso animus, aut sicut amico amicus ; sed sicut luce oculus ; si aliquid ab his ad illa similitudinis afferendum est, quod quale sit, si Deus ipse adjuverit, alio loco, quantum per nos fieri poterit, apparebit. Nunc satis sit commemorare, Platonem determinasse finem boni esse, secundum virtutem vivere, et ei soli evenire posse qui notitiam Dei habeat et imitationem ; nec esse aliam ob causam beatum. Ideoque non dubitat hoc esse philosophari, amare Deum ; cujus natura sit incorporalis. Unde utique colligitur, tunc fore beatum studiosum sapientiæ, (id enim est philosophus), cum Deo frui cœperit. Quamvis enim non continuo beatus sit, qui eo fruitur quod amat ; multi enim amando ea quæ amanda non sunt, miseri sunt, et miseriores cum fruuntur : nemo tamen beatus est, qui eo quod amat non fruitur. Nam et ipsi qui res non amandas amant, non se beatos amando putant, sed fruendo. Quisquis ergo fruitur eo quod amat, verumque et summum bonum amat, quis eum beatum nisi miserrimus negat ? Ipsum autem verum ac summum bonum Plato dicit Deum, unde vult esse philosophum amatorem Dei, ut quoniam philosophia ad beatam vitam tendit, fruens Deo sit beatus qui Deum amaverit.

CHAPITRE IX.

De cette philosophie qui s'est rapprochée davantage de la vérité de la foi chrétienne.

Tous philosophes donc qui ont eu du Dieu souverain et véritable cette idée : qu'il est l'auteur des choses créées, qu'il est la lumière qui nous les fait connaître, qu'il est le bien qui doit nous les faire mettre en action, que de lui nous vient et le principe de la nature, et la vérité de la doctrine, et la félicité de la vie ; qu'on les nomme plus proprement platoniciens, ou qu'on donne tout autre nom à la secte qu'ils ont formée ; que ce soient seulement ceux qui ont été les chefs dans l'école Ionienne qui aient eu ces pensées, comme Platon et ceux qui l'ont bien compris ; que ce soient encore ceux de l'école Italique, grâce à Pythagore et aux pythagoriciens, ou bien d'autres encore, s'il s'en est trouvé qui de temps en temps ont professé les mêmes idées ; que ce soient même des savants d'autres nations regardés comme des sages et des philosophes, tels que les habitants des bords de l'Atlantique, de la Libye (1), de l'Egypte, de l'Inde, de la Perse, de la Chaldée, de la Scythie, de la Gaule, de l'Espagne ou autres. Tous ces philosophes, dis-je, qui ont eu les mêmes sentiments et les mêmes doctrines sur Dieu, nous les préférons tous de beaucoup aux autres, et nous avouons qu'ils se rapprochent davantage de nous.

CHAPITRE X.

Quelle est la supériorité du chrétien consciencieux, par rapport à la sagesse philosophique.

1. En effet, bien qu'un chrétien instruit seulement des lettres de l'Eglise, ignore par hasard le nom des platoniciens, et ne sache pas qu'il y a eu chez les Grecs deux sortes d'écoles philosophiques, celle des Ioniens et celle des Italiques, cependant il n'est pas si sourd au bruit des choses humaines, qu'il ne sache que les philosophes font profession d'étudier la sagesse ou même de la pratiquer. Il prend garde à ceux dont la philosophie ne repose que sur les éléments du monde, au lieu de reposer sur Dieu lui-même, auteur du monde. Car il est averti par le précepte de l'Apôtre, et il écoute fidèlement ces paroles qu'il a dites : « Prenez garde que quelqu'un ne vous trompe par une fausse philosophie et de vains sophismes, qui ne s'appuient que sur les éléments du monde. » (*Col.*, II, 8.) Et pour ne pas appliquer ces appréciations à tous, il entend le même Apôtre

---

(1) Selon Léonard Coquée, on ne doit point distinguer les Lybiens des habitants des bords de l'Atlantique En effet, d'après ses observations, ceux-ci s'appellent Lybiens, comme Laerce le rapporte, parce que la Lybie était la patrie d'Atlas, ce roi de Mauritanie qui étudia le premier, dit-on, le cours du soleil, de la lune et des astres.

CAPUT IX.

De ea philosophia quæ ad veritatem fidei Christianæ propius accessit.

Quicumque igitur philosophi de Deo summo et vero ista senserunt, quod et rerum creatarum sit effector ; et lumen cognoscendarum, et bonum agendarum ; quod ab illo nobis sit et principium naturæ, et veritas doctrinæ, et felicitas vitæ ; sive Platonici accommodatius nuncupentur, sive quodlibet aliud sectæ suæ nomen imponant ; sive tantummodo Ionici generis, qui in eis præcipui fuerunt, ista senserint, sicut idem Plato, et qui eum bene intellexerunt ; sive etiam Italici, propter Pythagoram et Pythagoræos, et si qui forte alii ejusdem sententiæ identidem fuerunt ; sive aliarum quoque gentium, qui sapientes vel philosophi habiti sunt, Atlantici, (*a*) Libyci, Ægyptii, Indi, Persæ, Chaldæi, Scythæ, Galli, Hispani, aliique reperiuntur, qui hoc viderint ac docuerint, eos omnes cæteris anteponimus, eosque nobis propinquiores fatemur.

(*a*) Plerique Mss. *Libyes*. Pauci cum editis, *Libyci*.

CAPUT X.

Quæ sit inter philosophicas artes religiosi excellentia Christiani.

1. Quamvis enim homo Christianus litteris tantum ecclesiasticis eruditus, Platonicorum forte nomen ignoret, nec utrum duo genera philosophorum exstiterint in Græca lingua Ionicorum et Italicorum sciat ; non tamen ita surdus est in rebus humanis, ut nesciat philosophos vel studium sapientiæ, vel ipsam sapientiam profiteri. Cavet eos tamen, qui secundum elementa hujus mundi philosophantur, non secundum Deum, a quo ipse factus est mundus. Admonetur enim præcepto Apostolico ; fideliterque audit quod dictum est : « Cavete ne quis vos decipiat per philosophiam et inanem seductionem, secundum elementa mundi. » (*Col.*, II, 8.) Deinde ne omnes tales esse arbitretur, audit ab eodem Apostolo dici de quibusdam : « Quia quod notum est Dei, manifestum est in illis : Deus enim illis manifestavit. Invisibilia enim ejus a constitutione mundi per ea

s'expliquer ensuite sur quelques-uns : « Ce qui en Dieu peut être connu, ils l'ont connu, Dieu le leur a découvert. Car depuis la création du monde, c'est par les choses qui ont été faites que l'intelligence aperçoit les choses invisibles de Dieu, son éternelle puissance et sa divinité. » (*Rom.*, I, 19.) Et parlant aux Athéniens, après avoir dit sur Dieu de grandes choses, qui ne pouvaient être comprises que d'un petit nombre, à savoir que « nous avons en lui la vie, le mouvement et l'être, » (*Act.*, XVII, 28) le même Apôtre ajoute : « Comme quelques-uns d'entre vous l'ont dit. » Le chrétien dont nous parlons sait également prendre garde, dans les points où ils se trompent, à ceux-là même que l'Apôtre recommande. Car là où il dit que, par le moyen des choses créées, Dieu a découvert à leur intelligence ses perfections invisibles; il dit aussi, qu'ils n'ont point honoré Dieu conformément à ce qu'ils connaissaient, parce qu'ils ont rendu indûment à des créatures les honneurs divins, qui n'étaient dus qu'à Dieu seul. « Connaissant Dieu, dit-il, ils ne l'ont pas glorifié comme Dieu, ni ils ne lui ont pas rendu grâces. Mais ils se sont égarés dans leurs vaines pensées, et leur cœur insensé a été aveuglé. Car tout en s'appelant sages, ils sont devenus fous, et la gloire du Dieu incorruptible, ils l'ont prostituée à la ressemblance des traits de l'homme corruptible, et aussi à des figures d'oiseaux, d'animaux et de serpents. » (*Rom.*, I, 21.) Dans ce passage, l'Apôtre veut parler des Romains, des Grecs et des Egyptiens, qui se glorifiaient du nom de sages. Nous discuterons là-dessus avec eux plus tard. Mais c'est dans leur accord avec nous sur un seul Dieu, auteur de tout cet univers, non-seulement incorporel et au-dessus de tous les corps, mais encore incorruptible et au-dessus de toutes les âmes, notre principe, notre lumière, notre bien, oui, c'est en cela que nous les préférons aux autres.

2. Et si un chrétien, ignorant les écrits de ces philosophes, ne se sert pas dans la discussion de termes qu'il n'a point appris ; en sorte qu'il n'appelle point naturelle en latin ou physique en grec, cette partie de la philosophie dans laquelle il s'agit des investigations exercées sur la nature : rationnelle ou logique, celle dans laquelle on cherche de quelle manière la vérité peut arriver à l'intelligence : morale ou éthique, la partie dans laquelle on traite des mœurs, de la fin qu'on doit chercher en pratiquant le bien et en évitant le mal. Ignore-t-il donc pour cela que c'est du seul vrai Dieu unique et très-bon que nous vient cette nature, par laquelle nous sommes faits à son image, ainsi que cette science par laquelle nous le connaissons et nous nous connaissons, et cette grâce par laquelle nous pouvons être heureux en nous unissant à lui ? Voilà donc la cause pour laquelle nous préférons les platoniciens aux autres. Car, tandis que les autres philosophes ont employé toutes les fa-

---

quæ facta sunt intellecta conspiciuntur, sempiterna quoque virtus ejus et divinitas. » (*Rom.*, I, 19.) Et ubi Atheniensibus loquens, cum rem magnam de Deo dixisset, et quæ a paucis possit intelligi, quod « in illo vivimus, movemur et sumus; » (*Act.*, XVII, 28) adjecit et ait : « Sicut et vestri quidam dixerunt. » Novit sane etiam ipsos, in quibus errant, cavere. Ubi enim dictum est, quod per ea quæ facta sunt, Deus illis manifestavit intellectu conspicienda invisibilia sua; ibi etiam dictum est, non illos ipsum Deum recte coluisse, quia et aliis rebus, quibus non oportebat, divinos honores illi uni tantum debitos detulerunt : « Quoniam cognoscentes Deum, non sicut Deum glorificaverunt, aut gratias egerunt; sed evanuerunt in cogitationibus suis, et obscuratum est insipiens cor eorum. Dicentes enim se sapientes esse, stulti facti sunt, et immutaverunt gloriam incorruptibilis Dei in similitudinem imaginis corruptibilis hominis, et volucrum, et quadrupedum, et serpentium. » (*Rom.*, I, 21, etc.) Ubi et Romanos, et Græcos, et Ægyptios, qui de sapientiæ nomine gloriati sunt, fecit intelligi. Sed de hoc cum istis postmodum disputabimus. In quo autem nobis consentiunt de uno Deo hujus universitatis auctore, qui non solum super omnia corpora est incorporeus, verum etiam super omnes animas incorruptibilis, principium nostrum, lumen nostrum, bonum nostrum, in hoc eos cæteris anteponimus.

2. Nec, si litteras eorum Christianus ignorans, verbis quæ non didicit in disputatione non utitur, ut vel naturalem Latine, vel physicam Græce appellet eam partem in qua de inquisitione naturæ tractatur, et rationalem sive logicam in qua quæritur quonam modo veritas percipi possit, et moralem vel ethicam in qua de moribus agitur bonorumque finibus appetendis malorumque vitandis, ideo nescit ab uno vero Deo atque optimo, et naturam nobis esse qua facti ad ejus imaginem sumus, et doctrinam qua eum nosque noverimus, et gratiam qua illi cohærendo beati simus. Hæc itaque causa est

cultés de leur esprit, et ont mis toute leur étude à rechercher les causes de toutes choses, à trouver la méthode pour apprendre et les règles pour bien vivre ; les platoniciens, connaissant Dieu, ont trouvé tout à la fois la cause de tout cet univers créé, la lumière de toute vérité accessible à l'intelligence humaine, la source de toute félicité possible au cœur de l'homme. Soit donc que les platoniciens aient seuls ces pensées-là sur Dieu, soit qu'il se rencontre avec eux d'autres philosophes de n'importe quelles nations, nous sommes sur ce sujet du même sentiment. Mais nous aimons mieux discuter ce point avec les platoniciens, parce que leurs ouvrages sont plus connus. Car les Grecs dont la langue a la prééminence parmi les nations, les ont célébrés avec de pompeux éloges, et les Latins, frappés de leur excellence et de leur réputation, les ont étudiés avec plaisir, et en les traduisant dans notre idiome, ils les ont rendus plus célèbres et plus mémorables.

CHAPITRE XI.

Comment Platon a-t-il pu acquérir cette sagesse, qui le rapproche de la doctrine chrétienne.

L'étonnement s'empare de certains d'entre ceux qui nous sont unis dans la grâce de Jésus-Christ, lorsqu'ils apprennent dans leurs conversations ou dans leurs lectures, que Platon a eu sur Dieu des sentiments, dont ils reconnaissent la grande conformité avec la vérité de notre sainte religion. (V. *Confessions*, liv. VII, chap. xx.) Cela a fait croire à quelques-uns que, lors de son voyage en Égypte, Platon avait entendu le prophète Jérémie, ou que dans ce même voyage il avait lu dans les saintes Écritures les livres des Prophètes. J'ai moi-même émis cette opinion dans quelques-uns de mes ouvrages (1). Mais en calculant avec soin l'ensemble des années, comme elles se déroulent dans l'histoire et dans la chronologie, nous voyons qu'à partir de l'époque où Jérémie a fait ses prophéties, il s'est écoulé presque cent ans jusqu'à la naissance de Platon (2). Et celui-ci ayant vécu quatre-vingt-un ans, si l'on compte depuis l'année de sa mort jusqu'au temps où Ptolémée, roi d'Égypte, fit demander dans la Judée les livres prophétiques de la nation juive, pour les faire traduire par soixante-dix hébreux habiles dans la langue grecque, afin d'en posséder ainsi la traduction, on trouve encore environ soixante ans (3). On voit donc que, dans son voyage, Platon n'a pu ni voir Jérémie mort

---

(1) Au deuxième livre *de doctrina Christiana*, chap. xxviii. Voyez *Rétractations*, ii, 4.
(2) Eusèbe, dans sa *Chronique*, rapporte les prophéties de Jérémie à la 37 et 38ᵐᵉ Olympiade, et la naissance de Platon à la quatrième année de la 88ᵐᵉ Olympiade. Il est donc né plus de 170 ans après le temps où prophétisait Jérémie.
(3) Platon est mort la première année de la 109ᵐᵉ Olympiade. Or Ptolémée Philadelphe ne fit traduire les saintes lettres de l'Hébreu en grec que dans la 124ᵐᵉ Olympiade.

---

cur istos cæteris præferamus ; quia cum alii philosophi ingenia sua studiaque contriverint in requirendis rerum causis, et quinam esset modus discendi atque vivendi ; isti Deo cognito repererunt ubi esset causa constitutæ universitatis, et lux percipiendæ veritatis, et fons bibendæ felicitatis. Sive ergo isti Platonici, sive quicumque alii quarumlibet gentium philosophi de Deo ista sentiunt, nobiscum sentiunt. Sed ideo cum Platonicis magis placuit hanc causam agere, quia eorum sunt litteræ notiores. Nam et Græci, quorum lingua in gentibus præeminet, eas magna prædicatione celebrarunt, et Latini permoti earum vel excellentia, vel gloria, (*a*) ipsas libentius didicerunt, atque in nostrum eloquium transferendo nobiliores clarioresque fecerunt.

CAPUT XI.

Unde Plato eam intelligentiam potuerit acquirere, quæ Christianæ scientiæ propinquavit.

Mirantur autem quidam nobis in Christi gratia

(*a*) Tres editiones, Vind. Am. Er. addunt, *vel gratia*.

sociati, cum audiunt vel legunt (V. *Confess.*, lib. VII, c. xx) Platonem de Deo ista sensisse, quæ multum congruere veritati nostræ religionis agnoscunt. Unde nonnulli putaverunt eum, quando perrexit in Ægyptum, Jeremiam audisse prophetam, vel Scripturas propheticas in eadem peregrinatione legisse : quorum quidem opinionem in quibusdam libris meis posui. Sed diligenter supputata temporum ratio, quæ chronica historia continetur, Platonem indicat a tempore quo prophetavit Jeremias, centum ferme annos postea natum fuisse : qui cum octoginta et unum vixisset, ab anno mortis ejus usque ad id tempus, quo Ptolemæus rex Ægypti Scripturas propheticas gentis Hebræorum de Judæa poposcit, et per septuaginta viros Hebræos, qui etiam Græcam linguam noverant, interpretandas habendasque curavit, anni ferme reperiuntur lx. Quapropter in illa peregrinatione sua Plato nec Jeremiam videre potuit tanto ante defunctum, nec easdem Scripturas legere, quæ nondum fuerant in Græcam linguam translatæ, qua ille pollebat : nisi

si longtemps auparavant, ni lire les Ecritures non encore traduites en grec, langue dans laquelle il parlait (1). A moins peut-être qu'on ne dise ceci : qu'étant très-désireux de s'instruire, il se mit au courant de ces Ecritures par le moyen d'un interprète, comme il le fit pour les livres égyptiens, non pas pour les mettre dans ses écrits et les traduire, (ce que Ptolémée par sa munificence, et l'autorité royale qui le faisait craindre, put faire exécuter,) mais, afin d'apprendre par des conversations ce qu'elles contenaient, autant qu'il lui était possible de le retenir. A l'appui de cette opinion, voici des indices qui peuvent nous faire incliner à penser ainsi : Le livre de la Genèse débute par ces paroles : « Au commencement, Dieu fit le ciel et la terre. La terre était invisible et informe, les ténèbres couvraient l'abime, et l'Esprit de Dieu était porté sur l'eau. » (*Gen.*, I, 1.) Mais dans le *Timée*, où il traite de la formation du monde, Platon avance que dans cette œuvre, Dieu unit d'abord la terre et le feu. Or, il est clair qu'il donne au feu la place du ciel. Cette affirmation a donc une certaine ressemblance avec la parole de Moïse : « Au commencement, Dieu créa le ciel et la terre. » Puis au milieu de ces deux extrêmes, et comme destinés à les unir, il place deux éléments qu'il appelle l'eau et l'air : On pense qu'il a voulu par là désigner ces paroles : « L'Esprit de Dieu était porté sur les eaux. » Sans doute il a peu fait attention au sens ordinaire de l'Ecriture, lorsqu'elle désigne l'Esprit de Dieu. Et comme l'air s'appelle aussi esprit *spiritus*, ne semble-t-il pas qu'il ait cru que la Genèse en cet endroit, mentionnait les quatre éléments. Puis lorsque Platon dit que le philosophe est l'homme ami de Dieu, rien de plus formellement exprimé dans la sainte Ecriture. Mais surtout ce qui m'amène davantage à être, je dirais presque convaincu que Platon n'a pas été sans connaître les saints Livres, c'est ceci : Lorsque le saint personnage Moïse reçoit l'ordre de Dieu par le ministère d'un ange, et qu'il demande le nom de celui qui lui ordonne de marcher à la délivrance du peuple hébreu, qu'il fallait faire sortir de l'Egypte, il lui est répondu : « Je suis celui qui est. Tu diras aux fils d'Israël : Celui qui est m'a envoyé vers vous ; » (*Exod.*, III, 14) comme pour dire qu'en comparaison de celui qui est en vérité, parce qu'il est immuable, les créatures muables sont comme si elles n'étaient pas. Or voilà précisément la doctrine que Platon a soutenue avec chaleur, et qu'il s'est attaché le plus possible à faire prévaloir. Et je ne sache pas

---

(1) Platon a-t-il puisé dans les livres sacrés, et en a-t-il traduit un certain nombre? Justin le Martyr, dans son *discours aux Gentils*, Origène, *contre Celse*, livre VI, Clément d'Alexandrie, livre Ier des *Stromates et discours*, ou exhortation aux Gentils, Eusèbe, *Préparation évangélique*, livre II, saint Ambroise, sermon XVIII *sur le Ps.* CXVIII, sont pour l'affirmative. Mais Lactance, au livre IV *de la vraie sagesse*, chap. II, dit que Platon dans ses voyages pour découvrir la véritable sagesse n'est pas allé chez le peuple juif. Cette question, si souvent débattue, sera résolue d'une manière affirmative par quiconque l'aura sérieusement étudiée.

---

forte quia fuit acerrimi studii, sicut Ægyptias, ita et istas per interpretem didicit, non ut scribendo transferret, quod Ptolemæus pro ingenti beneficio, qui regia potestate etiam timeri poterat, meruisse perhibetur, sed ut colloquendo quid continerent, quantum capere posset, addisceret. Hoc ut existimetur, illa suadere videntur indicia, quod liber Geneseos sic incipit : « In principio fecit Deus cœlum et terram. Terra autem erat invisibilis et incomposita, et tenebræ erant super abyssum, et Spiritus Dei superferebatur super aquam. » (*Gen.*, I, 1.) In *Timæo* autem Plato, quem librum de mundi constitutione conscripsit, Deum dicit in illo opere terram primo ignemque junxisse : manifestum est autem, quod igni tribuat cœli locum : (*a*) habet ergo hæc sententia quamdam illius similitudinem, qua dictum est : « In principio fecit Deus cœlum et terram. » Deinde illa duo media, quibus interpositis sibimet hæc extrema copularentur, aquam dicit et aerem : unde putatur sic intellexisse quod scriptum est : « Spiritus Dei superferebatur super aquam. » Parum quippe attendens quo more soleat illa Scriptura appellare spiritum Dei, quoniam et aer spiritus dicitur, quatuor opinatus elementa loco illo commemorata videri potest. Deinde quod Plato dicit amatorem Dei esse philosophum, nihil sic in illis sacris litteris flagrat : et maxime illud, quod et me plurimum adducit, ut pene assentiar Platonem illorum librorum expertem non fuisse, quod cum ad sanctum Moysen ita verba Dei per Angelum perferantur, et quærenti quod sit nomen ejus, qui eum pergere præcipiebat ad populum Hebræum ex Ægypto liberandum, respondeatur : « Ego sum qui sum ; et dices filiis Israel : Qui est misit me ad vos ; » (*Exod.*, III, 14) tanquam in ejus comparatione qui vere est quia incommutabilis est, ea quæ mutabilia facta sunt non sint : vehementer hoc Plato tenuit, et diligentissime commendavit. Et

---

(a) Hic apud Lov. additur, *terra vero ipsam terram* ; quod abest a cæteris editis et Mss.

que nulle part on trouve rien de semblable dans les ouvrages de ceux qui ont précédé Platon, si ce n'est là où il est dit : « Je suis celui qui est. Tu leur diras donc : Celui qui est m'a envoyé vers vous. »

CHAPITRE XII.

Bien que les platoniciens aient eu des idées et des sentiments justes sur le Dieu véritable et unique, cependant, ils ont cru qu'il fallait offrir des sacrifices à plusieurs dieux.

Mais n'argumentons pas plus longtemps pour établir à quelle source Platon a puisé ces connaissances; que ce soit dans les livres des anciens écrits avant lui, ou plutôt, comme le dit l'Apôtre, que ce soit à cette lumière par laquelle « ce que l'on peut connaître de Dieu est clair et évident dans l'esprit des sages, car Dieu le leur a manifesté. En effet, depuis la fondation du monde, c'est par les choses créées que l'intelligence aperçoit les perfections invisibles de Dieu, sa puissance éternelle et sa divinité. » (*Rom.*, I, 19.) Maintenant on doit voir que ce n'est pas sans raison que j'ai choisi les philosophes platoniciens, pour discuter avec eux cette question de théologie naturelle que nous avons entreprise, à savoir si, en vue de la félicité que nous attendons après notre mort, il faut sacrifier à un seul Dieu ou à plusieurs; et je crois m'en être expliqué suffisamment. Je les ai choisis de préférence, parce que mieux ils ont pensé du Dieu unique qui a fait le ciel et la terre, plus, aux yeux de chacun, leur gloire et leur illustration dépasse celle des autres. Telle a été la prééminence que leur a décernée le jugement de la postérité : C'est à ce point que vainement on voit Aristote, disciple de Platon, esprit éminent, inférieur sans doute à son maître pour l'éloquence, mais facilement supérieur à beaucoup d'autres, s'être fait le fondateur de la secte des péripatéticiens, appelée ainsi parce qu'on y disputait en se promenant, et par l'éclat de sa renommée y avoir attiré une foule de disciples du vivant même de Platon. Vainement encore, après la mort de Platon, on voit Speusippe, fils de sa sœur, et Xénocrate, son cher disciple, lui avoir succédé dans son école appelée académie, d'où est venu le nom d'académiciens, qu'ils ont porté eux et leurs successeurs. Les plus illustres philosophes de ce temps qui se sont proposé de suivre les principes de Platon, n'ont voulu s'appeler ni péripatéticiens, ni académiciens, mais platoniciens. Nous distinguerons surtout parmi les Grecs Plotin, Jamblique, Porphyre. Un philosophe platonicien également célèbre, habile dans les deux langues, la langue grecque et la langue latine,

nescio utrum hoc uspiam reperiatur in libris eorum, qui ante Platonem fuerunt, nisi ubi dictum est : « Ego sum qui sum ; et dices eis : Qui est, misit me ad vos. »

CAPUT XII.

Quod etiam Platonici, licet de uno vero Deo bene senserint, multis tamen diis sacra facienda censuerint.

Sed undecumque illa ista didicerit, sive præcedentibus cum veterum libris, sive potius quomodo dicit Apostolus, « quia quod notum est Dei, manifestum est in illis; Deus enim illis manifestavit : invisibilia enim ejus a constitutione mundi per ea quæ facta sunt intellecta conspiciuntur, sempiterna quoque ejus virtus et divinitas : » (*Rom.*, I, 19) nunc non immerito me Platonicos philosophos elegisse cum quibus agam, quod in ista quæstione, quam modo suscepimus, agitur de naturali theologia, utrum propter felicitatem, quæ post mortem futura est, uni Deo, an pluribus sacra facere oporteat, (*a*) satis, ut existimo, exposui. Ideo quippe hos potissimum elegi, quoniam de uno Deo qui fecit cœlum et terram, quanto melius senserunt, tanto cæteris gloriosiores et illustriores habentur; in tantum aliis prælati judicio posterorum, ut cum Aristoteles Platonis discipulus, vir excellentis ingenii, et eloquio Platoni quidem impar, sed multos facile superans, sectam Peripateticam condidisset, quod deambulans disputare consueverat, plurimosque discipulos præclara fama excellens, vivo adhuc præceptore in suam hæresim congregasset, post mortem vero Platonis (*b*) Speusippus sororis ejus filius et Xenocrates dilectus ejus discipulus, in scholam ejus, quæ Academia vocabatur, eidem successissent, atque ob hoc et ipsi et eorum successores Academici appellarentur; recentiores tamen philosophi nobilissimi, quibus Plato sectandus placuit, noluerint se dici Peripateticos, aut Academicos, sed Platonicos. Ex quibus sunt valde nobilitati Græci, Plotinus, Iamblicus, Porphyrius; in utraque autem lingua, id est, et Græca et Latina, Apuleius Afer exstitit Platonicus nobilis. Sed hi omnes, et cæteri ejusmodi, et

---

(*a*) In editis post verbum *oporteat*, inserta hæc fuerunt : *Nam utrum unus Deus, an plures propter hujus vitæ sint bona colendi.* Sed his verbis carent veteres libri. — (*b*) Plures et probæ notæ Mss. *Xeusippus.*

c'est Apulée l'Africain. Mais tous ces philosophes, et ceux de cette école et Platon lui-même, ont cru qu'il fallait offrir des sacrifices à plusieurs dieux. (Voir le livre *de la République* et celui *des lois*.)

CHAPITRE XIII.

Du sentiment de Platon sur les dieux. Il a déclaré qu'il n'y avait de dieux, que ceux qui étaient bons et amis de la vertu.

Ainsi donc, bien qu'il y ait entre eux et nous dissentiment sur beaucoup d'autres points, et en choses graves, cependant, me bornant à la proposition que je viens d'énoncer, et qui n'est certes pas d'une légère importance, car toute la question est là, je commencerai par leur demander à quels dieux ils pensent que ce culte d'adoration doit être décerné. Est-ce aux dieux bons ou aux dieux méchants, ou bien est-ce en même temps aux bons et aux méchants? Mais là-dessus nous avons la pensée de Platon, qui dit que tous les dieux sont bons, et qu'il n'y en a absolument aucun de mauvais parmi eux. (Liv. X *de legibus*, et II *de republica*.) La conséquence est toute claire alors, c'est que toutes ces adorations et tous ces honneurs doivent être regardés comme dû aux dieux bons; car ils sont rendus aux dieux, et il est convenu que ceux-là ne seront pas des dieux qui ne seront pas bons. S'il en est ainsi, et au fait comment pourrait-on penser autrement des dieux? Il faut mettre de côté cette opinion de quelques-uns, qui croient que c'est un devoir d'apaiser les dieux mauvais par des sacrifices pour qu'ils ne fassent pas de mal, et de prier les bons pour obtenir leur assistance. (Porphyre, liv. II *de abstinentia animatorum*.) Car ceux qui sont méchants ne peuvent s'appeler dieux d'aucune manière. Or, c'est aux bons que revient l'honneur des cérémonies sacrées, honneur qu'on leur doit, prétend-on. Quels sont donc ceux-là qui se plaisent aux jeux de la scène, et qui demandent qu'on admette ces jeux au nombre des choses divines, et qu'on les reproduise dans les solennités que l'on célèbre en leur honneur? Leur action ne peut pas prouver qu'ils n'existent pas, et ces instincts pervers ne prouvent que trop qu'ils sont méchants. La pensée de Platon sur les jeux de la scène est manifeste, quand il donne son avis contre les poètes eux-mêmes, qui ont composé des vers si indignes de la majesté et de la bonté des dieux, et quand il déclare qu'il faut les chasser de la ville. Que sont donc ces dieux qui luttent avec Platon lui-même, au sujet des jeux de la scène? Lui ne souffre pas que les dieux soient diffamés par des crimes fictifs; eux veulent qu'on leur rende des honneurs en représentant ces mêmes crimes. Enfin, en ordonnant la reprise de ces mêmes jeux et en réclamant ces spectacles honteux, ils se sont encore montrés malfaisants, car ils enlèvent son fils à Titus Latinius, et lui envoient à lui-même une maladie pour s'être

---

ipse Plato diis plurimis esse sacra facienda putaverunt. (In libris *de repub. et de legibus*.)

CAPUT XIII.

De sententia Platonis, qua definivit deos non esse nisi bonos amicosque virtutum.

Quanquam ergo a nobis et in aliis multis rebus magnisque dissentiant; in hoc tamen quod modo posui, quia neque parva res est, et inde nunc quæstio est, primum ab eis quæro, quibus diis istum cultum exhibendum arbitrentur, utrum bonis, an malis, an et bonis et malis. Sed habemus sententiam Platonis, dicentis omnes deos bonos esse, nec esse omnino ullum deorum malum. (Lib. X *de legibus*; II *de repub.*) Consequens est igitur, ut bonis hæc exhibenda intelligantur; tunc enim diis exhibentur; quoniam nec dii erunt, si boni non erunt. Hoc si ita est, (nam de diis quid aliud decet credere?) illa profecto vacuatur opinio, qua nonnulli putant deos malos sacris placandos esse, ne lædant; bonos autem, ut adjuvent, invocandos. (Porphyr., lib. II *de abstinentia animatorum*.) Mali enim nulli sunt dii; bonis porro debitus, ut dicunt, honor sacrorum est deferendus. Qui sunt ergo illi qui ludos scenicos amant, eosque divinis rebus adjungi et suis honoribus flagitant exhiberi? quorum vis non eos indicat nullos, sed iste affectus nimirum indicat malos. Quid enim de ludis scenicis Plato senserit, notum est; cum poetas ipsos, quod tam indigna deorum majestate atque (*a*) bonitate carmina composuerint, censet civitate pellendos. Qui sunt igitur isti dii, qui de scenis ludicis cum ipso Platone contendunt? Ille quippe non patitur deos falsis criminibus infamari; isti eisdem criminibus suos honores celebrari jubent. Denique isti cum eosdem ludos instaurari præciperent, poscentes turpia, etiam maligna gesserunt, Tito Latinio auferentes filium, et immittentes mor-

---

(*a*) Aliquot Mss. *atque benignitate*.

refusé à exécuter leurs ordres (1). Ils le guérissent ensuite après qu'il a obéi. Mais Platon ne croit pas qu'ils soient si mauvais, ni tellement à craindre. Soutenant invariablement et vigoureusement son sentiment, il condamne tous ces jeux sacriléges des poëtes dont les dieux font leurs délices, à cause des impudicités qui viennent s'y mêler, et il n'hésite pas à les bannir du milieu d'un peuple bien ordonné. Or, comme je l'ai rappelé au second livre, Platon est mis au rang des demi-dieux par Labéon. Ce Labéon pense que c'est par des sacrifices sanglants et par des supplications terribles, que les divinités mauvaises doivent être apaisées, tandis que les bonnes sont rendues favorables par des jeux et autres exercices qui excitent à la joie. Comment donc, pourquoi donc Platon, qui n'est qu'un demi-dieu, est-il aussi osé à l'égard, non pas de demi-dieux, mais de dieux et de dieux bons, pour leur supprimer avec autant de ténacité ces divertissements, parce qu'il les juge infâmes? Tous ces dieux ne renversent-ils pas absolument l'opinion de Labéon ? Car enfin, à l'égard de Latinius, ils se sont montrés, non pas seulement licencieux et folâtres, mais cruels et terribles. Que les platoniciens donc nous expliquent tout cela, eux qui, d'après les sentiments de leur maître, pensent que tous les dieux sont bons, honnêtes, amis des sages par leurs vertus, et qui regardent comme un crime toute opinion différente sur le moindre des dieux. Nous sommes prêts à donner nos explications, nous répondent-ils. Prêtons donc attention et écoutons bien.

(1) Cette histoire a été racontée plus haut, livre IV, chap. XXV.

CHAPITRE XIV.

De l'opinion de ceux qui ont dit que les âmes raisonnables sont de trois ordres, savoir : celles des dieux qui habitent dans le ciel, celles des démons qui résident dans l'air, celles des hommes qui vivent sur la terre.

1. Selon eux, parmi tous les êtres animés en qui se trouve une âme raisonnable, il faut distinguer trois classes : les dieux, les hommes et les démons. Les dieux occupent la région la plus élevée, les hommes sont dans la région inférieure, les démons dans celle du milieu. Car la demeure des dieux est au ciel, (PLATON, *sur Epinomide*), celle des hommes est sur la terre, et celle des démons est dans l'air. De même que pour eux il y a des différences dans la dignité des demeures, il y en a également dans celle des natures. Par conséquent, les dieux sont plus excellents que les hommes et les démons. Quant aux hommes, ils sont au-dessous des dieux et des démons, et par l'ordre des éléments où ils vivent, et par la différence des avantages naturels qui leur ont été départis. Les démons tiennent donc le milieu, inférieurs aux dieux qui habitent au-dessus d'eux, supérieurs aux hommes qui

bum, quod eorum abnuisset imperium, eumque morbum retrahentes, cum jussa complesset; iste autem illos nec tam malos timendos putat, sed suæ sententiæ robur constantissime retinens, omnes poetarum sacrilegas nugas, quibus illi (*a*) immunditiæ societate oblectantur, a populo bene instituto removere non dubitat. Hunc autem Platonem, quod jam in secundo libro commemoravi, inter semideos Labeo ponit. Qui Labeo numina mala victimis cruentis atque hujusmodi supplicationibus placari existimat, bona vero ludis, et talibus quasi ad lætitiam pertinentibus rebus. Quid est ergo quod semideus Plato non semidiis, sed diis, et hoc bonis, illa oblectamenta, quia judicat turpia, tam constanter audet auferre? Qui sane dii refellunt sententiam Labeonis; nam se in Latinio non lascivos tantum atque ludibundos, sed etiam sævos terribilesque monstrarunt. Exponant ergo ista nobis Platonici, qui omnes deos secundum auctoris sui sententiam bonos et honestos et virtutibus sapientium esse socios arbitrantur, aliterque de ullo deorum sentiri nefas habent. Exponimus, inquiunt. Attente igitur audiamus.

(*a*) Sic Mss. At editi, *per immunditiæ societatem*.

CAPUT XIV.

De opinione eorum, qui rationales animas trium generum esse dixerunt, id est, in diis cœlestibus, in dæmonibus aeriis, et in hominibus terrenis.

1. Omnium, inquiunt, animalium, in quibus est anima rationalis, tripertita divisio est, in deos, homines, dæmones. Dii excelsissimum locum tenent, homines infimum, dæmones medium. Nam deorum (PLATO, *in Epinomide*) sedes in cœlo est, hominum in terra, in aere dæmonum. Sicut eis diversa dignitas est locorum, ita etiam naturarum. Proinde dii sunt hominibus dæmonibusque potiores; homines vero infra deos et dæmones constituti sunt, ut elementorum ordine, sic differentia meritorum. Dæmones

LIVRE VIII. — CHAPITRE XIV. 727

habitent au-dessous. Ils partagent avec les dieux l'immortalité du corps, et avec les hommes les passions de l'âme. Aussi n'est-il pas étonnant, disent les platoniciens, qu'ils trouvent leur plaisir même dans les obscénités des jeux et dans les fictions des poètes, puisqu'en réalité ils sont assujettis aux affections humaines qui n'atteignent pas les dieux, et auxquelles ceux-ci sont absolument étrangers. De là il résulte qu'en repoussant et en réprouvant les fictions des poètes, Platon n'a point interdit aux dieux, qui sont tous bons et grands, mais bien aux démons, les plaisirs des des jeux scéniques.

2. Bien que toute cette doctrine se trouve aussi consignée dans les livres des autres, cependant le platonicien Apulée de Madaure a écrit sur cette seule question un livre qu'il a intitulé : *Du dieu de Socrate*. Là il discute et explique à quel ordre de divinités appartenait cet esprit familier de Socrate, qui lui était attaché par une certaine amitié et qui l'empêchait, dit-on, de faire ce qui ne devait pas réussir. Et, en effet, il dit très-ouvertement, et il affirme avec une grande abondance de paroles, que cet esprit n'était pas un Dieu, mais un démon. Il ne se prononce qu'après une discussion fort exacte, et en allant au fond de cette opinion de Platon sur la supériorité des dieux, le rang inférieur des hommes et le rang moyen des démons. Si donc il en est ainsi, comment, tout en ne le faisant pas pour les dieux, qu'il tient à l'écart de toute contagion humaine, Platon a-t-il osé interdire clairement aux démons eux-mêmes les plaisirs du théâtre, en bannissant les poètes? N'est-ce pas sous cette forme un avertissement qu'il a donné à l'esprit humain, pour que, tout en résidant encore dans ces membres périssables, il s'attache à la beauté de la vertu, il méprise les lois infâmes du démon et qu'il ait en horreur leurs impuretés. Car si Platon s'est honoré en flétrissant ces abominations et en les interdisant, assurément c'est en se déshonorant de la manière la plus ignoble que les démons les ont réclamées et ordonnées. Ainsi donc, ou Apulée se trompe, et ce n'est pas parmi ces sortes d'esprits que Socrate a trouvé son génie familier, ou bien Platon se contredit, lorsque tantôt il honore les démons, et que tantôt il écarte leurs plaisirs d'une ville où les bonnes mœurs doivent régner, ou bien il ne faut pas féliciter Socrate de l'amitié d'un démon. Car Apulée lui-même en a rougi à ce point d'intituler son livre : *Du dieu de Socrate*. Et cependant, d'après les principes mêmes de la dissertation dans laquelle il distingue les dieux des démons avec tant de soin et avec une si grande abondance d'explications, il aurait dû l'intituler, non pas : *Du*

igitur medii, quemadmodum diis quibus inferius habitant postponendi, ita hominibus, quibus superius, præferendi sunt. Habent enim cum diis communem immortalitatem corporum, animorum autem cum hominibus passiones. Quapropter non est mirum, inquiunt, si etiam ludorum obscœnitatibus et poetarum figmentis delectantur; quando quidem humanis capiuntur affectibus, a quibus dii longe absunt et modis omnibus alieni sunt. Ex quo colligitur, Platonem poetica detestando et prohibendo figmenta, non deos, qui omnes boni et excelsi sunt, privasse ludorum scenicorum voluptate, sed dæmones.

2. Hæc si ita sunt, quæ licet apud alios quoque reperiantur, Apuleius tamen Platonicus Madaurensis, de hac re sola unum scripsit librum, cujus titulum esse voluit : *De deo Socratis;* ubi disserit et exponit, ex quo genere numinum (*a*) Socrates habebat adjunctum et amicitia quadam conciliatum, a quo perhibetur solitus admoneri, ut desisteret ab agendo, quando id quod agere volebat, non prospere fuerat eventurum. Dicit enim apertissime, et copiosissime asserit, non illum Deum fuisse, sed dæmonem, diligenti disputatione pertractans istam Platonis de deorum sublimitate et hominum humilitate et dæmonum medietate sententiam. Hæc ergo si ita sunt, quonam modo ausus est Plato, etiamsi non diis, quos ab omni humana contagione semovit, certe ipsis dæmonibus, poetas urbe pellendo, auferre theatricas voluptates, nisi quia hoc pacto admonuit animum humanum, quamvis adhuc in his moribundis membris positum, pro splendore honestatis impura dæmonum jussa contemnere, eorumque immunditiam detestari? Nam si Plato hæc honestissime arguit et prohibuit, profecto dæmones turpissime poposcerunt atque jusserunt. Aut ergo fallitur Apuleius, et non ex isto genere numinum habuit amicum Socrates; aut contraria inter se sentit Plato, modo dæmones honorando, modo eorum delicias a civitate bene morata removendo; aut non est Socrati amicitia dæmonis gratulanda, de qua usque adeo et ipse Apuleius erubuit, ut de deo Socratis præmonarut librum, quem secundum suam disputationem, qua deos a dæmonibus tam diligenter copioseque discernit, non appellare de deo, sed de dæmone Socratis debuit. Maluit autem hoc in ipsa

---
(*a*) Editi, *ex quo genere numinum numen sibi Socrates.* Abest *numen sibi* a Mss.

dieu, mais : *Du démon de Socrate*. Toutefois, il a mieux aimé convenir dans la discussion qu'il s'agissait d'un démon, que de l'annoncer au titre même du livre. C'est que, grâce à la saine doctrine qui a jeté la lumière sur les choses humaines, tout le monde ou presque tout le monde a horreur même du seul nom des démons ; en sorte qu'avant de lire cette dissertation dans laquelle Apulée relève la dignité des démons, quiconque verrait le titre du livre ainsi formulé : *Du démon de Socrate*, ne penserait nullement que l'auteur eût son bon sens. Mais qu'est-ce donc qu'Apulée a pu trouver à louer encore dans les démons, excepté la subtilité et la force de leurs corps, et leur séjour plus élevé ? Car, pour ce qui est de leurs mœurs, en parlant de tous en général, non-seulement il n'en a rien dit de bon, mais de plus il en a dit beaucoup de mal. Enfin, après la lecture de ce livre, personne ne s'étonne plus qu'ils aient aimé à jouir des turpitudes de la scène dans leurs mystères divins, et que, tout en voulant se faire passer pour des dieux, ils aient pu trouver leur plaisir aux crimes des dieux. On comprend l'accord qu'il y entre leurs passions et tout ce qui, dans leurs cérémonies sacrées, inspire le mépris ou l'horreur, soit par l'obscénité de leurs mystères, soit par l'infamie de leurs cruautés.

CHAPITRE XV.

Ce n'est ni à cause de leurs corps aériens, ni à cause de leur séjour plus élevé, que les démons peuvent être supérieurs aux hommes.

1. Aussi, à Dieu ne plaise qu'à la vue de la supériorité corporelle des démons, l'âme vraiment religieuse et soumise au vrai Dieu s'imagine que pour cela elle leur est inférieure (1). Autrement il faudra qu'elle classe avant elle une multitude d'animaux qui l'emportent sur nous, soit par une plus vive pénétration des sens, soit par une exécution plus facile ou plus rapide de leurs mouvements, ou encore par une plus robuste vigueur et par une consistance de plus longue durée dans la force du corps. Quel homme pourrait se comparer pour la vue aux aigles et aux vautours, pour l'odorat aux chiens, pour la vitesse aux lièvres, aux cerfs et à tous les oiseaux, pour la force aux lions et aux éléphants, et pour la longévité aux serpents qui, dit-on, se dépouillent de la vieillesse en se dépouillant de leur peau, et ensuite se retrouvent jeunes comme autrefois. Mais, de même que nous sommes supérieurs à tous ces animaux par notre raison et notre intelligence, de même aussi nous devons être supérieurs aux démons par une vie honnête et vertueuse. Mais pourquoi la divine Pro-

---

(1) Origène, au livre II *des principes*, chap. VIII, enseigne que les démons ont des corps ; Tertullien, également au livre *de carne Christi*, et plusieurs autres des anciens. Et ici saint Augustin ne le nie point ; ailleurs il les appelle des animaux aériens, livre I *contra les Académ.* n° 20, épître IX, n° 3, et livre III, *de Genesi ad litteram*, chap. X, *quoniam*, dit-il dans ce dernier passage, *corporum aeriorum natura vigent*.

---

disputatione, quam in titulo libri ponere. Ita enim per sanam doctrinam, quæ humanis rebus illuxit, omnes vel pene omnes dæmonum nomen exhorrent, ut quisquis ante disputationem Apulcii, qua dæmonum dignitas commendatur, titulum libri de dæmone Socratis legeret, nequaquam illum hominem sanum fuisse sentiret. Quid autem etiam ipse Apuleius quod in dæmonibus laudaret, invenit, præter subtilitatem et firmitatem corporum, et habitationis altiorem locum ? Nam de moribus eorum, cum de omnibus generaliter loqueretur, non solum nihil boni dixit, sed etiam plurimum mali. Denique lecto illo libro prorsus nemo miratur eos etiam scenicam turpitudinem in rebus divinis habere voluisse, et cum deos se putari velint, deorum criminibus oblectari potuisse, et quidquid in eorum sacris obscœna solemnitate seu turpi crudelitate vel ridetur, vel horretur, eorum affectibus convenire.

CAPUT XV.

Quod neque propter aeria corpora, neque propter superiora habitacula dæmones hominibus antecellant.

1. Quamobrem absit ut ista considerans animus veraciter religiosus et vero Deo subditus, ideo arbitretur dæmones se ipso esse meliores, quod habeant corpora meliora. Alioquin multas sibi et bestias prælaturus est, quæ nos et acrimonia sensuum, et motu facillimo atque celerrimo, et valentia virium, et annosissima firmitate corporum vincunt. Quis hominum videndo æquabitur aquilis et vulturibus ? Quis odorando canibus ? Quis velocitate leporibus, cervis, avibus omnibus ? Quis multum valendo leonibus et elephantis ? Quis diu vivendo serpentibus, qui etiam deposita tunica senectutem deponere, atque in juventam redire perhibentur ? Sed sicut his omnibus ratiocinando et intelligendo meliores sumus, ita etiam dæmonibus bene atque honeste vivendo meliores esse debemus. Ob hoc enim et pro-

vidence a départi certains avantages corporels à des êtres auxquels nous sommes évidemment supérieurs? C'est afin de nous faire remarquer et comprendre le soin que nous devons à ce qui fait notre supériorité, et qui doit être plus empressé que celui que nous donnons à notre corps; c'est afin de nous apprendre à ne pas tenir compte de la supériorité corporelle que nous savons être l'apanage des démons, en face de la bonne vie par laquelle nous pouvons leur être préférables, en attendant que nous jouissions de l'immortalité que recevront nos corps, non pas cette immortalité tourmentée par une éternité de supplices, mais cette immortalité précédée des vertus de l'âme.

2. Quant à la hauteur du lieu où ils résident, se troubler de ce que les démons habitent dans l'air, tandis que nous habitons sur la terre, comme si, à cause de cela, nous devions les préférer à nous, cela est tout à fait digne de risée. A ce compte-là, il faudrait nous croire aussi au-dessous de tous les oiseaux. Non point, dira-t-on; lorsqu'ils sont fatigués à force de voler, ou bien lorsqu'il leur faut chercher leur nourriture pour soutenir leur corps, les oiseaux regagnent la terre, soit pour s'y reposer, soit pour s'y nourrir. Il n'en est point ainsi des démons. Aiment-ils mieux dire que les oiseaux nous sont supérieurs, et que les démons le sont aux oiseaux? Qui serait assez insensé pour d'avoir de telles pensées? Il n'y a donc pas lieu pour nous de croire qu'à cause de l'élément supérieur où ils résident, les démons méritent que nous nous soumettions à eux par sentiment de religion. Car, de même qu'il a pu se faire que les oiseaux qui volent dans les airs, non-seulement ne pussent pas nous être préférés à nous, habitants de la terre, mais encore qu'ils nous fussent soumis à cause de la dignité de notre âme et de notre raison; de même il a pu se faire aussi que les démons, quoiqu'étant doués de corps moins grossiers, ne fussent pas meilleurs que nous, habitants de la terre, par le fait que l'air est supérieur à la terre; mais qu'au contraire les hommes leur fussent préférables, parce que l'espérance des hommes vertueux ne peut être mise en comparaison avec leur désespoir. Et, en effet, prenons garde à l'harmonie dans laquelle Platon a disposé et ordonné les quatre éléments, dont deux qu'il a placés aux extrémités, savoir : le feu avec son activité et la terre avec son immobilité se trouvent séparés par les deux du milieu, l'air et l'eau, en sorte qu'autant l'air est supérieur à l'eau, et le feu à l'air, autant l'eau est supérieure à la terre. Cette harmonie nous apprend assez à ne pas apprécier l'importance des êtres animés d'après la position des éléments où ils se meuvent. Aussi Apulée, avec tous les autres, appelle l'homme un animal terrestre, qui, cependant, est bien supérieur aux animaux aquatiques,

videntia divina eis, quibus nos constat esse potiores, data sunt quædam potiora corporum munera, ut illud quo eis præponimur, etiam isto modo nobis commendaretur multo majore cura excolendum esse, quam corpus; ipsamque excellentiam corporalem, quam dæmones habere nossemus, præ bonitate vitæ, qua illis anteponimur, contemnere disceremus, habituri et nos immortalitatem corporum, non quam suppliciorum æternitas torqueat, sed quam puritas præcedat animorum.

2. Jam vero de loci altitudine, quod dæmones in aere, nos autem habitamus in terra, ita permoveri, ut hinc eos nobis esse præponendos existimemus, omnino ridiculum est. Hoc enim pacto nobis et omnia volatilia præponimus. At enim volatilia cum volando fatigantur, vel reficiendum alimentis corpus habent, terram repetunt, vel ad requiem, vel ad pastum; quod dæmones, inquiunt, non faciunt. Numquid ergo placet eis, ut volatilia nobis, dæmones autem etiam volatilibus antecellant? Quod si dementissimum est opinari? nihil est quod de habitatione superioris elementi, dignos esse dæmones existimemus, quibus nos religionis affectu subdere debeamus. Sicut enim fieri potuit, ut aeriæ volucres terrestribus nobis non solum non præferantur, verum etiam subjiciantur propter rationalis animæ, quæ in nobis est, dignitatem; ita fieri potuit, ut dæmones, quamvis magis aerii sint, terrestribus nobis, non ideo meliores sint, quia est aer quam terra superior; sed ideo eis homines præferendi sint, quoniam spei piorum hominum nequaquam illorum desperatio comparanda est. Nam et illa ratio Platonis, qua elementa quatuor proportione contexit atque ordinat, ita duobus extremis, igni mobilissimo et terræ immobili media duo aerem et aquam interserens, ut quanto aer est aquis et aere ignis, tanto et aquæ superiores sint terris; satis nos admonet animalium merita non pro gradibus elementorum æstimare. Et ipse quippe Apuleius cum cæteris terrestre animal hominem dicit, qui tamen longe præponitur animalibus aquatilibus, cum ipsas aquas terris præponat Plato : ut intelligamus, non

malgré la supériorité que Platon donne à l'eau par rapport à la terre. De là comprenons que, lorsqu'il s'agit de la valeur des êtres animés, il ne faut pas s'attacher à l'ordre dans lequel sont classés leurs corps. Mais admettons qu'il peut se faire qu'une âme supérieure anime un corps inférieur, et réciproquement qu'une âme inférieure anime un corps supérieur.

CHAPITRE XVI.

Sentiment du platonicien Apulée, sur les mœurs et les agissements des démons.

Parlant donc des mœurs des démons, le même platonicien dit (APULÉE, livre *du dieu de Socrate*), que leurs esprits sont tourmentés par les mêmes passions que ceux des hommes, que les injures les irritent, que les déférences et les présents les apaisent; qu'ils aiment les honneurs, qu'ils prennent plaisir à la diversité des cérémonies sacrées, et que si, dans ces cérémonies, il y a eu quelque chose d'oublié, ils en sont courroucés. Entre autres choses dont il parle à leur sujet, il dit aussi que les divinations des augures, des aruspices, les oracles et les songes sont de leur ressort, que c'est à eux qu'il faut attribuer les prestiges des magiciens. Dans la courte définition qu'il en fait, il dit que les démons sont des animaux quant au genre auquel ils appartiennent, que leur cœur est susceptible de passions, leur esprit doué de raison, leur corps subtil comme l'air, leur durée éternelle. Mais de ces cinq qualités, les trois premières leur sont communes avec nous, la quatrième leur est propre, et la cinquième leur est commune avec les dieux. En outre, je vois que sur les trois premières, qui leur sont communes avec nous, il y en a deux qu'ils partagent avec les dieux. Car Apulée dit que les dieux sont aussi des animaux. Assignant à chacun l'élément qui lui est propre, il nous place au rang des animaux terrestres, avec tous les autres qui vivent sur la terre et sont doués de sentiment. Parmi les animaux aquatiques, il range les poissons et ceux qui ont la faculté de nager; parmi les animaux de l'air, les démons, et parmi ceux du ciel, les dieux. Par là même, la classification des démons, dans le genre des animaux, ne leur est pas commune seulement avec les hommes, mais encore avec les dieux et les bêtes. La raison dont est doué leur esprit leur est commune avec les dieux et les hommes; leur durée éternelle, ils la partagent avec les dieux seulement, et enfin la subtilité de leur corps leur appartient en propre. Qu'ils soient animaux, ce n'est donc pas un grand avantage, puisque les bêtes le possèdent; qu'ils soient doués de raison, ce n'est pas sur nous un privilége, puisque nous le sommes aussi. Que leur existence soit éternelle, en quoi cela est-il un

eumdem ordinem tenendum, cum agitur de meritis animarum, qui videtur esse ordo in gradibus corporum; sed fieri posse, ut inferius corpus anima melior inhabitet, deteriorque superius.

CAPUT XVI.

Quid de moribus atque actionibus dæmonum Apuleius Platonicus senserit.

De moribus ergo dæmonum cum idem Platonicus loqueretur (APULEIUS, in lib. *de deo Socr.*), dixit eos eisdem quibus homines animi perturbationibus agitari, irritari injuriis, obsequiis donisque placari, gaudere honoribus, diversis sacrorum ritibus oblectari, et in eis si quid neglectum fuerit, commoveri. Inter cætera etiam dicit, ad eos pertinere divinationes augurum, haruspicum, vatum, atque somniorum; ab his quoque esse miracula magorum. Breviter autem eos definiens ait: Dæmones esse genere animalia, animo passiva, mente rationalia, corpore aeria, tempore æterna; horum vero quinque, tria priora illis esse (*supple* eadem) quæ nobis, quartum proprium, quintum cum diis habere commune. Sed video trium superiorum quæ nobiscum habent, duo etiam cum diis habere. Animalia quippe esse dicit et deos, (a) qui sua cuique elementa distribuens, in terrestribus animalibus nos posuit cum cæteris quæ in terra vivunt et sentiunt, in aquatilibus pisces et alia natatilia, in aeriis dæmones, in ætheriis deos. Ac per hoc quod dæmones genere sunt animalia, non solum eis cum hominibus, verum etiam cum diis pecoribusque commune est; quod mente rationalia, cum diis et hominibus; quod tempore æterna, cum diis solis; quod animo passiva, cum hominibus solis; quod corpore aeria, ipsi sunt soli. Proinde quod genere sunt animalia, non est magnum; quia hoc sunt et pecora; quod mente rationalia, non est supra nos; quia sumus et

(a) Sic Er. et aliquot Mss. Alii quidam cum Vind. et Am. omittunt *qui*. Cujus loco nonnuli *quæ*; et postea pro *elementa*, habent *elemento*: quam lectionem immerito prætulerunt Lovanienses.

bien, si cette existence éternelle n'est pas une existence heureuse? Car un bonheur temporel vaut mieux qu'une misère éternelle. Que leur cœur soit assujetti aux passions, comment cela peut-il les élever au-dessus de nous, puisque nous aussi nous en sommes là, et que nous n'en serions pas là si nous n'étions pas malheureux. Que leur corps ait la subtilité de l'air, quel prix attacher à cela quand une âme quelconque, quelle que soit sa nature, est préférable à tout corps, et qu'à cause de cela le culte religieux, qui doit venir de l'âme, ne peut être dû à ce qui est inférieur à l'âme. Certes, si parmi les qualités qu'il attribue aux démons, il comptait la vertu, la sagesse, la félicité; s'il disait que ces priviléges sont éternels en eux, et qu'ils leur sont communs avec les dieux, assurément il leur attribuerait quelque chose de désirable, et dont on devrait faire grand cas; encore ne devrions-nous pas pour cela les honorer comme dieux, mais plutôt devrions-nous rendre gloire à Dieu lui-même de qui nous reconnaîtrions qu'ils ont reçu tous ses dons. Mais combien sont-ils plus indignes des honneurs divins, ces animaux de l'air qui ne sont doués de raison que pour pouvoir être misérables, sujets aux passions que pour sentir effectivement la misère, et éternels que pour ne pouvoir arriver à la fin de leur misère?

CHAPITRE XVII.

Est-il convenable que l'homme honore ces Esprits dont il doit éviter les vices.

1. Mais laissons de côté tout le reste. Je ne parlerai que du seul attribut que le philosophe Apulée dit être commun aux démons avec nous, à savoir : les passions de l'âme. Si donc les quatre éléments sont remplis d'animaux qui leur sont propres, le feu et l'air de ceux qui sont immortels, l'eau et la terre de ceux qui sont mortels, je demanderai pourquoi les âmes des démons sont tourmentées par les désordres et les tempêtes des passions. Car cette perturbation du cœur, c'est qu'on appelle en grec *pathos*; de là vient que notre philosophe a voulu appeler tous ces désordres et toutes ces tempêtes passions du cœur. Car le mot passion, qui vient de l'expression grecque πάθος (1), signifie mouvement du cœur contre la raison. Pourquoi donc voit-on chez les démons ces révoltes du cœur qui ne se trouvent pas dans les bêtes? Car si quelque chose de semblable apparaît dans la brute, ce n'est pas là un désordre, parce que ce n'est point un mouvement contraire à la raison, puisque les bêtes n'ont point de raison. Mais dans les hommes, s'il existe de telles perturbations, c'est le résultat ou de la folie, ou de la misère. Car nous n'avons pas encore le bonheur de cette

---

(1) Cicéron dans sa quatrième Tusculane dit : Zénon définit la *perturbation*, qu'il appelle πάθος, une émotion de l'âme opposée à la droite raison et en révolte contre elle.

---

nos : quod tempore æterna, quid boni est, si non beata? Melior est enim temporalis felicitas, quam misera æternitas. Quod animo passiva, quomodo supra nos est; quando et nos hoc sumus, nec ita esset, nisi miseri essemus? Quod corpore aeria; quanti æstimandum est, cum omni corpori præferatur animæ qualiscumque natura; et ideo religionis cultus, qui debetur ex animo, nequaquam debeatur ei rei quæ inferior est animo? Porro si inter illa, quæ dæmonum esse dicit, annumeraret virtutem, sapientiam, felicitatem, et hæc eos diceret habere cum diis æterna atque communia, profecto aliquid diceret exoptandum magnique pendendum : nec sic eos tamen propter hæc tanquam Deum colere deberemus, sed potius ipsum a quo hæc illos accepisse nossemus. Quanto minus nunc honore divino aeria digna sunt animalia, ad hoc rationalia ut misera esse possint, ad hoc passiva ut misera sint, ad hoc æterna ut miseriam finire non possint?

CAPUT XVII.

An dignum sit eos spiritus ab homine coli, a quorum vitiis eum oporteat liberari.

1. Quapropter, ut omittam cætera, et hoc solum pertractem, quod nobiscum dæmones dixit habere commune, id est, animi passiones, si omnia quatuor elementa suis animalibus plena sunt, immortalibus ignis et aer, mortalibus aqua et terra; quæro cur animi dæmonum passionum turbellis et tempestatibus agitentur? Perturbatio enim est, quæ Græce πάθος dicitur : unde illa voluit vocare animo passiva ; qui verbum de verbo πάθος passio diceretur motus animi contra rationem. Cur ergo sunt ista in animis dæmonum, quæ in pecoribus non sunt? Quoniam si quid in pecore simile apparet, non est perturbatio; quia non est contra rationem, qua pecora carent. In hominibus autem ut sint istæ perturbationes, facit hoc stultitia, vel miseria. Nondum enim sumus in illa perfectione sapientiæ beati, quæ

perfection de la sagesse qui nous est promise pour la fin, quand nous serons délivrés des liens de cette mortalité. Quant aux dieux, ils ne souffrent pas, dit-on, tous ces désordres, parce que non-seulement ils sont éternels, mais encore ils sont heureux. Car, d'après les philosophes dont il est ici question, ils ont aussi eux-mêmes des âmes raisonnables, mais elles sont absolument pures de toute souillure et de toute affection mauvaise. Ainsi donc, si les dieux n'éprouvent aucune perturbation en eux-mêmes, c'est que ce sont des animaux heureux et non sujets aux misères; si les bêtes n'en éprouvent pas non plus, c'est que ce sont des animaux incapables de bonheur et de misère. Et maintenant il ne nous reste plus à dire que ceci : c'est que les démons éprouvent comme les hommes tous ces troubles intérieurs, par la raison qu'ils sont des animaux, non pas heureux, mais misérables.

2. Quelle est donc cette stupidité, ou plutôt cette démence, qui nous soumet aux démons par certaines pratiques religieuses, lorsque la vraie religion nous délivre de cette perversité qui nous rend semblables à eux? En effet, quand, d'après les aveux qu'Apulée (*Du dieu de Socrate*) est forcé de faire, malgré tous ses ménagements envers les démons, malgré son opinion qu'ils sont dignes des honneurs divins, ces démons se laissent exciter par la colère, la vraie religion nous interdit tout mouvement de colère, et elle nous ordonne même d'y résister. Tandis que les démons se laissent séduire par des présents, la vraie religion nous ordonne de ne faire acception de qui que ce soit en recevant des présents de sa main. Alors que les démons sont flattés par les honneurs, la vraie religion nous fait un devoir de n'en être nullement touchés. Quand les démons poursuivent de leur haine certains hommes, et qu'ils donnent leur affection à certains autres, non pas en suivant les jugements d'un esprit calme et prudent, mais en suivant les mouvements déréglés d'un cœur pris par la passion, comme le dit Apulée, la vraie religion nous commande d'aimer même nos ennemis. (*Matth.*, v, 44.) Enfin toutes ces perturbations du cœur, toutes ces agitations de l'esprit, tous ces orages et toutes ces tempêtes de l'âme qui tourmentent et bouleversent les démons, comme la vérité force notre philosophe à le dire, la vraie religion nous fait un devoir de les rejeter de notre âme. Quelle autre cause donc, sinon une folie et une erreur misérable, vous humilie, vous fait respecter ceux dont il faut que vous désiriez différer dans votre conduite et votre vie, et vous fait honorer religieusement ceux que vous ne voudriez pas imiter? Et cependant imiter ce que l'on honore, voilà le but et la fin de toute religion.

---

nobis ab hac mortalitate liberatis in fine promittitur. Deos vero ideo dicunt istas perturbationes non perpeti, quia non solum æterni, verum etiam beati sunt. Easdem quippe animas rationales etiam ipsos habere perhibent, sed ab omni labe ac peste purissimas. Quamobrem si propterea dii non perturbantur, quod animalia sunt beata, non misera ; et propterea pecora non perturbantur, quod animalia sunt, quæ nec beata possunt esse, nec misera : restat ut dæmones sicut homines ideo perturbantur, quod animalia sunt non beata, sed misera.

2. Qua igitur insipientia, vel potius amentia per aliquam religionem dæmonibus subdimur, cum per veram religionem ab ea vitiositate, qua illis sumus similes, liberemur ? Cum enim dæmones, quod et iste (In lib. *de deo Socrat.*) Apuleius, quamvis eis plurimum parcat, et divinis honoribus dignos censeat, tamen cogitur confiteri, ira instigentur ; nobis vera religio præcipit, ne ira instigemur, sed ei potius resistamus. Cum dæmones donis invitentur; nobis vera religio præcipit, ne cuiquam donorum acceptione faveamus. Cum dæmones honoribus mulceantur; nobis vera religio præcipit, ut talibus nullo modo moveamur. Cum dæmones quorumdam hominum osores, quorumdam amatores sint, non prudenti tranquilloque judicio, sed animo, ut appellat ipse, passivo; nobis vera religio præcipit, ut inimicos nostros etiam diligamus. (*Matth.*, v, 44.) Postremo omnem motum cordis et salum mentis, omnesque turbelas et tempestates animi, quibus dæmones æstuare atque fluctuare asserit, nos vera religio deponere jubet. Quæ igitur causa est, nisi stultitia errorque (a) miserabilis, ut ei te facias venerando humilem, cui te cupias vivendo dissimilem; et religione colas, quem imitari nolis, cum religionis summa sit imitari quem colis ?

(a) Plures Mss. *mirabilis*.

CHAPITRE XVIII.

Quelle est cette religion où l'on enseigne que les hommes, pour se faire recommander auprès des dieux bons, doivent avoir recours à l'intermédiaire des démons.

C'est donc en vain qu'Apulée, ainsi que tous ceux qui pensent comme lui leur ont décerné cet honneur, de les placer dans les airs, comme des intermédiaires entre le ciel éthéré et la terre. Car aucun dieu ne se mêlant aux hommes, suivant Platon, c'est aux démons qu'il appartient de porter aux dieux les prières des hommes, et de rapporter à ceux-ci les grâces qu'ils ont sollicitées. Ceux qui ont cru de pareilles choses se sont imaginé qu'il serait indigne que les hommes fussent mêlés aux dieux, et les dieux aux hommes. Mais ils ont trouvé qu'il était tout à fait convenable que les démons fussent mêlés et aux dieux et aux hommes, se chargeant des prières de ceux-ci, et rapportant les faveurs de ceux-là. De cette manière on verra l'homme chaste, étranger aux crimes de l'art magique, employer, pour intercesseurs auprès des dieux, ceux qui aiment ces crimes dont l'horreur le rend lui-même plus digne d'être exaucé plus facilement et de meilleure grâce. Car ces dieux aiment les infamies de la scène, objets de dégoût pour l'âme chaste. Dans les maléfices des magiciens, ils aiment ces mille moyens de nuire que repousse l'innocence. Ainsi donc, si la chasteté et l'innocence veulent obtenir quelque chose des dieux, elles ne le pourront point par leur propre mérite, et il leur faudra recourir à l'intervention de leurs propres ennemis! Peu importe qu'Apulée s'efforce de justifier les fictions des poètes et les outrages faits par le théâtre à la morale. Contre ces abominations nous avons la parole de Platon, le maître de tous ces philosophes, Platon dont l'autorité est si grande parmi eux. Quoi! la pudeur humaine se mépriserait elle-même au point, non-seulement d'aimer l'ignominie, mais encore de la regarder comme agréable à la divinité!

CHAPITRE XIX.

Impiété de l'art magique, qui s'appuie sur la protection des esprits de malice.

Or, contre les arts magiques dont quelques hommes, par malheur et par impiété, se plaisent trop à tirer gloire, ne me suffira-t-il pas d'invoquer le sentiment public si clair et si manifeste? Car pourquoi sont-ils si rigoureusement atteints par la sévérité des lois, s'ils sont l'œuvre de divinités dignes de notre culte? Est-ce que, par hasard, ce seraient les chrétiens qui auraient établi ces lois contre les arts magiques qu'elles punissent? Quelle autre signification, que celle des malheurs funestes

---

CAPUT XVIII.

Qualis religio sit, in qua docetur, quod homines, ut commendentur diis bonis, dæmonibus uti debeant advocatis.

Frustra igitur eis Apuleius, et quicumque ita sentiunt, hunc detulit honorem, sic eos in aere medios inter ætherium cœlum terramque constituens, ut quoniam nullus deus miscetur homini, quod Platonem dixisse perhibent, isti ad deos perferant preces hominum, et inde ad homines impetrata quæ poscunt. Indignum enim putaverunt qui ista crediderunt, misceri homines diis et deos hominibus: dignum autem misceri dæmones et diis et hominibus, hinc petita qui allegent, inde concessa qui apportent: ut videlicet homo castus, et ab artium magicarum sceleribus alienus, eos patronos adhibeat, per quos illum dii exaudiant, qui hæc amant, quæ ille non amando fit dignior quem facilius et libentius exaudire debeant. Amant quippe illi scenicas turpitudines, quas non amat pudicitia: amant in maleficiis magorum mille nocendi artes, quas non amat innocentia. Ergo et pudicitia et innocentia, si quid ab diis impetrare voluerit, non poterit suis meritis, nisi suis intervenientibus inimicis. Non est quod iste poetica figmenta, et theatrica ludibria justificare conetur. Habemus contra ista magistrum eorum et tantæ apud eos auctoritatis Platonem: si pudor humanus ita de se male meretur, ut non solum diligat turpia, verum etiam divinitati existimet grata!

CAPUT XIX.

De impietate artis magicæ, quæ patrocinio nititur spirituum malignorum.

Porro adversus magicas artes, de quibus quosdam nimis infelices et nimis impios etiam gloriari libet, (a) nonne ipsam publicam lucem testem citabo? Cur enim tam graviter ista plectuntur severitate legum, si opera sunt numinum colendorum? An forte istas leges Christiani instituerunt, quibus artes magicæ puniuntur? Secundum quem alium sensum, nisi

---

(a) Sic Mss. At editi, *gloriari libet in nomine dæmonum, ipsam publicam lucem*, etc.

que les maléfices font tomber inévitablement sur le genre humain, peut-on donner à ces vers de l'illustre poète latin : « J'en atteste les dieux et toi-même, sœur bien-aimée, et ton existence qui m'est si chère, c'est malgré moi que j'ai recours aux moyens magiques ; » (VIRG., *Enéide*, IV) et à celui-ci, que nous lisons dans un autre de ses ouvrages, et qui aussi se rapporte à la magie : « J'ai vu transporter dans un champ les moissons ensemencées dans un autre. » (*Eglog*., VIII.) Dans ce dernier vers, le poète fait allusion à ce qui se disait, qu'à l'aide de cette science terrible et criminelle, on faisait passer les récoltes d'une terre sur une autre terre. Est-ce que dans la loi des douze Tables (1), la plus ancienne loi des Romains, on n'a pas consigné et réglé, au rapport de Cicéron, le supplice que subira l'auteur d'opérations magiques ? Enfin, est-ce devant des juges chrétiens qu'Apulée lui-même a été accusé de magie (2)? Assurément, s'il avait regardé comme divines et sacrées ces œuvres magiques qu'on lui reprochait, s'il les avait crues conformes aux œuvres de la puissance de Dieu, il aurait dû, non-seulement en faire l'aveu, mais même profession, et flétrir plutôt les lois qui les interdisaient, leur imprimant cette note infamante, de déclarer coupable ce qui devait être regardé comme digne d'admiration et de respect. Car, de cette manière, ou il aurait fait passer ses convictions dans l'esprit des juges, ou bien, si les juges, demeurant attachés au sens de leurs lois injustes, l'avaient condamné à subir la mort, comme peine de ces œuvres dont il se faisait le défenseur et l'apologiste, son âme aurait été dignement récompensée par les démons, pour lesquels il n'aurait pas craint de sacrifier sa vie en publiant et en célébrant leurs œuvres divines. C'est ainsi que, quand on reprochait comme un crime à nos martyrs de professer la religion chrétienne qu'ils professaient comme pouvant seule les sauver, et les conduire à la gloire de l'éternité, ils ne cherchèrent pas à échapper aux peines temporelles en renonçant à leur foi ; mais plutôt en avouant qu'ils étaient chrétiens, en l'affirmant, en le proclamant, en supportant pour leur religion tous les supplices fidèlement et courageusement, et en mourant avec une pieuse tranquillité, ils forcèrent, pour ainsi dire, à rougir les lois qui les condamnaient, et ils les firent changer. Quant à ce philosophe platonicien, on a de lui un discours étendu et éloquent, dans lequel il se défend du crime de magie qu'il prétend lui être tout à fait étranger. Il ne cherche à démontrer son innocence qu'en niant absolument, de sa part, des pratiques qui ne peuvent être le fait

---

(1) Dans certains articles des douze Tables, on lit : « Celui qui aura attiré les récoltes par des enchantements. Celui qui aura prononcé des paroles magiques pour attirer des malheurs,...... Ne déplacez pas par des enchantements la moisson d'autrui. » Pline rapporte ces lois au livre XXVIII, chap. II ; Sénèque livre III, *quæst. natur.*, chap. VII ; Apulée, dans son *Apologie*, etc.
(2) Apulée fut accusé de magie au tribunal de Claude, préfet d'Afrique, qui n'était pas chrétien.

---

quod hæc maleficia generi humano perniciosa esse non dubium est, ait poeta clarissimus :

    Testor cara deos, et te germana, tuumque
    Dulce caput, magicas invitam accingier artes ?
                 (VIRGIL., *Æneid.*, IV.)

Illud etiam quod alio loco de his artibus dicit :

    Atque satas alio vidi traducere messes :
             (*Eclog.*, VIII.)

eo quod hac pestifera sceleralaque doctrina fructus alieni in alias terras transferri perhibentur. Nonne in duodecim Tabulis, id est, Romanorum antiquissimis legibus Cicero commemorat esse conscriptum, ei qui hoc fecerit supplicium constitutum ? Postremo ipse Apuleius numquid apud judices Christianos de magicis artibus accusatus est ? Quas utique sibi objectas, si divinas et pias esse noverat, et divinarum potestatum operibus congruas, non solum eas confiteri debuit, sed etiam profiteri, leges culpans potius, quibus hæc prohiberentur, et damnanda putarentur, quæ haberi miranda et veneranda oporteret. Ita enim vel sententiam suam persuaderet judicibus, vel si illi secundum iniquas leges saperent, eumque talia prædicantem atque laudantem morte multarent, digna animæ illius dæmones dona rependerent, pro quorum divinis operibus prædicandis humanam vitam sibi adimi non timeret. Sicut Martyres nostri, cum eis pro crimine objiceretur Christiana religio, qua noverant se fieri salvos et gloriosissimos in æternum, non eam negando temporales pœnas evadere delegerunt, sed potius confitendo, profitendo, prædicando, et pro hac omnia fideliter fortiterque tolerando, et cum pia securitate moriendo, leges quibus prohibebatur, erubescere compulerunt, mutarique fecerunt. Hujus autem philosophi Platonici copiosissima et disertissima exstat oratio, qua crimen artium magicarum se alienum esse defendit, seque aliter non vult innocentem videri, nisi ea negando quæ non possunt ab

d'un homme innocent. Mais, lui objecterons-nous, tous ces prestiges des magiciens, qu'il juge très-bien dignes de condamnation, s'opèrent-ils par l'inspiration et l'action des démons? Qu'il nous dise donc pourquoi il pense qu'on doit les honorer; pourquoi il prétend que, pour porter nos prières aux dieux, il est nécessaire d'employer la médiation de ces démons dont nous devons éviter les œuvres, si nous voulons que nos prières parviennent au vrai Dieu. Ensuite, je demande quelles prières, selon lui, sont transmises de la part des hommes aux dieux bons par l'intermédiaire des démons? Sont-ce des conjurations magiques, ou des prières permises? Si ce sont des conjurations magiques, les dieux ne veulent pas de semblables évocations. Si ce sont des prières permises, ils n'en veulent point par de pareils médiateurs. Mais si un pécheur pénitent adresse ses prières aux dieux, surtout s'il s'est rendu coupable de quelque opération magique, obtiendra-t-il enfin son pardon par l'intercession de ceux, dont l'inspiration ou la faveur l'a fait tomber dans la faute qu'il déplore? Et pour pouvoir mériter le pardon aux pécheurs pénitents, les démons font-ils eux-mêmes les premiers pénitence de les avoir trompés? Personne n'a jamais dit cela des démons. Car, si cela était, ils n'oseraient nullement revendiquer pour eux les honneurs divins, en même temps qu'ils désireraient par la pénitence arriver à obtenir leur pardon. Car, d'un côté, ce serait un orgueil détestable; de l'autre, ce serait tout au contraire une humilité digne de miséricorde.

CHAPITRE XX.

Faut-il croire que les dieux bons se mêlent plus volontiers aux démons qu'aux hommes.

Mais, poursuit-on, il est une raison absolument pressante et tout à fait impérieuse, qui nécessite la médiation des démons entre les dieux et les hommes, pour offrir les prières de ceux-ci et rapporter les grâces de ceux-là. Quelle est donc cette raison et cette si grande nécessité? C'est que, dit-on, aucun dieu n'a de relation immédiate avec l'homme. Oh! qu'elle est donc sublime et sainte leur divinité! Elle n'a point de relation avec l'homme suppliant, elle en a avec le démon orgueilleux. Elle ne se compromet point avec l'homme pénitent, elle se compromet avec le démon imposteur; elle ne se commet point avec l'homme qui implore la divinité, elle se commet avec le démon qui contrefait la divinité; elle n'a nul commerce avec l'homme qui demande pardon, mais bien avec le démon qui excite à l'iniquité. Elle ne communique pas avec l'homme qui, instruit par la philosophie, chasse les poètes d'une cité bien réglée, elle communique avec le démon qui réclame aux princes et aux pontifes de cette cité la représentation des infamies des poètes par les jeux de la scène; elle ne se mêle

---

innocente committi. At omnia miracula magorum, quos recte sentit esse damnandos, doctrinis fiunt et operibus dæmonum; quos viderit cur censeat honorandos, necessarios eos asserens perferendis ad deos nostris precibus, quorum debemus opera devitare, si ad Deum verum preces nostras volumus pervenire. Deinde quæro, quales preces hominum diis bonis per dæmones allegari putat, magicas, an licitas? Si magicas, nolunt tales: si licitas, nolunt per tales. Si autem peccator pœnitens preces fundit, maxime si aliquid magicum admisit; itane tandem illis intercedentibus accipit veniam, quibus impellentibus aut faventibus se cecidisse plangit in culpam? An et ipsi dæmones ut possint pœnitentibus mereri indulgentiam, priores agunt, quod eos deceperint pœnitentiam (a)? Hoc nemo unquam de dæmonibus dixit: quia si ita esset, nequaquam sibi auderent divinos honores expetere, qui pœnitendo desiderarent ad gratiam veniæ pervenire. Ibi enim est detestanda superbia, hic humilitas miseranda.

CAPUT XX.

An credendum sit, quod dii boni libentius dæmonibus quam hominibus misceantur.

At enim urgens causa et artissima cogit dæmones medios inter deos et homines agere, ut ab hominibus offerant desiderata, et a diis referant impetrata? Quænam tandem causa est ista, et quanta necessitas? Quia nullus, inquiunt, Deus miscetur homini. Præclara igitur sanctitas Dei, qui non miscetur homini supplicanti, et miscetur dæmoni arroganti: non miscetur homini pœnitenti, et miscetur dæmoni decipienti: non miscetur homini confugienti ad divinitatem, et miscetur dæmoni fingenti divinitatem: non miscetur homini petenti indulgentiam, et miscetur dæmoni suadenti nequitiam: non miscetur homini per philosophicos libros poetas de bene instituta civitate pellenti, et miscetur dæmoni a principibus et pontificibus civitatis per scenicos ludos poetarum ludibria requirenti: non

---

(a) Hic apud Lov. additur, *ut et ipsi postea accipiant indulgentiam*: quod ab editis aliis et a Mss. abest.

pas à l'homme qui défend de supposer des crimes aux dieux, elle se mêle au démon qui se complaît dans ces crimes imaginaires. Elle n'a point de rapport avec l'homme qui établit de justes lois pour punir les crimes des magiciens, elle en a avec le démon qui enseigne et exerce l'art magique. Enfin, elle n'a point de rapport avec l'homme qui a horreur d'imiter le démon, elle en a avec le démon qui tend des piéges à l'homme pour pouvoir le tromper.

CHAPITRE XXI.

Les dieux se servent-ils des démons comme de messagers et d'interprètes; ignorent-ils leurs impostures, ou y consentent-ils?

1. Mais, sans doute, pour que l'on professe de pareilles absurdités et de pareilles indignités, il faut y être contraint par une grande nécessité. Voici apparemment la raison : c'est que les dieux du ciel, tout en se mettant en peine des choses humaines, ignoreraient absolument ce qui se passerait parmi les hommes, habitants de la terre, si les démons, qui occupent les airs, ne le leur faisaient connaître. Car le ciel est loin de la terre; il est suspendu dans des hauteurs trop lointaines ; mais l'air touche le ciel aussi bien que la terre! O admirable sagesse! Quelle autre pensée les philosophes ont-ils sur les dieux, qu'ils déclarent être tous bons, sinon celle-ci, c'est qu'ils prennent souci des choses humaines, autrement ils paraîtraient indignes de tout honneur. Ensuite, c'est qu'à cause de la distance des éléments, ils ignorent ce qui se passe parmi les hommes. Et ainsi il faut admettre la nécessité des démons, et par là même il faut les croire dignes d'honneur, puisque, d'après cette théorie, c'est par eux que les dieux peuvent apprendre ce qui se passe parmi les hommes, et venir à leurs secours lorsque cela est nécessaire. S'il en est ainsi, les dieux bons connaissent plus le démon par la proximité de son corps, qu'ils ne connaissent l'homme par la bonté de son âme. O trop déplorable nécessité, ou plutôt vanité ridicule et détestable avec laquelle on soutient une vaine divinité! Car si, par leur esprit libre de tout obstacle corporel, les dieux peuvent voir notre esprit, il n'est donc pas besoin que les démons leur servent d'intermédiaires. Mais si, au contraire, c'est par les signes produits par l'esprit sur le corps, tels que l'expression du visage, la parole, le mouvement, et perçus par les dieux du ciel au moyen de leur corps, qu'ils prennent connaissance des révélations des démons, ils peuvent donc se trouver trompés par les mensonges de ces esprits imposteurs. Or, si la divinité ne peut être trompée par les démons, elle ne peut pas non plus ignorer ce que nous faisons.

2. Mais je voudrais bien que ces philosophes me disent si les démons ont fait connaître aux dieux que Platon condamnait les fictions des poètes sur les crimes des dieux, et s'ils leur ont caché que ces fictions leur plaisaient à eux-

---

misceretur homini deorum crimina fingere prohibenti, et misceretur dæmoni se falsis deorum criminibus oblectanti : non misceretur homini magorum scelera justis legibus punienti, et misceretur dæmoni magicas artes docenti et implenti : non misceretur homini imitationem dæmonis fugienti, et misceretur dæmoni deceptionem hominis aucupanti.

CAPUT XXI.

An dæmonibus nuntiis et interpretibus dii utantur, fallique se ab eis aut ignorent, aut velint.

1. Sed nimirum tantæ hujus absurditatis et indignitatis est magna necessitas, quod scilicet deos ætherios humana curantes quid terrestres homines agerent utique lateret, nisi dæmones aerii nuntiarent; quoniam æther longe a terra est alteque suspensus, aer vero ætheri terræque contiguus? O mirabilem sapientiam : Quid aliud de diis isti sentiunt, quos omnes optimos volunt, nisi eos et humana curare, ne cultu videantur indigni, et propter elementorum distantiam humana nescire, ut credantur dæmones necessarii, et ob hoc etiam ipsi putentur colendi, per quos diis possint, et quid in rebus humanis agatur addiscere, et ubi oportet hominibus subvenire? Hoc si ita est, diis istis bonis magis notus est dæmon per corpus vicinum, quam homo per animum bonum. O multum dolenda necessitas, an potius irridenda vel detestanda vanitas, ne sit vana divinitas! Si enim animo ab obstaculo corporis libero animum nostrum dii videre possunt, non ad hoc dæmonibus indigent nuntiis. Si autem animorum indicia corporalia, qualia sunt vultus, locutio, motus, per corpus suum ætherii dii sentiunt, et inde colligunt quid etiam dæmones nuntient, possunt et mendaciis dæmonum decipi. Porro si deorum divinitas a dæmonibus non potest falli, ab eadem divinitate quod agimus non potest ignorari.

2. Vellem autem mihi isti dicerent, utrum diis dæmones nuntiaverint de criminibus deorum poetica

mêmes ; ou bien s'ils leur ont caché l'une et l'autre circonstance, et s'ils ont mieux aimé leur laisser ignorer tout cela ; ou encore s'ils leur ont découvert les deux choses ; et la religieuse prudence de Platon à l'égard des dieux, et leur propre libertinage si injurieux aux mêmes dieux ; ou enfin, s'ils ont voulu leur laisser ignorer seulement le sentiment de Platon, qui n'a pas voulu laisser libre carrière à la licence impie des poètes chargeant les dieux de crimes infâmes et supposés, tout en leur découvrant leur propre malice qui les porte à se complaire dans les jeux de la scène, où l'on célèbre ces infamies attribuées aux dieux. En ont-ils fait l'aveu sans rougir et sans craindre ? De ces quatre suppositions que ma question renferme, qu'ils choisissent celle qu'ils voudront, et quel que soit le choix qu'ils auront fait, qu'ils remarquent bien la mauvaise opinion qu'ils ont des dieux bons. Car s'ils s'arrêtent à la première supposition, ils avoueront qu'il n'a pas été permis aux dieux bons de communiquer avec le sage Platon, quand les injures qu'ils recevaient eux-mêmes étaient interdites et condamnées par ce philosophe, et qu'il leur a fallu communiquer avec les démons, esprits méchants qui faisaient leurs délices de ces mêmes injures. En effet, d'après cette supposition, les dieux bons ne pouvaient connaître l'homme de bien relégué loin d'eux, que par l'intermédiaire des démons pleins de malice, et ils ne pouvaient en aucune manière arriver à connaître ceux-ci, malgré leur voisinage. Mais s'ils aiment mieux la seconde supposition, d'après laquelle les démons auraient caché les deux choses aux dieux, en sorte qu'ils ne leur auraient fait connaître absolument rien ni de la loi si religieuse de Platon, ni des sacriléges voluptés dans lesquelles eux-mêmes se complaisaient ; je leur demanderai ce que dans les choses humaines les dieux pourront utilement connaître par l'entremise des démons, si ceux-ci leur laissent ignorer ce que les hommes pieux ont décrété en l'honneur des dieux bons contre la malice des esprits du mal. Si, au contraire, ils choisissent la troisième supposition, et qu'ils répondent que non-seulement la défense de Platon, qui interdit les injures adressées aux dieux, mais encore la perversité des démons, qui trouve sa pâture dans les injures faites aux dieux, est arrivée à la connaissance des dieux par l'entremise des mêmes démons, je le demande, comment appeler cela ? est-ce un message ou une insulte ? Et les dieux apprennent ces deux choses, ils les connaissent ; et non-seulement ils ne chassent pas de leur présence ces démons infâmes qui ne désirent et qui ne font que ce qui est contraire à la dignité des dieux et à la religion de Platon, mais encore c'est par le moyen de ces esprits du mal, leurs voisins, qu'ils transmettent leurs dons au vertueux Platon, trop éloigné d'eux. Ainsi donc, cet enchaînement continu des éléments les re-

(a) Editi, *sibi vicinos*. Abest *sibi* a Mss. Forte legendum, *quos, et si vicinos, nosse non possunt.*

Platoni displicere figmenta, et sibi ea placere celaverint; an utrumque ocultaverint, deosque esse maluerint totius rei hujus ignaros; an utrumque indicaverint, et religiosam erga deos Platonis prudentiam, et in deos injuriosam libidinem suam; an sententiam quidem Platonis, qua noluit deos per impiam licentiam poetarum falsis criminibus infamari, ignotas diis esse voluerint, suam vero nequitiam, qua ludos scenicos amant, quibus illa deorum dedecora celebrantur, prodere non erubuerint vel timuerint. Horum quatuor, quæ interrogando proposui, quodlibet eligant, et in quolibet eorum quantum mali de diis bonis opinentur, attendant. Si enim primum elegerint, confessuri sunt non licuisse diis bonis habitare cum bono Platone, quando eorum injurias prohibebat, et habitasse cum dæmonibus malis, quando eorum injuriis exsultabant; cum dii boni hominem bonum longe a se positum non nisi per malos dæmones nossent, quos

(a) viciuos nosse non possent. Si autem secundum elegerint, et utrumque occultatum a dæmonibus dixerint, ut dii omnino nescirent et Platonis religiosissimam legem et dæmonum sacrilegam delectationem; quid in rebus humanis per internuntios dæmones dii nosse utiliter possunt, quando illa nesciunt, quæ in honorem deorum bonorum religione bonorum hominum contra libidinem malorum dæmonum decernuntur? Si vero tertium elegerint, et non solum sententiam Platonis deorum injurias prohibentem, sed etiam dæmonum nequitiam deorum injuriis exsultantem, per eosdem dæmones nuntios diis innotuisse responderint; hoc nuntiare est, an insultare? Et dii utrumque sic audiunt, sic utrumque cognoscunt, ut non solum malignos dæmones deorum dignitati et Platonis religioni contraria cupientes atque facientes a suo accessu non arceant, verum etiam per illos malos propinquos Platoni bono longinquo dona transmittant. Sic enim eos ele-

tient tellement prisonniers, qu'ils peuvent être en relation avec ceux qui les accusent, mais non point avec celui qui les défend. Ils savent ces deux choses, mais ils ne peuvent changer les lois de pesanteur de l'air et de la terre. Nous voici arrivés à la dernière supposition, c'est-à-dire à la quatrième. Ce sera bien la pire de toutes, s'ils s'y retranchent. En effet, qui peut supporter cela? Les fictions criminelles des poètes contre les dieux immortels, et ces infâmies révoltantes de leurs théâtres, et le désir ardent qu'ils ont eux-mêmes de s'en repaître, et la volupté si douce qu'ils y trouvent, les démons ont fait connaître tout cela aux dieux, et ils n'ont rien dit de la sage sévérité de Platon, qui lui a fait bannir ces hontes d'un état bien réglé. Ainsi, par de tels intermédiaires, les dieux bons sont forcés de connaître les crimes des plus scélérats qui ne sont pas autres que les intermédiaires eux-mêmes; et il ne leur est pas permis de connaître ce que les philosophes ont opposé de bien à ces crimes. Et cependant ces crimes les outragent, tandis que les actes contraires les honorent.

CHAPITRE XXII.

Il faut rejeter le culte des démons, contrairement à la doctrine d'Apulée.

Comme il n'y a rien à prendre dans ces quatre suppositions, si l'on ne veut pas en adoptant l'une ou l'autre avoir des sentiments indignes des dieux, il nous reste à refuser absolument toute créance à ce qu'Apulée et tous les philosophes qui partagent son opinion s'efforcent de nous persuader, à savoir : que les démons, placés dans une région moyenne entre les dieux et les hommes, sont comme des intermédiaires et des interprètes entre les uns et les autres pour porter nos prières aux dieux et nous rapporter leurs faveurs. Non, ils ne sont pas des intermédiaires, mais des esprits tout à fait possédés de la passion de nuire, entièrement éloignés de la justice, enflés d'orgueil, rongés de jalousie, ingénieux à ourdir des fourberies. Ils résident dans l'air, cela est vrai, mais parce qu'ayant été précipités des hauteurs du ciel, ils ont été condamnés à subir le châtiment de leur inexpiable transgression dans les airs, comme dans une prison conforme à leur nature. Et cependant, de ce que l'espace occupé par l'air se trouve au-dessus de la terre et des eaux, est-ce à dire pour cela que les démons soient supérieurs aux hommes par le rang ? Non, ceux-ci l'emportent de beaucoup sur eux, non pas par leur corps terrestre, mais par l'élection qu'ils ont faite du vrai Dieu dont ils implorent le secours, et par la piété de leur cœur. Plusieurs sans doute sont indignes de participer

---

mentorum quasi catenata series colligavit, ut illis a quibus criminantur, conjungi possint; huic a quo defenduntur, non possint : utrumque scientes, sed aeris et terræ pondera transmutare non valentes. Jam quod reliquum est, si quartum elegerint, pejus est cæteris. Quis enim ferat, si poetarum de diis immortalibus criminosa figmenta et theatrorum indigna ludibria, suamque in his omnibus ardentissimam cupiditatem et suavissimam voluptatem diis dæmones nuntiaverunt, et quod Plato philosophica gravitate de optima republica hæc omnia censuit removenda, tacuerunt; ut jam dii boni per tales nuntios nosse cogantur mala pessimorum, nec aliena, sed eorumdem nuntiorum, atque his contraria non sinantur nosse bona philosophorum, cum illa sint in injuriam, ista in honorem ipsorum deorum?

CAPUT XXII.

De abjiciendo cultu dæmonum, contra Apuleium.

Quia igitur nihil istorum quatuor eligendum est, ne in quolibet eorum de diis tam male sentiatur; restat, ut nullo modo credendum sit, quod Apuleius persuadere nititur, et quicumque alii philosophi sunt ejusdem sententiæ, ita esse medios dæmones inter deos et homines tanquam internuntios et interpretes, qui hinc ferant petitiones nostras, inde referant deorum suppetias : sed esse spiritus nocendi cupidissimos, a justitia penitus alienos, superbia tumidos, invidentia lividos, fallacia callidos : qui in hoc quidem aere habitant, quia de cœli superioris sublimitate dejecti, merito irregressibilis transgressionis in hoc sibi congruo velut carcere prædamnati sunt; nec tamen quia supra terras et aquas (a) locus est, ideo et ipsi sunt meritis superiores hominibus, qui eos non terreno corpore, sed electo in auxilium Deo vero, pia mente facillime superant. Sed multis plane participatione veræ religionis indignis tanquam captis subditisque dominantur : quorum maximæ parti mirabilibus et fallacibus signis sive factorum, sive prædictorum, deos se esse persuaserunt. Quibusdam vero vitia eorum aliquanto

(a) Sola Editio Lov. *aereus.*

à la vraie religion, et se trouvent dominés par les démons dont ils sont comme les captifs et les sujets. La majeure partie de ces malheureux se sont laissés prendre par les merveilles et les mensonges des prodiges ou des prédictions, par lesquels les démons les ont persuadés de leur divinité. Mais quelques autres, considérant leurs vices avec un peu plus d'attention et de soin, se sont montrés moins crédules, et n'ont pas admis cette divinité qu'ils s'arrogeaient. Alors ces démons ont imaginé de se faire passer pour des intermédiaires entre Dieu et les hommes, et ils ont prétendu obtenir en faveur des hommes les grâces de Dieu. Si cependant cet honneur ne leur a pas même été accordé par ceux-là qui ne croyaient pas à leur divinité, c'était parce qu'ils voyaient leur méchanceté. Ils voulaient que tous les dieux fussent bons, et encore ils n'osaient pourtant pas déclarer les démons tout à fait indignes des hommages qu'on rend aux dieux. Ils craignaient trop de blesser les peuples chez lesquels ils voyaient, par une superstition invétérée, le culte des démons pratiqué dans un si grand nombre de temples, et avec tant de cérémonies sacrées.

CHAPITRE XXIII.

Ce qu'Hermès Trismégiste a pensé de l'idolâtrie, et comment il a pu savoir que les superstitions égyptiennes devaient être abolies.

1. Hermès égyptien qu'on appelle Trismé-giste a pensé et écrit différemment. Apulée, il est vrai, nie que les démons soient des dieux. Mais lorsqu'il prétend qu'ils vivent au milieu des hommes et des dieux pour y exercer une certaine médiation, de manière qu'ils paraissent être nécessaires aux hommes dans leurs relations avec les dieux, il ne sépare point leur culte de celui des dieux du ciel. Mais l'Egyptien dit que parmi les dieux, les uns ont été faits par le Dieu souverain, les autres par les hommes. Celui qui s'arrêterait à ces paroles telles que je les cite, croirait peut-être qu'il ne s'agit ici que des idoles qui sont en effet pour les hommes l'ouvrage de leurs mains. Mais non, Hermès Trismégiste affirme que ces idoles visibles et palpables sont comme les corps des dieux; mais que, dans ces idoles, certains esprits qu'on y a appelés y résident de manière à y exercer une certaine puissance soit pour nuire, soit pour accomplir les désirs de ceux qui leur rendent les honneurs divins et les hommages d'un culte religieux. Ainsi donc, unir par un art secret ces esprits invisibles à une matière corporelle et visible, en sorte qu'avec cette matière on ait, pour ainsi dire, des corps animés, des idoles consacrées et soumises aux esprits, le Trismégiste appelle cela faire des dieux, et d'après lui, ce grand, cet admirable pouvoir de faire des dieux, les hommes l'ont reçu. Voici ses paroles comme on les a traduites en notre langue, je les cite (1) : « Et puisque nous nous sommes

(1) Ces citations de saint Augustin sont tirées du dialogue d'Hermès avec Esculape. Ce dialogue avait été traduit en latin par Apulée de Madaure. Mais, ici les savants ne reconnaissent point le latin d'Apulée.

attentius et diligentius intuentibus, non potuerunt persuadere quod dii sint; atque inter deos et homines internuntios ac beneficiorum impetratores se esse finxerunt. Si tamen non istum saltem honorem homines eis deferendum putarunt, qui illos nec deos esse credebant, quia malos videbant; deos autem omnes bonos volebant, nec audebant tamen omnino indignos dicere honore divino ; maxime ne offenderent populos, a quibus eis cernebant inveterata superstitione per tot sacra et templa serviri.

CAPUT XXIII.

Quid Hermes Trismegistus de idololatria senserit, et unde scire potuerit superstitiones Ægyptias auferendas.

1. Nam diversa de illis Hermes Ægyptius, quem Trismegistum vocant, sensit et scripsit. Apuleius enim deos quidem illos negat : sed cum dicit ita inter homines deosque quadam medietate versari, ut hominibus apud ipsos deos necessarii videantur, cultum eorum a supernorum deorum religione non separat. Ille autem Ægyptius alios deos esse dicit a summo Deo factos, alios ab hominibus. Hoc qui audit, sicut a me positum est, putat dici de simulacris (a) quia opera sunt manuum hominum : at ille visibilia et contrectabilia simulacra, velut corpora deorum esse asserit; inesse autem his quosdam spiritus invitatos, qui valeant aliquid, sive ad nocendum, sive ad desideria eorum nonnulla complenda, a quibus eis divini honores et cultus obsequia deferuntur. Hos ergo spiritus invisibiles per artem quamdam visibilibus rebus corporalis materiæ copulare, ut sint quasi animata corpora, illis spiritibus dicata

(a) Lov. *qua* : dissentientibus editis aliis et Mss.

proposé de parler des liens et des relations qui existent entre les dieux et les hommes, apprends, cher Esculape, à connaître la puissance et les ressources de l'homme. De même que le Seigneur et Père, ou ce qui renferme tout, Dieu est le créateur des dieux célestes, de même l'homme est l'auteur de ces dieux qui dans les temples sont contents d'être près des hommes. » Et un peu après il dit : « Ainsi l'humanité se souvenant toujours de sa nature et de son origine, persévère dans cette imitation de la divinité ; et de même que le Père et Seigneur a fait les dieux éternels, afin qu'ils fussent semblables à lui, ainsi l'humanité a donné aussi à ses dieux ses traits et sa ressemblance. » Ici Esculape à qui il s'adressait principalement lui répond et lui dit : Parlez-vous des statues, Trismégiste ? « Oui, reprend-il, des statues, ne les vois-tu pas avec toutes tes défiances ? Ne les vois-tu pas animées et remplies de sens et d'esprit, opérant des prodiges de toutes sortes et en grand nombre. Elles connaissent l'avenir, et elles le font connaître par les sorts, les oracles, les songes et une foule d'autres signes. Elles suscitent des maladies aux hommes et elles les guérissent ; elles font naître la tristesse ou la joie dans leurs cœurs, suivant leurs mérites. Ignores-tu, Esculape, que l'Egypte est l'image du ciel, ou ce qui est plus vrai, elle est comme le point où s'est retrouvé, disons plutôt, où s'est abaissé tout ce qui se gouverne et se meut au ciel ; et s'il faut le dire, notre terre est plus exactement le temple de l'univers. Et cependant, comme il convient à un homme prudent de prévoir toutes choses, il n'est pas permis de vous laisser ignorer ceci : Il viendra un temps où l'on verra que vainement dans la piété de leur âme les Egyptiens ont été fidèles à la divinité, et animés pour son culte d'un zèle religieux et empressé. Toutes leurs saintes cérémonies seront condamnées et perdront leur effet. »

2. Ensuite Hermès développe assez longuement ce passage, dans lequel il paraît annoncer ce temps où la religion chrétienne a ruiné toutes ces trompeuses représentations, avec une force et une liberté d'autant plus grandes qu'elle est plus vraie et plus sainte. Elle l'a fait afin que, par la grâce du véritable Sauveur, l'homme fût délivré de ces dieux qui sont l'ouvrage de ses mains, et qu'il fût soumis au Dieu dont l'homme est l'ouvrage. Mais quand Hermès

---

et subdita simulacra, hoc esse dicit deos facere, eamque magnam et mirabilem deos faciendi accepisse homines potestatem. Hujus Ægyptii verba, sicut in nostram linguam interpretata sunt, ponam. « Et quoniam de cognatione, inquit, et consortio hominum deorumque nobis indicitur sermo, potestatem hominis, o Asclepi, vimque cognosce. Dominus, inquit, et Pater, vel quod est summum, Deus, ut effector est deorum cœlestium, ita homo fictor est deorum qui in templis sunt humana proximitate (a) contenti. » Et paulo post : « Ita humanitas, inquit, semper (b) memor naturæ et originis suæ in illa divinitatis imitatione perseverat ; ut sicuti Pater ac Dominus, ut sui similes essent, deos fecit æternos, ita humanitas deos suos ex sui vultus similitudine figuraret. » Hic cum Asclepius, ad quem maxime loquebatur, ei respondisset atque dixisset : Statuas dicis : o Trismegiste ? Tum ille : « Statuas, inquit, o Asclepi, (c) videsne quatenus tu ipse diffidas ? statuas animatas sensu et spiritu plenas, tantaque facientes et talia ; statuas futurorum præscias, (d) eaque sorte, vate, somniis, multisque aliis rebus prædicentes; imbecillitates hominibus facientes, easque curantes, tristitiam (e) lætitiamque pro meritis : An ignoras, o Asclepi, quod Ægyptus imago sit cœli; aut quod est verius, translatio aut descensio omnium quæ gubernantur atque exercentur in cœlo; ac si dicendum est, verius terra nostra mundi totius est templum ? Et tamen quoniam præscire cuncta prudentem decet, istud vos ignorare fas non est : Futurum tempus est, quo appareat Ægyptios incassum pia mente (f) divinitatem sedula religione servasse, (g) et omnis eorum sancta veneratio in irritum casura frustrabitur. »

2. Deinde multis verbis Hermes hunc locum exsequitur, in quo videtur hoc tempus prædicere, quo Christiana religio, quanto est veracior atque sanctior, tanto vehementius et liberius cuncta fallacia figmenta subvertit ; ut gratia verissimi Salvatoris liberet hominem ab eis diis quos facit homo, et ei Deo subdat a quo factus est homo. Sed cum Hermes ista prædicit, velut amicus eisdem ludificationibus

---

(a) In dialogo Mercurii Asclepio, *conjuncti*. — (b) In Asclepio, *semper vicina naturæ et origini suæ. Apud Lov. semper memor humanæ naturæ*, etc. Abest *humanæ* a cæteris editis et a Mss. — (c) Mss. *vides*, absque particula *ne* : quæ in excusis est in Asclepio. — (d) Sic plures et melioris notæ Mss. At editi, *ea quæ forte vates omnis ignoret, in multis et variis rebus prædicentes*. Asclepius vero, *easque forte vates omnes somniis, multisque aliis rebus prædicentes*. Sed nostrorum Mss. lectioni favet alius iste Asclepii locus, *quædam sortibus et divinationibus prædicentes*. — (e) Vox *lætitiam* in Asclepio desideratur. — (f) Sic plerique Mss. quibus Asclepius consentit. At editi, *divinitati sedulam religionem servasse*. Forte legendum, *divinitati sedula religione servisse*. — (g) Subsequentia verba, *et omnis eorum sancta veneratio*, etc. Mercurii sunt in Asclepio, sed hic non habentur in Mss.

annonce cela pour l'avenir, il parle comme un homme attaché à tous ces prestiges des démons, et évidemment il ne fait point mention du nom chrétien. Et comme si cet avenir devait faire disparaître et détruire toutes ces pratiques, dont l'observation garantissait à l'Egypte sa ressemblance avec le ciel, il le déplore et le montre du doigt en quelque sorte avec des accents pleins de tristesse. Car il était de ceux au sujet desquels l'Apôtre dit : « Connaissant Dieu, ils ne l'ont pas glorifié comme Dieu, ils ne lui ont pas rendu grâce; mais ils se sont égarés dans leurs propres pensées, et leur cœur insensé a perdu sa lumière. Ils se sont dit sages, mais en réalité, ils ont perdu le sens, et par une indigne substitution, plutôt que de rendre gloire au Dieu incorruptible, ils ont mieux aimé glorifier l'image de l'homme corruptible; » (*Rom.*, I, 21) et le reste qu'il serait trop long de citer. En effet, en parlant du Dieu unique et véritable auteur du monde, Trismégiste dit beaucoup de choses conformes à la vérité, et je ne sais vraiment par quel aveuglement du cœur, il en vient toujours à vouloir que les hommes se soumettent aux dieux, qu'il avoue être l'ouvrage des hommes, et à déplorer pour l'avenir la fin de cet asservissement aux idoles. Comme s'il y avait au monde un être plus malheureux que l'homme qui devient l'esclave de son ouvrage. Bien plus, en adorant son ouvrage comme son dieu, il est plus facile à l'homme de n'être plus homme, qu'à son ouvrage de devenir dieu par le culte qu'il lui rend. Car que l'homme, créé dans la gloire de sa raison, puisse tomber assez bas pour être comparé aux brutes sans intelligence (*Ps.* XLVIII, 13), cela arrivera encore avant qu'on puisse préférer l'ouvrage de l'homme à l'ouvrage que Dieu a fait à son image, c'est-à-dire à l'homme lui-même. Aussi il est tout naturel que l'homme s'aliène et irrite contre lui celui par qui il a été fait, quand lui-même se met au-dessous de son propre ouvrage.

3. Au sujet de tout ce culte vain, trompeur, funeste et sacrilège, Hermès l'égyptien s'affligeait parce qu'il prévoyait qu'un temps viendrait où tout cela serait aboli. Mais sa douleur était aussi impudente que sa science était téméraire. Car le Saint-Esprit ne lui avait pas révélé ces choses, comme aux saints prophètes qui, voyant d'avance ces mêmes événements, disaient dans leur allégresse : « Si l'homme fait des dieux, ce ne sont donc pas de vrais dieux. » (*Jér.*, XVI, 20.) Et dans un autre endroit : « Voici ce qui arrivera en ce jour, dit le Seigneur, j'exterminerai les noms des idoles de dessus la terre, et il n'en restera pas même le souvenir. » (*Zach.*, XIII, 2.) Et quant à l'Egypte, ce qui revient à notre discours, il y a une prophétie spéciale d'Isaïe, qui dit : « Et les idoles de l'Egypte tomberont devant sa face, et

dæmonum loquitur, nec Christianum nomen evidenter exprimit; sed tanquam ea tollerentur atque delerentur, quorum observatione cœlestis similitudo custodiretur in Ægypto, ita hæc futura deplorans, luctuosa quodam modo prædicatione testatur. Erat enim de his, de quibus dicit Apostolus, quod « cognoscentes Deum, non sicut Deum glorificaverunt, aut gratias egerunt, sed evanuerunt in cogitationibus suis, et obscuratum est insipiens cor eorum : dicentes enim se esse sapientes, stulti facti sunt, et immutaverunt gloriam incorrupti Dei in similitudinem imaginis corruptibilis hominis : » (*Rom.*, I, 21) et cætera, quæ commemorare longum est. Multa quippe talia dicit de uno vero Deo fabricatore mundi, qualia veritas habet. Et nescio quomodo illa obscuratione cordis ad ista delabitur, ut diis quos confitetur ab hominibus fieri, semper velit homines subdi, et hæc futuro tempore plangat auferri. Quasi quidquam sit infelicius homine, cui sua figmenta dominantur : cum sit facilius, (*a*) ut tanquam deos colendo quos fecit, nec ipse sit homo, quam ut per ejus cultum dii possint esse, quos fecit homo. Citius enim sit, ut homo in honore positus pecoribus non intelligens comparetur (*Psal.* XLVIII, 13), quam ut operi Dei ad ejus imaginem facto, id est, ipsi homini opus hominis præferatur. Quapropter merito homo deficit ab illo qui eum fecit, cum sibi præficit ipse quod fecit.

3. Hæc vana, deceptoria, perniciosa, (*b*) sacrilega Hermes Ægyptius, quia tempus quo auferrentur venturum sciebat, dolebat : sed tam impudenter dolebat : quam impudenter sciebat. Non enim hæc ei revelaverat Spiritus sanctus, sicut Prophetis sanctis, qui hæc prævidentes cum exsultatione dicebant : « Si faciet homo deos, et ecce ipsi non sunt dii. » (*Jer.*, XVI, 20.) Et alio loco : « Erit in illo die, dicit Dominus, exterminabo nomina simulacrorum a terra, et non jam erit eorum memoria. » (*Zach.*, XIII, 2.) Proprie vero de Ægypto, quod ad hanc rem attinet, ita sanctus Isaias prophetat : « Et movebuntur ma-

(*a*) Editi, *cum sit facilius, fieri deos colendo quos fecit, ne ipse sit homo.* Emendantur ad veteres libros. — (*b*) Aliquot Mss. *sacrilegia.*

le cœur des Egyptiens se fondra en eux. » (*Isa.*, XIX, 1.) Et la suite exprime des idées semblables. Au nombre des prophètes comptons aussi ces saints personnages qui se sont réjouis de la venue de celui qu'ils attendaient : Tels sont Siméon, Anne, qui connurent Jésus-Christ presque à sa naissance (*Luc*, II, 28 et 38), Elisabeth qui, éclairée par le Saint-Esprit, le connut dès sa conception. (*Luc*, I, 43.) Tel est encore Pierre qui, instruit par le Père lui-même, disait : « Vous êtes le Christ fils du Dieu vivant. » (*Matth.*, XVI, 16.) Mais quant à cet Egyptien, ceux qui lui avaient fait entrevoir d'avance l'époque de leur déchéance future, c'étaient ces mêmes esprits qui tout tremblants disaient à notre Seigneur pendant sa vie mortelle : « Pourquoi êtes-vous venus nous perdre avant le temps ? » (*Ibid.*, VIII, 29.) Soit qu'ils aient été surpris de voir si tôt la fin de leur règne à laquelle ils s'attendaient, mais pour plus tard, soit qu'ils se soient dits perdus par là-même qu'étant connus ils allaient tomber dans le mépris. Et cela leur arrivait avant le temps, c'est-à-dire avant le jugement, où ils doivent être punis par l'éternelle damnation avec tous les hommes qui ne se sont pas détachés de leur société. C'est ainsi que l'enseigne la religion qui ne peut ni tromper, ni être trompée. Il n'en est pas là ce prétendu sage qui, porté à droite et à gauche par le souffle de tout vent de doctrine (*Ephés.*, IV, 14), et mêlant sans cesse ce qui est faux avec ce qui est vrai, déplore la fin d'une religion qu'il avoue ensuite n'être qu'une erreur.

CHAPITRE XXIV.

Comment Hermès a reconnu manifestement l'erreur de ses pères, et en a cependant déploré la ruine.

1. En effet, après une longue digression, il en revient à cette même question, et il parle de nouveau des dieux que les hommes ont faits. Il s'exprime ainsi : « En voilà assez de dit sur de telles choses. Revenons une seconde fois à l'homme et à la raison, ce don divin qui a fait appeler l'homme un animal raisonnable. Ce qui a été dit de l'homme, tout admirable que ce soit, ne l'est pas autant que ce que je vais dire. En effet, ce qui surpasse toute admiration parmi tant de merveilles qui sont en lui, c'est que l'homme ait pu inventer et créer une divinité. Comme donc sur ce qui regarde les dieux, leur condition et leurs attributs, nos ancêtres étaient tombés dans de profondes erreurs à cause de leur incrédulité et de leur indifférence pour le culte et la religion du vrai Dieu, ils inventèrent l'art de se faire des dieux. A cet art ils donnèrent toute la puissance qu'on

---

nufacta Ægypti a facie ejus, et cor eorum (*a*) vincetur in eis : » (*Isa.*, XIX, 1) et cætera hujusmodi. Ex quo genere et illi erant, qui venturum quod sciebant, venisse gaudebant : qualis Simeon, qualis Anna, qui mox natum Jesum (*Luc.*, II, 28, 38) ; qualis Elisabeth, quæ etiam conceptum in Spiritu agnovit (*Luc.*, I, 43) : qualis Petrus, revelante Patre dicens : « Tu es Christus Filius Dei vivi. » (*Matth.*, XVI, 16.) Huic autem Ægyptio illi spiritus indicaverant futura tempora perditionis suæ, qui etiam præsenti in carne Domino trementes dixerunt : « Quid venisti ante tempus perdere nos ? » (*Matth.*, VIII, 29.) sive quia subitum illis fuit, quod futurum quidem, sed tardius opinabantur ; sive quia perditionem suam hanc dicebant, qua fiebat ut cogniti spernerentur. Et hoc erat ante tempus, id est, ante tempus judicii, quo æterna damnatione puniendi sunt cum omnibus etiam hominibus, qui eorum societate detinentur : sicut religio loquitur, quæ nec fallit, nec fallitur : non sicut iste quasi omni vento doctrinæ hinc atque inde perflatus, et falsis vera permiscens, dolet quasi perituram religionem, quam postea confitetur errorem. (*Ephes.*, IV, 14.)

CAPUT XXIV.

Quomodo Hermes (*b*) *patenter parentum suorum sit confessus errorem, quem tamen doluerit destruendum.*

1. Post multa enim ad hoc ipsum redit, ut iterum dicat de diis quos homines fecerunt, ita loquens : « Sed jam de talibus sint satis dicta talia. Iterum, inquit, ad hominem rationemque redeamus, ex quo divino dono homo animal dictum est rationale. Minus enim miranda, etsi miranda sunt, quæ de homine dicta sunt. Omnium enim mirabilium vincit admirationem, quod homo divinam potuit invenire naturam, eamque efficere. Quoniam ergo proavi nostri multum errabant circa deorum rationem increduli, et non animadvertentes ad cultum religionemque divinam, invenerunt artem qua efficerent deos. Cui inventæ adjunxerunt virtutem de mundi natura convenientem ; eamque miscentes, (*c*) quo-

---

(*a*) Editi, *vincietur*. At Mss. *vincetur*. Isaias in Græco habet ἡττηθήσεται. — (*b*) Mss. non habent, *patenter*. — (*c*) In Mercurii Asclepio, *et quoniam*.

pouvait réunir de tout l'ensemble de cet univers. Mettant à profit tous les éléments, et voyant que cependant ils ne pouvaient créer des âmes, ils évoquèrent les âmes des démons ou des anges, et les introduisirent dans les saintes images et dans les divins mystères, afin qu'animées par ces âmes, les idoles pussent avoir le moyen et de faire du bien, et de nuire. » Je ne sais pas si les démons conjurés feraient de pareils aveux. Entendez-le : « Comme sur ce qui regarde les dieux, nos ancêtres étaient tombés dans de profondes erreurs à cause de leur incrédulité et de leur indifférence pour le culte et la religion du vrai Dieu, ils inventèrent l'art de se faire des dieux. » Il n'a donc pas dit, au moins en modérant les termes, que ses ancêtres étaient tombés dans l'erreur, ce qui leur avait fait inventer cet art de faire des dieux, et il n'était donc pas satisfait de dire qu'ils étaient dans l'erreur, s'il n'avait ajouté et dit que c'était une erreur profonde ? C'est donc cette erreur profonde, cette incrédulité, cette indifférence au culte et à la religion du Dieu véritable, qui leur a fait trouver l'art de se faire des dieux. Et cependant, le fait que cette erreur profonde, cette incrédulité, cette répugnance de l'âme à l'égard du culte et de la religion du vrai Dieu, a fait inventer à l'homme l'art de se faire des dieux, voilà ce dont un homme sage déplore la ruine à venir dans un certain temps, comme s'il s'agissait d'une religion divine ! Voyez donc ce qui le pousse ainsi : N'est-ce pas la puissance divine qui lui fait dévoiler dans le passé l'erreur de ses ancêtres ; et n'est-ce pas l'influence du démon qui lui fait déplorer le châtiment futur des démons ? Car si c'est par l'effet de leur profonde erreur sur la condition des dieux, de leur incrédulité et de l'éloignement de leur esprit pour le culte et la religion du vrai Dieu, que ses ancêtres ont inventé l'art de se faire des dieux, quoi d'étonnant si tout ce qu'a fait cet art détestable, ennemi de la religion divine, se trouve aboli par la religion divine, puisque la vérité redresse l'erreur, la foi confond l'incrédulité, le retour à Dieu guérit l'éloignement de Dieu ?

2. Car, si sans parler des causes, il avait dit que ses ancêtres avaient trouvé l'art de se faire des dieux, c'eût été à nous assurément, pour peu que nous ayons le sens de la justice et de la piété, à observer et à voir qu'ils n'auraient jamais songé à arriver à cet art de faire des dieux, s'ils ne s'étaient écartés de la vérité, si la foi leur eût donné de Dieu une notion conforme à sa dignité, s'ils avaient appliqué leur esprit au culte et à la religion du vrai Dieu. Et cependant si nous disions que les causes de cet art c'est la profonde erreur des hommes, c'est leur incrédulité et l'éloignement de la religion divine qu'ils ont nourris dans un

---

niam animas facere non poterant, evocantes animas dæmonum vel angelorum, eas indiderunt imaginibus sanctis divinisque mysteriis, per quas idola et bene faciendi, et male, vires habere potuissent. » Nescio utrum sic confiterentur ipsi dæmones adjurati, quomodo iste confessus est. « Quoniam, inquit, proavi nostri multum errabant circa deorum rationem increduli, et non animadvertentes ad cultum religionemque divinam, invenerunt artem qua efficerent deos. » Numquidnam saltem mediocriter eos dixit errasse, ut hanc saltem invenirent faciendi deos; aut contentus fuit dicere : Errabant, nisi adderet et diceret : Multum errabant ? Iste ergo multus error et incredulitas non animadvertentium ad cultum religionemque divinam, invenit artem qua efficeret deos. Et tamen quod multus error et incredulitas et a cultu ac religione divina aversio animi invenit, ut homo arte faceret deos, hoc dolet vir sapiens tanquam religionem divinam venturo certo tempore auferri. Vide si non et vi divina majorum suorum errorem præteritum prodere, et (a) vi diabolica pœnam dæmonum futuram dolere compellitur. Si enim proavi eorum multum errando circa deorum rationem incredulitate et aversione animi a cultu ac religione divina invenerunt artem, qua deos efficerent, quid mirum, si hæc ars detestanda quidquid fecit aversa a religione divina, aufertur religione divina, cum veritas emendat errorem, fides redarguit incredulitatem, conversio corrigit aversionem ?

2. Si enim tacitis causis dixisset, proavos suos invenisse artem qua deos facerent ; nostrum fuit utique, si quid rectum piumque saperemus, attendere et videre nequaquam illos ad hanc artem perventuros fuisse, qua homo deos facit, si a veritate non aberrarent, si ea quæ Deo digna sunt crederent, si animum adverterent ad cultum religionemque divinam. Et tamen si causas artis hujus nos diceremus multum errorem hominum et incredulitatem et animi errantis atque infidelis a divina religione

(a) Sic Er. et Mss. At Lov. *et invidia diabolica.*

cœur gâté par l'erreur et l'insoumission, l'impudence de ces ennemis de la vérité serait supportable en quelque sorte. Mais quand celui-là même qui admire par dessus tout dans l'homme la puissance de cet art par lequel il peut se faire des dieux; quand nous le voyons déplorer l'arrivée de ce temps, où tous ces mensonges des dieux établis par les hommes vont être abolis par les lois, et en même temps quand nous l'entendons cependant avouer et exprimer les causes par lesquelles on en est arrivé là; quand nous l'entendons dire que c'est par l'effet d'une profonde erreur, de l'incrédulité et de l'indifférence du cœur pour le culte et la religion du vrai Dieu que ses ancêtres ont inventé l'art de se faire des dieux, que devons-nous dire, ou plutôt que devons-nous faire, sinon rendre le plus d'actions de grâces possibles au Seigneur notre Dieu, qui a aboli ces sacriléges par des causes contraires à celles qui les ont fait établir. Car ce que l'encombrement de l'erreur a amené, la marche de la vérité a dû le faire disparaître; ce que l'incrédulité a fondé, la foi l'a détruit; ce que l'éloignement du culte de la religion divine a produit, le retour au Dieu unique, vrai et saint l'a aboli. Et ce n'a pas été dans la seule Egypte que pleure l'esprit des démons en la personne d'Hermès, mais ç'a été dans toute la terre où l'on chante au Seigneur un cantique nouveau, comme l'ont annoncé les Ecritures véritablement saintes et véritablement prophétiques qui nous disent : « Chantez au Seigneur un cantique nouveau. Terre, chante ce cantique de toutes parts. » (*Ps.* xcv, 1.) En effet, tel est le titre de ce psaume : « Quand la maison se bâtissait après la captivité. » Car la maison qu'on bâtit au Seigneur, c'est la Cité de Dieu, c'est-à-dire la sainte Eglise dans toute la terre, après cette captivité dans laquelle les démons retenaient ces hommes qui, croyant en Dieu, deviennent comme les pierres vivantes dont est bâtie la maison. Et de fait, parce que l'homme se faisait ses dieux, il ne s'ensuit pas qu'il ne tombait pas au pouvoir de ces dieux qu'il avait faits, quand par le culte qu'il leur rendait il entrait dans leur société. Sans doute ce n'était pas la société de stupides idoles, mais celle de perfides démons. En effet, que sont les idoles, sinon ce que disent les mêmes Ecritures : « Elles ont des yeux, et ne voient point; » (*Ps.* cxiii, 5) et tout ce que l'on a pu dire de semblable sur la matière artistement façonnée peut-être, mais cependant privée de vie et de sentiment. Mais les esprits immondes, liés à ces mêmes statues par cet art criminel, avaient engagé dans leur société les âmes de leurs adorateurs, et les avaient réduites à une misérable servitude. De là les paroles de

aversionem, utcumque ferenda esset impudentia resistentium veritati : cum vero idem ipse, qui potestatem hujus artis super omnia cætera miratur in homine, qua illi deos facere concessum est; et dolet venturum esse tempus, quo hæc omnia deorum figmenta ab hominibus instituta, etiam legibus jubeantur auferri; confitetur tamen atque exprimit causas, quare ad ista perventum sit, dicens proavos suos multo errore et incredulitate, et animum non advertendo ad cultum religionemque divinam invenisse hanc artem qua facerent deos; nos quid oportet dicere, vel potius quid agere, nisi quantas possumus gratias Domino Deo nostro, qui hæc contrariis causis quam instituta sunt, abstulit? Nam quod instituit multitudo erroris, abstulit via veritatis; quod instituit incredulitas, abstulit fides; quod instituit a cultu (*a*) divinæ religionis aversio, abstulit ad unum verum Deum sanctumque conversio; nec in sola Ægypto, quam solam in isto plangit dæmonum spiritus, sed in omni terra quæ cantat Domino canticum novum; sicut vere sacræ et vere prophéticæ litteræ prænuntiarunt, ubi scriptum est : « Cantate Domino canticum novum, cantate Domino omnis terra. » (*Psal.* xcv, 1.) Titulus quippe Psalmi hujus est : « Quando domus ædificabatur post captivitatem. » Ædificatur enim domus Domino Civitas Dei, quæ est sancta Ecclesia, in omni terra, post eam captivitatem, qua illos homines, de quibus credentibus in Deum tanquam lapidibus vivis domus ædificatur, captos dæmonia possidebant. Neque enim quia homo deos faciebat, ideo non ab eis possidebatur ipse qui fecerat, quando in eorum societatem colendo traducebatur; societatem dico, non idolorum stolidorum, sed versutorum dæmoniorum. Nam quid sunt idola, nisi quod eadem Scriptura dicit : « Oculos habent, et non vident; » (*Psal.* cxiii, 5) et quidquid tale de materiis licet affabre effigiatis, tamen vita sensuque carentibus, dicendum fuit? Sed immundi spiritus eisdem simulacris arte illa nefaria colligati, cultorum suorum animas in suam societatem redigendo miserabiliter captivaverant. Unde dicit Apostolus : « Scimus quia nihil

(*a*) Hic sola editio Lov. *divino*.

l'Apôtre : « Nous savons que l'idole n'est rien, mais quand les païens sacrifient, c'est aux démons qu'ils sacrifient, et non pas à Dieu. Je ne veux pas que vous entriez dans la société des démons. » (I *Cor.*, VIII, 4.) Ainsi donc, après cette captivité dans laquelle les démons pleins de méchanceté retenaient les hommes, la maison de Dieu est édifiée dans toute la terre. De là le titre de ce psaume où il est dit : « Chantez au Seigneur un cantique nouveau. O terre, fais retentir de toutes parts tes chants au Seigneur. Chantez au Seigneur ; bénissez son nom ; annoncez avec joie de jour en jour le salut qui vient de lui. Annoncez sa gloire parmi les nations, annoncez ses merveilles parmi tous les peuples. Car le Seigneur est grand, il est digne de louanges au delà de ce qu'on peut dire, il est terrible par-dessus tous les dieux. Tous les dieux des nations sont des démons. Mais c'est le Seigneur qui a fait les cieux. » (*Ps.* XCV, 1 et suiv.)

3. Celui donc qui a déploré la venue de ce temps où le culte des idoles serait renversé, ainsi que la domination des démons sur ceux qui les adoraient, celui-là, inspiré par le malin esprit, voulait voir durer cette captivité après laquelle le Psalmiste dit qu'on doit édifier la maison dans toute la terre. Hermès annonçait cela en gémissant ; le prophète également l'annonçait, mais en se réjouissant. Et comme l'Esprit qui prédisait tout cela par la voix des saints prophètes doit toujours triompher, Hermès qui ne voulait pas voir tomber les institutions des démons, qui en déplorait la fin d'avance, Hermès est forcé, de la manière la plus merveilleuse, d'avouer que ces institutions ne doivent leur origine ni à des hommes sages, ni à des hommes de foi, ni à des hommes animés par la piété et la religion, mais à des hommes plongés et dans l'erreur, et dans l'incrédulité, et dans le mépris de la religion et du culte de Dieu. Et bien que ces idoles il les appelle des dieux, cependant en disant que ces dieux ont été faits par des hommes auxquels nous ne devons certainement pas ressembler, qu'il le veuille ou non, il prouve qu'ils ne doivent pas être honorés par ceux qui ne sont pas tels qu'ont été ceux qui les ont faits. Ainsi donc, d'après les principes mêmes d'Hermès, ces dieux ne doivent être honorés ni par les hommes sages, ni par les hommes que la foi anime, ni par ceux qui pratiquent la religion. En même temps Hermès nous donne la preuve que ceux qui ont fait ces dieux, se sont mis en mesure d'avoir pour dieux ceux qui n'étaient pas dieux. Car cette parole du prophète est toujours vraie : « Si l'homme se fait ses dieux, ce ne sont donc pas des dieux. » (*Jérém.*, XVI, 20.) En appelant donc de pareils dieux les dieux de pareils hommes, fabriqués par de pareilles mains, je veux dire les démons, attachés personnellement aux idoles par les liens de leurs passions au moyen de je ne sais quel art, et désignés

---

est idolum ; sed quæ immolant gentes, dæmoniis immolant, et non Deo ; nolo vos socios fieri dæmoniorum. » (I *Cor.*, VIII, 4.) Post hanc ergo captivitatem, qua homines a malignis dæmonibus tenebantur, Dei domus ædificatur in omni terra ; unde titulum ille Psalmus accepit, ubi dicitur : « Cantate Domino canticum novum, cantate Domino omnis terra. Cantate Domino ; et benedicite nomen ejus, bene nuntiate diem ex die salutare ejus. Annuntiate in gentibus gloriam ejus, in omnibus populis mirabilia ejus. Quoniam magnus Dominus, et laudabilis nimis, terribilis est super omnes deos. Quia omnes dii gentium dæmonia, Dominus autem cœlos fecit. » (*Psal.* XCV, 1, etc.)

3. Qui ergo doluit venturum fuisse tempus, quo auferretur cultus idolorum, et in eos qui colerent dominatio dæmoniorum, malo spiritu instigatus semper volebat istam captivitatem manere, qua transacta Psalmus canit ædificari domum in omni terra. Prænuntiabat illa Hermes dolendo ; prænuntiabat hæc Propheta gaudendo. Et quia Spiritus victor est, qui hæc per sanctos Prophetas canebat ; etiam Hermes ipse ea quæ nolebat et dolebat auferri, non a prudentibus et fidelibus et religiosis, sed ab errantibus et incredulis et a cultu divinæ religionis aversis esse instituta, miris modis coactus est confiteri. Qui quamvis eos appellet deos, tamen cum dicit a talibus hominibus factos, quales esse utique non debemus, velit, nolit, ostendit colendos non esse ab eis qui tales non sunt, quales fuerunt a quibus facti sunt ; hoc est, a prudentibus, fidelibus, religiosis ; simul etiam demonstrans, ipsos homines, qui eos fecerunt, sibimet importasse, ut eos haberent deos qui dii non erant. Verum est quippe illud propheticum : « Si faciet homo deos, et ecce ipsi non sunt dii. » (*Jer.*, XVI, 20.) Deos ergo tales, talium deos, arte factos a talibus, cum appellasset Hermes ; id est, idolis dæmones, per artem nescio quam, cupiditatum suarum vinculis illigatos, cum appellaret factos ab hominibus deos, non tamen eis

comme des divinités faites par les hommes, Hermès ne leur a cependant pas accordé les mêmes attributions que le platonicien Apulée. (Nous en avons dit assez là-dessus, et nous avons montré toutes les inconséquences et toute l'absurdité de ce système.) Non, il ne leur a pas accordé d'être interprètes et médiateurs entre les divinités créées par Dieu et les hommes également créés par Dieu, pour présenter aux dieux les prières des hommes et rapporter à ceux-ci les faveurs des dieux. Car il est par trop insensé de croire que les dieux faits par les hommes ont plus de crédit auprès des divinités créées aussi par Dieu, que les hommes eux-mêmes créés par le même Dieu. Uni par un homme à une statue au moyen d'un art détestable, le démon est devenu dieu de cet homme, mais non de tout homme. Et qu'est-ce donc que ce dieu que l'homme ne ferait pas s'il n'était dans l'erreur, dans l'incrédulité, dans l'éloignement du vrai Dieu? Or, si les démons qu'on honore dans les temples et qui se trouvent liés par je ne sais quel art à des images, c'est-à-dire à des statues visibles par ces hommes qui, au moyen de cet art, en ont fait des dieux par suite de leurs erreurs et de leur éloignement du culte et de la religion du vrai Dieu ; si ces démons ne sont pas des intermédiaires ni des interprètes entre les dieux et les hommes, tant à cause de leurs mœurs détestables et honteuses que parce que, malgré leurs erreurs, leur incrédulité et leur éloignement du culte et de la religion du vrai Dieu, cependant les hommes sont certainement meilleurs encore que les dieux qu'ils se sont faits, il reste ceci. C'est que leur puissance est une puissance de démons ; soit lorsqu'ils font du bien tout en nuisant davantage parce qu'ils sont alors plus perfides; soit lorsqu'ils font ouvertement du mal. Et encore ils n'exercent cette puissance pour une chose ou pour l'autre que dans le temps et dans la mesure où cela leur est permis, suivant les desseins profonds et mystérieux de la Providence divine. Mais ils n'agissent jamais comme médiateurs entre les hommes et les dieux, en vertu d'une puissance sur les hommes qu'ils auraient reçue de l'amitié des dieux. Car avec les dieux bons qui sont pour nous ces créatures raisonnables qu'on appelle les saints anges, habitants des célestes demeures : trônes, dominations, principautés, puissances, les démons ne peuvent avoir aucun lien d'amitié. Il y a entre eux, pour les affections du cœur, toute la distance qui sépare le vice de la vertu, la malignité de la bonté.

---

dedit, quod Platonicus Apuleius, (unde satis jam diximus, et quam sit inconveniens absurdumque monstravimus,) ut ipsi essent interpretes et intercessores inter deos quos fecit Deus, et homines quos idem fecit Deus; hinc afferentes vota, inde munera referentes. Nimis enim stultum est credere, deos quos fecerunt homines, plus valere apud deos quos fecit Deus, quam valent ipsi homines quos idem ipse fecit Deus. Dæmon quippe simulacro arte impia colligatus ab homine, factus est Deus; sed tali homini, non omni homini. Qualis est ergo iste deus, quem non faceret homo nisi errans et incredulus et aversus a vero Deo? Porro si dæmones qui coluntur in templis, per artem nescio quam imaginibus inditi, hoc est visibilibus simulacris, ab eis hominibus qui hac arte fecerunt deos, cum aberrarent aversique essent a cultu et religione divina, non sunt internuntii nec interpretes inter homines et deos, (a) et propter suos pessimos ac turpissimos mores, et quod homines, quamvis errantes et incrcduli et aversi a cultu ac religione divina, tamen eis sine dubio meliores sunt, quos deos ipsi arte fecerunt; restat, ut quod possunt, tanquam dæmones possint, vel quasi beneficia præstando magis nocentes, quia magis decipientes; vel aperte malefaciendo. Nec tam quodlibet horum, nisi quando (b) et quantum permittuntur alta et secreta Dei providentia; non autem tanquam medii inter homines et deos per amicitiam deorum multum apud homines valeant. Hi enim diis bonis, quos sanctos Angelos nos vocamus rationalesque creaturas, sanctæ (c) cœlestis habitationis, sive sedes, sive dominationes, sive principatus, sive potestates, amici esse omnino non possunt; a quibus tam longe absunt animi affectione, quam longe absunt a virtutibus vitia, et a bonitate malitia.

(a) Editi, et propter suos pessimos ac turpissimos mores, ipsi etiam homines quamvis, etc. Castigantur a Mss. — (b) In Mss. non est, et quantum. — (c) Probæ notæ Mss. cœlestes habitationes : minus recte, nisi forte velis pro sanctæ, legere atque.

CHAPITRE XXV.
De ce qui peut être commun aux saints anges et aux hommes.

Ce n'est donc nullement par l'emploi des démons comme médiateurs, qu'il faut solliciter la bienveillance ou la bienfaisance des dieux, c'est-à-dire plutôt des bons anges, mais par la ressemblance d'une bonne volonté. C'est de cette manière que nous sommes avec eux, que nous vivons avec eux, qu'avec eux nous honorons le Dieu qu'ils honorent, bien que nous ne puissions les voir des yeux de la chair. La distance qu'il y a entre eux et nous ne se calcule pas par la place de notre corps, mais par les fautes de notre vie ; elle est égale à la misère que nous cause la différence de nos volontés et la fragilité de notre faible nature. Car, ce n'est pas parce que la terre est notre séjour et que nous y sommes soumis aux conditions de la chair, mais c'est parce que l'impureté de notre cœur nous incline à des goûts terrestres, que nous ne sommes point unis à ces saints anges. Mais quand nous nous guérissons de nos misères, de manière à être semblables à eux, c'est alors que nous leur sommes unis. En attendant, nous nous rapprochons d'eux par la foi, si grâce à eux nous croyons qu'un jour celui qui les a rendus heureux, nous procurera le même bonheur que celui dont ils jouissent.

CHAPITRE XXVI.
Toute la religion des païens s'est réduite à honorer des hommes morts.

1. Il faut bien remarquer comment, déplorant le temps à venir où disparaîtraient de l'Egypte ces institutions, qu'il avoue devoir leur origine à ses ancêtres plongés dans l'erreur, dans l'incrédulité et dans l'éloignement du culte de la divine religion, cet Egyptien dit entre autres choses : Alors cette terre sainte, consacrée par des temples et par des autels, sera remplie de sépulcres et de morts. On dirait à l'entendre que si ces institutions dont il parle n'étaient point abolies, les hommes ne mourraient plus, ou que les morts seraient placés ailleurs que dans la terre. En tout cas, plus il s'écoulerait de temps et de jours, plus le nombre des sépulcres serait grand à cause du plus grand nombre de morts. Mais voici ce qui l'afflige, c'est qu'à leurs temples et à leurs autels succéderaient les monuments et les chapelles des martyrs ; en sorte que vraiment ceux qui lisent ces pages avec un esprit hostile et pervers, vont s'imaginer que les païens honoraient leurs dieux dans les temples, et que nous, nous honorons les morts dans leurs sépulcres. Car tel est l'aveuglement des impies, qu'ils vont pour ainsi dire heurter contre les montagnes, et qu'ils ne veulent pas voir ce qui leur crève les yeux. Et ils ne remarquent pas

CAPUT XXV.
De his quæ sanctis Angelis et hominibus possunt esse communia.

Nullo modo igitur quasi per dæmonum medietatem ambiendum est ad benevolentiam seu beneficentiam deorum, vel potius bonorum Angelorum ; sed per bonæ voluntatis similitudinem, qua cum illis sumus, et cum illis vivimus, et cum illis Deum quem colunt colimus, etsi eos carnalibus oculis videre non possumus ; in quantum autem dissimilitudine voluntatis et fragilitate infirmitatis miseri sumus, in tantum ab eis longe sumus vitæ merito, non corporis loco. Non enim quia in terra conditione carnis habitamus, sed si immunditia cordis terrena sapimus, non eis jungimur. Cum vero sanamur, ut quales ipsi sunt, simus ; fide interim illis propinquamus, si ab illo nos fieri beatos, a quo et ipsi facti sunt, etiam ipsis faventibus credimus.

CAPUT XXVI.
Quod omnis religio paganorum circa homines mortuos fuerit impleta.

1. Sane advertendum est quomodo iste Ægyptius, cum doleret tempus esse venturum, quo illa auferrentur ex Ægypto, quæ fatetur a multum errantibus et incredulis, et a cultu divinæ religionis aversis esse instituta, ait inter cætera. « Tunc terra ista sanctissima, sedes delubrorum atque templorum, sepulcrorum erit mortuorumque plenissima. » Quasi vero si illa non auferrentur, non essent homines morituri, aut alibi essent mortui ponendi quam in terra. Et utique quanto plus volveretur temporis et dierum, tanto major esset numerus sepulcrorum, propter majorem numerum mortuorum. Sed hoc videtur dolere, quod Memoriæ Martyrum nostrorum templis eorum delubrisque succederent ; ut videlicet qui hæc legunt animo a nobis averso atque perverso, putent a paganis deos cultos fuisse in templis, a nobis autem coli mortuos in sepulcris. Tanta

que dans toutes les lettres des païens, on ne trouve point ou on trouve à peine des dieux qui n'aient pas été des hommes. En sorte que c'était à des hommes morts que l'on rendait les honneurs divins. Je passe la remarque de Varron qui dit que tous les morts étaient chez les païens appelés dieux-mânes, et qui, par ces cérémonies qui se célèbrent presque pour tous les morts, et parmi lesquelles il mentionne les jeux funèbres comme la plus grande marque de divinité, prouve que les jeux ne se célèbrent qu'en l'honneur des dieux.

2. Et cet auteur dont nous nous occupons ici, dans ce même livre où il annonce l'avenir et aussi où il le déplore en disant : « Alors cette terre sainte consacrée par des temples et des autels, sera remplie de sépulcres et de morts. » Hermès lui-même n'atteste-t-il pas par ces paroles que les dieux de l'Egypte n'étaient que des hommes morts? Car après avoir dit que, par suite de leur profonde erreur sur la condition des dieux, de leur incrédulité et de leur indifférence pour le culte et la religion du vrai Dieu, ses ancêtres avaient inventé l'art de se faire des dieux, il ajoute : « A cet art, ils donnèrent toute la puissance qu'on pouvait réunir de l'ensemble de cet univers. Mettant à profit tous les éléments, et voyant que cependant ils ne pouvaient créer des âmes, ils évoquèrent les âmes des démons et des anges, et les introduisirent dans les saintes images et dans les divins mystères, afin qu'animées par ces âmes, les idoles pussent avoir le moyen et de faire du bien et de nuire. » Ensuite voulant le prouver par des exemples, il poursuit et il dit : « Ton aïeul, ô Esculape, est le premier inventeur de la médecine. Un temple lui a été consacré sur la montagne de Lybie, proche du rivage des crocodiles. C'est là que repose de lui l'homme terrestre, c'est-à-dire son corps. Le reste de son être ou plutôt toute sa personne, si l'essence de l'homme consiste entièrement dans le sentiment et dans la vie, est remontée meilleure dans le ciel ; et maintenant ceux qui sont malades obtiennent par sa puissance divine tous les secours qu'il leur donnait auparavant au moyen de sa science médicale. » Ici Hermès ne dit-il pas qu'un homme mort est honoré comme un dieu à l'endroit même où il a son sépulcre? Ainsi il s'abuse et il trompe en même temps les autres, en disant que cet homme est remonté au ciel. Ensuite il ajoute ces autres paroles : « Hermès, dit-il, Hermès mon aïeul dont j'ai reçu le nom, et qui repose dans sa patrie appelée aussi de son nom, n'assiste-t-il pas, et ne protége-t-il pas tous les mortels qui accourent à lui de toutes parts? » En effet, cet

enim homines impii cæcitate in montes quodam modo offendunt, resque oculos suos ferientes nolunt videre, ut non attendant in omnibus litteris paganorum aut non inveniri, aut vix inveniri deos, qui non homines fuerint, (a) mortuisque divini honores delati sint. Omitto quod Varro dicit, omnes ab eis mortuos existimari Manes deos, et probat per ea sacra, quæ omnibus fere mortuis exhibentur, ubi et ludos commemorat funebres, tanquam hoc sit maximum divinitatis indicium, quod non soleant ludi nisi numinibus celebrari.

2. Hermes ipse de quo nunc agitur, in ipso eodem libro ubi quasi futura prænuntiando deplorans ait : « Tunc terra ista sanctissima sedes delubrorum atque templorum, sepulcrorum erit mortuorumque plenissima ; » deos Ægypti, homines mortuos esse testatur. Cum enim dixisset proavos suos multum errantes circa deorum rationem, incredulos et non animadvertentes ad cultum religionemque divinam, invenisse artem qua efficerent deos, « cui inventæ, inquit, adjunxerunt virtutem de mundi natura convenientem, eamque miscentes, quoniam animas facere non poterant, evocantes animas dæmonum vel angelorum, eas indiderunt imaginibus sanctis divinisque mysteriis, per quas idola et benefaciendi et male vires habere potuissent; » deinde sequitur tanquam hoc exemplis probaturus, et dicit : « Avus enim tuus, o Asclepi, medicinæ primus inventor, cui templum consecratum est in monte Libyæ circa littus Crocodilorum, in quo ejus jacet mundanus homo, id est, corpus; reliquus enim, vel potius totus, si est homo totus in sensu vitæ, melior remeavit in cœlum, omnia etiam nunc hominibus adjumenta præstans infirmis numine nunc suo, quæ ante solebat medicinæ arte præbere. » Ecce dixit mortuum coli pro deo in eo loco ubi habebat sepulcrum; falsus ac fallens, quod remeavit in cœlum. Adjungens deinde aliud : « Hermes, inquit, cujus avitum mihi nomen est, nonne (b) in sibi cognomine patria consistens omnes mortales undique, venientes adjuvat atque conservat ? » Hic enim Hermes major, id est, Mercurius, quem dicit avum

(a) Aute editi sic habeat : *qui non homines fuerint, omnibus tamen honores student exhibere divinos, quasi nihil unquam humanitatis habuerint.* Et paulo post, *existimari innes deos.* Emendantur ad veteres libros. — (b) Sic Mss. Apud Er. autem et Lov. *in cognominis sui patria.* Servatur illic sensus : sed minime in Asclepio, qui habet, *sibi cognomen patrium :* omissa particula *in.*

Hermès le grand ou Mercure, qu'il appelle son aïeul, repose, dit-on, dans la ville de son nom, c'est-à-dire dans Hermopolis. Voilà donc deux dieux qui ont été des hommes suivant son aveu, c'est Esculape et Mercure. Quant à Esculape, Grecs et Latins sont d'accord. Pour Mercure, l'opinion de plusieurs c'est qu'il n'a pas été homme mortel, et cependant Hermès affirme qu'il est son aïeul. Mais aussi celui dont on veut parler n'est-il pas différent de celui qui nous occupe, bien qu'ayant le même nom ? Je ne discute pas plus que cela; que celui dont on parle soit différent de celui dont je parle, n'importe. En tout cas, celui que j'ai en vue a passé comme Esculape, de la condition d'homme à la dignité de dieu. J'invoque ici le témoignage d'un homme considérable, et aussi considéré de ses concitoyens, c'est celui de Trismégiste, son petit-fils.

3. Hermès, poursuivant son discours, ajoute encore : « Autant Isis, femme d'Osiris, comble de biens ceux à qui elle est favorable, autant elle fait de mal à ceux contre lesquels elle est irritée, nous le savons. » Ensuite, il veut faire voir que ces dieux, que les hommes se font suivant l'art dont nous avons parlé, appartiennent à cette classe de démons dans lesquels subsistent les âmes des hommes morts. Il veut montrer que ce sont eux que les hommes ont liés à leurs idoles, au moyen de cet art qu'ils ont inventé par suite de leur profonde erreur, de leur incrédulité et de leur irréligion, parce qu'en créant de tels dieux, ils ne pouvaient pas également créer des âmes. Aussi, après avoir dit au sujet d'Isis ces paroles que j'ai citées : « Nous savons à combien de monde elle fait du mal lorsqu'elle est irritée; » il poursuit et il ajoute : « En effet, les divinités de la terre et du monde s'irritent facilement. Cela vient de ce que les hommes les ont faits et formés de deux natures. » Il dit : de deux natures, c'est-à-dire d'une âme et d'un corps. L'âme, c'est le démon, le corps, c'est la statue. « De là vient, dit-il, que les Egyptiens les ont appelés les saints animaux, et que les villes ont honoré, chacune respectivement, les âmes de ceux qui les ont consacrées pendant leur vie. Ainsi elles se gouvernent par les lois de leurs fondateurs, et s'appellent de leurs noms. » Où en est donc cette espèce de plainte lamentable, que la terre sanctifiée de l'Egypte, consacrée par des temples et des autels, sera un jour remplie de morts et de tombeaux ? Sans doute l'esprit de mensonge qui inspirait ces paroles à Hermès, a été forcé lui-même d'avouer par sa bouche, que dès lors cette terre était déjà remplie de tombeaux et de morts, qu'on honorait comme des dieux. Par la voix d'Hermès, s'exhalait la douleur des démons. Par lui,

suum fuisse, in Hermopoli, hoc est, in sui nominis civitate esse perhibetur. Ecce duos deos dicit homines fuisse, Æsculapium et Mercurium. Sed de Æsculapio et Græci et Latini hoc idem sentiunt; Mercurium autem multi non putant fuisse mortalem, quem tamen iste avum suum fuisse testatur. At enim alius est ille, alius iste, quamvis eodem nomine nuncupentur? Non multum pugno, alius ille sit, alius iste; verum et iste, sicut Æsculapius, ex homine deus, secundum testimonium tanti apud suos viri hujus Trismegisti nepotis sui.

3. Adhuc addit, et dicit : « Isin vero (a) uxorem Osiris quam multa bona præstare propitiam, quantis obesse scimus iratam? » Deinde ut ostenderet ex hoc genere esse deos, quos illa arte homines faciunt; unde dat intelligi dæmones se opinari ex hominum mortuorum animis exstitisse, quos per artem quam invenerunt homines multum errantes, increduli et irreligiosi, ait inditos simulacris, quia hi qui tales deos faciebant, animas facere non utique poterant; cum de Iside dixisset, quod commemoravi, quantis obesse scimus iratam, secutus adjunxit : « Terrenis etenim diis atque mundanis facile est irasci, ut pote qui sint ab hominibus (b) ex utraque natura facti atque compositi. » Ex utraque natura dicit, ex anima et corpore; ut pro anima sit dæmon, pro corpore simulacrum. « Unde contigit, inquit, ab Ægyptiis hæc sancta animalia nuncupari, colique per singulas civitates eorum animas, (c) quorum sunt consecratæ viventes, ita ut eorum legibus incolantur, et eorum nominibus nuncupentur. » Ubi est illa velut querela luctuosa, quod terra Ægypti sanctissima sedes delubrorum atque templorum, sepulcrorum futura esset mortuorumque plenissima? Nempe spiritus fallax, cujus instinctu Hermes ista dicebat, per eum ipsum coactus est confiteri jam tunc illam terram sepulcrorum et mortuorum, quos pro diis colebant, fuisse plenissimam. Sed dolor dæmonum per eum loquebatur, qui suas futuras pœnas apud sanctorum Martyrum Memorias imminere mœ-

(a) Vox *uxorem* abest a Mss. nec non ab Asclepio, in quo sic legitur : *Isim vero et Osirim quam multa bona præstare propitia, tantum obesse scimus irata.* — (b) Mercurii Asclepius pro *ex utraque natura*, habet *extraque naturam* : corruptissime. — (c) Sic Am. et Mss. cum Asclepio. At Lov. *qui ea consecravere viventes.* Sic etiam Er. mutato solum *ea* in *eas.*

ils se lamentaient des supplices imminents qui les attendaient auprès des tombeaux des martyrs. Car dans plusieurs de ces saints monuments, les démons sont tourmentés, ils sont forcés de se nommer et de sortir des corps des possédés.

CHAPITRE XXVII.
Du genre d'honneurs que les chrétiens rendent aux martyrs.

Et cependant nous n'attribuons auxdits martyrs ni temple, ni sacerdoce ; nous n'établissons pour eux ni cérémonies, ni sacrifice, parce qu'ils ne sont pas dieux, mais qu'au-dessus d'eux il y a le même Dieu qu'au-dessus de nous. Sans doute, nous honorons leurs monuments comme étant les tombeaux de pieux serviteurs de Dieu, qui ont combattu pour la vérité jusqu'à la mort de leur corps, afin de répandre la connaissance de la vraie religion, et de mettre à jour la fausseté des fables et des fictions. Si, auparavant, ces généreux sentiments des martyrs s'étaient rencontrés également chez quelques-uns, la peur les étouffait en eux. Mais qui donc, parmi les fidèles, a jamais entendu à l'autel élevé, sur le corps d'un martyr, à la gloire et au culte de Dieu, le prêtre qui y célèbre, prier en ces termes : Je vous offre ce sacrifice à vous Pierre, à vous Paul, ou à vous Cyprien? Personne sans doute, puisqu'auprès des tombeaux des martyrs le sacrifice s'offre à Dieu, qui les a faits hommes et martyrs, et qui les a associés à l'honneur du ciel avec ses saints anges. Le sacrifice s'offre ainsi, afin qu'en le célébrant nous rendions grâces au vrai Dieu des victoires qu'ils ont remportées, et qu'en renouvelant leur mémoire, nous nous excitions nous-mêmes à mériter leurs palmes et leurs couronnes, par l'invocation que nous ferons du secours de Dieu. Tous les hommages donc qui sont présentés par des hommes religieux aux tombeaux des martyrs, relèvent et exaltent leur mémoire ; mais ils ne sont pas des sacrifices offerts à des morts comme à des dieux. Tous ceux même qui y portent leurs aliments, (ce qui n'est guère le fait des chrétiens éclairés, et est à peu près inconnu dans la plupart des pays), oui, tous ceux qui y portent leurs aliments, et après une prière qu'ils y font, remportent ces mêmes aliments pour s'en nourrir ou en faire une distribution aux pauvres, (voyez liv. VI *des Confessions*, chap. II), ceux-là veulent qu'ils soient sanctifiés par les mérites des martyrs, mais au nom du Seigneur des martyrs. Mais il ne peut pas voir là des sacrifices offerts aux martyrs, celui qui sait qu'on n'y offre que le seul sacrifice des chrétiens.

2. Nous ne glorifions donc nos martyrs ni par des honneurs divins, ni par des crimes humains, comme les païens le font pour leurs dieux ; nous

---

rebant. In multis enim talibus locis torquentur et confitentur, et de possessis hominum corporibus ejiciuntur.

CAPUT XXVII.
De modo honoris, quem Christiani Martyribus impendunt.

1. Nec tamen nos eisdem Martyribus templa, sacerdotia, sacra et sacrificia constituimus : quoniam non ipsi, sed Deus eorum nobis est Deus. Honoramus sane Memorias eorum tanquam sanctorum hominum Dei, qui usque ad mortem corporum suorum pro veritate certarunt, ut innotesceret vera religio, falsis fictisque convictis : quod etiam si qui antea sentiebant, timendo reprimebant. Quis autem audivit aliquando fidelium stantem sacerdotem ad altare etiam super sanctum corpus Martyris ad Dei honorem cultumque constructum, dicere in precibus : Offero tibi sacrificium Petre, vel Paule, vel Cypriane ; cum apud eorum Memorias offeratur Deo, qui eos et homines et Martyres fecit, et sanctis suis Angelis cœlesti honore sociavit ; ut ea celebritate et Deo vero de illorum victoriis gratias agamus, et nos ad imitationem talium coronarum atque palmarum eodem invocato in auxilium ex illorum memoriæ renovatione adhortemur ? Quæcumque igitur adhibentur religiosorum obsequia in Martyrum locis, ornamenta sunt Memoriarum, non sacra vel sacrificia mortuorum tanquam deorum. Quicumque etiam epulas suas eo deferunt, quod quidem a Christianis melioribus non fit, et in plerisque terrarum nulla talis est consuetudo (V. lib. VI *Confess.*, cap. II) ; tamen quicumque id faciunt, quas cum apposuerint, orant, et auferunt, ut vescantur, vel ex eis etiam indigentibus largiantur, sanctificari (*a*) sibi eas volunt per merita Martyrum in nomine Domini Martyrum. Non autem esse ista sacrificia Martyrum novit, qui novit unum, quod (*b*) etiam illic offertur sacrificium Christianorum.

2. Nos itaque Martyres nostros nec divinis honoribus, nec humanis criminibus colimus, sicut colunt illi deos suos : nec sacrificia illis offerimus, nec eo-

---

(*a*) Sic Mss. Editi vero *sanctificari tbi*. — (*b*) Editi, *quod Deo illic*. At Mss. loco *Deo*, habent *etiam*.

ne leur offrons pas de sacrifices, nous ne faisons pas non plus dans leurs cérémonies sacrées la représentation d'infamies qui outragent leur mémoire. Car, pour ne parler que de ce qui regarde Isis, femme d'Osiris, déesse égyptienne, et leurs ancêtres qui tous ont été rois, dit leur histoire, qu'en dirai-je? Alors que cette Isis sacrifiait à ses ancêtres, elle trouva une moisson d'orge dont elle montra les épis au roi, son mari, et à Mercure, son conseiller, ce qui fait qu'on veut qu'elle soit la même que Cérès. Eh bien! quels maux et quelles horreurs ont été confiés à la mémoire des hommes, non par les poètes, mais par les livres mêmes de leurs mystères, comme du reste Alexandre en écrit à sa mère Olympias sur les révélations du prêtre Léo. Les lise qui voudra et qui pourra. Mais que ceux qui les auront lus y réfléchissent; qu'ils voient en l'honneur de quels hommes morts, et pour quels faits de leur part les rites sacrés ont été établis, pour eux comme pour des dieux. Et, bien qu'ils les traitent comme des dieux, loin de tous ceux qui les honorent, la pensée d'oser les comparer à nos saints martyrs, que cependant nous ne traitons pas comme des dieux. Car nous n'établissons pas de prêtres, et nous n'offrons pas de sacrifices à nos martyrs, parce que cela serait inconvenant, injuste, illicite, et n'est dû qu'au Dieu unique. Mais nous n'allons pas non plus les célébrer par des crimes qu'ils auraient commis sur la terre, ni par des jeux infâmes, comme l'ont fait les païens en célébrant les crimes que leurs dieux avaient commis étant hommes; ou bien en représentant ces mêmes crimes pour réjouir les démons malfaisants, quand ces esprits n'ont pas appartenu à l'humanité. Sans doute, ce ne serait pas à ce genre de démons que se rapporterait le dieu de Socrate, s'il avait un dieu. Mais peut-être que cet homme, étant étranger à l'art de faire des dieux et tout à fait innocent, les habiles dans cet art l'ont embarrassé d'une pareille divinité. Pourquoi donc en dire plus? On ne doit point honorer les esprits, en vue de la vie bienheureuse que nous attendons après la mort. Il n'en est aucun, la mesure de sa sagesse fût-elle très-courte, qui puisse avoir le moindre doute là-dessus. Peut-être dira-t-on qu'à la vérité tous les dieux sont bons, mais que les démons sont les uns mauvais, les autres bons, et que ceux-ci par qui nous pouvons arriver à la vie éternellement heureuse, c'est-à-dire les bons, doivent être honorés. La valeur de cette opinion, nous l'examinerons au livre suivant.

rum probra in eorum sacra convertimus. Nam de Iside uxore Osiris Ægyptia dea, et de parentibus eorum, qui omnes reges fuisse scribuntur, quibus parentibus suis illa cum sacrificaret, invenit hordei segetem, atque inde spicas marito regi et ejus consiliario Mercurio demonstravit, unde eamdem et Cererem volunt, quæ et quanta mala, non a poetis, sed mysticis eorum litteris memoriæ mandata sint, sicut Leone sacerdote prodente ad Olympiadem matrem scribit Alexander, legant qui volunt vel possunt, et recolant qui legerunt; et videant quibus hominibus mortuis, vel de quibus factis tanquam diis sacra fuerint instituta. Absit ut eos, quamvis deos habeant, sanctis Martyribus nostris, quos tamen deos non habemus, ulla ex parte audeant comparare. Sic enim non constituimus sacerdotes, nec offerimus sacrificia Martyribus nostris; quia incongruum, indebitum, illicitum est, atque uni Deo tantummodo debitum: ut nec criminibus suis, nec ludis eos turpissimis oblectemus, ubi vel flagitia isti celebrant deorum suorum, si cum homines essent, talia commiserunt, vel conficta delectamenta dæmonum noxiorum, si homines non fuerunt. Ex isto genere dæmonum Socrates non haberet deum, si haberet Deum: sed fortasse homini ab illa arte faciendi deos alieno et innocenti, illi importaverint talem deum, qui eadem arte excellere voluerunt. Quid ergo plura? Non esse spiritus istos colendos propter vitam beatam, quæ post mortem futura est, nullus vel mediocriter prudens ambigit. Sed fortasse dicturi sunt, deos quidem esse omnes bonos, dæmones autem alios malos, alios bonos: et eos per quos ad vitam in æternam beatam perveniamus colendos esse censent, duos bonos opinantur. Quod quale sit, jam in volumine sequenti videndum est.

FIN DU TOME VINGT-TROISIÈME.

TABLE DES MATIÈRES DU TOME VINGT-TROISIÈME

APPENDICE
(Suite et fin.)

DE LA VIE CHRÉTIENNE.

Avertissement sur le livre suivant.	1
Le livre de la vie chrétienne.	2

DES ENSEIGNEMENTS SALUTAIRES.

Avertissement sur le livre suivant.	20
Le livre des enseignements salutaires	22

DES DOUZE SORTES D'ABUS.

Avertissement sur le livre suivant	61
Le livre des douze sortes d'abus.	62
Observations.	73

DU COMBAT DES VICES CONTRE LES VERTUS.

Avertissement sur le livre suivant	74
Le livre du combat des vices contre les vertus	75

DE LA SOBRIÉTÉ ET DE LA CHASTETÉ.

Le livre de la sobriété et de la chasteté.	92

DE LA VRAIE ET DE LA FAUSSE PÉNITENCE.

Avertissement sur le livre suivant.	101
Le livre de la vraie et de la fausse pénitence.	103

DE L'ANTECHRIST.

Avertissement sur le livre suivant.	126
Le livre de l'Antechrist	127

LE PSAUTIER.

Le Psautier que saint Augustin aurait composé pour sa mère.	131

EXPOSITION DU CANTIQUE MAGNIFICAT.

Exposition du cantique *Magnificat*	135

L'ASSOMPTION DE LA BIENHEUREUSE VIERGE MARIE.

Le livre de l'Assomption de la bienheureuse Vierge Marie	141

TABLE DES MATIÈRES.

DE LA VISITE DES MALADES.

Livre premier.	149
Livre second.	155

DE LA CONSOLATION PAR RAPPORT AUX MORTS.

Avertissement sur les deux sermons suivants	162
Premier sermon.	164
Second sermon.	169

DE LA CONDUITE CHRÉTIENNE.

Avertissement sur le traité suivant	176
Traité de la conduite chrétienne.	177

SERMONS ET TRAITÉS DIVERS.

Sermon sur le symbole.	205
Sermon sur la manducation de l'agneau pascal.	221
Sermon sur le psaume XLI.	225
Sermon sur le sacrement du baptême.	230
Sermon sur l'onction de la tête et le lavement des pieds.	234
Traité de la création du premier homme.	236
Sermon sur la vanité du siècle.	237
Sermon sur le mépris du monde.	237
Sermon sur les avantages de la discipline.	242
Sermon de l'obéissance et de l'humilité.	247
Traité de la charité ou explication de ces paroles du psaume : *La terre a produit son fruit*.	250
Traité de la prière et de l'aumône.	252
Sermon sur l'aumône.	255
Traité des douze pierres dont parle l'Apocalypse, chapitre XXI.	257
Mélanges.	258

SERMONS ADRESSÉS AUX FRÈRES DU DÉSERT, ETC.

Avertissement sur les sermons aux frères du désert	261
SERMON PREMIER. — Institution de la vie religieuse	264
— II. — De la paix	266
— III. — Du silence.	269
— IV. — De la prudence.	270
— V. — De l'obéissance.	273
— VI. — La miséricorde.	278
— VII. — De l'obéissance.	281
— VIII. — La persévérance	283
— IX. — De la colère et de la haine.	284
— X. — Pureté de conscience et vertu d'espérance.	286
— XI. — Des larmes, de la componction et de la pénitence.	287
— XII. — L'orgueil et l'humilité.	290
— XIII. — De la vertu de force.	291
— XIV. — Justice et correction fraternelle	293
— XV. — Les simples ne doivent point chercher à approfondir la sainte Trinité. — Les sept dons du Saint-Esprit opposés aux sept péchés capitaux.	296
— XVI. — Sur la désobéissance, la négligence, la patience et la chasteté.	299
— XVII. — Il faut veiller et éviter l'oisiveté.	300
— XVIII. — Il faut éviter l'envie.	302
— XIX. — Veille de la Nativité de Jésus-Christ	304

TABLE DES MATIÈRES.

Sermon XX. — Naissance de Notre-Seigneur.		306
— XXI. — Des trois espèces de moines en Égypte.		308
— XXII. — Motifs de consolation pour les frères du désert que saint Augustin avait quittés. Exhortation à la prière et aux larmes.		311
— XXIII. — Du jeûne.		314
— XXIV. — Exhortation à la solitude, d'après l'exemple de saint Jérôme. Encore du jeûne		315
— XXV. — Du jeûne, et quand il fut institué.		316
— XXVI. — Du murmure, de la médisance, et des châtiments infligés aux damnés.		319
— XXVII. — Du prodigue.		323
— XXVIII. — Sur la cène du Seigneur.		326
— XXIX. — Sur la langue trompeuse.		332
— XXX. — La confession des péchés.		334
— XXXI. — Vanité du monde ; nous devons le détester à cause des trois maux principaux qui le rongent.		336
— XXXII. — Aux lépreux, pour leur recommander la patience.		340
— XXXIII. — Motifs de détester l'ivrognerie, puisés dans le récit d'un terrible accident.		342
— XXXIV. — Deux espèces d'hommes quittent le monde, ils sont représentés par le juste Loth et par sa femme.		344
— XXXV. — Adressé aux juges, afin qu'ils prennent garde de se laisser corrompre par la haine, l'affection, l'argent, les prières ou la crainte ; qu'ils évitent les autres vices et observent la justice.		346
— XXXVI. — A ses prêtres, leur reprochant leur vie coupable.		348
— XXXVII. — Les prêtres doivent se montrer les ministres de Dieu, et prendre garde de paraître vendre les dons du Saint-Esprit. Motifs de conserver la patience et la chasteté, et de haïr la fornication.		352
— XXXVIII. — Grandes louanges données à l'Écriture sainte, avec exhortation à en aimer la lecture.		356
— XXXIX. — Sur la vie solitaire et contemplative		359
— XL. — Sur la discipline des clercs.		365
— XLI. — De l'observance du jeûne du carême		369
— XLII. — Vie et mœurs des clercs.		372
— XLIII. — De l'Épiphanie et de la recherche du Christ.		374
— XLIV. — De la piété, de la charité et des suffrages envers les morts		377
— XLV. — Faisons pénitence et évitons la détraction.		382
— XLVI. — Sur les anges et sur l'hospitalité.		383
— XLVII. — Profonde horreur du péché des sodomites.		386
— XLVIII. — Du soin de son âme.		389
— XLIX. — Misère de la chair et fausseté de la vie présente.		395
— L. — Du salut de l'âme.		397
— LI, LII, LIII, LIV.		400
— LV. — Mort de Valentin, évêque de Carthage.		400
— LVI. — Avertissement qui montre l'utilité qu'on peut retirer de la lecture des livres saints		404
— LVII.		406
— LVIII. — Que la gloire du monde n'est rien.		406
— LIX.		408
— LX. — Persécution des chrétiens.		408
— LXI. — Sur l'obéissance.		410
— LXII. — Crainte de Dieu et fuite de l'avarice		412
— LXIII.		414
— LXIV. — Exhortation aux prêtres, afin qu'ils enseignent au peuple chrétien ce qu'il doit savoir et pratiquer.		414
— LXV. — Exhortation pour l'instruction des hommes en général, pour leur inspirer le désir de la vie céleste et le mépris de la vie terrestre.		419
— LXVI. — Nécessité de la pénitence.		421
— LXVII. — Fuite de la vanité et acquisition des vertus.		423
— LXVIII. — Comment il faut remédier aux vices par les vertus, malheur de l'enfer		424
— LXIX. — Exhortation à la prière.		426
— LXX, LXXI, LXXII.		428

TABLE DES MATIÈRES.

SERMON LXXIII. — Contre celui qui garde longtemps sa colère dans son cœur et ne veut point s'humilier . . 428
— LXXIV, LXXV 429
— LXXVI. — Sur les pensées 429

PRÉFACE DU TOME SEPTIÈME DE L'ÉDITION DES BÉNÉDICTINS. 431

VINGT-DEUX LIVRES SUR LA CITÉ DE DIEU.

Sommaires des vingt-deux livres de la cité de Dieu. 436
Extrait du second livre des *Rétractations* au sujet de la cité de Dieu 440
LIVRE PREMIER. — *Saint Augustin s'élève contre les païens qui attribuaient à la religion chrétienne, parce qu'elle défend le culte des dieux, les malheurs du monde, et surtout le pillage récent de Rome par les Goths. Il parle des biens et des maux qui alors, comme toujours, furent communs aux bons et aux méchants. Enfin il réprime l'insolence de ceux qui objectaient les outrages éprouvés par les femmes chrétiennes de la part des soldats barbares.* 442
PRÉFACE. — Dessein et sujet de cet ouvrage 442
CHAPITRE PREMIER. — Des ennemis du nom chrétien qui, dans le pillage de Rome n'ont été épargnés par les barbares, qu'à cause de Jésus-Christ. 443
— II. — Jamais, dans les guerres précédentes, les vainqueurs n'avaient épargné les vaincus à cause des dieux qu'ils adoraient 444
— III. — C'est à tort que les Romains ont cru que des Pénates qui n'avaient pu sauver Troie, pourraient les défendre 445
— IV. — A la prise de Troie le temple de Junon ne sauva personne de la fureur des Grecs ; les basiliques des apôtres ont, au contraire, servi d'asile contre les barbares, à tous ceux qui s'y sont réfugiés . . 446
— V. — Sentiment de César touchant la coutume de piller les villes prises. 447
— VI. — Les Romains n'ont jamais épargné les temples dans les villes qu'ils ont prises 448
— VII. — C'est au droit de la guerre qu'il faut attribuer les cruautés commises dans le pillage de Rome, mais la clémence des barbares n'est due qu'à l'influence du nom de Jésus-Christ 449
— VIII. — Des biens et des maux temporels communs aux bons et aux méchants. 449
— IX. — Raisons pour lesquelles les bons et les méchants sont également affligés. 451
— X. — Les justes n'éprouvent aucun dommage des pertes temporelles. 453
— XI. — Plus ou moins longue, cette vie temporelle doit avoir une fin. 456
— XII. — La privation de sépulture ne saurait nuire aux chrétiens 457
— XIII. — Pourquoi il faut ensevelir les corps des fidèles. 458
— XIV. — Les consolations divines n'ont jamais manqué aux chrétiens dans leur captivité 460
— XV. — Exemple de Régulus qui, par religion, retourne volontairement en captivité, sans que sa piété le préserve de la mort 460
— XVI. — La violence subie pendant la captivité, même par les vierges consacrées, n'a pu flétrir en elles la chasteté de l'âme. 462
— XVII. — De la mort volontaire par crainte du châtiment ou du déshonneur. 463
— XVIII. — De la violence que, malgré la volonté, le corps souffre de la part des autres 463
— XIX. — De Lucrèce, qui s'est donné la mort à cause de l'outrage qu'elle avait reçu. 465
— XX. — Il n'est jamais permis aux chrétiens de se donner la mort. 467
— XXI. — Exceptions à la loi qui défend l'homicide. 468
— XXII. — Se donner la mort n'est point une marque d'héroïsme. 469
— XXIII. — De Caton qui, ne pouvant supporter la victoire de César, se donne la mort. 470
— XXIV. — Régulus supérieur à Caton en vertu, les chrétiens supérieurs à Régulus. 471
— XXV. — Qu'il n'est pas permis de commettre un péché pour en éviter un autre 472
— XXVI. — Motifs qui doivent nous faire comprendre comment quelques saints se sont ôté la vie, ce qui ordinairement n'est pas permis. 473
— XXVII. — Est-il permis de s'ôter la vie pour éviter le péché. 474
— XXVIII. — Desseins de Dieu en permettant ces outrages qu'ont subis ses chastes servantes. . . . 475
— XXIX. — Réponse que les chrétiens peuvent faire aux païens, qui leur reprochent de n'avoir pas été délivrés par Jésus-Christ de la fureur des barbares 477

TABLE DES MATIÈRES.

Chapitre XXX. — A quelle sorte de prospérités aspirent ceux qui se plaignent du christianisme 477
— XXXI. — Quels vices accrurent chez les Romains cette passion de dominer 478
— XXXII. — De l'établissement des spectacles à Rome. 479
— XXXIII. — Les Romains ont conservé leurs vices, malgré le désastre de Rome. 480
— XXXIV. — La bonté de Dieu a rendu ce désastre moins complet. 481
— XXXV. — L'Eglise a des enfants encore inconnus parmi ses adversaires; et, parmi ses enfants, il en est qui ne doivent pas persévérer. 481
— XXXVI. — Plan des livres suivants. 482

Livre deuxième. — *Des maux que les Romains ont éprouvés avant Jésus-Christ, et pendant qu'ils adoraient les faux dieux. Corruption des mœurs et vices de l'âme, les plus grands et les seuls vrais maux. Loin de les délivrer de ces maux, leurs dieux les en ont accablés.* 483

Chapitre premier. — Méthode dont il faut user dans les controverses 483
— II. — Résumé du premier livre 484
— III. — Que l'histoire nous apprend quels maux ont été soufferts par les Romains, quand ils adoraient les faux dieux, avant l'établissement du Christianisme. 485
— IV. — Les adorateurs des dieux n'en ont jamais reçu aucun précepte de vertu; ils célébraient, au contraire, leurs mystères par toutes sortes de turpitudes. 486
— V. — Des obscénités par lesquelles on honorait la mère des dieux. 487
— VI. — Les dieux des païens ne leur ont jamais enseigné à vivre saintement 488
— VII. — En dehors d'une sanction divine, les systèmes philosophiques sont impuissants pour réprimer les vices; l'exemple des dieux est plus puissant que les leçons des hommes 489
— VIII. — Que les représentations du théâtre, où l'on voit les infamies des dieux, les rendent favorables loin de les offenser. 490
— IX. — Les anciens Romains pensaient qu'on devait réprimer la licence, que les Grecs, d'après le conseil de leurs dieux, avaient accordée aux poètes 491
— X. — Funeste artifice des démons, qui veulent que l'on raconte à leur sujet des crimes vrais ou faux. 492
— XI. — Les comédiens admis aux charges publiques chez les Grecs, parce qu'il n'eût pas été juste que les hommes dédaignassent ceux qui apaisaient les dieux. 493
— XII. — Les Romains, en refusant aux poètes, à l'égard des hommes, une liberté qu'ils leur accordaient à l'égard des dieux, avaient meilleure opinion d'eux-mêmes que de leurs dieux 494
— XIII. — Les Romains auraient dû comprendre que leurs dieux, qui voulaient être honorés par des jeux pleins d'ignominie, ne méritaient pas les honneurs divins. 494
— XIV. — Platon, qui ne voulait point de poètes dans une bonne république, fut meilleur que ces dieux, qui mêlèrent à leur culte les représentations du théâtre. 496
— XV. — Les Romains se créèrent certains dieux par adulation, et non par raison. 498
— XVI. — Si ces dieux avaient quelque souci de la justice, ils auraient eux-mêmes donné aux Romains des lois, au lieu de les obliger à en emprunter à la Grèce. 498
— XVII. — Enlèvement des Sabines, et autres injustices qui se commirent même aux meilleures époques de la république romaine. 499
— XVIII. — Ce que Salluste nous apprend des mœurs romaines, alors que la crainte en maintenait l'austérité, ou que la sécurité en favorisait le relâchement 500
— XIX. — Corruption de la république romaine, avant que Jésus-Christ eut détruit le culte des faux dieux. 502
— XX. — Quel bonheur, et quelle sorte de félicité désirent les adversaires de la religion chrétienne. 504
— XXI. — Ce que Cicéron pensait de la république romaine. 505
— XXII. — Les dieux des Romains ne s'opposèrent jamais à la corruption des mœurs, qui devait amener la ruine de la république. 508
— XXIII. — Les divers événements ne dépendent point de la faveur ou de l'opposition des démons, mais de la juste volonté du vrai Dieu. 510
— XXIV. — Des actions de Sylla dont les dieux se vantèrent d'être les fauteurs 512
— XXV. — Combien les esprits mauvais portent les hommes au mal, en donnant leurs exemples comme une autorité divine. 513
— XXVI. — Morale enseignée en secret par les dieux, tandis que publiquement ils enseignaient la corruption. 515

CHAPITRE XXVII. — Jeux obscènes par lesquels les Romains apaisaient les dieux lorsque la république était en péril 517
— XXVIII. — Sainteté de la religion chrétienne. 518
— XXIX. — Exhortation aux Romains pour les porter à renoncer au culte des faux dieux. 518

LIVRE TROISIÈME. — *Après avoir parlé dans le livre précédent des maux de l'âme et de la corruption des mœurs, saint Augustin montre dans celui-ci comment les Romains, depuis la fondation de la ville, furent sans cesse en butte aux maux extérieurs et temporels; il établit que ces dieux qu'ils servaient en toute liberté avant la venue du Christ, n'ont rien fait pour les délivrer de cette sorte de maux.* . . . 520

CHAPITRE PREMIER. — Des adversités que les méchants seuls redoutent; le monde les a éprouvées, alors même qu'il adorait les dieux. 520
— II. — Les dieux adorés également et par les Romains et par les Grecs, ont-ils eu des raisons pour permettre la destruction de Troie 521
— III. — Les dieux n'ont pu s'offenser de l'adultère de Pâris, crime fréquent, dit-on, parmi eux. . . 522
— IV. — Opinion de Varron croyant qu'il est utile que les hommes se targuent d'une origine divine . . 523
— V. — Il n'est pas probable que les dieux aient puni l'adultère de Pâris sans venger celui de la mère de Romulus. 523
— VI. — Parricide de Romulus que les dieux laissèrent impuni 524
— VII. — Ilion ruinée par Fimbria, général de Marius. 525
— VIII. — Rome devait-elle être confiée à la garde des dieux d'Ilion. 526
— IX. — Doit-on attribuer aux dieux la paix du règne de Numa. 526
— X. — Etait-il à désirer que Rome accrût son empire par cette fureur des combats, au lieu de rester paisible et en sûreté avec cet esprit, qui l'animait sous Numa. 527
— XI. — Statue d'Apollon de Cumes, qui avait pleuré, dit-on, la défaite des Grecs, qu'il ne pouvait secourir 529
— XII. — Quels dieux les Romains ajoutent à ceux de Numa; impuissance de ces nombreuses divinités. 530
— XIII. — Comment les Romains obtinrent leurs premières épouses. 531
— XIV. — Impiété des Romains dans la guerre contre Albe; leur passion de dominer leur donne la victoire. 532
— XV. — Vie et mort des rois de Rome. 535
— XVI. — Premiers consuls de Rome, l'un envoie son collègue en exil, et bientôt, après un affreux parricide, il meurt lui-même à Rome, de la main d'un ennemi qu'il a blessé 538
— XVII. — Maux qui affligent Rome après la création du consulat, sans que les dieux qu'elle adore lui portent aucun secours. 539
— XVIII. — Défaites des Romains dans les guerres puniques, malgré les demandes de secours adressées aux dieux. 543
— XIX. — Désastres de la seconde guerre punique : elle anéantit les forces des deux puissances rivales. 545
— XX. — Ruine de Sagonte; l'alliance des Romains ne lui procure pas le secours de leurs dieux. . . 546
— XXI. — Ingratitude de Rome envers Scipion, son libérateur. Quelles étaient les mœurs de cette ville à l'époque que Salluste appelle son meilleur temps. 548
— XXII. — Edit de Mithridate, ordonnant le massacre de tous les Romains qui se trouvent en Asie. . . 550
— XXIII. — Des maux intérieurs qui troublèrent la république, après le prodige qui consistait dans la rage de tous les animaux au service de l'homme 550
— XXIV. — Discordes civiles excitées par les séditions des Gracques 551
— XXV. — Temple de la Concorde élevé par ordre du sénat aux lieux mêmes de la sédition et du massacre. 551
— XXVI. — Différentes guerres qui suivirent l'érection du temple de la Concorde. 552
— XXVII. — Guerre civile entre Marius et Sylla. 553
— XXVIII. — Comment Sylla venge la cruauté de Marius. 554
— XXIX. — Comparaison de l'invasion des Goths avec les malheurs que les Romains éprouvèrent, soit dans l'irruption des Gaulois, soit dans les guerres civiles. 555
— XXX. — Suite des guerres nombreuses et désastreuses qui ont précédé la venue du Christ. . . . 556
— XXXI. — Avec combien d'impudence reprochent au Christ les malheurs présents, ceux qui ne cessent pas d'adorer les dieux; puisqu'au moment où florissait leur culte on éprouva de si grands désastres. 557

LIVRE QUATRIÈME. — *Le saint docteur prouve que la grandeur et la durée de l'empire romain doivent être*

TABLE DES MATIÈRES.

attribuées, non à Jupiter, ni aux dieux du paganisme, à chacun desquels la croyance vulgaire osait à peine confier certains offices de détail et des moins importants, mais qu'on doit les rapporter au Dieu unique et véritable, seul auteur de toute félicité, qui, par sa puissance et sa sagesse, établit et conserve les royaumes de la terre 559

CHAPITRE PREMIER. — Des sujets traités dans le premier livre. 559
— II. — Des matières contenues au second et au troisième livre. 560
— III. — Si l'étendue de l'empire, qui ne s'obtient que par la guerre, peut, aux yeux du sage, passer pour un vrai bien ou un bonheur. 561
— IV. — Un royaume sans justice ressemble à un repaire de brigands 563
— V. — Des gladiateurs fugitifs qui se créèrent une puissance égale à celle des rois. 563
— VI. — De l'ambition du roi Ninus, le premier qui, pour étendre sa domination, ait déclaré la guerre à ses voisins. 565
— VII. — Si les royaumes de la terre peuvent attribuer leurs succès ou leurs revers à l'assistance ou à l'abandon des dieux. 565
— VIII. — A quels dieux les Romains attribueront-ils l'accroissement et la conservation de leur empire, puisqu'ils les jugent à peine capables de veiller chacun sur une seule chose. 567
— IX. — Si l'on doit attribuer l'étendue et la durée de l'empire romain à Jupiter, le plus grand des dieux 568
— X. — Opinions de ceux qui ont partagé entre différents dieux le gouvernement des diverses parties du monde. 569
— XI. — De la multitude des dieux que les savants païens prétendaient n'être que le seul et même dieu Jupiter 571
— XII. — De l'opinion de ceux qui font de Dieu l'âme du monde, et du monde le corps de Dieu. . 573
— XIII. — De ceux qui croient que les animaux raisonnables seulement sont parties de Dieu . . . 574
— XIV. — C'est à tort qu'on attribue à Jupiter l'accroissement des royaumes, puisque la Victoire, si elle est vraiment déesse, comme on le veut, suffit par elle-même à cet office. 574
— XV. — S'il convient à des gens de bien de vouloir étendre leur empire. 575
— XVI. — Pourquoi les Romains donnant des dieux à tout objet, à tout acte, ont-ils voulu que le temple du Repos fût placé en dehors des portes de leur ville 576
— XVII. — Si la puissance suprême est à Jupiter, peut-on dire que la Victoire aussi est une divinité. 576
— XVIII. — La déesse Félicité et la déesse Fortune, quelle différence entre elles. 577
— XIX. — De la Fortune féminine. 578
— XX. — De la Vertu et de la Foi qui ont eu des temples et des sacrifices dans le paganisme, tandis qu'on ne rendait aucun honneur à mille autres bonnes qualités, qui auraient dû cependant ne point être oubliées, puisqu'on déifiait celles-là. 578
— XXI. — Ne sachant point distinguer Dieu de ses dons, les païens auraient dû au moins se contenter de diviniser la Vertu et la Félicité 579
— XXII. — De la science d'honorer les dieux que Varron se vante d'avoir enseignée aux Romains. . 581
— XXIII. — De la Félicité que les Romains, adorateurs de tant de dieux, avaient cependant laissée dans l'oubli, bien que seule elle pût tenir lieu de tous les autres. 581
— XXIV. — Comment les païens se défendent d'adorer comme dieux les dons mêmes de Dieu . . 584
— XXV. — Du Dieu unique qu'il faut adorer; si on ignore son nom, du moins on sait bien que c'est lui qui donne la félicité 585
— XXVI. — Des jeux du théâtre que les dieux ont voulu faire célébrer en leur honneur. 585
— XXVII. — Des trois genres de dieux dont a traité le pontife Scévola. 587
— XXVIII. — Si le culte des dieux a facilité aux Romains la formation et l'extension de leur empire. 588
— XXIX. — De la fausseté du présage qui semblait promettre aux Romains la force et la durée de leur empire 589
— XXX. — Les adorateurs des idoles ont avoué eux-mêmes ce qu'ils en pensaient 590
— XXXI. — Idées de Varron; il a su se préserver de l'erreur vulgaire; bien qu'il ne soit point arrivé à la connaissance du vrai Dieu, cependant il a senti qu'il ne fallait adorer qu'un seul Dieu. . . . 591
— XXXII. — Quel intérêt les chefs des nations avaient-ils à entretenir leurs peuples dans les fausses religions 593
— XXXIII. — La sagesse et la puissance du vrai Dieu règlent la durée de tous les princes et de tous les empires 594

TABLE DES MATIÈRES.

Chapitre XXXIV. — Dieu a fait voir par sa conduite envers les Juifs que c'est lui qui est le maître des biens d'ici-bas 594

Livre cinquième. — *Après avoir montré dans le livre précédent que la grandeur de l'empire romain ne saurait être attribuée aux faux dieux, il fait d'abord justice de l'opinion insoutenable de ceux qui prétendent rapporter au destin la puissance et les développements de cet empire. De là, passant à la question de la prescience divine, il prouve qu'elle ne détruit pas le libre arbitre de notre volonté. Ensuite, il traite des mœurs des anciens Romains, et explique quel mérite ils ont eu dans l'accroissement de leur empire, ou plutôt quel jugement divin leur a valu l'assistance du vrai Dieu, qu'ils ne connaissaient pas. Enfin, il indique la véritable cause de la prospérité des empereurs chrétiens* 596

Préface 596

Chapitre premier. — La grandeur de l'empire romain et des autres empires n'a point eu une cause fortuite ni dépendante de la position des astres. 596
— II. — De la ressemblance et de la différence des maladies dans les jumeaux. 598
— III. — De l'argument de la roue du potier qu'apporte l'astrologue Nigidius dans la discussion des jumeaux. 599
— IV. — Des deux jumeaux Esaü et Jacob, fort différents entre eux de mœurs et de conduite. . . . 600
— V. — De quelle manière on prouve que la science des astrologues est vaine et fausse. 601
— VI. — Des jumeaux de sexe différent 603
— VII. — Du choix des jours pour se marier, pour planter ou pour semer. 604
— VIII. — De ceux qui appellent destin, non pas la position des astres, mais l'enchaînement des causes qui dépendent de la volonté de Dieu. 605
— IX. — De la prescience divine et de la libre volonté de l'homme, contre le sentiment de Cicéron. . . 606
— X. — Si la volonté de l'homme est soumise à l'empire de la nécessité. 611
— XI. — De la Providence de Dieu qui s'étend à tout, et qui gouverne tout par ses lois. 613
— XII. — Par quelles actions les Romains ont mérité de la protection du vrai Dieu, qu'ils n'adoraient pas, l'agrandissement de leur empire 613
— XIII. — De l'amour de la gloire qui est un vice et qui cependant est réputé vertu, parce qu'il met un frein à des vices plus honteux. 618
— XIV. — Qu'il faut s'efforcer de surmonter la vaine gloire, parce que toute la gloire des justes repose en Dieu. 619
— XV. — De la récompense temporelle que Dieu accorde aux vertus morales des Romains. 621
— XVI. — De la récompense des saints, qui sont les citoyens de la Cité éternelle ; que les exemples des vertus pratiquées par les Romains leur ont été utiles. 622
— XVII. — Quel fruit les Romains ont retiré de leurs guerres, et quel bien ils ont procuré aux peuples dont ils ont été les vainqueurs. 623
— XVIII. — Combien les chrétiens doivent éviter de se glorifier, s'ils font quelque chose par amour de la céleste patrie, quand les Romains ont tant fait pour la gloire humaine et la Cité terrestre. . . 624
— XIX. — De la différence entre la passion de la gloire et celle de la domination. 628
— XX. — Qu'il est aussi honteux de rendre la vertu esclave de la gloire humaine que des voluptés charnelles. 630
— XXI. — Que l'empire romain a reçu sa puissance du vrai Dieu, de qui émane tout pouvoir et dont la providence règle toutes choses. 631
— XXII. — Que la durée et le sort des guerres dépend de la volonté de Dieu. 632
— XXIII. — De la guerre où Radagaise, roi des Goths et adorateur des démons, fut défait en un seul jour, malgré ses troupes nombreuses. 633
— XXIV. — En quoi consiste la véritable félicité des princes chrétiens. 635
— XXV. — Des prospérités que Dieu accorda à Constantin, empereur chrétien 635
— XXVI. — De la foi et de la piété de Théodose Auguste. 636

Livre sixième. — *Jusqu'ici saint Augustin a surtout réfuté ceux qui s'imaginaient qu'on devait honorer les dieux, pour en obtenir des faveurs temporelles ; il va maintenant s'adresser à ceux qui croient que leur culte sert pour la vie éternelle. Les cinq livres suivants sont dirigés contre ces derniers. Dans celui-ci, il montre tout d'abord quelle basse opinion avait de ces dieux Varron, le plus habile théologien du paganisme. Il cite, d'après cet auteur, trois sortes de théologie : la théologie fabuleuse, la théologie naturelle et la théologie civile. Il montre ensuite que les dieux fabuleux et les dieux civils ne peuvent rien pour ce qui concerne le bonheur de la vie future* 639

TABLE DES MATIÈRES.

Préface 639
CHAPITRE PREMIER. — De ceux qui prétendent adorer les dieux en vue de la vie éternelle, et non pour la vie présente 640
— II. — Que faut-il penser de l'opinion de Varron au sujet des dieux païens, dont il révèle l'origine et les mystères, mais de telle sorte que son silence eût été préférable pour eux. 643
— III. — Division des livres de Varron sur les antiquités divines et humaines. 644
— IV. — L'exposé de Varron montre que, pour les adorateurs des dieux, les choses humaines sont antérieures aux choses divines. 646
— V. — Trois genres de théologie exposés par Varron : théologie fabuleuse, théologie naturelle, théologie civile. 648
— VI. — Réfutation de la théologie mythique ou fabuleuse et de la théologie civile de Varron. . . . 650
— VII. — Ressemblance et accord entre la théologie fabuleuse et la théologie civile. 652
— VIII. — Des explications naturelles que les docteurs païens donnent en faveur de leurs dieux. . . . 654
— IX. — Des fonctions de chacun des dieux. 656
— X. — De la liberté de Sénèque qui s'élève avec plus de force contre la théologie civile, que Varron contre la fabuleuse. 659
— XI. — Ce que Sénèque pensait des Juifs. 662
— XII. — Conclusion. On ne saurait donc douter qu'ils ne soient incapables de nous donner la vie éternelle, ces dieux qui ne sauraient aider même dans les choses temporelles 663

LIVRE SEPTIÈME. — *De quelques dieux choisis dans la théologie civile : Janus, Jupiter, Saturne et autres; que leur culte ne saurait conduire à la félicité éternelle* 664

Préface 664
CHAPITRE PREMIER. — La véritable divinité ne se trouvant point dans la théologie civile, doit-on croire qu'on pourra la trouver dans les dieux choisis? 665
— II. — Quels sont les dieux choisis, sont-ils dispensés des fonctions des dieux inférieurs? 666
— III. — On ne peut donner aucune raison pour expliquer la prééminence de certains dieux, puisque des offices plus distingués sont confiés à plusieurs dieux inférieurs. 667
— IV. — Les dieux inférieurs n'étant point exposés à être déshonorés, ont une condition meilleure que les dieux choisis dont on raconte tant de choses infâmes. 670
— V. — De la doctrine secrète des païens et de leurs explications physiques 671
— VI. — Opinion de Varron d'après laquelle Dieu est l'âme du monde, lequel renfermant dans ses différentes parties un grand nombre d'âmes, leur communique la nature divine. 672
— VII. — A-t-il été raisonnable de faire deux divinités de Janus et de Terminus. 673
— VIII. — Pour quelle raison les adorateurs de Janus représentent avec deux faces son image à laquelle cependant ils veulent aussi qu'on voie quatre fronts 674
— IX. — Puissance de Jupiter. On compare ce Dieu à Janus. 675
— X. — La distinction de Janus et de Jupiter est-elle juste? 677
— XI. — Surnoms de Jupiter. Ils ne s'appliquent pas à plusieurs dieux, mais au seul et même Jupiter. . 678
— XII. — Jupiter s'appelle aussi Pécunia. 679
— XIII. — En exposant ce qu'est Saturne et ce qu'est Génius, on enseigne que l'un et l'autre ne sont toujours que le seul Jupiter 680
— XIV. — Fonctions de Mercure et de Mars. 681
— XV. — Etoiles que les païens désignent par les noms de leurs dieux. 682
— XVI. — D'Apollon, de Diane et des autres dieux choisis dont on a voulu faire des parties du monde. 683
— XVII. — Que Varron lui-même a déclaré douteuses ses opinions sur les dieux. 684
— XVIII. — Cause la plus vraisemblable du paganisme. 685
— XIX. — Explications qui donnent la raison du culte de Saturne. 686
— XX. — Mystères sacrés de Cérès à Eleusis 687
— XXI. — Infamie des fêtes célébrées en l'honneur de Bacchus. 688
— XXII. — De Neptune, de Salacia et de Vénilia. 689
— XXIII. — De la Terre, dont Varron prouve la divinité par la raison que l'âme du monde, à laquelle il attribue la divinité, la pénètre et lui communique une force divine 690
— XXIV. — Surnoms de Tellus. Leur signification. En supposant que ces surnoms désignent plusieurs opérations, ils ne devaient pas prouver l'existence de plusieurs dieux 692

TABLE DES MATIÈRES.

Chapitre XXV. — Quelle explication la doctrine des sages de la Grèce a trouvée au sujet de la mutilation d'Atys. 694
— XXVI. — Infamie des mystères de la Grande Mère 695
— XXVII. — Vaines explications des philosophes naturalistes. Ils n'honorent point le vrai Dieu. Leur culte ne convient pas au vrai Dieu. 697
— XXVIII. — La doctrine de Varron sur la théologie ne s'accorde dans aucune de ses parties 698
— XXIX. — On doit rapporter au seul vrai Dieu, tout ce que les philosophes ont rapporté au monde et à ses parties. 700
— XXX. — Sentiments par lesquels nous discernons le Créateur des créatures, et nous n'adorons pas à la place d'un seul Dieu autant de divinités, que l'unique auteur de toutes choses a tiré d'êtres ou d'objets du néant 700
— XXXI. — De quels bienfaits de Dieu usent spécialement les amis de la vérité, abstraction faite des libéralités que Dieu exerce généralement à l'égard de tous les hommes. 702
— XXXII. — Le mystère de la Rédemption du Christ n'a fait défaut à aucune époque dans le passé. Il a toujours été affirmé par différents signes. 702
— XXXIII. — Par la seule religion chrétienne on a pu reconnaître la fourberie des esprits mauvais, qui se réjouissent des erreurs des hommes 703
— XXXIV. — Livres de Numa. Le Sénat les fit brûler dans la crainte de faire connaître les causes des mystères sacrés, expliqués dans ces livres. 704
— XXXV. — De l'hydromancie par laquelle certains démons se jouaient de Numa en lui faisant apparaître leurs images. 705

Livre huitième. — *Le saint docteur passe à la troisième sorte de théologie, c'est-à-dire à la théologie naturelle. Il discute avec les platoniciens, qui étaient les plus célèbres des philosophes et les moins éloignés de la vérité chrétienne, la question de savoir si le culte de ces dieux sert pour acquérir cette vie heureuse, qui doit suivre la mort. Il réfute d'abord Apulée et les autres, qui veulent qu'on honore les démons comme des médiateurs entre les dieux et les hommes; il montre que ces démons sont sujets à des vices que les hommes sages et honnêtes évitent et condamnent; qu'ils ont introduit les fables sacrilèges des poëtes, les jeux obscènes du théâtre, les maléfices et les crimes de la magie, qu'ils aiment toutes ces choses, et qu'ils s'en repaissent; d'où il conclut qu'ils sont impuissants à rendre les dieux bons favorables aux hommes.* 707

Chapitre premier. — Question de la théologie naturelle à discuter avec les philosophes dont la doctrine est la plus éminente. 707
— II. — De deux sortes de philosophes, qui sont ceux de l'école italique et ceux de l'école ionienne. Fondateurs de ces écoles 708
— III. — Principes de Socrate 710
— IV. — Du plus célèbre des disciples de Socrate, Platon, qui a donné à toute la philosophie trois grandes divisions 711
— V. — C'est de préférence avec les platoniciens qu'on va discuter, puisque leurs principes sont supérieurs aux systèmes de tous les autres philosophes. 713
— VI. — Sentiment des platoniciens dans cette partie de la philosophie, qu'on appelle partie physique ou naturelle 716
— VII. — Supériorité des platoniciens sur les autres philosophes, dans la logique ou philosophie rationnelle 717
— VIII. — Dans la philosophie morale, les platoniciens occupent également le premier rang. . . . 718
— IX. — De cette philosophie qui s'est rapprochée davantage de la vérité de la foi chrétienne. . . . 720
— X. — Quelle est la supériorité du chrétien consciencieux, par rapport à la sagesse philosophique. . . 720
— XI. — Comment Platon a-t-il pu acquérir cette sagesse qui le rapproche de la doctrine chrétienne. . 722
— XII. — Bien que les platoniciens aient eu des idées et des sentiments justes sur le véritable et unique Dieu, cependant ils ont cru qu'il fallait offrir des sacrifices à plusieurs dieux. 724
— XIII. — Du sentiment de Platon sur les dieux. Il a déclaré qu'il n'y avait de dieux que ceux qui étaient bons et amis de la vertu 725
— XIV. — De l'opinion de ceux qui ont dit que les âmes raisonnables sont de trois ordres, savoir: celles des dieux qui habitent dans le ciel, celles des démons qui résident dans l'air, celles des hommes qui vivent sur la terre 726
— XV. — Ce n'est ni à cause de leurs corps aériens, ni à cause de leur séjour plus élevé, que les démons peuvent être supérieurs aux hommes. 728

Chapitre XVI.	— Sentiment d'Apulée le platonicien, sur les mœurs et les actions des démons.	730
— XVII.	— Est-il convenable que l'homme honore ces esprits dont il lui faut rejeter les vices.	731
— XVIII.	— Quelle est cette religion où l'on enseigne que les hommes, pour se faire recommander auprès des dieux bons, doivent avoir recours à l'intermédiaire des démons	733
— XIX.	— Impiété de l'art magique, qui s'appuie sur la protection des esprits de malice.	733
— XX.	— Faut-il croire que les dieux bons se mêlent plus volontiers aux démons qu'aux hommes	735
— XXI.	— Les dieux se servent-ils des démons comme de messagers et d'interprètes, et ignorent-ils leurs impostures, ou y consentent-ils ?	736
— XXII.	— Il faut rejeter le culte des démons, contrairement à la doctrine d'Apulée.	738
— XXIII.	— Ce qu'Hermès Trismégiste a pensé de l'idolâtrie, et d'où il a pu savoir que les superstitions égyptiennes devaient être abolies.	739
— XXIV.	— Comment Hermès a reconnu manifestement l'erreur de ses pères, et en a cependant déploré la ruine.	742
— XXV.	— De ce qui peut être commun aux saints anges et aux hommes.	747
— XXVI.	— Toute la religion des païens s'est réduite à honorer des hommes morts.	747
— XXVII.	— Du genre d'honneurs que les chrétiens rendent aux martyrs	750

FIN DE LA TABLE DU TOME VINGT-TROISIÈME.

Besançon. — Imprimerie d'Outhenin-Chalandre fils.

www.ingramcontent.com/pod-product-compliance
Lightning Source LLC
Chambersburg PA
CBHW071656300426
44115CB00010B/1229